MICHAELIS

DICIONÁRIO ESCOLAR

LÍNGUA PORTUGUESA

MICHAELIS

DICIONÁRIO ESCOLAR
LÍNGUA PORTUGUESA

Nova Ortografia conforme
o Acordo Ortográfico da Língua Portuguesa

≣ Editora **Melhoramentos**

Dados Internacionais de Catalogação na Publicação (CIP)
(Câmara Brasileira do Livro, SP, Brasil)

Michaelis dicionário escolar da língua portuguesa: nova
 ortografia conforme o acordo ortográfico da língua
 portuguesa / [coordenação Clóvis Gregorin]. – 5. ed. –
 São Paulo: Editora Melhoramentos, 2023.

ISBN 978-65-5539-688-1

1. Língua portuguesa - Dicionários I. Gregorin, Clóvis.

23-158082   CDD-469.3

Índices para catálogo sistemático:
1. Língua portuguesa: Dicionários 469.3

Eliane de Freitas Leite – Bibliotecária – CRB 8/8415

© 2008 Editora Melhoramentos Ltda.
Todos os direitos reservados.

Lexicografia: Equipe Melhoramentos
Seleção de abonações: Equipe UNESP – Araraquara (Prof. Dr. Francisco S. Borba e
 Prof. Dr. Sebastião Expedito Ignácio)
Etimologia: Prof. Dr. Mário Eduardo Viaro (USP)
Design original da capa: Jean E. Udry

5.ª edição, 3.ª impressão, fevereiro de 2025
ISBN: 978-65-5539-688-1

Atendimento ao consumidor:
Caixa Postal 169 – CEP 01031-970
São Paulo – SP – Brasil
sac@melhoramentos.com.br
www.editoramelhoramentos.com.br

Impresso no Brasil

Sumário

Prefácio VI

Organização do dicionário VIII

Elementos de composição... XV

Abreviaturas usadas neste dicionário... XXV

Lista das obras usadas para abonações XXIX

Verbetes de A a Z 1

Apêndice

    Uso de *por que, por quê, porque, porquê* 931

    Emprego do acento grave, indicativo da crase 932

    Coletivos 934

    Verbos que indicam vozes de animais 936

    Emprego das iniciais maiúsculas 937

    Pronomes de tratamento 938

    Adjetivos pátrios dos estados brasileiros e de suas capitais 939

    Correspondência entre o alfabeto grego e o latino 940

    Conjugação de verbos auxiliares e regulares 941

    Palavras e expressões mais usuais do latim e de outras línguas .. 946

    Algarismos romanos e seus correspondentes arábicos 950

    Números 951

Prefácio

Um dicionário não serve apenas para que o aluno verifique a ortografia correta das palavras, mas também para ajudá-lo a ler, escrever e falar bem a língua. Assim, esta obra de referência, com mais de 50.000 definições em mais de 28.000 verbetes, foi elaborada conforme a necessidade linguística dos jovens estudantes brasileiros.

Atenção especial foi dada à definição dos vocábulos, para que seja acessível ao aluno e isenta de qualquer tipo de preconceito. A grafia das palavras segue o Vocabulário Ortográfico da Língua Portuguesa (VOLP, 5. ed., março de 2009), respeitando as modificações introduzidas pelo Acordo Ortográfico da Língua Portuguesa (veja explicações sobre o Acordo a seguir).

Visando a uma ampla seleção vocabular, a obra contempla estrangeirismos, neologismos, gírias e regionalismos, além de termos pouco usados ou arcaísmos, encontrados em textos antigos mas de leitura obrigatória pelos alunos. Também foram apontados os significados concretos e abstratos das palavras, além de termos de diversas áreas do conhecimento, incluindo o universo científico-tecnológico.

A fim de auxiliar os alunos na educação linguística, este dicionário inclui divisão silábica, classe gramatical (respeitando a Nomenclatura Gramatical Brasileira), gênero, transitividade verbal, prosódia, femininos, plurais irregulares, aumentativos, diminutivos, coletivos e expressões de uso corrente. A etimologia, também presente na obra, é uma oportunidade de despertar nos consulentes o interesse e a curiosidade pela origem das palavras.

A contextualização, muito importante para ajudar na compreensão de várias definições, foi acrescentada ao dicionário em forma de exemplos e abonações (veja mais explicações em Organização do Dicionário). Também optou-se por incluir a conjugação dos verbos defectivos, irregulares e de difícil conjugação no final dos respectivos verbetes.

Com o intuito de esclarecer alguns pontos gramaticais e certos conceitos linguísticos, no decorrer da obra estão destacadas informações a respeito da língua e do vocábulo em questão. A obra oferece, ainda, um apêndice para consultas rápidas sobre dificuldades gramaticais, como uso da crase e pronomes de tratamento.

Rigorosas normas de lexicografia padronizam a estrutura da obra, facilitando a leitura e dando acesso imediato à informação. O projeto gráfico moderno e funcional torna agradável a leitura do dicionário, estimulando ainda mais no aluno o prazer de utilizá-lo. Para agilizar a consulta, a dedeira impressa e a entrada dos verbetes são destacadas em cor.

A obra contou, em sua elaboração, com uma grande e especializada equipe de dicionaristas, professores de língua portuguesa, consultores técnicos, etimologistas e revisores, entre outros profissionais. Todos trabalhando com o forte objetivo de tornar esta publicação um valioso instrumento para auxiliar os estudantes no seu aprendizado.

A nova ortografia do português

Para este dicionário foram adotadas as alterações na ortografia do português conforme o Acordo Ortográfico da Língua Portuguesa de 1990.

A implantação das regras desse Acordo é um passo importante em direção à criação de uma ortografia unificada para o português, a ser usada por todos os países de língua oficial portuguesa: Portugal, Brasil, Angola, São Tomé e Príncipe, Cabo Verde, Guiné-Bissau, Moçambique e Timor Leste.

A Editora

Organização do dicionário

Recursos gráficos

Este dicionário apresenta recursos gráficos essenciais para facilitar e agilizar a localização dos verbetes.

Primeiro verbete da página

Último verbete da página

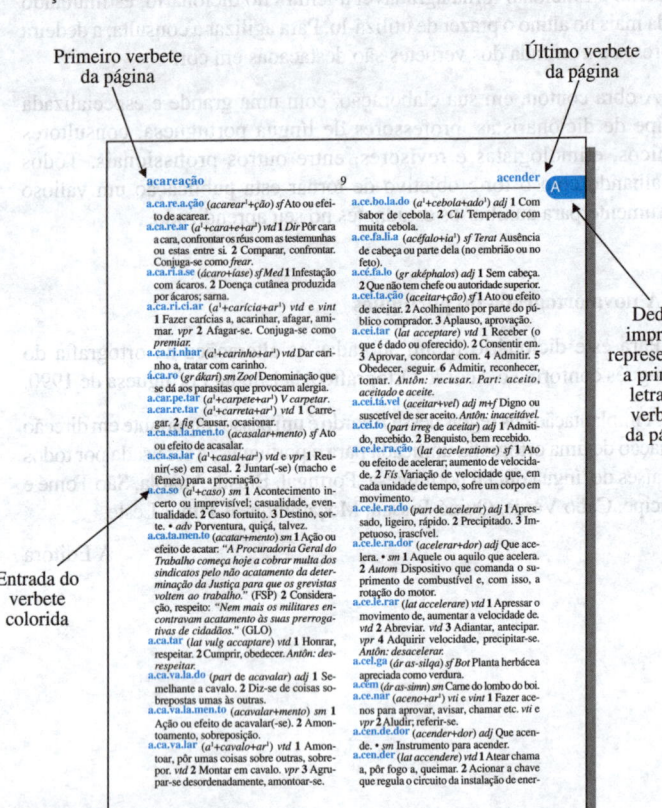

Dedeira impressa, representando a primeira letra dos verbetes da página

Entrada do verbete colorida

---

acareação — 9 — **acender** A

a.ca.re.a.ção (*acarear*¹+*ção*) *sf* Ato ou efeito de acarear.
a.ca.re.ar (*a*¹+*cara*+*e*+*ar*¹) *vtd* **1** *Dir* Pôr cara a cara, confrontar os réus com as testemunhas ou estas entre si. **2** Comparar, confrontar. Conjuga-se como *frear*.
a.ca.ri.se (*ácaro*+*íase*) *sf Med* **1** Infestação com ácaros. **2** Doença cutânea produzida por ácaros; sarna.
a.ca.ri.ci.ar (*a*¹+*carícia*+*ar*¹) *vtd e vint* **1** Fazer carícias a, acarinhar, afagar, amimar. *vpr* **2** Afagar-se. Conjuga-se como *premiar*.
a.ca.ri.nhar (*a*¹+*carinho*+*ar*¹) *vtd* Dar carinho a, tratar com carinho.
á.ca.ro (*gr ákari*) *sm Zool* Denominação que se dá aos parasitas que provocam alergia.
a.car.pe.tar (*a*¹+*carpete*+*ar*¹) *V* carpetar.
a.car.re.tar (*a*¹+*carreta*+*ar*¹) *vtd* **1** Carregar. **2** *fig* Causar, ocasionar.
a.ca.sa.la.men.to (*acasalar*+*mento*) *sf* Ato ou efeito de acasalar.
a.ca.sa.lar (*a*¹+*casal*+*ar*¹) *vtd e vpr* **1** Reunir(-se) em casal. **2** Juntar(-se) (macho e fêmea) para a procriação.
a.ca.so (*á*¹+*caso*) *sm* **1** Acontecimento incerto ou imprevisível; casualidade, eventualidade. **2** Caso fortuito. **3** Destino, sorte. • *adv* Porventura, quiçá, talvez.
a.ca.ta.men.to (*acatar*+*mento*) *sm* **1** Ação ou efeito de acatar. "*A Procuradoria Geral do Trabalho começa hoje a cobrar multa dos sindicatos pelo não acatamento da determinação da Justiça para que os grevistas voltem ao trabalho.*" (FSP) **2** Consideração, respeito: "*Nem mais os militares encontravam acatamento às suas prerrogativas de cidadãos.*" (GLO)
a.ca.tar (*lat vulg accaptare*) *vtd* **1** Honrar, respeitar. **2** Cumprir, obedecer. *Antôn*: desrespeitar.
a.ca.va.la.do (*part de acavalar*) *adj* **1** Semelhante a cavalo. **2** Diz-se de coisas sobrepostas umas às outras.
a.ca.va.la.men.to (*acavalar*+*mento*) *sm* **1** Ação ou efeito de acavalar(-se). **2** Amontoamento, sobreposição.
a.ca.va.lar (*a*¹+*cavalo*+*ar*¹) *vtd* **1** Amontoar, pôr umas coisas sobre outras, sobrepor. *vtd* **2** Montar em cavalo. *vpr* **3** Agrupar-se desordenadamente, amontoar-se.

a.ce.bo.la.do (*a*¹+*cebola*+*ado*¹) *adj* **1** Com sabor de cebola. **2** *Cul* Temperado com muita cebola.
a.ce.fa.li.a (*acéfalo*+*ia*¹) *sf Terat* Ausência de cabeça ou parte dela (no embrião ou no feto).
a.cé.fa.lo (*gr aképhalos*) *adj* **1** Sem cabeça. **2** Que não tem chefe ou autoridade superior. **3** *Pop* Sem cérebro, ignorante.
a.cei.ta.ção (*aceitar*+*ção*) *sf* **1** Ato ou efeito de aceitar. **2** Acolhimento por parte do público comprador. **3** Aplauso, aprovação.
a.cei.tar (*lat acceptare*) *vtd* **1** Receber (o que é dado ou oferecido). **2** Consentir em. **3** Aprovar, concordar com. **4** Admitir. **5** Obedecer, seguir. **6** Admitir, reconhecer, tomar. *Antôn*: recusar. *Part*: aceito, aceitado e aceite.
a.cei.tá.vel (*aceitar*+*vel*) *adj m+f* Digno ou suscetível de ser aceito. *Antôn*: inaceitável.
a.cei.to (*part irreg de aceitar*) *adj* **1** Admitido, recebido. **2** Benquisto, bem recebido.
a.ce.le.ra.ção (*lat acceleratione*) *sf* **1** Ato ou efeito de acelerar; aumento de velocidade. **2** *Fís* Variação de velocidade que, em cada unidade de tempo, sofre um corpo em movimento.
a.ce.le.ra.do (*part de acelerar*) *adj* **1** Apressado, ligeiro, rápido. **2** Precipitado. **3** Impetuoso, irascível.
a.ce.le.ra.dor (*acelerar*+*dor*) *adj* Que acelera. • *sm* **1** Aquele ou aquilo que acelera. **2** *Autom* Dispositivo que comanda o suprimento de combustível e, com isso, a rotação do motor.
a.ce.le.rar (*lat accelerare*) *vtd* **1** Apressar o movimento de, aumentar a velocidade de. *vtd* **2** Abreviar. *vtd* **3** Adiantar, antecipar. *vpr* **4** Adquirir velocidade, precipitar-se. *Antôn*: desacelerar.
a.cel.ga (*ár as-silqa*) *sf Bot* Planta herbácea apreciada como verdura.
a.cém (*ár as-simn*) *sm* Carne do lombo do boi.
a.ce.nar (*aceno*+*ar*¹) *vti e vint* **1** Fazer acenos para aprovar, avisar, chamar etc. *vti e vpr* **2** Aludir; referir-se.
a.cen.de.dor (*acender*+*dor*) *adj* Que acende. • *sm* Instrumento para acender.
a.cen.der (*lat accendere*) *vtd* **1** Atear chama a, pôr fogo a, queimar. **2** Acionar a chave que regula o circuito da instalação de ener-

Entrada do verbete

a) A entrada do verbete está em azul com a indicação de separação das sílabas.
Ex.: **a.ba.no** (a^1+*lat vannu*) *sm* **1** Ação ou efeito de abanar. **2** Abanador, leque, ventarola.

b) As palavras de origem estrangeira estão destacadas em negrito e itálico, sem divisão silábica. Entre parênteses, está indicada a pronúncia corrente e, logo depois, a língua de origem.
Ex.: ***backup*** (*becape*) (*ingl*) *sm Inform* Cópia de um arquivo ou conjunto de dados mantidos por questão de segurança; cópia de segurança. *Var: becape.*

c) Nos casos em que possa haver dúvida, está indicada, entre parênteses, a pronúncia correta do *x*, do *e* e do *o* das sílabas tônicas e também do *u* quando ele deve ser pronunciado nos grupos *gue*, *gui*, *que*, *qui*.
Ex.: **a.ne.xar** (*cs*) (*anexo*+ar^1) *vtd* **1** Juntar, como anexo, a uma coisa considerada principal. *vtd* e *vpr* **2** Reunir(-se) (um país) a outro. *Antôn: desmembrar.*
a.pe.go (*ê*) (*de apegar*) *sm* **1** Afeição, afeto. **2** Insistência, perseverança, afinco.
a.pos.to (*ô*) (*part de apor*) *adj* Acrescentado, junto, sobreposto, adjunto. • *sm Gram* Substantivo ou locução substantiva que, sem auxílio de preposição, modifica ou explica outro. *Pl: apostos (ó).*
lin.guís.ti.ca (*gwi*) (*fr linguistique*) *sf* Estudo científico da linguagem humana em sua totalidade.

d) Vocábulos de grafia idêntica mas com origens diferentes constituem verbetes independentes e registram as entradas com numeração elevada.
Ex.: **cho.car**[1] (*choque*+ar^1) *vti* e *vpr* **1** Produzir choque; abalroar, colidir. *vpr* **2** Esbarrar. *vtd* **3** Desagradar a; ferir, ofender.
cho.car[2] (*choco*+ar^1) *vtd* e *vint* Estar no choco; incubar.

Etimologia

A etimologia, entre parênteses e logo após a entrada do verbete, indica a língua de origem e o étimo, bem como a tradução deste seguida dos elementos de composição, quando cabíveis (veja lista dos principais elementos na página XV).
Para a etimologia valem ainda as seguintes observações:

a) Se o étimo é desconhecido, está indicada apenas a língua de origem.
Ex.: **ju.ru.ru** (*do tupi*) *adj m+f* Acabrunhado, melancólico, tristonho.

b) Se a etimologia é controversa ou desconhecida, prefere-se nada indicar.
Ex.: **a.bran.ger** *vtd* **1** Abraçar, cingir. *vtd* e *vpr* **2** Compreender(-se), encerrar(-se), incluir(-se). *vtd* **3** Abarcar. *vtd* **4** Alcançar, chegar a.

c) Os vocábulos latinos estão indicados como usualmente aparecem em textos sobre Filologia, isto é, no caso acusativo, sem o *m* final.
Ex.: **car.ne** (*lat carne*) *sf* **1** Tecido muscular do homem e dos animais. **2** Parte comestível dos animais.

d) O asterisco marca vocábulo sem atestação escrita, mas cuja reconstrução é possível pelo estudo histórico-comparativo.
Ex.: **a.du.bar** (*lat *addubare*) *vtd* **1** Preparar com adubos. **2** *Agr* Aplicar adubo ao solo; fertilizar.

e) As partes dos vocábulos compostos e/ou derivados estão separadas com o sinal +, acrescentando-se a essas partes um numeral elevado para remeter ao respectivo verbete.
   Ex.: **a.bas.te.cer** (*a^1+basto+ecer*) *vtd* **1** Fornecer, suprir. *vpr* **2** Prover-se do necessário.

f) As partes das palavras colocadas entre parênteses internos não participam da composição.
   Ex.: **car.re.a.ta** (*carro+(pass)eata*) *sf* Procissão de veículos.

g) Nos verbetes de vocábulos equivalentes ao particípio presente latino, os verbos de origem dessas palavras vêm indicados no infinitivo.
   Ex.: **a.com.pa.nhan.te** (de *acompanhar*) *adj* e *s m+f* Que ou quem acompanha. *Col: comitiva*.

h) O sufixo *-bile* do latim torna-se geralmente *-vel* em português, mas, em derivados eruditos criados pelo português, *-bile* reaparece. Nesse caso, a etimologia não mostrará a origem latina porque há casos em que a palavra primitiva não remonta ao latim, é uma criação do português. Por existirem muitos casos assim, optou-se por uma mesma solução que atendesse ao maior número de vocábulos.
   Ex.: **a.dap.ta.bi.li.da.de** (*adaptável+i+dade*) *sf* Qualidade de se adaptar.
   a.dap.tar (*lat adaptare*) *vtd* **1** Pôr em harmonia; tornar adequado. *vtd* **2** Fazer acomodar à visão. *vtd* e *vti* **3** Tornar apto. *vtd* e *vpr* **4** Ajustar (uma coisa a outra). *vpr* **5** Aclimatar-se, acostumar-se. *vtd* **6** Modificar obra, em geral escrita, para torná-la adequada a outros meios (televisão, teatro etc.).
   a.dap.tá.vel (*adaptar+vel*) *adj m+f* Que pode ser adaptado.

i) Por haver divergência entre os autores, adotou-se a tabela abaixo nas transcrições de línguas ágrafas e alguns alfabetos:

	letras	transcrição
grego	η, ω, α, η, φ, ά, ά, ά, ᾶ, ϊ	e, o, a, e, o, ha, a, á, â, ï
	υ (αυ, ευ, ου); εύ, εῦ	y (au, eu, ou); eú, eû
	γγ, γξ, γχ, ῥ, χ	gg, gx, gkh, rh, kh
árabe	ق غ ع م ط ط ش س ذ خ ح ج ث	th, j, H, kh, dh, sh, S, T, D, ', g, Q
	و ا ي (hamza)	â, û/w, î/y, '
tupi	semivogais [w] e [j]	u, i
	vogais [ã], [ẽ], [ĩ], [ɨ], [ĩ], [õ], [ũ]	ã, en, in, y, yn, õ, un
	consoantes [mb], [nd], [ŋ], [ʃ]	mb, nd, ng, x
quimbundo	consoantes [mb], [nd], [ŋ], [ʃ]	mb, nd, ng, x
ioruba	ṣ, ẹ, ọ	sh, e, o (tons marcados)
japonês	ã, ê, ĩ, õ, ũ	â, ê, î, ô, û (sistema rōmaji)
chinês	ā, á, ă, à	â, á, àá, à (sistema pínyin)
russo	ы, ь, ъ, ш, ч, щ, ж, э, й, я, ю	y, ', ", sh, ch, shch, zh, è, j, ja, ju
outras línguas	indianas: ḍ, ḥ, ḷ, ṇ, ṛ, ṣ, ṭ, ṅ, ṁ, ā	d, h, l, n, r, s, t, n(g), m, â
	europeias: å, à, č, ğ, ı, ø, š, ş, ț, ž, ß, ð, þ	a, aa, ch, g, y, ö, sh, sh, ts, zh, ss, dh, th

XI

Classe gramatical

a) A classe gramatical é indicada por abreviatura em itálico após a etimologia do vocábulo (veja lista de abreviaturas na página XXV).
   Ex.: **a.ban.do.no** (de *abandonar*) *sm* **1** Desamparo, desprezo. **2** Desistência, renúncia. *Antôn* (acepção 1): *amparo*.
   a.cer.ca (*ê*) (*a¹+cerca*, do *lat circa*) *adv* Junto, perto, próximo. *Acerca de*: a respeito de, quanto a, sobre.
   a.bai.xar (*a¹+baixar*) *vtd* **1** Tornar baixo ou mais baixo; baixar. **2** Fazer descer: *Abaixar a cortina*. **3** Tornar menos alto: *Abaixar a cerca*. **4** Pôr em lugar mais baixo; descer. **5** Reduzir em estimação, preço, valor, grau: *Abaixaram o preço das frutas*. *Antôn: elevar*.

b) Quando o verbete tem mais de uma classe gramatical, uma é separada da outra por um ponto preto.
   Ex.: **ab.do.mi.nal** (*lat abdominale*) *adj m+f Anat* Pertencente ao abdome. • *sm* Exercício localizado para a região abdominal.

c) O adjetivo qualifica o substantivo e acompanha a sua flexão. Neste dicionário, indicamos o adjetivo com as seguintes abreviaturas:
   – *adj* significa que o adjetivo varia de acordo com o gênero do substantivo. Ex.: **bonito** = menino bonito / menina bonita
   – *adj m+f* significa que o adjetivo tem a mesma forma para qualificar substantivo feminino ou masculino. Ex.: **cruel** = homem cruel / mulher cruel

d) As expressões "Que ou pessoa que" e "Diz-se de ou aquele que" são usadas para distinguir as classes gramaticais de uma palavra, quando esta pode ser adjetivo e substantivo. Assim, "Que" ou "Diz-se de" indicam a forma do adjetivo, enquanto "pessoa que", "quem" ou "aquele que" caracterizam o substantivo.
   Ex.: **ce.den.te** (*lat cedente*) *adj e s m+f* Que ou quem cede ou faz cessão.
   dro.ga.do (*part* de *drogar*) *adj+sm* Diz-se de ou aquele que consome droga.
   ex.pe.ri.en.te (*lat experiente*) *adj e s m+f* Que ou aquele que tem experiência.

e) A transitividade ou intransitividade dos verbos é indicada em cada uma de suas acepções.
   Ex.: **a.ten.tar** (*atento+ar¹*) *vtd* **1** Aplicar com atenção. *vti* e *vint* **2** Considerar, dar atenção, tomar em consideração. *vti* e *vint* **3** Cometer atentado.

f) A conjugação dos verbos defectivos e irregulares está incluída no final dos respectivos verbetes ou é feita uma remissão para o modelo de conjugação. Alguns verbos regulares constam como modelo por gerarem dúvida de conjugação.
   Ex.: **co.lo.rir** (*ital colorire*) *vtd* Dar cor a, tingir ou matizar de cores: *Colorir um desenho*. Conjuga-se como *abolir*.
   a.bo.lir (*lat abolere*) *vtd* **1** Anular, suprimir, revogar: *Abolir a escravatura*. **2** Afastar, pôr fora de uso, suprimir: *Aboliram essa moda*. *Conjug:* verbo defectivo; não tem a 1ª pessoa do singular do presente do indicativo e todo o presente do subjuntivo, nem o imperativo negativo. Do imperativo afirmativo só há a 2ª pessoa do singular e do plural. *Pres indic: (Eu)—, aboles, abole, abolimos, abolis, abolem; Pret perf: aboli, aboliste, aboliu, abolimos, abolistes, aboliram; Pret imp indic: abolia, abolias, abolia, abolíamos, abolíeis, aboliam;*

Pret mais-que-perf: abolira, aboliras, abolira, abolíramos, abolíreis, aboliram; Fut pres: abolirei, abolirás, abolirá, aboliremos, abolireis, abolirão; Fut pret: aboliria, abolirias, aboliria, aboliríamos, aboliríeis, aboliriam; Pres subj: (Eu)—, (Tu)—, (Ele)—, (Nós)—, (Vós)—, (Eles)—; Pret imp subj: abolisse, abolisses, abolisse, abolíssemos, abolísseis, abolissem; Fut subj: abolir, abolires, abolir, abolirmos, abolirdes, abolirem; Imper afirm: —, abole(Tu), —(Você), —(Nós), aboli(Vós), —(Vocês); Imper neg: —, Não—(Tu), Não—(Você), Não—(Nós), Não—(Vós), Não—(Vocês); Infinitivo impess: abolir; Infinitivo pess: abolir, abolires, abolir, abolirmos, abolirdes, abolirem; Ger: abolindo; Part: abolido.

Registro

O registro, abreviado e destacado em itálico, indica área de conhecimento, regionalismo brasileiro e tipo de linguagem (veja lista de abreviaturas na página XXV).

Ex.: **a.bo.bri.nha** (*abobra+inha*) *sf Bot* Variedade de abóbora pequena usada para fins culinários.
chi.mar.rão (*cast cimarrón*) *sm Reg* (RS) Mate sem açúcar, tomado em cuia.
a.gar.ra-a.gar.ra *sm* **1** *pop V pega-pega*. **2** *vulg* Bolinação, bolinagem. *Pl: agarra-agarras.*

Acepções

Os diferentes sentidos de uma mesma palavra vêm numerados e destacados em negrito.
Ex.: **a.ba** (*lat alapa*) *sf* **1** Parte inferior pendente de certas peças do vestuário. **2** Borda, margem, beirada: *Aba do chapéu*. **3** Sopé, encosta, vertente. *Dim irreg: abeta.*

Contextualização

Para melhor compreensão da definição ou do emprego adequado da palavra, este dicionário utiliza-se de dois sistemas de contextualização: exemplos e abonações. A seleção de palavras ou acepções que mereceriam exemplificação foi feita levando-se em conta o público-alvo e a possibilidade de estranhamento contextual com relação a certos vocábulos.

Os **exemplos** são as construções criadas pelos próprios dicionaristas.
Ex.: **a.da.man.ti.no** (*lat adamantinu*) *adj* Semelhante ao diamante: *Um brilho adamantino.*

As **abonações** foram extraídas do "*Corpus* de Araraquara" – um conjunto que reúne textos do português do Brasil escritos em prosa, hoje totalizando mais de 200 milhões de ocorrências de palavras. Para este dicionário foram selecionados do *Corpus* textos da literatura ficcional e jornalística do português contemporâneo, a partir de 1950. Cada abonação vem acompanhada de uma sigla que indica a obra da qual foi tirada (veja a relação das obras na página XXIX).

Ex.: **a.ba.fa.di.ço** (*abafar+diço*) *adj* Em que não circula o ar livremente, em que não se pode respirar: "*Viu a mãe, os amarelos castiçais no quarto abafadiço, a sua indiferença pelo casamento.*" (MRJ)

Expressões

As expressões, locuções ou palavras compostas que incluem o vocábulo da entrada do verbete, estão registradas em itálico, no final deste, com uma breve explicação.
Ex.: **a.cam.pa.men.to** (*acampar+mento*) *sm* **1** Ação de acampar; alojamento. **2** Lugar ocupado pela tropa ou turma de trabalhadores; arraial. *Levantar acampamento*: ir-se embora.
bra.ço (*lat brachiu*) *sm* **1** *Anat* Parte do membro superior que vai do ombro ao cúbito. **2** *Zool* Qualquer membro ou órgão semelhante a um braço, como um tentáculo de polvo. **3** Apoio para os braços em poltrona, sofá etc. **4** *Geogr* Parte estreita de mar ou rio que avança terra adentro. *Braço de ferro*: a) disputa de força muscular com os braços; b) pessoa autoritária.

Informações complementares

No final do verbete estão indicadas, em itálico, as seguintes formas:
a) feminino irregular. Ex.: **embaixador** *Fem: embaixadora* (representante diplomática) e *embaixatriz* (mulher de embaixador);
b) diminutivo irregular. Ex.: **estátua** *Dim: estatuazinha, estatueta;*
c) aumentativo irregular. Ex.: **bandido** *Aum: bandidaço;*
d) superlativo absoluto sintético. Ex.: **capaz** *Sup abs sint: capacíssimo;*
e) sinônimo. Ex.: **acordeão** *Sin: harmônica, sanfona;*
f) antônimo. Ex.: **macambúzio** *Antôn: alegre;*
g) variante. Ex.: **bêbado** *Var: bêbedo;*
h) coletivo. Ex.: **anjo** *Col: coro, legião;*
i) voz. Ex.: **cão** *Voz: gane, ladra, late, rosna, uiva, ulula;*
j) plural dos substantivos: estão grafadas as formas menos comuns, aquelas que frequentemente geram dúvida, as que permitem duas ou mais terminações, além dos plurais dos substantivos compostos. Ex.:
capitão *Pl: capitães*
anão *Pl: anões, anãos*
ancião *Pl: anciãos, anciães, anciões*
abdômen *Pl: abdomens, abdômenes*
troféu *Pl: troféus*
mal *Pl: males*
abaixo-assinado *Pl: abaixo-assinados*
guarda-chuva *Pl: guarda-chuvas*
obra-prima *Pl: obras-primas*
caráter *Pl: caracteres (té)*

Nota: Variantes ou sinônimos com baixa frequência de uso não aparecem como entrada de verbete, mas são citados dentro do verbete mais usado.

Remissões

a) As remissões, indicadas pela abreviatura *V* (veja), remetem para uma forma vocabular mais usual.
   Ex.: **as.so.vi.o** (de *assoviar*) *V assobio*.
   be.que (*ingl back*) *V zagueiro*.

b) Outro tipo de remissão é aquela na qual um verbete sugere que o consulente leia outro verbete para ampliar seu conhecimento. Geralmente são palavras homófonas (sons idênticos) ou palavras muito parecidas na grafia, mas com significados diferentes. Essa remissão é indicada pela abreviatura *Cf* (confira ou confronte).
   Ex.: **ces.são** (*lat cessione*) *sf* Ato de ceder. *Cf seção* e *sessão*.
   se.ção (*lat sectione*) *sf* **1** Lugar onde uma coisa está cortada. **2** Cada uma das partes em que um todo foi secionado ou separado; segmento. **3** Divisão ou subdivisão de uma obra literária científica ou artística. **4** Parte distinta e permanente de uma publicação periódica, em que se cuida de determinado assunto: *Seção de esportes*. *Cf cessão* e *sessão*.
   ses.são (*lat sessione*) *sf* **1** Período de cada ano durante o qual uma corporação deliberativa realiza regularmente as suas reuniões. **2** Reunião, assembleia de uma corporação. **3** Nos teatros e cinemas em que se repete o programa várias vezes ao dia, cada um desses espetáculos representados. *Sessão extraordinária*: a que se realiza, por convocação especial, em data não prevista pelos estatutos. *Sessão ordinária*: a que se realiza em dias determinados, de acordo com os estatutos. *Cf cessão* e *seção*.

   e.mi.grar (*lat emigrare*) *vint* Deixar um país (geralmente o de origem) para estabelecer-se em outro. *Cf imigrar*.
   i.mi.grar (*lat immigrare*) *vti* Entrar (num país estrangeiro), para nele viver. *Cf emigrar*.

Elementos de composição

Abaixo se relacionam radicais gregos e latinos que participam da composição de diversas palavras, seguidos de uma lista de prefixos e sufixos.

Na lista de radicais e prefixos, registra-se a etimologia, assim como alguns significados básicos. Tendo em vista a dificuldade na atribuição de uma única etimologia a vários sufixos (por causa de fenômenos históricos, formações analógicas ou expressivas, entre outros), optou-se por não a incluir.

Radicais

acro[1]	*lat acru*	ácido
acro[2]	*gr ákron*	ponta, altura
acu	*lat acu*	agulha
acuti	*lat acutu*	agudo
adeno	*gr adén, énos*	glândula
adipo	*lat adipe*	gordura
aero	*gr aér, aéros*	ar
agogo	*gr agogós*	que conduz
agri	*lat ager, agri*	campo
agro	*gr ágros*	campo
alectoro	*gr aléktor, oros*	galo
algo[1]	*gr algós*	dor
algo[2]	*lat alga*	alga
algo[3]	*lat algu*	frio
ali	*lat ala*	asa
alo	*gr állos*	outro
alti	*lat altu*	alto
alvi	*lat albu*	branco
ambi	*lat ambi*	ambos
amilo	*gr ámylon*	amido
ancilo	*gr agkýle*	estreito
andro	*gr anér, andrós*	homem
anemo	*gr ánemos*	vento
angio	*gr aggeîon*	vaso
anglo	*lat anglu*	inglês
anto	*gr ánthos*	flor
antropo	*gr ánthropos*	homem
aristo	*gr áristos*	ótimo
arque	*gr arkhé*	chefe
arqueo	*gr arkhaîos*	antigo
arqui	*gr arkhi*	chefe
arterio	*gr artería*	artéria
artro	*gr árthron*	articulação
astro	*gr ástron*	corpo celeste
audio	*lat audio*	audição
auri	*lat auru*	ouro
auto	*gr autós*	próprio

avi	*lat ave*	ave
bati	*gr bathýs*	profundo
bi	*lat bis*	dois
biblio	*gr biblíon*	livro
bio	*gr bíos*	vida
bleno	*gr blénna*	catarro
bronto	*gr bronté*	trovão
cali	*gr kallós*	belo
calo	*gr kallós*	belo
calori	*lat calore*	calor
cani	*lat canna*	cana
carboni	*lat carbone*	carvão
cardio	*gr kardía*	coração
cefalo	*gr kephalé*	cabeça
celo	*gr koîlos*	vazio
ceno[1]	*gr kenós*	vazio
ceno[2]	*gr koinós*	comum
ceno[3]	*gr skené*	cena
ceno[4]	*gr kainós*	moderno
centri	*lat centru*	centro
ciano	*gr kýanos*	azul
ciclo	*gr kýklos*	círculo
cida	*lat caedere*	que mata
cine	*gr kinéo*	movimento
cino	*gr kýon, kynós*	cão
cito	*gr kýtos*	célula
citri	*lat citru*	limão
cloro	*gr khlorós*	verde
cola	*lat cola*	cultivador
colpo	*gr kólpos*	vagina
coni	*lat conu*	cone
contra	*lat contra*	contra
cosmo	*gr kósmos*	universo
crino	*gr krínon*	lírio
cripto	*gr kryptós*	oculto
cromo	*gr khrôma*	cor
crono	*gr khrónos*	tempo
ctono	*gr khthón, onós*	terra
curvi	*lat curvu*	curvo
datilo	*gr dáktylos*	dedo
deca	*gr déka*	dez
deci	*lat decem*	dez
demo	*gr dêmos*	povo
dendro	*gr déndron*	árvore
dermato	*gr dérma, atos*	pele
derme	*gr dérma, atos*	pele
dinamo	*gr dýnamis*	força
disco	*gr dískos*	disco
doxo	*gr dóxa*	opinião

XVII

dromo	gr drómos	corrida
eco[1]	gr ekhó	eco
eco[2]	gr oîkos	ambiente
ecto	gr ektós	exterior
edro	gr hédra	lado
eletro	gr élektron	eletricidade
eno	gr oînos	vinho
equi[1]	lat equu	cavalo
equi[2]	lat aequu	igual
ergo	gr érgon	trabalho
eroto	gr éros, otos	sexo
escato[1]	gr skór, átos	fezes
escato[2]	gr éskhatos	último
esquizo	gr skhízein	fendido
esteno	gr stenós	contraído
estereo	gr stéreo	volume
estoma	gr stôma, atos	boca
estrobo	gr stróbos	rotação
etno	gr éthnos	raça
fago	gr phágein	comer
farmaco	gr phármakon	medicamento
fero	lat fero	que leva
ferri	lat ferri	ferro
fico	lat facere	que faz
filo[1]	gr phýllon	folha
filo[2]	gr phílos	amigo
filo[3]	gr phýlon	tribo
fisio	gr phýsis	natureza
fito	gr phytón	vegetal
fobo	gr phóbos	medo
fono	gr phoné	som
forme	lat forma	forma
foro	gr phóros	que leva
foto	gr phôs, otós	luz
fugo	lat fugere	que foge
gali[1]	lat gallu	galo
gali[2]	lat gallu	francês
gali[3]	lat galla	galha
gamo	gr gámmos	casamento
gastro	gr gáster	estômago
geno	gr génos	raça
genu	lat genu	joelho
geo	gr gê	terra
gero	lat gerere	que leva
geronto	gr géron, ontos	velho
gineco	gr gyné, aikós	mulher
giro	gr gýros	volta
glico	gr glykýs	doce
gono[1]	gr goný	ângulo

gono[2]	*gr gónos*	semente
grado	*lat gradi*	que anda
grafo	*gr gráphein*	escrita
grama	*gr grámma*	escrita, peso
hecto	*gr hékaton*	cem
helio	*gr hélios*	sol
helminto	*gr hélmis, inthos*	verme
hemato	*gr haíma, atos*	sangue
hemero	*gr heméra*	dia
hemi	*gr hémi*	metade
hemo	*gr haíma, atos*	sangue
hendeca	*gr héndeka*	onze
hepato	*gr hêpar, atos*	fígado
hepta	*gr hépta*	sete
hetero	*gr héteros*	diferente
hexa	*gr hex*	seis
hidro	*gr hýdor, atos*	água
hiero	*gr hierós*	santo
hipno	*gr hýpnos*	sono
hipo[1]	*gr híppos*	cavalo
holo	*gr holós*	inteiro
homeo	*gr hómoios*	parecido
homo	*gr homós*	igual
horti	*lat hortu*	horta, jardim
iatro	*gr iatrós*	médico
ictio	*gr ikhthýs*	peixe
irido	*gr îris, idos*	íris
iso	*gr ísos*	igual
latra	*gr latreía*	adorador
lipo	*gr lípos*	gordura
lise	*gr lýsis*	destruição
lito[1]	*gr líthos*	pedra
lito[2]	*gr lytós*	dissolução
loco	*lat locu*	lugar
logo	*gr lógos*	conhecimento
macro	*gr makrós*	grande
mania	*gr manía*	loucura
mancia	*gr manteía*	adivinhação
maxi	*lat maximu*	grande
mega	*gr mégas*	grande
megalo	*gr megálos*	grande
melo	*gr mélos*	canto
mero	*gr méros*	parte
meso	*gr mésos*	médio
metro[1]	*gr métron*	medida
metro[2]	*gr métra*	útero
mico	*gr mýkes*	cogumelo
micro	*gr mikrós*	pequeno
mielo	*gr myelós*	medula

mili	*lat mille*	mil
mimo	*gr mîmos*	imitação
mini	*lat minimu*	pequeno
mio	*gr mys, myós*	músculo
miso	*gr mísein*	ódio
mito	*gr mýthos*	fábula
mono	*gr mónos*	um
morfo	*gr morphé*	forma
morti	*lat morte*	morte
multi	*lat multu*	muito
naso	*lat nasu*	nariz
necro	*gr nekrós*	morte
neo	*gr neós*	novo
neuro	*gr neûron*	nervo
nevro	*gr neûron*	nervo
nitro	*lat nitru*	nitrogênio
nomo	*gr nómos*	lei
odonto	*gr odoús, óntos*	dente
oftalmo	*gr ophthalmós*	olho
oleo	*lat oleu*	óleo
oni	*lat omne*	tudo
onimo	*gr ónoma*	nome
onomato	*gr ónoma, atos*	nome
oo	*gr oón*	ovo
opse	*gr ópsis*	vista
oro	*gr óros*	montanha
orqui	*gr órkhis*	testículo
orto	*gr orthós*	reto
osteo	*gr ostéon*	osso
oto	*gr oûs, otós*	orelha
oxi	*gr oxýs*	agudo
pago	*gr págos*	fixo
paleo	*gr palaiós*	antigo
pan	*gr pân*	tudo
paqui	*gr pakhýs*	espesso
paro	*lat parere*	que produz
pato	*gr páthos*	doença
pede	*lat pede*	pé
pedo	*gr país, paidós*	criança
penta	*gr pénta*	cinco
piro	*gr pûr, pyrós*	fogo
pisci	*lat pisce*	peixe
piteco	*gr píthekos*	macaco
plasto	*gr plastós*	formado
plego	*gr plegé*	golpe
pluri	*lat plure*	vários
pneo	*gr pneîn*	respirar
pode	*gr poûs, podós*	pé
pole	*gr pólis*	cidade

XX

poli	*gr* polýs	muito
pseudo	*gr* pseudés	falso
psico	*gr* psykhé	alma
ptero	*gr* ptéron	asa
quadri	*lat* quattuor	quatro
quilo	*gr* khílioi	mil
quiro	*gr* kheír	mão
radio	*lat* radiu	raio
rago	*gr* rháx, ágos	fluxo
reia	*gr* rhoía	corrimento
reti	*lat* rectu	reto
rino	*gr* rhís, rhinós	nariz
sacari	*gr* sákkhar	açúcar
sauro	*gr* saûros	lagarto
scopo	*gr* skopeúo	ver
sema	*gr* sêma, atos	sinal
semi	*lat* semi	metade
sidero	*gr* síderos	ferro
sismo	*gr* seismós	abalo
sofo	*gr* sophós	sábio
sono	*lat* sonare	que soa
taqui	*gr* takhýs	rápido
teca	*gr* théke	alojamento
tecno	*gr* tekhné	arte
tele	*gr* têle	longe
teo	*gr* théos	Deus
tério	*gr* theríon	fera
termo	*gr* thérme	calor
tetra	*gr* tétra	quatro
tipo	*gr* týpos	sinal
tomo	*gr* tómos	incisão
tono	*gr* tónos	tom
topo	*gr* tópos	lugar
tri	*lat* tri	três
trico	*gr* thríx, trikhós	cabelo
tropo	*gr* trópos	movimento
uni	*lat* unu	um
uro[1]	*gr* ourá	cauda
uro[2]	*gr* oûron	urina
vermi	*lat* verme	verme
volo	*lat* velle	que quer
voro	*lat* vorare	que come
xeno	*gr* xénos	estrangeiro
xilo	*gr* xýlon	madeira
zoo	*gr* zôon	animal

XXI

Prefixos

a¹-	*port a-*	prótese
a²-	*lat ad*	proximidade
a³-	*lat ab*	afastamento
a⁴-	*gr a-*	negação
a⁵-	*tupi a-*	semente, cabeça
ab-	*lat ab*	afastamento
abs-	*lat abs-*	afastamento
ad-	*lat ad*	proximidade
an-	*gr an-*	negação
ana-	*gr aná*	inversão, repetição
anfi-	*gr amphí*	ao redor, ambos
ante-	*lat ante*	diante, antes
anti-	*gr antí*	diante, contra
apo-	*gr apó*	afastamento
cata-	*gr katá*	de cima, sobre
circu-	*lat circum*	ao redor
circum-	*lat circum*	ao redor
circun-	*lat circum*	ao redor
cis-	*lat cis*	aquém
co-	*lat com-*	companhia
com-	*lat com-*	companhia
con-	*lat con-*	companhia
contra-	*lat contra*	contrário
de-	*lat de*	afastamento
des-	*lat dis*	dispersão, negação
di	*gr dís*	dois
dia-	*gr diá*	através de
dis¹-	*lat dis*	dispersão, negação
dis²-	*gr dís*	dois
dis³-	*gr dys-*	privação
e¹-	*lat in, gr en*	início de estado
e²-	*lat ex, gr ex*	saída
ec-	*lat ex, gr ex*	saída
em-	*lat in, gr en*	início de estado
en-	*lat in, gr en*	início de estado
endo-	*gr éndon*	entrada
epi-	*gr epí*	em cima, sobre
es-	*lat ex*	afastamento
eu-	*gr eu-*	bom
ev-	*gr eu-*	bom
ex-	*lat ex, gr ex*	saída, antigo
exo	*gr éxo*	fora
extra-	*lat extra*	saída, a mais
hiper	*gr hypér*	acima
hipo²-	*gr hypó*	abaixo
i¹-	*lat in*	início da ação
i²-	*lat in-*	negação

im¹-	*lat in*	início da ação
im²-	*lat in-*	negação
in¹-	*lat in*	início da ação
in²-	*lat in-*	negação
infra-	*lat infra*	abaixo
inter-	*lat inter*	entre
intra-	*lat intra*	entrada
intro-	*lat intro*	entrada
meta-	*gr méta*	sucessão
justa-	*lat juxta*	ao lado
o-	*lat ob*	impedimento
ob-	*lat ob*	impedimento
para-	*gr pará*	ao lado de
pen-	*lat paene*	quase
pene-	*lat paene*	quase
per-	*lat per*	através
peri-	*gr perí*	ao redor
pos-	*lat post*	sucessão
pre-	*lat prae*	diante
preter-	*lat praeter*	além, excesso
pro-	*lat / gr pro*	diante, antes
re-	*lat re-*	inversão, repetição
retro-	*lat retro*	inversão
se-	*lat se-*	separação
sim-	*gr sýn*	companhia
sin-	*gr sýn*	companhia
so-	*lat sub*	abaixo
sob-	*lat sub*	abaixo
sobre-	*lat super*	acima
sota-	*lat *subta*	abaixo
soto-	*lat subtu*	abaixo
sub-	*lat sub*	abaixo
subter-	*lat subter*	abaixo
super-	*lat super*	acima
supra-	*lat supra*	acima
tra-	*lat trans*	além
trans-	*lat trans*	além
tres-	*lat trans*	além
ultra-	*lat ultra*	além
vice-	*lat vice*	substituição
vis-	*lat vice*	substituição

Abreviaturas usadas neste dicionário

a.C.	Antes de Cristo
abrev	Abreviatura
acep	Acepção
adj	Adjetivo
adj inv	Adjetivo invariável
adj m+f	Adjetivo masculino e feminino
adj+sf	Adjetivo e substantivo feminino
adj+sm	Adjetivo e substantivo masculino
adv	Advérbio
Aeron	Aeronáutica
afirm	Afirmativo
Agr	Agricultura
al	Alemão
Álg	Álgebra
Alq	Alquimia
alto-al	Alto-alemão
Anat	Anatomia
anglo-sax	Anglo-saxão
ant	Antigo, antiquado
ant alto-al	Antigo alto-alemão
Antig	Antiguidade
antôn	Antônimo
Antrop	Antropologia
Apic	Apicultura
ár	Árabe
arc	Arcaísmo
Arit	Aritmética
Arqueol	Arqueologia
Arquit	Arquitetura
art	Artigo
art def	Artigo definido
Art Gráf	Artes Gráficas
Artilh	Artilharia
art indef	Artigo indefinido
Art Plást	Artes Plásticas
Astr	Astronomia
Astrol	Astrologia
Astronáut	Astronáutica
aum	Aumentativo
Autom	Automobilismo
Av	Aviação
Avic	Avicultura
Bacter	Bacteriologia
baixo-lat	Baixo-latim
Bel-art	Belas-artes
Biol	Biologia
Bioquím	Bioquímica
Bot	Botânica
Caligr	Caligrafia
Carp	Carpintaria
cast	Castelhano
cat	Catalão
Catól	Católico
célt	Céltico
Cf	Confira ou confronte
chin	Chinês
Cib	Cibernética
Cin	Cinema
cing	Cingalês
Cir	Cirurgia
Cit	Citologia
Cód	Código
Cód Civ	Código Civil
Cód Civ Bras	Código Civil Brasileiro
Cód Com	Código Comercial
Cód Pen	Código Penal
col	Coletivo
Com	Comércio, Comercial
Comun	Comunicação
conj	Conjunção
conj arc	Conjunção arcaica
conj condic	Conjunção condicional
conj coord	Conjunção coordenativa
conj integr	Conjunção integrante
conj sub	Conjunção subordinativa
conjug	Conjugação
Constr	Construção
Cont	Contabilidade
contr	Contração
Cor	Corografia
corr	Corruptela, corrupção
Cosm	Cosmografia
Crist	Cristalografia
Cron	Cronologia
Cul	Culinária
dat	Dativo
decr	Decreto
def	Definido
defec	Defectivo
dem	Demonstrativo
deprec	Depreciativo
der	Derivado, derivação
Des	Desenho
desc	*desconhecido*
desin	Desinência
desus	Desusado

dial	Dialetal	*Fís-Quím*	Físico-Química
didát	Didático	*Fisiol*	Fisiologia
dim	Diminutivo	*flam*	Flamengo
din	Dinamarquês	*flex*	Flexão
Diplom	Diplomática	*Folc*	Folclore
Dir	Direito	*Fon*	Fonética
Dir Intern	Direito Internacional	*Fonol*	Fonologia
Dir Trab	Direito Trabalhista	*Fot*	Fotografia
distr	Distrito	*Fotograv*	Fotogravura
Ecles	Eclesiástico	*Fotom*	Fotometria
Ecol	Ecologia	*fr*	Francês
Econ	Economia	*freq*	Frequentativo
Econ polít	Economia política	*Fut*	Futebol
Edit	Editoração	*fut*	Futuro
Educ	Educação	*fut pret*	Futuro do pretérito
elem comp	Elemento de composição	*fut subj*	Futuro do subjuntivo
Eletr	Eletricidade	*gal*	Galicismo
Eletrôn	Eletrônica	*Galv*	Galvanismo
Eletroquím	Eletroquímica	*gaul*	Gaulês
Embr	Embriologia	*gên*	Gênero
Encad	Encadernação	*Geneal*	Genealogia
Encicl	Enciclopédia	*Genét*	Genética
Eng	Engenharia	*Geod*	Geodésia
Eng Genét	Engenharia Genética	*Geofís*	Geofísica
Entom	Entomologia	*Geogr*	Geografia
Equit	Equitação	*Geol*	Geologia
erud	Erudito	*Geom*	Geometria
escand	Escandinavo	*ger*	Gerúndio
escoc	Escocês	*germ*	Germânico, germanismo
Escol	Escolástica	*Ginec*	Ginecologia
Escult	Escultura	*gír*	Gíria
Esgr	Esgrima	*gót*	Gótico
esl	Eslavo	*gr*	Grego
esp	Espanhol	*Gram*	Gramática
Esp	Esporte	*gr biz*	Grego bizantino
Espir	Espiritismo	*guar*	Guarani
Estat	Estatística	*hebr*	Hebraico, hebreu
Etim	Etimologia	*Heráld*	Heráldica
Etnol	Etnologia	*Herp*	Herpetologia
ex	Exemplo	*Hidrául*	Hidráulica
expr	Expressão	*Hidrogr*	Hidrografia
express	Expressivo	*Hig*	Higiene
Farm	Farmácia	*hind*	Hindustani
f	Feminino	*Hist*	História
fem	Feminino	*Hist nat*	História natural
fig	Figurado	*Histol*	Histologia
Filol	Filologia	*hol*	Holandês
Filos	Filosofia	*hol med*	Holandês medieval
Fin	Finanças	*Hum*	Humorístico
finl	Finlandês	*húng*	Húngaro
Fís	Física	*Ictiol*	Ictiologia
Fís nucl	Física nuclear	*imp*	Imperfeito

imper	Imperativo
imper afirm	Imperativo afirmativo
imper neg	Imperativo negativo
impess	Impessoal
inc	Incoativo
ind	Indiano
indef	Indefinido
indic	Indicativo
inf	Infantil
Inform	Informática
ingl	Inglês
interj	Interjeição
iron	Ironia
irreg	Irregular
ital	Italiano, italianismo
jap	Japonês
Jorn	Jornalismo
Jur	Jurídico
lat	Latim
lat cient	Latim científico
lat ecles	Latim eclesiástico
lat escol	Latim escolástico
lat med	Latim medieval
lat mod	Latim moderno
lat vulg	Latim vulgar
Ling	Linguística
Lit	Literatura
Litogr	Litografia
Liturg	Liturgia
loc	Locução
loc adv	Locução adverbial
loc conj	Locução conjuntiva
loc interj	Locução interjetiva
loc prep	Locução prepositiva
loc pron	Locução pronominal
loc v	Locução verbal
Lóg	Lógica
lus	Lusitanismo
m	Masculino
Maçon	Maçonaria
Mar	Marinha
Marc	Marcenaria
masc	Masculino
Mat	Matemática
Mec	Mecânica
Med	Medicina
médio alto-al	Médio alto-alemão
Med leg	Medicina legal
metaf	Metafórico
Metal	Metalurgia
metát	Metátese
Meteor	Meteorologia
Metr	Metrologia
Metrif	Metrificação
mexic	Mexicano
Mil	Militar
Miner	Mineralogia
Mit	Mitologia
mod	Moderno
Mús	Música
Náut	Náutica
neer	Neerlandês
neg	Negativo
neol	Neologismo
NGB	Nomenclatura Gramatical Brasileira
norm	Normando
np	Nome próprio
num	Numeral
Numism	Numismática
obs	Observação
obsol	Obsoleto
Obst	Obstetrícia
Ocult	Ocultismo
Odont	Odontologia
Oftalm	Oftalmologia
onom	Onomatopeia
Onomást	Onomástico
Ópt	Óptica
Ornit	Ornitologia
Ort	Ortografia, ortográfico
Paleogr	Paleografia
Paleont	Paleontologia
Parapsicol	Parapsicologia
Parôn	Parônimo
part	Particípio
part irreg	Particípio irregular
Patol	Patologia
Pec	Pecuária
Pedag	Pedagogia
perf	Perfeito
pej	Pejorativo
períf	Perífrase
Petr	Petrografia
p ex	Por exemplo
Pint	Pintura
pl	Plural
poét	Poético
Polít	Política
pop	Popular
por anal	Por analogia
por ext	Por extensão

port	Português	*s m+f*	Substantivo masculino e feminino
pref	Prefixo		
prep	Preposição	*Sociol*	Sociologia
pré-rom	Pré-românico	*subj*	Subjuntivo
pres indic	Presente do indicativo	*suf*	Sufixo
pres subj	Presente do subjuntivo	*sup abs sint*	Superlativo absoluto sintético
pret	Pretérito		
Proc Dados	Processamento de Dados	*Taur*	Tauromaquia
pron	Pronome	*Teat*	Teatro
pron adj	Pronome adjetivo	*Tecel*	Tecelagem
pron inter	Pronome interrogativo	*Tecn*	Tecnologia
pron indef	Pronome indefinido	*Telecom*	Telecomunicação
pron pess	Pronome pessoal	*Telev*	Televisão
pron poss	Pronome possessivo	*Teol*	Teologia
pron relat	Pronome relativo	*Terat*	Teratologia
pron subst	Pronome substantivo	*Tip*	Tipografia
Propag	Propaganda	*top*	Topônimo
Psicol	Psicologia	*Topogr*	Topografia
Psiq	Psiquiatria	*trad*	Tradução
p us	Pouco usado	*Trigon*	Trigonometria
qual	Qualificativo	*tupi-guar*	Tupi-guarani
Quím	Química	*Tur*	Turismo
Rád	Rádio	*Urb*	Urbanismo
Radiol	Radiologia	*V*	Veja
Radiotécn	Radiotécnica	*v*	Verbo
red	Redução	*var*	Variante
Reg	Regionalismo	*vern*	Vernáculo
Rel	Religião	*Vet*	Veterinária
Ret	Retórica	*vfreq*	Verbo frequentativo
rom	Romano	*vinc*	Verbo incoativo
rus	Russo	*vint*	Verbo intransitivo
sânsc	Sânscrito	*vlig*	Verbo de ligação
séc	Século	*voc*	Vocábulo
seg	Seguinte, seguido	*vpr*	Verbo pronominal
Semiol	Semiologia	*vtd*	Verbo transitivo direto
Serralh	Serralheria	*vtdi*	Verbo transitivo direto e indireto
sf	Substantivo feminino	*vti*	Verbo transitivo indireto
símb	Símbolo, simbolismo	*vulg*	vulgarismo
sin	Sinônimo	*Zool*	Zoologia
sing	Singular	*Zootecn*	Zootecnia
sm	Substantivo masculino		

Lista das obras usadas

para abonações

A *Angela ou as areias do mundo.* Faria, O. de. Rio de Janeiro, José Olympio, 1963.

ACI *A cidade e a roça.* Braga, R. *200 crônicas escolhidas.* 2ª ed., Rio de Janeiro, Record, 1978.

ACL *Audiologia clínica.* Lacerda, A. P. Rio de Janeiro, Guanabara, 1976.

ACM *Aqueles cães malditos de Arquelau.* Pessotti, I. 2ª ed., Rio de Janeiro, Editora 34, 1994.

ACQ *A arte e a ciência do queijo.* Furtado, M. M. Rio de Janeiro, Globo, 1990.

ACT *Acontecências.* Ignácio, S. E. Franca, Ribeirão Gráfica, 1996.

ADV *Adubação orgânica.* Costa, M. B. B. São Paulo, Ícone, 1989.

AE *Adolescência e sua educação.* Leão, A. C. São Paulo, C. E. N., 1950.

AF *A festa.* Angelo, I. São Paulo, Summus, 1978.

AFA *A faca de dois gumes.* Sabino, F. Rio de Janeiro, Record, 1985.

AG *A Gazeta de Vitória,* 1993 e 1994.

AGO *Agosto.* Fonseca, R. São Paulo, Cia. das Letras, 1990.

AGP *Agora Paraná.* Curitiba, 2000.

AGR *O que é questão agrária.* Silva, J. G. 16ª ed., São Paulo, Brasiliense, 1980.

AID *Ai de ti, Copacabana.* Braga, R. *200 crônicas escolhidas.* 2ª ed., Rio de Janeiro, Record, 1978.

AL *A lua vem da Ásia.* Campos de Carvalho. 3ª ed., Rio de Janeiro, Codecri, 1977.

ALE *Além dos marimbus.* Salles, H. *O Cruzeiro,* Rio de Janeiro, 1961.

ALF *O alferes.* Proença, M. C. Rio de Janeiro, Civilização Brasileira, 1967.

ALQ *O que é alquimia.* Machado, J. São Paulo, Brasiliense, 1991.

AM *O ajudante de mentiroso.* Jardim. L. Rio de Janeiro, José Olympio, 1980.

AMI *Revista Amiga,* 1982 a 1991.

ANA *Anarquistas, graças a Deus.* Gattai, Z. Rio de Janeiro, Record, 1980.

ANB *O analista de Bagé.* Veríssimo, L. F. Porto Alegre, L&PM, 1982.

AP *A Província do Pará.* Belém, 1980.

APA *A paixão transformada. História da medicina na literatura.* Scliar, M. São Paulo, Cia. das Letras, 1996.

AQT *O que é arquitetura.* Lemos, C. A. C. 3ª ed., São Paulo, Brasiliense, 1982.

AR *A palavra de Arraes.* Discurso de posse no cargo de governador de Pernambuco, 1963.

ARA *A estória de Ana Raio e Zé Trovão.* Caruzo, M & Buzzar, R. Novela Rede Manchete, 1991.

ARR *Arraia de fogo.* Vasconcelos, J. M. São Paulo, Melhoramentos, 1965.

AS *A semente.* Guarnieri, G. São Paulo, M. Moho, 1961.

ASA *A asa esquerda do anjo.* Luft, L. São Paulo, Siciliano, 1981.

ASS *Assunção de Salviano.* Callado, A. C. Rio de Janeiro, Civilização Brasileira, 1954.

AST *O que é astrologia.* Müller, J. A. C. São Paulo, Brasiliense, 1983.

ASV *As viagens.* Montenegro, J. B. Rio de Janeiro, Gavião, 1960.

ATA *A Tarde.* Salvador, 1992.

ATE *A terra em que vivemos.* Caniato, R. 4ª ed., Campinas, Papirus, 1989.

ATN *A temática indígena na escola.* Silva, A. L. & Grupioni, L D B. Brasília, MEC/Mari/Unesco, 1965.

ATR *A transamazônica.* Mott, O. B. São Paulo, Atual, 1986.

AV *A viúva branca.* Leite, A. Editora O Cruzeiro, Rio de Janeiro, 1960.

AVE *Ave, palavra.* Rosa, J. G. Rio de Janeiro, José Olympio, 1970.

AVI *A vida secreta dos relógios.* Cy-

trynowicz, R. São Paulo, Scritta, 1994.
AVK *As Valkírias.* Coelho, P. Rio de Janeiro. Rocco, 1992.
AVL *A velhinha de Taubaté.* Veríssimo, L. F. Porto Alegre, L&PM, 1983.
AVP *A vida pré-histórica.* Mendes, J. C. São Paulo, Melhoramentos, 1993.
AZ *Arroz – O prato do dia na mesa e na lavoura brasileira.* Anselmi, R. V. 2ª ed., São Paulo, Ícone, 1988.
B *As bacantes.* Eurípides, Trad. Livraria Duas Cidades, São Paulo, Abril S.A., 1976.
BA *Barrela.* Marcos, P. São Paulo, Global, 1976.
BAE *Ballet Essencial.* Sampaio, F. Rio de Janeiro, Sprint, 1996.
BAL *Balão cativo.* Nava, P. Rio de Janeiro, Nova Fronteira, 1986.
BAP *As bases anatomopatológicas da neuriatria e psiquiatria.* vol. 1. e 2. Edgard, W. & Maffei, D. M. São Paulo, Metodista, 1965.
BB *Balé branco.* Cony, C. H. Rio de Janeiro, Civilização Brasileira, 1966.
BDI *O braço direito.* Resende, O. L. Rio de Janeiro, Editora do Autor, 1963.
BE *O beijo não vem da boca.* Brandão, I. L. Rio de Janeiro, Global, 1985.
BEB *Botânica econômica brasileira.* Mors, W. B. São Paulo, E. P. U./Edusp, 1976.
BEN *O que é benzeção.* Oliveira, E. R. São Paulo, Brasiliense, 1985.
BF *O boia fria: acumulação e miséria.* Melo, M. C. Petrópolis, Vozes, 1975.
BH *Balbino, o homem do mar.* Lessa, O. Rio de Janeiro, José Olympio, 1970.
BIB *A biblioteca.* Ferraz, W. 6ª ed., Rio de Janeiro, Freitas Bastos/MEC, 1972.
BIO *Como programar-se pelo biorritmo.* Ennesse, L. São Paulo, Cia. Brasileira do Livro, 1986.
BL *Blecaute.* Paiva, M. R. São Paulo, Brasiliense, 1986.

BN *Branca de Neve.* Moniz, Rio de Janeiro, S. José, 1954.
BO *Boca de Ouro.* Rodrigues, N. *Teatro quase completo.* Rio de Janeiro, Tempo Brasileiro, 1966.
BOI *Boca do inferno.* Miranda, A. São Paulo, Cia. das Letras, 1989.
BP *Brasileiro perplexo.* Queirós, R. Rio de Janeiro, Edição do Autor, 1963.
BPN *Bom dia para nascer.* Resende, O. L. São Paulo, Cia. das Letras, 1993.
BRG *Bragantia.* Campinas, www.scielo.br, 1997.
BRI *Brida.* Coelho, P. Rio de Janeiro. Rocco Ltda., 2002.
BRO *O que é burocracia.* Motta, F. C. P. São Paulo, Brasiliense, 1984. (Coleção Primeiros Passos, vol. 21)
BS *O boi e sua senhora.* Travassos, N. P. São Paulo, Edart, 1962.
BU *Bufo & Spalanzani.* Fonseca, R. Rio de Janeiro, Francisco Alves, 1985.
BUD *O que é budismo.* Rocha, A. C. São Paulo, Brasiliense, 1984. (Coleção Primeiros Passos, vol. 113)
C *Calabar.* Hollanda, C. B. & Guerra, R. Rio de Janeiro, Civilização Brasileira, 1979.
CA *Cangaceiros.* Rego, J. L. 5ª ed., Rio de Janeiro, José Olympio, 1961.
CAA *Revista Caras.* Rio de Janeiro, nos 44 e 45. Globo, 1994.
CAN *Os cultos de origem africana no Brasil.* Carneiro, E. 6ª ed., Rio de Janeiro, Civilização Brasileira, 1978.
CAP *Capitães da areia.* Amado, J. São Paulo, Martins, 1937.
CAS *Cascalho.* Sales, H. Rio de Janeiro, O Cruzeiro, 1966.
CB *Correio Brasiliense.* Brasília, 1979.
CBC *O conto brasileiro contemporâneo.* Bosi, A. São Paulo, Cultrix, 1977.
CC *Cobra cega.* Pereira, L. M. Rio de Janeiro, José Olympio, 1954.

CCA *Crônica da casa assassinada.* Cardoso. L. Rio de Janeiro, Bruguera, 1959.

CCV *Rev. Bras. de Cirurgia Cardiovascular,* São Paulo, www.scielo.br, 1997.

CD *Contos d'escárnio – Textos grotescos.* Hilst, H. São Paulo, Siciliano, 1990.

CDI *Cem dias entre a terra e o mar.* Klink, A. Rio de Janeiro, José Olympio, 1985.

CE *Cemitério de elefantes.* Trevisan, D. Rio de Janeiro, Civilização Brasileira, 1975.

CEN *Cenas da vida minúscula.* Scliar, M. Porto Alegre, L&PM, 1991.

CF *A capital federal.* Azevedo, A. Rio de Janeiro, Ediouro, 1897.

CG *Contos gauchescos e lendas do sul.* Lopes Neto, J. S. 5ª ed., Porto Alegre, Globo, 1957.

CH *Chagas, o cabra.* Mendes, S. Rio de Janeiro, Civilização Brasileira, 1965.

CHA *Chapadão do Bugre.* Palmério, M. Rio de Janeiro, José Olympio, 1965.

CHC *Capítulos de história colonial.* Abreu, J. C. 4ª ed., Rio de Janeiro, Briguiet & Cia., 1954.

CHI *Chão de infância.* Dantas, P. São Paulo, CEM, 1953.

CHP *Chica Pelega – A guerreira de Taquaruçu,* Vasconcelos A. S. Florianópolis, Editora Insular Ltda., 2000.

CHR *Chico Rei.* Ayala, W. Rio de Janeiro, Civilização Brasileira, 1965.

CHU *Chuvas de verão.* Diegues, C. Rio de Janeiro, Civilização Brasileira, 1977. (Roteiro do filme.)

CIB *Cibernética.* Epstein, I. São Paulo, Ática, 1986. (Série Princípios, vol. 62)

CID *A cidade dos padres.* Silva, D. Rio de Janeiro, Guanabara, 1986.

CJ *Capitão jagunço.* Dantas, P. São Paulo, Brasiliense, 1959.

CL *O coronel e o lobisomem.* Carvalho, J. C. Rio de Janeiro, José Olympio, 1978.

CLA *Clarissa.* Veríssimo, E. Porto Alegre, Globo, 1986.

CLC *Clínica cirúrgica.* Correa Netto, A.; Raia, A. A.; Zerbini, E. J. 4ª ed., São Paulo, Sarvier, 1988.

CLI *Clínica médica propedêutica e fisiopatológica.* Marcondes, M.; Ramos, D.; Sustovich, O. 2ª ed., Rio de Janeiro, Guanabara Koogan, 1979.

CLO *Clínica obstétrica.* Souza, O. 2ª ed., Rio de Janeiro, *Jornal do Comércio,* 1955.

CM *Cartas da mãe.* Henfil. Rio de Janeiro, Codecri, 1980.

CNS *Constituições brasileiras e cidadania.* Quirino, C. G. São Paulo, Ática, 1987.

CNT *Contos da repressão.* Angelo, I. Rio de Janeiro, Record, 1987.

COB *Corpo de baile – Campo geral.* Rosa, J. G. Rio de Janeiro, José Olympio, 1956.

COL *Discurso de posse do presidente Collor. O Estado de S.Paulo.* São Paulo, 1990.

CON *Concerto Carioca.* Callado, A. Rio de Janeiro, Nova Fronteira, 1985.

COR *O coruja.* Azevedo, A., Rio de Janeiro, Briguiet & Cia., 1940.

COT *Contos de aprendiz.* Andrade, C. D. Rio de Janeiro, José Olympio, 1951.

CP *Ciranda de pedra.* Teles, L. F. São Paulo, Martins, 1955.

CPO *Correio do Povo.* Várias edições. Porto Alegre, 1967, 1968, 1980.

CR *Cabra das rocas.* Homem, H. São Paulo, Ática, 1973.

CRE *O crepúsculo do macho.* Gabeira, F. Rio de Janeiro, Codecri, 1980.

CRO *O coronelismo, uma política de compromissos.* Janotti, M. L. 2ª ed., São Paulo, Brasiliense, 1981.

CRP *Correio da Paraíba.* João Pessoa, 1992.

CRU *O Cruzeiro.* Várias edições. Rio de Janeiro, 1955, 1959, 1973, 1980.

CT *O caçador de tatu.* Queirós, R. Rio de Janeiro, José Olympio, 1967.

CTR *O que é contracultura.* Pereira, C. A. M. São Paulo, Brasiliense, 1986. (Coleção Primeiros Passos)

CUB *Curso básico de corte e costura.* Denner. São Paulo, Rideel, 1972.

CV *Contraversões – Civilização ou barbárie na virada do século.* Sader E., Frei Betto, São Paulo, Boitempo Editorial, 2002.

CVB *Contos da vida breve.* Vergara, T. Rio de Janeiro, 1966.

CV *A cidade vazia.* Sabino, F. Rio de Janeiro, Sabiá, 1950.

D *A democracia no Brasil.* Telles Jr., G. *Revista dos Tribunais,* São Paulo, 1965.

DC *A democracia coroada.* Torres, J. C. Rio de Janeiro, José Olympio, 1957.

DCM *Apresentação de Darcy Ribeiro na Academia Brasileira de Letras.* Mendes Ribeiro, C. Senado Federal. Brasília, 1993.

DD *Dancin' Days.* Braga, G. Rio de Janeiro, Rio Gráfica, 1987.

DDH *Diagnóstico diferencial das hemorragias ginecológicas.* Stersa, O. São Paulo, Autores Reunidos, 1961.

DDR *Carta-discurso de posse do acadêmico Darcy Ribeiro.* Ribeiro, D. Senado Federal. Brasília, 1983.

DE *Os 18 melhores contos do Brasil.* Trevisan, D. Rio de Janeiro, Block, 1968.

DEN *Dentro da vida.* Prata, R. São Paulo, Clube do Livro, 1973.

DES *Desolação.* Machado, D. São Paulo, Moderna, 1981.

DIN *Diário do Nordeste.* 2000 e 2001.

DIR *O que é direito.* Lyra Filho, R. São Paulo, Brasiliense, 1982. (Coleção Primeiros Passos, vol. 62)

DM *Os dez mandamentos.* Vários autores. Rio de Janeiro, Civilização Brasileira, 1965.

DO *Dois perdidos numa noite suja.* Marcos, P. São Paulo, Global, 1979.

DRO *As drogas.* Rocha, L. C. 3ª ed., São Paulo, Ática, 1988. (Série Princípios, vol. 96)

DSP *O demônio e a Srta. Prym,* Coelho, P. Rio de Janeiro. Rocco Ltda., 2000.

DST *Destruição e equilíbrio – O homem e o ambiente no espaço e no tempo.* Rodrigues, S. A. 4ª ed., São Paulo, Atual, 1989.

DZ *Domingo Zeppelin.* Moraes, V. Rio de Janeiro, vol. II, MEC, 1978.

EC *Estação Carandiru.* Varella, D. São Paulo, Cia. das Letras, 1999.

ECG *Ecologia Geral.* Dajoz, R. 3ª ed., São Paulo, Vozes, 1978.

ED *Emissários do diabo.* Lemos, G. Rio de Janeiro, Civilização Brasileira, 1968.

EFE *Estradas de ferro.* Brina, H. L. São Paulo, Livros Técnicos e Científicos, 1956.

EGR *Ensino da gramática – Opressão? Liberdade?* Bechara, E. São Paulo, Ática, 1985.

EL *Um elefante no caos.* Fernandes, M. Rio de Janeiro, Edição do Autor, 1955.

ELE *Elementos de fisioterapia.* Leitão, A. 2ª ed., Rio de Janeiro, Artenova, 1970.

ELL *Elle.* Várias edições. São Paulo, Abril, 1989 a 1991.

EM *Estado de Minas.* Belo Horizonte. Várias edições. 1966, 1981, 1992, 1993 e 1994.

EMB *Embrulhando o peixe.* Semler, R. São Paulo, Best Seller, 1992.

EMC *Eles eram muitos cavalos.* Ruffato, L. São Paulo, Boitempo Editorial, 2002.

EN *Eles não usam black-tie.* Guarnieri, G. São Paulo, Brasiliense, 1966.

ENF *Enfermagem – Anatomia e fisiologia humana.* Kawamoto, E. São Paulo, EPU, 1988.

ESI *O que é espiritismo.* Castro, M. L. V. São Paulo, Brasiliense, 1985. (Coleção Primeiros Passos, vol. 146)

ESP *O Estado de S.Paulo.* Várias edições. São Paulo, 1955, 1978, 1979, 1991, 1992 e 1996.

EST *Estorvo*. Hollanda, F. B. São Paulo, Cia. das Letras, 1991.

ETR *Estrela solitária*. Castro, R. São Paulo, Cia. das Letras, 1995.

EV *Evolução do catolicismo no Brasil*. Montenegro, J. A. Petrópolis, Vozes, 1972.

EX *Exame*. Várias edições. São Paulo, Abril, 1992 e 1993.

F *O fardão*. Pedroso, B. Rio de Janeiro, Saga, 1967.

FA *Fatos e Fotos*. Várias edições. Rio de Janeiro, Block, 1990 a 1993.

FAB *Fábulas fabulosas*. Fernandes, M. D. Rio de Janeiro, Nórdica, 1963.

FAN *Fantoches*. Veríssimo, E. Porto Alegre, Globo, 1956.

FAV *Feliz Ano Velho*. Paiva, M. R. São Paulo, Brasiliense, 1982.

FB *O futebol*. Saldanha, J. Rio de Janeiro, Block, 1971.

FC *Frutas comestíveis da Amazônia*. Cavalcante, P. B. Manaus, CNPq/INPA, 1976.

FE *A falta que ela me faz*. Sabino, F. Rio de Janeiro, Record, 1980.

FEB *Formação econômica do Brasil*. Furtado, C. Rio de Janeiro, Fundo de Cultura, 1959.

FF *Fundamentos da farmacologia*. Rocha e Silva, M. 3ª ed., São Paulo, Edart, 1973.

FH *Favela hightech*. Lacerda, M. São Paulo, Scritta, 1993.

FI *Ficção e ideologia*. Cunha, F. W. Rio de Janeiro, Pongetti, 1972.

FIC *Filme e cultura*. Rio de Janeiro, Empresa Brasileira de Filmes, 1978 e 1979.

FIG *Figueira do inferno*. Camargo, J. M. São Paulo, Martins, 1961.

FIL *O que é filatelia*. Queiroz, R. G. São Paulo, Brasiliense, 1984. (Coleção Primeiros Passos, v. 132)

FN *Folclore nacional*. Araújo, A. M. São Paulo, Melhoramentos, 1964.

FO *Forró no engenho Cananeia*. Callado, A. Rio de Janeiro, Civilização Brasileira, 1964.

FOC *Folha de S.Paulo – Ciência*. Várias edições, 1989 e 1990.

FOR *Discurso do Senador Mauro Benevides. Fórum nacional sobre reforma fiscal*. Brasília, 1991.

FOT *O que é fotografia*. Kubruski, C. São Paulo, Brasiliense, 1988. (Coleção Primeiros Passos, v. 82)

FP *O fiel e a pedra*. Lins, O. Rio de Janeiro, Civilização Brasileira, 1961.

FR *Ficção reunida*. Carvalho, O. G. R. Terezina, Meridiano, 1981.

FS *Os fundamentos sociais da ciência*. Santos, I. R. São Paulo, Polis, 1979.

FSP *Folha de S.Paulo*. Várias edições. São Paulo, 1989, 1990 e 1993. CD-ROM 1994 e 1995.

FU *Aspectos fundamentais da cultura guarani*. Schaden, E. 3ª ed., São Paulo, Ática, 1988.

G *Desenvolvimento e independência. Discurso de João Goulart*. Porto Alegre, 1961.

GA *Gota d'agua*. Hollanda, F. B. Rio de Janeiro, Civilização Brasileira, 1980.

GAI *Gaia – O planeta vivo*. Lutzenberger, J. Porto Alegre, L&PM Editores, 1990.

GAL *Gazeta de Alagoas*. Maceió, 2000.

GAN *Grupos animais: embriologia dos cordados*. Pinseta, D. E. São Paulo, Anglo, 1985. (Livro-texto, nº 39)

GAT *Galo das trevas*. Nava, P. Rio de Janeiro, José Olympio, 1981.

GAZ *Gazeta do Paraná*. Várias edições. 1994 a 2000.

GCC *Guerra do Cansa Cavalo*. Lins, O. São Paulo, Cons. Est. de Cultura, 1965.

GD *O ganhador*. Brandão, I. L. São Paulo, Global, 1987.

GE *A grande estiagem*. Gondini Filho, I. Rio de Janeiro, Dramas e Comédias, 1955.

GEM *Introdução à geomorfologia.* Christofoletti, A. São Paulo, Edgar Blücher, 1974.

GEO *Geomorfologia fluvial.* Christofoletti, A. São Paulo, Edusp, 1974.

GFO *O que é grafologia.* Camargo, P. S. 1ª ed., São Paulo, Brasiliense, 1993.

GHB *Geografia humana.* Lobo, R. H. São Paulo, Atlas, 1970.

GI *Galvez, o imperador do Acre.* Souza, M. Rio de Janeiro, Marco Zero, 1983.

GL *Globo rural.* Rede Globo de Televisão, 1986.

GLA *Glaucoma.* Gonçalves, P. São Paulo, Procienx, 1966.

GLO *O Globo.* Várias edições, 1992.

GPO *O que é geopolítica.* Magnoli, D. 2ª ed., São Paulo, Brasiliense, 1988.

GRE *A greve dos desempregados.* Beltrão, L. São Paulo, Cortez, 1984.

GRO *Grotão do café amarelo.* Marins, F. São Paulo, Melhoramentos, 1969.

GSV *Grande Sertão: Veredas.* Rosa, J. G. Rio de Janeiro, Livraria José Olympio Editora, 1956.

GTC *Geografia – teoria e crítica.* Moreira, R. Petrópolis, Vozes, 1982.

GTT *Um gato na terra do tamborim.* Diaféria, L. São Paulo, Símbolo, 1977.

GU *Guia rural.* São Paulo, Abril, 1989.

GUE *O que é guerra.* Numeriano, R. 1ª ed., São Paulo, Brasiliense, 1990. (Coleção Primeiros Passos, v. 236)

H *História econômica do Brasil.* Prado Jr., C. São Paulo, Brasiliense, 1967.

HAB *Habermas e a teoria crítica.* Freitas, B. São Paulo, Ática, 1980.

HCS *História, ciência, saúde.* Rio de Janeiro, 1999.

HF *História da filosofia, psicologia e lógica.* Fontana, D. F. São Paulo, Saraiva, 1969.

HG *História geral.* I e II. Maroni, G. T. São Paulo, Anglo, 1985. (Livro-texto nºs 8 e 9)

HH *Halterofilismo pelo método Hércules.* 4ª ed., São Paulo, Cia. Brasil, 1958.

HIB *História do Brasil.* Moura, J. C. P. São Paulo, Edusp, 1994.

HID *Hidrologia.* Sousa Pinto, N. L. Curitiba, UFPR, 1967.

HIR *História da riqueza do homem.* Huberman, L. Rio de Janeiro, Zahar, 1962.

HO *O homem da capa preta.* Resende, S. Porto Alegre, Tchê, 1987.

HP *O homem que perdeu a alma.* Wanderley, J. C. Rio de Janeiro, MEC, 1960.

HPP *Histórias para pais, filhos e netos.* Coelho, P. Rio de Janeiro. Rocco, 2001.

I *Irene.* Block, P. Rio de Janeiro, Talmagráfica, 1953.

IA *Introdução à antropologia brasileira.* Ramos, A. 2ª ed., Rio de Janeiro, Casa do Estudante, 1962.

ID *O ídolo de cedro.* Borges, D. São Paulo, Livres Artes, 1965.

II *A inserção internacional do Brasil – Gestão do ministro Celso Lafer no Itamaraty.* Brasília, Gráfica do Senado, 1993.

IN *A invasão.* Gomes, D. Rio de Janeiro, Civilização Brasileira, 1962.

INC *Incidente em Antares.* Veríssimo, E. São Paulo, Globo, 1996.

INF *Infância.* Ramos, G. São Paulo, Martins, 1970.

INQ *Inquérito em preto e branco.* May, N. L. Porto Alegre, Mercado Aberto, 1994.

IP *Interdisciplinaridade e patologia do saber.* Japiassu, H. Rio de Janeiro, Imago, 1976.

IS *Isto é.* São Paulo, Editora Três, 1976, 1982 e 1992.

ISL *O que é islamismo.* Haddad, J. A. São Paulo, Brasiliense, 1981.

JB *Jornal do Brasil.* Rio de Janeiro. Várias edições. 1965, 1992 e 1993.

JC *Jornal do Commercio.* Manaus, 1981.

JCP *Jornal do Commercio.* Porto Alegre, 2000.

JCR *Jornal do Commercio.* Recife, 2000.

JK *Discurso do Arraial do Cabo.* Kubitschek de Oliveira, J. Rio de Janeiro, 1958.

JL *Discursos no Senado Federal.* Lins, J. *Anais da Câmara dos Deputados.* Rio de Janeiro, Serviço Gráfico do IBGE, 1958, vol. XI.

JM *A janela e o morro.* Lima, G. F. Rio de Janeiro, José Olympio, 1988.

JP *Jardinagem prática.* Pereira, A. São Paulo, Melhoramentos, 1978.

JT *João Ternura.* Machado, A. M. Rio de Janeiro, José Olympio, 1965.

LA *O labirinto de espelhos.* Montello, J. São Paulo, Martins, 1961.

LAZ *O que é lazer.* Camargo, O. L. 2ª ed., São Paulo, Brasiliense, 1989.

LC *Lobos e cordeiros.* Lopes, E. São Paulo, Moderna, 1983.

LE *Eu era cego e agora eu vejo.* Lessa, O. São Paulo, Pendão Real, 1976.

LIP *O que é literatura popular.* Luyten, J. M. 5ª ed., São Paulo, Brasiliense, 1983.

LOB *O lobisomem e outros contos folclóricos.* Sales, H. Rio de Janeiro, Civilização Brasileira, 1975.

M *Medeia.* Eurípides. Trad. Silveira, M. & Gonçalves, J. S. São Paulo, Abril, 1976.

MA *Carta pastoral prevenindo os diocesanos.* Mayer, A. C. Rio de Janeiro, Vera Cruz, 1976.

MAD *Madrugada sem Deus.* Donato, M. São Paulo, Círculo do Livro, 1954.

MAG *Magia e pensamento mágico.* Monteiro, O. São Paulo, Ática, 1986.

MAL *A Manilha e o Libambo*, Silva A. C. Rio de Janeiro, Nova Fronteira, 2002.

MAN *Manchete.* Várias edições. Rio de Janeiro, Block, 1971 a 1975.

MA *Carta pastoral prevenindo os diocesanos.* Mayer, A. C. Rio de Janeiro, Vera Cruz, 1976.

MAR *Marcoré.* Pereira, A. O. Rio de Janeiro, José Olympio, 1965.

MC *A Madona de cedro.* Callado, A. Rio de Janeiro, José Olympio, 1957.

MCO *Materiais de construção.* Bauer, L. A. F. São Paulo, Livros Técnicos, 1979.

MD *Mandala.* Gomes, D. Novela Rede Globo de Televisão, 1988.

ME *O jogo da verdade.* Médici, E. A. Assessoria Especial de Relações Públicas da Presidência da República. Brasília, 1973.

MEC *Memórias do cárcere.* Ramos, G. J. Rio de Janeiro, José Olympio, 1953.

MEL *Metabolismo.* Fongi, E. G. Rio de Janeiro, Guanabara, 1948.

MEN *Meninas da noite.* Dimenstein, G. São Paulo, Ática, 1992.

MER *O que é mercadoria.* Signini, L. R. P. São Paulo, Brasiliense, 1984. (Coleção Primeiros Passos, v. 123)

MH *Mundo homem, arte em crise.* Pedrosa, A. M. São Paulo, Perspectiva, 1975.

MIR *Discurso do Senador Gilberto Miranda.* Agenda Parlamentar. vol. 1. Brasília, Gráfica do Senado, 1993.

MK *O que é marketing.* Richers, R. 6ª ed., São Paulo, Brasiliense, 1984. (Coleção Primeiros Passos, v. 27)

ML *Memórias do Lázaro.* Adonias Filho. Rio de Janeiro, Civilização Brasileira, 1974.

MMM *Memorial de Maria Moura.* Queiroz, R. São Paulo, Siciliano, 1992.

MOR *O que é moral.* Pereira, O. São Paulo, Brasiliense, 1991.

MP *A morte da porta-estandarte.* Machado, A. J. 2ª ed., Rio de Janeiro, José Olympio, 1969.

MPB *Malagueta, Perus e Bacanaço.* Antonio, J. 4ª ed., Rio de Janeiro, Civilização Brasileira, 1976.

MPM *Manual prático de marcenaria.* Marcellini, D. 3ª ed., São Paulo, Melhoramentos, 1953.

MRF *Marafa.* Rebelo, M. Rio de Janeiro, Edições de Ouro, 1966.

MRJ *Marajó*. Jurandir, D. Rio de Janeiro, Cátedra, 1978.

MRP *Na margem do rio Piedra eu sentei e chorei*. Coelho, P. Rio de Janeiro. Rocco, 1994.

MS Discurso de Milton Steinbruch. *Anais da Câmara dos Deputados*. Rio de Janeiro, Serviço Gráfico do IBGE, 1956.

MU *No mundo do boxe*. Queiroz, J. Rio de Janeiro, Civilização Brasileira, 1969.

MUL *Música ao longe*. Veríssimo, E. Rio de Janeiro, Editora Globo, 1989.

N *Noite*. Veríssimo, E. Porto Alegre, Globo, 1957.

NAZ *Nazismo – O triunfo da vontade*. Lenharo, A. São Paulo, Ática, 1986.

NB *O nome do bispo*. Tavarez, Z. São Paulo, Brasiliense, 1985.

NBN *Nos bastidores da notícia*. Garcia, A. São Paulo, Globo, 1991.

NCO *Ninho de cobras – Uma história mal contada*. Ledo Ivo. Rio de Janeiro, José Olympio, 1980.

NE *Neuroses*. Quiles, I. Q. São Paulo, Ática, 1986.

NEP *As novas estruturas políticas brasileiras*. Valle, A. 2ª ed., Rio de Janeiro, Nórdica, 1978.

NEU *Neurolinguística dos distúrbios da fala*. Rodrigues, N. São Paulo, Cortez, 1989.

NFN *Noções de fisiologia da nutrição*. Coutinho, R. 2ª ed., Rio de Janeiro, Cultura Médica, 1981.

NI *Um ninho de mafagafes cheio de mafagafinhos*. Carvalho, J. C. Rio de Janeiro, José Olympio, 1972.

NOD *Nó de quatro pernas*. Tourinho, N. *Revista de Teatro*. Rio de Janeiro, n. 457, 1986.

NOF *No fundo do poço*. Silveira, H. São Paulo, Martins, 1950.

NOL *Natação olímpica*. Lenk, M. Rio de Janeiro, INL, 1966.

NOR *O que é o nordeste brasileiro*. Garcia, C. 5ª ed., São Paulo, Brasiliense, 1986. (Coleção Primeiros Passos, v. 119)

NOV *Nova*. São Paulo, 1978.

NU *O que é numismática*. Costilhes, A. J. São Paulo, Brasiliense, 1985. (Coleção Primeiros Passos, v. 147)

O *Orfeu da Conceição*. Morais, V. 2ª ed., Rio de Janeiro, São José, 1960.

OAG *O agressor*. Fusco, R. Rio de Janeiro, Francisco Alves, 2000.

OBS *Obstetrícia*. Rezende, J. Rio de Janeiro, Guanabara Koogan, 1962. vol. I e II.

OCE *O que é oceanografia*. Gallo, J. & Verrone, L. V. São Paulo, Brasiliense, 1993. (Coleção Primeiros Passos, v. 284)

OD *O Dia*. Várias edições. Rio de Janeiro, 1992.

ODM *O diário de um mago*. Coelho, P. Rio de Janeiro, Rocco, 1987.

OE *Os escorpiões*. Holanda, G. São Paulo, Comissão do IV Centenário, 1954.

OEP *O Estado do Pará*. Várias edições. Belém, 1992.

OL *Olhai os lírios do campo*. Veríssimo, E. Porto Alegre, Globo, 1956.

OLA *O labirinto de Mariana*. Antinori, M. São Paulo, Klaxon, 1990.

OLG *Olga*. Morais, F. São Paulo, Alfa Ômega, 1987.

OLI *O Liberal*. Várias edições. Belém, 1981.

OM *Ópera do malandro*. Hollanda, C. B. 3ª ed., São Paulo, Cultura, 1980.

OMA *O mar – O jovem deve saber tudo sobre o mar*. Bekuti, H & Moreira, A. 1ª ed., Rio de Janeiro, Instituto Nacional do Livro, 1971. (Coleção Brasil Hoje, nº 1)

OMC *O Monte Cinco*. Coelho, P. Rio de Janeiro, Rocco, 1996.

OMT *O matador*. Melo, P. São Paulo, Cia. das Letras, 1995.

OP *O Popular*. Várias edições. Goiânia, 1980 a 1993.

ORA *O riso da agonia*, Cabral, P. São Paulo, Distribuidora de Livros Ltda., 2002.

ORM *Orminda*. Garcia, J. C. Capivari, EME, 1994.

OS *Atuação parlamentar do Senador Odacyr Soares*. Soares, O. Brasília, Senado Federal, 1992.

OSA *O santo inquérito*. Gomes, A. D. Rio de Janeiro, Civilização Brasileira, 1966.

OSD *Os desvalidos*. Dantas, F. J. C. São Paulo, Cia. das Letras, 1993.

OV *Olhos de ver, ouvidos de ouvir*. Lisboa, L. C. São Paulo, Difel, 1977.

PAN *Pantanal – Um grito de agonia*. Silva, S. F. São Paulo, Câmara Brasileira do Livro, 1990.

PÃO *O pão de cada dia*. Piñon, N. Rio de Janeiro, Nova Fronteira, 1994.

PCO *Pedaços do cotidiano*. Gasparetto, Z. M. São Paulo, Espaço Vida e Consciência, 1990.

PE *Primeiras estórias*. Rosa, J. G., Rio de Janeiro, Editora José Olympio. 6ª edição, 1972.

PEM *Pedro Malazarte*. Khner, M. H. Revista de Teatro. Rio de Janeiro, 1989.

PEN *O que é pentecostalismo*. Rolim, F. C. São Paulo, Brasiliense, 1987. (Coleção Primeiros Passos, v. 188)

PEP *As pedras preciosas*. Franco, R. R. & Campos, J. E. S. São Paulo, Brasiliense, 1965.

PEV *Perigo de vida: predadores e presas – Um equilíbrio ameaçado*. Alberts, C. C. 7ª ed., São Paulo, Atual, 1989.

PFI *Pais e filhos*. Várias edições. Rio de Janeiro, Block, 1972 a 1989.

PFV *Paixão e fim de Valério Caluete*. Araújo, J. G. Rio de Janeiro, Agir-MEC, 1978.

PH *O período hipotético iniciado por se*. Leão, A. V. Belo Horizonte, UMG, 1961.

PHM *Pequena história da música popular brasileira*. Tinhorão, J. R. Petrópolis, Vozes, 1978.

PLA *Placar*. Várias edições, 1989.

PM *Pedro Mico, o zumbi da catacumba*. Callado, A. Rio de Janeiro, Dramas e Comédias, 1957.

PN *Os pastores da noite*. Amado, J. São Paulo, Martins, 1964.

PO *O que é pornografia*. Moraes, E. R. & Lapeiz, S. M. São Paulo, Brasiliense, 1984.

POD *Pesquisa odontológica brasileira*. São Paulo, www.scielo.br, 2000.

POL *Política de preços da energia no Brasil*. Discurso do Senador Teotônio Vilela Filho. Senado Federal, Brasília, 1991.

PQ *O que é poluição química*. Pontin, J. A. & Massaro, S. 3ª ed., São Paulo, Brasiliense, 1994.

PR *A pedra do reino*. Suassuna, A. Rio de Janeiro, Civilização Brasileira, 1967.

PRE *O Presidente*. Veiga, V. São Paulo, Clube do Livro, 1959.

PRO *Prodígios*. Machado, D. São Paulo, Moderna, 1980.

PSC *O que é psicoterapia*. Porchat, L. São Paulo, Brasiliense, 1989. (Coleção Primeiros Passos, v. 224)

PT *Pesquisa tecnológica na universidade*. São Paulo, Pioneira, 1968.

PV *Plataforma vazia*. Barreto, B. Belo Horizonte, Itatiaia, 1962.

Q *Quarup*. Callado, A. São Paulo, Círculo do Livro, 1974.

QDE *Quarto de despejo*. Jesus, C. M. São Paulo, Paulo de Azevedo, 1960.

QP *Querido poeta: Morais*, V. Org. Ruy Castro, São Paulo, Cia. das Letras, 2003.

QUI *O que é química*. Chrispino, A. 3ª ed., São Paulo, Brasiliense, 1994. (Coleção Primeiros Passos, v. 226)

R *O rinoceronte*. Ionesco, E. Trad. Lima, L. São Paulo, Abril, 1976.

RAP *Os rapazes estão chegando*. Vieira Neto, J. Revista de Teatro. Rio de Janeiro, nº 473, 1990.

RBO *Revista Brasileira de Botânica*. São Paulo, www.scielo.br, 1998.

RE *A resistência*. Amaral, M. A. S. Rio de Janeiro, MEC/DAC/Funarte, 1978.

REA *Realidade*. Várias edições. São Paulo, Abril, 1968, 1989.

REB *A revolução dos beatos*. Gomes, D. Rio de Janeiro, Civilização Brasileira, 1962.

REF *Reflexões sobre a arte*. Bosi, A. São Paulo, Ática, 1989.

REI *O Rei de Ramos*. Gomes, D. Rio de Janeiro, Civilização Brasileira, 1979.

REL *Relato de um certo Oriente*. Hatoum, M. São Paulo, Cia. das Letras, 1991.

REP *República dos sonhos*. Piñon, N. Rio de Janeiro, Francisco Alves, 1984.

RET *O retrato do rei*. Miranda, A. São Paulo, Cia. das Letras, 1991.

RI *Revista Imprensa*. Várias edições, 1989.

RIR *Um rio imita o Reno*. Moog, V. Rio de Janeiro, Civilização Brasileira, 1966.

RO *Rosamundo e os outros*. Ponte Preta, S. 2ª ed., Rio de Janeiro, Editora do Autor, 1963.

ROM *Romances completos*. Pena, C. Rio de Janeiro, Aguilar, 1958.

S *Serras azuis*. Lima, G. F. Rio de Janeiro, José Olympio/MEC, 1976.

SA *Sagarana*. Rosa, G. J. Rio de Janeiro, José Olympio, 1951.

SAM *Sampa*. Daniel Filho; Assumpção, L.; Avancini, W. Rede Globo de Televisão, 1996.

SAR *Sargento Getúlio*. Ribeiro, J. U. Rio de Janeiro, Nova Fronteira, 1982.

SAT *Saturno nos trópicos*. Sciliar, M. São Paulo, Cia. das Letras, 2003.

SC *Seria cômico se não fosse trágico*. Rangel, F. N. Rio de Janeiro, Civilização Brasileira, 1964.

SD *Sete dias a cavalo*. Borba Filho, H. Porto Alegre, Globo, 1975.

SE *Os sete pecados capitais*. Rosa, J. G. Rio de Janeiro, Civilização Brasileira, 1964.

SEM *O senhor do mundo*. Faria, O. Rio de Janeiro, José Olympio, 1957.

SEN *Senhora*. Alencar, J. São Paulo, Melhoramentos, 1875.

SF Discurso de Santos Filho. *Anais da Câmara dos Deputados*. Rio de Janeiro, Serviço Gráfico do IBGE. 1956. vol. IX.

SIG *Carta Pastoral* – Sigaud, G. P., 1963.

SIM *Recordo-o com a dor de todas as saudades*. Discurso de Pedro Simon dedicado a Ulisses Guimarães. Brasília, Gráfica do Senado, 1992.

SIN *O que é sindicalismo*. Antunes, R. C. São Paulo, Brasiliense, 1981. (Coleção Primeiros Passos, v. 3)

SI *Discursos e Projetos*. Simon, P. Brasília, Gráfica do Senado, 1995.

SL *O sorriso do lagarto*. Ribeiro, J. U. Rio de Janeiro, Nova Fronteira, 1984.

SLA *Sombra e luz na Amazônia*. Júnior, P. São Paulo, Clube do Livro, 1975.

SM *Os servos da morte*. Adonias Filho. 2ª ed., Rio de Janeiro, GRD, 1965.

SMI *Semiologia infantil*. Pernetta, C. Rio de Janeiro, Laemmert, 1957.

SO *Sonho de uma noite de velório*. Costa, O. R. Rio de Janeiro, Funarte, 1976.

SOC *Sociedades indígenas*. Ramos, A. R. 2ª ed., São Paulo, Ática, 1988.

SPA *São Paulo de meus amores*. Schmidt, A. São Paulo, Editora Paz e Terra, 2003.

SPI *Spiros stragos*. Jockman, S. Brasília, MEC/SEAC, 1977.

SS *Saudades do século XX*. Castro, R. São Paulo, Cia. das Letras, 1994.

SU *Super Interessante*. São Paulo, Abril, 1992.

T *O telefone amarelo*. Anysio, C. São Paulo, Rocco, 1979.

TA Discurso de Aurélio de Lyra Tavares. *Anais da Câmara dos Deputados*. Rio de Janeiro, Serviço Gráfico do IBGE, 1970.

TAF *Táticas de futebol*. Mendes, L. Rio de Janeiro, Editora Ouro, 1979.

TB *Tudo bem*. Jabor. A. 1977. (Roteiro do filme)

TC *Toxicologia clínica e forense*. Alcântara, H. R. 2ª ed., São Paulo, Cia. Lit. Ypiranga, 1985.

TER *Terra encharcada*. Passarinho, J. G. São Paulo, Clube do Livro, 1968.

TF *Tratado de fitogeografia do Brasil*. Rizzini, C. T. São Paulo, Hucitec, 1976.

TG *Tocaia grande*. Amado, J. Rio de Janeiro, Record, 1984.

TGB *Tratado geral do Brasil*. Scantimburgo, J. de. São Paulo, Univ. de São Paulo, 1971.

TJR *Teatro João do Rio*. Messer, O. L. São Paulo, Livraria Martins Fontes Editora, 2002.

TR *Travessias*. Lopes, E. São Paulo, Moderna, 1980.

TRH *Trilogia do herói grotesco. (A inconveniência de ser esposa. Da necessidade de ser polígamo)*. Sampaio, S. Rio de Janeiro, Civilização Brasileira, 1961.

TS *Tambores de São Luís*. Montello, J. Rio de Janeiro, José Olympio, 1975.

TSF *Terras do sem fim*. Amado, J. São Paulo, Martins, 1957.

TTE *Tutaméia (Terceiras Estórias)*. Rosa, J. G. Rio de Janeiro, José Olympio, 1968.

TV *O tempo e o vento: O continente* (T I), Veríssimo, E. Porto Alegre, Globo, 1956.

UC *O último carro*. Neves, J. Rio de Janeiro, MEC, 1976.

UE *Usos de energia: sistemas, fontes e alternativas do fogo aos gradientes de temperaturas oceânicas*. Tundisi, H. S. F. 4ª ed., São Paulo, Atual, 1991.

UM *Umbanda*. Magnani, J. G. C. São Paulo, Ática, 1986. (Série Princípios, v. 34)

UQ *A última quimera*. Miranda, A. São Paulo, Cia. das Letras, 1995.

US *Um sábado em 30*. Marinho, L. Revista de Teatro. Rio de Janeiro, nº 453, 1963.

V *Vila dos confins*. Palmério, M. Rio de Janeiro, José Olympio, 1957.

VA *Vastas emoções e pensamentos imperfeitos*. Fonseca, R. São Paulo, Cia. das Letras, 1988.

VB *A vida em flor de Dona Beja*. Vasconcellos, A. Belo Horizonte, Itatiaia, 1988.

VDM *Verônika decide morrer*. Coelho, P. Rio de Janeiro, Rocco, 1998.

VEJ *Veja*. Várias edições. São Paulo, Abril, 1979 a 1985.

VER *Veranico de janeiro*. Élis, B. Seleta. Rio de Janeiro, José Olympio, 1974.

VES *O valete de espadas*. Mourão, G. M. Rio de Janeiro, Guanabara, 1965.

VI *Vinte histórias curtas*. Dines, A. Rio de Janeiro, Antunes, 1960.

VIC *Violetas e caracóis*. Dourado, A. Rio de Janeiro, Guanabara, 1987.

VIS *Visão*. Várias edições. São Paulo, 1975 a 1987.

VIU *Viúva, porém honesta*. Rodrigues, N. Rio de Janeiro, Tempo Brasileiro, 1966.

VN *A viagem noturna*. Teixeira, M. L. São Paulo, Martins, 1965.

VPB *Viva o povo brasileiro*. Ribeiro, J. U. Rio de Janeiro, Nova Fronteira, 1984.

X *O que é xadrez*. Santos, P. S. 1ª ed., São Paulo, Brasiliense, 1993.

XA *Xangô de Baker Street*. Soares, J. São Paulo, Cia. das Letras, 1995.

ZO *O que é zoologia*. Francis, D. P & Maria, D. S. A. 2ª ed., São Paulo, Brasiliense, 1989.

a

a¹ (*lat a*) *sm* Primeira letra do alfabeto português, vogal.

a² (*lat illa*) *art* Forma feminina do artigo *o*. • *pron pess* **1** Feminino do pronome *o*; caso oblíquo, correspondente ao pronome pessoal *ela* e usado como complemento objetivo direto: *Estudo-a*. *pron dem* **2** Feminino do pronome demonstrativo *o*, com acepção de *aquela*: *Esta casa é menor do que a que você comprou*. Veja nota em **artigo**.

a³ (*lat ad*) *prep* Introduz objeto indireto: *Obedecer aos pais*. Compõe: **1** Locução adverbial: *A cavalo*. **2** Locução prepositiva: *Junto a; Em relação a*. Expressa relações de: **1** Direção no espaço: *Viajar ao sul*. **2** Distância no espaço: *Cais a 20 metros do mar*. **3** Duração no tempo: *Às 8 horas*. **4** Tempo futuro: *Competição a realizar-se*. **5** Idade: *Aos 90 anos*. **6** Sequência (no espaço ou no tempo): *Ano a ano*. **7** Valor numérico: *Arroz a 80 centavos o quilo*.

à Contração da preposição *a* com o artigo feminino *a*. **1** Àquela: *A camisa de Paulo é semelhante à que lhe comprei*. **2** À maneira de ou à moda de: *Maria adora bife à milanesa*.

a.ba (*lat alapa*) *sf* **1** Parte inferior pendente de certas peças do vestuário. **2** Borda, margem, beirada: *Aba do chapéu*. **3** Sopé, encosta, vertente. *Dim irreg*: abeta.

a.ba.ca.te (*nauatle auacatl*) *sm Bot* Fruto do abacateiro, com polpa verde e saborosa.

a.ba.ca.tei.ro (*abacate+eiro*) *sm Bot* Árvore da América tropical, que produz o abacate.

a.ba.ca.xi (*tupi yuá*, fruta+*katí*, recendente) *sm* **1** *Bot* Fruto do abacaxizeiro, muito aromático e saboroso. **2** *gír* Tudo quanto é desagradável ou complicado: *A aula foi um abacaxi*.

a.ba.ca.xi.zei.ro (*abacaxi+z+eiro*) *sm Bot* Planta que produz o abacaxi.

á.ba.co (*lat abacu*) *sm* Calculador manual para aritmética, formado de um quadro com vários fios paralelos, em que deslizam botões ou bolas móveis.

a.ba.de (*aramaico abba*, via *gr* e *lat*) *sm* Superior de uma ordem monástica ou de uma abadia. *Fem*: abadessa.

a.ba.di.a (*lat med abbatia*) *sf* Mosteiro ou igreja governado por abade.

a.ba.fa.di.ço (*abafar+diço*) *adj* Em que não circula ou se renova o ar, em que não se pode respirar: *"Viu a mãe, os amarelos castiçais no quarto abafadiço, a sua indiferença pelo casamento."* (MRJ)

a.ba.fa.do (*part de abafar*) *adj* **1** Coberto, tapado. **2** Dificilmente respirável: *Ar abafado*. **3** Diz-se do calor abafadiço. **4** Mal ventilado. *Antôn*: descoberto.

a.ba.fa.dor (*abafar+dor*) *adj* **1** Que abafa. **2** Apertado, estreito. • *sm* **1** O que abafa; agasalho, cobertura. **2** Peça usada em certos instrumentos musicais para diminuir a intensidade de sons.

a.ba.far (*a¹+bafo+ar¹*) *vtd* **1** Cobrir para conservar ou adquirir mais calor. **2** Asfixiar, sufocar. **3** Opor-se à combustão: *Abafar o fogo*. **4** Abrandar o som, amortecer. **5** Não deixar prosseguir: *Abafar um inquérito*.

a.bai.xar (*a¹+baixar*) *vtd* **1** Tornar baixo ou mais baixo; baixar. **2** Fazer descer: *Abaixar a cortina*. **3** Tornar menos alto: *Abaixar a cerca*. **4** Pôr em lugar mais

baixo; descer. **5** Reduzir em estimação, preço, valor, grau: *Abaixaram o preço das frutas. Antôn: elevar.*
Dá-se preferência ao uso do verbo **abaixar** quando há um objeto direto na oração.
Luísa, abaixe a persiana, por favor.
No entanto, quando o objeto direto nomear uma parte do corpo, prefere-se o verbo **baixar**.
Depois de receber a triste notícia, Sílvia baixou a cabeça e chorou.

a.bai.xo (a^1+*baixo*) *adv* **1** Em lugar inferior a outro mais elevado, na parte inferior. **2** Em categoria inferior. **3** Depois, em seguida. *Antôn: acima.* • *interj* Grito de indignação ou reprovação: *Abaixo os políticos corruptos!*

a.bai.xo-as.si.na.do (*abaixo*+*assinar*+*ado*^{1}) *sm* Petição ou documento de reivindicação assinado por várias pessoas e dirigido às autoridades competentes. *Pl: abaixo--assinados.*

a.ba.jur (*fr abat-jour*) *sm* Luminária de mesa, de forma variável.

a.ba.lar (*lat vulg advallare*) *vtd* **1** Mover o que está firme, tirar do lugar. *vtd* **2** Fazer tremer, sacudir. *vtd* e *vpr* **3** Comover(-se), enternecer(-se).

a.ba.li.zar (a^1+*baliza*+*ar*^{1}) *vtd* **1** Marcar com balizas. *vpr* **2** Distinguir-se, tornar-se notável. *Var: balizar.*

a.ba.lo (de *abalar*) *sm* **1** Estremecimento, tremor convulsivo. **2** Comoção, perturbação.

a.bal.ro.a.men.to (*abalroar*+*mento*) *sm* Choque de dois veículos em terra, na água ou no ar.

a.bal.ro.ar (a^1+*balroa*+*ar*^{1}) *vtd* e *vti* **1** Ir de encontro a, chocar-se com: *Abalroar um muro. Abalroei com o poste. vint* **2** Chocar-se. Conjuga-se como *coar*.

a.ba.na.dor (*abanar*+*dor*) *adj*+*sm* Que ou aquele que abana. • *sm* Abano, ventarola.

a.ba.nar (*lat evannare*, de *evannere*) *vtd* **1** Mover o abano, refrescar. *vtd* **2** Agitar, balançar, sacudir. *vpr* **3** Refrescar-se com abano ou leque.

a.ban.do.na.do (*part de abandonar*) *adj* **1** Que se abandonou. **2** Desamparado, enjeitado.

a.ban.do.nar (*germ bandon*, pelo *fr abandonner*) *vtd* **1** Deixar ao abandono, desamparar. *vtd* **2** Renunciar a, desistir de: *Abandonar uma religião, um cargo. vtd* **3** Afastar-se de, retirar-se de. *vpr* **4** Entregar-se, render-se: *Abandonou-se às imposições do padrasto. Antôn* (acepção 1): *amparar.*

a.ban.do.no (de *abandonar*) *sm* **1** Desamparo, desprezo. **2** Desistência, renúncia. *Antôn* (acepção 1): *amparo.*

a.ba.no (a^1+*lat vannu*) *sm* **1** Ação ou efeito de abanar. **2** Abanador, leque, ventarola.

a.bar.car (*lat *abbrachicare*) *vtd* **1** Abraçar. **2** Abranger, conter em si.

a.bar.ro.tar (a^1+*barrote*+*ar*^{1}) *vtd* **1** Encher demais. *vpr* **2** Fartar-se de comida; empanturrar-se.

a.bas.ta.do (*part de abastar*) *adj* **1** Provido com abastança. **2** Rico, endinheirado.

a.bas.tan.ça (*abastar*+*ança*) *sf* **1** O bastante, o quanto necessário. **2** Abundância, fartura. *Antôn: carência.*

a.bas.te.cer (a^1+*basto*+*ecer*) *vtd* **1** Fornecer, suprir. *vpr* **2** Prover-se do necessário.

a.bas.te.ci.men.to (*abastecer*+*mento*) *sm* **1** Ato de abastecer. **2** Provimento.

a.ba.te (de *abater*) *sm* **1** Abatimento, desconto. **2** Matança de gado. **3** Corte de árvores.

a.ba.te.dou.ro (*abater*+*douro*) *sm* Matadouro.

a.ba.ter (*baixo-lat abbattuere*) *vtd* e *vpr* **1** Abaixar(-se), descer(-se). *vtd* **2** Sobrepujar, submeter: *Abater o orgulho. vtd* **3** Matar (reses). *vtd* **4** Cortar, derrubar (árvores). *vtd* e *vpr* **5** Debilitar(-se), enfraquecer(-se): *Abatera-se com a enfermidade. vtd* e *vint* **6** Descontar, diminuir (na altura, na intensidade, no preço).

a.ba.ti.do (*part de abater*) *adj* **1** Enfraquecido, desanimado. **2** Morto (diz-se especialmente de gado).

a.ba.ti.men.to (*abater*+*mento*) *sm* **1** Ação ou efeito de abater. **2** Depressão, enfraquecimento. **3** Desconto, redução de preço. **4** Desânimo. *Antôn* (acepção 2): *vigor.*

a.bau.lar (a^1+*baul*, forma *ant* de *baú*+*ar*) *vtd* e *vpr* Dar ou apresentar forma convexa semelhante à da tampa de um baú: "*As pequenas hérnias se situam na região inguinal, abaulando a pele da região*

abdicação — **abjurar**

e assumindo aspecto globoso." (CLC) Conjuga-se como saudar.

ab.di.ca.ção (*lat abdicatione*) *sf* Desistência, renúncia.

ab.di.car (*lat abdicare*) *vtd* e *vint* **1** Renunciar à autoridade soberana: *D. Pedro I abdicou o trono dia 7 de abril de 1831. O rei abdicou. vtd, vti* e *vint* **2** Abrir mão, desistir: *Abdicar do direito*.

ab.do.me (*lat abdomen*) *sm* **1** *Anat* Cavidade que constitui a parte inferior do tronco, entre o tórax e a pelve. **2** Ventre, barriga. *Var: abdômen*.

ab.dô.men (*lat abdomen*) *sm Anat* Forma alatinada de *abdome*. *Pl: abdômenes* e *abdomens*.

ab.do.mi.nal (*lat abdominale*) *adj m+f Anat* Pertencente ao abdome. • *sm* Exercício localizado para a região abdominal.

ab.du.zir (*lat abducere*) *vtd* **1** Afastar, desviar de um ponto ou de uma referência: *"As mãos deslizam no couro do volante, o corpo, o carro avançam, abduzem as luzes que luzem à esquerda, à direita."* (EMC) **2** Tirar, arrebatar com força e violência: *"Uma pesquisa apontou que 5 milhões de americanos acreditam já terem sido abduzidos por extraterrestres."* (FSP)

á-bê-cê (letras *a, b, c*) *sm* **1** Alfabeto, abecedário. **2** Primeiras noções de qualquer ciência ou arte. *Pl: á-bê-cês. Var: abecê*.

a.be.ce.dá.rio (*lat abecedariu*) *adj* Pertencente ou relativo ao á-bê-cê ou alfabeto. • *sm* **1** Á-bê-cê, alfabeto. **2** Cartilha para o ensino do alfabeto e rudimentos da leitura. **3** Elementos de qualquer ciência, arte ou indústria. **4** Conjunto de signos especiais para a expressão das ideias: *Abecedário dos cegos*.

a.be.lha (ê) (*lat apicula*) *sf Entom* Inseto que fabrica a cera e o mel. *Col: enxame, colmeia*.

a.be.lha-mes.tra *sf Apic* A única fêmea fecundada de uma colmeia; rainha. *Pl: abelhas-mestras*.

a.be.lha-o.pe.rá.ria *sf Apic* Abelha fêmea estéril, que fabrica mel e constrói favos; obreira. *Pl: abelhas-operárias*.

a.be.lhu.do (*abelha+udo^1*) *adj* Intrometido, indiscreto. *Antôn: discreto*.

a.ben.ço.ar (a^1+bênção+ar^1) *vtd* **1** Benzer, dar a bênção. **2** Desejar o bem a. **3** Bendizer, louvar. Conjuga-se como *coar*. *Antôn: amaldiçoar*.

a.ber.ra.ção (*aberrar*+ção) *sf* **1** Desvio de ideias, de juízo; extravagância de conceito. **2** Coisa anormal.

a.ber.ta (*part de abrir*) *sf* Abertura, fenda.

a.ber.to (*part de abrir*) *adj* **1** Descerrado. **2** Exposto ao público, manifestado. **3** Declarado, visível. **4** Sem vegetação de porte; limpo, vasto: *Campo aberto*. **5** Cavado, escavado: *Túneis abertos na montanha*. **6** Lacerado, não cicatrizado: *Chagas abertas*. **7** Desabrochado, desabotoado. **8** Acessível, livre: *Reunião aberta ao público*.

a.ber.tu.ra (*lat apertura*) *sf* **1** Ação de abrir. **2** Fenda, buraco. **3** Início, princípio. **4** Instauração: *Abertura da falência*. **5** Boca, entrada.

a.bes.ta.lhar (a^1+besta+alho+ar^1) *vpr* **1** Tornar-se besta; bestificar-se. **2** Tornar-se tolo. **3** Tornar-se perplexo.

a.bi.lo.la.do (*part de abilolar*) *adj pop* **1** Adoidado, atrapalhado, aloucado. **2** Apaixonado.

a.bis.mo (*lat semierudito abysmu*, em vez de *abyssu*) *sm* **1** Lugar profundo, precipício, despenhadeiro. **2** Perdição, desgraça.

a.bis.sí.nio (*top Abissínia+io*) *adj* Pertencente ou relativo à Abissínia, atual Etiópia (África). • *sm* Natural ou habitante da Abissínia.

ab.je.to (*lat abjectu*) *adj* Indigno, desprezível, vil. *Antôn: nobre*.

ab.ju.rar (*lat abjurare*) *vtd* **1** Renunciar (com juramento) pública ou solenemente a (crença ou religião); abandonar, perjurar, renegar: *Henrique VIII abjurou o catolicismo. vint* **2** Abandonar (religião ou seita anteriormente professada); desertar, renunciar: *Mesmo atirados às feras, os cristãos recusavam-se a abjurar. vtd* **3** Voltar atrás (no que se acreditava, dizia, pensava etc.); desdizer-se, retratar-se: *A esquerda abjurou sua tradição iluminista. O réprobo compeliu-o a abjurar dogmas e tradições. vtd* **4** Demonstrar repúdio por; abandonar, recusar, rejeitar: *Não gostei do livro, abjuraro-o. O cineasta abjurou sua trilogia. vti* **5** Renegar opinião ou doutrina; abandonar, desdizer, repudiar: *Ele abjurou da orientação de seu partido*.

ab.ne.gar (*lat abnegare*) *vtd* e *vti* **1** Abster-se de, renunciar a: *Abnegar prazeres*. *vti* **2** Sacrificar-se a serviço de Deus ou em benefício do próximo: *O marinheiro abnegou de si mesmo para salvar os náufragos*. *vpr* **3** Renunciar à própria vontade, sacrificar-se: *Disse Cristo que, se alguém quiser segui-lo, deve abnegar-se a si mesmo*.

a.bó.ba.da (a¹+lat med volvita) *sf* **1** *Arquit* Construção em arco, feita de pedras ou tijolos, colocadas em cunha; cúpula. **2** Tudo o que tenha forma de teto arqueado.

a.bo.ba.do (*part de abobar*) *adj* **1** Que é bobo ou se finge de bobo. **2** Abobalhado, tolo.

a.bo.ba.lha.do (*part de abobalhar*) *adj* Amalucado, pateta.

a.bo.ba.lhar (a¹+bobo+alho+ar¹) *pop V abobar*.

a.bo.bar (a¹+bobo +ar¹) *vtd* **1** Tornar bobo. *vpr* **2** Fingir-se de bobo. *vpr* **3** Tornar-se bobo. *vpr* **4** Tornar-se tolo.

a.bó.bo.ra (*lat apopores*) *sf Bot* Fruto da aboboreira, cuja polpa, de cor característica, é usada em numerosos pratos, doces e salgados.

a.bo.bo.rei.ra (*abóbora+eira*) *sf Bot* Planta que produz a abóbora.

a.bo.bri.nha (*abobra+inha*) *sf* **1** *Bot* Variedade de abóbora pequena usada para fins culinários. *gír* **2** Tolice.

a.bo.ca.nhar (a¹+boca+anho+ar¹) *vtd* **1** Apanhar com a boca ou com os dentes. *vtd* **2** Comer, devorar. *vtd* e *vint* **3** Morder, tirar pedaços com os dentes. *vtd* **4** *fig* Alcançar, conseguir, obter: *Abocanhar privilégios*.

a.bo.li.ção (*lat abolitione*) *sf* Ato de abolir; extinção de qualquer instituição, lei, prática ou costume.

a.bo.li.ci.o.nis.mo (*ingl abolitionism*) *sm* Sistema de princípios sociais que defendia a extinção do tráfico e da escravatura dos negros.

a.bo.li.ci.o.nis.ta (*ingl abolitionist*) *adj m+f* Pertencente ou relativo à abolição ou ao abolicionismo. • *adj* e *s m+f* Partidário(a) do abolicionismo.

a.bo.lir (*lat abolere*) *vtd* **1** Anular, suprimir, revogar: *Abolir a escravatura*. **2** Afastar, pôr fora de uso, suprimir: *Aboliram essa moda*. *Conjug:* verbo defectivo; não tem a 1ª pessoa do singular do presente do indicativo e todo o presente do subjuntivo, nem o imperativo negativo. Do imperativo afirmativo só há a 2ª pessoa do singular e do plural. *Pres indic:* (Eu)—, aboles, abole, abole, abolimos, abolis, abolem; *Pret perf:* aboli, aboliste, aboliu, abolimos, abolistes, aboliram; *Pret imp indic:* abolia, abolias, abolia, abolíamos, abolíeis, aboliam; *Pret mais-que-perf:* abolira, aboliras, abolira, abolíramos, abolíreis, aboliram; *Fut pres:* abolirei, abolirás, abolirá, aboliremos, abolireis, abolirão; *Fut pret:* aboliria, abolirias, aboliria, aboliríamos, aboliríeis, aboliriam; *Pres subj:* (Eu)—, (Tu)—, (Ele)—, (Nós)—, (Vós)—, (Eles)—; *Pret imp subj:* abolisse, abolisses, abolisse, abolíssemos, abolísseis, abolissem; *Fut subj:* abolir, abolires, abolir, abolirmos, abolirdes, abolirem; *Imper afirm:* —, abole(Tu), —(Você), —(Nós), aboli(Vós), —(Vocês); *Imper neg:* —, Não—(Tu), Não—(Você), Não—(Nós), Não—(Vós), Não—(Vocês); *Infinitivo impess:* abolir; *Infinitivo pess:* abolir, abolirdes, abolir, abolirmos, abolires, abolirem; *Ger:* abolindo; *Part:* abolido.

a.bo.mi.nar (*lat *abominare*) *vtd* **1** Detestar, odiar, repelir com horror. *vpr* **2** Detestar-se.

a.bo.mi.ná.vel (*lat abominabile*) *adj m+f* Que merece ser abominado: *"Uns 99,9% das bandas novas me parecem abomináveis."* (FSP) **2** Detestável, odioso: *"Nada é mais abominável no processo político do que a falta de integridade moral de alguns pretensos candidatos."* (RE)

a.bo.na.ção (*abonar+ção*) *sf* **1** Ato de abonar; caução, fiança, garantia. **2** Informação, recomendação favorável. **3** Aprovação.

a.bo.na.do (*part de abonar*) *adj* **1** Afiançado, havido por verdadeiro. **2** Abastado, que tem bastante dinheiro.

a.bo.nar (a¹+bom+ar¹) *vtd* **1** Apresentar como bom. **2** Afiançar, garantir. **3** Confirmar, justificar, provar. **4** Justificar ou perdoar falta ao trabalho.

a.bo.no (de *abonar*) *sm* **1** Quantia que se paga para início ou garantia de negócio; abonação. **2** Acréscimo num peso ou medida. **3** Complemento de salário, gratificação salarial. **4** Perdão de faltas ao trabalho.

a.bor.da.gem (*abordar*+*agem*) *sf* **1** Ação de abordar, de ir ou chegar a bordo. **2** Assalto de um navio pela tripulação de outro. **3** Ângulo pelo qual um assunto ou problema é abordado.

a.bor.dar (a^1+*bordo*+ar^1) *vtd* **1** Achegar o bordo a, tocar com o bordo: *Abordar uma nau.* **2** Assaltar, saltando a bordo do navio inimigo. **3** Aproximar-se de.

a.bo.rí.gi.ne (*lat aborigine*) *adj* e *s m+f* Diz-se de ou indivíduo originário da própria região, nativo, primitivo.

a.bor.re.cer (*lat abhorrescere*) *vtd* e *vint* **1** Causar aborrecimento a, desgostar. *vpr* **2** Enfadar-se, entediar-se. *vpr* **3** Zangar-se. *Antôn* (acepção 1): *prezar*; (acepções 2 e 3): *agradar*.

a.bor.re.ci.men.to (*aborrecer*+*mento*) *sm* **1** Desalento, desgosto. **2** Indisposição, tédio.

a.bor.ta.do (*part de abortar*) *adj* **1** Que abortou. **2** *fig* Que não vingou. **3** Fracassado, malogrado.

a.bor.tar (*lat abortare*) *vint* **1** Sofrer ou efetuar aborto, expulsar o feto do útero. *vtd* **2** Fracassar, malograr: *As greves abortaram.*

a.bor.ti.vo (*lat abortivu*) *adj* Que produz aborto. • *sm Med* Substância que provoca aborto.

a.bor.to (ô) (*lat abortu*) *sm* **1** *Med* e *Vet* Expulsão do feto fora do tempo. **2** *Med* Interrupção da gravidez antes da 28ª semana. **3** *fig* Coisa monstruosa.

a.bo.to.a.du.ra (*abotoar*+*dura*) *sf* Botões removíveis próprios para os punhos da camisa.

a.bo.to.ar (a^1+*botão*+ar^1) *vtd* Fechar com botões. Conjuga-se como *coar*.

a.bra.ca.da.bra (*gr abrakadábra*, de formação obscura) *sm* Palavra hipoteticamente mágica.

a.bra.çar (a^1+*braço*+ar^1) *vtd* e *vpr* **1** Apertar(-se), cingir(-se) com os braços. *vtd* **2** Cercar, rodear. *vtd* **3** Abranger, conter. *vpr* **4** Entrelaçar-se.

a.bra.ço (de *abraçar*) *sm* Ato de abraçar.

a.bran.da.men.to (*abrandar*+*mento*) *sm* **1** Ação ou efeito de abrandar. **2** *Gram* Passagem de um fonema surdo a sonoro. **3** *Quím* Diz-se da eliminação dos sais que tornam dura a água.

a.bran.dar (a^1+*brando*+ar^1) *vtd* **1** Tornar brando, mole. *vtd* **2** Moderar, suavizar. *vpr* **3** Suavizar-se.

a.bran.gên.cia (*abranger*+*ência*) *sf* Capacidade ou qualidade de abranger.

a.bran.gen.te (de *abranger*) *adj m+f* Que abrange.

a.bran.ger *vtd* **1** Abraçar, cingir: *O cercado abrangia toda a chácara.* *vtd* e *vpr* **2** Compreender(-se), encerrar(-se), incluir(-se): *Esses pontos se abrangem na sintaxe.* *vtd* **3** Abarcar: *O Atlântico abrange numerosas ilhas.* *vtd* **4** Alcançar, chegar a: *O município abrange os limites do mar.* *Conjug* – *Pres indic:* abranjo, abranges, abrange, abrangemos, abrangeis, abrangem; *Pret perf:* abrangi, abrangeste, abrangeu, abrangemos, abrangestes, abrangeram; *Pret imp indic:* abrangia, abrangias, abrangia, abrangíamos, abrangíeis, abrangiam; *Pret mais-que-perf:* abrangera, abrangeras, abrangera, abrangêramos, abrangêreis, abrangeram; *Fut pres:* abrangerei, abrangerás, abrangerá, abrangeremos, abrangereis, abrangerão; *Fut pret:* abrangeria, abrangerias, abrangeria, abrangeríamos, abrangeríeis, abrangeriam; *Pres subj:* abranja, abranjas, abranja, abranjamos, abranjais, abranjam; *Pret imp subj:* abrangesse, abrangesses, abrangesse, abrangêssemos, abrangêsseis, abrangessem; *Fut subj:* abranger, abrangeres, abranger, abrangermos, abrangerdes, abrangerem; *Imper afirm:* —, abrange(Tu), abranja(Você), abranjamos(Nós), abrangei(Vós), abranjam(Vocês); *Imper neg:* —, Não abranjas(Tu), Não abranja(Você), Não abranjamos(Nós), Não abranjais(Vós), Não abranjam(Vocês); *Infinitivo impess:* abranger; *Infinitivo pess:* abranger, abrangeres, abranger, abrangermos, abrangerdes, abrangerem; *Ger:* abrangendo; *Part:* abrangido.

a.bra.sa.dor (*abrasar+dor*) *adj* **1** Que abrasa. **2** Excitador.

a.bra.sar (*a¹+brasa+ar¹*) *vtd* **1** Incendiar, queimar. *vtd* **2** Agitar, entusiasmar. *vpr* **3** Arder, queimar-se. *vpr* **4** Entusiasmar-se, apaixonar-se.

a.bra.si.lei.rar (*a¹+brasileiro+ar¹*) *vtd* Dar caráter, feição ou modo brasileiro a.

a.bra.si.vo (*abrasar+ivo*) *adj* Que produz abrasão, que desgasta por fricção. • *sm* Qualquer substância natural ou fabricada, para desbastar, afiar, polir, alisar ou limpar, em pó, pasta ou sólida.

a.bre-a.las *sm sing+pl* Faixa ou carro alegórico que abre o desfile de carnaval.

a.breu.gra.fi.a (*Abreu, np+grafo+ia¹*) *sf Med* Método criado pelo cientista brasileiro Manuel de Abreu (1894-1962) para fazer a radiografia do tórax.

a.bre.vi.a.ção (*abreviar+ção*) *sf* **1** Ato de abreviar. **2** Redução de palavra.

a.bre.vi.a.do (*part* de *abreviar*) *adj* Encurtado, resumido.

a.bre.vi.ar (*lat abbreviare*) *vtd* **1** Encurtar, reduzir. *vtd* e *vti* **2** Acabar, concluir em breve tempo. Conjuga-se como *premiar*.

a.bre.vi.a.tu.ra (*abreviar+ura*) *V abreviação*. Veja nota em **sigla**.

a.bri.có (*fr abricot*) *sm Bot* Fruto do abricoteiro, semelhante ao pêssego e menor que o damasco.

a.bri.co.tei.ro (*abricote+eiro*) *sm Bot* Árvore que produz o abricó.

a.bri.dor (*abrir+dor*) *adj* Que abre. • *sm* **1** O que abre. **2** Instrumento para abrir garrafas ou latas.

a.bri.gar (*lat apricare*) *vtd* **1** Acolher, dar abrigo. *vtd* e *vpr* **2** Amparar, defender, proteger.

a.bri.go (*lat apricu*) *sm* **1** Tudo que serve para abrigar das intempéries. **2** Algo que oferece proteção ou refúgio contra exposição, dano físico, ataque, observação, perigo etc. **3** Proteção, refúgio.

a.bril (*lat aprile*) *sm* **1** Quarto mês dos calendários juliano e gregoriano. **2** *fig* Juventude, mocidade.

a.bri.lhan.tar (*a¹+brilhante+ar¹*) *vtd* e *vpr* **1** Tornar(-se) brilhante. *vtd* **2** Dar maior realce a, ornamentar: *Abrilhantar uma comemoração. vpr* **3** Adornar-se, enfeitar-se.

a.brir (*lat aperire*) *vtd* **1** Mover (porta, janela etc., fechada). *vtd* e *vpr* **2** Afastar (-se), separar(-se). *vtd* **3** Desimpedir, desobstruir. *vtd* **4** Rasgar a chancela, o selo. *vtd* **5** Desdobrar. *vtd* **6** Estender, estirar: *Abrir os braços. vtd* e *vpr* **7** Cavar(-se), escavar(-se). *vtd* e *vpr* **8** Desvendar(-se), mostrar(-se): *Após a curva da estrada, belo panorama se abriu. vtd* e *vpr* **9** Começar, inaugurar(-se): *Abriu-se a exposição de gado. vtd, vti* e *vpr* **10** Desabotoar, desabrochar (flor). *vtd* **11** Folhear, manusear. *vint* **12** Começar a funcionar. *vpr* **13** Desabafar-se, fazer confidência: *Resolveu abrir-se com ela. vtd* **14** *Com* Criar: *Abrir novos mercados.* Conjuga-se como *partir. vtd* **15** *Inform* Carregar arquivo ou programa.

a.brup.to (*lat abruptu*) *adj* **1** Íngreme, inclinado. **2** Áspero, rude. *Antôn: suave. Var: ab-rupto*.

a.bru.ta.lhar (*a¹+bruto+alho+ar¹*) *vtd* e *vpr* Tornar-se estúpido, grosseiro, embrutecer-se.

abs.ces.so (*lat abscessu*) *sm Med* Acumulação de pus causada por inflamação.

abs.cis.sa (*lat abscissa*) *sf Mat* A coordenada horizontal de um ponto em um sistema plano de coordenadas cartesianas, a qual se obtém medindo a distância desse ponto ao eixo das coordenadas, paralelamente ao eixo das abscissas.

ab.sin.to (*lat absinthiu*) *sm* **1** *Bot* Planta de sabor amargo e aromático, também chamada *losna*. **2** Bebida alcoólica preparada com losna, anis e outras plantas aromáticas.

ab.so.lu.tis.mo (*absoluto+ismo*) *sm* **1** Sistema de governo em que a autoridade do governante se investe de poderes ilimitados e absolutos. **2** Despotismo, tirania.

ab.so.lu.tis.ta (*absoluto+ista*) *adj m+f* Relativo ao absolutismo. • *s m+f* Pessoa partidária do absolutismo.

ab.so.lu.to (*lat absolutu*) *adj* **1** Único, superior. **2** Que não tem limites, que não sofre restrição.

ab.sol.ver (*lat absolvere*) *vtd* **1** Perdoar pecados a. **2** Declarar inocente. *Antôn: condenar.*

ab.sol.vi.ção (*absolver*+*ção*) *sf* **1** Ato ou efeito de absolver. **2** Perdão, remissão.

ab.sor.ção (*lat absorptione*) *sf* **1** Ato ou efeito de absorver. **2** Assimilação.

ab.sor.to (*lat absorptu*) *adj* **1** Pensativo, envolvido, concentrado: *"Absorto com outros pensamentos, Fernando resmungou que sim."* (MAD) **2** Arrebatado, extasiado: *"Lorenzo encostou-se na parede, completamente absorto na contemplação do quadro."* (ACM)

ab.sor.ven.te (de *absorver*) *sm Fís-Quím* Toda substância que tem a propriedade de absorver. • *adj m+f* **1** Que absorve. **2** Cativante.

ab.sor.ver (*lat absorbere*) *vtd* **1** Embeber-se de. *vtd* **2** Consumir, dissipar. *vtd* **3** Arrebatar, entusiasmar. *vpr* **4** Aplicar-se, concentrar-se: *Absorver-se no trabalho.*

ab.sor.vi.do (*part* de *absorver*) *adj* **1** Engolido, tragado. **2** Aplicado exclusivamente a um assunto; absorto.

abs.tê.mio (*lat abstemiu*) *adj* Pertencente ou relativo à pessoa que se abstém de bebidas alcoólicas: *"Aquário é um sujeito completamente abstêmio."* (VEJ) • *sm* Aquele que se abstém de bebidas alcoólicas: *"Ele é um abstêmio, mas sua saúde vem sendo precária desde algum tempo."* (PRO)

abs.ten.ção (*lat abstentione*) *sf* **1** Ato ou efeito de se abster. **2** Recusa em votar.

abs.ter (*lat abstinere*) *vtd* **1** Conter, deter, submeter: *O professor não conseguiu abstê-los.* *vtd* e *vti* **2** Privar, impedir: *O reumatismo o abstém de sair à noite.* *vpr* **3** Privar-se do exercício de um direito ou de uma função. *vpr* **4** Praticar a abstinência: *Abster-se de bebidas alcoólicas.* *vpr* **5** Não intervir, não resolver. *vpr* **6** Não comparecer às eleições: *Absteve-se de votar.* *vpr* **7** Conter-se, privar-se de: *Abster-se de fumar.* *Antôn* (acepções 3, 5 e 6): *participar, envolver-se.* Conjuga-se como *ter*; recebe, porém, acento agudo o *e* da 2ª e da 3ª pessoa do singular do presente do indicativo – *absténs, abstém* – e da 2ª pessoa do singular do imperativo afirmativo – *abstém* (tu).

abs.ti.nên.cia (*lat abstinentia*) *sf* **1** Ato de se abster. **2** Privação ao uso de algo. **3** Castidade.

abs.tra.ção (*lat abstractione*) *sf* **1** Ato ou efeito de abstrair ou abstrair-se: *"Não pretendemos fazer uma caricatura da vida, e sim uma abstração."* (FSP) **2** Concentração, meditação: *"Ela, então, descerrou os olhos, tragicamente pareceu sair de sua abstração esquizofrênica."* (DM) **3** Devaneios: *"Estava sempre silencioso, o olhar parado no ar, em contínua abstração e alheamento."* (DEN)

abs.tra.ir (*lat abstrahere*) *vti* **1** Considerar um dos caracteres de um objeto separadamente. *vti* **2** Excluir, prescindir de; fazer abstração de: *Abstraindo da matéria, resta o espírito imortal.* *vtd* e *vpr* **3** Afastar (-se), separar(-se): *Abstraíra-se de tudo.*

abs.tra.to (*lat abstractu*) *adj* **1** Que resulta de abstração. **2** Muito obscuro, vago.

ab.sur.do (*lat absurdu*) *adj* **1** Contrário e oposto à razão, ao bom senso. **2** Despropositado. *Antôn: sensato.* • *sm* **1** Coisa absurda. **2** Asneira, disparate, tolice.

a.bun.dân.cia (*lat abundantia*) *sf* Fartura, grande quantidade. *Antôn: escassez.*

a.bun.dan.te (*lat abundante*) *adj m+f* **1** Que abunda. **2** Copioso, farto. **3** Opulento, rico.

a.bun.dar (*lat abundare*) *vti* **1** Ter grande quantidade de. *vint* **2** Sobejar. *Antôn: faltar.*

a.bur.gue.sar (*a¹+burguês+ar¹*) *vtd* **1** Dar hábitos ou modos de burguês a. *vpr* **2** Adquirir hábitos ou modos de burguês, fazer-se burguês.

a.bu.sa.do (*part* de *abusar*) *adj* **1** Que abusa. **2** Intrometido, atrevido. **3** Provocador.

a.bu.sar (*lat abusare*) *vtd* **1** Cometer abusos, exorbitar, exceder-se. *vti* **2** Prevalecer-se de alguém ou de alguma coisa, fazer mal uso. *vti* e *vint* **3** Enganar. *vti* **4** Desonrar, estuprar.

a.bu.si.vo (*lat abusivu*) *adj* **1** Em que há abuso. **2** Impróprio, inconveniente.

a.bu.so (*lat abusu*) *sm* **1** Uso errado, excessivo ou injusto. **2** Prática contrária às leis e aos bons usos e costumes. **3** Descomedimento, excesso. **4** Estupro, violação.

a.bu.tre (*a¹+lat vulture*) *sm* **1** *Ornit* Nome comum de várias aves de rapina, mais conhecidas no Brasil por *urubus*. **2** *fig* Indivíduo avaro, usurário.

a.C. Abreviatura de *antes de Cristo*.

a.ca.ba.do (*part* de *acabar*) *adj* **1** Levado a cabo; terminado. **2** Excelente, perfeito. **3** Abatido, exausto. **4** Envelhecido, muito magro. *Antôn* (acepção 1): *inacabado*.

a.ca.ba.men.to (*acabar*+*mento*) *sm* **1** Ação ou efeito de acabar. **2** Remate, conclusão.

a.ca.bar (*a¹*+*cabo*+*ar¹*) *vtd* **1** Levar a cabo, terminar. *vtd* **2** Dar cabo de, destruir, matar. *vtd* **3** Aperfeiçoar, dar a última demão, rematar. *vlig* **4** Tornar-se: *Era bom, todavia acabou mal*.

a.ca.bru.nha.do (*part* de *acabrunhar*) *adj* **1** Abatido, desanimado: *"Acabrunhado, Jofre começou a dedicar-se ao boxe."* (MU) **2** Afligido, entristecido: *"Maneco torce os beiços, aparentemente acabrunhado com aquela calamidade que assola a região."* (DES)

a.ca.bru.nhar (*a¹*+*lat caput proniare*) *vtd* **1** Abater, desanimar. *vtd* e *vpr* **2** Afligir(-se), entristecer(-se).

a.cá.cia (*a⁴*+*gr kakía*, maldade) *sf* **1** *Bot* Gênero de plantas da família das leguminosas, com flores brancas ou amarelas. **2** Qualquer planta desse gênero.

a.ca.de.mi.a (*lat academia*) *sf* **1** Instituto ou agremiação científica, literária ou artística, particular ou oficial. **2** Lugar onde se praticam exercícios físicos, artes marciais, dança etc.

a.ca.dê.mi.co (*lat academicu*) *adj* **1** Pertencente ou relativo a uma academia ou a seus membros. **2** *Bel-art* Que segue os modelos clássicos. • *sm* Membro de alguma academia ou universidade.

a.ça.frão (*ár az-za'farân*) *sm* **1** *Bot* Planta bulbosa europeia da família das iridáceas. **2** *Bot* Flor dessa planta. **3** Tempero em pó amarelado, muito aromático.

a.ça.í (*tupi yua saí*) *sm* *Bot* Fruta roxa da região amazônica que dá em cacho.

a.cai.pi.ra.do (*part* de *acaipirar*) *adj* De aparência, modos ou costumes de caipira.

a.cai.pi.rar (*a¹*+*caipira*+*ar¹*) *vpr* **1** Adquirir aparência, modos ou costumes de caipira. **2** Mostrar-se acanhado, tímido.

a.ca.ju (*tupi akaiú*) *sm Bot* Nome de várias árvores tropicais, de diferentes famílias. Uma dessas árvores fornece preciosa madeira avermelhada para a fabricação de móveis finos.

a.ca.lan.to (de *acalantar*, *corr* de *acalentar*) *sm* Canção de ninar.

a.ca.len.tar (*a¹*+*lat calente*+*ar¹*) *vtd* e *vpr* **1** Aquecer(-se) nos braços ou no peito; embalar(-se). *vtd* **2** Sossegar, tranquilizar. *vtd* **3** Animar, favorecer. *Var*: *acalantar*.

a.cal.mar (*a¹*+*calma*+*ar¹*) *vtd* e *vpr* **1** Tornar(-se) calmo, tranquilizar(-se). *vtd* **2** Apaziguar, pacificar. *Antôn: agitar*.

a.ca.lo.rar (*a¹*+*calor*+*ar¹*) *vtd* **1** Aquecer. *vtd* **2** Animar, entusiasmar. *vpr* **3** Excitar-se.

a.ca.ma.do (*part* de *acamar*) *adj* **1** Deitado na cama: *"Finalmente ele já não podia permanecer em pé e teve de ficar acamado."* (APA) **2** Doente de cama: *"O governador ficou acamado 20 dias por ter contraído dengue."* (FSP) **3** Disposto em camadas: *"O caminho primitivo, com as folhas acamadas, as palmas sobre os estirões de areia."* (TS)

a.ca.mar (*a¹*+*cama*+*ar¹*) *vtd* **1** Deitar ou pôr na cama. *vtd* **2** Deitar o que está ereto, estender horizontalmente. *vpr* **3** Adoecer, cair de cama.

a.çam.bar.car (*a¹*+*sambarca*+*ar¹*) *vtd* **1** Chamar exclusivamente a si (qualquer coisa) em prejuízo de outros; monopolizar. **2** Apropriar-se de.

a.cam.pa.do (*part* de *acampar*) *adj* Alojado em acampamento.

a.cam.pa.men.to (*acampar*+*mento*) *sm* **1** Ação de acampar; alojamento. **2** Lugar ocupado pela tropa ou turma de trabalhadores; arraial. *Levantar acampamento*: ir-se embora.

a.cam.par (*a¹*+*campo*+*ar¹*) *vtd* **1** Estabelecer em campo. *vti*, *vint* e *vpr* **2** Estabelecer-se em campo; estacionar, com intenção de demorar.

a.ca.nha.do (*part* de *acanhar*) *adj* **1** Pouco desenvolvido, raquítico. **2** Apertado, diminuto. **3** Envergonhado, tímido. *Antôn* (acepção 3): *desembaraçado*.

a.ca.nha.men.to (*acanhar*+*mento*) *sm* **1** Falta de desembaraço, timidez. **2** Abatimento, desânimo. *Antôn* (acepção 1): *desembaraço*.

a.ca.nhar (*a¹*+*canho*+*ar¹*) *vtd* **1** Atrofiar, impedir o desenvolvimento de. **2** Embaraçar, intimidar. *vpr* **3** Mostrar-se tímido.

a.can.to (gr ákanthos) sm Bot Planta espinhosa, também conhecida por *erva-gigante*.

a.ção (lat actione) sf **1** Resultado de uma força física ou moral. **2** Ato, feito, obra. **3** Modo de proceder. **4** Atividade, movimento. **5** Dir Demanda, processo forense.

a.ca.rá (tupi akará) sm Ictiol Designação comum a vários peixes de água doce.

a.ca.ra.jé (acará¹+ioruba je, comer) sm Cul Bolinho feito de massa de feijão-fradinho, frito em azeite de dendê e servido com molho de pimenta e camarão seco.

a.ca.re.a.ção (acarear¹+ção) sf Ato ou efeito de acarear.

a.ca.re.ar (a¹+cara+e+ar¹) vtd **1** Dir Pôr cara a cara, confrontar os réus com as testemunhas ou estas entre si. **2** Comparar, confrontar. Conjuga-se como *frear*.

a.ca.rí.a.se (ácaro+íase) sf Med **1** Infestação com ácaros. **2** Doença cutânea produzida por ácaros; sarna.

a.ca.ri.ci.ar (a¹+carícia+ar¹) vtd e vint **1** Fazer carícias a, acarinhar, afagar, amimar. vpr **2** Afagar-se. Conjuga-se como *premiar*.

a.ca.ri.nhar (a¹+carinho+ar¹) vtd Dar carinho a, tratar com carinho.

á.ca.ro (gr ákari) sm Zool Denominação que se dá aos parasitas que provocam alergia.

a.car.pe.tar (a¹+carpete+ar¹) V carpetar.

a.car.re.tar (a¹+carreta+ar¹) vtd **1** Carregar. **2** fig Causar, ocasionar.

a.ca.sa.la.men.to (acasalar+mento) sf Ato ou efeito de acasalar.

a.ca.sa.lar (a¹+casal+ar¹) vtd e vpr **1** Reunir(-se) em casal. **2** Juntar(-se) (macho e fêmea) para a procriação.

a.ca.so (a¹+caso) sm **1** Acontecimento incerto ou imprevisível; casualidade, eventualidade. **2** Caso fortuito. **3** Destino, sorte. • adv Porventura, quiçá, talvez.

a.ca.ta.men.to (acatar+mento) sm **1** Ação ou efeito de acatar: *"A Procuradoria Geral do Trabalho começa hoje a cobrar multa dos sindicatos pelo não acatamento da determinação da Justiça para que os grevistas voltem ao trabalho."* (FSP) **2** Consideração, respeito: *"Nem mais os militares encontravam acatamento às suas prerrogativas de cidadãos."* (GLO)

a.ca.tar (lat vulg accaptare) vtd **1** Honrar, respeitar. **2** Cumprir, obedecer. *Antôn: desrespeitar*.

a.ca.va.la.do (part de acavalar) adj **1** Semelhante a cavalo. **2** Diz-se de coisas sobrepostas umas às outras.

a.ca.va.la.men.to (acavalar+mento) sm **1** Ação ou efeito de acavalar(-se). **2** Amontoamento, sobreposição.

a.ca.va.lar (a¹+cavalo+ar¹) vtd **1** Amontoar, pôr umas coisas sobre outras, sobrepor. vtd **2** Montar em cavalo. vpr **3** Agrupar-se desordenadamente, amontoar-se.

a.ce.bo.la.do (a¹+cebola+ado¹) adj **1** Com sabor de cebola. **2** Cul Temperado com muita cebola.

a.ce.fa.li.a (acéfalo+ia¹) sf Terat Ausência de cabeça ou parte dela (no embrião ou no feto).

a.cé.fa.lo (gr aképhalos) adj **1** Sem cabeça. **2** Que não tem chefe ou autoridade superior.

a.cei.ta.ção (aceitar+ção) sf **1** Ato ou efeito de aceitar. **2** Acolhimento por parte do público comprador. **3** Aplauso, aprovação.

a.cei.tar (lat acceptare) vtd **1** Receber (o que é dado ou oferecido). **2** Consentir em. **3** Aprovar, concordar com. **4** Admitir. **5** Obedecer, seguir. **6** Admitir, reconhecer, tomar. *Antôn: recusar*. *Part: aceito, aceitado* e *aceite*.

a.cei.tá.vel (aceitar+vel) adj m+f Digno ou suscetível de ser aceito. *Antôn: inaceitável*.

a.cei.to (part irreg de aceitar) adj **1** Admitido, recebido. **2** Benquisto, bem recebido.

a.ce.le.ra.ção (lat acceleratione) sf **1** Ato ou efeito de acelerar; aumento de velocidade. **2** Fís Variação de velocidade que, em cada unidade de tempo, sofre um corpo em movimento.

a.ce.le.ra.do (part de acelerar) adj **1** Apressado, ligeiro, rápido. **2** Precipitado. **3** Impetuoso, irascível.

a.ce.le.ra.dor (acelerar+dor) adj Que acelera. • sm **1** Aquele ou aquilo que acelera. **2** Autom Dispositivo que comanda o suprimento de combustível e, com isso, a rotação do motor.

a.ce.le.rar (lat accelerare) vtd **1** Apressar o movimento de, aumentar a velocidade de.

acelga 10 **acetinado**

vtd **2** Abreviar. *vtd* **3** Adiantar, antecipar. *vpr* **4** Adquirir velocidade, precipitar-se. *Antôn:* desacelerar.

a.cel.ga (*ár as-silqa*) *sf Bot* Planta herbácea apreciada como verdura.

a.cém (*ár as-simn*) *sm* Carne do lombo do boi.

a.ce.nar (*aceno+ar¹*) *vti* e *vint* **1** Fazer acenos para aprovar, avisar, chamar etc. *vti* e *vpr* **2** Aludir; referir-se.

a.cen.de.dor (*acender+dor*) *adj* Que acende. • *sm* Instrumento para acender.

a.cen.der (*lat accendere*) *vtd* **1** Atear chama a, pôr fogo a, queimar. **2** Acionar a chave que regula o circuito da instalação de energia elétrica. **3** Entusiasmar, estimular. *Part:* acendido e aceso.

a.ce.no (*lat ad+signu*) *sm* **1** Sinal feito com a cabeça, as mãos, os braços, os olhos, para dar a conhecer o que desejamos. **2** Chamamento, apelo.

a.cen.to (*lat accentu*) *sm* **1** Inflexão da voz na pronúncia das palavras. **2** Tom de voz. **3** Timbre. **4** Sotaque. **5** *Gram* Sinal com que se representa a acentuação de uma palavra.

a.cen.tu.a.ção (*acentuar+ção*) *sf* **1** Ato ou efeito de acentuar na escrita ou na fala. **2** *Gram* Emprego dos acentos ortográficos. **3** Modo de acentuar uma palavra ou vogal.

a.cen.tu.ar (*acento+ar¹*) *vtd* **1** Empregar os acentos gráficos em. *vtd* **2** Pronunciar com clareza e intensidade. *vtd* **3** Dar ênfase a certas palavras de uma frase. *vtd* e *vpr* **4** Dar relevo a, ressaltar.

a.cep.ção (*lat acceptione*) *sf* Sentido em que se toma uma palavra; interpretação, significado.

a.cer.ca (*ê*) (*a¹+cerca*, do *lat circa*) *adv* Junto, perto, próximo. *Acerca de*: a respeito de, quanto a, sobre.

a.cer.car (*a¹+lat circa+ar¹*) *vtd* e *vpr* Aproximar(-se), avizinhar(-se).

a.ce.ro.la (*ár az-zurur*, via *cast*) *sf Bot* **1** Arbusto originário das Antilhas, cujo fruto, semelhante à cereja, é rico em vitamina A e C, ferro e cálcio. **2** O fruto da acerola.

a.cér.ri.mo (*lat acerrimu*) *adj* **1** Superlativo absoluto sintético de *acre*; muito acre: *Uma fruta acérrima.* **2** Obstinado, pertinaz: *"O Congresso Nacional Africano e o Partido Nacional foram os mais acérrimos inimigos por 76 anos."* (FSP)

a.cer.tar (*a¹+certo+ar¹*) *vtd* **1** Fazer andar certo, pôr certo (o relógio). *vtd* **2** Corrigir. *vtd* **3** Alcançar, atingir. *vtd* **4** Convencionar, deliberar. *vint* **5** Bater no ponto o que se atirou, dar no alvo.

a.cer.to (*ê*) (de *acertar*) *sm* **1** Ação ou efeito de acertar. **2** Acordo, ajuste. **3** Sabedoria.

a.cer.vo (*ê*) (*lat acervu*) *sm* **1** Patrimônio. **2** Conjunto das obras de um museu, de uma biblioteca etc.

a.ce.so (*ê*) (*part irreg* de *acender*) *adj* **1** Acendido, inflamado. **2** Arrebatado, furioso.

a.ces.sar (*ingl access*) *vtd Inform* Utilizar ou obter dados, programas, arquivos, serviços etc., armazenados ou processados em computador.

a.ces.sí.vel (*lat accessibile*) *adj m+f* **1** De fácil acesso. **2** Que se pode alcançar ou possuir. **3** Compreensível, inteligível. *Antôn* (acepções 1 e 2): *inacessível.*

a.ces.so (*lat accessu*) *sm* **1** Aproximação, chegada. **2** Passagem, trânsito. **3** *Med* Ataque repentino. **4** Arrebatamento. **5** *Inform* Comunicação com unidade de armazenamento.

a.ces.só.rio (*lat accessoriu*) *adj* **1** Que não é principal. **2** Que se junta a alguma coisa, sem dela fazer parte integrante. **3** Complementar, suplementar. • *sm* **1** O que suplementa, ajuda ou acompanha o principal. **2** Coisa de importância secundária ou subordinada. *sm pl* **3** Pertences de qualquer instrumento ou máquina. **4** Peças complementares de um vestuário.

a.ce.ta.to (*aceto+ato⁴*) *sm Quím* **1** Sal ou éster de ácido acético. **2** Acetato de celulose ou um dos seus produtos, tais como uma fibra têxtil ou um plástico para filmes.

a.cé.ti.co (*lat aceticu*) *adj* Pertencente ou relativo ao ácido que forma o vinagre.

a.ce.ti.le.no *sm Quím* Hidrocarboneto gasoso utilizado em solda de metais e em iluminação.

a.ce.ti.na.do (*part* de *acetinar*) *adj* **1** Que se acetinou; lustrado (papel, têxteis). **2** Diz-se de papel de superfície lisa e dura, que se assemelha ao cetim.

a.ce.ti.nar (a^1+*acetim*+ar^1) *vtd* Tornar macio e lustroso como o cetim.

a.ce.to.na (*fr acétone*) *sf Quím* Líquido inflamável, que se evapora com facilidade, de cheiro forte, usado principalmente como solvente. *Var: propanona.*

a.cha (*lat* *ascla*, por *astla*, de *astula*) *sf* **1** Pedaço de madeira rachada para o fogo. **2** Arma antiga com forma de machado.

a.cha.car (*achaque*+ar^1) *vtd* **1** Extorquir dinheiro de. *vint* e *vpr* **2** Adoecer, cair doente.

a.cha.do (*part* de *achar*) *adj* **1** Que se achou. **2** Descoberto, inventado. **3** Julgado, reconhecido. • *sm* **1** Coisa encontrada. **2** Descoberta, invento. **3** Pechincha.

a.char (*lat afflare*) *vtd* **1** Encontrar por acaso ou procurando. *vtd* **2** Descobrir, inventar. *vtd* **3** Conseguir, obter. *vtd* e *vpr* **4** Acreditar(-se), julgar(-se). *Antôn* (acepção 1): *perder.*

a.cha.ta.men.to (*achatar*+$mento^1$) *sm* Ação ou efeito de achatar.

a.cha.tar (a^1+*chato*+ar^1) *vtd* Aplanar, tornar chato ou plano.

a.che.gar (a^1+*chegar*) *vtd* e *vpr* **1** Aproximar (-se): *"Aragão só estendeu o braço ao notar que Suplicy se achegava."* (FSP) *vpr* **2** Acolher-se, buscar auxílio de: *Quando está em dificuldade, ela se achega ao vizinho mais próximo. vpr* **3** Acrescentar-se: *Achegaram-se mais duzentas reses ao rebanho já existente. Antôn: desachegar, separar.*

a.chin.ca.lhar (a^1+*chinquilho*+ar^1) *vtd* Escarnecer, ridicularizar, zombar de.

a.chis.mo (*achar*+*ismo*) *sm gír* Tendência em avaliar as situações segundo as próprias opiniões ou intenções, muitas vezes sem justificação.

a.cho.co.la.ta.do (a^1+*chocolate*+ado^1) *adj* **1** Parecido com chocolate. **2** Que tem chocolate. • *sm* Alimento que tem chocolate.

a.cho.co.la.tar (a^1+*chocolate*+ar^1) *vtd* Dar cor ou sabor de chocolate a.

a.ci.den.tal (*acidente*+al^1) *adj m+f* **1** Casual, imprevisto. **2** Que não é essencial; acessório. *Antôn* (acepção 1): *propositual;* (acepção 2): *essencial.*

a.ci.den.tar (*acidente*+ar^1) *vtd* **1** Tornar acidentado, desigual ou irregular (o terreno). *vtd* **2** Ferir em acidente (*p ex*, pessoas). *vpr* **3** Sofrer alteração ou modificação, tornar-se irregular.

a.ci.den.te (*lat accidente*) *sm* **1** O que é casual, imprevisto. **2** Desastre, desgraça. **3** Disposição variada de um terreno.

a.ci.dez (*ácido*+*ez*) *sf* **1** Azedume. **2** *Quím* Propriedade que possuem os ácidos.

á.ci.do (*lat acidu*) *adj* **1** Azedo, picante. **2** Mordaz, desagradável. *Antôn* (acepção 1): *doce.* • *sm* **1** Substância azeda. **2** *Quím* Nome genérico dos compostos químicos orgânicos e inorgânicos que contêm um ou mais átomos de hidrogênio, os quais podem dar origem a um sal.

a.ci.ma (a^1+*cima*) *adv* **1** Em cima. **2** Da parte inferior para a superior. **3** Anteriormente. **4** Em grau ou categoria superior. *Antôn: abaixo.*

a.cin.te (*lat accinte*) *sm* **1** Provocação. **2** Ação premeditada, com o propósito de contrariar, desgostar ou ofender alguém.

a.cin.to.so (*ô*) (*acinte*+*oso*) *adj* **1** Provocador: *"Não podemos permitir que a acintosa propaganda de produtos derivados de tabaco continue a atingir a nossa juventude."* (FSP) **2** Ofensivo: *"Você me acha capaz de uma atitude tão acintosa?"* (GTT) *Pl: acintosos* (*ó*).

a.cin.tu.ra.do (a^1+*cintura*+ado^1) *adj* **1** Que tem cintura. **2** Ajustado à cintura.

a.cin.zen.ta.do (*part* de *acinzentar*) *adj* Que parece cinzento.

a.cin.zen.tar (a^1+*cinzento*+ar^1) *vtd* **1** Dar cor levemente cinzenta a. *vpr* **2** Tornar-se cinzento.

a.ci.o.na.dor (*acionar*+*dor*) *adj*+*sm* Que ou aquele que aciona.

a.ci.o.na.men.to (*acionar*+*mento*) *sm* Ato ou efeito de acionar.

a.ci.o.nar (*lat actione*+ar^1) *vtd* **1** Pôr em ação; ligar. **2** Demandar, processar.

a.ci.o.ná.rio (*acionar*+*ário*) *adj* Relativo ou mediante a posse de ações ou a posse da maioria de ações de uma empresa: *Obter o controle acionário de uma multinacional.* • *adj*+*sm* V *acionista.*

a.ci.o.nis.ta (*acionar*+*ista*) *adj* e *s m+f* Que ou pessoa que possui ações de sociedade anônima ou empresa por ações.

a.cir.ra.do (*part* de *acirrar*) *adj* **1** Irritado,

exasperado. 2 Intransigente, obstinado. 3 Estimulado.

a.cir.ra.men.to (*acirrar+mento*) *sm* Ação ou efeito de acirrar(-se).

a.cir.rar (*voc onom*) *vtd* 1 Atiçar, incitar (*p ex*, cães). *vtd* 2 Irritar. *vtd* 3 Estimular, excitar. *vpr* 4 Irritar-se (*p ex*, os ânimos). *Antôn: abrandar.*

a.cla.ma.ção (*lat acclamatione*) *sf* 1 Ato ou efeito de aclamar. 2 Declaração conjunta e verbal de uma assembleia, aprovando algum ato ou elegendo alguém, sem votação.

a.cla.mar (*lat acclamare*) *vtd* 1 Aplaudir ou aprovar com brados, saudar (alguém). 2 Proclamar, reconhecer solenemente (um chefe de Estado).

a.cla.rar (a^1+*claro*+ar^1) *vtd* e *vpr* 1 Tornar(-se) claro. *vtd* 2 Clarificar, limpar.

a.cli.mar (a^1+*clima*+ar^1) *vtd* e *vpr* 1 Acostumar a novo clima. *vpr* 2 Acostumar-se.

a.cli.ma.ta.ção (*aclimatar+ção*) *sf* Ato ou efeito de aclimar(-se).

a.cli.ma.ta.do (*part de aclimatar*) *adj* 1 Adaptado a certo clima. 2 Adaptado, acostumado.

a.cli.ma.tar (a^1+*climato*+ar^1) *V aclimar.*

a.cli.ve (*lat acclive*) *adj m+f* Em forma de ladeira; íngreme. • *sm* Inclinação do terreno (considerada de baixo para cima); ladeira. *Antôn: declive.*

ac.ne (*gr ákhne*, erroneamente, por *akmé*) *sf Med* Qualquer uma de várias doenças inflamatórias das glândulas sebáceas e da pele; espinha.

a.ço (de *aceiro*) *sm* 1 *Metal* Liga de ferro com carbono. 2 Cor albina.

a.co.ber.ta.do (*part de acobertar*) *adj* 1 Coberto. 2 Defendido, protegido.

a.co.ber.ta.men.to (*acobertar+mento*) *sm* Ação ou efeito de acobertar.

a.co.ber.tar (a^1+*coberta*+ar^1) *vtd* 1 Cobrir (com coberta, manto ou pano). *vtd* e *vpr* 2 Defender(-se), proteger(-se). *vtd* e *vpr* 3 Agasalhar(-se) contra o frio. *vtd* 4 Disfarçar, dissimular: *Acobertar defeitos.*

a.co.bre.a.do (*part de acobrear*) *adj* Com aspecto ou cor de cobre.

a.co.bre.ar (a^1+*cobre*+ar^1) *vtd* Dar aparência ou cor de cobre a: *O sol de verão acobreava os seus cabelos.* Conjuga-se como *frear.*

a.co.co.rar (a^1+*cócoras*+ar^1) *vpr* Abaixar-se, agachar-se, pôr-se de cócoras.

a.ço.da.do (*part de açodar*) *adj* 1 Apressado, precipitado: "*Ele foi açodado e leviano, com a divulgação de nomes sem mais nem menos.*" (FSP) 2 Diligente, zeloso, aplicado: *Quando se trata de preparar um piquenique, sou muito açodado.*

a.ço.da.men.to (*açodar+mento*) *sm* 1 Ação ou efeito de açodar. 2 Precipitação, pressa.

a.ço.dar (*lat *esubitare*, de *subitus*) *vtd* e *vpr* 1 Apressar, precipitar. *vtd* 2 Perseguir.

a.çoi.ta.men.to (*açoitar+mento*) *sm* Ato ou efeito de açoitar. *Var: açoutamento.*

a.çoi.tar (a^1+*coito*+ar^1) *vtd* 1 Dar coito ou guarida: "*A gente não sabe mesmo é se Camilo estava acoitando Paizinho Bala.*" (ED) *vtd* e *vpr* 2 Abrigar-se. *vtd* 3 Defender: "*A Força me batia porque meus parentes acoitavam cangaceiros.*" (REA)

a.çoi.tar (*açoite*+ar^1) *vtd* 1 Castigar com açoite. 2 Castigar, punir. 3 Espancar.

a.çoi.te (*ár as-saut*) *sm* 1 Chicote. 2 Pancada com esse instrumento de punição. *Var: açoute.*

a.co.lá (*lat eccu illac*) *adv* Além, ao longe, naquele lugar: "*Acolá, o zebu pintado bufou enquanto vinha caminhando.*" (COB)

a.col.cho.a.do (*part de acolchoar*) *adj* 1 Almofadado, estofado. 2 Recheado como colchão. • *sm* 1 Coberta ou revestimento de material macio. 2 Edredom.

a.col.cho.ar (a^1+*colchão*+ar^1) *vtd* Encher (alguma coisa) de algodão, lã ou outro material. Conjuga-se como *coar.*

a.co.lhe.dor (*acolher+dor*) *adj+sm* Que ou o que acolhe bem.

a.co.lher (a^1+*colher*) *vtd* 1 Hospedar, receber (alguém). 2 Abrigar, dar acolhida a (alguém).

a.co.lhi.da (*fem do part de acolher*) *sf* 1 Ato de acolher. 2 Abrigo, refúgio.

a.co.lhi.men.to (*acolher+mento*) *sm* 1 Ação ou efeito de acolher; acolhida. 2 Abrigo, asilo.

a.co.me.ter (a^1+*lat committere*) *vtd* 1 Agredir, atacar. *vtd* 2 Abalroar. *vint* 3 Provocar, começar briga. *vpr* 4 Lançar-se com ímpeto contra: *Os inimigos acometeram-se na luta furiosamente.* *vtd* 5 Afetar repentinamente (doença, sono).

a.co.me.ti.men.to (*acometer+mento*) *sm* Ato ou efeito de acometer.

a.co.mo.da.ção (*lat accomodatione*) *sf* 1 Ato de acomodar. 2 Alojamento, aposentos. 3 Adaptação. 4 Conciliação, entendimento.

a.co.mo.da.do (*part de acomodar*) *adj* 1 Arrumado, acondicionado. 2 Alojado, hospedado. 3 Resignado, conformado.

a.co.mo.dar (*lat accommodare*) *vtd* 1 Arrumar, dispor comodamente: *Acomodar peças de roupa*. *vtd* 2 Dar acomodação a: *Acomodar as visitas*. *vtd* 3 Alojar, hospedar (alguém). *vtd* 4 Adaptar, adequar: *Acomodar os fatos a teorias*. *vpr* 5 Adaptar-se.

a.com.pa.nha.do (*part de acompanhar*) *adj* Que tem companhia; que tem junto de si uma ou mais pessoas ou animais.

a.com.pa.nha.men.to (*acompanhar+mento*) *sm* 1 Ato ou efeito de acompanhar. 2 Cortejo composto de várias pessoas; comitiva, séquito. 3 *Mús* Música instrumental para acompanhar a música vocal. 4 *Cul* Prato secundário que acompanha o principal. *Sin* (acepção 4): guarnição.

a.com.pa.nhan.te (*de acompanhar*) *adj* e *s m+f* Que ou quem acompanha. *Col*: comitiva.

a.com.pa.nhar (*a¹+companha+ar¹*) *vtd* 1 Fazer companhia a, ir em companhia de. 2 Tomar parte em (acompanhamento ou cortejo): *Acompanhar enterros*. 3 Escoltar: *Acompanhar um prisioneiro*. 4 Seguir a mesma direção de: *Acompanhe o trajeto do ônibus*. 5 Imitar, seguir: *Acompanhar a moda*. 6 *Mús* Seguir com instrumento (a parte cantante da música ou o instrumento principal). 7 Seguir com atenção, com o pensamento ou com o sentimento: *Acompanhar a missa*.

a.con.che.gan.te (*de aconchegar*) *adj m+f* Que aconchega.

a.con.che.gar (*a¹+conchegar*) *V conchegar*.

a.con.che.go (*ê*) (*de aconchegar*) *sm* Ação ou efeito de aconchegar; conchego.

a.con.di.cio.na.do (*part de acondicionar*) *adj* 1 Embalado. 2 Dotado de certa condição ou qualidade. 3 Posto em condição conveniente.

a.con.di.cio.na.men.to (*acondicionar+mento*) *sm* 1 Ato ou efeito de acondicionar. 2 Embalagem, empacotamento.

a.con.di.ci.o.nar (*a¹+condição+ar¹*) *vtd* 1 Arranjar, arrumar. 2 Restaurar, consertar. 3 Guardar, preservar contra deterioração. 4 Embalar (objetos) para transporte.

a.con.se.lha.men.to (*aconselhar+mento*) *sm* Ato de aconselhar.

a.con.se.lhar (*a¹+conselho+ar¹*) *vtd* e *vint* 1 Dar conselho a. *vtd* 2 Recomendar. *vtd* 3 Convencer, persuadir. *vpr* 4 Consultar, pedir parecer de. *Antôn*: desaconselhar.

a.con.se.lhá.vel (*aconselhar+vel*) *adj m+f* Que pode ser aconselhado; recomendável.

a.con.te.cer (*a¹+lat contigescere* por *contingescere*) *vti* e *vint* Realizar-se, suceder, verificar-se.

a.con.te.ci.do (*part de acontecer*) *adj* Que aconteceu; sucedido. • *sm* Aquilo que acontece ou aconteceu; acontecimento.

a.con.te.ci.men.to (*acontecer+mento*) *sm* 1 Aquilo que acontece ou aconteceu; evento. 2 Fato memorável.

a.co.pla.men.to (*acoplar+mento*) *sm* 1 *Mec* Junção, união, junta (*p ex*, de extremidades de eixos). 2 *Astronáut* Junção, no espaço, de duas naves espaciais.

a.co.plar (*lat ad+copulare*, via *fr*) *vtd Mec* e *Astronáut* Estabelecer acoplamento em: *"O usuário pode acoplar no máximo três câmeras e selecionar qual delas quer visualizar."* (FSP); *"O cosmonauta Alexander Malenchenko conseguiu acoplar uma nave de carga à estação Mir."* (FSP)

a.cor.da.do (*part de acordar*) *adj* 1 Desperto do sono. 2 Resolvido por acordo; combinado.

a.cor.dar (*lat accordare*) *vtd*, *vti* e *vint* 1 Despertar alguém, interrompendo-lhe o sono. *vtd* e *vti* 2 Animar, avivar. *vtd* e *vti* 3 Entrar em acordo.

a.cor.de (*de acordar*, acepção 5) *adj m+f* 1 Harmonioso. 2 Que está de acordo. • *sm* 1 *Mús* Consonância de dois ou mais sons simultâneos. 2 Acordo, harmonia, união.

a.cor.de.ão (*al akkordion*, via *fr*) *sm Mús* Instrumento musical portátil formado de teclado e fole. *Var*: acordeom. *Sin*: harmônica, sanfona.

a.cor.de.o.nis.ta (*acordeom+ista*) *s m+f* Quem toca acordeão, sanfoneiro.

a.cor.do (ô) (de *acordar*, acepção 3) *sm* **1** Harmonia de opiniões; concordância, concórdia. **2** Convenção, tratado, pacto. **3** Consciência. **4** *Dir Trab* Ajuste, combinação de vontades para determinado fim jurídico. *Antôn* (acepção 1): *desacordo, divergência, controvérsia*.

a.ço.ri.a.no (*top Açores+ano*) *adj* Pertencente ou relativo aos Açores, arquipélago situado no Atlântico, a oeste da Europa Meridional. • *sm* Natural ou habitante dos Açores.

a.cor.ren.ta.do (*part* de *acorrentar*) *adj* Preso com corrente; amarrado com corrente.

a.cor.ren.tar (*a¹+corrente+ar¹*) *vtd* **1** Prender com corrente. *vtd* e *vpr* **2** Escravizar, subjugar.

a.cor.rer (*lat accurrere*) *vti* **1** Acudir, correr a algum lugar. *vti* **2** Auxiliar. *vti* **3** Recorrer à proteção de. *vti* **4** Ocorrer. *vpr* **5** Recorrer, servir-se de.

a.cos.sa.do (*part* de *acossar*) *adj* Perseguido, acuado.

a.cos.sar (*a¹+port ant cosso*, do *lat cursu +ar¹*) *vtd* **1** Ir no encalço de; perseguir de perto (a caça). **2** Atacar de perto, seguir, a fim de vencer (o inimigo).

a.cos.ta.men.to (*acostar+mento*) *sm* **1** Ato ou efeito de acostar. **2** Faixa que margeia uma rodovia e se destina principalmente a paradas de emergência dos veículos.

a.cos.tu.ma.do (*part* de *acostumar*) *adj* **1** Que se acostumou; habituado. **2** Usual, costumeiro.

a.cos.tu.mar (*a¹+costume+ar¹*) *vtd* **1** Fazer adquirir um costume, habituar. *vpr* **2** Habituar-se.

a.co.to.ve.lar (*a¹+cotovelo+ar¹*) *vtd* **1** Dar ou tocar com o cotovelo em. *vtd* **2** Dar sinal, tocando com o cotovelo. *vpr* **3** Achar-se em grande aperto, encontrar-se, tocar-se.

a.çou.gue (*ár as-sûq*) *sm* Lugar onde se vende carne.

a.çou.guei.ro (*açougue+eiro*) *sm* **1** Dono de açougue. **2** Aquele que trabalha no açougue.

a.co.var.dar (*a¹+covarde+ar¹*) *vtd* e *vpr* Amedrontar(-se), atemorizar(-se), tornar (-se) covarde.

a.cre (*ingl acre*) *sm* Medida agrária de superfície que equivale a 4.047 m². • *adj m+f* **1** De ação picante e corrosiva. **2** Áspero, irritante. **3** Azedo. *Sup abs sint: acérrimo* e *acríssimo*.

a.cre.di.tar (*a¹+crédito+ar¹*) *vtd, vti* e *vint* **1** Crer, dar crédito a, ter como verdadeiro. *vtd* e *vpr* **2** Abonar(-se), tornar(-se) digno de estima. *vti* **3** Ter confiança. *Antôn: desacreditar, descrer*.

a.cres.cen.tar (*acrescer+entar*) *vtd* **1** Ampliar, aumentar. **2** Adicionar. *Antôn: diminuir; retirar*.

a.cres.cer (*lat accrescere*) *vtd* **1** Aumentar, fazer maior. *vti, vint* e *vpr* **2** Acrescentar-se, adicionar-se, ajuntar-se. *vtd* **3** Incluir, incorporar. *Antôn* (acepções 1 e 2): *decrescer, diminuir*.

a.crés.ci.mo (*red* de *acrescimento*) *sm* Aumento, aquilo que se acrescenta.

a.cri.a.no (*Acre, np+ano*) *adj* Pertencente ou relativo ao Estado do Acre. • *sm* Natural ou habitante desse Estado.

a.crí.li.co (*fr acrylique*, do *lat acri+gr hýle*, madeira+*ico²*) *sm Quím* Resina sintética transparente usada na fabricação de fibras têxteis, lentes para óculos, dentes, dentaduras e de grande uso industrial. • *adj* Feito dessa resina ou dela derivado.

a.cro.ba.ci.a (*fr acrobatie*) *sf* **1** A arte do acrobata. **2** Equilibrismo.

a.cro.ba.ta (*gr akróbatos*) *s m+f* **1** O que anda, salta ou faz exercícios ginásticos em corda. **2** Equilibrista. **3** *Aeron* Aviador que pratica acrobacias. *Var: acróbata*. Veja nota em **hieróglifo**.

a.cro.fo.bi.a (*acro²+fobo+ia¹*) *sf Med* Receio mórbido de lugares muito altos.

a.cró.po.le (*gr akrópolis*) *sf Antig* Local mais alto das cidades da Grécia, onde se erguiam os santuários.

a.crós.ti.co (*acro²+gr stíkhos*) *sm* Composição poética em que certas letras, iniciais ou mediais, formam verticalmente um nome de pessoa ou coisa, uma frase ou palavra.

a.cu (*tupi asú*) *elem comp* Entra na composição de nomes indígenas, com a ideia de grande, considerável: *acutipuruaçu, suaçu. Antôn: mirim*.

a.cu.a.ção (*acuar+ção*) *sf* **1** Ato ou efeito

de acuar. **2** Perseguição e cerco à caça ou ao inimigo.

a.cu.a.do (*part* de *acuar*) *adj* **1** Que se considerou vencido. **2** Acossado, ameaçado, cercado ou entocado por cães (falando de animais).

a.cu.ar (a^1+cu+ar^1) *vtd* **1** Impedir a fuga (da caça ou do inimigo), obrigando a enfrentar o perseguidor. *vint* **2** Parar diante do inimigo ou do perseguidor com medo ou cólera.

a.çú.car (*sânsc çarkarâ*, pelo *ár as-sukkar*) *sm* **1** Substância doce extraída da cana-de-açúcar ou da beterraba. **2** Substância doce de outros vegetais e de algumas secreções animais.

a.çu.ca.ra.do (*part* de *açucarar*) *adj* **1** Adoçado com açúcar. **2** Que contém açúcar naturalmente.

a.çu.ca.rar (*açúcar*+ar^1) *vtd* **1** Adoçar com açúcar. *vtd* **2** Tornar doce. *vtd* e *vpr* **3** Formar cristais ou grãos de açúcar (*p ex*, a calda de um doce, o mel).

a.çu.ca.rei.ro (*açúcar*+*eiro*) *adj* **1** Que fornece açúcar. **2** Relativo ao fabrico de açúcar. **3** Diz-se das terras que produzem a cana-de-açúcar. • *sm* **1** Recipiente para açúcar. **2** Fabricante de açúcar.

a.çu.ce.na (*ár as-sûsanâ*) *sf Bot* Planta liliácea, cultivada nos jardins e bastante apreciada pelo aroma e beleza das flores.

a.çu.de (*ár as-sudd*) *sm* Construção destinada a represar a água dos rios para ser utilizada na indústria, agricultura ou abastecimento das povoações.

a.cu.dir (*lat vulg accutere*) *vtd* **1** Ir em auxílio ou em socorro. *vti* **2** Obedecer a um chamamento ou mandado. *vti* **3** Afluir, concorrer. *vti* **4** Recorrer a, valer-se de alguém.

a.cu.i.da.de (*fr acuité*) *sf* **1** Qualidade do que é agudo: *"Caetano tem uma acuidade de pronúncia que pode interferir na musicalidade."* (FSP) **2** Agudeza do olhar, do espírito em observar e concluir, da percepção dos sentidos: *"Eram observações feitas com a acuidade de um crítico."* (REL)

a.cul.tu.ra.ção (*aculturar*+*ção*) *sf Sociol* Mudanças na cultura de um grupo social sob a influência de outro com que entra em contato.

a.cul.tu.ra.do (*part* de *aculturar*) *adj* Adaptado a outra cultura: *"Os índios aculturados, que estão fora da reserva ianomâmi, têm os mesmos direitos dos brancos."* (FSP)

a.cul.tu.rar (a^1+*cultura*+ar^1) *vpr* Adaptar-se a outra cultura.

a.cu.mu.la.ção (*acumular*+*ção*) *sf* **1** Ação ou efeito de acumular. **2** Acréscimo, aumento. **3** Armazenamento (de energia elétrica). **4** *Geol* Depósito. *Var*: acúmulo.

a.cu.mu.la.do (*part* de *acumular*) *adj* Que se acumulou; ajuntado, amontoado.

a.cu.mu.la.dor (*acumular*+*dor*) *adj* **1** Que acumula ou amontoa várias coisas. **2** Ajuntador. • *sm Fís* Aparelho elétrico que armazena energia para a restituir sob a forma de corrente.

a.cu.mu.lar (*lat accumulare*) *vtd* **1** Amontoar, pôr em cúmulo ou montão. **2** Exercer simultaneamente (vários empregos). **3** Armazenar (energia elétrica).

a.cu.mu.la.ti.vo (*acumular*+*ivo*) *adj* **1** Que se pode acumular. **2** Que tem a faculdade de acumular.

a.cú.mu.lo (de *acumular*) *sm* V acumulação.

a.cu.pun.tu.ra (*acu*+*puntura*) *sf* Terapêutica de origem chinesa que consiste em introduzir uma ou várias agulhas metálicas finas em pontos cutâneos precisos do corpo humano.

a.cu.pun.tu.ris.ta (*acupuntura*+*ista*) *s m*+*f* Técnico ou médico especializado em acupuntura.

a.cu.ra.do (*part* de *acurar*) *adj* Esmerado, cuidadoso.

a.cu.rar (*lat acurare*) *vtd* Cuidar de, tratar de (alguém) com cuidado, desvelo ou interesse.

a.cu.sa.ção (*acusar*+*ção*) *sf* **1** Imputação de um delito. **2** Denúncia. **3** Exposição das culpas do réu.

a.cu.sa.do (*part* de *acusar*) *adj* Denunciado ou processado como autor de um delito, crime ou falta. • *sm* Pessoa sobre quem recai a acusação; réu.

a.cu.sa.dor (*acusar*+*dor*) *adj*+*sm* **1** Que ou o que acusa. **2** Delator, denunciante. *Antôn*: defensor.

a.cu.sar (*lat accusare*) *vtd* **1** Imputar erro,

culpa ou crime (a alguém). *vtd* **2** Mostrar, denunciar. *vint* **3** Incriminar alguém. *vpr* **4** Declarar-se culpado. *Antôn: defender*.

a.cús.ti.ca (*gr akoustiké*) *sf* **1** *Fís* Estudo dos sons. **2** Conjunto de qualidades de uma sala ou de um edifício que influem na propagação de sons.

a.cús.ti.co (*gr akoustikós*) *adj* Que se refere aos sons ou à audição.

a.da.ga (*baixo-lat daga*, por *daca*) *sf* Arma branca, curta, de dois gumes ou, pelo menos, de ponta afiada, mais larga que o punhal. *Dim: adagueta*.

a.dá.gio (*lat adagiu*) *sm* **1** Ditado, dito, provérbio. **2** *Mús* Trecho musical de andamento vagaroso.

a.da.man.ti.no (*lat adamantinu*) *adj* Semelhante ao diamante: *Um brilho adamantino. "Ele admirou o líquido adamantino no cálice."* (RET)

a.da.mas.car (a^1+*damasco*+ar^1) *vtd* Dar a cor avermelhada ou o lavor do damasco a (um tecido).

a.dâ.mi.co (*Adam*, por *Adão*, *np*+ico^2) *adj* **1** Relativo a Adão, o primeiro homem, segundo a Bíblia: *"A maçã é injustamente lembrada como sendo o fruto proibido do pecado adâmico."* (FSP) **2** Primitivo: *Uma concepção adâmica sobre ciência*.

a.dap.ta.bi.li.da.de (*adaptável*+*i*+*dade*) *sf* Qualidade de se adaptar.

a.dap.ta.ção (*lat med adaptatione*) *sf* **1** Ação ou efeito de adaptar(-se). **2** Acomodação. **3** *Biol* Poder normal do olho de ajustar-se às variações da intensidade da luz. **4** *Lit* Transposição de uma obra literária para outro gênero. **5** *Arquit* Modificação feita numa edificação para atender a novas finalidades.

a.dap.ta.dor (*adaptar*+*dor*) *adj* Que adapta. • *sm* **1** Aquele que adapta. **2** *Tecn* Peça de ligação que serve para unir peças de uma máquina, aparelho ou instrumento.

a.dap.tar (*lat adaptare*) *vtd* **1** Pôr em harmonia; tornar adequado: *Adaptou o quarto para receber visitas*. *vtd* **2** Fazer acomodar à visão: *Adaptar os óculos*. *vtd* e *vti* **3** Tornar apto: *Adaptar o aprendiz de ofício*. *vtd* e *vpr* **4** Ajustar (uma coisa a outra): *Adaptar o sapato aos pés*. *vpr* **5** Aclimatar-se, acostumar-se: *Adaptar-se ao meio*. *vtd* **6** Modificar obra, em geral escrita, para torná-la adequada a outros meios (televisão, teatro etc.): *Adaptou o romance para o teatro*.

a.dap.tá.vel (*adaptar*+*vel*) *adj m+f* Que pode ser adaptado.

a.de.ga (*lat apotheca*) *sf* Lugar térreo ou subterrâneo onde se guardam gêneros alimentícios e especialmente vinhos e outras bebidas.

a.de.mais (a^2+*demais*) *adv* Além disso, demais: *"Ademais, a maioria de nós já tinha sua história de lutas, desilusões e frustrações políticas, amorosas, etc."* (ACM)

a.den.do (*lat addendu*) *sm* **1** *Arit* Número a ser somado a outro precedente. **2** Coisa adicionada; acréscimo.

a.de.noi.de (*ó*) (*adeno*+*oide*) *adj m+f Anat* **1** Em forma de gânglio ou de glândula. **2** Semelhante ao tecido de gânglio linfático. • *sf* Hipertrofia de vegetações adenoides.

a.de.no.ma (*adeno*+*oma*) *sm Med* Um tipo de tumor glandular benigno.

a.de.no.pa.ti.a (*adeno*+*pato*+ia^1) *sf Med* Moléstia das glândulas ou dos nódulos linfáticos.

a.de.no.ví.rus (*adeno*+*vírus*) *sm Patol* Vírus tropical que afeta certas glândulas, causando problemas nas vias respiratórias e conjuntivite.

a.den.trar (*lat ad*+*entrar*) *vti* e *vpr* **1** Entrar, penetrar. *vtd* **2** Empurrar para dentro.

a.den.tro (a^1+*dentro*) *adv* **1** Para a parte interior. **2** Interiormente.

a.dep.to (*lat adeptu*) *sm* Partidário, admirador, seguidor.

a.de.qua.ção (*lat adaequatione*) *sf* **1** Ato de adequar(-se). **2** Qualidade ou estado de ser adequado.

a.de.qua.do (*part* de *adequar*) *adj* Acomodado, apropriado, conforme.

a.de.quar (*lat adaequare*) *vtd* Acomodar, apropriar. *Conjug*: é defectivo; usado só nas formas arrizotônicas. *Conjug – Pres indic: (Eu)—, (Tu)—, (Ele)—, (Nós) adequamos, (Vós) adequais, (Eles)—; Pret perf: adequei, adequaste, adequou, adequamos, adequastes, adequaram; Pret imp indic: adequava, adequavas, adequava, adequávamos, adequáveis,* *adequavam; Pret mais-que-perf: adequara, adequaras, adequara, adequáramos, adequáreis, adequaram; Fut pres: adequarei, adequarás, adequará, adequaremos, adequareis, adequarão; Fut pret: adequaria, adequarias, adequaria, adequaríamos, adequaríeis, adequariam; Pres subj: (Eu)—, (Tu)—, (Ele)—, (Nós)—, (Vós)—, (Eles)—; Pret imp subj: adequasse, adequasses, adequasse, adequássemos, adequásseis, adequassem; Fut subj: adequar, adequares, adequar, adequarmos, adequardes, adequarem; Imper afirm: —, —(Tu), —(Você), —(Nós), adequai(Vós), —(Vocês); Imper neg: —, Não—(Tu), Não—(Você), Não—(Nós), Não—(Vós), Não—(Vocês); Infinitivo impess: adequar; Infinitivo pess: adequar, adequares, adequar, adequarmos, adequardes, adequarem; Ger: adequando; Part: adequado.*

a.de.re.ço (*rê*) (*ár at-tarsu*) *sm* **1** Adorno, enfeite, ornamento pessoal. *sm pl* **2** Arreios de cavalo. **3** *Cin, Teat, Telev* Peças de vestuário ou objetos de decoração que compõem o cenário.

a.de.ren.cia (*aderir+ência*) *sf* **1** Ato de aderir; adesão. **2** Junção de uma coisa a outra.

a.de.ren.te (*lat adhaerente*) *adj m+f* Que adere. • *s m+f* Pessoa que adere; partidário, seguidor.

a.de.rir (*lat adhaerere*) *vti e vint* **1** Tornar-se aderente, prender-se. *vti* **2** Tornar-se adepto. *vtd* **3** Adaptar, juntar, unir. *Antôn* (acepções 1 e 3): *separar-se*; (acepção 2): *discordar*. Conjuga-se como *ferir*.

a.de.são (*lat adhaesione*) *sf* **1** Ação ou efeito de aderir. **2** Acordo. **3** Consentimento.

a.de.si.vo (*adeso+ivo*) *adj* Que tem a capacidade de colar ou grudar coisas umas às outras. • *sm* **1** Substância adesiva. **2** Fita de várias larguras, revestida em um lado de uma substância adesiva.

a.des.tra.do (*part de adestrar*) *adj* Que se adestrou; destro; ensinado.

a.des.tra.men.to (*adestrar+mento*) *sf* Ato ou efeito de adestrar(-se).

a.des.trar (a^1+*destra*+ar^1) *vtd e vpr* **1** Amestrar, treinar. *vtd* **2** Guiar, exercitar (*p ex*, o cavalo).

a.deus (a^1+*Deus*) *interj* **1** Expressão de despedida. **2** Exclamação de pena ou saudade. • *sm* Gesto, palavra, sinal de despedida. *Pl:* adeuses.

a.di.a.men.to (*adiar+mento*) *sm* Ato ou efeito de adiar.

a.di.an.ta.do (*part de adiantar*) *adj* **1** Colocado adiante. **2** Pago com antecipação. **3** Precoce.

a.di.an.ta.men.to (*adiantar+mento*) *sm* **1** Ato ou efeito de adiantar ou de adiantar-se. **2** Estado do que se adianta ou se adiantou. **3** Progresso; avanço. **4** Pagamento antecipado.

a.di.an.tar (*adiante*+ar^1) *vtd* **1** Mover para diante: *Adiantou o relógio*. *vtd* **2** Apressar: *Adiantar as tarefas*. *vti* **3** Avantajar-se, melhorar. *vtd* **4** Dizer com antecipação: *Adiantou a resposta*. *vtd* **5** Pagar com antecipação: *A empresa resolveu adiantar os pagamentos*. *vpr* **6** Andar depressa: *Adiantou-se em relação ao grupo*.

a.di.an.te (*lat ad+de+in+ante*) *adv* **1** Na dianteira, na frente, em primeiro lugar. **2** Posteriormente, sucessivamente. • *interj* À frente!, para a frente!, avante!

a.di.ar (a^1+*dia*+ar^1) *vtd* Deixar para outro dia, demorar, protelar, transferir.

a.di.ção (*lat additione*) *sf* **1** *Arit* Operação que tem por fim unir ou juntar quantidades; soma. **2** Acréscimo, aumento.

a.di.ci.o.nal (*adição*+al^1) *adj m+f* **1** Que se adiciona. **2** Complementar. • *sm* Gratificação salarial.

a.di.ci.o.nar (*lat additionare*) *vtd e vint* Acrescentar, somar, juntar.

a.di.do (*part de adir*) *adj* Acrescentado. • *sm* Funcionário com atribuições especiais numa embaixada: *Foi nomeado adido militar em Paris*.

a.dim.plen.te (*lat adimplens*) *adj m+f Dir* Que cumpre suas obrigações contratuais no prazo certo: *"As prefeituras que não estiverem adimplentes com a companhia poderão não receber verbas federais."* (GAL) *Antôn:* inadimplente.

a.di.po.se (*ádipo*+*ose*) *sf* **1** *Med* Acumulação de gordura no tecido celular subcutâneo. **2** Obesidade, adiposidade.

a.di.po.si.da.de (*adiposo*+*i*+*dade*) *sf Med* Qualidade ou estado de ser gordo; obesidade; adipose: *"Paquita, aos quarenta*

anos, apesar da adiposidade, apresentava a lepidez dos trinta." (LA)
a.di.po.so (ô) (*ádipo+oso*) *adj* Gordo, gorduroso. *Pl: adiposos* (ó).
a.di.ta.men.to (*aditar+mento*) *sm* Ato de aditar ou adicionar.
a.di.tar (*lat additum*, de *addere+ar¹*) *vtd* Acrescentar, adicionar, juntar.
a.di.ti.va (*fem* de *aditivo*) *sf Gram* Qualquer uma das conjunções coordenativas (e, nem) que liga palavras ou orações de idêntica função: *O cavalo se aproximou da porteira e parou.*
a.di.ti.vo (*lat additivu*) *adj* **1** Que se soma. **2** *Mat* Diz-se da quantidade marcada com o sinal + que se deve juntar a outro número. • *sm* **1** Substância adicionada a outro produto. **2** Produtos que se adicionam à gasolina para torná-la mais detonante.
a.di.vi.nha (de *adivinhar*) *sf* **1** *Folc* Questão proposta como problema, muitas vezes em versos, de uma forma que dificulte a resposta; adivinhação, enigma. **2** Mulher que faz adivinhações.
a.di.vi.nha.ção (*a¹+lat divinatione*) *sf* **1** Ato ou efeito de adivinhar. **2** Arte de conhecer e predizer o passado, o presente ou o futuro. **3** Adivinha, enigma.
a.di.vi.nha.dor (*adivinhar+dor*) *adj+sm* Que ou o que adivinha. *Fem: adivinhadora.*
a.di.vi.nhar (*lat addivinare*) *vtd* **1** Descobrir por meios hábeis ou sobrenaturais (o passado, o presente, o futuro). **2** Decifrar, desvendar (o que está oculto ou secreto). **3** Predizer, pressentir.
a.di.vi.nho (*a¹+lat divinu*) *sm* **1** Homem de quem se diz que adivinha o passado, o presente, o futuro e as coisas ocultas. **2** Bruxo, feiticeiro. *Fem: adivinha.*
ad.ja.cên.cia (*lat adjacentia*) *sf* **1** Proximidade. **2** Situação aproximada de um lugar com outro. *sf pl* **3** Localidades vizinhas, imediações, redondezas.
ad.ja.cen.te (*lat adjacente*) *adj m+f* **1** Próximo, vizinho, contíguo. **2** Situado nas imediações.
ad.je.ti.va.ção (*adjetivar+ção*) *sf* **1** Ação ou efeito de adjetivar. **2** Emprego de adjetivos.
ad.je.ti.va.do (*part* de *adjetivar*) *adj* **1** Tornado adjetivo. **2** Acompanhado de adjetivo.
ad.je.ti.var (*adjetivo+ar¹*) *vtd* **1** Usar como adjetivo (uma palavra). **2** Atribuir qualidade a.
ad.je.ti.vo (*lat adjectivu*) *sm Gram* Palavra que modifica um substantivo, atribuindo-lhe qualidade, estado, caráter ou modo de ser. • *adj* **1** Que se junta. **2** *Gram* Que tem a forma ou a função gramatical de adjetivo. **3** Derivado, secundário.
A disposição do **adjetivo** em português é, muitas vezes, uma questão de estilo; porém, nas línguas neolatinas, a tendência é colocá-lo depois do substantivo. Exemplos: *colônia francesa, estudantes estrangeiros, nevoeiro intenso.*
Normalmente, a anteposição ocorre com adjetivos que expressam qualidades (físicas ou morais) e gradação.
*Paulo é um **bom** menino.*
*Marta sempre foi uma **bela** mulher.*
*As **fortes** chuvas de verão chegaram.*
ad.jun.to (*lat adjunctu*) *adj* Contíguo, junto, perto, próximo, unido. • *sm* **1** Ajudante, auxiliar. **2** Associado. **3** Substituto. **4** *Gram* Termo acessório que se prende a outro, principal ou secundário, para modificá-lo. *Adjunto adnominal:* palavra ou expressão que modifica um substantivo: palha *de aço. Adjunto adverbial:* palavra ou expressão com valor de advérbio: Cantou *muito bem.*
ad.mi.nis.tra.ção (*lat administratione*) *sf* **1** Ato de administrar. **2** Governo. **3** Direção de estabelecimento. **4** Casa onde se trata de assuntos de administração pública ou particular.
ad.mi.nis.tra.dor (*lat administratore*) *adj* **1** Que administra. **2** Relativo ou pertencente à administração pública ou particular. • *sm* **1** O que tem a seu cargo a administração pública total ou parcial. **2** Bacharel em curso superior de Administração. *Fem: administradora.*
ad.mi.nis.trar (*lat administrare*) *vtd* **1** Exercer (cargo, emprego, ofício). *vtd* **2** Dar, ministrar (medicamento e sacramento). *vtd e vint* **3** Governar, reger (negócios particulares ou públicos).

ad.mi.nis.tra.ti.vo (*lat administrativu*) *adj* Pertencente ou relativo à administração.

ad.mi.ra.ção (*lat admiratione*) *sf* 1 Ato de admirar. 2 Assombro, espanto. 3 Respeito.

ad.mi.ra.do (*part de admirar*) *adj* 1 Que é objeto de admiração. 2 Que experimenta admiração; maravilhado. 3 Que sente espanto, assombro.

ad.mi.ra.dor (*admirar+dor*) *adj* 1 Que admira ou se admira. 2 Que causa admiração. • *sm* Adorador, fã.

ad.mi.rar (*lat admirari*) *vtd* 1 Apreciar. *vtd* 2 Ter em grande apreço, considerar com respeito e simpatia. *vtd* e *vint* 3 Causar admiração, assombro ou espanto em. *vpr* 4 Sentir admiração. Veja nota em **lembrar**.

ad.mi.rá.vel (*lat admirabile*) *adj m+f* 1 Que merece admiração. 2 Que assombra, que deixa estupefato. 3 Excelente, perfeito. *Sup abs sint*: admirabilíssimo. *Antôn*: detestável, execrável.

ad.mis.são (*lat admissione*) *sf* 1 Ato ou efeito de admitir. 2 Ingresso, entrada.

ad.mis.sí.vel (*lat admissibile*) *adj m+f* Que se pode admitir, capaz ou digno de ser admitido. *Antôn*: inadmissível, reprovável.

ad.mi.tir (*lat admittere*) *vtd* 1 Receber, acolher, deixar entrar: *Eu o admiti em casa.* 2 Aceitar como bom ou válido: *Ele admitiu a ideia.* 3 Permitir: *Este caso não admite adiamento.* 4 Nomear, contratar, aceitar para uma atividade certa: *Admitiram o funcionário.* *Antôn*: demitir, recusar.

ad.mo.es.ta.ção (*admoestar+ção*) *sf* 1 Advertência, aviso, conselho. 2 Censura, repreensão.

ad.mo.es.tar (*lat admoestare*) *vtd* 1 Advertir amigável ou bondosamente: "*Passaram a vida animando e admoestando, tratando sempre de empurrar para a frente a humanidade.*" (FSP) 2 Censurar ou repreender: "*Silva, que interrompeu o treino para admoestar os jogadores.*" (FSP)

ad.no.mi.nal (*ad+nominal*) *adj m+f Gram* Diz-se de toda palavra ou expressão de valor adjetivo que, junto de um substantivo, modifica-lhe a significação: *Casa de pedra.*

a.do.be (ô) (*ár aT-Tûb*) *sm* Tijolo grande seco ao sol; tijolo cru.

a.do.ça.men.to (*adoçar+mento*) *sm* Ato de adoçar.

a.do.çan.te (*de adoçar*) *adj m+f* Que adoça. • *sm* Toda substância, natural ou sintética, que adoça.

a.do.ção (*lat adoptione*) *sf* 1 Ação ou efeito de adotar. 2 Aceitação legal como filho.

a.do.çar (a^1+*doce*+ar^1) *vtd* 1 Tornar doce. 2 Açucarar. 3 Abrandar, suavizar.

a.do.ci.ca.do (*part de adocicar*) *adj* 1 Levemente adoçado. 2 Suave. 3 Afetado.

a.do.ci.car (a^1+*doce*+ico^2+ar^1) *vtd* 1 Tornar um tanto doce. 2 Suavizar (a fala ou maneira).

a.do.e.cer (a^1+*lat dolescere*) *vtd* 1 Tornar doente. *vti* e *vint* 2 Enfermar, ficar doente.

a.do.en.ta.do (*part de adoecer*) *adj* Doente ou meio doente.

a.doi.da.do (a^1+*doido*+ado^1) *adj* Meio doido, extravagante.

a.do.les.cên.cia (*lat adolescentia*) *sf* 1 Período da vida humana que vai da puberdade à idade adulta, estendendo-se dos 12 aos 18 anos. 2 Juventude.

a.do.les.cen.te (*lat adolescente*) *adj* e *s m+f* Que ou quem está na adolescência.

a.do.ra.ção (*lat adoratione*) *sf* 1 Ação de adorar. 2 Amor excessivo ou exagerado.

a.do.ra.do (*part de adorar*) *adj* 1 Que se adora. 2 Extremamente amado. *Antôn*: detestado.

a.do.rar (*lat adorare*) *vtd* 1 Reverenciar, venerar. 2 Amar demais, idolatrar. 3 Gostar muito de. *Antôn*: detestar.

a.do.rá.vel (*lat adorabile*) *adj m+f* 1 Digno de ser adorado. 2 Admirável. *Sup abs sint*: adorabilíssimo.

a.dor.me.cer (*lat addormescere*) *vtd* 1 Fazer dormir. *vtd* 2 Entorpecer a sensibilidade de. *vtd* 3 Abrandar, enfraquecer. *vint* 4 Dormir. *Antôn*: acordar, despertar.

a.dor.me.ci.do (*part de adormecer*) *adj* 1 Que adormeceu; que está dormindo. 2 Entorpecido.

a.dor.me.ci.men.to (*adormecer+mento*) *sm* 1 Ação ou efeito de adormecer. 2 Dormência.

a.dor.nar (*lat adornare*) *vtd* 1 Enfeitar, ornar. *vtd* e *vpr* 2 Tornar(-se) atraente.

a.dor.no (ô) (*de adornar*) *sm* Adereço, enfeite, ornamento.

a.do.tar (*lat adoptare*) *vtd* **1** Escolher, seguir ou tomar como critério. *vtd* **2** Tomar como próprio: *Adotar um nome*. *vtd e vint* **3** *Dir* Legitimar, tomar por filho.

a.do.ti.vo (*adotar+ivo*) *adj* **1** Que foi adotado. **2** Que adotou.

ad.qui.rir (*lat acquirere*) *vtd* **1** Alcançar, conseguir, obter. **2** Ganhar (*p ex*, dinheiro). **3** Comprar.

a.dre.na.li.na (*adrenal+ina*) *sf* **1** *Farm* Hormônio principal elaborado pela medula das glândulas suprarrenais. **2** *gír* Emoção; excitação: *Os esportes radicais provocam muita adrenalina.*

a.dri.á.ti.co (*gr adriatikós*) *adj* Pertencente ao mar Adriático (Europa).

a.du.a.na (*ár ad-diuânâ*) *sf* **1** Alfândega. **2** Organização alfandegária.

a.du.a.nei.ro (*aduana+eiro*) *adj* Referente à aduana; alfandegário. • *sm* Empregado da aduana.

a.du.ba.ção (*adubar+ção*) *sf* Ato ou efeito de adubar.

a.du.bar (*lat *addubare*) *vtd* **1** Preparar com adubos. **2** *Agr* Aplicar adubo ao solo; fertilizar.

a.du.bo (de *adubar*) *sm* Substância, como estrume ou algum outro produto mineral ou químico, usada para fertilizar ou regenerar os solos em que se fazem plantações.

a.du.ção (*lat ad+ductione*) *sf* **1** Ação ou efeito de aduzir. **2** Ação de conduzir as águas do ponto de captação até a rede de distribuição: *"Hoje, a capacidade de adução é insuficiente."* (FSP) **3** *Tecn* Entrada, fornecimento: *"O rodízio nessas áreas é causado por problemas de adução que só serão resolvidos com mais investimentos."* (FSP)

a.du.la.ção (*adular+ção*) *sf* **1** Ato de adular. **2** Bajulação, lisonja.

a.du.la.dor (*adular+dor*) *adj* Que adula; bajulador. • *sm* Aquele que adula; bajulador.

a.du.lar (*lat adulare*) *vtd* Bajular, lisonjear, elogiar por interesse.

a.dul.te.ra.ção (*lat adulteratione*) *sf* Ato ou efeito de adulterar.

a.dul.te.ra.do (*part* de *adulterar*) *adj* **1** Falsificado. **2** Imitado com fins ilícitos.

a.dul.te.rar (*lat adulterare*) *vtd e vpr* **1** Falsificar(-se) (*p ex*, medicamentos, moedas, textos). *vint* **2** Cometer adultério.

a.dul.té.rio (*lat adulteriu*) *sm* **1** Infidelidade conjugal. **2** Adulteração, falsificação.

a.dúl.te.ro (*lat adulteru*) *sm* Homem que mantém relações carnais com mulher que não a sua.

a.dul.to (*lat adultu*) *adj+sm* **1** Que ou o que atingiu o máximo de seu crescimento e a plenitude de suas funções biológicas. **2** Que ou o que chegou à maioridade.

a.dun.co (*lat aduncu*) *adj* Curvo ou recurvado em forma de gancho.

a.du.tor (*lat adductore*) *adj* Que produz adução. • *sm* Canal, subterrâneo ou não, que conduz as águas de uma fonte para um reservatório; adutora: *"Os moradores esperam a construção do canal adutor do Sistema Urema-Mãe d'água há quase 50 anos."* (FSP)

a.du.to.ra (*fem* de *adutor*) *sf* V *adutor*.

a.du.zir (*lat adducere*) *vtd* **1** Apresentar, expor (*p ex*, exemplos, testemunhos). **2** Conduzir.

ad.ven.tis.ta (*ingl adventist*) *adj m+f* Pertencente ou relativo aos adventistas ou ao adventismo. • *s m+f* **1** Membro da doutrina dos adventistas. *sm pl* **2** Doutrina que dá grande ênfase à segunda vinda de Jesus à Terra, que considera iminente, para salvar os justos e aniquilar os pecadores.

ad.ven.tis.mo (*ingl adventism*) *sm* Doutrina protestante professada pelos adventistas, fundada nos Estados Unidos, que enfatiza a segunda vinda de Cristo à Terra.

ad.ven.to (*lat adventu*) *sm* **1** Período das quatro semanas que precedem o Natal até as vésperas deste. **2** Aparecimento, chegada, início, vinda: *As crianças ficam felizes com o advento das férias.*

ad.ver.bi.al (*advérbio+al*[1]) *adj m+f* **1** Referente a advérbio. **2** Que tem valor de advérbio: *Locução adverbial.*

ad.vér.bio (*lat adverbiu*) *sm Gram* Palavra invariável que expressa uma circunstância do verbo (de lugar, tempo, modo, negação, dúvida, intensidade e afirmação) ou a intensidade da qualidade dos adjetivos ou reforça outro advérbio e, em alguns casos, modifica substantivos.

Na sua maioria, os **advérbios de modo** terminam em **-mente**: *delicadamente, divinamente, fielmente, levemente, rapidamente, suavemente* etc.

Há, no entanto, outro grupo de **advérbios de modo**: *assim, bem, depressa, devagar, mal, melhor, pior*.

Observe que alguns advérbios, embora terminados em **-mente**, não são de modo: *certamente, efetivamente, realmente* (**advérbios de afirmação**) e *possivelmente, provavelmente* (**advérbios de dúvida**).

ad.ver.sá.rio (*lat adversariu*) *adj* **1** Que se opõe a. **2** Que luta contra. • *sm* Concorrente, rival.

ad.ver.sa.ti.va (*lat adversativus*) *sf Gram* Conjunção coordenativa (*p ex*, mas, porém, todavia) que liga palavras ou orações, estabelecendo, entre elas, ideia de oposição, contraste, compensação: *A festa acabou, mas o barulho continua*.

ad.ver.sa.ti.vo (*lat adversativu*) *adj* Adverso, contrário, oposto.

ad.ver.si.da.de (*lat adversitate*) *sf* **1** Desgraça, infortúnio. **2** Contrariedade, revés.

ad.ver.so (*lat adversu*) *adj* **1** Contrário, desfavorável, inimigo. **2** Desgraçado, infeliz.

ad.ver.tên.cia (*lat advertentia*) *sf* **1** Ação ou efeito de advertir. **2** Aviso, conselho.

ad.ver.tir (*lat advertere*) *vtd* **1** Admoestar, fazer advertência a. **2** Prevenir, acautelar. Conjuga-se como *ferir*.

ad.vin.do (de *advir*) *adj* Que adveio ou sobreveio.

ad.vir (*lat advenire*) *vti* **1** Ocorrer como consequência, sobrevir. *vint* **2** Acontecer, suceder. Conjuga-se como *vir*; recebe, porém, acento agudo o *e* na 2ª e na 3ª pessoas do singular do presente do indicativo – *advéns, advém* – e na 2ª pessoa do singular do imperativo afirmativo – *advém (tu)*.

ad.vo.ca.ci.a (*lat advocatu+ia¹*) *sf* **1** Ação de advogar. **2** Profissão de advogado.

ad.vo.ga.do (*lat advocatu*) *sm* Profissional graduado em Direito, que orienta e esclarece juridicamente a quem o consulta e age em juízo ou fora dele. *Fem: advogada*.

ad.vo.gar (*lat advocare*) *vtd* **1** Defender em juízo. *vint* **2** Exercer a profissão de advogado.

aedes (*lat aedes*) *sm Entom* Gênero de mosquitos causadores de doenças em homens e animais. *Aedes aegypti, Aedes albopictus*: espécies desse gênero que transmitem doenças como dengue, febre amarela, encefalites etc.

a.e.ra.ção (*aerar+ção*) *sf* Ato de arejar, ventilação: *"O túnel, que mede 750 metros, não tem sistema de aeração e sua ventilação é baseada em aparelhos de teto."* (FSP)

a.é.reo (*lat aereu*) *adj* **1** Relativo ao ar, próprio dele, que tem sua natureza ou semelhança. **2** Que está no ar, nele se mantém ou nele se passa. **3** *pop* Distraído.

a.e.ró.bi.ca (de *aeróbico*) *sf* Exercícios físicos rápidos e ritmados que aumentam a oxigenação dos tecidos; ginástica aeróbica.

a.e.ro.clu.be (*aero+clube*) *sm* Centro destinado à formação de pilotos civis, com fins práticos ou recreativos.

a.e.ro.di.nâ.mi.ca (*aero+dinâmica*) *sf Fís* Ramo da dinâmica que trata do movimento do ar e de outros fluidos gasosos e das forças que agem sobre corpos em movimento relativo a tais fluidos.

a.e.ro.di.nâ.mi.co (*aero+dinâmico*) *adj* Pertencente ou relativo à aerodinâmica.

a.e.ró.dro.mo (*aero+dromo*) *sm* **1** Superfície de terra ou de águas utilizada para chegada e partida de aeronaves. **2** Lugar com instalações próprias para o serviço de aeronaves e aeroplanos.

a.e.ro.du.to (*aero+lat ductu*) *sm* Conduto de ar nas instalações de ventilação.

a.e.ro.es.pa.ci.al (*aero+espacial*) *adj m+f Astr* **1** Relativo à aeronáutica e ao espaço aéreo. **2** Relativo ao aeroespaço.

a.e.ro.fa.gi.a (*aero+fago+ia¹*) *sf Med* Ato de engolir o ar, conscientemente ou não: *"O carioca vive tenso, de orelha à escuta, de olho no ar; enche o estômago de boatos como doente de aerofagia se enche de vento."* (CT)

a.e.ro.fo.to.gra.fi.a (*aero+foto+grafo+ia¹*) *sf* Fotografia tirada de uma aeronave.

a.e.ro.mo.ça (*aero+moça*) *sf* Mulher que, nos aviões, serve refeições aos passageiros e lhes presta assistência; comissária de bordo.

a.e.ro.mo.de.lis.mo (*aero+modelo+ismo*)

aeromodelo sm **1** Ciência que trata da projeção e construção de aeromodelos. **2** Prática ou esporte de fazer voar aeromodelos.

a.e.ro.mo.de.lo (ê) (aero+modelo) sm **1** Modelo de aeronave. **2** Aeronave em miniatura, para fins recreativos, esportivos ou experimentais.

a.e.ro.mo.tor (aero+motor) sm **1** Motor acionado pelo vento. **2** Motor de aeronave.

a.e.ro.nau.ta (aero+nauta) s m+f Pessoa que tripula aeronaves.

a.e.ro.náu.ti.ca (aeronauta+ica) sf **1** Ciência que se ocupa dos princípios, normas e métodos de construção e condução de aeronaves. **2** Força Aérea.

a.e.ro.na.ve (aero+nave) sf Nome genérico que abrange todo aparelho de navegação aérea.

a.e.ro.na.ve.ga.ção (aero+navegação) sf Navegação aérea.

a.e.ro.pla.no (aero+plano) sm Veículo aéreo mais pesado que o ar, com asas fixas ou operáveis, propulsionado por uma hélice ou a jato.

a.e.ro.por.to (aero+porto) sm **1** Campo de pouso e decolagem de aviões, com instalações para embarque e desembarque de passageiros e recebimento e despacho de carga. **2** Campo de aviação.

a.e.ros.sol (aero+sol) sm **1** Suspensão de partículas microscópicas sólidas ou fluidas em ar ou gás, tal como na fumaça ou neblina. **2** Solução bactericida que pode ser vaporizada para a esterilização do ar num aposento. Pl: aerossóis.

a.e.ro.ter.res.tre (aero+terrestre) adj m+f Relativo ao ar e à terra.

a.e.ro.vi.a (aero+via) sf **1** Espaço aéreo de largura determinada pela Aeronáutica, no qual se controla a navegação aérea. **2** Empresa de navegação aérea.

a.e.ro.vi.á.rio (aero+via+ário) adj Relativo a viagens aéreas. • sm Funcionário dessas empresas.

a.fã (de afanar) sm **1** Entusiasmo. **2** Empenho, esforço. **3** Trabalho. **4** Cansaço, fadiga.

a.fa.bi.li.da.de (lat affabilitate) sf **1** Qualidade do que é afável. **2** Delicadeza, brandura.

a.fa.gar (a^1+ár hallaq+ar^1) vtd **1** Acariciar, passar a mão por, tratar com afago. **2** Conservar com prazer na mente; nutrir, alimentar: Afagar uma ideia. **3** Roçar levemente.

a.fa.go (de afagar) sm Ato de afagar; carícia, mimo.

a.fa.ma.do (part de afamar) adj Famoso, célebre.

a.fa.mar (a^1+fama+ar^1) vtd **1** Dar fama a, tornar famoso. vpr **2** Adquirir fama, tornar-se famoso.

a.fa.nar (lat *affannare) vint e vpr **1** Cansar-se, esforçar-se, trabalhar com afã. vtd **2** gír Furtar.

a.fa.si.a (a^4+gr phásis+ia^1) sf Med e Psicol Perda da palavra falada, da escrita ou dos gestos causada por lesão no cérebro.

a.fá.si.co (afasia+ico^2) adj Med **1** Que sofre de afasia. **2** Pertencente ou relativo à afasia.

a.fas.ta.men.to (afastar+$mento^2$) sm **1** Ato ou efeito de afastar. **2** Distância entre coisas consideradas.

a.fas.tar (a^1+cast ant fasta+ar^1) vtd **1** Tirar de perto. vtd **2** Pôr longe. vtd **3** Tirar do caminho. vpr **4** Retirar-se. vtd e vpr **5** Distanciar-se. Antôn (acepções 1 e 2): aproximar.

a.fá.vel (lat affabile) adj m+f **1** Delicado, cortês. **2** Benévolo. **3** Agradável nas maneiras e na conversação. Sup abs sint: afabilíssimo. Antôn: intratável, grosseiro.

a.fa.ze.res (de afazer) sm pl **1** Trabalhos. **2** Ocupações. **3** Negócios.

a.fec.ção (lat affectione) sf Med Doença, enfermidade. Var: afeção.

a.fe.ga.ne (ingl afghan) adj m+f Pertencente ou relativo ao Afeganistão (Ásia). • s m+f **1** Natural ou habitante do Afeganistão; afegão: "O caboclo brasileiro, o maori neozelandês, o tadjique afegane e o 'snob' autor inglês Ian Flemming, supostamente bem-informados, todos descrevem a mesma irretocável cena." (FSP) sm **2** Língua indo-europeia do ramo indo-iraniano falada no Afeganistão.

a.fe.gão (ingl afghan) sm V afegane. Pl: afegãos. Fem: afegã.

a.fei.ção (lat affectione) sf **1** Afeto. **2** Simpatia. **3** Sentimento de amor. **4** Amizade.

a.fei.ço.a.do (part de afeiçoar¹) adj **1** Que

tem afeição. 2 Que tem feição ou forma. • sm Amigo.

a.fei.ço.ar (afeição+ar¹) vtd 1 Inspirar afeição a. vpr 2 Ter ou tomar afeição. vtd 3 Dar forma a; modelar: *Afeiçoava a massa. Da argila, sem forma, afeiçoa uma imagem.* Conjuga-se como *coar*.

a.fei.to (part de afazer) adj Acostumado, habituado.

a.fe.mi.na.do (part de afeminar) V efeminado.

a.fe.mi.nar (a¹+lat femina, mulher+ar¹) V efeminar.

a.fe.ri.ção (aferir+ção) sf 1 Ação ou efeito de aferir. 2 Calibragem.

a.fe.ri.do (part de aferir) adj 1 Conferido com o padrão legal ou tecnicamente adotado. 2 Comparado, conferido, calibrado.

a.fe.rir (lat afferere, por afferre) vtd 1 Ajustar ao padrão, apurar a exatidão de, conferir, calibrar: *Aferir o taxímetro.* 2 Verificar, marcar a exatidão de (pesos, medidas, balanças e instrumentos de medição). Conjuga-se como *ferir*.

a.fer.rar (a¹+ferro+ar¹) vtd 1 Prender com ferro, segurar. vtd e vti 2 Ancorar. vtd 3 Arpoar. vtd e vpr 4 Agarrar(-se), prender (-se), segurar(-se) firmemente.

a.fer.ro.ar (a¹+ferrão+ar¹) vtd 1 Picar com ferrão. 2 Incomodar. 3 Torturar. Conjuga-se como *coar*.

a.fer.ro.lhar (a¹+ferrolho+ar¹) vtd 1 Fechar com ferrolho. 2 Guardar com cuidado.

a.fer.ven.tar (a¹+fervente+ar¹) vtd 1 Fazer ferver ligeiramente, mal ou pouco (*p ex*, a carne, o peixe). 2 Cozinhar com uma só fervura (*p ex*, o legume).

a.fe.ta.ção (lat affectatione) sf 1 Modo artificial de estar, falar ou agir. 2 Fingimento, simulação.

a.fe.ta.do (part de afetar) adj Que usa de afetação; pedante.

a.fe.tar (lat affectare) vtd 1 Aparentar, fazer crer, fingir. 2 Afligir, abalar, impressionar. 3 Causar lesão ou moléstia a. 4 Contagiar, contaminar.

a.fe.ti.vi.da.de (afetivo+i+dade) sf 1 Qualidade de quem é afetivo. 2 *Psicol* Suscetibilidade a quaisquer estímulos ou disposição para receber experiências afetivas.

a.fe.ti.vo (lat affectivu) adj 1 Que mostra afeição ou afeto; afetuoso. 2 *Psicol* Termo geral usado para indicar qualquer tipo de sentimento ou experiência emotiva.

a.fe.to (lat affectu) sm 1 Sentimento de afeição ou inclinação para alguém. 2 Amizade, paixão, simpatia. • adj 1 Afeiçoado. 2 Entregue ao estudo, ao exame ou à decisão de alguém: *Essa função está afeta à Assembleia*.

a.fe.tu.o.so (ô) (lat affectuosu) adj 1 Que tem ou indica afeto. 2 Carinhoso, terno. Pl: afetuosos (ó).

a.fi.a.do (a¹+fio+ado¹) adj 1 Que tem fio; amolado, aguçado, cortante. 2 Apurado, esmerado (estilo). 3 Maligno, maldizente. 4 Que domina com facilidade um assunto.

a.fi.a.dor (afiar+dor) adj Que afia. • sm 1 Aquele que afia; amolador. 2 Instrumento ou aparelho que serve para afiar.

a.fi.an.ça.do (part de afiançar) adj 1 Abonado, digno de fé ou de crédito. 2 *Dir* Que deu fiança.

a.fi.an.çar (a¹+fiança+ar¹) vtd 1 Abonar, assumir a responsabilidade por, prestar fiança por. 2 Afirmar, assegurar. 3 Garantir.

a.fi.ar (a¹+fio+ar¹) vtd 1 Dar o fio a; tornar mais cortante; amolar. vtd e vpr 2 Aperfeiçoar(-se). Conjuga-se como *premiar*.

a.fi.ci.o.na.do (cast aficionado) adj Afeiçoado, entusiasta. • sm Aquele que gosta muito de determinadas artes ou espetáculos.

a.fi.la.do (part de afilar) adj 1 Delgado, delicado. 2 Aguçado, pontudo.

a.fi.lar (a¹+lat filu+ar) vtd 1 Transformar em fio. vtd e vpr 2 Tornar(-se) fino.

a.fi.lha.do (a¹+filho+ado¹) sm 1 O que recebe o batismo ou confirmação em relação ao padrinho ou madrinha. 2 Toda pessoa que tem padrinho. 3 Protegido.

a.fi.li.a.ção (afiliar+ção) sf 1 Ato de afiliar. 2 Associação a uma sociedade ou companhia.

a.fi.li.ar (lat a+filiu+ar¹) vtd e vpr Agregar (-se); filiar(-se) como sócio ou membro. Conjuga-se como *premiar*.

a.fim (lat affine) adj m+f 1 Que tem afini-

afinação ... **afobação**

dade, semelhança ou relação com. **2** Que possui parentesco por afinidade. **3** Que tem a mesma origem. • *sm* **1** Parente por afinidade. **2** Adepto, partidário.
Usa-se **afim** (adjetivo ou substantivo) com o significado de semelhante.
Paulo e seu pai têm temperamentos afins (= semelhantes).
Afim (de) pode também expressar afinidade, além de semelhança.
O inglês, língua germânica, é um idioma afim do alemão.

a.fi.na.ção (*afinar+ção*) *sf* **1** Ação ou efeito de afinar. **2** *Mús* Correspondência de tom entre uma nota musical e outra. **3** *Mús* Harmonia perfeita entre todas as notas de um instrumento, orquestra, grupo vocal ou musical ou da voz humana. *Antôn* (acepções 2 e 3): *desafinação*.

a.fi.na.do (*part de afinar*) *adj* **1** Que recebeu afinação (instrumento). **2** *Mús* Que se afinou; que está no devido tom. *Antôn* (acepção 2): *desafinado*.

a.fi.nal (a^1+*final*) *adv* Finalmente, no final, por fim; afinal de contas: *Afinal, vamos embora ou não?*

a.fi.nar (a^1+*fino*+ar^1) *vtd* **1** Tornar fino ou mais fino. *vtd* **2** Purificar metais no crisol. *vtd* **3** *Mús* Ajustar o som de; dar tom musical a; temperar (o instrumento). *vti* **4** Ajustar, harmonizar.

a.fin.co (de *afincar*) *sm* **1** Conduta persistente. **2** Insistência, perseverança.

a.fi.ni.da.de (*lat affinitate*) *sm* **1** Qualidade de afim. **2** Parentesco que um cônjuge contrai com a família do outro cônjuge. **3** Conformidade, semelhança. Veja nota em **afim**.

a.fir.ma.ção (*lat affirmatione*) *sf* **1** Ato de afirmar. **2** *Psicol V autoafirmação*.

a.fir.mar (*lat affirmare*) *vtd* e *vpr* **1** Tornar firme. *vtd* **2** Declarar com firmeza. *vtd* **3** Estabelecer a existência de fato. *vtd* **4** Confessar, reconhecer. *Antôn: desmentir, negar, ocultar*.

a.fir.ma.ti.va (de *afirmativo*) *sf* **1** Afirmação. **2** Proposição pela qual se afirma ou se sustenta que uma coisa é verdadeira. *Antôn: negativa*.

a.fir.ma.ti.vo (*lat affirmativu*) *adj* **1** Que afirma; que envolve afirmação. **2** Que sustenta uma coisa como verdadeira. **3** Que denota concordância. *Antôn: negativo*.

a.fi.ve.lar (a^1+*fivela*+ar^1) *vtd* Apertar, prender ou segurar com fivela.

a.fi.xar (*cs*) (*afixo*+ar^1) *vtd* e *vpr* **1** *V fixar*. **2** Pregar algo, em lugar visível ao público.

a.fi.xo (*cs*) (*lat affixu*) *adj* Fixado, unido. • *sm Gram* Elemento que se agrega ao princípio ou ao fim das palavras e lhe traz modificação de sentido.

Afixos são morfemas gramaticais que, acrescentados ao radical, alteram-lhe geralmente o sentido. Os **afixos** que são antepostos ao radical chamam-se *prefixos*; os que são pospostos denominam-se *sufixos*. Exemplos:
pre- (prefixo) + *ver* = *prever*
pedra + *-eiro* (sufixo) = *pedreiro*

a.fli.ção (*lat afflictione*) *sf* **1** Ansiedade, inquietação. **2** Padecimento físico; tormento, tristeza.

a.fli.gir (*lat affligere*) *vtd* **1** Angustiar, causar aflição a. *vpr* **2** Sentir aflição. *vtd* **3** Desolar, devastar. *Part:* aflingido e aflito.

a.fli.ti.vo (*aflito*+*ivo*) *adj* Que aflige, que produz aflição.

a.fli.to (*lat afflictu*) *adj* Que está com aflição; que está angustiado. • *sm* Pessoa aflita, angustiada.

a.flo.rar (a^1+*flor*+ar^1) *vti* e *vint* Aparecer, emergir à superfície.

a.flu.ên.cia (*lat affluentia*) *sf* **1** Corrente abundante de água, de líquidos. **2** Grande quantidade de pessoas ou coisas.

a.flu.en.te (*lat affluente*) *adj m+f* **1** Que aflui, que corre. **2** Abundante, copioso. • *sm* Rio, riacho ou córrego que despeja suas águas em outro.

a.flu.ir (*lat affluere*) *vti* **1** Correr ou escorrer para um lugar ou para um lado: "*O sangue afluiu-lhe à cabeça golpeando-lhe a fronte.*" (CP) **2** Concorrer, vir em grande quantidade: "*Como baratas afluindo dos bueiros no verão, surgem agora os adeptos do futebol humilde.*" (FSP) *Part: afluído*. Conjuga-se como *contribuir*.

a.flu.xo (*cs*) (*lat affluxu*) *sm* Ato de afluir, afluência.

a.fo.ba.ção (*afobar*+*ção*) *sf pop* Atrapalhação, pressa; afobamento. *Antôn: calma*.

a.fo.ba.do (*part* de *afobar*) *adj* **1** Apressado. **2** Atrapalhado.

a.fo.bar (*voc onom*) *vtd* **1** Causar afobação a. *vtd* e *vpr* **2** *pop* Apressar(-se), atrapalhar(-se).

a.fo.far (a^1+*fofo*+ar^1) *vtd* **1** Tornar fofo ou mole. *vint* e *vpr* **2** Ficar fofo.

a.fo.ga.di.lho (*afogado*+*ilho*) *sm* Precipitação, pressa: *"Foi deliberação tomada no afogadilho, sem tempo de remeter aviso."* (CL) *De afogadilho*: apressadamente: *"Não foi um projeto elaborado de afogadilho."* (CP)

a.fo.ga.do (*part* de *afogar*) *adj* **1** Que se afogou. **2** *Tecn* Diz-se do motor que não arranca, por estar com excesso de combustível nos cilindros.

a.fo.ga.dor (*afogar*+*dor*) *adj* Que afoga, que sufoca. • *sm Autom* Dispositivo que permite enriquecer a mistura de ar e de combustível no carburador.

a.fo.gar (*lat affocare*, por *affacare*) *vtd* **1** Abafar, asfixiar, sufocar. *vtd* e *vpr* **2** Matar(-se) por submersão. *vtd* **3** Reprimir (*p ex*, gemidos).

a.fo.gue.a.do (*part* de *afoguear*) *adj* **1** Posto em brasa. **2** Cor de fogo; vermelho. **3** Rubro, corado.

a.fo.gue.ar (a^1+*fogo*+*e*+ar^1) *vtd* **1** Pôr fogo em, queimar. *vtd* **2** Avermelhar, tornar corado. *vtd* **3** Entusiasmar, excitar. *vpr* **4** Incendiar-se, inflamar-se: *Seus olhos afoguearam-se de ódio.* Conjuga-se como *frear*.

a.foi.to (a^1+*lat fautu*) *adj* **1** Corajoso, destemido. **2** Apressado.

a.fo.ni.a (a^1+*fono*+ia^1) *sf Med* Diminuição ou perda da voz, determinada por inflamação, lesão ou paralisia do órgão vocal.

a.fô.ni.co (a^1+*fono*+ico^2) *adj* Que tem afonia.

a.fo.ra (a^1+*fora*) *adv V fora*. • *prep* À exceção de, além de, exceto: *Afora o frio intenso, este lugar é agradável.*

a.for.tu.na.do (*part* de *afortunar*) *adj* Feliz, ditoso, bem-aventurado. *Antôn*: *infeliz, desditoso*.

a.fo.xé (*ioruba afôshé*) *sm* **1** Festa pública, de caráter semirreligioso, realizada nos terreiros de candomblé. **2** Rancho carnavalesco na Bahia.

a.fran.ce.sar (a^1+*francês*+ar^1) *vtd* e *vpr* Adaptar(-se) ao estilo ou aos modos franceses; tornar(-se) semelhante a francês.

a.fres.ca.lhar (a^1+*fresco*+*alho*+ar^1) *vtd* e *vpr vulg* Tornar(-se) fresco; efeminar(-se).

a.fres.co (ê) (de *afrescar*) *sm* Gênero de pintura que consiste em revestir de argamassa uma parede e, sobre a massa ainda fresca, pintar em cores, possibilitando o embebimento da tinta.

a.fre.ta.men.to (*afretar*+*mento*) *sm* Aluguel de veículo para o transporte de carga ou pessoas: *"Não se pode esquecer, diz ele, que o afretamento no exterior é pago em dólares."* (VEJ)

a.fre.tar (a^1+*fretar*) *vtdi* Alugar, fretar: *"Ainda é possível afretar no mercado internacional navios do mesmo porte por 3.000 a 3.500 dólares diários."* (VEJ)

a.fri.ca.ni.zar (*africano*+*izar*) *vtd* e *vpr* Adaptar(-se) ao estilo ou aos modos africanos; tornar(-se) africano.

a.fri.ca.no (*lat africanu*) *adj* Pertencente ou relativo à África. • *sm* **1** Natural ou habitante da África. **2** Indivíduo de raça negra.

a.fro (*lat afru*) *V africano*.

a.fro-bra.si.lei.ro *adj Etnol* Relativo aos africanos e aos brasileiros, simultaneamente. *Pl*: *afro-brasileiros*.

a.fro.di.sí.a.co (*gr aphrodisiakós*) *adj* **1** *Med* Restaurador da potência. **2** Excitante sexual.

a.fron.ta (de *afrontar*) *sf* **1** Injúria, insulto. **2** Desonra, infâmia. **3** Ataque, assalto.

a.fron.tar (a^1+*fronte*+ar^1) *vtd* e *vpr* **1** Atacar, encarar. *vtd* **2** Desprezar, insultar.

a.frou.xar (a^1+*frouxo*+ar^1) *vtd* **1** Tornar frouxo. *vtd* **2** Desapertar, soltar. *vtd* e *vint* **3** Diminuir a rapidez de: *Afrouxar o passo.* *vtd* **4** Abrandar, acalmar: *Afrouxar rancores.* *vint* **5** Alargar-se, soltar-se: *O cós da saia afrouxou.*

af.ta (*gr áphtha*) *sf Med* Úlcera pequena, superficial, branco-acinzentada, de forma circular, que aparece na mucosa bucal.

af.to.se (*afta*+*ose*) *sf Med* Estado doentio caracterizado pela formação de aftas. *Var: aftosa*.

a.fu.gen.tar (a^1+*fugente*+ar^1) *vtd* **1** Afastar, fazer fugir, pôr em fuga. **2** Fazer desaparecer.

a.fun.da.do (*part* de *afundar*) *adj* **1** Posto ao fundo. **2** Posto a pique, que se fez afundar (embarcação).

a.fun.dar (*a¹+fundo+ar¹*) *vtd* **1** Pôr no fundo. *vtd* **2** Pôr a pique: *O torpedo afundou o navio*. *vtd* **3** Aprofundar, escavar fundamente. *vint* e *vpr* **4** Ir a pique, submergir-se.

a.fu.ni.la.do (*part* de *afunilar*) *adj* **1** Com forma de funil. **2** Aguçado.

a.fu.ni.lar (*a¹+funil+ar¹*) *vtd* **1** Dar forma de funil a. *vpr* **2** Tomar forma de funil.

a.gá *sm* O nome da letra h. *Pl*: *agás* ou *hh*.

a.ga.cha.men.to (*agachar+mento*) *sm* Ato ou efeito de agachar(-se): *"Suportes ou cavaletes são usados especialmente nos agachamentos e permitem ao atleta colocar grandes pesos às costas e tirá-los ao fim do exercício sem ajuda de outrem."* (HH)

a.ga.char (*cast agachar*) *vpr* **1** Abaixar-se, acocorar-se. **2** Entregar-se, humilhar-se, sujeitar-se: *Este não se agacha diante de ninguém*. *Antôn: levantar* (acepção 1); *reagir* (acepção 2).

a.gar.ra-a.gar.ra *sm* **1** *pop* V *pega-pega*. **2** *vulg* Bolinação, bolinagem. *Pl*: *agarra-agarras*.

a.gar.ra.ção (*agarrar+ção*) *sf* **1** Ato ou efeito de agarrar. **2** Grande amizade, amizade inseparável.

a.gar.ra.do (*part* de *agarrar*) *adj* **1** Que se agarrou; seguro, preso. **2** *pop* Diz-se de pessoa, criança ou animal apegado demais a outro: *Ela é muito agarrada à tia*. **3** Avarento.

a.gar.ra.men.to (*agarrar+mento*) *sm* **1** Ato ou efeito de agarrar. **2** Apego, união (entre pessoas).

a.gar.rar (*a¹+garra+ar¹*) *vtd* **1** Prender com garra. *vtd* e *vpr* **2** Segurar(-se). *vtd* **3** Prender ou segurar com força e por violência. *Antôn: largar, soltar*.

a.ga.sa.lhar (*agasalho+ar¹*) *vtd* **1** Dar agasalho a; hospedar. *vtd* e *vpr* **2** Aquecer (-se); vestir(-se) com roupas quentes. *vtd* **3** Guardar no íntimo, no coração; nutrir, alimentar: *Agasalhar pensamentos maus*.

a.ga.sa.lho (*gót gasalja*) *sm* **1** Ação ou efeito de agasalhar. **2** Roupa de aquecer. **3** Abrigo, proteção.

á.ga.ta (*gr akhátes*) *sf Miner* Variedade de calcedônia que apresenta faixas diversamente coloridas, utilizada na fabricação de joias.

á.ga.te (*fr agate*) *sm* Ferro esmaltado.

a.gên.cia (*lat agentia*) *sf* **1** Estabelecimento que presta serviços públicos ou particulares. **2** Sucursal de casas bancárias ou comerciais ou empresas fora das sedes. **3** Repartição ou seção de um serviço, público ou particular, em local diferente do da administração.

a.gen.ci.a.dor (*agenciar+dor*) *adj* + *sm* **1** Que ou quem agencia. **2** Agente.

a.gen.ci.a.men.to (*agenciar+mento*) *sm* Ato ou efeito de agenciar: *"O preço inclui passagem e serviço de agenciamento."* (FSP)

a.gen.ci.ar (*agência+ar¹*) *vtd* **1** Negociar. **2** Servir de agente de. Conjuga-se como *premiar*.

a.gen.da (*lat agenda*) *sf* Livro ou caderno em que se anota dia a dia o que se tem a fazer.

a.gen.dar (de *agenda*) *vtd* Marcar compromisso; incluir em agenda.

a.gen.te (*lat agente*) *adj* m+f Que age, que exerce alguma ação; que produz algum efeito. • *s* m+f **1** O que agencia ou trata de negócios alheios. **2** Pessoa encarregada da direção de uma agência. *sm* **3** *Gram* Ser que realiza a ação expressa pelo verbo. **4** Causa, razão, motivo. **5** *Med* Qualquer força, princípio ou substância capaz de agir sobre o organismo.

O **agente da passiva** é, em geral, introduzido pela preposição *por*.
*O texto foi revisado **por Bárbara**.*
*A encomenda foi feita **pelo** (por + o) **gerente de compras**.*
O **agente da passiva** é *omitido* quando é desconhecido ou quando sua identidade é clara no contexto.
Minhas malas foram roubadas.

a.gi.gan.ta.men.to (*agigantar+mento²*) *sm* Ato ou efeito de agigantar(-se).

a.gi.gan.tar (*a¹+gigante+ar*) *vtd* **1** Dar grandes dimensões ou formas gigantescas a. *vtd* **2** Engrandecer, exagerar muito. *vpr* **3** Aumentar, crescer muito. *Antôn: diminuir*.

á.gil (*lat agile*) *adj m+f* **1** Desembaraçado, ligeiro. **2** Flexível, leve. *Sup abs sint: agílimo* e *agilíssimo. Antôn: pesado, moroso.*

a.gi.li.da.de (*lat agilitate*) *sf* **1** Qualidade do que é ágil. **2** Desembaraço, leveza.

a.gi.li.za.ção (*agilizar+ção*) *sf* Ato ou efeito de agilizar(-se).

a.gi.li.zar (*ágil+izar*) *vtd* e *vpr* Tornar(-se) mais ágil; tornar(-se) mais ativo ou desembaraçado.

á.gio (*ital aggio*) *sm* **1** Lucro resultante de negócios de câmbio. **2** Especulação, quantia que se cobra além do juro; usura.

a.gi.o.ta (de *agiotar*) *adj* e *s m+f* Que ou aquele que cobra juros exagerados.

a.gi.o.ta.gem (*agiotar+agem*) *sf* **1** Especulação com fundos, mercadorias ou câmbios, com o propósito de obter lucros excessivos: *"Envolvimentos com agiotagem e contrabando de armas podem ter motivado o assassinato do libanês."* (FSP) **2** Empréstimo de dinheiro a juros exagerados: *"A agiotagem pode até ser enquadrada como extorsão, estando sujeita a processo."* (FSP)

a.gir (*lat agere*) *vint* Atuar, proceder.

a.gi.ta.ção (*lat agitatione*) *sf* **1** Ato ou efeito de agitar. **2** Estremecimento, sacudidela violenta e prolongada. **3** Atividade ou excitação física ou moral. *Antôn: tranquilidade, calma.*

a.gi.ta.di.ço (*agitar+diço*) *adj* Que se agita facilmente.

a.gi.ta.do (*part* de *agitar*) *adj* Diz-se do indivíduo inquieto. *Antôn: calmo.*

a.gi.ta.dor (*agitar+dor*) *adj* Que agita. • *sm* **1** O que agita. **2** Promotor de agitações.

a.gi.tar (*lat agitare*) *vtd* **1** Mover com violência e frequentemente; abalar. **2** Mover brusca e irregularmente; sacudir. **3** Excitar; comover fortemente.

a.gi.to (de *agitar*) *sm gír* Agitação, excitação.

a.glo.me.ra.ção (*lat agglomeratione*) *sf* Ajuntamento ou multidão de coisas ou pessoas.

a.glo.me.ra.do (*part* de *aglomerar*) *adj* **1** Ajuntado, amontoado. **2** Acumulado. • *sm* **1** Conjunto de coisas amontoadas. **2** Qualquer material constituído de fragmentos de uma substância, ligados geralmente por prensagem.

a.glo.me.rar (*lat agglomerare*) *vtd* e *vpr* Acumular(-se), ajuntar(-se), amontoar (-se), reunir(-se) em massa. *Antôn: desagregar.*

a.glu.ti.na.ção (*aglutinar+ção*) *sf* **1** Ato ou efeito de aglutinar. **2** *Gram* Processo de formação de palavras compostas, em que os elementos ficam tão ligados que só podem ser percebidos por análise: *pernalta (perna+alta), planalto (plano+alto).*

a.glu.ti.nan.te (de *aglutinar*) *adj m+f* **1** Que aglutina. **2** Que causa ou tende a causar adesão. • *sm* Tudo o que aglutina (cola, resina etc.).

a.glu.ti.nar (*lat agglutinare*) *vtd* **1** Unir com cola ou grude. *vtd* e *vpr* **2** Causar aderência; unir(-se). *vtd* **3** *Gram* Juntar por aglutinação.

ag.nos.ti.cis.mo (a^1+*gnóstico*+*ismo*) *sm Filos* **1** Qualquer doutrina filosófica que afirma a impossibilidade de conhecer a natureza das coisas. **2** Doutrina que afirma a impossibilidade de conhecer a Deus e a origem do Universo.

a.go.gô (do *ioruba*) *sm Folc* Instrumento de origem africana, usado no candomblé, constituído por duas campânulas de ferro em forma de U, e que se percutem com uma vareta de metal.

a.go.ni.a (*gr agonía*) *sf* **1** Estado em que o moribundo luta contra a morte. **2** Fase de decadência que anuncia o fim. **3** Aflição, angústia. **4** Desejo intenso de conseguir alguma coisa; ânsia.

a.go.ni.a.do (*part* de *agoniar*) *adj* **1** Que sente agonia. **2** Aflito, ansiado. **3** Amargurado. **4** Indisposto, nauseado.

a.go.ni.ar (*agonia+ar¹*) *vtd* **1** Causar agonia a. *vtd* **2** Afligir. *vtd* e *vpr* **3** Amargurar (-se). Conjuga-se como *premiar.*

a.go.ni.zan.te (de *agonizar*) *adj m+f* **1** Que agoniza, moribundo. **2** Que causa agonia.

a.go.ni.zar (decalque do *gr agonízein*) *vint* Estar moribundo, prestes a morrer.

a.go.ra (*lat hac hora*) *adv* **1** Nesta hora, neste instante, neste momento. **2** Atualmente, presentemente. **3** Depois disto: *Você sabia que estava errado, agora aguente as consequências.* • *conj* Mas, porém, entretanto: *Diga tudo o que quiser, agora falar besteira eu não aceito.* Veja nota em **já**.

á.go.ra (*gr agorá*) *sf* Praça pública na Grécia antiga que se destinava ao comércio e onde se realizavam também assembleias políticas e atos religiosos.

a.go.ra.fo.bi.a (*ágora+fobo+ia¹*) *sf Psiq* Medo de se achar só num espaço livre e descoberto ou de atravessar uma praça pública, uma rua: *"Outras fobias comuns da neurose de angústia são agorafobia e o medo da loucura e da morte."* (NE)

a.gos.to (*ô*) (*lat Augustu, np*) *sm* Oitavo mês do ano.

a.gou.rar (*agouro+ar¹*) *vtd* **1** Adivinhar, pressentir, prever. *vti* e *vint* **2** Profetizar pela observação de coisas ou por meio de cerimônias agoureiras.

a.gou.ren.to (*agouro+ento*) *adj* Que envolve mau agouro.

a.gou.ro (*lat auguriu*) *sm* **1** Augúrio, presságio, predição, profecia. **2** Predição através do canto ou voo das aves.

a.gra.ci.ar (*a¹+graça+ar¹*) *vtd* **1** Conceder graças, condecorações ou honras a. **2** Anistiar, perdoar a pena: *O presidente agraciou os presos políticos.* **3** Honrar com o título de: *Sua Majestade o agraciou com o título de duque.* Conjuga-se como *premiar*.

a.gra.dar (*a¹+grado+ar¹*) *vti* **1** Contentar, satisfazer, ser agradável: *Agradar ao público.* *vint* **2** Causar ou inspirar complacência ou satisfação, deleitar, ser agradável: *Nada agrada mais que um bom romance.* *vtd* **3** Fazer agrados, afagar: *João sempre agrada o afilhado.*

a.gra.dá.vel (*agradar+vel*) *adj m+f* **1** Que agrada. **2** Que satisfaz. **3** Cortês, delicado. *Sup abs sint*: agradabilíssimo.

a.gra.de.cer (*a¹+grado+ecer*) *vtd*, *vti* e *vint* Mostrar-se grato por (benefício recebido).

a.gra.de.ci.do (*part* de *agradecer*) *adj* **1** Que demonstra gratidão. **2** Grato, obrigado, como forma de agradecimento, geralmente precedido de *muito*. *Antôn*: ingrato.

a.gra.de.ci.men.to (*agradecer+mento*) *sm* **1** Ação ou efeito de agradecer. **2** Gratidão, reconhecimento.

a.gra.do (de *agradar*) *sm* **1** Ato ou efeito de agradar(-se). **2** Contentamento. **3** Cortesia, amabilidade.

á.gra.fo (*a⁴+grafo*) *adj* **1** Que não está escrito. **2** Que não admite escrita.

a.grá.rio (*agro+ário*) *adj* Que pertence ou se refere ao campo; rural. • *sm* Agricultor.

a.gra.van.te (de *agravar*) *adj m+f* Que agrava. • *sm* **1** Aquele ou aquilo que agrava. *sf* **2** Circunstância que torna o crime ou o pecado mais grave.

a.gra.var (*lat aggravare*) *vtd* **1** Oprimir com peso ou carga; sobrecarregar. *vtd* **2** Piorar. *vtd* e *vpr* **3** Magoar(-se), ofender (-se). *vint* **4** Ficar pior do que estava. *vpr* **5** Tornar-se mais grave.

a.gre.dir (*lat aggredire*) *vtd* **1** Atacar, assaltar. **2** Insultar, ofender. Conjuga-se como *prevenir*.

a.gre.ga.ção (*agregar+ção*) *sf* Aglomeração, associação, conjunto, reunião.

a.gre.ga.do (*part* de *agregar*) *adj* Reunido, anexo. • *sm* **1** Lavrador que trabalha nas terras de outros. **2** O que vive em uma família como se fosse parente.

a.gre.gar (*lat aggregare*) *vtd* **1** Congregar, reunir. *vtd* **2** Acumular, amontoar. *vtd* e *vti* **3** Juntar, associar, reunir. *vpr* **4** Associar--se, reunir-se.

a.gre.mi.a.ção (*agremiar+ção*) *sf* **1** Ação de agremiar(-se). **2** Associação, grêmio, sociedade.

a.gres.são (*lat aggressione*) *sf* **1** Ação ou efeito de agredir. **2** Instigação, investida.

a.gres.si.vi.da.de (*agressivo+i+dade*) *sf* Disposição para agredir; qualidade de agressivo.

a.gres.si.vo (*lat aggressu+ivo*) *adj* **1** Que indica ou envolve agressão. **2** Que tende a ofender.

a.gres.sor (*lat aggressore*) *adj+sm* Que ou o que agride.

a.gres.te (*lat agreste*) *adj m+f* **1** Que pertence ao campo ou a seus habitantes. **2** Rude, rústico, tosco. • *sm* Zona geográfica do Nordeste, entre a mata e a caatinga, de solo pedregoso e vegetação escassa e de pequeno porte.

a.gri.ão (*cast agrión*) *sm Bot* Planta herbácea, aquática, comestível e medicinal.

a.grí.co.la (*lat agrícola*) *adj m+f* Que diz respeito à agricultura.

a.gri.cul.tor (*lat agricultore*) *adj* Que trabalha na agricultura; agrícola. • *sm* Lavrador.

a.gri.cul.tu.ra (*lat agricultura*) *sf* Arte de cultivar a terra.

a.gri.do.ce (*agri+doce*) *adj m+f* Agro e doce ao mesmo tempo. *Var: acre-doce.*

a.gri.lho.ar (*a¹+grilhão+ar¹*) *vtd* Pôr grilhões em, prender com grilhões. Conjuga-se como *coar*. *Antôn: libertar.*

a.gri.men.sor (*lat agrimensore*) *sm* Medidor de campos ou propriedades rurais.

a.gri.men.su.ra (*lat agrimensura*) *sf* Arte de medir a superfície dos terrenos, para fazer plantas.

a.gro (*lat *acru*, por *acre*) *adj* Acre, azedo. *Sup abs sint*: agérrimo e agríssimo.

a.gro.no.mi.a (*agro+nomo+ia¹*) *sf* Ciência que tem por objetivo o cultivo dos campos.

a.gro.nô.mi.co (*agro+nomo+ico²*) *adj* Pertencente ou relativo à agronomia.

a.grô.no.mo (*gr agrónomos*) *sm* Especialista em agronomia.

a.gro.pe.cu.á.ria (*agro+pecuária*) *sf* Teoria e prática da agricultura associada à criação e ao tratamento de gado.

a.gro.pe.cu.á.rio (*agro+pecuário*) *adj* Pertencente ou relativo à agropecuária.

a.gro.pe.cu.a.ris.ta (*agro+pecuarista*) *s m+f* Pessoa que se dedica à agropecuária.

a.gro.tó.xi.co (*cs*) (*agro+tóxico*) *sm* Produto químico usado no combate e prevenção de pragas da agricultura; defensivo agrícola.

a.gru.pa.men.to (*agrupar+mento*) *sm* **1** Reunião, associação. **2** Grupo.

a.gru.par (*a¹+grupo+ar¹*) *vtd* e *vpr* Associar(-se), juntar(-se) ou reunir(-se) em grupo.

a.gru.ra (*agro+ura¹*) *sf* **1** Azedume, sabor agro. **2** Aspereza. **3** Amargura, desgosto.

á.gua (*lat aqua*) *sf* **1** Líquido formado de dois átomos de hidrogênio e um de oxigênio, sem cor, cheiro ou sabor e transparente. *sf pl* **2** Designação coletiva de extensões de água, como mares, lagos, rios etc. *Água de cheiro, pop:* Perfume.

a.gua.cei.ro (*aguaça+eiro*) *sm* Chuva forte, repentina e passageira; toró, pé-d'água.

á.gua de chei.ro Ver definição em *água*.

á.gua-de-co.lô.nia *sf* Perfume com diversas essências aromáticas. *Pl: águas-de-colônia.*

a.gua.do (*part* de *aguar*) *adj* **1** Diluído em água, misturado com água. **2** Diz-se do fruto que contém muita água.

á.gua-fur.ta.da *sf* Compartimento no último andar de uma casa, com janelas que abrem sobre o telhado, alterando o curso das águas. *Pl: águas-furtadas.*

á.gua-ma.ri.nha *sf Miner* Pedra semipreciosa de cor verde-mar, mais ou menos clara, que passa ao azul-celeste e ao amarelo-claro. *Pl: águas-marinhas.*

a.guar (*água+ar¹*) *vtd* **1** Borrifar com água ou outro líquido, regar: *Aguar as plantas.* *vtd* **2** Misturar água com qualquer outro líquido: *Aguar o vinho.* *vtd* e *vpr* **3** Encher (-se) de água: *Aguar a boca, os olhos.* *vtd* **4** Adulterar (um líquido) com água. *Conjug – Pres indic:* águo (aguo), águas (aguas), água (agua), aguamos, aguais, águam (aguam); *Pret perf:* aguei, aguaste, aguou, aguamos, aguastes, aguaram; *Pret imp indic:* aguava, aguavas, aguava, aguávamos, aguáveis, aguavam; *Pret mais-que-perf:* aguara, aguaras, aguara, aguáramos, aguáreis, aguaram; *Fut pres:* aguarei, aguarás, aguará, aguaremos, aguareis, aguarão; *Fut pret:* aguaria, aguarias, aguaria, aguaríamos, aguaríeis, aguariam; *Pres subj:* águe (ague), águes (agues), águe (ague), aguemos, agueis, águem (aguem); *Pret imp subj:* aguasse, aguasses, aguasse, aguássemos, aguásseis, aguassem; *Fut subj:* aguar, aguares, aguar, aguarmos, aguardes, aguarem; *Imper afirm:* –, água(agua)(Tu), águe(ague)(Você), aguemos(Nós), aguai(Vós), águem (aguem)(Vocês); *Imper neg:* –, Não águes(agues)(Tu), Não águe (ague)(Você), Não aguemos(Nós), Não agueis(Vós), Não águem(aguem)(Vocês); *Infinitivo impess:* aguar; *Infinitivo pess:* aguar, aguares, aguar, aguarmos, aguardes, aguarem; *Ger:* aguando; *Part:* aguado.

a.guar.dar (*a¹+guardar*) *vtd*, *vti* e *vint* **1** Esperar por. *vtd* **2** Acatar, respeitar. *vtd* **3** Guardar, velar.

a.guar.den.te (*água+ardente*)*sf* Bebida alcoólica extraída da uva, da cana, de cereais etc.

a.guar.do (de *aguardar*) *sm* Ato ou efeito de aguardar; espera.

a.guar.rás (*água+lat rasis*) *sf Quím* **1** Essência de terebintina. **2** Produto artificial ou mineral com propriedades idênticas às da essência de terebintina e usado para os mesmos fins.

á.gua-vi.va *sf Zool* Nome popular dos celenterados marinhos gelatinosos que provocam queimaduras. *Pl*: *águas-vivas*.

a.gu.ça.do (*part* de *aguçar*) *adj* **1** Afiado, cortante. **2** Afunilado, agudo. **3** Atento: *Ouvido aguçado*.

a.gu.ça.men.to (*aguçar+mento*) *sm* **1** Ato ou efeito de aguçar. **2** Esperteza, sutileza.

a.gu.çar (*lat acutiare*) *vtd* **1** Afiar, amolar: *Aguçar a espada*. **2** Tornar agudo. **3** Avivar, tornar perspicaz: *Aguçar a inteligência*. **4** Estimular: *Aguçar o apetite*.

a.gu.de.za (*agudo+eza*) *sf* **1** Qualidade do que é agudo: *A agudeza do punhal ameniza a dor de sua penetração*. **2** Perspicácia, esperteza: *"Maquiavel é que ficou famoso, com razão, pela agudeza de suas observações sobre a política, os homens e a arte de governá-los."* (OD) **3** Estado agudo da doença. **4** *Mús* Altura ou elevação do som.

a.gu.do (*lat acutu*) *adj* **1** Aguçado, pontiagudo. **2** Esperto, perspicaz, vivo. **3** Forte, violento, vivo (dor, doença). **4** *Mús* Diz-se do som alto ou fino, oposto ao baixo. **5** *Gram* Diz-se do acento que assinala as vogais tônicas *a*, *i* e *u* e as vogais tônicas abertas *e* e *o*. *Sup abs sint*: *acutíssimo* e *agudíssimo*.

a.guen.tar (gwe) (*ital agguantare*) *vtd* **1** Suportar, sustentar (carga, peso ou trabalho). *vtd* **2** Aturar, tolerar. *vtd* e *vint* **3** Resistir a.

a.guer.ri.do (*part* de *aguerrir*) *adj* **1** Acostumado à guerra. **2** Que tem modos belicosos; corajoso.

á.guia (*lat aquila*) *sf* **1** *Ornit* Designação comum a várias aves de rapina de grande porte, diurnas, notáveis pelo seu tamanho, força, figura imponente, agudeza de vista e voo poderoso. **2** *fig* Homem de grande inteligência ou talento.

a.gui.lhão (*lat vulg aquileone*) *sm* **1** Ferrão com que a abelha e outros insetos picam. **2** Bico ou ponta aguçada.

a.gui.lho.ar (*aguilhão+ar*) *vtd* **1** Ferir ou picar com aguilhão. **2** Estimular, incentivar: *A necessidade aguilhoa o trabalhador*. Conjuga-se como *coar*.

a.gu.lha (*lat vulg acucula*) *sf* **1** Instrumento para costurar ou bordar à mão, consistindo numa haste fina, reta ou curva, de aço, pontiaguda numa extremidade e com um furo na outra, por onde se passa a linha. **2** Instrumento de aço, semelhante, das máquinas de costura. **3** Haste fina, de aço, ferro, cobre ou outros materiais, com extremidades arredondadas ou um gancho em uma delas, usada para fazer meias, tricô, crochê, rendas etc. **4** *Cir* Instrumento delgado, oco, com uma extremidade pontiaguda e a outra aumentada para adaptação à seringa, usado para dar injeções. **5** *Med* Instrumento para picar ou suturar.

a.gu.lha.da (*agulha+ada¹*) *sf* **1** Ferimento ou pontada com agulha. **2** Dor fina, pontada.

a.gu.lhar (*agulha+ar¹*) *vtd* **1** Ferir com agulha. **2** Ferir, incomodar.

a.gu.lhei.ro (*agulha+eiro*) *sm* **1** Almofada, estojo ou tubo onde se guardam agulhas. **2** O que faz ou vende agulhas.

ah! (*lat ah*) *interj* Indica os mais variados sentimentos, como: alegria, prazer; admiração, surpresa; saudade; dor, sofrimento; indignação; terror; pedido.

ai (*lat ai*) *sm* Gemido triste e doloroso. • *interj* Exprime aflição ou dor.

a.í (*lat ad+hic*) *adv* **1** Em posição próxima à pessoa a quem se fala, nesse lugar. **2** Nessa matéria, nisso. **3** Nessa ocasião, nesse momento. **4** Em anexo, juntamente.

ai.a (de *aio*) *sf* **1** Criada. **2** Dama de companhia.

ai.a.to.lá (*ár ayatallah*, sinal de Allah na Terra) *sm* Entre os xiitas, o máximo líder religioso e espiritual.

ai.dé.ti.co (*AIDS+ético*) *adj* Quem contraiu o vírus da AIDS.

AIDS (do *ingl Acquired Immunological Deficiency Syndrome*) V síndrome de deficiência imunológica adquirida.

ai.mo.ré (do *jê*) *adj m+f Etnol* Relativo aos aimorés, indígenas que viviam entre a Bahia, Espírito Santo e Rio de Janeiro. • *s m+f* Indígena dessa tribo.

a.in.da (*a¹+lat inde+ad*) *adv* **1** Até agora, até este momento. **2** Até então. **3** Além

disso. **4** Não obstante, mesmo assim. **5** Também, além disso. **6** Até mesmo.
ai.pim (*tupi aipý*) *Reg* (Sul, RJ, ES e BA) *V* mandioca (acepção 1).
ai.po (*lat apiu*) *sm Bot* Planta herbácea de folhas e caules comestíveis e sementes usadas como tempero.
air bag (*ér bég*) (*ingl*) *sm Autom* Bolsa que se enche de ar à frente do motorista e dos passageiros, no momento da colisão, usada como equipamento de segurança de veículos.
ai.ro.so (*ô*) (do *cast*) *adj* **1** Elegante, esbelto. **2** Amável, delicado, gentil. **3** Decente, digno. *Pl: airosos* (*ó*).
a.jar.di.nar (*a¹+jardim+ar¹*) *vtd* Transformar em jardim, arrumar em forma de jardim.
a.jei.tar (*a¹+jeito+ar¹*) *vtd* **1** Arrumar, arranjar. **2** Facilitar. **3** Acomodar, adaptar. Veja nota em **jeito**.
a.jo.e.lhar (*a¹+joelho+ar¹*) *vint* e *vpr* Pôr-se de joelhos.
a.ju.da (de *ajudar*) *sf* **1** Ação ou efeito de ajudar. **2** Auxílio, assistência, socorro.
a.ju.dan.te (de *ajudar*) *adj m+f* Que ajuda. • *s m+f* **1** Pessoa que ajuda. **2** Assistente, auxiliar.
a.ju.dar (*lat adjutare*) *vtd* e *vti* **1** Dar ajuda ou auxílio a, socorrer. *vtd* **2** Facilitar, promover: *Os passeios ajudam a digestão*. *vpr* **3** Auxiliar-se. *Antôn:* dificultar, prejudicar.
a.ju.i.za.do (*part* de *ajuizar*) *adj* **1** Sensato, prudente. **2** Que se ajuizou; julgado, avaliado.
a.ju.i.zar (*a¹+juízo+ar¹*) *vtd* e *vti* **1** Formar juízo a respeito de, julgar, ponderar: *Ajuizar a veracidade*. *vtd* **2** Dar juízo a; tornar sensato: *O reverendo aconselhava-o, procurando ajuizá-lo*. *vtd* **3** Levar a juízo, pôr em juízo, tornar objeto de processo ou demanda judicial: *Ajuizar uma demanda*. Conjuga-se como *saudar*.
a.jun.ta.men.to (*ajuntar+mento*) *sm* **1** Ação ou efeito de ajuntar. **2** Aglomeração, agrupamento.
a.jun.tar (*a¹+juntar*) *vtd* e *vti* **1** Juntar, pôr junto, unir. *vtd* **2** Colecionar, reunir. *vtd* e *vpr* **3** Aglomerar(-se), congregar(-se): *Ali se ajuntam desordeiros*. *vtd* **4** Acumular, amontoar: *Ajuntar lixo*. *vtd* **5** Economi-

zar: *Ajuntar dinheiro*. *vtd* **6** Acasalar, casar (animais). *vpr* **7** Amigar-se, unir-se sem formalização civil. *vpr* **8** Agregar, associar: *Ajuntou-se a um desconhecido, que seguia o mesmo caminho*. *Antôn:* desunir, separar.
a.jus.ta.do (*part* de *ajustar*) *adj* **1** Acertado, regulado. **2** Combinado, contratado. **3** Exato, justo.
a.jus.ta.men.to (*ajustar+mento*) *sm* **1** Ato ou efeito de ajustar. **2** Contrato, convenção, pacto. **3** Liquidação de contas.
a.jus.tar (*a¹+justo+ar*) *vtd* **1** Tornar exato; acertar, regular: *Ajustar um relógio*. *vtd* **2** Tornar justo; apertar: *Ajustar um vestido*. *vtd* **3** Combinar, contratar: *Ajustar o preço*. *vtd* e *vpr* **4** Adaptar(-se), acomodar(-se): *A nova chave ajustou-se na fechadura*.
a.jus.te (de *ajustar*) *sm* **1** V *ajustamento*. **2** Contrato, convenção.
a.ju.tó.rio (*lat adjutoriu*) *sm pop* Auxílio mútuo que se prestam os agricultores, a serviço de um deles, por um dia ou mais; mutirão.
a.la (*lat ala*) *sf* **1** Filas ou fileiras, separadas por um espaço. **2** Parte lateral de um edifício. **3** *Esp* Cada um dos lados da linha de ataque em esportes como futebol e basquetebol.
a.la.bas.tro (*lat alabastru*) *sm* **1** *Miner* Pedra, branca ou clara, quase transparente, macia, parecida com mármore, empregada em esculturas, lustres etc. **2** Brancura. **3** *Antig gr* e *rom* Pequeno vaso sem asas e com boca estreita, usado para queimar perfumes.
a.la.do (*ala+ado¹*) *adj* **1** Que tem asas. **2** Em forma de asa.
a.la.ga.di.ço (*alagar+diço*) *adj* **1** Sujeito a ser alagado. **2** Encharcado, pantanoso. • *sm* Terreno baixo e úmido, sujeito a inundações.
a.la.ga.do (*part* de *alagar*) *adj* Coberto de água; inundado. • *sm* Terreno inundado; pântano.
a.la.ga.men.to (*alagar+mento*) *sm* **1** Ato ou efeito de alagar. **2** Cheia, inundação.
a.la.gar (*a¹+lago+ar¹*) *vtd* e *vpr* **1** Transformar(-se) em lago, inundar(-se). **2** Encher(-se) de água ou de qualquer líquido.

a.la.go.a.no (*top Alagoas+ano*) *adj* Pertencente ou relativo ao Estado de Alagoas. • *sm* Natural ou habitante desse Estado.

a.lam.bi.que (*ár al-'anbîq*, do *gr ámbix, -ikos*) *sm* **1** Aparelho de destilação constituído de três partes: caldeira, capacete e serpentina. **2** Fábrica para destilar; destilaria.

a.lam.bra.do (*part de alambrar*) *adj* Cercado com arame; aramado. • *sm* Cerca de arame; aramado.

a.la.me.da (*ê*) (*álamo+eda*) *sf* Rua ou avenida plantada de quaisquer árvores.

á.la.mo (*cast álamo*) *sm Bot* Árvore ornamental, de madeira alva e macia.

a.lar (*lat ala+ar¹*) *vtd* **1** Dar asas a. *vtd* **2** Arrumar em alas. *vpr* **3** Criar asas.

a.la.ran.ja.do (*part de alaranjar*) *adj* Que tem cor, gosto ou forma de laranja. • *sm* A cor da laranja.

a.lar.de (*ár al-'ard*) *sm* Ostentação de qualidades, virtudes.

a.lar.de.ar (*alarde+ar¹*) *vtd* **1** Fazer alarde de, ostentar. *vint* **2** Contar vantagens. Conjuga-se como *frear*.

a.lar.ga.men.to (*alargar+mento*) *sm* Ação de alargar; dilatação, extensão.

a.lar.gar (*a¹+largo+ar¹*) *vtd* e *vpr* **1** Dar mais largura a, tornar(-se) mais largo. *vtd* e *vpr* **2** Ampliar(-se), aumentar(-se). *vtd* **3** Dar maior duração a, prolongar. *vtd* **4** Afrouxar, desapertar.

a.la.ri.do (*ár al-garida*) *sm* **1** Gritaria ou ruído de combate: *"Não percebe o alarido, vê o tiro e não percebe o estampido."* (FSP) **2** Algazarra, berreiro, gritaria: *"Rosália, como eu, ouvia o alarido dos entes noturnos."* (ML)

a.lar.ma (da expressão *ital all'arme*) *sm* **1** Aviso de algum perigo. **2** Inquietação ou susto causado pela ameaça de algum perigo. **3** Dispositivo para dar alarma, avisar de algum perigo. *Var: alarme.*

a.lar.man.te (*de alarmar*) *adj m+f* Que causa alarma.

a.lar.mar (*alarma+ar¹*) *vtd* e *vpr* Pôr(-se) de alarma; assustar(-se).

a.lar.me (*ital alle arme*) *V alarma.*

a.lar.mis.ta (*alarma+ista*) *s m+f* Pessoa que espalha boatos alarmantes.

a.las.tra.men.to (*alastrar+mento*) *sm* Ato de alastrar(-se).

a.las.trar (*a¹+lastro+ar¹*) *vti*, *vint* e *vpr* **1** Alargar(-se), estender(-se) aos poucos. *vtd* e *vpr* **2** Espalhar(-se); propagar(-se).

a.la.van.ca (*a¹+palanca*, por metátese) *sf* **1** *Mec* Barra inflexível, reta ou curva, que serve para mover, levantar ou sustentar qualquer corpo. **2** Meio de ação.

a.la.van.car (*alavanca+ar¹*) *vtd* Levantar ou mover com auxílio de alavanca.

a.la.zão (*ár al-'az'ar*) *adj* Que tem cor castanho-avermelhada (cavalo). • *sm* Equino de cor castanho-avermelhada. *Var: lazão. Pl: alazães* e *alazões. Fem: alazã.*

al.ba.nês (*top Albânia+ês*) *adj* Pertencente ou relativo à Albânia (Europa). • *sm* **1** Natural ou habitante da Albânia. **2** Idioma falado na Albânia. *Fem: albanesa.*

al.ba.troz (do *ingl albatross*) *sm Ornit* Nome comum dado às grandes aves marinhas do hemisfério sul.

al.ber.gar (*albergue+ar¹*) *vtd* **1** Dar albergue a. *vtd* e *vpr* **2** Recolher(-se) em albergue.

al.ber.gue (*gót *haribaígôn*, hospedar) *sm* **1** Lugar onde se abrigam pessoas. **2** Refúgio, resguardo.

al.bi.nis.mo (*albino+ismo*) *sm Med* Anomalia orgânica que tem como característica a ausência total ou parcial de pigmentação da pele, dos cabelos e pelos, da íris; os olhos são sensíveis à luz.

al.bi.no (*albi+ino¹*) *adj+sm Antrop* Que ou aquele que tem albinismo.

al.bor.noz (*ár al-burnûs*) *sm* Manto de lã com capuz, usado primeiro pelos árabes.

ál.bum (*lat album*) *sm* Livro ou caderno em branco, destinado a recolher notas, pensamentos, poesias, autógrafos, fotografias, impressões de viagem.

al.bu.me (*lat albumen*) *sm* Clara de ovo. *Var: albúmen.*

al.bu.mi.na (*albume+ina*) *sf Quím* Substância do grupo das proteínas, viscosa e esbranquiçada, levemente salgada, que forma quase toda a clara do ovo e o soro sanguíneo.

al.ça (de *alçar*) *sf* **1** Presilha para levantar alguma coisa. **2** Suspensório. **3** Tira de pano com que se seguram nos ombros certas roupas.

al.ca.cho.fra (*ô*) (*ár al-Harshûfa*) *sf Bot*

1 Planta herbácea de uso medicinal. **2** Fruto dessa planta, comestível, rico em vitamina C.

al.ca.çuz (ár 'irq assûs) sm Bot Planta medicinal cujo extrato é usado para disfarçar gostos desagradáveis ou para dar gosto agradável, por exemplo, a confeitos ou tabaco.

al.ça.da (de alçar) sf **1** Âmbito da ação ou influência de alguém. **2** Jurisdição.

al.ça.do (part de alçar) adj Erguido, levantado.

al.ca.gue.tar (gwe) (alcaguete+ar²) vtd e vti gír **1** Bater com a língua nos dentes. **2** Delatar ou denunciar alguém. **3** Dedar, dedurar. Var: caguetar.

al.ca.gue.te (gwê) (ár al-qawwâd) s m+f gír **1** Espião de polícia. **2** Delator, dedo-duro.

al.cai.de (ár al-qaid) sm **1** Governador de castelo, província ou comarca, com autoridade civil e militar. **2** Prefeito. Fem: alcaidessa e alcaidina.

ál.ca.li (ár al-qalî) sm Quím Nome genérico dos hidróxidos de metais alcalinos, como potássio, sódio, lítio, rubídio e césio.

al.ca.li.ni.zar (alcalino+izar) vtd e vpr Tornar(-se) alcalino. Var: alcalizar.

al.ca.li.no (álcali+ino²) adj Quím **1** Relativo a álcali. **2** Que contém álcali.

al.ca.loi.de (ó) (álcali+oide) sm Quím Substância orgânica natural nitrogenada, capaz de se unir a ácidos, formando com eles combinações definidas (sais).

al.ça.men.to (alçar+mento) sm **1** Ação ou efeito de alçar. **2** Hasteamento, levantamento.

al.can.çar (lat vulg incalceare, de calce, calcanhar) vtd **1** Chegar a: Alcançar alguém, alcançar um lugar. vtd **2** Apanhar, encontrar ou tocar: Quase alcançava o teto com a mão. vtd **3** Conseguir, obter: Alcançar licença. vtd **4** Compreender, perceber: Não alcanço o sentido de suas palavras. vint **5** Conseguir o que se pretende: Quem espera sempre alcança.

al.can.ce (de alcançar) sm **1** Ação ou efeito de alcançar. **2** Possibilidade de alcançar.

al.ça.pão (port ant alça+pom, alça e põe) sm **1** Constr Porta ou tampa horizontal que se fecha de cima para baixo e liga um pavimento a outro, que está embaixo. **2** Armadilha para apanhar passarinho.

al.çar (lat altiare) vtd **1** Erguer, elevar: Alçar o guarda-chuva. vtd e vpr **2** Erguer (-se), levantar(-se): Alçar a mão. vtd **3** Suspender: Alçar uma viga.

al.ca.tei.a (é) (ár al-qaTai'â) sf **1** Bando de lobos. **2** Manada de quaisquer outros animais selvagens.

al.ca.ti.fa (ár al-qaTîfa) sf desus **1** Tapete grande. **2** Tudo o que cobre ou que se estende como tapete: *"Clemente André se sentiu mal, levou a mão à testa, gemeu fracamente e desabou na alcatifa."* (VPB)

al.ca.tra (ár al-qaTra) sf Carne bovina da parte superior da anca. Var: alcatre.

al.ca.trão (ár al-qaTrân) sm Substância produzida pela destilação do pinheiro ou da hulha.

al.ca.traz (ár al-gaTTâs) sm Designação de várias espécies de pelicanos.

al.ce (lat alces) sm Zool Cervo com chifres ramificados.

al.ce.a.men.to (alcear+mento) sm Ação ou efeito de alcear; levantamento.

al.ce.ar (alça¹+e+ar¹) vtd **1** Colocar alças em. **2** Dispor ou ordenar para a encadernação (diz-se das folhas de um livro). **3** Alçar, levantar. Conjuga-se como frear.

ál.co.ol (ár hispânico al-kuhu, ár al-kuhl) sm **1** Quím Denominação genérica de compostos orgânicos resultantes da substituição de um ou mais átomos de hidrogênio por um ou mais oxidrilos. **2** Bebida alcoólica. Pl: álcoois e alcoóis.

al.co.ó.la.tra (álcool+latra) adj e s m+f Diz-se de ou pessoa viciada em bebidas alcoólicas.

al.co.ó.li.co (álcool+ico²) adj **1** Pertencente ou relativo ao álcool. **2** Que contém álcool.

al.co.o.lis.mo (álcool+ismo) sm Med Doença causada pela dependência do álcool.

al.co.o.li.zar (álcool+izar) vtd **1** Adicionar álcool a (um líquido qualquer). vtd **2** Converter em álcool. vtd e vpr **3** Embriagar (-se), tornar(-se) alcoólico.

al.co.rão (ár al-qur'ân) sm Rel **1 Alcorão** Livro sagrado que contém as doutrinas de Maomé (570-632). **2** V islamismo. Pl: alcorões e alcorães. Var (acepção 1): Corão.

al.co.va (ô) (ár al-qubba) sf **1** Em casas antigas, pequeno quarto de dormir, geralmente sem janelas. **2** por ext Quarto de dormir. **3** Esconderijo.

al.co.vi.tar (*alcoveta+ar¹*) *vtd* Servir como intermediário em relações amorosas.

al.co.vi.tei.ro (*alcovitar+eiro*) *adj* Intermediário de amores. • *sm* **1** Aquele que alcovita. **2** Cafetão, rufião.

al.cu.nha (*ár al-kunyah*) *sf* Apelido, geralmente depreciativo.

al.de.ão (de *aldeia+ão¹*) *adj* Pertencente ou relativo a aldeia. • *sm* Natural ou habitante de aldeia. *Pl:* aldeões, aldeãs e aldeãos. *Fem:* aldeã.

al.dei.a (*ár al-Day'a*) *sf* Pequena povoação, sem categoria de vila ou cidade. *Dim irreg:* aldeola e aldeota.

a.le.a.tó.rio (*lat aleatoriu*) *adj* **1** Que depende de acontecimentos incertos, favoráveis ou não a um determinado evento. **2** Eventual, fortuito.

a.le.crim (*ár al-iklîl*) *sm Bot* Arbusto de cheiro forte e agradável, usado como remédio e como condimento.

a.le.ga.ção (*alegar+ção*) *sf* **1** Ato ou efeito de alegar. **2** Citação de argumentos, fatos ou autoridades, como prova de alguma coisa.

a.le.gar (*lat allegare*) *vtd* **1** Citar como prova. *vtd* e *vti* **2** Apresentar como desculpa ou pretexto.

a.le.go.ri.a (*gr allegoría*) *sf* **1** Expressão de uma ideia de forma figurada. **2** Representação de um objeto para dar ideia de outro. **3** Obra artística que cita uma coisa para sugerir outra.

a.le.gó.ri.co (*alegoria+ico²*) *adj* **1** Pertencente ou relativo à alegoria. **2** Que encerra alegoria.

a.le.grar (*alegre+ar¹*) *vtd, vti, vint* e *vpr* **1** Tornar(-se) alegre. *vtd* **2** Dar aspecto alegre a. *vtd* **3** Dar viço a. *vtd* **4** Agradar a, ser aprazível a. *vpr* **5** Sentir alegria. *Antôn* (acepções 1 e 2): *entristecer*.

a.le.gre (*lat alacre*) *adj m+f* **1** Que sente alegria. **2** Contente. **3** Que causa ou traz alegria. *Antôn: triste*.

a.le.gri.a (*alegre+ia¹*) *sf* **1** Contentamento, prazer moral. **2** Acontecimento feliz. *Antôn: tristeza*.

a.lei.ja.do (*part* de *aleijar*) *adj+sm* Que ou o que apresenta algum aleijão.

a.lei.jão (*lat laesione*) *sm* **1** Lesão, deformidade, mutilação; defeito físico. **2** Defeito grave de ordem mental ou moral. **3** Objeto malfeito, disforme.

a.lei.jar (*aleijão+ar¹*) *vtd* e *vpr* **1** Causar aleijão ou deformidade em. *vint* **2** Ficar aleijado ou mutilado.

a.lei.ta.men.to (*aleitar+mento*) *sm* Ato ou efeito de aleitar; amamentação.

a.lei.tar (*a¹+leite+ar¹*) *vtd* **1** Criar ou alimentar com leite; amamentar: *"Ablui as crianças, aleitei-as e ablui-me e aleitei-me."* (QDE) **2** Tornar semelhante a leite: *O excesso de cloro aleitava a água da torneira*.

a.le.lui.a (*hebr halleluiah*) *sm* **1** Cântico de alegria, louvor e regozijo. **2** O tempo da Páscoa. **3** O sábado da Ressurreição. **4** Exclamação de alegria. **5** Forma alada do cupim, quando, na primavera, vai formar novas colônias; siriri.

a.lém (*lat ad+illinc*) *adv* **1** Da parte de lá, para o lado de lá, acolá. **2** Mais adiante. *Antôn: aquém*. • *sm* **1** Lugar distante, horizonte. **2** Outras terras. **3** O outro mundo.

a.le.mão (*lat alemanu*) *adj* Pertencente ou relativo à Alemanha (Europa). • *sm* **1** Natural ou habitante da Alemanha. *Pl:* alemães. *Fem:* alemã. **2** Idioma oficial da Alemanha, Áustria, parte da Suíça, Luxemburgo e Liechtenstein (Europa). Veja nota em **português**.

a.lém-fron.tei.ras *adv* Do lado de lá das fronteiras, fora dos limites, fora do país.

a.lém-mar *adv* Além do mar. • *sm* As terras que ficam do outro lado do mar; ultramar. *Pl:* além-mares.

a.lém-tú.mu.lo *sm* O outro mundo; a vida após a morte. *Pl: além-túmulos*.

a.len.ta.dor (*alentar+dor*) *adj+sm* Que ou o que alenta.

a.len.tar (*alento+ar¹*) *vtd* **1** Dar alento a. **2** Animar. *Antôn: desalentar, desanimar*.

a.len.to (*lat *alenitu*, por *anhelitu*) *sm* **1** Bafo, respiração; fôlego, hálito. **2** Sopro. **3** Coragem.

a.ler.gê.nio (*alergeno+io*) *sm Med* Agente capaz de produzir alergia.

a.ler.gi.a (*alo+ergo+ia¹*) *sf* **1** *Med* Sensibilidade do organismo para certos agentes físicos, químicos ou biológicos. **2** *fig* Repulsa, aversão.

a.lér.gi.co (*alergia+ico²*) *adj Med* **1** Relativo à alergia. **2** Causado por alergia.

a.ler.go.lo.gi.a (*alergo+logo+ia*[1]) *sf Med* Ramo da medicina que estuda os fenômenos relacionados à alergia.

a.ler.ta (*ital all'erta*) *adv* Atentamente. • *adj* Atento, vigilante. • *sm* **1** Sinal ou aviso para estar vigilante. **2** Precaução, vigilância. • *interj* Atenção!, cautela!, cuidado!, olhe!, sentido!

a.ler.tar (*alerta+ar*[2]) *vpr* e *vint* **1** Pôr-se de alerta. *vtd* **2** Tornar alerta. *vtd* **3** Assustar.

a.le.tri.a (*ár al-'iTriya*) *sf Cul* Massa de farinha crua e seca em fios muito finos e enroscados, usada em sopas ou preparada com ovos, açúcar e leite.

a.le.vi.no (*fr alevin*) *sm Ictiol* Filhote de peixe. *Var:* alevim.

a.le.xan.dri.no (*Alexandre, np+ino*[1]) *adj* **1** Pertencente ou relativo a Alexandre III, o Grande (356-323 a.C.), conquistador da Antiguidade. **2** *Poét* Diz-se do verso de doze sílabas métricas, com acento na sexta e na duodécima.

al.fa (*gr álpha*) *sm* Primeira letra do alfabeto grego, correspondente ao *a* do latim e das línguas neolatinas.

al.fa.bé.ti.co (*alfabeto+ico*[2]) *adj* Organizado segundo a ordem das letras do alfabeto.

al.fa.be.ti.za.ção (*alfabetizar+ção*) *sf* Ato ou efeito de alfabetizar.

al.fa.be.ti.za.do (*part* de *alfabetizar*) *adj* Que sabe ler e escrever. • *sm* Aquele que aprendeu a ler e a escrever.

al.fa.be.ti.zar (*alfabeto+izar*) *vtd* **1** Ensinar a ler e a escrever. *vpr* **2** Aprender a ler por si mesmo.

al.fa.be.to (*gr álpha+béta*) *sm* Conjunto das letras usadas para escrever uma língua; abecedário.

al.fa.ce (*ár al-HaSa*) *sf Bot* Hortaliça de folhas largas, muito usada em saladas.

al.fa.fa (*ár al-fasfaSa*, via *cast*) *sf Bot* Planta usada como forragem.

al.fai.a.ta.ri.a (*alfaiate+aria*) *sf* Oficina de alfaiate.

al.fai.a.te (*ár al-Hayyât*) *sm* Indivíduo que corta e costura roupas para homem. *Fem:* alfaiata.

al.fân.de.ga (*ár al-funduk*, do *gr pandokheîon*) *sf* Administração ou repartição pública onde se registram as mercadorias importadas e exportadas, cobrando os respectivos impostos; aduana.

al.fan.de.gá.rio (*alfândega+ário*) *adj* Relativo a alfândega; aduaneiro: *"O serviço alfandegário russo pode atrapalhar a primeira missão espacial russo-americana."* (FSP) • *sm* Funcionário da alfândega: *Deflagrou-se a greve dos alfandegários.*

al.fan.je (*ár al-Hanjar*) *sm* Espada de lâmina curva. *Var:* alfange.

al.fa.nu.mé.ri.co (*alfa(bético)+numérico*) *sm Cib* Sistema de codificação em que se empregam grupos de letras e algarismos.

al.far.rá.bio (*ár Al-Farabi, np+io*) *sm* **1** Livro antigo, de leitura entediante: *O velho conservava na estante alguns alfarrábios de 200 anos.* **2** Obra muito extensa: *"À primeira vista, o alfarrábio assusta pela sua extensão de mais de 1.400 páginas."* (FSP)

al.fa.va.ca (*ár al-Habâgâ*) *sf Bot* Designação comum a várias plantas da família das labiadas, muitas das quais são cultivadas nos jardins por causa do aroma e da beleza das folhas.

al.fa.ze.ma (*ár al-Huzâmâ*) *sf Bot* Erva do Mediterrâneo, cujas flores têm propriedades medicinais.

al.fe.res (*ár al-fâris*) *sm sing+pl* Antigo posto militar, equivalente a segundo-tenente.

al.fi.ne.ta.da (*alfinete+ada*[1]) *sf* **1** Picada com alfinete. **2** *fig* Crítica, sátira.

al.fi.ne.tar (*alfinete+ar*[1]) *vtd* **1** Picar com alfinete. **2** *fig* Criticar, satirizar.

al.fi.ne.te (*ê*) (*ár al-Hilâl+ete, pl* de *al-khilal*) *sm* **1** Pequenina haste de metal aguda numa ponta e terminando por uma cabeça na outra; serve para pregar ou segurar, unidas, peças de vestuário, folhas de papel etc. **2** Broche. *Alfinete de segurança*: alfinete formado de duas partes articuladas; em uma delas há uma ponta que se prende na cavidade de uma cabeça que está na outra parte.

al.fi.ne.te de se.gu.ran.ça Ver definição em *alfinete*.

al.fi.ne.tei.ra (*alfinete+eira*) *sf* Caixa ou almofadinha em que se guardam ou espetam alfinetes.

al.for.je (*ár al-Hurj*) *sm* **1** Saco duplo,

alforria 36 **aliado**

de couro, com abertura entre os dois compartimentos, pela qual se coloca no arreio, na sela ou nos ombros. **2** O que se leva no alforje.

al.for.ri.a (*ár al-hurriyah*) *sf* **1** Liberdade concedida ao escravo. **2** Libertação.

al.for.ri.a.do (*part* de *alforriar*) *adj* Que recebeu carta de alforria; forro.

al.for.ri.ar (*alforria+ar¹*) *vtd* **1** Dar alforria a: *"Ali, era raro até mesmo que se alforriasse um filho de senhor com sua escrava."* (MAL) *vpr* **2** Libertar-se: *"Anos depois, [o escritor] empenaria a asa e ganharia alforriar-se desse cativeiro."* (FI) Conjuga-se como *premiar*.

al.ga (*lat alga*) *sf Bot* Espécime de vegetal que vive no fundo ou na superfície de águas doces e salgadas.

al.ga.ris.mo (*ár al-Huwârizmî*, *np*) *sm Mat* Nota ou sinal com que se representam os números.

al.ga.zar.ra (*ár al-gazâra*) *sf* Gritaria, berreiro, barulho de vozes.

ál.ge.bra (*ár al-jabr*, pelo *lat med algebra*) *sf* Parte da Matemática que ensina a calcular, generalizando e simplificando as questões aritméticas, por meio de letras do alfabeto.

al.gé.bri.co (*álgebra+ico²*) *adj* **1** Pertencente ou relativo à álgebra. **2** Preciso, rigoroso.

al.ge.ma (*ár al-jamâ'a*) *sf* Ferro com que se prende alguém pelos pulsos ou pelos tornozelos.

al.ge.mar (*algema+ar¹*) *vtd* Prender com algemas.

al.gi.a (*algo¹+ia¹*) *sf Med* Qualquer dor em órgão ou região do corpo.

al.gi.bei.ra (de *aljaveira*) *sf ant* Bolso que faz parte integrante do vestuário.

al.go (de *algo*) *adv* Um tanto, um pouco, algum tanto: *Algo romântico.* • *pron indef* Alguma coisa, qualquer coisa.

al.go.dão (*ár al-quTun*) *sm* **1** *Bot* Fibra vegetal muito branca e fina que envolve as sementes do algodoeiro. **2** Fio feito com essa fibra. **3** Tecido fabricado com esse fio.

al.go.dão-do.ce *sm* Doce de açúcar parecido com o algodão. *Pl: algodões-doces.*

al.go.do.al (*algodão+al¹*) *sm* Plantação de algodoeiros.

al.go.do.ei.ro (*algodão+eiro*) *sm Bot* Nome comum às plantas malváceas que produzem o algodão. • *adj* **1** Relativo ao algodão. **2** Que dá algodão.

al.go.rit.mo (*ár al-Huwârizmî*) *sm Mat* **1** Sistema de uma sucessão de cálculos numéricos. **2** Operação ou processo de cálculo.

al.goz (*ô* ou *ó*) (*ár al-gozz*) *sm* **1** Executor da pena de morte ou de outras penas corporais. **2** Carrasco. *Pl: algozes* (*ô* ou *ó*).

al.guém (*lat aliquem*) *pron indef* **1** Alguma pessoa. **2** Pessoa digna de consideração. *Antôn: ninguém.*

al.gum (*lat vulg aliqu'unu*) *pron indef* **1** Um entre dois ou mais. **2** Qualquer. **3** Nem muito nem pouco. *Antôn: nenhum.*

al.gu.res (*arc algur*; do *lat alicubi*) *adv* Em algum lugar, em alguma parte. *Cf alhures.*

a.lhe.a.do (*part* de *alhear*) *adj* **1** Absorto, enlevado. **2** Arrebatado, entusiasmado. **3** Alienado.

a.lhe.a.men.to (*alhear+mento*) *sm* Ato ou efeito de alhear(-se).

a.lhe.ar (*alheio+ar¹*) *vtd* e *vpr* **1** Tornar(-se) alheio, afastar(-se), desviar(-se): *Alheou da empresa os indiferentes.* **2** Passar (-se) para outro o domínio de: *Alheou tudo o que possuía.* Conjuga-se como *frear*.

a.lhei.o (*lat alienu*) *adj* **1** Que é de outra pessoa. **2** Estrangeiro, estranho. **3** Distante, afastado. **4** Absorto, enlevado, extasiado. *Antôn: próprio* (acepção 1); *próximo* (acepção 3). • *sm* O que pertence a outra pessoa.

a.lho (*lat alliu*) *sm Bot* Gênero de ervas cujos bulbos, dentes, são usados como condimento. *Col: réstia.*

a.lho-po.ró *sm* Alho de folhas largas. *Pl: alhos-porós. Var: alho-porro.*

a.lhu.res (*provençal alhors*) *adv* Algures, noutro lugar, noutra parte. *Cf algures.*

a.li (*lat ad+illic*) *adv* **1** Naquele lugar, em lugar diferente ou distante daquele em que está a pessoa que fala. **2** Então, naquele tempo, naquela ocasião. *Cf aqui.*

a.li.á (*cingalês aliyà*) *sf* Fêmea do elefante.

a.li.a.do (*part* de *aliar*) *adj* Unido por aliança. • *sm* **1** Povo que fez aliança ou tratado de amizade. **2** Indivíduo ou partido ligado a outro para a realização de um fim comum. **3** Cúmplice. *sm pl* **4** Potências que, na Segunda Guerra Mundial, estiveram unidas contra a Alemanha, a Itália e o Japão.

a.li.an.ça (*aliar+ança*) *sf* **1** Acordo, pacto. **2** Fusão ou união de coisas diferentes. **3** Matrimônio. **4** Coligação, confederação, união, liga. **5** Anel usado como símbolo de noivado ou casamento.

a.li.ar (*a¹+liar*) *vtd* e *vpr* **1** Associar(-se), juntar(-se), reunir(-se), ligar(-se): *Aliam-se nele todas as qualidades do bom professor*. *vpr* **2** Conciliar-se, harmonizar-se: *Avareza e filantropia jamais se aliarão*. *vpr* **3** Unir-se por pacto, tratado ou convenção militar: *As nações americanas aliaram-se*. Antôn: *desunir, separar*. Conjuga-se como *premiar*.

a.li.ás (*lat alias*) *adv* **1** De outra maneira, de outro modo. **2** Ou melhor (usado em seguida a outra palavra ou frase escrita ou dita por engano, vindo depois a correção). **3** Além disso.

á.li.bi (*lat alibi*, em outro lugar) *sm* **1** *Dir* Alegação feita pelo réu, na sua defesa, mostrando que, no momento do crime, estava em outro lugar. **2** *pop* Justificação ou desculpa aceitável.

a.li.ca.te (*ár al-laqâT*) *sm* Pequena torquês para segurar, cortar ou prender objetos.

a.li.cer.çar (*alicerce+ar¹*) *vtd* **1** Preparar o alicerce de. **2** Firmar, estabelecer em bases sólidas.

a.li.cer.ce (*ár al-'isâs*) *sm* **1** Maciço de alvenaria que serve de base às paredes de um edifício. **2** Base, fundamento.

a.li.che (*ital alice*) *sm* V *enchova*.

a.li.ci.ar (*lat *alliciare*, por *allicere*) *vtd* **1** Atrair, convidar, seduzir. **2** Subornar: *Aliciou o contínuo para lhe entregar diretamente as cartas*. **3** Instigar, incitar: *Aliciou os contendores para polemizarem ali mesmo*. Conjuga-se como *premiar*.

a.lí.co.ta *sf* V *alíquota*.

a.li.e.na.ção (*lat alienatione*) *sf* **1** Ação ou efeito de alienar. **2** Cessão de bens. **3** Desordem mental. **4** Indiferença.

a.li.e.na.do (*part* de *alienar*) *adj* **1** Transferido ou cedido a outra pessoa. **2** Afastado, desviado, separado. **3** Endoidecido, enlouquecido. • *sm* Indivíduo atacado de alienação mental.

a.li.e.nar (*lat alienare*) *vtd* e *vint* **1** Tornar alheios determinados bens ou direitos, a título legítimo; transferir a outra pessoa: *"E o que vai ser necessário alienar ou vender?"* (FSP); *"Pequenos proprietários que se viram na contingência de alienar suas terras."* (FEB) *vtd* e *vpr* **2** Alucinar(-se), perturbar(-se): *Beber até alienar-se*. *vpr* **3** Endoidecer, enlouquecer: *O prisioneiro alienou-se*. **4** Afastar(-se): *"Ignora ainda as causas do movimento do cidadão contemporâneo de se alienar da política depois do ato simbólico do voto."* (FSP) Antôn (acepção 1): *conservar, manter*.

a.li.e.ní.ge.na (*lat alienigena*) *adj* e *s m+f* De origem no estrangeiro; estranho, forasteiro. Antôn: *indígena*.

a.li.e.nis.ta (*lat alienu+ista*) *adj m+f desus* Que tem relação com a alienação mental ou seu tratamento.

a.li.gá.tor (*ingl alligator*) *sm Zool* Tipo de crocodilo da América do Norte e da China. *Pl: aligatores* (ó).

a.li.jar (*fr alléger*) *vtd* **1** Livrar-se, aliviar-se de: *Alijar responsabilidades pesadas*. **2** Afastar.

a.li.men.ta.ção (*alimentar+ção*) *sf* **1** Ação ou efeito de alimentar(-se). **2** Alimento, sustento.

a.li.men.tar (*alimento+ar¹*) *vtd* e *vpr* **1** Dar alimento a, nutrir(-se), sustentar(-se). *vtd* **2** Prover de. *vtd* e *vpr* **3** Conservar(-se), manter(-se).

a.li.men.tí.cio (*alimento+ício*) *adj* Próprio para alimentar ou que alimenta.

a.li.men.to (*lat alimentu*) *sm* Toda substância que, introduzida no organismo, serve para nutrição dos tecidos e para produção de energia.

a.lí.nea (*lat alinea*) *sf* **1** Linha que marca a abertura de um novo parágrafo. **2** Subdivisão de artigo de lei ou regulamento. **3** Parágrafo.

a.li.nha.do (*part* de *alinhar*) *adj* **1** Disposto ou posto em linha reta. **2** Nivelado. **3** Enfeitado, adornado; vestido com capricho. Antôn: *desalinhado*; (acepção 3): *descuidado, desmazelado*.

a.li.nha.men.to (*alinhar+mento*) *sm* **1**

alinhar 38 **almoxarife**

Ação ou efeito de alinhar. **2** Apuro, esmero.

a.li.nhar (a¹+linha+ar¹) *vtd* e *vpr* **1** Dispor(-se) em linha. *vtd* **2** Pôr em linha reta com.

a.li.nha.var (alinhavo+ar¹) *vtd* **1** Coser com pontos largos. **2** Aprontar, preparar.

a.li.nha.vo (de *alinhavar*) *sm* **1** Ação ou efeito de alinhavar. **2** Pontos largos que se dão em uma peça de vestuário, para segurá-la ou ajustá-la até que seja costurada definitivamente.

a.lí.quo.ta (*co*) (*lat aliquota*) *sf* Percentual de um tributo que é aplicado sobre o valor da coisa tributada: *As alíquotas do Imposto de Renda são de 15% e 27%*. *Var: alícota*.

a.li.sa.do (*part* de *alisar*) *adj* **1** Tornado liso. **2** Polido. **3** Amaciado. **4** Penteado.

a.li.sar (a¹+liso+ar¹) *vtd* **1** Tornar liso. **2** Aplanar, igualar. **3** Passar a mão por.

a.lis.ta.men.to (alistar+mento) *sm* Ação ou efeito de alistar para o serviço militar.

a.lis.tar (a¹+lista+ar¹) *vtd* **1** Pôr em lista; relacionar: *Alistou os nomes dos interessados*. *vtd* e *vpr* **2** Inscrever(-se): *Vou alistá-lo nesse partido*. *vtd* e *vpr* **3** Recrutar (-se), engajar(-se): *Alistar marinheiros*.

a.li.te.ra.ção (*aliterar+ção*) *sf Poét* Repetição dos mesmos sons, no início, meio ou fim das palavras que constituem uma ou mais frases em um ou mais versos: *O rato roeu a roupa do rei de Roma*.

a.li.vi.a.do (*part* de *aliviar*) *adj* **1** Livre de algum encargo, incômodo ou peso. **2** Consolado. **3** Abrandado, serenado.

a.li.vi.ar (*lat alleviare*) *vtd* **1** Tornar leve ou mais leve; diminuir em peso: *Aliviar a carga*. *vtd* **2** Descarregar, desembaraçar: *Você acaba de me aliviar de cuidados*. *vtd* **3** Atenuar, diminuir: *Aliviar dor*. *vtd* e *vpr* **4** Desobrigar(-se): *Aliviara-se das dívidas*. *Antôn:* agravar, intensificar. Conjuga-se como *premiar*.

a.lí.vio (de *aliviar*) *sm* **1** Diminuição de carga ou peso. **2** Diminuição de enfermidade, cansaço, sofrimento, trabalho. **3** Consolo, consolação.

al.ja.va (*ár al-ja'ba*) *sf* Coldre ou estojo onde se põem as setas e que se traz pendente do ombro: *"Cada guerreiro portando aljavas para flechas curtas."* (MAL)

al.ma (*lat anima*) *sf* **1** Princípio imaterial da vida, do pensamento e da ação. **2** Espírito. **3** *Teol* Substância incorpórea, imaterial, invisível, criada por Deus à sua semelhança. **4** *pop* Assombração, fantasma.

al.ma.na.que (*ár hispânico al-manāH*) *sm* **1** Calendário. **2** Livro ou folheto que, além do calendário do ano, contém indicações úteis, trechos literários, poesias, anedotas.

al.mei.rão (*ár al-mîrûn*) *sm Bot* Planta hortense semelhante à chicória.

al.me.jar (*alma+ejar*) *vtd* e *vti* Desejar ardentemente.

al.mi.ran.te (*ár al-'amir* pelo *gr bizantino* e *lat med amiratus*, com influência do sufixo *-ante*) *sm* **1** Oficial de posto mais elevado na Marinha. **2** Chefe supremo das forças navais.

al.mís.car (*ár al-misk*) *sm* **1** Substância de cheiro penetrante, persistente, obtida de uma bolsa situada sob a pele do abdome de certos animais e usada principalmente em perfumes. **2** Essência dessa substância.

al.mis.ca.ra.do (*part* de *almiscarar*) *adj* Perfumado com almíscar.

al.mo.çar (*almoço+ar¹*) *vtd* **1** Comer ao almoço. *vint* **2** Tomar a primeira refeição substancial do dia.

al.mo.ço (ô) (*lat vulg admordiu*) *sm* Primeira refeição importante do dia.

al.mo.fa.da (*ár al-muHadda*) *sf* **1** Espécie de saco, cheio de qualquer substância mole ou elástica, que serve de travesseiro, encosto, assento, enfeite etc. **2** Superfície saliente, numa obra de arquitetura ou marcenaria, de forma geralmente retangular e cercada por moldura e filete.

al.mo.fa.dar (*almofada+ar¹*) *vtd* **1** Guarnecer de almofadas. **2** Rechear com material macio, como uma almofada.

al.mo.fa.di.nha (*almofada+inha*) *sf* **1** Almofada pequena. *sm pop* e *ant* **2** Homem elegante, que se veste com apuro.

al.môn.de.ga (*ár al-bunduqa*) *sf Cul* Bolo de carne moída e temperada.

al.mo.xa.ri.fa.do (*almoxarife+ado¹*) *sm* **1** Cargo ou ofício de almoxarife. **2** Depósito onde se guardam objetos pertencentes a um estabelecimento público ou particular.

al.mo.xa.ri.fe (*ár al-musharif*) *sm* O encarregado da guarda, arrecadação e

a.lô (ingl *hallo*) *sm pop* Aviso, pedido de atenção especificamente para determinado assunto. • *interj* Voz com que se chama a atenção de outra pessoa ou se saúda.

a.lo.ca.ção (*lat ad+locatione*) *sf* Ato ou efeito de alocar.

a.lo.car (*lat ad+locus*, lugar+*ar*¹) *vtd* **1** Colocar em sequência. **2** Destinar verba para uma entidade ou um fim determinado.

a.lo.é (*gr alóe*) *sm* **1** *Bot* Gênero de plantas liliáceas, cujas folhas contêm um suco amargo. **2** Babosa.

a.loi.rar (*a*¹+*loiro*+*ar*¹) *V* alourar.

a.lo.ja.men.to (*alojar+mento*) *sm* **1** Moradia provisória. **2** Aposento, pousada. **3** Acampamento.

a.lo.jar (*a*¹+*loja*+*ar*¹) *vtd* **1** Pôr, acomodar dentro de alguma coisa que serve para conter ou guardar objetos. *vtd*, *vti* e *vint* **2** Hospedar(-se). *vtd* **3** Comportar, conter.

a.lon.ga.men.to (*alongar+mento*) *sm* **1** Ação ou efeito de alongar(-se). **2** Demora, prolongamento.

a.lon.gar (*a*¹+*longo*+*ar*¹) *vtd* e *vpr* **1** Tornar(-se) longo. **2** Estender(-se), esticar(-se). *Antôn*: encurtar, reduzir.

a.lo.pa.ta (*alo*+*pato*) *s m+f Med* Profissional que pratica a alopatia. *Cf* homeopata.

a.lo.pa.ti.a (*alo*+*pato*+*ia*¹) *sf Med* Método ou sistema de tratamento que consiste no emprego de remédios que produzem no organismo efeitos contrários aos da doença. *Cf* homeopatia.

a.lo.pá.ti.co (*alo*+*pato*+*ico*²) *adj Med* Pertencente ou relativo à alopatia. *Cf* homeopático.

a.lo.pra.do (de *alorpado*, com metátese) *adj gír* Adoidado, muito inquieto.

a.lou.ra.do (*part* de *alourar*) *adj* De cor ligeiramente loura. *Var:* aloirado.

a.lou.rar (*a*¹+*louro*+*ar*¹) *vtd* e *vpr* Tornar(-se) louro ou semelhante a louro. *Var:* aloirar.

al.pa.ca (*quíchua p'aco*) *sf* **1** *Zool* Mamífero semelhante à lhama. **2** A lã desse animal. **3** Tecido feito com essa lã.

al.par.ga.ta (*ár hispânico al-bargât*) *sf* **1** Sandália, geralmente de tecido, com sola flexível de corda ou palha. **2** Calçado leve, de lona, com sola de borracha, couro ou outro material.

al.pen.dre (provavelmente de *al+pender*) *sm* **1** Teto de uma só água sustentado de um lado por colunas e encostado pelo outro contra uma parede de edifício. **2** Cobertura suspensa por cima da porta principal de um edifício, para abrigo do sol e da chuva ou simplesmente para enfeite.

al.pi.nis.mo (*alpino*+*ismo*) *sm* Esporte que consiste em escalar os Alpes (Europa) ou outras altas montanhas ou fazer nelas excursões.

al.pi.nis.ta (*alpino*+*ista*) *adj m+f* Pertencente ou relativo ao alpinismo. • *s m+f* **1** Pessoa que pratica o alpinismo. **2** Escalador(a) de altas montanhas.

al.pi.no (*lat alpinu*) *adj* Pertencente ou relativo aos Alpes, principal sistema montanhoso da Europa ocidental e meridional, ou às montanhas. • *sm* Natural ou habitante dos Alpes.

al.pis.te (*al*+*lat pistu*) *sm Bot* **1** Planta gramínea. **2** Grãos dessa planta, que servem de alimento aos passarinhos domésticos.

al.que.bra.do (*part* de *alquebrar*) *adj* **1** Abatido, fraco: *"Embora alquebrado e franzino, via-se logo que era um homem muito animado."* (CJ) **2** Que anda curvado, por velhice, doença ou cansaço: *"Com menos de quarenta anos, parecia um velho, cabelos brancos, alquebrado."* (SAT) *Antôn:* forte, vigoroso.

al.quei.re (*ár al-kayl*) *sm* Medida agrária equivalente a 48.400 m² em Minas Gerais, Goiás e Rio de Janeiro, a 24.200 m² em São Paulo e a 27.225 m² nos estados nordestinos do Brasil.

al.qui.mi.a (*ár al-kîmiyâ*, do *khymeía*, mistura de líquidos) *sf* **1** Química da Idade Média. **2** Arte que procurava descobrir a pedra filosofal, que transformaria em ouro outras substâncias, e o remédio universal, que curaria todas as enfermidades.

al.qui.mis.ta (*alquimia*+*ista*) *s m+f* Pessoa que se dedicava à alquimia.

al.ta (*fem* de *alto*) *sf* **1** *Com* Elevação ou aumento de preço ou valor. **2** A nata da sociedade. **3** Ordem dada a alguém para sair do hospital onde estava em tratamento. *Antôn* (acepção 1): baixa.

al.ta-cos.tu.ra *sf* **1** O conjunto dos grandes costureiros, dos mais famosos e renomados. **2** As roupas desenhadas por esses costureiros, de valor elevado. *Pl: altas-costuras*.

al.ta-fi.de.li.da.de *sf Eletrôn* Conjunto de técnicas eletrônicas através das quais se reproduz e amplifica um impulso sonoro, sem distorção. *Pl: altas-fidelidades*.

al.ta.nei.ro (*lat altanu+eiro*) *adj* **1** Que se eleva muito, que voa muito alto. **2** Altivo, orgulhoso, vaidoso. **3** Elevado, empolado (estilo). *Antôn* (acepções 2 e 3): *humilde, modesto*.

al.tar (*lat altar*) *sm* **1** Espécie de mesa destinada aos sacrifícios e outras cerimônias religiosas, em qualquer religião. **2** Pedra retangular, mais ou menos do formato de uma mesa, sobre a qual se celebra a missa. **3** Lugar elevado para oferecer sacrifícios aos deuses ou heróis.

al.tar-mor *sm* Altar principal, que fica ao fundo da igreja. *Pl: altares-mores*.

al.ta-ro.da *sf* A alta sociedade. *Pl: altas-rodas*.

al.ta-ten.são *sf Radiotécn* Tensão de alimentação da placa de uma válvula. *Pl: altas-tensões*.

al.te.ra.ção (*alterar+ção*) *sf* **1** Ação ou efeito de alterar. **2** Modificação, mudança. **3** Degeneração, deterioração. **4** Falsificação, adulteração. **5** Excitação, indignação.

al.te.ra.do (*part de alterar*) *adj* **1** Mudado, modificado. **2** Irritado, nervoso. **3** Falsificado, adulterado. **4** Que está em estado de decomposição ou corrupção.

al.te.rar (*lat alterare*) *vtd* e *vpr* **1** Modificar(-se), mudar(-se): *Alterar o tom de voz*. *vtd* **2** Adulterar: *Alterar a verdade*.

alter ego (*lat*) *sm* Pessoa considerada como o outro eu de alguém.

al.ter.na.do (*part de alternar*) *adj* **1** Alternativo, revezado. **2** Recíproco.

al.ter.na.dor (*alternar+dor*) *adj* Que alterna. • *sm* Dispositivo que transforma corrente alternada em contínua, para carregar a bateria.

al.ter.nân.cia (*alternar+ância*) *sf* **1** Ação de alternar. **2** Revezamento.

al.ter.nar (*lat alternare*) *vtd*, *vint* e *vpr* Suceder cada qual por sua vez, revezar.

al.ter.na.ti.va (*alternar+ivo*, no *fem*) *sf* **1** Ação, direito, liberdade de alternar. **2** Opção entre duas ou mais coisas ou pessoas.

al.ter.na.ti.vo (*alternar+ivo*) *adj* **1** Que alterna. **2** Que se diz ou faz com alternação. **3** Diz-se de duas ou mais coisas que se sucedem, cada uma por sua vez e com certa continuidade.

al.te.za (*ê*) (*alto+eza*) *sf* **1** Qualidade do que é alto; altura; elevação. **2** Elevação moral. **3** Excelência, grandeza. **4** Título honorífico, tratamento dado antigamente aos reis e, posteriormente, apenas aos príncipes e infantes reais ou imperiais.

al.tí.me.tro (*alti+metro*) *sm* Instrumento para medir as alturas ou as altitudes.

al.tís.si.mo (*lat altissimu*) *adj* Superlativo absoluto sintético de *alto*; muito alto. • **Altíssimo** *sm* A divindade, Deus.

al.ti.tu.de (*lat altitudine*) *sf* **1** Altura na vertical de um lugar acima do nível do mar. **2** *Astr* Elevação de um corpo celeste acima do horizonte; altura.

al.ti.vez (*altivo+ez*) *sf* **1** Qualidade do que é altivo: *"As ventas intensas, o garbo da crina, as amêndoas dos olhos, doçura selvagem compõem a altivez equina."* (FSP) **2** Nobreza: *"Ele atravessou as duas salas com a mesma altivez e cumprimentou com a cabeça as pessoas que não enxergava."* (REL) **3** Orgulho; arrogância: *"Eles vão se empachar de altivez e arrogância."* (RET)

al.ti.vo (*alto+ivo*) *adj* **1** Alto, elevado. **2** Nobre, magnânimo. **3** Orgulhoso, arrogante.

al.to (*lat altu*) *adj* **1** Dotado de altura. **2** De grande estatura; grande. **3** Excelente, superior. **4** Ilustre, insigne. **5** Eminente, respeitável. **6** De posição social elevada. **7** Difícil. **8** De preço elevado; caro. **9** Que soa forte. **10** *Geogr* Diz-se da parte norte de uma região. *Sup abs sint: altíssimo, supérrimo, supremo, sumo*. • *adv* **1** A grande altura. **2** Na parte mais alta. **3** Em som ou voz alta. **4** *pop* Em estado de semiembriaguez: *Saiu alto do bar depois de várias cervejas*. • *sm* **1** Altura, elevação. **2** O ponto mais elevado; cume, cimo. *sm pl* **3** Lugares altos. • *interj* Usa-se para mandar parar alguém ou algum movimento.

al.to-a.le.mão *adj* e *sm Ling* Diz-se de ou

um dos grupos de dialetos em que se divide a língua alemã, o atual alemão, falado ao sul da Alemanha, Suíça, Áustria e Liechtenstein. *Pl: alto-alemães. Cf baixo-alemão.*

al.to-as.tral *sm sing+pl* Situação ou circunstância favorável, atribuída à suposta influência astrológica positiva. *Pl: altos-astrais.* • *adj* e *s m+f* Diz-se de ou pessoa que está de bom humor, como se vivesse sob influência astral positiva. *Antôn: baixo-astral.*

al.to-cú.mu.lo *sm Meteor* Nuvem ou formação de nuvens altas, brancas ou esbranquiçadas, com porções sombreadas, semelhantes aos cúmulos. *Pl: altos-cúmulos.*

al.to-fa.lan.te *sm* Megafone; ampliador do som nos aparelhos radiofônicos. *Pl: alto-falantes.*

al.to-for.no *sm* Forno destinado à fundição de minérios de ferro. *Pl: altos-fornos.*

al.to-mar *sm* Porção de mar além dos limites das águas territoriais de um Estado qualquer, sendo, portanto, livres para navegação, pesca etc. *Pl: altos-mares.*

al.to-re.le.vo *sm* Impressão ou gravura em que certas partes ficam salientes do fundo. *Pl: altos-relevos. Cf baixo-relevo.*

al.tru.ís.mo (*fr altruisme*) *sm* Amor ao próximo, abnegação: *"Sem altruísmo não há felicidade, porque o egoísmo é que gera a angústia."* (BIO) *Antôn: egoísmo.*

al.tru.ís.ta (*fr altruiste*) *adj m+f* **1** Relativo ao altruísmo. **2** Humanitário, filantrópico. *Antôn: egoísta.* • *s m+f* Quem professa o altruísmo; filantropo.

al.tu.ra (*alto+ura*) *sf* **1** Distância entre o ponto mais baixo e o ponto mais alto de alguma coisa ereta. **2** Distância entre o ponto mais baixo e o mais alto de um corpo, especialmente do homem; tamanho, estatura. **3** Distância entre a superfície da Terra e um corpo situado acima dela. *sf pl* **4** O céu, o firmamento.

a.lu.ci.na.ção (*alucinar+ção*) *sf* **1** Ato ou efeito de alucinar(-se). **2** Delírio, devaneio, ilusão.

a.lu.ci.na.do (*part de alucinar*) *adj* Fora de si, louco por efeito de alucinação.

a.lu.ci.nan.te (*de alucinar*) *adj m+f* **1** Que alucina: *"Aquela temperatura alucinante também exercia seus efeitos nos animais."* (CRU) **2** Apaixonante: *"O espetáculo alucinante da vida absorvia-me."* (DEN)

a.lu.ci.nar (*lat allucinare*) *vtd* **1** Desvairar, privar do entendimento ou da razão: *O medo o alucinava.* *vint* **2** Causar delírio ou desvario: *Aromas que impregnam o ambiente e alucinam.* *vtd* **3** Fascinar, encantar.

a.lu.ci.nó.ge.no (*alucin(ar)+o+geno*) *sm Quím* e *Farm* Substância que produz alucinações.

a.lu.di.do (*part de aludir*) *adj* Citado, mencionado, referido anteriormente ou de passagem.

a.lu.dir (*lat alludere*) *vti* Fazer alusão, referir-se: *"O vigário, no púlpito, aludiu veladamente ao escândalo."* (S)

a.lu.gar (a^1+*lat locare*) *vtd* **1** Dar ou tomar de aluguel. *vtd* e *vpr* **2** Assalariar(-se).

a.lu.guel (de *alugar*, com cruzamento com *alquiler* e assimilação) *sm* **1** Concessão ou uso de prédio, objeto ou serviço por tempo e preço combinados. **2** O preço dessa locação temporária.

a.lu.mi.ar (*lat vulg *alluminare*) *vtd, vint* e *vpr* **1** Projetar luz sobre, iluminar. *vint* e *vpr* **2** Resplandecer. Conjuga-se como *premiar.*

a.lu.mí.nio (*alumini+io*) *sm Quím* Elemento metálico de número atômico 13 e símbolo Al.

a.lu.no (*lat alumnu*) *sm* **1** O que recebe instrução em escola ou particularmente. **2** Aprendiz, discípulo. *Col: classe.*

a.lu.são (*lat allusione*) *sf* **1** Ação ou efeito de aludir. **2** Referência a alguma pessoa, coisa ou fato, sem mencioná-lo expressamente.

a.lu.si.vo (*alusão+ivo*) *adj* Que alude ou encerra alusão.

a.lu.vi.ão (*lat alluvione*) *sf Geol* Acumulação de materiais (areia, cascalho, lodo etc.), depositados nas costas ou praias, ou na foz e nas margens dos rios, por inundações ou enchentes.

al.va (*lat alba*) *sf* **1** A primeira luz que aparece no horizonte entre a escuridão da noite e a aurora; alvorada. **2** *Ecles* Veste de pano branco que os sacerdotes usam em rituais.

al.va.rá (*ár albarâ'a*) *sm* **1** Documento

passado por uma autoridade a favor de alguém, ordenando alguma coisa ou reconhecendo certos atos ou direitos. **2** Licença oficial para realização de alguma atividade ou para realização de obra arquitetônica.

al.ve.jan.te (de *alvejar*) *adj m+f* Que alveja ou branqueia. • *sm* Produto para branquear tecidos.

al.ve.jar (*alvo+ejar*) *vtd* **1** Tornar branco. **2** Tornar como alvo ou ponto de mira. Conjuga-se como *solfejar*.

al.ve.na.ri.a (*alvener+ia¹*) *sf Constr* **1** Profissão de pedreiro. **2** Conjunto de pedras quebradas, que se ligam com argamassa numa construção.

ál.veo (*lat alveu*) *sm* Leito de rio ou de qualquer curso de água: *"A estrada, com sua pavimentação de lava, recolhe a água da chuva, como o álveo de um rio."* (PRO)

al.ve.o.lar (*alvéolo+ar¹*) *adj m+f Anat* **1** Relativo a alvéolo. **2** Que tem forma de alvéolo.

al.vé.o.lo (*lat alveolu*) *sm* **1** Qualquer pequena cavidade ou depressão. **2** Célula onde as abelhas depositam as larvas e o mel. **3** *Anat* Cavidade onde se implantam os dentes.

al.vi.ne.gro (*ê*) (*alvi+negro*) *adj* Branco e preto. • *sm Esp* Designação que se dá a clubes esportivos que usam uniforme de cor branca e preta.

al.vo (*lat albu*) *adj* **1** Branco, claro. **2** Cândido, puro. • *sm* Ponto de mira em que se procura acertar atirando alguma coisa.

al.vor (*lat albore*) *sm* **1** Alvorada. **2** Alvura, brancura. *Var: albor.*

al.vo.ra.da (de *alvorar*) *sf* **1** Crepúsculo matutino, antes do romper da aurora. **2** *Mil* Toque militar nos quartéis, de madrugada, para acordar os soldados.

al.vo.re.cer (*alvor+ecer*) *vint* **1** Aparecer o alvor do dia. **2** Ter início. *Conjug:* verbo defectivo, impessoal; só se conjuga na 3ª pessoa do singular: *alvoreceria, alvorecia, alvoreceu, alvorecera, alvorecerá, alvorecia* etc. • *sm* O romper do dia.

al.vo.ro.ça.do (*part* de *alvoroçar*) *adj* **1** Sobressaltado. **2** Agitado por alegria ou ansiedade. *Antôn: calmo.*

al.vo.ro.çar (*alvoroço+ar¹*) *vtd* e *vpr* **1** Pôr (-se) em alvoroço. **2** Alegrar(-se), entusiasmar(-se). *Antôn: acalmar.*

al.vo.ro.ço (*ô*) (*ár al-burûz*) *sm* **1** Entusiasmo, sobressalto. **2** Confusão, tumulto. **3** Pressa. **4** Gritaria. *Antôn: calma.*

al.vu.ra (*alvo+ura*) *sf* **1** Qualidade do que é alvo; brancura. **2** Candura, pureza.

a.ma (*gr ámma*, pelo *lat amma*) *sf* **1** V *ama de leite*. **2** Aia, criada. *Ama de leite:* Mulher que amamenta criança alheia.

a.ma.bi.li.da.de (*lat amabilitate*) *sf* **1** Delicadeza. **2** Favor, fineza. **3** Dito ou ação gentil.

a.ma.ci.a.men.to (*amaciar+mento*) *sm* **1** Ato ou efeito de amaciar(-se). **2** *Tecn* Ato de amaciar um motor ou máquina novos.

a.ma.ci.an.te (de *amaciar*) *adj m+f* **1** Que amacia. **2** Diz-se de substância que amacia roupas, carnes etc. • *sm* Substância amaciante.

a.ma.ci.ar (*a¹+macio+ar¹*) *vtd* e *vpr* **1** Tornar(-se) macio. *vtd* **2** Adoçar, suavizar. *vtd* **3** Alisar. *vtd* e *vint* **4** *Tecn* Fazer andar uma máquina ou motor novos a uma velocidade apropriada e tempo suficiente, para que essa máquina ou motor possa ser usado satisfatoriamente. Conjuga-se como *premiar*.

a.ma.da (*fem* do *part* de *amar*) *sf* **1** A mulher a quem se ama. **2** Namorada.

a.ma de lei.te Ver definição em *ama*.

a.ma.do (*part* de *amar*) *adj* **1** Que é objeto de amor. **2** Querido. *Antôn: odiado.* • *sm* Namorado.

a.ma.dor (*amar+dor*) *adj* **1** Que ama. **2** Relativo a amador. **3** Que tem a condição de amador. **4** Praticado por amador. • *sm* **1** O que ama. **2** O que cultiva qualquer arte ou esporte, por prazer e não por profissão; curioso.

a.ma.do.ris.mo (*amador+ismo*) *sm* **1** Prática, características ou condição de um amador. **2** Distração, prazer. **3** Doutrina ou regime contrário ao profissionalismo.

a.ma.du.re.cer (*a¹+maduro+ecer*) *vint* **1** Ficar maduro. *vtd* **2** Tornar maduro. *vint* **3** Chegar a completo desenvolvimento. *vtd* **4** Estudar, meditar: *Amadurecer um projeto.*

a.ma.du.re.ci.men.to (*amadurecer+mento*) *sm* Ato ou efeito de amadurecer.

â.ma.go (*lat vulg *amidum*) *sm* **1** *Bot*

Medula das plantas. **2** A parte interna de alguma coisa: *"A fusão é a fonte de energia produzida no âmago das estrelas, inclusive no Sol."* (FSP) **3** O centro, a essência: *"Era preciso penetrar fundo no âmago do problema."* (SEN)

a.mai.nar (*lat camainar*) *vtd* e *vint* **1** *Náut* Abaixar (vela de embarcação). *vtd*, *vint* e *vpr* **2** Abrandar, diminuir.

a.mal.di.ço.ar (a^1+*maldição*+ar^1) *vtd* **1** Lançar maldição sobre. **2** Abominar. Conjuga-se como *coar*. *Antôn: abençoar, bendizer.*

a.mál.ga.ma (*lat med amalgama*, de origem árabe) *sm* **1** *Quím* Liga de mercúrio com outro metal. **2** Mistura homogênea. **3** *Odont* Substância usada pelos dentistas para obturar os dentes.

a.ma.lu.ca.do (a^1+*maluco*+ado^1) *adj* Um tanto maluco.

a.ma.men.ta.ção (*amamentar*+*ção*) *sf* Ato ou efeito de amamentar; aleitamento.

a.ma.men.tar (a^1+*mama*+*mento*+ar^1) *vtd* Criar ao peito, dar de mamar; aleitar.

a.man.ce.bar (a^1+*mancebo*+ar^1) *vpr* Viver em concubinato, amigar-se, amasiar-se, concubinar-se.

a.ma.nhã (*lat vulg ad maneana*) *adv* No dia seguinte ao atual. • *sm* **1** O dia seguinte. **2** O futuro.

a.ma.nhe.cer (a^1+*manhã*+*ecer*) *vint* **1** Começar a manhã, nascer o dia. **2** Acordar ou despertar de manhã. *Conjug:* verbo defectivo, impessoal; conjuga-se somente na 3ª pessoa do singular: *amanhece, amanhecia, amanheceu, amanhecera, amanhecerá, amanheceria* etc. No sentido figurado, conjuga-se em todos os tempos: *Amanheço sempre disposto.* • *sm* **1** Ato ou efeito de amanhecer. **2** O princípio do dia.

a.man.sar (a^1+*manso*+ar^1) *vtd* e *vpr* **1** Tornar manso, dócil. *vtd* e *vpr* **2** Apaziguar (-se), sossegar(-se). *vtd* e *vpr* **3** Controlar (-se), moderar(-se). *Antôn: enfurecer.*

a.man.te (*lat amante*) *adj m+f* Que ama. • *m+f* **1** Pessoa que ama. **2** Pessoa que mantém relações extraconjugais com outra.

a.man.tei.ga.do (a^1+*manteiga*+ado^1) *adj* **1** Amarelado, da cor de manteiga. **2** Que tem consistência de manteiga. **3** Que é feito com manteiga ou em que se passou manteiga.

a.man.tei.gar (a^1+*manteiga*+ar^1) *vtd* **1** Dar cor ou sabor de manteiga a. **2** Passar manteiga em.

a.ma.pa.en.se (*top Amapá*+*ense*) *adj m+f* Pertencente ou relativo ao Estado do Amapá. • *s m+f* Natural ou habitante desse Estado.

a.mar (*lat amare*) *vtd*, *vint* e *vpr* **1** Ter amor, afeição, ternura por, querer bem a. *vtd* **2** Apreciar muito, estimar, gostar de. *vpr* **3** Fazer amor; copular. *Antôn: detestar, odiar.*

a.ma.ran.to (*gr amárantos*, que não murcha) *sm Bot* Gênero de plantas da família das amarantáceas, de inflorescências vermelho-escuras.

a.ma.re.la.do (*part* de *amarelar*) *adj* **1** Um tanto amarelo. **2** Descorado, pálido.

a.ma.re.lão (*amarelo*+$ão^2$) *sm V* ancilostomíase.

a.ma.re.lar (*amarelo*+ar^1) *vtd* **1** Tornar amarelo: *"O produto amarela os cabelos."* (FSP) *vint* **2** Fazer amarelo, empalidecer, perder o viço: *"As folhas começam a amarelar."* (JP) *vtd* **3** Descorar: *O tempo amarelou as fotos. vint* e *vpr* **4** Acovardar-se: *"Há quem o acuse de amarelar nos momentos decisivos."* (FSP)

a.ma.re.li.nha (*fr marelle*, com etimologia popular) *sf* Jogo infantil que consiste em casas riscadas no chão pelas quais deve passar uma pedrinha tocada pelo jogador, que pula num pé só.

a.ma.re.lo (*lat hispânico amarellus*, de *amarus*) *adj* Da cor da luz do Sol, da gema do ovo, do ouro. • *sm* A cor amarela.

a.mar.fa.nhar *vtd* Amarrotar, amassar: *Amarfanhou as roupas quando caiu.*

a.mar.gar (de *amargo*) *vint* **1** Ter sabor amargo. *vtd* **2** Tornar amargo. *vtd* **3** Padecer, sofrer: *Fomos jogar futebol e amargamos uma grande derrota.*

a.mar.go (*lat *amaricu*, de *amaru*) *adj* **1** De sabor acre, desagradável, como o fel. **2** Doloroso, aflitivo. *Sup abs sint:* amaríssimo e *amarguíssimo. Antôn* (acepção 1): *doce*; (acepção 2): *agradável.* • *sm* Amargor, sabor amargo.

a.mar.gor (*amargo*+*or*) *sm* **1** Sabor amargo. **2** Qualidade do que é amargo.

a.mar.go.sa (*fem* de *amargoso*) *sf* **1** *Bot* Variedade de salsa. **2** Carqueja.

a.mar.gu.ra (*amargo+ura*) *sf* **1** Sabor amargo. **2** Aflição, angústia, dor moral. **3** Azedume. *sf pl* **4** Desgostos, dissabores. *Antôn: doçura, consolação.*

a.mar.gu.ra.do (*part* de *amargurar*) *adj* Cheio de amargura; angustiado, triste.

a.mar.gu.rar (*amargura+ar¹*) *vtd* e *vpr* **1** Causar amargura a. *vtd* **2** Tornar amargo.

a.ma.rí.lis (*gr amaryllís*) *sf sing+pl Bot* Gênero de plantas bulbosas, com flores umbeladas.

a.mar.ra (de *amarrar*) *sf* **1** Corda ou corrente grossa para prender o navio à âncora ou a um ponto fixo; cabo. **2** Corda ou corrente com que se prende alguma coisa. **3** Proteção, apoio.

a.mar.ra.ção (*amarrar+ção*) *sf* **1** Ação de amarrar: *"[Era necessário] que ele fizesse a amarração da canoa."* (PE) **2** Sujeição: *"Existe uma amarração clara entre os mestres."* (FSP) **3** *Náut* Ancoradouro. **4** Amarra: *"Diz-se que o prédio ruiu devido a falta de amarração."* (CPO)

a.mar.ra.do (*part* de *amarrar*) *adj* **1** Ligado ou preso com amarra. **2** Seguro, fixo com corda ou arame.

a.mar.rar (*fr amarrer*, e este do *hol aenmarren*) *vtd* **1** Segurar com amarra. **2** Acorrentar, prender. **3** Atar.

a.mar.ro.ta.do (*part* de *amarrotar*) *adj* Enrugado, amassado.

a.mar.ro.tar (*a¹+*manroto*, roto com as mãos+*ar¹*) *vtd* Amarfanhar, amassar.

a.ma-se.ca *sf* Mulher que cuida de crianças; babá. *Pl: amas-secas.*

a.ma.si.ar (*amásia+ar¹*) *V* amancebar.

a.má.sio (*lat amasiu*) *sm* **1** Amante. **2** Indivíduo amancebado.

a.mas.sa.do (*part* de *amassar*) *adj* **1** Reduzido a massa. **2** Achatado.

a.mas.sar (*a¹+massa+ar¹*) *vtd* **1** Converter em massa ou pasta. **2** Misturar. **3** Amarrotar, amarfanhar.

a.má.vel (*lat amabile*) *adj m+f* **1** Cortês, delicado. **2** Agradável. **3** Digno de ser amado. *Sup abs sint: amabilíssimo. Antôn* (acepções 1 e 2): *grosseiro, áspero.*

a.ma.zo.na (*gr amazón, ónos*) *sf* **1** Mulher que monta a cavalo. **2** Mulher valente.

a.ma.zo.nen.se (*Amazonas, np+ense*) *adj m+f* Pertencente ou relativo ao Estado do Amazonas. • *s m+f* Natural ou habitante desse Estado.

a.ma.zô.ni.co (*lat amazonicu*) *adj* **1** Relativo à Amazônia. **2** Que se refere ao rio Amazonas.

âm.bar (*ár 'anbar*) *sm* **1** Resina fóssil, muito dura, de cor que vai do amarelo-pálido ao castanho. **2** Cor do âmbar, entre castanho e amarelo. *Pl: âmbares.*

am.bi.ção (*lat ambitione*) *sf* **1** Desejo de riquezas, de poder ou de glória. **2** Aspiração, desejo.

am.bi.ci.o.nar (*ambição+ar¹*) *vtd* **1** Desejar ardentemente, ter ambição de. **2** Pretender, desejar.

am.bi.ci.o.so (*ô*) (*lat ambitiosu*) *adj* **1** Que tem ambição. **2** Cobiçoso. **3** Audacioso. *Pl: ambiciosos (ó).*

am.bi.des.tro (*ê*) (*lat ambidextru*) *adj* Que consegue ser hábil com as duas mãos. *Pl: ambidestros (ê).*

am.bi.ên.cia (*ambiente+ia²*) *sf* **1** Ambiente. **2** O meio em que vive um animal ou vegetal.

am.bi.en.tal (*ambiente+al¹*) *adj m+f* Relativo a ambiente.

am.bi.en.ta.lis.ta (*ambiental+ista*) *adj m+f* Diz-se de pessoa, campanha ou instituição dedicada a preservar o meio ambiente. • *s m+f* Pessoa que por convicção ou profissão está ligada à preservação do meio ambiente e das condições de vida e existência no planeta.

am.bi.en.tar (*ambiente+ar¹*) *vtd* **1** Criar, proporcionar ambiente adequado a. *vpr* **2** Adaptar-se a um ambiente.

am.bi.en.te (*lat ambiente*) *adj m+f* **1** Que envolve os corpos por todos os lados. **2** Aplica-se ao meio em que vive cada um. • *sm* O meio em que vivemos ou em que estamos.

am.bi.gui.da.de (*gwi*) (*lat ambiguitate*) *sf* **1** Dúvida, incerteza. **2** *Gram* Falta de clareza das palavras ou expressões, que pode causar várias interpretações. *Antôn: clareza.*

am.bí.guo (*lat ambiguu*) *adj* **1** Que pode ter diferentes significados. **2** Duvidoso, incerto. *Antôn: claro.*

âm.bi.to (*lat ambitu*) *sm* **1** Circuito, circunferência, recinto. **2** Campo de ação; esfera.

am.bi.va.lên.cia (*ambi+valência*) *sf* Caráter do que tem dois valores.

am.bi.va.len.te (*ambi+valente*) *adj m+f* Em que há ambivalência.

am.bos (*lat ambo*) *num* Um e outro, os dois. • *pron* Os dois de quem se fala; eles dois.

> **Ambos** e **ambas** são sempre empregados quando os seres já foram anteriormente mencionados.
> *Lyn e Chang, atletas da delegação chinesa, fugiram da Vila Olímpica na calada da noite. Ambos solicitaram asilo político na embaixada do Canadá.*

am.bro.si.a (*gr ambrosía*, pelo *lat ambrosia*) *sf* **1** Mit Alimento dos deuses do Olimpo. **2** Manjar delicioso. **3** *Cul* Doce de leite e ovos, em calda de açúcar.

am.bu.lân.cia (de *ambulante*, por imitação do *fr ambulance*) *sf* **1** Carro para transporte de doentes aos hospitais. **2** Espécie de hospital móvel, em campo de batalha.

am.bu.lan.te (*lat ambulante*) *adj m+f* **1** Que está andando ou numa posição de andamento. **2** Sem residência fixa. • *s m+f* Vendedor que não tem ponto fixo; camelô.

am.bu.la.to.ri.al (*ambulatório+al*[1]) *adj m+f* Relativo ou pertencente a ambulatório.

am.bu.la.tó.rio (*lat ambulatoriu*) *sm* **1** Espécie de enfermaria fixa onde se fazem curativos, primeiros socorros e pequena cirurgia em doentes que podem caminhar. **2** Clínica especializada em diferentes doenças, em serviços públicos.

a.me.a.ça (*a*[1]*+lat *minacia*) *sf* **1** Aceno, gesto, sinal ou palavra, cujo fim é advertir, amedrontar etc. **2** Promessa de castigo ou de malefícios. **3** Prenúncio de qualquer coisa má. *Sin: ameaço*.

a.me.a.ça.dor (*ameaçar+dor*) *adj+sm* Que ou o que ameaça.

a.me.a.çar (*ameaça+ar*[1]) *vtd e vint* **1** Fazer ameaças a. *vtd* **2** Pôr em perigo.

a.me.a.ço (de *ameaçar*) *sm* Sintoma ou princípio de doença ou de mudança de tempo.

a.me.a.lha.do (*part de amealhar*) *adj* Economizado pouco a pouco (dinheiro).

a.me.a.lhar (*a*[1]*+mealha+ar*[1]) *vtd* Ajuntar, poupando aos pouquinhos.

a.me.ba (*gr amoibé*) *sf Zool* Gênero de parasita unicelular, bastante comum na água doce ou salgada e em ambientes terrestres, causador da disenteria.

a.me.dron.tar (*a*[1]*+port ant medorento+ar*[1]) *vtd*, *vint* e *vpr* Incutir medo; atemorizar.

a.mei.xa (*a*[1]*+ lat vulg myxyla*, do *gr myxa*) *sf Bot* Fruto da ameixeira.

a.mei.xei.ra (*ameixa+eira*) *sf Bot* Nome comum a várias árvores e arbustos, que produzem frutos, de tamanho médio e pele lisa.

a.mém (*hebr 'amên*) *interj* Usada no fim de orações para expressar a ideia de assim seja, de anuência. • *sm* **1** Aprovação ou acordo incondicional. **2** Condescendência. *Pl: améns*.

a.mên.doa (*lat vulg amendula*, *gr amygdále*) *sf* **1** *Bot* Fruto da amendoeira. **2** Qualquer semente contida em caroço.

a.men.do.a.do (*amêndoa+ado*[1]) *adj* **1** Feito de amêndoa. **2** Que tem a cor ou a forma da amêndoa. **3** Diz-se de olhos repuxados para as têmporas.

a.men.do.ei.ra (*amêndoa+eira*) *sf Bot* **1** Árvore da família das rosáceas cuja semente é a amêndoa. **2** Nome comum de muitas árvores frutíferas.

a.men.do.im (*tupi manduuí*, em cruzamento com *amêndoa*) *sm Bot* **1** Planta herbácea anual da família das leguminosas, com vagens que contêm uma a três sementes comestíveis. **2** Semente comestível dessa planta.

a.me.ni.da.de (*lat amoenitate*) *sf* **1** Qualidade do que é ameno. **2** Doçura, suavidade.

a.me.ni.zar (de *ameno+izar*) *vtd* e *vpr* Tornar(-se) ameno, suavizar(-se).

a.me.no (*lat amoenu*) *adj* **1** Agradável, delicioso. **2** Delicado, doce, suave, sereno.

a.me.nor.rei.a (*é*) (*a*[4]*+meno+reia*) *sf Med* Interrupção ou suspensão do fluxo menstrual na mulher.

a.me.ri.ca.ni.zar (*americano+izar*) *vtd* e *vpr* Tornar(-se) semelhante aos americanos; adaptar(-se) ao estilo ou aos modos americanos.

a.me.ri.ca.no (*América*, *np+ano*[1]) *adj* **1** Relativo à América. **2** Próprio ou natural da América. **3** Relativo ou pertencente aos Estados Unidos da América. • *sm* **1** Natural ou habitante da América. **2** Cidadão dos Estados Unidos da América; norte-americano.

a.me.rín.dio (*américo+índio*) *adj Etnol* Pertencente ou relativo aos indígenas da América.

a.mes.qui.nhar (a^1+*mesquinho*+ar^1) *vtd* e *vpr* **1** Tornar(-se) mesquinho, depreciar (-se). *vpr* **2** Humilhar-se. *Antôn: enaltecer.*

a.mes.trar (a^1+*mestre*+ar^1) *vtd* e *vpr* **1** Tornar(-se) mestre: *Pedro amestrou-se em culinária.* **2** Adestrar(-se), instruir(-se): *"Tio Filipe se botou a comprar e revender os animais que ele mesmo amestrava."* (OSD); *"Era preciso amestrar os ouvidos, dizia o professor."* (TA)

a.me.tis.ta (*gr améthystos*) *sf Miner* Pedra semipreciosa, de cor violeta, variedade de quartzo.

a.mi.an.to (*gr amíantos*) *sm Miner* Silicato natural hidratado de cálcio e magnésio, de contextura fibrosa.

a.mi.cís.si.mo (*lat amicu+íssimo*) *adj* Superlativo absoluto sintético de *amigo*; muito amigo.

a.mi.do (*gr ámylon*) *sm Quím* Carboidrato existente em muitíssimas plantas, especialmente nos grãos de cereais, nas batatas e na mandioca.

a.mi.ga (*fem* de *amigo*) *sf* **1** Mulher que tem amizade com alguém. **2** Colega, companheira.

a.mi.ga.do (*part* de *amigar*) *adj* Amancebado, amasiado.

a.mi.gar (*amigo*+ar^1) *vtd* e *vpr* **1** Unir(-se) por amizade. *vtd* **2** Tornar amigo. *vpr* **3** V *amancebar.*

a.mi.gá.vel (*lat amicabile*) *adj m+f* **1** Próprio de amigo. **2** Que indica amizade ou afeição. **3** Afável.

a.míg.da.la (*gr amygdále*) *desus Anat* V *tonsila.*

a.mi.go (*lat amicu*) *adj* **1** Que tem gosto por alguma coisa; apreciador. **2** Aliado. **3** Complacente, favorável. **4** Dedicado, afeiçoado. • *sm* **1** Indivíduo unido a outro por amizade; pessoa que quer bem a outra. **2** Colega, companheiro. *Sup abs sint: amicíssimo. Amigo da onça:* o que, ao invés de ajudar e beneficiar, atrapalha e prejudica.

a.mi.go da on.ça Ver definição em *amigo.*

a.mi.go-se.cre.to *sm* Numa festa em que se trocam presentes (*p ex*, Natal), cada uma das pessoas que, após a distribuição de nomes, por sorteio, de todos os participantes, dá anonimamente um presente àquele que lhe coube. *Pl: amigos-secretos.*

a.mi.no.á.ci.do (*amino+ácido*) *sm Quím* **1** Ácido orgânico com um ou mais radicais aminados (NH_2). **2** Qualquer ácido assim constituído.

a.mis.to.so (ô) (*cast amistoso*) *adj* **1** Amigável, próprio de amigo. **2** Diz-se de jogo fora do campeonato, sem intenção de conseguir classificação. • *sm* Esse jogo. *Pl: amistosos* (ó).

a.mi.ú.de (da expressão *a miúdo*) *adv* Repetidas vezes, frequentemente: *"No tempo em que mamãe era viva, ele ia nos visitar amiúde."* (ID)

a.mi.za.de (*lat amicitate*) *sf* **1** Sentimento de amigo; afeto que liga as pessoas. **2** Reciprocidade de afeto. *Antôn: inimizade, ódio.*

am.né.sia (*gr amnesía*) *sf Med* Diminuição grave ou perda total da memória.

a.mo (de *ama*) *sm* **1** Dono da casa (em relação aos criados). **2** Patrão, senhor.

a.mo.dor.rar (a^1+*modorra*+ar^1) *vtd* Causar modorra a; produzir sonolência em.

a.mo.fi.nar (a^1+*mofino*+ar^1) *vtd* e *vpr* Incomodar(-se): *"Não amofine tanto o Braguinha."* (FSP); *"Moço, não se amofine tanto, para tudo há conserto, menos para a morte."* (ATR)

a.moi.tar (a^1+*moita*+ar^1) *vpr* **1** Entrar em moita, ficar na moita. **2** Esconder-se atrás de algo.

a.mo.la.ção (*amolar+ção*) *sf* **1** Aborrecimento, incômodo. **2** Ato ou efeito de amolar.

a.mo.la.do (*part* de *amolar*) *adj* **1** Afiado, aguçado, tornado cortante. **2** Aborrecido, enojado.

a.mo.la.dor (*amolar+dor*) *adj* Que amola. • *sm* Indivíduo cuja profissão é afiar ferramentas.

a.mo.lar (a^1+*mola*+ar^1) *vtd* **1** Tornar cortante por fricção; afiar: *Amolar uma faca.* *vtd* e *vpr* **2** Aborrecer(-se), entediar(-se): *Não me amole!* *vtd* **3** Molestar: *Amolaram as canelas em longas caminhadas.*

a.mol.da.do (*part* de *amoldar*) *adj* **1** Moldado. **2** Ajustado, habituado. **3** Ajustado ao molde.

a.mol.dar (a^1+*molde*+ar^1) *vtd* e *vpr* **1**

Ajustar(-se) ao molde. **2** Adaptar(-se), ajustar(-se).
a.mo.le.ca.do (*part* de *amolecar*) *adj* Que pratica atos de moleque.
a.mo.le.cer (*lat ad+mollescere*) *vtd* **1** Tornar mole. *vti* e *vint* **2** Ficar mole. *Antôn: endurecer.*
a.mo.le.ci.do (*part* de *amolecer*) *adj* **1** Frouxo, mole. **2** Comovido, enternecido.
a.mo.le.ci.men.to (*amolecer+mento*) *sm* **1** Ato ou efeito de amolecer(-se). **2** Brandura.
a.mô.nia (de *Ammon*, *np+ia*²) *sf Quím* Composto aquoso do amoníaco.
a.mo.ní.a.co (*gr ammoniakón*, do *top Ámmon*) *sm Quím* Gás incolor, de cheiro pungente, muito solúvel em água, formado pela combinação de nitrogênio e hidrogênio.
a.mon.to.a.do (*part* de *amontoar*) *adj* Posto em montão, junto em grande quantidade e sem ordem. • *sm* Quantidade ou monte de alguma coisa, reunião.
a.mon.to.a.men.to (*amontoar+mento*) *sm* Montão, acumulação.
a.mon.to.ar (*a*¹+*montão*+*ar*¹) *vtd* **1** Pôr em montão. *vpr* **2** Estar junto em grande quantidade e sem ordem. *vti* **3** Erguer-se à maneira de monte. Conjuga-se como *coar*. *Antôn* (acepções 1 e 2): *dispersar, disseminar.*
a.mor (*lat amore*) *sm* **1** Grande afeição de uma pessoa por outra. **2** Afeição, grande amizade, ligação espiritual. **3** Carinho, simpatia. **4** O ser amado. *Antôn* (acepções 1, 2 e 3): *ódio*.
a.mo.ra (*lat moru*) *sf Bot* Fruto comestível da amoreira.
a.mo.ral (*a*⁴+*moral*) *adj m+f* Que está fora da noção de moral ou de seus valores.
a.mo.ra.li.da.de (*amoral+i+dade*) *sf* Qualidade ou procedimento de amoral.
a.mor.da.çar (*a*¹+*mordaça*+*ar*¹) *vtd* **1** Pôr mordaça em. **2** Reprimir.
a.mo.rei.ra (*amora+eira*) *sf Bot* Árvore que produz amoras.
a.mo.re.nar (*a*¹+*moreno*+*ar*¹) *vtd* e *vpr* Tornar(-se) moreno.
a.mor.fo (*gr ámorphos*) *adj* Sem forma determinada, sem estrutura visível.
a.mor.nar (*a*¹+*morno*+*ar*¹) *vtd* e *vpr*
Tornar(-se) morno: *Era preciso amornar a mamadeira do bebê. "O ar do quarto se amornava, de súbito."* (COB)
a.mo.ro.so (*rô*) (*amor+oso*) *adj* **1** Que sente amor. **2** Inclinado ao amor. **3** Brando, suave. *Pl: amorosos* (*ró*).
a.mor-per.fei.to *sm Bot* Planta de jardim da família das violáceas. *Pl: amores-perfeitos.*
a.mor-pró.prio *sm* Orgulho, respeito de si mesmo; vaidade. *Pl: amores-próprios.*
a.mor.ta.lhar (*a*¹+*mortalha*+*ar*¹) *vtd* Envolver em mortalha (um cadáver).
a.mor.te.ce.dor (*amortecer+dor*) *adj+sm* **1** Que ou o que amortece. **2** Que ou o que abafa (som). • *sm* Dispositivo mecânico para diminuir os choques em máquinas e veículos.
a.mor.te.cer (*a*¹+*morte*+*ecer*) *vtd* e *vpr* **1** Tornar(-se) como morto. *vtd* **2** Tornar menos ativo ou menos violento. *vtd*, *vint* e *vpr* **3** Abrandar(-se), diminuir de intensidade.
a.mor.te.ci.do (*part* de *amortecer*) *adj* **1** Que tem aparência de morto. **2** Que não tem vigor ou intensidade.
a.mor.ti.za.ção (*amortizar+ção*) *sf* **1** Ato ou efeito de amortizar. **2** As quantias empregadas em parcelas para amortizar uma dívida.
a.mor.ti.za.do (*part* de *amortizar*) *adj* **1** Resgatado. **2** Amortecido, enfraquecido.
a.mor.ti.zar (*a*¹+*morte*+*izar*) *vtd* **1** Extinguir aos poucos ou em prestações (uma obrigação, tal como uma hipoteca). *vpr* **2** Amortecer, diminuir.
a.mos.tra (de *amostrar*) *sf* **1** Ato de mostrar; demonstração, mostra. **2** Exemplar, modelo.
a.mos.tra.gem (*amostra+agem*) *sf* **1** Extração de amostras. **2** Técnica de pesquisa na qual um conjunto de amostras é considerado suficiente para representar o total pesquisado.
a.mo.ti.nar (*a*¹+*motim*+*ar*¹) *vtd* e *vpr* Pôr (-se) em motim, revoltar(-se).
am.pa.rar (*lat anteparare*) *vtd* **1** Favorecer, proteger. **2** Dar meios de vida a, sustentar. *Antôn: desamparar.*
am.pa.ro (de *amparar*) *sm* **1** Proteção. **2** Abrigo, resguardo. **3** Refúgio, asilo. *Antôn* (acepção 1): *abandono*.

am.pe.ra.gem (*ampère+agem*) *sf Fís* Intensidade de uma corrente elétrica em *ampères*.

am.pè.re (*fr Ampère, np*) *sm Fís* Unidade de medida de intensidade de corrente elétrica. *Símb:* A.

am.pe.rí.me.tro (*ampère+i+metro*) *sm Fís* Instrumento para medir amperagem.

am.ple.xo (*cs*) (*lat amplexu*) *sm* Abraço.

am.pli.a.ção (*ampliar+ção*) *sf* 1 Alargamento, dilatação, aumento. 2 *Fot* Foto ampliada.

am.pli.ar (*lat ampliare*) *vtd* e *vpr* 1 Tornar (-se) amplo ou maior. *vtd* 2 Alargar, aumentar (em área), dilatar. *vtd* 3 Reproduzir em formato maior: *Ampliar uma fotografia*. *Antôn: reduzir, diminuir*. Conjuga-se como *premiar*.

am.pli.dão (*lat amplitudine*) *sf* 1 Qualidade do que é amplo. 2 Grandeza, vastidão.

am.pli.fi.ca.ção (*ampli+ficar*) *sf* 1 Ato ou efeito de amplificar. 2 *Fís* Aumento das correntes elétricas variáveis, por meio de aparelhos especiais.

am.pli.fi.ca.dor (*amplificar+dor*) *adj* Que amplifica. • *sm* 1 Aquele ou aquilo que amplifica. 2 *Eletrôn* Qualquer dispositivo para amplificar algo, geralmente som ou frequência.

am.pli.fi.car (*lat amplificare*) *vtd* 1 Tornar mais amplo ou maior. 2 Engrandecer o valor de.

am.pli.tu.de (*lat amplitudine*) *sf* 1 Estado do que é amplo. 2 Extensão, vastidão; amplidão.

am.plo (*lat amplu*) *adj* 1 Que ocupa vasto espaço. 2 Largo. 3 Grande. *Antôn: estreito*.

am.po.la (*ô*) (*lat ampulla*) *sf Farm* Recipiente pequeno, de vidro, onde se guardam medicamentos.

am.pu.lhe.ta (*ê*) (*cast ampolleta*) *sf* Relógio de areia: instrumento composto de dois vasos de vidro, com o qual se mede o tempo pelo escorrer da areia.

am.pu.ta.ção (*amputar+ção*) *sf* 1 Ato ou efeito de amputar. 2 Diminuição, restrição.

am.pu.ta.do (*part de amputar*) *adj* 1 Cortado: *"Verbas para a educação eram drasticamente amputadas."* (FSP) 2 Mutilado: *"Cerca de 20 trabalhadores mirins já tiveram dedos ou orelhas amputados."* (FSP) • *sm* O que sofreu amputação: *"Aos olhos do mundo serás um amputado, mas, na vida eterna, renascerás completo."* (CEN)

am.pu.tar (*lat amputare*) *vtd* 1 *Cir* Cortar (um membro do corpo). 2 Mutilar.

a.mu.a.do (*part de amuar*) *adj* 1 Que tem amuo. 2 Carrancudo, emburrado.

a.mu.ar (*a¹+mu+ar¹*) *vint* e *vpr* 1 Desgostar-se por pequena ofensa e teimar em não tomar mais parte na conversa, brincadeira etc. em que se estava. *vtd* 2 Aborrecer, importunar.

a.mu.la.tar (*a¹+mulato+ar¹*) *vpr* Tomar a cor de mulato.

a.mu.le.to (*ê*) (*lat amuletu*) *sm* 1 Objeto ao qual atribuem o poder de desviar ou evitar males, desgraças e feitiços. 2 Talismã.

a.mu.ra.da (*a¹+muro+ada¹*) *sf Náut* Prolongamento do costado do navio.

a.mu.rar (*a¹+muro+ar¹*) *vtd* Cercar de muros.

a.nã (*a¹+lat nana*) *sf* Feminino de *anão*.

a.na.bó.li.co (*gr anabolé+ico²*) *adj Biol* Relativo ao anabolismo.

a.na.bo.lis.mo (*gr anabolé+ismo*) *sm Biol* Parte do metabolismo em que predomina a formação de substâncias típicas do organismo a partir de substâncias mais simples, derivadas dos alimentos.

a.na.bo.li.zan.te (*de anabolizar*) *adj m+f Quím* Diz-se da substância que, introduzida no organismo, melhora os processos de assimilação dos alimentos ingeridos. • *sm* Essa substância.

a.na.bo.li.zar (*gr anabolé+izar*) *vint* Efetuar o anabolismo.

a.na.co.lu.to (*gr anakoloúthon*) *sm Gram* Figura em que, na mesma frase, uma expressão não se liga a outra pelas regras de sintaxe; frase quebrada: *Os três reis orientais, é tradição da Igreja que um deles era negro*.

a.na.con.da (*tâmil anai-kondra*) *V sucuri*.

a.na.crô.ni.co (*ana+crono+ico²*) *adj* Que está fora do tempo, da moda ou de uso: *"Que é aquilo? – indagavam os forasteiros, com os olhos atônitos voltados para o carro anacrônico que ia passando."* (LA); *"A cena ficou um tanto anacrônica porque se passava num apartamento."* (EL)

a.na.cro.nis.mo (*ana*+*crono*+*ismo*) *sm* **1** Erro de data. **2** Coisa que não está de acordo com a época.
a.na.fi.lá.ti.co (*ana*+*filático*) *adj Med* **1** Relativo ou pertencente à anafilaxia. **2** Afetado de anafilaxia.
a.na.fi.la.xi.a (*cs*) (*ana*+*filaxia*) *sf* Aumento da sensibilidade do organismo, quando exposto a uma substância determinada, com a qual já estivera anteriormente em contato.
a.na.gra.ma (*ana*+*grama*) *sm* Palavra ou frase formada pela transposição das letras de outra.
a.ná.gua (do *taino naguas*, via *cast*) *sf* Saia de baixo.
a.nais (*lat annales*) *sm pl* **1** História de um povo contada ano por ano. **2** Publicação periódica anual.
a.nal (*ânus*+*a*^{1}) *adj m*+*f Anat* Relativo ao ânus.
a.nal.fa.be.tis.mo (*analfabeto*+*ismo*) *sm* Estado de analfabeto.
a.nal.fa.be.to (*gr analphábetos*) *adj* Que não sabe ler nem escrever. • *sm* Esse indivíduo. *Antôn: culto, sábio.*
a.nal.gé.si.co (*analgesia*+*ico*^{2}) *adj Med* Que alivia a dor. • *sm* Medicamento que produz esse efeito.
a.na.li.sar (*análise*+*ar*^{1}) *vtd* **1** Determinar os componentes ou elementos fundamentais de alguma coisa. **2** Decompor em seus elementos. **3** Examinar minuciosamente: *Analisar a aptidão, a beleza de alguém.*
a.ná.li.se (*gr análysis*) *sf* **1** Decomposição ou separação de um todo em seus elementos constituintes. **2** Exame ou estudo da natureza de uma coisa complexa ou determinação de suas feições essenciais, por esse método. **3** *Psiq* Psicanálise. *Antôn* (acepção 1): *síntese*.
a.na.lis.ta (*gr analystés*) *adj m*+*f* Que analisa. • *s m*+*f* **1** Pessoa que analisa ou é versada em análises. **2** Forma reduzida de psicanalista.
a.na.lí.ti.co (*gr analytikós*) *adj* **1** Relativo ou pertencente à análise. **2** Versado em análise ou que a segue. **3** *Ling* Que exprime as relações gramaticais em geral por meio de palavras auxiliares.
a.na.lo.gi.a (*gr analogía*) *sf* **1** Qualidade de análogo. **2** Semelhança de propriedades, particularidades, de funções etc., sem igualdade completa. *Antôn: diferença*.
a.ná.lo.go (*gr análogos*) *adj* **1** Que tem analogia com outra coisa. **2** Similar por certo aspecto.
a.na.nás (*a*^{1}+ *tupi naná*) *sm Bot* **1** Planta tropical, com grandes frutos também conhecidos como abacaxi. **2** O fruto dessa planta.
a.não (*a*^{1}+ *lat manu*) *adj* De pequeno tamanho ou estatura. • *sm* Pessoa de crescimento atrofiado e, por isso, de estatura muito abaixo da normal. *Pl: anões* e *anãos*. *Fem: anã*.
a.nar.qui.a (*gr anarkhía*) *sf* **1** Estado de um povo em que o poder público, ou de governo, tenha desaparecido. **2** Negação do princípio de autoridade. **3** Confusão, desordem.
a.nár.qui.co (*anarquia*+*ico*^{2}) *adj* **1** Relativo à anarquia ou ao anarquismo. **2** Desordenado, desorganizado. **3** Provocador de desordens.
a.nar.quis.mo (*anarquia*+*ismo*) *sm* **1** Doutrina política que preconiza a abolição total do Estado e de toda autoridade. **2** Ação ou movimento anarquista.
a.nar.quis.ta (*anarquia*+*ista*) *adj m*+*f V anárquico*. • *s m*+*f* **1** Partidário do anarquismo. **2** Pessoa que se rebela contra qualquer autoridade, ordem estabelecida ou poder reinante.
a.nar.qui.zar (*anarquia*+*izar*) *vtd* **1** Desorganizar. **2** Pôr em desordem.
a.na.tí.deo (*lat anas, anatis*+*ídeo*) *adj Ornit* Relativo ou pertencente aos anatídeos. • *sm* **1** Espécime dos anatídeos. *sm pl* **2** Família de aves, na maioria aquáticas, que inclui os patos, gansos e cisnes.
a.na.to.mi.a (*anatomia*+*ia*^{1}) *sf* **1** Disposição, forma e situação dos órgãos de um ser vivo. **2** Arte de dissecar os corpos a fim de estudar a estrutura dos órgãos e suas relações. **3** Exame detalhado.
a.na.tô.mi.co (*anatomia*+*ico*^{2}) *adj* **1** Relativo à anatomia. **2** Relativo à estrutura orgânica.
a.na.to.mis.ta (*anatomia*+*ista*) *adj m*+*f* Que estuda ou exercita a anatomia. • *s m*+*f* **1** Pessoa especializada no conhecimento da anatomia. **2** Pessoa que examina e analisa criticamente.

a.na.to.mi.zar (*anatomia+izar*) *vtd* e *vint* **1** Dissecar, praticar anatomia em. *vtd* **2** Analisar cientificamente, estudar detalhadamente.

a.na.va.lhar (*a¹+navalha+ar¹*) *vtd* **1** Ferir com navalha: *"Por ciumeira brava, anavalhou o amásio."* (MRF) **2** Cortar como navalha.

an.ca (*germ hanka*) *sf* **1** *Anat* Região lateral do corpo humano, da cintura à articulação da coxa; quadril. **2** *Zool* Quarto traseiro dos quadrúpedes.

an.ces.tral (*fr ant ancestral*) *adj m+f* **1** Relativo aos antepassados: *"Solomon lidera uma associação que tenta fazer reviver costumes e tradições ancestrais."* (FSP) **2** Que se herda dos avós ou antepassados: *"A paixão surge como uma força perigosa, ancestral, incontrolável."* (FSP) **3** Remoto, muito antigo ou velho: *"A Tradição do Sol faz despertar nas criaturas a sabedoria ancestral que possuem."* (BRI) • *s m+f* **1** Antepassado: *"[O miacis] foi o ancestral do urso, da doninha, do guaxinim, da raposa e do coiote."* (SU) *sm pl* **2** Os antepassados: *"Nossos ancestrais combateram os russos por 300 anos."* (FSP)

an.cho.va (*ô*) (*cast anchova*) *V enchova*.

an.ci.ão (*lat vulg antianu*) *adj* **1** De idade avançada. **2** Respeitável, venerável. **3** Antiquado, velho. • *sm* Homem velho. *Pl:* anciãos, anciões e anciães. *Fem:* anciã. *Antôn:* jovem.

an.ci.los.to.mí.a.se (*ancilóstomo+íase*) *sf Med* Doença produzida por vermes, caracterizada por grave anemia e letargia; amarelão.

an.ci.lós.to.mo (*ancilo+estoma*) *sm Zool* Verme que provoca a ancilostomíase.

an.ci.nho (*lat ancinu*) *sm* Instrumento agrícola dentado para ajuntar palha, feno etc.; rastelo.

ân.co.ra (*gr ágkyra*) *sf* **1** *Náut* Dispositivo de ferro ou aço usado para prender embarcações. **2** Apoio seguro. *s m+f* **3** *Telev* Profissional que apresenta telejornal, oferecendo credibilidade e identificação com os telespectadores.

an.co.ra.dou.ro (*ancorar+douro*) *sm Náut* Lugar onde ancoram navios; amarração.

an.co.ra.gem (*ancorar+agem*) *sf Náut* **1** Ato de ancorar. **2** Taxa que paga um navio para poder parar num porto.

an.co.rar (*âncora+ar¹*) *vtd* e *vint* **1** *Náut* Lançar âncora. *vti* **2** Basear-se, fundar-se. *vtd* **3** *Telev* Funcionar como chamariz para atrair atenção e credibilidade.

an.da.dor (*andar+dor*) *adj* **1** Que anda muito. **2** Ligeiro no andar. • *sm* **1** Caminhador. **2** Equipamento dotado de assento anatômico e rodinhas, usado para estimular os bebês a andar.

an.da.du.ra (*andar+dura*) *sf* **1** Modo de andar das cavalgaduras. **2** Intensidade no andar.

an.dai.me (*ár ad-d'âim*, por cruzamento com *andar*) *sm Constr* Estrado de madeira ou metal provisório, de que se utilizam os pedreiros para erguer um edifício.

an.da.men.to (*andar+mento*) *sm* **1** Ação de andar. **2** Velocidade com que se anda. **3** *Mús* Modo ou rapidez com que é executado um trecho de música.

an.dan.ça (*andar+ança*) *sf* **1** *p us* Ato de andar. **2** Aventura. **3** Faina, lida.

an.dan.te (de *andar*) *adj m+f* **1** Que anda; errante. **2** Que anda em busca de aventuras; aventureiro (diz-se especialmente dos velhos cavaleiros andantes). • *s m+f* Pessoa que anda. *sm Mús* Movimento musical mais lento que o *alegro* e mais rápido que o *adágio*.

an.dar (*lat ambitare, freq de ambire*) *vint* **1** Caminhar, dar passos. *vtd* **2** Percorrer a pé. *vint* **3** Avançar, mover-se: *Este automóvel anda bem.* *vint* **4** Errar, vaguear: *Correm perigo os que andam pela noite.* *vint* **5** Prosseguir, seguir. • *sm* **1** Andadura, andamento; os diversos tipos de marcha dos animais de sela. **2** Passagem, decurso (do tempo). **3** Cada um dos pavimentos superiores nas casas que têm mais de um pavimento.

an.da.ri.lho (de *andar*) *sm* Indivíduo que anda muito.

an.di.no (*top Andes+ino¹*) *adj* **1** Pertencente ou relativo aos Andes (América do Sul). **2** Característico dos Andes. • *sm* Natural ou habitante dos Andes.

an.dor (*malaiala andola*) *sm Liturg* Padiola portátil, enfeitada, sobre a qual se levam as imagens nas procissões.

an.do.ri.nha (*lat vulg hirundina, lat hirun-*

do) *sf Ornit* Nome comum dado a pequenas aves migratórias utilíssimas pela caça que dão aos insetos. Voz: *chilreia, gorjeia*.

an.dro.ceu (*andro+lat(gynae)ceu*) *sm Bot* Conjunto dos estames ou órgãos masculinos e seus apêndices.

an.dro.fo.bi.a (*andro+fobo+ia¹*) *sf* Aversão ao sexo masculino.

an.dró.ge.no (*andro+geno*) *adj* Relativo ao fator que origina ou que estimula os caracteres masculinos.

an.dro.gi.ni.a (*andrógino+ia¹*) *sf Bot* **1** Hermafroditismo em que predominam os caracteres masculinos. **2** Reunião de flores masculinas e femininas na mesma inflorescência.

an.dró.gi.no (*gr andrógynos*) *adj* **1** Que reúne os dois sexos; hermafrodita. **2** *Bot* Diz-se das plantas que reúnem flores masculinas e femininas na mesma inflorescência. • *sm Biol* Hermafrodita.

an.droi.de (*ó*) (*andro+oide*) *adj m+f* Semelhante ao homem. • *sm* Robô com figura de homem e que imita os movimentos dos seres animados.

an.dro.pau.sa (*andro+pausa*) *sf* Climatério masculino.

a.ne.do.ta (*gr anékdotos*) *sf* **1** Narração abreviada de um fato histórico. **2** No uso mais comum, história curta de efeito cômico; piada. *Col:* anedotário, repertório.

a.ne.do.tá.rio (*anedota+ário*) *sm* Livro ou coleção de anedotas.

a.ne.do.tis.ta (*anedota+ista*) *s m+f* Pessoa que conta anedotas oralmente ou por escrito.

a.nel (*lat anellu*, por *anullu*) *sm* **1** Fita circular ou aro de metal, madeira, tecido, plástico, borracha, papel ou outro material, usado para rodear ou segurar qualquer coisa. **2** Elo circular de corrente. **3** Qualquer linha, figura ou objeto circulares. **4** Aro de metal usado no dedo, como enfeite ou símbolo de algum fato ou acontecimento, como noivado, casamento, formatura etc.

a.ne.la.do (*part de anelar¹*) *adj* **1** Em forma de anéis, encaracolado: *"Garotas com os cabelos naturalmente anelados são obrigadas a trazer de casa, assinada pela mãe, uma explicação para tal anomalia."* (FH) **2** Envolvido por anéis: *"Aulus chupava os dedos anelados e os limpava na mesa."* (SE)

a.ne.lar (*anel+ar¹*) *vtd* **1** Dar forma de anel a: *Anelar os cabelos* *vtd* **2** Cercar como anel: *Os violeiros gostam de anelar todos os dedos.* *vtd* **3** Desejar: *"Amados filhos, este Concílio Ecumênico brotou do coração de um Pontífice que anelava ardentemente a paz."* (MA) *vint* **4** Respirar com dificuldade; ofegar.

a.ne.lí.deos (*lat annellus*, pequeno anel+ *ídeo*) *sm pl Zool* Ramo de invertebrados que compreende animais de forma alongada e corpo segmentado, como as minhocas e as sanguessugas.

a.ne.lo (*lat anhelu*) *sm* **1** Desejo intenso. **2** Sopro, vento.

a.ne.mi.a (*gr anaimía*) *sf* **1** *Med* Estado patológico caracterizado pela insuficiência de hemoglobina nos glóbulos sanguíneos, ou de glóbulos no sangue. **2** Fraqueza.

a.nê.mi.co (*anemia+ico²*) *adj+sm Med* Que ou o que sofre de anemia.

a.nê.mo.na (*gr anemóne*) *sf Bot* **1** Gênero de plantas herbáceas, bastante comuns, especialmente nas regiões temperadas, frequentemente cultivadas por suas flores. **2** Planta desse gênero.

a.nê.mo.na-do-mar *sf Zool* Fitozoário que, aberto, se parece com as flores da anêmona. *Pl:* anêmonas-do-mar.

a.nes.te.si.a (*an+estésio+ia¹*) *sf Med* Privação parcial ou total da sensibilidade.

a.nes.te.si.ar (*anestesia+ar¹*) *vtd* **1** Tirar ou diminuir a sensibilidade. **2** Submeter à influência de anestésicos. Conjuga-se como *premiar*.

a.nes.té.si.co (*an+estésio+ico²*) *adj* Que produz anestesia ou insensibilidade à dor. • *sm Med* Substância que suprime ou diminui a sensibilidade.

a.nes.te.sis.ta (*an+estésio+ista*) *s m+f* Pessoa que prepara e administra a anestesia.

a.neu.ris.ma (*gr aneúrysma*) *sm Med* Dilatação que se forma no trajeto de uma artéria.

a.ne.xa.ção (*cs*) (*anexar+ção*) *sf* Ato ou efeito de anexar. *Antôn:* desmembramento.

a.ne.xar (*cs*) (*anexo+ar¹*) *vtd* **1** Juntar, como anexo, a uma coisa considerada principal. *vtd* e *vpr* **2** Reunir(-se) (um país) a outro: *Hitler anexou a Áustria à Alemanha*. *Antôn*: desmembrar.

a.ne.xo (*cs*) (*lat annexu*) *adj* **1** Que se junta como acessório. **2** Incluso, incluído. • *sm* Coisa ligada a outra, considerada como principal.

an.fe.ta.mi.na (*anf(i)+et(il)+amina*) *sf Quím* e *Farm* Substância usada contra as afecções, por resfriado, das passagens nasais e dos tecidos mucosos próximos.

an.fí.bio (*gr amphíbios*) *adj* **1** *Biol* Diz-se de animais ou plantas que vivem ou crescem tanto em terra como na água. **2** Diz-se do avião que tanto pousa em terra como na água. • *sm pl Zool* Classe de vertebrados que durante as primeiras fases da vida respiram por meio de brânquias e, no estado adulto, através de pulmões. Inclui os sapos, as rãs, as pererecas e as salamandras.

an.fi.te.a.tro (*gr amphithéatron*, pelo *lat*) *sm* **1** Grande recinto, circular ou oval, para espetáculos. **2** Arquibancadas dispostas circularmente para aulas ou espetáculos.

an.fi.tri.ão (*gr Amphítryon*, *np*) *sm* **1** Pessoa que dá ou dirige festa ou banquete. **2** Dono da casa. *Fem*: anfitriã e anfitrioa.

ân.fo.ra (*lat amphora*) *sf Antig* Grande jarro de barro cozido com gargalo estreito e duas asas, estreitando-se para baixo.

an.ga.ri.ar (*lat angariare*) *vtd* **1** Obter, procurar, arranjar: *Angariar assinaturas, donativos, esmolas*. **2** Atrair a si: *Angariar a simpatia do público*. **3** Recrutar: *Angariar auxiliares, serviçais*. Conjuga-se como *premiar*.

an.ge.li.cal (*angélico+al¹*) *adj m+f* **1** Relativo ou pertencente a anjos. **2** Puro, imaculado.

an.ge.o.lo.gi.a (*contr* de *angelologia*) *sf* **1** Conjunto e hierarquia dos anjos. **2** Crença na existência e intervenção dos anjos.

an.gi.co *sm Bot* Planta da família das leguminosas, cujas sementes contêm substâncias narcóticas e sua casca é de uso medicinal.

an.gi.na (*lat angina*) *sf Med* Nome genérico das afecções inflamatórias da garganta e da faringe, caracterizadas por dificuldade mais ou menos intensa para engolir e, às vezes, respirar.

an.gi.o.lo.gi.a (*angio+logo+ia¹*) *sf Med* Estudo das doenças vasculares.

an.gi.o.pa.ti.a (*ângio+pato+ia¹*) *sf Med* Denominação genérica das doenças do aparelho vascular.

an.gi.o.plas.ti.a (*angio+plasto+ia¹*) *sf Med* Cirurgia para correção de problemas vasculares.

an.gi.os.per.ma (*angio+esperma*) *sf* **1** *Bot* Planta das angiospermas. *sf pl* **2** Em algumas classificações, subdivisão que compreende plantas produtoras de sementes incluídas num ovário (como as orquídeas e as rosas).

an.gli.ca.nis.mo (*anglicano+ismo*) *sm* **1** Igreja e religião oficial da Inglaterra desde Henrique VIII (1491-1547). **2** *V* anglicismo.

an.gli.ca.no (*ânglico+ano*) *adj* **1** Relativo ao anglicanismo. **2** *V inglês*. • *sm* Partidário do anglicanismo.

an.gli.cis.mo (*ânglico+ismo*) *sm* Palavra ou expressão própria da língua inglesa, introduzida em outra língua.

an.glo-a.me.ri.ca.no *adj* **1** Relativo à Inglaterra e aos Estados Unidos da América do Norte. **2** Natural da América do Norte, mas de origem inglesa. *Pl*: anglo-americanos.

an.glo-sa.xão *adj* Pertencente ou relativo aos germânicos (anglos, jutos e saxões) que invadiram a Grã-Bretanha (Europa) a partir da metade do século V. • *sm* **1** Indivíduo dos anglo-saxões. **2** Idioma dos anglo-saxões. *Fem*: anglo-saxã. *Pl*: anglo-saxões.

an.go.la.no (*top Angola+ano*) *adj m+f* Relativo ou pertencente a Angola (África). • *s m+f* **1** Natural ou habitante de Angola. **2** Membro de qualquer um dos povos bantos de Angola.

an.go.len.se (*top Angola+ense*) *adj m+f sm+f V angolano*.

an.go.rá (*top Angorá*) *adj m+f* **1** Pertencente a Ancara (*var: Angorá*), cidade da Turquia asiática. **2** Diz-se dos gatos, coelhos, cabras procedentes de Ancara, ou a estes semelhantes pela finura e comprimento do pelo. • *s m+f* Pelo do coelho angorá, da cabra angorá ou da alpaca.

an.gra (talvez *lat angra*) *sf* Pequena baía, enseada.

an.gu (*ioruba angu*) *sm* **1** Papa espessa de fubá cozido. **2** Papa espessa de farinha de mandioca, feita com caldo de carne. **3** *fig* Coisa embaraçada, confusa. **4** Briga. *Angu de caroço, pop:* a) complicação, confusão; b) barulho, briga, conflito.

an.gu de ca.ro.ço Ver definição em *angu*.

an.gu.la.ção (*angular+ção*) *sf* **1** Ato ou efeito de angular. **2** Formação ou forma angular.

an.gu.lar (*ângulo+ar¹*) *adj m+f* **1** Que tem ou que forma um ou mais ângulos. **2** Pertencente a ângulos. • *vtd* e *vpr* Tornar(-se) angulado.

ân.gu.lo (*lat angulu*) *sm* **1** *Mat* Figura formada por duas semirretas que partem do mesmo ponto. **2** Aresta, canto, esquina, parte saliente ou reentrante. **3** Ponto de vista.

an.gu.lo.so (*ô*) (*ângulo+oso*) *adj* Que tem ângulos. *Pl: angulosos* (*ó*).

an.gús.tia (*lat angustia*) *sf* **1** Espaço reduzido; estreiteza. **2** Aflição, sofrimento.

an.gus.ti.an.te (*de angustiar*) *adj m+f* Que causa angústia.

an.gus.ti.ar (*angústia+ar¹*) *vtd* **1** Causar angústia a, afligir, atormentar. *vpr* **2** Afligir-se, atormentar-se. Conjuga-se como *premiar*. *Cf angústia*.

a.nhan.gue.ra (*gwe*) (*anhanga+ tupi uéra*, que foi) *sm* **1** Palavra do tupi que significa "aquele que foi diabo". **2** *fig* Destemido, valente.

a.ní.dri.co (*anidro+ico²*) *adj Quím* **1** Que não contém água. **2** Relativo ou pertencente a um anidrido.

a.ni.dri.do (*an+hidro+ido*) *sm Quím* Composto derivado de outro composto, especialmente um ácido, pela retirada de uma ou mais moléculas de água.

a.nil (*ár an-nîl*) *sm* **1** Substância que tinge de azul, extraída da anileira e de algumas plantas leguminosas da família das papilionáceas; índigo. **2** A cor azul. *Pl: anis*.

a.ni.lei.ra (*anil+eira*) *sf Bot* Cada uma de várias plantas da família das leguminosas que fornecem anil.

a.ni.li.na (*anil+ina*) *sf* Nome genérico dado, no comércio, a numerosas substâncias corantes.

a.ni.ma.ção (*animar+ção*) *sf* **1** Ação de animar. **2** Alegria, entusiasmo. **3** Movimento. **4** Técnica de simulação de movimentos em desenho animado.

a.ni.ma.do (*part* de *animar*) *adj* **1** Dotado de animação. **2** Feito à maneira de um desenho animado.

a.ni.ma.dor (*animar+dor*) *adj* Que anima ou estimula. • *sm* **1** Aquele que anima ou estimula. **2** Apresentador de programas com variados temas, em rádio ou televisão. **3** Aquele que contribui para a produção de um desenho animado, por exemplo, como desenhista.

a.ni.mal (*lat animal*) *adj m+f* **1** Pertencente ao animal, aos seres animais, aos seres que vivem e têm sensibilidade e movimento próprio. **2** Próprio dos irracionais; que provém dos irracionais. • *sm* **1** Ser vivo organizado, dotado de sensibilidade e movimento próprio. **2** Ser vivo irracional. **3** Indivíduo estúpido, grosseiro ou bruto. *Aum: animalaço, animalão. Dim: animalzinho, animalejo, animálculo. Col: fauna* (de uma região).

a.ni.ma.les.co (*ê*) (*animal+esco*) *adj* **1** Relativo aos animais. **2** Que participa das qualidades dos animais.

a.ni.mar (*lat animare*) *vtd* **1** Dar alma ou vida a: *Deus criou o homem e animou-o com um sopro*. *vtd* e *vti* **2** Dar ânimo, coragem ou valor a: *Animou-os com vibrantes palavras*. *vpr* **3** Ganhar vida, expressão ou movimento: *Sua face animou-se com a boa notícia*. *vtd* **4** Produzir na forma de um desenho animado.

a.ni.mis.mo (*lat anima+ismo*) *sm* **1** Doutrina dos que consideram a alma como princípio ou causa de todos os fenômenos vitais. **2** Ideia que consiste em dar alma a coisas inanimadas.

â.ni.mo (*lat animu*) *sm* **1** Alma, espírito, mente. **2** Gênio, índole. **3** Coragem, valor. **4** Desejo, intenção. *Antôn* (acepção 3): *desânimo*.

a.ni.mo.si.da.de (*lat animositate*) *sf* **1** Ressentimento, inimizade: *"Olhava para o próprio retrato com certa animosidade."* (TV) **2** Violência ou exaltação num debate, discussão ou polêmica: *"A animosidade criada entre os empregados da fazenda e os sem-terra durante os conflitos pode ter sido a causa do crime."* (FSP)

a.ni.nhar (a^1+*ninho*+ar^1) *vtd* e *vpr* **1** Abrigar(-se), colocar(-se) ou recolher (-se) em ninho. *vtd* e *vpr* **2** Esconder (-se), recolher(-se). *vint* **3** Estar em ninho, fazer ninho.

a.ni.qui.la.ção (*aniquilar*+*ção*) *sf* **1** Ato de aniquilar. **2** Destruição, extinção. **3** Desperdício. *Var: aniquilamento*.

a.ni.qui.lar (*lat med annichilare, lat annihilare*) *vtd* e *vpr* **1** Destruir(-se), reduzir(-se) a nada. *vtd* **2** Matar. *vtd* **3** Abater moral e fisicamente; deprimir. *vtd* e *vpr* **4** Abater(-se), humilhar(-se).

a.nis (*fr anis*, de origem grega) *sm* **1** *Bot* Erva originária do Egito cultivada por suas sementes aromáticas ou como hortaliça; também chamada *erva-doce*. **2** Licor de anis; anisete. *Pl: anises*.

a.ni.se.te (*ê*) (*fr anisette*) *sm* Licor de anis.

a.nis.ti.a (*gr amnestía*) *sf* **1** Ato do poder legislativo pelo qual se extinguem as consequências de um fato punível e, em resultado, qualquer processo sobre ele. **2** Em sentido amplo, perdão.

a.nis.ti.ar (*anistia*+ar^1) *vtd* **1** Conceder anistia a. **2** Desculpar, perdoar. Conjuga-se como *premiar*.

a.ni.ver.sa.ri.an.te (de *aniversariar*) *adj* e *s m+f* Diz-se de ou pessoa que faz anos.

a.ni.ver.sa.ri.ar (*aniversário*+ar^1) *vint* **1** Fazer anos. **2** Comemorar aniversário. Conjuga-se como *premiar*. *Cf aniversário*.

a.ni.ver.sá.rio (*lat anniversariu*) *adj* Que faz lembrar de um fato ocorrido em igual dia, um ou vários anos antes. • *sm* **1** Dia em que se completa o tempo de um ou mais anos de um acontecimento. **2** Comemoração da volta anual de uma data em que acontece algo.

an.jo (*lat angelu*) *sm* **1** *Teol* Ente puramente espiritual, dotado de personalidade própria, superior ao homem e aos demais seres terrenos, segundo algumas religiões. *Col: coro, legião*. **2** *fig* Pessoa muito virtuosa, bondosa ou inocente. **3** Pessoa muito formosa.

a.no (*lat annu*) *sm* **1** Espaço de tempo correspondente à revolução da Terra em torno do Sol, desde 1º de janeiro até 31 de dezembro. **2** Espaço de doze meses.

a.nó.di.no (*an*+*ódino*) *adj Farm* Que é capaz de acalmar ou fazer cessar as dores: *"À lei nº 5.991 permite a distribuição de medicamentos anódinos em hotéis e estabelecimentos similares."* (FSP) • *sm* **1** Medicamento que acalma as dores: *"A relação de anódinos é elaborada por meio de critérios técnicos pelo Ministério da Saúde."* (FSP) **2** Qualquer coisa que acalma ou conforta.

a.noi.te.cer (a^1+*noite*+*ecer*) *vint* **1** Começar a noite, fazer-se noite. *vtd* **2** Cobrir de trevas, escurecer. *vlig* **3** Chegar à noite em algum estado ou condição: *O tempo anoiteceu chuvoso*. *Conjug:* verbo defectivo, impessoal; conjuga-se apenas na 3ª pessoa do singular: *anoitece, anoitecia, anoiteceu, anoitecera, anoitecerá, anoiteceria etc.*

a.no-luz *sm Astr* Distância percorrida pela luz em um ano. Corresponde aproximadamente a 9,461 x 10^{12} km (9 trilhões e 461 bilhões de quilômetros). *Pl: anos-luz*.

a.no.ma.li.a (*gr anomalía*) *sf* **1** Desvio acentuado de um padrão normal; anormalidade, irregularidade. **2** Exceção à regra. *Antôn* (acepções 1): *regularidade*.

a.nô.ma.lo (*gr anómalos*) *adj* **1** Anormal, desigual, excepcional, irregular. **2** *Gram* Diz-se dos verbos com várias irregularidades. *Antôn* (acepção 1): *normal*.

a.no.ni.ma.to (*anônimo*+ato^3) *sm* **1** Qualidade de anônimo. **2** Sistema de escrever sem assinar.

a.nô.ni.mo (*gr anónymos*) *adj* **1** Sem nome ou que o não declara. **2** Sem denominação. • *sm* **1** Indivíduo que não assina o que escreve. **2** Indivíduo desconhecido, sem fama.

a.no-no.vo *sm* **1** Ano-bom. **2** O ano que começa. *Pl: anos-novos* (*nó*).

a.no.ré.ti.co (*gr anórektos*+ico^2) *adj* **1** Pertencente ou relativo à anorexia. **2** Sem apetite; anoréctico, anoréxico.

a.no.re.xi.a (*cs*) (*gr anorexía*) *sf Med* Falta de apetite; inapetência.

a.nor.mal (a^4+*normal*) *adj m+f* **1** Que não é normal. **2** Que faz exceção à regra comum; anômalo, irregular. **3** Diz-se da pessoa cujo desenvolvimento físico, intelectual ou social é defeituoso. • *s m+f* Pessoa que não é normal. *Antôn: normal*.

a.nor.ma.li.da.de (*anormal*+*i*+*dade*) *sf* **1**

Qualidade do que é anormal. **2** Aquilo que está fora da norma. **3** Exceção à regra, irregularidade.

a.no.ta.ção (lat annotatione) sf **1** Ato ou efeito de anotar. **2** Notas, por escrito; observações.

a.no.tar (lat annotare) vtd **1** Fazer anotações a, pôr notas em. **2** Esclarecer com comentários.

an.sei.o (de ansiar) sm **1** Ato ou efeito de ansiar. **2** Desejo veemente. **3** Ambição.

ân.sia (lat anxia) sf **1** Agonia. **2** Aflição, angústia. **3** Ansiedade; desejo intenso. **4** Náusea. sf pl **5** Náuseas, prenúncios de vômito.

an.si.ar (lat anxiare) vtd **1** Causar ânsia ou ansiedade; angustiar, fazer sofrer. vtd e vti **2** Desejar com ânsia: *Ela anseia uma companhia, uma afeição.* vint e vpr **3** Ter ânsias: *A pobrezinha ansiava, sufocada.* Conjuga-se como *odiar*.

an.si.e.da.de (lat anxietate) sf **1** Aflição, angústia, ânsia. **2** Psicol Atitude emotiva relativa ao futuro e que se caracteriza por alternâncias de medo e esperança; medo vago. **3** Desejo ardente.

an.si.o.so (ô) (ânsia+oso) adj **1** Que tem ânsias. **2** Aflito, cheio de ansiedade. **3** Que deseja ardentemente alguma coisa. Pl: *ansiosos* (ó).

an.ta (ár lamT) sf **1** Zool Mamífero da família dos tapirídeos, um dos maiores animais da fauna brasileira; tapir. Voz: *assobia*. **2** pop Pessoa pouco inteligente.

an.ta.gô.ni.co (anti+gr agonikós) adj Contrário, oposto.

an.ta.go.nis.mo (anti+gr agón+ismo) sm **1** Ação antagônica. **2** Oposição, antipatia.

an.ta.go.nis.ta (gr antagonistés) adj m+f Que é oposto ou contrário a alguém ou alguma coisa. • s m+f Pessoa que é contra alguém ou alguma coisa; adversário. Antôn: *amigo*, *aliado*.

an.ta.nho (cast antaño) adv **1** No ano passado. **2** Nos tempos passados, outrora: *"Os estudantes de antanho celebravam as tradições dessa figueira."* (SPA) • sm Tempos antigos: *"O velho Roldão perdia-se numa série de recordações do antanho serrazulense."* (S)

an.tár.ti.co (gr antarktikós) adj **1** Relativo ao polo austral. **2** Que vive nas regiões glaciais do Sul.

an.te (lat ante) prep Compõe locução adverbial: *Pé ante pé*. Expressa relações de: **1** Posição na frente de (= *diante de*): *Parar ante o muro*. **2** Causa: *Envelhecido ante o peso dos anos*.

an.te.bra.ço (ante+braço) sm Anat Parte do braço entre o cotovelo e o punho.

an.te.câ.ma.ra (ante+câmara) sf Sala que precede a sala principal.

an.te.ce.dên.cia (anteceder+ência) sf **1** Ato de anteceder. **2** Anterioridade, precedência.

an.te.ce.den.te (lat antecedente) adj m+f Que existiu ou aconteceu antes. Antôn: *consequente*. • sm **1** Coisa que existiu ou aconteceu antes. **2** Fato que determina outro posterior. sm pl **3** Atos e fatos que revelam a conduta anterior a determinado acontecimento.

an.te.ce.der (lat antecedere) vtd e vti **1** Vir antes ou na frente de. vtd **2** Exceder, ser superior a: *Antecede as melhores produções*. Antôn: *suceder*.

an.te.ces.sor (lat antecessor) sm **1** O que antecede ou precede. **2** Indivíduo que ocupou cargo ou fez alguma coisa antes de outro; predecessor. Antôn: *sucessor*.

an.te.ci.pa.ção (antecipar+ção) sf **1** Ato de antecipar. **2** Realização de algo antes do tempo determinado.

an.te.ci.par (lat anticipare) vtd **1** Realizar antes do tempo. vpr **2** Acontecer antes. vtd e vpr **3** Chegar antes de, tomar a dianteira. vtd **4** Prever, pressentir: *Com intuição, antecipava os acontecimentos*.

an.te.di.lu.vi.a.no (ante+diluviano) adj **1** Anterior ao dilúvio. Antôn: *pós-diluviano*. **2** Muito antigo.

an.te.mão (ante+mão) adv Antecipadamente. Hoje em dia só se usa na locução adverbial *de antemão*.

an.te.me.ri.di.a.no (ante+meridiano) adj Que acontece ou se faz antes do meio-dia. Antôn: *pós-meridiano*.

an.te.na (lat antena) sf **1** Entom Cada um dos apêndices da cabeça dos artrópodes, os quais servem de órgãos de olfato, tato e, talvez, audição. **2** Radiotécn Dispositivo que consiste em uma haste ou fio metálico,

anteontem   56   **antidemocrata**

montado em mastro ou torre, no alto de edifícios, em automóveis etc., que serve para transmissão ou recepção de ondas de rádio ou televisão.

an.te.on.tem (*ante+ontem*) *adv* No dia que antecedeu o de ontem.

an.te.pa.rar (*ante+parar*) *vtd* **1** Pôr anteparo em. *vtd* e *vpr* **2** Defender(-se), resguardar(-se).

an.te.pa.ro (de *anteparar*) *sm* **1** Ato de anteparar. **2** O que se põe diante de alguém ou de alguma coisa para servir de proteção (*p ex*, biombos).

an.te.pas.sa.do (*part* de *antepassar*) *adj* **1** Já passado ou decorrido. **2** Que viveu anteriormente. • *sm* **1** Pessoa que é ascendente de outra. **2** Pessoa que viveu antes de outra. *sm pl* **3** Antecessores, avós.

an.te.pas.to (*ante+pasto*) *sm* Iguaria que se come antes de uma refeição, aperitivo.

an.te.pe.núl.ti.mo (*ante+penúltimo*) *adj* Que antecede o penúltimo.

an.te.por (*ante+pôr*) *vtd* e *vpr* **1** Pôr(-se) antes: *Antepor o trabalho ao lazer. vpr* **2** Contrapor-se, opor-se. *vtd* **3** Dar preferência a. Conjuga-se como *pôr*. *Antôn* (acepção 1): *pospor*.

an.te.pro.je.to (*ante+projeto*) *sm* Esboço de projeto que vai ser estudado.

an.te.ra (*gr antherá*) *sf Bot* Parte dos estames formada de pequenos sacos, em cujo interior se desenvolve o pólen.

an.te.ri.or (*lat anteriore*) *adj m+f* **1** Que existiu, sucedeu ou se fez antes. **2** Situado na frente ou na parte dianteira. *Antôn: posterior, ulterior.*

an.tes (*lat ante*) *adv* **1** Em tempo anterior. **2** Em lugar anterior. **3** De preferência. **4** Ao contrário, pelo contrário. • *adj* Contado de então para trás (tempo).

an.tes.sa.la *sf* **1** Sala que antecede a principal; sala de espera. **2** Antecâmara.

an.te.ver (*ante+ver*) *vtd* Ver antes, prever. Conjuga-se como *ver*.

an.te.vés.pe.ra (*ante+véspera*) *sf* Dia imediatamente anterior à véspera.

an.te.vi.são (*ante+visão*) *sf* Ato ou efeito de antever; previsão.

an.ti.a.bor.ti.vo (*anti+abortivo*) *adj Med* Que evita aborto.

an.ti.á.ci.do (*anti+ácido*) *adj Quím* Que age sobre os ácidos, neutralizando-lhes a ação. • *sm Med* Substância que atua contra a acidez gástrica.

an.ti.a.de.ren.te (*anti+aderente*) *adj mi+f* Que não adere, não gruda.

an.ti.a.é.reo (*anti+aéreo*) *adj Mil* Que diz respeito à defesa contra ataques aéreos.

an.ti.a.lér.gi.co (*anti+alergia+ico²*) *adj Med* Que previne ou combate a alergia. • *sm* Droga contra a alergia.

an.ti.bi.ó.ti.co (*anti+bio+tt+ico²*) *adj* Que tende a impedir ou inibir a vida ou produzir a morte. • *sm Biol* e *Farm* Substância produzida por célula viva (bactéria, mofo, levedura e outros vegetais) ou sinteticamente e capaz de impedir a proliferação de germes ou causar-lhes a morte.

an.ti.cas.pa (*anti+caspa*) *adj m+f sing+pl* Diz-se da substância que previne ou combate a caspa. • *sm* Essa substância.

an.ti.cle.ri.cal (*anti+clerical*) *adj m+f* Contrário ao clero. • *s m+f* Pessoa adversária do clero.

an.ti.co.a.gu.lan.te (*anti+coagulante*) *adj m+f Med* Que impede a coagulação do sangue. • *sm Med* Substância ou medicamento com essa propriedade.

an.ti.con.cep.ci.o.nal (*anti+concepcional*) *adj m+f* Diz-se de métodos e processos que impedem a concepção dos filhos. • *sm Med* Medicamento que impede a concepção; contraceptivo.

an.ti.cons.ti.tu.ci.o.nal (*anti+constitucional*) *adj m+f Dir* Contrário à constituição política de um país.

an.ti.con.vul.si.vo (*anti+convulsivo*) *adj Med* Que previne ou combate as convulsões. • *sm* Substância com essa propriedade.

an.ti.cor.po (*ô*) (*anti+corpo*) *sm Biol* Substância, de origem celular, que torna inofensivas substâncias orgânicas capazes de produzir moléstias, quando introduzidas no organismo. *Pl: anticorpos (ó).*

an.ti.cor.ro.si.vo (*anti+corrosivo*) *adj* Que proteje da corrosão ou que a evita. • *sm* Substância anticorrosiva.

an.ti.cris.to (*anti+Cristo, np*) *sm* Personagem que, segundo certos passos do Novo Testamento, será o último inimigo de Cristo.

an.ti.de.mo.cra.ta (*anti+democrata*) *adj*

m+f V antidemocrático. • *s m+f* Pessoa adversária da democracia.

an.ti.de.mo.crá.ti.co (*anti+democrático*) *adj* Contrário à democracia.

an.ti.de.pres.si.vo (*anti+depressivo*) *adj+sm Psiq* **1** Diz-se de ou o que atenua ou evita a depressão. **2** Diz-se de ou o que estimula o ânimo de um paciente com depressão.

an.ti.der.ra.pan.te (*anti+derrapante*) *adj m+f* Que impede a derrapagem. • *sm Autom* Dispositivo que se adapta às rodas dos automóveis, caminhões etc. para impedir a derrapagem.

an.ti.des.li.zan.te (*anti+deslizante*) *adj m+f + sm* antiderrapante.

an.ti.dis.tô.ni.co (*anti+distônico*) *adj+sm* Diz-se de ou o medicamento que combate a distonia: *"Penso em minha irmã (...) engolindo o antidistônico com vinho do Porto."* (EST)

an.ti.di.u.ré.ti.co (*anti+diurético*) *adj Med* Que diminui ou impede a secreção de urina. • *sm* Droga com essa propriedade.

antidoping (*ingl*) *adj sing+pl+sm* **1** Que ou aquele que é contra entorpecentes ou drogas que causem alterações no organismo. **2** Diz-se de ou tudo aquilo que se opõe ao *doping* nos esportes.

an.tí.do.to (*lat antidotu*) *sm Med* Medicamento empregado com o fim de neutralizar a ação de um veneno.

an.ti.e.pi.dê.mi.co (*anti+epidêmico*) *adj Med* Diz-se de medidas com que se procura acabar com uma epidemia.

an.ti.e.pi.lép.ti.co (*anti+epiléptico*) *adj+sm Med* Que ou o que combate a epilepsia.

an.ti.es.pas.mó.di.co (*anti+espasmódico*) *adj+sm Med* Que ou o que evita espasmos.

an.ti.es.por.ti.vo (*anti+esportivo*) *adj* **1** Que é contra o esporte ou seus interesses. **2** Que tem atitudes contrárias às de um bom esportista. *Var: antidesportivo.*

an.ti.es.té.ti.co (*anti+estético*) *adj* **1** Que não demonstra senso estético. **2** Que combate a estética.

an.ti.é.ti.co (*anti+ético*) *adj* Contrário à ética.

an.ti.fe.bril (*anti+febril*) *adj m+f Med* Próprio para combater a febre: *Nesses casos, tome um comprimido antifebril.*

• *sm* Substância que faz baixar a febre. *Pl: antifebris.*

an.ti.go (*lat antiquu*) *adj* **1** Que existiu outrora. **2** Que existe ou é conhecido desde longo tempo. **3** Que não está mais em exercício ou atividade (num cargo ou profissão). *Sup abs sint: antiquíssimo.* Antôn (acepções 1 e 2): *moderno, contemporâneo.* • *sm pl* **1** Os homens que existiram em tempos precedentes ao atual. **2** Velhos, anciãos.

an.ti.gri.pal (*anti+gripe+al*[1]) *adj m+f* Que combate a gripe.

an.ti.gui.da.de (*gui* ou *gwi*) (*lat antiquitate*) *sf* **1** Qualidade de antigo. **2 Antiguidade** Período que vai do fim dos tempos pré-históricos até a queda do Império Romano do Ocidente (nesta acepção, escreve-se com inicial maiúscula, como Idade Média, Renascença etc.). **3** Tempos muito antigos.

an.ti.he.mor.rá.gi.co (*anti+hemorrágico*) *adj Med* Diz-se do medicamento que combate as hemorragias. • *sm* Esse medicamento. *Pl: anti-hemorrágicos.*

an.ti.he.rói (*anti+herói*) *sm* Aquele que, numa obra de ficção, tem atributos contrários ao do herói clássico. *Pl: anti-heróis.*

an.ti.hi.gi.ê.ni.co (*anti+higiênico*) *adj* **1** Contrário à higiene. **2** Pouco higiênico, contaminado, sujo. *Pl: anti-higiênicos.*

an.ti.hu.ma.no (*anti+humano*) *V desumano. Pl: anti-humanos.*

an.ti.in.fec.ci.o.so (*ó*) (*anti+infeccioso*) *adj* Contrário às infecções ou a determinada espécie de infecção. *Pl: anti-infecciosos* (*ó*). *Var: anti-infecioso.*

an.ti.in.fla.ci.o.ná.rio (*anti+inflacionário*) *adj* Que previne ou combate a inflação. *Pl: anti-inflacionários.*

an.ti.in.fla.ma.tó.rio (*anti+inflamatório*) *adj* Que previne ou cambate inflamações. • *sm Med* Medicamento com essa propriedade. *Pl: anti-inflamatórios.*

an.ti.lha.no (*Antilhas, np+ano*) *adj* Pertencente ou relativo às Antilhas (América Central). • *sm* Natural ou habitante das Antilhas.

an.tí.lo.pe (*ingl antelope*, de origem grega) *sm Zool* Gênero de ruminantes, da família dos bovídeos, abundantes na África, com chifres ocos.

an.ti.ma.té.ria (*anti+matéria*) *sf* Fís Matéria composta de partículas cujas cargas elétricas, e outras propriedades, são opostas às das partículas do nosso universo: *"Antimatéria explode quando se encontra com o mundo 'normal'."* (FSP)

an.ti.me.ri.di.a.no (*anti+meridiano*) *sm* Círculo de longitude oposto ao círculo de longitude local.

an.ti.mi.có.ti.co (*anti+micótico*) *adj Quím* e *Farm* Diz-se do produto que age nas infecções provocadas por fungos patogênicos. • *sm* Esse produto.

an.ti.mís.sil (*anti+míssil*) *adj m+f* e *sm* **1** Que ou o que é destinado ou usado para interceptar ou destruir mísseis em voo. **2** Que ou o que é destinado a proteger contra mísseis.

an.ti.na.tu.ral (*anti+natural*) *adj m+f* **1** Contrário às leis da natureza. **2** *pop* Contrário aos usos e costumes de uma localidade ou região.

an.ti.ne.vrál.gi.co (*anti+nevrálgico*) *adj+ sm Med* Que ou o que combate a neuralgia.

an.ti.o.fí.di.co (*anti+ofídico*) *adj Farm* Que se emprega contra o veneno de cobras. • *sm* Remédio contra os efeitos de mordida de cobras venenosas.

an.ti.o.xi.dan.te (*anti+oxidante*) *adj m+f* Que previne a oxidação. • *sm* Substância que previne a oxidação ou inibe reações causadas por oxigênio ou peróxidos.

an.ti.pa.pa (*anti+papa*) *sm* Aquele que disputa o papado com papa eleito canonicamente.

an.ti.pa.ti.a (*gr antipátheia*) *sf* **1** Repulsa instintiva que afasta uma pessoa da outra. **2** Repulsa orgânica, aversão a alguma coisa. **3** Incompatibilidade. *Antôn: simpatia*.

an.ti.pá.ti.co (*gr antipathés+ico²*) *adj* Que provoca antipatia. *Sup abs sint: antipaticíssimo*. *Antôn: simpático*.

an.ti.pa.ti.zar (*antipatia+izar*) *vti* Ter antipatia. *Antôn: simpatizar*.

an.ti.pa.tri.o.ta (*anti+patriota*) *adj* e *s m+f* Que ou quem não tem amor à sua pátria.

an.ti.pa.tri.ó.ti.co (*anti+patriótico*) *adj* Contrário aos interesses da pátria.

an.ti.pe.da.gó.gi.co (*anti+pedagógico*) *adj* Contrário aos princípios da pedagogia.

an.ti.pers.pi.ran.te (*anti+perspirar*) *sm* Preparado cosmético, usado para impedir ou diminuir o suor excessivo: *"Depois do banho, opte pelos antiperspirantes."* (ELL)

an.ti.pi.ré.ti.co (*anti+pirético*) *adj+sm Farm* Antitérmico.

an.ti.po.lu.en.te (*anti+poluente*) *adj m+f* Que combate e evita a poluição ambiental.

an.ti.qua.do (*part* de *antiquar*) *adj* **1** Antigo. **2** Que saiu da moda ou do uso. *Antôn: moderno*.

an.ti.quá.rio (*lat antiquariu*) *sm* **1** Colecionador e conhecedor de coisas antigas. **2** Vendedor de antiguidades.

an.ti.quís.si.mo (*qwi* ou *qui*) (*lat antiquissimu*) *adj* Superlativo absoluto sintético de *antigo*; muito antigo.

an.tir.rá.bi.co (*anti+rábico*) *adj Med* Que previne ou combate a raiva ou hidrofobia.

an.tir.ru.gas (*anti+rugas*) *adj+pl* Diz-se do produto, cosmético ou medicamento, desenvolvido e utilizado para prevenir ou combater rugas faciais.

an.tis.se.mi.ta (*anti+semita*) *adj* e *s m+f* Inimigo dos semitas, e particularmente dos judeus.

an.tis.sép.ti.co (*anti+séptico*) *adj Med* Que impede a atividade e multiplicação dos micróbios e a putrefação. • *sm* Agente com essa propriedade.

an.tis.so.ci.al (*anti+social*) *adj m+f* **1** *Sociol* Contrário às ideias, costumes ou interesses da sociedade. **2** *pop* Pessoa arredia de contatos sociais.

an.ti.tér.mi.co (*anti+térmico*) *adj+sm* Que ou o que faz descer a temperatura corporal. *Var: antipirético*.

an.tí.te.se (*anti+tese*) *sf* **1** *Ret* Figura pela qual duas palavras, expressões, pensamentos se tornam inteiramente contrários numa mesma frase. **2** Contraste, oposição.

an.ti.te.tâ.ni.co (*anti+tetânico*) *adj Med* Que combate o tétano.

an.ti.tó.xi.co (*cs*) (*anti+tóxico*) *adj Med* Que reage contra a intoxicação. • *sm* Substância ou órgão que reage contra a intoxicação; antídoto.

an.ti.trus.te (*anti+truste*) *adj m+f* Que combate ou regulamenta os trustes.

an.ti.va.ri.ó.li.co (*anti+variólico*) *adj Farm* Que se aplica contra a varíola.

an.ti.ve.né.reo (*anti+venéreo*) *adj Farm* Que previne ou cura as doenças venéreas.

an.ti.vi.ró.ti.co (*anti+virose+ico²*) *adj* Diz-se do medicamento ou tratamento para combate às moléstias causadas por vírus.

an.ti.ví.rus (*anti+vírus*) *sm* **1** *Med* Culturas de vírus usadas para produzir imunidade local e para fins profiláticos e terapêuticos. **2** *Inform* Programa que detecta e/ou elimina vírus de computador.

an.to.lhos (*ó*) (*ante+olhos*) *sm pl* **1** Vidros escuros que se põem diante dos olhos para protegê-los da luz: *Use antolhos para observar o eclipse.* **2** Viseiras laterais para animais de montaria: *Colocam-se no burro os antolhos para que não veja a carroça.*

an.to.lo.gi.a (*gr anthologia*) *sf* **1** Parte da Botânica que estuda as flores. **2** *Lit* Coleção de trechos escolhidos de bons autores; seleta.

an.to.ló.gi.co (*antologia+ico²*) *adj* **1** Relativo à antologia. **2** Admirável, notável.

an.to.ní.mia (*anti+ânimo+ia¹*) *sf Gram* Oposição de sentido entre duas palavras: *bom* e *mau*. Antôn: sinonímia.

an.tô.ni.mo (*anti+ânimo*) *adj* Que tem significação contrária. • *sm* Vocábulo que tem sentido oposto ao de outro. Antôn: sinônimo.

an.to.zo.á.rio (*anto¹+zoário*) *adj Zool* Relativo ou pertencente aos antozoários. • *sm* **1** Animal da classe dos antozoários. • *pl* **2** *Zool* Classe de celenterados marinhos que compreende os corais, as anêmonas-do-mar e formas relacionadas.

an.traz (*gr ánthrax*) *sm Vet* e *Med* **1** Doença infecciosa, fatal ao gado bovino e a carneiros, causada por um estafilococo e transmissível ao homem. **2** Furúnculo do pescoço.

an.tro (*lat antru*) *sm* **1** Caverna, cova ou gruta natural, escura e profunda, que em geral serve de covil às feras. **2** Lugar perigoso ou de corrupção: *"Daí por diante, a cidade será vista como antro de perdição, onde a liberdade confunde-se com o vício."* (FSP)

an.tro.po.fa.gi.a (*antropo+fago+ia¹*) *sf* Condição, estado ou ato de antropófago; canibalismo.

an.tro.pó.fa.go (*antropo+fago*) *adj* Que come carne humana. • *sm* Indivíduo que come carne humana; canibal.

an.tro.poi.de (*ó*) (*antropo+oide*) *adj m+f* Que tem semelhança de forma com o homem.

an.tro.po.lo.gi.a (*antropo+logo+ia¹*) *sf* Ciência que tem por objeto o estudo do homem como ser animal, social e moral, levando em conta a diversidade dos grupos em que se distribui.

an.tro.po.ló.gi.co (*antropo+logo+ico²*) *adj* Pertencente ou relativo à antropologia.

an.tro.pó.lo.go (*antropo+logo*) *sm* Indivíduo que se especializa no estudo da antropologia.

an.tro.po.mor.fi.a (*antropo+morfo+ia¹*) *sf* Semelhança de forma com o homem.

an.tro.po.mór.fi.co (*antropo+morfo+ico²*) *adj* **1** Que apresenta semelhança de forma com o homem. **2** Referente à antropomorfia ou aos antropomorfos.

an.tro.po.mor.fis.mo (*antropo+morfo+ismo*) *sm* Atribuição de forma ou caráter humanos a objetos não humanos.

an.tro.po.mor.fo (*antropo+morfo*) *adj* Que, pela forma, se assemelha ao homem. • *sm* Mamífero da ordem dos primatas.

an.tro.po.ní.mia (*antropo+ônimo+ia¹*) *sf Ling* Estudo dos antropônimos.

an.tro.pô.ni.mo (*antropo+ônimo*) *sm Ling* Nome próprio de pessoa ou ser personificado.

an.tú.rio (*anto+gr ourá, cauda*) *sm Bot* **1** Gênero de ervas ou trepadeiras da América tropical, frequentemente cultivadas pela sua beleza. **2** Planta desse gênero.

a.nu (*tupi anú*) *sm Ornit* Nome comum a várias aves da família dos cucos. *Var:* anum.

a.nu.al (*lat annuale*) *adj m+f* **1** Que dura um ano ou que corresponde a um ano. **2** Que se faz ou que ocorre todos os anos.

a.nu.á.rio (*fr annuaire*) *sm* **1** Publicação anual. **2** Registro dos principais acontecimentos ocorridos no ano anterior.

a.nu.ên.cia (*anuir+ência*) *sf* **1** Ato de anuir. **2** Aprovação, consentimento: *"Dona Margarida, já acalmada, apenas sacode a cabeça, numa anuência de êxtase."* (CVB)

a.nu.ê.nio (*ano+ênio*) *sm Dir Trab* Salário pago a mais por ano de trabalho: *"O quadro das estatais é horroroso, mas continua-se a pagar salário do mês no dia 20, anuênios e gratificações."* (VEJ)

a.nu.i.da.de (*ânuo+i+dade*) *sf* **1** Transação

que se paga anualmente. **2** Prestação anual, destinada a pagar certa importância em determinado prazo.

a.nu.ir (*lat annuere*) *vti* Estar de acordo com, aprovar, consentir em. Conjuga-se como *contribuir*.

a.nu.la.ção (*anular+ção*) *sf* Ato de anular.

a.nu.lar (*a¹+nulo+ar¹*) *vtd* **1** Reduzir a nada: *Esse erro lhe anulará o futuro.* **2** Destruir o efeito de. **3** Declarar nulo, invalidar; cancelar; revogar; cassar: *Anular casamento, processo, voto.* **4** Tornar incapaz ou inútil: *Anular um antagonista, um concorrente.* Antôn: manter. • *adj m+f* **1** Relativo a anel. **2** Em que se põe anel: *Dedo anular.* **3** Que tem forma de anel. **4** Que apresenta anel. • *sm* Quarto dedo da mão, entre o médio e o mínimo, em que mais se usa anel.

a.nu.lá.vel (*anular+vel*) *adj m+f* Que se pode ou deve anular.

a.nun.ci.a.ção (*anunciar+ção*) *sf* **1** Ato de anunciar. **2 Anunciação** *Teol* Mensagem do anjo Gabriel à Virgem Maria para lhe anunciar o mistério da Encarnação. **3** Festa da Igreja em memória desse mistério.

a.nun.ci.an.te (de *anunciar*) *adj m+f* Que anuncia. • *s m+f* **1** Pessoa que anuncia. **2** *Propag* O responsável por um anúncio em jornal, revista ou outro processo de divulgação.

a.nun.ci.ar (*lat annuntiare*) *vtd* **1** Noticiar, pôr anúncio de, publicar. **2** Fazer conhecer, comunicar. Conjuga-se como *premiar*.

a.nún.cio (de *anunciar*) *sm* **1** Aviso. **2** Mensagem de venda ou de instituição, destinada a influenciar os prováveis compradores de um produto ou serviço.

a.nu.ro (*an+uro¹*) *adj Zool* Sem cauda. • *sm pl Zool* Ordem dos anfíbios, constituída por animais de corpo curto (*p ex*, as rãs).

â.nus (*lat anus*) *sm sing+pl Anat* Abertura exterior do reto, que dá saída às fezes.

a.nu.vi.ar (*lat annubilare*) *vtd* e *vpr* **1** Cobrir(-se) de nuvens, nublar(-se). **2** Tornar(-se) triste: *Ao entrar no hospital, sua fronte se anuviou.* Conjuga-se como *premiar*.

an.zol (*lat *hamiciolu*) *sm* Pequeno gancho, terminado em farpa, a que se prende a isca para pescar.

ao *Gram* **1** Combinação da preposição *a* e do artigo *o*: *Dei ao pobre.* **2** Combinação da preposição *a* e do pronome demonstrativo *o*: *Ao que pedir, darei.*

a.on.de (*a+onde*) *adv* Para onde, para qual lugar.
Deve-se distinguir **aonde** de **onde**. **Aonde** indica movimento para um lugar, enquanto o advérbio **onde** indica permanência *em* um lugar.
Não sei onde ele está.
Eu sei aonde quero ir.

a.or.ta (*gr aortê*) *sf Anat* O mais importante vaso sanguíneo do ventrículo esquerdo do coração.

a.pa.che (*esp apache*) *adj m+f Etnol* Relativo aos apaches, índios peles-vermelhas que habitam os Estados Unidos e o México. • *s m+f* Indígena dessa tribo.

a.pa.dri.nha.men.to (*apadrinhar+mento*) *sm* Ato ou efeito de apadrinhar.

a.pa.dri.nhar (*a¹+padrinho+ar¹*) *vtd* **1** Servir de padrinho a. **2** Favorecer, proteger.

a.pa.ga.do (*part* de *apagar*) *adj* **1** Que já não arde, que não tem fogo ou luz; extinto. **2** Escurecido, sem brilho. **3** Que não sobressai.

a.pa.ga.dor (*apagar+dor*) *adj* Que apaga. • *sm* Aquele ou aquilo que apaga.

a.pa.gão (*apagar+ão²*) *pop V blecaute.*

a.pa.gar (*a¹+lat pacare*) *vtd* **1** Fazer desaparecer. *vtd* **2** Extinguir a chama, o fogo de. *vpr* **3** Deixar de apresentar fogo ou luz: *As luzes apagaram-se.* *vtd* **4** Escurecer (o brilho). *vtd* **5** Destruir, extinguir. *vtd* **6** *Inform* Deletar, eliminar ou suprimir informação, texto, arquivo. *vtd* **7** *gír* Matar. Antôn (acepções 2, 4 e 5): *avivar*; (acepções 1 e 3): *acender*.

a.pai.xo.na.do (*part* de *apaixonar*) *adj* **1** Dominado por paixão. **2** Entusiasmado, exaltado. **3** Que defende com paixão pessoa ou coisa. • *sm* Amante, namorado.

a.pai.xo.nan.te (de *apaixonar*) *adj m+f* Que apaixona, cativa.

a.pai.xo.nar (*a¹+paixão+ar¹*) *vtd* **1** Causar ou inspirar paixão a. *vtd* **2** Entusiasmar, exaltar. *vpr* **3** Encher-se de paixão.

a.pa.ler.mar (*a¹+palerma+ar¹*) *vtd* e *vpr* Tornar(-se) palerma.

a.pal.pa.de.la (*apalpar+dela*) *sf* **1** Ação de apalpar. **2** Investigação cautelosa.

a.pal.par (*a¹+palpar*) *vtd* e *vpr* Tatear(-se), tocar(-se) com a mão.

a.pa.nha.do (*part* de *apanhar*) *adj* **1** Colhido, recolhido com a mão. **2** Agarrado, alcançado. **3** Levantado do chão.

a.pa.nhar (*cast apañar*) *vtd* **1** Colher, recolher. *vtd* **2** Pegar com a mão. *vtd* e *vpr* **3** Caçar(-se); pescar(-se). *vtd* **4** Capturar, prender. *vtd* **5** Contrair (doença). **6** Levar pancadas.

a.pa.ra (de *aparar*) *sf* Sobra de material cortado.

a.pa.ra.de.la (*aparar+dela*) *sf* Ato ou efeito de aparar levemente.

a.pa.ra.dor (*aparar+dor*) *sm* **1** Aquele que apara. **2** Peça de mobília da sala de jantar, espécie de mesa ou bufete, onde se põe a louça ou frutas, doces, vinhos.

a.pa.ra.fu.sar (*a¹+parafuso+ar¹*) *vtd* Apertar ou fixar com parafuso.

a.pa.rar (*a¹+parar*) *vtd* **1** Receber, segurar, tomar (coisa que cai ou que foi atirada). **2** Cortar as bordas de.

a.pa.ra.to (*lat apparatu*) *sm* **1** Disposição, preparativo para qualquer festividade ou cerimônia. **2** Enfeite, adorno. **3** Conjunto de instrumentos para fazer alguma coisa.

a.pa.re.cer (*lat apparescere*) *vti* e *vint* **1** Apresentar-se, mostrar-se, tornar-se visível. *vti* **2** Comparecer ou apresentar-se em algum lugar. *Antôn: desaparecer*.

a.pa.re.ci.men.to (*aparecer+mento*) *sm* **1** Ato ou efeito de aparecer. **2** Origem, princípio.

a.pa.re.lha.do (*part* de *aparelhar*) *adj* **1** Disposto, preparado, pronto. **2** Abastecido, provido.

a.pa.re.lha.gem (*aparelhar+agem*) *sf* **1** Ato de aparelhar madeira ou pedra para alguma obra. **2** Conjunto de aparelhos. **3** Instrumentos. **4** Equipamento.

a.pa.re.lha.men.to (*aparelhar+mento*) *sm* **1** Ato ou efeito de aparelhar. **2** Armas, instrumentos, utensílios, para certa ação.

a.pa.re.lhar (*aparelho+ar¹*) *vtd* e *vpr* **1** Dispor(-se), preparar(-se): *Aparelhar um exército*. *vtd* **2** Prover do que é necessário: *Aparelhou a despesa de alimentos não perecíveis*. *vtd* **3** Arrear (a cavalgadura): *Mandou aparelhar a sua montaria*. *vtd* **4** Desbastar, aplainar pedra ou madeira: *Aparelhar tábuas*.

a.pa.re.lho (*lat vulg *appariculu*) *sm* **1** Conjunto de peças, ferramentas, utensílios ou instrumentos, destinado a executar um trabalho ou prestar um serviço. **2** *Aeron* Avião. **3** Receptor telefônico. **4** *Biol* Sistema ou grupo de órgãos que em conjunto exercem uma função especial: *Aparelho fonador*. **5** Conjunto de peças de serviço culinário; baixela.

a.pa.rên.cia (*lat apparentia*) *sf* **1** Aspecto exterior de alguma coisa. **2** Disfarce.

a.pa.ren.ta.do (*part* de *aparentar*) *adj* **1** Que tem parentesco. **2** Que tem parentes poderosos e influentes.

a.pa.ren.tar (*aparente+ar¹*) *vtd* **1** Mostrar na aparência ou exteriormente. *vtd* e *vti* **2** Afetar, fingir, procurar aparência de. *vtd* e *vpr* **3** Tornar(-se) parente, estabelecer(-se) parentesco entre.

a.pa.ren.te (*lat apparente*) *adj m+f* **1** Que tem aparência de. **2** Fingido, imaginário. **3** Que aparece ou se mostra à vista; visível, evidente. **4** Provável. *Antôn* (acepção 2): *real*.

a.pa.ri.ção (*lat apparitione*) *sf* **1** Aparecimento, presença rápida e breve de pessoa ou coisa. **2** Espectro, fantasma.

a.par.ta.men.to (*apartar+mento*) *sm* **1** Ato ou efeito de apartar, separar. **2** Ausência, retiro, solidão. **3** Cada uma das unidades de um edifício residencial.

a.par.tar (*a¹+parte+ar¹*) *vtd* e *vpr* **1** Afastar(-se), desunir(-se), separar(-se). *vtd* **2** Escolher e separar conforme as qualidades. *vtd* **3** Apaziguar, separar (os que estão brigando).

a.par.te (*a¹+parte*) *sm* Palavra ou frase com que se interrompe quem discursa, leciona ou conversa.

apartheid (*apartaidi*) (do *africânder*) *sm* Segregação racial.

a.part-ho.tel (*apart*(amento) +*hotel*) *sm* Hotel que aluga apartamentos completos com serviços de hotelaria; *flat*. *Pl: apart--hotéis*.

a.par.ti.dá.rio (*a⁴+partido+ário*) *adj* Que não segue nenhum partido.

a.pas.cen.tar (*a¹+pascer+enta+ar¹*) *vtd* **1** Pastorear. *vtd* e *vpr* **2** Deliciar(-se), entreter(-se).

a.pa.te.tar (*a¹+pateta+ar¹*) *vtd* **1** Tornar pateta. **2** Deslumbrar, maravilhar.

apatia 62 **apertar**

a.pa.ti.a (*lat apátheia*) *sf* **1** Indiferença. **2** Indolência. *Antôn* (acepção 2): *vivacidade*.

a.pá.ti.co (*apatia+ico²*) *adj* **1** Que tem apatia. **2** Desleixado, indolente, preguiçoso. *Antôn* (acepção 2): *ativo, esperto*.

a.pá.tri.da (*a¹+pátri+ida*) *adj* e *s m+f Dir* Diz-se da ou a pessoa sem pátria, sem nacionalidade definida.

a.pa.vo.ra.do (*part* de *apavorar*) *adj* Que sente pavor.

a.pa.vo.ran.te (de *apavorar*) *adj m+f* Que apavora.

a.pa.vo.rar (*a¹+pavor+ar¹*) *vtd* **1** Causar pavor a. *vpr* **2** Encher-se de pavor, sentir medo. *Antôn: tranquilizar*.

a.pa.zi.guar (*a²+lat pacificare*) *vtd* e *vpr* Pacificar(-se), pôr(-se) em paz; acalmar (-se), aquietar(-se). Conjuga-se como *averiguar*. *Antôn: inquietar, amotinar, indispor*.

a.pe.ar (*a¹+pé+ar¹*) *vtd* **1** Desmontar, fazer descer da cavalgadura, da carruagem, do carro, do trem. *vti, vint* e *vpr* **2** Descer do cavalo, da carruagem, do carro, do trem. Conjuga-se como *frear*.

a.pe.dre.jar (*a¹+pedra+ejar*) *vtd* **1** Matar a pedradas; lapidar. *vtd* **2** Atirar pedras. *vint* **3** Ofender. Conjuga-se como *solfejar*.

a.pe.ga.do (*part* de *apegar¹*) *adj* **1** Pegado, unido. **2** Próximo, vizinho. **3** Agarrado, seguro. **4** Particularmente afeiçoado a alguma pessoa ou coisa.

a.pe.gar (*a¹+pegar*) *vtd* e *vti* **1** Agarrar, tocar ou tomar com a mão. *vpr* **2** Agarrar--se, segurar-se. *vpr* **3** Recorrer a ou valer--se de. *vpr* **4** Afeiçoar-se, dedicar-se. *Antôn* (acepções 1 e 2): *deixar, largar*.

a.pe.go (*ê*) (de *apegar*) *sm* **1** Afeição, afeto. **2** Insistência, perseverança, afinco.

a.pe.la.ção (*lat appellatione*) *sf* **1** *Dir* Recurso judicial a instância superior, pela parte vencida, para que o processo seja examinado novamente. **2** Truque para sair de alguma dificuldade.

a.pe.lar (*lat appellare*) *vti* **1** Recorrer, buscar remédio para alguma necessidade ou trabalho. *vti* e *vint* **2** Recorrer por apelação a juiz ou tribunal de superior instância. *vti* e *vint* **3** *gír* Recorrer à violência; apelar para a ignorância.

a.pe.li.dar (*lat appellitare*) *vtd* **1** Pôr apelido em. *vpr* **2** Ter apelido ou sobrenome.

a.pe.li.do (de *apelidar*) *sm* **1** Alcunha. **2** Sobrenome familiar.

a.pe.lo (*ê*) (de *apelar*) *sm* **1** Chamamento, convocação. **2** Apelação, recurso.

a.pe.nas (da expressão *a penas*) *adv* **1** Só, somente, unicamente: *"Perguntei, apenas, se você precisava de mim."* (A) **2** Mal, levemente: *Apenas aproximei-me do fio e levei um choque.* • *conj* Logo que: *Apenas chegue o trem, trate de entrar.*

a.pên.di.ce (*lat appendice*) *sm* **1** Coisa ligada a outra, da qual é acessória. **2** Parte saliente de um corpo. **3** Complemento, suplemento no fim de uma obra. **4** *Anat* No corpo humano, pequeno canal sem função, ligado ao intestino. *Var: apêndix*.

a.pen.di.ci.te (*apêndice+ite¹*) *sf Med* Inflamação do apêndice (acepção 4).

a.per.ce.ber (*a¹+perceber*) *vtd* **1** Perceber, ver, notar, distinguir. *vpr* **2** Dar-se conta de.

a.per.ce.bi.do (*part* de *aperceber*) *adj* **1** Visto de perto. **2** Cauteloso, prevenido.

a.per.fei.ço.a.do (*part* de *aperfeiçoar*) *adj* Tornado perfeito.

a.per.fei.ço.a.men.to (*aperfeiçoar+mento*) *sm* **1** Ato ou efeito de aperfeiçoar(-se). **2** Retoque, última demão. **3** Melhoramento, progresso material ou moral.

a.per.fei.ço.ar (*a¹+perfeição+ar¹*) *vtd* e *vpr* **1** Fazer(-se) perfeito ou mais perfeito; polir(-se). *vtd* **2** Acabar, completar, dar a última demão. *vpr* **3** Adquirir maior grau de instrução ou aptidão. Conjuga-se como *coar*.

a.pe.ri.ti.vo (*lat aperitivu*) *adj* Que é próprio para abrir o apetite. • *sm* Qualquer bebida que desperta o apetite.

a.per.ta.do (*part* de *apertar*) *adj* **1** Posto em aperto. **2** Comprimido. **3** De pouca largura; acanhado, estreito. **4** *pop* Que sente forte desejo de defecar ou urinar. *Antôn* (acepção 2): *frouxo*; (acepção 3): *amplo*.

a.per.tar (*a¹+perto+ar¹*) *vtd* e *vint* **1** Aproximar, juntar ou unir-se muito. *vtd* **2** Comprimir. *vtd* **3** Cerrar ou estreitar fortemente nos braços. *vtd* **4** Segurar com força. *vtd* **5** Ajustar, abotoando, atando. *vtd* **6** Estreitar: *Apertar a roupa*. *vtd* **7** Diminuir, encurtar, restringir: *Apertar* *despesas. vtd* **8** Pôr em grave embaraço: *Apertou o suspeito com muitas perguntas. vtd* **9** Apressar, tornar mais veloz: *Apertar o passo. vtd* **10** *Mec* Firmar, fixar com força um parafuso, uma porca ou qualquer coisa roscada; aparafusar.

a.per.to (ê) (de *apertar*) *sm* **1** Ato ou efeito de apertar. **2** Multidão compacta de gente. **3** Lugar apertado. **4** Constrição. **5** Estreitamento.

a.pe.sar de (*a¹+pesar*) *loc prep* Usado nas locuções *apesar de* e *apesar de que*.

a.pe.te.cer (*lat appetere+ecer*) *vtd* **1** Ter apetite de. *vti* e *vint* **2** Causar, provocar apetite.

a.pe.tên.cia (*lat appetentia*) *sf* **1** Vontade ou desejo de comer; apetite. **2** Impulso natural que leva o homem a desejar alguma coisa. *Antôn: inapetência.*

a.pe.ti.te (*lat appetitu*) *sm* Vontade ou desejo de comer. *Antôn: inapetência.*

a.pe.ti.to.so (ô) (*apetite+oso*) *adj* **1** Que desperta o apetite. **2** Gostoso, saboroso. *Pl: apetitosos* (ó).

a.pe.tre.chos (*a¹+petrechos*) *V petrechos.*

a.pi.á.rio (*lat apiariu*) *adj* Concernente ou relativo às abelhas. • *sm* Estabelecimento e instalações destinados à criação de abelhas.

á.pi.ce (*lat apice*) *V auge.*

a.pi.cul.tor (*lat ape+cultor*) *sm* Criador ou tratador de abelhas.

a.pi.cul.tu.ra (*lat ape+cultura*) *sf* Criação de abelhas por processos racionais.

a.pi.e.dar (*a¹+piedade+ar¹*) *vtd* **1** Tratar com piedade, com dó e compaixão. **2** Fazer sentir compaixão. *Antôn: desapiedar.*

a.pi.men.ta.do (*part* de *apimentar*) *adj* **1** Temperado com pimenta. **2** *fig* Malicioso.

a.pi.men.tar (*a¹+pimenta+ar¹*) *vtd* **1** Temperar com pimenta. **2** Estimular, excitar.

a.pi.nha.do (*part* de *apinhar*) *adj* **1** Muito cheio. **2** Aglomerado, amontoado.

a.pi.nhar (*a¹+pinha+ar¹*) *vtd* **1** Dar forma de pinha a. *vtd* **2** Aglomerar, apertar, juntar. *vtd* e *vpr* **3** Encher(-se): *Apinha-se o salão. vpr* **4** Unir-se muito apertadamente: *A turba, apinhando-se, protestava em altas vozes.*

a.pi.tar (*a¹+pito+ar¹*) *vint* **1** Assobiar com apito, tocar apito. *vtd* **2** *Esp* Marcar ou assinalar com apito: *O juiz apitou a falta.*

a.pi.to (de *apitar*) *sm* **1** Instrumento para assobiar, dirigir manobras, pedir socorro. **2** Som produzido por esse instrumento; assovio.

a.pla.car (*a¹+lat placare*) *vtd* **1** Apaziguar, acalmar. *vtd* **2** Abrandar, suavizar, moderar. *vint* e *vpr* **3** Ceder em força ou intensidade: *O vento aplacou. Antôn* (acepção 1): *alvoroçar, amotinar.*

a.plai.nar (*a¹+plaina+ar¹*) *vtd Carp* **1** Alisar com a plaina. *vtd* e *vpr* **2** Aplanar.

a.pla.nar (*a¹+plano+ar¹*) *vtd* Tornar plano; nivelar.

a.plau.dir (*lat applaudere*) *vtd* e *vint* **1** Aclamar, festejar com demonstrações de aplausos. *vtd* e *vpr* **2** Aprovar(-se), elogiar(-se), louvar(-se). *Antôn* (acepção 1): *vaiar*; (acepção 2): *reprovar.*

a.plau.so (*lat applausu*) *sm* **1** Ato de aplaudir por gestos ou por palavras. **2** Aprovação, louvor.

a.pli.ca.ção (*lat applicatione*) *sf* **1** Ação ou efeito de aplicar. **2** Emprego, utilização, uso. **3** Atenção ou assiduidade no trabalho ou nos estudos. **4** Enfeite sobreposto a um vestido.

a.pli.ca.do (*part* de *aplicar*) *adj* **1** Sobreposto: *"[Os homossexuais] eram marcados com um triângulo rosa aplicado sobre a manga ou sobre o peito."* (NAZ) **2** Empregado: *"O dinheiro da herança foi mal aplicado."* (NB) **3** Diligente, estudioso: *"Seja aplicado nos estudos, meu filho. E respeite os padres."* (JT)

a.pli.car (*lat applicare*) *vtd* **1** Adaptar, ajuntar, justapor. *vtd* **2** Empregar, usar, utilizar. *vtd* **3** Adequar, apropriar. *vtd* e *vti* **4** Atribuir. *vtd* **5** Administrar, receitar. *vtd* **6** Concentrar.

a.pli.que (*der* regressiva de *aplicar*) *sm* Enfeite que se aplica numa parede, nos cabelos, na roupa.

ap.nei.a (é) (*gr apnoía*) *sf Med* Suspensão temporária da respiração.

a.po.ca.lip.se (*gr apokálypsis*) *sm* **1 Apocalipse** *Bíblia* O último livro do Novo Testamento, em que se acham registradas as revelações terríveis feitas a João Evangelista sobre o fim do mundo. **2** *fig* Cataclismo, flagelo terrível.

a.po.ca.líp.ti.co (*gr apokalyptikós*) *adj* **1**

Que se refere ao Apocalipse. **2** Pavoroso, terrível.

a.pó.co.pe (*gr apokopé*) *sf Gram* Supressão de fonema ou de sílaba no fim de uma palavra, como em *bel* (de *belo*), *mui* (de *muito*).

a.pó.cri.fo (*gr apókryphos*) *adj* **1** Não autêntico; falso. **2** Secreto, não revelado. **3** De autor desconhecido.

á.po.de (*gr ápous, ápodos*) *adj m+f* **1** Sem pés, ou de pés muito curtos. **2** Sem patas.

a.po.de.rar (*a¹+poder+ ar¹*) *vpr* **1** Apropriar-se de, meter-se na posse de. **2** Deixar-se possuir.

a.po.dre.cer (*a¹+podre+ecer*) *vtd* **1** Tornar podre. *vti, vint* e *vpr* **2** Ficar podre.

a.po.geu (*gr apógeion*) *sm* **1** *Astr* Ponto na órbita de corpo celeste, em que é máxima a sua distância do centro da Terra. **2** O mais alto grau, o ponto culminante; auge.

a.poi.a.do (*part* de *apoiar*) *adj* **1** Amparado, encostado a alguma pessoa ou coisa. **2** Que obteve aprovação ou consentimento. **3** Protegido. • *sm* **1** Aprovação. **2** Aplauso.

a.poi.ar (*apoio+ar¹*) *vtd* **1** Dar apoio a. *vtd* e *vpr* **2** Assentar(-se), firmar(-se), segurar (-se). *vtd* e *vpr* **3** Fundamentar(-se), basear(-se). *vtd* **4** Aplaudir, aprovar, dar apoio a. *Conjug* – *Pres indic:* apoio, apoias, apoia, apoiamos, apoiais, apoiam; *Pret perf:* apoiei, apoiaste, apoiou, apoiamos, apoiastes, apoiaram; *Pret imp indic:* apoiava, apoiavas, apoiava, apoiávamos, apoiáveis, apoiavam; *Pret mais-que-perf:* apoiara, apoiaras, apoiara, apoiáramos, apoiáreis, apoiaram; *Fut pres:* apoiarei, apoiarás, apoiará, apoiaremos, apoiareis, apoiarão; *Fut pret:* apoiaria, apoiarias, apoiaria, apoiaríamos, apoiaríeis, apoiariam; *Pres subj:* apoie, apoies, apoie, apoiemos, apoieis, apoiem; *Pret imp subj:* apoiasse, apoiasses, apoiasse, apoiássemos, apoiásseis, apoiassem; *Fut subj:* apoiar, apoiares, apoiar, apoiarmos, apoiardes, apoiarem; *Imper afirm:* —, apoia(Tu), apoie(Você), apoiemos(Nós), apoiai(Vós), apoiem(Vocês); *Imper neg:* —, Não apoies(Tu), Não apoie(Você), Não apoiemos(Nós), Não apoieis(Vós), Não apoiem(Vocês); *Infinitivo impess:* apoiar; *Infinitivo pess:* apoiar, apoiares,

apoiar, apoiarmos, apoiardes, apoiarem; *Ger:* apoiando; *Part:* apoiado.

a.poi.o (*lat ad+podiu*) *sm* **1** Base, fundamento; tudo que serve para amparar, firmar, segurar. **2** *Mec* e *Constr* Base, suporte. **3** Amparo, auxílio, proteção.

a.pó.li.ce (*a¹+fr police*) *sf* **1** Certificado escrito de uma obrigação mercantil. **2** Documento de seguro de vida ou contra incêndios, riscos marítimos etc. **3** *Econ* Título de dívida pública.

a.po.lí.ti.co (*a⁴+político*) *adj+sm* Que ou o que não é político: *Difícil era encontrar um coronel apolítico. "Convidei um apolítico para o cargo."* (REA)

a.po.lo.gi.a (*gr apologia*) *sf* **1** Discurso ou escrito para justificar ou defender alguém ou alguma coisa. **2** Elogio, louvor.

a.pó.lo.go (*gr apólogos*) *sm* Alegoria moral, história, em que geralmente os animais ou coisas inanimadas falam e procedem como os homens; encerra uma lição de sabedoria como conclusão.

a.pon.ta.do (*part* de *apontar*) *adj* **1** Provido de pontas. **2** Indicado. **3** Lembrado. **4** Marcado com pontos ou sinais ortográficos. **5** Posto em pontaria.

a.pon.ta.dor (*apontar²+dor*) *adj* Que aponta. • *sm* **1** Encarregado de formar o rol dos operários, apontar as faltas e os serviços deles. **2** Livro em que se apontam serviços ou faltas de operários. **3** Instrumento ou aparelho de fazer pontas em lápis.

a.pon.ta.men.to (*apontar+mento*) *sm* **1** Nota, anotação. **2** Declaração breve, por escrito, do que cumpre fazer. **3** Plano ou esboço de obra.

a.pon.tar (*a¹+ponta+ar¹*) *vtd* e *vti* **1** Mostrar com o dedo ou com um ponteiro. *vtd* e *vti* **2** Indicar com a voz ou com o gesto. *vtd* **3** Citar, mencionar. *vtd* **4** Fazer ponta ou bico em. *vtd* **5** Fazer pontaria.

a.po.plé.ti.co (*gr apoplektikós*) *adj* **1** *Med* Causado por apoplexia. **2** *Med* Afetado de apoplexia. • *sm Med* Indivíduo atacado de apoplexia.

a.po.ple.xi.a (*cs*) (*gr apoplexía*) *sf Med* Paralisia súbita e coma causados por sangue ou soro sanguíneo no cérebro ou na medula espinal.

a.po.quen.tar (*a¹+pouco+entar*) *vtd* e *vpr*

Afligir(-se), importunar(-se), incomodar(-se).
a.por (*lat apponere*) *vtd* **1** Pôr juntamente. **2** Acrescentar, juntar: *Não apôs palavra ao comentário*. Conjuga-se como *pôr*. *Part*: *aposto*.
a.por.ri.nha.ção (*aporrinhar+ção*) *sf pop* Aborrecimento.
a.por.ri.nhar (*a¹+porrinha+ar¹*) *vtd gír* **1** Afligir: *Aquela ideia de viajar me aporrinhava*. **2** Aborrecer: *"Abra uma garrafa aqui para esta mulher não me aporrinhar mais!"* (CAS)
a.por.tar (*a¹+porto+ar¹*) *vtd* **1** Conduzir ao porto (o navio). *vti* **2** Chegar ao porto, entrar no porto.
a.por.tu.gue.sa.men.to (*aportuguesar+mento*) *sm* **1** Ação ou efeito de aportuguesar(-se). **2** *Gram* Adaptação à grafia e à pronúncia portuguesa de palavras estrangeiras.
a.por.tu.gue.sar (*a¹+português+ar¹*) *vtd* Acomodar ao uso português, dar forma portuguesa a, tornar português.
a.pós (*lat ad+post*) *prep* Indica relações de: **1** Posterioridade no tempo: *Voltou após uma semana*. **2** Posterioridade no espaço: *Minha casa fica após o cemitério*. **3** Sucessão no tempo: *Dia após dia*.
a.po.sen.ta.do (*part de aposentar*) *adj+sm* Que ou o que obteve aposentadoria.
a.po.sen.ta.do.ri.a (*aposentar+dor+ia¹*) *sf* **1** Ato de aposentar. **2** Estado daquele que se aposentou. **3** Direito que tem o empregado, depois de certo número de anos de atividade ou por invalidez, de retirar-se do serviço, recebendo uma mensalidade. **4** Mensalidade que o aposentado recebe.
a.po.sen.tar (*a¹+pouso+entar*) *vtd* e *vpr* Dar aposentadoria a, jubilar(-se), reformar(-se).
a.po.sen.to (*cast aposento*) *sm* **1** Casa de residência, moradia, pousada onde alguém vive ou se hospeda. **2** Compartimento de casa; quarto.
a.pos.sar (*a¹+posse+ar¹*) *vtd* **1** Dar posse a, pôr de posse. *vtd* **2** Tomar posse de. *vtd* **3** Dominar. *vpr* **4** Apoderar-se de.
a.pos.ta (*de apostar*) *sf* **1** Ajuste entre pessoas que teimam em conceitos ou hipóteses diferentes, devendo quem não acertar ou não tiver razão pagar ao outro quantia ou coisa determinada. **2** A quantia que se aposta. **3** Prêmio da coisa apostada.
a.pos.ta.dor (*apostar+dor*) *adj+sm* Que ou o que aposta.
a.pos.tar (*a¹+posto+ar¹*) *vpr* **1** Pôr-se junto ou a par. *vtd* **2** Fazer aposta de.
a posteriori (*lat*) *loc adv Filos* Expressão latina utilizada para indicar os dados do conhecimento posteriores à experiência: *Raciocinar a posteriori*. • *loc adj* Que é posterior à experiência: *Noção a posteriori*. *Julgamento a posteriori*. Cf *a priori*.
a.pos.ti.la (*a¹+lat post illa*) *sf* **1** Aditamento a diploma ou título oficial. **2** Comentário ou nota que se põe na margem de um livro, manuscrito, escritura. **3** Resumo de lições professadas nos estabelecimentos de ensino. *Var: apostilha*.
a.pos.ti.lar (*apostila+ar¹*) *vtd* **1** Fazer apostilas a: *Apostilar um livro*. **2** Pôr em nota. *Var: apostilhar*.
a.pos.to (*ô*) (*part de apor*) *adj* Acrescentado, junto, sobreposto, adjunto. • *sm Gram* Substantivo ou locução substantiva que, sem auxílio de preposição, modifica ou explica outro. *Pl: apostos* (*ó*).

> **Aposto** é o termo da oração de natureza nominal que se junta a um substantivo ou a um pronome com a finalidade de identificá-lo ou resumi-lo.
> *Arnaldo*, **o motorista do ônibus escolar**, *ganhou na loteria*.
> *Naquela noite aconteceu algo inesperado:* **Paula fugiu com Marcelo**.
> *Eles* – **os pobres prisioneiros** – *foram torturados até a morte*.
> Observe que o **aposto** é geralmente isolado dos demais termos da oração por uma pausa, que na linguagem escrita é assinalada por vírgulas, dois-pontos ou travessões.

a.pos.tó.li.co (*lat apostolicu*) *adj* **1** Pertencente ou relativo aos apóstolos. **2** Igual, conforme ou semelhante aos apóstolos. **3** Que pertence ao papa. **4** Que diz respeito à Santa Sé.
a.pós.to.lo (*gr apóstolos*) *sm* **1** *Rel* Cada um dos doze discípulos de Jesus Cristo escolhidos para serem testemunhas da sua vida e obra e enviados para pregar o Evangelho. **2** Missionário exemplar. **3** Evangelizador, doutrinador.
a.pós.tro.fe (*gr apostrophé*) *sf Ret* **1** Per-

gunta direta e imprevista. **2** Frase enérgica ou incisiva, dirigida inesperadamente a alguém.

a.pós.tro.fo (*gr apóstrophos*) *sm Gram* Sinal gráfico (') em forma de vírgula que indica elisão de letra ou letras.

a.po.te.o.se (*gr apothéosis*) *sf* **1** Glorificação dos heróis, pelos antigos gregos e romanos. **2** Honras extraordinárias prestadas a indivíduos que se tenham destacado. **3** Quadro final em representação teatral, no qual costuma tomar parte todo o elenco e cuja riqueza da montagem tem o objetivo de emocionar os espectadores.

a.po.te.ó.ti.co (*apoteose+ico²*) *adj* **1** Relativo a apoteose. **2** Que elogia muito.

a.pra.za.do (*part de aprazar*) *adj* **1** Determinado. **2** Ajustado, combinado: *"No dia aprazado, o diretor do grupo amanheceu indisposto."* (PCO)

a.pra.zar (*a¹+prazo+ar¹*) *vtd* **1** Determinar, marcar (prazo ou tempo) para fazer alguma coisa. **2** Designar (lugar certo). **3** Ajustar, combinar (tempo, data).

a.pra.zer (*a¹+prazer*) *vti* **1** Causar prazer. *vpr* **2** Apreciar, contentar-se com, gostar de: *Apraz-me de ir ao seu encontro. Antôn: desprazer. Conjug:* de conjugação completa, embora mais empregado nas $3^{\underline{as}}$ pessoas. Com o pronome, é usado em todas as formas. *Conjug – Pres indic:* aprazo, aprazes, apraz, aprazemos, aprazeis, aprazem; *Pret perf:* aprouve, aprouveste, aprouve, aprouvemos, aprouvestes, aprouveram; *Pret imp indic:* aprazia, aprazias, aprazia, aprazíamos, aprazíeis, apraziam; *Pret mais-que-perf:* aprouvera, aprouveras, aprouvera, aprouvéramos, aprouvéreis, aprouveram; *Fut pres:* aprazerei, aprazerás, aprazerá, aprazeremos, aprazereis, aprazerão; *Fut pret:* aprazeria, aprazerias, aprazeria, aprazeríamos, aprazeríeis, aprazeriam; *Pres subj:* apraza, aprazas, apraza, aprazamos, aprazais, aprazam; *Pret imp subj:* aprouvesse, aprouvesses, aprouvesse, aprouvéssemos, aprouvésseis, aprouvessem; *Fut subj:* aprouver, aprouveres, aprouver, aprouvermos, aprouverdes, aprouverem; *Imper afirm:* —, apraz(Tu), apraza(Você), aprazamos(Nós), aprazei (Vós), aprazam(Vocês); *Imper neg:* —, Não aprazas(Tu), Não harapraza(Você), Não aprazamos(Nós), Não aprazais(Vós), Não aprazam(Vocês); *Infinitivo impess:* aprazer; *Infinitivo pess:* aprazer, aprazeres, aprazer, aprazermos, aprazerdes, aprazerem; *Ger:* aprazendo; *Part:* aprazido.

a.pra.zí.vel (*aprazer+vel*) *adj m+f* **1** Que apraz, que dá prazer. **2** Ameno, agradável.

a.pre.ci.a.ção (*apreciar+ção*) *sf* **1** Ato ou efeito de apreciar. **2** Avaliação do valor de alguma coisa.

a.pre.ci.a.dor (*apreciar+dor*) *adj+sm* Que ou o que aprecia.

a.pre.ci.ar (*lat appretiare*) *vtd* **1** Estimar, prezar. **2** Avaliar, julgar. **3** Considerar: *Apreciar os elementos de um processo.* Conjuga-se como *premiar*.

a.pre.ci.á.vel (*apreciar+vel*) *adj m+f* **1** Que se pode apreciar. **2** Digno de apreço.

a.pre.ço (*ê*) (de *apreçar*) *sm* Estima, valor ou consideração em que é tida alguma pessoa ou coisa.

a.pre.en.der (*lat apprehendere*) *vtd* **1** Tomar posse de, segurar, agarrar: *A Justiça apreendeu-lhe os bens.* **2** Assimilar na mente: *Apreende rapidamente quaisquer questões.*

a.pre.en.são (*lat apprehensione*) *sf* **1** Ato ou efeito de apreender. **2** Ação de retirar pessoa ou coisa do poder de alguém, por medida policial ou mandado judiciário. **3** Preocupação, receio, temor. **4** Compreensão, percepção.

a.pre.en.si.vo (*lat apprehensivu*) *adj* **1** Que apreende. **2** Que concebe, que imagina. **3** Preocupado.

a.pre.go.ar (*a¹+pregoar*) *vtd* **1** Anunciar com pregão. **2** Divulgar, espalhar, publicar. Conjuga-se como *coar*.

a.pren.der (*lat apprehendere*) *vtd, vti e vint* Ficar sabendo, reter na memória, tomar conhecimento de.

a.pren.diz (*fr ant apprentiz, mod apprenti*) *sm* **1** O que aprende arte ou ofício. **2** Novato, principiante. *Pl: aprendizes.*

a.pren.di.za.do (*aprendiz+ado¹*) *sm V aprendizagem.*

a.pren.di.za.gem (*aprendiz+agem*) *sf* **1** Ação de aprender qualquer ofício, arte ou ciência. **2** O tempo gasto para aprender uma arte ou ofício. **3** *Psicol* Nome geral dado a mudanças permanentes de comportamento, como resultado de treino ou experiência anterior.

a.pre.sen.ta.ção (*apresentar*+*ção*) *sf* **1** Ato ou efeito de apresentar. **2** Porte pessoal; aparência externa. **3** *Com* Aspecto de uma mercadoria oferecida à venda, quanto a características como colorido, embalagem etc. **4** Prefácio de um livro.

a.pre.sen.ta.dor (*apresentar*+*dor*) *adj* Que apresenta. • *sm* **1** O que apresenta. **2** *Rád* e *Telev* Pessoa que apresenta as atrações de um espetáculo, especialmente no rádio ou na TV.

a.pre.sen.tar (*lat appraesentare*) *vtd* **1** Tornar presente. *vtd* **2** Pôr diante, à vista ou na presença de. *vtd* **3** Oferecer para ser visto ou recebido. *vtd* **4** Mostrar. *vpr* **5** Comparecer, ser presente. *vtd* **6** Fazer conhecer, introduzir na sociedade.

a.pre.sen.tá.vel (*apresentar*+*vel*) *adj* m+f **1** Digno ou capaz de ser apresentado. **2** Que tem boa apresentação.

a.pres.sa.do (*part* de *apressar*) *adj* **1** Que está com pressa. **2** Rápido, breve. **3** Acelerado. **4** Precipitado. *Antôn*.: *vagaroso*.

a.pres.sar (*a¹*+*pressa*+*ar¹*) *vtd* **1** Dar pressa a; acelerar. *vtd* **2** Abreviar, antecipar: *Apressar o casamento*. *vtd* **3** Estimular, instigar: *Apressar os criados*. *vpr* **4** Tornar-se diligente, breve ou rápido: *Convém que te apresses*.

a.pri.mo.ra.men.to (*aprimorar*+*mento*) *sm* Ato ou efeito de aprimorar: "*Matavam-se os velhos e os que resistiam ao aprisionamento.*" (MAL)

a.pri.mo.rar (*a¹*+*primor*+*ar¹*) *vtd* e *vpr* **1** Aperfeiçoar(-se), esmerar(-se), tornar(-se) primoroso. *vpr* **2** Esforçar-se para atingir a perfeição.

a priori (*lat*) *loc adv Filos* Expressão latina utilizada para indicar os dados do conhecimento anteriores à experiência: *Provar a priori*. • *loc adj* Que é anterior à experiência, não se fundamenta nos fatos: *Raciocínio a priori*. *Cf a posteriori*.

a.pri.si.o.na.men.to (*aprisionar*+*mento*) *sm* Ato ou efeito de aprisionar: "*Matavam-se os velhos e os que resistiam ao aprisionamento.*" (MAL)

a.pri.si.o.nar (*a¹*+*prisão*+*ar¹*) *vtd* **1** Apresar, fazer prisioneiro, prender. **2** Encarcerar, meter em prisão. *Antôn*: *libertar*.

a.pro.fun.da.men.to (*aprofundar*+*mento*) *sm* **1** Ato de aprofundar. **2** Escavação, perfuração.

a.pro.fun.dar (*a¹*+*profundo*+*ar¹*) *vtd* e *vpr* **1** Fazer(-se) profundo ou tornar(-se) mais profundo. *vti* e *vpr* **2** Penetrar muito dentro. *vtd* e *vpr* **3** Estudar(-se), examinar (-se): *Aprofundar um assunto*.

a.pron.tar (*a¹*+*pronto*+*ar¹*) *vtd* e *vpr* **1** Dispor(-se), preparar(-se), arrumar(-se). *vtd* **2** Concluir, terminar. *vtd* e *vpr* **3** Vestir(-se). *vtd*, *vti* e *vint* **4** Agir de forma inconveniente, escandalosa, danosa.

a.pro.pri.a.ção (*apropriar*+*ção*) *sf* **1** Ato ou efeito de apropriar. **2** Acomodação, adaptação.

a.pro.pri.a.do (*part* de *apropriar*) *adj* **1** Próprio, apto, adequado, conveniente. **2** Acomodado, adaptado. **3** Oportuno. *Antôn* (acepção 1): *impróprio*; (acepção 3): *inoportuno*.

a.pro.pri.ar (*lat appropriare*) *vtd* **1** Tornar próprio ou conveniente. *vtd* **2** Adaptar, adequar. *vpr* **3** Apoderar-se, apossar-se de alguma coisa como se fosse sua. Conjuga-se como *premiar*.

a.pro.va.ção (*aprovar*+*ção*) *sf* **1** Ato ou efeito de aprovar. **2** Aplauso, louvor. **3** Consentimento.

a.pro.var (*lat approbare*) *vtd* **1** Dar aprovação a, considerar bom. **2** Julgar habilitado em exame. **3** Autorizar, sancionar. *Antôn* (acepção 1): *desaprovar*; (acepção 2): *reprovar*; (acepção 3): *vetar*.

a.pro.vei.ta.dor (*aproveitar*+*dor*) *adj* Que aproveita. • *sm* **1** Aquele que se aproveita. **2** Explorador.

a.pro.vei.ta.men.to (*aproveitar*+*mento*) *sm* **1** Ato ou efeito de aproveitar(-se). **2** Utilização; emprego, exploração. **3** Rendimento nos estudos.

a.pro.vei.tar (*a¹*+*proveito*+*ar¹*) *vtd*, *vti*, *vint* e *vpr* **1** Tirar proveito. *vtd* e *vti* **2** Tornar proveitoso, útil ou rendoso. *vtd* **3** Empregar, utilizar. *vtd* e *vint* **4** Tirar proveito indevido ou exagerado; explorar. *vpr* **5** Servir-se de, valer-se de. *vpr* **6** Abusar.

a.pro.xi.ma.ção (ss) (*aproximar*+*ção*)

sf 1 Ato ou efeito de aproximar. **2** *Mat* Cálculo, valor não absolutamente exato, porém o mais próximo possível. *Antôn* (acepção 1): *afastamento*.

a.pro.xi.mar (ss) (*lat approximare*) *vtd* e *vpr* **1** Fazer com que (uma coisa) fique ou pareça estar perto de (outra). *vtd* e *vpr* **2** Unir(-se) intimamente. *Antôn: afastar, apartar*.

a.pro.xi.ma.ti.vo (ss) (*aproximar+ivo*) *adj* **1** Que aproxima. **2** Feito por aproximação.

a.pru.mar (a¹+prumo+ar¹) *vtd* e *vpr* **1** Levantar(-se) a prumo ou em linha vertical. **2** Endireitar(-se). *Antôn: abater, derrubar, inclinar*.

a.pru.mo (a¹+prumo) *sm* **1** Efeito de aprumar. **2** Posição vertical ou erguida. **3** Orgulho, altivez.

ap.ti.dão (*lat aptitudine*) *sf* **1** Qualidade que faz com que um objeto seja adequado ou acomodado para certo fim. **2** Capacidade para alguma coisa; habilidade, talento. *Antôn: inaptidão*.

ap.to (*lat aptu*) *adj* Capaz, hábil, idôneo. *Antôn: inapto*.

a.pu.nha.lar (a¹+punhal+ar¹) *vtd* e *vpr* **1** Ferir(-se) ou matar(-se) com punhal. *vtd* e *vint* **2** Magoar muito. *vtd* **3** *fig* Trair, enganar.

a.pu.par (*voc onom*) *vtd* Zombar de, perseguir com vaias: *"Diante do Municipal, um grupo de cerca de 300 pessoas apupava, vaiava e insultava os convidados."* (FSP) *Antôn: aclamar, aplaudir*.

a.pu.po (de *apupar*) *sm* **1** Gritos fortes e desordenados; algazarra. **2** Vaia.

a.pu.ra.ção (*apurar+ção*) *sf* **1** Ato ou efeito de apurar. **2** Seleção do que é melhor. **3** Contagem (de votos numa eleição).

a.pu.rar (a¹+puro+ar¹) *vtd* e *vpr* **1** Purificar(-se), tornar(-se) puro. *vtd* e *vpr* **2** Aperfeiçoar(-se). *vtd* **3** Investigar, averiguar. *vtd* **4** Ferver para concentrar: *Apurar o doce, o molho*. *vtd* **5** Conseguir, obter. *vtd* **6** Contar (votos).

a.pu.ro (de *apurar*) *sm* **1** Esmero no falar, no vestir ou no escrever. **2** Aperto, dificuldade. **3** Refinamento, requinte.

a.qua.pla.na.gem (*lat aqua+plano+agem*) *sf* Pouso sobre água ou pista molhada.

a.qua.re.la (*ital acquarella*) *sf* **1** Tinta especial que se dilui em água. **2** Pintura com tintas diluídas em água.

a.qua.re.lis.ta (*aquarela+ista*) *s m+f* Artista que pinta aquarelas.

a.qua.ri.a.no (*aquário+ano*) *sm Astrol* Pessoa nascida sob o signo de Aquário. • *adj Astrol* Relativo ou pertencente ao signo de Aquário ou aos aquarianos.

a.quá.rio (*lat aquariu*) *sm* **1** Vaso ou tanque, comumente de vidro, onde se sustentam plantas ou animais que vivem em água doce ou salgada; viveiro. **2** Lugar ou estabelecimento, às vezes dependência de um zoológico, em que se mantêm e exibem coleções de plantas e animais aquáticos. **3 Aquário** *Astr* Constelação do zodíaco. **4 Aquário** *Astrol* Signo do zodíaco, relativo aos nascidos entre 21 de janeiro e 19 de fevereiro.

a.quar.te.lar (a¹+quartel+ar¹) *vtd* **1** Alojar em quartéis. *vti* e *vpr* **2** Alojar-se em quartéis.

a.quá.ti.co (*lat aquaticu*) *adj* **1** Da água. **2** Que vive na água ou sobre ela.

a.que.ce.dor (*aquecer+dor*) *adj* Que aquece. • *sm* Aparelho que transmite calor ao ambiente (ar, água etc.) ou contém alguma coisa a ser aquecida.

a.que.cer (a¹+lat calescere) *vtd*, *vti* e *vint* **1** Tornar(-se) quente; esquentar(-se). *vint* **2** Dar calor. *vtd* e *vpr* **3** Animar(-se), entusiasmar(-se): *As paradas militares lhe aquecem o espírito belicoso*. *vtd* e *vpr* **4** *Esp* Exercitar(-se) antes da prova ou do treino. *Antôn* (acepções 1 e 2): *esfriar*; (acepção 3): *esmorecer, desanimar*.

a.que.ci.men.to (*aquecer+mento*) *sm* **1** Ato ou efeito de aquecer. **2** Foco de calor que eleva a temperatura de um ambiente ou que produz água quente. **3** *Econ* Fase de expansão da economia.

a.que.du.to (*lat aquaeductu*) *sm* Canal, galeria ou encanamento destinado a conduzir a água de um lugar para outro.

a.que.la (*lat vulg eccu illa*) *pron dem* Feminino de *aquele*.

a.que.le (ê) (*lat vulg eccu ille*) *pron dem* Indica pessoa ou coisa que está um pouco distante da pessoa que fala e da pessoa a quem se fala, tanto na ordem de lugar como na de tempo: *Aquele carro na esquina*.

à.que.le Contração da preposição *a* com o pronome demonstrativo *aquele*.

a.quém (*lat vulg eccu inde*) *adv* Do lado de cá. *Antôn: além*.

a.qui (*lat vulg eccu hic*) *adv* **1** Neste lugar. **2** Para este lugar. **3** Nesta ocasião, agora. *Cf ali*.

a.qui.e.tar (*a¹+quieto+ar¹*) *vtd* **1** Tornar quieto; pacificar, sossegar, tranquilizar. *vti, vint* e *vpr* **2** Ficar quieto, sossegar-se. *Antôn: inquietar, agitar*.

a.qui.la.tar (*a¹+quilate+ar¹*) *vtd* **1** Pesar, julgar, ponderar, medir. *vpr* **2** Aperfeiçoar-se.

a.qui.li.no (*lat aquilinu*) *adj* **1** Relativo à águia ou próprio dela: *"Tinha feições aquilinas e era muito jovem."* (VES) **2** Curvo como o bico da águia: *Nariz aquilino*. *"Era um homem de dentes magníficos, nariz aquilino, olhos azuis."* (BAL) **3** Penetrante como os olhos da águia: *Visão aquilina*.

a.qui.lo (*lat vulg eccu illud*) *pron dem* **1** Aquela coisa ou aquelas coisas. **2** *pej* Aquela pessoa: *Aquilo não tem caráter*.

à.qui.lo Contração da preposição *a* com o pronome demonstrativo *aquilo*.

a.qui.nho.ar (*a¹+quinhão+ar¹*) *vtd* **1** Dar em quinhão, dividir em quinhões, repartir em quinhões: *"Tem razão o poeta que rendeu graças aos Céus por tão bem nos aquinhoar de homens admiráveis."* (VPB) *vpr* **2** Tomar para si algum quinhão do que se reparte: *A mulher aquinhoou-se justamente na divisão da herança do marido*. Conjuga-se como *coar*.

a.qui.si.ção (*lat acquisitione*) *sf* **1** Ato ou efeito de adquirir; compra. **2** A coisa adquirida.

a.qui.si.ti.vo (*lat acquisitu+ivo*) *adj* **1** Relativo a aquisição. **2** Próprio para ser adquirido.

a.quo.so (*ó*) (*lat aquosu*) *adj* **1** Da natureza da água ou semelhante à água. **2** Que tem água. *Pl: aquosos (ó)*.

ar (*lat aere*) *sm* **1** Mistura de gases invisível, transparente, sem cheiro, elástica, de que se compõe a atmosfera. **2** Espaço vazio. **3** Expressão do rosto. **4** Aparência.

á.ra.be (*ár 'arab*) *s m+f* Natural ou habitante da Arábia (Ásia). *sm* Língua da Arábia e de outros povos muçulmanos. • *adj m+f* Pertencente ou relativo à Arábia ou aos seus habitantes.

a.ra.bes.co (*ê*) (*árabe+esco*) *sm* **1** Ornamento geométrico de origem árabe composto por folhagem, flores, frutos e figuras entrelaçadas, usado em pintura, baixos-relevos, mosaicos e tecidos. **2** Rabisco; linha irregular.

a.rá.bi.co (*árabe+ico²*) *adj* **1** Dos árabes ou da Arábia. **2** Diz-se dos algarismos difundidos pelos árabes: 0, 1, 2, 3, 4, 5, 6, 7, 8, 9.

a.ra.çá (*tupi arasá*) *sm* Fruta silvestre parecida com a goiaba.

a.rac.ní.deos (*gr arákhne+ídeos*) *sm pl Zool* Classe de artrópodes com oito patas, na maioria terrestres, que compreende os escorpiões, aranhas, carrapatos, ácaros e outros.

a.ra.do (*lat aratru*) *sm* Utensílio agrícola puxado pelo homem ou por animal ou motorizado, usado para cortar, levantar e virar o solo, preparando-o para semear e plantar; charrua. • *adj* Lavrado.

a.ra.gem (*ar+agem*) *sf* Vento suave e fresco, brisa.

a.ra.ma.do (*part de aramar*) *adj* Fechado por cercas de arame.

a.ra.mai.co (*top Aram+a+ico²*) *adj* Relativo ou pertencente aos arameus ou à sua língua. • *sm* Língua dos arameus ou grupo de dialetos semíticos.

a.ra.me (*lat aeramen*) *sm* **1** Liga de cobre com zinco ou outros metais. **2** Fio muito delgado de ferro, aço, cobre ou qualquer outro metal ou liga de metais.

a.ra.meu *sm* Povo que vivia na Mesopotâmia e em Aram, atual Síria.

a.ran.de.la (*cast arandela*) *sf* **1** Peça que se põe na boca do castiçal para aparar os pingos da vela. **2** Braço para bico de gás, vela ou lâmpada elétrica, preso à parede.

a.ra.nha (*lat aranea*) *sf Zool* Nome de vários animais articulados da classe dos aracnídeos, de grande abdome, com quatro pares de patas, geralmente oito olhos, capaz de tecer teias.

a.ra.pon.ga (*tupi uirá pónga*, ave sonante) *sf* **1** *Ornit* Pássaro cujo canto imita as pancadas do ferreiro na bigorna. Voz: *grita*, *martela.* **2** *gír* Indivíduo que trabalha como detetive.

a.ra.pu.ca (*tupi uirá púka*) *sf* **1** Armadilha para caçar pássaros. **2** Negócio para enganar os ingênuos; conto do vigário. **3** Cilada: *Cair numa arapuca.*

a.rar (*lat arare*) *vtd* e *vint* Sulcar a terra com o arado; lavrar.

a.ra.ra (*tupi arára*) *sf* **1** *Ornit* Nome de várias aves que se distinguem pelo colorido das penas, em que prevalecem as cores mais vivas: amarelo, vermelho e azul. Voz: *grasna, grita*. **2** Suporte para pendurar roupas.

a.ra.ru.ta (*ingl arrowroot*) *sf* **1** *Bot* Erva de cuja raiz se extrai um tipo de farinha usada como alimento. **2** Essa farinha.

a.rau.cá.ria (*top Arauco+ário*) *sf Bot* Gênero de árvores altas da América do Sul e Austrália, com folhas rígidas, estreitas e pontudas, pinhas grandes e sementes comestíveis.

a.rau.to (*fr art heraut*, de origem germânica) *sm* **1** Oficial que, na Idade Média, anunciava as decisões dos reis e outros governantes. **2** Correio, mensageiro.

ar.bi.trar (*lat arbitrare*) *vtd* **1** Resolver como árbitro. **2** Decidir, seguindo a própria consciência. **3** Determinar.

ar.bi.tra.ri.e.da.de (*arbitrário+e+dade*) *sf* **1** Ato ou comportamento arbitrário. **2** O que é fora da regra ou da lei. **3** Abuso, capricho.

ar.bi.trá.rio (*lat arbitrariu*) *adj* **1** Resultante de arbítrio pessoal ou sem fundamento em lei ou em regras. **2** Que não é permitido.

ar.bí.trio (*lat arbitriu*) *sm* **1** Resolução que depende só da vontade. **2** Julgamento de árbitros.

ár.bi.tro (*lat arbitru*) *sm* **1** Aquele que, por acordo das partes adversárias, resolve uma questão. **2** Autoridade suprema; soberano. **3** *Dir* e *Esp* Juiz. *Fem:* árbitra.

ar.bo.res.cer *vint* **1** Tornar-se árvore. **2** Crescer como árvore.

ar.bo.ri.za.ção (*arborizar+ção*, via *fr*) *sf* **1** Ato de arborizar. **2** Plantação de árvores.

ar.bo.ri.zar (*lat arbore+izar*, via *fr*) *vtd* **1** Plantar árvores em. **2** Transformar em bosque.

ar.bus.to (*lat arbustu*) *sm* **1** Planta que não cresce como uma árvore; árvore ainda pequena. **2** Planta, quase sem tronco, com muitos rebentos.

ar.ca (*lat arca*) *sf* **1** Caixa de grandes dimensões; baú. **2** Cofre onde se guardam valores.

ar.ca.bou.ço (*de arca*) *sm* **1** Conjunto dos ossos do corpo; esqueleto. **2** Armação de uma construção.

ar.ca.da (*arco+ada¹*) *sf* **1** *Arquit* Sequência de arcos suportados por colunas. **2** *Arquit* Passagem com coberta arqueada em curva. **3** Construção em forma de arco.

ár.ca.de (*lat arcade*) *adj m+f* Pertencente ou relativo à Arcádia (região da Grécia). • *s m+f* **1** Natural ou habitante da Arcádia. **2** Membro das academias denominadas arcádias.

ar.cá.dia (*árcade+ia²*) *sf* Academia literária dos séculos XVII e XVIII, cujos membros adotavam nome de pastores cantados na poesia grega ou latina.

ar.ca.dis.mo (*arcádia+ismo*) *sm* Estilo literário característico das arcádias.

ar.cai.co (*gr arkhaïkós*) *adj* **1** Antigo, velho. **2** Ultrapassado. *Antôn:* moderno.

ar.ca.ís.mo (*gr arkhaismós*) *sm* **1** Palavra ou locução arcaica, que caiu em desuso. **2** Maneira antiquada de falar ou escrever.

ar.can.jo (*lat archangelu*) *sm Teol* Anjo de ordem superior.

ar.ca.no (*lat arcanu*) *adj* **1** Que encerra mistério; enigmático: *"Suas melodias sugerem encantamentos arcanos."* (FSP) **2** Que está oculto; secreto. • *sm* **1** Segredo profundo. **2** Mistério: *"Meu primo e eu planejávamos estudar Medicina e devassar aqueles arcanos."* (BAL)

ar.car (*arca+ar¹*) *vti* **1** Aguentar, assumir. **2** Arquear, dobrar em forma de arco.

ar.ce.bis.po (*lat archiepiscopu*) *sm* Bispo superior a outros bispos, que se sujeitam à sua autoridade.

ar.cho.te (*cast hachote*) *sm* Tocha de iluminação, usada principalmente ao ar livre; facho.

ar.co (*lat arcu*) *sm* **1** *Mat* Qualquer porção da circunferência; segmento da circunferência. **2** Aro, anel, cinta. **3** Arma feita de vara flexível, curvada e presa nas pontas por uma corda, para arremessar flechas. **4** *Mús* Vara provida de crina, com que se tocam o violino e instrumentos semelhantes.

ar.co.í.ris *sm sing+pl Meteor* Fenômeno luminoso, surge no céu com aparência de arcos coloridos nas cores do espectro solar: vermelho, alaranjado, amarelo, verde, azul, anil e violeta; resulta dos efeitos da luz do Sol em gotas de chuva.

ar-con.di.ci.o.na.do *V condicionador* (acepção 2). *Pl: ares-condicionados.*

ar.dên.cia (*arder+ência*) *sf* **1** Estado ou qualidade do que está em fogo; ardor. **2** Sensação semelhante à causada por uma queimadura. **3** Sabor azedo de certas substâncias.

ar.den.te (*lat ardente*) *adj m+f* **1** Que está em chamas. **2** Que produz muito calor. **3** Com muito calor; febril. **4** Tomado de paixão. **5** Que tem gosto acre; azedo, picante.

ar.der (*lat ardere*) *vti* e *vint* **1** Estar em chama ou em fogo. *vint* **2** Estar aceso (*p ex*: vela). *vti* e *vint* **3** Inflamar-se. *vint* **4** Sentir grande calor.

ar.dil (*cat ardit*, através do *cast*) *sm* **1** Artimanha, estratagema. **2** Cilada, emboscada. *Pl: ardis.*

ar.di.lo.so (*ó*) (*ardil+oso*) *adj* Que emprega ardis; astucioso. *Pl: ardilosos* (*ó*).

ar.dor (*lat ardore*) *sm* **1** Calor intenso. **2** Energia, entusiasmo. **3** Sensação de dor, como a causada por queimadura. **4** Sabor picante, como o da pimenta. *Antôn* (acepções 1 e 2): *frieza.*

ar.do.ro.so (*ó*) (*ardor+oso*) *adj* Em que há ardor; ardente. *Pl: ardorosos* (*ó*).

ar.dó.sia (*fr ant ardoise*, de origem incerta) *sf* **1** Pedra cinzento-escura ou azulada, usada em pisos residenciais ou para fazer quadros onde se escreve a giz. **2** Quadro-negro de ardósia; lousa.

ár.duo (*lat arduu*) *adj* **1** Escarpado, íngreme. **2** Custoso, difícil, trabalhoso.

a.re (*fr are*) *sm* Medida de superfície, equivalente a cem metros quadrados.

á.rea (*lat area*) *sf* **1** Superfície plana limitada. **2** Extensão indefinida. **3** Campo de ação de certa atividade; domínio. **4** Medida de uma superfície limitada (como a de uma figura geométrica plana) ou ilimitada, mas finita (como a da esfera). **5** Região, território.

a.re.al (*areia+al¹*) *sm* **1** Extensão de terreno em que há muita areia. **2** Faixa de terra, encostada ao mar, coberta de areia; praia.

a.re.ar (*areia+ar¹*) *vtd* Polir, esfregando com areia ou qualquer outro pó. Conjuga-se como *frear*.

a.rei.a (*lat arena*) *sf* **1** Substância mineral, em pequenos grãos ou em pó, proveniente de erosões rochosas. **2** Praia. *sm* **3** Tonalidade de bege semelhante à cor da areia. • *adj m+f* Que tem essa tonalidade.

a.re.ja.men.to (*arejar+mento*) *sm* Ação ou resultado de arejar; ventilação, arejo.

a.re.jar (*ar+ejar*) *vtd* **1** Ventilar. *vint* **2** Tomar ar novo. *vpr* **3** Tomar ar; refrescar-se. Conjuga-se como *solfejar*.

a.re.na (*lat arena*) *sf* **1** Campo fechado onde se realizam lutas, corridas, jogos. **2** Lugar de contenda ou discussão. **3** Terreno circular fechado, onde se realizam touradas.

a.re.ni.to (*areni+ito²*) *sm Geol* Denominação comum a várias rochas sedimentares, compostas de grãos de quartzo ou feldspato, unidos por argila ou calcário.

a.re.no.so (*ó*) (*arena+oso*) *adj* **1** Coberto de areia. **2** Misturado com areia. *Pl: arenosos* (*ó*).

a.ren.que (*fr hareng*, de origem germânica) *sm Ictiol* Peixe valioso, de aproximadamente 30 cm de comprimento, abundante no norte do Oceano Atlântico.

a.ré.o.la (*lat areola, dim de area*) *sf* **1** *Anat* Círculo, de coloração forte, ao redor do mamilo. **2** *Astr* Circunferência em redor da Lua. **3** *pop* Auréola (dos santos).

a.res.ta (*lat arista*) *sf* **1** Qualquer linha originada pelo encontro de duas superfícies. **2** *Geogr* Linha que separa as vertentes principais de uma cordilheira. **3** Canto, quina.

ar.far (*lat vulg arefare*, por *arefacere*) *vti* e *vint* Estar ofegante, respirar com dificuldade.

ar.ga.mas.sa *sf Constr* **1** Material de assentamento ou revestimento de alvenarias, preparado com areia, água e cal ou cimento. **2** Reboco.

ar.ge.li.no (*top Argel+ino¹*) *adj* Referente à Argélia ou a Argel (África). • *sm* **1** Natural ou habitante da Argélia ou de Argel, capital da Argélia. **2** O dialeto árabe falado nesse país.

ar.gên.teo (*lat argenteu*) *adj* **1** Feito de

prata. **2** Brilhante como prata. **3** Da cor da prata.

ar.gen.ti.no (de *Argentina*, *np*) *adj* Pertencente ou relativo à Argentina (América do Sul). • *sm* Natural ou habitante da Argentina.

ar.gi.la (*lat argilla*) *sf* Barro empregado na cerâmica.

ar.go.la (*ár al gulla*) *sf* **1** Anel metálico em que se enfia ou se amarra qualquer coisa. **2** Qualquer coisa de forma circular e vazia no meio. **3** Anel de metal ou outro material, usado como enfeite em partes do corpo.

ar.gú.cia (*lat argutia*) *sf* **1** Finura de observação. **2** Raciocínio sutil. **3** Dito espirituoso.

ar.gui.ção (*gwi*) (*lat arguitione*) *sf* **1** Ação de arguir. **2** Teste oral. **3** *Dir* Interrogatório.

ar.guir (*gwi*) (*lat arguere*) *vtd* **1** Criticar, reprovar. *vti* e *vint* **2** Argumentar, discutir. *vtd* **3** Interrogar. Conjug – Pres indic: *arguo, arguis, argui, arguimos, arguis, arguem; Pret perf: argui, arguiste, arguiu, arguimos, arguistes, arguiram; Pret imp indic: arguia, arguias, arguia, arguíamos, arguíeis, arguiam; Pret mais-que-perf: arguira, arguiras, arguira, arguíramos, arguíreis, arguiram; Fut pres: arguirei, arguirás, arguirá, arguiremos, arguireis, arguirão; Fut pret: arguiria, arguirias, arguiria, arguiríamos, arguiríeis, arguiriam; Pres subj: argua, arguas, argua, arguamos, arguais, arguam; Pret imp subj: arguisse, arguisses, arguisse, arguíssemos, arguísseis, arguissem; Fut subj: arguir, arguires, arguir, arguirmos, arguirdes, arguirem; Imper afirm: —, argui(Tu), argua(Você), arguamos(Nós), argui(Vós), arguam(Vocês); Imper neg: —, Não arguas(Tu), Não argua(Você), Não arguamos(Nós), Não arguais(Vós), Não arguam(Vocês); Infinitivo impess: arguir; Infinitivo pess: arguir, arguires, arguir, arguirmos, arguirdes, arguirem; Ger: arguindo; Part: arguido.*

ar.gu.men.ta.ção (*lar argumentatione*) *sf* **1** Ato ou efeito de argumentar. **2** Reunião de argumentos.

ar.gu.men.tar (*lat argumentari*) *vti* e *vint* **1** Apresentar argumentos. *vint* **2** Servir de argumento, prova ou documento. *vtd* **3** Alegar, expor como argumento.

ar.gu.men.to (*lat argumentu*) *sm* **1** Raciocínio. **2** Prova, demonstração.

á.ria (*sânsc ârya*) *sf* **1** *Mús* Qualquer peça musical, vocal ou instrumental, para uma só voz. *s m+f* **2** Indivíduo de alguma das três primeiras classes dos hindus. • *adj m+f* Pertencente ou relativo a esses povos.

a.ri.a.no (*ária+ano*) *sm* **1** Membro da divisão asiática da família indo-europeia, que ocupa a Índia e o Irã, ou dessa família toda que compreende os indianos, iranianos, gregos, italianos, celtas, eslavos e germânicos, cujas línguas são todas relacionadas. **2** A língua original dos árias ou arianos. **3** *Astrol* Pessoa nascida sob o signo de Áries. • *adj* Relativo ou pertencente à família linguística indo-europeia.

a.ri.dez (*árido+ez*) *sf* **1** Qualidade de árido. **2** Secura.

á.ri.do (*lat aridu*) *adj* **1** Estéril, improdutivo, seco. **2** Em que não há umidade. *Antôn: fértil.*

Á.ries (*lat aries*) *sm* **1** *Astr* Constelação do zodíaco. **2** *Astrol* Signo do zodíaco, relativo aos nascidos entre 21 de março e 20 de abril.

a.ri.ra.nha (*tupi arerãia*) *sf Zool* Mamífero carnívoro que habita os grandes rios, de pelo macio e cinzento e maior que a lontra, a quem se assemelha. Voz: *regouga*.

a.ris.co (por *areísco*, de *areia*) *adj* **1** Que não pode ser domesticado. **2** Arredio, tímido. **3** Desconfiado.

a.ris.to.cra.ci.a (*gr aristokratía*) *sf* **1** *Sociol* Sociedade na qual uma camada social privilegiada é a única que controla o Estado e as instituições. **2** A classe nobre. **3** Classe social dominante.

a.ris.to.cra.ta (*gr aristokrátes*) *s m+f* **1** Pessoa que tem título de nobreza; fidalgo, nobre. **2** Partidário da aristocracia. • *adj m+f V aristocrático*.

a.ris.to.crá.ti.co (*gr aristokratikós*) *adj* **1** Relativo ou pertencente à aristocracia. **2** Próprio de aristocrata; nobre, distinto.

a.ris.to.té.li.co (*gr aristotelikós*) *adj* **1** Relativo a Aristóteles, filósofo grego (384-322 a.C.), ou à sua doutrina. **2** Que participa da doutrina de Aristóteles.

a.rit.mé.ti.ca (*gr arithmetiké*) *sf* **1** *Mat* Ramo da matemática que estuda as propriedades dos números e as operações que com eles se podem realizar. **2** Obra ou tratado sobre essa ciência.

ar.le.quim (*ital arlecchino*) *sm* **1** Personagem que, na comédia italiana, usava roupa feita de retalhos triangulares de várias cores. **2** Palhaço.

ar.ma (*lat arma*) *sf* **1** Instrumento de ataque ou de defesa. *Col*: arsenal. **2** Qualquer recurso ou meio. **3** Corpo do exército. *sf pl* **4** Profissão militar. **5** Armadura, aparelhamento de guerra.

ar.ma.ção (*arma+ção*) *sf* **1** Estrutura. **2** Qualquer estrutura de varetas de aço, arame ou de outro material rígido, que serve de esqueleto a um objeto revestido de tecido ou material semelhante. **3** Conjunto dos aros e hastes dos óculos. **4** *gír* Trapaça, tramoia. **5** *Constr* Vigamento de um edifício; esqueleto.

ar.ma.da (de *armar+ada*[1]) *sf* Esquadra, frota, marinha de guerra.

ar.ma.di.lha (*cast armadilla*) *sf* **1** Qualquer aparelho ou artifício com que se apanha a caça. **2** Meio astuto de enganar alguém; cilada.

ar.ma.dor (*armar+dor*) *adj* Que arma. • *sm* **1** Indivíduo que arma. **2** Pessoa que, em qualquer porto, equipa e explora navio mercante.

ar.ma.du.ra (*lat armatura*) *sf* **1** Conjunto de armas. **2** *Constr* Reforço de varetas ou arame de ferro no concreto armado. **3** Blindagem, couraça. **4** Couraça dos animais. **5** Vestimenta de guerra usada na Idade Média.

ar.ma.men.tis.mo (*armamento+ismo*) *sm* Recomendação do aumento de material bélico de um país ou dos países em geral.

ar.ma.men.tis.ta (*armamento+ista*) *adj m+f* Pertencente ou relativo ao armamentismo. • *s m+f* Pessoa partidária do armamentismo.

ar.ma.men.to (*lat armamentum*) *sm* **1** Ação de armar. **2** Conjunto de armas necessárias ao soldado ou à tropa. **3** Qualquer instrumento de guerra.

ar.mar (*lat armare*) *vtd e vpr* **1** Munir(-se), prover(-se) de armas: *Armara muitos homens*. *vtd e vpr* **2** Munir(-se) de algum objeto, de um sentimento: *Armou-se de um telescópio*. *vtd* **3** Preparar uma arma, aparelho ou mecanismo para entrar em funcionamento: *Armar o fuzil*. *vtd* **4** Montar: *Armar a cama*. *vpr* **5** Precaver-se, resguardar-se: *Armar-se contra o frio*. *vtd* **6** Tramar: *Armar intrigas*. *vpr* **7** Preparar-se (fenômeno): *Armar-se uma tempestade*. Antôn: desarmar, desfazer.

ar.ma.ri.nho (*armário+inho*) *sm* **1** Pequeno armário. **2** Loja de aviamentos de costura.

ar.má.rio (*lat armariu*) *sm* Móvel de madeira, aço ou outro material, com porta de uma ou duas folhas, com ou sem prateleiras ou gavetas, para guardar objetos.

ar.ma.zém (*ár al-maHzan*) *sm* **1** Lugar onde se guardam mercadorias; depósito. **2** Depósito de material bélico. **3** Casa onde se vendem bebidas e gêneros alimentícios.

ar.ma.ze.na.gem (*armazenar+agem*) *sf* **1** Ato de armazenar. **2** Cota que se paga às estradas de ferro e alfândegas, para se conservarem as mercadorias em depósito ou armazém.

ar.ma.ze.na.men.to (*armazenar+mento*) *sm* Ação de armazenar; armazenagem.

ar.ma.ze.nar (*armazém+ar*[1]) *vtd* **1** Guardar ou recolher em armazém. *vtd* **2** Conter em depósito. *vtd e vpr* **3** Acumular(-se).

ar.mê.nio (*lat armeniu*) *adj* Que se refere à Armênia (Ásia) ou à língua dos armênios. • *sm* **1** Língua da Armênia, um dos ramos do indo-europeu. **2** Natural ou habitante da Armênia.

ar.mi.nho (*lat armeniu*) *sm* **1** *Zool* Carnívoro do hemisfério Norte, com o tamanho de um gato comum; sua pele, no inverno, adquire uma alvura imaculada. **2** Pele desse animal.

ar.mis.tí.cio (*lat armistitiu*) *sm* **1** Interrupção de guerra. **2** Trégua de pouca duração.

ar.ni.ca (*lat cient arnica*) *sf* **1** *Bot* Gênero extenso de ervas da família das compostas, do hemisfério Norte, mas aclimadas no Brasil. **2** *Bot* Planta desse gênero. **3** *Farm* Tintura dessa planta, usada principalmente para escoriações, luxações e inchaços doloridos.

a.ro (*lat aruu*) *sm* **1** Anel, argola. **2** Guarnição circular, metálica, externa ou interna das rodas de certos veículos. **3** Círculo. **4** Armação de óculos.

a.ro.ei.ra (*ár darú+eira*) *sf Bot* Nome comum a várias árvores ou arbustos.

a.ro.ma (*gr ároma*) *sm* **1** Perfume agradável de certas substâncias. **2** Cheiro bom, fragrância.

a.ro.má.ti.co (*gr aromatikós*) *adj* Que tem aroma; cheiroso, perfumado.

a.ro.ma.ti.zar (*lat aromatizare*) *vtd* **1** Tornar aromático, perfumar. **2** *Cul* Temperar.

ar.pão (*fr harpon*) *sm* Dardo empregado na pesca de peixes grandes e cetáceos.

ar.pe.jo (*ê*) (*ital arpeggio*) *sm Mús* Acorde de sons sucessivos em instrumentos de cordas.

ar.po.ar (*arpão+ar¹*) *vtd* Atirar o arpão em, ferir com o arpão (cetáceos ou peixes grandes). Conjuga-se como *coar*.

ar.que.a.do (*part de arquear*) *adj* Em forma de arco; curvado.

ar.que.ar (*arco+e+ar¹*) *vtd* e *vpr* Curvar(-se) em forma de arco; arcar(-se). Conjuga-se como *frear*.

ar.quei.ro (*arca+eiro*) *sm* **1** Fabricante ou vendedor de arcas. **2** Fabricante ou vendedor de arcos para pipas. **3** *Mil* O que luta com arco. **4** *Esp* Goleiro.

ar.que.o.lo.gi.a (*arqueo+logo+ia¹*) *sf* **1** Ciência das coisas antigas. **2** Estudo das velhas civilizações, a partir dos monumentos e escavações.

ar.que.o.ló.gi.co (*arqueo+logo+ico²*) *adj* **1** Referente à arqueologia. **2** Muito velho, antigo.

ar.que.ó.lo.go (*arqueo+logo*) *sm* Indivíduo perito ou versado em arqueologia.

ar.qué.ti.po (*gr arkhétypon*) *sm* **1** Modelo dos seres criados, padrão. **2** Protótipo.

ar.qui.ban.ca.da (*arqui+bancada*) *sf* Série de assentos dispostos em fileiras, em diversos planos, característica de estádios e circos, para acomodar grande quantidade de espectadores.

ar.qui.di.o.ce.sa.no (*arquidiocese+ano*) *adj* Que se refere à arquidiocese.

ar.qui.di.o.ce.se (*arqui+diocese*) *sf* Diocese comandada por um arcebispo.

ar.qui.du.ca.do (*arquiduque+ado¹*) *sm* **1** Dignidade de arquiduque. **2** Território pertencente a arquiduque.

ar.qui.du.que (*arqui+duque*) *sm* Título superior a duque. *Fem: arquiduquesa.*

ar.qui-i.ni.mi.go (*arqui+inimigo*) *adj+sm* Que ou aquele que é mais inimigo; inimigo poderoso. *Pl: arqui-inimigos.*

ar.qui.mi.li.o.ná.rio (*arqui+milionário*) *adj+sm* Que ou aquele que é muitas vezes milionário.

ar.qui.pé.la.go (*arqui+pélago*) *sm* Grupo de ilhas próximas umas das outras.

ar.qui.te.tar (*arquiteto+ar¹*) *vtd* Idealizar projetos de arquitetura.

ar.qui.te.to (*lat architectu*) *sm* **1** Aquele que projeta ou dirige construções de edifícios. **2** O que projeta ou idealiza qualquer coisa.

ar.qui.te.tô.ni.co (*gr arkhitektonikós*) *adj* Relativo ou pertencente à arquitetura.

ar.qui.te.tu.ra (*lat architectura*) *sf* **1** Arte de projetar e construir prédios, edifícios ou outras estruturas. **2** Constituição do edifício. **3** Projeto, plano.

ar.qui.va.men.to (*arquivar+mento*) *sm* Ação ou efeito de arquivar.

ar.qui.var (*arquivo+ar¹*) *vtd* **1** Depositar, guardar em arquivo. **2** Interromper o andamento de (um processo, inquérito etc.). **3** *Inform* Guardar dados na memória de um computador.

ar.qui.vis.ta (*arquivo+ista*) *s m+f* Funcionário que cuida do arquivo e é responsável por ele.

ar.qui.vo (*lat archivu*, do *gr arkheîon*) *sm* **1** Casa ou móvel onde se conservam ou guardam documentos escritos. **2** Coleção de qualquer espécie de documentos ou materiais importantes ou de valor histórico, como manuscritos, fotografias, correspondência etc. **3** Registro. **4** *Inform* Seção de dados num computador, como lista de endereços, textos, contas de clientes, na forma de registros individuais que podem conter dados, letras, números ou gráficos.

ar.ra.bal.de (*ár ar-rabaD*) *sm* **1** Arredores, cercanias. **2** Proximidade, vizinhança. **3** Subúrbio.

ar.rai.a (*a¹+raia*) *sf* **1** *Ictiol* Denominação vulgar de certos peixes, que apresentam corpo achatado, nadadeiras peitorais e cauda alongada com esporão agudo; raia. **2** Papagaio de papel de seda.

ar.rai.al (*a¹+real*) *sm* **1** Pequena povoação. **2** Lugar onde há festas e aglomeração popular.

ar.rai.gar (*a¹+lat radicare*) *vtd* **1** Firmar pela raiz; enraizar. *vint* e *vpr* **2** Lançar ou criar raízes; radicar-se. *vtd* e *vpr* **3** Estabelecer (-se) em algum lugar, com ânimo de permanecer nele. Conjuga-se como *largar*.

ar.ran.ca.da (*arrancar+ada¹*) *sf* **1** Ação de arrancar. **2** Movimento repentino. **3** Partida na corrida de cavalos.

ar.ran.car *vtd* **1** Fazer sair puxando, tirar com força e violência. *vti, vint* e *vpr* **2** Partir ou sair de algum lugar com força, e de repente: *Arrancou para fora inesperadamente. vtd* **3** Obter à força: *Arrancaram do infeliz prisioneiro uma falsa confissão.*

ar.ran.ca-ra.bo *sm pop* **1** Discussão, bate-boca. **2** Barulho, briga, conflito. *Pl: arranca-rabos.*

ar.ra.nha-céu (*arranha+céu*) *sm* Edifício muito alto. *Pl: arranha-céus.*

ar.ra.nha.du.ra (*arranhar+dura*) *sf* **1** Ação ou resultado de arranhar. **2** Ferida leve produzida por uma ponta aguda, unha etc., roçando fortemente a pele: *"Alfredinho ficou batido, com o nariz a escorrer sangue, a roupa rasgada e a cara cheia de arranhaduras."* (DEN) *Var: arranhadela, arranhão.*

ar.ra.nhão (*arranhar+ão²*) *sm* V *arranhadura.*

ar.ra.nhar (*cast arañar*) *vtd* e *vpr* **1** Ferir(-se) levemente. *vint* **2** Causar arranhão. *vtd* **3** Tocar mal (instrumento de música). *vtd* **4** Falar de modo imperfeito (uma língua).

ar.ran.ja.do (*part* de *arranjar*) *adj* **1** Arrumado, disposto em ordem, organizado, preparado. **2** *pop* Diz-se de quem é meio rico, de quem está em condições prósperas.

ar.ran.jar (*fr arranger*) *vtd* **1** Pôr em ordem; arrumar; ordenar: *Arranjar as malas. vtd* e *vti* **2** Conseguir, obter: *Ela arranjou namorado. vtd* **3** Consertar, reparar: *Temos de mandar arranjar esse aparelho. vpr* **4** Obter meios ou recursos, governar bem a vida, economicamente: *Com tais empreendimentos ele arranjou-se bem. vtd* **5** *Mús* Fazer o arranjo de (uma composição).

ar.ran.jo (de *arranjar*) *sm* **1** Ação ou efeito de arranjar; arrumação. **2** *Mús* Adaptação de uma composição a vozes ou instrumentos para os quais originalmente não havia sido escrita.

ar.ran.que (de *arrancar*) *sm* **1** Ato ou resultado de arrancar. **2** Ato ou efeito de arrancar, de tirar da terra (minério, pedras etc.). **3** Início de movimento de um motor ou máquina.

ar.ra.sa.dor (*arrasar+dor*) *adj* Que arrasa; arrasante. • *sm* Destruidor.

ar.ra.sar (*a¹+raso+ar¹*) *vtd* **1** Demolir, derrubar (uma construção). *vtd* **2** Arruinar, estragar: *Arrasou a saúde. vtd* **3** Abater, abalar: *Arrasar uma ditadura. vtd* e *vint* **4** *gír* Agradar, impressionar, destacar-se: *Usando apenas um biquíni minúsculo, a garota arrasou a praia inteira.*

ar.ras.tão (*arrastar+ão²*) *sm* **1** Esforço que faz quem arrasta. **2** Rede em forma de saco, que, atás das embarcações de pesca, se arrasta pelo fundo da água. **3** *gír* Furto praticado por turmas de pivetes em locais de grande concentração de pessoas.

ar.ras.ta-pé (*arrastar+pé*) *sm pop* Baile popular. *Pl: arrasta-pés.*

ar.ras.tar (*a¹+rastro+ar¹*) *vtd* **1** Levar ou trazer de rastros ou à força. *vti, vint* e *vpr* **2** Ir roçando o corpo ou a maior parte dele pelo chão. *vtd* **3** Levar, puxar ou mover com dificuldade. *vpr* **4** Ir ou andar com dificuldade. *vtd* **5** Atrair, levar atrás de si. *vtd* **6** Rolar ou levar com força ou violência: *Ondas encapeladas arrastam tudo que lhes fica ao alcance.*

ar.ra.zo.a.do (*part* de *arrazoar*) *adj* **1** Justo, sensato. **2** Argumentado, justificado. • *sm* Discurso oral ou escrito que tem por fim defender uma causa.

ar.ra.zo.ar (*a¹+razão+ar¹*) *vtd* **1** Expor o direito de (uma causa), dizendo as razões. *vti* e *vint* **2** Discutir, disputando: *Arrazoar com alguém.* Conjuga-se como *coar.*

ar.re! (*ár harre*) *interj* Indica raiva, aborrecimento.

ar.re.a.men.to (*arrear+mento²*) *sm* **1** Ação de arrear. **2** V *arreio.*

ar.re.ar (*arreio+ar¹*) *vtd* **1** Pôr arreio em (animal de montaria). *vtd* e *vpr* **2** Enfeitar(-se), adornar(-se): *A menina arreava a boneca.* Conjuga-se como *frear.*

ar.re.ba.nhar (*a¹+rebanho+ar¹*) *vtd* **1** Juntar em rebanho, juntar o gado. **2** Reunir, juntar.

ar.re.ba.ta.dor (*arrebatar+dor*) *adj* **1** Que arrebata. **2** Sedutor, envolvente, excitante. • *sm* Aquele que arrebata.

ar.re.ba.ta.men.to (*arrebatar+mento*) *sm* **1** Ação de arrebatar: *"Organizaram-se novos piquetes para o arrebatamento das reses necessárias."* (CHP) **2** Furor repentino; excitação: *"Jerônimo mastigava os suculentos nacos sob comovente arrebatamento."* (CHP)

ar.re.ba.tar (*a¹+rebate+ar¹*) *vtd* **1** Tirar com violência. *vtd* **2** Levar para longe e de repente. *vtd* **3** Raptar, sequestrar. *vpr* **4** Entusiasmar-se, extasiar-se: Arrebatavam-se ante a maravilhosa paisagem.

ar.re.ben.ta.ção (*arrebentar+ção*) *sf* **1** Movimento das ondas do mar, quando batem na praia ou num recife, formando espuma. **2** Local exato onde as ondas do mar quebram.

ar.re.ben.ta.do (*part* de *arrebentar*) *adj* **1** Que se arrebentou. **2** Inutilizado por grandes esforços.

ar.re.ben.tar (*a¹+rebentar*) *vti* **1** Estourar. *vint* **2** Quebrar, romper.

ar.re.bi.ta.do (*part* de *arrebitar*) *adj* **1** Virado para cima. **2** Atrevido, insolente.

ar.re.bi.tar (*a¹+rebitar*) *vtd* e *vpr* **1** Virar(-se) para cima, a ponta ou aba de. *vpr* **2** Levantar-se, erguer-se.

ar.re.bi.te (*a¹+rebite*) *sm* **1** Ímpeto, repente. **2** *V rebite*.

ar.re.bol (*a¹+lat rubore*) *sm* Cor avermelhada das nuvens, ao nascer do dia ou no fim da tarde.

ar.re.ca.da.ção (*arrecadar+ção*) *sf* **1** Ação de arrecadar. **2** Cobrança de receitas e impostos.

ar.re.ca.dar (*a¹+recadar*) *vtd* **1** Pôr em lugar seguro. **2** Cobrar, receber.

ar.re.ci.fe (*ár ar-raSîf*) *V recife*.

ar.re.di.o (*lat errativu*) *adj* **1** Que anda longe do lugar aonde costumava ir ou da companhia que tinha. **2** Que se afasta da sociedade, arisco. **3** Afastado.

ar.re.don.da.do (*part* de *arredondar*) *adj* **1** De forma algo redonda ou circular. **2** Curvo, obtuso.

ar.re.don.da.men.to (*arredondar+mento*) *sm* Ação de arredondar.

ar.re.don.dar (*a¹+redondo+ar¹*) *vtd* e *vpr* **1** Tornar(-se) redondo, dar forma de círculo a. *vtd* **2** Tornar curvo, obtuso, o que estava agudo. *vtd* **3** Exprimir por número redondo, cortando os quebrados; transformar em número redondo, cortando a fração.

ar.re.fe.cer (*a¹+lat refrigescere*) *vtd* **1** Abaixar a temperatura de; fazer esfriar. *vint* e *vpr* **2** Esfriar, tornar-se frio: *A febre arrefeceu*. *vtd* **3** Moderar: *Arrefecer o entusiasmo, o fervor*. *vti* e *vint* **4** Desanimar: *Seu entusiasmo arrefeceu*. Antôn: *aquecer, animar*.

ar.re.fe.ci.men.to (*arrefecer+mento*) *sm* **1** Ação de arrefecer; esfriamento. **2** Perda de entusiasmo.

ar.re.ga.çar (*a¹+regaço+ar¹*) *vtd* **1** Juntar, puxar. **2** Puxar para cima ou para trás; enrolar para cima (calça, saia, mangas etc.).

ar.re.ga.lar (*a¹+regalar*) *vtd* Abrir muito (os olhos) por espanto ou satisfação.

ar.re.ga.nhar (*a¹+lat vulg *recaniare*) *vtd* Mostrar (os dentes), abrindo os lábios com expressão de raiva ou riso.

ar.re.gi.men.tar (*a¹+regimento+ar¹*) *vtd* e *vpr* **1** *Mil* Alistar(-se) ou reunir(-se) em regimento. **2** Reunir(-se) em bando, partido ou sociedade.

ar.rei.o (de *arrear*) *sm* **1** Adorno, enfeite, ornamento. *sm pl* **2** Conjunto das peças com que se arreia o cavalo para montaria. **3** Peças com que se preparam os animais de carga. *Var*: *arreamento*.

ar.re.li.a (de *arreliar*) *sf* **1** Zanga, irritação. **2** Briga, rixa. **3** Barulho, vaia.

ar.re.li.ar (*arrelia+ar¹*) *vtd* **1** Provocar arrelia a; zangar, irritar: *"Se não era para arreliar a gente, só podia ser coisa de gira."* (J) *vpr* **2** Zangar-se, aborrecer-se: *Não me arrelio facilmente*. Conjuga-se como *premiar*.

ar.re.ma.ta.ção (*arrematar+ção*) *sf* **1** Ação de arrematar¹. **2** Venda ou compra em leilão.

ar.re.ma.ta.do (*part* de *arrematar*) *adj* **1** Adquirido em leilão. **2** Diz-se do acabamento ou do enfeite final de uma obra.

ar.re.ma.tar¹ (*a¹+rematar*) *vtd* **1** Adquirir em leilão. *vint* **2** Dar por vendida a coisa que se pôs em leilão.

ar.re.ma.tar² (a¹+remate+ar¹) vtd **1** Acabar, terminar; rematar. **2** Fazer remate de pontos em (costura). **3** Dar o retoque final a.

ar.re.ma.te (de *arrematar*) sm **1** Compra em leilão. **2** Acabamento, conclusão, remate.

ar.re.me.dar (a¹+remedar) vtd **1** Imitar, fazendo gozação; remedar. **2** Copiar, produzir imitando.

ar.re.me.do (*mê*) (de *arremedar*) sm **1** Ação de arremedar. **2** Cópia, imitação.

ar.re.mes.sar (a¹+remessar) vtd **1** Jogar, lançar com força. vpr **2** Jogar-se, atirar-se com força.

ar.re.mes.so (*mê*) (de *arremessar*) sm **1** Ação ou resultado de arremessar. **2** Ataque, investida. **3** *Esp* Lançamento de bola para a cesta no basquete; chute no futebol. Var: *arremessamento*.

ar.re.me.ter (a¹+lat remittere) vti e vint **1** Atacar ou assaltar com fúria ou ímpeto. vti e vint **2** Avançar com força ou com ar ameaçador. vti **3** Entrar impetuosamente: *Os caçadores arremeteram pelo bosque.*

ar.re.me.ti.da (*part* de *arremeter*, no *fem*) sf **1** Ação de arremeter; arremesso, ataque. **2** Impulso.

ar.ren.da.do (*part* de *arrendar*) adj **1** Dado ou tomado de arrendamento. **2** Que paga renda anual. **3** Enfeitado de rendas.

ar.ren.da.men.to (arrendar+mento) sm **1** Ato de arrendar. **2** Contrato pelo qual uma pessoa cede a outra, por prazo certo e mediante pagamento de aluguel, o uso e gozo de coisas como prédios, veículos etc. **3** O preço que se paga para arrendar.

ar.ren.dar (a¹+renda¹+ar¹) vtd **1** Dar em arrendamento. **2** Tomar em arrendamento. **3** Enfeitar com rendas; rendilhar.

ar.ren.da.tá.rio (arrendar+ário) sm O que toma em arrendamento alguma coisa.

ar.re.pen.der (lat repoenitere) vpr **1** Ter mágoa ou dor pelos erros ou faltas cometidas. **2** Mudar de opinião ou intenção.

ar.re.pen.di.men.to (arrepender+mento) sm **1** Ato de arrepender-se; dor sincera por algum ato ou omissão. **2** Mudança de intenção. **3** Desistência de coisa feita.

ar.re.pi.ar (lat horripilare) vtd **1** Levantar ou encrespar; fazer eriçar (cabelos, pelos etc.). vpr **2** Levantar-se, eriçar-se. vtd e vpr **3** Fazer tremer (ou tremer) de frio, horror, medo ou susto. vint **4** Causar arrepios: *O vento frio arrepia.* vtd **5** Causar horror a, dar medo em: *O macabro das cenas o arrepiou.* Conjuga-se como *premiar*.

ar.re.pi.o (de *arrepiar*) sm **1** Ato ou efeito de arrepiar. **2** Direção inversa da que tem o cabelo, o pelo etc. **3** Calafrio.

ar.re.ve.sa.do (*part* de *arrevesar*) adj **1** Feito ao revés, contrário: "*A plaina de ferro a 45 graus é usada para polimento de madeiras arrevesadas.*" (MPM) **2** Confuso, obscuro: "*Contou, no seu português arrevesado, coisas das terras por onde tinha andado.*" (TV)

ar.ri.ar (cast arriar) vtd **1** Baixar, pôr no chão (objeto muito pesado). vint e vtd **2** Ceder, abaixar. vint **3** Afrouxar. Antôn (acepção 2): *suspender*. Conjuga-se como *premiar*.

ar.ri.ba (lat ad+ripa) adv **1** Acima, para cima. **2** Adiante, para a frente. • interj Para cima! Avante! Adiante!

ar.ri.ba.ção (arribar+ção) sf **1** Ato ou efeito de arribar. **2** Migração de animais em busca de melhores condições de vida.

ar.ri.bar (lat arripare) vint **1** *Mar* Voltar ao porto (navio) devido a temporais. **2** Melhorar de sorte ou vida: Com uma herançazinha, a gente arribaria.

ar.ri.mar (a¹+rima+ar¹) vtd e vpr **1** Apoiar(-se), encostar(-se): *Arrimar uma escada.* vtd **2** Amparar, servir de arrimo a: *Arrimava os velhos pais.*

ar.ri.mo (de *arrimar*) sm **1** Amparo, auxílio, proteção. **2** Pessoa que serve de amparo a outra.

ar.ris.car (a¹+risco+ar¹) vtd e vpr **1** Pôr(-se) em risco ou perigo: *Arriscar a saúde, a vida.* **2** Expor(-se) a bom ou mau sucesso; aventurar(-se): *Arriscou-se em negócios escusos.*

ar.rit.mi.a (gr arrhythmía) sf *Med* Falta de regularidade nas pulsações.

ar.ri.zo.tô.ni.co (arrizo+tônico) adj *Gram* Diz-se das palavras cuja sílaba tônica está na terminação ou na desinência e não na raiz.

ar.ro.ba (*ô*) (ár ar-ruba') sf **1** Antiga unidade de medida de peso, equivalente a 14,688 kg. **2** *Inform* Nome do sinal gráfico @, utilizado em endereçamento eletrônico.

ar.ro.char (*arrocho+ar¹*) *vtd* **1** Ligar, apertando. **2** Apertar fortemente.

ar.ro.cho (*ô*) (de *arrochar*) *sm* **1** Ação de arrochar. **2** Aperto, compressão. (CF) **3** Situação difícil: *"A esposa abandonou-o numa época de arrocho financeiro."* (S)

ar.ro.gân.cia (*lat arrogantia*) *sf* Orgulho, presunção. *Antôn: simplicidade, humildade.*

ar.ro.gan.te (*lat arrogante*) *adj m+f* **1** Orgulhoso, presunçoso. **2** Corajoso, valente. *Antôn* (acepção 1): *modesto.*

ar.ro.gar (*lat arrogare*) *vtd* **1** Apropriar-se de, tomar como próprio. *vpr* **2** Atribuir-se indevidamente, tomar como seu: *Arrogar-se o direito de mandar.*

ar.roi.o (*lat vulg arrugiu* por *arrugia*, de origem ibérica) *sm* Ribeiro, regato.

ar.ro.ja.do (*part* de *arrojar*) *adj* **1** Audacioso, destemido, ousado, valente. **2** Arriscado, perigoso.

ar.ro.jar (*cast arrojar* e este do *lat vulgar ad+*rotulare*) *vtd* e *vpr* **1** Lançar(-se) com força; arremessar(-se). *vtd* **2** Lançar fora ou ao lado. *vtd* **3** Levar ou trazer, arrastando.

ar.ro.jo (*ô*) (de *arrojar*) *sm* **1** Ação de arrojar. **2** Ousadia, audácia.

ar.ro.la.men.to (*arrolar+mento*) *sm* **1** Ação de arrolar. **2** Levantamento, lista.

ar.ro.lar (*a¹+rol+ar¹*) *vtd* **1** Colocar em uma lista. *vtd* **2** Classificar. *vtd* e *vpr* **3** Alistar(-se), recrutar(-se).

ar.ro.lhar (*a¹+rolha+ar¹*) *vtd* Tapar com rolha.

ar.rom.ba.dor (*arrombar+dor*) *sm* Aquele que arromba; ladrão.

ar.rom.ba.men.to (*arrombar+mento*) *sm* Ação ou resultado de arrombar, rombo.

ar.rom.bar (*a¹+rombo+ar¹*) *vtd* **1** Fazer rombo em. **2** Despedaçar, quebrar. **3** Abrir com violência.

ar.ro.tar (*lat eructare*) *vint* **1** Dar arrotos. *vtd* e *vti* **2** Ostentar, fazer alarde de: *Arrotava valentia.*

ar.ro.to (*ô*) (de *arrotar*) *sm* Emissão com ruído, pela boca, de gases provenientes do estômago.

ar.ro.xe.a.do (*part* de *arroxar*) *adj* **1** Que se tornou roxo. **2** Que se aproxima do roxo.

ar.roz (*ár an-ruz*) *sm* **1** *Bot* Planta muito cultivada em climas quentes e cujo grão é usado como alimento básico. *Col: batelada, partida.* **2** Preparação culinária em que entram somente esses grãos, com ou sem tempero.

ar.ro.zal (*arroz+al¹*) *sm* Terreno plantado de arroz.

ar.ru.a.ça (de *arruar*) *sf* Desordem nas ruas, tumulto popular.

ar.ru.a.cei.ro (*arruaça+eiro*) *sm* Sujeito que faz arruaça.

ar.ru.a.men.to (*arruar+mento*) *sm* **1** Ação de arruar. **2** Distribuição em ruas. **3** Disposição de prédio ao longo de uma rua.

ar.ru.ar (*a¹+rua+ar*) *vtd* **1** Dividir ou distribuir em ruas. **2** Alinhar (ruas).

ar.ru.da (*a¹+lat ruta*) *sf Bot* Erva europeia, de cujas folhas, que são verde-cinzentas, se obtém um óleo irritante e venenoso. Segundo a superstição, tem a qualidade de espantar o mau-olhado.

ar.ru.e.la (*a¹+fr ant roelle*) *sf Mec* Anel de metal, couro, borracha etc., destinado a vedar uma junta ou o aperto de parafuso ou porca.

ar.ru.fo (de *arrufar*) *sm* Zanga passageira, amuo.

ar.ru.i.nar (*a¹+ruína+ar¹*) *vtd* **1** Destruir, pôr em ruína. *vint* e *vpr* **2** Cair em ruína, destruir-se: *Arruinou-se a casa em que morava.* *vtd* **3** Prejudicar. *vpr* **4** Ficar na miséria. *vtd* **5** Fazer perder a saúde. *vint* **6** *pop* Infeccionar, gangrenar: *A ferida arruinou.* *Conjug:* recebe acento nas formas rizotônicas: *arruíno, arruínas, arruína, arruínam; arruíne, arruínes, arruínem.*

ar.ru.lhar (*voc onom*) *vint* Produzir arrulhos, como as pombas e rolas.

ar.ru.lho (de *arrulhar*) *sm* Som produzido pelas pombas e rolas.

ar.ru.ma.ção (*arrumar+ção*) *sf* **1** Ação ou efeito de arrumar. **2** Arranjo.

ar.ru.ma.dei.ra (*arrumar+deira*) *adj f* Diz-se da mulher incumbida da arrumação da casa. • *sf* Empregada cujo serviço é arrumar a casa.

ar.ru.ma.do (*part* de *arrumar*) *adj* **1**

Arranjado, posto em ordem. **2** Dirigido a certo rumo.

ar.ru.mar (fr *arrumer*, formado do *germ rûm*) *vtd* **1** Arranjar, pôr em ordem. *vtd* **2** Dirigir em determinado rumo. *vpr* **3** Arranjar-se. *Antôn* (acepção 1): *desarrumar*.

ar.se.nal (ár *dar-Sinâ'a*, através do *ital arsenale*) *sm* Estabelecimento em que se fabricam ou se guardam armas, munições e apetrechos de guerra.

ar.sê.ni.co (gr *arsenikón*) *sm Quím* Composto venenoso em pó.

ar.te (lat *arte*) *sf* **1** Conjunto de regras para dizer ou fazer com acerto alguma coisa. **2** Livro ou tratado que contém essas regras. **3** Saber ou perícia em fazer alguma coisa. **4** Habilidade. **5** Profissão, ofício. **6** *pop* Travessura de criança.

ar.te.fa.to (lat *arte factu*) *sm* Nome dado a qualquer objeto produzido pelo trabalho manual ou pela indústria.

ar.tei.ro (*arte*+*eiro*) *adj* **1** Que tem arte; astuto, manhoso. **2** *pop* Que faz travessuras; travesso.

ar.te.lho (ê) (lat *articulu*) *sm* Dedo do pé.

ar.té.ria (gr *artería*) *sf* **1** *Anat* Nome dos vasos sanguíneos que levam o sangue dos ventrículos do coração às diferentes partes do corpo. **2** Grande via de comunicação. *Dim irreg*: *arteríola*.

ar.te.ri.al (*artéria*+*al¹*) *adj m*+*f* Relativo ou pertencente a uma artéria ou às artérias.

ar.te.ri.os.cle.ro.se (*artério*+*esclero*+*ose*) *sf Med* Endurecimento das artérias.

ar.te.sa.nal (*artesão*+*al¹*) *adj m*+*f* Relativo ou pertencente a artesanato.

ar.te.sa.na.to (*artesão*+*ato¹*) *sm* **1** Técnica do artesão. **2** Peça feita por artesão.

ar.te.são (ital *artigiano*) *sm V artífice. Pl*: *artesãos. Fem*: *artesã*.

ar.te.si.a.no (fr *artesien*) *adj* **1** Relativo ao movimento de água para cima, sob pressão, em rochas ou solo: *Pressão artesiana*. **2** Que envolve tal pressão: *Poço artesiano*.

ár.ti.co (lat *arcticu*) *adj* **1** Que está situado na região do polo norte. **2** Relacionado à região do polo norte; boreal, setentrional.

ar.ti.cu.la.ção (lat *articulatione*) *sf* **1** Coordenação. **2** *Anat* Junta entre dois ossos ou cartilagens, no esqueleto de um vertebrado. **3** *Mec* Ligação entre peças móveis de aparelho ou máquina; junta. **4** *Fon* Produção dos sons pelo aparelho fonador.

ar.ti.cu.la.do (*part* de *articular*) *adj* **1** Provido de articulação, reunido por articulação; coordenado; organizado. **2** Pronunciado em sílabas distintas ou claras e de forma que se pode compreender.

ar.tí.fi.ce (lat *artifice*) *s m*+*f* **1** Pessoa que se dedica a qualquer arte mecânica; operário. **2** Fabricante de artefatos. *Var*: *artesão*.

ar.ti.fi.ci.al (lat *artificiale*) *adj m*+*f* **1** Produzido pelo homem e não por causas naturais. **2** Produzido, especialmente por processos químicos, para assemelhar-se a uma matéria-prima ou a um derivado dela; sintético. **3** Que imita um objeto natural. *Antôn*: *natural*.

ar.ti.fi.ci.a.li.da.de (*artificial*+*i*+*dade*) *sf* Qualidade do que é artificial. *Var*: *artificialismo*.

ar.ti.fí.cio (lat *artificiu*) *sm* **1** Meios com que se consegue fazer um artefato. **2** Produto da arte. **3** Expediente hábil ou engenhoso. **4** Habilidade, esperteza.

ar.ti.go (lat *articulu*) *sm* **1** *Gram* Palavra curta usada antes dos substantivos, para indicá-los de modo preciso (*artigo definido*, *p ex*, *a* igreja, *os* amigos) ou de maneira vaga (*artigo indefinido*, *p ex*, *uma* igreja, *uns* amigos). **2** Texto de jornal, mais longo que a notícia. **3** Cada uma das partes numeradas de uma lei ou de um trabalho escrito. **4** Objeto posto à venda; mercadoria.

O **artigo definido** (*o*, *a*, *os*, *as*) aplica-se a um ser determinado entre outros da mesma espécie.
O leão fugiu do circo ontem.
Observe que nessa oração *o* leão é determinado e conhecido.
O **artigo indefinido** (*um*, *uma*, *uns*, *umas*) refere-se a um ser qualquer entre outros da mesma espécie.
Um leão fugiu do circo antigo.
Nessa oração, *um* leão é indeterminado e desconhecido.

ar.ti.lha.ri.a (fr *artillerie*) *sf* **1** Parte do material bélico que consiste em canhões e peças semelhantes, para atirar projéteis a grande distância. **2** Tropa de artilheiros.

ar.ti.lhei.ro (*artilh(aria)+eiro*) *sm* **1** Soldado pertencente à artilharia. **2** *Esp* Jogador de futebol que marca o maior número de gols.

ar.ti.ma.nha (*arte+manha*) *sf* Ardil, astúcia, fraude.

ar.tis.ta (*arte+ista*) *adj m+f* **1** Que se dedica à arte. **2** Engenhoso. • *s m+f* **1** Indivíduo que se dedica às belas-artes (pintor, escultor, escritor etc.). **2** O que revela sentimento artístico. **3** Artesão, artífice. *Col*: elenco, grupo.

ar.tís.ti.co (*artista+ico²*) *adj* **1** Relativo às artes. **2** Feito com arte.

ar.tri.te (*artro+ite¹*) *sf Med* Inflamação dos tecidos de uma articulação.

ar.tró.po.de (*artro+pode*) *sm Zool* **1** Invertebrado, com membros articulados, corpo dividido em segmentos. *sm pl* **2** Linhagem de animais que compreende os crustáceos, insetos, aranhas e outros.

ar.tro.se (*gr árthrosis*) *sf Med Patol* Doença de uma articulação.

ar.vo.rar (*árvore+ar¹*) *vtd* **1** Arborizar: *Mandou arvorar o quintal com espécies ornamentais. vtd* **2** Elevar, levantar: *"[As moças] iam ao estábulo arvorando sombrinhas farfalhantes."* (BAL) *vtd* **3** Hastear, soltar ao vento: *Arvorar a bandeira. vpr* **4** Assumir por autoridade própria algum cargo, título ou missão: *"[O porta-voz] arvorando-se em mentor e fiador da pretendida reforma institucional."* (GRE) *"Há pessoas que se arvoram em defensores de dogmas morais."* (FSP)

ár.vo.re (*lat arbore*) *sf Bot* Vegetal de tronco alto, com ramos a maior ou menor altura do solo. *Col*: arvoredo, bosque, floresta, mata, selva.

ás (*lat as*) *sm* **1** Carta de baralho, face de dado ou metade de peça de dominó marcados com um só ponto. **2** *fig* Indivíduo que se destaca numa classe, profissão ou esporte. *Pl*: ases.

às Contração da preposição *a* com o artigo ou pronome demonstrativo no plural *as*.

a.sa (*lat ansa*) *sf* **1** *Ornit* Membro das aves, coberto de penas, e que serve para voar. **2** *Zool* Apêndice de alguns insetos e mamíferos, que lhes serve para voar. **3** Parte saliente de certos utensílios, em geral curva e fechada, que serve para pegar neles. **4** *pop* Braço. **5** *Aeron* Planos de sustentação dos aviões.

a.sa-del.ta (*asa+delta*) *sf Esp* Armação em forma de triângulo, coberta de tecido fino, com tubos metálicos ao centro, usada para a prática do voo livre. *Pl*: asas-delta e asas-deltas.

as.bes.to (*lat asbestu*) *sm Miner* Mineral que não pega fogo e não é afetado por ácidos; é por isso usado para fabricar roupas de bombeiro, cortinas de palco, isolantes térmicos etc. *Sin*: amianto.

as.cen.dên.cia (*lat ascendentes+ia²*) *sf* **1** Ação de elevar-se. **2** Linha dos ascendentes; antepassados. **3** Influência de alguém sobre outra pessoa. *Antôn* (acepções 1 e 2): descendência.

as.cen.den.te (*lat ascendente*) *adj m+f* **1** Que ascende ou se eleva. **2** Que vai aumentando, crescendo ou progredindo. • *s m+f* **1** *Dir* Qualquer dos parentes de que uma pessoa descende. **2** Antepassado. *Antôn*: descendente.

as.cen.der (*lat ascendere*) *vti* e *vint* Elevar-se, subir. *Antôn*: descender, descer.

as.cen.são (*lat ascensione*) *sf* **1** Ação de ascender; direção ou movimento para cima; elevação, subida. **2** *Ecles* Elevação de Jesus ao Céu, quarenta dias depois de ressuscitado. **3** Elevação a dignidade, posto, cargo ou poder: *Ascensão ao trono*.

as.cen.so.ris.ta (*ascensor+ista*) *s m+f* Pessoa que maneja um elevador.

as.ce.tis.mo (*asceta+ismo*) *sm* Moral baseada no desprezo do corpo e de suas sensações, e que tende a assegurar, pelos sofrimentos físicos, o triunfo do espírito sobre os instintos e as paixões. *Var*: asceticismo.

as.ci.te (*gr askítes*, de *askos*) *sf Patol* Doença caracterizada pelo inchaço do abdome devido ao acúmulo de líquido. *Var pop*: barriga-d'água.

as.co (*red* de *ascoroso*, por *asqueroso*) *sm* **1** Enjoo, náusea, nojo. **2** Aversão, desprezo, rancor.

as.cór.bi.co (*a*⁴+*escorb*(*uto*)+*ico²*, via *ingl*) *adj Quím* Referente ao ácido ascórbico ou vitamina C. *Ácido ascórbico*: substância existente em diversos frutos, de onde se extrai a vitamina C.

as.fal.ta.men.to (*asfaltar+mento*) *sm* Ação ou efeito de asfaltar.

as.fal.tar (*asfalto+ar*¹) *vtd* Cobrir ou revestir de asfalto (ruas, praças, telhados etc.).

as.fal.to (*gr ásphaltos*) *sm* **1** Mistura de certo tipo de rocha triturada e betume, ou de betume, cal e cascalho, ou de alcatrão mineral, cal e areia, usada para pavimentação de ruas e como cimento à prova de água, para pontes, telhados etc. **2** Superfície coberta com asfalto.

as.fi.xi.a (*cs*) (*gr asphyxía*) *sf Med* Suspensão da respiração e da circulação do sangue, seguida de morte, real ou aparente, causada por estrangulação, submersão, ação de gases etc.

as.fi.xi.an.te (*cs*) (de *asfixiar*) *adj m+f* Que asfixia, que abafa ou sufoca; sufocante.

as.fi.xi.ar (*cs*) (*asfixia+ar*²) *vtd* e *vint* **1** Causar asfixia a, privar da respiração; sufocar. *vpr* **2** Suicidar-se por meio da asfixia. *vtd* **3** Abafar, sufocar. Conjuga-se como *premiar*.

a.si.á.ti.co (*gr asiatikós*) *adj* **1** Pertencente ou relativo à Ásia. **2** Próprio ou particular da Ásia ou de seus habitantes. • *sm* Natural ou habitante da Ásia.

a.si.lar (*asilo+ar*¹) *vtd* **1** Dar asilo a. *vtd* e *vpr* **2** Abrigar(-se) em asilo de caridade.

a.si.lo (*gr ásylon*, através do latim) *sm* **1** Abrigo que os países ou suas embaixadas concedem aos estrangeiros. **2** Estabelecimento de caridade, onde se recolhem crianças, velhos e mendigos.

as.ma (*gr ásthma*) *sf Med* Doença do aparelho respiratório, caracterizada por acessos recorrentes de falta de ar, que duram de alguns minutos a vários dias, com tosse e sensação de aperto.

as.má.ti.co (*gr asthmatikós*) *adj Med* **1** Pertencente ou relativo à asma. **2** Que sofre de asma.

as.nei.ra (*asno+eira*) *sf* **1** Burrice, tolice. **2** Ato ou palavra que revela ignorância ou falta de senso.

as.no (*lat asinu*) *sm* **1** *Zool* Jumento. *Col: manada.* **2** *fig* Indivíduo ignorante ou pouco inteligente.

as.pa (*germ haspa*) *sf pl* Sinais de pontuação (" ") que distinguem, em um trecho, uma citação ou palavra especial.

as.par.go (*gr aspáragos*) *sm Bot* **1** Nome comum a certas plantas. **2** Planta cuja raiz tem propriedades levemente diuréticas e cujos brotos são muito apreciados como alimento.

as.par.ta.me (*ingl aspartame*) *sm Quím* Substância artificial utilizada como adoçante.

as.pec.to (*lat aspectu*) *sm* **1** Aparência. **2** Feição, rosto, semblante, fisionomia. **3** Parte de uma superfície, vista de qualquer direção particular; ângulo.

as.pe.re.za (*áspero+eza*) *sf* **1** Qualidade do que é áspero. **2** Acidez, amargor. **3** Rigor, severidade. **4** Grosseria, malcriação. *Antôn* (acepção 1): *lisura*; (acepção 2): *suavidade*.

as.per.gir (*lat aspergere*) *vtd* e *vpr* Borrifar(-se) ou salpicar(-se) com pequenas gotas de água ou outro líquido. *Conjug*: é defectivo; faltam-lhe a 1ª pessoa do singular do presente do indicativo, o presente do subjuntivo e o imperativo negativo. Conjuga-se como *convergir*.

ás.pe.ro (*lat asperu*) *adj* **1** De superfície desigual, incômoda ao tato. **2** Duro, rijo. **3** Acidentado, irregular (terreno). **4** Desagradável ao ouvido. **5** Grosseiro, rude. *Sup abs sint: aspérrimo* e *asperíssimo*. *Antôn* (acepção 1): *liso*; (acepções 2 e 4): *suave*; (acepção 3): *plano*.

as.per.são (*lat aspersione*) *sf* Ação ou resultado de aspergir; respingo.

as.pi.ra.ção (*lat aspiratione*) *sf* **1** Ação de aspirar; sucção. **2** Inalação, inspiração. **3** Anelo; desejo ardente. **4** *Gram* Pronunciação aspirada de uma letra. *Antôn* (acepção 2): *expiração*.

as.pi.ra.dor (*aspirar+dor*) *adj* Que aspira. • *sm* Aparelho ou instrumento para aspirar.

as.pi.ran.te (de *aspirar*) *adj m+f* Que aspira alguma coisa. • *s m+f* Pessoa que aspira a um título, cargo ou dignidade.

as.pi.rar (*lat aspirare*) *vtd* **1** Atrair o ar aos pulmões; inspirar: *Aspirar o ar fresco da manhã*. *vtd* **2** *Fís* Atrair por meio da formação do vácuo: *As bombas aspiram a água*. *vtd* **3** Cheirar: *Aspirar os perfumes do bosque*. *vtd* **4** Absorver, chupar: *As ventosas aspiram o sangue*. *vtd* **5** *Gram* Pronunciar um som com um sopro: *Aspirar o h*. *vti* **6** Desejar, pretender (título,

honrarias, posto): *Aspirava a escrever com elegância e correção.*
O verbo **aspirar**, quanto à regência, é:
a) transitivo direto (acepções 1, 2, 3, 4 e 5):
No campo podemos **aspirar** *o ar puro.*
Nos grandes centros urbanos **aspira-se** *um ar poluído.*
Aspirou *o perfume suave dos cabelos da namorada.*
Os falantes da língua inglesa **aspiram** *o h.*
b) transitivo indireto (acepção 6):
Todos os jovens **aspiram** *a um futuro brilhante.*
Trabalhou muito porque **aspirava** *à gerência da empresa.*
O jovem ator **aspirava** *a papéis condizentes com seu talento.*
Observe que, nesse sentido, rege obrigatoriamente a preposição *a* e não admite como complemento o pronome pessoal *lhe(s)*, devendo ser construído com *a ele(s), a ela(s).*
Todos os jovens aspiram **a ele**.
Trabalhou muito porque aspirava **a ela**.
O jovem ator aspirava **a eles**.
Observação: Quando empregado com objeto indireto, no sentido da acepção 6, *desejar, pretender* (título, honrarias, posto), o verbo **aspirar** será transitivo indireto e, portanto, nunca deverá ser usado na voz passiva.

as.pi.ri.na (do *al Aspirin*, nome comercial) *sf* **1** *Farm* Marca registrada de composto branco-cristalino, usado em forma de comprimidos contra febre, dor, reumatismo e resfriados; ácido acetilsalicílico. **2** *por ext* Comprimido de aspirina.

as.que.ro.so (ô) (de *ascoroso*) *adj* **1** Que causa asco; nojento. **2** Imundo, porco, sujo. **3** Baixo, indecente. *Pl*: asquerosos (ó). *Antôn.* (acepção 3): *nobre*.

as.sa.dei.ra (*assar+deira*) *sf* Utensílio de louça ou metal em que se assa qualquer alimento.

as.sa.do (*part* de *assar*) *adj* **1** Que se assou; torrado, tostado. **2** Que tem a pele de alguma parte do corpo machucada pelo atrito da própria carne (pelo calor, por excesso de gordura, pelo andar etc.). • *sm* Pedaço de carne assada.

as.sa.du.ra (*assar+dura¹*) *sf* **1** Ação ou resultado de assar. **2** *Med* Inflamação cutânea por atrito ou calor.

as.sa.la.ri.a.do (*part* de *assalariar*) *adj* Que trabalha por salário. • *sm* Indivíduo que trabalha por salário.

as.sal.tan.te (de *assaltar*) *adj* e *s m+f* Que ou pessoa que assalta, ataca ou investe contra alguém ou alguma coisa. *Col*: *quadrilha*.

as.sal.tar (*a¹+saltar*) *vtd* **1** Atacar de repente, de surpresa, à traição. **2** Roubar.

as.sal.to (de *assaltar*) *sm* **1** Ação ou resultado de assaltar; ataque. **2** Ataque repentino de fera, ladrão etc., por cilada ou traição. **3** Roubo. **4** *Esp* Divisão, de duração determinada, de uma luta de boxe ou luta corporal.

as.sa.nha.do (*part* de *assanhar*) *adj* **1** Que tem sanha; enfurecido, furioso, irritado. **2** Irrequieto, travesso. **3** Que não age de acordo com o decoro; que se atreve a certas liberdades ou as permite.

as.sa.nha.men.to (*assanhar+mento*) *sm* **1** Ação de assanhar. **2** Raiva, fúria, cólera. **3** Comportamento em desacordo com o decoro.

as.sa.nhar (*a¹+sanha+ar*) *vtd* **1** Provocar raiva ou fúria de. *vtd* **2** Excitar, irritar. *vpr* **3** Enraivecer-se, irar-se. *vpr* **4** Ter modos contrários aos bons costumes; provocar sexualmente.

as.sar (*lat assare*) *vtd* **1** *Cul* Submeter à ação do calor, até ficar cozido e levemente tostado. *vtd* **2** Queimar. *vtd* e *vint* **3** Causar grande calor ou ardor a. *vtd* **4** Provocar assadura.

as.sas.si.nar (*assassino+ar*) *vtd* **1** Matar, praticar homicídio. **2** *fig* Tocar mal (um trecho de música), falar mal uma língua, representar mal uma peça.

as.sas.si.na.to (*assassino+ato²*) *V* assassínio.

as.sas.sí.nio (*assassino+io*) *sm* **1** Ação ou resultado de assassinar. **2** Homicídio, assassinato.

as.sas.si.no (*ár Hashshashîn*, bebedor de haxixe, via *ital*) *sm* **1** Indivíduo que comete assassínio. **2** Destruidor, tirano: *Os assassinos da liberdade.* • *adj* **1** Que assassina. **2** Relativo a assassínio.

as.saz (*lat ad satie*) *adv* **1** Bastante, o quanto é preciso, suficientemente. **2** Muito: *Assaz famoso*.

as.se.a.do (*part* de *assear*) *adj* **1** Que tem asseio; limpo. **2** Esmerado, apurado. *Antôn* (acepção 1): *sujo*.

as.se.ar (*lat vulg* *assedare*) *vtd* e *vpr* Tornar(-se) limpo; limpar(-se). Conjuga-se como *frear*.

as.se.di.ar (*assédio+ar¹*) *vtd* **1** Pôr assédio, cerco ou sítio a (praça ou lugar fortificado). **2** Cercar, envolver, rodear. **3** Perseguir com insistência. **4** Importunar, perturbar. Conjuga-se como *premiar*.

as.sé.dio (*baixo-lat assediu*) *sm* **1** Operações militares em frente ou ao redor de uma praça de guerra; sítio, cerco. **2** Importunação, perturbação de alguém, para conseguir alguma coisa.

as.se.gu.rar (*a¹+seguro+ar¹*) *vtd* **1** Tornar seguro; garantir. *vtd* **2** Afirmar com segurança ou certeza. *vpr* **3** Apoiar-se, afirmar-se. *vpr* **4** Certificar-se.

as.sei.o (de *assear*) *sm* **1** Limpeza, higiene. **2** Correção, perfeição. **3** Elegância, esmero no vestir.

as.sem.blei.a (é) (*fr assemblé*) *sf* **1** Reunião de muitas pessoas para determinado fim. **2** Sociedade. **3** Congresso. *Assembleia legislativa*: a) reunião dos membros do poder legislativo de um Estado; parlamento; b) lugar ou casa onde se realiza essa reunião.

as.se.me.lhar (*lat assimulare*) *vtd* e *vpr* **1** Tornar(-se) semelhante. *vtd* **2** Julgar semelhante; comparar. *vpr* **3** Parecer-se, ter semelhança.

as.sen.ta.men.to (*assentar+mento*) *sm* **1** Ação ou efeito de assentar. **2** Nota, registro por escrito. **3** Local ou situação de uma extensão de terra. **4** Ajustamento ou colocação, nos respectivos lugares, das várias peças de um conjunto.

as.sen.tar (*assento+ar¹*) *vtd* **1** Pôr sobre o assento, fazer sentar: *Assentem a criançada à mesa*. *vtd* **2** Estabelecer: *Assentara moradia na praia*. *vint* e *vpr* **3** Sentar-se, tomar assento: *Queiram assentar, senhores*. *vti* **4** Basear-se, firmar-se, fundar-se: *Argumentos que assentam em lógica indiscutível*. *vti* **5** Ajustar-se, ficar bem: *Esse vestido assenta-lhe bem*. *Part*: *assentado* e *assente*.

as.sen.ti.men.to (*assentir+mento*) *sm* Ação ou efeito de assentir; acordo, consentimento.

as.sen.tir (*lat assentire*) *vti* e *vint* Concordar, consentir, dar consentimento ou aprovação, permitir: *"Ministro da Fazenda afirma que vai assentir em alguns pontos."* (FSP); *"Juca Badaró assentiu com a cabeça."* (TSF) Conjuga-se como *ferir*.

as.sen.to (de *assentar*) *sm* **1** Tudo que serve para assentar-se (banco, cadeira, pedra etc.). **2** A parte da cadeira, do banco etc., em que assentam as nádegas. **3** Base, apoio, suporte.

as.sep.si.a (*a⁴+sepsia*) *sf Med* **1** Qualidade ou condição de ser asséptico. **2** Conjunto dos métodos de manter ou tornar asséptico.

as.sép.ti.co (*assepsia+ico²*) *adj Med* **1** Isento de todo germe; preservado de micro-organismos: *Curativo asséptico*. **2** Pertencente ou relativo à assepsia.

as.ser.ção (*lat assertione*) *sf* Afirmação, alegação enunciada como verdadeira.

as.ser.ti.va (*asserto+ivo*, no *fem*) *sf* Afirmativa; asserção.

as.ses.sor (*lat assessore*) *sm* Ajudante, assistente, auxiliar.

as.ses.so.rar (*assessor+ar¹*) *vtd* **1** Servir de assessor a; assistir. **2** Auxiliar tecnicamente, em assuntos especializados.

as.ses.so.ri.a (*assessor+ia¹*) *sf* **1** Cargo ou função de assessor. **2** Órgão de uma empresa encarregado de assessorar (acepção 2).

as.se.xu.a.do (*cs*) (*a⁴+sexuado*) *adj* **1** Que não tem sexo ou órgãos sexuais. **2** Produzido sem ação ou diferenciação sexuais; assexual.

as.se.xu.al (*cs*) (*a⁴+sexual*) *adj m+f V assexuado*.

as.si.du.i.da.de (*assídua+i+dade*) *sf* **1** Qualidade do que é assíduo; constância. **2** Presença ou assistência frequente junto de alguém. *Antôn* (acepção 1): *irregularidade*.

as.sí.duo (*lat assiduu*) *adj* **1** Que aparece com frequência, em determinado lugar. **2** Que frequentemente se acha onde deve estar, para desempenhar as suas tarefas. **3** Constante, contínuo, frequente.

as.sim (*lat ad sic*, com nasalização) *adv* **1** Deste, desse ou daquele modo. **2** De tal sorte, em tal grau. **3** Ao mesmo tempo, juntamente. **4** Do mesmo modo. **5** Tanto. **6** Indica estado, tamanho, quantidade etc., que não se pode bem explicar. • *conj* **1** Portanto, por consequência. **2** Pelo que, de sorte que. Veja nota em **advérbio**.

as.si.me.tri.a (a^4+simetro+ia^1) *sf* **1** Falta de simetria. **2** Falta de proporção entre as partes de um objeto.

as.si.mé.tri.co (a^4+simetro+ico^2) *adj* Sem simetria.

as.si.mi.la.ção (*assimilar*+ção) *sf* **1** Ato de assimilar. **2** *Fisiol* Transformação do alimento em energia ou tecido. **3** Apropriação das ideias e sentimentos alheios.

as.si.mi.lar (*lat assimilare*) *vtd* e *vpr* **1** Tornar (-se) semelhante ou igual; assemelhar (-se): *"A imagem eletrônica assimila todas as outras imagens."* (FSP) *vtd* **2** *Fisiol* Converter em energia ou substância própria os elementos nutritivos; produzir assimilação em: *"O organismo assimila as reservas de gordura disponíveis."* (OV) *vtd* **3** Absorver ideias, aprender: *"Os alunos não assimilavam as matérias imediatamente."* (REA)

as.si.na.lar (a^1+sinal+ar^1) *vtd* **1** Marcar com sinal, pôr sinal em. **2** Dar indício ou sinal de. **3** Apontar, marcar, notar.

as.si.nan.te (de *assinar*) *s m+f* **1** Que assina. **2** Indivíduo que paga determinada quantia, para, durante certo tempo, gozar de certas regalias: *Assinante de um jornal*.

as.si.nar (*lat assignare*) *vtd* e *vti* **1** Pôr (alguém) seu nome ou sinal por baixo de; subscrever, firmar. *vtd* **2** Assinalar com o seu nome (uma obra), para se declarar autor: *Assinar um quadro*. *vtd* e *vti* **3** Fazer uma assinatura de: *Vamos assinar essa revista*. *vpr* **4** Escrever a própria assinatura.

as.si.na.tu.ra (*assinar*+tura) *sf* **1** Ação ou efeito de assinar. **2** Nome assinado, firma ou rubrica. **3** Ajuste pelo qual, mediante o pagamento de certa quantia, se adquire o direito de receber um jornal ou uma revista ou de assistir a certo número de espetáculos. **4** O preço desse ajuste.

as.sin.dé.ti.co (*assíndeto*+ico^2) *adj Gram* Em que não aparece conjunção: *Corre, pula, dança*. Antôn: *sindético*.

as.sín.de.to (*gr asýndetos*) *sm Gram* Elipse de conjunção coordenativa entre frases ou elementos da frase: *Sorri, gesticula, canta, declama*. Var: *assíndeton*. Antôn: *polissíndeto*.

as.sí.rio (do *top Assíria*) *adj* Pertencente ou relativo à antiga Assíria (Ásia). • *sm* **1** Natural ou habitante da Assíria. **2** Língua falada na Assíria.

as.sis.tên.cia (*lat assistentia*) *sf* **1** Ato de assistir. **2** Ajuda, amparo, auxílio. **3** Assiduidade em acompanhar alguém, cuidando dele. **4** Conjunto ou reunião de assistentes (de um espetáculo, filme, aula etc.).

as.sis.ten.te (*lat assistente*) *adj m+f* **1** Que assiste a alguém, cuidando dele. **2** Que ajuda alguém nas suas funções; auxiliar, assessor. • *s m+f* **1** Pessoa que está presente a um ato ou cerimônia. **2** Assessor.

as.sis.tir (*lat assistere*) *vti* **1** Comparecer, estar presente: *Assistir à missa*. *vti* **2** Acompanhar visualmente; testemunhar; ver: *"Sousa disse que não assistiu ao crime."* (CRU) *vtd* e *vti* **3** Ajudar, socorrer, proteger: *A instituição assiste crianças órfãs*.

as.so.a.lhar (a^1+soalha+ar^1) *vtd* **1** Unir e pregar as tábuas do soalho de (pavimento, estrado etc.). **2** Cobrir à semelhança de assoalho.

as.so.a.lho (a^1+soalho) *sm* Pavimento, piso.

as.so.ar (a^1+soar) *vtd* **1** Limpar o nariz de muco. *vpr* **2** Limpar-se do muco nasal, fazendo sair com força o ar pelas fossas nasais. Conjuga-se como *coar*.

as.so.ber.bar (a^1+soberba+ar^1) *vtd* **1** Tratar com arrogância ou desprezo. *vtd* e *vpr* **2** Tornar(-se) orgulhoso. *vtd* e *vpr* **3** Sobrecarregar(-se) de trabalho.

as.so.bi.ar (a^1+*lat sibilare*) *vint* **1** Soltar assobios. *vtd* **2** Executar assobiando (qualquer trecho de música). *vti* e *vint* **3** Zunir com som agudo e que imita assobio. Var: *assoviar*.

as.so.bi.o (de *assobiar*) *sm* **1** Som agudo que se obtém soprando por um pequeno intervalo dos lábios ou pelo orifício de algum instrumento apropriado. **2** Som agudo da serpente, de algumas aves ou do vento. **3** Som estridente do vapor ou gás, quando atravessa passagem estreita; apito. **4** Pequeno instrumento com que se assobia; apito. *Var: assovio.*

as.so.ci.a.ção (*associar+ção*) *sf* **1** Ato ou efeito de associar. **2** Organização de pessoas para um fim ou interesse comum; sociedade, clube, agremiação. **3** *Com* Sociedade comercial, firma ou razão social, companhia. *Antôn* (acepção 1): *dissociação.*

as.so.ci.a.do (*part* de *associar*) *sm* **1** Indivíduo que faz parte de uma associação ou sociedade; membro, sócio. **2** Pessoa que pertence a uma sociedade comercial, como sócio ou interessado.

as.so.ci.ar (a^1+*sócio*+ar^1) *vtd* e *vpr* **1** Ajuntar(-se), reunir(-se), unir(-se). *vtd* **2** Aceitar como sócio. *vpr* **3** Fazer sociedade, tornar-se sócio. *vpr* **4** Tomar parte. *Antôn: dissociar.* Conjuga-se como *premiar.*

as.so.lar (*baixo-lat assolare*) *vtd* **1** Arrasar, arruinar, destruir. *vtd* e *vint* **2** Devastar.

as.som.bra.ção (*assombrar+ção*) *sf* **1** Pavor, susto ou terror, causado por alguma coisa desconhecida ou sem explicação. **2** Fantasma, alma do outro mundo, aparição.

as.som.bra.do (*part* de *assombrar*) *adj* **1** Que faz sombra, que tem sombra; sombreado, sombrio. **2** Aterrorizado, espantado, pasmado. **3** Admirado, impressionado.

as.som.brar (a^1+*sombra*+ar^1) *vtd* **1** Fazer sombra a; encobrir. *vpr* **2** Cobrir-se de sombra. *vtd* e *vpr* **3** Tornar(-se) sombrio. *vtd* **4** Atormentar com sustos, fantasmas e visões. *vtd* e *vpr* **5** Assustar (-se), atemorizar(-se). *vti* e *vint* **6** Produzir assombro ou admiração.

as.som.bro (de *assombrar*) *sm* **1** Grande espanto ou pasmo. **2** Medo, pavor, susto. **3** Maravilha.

as.som.bro.so (ô) (*assombro+oso*) *adj* **1** Que causa assombro. **2** Espantoso, maravilhoso. *Pl: assombrosos* (ó).

as.so.nân.cia (a^4+*sonância*) *sf* Semelhança de sons em palavras ou sílabas. *Antôn: dissonância.*

as.so.nan.te (*lat assonante*) *adj m+f* Que produz assonância.

as.so.prar (a^1+*soprar*) *V* soprar.

as.so.pro (ô) (a^1+*sopro*) *V* sopro.

as.so.re.a.men.to (*assorear+mento*) *sm* **1** Amontoado de areia ou de terra, causado por enchentes ou por construções. **2** Ato de assorear.

as.so.re.ar (a^1+*so*+*arear*) *vtd* **1** Fechar, obstruir (rios, barras). *vint* **2** Obstruir-se, encher-se de areia. Conjuga-se como *frear.*

as.so.vi.o (de *assoviar*) *V* assobio.

as.su.mi.do (*part* de *assumir*) *adj* Diz-se daquele que assume sua ideologia, suas posições políticas ou posturas de vida. • *sm* Aquele que assume tais posições.

as.su.mir (*lat assumere*) *vtd* **1** Chamar para si, tomar para si: *Assumir a responsabilidade.* *vtd* **2** Encarregar-se de, tomar conta de: *Assumir a pasta, o comando.vtd* e *vpr* **3** Aceitar um estado, condição, sorte.

as.sun.ção (*lat assumptione*) *sf* **1** Ação ou resultado de assumir. **2** Elevação a alguma dignidade ou cargo. **3** *Teol* Elevação da Santíssima Virgem ao Céu.

as.sun.tar (*assunto*+ar^1) *vtd* **1** Prestar atenção a: *"A menina subiu os olhos assuntando o céu."* (CNT) *vint* **2** Tomar conta de; vigiar: *"A gente estava ali com os cotovelos no balaústre, assuntando se vinha a invasão."* (SAR)

as.sun.to (*lat assumpti*) *sm* Argumento, matéria, objeto, tema de que se trata.

as.sus.ta.di.ço (*assustar+diço*) *adj* Que se assusta facilmente.

as.sus.ta.dor (*assustar+dor*) *adj + sm* Que ou o que assusta.

as.sus.tar (a^1+*susto*+ar^1) *vtd* **1** Dar susto a, pregar susto em. *vtd* **2** Amedrontar, atemorizar, intimidar. *vpr* **3** Aterrar-se, intimidar-se, ter susto ou medo.

as.te.ca (*cast azteca*) *adj m+f Etnol* Relativo aos astecas, povo que dominava o México (América Central) quando os espanhóis ali aportaram. • *s m+f* Pessoa desse povo.

as.te.ris.co (*gr asterískos*) *sm Tip* Sinal em forma de estrela (*) que se emprega com ou sem parênteses para indicar uma nota no pé da página, a falta ou retirada de algum trecho, uma convenção, a separação de períodos etc.

as.te.roi.de (ó) (*gr astér+oide*) *adj m+f* Em forma de estrela. • *sm Astr* Pequeno corpo cósmico que percorre o espaço, como as estrelas cadentes.

as.tig.ma.tis.mo (a^4+*estigmato*+*ismo*) *sm Oftalm* Perturbação visual, por defeito na curvatura do cristalino.

as.tra.cã (do *top Astraçã, np*) *sm* **1** Pele de carneiro recém-nascido. **2** Tecido lustroso de lã ou de lã e algodão, com pelo crespo, que imita o astracã.

as.trá.ga.lo (*gr astrágalos*) *sm Anat* O maior osso do tarso, articulado com a tíbia.

as.tral (*lat astrale*) *adj m+f* **1** Relativo aos astros. **2** Que depende dos astros. **3** *Astr* Sideral: *Ano astral.* • *sm* **1** Segundo o ocultismo, plano intermediário entre o físico e o espiritual. **2** *pop* Estado de espírito influenciado pelos astros: *Hoje ele está com um astral excelente.*

as.tro (*lat astru*) *sm* **1** *Astr* Nome geral dado a todos os corpos celestes, com ou sem luz própria, como estrelas, planetas, cometas etc. *Col: constelação.* **2** *fig* Ator de fama, no teatro ou no cinema.

as.tro.fí.si.ca (*astro*+*física*) *sf Astr* Ciência natural que trata da constituição, composição, estrutura e origem das estrelas e de outros corpos celestes.

as.tro.fí.si.co (*astro*+*físico*) *adj* Pertencente ou relativo à astrofísica. • *sm* Especialista em astrofísica.

as.tro.lá.bio (*baixo-lat astrolabiu*) *sm Astr ant* Instrumento em forma de globo terrestre que os antigos usavam para observar a posição dos astros e medir a latitude e a longitude.

as.tro.lo.gi.a (*astro*+*logo*+*ia*^{1}) *sf* Estudo da influência dos astros, especialmente de signos, sobre os fenômenos da natureza, destino e comportamento dos homens.

as.tro.ló.gi.co (*astro*+*logo*+*ico*^{2}) *adj* **1** Pertencente ou relativo à astrologia. **2** Próprio das observações de astrologia.

as.tró.lo.go (*astro*+*logo*) *sm* Pessoa que se dedica à astrologia.

as.tro.nau.ta (*astro*+*nauta*) *s m+f* Pessoa que viaja em nave espacial.

as.tro.náu.ti.ca (*astro*+*náutica*) *sf* **1** Ciência que trata da construção e manobra de veículos destinados a viagens no espaço. **2** Ciência ou arte de dirigir um veículo espacial.

as.tro.no.mi.a (*astro*+*nomo*+*ia*^{1}) *sf* Ciência que estuda a constituição e o movimento dos astros, suas posições e as leis que regem seus movimentos.

as.tro.nô.mi.co (*astro*+*nomo*+*ico*^{2}) *adj* **1** Pertencente ou relativo à astronomia. **2** *fig* Diz-se do que é muito elevado, exorbitante (preço, número etc.).

as.trô.no.mo (*astro*+*nomo*) *sm* Pessoa que professa, pratica ou sabe astronomia.

as.tú.cia (*lat astutia*) *sf* **1** Manha, habilidade para o mal ou para enganar alguém. **2** Esperteza.

as.tu.ci.o.so (*ô*) (*astúcia*+*oso*) *adj* **1** Que tem astúcia; astuto, esperto. **2** Em que há astúcia. *Pl: astuciosos (ó).*

as.tu.to (*lat astutu*) V *astucioso* (acepção 1).

a.ta (*lat acta*) *sf* **1** Narração por escrito de sessão ou cerimônia de alguma corporação, assembleia etc. **2** *Jur* Registro escrito de um processo, de um julgamento etc. **3** *Bot* Fruto da ateira; pinha, fruta-do-conde.

a.ta.ba.que (*ár aT-Tabaq*) *sm Folc* Instrumento de percussão usado nas danças e cerimônias afro-brasileiras, religiosas ou profanas; tambor.

a.ta.ca.dis.ta (*atacado*+*ista*) *s m+f* Negociante que compra artigos de sua especialidade no atacado, revendendo-os em grandes quantidades. • *adj m+f* Relativo ao comércio por atacado. *Antôn: varejista.*

a.ta.ca.do (*part* de *atacar*) *sm Econ* Comércio em grande escala, realizado entre produtores e revendedores. *Antôn: varejo.* • *adj* Que sofreu ataque; assaltado.

a.ta.can.te (de *atacar*) *adj m+f* Que ataca; agressor, assaltante. • *s m+f* **1** *Fut* Jogador(a) da linha de ataque. **2** Pessoa que ataca; agressor, assaltante.

a.ta.car (*a*^{1}+*taco*+*ar*^{2}) *vtd* **1** Agredir, assaltar. *vpr* **2** Assaltar reciprocamente. *vtd* **3** Manifestar-se (diz-se de uma doença). *Antôn* (acepção 1): *defender, proteger.*

a.ta.du.ra (*atar*+*dura*) *sf* **1** Ação de atar. **2** Faixa ou tira de gaze própria para curativos.

a.ta.lai.a (*ár aT-Talâ'i'a*) *sf* **1** Sentinela, vigia. **2** Ponto elevado, donde se vigia. **3** Observação, precaução. • *s m+f* Pessoa que vigia. *De atalaia:* de sentinela, de vigia, de sobreaviso.

a.ta.lho (de *atalhar*) *sm* **1** Caminho, fora da estrada comum, para encurtar a distância

entre dois lugares. **2** Meio fácil ou rápido de conseguir alguma coisa.
a.ta.pe.tar (*a¹+tapete+ar¹*) *vtd* **1** Cobrir com tapete. **2** Cobrir a modo de tapete.
a.ta.que (de *atacar*) *sm* **1** Ação ou efeito de atacar; assalto. **2** *Med* Acesso repentino de um mal: *Ataque cardíaco.* **3** *Esp* Linha dianteira no jogo de futebol. *Antôn* (acepção 1): *defesa.*
a.tar (*lat aptare*) *vtd* **1** Cingir ou apertar com corda, cordão ou atadura; prender. *vtd* **2** Amarrar (corda, cordão etc.). *vtd* **3** Ligar, unir, vincular. *vtd* **4** Continuar (conversa ou discurso) após uma interrupção. *vtd* e *vpr* **5** Prender(-se), reprimir(-se). *Antôn* (acepções 1, 2 e 3): *desatar, soltar;* (acepção 5): *soltar(-se).*
a.ta.re.fa.do (*part* de *atarefar*) *adj* **1** Ocupado em trabalho ou tarefa. **2** Apressado.
a.tar.ra.ca.do (*part* de *atarracar*) *adj* Diz-se de pessoa baixa e gorda: *"Vladimir, atarracado, musculoso em excesso, mais parecia um atleta de circo."* (BB)
a.tar.ra.car *vtd* **1** Apertar muito. **2** Confundir, embaraçar, enlear, perturbar.
a.tar.ra.xar (*a¹+tarraxa+ar¹*) *vtd* Apertar com tarraxa; parafusar.
a.ta.ú.de (*ár at-tâbûr*) *sm* Caixão funerário, esquife.
a.tá.vi.co (*lat ataviсu*) *adj* **1** Relativo ao atavismo. **2** Produzido por atavismo.
a.ta.vis.mo (*lat atavu+ismo*) *sm* Reaparecimento, nos descendentes, de certos caracteres físicos ou morais não presentes nas gerações imediatamente anteriores.
a.ta.za.na.do (*part* de *atazanar*) *adj* Importunado, perturbado, azucrinado.
a.ta.za.nar (*metát* de *atanazar*) *vtd* Importunar, perturbar, azucrinar.
a.té (*lat ad+tenus* ou *ár Hatta*) *prep* Expressa relações de: **1** Limitação no espaço: *Chegar até a janela.* **2** Limitação no tempo: *Até 20 de maio.* **3** Limitação: *Até 200 dólares.* • *adv* de inclusão: ainda, também, mesmo, inclusive: *Respiravam e até transpiravam.*
a.te.ar (*a¹+lat taeda+ar²*) *vtd* **1** Abrasar, acender, avivar (a chama, o fogo). *vpr* **2** Pegar (fogo) em alguma coisa que sirva de combustível. *vint* e *vpr* **3** Avivar-se (o fogo), inflamar-se. Conjuga-se como *frear*.

a.tei.ra (*ata+eira*) *sf Bot* Arbusto brasileiro que produz a ata.
a.te.ís.mo (*ateu+ismo*) *sm* **1** Doutrina dos ateus. **2** Falta de crença em Deus. *Antôn: deísmo.*
a.te.li.ê (*fr atelier*) *V* atelier.
atelier (ateliê) (*fr*) *sm* Oficina de pintor, escultor, fotógrafo etc., estúdio. *Var: ateliê.*
a.te.mo.ri.zar (*a¹+temor+izar*) *vtd* e *vpr* Causar ou sentir temor; intimidar(-se), aterrar(-se).
a.ten.ção (*lat attentione*) *sf* **1** Ação de aplicar o espírito a alguma coisa. **2** Aplicação, cuidado, meditação. **3** Consideração, cortesia, respeito. • *interj* Acautele-se! Repare! *Atenção! O farol está vermelho.*
a.ten.ci.o.so (*ô*) (*atenção+oso*) *adj* **1** Que presta atenção. **2** Atento, cortês, delicado. **3** Feito com atenção e cuidado. *Antôn* (acepção 2): *descortês. Pl: atenciosos (ó).*
a.ten.den.te (de *atender*) *s m+f* **1** Pessoa que atende; recepcionista. **2** Pessoa que, em hospitais e clínicas, desempenha atividades simples e repetitivas; atendente de enfermagem.
a.ten.der (*lat attendere*) *vtd* e *vti* **1** Dar ou prestar atenção a: *Ninguém o atenderá. vtd, vti* e *vint* **2** Dar audiência a: *O prefeito atendeu-os. vti* **3** Cuidar de: *O governo não atende aos interesses do povo. vtd* **4** Servir: *Atenda o freguês! vtd* e *vti* **5** Escutar e responder: *Atendeu o telefone.*
a.ten.di.men.to (*atender+mento*) *sm* Ação ou efeito de atender.
a.te.neu (*gr athénaion*) *sm* **1** *Antig* Em Atenas, templo da deusa do mesmo nome, onde poetas e sábios liam as suas obras em público. Em Roma, escola de estudos filosóficos, literários etc., fundada por Adriano. **2** Associação científica ou literária. **3** Estabelecimento de instrução.
a.te.ni.en.se (*lat atheniense*) *adj m+f* Relativo a Atenas, capital da Grécia, ou aos seus habitantes. • *s m+f* Habitante ou natural de Atenas.
a.ten.ta.do (de *atentar*) *sm* **1** Ofensa à lei ou à moral: *Atentado ao pudor.* **2** Ação criminosa. **3** Agressão violenta, principalmente contra personalidade ou entidade pública, instituição, norma etc.: *Atentado à gramática.* • *adj pop* **1** Endiabrado, levado. **2** Atormentado.

a.ten.tar (*atento+ar¹*) *vtd* **1** Aplicar com atenção. *vti* e *vint* **2** Considerar, dar atenção, tomar em consideração: *Amigos, queiram atentar*. *vti* e *vint* **3** Cometer atentado.

a.ten.to (*lat attentu*) *adj* **1** Que está com atenção em alguma coisa. **2** Aplicado, cuidadoso, estudioso. **3** Atencioso, reverente. *Antôn: desatento*.

a.te.nu.ar (*lat atenuare*) *vtd* **1** Afinar, aguçar. **2** Diminuir, enfraquecer: *Atenuar a resistência*. **3** Abrandar ou diminuir a gravidade de: *Atenuar a pena do réu*. *Antôn* (acepção 3): *agravar*.

a.ter (*lat attinere*) *vpr* **1** Aproximar-se, encostar-se: *Ateve-se à escada para não cair*. **2** Seguir, conformar-se: *Atinha-se apenas ao conselho do pai*. **3** Fiar-se, pôr confiança em alguma coisa: *"Se me ativesse a um campo só, teria talvez feito alguma maravilha."* (DDR) Conjuga-se como *ter*; recebem, porém, acento agudo o e na 2ª e 3ª pessoas do singular do presente do indicativo – *aténs, atém* – e na 2ª pessoa do singular do imperativo afirmativo – *atém* (*tu*).

a.ter.ra.gem (*aterrar+agem*) *sf* **1** Ação ou efeito de aterrar: *Fizemos a aterragem da valeta*. **2** *Aeron* Pouso, aterrissagem: *"Juntos voamos por sobre quase todo o território brasileiro, juntos sentimos a violência dos choques das aterragens."* (OL)

a.ter.rar (*a¹+terra+ar¹*) *vtd* **1** Derrubar, demolir. *vtd* e *vpr* **2** Encher(-se) de terra. *vint* **3** *Aeron* Pousar, aterrissar. *vti* e *vint* **4** Causar terror.

a.ter.ris.sa.gem (*fr atterrissage*) *V aterragem*.

a.ter.ris.sar (*fr atterrisser*) *V aterrar* (acepção 3).

a.ter.ro (*ê*) (de *aterrar*) *sm* **1** Ação ou efeito de aterrar; terraplenagem. **2** Terra ou entulho com que se nivela ou eleva um terreno ou se torna seco um lugar alagadiço.

a.ter.ro.ri.za.dor (*aterrorizar+dor¹*) *adj V aterrorizante*.

a.ter.ro.ri.zan.te (de *aterrorizar*) *adj m+f* Que aterroriza; aterrorizador.

a.ter.ro.ri.zar (*a¹+terror+izar*) *vtd* **1** Causar terror a; amedrontar, apavorar. *vpr* **2** Aterrorizar-se.

a.tes.ta.ção (*atestar+ção*) *sf* **1** Ação de atestar. **2** Atestado, certidão, testemunho.

a.tes.ta.do (*part* de *atestar*) *adj* Certificado, testemunhado. • *sm* Documento que contém atestação.

a.tes.tar (*lat attestare*) *vtd* **1** Passar atestado de, certificar por escrito. *vtd* e *vint* **2** Testemunhar. *vtd* **3** Demonstrar, provar.

a.teu (*gr átheos*) *adj+sm* Que ou quem não crê na existência de Deus. *Fem: ateia*.

a.ti.çar (*lat vulg *attitiare*) *vtd* **1** Avivar (o fogo) soprando ou lançando combustível. **2** Promover, provocar (discórdia, brigas, intriga, ódio): *Atiçar ódios pessoais*. **3** Estimular.

á.ti.mo (*corr* de *átomo*) *sm* Instante, momento: *"Nenhum lampejo de inteligência, nenhum átimo de emoção."* (FSP) *Num átimo:* num segundo.

a.ti.nar (*a¹+tina+ar¹*) *vtd* e *vti* **1** Achar, descobrir por raciocínio, suposição ou indício; encontrar. *vint* **2** Dar com o que se procurava; acertar.

a.tin.gir (*lat attingere*) *vtd* **1** Pôr-se em contato com; tocar: *As chamas já atingiam o andar mais alto*. *vtd* e *vti* **2** Chegar a: *Os alpinistas atingiram o cume do Himalaia*. *vtd* e *vti* **3** Alcançar, conseguir, obter: *Em pouco tempo atingiu a fortuna*. *vtd* **4** Abranger, incluir: *A área do município atinge os limites do mar*.

a.tí.pi.co (*a⁴+tipo+ico²*) *adj* Que difere do tipo normal.

a.ti.ra.dei.ra (*atirar+deira*) *sf* Estilingue, bodoque, funda.

a.ti.ra.dor (*atirar¹+dor*) *adj* Que atira. • *sm* **1** O que atira. **2** Indivíduo que tem habilidade e destreza em atirar com arma de fogo ou de arremesso.

a.ti.rar (*a¹+tiro+ar¹*) *vtd* e *vpr* **1** Arremessar(-se), jogar(-se), lançar(-se). *vti* e *vint* **2** Disparar arma de fogo ou de arremesso.

a.ti.tu.de (*fr attitude*) *sf* **1** Modo de ter o corpo; postura. **2** Norma de agir ou ponto de vista, em certas situações. **3** Propósito ou significado de um propósito.

a.ti.va (*fem* de *ativo*) *sf* **1** A parte principal na realização de um ato. **2** Condição dos que se acham em atividade nas forças armadas. • *adj f Gram* Diz-se da voz do verbo cujo sujeito é o autor da ação: *voz ativa*.

a.ti.va.ção (*ativar+ção*) *sf* Ato ou efeito de ativar(-se).

a.ti.var (*ativo+ar¹*) *vtd* Tornar ativo ou mais ativo.

a.ti.vi.da.de (*lat activitate*) *sf* **1** Qualidade de ativo. **2** Profissão. **3** Energia, força, vigor. *Antôn* (acepção 1): *inatividade*.

a.ti.vis.mo (*ativo+ismo*) *sm* **1** *Filos* Doutrina ou prática de dar ênfase à ação vigorosa, *p ex*, ao uso da força para fins políticos. **2** Militância política ou partidária.

a.ti.vis.ta (*ativo+ista*) *adj m+f* **1** Relativo ou pertencente ao ativismo. **2** Que tem as características do ativismo. **3** Que defende ou pratica o ativismo. • *s m+f* **1** Pessoa que defende ou pratica o ativismo. **2** Militante político ou partidário.

a.ti.vo (*lat activu*) *adj* **1** Que atua, que origina, que exerce ação. **2** Diligente, aplicado. **3** Contínuo.

a.tlân.ti.co (*lat atlanticu*) *adj* **1** Relativo ao Monte Atlas (África). **2** Pertencente ou relativo ao Oceano Atlântico.

a.tlas (*gr Atlas, np*) *sm sing+pl Geogr* Coleção de mapas ou cartas geográficas, em livro.

a.tle.ta (*gr athletés*) *s m+f* **1** Homem forte e hábil em exercícios físicos. **2** *Esp* Pessoa treinada para competir em exercícios, esportes ou jogos. *Col: plantel*.

a.tlé.ti.co (*gr athetikós*) *adj* **1** Relativo a atleta. **2** Forte, robusto, vigoroso.

a.tle.tis.mo (*atleta+ismo*) *sm* **1** Prática de esportes atléticos individuais ou entre equipes. **2** Denominação do conjunto de esportes atléticos, compreendendo corridas, saltos, arremessos etc.

at.mos.fe.ra (*atmo+esfera*) *sf* **1** *Meteor* Esfera gasosa que envolve a Terra. **2** *Astr* Camada gasosa que envolve qualquer corpo celeste. **3** O ar que respiramos. **4** *fig* Ambiente em que se vive.

at.mos.fé.ri.co (*atmosfera+ico²*) *adj* **1** Pertencente ou relativo à atmosfera. **2** Que forma a atmosfera. **3** Que se produz na atmosfera.

a.to (*lat actu*) *sm* **1** Ação. **2** Decisão ou determinação do poder público. **3** Cada uma das partes em que se divide uma peça teatral. **4** Cerimônia, solenidade.

à toa¹ *adj invariável* **1** Feito sem pensar. **2** Sem objetivo ou fim. **3** Inútil. **4** Que não exige muito trabalho. **5** Desprezível, insignificante. *Aquele sujeitinho à toa precisa de um corretivo*. **6** *pop* Mulher, moça que se prostitui.

à toa² *loc adv* **1** A esmo, ao acaso: *Pedro vive à toa e parece feliz*. **2** Sem pensar. **3** *Náut* Sem governo próprio.

a.tol (da língua das Ilhas Maldivas *atolu*) *sm* Ilha de coral que forma um círculo ou anel, mais ou menos contínuo, ao redor de um lago interior.

a.to.lar (*atol+ar¹*) *vtd* e *vpr* Enterrar(-se) no lodo; meter(-se) em atoleiro.

a.to.lei.mar (*a¹+toleima+ar¹*) *vtd* e *vpr* Tornar(-se) tolo; transformar(-se) em pateta: "*Numa passividade dum ser atoleimado pelo Destino, Ascalon ergue-se e acompanha os visitantes.*" (PRO); "*Era o arrulho da pomba-rola, a que se atoleimou de amor.*" (COB)

a.to.lei.ro (*atolar¹+eiro*) *sm* **1** Terreno lamacento, pantanoso; lamaçal. **2** *fig* Dificuldade.

a.tô.mi.co (*átomo+ico²*) *adj* **1** Pertencente ou relativo ao átomo. **2** Relativo ou pertencente a alterações no núcleo de um átomo ou que utiliza energia liberada por tais alterações: *Bomba atômica*. **3** Que utiliza bombas atômicas.

a.to.mi.za.dor (*atomizar+dor*) *adj+sm* Diz-se de ou aparelho com que se reduz um líquido a um borrifo muito fino; nebulizador.

a.to.mi.zar (*átomo+izar*) *vtd* **1** Reduzir a átomo ou a dimensão mínima. **2** Borrifar com atomizador: "*O sistema (...) funciona por meio de válvulas que atomizam água.*" (FSP) **3** Reduzir a dimensões mínimas: "*[O neoliberalismo] atomiza o ser humano e ignora os direitos sociais e coletivos.*" (CV)

á.to.mo (*gr grátomos*) *sm* **1** *Fís* e *Quím* Partícula de um corpo considerado indivisível e que constitui a menor quantidade de um elemento que pode entrar em combinação. **2** Coisa excessivamente pequena.

a.tô.ni.to (*lat attonitu*) *adj* **1** Admirado, pasmado. **2** Assombrado. **3** Confuso.

á.to.no (*gr átonos*) *adj* **1** Que não soa; mudo. **2** *Gram* Sem acento tônico.

a.tor (*lat actore*) *sm* Homem que representa em teatro, cinema, televisão. *Fem: atriz. Col: elenco.*

a.tor.do.a.do (*part de atordoar*) *adj* Abalado, aturdido, confundido.

a.tor.do.a.men.to (*atordoar+mento*) *sm* **1** Ação de atordoar. **2** Perturbação dos sentidos em consequência de um agente qualquer. **3** Vertigem, tonteira.

a.tor.do.ar (a^1+*tordo*+ar^1) *vtd* **1** Causar atordoamento a: *O homem o atordoava. vint* **2** Causar abalo ou perturbação dos sentidos. *vint* **3** Ficar tonto. *vtd e vint* **4** Importunar, molestar os ouvidos: *Esse barulho me atordoa.* Conjuga-se como *coar*.

a.tor.men.tar (a^1+*tormento*+ar^1) *vtd* **1** Infligir tormento a; molestar, torturar. *vtd e vpr* **2** Afligir(-se), preocupar(-se).

a.tó.xi.co (*cs*) (a^4+*tóxico*) *adj* Que não contém tóxico, que não tem veneno: *"Atóxico e anticorrosivo, o produto pode ser aplicado a seco."* (FSP) *Antôn: tóxico.*

a.tra.ca.ção (*atracar+ção*) *sf Náut* Ação ou efeito de atracar.

a.tra.ca.dou.ro (*atracar+douro*) *sm* Lugar onde se amarram embarcações.

a.tra.ção (*lat attractione*) *sf* **1** Ação de atrair. **2** Força que atrai. **3** Espetáculo ou qualquer representação, pessoa ou coisa que atrai grande número de pessoas. *sf pl* Distrações, divertimentos, prazeres.

a.tra.car (*ital attracare*) *vtd* **1** Amarrar à terra ou fazer chegar a ela (um barco ou navio). *vint* **2** Aportar. *vpr* **3** Lutar, brigar: *Não mais se contendo, atracaram-se.*

a.tra.en.te (*lat attrahente*) *adj m+f* Que atrai; agradável, encantador. *Antôn: repelente.*

a.trai.ço.ar (a^1+*traição*+*ar*) *vtd* **1** Fazer traição a, enganar. *vtd* **2** Aliar-se ao estrangeiro ou ao inimigo contra: *Atraiçoar a pátria. vtd* **3** Ser infiel a: *Seu marido a atraiçoa. vtd e vpr* **4** Revelar o segredo de, denunciar: *A voz trêmula o atraiçoara.* Conjuga-se como *coar*.

a.tra.ir (*lat attrahere*) *vtd* **1** Fazer voltar-se ou dirigir-se para si: *Atrair a atenção.* **2** Chamar, incitar a aproximar-se: *O assobio o atraíra.* **3** Fazer aderir a uma opinião, partido etc. **4** Provocar, despertar: *Não havia nela nada que lhe atraísse a simpatia.* **5** Encantar, seduzir, fascinar. *Antôn* (acepções 1 e 2): *repelir.* Conjuga-se como *sair*.

a.tra.pa.lha.ção (*atrapalhar+ção*) *sf* **1** Ação ou efeito de atrapalhar(-se). **2** Confusão, desordem.

a.tra.pa.lhar (a^1+*trapo*+*alho*+ar^1) *vtd e vpr* **1** Confundir(-se), embaraçar(-se). *vint* **2** Causar confusão ou embaraço.

a.trás (*lat ad+trans*) *adv* **1** No lugar precedente. **2** No tempo anterior. **3** Na parte posterior. *Antôn: adiante.*

a.tra.sa.do (*part de atrasar*) *adj* **1** Que se atrasou; retardado. **2** Que ainda está longe do fim a que se destina. **3** Antigo, antiquado. *Antôn: adiantado.*

a.tra.sar (*atrás*+ar^1) *vpr* **1** Ficar para trás: *Atrasar-se nos estudos. vtd* **2** Fazer demorar, retardar. *vtd* **3** Impedir de crescer, de se desenvolver, de progredir: *Processos de trabalho antiquados atrasaram esta instituição. vpr* **4** Não pagar na época própria: *O freguês atrasou-se nos pagamentos. vint* **5** Mover-se com menos velocidade do que se deve: *Este relógio atrasa muito.*

a.tra.so (de *atrasar*) *sm* **1** Ação ou efeito de atrasar; demora, retardamento. **2** Falta ou demora de pagamento. **3** Falta de cultura ou de civilização. **4** Decadência.

a.tra.ti.vo (*lat attractivu*) *adj* **1** Atraente. **2** Simpático. + *sm* Encanto, sedução.

a.tra.van.car (a^1+*travanca*+ar^1) *vtd* **1** Obstruir a passagem ou o acesso. **2** Acumular muitas coisas em (um lugar): *Muitos papéis inúteis atravancam esta gaveta.* **3** Embaraçar, impedir: *Termos supérfluos atravancam a clareza do estilo. Antôn* (acepção 1): *desobstruir.*

a.tra.vés (*lat ad+transverse*) *adv* De lado a lado.

a.tra.ves.sa.do (*part de atravessar*) *adj* **1** Posto de través. **2** Cruzado, oblíquo. **3** Passado de lado a lado. **4** Percorrido.

a.tra.ves.sa.dor (*atravessar+dor*) *sm* **1** O que atravessa. **2** *Com* Indivíduo que se põe entre o produtor e o vendedor; intermediário.

a.tra.ves.sar (a^1+*lat transversare*) *vtd* **1** Passar através de, cruzar. **2** Traspassar, passar para o outro lado, varar: *Atraves-*

sou-o com a lança. **3** Interferir, atrapalhar. **4** Comprar por atacado e revender com lucros. *vtd* e *vint* **5** *pop* Quebrar o ritmo ou a melodia de uma música.

a.tre.lar (*a¹+trela+ar¹*) *vtd* **1** Prender com trela (cães de caça etc.). *vtd* **2** Prender (animais) ao veículo. *vtd* **3** Prender vagões e locomotiva uns aos outros para formar um trem. *vpr* e *vtd* **4** *fig* Vincular(-se), ligar(-se).

a.tre.ver (*a¹+lat tribuere*) *vpr* **1** Ousar, ter o atrevimento de. **2** Enfrentar(-se).

a.tre.vi.do (*part* de *atrever*) *adj* **1** Que se atreve; audacioso. **2** Descarado, insolente. *Antôn: tímido.*

a.tre.vi.men.to (*atrever+mento*) *sm* **1** Audácia, ousadia. **2** Descaramento, insolência. *Antôn: timidez.*

a.tri.bu.i.ção (*lat attributione*) *sf* **1** Ação de atribuir. **2** Privilégio. **3** Responsabilidade ligada a um cargo ou uma tarefa.

a.tri.bu.ir (*lat attribuere*) *vtd* **1** Conceder, conferir. **2** Considerar como autor, origem ou causa. Conjuga-se como *contribuir*.

a.tri.bu.la.ção (*atribular+ção*) *sf* **1** Aflição. **2** Adversidade.

a.tri.bu.to (*lat attributu*) *sm* **1** Aquilo que é próprio ou peculiar de alguém ou de alguma coisa. **2** Condição, propriedade, qualidade. **3** Símbolo.

á.trio (*lat atriu*) *sm* **1** *Arquit* Pátio, vestíbulo. **2** *Anat* Aurícula do coração. **3** Sala de estar; saguão.

a.tri.to (*lat attritu*) *sm* **1** *Fís* Resistência que um corpo desenvolve quando sobre ele se move outro corpo. **2** Fricção. **3** Briga, conflito.

a.triz (*lat actrice*) *sf* **1** Feminino de *ator*. **2** Mulher que representa em teatro, cinema, televisão etc. *Pl: atrizes.*

a.tro.ci.da.de (*lat atrocitate*) *sf* **1** Qualidade do que é atroz; ferocidade, desumanidade. **2** Ação cruel. **3** Grande crime. **4** Tortura.

a.tro.fi.a (*a⁴+trofo+ia¹*) *sf* **1** *Med* Definhamento ou diminuição do tamanho de uma célula, tecido, órgão ou parte do corpo, causados por defeito ou falha de nutrição, falta de uso, velhice, ferimento ou doença. **2** Enfraquecimento ou perda de alguma faculdade mental.

a.tro.fi.a.do (*part* de *atrofiar*) *adj* **1** *Med* Que padece de atrofia. **2** Que não tem vitalidade. **3** Magro, definhado. *Antôn* (acepção 1): *hipertrofiado*; (acepção 3): *robusto, vigoroso.*

a.tro.fi.a.men.to (*atrofiar+mento*) *sm* Ação ou efeito de atrofiar: *"O feudalismo é um fenômeno de regressão que traduz o atrofiamento de uma estrutura econômica."* (FEB)

a.tro.fi.ar (*atrofia+ar¹*) *vtd* **1** Causar atrofia a. *vtd* **2** Não deixar desenvolver. *vpr* **3** Cair em atrofia; definhar-se. Conjuga-se como *premiar*.

a.tro.pe.la.men.to (*atropelar+mento*) *sm* **1** Ação ou efeito de atropelar. **2** Colisão, choque. **3** Acidente de trânsito por colisão ou choque de veículos. **4** Confusão, precipitação. *Var: atropelo.*

a.tro.pe.lar (*a¹+tropel+ar¹*) *vtd* **1** Pisar passando por cima. *vtd* **2** Derrubar com um encontrão; dar um encontrão em: *Quase o atropelei*. *vpr* **3** Encontrar-se confusamente, reunir-se em desordem.

a.tro.pe.lo (*ê*) (de *atropelar*) *sm* **1** *V atropelamento*. **2** *pop* Aflição, tormento.

a.troz (*lat atroce*) *adj m+f* **1** Cruel, desumano. **2** Monstruoso. **3** Doloroso. *Sup abs sint: atrocíssimo.*

a.tu.a.ção (*atuar+ção*) *sf* Ação ou efeito de atuar.

a.tu.al (*lat actuale*) *adj m+f* **1** Que existe ou ocorre no momento em que falamos; presente. **2** Efetivo, real. **3** Moderno.

a.tu.a.li.da.de (*atual+i+dade*) *sf* **1** Natureza do que é atual. **2** Ocasião presente; o tempo presente. *Antôn: inatualidade.*

a.tu.a.li.za.ção (*atualizar+ção*) *sf* Ato ou efeito de atualizar(-se).

a.tu.a.li.zar (*atual+izar*) *vtd* e *vpr* Tornar (-se) atual; modernizar(-se); inteirar-se sobre novidades.

a.tu.an.te (de *atuar*) *adj* e *s m+f* Que ou pessoa que atua ou está em ato ou exercício de sua atividade.

a.tu.ar (*baixo-lat actuare*) *vti* e *vint* Estar em atividade, exercer atividade.

a.tu.lhar (*a¹+tulha+ar¹*) *vtd* **1** Encher até não caber mais: *A multidão atulhava a praça*. *vtd* **2** Introduzir coisas demais, à força: *Atulhou o guarda-roupa. vpr* **3** Ficar cheio ou repleto.

a.tum (*ár at-tûn*, do *gr thýnnos*) *sm Ictiol* Peixe marinho de carne muito saborosa.

a.tu.rar (*lat vulg *atturare* por *obturare*) *vtd* **1** Sofrer com paciência; tolerar. *vint* **2** Durar, resistir.

a.tur.di.do (*part* de *aturdir*) *adj* **1** Atônito, atordoado. **2** Ensurdecido por barulho ou estampido.

a.tur.di.men.to (*aturdir+mento*) *sm* **1** Ação ou efeito de aturdir. **2** Perturbação dos sentidos, tonteira.

a.tur.dir (*a¹+tardo+ir*) *vtd* e *vpr* **1** Atordoar (-se). *vtd* **2** Assombrar, causar espanto a; surpreender: *As maravilhas do lugar aturdiram-no. Conjug:* verbo defectivo; não tem a 1ª pessoa do singular do presente do indicativo e todo o presente do subjuntivo. Do imperativo afirmativo só há a 2ª pessoa do singular e do plural (*aturde, aturdi*). Conjuga-se como *abolir*.

au.dá.cia (*lat audacia*) *sf* **1** Atrevimento, ousadia. **2** Insolência, arrogância.

au.da.ci.o.so (*ô*) (*audácia+oso*) *V audaz. Pl: audaciosos (ó).*

au.daz (*lat audace*) *adj m+f* **1** Que tem audácia; atrevido, audacioso. **2** Que exige audácia; arriscado. *Sup abs sint:* audacíssimo. *Var:* audacioso. *Antôn:* tímido.

au.di.ção (*lat auditione*) *sf* **1** Capacidade de ouvir. **2** Ação de ouvir ou escutar. **3** Audiência. **4** *Mús* Concerto, exibição musical.

au.di.ên.cia (*lat audientia*) *sf* **1** Atenção que se presta a quem fala. **2** Recepção dada por qualquer autoridade a pessoas que lhe desejam falar. **3** Número de pessoas que assistem a determinado programa de rádio ou de televisão. **4** *Dir* Sessão do tribunal em que o juiz interroga as partes, ouve os advogados e pronuncia o julgamento.

áu.dio (*lat audio*) *sm* Parte sonora de um filme ou transmissão de televisão.

au.di.o.vi.su.al (*audio+visual*) *adj m+f* **1** Relativo ou pertencente ao mesmo tempo à audição e à visão. **2** Diz-se da mensagem que reúne som e imagem.

au.di.ti.vo (*lat auditivu*) *adj* **1** Pertencente ou relativo à audição. **2** Que pode ouvir.

au.di.tor (*lat auditore*) *sm* **1** O que ouve; ouvinte. **2** Funcionário encarregado de informar um tribunal ou repartição sobre a aplicação das leis a casos ocorrentes; ouvidor. **3** *Cont* Contador especializado e encarregado de examinar e conferir livros contábeis.

au.di.to.ri.a (*auditor+ia¹*) *sf* **1** Cargo de auditor. **2** Casa ou tribunal onde o auditor desempenha as suas funções. **3** Função de auditor junto às empresas comerciais. **4** *Econ* Exame detalhado da contabilidade de uma empresa ou instituição.

au.di.tó.rio (*lat auditoriu*) *sm* **1** Assembleia ou reunião de pessoas que têm por objetivo ouvir um discurso ou assistir a uma sessão ou audiência. **2** Lugar onde se agrupam os ouvintes.

au.dí.vel (*lat audibile*) *adj m+f* Que se ouve, que se pode ouvir.

au.fe.rir (*lat aufere*) *vtd* e *vint* Colher, obter, receber: *Auferir lucro.* Conjuga-se como *ferir*.

au.ge (*ár 'auj*) *sm* **1** O ponto mais elevado; apogeu. **2** O maior, o máximo grau; cúmulo.

au.gú.rio (*lat auguriu*) *sm* Previsão, adivinhação, agouro, prognóstico, presságio.

au.gus.to (*lat augustu*) *adj* **1** Digno de respeito. **2** Solene, imponente. **3** Venerável. • *sm* Título dos imperadores romanos.

au.la (*lat aula*) *sf* **1** Sala em que se dão ou recebem lições; classe. **2** Lição de uma disciplina.

au.men.tar (*lat augmentare*) *vtd* **1** Tornar maior; acrescentar, ampliar. *vint* **2** Crescer, tornar-se maior. *vint* **3** Crescer, subir.

au.men.ta.ti.vo (*aumentar+ivo*) *adj* Que aumenta. • *sm Gram* Grau em que o significado da palavra aparece aumentado. *P ex: homem* = *homenzarrão*; *casa* = *casarão*.

au.men.to (*lat augmentu*) *sm* **1** Ação ou efeito de aumentar; acréscimo, ampliação; elevação. **2** Crescimento. **3** Engrandecimento. **4** Melhoria, progresso. *Antôn* (acepções 1 e 2): *diminuição*.

au.ra (*lat aura*) *sf* **1** Vento brando e agradável; brisa. **2** Fama, popularidade. **3** Segundo os ocultistas, fluido que rodeia o corpo humano como uma luz, que pode ser observado principalmente ao redor da cabeça e na ponta dos dedos. **4** *Rel* Halo luminoso dos santos cristãos; auréola.

áu.reo (*lat aureu*) *adj* **1** De ouro. **2** Da cor do ouro. **3** Abundante em ouro, rico de ouro. **4** Que foi misturado com folhas de ouro. **5** Muito valioso. **6** Brilhante, excelente.

au.ré.o.la (*lat aureola*) *sf* **1** *Rel* Círculo de luz com que se enfeita a cabeça dos santos; halo. **2** Qualquer círculo luminoso que rodeia um objeto.

au.rí.cu.la (*lat auricula*) *sf Anat* **1** Cada uma das cavidades superiores do coração. **2** Parte externa da orelha. *Var: aurículo*.

au.ri.cu.lar (*lat auriculare*) *adj m+f* **1** Relativo à orelha ou às aurículas. **2** Próprio para ser introduzido na orelha. • *sm* O dedo mínimo.

au.rí.fe.ro (*lat auriferu*) *adj* Que contém ou produz ouro: "*As pessoas iam em busca dos filões auríferos, com risco de morrer sob os desabamentos.*" (MAL)

au.ri.ver.de (*auri+verde*) *adj m+f* Que tem cor de ouro e verde; verde e amarelo.

au.ro.ra (*lat aurora*) *sf* Claridade que precede no horizonte o nascer do Sol; alvorada.

au.sên.cia (*lat absentia*) *sf* **1** Afastamento de uma pessoa do lugar em que se deveria achar. **2** Falta de assistência ou comparecimento. **3** Inexistência, falta. *Antôn* (acepções 1 e 2): *presença*.

au.sen.tar (*ausente+ar¹*) *vpr* **1** Afastar-se, deixar um lugar qualquer. **2** Ir-se, retirar-se.

au.sen.te (*lat absente*) *adj m+f* **1** Que não está presente. **2** Distante. *Antôn* (acepção 1): *presente*.

aus.pi.ci.ar (*auspício+ar¹*) *vtd* Prever, predizer, pressentir, augurar: "*O próprio Banco Internacional de Reconstrução e Fomento auspiciou a adoção por numerosos países em desenvolvimento de plano com vistas a um rápido uso deste mineral.*" (AP) Conjuga-se como *premiar*.

aus.pí.cio (*lat auspiciu*) *sm* **1** Previsão, predição, presságio. **2** Bom ou mau agouro. **3** Prenúncio. *sm pl* Favor, proteção; patrocínio, assistência.

aus.pi.ci.o.so (ô) (*auspício+oso*) *adj* Com bom auspício, de bom agouro; esperançoso. *Pl: auspiciosos* (ó).

aus.te.ri.da.de (*lat austeritate*) *sf* **1** Qualidade do que é austero. **2** Caráter de pessoa austera. **3** Disciplina rigorosa. **4** Dureza no trato.

aus.te.ro (é) (*lat austeru*) *adj* **1** Rígido em opiniões, costumes ou caráter. **2** Severo, rigoroso. **3** Sério, sisudo. **4** Que vive de maneira econômica, sem luxo.

aus.tral (*lat australe*) *adj m+f* Do lado do sul; meridional. *Antôn: boreal, setentrional*.

aus.tra.li.a.no (*top Austrália+ano*) *adj* Pertencente ou relativo à Austrália. • *sm* Natural ou habitante da Austrália.

aus.trí.a.co (*top Áustria+aco*) *adj* Da ou relativo à Áustria (Europa). • *sm* Natural ou habitante da Áustria.

au.tar.qui.a (*gr autarkhía*) *sf* **1** V *autocracia*. **2** Independência econômica de um país. **3** Entidade com patrimônio próprio e vida autônoma, criada pelo Estado, para auxiliá-lo no serviço público.

au.ten.ti.ca.ção (*autenticar+ção*) *sf* Ato ou efeito de autenticar.

au.ten.ti.car (*autêntico+ar¹*) *vtd* **1** Tornar autêntico. **2** Reconhecer como próprio, verdadeiro ou legítimo (escrito ou documento).

au.ten.ti.ci.da.de (*autêntico+i+dade*) *sf* Qualidade do que é autêntico.

au.tên.ti.co (*gr authentikós*, pelo *lat authenticu*) *adj* **1** Do autor a quem se atribui. **2** Digno de fé ou de confiança. **3** Certo, que não pode ser contestado. **4** Feito pela própria pessoa: *Assinatura autêntica*.

au.tis.mo (*auto+ismo*) *sm Med* Estado mental caracterizado por devaneios e afastamento do mundo exterior.

au.tis.ta (*auto+ista*) *adj m+f* **1** Que se refere ao autismo. **2** Caracterizado por autismo. • *s m+f* Pessoa que sofre de autismo.

au.to (*lat actu*) *sm* **1** Solenidade ou ação pública. **2** Narração escrita, autenticada, de qualquer ato judicial ou processo. **3** *Folc* Teatro popular, representado na rua ou em praça pública. **4** Peça teatral medieval, com tema geralmente bíblico e personagens alegóricas. *sm pl* Conjunto de peças pertencentes a um processo.

au.to.a.fir.ma.ção (*auto+afirmação*) *sf Psicol* Necessidade íntima do indivíduo de ser aceito pelas outras pessoas; afirmação.

au.to.a.va.li.a.ção (*auto+avaliação*) *sf* Avaliação que se faz de si mesmo quanto ao desempenho ou rendimento em determinada atividade ou situação.

au.to.bi.o.gra.fi.a (*auto+bio+grafo+ia*[1]) *sf* Narração da vida de uma pessoa, escrita por ela própria.

au.to.bi.o.grá.fi.co (*auto+bio+grafo+ico*[2]) *adj* Relativo à autobiografia.

au.to.co.lan.te (*auto+colante*) *adj* e *s m+f* Diz-se de ou etiqueta, papel ou impresso com um dos lados cobertos de substância adesiva para permitir colagem instantânea. *Sin: autoadesivo.*

au.to.con.fi.an.ça (*auto+confiança*) *sf* Confiança em si mesmo.

au.to.con.fi.an.te (*auto+confiante*) *adj m+f* Confiante em si mesmo.

au.to.con.tro.le (*trô*) (*auto+controle*) *sm* Controle de si mesmo; domínio dos seus próprios impulsos, emoções e paixões.

au.to.cra.ci.a (*autokráteia*) *sf* **1** Governo exercido por um só chefe, líder ou soberano. **2** *Sociol* Poder absoluto ou soberano.

au.to.cra.ta (*gr autokratés*) *s m+f* Chefe numa autocracia; soberano absoluto.

au.to.crí.ti.ca (*auto+crítica*) *sf* Crítica que alguém faz de si mesmo, ou de suas obras.

au.to.de.fe.sa (*auto+defesa*) *sf Dir* Defesa privada ou do próprio direito, para evitar a sua violação.

au.to.des.tru.i.ção (*auto+destruição*) *sf* Ato ou efeito de um ser extinguir-se a si mesmo.

au.to.de.ter.mi.na.ção (*auto+determinação*) *sf* **1** *Polít* Capacidade de um povo determinar, pelo exercício do voto, o seu próprio destino político. **2** *Filos* Decisão tomada livremente, sem influência de outras pessoas.

au.to.di.da.ta (*gr autodídaktos*) *adj* e *s m+f* Que ou pessoa que aprende sozinha, sem professores.

au.to.dis.ci.pli.na (*auto+disciplina*) *sf* Correção e regulação do modo de vida, de trabalho ou normas de moral que alguém impõe a si mesmo ou aceita de outra pessoa.

au.to.do.mí.nio (*auto+domínio*) *sm* **1** Domínio de si mesmo. **2** Autocontrole.

au.tó.dro.mo (*auto+dromo*) *sm* Lugar onde se fazem corridas de automóveis.

au.to.e.lé.tri.co (*auto+elétrico*) *sm* Oficina especializada na manutenção dos componentes elétricos dos veículos.

au.to.es.co.la (*auto+escola*) *sf* Escola para habilitação e treinamento de motoristas.

au.to.es.ti.ma (*auto+estima*) *sf* Amor-próprio.

au.to.es.tra.da (*auto+estrada*) *sf* Estrada para automóveis; autopista.

au.to.fe.cun.da.ção (*auto+fecundação*) *sf Biol* Fecundação efetuada por pólen ou esperma do mesmo indivíduo.

au.to.fla.ge.la.ção (*auto+flagelação*) *sf* **1** Ato ou efeito de flagelar a si mesmo. **2** *fig* Mortificação e tortura de si mesmo.

au.to.ges.tão (*auto+gestão*) *sf* Gerência de uma empresa pelos próprios empregados, representados por uma direção e por um conselho.

au.to.gra.far (*autógrafo+ar*[1]) *vtd* Pôr autógrafo em.

au.tó.gra.fo (*gr autógraphos*) *adj* **1** Que é escrito pelo próprio punho do autor. **2** Que reproduz os manuscritos. • *sm* Assinatura de uma pessoa, escrita pelo próprio punho.

au.to.lo.ca.do.ra (*auto(móvel)+locadora*) *sf* Estabelecimento onde se alugam automóveis.

au.to.má.ti.co (*autômato+ico*[2]) *adj* **1** Inconsciente, involuntário; próprio do autômato. **2** *Fisiol* Diz-se dos movimentos que dependem só do organismo e não da vontade. **3** *Mec* Provido de um mecanismo que executa uma determinada ação, movendo-se, regulando e operando por si mesmo.

au.to.ma.ti.za.ção (*automatizar+ção*) *sf* **1** Ato ou efeito de automatizar. **2** Emprego da eletrônica nos processos de produção de fábricas e oficinas, de tal modo que dispensam a ação direta do homem.

au.to.ma.ti.zar (*autômato+izar*) *vtd* e *vpr* Tornar(-se) automático.

au.tô.ma.to (*gr autómatos*) *sm* **1** Robô. **2** *Mec* Máquina, aparelho ou dispositivo que executa certos trabalhos ou funções, tais como alimentar ou regular uma máquina, vender mercadorias etc., comumente efetuados por uma pessoa.

au.to.me.di.ca.ção (*auto+medicação*) *sf* Ato ou efeito de automedicar-se.

au.to.me.di.car (*auto+medicar*) *vpr* Escolher e tomar remédios por contra própria, sem auxílio de um médico.

au.to.mo.bi.lis.mo (*auto+móvel+ismo*) *sm* Esporte que se pratica com automóveis.

au.to.mo.bi.lis.ta (*auto+móvel+ista*) s m+f Pessoa que se dedica ao automobilismo.
au.to.mo.bi.lís.ti.co (*automobilista+ico²*) adj Relativo ao automobilismo.
au.to.mo.ti.vo (*auto(móvel)+motivo*) adj Diz-se de sistemas ou de materiais usados em veículos automotores.
au.to.mo.triz (*auto+motriz*) adj f Que se move por si. Pl: *automotrizes*.
au.to.mó.vel (*auto+móvel*) sm Veículo de passageiros, acionado por um motor de explosão.
au.to.no.mi.a (*gr autonomía*) sf Qualidade ou estado de autônomo.
au.tô.no.mo (*gr autónomos*) adj 1 Livre de poder externo, que se governa por leis próprias: *"A Comissão de Valores Mobiliários quer que o Congresso Nacional aprove um projeto que a torna um órgão autônomo de fiscalização do mercado financeiro."* (FSP) 2 Que trabalha por conta própria: *"Sempre trabalhei como profissional autônomo."* (FSP) 3 Independente, livre: *"A velha agricultura, entendida como um setor autônomo, tende gradativamente a desaparecer."* (AGR) 4 *Biol* Que age independentemente da vontade: *"O nervo autônomo secreta noradrenalina para a circulação geral."* (CLI)
au.to.pe.ça (*auto(móvel)+peça*) sf *Mec* 1 Peça de automóvel. 2 Loja onde se vendem autopeças.
au.to.pis.ta (*auto(móvel)+pista*) V *autoestrada*.
au.to.pre.ser.va.ção (*auto+preservação*) sf Preservação de si mesmo.
au.to.pro.mo.ção (*auto+promoção*) sf Ação de autopromover-se.
au.to.pro.mo.ver (*auto+promover*) vpr Promover a si mesmo.
au.tóp.sia (*gr autopsía*) sf Abertura de um cadáver, para estudos médicos ou judiciais; necropsia.
au.top.si.ar (*autópsia+ar¹*) vtd Fazer autópsia em.
au.to.pu.ni.ção (*auto+punição*) sf Punição de si mesmo.
au.tor (*lat auctore*) sm 1 Aquele que é causa principal. 2 Aquele que faz uma ação; agente. 3 Escritor de obra literária, científica ou artística. 4 Inventor, descobridor.

au.to.ra.ma (*auto(móvel)+gr hórama*) sm Miniatura de pista de corrida com carrinhos de brinquedo.
au.tor.res.pei.to (*auto+respeito*) sm Respeito por si mesmo.
au.tor.re.tra.to (*auto+retrato*) sm Retrato de um indivíduo feito por ele mesmo.
au.to.ri.a (*autor+ia¹*) sf 1 Qualidade ou condição de autor. 2 *Dir* Responsabilidade por um ato.
au.to.ri.da.de (*lat auctoritate*) sf 1 Direito ou poder de mandar. 2 Poder político ou administrativo. 3 Representante do poder público. 4 Pessoa que tem grande conhecimento em determinado assunto.
au.to.ri.tá.rio (*lat auctoritas+ário*) adj 1 Relativo à autoridade. 2 Que tem caráter de autoridade. 3 Que se impõe pela autoridade. 4 Dominador. 5 Arrogante. 6 Violento.
au.to.ri.ta.ris.mo (*autoritário+ismo*) sm 1 Caráter ou sistema de governo autoritário. 2 Despotismo. 3 Ditatorialismo.
au.to.ri.za.ção (*autorizar+ção*) sf 1 Ação de autorizar. 2 Permissão, consentimento. 3 Documento em que se concede permissão para alguma coisa.
au.to.ri.zar (*autor+izar*) vtd 1 Dar autoridade ou autorização a: *Autorizou a compra do terreno*. vtd 2 Dar permissão a: *Autorizou o funcionário a usar o carro da empresa*. vtd e vpr 3 Abonar(-se), justificar (-se). vtd 4 Aprovar, confirmar: *Nada havia que autorizasse tais suspeitas*. Antôn (acepções 1 e 2): *proibir*.
au.tos.ser.vi.ço (*auto+serviço*) sm 1 Sistema utilizado em restaurante, lanchonete, loja e outros estabelecimentos comerciais em que os clientes se servem sozinhos, sem a assistência de garçons, vendedores ou empregados desses estabelecimentos. 2 Estabelecimento que funciona nesse sistema.
au.tos.su.fi.ci.ên.cia (*auto+suficiência*) sf Qualidade ou estado de autossuficiente.
au.tos.su.fi.ci.en.te (*auto+suficiente*) adj m+f Que se basta a si mesmo.
au.tos.sus.ten.tá.vel (*auto+sustentável*) adj Capaz de sustentar-se, autossuficiente.
au.tu.a.ção (*autuar+ção*) sf Ato de autuar.
au.tu.a.do (*part de autuar*) adj 1 Que se autuou. 2 Contra quem se registrou a

infração. • *sm* Pessoa contra quem se fez um auto de infração.

au.tu.ar (*auto*+*ar*¹) *vtd Dir* **1** Escrever (um auto). **2** Reunir (a petição e os documentos apresentados em juízo) em forma de processo. **3** Formar processo contra.

au.xi.li.ar (ss) (*lat auxiliari*) *vtd* Ajudar, prestar auxílio a, socorrer. *Antôn: atrapalhar, prejudicar.* • *adj m+f* Que auxilia. • *s m+f* Ajudante.

au.xí.lio (ss) (*lat auxiliu*) *sm* **1** Ajuda. **2** Amparo. **3** Socorro; assistência.

a.va.ca.lha.ção (*avacalhar*+*ção*) *sf pop* **1** Desmoralização. **2** Desleixo, relaxo.

a.va.ca.lhar (*a*¹+*vaca*+*alho*+*ar*¹) *pop vtd* e *vpr* **1** Desmoralizar(-se). *vtd* **2** Fazer de maneira desleixada.

a.val (*fr aval*) *sm* **1** *Dir* Garantia dada, por assinatura, do pagamento de letra de câmbio ou de nota promissória, por pessoa que não é o devedor. **2** *fig* Apoio moral ou intelectual.

a.va.lan.cha (*fr avalanche*) *sf* **1** Grande massa de neve, terra, cinza, lama etc. que rola das montanhas, derrubando tudo quanto encontra na sua passagem. **2** *fig* Invasão súbita de gente ou animais. *Var: avalanche.*

a.va.li.a.ção (*avaliar*+*ção*) *sf* **1** Ato de avaliar. **2** Determinação do preço justo de qualquer coisa que pode ser vendida. **3** Valor de bens, determinado por avaliadores.

a.va.li.a.dor (*avaliar*+*dor*) *adj* Que avalia. • *sm* Indivíduo que avalia.

a.va.li.ar (*a*¹+*valia*+*ar*¹) *vtd* e *vti* **1** Calcular ou determinar o valor, o preço ou o merecimento de. *vtd* **2** Reconhecer a grandeza, a intensidade, a força de. *vtd* **3** Apreciar.

a.va.lis.ta (*aval*+*ista*) *s m+f Dir* Pessoa que avaliza uma letra de câmbio ou nota promissória.

a.van.ça.do (*part* de *avançar*) *adj* **1** Que vai na ou para a frente. **2** Progressista; adiantado em relação a seu tempo e meio ambiente. **3** Muito liberal. **4** *Mil* Que está mais próximo do inimigo. *Antôn* (acepções 1 e 4): *recuado.*

a.van.çar (*lat vulg* *abantiare pelo *cat*) *vti* e *vint* **1** Andar, caminhar para a frente. *vti* **2** Apropriar-se: *Os ladrões avançaram em tudo. vti* **3** Adiantar-se, progredir: *Após tantos anos, ele pouco avançara na capacidade profissional. vti* **4** Estender-se, prolongar-se: *A quadra de esportes avançava sobre a praia.*

a.van.ço (de *avançar*) *sm* **1** Impulso para a frente. **2** Adiantamento, em caminho ou em tempo. **3** Evolução, progresso.

a.van.ta.ja.do (*part* de *avantajar*) *adj* **1** Que excede ou leva vantagem. **2** Maior que o normal.

a.van.ta.jar (*a*¹+*vantagem*+*ar*¹) *vtd* e *vpr* **1** Levar vantagem sobre. *vpr* **2** Tornar-se maior, crescer.

a.van.te (*lat ab*+*ante*) *adv* **1** Adiante: *"Um conjunto de jovens talentosos foi encarregado de levar avante a árdua empresa."* (CRU) **2** Para diante, para a frente: *"Por isso é que o mundo não vai avante."* (ANA) • *interj* Para a frente!: *"A pátria está em perigo! Avante! Vamos para a luta!"* (TEG)

avant-première (*avan premiér*) (*fr*) *V* pré-estreia.

a.va.ran.da.do (*part* de *avarandar*) *adj*+*sm* Diz-se de ou casa, sobrado, prédio que tem varanda.

a.va.ren.to (*avaro*+*ento*) *V* avaro.

a.va.re.za (*lat avaritia*) *sf* **1** Apego ao dinheiro, exagerado e anormal; desejo ilimitado de adquirir e acumular riquezas. **2** Mesquinhez, sovinice.

a.va.ri.a (*ital avaria*, do *ár* 'auârîya) *sf* Dano, estrago, prejuízo.

a.va.ri.ar (*avaria*+*ar*¹) *vtd* **1** Causar avaria a. *vtd* e *vpr* **2** Danificar(-se), estragar(-se).

a.va.ro (*lat avaru*) *adj* **1** Que tem avareza. **2** Mesquinho, sovina. • *sm* **1** Indivíduo apegado demais ao dinheiro. **2** *pop* Sovina, pão-duro. *Sin: avarento. Antôn: generoso, pródigo.*

a.vas.sa.la.dor (*avassalar*+*dor*) *adj*+*sm* Que ou o que avassala.

a.vas.sa.lar (*a*¹+*vassalo*+*ar*¹) *vtd* e *vpr* **1** Tornar(-se) submisso, obediente. *vtd* **2** Dominar, subjugar.

a.ve (*lat ave*) *sf Zool* **1** Espécime da classe das aves. **2** Animal vertebrado, ovíparo, de sangue quente, bico córneo, sem dentes, com a pele coberta de penas e os membros anteriores formando asas destinadas a voo. *Dim: avezinha, avícula. Col:*

bando. sf pl Zool Uma das cinco classes em que se dividem os vertebrados. • *interj* Salve! (saudação).

a.vei.a (*lat avena*) *sf Bot* **1** Planta cultivada nas regiões temperadas, cuja semente é usada como alimento para o gado e também na alimentação humana. **2** A semente dessa planta.

a.ve.lã (*lat abellana*) *sf Bot* Fruto arredondado, de casca dura e semente comestível.

a.ve.lu.da.do (*part* de *aveludar*) *adj* **1** Que dá ao tato ou à vista a sensação de veludo. **2** Que tem felpa como o veludo. **3** Macio e lustroso como o veludo. **4** *fig* Meigo, suave: *Voz aveludada.*

a.ve-ma.ri.a (*lat ave Maria*) *sf* Oração consagrada pelos católicos à Virgem Maria. *Pl: ave-marias.*

a.ven.ca (a^1+*lat vinca*) *sf Bot* Designação de várias espécies de plantas, delicadas, usadas para decoração, muitas delas cultivadas no Brasil.

a.ve.ni.da (*fr avenue*) *sf* **1** Alameda. **2** Rua larga, em geral arborizada.

a.ven.tal (de *avante*+al^1) *sm* **1** Peça de pano, couro ou plástico, que se usa sobre a roupa, para protegê-la. **2** Espécie de guarda-pó, usado por certos profissionais.

a.ven.tu.ra (*lat adventura*) *sf* **1** Acontecimento imprevisto. **2** Ação arriscada. **3** Conquista amorosa. **4** Acaso, sorte.

a.ven.tu.rei.ro (*aventura*+*eiro*) *adj* **1** Que se expõe a aventuras ou as procura. **2** Cheio de perigo; arriscado. • *sm* **1** Indivíduo que vive de aventuras. **2** O que não tem meios certos de vida e confia tudo à sorte.

a.ver.ba.ção (*averbar*+*ção*) *sf* **1** Ato de averbar. **2** Declaração à margem de um documento ou de um registro.

a.ver.bar (a^1+*verba*+ar^1) *vtd* **1** Escrever (termo ou depoimento). **2** Anotar, registrar.

a.ve.ri.gua.ção (*averiguar*+*ção*) *sf* Ação de averiguar(-se); investigação, verificação.

a.ve.ri.guar (a^1+*lat verificare*) *vtd* e *vti* **1** Examinar com cuidado. *vtd* **2** Apurar, verificar. *Conjug – Pres indic: averiguo(averíguo), averiguas(averíguas), averigua(averígua), averiguamos, averiguais, averiguam(averíguam); Pret perf: averiguei, averiguaste, averiguou, averiguamos, averiguastes, averiguaram; Pret imp indic: averiguava, averiguavas, averiguava, averiguávamos, averiguáveis, averiguavam; Pret mais-que-perf: averiguara, averiguaras, averiguara, averiguáramos, averiguáreis, averiguaram; Fut pres: averiguarei, averiguarás, averiguará, averiguaremos, averiguareis, averiguarão; Fut pret: averiguaria, averiguarias, averiguaria, averiguaríamos, averiguaríeis, averiguariam; Pres subj: averigue(averígue), averigues(averígues), averigue(averígue), averiguemos, averigueis, averiguem(averíguem); Pret imp subj: averiguasse, averiguasses, averiguasse, averiguássemos, averiguásseis, averiguassem; Fut subj: averiguar, averiguares, averiguar, averiguarmos, averiguardes, averiguarem; Imper afirm: —, averigua(averígua)(Tu), averigue(averígue)(Você), averiguemos(Nós), averiguai(Vós), averiguem(averíguem)(Vocês); Imper neg: —, Não averigua(averígua)(Tu), Não averigue(averígue)(Você), Não averiguemos(Nós), Não averigueis(Vós), Não averiguem (averíguem)(Vocês); Infinitivo impess: averiguar; Infinitivo pess: averiguar, averiguares, averiguar, averiguarmos, averiguardes, averiguarem; Ger: averiguando; Part: averiguado.*

a.ver.me.lha.do (*part* de *avermelhar*) *adj* De tonalidade próxima ao vermelho.

a.ver.me.lhar (a^1+*vermelho*+ar^1) *vtd* **1** Dar cor vermelha a. *vint* e *vpr* **2** Fazer-se vermelho.

a.ver.são (*lat aversione*) *sf* **1** Repulsa, repugnância. **2** Antipatia. *Antôn* (acepção 1): *atração;* (acepção 2): *simpatia.*

a.ves.sas (*lat adversu*) *sf pl* Aquilo que é contrário; coisas opostas. *Às avessas, coloq:* em sentido oposto.

a.ves.so (ê) (*lat adversu*) *adj* **1** Contrário, oposto. **2** Que fica do lado contrário à face principal (falando de um pano). • *sm* Lado oposto à parte principal (de pano ou outra coisa com duas faces opostas).

a.ves.truz (*lat avistruthio*, por *avis struthio*) *s m*+*f Ornit* Grande ave terrestre, incapaz de voar, mas muito veloz na corrida, com dois dedos em cada pé, mais de

100 quilos de massa e 2 metros de altura. Voz: *grasna, ronca, ruge*. Pl: *avestruzes*.
a.ve.xar (a^1+*vexar*) *vtd* **1** Humilhar; vexar. *vpr* **2** Envergonhar-se; vexar-se.
a.vi.a.ção (*fr aviation*) *sf* **1** Sistema de navegação aérea realizada por meio de aparelhos mais pesados que o ar (aviões) ou de balões (dirigíveis). **2** Ciência que rege tal sistema de navegação.
a.vi.a.dor (*fr aviateur*) *adj* Que se ocupa de aviação, especializado em aviação: *Piloto aviador*. • *sm* **1** Pessoa que pratica a aviação. **2** Piloto de avião.
a.vi.a.men.to (*aviar+mento*) *sm* **1** Ato ou efeito de aviar. **2** Preparação de uma receita. • *sm pl* Forro, linha, botões e outros materiais utilizados em obras de costura.
a.vi.ão (*fr avion*) *sm* **1** Todo aparelho mais pesado que o ar, empregado em navegação aérea. **2** *gír* Moça bonita e de formas perfeitas. *Col: esquadrilha, flotilha*.
a.vi.ar (a^1+*via*+ar^1) *vtd* **1** Concluir, executar. *vtd* **2** *Farm* Preparar o medicamento prescrito em (receita): *Aviar uma receita*. *vtd* **3** Despachar, mandar. *vint* e *vpr* **4** Apressar-se: *Vamos, avia-te!* Conjuga-se como *premiar*.
a.vi.á.rio (*lat aviariu*) *adj* V *avícola*. • *sm* **1** Viveiro de aves. **2** Estabelecimento em que se vendem aves raras e domésticas.
a.ví.co.la (*avi+cola*) *adj m+f* Relativo às aves; aviário. • *sm* V *avicultor*.
a.vi.cul.tor (*avi+cultor*) *sm* Criador de aves.
a.vi.cul.tu.ra (*avi+cultura*) *sf* Arte de criação e multiplicação de aves.
a.vi.dez (*ávido+ez*) *sf* **1** Qualidade de ávido. **2** Ambição, cobiça, ganância de riquezas.
á.vi.do (*lat avidu*) *adj* **1** Que deseja ardentemente: *"Embevecido, repassava os olhos ávidos nas minhas vestes em desalinho."* (CE) **2** Ambicioso, cobiçoso, ganancioso de riquezas: *"Foram os elementos da baixa nobreza, ávidos de lucros e poder, que se incluíram no rol dos primeiros colonizadores."* (HIB)
a.vi.sa.do (*part de avisar*) *adj* **1** Que recebeu aviso. **2** Ajuizado, prudente. **3** Acertado, razoável.
a.vi.sar (*lat advisare*) *vtd* **1** Dar aviso a; prevenir. **2** Informar, prevenir.
a.vi.so (*lat ad+visu*) *sm* **1** Comunicação, notícia. **2** Anúncio. **3** Recado. **4** Advertência, repreensão.
a.vis.tar (a^1+*vista*+ar^1) *vtd* **1** Começar a distinguir ao longe, pela visão. **2** Alcançar com a vista (o que está ao longe).
a.vi.var (a^1+*vivo*+ar^1) *vtd* e *vpr* **1** Tornar(-se) mais vivo; animar(-se). *vtd* e *vpr* **2** Tornar (-se) mais intenso (sentimentos ou sensações): *Avivar a saudade, o tormento*. *vtd* **3** Despertar: *Avivar a memória*.
a.vi.zi.nhar (a^1+*vizinho*+ar^1) *vtd* e *vpr* **1** Aproximar(-se), pôr(-se) perto de. *vti* e *vpr* **2** Estar próximo ou junto. *vpr* **3** Ser quase semelhante, muito parecido.
a.vo (de *(oit)avo*) *sm Mat* Designa cada uma das partes iguais em que foi dividida a unidade e se emprega na leitura das frações cujo denominador é maior do que dez: *Três quinze avos* ($^3/^{15}$).
a.vó (*lat aviola*) *sf* **1** Mãe do pai ou da mãe. **2** Anciã. *Pl: avós*. • *sm pl* **1** Plural que compreende simultaneamente *avô* e *avó*. **2** Ascendentes, antepassados.
a.vô (*lat aviolu*) *sm* **1** Pai do pai ou da mãe. **2** Ancião. *Pl: avôs*.
a.vo.a.do (*part de avoar*) *adj* **1** Que anda com a cabeça no ar. **2** Distraído, aéreo.
a.vo.lu.mar (a^1+*volume*+ar^1) *vtd* e *vpr* **1** Aumentar em número ou quantidade. *vtd* e *vint* **2** Encher, obstruir, ocupando grande espaço.
a.vul.so (*lat avulsu*) *adj* **1** Arrancado ou separado à força. **2** Desligado do corpo ou da coleção de que faz parte. **3** Ocasional, que ocorre ou aparece às vezes.
a.xa.dre.za.do (a^1+*xadrez*+ado^1) *adj* Em quadradinhos, assemelhando-se ao tabuleiro de xadrez.
a.xé (*ioruba àshe*) *sm* Cada um dos objetos sagrados do orixá (pedras, ferros, recipientes etc.) que ficam no santuário das casas de candomblé. • *interj* Boa sorte! Felicidades!
a.xi.la (*cs*) (*lat axilla*) *sf* **1** *Anat* Cavidade sob a junção de um braço e do ombro. **2** *pop* Sovaco.
a.za.gai.a (*ár az-zagâya*) *sf* Lança de arremesso.
a.zá.lea (*gr azaléa*) *sf Bot* Arbusto de flores muito usadas para ornamentação. *Var: azaleia*.

a.zar (*ár az-zahr*) *sm* **1** Má sorte. **2** Desgraça, infortúnio. **3** Mau agouro. **4** Acaso.

a.za.rão (*azar+ão²*) *sm* Cavalo sem possibilidades de vencer a corrida e que recebe poucas apostas.

a.za.rar (*azar+ar¹*) *vtd* **1** Dar azar a, dar má sorte a. *vint* **2** *gír* Cortejar, paquerar.

a.za.ren.to (*azar+ento*) *adj* **1** Que causa ou anuncia má sorte. **2** Azarado.

a.ze.dar (*azeda+ar¹*) *vtd*, *vint* e *vpr* **1** Tornar (-se) azedo. *vtd* e *vpr* **2** Irritar(-se), irar (-se). *Antôn* (acepção 1): *adoçar*.

a.ze.do (*ê*) (*lat acetu*) *adj* **1** Que tem sabor ácido como o do vinagre; ácido, acre. **2** Que tem ou adquiriu, pela fermentação, sabor desagradável; fermentado. **3** *fig* De mau humor; irado, irritado.

a.ze.du.me (*azedo+ume*) *sm* **1** Qualidade do que é azedo. **2** Acidez, sabor azedo. **3** *fig* Irritação, mau humor. *Antôn* (acepções 1 e 2): *doçura*; (acepção 3): *brandura*.

a.zei.tar (*azeite+ar¹*) *vtd* **1** Lubrificar com azeite. **2** Umedecer com azeite. **3** Temperar com azeite.

a.zei.te (*ár az-zait*) *sm* **1** Óleo que se extrai da azeitona. **2** Óleo extraído de plantas ou animais.

a.zei.to.na (*ár az-zaiTûna*) *sf Bot* Fruto da oliveira do qual se extrai o azeite.

a.ze.vi.che (*ár az-zabaq*) *sm* **1** Variedade de lignita, de cor negra e brilhante, com que se fabricam objetos de adorno. **2** *fig* Coisa muito preta.

a.zi.a (*contr* de *azedia*) *sf* **1** Acidez do estômago. **2** Arroto azedo.

a.zi.a.go (*lat aegyptiacu*) *adj* **1** Que anuncia ou faz recear desgraças: *"Coriolano veio trazer ao rio algum aviso aziago."* (OSD) **2** Que é de mau agouro: *"Agosto é aziago desde o século I da era cristã."* (CB)

á.zi.mo (*a⁴+gr zýme*) *adj* Não fermentado, sem fermento. • *sm* Pão não levedado, sem fermento.

a.zi.nha.vre (*ár az-zinjafr*) *sm Quím* Substância venenosa, de cor verde, que se forma na superfície do cobre ou latão, quando expostos ao ar úmido.

a.zo.to (*ó*) (*a⁴+gr zoótes*) *sm obsol Quím* V *nitrogênio*.

AZT *sm* Sigla de *azidotimidina*, droga utilizada no tratamento da AIDS.

a.zu.cri.nar (*azucrim+ar¹*) *vtd* **1** Importunar, aborrecer. *vint* **2** Causar importunação.

a.zul (*persa lazaward*, via *lat med*) *adj m+f* Da cor do anil ou do céu sem nuvens. • *sm* **1** Cor do espectro solar, primitiva, intermediária entre o verde e o violeta, e parecida à do céu sem nuvens. **2** Cada uma das gradações dessa cor. **3** O céu, os ares. *Pl*: *azuis*.

a.zu.lão (*azul+ão²*) *sm* **1** *Ornit* Nome comum a vários pássaros azuis. **2** Azul forte.

a.zu.lar (*azul+ar¹*) *vtd* **1** Dar cor azul a; anilar. *vint* e *vpr* **2** Tornar-se azul. *vint* **3** Apresentar cor azul, mostrar aparência azulada.

a.zul-ce.les.te *adj m+f sing+pl* Azul da cor do céu: *carro(s) azul-celeste; saia(s) azul-celeste*. • *sm* Essa cor. *Pl* do *sm*: *azuis-celestes*.

a.zul-cla.ro *adj* De um tom claro de azul: *blusa(s) azul-clara(s), olho(s) azul-claro(s)*. • *sm* Essa cor. *Pl* do *adj*: *azul-claros*. *Pl* do *sm*: *azuis-claros*.

a.zu.le.jar (*azulejo+ar¹*) *vtd* Guarnecer de azulejos; pôr ou assentar azulejos em. Conjuga-se como *solfejar*.

a.zu.le.jis.ta (*azulejo+ista*) *s m+f* Pessoa que faz ou assenta azulejos.

a.zu.le.jo (*ê*) (*ár hispânico az-zulaij*) *sm* Ladrilho vidrado, com desenhos de uma ou mais cores, para revestir ou guarnecer paredes.

a.zul-es.cu.ro *adj m+f sing+pl* De um tom escuro de azul: *saia(s) azul-escura(s), vestido(s) azul-escuro(s)*. • *sm* Essa cor. *Pl* do *adj*: *azul-escuros*. *Pl* do *sm*: *azuis-escuros*.

a.zul-ma.ri.nho *adj m+f sing+pl* De um azul semelhante ao do fundo do mar: *calça(s) azul-marinho, sapato(s) azul-marinho*. • *sm* Essa cor. *Pl* do *sm*: *azuis-marinhos*.

a.zul-pis.ci.na *adj m+f sing+pl* De um azul semelhante ao da água clorada da piscina: *maiô(s) azul-piscina, camisa(s) azul-piscina*. • *sm* Essa cor. *Pl* do *sm*: *azuis-piscina* e *azuis-piscinas*.

a.zul-tur.que.sa *adj m+f sing+pl* De uma cor azul com tonalidade semelhante à da turquesa: *brinco(s) azul-turquesa, cortina(s) azul-turquesa*. • *sm* Essa cor. *Pl* do *sm*: *azuis-turquesa* e *azuis-turquesas*.

b (*bê*) *sm* Segunda letra do alfabeto português, consoante.

ba.ba (*lat vulg baba*) *sf* **1** Saliva ou mucosidade que escorre da boca. **2** Gosma. *Baba de moça*, *Cul*: doce feito com ovos, açúcar e leite de coco.

ba.bá (*voc expressivo*) *sf* **1** *V* ama-seca. **2** *V* ama de leite. **3** *Rel* Pai de santo no candomblé.

ba.ba.ça (de *tabaca*, por assimilação) *sf vulg* Órgãos genitais externos da mulher; vulva. • *adj e s m+f gír* Tolo, bobo.

ba.ba.çu (*tupi yuá uasú*) *sm Bot* Nome de várias espécies de palmeiras, encontradas na região amazônica, no Brasil central e no Nordeste.

ba.ba de mo.ça Ver definição em *baba*.

ba.ba.do (*part* de *babar*) *sm* **1** Tira de pano franzida ou pregueada, para guarnecer vestidos, saias etc. **2** *gír* Fofoca. **3** *gír* Ponto a esclarecer: *Qual é o babado?*

ba.ba.dor (*babar+dor*) *adj* Que baba. • *sm* Peça do vestuário infantil, de tecido ou plástico, que se põe sobre o peito das crianças, preso ao pescoço, para não se sujarem ao comer ou beber.

ba.ba.lo.ri.xá (*ioruba babaloríxha*) *sm Rel* Pai de santo. *Fem*: iarolixá.

ba.bão (*babar+ão²*) *adj+sm* **1** Que ou aquele que baba. **2** Pateta, tolo: *"O vê se te encomenda, velho babão, pra Omulu, que é dono do cemitério."* (TR) *Fem*: babona.

ba.ba.qui.ce (*babaca+ice*) *sf* **1** Procedimento de babaca. **2** Asneira, idiotice.

ba.bar (*baba+ar¹*) *vint e vpr* **1** Derramar baba. *vpr* **2** Estar apaixonado, ter muito amor: *Larissa se babava por Gabriel.*

ba.bel (de *Babel*, *np*) *sf* **1** Confusão de línguas: *"Na gigantesca babel em que se transformou Las Vegas, com 25 mil delegações de cem países, outra estrela brilhou na entrada do Convention Center."* (FSP) **2** Confusão, desordem: *"O gigantismo mutante de São Paulo e a babel de vozes e ruídos são os temas dos melhores trabalhos."* (FSP)

ba.bi.lô.nia (do *top Babylonia*, *np*) *sf* Grande confusão; balbúrdia.

ba.bi.lô.ni.co (*top Babilônia+ico²*) *adj* **1** Relativo a babilônia ou à cidade da Babilônia (Iraque). **2** Muito grande; majestoso. **3** *fig* Confuso, desordenado.

ba.bo.sa (*baba+osa*, no *fem*) *sf Bot* Planta medicinal.

ba.bo.sei.ra (*babosa+eira*) *sf* **1** Conversa fiada. **2** Bobagem, tolice, asneira.

ba.bu.gem (*baba+ugem*) *sf* **1** Baba. **2** Espuma que se forma à flor da água: *"Desciam toros flutuantes, e corpos mortos, conviajando com a babugem e com os pedaços vegetais."* (SA) **3** Restos de comida.

ba.bu.í.no (*ital babbuino*) *sm Zool* Macaco africano de focinho longo.

baby-doll (*bêibi-dól*) (*ingl*) *sm* Roupa feminina de dormir, uma espécie de camisolinha curta, feita com tecido leve. *Pl*: baby-dolls.

baby-sitter (*bêibi-síter*) (*ingl*) *s m+f* Pessoa contratada para tomar conta de crianças na ausência temporária dos pais. *Pl*: baby-sitters.

ba.ca.lhau (*fr cabillaud*, com metátese) *sm* **1** *Ictiol* Peixe marinho de regiões frias cuja carne, depois de seca e salgada, é muito utilizada em culinária. **2** *pop* Pessoa muito alta e magra.

ba.ca.lho.a.da (*bacalhau+ada¹*) *sf Cul* Comida preparada com bacalhau.

ba.ca.mar.te (*fr braquemart*) *sm* Arma de fogo de cano curto, alargado na boca.
ba.ca.na (do *genovês bacan*) *adj m+f gír* **1** Bom, excelente. **2** Bonito. **3** Elegante. • *s m+f* Grã-fino. *Sup abs sint: bacanérrimo*.
ba.ca.nal (*lat bacchanale*) *adj m+f* Mitol Relativo a Baco, deus do vinho. • *sf* Orgia, devassidão.
ba.can.te (*lat bacchante*) *sf* **1** Sacerdotisa de Baco. *s m+f* **2** Pessoa que participava de bacanais.
ba.ca.rá (*fr baccara*) *sm* Jogo de cartas em que um jogador ou banqueiro enfrenta todos os outros jogadores ou pontos.
ba.cha.rel (*fr ant bacheler*) *sm* Estudante que se diploma numa faculdade.
ba.cha.re.la.do (*part de bacharelar*) *adj* Que recebeu o grau de bacharel. • *sm* O grau de bacharel. *Var: bacharelato*.
ba.cha.re.lan.do (de *bacharelar*) *sm* O que vai receber o grau de bacharel.
ba.cha.re.lar (*bacharel+ar*[1]) *vpr* Receber o título de bacharel: *"O mais inteligente quintanista da Faculdade morria antes de bacharelar-se."* (SPA)
ba.ci.a (*vulg baccinu*) *sf* **1** Recipiente redondo, pouco profundo, de bordas largas. **2** *Anat* Pelve. **3** Conjunto de vertentes que circundam um rio ou mar interior.
ba.ci.lo (*lat bacillu*) *sm Bacter* Qualquer bactéria com forma de bastonete.
backup (becape) (*ingl*) *sm Inform* Cópia de um arquivo ou conjunto de dados mantidos por questão de segurança; cópia de segurança. *Var: becape.*
ba.ço (*lat vulg opaciu*) *adj* Descorado, embaçado, sem brilho. • *sm Anat* Víscera glandular ímpar, esponjosa, situada no lado esquerdo do abdome.
bacon (*bêicon*) (*ingl*) *sm* Toicinho defumado.
ba.co.ri.nho (*bácoro+inho*) *sm* Leitão, porco novo.
bac.té.ria (*gr baktéria*) *sf Bacter* Nome dado a um vasto grupo de micro-organismos vegetais sem clorofila, unicelulares. *Col: colônia.*
bac.te.ri.ci.da (*bacteri+cida*) *adj m+f Farm* Que destrói as bactérias. • *sm* Qualquer agente que destrói bactérias.
bac.te.ri.o.lo.gi.a (*bactério+logo+ia*[1]) *sf* Ciência que se ocupa das bactérias.

bac.te.ri.o.lo.gis.ta (*bactério+logo+ista*) *s m+f* Especialista em bacteriologia.
bá.cu.lo (*lat baculu*) *sm* **1** Bastão episcopal. **2** Bordão alto, cajado. **3** Amparo, arrimo.
ba.cu.ri (*tupi yuakurí*) *sm* **1** *Bot* Árvore de fruto comestível. **2** Fruto dessa árvore. **3** *pop* Criança.
ba.da.la.ção (*badalar+ção*) *sf gír* **1** Ato de badalar; bajulação. **2** Ágito social.
ba.da.la.da (*badalo+ada*[1]) *sf* **1** Som produzido pelo toque do badalo no sino. **2** *gír* Bajulação.
ba.da.lar (*badalo+ar*[1]) *vtd* **1** Tocar as badaladas com badalo: *Os sinos badalavam uma canção de Natal. vtd* **2** Bater, soar: *O relógio da catedral badalou onze horas. vtd* **3** Agitar, sacudir: *Badalar uma campainha, uma campana. vtd* e *vint* **4** *gír* Bajular: *Os políticos badalam os eleitores em época de eleições.*
ba.da.lo (*lat vulg battuaculu*) *sm* Haste de metal suspensa no interior do sino, sineta ou campainha, para fazê-los soar.
ba.de.jo (*ê*) (*cast abadejo*) *sm Ictiol* Nome que se dá a vários peixes marinhos que se assemelham às garoupas.
ba.der.na (de *Baderna, np*) *sf* **1** Pândega, boêmia, noitada. **2** Desordem, bagunça, confusão.
ba.der.nei.ro (*baderna+eiro*) *adj* Que faz baderna, desordeiro.
ba.du.la.que (*cast badulaque*) *sm* **1** Berloque, penduricalho. *sm pl* **2** Trastes, cacarecos, miudezas sem valor.
ba.fa.fá (*voc onom*) *sm pop* Discussão, barulho, tumulto.
ba.fe.jar (*bafo+ejar*) *vtd* **1** Aquecer com o bafo: *"O hálito morno de Rodrigo bafejava-lhe a testa."* (TV) *vtd* **2** Ajudar, favorecer: *"E muitos acreditam que foi essa a razão de o progresso bafejar novamente a terra de Cornélio Pires."* (VPB) *vint* **3** Soprar brandamente: *"Bafejou nas unhas, esfregou-as no paletó."* (MPB) Conjuga-se como *solfejar*.
ba.fe.jo (*ê*) (de *bafejar*) *sm* **1** Ato de bafejar. **2** Sopro: *"O velho conde ganhou um bafejo de ar fresco que lhe fez bem."* (FSP)
ba.fi.o (*bafo+io*) *sm* Cheiro de umidade; mofo.
ba.fo (*voc onom*) *sm* **1** Ar exalado dos

pulmões; hálito. **2** Sopro brando e quente. **3** Vapor de chaleira e de outros utensílios de cozinha.

ba.fô.me.tro (*bafo+metro*) *sm Tecn* Aparelho que mede, utilizando o bafo expelido, o grau de concentração de bebida alcoólica no organismo humano.

ba.fo.ra.da (*bafo+r+ada¹*) *sf* **1** Bafo prolongado e forte. **2** Fumaça que se expele ao fumar.

ba.fo.rar (*bafo+r+ar*) *vint* **1** Expelir o bafo. *vtd* **2** Pronunciar: *Baforar obscenidades*.

ba.ga (*lat baca*) *sf* **1** *Bot* Nome genérico dos frutos simples, carnudos e sem caroço, mas com mais de uma semente, como o tomate, a uva etc. **2** Semente de mamona.

ba.ga.cei.ra (*bagaço+eira*) *sf* **1** Lugar onde se junta o bagaço. **2** Monte de bagaço, nos engenhos de açúcar. **3** Aguardente extraída do bagaço da uva.

ba.ga.ço (*baga+aço*) *sm* **1** Resíduo de frutos, ervas etc. depois de extraído o suco. **2** Parte fibrosa da cana-de-açúcar depois de espremida. **3** *por ext* Coisa inútil ou muito usada, velha.

ba.ga.gei.ro (*bagagem+eiro*) *adj* Que carrega bagagens. • *sm* **1** A parte de um veículo destinada ao transporte de bagagens; porta-malas. **2** O carro que conduz as bagagens.

ba.ga.gem (*fr bagage*) *sf* **1** Conjunto de objetos empacotados ou postos em malas, que os viajantes levam consigo. **2** Soma dos conhecimentos de alguém: *Bagagem cultural*. **3** Conjunto das obras de um escritor: *Bagagem literária*.

ba.ga.na *sf gír* Ponta queimada de cigarro ou charuto; bituca.

ba.ga.te.la (*ital bagatella*) *sf* **1** Coisa de pouco valor ou inútil. **2** Quantia insignificante, ninharia.

ba.go (de *baga*) *sm* **1** *Bot* Cada fruto do cacho de uvas. **2** *Bot* Qualquer pequeno fruto semelhante à uva. **3** *Bot* Saco polposo que envolve o caroço da jaca. **4** *gír* Cada um dos testículos.

ba.gre (*ár bâjar*) *sm Ictiol* Nome comum a grande número de peixes de couro, de água doce e do mar.

ba.gue.te (*fr baguette*) *sf* **1** Sarrafinho de madeira com que se fazem molduras simples para quadros, diplomas, janelas etc. **2** Tipo de pão francês alongado e fino.

ba.gu.lho (*bago+ulho*) *sm* **1** *Bot* Semente de certos frutos, como a uva, a pera etc. **2** *gír* Produto de furto ou roubo. **3** *gír* Droga. **4** *pop* Pessoa feia e desprezível.

ba.gun.ça *sf* **1** *gír* Confusão, desordem, embaraço. **2** Máquina para remover aterro.

ba.gun.ça.do (*part* de *bagunçar*) *adj* Confuso, desordenado.

ba.gun.çar (*bagunça+ar¹*) *vtd pop* **1** Fazer bagunça, desordem, anarquia. *vint* **2** Promover bagunça.

ba.gun.cei.ro (*bagunça+eiro*) *adj+sm* Desordeiro, badernero.

bai.a (*quimbundo ribaia*) *sf* Compartimento individual para cavalgaduras numa cavalariça.

ba.í.a (*baixo-lat baia*) *sf* Qualquer reentrância na costa onde se possa aportar.

bai.a.cu (*tupi uambaiakú*) *sm Ictiol* Nome comum a vários peixes marinhos ou de água doce que podem inflar-se e flutuar na água e cuja carne é considerada venenosa.

bai.a.na (*fem* de *baiano*) *sf* **1** Mulher baiana, em especial a vendedora de quitutes típicos da Bahia, vestida com saia rodada, bata de renda, turbante, colares etc. **2** Fantasia inspirada nessa vestimenta.

bai.a.no (de *Bahia*, *np+ano*) *adj* **1** Pertencente ou relativo ao Estado da Bahia. **2** Que é natural da Bahia. • *sm* **1** Natural ou habitante da Bahia. **2** *pej* Indivíduo fanfarrão, sossegado.

bai.ão (*top Bahia+ão¹*) *sm Folc* Dança e canto popular do Nordeste.

bai.la (de *bailar*) *sf* Usado na locução adverbial *à baila*. *Trazer à baila: mencionar*.

bai.la.do (*bailar+ado¹*) *sm* **1** Dança artística. **2** Baile; balé.

bai.lar (*lat ballare*) *vti* e *vint* **1** Dançar. *vtd* **2** Executar dançando: *Bailar o fado*.

bai.la.ri.no (*bailar+ino*) *sm* **1** Aquele que baila profissionalmente. **2** *pop* Indivíduo que dança bem; dançarino.

bai.le (de *bailar*) *sm* Reunião festiva cujo fim principal é a dança.

ba.i.nha (*lat vagina*) *sf* **1** Estojo para proteger a lâmina de arma branca. **2** Barra

dobrada e costurada, em roupas, toalhas e lençóis.
bai.o (*lat badiu*) *adj* Diz-se do cavalo castanho ou amarelado. • *sm* Cavalo que tem essa cor.
bai.o.ne.ta (ê) (*fr baïonnette*, de *Bayonne, np*) *sf* Arma de lâmina pontiaguda, que se adapta à extremidade do cano do fuzil e é empregada no combate corpo a corpo.
bair.ris.mo (*bairro+ismo*) *sm* **1** Qualidade de bairrista. **2** Apego exagerado ao bairro.
bair.ris.ta (*bairro+ista*) *adj* e s *m+f* **1** Diz-se de ou pessoa que frequenta ou habita um bairro. **2** Originário de bairros: *"Como todos os anos, o Rio terá neste carnaval as insolentes bandas bairristas."* (REA) **3** Que ou quem defende interesses de seu bairro ou de sua terra: *"O incidente (...) reacendeu a disputa bairrista entre São Paulo e Rio."* (FSP)
bair.ro (*ár barrí*) *sm* Cada uma das principais áreas urbanas em que se divide uma cidade.
bai.ta *adj m+f pop* **1** Muito grande: *"Era uma baita sucuri e, não menos, um baita jacaré."* (PAN) **2** Bom, bonito: *"Chegasse o cliente antes meia hora e notaria no alto do edifício um baita espetáculo dos operários."* (EMC) **3** Famoso: *"Não é porque ele seja bonito, mas porque é um baita político."* (FSP)
bai.to.la *adj sm Reg* (Nordeste) *vulg* Homossexual passivo. *Var: baitolo.*
bai.u.ca (ú) (*cast bayuca*) *sf* Taberna pequena e malcuidada; bodega.
bai.xa (de *baixo*) *sf* **1** Perda sofrida pelas forças armadas. **2** Depressão de terreno. **3** Redução de preço, altura ou valor.
bai.xa.da (*baixar+ada¹*) *sf* **1** Descida. **2** Planície entre montanhas. *Aum: baixadão.*
bai.xa-mar *sf* Maré baixa, vazante da maré. *Pl: baixa-mares.*
bai.xar (*lat vulg *bassiare*) *vtd* **1** Abaixar, arrear, descer: *Convém baixar a persiana. vtd* **2** Fazer pender; inclinar: *Baixar a cabeça. vtd* **3** Expedir ordens, avisos etc. a subalternos ou a órgãos subordinados: *O ministro baixou uma portaria. vti* **4** Decair, diminuir: *Seu nome baixava no conceito social. vint* **5** Diminuir em altura, em cotação, em valor: *As águas vão baixando. vti* **6** *Inform* Trazer, através de rede de computadores, um arquivo localizado em outra máquina distante. *vint* **7** *pop* Incorporar: *Baixou o santo. vint* **8** *gír* Aparecer: *Baixou lá em casa depois do jantar.* Veja nota em **abaixar**.
bai.xa.ri.a (*baixo+aria*) *sf gír* **1** Atitude ou dito inconveniente. **2** Comportamento deselegante.
bai.xe.la (*lat vascella*) *sf* Conjunto de pratos, travessas e talheres, geralmente de metal.
bai.xe.za (ê) (*baixo+eza*) *sf* **1** Inferioridade em caráter e sentimentos. **2** Indignidade. *Antôn: nobreza.*
bai.xi.o (*baixo+io*) *sm* **1** Banco de areia ou rochedo oculto sob a água. **2** Lugar raso no mar, rio etc.
bai.xo (*lat vulg bassu*) *adj* **1** Pequena altura ou estatura. **2** Inferior em condições sociais, poder aquisitivo: *Classe baixa.* **3** Grosseiro, vil. **4** Que mal se ouve: *Voz baixa. Sup abs sint: baixíssimo, ínfimo. Dim: baixinho, baixote. Antôn: alto, elevado, superior.* • *sm* **1** *Mús* Som grave de uma voz ou instrumento. **2** *Mús* O cantor que tem essa voz. **3** *Mús* O instrumento mais grave de cada família de instrumentos. • *adv* **1** Em lugar pouco elevado. **2** Em voz sumida.
bai.xo-a.le.mão *sm Ling* Representa o idioma falado ao norte da Alemanha, que não contribuiu com a formação do alemão atual, do qual se originaram o holandês e o neerlandês. *Pl: baixos-alemães. Cf alto-alemão.*
bai.xo-as.tral *sm sing+pl* Situação ou circunstância adversa, como que sob má influência dos astros. • *adj* e s *m+f sing+pl* Diz-se de ou pessoa mal-humorada, infeliz, queixosa. *Antôn: alto-astral.*
bai.xo-la.tim *sm* O latim falado e escrito depois da queda do Império Romano e durante a Idade Média.
bai.xo-re.le.vo *sm* Escultura cujo desenho sobressai em pequena espessura da superfície que lhe serve de base. *Pl: baixos-relevos. Cf alto-relevo.*
bai.xo.te (*baixo+ote*) *adj* Diz-se do indivíduo um tanto baixo. *Fem: baixota.*
bai.xo-ven.tre *sm Anat* Parte inferior do ventre. *Pl: baixos-ventres.*

ba.ju.la.ção (*lat bajulatione*) *sf* **1** Ação de bajular. **2** Adulação interesseira.

ba.ju.la.dor (*bajular+dor*) *adj+sm* Que ou aquele que bajula; puxa-saco.

ba.ju.lar (*lat bajulare*) *vtd* Adular, lisonjear de modo interesseiro: *"Abraços e tapinhas nas costas para bajular o chefe não são exclusivos do homem."* (FSP)

ba.la (*ant alto-al balla*) *sf* **1** Projétil de arma de fogo. *Aum*: balaço, balázio. *Dim*: balim, balote. *Col*: saraivada. **2** Docinho de açúcar e outros ingredientes e solidificado.

ba.la.ço (*bala+aço²*) *sm* **1** Grande bala (acepção 1). **2** Tiro.

ba.la.da (*provençal ballada*) *sf* **1** *Lit* Antigo gênero de poesia popular, originário do norte europeu, que narra um acontecimento real ou uma lenda. **2** *Mús* Peça instrumental de caráter romântico.

ba.lai.o (*fr balai*) *sm* **1** Cesto de cipó, palha ou taquara. **2** *Folc* Antiga dança, espécie de fandango.

ba.la.lai.ca (*tártaro balalaika*, via *russo*) *sf Mús* Espécie de bandolim triangular, de três cordas, muito usado pelos russos em sua música popular.

ba.lan.ça (*lat *bilancia*) *sf* **1** Instrumento para determinar o peso. **2** *fig* Equilíbrio, ponderação. **3** Emblema da Justiça. **4 Balança** *Astr* e *Astrol V Libra* (acepção 4).

ba.lan.çar (*balanço+ar¹*) *vtd* e *vpr* **1** Fazer(-se) oscilar, pôr(-se) em balanço. *vint* **2** Oscilar; mover-se de um lado para outro. *vtd* **3** Abalar. *vti* **4** Hesitar. *Var* (acepções 1 e 2): *balancear*.

ba.lan.ce.a.do (*part de balancear*) *adj* **1** Que se balanceou. **2** Diz-se da alimentação ou ração que contém as substâncias necessárias ao metabolismo. • *sm* **1** Equilíbrio da carga no animal. **2** Ginga do corpo na dança, no andar etc.

ba.lan.ce.a.men.to (*balancear+mento*) *sm* **1** Ação de balancear. **2** Movimento alternativo ou oscilatório de um corpo. *Balanceamento de rodas, Autom*: equilíbrio que se dá às rodas de um veículo para obter estabilidade na direção.

ba.lan.ce.ar (*balanço+e+ar¹*) **1** *V balançar* (acepções 1 e 2). *vtd* **2** *Inform* Ajustar o espaço entre pares de letras, para que fiquem mais juntas. Conjuga-se como *frear*.

ba.lan.ce.te (*ê*) (*balanço+ete*) *sm* **1** Com Pequeno balanço, balanço parcial. **2** *Econ* Levantamento mensal e anual dos saldos de créditos e dívidas de uma empresa.

ba.lan.cim (*it balancio+inho*, com apócope) *sm* **1** *Autom* Peça de movimento oscilatório que comanda a abertura das válvulas do motor. **2** Pequena balança.

ba.lan.ço (*balancio*) *sm* **1** Movimento alternado em sentidos opostos; oscilação. **2** Brinquedo para balançar que consiste em um banco suspenso por cordas ou correntes. **3** Abalo, solavanco. **4** *Econ* Demonstração das contas ativas e passivas de uma empresa.

ba.lan.gan.dã (*voc onom*) *sm* Adorno que as baianas usam em dias de festa.

ba.lão (*fr ballon*) *sm* **1** Artefato papel fino que sobe impulsionado pelo ar interno ao ser aquecido por uma tocha presa à boca de arame. **2** Aparelho que se eleva na atmosfera por efeito do gás, mais leve que o ar, com que é preenchido. **3** Bola de borracha inflável, muito fina, para diversão infantil. **4** Espaço destinado às falas das personagens nas histórias em quadrinhos. *Balão de ensaio*: a) pequeno balão utilizado para verificar a direção dos ventos; b) experiência, ensaio; c) *fig* boato que se coloca em circulação para testar e medir a opinião pública.

ba.lão de en.sai.o *Ver* definição em *balão*.

ba.lão-son.da *sm Meteor* Balão de observação meteorológico. *Pl*: *balões-sondas* e *balões-sonda*.

ba.lar (*lar balare*) *vint* Balir, dar balidos. *Conjug*: verbo defectivo; só se emprega nas 3ªˢ pessoas.

ba.la.us.tra.da (*balaústre+ada¹*) *sf* Fileira de balaústres formando grade de parapeito ou corrimão.

ba.la.ús.tre (*ital balaustro*) *sm* **1** *Arquit* Pequena coluna ou pilar que sustenta uma travessa ou corrimão. **2** Cada uma das pequenas colunas que adornam as costas de uma cadeira.

bal.bu.ci.ar (*lat vulg *balbutiare*) *vtd* e *vint* Pronunciar imperfeitamente e com hesitação; gaguejar.

bal.bu.ci.o (*de balbuciar*) *sm* **1** Ato de balbuciar. **2** *fig* Ensaio, início, tentativa.

bal.búr.dia (de *balbo*) *sf* Grande desordem; confusão, gritaria.

bal.cão (*ital balcone*) *sm* **1** *Arquit* Varanda que se prolonga do andar de um edifício ou do corpo de uma casa e se comunica com o exterior ou tem vista para fora; sacada. **2** *Com* Mesa sobre a qual ficam expostas as mercadorias nas lojas ou mercados. **3** Galeria em cinemas e teatros.

bal.co.nis.ta (*balcão+ista*) *s m+f* Empregado(a) de loja que atende os fregueses em balcão.

bal.de *sm* Recipiente de metal ou plástico, em geral de forma cilíndrica e com alça, utilizado para guardar ou carregar líquidos e outros materiais: *balde de água*, *balde de lixo*.

bal.de.a.ção (*baldear+ção*) *sf* Ação ou efeito de baldear.

bal.de.ar (*balde+e+ar*[1]) *vtd* **1** Tirar com balde: *Baldeamos água de um poço*. **2** Passar líquidos de uma vasilha para outra. **3** Transferir pessoas ou objetos de um veículo para outro ou de um lugar para outro: *Baldeou-nos de um ônibus para outro*. Conjuga-se como *frear*.

ba.lé (*fr ballet*) *sm* **1** Dança artística teatral executada geralmente por um grupo de bailarinos que, num cenário, com acompanhamento de música, representam um tema ou uma história. **2** Conjunto de artistas que formam uma companhia de balé.

ba.le.a.do (*part* de *balear*) *adj* **1** Ferido a bala. **2** *pop* Exausto.

ba.le.ar (*bala+e+ar*[1]) *vtd* Ferir com bala. Conjuga-se como *frear*.

ba.le.ei.ra (*baleia+eira*) *sf* Embarcação para a pesca de baleias.

ba.le.ei.ro (*baleia+eiro*) *adj* Relativo a baleias. • *sm* **1** Tripulante de baleeira. **2** Pescador de baleias.

ba.lei.a (*lat balaena*) *sf* **1** *Zool* Mamífero marinho da ordem dos cetáceos. Voz: *bufa*. **2** *pej* Pessoa grande e gorda.

ba.lei.ro (*bala+eiro*) *sm* **1** Vendedor de balas, doces. **2** Recipiente para guardar balas.

ba.le.la *sf* Dito ou notícia sem fundamento: *"Ninguém tem a obrigação de vencer absolutamente nada, isso é balela, papo-furado."* (FSP)

ba.le.o.te (*baleia+ote*) *sm* *Zool* Filhote de baleia.

ba.li.do (*balar+ido*) *sm* **1** Grito próprio da ovelha. **2** *fig* Queixume de paroquianos contra o pároco.

ba.lir (de *balido*) *vint* Dar balidos; balar. *Conjug:* verbo defectivo, conjugado apenas nas 3as pessoas do presente do indicativo (*bale, balem*) e do presente do subjuntivo (*bala, balam*).

ba.lís.ti.ca (de *balístico*) *sf* Ciência que estuda o movimento e o comportamento no espaço de projéteis arremessados.

ba.li.za (*lat palitia*) *sf* **1** Marco, poste ou outro sinal que indica algum limite, como, *p ex*, o ponto de chegada numa corrida de cavalos ou numa regata. **2** *Esp* Em certos jogos, alvo que se deve alcançar com a bola; gol, meta. *s m+f* **3** Pessoa que, em desfiles cívicos ou esportivos, abre a marcha e vai à frente, fazendo evoluções.

ba.li.za.men.to (*balizar+mento*) *sm* Ato de pôr balizas: *"Anunciou-se a implantação da sinalização e balizamento noturno do Aeroporto de Araripina."* (JCR)

bal.ne.á.rio (*lat balneariu*) *adj* Relativo a banho. • *sm* **1** Estabelecimento de banhos. **2** Termas.

ba.lo.fo (*ô*) (*etim desc*) *adj* **1** Adiposo, mole. **2** Volumoso, mas de pouco peso; sem consistência. **3** Gordo. *Antôn* (acepção 1): *rijo, sólido*.

ba.lo.nis.mo (*balão+ismo*) *sm* **1** Esporte de navegar em balão. **2** Hábito de soltar balões.

ba.lo.nis.ta (*balão+ista*) *s m+f* **1** Pessoa que viaja em balão. **2** Pessoa que faz e solta balão.

bal.sa (*voc pré-rom*) *sf* **1** *Bot* Árvore de madeira leve, usada especialmente para fazer jangadas. **2** Madeira dessa árvore. **3** Embarcação usada na travessia de rios e canais.

bal.sâ.mi.co (*lat balsamicu*) *adj* **1** Que tem propriedades do bálsamo: *"O vinagre é balsâmico, mas contundente."* (PÃO) **2** Aromático, perfumado: *"Um verdejante gramado, cercado de flores e brisas balsâmicas que descem da Mata Atlântica."* (FSP)

bál.sa.mo (*gr bálsamon*, via *lat*) *sm* **1** Resina aromática extraída de alguns vegetais. **2** Infusão de plantas narcóticas em azeite, usada em fricções. **3** *fig* Alívio, consolo.

ba.lu.ar.te (*provençal baloart*) *sm* **1** Mil Estrutura de defesa sustentada por muralhas. **2** Pessoa ou lugar que oferece forte apoio no perigo. *Sin: bastião*.

bal.za.qui.a.na (*fem de balzaquiano*) *adj+sf pop* Diz-se de ou mulher que atingiu os trinta anos, em alusão ao romance de Balzac *A mulher de trinta anos*.

bam.ba (*quimbundo mbamba*) *adj m+f gír* **1** Desordeiro valentão. **2** Pessoa que é autoridade em determinado assunto: *Ele é bamba em matemática*.

bam.be.ar (*bambo+e+ar¹*) *vtd* e *vint* Tornar(-se) bambo, afrouxar. *Antôn: esticar*. Conjuga-se como *frear*.

bam.bo (*voc onom*) *adj* Frouxo, oscilante, pouco firme; cansado.

bam.bo.lê (*de bambolear*) *sm* Aro de plástico ou metal, usado como brinquedo, que se faz girar em torno do corpo, da perna ou de um braço.

bam.bo.le.ar (*de bambo*) *vtd*, *vint* e *vpr* **1** Agitar(-se), oscilar, abanar, vacilar. **2** Menear(-se), balançar o corpo: *Ela caminhava bamboleando o corpo*. Conjuga-se como *frear*.

bam.bu (*do malaio*) *sm* Bot Nome comum a numerosas gramíneas altas, de caule oco.

bam.bu.zal (*bambu+z+al¹*) *sm* Bosque de bambus.

ba.nal (*fr banal*) *adj m+f* **1** Vulgar, trivial, comum. **2** Fútil, frívolo.

ba.na.li.da.de (*banal+i+dade*) *sf* Futilidade, trivialidade, vulgaridade.

ba.na.li.zar (*banal+izar*) *vtd* e *vpr* Tornar (-se) banal.

ba.na.na (de alguma indeterminada língua da Guiné) *sf* **1** Bot Fruto da bananeira. *Col: cacho, penca*. **2** *pop* Gesto considerado obsceno que consiste em apoiar a mão na dobra do outro braço, que fica erguido e de punho fechado. • *adj* e *s m+f* Diz-se de ou pessoa mole, sem energia ou vontade própria; palerma.

ba.na.na.da (*banana+ada¹*) *sf* Doce de banana em forma de pasta ou barra.

ba.na.na-de-são-to.mé *sf* Variedade de banana, comestível em estado natural ou assada. *Pl: bananas-de-são-tomé*.

ba.na.nal (*banana+al¹*) *sm* Lugar plantado com bananeiras.

ba.na.na-ma.çã *sf* Variedade de banana pequena, comestível em estado natural. *Pl: bananas-maçãs* e *bananas-maçã*.

ba.na.na-na.ni.ca *sf* Variedade de banana, comestível em estado natural. *Pl: bananas-nanicas*.

ba.na.na-ou.ro *sf* Variedade de banana muito pequena, comestível em estado natural. *Pl: bananas-ouros* e *bananas-ouro*.

ba.na.na-pra.ta *sf* Variedade de banana pequena, comestível em estado natural. *Pl: bananas-pratas* e *bananas-prata*.

banana-split (*banana-ispliti*) (*ingl*) *sm* Banana partida ao meio, acompanhada de sorvete, creme *chantilly*, nozes ou castanhas de caju picadas e calda de chocolate, caramelo ou morango. *Pl: bananas-split*.

ba.na.nei.ra (*banana+eira*) *sf Bot* Nome comum a várias plantas perenes, originárias da Ásia tropical, cujos frutos nutritivos estão dispostos em cachos.

ban.ca (*ital banca*) *sf* **1** Mesa para escrever; carteira, secretária. **2** Mesa para trabalhos em oficina. **3** Comissão examinadora em concursos e provas. **4** Instalações de feiras.

ban.ca.da (*banco+ada¹*) *sf* **1** Conjunto de bancos dispostos em certa ordem. **2** Banco comprido: *"Num canto da arena, há uma bancada com 5 juízes!"* (ARA) **3** Conjunto de deputados ou senadores de um Estado ou partido político: *"A bancada da oposição reúne-se para analisar esse e outros temas."* (FSP) **4** Balcão de cozinha: *"Ela pegava o jornal e ficava sentada na bancada da pia, lendo nosso horóscopo."* (OMT)

ban.car (*banca+ar¹*) *vtd* e *vint* **1** Ser banqueiro em jogo de azar. *vtd* **2** *pop* Dar-se ares de, fingir o que não é. *vtd* **3** Financiar: *"A prefeitura, no momento, não dispõe de recursos para bancar, sozinha, os custos da festa."* (ATA)

ban.cá.rio (*banco+ário*) *adj* Relativo a banco. • *sm* Funcionário de banco ou casa bancária.

ban.car.ro.ta (*ô*) (*ital banca rotta*) *sf* **1** Falência comercial; quebra. **2** Estado de não ter como pagar o que se deve. **3** Falência fraudulenta.

ban.co (*germ bank*) *sm* **1** Móvel, com ou sem encosto, que serve para assento. **2** Tábua em que se sentam os remadores. **3** Estabelecimento de crédito. **4** *Med* Lugar onde se armazena material ou tecido humano para uso futuro: *Banco de sangue*.

ban.da (*gót bandwa*) *sf* **1** Parte lateral; lado. **2** Facção, partido. **3** Conjunto de músicos. *sf pl* **4** Direção, rumo.

ban.da.gem (*banda+agem*) *sf* **1** Faixa, atadura. **2** Chumaços, compressas.

band-aid (*bandeide*) (*ingl*) *sm* Marca registrada de curativo antisséptico autoadesivo.

ban.da.lhei.ra (*bandalho+eira*) *sf* Ato imoral; indecência.

ban.da.lho (*bando+alho*) *sm* **1** Indivíduo sem caráter, brio, dignidade. **2** Patife.

ban.da.na (*hindu badhan*) *sf* **1** Grande lenço colorido de algodão ou seda, com desenhos simples e formas geométricas. **2** Faixa de tecido que os atletas amarram na testa para reter o suor.

ban.de.ar (*banda+e+ar¹*) *vtd* **1** Juntar em bando: *Bandear eleitores. vpr* **2** Unir-se a ou passar-se para (bando, partido): *Bandeou-se para a facção contrária.* Conjuga-se como *frear*.

ban.dei.ra (*banda+eira*) *sf* **1** Estandarte simbólico de uma nação, corporação ou partido; pavilhão. **2** Ideia que serve de guia ou símbolo a um movimento, cruzada, reivindicação. **3** Caixilho envidraçado no alto de portas ou janelas. **4** Expedição armada que, no Brasil, teve por objetivo explorar os sertões, descobrir minas e capturar índios. *Dar bandeira, pop:* deixar escapar algo que não deveria ser divulgado.

ban.dei.ra.da (*bandeira+ada¹*) *sf* Cota fixa inicial no taxímetro dos carros de praça.

ban.dei.ran.te (*bandeira+ante*) *adj m+f* Relativo ou pertencente ao bandeirantismo. • *adj e s m+f* Paulista. • *sm* **1** Homem que fazia parte das bandeiras, destinadas a desbravar os sertões do Brasil. *sf* **2** Membro da Federação de Bandeirantes do Brasil que pratica o bandeirantismo.

ban.dei.ran.tis.mo (*bandeirante+ismo*) *sm* Escoteirismo para meninas e moças.

ban.dei.ri.nha (*bandeira+inho*, no *fem*) *sf* **1** Diminutivo de bandeira; pequena bandeira. *s m+f* **2** *Fut V* juiz de linha.

ban.dei.ro.la (*bandeira+ola*) *sf* **1** Pequena bandeira usada em sinalização, balizamento etc. **2** Cada uma das bandeirinhas de papel colorido que enfeitam as festas juninas, infantis etc.

ban.de.ja (*ê*) (de *bandejar*) *sf* **1** Tabuleiro para serviço de comidas e bebidas ou transporte de louças. **2** *Esp* No basquete, modo de encestar em que o jogador praticamente põe a bola na cesta com a mão.

ban.de.jão (*bandeja+ão²*) *sm gír* Restaurante ou refeitório onde se serve em bandejas.

ban.di.do (*it bandito*) *sm* **1** Indivíduo que vive na marginalidade, procurado pela justiça. **2** Assassino, facínora, malfeitor, assaltante, bandoleiro. *Col pop: bandidada. Aum: bandidaço.*

ban.di.tis.mo (*ital banditismo*) *sm* Vida ou ato de bandido: *"O banditismo e a marginalidade alcançaram respeito frente à sociedade e é isso que temos de combater."* (FSP)

ban.do (de *banda*) *sm* **1** Ajuntamento de pessoas ou animais. **2** Quadrilha de malfeitores.

ban.dó (*fr bandeau*) *sm* Cada parte do cabelo nos penteados em que ele é dividido ao meio.

ban.dô (*fr bandeau*) *sm* Armação de madeira ou faixa de tecido que se coloca sobre a parte superior de uma cortina, para encobrir os trilhos.

ban.do.lei.ro (*cast bandolero*) *sm* Salteador de estradas; bandido. *Col: corja.* • *adj* **1** Que não para em lugar algum. **2** Sem ocupação definida.

ban.do.lim (*ital mandolino*) *sm Mús* Instrumento de quatro cordas duplas, semelhante ao alaúde.

ban.do.li.nis.ta (*bandolim+ista*) *s m+f Mús* Tocador(a) de bandolim.

ban.ga.lô (*ingl bungalow*) *sm* Casa avarandada.

ban.gue-ban.gue (*voc onom*) *sm* **1** Tiroteio. **2** Filme de faroeste. *Pl: bangue-bangues.*

ban.gue.la (*top Benguela*) *adj m+f* Que não tem dentes na frente; desdentado.

ba.nha *sf* **1** Gordura animal. **2** Gordura de porco derretida.

ba.nha.do (*part de banhar*) *adj* Molhado, umedecido. • *sm* Brejo, pântano.

ba.nhar (*banho+ar*¹) *vtd* e *vpr* **1** Dar banho a, pôr(-se) no banho. *vtd* **2** Molhar, inundar. *vtd* **3** Cercar, correr por, passar em ou junto de (falando de rios, mares, lagos).

ba.nhei.ra (*banho+eira*) *sf* **1** Instalação sanitária para banho de imersão. **2** *Fut* Jogador em posição de impedimento. **3** *pop* Automóvel muito grande.

ba.nhei.ro (*banho+eiro*) *sm* **1** Aposento ou quarto de banho. **2** Aposento com vaso sanitário.

ba.nhis.ta (*banho+ista*) *s m+f* Pessoa que se banha em praia, estação balneária ou piscina.

ba.nho (*lat balneu*) *sm* **1** Ação de banhar. **2** Imersão total ou parcial do corpo em água. **3** Imersão de tecidos em líquidos corantes. **4** Imersão de objetos em metal fundido para serem revestidos.

ba.nho-ma.ri.a *sm Cul* Forma² de cozer ou aquecer qualquer substância, mergulhando o recipiente em que se encontra em outro com água fervente. *Pl*: banhos--marias e banhos-maria.

Banho-maria, termo comum em culinária, vem do francês *bain-marie*. O termo pede sempre a preposição *em*: *assar em banho-maria, cozinhar em banho-maria*.

ba.ni.do (*part de banir*) *adj* **1** Expatriado por sentença; desterrado. **2** Expulso.

ba.ni.men.to (*banir+mento*) *sm* Ação de banir: "*O governo alemão planeja pedir à Justiça do país o banimento de vários grupos de extrema direita.*" (FSP)

ba.nir (*fr bannir*, do *frâncico*) *vtd* **1** Condenar a desterro; degredar, exilar, expulsar da pátria por sentença. **2** Expulsar de uma sociedade, excluir. *Conjug*: verbo defectivo; conjuga-se como *abolir*.

ban.jo (*ingl banjo*) *sm Mús* Instrumento musical de cordas, de origem norte-americana.

ban.quei.ro (*banco+eiro*) *sm* **1** O que executa operações bancárias. **2** Proprietário ou diretor de estabelecimento bancário. **3** O que banca jogos de azar.

ban.que.ta (*ê*) (*banco+eta*) *sf* Pequeno banco sem encosto.

ban.que.te (*ê*) (*ital banchetto*) *sm* Refeição pomposa, festiva, dada a grande número de convidados em ocasiões especiais; festim.

ban.que.te.ar (*banquete+e+ar*¹) *vtd* **1** Dar banquete a ou em honra de; festejar com grandes jantares. *vpr* **2** Comer com abundância: *Banqueteava-se com suculentas iguarias*. Conjuga-se como *frear*.

ban.to (*cafre bantu*, homens) *sm* **1** *Etnol* Africano pertencente a um dos povos que fala uma das várias línguas bantas. **2** *Ling* Grupo linguístico africano que engloba diversas línguas faladas na África. **3** Escravos provenientes da África equatorial ou meridional. • *adj* Relativo ou pertencente aos bantos ou às línguas por eles faladas.

ban.zé (*quimbundo mbanza*) *sm pop* **1** Festa ruidosa; folia. **2** Barulho, desordem, rolo, briga, tumulto.

ba.que (*voc onom*) *sm* **1** Ruído produzido por um corpo que cai. **2** Choque, queda.

ba.que.ar (*baque+e+ar*¹) *vint* **1** Cair de repente, desabar. **2** Desanimar, abater-se. Conjuga-se como *frear*.

ba.que.ta (*ê*) (*ital bacchetta*) *sf* **1** Pequeno bastão de madeira usado em percussão. **2** Vareta de guarda-sol.

bar (*ingl bar*) *sm* **1** Balcão onde se servem bebidas. **2** Estabelecimento ou parte de estabelecimento destinado a esse comércio.

ba.ra.fun.da (*quimbundo mbala funda*) *sf* **1** Multidão desordenada. **2** Confusão. **3** Algazarra, motim, trapalhada, tumulto.

ba.ra.lhar (*baralha+ar*¹) *vtd* e *vint* **1** Misturar (as cartas do baralho) para fazer o jogo. *vtd* e *vpr* **2** Confundir(-se), desordenar (-se), misturar(-se), pôr(-se) em desordem; embaralhar(-se).

ba.ra.lho (de *baralhar*) *sm* **1** Conjunto de cartas de jogar. **2** Jogo de cartas.

ba.rão (*frâncio *baro*) *sm* **1** Título de nobreza imediatamente inferior a visconde. **2** Homem ilustre; magnata. *Fem: baronesa*.

ba.ra.ta (*lat blatta*) *sf Entom* Nome comum a todos os insetos ortópteros da família dos Blactídeos encontrados em quase todas as regiões do mundo. *Ter sangue de barata, coloq:* não reagir nem se alterar quando provocado.

ba.ra.te.a.men.to (*baratear+mento*) *sm* **1** Ação de baratear. **2** Baixa de preço.

ba.ra.te.ar (*barato+e+ar*¹) *vtd* **1** Reduzir o preço. *vtd* e *vpr* **2** Dar pouco valor a; menosprezar(-se). *vint* **3** Diminuir de valor. Conjuga-se como *frear*.

ba.ra.tei.ro (*barato+eiro*) *adj* Que vende ou compra barato.

ba.ra.ti.nar (de *barata*) *gír vtd* **1** Desorientar, perturbar. **2** Ficar como barata tonta.

ba.ra.ti.nha (*barata+inho*, no *fem*) *sf* **1** Barata pequena. **2** *pop ant* Automóvel pequeno.

ba.ra.to (de *baratar*) *adj* Que tem preço baixo. • *sm* **1** O que proporciona prazer. **2** *gír* O que está na onda, o que é atual; curtição. • *adv* Por baixo preço: *Esse negociante vende barato.*

bar.ba (*lat barba*) *sf* **1** Pelos do rosto do homem. **2** Qualquer porção desses pelos. **3** *Zool* Pelos compridos que crescem no queixo ou no focinho de certos animais.

bar.ba-a.zul *sm* **1** Homem viúvo várias vezes. **2** Conquistador. *Pl*: *barbas-azuis*.

bar.ba.da (*barba+ada*¹) *sf* **1** Beiço inferior do cavalo. **2** *gír* No turfe, páreo cujo ganhador se tem como certo. **3** *por ext* Qualquer vitória fácil.

bar.ba.do (*barba+ado*¹) *adj* Que tem barba; barbudo. • *sm* Aquele que tem barba.

bar.ban.te (de *Brabante*, *np*) *sm* Cordão para atar.

bar.ba.ri.da.de (*bárbaro+i+dade*) *sf* **1** Ação própria de bárbaros. **2** Crueldade, desumanidade. **3** Expressão grosseira. • *interj* Exprime admiração, espanto ou ideia de grande quantidade.

bar.bá.rie (*lat barbarie*) *sf* **1** Estado ou condição de bárbaro. **2** Crueldade, selvageria. *Antôn*: (acepção 1) civilização.

bar.ba.ris.mo (*lat barbarismu*) *sm* **1** *Gram* Palavras estranhas ao idioma, tanto na forma quanto na significação. **2** Emprego dessas palavras. **3** Ação de gente bárbara.

bar.ba.ri.zar (*bárbaro+izar*) *vtd* **1** Maltratar. *vint* **2** Dizer ou escrever barbarismos. *vti* **3** *pop Hist* Obter excelente desempenho.

bár.ba.ro (*gr bárbaros*) *adj* **1** Relativo aos bárbaros. **2** Inculto, rude. **3** Cruel, brutal. • *sm* **1** Indivíduo dos bárbaros, povos antigos. *sm pl* **2** *Hist* Povos que invadiram o Império Romano durante os séculos III e IV. • *interj gír* Muito bom; muito bonito.

bar.ba.ta.na (de *barba*) *sf* **1** *Ictiol* Órgão externo membranoso de peixes e outros animais aquáticos, que serve para se deslocarem na água; nadadeira. **2** Lâmina ou vareta flexível, de metal ou plástico, que se usa na armação de colarinhos, cintas, coletes etc.

bar.be.a.dor (*barbear+dor*) *sm* Aparelho para barbear.

bar.be.ar (*barba+e+ar*¹) *vtd* e *vpr* Fazer a barba. Conjuga-se como *frear*.

bar.be.a.ri.a (*barbear+aria*) *sf* Salão de barbeiro.

bar.bei.ra.gem (*barbeiro+a*¹*+agem*) *sf gír* **1** Ação de conduzir mal um veículo. **2** Imperícia.

bar.bei.ro (*barba+eiro*) *sm* **1** Indivíduo que, por ofício, barbeia e corta cabelo. **2** *gír* Motorista que dirige mal. **3** *Entom* Nome vulgar de insetos que transmitem a doença de Chagas.

bar.bi.cha (*barba+suf icha*) *sf* **1** Pequena barba, rala e em ponta. **2** A barba do bode. *sm* **3** Indivíduo que usa barbicha.

bar.bu.do (*lat barbutu*) *adj* Que tem muita barba. • *sm* Indivíduo que tem barba crescida.

bar.ca (*lat tardio barca*) *sf Náut* **1** Embarcação de fundo chato, para transporte de passageiros e carga. *Aum* (acepção 1): *barcaça*. *Dim*: *barquinha*, *barqueta*. **2** Navio mercantil de três mastros.

bar.ca.ça (*barca+aça*) *sf Náut* Grande barca; aumentativo de *barca*.

bar.co (de *barca*) *sm Náut* **1** Qualquer embarcação. **2** Embarcação pequena e sem coberta. **3** Embarcação costeira, de um só mastro.

bar.do (*lat bardu*) *sm* **1** Poeta heroico ou lírico entre os celtas e gálios. **2** Trovador.

bar.ga.nha (de *barganhar*) *sf* **1** Troca de objetos de pouco valor. **2** Pechincha.

bar.ga.nhar (*fr ant bargaigner*) *vtd* Fazer barganha, trocar, negociar.

ba.ris.ta (*ital barista*) *sm+f neol* Profissional que em um bar ou restaurante tira café expresso ou prepara diferentes tipos de bebidas, geralmente alcoólicas, à base de café.

ba.rí.to.no (*gr barýtonos*) *adj Mús* Diz-se do instrumento de sopro cujo registro se

situa entre o tenor e o baixo. • *sm Mús* **1** Voz de homem entre o tenor e o baixo. **2** Cantor que possui essa voz.
barman (*barmen*) (*ingl*) *sm* Homem que serve bebidas num bar.
bar.na.bé (de *Barnabé, np*) *sm gír* Funcionário público, em geral de categoria modesta.
ba.rô.me.tro (*baro+metro*) *sm Meteor* Instrumento para medir a pressão atmosférica.
ba.ro.na.to (*barão+ato*[1]) *sm* Título ou dignidade de barão. **2** Conjunto dos barões: *"Curioso como o baronato brasileiro se comove com a quebra de um banco."* (FSP)
ba.ro.ne.sa (*ê*) (*ital baronessa*) *sf* **1** Mulher que tem baronato. **2** Esposa de barão. **3** Mulher de porte aristocrático.
bar.quei.ro (*lat barcariu*) *sm* Homem que dirige barco.
bar.ra (*voc pré-rom*) *sf* **1** Peça estreita, alongada, geralmente retangular, de material sólido. **2** Aparelho de ginástica. **3** Borda inferior das saias, casacos, calças etc. **4** Traço inclinado. **5** Pedaço ou bloco de sabão, chocolate, doces etc.
bar.ra.ca (*ital baraca*) *sf* **1** Tenda de acampamento. **2** Instalação comercial temporária, como a das feiras. **3** Guarda-sol.
bar.ra.cão (*barraca+ão*[2]) *sm* **1** Grande barraca. **2** Abrigo para guardar utensílios ou depositar material de construção.
bar.ra.co (de *barraca*) *sm* Pequena casa de tijolo ou madeira, nos bairros pobres ou nos morros.
bar.ra.do (*part* de *barrar*) *adj* **1** Feito em barras. **2** Diz-se do tecido que apresenta uma faixa com desenhos e cores diferentes do restante. **3** Proibido de entrar, passar ou fazer alguma coisa.
bar.ra.gem (*barrar+agem*) *sf* **1** Represa, dique. **2** Tapume feito com tronco de árvore e ramos entrelaçados dentro de um rio, para impedir a passagem dos peixes.
bar.ran.ca (de *barranco*) *sf* **1** Margem de um rio. **2** *V barranco* (acepção 2).
bar.ran.co (*voc pré-rom*) *sm* **1** Escavação aberta pelas enxurradas ou pelo homem. **2** Ribanceira de um rio cuja margem é alta ou íngreme; barranca.

bar.ra-pe.sa.da *s m+f gír* Pessoa suspeita ou situação difícil, desfavorável. *Pl: barras-pesadas*.
bar.rar (*barra+ar*[1]) *vtd* **1** Guarnecer com barra: *Barrar um vestido*. **2** Impedir, frustrar: *Barraram sua matrícula por falta de documento*.
bar.rei.ra (*barra+eira*) *sf* **1** Estacada feita além do muro da fortificação. **2** Posto fiscal para cobrança de taxas ou impostos e controle da circulação. **3** Impedimento, obstáculo. **4** *Esp* No futebol, formação de jogadores, em forma de barreira, destinada a impedir que a bola chutada atinja o gol.
bar.rei.ro (*barro+eiro*) *sm* **1** Lugar de onde se extrai barro. **2** Terra alagada.
bar.ren.to (*barro+ento*) *adj* **1** Em que há muito barro. **2** Que é da natureza do barro. **3** Da cor do barro.
bar.re.te (*ê*) (*cat barret*) *sm* **1** Espécie de boné sem pala; gorro. **2** Cobertura com que os clérigos protegem a cabeça.
bar.ri.ca (*provençal barrica*) *sf* **1** Vasilha em forma de pipa. **2** *gír* Mulher baixa e gorda.
bar.ri.ca.da (*fr barricade*) *sf* Barreira improvisada com barricas cheias de terra, estacas, pedras, sacos de areia etc., para defender qualquer passagem.
bar.ri.ga (de *barrica*) *sf* **1** *Anat* Abdome, ventre. **2** Gravidez. **3** Bojo. **4** *fig* Qualquer saliência.
bar.ri.ga.da (*barriga+ada*[1]) *sf* **1** Pancada com a barriga. **2** Vísceras de animais abatidos.
bar.ri.ga-ver.de *adj m+f V catarinense. Pl: barrigas-verdes*.
bar.ri.gu.da (*barriga+udo*, no *fem*) *adj* **1** Mulher de barriga grande. **2** Grávida.
bar.ri.gu.do (*barriga+udo*) *adj* Que tem barriga grande; pançudo.
bar.ril (*provençal barril*) *sm* **1** Recipiente bojudo de madeira para transportar ou conservar vinho. **2** Tonel pequeno. **3** O conteúdo desse tonel. *Pl: barris. Dim: barrilete*.
bar.ri.le.te (*ê*) (*barril+ete*) *sm* **1** Pequeno barril. **2** Peça de ferro com que os marceneiros, carpinteiros e entalhadores prendem ao banco a madeira que lavram. **3** O tambor que contém a mola, em relógios de pulso.

bar.ro (*voc pré-rom*) *sm* **1** Terra amolecida com água. **2** Essa terra utilizada em alvenaria.

bar.ro.ca (*barro+suf oca*) *sf* **1** Escavação natural proveniente das erosões. **2** Monte ou rocha de barro. **3** Despenhadeiro, precipício.

bar.ro.co (*ô*) (*ital barocco*) *adj* **1** Bel-art Relativo ou característico do estilo barroco. **2** Exagerado, extravagante. • *sm Bel-art* **1** Estilo de arquitetura e decoração que prevaleceu do século XVI ao século XVIII. Caracteriza-se pela profusão de detalhes. **2** Estilo artístico, literário e musical que predominou na Europa e na América Latina no século XVII.

ba.ru.lhei.ra (*barulho+eira*) *sf* Grande barulho, confusão: *"Zé Raimundo abriu um olho e quis saber o motivo da barulheira."* (TG)

ba.ru.lhen.to (*barulho+ento*) *adj* **1** Que faz muito barulho. **2** Desordeiro, turbulento.

ba.ru.lho (*de barulhar*) *sm* **1** Ruído, rumor forte. **2** Alarde, ostentação. **3** Desordem, motim.

bas.ba.que (*cast babieca*) *adj* e *s m+f* Diz-se de ou pessoa que se espanta com tudo: *"Havia uma multidão de basbaques olhando os foliões entrarem no baile."* (VA) **2** Tolo, idiota: *"Grupos basbaques caíram de joelhos, com olhos rútilos de emoção."* (FSP)

bas.ba.qui.ce (*basbaque+ice*) *sf* Ação ou comportamento de basbaque; tolice, asneira.

bas.co (*cast vasco*) *adj* De, pertencente ou relativo ao País Basco, região dos Pireneus Ocidentais (Espanha e França). • *sm* **1** Natural ou habitante dessa região. **2** O dialeto basco.

bas.cu.lan.te (*de báscula*) *adj m+f* Inclinável. • *sm* **1** Carroceria móvel de alguns veículos de carga que se inclina para despejar a carga. **2** Caminhão equipado com esse dispositivo, usado para transportar areia, terra, entulhos etc. **3** Janela com folhas que se inclinam ao abrir.

ba.se (*gr básis*) *sf* **1** Aquilo que suporta o peso de um objeto ou lhe serve de fundamento. **2** Parte inferior de um objeto. **3** Fundamento principal. **4** Pedestal. **5** *Geom* Lado sobre o qual pode assentar-se uma figura. **6** *Quím* Corpo que, combinando-se com um ácido, produz um sal. **7** Primeira camada, sobre a qual se assentam as demais. **8** Centro, sede de operações: *Base aérea*.

ba.se.a.do (*part de basear*) *adj* **1** Firmado sobre a base. **2** Fundado, fundamentado. • *sm gír* Cigarro de maconha.

ba.se.ar (*base+e+ar*[1]) *vtd* **1** Estabelecer as bases de; firmar. *vpr* **2** Fundar-se, apoiar-se. *vpr* **3** Referir-se a; apoiar-se em; originar-se de. Conjuga-se como *frear*.

bá.si.co (*base+ico*[2]) *adj* **1** Que serve de base. **2** Essencial, principal, fundamental.

ba.sí.li.ca (*gr basiliké*, pelo *lat*) *sf* Igreja católica com certos privilégios; igreja principal.

bas.que.te (*ingl basket*) *sm* **1** V basquetebol. **2** *gír* Trabalho pesado.

bas.que.te.bol (*ingl basket-ball*) *sm Esp* Jogo disputado numa quadra, entre dois times de cinco jogadores cada; marcam pontos as jogadas que fazem passar a bola por dentro de um aro metálico na boca de uma cesta sem fundo. *Sin*: bola ao cesto.

bas.sê (*fr basset*) *sm* Raça de cão de corpo alongado, pernas curtas, orelhas grandes e caídas.

bas.ta! (*de bastar*) *interj* Chega!, não mais!

bas.tan.te (*de bastar*) *adj m+f* **1** Que basta, suficiente. **2** Que satisfaz. • *adv* **1** Em quantidade. **2** Suficientemente. • *pron indef* Muito, numeroso.

bas.tão (*lat vulg* *bastone*, por *bastu*) *sm* Bengala grande.

bas.tar (*gr bastázo*, via *lat med bastare*) *vti* e *vint* **1** Ser suficiente, ser tanto quanto necessário: *Meia palavra basta ao bom entendedor*. *vpr* **2** Ter suficiência própria: *Bastava-se Robinson a si mesmo na ilha deserta*.

bas.tar.do (*fr ant bastard*) *adj* **1** Diz-se do filho que nasceu de pais não casados. **2** Que se tornou diferente da espécie a que pertence. • *sm* Filho ilegítimo.

bas.ti.ão (*cast bastión*) *sm* **1** Parte saliente de uma fortificação que permite vigiar o lado externo da muralha. **2** V baluarte. *Pl*: bastiães e bastiões.

bas.ti.dor (*bastir+dor*) *sm* **1** Caixilho de madeira em que se prende um tecido para

bordar. 2 Cada um dos cenários móveis que decoram as laterais do palco.
bas.to.ne.te (ê) (*bastão+ete*) *sm* 1 Pequeno bastão; varinha. 2 *Bacter* Bacilo alongado e articulado.
ba.ta (*hind bhata*) *sf* 1 Vestido inteiriço, solto. 2 Túnica larga.
ba.ta.lha (*lat battualia*) *sf* 1 Combate entre exércitos ou armadas. 2 *fig* Combate, luta. 3 *fig* Esforço para vencer dificuldades.
ba.ta.lha.dor (*batalha+dor*) *adj+sm* 1 Que ou o que batalha. 2 Que ou o que é defensor convicto de uma ideia, partido ou princípio.
ba.ta.lhão (*ital bataglione*) *sm* 1 *Mil* Unidade que faz parte de um regimento e está subdividida em companhias. 2 *pop* Grande número de pessoas.
ba.ta.lhar (*batalha+ar*[1]) *vti* e *vint* 1 Lutar, combater, esforçar-se. *vti* 2 Argumentar, disputar, discutir incansavelmente. *vtd* 3 *pop* Tentar conseguir.
ba.ta.ta (do *taino*) *sf* 1 *Bot* Planta ereta originária das Américas, largamente cultivada por seus tubérculos comestíveis. 2 Tubérculo comestível dessa planta; batata-inglesa; batatinha.
ba.ta.ta.da (*batata+ada*[1]) *sf* 1 Grande quantidade de batatas. 2 *gír* Tolice, besteira: *"'Barrela' é um filme perfeitamente visível: seguro e sem batatadas."* (FSP)
ba.ta.ta-do.ce *sf Bot* Planta cultivada em todos os países de clima quente, cujas raízes são tubérculos comestíveis de gosto adocicado. *Pl: batatas-doces.*
ba.ta.ta-in.gle.sa *sf Bot* Variedade de batata. *Pl: batatas-inglesas.*
ba.ta.tal (*batata+al*[1]) *sm* 1 Terreno em que crescem batatas. 2 Plantação de batatas.
ba.te-bo.ca *sm* 1 Discussão violenta. 2 Vozerio de briga. *Pl: bate-bocas.*
ba.te-bo.la *sm Esp* 1 Futebol jogado como diversão ou exercício. 2 Treino leve, para controle de bola. *Pl: bate-bolas.*
ba.te.dei.ra (*bater+deira*) *sf* 1 Aparelho para bater massas, misturas etc. 2 *fig* Palpitações do coração.
ba.te.dor (*bater+dor*) *adj* Que bate. • *sm* 1 Aquele ou aquilo que bate. 2 Utensílio de cozinha para bater ovos, nata etc. 3 Pessoa que faz parte de uma escolta e a precede em veículo.
ba.te-es.ta.cas *sm sing+pl* Aparelho para cravar estacas de fundação.
ba.tei.a (ê ou é)(*ár bāTiya*) *sf* Vasilha de madeira em que se lavam areias ou cascalho nos garimpos.
ba.tel (*fr ant batel*, derivado do *anglo-saxão bat*) *sm* Barco pequeno, bote, canoa.
ba.te.la.da (*batel+ada*[1]) *sf* 1 Carga de um batel. 2 Grande quantidade.
ba.ten.te (de *bater*) *adj m+f* Que bate. • *sm* 1 Encaixe para porta ou janela. 2 *gír* Trabalho.
ba.te-pa.po *sm* Conversa animada e amigável. *Pl: bate-papos.*
ba.ter (*lat battuere*) *vtd* e *vint* 1 Dar pancada em: *A cozinheira batia o bife. Batem à porta.* *vtd* 2 Martelar, malhar: *Bater o ferro. vtd* 3 Agitar, remexer com força: *Ela batia claras de ovo para fazer um bolo. vtd* 4 Derrotar: *Nas eleições ele sempre batia os adversários. vint* 5 Incidir em; cair sobre: *Aqui bate muito sol. vti* 6 Esbarrar em: *Bater na quina da mesa. vtd* 7 Cravar: *Bater estacas.vint* 8 Soar (sino, relógio): *Bateram quatro horas quando acordei.vtd* 9 Tirar (uma foto).
ba.te.ri.a (*fr batterie*) *sf* 1 *Mil* Conjunto das bocas de fogo. 2 Conjunto dos utensílios de cozinha. 3 *Eletr* Grupo de geradores (pilhas ou acumuladores) ligados em série. 4 *Mús* Conjunto de instrumentos de percussão numa banda ou orquestra. 5 Conjunto de testes ou exames. 6 Cada uma das etapas de um torneio esportivo.
ba.te.ris.ta (*bateria+ista*) *s m+f* Tocador(a) de bateria.
ba.ti.da (de *bater*) *sf* 1 Ação de bater; batimento. 2 Rastro, pista. 3 Aperitivo com aguardente, açúcar e fruta. 4 Diligência policial. 5 Trombada, colisão.
ba.ti.do (*part* de *bater*) *adj* 1 Que levou pancada. 2 Espancado, sovado. 3 Vencido, derrotado. 4 *fig* Trivial, banalizado.
ba.ti.men.to (*bater+mento*) *sm* 1 Ação de bater. 2 *Med* Pulsação, palpitação: *"Medidores controlarão batimento cardíaco e temperatura do nadador."* (FSP)
ba.ti.na (*lat vulg abbatina*) *sf* Veste usada por sacerdotes.
ba.tis.mo (*gr baptismós*) *sm* 1 *Teol* Um dos sacramentos da Igreja. 2 A administração

desse sacramento. **3** Ato de dar nome a uma pessoa ou coisa. **4** *pop* Adulteração de bebida.
ba.tis.ta (*gr baptistés*) *sm* **1** Aquele que batiza. *s m+f* **2** Pessoa da religião dos batistas, na qual o batismo só é ministrado às pessoas adultas. • *adj m+f* Relativo aos batistas.
ba.tis.té.rio (*gr baptistérion*) *sm* **1** Lugar onde está a pia do batismo. **2** *pop* Certidão de batismo.
ba.ti.za.do (*part* de *batizar*) *adj* Que acaba de receber o batismo. • *sm* **1** Cerimônia da administração do batismo. **2** Festa com que se celebra o batismo.
ba.ti.zar (*gr baptízein*, pelo *baixo-lat baptizare*) *vtd* **1** Administrar o batismo a: *Batizar crianças.* *vtd* **2** Pôr nome, alcunha ou apelido em: *Batizou-a de Lili.* *vtd* **3** *pop* Adulterar uma bebida: *Uísque batizado.*
ba.tom (*fr bâton*) *sm* Cosmético para pintar os lábios, em forma de bastão.
ba.trá.quio (*gr bátrakhos*) *adj Zool* **1** Relativo ou pertencente aos batráquios. **2** Relativo a rãs ou sapos. • *sm* **1** Espécime dos batráquios. *sm pl* **2** Antiga denominação da classe dos anfíbios.
ba.tu.ca.da (*batuque+ada¹*) *sf* **1** *Folc* Canção ou dança acompanhada pelo ritmo do batuque. **2** Batuque. **3** Festa ou reunião onde se toca samba em instrumentos de percussão.
ba.tu.car (*batuque+ar¹*) *vint* **1** Dançar o batuque. **2** Bater repetidas vezes e com força; martelar.
ba.tu.que (de *bater*) *sm* **1** Ação de batucar, martelar com cadência. **2** *Folc* Dança afro-brasileira acompanhada de cantigas e de instrumentos de percussão. **3** Dança popular.
ba.tu.quei.ro (*batuque+eiro*) *sm* Aquele que toca, dança ou canta batuques.
ba.tu.ta (*ital battuta*) *sf* **1** *Mús* Pequeno bastão com que os maestros regem as orquestras. *s m+f* **2** *pop* Pessoa habilidosa. • *adj m+f* Inteligente, capaz.
ba.ú (*fr ant bahur*) *sm* **1** Caixa de madeira com tampa convexa. **2** Arca.
bau.ni.lha (*cast vainila*) *sf* **1** *Bot* Nome comum a várias trepadeiras de cujas vagens se extrai substância aromática. **2** A essência produzida sinteticamente.
bau.ru (do *top Bauru*) *sm Cul* Sanduíche quente com recheio de presunto, queijo e tomate.
ba.zar (*persa pâdzahr*, via *ár*) *sm* **1** Loja de comércio de objetos variados, miudezas, quinquilharias. **2** Venda de objetos diversos, geralmente doados, em festas beneficentes.
ba.zu.ca (*ingl bazooka*) *sf Mil* Arma em forma de tubo, que se dispara apoiada ao ombro.
BCG (sigla de *Bacilo de Calmette e Guérin*) *sm Med* Vacina contra a tuberculose e a lepra.
bê *sm* O nome da letra *b*. *Pl*: bês ou bb.
bê-á-bá (da soletração da sílaba *bá*) *sm* **1** Abecedário. **2** Exercício de soletração. **3** Primeiros conhecimentos de uma ciência ou arte. *Pl:* bê-á-bás.
be.a.ta (*lat beata*) *sf* **1** Mulher a quem a Igreja concedeu a beatificação. **2** Mulher que se entrega com exagero à oração e outras práticas religiosas. *Sup abs sint:* beatíssima.
be.a.ti.ce (*beato+ice*) *sf* **1** Ato de fingida devoção. **2** Hipocrisia religiosa.
be.a.ti.fi.ca.ção (*beatificar+ção*) *sf* Ato ou efeito de beatificar; santificação.
be.a.ti.fi.car (*lat beatificare*) *vtd* Tornar beato pela cerimônia da beatificação.
be.a.ti.tu.de (*lat beatitudine*) *sf* **1** Felicidade de quem se absorve em contemplações místicas. **2** Bem-aventurança celestial.
be.a.to (*lat beatu*) *adj* **1** Beatificado, bem-aventurado. **2** Muito devoto, fanático. • *sm* **1** O que foi beatificado pela Igreja. **2** Homem muito devoto. *Sup abs sint:* beatíssimo.
bê.ba.do (*lat bibitu*) *adj+sm* **1** Embriagado. **2** Atordoado, tonto. • *sm* Indivíduo que tem o vício do alcoolismo. *Var:* bêbedo.
be.bê (*ingl baby*) *sm* **1** Nenê. **2** Criança de peito. **3** Boneco ou boneca.
be.be.dei.ra (*bêbedo+eira*) *sf* **1** Embriaguez, porre, pileque. **2** Ato de embebedar-se.
bê.be.do (*lat bibitu*) V *bêbado*.
be.be.dou.ro (*beber+douro*) *sm* **1** Recipiente ou tanque em que os animais bebem água. **2** Aparelho que jorra água filtrada (gelada ou ao natural).
be.ber (*lat bibere*) *vtd* **1** Absorver, engolir,

ingerir, tomar líquidos: *Não bebe aguardente nem vinho.* vtd 2 Gastar em bebidas: *Bebe todo o salário.* vint 3 Ter o hábito de ingerir bebidas alcoólicas: *Aquele bebe e dispensa o resto.*

be.be.ra.gem (*fr ant bevrage*) sf 1 Bebida desagradável: *"O chocolate era uma beberagem amarga usada ocasionalmente pelos astecas."* (APA) 2 Remédio preparado por curandeiro; garrafada: *"Nero obrigou-o a ingerir uma abominável beberagem de ervas estranhas."* (FSP)

be.be.ri.car (*beber+ico¹+ar¹*) vtd 1 Beber aos poucos. 2 Beber pouco, mas com frequência.

be.ber.rão (*beber+ão²*) adj+sm Que ou o que bebe demais. *Fem: beberrona.*

be.bi.da (de *beber*) sf 1 Líquido que se bebe. 2 Qualquer líquido alcoólico, próprio para beber.

be.ca (*judeu-esp beca*) sf 1 Veste preta usada por magistrados, professores universitários em ocasiões solenes e formandos de grau superior; toga. 2 Magistratura.

be.ça (*top Beça*) sf *gír* Usado na locução adverbial *à beça*: em abundância, em grande quantidade; ao extremo.

be.ca.pe (*ingl backup*) V *backup*.

be.ca.pe.ar (*becape+ar¹*) vtd *Inform* Fazer becape. Conjuga-se como *frear*.

be.co (*ê*) (*lat via+eco*) sm 1 Rua estreita e curta, por vezes sem saída; viela. 2 Dificuldade, embaraço.

be.del (*fr ant bedel*) sm Funcionário de escola encarregado de inspecionar alunos.

be.de.lho (*ê*) sm 1 Tranqueta ou ferrolho de porta. 2 Pequeno trunfo, no jogo.

be.du.í.no (*ár badauîn, via ital*) sm Árabe nômade do deserto.

be.ge (*fr beige*) adj m+f sing+pl De cor amarelada, como a lã em seu estado natural. • sm Essa cor.

be.gô.nia (*Begon, np+ia²*) sf *Bot* 1 Gênero de plantas ornamentais, cultivadas em jardins pelo colorido de suas flores e folhas. 2 A flor dessas plantas.

bei.ço (*célt *baikkion*) sm 1 Cada uma das duas partes exteriores e carnudas que formam o contorno da boca; lábio. 2 Bordos de uma ferida. *Dim: beicinho. Aum: beiçola, beiçorra.*

bei.ço.la (*beiço+ola*) sf 1 Beiço grande. s m+f 2 Pessoa beiçuda.

bei.çu.do (*beiço+udo*) • adj+sm Que ou quem tem beiços grossos e grandes.

bei.ja-flor sm *Ornit* Ave colorida de pequeno porte, de voo muito veloz, que se alimenta de néctar. *Voz: arrulha, cicia. Pl: beija-flores.*

bei.ja-mão sm Ação ou cerimônia de beijar a mão. *Pl: beija-mãos.*

bei.jar (*lat basiare*) vtd 1 Dar beijo em: *Beijou a mão da madrinha.* vpr 2 Trocar beijos: *Beijaram-se em afetuosa despedida.*

bei.jo (*lat basiu*) sm 1 Carícia que se faz com os lábios. 2 Ato de tocar alguém ou algo com os lábios.

bei.jo.ca (*beijo²+oca*) sf *pop* Beijo com estalido.

bei.jo.car (*beijoca+ar¹*) vtd *Hum* 1 Dar beijocas em. 2 Beijar repetidas vezes e com estalido.

bei.jo.quei.ro (*beijoca+eiro*) adj+sm Que ou quem gosta de beijar ou beijocar.

bei.ju (*tupi mbeiú*) sm *Cul* Espécie de bolo de tapioca ou de massa de mandioca. *Var: biju.*

bei.ra (*red* de *ribeira*) sf 1 Borda, margem, orla. 2 Proximidade, vizinhança.

bei.ra.da (*beira+ada¹*) sf 1 V *beiral*. 2 Parte que está na beira. 3 Margem, borda.

bei.ral (*beira+al¹*) sm Borda de telhado.

bei.ra-mar sf 1 Borda do mar; litoral. 2 Costa. 3 Praia. *Pl: beira-mares.*

bei.rar (*beira+ar¹*) vtd 1 Caminhar à beira ou pela margem de. 2 Ter aproximadamente.

bei.ru.te (do *top Beirute*) sm *Cul* Sanduíche feito com pão sírio, rosbife, peito de peru defumado ou presunto e complementos variáveis.

bei.se.bol (*ingl baseball*) sm *Esp* Jogo de bola, disputado por dois times de nove jogadores cada um, num campo com quatro posições. Consiste em lançar uma pequena bola, que deve ser rebatida com um bastão e em corridas para atingir as outras posições.

be.la (*fem* de *belo*) sf Mulher formosa.

be.la.do.na (*ital bella donna*) sf *Bot* 1 Planta ornamental venenosa, muito empregada em medicina. 2 O extrato dessa planta.

be.las-ar.tes *sf pl* Designação que compreende o conjunto das manifestações artísticas, com destaque para a pintura, escultura e arquitetura.

bel.da.de (*lat bellitate*) *sf* **1** Beleza, formosura. **2** Mulher bela.

be.le.za (*belo+eza*) *sf* **1** Qualidade do que é belo. **2** Harmonia nos traços e nas formas. **3** Mulher bela. **4** Coisa bela ou muito agradável. Veja nota em **cognato**.

bel.ga (*lat belga*) *adj m+f* Relativo à Bélgica (Europa). • *s m+f* Natural ou habitante da Bélgica.

be.li.che (*malaio biliq kechil*, alcova pequena) *sm* **1** Conjunto de duas ou três camas superpostas. **2** Pequeno compartimento de meios de transporte onde se colocam camas.

bé.li.co (*lat bellicu*) *adj* **1** Concernente à guerra. **2** Próprio da guerra. *Sup abs sint: belacíssimo.*

be.li.co.so (ô) (*lat bellicosu*) *adj* **1** Guerreiro. **2** De ânimo aguerrido. **3** Habituado à guerra. **4** Com disposição para guerrear. **5** Que instiga à guerra. *Pl: belicosos (ó).*

be.lis.cão (*beliscar+ão*²) *sm* Ação ou efeito de beliscar.

be.lis.car (*lat vulg *velliscare*) *vtd* e *vpr* **1** Apertar com a ponta dos dedos ou com as unhas a pele de. *vtd* e *vint* **2** Comer pequena porção de algo.

belle époque (*bélepóque*) (*fr*) *sf* Os primeiros anos do século XX, considerados uma época agradável e despreocupada. • *adj m+f sing+pl* Diz-se dos hábitos e estilos dessa época.

be.lo (*lat bellu*) *adj* **1** Que tem beleza; formoso, lindo. **2** Que tem proporções harmônicas. **3** Vantajoso. • *sm* Caráter ou natureza do que é belo. Veja nota em **cognato**.

bel-pra.zer (*bel*, forma apocopada de belo+prazer) *sm* Arbítrio, vontade própria. *Pl: bel-prazeres.*

bel.tra.no (*cast Beltrano, np*) *sm* Designação vaga de alguém que não se pode ou não se quer nomear; normalmente usada com *fulano* e *sicrano*.

bel.ze.bu (*hebr ba'alzebub*, via *lat*) *sm* O príncipe dos demônios, o diabo.

bem (*lat bene*) *sm* **1** Tudo o que é bom. **2** Benefício, favor. **3** Pessoa amada. **4** Proveito, utilidade. **5** Propriedade, domínio. *sm pl* **6** Propriedades • *adv* **1** De modo bom e conveniente. **2** Extremamente, muito. **3** Com saúde: *Ele está bem.* Veja nota em **advérbio** e **mau**.

bem-a.ca.ba.do *adj* Feito com capricho, com perfeição. *Pl: bem-acabados.*

bem-a.ma.do *adj* Muito amado, muito querido, predileto. *Pl: bem-amados.*

bem-ar.ru.ma.do *adj* Vestido com elegância. *Pl: bem-arrumados.*

bem-a.ven.tu.ra.do *adj* Muito feliz. • *sm* O que tem a felicidade do Céu. *Pl: bem-aventurados.*

bem-a.ven.tu.ran.ça *sf* Felicidade perfeita. *Pl: bem-aventuranças.*

bem-bom *sm* Conforto, comodidade. *Pl: bem-bons.*

bem-ca.sa.do *sm Cul* Bolinho duplo, com recheio doce cremoso. *Pl: bem-casados.*

bem-com.por.ta.do *adj* Que procede bem, comportado. *Pl: bem-comportados.*

bem-dis.pos.to (ô) *adj* Com boa disposição. *Pl: bem-dispostos (ó). Antôn: maldisposto.*

bem-do.ta.do *adj* **1** Inteligente. **2** *pop* Que tem pênis grande. *Pl: bem-dotados.*

bem-e.du.ca.do *adj* Que tem boa educação; cortês, polido. *Pl: bem-educados. Antôn: mal-educado.*

bem-es.tar *sm* **1** Sensação agradável de corpo ou de espírito; conforto, tranquilidade. **2** Condição de vida despreocupada, cômoda. *Pl: bem-estares. Antôn: mal-estar.*

bem-hu.mo.ra.do *adj* Que tem ou está de bom humor. *Pl: bem-humorados. Antôn: mal-humorado.*

bem-me-quer *sm Bot* Erva de flores amarelas; malmequer. *Pl: bem-me-queres.*

bem-nas.ci.do *adj* **1** De boa família. **2** Nascido em boa hora; bem-vindo. *Pl: bem-nascidos.*

be.mol (*ital bemolle*) *adj Mús* Designativo da nota musical cuja entoação é um semitom mais baixa do que o seu som natural. • *sm* Sinal indicativo de que a nota musical que está à direita deve baixar um semitom. *Antôn: sustenido.*

bem-que.rer (*bem+querer*) *vtd* **1** Querer bem. **2** Estimar muito. Conjuga-se como

querer. Pres indic: bem-quero, bem--queres etc. Part: benquerido e benquisto.
• *sm* A pessoa amada. *Var: benquerer.*
bem-su.ce.di.do *adj* Que teve bom êxito. *Pl: bem-sucedidos. Antôn: malsucedido.*
bem-te-vi (*voc onom*) *sm Ornit* **1** Pássaro insetívoro dos campos. Voz: *canta, assobia.* **2** Nome de diversas outras espécies da mesma família. *Pl: bem-te-vis.*
bem-vin.do *adj* **1** Que chegou bem. **2** Bem recebido, acolhido com agrado. *Pl: bem-vindos.*
bem-vis.to *adj* Bem considerado, estimado, visto com agrado. *Pl: bem-vistos. Antôn: malvisto.*
bên.ção (*lat benedictione*) *sf* **1** Ação de benzer ou abençoar. **2** Favor divino; graça. *Pl: bênçãos.*
ben.di.to (*lat benedictu*) *adj* Abençoado, feliz. *Antôn: maldito.*
ben.di.zer (*bem+dizer*) *vtd* **1** Dizer bem de; louvar. **2** Glorificar. Conjuga-se como *dizer*.
be.ne.di.ti.no (*Benedito, np+ino*) *sm* Frade da ordem de São Bento. • *adj* **1** Relativo aos beneditinos. **2** Próprio dos beneditinos: *Paciência beneditina.*
be.ne.fi.cên.cia (*lat beneficentia*) *sf* **1** Ação de beneficiar. **2** A prática de fazer o bem. *Antôn: maleficência.*
be.ne.fi.cen.te (*lat beneficente*) *adj m+f* Que beneficia, que faz benefícios. *Antôn: maleficente.*
be.ne.fi.ci.a.men.to (*beneficiar+mento*) *sm* Ação ou efeito de beneficiar.
be.ne.fi.ci.ar (*benefício+ar¹*) *vtd* **1** Fazer benefício a; favorecer: *A nova lei do ensino beneficia os estudantes pobres.* **2** Consertar, melhorar, reparar: *Beneficiaram o bairro com instituições valiosas.* **3** Limpar, descascar cereais: *Beneficiar o arroz. Antôn: prejudicar.* Conjuga-se como *premiar*.
be.ne.fi.ci.á.rio (*lat beneficiariu*) *adj* Diz-se daquele a quem foi concedido um benefício. • *sm* **1** O que goza de uma vantagem qualquer, concedida por lei mediante o reconhecimento do respectivo direito: seguro, doação, indenização etc. **2** Pessoa a favor da qual é emitida uma ordem de pagamento.
be.ne.fí.cio (*lat beneficiu*) *sm* **1** Benfeitoria. **2** Favor, graça, mercê, serviço gratuito. **3** Vantagem assegurada por leis trabalhistas. **4** Ganho, proveito.
be.né.fi.co (*lat beneficu*) *adj* **1** Que faz bem. **2** Favorável, proveitoso, útil. *Sup abs sint: beneficentíssimo.*
be.ne.mé.ri.to (*lat benemeritu*) *adj* **1** Que é digno de honras ou recompensas. **2** Distinto, ilustre. • *sm* Indivíduo que merece o bem.
be.ne.vo.lên.cia (*lat benevolentia*) *sf* **1** Qualidade do que é benévolo; boa vontade para com alguém. **2** Complacência, indulgência. *Antôn: malevolência.*
be.ne.vo.len.te (*lat benevolente*) *adj m+f V benévolo. Antôn: malevolente.*
be.né.vo.lo (*lat benevolu*) *adj* **1** Que revela tendência para fazer o bem; benevolente, bondoso. **2** Que tem sentimentos benignos ou boa vontade. *Antôn: malévolo. Sup abs sint: benevolentíssimo.*
ben.fa.ze.jo (*bem+fazer+ejo*) *adj* **1** Que pratica o bem; caridoso. **2** Bondoso, benevolente. **3** Que exerce influência útil. *Antôn: malfazejo.*
benfei.to *adj* Bem-acabado. *Antôn: malfeito.*
ben.fei.tor (*lat benefactore*) *sm* **1** Aquele que pratica o bem; o que beneficia. **2** Aquele que faz benfeitorias. • *adj* Benéfico, útil. *Antôn: malfeitor.*
ben.fei.to.ri.a (*benfeitor+ia¹*) *sf* Melhoramento feito em um bem móvel ou imóvel, para atender necessidades, dar mais conforto ou produzir maior rendimento.
ben.ga.la (do *top Bengala*) *sf* **1** Pequeno bastão, feito de cana-da-índia, madeira etc. **2** *Reg* (SP) Pão alongado, mais fino que o filão.
be.nig.ni.da.de *sf* Qualidade de benigno.
be.nig.no (*lat benignu*) *adj* **1** Que gosta de fazer o bem; benévolo. **2** Afetuoso, bondoso, complacente. **3** *Med* Que não é perigoso. *Antôn: maligno.*
ben.ja.mim (de *Benjamin, np*) *sm* **1** O filho predileto, em geral o mais moço. **2** Extensão dupla ou tripla para tomadas elétricas.
ben.jo.ei.ro (*benjoim+eiro*) *sm Bot* Árvore que produz o benjoim, uma resina aromática utilizada em farmácia.
ben.jo.im (*ár lubân jâwi*) *sm Bot* Resina balsâmica obtida de várias árvores.

ben.quis.to (*part* de *benquistar*) *adj* **1** Bem-aceito, estimado, prezado. **2** Que goza de boa reputação.

bens (de *bem*) *sm pl* **1** Propriedade de alguém. **2** Possessão, domínio.

ben.to (*part irreg* de *benzer*) *adj* Consagrado pela bênção eclesiástica.

ben.ze.dei.ra (*benzer+deira*) *sf* Mulher que pretende curar doenças com benzeduras.

ben.ze.du.ra (*benzer+dura*) *sf* Ação de benzer, acompanhada de rezas.

ben.ze.no (*lat cient benzoe+eno*^{2}) *sm Quím* Hidrocarboneto líquido, volátil, incolor, inflamável e tóxico (C_6H_6), utilizado principalmente como solvente e como combustível de motor.

ben.zer (*lat benedicere*) *vtd* **1** Dar a bênção a, abençoar: *Benzer uma imagem. vpr* **2** Fazer o sinal da cruz. *vtd* **3** Fazer benzeduras em: *Chamou-o para lhe benzer o gado que estava doente*. *Part:* benzido e bento.

ben.zi.men.to (*benzer+mento*) *sm* Ação de benzer.

ben.zi.na (*lat cient benzoe+ina*) *sf Quím* Benzeno impuro, usado como solvente.

be.ó.cio (*gr boiótios*) *adj* **1** Relativo à Beócia (região central da Grécia antiga). **2** Natural da Beócia. **3** *fig* Estúpido, ignorante. • *sm* **1** Natural ou habitante da Beócia. **2** *fig* Indivíduo ignorante.

be.que (*ingl back*) *V* zagueiro.

ber.çá.rio (*berço+ário*) *sm* **1** Nas maternidades e hospitais, sala com berços para recém-nascidos. **2** Denominação que, nas creches, se dá à divisão que atende crianças de até seis meses.

ber.ço (*ê*) (*fr ant bers*) *sm* **1** Pequeno leito para crianças de colo. **2** A mais tenra infância. **3** Lugar de nascimento, origem ou procedência de uma pessoa ou coisa.

ber.ga.mo.ta (*turco beg armûdi*, pera do príncipe, via *ital*) *sf Reg* (*Sul*) Tangerina.

be.ri.bé.ri (*cingalês beri-beri*) *sm Med* Enfermidade produzida pela carência de vitamina B1.

be.rim.bau (*quimbundo mbirimbau*) *sm Mús* e *Folc* Instrumento de percussão com uma corda e cabaça, usado na capoeira.

be.rin.je.la (do *persa*, via *ár bâdinjâna*) *sf Bot* **1** Planta de fruto comestível. **2** O fruto dessa planta.

ber.lo.que (*fr berloque*) *sm* Enfeite que se traz pendente da corrente ou da pulseira; pingente.

ber.mu.da (*top Bermudas*) *sf* Tipo de calção que vai quase até os joelhos.

ber.ne (*corr* de *verme*) *sm Entom* Larva de mosca que se desenvolve nos tecidos subcutâneos de vários animais, inclusive do homem, ocasionando a formação de um tumor.

ber.ran.te (de *berrar*) *adj m+f* **1** Que berra. **2** Diz-se de cor muito viva ou que dá muito na vista; gritante. • *sm* Buzina de chifre de boi com que os boiadeiros chamam o gado.

ber.rar (*berro+ar*^{1}) *vint* **1** Dar berros (a cabra, o boi e outros animais). *vtd*, *vti* e *vint* **2** Falar muito alto: *Berrou uma reclamação. vint* **3** Bramir: *Berram as feras*.

ber.rei.ro (*berro+eiro*) *sm* **1** Berros altos e frequentes. **2** Gritaria. **3** Choro de criança impertinente.

ber.ro (de *berrar*) *sm* **1** Voz de boi, cabrito, ovelha e outros animais. **2** Voz humana emitida em tom elevado e áspero. **3** Bramido, rugido. **4** *gír* Revólver.

be.sou.ro *sm Entom* Designação comum a todos os insetos coleópteros que zumbem fortemente ao voar. Voz: *zoa, zumbe, zune*.

bes.ta^1 (*é*) (*lat balista*) *sf* Antiga arma portátil para arremessar setas curtas.

bes.ta^2 (*ê*) (*lat bestia*) *sf* **1** Quadrúpede, especialmente dos muares; mula. **2** *fig* Pessoa bruta, estúpida, ignorante. • *adj m+f* **1** Estúpido, sem juízo. **2** Ignorante, tolo.

bes.ta.lhão (*besta*^{2}*+alhão*) *sm* Indivíduo muito tolo. *Fem:* bestalhona.

bes.tei.ra (*besta*^{2}*+eira*) *sf* Asneira, disparate, tolice.

bes.ti.al (*lat bestiale*) *adj m+f* **1** Próprio de besta: *"Entregando-se ao comportamento bestial, conservava longe o espírito."* (MEC) **2** Brutal: *"Oh, aquilo horrorizava, parecia uma profanação bestial, parecia um estupro."* (COB) **3** Boçal, estúpido, grosseiro: *"O tipo bestial insinuava calombos e saliências musculares debaixo da roupa."* (JT)

bes.ti.a.li.da.de (*bestial+i+dade*) *sf* **1** Brutalidade: *"Alguns casos de violência* *anotados pelo pesquisador assumem contornos de bestialidade."* (JB) **2** Comportamento libidinoso com animais: *"O fetichismo descreve entre as patologias da vida sexual, junto com bestialidade, exibicionismo e outras perversões."* (FSP)

bes.ti.fi.car (*besta²+ficar²*) *vtd* e *vpr* Fazer(-se) semelhante à besta, tornar(-se) estúpido: *Essas acrobacias bestificaram-no.*

best-seller (*béstiséler*) (*ingl*) *sm* **1** O livro que mais se vendeu num dado período, na sua categoria. **2** Êxito de livraria.

be.sun.tar (*bes*(por *bis*)+*untar*) *vtd pop* Untar muito.

be.ta (*é*) (*gr bêta*) *sf* A segunda letra do alfabeto grego; a letra grega β, B.

be.ter.ra.ba (*fr betterave*) *sf* **1** *Bot* Erva de origem europeia, cujas raízes são ricas em açúcar e utilizadas como alimento. **2** A raiz dessa erva.

be.to.nei.ra (*betão+eira*) *sf Constr* Máquina usada no preparo de concreto.

be.tu.me (*lat bitumen*) *sm Quím* Mistura de hidrocarbonetos, encontrados na natureza em diversas formas, como, por exemplo, asfalto ou petróleo cru.

be.xi.ga (*lat vesica*) *sf* **1** *Anat* Reservatório membranoso em que se acumula a urina, situado na parte inferior do abdome. **2** Balãozinho de borracha colorida, utilizado como brinquedo e enfeite para festas infantis. *sf pl* **3** *Med* Varíola.

be.xi.guen.to (*bexiga+ento*) *adj* Que tem vestígios de varíola. • *sm* Doente de varíola.

be.zer.ro (*ê*) (*lat hispânico *ibicerra*) *sm* **1** Novilho, vitelo. Voz: *berra, muge*. **2** Pele de vitelo curtida, usada na confecção de calçados.

bi.a.nu.al (*bi+anual*) *adj m+f* Que ocorre duas vezes por ano.

bi.be.lô (*fr bibelot*) *sm* **1** Pequeno objeto de adorno. **2** Objeto sem utilidade e de pouco valor.

Bí.blia (*gr bíblia*) *sf* **1** Conjunto dos livros sagrados do Antigo e Novo Testamentos. **2 bíblia** *fig* Livro muito importante ou pelo qual se tem grande predileção.

bí.bli.co (*Bíblia+ico²*) *adj* Da Bíblia ou relativo a ela.

bi.bli.o.gra.fi.a (*bíblio+grafo+ia¹*) *sf* **1** Ciência que trata da história, descrição e classificação dos livros. **2** Relação de obras recomendadas sobre determinado assunto. **3** Relação das obras consultadas pelo autor.

bi.bli.o.grá.fi.co (*bíblio+grafo+ico²*) *adj* Pertencente ou relativo à bibliografia.

bi.bli.o.te.ca (*gr bibliothéke*) *sf* **1** Coleção de livros. **2** Edifício público onde se instala essa coleção, para ser consultada pelos interessados. **3** Coleção de obras de um autor. **4** Coleção de obras sobre assuntos determinados.

bi.bli.o.te.cá.rio (*lat bibliothecariu*) *sm* Aquele que dirige uma biblioteca.

bi.bli.o.te.co.no.mi.a (*biblioteca+nomo+ia¹*) *sf* Arte de organizar e dirigir bibliotecas.

bi.bo.ca (*tupi ymbý mbóka*, furo no chão) *sf* **1** Lugar distante e de difícil acesso. **2** Fenda ou rasgão do terreno. **3** Casinha coberta de palha.

bi.ca (de *bico*) *sf* **1** Telha, pequeno canal ou tubo por onde corre água. **2** Líquido que cai em fio. **3** Fonte, torneira.

bi.ca.da (*bico+ada¹*) *sf* **1** Picada ou golpe com o bico. **2** Aquilo que uma ave leva no bico, de uma vez. **3** *pop* Pequeno gole.

bi.ca.ma (*bi+cama*) *sf* Cama de altura normal que abriga na parte inferior outra cama mais baixa, a qual desliza para fora quando necessário.

bi.cam.pe.ão (*bi+campeão*) *adj* Diz-se do indivíduo, equipe ou grêmio esportivo campeão duas vezes. • *sm* Esse indivíduo, equipe ou grêmio. *Fem: bicampeã.*

bi.cam.pe.o.na.to (*bi+campeonato*) *sm* Campeonato alcançado pela segunda vez.

bi.cão (*bico+ão²*) *sm gír* Sujeito intrometido, aproveitador, bisbilhoteiro.

bi.car (*bico+ar¹*) *vtd* **1** Picar com o bico: *Bicou toda a fruta.vti* **2** Dar bicadas: *O frangote bicava no repolho. vint* **3** *pop* Bebericar: *Apesar dos pesares, vou bicando meu vinho.*

bi.car.bo.na.to (*bi+carbonato*) *sm Quím* Qualquer sal que tenha dois equivalentes de ácido carbônico por um de uma substância básica.

bi.cen.te.ná.rio (*bi+centenário*) *adj* Que tem dois séculos, ou duzentos anos. • *sm* O segundo centenário.

bí.ceps (*lat biceps*) *sm sing+pl Anat* Nome de diferentes músculos, cada um deles com dois ligamentos na parte superior.
bi.cha (*lat bestia*) *sf* **1** *Zool* Nome comum a vermes de corpo alongado, sem pernas; lombriga. **2** *gír* Indivíduo efeminado.
bi.cha.no (de *bicho*) *sm* **1** Gato manso. **2** Gato novo.
bi.chão (*bicho+ão²*) *sm* **1** Aumentativo de *bicho*; bicho grande. **2** *pop* Homem sabido, experiente.
bi.char (*bicho+ar¹*) *vint* Encher-se de bichos (fruta, cereal etc.).
bi.cha.ra.da (*bicha+r+ada¹*) *sf* Muitos bichos, monte de animais.
bi.chei.ra (*bicho+eira*) *sf Vet* Feridas no animais em que se acumulam bichos, vermes, em geral larvas de moscas-varejeiras.
bi.chei.ro (*bicho+eiro*) *sm* **1** O que banca no jogo do bicho. **2** O que recebe as apostas feitas nesse jogo.
bi.chi.ce (*bicho+ice*) *sf gír* Atitudes próprias de bicha (acepção 2).
bi.cho (*lat vulg *bestiu*) *sm* **1** Designação genérica dos animais terrestres, sobretudo vermes e insetos. **2** Animal feroz. **3** *pop* Pessoa intratável. **4** Jogo de azar, à base de sorteios lotéricos. **5** *gír* Estudante novato; calouro. **6** *Esp, gír* Gratificação recebida pelo jogador de futebol pela vitória alcançada. *Bicho de sete cabeças, pop:* Coisa muito complicada, difícil. *Bicho do mato, fig:* a) pessoa intratável ou amiga da solidão; b) indivíduo grosseiro.
bi.cho-ca.be.lu.do *sm* Taturana, lagarta peluda. *Pl: bichos-cabeludos.*
bi.cho-car.pin.tei.ro *sm Entom* Inseto que rói a madeira onde vive. *Pl: bichos-carpinteiros.*
bi.cho-da-se.da *sm Zool* Lagarta cuja larva secreta um fio para formar o casulo que é conhecido como seda ou seda natural. *Pl: bichos-da-seda.*
bi.cho de se.te ca.be.ças Ver definição em *bicho.*
bi.cho do ma.to Ver definição em *bicho.*
bi.cho-do-pé *sm Zool* Inseto cuja fêmea, fecundada, penetra na pele do homem e de outros animais, causando ulceração. *Pl: bichos-do-pé.*
bi.cho-pa.pão *sm Folc* Monstro imaginário com que se amedrontam as crianças. *Var: ogro* e *papão. Pl: bichos-papões.*
bi.ci.cle.ta (é) (*fr bicyclette*) *sf* **1** Velocípede de duas rodas iguais, movido a pedal. **2** *Fut* Lance em que o jogador, com um salto, se coloca de costas para o solo e, nessa posição, chuta a bola para trás, por cima da própria cabeça.
bi.co (*lat beccus*, de origem céltica) *sm* **1** Extremidade córnea da boca das aves e de alguns outros animais, como o peixe--agulha e a tartaruga. **2** *pop* Boca: *Calar o bico.* **3** Ponta ou extremidade aguçada de vários objetos. **4** *gír* Pequeno emprego, tarefa passageira; biscate. *Bico de papagaio, pop:* saliência óssea na coluna. *Cf bico-de-papagaio. Bico de pena:* a) técnica de desenho e pintura executada com pena muito fina; b) a própria obra produto dessa técnica.
bi.co-de-pa.pa.gai.o *sm Bot* Planta ornamental de flores vermelhas, amarelas e brancas. *Pl: bicos-de-papagaio. Cf bico de papagaio.*
bi.co de pe.na Ver definição em *bico.*
bi.co.lor (*bi+lat colore*) *adj m+f* De duas cores.
bi.cu.do (*bico+udo*) *adj* **1** Que tem bico. **2** Aguçado, pontiagudo.
bi.dê (*fr bidet*) *sm* Aparelho sanitário para lavagem das partes íntimas.
bi.e.la (*fr bielle*) *sf Mec* Haste rígida que transmite movimento entre duas peças numa máquina, por exemplo, do pino da manivela ao êmbolo; tirante.
bi.e.nal (*lat biennale*) *adj m+f* **1** Que dura dois anos. **2** Relativo ao espaço de dois anos. **3** Que acontece ou se faz de dois em dois anos. • *sf* Evento realizado a cada dois anos.
bi.ê.nio (*lat bienniu*) *sm* Espaço de dois anos consecutivos.
bi.fe (*ingl beef*) *sm* Fatia de carne, passada em frigideira ou grelha.
bi.fo.cal (*bi+focal*) *adj m+f* **1** Que tem dois focos. **2** Diz-se das lentes de óculos que têm uma parte que corrige a visão próxima e outra para visão a distância. • *sm* Óculos bifocais.
bi.for.me (*lat biforme*) *adj m+f* **1** De duas formas. **2** Diz-se da pessoa que tem duas

maneiras de pensar e duas opiniões ao mesmo tempo. **3** *Bot* Que tem duas qualidades de flores com formas diferentes. **4** *Gram* Diz-se do adjetivo que tem uma forma para cada gênero.
bi.fur.ca.ção (*bifurcar+ção*) *sf* **1** Ação de bifurcar. **2** Ponto em que uma rodovia ou estrada se divide em dois ramos. **3** Divisão ou separação em dois braços, como forquilha.
bi.fur.car (*lat bifurcare*) *vtd* e *vpr* Abrir (-se) ou separar(-se) em dois ramos: *Os engenheiros bifurcaram a via férrea.*
bi.ga (*lat biga*) *sf* Carro romano antigo de duas ou quatro rodas, atrelado a dois cavalos.
bi.ga.mi.a (*bígamo+ia¹*) *sf Sociol* Estado matrimonial em que um homem convive com duas mulheres ou uma mulher convive com dois homens.
bí.ga.mo (*lat ecles bigamu*) *adj+sm* Que ou o que é casado ao mesmo tempo com duas pessoas.
bi.go.de *sm* Parte da barba que cresce por cima do lábio superior.
bi.gor.na (*lat vulg *bicornia*) *sf* **1** Utensílio de ferro sobre o qual metais são malhados e moldados. **2** *Anat* Um dos ossinhos da orelha.
bi.gue-ban.gue (*ingl big-bang*) *sm Cosm* Teoria que explica a criação do Universo a partir de uma violenta explosão cósmica. *Pl: bigue-bangues*.
bi.ju (*tupi mbeiú*) *V beiju*.
bi.ju.te.ri.a (*fr bijouterie*) *sf* **1** Peça delicada para enfeite. **2** Reprodução de joias verdadeiras, cujo material imita metais e pedras preciosas.
bi.la.bi.al (*bi+labial*) *adj m+f Gram* Diz-se da consoante que se pronuncia com os dois lábios (*b, m, p*). • *sf* Consoante bilabial.
bi.la.te.ral (*bi+lateral*) *adj m+f* **1** Que tem dois lados: *"A diplomacia atuará de forma intensa no plano bilateral e coletivo."* (COL) **2** Referente a lados opostos: *"A simetria do corpo é bilateral."* (GAN) **3** *Dir* Diz-se dos contratos em que as duas partes têm obrigações recíprocas: *"Fez-se um acordo específico bilateral sobre interconexão energética entre os dois países."* (FSP)

bil.bo.quê (*fr bilboquet*) *sm* Jogo infantil que consiste em uma bola de madeira com um pequeno orifício no meio, presa a um cabo por um barbante grosso.
bi.le (*lat bile*) *sf V bílis*.
bi.lha (*fr bille*) *sf* Vaso bojudo de barro, com gargalo estreito; moringa.
bi.lhão (*fr billion*) *num* **1** Mil milhões (no Brasil, América do Norte, França e outros países). **2** Um milhão de milhões (na Inglaterra, Alemanha, Portugal e outros países). *Var: bilião.*
bi.lhar (*fr billard*) *sm* **1** Jogo realizado em uma mesa retangular revestida de feltro verde no qual pequenas bolas de marfim são impelidas uma contra as outras com um taco de madeira para dentro de caçapas; sinuca. **2** A mesa ou a casa onde se joga bilhar.
bi.lhe.te (*fr billet*) *sm* **1** Carta simples e breve. **2** Senha que autoriza a entrada em espetáculos ou outras reuniões. **3** Impresso que dá direito a viajar em transportes coletivos; passagem. **4** Impresso que habilita o possuidor a concorrer a loteria ou rifa.
bi.lhe.tei.ro (*bilhete+eiro*) *sm* **1** O que vende ingressos para espetáculos públicos (cinema, teatro, estádios, *shows* musicais). **2** Indivíduo que vende bilhetes de loteria.
bi.lhe.te.ri.a (*bilhete+eria*) *sf* Lugar onde se vendem passagens e ingressos.
bi.li.ar.dá.rio (*bilhar*, inspirado no *fr milliard +ário*) *adj+sm* Bilionário: *"Não poderia ser US$ 2,39 bilhões, porque nem o mais biliardário empresário tem essa movimentação bancária."* (FSP)
bi.lín.gue (*gwe*) (*lat bilingue*) *adj m+f* **1** Que tem duas línguas. **2** Que fala duas línguas. **3** Diz-se do escritor que escreve em duas línguas ou da obra escrita em duas línguas.
bi.lin.guis.mo (*gwi*) (*bilíngue+ismo*) *sm* **1** Caráter de bilíngue. **2** Domínio de duas línguas, nas modalidades oral e escrita.
bi.li.o.ná.rio (*bilhão+ário*) *adj* **1** Muito rico. **2** Multimilionário. • *sm* Indivíduo bilionário.
bi.li.o.né.si.mo (*fr billion+ésimo*) *num* Ordinal e fracionário correspondente a um bilhão. • *sm* Cada uma de um bilhão

bí.lis (*lat bilis*) *sf sing+pl* **1** *Fisiol* Líquido amargo, amarelo ou esverdeado, que é produzido no fígado e auxilia a digestão; fel. **2** *fig* Mau humor. *Var: bile.*

bil.ro (*lat pilulu*) *sm* **1** Pequena peça de madeira em forma de fuso ou pera com a qual se fazem rendas de almofada. **2** Espécie de renda antiga.

bil.tre (*fr bélître*) *adj* Ordinário, vil: *"Mas, o outro, rufião biltre, não tinha emenda, se desbragava, não cedia desse atrevimento."* (PE) • *sm* Homem desprezível, miserável, tratante: *"Um biltre como herói tampouco tornaria a produção atraente."* (FSP) *Fem: biltra.*

bi.men.sal (*bi+mensal*) *adj m+f* Que aparece ou se realiza duas vezes por mês; quinzenal. *Cf bimestral.*

bi.mes.tral (*bimestre+al*[1]) *adj m+f* **1** Relativo ao espaço de dois meses. **2** Que aparece ou se faz de dois em dois meses. *Cf bimensal.*

bi.mes.tre (*lat bimestre*) *adj m+f* Que dura dois meses. • *sm* O período de dois meses.

bi.mo.tor (*bi+motor*) *adj+sm* Diz-se do ou o veículo, especialmente o avião, com dois motores.

bi.ná.rio (*lat binariu*) *adj* Que tem dois elementos ou duas unidades.

bin.go (*ingl bingo*) *sm* **1** Jogo semelhante ao loto, com letras e números marcados em cartões e pedras. **2** Casa onde se joga o bingo. • *interj* Exprime satisfação, alegria por ter ganho algo.

bi.nó.cu.lo (*lat mod binoculu*) *sm* *Ópt* Instrumento óptico portátil composto de duas lentes (dois óculos) para ver objetos ou pessoas a distância, principalmente nos teatros e no campo.

bi.nô.mio (*lat med binomiu*) *sm* **1** *Mat* Expressão algébrica composta de dois termos. **2** Denominação científica formada por dois nomes.

bi.o.ci.ên.cia (*bio+ciência*) *sf* Nome genérico das ciências que investigam os seres vivos em seus diversos aspectos: biologia, bioquímica etc.

bi.o.com.bus.tí.vel (*bio+combustível*) *sm* Combustível de origem vegetal.

bi.o.de.gra.dá.vel (*bio+degradável*) *adj m+f Quím* Diz-se da substância que se decompõe pela ação de micro-organismos.

bi.o.di.ver.si.da.de (*bio+diversidade*) *sf Ecol* Existência de uma grande variedade de espécies (plantas e animais) em dada região.

bi.o.fí.si.ca (*bio+física*) *sf* Estudo dos fenômenos biológicos com base nos métodos da física.

bi.o.fí.si.co (*bio+físico*) *adj* **1** Relativo ou pertencente à biofísica. **2** Que envolve fatores ou aspectos biológicos e físicos. • *sm* Especialista em biofísica.

bi.o.gás (*bio+gás*) *sm Quím* Gás obtido pela fermentação de material orgânico.

bi.o.gê.ne.se (*bio+gênese*) *sf* Teoria ou hipótese sobre a origem da vida.

bi.o.ge.né.ti.co (*bio+genético*) *adj* **1** Relativo ou pertencente à biogênese. **2** Produzido por biogênese.

bi.o.gra.far (*biógrafo+ar*[1]) *vtd* Fazer a biografia de. *Conjug – Pres indic: biografo, biografas etc.*

bi.o.gra.fi.a (*bio+grafo+ia*[1]) *sf* Descrição ou história da vida de uma pessoa.

bi.o.grá.fi.co (*biografia+ico*[2]) *adj* **1** Relativo à biografia. **2** Que se baseia em históricos de vida.

bi.ó.gra.fo (*bio+grafo*) *sm* Autor de biografia(s).

bi.o.lo.gi.a (*bio+logo+ia*[1]) *sf* Ciência que estuda os seres vivos e as leis que regem a matéria viva.

bi.o.ló.gi.co (*bio+logo+ico*[2]) *adj* **1** Relativo à biologia. **2** Pertencente aos seres organizados.

bi.ó.lo.go (*bio+logo*) *sm* Especialista em biologia. *Var: biologista.*

bi.om.bo (*jap byôbu*) *sm* **1** Peça móvel, feito de caixilhos ligados por dobradiças, com que se dividem ambientes ou criam-se espaços mais reservados. **2** Compartimento formado por painéis articulados de madeira ou metal, revestidos com tecido ou outros materiais.

bi.o.me.di.ci.na (*bio+medicina*) *sf* Biociência relacionada à medicina.

bi.o.mé.di.co (*bio+médico*) *adj* Relativo à biomedicina. • *sm* Especialista em biomedicina.

bi.o.me.tri.a (bio+metro+ia¹) *sf* Parte da ciência que estuda a medição dos seres vivos.

bi.o.mé.tri.co (bio+metro+ico²) *adj* Referente à biometria.

bi.ô.ni.co (bio+(eletr)ônico) *adj* **1** Que tem capacidade humana através de mecanismos eletrônicos: *"Os cientistas já estão procurando construir essa extraordinária personagem biônica: uma grande coleção de partes artificiais do corpo humano."* (MAN) **2** *iron* Diz-se do político nomeado por decreto para cargos eletivos. • *sm pop* Pessoa que ocupa um cargo eletivo sem ter sido eleita: *"A criação do inconcebível senador biônico, uma das maiores empulhações de que se tem conhecimento na História do Brasil."* (OL)

bi.op.si.a (bio+opse+ia¹) *sf Med* Retirada de tecidos vivos para exame microscópico. *Var:* biópsia.

bi.o.quí.mi.ca (bio+química) *sf Biol* Estudo dos fenômenos químicos que ocorrem nos seres vivos.

bi.o.quí.mi.co (bio+químico) *adj* **1** Da bioquímica ou relativo a ela. **2** Que envolve reações químicas nos organismos vivos. • *sm* Especialista em bioquímica.

bi.or.rit.mo (bio+ritmo) *sm Biol* Ritmo biológico dos seres vivos: no homem, nos animais, nas plantas, nos micro-organismos e até nos vírus; qualquer ocorrência biológica cíclica.

bi.os.fe.ra (bio+esfera) *sf* Parte da Terra em que pode existir vida.

bi.o.ter.ro.ris.mo (bio+terrorismo) *sm* Forma de terrorismo em que se utiliza arma biológica (vírus ou bactéria).

bi.o.ti.po (bio+tipo) *V* biótipo.

bi.ó.ti.po (bio+tipo) *sm Biol* **1** Conjunto dos organismos que possuem a mesma constituição genética. **2** Grupo de indivíduos com características psicológicas semelhantes. *Var:* biotipo.

bi.o.ti.po.lo.gi.a (bio+tipo+logo+ia¹) *sf* **1** Estudo dos tipos constitucionais, temperamentos e caracteres; biologia diferencial. **2** Classificação dos indivíduos humanos em tipos; tipologia.

bi.par (bipe+ar¹) *vtd* Fazer contato com alguém por meio de bipe (acepção 3).

bi.par.ti.da.ris.mo (bi+partido+ar²+ismo) *sm Polít* Sistema de governo em que só existem ou só atuam dois partidos políticos: *"A campanha das Diretas, o fim do bipartidarismo (...) faziam soprar ventos de esperança e renovação."* (RI)

bi.pe (do *ingl beep, onom*) *sm* **1** *Inform* Sinal acústico ou eletrônico emitido por uma fita de gravador, a intervalos de tempo regulares ou não. **2** *Astronáut* Neologismo com que se designa um sinal perceptível a distância. **3** *Telecom V pager*.

bí.pe.de (*lat bipede*) *adj m+f* **1** Que tem dois pés. **2** Que caminha sobre dois pés. • *sm Zool* Animal que anda sobre dois pés.

bi.po.lar (bi+polar) *adj m+f* **1** *Fís* Que tem dois polos: *Células bipolares.* **2** Relativo a ambos os polos: *"O universo político é formado por antagonismos em geral redutíveis a relações bipolares."* (FSP)

bi.po.la.ri.da.de (bipolar+i+dade) *sf Fís* **1** Qualidade ou estado de bipolar. **2** Estado de um corpo que, sob a influência eletromagnética, tem dois polos contrários.

bi.po.la.ri.za.ção (bi+polar+izar+ção) *sf* Ação ou efeito de tornar bipolar.

bi.quei.ra (bico+eira) *sf* **1** Extremidade ou ponta. **2** Peça colocada como reforço na ponta da sola do sapato ou da bota.

bi.quí.ni (do *top Bikini, np*) *sm* Maiô feminino de duas peças.

bi.ri.ba (*tupi mbiríbi*) *sf* Jogo de cartas parecido com a canastra.

bi.ri.ta (*voc express*) *sf gír* Designação para qualquer bebida alcoólica.

bi.rô (*fr bureau*) *sm* **1** Escrivaninha com gavetas. **2** Repartição, agência, escritório.

bi.ros.ca *sf* Botequim ou armazém de baixa categoria: *"E quanto ao de comer, pega na birosca e bota na minha conta."* (HO)

bi.ro.te *sm* Penteado feminino que reúne e prende os cabelos no alto da cabeça.

bir.ra (do *leonês*) *sf* **1** Capricho, teimosia, obstinação. **2** Choradeira sem motivo das crianças.

bir.ren.to (birra+ento) *adj* **1** Que é dado a birra. **2** Insistente, obstinado, teimoso.

bi.ru.ta *sf Av* Saco em forma de cone, adaptado a um mastro, que indica a direção do vento nos aeroportos. • *adj e s m+f gír* Diz-se de ou pessoa adoidada, amalucada.

bis (*lat bis*) *sm* Repetição de palavras cantadas ou declamadas. • *adv* Duas vezes. • *interj* Mais! Outra vez! Bis! Bis!

bi.são (*gr bíson*) *sm Zool* Gênero de grandes mamíferos bovídeos, de cabeça grande e chifres curtos. *Var: bisonte.*

bi.sar (*bis+ar²*) *vtd* **1** Pedir repetição de. **2** Repetir. *Conjug – Pres subj: bise, bises, bise, bisemos, biseis, bisem.*

bi.sa.vó (*bis+avó*) *sf* **1** Mãe do avô ou da avó. *sm pl* **2** Os pais do avô ou da avó.

bi.sa.vô (*bis+avô*) *sm* Pai do avô ou da avó.

bis.bi.lho.tar (*bisbilhot(eiro)+ar¹*) *vint* **1** Intrometer-se na vida dos outros, fazer intrigas, mexericar. *vtd* **2** Investigar com curiosidade, examinar.

bis.bi.lho.tei.ro (*ital bisbigliatore*) *adj* **1** Que gosta de bisbilhotar. **2** Curioso, intrometido, mexeriqueiro. • *sm* Indivíduo que procura saber da vida particular e das atividades alheias.

bis.bi.lho.ti.ce (*bisbilhot(eiro)+ice*) *sf* **1** Qualidade de bisbilhoteiro. **2** Intriga, mexerico: *"Não tem telefone e não dá autógrafos, visto que pretende passar incógnito e a salvo da bisbilhotice dos vizinhos."* (GTT)

bis.ca (*ital bisca*) *sf* **1** Nome de diversos jogos com baralho. **2** A carta que tem sete pintas. **3** *pop* Pessoa de mau caráter.

bis.ca.te (de *bisca*) *sm* **1** *pop* Serviço pequeno e avulso; bico, quebra-galho. *sf* **2** *gír* Mulher fácil; prostituta.

bis.ca.te.ar (*biscate+e+ar¹*) *vint* Fazer biscates, viver de biscates. Conjuga-se como *frear*.

bis.ca.tei.ro (*biscate+eiro*) *sm* Aquele que faz biscates.

bis.coi.tei.ra (*biscoito+eira*) *sf* **1** Porta-biscoito. **2** A mulher que fabrica ou vende biscoitos.

bis.coi.tei.ro (*biscoito+eiro*) *sm* O que faz ou vende biscoitos.

bis.coi.to (*lat biscoctu*) *sm* **1** *Cul* Massa de farinha, assada no forno até ficar crocante. **2** *pop* Bofetão, sopapo.

bis.mu.to (*al Wismuth*) *sm Quím* Elemento metálico, de número atômico 83 e símbolo Bi.

bis.na.ga (*lat pastinaca*, via moçárabe *bishtinâqa*) *sf* **1** Tubo flexível usado como embalagem de substâncias cremosas. **2** Pequeno esguicho de matéria plástica com que as crianças brincam no carnaval. **3** Tipo de pão fino e alongado; bengala.

bis.ne.to (*bis+neto*) *sm* Filho de neto ou neta.

bi.so.nho (*ital bisogno*) *adj* **1** Inexperiente, inábil: *"Ao erguer-se o pano, entrara no palco bisonho e desajeitado."* (TV) **2** Novato, principiante: *"O ajudante de tropeiro, bisonho nas estradas, contentou-se com os salvados da fogueira."* (TG) **3** Acanhado, tímido: *"Eu não deveria ser tão bisonho assim em matéria de amor."* (VI) • *sm* Recruta sem experiência. *Antôn* (acepção 1): *experiente, hábil*.

bis.pa.do (*bispo+ado¹*) *sm* **1** Área territorial administrada por um bispo; diocese. **2** Dignidade de bispo.

bis.po (*gr epískopos*, pelo *lat*) *sm* **1** *Ecles* Prelado que dirige uma diocese; bispo residencial. *Col: concílio*. **2** Peça do jogo de xadrez.

bis.se.triz (*bi+lat sectrice*) *sf Geom* Semirreta que, partindo do vértice de um ângulo, o divide em dois ângulos iguais. • *adj Geom* Qualificativo de uma linha que divide um espaço, um ângulo ou uma superfície em duas partes iguais. *Var: bissectriz.*

bis.sex.to (ês) (*lat bissextu*) *adj* Designativo do ano em que o mês de fevereiro tem 29 dias. • *sm* **1** O dia que, de quatro em quatro anos, se acrescenta ao mês de fevereiro. **2** O ano em que há esse acréscimo.

bis.se.xu.al (*cs*) (*bi+sexo+al¹*) *adj m+f* **1** Que reúne os dois sexos. **2** *Bot* Que tem ao mesmo tempo estames e pistilos; hermafrodita. **3** Referente ao comportamento sexual de quem sente atração tanto por homens quanto por mulheres. • *s m+f* Indivíduo bissexual.

bis.se.xu.a.li.da.de (*cs*) (*bi+sexual+i+dade*) *sf* Qualidade de bissexual.

bis.se.xu.a.lis.mo (*cs*) (*bissexual+ismo*) *sm* **1** Comportamento bissexual. **2** Bissexualidade.

bis.te.ca (*ingl beefsteak*) *sf* Corte de carne pronto para bife.

bis.tu.ri (*fr bistouri*) *sm Cir* Instrumento cirúrgico de corte.

bit (*ingl*) (sigla de *BInary digiT*) *sm Inform* Dígito binário, menor unidade de informação com a qual um computador trabalha. *Var: bite.*

bi.to.la *sf* **1** Medida ou modelo que serve de padrão, norma. **2** Largura de uma linha férrea. **3** Diâmetro de um arame ou de um cabo elétrico.

bi.to.la.do (*part de bitolar*) *adj* **1** Medido com bitola. **2** *fig* Limitado, de ideias estreitas: *"A gente tem fama de não saber falar banalidades e de ser muito bitolado."* (FSP)

bi.to.lar (*bitola+ar¹*) *vtd* **1** Medir com bitola. *vtd* **2** *fig* Avaliar, julgar. *vpr* **3** *fig* Tornar-se bitolado, limitado.

bitter (*bíter*) (*al*) *sm* Licor, geralmente alcoólico, preparado a partir da destilação de folhas, frutos, sementes ou raízes amargos.

bi.tu.ca (*red de içabitu*) *sf pop* Toco de cigarro apagado.

bi.va.lên.cia (*bi+valência*) *sf* **1** Qualidade ou estado de bivalente. **2** *Quím* Valência igual ao dobro da valência do hidrogênio, que é a unidade.

bi.va.len.te (*bi+valente*) *adj m+f* **1** Que vale por dois. **2** *Quím* Que possui duas valências. **3** *Biol* Diz-se de cromossomos iguais ou homólogos, associados aos pares.

bi.val.ve (*bi+valva*) *adj m+f* **1** *Bot* e *Zool* Diz-se do fruto ou concha que tem duas valvas. **2** *Zool* Que tem concha com duas valvas: *Molusco bivalve.*

bi.zan.ti.no (*lat byzantinu*) *adj* **1** Pertencente ou relativo a Bizâncio (antiga Constantinopla e atual Istambul, capital da Turquia) ou ao Baixo Império: *"Seu estilo combina elementos românicos, bizantinos e da arquitetura quatrocentista italiana."* (FSP) **2** Fútil, inútil: *"E por trás de uma bizantina discussão sobre quando começa a vida, esconde-se a hipocrisia de uma sociedade."* (FSP) • *sm* **1** Estilo ou arte que se cultivou no Baixo Império. **2** Natural ou habitante de Bizâncio.

bi.zar.ro (*cast bizarro*) *adj* Extravagante, excêntrico, esquisito: *"Matilde seguiu conversando com o marido, que lhe parecia deveras bizarro."* (PV)

blas.fe.mar (*lat blasphemare*) *vint* **1** Dizer blasfêmias. *vti* **2** Praguejar, maldizer, amaldiçoar.

blas.fê.mia (*gr blasphemía*) *sf* **1** Palavra ofensiva à divindade ou à religião. **2** Praga, maldição.

blas.fe.mo (*ê*) (*gr blásphemos*) *adj+sm* Que ou o que profere blasfêmias: *"Você é um blasfemo, um niilista, um monstro."* (AGO)

bla.tí.deos (*lat blatta+ídeos*) *sm pl Entom* Família de insetos ortópteros que inclui as baratas caseiras.

ble.cau.te (*ingl black-out*) *sm* **1** Escurecimento completo. **2** Colapso no sistema de transmissão de energia elétrica.

ble.far (*blefe+ar²*) *vtd* e *vint* **1** Enganar no jogo, fingindo ter boas cartas. **2** Dissimular e dar falsa impressão; lograr.

ble.fe (*ê*) (*ingl bluff*) *sm* Ação de blefar.

blêi.ser (*ingl blazer*) *sm* Espécie de casaco; paletó. *Var: blazer.*

ble.nor.ra.gi.a (*bleno+ragia*) *Med V gonorreia.*

ble.nor.rá.gi.co (*blenorragia+ico²*) *adj Med* Relativo ou pertencente à blenorragia.

blin.da.do (*part de blindar*) *adj* **1** Revestido com chapa de aço; couraçado. **2** Revestido por espessas camadas metálicas e paredes de concreto, como proteção contra projéteis, ou radiações, no caso de material radiativo.

blin.da.gem (*blindar+agem*) *sf* Ação ou efeito de blindar.

blin.dar (*fr blinder*) *vtd* **1** Cobrir ou revestir de chapas de aço: *"A mesma Fiocruz hoje se prepara para blindar seus vidros contra as balas perdidas."* (FSP) **2** Pôr ao abrigo (edifício, paiol, passagem etc.).

blitz (*blits*) (*al Blitzkrieg*, guerra relâmpago) *sf* **1** Batida policial relâmpago, com grande número de policiais armados. **2** Mobilização para combater qualquer tipo de infração. *Pl: blitze.*

A palavra *blitz*, redução de *Blitzkrieg* (palavra composta do alemão cujo significado é *guerra relâmpago*), passou a ser usada na Segunda Guerra Mundial (1939-1945) para caracterizar o avanço rápido como um raio das tropas alemãs. *Blitz*, incorporada ao português desde então, designa atualmente uma rápida batida policial, geralmente de improviso.

blo.co (*al Block*) *sm* **1** Porção volumosa e sólida de um material pesado: *Bloco de pedra.* **2** Caderno de papel com folhas destacáveis. **3** Formação de uma frente ou um grupo de parlamentares para defender posições comuns. **4** Grupo carnavalesco.

blo.que.a.do (*part* de *bloquear*) *adj* **1** Fechado por bloqueio. **2** Embaraçado, impedido, sitiado. **3** Imobilizado, travado.

blo.que.a.dor (*bloquear+dor*) *adj* Que bloqueia. • *sm* Aquele que bloqueia.

blo.que.ar (*fr bloquer*) *vtd* **1** Fazer bloqueio a (porto, cidade, país etc.); sitiar, cercar. **2** Impedir passagem ou circulação. **3** Impedir a movimentação financeira. Conjuga-se como *frear*.

blo.quei.o (de *bloquear*) *sm* **1** Ação de bloquear. **2** Cerco ou operação militar em uma área que interrompe as comunicações com o exterior.

blu.sa (*fr blouse*) *sf* **1** Peça do vestuário que cobre o tronco. **2** Espécie de camisa solta.

blu.são (*blusa+ão²*) *sm* **1** Blusa longa e solta; túnica. **2** Camisão folgado, de tecido encorpado, geralmente usado em substituição ao paletó.

bo.a (*lat bona*) *adj+sf* Feminino de *bom*. Veja nota em **bom**.

bo.a-fé *sf* Tendência a acreditar em tudo e em todos. *Pl: boas-fés.*

bo.a-noi.te *sm* Cumprimento de chegada ou despedida que se faz à noite. *Pl: boas-noites.*

bo.a-pin.ta *adj* e *s m+f pop* Diz-se de ou pessoa elegante e atraente: *"No passado, leia-se dez anos atrás, eu era um garotão boa-pinta."* (FSP) *Pl: boas-pintas.*

bo.a-pra.ça *adj* e *s m+f pop* Diz-se de ou pessoa simpática e confiável. *Pl: boas-praças.*

bo.a-tar.de *sf* Cumprimento de chegada ou despedida que se faz no período da tarde. *Pl: boas-tardes.*

bo.a.te (do *fr boîte*) *sf* Casa noturna com serviços de bar e restaurante, onde se pode dançar e assistir a *shows*.

bo.a.tei.ro (*boato+eiro*) *adj+sm* Que ou o que espalha boatos.

bo.a.to (*lat boatu*) *sm* **1** Notícia anônima que corre publicamente. **2** Balela.

bo.a-vi.da *adj m+f* e *s m+f pop* Pessoa folgada, sem preocupações e sem ocupação regular. *Pl: boas-vidas.*

bo.ba.gem (*bobo+agem*) *sf* **1** Ação ou dito de bobo; bobice. **2** Asneira; disparate.

bo.ba.lhão (*bobo+alho+ão²*) *sm* **1** Indivíduo muito bobo, ridículo. **2** Grande pateta. *Fem: bobalhona.*

bo.be.ar (*bobo+e+ar¹*) *vint* **1** Portar-se como bobo. **2** Errar por distração. **3** Perder oportunidade vantajosa. Conjuga-se como *frear*.

bo.bei.ra (*bobo+eira*) *sf* **1** Atitude de bobo. **2** Desatenção. *Marcar bobeira, coloq:* comportar-se como um bobo; perder oportunidades; deixar-se enganar.

bó.bi (*ingl bob*) *sm* Pequeno cilindro oco que se usa para enrolar o cabelo.

bo.bi.na (*fr bobine*) *sf* **1** Grande rolo de papel contínuo, usado nas prensas rotativas, para impressões tipográficas de grande tiragem. **2** Pequeno cilindro em que se enrolam materiais flexíveis: fios, fitas, filmes etc.

bo.bi.na.gem (*bobinar+agem*) *sf* Operação de bobinar, de enrolar em bobina.

bo.bi.nar (*bobina+ar¹*) *vtd* **1** Colocar papel em bobina. **2** Enrolar, formando bobina.

bo.bo (*ô*) (*lat balbu*, via *cast*) *sm* **1** Indivíduo grotesco e ridículo que, na Idade Média, divertia príncipes e toda a nobreza; bufão. **2** Indivíduo que diz asneiras. • *adj* Parvo, tolo.

bo.bó (*fongbê bovó*) *sm Cul* Iguaria de origem africana, preparada com purê de mandioca, camarão, azeite de dendê e pimenta.

bo.bo.ca (*bobo+oca*) *adj* e *s m+f pop* Diz-se de ou pessoa muito tola; babaca.

bo.ca (*ô*) (*lat bucca*) *sf* **1** *Anat* Cavidade situada na parte inferior da face ou cabeça, entre as duas maxilas; contém a língua e os dentes e forma a primeira parte do sistema digestório. **2** *por ext* Qualquer abertura ou corte que dê a ideia de boca. **3** Órgão da fala. *Aum: bocarra. Boca a boca:* transmitido oralmente, de uma pessoa a outra. *Boca da noite:* o início da noite. *Boca de fogo:* peça de artilharia. *Boca de fumo, gír:* ponto de venda de droga. *Boca de lobo:* boqueirão de esgoto para águas pluviais; bueiro. *Boca do lixo:* zona, numa cidade, onde se aglomeram marginais,

prostitutas, viciados e traficantes (de entorpecentes). *Boca de urna:* propaganda eleitoral realizada nas proximidades dos locais de votação. *À boca pequena:* em segredo. *Arrebentar a boca do balão:* ter um ótimo desempenho. *Bater boca:* discutir de forma acalorada. *Botar a boca no mundo:* gritar; protestar veementemente. *Botar a boca no trombone:* protestar; denunciar algo irregular. *Cair na boca do povo:* ser alvo de comentários, geralmente maledicentes. *Com a boca na botija, coloq:* em flagrante ao praticar um ato ilícito. *De boca aberta:* muito admirado ou surpreso. *De boca cheia, fig:* com orgulho. *De boca em boca:* por transmissão oral. *De boca suja:* chegado a uso de palavrões. *Em boca fechada não entra mosquito:* conselho para que se mantenha silêncio. *Falar da boca para fora:* falar por falar, sem convicção.
bo.ca de fo.go Ver definição em *boca*.
bo.ca de fu.mo Ver definição em *boca*.
bo.ca-de-le.ão *sf Bot* Planta que produz flores ornamentais, de cores variadas, com propriedades emolientes, adstringentes e diuréticas. *Pl: bocas-de-leão*.
bo.ca de lo.bo Ver definição em *boca*.
bo.ca.do (*boca+ado¹*) *sm* **1** Porção de qualquer alimento que se leva à boca de uma vez. **2** Breve intervalo de tempo.
bo.ca do li.xo Ver definição em *boca*.
bo.cal (*boca+al¹*) *sm* **1** Abertura de cano, tubo, castiçal, frasco, poço, vaso etc. **2** Embocadura de alguns instrumentos de sopro. **3** *Mec* Peça adaptada à extremidade de uma mangueira ou tubo, para esguichar, aspirar etc.
bo.çal (*lat vulg *bucceu+al¹*) *adj m+f* Inexperiente; inculto; ignorante; grosseiro, estúpido, rude.
bo.ça.li.da.de (*boçal+i+dade*) *sf* **1** Qualidade de boçal. **2** Estupidez, grosseria.
bo.ca-li.vre *sf* Festa onde se come e se bebe à vontade. *Pl: bocas-livres*.
bo.ce.jar (*boca+ejar*) *vint* **1** Dar bocejos. **2** Abrir involuntária e demoradamente a boca, em sinal de sono, cansaço ou aborrecimento. Conjuga-se como *solfejar*.
bo.ce.jo (*ê*) (de *bocejar*) *sm* Abertura involuntária da boca com aspiração e depois longa expiração.

bo.ce.ta (*ê*) (*lat buxide*, via *ant fr*) *sf* **1** Pequena caixa de madeira ou papelão, para guardar objetos de valor. **2** Bolsa ou saquinho de borracha para guardar fumo picado ou rapé. **3** *vulg* V *vulva*.
bo.cha (*ó*) (*ital boccia*) *sf* **1** Jogo de bolas de madeira, muito popular na Itália e nas regiões de imigração italiana. **2** Cada uma das bolas desse jogo.
bo.che.cha (do *lat vulg *buccula*) *sf Anat* Parte saliente e carnuda de cada uma das faces.
bo.che.char (*bochecha+ar¹*) *vtd* e *vint* Enxaguar a boca agitando um líquido com o movimento das bochechas.
bo.che.cho (*ê*) (de *bochechar*) *sm* **1** Ação de bochechar. **2** Pequena quantidade de qualquer líquido para bochechar.
bó.cio (*bossa+io*) *sm Med* Aumento exagerado da glândula tireoide; papo.
bo.có (de *boca*) *adj* e *s m+f* Diz-se de ou indivíduo tolo, pateta, bobo, idiota.
bo.cu.do (*boca+udo*) *adj* Que tem boca grande.
bo.das (*ô*) (*lat vota, pl* de *votum*) *sf pl* **1** Celebração de casamento. **2** A festa de casamento.
bo.de (*voc pré-rom*) *sm* **1** *Zool* Ruminante, macho da cabra. Voz: *bala, berra*. **2** *fig* Indivíduo feio e repugnante.
bo.de.ga (*lat apotheca*) *sf* **1** Taberna pouco asseada, bar. **2** Coisa suja, imundície.
bo.de.guei.ro (*bodega+eiro*) *sm* **1** Dono de bodega: "*Como tradicional bodegueiro de Taquaruçu, contava Praxedes com um grande leque de amizades.*" (CHP) **2** O que frequenta bodega.
bo.do.que (*ár bunduq*, de origem grega) *sm* **1** Arco com duas cordas para arremessar bolas de barro, pedra ou chumbo; atiradeira. **2** Estilingue.
bo.dum (*bode+um*) *sm* **1** Cheiro fétido de bode não castrado: "*Um cheiro acre de bodum empestou a sala.*" (VB) **2** Transpiração malcheirosa: "*Cabelo saindo pelo nariz, bodum debaixo do braço.*" (FSP)
bo.ê.mia (*top Boêmia*) *sf* **1** Vida de boêmio. **2** Farra, vadiagem, vagabundagem. *Var: boemia*.
bo.ê.mio (*top Boêmia*) *adj* **1** Diz-se do indivíduo que leva a vida bebendo e

bô.er (*hol boer*) *adj* e *s m+f* Diz-se de ou sul-africano descendente de holandês. *Pl: bôeres*.

bo.fe (*cast bofe*) *sm* **1** *pop* Pulmão. **2** *pop* Vísceras dos animais. **3** Pessoa feia, pouco atraente. *sm pl* **4** *fig* Caráter, temperamento.

bo.fe.ta.da (*bofete+ada¹*) *sf* **1** Pancada no rosto, dada com a palma da mão. **2** *fig* Desfeita, insulto.

bo.fe.tão (*bofete+ão²*) *sm* Grande bofetada.

boi (*lat bove*) *sm* Zool Bovídeo doméstico, de chifres ocos. Voz: *muge, berra*. Col: *boiada*.

bói (*ingl boy*) *sm* Mensageiro, contínuo.

boi.a (*ô*) (*fr ant dialetal baue* ou *boie*, hoje *bouée*) *sf* **1** Pedaço de cortiça, nas redes de pesca, para que elas não afundem. **2** Peça de material flutuante para natação. **3** Peça flutuante nas caixas-d'água; flutuador. **4** *pop* Qualquer comida.

boi.a.da (*boi+ada¹*) *sf* Manada de bois.

boi.a.dei.ro (*boiada+eiro*) *sm* **1** Condutor de boiada. **2** Comprador de gado para revender.

boi.a-fri.a (*ó*) *adj* e *s m+f Reg* (SP) Diz-se de ou trabalhador que se desloca diariamente para a zona rural, no período das safras, para fazer serviços de mutirão. *Pl: boias-frias*.

boi.ar (*boia+ar¹*) *vtd* **1** Ligar à boia. *vint* **2** Flutuar, sobrenadar. *vint* **3** *fig* Não entender algo: *Boiar no assunto*. Conjuga-se como *apoiar*.

boi.co.tar (*boicote+ar¹*) *vtd* **1** Fazer guerra ou oposição; punir. **2** Recusar-se a manter relações sociais ou comerciais com pessoa, classe ou país; criar embaraços aos negócios ou interesses de.

boi.co.te (*Boycott, np*) *sm* **1** Ação ou efeito de boicotar. **2** *Sociol* Medida punitiva que consiste em suspender relações, sobretudo econômicas e políticas.

boi.na (do *basco*, via *cast*) *sf* Gorro chato ou boné sem aba, geralmente sem costuras.

boi.o.la *sm gír pej* Homossexual masculino.

boi.ta.tá (tupi *mbaé tatá*, com influência de *boi²*) *sm Folc* **1** Fogo-fátuo. **2** Figura com que se assustam crianças; papão.

bo.jo (*ô*) (de *bojar*) *sm* **1** Saliência arredondada; barriga. **2** A parte mais íntima de uma coisa; âmago. **3** *Náut* Parte mais larga e arredondada do navio.

bo.la (*lat bulla*) *sf* **1** Esfera. **2** Objeto arredondado ou esférico. **3** Objeto esférico ou ovoide, inflado com ar comprimido, para várias modalidades de esportes. **4** *pop* Dinheiro proveniente de suborno. *Bola ao cesto, Esp: V basquetebol. Bola da vez:* em sinuca, a bola que deve ser encaçapada; que ou aquele que está próximo a ser atingido por algo desfavorável; aquilo ou aquele que está em evidência. *Bola de cristal:* esfera de cristal ou de vidro usada para prever o futuro. *Abaixar a bola:* diminuir o motivo de orgulho ou vaidade de alguém. *Bater (uma) bola:* jogar futebol. *Bom de bola:* excelente jogador em esporte com bola, especialmente em futebol. *Comer a bola:* ser excelente em algum esporte com bola. *Dar bola para:* dar atenção a alguém com a finalidade de seduzir; dar propina, subornar. *Estar com a bola toda:* estar com sorte ou numa boa fase. *Pisar na bola:* cometer um erro. *Trocar as bolas:* confundir as coisas; enganar-se.

bo.la.cha (de *bolo*) *sf* **1** Bolo achatado de farinha e outros ingredientes, de diversas formas e tamanhos. **2** *pop* Bofetada.

bo.la.da (*bola+ada¹*) *sf* **1** Pancada com bola. **2** *Esp* Arremesso de bola. **3** *pop* Grande soma de dinheiro.

bo.lar (*bola+ar¹*) *vtd pop* Arquitetar, planejar, imaginar, tramar: *Bolei um trocadilho engraçado. Bolar um plano*.

bol.do (*ô*) (*mapuche boldu*) *sm Bot* Arbusto sempre verde, do Chile, com fruto doce, comestível, e folhas e caules medicinais.

bo.lei.a (*é*) *sf* **1** Assento do cocheiro. **2** Cabina do motorista, no caminhão.

bo.lei.ra (*bolo+eira*) *sf* Mulher que faz ou vende bolos.

bo.le.ro (*é*) (*cast bolero*) *sm* **1** Dança espanhola. **2** Música que acompanha essa dança. **3** Casaquinho curto, com ou sem mangas.

bo.le.tim (*ital bolettino*) *sm* **1** Informação oficial dirigida ao público. **2** Órgão de divulgação periódica dos eventos empresariais, de circulação interna. **3** Artigo de jornal resumindo as notícias do dia. **4** Registro de notas de um aluno; caderneta escolar.

bo.lha (ô) (*lat bulla*, pelo *cast*) *sf* **1** *Med* Pequena elevação, cheia de água ou pus, à superfície da pele. **2** Pequenas bolinhas de ar nos líquidos em ebulição ou nas matérias em fermentação. • *adj m+f sm+f coloq* Diz-se de ou o que é chato ou maçante.

bo.li.che (*espanhol platino boliche*) *sm* **1** *Esp* Jogo que consiste em atirar uma bola por uma pista estreita, em direção a um conjunto de pinos, em forma de garrafa. **2** Local onde é praticado esse jogo.

bo.li.na (*ingl bowline*) *sf Náut* Chapa plana e resistente que fica por baixo da quilha, nas embarcações a vela; ela reduz a inclinação da embarcação quando se está navegando à vela.

bo.li.na.ção (*bolinar+ação*) *sf vulg* Ato de bolinar; contato libidinoso entre duas pessoas.

bo.li.na.dor (*bolinar+dor*) *adj+sm* Que ou o que bolina.

bo.li.nar (*bolina+ar¹*) *vtd vulg* Tocar fisicamente em alguém com intenção libidinosa (principalmente em ônibus, metrô, cinemas etc.).

bo.li.nha (*bola+inho*, no *fem*) *sf* **1** Pequena bola de vidro usada pelas crianças no jogo de gude. **2** *V* gude.

bo.li.nho (*bolo+inho*) *sm Cul* **1** Diminutivo de *bolo*. **2** Denominação de doces e salgados, geralmente em forma de bolinhas, quase sempre fritos em gordura.

bo.li.vi.a.no (*top Bolívia+ano*) *adj* **1** Da Bolívia ou relativo a esse país da América do Sul. **2** Natural da Bolívia. • *sm* Natural ou habitante da Bolívia.

bo.lo (ô) (de *bola*) *sm* **1** *Cul* Massa de farinha a que se adicionam açúcar, manteiga, ovos etc. e que é cozida no forno. **2** *pop* Rolo, confusão. **3** *pop* Soma de dinheiro.

bo.lor (de *balor*, dialetal, e este do *lat pallore*) *sm Bacter* Nome vulgar dos fungos que se desenvolvem, sob efeito da umidade e do calor, nas matérias orgânicas em decomposição; mofo.

bo.lo.ren.to (*bolor+ento*) *adj* **1** Coberto ou cheio de bolor. **2** *fig* Decadente, velho, antiquado.

bo.lo.ta (*ár ballûTâ*) *sf* **1** *Bot* Fruto do carvalho. **2** Pequena bolha; calombo.

bol.sa (ô) (*gr býrsa*, via *lat*) *sf* **1** Carteira de couro, pano ou plástico, com fecho e alças, para levar dinheiro, documentos etc. **2** Sacola para viagem, compras. **3** Instituição pública ou privada em que se realizam operações financeiras com valores negociáveis. **4** Edifício onde se reúnem corretores para essas operações financeiras. **5** Pensão concedida a estudantes ou pesquisadores para custear estudos ou viagens culturais.

bol.sis.ta (*bolsa+ista*) *adj m+f* Referente a bolsa (de estudos, viagens ou operações financeiras). • *s m+f* Pessoa que recebeu bolsa de estudos ou de viagem.

bol.so (ô) (*lat bursa*) *sm* Pequeno saco de tecido aplicado na parte interna ou externa do vestuário, para guardar objetos pessoais.

bom (*lat bonu*) *adj* **1** Que tem bondade; justo, caridoso. **2** Gostoso, agradável. **3** Lucrativo, rendoso. *Fem*: boa. *Sup abs sint*: boníssimo e ótimo. Comparativo de superioridade: *melhor*. *Antôn* (acepção 1): *mau, malévolo*. • *sm* **1** Pessoa benévola, bondosa. **2** Indivíduo competente, hábil, capaz. Veja nota em **mau**.

Usamos **bom** quando nos referimos a alguém que é muito hábil em alguma coisa.
Ronaldo é bom de bola.
Usamos **bom em** quando nos referimos à competência que alguém tem em determinada área de conhecimento.
Paulo é bom em matemática.

bom.ba (*ital bomba*) *sf* **1** Máquina para elevar ou fazer circular líquidos. **2** Bombinha, fogo de artifício. **3** Projétil com carga explosiva. **4** Canudo metálico para sugar o mate na cuia. **5** Reprovação em exames. **6** *fig* Acontecimento desagradável ou surpreendente que se dá de forma inesperada. **7** Doce de massa leve, recheado com creme.

bom.ba.chas (*espanhol platino*) *sf pl* Calças largas, usadas pelos gaúchos.

bom.ba.do (*part*. de *bombar*) *adj gír* Que

toma anabolizante para superdesenvolver a massa muscular.
bom.bar (*bomba+ar¹*) *vtd e vint* **1** V bombear. *vti* **2** Ser reprovado; tomar bomba (5) (em provas escolares).
bom.bar.de.a.dor (*bombardear+dor*) *adj+sm* Que ou o que bombardeia.
bom.bar.de.a.men.to (*bombardear+mento*) *sm* Mil e Fís Ação ou efeito de bombardear; bombardeio.
bom.bar.de.ar (*bombarda+e+ar¹*) *vtd* Atacar, arremessando bombas ou outros projéteis. Conjuga-se como *frear*.
bom.bar.dei.o (de *bombardear*) V bombardeamento.
bom.bar.dei.ro (*bombarda+eiro*) *adj* Diz-se do avião de combate destinado a fazer bombardeios. • *sm Av* **1** Avião de bombardeio. **2** Membro da tripulação de um avião de combate cuja incumbência é sobrevoar o alvo e soltar as bombas.
bom.bás.ti.co (de *Bombast, np+ico²*) *adj* **1** Estrondoso. **2** *fig* Empolado, barroco (estilo).
bom.be.a.men.to (*bombear+mento*) *sm* Ação de bombear.
bom.be.ar (*bomba+e+ar¹*) *vtd e vint* Extrair (líquido) com bomba; acionar bomba de mão para extrair água de poço. Conjuga-se como *frear*.
bom.bei.ro (*bomba+eiro*) *sm* Soldado que combate incêndios ou presta serviços de salvamento.
bom.bo (*lat bombu*) *sm Mús* **1** Espécie de tambor grande, que é tocado em posição vertical e com uma única baqueta. **2** Aquele que toca o bombo. *Var: bumbo.*
bom-bo.ca.do (*bom+bocado*) *sm Cul* Doce preparado com queijo ralado, leite de coco, gemas de ovo, açúcar etc., e assado em forminhas. *Pl: bons-bocados.*
bom.bom (*fr bonbon*) *sm Cul* Doce de chocolate com recheio de licor ou pedaços de frutas.
bom.bo.nei.ra (*fr bonbonière*) *sf* **1** Recipiente para guardar bombons. **2** Mulher que faz ou vende bombons. **3** Máquina de fazer bombons.
bom.bo.ni.e.re (*fr bonbonnière*) *sf* **1** Loja onde se vendem bombons. **2** Recipiente em que se guardam bombons; bomboneira.

bom.bor.do (*hol bakboord*, via *fr*) *sm Náut* **1** Lado esquerdo de um navio, para quem o observa da popa para a proa. **2** Tudo o que fica do lado esquerdo do navio. *Antôn: estibordo.*
bom.bril (da marca registrada *Bombril*) *sm neol* Marca registrada de esponja de lã de aço, usada na limpeza de louças, vidros e metais. *Pl: bombris.*
bom-di.a *sm* Cumprimento que se dirige a alguém, na chegada ou na saída, na parte da manhã. *Pl: bons-dias.*
bom-tom *sm* Elegância de maneiras, boa educação. *Pl: bons-tons.*
bo.na.chão (*bom+acho+ão²*) *adj+sm* **1** Que ou o que tem bondade natural. **2** Que ou o que é simples, ingênuo e paciente. *Fem: bonachona. Var: bonacheirão.*
bo.nan.ça (*cast bonanza*) *sf* **1** Condição do mar propícia à navegação. **2** Bom tempo, no mar, depois de uma tempestade.
bon.da.de (*lat bonitate*) *sf* **1** Qualidade de bom. **2** Benevolência, brandura. *Antôn: maldade.*
bon.de (*ingl bond*) *sm* Veículo elétrico de transporte coletivo, urbano e suburbano, que roda sobre trilhos: *Bonde elétrico.*
bon.do.so (ô) (*contr* de *bondadoso*) *adj* **1** Que tem bondade. **2** Benévolo, benigno. **3** Humanitário. *Pl: bondosos (ó).*
bo.né (*fr bonnet*) *sm* Peça de vestuário para cobrir a cabeça, com aba sobre os olhos.
bo.ne.ca (*voc pré-rom*) *sf* **1** Brinquedo feito de massa plástica, louça, tecido etc., com a figura de um bebê ou de uma criança pequena. **2** *fig* Mulher bela. **3** *pop* Espiga de milho muito verde, ainda em formação. **4** *pej* Homem efeminado.
bo.ne.co (de *boneca*) *sm* **1** Figura de menino para brinquedo de criança. **2** Homem muito enfeitado. **3** *Art Gráf* Modelo para confecção de livro, revista, catálogo ou qualquer projeto gráfico.
bo.ne.quei.ro (*boneco+eiro*) *sm* Fabricante de fantoches e bonecos para manipulação.
bon.gô (*esp cubano bongó*) *sm Mús* Instrumento de percussão, originário da África, que consiste em dois tambores ligados, de afinações diferentes, e tocados diretamente com as mãos.

bo.ni.fi.ca.ção (*bonificar+ção*) *sf* **1** Ação de bonificar. **2** Gratificação, prêmio.

bo.ni.fi.car (*lat bonu+ficar*) *vtd* **1** Conceder bonificação, bônus. **2** Gratificar, premiar, beneficiar.

bo.ni.tão (*bonito+ão²*) *adj* **1** *pop* Muito bonito. **2** Aplica-se a homem de belo porte. *Fem: bonitona.*

bo.ni.to (*cast bonito*) *adj* **1** Agradável à vista, ao ouvido ou ao espírito. **2** De rosto agradável, belo. *Antôn: feio.* • *sm* **1** O que é belo. **2** *Ictiol* Nome comum a vários peixes dos mares tropicais.

bon.sai (*jap bon*, tigela+*sai*, cultivo) *sm* **1** Árvore anã plantada em vaso, produzida com métodos especiais de cultivo. **2** A arte de cultivar essa árvore.

bô.nus (*lat bonu*) *sm sing+pl* **1** Prêmio, bonificação ou vantagem concedido por uma empresa a seus acionistas. **2** Abatimento ou desconto sobre produtos em promoção. **3** Título de dívida pública; papel de crédito emitido e garantido pelo governo.

bookmaker (*buquimêiquer*) (*ingl*) *sm* Turfe Corretor de apostas clandestinas.

boom (*bum*) (*ingl*) *sm* **1** Período de expansão da economia. **2** Crescimento acelerado dos negócios ou da aceitação de um produto. **3** Súbita elevação nos preços.

bo.quei.ra (*boca+eira*) *sf pop* Inflamação nos cantos da boca.

bo.quei.rão (*boca+eira+ão²*) *sm* **1** Grande boca. **2** Grande abertura de rio ou canal.

bo.qui.a.ber.to (*boqui+aberto*) *adj* **1** De boca aberta. **2** Admirado, pasmado. **3** Deslumbrado.

bo.qui.lha (*boca+ilha²*) *sf* **1** Tubo em que se prende a ponta do cigarro ou charuto para fumar; piteira. **2** Parte destacável de cachimbo ou piteira, que se prende entre os dentes. **3** Embocadura de instrumento de sopro.

bó.rax (*cs*) (*persa bôrak*, via *fr*) *sm Miner* e *Quím* Borato de sódio, usado como branqueador e antisséptico. *Col: bando.* • *Pl: bóraces.*

bor.bo.le.ta (*ê*) (*lat vulg *belbellita*) *sf* **1** *Entom* Denominação aplicada somente aos insetos da ordem dos lepidópteros, cujas espécies são diurnas. *Col: bando.* **2** *fig* Pessoa leviana ou volúvel. **3** Ferragem que é fixada nas ombreiras de janelas do tipo guilhotina, para manter as folhas suspensas. **4** Catraca. **5** *Mec* Tipo de parafuso e de porca com duas saliências laterais que lembram asas de borboleta. **6** *Esp* Estilo de natação.

bor.bo.le.te.ar (*borboleta+e+ar¹*) *vti* e *vint* **1** Divagar como as borboletas: *Borboleteava pelas praias.* *vint* **2** *fig* Devanear sem fixar a atenção; fantasiar. Conjuga-se como *frear*.

bor.bu.lha (de *borbulhar*) *sf* **1** Bolha de fervura, de fermentação ou de bebida espumante. **2** *Med* Vesícula que se forma sob a epiderme, contendo secreção.

bor.bu.lhan.te (de *borbulhar*) *adj m+f* Que borbulha; cheio de borbulhas.

bor.bu.lhar (*borbulha+ar¹*) *vti* e *vint* **1** Sair em borbulhas, em bolhas ou em gotas frequentes. *vint* **2** *Bot* Cobrir-se de borbulhas; germinar. *vtd* **3** Fazer germinar.

bor.da (de *bordo*) *sf* **1** Extremidade de uma superfície. **2** *Náut* Parte superior do costado do navio. **3** Aba, franja, orla.

bor.da.dei.ra (*bordar+deira*) *sf* **1** Mulher que borda. **2** Máquina de bordar.

bor.da.do (*part* de *bordar*) *adj* Guarnecido de bordado. • *sm* **1** Obra de bordadura. **2** Trabalho de agulha, em relevo, feito na roupa ou sobre tela, com fios de seda, algodão, lã, metalizados etc.

bor.dão (*lat burdone*) *sm* **1** Bastão, cajado, bengala. **2** *fig* Amparo, arrimo, proteção. **3** Palavra ou frase que se repete muito, na conversa, na música ou na escrita.

bor.dar (*borda+ar¹*) *vtd* e *vint* **1** Fazer bordado em. *vtd* **2** Guarnecer, adornar, ornar.

bor.de.jar (*bordo+ejar*) *vint* **1** *Náut* Conduzir o navio alternadamente para um e outro lado do rumo desejado, quando o vento não é favorável. **2** Andar em busca de aventuras amorosas. Conjuga-se como *solfejar*.

bor.de.jo (*ê*) (de *bordejar*) *sm* **1** *Náut* Ato de bordejar. **2** Busca de aventuras amorosas.

bor.del (*fr bordel*) *sm* Casa de prostituição, prostíbulo.

bor.de.rô (*fr bordereau*) *sm Com* Nota na qual são discriminados quaisquer mercadorias ou valores entregues.

bor.do (*ó*) (*al Bord*) *sm* **1** Cada um dos lados de uma embarcação. **2** Beira, borda.

3 Interior do navio ou de aeronave. **4** Rumo que segue o navio, quando bordeja. A palavra **bordo**, no seu sentido original, só se referia a embarcações (barcos ou navios). Com o surgimento do trem, do ônibus e do avião, por extensão, passou-se a usá-la também para esses meios de transporte.
Todos os passageiros já estão **a bordo** *do trem.*
Aquele ônibus tem banheiro **a bordo**.
Vou pedir uma aspirina à comissária **de bordo**.

bor.dô (*top Bourdeaux*) *adj m+f sing+pl* **1** Da cor do vinho. **2** Diz-se dessa cor. • *sm* **1** Vinho da região de Bordéus (França). **2** A cor desse vinho.

bor.do.a.da (*bordão+ada*¹) *sf* **1** Pancada com bordão. **2** Bengalada, cacetada, paulada.

bo.re.al (*lat boreale*) *adj m+f* **1** Do lado norte; setentrional. **2** Relativo ou pertencente às regiões limítrofes com a zona ártica.

bo.ri.ca.do (*bórico+ado*¹) *adj* Que contém ácido bórico: água boricada.

bor.la (*ó*) (*lat burrula*) *sf* **1** Ornamento com franjas usado em vestimentas, cortinas etc. **2** Tufo redondo constituído de fios ou pelos. **3** Barrete de doutor. **4** *fig* Grau de doutor.

bor.nal *sm* **1** Saco de pano ou couro para provisões. **2** Saco em que se prende o focinho das cavalgaduras, para nele comerem.

bo.ro.ro (*ôro*) (etnônimo) *adj m+f Etnol* Relativo aos bororos, indígenas de Goiás e Mato Grosso. • *s m+f* **1** Indígena dessa tribo. *sm* **2** Língua dos bororos.

bor.ra (*ô*) (*lat burra*) *sf* **1** Matéria de cor arroxeada, que se separa do vinho e fica depositada no fundo da garrafa. **2** Resíduos imprestáveis de qualquer coisa.

bor.ra-bo.tas *s m+f sing+pl* **1** Engraxate que trabalha mal. **2** *fig* Homem sem importância, reles, insignificante: *"Mas eu sou um simples pé-rapado, um borra-botas, afinal de contas!"* (VIU) **3** *fig* João-ninguém.

bor.ra.cha (*cast borracha*) *sf* **1** Substância obtida do látex de plantas tropicais, especialmente da seringueira; caucho, goma-elástica. **2** Goma-elástica que serve para apagar a escrita, o desenho e outros traços.

bor.ra.cha.ri.a (*borracho+eira*) *sf* Oficina de borracheiro (acepção 1).

bor.ra.chei.ro (*borracha+eiro*) *sm* **1** Indivíduo que conserta pneus e câmaras de ar. **2** O que trabalha na fabricação de borracha. **3** Seringueiro.

bor.ra.chu.do (*borracha+udo*) *adj* Inchado ou rotundo como borracha. • *sm Entom* Mosquito voraz de picada dolorosa.

bor.ra.de.la (*borrar+dela*) *sf* **1** Borrão. **2** Camada de tinta aplicada grosseiramente.

bor.ra.lhei.ra (*borralha+eira*) *sf* Lugar onde se junta a cinza ou borralho do fogão a lenha. • *adj* Que gosta do borralho, de se aquecer junto ao braseiro.

bor.ra.lho (*borra+alho*) *sm* Braseiro quase apagado, coberto de cinzas.

bor.rão (*borrar+ão*²) *sm* **1** Mancha de tinta, na escrita. **2** Rascunho de um escrito ou desenho.

bor.rar (*borra+ar*¹) *vtd* **1** Manchar com borrões. *vtd* **2** Rabiscar o que se escreveu, para tornar as palavras ilegíveis. *vtd* e *vpr* **3** Sujar(-se). *vtd* e *vpr* **4** Emporcalhar(-se) com matérias fecais.

bor.ras.ca (*ital burrasca*) *sf* Tempestade de chuva ou neve, violenta e repentina; tormenta.

bor.ri.fa.de.la (*borrifar+dela*) *sf* Ato ou efeito de borrifar de leve.

bor.ri.far (*borrifo+ar*¹) *vtd* **1** Salpicar de pequenas gotas; aspergir, regar. **2** Orvalhar.

bor.ri.fo (de *borrifar*) *sm* **1** Ação de borrifar; aspersão. **2** Difusão de pequenas gotas de água ou de outro líquido. *sm pl* **3** Pontinhos semelhantes a gotas; salpicos.

bor.ze.guim (*hol broseken*, via *fr ant*) *sm* Botinas de cano longo fechadas com cordões.

bós.nio (*top Bósnia*) *adj* Pertencente ou relativo à Bósnia-Herzegóvina (Europa), aos seus habitantes ou à sua língua. • *sm* Natural ou habitante da Bósnia-Herzegóvina.

bos.que (*cat bosc*) *sm* Floresta de pequena extensão. *Dim irreg:* bosquete.

bos.sa (*fr bosse*) *sf* **1** Inchaço devido a uma contusão; galo. **2** Corcunda, corcova. **3** Elevação arredondada na superfície dos ossos do crânio. **4** *fig* Tendência, aptidão, jeito, vocação.

bos.sa-no.va *sf sing+pl pop* **1** Neologismo que qualifica tendências renovadoras da música popular brasileira e, por extensão, dos costumes sociais. **2** Movimento musical surgido no Brasil no final da década de 1950, com influências do *jazz*. • *adj m+f sing+pl* Pertencente ou relativo à bossa-nova.

bos.ta (*lat bostar*, estábulo) *sf* **1** Excremento de qualquer animal. **2** Trabalho ou coisa malfeita.

bo.ta (*fr botte*) *sf* Calçado de cano alto, que abrange parte da perna.

bo.ta-fo.ra (*botar+fora*) *sm sing+pl* Festa ou reunião com que se festeja a despedida de alguém: *"A cantora lançou anteontem um novo disco, em festa que foi seu bota-fora nos Estados Unidos."* (FSP).

bo.tâ.ni.ca (*gr botaniké*) *sf* Ciência que estuda e classifica os vegetais.

bo.tâ.ni.co (*gr botanikós*) *adj* Pertencente ou relativo à botânica. • *sm* Especialista em botânica.

bo.tão (*fr bouton*) *sm* **1** *Bot* Pequena saliência que, nos vegetais, dá origem a novos ramos; gomo, olho, rebento. **2** *Bot* Estado da flor antes de desabrochar. **3** Disco, globo ou pequena peça de qualquer formato, que passa através de uma abertura no tecido do vestuário, para abotoá-lo. **4** Peça geralmente esférica que facilita pegar ou puxar qualquer coisa ou, quando giratória, serve para regular ou ajustar qualquer aparelho.

bo.tar (*fr ant botter*, de origem germânica) *vtd* **1** Pôr: *Botou o chapéu e saiu*. *vtd* **2** Lançar fora: *Botava as cascas pela janela do trem*. *vint* **3** Pôr (a ave fêmea) ovos. *vpr* **4** Lançar-se, arremessar-se: *Botar-se a alguém*.

bo.te (*ingl boat*) *sm* **1** *Náut* Pequena embarcação a remo ou a vela; escaler. **2** Ataque de cobra. **3** Salto de um animal sobre a presa.

bo.te.co (*de botequim*) *sm pop* Pequeno botequim, barzinho.

bo.te.quim (*ital botteghino*) *sm* Bar popular.

bo.te.qui.nei.ro (*botequim+eiro*) *sm* Dono de botequim.

bo.ti.ca (*gr apothéke*, via *provençal*) *ant* V *farmácia*.

bo.ti.cão (*botica+ão²*) *sm Odont* Espécie de pinça usada pelos dentistas para arrancar dentes.

bo.ti.cá.rio (*botica+ário*) *sm ant* **1** Farmacêutico. **2** O que sabe preparar produtos farmacêuticos.

bo.ti.ja (*cast botija*) *sf* Vasilha de barro, de boca estreita, com uma pequena asa.

bo.ti.jão (*botija+ão¹*) *sm* Recipiente metálico para entrega em domicílio de gás combustível; bujão.

bo.ti.na (*bota+ina*) *sf* Bota de cano curto; sapato ou calçado que cobre o tornozelo.

bo.to (ô) *sm Zool* Mamífero cetáceo da família dos delfinídeos.

bo.to.cu.do (*botoque+udo*) *sm* **1** Indígena da tribo dos botocudos (Minas Gerais, Espírito Santo e Bahia). **2** Índio que usa botoque. • *adj* Relativo aos botocudos.

bo.to.que (*gascão bartoc*) *sm* Rodela que algumas tribos de botocudos usam embutida no lábio inferior ou nas orelhas.

bo.tu.lis.mo (*lat botulu+ismo*) *sm Med* e *Vet* Envenenamento agudo por alimentos deteriorados, causado pela toxina de uma bactéria.

bo.ví.deo (*bove+ídeo*) *adj Zool* Relativo ou pertencente à família dos bovídeos. • *sm* **1** Animal da família dos bovídeos. *sm pl* **2** *Zool* Família de ruminantes que inclui o boi, o carneiro, a cabra etc.

bo.vi.no (*lat bovinu*) *adj Zool* Relativo ou pertencente ao boi. • *sm* Animal da família dos bovídeos.

bo.xe (*cs*) (*ingl box*) *sm* **1** Jogo de soco, à inglesa, entre dois lutadores, usando luvas especiais. **2** Armadura metálica com quatro furos, que se introduz nos dedos, destinada a tornar o soco mais eficaz; soco-inglês. **3** Compartimento de cavalariça para um só cavalo; de garagem, para um veículo; de banheiro, para o banho de chuveiro; etc. **4** *Edit* Trecho em destaque numa página impressa, geralmente dentro de um retângulo sombreado. *Boxe tailandês*: V *kick boxing*.

bo.xe.a.dor (*cs*) (*boxear+dor*) *sm* Lutador de boxe; pugilista.

bo.xe.ar (*cs*) (*boxe+e+ar¹*) *vint* **1** Lutar

boxe. *vpr* **2** Esmurrar-se, como fazem os lutadores de boxe. Conjuga-se como *frear*.
bó.xer (*ó*) (*ingl boxer*) *sm* Cão de tamanho médio, robusto, de pelo curto.
boy (*bói*) (*ingl*) *V bói*.
bra.bo (de *bravo*) *adj pop* **1** *V* bravo. **2** Selvagem, irado, briguento, grosseiro: *"Fiquei brabo e os convidados repararam."* (CE) **3** Agitado: *"O mar estava brabo."* (CH)
bra.ça.da (*braço+ada*[1]) *sf* **1** O que se pode envolver com os braços. **2** Movimento de levantar e estender um braço, depois o outro, sucessivamente. **3** Movimento dos braços em natação.
bra.ça.dei.ra (*braçado+eira*) *sf* **1** Argola ou presilha que envolve e prende qualquer coisa. **2** Correia que os atletas usam em torno do pulso. **3** Distintivo, faixa envolvendo o braço.
bra.çal (*braço+al*[1]) *adj m+f* **1** Pertencente ou relativo aos braços. **2** Que se faz com os braços; corporal, físico, muscular. **3** Que trabalha com os braços: *Trabalho braçal*.
bra.ce.le.te (*ê*) (*fr bracelet*) *sm* **1** Adorno em forma de argola, usado no braço; pulseira. **2** Anel colorido colocado em algumas aves, na parte acima do pé, para identificação.
bra.cho.la (*ital braciola*) *sf Cul* Carne enrolada, recheada.
bra.ço (*lat brachiu*) *sm* **1** *Anat* Parte do membro superior que vai do ombro ao cúbito. **2** *Zool* Qualquer membro ou órgão semelhante a um braço, como um tentáculo de polvo. **3** Apoio para os braços em poltrona, sofá etc. **4** *Geogr* Parte estreita de mar ou rio que avança terra adentro. *Braço de ferro*: a) disputa de força muscular com os braços; b) pessoa autoritária.
bra.ço de fer.ro Ver definição em *braço*.
bra.ço-di.rei.to *sm* Principal auxiliar de alguém. *Pl*: braços-direitos.
bra.dar (*lat vulg *balaterare*) *vtd* **1** Dizer em brados ou em voz alta; gritar, clamar: *Da tribuna, bradava contra o governo. vti* **2** Chamar ou pedir em altas vozes: *O povo bradava por justiça. vint* **3** Bramir, rugir: *Bradam os mares o furor da tempestade*.
bra.do (de *bradar*) *sm* **1** Ato de bradar. **2** Clamor, grito.

bra.gui.lha (*braga+ilha*) *sf* Abertura na parte dianteira de calças e calções.
brai.le (de *Braile*, *np*) *sm* Sistema de escrita e impressão em relevo, criado pelo francês Louis Braille (1809-1852), para leitura dos cegos, que é feita pelo tato.
bra.mar (*gót bramôn*) *vint* **1** Bramir, rugir (onça, tigre, veado etc.). *vint* **2** Gritar, vociferar. *vti* **3** Rogar, bradando em altas vozes: *Bramava por socorro. vti* **4** Enfurecer-se, zangar-se: *Bramou contra o desacato.vint* **5** Bramir (como a trovoada, o mar, o vento etc.), fazer grande estrondo.
bra.mi.do (*part* de *bramir*) *sm* **1** Rugido (de feras, do mar, do vento etc.): *"E, no bramido daquele mar, os muitos sons se dissociavam."* (SA) **2** Estampido, estrondo.
bra.mir (*gót bramôn*) *vint* **1** Dar bramidos; rugir (falando de feras). *vint* **2** Gritar como as feras (falando de gente). *vti* **3** Rogar, bradando em altas vozes. *vint* **4** Fazer grande estrondo; rugir (falando da artilharia, do mar, do trovão, do vento). *Conjug*: verbo defectivo; conjuga-se como *abolir*.
bran.co (*germ blank*) *adj* **1** Da cor do leite ou da neve; alvo, cândido. **2** Claro: *Vinho branco*. **3** Diz-se do indivíduo da raça branca. **4** Que é dessa raça. **5** Pálido. **6** Que não tem nada escrito. **7** Que não foi premiado (bilhete de loteria). • *sm* **1** A cor do leite ou da neve. **2** Indivíduo da raça branca. **3** Espaço livre deixado em uma escrita.
bran.cu.ra (*branco+ura*) *sf* Qualidade do que é branco; alvura.
bran.do (*blandu*) *adj* **1** Que cede com facilidade à pressão e ao tato; macio. **2** Meigo, terno, afável: *Palavras brandas*. **3** De pouca intensidade; moderado, fraco: *Vento brando. Antôn: duro* (acepções 1 e 2); *forte* (acepção 3).
bran.du.ra (*brando+ura*) *sf* **1** Qualidade do que é brando; flexibilidade, maciez. **2** Meiguice, ternura. *Antôn: dureza*.
bran.que.a.dor (*branquear+dor*) *adj+sm* **1** Que ou o que branqueia. **2** Que ou o que limpa a carne para o corte.
bran.que.a.men.to (*branquear+mento*) *sm* Ato ou efeito de branquear.
bran.que.ar (*branco+e+ar*[1]) *vtd* **1** Tornar branco ou mais branco: *O tempo*

branqueou-lhe os cabelos. *vti* e *vint* **2** Tornar(-se) branco: *O casario branqueava ao luar.* *vtd* **3** Dar a cor branca a; caiar: *Branquear muros, paredes etc.* Conjuga-se como *frear*.

bran.que.lo (de *branco*) *adj+sm pej* Que ou o que é muito pálido, apagado.

brân.quia (gr *brágkhia*) *sf* **1** *Zool* Órgão com que os animais aquáticos respiram. *sf pl* **2** Aparelho respiratório dos animais que respiram debaixo d'água; guelras.

bran.qui.a.do (*brânquia+ado¹*) *adj Zool* Que tem brânquias. • *sm pl* Cada um de vários grupos de animais que têm brânquias: crustáceos, anfíbios, peixes e outros.

bran.qui.nha (*branco+inho*, no *fem*) *sf dim pop* Aguardente, cachaça, pinga.

bra.sa (*germ brasa*) *sf* **1** Carvão incandescente, sem chama. **2** Cólera, ira.

bra.são (*cast blasón*) *sm* **1** Emblema de pessoa ou família nobre. **2** Escudo de armas.

bra.sei.ro (*brasa+eiro*) *sm* **1** Vaso de barro, louça ou metal para brasas. **2** Fogareiro. *Var: braseira.*

bra.si.lei.ri.ce (*brasileiro+ice*) *sf* Expressão abrasileirada; brasileirismo.

bra.si.lei.ris.mo (*brasileiro+ismo*) *sm* **1** Característico do brasileiro e do Brasil. **2** Expressão ou maneira de dizer peculiar aos brasileiros. **3** Modismo próprio da linguagem dos brasileiros.

bra.si.lei.ro (*top Brasil+eiro*) *adj* **1** Pertencente ou relativo ao Brasil (América do Sul). **2** Que possui ou adquiriu a nacionalidade brasileira. • *sm* Natural ou habitante do Brasil.

bra.si.li.a.na (*fem* de *brasiliano*) *sf* Coleção de estudos sobre o Brasil (livros, publicações).

bra.si.li.da.de (*top Brasil+i+dade*) *sf* **1** Expressão racial distintiva do brasileiro e do Brasil. **2** Amor às coisas do Brasil.

bra.si.li.en.se (*top Brasília+ense*) *adj m+f* **1** Natural de Brasília, capital do Brasil. **2** Peculiar a Brasília ou a seus habitantes. • *s m+f* Natural ou habitante de Brasília.

bra.va.ta (*ital bravata*) *sf* **1** Ameaça feita com arrogância. **2** Fanfarrice.

bra.va.te.ar (*bravata+e+ar¹*) *vint* **1** Dizer bravatas, fanfarronar: *Bravatear de corajoso.* *vtd* **2** Ameaçar: *Bravateava que, se* não cumprissem suas ordens, os puniria severamente. Conjuga-se como *frear*.

bra.ve.za (*bravo+eza*) *sf* **1** Qualidade de bravo. **2** Coragem, valentia, bravura.

bra.vi.o (*bravotio*) *adj* **1** Bravo, feroz, selvagem. **2** Não domesticado; bruto. **3** Brutal, rude.

bra.vo (lat *barbaru*) *adj* **1** Que não teme o perigo; valente, corajoso. **2** Admirável, extraordinário. **3** Colérico, irado, furioso. • *sm* Pessoa valente. • *interj* Indicação de aplauso, aprovação; apoiado!, muito bem!

bra.vu.ra (*bravo+ura*) *sf* **1** Braveza. **2** Coragem, valentia. *Antôn* (acepção 2): *covardia.*

bre.ca *sf* Traquinice, travessura.

bre.ca.da (*brecar+ada¹*) *sf* Ação de brecar ou frear; freada.

bre.car (*breque+ar¹*) *vtd* e *vint* **1** Acionar o breque ou freio de; frear. **2** Refrear.

bre.cha (fr *brèche*) *sf* **1** Abertura ou fenda feita em qualquer coisa. **2** Espaço vazio; cavidade, lacuna. **3** *pop fig* Ocasião, oportunidade, saída.

bre.chó (de *Belchor*, *np*) *sm* Loja ou ponto de venda de artigos usados, principalmente vestuário ou antiguidades.

bre.ga *adj m+f pop* De gosto duvidoso, de mau gosto; cafona.

bre.jei.ri.ce (*brejeiro+ice*) *sf* **1** Ação ou dito de brejeiro. **2** Travessura; malícia.

bre.jei.ro (*brejo+eiro*) *adj* **1** Malicioso, gaiato. **2** Ocioso, vadio. **3** Brincalhão, travesso. • *sm* **1** Indivíduo que leva a vida na vadiagem. **2** Sujeito desonesto; patife.

bre.jo (é) (*top Bregium*) *sm* **1** Lugar baixo e úmido. **2** Terreno com rios mais ou menos permanentes; pântano, charco.

bre.que (ingl *break*) *sm* Freio, trava.

breu (fr *ant brai*) *sm* **1** Matéria sólida semelhante ao pez negro, obtida pela destilação do alcatrão de hulha. **2** Escuridão.

bre.ve (lat *breve*) *adj m+f* **1** Que dura pouco. **2** Pouco extenso, curto. • *sm Rel Catól* **1** Carta ou escrito pontifício que contém deliberação de natureza particular. **2** Bentinho, escapulário.

bre.vê (fr *breve*) *sm* Diploma de aviador.

bre.vi.á.rio (lat *breviariu*) *sm* **1** *Rel Catól* Conjunto de orações e leituras diárias prescritas aos padres pela Igreja. **2** *Rel*

Catól Livro que contém essas orações e leituras. **3** Resumo, sinopse.
bre.vi.da.de (*lat brevitate*) *sf* **1** Qualidade do que é breve. **2** Curta duração; concisão. **3** *Cul* Bolinho de polvilho, açúcar, ovos etc., assado ao forno.
bri.co.la.gem (*fr bricolage*) *sf* Conjunto de trabalhos manuais ou de artesanato.
bri.da (*fr bride*) *sf* **1** Rédea. **2** Aquilo que dificulta alguma coisa. **3** Freio de animal.
bridge (*brídige*) (*ingl*) *sm* Jogo de cartas.
bri.ga (*ital briga*) *sf* **1** Ação de brigar; luta, peleja. **2** Rixa, disputa, contenda. **3** Desavença.
bri.ga.da (*ital brigata*) *sf* **1** *Mil* Corpo de tropa constituído de dois ou mais regimentos. **2** *pop* Reunião de pessoas para executar um serviço: *Brigada de incêndio*.
bri.ga.dei.ro (*brigada+eiro*) *sm* **1** *Mil* Comandante de uma brigada. **2** *Mil* General da Aeronáutica. **3** *Cul* Doce feito à base de leite condensado e chocolate, enrolado em forma de bolinhas recobertas com chocolate granulado.
bri.gão (*brigar+ão²*) *adj+sm* Que ou o que vive a brigar; valentão.
bri.gar (*briga+ar¹*) *vti* e *vint* **1** Lutar, combater braço a braço: *Vive brigando*. *vti* e *vint* **2** Contender, disputar.
bri.guen.to (*briga+ento*) *V* brigão.
bri.lhan.te (*de brilhar*) *adj m+f* **1** Que brilha, cintilante. **2** Que se destaca. **3** Envolvente, cativante. • *sm* Diamante lapidado.
bri.lhan.ti.na (*brilhante+ina*) *sf* Cosmético para dar brilho ao cabelo.
bri.lhan.tis.mo (*brilhante+ismo*) *sm* Qualidade do que é brilhante; esplendor.
bri.lhar (*brilho+ar¹*) *vint* **1** Irradiar a luz, ter brilho; cintilar, reluzir. **2** Dar-se a conhecer, mostrar-se: *A cólera brilhava-lhe nos olhos*. **3** Sobressair, distinguir-se: *Os nossos heróis brilharam durante a guerra*.
bri.lho (*lat berillu*) *sm* **1** Luz viva e cintilante das estrelas. **2** O resplendor que vem do fogo. **3** A intensidade da luz. **4** Vivacidade do estilo. **5** *fig* Celebridade, esplendor, glória.
brim (*fr brin*) *sm* Tecido resistente de algodão.
brin.ca.dei.ra (*brincar+deira*) *sf* **1** Ação de brincar. **2** Diversão. **3** Curtição, gracejo, zombaria.
brin.ca.lhão (*brincar+alho+ão²*) *adj+sm* **1** Que ou o que sente prazer em brincar. **2** Que ou o que está sempre disposto a brincar, curtir, gozar, zombar. *Fem: brincalhona*.
brin.car (*brinco+ar¹*) *vti* e *vint* **1** Divertir-se; entreter-se; folgar, curtir. *vti* **2** Não levar as coisas a sério; zombar: *Não brinque com assunto tão grave*. *vti* **3** Divertir-se representando o papel de: *Os meninos brincam de soldados*. *vti* **4** Divertir-se fingindo qualquer atividade: *Brincar de ler*.
brin.co (*lat vinculu*) *sm* **1** Adorno para as orelhas. **2** Coisa ou lugar bem cuidado, limpo: *Depois da faxina, a cozinha ficou um brinco!*
brin.co-de-prin.ce.sa *sm Bot* **1** Arbusto ornamental. **2** Flor desse arbusto de cor vermelha ou violácea. *Pl: brincos-de-princesa*.
brin.dar (*brinde+ar¹*) *vtd*, *vti* e *vpr* **1** Beber à saúde de: *Brindaram o aniversariante*. *vtd* **2** Oferecer um brinde a; presentear: *Brindaram o paraninfo com uma caneta de ouro*.
brin.de (*al bring dir's*) *sm* **1** Ação de brindar. **2** Palavras de saudação a alguém erguendo uma taça de bebida. **3** Dádiva, oferta, presente.
brin.que.do (*brincar+edo*) *sm* **1** Objeto feito para divertimento de crianças. **2** Divertimento entre crianças, brincadeira. **3** Reunião em que há jogos de criança.
brin.que.do.te.ca (*brinquedo+teca*) *sf* Recinto reservado aos brinquedos, em escolas e creches.
bri.o (*célt brigos*) *sm* **1** Sentimento da própria dignidade: *"Achei tudo isso uma falta de respeito que ofendia meu brio militar."* (CL) **2** Coragem, disposição: *"Ele tem brio e tem muito dinheiro, o bastante para enfrentar bem a vida."* (AM)
bri.o.che (*fr brioche*) *sm* Pãozinho de massa muito leve, feita com farinha, manteiga e ovos.
bri.o.so (*ó*) (*brio+oso*) *adj* **1** Cheio de brios. **2** Corajoso, digno. **3** Altivo, orgulhoso. *Pl: briosos* (*ó*).

bri.sa (*fr brise*) *sf* **1** *Geogr* Aragem, viração. **2** Vento brando à beira-mar.
bri.ta (de *britar*) *sf* **1** *Constr* Material resultante da trituração de pedras. **2** Ação de britar. **3** Pedra britada, triturada, usada em construção ou asfaltamento.
bri.ta.dei.ra (*britar+deira*) *sf* Máquina para britar pedra, carvão, minério etc.
bri.tâ.ni.co (*lat britannicu*) *adj* Referente à Grã-Bretanha (Europa). • *sm* **1** Natural ou habitante da Grã-Bretanha. **2** Características de temperamento ou comportamento que se admitem como típicas do inglês: *O humor britânico, a pontualidade britânica*.
bri.tar (*anglo-saxão brittian*) *vtd* **1** Quebrar (pedra) em fragmentos para fazer cascalho. **2** Triturar, despedaçar.
bro.a (*voc pré-rom*) *sf* Pão arredondado feito com fubá de milho.
bro.ca (*lat vulg *brocca*, de origem *céltica*) *sf* **1** Instrumento com o qual são abertos buracos circulares. **2** Furo feito com broca. **3** *Odont* Instrumento destinado a abrir cavidades nos dentes cariados. **4** *Entom* Toda larva de inseto que corrói um vegetal ou seu fruto.
bro.ca.do (*ital broccato*) *sm* Tecido de seda entremeado de fios de ouro ou de prata, com desenhos em relevo. • *adj* Furado com broca.
bro.cha (*fr broche*) *sf* Prego curto, de cabeça larga e chata; tacha. *Cf broxa*.
bro.char (*fr brocher*) *vtd* **Art Gráf** Dobrar, organizar e costurar as folhas de (livro). *Cf broxar*.
bro.che (*fr broche*) *sm* Adorno de fantasia ou de metal precioso, muitas vezes cravado de pedrarias, que as mulheres levam no peito, preso à blusa ou a outra peça do vestuário.
bro.chu.ra (*fr brochure*) *sf* **1** Processo pelo qual as folhas ou os cadernos de um livro são presos por meio de costura ou grampeamento, formando blocos que devem ser colados ao dorso da capa. **2** O livro produzido dessa forma. **3** Capa de livro, em papel ou cartolina.
bró.co.los (*ital broccoli*) *sm pl Bot* Planta hortense semelhante à couve-flor. *Var:* brócolis.
bron.ca (de *bronquear*) *sf pop* **1** Ato de bronquear. **2** Repreensão, reprimenda.
bron.co (*ital bronco*) *adj* Estúpido, grosseiro, rude.
bron.co.pneu.mo.ni.a (*bronco+pneumonia*) *sf Med* Inflamação, por infecção microbiana, dos brônquios, bronquíolos e alvéolos pulmonares.
bron.que.ar (*bronca+e+ar¹*) *vint* e *vti pop* **1** Dar bronca: *Bronqueara com o filho porque este tirara nota zero em Matemática*. **2** Protestar, reclamar: *Ao saber que fora preterido, bronqueou*. Conjuga-se como *frear*.
brôn.quio (*gr brógkhion*) *sm Anat* Cada um dos dois canais em que se bifurca a traqueia e que se ramificam nos pulmões.
bron.quí.o.lo (*bronco+íolo*) *sm Anat* Cada uma das ramificações terminais dos brônquios.
bron.qui.te (*bronco+ite¹*) *sf Med* Inflamação dos brônquios.
bron.ze (*ital bronzo*, via *fr*) *sm* **1** Liga metálica de cobre, estanho e zinco. **2** Qualquer obra feita dessa liga.
bron.ze.a.do (*part de bronzear*) *adj* **1** Da cor ou aparência do bronze. **2** *gír* Tostado pelo sol; produzido por exposição ao sol; amorenado. • *sm* **1** A cor do bronze. **2** *gír* A cor da pele tostada pelo sol.
bron.ze.a.dor (*bronzear+dor*) *adj+sm* Que ou o que bronzeia. • *sm* Substância que escurece a pele das pessoas, mediante exposição ao sol.
bron.ze.a.men.to (*bronzear+mento*) *sm* **1** Ação ou efeito de bronzear(-se). **2** *Bot* Coloração característica do bronze, apresentada pela epiderme das folhas verdes.
bron.ze.ar (*bronze+e+ar¹*) *vtd* e *vpr* Dar ou obter a cor de bronze: *O sol bronzeia a pele*. Conjuga-se como *frear*.
brôn.zeo (*bronze+eo*) *adj* **1** Semelhante ao bronze ou que o sugere, especialmente na cor ou no brilho metálico. **2** Feito de bronze. **3** Relativo ao bronze: *O sol bronzeia a pele*. **4** Duro como o bronze.
bro.ta.men.to (*brotar+mento*) *sm* Ação de brotar.
bro.tar (*gót brûton*, via *provençal*) *vti* e *vint* **1** Desabrochar, germinar, nascer: *Ali brotavam muitas flores*. *vti* e *vint* **2** Derivar, proceder, surgir: *Brotara um movimento de renovação política*. *vti* e

vint 3 Sair de jato; jorrar. **vti 4** Sair fluentemente: *Rico e expressivo vocabulário brota de sua pena.*

bro.ti.nho (*broto+inho*) *sm* **1** Diminutivo de *broto*. **2** *pop* Garota ou garoto no início da puberdade; broto.

bro.to (ô) (de *brotar*) *sm* **1** Órgão que brota nos vegetais. **2** Gomo, rebento. **3** *pop* Brotinho.

bro.to.e.ja (ê) (de *brotar*) *sf Med* Erupção cutânea, acompanhada de coceira.

browser (*brauzer*) (*ingl*) *sm Inform V navegador*, acepção 4.

bro.xa (*fr brosse*) *sf* Pincel grande e grosso para caiar ou para pintura ligeira. • *adj+sm vulg* Diz-se do ou o indivíduo sexualmente impotente. *Cf brocha*.

bro.xar (*broxa+ar¹*) *vtd* **1** Pintar ou caiar com broxa. *vtd* **2** Pincelar. *vint* **3** *vulg* Mostrar-se incapaz de praticar o ato sexual. *Cf brochar.*

bro.xu.ra (*broxa+ura¹*) *sf vulg* Estado de broxa; impotência sexual. *Cf brochura.*

bru.a.ca (*cast burjaca*) *sf* **1** Bolsa de couro para levar cereais e outros objetos sobre cavalgaduras. **2** Mulher feia e rabugenta.

bru.ce.lo.se (*brucela+ose*) *sf Med* Doença causada por uma bactéria, adquirida no contato direto com animais ou pela ingestão de produtos de origem animal contaminados.

bru.ços (de *buço*) *sm pl* Usado somente na locução *de bruços*: com o ventre e o rosto voltados para baixo.

bru.ma (*lat bruma*) *sf* **1** Nevoeiro, cerração no mar. **2** Atmosfera escura e chuvosa.

bru.mo.so (ô) (*bruma+oso*) *adj* **1** Coberto de brumas, nebuloso. **2** *fig* Vago, incerto. *Pl:* brumosos (ó).

brus.co (*voc pré-rom*) *adj* **1** Áspero, ríspido. **2** Arrebatado, precipitado; repentino: *Movimento brusco.*

brus.qui.dão (*brusco+idão*) *sf* Caráter ou qualidade de brusco; aspereza: "*A senhora interrompe Dr. François com brusquidão: Faça o favor de falar em português!*" (CVB)

bru.tal (*lat brutale*) *adj m+f* **1** Próprio de bruto. **2** Grosseiro. **3** Cruel, desumano: *Crime brutal.*

bru.ta.li.da.de (*lat brutalitate*) *sf* **1** Ação própria de bruto. **2** Braveza, ferocidade. **3** Impetuosidade, violência. **4** Grosseria, incivilidade.

bru.ta.li.zar (*brutal+izar*) *vtd* e *vpr* **1** Tornar(-se) bruto ou estúpido; embrutecer(-se), bestificar(-se). *vtd* **2** Tratar com brutalidade.

bru.ta.mon.tes (*bruto+monte*) *sm sing+pl pop* **1** Homem de tamanho descomunal, forte e corpulento. **2** Indivíduo abrutalhado, grosseiro, rude.

bru.to (*lat brutu*) *adj* **1** Que está como foi criado pela natureza: *Matéria bruta*. **2** Irracional, desprovido da razão. **3** Que ainda não foi lavrado ou trabalhado: *Pedra bruta*. **4** Grosseiro, malcriado, rude. **5** Produto que não foi beneficiado. **6** Rendimento completo, sem descontos: *Renda bruta.* • *sm* **1** Animal irracional. **2** Indivíduo grosseiro, sem educação. **3** Peso total.

bru.xa (*voc pré-rom*) *sf* **1** Mulher a quem se atribui a prática de bruxaria; feiticeira. **2** Mulher feia e malvada; megera.

bru.xa.ri.a (*bruxa+aria*) *sf* **1** Ação de bruxa ou bruxo. **2** Feitiço, feitiçaria.

bru.xis.mo (*bruxo+ismo*) *sm Med* Hábito de ranger os dentes durante o sono.

bru.xu.le.ar (*esp brujulear*) *vint* **1** Oscilar, tremular (a luz): "*O lampião bruxuleava, querendo apagar.*" (ARR) **2** Brilhar fracamente; reluzir. Conjuga-se como *frear*.

bu.bão (*gr boubón*) *sm Med* Inflamação de um nódulo linfático que ocorre particularmente nas virilhas ou axilas; íngua.

bu.bô.ni.co (*bubono+ico²*) *adj Med* **1** Pertencente ou relativo a bubão. **2** Caracterizado por bubões: *Peste bubônica.*

bu.cal (*lat buccale*) *adj m+f* Pertencente ou relativo à boca; oral.

bu.cha (*fr ant bousche*) *sf* **1** Espécie de rolha ou chumaço com que se tapam orifícios ou fendas em objetos de madeira. **2** *Bot* Planta da família das cucurbitáceas, cultivada por seu fruto, a bucha. **3** O fruto dessa planta usado como esponja. **4** Pequena peça de plástico que se introduz em paredes ou outra superfície para firmar parafusos.

bu.cha.da (*bucha+ada¹*) *sf* **1** Estômago e vísceras de animais (carneiro, cabra). **2** *Cul* Prato preparado com essas vísceras.

bu.cho (*lat musculu*) *sm* **1** Estômago dos mamíferos. **2** *pop* Ventre, barriga, pança. **3** *gír* Mulher muito feia ou velha. *Cf buxo*.

bu.ço (*lat bucceu*) *sm* **1** Primeiros pelos, finos e curtos, que nascem no lábio superior do homem. **2** Penugem no lábio superior de algumas mulheres. **3** Pelos do focinho dos animais.

bu.có.li.co (*gr boukolikós*, via *lat*) *adj* **1** Relativo ao bucolismo. **2** Referente à vida e costumes do campo e dos pastores. **3** Campestre. • *sm* Indivíduo que gosta do contato com a natureza.

bu.co.lis.mo (*bucól(ico)+ismo*) *sm* **1** Gênero literário que se caracteriza essencialmente pela representação da vida pastoril. **2** Vida pastoril. **3** Simplicidade da vida campestre.

bu.da (*sânsc buddha*) *sm* Representação, em estátua ou estatueta, do filósofo indiano Siddharta Gautama, o Buda.

bu.dis.mo (*buda+ismo*) *sm Rel* Doutrina religiosa e sistema ético-filosófico fundados na Índia por Siddharta Gautama (563-483 a.C.), o Buda, e difundidos pela Ásia central a partir do século VI a.C.

bu.dis.ta (*buda+ista*) *adj m+f Rel* Relativo ou pertencente a Buda ou ao budismo. • *s m+f* Seguidor do budismo.

bu.ei.ro (*voc infantil lat bua*, água+*eiro*) *sm* **1** Cano para esgoto de águas. **2** Tubulação subterrânea para escoamento das águas pluviais.

bu.fa.da (*bufar+ada*¹) *sf* Ação de bufar; bufo.

bú.fa.lo (*lat tardio bufalu*, por *bubalu*) *sm* **1** Designação comum a várias espécies de bois selvagens. **2** *Zool* Mamífero bovino, de chifres achatados e virados para baixo. *Fem: búfala*. Voz: *berra, muge*.

bu.fan.te (*fr bouffant*) *adj m+f* Diz-se da roupa, ou parte dela, de corte folgado, com acabamento franzido e armado: *Manga bufante*.

bu.fão (*bufo+ão²*) *sm* **1** Que bufa muito. **2** Fanfarrão. **3** *ant* Bobo.

bu.far (*bufo+ar*¹) *vtd* **1** Expelir, soltar com força o ar pela boca. *vint* **2** Expelir fumaça com barulho: *As velhas locomotivas passam bufando*. *vti* **3** Enfurecer-se: *Bufou de raiva*.

bu.fê (*fr buffet*) *sm* **1** Móvel para serviço de bebidas, comidas etc. **2** Serviço de comidas e bebidas oferecido em festas.

bu.fo (de *bufar*) *sm* **1** Ação de bufar. **2** Sopro forte. **3** *Teat* Nas comédias, farsas e sátiras, o ator cômico que interpreta o personagem que faz o público rir; bufão.

bu.fo.na.ri.a (*bufão+aria*) *sf* **1** Ação ou dito de bufão. **2** Palhaçada.

bu.ga.lho (*célt *bullaca*) *sm* **1** Formação esférica que aparece no carvalho, produzida por ataques de insetos ou fungos. **2** Qualquer objeto de forma esférica. **3** *pop* Globo ocular.

bu.gi.gan.ga (*cast bojiganga*) *sf* Coisa de pouco valor ou sem utilidade; quinquilharia.

bu.gi.o (do *top Bugia*) *sm Zool* Nome que se dá a várias espécies de macacos.

bu.gre (*fr bougre*) *sm* **1** Nome genérico dado ao índio. **2** *fig* Indivíduo rude. *Fem: bugra*.

bu.jão (*fr bouchon*) *sm* **1** *Mec* Bucha com que se tapam buracos; tampão, batoque. **2** Recipiente metálico para gás combustível ou outros produtos voláteis; botijão.

bu.la (*lat bulla*) *sf* **1** Impresso que acompanha um medicamento e que contém as indicações necessárias para o uso. **2** *Rel Catól* Documento papal.

bul.bo (*lat bulbu*) *sm* **1** *Bot* Espécie de caule subterrâneo ou aéreo, provido de um broto central e uma coroa de raízes, como na cebola. **2** *Anat* Qualquer parte de um órgão de forma globular. **3** Invólucro de vidro ou metal, de válvula eletrônica ou de lâmpada incandescente. *Dim irreg: bulbilho*.

bul.bo.so (*ô*) (*lat bulbosu*) *adj* **1** Que tem bulbo. **2** Em forma de bulbo. **3** Referente a bulbo. *Pl: bulbosos (ó)*.

bul.do.gue (*ingl bull dog*) *sm Zool* Cão de fila de raça inglesa, de cabeça grande e arredondada.

bu.le (*malaio búli*) *sm* Recipiente, provido de asa e bico, que se usa para servir chá e café.

bu.le.var (*fr boulevard*) *sm* Rua larga ou avenida arborizada.

búl.ga.ro (*lat bulgaru*) *adj* **1** Concernente à Bulgária (Europa). **2** Natural da Bulgária. • *sm* **1** Natural ou habitante da Bulgária. **2** O idioma dos búlgaros.

bu.lha (*cast bulla*) *sf* **1** Vozearia, gritaria. **2** Barulho, ruído.

bu.lhu.fas (*voc express*) *pron indef gír* Nada, coisa nenhuma: *Não entendi bulhufas do que o professor falou.*

bu.lí.cio (*bulir+ício*) *sm* **1** Ruído contínuo e confuso de agitação: *"Ele deixará, cada vez mais, de se confrontar com a multidão, de sentir o bulício da massa de indivíduos que se desloca entre a casa e o trabalho."* (FSP) **2** Agitação, desassossego.

bu.li.ço.so (ô) (*bulir+ço+oso*) *adj* **1** Que se move sem parar. **2** Inquieto, agitado. **3** Que bole muito. *Pl: buliçosos (ó).*

bu.li.mi.a (*gr boulimía*) *sf Psiq* Distúrbio mental, predominante em mulheres, que começa em geral na adolescência, caracterizado pela ingestão de grande quantidade de alimento e, em seguida, vômito provocado.

bu.lir (*lat bullire*) *vint* e *vpr* **1** Mexer-se, mover-se de leve, mudar de posição: *Nem uma folha bulia.* *vti* **2** Mexer, tocar com as mãos. *vti* **3** Aborrecer, incomodar: *Se alguém bulir com você, venha contar-me.* *vti* **4** Brincar, caçoar. Conjuga-se como *subir*.

bum.ba meu boi *sm sing+pl Folc* Bailado popular, em cortejo, cujas principais figuras são o boi, alguns outros animais, personagens humanas e outras fantásticas. *Var: boi-bumbá.*

bum.bo (*voc onom*) *V bombo.*

bu.me.ran.gue (*ingl boomerang*, de uma língua indígena da Austrália *womurrâng*) *sm* Lâmina de madeira dura, recurvada, que os indígenas australianos usam como arma de arremesso; lançada ao espaço, ela descreve um vôo curvo e retorna ao ponto de partida. É usado também como brinquedo.

bun.da (*quimbundo mbunda*) *sf vulg* Nádegas. *Aum: bundão, bundona.*

bun.da-mo.le *s m+f pop* Moleirão, pessoa sem coragem, sem iniciativa; bundão. *Pl: bundas-moles.*

bun.dão (*bunda+ão²*) *sm pop* **1** Bunda grande. **2** *V bunda-mole.*

bun.da-su.ja *s m+f vulg* Pessoa reles; joão-ninguém. *Pl: bundas-sujas.*

bun.du.do (*bunda+udo*) *adj pop* Que tem bunda grande.

bungee jumping (*bângui jâmpim*) (*ingl*) *sm Esp* Modalidade esportiva considerada radical, em que o praticante, chamado de ioiô humano, se lança de uma plataforma preso por uma corda elástica.

bu.quê (*fr bouquet*) *sm* **1** Ramalhete de flores. **2** Aroma de um café, chá e de certos vinhos.

bu.ra.co (*voc pré-rom*) *sm* **1** Furo, orifício. **2** Pequena abertura, geralmente circular. **3** Cavidade. **4** Cova, toca. **5** Certo jogo de cartas. **6** *vulg* O ânus.

bu.ra.quei.ra (*buraco+eira*) *sf* **1** Terreno cheio de buracos. **2** Terreno acidentado, esburacado. **3** Cavidades abertas pela enxurrada.

bur.bu.ri.nho (*gr borborygmós*) *sm* **1** Som confuso de vozes. **2** Rumor. **3** Sussurro.

bureau (*birrô*) (*fr*) *V birô.*

bur.go (*baixo-lat burgu*, de origem germânica) *sm* **1** Na Idade Média, povoação de certa importância, menor que cidade; aldeia, vila. **2** *por ext* Arredores de cidade ou vila.

bur.guês (*baixo-lat burgense*) *adj* **1** Próprio da burguesia. **2** Típico da classe média da sociedade. • *sm* **1** Indivíduo convencional, de ideias acanhadas. **2** Pessoa abastada ou rica. *Fem: burguesa.*

bur.gue.si.a (*burguês+ia¹*) *sf* **1** Qualidade de burguês. **2** A classe média da sociedade, constituída de pequena e média burguesia.

bu.ril (*ital ant burino*) *sm Escult* e *gravação* Instrumento com ponta de aço, para cortar e gravar em metal, lavrar pedra etc.; cinzel, ponteiro. *Pl: buris.*

bu.ri.lar (*buril+ar¹*) *vtd* **1** Gravar ou lavrar com buril. **2** *fig* Aprimorar, aperfeiçoar, lapidar (estilo): *Burilar um texto, um poema.*

bu.ri.ti (*tupi mbyryrý*) *sm Bot* **1** Espécie de palmeira de cujo fruto, uma noz amarela, se produz uma bebida, o vinho de buriti, e se extrai um óleo. **2** O fruto dessa palmeira.

bu.ri.ti.zei.ro (*buriti+z+eiro*) *sm Bot* Espécie de palmeira, também chamada *buriti*.

bur.la (de *burlar*) *sf* **1** Logro, fraude. **2** Dito jocoso; gracejo.

bur.lar (*burla+ar¹*) *vtd* **1** Enganar, fraudar, lesar: *Burlar a vigilância.* *vtd* e *vti* **2** Escarnecer, zombar: *O destino burlou-o,* aliás o destino quase sempre burla os homens.

bur.les.co (ê) (ital burlesco) adj 1 Cômico, grotesco, ridículo. 2 Próprio de quem burla. 3 Brincalhão, zombeteiro. • sm Teat O espetáculo ou o gênero burlesco, cômico.

bu.ro.cra.ci.a (fr bureaucratie) sf 1 Administração dos negócios públicos sujeita a regulamentos rígidos e a uma rotina complicada e lenta. 2 por ext Administração com excesso de formalidades e papelada. 3 A classe dos funcionários públicos.

bu.ro.cra.ta (fr bureaucrate) s m+f 1 Funcionário público. 2 deprec Indivíduo que tem influência nas repartições públicas, de cujo pessoal faz parte.

bu.ro.crá.ti.co (burocrata+ico^2) adj 1 Relativo à burocracia. 2 Próprio de burocrata.

bur.ra (de burro) sf 1 Fêmea do burro. 2 Cofre para guardar valores.

bur.ra.da (burro+ada^1) sf 1 Porção ou ajuntamento de burros. 2 Asneira, burrice: Fazer burrada.

bur.ri.ce (burro+ice) sf 1 Asneira. 2 Estupidez, ignorância. 3 Implicância, teimosia. 4 Mau humor.

bur.ri.co (burro+ico^1) sm 1 Diminutivo de burro; burro pequeno, burrinho. 2 Jumento reprodutor.

bur.ri.nho (burro+inho) sm 1 Diminutivo de burro; burrico. 2 Mec Bomba de freio dos automóveis. 3 Bomba para puxar líquidos.

bur.ro (lat burru, vermelho) sm 1 Zool Animal híbrido, resultante do cruzamento da égua com o jumento; mulo. 2 Zool V jumento. Dim: burrico, burrinho. Col: manada, tropa. Voz: azurra, relincha. 3 pop Indivíduo estúpido, grosseiro, teimoso ou muito ignorante. • adj Estúpido, grosseiro, tolo.

bus.ca (de buscar) sf 1 Ação de buscar. 2 Exame, revista. 3 Investigação, pesquisa. 4 Batida policial. 5 Procura de pessoas desaparecidas ou acidentadas. 6 Inform Execução de um comando ou rotina para localizar determinada informação; consulta, rastreamento.

bus.ca-pé sm Peça de fogo de artifício que arde girando e ziguezagueando pelo chão, até estourar. Pl: busca-pés.

bus.car (pré-rom *bosko-ar^1) vtd 1 Tratar de descobrir ou encontrar; procurar: Chegando àquela cidade, buscamos um bom hotel para nos hospedarmos. 2 Examinar, investigar: Buscamos o sentido dessa palavra. 3 Ir a algum lugar e trazer alguma coisa: Vá lá fora buscar mantimentos para sua despensa. 4 Tratar de obter, de conseguir: Buscar a fama, o poder. 5 Recorrer a: Buscava a proteção dos poderosos. 6 Inform Rastrear; consultar.

bús.so.la (ital bussola) sf 1 Fís Instrumento de orientação usado em navegação marítima ou aérea e também para estabelecer o rumo em terra. 2 Topogr Agulha magnética e luneta para medir ângulos sobre o terreno.

bus.ti.ê (fr bustier) sm Corpete sem alças.

bus.to (lat bustu) sm 1 O corpo humano da cintura para cima. 2 Escultura ou pintura que abrange essa parte. 3 V seios.

bu.ta.no (but(ílico)+ano) sm Quím Gás obtido do petróleo, usado como combustível.

bu.ti.que (fr boutique) sf Pequena loja que vende roupas, bijuterias etc.

buttom (bóton) (ingl) sm Broche de plástico, metal etc. com símbolos ou mensagens.

bu.tu.ca (tupi mutúka) Entom V mutuca.

bu.xo (lat buxu) sm Bot 1 Gênero de arbustos e pequenas árvores sempre verdes. 2 Planta desse gênero. Cf bucho.

bu.zi.na (lat bucina) sf 1 Instrumento feito de chifre de boi; berrante. 2 por ext Instrumento elétrico sonoro, usado em veículos motorizados para dar sinais de advertência.

bu.zi.na.da (buzina+ada^1) sf Toque de buzina.

bu.zi.nar (buzina+ar^1) vint 1 Tocar buzina. 2 Soprar fortemente, imitando o som da buzina.

bú.zio (lat bucinu) sm 1 Zool Molusco gastrópode, marinho, de concha piramidal. 2 Cada uma das pequenas conchas de búzios jogadas em adivinhações.

byte (baite) (ingl) sm Inform Em processamento de dados, grupos de dígitos binários, geralmente oito, que o computador opera como uma unidade simples. Abrev: B.

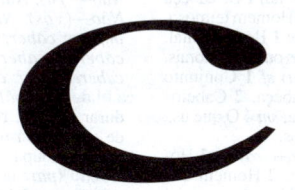

c (*cê*) *sm* Terceira letra do alfabeto português, consoante.

cá (*lat vulg eccu hac*) *adv* Aqui, neste lugar. • *sm* Nome da letra K. *Pl:* **cás** ou **kk**.

ca.ba.tin.ga (*caá+tupi mato tínga*, branco) *sf* **1** Mato pouco desenvolvido, característico do Nordeste brasileiro. **2** Terra estéril. *Var:* catinga.

ca.ba.ça (*voc pré-rom*) *sf* **1** Fruto da cabaceira que, depois de seco e limpo, é utilizado como cuia, vaso. **2** Esse vaso ou cuia.

ca.ba.cei.ra (*cabaça+eira*) *sf Bot* Planta da família das cucurbitáceas cujo fruto é a cabaça. *Var:* cabaceiro.

ca.ba.ço (*quimbundo kabasu*) *sm vulg* **1** O hímen. **2** A virgindade da mulher. **3** A mulher ou homem virgem. **4** O fruto da cabaceira. **5** Cuia (feita do fruto seco da cabaceira).

ca.bal (*cabo+al*) *adj m+f* **1** Completo, perfeito. **2** Decisivo. **3** Competente. **4** Bastante, suficiente.

ca.ba.la (*hebr qabbâlâh*) *sf Rel* Interpretação da Bíblia (Velho Testamento) feita pelos judeus. **2** Ciência oculta, esoterismo. **3** Trama, conspiração, maquinação: *"O pleito era precedido de propaganda, cabala, pressões de toda sorte, e até de suborno."* (INC)

ca.ba.lís.ti.co (*cabalista+ico²*) *adj* **1** Que se refere à cabala ou à tradição dos judeus. **2** Que se refere à magia. **3** Enigmático, misterioso.

ca.ba.na (*lat tardio capanna*) *sf* Choupana; palhoça.

ca.ba.ré (*fr cabaret*) *sm* V boate.

ca.be.ça (*baixo-lat capitia*) *sf* **1** *Anat* Parte superior do corpo humano que contém o encéfalo, os olhos, as orelhas, o nariz e a boca. *Aum:* cabeçorra, cabeção. **2** *pop* A parte do crânio coberta de cabelos: *Ela não queria lavar a cabeça com aquele xampu.* **3** Pessoa inteligente ou instruída: *Aquele professor é uma cabeça.* **4** A parte superior de certas coisas ou objetos: *Cabeça de prego.* *sm* **5** Líder.

ca.be.ça.da (*cabeça+ada¹*) *sf* Pancada com a cabeça. *Dar uma cabeçada:* fazer mau negócio; fazer tolice.

ca.be.ça.du.ra *s m+f* Pessoa bronca, estúpida, teimosa. *Pl:* cabeças-duras.

ca.be.ça.lho (*cabeça+alho*) *sm* **1** Parte superior da primeira página de um jornal, formada pelo título e outros dizeres. **2** Título e primeiros dizeres de um livro. **3** Dizeres impressos no alto de papel de carta, envelope, fatura, nota etc., com a indicação do nome, endereço e atividade do emitente; timbre.

ca.be.ce.ar (*cabeça+e+ar*) *vtd* **1** Fazer com a cabeça (algum sinal): *Cabecear um gesto.* *vtd* e *vint* **2** No futebol, atirar com a cabeça (a bola): *"Edil cabeceou [a bola cruzada] e Maizena defendeu."* (DIN) *vti* e *vint* **3** Deixar pender a cabeça, por efeito de sono: *"Várias vezes cabeceou de sono."* (TS) Conjuga-se como *frear*.

ca.be.cei.ra (*cabeça+eira*) *sf* **1** Lugar em que, na cama, se deita a cabeça. **2** Lugar ocupado à mesa pelo chefe de família. **3** Nascente de rio ou riacho. **4** Dianteira, frente, vanguarda. *sf pl* **5** Regiões vizinhas na nascente de um rio.

ca.be.ço.te (*cabeça+ote*) *sm* **1** *Mec* Parte do motor onde se encontram os cilindros e a câmara de combustão. **2** Cabeça de gravador (cápsula, agulha etc.).

ca.be.çu.do (*cabeça+udo*) *adj* **1** De cabeça grande. **2** Teimoso. • *sm* Homem teimoso.

ca.be.dal (*lat capitale*) *sm* **1** Bens; capital, riqueza. **2** Conhecimentos ou dotes morais.

ca.be.lei.ra (*cabelo+eira*) *sf* **1** Conjunto dos cabelos de uma cabeça. **2** Cabelos postiços, peruca. **3** Crina. *sm* **4** O que usa cabelos muito compridos.

ca.be.lei.rei.ro (*cabeleira+eiro*) *sm* **1** Homem que faz cabeleiras. **2** Homem que corta ou penteia cabelo. **3** Local comercial onde esses profissionais tratam e penteiam os cabelos dos clientes.

ca.be.lo (*ê*) (*lat capillu*) *sm* **1** Conjunto de pelos que recobrem a cabeça humana. *Col:* chumaço, madeixa. **2** Os pelos de qualquer parte do corpo humano.

ca.be.lu.do (*cabelo+udo*) *adj* **1** Que tem muito cabelo. **2** *fig* Complicado, difícil. **3** *fig* Imoral: *Puxa! Você conta piadas tão cabeludas!*

ca.ber (*lat capere*) *vti e vint* **1** Poder estar dentro; ter lugar: *A roupa não cabe na mala.* *vti* **2** Ter obrigação de; competir a: *Cabe ao professor verificar o conhecimento dos alunos.* *vti* **3** Ser da responsabilidade de; pertencer a: *Cabe a ele dizer o que pensa.* *Conjug:* verbo irregular; muda o *a* do radical em *ai*, na 1ª pessoa do singular do presente do indicativo; em todo o presente do subjuntivo, no pretérito perfeito e mais-que-perfeito do indicativo e no pretérito imperfeito do subjuntivo. *Conjug – Pres indic:* caibo, cabes, cabe, cabemos, cabeis, cabem; *Pret perf:* coube, coubeste, coube, coubemos, coubestes, couberam; *Pret imp indic:* cabia, cabias, cabia, cabíamos, cabíeis, cabiam; *Pret mais-que-perf:* coubera, couberas, coubera, coubéramos, coubéreis, couberam; *Fut pres:* caberei, caberás, caberá, caberemos, cabereis, caberão; *Fut pret:* caberia, caberias, caberia, caberíamos, caberíeis, caberiam; *Pres subj:* caiba, caibas, caiba, caibamos, caibais, caibam; *Pret imp subj:* coubesse, coubesses, coubesse, coubéssemos, coubésseis, coubessem; *Fut subj:* couber, couberes, couber, coubermos, couberdes, couberem; *Imper afirm:* —, —(*Tu*), —(*Você*), —(*Nós*), —(*Vós*), —(*Vocês*); *Imper neg:* —, Não—(*Tu*), Não—(*Você*), Não—(*Nós*), Não—(*Vós*), Não—(*Vocês*); *Infinitivo impess:* caber; *Infinitivo pess:* caber, caberes, caber, cabermos, caberdes, caberem; *Ger:* cabendo; *Part:* cabido.

ca.bi.de (*ár qibâD*) *sm* **1** Móvel para pendurar chapéu, roupa etc. **2** Dispositivo de arame, plástico ou madeira, onde se pendura roupa.

ca.bi.do (*part* de *caber*) *adj* **1** Que tem cabimento. **2** Merecido: *"O Brasil (...) há de saber atribuir à lavoura do café a parte que lhe terá cabido."* (JK) • *sm* Corporação de cônegos.

ca.bi.men.to (*caber+mento*) *sm* **1** Aceitação, recebimento. **2** Conveniência, oportunidade. **3** Propósito, justificativa.

ca.bi.na (*fr cabine*) *sf* **1** Camarote, pequeno compartimento para passageiros em navios ou trens. **2** *Av* Compartimento fechado de um avião, para tripulação, passageiros ou carga. **3** Espécie de guarita em que ficam os sinaleiros, os vigias etc. **4** Compartimento fechado em caminhão, guindaste ou máquina semelhante, para motorista ou maquinista. *Var:* cabine.

ca.bis.bai.xo (*lat capitis+baixo*) *adj* **1** Que traz a cabeça baixa. **2** Abatido, preocupado.

ca.bí.vel (*caber+vel*) *adj m+f* Admissível, oportuno.

ca.bo (*lat caput*) *sm* **1** Chefe, comandante. **2** *Mil* Graduação militar acima de soldado. **3** Parte de um instrumento ou objeto, por onde se agarra, segura ou maneja. **4** *Geogr* Ponta de terra que entra pelo mar adentro. **5** Extremo, fim. **6** *Eletr* Feixe de fios metálicos. *Cabo eleitoral:* pessoa que, em campanha política, trabalha por dinheiro ou para obter favores pessoais. *Ao cabo de:* no final. *Dar cabo de:* matar, assassinar; erradicar, destruir. *De cabo a rabo:* do início ao fim. *Dobrar o cabo da Boa Esperança:* Atingir uma idade madura. *Levar a cabo:* concluir.

ca.bo.clo (*tupi kariuóka*) *sm* **1** Indígena brasileiro de cor acobreada. **2** Mestiço de branco com índio. **3** Caipira, sertanejo. • *adj* **1** Da cor de cobre. **2** Próprio de caipira.

ca.bo.gra.ma (*cabo+grama*) *sm* Telegrama transmitido por cabo submarino.

ca.bo.ta.gem (*fr cabotage*) *sf* Navegação costeira ou entre cabos ou portos do mesmo país.

ca.bo.ti.nis.mo (*cabotino+ismo*) *sm* Charlatanismo.

ca.bo.ti.no (*fr cabotin*) *sm* **1** Charlatão, impostor: *"Seriam todos artífices industriosos, charlatães e cabotinos?"* (RIR). **2** Mau comediante. **3** Aquele que procura sempre chamar a atenção dos outros sobre si mesmo. • *adj fig* Que procede como cabotino (acepção 3): *"Não deixa de ser ato dos mais cabotinos relatar casos pessoais nas páginas de um jornal."* (FSP)

ca.bra (*lat capra*) *sf* **1** Gênero de mamíferos ruminantes da família dos Bovídeos. **2** Fêmea do bode. *Col: fato, malhada, rebanho. Voz: bala, bale, barrega, berra, bezoa.* *sm* **3** Indivíduo valentão ou provocador.

ca.bra-ce.ga *sf Folc* Jogo em que uma pessoa, de olhos vendados, procura apanhar outra dentre um grupo em círculo. *Pl: cabras-cegas.*

ca.bra-ma.cho *sm* Indivíduo destemido; valentão. *Pl: cabras-machos.*

ca.brei.ro (*cabra+eiro*) *adj* **1** Que guarda cabras. **2** Relativo a cabra; feito com leite de cabra. **3** *pop* Desconfiado, arisco, prevenido. • *sm* Pastor que guarda cabras.

ca.bres.to (*lat capistru*) *sm* Arreio com que se prendem ou conduzem cavalgaduras e outros quadrúpedes pela cabeça.

ca.bri.ta (*cabra+ita*[1]) *sf* **1** Cabra pequena. **2** *pop* Mestiça ainda nova.

ca.bri.to (*cabro+ito*[1]) *sm* **1** Pequeno bode. **2** *pop* Criança traquinas.

ca.bro.cha (de *cabra*) *sm* Mulato. • *sf* Mulata jovem.

ca.bu.lar (*cábula+ar*[1]) *vint* Faltar às aulas para vadiar: *Esse moleque cabula muito.*

ca.ca (*lat cacare*) *sf pop* **1** Excremento humano. **2** *pop* Porcaria, sujeira.

ca.ça (de *caçar*) *sf* **1** Ato ou efeito de caçar. **2** Animais apanhados na caçada. *sm* **3** *Av* Avião de combate.

ca.ça.da (*caca+ada*[1]) *sf* **1** Jornada ou diversão de caçadores. **2** Caça (acepção 2). **3** Perseguição, busca.

ca.ça.dor (*caçar+dor*) *adj* Que caça. • *sm* Indivíduo que caça.

ca.ça-do.tes *s m+f sing +pl* Indivíduo que procura enriquecer casando-se com alguém rico.

ca.çam.ba (*quimbundo kisambu*) *sf* **1** Balde para tirar água dos poços. **2** Parte da betoneira na qual se faz a mistura do cimento com areia e brita.

ca.ça-mi.nas *s m+f sing+pl* Barco apropriado para descobrir e destruir minas submarinas.

ca.ça-ní.queis *sm sing+pl* **1** Aparelho destinado a jogos de azar. **2** Negócio arriscado.

ca.ção (*caçar+ão*[2]) *sm Ictiol* Designação geral de peixes de porte não muito grande; um tipo de tubarão pequeno.

ca.ça.pa *sf* Pequena bolsa de tiras de couro, que recebe as bolas impulsionadas pelo taco, no jogo de sinuca.

ca.çar (*lat vulg *captiare*) *vtd* **1** Perseguir animais silvestres: *Caçar onças, raposas.* *vtd* **2** Apanhar: *Caçar borboletas.* *vint* **3** Fazer caçada(s). *Cf cassar.*

ca.ca.re.co (de *caco*) *sm* Coisa velha ou sem valor.

ca.ca.re.jar (*voc onom*) *vint* Cantar (a galinha e as outras aves que lhe imitam o canto). *Conjug:* normalmente não se usa nas 1as pessoas.

ca.ca.re.jo (*ê*) (de *cacarejar*) *sm onom* Canto da galinha.

ca.ça.ro.la (*fr casserole*) *sf* Panela com bordas altas, cabo e tampa.

ca.ca.tu.a (*malaio kakatûwa*) *sf Ornit* Gênero de papagaios brancos ou rosados, com penas eriçadas na cabeça.

ca.cau (*náuatle kakawatl*) *sm Bot* Fruto que contém amêndoas empregadas no fabrico do chocolate e da manteiga de cacau.

ca.cau.i.cul.tor (*cacau+i+cultor*) *sm* Plantador de cacau.

ca.cau.i.cul.tu.ra (*cacau+i+cultura*) *sf* Cultura de cacau.

ca.ce.ta.da (*cacete+ada*[1]) *sf* Pancada de cacete.

ca.ce.te (*ê*) (*fr casse-tête*) *sm* **1** Bengala, porrete. **2** *gír* Indivíduo chato. **3** *vulg* Pênis. • *adj* Impertinente, importuno.

ca.cha.ça (de *caça+apo*, no *fem*) *sf* Aguardente de cana. Tem inúmeros sinônimos regionalistas: *abrideira, água que passa-*

cachaceiro 144 **cadarço**

rinho não bebe, aguardente, bagaceira, birita, branquinha, cana, caninha, malvada, pinga.

ca.cha.cei.ro (*cachaça+eiro*) *adj* Que bebe habitualmente cachaça. • *sm* Bêbado.

ca.cha.lo.te (*fr cachalot*) *sm Zool* Grande cetáceo que tem numerosos dentes cônicos na mandíbula em vez de barbatanas.

ca.chê (*fr cachet*) *sm* Salário pago por dia aos figurantes e extras no cinema, no teatro, televisão e no rádio.

ca.che.ar (*cacho+e+ar¹*) *vint* 1 Cobrir-se de cachos; produzir cachos. *vint* 2 Começar a espigar (falando de vegetais). *vtd* 3 Pentear (os cabelos) em forma de cacho. Conjuga-se como *frear* (com raras exceções, é conjugado apenas nas 3ᵃˢ pessoas).

ca.che.col (*fr cache-col*) *sm* Agasalho para o pescoço.

ca.che.pô (*fr cachepot*) *sm* Recipiente dentro do qual são colocados os vasos de plantas.

ca.che.ta (*ê*) (*cacha+eta*) *sf* Jogo de cartas semelhante ao pife-pafe.

ca.chim.ba.da (*cachimbo+ada¹*) *sf* 1 Porção de tabaco que se põe no cachimbo. 2 Ato de aspirar a fumaça no cachimbo: *"Depois da quarta cachimbada, Holmes parou subitamente."* (XA)

ca.chim.bar (*cachimbo+ar¹*) *vint* Fumar cachimbo.

ca.chim.bo (*quimbundo kishimba*) *sm* 1 Aparelho para fumar, composto de um pequeno fornilho em que se coloca o tabaco e ao qual está adaptado um tubo por onde se aspira o fumo. 2 Pito.

ca.cho (*lat capulu*, punhado) *sm* 1 *Bot* Conjunto de flores ou frutos sustentados por pecíolos e pedúnculos, em torno de um eixo comum; penca. 2 Madeixas de cabelo.

ca.cho.ei.ra (*cachão+eira*) *sf Geogr* Queda de água.

ca.cho.la (*ó*) (de *cachar*) *sf pop* Cabeça.

ca.chor.ra (*ô*) (*fem* de *cachorro*) *sf* Cadela nova e pequena. *Estar com a cachorra, gír:* estar de péssimo humor; furioso.

ca.chor.ra.da (*cachorro+ada¹*) *sf* 1 Bando de cães. 2 Ato indigno ou indecoroso.

ca.chor.ro (*ô*) (*lat vulg* *catlu+orro*) *sm* 1 *Zool* Cão novo ou pequeno. 2 *pop* Qualquer cão.

ca.chor.ro-quen.te *sm* Sanduíche feito com pão e salsicha quente, acompanhada ou não de molho de tomate, purê de batata, mostarda e catchup. *Pl. cachorros--quentes.*

ca.ci.fe (*ár qafiz*) *sm* 1 Valor da entrada de cada parceiro ao início da partida. 2 A quantia resultante dessas entradas: *Você não tem cacife para me sustentar!*

ca.cim.ba (*quimbundo kishimba*) *sf* Poço.

ca.ci.que (do *taino*, via *cast*) *sm* 1 Chefe, entre os indígenas americanos. 2 Mandachuva, figurão.

ca.co (*lat vulg* *caccu*) *sm* 1 Fragmento de telha, louça, vidro etc. 2 Traste velho. 3 *gír* No teatro, o que o artista diz para produzir efeito cômico. *sm pl* 4 Fragmentos de telhas usados pelos pedreiros para aumentar a consistência da argamassa.

ca.ço.a.da (*caçoar+ada¹*) *sf* Escárnio, zombaria.

ca.ço.ar *vtd, vti* e *vint* Fazer troça a, zombar de: *Caçoava os adversários políticos*. Conjuga-se como *coar*.

ca.co.e.te (*gr kakoéthes*) *sm* 1 *V tique*. 2 Hábito, mania.

ca.có.fa.to (*gr kakóphaton*) *sm Gram* Cacofonia em que haja sugestão de palavras indecorosas.

ca.co.fo.ni.a (*gr kakophonía*) *sf Gram* Qualquer efeito desagradável ao ouvido em uma sequência de palavras: *Uma mão*. *Cf cacófato*.

cac.to (*gr káktos*) *sm Bot* Planta espinhosa dos desertos, de caule suculento, muito resistente às secas.

ca.çu.la (*quimbundo kazúli*) *s m+f* O filho ou o irmão mais novo.

ca.cun.da (*corr* de *corcunda*) *sf* 1 Costas, dorso, corcova. 2 *V corcunda*.

ca.da (*gr katá* pelo *lat vulg* *cata*) *pron indef* (tem a função de *adj m+f*) Elemento de um conjunto ou categoria: *Cada terra tem seu uso. Cada hora, loc adv:* cada vez, sempre.

ca.da.fal.so (*provençal cadalfac*) *sm* Estrado alto para a execução de condenados; patíbulo.

ca.dar.ço (*gr kathartéon serikón*, seda que deve ser purificada) *sm* Cordão usado para ajustar o calçado aos pés.

ca.das.trar (*cadastro+ar¹*) *vtd* **1** Organizar o cadastro de imóveis. **2** Fazer o cadastro de.

ca.das.tro (*provençal cadastre, via ital*) *sm* **1** Registro público no qual se descrevem a extensão e o valor dos imóveis. **2** Registro de clientes.

ca.dá.ver (*lat cadaver*) *sm* Corpo humano ou animal após a morte; defunto. *Pl*: cadáveres.

ca.da.vé.ri.co (*cadáver+ico²*) *adj* **1** Pertencente ou relativo a cadáver. **2** Que tem aspecto de cadáver.

ca.dê (*contr* de "que é (feito) de") *contr* Forma popular interrogativa de: "Que é de?". Equivale a: "Onde está?": *"Cadê as velhas daqui pra costurar o homem?"* (NRJ)

ca.de.a.do (*lat catenatu*) *sm* Fechadura portátil, formada por um aro que se prende às peças que se quer unir ou fechar.

ca.dei.a (*lat catena*) *sf* **1** Corrente formada de anéis ou elos. **2** Série, sequência. **3** Casa de detenção. **4** *Quím* Conjunto de átomos.

ca.dei.ra (*gr káthedra, via lat*) *sf* **1** Assento para uma só pessoa. **2** Disciplina ou matéria de um curso. *sf pl* **3** Os quadris.

ca.de.la (*lat catella*) *sf Zool* Fêmea do cão.

ca.dên.cia (*lat cadentia*) *sf* Regularidade (de movimentos, sons etc.); ritmo.

ca.den.te (*lat cadente*) *adj m+f* **1** Que cai ou vai caindo. **2** Que tem cadência.

ca.der.ne.ta (*caderno+eta*) *sf* **1** Caderno ou livro de apontamentos. **2** Registro das notas de frequência e comportamento de alunos.

ca.der.no (*lat quaternu*) *sm* **1** Porção de folhas de papel sobrepostas, em forma de pequeno livro de apontamentos ou exercícios escolares. **2** *Tip* Parte de um jornal que se refere a uma determinada seção ou assunto.

ca.de.te (ê) (*fr cadet*) *sm* Aluno de academias militares ou da Escola de Aeronáutica; aspirante a oficial.

ca.du.car (*caduco+ar²*) *vint* **1** Tornar-se caduco; envelhecer. **2** Tornar-se amalucado em consequência de idade avançada; delirar, desvairar.

ca.du.ci.da.de (*caduco+i+idade*) *sf* **1** Estado de caduco. **2** Decrepitude, velhice. **3** Perda da validade ou dos efeitos legais: *"A tendência do bom e moderno direito é a de diminuir os prazos prescricionais e de caducidade."* (FSP)

ca.du.co (*lat caducu*) *adj* **1** Que perdeu o crédito, a validade, as forças. **2** Que perdeu a capacidade mental em virtude da idade. **3** *Dir* Que perdeu o valor, que se tornou nulo.

ca.fa.jes.ta.da (*cafajeste+ada¹*) *sf* **1** Grupo de cafajestes. **2** Ação de cafajeste.

ca.fa.jes.te *sm* Vagabundo, valentão.

ca.fé (*ár qahwah*, pelo *turco qahvé* e *ital caffe*) *sm* **1** Fruto do cafeeiro. **2** Bebida feita por infusão da semente desse fruto torrada e moída. **3** Estabelecimento destinado a servir essa bebida. **4** Refeição matinal; desjejum. *Café com leite*: a) *adj* diz-se da cor pardo-clara (que puxa para o bege); b) *sm* essa cor.

ca.fé com lei.te Ver definição em *café*.

ca.fé-con.cer.to *sm* Café com programa de música leve ou canções. *Pl*: cafés--concerto e cafés-concertos.

ca.fe.ei.ro (*café+eiro*) *adj* Relativo ao café. • *sm Bot* Arbusto da família das Rubiáceas que produz o café.

ca.fe.i.cul.tor (*cafe+i+cultor*) *sm* Aquele que se dedica à cultura do café.

ca.fe.i.cul.tu.ra (*cafe+i+cultura*) *sf* Lavoura de café.

ca.fe.í.na (*café+ina*) *sf Quím* Alcaloide existente no café e no chá, no guaraná e na cola, estimulante do cérebro e do coração.

ca.fe.tei.ra (*café+t+eira*) *sf* Vasilha para café.

ca.fe.zal (*café+z+al¹*) *sm* Plantação de cafeeiros.

ca.fe.zi.nho (*café+z+inho*) *sm* Café servido em xícara pequena.

cá.fi.la (*ár qâfila*) *sf* Grande número de camelos conduzindo mercadorias: *"[Povos nômades] começaram a organizar as grandes cáfilas capazes de atravessar o deserto."* (MAL)

ca.fo.na (*ital cafone*) *adj m+f gír* De mau gosto, brega. • *s m+f* Pessoa que se caracteriza pela falta de bom gosto.

ca.fo.ni.ce (*cafona+ice*) *sf pop* **1** Condição de cafona. **2** Ato ou comportamento de cafona.

ca.fu.a *sf* **1** Antro, caverna, cova, esconderijo. **2** Choça, rancho escuro e imundo.

ca.fun.dó sm Lugar deserto e distante.
ca.fu.né (*quimbundo kafundu*) sm **1** Ato de coçar de leve a cabeça de alguém, para fazer-lhe carinho ou para adormecê-lo. **2** *pop* Carícia.
ca.fu.zo (*red* de *carafuzo*) sm Mestiço de negro e índio da América.
cá.ga.do (*pré-rom *calappacu*) sm *Zool* Nome genérico de vários répteis da ordem dos Quelônios, que vivem ora na terra, ora na água doce.
ca.ga.nei.ra (de *cagar*) sf *vulg* Diarreia.
ca.gão (*cagar+ão*) sm **1** Criança ou adulto que defeca muito. **2** Indivíduo medroso. *Fem: cagona.*
ca.gar (*lat cacare*) *vulg vint* **1** Defecar. *vpr* **2** Emporcalhar-se.
cai.a.que (*esquimó q'ajaq*) sm Canoa com uma abertura para o navegante sentado e impelida com um remo de duas pás.
cai.ar (*lat vulg *caleare*) vtd **1** Pintar com cal diluída em água, só ou misturada com tinta: *Caiar uma parede.* **2** Branquear (a pele) com cosméticos: *Caiar o rosto de pó de arroz. Conjug – Pres indic: caio, caias* etc.; *Pres subj: caie, caies, caie* etc.; *Pret perf: caiei, caiaste* etc. *Cf cair.*
cãi.bra (frâncico **kramp*, via *fr*) sf *Med* Contração involuntária e dolorosa de um músculo ou grupo de músculos.
cai.bro (*lat capreu*) sm *Constr* Peça de madeira utilizada nas armações de telhados.
cai.ça.ra (*tupi kaaysá*) s *m+f* Pescador que vive na praia.
ca.í.da (de *cair*) *sf* **1** Queda. **2** Vertente de montes ou serras. **3** Declive.
ca.í.do (*part* de *cair*) adj **1** Que caiu. **2** Derrubado, prostrado. **3** Abatido, triste. **4** Apaixonado, dominado pelo amor.
câ.im.bra (*Etim desc*) sf *Med* V *cãibra*.
ca.i.men.to (*cair+mento*) sm **1** Ação de cair. **2** Queda, ruína. **3** Inclinação, ajuste.
ca.in.gan.gue (etnônimo *Kaingang*) adj *m+f Etnol* Relativo aos caingangues, indígenas do Estado de São Paulo, Paraná, Santa Catarina e Rio Grande do Sul. • s *m+f* Indígena dessa tribo.
cai.pi.ra (*corr* de *caipora*) s *m+f* **1** Pessoa da roça; caboclo, matuto, sertanejo. **2** Indivíduo tímido e acanhado. • adj *m+f* Pertencente ou relativo ao caipira.

cai.pi.ra.da (*caipira+ada¹*) sf **1** Ato próprio de caipira. **2** Bando de caipiras.
cai.pi.ri.nha (*caipira+inho, no fem*) s *m+f* **1** Caipira pequeno. *sf* **2** Bebida alcoólica popular.
cai.po.ra (*tupi kaá póra,* habitante da mata) s *m+f* **1** Morador do mato. **2** *Folc* Ente fantástico, de um só pé, que vive nas florestas. **3** Sujeito que, de acordo com a crendice popular, traz desgraça às pessoas de quem se aproxima. • adj *m+f* **1** Que tem azar. **2** Infeliz em tudo o que faz. *Var: caapora.*
ca.ir (*lat cadere*) *vti* e *vint* **1** Ir ao chão; tombar: *Cair ao solo.vti* e *vint* **2** Decair, declinar: *Cair da fama, da popularidade. vint* **3** Fraquejar: *A vela ia-se acabando, a chama caía. vti* **4** Atacar: *Cair sobre o inimigo. vti* **5** Acontecer, coincidir com: *O carnaval cai em fevereiro este ano. vint* **6** Perder o valor: *Caiu a sua afirmação. vti* e *vint* **7** Ser enganado: *Cair no conto dovigário. Conjuga-se como sair.*
cais (*fr quai*) sm *sing+pl* Parte da margem de um rio ou porto de mar em que atracam os navios e se faz o embarque ou desembarque de pessoas ou mercadorias.
cái.ser (*al Kaiser*) sm O nome dado ao imperador da Alemanha. *Pl: cáiseres*.
cai.xa (*lat capsa*) sf **1** Receptáculo para guardar, acondicionar ou transportar algo. *Aum: caixão. Dim: caixeta, caixote, caixola.* **2** Seção de um banco ou casa comercial em que se fazem os recebimentos e os pagamentos. s *m+f* **3** Pessoa cuja ocupação em um banco ou casa comercial é receber ou pagar. *sm* **4** Livro auxiliar de escrituração em que se registram as entradas e saídas de dinheiro. *A toque de caixa:* a toda pressa. *Caixa automático* ou *eletrônico:* terminal eletrônico de banco. *Caixa postal:* caixa de correio particular, frequentemente alugada, numerada e trancada, onde é depositada a correspondência do locatário. *Caixa torácica:* tórax.
cai.xa-d'á.gua sf Reservatório de água. *Pl: caixas-d'água.*
cai.xão (*caixa+ão²*) sm **1** Caixa grande. **2** Caixão funerário, ataúde, esquife.
cai.xa-pre.ta sf Espécie de gravador instalado em aeronaves e que tem a função de registrar as comunicações entre a cabina

e a torre de comando, bem como os dados do avião e do voo. *Pl:* caixas-pretas.

cai.xei.ro (*caixa+eiro*) *sm* 1 Operário que faz caixas. 2 Balconista.

cai.xei.ro-vi.a.jan.te *sm* Empregado que vende produtos de um estabelecimento comercial em locais distantes; viajante. *Pl:* caixeiros-viajantes.

cai.xi.lho (*caixa+ilho*) *sm* 1 Armação de madeira ou metal que emoldura as almofadas de uma porta, vidraças de uma janela, painéis etc. 2 Moldura.

cai.xi.nha (*caixa+inho*, no *fem*) *sf* 1 Caixa pequena. 2 Coleta entre os interessados na obtenção de algum favor. 3 *por ext* Gorjeta.

cai.xo.te (*caixa+ote*) *sm* Caixa tosca, de tamanho mediano.

ca.já (*tupi akaiá*) *sm Bot* 1 Fruto da cajazeira. 2 Cajazeira.

ca.ja.do (*lat vulg hispânico *cajatu*) *sm* Bastão, bordão.

ca.ja.zei.ra (*cajá+z+eira*) *sf Bot* Árvore de frutos comestíveis, da família das anacardiáceas.

ca.ju (*tupi akaiú*) *sm* Fruto do cajueiro.

ca.ju.a.da (*caju+ada¹*) *sf* 1 Bebida refrigerante, feita com sumo de caju, água e açúcar. 2 Doce de caju.

ca.ju.ei.ro (*caju+eiro*) *sm Bot* Árvore frutífera da família das anacardiáceas, originariamente brasileira. *Var: cajuzeiro.*

cal (*lat calce*) *sf* Substância branca obtida pela calcinação de pedras calcárias, usada em construções. *Pl:* cales e cais.

ca.la.bou.ço (*cast calabozo*) *sm* Prisão subterrânea, cárcere.

ca.la.bre.sa (*Calábria+esa*) *sf* Diz-se de um tipo de linguiça apimentada.

ca.la.da (*calar+ada¹*) *sf* Silêncio profundo; calmaria. *Na calada da noite:* às altas horas da noite.

ca.la.do (*part de calar¹*) *adj* 1 Que não diz nada. 2 Silencioso. • *sm Náut* 1 Distância vertical da quilha do navio à linha de flutuação. 2 Espaço que o navio ocupa dentro da água.

ca.la.fe.tar (*ital calafatare*) *vtd* Vedar as fendas, as frestas ou os buracos de: *Calafetou as janelas para evitar que o vento frio entrasse.*

ca.la.fri.o (*lat cale(re)*, sentir calor+*frio*) *sm* 1 Arrepio. 2 *Med* Tremor com sensação de frio. 3 Impressão causada por susto ou comoção violenta.

ca.la.mi.da.de (*lat calamitate*) *sf* 1 Catástrofe. 2 Grande desgraça.

ca.lão (*cigano caló*, via *cast*) *sm Ling* 1 Linguagem especial de ladrões, vadios etc. 2 Gíria; jargão. *Baixo calão:* linguagem caracterizada por termos obscenos ou grosseiros.

ca.lar (*lat tardio callare*, do *gr khalán*) *vint* e *vpr* 1 Guardar silêncio, não falar: *Não era mulher para pensar e calar-se.* *vint* e *vpr* 2 Emudecer, não responder. *vtd* 3 Não dizer, ocultar: *Quase sempre, cala os seus pensamentos.* *vtd* 4 Impor silêncio a: *A todo preço nos queriam calar. Calar a boca* ou *calar o bico:* deixar de falar, silenciar.

cal.ça (de *calçar*) *sf* Peça de vestuário que começa na cintura, dividindo-se em dois canos que cobrem as pernas até o tornozelo. *Var:* calças.

cal.ça.da (*part de fem de calçar*) *sf* 1 Caminho ou rua com pavimento de pedra. 2 Passeio para trânsito de pedestres.

cal.ça.dão (*calçada+ão²*) *sm* Passeio extenso e largo nas cidades.

cal.ça.dei.ra (*calcar+deira*) *sf* Espécie de espátula empregada para calçar sapatos.

cal.ça.dis.ta (*calçada+ista*) *s m+f* Pessoa que fabrica calçados.

cal.ça.do (*part de calçar*) *sm* Peça de vestuário, que cobre e protege os pés: botas, botinas, sapatos etc. • *adj* 1 Que tem os pés metidos em botinas, sapatos etc. 2 Empedrado, lajeado. 3 Escorado, amparado.

cal.ça.men.to (*calcar+mento¹*) *sm* 1 Ação de calçar. 2 Pavimentação de ruas.

cal.ca.nhar (*lat vulg *calcaneare*) *sm Anat* 1 Saliência posterior do pé humano, formada pelo calcâneo e pelos músculos e tendões que ligam o pé à perna. 2 Parte do calçado ou da meia correspondente a essa parte do pé. *Calcanhar de aquiles:* o ponto fraco de alguém: *"Essa questão dos alimentos caros sempre foi o calcanhar de aquiles dos governos brasileiros."* (FSP)

cal.ca.nhar de a.qui.les Ver definição em *calcanhar.*

cal.ção (*calça*+*ão²*) *sm* Calça curta, que desce até os joelhos ou pouco acima deles. *Calção de banho*: calção usado por homens em praias, piscinas etc.

cal.car (*lat calcare*) *vtd* **1** Pisar com os pés. **2** Esmagar.

cal.çar (*lat calceare*) *vtd* **1** Introduzir os pés no calçado, as pernas nas calças, calção etc., as mãos nas luvas: *Calçou as botas e saiu*. **2** Usar nos pés (botas, botinas, meias, sapatos etc.), nas pernas (calças, calção etc.), nas mãos (luvas). **3** Fazer o calçamento de: *A prefeitura calçou a rua esburacada*. **4** Cobrir, revestir: *Calçaram a rodovia com uma camada adicional de asfalto*.

cal.cá.rio (*lat calcariu*) *adj* **1** Relativo à cal ou ao carbonato de cálcio. **2** Que contém cálcio ou um composto de cálcio. • *sm* Rocha formada pelo carbonato de cálcio.

cal.cei.ro (*calça*+*eiro*) *sm* **1** Fabricante de calças. **2** Alfaiate que faz calças.

cal.ci.fi.ca.ção (*calcificar*+*ção*) *sf* **1** Ação de calcificar. **2** *Med* Ossificação anormal.

cal.ci.fi.car (*cálci*+*ficar*) *vtd* **1** Dar consistência e cor de cal a. *vpr* **2** *Med* Sofrer um processo de calcificação.

cal.ci.nha (*dim* de *calça*) *sf* Calça curta que as mulheres usam como peça íntima. *Var:* calcinhas.

cál.cio (*lat cient calciu*) *sm Quím* Elemento metálico cor de prata.

cal.ço (de *calçar*) *sm* **1** Ato de calçar. **2** Cunha, pedaço de madeira, pedra ou qualquer outro material que se põe por baixo de algum objeto para o nivelar, elevar, firmar ou ajustar.

cal.cu.la.do.ra (*calcular*+*dor*, no *fem*) *sf* Máquina de calcular.

cal.cu.lar (*lat calculare*) *vtd* **1** Computar; contar: *Calculei a duração da viagem por trem*. *vti* e *vint* **2** Fazer cálculos: *Calcular com lápis e papel*. *vtd* **3** Avaliar; estimar: *Calcular distâncias*. *vtd* **4** Prever: *Não calculou as consequências de sua decisão*.

cal.cu.lis.ta (*cálculo*+*ista*) *adj m*+*f* **1** Que calcula. **2** Interesseiro. • *s m*+*f* **1** Pessoa que faz cálculos matemáticos; calculador. **2** Pessoa que visa sempre a um fim útil e interesseiro.

cál.cu.lo (*lat calculu*) *sm* **1** Avaliação, cômputo. **2** *Mat* Resolução de problemas matemáticos. **3** *Med* Concreção composta de sais minerais, encontrada principalmente em órgãos como os rins, a bexiga etc.

cal.da (de *caldo*) *sf* **1** Dissolução de açúcar em ponto de xarope. **2** Sumo fervido de alguns frutos.

cal.dei.ra (*lat caldaria*) *sf* Recipiente metálico para aquecer água, produzir vapor, cozinhar alimentos etc.

cal.dei.ra.da (*caldeira*+*ada¹*) *sf* **1** Conteúdo de caldeira. **2** Guisado de peixe. **3** Cozido de vários alimentos (legumes, mariscos etc.).

cal.dei.rão (*caldeira*+*ão²*) *sm* **1** Caldeira de pés, para cozinha. **2** Panela grande, mais alta que larga.

cal.dei.rei.ro (*caldeira*+*eiro*) *sm* **1** Indivíduo que faz ou vende caldeiras. **2** Operário que trabalha nas caldeiras de limpar açúcar.

cal.do (*lat calidu*) *sm* Suco que se extrai de frutos ou de certas plantas.

ca.le.fa.ção (*lat calefactione*) *sf* Aquecimento de recintos fechados.

ca.le.fa.tor (*lat calefactu*+*or*) *adj* Que aquece. • *sm* Aparelho de aquecimento.

ca.lei.dos.có.pio (*cali*+*gr eidós*+*scopo*+*io*) *V calidoscópio*.

ca.le.ja.do (*part* de *calejar*) *adj* **1** Que tem calos. **2** *fig* Experiente.

ca.le.jar (*calo*+*ejar*) *vtd* **1** Formar calos, tornar caloso: *Calejar as mãos*. **2** *fig* Habituar ao sofrimento: *Calejou a alma*. Conjuga-se como *solfejar*.

ca.len.dá.rio (*lat calendariu*) *sm* Tabela, folhinha ou folheto com indicação dos dias, semanas e meses do ano.

ca.len.das (*lat calendas*) *sf pl* Primeiro dia de cada mês, entre os romanos da Antiguidade.

ca.lha (*lat canalia*) *sf* Cano pelo qual escoa água.

ca.lha.ma.ço (*corr* de *canhamaço*) *sm* Livro grande e antigo; alfarrábio.

ca.lham.be.que (*voc express*) *sm* Qualquer carro velho.

ca.lhar (*calha*+*ar²*) *vint* **1** Entrar na calha ou deslizar sobre ela. *vti* **2** Acontecer, suceder: *Calhou de o encontrarmos na cidade*. *vti* e *vint* **3** Coincidir: *Apesar de* não termos combinado, calhou de sairmos juntos da escola.

ca.lhor.da sm Cafajeste; indivíduo desprezível. • adj m+f Que tem características de calhorda.

ca.li.bra.dor (calibrar+dor²) adj Que calibra. • sm 1 O que calibra. 2 Instrumento para medir espessura, diâmetros, calibres e distâncias entre superfícies.

ca.li.bra.gem (calibrar+agem) sf Ação de calibrar.

ca.li.brar (calibre+ar²) vtd 1 Dar calibre conveniente a: Calibrar uma balança. 2 Medir ou ajustar o calibre de: Mandou calibrar os pneus do carro antes de viajar.

ca.li.bre (fr calibre, de origem incerta) sm 1 Diâmetro interior de tubo. 2 Diâmetro de projétil. 3 Dimensão, tamanho, importância, volume.

cá.li.ce (lat calice) sm 1 Pequeno copo com pé. 2 Rel Catól Vaso empregado na missa, para a consagração do vinho. 3 Bot Invólucro exterior da flor, que contém a corola e os órgãos sexuais. Var: cálix.

ca.li.ci.da (calo+i+cida) sm Medicamento para remover calos.

cá.li.do (lat calidu) adj 1 Quente. 2 Ardente, fogoso.

ca.li.dos.có.pi.co (calidoscópio+ico²) adj Relativo ou pertencente a um calidoscópio.

ca.li.dos.có.pio (cáli+eidós+scopo+io²) sm Fís Aparelho óptico formado por um tubo com pequenos fragmentos de vidro colorido que se refletem em pequenos espelhos inclinados, apresentando, a cada movimento, combinações variadas. Var: caleidoscópio.

ca.li.fa (ár Halífa) sm Sucessor de Maomé como soberano temporal e espiritual dos muçulmanos.

ca.li.gra.fi.a (cáli+grafo+ia¹) sf 1 Arte de escrever à mão. 2 Maneira de escrever. 3 Forma de letra manuscrita.

ca.lí.gra.fo (cáli+grafo) sm 1 O que escreve muito bem à mão. 2 Aquele que sabe ou ensina caligrafia.

ca.lis.ta (calo+ista) s m+f Pessoa que tem por profissão curar ou extrair calos.

cal.ma (gr kaûma, via ital) sf Quietude, serenidade, tranquilidade. Antôn: agitação, tumulto.

cal.man.te (de calmar) adj m+f Que acalma, que tranquiliza. • sm Medicamento que acalma; sedativo.

cal.ma.ri.a (calma+aria) sf 1 Calma. 2 Tranquilidade geral. Antôn: agitação.

cal.mo (de calma) adj Sereno, sossegado, tranquilo. Antôn: excitado, inquieto.

ca.lo (lat callu) sm 1 Med Endurecimento da pele causado por atrito. 2 Med Pequeno tumor duro, nos dedos do pé ou nos tornozelos. 3 Med Crosta dura que liga os ossos fraturados.

ca.lom.bo (quimbundo kalumba) sm 1 Inchaço, caroço. 2 Quisto sebáceo.

ca.lor (lat calore) sm 1 Qualidade daquilo que está quente. 2 Sensação que se experimenta na proximidade ou contato de um corpo quente. 3 fig Animação, entusiasmo.

ca.lo.ren.to (calor+ento) adj 1 Quente. 2 Diz-se do indivíduo muito sensível ao calor.

ca.lo.ri.a (calor+ia¹) sf 1 Fís Unidade de medição do calor. 2 Fisiol Unidade com que se mede o valor nutritivo dos alimentos.

ca.ló.ri.co (calori+ico²) adj 1 Relativo ou pertencente a calor; térmico. 2 Relativo ou pertencente a calorias.

ca.lo.si.da.de (lat callositate) sf 1 Calo de grande extensão. 2 Dureza calosa.

ca.lo.ta (baixo-lat calota) sf 1 Geom Parte da esfera compreendida entre um plano tangente e um secante. 2 Anat Parte superior da caixa craniana. 3 Peça que protege as extremidades dos eixos dos automóveis.

ca.lo.te (fr culotte, do jogo de dominó) sm Falta de pagamento de uma dívida.

ca.lo.te.ar (calote+ar) vint 1 Contrair dívidas sem possibilidade de as pagar: Caloteou as contas do armazém. vtd 2 Pregar calote a. Conjuga-se como frear.

ca.lo.tei.ro (calote+eiro) sm Indivíduo mau pagador.

ca.lou.ro (gr moderno kalógeros) sm Estudante novato de qualquer curso. Antôn: veterano.

ca.lun.ga (quimbundo kalunga) sf 1 Rel Divindade secundária do culto banto. 2 Imagem dessa divindade. 3 Folc Boneca usada no maracatu.

ca.lú.nia (*lat calumnia*) *sf* **1** Acusação falsa; mentira. **2** Difamação.

ca.lu.ni.ar (*lat calumniari*) *vtd* Difamar, fazendo acusações falsas contra alguém: *Caluniou o professor, colocando sob suspeita a sua competência.* Conjuga-se como *premiar. Cf calúnia.*

cal.vá.rio (*lat calvariu*) *sm* **1** *Rel* Lugar da crucificação de Cristo. **2** Elevação de terreno que representa esse lugar: *Monte Calvário.* **3** *Rel Catól* Altar em que se expõem a cruz e a Senhora das Dores, durante a Paixão. **4** *fig* Martírio: *"A partir de agora começará o teu calvário!"* (FSP)

cal.ví.cie (*lat calvitie*) *sf* Estado ou qualidade de calvo; careca.

cal.vi.nis.mo (*Calvino, np+ismo*) *sm Rel* Sistema religioso, instituído por Calvino, reformador protestante francês (1509-1564).

cal.vi.nis.ta (*Calvino, np+ista*) *adj m+f* Pertencente ou relativo ao calvinismo. • *s m+f* Adepto do calvinismo.

cal.vo (*lat calvu*) *adj* Que não tem cabelos na cabeça ou em parte dela. • *sm* Careca.

ca.ma (*lat hispânico cama*) *sf* Móvel em que a pessoa se deita para dormir ou descansar; leito. *Cama de gato:* a) *Fut* colocar-se por baixo do atleta quando ele salta para cabecear a bola; b) brincadeira com um barbante. *Estar de cama:* estar na cama por doença.

ca.ma.da (*cama+ada¹*) *sf* **1** Porção de material colocado ou espalhado uniformemente sobre uma superfície; revestimento. **2** Substância aplicada sobre outra ou entre duas outras. **3** Classe, categoria. *Camada de ozônio:* camada composta pelo gás ozônio que envolve a Terra e a protege das radiações ultravioleta do Sol.

ca.ma de ga.to Ver definição em *cama.*

ca.ma.feu (*fr ant camaheu*) *sm* Pedra preciosa, com camadas de diversos matizes e esculpida em relevo.

ca.ma.le.ão (*gr khamailéon*) *sm* **1** *Herp* Gênero de répteis que mudam de cor, acompanhando o colorido do ambiente. **2** *fig* Indivíduo que muda facilmente de opinião; hipócrita: *"Não quero ser um camaleão politicamente correto."* (FSP)

câ.ma.ra (*lat camera*) *sf* **1** Corporação de senadores, deputados, vereadores ou comerciantes. **2** Edifício onde funciona qualquer dessas corporações: *Câmara dos Deputados.* **3** *Fot* Parte opaca que forma o corpo da máquina fotográfica. **4** *Telev* Aparelho que capta e transmite as imagens de televisão. *Var:* câmera. *Câmara de ar:* tubo de borracha vulcanizada, cheio de ar comprimido, usado nas rodas de veículos e nas bolas de couro.

ca.ma.ra.da (*fr camarade*) *s m+f* **1** Companheiro(a). **2** Pessoa que convive bem com outra. **3** Colega.

ca.ma.ra.da.gem (*camarada+agem*) *sf* **1** Convivência amigável. **2** Intimidade.

câ.ma.ra de ar Ver definição em *câmara.*

ca.ma.rão (*lat vulg *cammarone* por *cammaru*, do *gr*) *sm Zool* Nome comum a várias espécies de crustáceos.

ca.ma.rei.ra (*câmara+eira*) *sf* Arrumadeira de quartos em hotéis; criada de quarto.

ca.ma.rim (*ital camerino*) *sm* **1** Pequena câmara. **2** Cada um dos compartimentos, nos teatros, onde os atores se vestem.

ca.ma.ro.te (*câmara+ote*) *sm* **1** Cada um dos compartimentos, em uma sala de espetáculos, de onde os espectadores podem assistir às representações. **2** Cabina nos navios.

cam.ba.da (*cambo+ada¹*) *sf* **1** Agrupamento de pessoas ou de animais. **2** *fig* Corja, canalha, súcia.

cam.ba.la.cho (de *cambalear*) *sm* Tramoia, trapaça.

cam.ba.le.an.te (de *cambalear*) *adj m+f* Que cambaleia.

cam.ba.le.ar (de *cambar*) *vint* Caminhar sem firmeza; oscilar, vacilar: *Bêbado, cambaleou até seu quarto.* Conjuga-se como *frear.*

cam.ba.lho.ta (de *cambale(ar)+ota*) *sf* Giro, feito no ar com o corpo, no qual os pés descrevem uma circunferência em torno da cabeça.

cam.bi.ar (*câmbio+ar¹*) *vtd* **1** Mudar, transformar: *O tempo cambiava a tristeza em serenidade.* *vtd* **2** Trocar, permutar: *Cambiar dólares por euros.* *vint* **3** Mudar de cores: *As nuvens cambiam pela ação do vento.* Conjuga-se como *premiar. Cf câmbio.*

câm.bio (*lat med cambiu*) *sm* **1** Troca, permuta. **2** Troca de moedas do mesmo país ou de países diversos. **3** *Autom* Dispositivo para alternar as marchas do veículo.

cam.bis.ta (*câmbio+ista*) *s m+f* **1** Pessoa que tem casa de câmbio. **2** Aquele que faz negócios de câmbio. **3** *pop* Aquele que vende ingressos com ágio.

cam.bi.to (*camba+ito*) *sm* **1** Perna fina. **2** Pernil de porco. **3** Gancho de pau. **4** *pop* Gambito.

cam.bo.ja.no (*top Camboja+ano*) *adj* Relativo ao Camboja (Ásia). • *sm* Natural ou habitante do Camboja. *Var: cambojiano.*

cam.brai.a (*top fr Cambrai*) *sf* Tecido muito fino de algodão ou de linho.

cam.bri.a.no (*Câmbria, np+ano*) *adj Geol* Relativo ou pertencente ao período mais antigo da era paleozoica e ao sistema mais baixo de rochas paleozoicas. • *sm Geol* Esse período ou sistema de rochas.

cam.bu.rão *sm gír* Carro de polícia para transportar presos.

ca.mé.lia (*Kamel, np+ia²*) *sf Bot* Gênero de arbustos ou pequenas árvores tropicais, de flores avermelhadas ou brancas.

ca.me.lo (ê) (*lat camellu*) *sm Zool* Cada um de dois grandes mamíferos ruminantes, usados em regiões desérticas, por sua capacidade de conservar água no corpo. São eles o camelo arábico, com uma só corcova no dorso, também chamado *dromedário*, e o camelo bactriano, com duas corcovas. *Col: cáfila, camelaria.*

ca.me.lô (*fr camelot*) *sm* Vendedor que expõe qualquer artigo vendável, nas calçadas ou em tabuleiros.

câ.me.ra (*gr kamára, via lat camera*) *V* câmara.

cameraman (*ingl*) *s m+f* Operador de câmara (acepção 4). *Pl: cameramen.*

ca.mi.ca.se (*jap kami*, deus+*kaze*, vento) *sm Hist* **1** Piloto japonês suicida contra alvos inimigos. **2** O avião, carregado de explosivos, de um desses pilotos.

ca.mi.nha.da (*caminhar+ada¹*) *sf* **1** Ação de caminhar. **2** Jornada: *Caminhada ecológica.* **3** Passeio longo.

ca.mi.nhan.te (de *caminhar*) *adj m+f* Que caminha, caminhador, caminheiro. • *s m+f* **1** Transeunte. **2** Viajante.

ca.mi.nhão (*fr camion*) *sm Autom* Veículo para transporte de carga. *Col: frota.*

ca.mi.nhar (*caminho+ar*) *vint* **1** Percorrer caminho a pé: *Esta é a estrada; agora, caminhemos.* **2** Pôr-se em movimento; rodar, seguir: *O jipe caminhava, rumo à fazenda.*

ca.mi.nho (*lat vulg camminu*) *sm* **1** Atalho, estrada, rua. **2** Rumo, direção, destino: *Eu não sei chegar lá. Você pode me ensinar o caminho?*

ca.mi.nho.nei.ro (*caminhão+eiro*) *sm* Motorista de caminhão ou carreta.

ca.mi.nho.ne.te (*fr camionnette*) *sf* Veículo para transporte de pessoal ou de carga. *Var: caminhoneta.*

ca.mi.o.ne.te (ê) (*fr camionnette*) *sf V caminhonete. Var: camioneta.*

ca.mi.sa (*lat camisia*) *sf* Peça de vestuário, com mangas curtas ou compridas. *Camisa de força:* espécie de camisa de tecido resistente que tolhe os movimentos dos braços e impossibilita a ação de doidos furiosos ou de malfeitores. *Camisa de vênus: V preservativo.*

ca.mi.sa de for.ça Ver definição em *camisa.*

ca.mi.sa.ri.a (*camisa+aria*) *sf* Estabelecimento onde se fazem ou vendem camisas.

ca.mi.sei.ro (*camisa+eiro*) *adj* Próprio para camisas. • *sm* **1** Fabricante ou vendedor de camisas. **2** Móvel para guardar camisas.

ca.mi.se.ta (ê) (*camisa+eta*) *sf* Camisa de mangas curtas ou sem mangas, geralmente de malha. *Camiseta regata:* camiseta sem mangas e de decote cavado.

ca.mi.si.nha (*camisa+inho*, no *fem*) *sf* **1** Camisa pequena. **2** V *preservativo.*

ca.mi.so.la (*camisa+ola*) *sf* Traje de dormir feminino.

ca.mo.mi.la (*baixo-lat camomilla*, do *gr*) *sf Bot* **1** Nome de diversas espécies de ervas, de cujas flores se prepara um chá medicinal. **2** A flor dessas plantas.

ca.mo.ni.a.no (*Camões, np+ano*) *adj* Pertencente ou relativo a Camões (poeta português, 1525-1580). • *sm* Estudioso da obra de Camões.

cam.pa *sf* **1** Pedra ou lousa que cobre a sepultura. **2** Cobertura rasa da sepultura.

cam.pa.i.nha (*lat campanea*) *sf* Qualquer campânula elétrica, que se afixa à entrada das residências.

cam.pal (*campo+al*¹) *adj m+f* **1** Referente ao campo. **2** Relativo a acampamento. **3** Que se realiza ao ar livre: *"Durante o feriado, a cidade terá tapete de sal, procissões e missa campal."* (FSP)

cam.pa.ná.rio (*campana+ário*) *sm* Parte da torre em que estão suspensos os sinos.

cam.pa.nha (*lat campanea*) *sf* **1** Campo extenso; campina. **2** *Mil* Série de operações militares durante uma guerra.

cam.pâ.nu.la (*lat campanula*) *sf* Campainha; sino pequeno.

cam.pe.ão (*longobardo kampio*, via *ital* e *fr*) *sm* Vencedor. *Fem: campeã.*

cam.pe.ar (*campo+e+ar*¹) *vtd* **1** Procurar (animais) no campo ou no mato. *vint* **2** Estar ou viver no campo. *vtd* **3** *pop* Buscar, procurar.

cam.pe.o.na.to (*campeão+ato*¹) *sm* Prova desportiva ou certame cujo vencedor recebe o título de campeão.

cam.pe.si.no (de *campo*) *adj* **1** Relativo ao campo; rural. **2** Próprio do campo, campestre.

cam.pes.tre (*lat campestre*) *adj m+f* Rural, rústico.

cam.pi.na (*campo+ina*) *sf* **1** Planície. **2** Descampado.

cam.pis.mo (*campo+ismo*) *sm neol* A prática de acampar, em barracas ou tendas.

cam.po (*lat campu*) *sm* **1** Terreno extenso e plano. **2** Campina. **3** Área usada para cultura ou pastagem: *Campo de trigo.* **4** Região rural. **5** Praça onde se realizam jogos.

cam.po.nês (*campo+n+ês*) *adj* **1** Próprio do campo. **2** Rústico. • *sm* O que mora ou trabalha no campo. *Fem: camponesa.*

cam.pô.nio (*campo+ônio*) *V camponês.*

campus (*lat campu*) *sm neol* Terreno e edifícios de uma universidade. *Pl: campi.*

ca.mu.fla.gem (*fr camouflage*) *sf* Ato ou efeito de camuflar.

ca.mu.flar (*ital camouflare*, pelo *fr*) *vtd* e *vint* **1** Dissimular, disfarçar: *"Bruna detesta dar os nomes aos bois, podendo ela camufla."* (CP) **2** Esconder sob falsas aparências: *Se queria bisbilhotar nossa casa, camuflou bem sua intenção.*

ca.mun.don.go (*quimbundo kamundóngo*) *sm Zool* Pequeno rato doméstico.

ca.mur.ça (*voc pré-rom*) *sf* **1** *Zool* Ruminante bovídeo das montanhas europeias, que tem os cornos revirados para trás. **2** Pele desse animal. • *adj m+f* Que tem cor de camurça; amarelo-claro.

ca.na (*lat canna*) *sf* **1** *Bot* Gênero de ervas perenes tropicais, que têm caules simples, grandes folhas alternadas. **2** Caule de várias plantas gramíneas: *Cana-de-açúcar.* **3** *pop* Aguardente, cachaça. **4** *gír* Prisão, xadrez. *Estar em cana, gír:* estar preso.

ca.na-de-a.çú.car *sf Bot* Gramínea originária da Índia, da qual se extrai o açúcar. *Pl: canas-de-açúcar.*

ca.nal (*lat canale*) *sm* **1** Porção de água ou estreito entre duas terras e ligando dois mares. **2** Braço de rio ou de mar. **3** Leito ou curso de rio. **4** Cavidade ou tubo que dá passagem a líquidos ou gases. **5** *Radiotécn* e *Telev* Faixa estreita de frequências reservada para uma estação de rádio ou televisão. *Dim: canalete, canalículo.*

ca.na.le.te (ê) (*canal+ete*) *sm* **1** Canal pequeno. **2** Sulco, ranhura, calha. *Var: canaleta.*

ca.na.lha (*ital canaglia*) *sf* **1** Gente vil. *s m+f* **2** Sujeito vil e infame.

ca.na.lhi.ce (*canalha+ice*) *sf* Ação, modo ou dito próprios de canalha: *"Ele disse que seria uma canalhice aumentar os preços depois da eleição."* (FSP)

ca.na.li.za.ção (*canalizar+ção*) *sf* **1** Ato de canalizar. **2** Conjunto de canais ou canos que formam uma rede.

ca.na.li.zar (*canal+izar*) *vtd* **1** Abrir canais em: *Canalizar um campo.* **2** Dirigir e encaminhar por meio de canais, valas ou canos: *Canalizar um rio, um córrego.* **3** Colocar canos de esgoto: *A prefeitura canalizou a pequena cidade.*

ca.na.pé (*fr canapé*) *sm* **1** Sofá. **2** *Cul* Salgadinhos servidos em festas. *Var: canapê.*

ca.ná.rio (de *Canárias, np*) *sm Ornit* Pássaro canoro, pequeno, de plumagem geralmente amarela, originário das Ilhas Canárias.

ca.nas.tra (de *canastro*) *sf* **1** Cesta larga e baixa com ou sem tampa. **2** Certo jogo de cartas.

ca.nas.trão (*canastra+ão*²) *sm* **1** Canastra grande. **2** Raça brasileira de porcos, de cor preta ou vermelha. **3** *gír* Cavalo grande, sem energia. **4** *gír* Ator medíocre.

ca.na.vi.al (*cânave+al*¹) *sm* Plantação de cana-de-açúcar.

ca.na.vi.ei.ro (*cânave+eiro*) *adj* Relativo à cana-de-açúcar.

can.cã (*fr cancan*) *sm* Dança, de origem francesa.

can.ção (*lat cantione*) *sf* **1** Composição poética, feita para ser cantada. **2** Canto. *Col: frota*.

can.ce.la (de *cancelo*) *sf* **1** Portão. **2** Porteira.

can.ce.lar (*lat cancellare*) *vtd* **1** Invalidar: *A empresa cancelou as bonificações previstas em contrato*. **2** Eliminar, excluir: *O governo cancelou várias regalias dos funcionários de empresas estatais*. Antôn: restabelecer, restaurar.

cân.cer (*lat cancer*) *sm* **1** *Med* Nome genérico dado aos tumores malignos. **2 Câncer** *Astr* Constelação do zodíaco. **3 Câncer** *Astrol* Signo do zodíaco, relativo aos nascidos entre 21 de junho e 20 de julho. *Pl: cânceres*.

can.ce.ri.a.no (*câncer+ano*) *sm Astrol* Pessoa nascida sob o signo de Câncer. • *adj Astrol* Relativo ou pertencente ao signo de Câncer ou aos cancerianos.

can.ce.rí.ge.no (*cânceri+geno*) *adj Med* Capaz de produzir câncer.

can.ce.ro.so (ó) (*câncer+oso*) *adj Med* **1** Que tem natureza de câncer. **2** Afetado de câncer. • *sm* Homem que sofre de câncer. *Pl: cancerosos (ó)*.

can.cha (*quíchua kantxa*, via *cast*) *sf* **1** Lugar em que se realizam corridas de cavalos. **2** Campo em que se realizam jogos esportivos (futebol etc.). *Ter cancha*: ter tarimba, experiência.

can.ci.o.nei.ro (*canção+eiro*) *sm* Coleção de canções.

can.cro (*lat cancru*) *sm* **1** *V câncer* (acepção 1). **2** *Med* Úlcera venérea.

can.dan.go (*quimbundo kandungu*) *sm* **1** Nome com que os africanos designavam os portugueses. **2** Trabalhador braçal vindo de fora da região. **3** *por ext* Nome com que se designam os trabalhadores que colaboraram na construção de Brasília.

can.de (*ár qandî*) *adj* Diz-se do açúcar refinado, cristalizado e meio transparente. *Var: cândi*.

can.de.ei.ro (*candeia+eiro*) *sm* Utensílio para iluminação.

can.dei.a (*lat candela*) *sf* **1** Utensílio de iluminação que se usa suspenso por um prego na parede. *sf pl* **2** *Rel Catól* Festa religiosa, também chamada *candelária*.

can.de.la.bro (*lat candelabru*) *sm* Grande castiçal, para diversas luzes.

can.de.lá.ria (*lat candela+ária*) *sf* Festa da Purificação da Virgem Maria (2 de fevereiro); festa das candeias.

can.di.da.tar (*candidato+ar*¹) *vpr* **1** Apresentar-se ou declarar-se candidato: *Candidatou-se ao Senado*. **2** Concorrer (às eleições).

can.di.da.to (*lat candidatu*) *sm* **1** Pretendente a emprego. **2** O que se propõe ou é proposto para cargo de eleição.

can.di.da.tu.ra (*candidato+ura*¹) *sf* **1** Apresentação de candidato. **2** Pretensão do candidato.

cân.di.do (*lat candilu*) *adj* **1** Puro. **2** Sincero. **3** Ingênuo. **4** Inocente. Antôn (acepção 1): *impuro, vicioso*.

can.dom.blé (*quimbundo kandombe+ioruba ilé*, casa) *sm Rel* Religião africana.

can.du.ra (*cândido+ura*) *sf* **1** Qualidade do que é cândido. **2** Pureza. **3** Ingenuidade, simplicidade, inocência.

ca.ne.ca (*lat canna+eca*) *sf* Caneco.

ca.ne.co (*lat canna+eco*) *sm* **1** Caneca estreita e alta. **2** *Esp pop* Qualquer taça como prêmio de uma competição.

ca.ne.la (*ital cannella*, via *fr ant*) *sf* **1** *Bot* Nome de árvores da família das lauráceas. **2** Casca aromática da caneleira. **3** Madeira da caneleira. **4** Parte dianteira da perna entre o pé e o joelho.

ca.ne.la.da (*canela+ada*¹) *sf* Pancada na canela.

ca.ne.la.do (*canela+ado*¹) *adj* **1** Que tem sulcos: "*Coloque numa forma untada de 21,5 cm de diâmetro, canelada.*" (ELL) **2** Em forma de canal.

ca.ne.lei.ra (*canela+eira*) *sf* **1** *Bot* Nome dado a várias árvores da família das lauráceas; canela. **2** Polaina acolchoada com que os jogadores de futebol protegem as pernas.

ca.ne.lo.ne (*ital canellone*) *sm Cul* Tipo de massa com recheio.

ca.ne.ta (*ê*) (*cana+eta*) *sf* Haste para escrever.

ca.ne.ta-tin.tei.ro *sf* Caneta que traz em si a tinta. *Pl*: *canetas-tinteiro* e *canetas-tinteiros*.

cân.fo.ra (*ár kâfûr*, via *lat med*) *sf Quím* e *Farm* Substância aromática extraída da canforeira.

can.fo.rei.ra (*cânfora+eira*) *sf Bot* Árvore, originária do Japão, frequentemente cultivada como árvore ornamental.

can.ga (*célt *cambica*) *sf* **1** Peça de madeira com a qual se unem os bois pelo pescoço, ligando-os ao carro ou arado para puxarem juntos; jugo, carro de boi. **2** *pop* Saída debanho.

can.ga.cei.ro (*cangaço+eiro*) *sm* Bandido do sertão brasileiro.

can.ga.ço (*canga+aço*) *sm* **1** Quadrilha de cangaceiros. **2** Vida ou ação de cangaceiro.

can.go.te (*corr* de *cogote*) *sm* Parte posterior do pescoço; nuca. *Var*: *congote*, *cogote*.

can.gu.ru (de *alguma língua australiana*, via *ingl ant kangooroo*) *sm Zool* Marsupial herbívoro, da região australiana.

câ.nha.mo (*lat ibérico cannabu*, pelo *cast cáñamo*) *sm* **1** *Bot* Erva centro-asiática própria para a fabricação de cordões e tecidos grossos. **2** Fio extraído dessa planta.

ca.nhão (*cast cañón*) *sm* **1** Peça de artilharia. **2** Parte superior do cano das botas. **3** Peça de metal que há em certas fechaduras. **4** *gír* Mulher feia ou sem atrativos. *Canhão de luz*: equipamento usado para iluminação; holofote.

ca.nho.na.ço (*canhão+aço*) *sm* **1** Tiro de canhão. **2** No futebol, chute muito forte: "*Paulo dispara um canhonaço lá do meio-campo.*" (FSP)

ca.nho.na.da (*canhão+ada¹*) *sf* Descarga de canhões.

ca.nho.ta (*canho+ota*) *sf pop* Mão esquerda.

ca.nho.to (*ô*) (*canho+oto*) *adj* **1** Esquerdo. **2** Que se ajeita mais com a mão esquerda. • *sm* **1** Indivíduo que se serve, de preferência, da mão esquerda. **2** Parte esquerda de um talão de cheques, de guias de recebimento etc.

ca.ni.bal (*fr cannibal*, por sua vez do *cast caribal*, do *top Caribe*, com analogia com *cão*) *s m+f* Selvagem antropófago. • *adj m+f* Que pratica o canibalismo.

ca.ni.ba.lis.mo (*canibal+ismo*) *sm Zool* Ato pelo qual um animal come a carne ou os ovos de qualquer outro da mesma espécie.

ca.ni.ço (*cana+iço*) *sm* **1** *Bot* Nome comum a várias gramíneas altas, que têm talos delgados e crescem em lugares úmidos. **2** Vara de pescar. **3** *gír* Magricela, magrelo.

ca.ni.cul.tor (*cani+cultor*) *sm* Criador de cães.

ca.ni.cul.tu.ra (*cani+cultura*) *sf* Criação de cães.

ca.ní.deos (*cani+ídeos*) *sm pl Zool* Família de mamíferos carnívoros, que inclui os cães, lobos, chacais, raposas. • *adj sing* Pertencente ou relativo a eles.

ca.nil (*lat canil*) *sm* Alojamento de cães. *Pl*: *canis*.

ca.ni.nha (*cana+inho*, no *fem*) *sf* **1** Cana-de-açúcar. **2** *pop* Aguardente de cana-de-açúcar, cachaça.

ca.ni.no (*lat caninu*) *adj* **1** Próprio de cão. **2** *Anat* Diz-se dos dois dentes, de cada maxilar, situados entre os incisivos e os molares, próprios para cortar. • *sm V dente*.

ca.ni.ve.ta.da (*canivete+ada¹*) *sf* Golpe de canivete.

ca.ni.ve.te (*fr ant canivet*) *sm* Espécie de navalha pequena. *Nem que chova canivete*, *coloq*: aconteça o que acontecer.

can.ja (*malaiala kañji*, arroz com água) *sf* **1** *Cul* Caldo de galinha com arroz. **2** *fig* Coisa fácil de ser feita. *Dar uma canja*: apresentar-se de graça (um artista).

can.ji.ca (*canja+ico¹*, no *fem*) *sf* **1** Grãos amassados de milho, arroz, trigo etc. **2** Milho amassado que se come cozido em água e sal ou com leite e açúcar.

ca.no (de *cana*) *sm* **1** Tubo para condução de gases ou de líquidos. **2** Tubo cilíndrico de arma de fogo por onde sai o projétil. **3** Parte de bota que envolve o tornozelo ou a perna. *Dar o cano*, *pop*: faltar ao encontro. *Entrar pelo cano*, *gír*: sair-se mal.

ca.no.a (*cast canoa*, do *aruaque*) *sf* Pequena embarcação. *Aum: canoão. Dim: canoazinha, canoinha.* Não embarcar em canoa furada, *gír:* não se meter em negócios arriscados.

ca.no.a.gem (*canoar+agem*) *sf* **1** Exercício praticado em canoa. **2** Navegação em canoa.

ca.no.ei.ro (*canoa+eiro*) *adj+sm* Que ou indivíduo que dirige uma canoa.

câ.non (*gr kánon*, via *lat*) *sm* **1** Regra, preceito. **2** *por ext* Padrão, modelo. **3** *Rel Liturg* Parte central da missa católica entre o prefácio e o pai-nosso. **4** *Rel* Lista de santos reconhecidos pela Igreja. *Pl: cânones. Var: cânone.*

câ.no.ne (*gr kánon*) *V* **cânon**.

ca.nô.ni.co (*lat canonicu*) *adj* Conforme aos cânones da Igreja: *"Um artigo do direito canônico proíbe o casamento entre madrinha e afilhado."* (FSP)

ca.no.ni.za.ção (*canonizar+ção*) *sf* Ação de canonizar.

ca.no.ni.zar (*cânone+izar*) *vtd* **1** Consagrar, autorizar: *A moda canonizou o uso de certas gírias.* **2** *Rel* Considerar ou declarar santo; santificar: *Canonizar um espírito beato.*

ca.no.ro (*ó*) (*lat canoru*) *adj* Que canta; melodioso.

can.sa.ço (*cansa+aço*) *sm* Fadiga; canseira.

can.sar (*lat campsare*) *vtd* e *vint* **1** Causar cansaço ou fadiga: *Esse meio de transporte cansa, deveras.* *vtd* **2** Aborrecer: *A rotina dos discursos cansou o auditório.* *vti, vint* e *vpr* **3** Ficar cansado ou aborrecido: *Após tantos anos, ele cansara. Antôn* (acepção 1): *descansar, repousar.*

can.sa.ti.vo (*cansar+ivo*) *adj* **1** Que cansa; fatigante. **2** Enfadonho.

can.sei.ra (*cansar+eira*) *sf V* **cansaço**.

can.ta.da (*cantar+ada*[1]) *sf* **1** Ato ou efeito de cantar. **2** *pop* Tentativa de sedução.

can.ta.dor (*cantar+dor*) *adj* Que canta. • *sm Folc* Cantor popular.

can.tan.te (de *cantar*) *adj m+f* Que canta.

can.tar (*lat cantare*) *vint* **1** Formar, emitir com a voz sons ritmados e musicais: *O coro cantou muito bem.* *vtd* **2** Dizer por meio de canto ou poesia: *Cantaram um salmo.* *vtd* **3** Ludibriar, seduzir com palavras: *Ele sabia cantar as namoradas.* • *sm* Canto, cantiga. *Pl: cantares.* Cantar de galo: mostrar-se valente; mandar. Cantar vitória: gabar-se de ter conseguido.

cân.ta.ro (*gr kántharos*) *sm* Grande vaso, bojudo e de gargalo, para líquidos. *A cântaros:* torrencialmente: *Chover a cântaros.*

can.ta.ro.lar (*cantarola+ar*[1]) *vtd* e *vint* Cantar a meia voz, sem articular palavras.

can.tei.ro (*canto+eiro*) *sm* Jardim ou horta em que se plantam flores ou hortaliças. *Canteiro de obras:* espaço ao redor de uma construção.

cân.ti.co (*lat canticu*) *sm* Canto, ode, poema.

can.ti.ga (*lat cantica*) *sf* Poesia cantada.

can.til *sm* Pequena vasilha para transportar líquidos em viagem. *Pl: cantis.*

can.ti.le.na (*lat cantilena*) *sf* **1** Cantiga suave. **2** Pequena canção. **3** *pop* Lenga-lenga.

can.ti.na (*ital cantina*) *sf* **1** Espécie de lanchonete. **2** *Reg* (SP) Restaurante especializado em pratos italianos. **3** *Reg* (RS) Estabelecimento vinícola.

can.to (*lat cantu*) *sm* **1** Ação de cantar. **2** Música escrita para ser cantada. **3** Ponto em que dois lados se encontram; esquina; quina; aresta. **4** Extremidade de abertura: *canto dos olhos; canto da boca.*

can.to.chão (*canto+chão*) *sm Mús* Canto tradicional da Igreja Católica (do Ocidente), também chamado *canto gregoriano*. *Pl: cantochãos.*

can.to.nei.ra (*canto+eira*) *sf* **1** Armário ou prateleira que se adapta ao canto de uma casa. **2** Reforço metálico.

can.tor (*lat cantore*) *sm* **1** Indivíduo que canta. **2** Artista que canta por profissão. *Col: coro.*

can.to.ri.a (*cantor+ia*[1]) *sf* **1** Ação de cantar. **2** Concerto de vozes, música vocal.

ca.nu.do (*cano+udo*) *sm* **1** Tubo comprido e estreito. **2** *por ext* O diploma.

cão (*lat cane*) *sm* **1** *Zool* Mamífero quadrúpede da ordem dos carnívoros, da família dos canídeos. *Col:* matilha. *Voz:* gane, ladra, late, rosna, uiva, ulula. **2** Peça que tange a cápsula nas armas de fogo portáteis. *Fem:* cadela. *Pl:* cães. *Aum:* canzarrão, canaz (*p us*). *Dim:* cãozinho, cãozito, canicho (*p us*).

ca.o.lho (ô) (*quimbundo ka*, pequeno+*olho*) V *zarolho*.

ca.os (*gr kháos*) *sm sing+pl* **1** Confusão. **2** Desordem.

ca.ó.ti.co (*caos*+*ico²*) *adj* Confuso, desordenado: *"O atendimento hospitalar está caótico no país inteiro."* (GAZ)

ca.pa (*lat tardio cappa*) *sf* **1** Agasalho para abrigar do frio e da chuva. **2** O que envolve ou cobre: *Capa de caderno.* **3** V *capação*. *Aum: capeirão*.

ca.pa.ção (*capar*+*ção*) *sf* Ação de capar ou castrar animais; capa, castração.

ca.pa.ce.te (ê) (*cat cabasset*) *sm* **1** Elmo. **2** Peça que protege a cabeça de operários, bombeiros, esportistas, motociclistas etc.

ca.pa.cho (*lat vulg *capaceu*) *sm* **1** Tapete em que se limpa a sola do calçado. **2** *fig* Indivíduo servil.

ca.pa.ci.da.de (*lat capacitate*) *sf* **1** Medida de conteúdo de líquido, gás ou sólido. **2** Poder de assimilar ideias, analisar, raciocinar; aptidão, habilidade mental.

ca.pa.ci.ta.ção (*capacitar*+*ção*) *sf* Ato ou efeito de capacitar(-se): *Capacitação profissional.*

ca.pa.ci.tar (*lat capacitate*+*ar*) *vtd* e *vpr* Tornar(-se) capaz; habilitar(-se).

ca.pa.do (*part de capar*) *adj* Castrado. • *sm* Porco adulto, na ceva; porco gordo.

ca.pan.ga (*quimbundo kapanga*) *sm* **1** Guarda-costas, jagunço. *sf* **2** Bolsa pequena.

ca.par (*lat vulg *cappare*) *vtd* **1** Castrar. **2** Mutilar.

ca.pa.taz (*cast capataz*) *sm* Chefe de um grupo de trabalhadores.

ca.paz (*lat capace*) *adj m+f* **1** Que tem capacidade. **2** Hábil. **3** Honrado, sério. *Sup abs sint: capacíssimo.*

ca.pe.ar (*capa*+*e*+*ar¹*) *vtd* **1** Cobrir ou esconder com capa: *Capear livros.* **2** Enganar, iludir. Conjuga-se como *frear*.

ca.pe.la (*lat tardio cappella*) *sf* **1** Pequena igreja. **2** Ermida, santuário.

ca.pe.lão (*lat tardio capellanu*) *sm* Padre de uma capela. *Pl: capelães*.

ca.pe.le.te (ê) (*lat cappelletti*) *sm Cul* Pequeno pastel enrolado, com recheio.

ca.pen.ga *adj m+f* Coxo, manco, torto. • *s m+f* Pessoa coxa, manca; perneta.

ca.pen.gar (*capenga*+*ar¹*) *vint* Coxear, mancar.

ca.pe.ta (*capa*+*eta*) *adj*+*sm* **1** Diabo, demônio. **2** *pop* Traquinas.

ca.pe.ti.nha (*capeta*+*inha*) *s m+f* Criança travessa ou traquinas.

ca.pi.au (do *guar*) *sm* Caipira. *Fem: capioa.*

ca.pi.lar (*lat capillare*) *adj m+f* **1** Relativo a cabelo. **2** Relativo às ramificações de vasos, por onde o sangue passa das artérias para as veias.

ca.pim (*tupi kapíi*) *sm Bot* Denominação de várias plantas gramíneas. *Col: feixe.*

ca.pi.na.ção (*capinar*+*ção*) *sf* Ato ou efeito de capinar. *Var: capina.*

ca.pi.nar (*capim*+*ar¹*) *vtd* e *vint* Eliminar o capim ou qualquer outra erva de uma plantação ou um terreno. *Var: carpir.*

ca.pin.zal (*capim*+*z*+*al¹*) *sm* **1** Terreno coberto de capim. **2** Capim plantado para o corte.

ca.pis.ta (*capa*+*ista*) *s m+f* Pessoa que desenha capas de livros, revistas etc.

ca.pi.tal (*lat capitale*) *sf* **1** Cidade ou povoação principal de um país, estado, província ou circunscrição territorial. *sm* **2** Posses em dinheiro ou em propriedades, ou empregadas em uma empresa. **3** Importância que se põe a render juros. • *adj m+f p us* **1** Essencial, fundamental. **2** Que acarreta a morte: *Pena capital.*

ca.pi.ta.lis.mo (*capital*+*ismo*) *sm Sociol* Tipo de organização econômica.

ca.pi.ta.lis.ta (*capital*+*ista*) *adj m+f* Relativo a capital. • *s m+f* Pessoa que vive do rendimento de um capital.

ca.pi.ta.li.za.ção (*capitalizar*+*ção*) *sf* Acumulação de capitais.

ca.pi.ta.li.zar (*capital*+*izar*) *vtd* **1** Ajuntar ao capital: *Capitalizar juros.* *vint* **2** Concentrar dinheiro: *Capitalizar para a velhice.*

ca.pi.ta.ni.a (*capitão*+*ia¹*) *sf* **1** Dignidade ou posto de capitão. **2** Designação das primeiras divisões administrativas do Brasil (século XVI), das quais se originaram as províncias e os Estados de hoje.

ca.pi.tâ.nia (*capitão*+*ia²*) *adj* Dizia-se da nau em que ia o comandante (capitão) de uma esquadra. • *sf* Essa nau.

ca.pi.tão (*lat medieval capitanu*) *sm* **1** Mil

Oficial do Exército. **2** Comandante de navio mercante. *Fem:* capitã e capitoa. *Pl:* capitães.

ca.pí.tu.lo (*lat capitulu*) *sm* **1** Cada uma das principais divisões de um livro, lei etc. **2** *Ecles* Assembleia de frades ou cônegos.

ca.pi.va.ra (*capim+tupi uára*, comedor) *sf Zool* Mamífero, o maior de todos os roedores.

ca.pi.xa.ba (*tupi kopisáua*) *adj m+f* Pertencente ou relativo a Vitória, capital do Espírito Santo. • *s m+f* Natural ou habitante de Vitória.

ca.pô (*fr capot*) *sm Autom* Tampa que protege o motor dos automóveis.

ca.po.ei.ra (*capão+eira*) *sf* **1** Mato ralo. **2** *Esp* Espécie de jogo atlético tradicional no Brasil.

ca.po.ei.ris.ta (*capoeira+ista*) *s m+f* Praticante de capoeira.

ca.po.ta (*fr capote*) *sf* Coberta de automóvel e outros veículos.

ca.po.tar (*fr capoter*) *vint* **1** Cair ou tombar, virando sobre a capota. **2** *gír* Cair em sono profundo: *Capotar de cansaço.*

ca.po.te (*capa+ote*) *sm* **1** Capa comprida e larga, com capuz. **2** Casaco comprido do uniforme militar.

ca.pri.char (*capricho+ar¹*) *vti* **1** Ter capricho. **2** Esmerar-se.

ca.pri.cho (*ital capriccio*) *sm* **1** Vontade súbita. **2** Teimosia. **3** Esmero, primor.

ca.pri.cho.so (*ô*) (*capricho+oso*) *adj* **1** Cheio de capricho. **2** Esmerado. **3** Teimoso. *Pl: caprichosos* (*ó*).

ca.pri.cor.ni.a.no (*Capricórnio+ano*) *sm Astrol* Pessoa nascida sob o signo de Capricórnio. • *adj Astrol* Relativo ou pertencente ao signo de Capricórnio ou aos capricornianos.

Ca.pri.cór.nio (*lat capricornu*) *sm* **1** *Astr* Constelação do zodíaco. **2** *Astrol* Signo do zodíaco, relativo aos nascidos entre 22 de dezembro e 20 de janeiro.

ca.pri.no (*lat caprinu*) *adj* Relativo ou semelhante à cabra ou ao bode.

cáp.su.la (*lat capsula*) *sf* **1** *Mil* Pequeno cilindro que contém a carga das armas. **2** *Farm* Pequeno recipiente em que se colocam medicamentos. **3** *Astronáut* Compartimento destacável para os astronautas, no foguete espacial.

cap.tar (*lat captare*) *vtd* **1** Atrair, por meios astuciosos ou fazendo valer o próprio mérito. **2** Descobrir ou receber uma onda ou sinal de rádio.

cap.tu.ra (*lat captura*) *sf* Ação de capturar.

cap.tu.rar (*capturar+ar¹*) *vtd* Aprisionar.

ca.pu.chi.nho (*capucho+inho*) *sm* Religioso da ordem franciscana.

ca.puz (*baixo-lat *caputiu*) *sm* Peça de pano para resguardo da cabeça. *Dim irreg: capuchinho.*

ca.qué.ti.co (*gr kakhektikós*) *adj* **1** Que padece de caquexia. **2** Pertencente ou relativo à caquexia. **3** *gír* Diz-se de indivíduo muito acabado ou envelhecido.

ca.que.xi.a (*cs*) (*gr kakhexía*) *sf Med* **1** Fraqueza profunda do organismo. **2** Abatimento devido à desnutrição ou à senilidade.

ca.qui (*jap kaki*) *sm Bot* Fruto do caquizeiro.

ca.qui.zei.ro (*caqui+z+eiro*) *sm Bot* Árvore asiática, frutífera, que dá o caqui.

ca.ra (*gr kára*) *sf* **1** Rosto, face. **2** Aparência das pessoas ou coisas: *Hoje, a comida está com boa cara.* **3** Face da moeda em que está representada em relevo a figura de uma personalidade. *s m+f* **4** *gír* Tratamento que se dá a uma pessoa; indivíduo. *Cara de enterro*, *coloq:* expressão triste e desolada. *Cara de fome:* cara pálida. *Cara de pau, pop:* V caradura. *Cara de poucos amigos:* aquela que indica disposição de ânimo característica de indivíduo ranzinza. *Cara de quem comeu e não gostou, coloq:* aquela que indica insatisfação. *Cara deslavada, coloq:* expressão de rosto de pessoa que não tem vergonha na cara. *Cara de tacho, coloq:* expressão própria de quem está desapontado. *Cara a cara:* um diante do outro. *Cara de um, focinho de outro, coloq:* diz-se de duas pessoas muito parecidas. *Com a cara e a coragem:* sem dinheiro. *Com a cara no chão, coloq:* envergonhado. *Dar as caras, coloq:* fazer-se presente. *Dar de cara com, coloq:* encontrar-se de repente diante de (alguém ou algo). *De cara, coloq:* de saída. *De cara cheia, coloq:* bêbado. *Encher a cara, coloq:* abusar da ingestão de bebida alcoólica. *Entrar com* *a cara e a coragem, coloq:* participar de algo sem dispender bens ou dinheiro. *Estar na cara, coloq:* ser de absoluta evidência. *Fazer cara feia, coloq:* fechar a cara. *Fechar a cara, coloq:* demonstrar desagrado. *Ir com a cara de, coloq:* ter ou sentir simpatia por. *Livrar a cara de, coloq:* tirar (alguém) de situação difícil. *Meter a cara, coloq:* entrar, em um local ou em uma conversa, sem cerimônia. *Meter a cara em, coloq:* empenhar-se com afinco. *Não ir com a cara de, coloq:* sentir antipatia por. *Quebrar a cara, fig:* fracassar. *Ser a cara de, coloq:* ser muito parecido com. *Ter duas caras:* ser falso.

ca.rá (*tupi kará*) *sm* **1** *Bot* Tubérculo comestível de algumas plantas. **2** *Ictiol* Peixe de água doce, também denominado *acará*.

ca.ra.bi.na (*fr carabine*) *sf* Espingarda de cano longo.

ca.ra.bi.nei.ro (*carabina+eiro*) *sm* **1** Fabricante ou vendedor de carabinas. **2** Soldado armado de carabina.

ca.ra.ca.rá (*tupi karakará*) *sm Ornit* Nome comum a várias grandes aves, semelhantes aos falcões e gaviões, na maioria sul-americanas. *Var: carcará.*

ca.ra.col *sm* **1** *Zool* Nome comum a todos os moluscos gastrópodes pulmonados, terrestres, providos de concha fina e de pequenas dimensões. **2** Caminho ou escada em hélice.

ca.rac.te.re (*gr kharaktér*) *sm* **1** *Inform* Qualquer tipo de notação: dígito numérico, letra ou símbolo. *sm pl* **2** Letras escritas; tipos de impressão. **3** Traços que individualizam uma pessoa ou coisa; peculiaridades.

ca.rac.te.rís.ti.ca (*fem de característico*) *sf* **1** Aquilo que caracteriza. **2** Traço que distingue um indivíduo, grupo ou tipo. *Var: caraterística.*

ca.rac.te.rís.ti.co (*gr kharakteristikós*) *adj* **1** Que caracteriza. **2** Que distingue: *"Respira ofegante com o ruído característico da asma."* (GE) • *sm V característica. Var: caraterístico.*

ca.rac.te.ri.zar (*caráter+izar*) *vtd* **1** Determinar o caráter de: *A elegância e a concisão caracterizam seu texto.* **2** Assinalar, distinguir, indicar: *A dedicação aos estudos caracteriza o bom aluno.* **3** Vestir e pintar (o ator) para representar a personagem. *Var: caraterizar.*

ca.ra.cu (*guar karakú*) *sm* **1** *Zool* Gado de pelo liso e curto. **2** Osso da perna do animal. **3** Medula dos ossos do boi.

ca.ra.du.ra (*cara+duro*) *s m+f* **1** Indivíduo desavergonhado. **2** Pessoa cínica; cara de pau.

ca.ra.du.ris.mo (*caradura+ismo*) *sm* Cinismo, descaramento, falta de vergonha.

ca.ra.lho (*lat *caraculu*, pequena estaca) *sm vulg V* pênis. *Pra caralho, interj:* em grande quantidade.

ca.ra.man.chão (de *câmara+acho+ão*, com metátese) *sm* Construção para trepadeiras, nos jardins ou pomares. *Var: carramanchão.*

ca.ram.ba! (do *cast*) *interj pop* Expressa admiração, ironia ou desagrado.

ca.ram.bo.la (*fr carambole*) *sf Bot* **1** Fruto da carambloeira, cuja cor varia de verde a amarelo e cujo corte transversal tem forma de uma estrela. **2** Batida de uma bola de bilhar em outras duas, de uma só tacada.

ca.ram.bo.lei.ra (*carambola+eira*) *sf Bot* Planta da Índia, largamente cultivada nas regiões tropicais.

ca.ra.me.li.za.do (*part de caramelizar*) *adj* Diz-se do açúcar derretido até o ponto de caramelo. *Var: caramelado.*

ca.ra.me.li.zar (*caramelo+izar*) *vtd* Reduzir a caramelo (o açúcar).

ca.ra.me.lo (*lat calamellu*) *sm* **1** Calda de açúcar queimado. **2** Bala desse açúcar.

ca.ra-me.ta.de *sf* A esposa em relação ao marido. *Pl: caras-metades.*

ca.ra.mu.jo *sm* **1** *Zool* Nome comum a todos os moluscos aquáticos, de água doce ou salgada, providos de conchas espessas. **2** *pop* Caracol. **3** *fig* Indivíduo introvertido.

ca.ran.go (de *cancro*, com metátese e epêntese) *sm gír* Automóvel. *Var: caranga.*

ca.ran.gue.jei.ra (*ingl greengage*) *sf Zool* Nome comum a várias grandes aranhas cabeludas.

ca.ran.gue.jo (*cast cangrejo*, e este *dim* de *cangro*, do *lat cancru*) *sm Zool* **1** Nome comum a vários crustáceos, na maioria marinhos. **2** *Astrol* Signo do zodíaco, conhecido como Câncer.

ca.rão (*cara+ão²*) *sm* **1** Cara grande ou feia. **2** Repreensão ou advertência. **3** Vexame.

ca.ra.pa.ça (*fr carapace*) *sf* **1** Cobertura que protege o dorso ou parte do dorso de um animal (tartaruga, tatu, cágado etc.). **2** Qualquer cobertura protetora dura.

ca.ra.pi.nha *sf* Cabelo crespo; pixaim.

ca.ra-pin.ta.da *adj* e *s m+f* Jovem que, com o rosto pintado, vai à rua em passeata. *Pl: caras-pintadas*.

ca.ra.pu.ça (*capa+eiro+uça*, com metátese) *sf* **1** Barrete ou gorro de forma cônica. **2** *fig* Alusão indireta, encerrando crítica ou censura: *Vestir a carapuça*.

ca.ra.tê (*jap karate*) *sm Esp* Tipo de luta, procedente da China e do Japão; antiga arte marcial.

ca.ra.te.ca (*jap karateka*) *s m+f* Lutador de caratê.

ca.rá.ter (*gr kharaktér*) *sm* **1** Conjunto de traços particulares de um indivíduo. **2** Cunho, distintivo, marca. **3** Temperamento. *Pl: caracteres (té)*. Veja nota em **júnior**.

ca.ra.va.na (*persa kârwân*, via *fr*) *sf* **1** Grupo de pessoas que viajam ou passeiam juntas. **2** Tropa de animais de carga, especialmente camelos. **3** Grupo de veículos que viajam juntos em fila.

ca.ra.va.nei.ro (*caravana+eiro*) *adj+sm* Pessoa que participa de uma caravana; o guia da caravana.

ca.ra.ve.la (*cáravo+ela*) *sf* Pequena embarcação a vela.

car.bo.i.dra.to (*carbo+hidro+ato⁴*) *sm Quím* Cada um dos compostos neutros de carbono, hidrogênio e oxigênio, que incluem os açúcares, amidos etc.; hidrato de carbono. *Var: carbo-hidrato*.

car.bo.na.to (*carbôn(ico)+ato⁴*) *sm Quím* Sal ou éster de ácido carbônico.

car.bo.ne.to (*ê*) (*carboni+eto*) *sm Quím* Designação genérica para qualquer composto binário de carbono e outro elemento; carbureto.

car.bô.ni.co (*carbon+ico²*) *adj Quím* Relativo ou pertencente ao carbono.

car.bo.ni.fe.ro (*carboni+fero*) *adj* Que contém, produz ou extrai carvão.

car.bo.ni.zar (*carbone+izar*) *vtd* Reduzir a carvão ou a um resíduo de carvão.

car.bo.no (*lat carbone*) *sm* **1** *Quím* Elemento não metálico, que forma compostos orgânicos em combinação com hidrogênio, oxigênio etc. **2** Papel-carbono.

car.bu.ra.ção (*carburar+ção*) *sf* **1** Ação ou efeito de carburar. **2** Processo de misturar combustível (como a gasolina) com o ar, para formar uma mistura explosiva.

car.bu.ra.dor (*ingl carburetor*) *sm* **1** *Mec* Aparelho em que o combustível se mistura com o ar, em forma de mistura explosiva, fazendo o motor funcionar. **2** Aparelho que efetua a carburação.

car.bu.rar (*fr carburer*) *vtd* Misturar uma substância inflamável ao ar, a um líquido ou a uma substância sólida para lhes comunicar propriedades combustíveis ou explosivas.

car.bu.re.to (*ê*) (*fr carbure+eto*) *sm Quím* Carboneto.

car.ca.ça (*fr carcasse*) *sf* **1** Arcabouço; esqueleto. **2** Casco velho de navio. **3** Caixa que abriga um mecanismo.

car.ca.rá (de *carcará*, com síncope) *sm* **1** *V caracará*. **2** *gír* Botão do esguicho d'água para limpar o para-brisa.

car.ce.ra.gem (*carcerar+agem*) *sf* Ato de encarcerar.

car.ce.rá.rio (*lat carcerariu*) *adj* Relativo a cárcere.

cár.ce.re (*lat carcere*) *sm* Cadeia.

car.ce.rei.ro (*cárcere+eiro*) *sm* Guarda de cárcere.

car.ci.no.ma (*gr karkínoma*) *sm Med* Tumor maligno; câncer.

car.ci.no.se (*cárcino+ose*) *sf Med* Disseminação de câncer pelo corpo.

car.co.mer (de *comer*) *vtd* **1** Destruir, desfazer em pó: *Os carunchos carcomeram o guarda-roupa*. **2** Caruncher. **3** Corromper: "*A máfia do jogo do bicho (...) vai, pouco a pouco, carcomendo o que resta das poucas células sadias do poder do Estado.*" (FSP) *Conjug*: com raras exceções, conjuga-se apenas nas 3ᵃˢ pessoas.

car.co.mi.do (*part de carcomer*) *adj* **1** Apodrecido. **2** Gasto, deteriorado.

car.da (*der regressiva de cardar*) *sf* **1** Ação de cardar. **2** Máquina que desembaraça fibras têxteis.

car.dá.pio (do *lat charta+dops, dapis+io²*)

sm Relação dos pratos de uma refeição; menu.

car.dar (*cardo+ar*[1]) *vtd* Pentear a lã ou outro tipo de têxtil com a carda.

car.de.al (*lat cardinale*) *sm* **1** Prelado do Sacro Colégio pontifício. *Col: colégio, conclave*. **2** *Ornit* Nome comum a vários pássaros da família dos fringilídeos (aves de cor vermelha). • *adj m+f* Principal; fundamental; cardinal.

cár.dia (*gr kardía*) *sf Anat* Abertura superior do estômago.

car.dí.a.co (*gr katdiakós*) *adj Med* Pertencente ou relativo ao coração. • *sm* Aquele que sofre do coração.

car.di.gã (*ingl cardigan*) *sm* Blusão sem gola, aberto, em decote angular. *Var: cardigan*.

car.di.nal (*lat cardinale*) *adj m+f* **1** *Mat* Diz-se do número que indica quantidade. **2** Principal, fundamental; cardeal.

car.di.o.gra.fi.a (*cárdio+grafo+ia*[1]) *sf* **1** *Med* Registro gráfico dos movimentos do coração. **2** *Anat* Parte da Anatomia que descreve o coração.

car.di.ó.gra.fo (*cárdio+grafo*) *sm Med* Aparelho que registra a força e a forma dos movimentos do coração.

car.di.o.gra.ma (*cárdio+grama*) *sm Med* Gráfico obtido pelo cardiógrafo.

car.di.o.lo.gi.a (*cárdio+logo+ia*[1]) *sf Med* Estudo do coração.

car.di.o.ló.gi.co (*cárdio+logo+ico*[2]) *adj* Relativo à cardiologia.

car.di.o.lo.gis.ta (*cárdio+logo+ista*) *s m+f* Especialista em cardiologia.

car.di.o.pa.ta (*cárdio+pato*) *s m+f Med* Doente do coração; cardíaco.

car.di.o.pa.ti.a (*cárdio+pato+ia*[1]) *sf Med* Qualquer moléstia do coração.

car.di.or.res.pi.ra.tó.rio (*cárdio+respiratório*) *adj Med* Relativo ou pertencente ao coração, aos pulmões e às suas funções.

car.di.o.vas.cu.lar (*cárdio+vascular*) *adj m+f Anat* **1** Relativo ou pertencente ao coração e aos vasos sanguíneos. **2** Que afeta o coração e os vasos sanguíneos.

car.du.me (de *carda*) *sm* Grande quantidade de peixes.

ca.re.ca (de *carecer*) *adj m+f* Calvo. • *sf* **1** Calva, calvície. *s m+f* **2** Pessoa calva.

ca.re.cer (*lat carescere*) *vti* Necessitar, precisar: *"Para atingir esse estágio, o noviço carece de muita paciência, aplicação, humildade, modéstia."* (VIC)

ca.rei.ro (*caro+eiro*) *adj* Que vende caro.

ca.rên.cia (*lat carentia*) *sf* **1** Falta. **2** Necessidade. *Antôn* (acepção 1): *fartura, abundância*.

ca.ren.te (*lat carente*) *adj m+f* **1** Que não tem. **2** Que precisa.

ca.res.ti.a (*lat med caristia*) *sf* **1** Escassez (de alimentos). **2** Encarecimento do custo de vida.

ca.re.ta (*ê*) (*cara+eta*) *sf* **1** Contração do rosto; trejeito. **2** Máscara. **3** *gír* Pessoa antiquada.

ca.re.ti.ce (*careta+ice*) *sf pop* Qualidade, ação ou dito de careta.

car.ga (*port ant carrega*, *der* regressiva de *carregar*) *sf* **1** Tudo que pode ser transportado. **2** *fig* Fardo, peso. **3** Porção, grande quantidade. **4** Encargo. **5** *Eletr* Acumulação de eletricidade.

car.gas-d'á.gua *sf pl pop* Motivo ignorado: *Não sei por que cargas-d'água ele desistiu da namorada.*

car.go (*part ant carrego*, de *carregar*) *sm* **1** Carga. **2** Encargo, incumbência. **3** Função em empresa. **4** Responsabilidade.

car.guei.ro (*carga+eiro*) *adj* **1** Que guia bestas de carga. **2** Que transporta carga. • *sm* Animal ou navio que transporta carga.

ca.ri.ar (*cárie+ar*[1]) *vint* Criar cárie: *Vários dentes da criança cariaram*. *Conjug*: normalmente é verbo defectivo; conjuga-se apenas nas 3as pessoas.

ca.ri.ca.to (*ital caricato*) *adj* **1** Semelhante a caricatura. **2** Ridículo. • *sm* Ator cômico que faz caricaturas.

ca.ri.ca.tu.ra (*ital caricatura*) *sf* **1** Charge. **2** Imitação cômica.

ca.ri.ca.tu.ris.ta (*caricatura+ista*) *s m+f* Pessoa que faz caricaturas; chargista.

ca.rí.cia (*ital meridional carizia*) *sf* Carinho, meiguice.

ca.ri.da.de (*lat caritate*) *sf* **1** Bondade, compaixão. **2** Esmola.

ca.ri.do.so (*ô*) (*caridade+oso*) *adj* **1** Que pratica ou tem a virtude da caridade. **2** Em que há caridade. *Pl: caridosos* (*ó*).

cá.rie (*lat carie*) *sf Odont* Desintegração do

esmalte e da dentina causada pela ação de ácidos provenientes da decomposição de alimentos; cárie dentária.

ca.ri.jó (*tupi kariió*) *adj m+f* **1** Pintado de branco e preto (galinha ou galo). **2** Relativo aos carijós, tribo indígena. • *s m+f* Indivíduo dessa tribo.

ca.ril (*tâmil kari*) *sm* Pó indiano para temperos culinários.

ca.rim.ba.do (*part* de *carimbar*) *adj* **1** Marcado com carimbo. **2** *gír* Diz-se de algo ou alguém conhecido.

ca.rim.bar (*carimbo+ar¹*) *vtd* Marcar com carimbo.

ca.rim.bo (*quimbundo karimbu*) *sm* **1** Peça que serve para marcar papéis de uso oficial ou particular. **2** Selo, sinete.

ca.ri.nho (*cast cariño*) *sm* **1** Afago, carícia. **2** Meiguice.

ca.ri.nho.so (*ó*) (*carinho+oso*) *adj* **1** Que trata com carinho. **2** Afetuoso, meigo. *Pl:* carinhosos (*ó*).

ca.ri.o.ca (*tupi kariuóka*) *s m+f* **1** Natural ou habitante da cidade do Rio de Janeiro. *sm* **2** Variedade de arroz. **3** Variedade de feijão. • *adj m+f* Pertencente ou relativo à cidade do Rio de Janeiro.

ca.ris.ma (*gr khárisma*) *sm* **1** *Sociol* Conjunto de qualidades excepcionais de certas pessoas. **2** *Teol* Dom da graça de Deus.

ca.ris.má.ti.co (*gr khárisma, atos+ico²*) *adj Sociol* Em que há carisma (acepção 1).

ca.ri.ta.ti.vo (*lat caritate+ivo*) *adj* Caridoso.

car.ma (*sânsc karma*) *sm Filos* O conjunto de ações dos homens e suas consequências (filosofia indiana).

car.me.li.ta (*Carmelo, np+ita²*) *s m+f Catól* Frade ou freira da ordem de Nossa Senhora do Carmo ou do Monte Carmelo.

car.me.sim (*ár hispânico qarmazí*) *adj m+f* Vermelho carregado, vermelho-cravo. • *sm* Cor de cravo, cor vermelha carregada.

car.mim (*fr carmin*) *sm* **1** Substância corante, carmesim, extraída principalmente da cochinilha. **2** Cor vermelha vivíssima.

car.na.ção (*lat carnatione*) *sf* Cor da carne.

car.na.du.ra (*carne+ar¹+dura¹*) *sf* O conjunto de músculos; parte carnosa do corpo.

car.nal (*lat carnale*) *adj m+f* **1** Relativo à carne; material. **2** Consanguíneo (diz-se de primo em primeiro grau).

car.na.ú.ba (*tupi karanaýua*) *sf* **1** V *carnaubeira*. **2** Cera extraída das folhas da carnaúba.

car.na.u.bei.ra (*carnaúba+eira*) *sf Bot* Planta da família das palmeiras. Tem raiz comestível e das folhas obtém-se uma fibra.

car.na.val (*ital carnevale*) *sm* **1** *Folc* Período de três dias de folia que precede a quarta-feira de cinzas. **2** *pop* Confusão, desordem: *Não precisa fazer carnaval por uma coisa tão simples!*

car.na.va.les.co (*carnaval+esco*) *adj* Pertencente ou relativo a carnaval. • *sm* Pessoa que organiza e executa as diversas atividades ligadas ao carnaval.

car.ne (*lat carne*) *sf* **1** Tecido muscular do homem e dos animais. **2** Parte comestível dos animais. *Carne de sol:* carne de vaca salgada e seca ao sol; charque, carne-seca. *Carne de vaca, pop:* coisa muito comum.

car.nê (*fr carnet*) *sm* **1** Livro de notas e apontamentos. **2** Ficha pessoal onde são registrados os pagamentos mensais de compras a crédito.

car.ne de sol Ver definição em *carne*.

car.ne de va.ca Ver definição em *carne*.

car.ne.gão (de *carne*) *sm* A parte de matéria purulenta e dura que se forma nos furúnculos e outros tumores.

car.nei.ro (*lat carnariu*) *sm* **1** *Zool* Nome comum a numerosos mamíferos ruminantes. *Col:* malhada, rebanho. *Voz:* bala, bale. **2** Carne desse animal. **3** *fig* Pessoa de índole muito mansa e sensata.

car.ne-se.ca V *carne de sol*. *Pl:* carnes-secas.

car.ni.ça (*carne+iça*) *sf* **1** Carne podre de animal. **2** Carnificina, matança. Jogo infantil que consiste em atirar piões sobre outro. *Pular carniça:* participar da brincadeira infantil que consiste em saltar por cima das costas curvadas do participante escolhido, apoiando-se as mãos sobre as costas desse indivíduo.

car.ni.cei.ro (*carniça+eiro*) *adj* **1** Que se alimenta de carne. **2** *fig* Cruel, feroz. • *sm* **1** *pej* Cirurgião inábil. **2** *pej* Açougueiro.

car.ni.fi.ci.na (*lat carnificina*) *sf* **1** Matança, mortandade. **2** Extermínio; massacre.

car.ní.vo.ro (*lat carnivoru*) *adj* Que se alimenta exclusivamente de carne. • *sm Zool* Espécime dos carnívoros.

car.nu.do (*carne+udo*[1]) *adj* **1** Cheio de carne. **2** Musculoso.

ca.ro (*lat caru*) *adj* **1** Que custa alto preço. **2** Precioso; estimado; querido: *Caro amigo.* • *adv* A um alto preço: *Pagou caro aquela mentira.* Antôn (acepção 1): *barato*.

ca.ro.chi.nha (*carocha+inho*, no *fem*) *sf* Diminutivo de *carocha*, carocha pequena. *História da carochinha*: a) história para crianças; b) *por ext* contos, lendas.

ca.ro.ço (*ô*) (*lat vulg carudium*, do *gr*) *sm* **1** Parte dura de certos frutos, que é ou contém a semente. **2** Semente do algodão e de vários frutos. **3** *V calombo. Pl:* caroços (*ó*).

ca.ro.la (*lat corolla*, dim de *corona*) *s m+f* **1** Pessoa exageradamente assídua à igreja. **2** *pej* Beato. • *adj m+f* Muito beato, muito frequentador de igrejas.

ca.ro.li.ce (*carola+ice*) *sf* Qualidade ou maneira de proceder de carola; beatice.

ca.ro.na (*cast carona*) *sf pop* **1** Condução ou transporte gratuito em qualquer veículo. *sm* **2** *por ext* Aquele que não paga a passagem (*p ex*, nos ônibus).

ca.ro.nei.ro (*carona+eiro*) *sm* Aquele que viaja de graça; carona.

ca.ró.ti.da (*gr karotídes*) *sf Anat* Cada uma das duas grandes artérias que, da aorta, levam o sangue à cabeça. *Var: carótide*.

car.pa (*lat carpa*) *sf* **1** *Ictiol* Peixe de água doce. **2** Ação de carpir; capina.

car.pe.tar (*ingl carpet+ar*[1]) *vtd* Forrar ou cobrir com carpete: *Carpetar uma sala.*

car.pe.te (*ingl carpet*) *sm* Tapete que forra o piso.

car.pi.dei.ra (*carpir+deira*) *sf* **1** *ant* Pranteadeira, choradeira. **2** *Agr* Implemento para carpir, também chamado *bico de pato*. • *adj f* Que carpe ou lamenta.

car.pin.ta.ri.a (*lat carpentu+aria*) *sf* **1** Obra, ofício, trabalho de carpinteiro. **2** Oficina de carpinteiro.

car.pin.tei.ro (*lat carpentariu*) *sm* Ocupação daquele que constrói, monta e repara peças de madeira.

car.pir (*lat carpere*) *vtd* **1** Capinar. *vtd* **2** Arrancar, colher: *Determinou que carpissem a roça. vtd* e *vti* **3** Chorar, lastimar: *Carpir saudades.* Conjuga-se como *abolir*.

car.po (*gr karpós*) *sm Anat* e *Zool* O pulso ou a parte dos membros dianteiros entre o antebraço e o metacarpo.

car.que.ja (*ê*) (*gr kolokasía*) *sf Bot* Nome de várias plantas medicinais da família das compostas: *chá de carqueja*.

car.ra.da (*carro+ada*[1]) *sf* **1** Carga que um carro transporta de uma só vez. **2** *fig* Grande quantidade de qualquer coisa: *Carradas de razão.*

car.ra.man.chão (*câmara+acho+ão*[2], com metátese) *V caramanchão*.

car.ran.ca (de *cara*) *sf* **1** Cara muito feia, que indica mau humor. **2** Máscara.

car.ran.cu.do (*carranca+udo*[2]) *adj* **1** Que faz ou tem carranca. **2** Que tem mau humor. *Antôn* (acepção 2): *alegre, expansivo*.

car.ra.pa.to (*pré-rom caparra*, com metátese+*ato*[3]) *sm* **1** *Zool* Nome comum a vários aracnídeos que se fixam à pele. **2** Nome da semente do rícino. **3** *fig* Aquele que é importuno.

car.ra.pi.cho (*carrap*(*ito*)+*icho*) *sm* **1** *Bot* Semente espinhosa ou invólucro espinhoso de sementes de certas plantas, que têm as pontas dos espinhos comumente providas de farpas ou ganchos. **2** O atado do cabelo no alto da cabeça, birote, coque. **3** Cabelo pixaim.

car.ras.co (de *Carrasco, np*) *sm* **1** Executor da pena de morte. **2** Indivíduo tirano, cruel.

car.re.ar (*carro+e+ar*[1]) *vtd* **1** Conduzir em carro: *Os colonos carreiam a cana para o engenho. vint* **2** Guiar carros. *vtd* e *vti* **3** Causar, ocasionar: *Tal atitude carreou ao chefe muitas hostilidades.* Conjuga-se como *frear*.

car.re.a.ta (*carro+*(*pass*)*eata*) *sf* Procissão de veículos.

car.re.ga.ção (*carregar+ção*) *sf* **1** Ação de carregar; carregamento. **2** Carga.

car.re.ga.dor (*carregar+dor*) *sm* **1** O que carrega. **2** Indivíduo que faz carretos. **3** Retificador para carregar pilhas. **4** Pente de balas (nas armas automáticas). • *adj* Que carrega.

car.re.ga.men.to (*carregar+mento*) *sm* **1** Ato de carregar. **2** Carga.

car.re.gar (*lat vulg carricare*) *vtd* **1** Pôr a carga dentro de ou sobre. **2** Abastecer; alimentar, encher: *Carregar a fornalha*. **3** Tornar sombrio ou severo. **4** *Fís* Acumular eletricidade em, renovar a carga de uma bateria. **5** *Inform* Ler conjunto de informações e enviá-lo para a memória principal do computador ou servidor.

car.rei.ra (*lat vulg carraria*) *sf* **1** Corrida veloz. **2** Profissão. **3** Fileira; fila.

car.rei.ris.mo (*carreira+ismo*) *sm* Oportunismo.

car.rei.ris.ta (*carreira+ista*) *s m+f* Pessoa oportunista. • *adj m+f* Que pratica o carreirismo.

car.re.ta (ê) (*carro+eta*) *sf* **1** Pequeno carro. **2** Caminhão grande, usado para transportar cargas pesadas; jamanta.

car.re.tei.ro (*carreto+eiro*) *sm* Aquele que conduz carro ou carreta ou faz carretos.

car.re.tel (*carrete+el*) *sm* **1** Pequeno cilindro em que se enrola fio. **2** Molinete.

car.re.ti.lha (*carreta+ilha*) *sf* **1** Instrumento com roda denteada que corta. **2** Aparelho metálico da vara de pescar; molinete. **3** Pequena roldana.

car.re.to (ê) (de *carretar*) *sm* **1** Frete. **2** Preço do frete. **3** Carregamento.

car.ri.lhão (*fr carillon*) *sm* Conjunto de sinos.

car.ri.nho (*carro+inho*) *sm* **1** Diminutivo de *carro*, pequeno carro. **2** *Esp* Lance em que o futebolista se atira ao solo a fim de tirar com os pés a bola do adversário.

car.ro (*lat carru*) *sm* **1** Veículo; automóvel. **2** Vagão. *Col*: *comboio*.

car.ro.ça (*ital carrozza*, via *fr*) *sf* Carro puxado por cavalo, burro ou boi.

car.ro.ção (*carroça+ão²*) *sm* **1** Aumentativo de *carroça*, grande carroça. **2** Grande carro de bois, coberto.

car.ro.cei.ro (*carroça+eiro*) *sm* **1** Condutor de carroça. **2** O que faz fretes com carroça.

car.ro.ce.ri.a (*carroça+eria*) *sf* A parte superior de um veículo, colocada sobre o chassi. *Var*: *carroçaria*.

car.ro.che.fe *sm* **1** Principal carro alegórico de um desfile. **2** *fig* O mais importante. *Pl*: *carros-chefe* e *carros-chefes*.

car.ro.ci.nha (*carroça+inho*, no *fem*) *sf* **1** Diminutivo de *carroça*, pequena carroça. **2** Veículo para recolher os cães vadios, apanhados nas vias públicas.

car.ro-for.te *sm* Veículo blindado usado para transporte de valores. *Pl*: *carros-fortes*.

car.ro-guin.cho *sm* Veículo que serve de socorro para outro reboque. *Pl*: *carros-guincho* e *carros-guinchos*.

car.ro-pi.pa *sm* Caminhão com tanque para transporte de água. *Pl*: *carros-pipa* e *carros-pipas*.

car.ros.sel (*fr carrousel*) *sm* Brinquedo de parques de diversões.

car.ro-tan.que *sm* Caminhão equipado com tanque para transporte de líquidos. *Pl*: *carros-tanque* e *carros-tanques*.

car.ru.a.gem (*cat carruatge*) *sf* Carro puxado por cavalos, destinado a transporte de pessoas; diligência.

car.ta (*gr khártes*, pelo *lat*) *sf* **1** Escrito que se dirige a alguém; missiva. **2** Mapa geográfico ou topográfico. **3** Cada um dos cartões que formam o baralho. **4** *Reg* (SP) Carteira de motorista.

car.ta.da (*carta+ada¹*) *sf* **1** Jogada. **2** Golpe, chance.

car.tão (*carta+ão²*) *sm* **1** Papel espesso para desenho ou pintura. **2** Cartolina. *Cartão de crédito*: cartão que permite compras a crédito. *Cartão eletrônico*: cartão dotado de tarja magnética que possibilita leitura por terminais de computador. *Cartão magnético*: V *cartão eletrônico*. *Cartão telefônico*: cartão para fazer chamadas telefônicas em aparelhos públicos.

car.tão-pos.tal *sm* Cartão com duas faces, sendo uma delas ilustrada e a outra reservada para a escrita de alguma mensagem. *Pl*: *cartões-postais*.

car.taz (*gr khártes*, através do *ár qarTâs*) *sm* **1** Papel grande, com um ou mais anúncios, que se fixa em lugar público. **2** *pop* Popularidade, prestígio. **3** *Cin*, *Teat* Filme ou peça em exibição ou representação.

car.te (do *ingl kart*) *sm Esp* Pequeno veículo de quatro rodas, sem carroceria, com embreagem automática, sem caixa de mudanças nem suspensão; *kart*.

car.te.a.do (*part* de *cartear*) *adj+sm* Diz-se de ou qualquer jogo de cartas.

car.te.ar (*carta+ear*) *vint* **1** Dar cartas, no jogo de baralho. *vtd* **2** Jogar com cartas:

Gostamos de cartear nos fins de semana. *vpr* **3** Ter correspondência por cartas: *Carteiam-se desde os tempos de colégio.* Conjuga-se como *frear.*

car.tei.ra (*carta+eira*) *sf* **1** Bolsa para guardar dinheiro ou papéis. **2** Escrivaninha, secretária. **3** Documento oficial: *Carteira de habilitação, carteira de motorista, carteira de trabalho.*

car.tei.ro (*lat chartariu*) *sm* Funcionário postal que distribui a correspondência pelos domicílios; correio.

car.tel (*ital cartello*, pelo *fr*) *sm* Sindicato de empresas produtoras, as quais estabelecem monopólio, distribuindo entre si os mercados e determinando os preços.

car.te.la (*ital cartella*) *sf* **1** Invólucro no qual se acondicionam mercadorias miúdas. **2** Cartão numerado usado em jogo.

cár.ter (de *Carter, np*) *sm* **1** *Mec* Invólucro metálico do motor do automóvel e no qual fica o óleo de lubrificação. **2** *por ext* Qualquer envoltório metálico que protege mecanismos, motores etc. *Pl: cárteres.*

car.ti.la.gem (*lat cartilagine*) *sf Anat* Tecido flexível, fibroso, que se encontra especialmente na extremidade dos ossos.

car.ti.la.gi.no.so (*ô*) (*lat cartilaginosu*) *adj* **1** Cheio de cartilagens. **2** Que tem cartilagens. *Pl: cartilaginosos (ó).*

car.ti.lha (*carta+ilha*[2]) *sf* Livrinho em que se aprende a ler.

car.tis.mo (*carta+ismo*) *sm Esp* Corrida disputada em cartes.

car.to.gra.fi.a (*carto+grafia*[1]) *sf* Arte de compor cartas geográficas ou mapas.

car.tó.gra.fo (*carto+graf*) *sm* Indivíduo que traça cartas geográficas ou é versado em cartografia.

car.to.la (de *quartola*) *sf* **1** Chapéu com copa alta, cilíndrica. *sm* **2** *gír* Indivíduo da alta sociedade. **3** *Esp gír* Maioral dos órgãos diretivos dos clubes futebolísticos.

car.to.li.na (*ital cartolina*) *sf* Folha cuja espessura é intermediária entre a do papel e a do papelão.

car.to.man.ci.a (*carto+mancia*) *sf* Arte de deitar cartas para adivinhação do futuro.

car.to.man.te (*carto+gr mántis*) *adj e s m+f* Diz-se da ou a pessoa que pratica a cartomancia.

car.tó.rio (*carta+ório*) *sm* **1** Lugar onde se arquivam cartas ou documentos de importância. **2** Lugar onde funcionam os tabelionatos, registros públicos etc.

car.tu.chei.ra (*cartucho+eira*) *sf* Bolsa de couro para cartuchos.

car.tu.cho (*ital cartoccio*, via *fr*) *sm* **1** Saco de papel para embalagem de mercadorias. **2** Tubo de metal que contém carga para arma de fogo. **3** *pop* Proteção, pistolão.

car.tum (*ingl cartoon*) *sm* **1** Desenho humorístico. **2** Desenho animado. **3** História em quadrinhos.

car.tu.nis.ta (*cartum+ista*) *s m+f* Pessoa que cria ou desenha cartuns.

ca.run.cha.do (*part* de *caranchar*) *adj* Carcomido, apodrecido.

ca.run.char (*caruncho+ar*[1]) *vint* Encher-se de caruncho, ser atacado pelo caruncho: *A estante caranchou rapidamente.*

ca.run.cho (*cast ant caruncho*) *sm Entom* Inseto que corrói madeira, feijão armazenado etc.; carcoma.

ca.ru.ru (ioruba *kawuruwuru*) *sm Cul* Iguaria, preparada com carne de galinha, peixe, quiabo, azeite de dendê e pimenta.

car.va.lho (*voc pré-rom*) *sm Bot* **1** Tipo de grande árvore. **2** Madeira dessa árvore.

car.vão (*lat carbone*) *sm* **1** Substância combustível, sólida e negra, obtida da combustão da madeira; carvão vegetal. **2** *V hulha.* **3** *Pint* Lápis de carvão para desenho.

car.vo.a.ri.a (*carvão+aria*) *sf* **1** Estabelecimento em que se faz ou vende carvão vegetal. **2** Mina de carvão mineral. **3** Depósito de carvão.

car.vo.ei.ro (*carvão+eiro*) *adj* **1** Pertencente ou relativo a carvão. **2** Que transporta carvão. • *sm* Indivíduo que faz, transporta ou vende carvão vegetal.

cãs (*lat canens*) *sf pl* Cabelos brancos: *"Sinto afinal nas minhas cãs os ventos da profecia."* (FSP)

ca.sa (*lat casa*) *sf* **1** Moradia, residência. *Aum: casarão. Col: casaria, casario.* **2** Estabelecimento, firma comercial. **3** Abertura em que entram os botões do vestuário. **4** Lugar ocupado por um algarismo. Veja nota em **casebre.**

ca.sa.ca (*fr casaque*) *sf* Peça de vestuário

cerimonioso, para homem. *Virar a casaca:* mudar de ideias ou de partido.
ca.sa.cão (*casaca+ão²*) *sm* Sobretudo.
ca.sa.co (de *casaca*) *sm* Paletó.
ca.sa.dou.ro (*casar+douro*) *adj* Que tem propensão para o casamento. *Var:* casadoiro.
ca.sa-gran.de *sf* Casa em que morava o proprietário da fazenda ou do engenho, no Brasil colonial. *Pl:* casas-grandes.
ca.sal (*casa+al¹*) *sm* **1** Par composto de macho e fêmea **2** Par de pessoas que tem relação amorosa.
ca.sa.men.tei.ro (*casamento+eiro*) *adj* Que arranja casamentos.
ca.sa.men.to (*casar+mento*) *sm* União legítima de duas pessoas; matrimônio. *Casamento civil:* o que é realizado perante a autoridade civil. *Casamento religioso:* o que é realizado na igreja.
ca.sar (*casa+ar¹*) *vtd* **1** Ligar pelo casamento, promover o casamento de: *Você fará uma asneira, casando sua filha com tal homem. vtd* e *vpr* **2** Aliar(-se), ligar(-se): *Aliás estas cores casam-se bem.* Antôn (acepção 1): divorciar, desquitar.
ca.sa.rão (*casa+r+ão*) *sm* Aumentativo de *casa*; casa grande.
ca.sa.ri.o (*casa+ar²+io*) *sm* Agrupamento ou série de casas.
cas.ca (de *cascar*) *sf* **1** Envoltório externo de plantas, frutos, ovos, tubérculos, sementes etc. **2** *Zool* Cobertura córnea das tartarugas. **3** Concha. **4** *fig* Exterioridade, aparência.
cas.ca.lho (*lat quisquilia*) *sm* Lascas de pedra; pedra britada.
cas.cão (*casca+ão²*) *sm* **1** Casca dura e grossa. **2** Tipo de goiabada em que a superfície é açucarada.
cas.ca.ta (*ital cascata*) *sf* **1** Queda-d'água. **2** *gír* Conversa fiada, mentira.
cas.ca.tei.ro (*cascata+eiro*) *adj+sm gír* Diz-se de ou aquele que faz cascata (acepção 2).
cas.ca.vel (*provençal cascavel*) *sf* **1** *Herp* Nome comum a numerosas cobras. **2** *fig* Mulher de mau gênio e linguaruda.
cas.co (de *casca*) *sm* **1** Casca. **2** Quilha e costado da embarcação. **3** Envoltório córneo dos pés de vários paquidermes (elefante, cavalo etc.).

cas.cu.do (*casca+udo¹*) *adj* Que tem casca grossa ou pele dura. • *sm* Pancada na cabeça, com os nós dos dedos; coque, croque.
ca.se.ar (*casa+e+ar¹*) *vtd* e *vint* Abrir casas para os botões de (vestuário). Conjuga-se como *frear*.
ca.se.bre (é) (de *casa*) *sm* Casa pobre, humilde.

O sufixo **-ebre** só é usado com a palavra casa: *casa + -ebre* = **casebre**.

ca.se.í.na (*lat caseu+ina*) *sf* Proteína existente no leite, extraída para fins industriais.
ca.sei.ro (*casa+eiro*) *adj* **1** Relativo a casa; doméstico. **2** Feito em casa. **3** Que gosta de ficar em casa. • *sm* O que cuida da plantação de pequena propriedade agrícola alheia.
ca.ser.na (*fr caserne*) *sf* Quartel, aquartelamento.
ca.si.mi.ra (*fr casimir*, do *ingl cassimere* por *cashmere*) *sf* **1** Tecido de lã, fino e leve. **2** Caxemira.
ca.so (*lat casu*) *sm* **1** Acontecimento, fato, ocorrência. **2** Eventualidade, hipótese. **3** Conto, história. *De caso pensado:* propositadamente. *Não fazer caso:* desprezar. *Não vir ao caso:* não vir a propósito. Veja nota em *se²*.
ca.só.rio (*casar+ório*) *sm pop* Casamento.
cas.pa (*voc pré-rom*) *sf* Pequenas escamas que se criam na pele da cabeça.
cas.pen.to (*caspa+ento*) *adj* Que tem caspa.
cas.qui.nha (*casca+inho*, no *fem*) *sf* **1** Diminutivo de *casca*, película. **2** Cone de biscoito para sorvete de massa.
cas.sa.ção (*cassar+ção*) *sf* Ato de cassar; anulação.
cas.sar (*lat cassare*) *vtd* Anular, cancelar, invalidar: *"Cassaram-me o mandato arbitrariamente e ainda me moveram um processo."* (AL) *Cf* caçar.
cas.se.te (*fr cassette*) *sm* **1** Estojo que contém filme ou fita magnética; cartucho. **2** *por ext* Gravador ou filme que utiliza esse sistema.
cas.se.te.te (é) (*fr casse-tête*) *sm* Bastão revestido de borracha, usado por membros da polícia.
cas.si.no (*ital casino*) *sm* Casa ou lugar de reunião para jogar, dançar etc.
cas.ta (*fem* de *casto*) *sf* **1** Qualquer classe

social separada das outras por diferenças de raça, religião ou riqueza. **2** Qualidade, natureza, gênero.

cas.ta.nha (*lat castanea*) *sf* Fruto do castanheiro ou do cajueiro. *Castanha de caju*: semente do fruto do cajueiro.

cas.ta.nha-do-pa.rá *sf* Fruto do castanheiro-do-pará. *Pl: castanhas-do-pará.*

cas.ta.nhei.ro (*castanha+eiro*) *sm Bot* Nome da árvore que produz a castanha.

cas.ta.nho (*lat castaneu*) *adj* Da cor da castanha, marrom. • *sm* A cor castanha.

cas.ta.nho.las (*castanha+ola*) *sf pl* Duas conchas de madeira ou marfim que o dançarino, ou dançarina, faz repicar na mão.

cas.te.lha.no (*top Castela+ano*) *adj* **1** Pertencente ou relativo a Castela (Espanha). **2** Espanhol. • *sm* **1** Dialeto de Castela. **2** A língua espanhola. **3** Natural ou habitante de Castela.

cas.te.lo (*lat castellu*) *sm* Residência senhorial ou real fortificada.

cas.ti.çal (*castiço+al¹*) *sm* Candelabro.

cas.ti.ço (*casta+iço*) *adj* **1** De casta, de boa qualidade ou raça. **2** Diz-se da linguagem não viciada, pura.

cas.ti.da.de (*lat castitate*) *sf* Pureza.

cas.ti.gar (*lat castigare*) *vtd* **1** Aplicar castigo a, dar castigo a; punir. **2** Advertir, repreender: *O professor castigou o aluno com palavras duras. Antôn: premiar.*

cas.ti.go (*de castigar*) *sm* **1** Pena, punição. **2** Repreensão. *Antôn: prêmio, recompensa.*

cas.to (*lat castu*) *adj* **1** Que se abstém de relações sexuais. **2** Puro.

cas.tor (*gr kástor*) *sm* **1** Mamífero roedor. **2** O pelo desse animal.

cas.trar (*lat castrare*) *vtd* **1** Extrair os órgãos da reprodução animal (testículos ou ovários); capar. **2** *fig* Reprimir: *O autoritarismo excessivo do pai terminou castrando o filho mais novo.*

ca.su.al (*lat casuale*) *adj m+f* Acidental, eventual, fortuito, ocasional. *Antôn: combinado, propositado.*

ca.su.a.li.da.de (*baixo-lat casualitate*) *sf* Acaso, contingência, eventualidade.

ca.su.lo (*casa+ulo*) *sm* **1** *Bot* Cápsula que envolve as sementes. **2** *Entom* Invólucro dentro do qual a lagarta do bicho-da-seda se transforma em crisálida.

ca.ta (*de catar*) *sf* **1** Busca, procura. **2** Lugar cavado para mineração.

ca.ta.clis.mo (*gr kataklysmós*) *sm* **1** Transformação geológica. **2** Grande inundação. **3** Grande revolução social: *"Esse cataclismo político foi tão temido quanto idealizado no continente."* (VEJ) **4** Derrocada, desastre. **5** Terremoto: *"Em cada região estão sendo celebradas missas em intenção às vítimas do cataclismo."* (FSP) **6** Calamidade. *Var: cataclisma.*

ca.ta.cum.ba (*baixo-lat catacumba*) *sf* **1** Nome dos subterrâneos, em Roma, onde se refugiavam os cristãos para o seu culto e onde também sepultavam os seus mortos. **2** Sepultura.

ca.ta.lão (*cat catalán*) *adj* Relativo ou pertencente à Catalunha, região do Nordeste da Espanha, aos seus habitantes ou à sua língua. • *sm* **1** Natural ou habitante da Catalunha. **2** Língua da Catalunha, Valência e Ilhas Baleares. *Pl: catalães. Fem: catalã.*

ca.ta.lep.si.a (*gr katálepsis+ia¹*) *sf Med* Síndrome nervosa, caracterizada pela extrema rigidez muscular.

ca.ta.lép.ti.co (*gr kataleptikós*) *adj Med* **1** Doente de catalepsia. **2** Relativo à catalepsia. • *sm* Indivíduo atacado de catalepsia.

ca.ta.li.sa.dor (*catalisar+dor*) *adj+sm Quím* Diz-se de ou substância que provoca a catálise.

ca.ta.li.sar (*catálise+ar¹*) *vtd* **1** *Quím* Causar a catálise de uma reação química. **2** *Quím* Acelerar (uma reação química).

ca.tá.li.se (*gr katálysis*) *sf* **1** *Quím* Fenômeno que causa uma reação química pela adição de uma substância (catalisador). **2** *Quím* Aceleração de uma reação química por tal processo.

ca.ta.lo.gar (*catálogo+ar¹*) *vtd* Enumerar; classificar; inventariar: *Catalogar livros. Conjug – Pres indic: catalogo, catalogas (ló)* etc. *Cf catálogo.*

ca.ta.lo.ga.dor (*catalogar+dor*) *adj+sm* Diz-se de ou o que cataloga; classificador; cadastrador.

ca.tá.lo.go (*gr katálogos*) *sm* **1** Relação de coisas ou pessoas, com breve notícia a respeito de cada uma. **2** Lista ou fichário onde estão relacionados os livros e documentos de uma biblioteca.

ca.ta.plas.ma (*gr katáplasma*) *sf Med* Massa medicamentosa que se aplica a uma parte do corpo inflamada: *"O pior era que o corte do pé ainda estava doente, mesmo pondo cataplasma doía muito demorado."* (COB)

ca.ta.pó.ra (*tupi tatapóra*) *sf Med* Doença infecciosa e contagiosa; varicela.

ca.ta.pul.ta (*lat catapulta*) *sf* Antiga máquina de guerra para arremessar pedras e outros projéteis.

ca.tar (*lat captare*) *vtd* **1** Recolher um por um: *As galinhas catam minhocas no terreiro*. *vtd* e *vpr* **2** Buscar e matar parasitos capilares: *Catavam-lhe sempre os piolhos*.

ca.ta.ra.ta (*gr katarráktes*, pelo *lat*) *sf* **1** Grande massa de água de um rio ou lago que se precipita de grande altura. **2** *Med* Perda de transparência parcial ou total do cristalino ou da sua membrana.

ca.ta.ri.nen.se (*top Catarina+ense*) *adj m+f* Pertencente ou relativo ao Estado de Santa Catarina. • *s m+f* Natural ou habitante de Santa Catarina; barriga-verde.

ca.tar.ren.to (*catarro+ento*) *adj* **1** Que tem catarro. **2** Que tem bronquite crônica.

ca.tar.ro (*gr katárrhoos*, pelo *lat*) *sm Med* Inflamação ou secreção das membranas.

ca.tar.se (*gr kátharsis*) *sf* Purgação, purificação.

ca.tás.tro.fe (*gr katastrophé*) *sf* Acontecimento desastroso, grande desgraça.

ca.ta.tau (*voc express*) *sm* **1** Indivíduo de baixa estatura. **2** Menino.

ca.ta-ven.to *sm* **1** Bandeirinha de metal que indica a direção dos ventos. **2** Moinho de vento que puxa água. *Pl: cata-ventos*.

catchup (*kétchâp*) (*ingl*) *sm* Molho de tomate condimentado.

ca.te.cis.mo (*gr katekhismós*) *sm* Livro elementar de instrução religiosa.

cá.te.dra (*lat cathedra*) *sf* **1** Cadeira de professor e cargo que lhe corresponde. **2** Disciplina, matéria. **3** Cadeira pontifícia.

ca.te.dral (*cátedra+al¹*) *adj m+f* **1** Relativo à igreja principal de um bispado ou arcebispado. **2** Referente a cátedra. • *sf* Igreja principal, sede de um bispado ou arcebispado.

ca.te.drá.ti.co (*cátedra+t+ico²*) *adj* **1** Designativo do professor efetivo de escola secundária ou superior. **2** Relativo a cátedra. • *sm* Professor titular.

ca.te.go.ri.a (*gr kategoría*) *sf* Classe, grupo, série.

ca.te.gó.ri.co (*gr kategorikós*) *adj* Claro, definido, terminante: *Resposta categórica*. *Antôn: equívoco, evasivo*.

ca.te.go.ri.zar (*categoria+izar*) *vtd* Dispor, distribuir por categorias.

ca.te.que.se (*gr katékhesis*) *sf* Instrução sobre religião.

ca.te.qui.za.ção (*catequizar+ção*) *sf* **1** Ato de catequizar. **2** Instrução sobre princípios sociais.

ca.te.qui.za.dor (*catequizar+dor*) *adj+sm* Que ou quem catequiza.

ca.te.qui.zar (*gr katekhízein*) *vtd* **1** Atrair por catequese: *O padre Anchieta dedica-va-se a catequizar os índios*. **2** Instruir: *Tentou catequizar o amigo aos princípios de sua religião*.

ca.te.re.tê *sm Folc* Dança de origem ameríndia, também conhecida por *catira*.

ca.te.te (ê) (*tupi awatiý eté*) *sm Bot* Variedade de milho de espiga e grãos pequenos.

ca.te.ter (*teté*) (*gr kathetér*) *sm Cir* e *Med* Instrumento tubular que é introduzido em canais, vasos ou cavidades do corpo para a retirada ou injeção de fluidos ou substâncias. *Pl: cateteres* (*teté*). Veja nota em **júnior**.

ca.te.te.ris.mo (*gr katheterismós*) *sm Med* Uso do cateter.

ca.te.to (ê) (*tupi taytetú*) *sm Geom* Cada um dos lados do ângulo reto no triângulo retângulo.

ca.tin.ga (*tupi kaatínga*) *sf* **1** Odor forte de corpo suado; bodum. **2** *V caatinga*.

ca.tin.gar (*catinga+ar¹*) *vint* Cheirar mal; exalar mau cheiro; feder.

ca.tin.guen.to (*catinga²+ento*) *adj* Que exala catinga: *"Parava pitando uns charutos pequenos, catinguentos, muito mascados e babados."* (PE)

ca.ti.ra (de *cateretê*) *sf* Cateretê.

ca.ti.van.te (de *cativar*) *adj m+f* Que cativa ou seduz.

ca.ti.var (*lat captivare*) *vtd* e *vpr* **1** Tornar (-se) cativo; prender(-se): *Os jesuítas se opunham aos portugueses que pretendiam*

cativeiro 168 **cauteloso**

cativar os indígenas. vtd **2** Atrair; encantar, seduzir: *A beleza da prima cativou-o. Antôn* (acepção 1): *libertar*.

ca.ti.vei.ro (*cativo+eiro*) *sm* **1** Estado ou tempo de cativo. **2** Lugar onde alguém está preso.

ca.ti.vo (*lat captivu*) *adj* **1** Escravizado. **2** Apreendido, encarcerado, preso. *Antôn* (acepção 1): *livre*. • *sm* **1** Escravo. **2** Prisioneiro de guerra obrigado à servidão.

ca.to.li.ci.da.de (*católico+i+dade*) *sf* A totalidade dos católicos.

ca.to.li.cis.mo (*católico+ismo*) *sm* **1** A fé ou a religião católica. **2** O povo católico.

ca.tó.li.co (*gr katholikós* pelo *lat*) *adj* **1** Da ou referente à religião católica. **2** Que professa o catolicismo. • *sm* O que segue a religião católica.

ca.tor.ze (*lat quattuordecim*) *num* e *sm* V *quatorze*.

ca.tra.ca (*voc onom*) *sf Mec* Armação rotativa que, movida ao passar alguém, registra numericamente o trânsito; borboleta.

ca.tre (*tâmil* ou *malaiala kattil*) *sm* Cama pobre.

cau.bói (*ingl cowboy*) *sm* **1** Vaqueiro do Oeste americano. **2** Condutor de gado.

cau.ção (*lat cautione*) *sf* **1** Garantia, responsabilidade. **2** Fiança.

cau.ca.si.a.no (*top Cáucaso+i+ano*) V *caucásico*.

cau.cá.si.co (*top Cáucaso+ico*) *adj* **1** Pertencente ou relativo ao Cáucaso. **2** Diz-se de uma família de línguas faladas na região do Cáucaso. **3** Diz-se da raça branca. • *sm* Natural ou habitante do Cáucaso.

cau.cho (de um idioma indígeno peruano *káuchuk*) *sm Bot* **1** Árvore que fornece o látex para a borracha. **2** Látex coagulado dessa árvore; borracha.

cau.da (*lat cauda*) *sf* Prolongamento posterior do tronco dos animais; rabo.

cau.dal (*cauda+al¹*) *adj m+f* **1** Pertencente ou relativo à cauda. **2** Caudaloso, torrencial, abundante. • *s m+f* Torrente impetuosa; cachoeira.

cau.da.lo.so (*ô*) (*caudal+oso*) *adj* **1** Que leva água em abundância. **2** Abundante. *Pl: caudalosos* (*ó*).

cau.da.tá.rio (*cauda+t+ário*) *sm* **1** Aquele que, em solenidades, levanta e carrega a cauda das vestes de autoridades eclesiásticas ou reais. **2** *fig* Indivíduo servil. • *adj* Diz-se de indivíduo servil ou sem opinião.

cau.di.lhis.mo (*caudilho+ismo*) *sm Polít* Regime de predomínio dos caudilhos.

cau.di.lho (*cast caudillo*) *sm* **1** Chefe de um bando ou partido que defende uma ideia. **2** Chefe militar.

cau.im (*tupi kauín*) *sm* Bebida preparada pelos índios com mandioca ou milho cozido.

cau.le (*lat caule*) *sm Bot* Haste das plantas. *Dim: caulículo*.

cau.lim (*chin gâo líng*) *sm* Substância argilosa que serve para o fabrico da porcelana; argila branca.

cau.sa (*lat causa*) *sf* **1** Motivo, razão. **2** Origem, princípio. **3** Ação judicial, demanda.

cau.sa.dor (*causar+dor*) *adj+sm* Ocasionador.

cau.sal (*lat causale*) *adj m+f* **1** Relativo a causa. **2** *Gram* Que exprime causa.

cau.sa.li.da.de (*causal+i+dade*) *sf* **1** Influência da causa sobre o efeito: *"O consumidor limita-se a provar o dano sofrido e o nexo de causalidade (o dano ocorreu devido ao uso do produto com defeito e não de outro aparelho)."* (FSP) **2** Relação entre causa e efeito: *"Os fenômenos têm uma origem comum, mas parece não haver relação de causalidade entre eles."* (ACQ)

cau.sar (*causa+ar¹*) *vtd* e *vti* Originar, produzir: *O estrondo não causou abalo no rapaz.*

caus.ti.car (*cáustico+ar²*) *vtd* e *vint* Aplicar cáusticos a; queimar: *Causticar um ferimento.*

cáus.ti.co (*gr kaustikós*, pelo *lat*) *adj* **1** Que caustica, que queima. **2** Capaz de destruir ou de corroer por ação química; corrosivo: *Soda cáustica*. • *sm* Substância que cauteriza.

cau.te.la (*lat cautela*) *sf* **1** Cuidado, precaução. **2** Certificado de um título de propriedade (ação). **3** Documento provisório. *Antôn* (acepção 1): *imprudência, precipitação*.

cau.te.lo.so (*ô*) (*cautela+oso*) *adj* Cuidadoso, prudente. *Antôn: imprudente, precipitado. Pl: cautelosos* (*ó*).

cau.te.ri.zar (*cautério+izar*) *vtd* Queimar por meio de um cautério: *Cauterizar uma ferida.*

ca.va (*lat cava*) *sf* **1** Cova, fossa. **2** Abertura do vestuário onde se pregam as mangas.

ca.va.ção (*cavaco+ão¹*) *sf* **1** Ato ou efeito de cavar. **2** *pop* Emprego ou negócio obtido por proteção.

ca.va.co (*cava+aco*) *sm* **1** Lasca de madeira; apara. **2** Bate-papo.

ca.va.dei.ra (*cavar+deira*) *sf* Peça que serve para cavar terra.

ca.va.do (*part* de *cavar*) *adj* **1** Fundo. **2** Que tem cava, abertura (vestuário). • *sm* Buraco, concavidade, cova.

ca.va.la (*fem* de *cavalo*) *sf Ictiol* Peixe de alto valor nutritivo.

ca.va.lão (*cavalo+ão*) *sm* **1** Aumentativo de *cavalo*; cavalo grande. **2** Pessoa abrutalhada. *Fem:* cavalona.

ca.va.lar (*cavalo+ar²*) *adj m+f* **1** Próprio de cavalo. **2** Exagerado, colossal: *Aplicaram-lhe uma dose cavalar de antibióticos.*

ca.va.la.ri.a (*cavalo+aria*) *sf* **1** Reunião de cavalos. **2** Gente a cavalo. **3** Tropa que serve a cavalo.

ca.va.la.ri.ça (*cavalo+ário+iça*) *sf* Cocheira, estrebaria.

ca.va.la.ri.ço (*cavalo+ário+iço*) *sm* Aquele que tem a seu cargo cavalariças, coches etc.: *"A mulher mais bonita que tem aqui, para mim, é a filha do cavalariço do rei, aquela loura ali."* (VA)

ca.va.lei.ro (*cavalo+eiro*) *adj* Que anda a cavalo. • *sm* **1** Homem que costuma andar a cavalo. *Col:* cavalgada, cavalhada. **2** Soldado de cavalaria. *Fem: amazona* (acepção 1).

ca.va.le.te (*ê*) (*cavalo+ete*) *sm* **1** Armação sobre a qual se apoiam telas para pintar etc. **2** *Mús* Peça para levantar as cordas de instrumentos de corda. **3** *Constr* Peça de quatro pés para sustentação de tábuas ou andaimes.

ca.val.ga.da (*cavalgar+ada¹*) *sf* **1** Grupo de pessoas a cavalo. **2** Passeio ou galope a cavalo.

ca.val.ga.du.ra (*cavalgar+dura*) *sf* **1** Montaria. *Col: cáfila, manada, récova, récua, tropa, tropilha.* **2** *fig* Pessoa estúpida, grosseira.

ca.val.gar (*baixo-lat caballicare*) *vint* **1** Andar a cavalo. *vtd* e *vti* **2** Montar sobre (cavalo ou outro animal). *vtd* e *vti* **3** Sentar-se com as pernas muito abertas.

ca.va.lha.da (*cast caballada*) *sf* **1** Manada de cavalos. *sf pl* **2** *Folc* Torneios realizados com participantes montados a cavalo.

ca.va.lhei.res.co (*cavalheiro+esco*) *adj* Nobre, distinto.

ca.va.lhei.ris.mo (*cavalheiro+ismo*) *sm* Distinção, nobreza.

ca.va.lhei.ro (*cast caballero*) *sm* **1** Homem de boas ações e sentimentos nobres. **2** Parceiro de uma dama na dança. • *adj* **1** Cavalheiresco. **2** Distinto, nobre.

ca.va.lo (*lat caballu*) *sm* **1** *Zool* Quadrúpede da família dos equídeos. *Col: manada, tropa. Voz: bufa, funga, nitre, orneja, relincha, rifa, rincha.* **2** Peça de jogo de xadrez. **3** *pop* Pessoa rude, de modos abrutalhados. *Cavalo de pau:* a) *Esp* cavalete para ginástica ou saltos; b) *Autom* manobra rápida para fazer o veículo parar no sentido oposto ao que seguia, mediante súbita freada.

ca.va.lo de pau Ver definição em *cavalo*.

ca.va.lo-ma.ri.nho *sm Ictiol* Nome de diversos peixes cuja cabeça se assemelha à de um cavalo em miniatura. *Pl: cavalos-marinhos.*

ca.va.lo-va.por (do inglês *horse-power*) *sm Fís* Unidade dinâmica. *Pl: cavalos-vapor.*

ca.va.nha.que (de *Cavaignac, np*) *sm* Parte da barba aparada em ponta de queixo; barbicha.

ca.va.qui.nho (*cavaco+inho*) *sm Mús* Pequena viola de quatro cordas.

ca.var (*lat cavare*) *vtd* **1** Revolver (a terra) com enxada, picareta etc.: *Cavou o chão até encontrar água. vti* e *vint* **2** Abrir buraco ou sulco. *vtd* **3** Abrir cava em (vestuário).

ca.vei.ra (*lat vulg *calavaria*) *sf* **1** Cabeça descarnada. **2** *fig* Rosto excessivamente magro. *Fazer a caveira, pop:* falar mal de alguém.

ca.ver.na (*lat caverna*) *sf* Gruta.

ca.ver.no.so (*ô*) (*caverna+oso*) *adj* **1** Que tem cavernas. **2** Cheio de cavidades. **3** Que tem som abafado e rouco. *Pl: cavernosos (ó).*

ca.vi.ar (*fr caviar*, de origem turca) *sm* **1** *Cul* Ovas de esturjão, espátula e outros peixes, conservadas em sal. **2** Manjar muito apreciado, feito com essas ovas.

ca.vi.da.de (*lat cavitate*) *sf* Buraco, depressão. *Cavidade craniana, Anat:* o oco do crânio.

ca.vo.ca.dei.ra (*cavocar+deira*) *sf* Cavadeira. *Var:* cavoucadeira.

ca.vou.car (*cavouco+ar¹*) *vtd* V cavucar: "Acolá, a turma dos espanhóis cavouca terra mole." (SA) *Var:* cavucar.

ca.vou.quei.ro (*cavouco+eiro*) *sm* **1** Pessoa que abre buracos. **2** Aquele que escava pedreiras para extracção de rochas.

ca.vu.car (*cavouo+ar¹*) *vint* Cavar; escavar. *Var:* cavoucar.

ca.xam.bu *sm Mús* Grande tambor, de origem africana, usado na dança do mesmo nome.

ca.xan.gá *sm* **1** Espécie de caranguejo; siri. **2** *Folc* Brincadeira, cantada, de crianças.

ca.xe.mi.ra (de *Caxemira, np*) *sf* **1** Tecido fino de lã, fabricado na Índia. *sm* **2** Xale oriental de tecido fino e desenhos típicos.

ca.xi.as (de *Caxias, np*) *adj m+f sing+pl gír* Diz-se de pessoa disciplinada e estudiosa.

ca.xin.gue.lê (quinbundo *kaxinjiagele*) *sm* Esquilo brasileiro; serelepe.

ca.xum.ba *sf pop Med* Inflamação infecciosa e contagiosa das parótidas, papeira.

CD (Sigla de *compact disc*) *sm Eletrôn* Disco plástico pequeno com sinais de áudio gravados na sua superfície, em forma digital.

cdf (das iniciais de *cu de ferro*) V *cu de ferro*.

CD-player (cedê plêier) (ingl) *sm* V toca-*CDs*.

CD-ROM (cedê rom) (Sigla de *Compact Disc-Read Only Memory*) *sm Inform* Tipo de CD que contém dados utilizados em computador.

cê (*lat ce*) *sm* O nome da letra *c*. *Pl: cês* ou *cc*.

ce.ar (*lat coenare*) *vint* Comer a ceia: *Cearam às 11 horas da noite*. Conjuga-se como *frear*.

ce.a.ren.se (*top Ceará+ense*) *adj m+f* Pertencente ou relativo ao Estado do Ceará (Brasil). • *s m+f* Natural ou habitante do Ceará.

ce.bo.la (*lat caepulla*) *sf* **1** *Bot* Planta hortense, bulbosa, da família das liliáceas. **2** Bulbo dessa planta. *Col:* cebolada, réstia.

ce.bo.li.nha (*cebola+inho*, no *fem*) *sf Bot* Erva usada como tempero culinário.

cê-ce.di.lha *sm* Nome do *ç*; cê cedilhado. *Pl: cês-cedilha* e *cês-cedilhas*.

ce.co (*lat caecu*) *sm Anat* Parte inicial e mais larga do intestino grosso. *Cf seco*.

ce.dê (sigla *ingl* **c**ompact **d**isk) V *CD* e *CD-ROM*.

cê-dê-e.fe (das iniciais de *cu de ferro*) *s m+f* V *cu de ferro*. *Pl: cê-dê-efes*.

ce.den.te (*lat cedente*) *adj* e *s m+f* Que ou quem cede ou faz cessão.

ce.der (*lat cedere*) *vtd* **1** Dar, entregar: *Não cederei a minha vez*. *vtd* **2** *Dir* Transferir a propriedade ou direito de uma coisa a outra pessoa: *Decidiu ceder à irmã a sua parte na herança*. *vti* e *vint* **3** Conceder, concordar em: *Tudo me aconselha a não ceder*. *Ceder terreno:* recuar.

ce.di.ço (*lat vulg *sediticiu*) *adj* **1** Estagnado, quase podre. **2** Sabido de todos: *Caso cediço*.

ce.di.lha (*cast cedilla*) *sf* Sinal gráfico que se põe debaixo do *c*, quando tem o valor de *ss*, antes de *a, o, u*.

ce.di.lhar (*cedilha+ar¹*) *vtd* Pôr a cedilha no *c*.

ce.do (ê) (*lat cito*) *adv* **1** Com antecedência. **2** Ao alvorecer, de madrugada. *Antôn: tarde*. • *sm* O tempo que ainda não é o mais próprio, mais adequado.

ce.dro (é) (*lat cedru*) *sm* **1** *Bot* Nome comum a numerosas árvores coníferas. **2** A madeira dessa árvore.

cé.du.la (*lat schedula*) *sf* **1** Documento escrito. **2** Papel representativo de moeda; nota. **3** Papeleta com nome de candidato a cargo eletivo, a qual se coloca em uma urna, como voto.

ce.fa.lei.a (é) (*gr kephalé*) *sf Med* Dor de cabeça violenta.

ce.fá.li.co (*gr kephalikós*) *adj Med* Pertencente ou relativo à cabeça ou ao encéfalo.

ce.fa.ló.po.des (*céfalo+pode*) *sm pl Zool* Classe de moluscos marinhos como os polvos, os calamares etc.

ce.gar (*lat caecare*) *vtd* **1** Tornar cego: *Ao sair do túnel, a luz do sol cegou-o momentaneamente*. *vint* **2** Perder a vista.

vtd e **vpr 3** Deslumbrar(-se), fascinar(-se): *A visão do tesouro cegou-o.* **vtd 4** Tirar fio ou gume de (facas e outros instrumentos). *Cf segar.*

ce.gas (*lat caeca*) *sf pl* Elemento da locução adverbial *às cegas*: cegamente, inconscientemente.

ce.go (*lat caecu*) *adj* **1** Que não vê. **2** Alucinado, transtornado. **3** Com fio ou gume gasto (faca etc.). • *sm* Homem que não vê.

ce.go.nha (*lat ciconia*) *sf* **1** *Ornit* Nome dado a várias aves pernaltas. *Voz: glotera, grasna.* **2** *pop* Caminhão com grande carroceria, especial para transporte de carros.

ce.guei.ra (*cego+eira*) *sf* **1** Falta de vista; estado do que é cego; incapacidade de ver. **2** Ignorância.

cei.a (*lat cena*) *sf* **1** Refeição da noite, a última em cada dia. **2** O que se come na ceia.

cei.fa (*ár sayfa*) *sf* **1** Ato de ceifar. **2** Colheita de cereais.

cei.fa.dei.ra (*ceifar+deira*) *sf* **1** *Agr* Máquina agrícola para ceifar. **2** Mulher que ceifa.

cei.far (*ceifa+ar¹*) *vtd* **1** Segar: *Os colonos ceifaram as espigas.* **2** Cortar com foice ou outro instrumento: *Usem foices para ceifar a plantação.* **3** *fig* Tirar a vida: *O terremoto ceifou milhares de pessoas e animais.*

ce.la (*lat cella*) *sf* **1** Aposento de frades ou freiras, nos conventos. **2** Cubículo de condenado nas cadeias. *Cf sela.*

ce.le.bra.ção (*celebrar+ção*) *sf* Ato de celebrar.

ce.le.brar (*lat celebrare*) *vtd* **1** Comemorar, festejar: *A família celebrou o aniversário da criança.* *vtd* **2** Concluir (contrato, pacto etc.): *Celebrar um acordo.* *vtd* e *vint* **3** Rezar (missas): *Um frei franciscano celebrou a missa do galo.*

cé.le.bre (*lat celebre*) *adj m+f* **1** Famoso. **2** Conhecido. *Antôn: desconhecido, obscuro.* *Sup abs sint: celebérrimo* e *celebríssimo.*

ce.le.bri.da.de (*lat celebritate*) *sf* **1** Grande fama. **2** Pessoa célebre. **3** Notoriedade.

ce.le.bri.zar (*célebre+izar*) *vtd* e *vpr* **1** Tornar(-se) célebre: *O cantor celebrizou-se definitivamente, no festival.* *vtd* **2** Celebrar, comemorar.

ce.lei.ro (*lat cellariu*) *sm* **1** Casa onde se guardam ou juntam cereais. **2** Depósito de provisões.

ce.len.te.ra.dos (*celo+êntero+ado¹*) *sm Zool* Ramo constituído por animais que apresentam uma única abertura (serve como boca e ânus), guarnecida de tentáculos.

cé.le.re (*lat celere*) *adj m+f* Ligeiro, veloz. *Sup abs sint: celerríssimo* ou *celérrimo.* *Antôn: lento, moroso.*

ce.les.te (*lat caeleste*) *adj m+f* **1** Do céu. **2** Relativo ao céu. *Antôn: infernal.*

ce.les.ti.al (*lat caelestia+al¹*) *adj m+f* V *celeste.*

ce.li.ba.tá.rio (*celibato+ário*) *adj+sm* Que ou quem não se casou.

ce.li.ba.to (*lat caelibatu*) *sm* Estado de pessoa que se mantém solteira.

ce.lo.fa.ne (*fr cellophane*) *sm* Película transparente, espécie de papel. • *adj* Diz-se dessa película.

Cel.sius (*lat*) *adj* V *centígrado* (de Anders Célsius, astrônomo sueco, † 1744, inventor da escala centígrada). *Abrev:* °C.

cel.ta (*lat celta*) *adj m+f Etnol* Pertencente aos celtas, povo de raça caucásica que se espalhou na França, na Espanha, na Grã--Bretanha, na Irlanda e na Itália setentrional. • *s m+f* **1** Pessoa pertencente à raça céltica. **2** Idioma céltico.

cél.ti.co (*lat celticu*) *adj* Pertencente ou relativo aos celtas. • *sm* A língua dos celtas.

cé.lu.la (*lat cellula*) *sf* **1** *Biol* Unidade fundamental da matéria viva. *Col: tecido.* **2** Pequena cela.

ce.lu.lar (*célula+ar²*) *adj m+f* **1** Que se refere à célula. **2** Formado de células. • *sm* Redução de *telefone celular.*

ce.lu.li.te (*célula+ite¹*) *sf Med* Inflamação de tecido celular.

ce.lu.loi.de (*ó*) (*célula+oide*) *sm* Substância sólida transparente, elástica e inflamável.

ce.lu.lo.se (*célula+ose*) *sf Quím* e *Biol* Substância orgânica que constitui a parte sólida dos vegetais.

cem (*lat centu*) *num* Cardinal correspondente a cem unidades; uma centena. • *sm* O algarismo 100.

ce.men.to (*lat coementu*) *sm Anat* Camada de tecido ósseo que cobre a raiz de um dente. *Cf cimento.*

ce.mi.té.rio (*gr koimetérion* pelo *lat*)

cena *sm* Terreno destinado à sepultura dos cadáveres.

ce.na (*gr skené*, pelo *lat*) *sf* **1** Paisagem, vista, panorama. **2** Cada uma das divisões de uma peça de teatro, filme, novela etc. *Fazer cena:* dar escândalo. *Cf sena*.

ce.ná.rio (*lat cena+ário*) *sm* **1** Local e decoração de tudo o que é representado. **2** Sequência das cenas, no cinema ou teatro. **3** Panorama. *Cf senário*.

cê.ni.co (*cena+ico²*) *adj* Da cena ou referente a ela.

ce.no.gra.fi.a (*ceno⁴+grafo¹+ia¹*) *sf* Arte de pintar decorações de teatros.

ce.no.grá.fi.co (*ceno³+grafo+ico²*) *adj* Referente à cenografia.

ce.nó.gra.fo (*ceno³+grafo*) *sm* Profissional que cria cenários.

ce.nou.ra (*ár safunâriya*) *sf Bot* Planta hortense, de raiz comestível.

ce.no.zoi.co (*ó*) (*ceno⁴+zoo+ico²*) *adj* Diz-se da era geológica que compreende os períodos Quaternário e Terciário. • *sm* **1** Essa era. **2** Sistema de rochas que caracteriza essa era.

cen.so (*lat censu*) *sm* Recenseamento. *Cf senso*.

cen.sor (*lat censore*) *sm* Crítico. *Cf sensor*.

cen.su.ra (*lat censura*) *sf* **1** Prática de censurar obras literárias, artísticas ou comunicações escritas ou impressas. **2** Admoestação, advertência, repreensão.

cen.su.rar (*censura+ar¹*) *vtd* e *vti* **1** Exercer censura sobre: *A ditadura censurou a imprensa*. **2** Criticar: *Não lhe censuro a vaidade*. **3** Reprovar: *O professor censurou as maneiras desse aluno*.

cen.tau.ro (*lat centauru*) *sm* **1** *Mitol* Monstro fabuloso, metade homem (parte superior), metade cavalo. **2 Centauro** *Astr* Constelação austral.

cen.ta.vo (*cento+avo*) *num* Centésima parte; centésimo. • *sm* Moeda que é a centésima parte da unidade monetária.

cen.tei.o (*lat centenu*) *sm Bot* Planta que fornece farinha para pão e farelo para forragem.

cen.te.lha (*lat scintilla*) *sf* **1** Chispa; faísca. **2** Brilho momentâneo. **3** *fig* Inspiração *"Nunca mais esqueceu a frase iluminada por uma centelha de poesia."* (BPN)

cen.te.na (*lat centena*) *num* Grupo formado de cem unidades; cento. • *sf* Grupo ou conjunto de cem.

cen.te.ná.rio (*lat centenariu*) *num* **1** Relativo a cem. **2** Que tem cem anos; secular. • *sm* **1** Homem que já fez cem anos. **2** Espaço de cem anos.

cen.té.si.mo (*lat centesimu*) *num* Ordinal e fracionário correspondente a cem. • *sm* Cada uma das cem partes em que se divide o todo.

cen.tí.gra.do (*cênti+grado*) *num* Dividido em cem graus (escala do termômetro). • *sm* Um grau na escala de temperatura centesimal.

cen.tí.me.tro (*cênti+metro*) *sm* A centésima parte do metro. *Símb*: cm.

cên.ti.mo (*cast céntimo*) *sm* A centésima parte de diversas moedas, como o dólar, o euro, a peseta, o franco etc.

cen.to (*lat centu*) *sm* **1** O número cem. **2** Centena. **3** Grupo de cem objetos. • *num V cem. Por cento:* para cada cem ou em cada cem. *Símb*: %.

cen.to.pei.a (é) (*lat centu+pede*) *sf* Designação comum a vários artrópodes alongados e achatados; lacraia.

cen.tral (é) (*lat centrale*) *adj m+f* **1** Referente a centro. **2** Situado no centro. • *sf* **1** Estação distribuidora. **2** Sede. *Central elétrica:* usina elétrica.

cen.tra.li.zar (*central+izar*) *vtd* **1** Tornar central: *O diagramador centralizou o título do artigo*. **2** Reunir em um centro: *As atividades agropecuárias centralizam-se no sul daquele país*.

cen.trar (*centro+ar¹*) *vtd* **1** Colocar no centro; centralizar *vpr* **2** Concentrar-se: *"A peça centra-se na desavença de dois irmãos."* (FSP) *vtd* e *vint* **3** *Fut* Atirar (a bola) da ponta para a área do gol.

cên.tri.co (*gr kentrikós*) *adj* **1** Situado em um centro; central. **2** Que tem um centro.

cen.tro (*gr kéntron*, pelo *lat*) *sm* **1** *Geom* Ponto situado a igual distância de todos os pontos de uma circunferência ou da superfície de uma esfera. **2** Meio de qualquer espaço.

cen.tro.a.van.te (*centro+avante*) *sm Esp* Futebolista que ocupa a posição central e dianteira do campo.

Cen.tro-O.es.te *sm* Região do Brasil que compreende o Distrito Federal e os estados de Goiás, Mato Grosso e Mato Grosso do Sul.

cen.tu.pli.car (*lat centuplicare*) *vtd* Multiplicar por cem ou tornar cem vezes maior.

cên.tu.plo (*lat centuplu*) *num* Que é cem vezes maior; centuplicado. • *sm* Produto da multiplicação por cem.

CEP (sigla de *Código de Endereçamento Postal*) *sm* Código numérico das ruas colocado nos envelopes das correspondências.

ce.pa (ê) (de *cepo*) *sf* **1** Tronco da videira. **2** Tronco ou origem; estirpe.

cep.ti.cis.mo (*céptico+ismo*) *sm* **1** Qualidade de quem é céptico. **2** Estado de quem duvida de tudo. *Var: ceticismo.*

cép.ti.co (*gr skeptikós*) *adj* **1** Diz-se daquele que segue o cepticismo. **2** Que duvida de tudo. • *sm* **1** Partidário do cepticismo. **2** Aquele que duvida de tudo. *Antôn: crente. Var: cético.*

ce.ra (ê) (*lat cera*) *sf* **1** Substância mole, amarelada, produzida pelas abelhas para a construção dos favos. **2** Preparado para dar brilho aos assoalhos. *Fazer cera:* retardar a execução de uma tarefa.

ce.râ.mi.ca (*gr keramiké*) *sf* **1** Arte ou processo de fazer artigos de argila ou barro. **2** Fábrica de produtos de cerâmica; olaria. **3** A matéria-prima dessa arte. **4** Produto dessa arte.

ce.ra.mis.ta (*gr kéramos+ista*) *adj m+f* Relativo à cerâmica. • *s m+f* Pessoa que trabalha em cerâmica.

cer.ca (ê) (*lat circa*) *adv* Junto, perto, próximo. *Cerca de, loc prep:* aproximadamente. • *sf* Obra de madeira, arame etc., para demarcar limites de propriedades.

cer.ca.ni.a (*cast cercanía*) *sf* **1** Proximidade, vizinhança. *sf pl* **2** Arredores; subúrbios.

cer.car (*lat circare*) *vtd* **1** Fechar com cerca, muro etc.: *Cercou os fundos da casa.* **2** Sitiar: *O exército cercou o castelo.* **3** Estar em volta de: *Crianças graciosas cercavam a rede em que a mãe descansava.*

cer.ce.ar (*lat circinare*) *vtd* **1** Cortar pela base, cortar pela raiz: *O hábil cirurgião cerceou o tumor.* **2** Limitar: *Cercear a ambição.* Conjuga-se como *frear.*

cer.co (ê) (*gr kérkos*) *sm* **1** Ação de cercar. **2** Aquilo que cerca ou circunda. **3** Disposição de tropas ao redor de uma cidade, fortaleza etc.

cer.da (ê) (*cast cerda*) *sf* O pelo áspero e duro de certos animais como o porco, o javali etc.

ce.re.al (*lat cereale*) *adj m+f* **1** Relativo às sementes farináceas de gramíneas, apropriadas para alimento. **2** Relativo às plantas que produzem essas sementes. • *sm* Nome genérico das gramíneas cujos grãos servem para alimento (arroz, aveia, centeio, cevada, milho, trigo). *Col:* batelada.

ce.re.a.lis.ta (*cereal+ista*) *s m+f* **1** Especialista no estudo dos cereais. **2** Comerciante e produtor de cereais.

ce.re.be.lo (ê) (*lat cerebellu*) *sm Anat* Parte posterior e inferior do encéfalo.

ce.re.bral (*cérebro+al¹*) *adj m+f* **1** *Anat* Pertencente ou relativo ao cérebro. **2** Relativo ou pertencente ao intelecto: *Atividade cerebral.* • *sm* Pessoa que se orienta principalmente pelo raciocínio.

cé.re.bro (*lat cerebru*) *sm* **1** *Anat* Parte maior do encéfalo. **2** *fig* Inteligência, razão. **3** Cabeça.

ce.re.ja (*lat vulg *ceresia*) *sf* Fruto da cerejeira. • *adj* Que tem a cor vermelha da cereja.

ce.re.jei.ra (*cereja+eira*) *sf Bot* **1** Nome comum a numerosas árvores. **2** Madeira castanho-avermelhada, muito usada em marcenaria.

ce.ri.mô.ni.a (*lat coerimonia*) *sf* **1** Solenidade. **2** Forma exterior do culto religioso.

ce.ri.mo.ni.al (*lat coerimoniale*) *adj m+f* Referente a cerimônias. • *sm* **1** Conjunto de formalidades que devem ser observadas em qualquer ato solene ou festa pública ou religiosa. **2** Etiqueta, protocolo.

ce.ri.mo.ni.o.so (ó) (*lat cerimoniosu*) *adj* Pertencente à cerimônia. *Pl: cerimoniosos* (ó). *Antôn: simples; informal.*

cer.ne (*fr cerne*) *sm* **1** Parte interna e mais dura do lenho das árvores. **2** *fig* Âmago.

ce.rol (*cera+ol¹*) *sm* **1** Massa de cera com que os sapateiros enceram as linhas. **2** Mistura de vidro moído e cola que se passa na linha das pipas, para cortar outras.

ce.rou.la (*ár sarâwîl*) *sf* Peça de vestuário que os homens usam. *Var: ceroulas.*

cer.ra.ção (*cerrar+ção*) *sf* Nevoeiro espesso. *Cf serração.*

cer.ra.do (*part* de *cerrar*) *adj* 1 Encerrado, fechado. 2 Compacto, denso, espesso. • *sm* Vegetação dos planaltos com alguma cobertura herbácea.

cer.rar (*cast cerrar*) *vtd* 1 Fechar: *Cerrou os olhos.* 2 Cercar, vedar: *Cerraram o túmulo.* 3 Encobrir, tapar: *A construção do prédio cerrou-lhe a visão da praia. Cf serrar.*

cer.ta (*fem* de *certo*) *sf* Feminino de *certo*. Usa-se na locução *na certa:* com certeza, sem dúvida.

cer.ta.me (*lat certamen*) *sm* 1 Combate, luta. 2 Torneio.

cer.tei.ro (*certo+eiro*) *adj* 1 Que acerta bem. 2 Acertado.

cer.te.za (*ê*) (*certo+eza*) *sf* Convicção, segurança; exatidão. *Antôn: dúvida.*

cer.ti.dão (*lat certitudine*) *sf V certificado*.

cer.ti.fi.ca.do (*part* de *certificar*) *adj* Dado por certo. • *sm* Documento legal em que se certifica alguma coisa; atestado, certidão.

cer.ti.fi.car (*baixo-lat certificare*) *vtd* e *vti* 1 Afirmar a certeza de: *Certificou a existência desse documento. vpr* 2 Convencer-se da certeza: *O médico não se certificou da morte do paciente antes de assinar o atestado de óbito. vtd* 3 Assegurar: *Amigos, certifico-os de que não serei ingrato. vtd* 4 Passar certidão de: *Certificar o nascimento.*

cer.to (*lat certu*) *adj* 1 Verdadeiro. 2 Que não tem erro. 3 Que sabe bem; convencido, inteirado. 4 Exato, preciso. • *pron indef* Qualquer, algum, um (antes do substantivo): *Certa distância; certo lugar; certo dia.* • *sm* Coisa certa. • *adv* Certamente, com certeza. *Antôn: duvidoso.*

ce.ru.me (*lat cerumen*) *sm* Cera dos ouvidos.

cer.ve.ja (*lat cerevisia*) *sf* Bebida alcoólica fermentada, feita de lúpulo e cevada ou outros cereais.

cer.ve.ja.ri.a (*cerveja+aria*) *sf* 1 Fábrica de cerveja. 2 Estabelecimento onde se vende cerveja.

cer.ve.jei.ro (*cerveja+eiro*) *adj* Referente a cerveja. • *sm* Aquele que fabrica ou vende cerveja.

cer.vi.cal (*lat cervicale*) *adj m+f Anat* Relativo ao pescoço ou ao colo do útero.

cer.vo (*lat cervu*) *sm Zool* Designação popular do maior veado da fauna brasileira.

cer.zi.dei.ra (*cerzir+deira*) *sf* Mulher que cirze; costureira.

cer.zi.do (*part* de *cerzir*) *adj* Que se cerziu. • *sm* Conserto em tecido rasgado.

cer.zi.du.ra (*cerzir+dura*) *sf* Ato ou efeito de cerzir. *Var: cerzimento.*

cer.zir (*lat sarcire*) *vtd* Coser, remendar (um tecido): *A avó contava histórias enquanto cerzia meias.* Conjuga-se como *prevenir*.

ce.sá.reo (*lat caesareu*) *adj* Relativo aos césares romanos.

ce.sa.ri.a.na (*fr césarienne*) *adj f Cir* Diz-se da operação que consiste em extrair o feto vivo por meio de corte nas paredes do ventre e do útero da mãe. • *sf* Essa operação. *Var: cesárea.*

cé.sio (*lat caesiu*) *sm Quím* Elemento metálico cor de prata.

ces.sa.ção (*cessar+ção*) *sf* Ato ou efeito de cessar.

ces.são (*lat cessione*) *sf* Ato de ceder. *Cf seção* e *sessão*. Veja nota em **seção**.

ces.sar (*lat cessare*) *vti* e *vint* 1 Acabar, parar: *Essa criança não cessa de chorar. vtd* 2 Interromper; suspender: *Os colonos cessaram o seu canto para ouvir as ordens do capataz. Antôn: continuar.*

ces.sar-fo.go *sm* Em uma guerra, a interrupção dos combates. *Pl: cessar-fogos.*

ces.si.o.ná.rio (*lat cessione+ário*) *sm* Aquele em favor do qual alguém faz cessão de bens ou de direito.

ces.ta (*ê*) (*lat cista*) *sf* 1 Recipiente que serve para guardar ou transportar mercadorias, roupas etc. 2 *Esp* No basquetebol, rede de malha por onde se faz passar a bola. 3 *Esp* Ponto, no basquetebol. *s m+f* 4 *Esp V cestinha. Cf sesta.*

ces.ta.ri.a (*cesto+aria*) *sf* 1 Grande quantidade de cestos ou cestas. 2 Indústria de cesteiro. 3 Estabelecimento onde se vendem cestos.

ces.tei.ro (*cesto+eiro*) *adj* 1 Pertencente ou

ces.ti.nha (*cesta+inho*, no *fem*) *s m+f Esp* Jogador que fez mais pontos, ou cestas, para sua equipe, em uma partida de basquetebol; cesta.

ces.to (ê) (de *cesta*) *sm* Cesta pequena.

ce.tá.ceo (*gr kêtos+áceo*) *sm* Mamífero aquático, como a baleia, golfinho, cachalote. • *adj* Relativo a esses animais.

ce.tim (*ár zaitûnî*) *sm* Tecido de seda ou algodão macio e lustroso.

ce.tro (*lat sceptru*) *sm* **1** Bastão curto usado por reis e generais **2** Poder do soberano: *"Sou da família do governador de toda esta capitania, protegida do rei por seu cetro e por suas graças."* (RET) Empunhar o cetro: reinar, governar.

céu (*lat caelu*) *sm* **1** Espaço infinito onde se movem os astros. **2** Abóbada celeste, firmamento. **3** O ar, a atmosfera. **4** Paraíso.

ce.va (de *cevar*) *sf* **1** Ação de cevar(-se). **2** Alimento com que se engordam animais.

ce.va.da (*cevar+ada¹*) *sf Bot* Cereal utilizado na alimentação e no fabrico de bebidas.

ce.va.do (*part* de *cevar*) *adj* **1** Engordado na ceva. **2** Gordo, bem nutrido. • *sm* Porco que esteve na ceva.

ce.var (*lat cibare*) *vtd* e *vpr* **1** Alimentar (-se), nutrir(-se): *As colheitas deste ano não bastaram para cevar a população.* **2** Engordar(-se): *Cevaram seis perus para a festa de casamento.*

chá (*chin chá*) *sm* **1** *Bot* Planta originária da Índia e da China; chá-da-índia. **2** As folhas dessa planta, preparadas e secas. **3** Infusão dessas folhas. **4** *Bot* Nome genérico de várias plantas de que se faz infusão: *chá-da-índia, chá-mate*. **5** *Farm* Infusão de planta medicinal ou aromática: *chá de erva-cidreira*. Veja nota em **xá**.

cha.cal (*turco çakal*) *sm Zool* Mamífero feroz. Voz: *ladra, uiva*.

chá.ca.ra (*quíchua ant chakra*, via *cast*) *sf* **1** Pequena propriedade agrícola nas cercanias de cidades. **2** Casa de campo perto da cidade. *Dim*: *chacarazinha, chacarinha, chacrinha* e *chacarola*.

cha.ca.rei.ro (*chácara+eiro*) *sm* Dono, administrador ou feitor de chácara. *Var*: *chacreiro*.

cha.ci.na (de *chacinar*) *sf* **1** Matança. **2** Morticínio.

cha.co.a.lhar (de *chocalhar*, com metátese) *vtd* e *vint pop* Agitar, sacudir, chocalhar.

cha.co.ta (*cast chacota*) *sf* Escárnio, zombaria: *Atrás de mim, os colegas faziam chacota, o que me levou a responder com digna ironia.* (DM)

cha.cri.nha (*chacra+inho*, no *fem*) *sf* **1** *pop* Pequena chácara. **2** *gír* Bagunça.

cha.fa.riz (*ár SaHrîj*) *sm* **1** Obra de alvenaria, com uma ou mais bicas, por onde corre água. **2** Bebedouro público.

cha.fur.dar (de *so+fundo+ar¹*, com assimilação) *vti* e *vint* Afundar, atolar na lama: *Os porcos fossavam o lodaçal e chafurdavam satisfeitos.*

cha.ga (*lat plaga*) *sf* Ferida aberta.

cha.gá.si.co (*Chagas*, *np+ico²*) *adj Med* Que se refere à doença de Chagas. • *sm* Pessoa que sofre da doença de Chagas.

cha.lé (*fr chalet*) *sm* Casa pequena no estilo suíço, geralmente de madeira.

cha.lei.ra (*chá+l+eira*) *sf* Vaso de metal, com bico, alça e tampa, em que se aquece água.

cha.lei.rar (*chaleira+ar¹*) *vtd vulg* Adular, bajular, ser puxa-saco.

chal.re.a.da (*chalrear+ada¹*) *sf* **1** Falatório. **2** Gorjeio de muitos pássaros juntos; chilreada.

chal.re.ar (*cast charla+lar*) *vint* **1** V *gorjear*. **2** Tagarelar.

cha.ma (*lat flamma*) *sf* **1** Labareda; língua de fogo. **2** *fig* Ardor, paixão.

cha.ma.da (*chamar+ada¹*) *sf* **1** Ação de chamar. **2** Ato de pronunciar em voz alta o nome de diferentes pessoas, para verificar se estão presentes. **3** Telefonema. **4** Admoestação, censura, repreensão. **5** *Rád* e *Telev* Apresentação do resumo de uma notícia ao iniciar um programa jornalístico.

cha.ma.do (*part* de *chamar*) *adj* **1** Convocado, invocado. **2** Denominado, apelidado. • *sm* **1** V *chamada*. **2** V *convocação*.

cha.mar (*lat clamare*) *vtd* **1** Invocar alguém pelo seu nome, para que se aproxime: *Depois de meia hora, tornei a chamá-lo*. *vtd* **2** Mandar vir (alguém):

Pode chamar o seguinte. vtd **3** Anunciar os nomes de: *Chamar alunos, eleitores etc. vpr* **4** Apelidar-se, denominar-se: *Chama-se Luanda a capital de Angola.*

cha.ma.riz (de *chamar*) *sm* Engodo, isca.

cha.ma.ti.vo (*chamar+ivo*) *adj* Diz-se daquilo que chama a atenção.

cham.bre (*fr robe de chambre*) *sm* Roupão.

cha.me.go (*ê*) (de *chama*) *sm* **1** Amizade muito íntima. **2** Namoro.

cha.me.jan.te (de *chamejar*) *adj m+f* Que chameja.

cha.me.jar (*chama+ejar*) *vint* **1** Deitar chamas ou labaredas; arder: *As tochas chamejam.* **2** Cintilar, resplandecer; brilhar: *Os olhos dos pugilistas chamejavam de ódio.* **3** Surgir como chama: *"A ideia chamejou na cabeça de José de Arimateia."* (CHA)

cha.mi.né (*fr cheminée*) *sf* **1** Tubo que dá saída à fumaça. **2** Tubo de ferro ou de tijolo que serve à ventilação dos edifícios.

cham.pa.nha (*fr champagne*) *sm* Vinho espumante. *Var: champanhe.*

champignon (*champinhon*) (*fr*) *sm* Tipo de cogumelo comestível.

cha.mus.ca.da (*chamuscar+ada¹*) *sf* Ação de chamuscar.

cha.mus.car (de *chama²*) *vtd* Queimar ligeiramente: *A cozinheira experiente apenas chamuscou o dedo no fogão.*

chan.ce (*fr chance*) *sf* Oportunidade; ensejo.

chan.ce.la (*der regressiva de chancelar*) *sf* **1** Selo em alguns documentos oficiais. **2** Rubrica.

chan.ce.lar (*fr chanceler*) *vtd* **1** Pôr chancela em, carimbar: *Chancelar cartas.* **2** Aprovar: *O congresso chancelou a indicação presidencial.*

chan.ce.la.ri.a (*fr chancellerie*) *sf* **1** Repartição onde se põe chancela em documentos. **2** Ministério administrado por um chanceler. **3** Cargo de chanceler.

chan.ce.ler (*fr chancelier*) *sm* **1** Primeiro-ministro ou ministro das Relações Exteriores de um país. **2** Funcionário encarregado de chancelar documentos ou diplomas.

chan.cha.da (*cast chanchada*) *sf* Cin e Teat Peça teatral ou filme que visa ao humorismo.

chan.fra.du.ra (*chanfrar+dura*) *sf* **1** Efeito de chanfrar. **2** Recorte nas extremidades de um objeto ou terreno. *Var: chanfro.*

chan.frar (*fr chanfrer*) *vtd* **1** Cortar em semicírculo: *O vidraceiro chanfrou a borda do vidro.* **2** Fazer chanfraduras em. **3** Desfazer as arestas ou quinas de: *O marceneiro chanfrou a tábua para torná-la lisa.*

chan.ta.ge.ar (*chantagem+ar²*) *vtd* Fazer chantagem contra alguém: *O ladrão tentou chantagear o seu cúmplice.* Conjuga-se como *frear*.

chan.ta.gem (*fr chantage*) *sf* Ação de extorquir dinheiro ou favores, sob ameaça.

chan.ta.gis.ta (*chantagem+ista*) *adj* e *s m+f* Diz-se de ou pessoa que pratica chantagens.

chan.ti.li (do *top Chantilly*) *sm* Cul Creme de leite batido com açúcar; creme chantili.

chão (*lat planu*) *sm* **1** O terreno em que se pisa. **2** Pavimento. • *adj* Liso, plano.

cha.pa *sf* **1** Peça lisa, plana, relativamente fina, de espessura uniforme, de qualquer material. **2** Lâmina. **3** Fot Lâmina que, exposta à luz, dentro de um aparelho fotográfico, produz a imagem dos objetos fotografados. **4** Radiografia. **5** *pop* Parceiro.

cha.pa.da (*chapa+ada¹*) *sf* **1** Planura. **2** Planalto. **3** *gír* Bofetada.

cha.pa.dão (*chapada+ão²*) *sm* **1** Aumentativo de *chapada*; grande chapada. **2** Série de chapadas.

cha.par (*chapa+ar¹*) *vtd* **1** Pôr chapa em: *O jovem punk chapeou suas calças e jaquetas.* **2** Segurar com chapa. **3** Cunhar, marcar: *Chapar moedas.*

cha.pe.ar (*chapa+e+ar¹*) *vtd* e *vti* **1** Revestir de chapas: *Mandou chapear o casco do navio avariado.* **2** Achatar, laminar: *O pedreiro chapeou com cimento a parede.* Conjuga-se como *frear*.

cha.pe.la.ri.a (*chapéu+l+aria*) *sf* **1** Indústria de chapéus. **2** Estabelecimento onde se fabricam ou vendem chapéus.

cha.pe.lei.ra (*chapéu+l+eira*) *sf* **1** Mulher de chapeleiro. **2** Mulher que faz ou vende chapéus. **3** Caixa própria para guardar e transportar chapéus.

cha.pe.lei.ro (*chapéu+l+eiro*) *sm* Aquele que faz ou vende chapéus.

cha.péu (fr ant chapel) sm **1** Cobertura para cabeça, de feltro, palha etc. e formada de copa e abas. *Aum: chapelão, chapeirão. Dim: chapelete, chapeleta.* **2** *Esp gír* Jogada na qual o futebolista passa a bola por cima do adversário e a retoma em seguida. *Pl: chapéus.*

cha.péu-co.co sm Chapéu de aba estreita e copa pequena e arredondada. *Pl: chapéus-coco* e *chapéus-cocos. Var: chapéu de coco.*

cha.pis.co (*voc onom* chape+isco+ar¹) sm *Constr* Argamassa de areia e cimento aplicada em superfície lisa para torná-la áspera.

cha.ra.da (fr charade) sf **1** Enigma. **2** Linguagem obscura.

cha.ra.dis.ta (charada+ista) s m+f Pessoa que compõe ou resolve charadas.

cha.ran.ga (cast charanga) sf **1** Banda de música composta principalmente por instrumentos de sopro. **2** *pop* Carro velho.

char.co (*voc* pré-rom) sm **1** Lugar onde há água parada e pouco profunda. **2** Atoleiro, poça.

char.ge (fr charge) sf Caricatura.

char.gis.ta (charge+ista) s m+f Pessoa que faz charges; caricaturista.

char.la.ta.nis.mo (charlatão+ismo) sm **1** Linguagem, comportamento ou obra de charlatão. **2** Enganação, trapaça. *Var: charlatanice.*

char.la.tão (*ital* ciarlatano) sm **1** Aquele que explora a boa-fé do público. **2** Impostor, trapaceiro. **3** *pej* Médico incompetente. *Pl: charlatães* e *charlatões. Fem: charlatã* e *charlatona.*

char.me (fr charme) sm Encanto; graça.

char.mo.so (ô) (charme+oso) adj Cheio de charme; encantador. *Pl: charmosos* (ó).

char.ne.ca (*voc* pré-rom) sf Terreno inculto e árido onde há apenas vegetação arbustiva e rasteira.

char.que (cast charque) sm V *carne de sol.*

char.que.a.da (charquear+ada¹) sf Estabelecimento onde se prepara o charque.

char.que.ar (charque+ar) vtd e vint Preparar o charque: *O fazendeiro mandou que charqueassem a carne de dois bois.* Conjuga-se como *frear.*

char.re.te (é) (fr charrette) sf Carro leve, de duas rodas altas, puxado por um cavalo.

char.re.tei.ro (charrete+eiro) sm Aquele que conduz os cavalos de uma charrete.

char.ru.a (fr charrue) sf Arado grande.

charter (ingl) sm **1** Fretamento ou aluguel de um meio de transporte. **2** Avião alugado: *Voo charter.*

cha.ru.ta.ri.a (charuto+aria) sf **1** Estabelecimento onde se vendem objetos de fumante. **2** V *tabacaria.*

cha.ru.tei.ro (charuto+eiro) sm **1** Fabricante de charutos. **2** Proprietário de charutaria.

cha.ru.to (tâmil shuruttu, pelo *ingl* cheroot) sm Rolo de folhas secas de tabaco, preparado para se fumar.

chas.si (fr chassis) sm *Autom* Parte do veículo que suporta a carroceria.

cha.ta (de chato) sf Barcaça larga e de fundo chato.

cha.te.ar (chato+e+ar¹) vint e vtd *pop* Importunar, aborrecer: *O barulho chateou a professora.* Conjuga-se como *frear.*

cha.ti.ce (chato+ice) sf *pop* Amolação, que incomoda.

cha.to (*lat vulg* platu) adj **1** Plano. **2** Liso. **3** *pop* Importuno, inconveniente. • sm Plano não acidentado.

chau.vi.nis.mo (xô) (Chauvin, np+ismo) sm **1** Patriotismo exagerado, quase desprezo aos estrangeiros: *"Felizmente, no Brasil, não existem candidatos que preguem ódio racial e chauvinismo como solução para a crise."* (FSP) **2** Procedimento de chauvinista.

chau.vi.nis.ta (Chauvin, np+ista) sm+adj Que ou aquele que tem sentimento de patriotismo exagerado: *"O 'Pravda' chamou esse irlandês criador de problemas de um burguês ressecado, um chauvinista fossilizado."* (FSP)

cha.vão (chave+ão²) sm **1** Aumentativo de *chave*; chave grande. **2** Modelo, tipo, padrão. **3** *Gram* Lugar-comum, clichê.

cha.ve (*lat* clave) sf **1** Peça de metal que movimenta a lingueta das fechaduras. *Col: molho*), *penca.* **2** Instrumento com que se dá corda a mecanismos acionados por mola espiral. **3** Utensílio que serve para aparafusar, apertar, estender, fixar etc. **4** Sinal ortográfico; colchete. **5** *Eletr* V *interruptor.*

cha.vei.ro (*chave+eiro*) *sm* **1** O que guarda chaves. **2** Pessoa que faz chaves e conserta fechaduras. **3** Corrente ou arco para prender chaves.

chá.ve.na (*jap chawan*) *sf* Xícara.

che.ca.gem (*checar+agem*) *sf* Controle; verificação; conferência.

che.ca.pe (*ingl check-up*) *sm Med* Conjunto de exames clínicos, visando à completa análise da saúde.

che.car (*ingl to check*) *vtd* Controlar; verificar; examinar; conferir: *A comissária de bordo checou a lista de passageiros.*

check-in (*tchequín*) (*ingl*) *sm Tur* **1** Ato de registrar-se (em hotel). **2** Ato de apresentar-se no aeroporto ou outro porto de embarque para mostrar a passagem e despachar a bagagem.

check-out (*tchecáuti*) (*ingl*) *sm Tur* Ato de pagar a conta, devolver as chaves e sair do hotel.

check-up (*tchecápi*) (*ingl*) *V* checape.

che.co (*fr tchéque*) *V* tcheco.

cheeseburguer (*chisbúrguer*) (*ingl*) *sm Cul* Hambúrguer com queijo.

che.fão (*chefe+ão*) *sm* Mandão, politicão. *Fem:* chefona.

che.fa.tu.ra (*chefe+ar¹+ura²*) *sf* Repartição onde o chefe dá expediente.

che.fe (*fr chef*) *s m+f* **1** Indivíduo que tem a autoridade ou a direção. **2** Empregado ou funcionário encarregado da direção ou supervisão. *Aum:* chefão. *Dim:* chefinho. *Fem:* chefa.

che.fi.a (*chefe+ia¹*) *sf* Direção, comando, liderança.

che.fi.ar (*chefia+ar¹*) *vtd* Dirigir como chefe, exercer a chefia de: *Ela não tinha capacitação para chefiar o departamento.* Conjuga-se como *premiar*.

che.ga.da (*part fem* de *chegar*) *sf* Ato de chegar. *Antôn:* partida.

che.ga.do (*part* de *chegar*) *adj* **1** Próximo, contíguo. **2** Dado, propenso. *Antôn* (acepção 1): *afastado*.

che.gar (*lat plicare*) *vti* e *vint* **1** Vir: *Seu irmão acaba de chegar do Rio.* *vti* e *vint* **2** Aproximar-se: *Quando chegou ao clube, já o esperavam todos.* *vtd* **3** Pôr ao alcance; aproximar: *Chega-te aos bons.* *vti* e *vint* **4** Ser suficiente; bastar: *Seu dinheiro não chegará para tanto. Antôn* (acepção 1): *partir*.

chei.a (*fem* de *cheio*) *sf* **1** Enchente de rio. **2** Inundação. **3** Grande quantidade.

chei.o (*lat plenu*) *adj* **1** Completo, pleno, repleto. **2** *pop* Farto, aborrecido. *Antôn* (acepção 1): *vazio*. *Sup abs sint:* cheíssimo. Cheinho (diminutivo de *cheio*, com sentido de completo): muito cheio. *Em cheio:* plenamente.

chei.rar (*lat vulg flagrare*, por *fragrare*) *vtd* **1** Sentir o cheiro de: *Cheirar uma flor.* **2** Indagar, procurar: *Que vem você cheirar aqui?* **3** Suspeitar: *Nem sequer cheirou o lucro que tal negócio lhe daria.*

chei.ro (de *cheirar*) *sm* Aroma, odor, perfume. *Cheiro-verde*, *Cul:* as ervas aromáticas, usadas entre temperos.

chei.ro.so (*ó*) (*cheiro+oso*) *adj* Aromatizado, perfumado. *Pl:* cheirosos (*ó*).

che.que (*ingl check*) *sm Econ* Ordem de pagamento, à vista, sobre banco ou casa bancária. *Cf* xeque¹ e xeque². Veja nota em **xeque**.

cherry (*tchéri*) (*ingl*) *sm* Licor de cerejas.

chés.ter (*top Chester*) *sm neol Zool* Ave galinácea, modificada geneticamente, semelhante a um frango, porém bem maior.

chi.a.da (*chiar+ada¹*) *sf* **1** Ato de chiar. **2** Vozearia aguda e desagradável. **3** Lamúria. **4** Pedido ou queixa repetida e impertinente.

chi.a.do (*part* de *chiar*) *sm* Ação ou efeito de chiar.

chi.ar (*onom chi+ar²*) *vint* **1** Dar chios, emitir grito agudo: *Era noite, os grilos chiavam.* **2** Reclamar, protestar: *O contribuinte chia mas tem que pagar.* **3** *pop* Esbravejar de cólera: *Os manifestantes chiavam contra o governo.* Conjuga-se como *premiar*.

chi.ba.ta (de *chibo*) *sf* Vara comprida e delgada para fustigar animais ou pessoas.

chi.ba.ta.da (*chibatar+ada¹*) *sf* Pancada com chibata.

chi.ba.tar (*chibata+ar¹*) *vtd* Bater com chibata: *"O garoto que como eu amava os Beatles e os Rolling Stones e acabou chibatado lá em Sing-Sing-Singapura."* (FSP)

chi.cle.te *sm* Marca comercial registrada de

determinada goma de mascar, açucarada e aromatizada, produzida com o látex do sapotizeiro, o chicle.

chi.có.ria (*gr kikhória*, pelo *lat*) *sf Bot* Planta pequena, de flores azuis, com folhas crespas ou lisas.

chi.co.ta.da (*chicote+ada¹*) *sf* Pancada de chicote.

chi.co.te (*fr chicot*) *sm* Tira ou trança de couro com cabo, geralmente usada para castigar animais.

chi.co.te.ar (*chicote+e+ar¹*) *vtd* Bater com chicote; açoitar; chibatar. Conjuga-se como *frear*.

chi.fra.da (*chifre+ada¹*) *sf* Pancada com chifre; golpe de chifre.

chi.frar (*chifre+ar¹*) *V cornear*.

chi.fre (*cast ant chifle*) *sm Zool* Cada um dos apêndices duros e recurvados que certos animais (adultos) têm na cabeça, como o boi e o bode; corno.

chi.fru.do (*chifre+udo*) *adj* **1** Que tem chifres grandes. **2** *pop* Marido enganado.

chi.le.no (*top Chile+eno¹*) *adj* Pertencente ou relativo ao Chile (América do Sul). • *sm* Natural ou habitante do Chile.

chi.li.que (*voc express*) *sm pop* **1** Desfalecimento. **2** Crise nervosa.

chil.re.ar (*chilro+e+ar*) *V* chalrear: *O canário chilreava em sua gaiola.* Conjuga-se como *frear* (porém, com raras exceções, conjuga-se apenas nas 3ªˢ pessoas).

chil.rei.o (de *chilrear*) *sm* Ato de chilrear; voz de pássaro.

chi.mar.rão (*cast cimarrón*) *sm Reg* (RS) Mate sem açúcar, tomado em cuia.

chim.pan.zé (*fr chimpanzé*) *sm Zool* Nome comum dos mais inteligentes dos macacos antropomorfos, que vive nas florestas equatoriais da África. *Var: chipanzé.*

chin.chi.la (*cast chinchilla*) *sf* **1** *Zool* Pequeno roedor, do tamanho de um esquilo. **2** Pele desse animal.

chi.ne.la (*ital genovês cianella*) *sf* Chinelo.

chi.ne.la.da (*chinela+ada¹*) *sf* Pancada com chinela ou chinelo.

chi.ne.lo (*masc de chinela*) *sm* Calçado macio para uso doméstico.

chi.nês (*top China+ês*) *adj* Pertencente ou relativo à China (Ásia). • *sm* **1** Natural ou habitante da China. **2** *Ling* Língua falada na China. *Fem: chinesa.*

chin.frim (*voc expressivo*) *sm pop* Algazarra, desordem. • *adj* Insignificant, reles.

chi.o (de *chiar*) *sm* **1** Voz aguda dos pássaros, ratos e cigarras. **2** Chiado.

chip (*tchip*) (*ingl*) *sm Inform* Unidade microscópica que constitui a memória de um computador.

chi.pan.zé (*fr chimpanzé*) *V* chimpanzé.

chi.que (*fr chic*) *adj m+f* **1** Bonito, elegante, formoso. **2** Apurado, de bom gosto. • *sm* Elegância.

chi.quê (de *chique*) *sm gír* Elegância afetada: *"Seu show é das gentes que Marisa viu quando resolveu sair do 'chiquê' que ela havia adotado desde a sua aparição."* (FSP)

chi.quei.ri.nho (*chiqueiro+inho*) *sm* **1** Diminutivo de *chiqueiro*. **2** Gradeado fechado onde se deixam crianças muito pequenas.

chi.quei.ro (*ár shirkair*, via *cast*) *sm* **1** Curral de porcos. **2** *pop* Casa ou lugar imundo.

chis.pa (*voc onom*) *sf* Centelha, fagulha, faísca.

chis.pa.da (*chispar+ada¹*) *sf* Corrida, disparada.

chis.par (*chispa+ar¹*) *vti* e *vint* **1** Lançar chispas. *vint* **2** *pop* Correr em disparada: *"Na Sé tomamos à esquerda, passamos chispando pela livraria do Gazó."* (GTT)

chis.te (*cast chiste*) *sm* Dito engraçado; piada: *"Homem inteligente, de espírito pronto, sempre disposto ao chiste e à boa risada."* (GAT)

chis.to.so (ô) (*chiste+oso*) *adj* Engraçado, espirituoso. *Antôn: insípido. Pl: chistosos (ó).*

chi.ta (*hind chhît*) *sf* Pano ordinário, de algodão, estampado em cores.

chi.tão (*chita+ão*) *sm* Chita estampada de cores vivas ou de grandes ramagens.

cho.ça (*lat pluteu*) *sf* **1** Choupana. **2** Habitação rústica, humilde.

cho.ca.dei.ra (*chocar+deira*) *sf* Aparelho para chocar ovos; incubadora.

cho.ca.do¹ (*part de chocar¹*, acepção 3) *adj* Abalado; comovido; ofendido.

cho.ca.do² (*part de chocar²*) *adj* Diz-se do ovo que está sendo coberto por uma ave.

cho.ca.lhar (*chocalho+ar¹*) *vint* **1** Fazer soar (o chocalho): *O jogador chocalhou os dados no copo. vtd* **2** Agitar (líquido contido em um vaso): *Chocalhe o coquetel antes de servi-lo.*

cho.ca.lho (*choca+alho*) *sm* **1** Espécie de campainha ou guizo que se põe ao pescoço de animais. **2** Guizo para brinquedo infantil.

cho.can.te (de *chocar*) *adj m+f* **1** Que choca, revolta; revoltante. **2** Escandaloso, indecente.

cho.car¹ (*choque+ar¹*) *vti* e *vpr* **1** Produzir choque; abalroar, colidir: *Dois ônibus chocaram-se naquele cruzamento. vpr* **2** Esbarrar: *Caminhava tão distraído que quase chocou-se contra o poste. vtd* **3** Desagradar a; ferir, ofender: *Chocou-o a linguagem grosseira do vizinho.*

cho.car² (*choco+ar¹*) *vtd* e *vint* Estar no choco; incubar.

cho.cho (*ô*) (*lat fluxu*) *adj pop* **1** Sem suco: *"Pouco potássio causa maior número de grãos chochos e alta porcentagem de raízes podres."* (AZ) **2** Oco. **3** Chato. **4** Raquítico: *"Miudinho, chocho como criança de sete meses, era irrequieto vasculhador da vida alheia."* (VB) **5** Sem graça, sem entusiasmo: *"Lá em casa os seus beijos são tão chochos..."* (TRH)

cho.co (*ô*) (*lat vulg *clocca*) *adj* **1** Diz-se do ovo em que se está desenvolvendo o germe. **2** Diz-se da ave que está incubando. **3** Podre, estragado. • *sm* Ato de chocar ou período de incubação.

cho.co.la.te (do *nauatle*) *sm* **1** Produto alimentar feito de cacau, açúcar e várias substâncias aromáticas. **2** Bebida preparada com esse produto.

cho.co.la.tei.ro (*chocolate+eiro*) *sm* Fabricante ou vendedor de chocolate.

cho.fer (*fr chauffeur*) *sm* Motorista.

cho.fre (*ô*) (*voc onom*) *sm* Choque repentino. *De chofre:* repentinamente, subitamente.

cho.pa.ri.a (*chope+(cervej)aria*) *sf neol* Estabelecimento público onde se vende chope. *Var:* choperia.

cho.pe (*ô*) (*al Schoppen*, via *fr chope*) *sm* Cerveja gelada de barril.

cho.que (*fr choc*) *sm* **1** Impacto; colisão. **2** Antagonismo, conflito, luta. **3** Efeito produzido pela passagem de uma corrente elétrica através do corpo; choque elétrico.

cho.ra.dei.ra (*chorar+deira*) *sf* **1** Ação de chorar muito. **2** Lamúria.

cho.ra.min.gar (de *chorar*) *vint*, *vtd* e *vtdi* **1** Chorar com frequência: *Caiu da árvore e foi choramingar nos braços da mãe.* **2** Chorar em tom baixo: *Choramingava sua tristeza pelos cantos.* **3** Proferir em voz de lamúria: *Apanhou na rua e foi choramingar sua história para o pai.*

cho.rão (*chorar+ão²*) *adj* Que chora muito. • *sm* **1** Indivíduo que chora muito. *Fem: chorona.* **2** *Bot* Árvore ornamental.

cho.rar (*lat plorare*) *vti* e *vint* **1** Derramar ou verter lágrimas: *Chorar de raiva; chorar por alguém. vint* **2** Lamentar, queixar-se: *Chorar o tempo perdido. vti* **3** Pedir, reclamar: *A menina acordou e chorava pela mãe.*

cho.ri.nho (*choro+inho*) *sm* Música popular de andamento rápido.

cho.ro (*ô*) (de *chorar*) *sm* **1** Ato de chorar; lamentação, pranto. **2** *Mús* Conjunto instrumental formado por flauta, violão, cavaquinho, pandeiro e reco-reco. **3** Música tocada por esse conjunto.

cho.ro.so (*ô*) (*choro+oso*) *adj* **1** Que chora ou chorou. **2** Sentido, magoado. *Antôn* (acepção 1): *risonho. Pl:* chorosos (*ó*).

chou.pa.na (de *choupo*) *sf* Casa rústica de madeira; cabana, casebre.

chou.po (*lat populu*) *sm Bot* Espécie de árvore; álamo.

chou.ri.ço (*cast chorizo*) *sm Cul* Espécie de linguiça.

cho.ver (*lat vulg plovere*) *vint* **1** Cair chuva: *Ontem choveu.* **2** *fig* Cair em abundância, como a chuva: *Choveram pedras. Conjug:* verbo impessoal, conjugado só na 3ª pessoa do singular (só se conjuga em outras pessoas quando é utilizado em sentido figurado).

chu.chu (*fr chouchou*) *sm* **1** *Bot* Trepadeira de fruto verde, comestível. **2** O fruto dessa planta. *Pra chuchu, pop:* muito, em grande quantidade.

chu.cru.te (*fr choucroute*, do *al Sauerkraut*) *sm Cul* Repolho picado e fermentado.

chu.é (*ár hispânico shuî*) *adj pop* Sem

classe; ordinário: *"Diabo de casinho mais chué!"* (VER)

chu.lé (*cigano chullí*) *sm gír* Mau cheiro característico dos pés sujos ou suados.

chu.le.ar (*lat subligare*) *vtd* **1** Costurar ligeiramente a orla de (qualquer tecido), para não se desfiar. **2** Costurar com ponto de chuleio. Conjuga-se como *frear*.

chu.lei.o (*der regressiva de chulear*) *sm* **1** Ato ou efeito de chulear. **2** Ponto de chulear.

chu.le.ta (*cast chuleta*) *sf* **1** Pedaço de carne. **2** *Reg* (RS) Costeleta.

chu.lo (*cast chulo*, do *ital* (*fan*)*ciullo*) *adj* **1** Baixo, grosseiro, rústico. **2** Diz-se de termos impróprios da linguagem educada.

chu.ma.ço (*lat plumaciu*) *sm* Porção de coisas flexíveis e moles, que se põe entre os forros e o pano de um vestuário, para torná-lo macio.

chum.ba.da (*chumbar+ada*[1]) *sf* **1** Tiro de chumbo. **2** Porção de chumbo para um tiro.

chum.ba.do (*part de chumbar*) *adj* **1** Preso com chumbo. **2** *pop* Embriagado, bêbado. **3** *Constr* Diz-se da peça embutida em bloco de pedra e soldada com cimento ou chumbo.

chum.bar (*chumbo+ar*[1]) *vtd* **1** Tapar com chumbo ou outro metal: *Chumbou um dente*. **2** Ferir com chumbo: *O caçador chumbou o veado*. **3** Fechar totalmente: *Chumbaram a sepultura*. **4** *Constr* Fixar com chumbo ou cimento uma peça a uma parede, uma trave etc.: *O pedreiro chumbou uma trave na parede*.

chum.bo (*lat plumbu*) *sm* **1** *Quím* Elemento metálico azulado. **2** Grãos desse metal usados como projéteis para caça miúda e outros usos. **3** Coisa muito pesada.

chu.pa.da (*chupar+ada*[1]) *sf* **1** Ato ou efeito de chupar. **2** *pop* Repreensão, bronca.

chu.pa.do (*part de chupar*) *adj pop* Muito magro.

chu.pão (*chupar+ão*[2]) *adj* Que chupa. • *sm* **1** Ação de chupar com força. **2** Beijo sensual, com sucção.

chu.par (*cast chupar*) *vtd* **1** Sorver, sugar. **2** Extrair com a boca o suco de: *Chupar laranjas*. **3** *pop* Copiar um texto, uma pesquisa para utilizar em benefício próprio: *Ele chupou o seminário da amiga sem pedir licença*.

chu.pe.ta (*ê*) (de *chupar*) *sf* **1** Espécie de mamilo de borracha para crianças. **2** Bico de mamadeira.

chu.pim (*tupi xopí*) *sm* **1** *Ornit* Pássaro que põe ovos nos ninhos alheios para outras aves chocarem e cuidarem dos filhotes; parasita. **2** *fig* Pessoa que vive à custa de outra.

chur.ras.ca.da (*churrasco+ada*[1]) *sf* Reunião de pessoas para comer churrasco.

chur.ras.ca.ri.a (*churrasco+aria*) *sf* Restaurante cujo prato típico é o churrasco.

chur.ras.co (*cast churrasco*) *sm* **1** Pedaço de carne assada em espeto ou na grelha. **2** *V churrascada*.

chur.ras.quei.ra (*churrasco+eira*) *sf* Armação, com grelha, própria para fazer churrasco.

chur.ras.quei.ro (*churrasco+eiro*) *sm* Cozinheiro especialista em churrasco.

chus.ma (*lat celeusma*) *sf* **1** Tripulação. **2** Grande quantidade de pessoas; multidão. **3** Grande número de coisas; montão.

chu.tar (*chute+ar*[1]) *vtd e vint* **1** *Esp* Arremessar a bola com o pé: *Chutou a bola contra a parede*. *vtd* **2** *pop* Não ligar para; desprezar: *Chutou a sorte ao chutar a noiva*. *vtd* **3** *gír* Dizer algo sem ter certeza: *Chutou as respostas no teste*.

chu.te (*ingl shoot*) *sm* **1** Ato de chutar. **2** Pontapé.

chu.tei.ra (*chute+eira*) *sf* Calçado apropriado para jogar futebol.

chu.va (*lat pluvia*) *sf Meteor* Vapor d'água, condensado na atmosfera, que se precipita sobre a terra em forma de gotas. *Chuva de pedra*, *Meteor:* precipitação de granizo.

chu.vei.ro (*chuva+eiro*) *sm* Bocal cheio de furos, ou crivo, por onde jorra a água ao se tomar banho; local onde ele está instalado; crivo de regador.

chu.vis.car (*chuvisco+ar*[1]) *vint* Cair chuvisco; chover pouco. *Conjug:* verbo impessoal, conjugado apenas na 3ª pessoa do singular.

chu.vis.co (*chuva+isco*) *sm* **1** Chuva em gotas muito pequenas. **2** *Telev* e *Inform* Interferência que aparece em uma tela de televisão ou monitor, semelhante a chuvisco.

chu.vo.so (ô) (*lat pluviosu*) *adj* **1** De chuva. **2** Abundante em chuva. *Pl: chuvosos* (ó).

ci.a.ne.to (ê) (*ciano+eto*) *sm Quím* Sal do ácido cianídrico; cianureto.

ci.a.nu.re.to (ê) (*ciano+uro+eto*) *V cianeto*.

ci.á.ti.ca (de *ciático*) *sf Med* Enfermidade de origem incerta e caracterizada por dor no nervo ciático.

ci.á.ti.co (*lat sciaticu*) *adj Anat* **1** Relativo ou pertencente à região dos quadris. **2** Diz-se do nervo mais extenso da coxa. • *sm* O nervo ciático.

ci.be.res.pa.ço (*ingl cyberspace*) *sm* Espaço cibernético, constituído por tudo o que está relacionado com a internet.

ci.ber.né.ti.ca (*gr kybernetiké*, pelo *ingl cybernetics*) *sf* Estudo e técnica do funcionamento e controle das ligações nervosas nos organismos vivos e em máquinas.

ci.ca.dí.deos (*lat cicada+ídeos*) *sm pl Entom* Família de grandes insetos, cujas espécies são conhecidas pelo nome de *cigarras*.

ci.ca.triz (*lat cicatrice*) *sf* **1** Marca, sinal que fica das feridas, depois de curadas. **2** *fig* Lembrança dolorosa.

ci.ca.tri.za.ção (*cicatrizar+ção*) *sf* Ato de cicatrizar; fechamento de uma ferida.

ci.ca.tri.zan.te (de *cicatrizar*) *adj m+f* Que cicatriza ou favorece a cicatrização. • *sm* Medicamento que cicatriza.

ci.ca.tri.zar (*cicatriz+ar¹*) *vtd* e *vint* **1** Promover a cicatrização de: *Esta pomada cicatriza feridas em três dias*. *vint* e *vpr* **2** Sarar pela formação de uma cicatriz; fechar-se: *Esta ferida não cicatrizará tão cedo*.

ci.ce.ro.ne (*ital cicerone*) *sm* Guia que mostra aos turistas o que há de importante num local.

ci.ce.ro.ne.ar (*cicerone+ar¹*) *vtd* e *vti* Servir de cicerone. Conjuga-se como *frear*.

ci.ci.ar (*voc onom*) *vtd* Pronunciar em voz muito baixa; segredar. Conjuga-se como *premiar*.

ci.ci.o (*der* regressiva de *ciciar*) *sm* **1** Murmúrio de palavras proferidas em tom muito baixo. **2** Som brando dos ramos movidos pela brisa. **3** *Gram* Vício de pronunciar o *z* por *ss*.

ci.cli.co (*gr kyklikós*) *adj* **1** Pertencente ou relativo a ciclo. **2** Que se move em ciclos.

ci.clis.mo (*ciclo+ismo*) *sm* Prática ou esporte que consiste em andar de bicicleta.

ci.clis.ta (*ciclo²+ista*) *s m+f* Pessoa que anda de bicicleta.

ci.clo (*gr kýklos*) *sm* **1** Período durante o qual se completa uma sequência de eventos ou fenômenos. **2** Fase; período.

ci.clo.ne (*fr cyclone*, baseado no *gr kýklos*) *sm Meteor* Vento muito forte.

ci.clo.pe (ó) (*gr kýklops*) *sm Mit gr* Gigante com um só olho no meio da testa.

ci.clo.vi.a (*ciclo+via*) *sf* Pista de uso exclusivo para bicicleta.

ci.cu.ta (*lat cicuta*) *sf Bot* **1** Gênero de planta venenosa. **2** Veneno extraído dessa planta.

ci.da.da.ni.a (*cidadão+ia¹*) *sf* Qualidade ou estado de cidadão.

ci.da.dão (*cidade+ão¹*) *sm* **1** Habitante de uma cidade. **2** Indivíduo no gozo dos direitos civis e políticos de um Estado. **3** *pop* Indivíduo, sujeito. *Fem: cidadã. Pl: cidadãos. Col: comunidade*.

ci.da.de (*lat civitate*) *sf* **1** Nome dado a uma povoação maior que uma vila, que se dedica a atividades comerciais, industriais, financeiras, culturais etc. **2** O núcleo principal ou centro urbanístico dessa povoação, onde estão geralmente localizadas as casas comerciais mais importantes.

ci.da.de.la (*baixo-lat civitatella*) *sf* Fortaleza que domina e defende uma cidade.

ci.dra (*lat citrea*) *sf* Fruto da cidreira.

ci.drei.ra (*cidra+eira*) *sf Bot* Árvore frutífera que dá a cidra.

ci.ên.cia (*lat scientia*) *sf* **1** Conjunto de conhecimentos organizados sobre determinado assunto. **2** Conhecimento, informação, notícia.

ci.en.te (*lat sciente*) *adj m+f* **1** Que tem ciência; erudito, sábio. **2** Informado, inteirado, sabedor. • *sm* Anotação feita em comunicados, para controle.

ci.en.tí.fi.co (*lat scientificu*) *adj* **1** Relativo à ciência. **2** Que mostra ciência.

ci.en.tis.ta (*lat scientia+ista*) *s m+f* Pessoa dedicada às ciências. *Col: congresso*.

ci.fra (*ár Sifr*) *sf* **1** Importância total das

operações comerciais. *sf pl* **2** Contabilidade. **3** Números. **4** *Mús* Caracteres numéricos que indicam acordes musicais.

ci.fra.do (*part de cifrar*) *adj* Escrito em caracteres secretos.

ci.frão (*cifra+ão²*) *sm* Sinal ($) que, na numeração de quantias, indica a unidade monetária em vários países.

ci.frar (*cifra+ar¹*) *vtd* **1** Escrever em caracteres cifrados: *Cifrou a mensagem para que ninguém entendesse.* **2** *Mús* Assinalar com caracteres numéricos (as notas fundamentais do acompanhamento): *Cifrar um acorde.*

ci.ga.no (*fr tsigane*) *sm* **1** Indivíduo de um povo nômade. **2** Indivíduo que se assemelha a um membro desse povo, especialmente na aparência, maneiras ou modo de vida.

ci.gar.ra (*lat cicada+arro, no fem*) *sf* **1** *Entom* Nome comum a vários insetos da família dos cicadídeos; os machos produzem um som agudo, estridente, bem característico dessa espécie. *Voz*: canta, chia, cicia, cigarreia, zune. **2** Dispositivo elétrico que produz um zunido semelhante ao da cigarra.

ci.gar.rei.ra (*cigarro+eira*) *sf* Bolsa, caixa ou estojo para cigarros.

ci.gar.ri.lha (*cigarro+ilho, no fem*) *sf* **1** Cigarro com embalagem do próprio tabaco. **2** Pequeno charuto.

ci.gar.ro (*cast cigarro*) *sm* Pequena porção de tabaco picado e enrolado em papel fino.

ci.la.da (*ital celata*) *sf* **1** Emboscada. **2** Armadilha.

ci.lha (*lat cingula*) *sf* Correia larga ou faixa de tecido forte, que passa sob a barriga dos animais.

ci.lin.dra.da (*cilindro+ada¹*) *sf Mec* Volume máximo de gás admitido em um cilindro.

ci.lín.dri.co (*cilindro+ico²*) *adj* Em forma de cilindro.

ci.lin.dro (*lat cylindru, do gr kýlindros*) *sm* **1** *Geom* Corpo roliço, de diâmetro igual em todo o seu comprimento. **2** Tambor; rolo.

cí.lio (*lat ciliu*) *sm Anat* Cada um dos pelos que ornam as bordas das pálpebras; pestana.

ci.ma (*gr kýma*) *sf* A parte mais elevada. *Por cima de*: sobre.

ci.men.ta.do (*part de cimentar*) *adj* **1** Pavimentado com cimento. **2** Unido ou ligado com cimento.

ci.men.tar (*cimento+ar¹*) *vtd* **1** Unir ou cobrir com cimento: *Cimentei o quintal.* **2** *fig* Consolidar, firmar: *Em um ano o professor cimentou seu prestígio na escola.*

ci.men.to (*lat caementu*) *sm* **1** Pó feito de alumina, sílica, cal, óxido de ferro e magnésio. **2** Qualquer substância fabricada para unir objetos ou peças. *Cf cemento*.

cin.co (*lat quinque*) *num* Cardinal correspondente a cinco unidades. • *sm* O algarismo 5.

ci.ne.as.ta (*de cine(ma)*) *s m+f* Profissional que se dedica a atividade técnica e criativa em cinema.

ci.ne.clu.be (*cine(ma)+clube*) *sm* Entidade que reúne apreciadores de cinema.

ci.né.fi.lo (*cine(ma)+filo²*) *sm* Indivíduo que gosta muito de cinema.

ci.ne.gra.fis.ta (*cine+grafo+ista*) *adj m+f* Que cinegrafa, filma. • *s m+f* Pessoa que opera com uma câmara cinematográfica.

ci.ne.jor.nal (*cine(ma)+jornal*) *sm* Programação jornalística filmada para exibição em cinemas.

ci.ne.jor.na.lis.mo (*cine(ma)+jornal+ismo*) *sm* Forma de jornalismo veiculado pelo cinema.

ci.ne.ma (*abrev de cinematógrafo*) *sm* **1** Arte ou ciência da cinematografia. **2** Estabelecimento ou sala de projeções cinematográficas.

ci.ne.ma.te.ca (*cinema+teca*) *sf* **1** Lugar onde se guardam filmes cinematográficos. **2** Coleção de filmes; filmoteca.

ci.ne.má.ti.ca (*cinemato+ico²*) *sf Fís* Ciência que estuda os movimentos dos corpos.

ci.ne.ma.to.gra.far (*cinemato+grafo+ar¹*) *vtd* **1** Expor imagens por meio de cinematógrafo. **2** Filmar. *Conjug – Pres indic: cinematografo, cinematografas, cinematografa (grá)* etc.

ci.ne.ma.tó.gra.fo (*cinemato+grafo¹*) *sm* Aparelho que permite projetar em uma tela imagens ou cenas em movimento: *"Gourmont (1858-1915) já se põe a imaginar o cinema em cores e prevê o fim do teatro com a chegada do cinematógrafo."* (FSP)

ci.ne.ra.ma (*ingl cinerama*) *sm* Variedade de projeção cinematográfica, como se as imagens tivessem três dimensões.

cin.ga.lês (*ingl cingalese*) *adj* De ou pertencente ou relativo ao Sri Lanka, antigo Ceilão (Ásia). • *sm* 1 Natural ou habitante do Sri Lanka. 2 *Ling* Idioma indo-europeu falado nesse país. *Fem: cingalesa*.

cí.ni.co (*gr kynikós*) *adj* 1 Descarado, fingido. 2 Que denota cinismo.

ci.nis.mo (*gr kynismós*) *sm* Descaramento, falta de vergonha. *Antôn: candura, reserva, pudor*.

cin.quen.ta (*qwe*) (*lat quinquaginta*) *num* Cardinal equivalente a cinco dezenas. • *sm* O algarismo 50.

cin.quen.tão (*qwe*) (*cinquenta+ão²*) *sm pop* Indivíduo que tem ou aparenta entre 50 e 59 anos. *Fem: cinquentona*.

cin.quen.te.ná.rio (*qwe*) (*cinquentena+ário*) *sm* Celebração de cinquenta anos.

cin.ta (*lat cincta*) *sf* Tira, geralmente de couro, para apertar na cintura; cinto.

cin.tar (*cinta+ar¹*) *vtd* 1 Cercar de cinta ou cinto: *Cintou um embrulho.* 2 Abraçar pela cintura: *Cintou a namorada enquanto caminhavam*. *Conjug – Pres indic: cinto, cintas, cinta* etc.; *pres subj: cinte, cintes, cinte* etc. *Cf sentir* (no presente do indicativo e presente do subjuntivo).

cin.ti.la.ção (*lar scintillatione*) *sf* 1 Ato ou efeito de cintilar. 2 Esplendor.

cin.ti.lan.te (*lat scintillante*) *adj m+f* 1 Que cintila. 2 Muito brilhante.

cin.ti.lar (*lat scintillare*) *vint* 1 Brilhar como centelha ou faísca: *As estrelas cintilam no firmamento*. *vti* e *vint* 2 Refletir a luz: *Ao luar, as ondas cintilavam em chispas prateadas*. *vint* 3 Faiscar: *Os lustres do salão cintilavam*.

cin.to (*lat cinctu*) *sm* 1 Correia ou tira que cerca a cintura. 2 Cós. *Cinto de segurança:* cinto ou correia para prender uma pessoa ao assento de um avião ou automóvel, a fim de preservá-la de danos, na eventualidade de choques etc.

cin.tu.ra (*lat cinctura*) *sf* 1 Parte mais estreita do tronco humano, imediatamente abaixo das costelas ou tórax. 2 Parte do vestido ou das calças que rodeia e aperta o meio do corpo. 3 Cós. 4 Medida em centímetros dessa parte do tronco humano.

cin.tu.rão (*cintura+ão²*) *sm* 1 Cinta larga, geralmente de couro, que se traz à cintura. 2 Faixa, zona.

cin.za (*lat vulg *cinisia*) *sf* Resíduo mineral que resta após a combustão completa de substâncias combustíveis, tais como o carvão. *sm* A cor desse resíduo. • *adj m+f sing* e *pl* É dessa cor. • *sf pl* Restos mortais.

cin.zei.ro (*cinza+eiro*) *sm* 1 Monte de cinzas. 2 Objeto em que os fumantes deitam a cinza do tabaco.

cin.zel (*cast cincel*) *sm* Instrumento cortante em uma das extremidades, usado por escultores e gravadores.

cin.zen.to (*cinza+ento*) *adj* Da cor da cinza.

ci.o (*gr zêlos*, pelo *lat*) *sm* Apetite sexual dos animais em determinadas épocas.

ci.pó (*tupi ysypó*) *sm Bot* Designação comum a todas as plantas sarmentosas e trepadeiras, de hastes delgadas e flexíveis que sobem pelas árvores.

ci.po.al (*cipó+al¹*) *sm* Mata abundante de cipós.

ci.pres.te (*gr kypárissos*) *sm Bot* Árvore conífera.

ci.pri.o.ta (*ital cipriota*) *adj m+f* 1 Pertencente ou relativo a Chipre. 2 Característico de Chipre, de seus habitantes ou de sua língua. • *sm* 1 Dialeto grego, antigo ou moderno, de Chipre. *s m+f* 2 Natural ou habitante de Chipre.

ci.ran.da *sf* Cantiga e dança infantil, de roda; cirandinha.

ci.ran.dar (*ciranda+ar¹*) *vint* Dançar a ciranda.

ci.ran.di.nha (*ciranda+inho*, no *fem*) V ciranda.

cir.cen.se (*lat circense*) *adj m+f* Pertencente ou relativo ao circo. • *sm pl* Espetáculos de circo.

cir.co (*lat circu*) *sm* Pavilhão ou recinto circular, geralmente coberto de lona, para espetáculos de acrobacia, mágica, equitação, palhaçadas etc.

cir.cui.to (*lat circuitu*) *sm* 1 Linha que limita ou faz contorno em qualquer área. 2 Trajetória completa de uma corrente elétrica. 3 Grupo de cinemas que pertencem a uma mesma companhia. Veja nota em **gratuito**.

cir.cu.la.ção (*lat circulatione*) *sf* **1** *Biol* Movimento do sangue através dos vasos. **2** Trânsito nas ruas ou em uma região.

cir.cu.la.dor (*circular+dor*) *adj* Que faz circular. • *sm* Aparelho circulador de água ou ar.

cir.cu.lar[1] (*lat circulare*) *adj m+f* **1** Relativo a círculo. **2** Em forma de círculo. **3** Diz-se de carta, manifesto ou aviso que se dirige a muitas pessoas. • *sf* Exemplar de carta, manifesto ou ofício dirigido a muitas pessoas.

cir.cu.lar[2] (*lat circulare*) *vint* **1** Mover-se em círculo ou circuito. *vtd* **2** Percorrer ao redor; rodear: *O satélite artificial circulou a Terra*. *vtd* **3** Cercar: *Circular o terreno com arame farpado*. *vint* **4** Transitar pelas ruas: *Os automóveis circulam*.

cir.cu.la.tó.rio (*lat circulatoriu*) *adj* **1** Relativo ao movimento circular. **2** Relativo à circulação sanguínea.

cír.cu.lo (*lat circulu*) *sm* **1** *Geom* Superfície plana, limitada por uma circunferência. **2** *por ext* Circunferência. **3** Giro, rodeio. **4** Assembleia, grêmio, ponto de reunião.

cir.cu.na.ve.gar (*lat circumnavigare*) *vtd* **1** Rodear navegando. **2** Viajar por mar ao redor da Terra.

cir.cun.ci.da.do (*part* de *circuncidar*) *V circunciso*.

cir.cun.ci.dar (*lat circumcidare*) *vtd* Fazer circuncisão em; cortar o prepúcio.

cir.cun.ci.são (*lat circumcisione*) *sf* **1** Ato ou efeito de circuncidar. **2** Corte do prepúcio.

cir.cun.ci.so (*lat circumcisu*) *adj* Que sofreu circuncisão. • *sm* Homem circuncidado.

cir.cun.dar (*lat circumdare*) *vtd* **1** Cercar, cingir, rodear: *Dois oceanos circundam nosso continente*. **2** Andar à volta de: *As feras circundavam o rancho*.

cir.cun.fe.rên.cia (*lat circumferentia*) *sf* Círculo.

cir.cun.fle.xo (*cs*) (*lat circumflexu*) *adj Gram* Diz-se do sinal gráfico (^) que torna fechado o som de uma vogal.

cir.cun.ló.quio (*lat circumloquiu*) *sm* **1** Uso excessivo de palavras para exprimir uma ideia. **2** Expressão indireta ou rodeio de palavras sem se chegar diretamente ao assunto.

cir.cuns.cri.to (*lat circumscriptu*) *adj* **1** Limitado de todos os lados por uma linha. **2** Limitado, restrito. **3** Localizado.

cir.cuns.pec.ção (*lat circumspectione*) *sf* Cautela, ponderação. *Antôn: leviandade*. *Var: circunspeção*.

cir.cuns.pec.to (*lat circumspectu*) *adj* **1** Cauteloso, prudente. **2** Grave, respeitável, sério. *Antôn: leviano, imprudente*. *Var: circunspeto*.

cir.cuns.tân.cia (*lat circumstantia*) *sf* Condição, requisito.

cir.cuns.tan.ci.al (*circunstância+al*[1]) *adj m+f* Que se refere a uma circunstância.

cir.cun.vi.zi.nhan.ça (*circunvizinho+ança*) *sf* **1** Arredores, lugares vizinhos. **2** Arrabalde, subúrbio.

cí.rio (*lat cereu*) *sm* **1** Vela grande de cera. **2** Procissão que leva essa vela de uma localidade a outra.

cir.ro.se (*cirro+ose*) *sf Med* Doença crônica progressiva do fígado, caracterizada pelo seu endurecimento.

ci.rur.gi.a (*gr kheirourgía*) *sf Med* **1** Ramo da medicina que trata das doenças por meios operatórios. **2** Operação cirúrgica.

ci.rur.gi.ão (*lat med *chirurgianu*) *sm* Aquele que exerce a cirurgia. *Fem: cirurgiã*. *Pl: cirurgiões e cirurgiãs*.

ci.rur.gi.ão-den.tis.ta *sm* Profissional que substitui ou repara dentes. *Fem: cirurgiã-dentista*. *Pl: cirurgiões-dentista, cirurgiões-dentistas e cirurgiães-dentistas*.

ci.rúr.gi.co (*cirurgia+ico*[2]) *adj* Pertencente ou relativo a cirurgia.

ci.são (*lat scissione*) *sf* **1** Ação ou efeito de separar. **2** Divergência de opiniões, separação de interesses.

cis.car (*cisco+ar*[1]) *vtd* **1** Afastar ou tirar ciscos, gravetos. *vtd e vint* **2** Remexer o solo (galinha) à procura de alimentos: *As galinhas ciscavam cacarejando*.

cis.co (*lat ciniusculu*) *sm* **1** Pó ou miudezas de carvão. **2** Lixo.

cis.ma[1] (de *cismar*) *sf* **1** Ato de cismar. **2** Desconfiança, suspeita. **3** Implicância, antipatia.

cis.ma[2] (*gr skhísma*) *sm* Dissidência religiosa, política ou literária.

cis.ma.do (*part* de *cismar*) *adj* Desconfiado, prevenido.

cis.mar (*cisma*[1]+*ar*[1]) *vint* **1** Preocupar-se: *Ali ficou, cismando. vint* **2** Desconfiar: *Esmola demasiada faz o santo cismar. vtd* e *vti* **3** Pensar com insistência em: *Cismar assuntos vários.*

cis.ne (*lat cycnu*) *sm* Ornit Ave palmípede aquática, de perna curta e pescoço longo. *Voz: grasna.*

cis.su.ra (*lat scissura*) *sf* **1** Fenda, fissura, sulco. **2** *Anat* Abertura ou sulco natural na superfície de certos órgãos, especialmente do cérebro.

cis.ter.na (*lat cisterna*) *sf* **1** Reservatório de águas pluviais, abaixo do nível da terra. **2** Poço.

cís.ti.co (*cisto*[2]+*ico*) *adj* **1** *Anat* Que diz respeito à bexiga ou à vesícula biliar. **2** *Med* Relativo ou pertencente a um quisto.

cis.ti.te (*cisto*+*ite*[1]) *sf Med* Inflamação da bexiga urinária.

cis.to (*gr kýstis*) *sm Patol* Tumor, quisto.

ci.ta.ção (*citar*+*ção*) *sf* **1** Ato ou efeito de citar. **2** Texto citado. **3** *Dir* Intimação judicial.

ci.ta.di.no (*ital cittadino*) *adj* Pertencente ou relativo a cidade. • *sm* Habitante de cidade.

ci.tar (*lat citare*) *vtd* **1** Intimar para comparecer: *O delegado citou o suspeito.* **2** Mencionar o nome de: *Citar exemplos, nomes, textos.* **3** Transcrever parte de um texto: *Citou os autores clássicos em seu trabalho escolar.*

cí.ta.ra (*gr kithára*) *sf Mús* Instrumento de cordas, semelhante à lira. *Dim: citarinha.*

ci.ta.ris.ta (*gr kitharistés*) *s m+f Mús* Pessoa que toca a cítara.

ci.to.lo.gi.a (*cito*+*logo*+*ia*[1]) *sf Biol* Ramo da biologia que trata das células.

ci.to.lo.gis.ta (*cito*+*logo*+*ista*) *s m+f* Especialista em citologia.

ci.to.plas.ma (*cito*+*plasma*) *sm Biol* Protoplasma da célula.

ci.to.plas.má.ti.co (*cito*+*plasma*+*t*+*ico*[2]) *adj Biol* **1** Relativo ao citoplasma. **2** Que consiste em citoplasma.

cí.tri.co (*citri*+*ico*[2]) *adj* **1** *Bot* Relativo ao limão, à laranja etc. **2** Diz-se de um ácido encontrado nessas frutas.

ci.tri.cul.tor (*citri*+*cultor*) *sm* Aquele que se dedica à citricultura.

ci.tri.cul.tu.ra (*citri*+*cultura*) *sf* Cultura de árvores cítricas, como a laranjeira, a tangerineira e o limoeiro.

ci.ú.me (*lat vulg *zelumen*) *sm* **1** Inquietação causada pela desconfiança no amor. **2** Ressentimento invejoso contra um rival mais bem-sucedido.

ci.u.mei.ra (*ciúme*+*eira*) *sf pop* Ciúme exagerado.

ci.u.men.to (*ciúme*+*ento*) *adj* **1** Que tem ciúmes. **2** Invejoso. • *sm* Aquele que tem ciúme.

cí.vel (*lat civile*) *adj m+f Dir* Relativo ao direito civil. • *sm* Jurisdição dos tribunais em que se julgam as causas cíveis. *Antôn: criminal.*

cí.vi.co (*lat civicu*) *adj* **1** Relativo ao cidadão, como membro do Estado. **2** Patriótico.

ci.vil (*lat civile*) *adj m+f* **1** Relativo às relações dos cidadãos entre si. **2** Civilizado. **3** Que não tem caráter criminal. • *sm* **1** Jurisdição dos tribunais civis. **2** Indivíduo que não pertence à classe militar.

ci.vi.li.da.de (*lat civilitate*) *sf* **1** Boas maneiras. **2** Atenção, cortesia, polidez. *Antôn: grosseria.*

ci.vi.li.za.ção (*civilizar*+*ção*) *sf* O conjunto de todas as características da vida de um país, quanto ao aspecto social, econômico, político e cultural.

ci.vi.li.za.do (*part* de *civilizar*) *adj* **1** Que possui civilização. **2** Caracterizado por cortesia e boa educação. *Antôn: grosseiro.*

ci.vi.li.zar (*civil*+*izar*) *vtd* e *vpr* **1** Tornar (-se) civil ou cortês: *Os gregos contribuíram para civilizar os romanos.* **2** Converter(-se) ao estado de civilização: *Pretendiam civilizar os índios.*

ci.vis.mo (*lat cive*+*ismo*) *sm* Patriotismo.

clã (*gaélico clann*, via *ingl*) *sm Sociol* Grupos de famílias de descendência comum.

cla.mar (*lat clamare*) *vtd* e *vint* **1** Bradar, gritar: *Clamava pungentes ais. vti* e *vint* **2** Protestar: *Clamar pela paz. vtd* **3** Invocar, implorar: *Clamar misericórdia.*

cla.mor (*lat clamore*) *sm* **1** Ação de clamar. **2** Lamentação.

cla.mo.ro.so (*ó*) (*clamor*+*oso*) *adj* **1** Queixoso. **2** Muito evidente. *Pl: clamorosos* (*ó*).

clan.des.ti.ni.da.de (*clandestino+i+dade*) *sf* Caráter ou qualidade do que é clandestino: *"Lamarca viveu na clandestinidade e liderou ações armadas em nome de um ideal."* (FSP)

clan.des.ti.no (*lat clandestinu*) *adj* **1** Feito às escondidas. **2** Ilegal, ilegítimo. • *sm* Passageiro que viaja escondido sem passagem.

cla.que (*fr claque*) *sf* Grupo de indivíduos pagos para aplaudir nos teatros ou nos comícios.

cla.que.te (*fr claquette*) *sf Cin* Pequeno quadro-negro que marca o início de cada cena e que facilita posteriormente a montagem.

cla.ra (*fem* de *claro*) *sf* Albumina que envolve a gema do ovo.

cla.ra.boi.a (*ó*) (*fr claire-voie*) *sf* **1** Abertura, geralmente envidraçada, no alto de um edifício ou na parede externa de uma casa, para dar claridade interior. **2** Entrada ou boca de uma mina.

cla.rão (*claro+ão²*) *sm* **1** Claridade intensa, luz viva. **2** Luz intelectual.

cla.re.ar (*claro+e+ar¹*) *vtd*, *vti* e *vint* **1** Tornar claro; aclarar: *A lâmpada clareou o caminho*. *vtd* **2** Abrir espaço em; rarear: *Clarear um bosque*. *vint* **3** Encher-se de clareiras, lacunas ou vãos. *vint* **4** Tornar-se lúcido: *Aquelas aulas clarearam sua percepção*. Antôn (acepção 1): escurecer. Conjuga-se como *frear*.

cla.rei.ra (*claro+eira*) *sf* Lugar no meio de uma mata ou bosque onde rareiam ou faltam árvores.

cla.re.za (*claro+eza*) *sf* **1** Qualidade do que é claro ou inteligível. **2** Limpidez, transparência.

cla.ri.da.de (*lat claritate*) *sf* **1** Efeito da luz. **2** Brilho luminoso. **3** Foco luminoso.

cla.ri.fi.car (*lat clarificare*) *vtd* e *vpr* **1** Tornar(-se) claro. *vpr* **2** Purificar-se, arrepender-se: *Sua alma clarificou-se com as orações*.

cla.rim (*cast clarín*) *sm Mús* Instrumento parecido com a corneta, de som agudo e claro.

cla.ri.ne.ta (*ê*) (*clarim+eta*) *sf V clarinete*.

cla.ri.ne.te (*ê*) (*clarim+ete*) *sm Mús* Instrumento de sopro com bocal de palheta e orifícios como os da flauta. *Var:* clarineta.

cla.ri.ne.tis.ta (*clarinete+ista*) *s m+f* Pessoa que toca clarinete.

cla.ri.vi.dên.cia (*claro+vidente+ia²*) *sf* Qualidade de clarividente.

cla.ri.vi.den.te (*claro+vidente*) *adj m+f* **1** Que vê com clareza. **2** Cauteloso, prudente.

cla.ro (*lat claru*) *adj* **1** Que ilumina. **2** Brilhante, luminoso, resplandecente. **3** Bem visível, distinto: *Contornos claros*. **4** Límpido, puro. **5** Branco ou quase branco. **6** Fácil de entender. • *sm* Espaço em branco; lacuna. *Às claras:* publicamente, sem rodeios.

cla.ro-es.cu.ro (decalque *ital chiaroscuro*) *adj+sm* Que ou o que tem a transição do claro para o escuro. • *sm Pint* Técnica que emprega apenas luz e sombra. *Pl: claros-escuros* e *claro-escuros*.

clas.se (*lat classe*) *sf* **1** Categoria, ordem, ramo, seção. **2** Grupo de alunos ou estudantes de uma mesma sala de aula. *Classe gramatical, Gram:* cada grupo em que se dividem as palavras conforme a função que desempenham: substantivo, adjetivo, verbo etc.

clas.si.cis.mo (*clássico+ismo*) *sm* **1** Sistema dos que admiram o estilo dos escritores gregos e latinos. **2** Imitação do estilo clássico na arquitetura, na pintura, na música.

clás.si.co (*baixo-lat classicu*) *adj* **1** Relativo à literatura grega ou latina. **2** Diz-se da obra ou do autor que é de estilo impecável e constitui modelo digno de imitação. • *sm* **1** Escritor grego ou latino. **2** Autor de obra literária ou artística digna de ser imitada.

clas.si.fi.ca.ção (*classificar+ção*) *sf* **1** Distribuição por classes. **2** Ato ou efeito de ser aprovado em concurso ou competição. **3** Posição em uma escala gradual de resultados de um concurso ou competição. **4** *Biol* Arranjo sistemático de plantas e animais em grupos ou categorias de acordo com suas afinidades.

clas.si.fi.ca.do (*part* de *classificar*) *adj* Catalogado, selecionado. • *sm Jorn* Anúncio separado conforme sua natureza ou assunto.

clas.si.fi.car (*lat classificare*) *vtd* e *vpr* **1** Distribuir(-se) em classes e em grupos: *A bibliotecária classificou todos os livros*.

vtd 2 *Biol* Determinar a classe, ordem, família, gênero e espécie de. **vtd 3** Pôr em ordem (coleções, documentos etc.); arrumar. **vtd 4** Selecionar: *Classificar carvão, lã, ovos etc.*

clau.di.car (*lat claudicare*) vti e vint **1** Mancar: *O acidentado claudicava pelos corredores do hospital.* vint **2** Ter imperfeição, falha ou deficiência: *Sua boa memória jamais claudica.*

claus.tro (*lat claustru*) sm **1** Pátio interior descoberto, nos conventos ou edifícios **2** Ambiente fechado, limitado: *"Isso prova que, quando o futebol se vê longe do claustro inócuo dos jogos sem sentido, ele é forte, vivaz e soberano."* (FSP)

claus.tro.fo.bi.a (*claustro+fobo+ia¹*) sf *Psicol* Medo mórbido da clausura ou dos espaços fechados.

cláu.su.la (*lat clausula*) sf Condição que faz parte de um tratado, de um contrato ou de qualquer outro documento público ou particular.

clau.su.ra (*lat clausura*) sf **1** Recinto fechado. **2** Vida de claustro.

cla.va (*lat clava*) sf Pau curto e grosso numa das extremidades.

cla.ve (*lat clave*) sf *Mús* Sinal colocado no princípio da pauta para indicar o nome das notas postas na mesma linha e o grau de som que elas representam.

cla.ví.cu.la (*lat clavicula*) sf *Anat* Osso par situado na parte dianteira do ombro.

cle.mên.cia (*lat clementia*) sf Bondade, indulgência: *"Minha senhora, o que seu filho fez não merece clemência."* (HPP) *Antôn:* inclemência, crueldade.

cle.men.te (*lat clemente*) adj m+f **1** Que tem clemência. **2** Brando (especialmente falando do clima ou do tempo), suave, temperado. *Antôn:* inclemente, rigoroso.

clep.to.ma.ni.a (*gr kléptomania*) sf *Psicol* Impulso mórbido para o furto.

clep.to.ma.ní.a.co (*cleptomania+ico²*) adj Referente à cleptomania. • sm Aquele que padece de cleptomania.

clé.ri.go (*baixo-lat clericu*) sm *Rel* Indivíduo pertencente à classe eclesiástica; padre, prelado.

cle.ro (*do gr klêros*) sm Classe eclesiástica; corporação de todos os clérigos.

cli.car (*clique+ar¹*) vtd **1** Fotografar. vti **2** *Inform* Pressionar o botão do *mouse*.

cli.chê (*fr cliché*) sm **1** *Jorn* Cada uma das edições que um jornal divulga no mesmo dia, com a inclusão de notícias de última hora. **2** *Fot* Chapa fotográfica negativa. **3** Chavão, lugar-comum.

cli.en.te (*lat cliente*) s m+f Freguês. *Col:* clientela, freguesia.

cli.en.te.la (*lat clientela*) sf **1** Conjunto de clientes. **2** Freguesia.

cli.ma (*gr klîma*) sm **1** Conjunto de condições atmosféricas. **2** *fig* Ambiente, meio.

cli.ma.té.rio (*gr klimaktér+io²*) sm *Med* Término do período reprodutivo na mulher.

cli.má.ti.co (*clímato+ico²*) adj Relativo ao clima: *"Do ponto de vista climático, o território seco do Nordeste é considerado tropical semiárido."* (NOR)

cli.ma.ti.zar (*clímato+izar*) vtd e vpr Aclimatar; identificar-se com as condições de um clima.

clí.max (*cs*) (*gr klîmax*) sm Apogeu.

clí.ni.ca (*gr kliniké*) sf **1** Prática ou exercício da Medicina. **2** Estabelecimento de médicos de diversas especialidades, que praticam a Medicina.

cli.ni.car (*clínico+ar²*) vint Exercer a profissão de clínico. *Conjug – Pres indic:* clinico, clinicas, clinica (ní) etc. *Cf* clínica.

clí.ni.co (*gr klinikós*) adj Relativo ao tratamento médico dos doentes. • sm Médico.

cli.pe (*ingl clip*) sm **1** Pequeno prendedor de papéis de plástico ou metal. **2** V videoclipe.

cli.que (*voc onom*) interj e sm Termo onomatopeico que sugere estalido seco.

cli.tó.ris (*gr kleitorís*) sm sing+pl *Anat* Saliência carnuda e erétil na parte superior da vulva.

clo.a.ca (*lat cloaca*) sf **1** Lugar (fossa, canal, tubo) destinado a receber dejetos; privada. **2** Lugar imundo. **3** *Zool* Câmara comum onde se abrem o canal intestinal, o aparelho urinário e os canais genitais das aves, répteis, anfíbios, muitos peixes e certos mamíferos.

clo.na.gem (*clone+agem*) sf *Eng Genét* Processo para a obtenção de clones.

clo.ne (*gr klón*, pelo *ingl*) sm *Eng Genét*

Cópia de um ser vivo originado de outro, com a mesma imagem e o mesmo código genético, produzida assexuadamente.

clo.rar (cloro+ar¹) vtd **1** Quím Combinar cloro com. **2** Esterilizar por meio de cloro (a água): *"Isso só acaba no dia em que a água de Maceió for clorada."* (NCO)

clo.re.to (ê) (cloro+eto) sm Quím **1** Composto de cloro com outro elemento. **2** Sal de ácido clorídrico. *Cloreto de sódio:* sal comum (NaCl).

clo.ro (gr khlorós) sm Quím Elemento não metálico, usado como agente branqueador, oxidante e desinfetante.

clo.ro.fi.la (cloro+filo¹) sf Bot Substância corante verde das plantas, essencial para a realização da fotossíntese.

clo.ro.fór.mio (fr chlorophorme) sm Quím Líquido volátil, incolor (CHCl₃), de forte cheiro e gosto adocicado, usado como anestésico.

closet (closet) (ingl) sm Armário embutido anexo ao dormitório, às vezes um compartimento semelhante a um quarto, para guardar peças do vestuário, roupas de cama e calçados.

close-up (cloz'áp) (ingl) sm Cin e Telev Tomada de câmara feita a pequena distância.

clu.be (ingl club) sm **1** Sociedade recreativa. **2** Grêmio.

co.a (ó) (de coar) sf **1** p us Ação de coar. **2** Porção de líquido coado. **3** Nata que coalha à superfície do leite morno ou quente.

co.a.bi.tar (baixo-lat cohabitare) vtd **1** Habitar em comum: *Coabitar uma casa.* vint **2** Viver em comum: *Ali coabitam em perfeita harmonia pessoas de diferentes credos.*

co.a.ção (lat coactione) sf Ação de coagir ou obrigar alguém a fazer ou não fazer uma coisa: *"Ela falou inteiramente livre, sem nenhuma coação."* (AS)

co.ad.ju.van.te (lat coadjuvante) adj e s m+f Diz-se de ou pessoa que ajuda, auxilia.

co.ad.ju.var (lat coadjuvare) vtd e vpr Ajudar(-se), auxiliar(-se): *"Idalina coadjuvava a mãe na feitura de coxinhas, quibes, esfihas, rissoles."* (EMC)

co.a.dor (coar+dor) adj Que coa ou serve para coar. • sm **1** Utensílio cujo fundo é crivado de orifícios muito estreitos, para deixar passar só a parte mais líquida ou fina de certas preparações. **2** Saco para coar café.

co.a.du.nar (lat coadunare) vtd e vti **1** Incorporar, reunir: *Na ausência de um professor, coadunamos duas classes.* vtd e vpr **2** Combinar-se, harmonizar-se: *"A prisão administrativa não coaduna com as garantias constitucionais."* (FSP); *"Os desejos inconscientes nem sempre se coadunam com a realidade."* (PSC)

co.a.gir (co+agir) vtd **1** Forçar, obrigar: *Coagir os fracos.* **2** Constranger. Conjuga-se como *dirigir*.

co.a.gu.la.ção (lat coagulatione) sf **1** Ato de coagular(-se). **2** Processo que consiste em fazer um líquido tornar-se viscoso, gelatinoso ou sólido.

co.a.gu.lan.te (lat coagulante) adj m+f Que coagula, que tem a propriedade de fazer coalhar. • sm Agente que causa coagulação.

co.a.gu.lar (lat coagulare) vtd **1** Promover a coagulação; coalhar: *O cardo coagula o leite.* vpr **2** Passar por coagulação: *O sangue coagula-se.*

co.á.gu.lo (lat coagulu) sm **1** Parte coagulada ou coalhada de um líquido; coalho. **2** Substância que causa coagulação.

co.a.la (ingl koala) sm Zool Pequeno marsupial originário da Austrália.

co.a.lha.da (coalhar+ada¹) sf Leite coalhado usado como alimento.

co.a.lhar (lat coagulare) vtd **1** Promover a coagulação de: *O leite coalhou.* vint e vpr **2** Coagular-se, solidificar-se.

co.a.lho (lat coagulu) sm Substância com que se coagula o leite, na fabricação do queijo.

co.a.li.zão (fr coalition) sf Acordo político ou aliança de partidos: *"Quero o fortalecimento dos Partidos (...) sem que se pense necessária a coalizão."* (ME)

co.a.li.zar (fr coaliser) vpr Fazer coalizão; aliar-se, unir-se: *"No multipartidarismo o centro se constitui nas e pelas alianças, dada a alternativa assinalada por Duverger de centro-direita e centro-esquerda coalizarem-se com os radicais correligionários ou os moderados da outra tendência."* (FSP)

co.ar (*lat colare*) *vtd* Passar pelo coador, filtro, peneira etc.: *Ela esqueceu-se de coar o suco.* Conjug – Pres indic: *coo, coas, coa, coamos, coais, coam;* Pret perf: *coei, coaste, coou, coamos, coastes, coaram;* Pret imp indic: *coava, coavas, coava, coávamos, coáveis, coavam;* Pret mais-que-perf: *coara, coaras, coara, coáramos, coáreis, coaram;* Fut pres: *coarei, coarás, coará, coaremos, coareis, coarão;* Fut pret: *coaria, coarias, coaria, coaríamos, coaríeis, coariam;* Pres subj: *coe, coes, coe, coemos, coeis, coem;* Pret imp subj: *coasse, coasses, coasse, coássemos, coásseis, coassem;* Fut subj: *coar, coares, coar, coarmos, coardes, coarem;* Imper afirm: —, *coa(Tu), coe(Você), coemos(Nós), coai(Vós), coem(Vocês);* Imper neg: —, *Não coes(Tu), Não coe(Você), Não coemos(Nós), Não coeis(Vós), Não coem(Vocês);* Infinitivo impess: *coar;* Infinitivo pess: *coar, coares, coar, coarmos, cordes, coarem;* Ger: *coando;* Part: *coado.*

co.a.ti.vo (*co+ativo*) *adj* Que coage, constrange ou obriga.

co.au.tor (*co+autor*) *sm* **1** Aquele que é autor de uma obra ou trabalho em colaboração com outro ou outros. **2** *Dir* O que, em uma causa cível ou criminal, é autor juntamente com outro ou outros.

co.au.to.ri.a (*co+autor+ia¹*) *sf* Estado, qualidade ou caráter de coautor.

co.a.xar (*lat coaxare*) *vint* **1** Soltar a voz (a rã, o sapo). **2** Gritar como as rãs.

co.a.xo (de *coaxar*) *sm* **1** Ato de coaxar. **2** A voz das rãs e dos sapos: *"A gente já ouvia os coaxos iniciais da sapária no brejo."* (SA)

co.bai.a (*lat cient cobaya*) *sf Zool* **1** Mamífero roedor, vulgarmente chamado porquinho-da-índia, empregado em experiências médicas. **2** *fig* Qualquer animal ou pessoa que se submete, para fins científicos, a experiências semelhantes.

co.bal.to (*al kobalt*) *sm Quím* Elemento metálico branco-prateado.

co.ber.ta (*lat cooperta*) *sf* **1** Cobertor, colcha. **2** Telhado, cobertura: *"Este velho mundo se vê bem da coberta do porta-aviões."* (EM)

co.ber.to (*lat coopertu*) *adj* **1** Abrigado, guardado, tapado. **2** Justificado. • *sm* Telheiro, alpendre.

co.ber.tor (*coberto+or*) *sm* Coberta encorpada de lã ou de algodão.

co.ber.tu.ra (*lat coopertura*) *sf* **1** Ação de cobrir; cobrimento. **2** Aquilo que cobre ou serve para cobrir. **3** *Com* Garantia para uma operação mercantil ou financeira. **4** Reportagem radiofônica ou jornalística. **5** Apartamento do último andar de um edifício que possui um grande terraço.

co.bi.ça (*lat cupiditia*) *sf* **1** Ânsia ou ambição de honras ou riquezas: *"Em 1860, os fulniôs farejavam no ar a cobiça dos brancos pelas suas melhores terras."* (ETR) **2** Avidez: *"Lisa voltou-se e surpreendeu o olhar de cobiça."* (ACM)

co.bi.çar (*cobiça+ar¹*) *vtd* **1** Ter cobiça de; desejar ardentemente: *Não cobiçar a mulher do próximo.* **2** Ambicionar, ter ambição de: *Cobiçar vantagens.*

co.bra (*lat colubra*) *sf Zool* **1** Serpente. **2** Denominação dada pelos europeus às espécies asiáticas, venenosas, da subordem dos ofídios e pertencentes ao gênero naja. *Voz: assobia, chocalha, ronca, sibila, silva. Col: serpentário.* • *adj e s m+f gír* Diz-se de ou pessoa de valor, que tem muitas qualidades, hábil.

co.bra-ce.ga *sf Zool* Anfíbio semelhante a uma minhoca, de pele lisa e olhos pequenos situados sob a pele. *Pl: cobras-cegas.*

co.bra-co.ral *sf Zool* Designação genérica de várias espécies de répteis ofídios, venenosos ou não, em geral de cores mistas, predominando o vermelho, o preto, o amarelo e o branco. *Pl: cobras-corais* e *cobras-coral.*

co.bra.dor (*cobrar+dor*) *adj* Que cobra. • *sm* **1** O que cobra ou faz cobranças. **2** Empregado que cobra as passagens em veículos de transporte coletivo.

co.bran.ça (*cobrar+ança*) *sf* Arrecadação.

co.brar (*lat recuperare*) *vtd* Proceder à cobrança, receber (o que nos pertence ou nos é devido). Conjug – Pres indic: *cobro, cobras, cobra, cobramos, cobrais, cobram;* Pret perf: *cobrei, cobraste, cobrou, cobramos, cobrastes, cobraram;* Pret imp indic: *cobrava, cobravas, cobrava,* cobrávamos, cobráveis, cobravam; Pret mais-que-perf: cobrara, cobraras, cobrara, cobráramos, cobráreis, cobraram; Fut pres: cobrarei, cobrarás, cobrará, cobraremos, cobrareis, cobrarão; Fut pret: cobraria, cobrarias, cobraria, cobraríamos, cobraríeis, cobrariam; Pres subj: cobre, cobres, cobre, cobremos, cobreis, cobrem; Pret imp subj: cobrasse, cobrasses, cobrasse, cobrássemos, cobrásseis, cobrassem; Fut subj: cobrar, cobrares, cobrar, cobrarmos, cobrardes, cobrarem; Imper afirm: —, cobra(Tu), cobre(Você), cobremos(Nós), cobrai(Vós), cobrem (Vocês); Imper neg: —, Não cobres(Tu), Não cobre(Você), Não cobremos(Nós), Não cobreis(Vós), Não cobrem(Vocês); Infinitivo impess: cobrar; Infinitivo pess: cobrar, cobrares, cobrar, cobrarmos, cobrardes, cobrarem; Ger: cobrando; Part: cobrado.

co.bre (*lat cupru*) *sm* **1** *Quím* Elemento metálico, de cor característica castanho-avermelhada; é um dos melhores condutores de eletricidade e calor. **2** *pop* Dinheiro. *sm pl* **3** Dinheiro. **4** Utensílios ou instrumentos de cobre.

co.brei.ro (*cobra+eiro*) *sm pop* Espécie de dermatose com feridas ou bolhas na pele. É o nome popular do herpes-zoster.

co.brir (*lat cooperire*) *vtd* **1** Pôr cobertura em; tapar: *Cobrir as fendas da parede.* *vtd* **2** Ocultar: *Um lenço de seda cobria o rosto do cadáver.* *vpr* **3** Ocupar inteiramente (uma superfície): *A neve cobriu a montanha.* *vtd* e *vpr* **4** Vestir(-se): *Tirou o paletó para cobrir o pobrezinho.* *vtd* **5** Percorrer, vencer: *Cobrir uma distância.* *Conjug – Pres indic:* cubro, cobres, cobre, cobrimos, cobris, cobrem; *Pret perf:* cobri, cobriste, cobriu, cobrimos, cobristes, cobriram; *Pret imp indic:* cobria, cobrias, cobria, cobríamos, cobríeis, cobriam; *Pret mais-que-perf:* cobrira, cobriras, cobrira, cobríramos, cobríreis, cobriram; *Fut pres:* cobrirei, cobrirás, cobrirá, cobriremos, cobrireis, cobrirão; *Fut pret:* cobriria, cobririas, cobriria, cobriríamos, cobriríeis, cobririam; *Pres subj:* cubra, cubras, cubra, cubramos, cubrais, cubram; *Pret imp subj:* cobrisse, cobrisses, cobrisse, cobríssemos, cobrísseis, cobrissem; *Fut subj:* cobrir, cobrires, cobrir, cobrirmos, cobrirdes, cobrirem; *Imper afirm:* —, cobre(Tu), cubra(Você), cubramos(Nós), cobri(Vós), cubram(Vocês); *Imper neg:* —, Não cubras(Tu), Não cubra(Você), Não cubramos(Nós), Não cubrais(Vós), Não cubram(Vocês); *Infinitivo impess:* cobrir; *Infinitivo pess:* cobrir, cobrires, cobrir, cobrirmos, cobrirdes, cobrirem; *Ger:* cobrindo; *Part:* coberto.

co.ca (*quíchua kuka*) *sf* **1** *Bot* Arbusto frondoso, cujas folhas encerram vários alcaloides, sendo o principal a cocaína. **2** *pop* Cocaína.

co.ça (de *coçar*) *sf* **1** *pop* Ação de coçar. **2** Sova, surra.

co.ca.da (*coco+ada^1*) *sf* Doce de coco ralado.

co.ca.í.na (*coca+ina*) *sf* *Quím* Alcaloide cristalino tóxico obtido das folhas de coca.

co.car (*fr cocard*) *sm* Enfeite de plumas para a cabeça usado pelos índios.

co.çar (*lat vulg *coctiare*) *vtd* **1** Esfregar ou roçar com as unhas ou com um objeto áspero (a parte do corpo onde há comichão). *vpr* **2** Esfregar a própria pele para fazer cessar o prurido. *vtd* **3** *pop* Fustigar, sovar: *Coçou-os a chicotadas.*

coc.cí.deos (*lat coccutídeos*) *sm pl* *Zool* Família de insetos providos de aparelho bucal sugador, que se alimentam de seiva e são considerados parasitas de vegetais, como a cochinilha.

cóc.cix (*lat coccyx*) *sm sing+pl* *Anat* Pequeno osso da extremidade inferior da coluna vertebral.

có.ce.gas (de *coçar*) *sf pl* Sensação particular que provoca riso, irritação ou movimentos convulsivos, causada por toques ou fricções leves e repetidas. (Também empregado no singular.) *Var pop:* coscas.

co.cei.ra (*coçar+eira*) *sf* Forte comichão; prurido. *Ter coceira na língua:* estar com vontade de dizer algo.

co.che (*ô*) (*húngaro kocsi*, via *fr*) *sm* Carruagem de estilo antigo, usada em solenidades.

co.chei.ra (*coche+eira*) *sf* **1** Casa ou lugar onde se guardam coches ou outras carruagens; estrebaria. **2** Cavalariça.

co.chei.ro (*coche+eiro*) *sm* Aquele que guia os cavalos de uma carruagem.

co.chi.char (*cochicho+ar¹*) *vti* e *vint* **1** Falar em voz baixa. *vtd* **2** Segredar: *Uma comadre cochichava com a outra*.

co.chi.cho (de *cochichar*) *sm* Ato de cochichar.

co.chi.lar (*quimbundo kukoxila*) *vint* Dormir levemente; dormitar: *Cochilei no banco da praça*.

co.chi.lo (de *cochilar*) *sm* **1** Ato de cochilar. **2** Sono leve. **3** Descuido, distração: "*Claro que, aqui e ali, o leitor pedante encontrará os inevitáveis cochilos.*" (FSP)

co.chi.ni.lha (*cast cochinilla*) *sf Entom* Nome comum dado aos insetos da família dos coccídeos, também chamados piolhos-dos-vegetais. *Var: cochonilha*.

co.cho (ô) *sm* Vasilha em que se põe água ou comida para o gado. *Cf coxo*.

co.ci.en.te (*fr quotient*) *V quociente*.

cockpit (*cóq pit*) (ingl) *sm* Cabina ou espaço onde fica o piloto em avião, nave espacial e carros de corrida.

co.co (ô) (*gr kókkos*) *sm* **1** Fruto do coqueiro. **2** *pop* Cabeça.

co.cô (*voc* expressivo) *sm inf* Excremento. *Fazer cocô, inf:* defecar.

co.co-da-ba.í.a *sm* **1** *Bot* Palmeira de caule bem alto, dotada de inflorescência em cachos de flores brancas, cujo fruto é o coco. **2** Fruto arredondado, cuja polpa é muito usada em culinária e sua casca utilizada para a fabricação de fibras. *Pl: cocos-da-baía*.

có.co.ras *sf pl* Usado na locução adverbial *de cócoras:* agachado; sentado sobre os calcanhares.

co.co.ri.car (*voc onom*) *vint* Cantar (o galo). *Conjug:* normalmente é conjugado somente nas 3ᵃˢ pessoas.

co.co.ri.có (*voc onom*) *sm* Voz imitativa do canto do galo. *Var: cocorocó*.

co.cu.ru.to (de *coco*) *sm* **1** O alto da cabeça. **2** O ponto mais elevado de uma coisa.

có.di.ce (*lat codice*) *sm* **1** Pergaminho manuscrito que contém obras de algum autor clássico ou antigo. **2** Registro ou coleção de manuscritos, de documentos históricos ou de matérias legislativas. **3** Código antigo. *Pl: códices. Var: códex*.

co.di.fi.ca.do (*part* de *codificar*) *adj* Que se codificou; que possui código.

co.di.fi.car (*lat codi(ce)+ficar*) *vtd* **1** Reduzir a código; reunir em código: *Codificou o telegrama*. **2** Compilar, reunir em coleção: *Codificaram documentos sobre a história do Brasil*.

có.di.go (*lat codicu*) *sm* **1** Compilação de leis ou constituições. **2** Linguagem, secreta ou não, em que entram palavras, às quais se dão significações diferentes das que normalmente possuem.

co.di.no.me (*ingl code name*) *sm neol* Palavra que serve de disfarce, a fim de esconder a verdadeira identidade de uma pessoa: "*Curió, nesse tempo, ainda era um agente secreto do SNI, que atendia pelo codinome de doutor Marco Antônio Lucchini.*" (FSP); "*Seu nome é dona Conceição, codinome Cãozinho!*" (CM)

co.dor.na (de *coroniz*) *sf Ornit* Ave de cabeça pequena e corpo volumoso há muito domesticada em várias partes do mundo, especialmente para a produção de ovos; codorniz. *Voz: pia, trila*.

co.dor.niz (*lat coturnice*) *V codorna*.

co.e.di.ção (*co+edição*) *sf* Edição publicada por convênio entre editoras ou entre editoras e entidades culturais.

co.e.di.tar (*co+editar*) *vtd* Fazer a coedição de: *Os dois jornalistas associaram-se e coeditaram o romance*. *Conjug – Pres indic: coedito, coeditas* etc.; *Ger: coeditando; Part: coeditado*.

co.e.fi.ci.en.te (*lat coefficiente*) *sm Álg* Número ou letra que, colocado à esquerda de uma quantidade algébrica, lhe serve de multiplicador.

co.e.lho (ê) (*lat cuniculu*) *sm Zool* Pequeno mamífero roedor originário da Europa. *Voz: chia, guincha*.

co.en.tro (*gr koríandron*) *sm Bot* Planta hortense e aromática, usada como tempero.

co.er.ção (*lat coertione*) *sf* Ato de obrigar alguém a fazer algo; coação, repressão.

co.er.cí.vel (*fr coercible*) *adj m+f* Que pode ser reprimido ou coagido.

co.er.ci.vo (*coerção+ivo*) *adj* **1** Capaz de exercer coerção; que reprime. **2** *Dir* Que impõe pena. *Var: coercitivo*.

co.er.dar (*co+herdar*) *vtd* Herdar juntamente com outro(s). *Conjug – Pres indic:* coerdo, coerdas etc. *Ger:* coerdando; *Part:* coerdado.

co.er.dei.ro (*co+herdeiro*) *sm* Aquele que herda com outro(s).

co.e.rên.cia (*lat cohaerentia*) *sf* **1** Estado ou qualidade de coerente. **2** Ligação, harmonia, conexão ou nexo entre os fatos ou as ideias. *Antôn:* incoerência.

co.e.ren.te (*lat cohaerente*) *adj m+f* **1** Que tem coerência. **2** Que tem nexo. **3** Lógico. *Antôn:* incoerente.

co.e.são (*lat cohaesione*) *sf* Associação íntima, ligação moral. *Antôn:* cisão.

co.e.so (ê) (*lat cohaesu*) *adj* **1** Firmemente unido ou ligado. **2** Associado.

co.e.xis.tên.cia (*co+existência*) *sf* **1** Existência simultânea. **2** Convivência pacífica.

co.e.xis.ten.te (*co+existente*) *adj m+f* Que coexiste ou é simultâneo.

co.e.xis.tir (*co+existir*) *vti* e *vint* Existir juntamente ou ao mesmo tempo.

co.fre (*gr kóphinos*, pelo *fr coffre*) *sm* **1** Móvel onde se guardam valores. **2** Caixa de ferro com fechadura de segredo onde se guardam objetos de valor. **3** *Autom* Capa metálica que cobre o motor.

co.ges.tão (*co+gestão*) *sf Econ* Forma de participação dos trabalhadores na administração da empresa, por meio de representantes eleitos em votação direta.

co.gi.tar (*lat cogitare*) *vtd* **1** Imaginar: "*O partido cogita, também, a realização de prévias internas para a escolha do candidato.*" (JCP) *vti* e *vint* **2** Pensar muito; refletir; pretender: "*Mas o certo é que ninguém cogita de conhecer a face humana.*" (VES); "*Aliás, os antigos talvez não fossem tão lerdos quanto parecem, e não gostassem de ficar assim muito tempo cogitando no banho.*" (EST)

cog.na.to (*lat cognatu*) *adj+sm Gram* Diz-se das palavras que provêm de uma raiz comum; congênere.

Denominam-se **cognatos** os vocábulos que pertencem à mesma "família", visto que apresentam radical e significação comuns. Exemplos: *belo, beleza, belezoca, embelezamento, embelezar; pedra, pedrada, pedreira, pedregulho, pedregoso.*

cog.ni.ção (*lat cognitione*) *sf Filos* Ato de adquirir um conhecimento: "*O caráter sociológico de todo conhecimento, de todas as formas de pensamento e cognição é indiscutível.*" (FSP)

cog.no.me (*lat cognomen*) *sm* Apelido, alcunha.

cog.no.mi.nar (*lat cognominare*) *vtd* Dar cognome a; alcunhar, apelidar: "*Era o maior navegador de seu tempo, naquelas paragens, o árabe Ahmad Ibn-Madjid, que a si próprio se cognominava O Quarto Leão do Mar.*" (CRU)

co.gu.me.lo (*lat vulg *cucumellu*) *sm Bot* **1** V *fungo.* **2** Designação comum a vários fungos carnudos, alguns comestíveis e outros venenosos.

co.i.bir (*lat cohibere*) *vtd* **1** Impedir a continuação de; fazer parar: *Procurava coibir em seus alunos todo hábito ruim.* *vtd* **2** Impedir de fazer alguma coisa: *Não coíba as crianças de brincar.* *vpr* **3** Abster-se, privar-se: *Coíbe-se de vinho.* Conjuga-se como *proibir.* *Part:* coibido.

coi.ce (*lat calce*) *sm* **1** Pancada que dão os equídeos com as patas traseiras. **2** *pop* Pancada para trás com o pé. **3** Recuo de arma de fogo, quando é disparada.

coi.fa (*baixo-lat cofia*) *sf* Chaminé que recobre fogões ou aquecedores a gás.

co.in.ci.dên.cia (*co+incidência*) *sf* **1** Ato de coincidir. **2** Estado de duas coisas que ocorrem ao mesmo tempo. **3** Simultaneidade. **4** Acaso.

co.in.ci.den.te (de *coincidir*) *adj m+f* **1** Que coincide. **2** Simultâneo.

co.in.ci.dir (*co+lat incidere*) *vint* **1** *Geom* Ajustar-se perfeitamente (uma linha ou superfície sobre outra). *vti* **2** Acontecer, suceder ao mesmo tempo ou ocupar o mesmo período de tempo: *Minha chegada coincidiu com a de meu primo.* *vti* e *vint* **3** Combinar, concordar: *Nossos gênios não coincidem.*

coi.ó *adj gír* Bobo, idiota. • *sm* Indivíduo tolo.

coi.o.te (*nauatle koyotl*) *sm Zool* Pequeno lobo da América do Norte.

coi.sa (*lat causa*) *sf* **1** Tudo o que existe ou pode existir; ente, objeto inanimado. **2** Aquilo em que se pensa. **3** Acontecimento, condição, negócio. **4** Fato, realidade. **5** Assunto, matéria. **6** *Gram* Termo por oposição a pessoa. *sf pl* **7** Bens, propriedades, interesses. *Var: cousa. Coisa à toa:* pessoa sem caráter, desprezível.

coi.sa à to.a Ver definição em *coisa*.

coi.sa-fei.ta *sf* Feitiçaria, bruxaria, mandinga. *Pl:* coisas-feitas.

coi.sa-ru.im *sf* Diabo, demônio. *Pl:* coisas-ruins.

coi.ta.do (*part* do *port ant coitar*, do *lat coctare*) *adj* Desgraçado, infeliz. • *sm* Indivíduo desgraçado, infeliz. • *interj* Exclamação que exprime dó.

coi.to (*lat coitu*) *sm* Ato sexual.

co.la¹ (*gr kólla*) *sf* Substância proteínica dura que absorve água e forma uma solução viscosa ou espécie de geleia com propriedades adesivas, usada para colar materiais.

co.la² (*cast cola*) *sf* Cauda dos animais.

co.la³ (*der* regressiva de *colar*²) *sf* Apontamento, livro usado ocultamente pelo estudante, no decorrer da prova escrita.

co.la.bo.ra.ção (*colaborar+ção*) *sf* **1** Cooperação; ajuda. **2** Trabalho feito pelos colaboradores.

co.la.bo.ra.dor (*colaborar+dor*) *adj* Que colabora. • *sm* **1** Cooperador. **2** Pessoa que, sem pertencer ao quadro de funcionários de uma empresa, trabalha para ela habitualmente ou esporadicamente.

co.la.bo.rar (*lat collaborare*) *vti* **1** Cooperar, ajudar: *Colaborou na campanha do vereador.* **2** Prestar serviços a uma empresa sem ser seu funcionário: *Colaborou no semanário argentino.*

co.la.ção (*lat collatione*) *sf* Ato de conferir título, direito, grau ou benefício.

co.la.gem (*colar+agem*) *sf* **1** Ação de colar. **2** *Pint* Composição artística de fragmentos de material impresso e outros materiais, colados sobre a superfície de um quadro.

co.lá.ge.no (*cola*¹+*geno*) *sm Histol* Substância proteica das fibras de várias estruturas do corpo, como pele, tendão, cartilagem, osso etc.

co.lap.so (*lat collapsu*) *sm* **1** *Med* Esgotamento. **2** Desmoronamento, crise. *Colapso cardíaco:* cessação repentina e fatal da ação do coração.

co.lar¹ (*lat collare*) *sm* Ornato usado ao redor do pescoço.

co.lar² (*cola*¹+*ar*¹) *vtd* **1** Fazer aderir com cola; grudar: *Colar fotografias em um álbum.* *vint, vtd, vti* **2** Copiar às escondidas em provas ou exames: *Colara a resposta de Geografia.* *vint* **3** *pop* Dar certo (mais usado na negativa): *Não colou.*

co.la.ri.nho (*colar*¹+*inho*) *sm* **1** Gola de pano, costurada ou presa à camisa, ao redor do pescoço. **2** Camada de espuma que cobre a cerveja ou o chope.

co.la.ri.nho-bran.co *sm* Funcionário público de alto nível, trabalhador administrativo ou outro profissional autônomo: *"Este não é o único caso de crime de colarinho--branco que, a exemplo de outros, ficará, talvez, sem a punição cabível."* (DIN) *Pl:* colarinhos-brancos.

co.la.te.ral (*co*+*lateral*) *adj m+f* **1** Que está ao lado. **2** Que é parente, mas não próximo. **3** *Med* Diz-se de ação medicamentosa secundária; efeito colateral.

co.la-tu.do (*colar*²+*tudo*) *sm sing*+*pl* Substância adesiva que serve para ligar objetos quebrados.

col.cha (*fr ant colche*, hoje *couche*) *sf* Coberta de cama. *Colcha de retalhos:* coberta de cama feita de retalhos geralmente coloridos.

col.cha de re.ta.lhos Ver definição em *colcha*.

col.chão (*colcha*+*ão*²) *sm* Grande almofada, estofada com alguma substância flexível ou molas, que na cama se coloca sobre o estrado.

col.che.te (*ê*) (*fr crochet*) *sm* **1** Pequeno gancho de fio de arame que serve para ajustar os vestidos. **2** *Ort* Parêntese formado de linhas retas [ ].

col.cho.ne.te (*colchão*+*ete*) *sm* Pequeno colchão portátil.

col.dre (*ó*) *sm* Estojo de couro que serve para carregar pistolas ou outras armas.

co.le.ção (*lat collectione*) *sf* Reunião de objetos da mesma natureza.

co.le.ci.o.na.dor (*colecionar+dor*) *sm* Indivíduo que coleciona.

co.le.ci.o.nar (*lat collectione*+*ar*¹) *vtd* **1** Fazer coleção de: *Colecionar selos.* **2**

Compilar; reunir: *Colecionava textos do poeta português.*

co.le.ga (*lat collega*) *s m+f* Companheiro.

co.le.gi.a.do (*colégio+ado²*) *adj* Relativo ou pertencente a certas instituições ou corporações de caráter coletivo, como colégios, universidades, tribunais etc. • *sm Polít* Sistema de governo em que o poder executivo é exercido por um órgão constituído de vários membros, sob a direção de um presidente.

co.le.gi.al (*colégio+al¹*) *adj m+f* Pertencente ou relativo a colégio. • *s m+f* Aluno ou aluna de colégio.

co.lé.gio (*lat collegiu*) *sm* **1** Estabelecimento de ensino; escola. **2** Reunião de pessoas com igual categoria ou dignidade. *Colégio eleitoral:* conjunto de eleitores.

co.le.guis.mo (*colega+ismo*) *sm* Companheirismo.

co.lei.ra (*colo+eira*) *sf* Peça que se põe em volta do pescoço dos cães.

co.le.óp.te.ros (*gr koleópteros*) *sm pl Entom* É a ordem mais abundante de insetos, conhecendo-se cerca de 300.000 espécies. Compreende os besouros e gorgulhos.

có.le.ra (*gr kholéra*) *sf* **1** Ira, irritação forte. **2** *Med* e *Vet* Nome comum a várias doenças do homem e dos animais domésticos. *Antôn: serenidade, moderação.*

co.lé.ri.co (*lat cholericu*) *adj* **1** Encolerizado, indignado: *"Pessoalmente, eu não o conheci, mas dizem que ele era completamente volúvel, colérico."* (FSP) **2** *Med* Atacado de cólera. **3** Que transmite cólera: *"Isso significa que o vibrião colérico está presente nos esgotos residenciais e em alguns riachos, lagos e rios do Estado."* (CRP) • *sm* Indivíduo atacado de cólera: *"Pacientes lotaram os 19 leitos disponíveis para coléricos."* (FSP) *Antôn* (acepção 1): *calmo, moderado, sereno.*

co.les.te.rol (*cole+gr stéar+ol*) *sm Quím* Substância existente nas células do corpo e nas gorduras animais responsável pela arteroesclerose, pela grande parte do tipo mais frequente de cálculos biliares e pelo entupimento das artérias.

co.le.ta (*lat collecta*) *sf* **1** Quantia que se paga de imposto. **2** Ato de coletar esmolas, donativos ou outras contribuições.

co.le.tâ.nea (*lat collectanea*) *sf* Coleção de várias obras ou de várias coisas.

co.le.tar (*coleta+ar¹*) *vtd* **1** Tributar: *Coletar uma profissão.* **2** Reunir ou arrecadar (contribuições, donativos, cotas): *Coletou agasalhos para os pobres.* **3** Recolher, colher (dados ou amostra) para análise ou estudo: *Coletei muitas informações para escrever o relatório.*

co.le.te (*ê*) (*colo+ete*) *sm* Peça de vestuário curta e sem mangas.

co.le.ti.va (de *coletivo*) *sf* **1** *Jorn* Entrevista coletiva. **2** Exposição que reúne trabalhos artísticos de dois ou mais artistas.

co.le.ti.vi.da.de (*coletivo+i+dade*) *sf* **1** Qualidade ou estado do que é coletivo. **2** O povo, coletivamente.

co.le.ti.vo (*lat collectivu*) *adj* **1** Pertencente ou relativo a muitas coisas ou pessoas. **2** *Gram* Que exprime o conjunto de muitos indivíduos da mesma espécie. • *sm* **1** *Gram* Substantivo comum que indica uma coleção de seres da mesma espécie. **2** Veículo para transporte.

> Observe que com os **coletivos** o verbo permanece no singular.
> A **turma** *passa sempre aqui aos domingos*.
> Porém, se houver um modificador para o coletivo (adjunto adnominal), existe a possibilidade de dupla concordância verbal (singular ou plural).
> A **turma de roqueiros** *passa sempre aqui aos domingos.*
> A **turma de roqueiros** *passam sempre aqui aos domingos.*

co.le.tor (*lar collectore*) *adj* Que reúne. • *sm* **1** Aquele que faz coleções. **2** Recebedor de impostos ou de rendimentos públicos.

co.le.to.ri.a (*coletor+ia*) *sf* **1** Repartição fiscal arrecadadora de impostos. **2** Cargo de coletor.

co.lhei.ta (*lat collecta*) *sf* **1** Ato de colher os produtos agrícolas. **2** Os produtos agrícolas colhidos no ano; safra.

co.lher¹ (*ê*) (*lat cochleare*) *sf* **1** Utensílio de mesa, que serve para levar alimentos à boca. **2** Nome de outros objetos de feitio mais ou menos semelhante ao desse utensílio: *Colher de pedreiro.*

co.lher² (ê) (lat colligere) vtd **1** Tirar, desprender da planta (flores, folhas ou frutos); apanhar: *Colheu rosas para dar a sua mãe.* **2** Conseguir, obter: *Colher informações.*

co.lhe.ra.da (colher+ada¹) sf **1** Conteúdo de uma colher; colher cheia. **2** pop Ato de intrometer-se.

co.li.bri (fr colibri) sm Ornit Beija-flor.

có.li.ca (coli+ica) sf Med Dor abdominal aguda.

co.li.dir (lat collidere) vti e vpr Chocar: *Os carros colidiram-se e tombaram.*

co.li.ga.ção (lat colligatione) sf **1** Liga, aliança de várias pessoas para um fim comum. **2** Polít Confederação, aliança de partidos políticos: *"O conselho reunirá os presidentes e líderes no Congresso dos partidos que fazem parte da coligação governista."* (FSP)

co.li.gar (lat colligare) vtd e vpr Unir(-se) por coligação: *Coligaram-se os partidos de esquerda.*

co.li.na (lat colina) sf Pequena elevação de terreno.

co.lí.rio (gr kollýrion) sm **1** Farm Medicamento que se aplica nos olhos. **2** gír Muito agradável à vista.

co.li.são (lat collisione) sf **1** Ato de colidir. **2** Choque de dois corpos. **3** Abalroamento de veículos.

co.li.seu (baixo-lat coliseu) sm O maior anfiteatro romano, onde se realizavam os combates entre gladiadores e outras competições.

co.li.te (colo+ite¹) sf Med Inflamação do cólon.

collant (fr) sm **1** Tipo de maiô usado em aulas de dança ou ginástica. **2** Roupa de baixo que combina, numa só peça, calcinha e sutiã.

col.mei.a (é ou ê) (célt *kolmena) sf Enxame de abelhas.

co.lo¹ (lat callu) sm **1** Anat Parte do corpo humano formada pelo pescoço e ombros. **2** V regaço. **3** Bot Linha de separação entre a haste de uma planta e a sua raiz. *Colo do útero* ou *colo uterino*: extremidade inferior, estreita, do útero.

co.lo² (gr kôlon) V cólon.

co.lo.ca.ção (lat collocatione) sf **1** Emprego; serviço. **2** Lugar de posição em uma classificação.

co.lo.car (lat collocare) vtd e vpr **1** Pôr (-se) em determinado lugar: *Colocar livros na estante.* vtd e vpr **2** Empregar (-se), conseguir trabalho. *Colocara seus parentes na firma.* vtd **3** Estabelecer, instalar: *Colocaruma banca de jornais.* Conjug – Pres indic: *coloco, colocas, coloca, colocamos, colocais, colocam;* Pret perf: *coloquei, colocaste, colocou, colocamos, colocastes, colocaram;* Pret imp indic: *colocava, colocavas, colocava, colocávamos, colocáveis, colocavam;* Pret mais-que-perf: *colocara, colocaras, colocara, colocáramos, colocáreis, colocaram;* Fut pres: *colocarei, colocarás, colocará, colocaremos, colocareis, colocarão;* Fut pret: *colocaria, colocarias, colocaria, colocaríamos, colocaríeis, colocariam;* Pres subj: *coloque, coloques, coloque, coloquemos, coloqueis, coloquem;* Pret imp subj: *colocasse, colocasses, colocasse, colocássemos, colocásseis, colocassem;* Fut subj: *colocar, colocares, colocar, colocarmos, colocardes, colocarem;* Imper afirm: —, *coloca(Tu), coloque(Você), coloquemos (Nós), colocai(Vós), coloquem(Vocês);* Imper neg: —, *Não coloques(Tu), Não coloque(Você), Não coloquemos(Nós), Não coloqueis(Vós), Não coloquem (Vocês);* Infinitivo impess: *colocar;* Infinitivo pess: *colocar, colocares, colocar, colocarmos, colocardes, colocarem;* Ger: *colocando;* Part: *colocado.*

co.lom.bi.na (ital) sf Personagem feminina, companheira do Arlequim e do Pierrô: *"As costureiras da Rocinha fizeram uma colombina estilizada, a partir de retalhos de seda preta e branca."* (FSP)

có.lon (gr kôlon) sm Anat Porção do intestino grosso, entre o ceco e o reto. Var: *colo².*

co.lô.nia (lat colonia) sf **1** Grupo de pessoas da mesma nacionalidade que vive em uma região limitada de outro país. **2** Possessão. **3** Biol Coleção ou grupo de bactérias em uma cultura.

co.lo.ni.al (colônia+al¹) adj m+f Relativo a colônia ou colonos.

co.lo.ni.a.lis.mo (colonial+ismo) sm Hist

Tendência política em manter possessões ou protetorados dependentes: *"O colonialismo, a educação para os índios e o proselitismo religioso são práticas que têm, no Brasil, a mesma origem e mais ou menos a mesma idade."* (ATN)

co.lo.ni.za.dor (*colonizar+dor*) *adj+sm* Que coloniza.

co.lo.ni.zar (*colono+izar*) *vtd* 1 Estabelecer colônia em. 2 Migrar para um território e nele se estabelecer, especialmente como seus primeiros ou principais habitantes: *Os ingleses colonizaram a Austrália.*

co.lo.no (*lat colonu*) *sm* 1 Indivíduo que faz parte de uma colônia; o que habita uma colônia. 2 *Reg* (Sul) O que vive como agricultor ou criador em colônia.

co.lo.qui.al (*colóquio+al¹*) *adj m+f* Relativo a colóquio.

co.lo.qui.a.lis.mo (*coloquial+ismo*) *sm Gram* Estilo de linguagem informal.

co.ló.quio (*lat colloquiu*) *sm* Conversação ou palestra entre duas ou mais pessoas.

co.lo.ra.ção (*colorar+ção*) *sf* 1 Ação de colorir. 2 Efeito produzido pelas cores.

co.lo.rau (*cast colorado*) *sm* Pó vermelho e condimento de pimentão seco ou também de urucu.

co.lo.ri.do (*part de colorir*) *adj* 1 Feito em cores. 2 Que tem cores vivas. • *sm* 1 Cor ou combinação de cores. 2 Vivacidade, brilho.

co.lo.rir (*ital colorire*) *vtd* Dar cor a, tingir ou matizar de cores: *Colorir um desenho.* Conjuga-se como *abolir*.

co.los.sal (*colosso+al¹*) *adj m+f* 1 Enorme. 2 Imenso, vastíssimo. *Antôn: microscópico.*

co.los.so (ô) (*lat colossu*) *sm* 1 Estátua de grandeza extraordinária. 2 Pessoa corpulenta. 3 *pop* Grande quantidade.

co.los.tro (ô) (*lat colostru*) *sm Fisiol* O primeiro líquido que sai da glândula mamária depois do parto.

co.lum.bá.rio (*lat columbariu*) *sm* Espécie de edifício com nichos onde se conservam as cinzas funerárias em cemitérios.

co.lu.na (*lat columna*) *sf* 1 Pilar cilíndrico, que sustenta abóbada, estátua etc. 2 Subdivisão vertical das páginas de um jornal e de alguns livros e revistas. 3 Disposição em que pessoas ou tropas em formatura se colocam umas atrás das outras. 4 *Anat* Reunião de vértebras sobrepostas: *Coluna vertebral.*

co.lu.nis.ta (*coluna+ista*) *s m+f Jorn* Cronista ou comentarista de periódico.

com (*lat cum*) *prep* Partícula empregada em várias situações, como de companhia, união, associação; combinação, mistura; causa; objeto de comparação; oposição ou competição; contra; instrumento, meio; por conta de, ao cuidado de; com respeito a, concernente a; maneira; modo.

co.ma (*gr kôma*) *sm Med* Estado de inconsciência, com perda total da sensibilidade e da ação de mover-se.

co.ma.dre (*lat comatu*) *sf* 1 Madrinha de uma pessoa, em relação aos pais desta. 2 *pop* Pessoa mexeriqueira. 3 Recipiente achatado de metal ou louça, que substitui o urinol, para comodidade da pessoa doente.

co.man.da (de *comandar*) *sf* 1 Pedido de clientes que o garçom registra. 2 Ficha de controle de consumo em bares, lanchonetes e restaurantes populares.

co.man.dan.te (de *comandar*) *adj m+f* Que comanda. • *sm* 1 O que tem um comando militar. 2 Título que se dá aos oficiais superiores da Marinha.

co.man.dar (*com+mandar*) *vtd* 1 Mil Dirigir como comandante. 2 Acionar, manobrar (uma máquina etc.): *Comandava a colheitadeira com habilidade.* *vint* 3 Governar, dirigir.

co.man.do (*fr commande*) *sm* 1 Chefia; liderança. 2 Autoridade. 3 Qualquer mecanismo que faz funcionar máquina ou dispositivo.

co.mar.ca (*com+marca*) *sf* Cada uma das partes em que se divide o território de um Estado, sob a alçada de um juiz de direito.

com.ba.te (de *combater*) *sm* Luta; batalha.

com.ba.ten.te (de *combater*) *adj m+f* Que combate ou está pronto para combater. • *s m+f* Pessoa que combate; guerreiro.

com.ba.ter (*lat combattuere*) *vtd* 1 Bater-se com, contender, opor-se a: *Combater o inimigo, combater a injustiça.* *vtd* 2 Fazer esforço por dominar, vencer ou extinguir: *Combater uma epidemia, um incêndio.* *vti* 3 Pelejar, lutar contra: *Pereceu combatendo.*

com.ba.ti.vo (*combater+ivo*) *adj* Que tem temperamento de combatente: *"A Irlanda é o time mais combativo da Europa."* (FSP)

com.bi.na.ção (*combinar+ção*) *sf* **1** Ação ou efeito de combinar. **2** Disposição ordenada de quaisquer coisas ou objetos. **3** Acordo, ajuste, contrato. **4** *Quím* Junção de substâncias diferentes.

com.bi.na.do (*part de combinar*) *adj* **1** Formado por combinação. **2** Ajustado, acordado; concertado. • *sm* **1** Acordo, ajuste. **2** *Quím* Corpo resultante de combinação.

com.bi.nar (*lat combinare*) *vtd* **1** Agrupar, reunir em certa ordem; dispor metodicamente: *Combinar os livros na estante por ordem de assunto.* **2** Ajustar; pactuar: *Combinar um encontro.* **3** *Quím* Determinar a combinação de: *Combinar o oxigênio e o hidrogênio.*

com.boi.o (ô) (*fr ant convoi*) *sm* **1** Porção de carros de transporte que se dirigem ao mesmo destino. **2** *Mil* Carros de munições e mantimentos que acompanham forças militares.

com.bus.tão (*lat combustione*) *sf* **1** Ato de queimar. **2** *Autom* Queima da mistura ar-gasolina efetuada pelo carburador, capaz de movimentar o veículo.

com.bus.tí.vel (*lat combustu+ir+vel*) *adj m+f* Que tem a propriedade de produzir combustão. • *sm* Material usado para produzir calor ou força por combustão.

co.me.çar (*lat cominitiare*) *vtd* e *vti* Iniciar, principiar. *Antôn:* terminar, concluir.

co.me.ço (ê) (*de começar*) *sm* **1** Ato de começar. **2** Origem, princípio. • *sm pl* Primeiras experiências ou tentativas. *Antôn* (acepções do singular): fim.

co.mé.dia (*gr komoidía*) *sf* Obra em que predominam situações engraçadas. *Comédia de arte, Teat:* gênero teatral popular, de origem italiana, que floresceu na Europa do século XVII.

co.mé.dia de ar.te (*ital commedia dell'arte*) Ver definição em *comédia*.

co.me.di.an.te (*de comediar*) *s m+f* Ator ou atriz de comédias.

co.me.di.do (*part de comedir*) *adj* Moderado, prudente, regulado.

co.me.di.men.to (*comedir+mento*) *sm* Moderação, modéstia.

co.me.dir (*com+medir*) *vtd* **1** Regular convenientemente: *Comedia as suas ações.* *vtd* e *vpr* **2** Moderar(-se), controlar(-se): *Temendo as consequências, tratou de comedir-se. Conjug:* é defectivo; não se usa este verbo na 1ª pessoa do singular do presente do indicativo e em todo o presente do subjuntivo. Nos demais tempos, conjuga-se como *pedir*.

co.me.dor (*comer+dor*) *adj* Que come. • *sm* Comilão, glutão.

co.me.dou.ro (*comer+douro*) *sm* Lugar ou recipiente onde comem os animais.

co.me.mo.ra.ção (*lat commemoratione*) *sf* **1** Ação de comemorar. **2** Solenidade em homenagem ou memória de pessoa ilustre ou de fato histórico importante.

O substantivo **comemoração** pede sempre a preposição **de**:
A solenidade foi em **comemoração dos** *cinquenta anos do Museu de Arte Moderna.*

co.me.mo.rar (*lat commemorare*) *vtd* Celebrar, festejar.

co.me.mo.ra.ti.vo (*lat commemoratu+ivo*) *adj* Que comemora.

O adjetivo **comemorativo** pede sempre a preposição **de**:
O Ministro das Comunicações afirmou que lançará um selo **comemorativo do** *centenário do nascimento de Drummond.*

co.men.da (*baixo-lat commenda*) *sf* **1** Distinção honorífica; condecoração. **2** Insígnia de comendador.

co.men.da.dor (*comendar+dor*) *sm* Aquele que tem comenda. *Fem:* comendadeira e comendadora.

co.men.su.rar (*lat commensurare*) *vtd* **1** *Mat* Medir com a mesma unidade (duas ou mais quantidades). **2** Medir: *Comensurar um terreno.*

co.men.su.rá.vel (*comensurar+vel*) *adj m+f* Que pode ser medido.

co.men.tar (*lat commentare*) *vtd* **1** Explicar, analisar, interpretar. **2** Criticar.

co.men.tá.rio (*lat commentariu*) *sm* **1** Interpretação. **2** Análise.

co.men.ta.ris.ta (*comentário+ista*) *s m+f* Autor de comentários.

co.mer (*lat comedere*) *vtd* **1** Mastigar e engolir: *Comeu saboroso prato de macarrão. vtd* **2** Gastar, dissipar: *Em pouco tem-*

po, comeram toda a herança. *vpr* **3** Afligir-se, mortificar-se: *Comia-se de ódio*. *vtd* **4** Ganhar no xadrez e nas damas (pedras do adversário). *vtd* **5** *gír* Possuir sexualmente. • *sm* **1** Comida, alimento. **2** Refeição usual. *Comer bola, coloq:* desperdiçar oportunidade. *Comer o pão que o diabo amassou, coloq:* passar por muitas provações.

co.mer.ci.al (*comércio*+*al*^{1}) *adj m+f* **1** Relativo ao comércio. **2** Ocupado no comércio; que se dedica ao comércio. • *sm* Anúncio publicitário.

co.mer.ci.a.li.zar (*comercial*+*izar*) *vtd* **1** Tornar comercial. **2** Colocar no comércio: *Comercializar uma invenção.*

co.mer.ci.an.te (de *comerciar*) *adj* e *s m+f* Negociante.

co.mer.ci.ar (*comércio*+*ar*^{1}) *vint* Exercer comércio, ter comércio; negociar: *Comercia em tecidos.* Conjuga-se como *premiar.* Cf *comércio.*

co.mer.ci.á.rio (*comércio*+*ário*) *sm* Indivíduo que se dedica ao comércio, como empregado.

co.mér.cio (*lat commerciu*) *sm* **1** Negócio. **2** O fato de vender mercadorias.

co.mes.tí.vel (*lat comestibile*) *adj m+f* Próprio para ser comido. • *sm pl* Gêneros alimentícios.

co.me.ta (ê) (*gr kométes*) *sm Astr* Astro de cauda luminosa.

co.me.ter (*lat committere*) *vtd* **1** Fazer, praticar: *Foi ali que cometeram o crime.* **2** Acometer, atacar: *Cometer o inimigo.*

co.me.ti.men.to (*cometer*+*mento*) *sm* **1** Ação de cometer. **2** Ato cometido.

co.mi.chão (*lat comestione*) *sf* Sensação na pele que obriga a coçar; prurido.

co.mí.cio (*lat comitiu*) *sm* Assembleia popular.

cô.mi.co (*gr komikós*) *adj* **1** Relativo a comédia. **2** Burlesco, ridículo. • *sm* Ator de comédias.

co.mi.da (*part* de *comer*) *sf* **1** Alimento, refeição. **2** Aquilo que se come.

co.mi.go (*com*+*lat mecum*) *pron* **1** A mim. **2** Em minha companhia. **3** De mim para mim.

co.mi.go-nin.guém-po.de *sm sing*+*pl Bot* Planta da família das aráceas.

co.mi.lan.ça (*comilão*+*ança*) *sf pop* Ato de comer muito.

co.mi.lão (*comer*+*l*+*ão*^{2}) *adj*+*sm* Que ou aquele que come muito; glutão. *Fem: comilona.*

co.mi.nho (*lat cominu*) *sm* **1** *Bot* Planta cujos frutos são usados como condimento. **2** Semente dessa planta.

co.mi.se.ra.ção (*lat commiseratione*) *sf* Compaixão, piedade: *"As pessoas olhavam-na com comiseração misturada à malícia."* (PCO)

co.mi.se.rar (*lat commiserari*) *vtd* **1** Inspirar comiseração a. *vpr* **2** Compadecer-se, apiedar-se: *Comiserou-se dos pobres e famintos.*

co.mis.são (*lat commissione*) *sf* **1** Encargo ou incumbência. **2** Pessoas encarregadas de tratar conjuntamente um assunto. **3** Gratificação ou retribuição paga. **4** Preenchimento provisório de cargo.

co.mis.sá.ria (de *comissário*) *sf* Aeromoça; comissária de bordo. *Masc: comissário de bordo.*

co.mis.sá.rio (*lat med comissariu*) *sm* **1** Aquele que exerce comissão. **2** O que representa o governo ou outra entidade junto de uma companhia ou em funções de administração.

co.mis.si.o.nar (*lat commisione*+*ar*^{1}) *vtd* e *vti* **1** Encarregar de comissões. **2** Confiar; encarregar.

co.mi.tê (*fr comité*) *sm* **1** Junta governativa. **2** Reunião de membros escolhidos em uma assembleia. **3** Comissão incumbida da realização de certos serviços.

co.mi.ti.va (*lat comitiva*) *sf* Séquito, acompanhamento, cortejo.

commodity (*comóditi*) (ingl) *sf Com* Mercadoria em estado bruto ou produto básico de importância comercial, cujo preço é controlado por bolsas internacionais.

co.mo (*lat quomodo*) *adv* **1** De que modo. **2** Quanto, quão. • *conj* **1** Do mesmo modo que. **2** Logo que, quando. **3** Porque. **4** Na qualidade de. **5** Porquanto, visto que. **6** Se, uma vez que. *Como quê, loc adv:* incomparavelmente; em grande quantidade. Veja nota em **conjunção**.

co.mo.ção (*lat commotione*) *sf* **1** Choque, perturbação de ânimo. **2** Manifestação de sensibilidade. **3** Agitação popular, motim, revolta.

cô.mo.da (*fr commode*) *sf* Móvel com gavetas.

co.mo.di.da.de (*lat commoditate*) *sf* **1** Conforto. **2** Bem-estar.

co.mo.dis.mo (*cômodo+ismo*) *sm* Caráter, estado, modo de ser de comodista.

co.mo.dis.ta (*cômodo+ista*) *adj* e *s m+f* Diz-se de ou pessoa que atende principalmente às suas comodidades.

cô.mo.do (*lat commodu*) *adj* **1** Adequado, próprio. **2** Favorável. • *sm* **1** Aposento de uma casa. **2** Pequena habitação.

co.mo.ven.te (*lat commovente*) *adj m+f* Que comove ou enternece. *Var: comovedor.*

co.mo.ver (*lat commovere*) *vtd* **1** Movimentar, deslocar: *O terremoto comoveu o solo. vtd* e *vint* **2** Abalar, agitar, produzir comoção moral: *Comover alguém pelas lágrimas. vtd* **3** Impelir, incitar pela comoção: *Nem a visão da miséria o comoveu. vpr* **4** Enternecer-se: *A pintura de Nossa Senhora bastou para comovê-lo.*

co.mo.vi.do (*part* de *comover*) *adj* **1** Enternecido. **2** Abalado, estremecido agitado. Antôn: *insensível.*

com.pac.tar (*compacto+ar¹*) *vtd* Tornar compacto, comprimir (o que é fofo, como aterros para barragens).

com.pac.to (*lat compactu*) *adj* Denso, espesso, comprimido, maciço. • *sm* Disco pequeno gravado, de vinil, com três ou seis minutos de duração em cada face.

com.pac.tu.ar (*com+pactuar*) *vti* Pôr-se de acordo com: *"Não se pode compactuar com agitadores, com extremistas, com sabotadores, com terroristas."* (GRE)

com.pa.de.cer (*com+padecer*) *vtd* **1** Ter compaixão de: *Compadecer o sofrimento alheio. vpr* **2** Condoer-se: *Compadecia as penas do amigo.*

com.pa.de.ci.do (*part* de *compadecer*) *adj* Que se compadece; que tende à compaixão.

com.pa.dre (*com+lat patre*) *sm* **1** Padrinho de uma pessoa em relação aos pais desta. **2** *pop* Amigo íntimo. **3** Parceiro. *Fem: comadre.*

com.pai.xão (*lat compassione*) *sf* Dó, pena, piedade.

com.pa.nhei.ra (de *companheiro*) *sf* **1** Mulher que faz companhia. **2** Consorte, esposa.

com.pa.nhei.ris.mo (*companheiro+ismo*) *sm* Camaradagem.

com.pa.nhei.ro (*baixo-lat companariu*) *sm* **1** Colega. **2** Camarada. **3** Esposo, marido. • *adj* Que acompanha.

com.pa.nhi.a (*companha+ia¹*) *sf* **1** Ação de acompanhar; acompanhamento. **2** Sociedade comercial. **3** Tropa de infantaria. **4** Conjunto de pessoas (artistas, diretores, cenaristas etc.), organizado para representações teatrais.

com.pa.ra.ção (*lat comparatione*) *sf* Confronto; cotejo.

com.pa.rar (*lat comparare*) *vtd* **1** Confrontar; cotejar: *Comparei esta tradução com aquela. vpr* **2** Igualar-se; rivalizar: *O aluno não podia comparar-se ao professor.*

com.pa.ra.ti.vo (*lat comparativu*) *adj* Que serve para estabelecer comparação. • *sm Gram* Grau de significação do adjetivo, que exprime a qualidade de um substantivo, comparando-a com outra qualidade a que é igual, superior ou inferior.

O **comparativo** é geralmente resultante da comparação de uma qualidade entre dois ou mais elementos. A comparação indica que a qualidade de um pode ser igual, superior ou inferior.
*João é tão inteligente quanto Maria...
Luísa é mais graciosa que bonita.
Paulo é menos esforçado que Bruno.*

com.pa.re.cer (*lat comparere+ecer*) *vti* e *vint* **1** Aparecer, apresentar-se: *Comparecer a uma solenidade.* **2** Apresentar-se no seu posto ou repartição, para exercer as suas funções: *Nem todos os deputados compareceram nessa sessão.*

com.pa.re.ci.men.to (*comparecer+mento*) *sm* **1** Ato de comparecer. **2** *Dir* Apresentação perante juiz ou entidade oficial, após recebimento de intimação.

com.par.sa (*ital comparsa*) *s m+f* Cúmplice; coautor de um delito ou crime.

com.par.ti.lhar (*com+partilhar*) *vtd* Participar de, ter ou tomar parte em: *Compartilhou a sorte do esposo.*

com.par.ti.men.to (*compartir+mento*) *sm* **1** Cada uma das divisões de uma caixa, casa, gaveta etc. **2** Aposento, quarto.

com.pas.sa.do (*part* de *compassar*) *adj* **1** Medido com compasso. **2** *Mús* Rítmico, cadenciado. **3** Pausado, vagaroso.

com.pas.so (de *compassar*) *sm* **1** Instrumento composto de duas hastes que serve para traçar circunferências ou tirar medidas. **2** *Náut* Bússola marítima. **3** *Mús* Movimento cadenciado, andamento regular.

com.pa.ti.bi.li.da.de (*lat compatibili*+*i*+*dade*) *sf* **1** Qualidade do que é compatível. **2** Harmonia na convivência. **3** Tolerância mútua.

com.pa.ti.bi.li.zar (*compatível*+*izar*) *vtd* e *vti* Tornar compatível; conciliar.

com.pa.tí.vel (*lat compatibile*) *adj m*+*f* Que pode existir conjuntamente com outro ou outros. *Antôn: incompatível.*

com.pa.trí.cio V *compatriota*.

com.pa.tri.o.ta (*lat compatriota*) *adj* e *s m*+*f* Diz-se de ou a pessoa que tem a mesma pátria ou a mesma naturalidade que outra.

com.pe.lir (*lat compellere*) *vtd* e *vti* **1** Constranger, forçar, obrigar: *"É lícito ao Estado compelir o cidadão a um esforço de poupança."* (FSP) *vtd* **2** Empurrar, impelir: *"Agora, todos sabiam compelir o Alferes para casa."* (ALF) Conjuga-se como *ferir*.

com.pên.dio (*lat compendiu*) *sm* **1** Tratado sucinto sobre doutrina ou ciência. **2** Livro de texto.

com.pe.ne.tra.do (*part* de *compenetrar*) *adj* Convencido intimamente.

com.pe.ne.trar (*com*+*penetrar*) *vtd* **1** Fazer entender. *vtd* e *vpr* **2** Convencer(-se) intimamente. *vpr* **3** Dominar completamente um assunto, compreender a substância de alguma coisa ou o pensamento e a ideia de alguém.

com.pen.sa.ção (*lat compensatione*) *sf* **1** Ação ou efeito de compensar. **2** *Econ* Acerto de contas entre credores e devedores.

com.pen.sa.do (*part* de *compensar*) *adj* **1** Em que há compensação. **2** *Carp* Aplica-se às chapas constituídas de delgadas camadas de madeira, comprimidas e coladas umas às outras. • *sm* Madeira compensada.

com.pen.sa.dor (*compensar*+*dor*) *adj*+*sm* Que ou o que compensa.

com.pen.sar (*lat compensare*) *vtd* **1** Recompensar, remunerar: *Compensar devidamente um trabalho*. **2** Contrabalançar, equilibrar: *Compensara a deficiência física com uma notável habilidade*. **3** Indenizar: *Superar as dificuldades compensa o homem das canseiras*.

com.pen.sa.tó.rio (*lat compensatoriu*) *adj* Que envolve compensação: *"O lazer é compensatório na sua forma mais crua, de liberação da fadiga e de reposição das energias."* (LAZ)

com.pe.tên.cia (*lat competentia*) *sf* **1** Capacidade legal, habilidade, saber. **2** Aptidão, idoneidade. *Antôn: incompetência.*

com.pe.ten.te (*lat competente*) *adj m*+*f* **1** Que tem competência. **2** Suficiente, idôneo, hábil. **3** Adequado, próprio. *Antôn: incompetente.*

com.pe.ti.ção (*competir*+*ção*) *sf* **1** Certame; concurso; torneio. **2** Concorrência.

com.pe.ti.dor (*lat competitore*) *adj*+*sm* **1** Concorrente. **2** Adversário, rival.

com.pe.tir (*lat competere*) *vti* **1** Rivalizar: *Americanos competem com russos na Astronáutica*. **2** Cumprir, caber, tocar: *Isso não compete ao governo estadual*. Conjuga-se como *ferir*.

com.pe.ti.ti.vo (*competir*+*ivo*) *adj* Que tem capacidade para competir.

com.pi.la.ção (*lat compilatione*) *sf* **1** Ação de compilar. **2** Reunião de textos sobre o mesmo assunto. **3** Coleção ordenada de leis.

com.pi.la.dor (*compilar*+*dor*) *adj*+*sm* Que ou aquele que compila.

com.pi.lar (*lat compilare*) *vtd* Reunir (documentos, leis ou outros escritos).

com.pla.cên.cia (*baixo-lat complacentia*) *sf* **1** Benevolência, condescendência. **2** Prazer, satisfação.

com.pla.cen.te (*lat complacente*) *adj m*+*f* Benévolo, bondoso.

com.ple.men.tar (*complemento*+*ar²*) *adj m*+*f* **1** Referente a complemento. **2** Que serve de complemento.

com.ple.men.to (*lat complementu*) *sm* **1** Ato de completar. **2** Aquilo que completa. **3** Acabamento, remate. **4** *Gram* Palavra ou oração que se junta à outra, para lhe completar o sentido.

com.ple.tar (*completo+ar¹*) *vtd* **1** Concluir, rematar: *O prefeito completou a obra que prometera em sua campanha.* **2** Perfazer, preencher: *Completou 50 anos.*

com.ple.to (*lat completu*) *adj* **1** Preenchido. **2** Concluído. **3** Inteiro. **4** Cheio. *Antôn* (acepções 1, 2 e 3): *incompleto.* • *sm* **1** Aquilo que está acabado, completo, perfeito. **2** Total.

com.ple.xa.do (*cs*) (*part de complexar*) *adj Psicol* Diz-se do indivíduo que tem complexo. • *sm Psicol* Indivíduo que tem algum tipo de complexo.

com.ple.xi.da.de (*cs*) (*complexo+i+dade*) *sf* Qualidade do que é complexo.

com.ple.xo (*cs*) (*lat complexu*) *adj* Complicado, confuso. *Antôn:* simples. • *sm* Conjunto de coisas, fatos ou circunstâncias que entre si têm qualquer ligação.

com.pli.ca.ção (*complicar+ção*) *sf* **1** Complexidade. **2** Dificuldade; embaraço.

com.pli.ca.do (*part de complicar*) *adj* Difícil, embaraçado.

com.pli.car (*lat complicare*) *vtd* **1** Tornar complexo, mais difícil: *O excesso de regras complica o estudo da Gramática.* **2** Tornar confuso, dificultar a compreensão ou a resolução de: *Riscos e traços complicavam ainda mais a leitura.* *Antôn:* simplificar, facilitar.

com.plô (*fr complot*) *sm* Conspiração contra o Estado ou o poder constituído.

com.po.nen.te (*lat componente*) *adj m+f* Que compõe ou entra na composição de alguma coisa; constituinte. • *sm* Parte constituinte.

com.por (*lat componere*) *vtd* **1** Formar de várias coisas um todo: *Com móveis velhos conseguiu compor uma bela sala.* **2** Entrar na composição de; fazer parte de: *Dez presbíteros compõem o Conselho da Igreja.* **3** Produzir; escrever: *Compor um poema.* **4** Arranjar, concertar: *Mandou compor os freios do automóvel.* Conjuga-se como *pôr.*

com.por.ta (*com+porta*) *sf* Porta ou tapume que sustém as águas de uma represa, dique, açude ou eclusa.

com.por.ta.do (*part de comportar*) *adj* Que se comporta (usado comumente com os advérbios *bem* ou *mal*).

com.por.ta.men.to (*comportar+mento*) *sm* Maneira de se comportar; procedimento, conduta.

com.por.tar (*lat comportare*) *vtd* **1** Admitir, permitir: *Seu salário não comporta tais gastos.* *vtd* **2** Conter em si: *O salão de baile não comporta tanta gente.* *vpr* **3** Portar-se, proceder: *Comportar-se mal.*

com.po.si.ção (*lat compositione*) *sf* **1** Ação de compor. **2** O que resulta da reunião das partes componentes; todo. **3** Organização. **4** *Quím* Proporção em que os elementos se unem para formar um composto. **5** *Gram* Redação. **6** Produção literária, científica ou artística.

com.po.si.tor (*lat compositore*) *sm* **1** Aquele que compõe. **2** Autor de música ou peça musical.

com.pos.to (*lat compositu*) *adj* **1** Que é formado por dois ou mais elementos. **2** *Gram* Diz-se do vocábulo constituído por mais de um elemento. **3** Ordenado, bem disposto. • *sm* **1** *Quím* Substância ou corpo composto. **2** Conjunto, todo.

com.pos.tu.ra (*de composto+ura*) *sf* **1** Composição. **2** Arranjo, conserto. **3** Seriedade ou maneiras comedidas.

com.po.ta (*fr compote*) *sf Cul* Conserva de fruta cozida em calda de açúcar.

com.po.tei.ra (*compota+eira*) *sf* Vaso em que se guarda a compota.

com.pra (*de comprar*) *sf* **1** Aquisição. **2** A coisa comprada. **3** *fig* Suborno.

com.prar (*lat comparare*) *vtd* **1** Adquirir. **2** Proporcionar a si próprio: *Comprar brigas.* **3** *fig* Subornar: *Comprou o carcereiro para poder fugir.* *Antôn* (acepção 1): *vender.*

com.pre.en.der (*lat comprehendere*) *vtd* **1** Abranger: *A coleção compreende biografias e ficção.* *vpr* **2** Estar incluído ou contido: *Compreendem-se, ainda, narrações de viagem.* *vtd* **3** Entender: *Compreender o porquê da vida.* *vtd* **4** Perceber as intenções de: *Não compreendo as atitudes desse homem.*

com.pre.en.são (*lat comprehensione*) *sf* **1** Ato de compreender ou incluir. **2** Percepção. *Antôn* (acepção 2): *incompreensão.*

com.pre.en.sí.vel (*lat comprehensibile*) *adj m+f* Que pode ser compreendido. *Antôn: incompreensível.*

com.pre.en.si.vo (*lat comprehensivu*) *adj* **1** Que compreende ou pode compreender. **2** Inteligente. **3** Que abrange ou contém.

com.pres.sa (*lat compressa*) *sf Med* Gaze ou algodão embebido em água ou medicamento, que se aplica sobre ferida.

com.pres.são (*lat compressione*) *sf* Ato ou efeito de comprimir(-se).

com.pres.sor (*lat compressore*) *adj* Que comprime. • *sm* **1** Aquele ou aquilo que comprime. **2** *Cir* Instrumento próprio para comprimir nervos, vasos etc. **3** Máquina de terraplenagem, rolo compressor.

com.pri.do (*part do port arc comprir*) *adj* Extenso, longo. *Antôn: curto.*

com.pri.men.to (*lat complementu*) *sm* **1** Extensão de um objeto de uma a outra extremidade, do princípio ao fim. **2** Extensão medida de um ponto a outro; distância. *Cf cumprimento.*

com.pri.mi.do (*part de comprimir*) *adj* Que se comprimiu; compacto. • *sm Farm* Substância medicamentosa, comprimida em forma de tablete.

com.pri.mir (*lat comprimere*) *vtd* **1** Sujeitar a compressão; apertar: *Comprimiu-o afetuosamente num abraço.* **2** Condensar: *Comprimir um gás. Antôn: dilatar, estender.*

com.pro.ba.tó.rio (*lat comprobare+ório*) *adj* Que comprova: *"O rapaz, porém, lhe mostrou os documentos comprobatórios de sua identidade."* (TV)

com.pro.me.ter (*lat compromittere*) *vpr* **1** Obrigar-se por compromisso. *vtd* e *vpr* **2** Expor a algum embaraço ou perigo. *vpr* **3** Envolver-se.

com.pro.me.ti.do (*part de comprometer*) *adj* Que assumiu compromisso.

com.pro.me.ti.men.to (*comprometer+mento*) *sm* **1** Ação ou ato de comprometer-se: *"Fica evidenciado o comprometimento estatal com os interesses empresariais."* (BRI) **2** Envolvimento com dano ou prejuízo: *"Se o termômetro marcar menos do que 12 graus, há um comprometimento da germinação da semente, que poderá provocar graves prejuízos à planta."* (AZ)

com.pro.mis.so (*lat compromissu*) *sm* **1** Comprometimento. **2** Ajuste, contrato, convenção.

com.pro.va.ção (*lat comprobatione*) *sf* Confirmação.

com.pro.van.te (de *comprovar*) *adj m+f* Que comprova. • *sm* Documento, certificado.

com.pro.var (*lat comprobare*) *vtd* Demonstrar, evidenciar, confirmar.

com.pul.são (*lat compulsione*) *sf* **1** Ato ou efeito de compelir. **2** *Psicol* Tendência à repetição.

com.pul.si.vo (*lat compulsu+ivo*) *adj* **1** Próprio ou destinado a compelir. **2** Irreprimível (em relação a impulso): *"Ao ver o rosto do sobrinho, durante o velório, ela sofreu um ataque de choro compulsivo."* (FSP)

com.pul.só.rio (*lat compulsu+ório*) *adj* Forçoso, obrigatório.

com.pu.ta.ção (*computar+ção*) *sf* **1** Ação de computar; cômputo. **2** *Inform* Utilização de computador para resolução de qualquer problema ou aplicação de qualquer espécie.

com.pu.ta.dor (*computar+dor*) *sm* O que faz cômputos (pessoa ou máquina). *Computador de colo, Inform:* computador portátil; *laptop. Computador pessoal, Inform:* microcomputador para utilização doméstica ou em escritórios. *Sigla: PC.*

com.pu.tar (*lat computare*) *vtd* **1** Fazer o cômputo de: *Computar votos.* **2** Calcular, contar, orçar: *Computou a distância que tinha de vencer. Conjug:* verbo defectivo; não se conjuga na 1ª, 2ª e 3ª pessoas do singular do presente do indicativo nem na 1ª e 2ª pessoas do imperativo afirmativo.

côm.pu.to (*lat computu*) *sm* Conta, cálculo: *"Nesse cômputo, só entram as infrações cometidas ou sofridas no campo de ataque."* (FSP)

co.mum (*lat commune*) *adj m+f* **1** Pertencente a todos ou a muitos. **2** Habitual, normal, ordinário. **3** *Gram* Diz-se do substantivo que possui com outros, da mesma espécie, qualidades em comum. **4** Vulgar, trivial. • *sm* O geral, a maioria. *Sup abs sint: comuníssimo. Comum de dois gêneros:* diz-se do substantivo que

comungar 204 **conceituar**

tem uma só forma para os dois gêneros, masculino e feminino: *artista, estudante*.

co.mun.gar (*lat communicare*) *vint* **1** *Teol* Receber o sacramento da eucaristia. *vtd* **2** Administrar o sacramento da eucaristia a; dar a comunhão a.

co.mu.nhão (*lat communione*) *sf* **1** Ato de comungar. **2** O sacramento da eucaristia. **3** Comunidade de crenças ou opiniões. *Comunhão de bens:* regime de associação matrimonial em virtude do qual todos ou certos bens dos esposos são comuns entre eles.

co.mu.ni.ca.ção (*lat communicatione*) *sf* Aviso, informação; participação; transmissão de uma ordem ou reclamação.

co.mu.ni.ca.do (*part* de *comunicar*) *sm* Aviso ou informação por meio de jornal, radiodifusão ou afixação em lugar público. *Comunicado oficial:* nota expedida por autoridade civil ou militar.

co.mu.ni.ca.dor (*lat communicatore*) *adj* Que comunica. • *sm* Apresentador de um programa de rádio ou televisão.

co.mu.ni.car (*lat communicare*) *vtd* **1** Fazer saber; participar: *Comunicar ideias*. *vtd* **2** Ligar, unir: *Um túnel comunica os dois edifícios*. *vpr* **3** Propagar-se, transmitir-se: *O fogo comunicou-se também ao canavial*. *vti* **4** Conferenciar, falar: *Tenho muito gosto de comunicar com seu amigo*.

co.mu.ni.ca.ti.vo (*comunicar+ivo*) *adj* Expansivo, extrovertido.

co.mu.ni.da.de (*lat communitate*) *sf* **1** Qualidade daquilo que é comum; comunhão. **2** Sociedade.

co.mu.nis.mo (*comum+ismo*) *sm* Doutrina ou sistema social que defende a comunidade de bens e a supressão da propriedade privada dos meios de produção (terras, minas, fábricas etc.).

co.mu.nis.ta (*comum+ista*) *adj m+f* Pertencente ou relativo a comunismo. • *s m+f* Pessoa partidária do comunismo.

co.mu.ni.tá.rio (*lat communita(te)+ário*) *adj* Designativo da formação dos povos, em que prevalece o sentimento de comunidade. • *sm* **1** Comunista. **2** *Polít* Aquele que, à iniciativa individual, prefere a centralização econômica estatal.

co.mu.ta.ção (*lat commutatione*) *sf* **1** *Dir* Atenuação de pena. **2** Substituição. **3** *Eletr* Inversão de sentido da corrente elétrica.

co.mu.ta.dor (*comutar+dor*) *adj+sm* Que ou o que comuta, substitui. *Comutador elétrico:* dispositivo que tem por fim inverter ou interromper a corrente elétrica.

co.mu.tar (*lat commutare*) *vtd* **1** Permutar, trocar: *Ela costuma comutar as suas roupas com a amiga*. **2** *Dir* Mudar (pena ou castigo) em outro menor: *O presidente da República comutou as penas dos condenados*. **3** Inverter o sentido da corrente elétrica.

con.ca.te.na.ção (*lat concatenatione*) *sf* Encadeamento, ligação.

con.ca.te.nar (*lat concatenare*) *vtd* **1** Encadear, prender: *Concatenar ideias*. **2** Relacionar; ligar: *Concatenar o trabalho com o lazer*. *Antôn:* desligar, soltar.

côn.ca.vo (*lat concavu*) *adj* **1** Que tem superfície ao mesmo tempo cavada e esférica. **2** Cavado, escavado. • *sm* Cavidade. *Antôn* (acepção 2): *convexo*.

côn.ca.vo-con.ve.xo (*cs*) *adj* Côncavo de um lado e convexo do outro. *Pl:* côncavo-convexos.

con.ce.ber (*lat concipere*) *vtd, vti* e *vint* **1** Gerar: *Conceber um filho*. *vtd* **2** Planejar; imaginar: *O professor concebeu as questões para a prova*. *vtd* **3** Compreender, entender, perceber: *Conceber o porquê da vida*.

con.ce.der (*lat concedere*) *vtd* **1** Dar, outorgar: *Conceder licença*. **2** Facultar, permitir: *Conceder entrada*. *Antôn:* negar, recusar.

con.cei.ção (*lat conceptione*) *sf* **1** Concepção. **2** *Rel* Dogma católico da concepção da Virgem Maria, sem mácula do pecado original. **3 Conceição** *Rel* Festa com que a Igreja Católica celebra essa concepção, em 8 de dezembro.

con.cei.to (*lat conceptu*) *sm* **1** Ideia; noção. **2** Símbolo, síntese. **3** Reputação. **4** Opinião.

con.cei.tu.a.do (*part* de *conceituar*) *adj* **1** Que tem boa fama. **2** Avaliado, considerado.

con.cei.tu.al (*conceito+al¹*) *adj m+f* Teórico.

con.cei.tu.ar (*conceito+ar¹*) *vtd* Julgar, avaliar: *Conceituar bem ou mal uma pessoa*.

con.cen.tra.ção (*concentrar*+*ção*) *sf* **1** Ato ou efeito de concentrar, convergir. **2** Estado de concentrado. **3** Reunião de muitas pessoas ou coisas em um ponto; concurso, convergência. *Antôn* (acepção 2): *dispersão*.

con.cen.tra.do (*part* de *concentrar*) *adj* **1** Centralizado. **2** *Fís* Que se irradia ou transmite do foco. **3** *Quím* Forte, não diluído. **4** Reunidos em um só. • *sm* **1** Qualquer coisa obtida por concentração; substância concentrada. **2** Alimento do qual se elimina toda a água ou parte dela.

con.cen.trar (*com*+*centro*+*ar*¹) *vtd* e *vpr* **1** Reunir(-se) em um mesmo centro ou ponto: *Concentrar forças*. *vtd* **2** *Fís* Fazer convergir: *Concentrar os raios luminosos*. *vtd* e *vpr* **3** Condensar: *Concentrar um molho, uma bebida*. *vpr* **4** Aplicar a atenção a algum assunto; meditar profundamente: *Concentrou-se no estudo*. *Antôn* (acepções 1 e 2): *dispersar*.

con.cên.tri.co (*com*+*centro*+*ico*²) *adj Geom* Diz-se dos círculos e das curvas que têm o mesmo centro e raios diferentes. *Antôn*: *excêntrico*¹.

con.cep.ção (*lat conceptione*) *sf* **1** Geração. **2** Percepção. **3** Criação ou obra do espírito: *"[A alquimia] sobrevive até hoje com uma concepção de mundo totalmente diferente do pensamento químico moderno."* (ALQ)

con.cer.ta.do (*part* de *concertar*) *adj* Compassado, harmonioso.

con.cer.tar (*lat concertare*) *vint* e *vpr* **1** Acompanhar com outro que toca ou canta; harmonizar(-se): *Suas vozes concertam de maneira admirável*. *vtd* **2** Fazer soar: *Os soldados concertavam com entusiasmo canções e hinos patrióticos*. *vtd* **3** Conciliar, harmonizar: *O árbitro concertou as partes litigantes*. *vtd* **4** Ajustar, combinar, pactuar: *Concertou este negócio com o gerente*. *vti* e *vint* **5** Concordar: *Concertamos em ir ao teatro*. *Cf consertar*.

con.cer.ti.na (*fr concertine*) *sf Mús* Tipo de acordeão. *Sin pop: sanfona*.

con.cer.tis.ta (*concerto*+*ista*) *s m*+*f* Pessoa que dá concertos.

con.cer.to (ê) (de *concertar*) *sm* **1** Acordo, ajuste, convenção, pacto. **2** *Mús* Harmonia de sons ou de vozes; ritmos. *Cf conserto*.

con.ces.são (*lat concessione*) *sf* **1** Licença, permissão. **2** Atribuição que o governo dá a particulares ou empresas, para a exploração de serviços de utilidade pública e particular.

con.ces.si.o.ná.ria (de *concessionário*) *sf* Empresa à qual foi dada uma concessão.

con.ces.si.o.ná.rio (*lat concessione*) *adj*+*sm* Que ou o que obteve uma concessão ou atribuição.

con.cha (*lat conchula*) *sf* **1** *Zool* Invólucro duro e calcário, de certos animais, especialmente dos moluscos. **2** Grande colher usada para servir sopa.

con.cha.var (*baixo-lat conclavare*) *vtd* **1** Combinar, ajustar: *Após vários acertos, conchavaram o negócio*. *vtd* **2** Encaixar: *Conchavou as caixas de diversos tamanhos*. *vpr* **3** Conluiar-se, mancomunar-se: *Conchavaram para trair o amigo*.

con.cha.vo (de *conchavar*) *sm* **1** Acordo, ajuste, união. **2** Conluio, trama.

con.che.gar (*com*+*chegar*) *vtd* **1** Pôr em contato; aproximar: *Conchegou-a ao peito e limpou-lhe o pranto*. *vpr* **2** Apertar-se, unir-se: *O pássaro conchega-se ao tépido ninho*. *vpr* **3** Chegar-se para achar conforto: *Os pintinhos conchegam-se à galinha*. *Var: aconchegar*.

con.che.go (ê) (de *conchegar*) *sm* **1** Ação de conchegar. **2** Comodidade doméstica; conforto, agasalho. **3** Pessoa que proporciona o conforto e bem-estar de outra; amparo, arrimo.

con.ci.da.dão (*com*+*cidadão*) *sm* Indivíduo que, em relação a outro, é da mesma cidade ou do mesmo país. *Fem: concidadã. Pl: concidadãos*.

con.ci.li.a.ção (*lat conciliatione*) *sf* **1** Ação ou efeito de conciliar. **2** Acordo, congraçamento, concórdia.

con.ci.li.a.dor (*conciliar*+*dor*¹) *adj*+*sm* Pacificador.

con.ci.li.ar (*lat conciliare*) *vtd* e *vpr* **1** Pôr (-se) de acordo; congraçar(-se): *Não foi possível conciliarem-se*. **2** Combinar(-se), harmonizar(-se): *Essa teoria o conciliava*. **3** Aliar(-se), unir(-se)*: Conciliou vários ingredientes*. Conjuga-se como *premiar*.

con.ci.li.a.tó.rio (*conciliar*+*tório*) *adj* Próprio para conciliar, cujo fim é conciliar.

con.cí.lio (*lat conciliu*) *sm* Assembleia de prelados católicos presidida pelo papa ou por seu legado, para deliberar sobre aspectos de doutrina ou de costumes da vida cristã.

con.ci.são (*lat concisione*) *sf* **1** Brevidade. **2** Precisão, exatidão. *Antôn: prolixidade, difusão.*

con.ci.so (*lat concisu*) *adj* **1** Breve, resumido, sucinto. **2** Preciso, exato. *Antôn: prolixo, difuso, longo.*

con.cla.mar (*lat conclamare*) *vtd* **1** Bradar, clamar ao mesmo tempo: *Que apareça o governador!, conclamaram muitas vozes. vtd* e *vti* **2** Instigar, incitar: *"Vou conclamar o povo a se unir."* (FSP) **3** Proclamar: *"Eu vos conclamo como irmãos, porque somos filhos do mesmo Deus."* (NOD)

con.cla.ve (*lat conclave*) *sm* **1** Assembleia de cardeais para elegerem o papa. **2** Lugar rigorosamente fechado onde se realiza essa eleição.

con.clu.ir (*lat concludere*) *vtd* **1** Terminar, acabar: *Concluiu em São Paulo os estudos.* **2** Inferir, deduzir: *Concluímos que o velho tinha razão. Antôn* (acepção 1): *começar. Part: concluído* e *concluso* (utilizado na linguagem forense).

con.clu.são (*lat conclusione*) *sf* **1** Acabamento. **2** Termo. **3** Dedução.

con.clu.si.vo (*concluso+ivo*) *adj* **1** Que encerra conclusão. **2** Próprio para se concluir.

con.co.mi.tân.cia (*concomitante+ia²*) *sf* Simultaneidade.

con.co.mi.tan.te (*lat concommitante*) *adj m+f* Simultâneo: *"Uma queda concomitante de preços em vários setores-chave da economia provocaria uma grande deflação."* (FSP)

con.cor.dân.cia (*concordante+ia²*) *sf* **1** Acordo, conformidade, harmonia. **2** *Gram* Acomodação flexional de uma palavra com outra a que esteja relacionada. **3** *Mús* Harmonia, consonância. *Antôn* (acepção 1): *discordância.*

Concordância é a harmonização (ou correspondência) de flexão entre termos de uma oração. Há dois tipos de concordância: verbal e nominal. Na verbal, o verbo concorda com o seu sujeito em número e pessoa. *Maria e Joana **foram** ao cinema com Paulo.* Na concordância nominal, os determinantes (artigo, pronome, numeral e adjetivo) concordam em gênero e número com o determinado (substantivo). *Laura comprou roupas e sapatos **caros.***

con.cor.dar (*lat concordare*) *vtd* **1** Conciliar, concertar: *Concordamos nossos mútuos interesses. vti* **2** *Gram* Estar em concordância. *vtd* **3** *Gram* Pôr em concordância. *vint* **4** Ajustar-se, estar de acordo, harmonizar(-se): *Em certos pontos eles não concordam. vti* e *vint* **5** Assentir, consentir: *Concordaram em adotar aquela obra para estudos e consulta.*

con.cor.da.ta (*lat concordata*) *sf* **1** Convenção entre um país e a Santa Sé acerca de assuntos religiosos. **2** *Econ* Acordo entre o falido e seus credores.

con.cór.dia (*lat concordia*) *sf* Paz; harmonia; entendimento.

con.cor.rên.cia (*concorrer+ência*) *sf* **1** Ato de concorrer. **2** Competição. **3** Confluência. **4** Rivalidade entre produtores ou entre negociantes, fabricantes ou empresários.

con.cor.ren.te (*lat concurrente*) *adj m+f* Que concorre ou coopera para um mesmo fim. • *s m+f* Competidor.

con.cor.rer (*lat concurrere*) *vti* **1** Contribuir, cooperar: *Tudo concorre a prejudicar os seus planos. vti* e *vint* **2** Afluir ao mesmo lugar, ir juntamente com outros: *Grande multidão concorreu à praia naqueles dias de intenso calor. vti* **3** Apresentar-se como candidato: *Concorreu à cadeira de Português. vti* **4** Contribuir: *Concorrem pontualmente com suas mensalidades.*

con.cor.ri.do (*part* de *concorrer*) *adj* Muito frequentado.

con.cre.ção (*lat concretione*) *sf* Ação de se tornar concreto; solidificação: *"Um destes medicamentos era o bezoar, bola de pelos ou concreção calcária encontrada no estômago de alguns animais."* (APA)

con.cre.tar (*concreto+ar*) *vtd* **1** Tornar concreto. **2** *Constr* Cobrir uma superfície com concreto.

con.cre.tis.mo (*concreto+ismo*) *sm* Representação de coisas abstratas como concretas.

con.cre.ti.zar (*concreto+izar*) *vtd* **1** Tornar concreto: *Concretizou seus sonhos*. *vtd e vpr* **2** Realizar(-se), materializar(-se): *Concretizar os projetos*.

con.cre.to (*lat concretu*) *adj* **1** Condensado, solidificado. **2** Real. **3** Determinado, claro, definido. **4** *Gram* Qualificativo dos substantivos que exprimem seres materiais, percebidos por nossos sentidos. *Antôn: abstrato*. • *sm* **1** Aquilo que é concreto. **2** Material de construção.

con.cu.bi.na (*lat concubina*) *sf* Mulher ilegítima; amante.

con.cu.bi.na.to (*lat concubinatu*) *sm* Estado de um homem e uma mulher que coabitam como cônjuges, sem serem casados.

con.cu.nha.do (*com+cunhado*) *sm* Cunhado de um dos cônjuges em relação ao outro.

con.cur.sa.do (*concurso+ado¹*) *adj* Aprovado em concurso público: *"Dirceu era delegado concursado."* (FSP)

con.cur.sar (*concurso+ar¹*) *vtd* Submeter (candidatos) a concurso (acepção 5).

con.cur.so (*lat concursu*) *sm* **1** Ato de concorrer. **2** Afluência de pessoas ao mesmo lugar. **3** Encontro. **4** Prestação de provas ou apresentação de documentos ou títulos exigidos para admissão a um cargo público. **5** Ato de muitos concorrentes disputarem entre si um prêmio, um emprego; competição.

con.da.do (*lat comitatu*) *sm* **1** Dignidade de conde. **2** Território que está ou esteve sob jurisdição de um conde. **3** Divisão territorial existente na Inglaterra e nos EUA.

con.dão (do *arc condoar*) *sm* Dom, faculdade, prerrogativa.

con.de (*lat comite*) *sm* Título nobiliárquico. *Fem: condessa* (ê).

con.de.co.ra.ção (*condecorar+ção*) *sf* Insígnia honorífica.

con.de.co.rar (*lat condecorare*) *vtd* Dar designação honrosa ou um título a: *O governador condecorou várias personalidades.*

con.de.na.ção (*lat condemnatione*) *sf* **1** Pena imposta por sentença. **2** Reprovação, censura.

con.de.na.do (*part* de *condenar*) *adj* **1** Diz-se daquele que foi julgado criminoso. **2** Diz-se do doente declarado incurável. • *sm* **1** Aquele que foi julgado criminoso. **2** Doente declarado incurável.

con.de.nar (*lat condemnare*) *vtd* **1** *Dir* Proferir sentença condenatória contra: *Condenar o réu.* **2** Mostrar a criminalidade de: *Essas provas o condenam.* **3** Censurar, reprovar: *Condenava os preconceitos. Antôn* (acepções 1 e 2): *absolver*.

con.den.sa.ção (*lat condensatione*) *sf* **1** Tornar grosso; tornar resumido. **2** *Fís* Passagem do estado gasoso ao líquido. **3** *Quím* Reação que envolve união entre átomos.

con.den.sa.dor (*condensar+dor*) *adj* Que condensa. • *sm* Dispositivo que armazena cargas elétricas.

con.den.sar (*lat condensare*) *vtd e vpr* **1** *Fís* Tornar(-se) denso ou mais espesso. *vtd* **2** Liquefazer (gases ou vapores). *vtd* **3** Engrossar (líquidos). *vtd* **4** Resumir, sintetizar: *Condensar um livro, um discurso. Antôn* (acepções 1 e 3): *diluir*; (acepção 1): *rarefazer*.

con.des.cen.dên.cia (*condescender+ência*) *sf* **1** Ação de condescender, tolerar. **2** Complacência. **3** Transigência. *Antôn: intransigência*.

con.des.cen.den.te (de *condescender*) *adj m+f* Que condescende ou transige. *Antôn: intransigente*.

con.des.cen.der (*lat condescendere*) *vti e vint* **1** Consentir: *Condescender com os desejos dos amigos.* *vti* **2** Transigir, tolerar: *Condescendia com a vadiagem dos seus alunos.*

con.des.sa (ê) (*lat med comitissa*) *sf* **1** Mulher de conde. **2** Senhora que recebeu título honorífico correspondente ao de conde.

con.di.ção (*lat conditione*) *sf* **1** Classe social a que pertence uma pessoa. **2** Estado, modo de ser (das coisas). **3** Cláusula. **4** Requisito.

con.di.ci.o.na.do (*part* de *condicionar*) *adj+sm* Que ou o que depende de uma condição.

con.di.ci.o.na.dor (*condicionar+dor*) *adj+sm* Que ou o que condiciona. *sm* •

1 Aparelho para condicionar ou regular a temperatura ambiente; condicionador de ar, ar-condicionado. **2** Creme para amaciar os cabelos.

con.di.ci.o.nal (*lat conditionale*) *adj m+f* **1** Dependente de condição. **2** Que envolve condição. • *sf* Condição.

con.di.ci.o.nar (*lat conditione+ar¹*) *vtd* Pôr condições a, tornar dependente de condição.

con.di.men.tar (*condimento+ar¹*) *vtd* Temperar.

con.di.men.to (*lat condimentu*) *sm* Tempero.

con.di.zen.te (*lat condicente*) *adj m+f* Adequado, ajustado, harmônico.

con.di.zer (*lat condicere*) *vti* e *vint* Dizer bem; estar em harmonia ou proporção: *Suas desculpas não condizem.* Conjuga-se como *dizer*.

con.do.er (*lat condolere*) *vtd* **1** Despertar compaixão em: *Aquele quadro de miséria a todos condoía.* *vpr* **2** Compadecer-se; ter dó: *Acabamos por condoer-nos da sua situação de penúria.* Conjuga-se como *roer. Part:* condoído.

con.do.lên.cia (*lat condolentia*) *sf* **1** Compaixão. **2** Expressão de pesar pela dor alheia. *sf pl* **3** Pêsames.

con.do.len.te (*lat condolente*) *adj m+f* Compassivo: *"Admita, ó leitor condolente: você está morrendo de dó de mim, não?"* (FSP)

con.do.mí.nio (*com+domínio*) *sm* **1** Domínio ou propriedade que pertence a duas ou mais pessoas juntamente. **2** Direito de soberania exercido por duas ou mais potências sobre uma região.

con.dô.mi.no (*com+lat dominu*) *sm* **1** Coproprietário. **2** Sócio de um condomínio.

con.dor (*quíchua kuntur*) *sm Ornit* A maior ave de rapina que existe. *Voz:* crocita, grasna.

con.du.ção (*lat conductione*) *sf* Transporte.

con.du.í.te (*fr conduite*) *sm* Tubo usado em instalações elétricas para passagem de fios condutores de energia.

con.du.ta (*lat conducta*) *sf* Comportamento.

con.du.to (*lat conductu*) *adj* **1** Conduzido. **2** Levado. • *sm* **1** Caminho, via. **2** Tubo por onde passa um líquido.

con.du.tor (*lat conductore*) *adj* **1** Que conduz. **2** *Eletr* Que é usado para conduzir eletricidade. • *sm* **1** Pessoa que conduz ou guia. **2** *Fís* Corpo que transmite a eletricidade, o calor, o som. **3** Meio de transmissão, de comunicação.

con.du.zir (*lat conducere*) *vtd* **1** Guiar, dirigir: *Conduzir um automóvel.* *vtd* **2** Levar ou trazer; escoltar: *Os soldados conduziram o preso.* *vtd* **3** Transportar de um lugar para outro; carregar: *O funcionário conduziu as malas dos viajantes.* *vtd* **4** Encaminhar, levar: *Conduzir os debates de uma assembleia.* *vtd* **5** *Fís* Transmitir: *Substância que não conduz eletricidade.* *vpr* **6** Comportar-se, proceder: *Conduzira-se como naquela conjuntura.*

co.ne (*gr kônos*) *sm Geom* Sólido, de base circular, que diminui uniformemente seu diâmetro, terminado em ponta.

co.nec.tar (*lat connectere*) *vtd* **1** Ligar: *Conectou os cabos ao poste.* **2** *Inform* Entrar na rede (internet). *Var:* conetar.

co.nec.ti.vo (*lat connect(ere)+ivo*) *adj* Que liga ou une. • *sm Gram* Vocábulo que estabelece conexão entre palavras ou partes de uma frase. Em português são conectivos: conjunções, pronomes relativos e preposições. *Var:* conetivo.

co.nec.tor (*lat connect(ere)+or*) *sm* Peça ou dispositivo que serve para fazer ligações. *Var:* conetor.

cô.ne.go (*lat cononicu*) *sm* Clérigo que é membro de um cabido. *Fem: cônega, canonisa. Col:* cabido.

co.ne.xão (*cs*) (*lat connexione*) *sf* **1** Ligação de uma coisa com outra. **2** Dependência, relação.

co.ne.xo (*cs*) (*lat connexu*) *adj* Ligado; unido; vinculado: *"O melhor caminho está em reprimir o crime organizado de tráfico e contrabando de armas conexo ao jogo do bicho."* (FSP)

con.fa.bu.lar (*lat confabulare*) *vti* e *vint* Conversar.

con.fec.ção (*lat confectione*) *sf* **1** Elaboração, preparação, fabricação. **2** Feitio. **3** Roupa confeccionada em fábrica, que se adquire pronta.

con.fec.ci.o.nar (*lat confectione+ar¹*) *vtd* **1** Executar: *Confeccionar uma pomada, um medicamento.* **2** Criar e costurar roupas.

con.fe.de.ra.ção (*com+federação*) *sf* **1** Reunião de Estados reconhecendo um chefe comum. **2** Aliança, associação ou liga de várias nações.

con.fe.de.rar (*lat tardio confoederare*) *vtd* e *vpr* Unir(-se) em confederação.

con.fei.tar (*confeito+ar¹*) *vtd* **1** Cobrir de açúcar, como os confeitos. **2** Adoçar para iludir: *Tratava-o mal, mas agora, por interesse, confeitava as palavras.* **3** Preparar, fabricar: *As abelhas confeitam o mel.*

con.fei.ta.ri.a (*confeito+aria*) *sf* Casa onde se fabricam ou vendem confeitos e outros doces.

con.fei.tei.ro (*der de confeito+eiro*) *adj* Relativo a confeito ou confeitaria. • *sm* Aquele que fabrica e/ou vende confeitos doces, bolos e tortas.

con.fei.to (*lat confectu*) *sm* Pequenos glóbulos de massa de açúcar, coloridos ou prateados, para enfeitar bolos ou doces.

con.fe.rên.cia (*lat conferentia*) *sf* **1** Ação de conferir; confrontação. **2** Conversação; colóquio.

con.fe.ren.cis.ta (*conferente+ista*) *s m+f* Pessoa que faz conferências ou discorre em público.

con.fe.ren.te (*lat conferente*) *adj m+f* Que confere. • *s m+f* **1** Conferencista. **2** O que confere alguma coisa.

con.fe.rir (*lat conferre*) *vtd* **1** Ver se está exato; comparar, confrontar: *Conferir um recibo.* **2** Conceder, dar, outorgar: *O sacerdote confere o perdão dos pecados.* Conjuga-se como *ferir*.

con.fes.sar (*baixo-lat *confessare*) *vtd* **1** Declarar, revelar (culpa, defeito, falta, pecado etc.). **2** Professar, seguir (uma religião, um sistema): *Confessava a fé republicana.*

con.fes.si.o.ná.rio (*lat confessione+ário*) *sm* Pequeno gabinete em forma de guarita, dentro do qual o sacerdote ouve confissões através da grade.

con.fes.sor (*lat confessore*) *sm* **1** Sacerdote que ouve confissões de penitentes. **2** Indivíduo que confessa a fé cristã.

con.fe.te (*é*) (*ital confetti*) *sm* **1** Rodelinhas de papel de cores, que se atiram aos punhados no carnaval. **2** Confeitos coloridos recheados de chocolate. *Jogar confete, pop:* elogiar; adular.

con.fi.a.do (*part de confiar*) *adj* **1** Que tem confiança. **2** Que se confiou. **3** Atrevido, descarado, malcriado: *"Homem é bicho confiado, não é mesmo, doutor?"* (CE) Antôn (acepções 1 e 2): *desconfiado;* (acepção 3): *respeitoso.*

con.fi.an.ça (*confiar+ança*) *sf* **1** Ação de confiar. **2** Segurança íntima. **3** Crédito, fé. **4** Familiaridade. **5** *pop* Atrevimento, insolência. *Antôn* (acepções 1, 2 e 3): *desconfiança.*

con.fi.an.te (de *confiar*) *adj m+f* Que confia.

con.fi.ar (*lat confidere*) *vti* e *vint* **1** Acreditar, ter fé: *Não confiava em ninguém.* *vtd* **2** Incumbir, encarregar: *Confiou-lhe a delicada tarefa.*

con.fi.á.vel (*confiar+ável*) *adj m+f* Em que se pode confiar; digno de confiança.

con.fi.dên.cia (*lat confidentia*) *sf* Comunicação secreta; participação de um segredo.

con.fi.den.ci.al (*confidência+al¹*) *adj m+f* Secreto. • *sf* Comunicação ou ordem sob sigilo.

con.fi.den.te (*lat confidente*) *adj* e *s m+f* Diz-se de ou pessoa a quem se confia um segredo.

con.fi.gu.ra.ção (*lat configuratione*) *sf* **1** Aspecto, feitio, figura. **2** *Inform* Conjunto de parâmetros, componentes, periféricos e programas que determinam as possibilidades e a forma de funcionamento de um computador.

con.fi.gu.rar (*lat configurare*) *vtd* Dar a figura ou forma de; representar: *Configurava em madeira tudo quanto desejava.*

con.fi.nar (*confim+ar*) *vtd* **1** Limitar, restringir: *Suas terras confinam com o mar.* **2** Clausurar, encerrar, prender: *Confinou o prisioneiro na cela escura.*

con.fins (*lat confines*) *sm pl* **1** Fronteiras. **2** Lugar muito longe; fim de mundo.

con.fir.ma.ção (*lat confirmatione*) *sf* **1** Ato ou efeito de confirmar. **2** *Dir* Comprovação de um ato. **3** Sacramento da crisma. *Antôn* (acepção 1): *desmentido.*

con.fir.mar (*lat confirmare*) *vtd* **1** Comprovar, demonstrar, mostrar a verdade de: *Isso confirma as suas apreensões.* **2** Aprovar: *Confirmou o governador o que a Assembleia concedera.* **3** *Teol* Conferir o sacramento da confirmação a. *Antôn* (acepção 1): *contradizer, desmentir.*

con.fis.car (*lat confiscare*) *vtd* **1** Apreender em proveito do fisco. **2** Apossar-se de algo, como em caso de confisco.

con.fis.co (de *confiscar*) *sm* Ato ou efeito de confiscar.

con.fis.são (*lat confessione*) *sf* **1** *Rel* Declaração das próprias culpas ao confessor, no sacramento da penitência. **2** Declaração dos próprios erros ou culpas.

con.fli.tar (*conflito*+*ar¹*) *vti* e *vint* Entrar em conflito, fazer oposição.

con.fli.to (*lat conflictu*) *sm* **1** Luta, combate. **2** Tumulto. **3** Momento crítico.

con.flu.ên.cia (*lat confluentia*) *sf* **1** Qualidade de convergir. **2** Ponto de junção.

con.for.ma.ção (*lat conformatione*) *sf* **1** Ato de conformar ou de se conformar. **2** Configuração. **3** Conformidade, resignação.

con.for.mar (*lat conformare*) *vtd* **1** Configurar, dar forma, dispor: *Deus conformou o homem à sua semelhança*. *vpr* **2** Acomodar-se, resignar-se: *Conformou-se com o parecer técnico*. *vpr* **3** Proceder de acordo: *Os interessados devem conformar-se à regulamentação*.

con.for.me (*lat conforme*) *adj m+f* **1** Que tem a mesma forma; análogo, idêntico, semelhante. **2** Concorde. **3** Conformado, resignado. • *sm pop* Condição, dependência. • *adv* De modo conforme, em conformidade. • *prep* De acordo com. • *conj* **1** Como, segundo, consoante. **2** Segundo as circunstâncias ou o modo de ver. *Antôn* (acepção 1): *diferente*; (acepção 2): *discordante*; (acepção 3): *inconformado*.

con.for.mi.da.de (*lat conformitate*) *sf* **1** Analogia, identidade, semelhança. **2** Resignação, submissão.

con.for.mis.mo (*conform(ar-se)*+*ismo*) *sm* Conformação com os costumes ou opiniões de outra pessoa ou com qualquer situação.

con.for.mis.ta (*conform(ar-se)*+*ista*) *adj* e *s m+f* Que ou quem aceita qualquer situação.

con.for.tar (*lat confortare*) *vtd* e *vpr* **1** Dar forças a, fortificar(-se): *Este alimento os confortará*. *vtd* **2** Dar conforto a. *vtd* **3** Consolar: *Comprazia-se de confortar as penas alheias*. *Antôn* (acepção 1): *debilitar*.

con.for.tá.vel (*confortar*+*vel*) *adj m+f* **1** Que conforta. **2** Que oferece conforto ou comodidade.

con.for.to (*ô*) (de *confortar*) *sm* **1** Bem-estar. **2** Aconchego. **3** Consolação ou auxílio nas aflições. *Antôn* (acepções 1 e 2): *desconforto*.

con.fra.ri.a (*fr ant confrarie*) *sf* **1** Associação com fins religiosos. **2** Sociedade, irmandade.

con.fra.ter.ni.zar (*con*+*fraternizar*) *vtd* **1** Unir como irmãos. *vti* e *vint* **2** Conviver ou tratar como irmãos: *Confraternizar com os humildes*.

con.fron.ta.ção (*confrontar*+*ção*) *sf* **1** Comparação, cotejo. **2** Choque, conflito: *"Nós só queremos evitar uma confrontação entre torcedores e o juiz, disse Blatter."* (FSP) **3** *Dir* Acareação dos acusados ou das testemunhas.

con.fron.tar (*con*+*fronte*+*ar¹*) *vtd* e *vpr* **1** Pôr(-se) defronte: *Confrontar testemunhas*. *vtd* **2** Acarear (as testemunhas ou os depoimentos, os réus, as vítimas do crime). *vtd* **3** Comparar, conferir: *Confrontar situações*. *vti* e *vpr* **4** Defrontar(-se), fazer face: *Os dois armazéns confrontavam-se*.

con.fron.to (de *confrontar*) *sm* Confrontação.

con.fu.ci.o.nis.mo (*Confúcio*, *np*+*n*+*ismo*) *sm Hist* e *Filos* Doutrina religiosa de Confúcio, filósofo chinês (551-479 a.C.).

con.fun.dir (*lat confundere*) *vtd* e *vpr* **1** Misturar(-se), reunir(-se), sem ordem: *Confundir coisas, pessoas, tempos*. *vtd* **2** Perturbar, transtornar, atordoar: *A profusão das luzes da cidade confundia-o*. *vtd* **3** Não distinguir: *Confundiu os fatos que deveria referir*. *vpr* **4** Atrapalhar-se: *Confundiu-se e preencheu o cadastro errado*.

con.fu.são (*lat confusione*) *sf* **1** Falta de ordem ou de método. **2** Tumulto, revolta, barulho. *Antôn*: *ordem*.

con.fu.so (*lat confusu*) *adj* **1** Confundido, misturado. **2** Incerto, indistinto. **3** Desordenado. **4** Embaraçado, indeciso.

con.ga.da (*top Congo*+*ada*) *sf* Bailado popular dramático em que as pessoas representam, entre cantos e danças, a coroação de um rei do Congo. *Var: congado*.

con.ge.la.dor (*congelar*+*dor*) *adj* Que congela. • *sm* **1** O que congela. **2** Compartimento nas geladeiras onde se produz gelo e se conservam alimentos.

con.ge.la.men.to (*congelar+mento*) *sm* **1** Ato de congelar. **2** *Econ* Ato governamental pelo qual são fixados os preços de utilidades e artigos de consumo ou os salários, para evitar a alta do custo de vida.

con.ge.lar (*lat congelare*) *vtd* **1** Gelar, tornar gelo. *vint* e *vpr* **2** Tornar-se gelo pelo frio. *vtd* **3** *Econ* Fixar preços ou salários: *O governo congelou os preços.*

con.gê.ne.re (*lat congenere*) *adj m+f* **1** Do mesmo gênero. **2** Que é semelhante: *"O custo de serviços públicos brasileiros é, em alguns casos, mais elevado que o de seus congêneres europeus ou americanos."* (NEP)

con.gê.ni.to (*lat congenitu*) *adj* **1** Gerado simultaneamente. **2** O que se liga ao indivíduo depois de formado o ovo. **3** Nascido com o indivíduo. **4** Inato.

con.ges.tão (*lat congestione*) *sf* **1** *Med* Afluência anormal do sangue aos vasos de um órgão. **2** *pop* Indigestão.

con.ges.ti.o.na.do (*part de congestionar*) *adj* **1** Em que há acumulação exagerada de sangue. **2** Diz-se das vias públicas nas quais o trânsito está parado por excesso de veículos.

con.ges.ti.o.na.men.to (*congestionar+mento*) *sm* **1** Ato ou efeito de congestionar. **2** Engarrafamento.

con.ges.ti.o.nar (*lat congestione+ar¹*) *vtd* **1** Produzir congestão em: *O soco congestionou-lhe o olho esquerdo.* *vpr* **2** Ruborizar-se de cólera ou de indignação: *Durante a discussão, seu rosto congestionou-se.* *vtd* **3** Engarrafar: *Os automóveis congestionam as ruas do centro da cidade.*

con.glo.me.ra.do (*part de conglomerar*) *adj* **1** Composto de materiais diferentes. **2** *Bot* Densamente agrupado. • *sm* **1** Amontoado. **2** Grupo que mantém o controle de diversas empresas.

con.glo.me.rar (*lat conglomerare*) *vtd* **1** Amontoar: *O menino conglomerou areia e barro para fazer o castelo.* *vpr* **2** Reunir-se, unir-se: *Os países europeus conglomeraram-se numa comunidade.*

con.go (*top Congo*) *sm* **1** *Folc* Dança de origem africana. **2** Dançador de congada.

con.gra.tu.la.ção (*lat congratulatione*) *sf* **1** Felicitação. *sf pl* **2** Parabéns, felicitações.

con.gra.tu.lar (*lat congratulari*) *vtd* e *vpr* Apresentar congratulações, dirigir felicitações ou parabéns a: *"Quero, ao finalizar estas palavras, congratular-me com o povo do meu Estado, pela inauguração da usina de Candiota."* (G)

con.gre.ga.ção (*lat congregatione*) *sf* **1** Assembleia, reunião. **2** Companhia de sacerdotes.

con.gre.gar (*lat congregare*) *vtd* e *vpr* **1** Juntar(-se), reunir(-se): *"A Sociedade de Medicina e Cirurgia do Rio de Janeiro congrega a grande maioria dos médicos guanabarinos."* (CPO); *"Grupos e associações se congregam em Federação e estas formam a União dos Escoteiros do Brasil."* (PE) **2** Ligar(-se), unir(-se): *"Há necessidade de a indústria se congregar à Universidade."* (PT) *Antôn: desagregar, separar.*

con.gres.sis.ta (*congresso+ista*) *adj m+f* Pertinente a congresso. • *s m+f* Membro de um congresso.

con.gres.so (*lat congressu*) *sm* **1** Conjunto dos dois órgãos do Poder Legislativo (Senado e Câmara dos Deputados); parlamento. **2** Ajuntamento, encontro, ligação, reunião.

co.nha.que (*top fr Cognac*) *sm* **1** Aguardente de vinho fabricada em Cognac (França). **2** Bebida semelhante ao conhaque, produzida em qualquer outro país.

co.nhe.ce.dor (*conhecer+dor*) *adj+sm* Entendedor, perito.

co.nhe.cer (*lat cognoscere*) *vtd* **1** Ter conhecimento, ideia, noção ou informação de: *Conhecereis a verdade.* *vtd* e *vpr* **2** Ter relações ou convivência com: *Aqui ninguém o conhece.* *vtd* **3** Ser perito ou versado em: *Conhece vários idiomas.* *vtd* **4** Discernir, distinguir, reconhecer: *Pelo dedo conhecemos o gigante.* *vpr* **5** Ter ideia justa da própria capacidade: *Conhece-te a ti mesmo.* *vti* **6** Tomar conhecimento: *Foram nomeados para conhecerem das desordens ocorridas ontem.* *vtd* **7** Apreciar, julgar: *Conhecia muito bem a desigualdade daquelas forças. Antôn* (acepção 1): *ignorar.*

co.nhe.ci.do (*part de conhecer*) *adj* **1** Que

muitos conhecem. **2** Que é sabido, de que há conhecimento. **3** Perito, versado, entendido. **4** Experimentado. **5** Ilustre. • *sm* **1** Indivíduo com quem temos conhecimento. **2** Aquilo que se conhece.

co.nhe.ci.men.to (*conhecer*+*mento*) *sm* **1** Ideia, noção; informação, notícia. *sm pl* **2** Saber, instrução, perícia.

cô.ni.co (*gr konikós*) *adj* **1** Em forma de cone. **2** Concernente ou relativo a cone.

co.ní.fe.ras (de *conífero*) *sf pl Bot* Categoria de árvores ou arbustos, como o pinheiro.

co.ni.vên.cia (*convivente*+*ia*²) *sf* Cumplicidade.

co.ni.ven.te (*lat conniuente*) *adj m+f* Cúmplice: *"Ele não seria convivente com essa pouca vergonha que é a organização do nosso futebol."* (FSP)

con.jec.tu.ra (*lat conjectura*) *V conjetura*: *"Mas tudo isso é apenas conjectura. Afinal, do outro lado, estará o Corinthians."* (FSP)

con.je.tu.ra (*lat conjectura*) *sf* **1** Juízo ou opinião. **2** Suposição, hipótese. *Var: conjectura.*

con.je.tu.ral (*lat conjecturale*) *adj m+f* Hipotético: *"Os espíritos bem dotados tendem a transformar a ciência conjetural, que nunca deixou de sê-la, em ciência verdadeira."* (GFO) *Var: conjectural.*

con.je.tu.rar (*lat conjecturare*) *vtd* **1** Presumir, prever, supor: *"Quando finalmente se noticiou que ele ia se casar, o assunto único foi conjeturar quem seria a feliz eleita."* (CCA); *Não será difícil conjeturar a classe a que ele pertence.* **2** Antever, prever: *Conjeturava os sucessos futuros.* *Var: conjecturar.*

con.ju.ga.ção (*lat conjugatione*) *sf* **1** *Gram* Flexão dos verbos, por modos, tempos, pessoas e números. **2** *Gram* Ato de conjugar verbos. **3** *Gram* Cada uma das classes em que se agrupam os verbos, de acordo com a terminação do infinitivo impessoal. **4** Junção, ligação.

con.ju.ga.do (*part* de *conjugar*) *adj* **1** Junto, ligado. **2** Emparelhado.

con.ju.gal (*lat conjugale*) *adj m+f* Que diz respeito à união entre os cônjuges.

con.ju.gar (*lat conjugare*) *vtd* e *vpr* **1** Reunir(-se), unir(-se): *Conjugar duas qualidades.* *vtd* **2** *Gram* Dizer ou escrever ordenadamente as flexões de um verbo. *vint* **3** *Biol* Acasalar-se.

côn.ju.ge (*lat conjuge*) *sm* Cada um dos esposos em relação ao outro.

con.jun.ção (*lat conjunctione*) *sf* **1** União, ajuntamento. **2** Conjuntura. **3** Boa ocasião, oportunidade. **4** *Gram* Palavra ou expressão que liga orações ou frases.
É importante salientar que as **conjunções** são expressas por uma só palavra: *como, mas, logo, pois, que* etc. Portanto, sempre que tivermos mais de uma palavra com valor de conjunção, estaremos diante de uma **locução conjuntiva**: *a fim de, à medida que, de modo que, ao passo que* etc.

con.jun.ti.va (*lat conjunctiva*) *sf Anat* Membrana mucosa que forra a parte anterior do globo ocular, ligando-o às pálpebras.

con.jun.ti.vi.te (*conjuntiva*+*ite*¹) *sf Oftalm* Inflamação da conjuntiva.

con.jun.ti.vo (*lat conjunctivu*) *adj* **1** Que une. **2** *Gram* Que tem o valor de uma conjunção gramatical. **3** *Anat* Tecido que liga os órgãos entre si.

con.jun.to (*lat conjunctu*) *adj* **1** Ligado, conjugado. **2** Anexo, contíguo, próximo. • *sm* **1** Totalidade. **2** Grupo de músicos ou cantores. **3** Conjunto residencial. **4** Traje, feminino ou masculino, composto de duas ou mais peças.

con.jun.tu.ra (*conjunto*+*ura*) *sf* **1** Acontecimento, ato, ocasião. **2** Dificuldade, situação embaraçosa. *Conjuntura econômica*: situação econômica de um país.

con.lui.ar (*conluio*+*ar*¹) *vtd* **1** Unir ou reunir em conluio. *vtd* **2** Fraudar, de combinação com outrem. *vpr* **3** Combinar-se por conluio: *"[Os partidos] conluiaram-se com a equipe econômica para protelar a tramitação do orçamento."* (FSP)

con.lui.o (*lat colludiu*) *sm* Combinação entre duas ou mais pessoas para prejudicar outrem; trama, conspiração: *"São os oligopólios fazendo conluio para recompor margens de lucro e espoliar os consumidores."* (FSP)

co.nos.co (*com*+*lat nobiscum*) *pron* Em nossa companhia: *"E faço questão que você vá conosco."* (A)

co.no.ta.ção (*com*+*notação*) *sf* Sentido

que uma palavra ou expressão pode dar a entender.

co.no.ta.ti.vo (*conotar+ivo*) *adj* **1** Relativo a conotação. **2** Que representa uma ideia secundária ao mesmo tempo que a ideia principal.

con.quis.ta (*part fem* do *port arc conquerir*) *sf* **1** Ato ou efeito de conquistar. **2** Coisa ou pessoa conquistada. **3** O que se obtém à força de trabalho.

con.quis.ta.dor (*conquistar+dor²*) *adj* Que conquista. • *sm* **1** Aquele que conquista; triunfador. **2** *pop* Dado a conquistas amorosas.

con.quis.tar (*lat med conquistare*) *vtd* **1** Subjugar; vencer: *"Cambises, sucessor de Ciro, conquistou em 525 a.C. o Egito."* (HG) **2** Adquirir à força de trabalho; alcançar: *"Oh privilégio conquistar tal diploma: Sou homem!"* (DE) **3** Adquirir, ganhar: *"Em 1921, Capablanca conquistou o título de campeão mundial de xadrez."* (X) **4** *pop* Conseguir o amor de: *"Homem honesto e trabalhador, gostava de conquistar as moças."* (CE) **5** Atrair, seduzir: *"Logo de início conquistou a admiração e o carinho da população."* (ACT); Esforçava-se por conquistá-lo à sua política.

con.sa.gra.ção (*lat consecratione*) *sf* **1** Ato de consagrar. **2** *Rel* Parte da missa em que se consagram a hóstia e o cálice. **3** Confirmação, ratificação. **4** Honras ou elogios extraordinários.

con.sa.grar (*lat consecrare*) *vtd* **1** Tornar sagrado. *vtd* **2** Sagrar: Consagrar um templo. *vtd* **3** Fazer a consagração de: Consagrou a hóstia e o vinho. *vpr* **4** Dedicar(-se), prestar(-se): Consagrarei à sua felicidade quanto valho e quanto posso. *vtd* **5** Aprovar, adotar: O uso geral consagrou essa expressão. *vtd* **6** Aclamar, eleger: Os acadêmicos o consagraram membro da entidade.

con.san.guí.neo (*gwi* ou *gui*)(*lat consanguineu*) *adj* **1** Que é do mesmo sangue. **2** *Dir* Diz-se do irmão que é filho de mãe diferente, em oposição a irmão uterino, que é filho de pai diverso. • *sm* Parente por consanguinidade.

con.san.gui.ni.da.de (*gwi* ou *gui*) (*lat consanguinitate*) *sf* **1** *Dir* Parentesco entre os que procedem do mesmo pai. **2** Parentesco por parte dos pais.

cons.ci.ên.cia (*lat conscientia*) *sf* **1** Capacidade que o homem tem de conhecer valores e mandamentos morais e aplicá-los em diferentes situações. **2** Cuidado com que se executa um trabalho. **3** Conhecimento.

cons.ci.en.ci.o.so (ô) (*consciência+oso*) *adj* **1** Que tem consciência. **2** Em que há consciência, cuidado, escrúpulo: *"Basta, para tanto, o exame consciencioso da altura do útero nas diversas idades da gravidez."* (CLO) *Pl:* conscienciosos (ó).

cons.ci.en.te (*lat consciente*) *adj m+f* **1** Que tem consciência; cônscio. **2** Que sabe o que faz. • *sm Psicol* Estado da mente, em vigília. *Antôn:* inconsciente.

cons.ci.en.ti.zar (*consciente+izar*) *vtd* **1** Tomar consciência de, ter noção de: Conscientizou a gravidade da situação. *vtd* e *vti* **2** Alertar: Devemos conscientizá-los da gravidade dos fatos. *vpr* **3** Tornar-se ciente: Conscientizei-me do problema.

côns.cio (*lat consciu*) *adj* Consciente: *"Chega o dia em que o homem zeloso se cansa de ser tão ordeiro e tão cônscio de seus deveres."* (FSP)

con.se.cu.ção (*lat consectione*) *sf* **1** Ato ou efeito de conseguir. **2** Êxito favorável: *"A segurança e o desarmamento são apenas meios para consecução da verdadeira aspiração da Humanidade, que é a paz."* (II)

con.se.cu.ti.vo (*lat consecutiva*) *adj* **1** Que segue em série; sucessivo. **2** Imediato.

con.se.guin.te (*lat consequente*) *adj m+f* **1** Que se segue; consequente. **2** Consecutivo. *Por conseguinte:* por essa razão, portanto.

con.se.guir (*lat consequi*) *vtd* Alcançar, obter: Tudo conseguireis com esforço persistente. Conjuga-se como *seguir*.

con.se.lhei.ro (*lat consiliariu*) *adj* Que aconselha. • *sm* **1** Aquele que aconselha. **2** Membro de um conselho. **3** Título honorífico da época do Império.

con.se.lho (*lat consiliu*) *sm* **1** Juízo, opinião, parecer. **2** Aviso, lição. **3** Tribunal. **4** Reunião ou assembleia de ministros. **5** Corpo coletivo, com função consultiva ou deliberativa. **6** Reunião de pessoas que deliberam sobre negócios particulares.

con.sen.so (*lat consensu*) *sm* **1** Concordância de ideias. **2** Acordo; aprovação.

con.sen.su.al (*consenso+al¹*) *adj m+f* Que

diz respeito a consenso; que depende de consenso.

con.sen.ti.men.to (*consentir+mento*) *sm* **1** Aceitação. **2** Licença, permissão. **3** Acordo, aprovação.

con.sen.tir (*lat consentire*) *vtd* **1** Permitir. *vti e vint* **2** Concordar, dar consentimento: *Não lhe consentiam a menor folga*. *vtd* **3** Dar ocasião a, tornar possível: *Não consentiu aquele gracejo*. *Antôn* (acepções 1 e 2): *proibir*. Conjuga-se como *ferir*.

con.se.quên.cia (*qwe*) (*lat consequentia*) *sf* **1** Conclusão. **2** Efeito, resultado. **3** Importância, alcance.

con.se.quen.te (*qwe*) (*lat consequente*) *adj m+f* **1** Que se deduz. **2** Que segue naturalmente. **3** Que raciocina com lógica. **4** Coerente. *Antôn* (acepção 2): *antecedente*; (acepções 3 e 4): *inconsequente*.

con.ser.tar (*lat vulg *consertare*) *vtd* Fazer um conserto, remover defeitos, substituir ou unir o que está quebrado ou rasgado; reparar; arranjar: *"Para ocupar-me, durante a tarde, passei horas tentando consertar o telefone."* (BDI) *Cf concertar*.

con.ser.to (ê) (*lat consertu*) *sm* **1** Ação ou efeito de consertar. **2** Remendo, reparo. *Cf concerto*.

con.ser.va (de *conservar*) *sf* Alimento preservado em calda, geralmente em recipiente esterilizado.

con.ser.va.ção (*lat conservatione*) *sf* **1** Ato ou efeito de manter em bom estado ou no mesmo estado; manutenção. **2** Ato ou efeito de impedir a deterioração; preservação.

con.ser.va.do (*part* de *conservar*) *adj* **1** Que se manteve no mesmo estado; preservado. **2** Que não mostra os efeitos da idade.

con.ser.va.dor (*conservar+dor*) *adj* **1** Que conserva ou preserva. **2** Que é contrário a mudanças políticas e sociais. • *sm* Indivíduo que se opõe a inovações ou reformas.

con.ser.var (*lat conservare*) *vtd* **1** Manter no mesmo estado ou lugar: *Conservar a pureza*. **2** Fazer durar, impedir que acabe ou se deteriore: *Conservar alimentos*. **3** Continuar a ter: *Conservou os ensinamentos de seu pai*. **4** Guardar cuidadosamente, ter em seu poder: *Conserva carinhosamente a biblioteca do pai falecido*.

con.ser.va.tó.rio (*lat conservatoriu*) *sm* Estabelecimento de ensino destinado ao ensino de belas-artes, especialmente da música.

con.si.de.ra.ção (*lat consideratione*) *sf* **1** Ato de considerar. **2** Raciocínio, reflexão, opinião. **3** Estima ou importância que se dá a alguém. **4** Atenção. *sf pl* **5** Ponderações, reflexões.

con.si.de.ra.do (*part* de *considerar*) *adj* **1** Apreciado, examinado. **2** Tido em boa conta; respeitado.

con.si.de.rar (*lat considerare*) *vti e vint* **1** Meditar, pensar: *Sem refletir nem considerar, exarou o parecer*. *vtd e vpr* **2** Observar, ponderar, examinar. *vtd* **3** Apreciar: *Consideremos acima de tudo a qualidade*. *vtd* **4** Ter em boa conta: *Todos o consideram como homem de como artista*.

con.si.de.rá.vel (*considerar+vel*) *adj m+f* **1** Que se deve considerar. **2** Importante. **3** Muito grande. **4** Notável. *Antôn* (acepções 2, 3 e 4): *insignificante*.

con.sig.na.ção (*lat consignatione*) *sf* **1** Ação ou efeito de consignar. **2** *Com* Ato de conferir mercadorias a alguém para que as negocie mediante comissão.

con.sig.nar (*lat consignare*) *vtd* **1** Assinalar por escrito; afirmar, declarar, estabelecer: *Apenas consignou o fato*. **2** *Com* Entregar (mercadorias) para serem vendidas por terceiros.

con.si.go (*com+lat secum*) *pron* **1** Em sua companhia: *"Cortez levou consigo algumas mudas de cacaueiro, que resolveu plantar pelo caminho."* (SU) **2** De si para si: *"Brincadeira mais sem graça essa de agravar os outros – pensou consigo."* (VER)

con.sis.tên.cia (*lat consistentia*) *sf* **1** Estado ou qualidade de consistente. **2** Densidade ou coesão entre as partículas da massa de um corpo. **3** Dureza, espessura, solidez.

con.sis.ten.te (*lat consistente*) *adj m+f* **1** Que consiste. **2** Que tem certo grau de consistência; espesso. **3** Duro, sólido. **4** Constante.

con.sis.tir (*lat consistere*) *vti* **1** Fundamentar-se, basear-se: *A perfeição consiste na união da arte com a natureza*. **2** Comportar-se, constar, ser constituído: *Sua pretensa cultura consiste na memorização de sentenças latinas*.

con.so.an.te (*lat consoante*) *adj m+f* **1** Que soa juntamente com. **2** *Fonol* Diz-se do fonema que resulta de um fechamento ou estreitamento em qualquer ponto acima da glote, que age como obstáculo para a passagem da corrente do ar. • *sf Fonol* **1** Fonema consoante em que a corrente de ar, emitida para a sua produção, enfrenta um obstáculo para sua passagem diante do fechamento momentâneo ou estreitamento dos órgãos da fala. **2** Letra que exprime esse som. • *prep* e *conj* Conforme, segundo.

con.so.la.ção (*lat consolatione*) *sf* **1** Ação ou efeito de consolar(-se). **2** Alívio, conforto. *Antôn* (acepção 2): *aflição, amargura.*

con.so.lar (*lat consolari*) *vtd* **1** Aliviar a aflição ou o sofrimento de: *Consolai os que choram. vtd* **2** Receber consolação. *vpr* **3** Conformar-se, resignar-se: *Consolou-se da perda dos pais. Antôn: afligir.*

con.so.le (*fr console*) *sm* **1** *Inform* Unidade que permite que um operador se comunique com um sistema de computador. **2** Móvel sobre o qual se colocam vasos, objetos.

con.so.li.da.ção (*lat consolidatione*) *sf* **1** Ação ou efeito de consolidar. **2** Reunião de leis, dispostas segundo sistema ou ordem estabelecida pelo autor.

con.so.li.dar (*lat consolidare*) *vtd* e *vpr* **1** Tornar(-se) seguro, sólido, estável: "*Gates consolidou sua posição de empresário mais badalado e temido dos EUA.*" (FSP); "*No início dos anos cinquenta, entretanto, consolidou-se um novo modelo econômico.*" (ADV) *vtd* **2** Fazer a consolidação de.

con.so.lo (ô) (*fr console*) *sm* V *consolação*.

consommé (consomê) (*fr*) *sm* Caldo de carne ou de galinha coado sem qualquer outro ingrediente e habitualmente servido com gema de ovo, fatias de pão torrado ou biscoitos salgados.

con.so.nân.cia (*lat consonantia*) *sf* **1** Reunião de sons harmônicos. **2** *Ret* Uniformidade de sons na terminação das palavras. **3** Acordo, conformidade, harmonia: "*Está na cara que a economia será tocada em absoluta consonância com os desejos dos empresários.*" (EMB) *Antôn* (acepções 1 e 3): *dissonância.*

con.so.nan.tal (*consonante+al¹*) *adj m+f* Constituído por consoantes. **2** Referente a consoantes.

con.sor.ci.a.do (*part* de *consorciar*) *adj* Que está de algum modo ligado a consórcio: "*O Victory é um empreendimento de três empresas consorciadas.*" (FSP) • *sm* Aquele que faz parte de um grupo de consórcio: "*O consorciado, após quitar as prestações, pode optar pela marca [de veículo] que preferir.*" (GLO)

con.sór.cio (*lat consortiu*) *sm* **1** Associação, combinação, união. **2** Comunhão de interesses. **3** Associação de pessoas com patrimônio e interesses comuns em um negócio ou empresa. **4** Casamento, matrimônio.

con.sor.te (*lat consorte*) *s m+f* **1** Companheiro ou companheira na sorte. **2** Cônjuge. **3** Pessoa que, com outra ou outras, participa dos mesmos direitos ou coisas.

cons.pi.ra.ção (*lat conspiratione*) *sf* **1** Ato de conspirar. **2** Plano formado secretamente contra os poderes públicos. **3** Conluio, maquinação, trama.

cons.pi.ra.dor (*conspirar+dor*) *adj+sm* Que ou aquele que conspira; golpista. *Col: conluio.*

cons.pi.rar (*lat conspirare*) *vtd* e *vint* **1** Maquinar, tramar: *Conspiravam a ruína das instituições. vti* e *vint* **2** Planejar alguma coisa contra alguém. *vti* **3** Concorrer; tender ao mesmo fim: *Tudo conspirava para a nossa ruína.*

cons.pur.car (*lat conspurcare*) *vtd* **1** Pôr nódoas em: *Conspurcar a roupa. vtd* **2** Sujar. *vtd* e *vpr* **3** Macular(-se), manchar (-se). *vtd* e *vpr* **4** Aviltar(-se), corromper (-se): "*Ele entregava o envelope ainda fechado a Dona Mocinha, sem ao menos olhá-lo, talvez com medo de se conspurcar com algo tão inferior.*" (UQ)

cons.tân.cia (*lat constantia*) *sf* **1** Qualidade de constante. **2** Firmeza de ânimo; perseverança. **3** Persistência. *Antôn: inconstância.*

cons.tan.te (*lat constante*) *adj m+f* **1** Que não se desloca; firme, imutável. **2** Inalterável, invariável. **3** Incessante, contínuo. *Antôn: inconstante.* • *sf* Aquilo que não está sujeito a alteração quanto ao estado ou coisa, ou que ocorre ou torna a ocorrer sempre.

cons.tar (*lat constare*) *vti* e *vint* **1** Correr como certo; ser notório: *Nada me consta a esse respeito. vti* **2** Chegar ao conhecimento: *Constou-lhe juridicamente pelos autos. vtd* **3** Estar escrito ou mencionado: *Constam nesse livro os referidos apontamentos. vti* **4** Consistir em; ser composto ou formado por: *Essa obra consta de cinco volumes. vti* **5** Fazer parte; incluir-se: *Na sua biografia constam feitos notáveis.*

cons.ta.tar (*fr constater*) *vtd* Verificar e consignar a verdade ou o estado de; averiguar, verificar.

cons.te.la.ção (*lat constellatione*) *sf Astr* Grupo de estrelas fixas que, ligadas por linhas imaginárias, formam diferentes figuras nos mapas celestes.

cons.ter.na.ção (*lat consternatione*) *sf* **1** Aflição, grande desalento, profundo abatimento de ânimo: *"Zózimo sacudiu a cabeça dum lado para o outro, exprimindo a sua consternação ante tudo aquilo."* (INC) **2** Dor, pesar, tristeza: *"O Itamaraty divulgou nota expressando profunda consternação e tristeza com o atentado."* (FSP)

cons.ter.nar (*lat consternare*) *vtd* **1** Afligir; causar profundo desgosto ou abatimento a. *vpr* **2** Encher-se de espanto; horrorizar-se. *vpr* **3** Ficar prostrado pela dor: *Consternou-se ao saber da morte do amigo.*

cons.ti.pa.ção (*lat constipatione*) *sf* **1** Prisão de ventre. **2** *pop* Resfriado.

cons.ti.pa.do (de *constipar*) *adj* **1** Que sofre constipação (prisão de ventre). **2** Resfriado.

cons.ti.par (*lat constipare*) *vtd* **1** Causar constipação a: *O vento frio constipou-o. vpr* **2** Tornar-se constipado.

cons.ti.tu.ci.o.nal (*lat constitutione+al¹*) *adj m+f* **1** Pertencente à constituição. **2** Diz-se do regime político em que a esfera de ação do Executivo é limitada por uma constituição.

cons.ti.tu.ci.o.na.lis.mo (*constitucional+ismo*) *sm Polít* **1** Doutrina ou sistema de governo constitucional. **2** Adesão aos princípios de regime constitucional.

cons.ti.tu.ci.o.na.lis.ta (*constitucional+ista*) *adj* e *s m+f* Que ou pessoa que é partidária do constitucionalismo.

cons.ti.tu.i.ção (*lat constitutione*) *sf* **1** Ação ou efeito de constituir. **2** Organização, formação. **3** Compleição do corpo humano. **4** Lei fundamental que regula a organização política de uma nação soberana; carta constitucional.

cons.ti.tu.í.do (*part* de *constituir*) *adj* **1** Que se constituiu. **2** Formado, organizado. **3** Estabelecido segundo as leis.

cons.ti.tu.in.te (de *constituir*) *adj m+f* **1** Que faz parte de um organismo ou de um todo. **2** Que pugna pela formação de uma nova constituição nacional. • *s m+f* **1** Membro de uma assembleia constituinte. **2** Parte constituinte; componente.

cons.ti.tu.ir (*lat constituere*) *vtd* **1** Dar uma constituição ou organização a: *Constituir exércitos, tropas etc. vtd* **2** Compor, formar: *Constituir uma firma comercial. vtd* **3** *Dir* Fazer procurador. *vtd* **4** Nomear, eleger: *Constituiu-o seu testamenteiro. vpr* **5** Formar-se, organizar-se. *Part: constituído.*

cons.tran.ger (*lat constringere*) *vtd* e *vti* **1** Obrigar por força; coagir. *vtd* **2** Apertar, dificultar os movimentos: *A calça encolhera e agora o constrangia. vtd* **3** Tolher; cercear; restringir: *Constranger a liberdade de alguém.* Conjuga-se como *abranger. Part: constrangido.*

cons.tran.gi.men.to (*constranger+mento*) *sm* **1** Ação ou efeito de constranger. **2** Acanhamento, embaraço. **3** Força exercida sobre alguém para obrigá-lo a agir contrariamente à sua vontade.

cons.tri.ção (*lat constrictione*) *sf* **1** Ato ou efeito de apertar. **2** *Med* Contratura; estrangulação: *"Existem mecanismos que fazem piorar a constrição dos brônquios na estação fria."* (INQ) **3** Aperto.

cons.tru.ção (*lat constructione*) *sf* **1** Ação de construir. **2** Arte de construir. **3** Edificação, edifício. **4** Modo como uma coisa é formada. **5** Compleição, organismo. **6** *Gram* Colocação sintática das palavras de um período, segundo as regras próprias. *Antôn* (acepção 1): *demolição, destruição.*

cons.tru.ir (*lat construere*) *vtd* **1** Dar estrutura a; edificar, fabricar: *Mandou construir um altar para o santo de sua devoção. vint* **2** Fazer construções: *Cada qual poderá construir o que quiser. vtd* **3** Arquitetar, dispor, organizar: *Construíra doces ilusões que o tempo dissipou. Antôn* (acepções 1 e 2): *demolir, destruir. Conjug – Pres indic: construo, constróis, constrói, construímos,*

construís, constroem; Pret perf: construí, construíste, construiu, construímos, construístes, construíram; Pret imp indic: construía, construías, construía, construíamos, construíeis, construíam; Pret mais-que- -perf: construíra, construíras, construíra, construíramos, construíreis, construíram; Fut pres: construirei, construirás, construirá, construiremos, construireis, construirão; Fut pret: construiria, construirias, construiria, construiríamos, construiríeis, construiriam; Pres subj: construa, construas, construa, construamos, construais, construam; Pret imp subj: construísse, construísses, construísse, construíssemos, construísseis, construíssem; Fut subj: construir, construíres, construir, construirmos, construirdes, construírem; Imper afirm: —, constrói(Tu), construa(Você), construamos(Nós), construí(Vós), construam (Vocês); Imper neg: —, Não construas(Tu), Não construa(Você), Não construamos(Nós), Não construais(Vós), Não construam(Vocês); Infinitivo impess: construir; Infinitivo pess: construir, construíres, construir, construirmos, construirdes, construírem; Ger: construindo; Part: construído.
cons.tru.ti.vo (*lat constructivu*) *adj* **1** Próprio para construir. **2** Que promove o melhoramento ou o progresso.
cons.tru.tor (*lat constructore*) *adj* **1** Que constrói. **2** Que se dedica à construção de edifícios. • *sm* Aquele que constrói edifícios.
côn.sul (*lat consule*) *sm* Representante diplomático de uma nação, encarregado em país estrangeiro de proteger os súditos dessa nação, fomentar o respectivo comércio etc. *Pl:* cônsules. *Fem:* consulesa.
con.su.la.do (*lat consulatu*) *sm* **1** Cargo ou dignidade de cônsul. **2** Repartição onde o cônsul exerce as suas funções. **3** Residência de cônsul.
con.su.len.te (*lat consulente*) *adj e s m+f* **1** Que ou pessoa que pede conselho. **2** Que ou pessoa que consulta.
con.su.le.sa (*cônsul+esa*) *sf* **1** Feminino de cônsul. **2** Esposa de cônsul.
côn.sul-ge.ral *sm* Chefe ou dirigente de certas representações consulares de maior importância. *Pl:* cônsules-gerais.

con.sul.ta (de *consultar*) *sf* **1** Ação de consultar. **2** Pedido de opinião ou conselho. **3** Conselho ou opinião que se pede ou se dá sobre qualquer assunto. **4** Atendimento que médico, advogado ou técnico dão a clientes que os consultam.
con.sul.tar (*lat consultare*) *vtd* **1** Pedir conselho, instruções, opinião ou parecer a; aconselhar-se com: *Consulte o seu médico.* **2** Sondar ou examinar, antes de decidir: *Consultar a consciência.*
con.sul.ti.vo (*consulta+ivo*) *adj* **1** Relativo a consulta. **2** Que emite parecer.
con.sul.tor (*lat consultore*) *sm* **1** Aquele que dá conselhos ou emite parecer sobre determinado assunto de sua especialidade. **2** Aquele que consulta, analisando cuidadosamente.
con.sul.to.ri.a (*consultor+ia^1*) *sf* **1** Parecer sobre assuntos técnicos: *"A Fundação Getúlio Vargas presta consultoria ao projeto de modernização administrativa da Prefeitura."* (AGP) **2** Cargo ou função de consultor; o conjunto dos consultores. **3** O lugar onde eles trabalham.
con.sul.tó.rio (*consulta+ório^1*) *sm* Local onde se dão ou fazem consultas.
con.su.ma.ção^1 (*consumar+ção*) *sf* Ato de consumar; conclusão.
con.su.ma.ção^2 (*consumir+ção*) *sf* **1** Ato de consumir; gasto, consumo. **2** Consumo obrigatório de bebida ou comida em certos clubes e casas de diversões. **3** Despesa feita com esse consumo.
con.su.mar (*lat consummare*) *vtd* **1** Acabar, completar, terminar: *Consumar-se a venda, o contrato.* **2** Praticar, realizar: *Consumar um crime.* **3** Chegar ao mais alto grau; aperfeiçoar: *Os assaltantes consumaram sua crueza seviciando as vítimas.*
con.su.mi.dor (*consumir+dor*) *adj* Que consome. • *sm* Aquele que compra para uso próprio.
con.su.mir (*lat consumere*) *vtd e vpr* **1** Destruir(-se), devorar(-se); corroer(-se), gastar(-se): *As paixões se consomem no seu próprio incêndio.* *vtd* **2** Utilizar, para satisfação das próprias necessidades ou desejos, comida, bebida, vestuário etc.: *Na sua casa consumiam muita água, energia elétrica e gás.* *vtd* **3** Abater, enfraquecer: *A inanição*

consumia os pobres animais. vtd e vpr **4** Afligir(-se), desgostar(-se), mortificar(-se): *A tristeza profunda lhe consumia o coração.* Conjuga-se como *subir*.

con.su.mis.mo (*consumo+ismo*) *sm Econ* Situação própria de países altamente industrializados, caracterizada pelo consumo exagerado de bens duráveis, sobretudo artigos supérfluos.

con.su.mis.ta (*consumo+ista*) *adj m+f* **1** Relativo ou pertencente ao consumismo. **2** Favorável a ele. • *s m+f* Pessoa que consome de forma exagerada.

con.su.mo (de *consumir*) *sm* **1** Ato ou efeito de consumir; consumação, gasto. **2** Compra e venda de mercadorias.

con.ta (de *contar*) *sf* **1** Ação ou efeito de contar. **2** Cálculo, cômputo, operação aritmética. **3** Nota do que se deve; fatura. **4** Atribuição, cuidado, encargo, responsabilidade. **5** Cada uma das peças minúsculas de vidro, marfim, metal, madeira etc., que se usam na confecção de rosários, colares e bordados.

con.ta.bi.li.da.de (*contábil+i+dade*) *sf* **1** Escrituração de receita e despesa de repartição do Estado, de casa comercial, industrial ou bancária, de qualquer administração pública ou particular. **2** Repartição do Estado ou de empresas comerciais onde se escrituram receitas e despesas etc. **3** Cálculo, computação.

con.ta.bi.lis.ta (*contábil+ista*) *s m+f Cont* **1** Profissional que atua na área contábil. **2** Contador. **3** Técnico em contabilidade.

con.ta.bi.li.za.ção (*contabilizar+ação*) *sf* Ato ou efeito de contabilizar.

con.ta.bi.li.zar (*contábil+izar*) *vtd Cont* Registrar os lançamentos contábeis relativos a uma empresa nos livros apropriados.

con.tac.tar (*contacto+ar¹*) *vtd* Pôr ou entrar em contato com: *Contactou o amigo para irem juntos ao baile.*

con.tac.to (*lat contactu*) *V contato.*

con.ta.do (*part* de *contar*) *adj* **1** Calculado, computado, incluído na conta. **2** Narrado, referido.

con.ta.dor (*contar+dor*) *adj* Que conta. • *sm* **1** Aquele que conta. **2** *Cont* Profissional de nível universitário, geralmente bacharel em ciências contábeis, que exerce funções contábeis.

con.ta.gem (*contar+agem*) *sf* **1** Cômputo. **2** *Esp* Placar, escore.

con.ta.gi.an.te (de *contagiar*) *adj m+f* **1** Que contagia. **2** *fig* Que se espalha fácil e rapidamente de uma pessoa para outra.

con.ta.gi.ar (*contágio+ar¹*) *vtd* **1** Propagar, por meio de contágio, doença epidêmica ou males morais a: *A peste contagiou metade do país.* **2** *por ext* Comunicar, propagar (ideias, costumes etc.): *A Reforma contagiou o mundo.* Conjuga-se como *premiar. Cf contagio.*

con.tá.gio (*lat contagiu*) *sm* **1** *Med* Transmissão de doença por contato mediato ou imediato. **2** *por ext* Transmissão de males ou vícios.

con.ta.gi.o.so (*ó*) (*lat contagiosu*) *adj* **1** *V contagiante.* **2** Que transmite doença infecciosa. *Pl:* contagiosos (*ó*).

con.ta.gi.ros *sm sing+pl* Instrumento para medir velocidades, de um motor ou de um eixo; taquímetro, tacômetro.

con.ta.go.tas *sm sing+pl* Aparelho ou vidro que permite o escoamento de líquido gota a gota.

con.ta.mi.nar (*lat contaminare*) *vtd* **1** *Med* Infeccionar por contato; contagiar: *As bactérias contaminaram a ferida.* **2** Tornar inferior ou impuro por contato ou mistura; poluir: *A fossa séptica contaminou a água do poço.* **3** Corromper, viciar: *Contaminaram-no os piores vícios.*

con.tar (*lat computare*) *vtd* **1** Levar em conta de: *Não contava os benefícios que fizera.* vint **2** Fazer contas; calcular. vti **3** Confiar, esperar com segurança que alguma coisa se realize: *Conte com nossos votos.* vtd **4** Narrar, referir: *À noite contavam histórias.*

con.ta.to (*lat contactu*) *sm* **1** Relação de proximidade entre dois ou mais corpos. **2** Ato ou efeito de contatar; toque. **3** Convivência, convívio, relação. • *s m+f* **4** Pessoa que serve como elemento de ligação entre a empresa em que trabalha e seu cliente; termo comum em agências de publicidade. *Var: contacto.*

con.têi.ner (*ingl container*) *sm* Caixa grande que acondiciona carga para transporte e que tem como objetivo facilitar a locomoção e o manejo. *Pl:* contêineres.

con.tem.pla.ção (*lat contemplatione*) *sf* **1**

Meditação profunda: *"Maria se voltava para a sua realidade interior, escolhendo a contemplação."* (OV) **2** Admiração. **3** *Teol* Estado místico da alma que se concentra em Deus, desprendendo-se de tudo quanto a rodeia.

con.tem.plar (*lat contemplare*) *vtd* **1** Olhar, observar com atenção: *Do alto da cátedra, contemplava os discípulos.* *vint* **2** Meditar, refletir: *Leva a vida a contemplar os mistérios da morte.* *vpr* **3** Mirar-se, ver-se ao espelho envaidecido.

con.tem.pla.ti.vo (*lat contemplativu*) *adj* **1** Dado à contemplação: *"São Francisco era contemplativo por excelência."* (OV) **2** Que estimula a contemplação.

con.tem.po.râ.neo (*lat contemporaneu*) *adj* **1** Que é do mesmo tempo; que vive na mesma época; coetâneo. **2** Que é do tempo atual. • *sm* **1** Homem do mesmo tempo. **2** Homem do nosso tempo.

con.tem.po.ri.zar (*com+temporizar*) *vtd* **1** Dar tempo a. *vtd* **2** Entreter para ganhar tempo: *Contemporizou o público até a chegada do cantor.* *vint* **3** Acomodar-se, transigir: *A esse respeito, o melhor é contemporizar.*

con.ten.ção (*lat continere+ção*) *sf* Ato de conter ou conter-se.

con.ten.ci.o.so (ó) (*lat contentiosu*) *adj* **1** Litigioso: *"A obra trata das questões controvertidas (...), das hipóteses contenciosas e de jurisdição voluntária."* (FSP) **2** Sujeito a dúvidas e reclamações. • *sm Dir* Tudo o que é suscetível de contestação perante juízes: *"Segundo apurou a Folha, uma eventual descriminação causaria um contencioso com os Estados Unidos."* (FSP) *Pl*: contenciosos (ó).

con.ten.da (regressiva de *contender*) *sf* **1** Controvérsia, disputa, litígio, demanda. **2** Combate, guerra, luta, peleja. **3** Esforço para conseguir alguma coisa.

con.ten.ta.men.to (*contentar+mento*) *sm* **1** Ação ou efeito de contentar. **2** Alegria, satisfação.

con.ten.tar (*contente+ar¹*) *vtd* **1** Dar contentamento ou satisfação a; satisfazer: *Não é difícil contentá-los.* *vpr* **2** Ficar contente, satisfazer-se. *vtd* **3** Apaziguar, sossegar: *Não sabia o que fazer para me contentar.*

con.ten.te (*lat contentu*) *adj m+f* Que está satisfeito com a sua sorte ou com alguma coisa específica; alegre, prazenteiro.

con.ten.to (*lat contentu*) *sm* Contentamento.

con.ter (*lat continere*) *vtd* **1** Encerrar, incluir, ter em si: *A biblioteca municipal contém todos os livros de Machado de Assis.* *vtd* **2** Moderar o ímpeto de, ter em certos limites: *Não pôde conter o riso.* *vpr* **3** Moderar-se, refrear-se: *Trate de conter-se.* *vpr* **4** Conservar-se, manter-se: *As moças continham-se retraídas timidamente.* Conjuga-se como *ter*; recebe, porém, acento agudo o *e* na 2ª e na 3ª pessoa do singular do presente do indicativo – *conténs, contém* – e na 2ª pessoa do singular do imperativo afirmativo – *contém (tu).*

con.ter.râ.neo (*lat conterraneu*) *adj+sm* **1** Que ou aquele que é da mesma terra. **2** Compatrício, compatriota.

con.tes.ta.ção (*lat contestatione*) *sf* **1** Ação de contestar. **2** Contenda. **3** Confirmação de um testemunho com outro. **4** Polêmica. **5** Réplica.

con.tes.tar (*lat contestare*) *vtd* **1** Provar com o testemunho de outrem: *Contestou-o baseado nos autores clássicos.* *vtd* **2** Asseverar ou confirmar com razões. *vtd* **3** Negar a exatidão de: *Vários autores contestam sua tese.* *vtd* **4** Contradizer: *É notícia que ninguém contesta.* *vint* **5** Opor: *Se alguém contestar, que apresente todos os argumentos.* *vtd* **6** Contender. *vtd* **7** Impugnar: *Contestar uma eleição.* *vint* **8** Altercar, discutir, questionar: *Não contesto, pois isso nada resolve.* *vint* **9** Dizer como resposta; replicar: *Não deixou contestar às nossas indagações.* Antôn (acepções 3, 4 e 5): *admitir.*

con.te.ú.do (*lat vulg contenutu*) *adj* Contido. • *sm* **1** Aquilo que está contido ou encerrado em algum recipiente. **2** Assunto, tema, matéria de carta, livro etc.; teor, texto.

con.tex.to (ês) (*lat contextu*) *sm* **1** Encadeamento de ideias de um escrito. **2** Composição, contextura.

con.tex.tu.al (*contexto+al¹*) *adj m+f* Relativo a contexto.

con.tex.tu.a.li.zar (*contextual+izar*) *vtd* Incluir ou intercalar num texto. *Var*: contextuar.

con.ti.go (*com+lat tecum*) *pron* **1** Na companhia da pessoa com quem se fala. **2** Juntamente com quem se fala. **3** Em teu ser; dentro de ti. **4** Em tua mente; no teu espírito. **5** Em teu poder. **6** A teu cargo. **7** De ti para ti. **8** Dirigido a ti.

con.ti.gui.da.de (gwi) (*contíguo+i+dade*) *sf* **1** Estado do que é contíguo; proximidade imediata. **2** Vizinhança, adjacência.

con.tí.guo (*lat contiguu*) *adj* **1** Que está em contato. **2** Adjacente, imediato, junto, próximo; ao lado.

con.ti.nên.cia (*lat continentia*) *sf* **1** Abstinência ou restrição de prazeres sensuais; castidade. **2** Moderação nas palavras e nos gestos. **3** *Mil* Saudação regulamentar entre militares, feita com um gesto de mão ou movimento de arma.

con.ti.nen.tal (*continente+al¹*) *adj m+f* Pertencente ou relativo a continente.

con.ti.nen.te (*lat continente*) *adj m+f* **1** Que observa a continência. **2** Que sabe conter-se; moderado. **3** Que contém alguma coisa. • *sm* **1** Aquilo que contém alguma coisa. **2** Cada uma das cinco grandes divisões da Terra: Europa, Ásia, África, América e Oceania.

con.tin.gên.cia (*lat contingentia*) *sf* **1** Qualidade do que é contingente. **2** Eventualidade.

con.tin.gen.te (*lat contigente*) *adj m+f* **1** Que pode ou não suceder ou existir; duvidoso, eventual. **2** Que, entre muitos, compete a cada um. • *sm* **1** Cota de uma contribuição, que se deve receber. **2** Grupo de rapazes destacados de uma região para o serviço militar.

con.ti.nu.a.ção (*lat continuatione*) *sf* **1** Ato ou efeito de continuar. **2** Duração, prolongamento.

con.ti.nu.a.do (*part* de *continuar*) *adj* Sucessivo, seguido. *Antôn*: interrompido.

con.ti.nu.ar (*lat continuare*) *vtd, vti* e *vint* **1** Levar por diante, prosseguir: *Continuei a estudar*. *vtd* **2** Seguir-se a, suceder. *vtd, vint* e *vpr* **3** Estender(-se), prolongar(-se): *A estrada continuará até Belo Horizonte*. *vlig* **4** Permanecer: *Graciliano Ramos continua vivo em seus livros*. *Antôn:* cessar, interromper. *Conjug – Pres indic:* continuo, continuas, continua etc. *Cf* contínuo.

con.ti.nu.ís.mo (*continu(ar)+ismo*) *sm* Manobra política que consiste em fazer continuar no poder a mesma pessoa ou o mesmo grupo.

con.ti.nu.ís.ta (*continu(ar)+ista*) *s m+f Cin* e *Telev* Pessoa encarregada de tomar as providências necessárias para garantir encadeamento à sucessão de cortes visuais e sonoros em uma filmagem.

con.tí.nuo (*lat continuu*) *adj* **1** Que não tem as suas partes separadas umas das outras. **2** Ininterrupto na sua duração; em que não há interrupção. **3** Sucessivo, seguido. *Antôn:* intermitente. • *sm* Funcionário subalterno para pequenos serviços.

con.tis.ta (*cont+ista*) *s m+f* Autor(a) de contos literários.

con.to (de *contar*) *sm* **1** *Lit* Narrativa breve que possui apenas uma unidade dramática, concentrando-se a ação num único foco de interesse. **2** Engodo, embuste. *Conto do vigário, pop:* roubo praticado por vigarista, trapaceiro, espertalhão.

con.to do vi.gá.rio Ver definição em *conto*.

con.tor.ção (*lat contortione*) *sf* **1** Ação de contorcer ou torcer. **2** Contração muscular.

con.tor.cer (*lat contorquere*) *vtd* e *vpr* Torcer(-se), dobrar(-se), contrair(-se).

con.tor.ci.o.nis.mo (*contorção+ismo*) *sm* Exibição de contorções.

con.tor.ci.o.nis.ta (*contorção+ista*) *s m+f* Acrobata ou ginasta que faz contorções.

con.tor.nar (*contorno+ar¹*) *vtd* **1** Traçar o contorno de: *A rodovia contorna a montanha*. **2** Andar em volta de; rodear: *Várias vezes contornou a árvore*. **3** Evitar problemas ou atrito: *Para evitar polêmicas, contornou o assunto*.

con.tor.no (ô) (*com+torno*) *sm* **1** Linha ou superfície que limita exteriormente um corpo. **2** Circuito. **3** O arredondado, o bem torneado dos membros.

con.tra (*lat contra*) *prep* **1** Em luta com; em oposição hostil a. **2** Em contradição com; em sentido oposto ao de. **3** Em direção oposta à de. **4** Com a frente para; defronte de; em situação oposta à de. **5** De encontro a. **6** Em direção a. **7** Para alívio ou extinção de. **8** Em contato com; junto de. • *adv* **1** Em sentido contrário; em oposição. **2** Desfavoravelmente. • *sm* **1** Contrariedade, objeção. **2** Inconveniente, obstáculo, dificuldade.

con.tra-a.ta.car (*contra+atacar*) *vtd* Atacar depois de ter sido atacado. *Conjug – Pres indic: contra-ataco, contra-atacas* etc. (com hífen em todas as pessoas e em todos os tempos); *Ger: contra-atacando*; *Part: contra-atacado*.

con.tra-a.ta.que (*contra+ataque*) *sm* Ação de uma tropa ou equipe esportiva que passa subitamente da defensiva à ofensiva. *Pl: contra-ataques*.

con.tra.bai.xis.ta (*contrabaixo+ista*) *s m+f Mús* Pessoa que toca contrabaixo.

con.tra.bai.xo (*contra+baixo*) *sm* **1** Voz de baixo profundo. **2** Cantor que tem essa voz. **3** Rabecão de três cordas ou quatro que em uma orquestra substitui ou acompanha a voz do contrabaixo.

con.tra.ba.lan.çar (*contra+balançar*) *vtd* **1** Igualar em peso; equilibrar. **2** Compensar: *Contrabalançar tristezas com alegrias*.

con.tra.ban.de.ar (*contrabando+e+ar¹*) *vtd* **1** Fazer contrabando: *Contrabandear armas*. *vint* **2** Tornar-se contrabandista. *Conjuga-se como frear*.

con.tra.ban.dis.ta (*contrabando+ista*) *s m+f* Pessoa que faz contrabando; muambeiro.

con.tra.ban.do (*ital contrabbando*) *sm* **1** Importação ou exportação clandestina de produto, sem pagar os direitos devidos. **2** Esse produto; muamba.

con.tra.ção (*lat contractione*) *sf* **1** Ação ou efeito de contrair; encolhimento; retração. **2** *Anat* Retraimento dos músculos ou dos nervos. **3** *Gram* Redução de duas ou mais sílabas a uma só ou de duas vogais a uma; inclui, pois, a fusão ou crase da preposição *a* com o artigo *a* ou com os pronomes demonstrativos *aquele* e *aquilo*: *à, às, àquele, àqueles* e *àquilo*.

con.tra.ca.pa (*contra+capa*) *sf Art Gráf* **1** O lado interno da capa de um livro, revista etc. **2** A quarta capa.

con.tra.ce.nar (*contracena+ar¹*) *vint* Representar, interpretar: *O famoso ator contracenou com a esposa em seu último filme*.

con.tra.cep.ção (*ingl contraception*) *sf Med* Prevenção da concepção; anticoncepção.

con.tra.cep.ti.vo (de *contracepção*) *adj Med* **1** Relativo a contracepção. **2** Usado para prevenir concepção; anticoncepcional: *"Nos postos de saúde e hospitais está sendo monitorada a demanda por métodos contraceptivos para que não faltem."* (DIN) • *sm* Meio ou dispositivo para evitar a concepção: *"Cientistas espanhóis criaram um 'contraceptivo' para baratas."* (FSP)

con.tra.che.que (*contra+cheque*) *sm* Comprovante de pagamento de salário; holerite.

con.tra.cul.tu.ra (*contra+cultura*) *sf* Movimento que contesta os valores culturais vigentes.

con.tra.dan.ça (*ingl country dance*) *sf* Dança de quatro ou mais pares, defrontando uns com os outros; quadrilha.

con.tra.di.ção (*lat contradictione*) *sf* **1** Ação de contradizer; afirmação em contrário do que foi dito. **2** Incoerência.

con.tra.di.tó.rio (*lat contradictoriu*) *adj* **1** Que envolve contradição. **2** Incompatível, oposto.

con.tra.di.zer (*lat contradicere*) *vtd* **1** Dizer o contrário de; contrariar: *Em sua tese contradizia as opiniões de seu mestre*. *vtd* **2** Contestar: *Calou-se para não contradizer o amigo*. *vint* **3** Alegar o contrário. *vpr* **4** Dizer o contrário do que anteriormente afirmara. *Conjuga-se como dizer*.

con.tra.es.pi.o.na.gem (*contra+espionagem*) *sf* Atividade que objetiva a descoberta e frustração da espionagem inimiga.

con.tra.e.xem.plo (*contra+exemplo*) *sm* Exemplo que nega determinada afirmação.

con.tra.fei.to (*contra+feito*) *adj* **1** Falsificado, imitado por contrafação. **2** Que não está à vontade. **3** Constrangido, forçado.

con.tra.fi.lé (*contra+filé*) *sm* A parte macia do dorso do boi.

con.tra.gol.pe (*contra+golpe*) *sm* Golpe resultante de outro ou oposto a outro.

con.tra.gos.to (*ô*) (*contra+gosto*) *sm* Oposição feita ao gosto, à vontade.

con.tra.in.di.ca.ção (*contra+indicação*) *sf* **1** Indicação contrária a outra já observada. **2** *Med* Conjunto de circunstâncias que não permitem empregar, em uma dada doença ou em um dado doente, certos medicamentos.

con.tra.in.di.car (*contra+indicar*) *vtd* **1** Indicar o contrário de: *Contraindicar um* *remédio.* **2** Não recomendar; desaprovar. *Conjug – Pres indic: contraindico, contraindicas* etc.; *Ger: contraindicando; Part: contraindicado.*

con.tra.ir (*lat contrahere*) *vtd* e *vpr* **1** Encolher(-se), estreitar(-se): *Contraiu os lábios para conter o choro. vtd* **2** Adquirir (amizades, costumes, doenças, vícios etc.): *Contrair dívidas.*

con.tral.to (*ital contralto*) *sm Mús* **1** Voz feminina mais grave, entre soprano e tenor. **2** Cantora que tem essa voz.

con.tra.mão (*contra+mão*) *sf* Direção oposta àquela que está determinada. • *adj pop* Diz-se do lugar ao qual se precisa ir, mas que fica muito afastado do itinerário que se tem em vista percorrer. *Pl: contramãos.*

con.tra.mes.tre (*contra+mestre*) *sm* Substituto do mestre. *Fem: contramestra.*

con.tra.o.fen.si.va (*contra+ofensiva*) *sf* Ofensiva em reação a outra.

con.tra.o.fer.ta (*contra+oferta*) *sf* Oferta feita em oposição a outra já apresentada.

con.tra.or.dem (*contra+ordem*) *sf* Ordem oposta a outra já dada.

con.tra.par.ti.da (*contra+partida*) *sf* **1** Parte que é correspondente e oposta a outra. **2** Compensação, equivalência.

con.tra.pe.sar (*contrapeso+ar*) *vtd* Equilibrar com peso adicional; contrabalançar.

con.tra.pe.so (ê) (*contra+peso*) *sm* **1** Peso adicional que se coloca em um dos pratos da balança, para equilibrar este com o outro. **2** Compensação.

con.tra.pi.so (*contra+piso*) *sm Constr* Cobertura de argamassa para nivelamento de pisos, sobre a qual se põe o revestimento definitivo.

con.tra.pon.to (*contra+ponto*) *sm Mús* Arte de compor música para ser executada por dois ou mais instrumentos ou vozes.

con.tra.por (*lat contraponere*) *vtd* e *vpr* **1** Pôr(-se) contra ou em frente: *Contrapôs duas estátuas de bronze. vtd* **2** Expor ou apresentar em oposição: *"Eu então contrapus uma proposta, para que ele mandasse cobrar de todo mundo que devia."* (FSP) Pôr em paralelo; comparar: *Contrapôs as duas caligrafias.* Conjuga-se como *pôr.*

con.tra.po.si.ção (*contra+posição*) *sf* **1** Ação ou efeito de contrapor. **2** Posição ou disposição em sentido contrário.

con.tra.pro.du.cen.te (*contra+producente*) *adj m+f* **1** Que tem resultado contrário ao que se esperava. **2** Que dá maus resultados.

con.tra.pro.pos.ta (*contra+proposta*) *sf* Proposta feita para substituir outra.

con.tra.pro.va (*contra+prova*) *sf* **1** Segunda prova de qualquer conta ou operação. **2** *Dir* Impugnação dada à tentativa de acusação.

con.tra.ri.ar (*contrário+ar*) *vtd* e *vpr* **1** Dizer, fazer ou querer o contrário de: *Parece que você a contraria em tudo. vpr* **2** Estar em contradição consigo mesmo, contradizer-se. *vtd* e *vint* **3** Contestar: *Contrariar normas estabelecidas.* Conjuga-se como *premiar.* Cf *contrário.*

con.tra.ri.e.da.de (*lat contrarietate*) *sf* **1** Oposição de duas coisas contrárias. **2** Contratempo, dificuldade. **3** Aborrecimento, desgosto.

con.trá.rio (*lat contrariu*) *adj* **1** Que é contra; que se opõe; antagônico; oposto. **2** Desfavorável. **3** Impróprio, inconveniente. *Antôn* (acepção 2): *favorável.* • *sm* **1** O que é oposto. **2** Adversário; inimigo. **3** Indivíduo contra quem se joga.

con.trar.re.for.ma (*contra+reforma*) *sf Rel* Reforma que contraria outra ou a neutraliza; especificamente, o movimento de reação e prevenção da Igreja de Roma contra o movimento reformador do século XVI.

con.trar.re.gra (*contra+regra*) *s m+f* **1** *Teat* Profissional que marca a entrada dos atores em cena. **2** *Cin, Rád* e *Telev* Pessoa encarregada de todos os acessórios indispensáveis a um programa, inclusive dos efeitos sonoros. *sf* **3** *Teat, Cin, Rád* e *Telev* Função exercida pelo contrarregra.

con.trar.re.vo.lu.ção (*contra+revolução*) *sf* Revolução imediata e oposta a outra.

con.trar.re.vo.lu.ci.o.ná.rio (*contra+revolução+ário*) *adj* **1** Relativo a contrarrevolução. **2** Caracterizado por oposição ou antipatia a uma revolução em curso ou recente. • *sm* O que toma parte em uma contrarrevolução ou a defende.

con.tras.se.nha (*contra+senha*) *sf* Palavra ou sinal com que se responde a uma senha ou outro sinal para identificar-se.

con.tras.sen.so (*contra+senso*) *sm* **1** Dito ou ato contrário ao bom senso. **2** Disparate, absurdo.

con.tras.tan.te (de *contrastar*) *adj m+f* **1** Que contrasta. **2** Em que há contraste.

con.tras.tar (*lat contrastare*) *vtd* **1** Opor-se a, ser contrário a: *O menino contrastava a alegria dos pais*. **2** Fazer contraste ou oposição a: *Modos que contrastam a boa educação*.

con.tras.te (de *contrastar*) *sm* **1** Desigualdade acentuada entre duas coisas, qualidades ou pessoas. **2** *Radiotécn*, *Fot* e *Cin* Diferença, em intensidade, entre as partes claras e escuras da imagem de um televisor, chapa fotográfica e filme cinematográfico.

con.tra.ta.ção (*contratar+ção*) *sf* Ato de contratar; contrato.

con.tra.tar (*contrato+ar¹*) *vtd* **1** Fazer contrato de; ajustar, combinar: *Contratar casamento*. **2** Dar emprego a; empregar: *A empreiteira contratou vários trabalhadores*.

con.tra.tem.po (*contra+tempo*) *sm* **1** Acidente ou circunstância imprevista que estorva os projetos de alguém. **2** Dificuldade, obstáculo. **3** Contrariedade.

con.trá.til (*der* de *lat contractus+il*, como *fr contractile*) *adj m+f* **1** Suscetível de contração; que se contrai facilmente. **2** Que determina contração. *Var*: *contráctil*.

con.tra.to (*lat contractu*) *sm* **1** Acordo entre duas ou mais pessoas, para a execução de alguma coisa, sob determinadas condições. **2** Documento em que se registra esse acordo ou convenção.

con.tra.tor.pe.dei.ro (*contra+torpedeiro*) *sm* Navio de guerra, destruidor de torpedeiros; destróier.

con.tra.ven.ção (*baixo-lat contraventione*) *sf* Transgressão, infração de leis, regulamentos etc.

con.tra.ve.ne.no (*contra+veneno*) *sm* **1** Antídoto. **2** Remédio contra o mal.

con.tra.ven.tor (*lat contraventore*) *adj+sm* Que ou aquele que comete contravenção; infrator.

con.tri.bu.i.ção (*lat contributione*) *sf* **1** Ato de contribuir. **2** Quantia com que cada um entra para uma despesa comum. **3** Imposto, tributo. **4** Ajuda, auxílio.

con.tri.bu.in.te (*lat contribuinte*) *adj* e *s m+f* Que ou quem contribui ou paga contribuição.

con.tri.bu.ir (*lat contribuere*) *vti* **1** Concorrer para uma despesa comum: *O Estado contribuiu com dois terços do capital*. *vti* **2** Cooperar: *Pretendia contribuir com uma tese para a reforma da Constituição*. *vti* e *vint* **3** Pagar contribuição, ter parte em uma despesa comum: *Alguns contribuíram com dinheiro*. *vtd* **4** Pagar como contribuinte. *Conjug* – *Pres indic*: contribuo, contribuis, contribui, contribuímos, contribuís, contribuem; *Pret perf*: contribuí, contribuíste, contribuiu, contribuímos, contribuístes, contribuíram; *Pret imp indic*: contribuía, contribuías, contribuía, contribuíamos, contribuíeis, contribuíam; *Pret mais-que-perf*: contribuíra, contribuíras, contribuíra, contribuíramos, contribuíreis, contribuíram; *Fut pres*: contribuirei, contribuirás, contribuirá, contribuiremos, contribuireis, contribuirão; *Fut pret*: contribuiria, contribuirias, contribuiria, contribuiríamos, contribuiríeis, contribuiriam; *Pres subj*: contribua, contribuas, contribua, contribuamos, contribuais, contribuam; *Pret imp subj*: contribuísse, contribuísses, contribuísse, contribuíssemos, contribuísseis, contribuíssem; *Fut subj*: contribuir, contribuíres, contribuir, contribuirmos, contribuirdes, contribuírem; *Imper afirm*: —, contribui(Tu), contribua(Você), contribuamos(Nós), contribuí(Vós), contribuam(Vocês); *Imper neg*: —, Não contribuas(Tu), Não contribua(Você), Não contribuamos(Nós), Não contribuais(Vós), Não contribuam(Vocês); *Infinitivo impess*: contribuir; *Infinitivo pess*: contribuir, contribuíres, contribuir, contribuirmos, contribuirdes, contribuírem; *Ger*: contribuindo; *Part*: contribuído.

con.tri.ção (*lat contritione*) *sf* **1** Estado de contrito. **2** *Teol* Arrependimento ou dor profunda de ter ofendido a Deus.

con.tris.tar (*lat contristare*) *vtd* **1** Causar tristeza a; entristecer, tornar triste: "*Mas o que contrista e aflige a Nação é que seu trabalho é daqueles que não trazem, em regra, nenhum proveito ao País.*" (D) **2** Afligir, mortificar, penalizar. *vpr*

3 Entristecer-se: *"De sorte que as filhas viram que já tudo estava pronto, e se contristaram."* (PE) Antôn: alegrar.

con.tro.la.dor (*controlar+dor*) *adj+sm* Que ou aquele que controla, que exerce controle. • *sm Eletr* Dispositivo elétrico para controlar a energia fornecida ao aparelho.

con.tro.la.do.ri.a (*controlador+ia*¹) *sf* **1** Órgão oficial de controle. **2** Funções de quem exerce controle.

con.tro.lar (*controle+ar*¹) *vtd* **1** Exercer o controle de, submeter a controle: *Controlar os sentidos*. *vpr* **2** Manter-se sob controle: *Não exagere, controle-se*.

con.tro.le (ô) (*fr contrôle*) *sm* **1** Ato de dirigir qualquer serviço, fiscalizando-o e orientando-o do modo mais conveniente. **2** Aparelho que regula o mecanismo de certas máquinas; comando. **3** *Tecn* Dispositivo ou sistema (como alavancas, cabos, partes móveis) que controla os movimentos de um automóvel ou avião. **4** Fiscalização e domínio de alguém ou alguma coisa.

con.tro.vér.sia (*lat controversia*) *sf* Contestação, debate, impugnação de argumentos, polêmica.

con.tro.ver.ti.do (*part* de *controverter*) *adj* Posto em dúvida; discutido.

con.tu.do (*com+tudo*) *conj* Entretanto; mas; não obstante; porém; todavia.

con.tun.den.te (*lat contundente*) *adj m+f* **1** Que contunde ou produz contusão. **2** Capaz de produzir contusão. **3** Decisivo; muito agressivo.

con.tun.dir (*lat contundere*) *vtd* **1** Produzir contusão em; machucar: *Duas pancadas contundiram-lhe o corpo*. *vpr* **2** Ferir-se, machucar-se: *Na queda contundiu o pé*.

con.tur.ba.do (*part* de *conturbar*) *adj* Em que há conturbação, agitação; agitado.

con.tur.bar (*lat conturbare*) *vtd* e *vpr* Perturbar(-se), confundir(-se), agitar(-se): *Conturbou-se-lhe o espírito*.

con.tu.são (*lat contusione*) *sf* **1** Efeito de contundir. **2** *Med* Lesão superficial.

con.va.les.cen.ça (*lat convalescentia*) *sf Med* **1** Recuperação gradual da saúde e das forças após uma doença aguda. **2** Estado dessa recuperação. *Var: convalescência*.

con.va.les.cen.te (*lat convalescente*) *adj* e *s m+f* Que ou pessoa que está em convalescença.

con.va.les.cer (*lat convalescere*) *vti* e *vint* **1** Entrar em convalescença; ir recuperando a saúde gradativamente: *Convalesce agora da última recaída*. *vtd* **2** Fazer entrar em convalescença; fortalecer: *Substanciosa nutrição, que convalesce o físico depauperado*.

con.ven.ção (*lat conventione*) *sf* **1** Acordo, ajuste, combinação; convênio. **2** O que é aceito e tornado costume na prática. **3** *Polít* Reunião nacional para modificar as instituições políticas.

con.ven.cer (*lat convincere*) *vtdi* **1** Persuadir com argumentos, razões ou fatos: *Quer convencer até os incrédulos*. *vpr* **2** Ficar persuadido: *Convença-se de que a realidade é essa*.

con.ven.ci.do (*part* de *convencer*) *adj* **1** Que adquiriu convicção; persuadido. **2** Vaidoso, presunçoso.

con.ven.ci.men.to (*convencer+mento*) *sm* **1** Ato de convencer: *"É um trabalho de convencimento que o ministro já está fazendo."* (FSP) **2** Falta de modéstia, presunção: *"Nos países menos desenvolvidos, as esquerdas não cabiam em si de convencimento."* (FSP)

con.ven.ci.o.nal (*lat conventione+al*¹) *adj m+f* **1** Concernente a convenção. **2** Resultante de convenção. **3** Admitido geralmente; usual. • *s m+f* Partidário ou membro de uma convenção.

con.ven.ci.o.nar (*lat conventione+ar*¹) *vtd* Estabelecer por convenção; ajustar, combinar, estipular.

con.ve.ni.a.do (*conveniar+ado*¹) *adj+sm* Diz-se de ou aquele que firma convênio.

con.ve.ni.ar (*convênio+ar*¹) *vtd* Firmar ou fazer convênio sobre. Conjuga-se como *premiar*.

con.ve.ni.ên.cia (*lat convenientia*) *sf* **1** Qualidade do que é conveniente. **2** Interesse, utilidade, vantagem. **3** Conformidade, semelhança. *sf pl* **4** Acomodações aos usos sociais; convenções. *Antôn: inconveniência*.

con.ve.ni.en.te (*lat conveniente*) *adj m+f* **1** Que convém ou se conforma. **2** Útil, vantajoso. **3** Acomodado às circunstâncias; adequado, oportuno. *Antôn: inconveniente*.

con.vê.nio (*lat conveniu*) *sm* **1** Convenção ou pacto internacional. **2** Acordo, ajuste, convenção.

con.ven.to (*lat conventu*) *sm* **1** Moradia de comunidade religiosa. **2** Essa comunidade.
con.ver.gên.cia (*convergente+ia*) *sf* **1** Ato ou efeito de convergir. **2** Estado ou propriedade de convergente. **3** Direção comum para o mesmo ponto.
con.ver.gen.te (*lat convergente*) *adj m+f* Que converge.
con.ver.gir (*baixo-lat convergere*) *vti* **1** Dirigir-se, tender para um ponto comum: *As pregas da saia convergiam para a cintura*. *vti* **2** Concorrer, afluir ao mesmo lugar: *Todos os olhares convergiam para aquele ponto*. *vtd* **3** Concentrar: *As iniciativas do governo convergiam para a saúde*. Conjug – Pres indic: *convirjo, converges, converge, convergimos, convergis, convergem; Pret perf: convergi, convergiste, convergiu, convergimos, convergistes, convergiram; Pret imp indic: convergia, convergias, convergia, convergíamos, convergíeis, convergiam; Pret mais-que-perf: convergira, convergiras, convergira, convergíramos, convergíreis, convergiram; Fut pres: convergirei, convergirás, convergirá, convergiremos, convergireis, convergirão; Fut pret: convergiria, convergirias, convergiria, convergiríamos, convergiríeis, convergiriam; Pres subj: convirja, convirjas, convirja, convirjamos, convirjais, convirjam; Pret imp subj: convergisse, convergisses, convergisse, convergíssemos, convergísseis, convergissem; Fut subj: convergir, convergires, convergir, convergirmos, convergirdes, convergirem; Imper afirm: —, converge(Tu), convirja(Você), convirjamos(Nós), convergi(Vós), convirjam(Vocês); Imper neg: —, Não convirjas(Tu), Não convirja(Você), Não convirjamos(Nós), Não convirjais(Vós), Não convirjam(Vocês); Infinitivo impess: convergir; Infinitivo pess: convergir, convergires, convergir, convergirmos, convergirdes, convergirem; Ger: convergindo; Part: convergido*.
con.ver.sa (*der regressiva de conversar*) *sf* **1** Conversação. **2** *pop* Falsidade, mentira: *Conversa mole*. **3** Entendimento, ajuste de contas.
con.ver.sa.ção (*lat conversatione*) *sf* Ação de conversar; conversa, colóquio.
con.ver.são (*lat conversione*) *sf* **1** Ação de voltar. **2** Mudança de forma ou de natureza. **3** Transformação. **4** Abandono de uma religião para se abraçar outra.
con.ver.sar (*lat conversari*) *vti* e *vint* **1** Discorrer, falar com alguém: *Terminado o trabalho, conversaram animadamente*. *vtd* **2** Entabular conversa com: *Não dava atenção a quem a conversasse, sem lhe ter sido apresentado*. *vtd* **3** Entreter-se em conversa sobre: *Perdia muito tempo a conversar futilidades*.
con.ver.sí.vel (*lat conversibile*) *adj m+f* **1** Suscetível de conversão. **2** Transmutável. **3** Que pode trocar por outros valores. • *adj+sm* Diz-se do ou o automóvel cuja capota pode ser arriada.
con.ver.ter (*lat convertere*) *vtd* e *vti* **1** Transformar (uma coisa) em outra, mudando seu estado, sua forma ou propriedade: *O riso converteu-se em pranto*. *vtd* **2** Comutar, substituir: *Converter um verbo ativo em passivo*. *vtd* **3** Fazer mudar de crença, de opinião ou de partido: *Tentara convertê-lo ao socialismo*. *vpr* **4** Abraçar novo credo religioso ou político: *Converteu-se ao protestantismo*.
con.vés (*cast combés*) *sm* **1** *Náut* Pavimento superior do navio onde os passageiros passeiam e conversam. **2** Área da primeira cobertura do navio.
con.ves.co.te (*conv(ívio)+escote*) *sm p us* Piquenique.
con.ve.xo (*cs*) (*lat convexu*) *adj* **1** Curvo ou arredondado para fora. **2** Bojudo. *Antôn:* côncavo.
con.vic.ção (*lat convictione*) *sf* **1** Ação ou efeito de convencer. **2** Reconhecimento da própria culpa. **3** Certeza obtida por fatos ou razões que não deixam dúvida nem dão lugar a objeção.
con.vi.da.do (*part de convidar*) *sm* Indivíduo que recebeu convite.
con.vi.dar (*lat med convitare*) *vtd* **1** Convocar, pedir o comparecimento de: *Convidou-me para cear com ela*. **2** Chamar para: *Convidou-me para padrinho*. **3** Atrair, levar: *O sossego daquele sítio convidava o viajante*.
con.vi.da.ti.vo (*convidar+ivo*) *adj* **1** Que convida. **2** Atraente, provocante. **3** Apetitoso.

con.vin.cen.te (de *convencer*) *adj m+f* Que convence; persuasivo.

con.vir (*lat convenire*) *vti* **1** Ser próprio ou conforme; servir; ser conveniente: *Vão agora decidir o que lhes convém*. *vti* e *vint* **2** Concordar, estar de acordo: *Nisso não podemos convir*. *vti* e *vint* **3** Entrar em ajuste; pactuar: *Assim foi que conviemos*. Conjuga-se como *vir*; recebe, porém, acento agudo o *e* da 2ª e da 3ª pessoa do singular do presente do indicativo – *convéns, convém* – e na 2ª pessoa do singular do imperativo afirmativo – *convém* (tu).

con.vi.te (*cat convit*) *sm* **1** Ato de convidar. **2** Solicitação para comparecer a determinado ato. **3** Cartão ou papel com mensagem onde se convida.

con.vi.va (*lat conviva*) *s m+f* Pessoa que participa com outras de uma festa, jantar, banquete etc.

con.vi.vên.cia (*convivente+ia²*) *sf* **1** Ação ou efeito de conviver. **2** Convívio, familiaridade. **3** Reunião de pessoas que convivem em harmonia.

con.vi.ver (*lat convivere*) *vti* e *vint* Ter convivência, ter intimidade, viver com outrem.

con.ví.vio (*lat conviviu*) *sm* **1** Convivência. **2** Camaradagem, familiaridade.

con.vo.ca.ção (*lat convocatione*) *sf* **1** Ato ou efeito de convocar. **2** Convite. **3** Ato ou efeito de convocar rapazes para prestação do serviço militar.

con.vo.car (*lat convocare*) *vtd* **1** Chamar ou convidar para reunião: *Convocar uma assembleia*. **2** Constituir, fazer reunir: *Convocar uma junta*. **3** Convidar. **4** Chamar para prestação do serviço militar.

con.vos.co (*com+lat vobiscum*) *pron* **1** Em vossa companhia. **2** De vós para vós.

con.vul.são (*lat convulsione*) *sf* **1** Ato ou efeito de convulsar. **2** Agitação violenta e desordenada. **3** *Med* Contração violenta e involuntária do corpo.

con.vul.si.vo (*convulso+ivo*) *adj* **1** *Med* Concernente a convulsão. **2** Em que há convulsão.

co.o.pe.ra.ção (*cooperar+ção*) *sf* Colaboração; prestação de auxílio para um fim comum.

co.o.pe.ra.dor (*lat cooperatore*) *adj+sm* Que ou aquele que coopera; colaborador.

co.o.pe.rar (*lat cooperari*) *vti* **1** Agir ou trabalhar junto com outro ou outros para um fim comum; colaborar: *Lá todos cooperam na assistência social*. **2** Agir conjuntamente para produzir um efeito; contribuir: *As nossas obras cooperam para a nossa futura felicidade*.

co.o.pe.ra.ti.va (*fem* de *cooperativo*) *sf* Associação de consumidores ou de produtores que exerce quaisquer atividades econômicas em benefício comum.

co.o.pe.ra.ti.vo (*lat cooperativu*) *adj* **1** Que coopera. **2** Em que há cooperação.

co.or.de.na.ção (*lat coordenatione*) *sf* **1** Disposição ou classificação na mesma ordem, classe, divisão, categoria, dignidade etc. **2** *Gram* União de elementos linguísticos (palavras, frases ou orações) que apresentam equivalência sintática.

co.or.de.na.da (de *coordenado*) *sf* **1** Qualquer referência que determina a posição de um ponto no espaço. **2** *Gram* Oração coordenada. *sf pl* **3** *fig* Informações, dados. (Mais usada no plural.)

co.or.de.nar (*co+ordenar*) *vtd* **1** Dispor ou classificar em ordem: *Coordenou suas descobertas em um sistema*. *vtd* e *vpr* **2** Combinar(-se); harmonizar(-se): *Coordenar forças políticas*. **3** *Gram* Unir ou ligar por coordenação (acepção 2).

co.or.de.na.ti.vo (*coordenar+ivo*) *adj* **1** Que estabelece coordenação. **2** Relativo a coordenação.

co.pa (ó) (*lat cuppa*) *sf* **1** Dependência da casa onde se guardam gêneros alimentícios, louças, talheres, roupa de mesa e se fazem refeições. **2** Parte superior da ramagem das árvores. **3** *Esp* Taça ornamental oferecida como prêmio, especialmente como símbolo de um campeonato. *sf pl* **4** Naipe do baralho com a figura de um coração vermelho.

co.pei.ro (*copa+eiro*) *sm* **1** Indivíduo que cuida da copa. **2** Criado que serve à mesa.

có.pia (*lat copia*) *sf* **1** Reprodução textual; transcrito. **2** Imitação, transcrito ou reprodução de uma obra original.

co.pi.a.dor (*copiar+dor*) *sm* **1** Aquele que copia; copista. **2** *Fot* Dispositivo provido de uma fonte de luz destinado a tirar cópias fotográficas. **3** Imitador.

co.pi.a.do.ra (*fem de copiat+dor*) *sf* Termo genérico para máquinas que produzem cópias.

co.pi.ar (*cópia+ar¹*) *vtd* **1** Fazer a cópia de; transcrever: *Copiar um discurso.* **2** Reproduzir: *Copiar um painel.* **3** Fazer a sua obra a exemplo de; inspirar-se em: *Copiava-lhe as graças e os tons do estilo.* **4** Imitar, plagiar. Conjuga-se como *premiar.* Cf *cópia.*

co.pi.des.car (*copidesque+ar*) *vtd* Edit e Jorn Fazer trabalho de copidesque em: *"O computador da Folha (...) decidiu copidescar a última coluna do ombudsman e engoliu três travessões."* (FSP)

co.pi.des.que (*ingl copy desk*) *sm* Edit e Jorn **1** Redação final, melhorada, de uma matéria jornalística ou de qualquer texto escrito. **2** *por ext* Aquele que executa o copidesque.

co.pi.lo.to (*co+piloto*) *sm Av* Piloto auxiliar.

co.pi.o.so (*ô*) (*lat copiosu*) *adj* **1** Abundante: *"Centenas de homens e copioso material de guerra foram mobilizados para a localização e detenção do pistoleiro."* (GLO) **2** Intenso: *"A voz do Capitão mergulhou-se em lágrimas de um pranto copioso."* (CA) **3** Extenso, grande: *"Figueiredo espantou-se com o copioso relato desses incidentes."* (VEJ) Pl: *copiosos* (ó).

co.pis.ta (*cópia+ista*) *s m+f* **1** Pessoa que copia textos a mão. **2** Escrevente. **3** Pessoa que faz cópias de partituras de peças musicais. **4** Plagiário.

co.po (de *copa*) *sm* **1** Pequeno vaso para beber, sem asa e de forma cilíndrica. **2** Conteúdo de um copo. *Aum: copaço, copázio, coparrão. Col: baixela.*

co.pro.du.ção (*co+produção*) *sf* Produção realizada em conjunto com alguém.

co.pro.du.tor (*co+produtor*) *sm* Indivíduo que produz algo em conjunto com alguém.

co.pro.du.zir (*co+produzir*) *vtd* Produzir algo juntamente com alguém. Conjuga-se como *reduzir. Ger: coproduzindo; Part: coproduzido.*

co.pro.pri.e.tá.rio (*co+proprietário*) *sm* O que participa com outra pessoa de uma propriedade.

có.pu.la (*lat copula*) *sf* **1** Ligação, união. **2** Ato sexual; coito.

co.pu.lar (*lat copulare*) *vtd* **1** Ligar, unir. *vtd* **2** Acasalar. *vti* e *vint* **3** Ter cópula.

co.que (*voc onom*) *sm* **1** Pancada leve na cabeça com os nós dos dedos; cascudo. **2** Penteado feminino que consiste em prender os cabelos em nó, na parte de trás da cabeça. **3** *Quím* Carvão resultante da destilação do carvão mineral ou hulha.

co.quei.ral (*coqueiro+al¹*) *sm* Mata ou plantação de coqueiros.

co.quei.ro (*coco+eiro*) *sm Bot* **1** Planta palmácea que produz cocos. **2** Nome comum a várias palmeiras que produzem fruto comestível ou de utilização industrial.

co.que.lu.che (*fr coqueluche*) *sf* **1** *Med* Moléstia infecciosa caracterizada por acessos de tosse convulsiva; tosse comprida. **2** *fig* Coisa, hábito ou pessoa que goza, por algum tempo, da preferência ou atenção pública.

co.que.te (*é*) (*fr coquette*) *adj f* Diz-se da mulher que, pelo prazer de ser admirada, procura despertar o interesse amoroso dos homens: *"Na coletiva, ela descreveu sua personagem como uma mulher sobretudo amorosa, mas inquieta, coquete, irônica e cruel."* (FSP) • *sf* Mulher coquete.

co.que.tel (*ingl cock-tail*) *sm* **1** Bebida alcoólica preparada com a mistura de várias outras, gelo, açúcar, às vezes suco de frutas etc. **2** Reunião social na qual há consumo de coquetéis acompanhados de salgados ou doces. **3** Qualquer mistura de vários elementos.

co.que.te.lei.ra (*coquetel+eira*) *sf* Vasilha para a mistura dos diversos ingredientes do coquetel.

cor¹ (*ô*) (*lat cor*) *sm* **1** *ant* Coração. **2** Vontade, inclinação. *De cor:* de memória.

cor² (*ô*) (*lat colore*) *sf* **1** *Fís* Impressão variável que a luz refletida pelos corpos produz no órgão da visão. **2** Qualquer colorido, exceto o branco e o preto. **3** Coloração escura.

co.ra.ção (*lat vulg *coratione*) *sm* **1** *Anat* Órgão muscular de forma cônica, situado na cavidade torácica e que é o centro motor da circulação do sangue. **2** Generosidade. **3** A pessoa ou o objeto amado. **4** Centro.

co.ra.gem (fr ant *corage*) sf **1** Bravura; ousadia. **2** Constância, perseverança. **3** Energia moral. *Antôn:* covardia, medo.

co.ra.jo.so (ô) (*coragem+oso*) adj Bravo, destemido. *Pl:* corajosos (ó). *Antôn:* covarde.

co.ral[1] (gr *korállion*) sm **1** *Zool* Esqueleto calcário duro, branco, preto, vermelho ou de outras cores. **2** Agregado gigantesco desses esqueletos, formando recife, ilha etc. **3** O coral vermelho, usado em joalheria. **4** A cor vermelha intensa. **5** *Herp* Cobra-coral.

co.ral[2] (*coro+al*[1]) adj m+f Pertencente ou relativo a coro. • sm Canto coral, canto em coro.

co.ran.te (de *corar*) adj m+f **1** Que cora ou dá cor. **2** Que enrubesce. • sm Substância usada para corar.

Co.rão (ár *Qur'ân*) V alcorão (acepção 1).

co.rar (lat *colorare*) vtd **1** Dar cor a; colorir, tingir: *Corar os lábios*. vtd **2** Enrubescer, fazer assomar a cor vermelha a (face, rosto): *Corou ao ser elogiada*. vint e vpr **3** Enrubescer-se, tornar-se corado: *Coraram-se ao ser admoestados*.

cor.be.lha (fr *corbeille*) sf Cestinho onde se colocam flores ou frutas ou se guardam brindes.

cor.ça (ô) (fem de *corço*) sf *Zool* **1** Fêmea de corço. **2** Fêmea de veado.

cor.cel (cast *corcel*) sm **1** Cavalo de raça ou de campanha. **2** Cavalo que corre muito.

cor.ço (ô) (lat vulg **curtiare*) sm *Zool* **1** Pequeno mamífero, de cor marrom-avermelhada no verão e cinzenta no inverno, que tem chifres curtos. **2** *pop* Pequeno veado. *Fem:* corça.

cor.co.va (de *corcovar*) sf **1** Curva saliente. **2** V *corcunda*.

cor.co.va.do (*corcova+ado*[1]) adj **1** Que tem corcova. **2** Curvado, curvo.

cor.cun.da (corr de *corcova*) sf **1** Curvatura anormal da coluna, com proeminência nas costas ou no peito; corcova; giba. s m+f **2** Pessoa que tem corcunda. • adj m+f Que tem corcunda.

cor.da (gr *khordé*) sf Objeto comprido, esguio, flexível, geralmente cilíndrico, feito de fios de fibras naturais ou artificiais (tais como cânhamo, sisal, juta, linho, algodão, náilon) ou de arames, unidos e torcidos ou trançados, e usado para amarrar, ligar, apertar ou prender.

cor.dão (fr *cordon*) sm **1** Objeto comprido e flexível de fibras têxteis, torcidas, trançadas ou tecidas, mais grosso que um fio de linha, usado para atar, amarrar e fixar; barbante, cadarço. **2** Corrente que se usa ao pescoço. **3** Sociedade carnavalesca que sai à rua, com músicos, cantores e passistas, apresentando, geralmente, vistosas fantasias.

cor.dei.ro (lat vulg **cordariu*) sm *Zool* Carneiro ainda novo e tenro. *Voz:* bala, bale. • adj Diz-se da pessoa mansa, bondosa, inocente. *Cordeiro de Deus:* Jesus Cristo.

cor.del (*corda+el*) sm Corda muito delgada; barbante, cordão.

cor-de-ro.sa adj m+f sing+pl Da cor da rosa silvestre; vermelho desmaiado: *vestido cor-de-rosa, vestidos cor-de-rosa*. • sm Essa cor.

cor.di.al (lat *cordiale*) adj m+f **1** Relativo ao coração; afetuoso. **2** Franco, sincero. **3** Estimulante, vigorante. • sm Medicamento, bebida ou comida estimulantes, reconfortantes.

cor.di.lhei.ra (cast *cordillera*) sf Cadeia ou série de montanhas; serrania.

co.re.a.no (top *Coreia+ano*) adj Da ou relativo à Coreia do Norte e à Coreia do Sul (Ásia). • sm **1** Natural ou habitante das Coreias. **2** Língua falada nas duas Coreias.

co.re.o.gra.fi.a (*córeo+grafo+ia*[1]) sf **1** Arte de compor e conceber a sequência de movimentos e gestos de um bailado. **2** Esses movimentos.

co.re.ó.gra.fo (*córeo+grafo*) sm Especialista em coreografia.

co.re.to (ê) (*coro+eto*) sm Espécie de palanque construído ao ar livre, para concertos musicais.

co.ris.car (lat *coruscare*) vint **1** Faiscar, fuzilar, relampejar: *"Estava começando outra água, os galos eriçados se esporeavam, lâminas coriscavam."* (GD) vtd **2** Dardejar, lançar. vint **3** Mover-se (um animal ou alguém) com impressionante agilidade: *"Manoela, atirando o jornal sobre as cadeiras, se voltava coriscando para mim."* (DE) *Var:* coruscar.

co.ris.co (de *coriscar*) sm **1** *Meteor* Centelha produzida nas nuvens eletrizadas, sem que se ouçam trovões. **2** *Meteor* Raio. **3** Faísca elétrica.

co.ris.ta (*coro+ista*) *s m+f* **1** Pessoa que canta e dança em peças musicais. **2** Pessoa que canta no coro das igrejas.

co.ri.za (*gr kóryza*) *sf Med* Inflamação da mucosa nasal acompanhada de corrimento.

cor.ja (*malaiala korchchu*) *sf pej* Multidão de pessoas desclassificadas; súcia.

Em malaiala – língua falada na costa de Malabar, Índia –, *Korchchu* (**corja**) significa "conjunto de vinte coisas da mesma natureza".

cór.nea (*fem de córneo*) *sf Anat* Membrana transparente do olho, na frente da pupila.

cor.ne.ar (*corno+ear*) *vtd* **1** Ferir com os chifres. **2** *pop* Ser infiel à pessoa com quem se mantém vínculo amoroso; chifrar. Conjuga-se como *frear*.

cór.neo (*lat corneu*) *adj* **1** Feito de corno. **2** Resistente ou duro como corno. **3** Relativo a corno. **4** Semelhante a corno.

cór.ner (*ingl corner*) *sm Fut* **1** Escanteio, tiro de canto. **2** Cada um dos quatro cantos do campo. *Pl: córneres*.

cor.ne.ta (ê) (*ital cornetta*) *sf Mús* Instrumento de sopro, cônico, com bocal.

cor.ne.tei.ro (*corneta+eiro*) *sm* **1** O que toca corneta em um batalhão. **2** *fig* Pessoa que espalha aos quatro ventos tudo o que vê ou ouve; boateiro.

cor.ne.tim (*corneta+im*) *sm* **1** Pequena corneta aguda, com apenas três chaves. **2** Indivíduo que toca esse instrumento.

cor.ni.ja (*ital cornigio*) *sf* Ornamento saliente que acompanha a parte superior de uma porta, de um móvel etc.

cor.no (ô) (*lat cornu*) *sm* **1** V *chifre*. **2** *Zool* Cada uma das antenas dos insetos, cada um dos tentáculos dos caracóis etc. **3** *pop* Homem a quem a pessoa amada é infiel. *Dim* (acepções 1 e 2): *cornicho*. *Pl: cornos* (ó).

cor.nu.do (*corno+udo*) *adj* **1** Que tem grandes cornos. **2** *pop* V *corno* (acepção 3).

co.ro (ô) (*gr khorós*) *sm* **1** Grupo de pessoas que cantam juntas. **2** Música para ser executada em conjunto. **3** Lugar, nas igrejas, destinado ao canto. **4** Estribilho dos hinos. *Pl: coros* (ó).

co.ro.a (*lat corona*) *sf* **1** Ornamento ou coberta para a cabeça, símbolo da soberania de um rei ou imperador, comumente feito de metal precioso e incrustado de pedras preciosas. **2** Arranjo de folhagem ou flores. **3** Poder ou domínio imperial ou real; realeza, soberania. **4** *pop* Calvície no alto ou meio da cabeça. *s m+f* **5** *pop* Pessoa madura ou idosa.

co.ro.ar (*lat coronare*) *vtd* **1** Cingir de coroa, pôr coroa. *vpr* **2** Cingir a si mesmo uma coroa. *vtd* **3** Aclamar, eleger; elevar à dignidade de rei ou pontífice: *Coroaram-no rei*. *vtd* **4** Recompensar, dando uma coroa ou outro prêmio. *vtd* **5** Guarnecer em redor; cingir: *Já os cabelos brancos lhe coroaram a fronte*. Conjuga-se como *coar*.

co.ro.ca (*tupi kurúka*) *adj m+f* **1** Adoentado. **2** Decrépito, caduco. • *s m+f* Pessoa velha e feia.

co.ro.gra.fi.a *sf* Descrição geográfica de uma região.

co.ro.i.nha (*dim de coroa*) *sf* **1** Diminutivo de *coroa*. *sm* **2** Menino que acompanha e ajuda o sacerdote na celebração da missa e nos serviços do altar.

co.ro.la (*lat corolla*) *sf Bot* Conjunto das pétalas de uma flor.

co.ro.ná.ria (*lat coronaria*) *sf Anat* Cada uma das artérias que irrigam o coração.

co.ro.nel (*ital colonello*, via *fr*) *sm* **1** *Mil* Posto da hierarquia do Exército imediatamente superior ao de tenente-coronel e imediatamente inferior ao de general debrigada. **2** Oficial que detém esse posto. **3** Chefe político e poderoso proprietário de terras, que exerce influência sobre o povo simples. *Fem: coronela*.

co.ro.ne.lis.mo (*coronel+ismo*) *sm* Influência do coronel (acepção 3), na vida política e social, em algumas partes do país: "*É provável que o coronelismo político, claramente mais forte no Norte/Nordeste, tenha a maior parcela de culpa pelos problemas da região.*" (FSP)

co.ro.nha (*cast ant curueña*) *sf* Parte posterior das armas de fogo portáteis, pela qual são empunhadas.

co.ro.nha.da (*coronha+ada*¹) *sf* Pancada com a coronha.

cor.pa.ço (*corpo+aço*) *sm* Corpanzil, corpo grande.

cor.pan.zil (de *corpo*) *sm* **1** Aumentativo

de corpo. **2** *pop* Grande estatura; grande corpo, corpaço. *Pl: corpanzis.*

cor.pe.te (*corpo+ete*) *sm* Peça do vestuário feminino que se ajusta ao peito; sutiã.

cor.po (ô) (*lat corpu*) *sm* **1** A estrutura física do homem ou do animal. **2** O tronco, para distingui-lo da cabeça e dos membros. **3** Parte principal e central. **4** *Tip* Tamanho dos caracteres tipográficos. **5** Comunidade ou associação. *Aum:* corpaço e corpanzil. *Dim: corpúsculo. Pl: corpos* (ó).

cor.po.ra.ção (*fr corporation*) *sf* **1** Grupo de pessoas submetidas às mesmas regras ou estatutos. **2** Associação, agremiação.

cor.po.ral (*lat corporale*) *adj m+f* Do ou próprio do corpo.

cor.po.ra.ti.vis.mo (*corporativo+ismo*) *sm* **1** Sistema político-econômico baseado no agrupamento das classes produtoras em corporações, sob a fiscalização do Estado. **2** Prática de organização social que tem como base entidades que representam interesses de certos grupos profissionais.

cor.po.ra.ti.vis.ta (*corporativo+ista*) *adj e s m+f* Diz-se da ou a pessoa partidária do corporativismo.

cor.pó.reo (*lat corporeu*) *adj* **1** Corporal: *"O vírus Ébola é transmitido através do sangue e líquidos corpóreos, como o suor."* (FSP) **2** Que tem corpo ou consiste em um corpo material ou físico. **3** Que tem existência física ou material; palpável: *"Todo real é corpóreo e a realidade corpórea se compõe de quatro elementos: fogo, àr, água e terra."* (HF) *Antôn:* espiritual.

cor.po.ri.fi.car (*lat corpore+ficar*) *vtd* **1** Atribuir corpo a: *Corporificar uma ideia (numa obra de arte). vtd* **2** Reunir, em um só corpo, substâncias diversas: *Corporificar sugestões (num projeto único). vpr* **3** Tomar corpo; solidificar-se.

cor.pu.lên.cia (*lat corpulentia*) *sf* Qualidade daquele ou daquilo que é corpulento; obesidade.

cor.pu.len.to (*lat corpulentu*) *adj* **1** Que tem grande corpo. **2** Volumoso. *Antôn* (acepção 1): *magro.*

corpus (*lat*) *sm* **1** Reunião de documentos, dados e informações sobre um assunto. **2** Toda a obra atribuída a um escritor.

cor.pús.cu.lo (*lat corpusculu*) *sm* Corpo pequeníssimo ou elementar.

cor.re.ção (*lat correctione*) *sf* **1** Ação ou efeito de corrigir; retificação. **2** Castigo, punição.

cor.re-cor.re (de *correr*) *sm* **1** Correria, grande afã. **2** Debandada. *Pl: corre-corres* e *corres-corres.*

cor.re.dei.ra (*correr+deira*) *sf* Trecho de um rio em que as águas, correm mais velozes.

cor.re.di.ço (*correr+diço*) *adj* Que se move ou corre facilmente.

cor.re.dor (*correr+dor*) *adj* Que corre. • *sm* **1** Aquele que corre muito. **2** Galeria estreita que circunda um edifício. **3** Passagem estreita e comprida no interior de uma casa. **4** Atleta que toma parte em uma corrida de velocidade, a pé ou em veículo.

cor.re.ge.dor (*correger+dor*) *sm Dir* Magistrado superior que fiscaliza a distribuição da justiça, o exercício da advocacia e o bom andamento dos serviços forenses.

cor.re.ge.do.ri.a (*corregedor+ia*[1]) *sf Dir* **1** Cargo ou jurisdição de corregedor: *"Votação do projeto de lei que prevê uma corregedoria única para as polícias Civil e Militar foi adiada pela terceira vez."* (JCR) **2** Área de sua jurisdição.

cór.re.go (*lat *corrugu*) *sm* Regato de pequeno caudal; riacho.

cor.rei.a (*lat corrigia*) *sf* Tira de couro para atar, prender ou cingir.

cor.rei.o (*cat ant correu*) *sm* **1** Repartição pública para recepção e expedição da correspondência oficial e particular. **2** Mala em que se transporta a correspondência.

cor.re.la.ção (*co+relação*) *sf* **1** Ato de correlacionar. **2** Analogia, semelhança: *"Há uma correlação entre o potencial de regeneração e o nível de complexidade dos organismos."* (BU)

cor.re.la.ci.o.nar (*co+relacionar*) *vtd* Dar correlação a; estabelecer correlação entre.

cor.re.li.gi.o.ná.rio (*co+lat religione+ário*) *adj+sm* Que ou aquele que tem a mesma religião, partido ou sistema que outrem. *Col: convenção* (em assembleia).

cor.ren.te (*lat corrente*) *adj m+f* **1** Que corre, que não está estagnado (diz-se das águas). **2** Que corre bem, que não encontra embaraço. **3** Em estilo fluente. **4** Comum, usual. • *sf* **1** Curso de água. **2** Correnteza. **3** Série de elos ou anéis, comumente de metal, ligados ou entrelaçados um com outro.

cor.ren.te.za (*corrente+eza*) *sf* Corrente de águas.

cor.ren.tis.ta (*corrente+ista*) *adj+s m+f* **1** Diz-se de ou pessoa a cujo cargo está o livro de contas-correntes. **2** Diz-se de ou pessoa que tem conta-corrente num banco.

cor.rer (*lat currere*) *vint* **1** Andar ou caminhar com velocidade: *Partiu a correr*. *vint* **2** Participar de uma corrida. *vtd* **3** Percorrer: *Correr montes e vales*. *vti e vint* **4** Cair, descer, escoar-se, escorrer: *Corria-lhe o suor do rosto*. *vtd* **5** Fazer deslizar; mover, empurrando ou puxando, o que é corrediço: *Correu o ferrolho*. *vti* **6** Ir no encalço: *Todos correram sobre o ladrão, que fugia*. *vint* **7** Divulgar-se, propalar-se: *Essa história corre de boca em boca*. *vtd* **8** Estar exposto ao sujeito a (perigo ou risco): *Sabia que correria um grande risco*.

cor.re.ri.a (*correr+ia¹*) *sf* Corrida desordenada e ruidosa.

cor.res.pon.dên.cia (*lat correspondentia*) *sf* **1** Ação de corresponder. **2** Troca de cartas, telegramas etc., entre duas pessoas. **3** Cartas, telegramas etc. que se recebem ou que se expedem. **4** Correlação; relação entre as coisas.

cor.res.pon.den.te (de *corresponder*) *adj m+f* **1** Que corresponde. **2** Correlativo, proporcionado, simétrico. • *s m+f* **1** Pessoa que se corresponde com alguém. **2** Pessoa que escreve para um jornal ou periódico ou os representa em determinado lugar.

cor.res.pon.der (*co+responder*) *vtd e vint* **1** Ser adequado, próprio, simétrico: *Essa roupa não corresponde ao seu tamanho*. *vpr* **2** Estar em correlação ou em equivalência: *O parafuso e a porca não se correspondem*. *vti* **3** Estar em equivalência. *vtd e vti* **4** Retribuir: *Correspondo à saudação que me dirigiu*.

cor.res.pon.sá.vel (*co+responsável*) *adj* Responsável juntamente com outro(s).

cor.re.ta.gem (*corretar+agem*) *sf* Remuneração, comissão ou serviço de corretor.

cor.re.ti.vo (*lat correctivu*) *adj* Que tem a virtude de corrigir ou é próprio para corrigir. • *sm* **1** Aquilo com que se corrige. **2** Repreensão; punição, castigo.

cor.re.to (*lat correctu*) *adj* **1** Sem erros. **2** Corrigido, emendado. **3** Exato, irrepreensível. **4** Digno, honesto, íntegro. *Antôn* (acepções 1 e 3): *incorreto*.

cor.re.tor (*provençal corratier*) *sm* Agente comercial que serve de intermediário entre vendedor e comprador.

cor.re.to.ra (*fem de corretor*) *sf* Instituição que atua no mercado de capitais e que detém o monopólio das operações nas bolsas de valores, além de outras atividades financeiras.

cor.ri.da (*part fem de correr*) *sf* **1** Percurso de um veículo. **2** Competição de velocidade (cavalos, automóveis etc.).

cor.ri.gir (*lat corrigere*) *vtd e vpr* **1** Emendar(-se), reformar(-se): *Corrigir erros de grafia*. *vtd* **2** Melhorar; retificar: *Corrigia-lhe a severidade*. *vtd* **3** Reparar (agravo ou injustiça). *vtd* **4** Castigar, censurar, repreender. *Part*: *corrigido* e *correto* (usado quase sempre como adjetivo).

cor.ri.mão (*corre+mão*) *sm* Barra, comumente de madeira ou de metal, que corre ao longo de uma escadaria, ponte estreita para pedestres e outras passagens para apoiar a mão ou segurar. *Pl*: *corrimões* e *corrimãos*.

cor.ri.men.to (*correr+mento*) *sm* **1** Ato de correr. **2** *Med* Secreção patológica que escorre de alguma parte do corpo.

cor.ri.quei.ro (*corricar+eiro*) *adj* Que corre ou circula habitualmente; trivial, vulgar.

cor.ro.er (*lat corrodere*) *vtd* **1** Roer aos poucos; gastar: *Esse mal tudo corrói e aniquila*. **2** Danificar, destruir progressivamente: *O tempo corroeu a pintura desta casa*. Conjuga-se como *roer*. *Part*: *corroído*.

cor.rom.per (*lat corumpere*) *vtd e vpr* **1** Decompor(-se), estragar(-se), tornar(-se) podre: *A morte corrompeu aquele formoso corpo*. *vtd e vpr* **2** Depravar(-se), perverter(-se), viciar(-se): *Ao contrário do amor, a ciência corrompe o coração*. *vtd* **3** Induzir ao mal; seduzir: *Corrompeu-se na bebida*.

cor.ro.são (*fr corrosion*) *sf* **1** Ação ou efeito de corroer. **2** *Quím* Alteração química corrosiva, como, por exemplo, a que se verifica em certos processos de oxidação.

cor.ro.si.vo (*lat corrosivu*) *adj+s m* **1** Que ou aquilo que corrói. **2** Que ou aquilo que destrói ou desorganiza.

cor.rup.ção (*lat corruptione*) *sf* **1** Ação ou efeito de corromper; decomposição, putrefação. **2** Depravação, desmoralização, devassidão.

cor.ru.pi.ão (*voc onom*) *sm Ornit* Pássaro de cabeça, parte anterior do dorso e asas negras, sendo que estas apresentam uma mancha branca; o peito e o ventre são amarelo-alaranjados. *Voz: canta, gorjeia, trina*.

cor.ru.pi.o (de *correr*) *sm* Jogo infantil que consiste em duas crianças, frente a frente, se darem as mãos e, juntando os pés, voltearem rapidamente.

cor.rup.te.la (*lat corruptela*) *sf* **1** Corrupção. **2** Abuso. **3** *Gram* Palavra que se escreve ou pronuncia erradamente.

cor.rup.to (*lat corruptu*) *adj* **1** Que sofreu corrupção; corrompido. **2** Adulterado. **3** Depravado, devasso. **4** Que prevarica, que se deixa subornar. • *sm* Indivíduo que suborna ou aceita subornos.

cor.rup.tor (*lat corruptore*) *adj* Que corrompe ou é próprio para corromper. • *sm* Aquele que suborna.

cor.sá.rio (*corso+ário*) *sm* **1** Navio armado por piratas. **2** Pirata.

cor.ta.da (*cortar+ada*[1]) *sf* Ato ou efeito de cortar.

cor.ta.do[1] (*part* de *cortar*) *adj* **1** Que se cortou ou sofreu corte. **2** Separado do todo a que pertencia. **3** Interrompido. **4** Suprimido.

cor.ta.do[2] (*part* de *cortar*) *sm* **1** Apuros, roda-viva. **2** Recorte.

cor.ta-luz *sm Fut* O ato de colocar-se entre o adversário e o companheiro de time que vai chutar a bola. *Pl: corta-luzes*.

cor.tan.te (de *cortar*) *adj m+f* **1** Que corta; que tem gume. **2** Agudo, estridente (diz-se do som). **3** Pungente, lancinante.

cor.tar (*lat curtare*) *vtd* **1** Separar, com instrumento de corte, uma parte de um todo: *Cortou a corda em vários pedaços*. *vtd* **2** Fazer incisão em: *Segurou-o e cortou-o várias vezes*. *vtd* **3** Ceifar, segar: *Cortar o trigo*. *vtd* e *vti* **4** Atravessar, cruzar, fazer caminho: *Para lá chegar, cortamos por entre perigosos pantanais*. *vtd* **5** Encurtar o trajeto, atravessando o terreno entre uma volta de estrada ou caminho: *Cortar caminho por um atalho*. *vtd* **6** Impedir, interceptar, obstar a: *Cortar a fonte de abastecimento*.

cor.te[1] (*ô*) (de *cortar*) *sm* **1** Ação ou efeito de cortar. **2** Golpe, incisão ou talho com instrumento cortante. **3** Fio ou gume de instrumento cortante. **4** Derrubada de árvores. **5** Modo de talhar uma roupa. **6** Porção de pano necessário para fazer uma peça de vestuário. **7** Redução, diminuição. **8** Interrupção.

cor.te[2] (*ô*) (*lat cohorte*) *sf* **1** Residência de um soberano. **2** Gente que habitualmente rodeia o soberano. **3** Cidade ou lugar onde reside o soberano. **4** Círculo de aduladores. **5** Denominação dada aos tribunais. **6** Assiduidade junto de uma pessoa, para lhe ganhar as boas graças; galanteio. *sf pl* **7** Parlamento. **8** Edifício onde este funciona.

cor.te.jar (*corte+ejar*) *vtd* **1** Fazer cortesias; cumprimentar, saudar. **2** Fazer a corte; galantear: *Muitos rapazes a cortejavam*.

cor.te.jo (*ê*) (de *cortejar*) *sm* **1** Ação de cortejar. **2** Comitiva pomposa. **3** Acompanhamento, procissão, séquito.

cor.tês (*corte+ês*) *adj m+f* **1** Que usa de cortesia. **2** Bem-educado, polido. *Antôn: grosseiro*.

cor.te.sã (*fem* de *cortesão*) *sf* **1** Feminino de *cortesão*. **2** Dama da corte. **3** Prostituta de luxo.

cor.te.são (*ital cortigiano*) *adj* **1** Pertencente ou relativo à corte. **2** Palaciano. • *sm* **1** Homem da corte. **2** Homem de maneiras distintas e amáveis. *Pl: cortesãos* e *cortesões*. *Fem: cortesã*.

cor.te.si.a (*cortês+ia*[1]) *sf* **1** Qualidade do que ou de quem é cortês. **2** Civilidade, maneiras delicadas, polidez. **3** Presente ou oferta dada aos clientes por estabelecimentos comerciais.

cór.tex (*cs*) (*lat cortex*) *sm* **1** *Bot* Casca de árvore. **2** *Anat* Camada superficial do cérebro e outros órgãos. *Pl: córtices*.

cor.ti.ça (*lat corticea*) *sf* **1** Casca espessa e leve de árvores com a qual se fabricam rolhas, boias etc. **2** Boia com que se aprende a nadar.

cor.ti.ço (de *cortiça*) *sm* **1** Caixa cilíndrica, de cortiça, dentro da qual as abelhas fabricam cera e mel. **2** Colmeia. **3** Habitação coletiva das classes pobres.

cor.ti.na (*lat cortina*) *sf* Peça de pano suspensa para adornar ou resguardar janela ou outra coisa.

cor.ti.nar (*cortina+ar²*) *vtd* **1** Guarnecer de cortina. **2** Encobrir: *A sombra das árvores cortinava a tarde.*

cor.ti.so.na (*córtex+ona*) *sf Quím* e *Farm* Hormônio produzido pelas suprarrenais, que age principalmente sobre o metabolismo de carboidratos. É produzido artificialmente e empregado contra artrite reumatoide, febre reumática e certas doenças alérgicas.

co.ru.ja (*lat tardio curusa*) *sf* **1** *Ornit* Nome comum a várias aves de rapina, geralmente noturnas e úteis por darem caça a pequenos roedores. *Voz: chirria, pia, sussurra.* **2** *pop* Mulher velha e feia; bruaca, canhão. • *adj m+f pop* Diz-se dos pais que gabam pretensas qualidades dos filhos.

cor.ve.ta (ê) (*fr corvette*) *sf Náut* **1** Antigo navio de guerra, de três mastros, semelhante à fragata, porém menor que ela. **2** Navio de combate usado para caçar submarinos.

cor.ví.deos (*corvo+ideos*) *sm pl Ornit* Família de aves que inclui as gralhas da fauna brasileira e o corvo.

cor.vi.na (*cast corvina*) *sf Ictiol* Peixe marinho cuja carne é bastante apreciada.

cor.vo (ô) (*lat corvu*) *sm Ornit* Gênero típico da família dos corvídeos, constituído de grandes pássaros; ave de rapina, de cor comumente preta, lustrosa. *Voz: crocita, grasna.* Pl: *corvos* (ó).

cós (*provençal cors*) *sm sing+pl* Tira de pano que remata certas peças de vestuário, especialmente as calças e as saias, no lugar em que cingem a cintura.

co.ser (*lat consuere*) *vtd* **1** Ligar, unir com pontos de agulha: *Coseu o vestido azul com linha preta.* *vint* **2** Fazer trabalho de costura; costurar: *Quando cheguei, encontrei-a ainda a coser.* *vpr* **3** Consertar ou remendar sua própria roupa: *É tão desmazelada que nem trata de se coser. Cf cozer.*

co.si.do (*part de coser*) *adj* Que se foi costurado. • *sm* A costura propriamente dita. *Cf cozido.*

cos.mé.ti.co (*gr kosmetikós*) *adj* Que serve para embelezar ou preservar a beleza, especialmente do rosto. • *sm* Substância ou preparado para embelezar, preservar ou alterar a aparência do rosto de uma pessoa ou para limpar, colorir, amaciar ou proteger a pele, cabelo, unhas, lábios, olhos ou dentes.

cós.mi.co (*gr kosmikós*) *adj* Pertencente ou relativo ao universo, ao cosmo: *"Pela primeira vez, um astronauta saiu de sua astronave, em voo a 27.200 km por hora, e flutuou no espaço cósmico."* (REA)

cos.mo (*gr kósmos*) *sm* O universo. *Var: cosmos.*

cos.mo.gra.fi.a (*cosmo+grafo+ia¹*) *sf Astr* Descrição geral do universo.

cos.mo.po.li.ta (*gr kosmopolítes*) *s m+f* **1** Pessoa que se considera cidadão do mundo. **2** Pessoa que vive ora num país, ora em outro, e adota facilmente os usos das diversas nações. • *adj m+f* **1** Que é de todas as nações. **2** Que se acomoda aos usos estrangeiros. **3** Que apresenta aspectos comuns a vários países.

cos.se.no (*co+seno*) *sm Trigon* Seno de complemento de um ângulo ou arco dados.

cos.ta (*lat costa*) *sf* **1** Borda do mar, região próxima do mar; litoral, praia. **2** Declive, encosta. **3** Parte da cadeira que serve para apoio das costas. *sf pl* **4** Parte posterior do corpo do homem e dos animais bípedes e superior dos outros vertebrados, desde as espáduas até os rins. **5** Parte oposta ao gume. *Costas da mão:* A parte externa da mão, oposta à palma.

cos.ta.do (*costa+ado³*) *sm* **1** *pop* Dorso do corpo humano; costas, espinhaço. **2** *Náut* Parte externa do casco do navio: *"O navio fundeou, mas não atentei nisto; não percebi a azáfama dos botes rente ao costado."* (MEC) *sm pl* **3** Região dorsal.

cos.tei.ro (*costa+eiro*) *adj* **1** Relativo à costa. **2** *Náut* Que navega junto à costa ou de porto a porto na mesma costa; de cabotagem. • *sm* Homem do mar que se emprega na navegação da costa.

cos.te.la (*costa+ela*) *sf Anat* Cada um dos ossos pares, chatos, alongados e curvos, que se estendem das vértebras ao esterno e cujo conjunto forma a caixa torácica dos vertebrados.

cos.te.le.ta (ê) (*costela+eta*) *sf* **1** Costela de certos animais, separada com carne aderente. **2** Iguaria preparada com essa

costela. 3 Faixa de barba de cada lado do rosto.
cos.tu.mar (*costume+ar¹*) *vtd* 1 Ter por costume ou hábito: *Costumávamos ler até tarde da noite. vtd e vpr* 2 Acostumar(-se), habituar(-se): *Costumava os alunos a rigorosa disciplina. vint* 3 Ficar habituado.
cos.tu.me (*lat vulg *consuetudine*) *sm* 1 Prática antiga e geral; uso. 2 Hábito. 3 Particularidade. 4 Moda. 5 Traje adequado ou característico. *sm pl* 6 Comportamento, procedimento. 7 Regras ou práticas que se observam nos diferentes países.
cos.tu.mei.ro (*costume+eiro*) *adj* Estabelecido pelo costume; usual. • *sm* 1 O que é usual. 2 Livro de usos e costumes.
cos.tu.ra (*lat vulg *consutura*) *sf* 1 Ação de costurar. 2 Arte ou profissão de costurar. 3 União de duas peças por meio de pontos.
cos.tu.rar (*costura+ar¹*) *vtd* 1 Unir com pontos de agulha. *vint* 2 Fazer roupas.
cos.tu.rei.ra (*costura+eira*) *sf* Mulher que costura por profissão; modista.
co.ta (*lat quota*) *sf* 1 Quantia com que cada indivíduo contribui para determinado fim. 2 Determinada porção. 3 Quinhão. 4 Prestação. *Var: quota.*
co.ta.ção (*cotar+ção*) *sf* 1 Ação ou efeito de cotar. 2 *Com* Preço corrente das mercadorias, dos papéis de crédito, títulos da dívida pública etc. 3 Indicação desses preços.
co.tan.gen.te (*co+tangente*) *sf Trigon* Tangente do complemento de um ângulo.
co.tar (*cota+ar¹*) *vtd* 1 Assinalar por meio de cota, pôr cota em: *O governo cotou o preço da gasolina.* 2 *Com* Fixar o preço ou taxa de. 3 Avaliar, taxar: *O corretor cotou o imóvel.*
co.te.jar (*cota¹+ejar*) *vtd* 1 Examinar (cotas) confrontando: *A banca cotejou as teses.* 2 Confrontar, comparar: *O professor cotejou as questões e as respostas.* Conjuga-se como *solfejar.*
co.te.jo (*ê*) (de *cotejar*) *sm* Ação ou efeito de cotejar; confrontação.
co.ti.di.a.no (*lat quotidianu*) *adj+sm* De todos os dias; diariamente. • *sm* Aquilo que se faz ou sucede todos os dias. *Var: quotidiano.*
co.ti.lé.do.ne (*gr kotyledón*) *s m+f Bot* Parte da semente que rodeia o embrião de um vegetal; primeiras folhas desenvolvidas pelo embrião de uma planta.
co.tis.ta (*cota+ista*) *adj+s m+f* Diz-se de ou pessoa que possui cotas integrativas do capital das sociedades mercantis de responsabilidade limitada. *Var: quotista.*
co.ti.za.ção (*cotizar+ção*) *sf* 1 Ação de cotizar. 2 Contribuição, cota, tributo. *Var: quotização.*
co.ti.zar (*cota+izar*) *vtd* 1 Distribuir por cota: *Cotizar a dívida. vpr* 2 Reunir-se a outros a fim de contribuir para uma despesa comum: *"Os rapazes se cotizam para a cerveja dos músicos, e as moças entram com os salgadinhos feitos em casa, deliciosos."* (S) *Var: quotizar.*
co.to.ne.te (*é*) (*ingl cotton+ete*) *sm* Marca registrada de palito plástico com duas pequenas porções de algodão nas extremidades, usado para higiene, principalmente das orelhas.
co.to.ni.fí.cio (do *ital*) *sm* Fábrica de tecidos de algodão.
co.to.ve.la.da (*cotovelo+ada¹*) *sf* Pancada com o cotovelo.
co.to.ve.lei.ra (*cotovelo+eira*) *sf* 1 Deformação na manga produzida pelo cotovelo. 2 Peça utilizada por esportistas para proteger o cotovelo.
co.to.ve.lo (*ê*) (*lat cubitellu*) *sm* 1 *Anat desus* V *cúbito.* 2 Coisa semelhante a um cotovelo. 3 Ângulo saliente; canto, esquina.
co.to.vi.a (*voc onom*) *sf Ornit* Nome comum a várias aves canoras campestres de plumagem cinzenta com pintas escuras. *Voz: canta, gorjeia.*
co.tur.no (*gr kóthournos*, pelo *lat*) *sm* Bota de cano baixo, com cordões.
country (*cântri*) (*ingl*) *adj* Diz-se daquilo que é ligado ao campo. • *sm* Estilo característico dos meios rurais norte-americanos que se manifesta em diversos setores, como na música, na decoração, no vestuário etc.
cou.ra.ça (*lat coriacea*) *sf* 1 Armadura para as costas e o peito. 2 Revestimento de aço com que se protegem os navios encouraçados contra a artilharia; blindagem.
cou.ra.ça.do (*couraça+ado¹*) *adj* 1 Revestido de alguma substância espessa e resistente. 2 Blindado. • *sm* Navio de guerra

da classe dos maiores e mais pesadamente blindados e armados: *"Eles podiam ver os couraçados parados no mar."* (UQ)

cou.rei.ro (*couro+eiro*) *sm* **1** Vendedor de couros para consumo. **2** Quem trabalha com couro.

cou.ri.nho (*dim de couro*) *sm* **1** Torresmo de couro. **2** Rodela de couro para vedação de torneiras.

cou.ro (*lat coriu*) *sm* **1** Pele espessa e dura de alguns animais. **2** Pele de certos animais, depois de curtida. **3** *pop* A pele da cabeça humana. **4** Pele.

cou.ve (*lat caule*) *sf Bot* Planta hortense com muitas variedades, cultivada como comestível.

cou.ve-de-bru.xe.las *sf Bot* Variedade de couve em cujo caule brotam folhas que se constituem em diminutos repolhos. *Pl: couves-de-bruxelas.*

cou.ve-flor *sf Bot* Planta hortense de caule curto, cujos pedúnculos formam uma espécie de flor comestível. *Pl: couves-flor* e *couves-flores.*

co.va (*lat vulg *cova*) *sf* **1** Abertura, escavação, buraco que se faz na terra para se plantar uma árvore ou lançar alguma semente. **2** Caverna, antro. **3** Sepultura.

co.var.de (*fr ant coart*) *adj m+f* **1** Que não tem coragem; medroso; pusilânime. **2** Fraco de caráter; desleal. • *s m+f* Pessoa covarde.

co.var.di.a (*covarde+ia¹*) *sf* Medo, falta de coragem.

co.vei.ro (*cova+eiro*) *sm* Indivíduo que abre covas para defuntos.

co.vil (*lat cubile*) *sm* **1** Cova de feras; toca. **2** *fig* Refúgio de ladrões, de salteadores. *Pl: covis.*

co.vi.nha (*cova+inho, no fem*) *sf* **1** Diminutivo de *cova*. **2** Pequena depressão natural no queixo ou na face.

co.xa (*ô*) (*lat coxa*) *sf Anat* Parte da perna entre a virilha e o joelho.

co.xi.a (*ital corsia*) *sf* **1** Passagem estreita entre duas fileiras de bancos, de ramas ou de outros objetos. **2** Baia de cavalo. **3** Os corredores que contornam o palco teatral.

co.xi.lha (*cast cuchilla*) *sf* Campina com pequenas e grandes elevações, em geral coberta de pastagem.

co.xo (*ô*) (*lat coxa*) *adj* **1** Que coxeia. **2** Que tem uma perna mais curta do que a outra. **3** Diz-se de qualquer objeto a que falta um pé ou uma perna. • *sm* Indivíduo que coxeia. *Cf cocho.*

co.ze.du.ra (*cozer+dura*) *sf* Ação ou efeito de cozer; cozimento.

co.zer (*lat cocere*) *vtd* e *vint* Preparar (alimentos) ao fogo ou calor; cozinhar. *Cf coser.*

co.zi.do (*part de cozer*) *adj* Que se cozeu. • *sm Cul* Prato de origem ibérica cujos ingredientes mais habituais são: carne de vaca, linguiça, carne de porco, verduras e batatas. *Cf cosido.*

co.zi.nha (*lat cocina*) *sf* **1** Compartimento onde se preparam os alimentos. **2** Arte ou maneira de preparar os alimentos.

co.zi.nhar (*cozinha+ar¹*) *vtd* e *vint* **1** Cozer: *Cozinhar um petisco.* *vtd* **2** Pôr em ordem; preparar: *Cozinhar um discurso.*

co.zi.nhei.ro (*cozinha+eira*) *sm* Indivíduo que cozinha.

CPD *sm Inform* Sigla de *Centro de Processamento de Dados.* *Pl: CPDs.*

CPF *sm* Sigla de *Cadastro de Pessoa Física.* *Pl: CPFs.*

CPI *sf* Sigla de *Comissão Parlamentar de Inquérito.* *Pl: CPIs.*

CPU (*ingl*) *sm Inform* (*sigla de central processing unit*) Unidade Central de Processamento: grupo de circuitos que executam as funções básicas de um computador composto de três partes: a unidade de controle, a unidade lógica e aritmética e a unidade de entrada/saída.

cra.ca *sf Zool* Nome comum aos crustáceos que vivem nos rochedos, nos cascos dos navios e sobre tartarugas e baleias.

cra.chá (*fr crachat*) *sm* Cartão com foto e dados pessoais que se usa preso ao peito para a identificação do indivíduo.

crack (*cráq*) (*ingl*) *sm* Narcótico produzido a partir da pasta-base da cocaína apresentado em forma de pedras, as quais são fumadas em cachimbos improvisados. *Var: craque.*

cra.ni.a.no (*crânio+ano*) *adj Anat* Pertencente ou relativo ao crânio.

crâ.nio (*lat craniu*) *sm* **1** *Anat* Caixa óssea que encerra e protege o encéfalo. **2** Pessoa muito inteligente.

crá.pu.la (*lat crapula*) *sf* **1** Devassidão, libertinagem. *s m+f* **2** Pessoa vil, calhorda, canalha.

cra.que¹ (*ingl crack*) *sm* **1** Série de falências bancárias. **2** Abalo financeiro causado por essas falências. **3** Insolvência.

cra.que² (*ingl crack*, pelo *ital*) *sm* **1** Cavalo de corrida afamado. **2** Jogador de futebol que se tornou célebre. **3** Indivíduo ou coisa admirável pela excelência ou perfeição. **4** *Crack*.

cra.se (*gr krásis*) *sf Gram* **1** Contração ou fusão de duas vogais idênticas numa só: *dor* (*door*); *ler* (*leer*). **2** Contração da preposição *a* com o artigo definido *a*: *Vou* (*a+a*) *à casa de Paulo*. **3** Contração da preposição *a* com o pronome demonstrativo *aquele, aquela, aquilo: Maria referiu-se àquele homem de terno cinza; Depois nos dirigimos àquela senhora da biblioteca; Nunca me reportei àquilo que você me confessou.* **4** A indicação de crase, por meio do acento grave.

cra.se.ar (*crase+ar¹*) *vtd* Colocar o sinal de crase em. Conjuga-se como *frear*.

cras.so (*lat crassu*) *adj* **1** Espesso, denso: *"Quando o fogo prendia, lá vinha meu amo, murcho, grave e cabisbaixo; trazia o semblante crasso."* (TR) **2** Grosseiro, grave (erro): *"Seu erro crasso mata e fere muitos inocentes."* (FSP)

cra.te.ra (*gr kratéra*) *sf* **1** Abertura larga por onde um vulcão em erupção expele as lavas. **2** Buraco gigantesco causado pela erosão do solo.

cra.var (*lat clavare*) *vtd* **1** Fazer entrar ou penetrar: *Cravar pregos, rebites, ilhoses*. *vtd* e *vpr* **2** Embeber(-se), enterrar(-se), fincar(-se): *Cravar uma estaca no chão*. *vtd* **3** Prender, segurar, pregar: *O vento obrigava-o a cravar bem o chapéu*. *vtd* e *vpr* **4** Fitar(-se), fixar(-se): *Cravou na tela os olhos, até o final do filme*.

cra.ve.ja.do (*cravejar+ado*) *adj* Engastado: *"Ela ganhou anel cravejado de brilhantes."* (FSP)

cra.ve.jar (*cravo+ejar*) *vtd* **1** Fixar por meio de cravos. **2** Engastar, pregar. Conjuga-se como *solfejar*.

cra.vis.ta (*cravo+ista*) *s m+f* **1** *Mús* Pessoa que toca cravo. **2** Oficial de pregaria que fabrica cravos.

cra.vo (*lat clavu*) *sm* **1** Prego de ferradura. **2** Prego com que se fixavam na cruz as mãos e os pés dos supliciados. **3** Flor do craveiro. **4** *Bot* Planta cariofilácea, também chamada *craveiro*. **5** *Mús* Instrumento musical de cordas semelhante a um piano antigo, com um ou dois teclados.

cra.vo-da-ín.dia *sm* Condimento aromático, também usado na fabricação de perfume, que consiste nos botões florais secos dessa árvore. *Pl: cravos-da-índia*.

cre.che (*fr crèche*) *sf* Instituição que abriga criança enquanto seus pais trabalham.

cre.den.ci.al (*credência+al¹*) *adj m+f* Que confere crédito ou poderes para representar o país perante o governo de outra nação. • *sf pl* Carta que um ministro ou um embaixador entrega ao chefe de um Estado, ao qual é enviado, para se fazer acreditar junto a ele.

cre.di.á.rio (*crédi(to)+ário*) *sm* Sistema de vendas a crédito, com pagamento a prestações.

cre.di.bi.li.da.de (*lat credibilitare*) *sf* Confiabilidade. *Antôn: incredibilidade*.

cre.di.tar (*crédito+ar¹*) *vtd* **1** Lançar em crédito: *Creditou duzentos dólares em sua conta*. **2** Inscrever como credor: *Vou creditá-lo pelo dinheiro que me entregou*. **3** Garantir, segurar: *Consumiram o lastro que creditaria a emissão*. *Antôn* (acepções 1 e 2): *debitar*. *Conjug – Pres indic: credito, creditas* (dí) etc. *Cf crédito*.

cré.di.to (*lat creditu*) *sm* **1** Confiança que inspiram as boas qualidades de uma pessoa. **2** Boa fama. **3** *Com* Confiança de que uma dívida será paga. **4** *Econ* Dinheiro posto à disposição de alguém numa casa bancária ou comercial. *Antôn: débito*.

cre.do (*lat credo*) *sm* **1** Fórmula doutrinária cristã, chamada popularmente de *creio em deus padre*, que começa, em latim, pela palavra Credo, que significa Creio. **2** Profissão de fé cristã. **3** Doutrina, programa ou princípios pelos quais se governa uma pessoa, um partido, uma seita. • *interj* Expressa espanto e aversão: *Cruz-credo!*

cre.dor (*lat creditore*) *sm Dir* Indivíduo ou pessoa jurídica a quem se deve. *Antôn: devedor*.

cré.du.lo (*lat credulu*) *adj+sm* **1** Que ou aquele que crê facilmente. **2** Ingênuo, simples.

crei.om (fr crayon) sm **1** Lápis de grafite. **2** Desenho feito com esse tipo de lápis.

cre.ma.ção (lat crematione) sf Incineração, especialmente cadáveres humanos.

cre.ma.lhei.ra (fr crémaillière) sf **1** Barra dentada para levantar ou baixar uma peça móvel. **2** Peça munida de dentes em relógios e outros maquinismos.

cre.mar (lat cremare) vtd Incinerar (cadáveres).

cre.ma.tó.rio (lat crematu+ório) adj Diz-se dos fornos em que se faz a cremação. • sm Forno ou edifício onde se queimam cadáveres.

cre.me (fr crème) sm **1** Substância gordurosa e amarela do leite da qual se extrai a manteiga; nata. **2** Substância semelhante a creme no aspecto ou consistência. **3** Cor amarelada, como a da nata. • adj m+f sing+pl De cor levemente amarelada, como a da nata do leite.

cre.mo.so (ô) (creme+oso) adj **1** Rico em creme. **2** De consistência do creme; natado. Pl: cremosos (ó).

cren.ça (lat credentia) sf **1** Fé religiosa. **2** Opiniões que se adotam com fé e convicção. Antôn: descrença.

cren.di.ce (de crer) sf **1** Crença popular. **2** Superstição (acepção 2).

cren.te (lat credente) adj e s m+f **1** Que ou pessoa que tem fé religiosa. **2** Seguidor de uma religião. **3** pej Que ou aquele que leva tudo demasiado a sério. Antôn: descrente.

cre.o.li.na (fr créoline) sf Quím Líquido antisséptico, desodorante e desinfetante.

cre.pe (fr crêpe) sm **1** Tecido leve com superfície levemente encrespada. **2** Fita ou tecido negro usado em sinal de luto. **3** Cul Panqueca fina, servida com recheio doce ou salgado.

cre.pi.tar (lat crepitare) vint Estalar ao fogo: *"As fogueiras crepitando e um odor acre de carne queimada."* (ALQ)

cre.pom (fr crépon) sm Crepe pesado com superfície fortemente encrespada ou franzida.

cre.pús.cu.lo (lat crepusculu) sm **1** Claridade frouxa, que precede o nascer do sol ou persiste algum tempo depois de ele se pôr. **2** fig Decadência, ocaso. *Crepúsculo da vida:* a velhice.

crer (lat credere) vtd **1** Acreditar, ter como verdadeiro: *Não podia crer o que ouvira.* vint **2** Ter crença, ter fé: *O homem de bom senso tem necessidade de crer.* vti e vint **3** Ter confiança, ter fé: *Estou com o coração propenso a crer.* vtd **4** Aceitar como verdadeiras as palavras de: *E querem que as creia eu, depois de me haverem ludibriado.* Antôn: descrer. Conjug: verbo irregular; intercala-se um *i* eufônico após o *e* do radical na primeira pessoa do singular do presente do indicativo na formas dele derivadas. Conjug – Pres indic: creio, crês, crê, cremos, credes, creem; Pret perf: cri, creste, creu, cremos, crestes, creram; Pret imp indic: cria, crias, cria, críamos, críeis, criam; Pret mais-que-perf: crera, creras, crera, crêramos, crêreis, creram; Fut pres: crerei, crerás, creremos, crereis, crerão; Fut pret: creria, crerias, creria, creríamos, creríeis, creriam; Pres subj: creia, creias, creia, creiamos, creiais, creiam; Pret imp subj: cresse, cresses, cresse, crêssemos, crêsseis, cressem; Fut subj: crer, creres, crer, crermos, crerdes, crerem; Imper afirm: —, crê(Tu), creia(Você), creiamos(Nós), crede(Vós), creiam(Vocês); Imper neg: —, Não creias(Tu), Não creia(Você), Não creiamos(Nós), Não creiais(Vós), Não creiam(Vocês); Infinitivo impess: crer; Infinitivo pess: crer, creres, crer, crermos, crerdes, crerem; Ger: crendo; Part: crido.

> Observe que o verbo **crer** tem a vogal **e** dobrada na terceira pessoa do plural do presente do indicativo.
> *Eles* ***creem*** *piamente no que ela diz.*
> Assim, também se dobra o **e** do verbo *descrer*, derivado de **crer**.

cres.cen.do (ital crescendo) sm **1** Mús Aumento progressivo de sonoridade. **2** Progressão, gradação.

cres.cen.te (lat crescente) adj m+f Que cresce ou vai crescendo. • sf **1** Enchente de rio ou maré. sm **2** Forma da Lua, quando ela nos aparece menor que um semicírculo.

cres.cer (lat crescere) vint **1** Aumentar em volume, extensão, grandeza, intensidade: *A massa do bolo cresceu.* **2** Aumentar em estatura ou altura: *Seu filho cresceu muito, nestes últimos meses.* **3** Aumentar em duração: *Cresceu o tempo do espetáculo.* **4** Aumentar em número ou em quantidade: *Como cresceu o seu rebanho!* **5** Inchar: *O arroz cresce na panela. Antôn: diminuir.*

cres.ci.men.to (*crescer+mento*) *sm* **1** Ação ou efeito de crescer. **2** Desenvolvimento.

cres.po (ê) (*lat crispu*) *adj* **1** Que tem superfície áspera; rugoso. **2** Encaracolado, frisado. **3** Áspero. • *sm pl* Franzidos, pregas, rugas. *Antôn: liso, macio.*

cre.tá.ceo (*lat cretaceu*) *adj Geol* Relativo ou pertencente ao último período da Era Mesozoica e ao correspondente sistema de rochas. • *sm* Período ou sistema de rochas cretáceas.

cre.ti.ni.ce (*cretino+ice*) *sf* Qualidade ou ação de cretino.

cre.ti.no (*fr crétin*) *sm Patol* Indivíduo que apresenta acentuada deficiência mental; idiota, imbecil.

cre.to.ne (*fr cretonne*) *sm* Pano forte e encorpado, de algodão ou de linho.

cri.a (de *criar*) *sf* **1** Animal de mama ou que está no período de criação. **2** Pessoa pobre, criada de pequena a expensas de alguém. **3** Seguidor.

cri.a.ção (*lat creatione*) *sf* **1** Ação ou efeito de criar, de tirar do nada. **2** Totalidade dos seres criados. **3** O universo visível. **4** Produção, obra, invento. **5** Amamentação de uma criança. **6** Educação. **7** Animais domésticos que se criam para alimento do homem.

cri.a.da (*fem* de *criado*) *sf* Mulher contratada para trabalhos domésticos; empregada.

cri.a.da.gem (*criado+agem*) *sf* **1** Conjunto dos criados de uma casa. **2** Classe dos criados e criadas.

cri.a.do (*part* de *criar*) *sm* Homem contratado para serviços domésticos; servo. *Col: chusma.* • *adj* **1** Que se criou. **2** Alentado, nutrido.

cri.a.do-mu.do *sm* Mesa de cabeceira. *Pl: criados-mudos.*

cri.a.dor (*lat criatore*) *adj* **1** Que cria ou criou. **2** Inventivo. • *sm* **1** Aquele que cria ou criou. **2** Deus.

cri.an.ça (*criar+ança*) *sf* **1** Ser humano no período da infância; menino ou menina. **2** Pessoa que não trata os negócios com seriedade.

cri.an.ça.da (*criança+ada*[1]) *sf* **1** Grupo de crianças. **2** Criancice.

cri.an.ci.ce (*criança+ice*) *sf* **1** Ato, dito ou modos próprios de criança. **2** Leviandade.

cri.an.ço.la (*criança+ola*) *sm* Indivíduo que, já não sendo criança, procede como criança.

cri.ar (*lat creare*) *vtd* **1** Dar existência a, tirar do nada: *Segundo o Gênese, Deus criou o homem e depois a mulher.* **2** Dar origem a; formar, gerar: *O medo cria fantasmas.* **3** Imaginar, inventar, produzir: *Criar uma religião.* **4** Estabelecer, instituir: *Criar um colégio.* **5** Amamentar. **6** Alimentar, sustentar (uma criança): *Com enorme sacrifício conseguiu criar os filhos.* **7** Cultivar (plantas): *Criava em seu jardim roseiras maravilhosas.* **8** Educar: *Criou os filhos no trabalho e na prática da virtude.* Conjuga-se como *premiar.*

cri.a.ti.vi.da.de (*criativo+i+dade*) *sf* **1** Qualidade ou estado de ser criativo. **2** Capacidade de criar.

cri.a.ti.vo (*criar+ivo*) *adj* Criador, engenhoso.

cri.a.tu.ra (*lat creatura*) *sf* **1** Efeito de criar. **2** Todo ser criado. **3** Homem, indivíduo.

cri-cri (*voc onom*) *sm* Canto do grilo. • *adj* e *s m+f gír* Diz-se de ou a pessoa chata. *Pl: cri-cris.*

cri.me (*lat crimen*) *sm* **1** *Dir* Violação dolosa ou culposa da lei penal. **2** *Social* Violação das regras que a sociedade considera indispensáveis à sua existência. **3** Infração moral grave; delito.

cri.mi.na.lis.ta (*criminal+ista*) *adj+s m+f Dir* Diz-se de ou advogado que se dedica especialmente a assuntos criminais.

cri.mi.no.so (ó) (*lat criminosu*) *adj* **1** Que cometeu crime. **2** Cheio de crimes. **3** Inspirado por uma ideia de crime. **4** Pertencente ou relativo ao crime. **5** Contrário às leis morais ou sociais. • *sm* **1** Indivíduo que, por ação ou omissão, infringiu a norma penal. **2** Réu. *Pl: criminosos* (ó).

cri.na (*lat crine*) *sf Zool* Pelos compridos e flexíveis, do pescoço e da cauda de vários animais.

cri.ou.lo (*esp criollo*) *sm* **1** Negro nascido na América, por oposição ao originário da África. **2** *Ling* Língua mista formada pelo contato de línguas europeias com línguas nativas e que se transforma em língua materna de uma comunidade. • *adj* **1** Pertencente ou relativo aos nativos de uma região. **2** Originário do país onde vive; aborígine. **3** Diz-se da língua de certas regiões onde ocorre(m) o(s) crioulo(s).

crip.ta (*lat crypta*) *sf* **1** Galeria subterrânea. **2** Lugar onde se enterravam mortos em algumas igrejas; catacumbas. **3** Caverna, gruta.

crip.tó.ga.mo (*cripto+gamo*) *adj+sm Bot* Diz-se de ou cada um dos vegetais inferiores que se reproduzem por meio de espórios e que não produzem flores ou sementes (como os fetos, musgos, algas ou fungos).

crí.que.te (*ingl cricket*) *sm Esp* Jogo desportivo, de origem inglesa, realizado entre dois partidos, de onze jogadores cada um, com bastões, pequena bola de madeira e postezinhos.

cri.sá.li.da (*gr khrysallís, ídos*) *sf* **1** *Entom* Pupa de um inseto. **2** *Entom* Casulo da pupa.

cri.sân.te.mo (*gr khrysántemon*) *sm Bot* Gênero da família das compostas e respectiva flor.

cri.se (*gr krísis*) *sf* **1** *Med* Momento decisivo em uma doença, quando toma o rumo da melhora ou do desenlace fatal. **2** Momento crítico ou decisivo. **3** Situação aflitiva.

cris.ma (*gr khrîsma*) *sm Rel* **1** Óleo perfumado com bálsamo, que se usa para unção na ministração de alguns sacramentos e em outras cerimônias religiosas; santos óleos. *sf* **2** Sacramento da confirmação.

cris.mar (*crisma+ar¹*) *vtd Rel* Conferir o crisma a; confirmar na fé.

cri.sol (*cast ant cresol*) *sm fig* Aquilo que serve para experimentar e patentear as boas qualidades do indivíduo.

cris.par (*lat crispari*) *vtd* e *vpr* **1** Encrespar(-se), franzir(-se): *Crispou o tecido do bordado.* *vpr* **2** Contrair-se em espasmo: *Crispar as mãos.*

cris.ta (*lat crista*) *sf* **1** *Zool* Saliência carnosa na cabeça das aves, principalmente dos galos. **2** Penacho. **3** Aresta de montanha; cume.

cris.tal (*lat crystallu*) *sm* **1** *Fís* Corpo sólido, comumente limitado por faces planas, que se forma em condições favoráveis ao passar uma substância do estado líquido ao sólido. **2** Vidro de qualidade superior, muito transparente, que contém óxido de chumbo. *sm pl* **3** Objetos de cristal de rocha ou de vidro, geralmente lapidados.

cris.ta.lei.ra (*cristal+eira*) *sf* Armário ou móvel onde se guardam objetos de cristal, copos etc.

cris.ta.li.no (*cristal+ino¹*) *adj* Puro como cristal; límpido. • *sm Anat* Corpo transparente, na parte anterior do humor vítreo do olho.

cris.ta.li.zar (*gr krystallízein*) *vti*, *vint* e *vpr* **1** Condensar-se ou transformar-se em cristal: *Esse metaloide cristaliza em formas diversas.* *vti* **2** Permanecer em determinado estado: *Cristalizavam nesses preconceitos.* *vtd* **3** Cobrir com açúcar: *Cristalizar um doce.*

cris.ta.lo.gra.fi.a *sf* Ciência que estuda os cristais.

cris.tan.da.de (*lat christianitate*) *sf* Conjunto dos povos ou dos países cristãos.

cris.tão (*lat christianu*) *adj* Que professa o cristianismo. • *sm* **1** Sectário do cristianismo. **2** Ente, pessoa. *Fem:* cristã. *Sup abs sint:* cristianíssimo. *Pl:* cristãos.

cris.tão-no.vo *sm* Judeu convertido (do judaísmo) à fé cristã. *Fem:* cristã-nova. *Pl:* cristãos-novos.

cris.ti.a.nis.mo (*lat christianu+ismo*) *sm Rel* **1** Doutrina de Cristo. **2** A religião de Cristo. **3** Conjunto das confissões religiosas com base nos ensinamentos de Jesus Cristo.

cris.ti.a.ni.zar (*lat christianu+izar*) *vtd* e *vpr* **1** Tornar(-se) cristão; converter(-se) à fé cristã. **2** Dar(-se) ou atribuir(-se) sentimentos, ideias ou costumes cristãos a: *Os jesuítas cristianizaram os indígenas.*

cris.to (*gr khristós*, ungido) *sm* **1 Cristo** *Rel* Aquele que é ungido do Senhor. **2** *Rel* Imagem de Jesus Cristo. **3** *pop* A vítima de enganos, ciladas ou maus-tratos.

cri.té.rio (*gr kritérion*) *sm Filos* **1** Aquilo que serve para norma para julgar, decidir ou proceder. **2** Faculdade de apreciar, de distinguir, de conhecer a verdade; discernimento.

cri.te.ri.o.so (*ó*) (*critério+oso*) *adj* **1** Que tem bom critério, que revela juízo claro e seguro. **2** Sensato. *Pl:* criteriosos (*ó*).

crí.ti.ca (de *crítico*) *sf* **1** Apreciação minuciosa. **2** Apreciação desfavorável. **3** Censura, maledicência. **4** Arte ou faculdade de julgar o mérito das obras científicas, literárias e artísticas. **5** Conjunto dos críticos; sua opinião.

cri.ti.car (*crítico*+*ar*^{1}) *vtd* **1** Dizer mal de; censurar: *Critica impiedosamente os erros do próximo*. **2** Examinar como crítico, notando a perfeição ou os defeitos de (obra literária ou artística). **3** Analisar: *Com reconhecida autoridade, pôs-se a criticar das esculturas renascentistas às dos tempos modernos*.

crí.ti.co (*gr kritikós*) *adj* **1** Pertencente ou relativo à crítica. **2** Que tem tendência para censurar. **3** *Med* Que indica uma crise de doença ou de idade. **4** Difícil, penoso; embaraçoso, grave. • *sm* **1** Indivíduo que acha defeito em tudo; maldizente. **2** Aquele que julga produções científicas, literárias ou artísticas.

cri.var (*lat cribare*) *vtd* **1** Passar por crivo. *vtd* **2** Furar em muitos pontos: *Crivar o alvo de balas*. *vti* **3** Encher: *Notícias sensacionalistas crivam os jornais*.

crí.vel (*crer*+*vel*) *adj m+f* Que se pode crer; acreditável, verossímil. *Sup abs sint: credibilíssimo*.

cri.vo (*lat cribru*) *sm* **1** Peneira de fio metálico. **2** Coador. **3** Qualquer coisa cheia de furos em toda a superfície. **4** *fig* Prova, teste, seleção.

cro.a.ta (*servo-croata hrvat*) *adj m+f* Relativo à Croácia (Europa). • *s m+f* Natural ou habitante da Croácia.

cro.can.te (de *crocar*) *adj m+f* Que produz ruído seco e característico ao ser mordido. • *sm* Qualquer guloseima preparada com castanhas, amendoim, nozes etc. e açúcar caramelado.

cro.chê (*fr crochet*) *sm* Renda ou malha que se faz com uma só agulha especial.

cro.ci.to (de *crocitar*) *sm* A voz do abutre, do corvo e de outras aves.

cro.co.di.lo (*gr krokódeilos*) *sm Zool* **1** Grande réptil anfíbio das regiões quentes. *Voz: brame*. **2** *fig* Indivíduo fingido, traidor.

croissant (*croassan*) (*fr*) *sm* Pãozinho de massa folhada.

cro.ma.do (*cromo*^{1}+*ado*^{1}) *adj* **1** Que tem cromo. **2** Revestido de cromo. • *sm* Revestimento de cromo.

cro.mar (*cromar*+*ar*^{1}) *vtd Quím* Revestir de cromo.

cro.ma.ti.na (*crômato*+*ina*) *sf Fisiol* Substância de que é formado o núcleo celular.

cro.mo (*gr khrôma*) *sm* **1** Elemento metálico branco-acinzentado, duro, quebradiço, resistente à corrosão e oxidação, de número atômico 24 e símbolo Cr. **2** Desenho impresso em cores. **3** Couro curtido por impregnações de sais de cromo, usado para o fabrico de calçados.

cro.mos.so.mo (*cromo*+*somo*) *sm Biol* Cada um dos corpúsculos de cromatina, mais ou menos semelhantes a um bastonete, de cor escura, que aparecem no núcleo de uma célula na época de sua divisão, particularmente na mitose. São considerados a sede dos genes, e seu número, em qualquer espécie, é comumente constante.

cro.mo.te.ra.pi.a (*cromo*+*terapia*) *sf Med* Tratamento de doenças por meio de luzes coloridas.

crô.ni.ca (*gr khronikós*, via *lat*) *sf* **1** Narração histórica pela ordem do tempo em que se deram os fatos. **2** Seção ou artigo especial sobre literatura, assuntos científicos, esporte etc., em jornal ou outro periódico. **3** Pequeno conto baseado em algo do cotidiano.

crô.ni.co (*gr khronikós*) *adj* **1** Que dura há muito tempo: *"A rejeição popular é tão grande que nem o desemprego crônico consegue atrair os jovens para a carreira das armas."* (GAZ) **2** *Med* Diz-se das doenças que, em oposição às agudas, têm longa duração. **3** Arraigado, inveterado: *"[Trata-se de] usuário crônico de cocaína."* (EC)

cro.nis.ta (*crono*+*ista*) *s m+f* Aquele que escreve crônicas.

cro.no.gra.ma (*crono*+*grama*) *sm* Gráfico demonstrativo do início e do término das diversas fases de um processo operacional, dentro das faixas de tempo previamente determinadas.

cro.no.lo.gi.a (*crono*+*logo*+*ia*^{1}) *sf* Ciência das divisões do tempo e da determinação da ordem e sucessão dos acontecimentos.

cro.no.ló.gi.co (*crono*+*logo*+*ico*^{2}) *adj* Relativo ou pertencente à cronologia.

cro.no.me.tra.gem (*crono*+*metragem*) *sf* **1** Ato ou efeito de cronometrar. **2** Determinação do tempo gasto por uma pessoa para realizar sua tarefa.

cro.no.me.trar (*cronômetro*+*ar*[1]) *vtd* Verificar pelo cronômetro a duração de um fato: *"Descemos e subimos várias vezes; uma delas para cronometrar o tempo que levávamos de cima até embaixo (42 segundos)."* (BL) Conjug – Pres indic: *cronometro, cronometras* (*mé*) etc.

cro.nô.me.tro (*crono*+*metro*) *sm* Instrumento para medir o tempo com precisão, inclusive frações de segundo.

crooner (*crúner*) (*ingl*) *s m+f* Cantor ou cantora principal de orquestra ou grupo musical.

cro.que.te (*fr croquette*) *sm* Cul Bolinho de carne moída, galinha ou camarão recoberto de massa de farinha de rosca e frito.

cro.qui (*fr croquis*) *sm* Esboço de desenho ou pintura.

cros.ta (*ô*) (*lat crusta*) *sf* **1** Camada superficial e dura que envolve um corpo; casca, invólucro, côdea. **2** *Med* Denominação vulgar de pequenas escamas, mais ou menos duras, que se formam na pele, em seguida a um ferimento. **3** Tudo que endurece sobre alguma coisa.

cru (*lat crudu*) *adj* **1** Que está por cozer. **2** Que está por curtir. **3** Que está no estado de simples esboço.

cru.ci.al (*lat cruciale*) *adj m+f* **1** Em forma de cruz. **2** Decisivo. **3** Importante para o destino.

cru.ci.an.te (de *cruciar*) *adj m+f* Que crucia; aflitivo.

cru.ci.fi.ca.ção (*crucificar*+*ção*) *sf* **1** Ação ou efeito de crucificar. **2** Suplício da cruz.

cru.ci.fi.ca.do (*part* de *crucificar*) *adj*+*sm* Diz-se do ou o que padeceu o suplício da cruz. • *sm Rel* **Crucificado** Jesus Cristo.

cru.ci.fi.car (*lat crucifigere*) *vtd* **1** Pregar na cruz; submeter ao suplício da cruz: *Crucificaram-no de cabeça para baixo.* **2** Atormentar moralmente; mortificar: *O ciúme chegou a crucificá-lo.* **3** Acusar ou condenar injustamente: *Este o elogiou, mas aquele lá crucificou-o inapelavelmente.*

cru.ci.fi.xo (*cs*) (*lat crucifixu*) *sm* Imagem de Cristo pregado na cruz.

cru.de.lís.si.mo (*lat crudelissimu*) *adj* Superlativo absoluto sintético de *cruel*; muito cruel: *"A guerra foi crudelíssima."* (MAL)

cru.el (*lat crudele*) *adj m+f* **1** Que se compraz em ver ou em causar sofrimento. **2** Desumano, sanguinário. **3** Que aflige, que tortura. **4** Duro, insensível, intratável. **5** Rigoroso, severo. *Sup abs sint*: *crudelíssimo* e *cruelíssimo*.

cru.el.da.de (*lat crudelitate*) *sf* **1** Qualidade do que é cruel. **2** Ato cruel. **3** Barbaridade.

cru.e.lís.si.mo (*lat crudelissimu*) *adj* Crudelíssimo.

cru.e.za (*ê*) (*cru*+*eza*) *sf* **1** Estado ou qualidade de cru. **2** Indisposição do estômago causada por alimentos de má qualidade ou de difícil digestão.

cru.pe (*fr croup*) *sm Med* Doença caracterizada por respiração dificultada, espasmos laríngeos e às vezes pela deposição local de falsas membranas; difteria.

crus.tá.ceos (*crusta*+*áceo*) *sm pl Zool* Classe de artrópodes de respiração branquial, quase sempre aquáticos (lagostas, camarões, caranguejos etc.), alguns terrestres (tatuzinho).

cruz (*lat cruce*) *sf* **1** Figura formada por duas hastes que se cortam perpendicularmente. **2** Objeto em forma de cruz. **3** Símbolo da religião cristã. **4** Aflição, infortúnio, penas, trabalhos.

cru.za.da (*cruzar*+*ada*[1]) *sf* Campanha em favor de uma ideia ou em defesa de um interesse. *sf pl* Expedições militares e religiosas que, entre os anos de 1095 e 1269, diversos Estados fizeram à Palestina, com o fim de expulsar os muçulmanos, e cujos cavaleiros traziam por distintivo uma cruz de pano cosida sobre a roupa.

cru.za.do (*part* de *cruzar*) *adj* **1** Disposto em cruz. **2** Atravessado. • *sm* **1** Guerreiro que participa de uma cruzada. **2** *Esp* Contra-ataque, no boxe, em que o soco passa por cima do braço do oponente.

cru.za.dor (*cruzar*+*dor*[1]) *adj* Que cruza. • *sm* Navio de guerra.

cru.za.men.to (*cruzar*+*mento*) *sm* **1** Ação ou efeito de cruzar. **2** Ponto em que duas vias se cortam. **3** Travessia. **4** *Biol* Reprodução entre indivíduos de raças e variedades diferentes.

cru.zar (*cruz+ar¹*) *vtd* **1** Dispor em forma de cruz: *Cruzar os braços*. *vti* **2** Fazer cruz: *Os suspensórios cruzam-se nas costas*. *vtd* **3** Atravessar, cortar (falando de caminho, de linha): *Esta estrada cruza a que vai de Campinas a São Paulo*. *vtd* e *vpr* **4** Acasalar(-se) (animais de raças diferentes).

cru.zei.ro (*cruz+eiro*) *adj* Que tem cruz; marcado com uma cruz. • *sm* **1** Grande cruz fincada nos jardins de algumas igrejas, cemitérios etc. **2** Excursão marítima de turistas em visita a vários portos. **3** Constelação austral: *Cruzeiro do Sul*.

cu (*lat culu*) *sm pop* **1** Ânus. **2** Nádegas. *Cu de ferro, gír*: Diz-se de estudante aplicado e assíduo às aulas ou de pessoa que se empenha com seriedade no cumprimento de deveres e compromissos; cdf, cê-dê-efe.

cu.ba (*lat cupa*) *sf* **1** Vasilha grande, que serve para vários usos nas indústrias. **2** Recipiente de vidro ou louça usado nos laboratórios. **3** Bacia de pia.

cu.ba.no (*top Cuba+ano*) *adj* Pertencente ou relativo à ilha de Cuba (América Central). • *sm* Natural ou habitante de Cuba.

cú.bi.co (*cubo+ico²*) *adj* **1** Referente a cubo. **2** Em forma de cubo. **3** Pertencente a cubo. **4** *Mat* Expresso em unidades representadas por um cubo de determinado tamanho. **5** *Mat* Multiplicado duas vezes por si mesmo.

cu.bí.cu.lo (*lat cubiculu*) *sm* Quarto ou compartimento de pequenas dimensões.

cú.bi.to (*lat cubitu*) *sm Anat* Articulação que une braço e antebraço (nome antigo: *cotovelo*).

cu.bo (*lat cubu*) *sm* **1** *Geom* Sólido limitado por seis faces quadradas iguais. **2** *Mat* Terceira potência de uma quantidade.

cu.ca (*corr de coca*) *sf* **1** Expressão com que se faz medo às crianças; papão. **2** *gír* Cabeça, cérebro. • *sm Cul* Cozinheiro, mestre-cuca.

cu.co (*lat cuculu*) *sm Ornit* Ave europeia, insetívora e migradora, que põe os seus ovos nos ninhos de outras aves. *Voz: canta, cucula*. • *adj+sm* Diz-se de ou relógio de pêndulo em que um cuco mecânico dá as horas.

cu.cur.bi.tá.ceas *sf pl Bot* Família de plantas a que pertencem a abóbora, o melão, a melancia, o pepino etc.

cu de fer.ro Ver definição em *cu*.

cu.e.ca (de *cu*) *sf* Peça íntima do vestuário masculino.

cu.ei.ro (*cu+eiro*) *sm* Pano em que se envolve bebês da cintura para baixo.

cui.a (*tupi kúia*) *sf* **1** Fruto da cuieira, de que se obtém uma tinta preta e de cuja casca se fazem vasilhas diversas. **2** Casca desse fruto, depois de seca; cabaça.

cu.í.ca (*tupi kuíka*) *sf Mús* Instrumento musical rústico, de origem africana, feito de um tronco oco, com uma das bocas tapada por uma pele bem esticada, em cujo centro há um bastão preso por dentro, o qual, quando friccionado com a mão, produz um ronco cavo.

cui.da.do (*part de cuidar*) *adj* **1** Pensado, meditado, refletido. **2** Bem trabalhado, benfeito, apurado. *Antôn: descuidado*. • *sm* **1** Desvelo, diligência, atenção. **2** Precaução, vigilância. • *interj* Atenção! cautela!

cui.dar (*lat cogitare*) *vti* **1** Tomar conta de: *Cuidar de casa*. *vti* **2** Precaver-se de: *Cuide de não incorrer em erro*. *vti* **3** Zelar pelo bem-estar ou pela saúde de: *Cuidar de um enfermo*. *vpr* **4** Tratar da própria saúde ou zelar pelo próprio bem-estar: *Se não se cuida, ele morre*.

cu.jo (*lat cuju*) *pron adj* De que, de quem, do qual, da qual. • *sm pop* Nome que substitui outro que não se quer dizer: *O dito-cujo; o cujo*.

cu.la.tra (*ital culatta*) *sf Mil* Fecho na parte posterior do cano de arma de fogo: *"Apoia bem a culatra senão ela te quebra a clavícula."* (CNT)

cu.li.ná.ria (*fem de culinário*) *sf* Arte de cozinhar.

cu.li.ná.rio (*lat culinariu*) *adj* Da cozinha ou a ela relativo.

cu.li.na.ris.ta (*culinária+ista*) *sm+f* **1** Especialista em culinária. **2** Monitor de arte culinária. **3** Mestre-cuca; cozinheiro de forno e fogão. **4** Profissional experiente em arte culinária que atesta e divulga a qualidade de novos produtos alimentícios e cria novas receitas.

cul.mi.nân.cia (*culminar+ância*) *sf* **1** O ponto mais alto; culminação. **2** Auge.

cul.mi.nan.te (*lat culminante*) *adj m+f* Que é o mais elevado.

cul.mi.nar (*lat culminare*) *vti* e *vint* Atingir seu ponto culminante, mais elevado.

cu.lo.te (*fr culotte*) *s m+f* **1** Espécie de calça para montaria, muito larga na parte superior e justa a partir do joelho. **2** Concentração de gordura localizada na parte externa da parte alta das coxas.

cul.pa (*lat culpa*) *sf* **1** Ato repreensível ou criminoso. **2** Responsabilidade por um ato ou omissão repreensíveis ou criminosos. **3** Consequência de se ter feito o que não se devia fazer.

cul.pa.do (*lat culpatu*) *adj* **1** Que praticou culpa ou crime. **2** Causador. • *sm* O que tem culpa; acusado, criminoso, réu. *Antôn:* inocente.

cul.par (*lat culpare*) *vtd* e *vti* **1** Acusar, incriminar: *O juiz culpou-o sem apelação*. *vpr* **2** Confessar-se culpado; sentir-se responsável: *Culparam-se espontaneamente*. *vpr* **3** Revelar involuntariamente a própria culpa: *Contradizendo-se, o réu culpou-se*.

cul.po.so (*ô*) (*culpa+oso*) *adj* **1** Cheio de culpas: *"Jenner sentia-se invadido por uma espécie de temor culposo."* (ALE) **2** Em que há culpa. **3** *Dir* Diz-se do crime quando da parte do agente não há intenção de praticar um mal. *Pl: culposos* (*ó*).

cul.ti.var (*lat med cultivare*) *vtd* **1** Fertilizar, preparar a terra para que ela produza. *vtd* **2** Fazer que nasça e se desenvolva (uma planta). *vint* **3** Exercer a agricultura. *vtd* **4** *Biol* Fazer propagar-se artificialmente micro-organismos. *vtd* **5** Procurar manter ou conservar: *Cultiva os saudáveis hábitos da juventude*.

cul.ti.vo (de *cultivar*) *sm* Preparo da terra, cultura.

cul.to (*lat cultu*) *adj* **1** Que se cultivou; cultivado. **2** Ilustrado, instruído, sabedor. **3** Civilizado. **4** Esmerado. *Antôn:* inculto. • *sm* **1** Forma pela qual se presta homenagem à divindade; liturgia. **2** A religião. **3** Cerimônia religiosa. **4** *fig* Veneração.

cul.tu.ar (*culto+ar*[1]) *vtd* **1** Render culto a: *Os soldados cultuavam o general*. **2** Tornar objeto de culto: *Cultuam a memória do pai*.

cul.tu.ra (*lat cultura*) *sf* **1** Ação, efeito, arte ou maneira de cultivar a terra ou certas plantas. **2** Terreno ou produto cultivado. **3** Aplicação do espírito a uma coisa; estudo. **4** Desenvolvimento intelectual. **5** Adiantamento, civilização.

cul.tu.ral (*cultura+al*[1]) *adj m+f* Referente a cultura.

cu.me (*lat culmen*) *sm* **1** Ponto mais elevado de um monte; crista, topo. **2** *fig* Apogeu, auge.

cúm.pli.ce (*lat tard complice*) *adj* e *s m+f* **1** *Dir* Que ou aquele que tomou parte num delito ou crime cometido por outra pessoa. **2** Que ou aquele que colabora com outra pessoa em algum fato.

cum.pli.ci.da.de (*cúmplice+i+dade*) *sf* **1** Ato ou qualidade de cúmplice. **2** Participação na execução ou tentativa de um crime.

cum.pri.do (*part* de *cumprir*) *adj* Realizado, executado.

cum.pri.men.tar (*cumprimento+ar*[1]) *vtd* e *vti* **1** Apresentar, dirigir ou fazer cumprimentos a: *Quis cumprimentar todos os presentes*. **2** Elogiar, louvar: *Cumprimentaram-no pelo feito*.

cum.pri.men.to (*cumprir+mento*) *sm* **1** Ação de cumprimentar; saudação. **2** Elogio. *Cf comprimento*.

cum.prir (*lat complere*) *vtd* e *vti* **1** Desempenhar, executar pontualmente, satisfazer; obedecer: *Fez cumprir o dispositivo legal*. *vtd* e *vpr* **2** Completar(-se), preencher (-se), realizar(-se): *O condenado cumpriu a pena*. *vtd* **3** Sujeitar-se a: *Cumprira todas as condições*. *vti* e *vint* **4** Ser conveniente, necessário, proveitoso; convir: *Ao professor cumpre ensinar, ao aluno cumpre aprender*. *vti* **5** Competir, pertencer: *Cumpre-nos tomar a iniciativa disso*.

cu.mu.lar (*lat cumulare*) *vtd*, *vint*, *vti* e *vpr* Acumular. *Conjug – Pres indic: cumulo, cumulas* (*mú*) etc. *Cf cúmulo*.

cu.mu.la.ti.vo (*lat cumulatu*) *adj* Que se faz ou se exerce por acumulação.

cú.mu.lo (*lat cumulu*) *sm* **1** Conjunto de coisas sobrepostas; amontoamento. **2** Grande quantidade; montão. **3** *Meteor* Nome dado às nuvens que lembram flocos de algodão.

cu.nha (de *cunho*) *sf* Peça de ferro ou madeira, cortada em ângulo agudo, para rachar lenha, pedras etc. ou para apertar, calçar ou levantar objetos sólidos ou pesados.

cu.nha.do (*lat cognatu*) *sm* Irmão de um dos cônjuges, em relação ao outro.

cu.nhar (*cunho+ar¹*) *vtd* Imprimir o cunho em (moedas).

cu.nho (*lat cuneu*) *sm* **1** Peça de ferro, gravada e temperada, para marcar moedas ou medalhas. **2** Sinal impresso pelo cunho nas moedas e nas medalhas. **3** *fig* Selo, marca, caráter.

cu.pi.dez (*cúpido+ez*) *sf* **1** Caráter ou qualidade de cúpido. **2** Ambição, cobiça.

cu.pi.do (*lat Cupido, np*) *sm* **1** O amor personificado. **2** Amor. **3 Cupido** *Mit* Divindade romana que representa o amor.

cú.pi.do (*lat cupidu*) *adj* Ambicioso, ávido, desejoso: *"O cúpido olhar do homem queria atingir sua recôndita nudez, fazê-la frágil, babujá-la."* (COB) *Antôn: desinteressado, generoso.*

cu.pim (*tupi kupí*) *sm Entom* **1** Denominação comum dada aos insetos que constroem ninhos na madeira, sobre as árvores, no interior da terra ou em sua superfície. **2** Denominação também aplicada ao próprio ninho desses insetos. **3** Corcova do zebu.

cu.pin.cha *s m+f pop* Pessoa protegida de político influente; afilhado; comparsa.

cu.pom (*fr coupon*) *sm* **1** Parte destacável de uma ação ou obrigação ao portador e que se corta na ocasião do pagamento de dividendos, bonificações, juros etc. **2** Cada um dos pequenos impressos que se devem colecionar para ter direito a algo predeterminado.

cú.pri.co (*lat cupru*) *adj* **1** De cobre. **2** Em que há cobre.

cu.pu.a.çu (*tupi kupuasú*) *sm* **1** *Bot* Árvore malvácea. **2** Fruto dessa árvore, de cuja polpa se fabricam compotas, doces e sorvetes, e cuja semente fornece uma espécie de chocolate.

cú.pu.la (*lat cupula*) *sf* **1** *Arquit* Coberta abobadada em forma de taça com a abertura voltada para baixo; abóbada. **2** Tudo o que tem o aspecto de uma abóbada. **3** *fig* Direção de uma organização, chefia de um partido etc.

cu.ra (*lat cura*) *sf* **1** Ação ou efeito de curar. **2** Tratamento da saúde. **3** Restabelecimento da saúde. **4** Processo de curar ou secar ao sol ou ao calor do fogo (queijo, chouriço etc.). • *sm* Pároco de aldeia.

cu.ra.çau (*top Curaçao*) *sm* Licor alcoólico e estomacal feito da casca da laranja-amarga.

cu.ra.dor (*lat curator*) *sm* **1** Indivíduo encarregado judicialmente de administrar ou fiscalizar bens ou interesses de outra pessoa. **2** *pop* Curandeiro, feiticeiro.

cu.ra.do.ri.a (*curador+ia¹*) *sf Dir* Cargo, poder e função ou administração de curador; curatela.

cu.ran.dei.ris.mo (*curandeiro+ismo*) *sm* **1** Atividade de curandeiro. **2** Conjunto de práticas dos curandeiros.

cu.ran.dei.ro (de *curar*) *sm* Aquele que cura, sem título nem conhecimentos científicos, geralmente por meio de rezas e rituais de feitiçaria.

cu.rar (*lat curare*) *vtd* **1** Restabelecer a saúde de: *Curaram os aldeões de muitas doenças*. *vpr* **2** Curar a doença, aplicando remédios: *Curou-se com quatro ou cinco vidros de medicamento*. *vpr* **3** Emendar-se de algum defeito moral ou hábito prejudicial: *Curaram-no do desencanto*. *vint* **4** Fazer a cura: *Essas ervas curam, realmente*. *vtd* **5** Secar ao fumeiro, ao sol ou simplesmente ao ar: *Curar a carne, peixe, queijo etc.*

cu.ra.re (*coribe urari*) *sm* Veneno muito forte preparado pelos índios sul-americanos, com a casca de certos cipós, para envenenar flechas.

cu.ra.ti.vo (*curar+ivo*) *adj* **1** Que cura. **2** Relativo a cura. • *sm* **1** Ação ou meio de curar. **2** Tratamento. **3** Aplicação de remédios, ataduras ou aparelhos num ferimento.

cu.rau *sm Cul* Papa de milho verde moído ou ralado e cozido com açúcar.

cu.re.ta (*ê*) (*fr curette*) *sf Cir* Instrumento em forma de colher ou pá, com que se remove, por meio de raspagens, formações mórbidas ou outra matéria, para fins diagnósticos.

cú.ria (*lat curia*) *sf Ecles* Conjunto de organismos e entidades eclesiásticas que cooperam com o bispo na direção da diocese.

cu.rin.ga (*quimbundo kuringa*) *sm* **1** Carta que, em certos jogos, muda de valor, de acordo com a combinação que o jogador tem na mão. **2** *Teat* Ator que interpreta várias personagens numa mesma peça.

cu.ri.ó (*tupi kurió*) *sm Ornit* Pássaro canoro, de cor preta na parte superior do corpo e castanho-avermelhada na parte inferior.

cu.ri.o.si.da.de (*lat curiositate*) *sf* **1** Qualidade de curioso; desejo de desvendar, saber ou ver. **2** Indiscrição. **3** Objeto raro ou original.

cu.ri.o.so (ô) (*lat curiosu*) *adj* **1** Que tem desejo de ver, aprender, saber etc. **2** Indiscreto. **3** Digno de admiração; interessante, singular. *Antôn* (acepção 1): *indiferente*; (acepção 2): *discreto*; (acepção 3): *desinteressante*. • *sm* **1** Indivíduo curioso. **2** Indivíduo hábil que, sem conhecimentos teóricos, executa qualquer serviço. *Pl: curiosos* (ó).

cur.ral (*curro+al¹*) *sm* Lugar em que se junta e recolhe o gado.

cur.rí.cu.lo (*lat curriculu*) *sm* **1** Curso, carreira. **2** Conjunto das matérias de um curso escolar. **3** V *curriculum vitae*.

curriculum vitae (*currículum vite*) (*lat*) *sm* Conjunto de dados pessoais, educacionais e profissionais de quem se candidata a um emprego ou a um curso de pós-graduação de uma universidade. *Pl: curricula vitae*. *Var: currículo*.

cur.sar (*lat cursare*) *vtd* **1** Seguir o curso de: *Cursaram Português muito bem*. **2** Fazer os estudos em (uma escola): *Cursou uma universidade*. **3** Andar, percorrer: *Cursou continentes em busca de aventuras*.

cur.si.nho (*curso+inho*) *sm pop* Curso de preparação para o vestibular.

cur.si.vo (*curso+ivo*) *adj* Executado sem esforço; ligeiro. • *sm* **1** Forma de letra manuscrita, miúda e ligeira. **2** *Tip* Tipo que imita a letra manual.

cur.so (*lat cursu*) *sm* **1** Ação de correr; carreira, movimento rápido. **2** Caminho, rumo, percurso. **3** Trajetória, direção. **4** Leito de rio ou ribeira. **5** *fig* Seguimento, sucessão (do tempo ou das coisas). **6** Conjunto de matérias professadas numa escola que habilitam para uma profissão.

cur.sor (*lat cursore*) *adj* Que corre ao longo de. • *sm* **1** Peça que corre para a frente e para trás. **2** *Inform* Marcador num dispositivo de vídeo que mostra onde o próximo caráter vai aparecer.

cur.ta-me.tra.gem *sf Cin* e *Telev* Filme de curta duração, mais ou menos 10 minutos, rodado para fins artísticos, educativos ou comerciais. *Pl: curtas-metragens*.

cur.ti.ção (*curtir+ção*) *sf* **1** Ato ou efeito de curtir. **2** *gír* Prazer intenso, intelectual, moral ou material.

cur.ti.do (*part de curtir*) *adj* **1** Que se curtiu. **2** Preparado por curtimento; surrado. **3** *fig* Experimentado. **4** *fig* Calejado, endurecido.

cur.tir (*lat vulg *corretrire*) *vtd* **1** Preparar (couro, pelo) de modo que não apodreça e se torne mais macio; surrar: *Curtiu o couro antes de costurá-lo*. *vtd* **2** Preparar alimento pondo-o de molho em líquido adequado: *Curtir cebolas, pimentas*. *vpr* **3** *fig* Tornar-se calejado, endurecido: *Os golpes da vida o curtiram*. *vtd* **4** Padecer, sofrer: *Curtir o desgosto*. *vtd* **5** *gír* Desfrutar com grande prazer: *Só quer, agora, curtir uma boa música*.

cur.to (*lat curtu*) *adj* **1** De pequeno comprimento. **2** De pouca duração, que passa rapidamente. **3** Que abrange pouco espaço. **4** *fig* Bronco, pouco inteligente. **5** Breve, resumido. *Antôn: longo, demorado*.

cur.to-cir.cui.to *sm Eletr* Contato entre fios de um mesmo circuito em tensões diferentes, com produção de calor, que pode pôr em perigo a instalação ou o respectivo aparelho ou causar incêndio se o circuito não for interrompido por fusíveis. *Pl: curtos-circuitos*.

cur.tu.me (*curtir+ume*) *sm* **1** Ato ou efeito de curtir. **2** Lugar em que se curtem couros.

cu.ru.pi.ra (*tupi kurupíra*) *sm Folc* Ente fabuloso que, segundo a superstição popular, habita as matas e tem os calcanhares voltados para a frente e os dedos dos pés para trás.

cur.va (de *curvo*) *sf* **1** No sentido mais comum, linha que não é reta em nenhuma de suas porções. **2** Linha sinuosa. **3** *Arquit* Peça de metal, plástico, madeira ou outro material em forma de arco. **4** Flexão, numa estrada, rua, caminho ou outra via; volta.

cur.va.do (*part de curvar*) *adj* **1** Dobrado. **2** Inclinado. **3** Arqueado. **4** Subjugado. **5** Curvo. *Antôn* (acepções 1, 2 e 3): *ereto*.

cur.var (*lat curvare*) *vtd* **1** Dobrar, tornar curvo; encurvar: *A ventania curvara as árvores*. *vti* **2** Tomar a forma curva; vergar: *Já vai curvando ao peso da idade*.

vtd e *vpr* **3** Submeter(-se): *Curvou-se ao destino adverso.*

cur.va.tu.ra (*curvar+ura*) *sf* **1** Ato ou efeito de curvar(-se). **2** Estado do que é curvo ou curvado. **3** Curva, arqueadura. **4** Forma curva de qualquer corpo.

cur.vo (*lat curvu*) *adj* Em forma de arco; curvado, encurvado, recurvado. *Antôn: reto.*

cus.cuz (*ár kuskus*) *sm Cul* Denominação genérica de pratos brasileiros, especialmente formados por massa de farinha de mandioca ou de milho, ou da mistura de ambas, a que se juntam galinha, peixe ou camarão etc., todos com sal e que se cozem ao vapor d'água, como um bolo. *Pl: cuscuzes.*

cus.pa.ra.da (*cuspo+ar²+ada¹*) *sf* Porção de cuspe.

cus.pe (de *cuspir*) *pop V cuspo.*

cus.pir (*lat conspuere*) *vtd, vti* e *vint* **1** Expelir cuspe, lançar da boca cuspe ou outra coisa: *Cuspir sangue. vtd* **2** Lançar em rosto, proferir (afrontas, injúrias). Conjuga-se como *subir.*

cus.po (de *cuspir*) *sm* Humor segregado pelas glândulas salivares; saliva. *Var: cuspe.*

cus.ta (de *custar*) *sf* **1** Custo. **2** Trabalho. *sf pl* **3** Despesas feitas em processo judicial.

cus.tar (*lat constare*) *vtd* **1** Importar em, causar a despesa de; valer: *O carro custou vinte mil dólares. vtd* **2** Obter-se por meio de, a troco, à custa de: *A vitória custou sacrifícios. vti* **3** Ser custoso, difícil: *Eu custo a crer...*

cus.te.ar (*custo+e+ar¹*) *vtd* Arcar com a despesa feita com. Conjuga-se como *frear.*

cus.tei.o (de *custear*) *sm* **1** Ação de custear. **2** Gasto; relação de despesa.

cus.to (de *custar*) *sm* **1** Preço por que se compra uma coisa. **2** Trabalho com que se consegue alguma coisa. **3** Dificuldade, esforço. *sm pl Econ* Avaliação em unidades de dinheiro de todos os bens materiais e imateriais, trabalhos e serviços consumidos pela empresa na produção de bens industriais, bem como aqueles consumidos na manutenção de suas instalações.

cus.tó.dia (*lat custodia*) *sf* **1** *Dir* Estado de quem é preso pela autoridade policial, para averiguações, ou conservado sob segurança e vigilância. **2** *Dir* Guarda ou detenção de coisa alheia, que se administra e conserva, até a entrega ao seu dono legítimo. **3** Guarda, proteção.

cus.to.di.ar (*custódia+ar¹*) *vtd* Guardar com muito cuidado, pôr ou ter em custódia: *"O Ciam é o órgão do governo do Pará encarregado de custodiar meninos infratores sentenciados ou à espera de julgamento."* (FSP) Conjuga-se como *premiar.*

cus.to.so (ô) (*custo+oso*) *adj* **1** De grande custo; caro. **2** Difícil, demorado. **3** Árduo, trabalhoso. *Pl: custosos (ó).*

cu.tâ.neo (*lat cutaneu*) *adj Anat* Pertencente ou relativo à pele ou à epiderme.

cu.te.la.ri.a (*cutelo+aria*) *sf* Arte, obra, oficina, loja de cuteleiro.

cu.te.lei.ro (*cutelo+eiro*) *sm* Fabricante ou vendedor de instrumentos cortantes, como tesouras, facas, navalhas, instrumentos cirúrgicos etc.

cu.te.lo (*lat cultellu*) *sm* Espécie de faca de lâmina retangular, pesada, usada nos açougues.

cu.ti.a (*tupi akutí*) *sf Zool* Mamífero roedor, com pelo rijo acastanhado ou grisalho.

cu.tí.cu.la (*lat cuticula*) *sf* Película que se destaca da pele em torno das unhas.

cu.ti.la.da (*corr* de *cutelada*, de *cutelo*) *sf* Golpe com instrumento de ponta.

cú.tis (*lat cutis*) *sf sing+pl* Pele de pessoa, pele do rosto; epiderme, tez.

cu.tu.ca.da (*cutucar+ada¹*) *sf pop* **1** Ato ou efeito de cutucar. **2** Cutilada.

cu.tu.cão (*cutucar+ão*) *sm pop V cutucada.*

cu.tu.car (*tupi kutúka+ar¹*) *vtd pop* **1** Tocar alguém com o cotovelo, dedo, pé etc., para fazer uma advertência ou por provocação. **2** Dar cutilada leve: *Travesso, o menino resolveu cutucar a casa de marimbondos.*

cybercafé (*saibercafé*) (*ingl*) *sm* Espécie de bar ou lanchonete onde os clientes encontram computadores à disposição para acessar a internet, brincar com jogos eletrônicos, executar pequenos trabalhos-setc.; cibercafé.

czar (tçar) (*russo car*) *sm* Título que se dava ao imperador da Rússia, antes da revolução de 1917. *Fem: czarina. Pl: czares.*

d

d (*dê*) *sm* Quarta letra do alfabeto português, consoante.

D (*dê*) **1** Na numeração romana, equivale a 500. **2** Abreviatura de *dom, dona*.

da *Gram* Combinação da preposição *de* com o artigo definido ou pronome demonstrativo feminino *a*.

dá.blio (*ingl double u*) *sm* O nome da letra *w*.

dá.di.va (*lat med dativa*) *sf* **1** Dom, presente. **2** Donativo: *"Trouxemo-lhes preciosa dádiva do Senhor que virá enriquecer-lhes o lar ainda mais."* (PCO)

da.di.vo.so (*ô*) (*dádiva+oso*) *adj* Liberal; generoso: *"Numa espécie de transe, eu pensava nas belezas que a imaginação criadora e dadivosa de Deus espalhou pelo universo."* (INC) *Pl*: dadivosos (*ó*).

da.do (*lat datu*) *adj* **1** Concedido. **2** Gratuito. **3** Acostumado, habituado. **4** Afável, tratável. **5** Propenso: *Dado ao vício.* • *sm* **1** *Mat* Elemento, princípio ou quantidade conhecida que serve de base à solução de um problema. **2** Pequeno cubo usado em certos jogos, que apresenta em cada face marcas ou pontos de 1 a 6. *sm pl* **3** Conjunto de informações disponível para análise. *Dado o caso:* suposto, admitido o caso; no caso em que, no caso de. *Dado que:* posto que, suposto que.

da.í *Gram* Contração da preposição *de* com o advérbio *aí*. Desse lugar: *Saia daí.* Desse tempo: *A partir daí não mais se encontraram.* Por esse motivo, por isso: *Daí se desentenderem.* Disso: *Que se conclui daí? Daí em diante, loc adv:* desde esse momento.

dá.lia (*Dahl, np + ia²*) *sf Bot* **1** Gênero constituído de ervas originárias do México e América Central. **2** A flor dessas plantas.

dal.to.nis.mo (*Dalton, np+ismo*) *sm Oftalm* Incapacidade congênita para distinguir certas cores, principalmente o vermelho e o verde.

da.ma (*fr dame*) *sf* **1** Mulher nobre. **2** Mulher que participa de uma dança, formando par com um cavalheiro. **3** Atriz. **4** Figura feminina no baralho. **5** Peça do jogo de damas. *sf pl* **6** Jogo de tabuleiro. *Dama de honra:* menina que acompanha a noiva na cerimônia de casamento. *Primeira-dama:* esposa do presidente da República, de um governador ou de um prefeito.

da.na.ção (*lat damnatione*) *sf* **1** Ato ou efeito de danar(-se). **2** Fúria, raiva: *"Todas as personagens se contorciam numa danação de heróis e vítimas."* (FSP) **3** Maldição: *"Afinal, Huck prefere correr o risco da eterna danação."* (FSP)

da.na.do (*part de danar*) *adj* **1** Condenado, maldito: *"Eu sou um cão danado como você e você é um cão danado como eu."* (SPI) **2** Furioso, irado, zangado: *"Aparício está mesmo danado com o Coronel de Jatobá."* (CA) **3** Disposto, esperto, hábil, jeitoso: *"Pedro era danado, até a morte enganou."* (PEM) **4** Extraordinário: *"Zefa da Mochila fazia um sucesso danado."* (CR) **5** Muito intenso: *"Está fazendo um calor danado."* (VA) • *sm* **1** Alienado. **2** Indivíduo ousado: *"Quando menos se esperava, lá vinha o danado, língua de fora, arfando, correndo atrás do automóvel ou do bonde."* (ANA)

da.nar (*lat damnare*) *vtd* **1** Causar irritação ou cólera a: *Tua ironia o danou. vtd*

2 Corromper física ou moralmente: *Os vícios danam o corpo e o espírito.* vtd e vti **3** Causar dano a, prejudicar: *As galinhas danaram a horta.* vint e vpr **4** Desesperar-se, irritar-se. *Não importa que ele dane. Danar a:* começar: *Danou a correr ao ver o ladrão. Pra danar, pop:* muito, demais: *É caro pra danar.*

dan.ça (de *dançar*) sf **1** Ato ou efeito de dançar. **2** Baile. **3** *fig* Negócio intricado; embrulhada. *Entrar na dança:* ser incluído, meter-se em.

dan.çar (fr *danser*) vtd **1** Executar dança: *Adalgisa adorava dançar.* vint **2** Saltar, girar sobre uma superfície, sobre a água ou no ar: *A barquinha dança na corrente.* vti e vint **3** Executar uma sucessão de passos e movimentos do corpo, de acordo com o ritmo de uma música: *Não dançarei com você. Dançar conforme a música:* acompanhar o que é sensato, conveniente, oportuno. *Dançar, gír:* sair(-se) mal, fracassar: *O negócio dançou.*

dan.ça.ri.no (*dançar+ino*) adj Relativo a dança. • sm Homem que dança por ofício.

da.ni.fi.car (lat *damnificare*) vtd **1** Causar dano a; estragar, prejudicar. vpr **2** Sofrer dano.

da.ni.nho (de *dano*) adj Que causa dano, mal ou prejuízo.

da.no (lat *damnu*) sm **1** Mal ou ofensa que se faz a outra pessoa. **2** *Dir* Prejuízo moral ou material causado a alguém. **3** Estrago. **4** Perda.

dan.tes (*de+antes*) adv **1** Antes, antigamente: *"Agora é dia claro, embora tudo continue escuro como dantes."* (AL) **2** *Gram* Contração da preposição *de* com o advérbio *antes*.

da.que.les *Gram* Contração da preposição *de* com o pronome demonstrativo *aqueles*. • adj *pop* Fora do comum; extraordinário: *Ele estava com um humor daqueles.*

da.qui *Gram* Contração da preposição *de* com o advérbio *aqui*.

da.qui.lo *Gram* Contração da preposição *de* com o pronome demonstrativo *aquilo*.

dar (lat *dare*) vtd **1** Ceder gratuitamente: *Deu toda a roupa do falecido.* vtd **2** Bater, soar (horas): *O relógio da igreja deu sete horas.* vtd **3** Emitir, soltar: *Dar vivas.* vtd **4** Causar: *Isso dá muito trabalho.* vtd **5** Virar, voltar: *Em vez de responder, deu-lhe as costas.* vti **6** Encontrar, topar: *Deu com o amigo ao virar a rua.* vti **7** Chegar, terminar: *Subindo esta rua, você dá no mercado.* vti **8** Ter vista: *A janela do quarto dá para a rua.* vti e vint **9** Bastar, ser suficiente: *Seu ordenado mal dá para sustentá-la.* vpr **10** Combinar-se, entender-se: *Os dois amigos dão-se muito bem. Dar à luz:* a) parir; b) publicar, editar (uma obra). *Dar a mão à palmatória:* reconhecer que errou. *Dar a palavra:* a) obrigar-se solenemente a alguma coisa; b) permitir que fale. *Dar a palavra de honra:* fazer depender o seu crédito e dignidade da realização do que se afirma ou promete. *Dar as cartas:* a) em qualquer jogo de baralho, distribuí-las aos jogadores; b) *fig* estar por cima; dominar (uma situação). *Dar a vida:* morrer; sacrificar-se. *Dar cabeçada:* fazer tolice. *Dar cabo de:* acabar, destruir, matar. *Dar com a língua nos dentes:* revelar um segredo. *Dar com o nariz na porta:* não encontrar ninguém em casa. *Dar com os burros n'água:* fracassar. *Dar corda:* a) provocar alguém para falar sobre qualquer assunto; b) corresponder ao namoro. *Dar duro:* trabalhar muito. *Dar em cima de:* agir com o objetivo de uma conquista amorosa. *Dar murro em ponta de faca:* pretender o impossível. *Dar na vista:* a) tornar-se público e notório; b) tornar-se escandaloso. *Dar o braço a torcer:* confessar fraqueza ou ignorância. *Dar o cano:* faltar ao compromisso ou encontro. *Dar o fora:* fugir, ir embora. *Dar o troco:* responder a uma ofensa. *Dar para trás:* voltar atrás. *Dar parte de:* denunciar crime ou delito. *Dar um tilte, gír:* quebrar, apresentar um defeito. Conjug – *Pres indic:* dou, dás, dá, damos, dais, dão; *Pret perf:* dei, deste, deu, demos, destes, deram; *Pret imp indic:* dava, davas, dava, dávamos, dáveis, davam; *Pret mais-perf:* dera, deras, dera, déramos, déreis, deram; *Fut pres:* darei, darás, dará, daremos, dareis, darão; *Fut pret:* daria, darias, daria, daríamos, daríeis, dariam; *Pres subj:* dê, dês, dê, demos, deis, deem;

dardejar   249   **debandar**

Pret imp subj: desse, desses, desse, déssemos, désseis, dessem; Fut subj: der, deres, der, dermos, derdes, derem; Imper afirm: —, dá(Tu), dê(Você), demos(Nós), dai (Vós), deem(Vocês); Imper neg: —, Não dês(Tu), Não dê(Você), Não demos(Nós), Não deis(Vós), Não deem(Vocês); Infinitivo impess: dar; Infinitivo pess: dar, dares, dar, darmos, dardes, darem; Ger: dando; Part: dado.

Observe que a expressão **dar à luz** (= parir) nunca é preposicionada.
Rosana deu à luz uma linda garotinha chamada Gabriela.
No sentido figurado, a regência continua a mesma.
Ele dará à luz um novo romance.

dar.de.jar *(dardo+ejar) vtd* **1** Atirar dardos a, ferir com dardo. *vint* **2** Arremessar dardos. *vti* e *vint* **3** Cintilar, brilhar muito: *"O astro apolíneo (...) dardejava implacável no meridião escaldante como as dunas de Copacabana."* (TER)

dar.do *(fr dard) sm* Arma de arremesso, delgada e curta, com ponta aguda de ferro.

da.ta *(lat data) sf* Indicação da época, ano, mês ou dia em que uma coisa sucedeu ou foi feita.

da.ta-ba.se *(data+base) sf Econ* Data (dia e mês) considerada marco para a concessão de reajustes salariais obrigatórios. *Pl: datas-base* e *datas-bases.*

da.ta.ção *(datar+ção) sf* Ato ou efeito de datar.

da.ta.do *(part de datar) adj* **1** Assinalado com data. **2** Que é próprio de uma época: *"Tratores destruíram sítio arqueológico no Líbano datado de 3.000 a.C."* (FSP)

da.tar *(data+ar[1]) vtd* **1** Pôr data em. **2** Indicar a data de.

da.ti.lo.gra.far *(dátilo+grafo+ar[1]) vtd* Escrever à máquina. *Conjug – Pres indic: datilografo, datilografas, datilografa (grá) etc. Cf datilógrafo.*

da.ti.lo.gra.fi.a *(dátilo+grafo+ia[1]) sf* Arte de escrever à máquina.

da.ti.ló.gra.fo *(dátilo+grafo) sm* Indivíduo que escreve à máquina.

da.ti.los.co.pi.a *(dátilo+scopo+ia[1]) sf* Estudo das impressões digitais com fins de identificação.

da.ti.los.co.pis.ta *(dátilo+scopo+ista)*
s m+f Pessoa que é especializada em datiloscopia.

da.ti.vo *adj* Que é nomeado por juiz. • *sm Ling* Aquele a quem se faz ou se dá alguma coisa.

d.C. Abreviatura de *depois de Cristo*.

DDD[1] *Quím* Sigla de *diclorodifeniltricloretano*.

DDD[2] *Telecom* Sigla de *discagem direta a distância*.

DDI *Telecom* Sigla de *discagem direta internacional*.

de *(lat de) prep* Partícula que designa várias relações: **1** Posse: *A boneca de Iraci*. **2** Lugar: *O porto de Santos*. **3** Tempo: *De manhã*. **4** Modo: *Caído de costas*. **5** Meio: *Viajou de avião*. **6** Caracterização, segundo material, forma, idade, natureza etc.: *Chapéu de feltro*. **7** Emprego, fim: *Sala de jantar*. **8** Procedência: *Vento do norte*. **9** Ponto de partida: *De hoje em diante*. **10** Situação: *De amarelo tornou-se branco*. **11** Alvo, meta: *Anseio do poder*. **12** Causa, motivo: *Doente de malária*. **13** Dimensão, tamanho: *Terreno de dez metros por vinte*. **14** Comparação: *O maior de todos*. **15** Profissão, ocupação: *Trabalhar de pajem*. **16** Conteúdo: *Caneco de cerveja*. • *loc adv: de longe; de mansinho; de cócoras*. • *loc adj: de ferro* (= férreo); *de gênio* (= genial); *de luar* (= enluarado). • *loc prep: longe de, perto de, apesar de.*

dê *(lat de) sm* O nome da letra *d*. *Pl: dês* ou *dd*.

de.bai.xo *(de+baixo) adv* **1** Em situação inferior. **2** Em decadência; sujeito a, na dependência de.

de.bal.de *(de+ár baTil) adv* Em vão, inutilmente: *"O tempo foi passando e debalde ele tentou conquistar o amor daquela mulher."* (PCO)

de.ban.da.da *(fem do part de debandar) sf* **1** Fuga desordenada: *"Um atropelado de gente em debandada entupiu o corredor."* (CL) **2** Saída em grupo: *"Segundo a USP, não há debandada em massa de professores."* (FSP)

de.ban.dar *(de+bando+ar[1]) vtd* **1** Pôr em fuga desordenada e confusa. *vti* e *vint* **2** Dispersar-se, fugir. *vint* e *vpr* **3** Sair da ordem; desordenar-se.

de.ba.te (de *debater*) *sm* Discussão; contestação.

de.ba.te.dor (*debater*+*dor*) *sm* Pessoa que debate ou discute.

de.ba.ter (*de*+*bater*) *vtd* **1** Discutir ou examinar uma questão. *vtd* **2** Discutir (assunto de interesse público) em assembleia legislativa. *vint* **3** Participar de um debate. *vpr* **4** Agitar-se: *Debateu-se tanto que conseguiu se livrar das cordas.*

de.be.lar (*lat debellare*) *vtd* **1** Dominar, vencer: *Debelamos os nossos inimigos.* **2** Combater, destruir. **3** Curar: *Disse qual era a doença e como a debelaria.*

de.bi.car *vtd* **1** Comer pequena porção de; provar. **2** Cutucar com o bico: *"Pensa à toa, como os tico-ticos, que debicam na terra ciscada pelas galinhas."* (AS) **3** Criticar com ironia; recriminar: *"Voltando da cozinha, envolto numa nuvem de fumo, meu pai debicava de Seu Geraldo."* (CR)

dé.bil (*lat debile*) *adj m+f* **1** Fraco, franzino. **2** Pouco distinto, quase imperceptível. *Antôn* (acepção 1): *forte, vigoroso.*

de.bi.li.da.de (*lat debilitate*) *sf* Enfraquecimento, fraqueza. *Antôn: robustez, vigor. Debilidade mental*, *Med*: deficiência físico-psíquica que incapacita para atos de vida normal.

de.bi.li.ta.ção (*lat debilitatione*) *sf* Estado de debilitado; fraqueza: *"A tuberculose é uma das doenças oportunistas que se aproveitam da debilitação do organismo da vítima de Aids."* (FSP)

de.bi.li.tan.te (*lat debilitante*) *adj m+f* Que debilita, debilitador. *Antôn: tônico, reconfortante.* • *sm* Medicamento que tem o efeito secundário de diminuir a energia vital.

de.bi.li.tar (*lat debilitare*) *vtd* **1** Enfraquecer. *vtd* **2** Causar perdas a, tirar os recursos de. *vpr* **3** Enfraquecer-se, perder as forças.

de.bi.loi.de (ó) (*débil*+*oide*) *adj e s m+f pop* Idiota, panaca.

de.bi.tar (*débito*+*ar*[1]) *vtd*, *vtdi* e *vpr* **1** Constituir(-se) ou inscrever(-se) como devedor. **2** Lançar(-se) a débito. *Conjug* – *Pres indic*: *debito*, *debitas* (bí) etc. *Cf débito.*

dé.bi.to (*lat debitu*) *sm* Dívida. *Antôn: crédito. Lançar a débito de (alguém)*: escriturar como dívida de (alguém).

de.bo.cha.do (*part* de *debochar*) *adj* **1** Crápula: *"Pra mostrar que você é covarde, debochado, cínico... Como todos os outros."* (TGG) **2** Gozador: *"Fechadas no quarto a chave, as meninas escutavam o riso debochado da mãe."* (DE)

de.bo.char (*fr débaucher*) *vtd* e *vti* **1** Fazer troça ou zombaria de: *Debochou a* (ou *da*) *simplória moça*. *vpr* **2** Corromper-se, prostituir-se; tornar-se vicioso.

de.bo.che (*fr débauche*) *sm* Gozação.

de.bru.çar (*de*+*bruços*+*ar*[1]) *vpr* **1** Curvar-se, inclinar-se para a frente. *vtd* e *vpr* **2** Pôr(-se) de bruços.

de.brum (*dobra*+*um*) *sm* **1** Bainha de roupa. **2** Tira que se costura dobrada à borda de um tecido, geralmente como arremate.

de.bu.lhar (*lat vulg *depoliare*, por *despoliare*) *vtd* **1** Tirar os grãos ou sementes de: *Debulhar o milho*. *vtd* **2** Descascar. *vpr* **3** Cobrir-se de bolhas. *vtd* **4** Desatar-se, desfazer-se: *Debulhar-se em lágrimas.*

de.bu.tan.te (*fr débutante*) *adj* e *s m+f* Diz-se do ou adolescente que faz sua estreia na vida social.

de.bu.tar (*fr débuter*) *vint* **1** Estrear, iniciar: *"Quatro novos repórteres debutam na cobertura do fronte."* (FSP) **2** Estrear na vida social: *"[É] moça de família, que acabou de debutar na sociedade e pode chocar-se com as declarações desses rapazes de má índole."* (PO) **3** Começar.

dé.ca.da (*gr dekás*, *ádos*) *sf* **1** Série de dez; dezena. **2** Espaço de dez anos, decênio.

de.ca.dên.cia (*baixo-lat decadentia*) *sf* **1** Declínio. **2** Humilhação. *Antôn* (acepção 1): *progresso.*

de.ca.den.te (*de*+*cadente*) *adj m+f* Que decai, definha ou se corrompe: *"O mundo decadente ameaça de novo a religião do Grande Pã de Belém."* (VES)

de.ca.e.dro (*deca*+*hedro*) *adj* Que tem dez faces. • *sm Geom* Poliedro com dez faces.

de.cá.go.no (*deca*+*gono*) *sm Geom* Polígono que tem dez ângulos e dez lados.

de.ca.ir (*de*+*cair*) *vti* **1** Sofrer diminuição. *vint* **2** Ir em decadência, ir-se arruinando pouco a pouco. *vint* **3** Estragar-se, perder as forças ou o vigor. *Antôn* (acepções 1 e 2): *progredir*; (acepção 3): *revigorar*. Conjuga-se como *sair*. *Part*: *decaído.*

de.cal.car (*decalque+ar*[1]) *vtd* **1** Copiar figura através de papel transparente posto sobre o modelo, seguindo-lhe os traços com lápis: *"A artista usa recortes e decalca papéis pintados sobre a superfície trabalhada."* (FSP) **2** Imitar servilmente: *"Dona de uma notável extensão vocal, ela decalca o timbre grave e rouco de Louis Armstrong."* (FSP)

de.cal.co.ma.ni.a (*fr décalcomanie*) *sf* Arte ou processo de transferir desenhos de um papel especialmente preparado para porcelana, vidro, mármore etc., ou para papel comum, calcando-os com a mão, após molhá-los.

de.ca.li.tro (*deca+litro*) *sm* Medida de capacidade equivalente a dez litros. *Abrev:* dal.

de.cá.lo.go (*gr dekálogos*) *sm Rel* Os dez mandamentos da lei de Deus.

de.cal.que (de *decalcar*) *sm* Cópia, reprodução.

de.can.ta.ção (*decantar+ção*) *sf* Ação ou efeito de decantar (líquidos).

de.can.tar (*lat decantare*) *vtd* **1** *Quím* Separar, por gravidade, resíduos e impurezas sólidos contidos num líquido: *Decantar a água.* *vtd* **2** *fig* Limpar, purificar: *"[Vargas] queria decantar a democracia de suas impurezas."* (GLO)

de.ca.pi.ta.ção (*decapitar+ção*) *sf* Ação ou efeito de decapitar, degolar: *"O país quer evitar a decapitação de turcos por narcotráfico."* (FSP)

de.ca.pi.tar (*lat decapitare*) *vtd* Cortar a cabeça de; degolar.

de.cá.po.de *adj* Que tem dez pés. • *sm* Espécime a que pertencem os caranguejos, siris, camarões etc.

de.cas.sí.la.bo (*gr dekasýllabos*) *sm Metrif* Verso de dez sílabas.

de.cên.cia (*lat decentia*) *sf* **1** Compostura. **2** Decoro, honestidade. *Antôn: indecência.*

de.cê.nio (*lat decenniu*) *sm* Período de dez anos; década.

de.cen.te (*lat decente*) *adj m+f* **1** De acordo com a decência; honesto. **2** Adequado, conveniente. *Antôn* (acepção 1): *indecente.*

de.ce.par (*de+cepo+ar*[1]) *vtd* Amputar, mutilar; decapitar, degolar.

de.cep.ção (*lat deceptione*) *sf* Frustração, desilusão; desapontamento.

de.cep.ci.o.nan.te (de *decepcionar*) *adj m+f* Que causa decepção: *"O time teve um desempenho decepcionante, conquistando apenas quatro vitórias em 17 jogos até agora."* (FSP)

de.cep.ci.o.nar (*decepção+ar*[1]) *vtd* Desiludir; desapontar.

de.cer.to (*de+certo*) *adv* Com certeza.

de.ci.bel (*bél*) (*deci+bel*) *sm Fís* Unidade de medida da intensidade do som. *Símb: dB.*

de.ci.di.do (*part* de *decidir*) *adj* **1** Arrojado, corajoso. **2** Determinado. *Antôn: indeciso, hesitante.*

de.ci.dir (*lat decidere*) *vtd* **1** Resolver: *A assembleia decidiu o que deveria ser feito.* *vpr* **2** Escolher: *Decida-se por uma ou pela outra.* *vtd, vti e vpr* **3** Julgar, sentenciar; deliberar, determinar(-se), resolver(-se).

de.ci.frar (*de+cifra+ar*[1]) *vtd* **1** Ler ou compreender uma coisa obscura ou em escrita cifrada. **2** Traduzir.

de.ci.gra.ma (*deci+grama*) *sm* Medida de massa equivalente à décima parte de um grama. *Abrev: dg.*

de.ci.li.tro (*deci+litro*) *sm* Medida de capacidade equivalente à décima parte de um litro. *Abrev: dl.*

de.ci.mal (*décimo+al*[1]) *adj m+f* Relativo a dez ou à décima parte. • *sf* Cada um dos algarismos de uma fração decimal.

de.ci.me.tro (*deci+metro*[1]) *sm* Medida de comprimento equivalente à décima parte de um metro. *Abrev: dm.*

dé.ci.mo (*lat decimu*) *num* Ordinal e fracionário correspondente a dez. • *sm* Cada uma das dez partes iguais em que se divide o todo.

de.ci.são (*lat decisione*) *sf* **1** Determinação, resolução. **2** Coragem. *Antôn: indecisão.*

de.ci.si.vo (*lat decisivu*) *adj* Que decide; que determina.

de.cla.ma.ção (*lat declamatione*) *sf* Ação, maneira ou arte de declamar.

de.cla.mar (*lat declamare*) *vtd* Recitar em voz alta, com gestos e entonação apropriados.

de.cla.ra.ção (*lat declaratione*) *sf* **1** Afirmação formal, depoimento. **2** Documento em que se declara alguma coisa: *Declaração de rendimentos*.

de.cla.ra.do (*part* de *declarar*) *adj* **1** Manifesto, confessado. **2** Claro, evidente.

de.cla.rar (*lat declarare*) *vtd* **1** Dizer, expor, manifestar: *Não me quis declarar o seu nome*. *vtd* **2** Inclinar-se, pronunciar-se a favor de ou contra: *O tribunal declarou essa lei inconstitucional. Declaro-me contra esse projeto*. *vtd* e *vtdi* **3** Anunciar, publicar. *vtd* e *vpr* **4** Confessar(-se).

de.cli.nar (*lat declinare*) *vtd* **1** *Gram* Em línguas como latim, grego e alemão, fazer passar pelas flexões de casos (nome, pronome ou adjetivo). *vti* **2** Recusar, rejeitar: *Eleito presidente do congresso, declinou da honra*. *vtd* **3** Indicar, revelar (o nome): *A apresentadora declinou o nome do ganhador*. *vint* **4** Aproximar-se do fim: *Assim, aquele império declinou*. **5** Diminuir: *"Nos últimos meses, com o aumento na produção de veículos, o ritmo de demissões na indústria declinou."* (FSP) *Antôn* (acepção 4): *progredir*; (acepção 5): *aumentar*.

de.clí.nio (*lat decline+io*) *sm* Aproximação do fim; decadência.

de.cli.ve (*lat declive*) *adj m+f* Inclinado. • *sm* Declividade, inclinação de terreno: *"O rancho fora edificado (...), aproveitando-se o declive do terreno."* (RET) *Antôn*: *aclive*.

de.co.di.fi.ca.ção (*decodificar+ção*) *sf Comun* Interpretação de uma mensagem em código por um receptor. *Var*: *descodificação*.

de.co.di.fi.ca.do (*part* de *decodificar*) *adj* Que se decodificou; decifrado. *Var*: *descodificado*.

de.co.di.fi.ca.dor (*decodificar+dor*) *sm* **1** *Eletrôn* Dispositivo que recebe e decodifica sinais de vídeo, usado por tevês por assinatura. **2** *Comun* Aquele que decodifica ou interpreta mensagens, como receptor. *Var*: *descodificador*.

de.co.di.fi.car (*de+codificar*) *vtd* Decifrar o código: *"Os teens têm muita facilidade de decodificar símbolos em ideias."* (FSP) *Var*: *descodificar*.

de.co.la.gem (*fr décollage*) *sf Aeron* Ação de decolar.

de.co.lar (*fr décoller*) *vint Aeron* Levantar voo (aeronave). *Var*: *descolar*.

de.com.por (*de+compor*) *vtd* **1** Dividir, separar os componentes de. *vtd* **2** Analisar, estudar ou examinar por partes. *vtd* **3** *Mat* Reduzir. *vtd* e *vpr* **4** Alterar(-se), deformar(-se), modificar(-se): *Decompusera todo o sistema de trabalho. Decompor a luz:* fazer que, por meio da refração, apareçam as sete cores fundamentais que compõem a luz branca. Conjuga-se como *pôr*.

de.com.po.si.ção (*de+composição*) *sf* **1** Redução a elementos simples. **2** Análise. **3** *fig* Desorganização.

de.com.pos.to (*ó*) (*de+composto*) *adj* Deteriorado, apodrecido. *Pl: decompostos* (*ó*).

de.co.ra.ção (*decorar¹+ção*) *sf* **1** Enfeite, ornamentação. **2** *Teat* Cenário. **3** Ação de reter na memória.

de.co.ra.dor (*lat decoratore*) *sm* O que adorna, decora casas, palcos, vitrines etc.

de.co.rar¹ (*lat decorare*) *vtd* Enfeitar.

de.co.rar² (*de+cor+ar¹*) *vtd* Aprender de cor, reter na memória.

de.co.re.ba (*der irreg* de *decorar²+eba*) *sf* **1** *coloq* Mania de decorar dados sem reflexão apenas para prestar exame. *sm+f* **2** Indivíduo que decora sem se importar em aprender.

de.co.ro (*ô*) (*lat decoru*) *sm* Dignidade moral, honradez.

de.co.ro.so (*ô*) (*lat decorosu*) *adj* **1** Decente. **2** Digno, honesto. *Pl: decorosos* (*ó*). *Antôn*: *indecoroso* (*ô*).

de.cor.rên.cia (*lat decurrentia*) *sf* **1** Decurso. **2** Derivação, consequência.

de.cor.rer (*lat decurrere*) *vti* **1** Derivar, resultar: *Muitas vezes a felicidade decorre da pureza de costumes*. *vint* **2** Passar (o tempo): *Decorreram meses sem nenhuma notícia*. *vint* **3** Passar-se, suceder: *O que decorreu depois é indescritível*. • *sm* Decurso, transcurso: *No decorrer dos acontecimentos, a situação da garota se definiu*. *Conjug*: conjuga-se, com raras exceções, apenas nas 3ᵃˢ pessoas.

de.co.tar (*de+co(r)tar*) *vtd* Cortar (uma peça de roupa) de maneira que o peito e as costas fiquem a descoberto.

de.co.te (de *decotar*) *sm* Corte no vestuário, deixando a descoberto o colo e parte do busto ou das costas. *Decote careca: decote redondo.*

de.cré.pi.to (*lat decrepitu*) *adj* **1** Muito velho. **2** Caduco. **3** Gasto.

de.cre.pi.tu.de (*decrépito+ude*) *sf* Extrema velhice: *"A majestade da grande cidade se acompanha da sua decrepitude."* (FSP)

de.cres.cer (*lat descrecere*) *vint* **1** Abater; ceder: *Decrescerem as forças. vti e vint* **2** Tornar-se menor; diminuir: *Decrescer no zelo.* Antôn (acepção 2): *crescer, aumentar.*

de.crés.ci.mo (de *decrescer*) *sm* Diminuição.

de.cre.ta.do (*part* de *decretar*) *adj* Estabelecido, determinado por decreto.

de.cre.tar (*decreto+ar¹*) *vtd* **1** Ordenar por decreto. *vtd e vtdi* **2** Determinar, estabelecer, ordenar.

de.cre.to (*lat decretu*) *sm* **1** Determinação escrita de uma autoridade superior, ou do Poder Executivo representado pelo chefe do Estado e seus ministros, sobre um determinado assunto. **2** Ordem, decisão. *Nem por decreto:* de modo nenhum.

de.cre.to-lei *sm* Decreto, com força de lei, que num período ditatorial é promulgado pelo chefe de Estado, que concentra em suas mãos as atribuições do Poder Legislativo. *Pl: decretos-leis e decretos-lei.*

de.dal (*lat digitale*) *sm* Utensílio que se encaixa no dedo médio para empurrar a agulha, quando se costura.

de.dão (*aum* de *dedo*) *sm pop* Dedo polegar.

de.dar (*dedo+ar¹*) *vtd gír* Delatar, dedurar.

de.de.ti.zar (*DDT+izar*) *vtd* Espargir DDT ou outro inseticida em.

de.di.ca.ção (*lat dedicatione*) *sf* Afeto extremo, devoção.

de.di.ca.do (*part* de *dedicar*) *adj* Devotado, serviçal.

de.di.car (*lat dedicare*) *vtdi* **1** Destinar, empregar: *Dedico-lhe grande amizade. vtdi* **2** Pôr sob a proteção ou invocação de: *Dedicou o filho aos deuses. vpr* **3** Devotar-se, oferecer-se ao seviço de, sacrificar-se por: *Muito cedo dediquei-me ao magistério.*

de.di.ca.tó.ria (de *dedicar*) *sf* Inscrição ou palavras escritas, com que se dedica ou oferece a alguém uma produção literária ou artística, uma fotografia etc.

de.di.lhar (*dedo+ilho+ar¹*) *vtd* **1** Fazer vibrar com os dedos as cordas de (instrumento de música). **2** Bater com os dedos; tamborilar.

de.do (*lat digitu*) *sm* Cada um dos prolongamentos articulados que terminam as mãos e os pés do homem e de outros animais. *Dedo anular:* dedo da mão no qual se costuma usar o anel. *Dedo indicador:* o que está situado entre o polegar e o dedo médio; fura-bolo. *Dedo médio:* o que está entre o anular e o indicador. *Dedo mindinho:* o menor dedo na mão. *Dedo minguinho:* dedo mindinho. *Dedo polegar:* o mais curto e grosso da mão; mata-piolho. *Pôr o dedo na ferida:* mostrar ou tocar o ponto fraco.

de.do-du.ro *s m+f pop* Delator, alcaguete. *Pl: dedos-duros.*

de.du.ção (*lat deductione*) *sf* **1** Ação de deduzir. **2** Consequência tirada de um princípio. **3** Subtração, diminuição. **4** Abatimento. *Antôn* (acepções 3 e 4): *aumento, acréscimo.*

de.du.rar (*dedo+duro+ar¹*, com haplologia) *vtd e vint gír* Alcaguetar, delatar alguém; dedar.

de.du.zir (*lat deducere*) *vtd e vint* **1** Tirar dedução; tirar como consequência; concluir: *"Na mesma hora, deduzi quem era: o superior do convento."* (MRP) **2** Descontar, diminuir, subtrair: *"Deduzindo os gastos com impostos, a empresa poderá ter lucratividade de 12%."* (FSP); *Deduzir despesas, gastos.* Conjuga-se como *luzir.*

de.du.zí.vel (*deduzir+vel*) *adj m+f* Capaz de ser deduzido: *"O organismo vivo manifesta certas tendências que não seriam deduzíveis das propriedades físico-químicas dos elementos que compõem o organismo."* (EC)

de.fa.sa.do (*part* de *defasar*) *adj* Que apresenta defasagem.

de.fa.sa.gem (*defasar+agem*) *sf* **1** Diferença, discrepância. **2** Atraso.

de.fa.sar (*de+fase+ar¹*) *vtd* **1** *Fís* e *Eletr* Pôr fora de fase. **2** *Fís* e *Eletr* Introduzir diferença de fase. **3** Ficar desatualizado.

de.fe.ca.ção (*lat defecatione*) *sf* **1** Ação de defecar. **2** *Fisiol* Evacuação.

de.fe.car (*lat defecare*) *vint* Expelir naturalmente os excrementos.

de.fec.ti.vo (*lat defectivu*) *adj* **1** Defeituoso, imperfeito. **2** *Gram* Diz-se do verbo de conjugação incompleta.

de.fei.to (*lat defectu*) *sm* **1** Imperfeição (física ou moral); deformidade. **2** Irregularidade; falha.

de.fei.tu.o.so (*ô*) (*defeito+oso*) *adj* Em que há defeito; imperfeito. *Antôn: perfeito. Pl: defeituosos* (*ó*).

de.fen.der (*lat defendere*) *vpr* **1** Livrar-se, preservar-se, resguardar-se: *Defender-se do temporal. vpr* **2** Resistir: *Qualquer país defende-se contra o invasor. vtd* e *vtdi* **3** Proteger: *Defender a honra. vtd* e *vtdi* **4** Falar a favor de, interceder por, procurar desculpar ou justificar: *Não é possível defendê-lo de um crime tão execrável. vtd* e *vpr* **5** Conseguir, obter, arranjar (-se): *Defendeu a comida. Part: defendido* e *defeso* (é usado no sentido de proibido).

de.fen.si.va (*de defensivo*) *sf* **1** Conjunto de meios de defesa. **2** Situação, estado ou posição de quem se defende. *Antôn* (acepção 2): *ofensiva*.

de.fen.si.vo (*defensa+ivo*) *adj* Feito para defesa; próprio para defesa: *"É uma técnica do basquete, que adapta marcação, esquema defensivo e ofensivo de acordo com o adversário."* (FSP) • *sm* Aquele que preserva ou defende. *Defensivo agrícola*: agrotóxico.

de.fen.sor (*lat defensore*) *adj+sm* Que defende ou protege. • *sm* Advogado da defesa.

de.fe.rên.cia (*lat deferentia*) *sf* Acatamento, atenção, consideração, respeito.

de.fe.rir (*lat deferere*, por *deferre*) *vtd* **1** Despachar favoravelmente. *vtdi* **2** Conceder, conferir, outorgar. *Antôn: indeferir.* Conjuga-se como *ferir*.

de.fe.sa (*ê*) (*lat defensa*) *sf* **1** Ação de defender ou de defender-se. **2** Resistência a um ataque.

de.fi.ci.ên.cia (*lat deficientia*) *sf* **1** Falta, lacuna. **2** Imperfeição, insuficiência.

de.fi.ci.en.te (*lat deficiente*) *adj* m+f **1** Falho, imperfeito, incompleto. **2** Escasso.

de.fi.cit (*lat deficit*) *sm* Saldo negativo entre a receita e a despesa num orçamento. *Pl: deficits. Antôn: superávit.*

de.fi.nhar (*lat vulg *definare*) *vtd* **1** Tornar magro ao extremo; debilitar: *"Se não cuidavam do chão, cuidavam das reses que a seca definhava."* (VER) *vti* e *vint* **2** Abater, decair, murchar, secar: *"Você já percebeu – diz John – que algumas laranjeiras definham."* (IS) *vpr* **3** Enfraquecer-se.

de.fi.ni.ção (*lat definitione*) *sf* **1** Explicação precisa. **2** Decisão. **3** Grau de nitidez de uma imagem, em televisão, filme, revista etc.

de.fi.ni.do (*lat definitu*) *adj* **1** Determinado, fixo. **2** Exato, preciso. **3** *Gram* Diz-se do artigo que se junta ao nome, individualizando-o de modo preciso. *Antôn: indefinido.*

de.fi.nir (*lat definire*) *vtd* Determinar, fixar, dar a definição de; dar o significado de.

de.fi.ni.ti.vo (*lat definitivu*) *adj* **1** Decisivo. **2** Final. *Antôn: provisório.*

de.fla.ci.o.nar (*deflação+ar¹*) *vtd* Reduzir a inflação: *"Alguns gigantes da indústria têxtil já decidiram deflacionar seus preços."* (FSP) *Antôn: inflacionar.*

de.fla.gra.ção (*lat deflagratione*) *sf* **1** Combustão violenta com chama intensa e explosão: *"Há duas hipóteses para a deflagração do incêndio."* (FSP) **2** Início repentino: *"Esse teria sido o motivo principal para a deflagração da greve."* (JCR)

de.fla.grar (*lat deflagrare*) *vtd* **1** Causar ou iniciar deflagração de: *O detonador deflagrou as explosões. vpr* **2** Irromper de repente: *"Deflagrou-se um movimento de greve que vem prejudicando o ensino e a pesquisa."* (FSP)

de.flo.rar (*lat deflorare*) *vtd* **1** Tirar as flores de. **2** Violar; desvirginar.

de.flu.xo (*cs* ou *ss*) (*lat defluxu*) *sm Med* Catarro nasal.

de.for.ma.ção (*lat deformatione*) *sf* **1** Alteração ou irregularidade de forma. **2** *Med* Deformidade.

de.for.mar (*lat deformare*) *vtd* e *vpr* Mudar a forma de, modificar-se.

de.for.mi.da.de (*lat deformitate*) *sf* Malformação; deformação; desfiguração.

de.fron.tar (*defronte+ar¹*) vtd vti e vpr **1** Pôr-se defronte de: *"Karin ainda não defrontou claramente esta possibilidade."* (CRE); *"Studer se defrontou com a realidade da região."* (FOC) vtdi **2** Confrontar: *"Raleigh é acuado por seu médico, que o defronta com o fracasso de sua expedição."* (FSP) vti e vpr **3** Enfrentar(-se): *"Sai de campo e marketing e entram os dois times que se defrontarão esta noite."* (FSP) *"Quem sai à cata de números se defronta, primeiro, com entraves burocráticos."* (FSP)

de.fron.te (*de+fronte*) adv **1** Em frente de. **2** Em face; face a face. *Defronte de:* em confronto com; em oposição a; em frente de.

de.fu.mar (*de+fumo+ar¹*) vtd **1** Curar ou secar ao fumo (carne, peixe, linguiça etc.). **2** Enegrecer com fumo. **3** Perfumar com o fumo de substâncias aromáticas: *Varreu e defumou a casa*.

de.fun.to (lat *defunctu*) adj **1** Que faleceu; morto. **2** Extinto. • sm **1** Cadáver de uma pessoa. **2** Indivíduo que morreu.

de.ge.lar (*de+gelo+ar¹*) vtd e vint **1** Derreter: *"Aqui e ali um veio de água corre solitário, fruto das neves que degelam dos picos cada vez mais próximos de nós."* (CLA) vtd **2** Tirar o gelo de: *"Aproveite para degelar e limpar a geladeira e o freezer."* (FSP) vtd e vpr **3** Aquecer(-se), reanimar(-se): *"Deus degela os corações."* (BDI) Antôn: *gelar*.

de.ge.lo (ê) (de *degelar*) sm Ação de degelar; descongelamento.

de.ge.ne.rar (lat *degenerare*) vtd **1** Alterar, deturpar: *Ele degenerou o sentido das minhas palavras*. vtd, vti, vint e vpr **2** Alterar-se, estragar-se: *O alimento degenerou*.

de.glu.tir (lat *deglutire*) vtd e vint Engolir.

de.go.lar (lat *decollare*) vtd Cortar a garganta ou o pescoço; decapitar.

de.gra.da.ção (*degradar+ção*) sf **1** Humilhação, baixeza: *"Não era a degradação moral que me oprimia."* (MEC) **2** Deterioração: *"Os fungos se nutrem da degradação da matéria orgânica do solo."* (SU)

de.gra.dan.te (de *degradar*) adj m+f Humilhante: *"Nunca vi um país onde se vive em condições tão desumanas, tão degradantes."* (REA)

de.gra.dar (lat *degradare*) vtd **1** Rebaixar na dignidade, graduação ou categoria. vtd e vpr **2** Humilhar(-se), tornar(-se) desprezível: *A embriaguez degrada o homem*.

de.grau (lat vulg **degradu*) sm **1** Cada uma das partes da escada, em que se põe o pé, para subir ou descer. **2** Grau.

de.gre.dar (*degredo+ar¹*) vtd **1** Condenar a degredo. **2** Desterrar, exilar.

de.gre.do (ê) (lat *decretu*) sm **1** Pena de desterro que a justiça impõe aos criminosos. **2** Desterro, exílio.

de.grin.go.lar (fr *dégringoler*) vint Cair, desmantelar-se: *"Visconti centrou o foco narrativo na visão de um aristocrata que vê seu poder dgringolar."* (FSP)

de.gus.ta.ção (lat *degustatione*) sf **1** Ação de degustar. **2** Processo de classificação pelo paladar.

de.gus.ta.dor (*degustar+dor*) sm Aquele que classifica certos produtos com base no paladar: *"Os degustadores são treinados até poderem distinguir as mínimas nuances de sabor."* (FSP)

de.gus.tar (lat *degustare*) vtd Tomar o gosto ou sabor de, por meio do paladar.

dei.tar (lat *dejectare*) vtd e vtdi **1** Estender ao comprido; pôr ou dispor horizontalmente: *Deitou o velho cobertor para fazer nele sua ginástica*. vtd **2** Criar, produzir: *Esta árvore já deita raízes*. vtd **3** Derramar: *O ferido deitava sangue pela boca*. vpr **4** Estender-se para dormir ou descansar. *Deitar e rolar*: abusar de uma posição, oportunidade ou situação privilegiada.

dei.xar (lat *laxare*) vtd **1** Largar, soltar. vtd **2** Interromper, suspender: *Às 18 horas deixava o trabalho*. vtd **3** Desistir: *Deixar o cigarro, a rotina*. vtd **4** Não insistir em: *Deixemos esse assunto*. vtd **5** Abandonar, desamparar: *Deixar a esposa, o filho, o amigo*. vtd **6** Produzir, dar: *Deixar um lucro de 30%*. vtd **7** Separar-se de: *Deixou a sociedade e abriu sua própria empresa*. vtd **8** Comunicar, imprimir, infundir, transmitir: *Suas palavras deixaram uma impressão ruim nas pessoas*. vtd **9** Poupar, respeitar.

vtd **10** Consentir, permitir: *Não o deixem fugir. vtd* **11** Não ocupar: *Deixar espaço. vti* **12** Cessar: *Deixar de vigorar. vtd* e *vtdi* **13** Legar: *Deixou uma fortuna. Deixa disso!:* fala para impedir briga. *Deixar barato, gír:* não se importar, não ligar. *Deixar em paz:* não importunar, não molestar. *Deixar estar:* deixar ficar como está. *Deixar pra lá:* esquecer, abandonar, desistir.

de.je.to (*lat dejectu*) *sm* **1** Fisiol Excremento; matérias fecais: *"A transmissão do vírus ocorre pelo contato com os dejetos, especialmente em locais fechados."* (AGP) **2** Resíduo.

de.la *Gram* Combinação da preposição *de* com o pronome *ela*.

de.la.ção (*lat delatione*) *sf* Ação de delatar; denúncia: *"Houve uma denúncia contra você, uma delação!"* (DM)

de.la.pi.dar (*lat delapidare*) *V* dilapidar.

de.la.tar (*lat delatare*) *vtd* Denunciar.

de.la.tor (*lat delatare*) *adj+sm* Que ou aquele que delata.

de.le *Gram* Combinação da preposição *de* com o pronome *ele*.

de.le.ga.ção (*lat delegatione*) *sf* **1** Ação de delegar. **2** *Dir* Cessão, cedência.

de.le.ga.ci.a (*lat delegatu+ia*[1]) *sf* **1** Cargo ou jurisdição de um delegado. **2** Repartição onde o delegado desempenha as funções de seu cargo.

de.le.ga.do (*lat delegatu*) *sm* **1** Comissário. **2** Numa delegacia, a maior autoridade policial.

de.le.gar (*lat delegare*) *vtd* **1** Transmitir por delegação (poderes): *Delegar poderes.* **2** Incumbir: *O reitor delegou especialistas para representá-lo no congresso.*

de.lei.tar (*lat delectare*) *vtd* **1** Agradar, causar prazer, deliciar: *Deleita-o a leitura. vpr* **2** Experimentar grande prazer: *Sua alma se deleita com a oração.* Antôn: *aborrecer.*

de.lei.te (de *deleitar*) *sm* Delícia, gosto, regalo: *"Atendendo a pedidos, foi ao piano e tocou algumas peças clássicas, para deleite dos convidados."* (MAN)

de.le.tar (*ingl to delete+ar*[1]) *vtd Inform* Apagar, destruir: *"Mas os terráqueos o deletaram da memória um dia depois."* (FSP)

del.ga.do (*lat delicatu*) *adj* **1** Pouco espesso, tênue. **2** Magro, fino.

de.li.be.ra.ção (*lat deliberatione*) *sf* **1** Ação ou efeito de deliberar. **2** Resolução.

de.li.be.rar (*lat deliberare*) *vtd* **1** Decidir ou resolver (algo) após discussão e exame. *vpr* **2** Determinar-se, resolver-se: *Deliberou-se a enfrentar todas as dificuldades. vti* e *vint* **3** Tomar decisão: *Deliberar sobre a situação nacional.*

de.li.be.ra.ti.vo (*lat deliberativu*) *adj* Relativo a deliberação.

de.li.ca.de.za (*delicado+eza*) *sf* **1** Qualidade do que ou de quem é delicado. **2** Fragilidade. **3** Doçura, suavidade, ternura. *Antôn* (acepção 3): *grosseria.*

de.li.ca.do (*lat delicatu*) *adj* **1** Brando. **2** Débil, fraco. **3** Frágil. **4** Meigo, terno. **5** Sensível. **6** Complicado, difícil, sutil. **7** De fácil alteração: *Manteiga é produto delicado.*

de.lí.cia (*lat delicia*) *sf* **1** Sensação agradável ou deleitosa. **2** Encanto, gozo, prazer.

de.li.ci.ar (*lat deliciari*) *vtd* **1** Causar delícia a: *Estas rosas deliciam o olfato. vpr* **2** Sentir delícia, deleitar-se: *Sua memória delicia-se em recordações líricas.* Conjuga-se como *premiar.*

de.li.ci.o.so (*ô*) (*lat deliciosu*) *adj* **1** Agradável, aprazível. **2** Encantador, excelente. *Pl: deliciosos (ó). Antôn: execrável.*

de.li.mi.tar (*lat delimitare*) *vtd* **1** Fixar os limites de; demarcar. **2** Restringir, limitar: *Delimitar a alçada de um tribunal.*

de.li.ne.ar (*lat delineare*) *vtd* **1** Esboçar, projetar: *Delinear uma figura.* **2** Delimitar, demarcar: *O mapa delineia as fronteiras dos estados.* Conjuga-se como *frear.*

de.lin.quên.cia (*qwe*) (*lat delinquentia*) *sf* Estado ou qualidade de delinquente.

de.lin.quen.te (*qwe*) (*lat delinquente*) *adj* e *s m+f* Que ou quem delinquiu.

de.lin.quir (*qwi*) (*lat delinquere*) *vti* e *vint* Cometer delito: *Não ficaram impunes os que delinquiram. Conjug:* é defectivo; faltam-lhe a 1ª pessoa do singular do presente do indicativo e todo o presente do subjuntivo. Conjuga-se como *abolir. Part: delinquido.*

de.li.ran.te (*lat delirante*) *adj m+f* **1** Extravagante, insensato. **2** *pop* Que entusiasma; que encanta.

de.li.rar (*lat delirare*) *vint* **1** *Med* Estar em delírio. **2** Exaltar-se, ficar fora de si: *A multidão delirava à chegada dos artistas ao teatro.*

de.lí.rio (*lat deliriu*) *sm* **1** Alucinação. **2** Entusiasmo, transporte.

de.li.to (*lat delictu*) *sm* **1** Crime, falta. **2** Infração. *Flagrante delito*: delito em que o agente que o pratica é surpreendido.

de.lon.ga (de *delongar*) *sf* Demora: *"Custa crer que medidas da reforma administrativa que são óbvias sejam objeto de delonga."* (FSP) *Antôn*: pontualidade.

del.ta (*gr délta*) *sm* **1** Quarta letra do alfabeto grego, correspondente ao *d* do latim e das línguas neolatinas. **2** *Geogr* Foz de um rio, ramificada em forma triangular ou em leque, com terra aluvial entre os braços.

de.ma.go.gi.a (*gr demagogía*) *sf* **1** Governo ou predomínio das facções populares. **2** Opinião ou política que favorece as paixões populares e promete sem poder cumprir.

de.ma.go.go (ô) (*gr demagogós*) *sm* **1** Partidário ou sectário da demagogia. **2** Agitador ou revolucionário que excita as paixões populares, dizendo-se defensor dos seus interesses.

de.mais (*de+mais*) *adv* Em demasia ou excesso: *Ficou rouco porque gritou demais.* • *conj* Ademais, além disso. • *adj* Demasiado, excessivo: *Isso é demais!* • *pron adj indef* **1** Outros(as), restantes: *Li os demais livros*. *pron subst indef* **2** Outro(a, os, as), restante(s): *Aproveite o que é bom e jogue fora o demais.*

de.man.da (de *demandar*) *sf* **1** Ação de demandar. **2** *Dir* Ação judicial; causa, litígio. **3** Disputa, discussão. **4** *Econ* Procura, pela indústria e pelo comércio, de produtos e serviços.

de.man.dar (*lat demandare*) *vtd* **1** Intentar ação judicial contra. **2** Pedir, requerer: *Demandar justiça.* **3** Exigir: *A construção desse edifício demandará muito tempo.* **4** Precisar de, ter necessidade de: *Faminto, demanda alimentação.*

de.mão (*de+mão*) *sf* **1** Cada camada de tinta ou cal que se aplica sobre uma superfície, parede, móvel etc.: *"Bastaram quatro pinceladas para descobrir a quantia exata de tinta em cada demão."* (GD) **2** Ajuda: *"Fazendo uma obra de caridade, dei uma demão de cristão, indo em companhia do Pedrão ajudar a enterrar os mortos."* (CJ) *Pl*: *demãos.*

de.mar.ca.ção (*de+marcação*) *sf* **1** Delimitação. **2** Distinção, separação.

de.mar.car (*de+marcar*) *vtd* Marcar, determinar os limites de; delimitar.

de.ma.si.a (*demais+ia¹*) *sf* **1** O que é demais, o que excede. **2** Abuso, excesso. *Em demasia*: excessivamente.

de.ma.si.a.do (*part* de *demasiar*) *adj* Que é demais; excessivo. • *adv* Excessivamente.

de.mên.cia (*lat dementia*) *sf* **1** *Psiq* Alienação mental: *"A demência provocada pela fome superlota o maior hospital psiquiátrico do sertão nordestino."* (CV) **2** Insensatez, loucura: *"O programa é um exemplo da demência que rende prêmios, no mundo dos game-shows."* (FSP)

de.men.te (*lat demente*) *adj* e *s m+f* **1** Que ou aquele que sofre de demência. **2** Louco. **3** Insensato.

de.mis.são (*lat demissione*) *sf* Exoneração, destituição.

de.mi.tir (*lat demittere*) *vtd* **1** Despedir, exonerar. *vtd* e *vpr* **2** Destituir(-se) de um emprego, cargo ou dignidade. *Antôn*: admitir.

de.mo (*gr daímon*, pelo *lat*) *sm* **1** Demônio, diabo. **2** *Inform* Versão para demonstração de fitas (áudio ou vídeo) ou programa de computador.

de.mo.cra.ci.a (*gr demokratía*) *sf* **1** Governo do povo. **2** Sistema político baseado no princípio da participação do povo.

de.mo.cra.ta (*demo+crata*) *adj m+f* **1** Que professa princípios democráticos. **2** Popular, simples no trato. • *s m+f* Pessoa partidária da democracia.

de.mo.crá.ti.co (*gr demokratikós*) *adj* **1** Que se refere à democracia ou lhe pertence. **2** Popular. • *sm* Partidário da democracia.

de.mo.cra.ti.zar (*lat democratizare*) *vtd* **1** Dar feição democrática a. **2** Popularizar: *Democratizar a música clássica.*

de.mo.gra.fi.a (*demo+grafo+ia¹*) *sf Sociol* Estudo estatístico da população.

de.mo.li.ção (*lat demolitione*) *sf* Ação ou efeito de demolir. *Antôn*: construção.

de.mo.lir (*lat *demolire*, por *demoliri*) *vtd* **1** Derrubar, desmantelar (construção, edifício): *Demolir um prédio.* **2** *fig* Arruinar, destruir: *"Do amor à mera realidade, nada permanece nesta obra que vai demolindo uma a uma as ilusões corriqueiras da vida."* (FSP) *Conjug*: verbo defectivo; conjuga-se como *abolir*.

de.mo.ní.a.co (*lat daemoniacu*) *adj* Do demônio; diabólico, satânico: *"Na maioria das religiões, os animais são usados como símbolo de entidades malévolas ou demoníacas."* (PEV)

de.mô.nio (*gr daímon*) *sm* **1** *Rel* Nas religiões judaica e cristã, anjo caído, rebelado contra Deus; anjo do mal, Lúcifer, Satanás, Belzebu, Diabo. **2** *fig* Pessoa má, perversa; diabo.

de.mons.tra.ção (*lat demonstratione*) *sf* **1** Comprovação. **2** Prova.

de.mons.trar (*lat demonstrare*) *vtd* **1** Provar. *vtd* **2** Descrever e explicar de maneira ordenada e pormenorizada. *vtd* e *vtdi* **3** Indicar, mostrar: *Demonstrar antipatia, aversão, despeito*.

de.mons.tra.ti.vo (*lat demonstrativu*) *adj* Que demonstra ou serve para demonstrar. • *adj+sm Gram* Diz-se dos ou os pronomes que determinam o nome, ajuntando-lhe a ideia de posição ou identidade: *este, esse, aquele, isto, isso, aquilo, mesmo, próprio, tal*.

de.mo.ra (*de+mora*) *sf* **1** Atraso. **2** Espera (com referência ao tempo).

de.mo.ra.do (*part* de *demorar*) *adj* Que demora, tardio, moroso.

de.mo.rar (*lat demorari*) *vtd* **1** Atrasar, retardar: *Procuraram demorar minha saída.* *vti, vint* e *vpr* **2** Custar, tardar: *Ele demorou a responder.* *vti* e *vpr* **3** Ficar, permanecer: *Demorou no Rio vinte dias.* *Antôn* (acepções 1 e 2): *apressar*.

de.mo.ver (*lat demovere*) *vtd* **1** Deslocar: *Demover uma pedra.* *vtd* e *vtdi* **2** Dissuadir, fazer renunciar a uma opinião: *Ninguém o demoverá. É meu dever demovê-la dessa tenebrosa ideia.* *vpr* **3** Dissuadir-se, renunciar a uma pretensão: *Não se demovia de seus propósitos políticos.*

den.dê (*quimbundo ndende*) *sm* O fruto do dendezeiro.

den.de.zei.ro (*dendê+z+eiro*) *sm Bot* Palmeira alta, originária da África, que dá o dendê.

de.ne.grir (*de+negro+ir*) *vtd* **1** Macular, manchar: *Ninguém o denegrirá na minha presença.* *vtd* e *vpr* **2** Tornar(-se) negro ou escuro: *As chamas denegriram a parede.* Conjuga-se como *prevenir*.

den.go.so (ô) (*dengo+oso*) *adj* **1** Cheio de dengues; afetado. **2** Birrento, choramingas. *Pl*: *dengosos* (ó).

den.gue (*quimbundo ndenge*) *sm* **1** Birra de criança, choradeira. *sf* **2** *Med* Doença febril infecciosa, transmitida por duas espécies de mosquitos, o *Aedes aegypti* e o *Aedes albopictus*.

de.no.mi.na.ção (*lat denominatione*) *sf* Designação, nome.

de.no.mi.na.dor (*lat denominatore*) *adj+sm* Que ou o que dá o nome ou designa pelo nome. • *sm Mat* Termo de uma fração que se escreve por baixo do traço e indica em quantas partes foi dividida a unidade.

de.no.mi.nar (*lat denominare*) *vtd* **1** Dar nome ou apelido a; nomear: *Denominar uma via pública.* *vpr* **2** Chamar-se: *O local passou a denominar-se Praça Castro Alves.*

de.no.ta.ção (*lat denotatione*) *sf* Indicação, sinal.

de.no.tar (*lat denotare*) *vtd* **1** Indicar, mostrar, revelar: *A febre denota problemas de saúde.* **2** Significar, simbolizar: *A balança denota justiça.*

den.si.da.de (*lat densitate*) *sf* **1** Qualidade ou estado do que é denso. **2** *Fís* Relação entre a massa de um corpo e o seu volume; massa específica. **3** *Sociol* Concentração de população: *Densidade demográfica.*

den.so (*lat densu*) *adj* **1** Cerrado: *"Varando a noite, seguiram em frente, pela escuridão na mata densa."* (ANA) **2** Compacto: *"Um mar negro nos abriga, denso e agitado."* (INQ) **3** Espesso: *"Havia uma densa penumbra lá dentro."* (ACM)

den.ta.da (*dente+ada¹*) *sf* **1** Ferimento com os dentes; mordidela. **2** *gír* Pedido de dinheiro; facada.

den.ta.du.ra (*dentar+dura*) *sf* **1** Conjunto dos dentes. **2** Prótese dentária (ponte etc.).

den.tal (*lat dentale*) *adj m+f* Pertencente ou relativo aos dentes.

den.tar (*dente+ar¹*) *vtd* **1** Morder. **2** Recortar.

den.tá.rio (*lat dentariu*) *adj* Pertencente ou relativo aos dentes.

den.te (*lat dente*) *sm* **1** *Anat* Cada um dos órgãos ósseos, duros e lisos que guarnecem as maxilas do homem e de certos animais, servindo especialmente para a divisão e trituração dos alimentos. **2** Proeminência por meio da qual se unem duas peças. *Aum*: *dentão, dentilhão, dentola*. *Dim irreg*: *dentículo*. *Bater os dentes*: tremer de frio ou de medo. *Mostrar os dentes*: a) ameaçar; b) rir-se. *Tem dente de coelho*: há algo suspeito.

den.ti.ção (*lat dentitione*) *sf Odont* **1** Formação e nascimento dos dentes. **2** O conjunto dos dentes. *Dentição de leite*: primeira dentição. *Dentição permanente*: segunda dentição.

den.ti.frí.cio (*lat dentifriciu*) *adj+sm* Que ou aquilo que serve para limpar os dentes.

den.ti.na (*dente+ina*) *sf Odont* Substância ou tecido principal dos dentes, semelhante a osso, porém mais dura e densa, que circunda a polpa e é coberta pelo esmalte nas partes expostas e pelo cemento na parte implantada no maxilar; marfim.

den.tis.ta (*dente+ista*) *s m+f* Profissional que trata de moléstias dentárias.

den.tre (*de+entre*) *prep* **1** Do meio de: *"Vejo-me ainda, a luz quase extinta, retirando a faca dentre os seus dedos."* (ML) **2** No meio de: *"Dentre os envolvidos, foi registrada a presença de 'boias-frias' que residiam nas cidades vizinhas."* (BF)

den.tro (*lat intro*) *adv* **1** Interiormente. **2** Na parte interior. *Estar por dentro*: estar informado.

den.tu.ço (*de dente+uço*) *adj+sm* Diz-se de ou indivíduo que tem dentes grandes ou salientes.

de.nún.cia (*de denunciar*) *sf* **1** Ação de denunciar. **2** Delação.

de.nun.ci.ar (*lat denuntiare*) *vtd* e *vtdi* **1** Delatar; dar parte de: *Denunciaram os conspiradores*. *vtd* e *vtdi* **2** Noticiar, participar (o que era secreto): *A imprensa denunciou o esconderijo da quadrilha*. *vpr* **3** Mostrar-se, revelar-se. Conjuga-se como *premiar*.

de.pa.rar (*de+parar*) *vtd, vti* e *vpr* Fazer achar ou encontrar; defrontar-se: *"Ele levou a mão na garupa, mas não deparou ninguém."* (VER); *"Rajfer deparou com uma placa indicando o laboratório de farmacologia vascular."* (ESP); *"Joseph (...) abriu a porta e deparou-se com uma multidão possessa."* (RET)

de.par.ta.men.to (*fr département*) *sm* **1** Repartição pública. **2** Divisão, seção de uma empresa.

de.pe.nar (*de+pena+ar¹*) *vtd* **1** Tirar as penas a: *Depenar um frango*. **2** *pop* Espoliar; extorquir: *O estelionatário depenou o pobre homem*. **3** *pop* Retirar as peças de um veículo abandonado ou roubado.

de.pen.dên.cia (*lat dependentia*) *sf* **1** Estado de dependente. **2** Conexão, correlação. **3** Subordinação, sujeição. **4** *por ext* Cada uma das divisões de uma casa; compartimento. *Antôn* (acepções 1, 2 e 3): *independência, autonomia*.

de.pen.den.te (*lat dependente*) *adj m+f* **1** Subordinado. **2** Que depende da autoridade ou do poder de alguém. **3** Sem bens próprios ou com poucos haveres. *Antôn*: *independente*.

de.pen.der (*lat dependere*) *vti* **1** Estar na dependência de: *O negócio depende de investimentos do governo*. **2** Estar subordinado ou sujeito a: *Da obediência a essas prescrições dependerá o seu bem-estar*. **3** Estar sob o arbítrio, domínio ou influência: *A minha felicidade depende apenas disso*. **4** Derivar, proceder, resultar.

de.pen.du.rar (*de+pendurar*) *V pendurar*. *Antôn*: *despendurar*.

de.pi.la.ção (*depilar+ção*) *sf* **1** Ação ou efeito de depilar. **2** Queda dos cabelos ou dos pelos.

de.pi.la.dor (*depilar+dor*) *adj* Depilatório; que depila. • *sm* Preparado químico ou aparelho utilizado na remoção de pelos.

de.pi.lar (*lat depilare*) *vtd* **1** Arrancar, remover ou destruir o pelo ou o cabelo de. *vpr* **2** Raspar-se.

de.pi.la.tó.rio (*depilar+ório*) *adj* Que depila. • *sm* Cosmético para a remoção temporária de pelos indesejáveis.

de.plo.rar (*lat deplorare*) *vtd* **1** Lamentar, lastimar, prantear: *"Mauro sempre deplorou que não tivéssemos filhos."* (AV) **2** Censurar, julgar mal: *"O fantasma surge para deplorar a ação do filho e diz esperar que a derrota sirva de lição."* (FSP)

de.plo.rá.vel (*lat deplorabile*) *adj m+f* **1** Lamentável, lastimável: *"A deplorável situação do Asilo é, em parte, consequência da política."* (DBI) **2** Penoso, funesto: *"O capitão desceu aos porões para descobrir que o estado da tripulação era deplorável."* (FSP)

de.po.i.men.to (*depoer+mento*) *sm* **1** Ação ou efeito de depor (acepção 3). **2** *Dir* O que uma ou mais testemunhas afirmam verbalmente em juízo. **3** Testemunho.

de.pois (*de+lat post*) *adv* **1** Posteriormente; em seguida (no tempo e no espaço). **2** Além disso. *Depois de, loc prep:* em seguida a, atrás ou após de (no tempo ou no espaço); em posição inferior a. *Depois que, loc conj:* desde o tempo em que, posteriormente ao tempo que; logo que, quando.

de.por (*lat deponere*) *vtdi* **1** Colocar, depositar: *Depôs o seu dinheiro em um banco.* *vtdi* **2** Confiar, entregar: *Depôs a sua saúde nas mãos do médico.* *vint* **3** *Dir* Fazer depoimento em juízo. *vtd* e *vtdi* **4** Demitir, despojar, destituir: *As forças armadas depuseram o governo.* *vpr* **5** Depositar-se: *Os sais depuseram-se no fundo da banheira. Depor as armas:* render-se. Conjuga-se como *pôr*.

de.por.ta.ção (*lat deportatione*) *sf* Degredo, desterro, exílio.

de.por.tar (*lat deportare*) *vtd* Desterrar, exilar, banir.

de.po.si.ção (*lat depositione*) *sf* Exoneração, destituição.

de.po.si.tan.te (de *depositar*) *adj* e *s m+f* Que ou aquele que faz um depósito.

de.po.si.tar (*depósito+ar¹*) *vtd* **1** Pôr em depósito num banco ou estabelecimento semelhante. *vtd* **2** Colocar, pôr: *Depositava sobre a mesa este vaso de flores.* *vpr* **3** Formar depósito no fundo de um líquido; sedimentar-se, precipitar-se.

de.pó.si.to (*lat depositu*) *sm* **1** Aquilo que se depositou. **2** Armazém. **3** Impurezas ou outros materiais que se depõem no fundo de um líquido; sedimento.

de.pos.to (ô) (*part de depor*) *adj* Destituído de cargo ou dignidade. *Pl: depostos* (ó).

de.pra.va.ção (*lat depravatione*) *sf* **1** Corrupção, degeneração. **2** *Med* Alteração mórbida.

de.pra.var (*lat depravare*) *vtd* Corromper, perverter (no sentido físico e moral).

de.pre.ci.a.ção (*depreciar+ção*) *sf* **1** Desvalorização; deságio. **2** *fig* Rebaixamento, menosprezo. *Antôn: valorização.*

de.pre.ci.ar (*lat depretiare*) *vtd* **1** Rebaixar o valor de; desvalorizar: *Depreciar a moeda do país.* **2** Desprezar, menosprezar: *Depreciar os méritos de uma pessoa.* Conjuga-se como *premiar*. *Antôn: valorizar, enaltecer.*

de.pre.ci.a.ti.vo (*depreciar+ivo*) *adj* Que envolve depreciação, desvalorização. *Antôn: apreciativo.*

de.pre.da.ção (*lat depraedatione*) *sf* **1** Ação de depredar. **2** *Dir* Ato de invadir violentamente a propriedade alheia e ali praticar roubo ou causar quaisquer outros danos materiais graves.

de.pre.dar (*lat depredari*) *vtd* **1** Devastar, estragar, assolar: *Os invasores depredaram a aldeia.* **2** Espoliar, roubar, saquear.

de.pre.en.der (*lat deprehendere*) *vtd* **1** Compreender, perceber: *"Acabamos depreendendo que se tratava de um caso complicado."* (VN) *vpr* e *vtdi* **2** Deduzir, inferir: *"Disto se depreende que a luta política é mais complexa e mais ampla que a luta econômica."* (SIN)

de.pres.sa (*de+pressa*) *adv* **1** Com pressa, rapidamente, sem demora. **2** Em pouco tempo. *Antôn: devagar.* Veja nota em **advérbio**.

de.pres.são (*lat depressione*) *sf* **1** Abaixamento de nível. **2** Achatamento, sulco ou cavidade pouco profunda. **3** *Geol* Extensão de terreno abaixo do nível do solo circundante: *Os vales dos rios são depressões do terreno.* **4** *fig* Abatimento (físico ou moral). **5** *Psiq* Estado mental patológico caracterizado por ansiedade, apatia, desespero etc., com falta de ânimo quanto a qualquer atividade.

de.pres.si.vo (*lat depresu+ivo*) *adj* **1** Deprimente. **2** Que causa depressão. **3** Que revela depressão. **4** *Med* Que diminui a atividade funcional. • *sm* Medicamento que reduz a atividade funcional e as energias vitais, em geral pela produção de relaxamento muscular.

de.pri.men.te (de *deprimir*) *adj m+f* **1** Que deprime; depressivo. **2** Que abate as forças. **3** Humilhante.

de.pri.mir (*lat deprimere*) *vtd* **1** Causar depressão em; abaixar, abater, achatar: *Sucessivos golpes deprimiram a grande massa de argila.* **2** Debilitar, enfraquecer: *Este clima lhe deprime o organismo.*

de.pu.ra.ção (*depurar+ção*) *sf* **1** Ação de depurar(-se). **2** Limpeza. **3** *Med* Ato pelo qual o organismo se liberta de substâncias inúteis ou nocivas.

de.pu.rar (*lat med depurare*) *vtd* **1** Limpar: *O lavrador ara e depura o campo.* *vtd*, *vtdi* e *vpr* **2** Purificar(-se): *Depurou-se pelo trabalho e pelo altruísmo.*

de.pu.ta.do (*part* de *deputar*) *sm* Membro de assembleia legislativa. *Fem*: deputada. *Col*: assembleia, câmara, congresso.

de.ri.va (de *derivar*) *sf* **1** *Náut* Desvio do rumo. **2** *Náut* Flutuação do navio ao sabor da corrente ou do vento. *À deriva*: perdido; sem rumo, ao sabor da corrente: *O barco andava à deriva.*

de.ri.va.ção (*lat derivatione*) *sf* **1** Ramificação, bifurcação, ramal. **2** *Gram* Processo de formação de palavras por meio da ampliação ou abreviação de uma palavra-base (primitiva).

de.ri.var (*lat derivare*) *vtd* **1** Desviar do seu curso; mudar de direção: *As obras derivaram as águas do rio para outro curso.* *vtdi* **2** Resultar, seguir-se: *Seu êxito deriva do trabalho.* *vti* e *vpr* **3** Descender, originar-se: *Esta palavra deriva do latim.*

der.ma (*gr dérma*) *sm* **1** *Anat* Tecido que forma a camada da pele subjacente à epiderme. **2** Pele, couro. *Var*: derme.

der.ma.ti.te (*dérmato+ite*[1]) *sf Med* Inflamação da pele.

der.ma.to.lo.gi.a (*dérmato+logo+ia*[1]) *sf Med* Ramo da medicina que estuda a pele, sua estrutura, funções e doenças.

der.ma.to.lo.gis.ta (*dérmato+logo+ista*) *adj m+f* Versado em dermatologia. • *s m+f* Médico especialista em doenças da pele.

der.ma.to.se (*dérmato+ose*) *sf Med* Designação genérica de todas as doenças da pele.

der.me (*gr dérma*) *V derma*. (Observação: a palavra *derme* é muito usada por causa da analogia com *epiderme*.)

der.ra.dei.ro (*lat vulg *derretrariu*) *adj* Extremo, final, último. *Antôn*: primeiro.

der.ra.ma.men.to (*derramar+mento*) *sm* **1** Ação ou efeito de derramar(-se). **2** Difusão.

der.ra.mar (*de+ramo+ar*) *vtd* **1** Entornar, verter, fazer correr (líquido) para fora: *Derramar água.* *vtd* e *vtdi* **2** Deixar correr por fora (um líquido): *Muito sangue derramou das veias.*

der.ra.me (de *derramar*) *sm* **1** *V derramamento*. **2** *Med* Excesso de secreção de líquidos nas cavidades normais. **3** *pop* Acidente hemorrágico cerebral.

der.ra.pa.gem (*fr dérapage*) *sf* Ato de derrapar.

der.ra.par (*fr déraper*) *vint* Escorregar (diz-se quando as rodas do automóvel deslizam).

der.re.ter (*de+re+lat terere*) *vtd* **1** Fazer passar do estado sólido ao estado líquido; fundir: *Derreter cera.* *vpr* **2** Liquefazer-se, tornar-se líquido; fundir-se: *O açúcar derreteu-se.* *vpr* **3** Apaixonar-se, enternecer-se: *Ele se derrete pela vizinha.* *vtd* e *vpr* **4** Comover(-se), enternecer(-se) profundamente: *O seu pranto derretia os corações.*

der.re.ti.do (*part* de *derreter*) *adj* **1** Dissolvido, liquefeito. **2** *pop* Enamorado.

der.re.ti.men.to (*derreter+mento*) *sm* **1** Ação de derreter; fusão. **2** *pop* Afetação, requebro: *"[Doralda] olhava-o, sorrindo, satisfeita, num derretimento, no quebramento, nas harmonias!"* (COB)

der.ro.ca.da (*derrocar+ada*[1]) *sf* Desabamento, desmoronamento, destruição, ruína.

der.ro.car (*de+roca+ar*[1]) *vtd* Abater, arrasar, demolir, destruir: *"A Companhia (...) repeliu os ingleses, derrocou a aparatosa fábrica luso-hispânica."* (CHC)

der.ro.ta (de *derrotas*) *sf* **1** Ação ou efeito de derrotar. **2** Destroço de um exército.

3 Fracasso. **4** Desastre, perda. *Antôn* (acepções 2, 3 e 4): vitória.

der.ro.tar (*derrota+ar¹*) *vtd* **1** Mil Destroçar, vencer: *Derrotaram os seus antagonistas.* **2** Desfazer, destruir: *Chuvas devastadoras derrotaram um ano de trabalho.* **3** Cansar, fatigar muito, prostrar: *A longa e mal dormida viagem derrotou o homem. Antôn* (acepção 1): vencer.

der.ro.tis.mo (*derrota+ismo*) *sm* **1** Pessimismo. **2** Negativismo: *"Felizmente, toda aquela avalanche de boatos, de más notícias e de derrotismo, tudo isto já pertence ao passado."* (JK)

der.ro.tis.ta (*derrota+ista*) *adj* e *s m+f* Diz-se de ou pessoa que possui a tendência ao derrotismo.

der.ru.ba.da (*fem* do *part* de *derrubar*) *sf* Ação de derrubar grandes árvores, com o fim de preparar o terreno para plantações. *Var:* derribada.

der.ru.bar (*lat* med *dirupare*) *vtd* **1** Abater, fazer cair. **2** Jogar ao chão. **3** Destituir: *A oposição quer derrubar o presidente.* **4** Extenuar, prostrar: *A gripe derrubou muita gente. Var:* derribar. *Antôn* (acepção 2): erguer.

de.sa.ba.far (*des+abafar*) *vtd* **1** Expor ao ar: *Vamos abrir a janela para desabafar esse ambiente.* *vtd* **2** Desimpedir. *vtd* **3** Dizer com franqueza, expandir: *Desabafar uma dor, uma paixão.* *vint* **4** Respirar livremente.

de.sa.ba.fo (de *desabafar*) *sm* **1** Alívio, desafogo. **2** Manifestação de sentimentos longamente contidos.

de.sa.ba.lar (*des+abalar*) *vint pop* Fugir precipitadamente.

de.sa.ba.men.to (*desabar+mento*) *sm* Ação ou efeito de desabar.

de.sa.bar (*des+aba+ar¹*) *vti* **1** Abater-se, cair: *Com a notícia, ele desabou ali mesmo no sofá.* *vti* e *vint* **2** Ruir, desmoronar; vir abaixo.

de.sa.bi.ta.do (de *desabitar*) *adj* **1** Que não é habitado. **2** Deserto, ermo.

de.sa.bi.tu.ar (*des+habituar*) *vtd* Fazer perder o hábito ou o costume.

de.sa.bo.nar (*des+abonar*) *vtd* **1** Depreciar: *"A Igreja vem desabonando cada vez mais o modo de agir do governo nos campos social, político e indianista."* (CM); *"Não havia um só caso suspeito que o pudesse desabonar."* (PCO) *vtd* e *vpr* **2** Desacreditar(-se).

de.sa.bo.to.ar (*des+abotoar*) *vtd* **1** Tirar da casa os botões de: *Desabotoe o paletó.* *vpr* **2** Desprender-se do botão: *A blusa desabotoou-se. Conjuga-se como* coar.

de.sa.bri.ga.do (*part* de *desabrigar*) *adj* **1** Sem abrigo. **2** Desamparado, desprotegido.

de.sa.bri.gar (*des+abrigar*) *vtd* **1** Abandonar, desamparar, desproteger. *vpr* **2** Sair do abrigo.

de.sa.bro.char (*des+abrochar*) *vtd* **1** Abrir, desapertar: *Ela desabrochou o cinto.* *vtd* **2** Fazer abrir ou brotar: *Desabrocharam as flores. vti, vint* e *vpr* **3** Brotar, crescer, desenvolver-se: *Desabrocha ali formoso bosque.*

de.sa.ca.tar (*des+acatar*) *vtd* **1** Faltar ao respeito devido a: *Não desacato a crença de ninguém.* **2** Desrespeitar: *Desacatar uma autoridade.* **3** Afrontar.

de.sa.ca.to (de *desacatar*) *sm* **1** Ação de desacatar. **2** Falta de respeito. **3** Escândalo.

de.sa.ce.le.rar (*des+acelerar*) *vtd* Diminuir a velocidade; retardar.

de.sa.cer.tar (*des+acertar*) *vtd* **1** Errar, falhar: *Desacertou a manobra e quebrou a máquina.* *vtd* **2** Desarranjar, desmanchar. *vpr* **3** Frustrar-se: *Desacertara-se o ardil dos caçadores.*

de.sa.cer.to (*ê*) (de *desacertar*) *sm* **1** Falta de acerto. **2** Erro por ignorância ou inadvertência. **3** Tolice.

de.sa.com.pa.nha.do (*part* de *desacompanhar*) *adj* Sem companhia, só.

de.sa.con.se.lha.do (*part* de *desaconselhar*) *adj* **1** Sem conselho, desprevenido. **2** Contraindicado.

de.sa.con.se.lhar (*des+aconselhar*) *vtd* e *vtdi* Dissuadir.

de.sa.cor.dar (*des+acordar*) *vtd* **1** Pôr em desacordo ou em oposição. *vtd* **2** Fazer perder os sentidos: *A pancada na cabeça desacordou o menino.* *vint* **3** Discordar, dissentir. *Conjug – Pres indic:* desacordo, desacordas (*ó*) etc. *Cf* desacordo (*ô*).

de.sa.cor.do (*ô*) (*des+acordo*) *sm* **1** Falta de acordo; divergência. **2** Desarmonia.

de.sa.cre.di.ta.do (*part de desacreditar*) *adj* **1** Sem crédito. **2** Depreciado.

de.sa.cre.di.tar (*des+acreditar*) *vtd* **1** Fazer perder o crédito: *As más companhias o desacreditaram.* **2** Não acreditar em: *Desacreditar um milagre, uma história.* **3** Difamar.

de.sa.fe.to (*des+afeto*) *adj* **1** Desafeiçoado. **2** Adverso, contrário, oposto. • *sm* **1** Falta de afeto. **2** Adversário, inimigo: *"Segundo a notícia, todos os dias ele ameaçava de morte seus desafetos."* (CH)

de.sa.fi.ar (*ital disfidare*) *vtd* **1** Chamar a desafio; provocar: *Desafiar a morte.* **2** Incitar, instigar: *Injustiças que desafiam a indignação.* Conjuga-se como *premiar*.

de.sa.fi.na.ção (*desafinar+ção*) *sf* **1** Ação de desafinar. **2** Desarmonia, dissonância.

de.sa.fi.na.do (*part de desafinar*) *adj* Que não está afinado; dissonante, destoante. Antôn: *afinado*.

de.sa.fi.nar (*des+afinar*) *vint* **1** Perder a afinação: *O coral desafinou.* *vti* **2** *fig* Destoar: *Desafina do marido em política.*

de.sa.fi.o (*de desafiar*) *sm* **1** Provocação. **2** *Folc* Cantoria em duelo, feita com versos improvisados.

de.sa.fo.ga.do (*part de desafogar*) *adj* **1** Aliviado, desembaraçado. **2** Amplo, bem arejado.

de.sa.fo.gar (*des+afogar*) *vtd* **1** Desabafar, dizer (o que pensa ou sente): *Desafogar mágoas.* *vtd* **2** Descarregar; tornar mais leve: *Desafogar um caminhão.* *vpr* **3** Aliviar-se: *Desafogou-se com o fim da perseguição.*

de.sa.fo.go (ô) (de *desafogar*) *sm* **1** Alívio. **2** Desembaraço, franqueza. **3** Abastança.

de.sa.fo.ra.do (*part de desaforar*) *adj* Atrevido, insolente.

de.sa.fo.ro (ô) (de *desaforar*) *sm* **1** Pouca-vergonha; escândalo. **2** Atrevimento, insolência.

de.sa.for.tu.na.do (*des+afortunado*) *adj* Desamparado pela fortuna; desventurado, infeliz. Antôn: *venturoso, feliz*.

de.sa.ga.sa.lha.do (*des+agasalhado*) *adj* Sem agasalho; insuficientemente vestido.

de.sa.ga.sa.lhar (*des+agasalhar*) *vtd* **1** Privar de agasalho: *Desagasalhou o bebê ao acordá-lo.* **2** Deixar sem abrigo, sem conforto: *A demolição desagasalhou várias famílias.* **3** Descobrir, destapar.

de.sa.gra.dar (*des+agradar*) *vti* **1** Desgostar, descontentar. *vpr* **2** Aborrecer-se: *Desagradar-se de alguma coisa.* Antôn: *satisfazer*.

de.sa.gra.dá.vel (*desagradar+vel*) *adj m+f* **1** Que desagrada. **2** Feio.

de.sa.gra.do (*des+agrado*) *sm* **1** Insatisfação. **2** Descontentamento.

de.sa.gra.var (*des+agravar*) *vtd* **1** Reparar (ofensa ou insulto): *"De algum modo precisava desagravar a honra nacional, ofendida na pessoa e na arte de Raul Machado."* (RIR) *vtd* **2** Atenuar. *vtd* **3** Livrar de imposto ou de ônus: *"A reforma tributária, por exemplo, poderia desagravar as exportações entre 8% e 15%."* (FSP) *vpr* **4** Desafrontar-se, vingar-se.

de.sa.gra.vo (*des+agravo*) *sm* **1** Ação de desagravar. **2** Reparação de um agravo. **3** Desafronta.

de.sa.gre.gar (*des+agregar*) *vtd* e *vpr* **1** Separar o que estava agregado: *Desagregar as peças de uma máquina.* *vtdi* **2** Arrancar, desarraigar: *Desagregar alguém de seu meio.*

de.sa.gua.dou.ro (*desaguar+douro*) *sm* Rego, sarjeta ou vala para escoamento de águas.

de.sa.guar (*des+aguar*) *vtd* **1** Esgotar a água de: *Desaguar um navio.* *vtd* **2** Drenar, enxugar: *Desaguar um pântano.* *vti* **3** Lançar as águas em (falando do curso dos rios): *Há rios que deságuam em lagos.* *vint* **4** *pop* Urinar. Conjuga-se como *aguar*.

de.sa.jei.ta.do (*des+a¹+jeito+ado¹*) *adj* **1** Sem jeito, inábil. **2** Desastrado. Antôn (acepção 1): *destro, hábil*.

de.sa.jei.tar (*des+ajeitar*) *vtd* **1** Tirar o jeito a: *Desajeitou a gola do paletó ao pôr o cachecol.* **2** Desarrumar: *O vento desajeitou-lhe os cabelos.*

de.sa.ju.i.za.do (*part de desajuizar*) *adj* **1** Sem juízo. **2** Insensato.

de.sa.jus.ta.do (*part de desajustar*) *adj* Desordenado, desarranjado.

de.sa.jus.tar (*des+ajustar*) *vtd* **1** Desordenar, desarranjar. *vtd* **2** Descompor, transtornar. *vtd* **3** Desapertar: *Desajustou* *o vestido para ele cair melhor.* vtd **4** Romper (o ajuste ou pacto convencionado). vpr **5** Desfazer(-se).

de.sa.jus.te (de *desajustar*) sm **1** Ação de desajustar. **2** Rompimento de um ajuste, convenção ou pacto.

de.sa.len.to (*des*+*alento*) sm **1** Abatimento, desânimo: *"Sensação de tristeza e desalento o invadiu."* (GRO) **2** Esmorecimento.

de.sa.li.nha.do (*part* de *desalinhar*) adj **1** Desarranjado, desordenado. **2** Descuidado; desmazelado.

de.sa.li.nhar (*des*+*alinhar*) vtd Desarranjar, desordenar.

de.sa.li.nho (*des*+*alinho*) sm Desarranjo, desleixo, desordem.

de.sal.ma.do (*des*+*alma*+*ado*¹) adj Desnaturado, desumano, perverso. Antôn: *caridoso, compassivo.*

de.sa.lo.jar (*des*+*alojar*) vtd **1** Expulsar, repelir: *Conseguiram desalojar o inimigo.* **2** Fazer sair do lugar ocupado.

de.sa.mas.sar (*des*+*amassar*) vtd e vint Endireitar, alisar (o que estava amassado).

de.sam.pa.ra.do (*des*+*amparado*) adj **1** Que não tem amparo; abandonado. **2** Solitário.

de.sam.pa.rar (*des*+*amparar*) vtd **1** Deixar de amparar: *Os amigos o desampararam.* **2** Privar daquilo que sustenta, segura ou resguarda: *Demitindo-o, ele desamparou toda uma família.* Antôn (acepção 1): *auxiliar.*

de.sam.pa.ro (*des*+*amparo*) sm **1** Falta de auxílio ou de proteção. **2** Abandono.

de.san.dar (*des*+*andar*) vtd **1** Fazer andar para trás: *A locomotiva desandou os vagões.* vtd **2** Percorrer em sentido contrário: *Desandou o atalho, em busca do companheiro.* vint **3** Piorar: *Sua sorte começou a desandar.* vint **4** pop Apresentar diarreia: *O paciente desandou com o remédio.*

de.sa.ni.ma.ção (*des*+*animação*) sf **1** Desalento, desânimo. **2** Falta de entusiasmo.

de.sa.ni.mar (*des*+*ânimo*+*ar*¹) vtd **1** Tirar o ânimo de; desalentar, desencorajar. vti e vint **2** Desalentar-se, perder o ânimo: *Desanima com qualquer obstáculo.* vpr **3** Perder o ânimo, a coragem: *Desanimavam-se com a demora dos recursos.*

de.sâ.ni.mo (*des*+*ânimo*) sm Falta de ânimo; abatimento, desalento. Antôn: *entusiasmo.*

de.sa.nu.vi.ar (*des*+*anuviar*) vtd **1** Dissipar as nuvens de, limpar de nuvens. vpr **2** Tornar-se claro (o céu), limpar-se de nuvens (o céu, o tempo): *Depois do temporal, o céu desanuviou-se.* Conjuga-se como *premiar.*

de.sa.pa.ra.fu.sar (*des*+*aparafusar*) vtd Tirar os parafusos de; desatarraxar: *"É preciso desaparafusar a bandeja com o estepe para fazê-la descer."* (FSP) Var: *desparafusar.*

de.sa.pa.re.cer (*des*+*aparecer*) vint **1** Sumir. vti **2** Afastar-se, retirar-se: *Certo dia desapareceu de casa.* **3** Extraviar-se, perder-se: *Alguns papéis desapareceram do cofre.* Antôn: *surgir.*

de.sa.pa.re.ci.men.to (*desaparecer*+*mento*) sm Sumiço, extravio.

de.sa.pe.ga.do (*des*+*apegado*) adj **1** Desafeiçoado, indiferente, insensível. **2** Desinteressado, não ambicioso: *Desapegado do dinheiro.*

de.sa.pe.gar (*des*+*apegar*) vtd e vpr **1** Soltar(-se), desunir(-se). **2** Desafeiçoar (-se): *"As dificuldades peculiares do ministério sejam-lhes incentivo para se desapegarem sempre mais das coisas terrenas."* (MA); *Desapegar-se de um amigo.* **3** Desprender(-se), desgrudar(-se): *O cartaz desapegou-se do poste.*

de.sa.pe.go (ê) (*des*+*apego*) sm **1** Falta de afeição, desamor, indiferença. **2** Desprendimento. Antôn (acepção 1): *amor, interesse.*

de.sa.per.ce.bi.do (*des*+*apercebido*) adj **1** Desprevenido. **2** Desprovido.

Cuidado para não confundir **desapercebido** com **despercebido**.
Desapercebido significa desprevenido; não prevenido; desprovido.
Diante de todos os gastos, fiquei desapercebido de dinheiro.
Despercebido significa sem ser notado; ignorado; imperceptível.
Bill Gates, de chapéu preto e óculos escuros, transitou pelo aeroporto de Cumbica completamente despercebido.

de.sa.per.tar (*des*+*apertar*) vtd **1** Afrouxar, alargar; soltar: *Desapertar o nó da*

gravata. *vtd* **2** Desabotoar. *vpr* **3** Tornar folgado o próprio vestuário.

de.sa.pon.ta.do (*part* de *desapontar*) *adj* Que sofreu desapontamento; desiludido.

de.sa.pon.ta.men.to (*ingl disappointment*) *sm* Decepção, desilusão.

de.sa.pon.tar (*ingl disappoint+ar*¹) *vtd* **1** Causar desapontamento a. *vint* e *vpr* **2** *pop* Ficar desapontado.

de.sa.pro.pri.a.ção (*des+apropriação*) *sf* Ação ou efeito de desapropriar; expropriação.

de.sa.pro.pri.a.do (*des+apropriado*) *adj* Que foi objeto de desapropriação. • *sm* Aquele que sofreu desapropriação.

de.sa.pro.pri.ar (*des+apropriar*) *vtd* Tirar ou fazer perder a propriedade; desapossar. Conjuga-se como *premiar*.

de.sa.pro.va.ção (*des+aprovação*) *sf* Ação de desaprovar; censura, reprovação.

de.sa.pro.var (*des+aprovar*) *vtd* Não aprovar; censurar, rejeitar.

de.sa.que.ci.men.to (*des+aquecer+mento*) *sm* Ato ou efeito de desaquecer.

de.sar.ma.do (*part* de *desarmar*) *adj* **1** Sem armas. **2** Desmontado. **3** Que se desarmou: *Bomba desarmada.*

de.sar.ma.men.to (*des+armamento*) *sm* **1** Ato ou efeito de desarmar(-se). **2** Licenciamento ou redução de tropas.

de.sar.mar (*des+armar*) *vtd* **1** Tirar, fazer depor as armas: *Os guardas desarmaram os desordeiros.* *vtd* **2** Tirar a munição da arma: *Desarmou o revólver.* *vtd* **3** Desmontar: *O feirante desarmou sua barraca.* *vtd* **4** Apaziguar, serenar: *Seu discurso desarmou os espíritos.* *vpr* **5** Deixar-se enternecer, voltar ao bom humor.

de.sar.mo.ni.a (*des+harmonia*) *sf* **1** *Mús* Falta de harmonia; dissonância. **2** *fig* Desacordo, discordância, oposição.

de.sar.ran.jar (*des+arranjar*) *vtd* **1** Pôr em desordem: *As crianças desarranjaram a casa.* *vtd* **2** Alterar, embaraçar: *Esse imprevisto veio desarranjar os seus planos.* *vpr* **3** Desacomodar-se: *Sua vida desarranjou-se com a doença.* *vpr* **4** *pop* Ficar desarranjado (com diarreia).

de.sar.ran.jo (*des+arranjo*) *sm* **1** Desalinho, desordem. **2** Contratempo, incômodo, transtorno. **3** *pop* Diarreia.

de.sar.ru.mar (*des+arrumar*) *vtd* Desarranjar, desordenar.

de.sar.ti.cu.la.ção (*desarticular+ção*) *sf* **1** Ação ou efeito de desarticular. **2** Falta de articulação.

de.sar.ti.cu.la.do (*part* de *desarticular*) *adj* Que se desarticulou; desconjuntado.

de.sar.ti.cu.lar (*des+articular*) *vtd* **1** Fazer sair da articulação: *Desarticular a tíbia, o pé.* *vtd* **2** Impedir planos ou combinações; perturbar o que estava planejado: *Desarticular uma greve.* *vtd* e *vpr* **3** Desfazer(-se) uma articulação: *Com a prisão do líder, o bando desarticulou-se.*

de.sar.vo.ra.do (*part* de *desarvorar*) *adj* Aflito, desnorteado: *"Sérgio não hesitou em se mostrar desarvorado com o protesto."* (A)

de.sar.vo.rar (*des+arvorar*) *vtd* **1** Abater, arriar (o que estava elevado, suspenso). *vint* **2** Fugir desordenadamente: *O bando desarvorou ao ver os policiais.* *vpr* **3** *pop* Desnortear-se, desorientar-se.

de.sas.som.bro (*des+assombro*) *sm* **1** Intrepidez, ousadia. **2** Confiança, franqueza.

de.sas.sos.se.gar (*des+assossegar*) *vtd*, *vint* e *vpr* Inquietar(-se), perturbar(-se).

de.sas.sos.se.go (ê) (de *desassossegar*) *sm* **1** Inquietação, agitação, ansiedade. **2** Receio.

de.sas.tra.do (*desastre+ado*¹) *adj* Desajeitado, imprudente, desatinado. Antôn: *jeitoso.*

de.sas.tre (*fr désastre*) *sm* **1** Acidente funesto. **2** Desgraça, sinistro. **3** Fatalidade.

de.sas.tro.so (ô) (*desastre+oso*) *adj* **1** Em que há desastre. **2** Que causa desastre. **3** Funesto, desgraçado. *Pl:* desastrosos (ó).

de.sa.tar (*des+atar*) *vtd* **1** Desfazer, tirar o nó ou laço: *Desatar uma fita, um calçado.* *vtd* **2** Libertar, livrar: *Desatar o animal.* *vpr* **3** Desprender-se, soltar-se: *O balão desatou-se da corda que o prendia.* Antôn: *amarrar.*

de.sa.tar.ra.xar (*des+atarraxar*) *vtd* **1** Tirar a tarraxa a. **2** Desaparafusar.

de.sa.ten.ção (*des+atenção*) *sf* **1** Falta de atenção. **2** Desconsideração, indelicadeza.

de.sa.ten.to (*des+atento*) *adj* Desprovido de atenção; distraído.

de.sa.ti.na.do (*part* de *desatinar*) *adj* Sem

desatinar tino; desvairado, louco: *"Deixou de lado o aparelho e pôs-se a andar desatinado pela sala."* (ID)

de.sa.ti.nar (*des+atinar*) vtd Fazer perder o tino ou a razão; enlouquecer.

de.sa.ti.no (de *desatinar*) sm **1** Falta de juízo. **2** Disparate; loucura.

de.sa.ti.var (*des+ativar*) vtd **1** Tornar (algo) inativo, tirar da atividade. **2** Mil Privar (um artefato) dos meios de explosão: *Desativar uma bomba*.

de.sa.tre.lar (*des+atrelar*) vtd e vpr **1** Desprender(-se) (animais atrelados a um carro): *Desatrelar a parelha*. **2** Desengatar(-se): *O vagão desatrelou-se do comboio*. Var: destrelar.

de.sa.tu.a.li.zar (*des+atual+izar*) vtd **1** Fazer perder o caráter de atualidade. vpr **2** Tornar-se desatualizado; perder a atualidade.

de.sau.to.ri.zar (*des+autorizar*) vtd **1** Não autorizar; tirar a autorização a: *Várias razões o desautorizaram*. vtd **2** Rebaixar; desacreditar: *Tal procedimento os desautorizou*. vpr **3** Perder a autoridade ou o prestígio; desacreditar-se: *Algumas vezes se desautorizou por impulso de seu temperamento apaixonado*.

de.sa.ven.ça (*des+avença*) sf **1** Rixa; discórdia. **2** Inimizade.

de.sa.ver.go.nha.do (part de *desavergonhar*) adj+sm Sem-vergonha, descarado, insolente: *"Manoel de Barros afirma 'bolinar' os vocábulos como um amante desavergonhado."* (FSP)

de.sa.ver.go.nhar (*des+a¹+vergonha+ar¹*) vpr Tornar-se descarado.

de.sa.vi.sa.do (part de *desavisar*) adj **1** Sem juízo ou prudência; indiscreto, leviano. **2** Precipitado: *"Contrastes de uma Paris pouco notada, que atraem ainda mais o olhar desavisado."* (FSP) **3** Mal informado: *"Ao leitor desavisado pode parecer incrível aquilo que vou dizer."* (FAB) **4** Desatento: *"O estrondo do primeiro tiro fez o desavisado deputado dar um salto e ficar cor de cera."* (FSP) Antôn (acepções 1 e 2): prudente, sensato.

des.ba.ra.ta.do (part de *desbaratar*) adj **1** Derrotado, destroçado, vencido. **2** Dissipado, esbanjado.

des.ba.ra.ta.men.to (*desbaratar+mento*) sm **1** Ato de desbaratar: *"O mote para o desbaratamento da quadrilha de traficantes foi a saída de dois caminhões da fazenda."* (FSP) **2** Derrota. **3** Desperdício.

des.ba.ra.tar (*des+barato+ar¹*) vtd **1** Dissipar, esbanjar: *Não desbarate seu patrimônio*. **2** Desfazer, destruir, estragar: *As bebidas alcoólicas desbaratavam a saúde e o caráter*. **3** Bater, derrotar: *Desbaratou o exército inimigo*.

des.bar.ran.ca.do (*des+barranco+ado¹*) adj Diz-se do terreno em que houve desbarrancamento. • sm **1** Corte, erosão, escavação num terreno. **2** Queda de terras; esbarrancado.

des.bar.ran.ca.men.to (*desbarrancar+mento*) sm Ação ou efeito de desbarrancar.

des.bar.ran.car (*des+barranco+ar¹*) vtd **1** Tirar a terra, desfazendo o barranco. **2** Escavar profundamente; desaterrar. **3** Fazer barrancos em.

des.bas.tar (*des+basto+ar¹*) vtd **1** Tornar menos espesso: *Desbastar o cabelo*. **2** Tornar menos grosseira, afinar uma peça cortando-a ou polindo-a: *Desbastou as arestas de alguns blocos de pedra*.

des.bas.te sm **1** Ato ou efeito de desbastar. **2** Ação que consiste em arrancar as plantas em excesso.

des.blo.que.ar (*des+bloquear*) vtd **1** Levantar o bloqueio; romper o cerco. **2** *Inform* Liberar o acesso a um arquivo ou um sistema. Conjuga-se como *frear*.

des.bo.ca.do (part de *desbocar*) adj Que usa de linguagem inconveniente ou obscena.

des.bo.ta.do (part de *desbotar*) adj Diz-se de coisa cuja cor perdeu a nitidez ou o brilho.

des.bo.tar (*des+boto+ar¹*) vtd **1** Fazer desvanecer ou apagar (a cor, o brilho): *O tempo desbotou a cor do vestido*. vtd **2** Tornar menos viva a cor de: *Prolongada seca desbotou a folhagem*. vpr **3** Amortecer-se, apagar-se: *Desbotou-se a flor da virtude*. Antôn (acepções 1 e 2): avivar.

des.bra.ga.do (part de *desbragar*) adj Descomedido, indecoroso: *"A alegria maníaca do sexo desbragado seria punida com a tristeza de uma terapia penosa."* (SAT)

des.bra.var (*des+bravo+ar¹*) *vtd* **1** Amansar, domar: *Desbravar um animal.* **2** Explorar (terras desconhecidas): *Desbravou florestas.*

des.bun.dar (*des+bunda+ar¹*) *gír vint* **1** Perder o autocontrole sob o efeito de drogas; perder as estribeiras. *vint* **2** Causar espanto ou admiração. *vtd* **3** Causar impacto em.

des.bun.de (de *desbundar*) *sm gír* Loucura, desvario.

des.bu.ro.cra.ti.za.ção (*desburocratizar+ção*) *sf* Ato ou efeito de desburocratizar.

des.bu.ro.cra.ti.zan.te (de *desburocratizar*) *adj m+f* Que desburocratiza.

des.bu.ro.cra.ti.zar (*des+burocratizar*) *vpr* Perder o caráter burocrático; simplificar-se.

des.ca.be.ça.do (*part* de *descabeçar*) *adj* **1** Decepado. **2** Que não tem cabeça; desmiolado, maluco: *"Depois que o velho faltou, o descabeçado do Nicanor, cumprida a pena, voltou para casa."* (R)

des.ca.be.la.do (*part* de *descabelar*) *adj* **1** Sem cabelo ou com pouco cabelo. **2** *pop* Desgrenhado, despenteado.

des.ca.be.lar (*des+cabelo+ar¹*) *vtd* **1** Tirar os cabelos a. *vtd* **2** Descompor, desconcertar os cabelos: *O vento descabelou-a.* *vpr* **3** Irritar-se: *"Quando nos casamos, bastava ele sair para eu me descabelar, chorar."* (FSP)

des.ca.bi.do (*part* de *descaber*) *adj* **1** Que não tem cabimento. **2** Inoportuno. **3** Inconveniente.

des.ca.ir (*des+cair*) *vtd* **1** Deixar pender ou cair: *Descair os braços.* *vti* e *vint* **2** Cair, pender: *A cabeça descaiu sobre o peito.* *vti* e *vint* **3** Baixar, declinar: *Já descai o Sol no horizonte.* Conjuga-se como *sair*.

des.ca.la.bro (*cast descalabro*) *sm* **1** Perda, ruína. **2** Desgraça.

des.cal.çar (*des+calçar*) *vtd* **1** Tirar, despir (o que estava calçado): *Descalçou o sapato.* **2** Tirar o calçamento de: *Descalçar uma rua.* *Part.* *descalçado* e *descalço*.

des.cal.ço (*des+lat calceu*) *adj* **1** Sem calçado. **2** Com os pés nus ou só calçados de meias. *Antôn* (acepção 1): *calçado*.

des.ca.ma.ção (*descamar+ção*) *sf* **1** Ação de descamar. **2** *Med* Escamação e queda do tecido superficial da pele.

des.ca.mar (*lat disquamare*) *vtd* e *vpr* Tirar as escamas de; escamar.

des.cam.bar (*des+cambar*) *vtd* **1** Fazer cair, descer: *Descambar o pau.* *vti* **2** Degenerar, descair: *Em seus escritos, ele nunca descamba para a vulgaridade.*

des.ca.mi.sa.do (*part* de *descamisar*) *adj* **1** Aquele que não tem camisa. **2** *pop* Pobre, humilde.

des.cam.pa.do (*des+campo+ado¹*) *adj* Diz-se do lugar aberto, desabrigado. • *sm* Campo de relva com vegetação alta, muito rala ou inexistente, aberto e desabitado.

des.can.sa.do (*part* de *descansar*) *adj* **1** Repousado. **2** Tranquilo, vagaroso. *Antôn* (acepção 2): *agitado*.

des.can.sar (*des+cansar*) *vtd* **1** Dar descanso a, fazer repousar: *Descansar o corpo, o espírito.* *vtd* **2** Livrar de fadiga, aflição ou trabalho. *vti* **3** Apoiar-se: *O edifício descansa em sólidas colunas de concreto.* *vint* **4** Dormir: *Há noites em que não descansa.* *Antôn* (acepções 1 e 2): *fatigar*. • *interj* Voz de comando militar para que o soldado, avançando o pé esquerdo, descanse sobre o direito: *Alto! Descansar!*

des.can.so (de *descansar*) *sm* **1** Ação ou efeito de descansar. **2** Folga. **3** Repouso. **4** Sossego. **5** Ócio, vagar. **6** Paz. *Descanso eterno:* o que se segue à morte.

des.ca.pi.ta.li.za.ção (*descapitalizar+ção*) *sf* Diminuição do capital ou do patrimônio de uma empresa.

des.ca.pi.ta.li.zar (*des+capitalizar*) *vtd* Despender, desviar, pôr em circulação (quantias ou valores capitalizados): *"Uma estabilização que descapitalizou a agricultura, destruiu centenas de milhares de pequenos produtores e de empregos no campo."* (FSP)

des.ca.rac.te.ri.zar (*des+caracterizar*) *vtd* **1** Tirar o verdadeiro caráter; disfarçar: *Os edifícios descaracterizam o lugar.* *vpr* **2** Perder as características.

des.ca.ra.do (*part* de *descarar*) *adj* Desavergonhado, insolente. • *sm* Indivíduo desavergonhado, insolente.

des.ca.ra.men.to (*des+cara+ar¹+mento*) *sm* Qualidade de quem é descarado.

des.car.ga (*des+carga*) *sf* **1** Descarregamento. **2** *Med* Evacuação. **3** Disparo simultâneo ou consecutivo de várias armas de fogo. **4** Quantidade de água que se escoa por segundo. **5** *por ext* Válvula de privada.

des.car.go (*des*+*cargo*) *sm* **1** Desobrigação de cargo. **2** Alívio, desabafo. *Sin: desencargo*.

des.car.na.do (*part* de *descarnar*) *adj* **1** Bastante magro. **2** Com poucas carnes.

des.car.nar (*des*+*carne*+*ar*¹) *vtd* **1** Despegar ou separar da carne (os ossos). **2** Cortar as carnes de: *Descarnar uma rês*. **3** Separar do caroço (a polpa de um fruto) ou da casca.

des.ca.ro.ça.dor (*descaroçar*+*dor*) *adj* Que descaroça. • *sm* Instrumento ou máquina para descaroçar frutos ou fibras de algodão.

des.ca.ro.çar (*des*+*caroço*+*ar*¹) *vtd* Tirar ou extrair o caroço de.

des.car.re.ga.men.to (*descarregar*+*mento*) *sm* Ação de descarregar.

des.car.re.gar (*des*+*carregar*) *vtd* **1** Aliviar, desoprimir: *Descarregar a consciência*. *vtd* **2** Extrair a carga de (arma de fogo): *Descarregar um fuzil*. *vtd* e *vtdi* **3** Desabafar, desafogar: *Descarregar a fúria, a ira, o ódio*. *vtd* e *vtdi* **4** Despejar, evacuar: *O Amazonas descarrega no Atlântico as suas águas*.

des.car.ri.la.men.to (*descarrilar*+*mento*) *sm* Ação de descarrilar: *"Esse ano, pelo menos cinco descarrilamentos envolveram composições cargueiras da Companhia Ferroviária do Nordeste."* (DIN) *Var: desencarrilamento, desencarrilhamento, descarrilhamento*.

des.car.ri.lar (*des*+*carril*+*ar*¹) *vint* **1** Sair do carril, dos trilhos: *O trem descarrilou*. **2** *fig* Desorientar-se, desviar-se do bom caminho: *Era bom homem, mas descarrilou*. *Var: desencarrilar, desencarrilhar, descarrilhar*.

des.car.tar (*des*+*carta*+*ar*¹) *vtd* e *vpr* **1** Rejeitar, no jogo, uma ou mais cartas que não convêm: *Descartar um rei, um ás*. *vtd* **2** Jogar fora após o uso: *Descartou a lata vazia de refrigerante*. *vtd* **3** Afastar, pôr de lado: *O professor descartou a possibilidade de outras provas*.

des.car.tá.vel (*descartar*+*vel*) *adj m*+*f* Que se usa e joga fora.

des.car.te (de *descartar*) *sm* **1** Refugo, sucata. **2** As cartas que o jogador rejeita.

des.ca.sa.do (*part* de *descasar*) *adj* Que se descasou; separado.

des.ca.sar (*des*+*casar*) *vtd* **1** Anular ou desfazer o casamento de. *vtd* e *vpr* **2** Separar(-se) (pessoas casadas ou animais acasalados).

des.cas.ca.dor (*descascar*+*dor*) *adj* Que descasca. • *sm* **1** Aquele que descasca. **2** Máquina agrícola para descascar cereais.

des.cas.car (*des*+*casca*+*ar*¹) *vtd* **1** Tirar a casca de: *Descascar as laranjas, os camarões*. *vtd* **2** *pop* Repreender severamente. *vtd* **3** *pop* Falar mal; falar com franqueza. *vint* **4** Largar ou perder a casca. *vpr* **5** *pop* Sair a pele crestada pelo sol: *Por tomar muito sol, acabou descascando*.

des.ca.so (*des*+*caso*) *sm* **1** Desatenção. **2** Desprezo. **3** Inadvertência.

des.cen.dên.cia (*descendente*+*ia*²) *sf* Série de indivíduos que procedem de um tronco comum. *Antôn: ascendência*.

des.cen.den.te (*lat descendente*) *adj m*+*f* **1** Que desce. **2** Que descende. **3** *Arit* Que decresce ou cujos termos vão decrescendo. • *sm* **1** Indivíduo considerado oriundo de outro ou de certa raça. *sm pl* **2** Indivíduos que constituem uma descendência. *Antôn: ascendente*.

des.cen.der (*lat descendere*) *vti* **1** Proceder, provir por geração: *Um e outro descendem de troncos paulistas*. **2** Originar-se: *Esta palavra descende do latim*.

des.cen.tra.li.zar (*des*+*centralizar*) *vtd* e *vpr* **1** Afastar(-se), desviar(-se) do centro: *O seu desejo de solidão descentralizou-o*. *vtd* **2** Fazer dispersar-se do centro ou lugar de concentração: *Descentralizou a empresa*.

des.cer (*lat descendere*) *vtd* e *vint* **1** Percorrer, vir de cima para baixo: *Os caçadores desceram a encosta*. *vtd* **2** Abaixar, pôr embaixo, passar de cima para baixo: *Descer a vidraça, o pano*. *vtd* **3** Dirigir para baixo (a vista, os olhos). *Antôn: subir, elevar*. *Descer a lenha, gír:* falar mal de alguém; repreender. *Descer ao túmulo:* morrer; ser sepultado. *Descer do trono:* abdicar ou perder o poder.

des.cer.rar (*des*+*cerrar*) *vtd* e *vpr* **1** Abrir

(-se) (o que estava cerrado ou unido): *Descerrar as pálpebras.* vtd **2** Descobrir, divulgar, manifestar, patentear: *Descerrar um segredo.* Antôn (acepção 1): *fechar*.

des.ci.da (*fem* do *part* de *descer*) sf **1** Ação de descer. **2** Ladeira, quando se desce. **3** Abaixamento, diminuição. Antôn: *subida*.

des.clas.si.fi.ca.ção (*desclassificar*+*ção*) sf Ação de desclassificar.

des.clas.si.fi.ca.do (*part* de *desclassificar*) adj Que não teve classificação. • sm Indivíduo desclassificado.

des.clas.si.fi.car (*des*+*classificar*) vtd **1** Não atribuir qualificação a: *Desclassificar um candidato.* **2** Eliminar participante: *Por ter atravessado o samba, desclassificaram a escola.* **3** Humilhar, degradar, desacreditar: *Tal comportamento o desclassificou.*

des.co.ber.ta (*fem* de *descoberto*) sf **1** Ato ou efeito de descobrir; descobrimento. **2** Invento.

des.co.ber.to (*des*+*coberto*) adj **1** Que não está coberto. **2** Divulgado. **3** Denunciado. **4** Achado, inventado.

des.co.bri.dor (*descobrir*+*dor*) adj+sm Que ou aquele que descobre.

des.co.bri.men.to (*descobrir*+*mento*) sm Descoberta.

des.co.brir (*des*+*cobrir*) vtd **1** Tirar a cobertura: *Descobriu a cabeça.* **2** pop Inventar: *Descobriste a pólvora!* **3** Encontrar: *Descobrir o caminho.* **4** Adivinhar, resolver. **5** Identificar, reconhecer: *Serás preso se descobrirem quem és.* Conjuga-se como *dormir.* Part irreg: *descoberto.*

des.co.di.fi.ca.ção (*descodificar*+*ção*) V *decodificação.*

des.co.di.fi.ca.do (*part* de *descodificar*) V *decodificado.*

des.co.di.fi.ca.dor (*descodificar*+*dor*) V *decodificador.*

des.co.di.fi.car (*des*+*codificar*) V *decodificar.*

des.co.la.do (*part* de *descolar*) adj **1** Que se despegou ou desuniu. **2** *gír* Diz-se de pessoa que se dá bem no que faz.

des.co.lar (*des*+*colar*) vtd **1** Desunir. vtd **2** *gír* Conseguir, arranjar: *Só agora descolei o dinheiro.* **3** Aeron V *decolar.*

des.co.lo.ri.do (*part* de *descolorir*) adj Que descoloriu; descorado, desbotado.

des.co.lo.rir (*des*+*colorir*) vint Perder a cor; descorar; desbotar. Conjuga-se como *abolir.*

des.co.me.di.do (*part* de *descomedir*) adj Sem moderação, excessivo: *"Pantaleão comia como se estivesse sozinho, e comia muito, descomedido também na bebida."* (AM)

des.co.me.dir (*des*+*comedir*) vpr Não se comedir, praticar excessos; mostrar-se grosseiro, ser inconveniente. *Conjug* – verbo defectivo; não tem a 1ª pessoa do singular do presente do indicativo nem, portanto, todo o presente do subjuntivo. Conjuga-se como *pedir.*

des.com.pas.sa.do (*part* de *descompassar*) adj Irregular, desordenado.

des.com.pas.sar (*des*+*compasso*+*ar*[1]) vtd **1** *Mús* Sair do compasso. **2** Perturbar o funcionamento; desarranjar: *"A inflação zero, todavia, descompassará os bancos estaduais."* (FSP) vpr **3** Alterar o ritmo: *"Meu coração se descompassou, as mãos esfriaram e eu todo estive preso de inquietação."* (FR)

des.com.pas.so (*des*+*compasso*) sm Falta de compasso, medida, ordem, regularidade.

des.com.pli.car (*des*+*complicar*) vtd Fazer cessar a complicação.

des.com.por (*des*+*compor*) vtd **1** Desarranjar, desordenar: *Descompôs os armários, mas não encontrou o que buscava.* **2** Dar ou passar uma descompostura (acepção 1): *Teima, irrita-se, descompõe os outros.* Conjuga-se como *pôr.*

des.com.pos.tu.ra (*des*+*compostura*) sf **1** Censura áspera, reprimenda. **2** Desarranjo, desordem, negligência.

des.co.mu.nal (*des*+*comunal*) adj m+f **1** Fora do comum. **2** Desproporcionado, enorme, excessivo.

des.con.cen.trar (*des*+*concentrar*) vtd **1** Tirar a concentração de: *O barulho o desconcentra.* **2** Descentralizar.

des.con.cer.ta.do (*part* de *desconcertar*) adj **1** Descomposto. **2** Envergonhado, encafifado.

des.con.cer.tan.te (*part* de *desconcertar*) adj m+f **1** Que desconcerta. **2** Que atordoa, atrapalha.

des.con.cer.tar (*des+concertar*) *vtd* **1** Fazer perder o concerto, pôr em desacordo: *As guerras desconcertaram o mundo*. *vtd* **2** Perturbar, confundir: *Aquelas injúrias desconcertaram o pacífico homem*. *vpr* **3** Não concordar, discrepar: *Desconcertaram-se quanto ao preço, e o negócio não se realizou*. *Cf desconsertar*.

des.con.cer.to (ê) (de *desconcertar*) *sm* **1** Desordem, perturbação. **2** Desarmonia, discórdia.

des.co.ne.xo (cs) (*des+conexo*) *adj* **1** Sem conexão; desunido. **2** Incoerente.

des.co.nec.tar (*des+conectar*) *vtd* Desunir, desligar.

des.con.fi.a.do (*part* de *desconfiar*) *adj* Que desconfia ou exprime desconfiança.

des.con.fi.an.ça (*des+confiança*) *sf* **1** Falta de confiança. **2** Temor de ser enganado.

des.con.fi.ar (*des+confiar*) *vtd* **1** Conjeturar, suspeitar: *Desconfia que não possa fazê-lo sozinho*. *vti* **2** Deixar de ter confiança; duvidar: *Ele era um dos que mais desconfiavam de nós*. *vint* **3** Mostrar-se desconfiado: *É evidente que ele desconfia*. Conjuga-se como *premiar*.

des.con.for.tá.vel (*des+confortável*) *adj* m+f **1** Que não oferece conforto. **2** Incômodo.

des.con.for.to (ô) (*des+conforto*) *sm* **1** Falta de conforto. **2** Desânimo, desconsolo.

des.con.ge.la.men.to (*descongelar+mento*) *sm* Ato ou efeito de descongelar(-se).

des.con.ge.lar (*des+congelar*) *vtd* Derreter, fundir (o que estava congelado).

des.con.ges.ti.o.nan.te (de *descongestionar*) *adj* m+f Que descongestiona. • *sm Farm* Substância que alivia a congestão.

des.con.ges.ti.o.nar (*des+congestionar*) *vtd* **1** Livrar de congestão. **2** Tornar fluente (o trânsito): *Descongestionar o trânsito*.

des.co.nhe.cer (*des+conhecer*) *vtd* **1** Não conhecer ou reconhecer: *Desconheço essa pessoa*. **2** Ignorar, não saber: *Desconhecer uma teoria*. **3** Estranhar, não se lembrar de (pessoa ou coisa): *Os que o viram antes do desastre agora o desconhecem*.

des.co.nhe.ci.do (*part* de *desconhecer*) *adj* Não conhecido; ignorado, incógnito ou misterioso. • *sm* Pessoa cuja identidade se desconhece.

des.co.nhe.ci.men.to (*desconhecer+mento*) *sm* **1** Falta de conhecimento, ignorância. **2** Falta de agradecimento, ingratidão.

des.co.jun.ta.do (*part* de *desconjuntar*) *adj* Desarticulado, desfeito.

des.con.jun.tar (*des+conjuntar*) *vtd* **1** Desarticular, deslocar, desengonçar: *Desconjuntou o braço*. *vpr* **2** Abalar-se, arruinar-se: *O edifício desconjuntou-se e desmoronou*.

des.con.ser.tar (*des+consertar*) *vtd* **1** Desfazer o conserto. **2** Desarranjar, desordenar: *O solavanco desconsertou os objetos da prateleira*. **3** Desacertar, desajustar. *Cf desconcertar*.

des.con.si.de.ra.ção (*desconsiderar+ção*) *sf* Falta de consideração ou atenção; desrespeito.

des.con.si.de.rar (*des+considerar*) *vtd* **1** Tratar sem consideração: *Não desconsideremos quem quer que seja*. *vtd* **2** Não considerar, não examinar convenientemente. *vpr* **3** Perder a consideração ou o respeito dos outros: *Desconsiderou-se aos olhos das pessoas*.

des.con.so.la.ção (*desconsolar+ção*) *sf* Falta de consolação, desconsolo; desânimo, tristeza.

des.con.so.lo (ô) *sm* Desconsolação.

des.con.so.la.do (*des+consolado*) *adj* Sem consolo; consternado, triste.

des.con.so.lar (*des+consolar*) *vtd* e *vint* **1** Causar desconsolação. *vpr* **2** Não ter consolação nem alegria: *Desconsolaram-se de ver frustrados os seus planos*. *Antôn: confortar*.

des.con.ta.mi.nar (*des+contaminar*) *vtd* Tornar (local ou área) inócuo para habitantes desprotegidos, por meio da remoção, destruição ou neutralização de agentes contaminantes, como gases provenientes de combustão, de guerra biológica ou química ou de material radioativo.

des.con.tar (*des+contar*) *vtd* **1** Abater, deduzir: *De cem desconte dez, que é o dízimo*. **2** *pop* Revidar, responder: *Levou uma cotovelada, mas logo descontou. Antôn* (acepção 1): *aduzir, acrescentar*.

des.con.ten.ta.men.to (*descontentar+mento*) *sm* Desagrado, desgosto, desprazer. *Antôn: satisfação*.

des.con.ten.tar (*des+contentar*) *vtd* e *vti* **1** Desagradar, desgostar: *Esse despacho nos descontentou.* *vpr* **2** Estar descontente; sentir desgosto: *Descontentou-se com a vida.*

des.con.ten.te (*des+contente*) *adj m+f* **1** Que não está contente ou satisfeito. **2** Aborrecido, desgostoso.

des.con.ti.nu.ar (*des+continuar*) *vtd* Não continuar, interromper, suspender. *Conjug – Pres indic: descontinuo, descontinuas, descontinua (nú)* etc. *Cf descontínuo.*

des.con.ti.nu.i.da.de (*des+continuidade*) *sf* Falta de continuidade; interrupção.

des.con.tí.nuo (*des+contínuo*) *adj* **1** Não contínuo. **2** Interrompido.

des.con.to (de *descontar*) *sm* **1** Diminuição ou redução de uma soma ou quantidade. **2** Abatimento, dedução.

des.con.tra.ção (*des+contração*) *sf* **1** Relaxamento. **2** Desembaraço.

des.con.tra.í.do (de *descontrair*) *adj* **1** Espontâneo, natural. **2** Relaxado, em repouso.

des.con.tra.ir (*des+contrair*) *vtd* **1** Fazer cessar a contração. *vtd* **2** Eliminar o constrangimento: *João estava um pouco tenso, mas a brincadeira das crianças o descontraiu.* Conjuga-se como *sair*.

des.con.tro.lar (*des+controlar*) *vtd* e *vpr* Desequilibrar(-se), desgovernar(-se).

des.con.tro.le (*ô*) (*des+controle*) *sm* Falta de controle; desgoverno.

des.con.ver.sar (*des+conversar*) *vint* Fugir ao assunto da conversa; mudar de assunto: *"Seu Geraldo, inquirido a respeito, calava o segredo, desconversando."* (CR)

des.co.ra.do (*part* de *descorar*) *adj* **1** Sem cor; pálido. **2** De cor alterada.

des.co.rar (*des+corar*) *vtd* **1** Fazer perder parcial ou totalmente a cor: *O sol descorou este vestido.* *vint* e *vpr* **2** Empalidecer, desmaiar. *Antôn* (acepção 2)*: enrubescer.*

des.cor.tês (*des+cortês*) *adj m+f* Grosseiro, indelicado: *"Filomena, descortês, não esperou a visita."* (ACM) *Antôn: polido.*

des.cor.te.si.a (*des+cortesia*) *sf* Falta de cortesia; grosseria, indelicadeza.

des.cor.ti.nar (*des+cortina+ar*[1]) *vtd* **1** Abrir as cortinas de: *Após o discurso alusivo à homenagem, descortinaram o retrato.* **2** Avistar, descobrir ao longe: *Da sacada descortinei uma paisagem deslumbrante.*

des.co.ser (*des+coser*) *vtd* **1** Descosturar: *Descoser a bainha, o bordado.* **2** Desconjuntar: *O choque desconjuntou a armação.*

des.co.si.do (*part* de *descoser*) *adj* **1** Que se descoseu. **2** Despregado, solto. **3** *fig* Sem nexo, desordenado, irregular.

des.cos.tu.rar (*des+costurar*) *vtd* Desfazer a costura de: *Maria descosturou a bainha da saia para encompridá-la.*

des.cré.di.to (*des+crédito*) *sm* **1** Diminuição, falta ou perda de crédito. **2** Depreciação.

des.cren.ça (*des+crença*) *sf* **1** Falta ou perda de crença. **2** Falta de fé. **3** Ceticismo, incredulidade.

des.cren.te (*des+crente*) *adj m+f* **1** Que não crê ou perdeu a crença. **2** Cético, incrédulo. • *s m+f* Pessoa descrente, incrédula ou que perdeu a crença, a fé.

des.crer (*des+crer*) *vtd* **1** Não crer. *vti* **2** Perder a confiança: *Acabou descrendo nos amigos.* *vti* e *vint* **3** Deixar de crer, não acreditar: *Impossível é descrer.* Conjuga-se como *crer*. Veja nota em **crer**.

des.cre.ver (*lat describere*) *vtd* **1** Fazer a descrição de: *Descreveu a casa onde morava.* *vtd* **2** *Mat* Traçar: *Descrevi um círculo.* *vtdi* **3** Contar, expor minuciosamente. *Part irreg: descrito.*

des.cri.ção (*lat descriptione*) *sf* Enumeração, relação de qualidades ou características de (algo ou alguém). *Cf discrição.*

des.cri.mi.nar (*des+lat crimine+ar*[1]) *vtd* Absolver de crime; inocentar: *"Não creio que seja possível descriminar o aborto, além das situações já previstas no Código Penal."* (FSP) *Cf discriminar.*

des.cri.ti.vo (*lat descriptivu*) *adj* **1** Que descreve. **2** Que serve para descrever. **3** Relativo a descrições.

des.cri.to (*lat descriptu*) *adj* Contado, exposto ou narrado minuciosamente.

des.cru.zar (*des+cruzar*) *vtd* Desfazer a cruz formada por: *Descruzar os braços.*

des.cui.da.do (*part* de *descuidar*) *adj* **1** Sem cuidado. **2** Desleixado, indolente.

des.cui.dar (*des+cuidar*) *vtd* **1** Não ter cuidado com, tratar sem cuidado: *Des-*

cuidar a saúde. *vtd* **2** Não fazer caso de: *Descuidou o mais importante*. *vti* e *vpr* **3** Não cuidar(-se), não fazer caso; negligenciar(-se): *Descuidava do filho, deixava-o na rua*. *vpr* **4** Desleixar-se, relaxar-se.

des.cui.do (de *descuidar*) *sm* **1** Falta de cuidado; negligência. **2** Esquecimento, inadvertência, irreflexão. **3** Erro, falta, lapso.

des.cul.pa (*des*+*culpa*) *sf* **1** Ação de desculpar ou desculpar-se. **2** Alegação atenuante ou justificativa de culpa. **3** Absolvição. **4** Escusa. **5** Evasiva. **6** Pretexto.

des.cul.par (*des*+*culpa*+*ar*^{1}) *vtd* **1** Justificar, atenuar, perdoar ou eliminar a culpa: *Desculpou a inadvertência do funcionário*. *vtd* e *vti* **2** Perdoar: *Foi difícil desculpar-lhe atitude tão cruel*. *vpr* **3** Expor as atenuantes da culpa; pedir desculpas: *Desculpou-se pelo atraso e iniciou a reunião*.

des.cum.prir (*des*+*cumprir*) *vtd* Deixar de cumprir: *"Candidatos descumprem lei e fazem campanha."* (FSP)

des.cu.pi.ni.zar (*des*+*cupim*+*izar*) *vtd* Destruir os cupins.

des.cu.rar (*des*+*curar*) *vtd* **1** Descuidar, negligenciar: *Descuraram a educação do menino*. *vti* **2** Não cuidar, não tratar: *Descurar da saúde*.

des.de (*lat de*+*ex*+*de*) *prep* A começar de, a contar de, a partir de. Expressa relações de: **1** ponto de partida no espaço: *Perseguido desde a casa do avô*. **2** ponto de partida no tempo: *Tomo pílulas desde o mês passado*. *Desde agora*, *loc adv*: desde este momento. *Desde então*, *loc adv*: desde esse tempo. *Desde já*, *loc adv*: a partir deste momento, de agora em diante. *Desde que*, *loc conj*: desde o tempo em que. *Desde que o mundo é mundo*, *loc adv*: desde os mais remotos tempos.

des.dém (provençal *desdenh*) *sm* **1** Desprezo com superioridade. **2** Altivez, arrogância. *Pl*: *desdéns*.

des.de.nhar (lat *desdignare*) *vtd* **1** Repudiar com desdém: *Desdenhava a bajulação*. *vtd* **2** Menosprezar. *vti* **3** Mostrar ou ter desdém por: *Desdenhar (de) uma pessoa*.

des.den.ta.do (*part* de *desdentar*) *adj* Que tem falta de alguns dentes. • *sm* **1** *Zool* Espécime dos desdentados. *sm pl* **2** *Zool* Ordem de mamíferos na qual se incluem os tatus, tamanduás e preguiças.

des.di.ta (*des*+*dita*) *sf* Desgraça, desventura, infelicidade, infortúnio. *Antôn*: *felicidade, ventura*.

des.di.zer (*des*+*dizer*) *vtd* **1** Desmentir: *Desdissera o acusado*. *vti* **2** Discordar. *vint* e *vpr* **3** Negar o que havia dito; retratar-se. Conjuga-se como *dizer*.

des.do.bra.men.to (*desdobrar*+*mento*) *sm* **1** Ação de desdobrar. **2** Desenvolvimento de uma situação.

des.do.brar (*des*+*dobrar*) *vtd* **1** Abrir, estender (o que estava dobrado): *Desdobrar uma carta*. *vtd* e *vpr* **2** Distribuir(-se), dividir (-se): *Desdobrar uma turma, um curso*.

de.se.jar (*desejo*+*ar*^{1}) *vtd* **1** Ter desejo de; ambicionar. *vtd* **2** Cobiçar. *vtd* **3** Querer possuir: *Não a amava, desejava-a*. *vtdi* **4** Exprimir (a alguém) o desejo de: *Ao despedir-se, desejou-lhe boa viagem*. *Deixar a desejar*: não satisfazer completamente.

de.se.jo (baixo-lat *desidiu*) *sm* **1** Anseio, aspiração veemente. **2** Desígnio, intenção.

de.se.jo.so (ô) (*desejo*+*oso*) *adj* Que tem desejo. *Pl*: *desejosos* (ó). Desejoso de: ávido de.

de.se.le.gân.cia (*des*+*elegância*) *sf* **1** Falta de elegância. **2** Incorreção.

de.se.le.gan.te (*des*+*elegante*) *adj m*+*f* **1** Sem elegância. **2** Inconveniente; incorreto.

de.sem.ba.lar (*des*+*embalar*) *vtd* Tirar da embalagem: *Desembalou o chocolate*.

de.sem.ba.ra.ça.do (*part* de *desembaraçar*) *adj* **1** Livre de embaraços. **2** Esperto, ágil. **3** Desobstruído, desimpedido.

de.sem.ba.ra.çar (*des*+*embaraçar*) *vtd* **1** Desenredar: *Desembaraçou o cabelo*. *vpr* **2** Soltar-se, andar ou trabalhar com ligeireza: *A balconista desembaraçou-se dos clientes*.

de.sem.ba.ra.ço (*des*+*embaraço*) *sm* **1** Ação de desembaraçar. **2** Agilidade. **3** Facilidade; desenvoltura.

de.sem.ba.ra.lhar (*des*+*embaralhar*) *vtd* **1** Pôr em ordem (o que estava embaralhado). **2** Desembaraçar.

de.sem.bar.car (*des+embarcar*) *vtd* **1** Tirar do barco, do vagão etc.: *Desembarcar munições.* **2** Pôr em terra: *Desembarcar tropas.*

de.sem.bar.ga.dor (*desembargar+dor*) *adj* Que desembarga. • *sm* Juiz do Tribunal de Justiça.

de.sem.bar.gar (*des+embargar*) *vtd* **1** Dir Levantar, tirar o embargo ou impedimento a. **2** Desembaraçar, despachar.

de.sem.bar.go (*des+embargo*) *sm* **1** Ação de desembargar. **2** Despacho, desimpedimento.

de.sem.bar.que (*des+embarque*) *sm* Ação de desembarcar.

de.sem.bes.tar (*des+embestar*) *vti* **1** Arremessar-se com ímpeto; partir como uma seta: *Desembestou pela estrada sem perder tempo.* **2** Iniciar ação arrebatada: *Desembestou a cantar.*

de.sem.bo.ca.du.ra (*desembocar+dura*) *sf* **1** Ação de desembocar. **2** Lugar onde um rio desemboca; embocadura; foz.

de.sem.bo.car (*des+embocar*) *vti* e *vint* **1** Sair de um lugar relativamente estreito para outro mais largo: *O cortejo já vinha desembocando. vti* **2** Desaguar: *O Tietê desemboca no Paraná.*

de.sem.bol.sar (*des+embolsar*) *vtd* **1** Tirar da bolsa. **2** Gastar: *Estava resolvido a não desembolsar um só centavo. Conjug – Pres indic: desembolso, desembolsas (ó)* etc. *Cf desembolso (ô).*

de.sem.bol.so (*ô*) (*des+embolso*) *sm* **1** Ação de desembolsar. **2** Quantia que se desembolsou ou gastou.

de.sem.bre.ar (*fr désembrayer*) *vtd* e *vint* Soltar a embreagem, num automóvel ou máquina operatriz; desengrenar. Conjuga-se como *frear.*

de.sem.bru.lhar (*des+embrulhar*) *vtd* **1** Desfazer um embrulho: *Desembrulhou o presente.* **2** *pop* Aclarar, esclarecer: *Desembrulhar uma trapalhada.*

de.sem.bu.char (*des+embuchar*) *vtd* **1** Expandir, expor com franqueza (o que se pensa): *"Cabeça pendida, o galo parecia bicho que quisesse desembuchar amizade."* (CL) *vint* **2** Desabafar, falando; dizer o que sabe ou sente: *"Fala logo! Desembucha!"* (FSP)

de.sem.pa.car (*des+empacar*) *vtd* **1** Desemperrar (a cavalgadura): *Desempacou o cavalo à custa de espora. vint* **2** Deixar de estar empacado: *Nosso processo desempacou.*

de.sem.pa.co.tar (*des+empacotar*) *vtd* Tirar do pacote; desembrulhar.

de.sem.pa.re.lhar (*des+emparelhar*) *vtd* **1** Separar (aquilo que estava emparelhado): *Desemparelhar uma junta de bois.* **2** Desunir: *O encantamento pelo rapaz desemparelhou as amigas.* Conjuga-se como *solfejar.*

de.sem.pa.tar (*des+empatar*) *vtd* **1** Tirar o empate: *Desempatar votos.* **2** Resolver: *Desempatar uma dúvida.*

de.sem.pe.na.do (*part* de *desempenar*) *adj* Que não está empenado; direito; reto: *Madeira desempenada.*

de.sem.pe.nar (*des+empenar*) *vtd* e *vpr* Endireitar(-se): *É preciso desempenar este cartão.*

de.sem.pe.nhar (*des+empenhar*) *vtd* **1** Resgatar o que estava empenhado. **2** Cumprir: *Desempenhar uma tarefa.* **3** *Teat* Representar em cena: *Só desempenhava papéis importantes.* **4** Exercer: *Desempenhar uma função, um cargo.*

de.sem.pe.nho (*des+empenho*) *sm* **1** Ação ou efeito de desempenhar. **2** Resgate do que estava empenhado. **3** Cumprimento de obrigação ou promessa. **4** *Teat* Qualidade da representação ou interpretação de um artista. Veja nota em **estrangeirismo**.

de.sem.per.rar (*des+emperrar*) *vtd* Desfazer o emperramento, tornar lasso (o que estava difícil de abrir ou fechar): *Desemperrar a fechadura, a gaveta, a porta.*

de.sem.po.ei.rar (*des+empoeirar*) *vtd* Tirar o pó a. *Var: desempoar.*

de.sem.pre.ga.do (*des+empregado*) *adj+sm* Que ou aquele que está sem emprego.

de.sem.pre.gar (*des+empregar*) *vtd* Demitir do emprego; destituir, exonerar.

de.sem.pre.go (*des+emprego*) *sm* **1** Ação de desempregar. **2** Falta de emprego. **3** Estado de desempregado.

de.sen.ca.de.a.do (*part* de *desencadear*) *adj* **1** Desatado, desprendido, solto. **2** Excitado, irritado.

de.sen.ca.de.ar (*des+encadear*) *vtd* **1**

Causar, provocar: *Desencadear uma crise, uma guerra.* vtd e vpr **2** Desatar(-se), desprender(-se), soltar(-se) (o que estava encadeado). Conjuga-se como *frear*.

de.sen.cai.xar (*des+encaixar*) vtd **1** Tirar do encaixe ou da caixa: *Desencaixava chapéus.* vpr **2** Sair do encaixe, sair fora; deslocar-se.

de.sen.cai.xo.tar (*des+encaixotar*) vtd Tirar de um caixote, de uma caixa.

de.sen.ca.lha.do (*part* de *desencalhar*) adj **1** *Náut* Tirado ou saído do encalhe. **2** Desimpedido, desobstruído.

de.sen.ca.lhar (*des+encalhar*) vtd **1** *Náut* Tirar do encalhe (uma embarcação): *Desencalhar um navio.* vtd **2** Desimpedir, desobstruir (caminho): *Foram necessários vários dias para desencalhar as baleias.* vint **3** *pop* Encontrar casamento (solteirão ou solteirona): *Ela só desencalhou aos 42 anos.* vint **4** *pop* Conseguir vender um estoque de mercadoria encalhada.

de.sen.ca.mi.nha.do (*part* de *desencaminhar*) adj Que se desencaminhou; desviado do caminho.

de.sen.ca.mi.nha.men.to (*desencaminhar+mento*) sm Desvio, erro de caminho, extravio.

de.sen.ca.mi.nhar (*des+encaminhar*) vtd **1** Perder, sumir; extraviar: *Quem desencaminhou esse papel?* vtd e vpr **2** Desviar(-se), tirar(-se) ou sair do caminho que trilhava; corromper: *Desencaminhou a filha da enfermeira.*

de.sen.can.tar (*des+encantar*) vtd e vpr **1** Tirar o encanto ou encantamento de; desenfeitiçar(-se): *O mágico desencantou-a.* vtd, vtdi e vpr **2** Desenganar(-se), desiludir(-se): *As maneiras vulgares da moça desencantaram-no.* vint **3** *pop* Concluir um trabalho que havia muito era esperado e já deveria ter sido feito: *Enfim seu relatório desencantou!*

de.sen.can.to (de *desencantar*) sm Ação ou efeito de desencantar. *Var*: *desencantamento*.

de.sen.ca.par (*des+encapar*) vtd **1** Tirar a capa de: *Desencapou o CD.* **2** Tirar do invólucro; desembrulhar.

de.sen.car.ce.rar (*des+encarcerar*) vtd **1** Tirar do cárcere; pôr em liberdade. vpr **2** Sair do cárcere. *Antôn* (acepção 1): *prender*.

de.sen.car.dir (*des+encardir*) vtd **1** Lavar ou limpar o que estava encardido: *Desencardiu os casacos de lã.* vtd e vtdi **2** Lavar; limpar.

de.sen.car.go (*des+encargo*) *V descargo*.

de.sen.car.na.do (*part* de *desencarnar*) adj+sm *Espir* Que ou aquele que passou para o mundo espiritual; desincorporado.

de.sen.car.nar (*des+encarnar*) vint **1** Deixar a carne; passar para o mundo espiritual: *Desencarnou em paz.* **2** *pop* Morrer.

de.sen.cas.que.tar (*des+encasquetar*) vtd **1** *pop* Tirar da cabeça (a mania ou teima): *Só desencasquetou a mania de limpeza qundo envelheceu.* vtdi **2** Dissuadir: *Desencasquetou-o do desejo de vingança.*

de.sen.ca.var (*des+encavar*) vtd **1** Escavar. **2** *pop* Descobrir: *Sempre desencavava casos de sua infância.*

de.sen.con.tra.do (*part* de *desencontrar*) adj **1** Que se desencontrou. **2** Oposto, contrário: *Rumos desencontrados.* **3** Diferente, diverso, desigual.

de.sen.con.trar (*des+encontrar*) vtd **1** Fazer com que duas ou mais pessoas ou coisas não se encontrem ou se ajustem: *A falta de comunicação desencontrou-os.* vpr **2** Seguir direções contrárias: *Nossos propósitos desencontram-se sempre.* vint e vpr **3** Discordar, ser incompatível: *As nossas opiniões desencontram.*

de.sen.con.tro (*des+encontro*) sm **1** Ação ou efeito de desencontrar. **2** Discrepância.

de.sen.co.ra.ja.men.to (*desencorajar+mento*) sm **1** Falta de coragem. **2** Desânimo.

de.sen.co.ra.jar (*des+encorajar*) vtd **1** Tirar a coragem a: *As condições salariais desencorajam qualquer um.* vpr **2** Perder a coragem: *Desencorajou-se de pedir aumento. Sin: desanimar*.

de.sen.cos.tar (*des+encostar*) vtd **1** Desviar ou privar de um encosto. **2** Endireitar.

de.sen.cra.var (*des+encravar*) vtd **1** Tirar o que estava encravado: *Desencravar uma unha.* **2** Arrancar, tirar um cravo ou prego.

de.sen.fer.ru.ja.do (*part* de *desenferrujar*) adj **1** Limpo de ferrugem; desoxidado. **2** Desemperrado.

de.sen.fer.ru.jar (*des+enferrujar*) *vtd* **1** Limpar da ferrugem; desoxidar. **2** *fig* Dar exercício a: *Andei de bicicleta para desenferrujar as pernas.*

de.sen.fre.a.do (*des+enfreado*) *adj* **1** Que está sem freio. **2** Alvoroçado, amotinado, exaltado.

de.sen.fre.ar (*des+enfrear*) *vtd* **1** Tirar o freio a: *Desenfreou a cavalgadura.* *vtd* **2** Soltar: *As paixões desenfrearam suas fúrias.* *vpr* **3** Arremessar-se com arrebatamento: *Em pânico, a multidão desenfreou-se para a única saída do salão.* *vpr* **4** Encolerizar-se, enfurecer-se: *Sua ira desenfreou-se.* Conjuga-se como *frear.*

de.sen.ga.na.do (*des+enganado*) *adj* **1** Desiludido, sem esperança. **2** Diz-se de doente que está à morte.

de.sen.ga.nar (*des+enganar*) *vtd* **1** Tirar do engano: *Ela desenganou-o com poucas palavras.* *vtd* **2** Fazer cessar as esperanças de salvação de: *Os médicos a desenganaram.* *vtd* e *vpr* **3** Desiludir(-se).

de.sen.ga.no (*des+engano*) *sm* **1** Ação ou efeito de desenganar. **2** Desilusão.

de.sen.gar.ra.far (*des+engarrafar*) *vtd* **1** Tirar da garrafa. **2** Fazer cessar o congestionamento de trânsito: *O guarda ajudou a desengarrafar o local do acidente.*

de.sen.gas.gar (*des+engasgar*) *vtd* e *vpr* Tirar(-se) o engasgo a; desentalar(-se).

de.sen.ga.tar (*des+engatar*) *vtd* e *vpr* **1** Soltar(-se) o que estava engatado. **2** Desatrelar(-se) (os animais) de uma viatura.

de.sen.ga.te (*de desengatar*) *sm* **1** Ato de desengatar. **2** Peça ou engrenagem que se desengata.

de.sen.ga.ti.lhar (*des+engatilhar*) *vtd* **1** Desarmar mecanismo que estava engatilhado. **2** Desarmar o gatilho: *Desengatilhou a espingarda.*

de.sen.gon.ça.do (*part* de *desengonçar*) *adj* **1** Tirado fora das dobradiças ou articulações. **2** Que tem dobradiças ou articulações frouxas. **3** Desconjuntado.

de.sen.gon.çar (*des+engonçar*) *vtd* **1** Tirar fora das juntas, dobradiças ou articulações: *Não pode desengonçar o portão.* *vtd* **2** Afrouxar dobradiças ou articulações de. *vpr* **3** Desunir-se, desconjuntar-se.

de.sen.gor.du.ran.te (de *desengordurar*) *adj m+f* Que tira gordura. • *sm* Agente desengordurante.

de.sen.gor.du.rar (*des+engordurar*) *vtd* **1** Tirar a camada gordurosa ou as manchas de gordura a: *Desengordurar a carne.* **2** Tirar a gordura a: *Desengordurar o avental.*

de.sen.gra.xar (*des+engraxar*) *vtd* **1** Tirar a graxa ou o lustre de. **2** Fazer perder o brilho.

de.sen.gre.nar (*des+engrenar*) *V* desembrear.

de.se.nhar (*lat designare*) *vtd* **1** Fazer o desenho de: *Desenhar uma paisagem.* **2** Delinear: *Desenhar um esquema, uma planta, um plano.* **3** Projetar, conceber, delinear.

de.se.nhis.ta (*desenho+ista*) *s m+f* Pessoa que exerce a arte de desenhar.

de.se.nho (*lat designu*) *sm* **1** Arte de representar objetos por meio de linhas e sombras. **2** Objeto desenhado. **3** Traçado dos contornos de figuras.

de.sen.la.ce (*des+enlace*) *sm* **1** Desfecho, epílogo: *"O desenlace obedece ao tom trágico do conto."* (FSP) **2** Solução. **3** Morte: *"Uma gripe comum, a princípio, revelou-se pneumonia e, por fim, houve o desenlace."* (PCO)

de.sen.ras.car (*des+enrascar*) *vtd* **1** Desembaraçar (o que estava enrascado): *Usou de má-fé para desenrascá-la.* **2** Livrar de dificuldade.

de.sen.re.dar (*des+enredar*) *vtd* **1** Desembaraçar, separar: *Ela desenredava impacientemente os cabelos.* *vtd* **2** Resolver: *Desenredar uma intriga, uma questão complicada.* *vtd* **3** Descobrir: *Desenredou ali tenebrosas negociatas.* *vpr* **4** Tornar-se claro, perceptível: *O caso começa a desenredar-se.*

de.sen.ro.lar (*des+enrolar*) *vtd* **1** Desfazer o rolo de, estender (o que estava enrolado): *Desenrolar um pergaminho.* *vpr* **2** Desdobrar-se, desenroscar-se: *Desenrolou-se a bandeira do mastro.* *vpr* **3** Realizar-se, passar-se, suceder, decorrer: *Muitas comédias se desenrolam no cenário político.* • *sm* Sucessão, decorrência: *O desenrolar dos acontecimentos justificou sua atitude.*

de.sen.ros.car (*des+enroscar*) *vtd* **1** Estender (o que estava enroscado); desfazer as roscas de. *vtd* **2** Desaparafusar: *Desenrosca parafusos*. *vtd* e *vpr* **3** Estender(-se), estirar(-se): *Desenroscar as pernas*.

de.sen.ru.gar (*des+enrugar*) *vtd* Desfazer as rugas ou as pregas de; alisar: *Desenrugar o vestido*.

de.sen.ta.lar (*des+entalar*) *vtd* **1** Desprender, fazer sair (o que estava entalado): *Desentalar a novilha do buraco*. *vtd* **2** Desengasgar: *Só depois de muito tempo conseguiu desentalar a garganta*. *vtd* e *vpr* **3** Livrar(-se) de dificuldades: *Desentalar-se de uma aflição*.

de.sen.ten.der (*des+entender*) *vtd* **1** Não entender. *vpr* **2** Não se entender mutuamente; estar em desacordo: *Os torcedores se desentenderam depois do jogo*.

de.sen.ten.di.do (*des+entendido*) *adj+sm* **1** Que ou aquele que não entende. **2** Que ou aquilo que não é compreendido. *Fazer-se de desentendido*: fingir que não entende.

de.sen.ten.di.men.to (*desentender+i+mento*) *sm* Falta de entendimento; desacordo, desinteligência.

de.sen.ter.rar (*des+enterrar*) *vtd* **1** Tirar da terra: *Desenterrar um tesouro*. **2** Exumar. **3** Descobrir: *Desenterrar um fóssil*.

de.sen.to.car (*des+entocar*) *vtd* **1** Tirar da toca: *Desentocar tatus*. *vpr* **2** Sair da toca: *As feras desentocaram-se*.

de.sen.tor.pe.cer (*des+entorpecer*) *vtd* **1** Curar do entorpecimento, fazer sair do torpor: *Desentorpecer as pernas*. **2** Excitar, reanimar: *Desentorpecer o cérebro*.

de.sen.tor.tar (*des+entortar*) *vtd* Endireitar: *Desentortar um garfo*.

de.sen.tu.lhar (*des+entulhar*) *vtd* **1** Tirar o entulho. **2** Limpar, desobstruir: *Desentulhar uma gaveta, um aposento*.

de.sen.tu.pi.do (*part* de *desentupir*) *adj* Aberto, desimpedido.

de.sen.tu.pir (*des+entupir*) *vtd* **1** Abrir, desimpedir (o que estava entupido). *vtd* e *vpr* **2** Desobstruir(-se): *Desintupir um rego*. Conjuga-se como *entupir*.

de.sen.vol.to (*ô*) (*part irreg* de *desenvolver*) *adj* **1** Desembaraçado, expedito. **2** Inquieto, travesso.

de.sen.vol.tu.ra (*desenvolto+ura*) *sf* **1** Desembaraço. **2** Agilidade; vivacidade.

de.sen.vol.ver (*des+envolver*) *vtd* **1** Fazer crescer. **2** Adiantar, aumentar, melhorar, aperfeiçoar, fazer progredir: *Desenvolver os meios de instrução*. **3** Produzir, gerar. *vpr* **4** Crescer: *Este menino está se desenvolvendo depressa*.

de.sen.vol.vi.do (*part* de *desenvolver*) *adj* **1** Ampliado. **2** Crescido. **3** Adiantado.

de.sen.vol.vi.men.to (*desenvolver+mento*) *sm* **1** Ato ou efeito de desenvolver. **2** Crescimento ou expansão gradual; aumento. **3** Passagem gradual de um estágio inferior a um estágio mais aperfeiçoado. **4** Adiantamento, progresso. **5** *Sociol* Estágio econômico-social de uma comunidade caracterizado por altos índices de rendimento dos recursos naturais, do trabalho etc.

de.sen.xa.bi.do (*part* de *desenxabir*) *adj* **1** Insípido. **2** Que não tem graça nem animação.

de.se.qui.li.bra.do (*part* de *desequilibrar*) *adj* Que não está equilibrado. • *sm* Indivíduo que perdeu o equilíbrio mental.

de.se.qui.li.brar (*des+equilibrar*) *vtd* **1** Desfazer o equilíbrio de: *Ao fazer a faxina, desequilibrou a prateleira*. *vpr* **2** Perder o equilíbrio: *Desequilibrou-se e caiu do caminhão*.

de.se.qui.lí.brio (*des+equilíbrio*) *sm* **1** Perda ou falta de equilíbrio. **2** Instabilidade.

de.ser.ção (*lat desertione*) *sf* Ato de desertar.

de.ser.da.do (*part* de *deserdar*) *adj* Que foi privado de herança, bens ou qualidades. • *sm* Aquele que em tudo é desfavorecido ou que nada recebeu.

de.ser.dar (*des+herdar*) *vtd* Privar do direito a uma herança ou sucessão: *Deserdou o filho indigno*.

de.ser.tar (*deserto+ar*[1]) *vtd* **1** Tornar deserto; despovoar: *Pouco a pouco foram desertando o sítio*. **2** Abandonar, deixar, desistir de: *Desertara os encargos do clube*.

de.ser.to (*lat desertu*) *adj* Desabitado, despovoado, solitário. • *sm* **1** Região árida e despovoada, com vegetação pobre, adaptada à escassez de chuva. **2** Lugar solitário ou pouco frequentado; ermo. *Pregar no deserto*: não ser ouvido.

de.ser.tor (*lat desertore*) *sm* Mil Soldado que comete o delito de abandonar o serviço militar sem a devida autorização.

de.ses.pe.ra.do (*part* de *desesperar*) *adj* **1** Entregue ao desespero; que perdeu a esperança. **2** Arrebatado, precipitado. • *sm* Indivíduo que perdeu a esperança.

de.ses.pe.ran.ça (*des+esperança*) *sf* Falta de esperança; desespero.

de.ses.pe.ran.ça.do (*part* de *desesperançar*) *adj* **1** Desesperado. **2** Desenganado, desanimado. *Antôn*: *confiante*.

de.ses.pe.ran.çar (*des+esperançar*) *vtd* Tirar a esperança a; desanimar.

de.ses.pe.rar (*des+esperar*) *vtd* **1** Fazer perder a esperança; desanimar, desenganar: *A moça desesperou seu pretendente*. *vtd* **2** Causar desespero a; afligir muito: *A doença do pai desesperava-o*. *vpr* **3** Afligir-se: *À medida que as horas iam passando, começou a desesperar-se*. Conjug – Pres indic: desespero, desesperas (pé) etc. Cf *desespero* (ê).

de.ses.pe.ro (ê) (de *desesperar*) *sm* **1** Desesperança. **2** Aflição, angústia, ânsia.

de.ses.ta.bi.li.za.ção (*desestabilizar+ção*) *sf* Ato ou efeito de desestabilizar.

de.ses.ta.bi.li.zar (*des+estabilizar*) *vtd* **1** Fazer perder a estabilidade: *As greves podem desestabilizar um governo*. *vpr* e *vint* **2** Perder a estabilidade.

de.ses.ti.mu.lan.te (de *desestimular*) *adj m+f* Que perde o estímulo.

de.ses.ti.mu.lar (*des+estimular*) *vtd* Fazer perder o estímulo: *Os preços altos desestimulam as compras*.

de.ses.tí.mu.lo (*des+estímulo*) *sm* Falta de estímulo.

de.ses.tru.tu.ra.ção (*desestruturar+ção*) *sf* Ato de desestruturar.

de.ses.tru.tu.rar (*des+estrutura+ar*[1]) *vtd* **1** Fazer perder a estrutura; desorganizar: *Desestruturar o orçamento de uma empresa*. *vpr* **2** Perder a estrutura.

des.fal.ca.do (*part* de *desfalcar*) *adj* **1** Que sofreu desfalque. **2** De que falta algo.

des.fal.car (*ital defalcare*) *vtd* **1** Tirar parte de: *Desfalcou no pagamento o que já se havia cobrado*. *vtd* **2** Diminuir, reduzir: *Desfalcar as forças*. *vtd* e *vtdi* **3** Fraudar; roubar: *Desfalcou a empresa em quase cem mil dólares*.

des.fa.le.cer (*des+falecer*) *vtd* **1** Fazer perder as forças; enfraquecer: *A infausta nova tinha desfalecido os ânimos*. *vti* e *vint* **2** Desmaiar: *Desfaleceu de fraqueza*.

des.fa.le.ci.men.to (*desfalecer+mento*) *sm* Desmaio; fraqueza.

des.fal.que (de *desfalcar*) *sm* **1** Ação ou efeito de desfalcar. **2** Dedução, diminuição, supressão. **3** Roubo.

des.fa.vo.rá.vel (*des+favorável*) *adj m+f* Adverso, contrário, oposto. *Antôn*: *favorável*.

des.fa.vo.re.cer (*des+favorecer*) *vtd* Ser desfavorável a; contrariar: *Desfavoreceu os filhos mais velhos na partilha*.

des.fa.vo.re.ci.do (*part* de *desfavorecer*) *adj* **1** Não favorecido. **2** Sem ajuda. **3** Prejudicado.

des.fa.zer (*des+fazer*) *vtd* **1** Despedaçar, quebrar: *Desfazer um ídolo*. *vtd* **2** Desvanecer, dissipar: *O sol desfez a cerração*. *vti* **3** Desdenhar: *Ele gosta de desfazer das pessoas*. *vtdi* **4** Derreter, diluir. *vtd* e *vpr* **5** Desmanchar(-se), anular(-se): *Desfazer um empréstimo*. Conjuga-se como *fazer*.

des.fe.char (*des+fechar*) *vtd* **1** Tirar o fecho ou o selo a; abrir. **2** Descarregar, disparar (arma de fogo) ou vibrar (golpes, pancadas): *"Nem bem soava o megafone na rua e ele desfechava balaços de dentro de seu covil."* (CNT)

des.fe.cho (ê) (de *desfechar*) *sm* Termo, resultado final, conclusão.

des.fei.ta (*fem* de *desfeito*) *sf* **1** Desconsideração. **2** Ofensa, insulto, ultraje.

des.fei.to (*part* de *desfazer*) *adj* **1** Desmanchado, destruído. **2** Anulado. **3** Derretido, diluído.

des.fe.rir (*des+ferir*) *vtd* **1** Emitir, lançar: *O Sol desferia os mais brilhantes raios*. *vtdi* **2** Desfechar: *"O corcunda desferiu-lhe uma palmada nas costas e ele despertou do devaneio."* (N) *vtd* **3** Fazer vibrar (cordas de um instrumento): *Desferir uma harpa*. *vint* **4** Emitir (sons): *Harpas e violinos desferiam encantadoramente*. Conjuga-se como *ferir*.

des.fi.ar (*des+fio+ar*[1]) *vtd* **1** Tirar do fio:

Desfiar um colar. **2** Passar de conta em conta: *Desfiar um rosário.* **3** Referir minuciosamente: *Desfiava mil e um sintomas de seus males imaginários.* Conjuga-se como *premiar*.

des.fi.brar (*des+fibra+ar¹*) *vtd* **1** Separar em fibras (madeira, papel de refugo etc.). **2** Extrair, separar, tirar as fibras de: *Desfibrar raízes, legumes.* **3** *fig* Expressar: *"Ele se vê obrigado a engolir tudo o que desfibrou a bordo de sua cólera assustadora."* (GAZ)

des.fi.gu.rar (*des+figura+ar¹*) *vtd* **1** Deformar: *A prolongada doença a desfigurou.* **2** Alterar, deturpar: *Desfigurar o caráter, a verdade, as intenções, o pensamento.*

des.fi.la.dei.ro (*desfilar+deiro*) *sm* Passagem estreita entre montanhas; garganta.

des.fi.lar (*des+fila+ar¹*) *vint* **1** Marchar ou passar em filas: *As tropas desfilaram garbosamente pela avenida.* *vtd* **2** Exibir, ostentar: *Resolveu sair só para desfilar seu novo visual.*

des.fi.le (de *desfilar*) *sm* **1** Ação de desfilar. **2** Apresentação de coleção de moda. **3** *pop* Apresentação de escola de samba.

des.flo.res.tar (*des+floresta+ar¹*) *vtd* Destruir as florestas de. *Sin: desarborizar, desmatar.*

des.fo.car (*des+foco+ar¹*) *vtd* *Fot, Cin* e *Telev* Tirar uma imagem de foco, de modo que fique borrada e indistinta.

des.fo.lhar (*des+folha+ar¹*) *vtd* **1** Arrancar ou tirar as folhas ou as pétalas a: *A ventania desfolha as àrvores.* *vpr* **2** Perder as folhas ou as pétalas: *O arbusto desfolha-se.*

des.for.ra (ó) (de *desforrar*) *sf* Vingança. *Tirar a desforra:* vingar-se.

des.for.rar (*des+forro+ar¹*) *vtd* e *vpr* **1** Vingar(-se): *Desforrou a ofensa recebida.* *vtd* **2** Tirar o forro a: *Desforrar o paletó.*

des.fral.dar (*des+fralda+ar¹*) *vtd* **1** Desferir, largar, soltar ao vento (velas): *Os veleiros desfraldaram as velas.* **2** Soltar: *Desfraldar uma bandeira.*

des.fru.tar (*des+fruto+ar¹*) *vtd* **1** Usufruir: *Desfrutava os rendimentos.* **2** Apreciar.

des.fru.tá.vel (*desfrutar+vel*) *adj m+f* Que se pode desfrutar. • *s m+f* Pessoa dada a desfrutes.

des.fru.te (de *desfrutar*) *sm* Ação de desfrutar. *Var: desfruto.*

des.gar.rar (*des+garrar*) *vtd* e *vint* **1** Desviar do rumo ou perdê-lo: *O nosso barco desgarrou.* *vti, vtdi, vint* e *vpr* **2** Desviar (-se), extraviar(-se): *Não desgarrou do tema da palestra.*

des.gas.tar (*desgaste+ar¹*) *vtd* **1** Consumir pelo atrito ou fricção. *vtd* e *vpr* **2** Destruir(-se), gastar(-se) pouco a pouco: *Desgastar as forças.*

des.gas.te (de *desgastar*) *sm* Ato ou efeito de desgastar.

des.gos.tar (*des+gostar*) *vtd* **1** Causar ou dar desgosto ou aborrecimento a; desagradar, descontentar, magoar, melindrar: *Tinha por norma não desgostar ninguém.* *vti* e *vpr* **2** Não gostar: *Não desgosto da minha profissão.*

des.gos.to (ô) (*des+gosto*) *sm* **1** Mágoa, pesar. **2** Aversão, desagrado, descontentamento. *Antôn: prazer, contentamento.*

des.gos.to.so (ô) (*des+gostoso*) *adj* **1** Descontente. **2** Aborrecido. **3** De mau sabor. *Pl: desgostosos* (ó).

des.go.ver.nar (*des+governar*) *vtd* **1** Fazer mau governo, imprimir má orientação a: *Ele não governa: desgoverna.* *vtd* **2** Desviar do bom caminho; corromper: *O jogo e a bebida desgovernam os fracos de espírito.* *vint* e *vpr* **3** Não obedecer: *O carro desgovernou-se e bateu.*

des.gra.ça (*des+graça*) *sf* Má sorte, infortúnio, desventura, infelicidade. *Antôn: ventura, felicidade.*

des.gra.ça.do (*part* de *desgraçar*) *adj* **1** Infeliz. **2** Deplorável, lamentável. *Antôn: feliz, ditoso.*

des.gra.çar (*desgraça+ar¹*) *vtd* e *vpr* Causar desgraça a, tornar(-se) desditoso: *Viciado na bebida, desgraçou-se até ao extremo de mendigar.*

des.gra.cei.ra (*desgraça+eira*) *sf pop* Série de desgraças.

des.gre.nha.do (*part* de *desgrenhar*) *adj* Qualificativo do cabelo despenteado, emaranhado ou revolto.

des.gre.nhar (*des+grenha+ar¹*) *vtd* e *vpr* Despentear(-se): *Tentou desgrenhar-lhe a cabeleira.*

des.gru.dar (*des+grudar*) *vtd* Descolar,

despregar (o que estava grudado): *Desgrudar um cartaz*.

de.si.dra.ta.ção (*des+hidratar+ção*) *sf* **1** Ação de desidratar. **2** *Med* Perturbação causada pela perda excessiva de água do organismo, acompanhada da perda de sais minerais e orgânicos.

de.si.dra.ta.do (*part de desidratar*) *adj+sm* Que ou aquele que se desidratou.

de.si.dra.tar (*des+hidratar*) *vtd* **1** Separar ou extrair a água de. **2** *Med* Perder líquidos por disenteria; ter desidratação.

de.sig.na.ção (*designar+ção*) *sf* Nome, denominação.

de.sig.nar (*lat designare*) *vtd* **1** Apontar, indicar, nomear: *A presidência designou o seu representante*. *vtd* **2** Assinalar, marcar: *Essa lei designava as várias zonas eleitorais*. *vtd* **3** Ser o símbolo de; significar: *A violeta designa a modéstia*. *vtd* **4** Denominar, qualificar: *Designaram como traidor o irmão do rei*. *vtd* **5** Escolher, nomear: *Ele próprio designou seu sucessor*. *vtd* **6** Determinar, fixar: *Designar o prazo para a entrega dos papéis*. Veja nota em **impregnar**.

de.sig.nio (*lat designiu*) *sm* **1** Plano, projeto. **2** Intenção, propósito. **3** Destino.

de.si.gual (*des+igual*) *adj m+f* **1** Diferente, diverso. **2** Incerto, inconstante. **3** Irregular. **4** Injusto, parcial.

de.si.gua.lar (*des+igualar*) *vtd* **1** Estabelecer diferença ou distinção entre, tornar desigual: *A idade os desigualava muito*. *vpr* **2** Distinguir-se, diferenciar-se: *Tinham a mesma altura, mas desigualavam-se no volume*. *vti* **3** Ser desigual: *Este compêndio desigualava daquele*.

de.si.gual.da.de (*desigual+dade*) *sf* **1** Diferença, diversidade. **2** *Mat* Relação entre os membros de um conjunto, marcada pelos sinais "maior que" ou "menor que".

de.si.lu.di.do (*part de desiludir*) *adj* Que sofreu desilusão.

de.si.lu.dir (*des+iludir*) *vtd* **1** Causar desilusão ou decepção a: *A realidade os desiludiu*. *vpr* **2** Desenganar-se, perder ilusões: *Desiludiu-se de sua ficção*.

de.si.lu.são (*des+ilusão*) *sf* Perda de ilusão; desengano.

de.sim.pe.di.do (*part de desimpedir*) *adj* Desembaraçado, desobstruído, franqueado, livre.

de.sim.pe.dir (*des+impedir*) *vtd* **1** Desobstruir: *Desimpedir uma passagem*. **2** Facilitar, afastando o que impede ou embaraça: *Desimpedir a tramitação do inventário*. Conjuga-se como *pedir*.

de.sin.char (*des+inchar*) *vtd* **1** Desfazer a inchação de: *O repouso desinchou suas pernas*. *vint* e *vpr* **2** Desaparecer a inchação: *O balão desinchou*.

de.sin.cor.po.rar (*des+incorporar*) *vtd* **1** Privar do caráter ou dos poderes de corporação. *vtd* e *vpr* **2** Separar(-se), sair de uma corporação ou de um corpo (associação, assembleia etc.). *vpr* **3** *Espir V* desencarnar.

de.sin.cum.bi.do (*part de desincumbir*) *adj* **1** Desencarregado. **2** Cumprido, pronto.

de.sin.cum.bir (*des+incumbir*) *vtd* **1** Desencarregar: *Desincumbi o revisor de cotejar o texto com o sumário*. *vpr* **2** Cumprir uma incumbência: *Procurei desincumbir-me logo de minhas tarefas*.

de.sin.de.xar (*cs*) (*des+indexar*) *vtd Econ* **1** Desfazer a indexação. **2** Extinguir a relação entre valores.

de.si.nên.cia (*lat desinentia*) *sf* **1** *Gram* Terminação, colocada depois do radical, que indica a flexão das palavras: gênero, número, pessoa, modo, tempo etc. **2** Extremidade, fim, termo.

de.sin.fec.ci.o.nar (*desinfecção+ar*[1]) *vtd* Desinfetar.

de.sin.fes.tar (*des+infestar*) *vtd* Livrar de insetos, roedores ou outros animais infestantes, capazes de transmitir infecção.

de.sin.fe.tan.te (de *desinfectar*) *adj m+f* Que desinfeta. • *sm* Preparado químico que desinfeta.

de.sin.fe.tar (*des+infetar*) *vtd* **1** *Med* Esterilizar um ambiente, um instrumento. *vint* **2** *gír* Sair de um lugar onde se incomoda alguém: *Desinfete daí!*

de.sin.fla.ci.o.nar (*des+inflacionar*) *vtd* Conter a inflação; fortificar a moeda nacional.

de.sin.fla.mar (*des+inflamar*) *vtd* **1** Tirar a inflamação a: *Um antibiótico desinflamou-lhe a garganta*. *vtd* **2** Fazer diminuir a inflamação de. *vpr* **3** Deixar de estar inflamado: *As gengivas desinflamaram-se. Conjug:* conjuga-se, geralmente, nas 3ªˢ pessoas.

de.sin.flar (*des+inflar*) *vtd* Fazer que deixe de estar inflado: *Desinflar um balão.*

de.sin.for.ma.ção (*des+informação*) *sf* Falta de informação.

de.sin.for.ma.do (*des+informar+ado*¹) *adj* Que não está informado ou está mal informado.

de.sin.for.mar (*des+informar*) *vtd* e *vint* Informar mal; fornecer informações errôneas.

de.si.ni.bi.ção (*des+inibição*) *sf* Cessação de inibição.

de.si.ni.bi.do (*part de desinibir*) *adj* Desembaraçado.

de.si.ni.bir (*des+inibir*) *vtd* 1 Tirar a inibição de, fazê-la cessar: *O vinho ajudava a desinibir os convivas. vpr* 2 Tornar-se desembaraçado: *O recém-chegado desinibia-se aos poucos.*

de.sin.te.gra.ção (*desintegrar+ção*) *sf* 1 Ato ou efeito de desintegrar. 2 *Fís* Transformação de uma partícula elementar em outras mais simples.

de.sin.te.grar (*des+integrar*) *vtd* 1 Reduzir a fragmentos ou decompor em elementos constituintes. 2 Tirar a qualidade de integral a: *Desintegrar uma rocha.*

de.sin.te.li.gên.cia (*des+inteligência*) *sf* 1 Divergência: *"A escolha do general Costa e Silva foi precedida de desinteligências na cúpula militar."* (FSP) 2 Inimizade.

de.sin.te.res.sa.do (*part de desinteressar*) *adj* 1 Que não tem interesse. 2 Desprendido, abnegado. 3 Imparcial. *Antôn* (acepções 2 e 3): *interesseiro.*

de.sin.te.res.sar (*des+interessar*) *vpr* Não fazer empenho, perder o interesse; desistir de: *Desinteressou-se do negócio.*

de.sin.te.res.se (*ê*) (*des+interesse*) *sm* 1 Ausência de interesse. 2 Desprendimento.

de.sin.to.xi.ca.ção (*cs*) (*des+intoxicar+ção*) *sf* 1 Cura de uma intoxicação. 2 *Med* Tratamento a que se submete um indivíduo viciado para se livrar da droga.

de.sin.to.xi.car (*cs*) (*des+intoxicar*) *vtd Med* 1 Remover o poder tóxico de uma substância. 2 Curar uma intoxicação.

de.sis.tên.cia (*lat desistentia*) *sf* Renúncia.

de.sis.tir (*lat desistire*) *vti* e *vint* 1 Renunciar: *Desisto do cargo.* 2 Desdizer-se, retratar-se: *Desistiu de tudo quanto disse e escreveu.*

des.je.jum (*des+jejum*) *sm* Primeira refeição do dia. *Var: dejejum.*

des.lan.char (*des+lanchar*) *vtd* 1 Fazer ir para a frente, dar andamento a. *vint* 2 Ir para a frente, evoluir: *As negociações, afinal, deslancharam.*

des.la.va.do (*part de deslavar*) *adj* 1 Atrevido, descarado, petulante. 2 Desbotado.

des.le.al (*des+leal*) *adj m+f* 1 Infiel, pérfido. 2 Traidor. *Antôn: fiel, leal.*

des.le.al.da.de (*des+lealdade*) *sf* 1 Falta de lealdade. 2 Infidelidade, traição.

des.lei.xa.do (*part de desleixar*) *adj* Descuidado, negligente, relaxado.

des.lei.xar (*des+leixar*) *vtd* Descuidar-se de; negligenciar.

des.lei.xo (de *desleixar*) *sm* Descuido, negligência.

des.li.ga.do (*part de desligar*) *adj* 1 Desunido, separado. 2 *pop* Sem pensar em.

des.li.ga.men.to (*desligar+mento*) *sm* 1 Ato ou efeito de desligar. 2 Falta de ligamento.

des.li.gar (*des+ligar*) *vtd* 1 *Eletr* Tirar do circuito; parar: *Desligar o motor.* 2 *Eletr* Interromper a corrente de: *Desligar a eletricidade.* 3 Desembrear, desengatar, desacoplar: *Desligar a máquina.*

des.lin.dar (*des+lindar*) *vtd* Apurar, averiguar, descobrir: *Deslindar um enigma.*

des.li.za.men.to (*deslizar+mento*) *sm* Ação de deslizar; deslize.

des.li.zar *vti*, *vint* e *vpr* 1 Derivar ou escorregar mansamente; resvalar: *O barquinho deslizava na superfície do lago. vint* 2 Decorrer: *Sua vida deslizou entre venturas e satisfação.*

des.li.ze (de *deslizar*) *sm* 1 *V deslizamento.* 2 Incorreção involuntária; engano.

des.lo.ca.do (*part de deslocar*) *adj* 1 Que está fora do lugar. 2 Impróprio. 3 Diz-se de pessoa que se sente constrangida em ambiente que não lhe é habitual.

des.lo.ca.men.to (*deslocar+mento*) *sm* 1 Ato ou efeito de deslocar(-se). 2 Mudança de direção.

des.lo.car (*des+lat locare*) *vtd* 1 Mudar ou

tirar do lugar: *Deslocar uma pedra, um quadro*. *vtd* **2** Transferir. *vpr* **3** Mover-se: *Viu-o chegar, mas nem se deslocou*. *vtd* e *vpr* **4** Desconjuntar(-se), desmanchar(-se): *Deslocar as maxilas, o pescoço*.

des.lum.bra.men.to (*deslumbrar+mento*) *sm* **1** Ofuscação momentânea causada por uma luz muito forte. **2** Assombro, fascinação, maravilha.

des.lum.bran.te (de *deslumbrar*) *adj m+f* Esplêndido, maravilhoso; luxuoso, suntuoso.

des.lum.brar (*cast deslumbrar*) *vtd* **1** Ofuscar a vista pela ação de muita ou repentina luz: *O clarão do Sol deslumbra quem o fita*. **2** Perturbar o entendimento de: *Aquele milagre deslumbrou-o*. **3** Causar assombro a; maravilhar: *A imensidade cósmica nos deslumbra*.

des.mag.ne.ti.zar (*des+magnetizar*) *vtd* **1** Privar de propriedades magnéticas. *vpr* **2** Perder as propriedades magnéticas. *vtd* **3** *fig* Fazer perder a animosidade: *"A Casa Branca considera que a decisão deve 'desmagnetizar' os EUA em relação aos cubanos."* (FSP)

des.mai.a.do (*part* de *desmaiar*) *adj* **1** Desfalecido. **2** Desbotado. **3** Descorado, pálido (diz-se de peças, cores).

des.mai.ar (*lat *exmagare*) *vint* **1** Perder os sentidos; desfalecer: *A igreja estava abafada e algumas mulheres desmaiaram*. *vti* **2** Empalidecer: *Suas faces desmaiaram de ódio*. *vint* e *vpr* **3** Perder a cor, o brilho, o viço: *No outono a exuberante folhagem desmaiava*.

des.mai.o (de *desmaiar*) *sm* Desfalecimento.

des.ma.mar (*des+mamar*) *vtd* Fazer perder o hábito de mamar.

des.man.cha-pra.ze.res *s m+f sing+pl pop* Pessoa que se intromete e estorva divertimentos alheios.

des.man.char (*fr démancher*) *vtd* **1** Demolir, desfazer: *Desmanchar uma parede*. **2** Inutilizar, destruir: *Desmanchar um ninho*.

des.man.che (de *desmanchar*) *sm gír* Oficina que desmancha carros, geralmente roubados, para venda de peças avulsas.

des.man.te.lar (*des+mantel+ar*¹) *vtd* **1** Arruinar, demolir (fortificações, muralhas): *Desmantelar uma fortaleza*. *vpr* **2** Desmoronar-se, vir abaixo: *A fábrica explodiu e desmantelou-se*.

des.mar.car (*des+marcar*) *vtd* **1** Tirar as marcas ou os marcos a: *Desmarcar um terreno*. **2** Cancelar, anular (compromisso, evento etc.). **3** Transferir, adiar: *Desmarcar o casamento*.

des.mas.ca.rar (*des+máscara+ar*¹) *vtd* **1** Tirar a máscara a: *Curioso, queria desmarcarar a bela colombina*. **2** Remover aparência falsa ou enganadora de: *Desmascarou-lhe as pretensões hipócritas*.

des.ma.ta.men.to (*desmatar+mento*) *sm* Desflorestamento.

des.ma.tar (*des+mato+ar*¹) *vtd* Limpar ou tirar o mato ou a mata a (terreno); desflorestar.

des.ma.te.ri.a.li.zar (*des+material+izar*) *vtd* Tornar imaterial.

des.ma.ze.lar (*des+medir*) *vpr* Desleixar-se, descuidar-se, negligenciar-se: *"[Doralda] não se encafuava, na cozinha ou em quintal, nem se desmazelava, como outras."* (COB)

des.ma.ze.lo (*ê*) (*der* regressiva de *desmazelar*) *sm* Desleixo; descuido.

des.me.di.do (*part* de *desmedir*) *adj* Excessivo, extraordinário, imenso.

des.me.dir (*des+medir*) *vpr* Descomedir-se, desregrar-se, exceder-se, exorbitar: *Aqueles cavalheiros jamais se desmediam*. Conjuga-se como *pedir*. Não tem a 1ª pessoa do singular do presente do indicativo nem, portanto, todo o presente do subjuntivo.

des.mem.bra.men.to (*desmembrar+mento*) *sm* Ato ou efeito de desmembrar.

des.mem.brar (*des+membro+ar*¹) *vtd* **1** Cortar os membros ou algum membro de um corpo: *Na universidade evitava sempre desmembrar as cobaias*. *vtd* e *vpr* **2** Dividir(-se), separar(-se) uma ou mais partes de um todo: *Desmembrar um império*. *vpr* **3** Desconjuntar-se. *vpr* **4** Desligar-se, separar-se.

des.me.mo.ri.a.do (*part* de *desmemoriar*) *adj* Sem memória; sujeito a esquecer-se. • *sm* Indivíduo desmemoriado.

des.men.ti.do (*part* de *desmentir*) *adj* Que

se desmentiu; contradito, negado. • *sm* Declaração com que se desmente o que outrem afirma; refutação.

des.men.tir (*des+mentir*) *vtd* **1** Contradizer, refutar: *Desmenti-o várias vezes*. *vtd* **2** Não corresponder a; destoar de, divergir de: *Os fatos desmentiram as teorias*. *vtd* e *vpr* **3** Contradizer(-se), destoar de, discrepar de: *Seus atos desmentem suas palavras*. Antôn (acepção 1): *confirmar*. Conjuga-se como *ferir*.

des.me.re.cer (*des+merecer*) *vtd* **1** Não merecer; ser indigno de: *Faremos por não desmerecer a sua confiança*. *vti* **2** Não ser digno: *Desmerecer do favor público*. *vti* e *vint* **3** Perder a estima, o prestígio ou a consideração: *Desmereceu para com seus colegas*.

des.me.re.ci.men.to (*des+merecimento*) *sm* **1** Falta de merecimento. **2** Perda de crédito ou de estima.

des.me.su.ra.do (*part* de *desmesurar*) *adj* Desmedido, enorme.

des.mi.lin.guir (gwi) (*voc express*) *vpr pop* **1** Desmanchar-se todo: *O livro desmiliguiu-se com o passar dos anos*. **2** Enfraquecer-se, debilitar-se. Conjuga-se como *arguir*. Part: *desmilinguido*.

des.mi.li.ta.ri.zar (*des+militarizar*) *vtd* **1** Tirar o caráter de militar de. **2** Desguarnecer das tropas.

des.mi.o.la.do (*part* de *desmiolar*) *adj* **1** Sem miolo. **2** *fig* Sem juízo. • *sm* Indivíduo sem juízo.

des.mis.ti.fi.car (*des+mistificar*) *vtd* Tirar a mistificação de: *Desmistificar a ciência*.

des.mo.bi.li.ar (*des+mobiliar*) *vtd* Retirar a mobília de (uma casa, um aposento). Conjuga-se como *premiar*.

des.mo.bi.li.za.ção (*desmobilizar+ção*) *sf* Ação ou efeito de desmobilizar.

des.mo.bi.li.zar (*des+mobilizar*) *vtd* Fazer cessar a mobilização de (um exército).

des.mon.ta.do (*part* de *desmontar*) *adj* **1** Apeado. **2** Que está sem a montaria ou apeado dela. **3** Desarmado, desmanchado. **4** Desorganizado, desarranjado.

des.mon.tar (*des+montar*) *vtd* **1** Fazer apear ou descer de uma cavalgadura: *Desmontou galantemente a jovem*. *vtd* **2** *Tecn* Separar algum mecanismo, máquina ou outra construção técnica sistematicamente em suas partes componentes; desarmar. *vti, vint* e *vpr* **3** Descer da cavalgadura ou da carruagem; apear-se: *Desmontou do cavalo*.

des.mo.ra.li.za.do (*part* de *desmoralizar*) *adj* Que perdeu a força moral; desautorizado, desacreditado.

des.mo.ra.li.zar (*des+moralizar*) *vtd* **1** Tirar o bom nome de; desmerecer. *vtd* **2** Fazer perder a força moral; desautorizar, desacreditar. *vpr* **3** Perder a reputação: *Envolvido no escândalo, o deputado desmoralizou-se*.

des.mo.ro.na.men.to (*desmoronar+mento*) *sm* Derrocada, desabamento.

des.mo.ro.nar (*cast desmoronar*) *vtd* **1** Abater, demolir, derrubar: *Desmoronar igrejas, lares*. *vpr* **2** Desabar, ruir: *Mais um castelo se desmorona*.

des.mo.ti.va.do (*des+motivado*) *adj* **1** Sem motivo ou fundamento; infundado. **2** Sem motivação ou motivos.

des.mo.ti.var (*des+motivar*) *vtd* **1** Tirar os motivos, o estímulo: *Maus professores desmotivam os alunos*. *vtd* **2** Tornar infundado. *vpr* **3** Desinteressar-se: *Desmotivou-se depois de tantas dificuldades*.

des.mu.nhe.car (*des+munheca+ar¹*) *vtd* **1** Cortar, quebrar ou luxar a munheca de: *Durante a luta, o boxeador desmunhecou o adversário*. *vtd* **2** Enfraquecer (o pulso), por excessivo esforço. *vint* **3** *gír* Tornar-se efeminado.

des.na.ci.o.na.li.za.ção (*desnacionalizar+ção*) *sf* **1** Ação ou efeito de desnacionalizar: "*O capital estrangeiro na bolsa poderá reduzir os riscos de desnacionalização de empresas brasileiras.*" (VIS) **2** *Dir* Perda da nacionalidade originária ou adquirida.

des.na.ci.o.na.li.zar (*des+nacionalizar*) *vtd* e *vpr* Tirar (ou perder) o caráter ou a feição nacional a: *O governo desnacionalizou as empresas de petróleo*.

des.na.sa.li.zar (*des+nasalizar*) *vtd Gram* Tirar o som nasal a. Var: *desnasalar*.

des.na.ta.do (*part* de *desnatar*) *adj* Que perdeu a nata: *Leite desnatado*.

des.na.tar (*des+nata+ar¹*) *vtd* Tirar a nata a.

des.na.tu.ra.do (*part* de *desnaturar*) *adj*

Desumano, cruel. • *sm* Pessoa desnaturada. *Antôn: humano, compassivo.*

des.ne.ces.sá.rio (*des+necessário*) *adj* Dispensável, supérfluo.

des.ní.vel (*des+nível*) *sm* Diferença de nível; desnivelamento, desigualdade.

des.ni.ve.lar (*des+nivelar*) *vtd* Desigualar, diferençar, distinguir.

des.nor.te.a.do (*part de desnortear*) *adj* **1** Desorientado, tonto. **2** Desequilibrado, maluco.

des.nor.te.ar (*des+nortear*) *vtd* Desorientar, embaraçar: *Desnortear a justiça. Antôn: nortear, orientar.* Conjuga-se como *frear.*

des.nu.dar (*lat denudare*) *vtd e vpr* **1** Pôr(-se) nu: *Desnudar o peito, o braço.* **2** Pôr(-se) a descoberto, revelar: *Desnudar os segredos do coração.*

des.nu.tri.ção (*des+nutrição*) *sf* **1** Falta de nutrição. **2** *Med* Enfraquecimento (por nutrição deficiente).

des.nu.trir (*des+nutrir*) *vtd e vpr* **1** Nutrir(-se) mal ou não (se) nutrir. *vpr* **2** Emagrecer.

de.so.be.de.cer (*des+obedecer*) *vti e vint* **1** Não obedecer: *Não desobedeça a seu pai. vti* **2** Infringir, transgredir: *Desobedecer à lei. Antôn: cumprir.* Veja nota em **obedecer**.

de.so.bri.gar (*des+obrigar*) *vtdi e vpr* Isentar(-se), livrar(-se) da obrigação: *O excessivo atraso desobrigou-o do compromisso.*

de.sobs.tru.ção (*des+obstrução*) *sf* **1** Ato ou efeito de desobstruir. **2** Liberação.

de.sobs.tru.ir (*des+obstruir*) *vtd* **1** Desatravancar, desembaraçar, desimpedir: *Desobstruir uma rua, um canal.* **2** Desentupir: *Desobstruir um cano.*

de.so.cu.pa.ção (*desocupar+ção*) *sf* **1** Ato ou efeito de desocupar(-se). **2** Falta de ocupação; ociosidade.

de.so.cu.pa.do (*part de desocupar*) *adj* **1** Vazio, livre. **2** Desempregado. • *sm* **1** Desempregado. **2** Vadio, ocioso.

de.so.cu.par (*des+ocupar*) *vtd* **1** Deslocar-se, mudar-se: *Os inimigos desocuparam a cidade. vtd* **2** Desimpedir: *Desocupar a passagem. vpr* **3** Desembaraçar-se, livrar-se, isentar-se.

de.so.do.ran.te (de *desodorar*) *adj m+f* Que desodoriza. • *sm* **1** Preparado que elimina odores desagradáveis. **2** Cosmético ou aerossol que neutraliza o odor da transpiração. *Var: desodorizante.*

de.so.do.ri.zar (*des+odor+izar*) *vtd* Eliminar ou neutralizar odores desagradáveis. *Var: desodorar.*

de.so.la.ção (*lat desolatione*) *sf* **1** Destruição, devastação. **2** Aflição, grande tristeza.

de.so.la.do (*part de desolar*) *adj* **1** Ermo, deserto. **2** Entristecido, desconsolado, aflito.

de.so.la.dor (*desolar+dor*) *adj+sm* Que ou quem causa desolação.

de.so.lar (*lat desolare*) *vtd* **1** Causar desolação: *Cenas tristes desolavam aquelas fazendas. vtd* **2** Assolar, despovoar, devastar: *A guerra desolou o país. vpr* **3** Despovoar-se: *Desolaram-se os campos.*

de.so.nes.ti.da.de (*desonesto+i+dade*) *sf* **1** Falta de honestidade. **2** Indignidade.

de.so.nes.to (*des+honesto*) *adj* Devasso, indecoroso.

de.son.ra (*des+honra*) *sf* **1** Falta de honra. **2** Perda da honra. *Var: desonradez.*

de.son.rar (*des+honrar*) *vtd* **1** Ofender a honra, o pudor ou o crédito de: *Essa declaração o desonrava. vpr* **2** Perder a honra, desacreditar-se: *Tornou-se sem escrúpulos, desonrou-se.*

de.so.pi.lar (*des+opilar*) *vtd Med* Desobstruir. *Desopilar o fígado:* rir-se à vontade. *Antôn: obstruir.*

de.sor.dei.ro (*des+ordeiro*) *adj+sm* Que ou aquele que costuma promover desordens, que ou quem gosta de arruaças. *Col: caterva, corja, malta, pandilha, súcia, troça, turba.*

de.sor.dem (*des+ordem*) *sf* **1** Falta de ordem. **2** Confusão. **3** Barulho, briga, rixa.

de.sor.de.na.do (*part de desordenar*) *adj* **1** Desorganizado. **2** Desarranjado, desarrumado. **3** Irregular, desigual: *Pulso desordenado.*

de.sor.de.nar (*des+ordenar*) *vtd* **1** Embaralhar, confundir, desarranjar: *Desordenar um armário. vpr* **2** Descomedir-se (nos prazeres, nos gastos): *Desordenou-se nos prazeres e nas despesas.*

de.sor.ga.ni.za.ção (*desorganizar+ção*) *sf* Desordem.

de.sor.ga.ni.zar (*des+organizar*) *vtd* **1** Desfazer a organização de. *vtd* **2** Desordenar: *Marchas forçadas desorganizam a tropa.* *vtd* **3** Dissolver: *Desorganizaram o batalhão.* *vpr* **4** Desfazer-se, dissolver-se.

de.so.ri.en.ta.ção (*des+orientação*) *sf* **1** Falta de orientação; desnorteamento. **2** Perplexidade; indecisão.

de.so.ri.en.ta.do (*part* de *desorientar*) *adj* **1** Que se desorientou. **2** Perplexo, indeciso. **3** Embaraçado, desconcertado.

de.so.ri.en.tar (*des+orientar*) *vtd* **1** Desnortear: *O céu encoberto desorientou-o.* *vtd* e *vpr* **2** Perturbar(-se), desnortear(-se): *Desorientou-se com o acontecimento.*

de.sos.sar (*des+osso+ar¹*) *vtd* Tirar os ossos a: *Desossou o frango.*

de.so.var (*des+ovo+ar¹*) *vint* **1** Pôr ovos (diz-se especialmente dos peixes): *Os salmões desovam na cabeceira do rio.* **2** *gír* Abandonar em determinado lugar o cadáver de pessoa que foi assassinada em local diferente.

de.so.xi.dar (*cs*) (*des+oxidar*) *vtd* **1** Tirar o óxido a. **2** Tirar a ferrugem a.

des.pa.cha.do (*part* de *despachar*) *adj* **1** Concedido. **2** Aviado, pronto: *Receita despachada.* **3** Despedido do emprego: *Criada despachada.* **4** Sem papas na língua; franco: *"O que eu quero é a moça: não me caso com o nome – respondeu despachado."* (PFV) **5** Ativo, expedito: *"Você é tão inteligente, tão despachado, sei lá."* (PM) *Antôn* (acepção 4): *tímido, acanhado.*

des.pa.chan.te (*de despachar*) *s m+f* **1** Pessoa que tem por ofício requerer, encaminhar e promover o expediente de papéis, junto de certas repartições públicas (recebedorias, polícia, prefeitura, alfândega etc.). **2** Pessoa que despacha.

des.pa.char (*provençal despachar*) *vtd* **1** Pôr despacho em, deferindo ou indeferindo: *Despachar uma petição.* **2** Dar solução a; resolver: *Despachar um negócio.* **3** Mandar embora; despedir: *O fazendeiro despachou os visitantes incômodos.*

des.pa.cho (de *despachar*) *sm* **1** Ação de despachar. **2** Resolução da autoridade pública sobre requerimento etc. **3** *Rel* Oferenda de macumba. **4** *pop* Desenvoltura, desembaraço.

des.pe.da.ça.do (*part* de *despedaçar*) *adj* Partido, quebrado, dilacerado.

des.pe.da.çar (*des+pedaço+ar¹*) *vtd* e *vpr* Partir(-se) em pedaços, quebrar(-se), dilacerar(-se).

des.pe.di.da (*fem* do *part* de *despedir*) *sf* **1** Separação, partida, adeus. **2** Conclusão, final, termo.

des.pe.dir (*de+lat expedire*) *vtd* **1** Dispensar os serviços de; demitir: *A companhia despediu o engenheiro.* *vpr* **2** Ir-se embora, retirar-se cumprimentando: *Peço licença para me despedir.* *vpr* **3** Deixar um emprego: *Despediu-se do emprego por discordar do chefe.* Conjuga-se como *pedir.*

des.pei.ta.do (*part* de *despeitar*) *adj* Ressentido, magoado.

des.pei.tar (*despeito+ar¹*) *vtd* **1** Causar despeito a. *vtd* e *vpr* **2** Tornar(-se) amuado.

des.pei.to (*lat despectu*) *sm* Desgosto causado por ofensa leve ou desfeita; pesar, melindre. *A despeito de:* apesar de.

des.pe.ja.do (*part* de *despejar*) *adj* **1** Desocupado, vazio. **2** Arremessado, jogado: *Lixo despejado.*

des.pe.jar (*des+pejo+ar¹*) *vtd* **1** Desocupar, esvaziar: *Virou a bolsa para despejá-la.* **2** Expulsar: *Despejou o atrevido.* Conjuga-se como *solfejar.*

des.pe.jo (*ê*) (de *despejar*) *sm* Ação ou efeito de despejar. *Ordem de despejo:* mandado judicial pelo qual se intima o locador de um imóvel a desocupá-lo. *Quarto de despejo:* compartimento de uma casa onde se guardam utensílios velhos ou de pouco uso.

des.pen.car (*des+penca+ar¹*) *vtd* e *vpr* **1** Separar(-se) do cacho (pencas de bananas etc.). *vint* e *vpr* **2** Cair de grande altura: *O elevador se despencou do último andar.* *vint* **3** *pop* Iniciar uma ação: *Despencou a falar, a correr.* *vint* **4** *gír* Aparecer; chegar de muito longe: *Despencou do Ceará, na casa da tia, com a família toda.*

des.pe.nha.dei.ro (*despenhar+deiro*) *sm* Precipício.

des.pen.sa (*lat dispensa*) *sf* **1** Casa ou compartimento onde se guardam comestíveis. **2** Copa. *Cf dispensa.*

des.pen.te.ar (*des+pentear*) *vtd* Desmanchar o penteado de. Conjuga-se como *frear*.

des.per.ce.ber (*des+perceber*) *vtd* **1** Não perceber. **2** Não notar. *Antôn: notar, atentar*.

des.per.ce.bi.do (*part* de *desperceber*) *adj* **1** Que não se viu nem ouviu. **2** Que não se deu atenção. *Antôn: notado, observado*. Veja nota em **desapercebido**.

des.per.di.çar (*des+perder+iço+ar¹*) *vtd* **1** Não aproveitar, perder: *Desperdiçar o tempo*. *vtd e vint* **2** Gastar inutilmente; dissipar: *Desperdiçar o salário*. *Antôn: economizar, aproveitar*.

des.per.dí.cio (de *desperdiçar*) *sm* **1** Esbanjamento. **2** Perda.

des.per.so.na.li.zar (*des+personalizar*) *vtd* **1** Fazer perder a personalidade, a originalidade; tornar igual aos demais. **2** Tornar impessoal.

des.per.ta.dor (*despertar+dor*) *adj* **1** Que desperta. **2** Que estimula, que provoca. • *sm* Relógio com um alarme para soar em hora determinada.

des.per.tar (*des+lat *expertare*) *vtd e vtdi* **1** Tirar do sono; acordar: *A sereia da fábrica nos desperta de manhã*. **2** Provocar, suscitar, causar: *Este fato despertou-lhe a saudade*. **3** Animar, avivar, estimular, excitar: *Despertar a sensibilidade*. *Part: despertado e desperto*.

des.pe.sa (*lat dispensa*) *sf* Gasto, dispêndio.

des.pe.ta.lar (*des+pétala+ar¹*) *vtd* **1** Tirar as pétalas a: *Despetalar um bem-me-quer*. *vpr* **2** Perder as pétalas: *A dália despetalou-se*.

des.pi.do (*part* de *despir*) *adj* **1** Nu. **2** Livre de; destituído, isento. *Antôn: vestido*.

des.pir (*de+lat expedire*) *vtd e vtdi* **1** Tirar do corpo (o vestuário): *Despir a capa, a túnica*. *vtd e vtdi* **2** Despojar: *O vento despiu as árvores de sua folhagem*. *vpr* **3** Tirar a roupa, os vestidos: *Deitou-se sem se despir*. *Sin: desvestir*. *Antôn* (acepção 1): *vestir*. Conjuga-se como *ferir*.

Observe que em latim *expedire*, que deu origem a **despir**, significa livrar-se de armadilhas, desvencilhar-se de amarras. Há uma certa lógica semântica, pois, antigamente, tirar a roupa implicava desfazer muitos laços e nós.

des.pis.tar (*des+pista+ar¹*) *vtd* **1** Desnortear: *A caça despistou os cães*. **2** Dissimular: *Deixa sempre o paletó na cadeira para despistar o chefe*.

des.plan.te (de *desplantar*) *sm* Atrevimento, audácia, ousadia.

des.po.ja.do (*part* de *despojar*) *adj* Desapossado, espoliado.

des.po.ja.men.to (*despojar+mento¹*) *sm* Ação ou efeito de despojar.

des.po.jar (*cast despojar*) *vtd* **1** Roubar, defraudar, saquear: *"O infeliz jogo mental nos despoja, nos rouba os impulsos mais sãos."* (MEC) *vtdi* **2** Desapossar, espoliar: *"Como despojar os seus do conforto e das facilidades a que se tinham habituado?"* (PCO) *vpr* **3** Livrar-se de: *"Aos poucos foi-se despojando das roupas."* (JT)

des.po.jo (ô) (de *despojar*) *sm* **1** Produto de saque; roubo. **2** Presa de guerra. *sm pl* **3** Restos. *Pl: despojos* (ó).

des.po.lu.í.do (*part* de *despoluir*) *adj* Em que se tirou a poluição; purificado.

des.po.lu.ir (*des+poluir*) *vtd* Tirar a poluição de; purificar.

des.pon.tar (*des+ponta+ar¹*) *vtd* **1** Aparar, cortar ou gastar a ponta de: *Despontar um galho*. *vti* **2** Lembrar, ocorrer: *Vários pensamentos despontaram-lhe ao ver a cena*. *vint* **3** Começar a aparecer; nascer, surgir: *Eis que o Sol desponta!*

des.por.tis.mo (*desporte+ismo*) *sm* **1** Prática ou gosto pelo esporte. **2** Conjunto de jogos esportivos.

des.po.sar (*de+esposar*) *vtd* **1** Casar, esposar: *Afeiçoou-se a ela e desposou-a*. *vpr* **2** Unir(-se): *Tornar-se freira era desposar-se com Deus*.

dés.po.ta (*gr despótes*) *adj m+f V despótico*. • *sm* **1** Tirano. **2** Pessoa que abusa de sua autoridade.

des.pó.ti.co (*déspota+ico²*) *adj* **1** Próprio de déspota. **2** Que usa despotismo.

des.po.tis.mo (*déspota+ismo*) *sm* **1** Forma especial do absolutismo. **2** Mando absoluto, arbitrário: *"Marx refere-se ao despotismo imperante nas fábricas."* (FSP)

des.po.vo.a.do (*part* de *despovoar*) *adj* Desabitado, ermo.

des.po.vo.ar (*des+povoar*) *vtd* **1** Diminuir, suprimir a povoação de; tornar desabitado ou deserto: *A epidemia despovoou a cidade.* **vpr 2** Ficar sem habitante; tornar-se deserto. Conjuga-se como *coar*.

des.pra.zer (*des+prazer*) **vti** e **vint** Desagradar, descontentar, desgostar. Conjuga-se como *aprazer*, porém somente nas 3ᵃˢ pessoas; só é conjugado em todas as pessoas quando usado como verbo pronominal. • **sm 1** Falta de prazer. **2** Desgosto.

des.pre.gar (*des+pregar*) **vtd 1** Arrancar os pregos de: *Despregar um caixote.* **vtdi 2** Desviar (a vista, os olhos); apartar: *Não despregava os olhos dela.* **vtd** e **vpr 3** Desunir(-se): *O salto do sapato despregou-se.*

des.pren.der (*des+prender*) **vtd 1** Soltar, libertar, ceder: *Desprender calor.* **vtd 2** Desviar: *Não desprendia a vista dela.* **vtd** e **vpr 3** Desamarrar(-se), desatar(-se), desligar(-se), separar(-se), soltar(-se) (o que estava preso).

des.pren.di.men.to (*desprender+i+mento*) **sm 1** Abnegação. **2** Altruísmo.

des.pre.o.cu.pa.ção (*despreocupar+ção*) **sf** Estado de quem se acha despreocupado.

des.pre.o.cu.par (*des+preocupar*) **vtd 1** Livrar ou isentar de preocupações. **vpr 2** Deixar de se preocupar.

des.pre.pa.ra.do (*des+preparado*) **adj 1** Que não tem o preparo necessário. **2** Inculto, ignorante.

des.pre.pa.ro (*des+preparo*) **sm 1** Falta de preparo. **2** Desarranjo, desorganização.

des.pres.su.ri.zar (*des+pressurizar*) **vtd 1** Interromper a pressurização: *O choque despressurizou a cabine do avião.* **vpr 2** Perder a pressurização: *O compartimento despressurizou-se por causa da pressão externa.*

des.pres.ti.gi.ar (*desprestígio+ar*) **vtd 1** Tirar o prestígio a. **vpr 2** Perder o prestígio. Conjuga-se como *premiar*.

des.pre.ten.si.o.so (ô) (*des+pretensioso*) **adj** Modesto, simples, singelo. *Pl: despretensiosos* (ó).

des.pre.ve.ni.do (*part* de *desprevenir*) **adj 1** Desapercebido. **2** Desprovido. Veja nota em **desapercebido**.

des.pre.ve.nir (*des+prevenir*) **vtd 1** Não prevenir. **vpr 2** Desaperceber-se, descuidar-se. Conjuga-se como *prevenir*.

des.pre.zar (*des+prezar*) **vtd 1** Menosprezar: *Desprezava os invejosos.* **2** Não dar importância a, não fazer caso de: *Não despreze essa proposta.*

des.pre.zí.vel (*desprezo+ível*) **adj m+f 1** Que merece desprezo. **2** Abjeto, vergonhoso.

des.pre.zo (ê) (de *desprezar*) **sm** Falta de apreço; desdém. *Antôn: respeito, estima.*

des.pro.por.ção (*des+proporção*) **sf 1** Falta de proporção. **2** Desarmonia. **3** Desigualdade.

des.pro.po.si.ta.do (*part* de *despropositar*) **adj 1** Inoportuno: *"Foi injusto e despropositado o tratamento dado ao ex-governador."* (FSP) **2** Exagerado: *"Leviano e despropositado, o texto também é contraditório."* (FSP) **3** Imprudente. *Antôn* (acepções 2 e 3): *sensato, arrazoado.*

des.pro.pó.si.to (*des+propósito*) **sm 1** Desatino, imprudência. **2** Disparate, absurdo.

des.pro.te.ger (*des+proteger*) **vtd** Desamparar.

des.pro.te.gi.do (*part* de *desproteger*) **adj** Desamparado, abandonado.

des.pro.vi.do (*part* de *desprover*) **adj 1** Sem provisões, sem recursos. **2** Desprevenido, desaparelhado.

des.pu.dor (*des+pudor*) **sm 1** Falta de pudor: *"O corpo magro, mas o ventre avançando, me deixa uma impressão de pecado e despudor."* (ASA) **2** Cinismo: *"Era a minha forma de vingança contra o despudor de Laila."* (CEN) *Var: impudor.*

des.pu.do.ra.do (*des+pudor+ado*[1]) **adj+sm** Que ou aquele que não tem pudor; obsceno.

des.qua.li.fi.ca.do (*part* de *desqualificar*) **adj 1** Que perdeu ou não tem qualificação. **2** Desclassificado. **3** Inábil.

des.qua.li.fi.car (*des+qualificar*) **vtd 1** Tirar ou fazer perder as qualidades: *Este pequeno defeito não desqualificava a roupa.* **2** Excluir de prova, torneio ou certame; desclassificar.

des.qui.ta.do (*part* de *desquitar*) **adj** Estado da pessoa que se separou do cônjuge por desquite.

des.qui.tar (*des+quitar*) **vtd** e **vpr** Separar em desquite amigável ou judicial (os cônjuges).

des.qui.te (de *desquitar*) *sm* Ato ou efeito de desquitar. *Cf divórcio.*

des.ra.ti.za.ção (*desratizar*+*ção*) *sf* Ação de desratizar.

des.ra.ti.zar (*des*+*rato*+*izar*) *vtd* Destruir os ratos.

des.re.gra.do (*part* de *desregrar*) *adj* **1** Que está fora das regras. **2** Desordenado. **3** Imoderado, irregular. *Antôn* (acepções 2 e 3): *sóbrio, moderado.*

des.re.gra.men.to (*desregrar*+*mento*) *sm* **1** Abuso, excesso. **2** Anarquia, desordem.

des.re.grar (*des*+*regrar*) *vtd* e *vpr* Afastar (-se) da regra, tornar(-se) irregular.

des.res.pei.tar (*des*+*respeitar*) *vtd* Faltar ao respeito a; desacatar.

des.res.pei.to (*des*+*respeito*) *sm* Falta de respeito; desacato.

des.sa Combinação da preposição *de* com o pronome demonstrativo *essa*.

des.sa.li.ni.zar (*des*+*salinizar*) *vtd* Remover ou reduzir o conteúdo salino de: *Certos países orientais dessalinizam a água para beber.*

des.se (ê) Combinação da preposição *de* com o pronome demonstrativo *esse*.

des.se.car (*lat desiccare*) *vtd* **1** Secar completamente; enxugar: *Dessecar a roupa.* **2** Tornar árido: *Excessivo sol desseca os campos.* *vpr* **3** Tornar-se seco: *"Nestes casos, ao entrar no período seco, os subarbustos e arbustos dessecam-se."* (TF) *Cf dissecar.*

des.ser.vi.ço (*des*+*serviço*) *sm* Mau serviço.

des.ta Combinação da preposição *de* com o pronome demonstrativo *esta*.

des.ta.ca.do (*part* de *destacar*) *adj* **1** Só, isolado. **2** Designado para serviço especial. **3** Que sobressai; saliente.

des.ta.ca.men.to (*destacar*+*mento*) *sm* **1** Ato ou efeito de destacar. **2** *Mil* Porção de tropa.

des.ta.car (*fr détacher*) *vtd* **1** Enviar, expedir (porção de tropas): *Destacar uma companhia.* *vtd* **2** Pôr em destaque; fazer sobressair; salientar: *A beleza da sambista destacou-a na avenida.* *vpr* **3** Separar-se.

des.ta.cá.vel (*destacar*+*vel*) *adj m*+*f* **1** Que se pode destacar. **2** Digno de se pôr em destaque.

des.tam.pa.do (*part* de *destampar*) *adj* Sem tampa.

des.tam.par (*des*+*tampa*+*ar*¹) *vtd* Tirar a tampa.

des.ta.pa.do (*part* de *destapar*) *adj* Destampado.

des.ta.par (*des*+*tapar*) *vtd* Descobrir o que estava tapado.

des.ta.que (de *destacar*) *sm* Realce.

des.te (ê) Combinação da preposição *de* com o pronome demonstrativo *este*.

des.te.lhar (*des*+*telha*+*ar*¹) *vtd* Tirar as telhas de (casa, prédio).

des.te.mi.do (*part* de *destemer*) *adj* Valente, intrépido.

des.te.mor (*des*+*temor*) *sm* Audácia, intrepidez: *"Pires Ferreira, com todo o seu destemor, foi impotente para conter seu bando."* (J)

des.tem.pe.rar (*des*+*temperar*) *vtd* **1** Fazer perder a têmpera (falando do ferro ou aço). *vtd* **2** Diminuir a força ou a temperatura de: *Destemperar a água quente.* *vtd* **3** Desconcertar, desordenar: *Destemperar o ânimo.* *vint* e *vpr* **4** Descomedir-se, exceder-se, irar-se, desafinar.

des.tem.pe.ro (ê) (de *destemperar*) *sm* **1** Despropósito, disparate. **2** Descomedimento, arrebatamento, fúria.

des.ter.rar (*des*+*terra*+*ar*¹) *vtd* Banir, exilar.

des.ter.ro (ê) (de *desterrar*) *sm* **1** *Dir* Pena que obriga o réu a permanecer fora de sua terra; degredo. **2** Lugar solitário, ermo; solidão.

des.ti.la.ção (*lat destillatione*) *sf* **1** Ato de destilar. **2** Exsudação, gotejamento.

des.ti.lar (*lat destillare*) *vtd* **1** Proceder à destilação de: *Destilar aguardente.* **2** Deixar cair em gotas: *Destilar suor.* **3** Infundir pouco a pouco; insinuar: *Essas palavras destilam veneno.*

des.ti.la.ri.a (*destilar*+*ia*¹) *sf* Alambique.

des.ti.nar (*lat destinare*) *vtd* **1** Fixar de antemão o destino de: *Segundo os antigos, o fado destinava todos os sucessos do mundo.* *vpr* **2** Reservar-se: *Destinavam- -se ao sacrifício.*

des.ti.na.tá.rio (*lat destinatu*+*ário*) *sm* Pessoa a quem se endereça ou destina alguma coisa.

des.ti.no (de *destinar*) *sm* **1** Fado, sorte. **2** Lugar a que se dirige ou para onde é expedida alguma pessoa ou coisa. **3** Emprego, aplicação. *Sem destino*: ao acaso.

des.ti.tu.i.ção (*lat destitutione*) *sf* Ato ou efeito de destituir; demissão.

des.ti.tu.í.do (*part* de *destituir*) *adj* **1** Demitido (de um cargo). **2** Falto, privado.

des.ti.tu.ir (*lat destituere*) *vtd* e *vtdi* Demitir, depor.

des.to.ar (*des+toar*) *vint* **1** Sair do tom; desafinar: *A banda destoou*. *vti* **2** Não condizer, discordar: *Essa atitude destoa de seus princípios*. Conjuga-se como *coar*.

des.tor.cer (*des+torcer*) *vtd* Torcer em sentido oposto àquele em que estava torcido (corda etc.).

É comum a confusão que se faz entre **destorcer** e **distorcer**, palavras com significados opostos. **Destorcer** é tornar direito ou desfazer a torcedura; **distorcer** é mudar a direção ou o sentido.
Ele destorceu o fio que estava emaranhado.
O jornalista distorceu os fatos e causou grande embaraço às pessoas envolvidas.

des.tra (ê) (*lat dextra*) *sf* A mão direita: *"[Onofre] estava mudo, a garrafa na canhota e o chicote na destra."* (CE)

des.tram.be.lha.do (*part* de *destrambelhar*) *adj* **1** Que se destrambelhou. **2** Descomedido. **3** Adoidado, tantã.

des.tram.be.lhar (*des+trambelhar*) *vint* **1** Desarranjar-se, complicar-se: *"O risco é a busca do modelo misto acabar destrambelhando na mais pura confusão."* (FSP) **2** Disparatar: *Ela destrambelhou por causa de problemas familiares*.

des.tran.car (*des+trancar*) *vtd* Tirar a tranca ou trancas a; abrir.

des.tra.tar (*des+tratar*) *vtd* **1** Insultar: *Destratou cruelmente a pobre senhora*. **2** Desfazer um trato, um acordo: *O empresário destratou o negócio*.

des.tra.var (*des+travar*) *vtd* **1** Afrouxar, soltar; desbrecar: *Destravar uma carroça*. *vint* **2** Deixar de ser adstringente; perder o travo: *Banana só destrava depois de madura*.

des.trei.na.do (*part* de *destreinar*) *adj* Desabituado, desacostumado.

des.trei.nar (*des+treinar*) *vtd* **1** Fazer que deixe de estar treinado: *A longa doença destreinou o atleta*. *vpr* **2** Perder o treino: *Destreinou-se durante as férias*.

des.tre.za (*destro+eza*) *sf* **1** Agilidade. **2** Habilidade.

des.trin.char (*des+lat vulg *strictiare*) *vtd* **1** Resolver (um problema, uma complicação, uma dificuldade): *"Há procuradores especializados, capazes de destrinchar os meandros das operações financeiras mais complexas."* (FSP) **2** Separar os fios de. **3** Expor com minúcia: *Destrinchou toda a história*. *Var*: *destrinçar*.

des.tro (ê) (*lat dextru*) *adj* **1** Que fica do lado direito. **2** Perito. **3** Ágil.

des.tro.ça.do (*part* de *destroçar*) *adj* **1** Despedaçado. **2** Devastado, arruinado. **3** Esbanjado. *Var*: *estroçado*.

des.tro.çar (*lat *destructiare*) *vtd* **1** Destruir: *Destroçou o brinquedo*. **2** Debandar, dispersar: *Destroçar um batalhão*. **3** Arruinar, devastar. *Var*: *estroçar*.

des.tro.ço (ô) (de *destroçar*) *sm* **1** Devastação, desolação. **2** Destruição. *sm pl* **3** Restos do que se partiu. *Pl*: *destroços* (ó).

des.tro.nar (*des+tronro+ar¹*) *vtd* **1** Destituir da soberania, apear do trono. *vpr* **2** Perder o trono.

des.tron.car (*des+tronco+ar¹*) *vtd* **1** Separar, na árvore, os ramos do tronco. **2** Desmembrar. **3** Tirar da articulação; luxar.

des.tru.i.ção (*destruir+ção*) *sf* **1** Ato ou efeito de destruir. **2** Extinção. *Antôn* (acepção 1): *construção*.

des.tru.i.dor (*destruir+dor*) *adj+sm* Que ou o que destrói; destrutivo.

des.tru.ir (*lat destruere*) *vtd* **1** Arruinar, demolir: *Destruir um edifício*. **2** Dar cabo de, fazer desaparecer: *Destruiu a carta do ex-amigo*. **3** Exterminar, matar, extinguir: *Destruir um inimigo*. **4** Assolar, devastar: *Destruir uma seara*. *Antôn* (acepção 1): *construir*. Conjuga-se como *construir*.

de.su.ma.ni.da.de (*des+humanidade*) *sf* **1** Falta de humanidade. **2** Ato desumano, crueldade.

de.su.ma.ni.zar (*des+humano+izar*) *vtd* e *vpr* Tornar(-se) desumano. *Var*: *desumanar*.

de.su.ma.no (*des+humano*) *adj* **1** Que não é humano. **2** Cruel, feroz. *Antôn*: *humano*.

de.su.mi.di.fi.car (*des+úmido+ficar*) *vtd* Remover umidade de. *Var: desumedecer.*

de.su.nir (*des+unir*) *vtd* Separar; desligar. *Antôn: unir, juntar.*

de.su.so (*des+uso*) *sm* Cessação de uso; falta de uso, de costume. *Antôn: uso.*

de.su.sa.do *adj* **1** Que está fora de uso. **2** Antigo. **3** Inusitado.

des.vai.ra.do (*part de desvairar*) *adj* **1** Que perdeu o juízo: *"A frase foi lida como sentimento pessoal de uma militante desvairada."* (FSP) **2** Desnorteado. **3** Alucinado: *"O olhar desvairado parece descobrir fantasmas."* (ACI)

des.vai.rar (*des+variar*, com metátese) *vint* e *vpr* Perder a cabeça, praticar ou dizer desatinos: *Perante tal quadro, ela desvairou.*

des.va.li.do (*part de desvaler*) *adj* **1** Pobre, infeliz, desgraçado. **2** Desamparado, desprotegido. *Antôn* (acepção 2): *protegido.*

des.va.lo.ri.za.ção (*des+valorização*) *sf* **1** Perda de valor. **2** Depreciação.

des.va.lo.ri.za.do (*part de desvalorizar*) *adj* **1** Que se desvalorizou, que perdeu o valor; depreciado. **2** Que perdeu o mérito, a estima.

des.va.lo.ri.zar (*des+valorizar*) *vtd* **1** Depreciar: *Desvalorizar o ouro.* *vtd* **2** Diminuir o valor de (moedas): *A crise desvalorizou o dólar.* *vpr* **3** Perder o próprio valor: *Desvaloriza-se diante da família.*

des.van.ta.gem (*des+vantagem*) *sf* **1** Falta de vantagem. **2** Dano. **3** Prejuízo. *Antôn: proveito.*

des.van.ta.jo.so (*ô*) (*des+vantajoso*) *adj* **1** Que oferece desvantagem. **2** Inferior, desigual. *Pl: desvantajosos* (*ó*).

des.va.ri.o (*de desvariar*) *sm* **1** Ato de loucura. **2** Delírio. **3** Extravagância.

des.ve.lar (*des+velar*) *vtd* e *vpr* **1** Revelar, tirar o véu: *Desvelou-se e mostrou seu belo rosto.* *vpr* **2** Ter muito zelo, despender esforços: *Desvelou-se em criar os filhos.*

des.ve.lo (*ê*) (de *desvelar*) *sm* **1** Ato ou efeito de desvelar-se; cuidado carinhoso. **2** Cuidado, zelo, atenção. **3** Dedicação, afeição.

des.ven.ci.lhar (*des+vencilho+ar¹*) *vtd* **1** Desatar, desprender, soltar: *O chefe desvencilhou o prisioneiro.* *vtd* **2** Desembaraçar, desenredar: *Desvencilhar a meada.* *vpr* **3** Desprender-se, livrar-se, soltar-se: *Desvencilhou-se dos assaltantes que o agarraram.*

des.ven.dar (*des+vendar*) *vtd* **1** Tirar a venda a: *Só desvendaram o raptado quando o trancaram num quarto.* *vtd* e *vpr* **2** Patentear(-se), revelar(-se): *Desvendar o mistério. Antôn* (acepção 2): *ocultar.*

des.vi.a.do (*part de desviar*) *adj* **1** Que se desviou. **2** Apartado, remoto. • *adj+sm* Transviado. *Antôn* (acepção 2): *perto, próximo.*

des.vi.ar (*des+via+ar¹*) *vtd* **1** Tirar do caminho, rumo ou destino: *Desviar o curso de um rio.* *vtdi* **2** Apartar, separar: *Conseguiu desviar as filhas das más companhias.*

des.vin.cu.lar (*des+vincular*) *vtd* **1** Tornar alienáveis (bens de vínculo): *Teria de desvincular a propriedade para aliená-la.* **2** Desatar ou desligar.

des.vi.o (de *desviar*) *sm* **1** Ação ou efeito de desviar. **2** Mudança de direção. **3** Rodeio, sinuosidade.

des.vi.rar (*des+virar*) *vtd* Voltar de dentro para fora; voltar do avesso.

des.vir.tu.ar (*des+lat virtus+ar¹*) *vtd* **1** Tirar a virtude, o merecimento a; depreciar: *Desvirtuar a nobreza, o caráter.* **2** Deturpar: *Desvirtuar intenções.*

des.vi.ta.li.zar (*des+vitalizar*) *vtd* Tirar a vitalidade de; enfraquecer.

de.ta.lhar (*fr detailler*) *vtd* Narrar minuciosamente; pormenorizar.

de.ta.lhe (*fr détail*) *sm* **1** Pormenor. **2** Particularidade, minúcia.

de.tec.tar (*lat detectu+ar¹*) *vtd* Descobrir, revelar.

de.tec.tor (*detectar+or*) *adj* Que detecta. • *sm* Aparelho para detectar. *Detector de mentiras:* aparelho para detectar mentiras, usado em investigações policiais.

de.ten.ção (*lat detentione*) *sf* **1** Ato ou efeito de deter. **2** Demora. **3** *Dir* Prisão preventiva.

de.ten.to (*lat detentu*) *sm* **1** Preso, prisioneiro. **2** *Dir* O que cumpre pena de detenção.

de.ter (*lat detinere*) *vtd* **1** Fazer parar, não deixar ir por diante: *O rude inverno deteve* *o avanço do inimigo.* **2** Suspender: *Deter lágrimas.* **3** Reter: *Deteve o dicionário em casa por 5 dias.* **4** Prender: *Deter um criminoso.* Conjuga-se como *ter*; recebe, porém, acento agudo o *e* na 2ª e na 3ª pessoa do singular do presente do indicativo – *deténs, detém* – e na 2ª pessoa do singular do imperativo afirmativo – *detém (tu).*

de.ter.gen.te (*lat detergente*) *sm* Sabão.

de.te.ri.o.rar (*lat deteriorare*) *vtd e vpr* Apodrecer(-se), alterar(-se), estragar(-se).

de.ter.mi.na.ção (*lat determinatione*) *sf* **1** Definição. **2** Resolução, decisão.

de.ter.mi.na.do (*part de determinar*) *adj* **1** Decidido, resolvido, estabelecido: *"Tudo estava determinado."* (FAN) **2** Definido, demarcado, delimitado: *"Ele disse que as novas invasões à Fazenda Jangada não têm data determinada."* (FSP) **3** Específico, distinto, certo. **4** Resoluto, decidido: *"Sou um homem determinado, busco aquilo que quero."* (FSP) *Antôn* (acepções 1 e 2): *incerto, vago*; (acepção 4): *indeciso.*

de.ter.mi.nan.te (*lat determinante*) *adj m+f* Que determina. • *sf* Causa, motivo.

de.ter.mi.nar (*lat determinare*) *vtd* **1** Indicar com exatidão; precisar, definir, estabelecer, fixar: *Determinar uma data.* **2** Distinguir: *Determinar os elementos de um composto.* **3** Decidir, resolver: *Determinou antecipar a viagem.*

de.tes.tar (*lat detestari*) *vtd* **1** Ter horror a; abominar: *Detestava a mentira.* **2** Repelir com aversão, antipatia; não suportar: *Detesto polêmicas.* Antôn: *amar.*

de.tes.tá.vel (*detestar+vel*) *adj m+f* **1** Abominável. **2** Péssimo. **3** Insuportável. Antôn: *ótimo, adorável.*

de.te.ti.ve (*ingl detective*) *V investigador.*

de.ti.do (*part de deter*) *adj* **1** Retido. **2** Preso provisoriamente. • *sm* Indivíduo preso provisoriamente.

de.to.na.ção (*lat detonatione*) *sf* **1** Explosão violenta. **2** Ruído causado por explosão.

de.to.na.dor (*detonar+dor*) *adj* Que detona. • *sm* Artifício que provoca a detonação.

de.to.nar (*lat detonare*) *vint* **1** Explodir quase instantaneamente: *"Até uma gra-nada de mão foi lançada pelo grupo de resgate, mas não detonou."* (FSP) *vint* **2** Estrondear, explodindo. *vtd* **3** Causar a detonação de: *"Vendo-se na iminência de também ser atacado, detonou um tiro."* (OEP) *vtd* **4** Dar início a; desencadear: *"O fato que detonou a recente desvalorização do peso foi a queda das reservas internacionais do país."* (FSP)

de.trás (*lat de+trans*) *adv* Na parte posterior ou oposta à face ou frente principal. *Por detrás, loc adv,* e *por detrás de, loc prep:* do outro lado; pela retaguarda. *Dizer mal de alguém por detrás:* dizer mal de alguém na sua ausência.

de.tri.men.to (*lat detrimentu*) *sm* **1** Perda. **2** Dano, prejuízo.

de.tri.to (*lat detritu*) *sm* Resto, resíduo.

de.tur.par (*lat deturpare*) *vtd* **1** Corromper, viciar: *"[A corrupção] deturpa e corrói o Estado como um todo e os governos em particular."* (FSP) **2** Desfigurar. **3** Alterar, modificar, de maneira viciosa; adulterar: *"A bem da verdade, informo que deturparam o que eu havia dito."* (FSP)

Deus (*lat deus*) *sm* **1** Ser supremo; criador do Universo. **2 deus** Cada uma das divindades masculinas do politeísmo. *Pl:* deuses. Fem: deusa.

deu.sa (*fem de deus*) *sf* **1** Cada uma das divindades femininas do politeísmo. **2** *fig* Mulher adorável; mulher muito formosa.

Deu.te.ro.nô.mio (*gr deuteronómion*) *sm* Bíblia Quinto livro do Pentateuco.

de.va.gar (*de+vagar*) *adv* Vagarosamente, lentamente. Veja nota em **advérbio**.

de.va.ne.ar (*de+lat vanu+e+ar¹*) *vtd* Fantasiar, imaginar: *"Pode o povo, no dia do pleito, durante algumas horas, devanear e fantasiar-se de soberano."* (D) Conjuga-se como *frear.*

de.va.nei.o (*de devanear*) *sm* Imaginação, fantasia, sonho. *Var: devaneação, desvaneio.*

de.vas.sa (*de devassar*) *sf* **1** *Dir* Sindicância. **2** Inquirição: *"Espontaneamente a imprensa se submete à mesma devassa que ela própria provocou na sociedade americana."* (FSP)

de.vas.sar (*lat divexare*) *vtd* **1** Invadir ou observar (aquilo que é defeso ou vedado):

Devassar a casa do vizinho. **2** Descobrir, penetrar, esclarecer: *Devassar o mistério.*

de.vas.si.dão (*devasso+idão*) *sf* Libertinagem, depravação, corrupção.

de.vas.so (*part* de *devassar*) *adj* Libertino, licencioso. • *sm* Homem devasso.

de.vas.ta.ção (*lat devastatione*) *sf* Ruína.

de.vas.tar (*lat devastare*) *vtd* **1** Danificar, arruinar, destruir: *Uma tropa invasora devastou a região.* **2** Assolar: *Uma nuvem de gafanhotos devastou a plantação.*

de.ve.dor (*lat debitore*) *adj+sm* Que ou aquele que deve. *Antôn: credor.*

de.ver (*lat debere*) *vtd* **1** Ter obrigação de: *Todos nós devemos trabalhar.* *vti* **2** Ser provável: *Deve chover hoje.* *vint* **3** Ter dívidas: *Deve a muita gente. Dever a Deus e a todo o mundo:* dever a muita gente. *Dever obrigações a:* dever favores, serviços a. *Dever os olhos da cara:* dever uma quantia muito alta. • *sm* Obrigação imposta por alguma lei, pela moral, pelos usos e costumes ou pela própria consciência.

de.ve.ras (*de+veras*) *adv* **1** Verdadeiramente: *"Acabou por amar deveras um homem digno que a pediu."* (TJR) **2** Realmente: *"Trocou os barbantes por um fio de nylon e encontrou uma solução deveras engenhosa."* (VI)

de.vi.do (*part* de *dever*) *adj* Que se deve. • *sm* Aquilo que se deve: *Pagar o devido. Devido a:* em razão de, por causa de, graças a.

de.vo.ção (*lat devotione*) *sf* **1** Sentimento religioso; práticas religiosas. **2** Dedicação íntima. **3** Afeto.

de.vo.lu.ção (*lat devolutione*) *sf* Ação ou efeito de devolver.

de.vo.lu.to (*lat devolutu*) *adj* **1** *Dir* Adquirido por devolução. **2** Desabitado, vazio, desocupado: *Terra devoluta. "No território devoluto Cristóvão de Barros separou uma enorme sesmaria para o filho."* (CHC)

de.vol.ver (*lat devolvere*) *vtd* **1** Restituir: *Devolver tudo quanto recebeu.* **2** Mandar de volta: *Devolvemos tudo à biblioteca.* **3** Retrucar. **4** Recusar, rejeitar: *Devolver uma mercadoria.*

de.vo.rar (*lat devorare*) *vtd* **1** Comer com voracidade: *O lobo devora a ovelha.* **2** Consumir, destruir: *O fogo devorou o canavial.* **3** Ler avidamente: *Devorar páginas e páginas.*

de.vo.ta.men.to (*devotar+mento*) *sm* Dedicação.

de.vo.tar (*lat devotare*) *vtd* **1** Dedicar, consagrar: *Eu devotava-lhe grande amizade.* *vpr* **2** Aplicar-se, dedicar-se: *Devotou-se intensamente às letras.*

de.vo.to (*lat devotu*) *adj* **1** Piedoso, religioso. **2** Afeiçoado às práticas religiosas; muito religioso. • *sm* Pessoa devota.

dex.tro.se (*ês*) (*dextro+ose*) *sf Quím* e *Farm* Açúcar encontrado em frutas e no sangue e tecido animais.

dez (*é*) (*lat dece*) *num* Cardinal correspondente a dez unidades. • *sm* O algarismo 10.

de.zem.bro (*lat decembre*) *sm* Duodécimo mês dos calendários gregoriano e juliano.

de.ze.na (*lat decena*) *num* Grupo formado por dez unidades. • *sf* Grupo ou conjunto de dez.

di.a (*lat vulg *dia*, por *dies*) *sm* **1** Tempo em que há luz natural do Sol, em oposição à noite. **2** Espaço de 24 horas. *Dia a dia:* a) cotidiano; sucessão dos dias: *O meu dia a dia tem sido bastante atribulado;* b) todos os dias, cotidianamente: *Esta é uma tarefa que não pode ser feita de repente, porém dia a dia. Dia de São Nunca:* um dia que nunca chegará. *Dia útil:* dia de trabalho ou qualquer dia da semana, excetuando os domingos e feriados.

di.a a di.a Ver definição em *dia*.

di.a.be.te (*gr diabétes*) *s m+f Med* Excesso de açúcar no sangue. *Var: diabetes.*

di.a.be.tes (*gr diabétes*) *s m+f sing+pl V diabete.*

di.a.bé.ti.co (*diabete+ico²*) *adj Med* **1** Relativo ou pertencente à diabete. **2** Afetado de diabete. • *sm* Aquele que sofre de diabete.

di.a.bo (*lat diabulu*, gr *diábolos*) *sm* **1** Gênio do mal. **2** Satanás. *Var: diacho.*

di.a.bó.li.co (*gr diabolikós*) *adj* **1** Concernente ao diabo. **2** Próprio do diabo. **3** Maligno.

di.a.bru.ra (*lat diabolu+ura*) *sf* Travessura, traquinagem.

di.a.crí.ti.co (*gr diakritikós*) *adj Gram* Diz--se dos sinais gráficos como: os acentos

diadema 292 **diarreia**

agudo, grave e circunflexo, o trema, o til, a cedilha, o apóstrofo e o hífen.

di.a.de.ma (*gr diádema*, pelo *lat*) *sm* Ornato de metal, pedras preciosas ou estofo com que os reis e as rainhas cingiam a cabeça; coroa. *Var: tiara.*

di.á.fa.no (*gr diaphanés*) *adj* Translúcido, transparente: *"A dama efetivamente surgia ao longe, com seu véu diáfano e reluzente."* (FSP)

di.a.frag.ma (*gr diáphragma*) *sm* **1** *Anat* Músculo que separa a cavidade torácica da abdominal e intervém ativamente na respiração. **2** Membrana vibrátil de certos aparelhos de acústica, a qual serve para fixar e reproduzir o som.

di.ag.nos.ti.car (*diagnóstico+ar¹*) *vtd e vint* Fazer o diagnóstico de. *Conjug – Pres indic: diagnostico, diagnosticas (tí)* etc. *Cf diagnóstico.*

di.ag.nós.ti.co (*gr diagnostikós*) *sm Med* Qualificação dada por um médico a uma enfermidade ou estado fisiológico.

di.a.go.nal (*lat diagonale*) *adj m+f* Oblíquo, inclinado. • *sf* **1** *Geom* Segmento de reta que une vértices de ângulos não situados sobre o mesmo lado ou sobre a mesma face. **2** Direção oblíqua ou transversal.

di.a.gra.ma (*gr diágramma*) *sm* Gráfico, esquema.

di.a.gra.ma.ção (*diagramar+ção*) *sm* **1** Ato ou efeito de diagramar. **2** *Art Gráf* Projeto gráfico.

di.a.gra.ma.dor (*diagramar+dor*) *sm Art Gráf* Programador visual ou técnico que diagrama.

di.a.gra.mar (*diagrama(ção)+ar¹*) *vtd Art Gráf* Determinar a disposição dos elementos gráficos (textos, fotos, ilustrações etc.) num impresso (livro, jornal, cartaz etc.), definindo-se também o formato das páginas, o tamanho das colunas etc.

di.al (*gr dial*) *sm Radiotécn* Mostrador graduado dos aparelhos de rádio, com ponteiro indicador que sintoniza as emissoras.

di.a.le.tal *Ling* Relativo ou pertencente ao dialeto.

di.a.le.to (*lat dialectu*) *sm* Modalidade regional de uma língua, caracterizada por certas peculiaridades fonéticas, gramaticais ou léxicas.

di.a.lo.gar (*diálogo+ar¹*) *vtd* Conversar. *Conjug – Pres indic: dialogo, dialogas (ó)* etc. *Cf diálogo.*

di.á.lo.go (*gr diálogos*) *sm* **1** Conversação. **2** Obra em forma dialogada.

di.a.man.te (*gr adámas, -antos*) *sm* **1** *Miner* A mais dura pedra preciosa, de grande brilho, formada por carbono puro cristalizado. **2** Utensílio para cortar vidro.

di.a.me.tral (*diâmetro+al¹*) *adj m+f* **1** Relativo a diâmetro. **2** Que divide uma superfície em duas partes equivalentes. **3** Transversal.

di.â.me.tro (*gr diámetros*) *sm* **1** *Geom* Linha reta que passa pelo centro de um círculo e assim o divide em duas partes iguais. **2** Dimensão transversal. **3** *Geom* Eixo da esfera.

di.an.te (*lat de+in+ante*) *adv* **1** Antes. **2** Na frente. *Diante de, loc prep:* a) defronte de, em presença de, na frente de; b) à vista de; c) em comparação de. *Para diante, loc adv:* para a frente. *Por diante, loc adv:* depois, em seguida.

di.an.tei.ra (*diante+eira*) *sf* Vanguarda; a frente. *Tomar a dianteira:* passar à frente: *"A Rússia estava agora na dianteira dos Estados Unidos."* (CRU) • *adj* Que se situa na parte da frente: *"O carro tem suspensão dianteira independente."* (REA) *Tomar a dianteira:* passar à frente: *"O Centro-Sul irá progressivamente tomando a dianteira nas atividades econômicas do país."* (H)

di.an.tei.ro (*diante+eiro*) *adj* Que está ou vai adiante ou em primeiro lugar. • *sm Esp* Atacante.

di.á.ria (de *diário*) *sf* **1** Ganho correspondente ao trabalho de um dia. **2** Preço que se paga por um dia num hotel.

di.á.rio (*lat diariu*) *adj* De todos os dias; cotidiano. • *sm* **1** Jornal que se publica todos os dias. **2** Livro pessoal em que se anotam diariamente acontecimentos, observações etc. *Diário de bordo:* livro em que se descrevem dia a dia as ocorrências de viagem do navio.

di.a.ris.ta (*diário(a)+ista*) *s m+f* Trabalhador cujo salário é calculado por dia.

di.ar.rei.a (*é*) (*gr diárrhoia*) *sf Med* Sintoma de muitas moléstias, que consiste em evacuações frequentes e liquefeitas.

di.ás.to.le (*lat diastole, gr diastolé*) *sf Fisiol* Movimento de dilatação do coração, quando o sangue penetra em sua cavidade. *Antôn: sístole.*

di.ca (de *indica*) *sf gír* Boa indicação ou informação.

dic.ção (*lat dictione*) *sf* **1** Maneira de dizer. **2** Pronúncia e articulação das palavras.

di.ci.o.ná.rio (*lat dictione*) *sm* Léxico, vocabulário, glossário.

di.ci.o.na.ris.ta (*dicionário+ista*) *adj m+f* Que dicionariza. • *s m+f* Autor de dicionário; lexicógrafo.

di.ci.o.na.ri.zar (*dicionário+izar*) *vtd* **1** Organizar sob a forma de dicionário. **2** Incluir em dicionário.

di.co.ti.le.dô.neo (*di+cotilédone+eo*) *adj Bot* Portador de dois cotilédones.

di.co.to.mi.a (*gr dikhotomía*) *sf* Divisão em duas partes, classes ou grupos: *"E é justamente no contexto dessa dicotomia nação/indivíduo que surge o liberalismo."* (FSP); *"Na realidade, não existe essa dicotomia a favor ou contra o cooperativismo rural."* (POL)

di.co.to.mi.zar (*gr dikha+tomo+izar*) *vtd* Dividir em duas partes, classes ou grupos.

di.da.ta (*gr didaktós*) *s m+f* Pessoa que ensina.

di.dá.ti.ca (*gr didaktiké*) *sf* **1** Técnica de ensinar. **2** O estudo dessa técnica.

di.da.tis.mo (*didata+ismo*) *sm* Qualidade do que é didático.

di.e.dro (*di+hedro*) *adj Geom* Que tem duas faces planas ou é formado por duas faces planas que se interceptam: *Ângulo diedro.* • *sm* Essa figura geométrica.

diesel (*dísel*) (*Diesel*, *np*) *sm Mec* Designação geral dos motores de combustão interna inventados por Rodolfo Diesel (1858-1913).

di.e.ta (*gr díaita*, pelo *lat*) *sf* Regime alimentício.

di.e.té.ti.ca (de *dietético*) *sf Med* Parte da medicina que se ocupa da dieta.

di.fa.ma.ção (*lat diffamatione*) *sf* Acusação contra a honra e a reputação de alguém, com a intenção de torná-lo passível de descrédito na opinião pública; calúnia: *"[Lafaiete] viu felizmente que a imprensa não passava de uma indústria da injúria e da difamação."* (MRJ)

di.fa.mar (*lat diffamare*) *vtd* **1** Caluniar. *vti* **2** Falar mal de.

di.fe.ren.ça (*lat differentia*) *sf* **1** Desigualdade. **2** Desacordo, discordância, dissensão, controvérsia. *Antôn* (acepção 1): *semelhança.*

di.fe.ren.çar (*diferença+ar*) *vtd* **1** Estabelecer diferença entre; distinguir; discriminar: *"Nem sempre eram as ideias que diferençavam aquelas duas parcialidades do regime decaído."* (FI); *"A Constituição diferençava, no Imperador, o único delegado do Poder Moderador."* (FI) *"A Lia e a Léa eram iguaizinhas, eu nunca sabia diferençar uma da outra."* (MUL) *vpr* **2** Distinguir-se: *"Burro e boi diferençavam-se."* (TTE); *"A Conjuração Baiana, de 1798, inspirada nos princípios franceses, diferençava-se da Mineira."* (FI) *Var: diferenciar.*

di.fe.ren.ci.al (*lat differentia+al*[1]) *adj m+f* Que estabelece diferença ou distinção entre indivíduos, classes ou coisas; que discrimina. • *sm Mec* Engrenagem de um automóvel que permite às rodas traseiras moverem-se com velocidade diferente uma da outra nas curvas.

di.fe.ren.ci.ar (*lat differentia+ar*[1]) *V diferençar.* Conjuga-se como *premiar.*

di.fe.ren.te (*lat differente*) *adj m+f* **1** Desigual. **2** Alterado, mudado, modificado. • *pron indef* e *adj pl* Alguns, diversos: *Diferentes pessoas falaram. Antôn* (acepção 1): *semelhante, análogo.*

di.fe.rir (*lat *differere*, por *differre*) *vtd* **1** Adiar, prorrogar, retardar, dilatar: *Diferir uma viagem. vti* e *vint* **2** Ser diferente; distinguir-se: *Esta tonalidade de azul difere daquela. vti* e *vint* **3** Discordar, divergir: *São ideias que diferem muito.* Conjuga-se como *ferir.*

di.fí.cil (*lat difficile*) *adj m+f* **1** Que não é fácil. **2** Árduo, laborioso. **3** Complicado. **4** Improvável. *Sup abs sint: dificílimo* e *dificilíssimo. Antôn: fácil.*

di.fi.cul.da.de (*lat difficultate*) *sf* **1** Embaraço, estorvo, impedimento. **2** Obstáculo. *Antôn* (acepção 1): *facilidade.*

di.fi.cul.tar (*lat difficultare*) *vtd* Pôr impedimentos ou obstáculos a; embargar, estorvar. *Antôn: facilitar.*

dif.te.ri.a (*diphthéra*+*ia*[1]) *sf Med* Doença infecciosa epidêmica e contagiosa.

di.fun.dir (*lat diffundere*) *vtd* **1** Espalhar: *O sol difundia a geada.* **2** Esparramar: *Difundiram-se as ideias revolucionárias.* **3** Emitir, irradiar: *O farol difunde seu clarão.*

di.fu.são (*lat diffusione*) *sf* **1** Dispersão, espalhamento. **2** Irradiação de uma estação de rádio. **3** Divulgação, propagação.

di.fu.so (*lat diffusu*) *adj* Derramado, disseminado.

di.ge.rir (*lat digerere*) *vtd* e *vint* **1** *Fisiol* Fazer a digestão de: *Digerir o almoço.* *vtd* **2** Suportar: *Não consegui digerir tanto desaforo.* Conjuga-se como *ferir*.

di.ges.tão (*lat digestione*) *sf* **1** Ato de digerir. **2** Estudo refletido; meditação.

di.ges.ti.vo (*lat digestivu*) *adj Med* **1** Relativo à digestão. **2** Que facilita a digestão. • *sm Med* e *Farm* Substância ou medicamento digestivo.

di.gi.ta.ção (*digitar*+*ção*) *sf Inform* Ato ou efeito de digitar.

di.gi.ta.dor (*digitar*+*dor*) *sm Inform* Pessoa que digita dados.

di.gi.tal (*lat digitale*) *adj m*+*f Anat* **1** Relativo ou pertencente aos dedos. **2** Diz-se da impressão deixada pelos dedos. **3** Relativo a dígito. **4** *Eletrôn* Que se utiliza de um conjunto de dígitos, em vez de ponteiros ou marcas numa escala, para mostrar informações numéricas: *Termômetro digital.*

di.gi.ta.li.zar (*digital*+*izar*) *vtd Inform* Converter para o código digital dados analógicos ou contínuos por meio de um *scanner* ou de um dispositivo de conversão de sinal.

di.gi.tar (*lat digitu*+*ar*[1]) *Inform* Introduzir dados num computador por meio de um teclado; teclar.

dí.gi.to (*lat digitu*) *adj Arit* Diz-se dos algarismos arábicos de zero a nove. • *sm Arit* Número, dígito. *Dígito binário, Inform: V bit.*

di.gla.di.ar (*lat digladiari*) *vint* e *vpr* **1** Combater com a espada. **2** Contender, disputar, discutir calorosamente: *"Três partidos políticos se digladiavam, procurando o domínio: o Republicano, o Monarquista* *e o Português."* (VB); *"Numa batalha sem fim, credores e devedores se digladiam econômica e juridicamente."* (FSP)

dig.nar (*lat dignari*) *vpr* Condescender em, ter a bondade de. Usa-se como fórmula de deferência: *Digne-se V. Exa. aceitar as nossas homenagens.*

dig.ni.da.de (*lat dignitate*) *sf* **1** Honra. **2** Autoridade. **3** Honraria. **4** Respeitabilidade. *Antôn* (acepção 1): *indignidade*.

dig.ni.fi.car (*lat dignificare*) *vtd* **1** Elevar a uma dignidade. **2** Honrar: *"A humildade dignifica a profissão."* (FSP)

dig.no (*lat dignu*) *adj* **1** Merecedor. **2** Habilitado. **3** Capaz. **4** Honrado. *Antôn: indigno*.

dí.gra.fo (*di*+*grafo*) *V* digrama.

di.gra.ma (*di*+*grama*) *sm Gram* Grupo de duas letras que representa um único som ou um só fonema (*lh, nh, rr, ss* etc.).

di.gres.são (*lat digressione*) *sf* **1** Desvio do rumo. **2** Desvio do assunto ou tema de conversa, divagação.

di.la.ce.ra.do (*part* de *dilacerar*) *adj* **1** Rasgado com força; despedaçado. **2** Aflito, mortificado.

di.la.ce.rar (*dilacerare*) *vtd* **1** Rasgar com força; despedaçar: *O leão dilacera a presa.* *vtd* e *vpr* **2** Afligir(-se) muito; mortificar(-se): *Dilacerava-o a sede de vingança.*

di.la.pi.da.ção (*dilapidar*+*ção*) *sf* **1** Desperdício, esbanjamento: *"A dilapidação financeira do Estado terminou com a sua capacidade de previsão."* (FSP) **2** Estrago: *"O juiz considerou que não há indício de dilapidação de patrimônio pelos réus."* (FSP)

di.la.pi.da.do (*part* de *dilapidar*) *adj* **1** Estragado, danificado, arruinado. **2** Esbanjado, dissipado.

di.la.pi.dar (*lat dilapidare*) *vtd* **1** Esbanjar, desperdiçar: *Dilapidar uma herança.* **2** Estragar, arruinar, demolir: *Dilapidar o antigo casarão.* *Var: delapidar. Antôn* (acepção 1): *poupar*.

di.la.ta.ção (*lat dilatatione*) *sf* **1** Alargamento, ampliação. **2** Aumento de duração; prorrogação. *Antôn* (acepção 1): *contração, compressão*.

di.la.ta.do (*part* de *dilatar*) *adj* **1** Amplo,

extenso, largo. **2** Aumentado. *Antôn:* *limitado, comprimido*.

di.la.tar (*lat dilatare*) *vtd* **1** Divulgar, propagar: *Dilataram por todo o mundo a sua doutrina*. *vtd* e *vpr* **2** Derramar-se, espalhar-se: *A multidão dilatava-se na enorme praça*. *vtd* e *vpr* **3** Aumentar(-se) o volume de: *Os corpos dilatam-se ao calor*.

di.le.ma (*gr dílemma*) *sm* Situação embaraçosa com duas soluções, ambas difíceis ou penosas.

di.le.to (*lat dilectu*) *adj* **1** Preferido. **2** Muito amado.

di.li.gên.cia (*lat diligentia*) *sf* **1** Cuidado ativo, presteza. **2** Zelo. **3** Investigação oficial, fora da delegacia policial.

di.li.gen.te (*lat diligente*) *adj m+f* **1** Zeloso, cuidadoso. **2** Ativo, pronto, rápido. **3** Aplicado, trabalhador. *Antôn* (acepção 2): *indolente, moroso*.

di.lu.í.do (*part de diluir*) *adj* Dissolvido, desfeito.

di.lu.ir (*lat diluere*) *vtd* e *vpr* **1** Dissolver: "*O pó de café foi se diluindo resistente, difícil.*" (DE); *Diluiu o veneno em um pouco d'água*. *vtd* **2** Tornar mais fluido: *Diluir uma tinta*. *vpr* **3** Dissipar-se: "*Mas agora, passados tantos anos, o rancor se diluíra.*" (VPB)

di.lú.vio (*lat diluviu*) *sm* **1** Inundação extraordinária. **2** Castigo imposto por Deus aos homens no tempo de Noé e relatado no Velho Testamento. **3** Chuva copiosa e torrencial.

di.men.são (*lat dimensione*) *sf* **1** Tamanho, medida, volume. **2** *Álg* Grau de potência ou de uma equação em álgebra. **3** Valor, importância.

di.mi.nu.en.do (*lat diminuendu*) *sm* **1** *Arit* Número ou termo de que se subtrai o subtraendo na operação da diminuição ou subtração; minuendo. **2** *Mús* Sequência de notas executadas com o enfraquecimento progressivo da sonoridade: "*Mozart não escreveu tantos crescendos e diminuendos como há nas partituras de hoje.*" (FSP)

di.mi.nu.i.ção (*diminuir+ção*) *sf* **1** Redução. **2** *Arit* Subtração. **3** Abatimento. *Antôn* (acepção 1): *acréscimo*.

di.mi.nu.ir (*lat diminuere*) *vtd* **1** Tornar menor; reduzir a menos: *Diminuir a despesa, os gastos, a velocidade*. **2** *Arit* Deduzir, subtrair. *Antôn: aumentar*. *Part: diminuído*.

di.mi.nu.ti.vo (*lat diminutivu*) *adj* **1** Que diminui. **2** *Gram* Diz-se da palavra que indica um grau inferior (florzinha, riacho etc.). • *sm* **1** *Gram* Palavra ou desinência diminutiva. **2** Miniatura.

di.mi.nu.to (*lat diminutu*) *adj* **1** Muito pequeno. **2** Escasso.

di.na.mar.quês (*top Dinamarca+ês*) *adj* **1** Pertencente ou relativo à Dinamarca (Europa). **2** Nascido ou naturalizado na Dinamarca. • *sm* **1** Natural ou habitante da Dinamarca. **2** A língua desse país. *Fem: dinamarquesa*.

di.nâ.mi.ca (de *dinâmico*) *sf* **1** *Fís* Parte da mecânica que trata do movimento dos corpos sob a influência de forças. **2** *Mat* Parte da matemática que trata do movimento ou do estudo das forças.

di.nâ.mi.co (*gr dinamikós*) *adj* **1** Referente a dinâmica, a movimento, a força. **2** Ativo, enérgico.

di.na.mis.mo (*dínamo+ismo*) *sm* **1** Grande atividade. **2** Ação das forças.

di.na.mi.tar (*dinamite+ar²*) *vtd* Explodir, destruir ou danificar por meio de dinamite.

di.na.mi.te (*dínamo+ite*) *sf* *Quím* Matéria explosiva.

di.na.mi.zar (*dínamo+izar*) *vtd* Dar caráter dinâmico a.

dí.na.mo (*gr dýnamis*) *sm* *Fís* **1** Gerador. **2** Máquina eletrodinâmica que converte força mecânica em corrente elétrica.

di.nas.ti.a (*gr dynasteía*) *sf* Série de soberanos pertencentes à mesma família.

di.nhei.ro (*lat denariu*) *sm* **1** Moeda corrente. **2** Nome comum a todas as moedas. *Col: bolada*.

di.nos.sau.ro (*gr deinós+sauro*) *adj* *Paleont* Relativo ou pertencente aos dinossauros. • *sm* **1** Espécime dos dinossauros. **2** Cada um de vários grandes répteis extintos. **3** Pessoa ou instituição considerada ultrapassada, mantida pela força da tradição.

di.o.ce.se (*gr dioíkesis*) *sf* *Ecles* Circunscrição territorial sujeita à administração eclesiástica de bispo, arcebispo ou patriarca.

di.ó.xi.do (cs) (di+óxido) sm Quím Óxido que contém dois átomos de oxigênio na molécula.

di.plo.ma (gr díploma) sm **1** Título ou documento oficial. **2** Documento expedido por uma instituição de ensino. **3** Título de contrato.

di.plo.ma.ci.a (fr diplomatie) sf **1** Ciência e arte referentes às relações entre os Estados. **2** Profissão de diplomata. **3** Cerimônia, habilidade, tato.

di.plo.mar (diploma+ar¹) vtd **1** Conferir diploma a: *A Câmara diplomou os vereadores.* vpr **2** Obter diploma: *Diplomou-se em veterinária.*

di.plo.ma.ta (fr diplomate) s m+f **1** Aquele que trata de diplomacia. **2** Funcionário que representa um governo junto de outro governo. Col: *congresso.*

díp.te.ro (gr dípteros) adj **1** Zool Que tem duas asas ou apêndices semelhantes a duas asas. **2** Entom Relativo ou pertencente aos dípteros. • sm Entom **1** Inseto da ordem dos dípteros. sm pl **2** Ordem a que pertencem os insetos que se caracterizam por possuírem duas asas com nervuras e aparelho bucal adaptado para sugar ou lamber; compreende as moscas, mosquitos, mutucas, pernilongos e borrachudos.

di.que (hol dijk) sm **1** Açude, barragem. **2** Doca.

di.re.ção (directione) sf **1** Ação ou efeito de dirigir ou dirigir-se. **2** Indicação de rumo a seguir. **3** Diretoria. **4** Mec Volante. *Em direção a:* para o lado de.

di.re.ci.o.nar (direção+ar¹) vtd Dar direção a; encaminhar, dirigir.

di.rei.ta (de direito) sf **1** A mão direita. **2** Lado direito. **3** Regime ou partido político de tendências totalitárias. **4** Esp Golpe de punho direito, no boxe.

di.rei.to (lat directu) adj **1** Reto. **2** Plano, liso, desempenado. **3** Correto, justo, honrado, íntegro. • sm **1** O que é justo e conforme com a lei e a justiça. **2** Jurisprudência. **3** Prerrogativa, privilégio. • adv **1** Em linha reta, sem desvio: *Este caminho vai direito à fonte.* **2** Acertadamente: *Não pensou diferente.*

di.re.to (lat directu) adj **1** Direito, reto. **2** Claro, franco. **3** Imediato. *Antôn* (acepções 2 e 3): *indireto.* • sm pop Soco que acerta em cheio. • adv Sem fazer escalas; sem parar em nenhuma estação intermediária.

di.re.tor (lat directore) adj Que dirige, regula ou determina; diretivo. Fem: *diretora* e *diretriz.* • sm Aquele que dirige ou administra.

di.re.to.ri.a (diretor+ia¹) adj f Diretor. • sf **1** Ação de dirigir. **2** Cargo, ofício ou lugar de diretor.

di.re.tó.rio (lat directoriu) sm **1** Comissão diretora de um partido. **2** Inform Método de organização de arquivos armazenados num disco.

di.re.triz (lat diretrice) sf **1** Linha fixa, ao longo ou em volta da qual se imagina correr outra linha ou uma superfície, para produzir uma figura plana ou um sólido. **2** Conjunto de instruções ou indicações para se levar a termo um negócio ou uma empresa: *"O plano, que está sendo elaborado pelo Governo Federal, será a diretriz a ser seguida pelas escolas nos próximos dez anos."* (FSP)

di.ri.gen.te (de dirigir) adj m+f Que dirige. • s m+f Pessoa que dirige.

di.ri.gir (lat dirigere) vtd **1** Dar direção a, encaminhar: *Dirigir seus alunos para o bom caminho.* **2** Guiar: *Dirigir um automóvel.* **3** Comandar, governar: *O general dirigiu o combate ao invasor.* Conjug – Pres indic: *dirijo, diriges, dirige, dirigimos, dirigis, dirigem;* Pret perf: *dirigi, dirigiste, dirigiu, dirigimos, dirigistes, dirigiram;* Pret imp indic: *dirigia, dirigias, dirigia, dirigíamos, dirigíeis, dirigiam;* Pret mais-que-perf: *dirigira, dirigiras, dirigira, dirigíramos, dirigíreis, dirigiram;* Fut pres: *dirigirei, dirigirás, dirigirá, dirigiremos, dirigireis, dirigirão;* Fut pret: *dirigiria, dirigirias, dirigiria, dirigiríamos, dirigiríeis, dirigiriam;* Pres subj: *dirija, dirijas, dirija, dirijamos, dirijais, dirijam;* Pret imp subj: *dirigisse, dirigisses, dirigisse, dirigíssemos, dirigísseis, dirigissem;* Fut subj: *dirigir, dirigires, dirigir, dirigirmos, dirigirdes, dirigirem;* Imper afirm: —, *dirige(Tu), dirija(Você), dirijamos(Nós), dirigi(Vós), dirijam(Vocês);* Imper neg:

—, Não dirijas(Tu), Não dirija(Você), Não dirijamos(Nós), Não dirijais(Vós), Não dirijam(Vocês); Infinitivo impess: dirigir; Infinitivo pess: dirigir, dirigires, dirigir, dirigirmos, dirigirdes, dirigirem; Ger: dirigindo; Part: dirigido.

di.ri.gí.vel (dirigir+vel) adj m+f Que se pode dirigir. • sm Balão ou aeronave que se pode dirigir.

di.ri.mir (lat dirimere) vtd 1 Anular: *O tribunal dirimiu a sentença condenatória.* 2 Dissolver, suprimir: *A ditadura dirimiu o funcionamento do Congresso.* 3 Decidir, resolver: *Dirimir todas as dúvidas.*

dis.car (disco+ar¹) vtd e vint 1 Marcar um número no disco ou no teclado do telefone para estabelecer ligação: *Vamos discar 9-1505.* vti 2 Estabelecer ligação telefônica: *Disquei para o hospital.*

dis.cen.te (lat discente) adj m+f 1 Que aprende: *"Viceja o grevismo discente e docente, pois recebem-se verbas independentemente de avaliação custo-benefício."* (FSP) 2 Que se refere a alunos: *"Mais da metade do corpo discente das faculdades de direito é composta por mulheres."* (FSP) Cf docente.

dis.cer.ni.men.to (discernir+mento) sm 1 Entendimento, critério. 2 Apreciação.

dis.cer.nir (lat discernere) vtd 1 Distinguir, conhecer: *Discernia e apreciava belezas poéticas.* vtd 2 Apreciar, medir: *Discernir a capacidade de um candidato.* vtdi 3 Estabelecer diferença entre; distinguir, separar: *Convém discernir o certo do errado.* Conjuga-se como *ferir* (porém só se usa nas 3ᵃˢ pessoas).

dis.ci.pli.na (lat disciplina) sf 1 Relação de subordinação do aluno para com o professor: *Disciplina escolar.* 2 Matéria. 3 Obediência à autoridade.

dis.ci.pli.na.do (part de disciplinar) adj 1 Regulado, ordenado. 2 Obediente, comedido.

dis.ci.pli.nar (lat disciplinare) vtd 1 Cultivar, adestrar: *Disciplinar os instintos.* 2 Sujeitar: *Disciplinar as tendências, os hábitos.* • adj m+f Que diz respeito à disciplina: *Conselho disciplinar.*

dis.cí.pu.lo (lat discipulu) sm 1 Aluno. 2 Afeiçoado, devoto.

dis.co (gr dískos) sm 1 Qualquer peça circular e chata. Col: *discoteca.* 2 *Esp* Chapa redonda, para arremesso, na ginástica. 3 Placa na qual estão gravados sons, para serem reproduzidos. *Disco a laser interativo, Inform:* disco compacto que contém som, dados, vídeo e texto. *Disco rígido, Inform:* disco fixo no computador que é usado para armazenar diversas informações; *hard disk. Disco voador:* termo empregado para designar objetos aéreos não identificados. *Mudar o disco:* dizer outra coisa; não se repetir.

dis.cor.dân.cia (lat discordantia) sf 1 Desacordo, discrepância. 2 *Mús* Desafinação, desarmonia. *Antôn* (acepção 1): *concordância.*

dis.cor.dar (lat discordare) vti e vint 1 Estar em desacordo, não concordar; divergir: *Discordar do professor.* vint 2 *Mús* Desafinar, destoar. *Antôn* (acepção 1): *concordar.*

dis.cór.dia (lat discordia) sf 1 Discordância. 2 Desavença. 3 Desinteligência. 4 Desarmonia. *Antôn* (acepções 2, 3 e 4): *concórdia.*

dis.cor.rer (lat discurrere) vti e vint 1 Difundir-se, espalhar-se: *Discorriam os ciganos por vilas e cidades.* vti 2 Divagar com o pensamento: *Discorrer em conquistas e aventuras.* vint 3 Raciocinar: *Discorre inseguramente.* vtd 4 Analisar, examinar: *Discorria perfeitamente a história pátria.*

dis.cre.pân.cia (lat discrepantia) sf 1 Divergência. 2 Disparidade. *Antôn: concordância.*

dis.cre.pan.te (lat discrepante) adj m+f Divergente, diverso.

dis.cre.par (lat discrepare) vti 1 Discordar, dissentir: *"Não queríamos discrepar dos outros."* (CRE) 2 Ser diverso; divergir: *"As imagens discrepam umas das outras."* (FSP) *Antôn: concordar.*

dis.cre.to (lat discretu) adj 1 Que sabe guardar segredo; reservado. 2 Atento, circunspecto, prudente. 3 Modesto, recatado. *Antôn: indiscreto.*

dis.cri.ção (lat discretione) sf 1 Reserva. 2 Circunspeção, prudência. *Antôn: indiscrição.* Cf *descrição.*

dis.cri.mi.na.ção (*lat discriminatione*) *sf* Apartação, separação.
dis.cri.mi.nar (*lat discriminare*) *vtd* **1** Discernir: *"Alguns peixes ósseos, tartarugas, lagartos e aves podem discriminar cores."* (FSP); *Discriminar as causas de uma situação. vtd* **2** Especificar: *"O orçamento público é um ato legislativo que discrimina receita e despesa."* (FSP) *vtd* e *vtdi* **3** Diferençar, distinguir: *"É uma nova religião. Não discrimina nada, ninguém, e somos todos diferentes."* (FSP) *Cf descriminar.*
dis.cur.sar (*lat discursare*) *vti* Discorrer, discutir, raciocinar.
dis.cur.so (*lat discursu*) *sm* **1** Fala proferida para o público; oração. **2** Exposição didática de um assunto.
dis.cus.são (*lat discussione*) *sf* **1** Debate: *Da discussão nasce a luz.* **2** Controvérsia, polêmica. **3** Briga.
dis.cu.tir (*lat discutere*) *vtd* **1** Debater, examinar: *Discutir o mérito de uma proposição.* **2** Pôr em discussão; contestar: *Discutir a imortalidade da alma.*
dis.cu.tí.vel (*discutir+vel*) *adj m+f* Duvidoso, incerto, problemático.
di.sen.te.ri.a (*gr dysentería*) *sf Med* Diarreia.
dis.far.çar (*cast disfrazar*) *vtd* **1** Encobrir, ocultar: *Disfarçar os rasgões, os remendos. vtd* **2** Alterar, modificar: *Disfarçar a voz. vint* e *vpr* **3** Dissimular, fingir: *Disfarço, acendo o charuto e vou embora. vpr* **4** Vestir-se de modo diferente para não ser reconhecido.
dis.far.ce (de *disfarçar*) *sm* **1** Aquilo que serve para disfarçar. **2** Dissimulação, falsa aparência.
dis.for.me (*dis¹+forme*) *adj m+f* **1** De forma descomunal; desproporcionado. **2** Deformado. **3** Monstruoso.
dis.jun.tor (*lat disjunctu+or*) *sm Eletr* Interruptor automático que desliga um circuito elétrico toda vez que ocorre sobrecarga de corrente na rede.
dis.le.xi.a (*cs*) (*dis³+gr léxis+ia¹*) *sf Med* Dificuldade de ler e compreender as palavras.
dis.lé.xi.co (*dislexia+ico²*) *adj* **1** Referente à dislexia. **2** Que tem dislexia. • *sm* Aquele que tem dislexia.

dís.par (*lat dispare*) *adj m+f* Desigual, diferente.
dis.pa.ra.da (de *disparar*) *sf* **1** Estouro de um rebanho. **2** Corrida célere.
dis.pa.ra.do (*part* de *disparar*) *adj* **1** Que disparou. **2** Arrojado, destemido. **3** Diz-se do animal que vai fugindo a grande velocidade. *Ganhar disparado:* distanciar-se muito à frente dos competidores.
dis.pa.rar (*lat disparare*) *vtd* e *vtdi* **1** Arremessar, atirar, lançar: *Disparar dardos, setas. vtd* e *vti* **2** Dar tiro: *Disparar o revólver, a carabina. vti* **3** Partir à disparada, fugir desabaladamente: *Os cavalos dispararam a correr.*
dis.pa.ra.ta.do (*part* de *disparatar*) *adj* **1** Que pratica ou diz disparates. **2** Despropositado, absurdo. **3** Inconveniente.
dis.pa.ra.te (de *disparatar*) *sm* **1** Despropósito. **2** Desatino. **3** Absurdo.
dis.pa.ri.da.de (*dispar+i+dade*) *sf* **1** Desigualdade, desproporção. **2** Despropósito, absurdo. *Antôn* (acepção 1): *paridade.*
dis.pa.ro (de *disparar*) *sm* **1** Tiro, descarga. **2** Estampido de tiro.
dis.pên.dio (*lat dispendiu*) *sm* Consumo, despesa, gasto.
dis.pen.di.o.so (ó) (*lat dispendiosu*) *adj* **1** Custoso. **2** Caro. *Pl: dispendiosos* (ó).
dis.pen.sa (de *dispensar*) *sf* **1** Ato de dispensar ou de ser desobrigado. **2** Licença para não fazer alguma coisa a que se estava obrigado. *Cf despensa.*
dis.pen.sar (*lat dispensare*) *vtd* **1** Dar dispensa a: *Essas alegações não o dispensam. vtdi* **2** Desobrigar, isentar, eximir: *Dispenso-me de ir lá. vtdi* **3** Prestar, ministrar: *Os transeuntes dispensaram os primeiros socorros aos acidentados. Antôn* (acepção 2): *obrigar.*
dis.pep.si.a (*gr dyspepsía*) *sf Med* Má digestão, dificuldade na digestão.
dis.per.são (*lat dispersione*) *sf* **1** Ato ou efeito de dispersar. **2** Estado do que está disperso. **3** Debandada.
dis.per.sar (*lat dispersu+ar¹*) *vtd* **1** Espalhar: *O vento sacode as árvores e lhes dispersa as flores. vtd* **2** Fazer debandar; pôr em desordem: *Dispersou a manada. vpr* **3** Não se concentrar: *A atenção dos alunos se dispersou com a música da rua.*

dis.per.so (*lat dispersu*) *adj* **1** Espalhado, disseminado. **2** Desordenado. **3** Em debandada. *Var: dispersado*. *Antôn* (acepções 1 e 3): *concentrado, reunido*.

dis.pla.si.a (*dis³+plaso+ia¹*) *sf Med* Desenvolvimento anormal de órgãos e tecidos que ocasiona deformidades (gigantismo, cretinismo, infantilismo etc.).

dis.pli.cên.cia (*lat displicentia*) *sf* **1** Descuido, desleixo, negligência. **2** Desinteresse, indiferença.

dis.pli.cen.te (*lat displicente*) *adj m+f* Desmazelado, desleixado, negligente: *"Strauss era considerado o mais displicente dos chefes."* (FSP); *"O técnico criticou a atitude displicente dos jogadores."* (GAL)

disp.nei.a (*é*) (*gr dyspnoía*) *sf Med* Dificuldade na respiração.

dis.po.ni.bi.li.da.de (*disponível+i+dade*) *sf* **1** Qualidade daquele ou daquilo que é ou está disponível. *sf pl* **2** *Com* Conjunto dos valores (dinheiro em caixa, depósitos em bancos etc.) de uma empresa.

dis.po.ni.bi.li.zar (*disponível+izar*) *vtd* **1** Tornar disponível. **2** *Inform* Oferecer ao público determinado serviço ou informação, possibilitando o uso ou acesso (*p ex*, por meio da *Internet*).

dis.por (*lat disponere*) *vtd* **1** Ordenar, arranjar: *Dispor os livros na escrivaninha*. *vtd* **2** Planejar: *Dispor uma viagem*. *vtd* **3** Determinar: *A lei não deve dispor medidas inexequíveis*. *vtdi* **4** Predispor, inclinar: *Dispunha o coração ao bem*. *vti* **5** Servir-se, utilizar-se: *Disponha dos meus préstimos*. *vti* **6** Ter, possuir: *De quanto tempo dispõe?* Conjuga-se como *pôr*. • *sm* Disposição.

dis.po.si.ção (*lat dispositione*) *sf* **1** Ordenação, arrumação, arranjo. **2** Tendência, vocação. **3** Desígnio, intenção, vontade. *sf pl* **4** Regras, regulamentos, prescrições.

dis.po.si.ti.vo (*lat dispositu+ivo*) *sm* **1** Regra, preceito. **2** *Dir* Artigo de lei. **3** Qualquer peça ou mecanismo de uma máquina destinados a uma função especial.

dis.pos.to (ô) (*lat dispositu*) *adj* **1** Inclinado, tendente, propenso. **2** *pop* Animado, brincalhão. *Pl: dispostos* (ó).

dis.pu.ta (de *disputar*) *sf* **1** Contenda, discussão. **2** Rixa. **3** Concurso, prova.

dis.pu.ta.do (*part de disputar*) *adj* **1** Que se disputou. **2** Pretendido, ambicionado, desejado.

dis.pu.tar (*lat disputare*) *vtd* **1** Pleitear: *Vários professores disputaram a cadeira*. *vtd* **2** *Esp* Efetuar uma competição esportiva: *Disputar um campeonato de futebol*. *vtdi* **3** Rivalizar. *vti e vint* **4** Discutir, questionar.

dis.que.te (*fr disquette*) *sm Inform* Dispositivo de armazenamento secundário, na forma de um disco flexível, no qual os dados podem ser armazenados.

dis.sa.bor (*dis¹+sabor*) *sm* **1** Desgosto, desprazer: *"A família do doutor Ulysses teve o dissabor de ser despertada por um colar de telefonemas."* (SU) **2** Acontecimento incômodo ou desagradável: *"São muitos os dissabores que podem estragar uma viagem."* (FSP)

dis.se.car (*lat dissecare*) *vtd* **1** *Anat* Fazer a dissecação de; anatomizar: *Dissecar um cadáver*. **2** Analisar, examinar miudamente: *Dissecar um poema*. *Cf dessecar*.

dis.se.mi.na.ção (*lat disseminatione*) *sf* Difusão, propagação.

dis.se.mi.nar (*lat disseminare*) *vtd* **1** Difundir, propagar: *Disseminar conhecimentos*. *vpr* **2** Dispersar-se, espalhar-se.

dis.ser.ta.ção (*lat dissertatione*) *sf* **1** Breve tratado sobre qualquer tema especulativo ou de aplicação. **2** Trabalho escrito, apresentado por candidato ao grau de mestre a uma banca examinadora.

dis.ser.tar (*lat dissertare*) *vti e vint* **1** Fazer dissertação. **2** Discorrer, discursar: *Dissertava bem sobre política*.

dis.si.dên.cia (*lat dissidentia*) *sf* **1** Dissensão. **2** Discordância, divergência de opiniões.

dis.si.den.te (*lat dissidente*) *adj m+f* **1** Que não concorda, não se conforma. **2** Separado. • *s m+f* Pessoa que diverge da opinião ou crença gerais.

dis.sí.dio (*lat dissidiu*) *sm* Desinteligência, dissensão.

dis.sí.la.bo (*dis³+sílaba*) *adj* Composto de duas sílabas. • *sm* Palavra de duas sílabas.

dis.si.mu.la.ção (*lat dissimulatione*) *sf* Fingimento, disfarce, falsa aparência.

dis.si.mu.la.do (*part* de *dissimular*) *adj* **1** Fingido. **2** Oculto, encoberto, disfarçado. *Antôn* (acepção 1): *franco*.

dis.si.mu.lar (*lat dissimulare*) *vtd* **1** Disfarçar, encobrir: *"Otávio procura dissimular sua decepção."* (MD) *vtd* **2** Fingir. *vpr* **3** Esconder-se, ocultar-se: *"A intromissão dos trustes e monopólios em nossa vida é evidente, ostensiva, já não mais se dissimula."* (AR)

dis.si.pa.ção (*lat dissipatione*) *sf* **1** Dispersão. **2** Esbanjamento de bens. **3** Devassidão, libertinagem. *Antôn* (acepção 2): *economia*.

dis.si.pa.dor (*dissipar+dor*) *adj+sm* Esbanjador, perdulário. *Antôn: econômico*.

dis.si.par (*lat dissipare*) *vtd* **1** Desperdiçar, esbanjar: *"Esse cangaceiro é capaz de dissipar minha fortuna numa noite de roleta."* (OM) *vpr* **2** Apagar(-se), desaparecer, cessar: *"Sinto que as tuas palavras dissipam a minha cólera."* (BN); *"Todo o aborrecimento do rapaz dissipou-se num largo sorriso."* (ARR) *vtd* e *vpr* **3** Dispersar(-se), espalhar(-se): *"A bruma da manhã começava a dissipar-se."* (ARR)

dis.so.ci.ar (*lat dissociare*) *vtd* **1** Separar elementos associados. *vtd* e *vpr* **2** Desagregar(-se), desunir(-se): *A falta de objetivos claros dissociou os membros do partido*. *Antôn* (acepções 1 e 2): *associar(-se)*.

dis.so.lu.ção (*lat dissolutione*) *sf* **1** *Quím* Desagregação de moléculas. **2** Decomposição. **3** Corrupção.

dis.sol.ver (*lat dissolvere*) *vtd* **1** Fundir: *O sol dissolve a neve*. *vtd* **2** Anular, invalidar, romper (pacto ou contrato): *Dissolver um casamento*. *vpr* **3** Tornar-se líquido, liquefazer-se: *O sal facilmente se dissolve em ambiente úmido*. *vpr* **4** Entrar em dissolução; desmembrar-se, desorganizar-se. *Antôn* (acepção 4): *reunir-se, combinar-se*.

dis.so.nan.te (*lat dissonante*) *adj m+f* **1** Desarmônico, discordante: *"Ele passou a tocar acordes dissonantes."*(BL); *"Glauber era esse toque dissonante, essa pincelada que faz o quadro vibrar."* (FSP) **2** Que soa mal: *"Algumas vozes dissonantes povoavam-lhe os ouvidos."* (FSP)

dis.su.a.dir (*lat dissuadere*) *vtd* e *vtdi* **1** Desaconselhar: *"Lelé tentou dissuadi-los a não utilizar a argamassa armada nesse projeto."* (IS) *vpr* **2** Mudar de opinião, parecer ou propósito; despersuadir-se. *Antôn: persuadir*.

dis.tân.cia (*lat distantia*) *sf* **1** Extensão, em linha reta, do espaço entre pessoas ou objetos. **2** Lapso de tempo entre dois momentos, fases ou épocas. **3** Afastamento, separação. *A distância, em distância*: um tanto longe (no espaço ou no tempo).

dis.tan.ci.a.men.to (*distanciar+mento*) *sm* Afastamento, apartamento.

dis.tan.ci.ar (*distancia+ar*[1]) *vtd, vtdi* e *vpr* Pôr(-se) distante; afastar(-se), apartar(-se). *Antôn: aproximar*. Conjuga-se como *premiar*.

dis.tan.te (*lat distante*) *adj m+f* Remoto. *Antôn: próximo, contíguo*.

dis.tar (*lat distare*) *vti* e *vint* Estar, ficar, ser distante: *"A ver, o porto de balsa, que distava pouco."* (GSV); *"A cidade de Rialto dista de Bananal apenas 20 quilômetros."* (ESP) *vti* **2** Diferençar-se, divergir: *A cor deste vestido dista muito da do outro*.

dis.ten.der (*lat distendere*) *vtd* **1** Estender para vários lados: *A sensitiva distende suas tênues folhas*. *vpr* **2** Afrouxar-se, relaxar-se: *A custo se lhe distendem as pernas*. *vtd* e *vpr* **3** Estirar(-se), retesar(-se): *Distender uma corda*. **4** Aumentar(-se), dilatar(-se): *O excesso de alimentação distende o estômago*.

dis.ten.di.do (*part* de *distender*) *adj* Dilatado, estirado.

dis.ten.são (*lat distensione*) *sf* **1** *Med* Estiramento. **2** *Med* Torção violenta dos ligamentos de uma articulação. **3** Afrouxamento, relaxação.

dis.tin.ção (*lat distinctione*) *sf* **1** Diferença, separação. **2** Agraciamento, honraria, condecoração. **3** Elegância. **4** Clareza, nitidez.

dis.tin.guir (*lat distinguere*) *vtd* **1** Avistar, divisar: *Mal distingue os objetos que o cercam*. *vtd* **2** Perceber, ouvir: *Distinguir longínquos ruídos*. *vpr* **3** Assinalar-se, extremar-se: *Almeja distinguir-se e enobrecer-se.* vtdi **4** Condecorar: *O governo distinguiu-o com a medalha de ouro. Conjug:* suprime-se o *u* antes de *a* e de *o*. – *Pres indic:* distingo, distingues, distingue, distinguimos, distinguis, distinguem; *Pret perf:* distingui, distinguiste, distinguiu, distinguimos, distinguistes, distinguiram; *Pret imp indic:* distinguia, distinguias, distinguia, distinguíamos, distinguíeis, distinguiam; *Pret mais-que-perf:* distinguira, distinguiras, distinguira, distinguíramos, distinguíreis, distinguiram; *Fut pres:* distinguirei, distinguirás, distinguirá, distinguiremos, distinguireis, distinguirão; *Fut pret:* distinguiria, distinguirias, distinguiria, distinguiríamos, distinguiríeis, distinguiriam; *Pres subj:* distinga, distingas, distinga, distingamos, distingais, distingam; *Pret imp subj:* distinguisse, distinguisses, distinguisse, distinguíssemos, distinguísseis, distinguissem; *Fut subj:* distinguir, distinguires, distinguir, distinguirmos, distinguirdes, distinguirem; *Imper afirm:* —, distingue(Tu), distinga(Você), distingamos(Nós), distingui(Vós), distingam(Vocês); *Imper neg:* —, Não distingas(Tu), Não distinga(Você), Não distingamos(Nós), Não distingais(Vós), Não distingam(Vocês); *Infinitivo impess:* distinguir; *Infinitivo pess:* distinguir, distinguires, distinguir, distinguirmos, distinguirdes, distinguirem; *Ger:* distinguindo; *Part:* distinguido, distinto.

dis.tin.ti.vo (*lat distinctu+ivo*) *adj* Próprio para distinguir. • *sm* Insígnia, emblema.

dis.tin.to (*lat distinctu*) *adj* **1** Claro, perceptível, inteligível. **2** Ilustre, notável. *Antôn* (acepção 1): *confuso;* (acepção 2): *vulgar, medíocre.*

dis.to (*de+isto*) Combinação da preposição *de* com o pronome demonstrativo *isto*.

dis.to.ni.a (*dis³+tono+ia¹*) *sf Med* Distúrbio de tonicidade de músculos.

dis.tor.ção (*lat distortione*) *sf neol e angl* Deformação, deturpação.

dis.tor.cer (*lat distorquere*) *vtd* **1** Causar distorção em; deformar: *"Ela equipou suas cobaias com óculos adaptados, distorcendo as imagens com lentes de aumento."* (SU) **2** Desenroscar: *"Distorça a válvula A com uma mão, ajuste a válvula B com a outra."* (AVL) **3** Mudar o sentido; desvirtuar: *"Os funcionários também evitam a imprensa, dizem que ela só serve para criticar e distorcer o que é dito."* (EC) Conjuga-se como *torcer*. Veja nota em **destorcer**.

dis.tra.ção (*lat distractione*) *sf* **1** Desatenção. **2** Esquecimento. **3** Divertimento, entretenimento, recreação. *Antôn* (acepção 1): *atenção.*

dis.tra.í.do (*part* de *distrair*) *adj* **1** Entretido, recreado. **2** Descuidado. *Antôn* (acepção 2): *atento, aplicado.*

dis.tra.ir (*lat distrahere*) *vtd* **1** Causar distração a: *O ruído distraiu sua atenção.* vtd e vtdi **2** Divertir, entreter, recrear: *Procurei distraí-lo com músicas alegres.* vpr **3** Ficar alheio ou abstrato: *Nos momentos de ócio distrai-se dando asas à imaginação.* Conjuga-se como *atrair*.

dis.tra.tar (*lat distractu+ar¹*) *vtd* Anular, desfazer contrato ou pacto.

dis.tri.bu.i.ção (*lat distributione*) *sf* **1** Repartição. **2** Classificação. **3** Arranjo, disposição interior de uma casa.

dis.tri.bu.ir (*lat distribuere*) *vtd* **1** Repartir: *Distribuía esmolas à porta do templo.* **2** Administrar (justiça): *O rei Salomão distribuía justiça.* **3** Espalhar: *Distribuiu-as em covas.* **4** Classificar, ordenar: *Distribuiu os assuntos a ser tratados segundo a inportância deles. Part:* distribuído. Conjuga-se como *contribuir*.

dis.tri.to (*lat districtu*) *sm* Área territorial em que se exerce o governo, jurisdição ou inspeção de uma autoridade administrativa, judicial ou fiscal; circunscrição. *Distrito federal:* território que é a sede do governo em uma república federativa.

dis.tro.fi.a (*dis³+trofo+ia¹*) *sf Med* Nutrição deficiente de órgãos ou parte do corpo, principalmente muscular: *"Seu caso é grave. Além de desidratação de 3º grau, sofre de distrofia."* (CRU) *Antôn: eutrofia.*

dis.túr.bio (*baixo-lat disturbiu*) *sm* **1** Perturbação. **2** Agitação. **3** Desordem.

di.ta (*lat dicta*) *sf* Fortuna, sorte feliz, ventura; felicidade. *Antôn: desdita.*

di.ta.do (*part* de *ditar*) *adj* **1** Que se ditou. **2** Sugerido, inspirado. **3** Imposto, prescrito. • *sm* **1** Aquilo que se dita ou se ditou. **2** Provérbio.

di.ta.dor (*lat dictatore*) *sm* **1** Indivíduo que reúne em si todos os poderes públicos. **2** *fig* Indivíduo arrogante que pretende impor aos demais a sua vontade.

di.ta.du.ra (*lat dictatura*) *sf* Despotismo, tirania.

di.ta.me (*lat med dictamen*) *sm* **1** Doutrina. **2** Regra.

di.tar (*lat dictare*) *vtd* **1** Sugerir, inspirar: *Medida que a malevolência ditou.* *vtd* e *vtdi* **2** Prescrever, impor: *Ditar ordens.* *vtd* **3** Dizer em voz alta o que outra pessoa há de escrever: *Escreva o que vou ditar.*

di.to (*lat dictu*) *adj* **1** Aludido, citado, mencionado, referido. **2** Combinado: *Está dito.* **3** Que se disse. • *sm* Conceito, máxima; sentença.

di.ton.go (*gr díphthongos*, pelo *lat*) *sm Gram* Reunião de duas vogais que, proferidas numa só emissão de voz, formam, portanto, uma só sílaba. *Cf* hiato.
Os **ditongos** podem ser decrescentes ou crescentes. O **ditongo decrescente** ocorre quando a vogal antecede a semivogal: *caixa, céu, herói.* Quando a semivogal antecede a vogal, temos o **ditongo crescente**: *língua, cárie, frequente.*

di.to.so (ô) (*dita+oso*) *adj* **1** Feliz, venturoso: *"E lá se foi embora a noivinha ditosa."* (SA) **2** Fértil, rico: *"Afinal, esta é a ditosa pátria, minha amada, na expressão do poeta Camões."* (FSP) *Antôn* (acepção 1): *infeliz, desditoso.* Pl: *ditosos* (ó).

di.u.ré.ti.co (*gr diouretikós*) *adj Farm* Que aumenta ou facilita a secreção da urina. • *sm Farm* Medicamento com essas propriedades.

di.ur.no (*lat diurnu*) *adj* **1** Próprio do dia (em oposição a *noturno*). **2** Que só aparece ou se realiza de dia. *Antôn: noturno.*

di.va.ga.ção (*divagar+ção*) *sf* Digressão.

di.va.gar (*lat divagari*) *vint* **1** Afastar-se do assunto de que vinha tratando: *O entrevistado divagava, fugindo das perguntas.* *vti* e *vint* **2** Vaguear: *O mendigo divaga sem destino.* *vint* **3** Devanear, fantasiar: *Os namorados divagam no império da quimera.* *vint* **4** Discorrer sem nexo.

di.ver.gên.cia (*lat divergentia*) *sf* **1** Desacordo, discordância. **2** Desvio. *Antôn: convergência.*

di.ver.gen.te (de *divergir*) *adj m+f* **1** Que diverge. **2** Em que há divergência. **3** Que se afasta: *Linhas divergentes.* **4** Não conforme, diferente, discordante. *Antôn* (acepções 2 e 3): *convergente.*

di.ver.gir (*di+lat vergere*) *vint* **1** Mover-se ou estender-se em direções diferentes a partir de um ponto comum; afastar-se. *vti* e *vint* **2** Não combinar; discordar. *Antôn* (acepção 1): *convergir. Conjug:* o *e* do radical muda-se em *i* na 1ª pessoa do singular do presente do indicativo e nas formas que dela derivam. O *g* muda-se em *j* quando seguido do *a* e de *o*. Conjuga-se como *convergir.*

di.ver.são (*lat diversione*) *sf* Distração, passatempo, recreio.

di.ver.si.da.de (*lat diversitate*) *sf* **1** Diferença. **2** Variedade. **3** Contradição, oposição. *Antôn* (acepção 3): *harmonia.*

di.ver.si.fi.car (*lat diversu+ficar*) *vtd* **1** Tornar diverso; fazer variar: *Diversificar o fraseado.* *vti* e *vint* **2** Ser diverso; variar: *Os homens entre si diversificam.*

di.ver.so (*lat diversu*) *adj* **1** Diferente. **2** Distinto. **3** Alterado, mudado. • *pron indef pl* Alguns, muitos, vários.

di.ver.ti.do (*part* de *divertir*) *adj* Alegre, engraçado, recreativo.

di.ver.ti.men.to (*divertir+mento*) *sm* **1** Entretenimento. **2** Distração, recreação.

di.ver.tir (*lat divertere*) *vtd* **1** Distrair, desviar: *Um desfile escolar nos divertiu a atenção.* *vtd, vtdi* e *vpr* **2** Distrair(-se), entreter(-se), recrear(-se): *O cinema diverte o povo.* *Antôn: enfadar, aborrecer.*

dí.vi.da (*lat debita*) *sf* **1** O que se deve. **2** Culpa, pecado. *Dívida externa:* aquela que o Estado contrai no exterior, em nome do interesse público.

di.vi.den.do (*lat dividendu*) *sm* **1** *Arit* O número dado para se dividir (na operação da divisão). **2** *Com* Parcela de lucro distribuída em dinheiro aos acionistas de uma empresa.

di.vi.dir (*lat dividere*) *vtd* **1** Demarcar, limitar: *Uma cerca de bambu divide os dois quintais.* *vtd* **2** Repartir: *Dividiu*

fraternalmente o lanche. *vtd* **3** Compartilhar: *Com a companheira bem-amada dividia as alegrias e os pesares.* *vtd* e *vtdi* **4** Apartar, separar. *vtd* **5** Efetuar uma divisão: *Dividiu 27 por 9.*

di.vin.da.de (*lat divinitate*) *sf* **1** Qualidade de divino. **2** *Mit* Qualquer deus ou deusa do paganismo.

di.vi.no (*lat divinu*) *adj* **1** De Deus ou a Ele concernente. **2** Consagrado a Deus. • *sm* **1** Designativo que se dá ao Espírito Santo nas festas populares. **2** Divindade.

di.vi.sa (*lat divisa*) *sf* **1** *Geogr* Linha divisória entre dois países, zonas administrativas ou propriedades. **2** Marco. **3** Insígnia. **4** *Mil* Distintivo de pano, indicativo da posição hierárquica das patentes militares.

di.vi.são (*lat divisione*) *sf* **1** Fragmentação. **2** *Mat* Operação com que se procura achar quantas vezes um número se contém em outro. **3** Partilha. **4** Discórdia, dissensão.

di.vi.sar (*lat divisare*) *vtd* **1** Avistar, enxergar: *Divisou, à luz mortiça do lampião, o semblante do sábio.* **2** Notar, observar. **3** Delimitar, marcar: *Divisar uma fazenda.*

di.vi.sí.vel (*lat divisibile*) *adj* m+f **1** Que se pode dividir. **2** *Arit* Diz-se de um número em relação a outro pelo qual se divide exatamente, sem deixar resto: *20 é divisível por 5.*

di.vi.sor (*lat divisore*) *adj*+*sm* Que ou aquilo que divide. • *sm Arit* Número pelo qual se divide outro que se chama *dividendo*. *Divisor comum:* número que divide exatamente diversos números diferentes ou de que diferentes números são múltiplos; assim *4 é divisor comum de 8, 12 e 16.*

di.vi.só.ria (*lat divisu*+*ória*) *sf* **1** Linha que divide ou separa. **2** *Arquit* Tapume, parede ou biombo que divide um compartimento.

di.vor.ci.ar (*divórcio*+*ar*[1]) *vtd* **1** Decretar o divórcio ou provocá-lo: *O tribunal divorciou-os.* *vpr* **2** Separar-se judicialmente (os cônjuges): *Ali, divorciam-se por ninharias.*

di.vór.cio (*lat divortiu*) *sm Dir* Dissolução absoluta do vínculo matrimonial. *Cf desquite.*

di.vul.ga.ção (*lat divulgatione*) *sf* Difusão, propagação.

di.vul.gar (*lat divulgare*) *vtd* **1** Apregoar, difundir: *Divulgar os progressos da ciência.* *vpr* **2** Tornar-se conhecido ou público; propagar-se: *O fato divulgou-se pela cidade.*

di.zer (*lat dicere*) *vtd* **1** Proferir, pronunciar: *A testemunha deve dizer o que sabe.* *vtd* **2** Afirmar, asseverar: *Quem disse isso?* *vtd* **3** Significar: *Isso não quer dizer que você errou.* vint **4** Falar. *Dizer cobras e lagartos de:* difamar, injuriar. *Dizer com os seus botões:* dizer consigo. *Dizer respeito a:* pertencer ou referir-se a; ter relação com. • *sm* **1** Linguagem falada, pronúncia, maneira de exprimir. **2** Estilo: *No dizer é elegante.* **3** Palavra, dito, expressão. *sm pl* **4** Legenda, letreiro, inscrição. *Conjug:* verbo irregular. – *Pres indic:* digo, dizes, diz, dizemos, dizeis, dizem; *Pret perf:* disse, disseste, disse, dissemos, dissestes, disseram; *Pret imp indic:* dizia, dizias, dizia, dizíamos, dizíeis, diziam; *Pret mais-que-perf:* dissera, disseras, dissera, disséramos, disséreis, disseram; *Fut pres:* direi, dirás, dirá, diremos, direis, dirão; *Fut pret:* diria, dirias, diria, diríamos, diríeis, diriam; *Pres subj:* diga, digas, diga, digamos, digais, digam; *Pret imp subj:* dissesse, dissesses, dissesse, disséssemos, dissésseis, dissessem; *Fut subj:* disser, disseres, disser, dissermos, disserdes, disserem; *Imper afirm:* —, diz/dize(Tu), diga(Você), digamos(Nós), dizei(Vós), digam(Vocês); *Imper neg:* —, Não digas(Tu), Não diga(Você), Não digamos(Nós), Não digais(Vós), Não digam(Vocês); *Infinitivo impess:* dizer; *Infinitivo pess:* dizer, dizeres, dizer, dizermos, dizerdes, dizerem; *Ger:* dizendo; *Part:* dito.

di.zi.mar (*lat decimare*) *vtd* **1** *Mil* Matar um em cada grupo de dez. **2** Destruir grande número de: *As guerras dizimaram a humanidade.*

dí.zi.mo (*lat decimu*) *sm* **1** A décima parte; décimo. **2** A décima parte de qualquer salário ou rendimento, a qual se doa, voluntariamente, em várias Igrejas.

DNA (sigla do *ingl DesoxiriboNucleic Acid*) *Lit* Sigla de *ácido desoxirribonucleico*. *Exame de DNA:* exame para fins de identificação pessoal e determinação de paternidade.

do (*de+o*) **1** Combinação da preposição *de* com o artigo definido *o*. **2** Combinação da preposição *de* com o pronome demonstrativo *o*; daquele. **3** Combinação da preposição *de* com o pronome neutro *o*; daquilo.

dó (*lat dolu*) *sm* **1** Compaixão, lástima: *Temos muito dó do rapaz*. **2** *Mús* Primeira nota da escala musical.

do.a.ção (*lat donatione*) *sf* **1** Ato ou efeito de doar. **2** Aquilo que se doa.

do.a.dor (*lat donatore*) *adj+sm* Que ou aquele que doa ou faz doação.

do.ar (*lat donare*) *vtdi* **1** Fazer doação: *Doou-me os seus haveres*. **2** Transmitir gratuitamente a outros um bem, quantia ou objeto que constituía sua propriedade: *Doara um terreno à Igreja*. Conjuga-se como *coar*.

do.bra (*de dobrar*) *sf* **1** Prega. **2** Vinco. **3** Ângulo que formam algumas coisas: *Dobra do braço, do joelho etc*.

do.bra.di.ça (*de dobradiço*) *sf* Peça de metal formada de duas chapas unidas por um eixo comum e sobre a qual gira a janela, porta etc.

do.bra.do (*part de dobrar*) *adj* **1** Duplicado. **2** Voltado sobre si. **3** Enrolado. • *sm* Marcha militar.

do.bra.du.ra (*dobrar+dura*) *sf* **1** Curvatura. **2** Prega. **3** Trabalho manual que consiste em fazer objetos dobrando papéis.

do.brar (*lat duplare*) *vtd* e *vint* **1** Duplicar (-se), tornar(-se) duas vezes maior: *Dobrar o ordenado*. *vtd* **2** Fazer dobras em: *Dobrar o pano, o papel*. *vtd* **3** Fazer pender, inclinar, voltar para baixo: *Dobrar o pescoço*. *vtd* **4** Passar além de, torneando ou costeando: *Dobrar uma esquina*. *vtd* **5** Coagir, obrigar: *Não há razões nem argumentos que o dobrem*. *vint* **6** Soar (o sino). *Dobrar a língua*: falar com respeito.

do.bro (ô) (*lat duplu*) *num* Que é duas vezes maior. • *sm* **1** Produto da multiplicação por dois. **2** Duplicação de uma coisa; duplo.

do.ca (*hol ant docke*) *sf* **1** Parte de um porto onde as embarcações tomam ou deixam carga. **2** *V dique*.

do.ça.ri.a (*doce+aria*) *sf* **1** Grande porção de doces. **2** Lugar onde se vendem ou fabricam doces; doceria.

do.ce (*lat dulce*) *adj m+f* **1** Que tem sabor agradável como o do açúcar ou do mel. **2** Suave. *Sup abs sint*: *dulcíssimo*. • *sm* Preparação culinária em que o elemento principal é o açúcar.

do.cei.ro (*doce+eiro*) *sm* **1** Homem que faz ou vende doces. **2** Confeiteiro. *Fem*: *doceira*.

do.cên.cia (*docente+ia²*) *sf* **1** Qualidade de docente. **2** Ensino.

do.cen.te (*lat docente*) *adj m+f* **1** Que ensina. **2** Relativo a professores. • *s m+f* Professor. *Cf discente*.

do.ce.ri.a (*doce+eria*) *V doçaria*.

dó.cil (*lat docile*) *adj m+f* Obediente, submisso. *Sup abs sint*: *docilíssimo, docílimo*.

do.cu.men.ta.do (*part de documentar*) *adj* Fundado, provado com documentos.

do.cu.men.tar (*documento+ar¹*) *vtd* **1** Provar por meio de documentos: *O advogado documentava cada afirmação que fazia*. *vtd* **2** Juntar documentos (a processo, requerimento etc.). *vpr* **3** Munir-se de documentos: *Documentou-se para fazer a matrícula na escola*.

do.cu.men.tá.rio (*documento+ário*) *adj* Que tem o valor de documentos. • *sm* **1** Exposição de fatos baseada em documentos. **2** *Cin* Filme que registra e comenta um determinado assunto.

do.cu.men.ta.ris.ta (*documentário+ista*) *s m+f Cin* Cineasta ou técnico especializado em documentários.

do.cu.men.to (*lat documentu*) *sm* **1** *Dir* Comprovante. **2** Escrito ou impresso que fornece informação ou prova. **3** Escrito oficial de identificação pessoal: *Documento de identidade*.

do.çu.ra (*doce+ura¹*) *sf* **1** Qualidade daquilo que é doce. **2** Meiguice, ternura. *sf pl* **3** Amenidades, prazeres, regalos.

do.de.cas.sí.la.bo (*dodeca+sílabo*) *adj* Que tem doze sílabas. • *sm* Palavra ou verso de doze sílabas.

do.en.ça (*lat dolentia*) *sf* Falta de saúde, enfermidade, indisposição, moléstia. *Doença contagiosa*: doença transmissível por contato com pessoa afetada, pelos materiais excretados ou por objetos de seu uso pessoal.

do.en.te (*lat dolente*) *adj m+f* **1** Que tem

doença. 2 Débil, fraco. • *s m+f* Pessoa enferma. *Antôn* (acepção 1): *são*.
do.en.ti.o (*doente+io*) *adj* **1** Que adoece facilmente; enfermiço. **2** Débil. **3** Mórbido.
do.er (*lat dolere*) *vti* **1** Estar sentindo dor: *Dói-me um dente*. *vti e vint* **2** Causar dor ou pena. *vpr* **3** Condoer-se: *Doeu-se de a ver tão aflita*. *vpr* **4** Julgar-se ofendido; agravar-se: *Doeu-se da censura, embora merecida*. *Conjug*: como *vti e vint*, só se conjuga nas 3ᵃˢ pessoas; como *vpr*, conjuga-se em todas as pessoas e segue a conjugação de *roer*.
doi.dão (*doido+ão²*) *adj+sm* **1** Que ou aquele que é muito doido. **2** *gír* Diz-se de ou aquele que está sob o efeito de entorpecentes. *Fem*: *doidona*.
doi.dei.ra (*doido+eira*) V *doidice*.
doi.di.ce (*doido+ice*) *sf* **1** Loucura. **2** Extravagância, excesso. **3** Leviandade, imprudência. *Antôn*: *juízo, prudência*.
doi.do *adj* **1** Que perdeu o uso da razão; alienado, louco. **2** Insensato. **3** Arrebatado, entusiasta: *Doido por música*. *Antôn* (acepção 2): *sensato, prudente*. • *sm* **1** Indivíduo que perdeu o uso da razão. **2** Alienado, louco. *Aum*: *doidão, doidarrão*. *Doido varrido*: totalmente doido, doido rematado.
dois (*lat duo*) *num* Cardinal correspondente a duas unidades. *Fem*: *duas*. • *sm* O algarismo 2.
dó.lar (*ingl dollar*) *sm* Unidade monetária de vários países, como os Estados Unidos da América.
do.la.ri.za.ção (*der de dolarizar+ção*) *sf Econ* **1** Utilização do dólar dos Estados Unidos como moeda nacional nas transações comerciais. **2** Substituição da moeda nacional pelo dólar dos Estados Unidos, ficando este como referência em qualquer tipo de transação comercial, com sua emissão condicionada à existência de reservas em dólar.
do.lo.ri.do (*lat dolore+ido*) *adj* **1** Magoado. **2** Em que há dor.
do.lo.ro.so (*ô*) (*lat dolorosu*) *adj* **1** Que causa dor física ou moral. **2** Angustiado, amargurado, aflito. **3** Pungente, cruel. *Pl*: *dolorosos* (*ó*).
do.lo.so (*ô*) (*lat dolosu*) *adj* **1** Causado por dolo. **2** Em que há dolo (falando de coisas). *Pl*: *dolosos* (*ó*).
dom¹ (*lat donu*) *sm* **1** Dote natural; talento, aptidão. **2** *Teol* Bem espiritual proporcionado por Deus; graça, mercê.
dom² (*lat dominu*) *sm Ecles* Título honorífico atribuído a dignitários revestidos de caráter episcopal. *Fem*: *dona*.
do.ma.dor (*domar+dor*) *adj+sm* Que ou aquele que doma.
do.mar (*lat domare*) *vtd* **1** Amansar, domesticar: *"Passou uma época viajando pelo país a domar cavalos."* (FSP) **2** Dominar, subjugar, vencer: *"Quem é capaz de domar seu coração é capaz de conquistar o mundo."* (MRP); *"O ministro deixou claro que pretende domar a inflação."* (FSP)
do.més.ti.ca (de *doméstico*) *sf* Mulher que se emprega em trabalhos caseiros; criada.
do.mes.ti.ca.ção (*domesticar+ção*) *sf* Ato de domesticar(-se).
do.mes.ti.car (*doméstico+ar*¹) *vtd* **1** Domar, sujeitar: *A escola domesticou-lhe o comportamento*. *vtd e vpr* **2** Tornar(-se) doméstico (animal selvagem ou bravio): *Domesticar um animal*.
do.més.ti.co (*lat domesticu*) *adj* **1** Familiar, caseiro, íntimo. **2** Aplica-se ao animal que vive ou é criado em casa; manso. • *sm* Indivíduo que, mediante salário, serve em casa de outra pessoa; criado.
do.mi.ci.li.ar (*domicílio+ar*²) *adj m+f* Relativo a domicílio. • *vtd* **1** Dar domicílio a, recolher em domicílio: *O governo domiciliou os visitantes*. *vpr* **2** Estabelecer o seu domicílio: *Domiciliou-se no Rio*.
do.mi.ci.li.á.rio (*domicílio+ário*) *adj* Relativo a domicílio; domiciliar. *Fem*: *domiciliária*.
do.mi.cí.lio (*lat domiciliu*) *sm* Habitação, morada. *Domicílio de origem*: o dos pais, no tempo do nascimento da criança.

> Observe os exemplos:
> *Fazemos entrega **em domicílio**.*
> *Lúcia dá aulas de inglês **em domicílio**.*
> Entretanto, com verbos de movimento (*enviar, levar, mandar* etc.) não se usa a preposição **em**:
> *Enviaram-lhe um fisioterapeuta **a domicílio**.*

Mandaram-me assistência médica a domicílio.

do.mi.na.ção (*lat dominatione*) *sf* Soberania, poder absoluto, predomínio, domínio.

do.mi.na.dor (*lat dominatore*) *adj+sm* Conquistador, prepotente.

do.mi.nan.te (*lat dominante*) *adj m+f* Predominante; preponderante, principal. • *s m+f* **1** Pessoa que domina; dominador. *sf* **2** *Mús* Nota que domina o tom ou quinta nota acima da tônica.

do.mi.nar (*lat dominare*) *vtd* Conter, refrear, reprimir, subjugar, vencer.

do.min.go (*lat dominicu*) *sm* Primeiro dia da semana, considerado pela maior parte dos cristãos como dia de descanso e de culto ao Senhor. *Domingo de Ramos:* primeiro dia da Semana Santa.

do.min.guei.ro (*domingo+eiro*) *adj* **1** Próprio do domingo. **2** Que se usa aos domingos.

do.mi.ni.cal (*lat dominicale*) *adj m+f* **1** Relativo a Deus: *"O coro cantava os salmos dominicais e todos celebravam a glória do Senhor."* (CRU) **2** Relativo ao domingo: *"O velho, sentado na cadeira do engraxate, lê o grossíssimo jornal dominical."* (DE)

do.mi.ni.ca.no (*lat dominicanu*) *adj* **1** Relativo a São Domingos ou à ordem por ele fundada. **2** Relativo à República Dominicana (Antilhas) ou a seus habitantes. • *sm* **1** Frade da ordem de São Domingos. **2** Natural ou habitante da República Dominicana.

do.mí.nio (*lat dominiu*) *sm* **1** *V dominação*. **2** Possessão. **3** Território extenso que pertence a um indivíduo ou Estado. **4** Âmbito de uma arte ou ciência. **5** Conhecimento. **6** Influência. *Ser de domínio público:* ser sabido de todos.

do.mi.nó (da expressão em *lat benedicamus domino*, louvemos ao Senhor) *sm* **1** Fantasia carnavalesca. **2** Jogo composto de 28 pedras chatas, marcadas com números de um a seis.

do.na (*lat domina*) *sf* **1** Feminino de *dom*². **2** Senhora; proprietária. *Dona de casa:* mulher que administra e cuida dos trabalhos diários do seu lar.

do.na de ca.sa Ver definição em *dona*.

do.na.ti.vo (*lat donativu*) *sm* **1** Dom, dádiva. **2** Doação em dinheiro ou espécie, com fim beneficente.

don.de Combinação da preposição *de* com o advérbio *onde*. *Gram* **1** Advérbio que indica lugar, origem, procedência etc.; de que lugar; do quê. **2** Conjunção conclusiva, com o significado geral dessas conjunções: *logo, pois* etc.

do.ni.nha (*dim* de *dona*) *sf Zool* Denominação comum a um carnívoro mustelídeo brasileiro.

do.no (*lat dominu*) *sm* Proprietário, senhor.

do.pa.do (*part* de *dopar*) *adj* **1** Que se dopou. **2** Que fez uso de droga.

do.par (*dope+ar*¹) *vtd* **1** Drogar: *Dopou o atleta. vtd* **2** *Med* Ministrar anestésico para intervenções cirúrgicas. *vpr* **3** Drogar-se.

doping (*dópin*) (*ingl*) *sm* **1** *Esp* Uso ilegal, por um atleta, de substâncias químicas. **2** *Turfe* Aplicação ilegal de substâncias químicas num cavalo.

dor (*lat dolore*) *sf* **1** *Med* Sofrimento físico. **2** Pena, compaixão. *sf pl* **3** *pop* Os sofrimentos do parto. *Dar dor de cabeça:* dar aborrecimento. *Dor de cotovelo, gír:* ciúme.

do.ra.van.te (*de+ora+avante*) *adv* Daqui em diante, de hoje para o futuro: *"Deus nos ajude em novas arrancadas para que o Brasil doravante não conheça mais derrotas."* (JK)

dor de co.to.ve.lo Ver definição em *dor*.

dor.mên.cia (*dormir+ência*) *sf* **1** *Med* Sensação de formigamento, principalmente nas extremidades. **2** Entorpecimento, sonolência.

dor.men.te (de *dormir*) *adj m+f* **1** Que dorme. **2** Adormecido, entorpecido. • *sm* **1** Trave. **2** Cada uma das travessas em que se assentam os trilhos de estrada de ferro.

dor.mi.nho.co (ô) (de *dorminhar*) *adj pop* Que dorme muito. *Pl:* dorminhocos (ó). *Fem:* dorminhoca (ó).

dor.mir (*lat dormire*) *vtd* **1** Descansar no sono: *Dormiu um sono tranquilo e sossegado. vint* **2** Pegar no sono: *A criança dormiu. vint* **3** Deixar passar a boa oportunidade; descuidar-se. *Conjug:* verbo irregular; o *e* do radical muda-se em *u* na 1ª pessoa do singular do presente do

dormitar 307 **dramaturgia**

indicativo e nas formas que dela derivam. Conjuga-se como *cobrir. Dormir a sono solto:* dormir profundamente. *Dormir fora:* passar a noite fora de casa. *Dormir no ponto:* desleixar-se; esquecer.

dor.mi.tar (*lat dormitare*) *vde vint* Cochilar.

dor.mi.tó.rio (*lat dormitoriu*) *sm* **1** Sala grande com várias camas, em colégios etc. **2** Quarto de dormir.

dor.so (*lat dorsu*) *sm* **1** Costas. **2** Parte convexa de um livro; lombada.

do.sa.gem (*dosar+agem*) *sf* **1** Ato de dosar. **2** Medição em doses. **3** Teor.

do.sar (*dose+ar¹*) *vtd* **1** *Med* Determinar a quantidade de medicamento para tomar-se uma só vez. **2** Distribuir em doses, aos poucos.

do.se (*gr dósis*) *sf* Quantidade, porção.

dos.si.ê (*fr dossier*) *sm* Coleção de documentos relativos a um processo, a um indivíduo.

do.ta.do (*part de dotar*) *adj* **1** Que recebeu dote ou dotação. **2** Prendado.

do.tar (*lat dotare*) *vtd* **1** Dar dote a: *Dotou-a e casou-a logo. vtd* **2** Beneficiar com algum dom: *A natureza dotou-o generosamente.*

do.te (*lat dote*) *sm* **1** *Dir* Bens próprios e exclusivos de mulher casada. **2** Dinheiro ou propriedades que se dão a noivos. **3** Dom natural.

dou.ra.do (*part de dourar*) *adj* **1** Revestido de camada de ouro. **2** Ornado de ouro. • *sm* **1** Camada aderente de ouro que reveste um objeto. **2** *Ictiol* Nome comum a várias espécies de peixes de água doce. *Var:* dourado.

dou.rar (*lat deaurare*) *vtd* **1** Revestir com camada de ouro: *Dourar uma baixela.* **2** Dar a cor do ouro a: *Dourar um templo. Var:* doirar.

dou.tor (*lat doctore*) *sm* **1** Aquele que concluiu o doutorado em uma universidade. **2** *por ext* Bacharel, advogado. **3** *pop* Médico. *Fem:* doutora.

dou.to.ra.do (*doutor+ado²*) *adj* **1** Que recebeu o grau de doutor. **2** Diplomado. • *sm* O grau de doutor.

dou.to.rar (*doutor+ar¹*) *vtd* **1** Conferir a alguém o grau de doutor. *vpr* **2** Receber o grau de doutor: *Doutorou-se em direito.*

dou.tri.na (*lat doctrina*) *sf* **1** Conjunto de princípios em que se baseia um sistema religioso, político ou filosófico. **2** Instrução.

dou.tri.nar (*doutrina+ar¹*) *vtd* **1** Instruir em uma doutrina: *Jesus doutrinava os discípulos.* **2** Ensinar, instruir: *O mundo o doutrinará.*

download (*dawnlowd*) (*ingl*) *sm Inform* Processo de transferir um arquivo originado em máquina remota para o computador que está sendo operado pelo usuário. *Fazer um download, Inform:* V baixar, acepção 6.

do.ze (*ô*) (*lat duodecim*) *num* Cardinal correspondente a doze unidades. • *sm* O algarismo 12.

dra.ga (*ingl drag*) *sf* Máquina para limpar o fundo das águas de areia, lama, depósitos etc. ou para tirar quaisquer objetos que tenham submergido.

dra.gão (*gr drákon*, via *lat*) *sm* **1** Ser fabuloso, com cauda de serpente, garras e asas que cospe fogo. **2** *Zool* Nome comum a vários pequenos lagartos arbóreos. **3** *Astr* Constelação do hemisfério boreal. **4** *Ornit* Pássaro da família dos icterídeos. **5** *Mil* Soldado de cavalaria. *Fem:* dragoa.

drá.gea (*fr dragée*) *sf Farm* Medicamento em forma de pílula.

dra.go.na (*fr dragone*) *sf* Pala ornada de franjas douradas que os militares usam em cada ombro, como distintivo.

dra.ma (*gr dráma*) *sm* **1** *Teat* Gênero de composição teatral que ocupa o meio-termo entre a tragédia e a comédia, quando não participa de ambas. *Aum pej:* dramalhão. **2** Desastre, desgraça, catástrofe.

dra.ma.lhão (*drama+alho+ão²*) *sm Teat pej* Drama de pouco valor, com situações complicadas ou inverossímeis.

dra.má.ti.co (*lat dramaticu*) *adj* **1** *Teat* Relativo a drama. **2** Comovente.

dra.ma.ti.za.ção (*dramatizar+ção*) *sf* Ato ou efeito de dramatizar.

dra.ma.ti.zar (*lat dramatizare*) *vtd* **1** Tornar dramático, interessante ou comovente como um drama. **2** Dar forma de drama a: *Os alunos dramatizaram o descobrimento do Brasil.*

dra.ma.tur.gi.a (*gr dramaturgía*) *sf Teat*

Arte dramática ou arte de compor peças para o teatro.

dra.ma.tur.go (*gr dramatourgós*) *sm* **1** Autor de obras dramáticas. **2** Teatrólogo.

drás.ti.co (*gr drastikós*) *adj* **1** *Med* De ação muito enérgica ou radical: *"Nesse estado, o paciente pode ser submetido às mais drásticas operações cirúrgicas."* (APA) **2** Enérgico: *"Caso não corrijam os erros, vou tomar atitudes drásticas."* (JCR)

dre.nar (*fr drainer*) *vtd* **1** Fazer escoar as águas em excesso de um terreno: *Os engenheiros drenaram o terreno. vtd* **2** *Cir* Colocar um ou vários tubos de borracha numa ferida, abscesso ou cavidade orgânica, para facilitar a saída de secreções ou de pus. *vtdi* **3** Desviar, derivar: *O governo drena muitos recursos para o Nordeste.*

dre.no (de *drenar*) *sm* **1** Vala, fosso ou tubo para drenagem. **2** *Cir* Tubo usado para a drenagem.

dri.blar (*ingl to drible*) *vtd* **1** Enganar, iludir: *Driblar as dificuldades.* **2** *Esp* Fintar.

dri.ble (de *driblar*) *sm Esp* Ato ou efeito de driblar.

drin.que (*ingl drink*) *sm* Bebida alcoólica.

drive (*dráive*) (*ingl*) *sm Inform* Parte de um computador que opera um disco ou fita; unidade de disco ligada fisicamente a um computador.

driver (*draiver*) (*ingl*) *sm Inform* Programa ou rotina utilizada como interface e para gerenciar um dispositivo de entrada ou saída ou outros periféricos.

dro.ga (*fr drogue*) *sf* **1** Designação comum a todas as substâncias ou ingredientes aplicados em tinturaria, química ou farmácia. **2** *gír* Coisa de pouco valor ou desagradável. • *interj* Exclamação que exprime frustração no que se está fazendo.

dro.ga.do (*part de drogar*) *adj+sm* Diz-se de ou aquele que consome droga.

dro.gar (*droga+ar¹*) *vtd* **1** Administrar droga a; medicar: *Drogar o paciente.* **2** Fazer ingerir droga: *Os assaltantes drogaram o animal.*

dro.ga.ri.a (*droga+aria*) *sf* **1** Loja onde se vendem drogas. **2** Quantidade de drogas.

dro.me.dá.rio (*baixo-lat dromedariu*) *sm Zool* Nome vulgar de um mamífero ruminante, com uma só corcova no dorso.

dro.pe (*ingl drop*) *sm* Espécie de bala. *Var: dropes.*

dro.pes (*ingl drops*) *sm pl V* drope.

du.al (*lat duale*) *adj* Relativo a dois; duplo, dobrado.

du.a.li.da.de (*lat dualitate*) *sf* Caráter daquilo que é dual ou duplo.

du.as (*lat duas*) *num* Feminino de dois.

du.as-pe.ças *sm sing+pl* Conjunto feminino composto de saia e blusa.

dú.bio (*lat dubiu*) *adj* **1** Duvidoso. **2** Indefinível; vago; ambíguo: *"O tom dúbio em que proferiu estas palavras tanto podia significar uma interpelação como uma advertência."* (ALE) **3** Hesitante; indeciso: *"Ela deu uns passos incertos, dúbios."* (JM) *Antôn* (acepções 1 e 2): *certo, positivo*; (acepção 3): *seguro*.

du.bla.dor (*dublar+dor*) *sm* Ator que grava a fala de um personagem no processo de dublagem.

du.bla.gem (*fr doublage*) *sf Cin* **1** Execução da parte falada por um ator diferente daquele que está em ação. **2** Num filme, substituição dos diálogos originais por traduções feitas em outra língua.

du.blar (*ingl to double+ar¹*) *vtd Cin* Fazer dublagem.

du.blê (*fr doublé*) *s m+f Cin* Pessoa que, pela sua semelhança com um ator, o substitui em cenas perigosas em filmagens de cinema e televisão.

du.cen.té.si.mo (*lat ducentesimu*) *num* Ordinal e fracionário correspondente a duzentos. • *sm* Cada uma das duzentas partes iguais em que se divide o todo.

du.cha (*fr duche*) *sf* **1** Banho de chuveiro. **2** Chuveiro.

dúc.til (*lat ductile*) *adj m+f* **1** Que pode ser batido, comprimido, estirado, sem se partir; maleável, forjável, estirável: *"Usaram apenas metais e ligas dúcteis, de pouco uso prático."* (FSP) **2** Flexível, elástico. **3** Que se amolda às conveniências. **4** Que cede facilmente; dócil: *"O herói busca adversários dúcteis, que se submetam aos ardis da derrota."* (PÃO) *Sup abs sint*: *ductílimo* e *ductilíssimo*.

duc.ti.li.da.de (*dúctil+i+dade*) *sf* Flexibilidade, maleabilidade: *"[Algumas vibrações] punham à prova a ductilidade* *da matéria e a resistência da base com relação ao resto do edifício."* (CV)

du.e.lar (*duelo+ar*[1]) *vti* e *vint* Bater-se em duelo.

du.e.lo (*lat duellu*) *sm* Combate entre dois indivíduos precedido por desafio.

du.en.de (*cast duende*) *sm* Ser imaginário que de noite habita e comete travessuras dentro das casas.

du.e.to (ê) (*ital duetto*) *sm* Mús Composição musical cantada por duas vozes ou tocada por dois instrumentos.

dul.ci.fi.car (*lat dulce+ficar*) *vtd* 1 *pop* Tornar doce; adoçar. 2 Abrandar, mitigar, suavizar: *"O suavíssimo orvalho que dulcifica as almas predestinadas."* (BAL)

du.na (*fr dune*) *sf* Elevação de areia acumulada pela ação dos ventos, característica de desertos e litorais muito arenosos.

du.o.dé.ci.mo (*lat duodecimu*) *num* Ordinal correspondente a doze. • *sm* Cada uma das doze partes em que se divide o todo. *Var: décimo segundo*.

du.o.de.no (*lat duodenu*) *sm Anat* Zona inicial do intestino delgado dos mamíferos, entre o piloro e o jejuno.

du.pla (de *duplo*) *sf gír* Grupo de duas pessoas.

du.plex (*cs*) (*lat duplex*) V *dúplex*.

dú.plex (*cs*) (*lat duplex*) *num* V *duplo*. • *adj* 1 Que tem duas partes ou dois elementos. 2 Que serve para dois fins. 3 Diz-se de apartamento que tem dois pavimentos. *Pl: dúplices. Var: duplex*.

du.pli.ca.ção (*lat duplicatione*) *sf* Ato ou efeito de duplicar.

du.pli.ca.do (*part* de *duplicar*) *adj* 1 Que se duplicou. 2 Aumentado outro tanto; dobrado. 3 Multiplicado por dois; em dobro. • *sm* Reprodução de um documento; cópia, traslado.

du.pli.car (*lat duplicare*) *vtd* 1 Multiplicar por dois; dobrar. 2 Tirar cópia de ou repetir algo.

du.pli.ca.ta (*lat duplicata*) *sf* Título de crédito, negociável, pelo qual o comprador se obriga a pagar no prazo estipulado a importância da fatura.

du.plo (*lat duplu*) *num+sm* V *dobro*. • *adj* Formado de duas coisas similares; dobrado, duplicado.

du.que (*lat duce*) *sm* 1 Título nobre, imediatamente superior ao de marquês. 2 Chefe de um ducado. *sm pl* 3 Repetição do dois em ambos os dados, no jogo de gamão. *Fem: duquesa*.

du.ra.bi.li.da.de (*lat durabilitate*) *sf* Qualidade daquilo que é durável.

du.ra.ção (*lat duratione*) *sf* 1 Espaço de tempo entre o princípio e o fim de uma coisa. 2 Prazo de validade.

du.ra.dou.ro (*durar+douro*[2]) *adj* Que dura ou pode durar muito; durável. *Antôn: passageiro, efêmero*.

du.ra-má.ter (*dura+máter*) *sf Anat* A mais forte e externa das três meninges que envolvem o sistema nervoso central. *Pl: duras-máteres*.

du.ran.te (*lat* de *durante*) *prep* Expressa relações de: 1 Duração no tempo: *Morreu durante a guerra*. 2 Delimitação de um espaço de tempo: *Discutiu durante 2 horas*.

du.rão (*duro+ão*[2]) *sm* Valentão; enérgico: *"Aqui, um policial impulsivo e durão dispõe-se a enfrentar sozinho uma gangue de contrabandistas de armas."* (FSP)

du.rar (*lat durare*) *vint* 1 Conservar-se, mantendo as mesmas qualidades: *O linho é tecido que dura*. 2 Não se gastar. 3 Prolongar-se: *Uma febre que dura há vários dias*. 4 Continuar a viver: *Depois do derrame ainda durou três anos*. *Antôn* (acepções 1, 2 e 4): *acabar*.

du.rex (*cs*) (de *Durex*, marca comercial) *sm* Fita adesiva usada para colar papel.

du.re.za (ê) (*lat duritia*) *sf* 1 Qualidade daquilo que é duro. 2 Rigor, severidade. 3 *Miner* Resistência de um mineral. 4 Grau de têmpera: *A dureza do aço. Antôn* (acepção 2): *brandura*.

du.ro (*lat duru*) *adj* 1 Sólido. 2 Rijo. 3 Desagradável ao ouvido: *Ele usou palavras duras*. 4 Enérgico, forte. 5 Custoso, difícil. 6 *gír* Valente, resistente. *Antôn* (acepção 1): *mole*; (acepção 2): *brando*. *Dar um duro:* trabalhar muito. *Estar duro, gír:* não ter dinheiro. *No duro:* com toda certeza.

du.to (*lat ductu*) *sm* Conduto, canal, cano: *"Dutos de água do século passado estouram com frequência e inundam ruas e edifícios."* (FSP)

dú.vi.da (de *duvidar*) *sf* **1** Incerteza. **2** Hesitação. **3** Ceticismo, descrença. **4** Suspeita. *Antôn* (acepção 1): *certeza, convicção*.

du.vi.dar (*lat dubitare*) *vtd* **1** Estar em dúvida sobre, ter dúvida de: *Duvido que ele seja meu amigo*. *vint* **2** Questionar. *vint* **3** Não acreditar, não admitir: *Ainda fico duvidando*. *vti* **4** Não confiar, ter suspeitas; descrer: *Não estou duvidando de ninguém*. *vti* **5** Hesitar: *Não duvidei de lhe declarar corajosamente o meu voto*. *Antôn* (acepções 1 e 3): *crer*. *Conjug* – *Pres indic*: duvido, duvidas, duvida (ví) etc. *Cf* **dúvida**.

du.vi.do.so (ô) (de *dúvida+oso*) *adj* **1** Incerto. **2** Indeciso, hesitante. **3** Suspeito. **4** Desconfiado, receoso. **5** Arriscado, perigoso. **6** Equivocado, ambíguo. *Pl*: *duvidosos* (ó).

du.zen.tos (*lat ducentos*) *num* Cardinal correspondente a 200 unidades; duas vezes cem. • *sm* O algarismo 200.

dú.zia (*lat vulg *duocina*) *num* Grupo formado por doze unidades. • *sf* Grupo ou conjunto de doze. *Às dúzias*: em grande quantidade; muitos. *Meia dúzia*: a) seis unidades; b) em pequeno número; poucos: *Encontrei meia dúzia de gatos pingados*.

e¹ (é ou ê) (lat e) sm Quinta letra do alfabeto português, vogal.

e² (lat et) conj 1 Conjunção aditiva, que se usa para unir duas palavras ou orações. 2 Conjunção adversativa, quando equivale a mas, contudo.

é.ba.no (gr ébenos) sm 1 Bot Árvore de madeira escura, pesada e resistente. 2 Cor preta muito carregada: *"Rostos flamejam, fulguram um instante e somem no ébano da noite sombria."* (FSP)

é.brio (lat ebriu) adj+sm Embriagado, bêbado: *"Lulu Padilha, ébrio contumaz, saiu da bodega do compadre Biloca riscando a rua."* (CHP)

e.bu.li.ção (lat ebullitione) sf 1 Fís Transformação de um líquido em vapor. 2 Ato de ferver: *"Havia uma grande chaleira de ferro cheia de azeite em ebulição."* (INC) 3 fig Agitação: *"Dentro deste contexto, o Brasil vivia o grande momento de ebulição de suas forças sociais."* (CAP)

e.char.pe (fr écharpe) sf Faixa de tecido que se usa ao redor do pescoço.

e.cle.si.ás.ti.co (gr ekklesiastikós) adj Relativo ou pertencente à Igreja ou ao clero. • sm Sacerdote, padre, clérigo.

e.clé.ti.co (gr eklektikós) adj Relativo ao ecletismo. • sm Indivíduo eclético.

e.cle.tis.mo (gr ekletismós) sm Método que procura conciliar diversas teses de sistemas distintos: *"Na verdade, sua obra padece de um irreparável ecletismo, por tentar conciliar o irreconciliável como as teses de Scheler, Marx, Dewey, Weber, etc."* (FS)

e.clip.sar (eclipse+ar) vtd 1 Encobrir, esconder. 2 Exceder, vencer: *Eclipsou os concorrentes.*

e.clip.se (gr éklepsis) sm Astr Ocultação total ou parcial de um astro por outro corpo celeste.

e.clo.dir (lat ecludere) vint 1 Desabrochar, nascer. 2 Aparecer, surgir. *Conjug* – é defectivo; conjuga-se apenas nas 3ᵃˢ pessoas. *Pres indic: eclode, eclodem; Pres subj: eclodam; Pret perf: eclodiu, eclodiram.*

e.clo.são (fr eclosion) sf 1 Aparecimento: *O século XX assistiu à eclosão da internet.* 2 Desenvolvimento ao nascer.

e.clu.sa (fr écluse) sf Cada um de uma série de diques, em um trecho de rio ou canal, usado para elevar ou descer embarcações de um nível de água a outro.

e.co (gr ekhó) sm Fís Repetição de um som.

e.co.ar (eco+ar¹) vint 1 Fazer eco, ressoar: *"A música ecoava pela nave da igreja."* (ACM) vtd 2 Repetir: *"No Parlamento, a oposição ecoava a crise das instituições e procurava defendê-las."* (NEP) Conjuga-se como *coar*.

e.co.car.di.o.gra.fi.a (eco¹+cárdio+grafo+ia¹) sf Med Método que investiga, através de ultrassom, a posição e a movimentação de certas partes internas do coração para detectar doenças.

e.co.car.di.ó.gra.fo (eco¹+cárdio+grafo¹) sm Aparelho usado para registrar o ecocardiograma.

e.co.car.di.o.gra.ma (eco¹+cárdio+grama) sm Med Registro gráfico obtido pelo ecocardiógrafo.

e.co.lo.gi.a (eco²+logo+ia¹) sf Parte da biologia que estuda as relações dos organismos com o meio ambiente.

e.co.lo.gis.ta (eco²+logo+ista) s m+f Especialista em ecologia.

e.co.no.mês (economia+ês) sm deprec Linguagem própria dos economistas.

e.co.no.mi.a (*gr oikonomía*) *sf* **1** Ciência que estuda a produção, distribuição e consumo das riquezas. **2** Poupança. *sf pl* **3** Dinheiro acumulado por poupança. *Economia informal*, *Econ:* a que não é registrada legalmente.

e.co.nô.mi.co (*gr oikonomikós*) *adj* **1** Relativo à economia. **2** Diz-se de quem controla os gastos.

e.co.no.mis.ta (*econom(ia)+ista*) *s m+f* **1** Especialista em questões econômicas. **2** Bacharel em ciências econômicas.

e.co.no.mi.zar (*economia+izar*) *vtd* **1** Poupar. *vtd* **2** Administrar economicamente. *vint* **3** Fazer economia.

e.cos.sis.te.ma (*eco²+sistema*) *sm Ecol* Conjunto de relações entre uma comunidade de organismos e seu meio ambiente.

e.co.tu.ris.mo (*eco²+turismo*) *sm* Tipo de turismo que respeita o meio ambiente natural.

ec.to.plas.ma (*ecto+plasma*) *sm* **1** *Biol* Película externa do citoplasma na célula. **2** *Espir* Substância visível de origem psíquica que emana de certos médiuns.

e.cu.mê.ni.co (*gr oikoumenikós*) *adj* Universal, mundial.

ec.ze.ma (*gr ékzema*) *sm Med* Doença inflamatória da pele.

e.de.ma (*gr oídema*) *sm Med* Infiltração anormal de líquido no tecido conjuntivo: *"Naquele mesmo dia teve um edema agudo de pulmão e faleceu ao anoitecer."* (INC)

é.den (*hebr 'êden*) *sm* **1** Paraíso terrestre, segundo a Bíblia. **2** *fig* Lugar de delícias: *"Para os amantes do vinho, o éden é aqui: entre os rios Garonne e Dordogne."* (FSP) *Pl: edens.*

e.di.ção (*lat editione*) *sf* **1** Ato ou efeito de editar. **2** Publicação de uma obra literária, científica ou artística. **3** Seleção e montagem do que foi gravado ou filmado para realização de um filme, programa etc.

e.dí.cu.la (*lat aedicula*) *sf Constr* Pequena casa construída nos fundos da casa principal.

e.di.fi.ca.ção (*lat aedificatione*) *sf* **1** Construção. **2** Edifício, prédio.

e.di.fi.can.te (*lat aedificante*) *adj m+f* **1** Que edifica moralmente: *"Muçulmanos xiitas acreditam que o martírio é algo nobre e edificante."* (FSP) **2** Instrutivo: *"São Paulo constituiu exemplo edificante da capacidade do povo brasileiro na luta contra o atraso."* (G)

e.di.fi.car (*lat aedificare*) *vtd* **1** Construir, erguer (um edifício). *vint* **2** Infundir sentimentos morais e religiosos.

e.di.fí.cio (*lat aedificiu*) *sm* Construção; prédio.

e.di.tal (*édito+al¹*) *sm* Ordem oficial afixada em lugares públicos ou anunciada na imprensa.

e.di.tar (*lat editare*) *vtd* **1** Publicar uma obra literária, científica ou artística; editorar. **2** Selecionar textos, músicas, filmes etc. para posterior publicação ou apresentação. *Cf* edito e édito.

e.di.to (*lat edictu*) *sm* Decreto, ordem ou lei: *"O governo chinês, através de editos, procurou restringir o uso e o tráfico da droga."* (DRO) *Cf édito.*

é.di.to (*lat editu*) *sm* Ordem judicial publicada por anúncios ou editais: *"Os trabalhadores poderão dispensar a indexação governamental, baseada em éditos legais ou decisões normativas da Justiça do Trabalho."* (FSP) *Cf edito.*

e.di.tor (*lat editore*) *sm* **1** Aquele que edita. **2** Proprietário de uma editora. **3** Responsável pela supervisão e/ou preparação das obras de uma editora. *Editor de texto, Inform:* Programa para redação e edição de textos.

e.di.to.ra (*ô*) (*fem de editor*) *sf* Estabelecimento que se dedica à edição de livros.

e.di.to.ra.ção (*editorar+ção*) *sf* Preparação técnica de originais para publicação de uma obra.

e.di.to.rar (*editor+ar¹*) *vtd* **1** Editar. **2** Fazer a editoração de.

e.di.to.ri.a (*editor+ia¹*) *sf* Cada uma das seções de assuntos específicos de jornais, revistas etc.

e.di.to.ri.al (*ingl editorial*, via *fr*) *adj m+f* **1** Relativo a editor ou a edições. **2** Relativo a editoração. • *sm Jorn* Artigo que expressa a opinião de um órgão da imprensa (jornal, revista etc.), geralmente escrito pelo chefe da redação.

e.di.to.ri.a.lis.ta (*editorial+ista*) *s m+f* Pessoa que escreve o editorial.

e.dre.dom (fr *édredon*) *sm* Coberta acolchoada para cama. *Var: edredão. Pl: edredons.*
e.du.ca.ção (*lat educatione*) *sf* **1** Ensino. **2** Civilidade, delicadeza, cortesia.
e.du.ca.ci.o.nal (*educação+al¹*) *adj m+f* Educativo.
e.du.ca.do (*part de educar*) *adj* **1** Instruído, ensinado. **2** Delicado, cortês. *Antôn* (acepção 2): *malcriado, mal-educado.*
e.du.car (*lat educare*) *vtd* **1** Dar educação a. *vpr* **2** Instruir-se.
e.du.ca.ti.vo (*educar+ivo*) *adj* Relativo à educação. **2** Instrutivo.
e.fe (*éfe*) *sm* O nome da letra *f. Pl: efes* ou *ff*.
e.fei.to (*lat effectu*) *sm* **1** Consequência. **2** Finalidade, destino. *Com efeito:* efetivamente, realmente.
e.fe.mé.ri.des (*gr ephemerís*) *sf pl* **1** Relação de fatos dia por dia: *No sábado, o telejornal anunciou as efemérides da semana.* **2** Tábuas astronômicas que indicam, dia a dia, a posição dos planetas no zodíaco.
e.fê.me.ro (*gr ephémeros*) *adj* **1** Que dura pouco: *"Teriam de ser leves e de ter asas como as efêmeras aleluias."* (FSP) **2** Passageiro, transitório: *"Ninguém mais quer produtos efêmeros, tanto em qualidade quanto no que diz respeito à moda."* (FSP) • *sm Zool* Inseto que serve de alimento aos peixes.
e.fe.mi.na.do (*lat effeminatu*) *adj* **1** Que tem modos de mulher: *"Belo homem, com um estilo de beleza meio efeminado."* (FSP) **2** Excessivamente delicado. • *sm* Indivíduo efeminado; maricas.
e.fe.mi.nar (*lat effeminare*) *vtd* e *vpr* Tornar(-se) efeminado.
e.fer.ves.cên.cia (*lat effervescentia*) *sf* **1** Ebulição, fervura. **2** *fig* Perturbação, exaltação: *"Muita coisa está em efervescência por baixo dessa aparência de festival permanente."* (CH); *"O cabo de Santo Agostinho reclamava a efervescência do general."* (CHC) **3** Agitação: *"Na França, a cidade de Lyon é o segundo centro de efervescência cultural, depois de Paris."* (FSP)
e.fer.ves.cen.te (*lat effervescente*) *adj m+f* **1** Que tem efervescência. **2** *fig* Exaltado; irascível.
e.fer.ves.cer (*lat effervescere*) *vint* **1** Entrar em efervescência, ferver. **2** Excitar-se. **3** Surgir com agitação: *"[O besteirol] efervescia com o grupo teatral 'Asdrúbal Trouxe o Trombone'."* (FSP) Conjuga-se como *crescer*.
e.fe.ti.var (*efetivo+ar¹*) *vtd* **1** Tornar efetivo. **2** Realizar.
e.fe.ti.vo (*lat effectivu*) *adj* **1** Real, verdadeiro. **2** Que produz efeito. **3** Permanente. • *sm* Número real de indivíduos, soldados etc.
e.fe.tu.ar (*lat effectu*) *vtd* **1** Realizar, executar. *vpr* **2** Realizar-se.
e.fi.cá.cia (*lat efficacia*) *sf* Eficiência. *Antôn:* ineficácia.
e.fi.caz (*lat efficace*) *adj m+f* Que produz o efeito desejado; eficiente: *"O santo Cônego Lopes, ao que contam, tinha poderes eficazes contra Belzebu."* (BDI) *Antôn:* ineficaz. *Sup abs sint:* eficacíssimo.
e.fi.ci.ên.cia (*lat efficientia*) *sf* Ação, capacidade de produzir um efeito; eficácia. *Antôn:* ineficiência.
e.fi.ci.en.te (*lat efficiente*) V *eficaz. Antôn:* ineficiente.
e.fi.gie (*lat effigie*) *sf* **1** Imagem. **2** Retrato em relevo.
e.flo.res.cer (*lat efflorescere*) *vint* Começar a florescer.
e.flú.vio (*lat effluviu*) *sm* **1** Emanação de um fluido; exalação: *"Confundida pelos eflúvios do álcool, ela deixara que continuasse."* (RET) **2** *poét* Aroma, perfume. **3** *fig* Energia; influência benéfica ou maléfica: *"Algumas pessoas acreditam até hoje nos maus eflúvios do ano bissexto."* (FSP); *No fim da tarde, aspirava os eflúvios das flores que se abrem à noite.*
e.fu.são (*lat effusione*) *sf* **1** Extravasamento, expansão. **2** *fig* Expressão ou demonstração intensa dos sentimentos íntimos: *"Ele se aproximara com a efusão de certos cães que veem o dono."* (OE)
e.fu.si.vo (*efuso+ivo*) *adj* Expansivo: *Recebeu efusivos elogios do diretor da empresa.*
é.gi.de (*gr aigís, ídos*) *sf* **1** Amparo, defesa, proteção: *"Seu objetivo era exatamente fazer com que este País vivesse sob a égide da democracia."* (JL) **2** Patrocínio: *"A realização deste seminário, sob a égide da*

Comissão de Infraestrutura do Senado, adquire grande relevância." (POL)

e.gip.cio (lat Aegyptiu) adj Pertencente ou relativo ao Egito (África). • sm 1 Habitante ou natural do Egito. 2 Língua e sistema de escrita do Egito antigo.

e.gip.to.lo.gi.a (egipto+logo+ia¹) sf Estudo das coisas antigas do Egito (África), seus monumentos, sua literatura etc.

e.gip.tó.lo.go (egipto+logo) sm Especialista em egiptologia.

e.go.cên.tri.co (ego+centro+ico²) adj Que considera seu próprio eu como centro de tudo.

e.go.cen.tris.mo (ego+centro+ismo) sm Psicol Pessoa interessada em si mesma e em tudo que lhe diz respeito.

e.go.ís.mo (ego+ismo) sm Amor exclusivo a si mesmo e a seus interesses, sem considerar os interesses dos outros. Antôn: altruísmo.

e.go.ís.ta (ego+ista) adj e s m+f Que trata só de seus interesses. Antôn: altruísta.

e.gres.so (lat egressu) adj 1 Que saiu. 2 Que deixou uma comunidade: "Ignácio de Loyola, em Paris, unira-se a seus companheiros egressos da universidade e fizeram o voto de pobreza." (BOI) • sm 1 Saída, retirada. 2 Indivíduo que saiu da cadeia ou do convento: "Secretaria de Justiça faz festa para egressos." (DIN)

é.gua (lat equa) sf Fêmea do cavalo.

ei-lo Contração do advérbio eis com o pronome lo. Flex: ei-la, ei-los, ei-las.

ei.ra (lat area) sf Porção de terreno em que se secam e limpam cereais e legumes. Sem eira nem beira: na miséria, sem recursos.

eis (lat ecce) adv Aqui está.

ei.xo (gr áxon, pelo lat vulg *axu) sm 1 Linha reta que passa pelo centro de um corpo e em torno da qual esse corpo executa o movimento de rotação. 2 Peça em torno da qual giram as rodas de um veículo ou de uma máquina. Entrar nos eixos: retomar o bom caminho; voltar a ter juízo. Sair dos eixos: exceder-se.

e.ja.cu.la.ção (ejacular+ção) sf 1 Expulsão repentina e abundante de líquido. 2 Emissão de esperma.

e.ja.cu.lar (lat ejaculare) vtd 1 Lançar de si. 2 Derramar com força. 3 Emitir esperma.

e.je.tar (lat ejectu+ar¹) vtd 1 Expelir, expulsar: "O piloto conseguiu ejetar seu assento." (FSP) 2 Inform Expelir discos ou fitas por meio de botões: "[O técnico] sugere, também, o uso constante do videocassete e a inspeção diária, inserindo e ejetando uma fita ou programando o vídeo para gravar." (FSP)

e.je.tor (lat ejectore) adj Que ejeta. • sm Mecanismo ou dispositivo que ejeta qualquer coisa.

e.la (lat illa) Pronome pessoal feminino da 3ª pessoa do singular.

e.la.bo.rar (lat elaborare) vtd 1 Preparar, organizar gradualmente. 2 Pôr em ordem.

e.las.ti.ci.da.de (elástico+i+dade) sf Fís Propriedade de certos corpos sólidos de retornarem a sua forma original depois de interrompida uma ação que lhes causou uma deformação.

e.lás.ti.co (gr elastós+ico²) adj 1 Que tem elasticidade. 2 Flexível. • sm Tira de borracha para prender objetos.

e.le¹ (éle) sm O nome da letra l. Pl: eles ou ll.

e.le² (ê) (lat ille) Pronome pessoal masculino da 3ª pessoa do singular.

e.le.fan.te (gr eléphas, antos) sm Zool Mamífero paquiderme, cuja tromba apresenta orifícios nasais abertos na extremidade. Fem: aliá e elefanta. Col: manada.

e.le.fan.tí.a.se (gr elephantíasis) sf Med Moléstia caracterizada por um inchaço volumoso e duro da pele e do tecido adiposo.

e.le.fan.tí.deos (elefante+ídeos) sm pl Zool Família de mamíferos da África e Índia (Ásia) que inclui os elefantes.

e.le.gân.cia (lat elegantia) sf 1 Graça e distinção no traje, no porte, nas maneiras. 2 Distinção na linguagem e no estilo.

e.le.gan.te (lat elegante) adj m+f 1 Que tem elegância. 2 Harmonioso.

e.le.ger (lat eligere) vtd 1 Escolher, nomear por votação. 2 Escolher, preferir entre dois ou mais. Conjuga-se como reger. Part: elegido e eleito.

e.le.gi.bi.li.da.de (elegível+i+dade) sf Capacidade, condição ou possibilidade de ser eleito: "A elegibilidade dos prefeitos foi uma prolongada e difícil conquista democrática." (CRO)

e.lei.ção (lat electione) sf Ato ou efeito de eleger.

e.lei.to (*lat electu*) *adj* **1** Que venceu uma eleição. **2** Escolhido, preferido. • *sm* O que foi eleito.

e.lei.tor (*lat electore*) *adj+sm* Que ou aquele que elege ou pode eleger. *Col*: colégio.

e.lei.to.ra.do (*eleitor+ado²*) *sm* Conjunto de eleitores.

e.lei.to.ral (*eleitor+al¹*) *adj m+f* Relativo a eleições ou ao direito de eleger.

e.lei.to.rei.ro (*eleitor+eiro*) *adj pej* Que busca apenas conquistar votos numa eleição, sem considerar o real interesse da comunidade.

e.le.men.tar (*elemento+ar¹*) *adj m+f* **1** Rudimentar, simples. **2** Principal, fundamental.

e.le.men.to (*lat elementu*) *sm* **1** Cada uma das partes que compõem um todo. **2** Ambiente, meio: *A água é o elemento dos peixes*. **3** Dado, informação. *sm pl* **4** Primeiras noções; rudimentos.

e.len.co (*gr élegkhos*) *sm* **1** Catálogo, lista. **2** Conjunto de artistas de um espetáculo de teatro, cinema, televisão etc.: *O diretor apresentou o elenco da peça.*

e.le.ti.vo (*lat electu+ivo*) *adj* Feito ou nomeado por eleição: *Os cargos daquele departamento são eletivos.*

e.le.tra.cús.ti.ca (*eletro+acústica*) *sf* Parte da Física que trata da produção, amplificação, gravação, reprodução e transformação de energia elétrica em sons, e vice-versa. *Var*: eletroacústica.

e.le.tra.cús.ti.co (*eletro+acústico*) *adj* Relativo à eletracústica. *Var*: eletroacústico.

e.le.tri.ci.da.de (*elétrico+i+dade*) *sf* Fís Nome que se dá aos fenômenos em que estão envolvidas cargas elétricas em movimento ou em repouso.

e.le.tri.cis.ta (*elétrico+ista*) *s m+f* Pessoa que trabalha com instalações elétricas.

e.lé.tri.co (*eletro+ico²*) *adj* **1** Que tem eletricidade, que é resultado de eletricidade. **2** Que se refere à eletricidade. **3** *fig* Rápido nos movimentos.

e.le.tri.fi.ca.do (*part de eletrificar*) *adj* Provido de instalação elétrica.

e.le.tri.fi.car (*eletro+ficar*) *vtd* **1** Adaptar ou aplicar eletricidade a. **2** Dotar de energia elétrica: *"O CNA quer dar água corrente para 1 milhão de famílias e eletrificar 2,5 milhões de residências."* (FSP) *vpr* **3** Tornar-se elétrico.

e.le.tri.zar (*eletro+izar*) *vtd e vpr* **1** Carregar (-se) de eletricidade. **2** Excitar(-se): *"O ato em si continha uma carga dramática capaz de eletrizar a grande massa."* (FSP); *"As plateias se eletrizavam perante nomes como Nureyev."* (FSP)

e.le.tro.car.di.o.gra.fi.a (*eletro+cardio+ grafo+ia¹*) *sf Med* Método de registro, em forma de gráfico, das correntes elétricas do coração.

e.le.tro.car.di.ó.gra.fo (*eletro+cardio+ grafo*) *sm Med* Instrumento com que se realiza a eletrocardiógrafia.

e.le.tro.car.di.o.gra.ma (*eletro+cardio+ grama*) *sm Med* Registro gráfico feito pelo eletrocardiógrafo.

e.le.tro.cu.ção (*eletro+(exe)cução*) *sf* Morte causada por eletricidade.

e.le.tro.cu.tar (*eletro+(exe)cutar*) *vtd* **1** Matar por eletricidade. **2** Executar na cadeira elétrica.

e.le.tro.di.nâ.mi.ca (*eletro+dinâmica*) *sf* Ramo da Física que estuda as correntes elétricas.

e.le.tro.do (ô) (*ingl electrode*) *sm Fís* Condutor usado para estabelecer contato elétrico. *Var*: elétrodo.

e.le.tro.do.més.ti.co (*eletro+doméstico*) *adj+sm* Diz-se de ou aparelho elétrico de uso doméstico, como geladeira etc.

e.le.tro.e.le.trô.ni.co (*eletro+eletrônico*) *adj+sm* Diz-se de ou aparelho eletrônico de uso doméstico, como televisor etc.

e.le.tro.en.ce.fa.lo.gra.fi.a (*eletro+encéfalo+grafo+ia¹*) *sf Med* Método de registro, em forma de gráfico, das oscilações elétricas associadas às atividades do cérebro.

e.le.tro.en.ce.fa.ló.gra.fo (*eletro+encéfalo +grafo*) *sm Med* Instrumento com que se realiza a eletroencefalografia.

e.le.tro.en.ce.fa.lo.gra.ma (*eletro+encéfalo +grama*) *sm Med* Registro gráfico feito pelo eletroencefalógrafo.

e.le.tró.li.se (*eletro+lise*) *sf* **1** *Quím* Processo de produzir alterações químicas pela passagem de uma corrente elétrica. **2** *Cir* Destruição de tumores, raízes de cabelos etc., por meio de uma corrente elétrica.

e.le.tró.li.to (*eletro+lito*) *sm* **1** *Fís* Condutor elétrico, líquido ou sólido, no qual uma corrente é conduzida pelo movimento de íons. **2** *Quím* Qualquer das substâncias que tornam condutora a água em que se dissolvem.

e.le.tro.mag.ne.tis.mo (*eletro+magnetismo*) *sm* Parte da Física que estuda os fenômenos que envolvem campos elétricos e magnéticos.

e.le.tro.me.câ.ni.ca (*eletro+mecânica*) *sf* Ramo da eletrodinâmica que trata das forças mecânicas provocadas por comandos elétricos e da construção de aparelhos para a utilização dessas forças.

e.le.tro.me.câ.ni.co (*eletro+mecânico*) *adj* **1** Relativo à eletromecânica. **2** Diz-se de dispositivo em que comandos elétricos provocam efeitos mecânicos, ou vice-versa. • *sm* Profissional que confecciona e conserta aparelhos elétricos.

e.le.trô.me.tro (*eletro+metro*) *sm Eletr* Instrumento para a medição de voltagens, correntes ou cargas elétricas.

e.lé.tron (*gr élektron*) *sm Fís* Partícula carregada de eletricidade negativa que entra na constituição do átomo.

e.le.trô.ni.ca (*elétron+ico²*) *sf* Ciência que trata das propriedades e do comportamento de circuitos elétricos e de seus processos de fabricação e montagem.

e.le.tro.quí.mi.ca (*eletro+química*) *sf Fís-Quím* Ciência que trata das relações entre a energia elétrica e os fenômenos químicos.

e.le.tro.quí.mi.co (*eletro+químico*) *adj* Relativo ou pertencente à eletroquímica. • *sm* Especialista em eletroquímica.

e.le.tros.có.pio (*eletro+scopo+io*) *sm* Aparelho com que se reconhece a presença de eletricidade em um corpo.

e.le.tros.tá.ti.ca (*eletro+estática*) *sf Eletr* Estudo das leis e fenômenos da eletricidade estática.

e.le.tro.téc.ni.ca (*eletro+técnica*) *sf* Ciência e técnica da produção e aplicação prática da eletricidade.

e.le.tro.te.ra.pi.a (*eletro+terapia*) *sf Med* Método de tratamento de doenças por meio da eletricidade.

e.le.va.do (*part* de *elevar*) *adj* **1** Que se elevou: *Os livros proibidos foram postos em lugar elevado da estante para dificultar o acesso.* **2** Exagerado, excessivo: *Preço elevado.* • *sm* Via urbana construída em nível superior ao do solo.

e.le.va.dor (*elevar+dor*) *sm* Cabina móvel para subir ou descer pessoas ou cargas.

e.le.var (*lat elevare*) *vtd* e *vpr* **1** Erguer(-se), levantar(-se): *Elevou os braços para pedir ajuda ao helicóptero.* *vtd* **2** Aumentar: *Os donos de supermercados elevaram os preços das mercadorias. Antôn: abaixar.*

e.li.dir (*lat elidere*) *vtd* **1** Eliminar, suprimir. **2** *Gram* Fazer a elisão de. Conjuga-se como *partir*.

e.li.mi.nar (*lat eliminare*) *vtd* **1** Suprimir, excluir. **2** Matar.

e.lip.se (*gr élleipsis*) *sf* **1** *Geom* Figura geométrica de forma circular e alongada, semelhante a uma circunferência achatada: *O ovo tem a forma de uma elipse.* **2** *Gram* Omissão de palavras facilmente subentendidas: *Saí cedo de casa* (elipse do sujeito: *eu saí*).

e.li.são (*lat elisione*) *sf* **1** Eliminação, suspensão. **2** *Gram* Supressão da vogal átona final de um vocábulo, quando o seguinte começa por vogal ou por *h* seguido de vogal: *deste = de este*; *outrora = outra hora*.

e.li.te (*fr élite*) *sf* Aquilo que há de melhor na sociedade; escol.

e.li.tis.mo (*elite+ismo*) *sm* Sistema que favorece as elites, em prejuízo da maioria: *"O elitismo é um aspecto típico de qualquer ideologia reacionária."* (FSP)

e.li.xir (*ár al'ikhîr*) *sm Farm* **1** Preparação líquida composta de substâncias aromáticas e medicamentosas. **2** *fig* Substância que tem efeito mágico: *"Em breve, bastará um pouco de nosso elixir da longa vida para lhes restituir a juventude e o vigor."* (CRU)

e.lo (*é*) (*lat anellu*) *sm* **1** Argola de corrente. **2** Ligação.

e.lo.cu.ção (*lat elocutione*) *sf Ret* Forma de exprimir o pensamento por meio de palavras escritas ou orais.

e.lo.gi.ar (*lat elogiare*) *vtd* Fazer elogio de. Conjuga-se como *premiar*.

e.lo.gi.o (*lat elogiu*) *sm* Louvor.

e.lo.quên.cia (*qwe*) (*lat eloquentia*) *sf Ret* **1**

Faculdade de falar ou escrever de maneira agradável, convincente e persuasiva. **2** Capacidade de expressar-se bem.

e.lo.quen.te (qwe) (lat *eloquente*) *adj m+f* Convincente, expressivo, persuasivo.

e.lu.ci.dar (lat *elucidare*) *vtd* Esclarecer, explicar.

e.lu.cu.bra.ção (lat *elucubratione*) *V lucubração*.

em (lat *in*) *prep* Expressa relação de: **1** Lugar: *Vivo em Campinas*. **2** Tempo: *Cheguei lá em duas horas*. **3** Avaliação ou cálculo: *A casa foi avaliada em duzentos e cinquenta mil dólares*. **4** Modo: *Tudo estava em boa ordem*. **5** Quantidade: *Foi dividido em três partes*. **6** Fim: *Foi pedida em casamento*. **7** Forma: *Revista em quadrinhos*.

e.ma (molucano *eme*) *sf Zool* Ave corredora sul-americana, muito parecida com o avestruz. Voz: *grasna, ronca*.

e.ma.gre.cer (em+*magro*+ecer) *vtd* e *vint* Tornar(-se) magro. Antôn: *engordar*.

e-mail (imêil) (redução do *ingl electronic mail*) *sm Inform* Correio eletrônico.

e.ma.na.ção (lat *emanatione*) *sf* Procedência, origem.

e.ma.nar (lat *emanare*) *vti* **1** Originar-se, proceder. **2** Desprender-se.

e.man.ci.par (lat *emancipare*) *vtd* e *vpr* **1** Livrar(-se) do poder paternal ou de tutela: *O pai emancipou o filho, que ainda era menor*. **2** Libertar(-se), tornar(-se) livre.

e.ma.ra.nhar (e+*maranha*+ar¹) *vtd* **1** Embaraçar, enredar. *vtd* e *vpr* **2** Confundir(-se), complicar(-se).

em.ba.çar (em+*baço*+ar¹) *vtd, vint* e *vpr* **1** Embaciar. *vtd* **2** Tirar o prestígio a. *vint* **3** *gír* Atrasar propositadamente: *Ficou embaçando, perdeu o começo da peça*.

em.ba.ci.ar (em+*bacia*+ar¹) *vtd* Provocar a perda do brilho ou da transparência: *A água gelada embaciou o copo*. Var: *embaçar*. Conjuga-se como *premiar*.

em.ba.i.nhar (em+*bainha*+ar¹) *vtd* **1** Colocar na bainha: *Embainhar a espada*. **2** Fazer bainha em: *A costureira embainhou a calça*.

em.bai.xa.da (fr *ambassade*) *sf* **1** Cargo ou missão de embaixador. **2** Edifício onde o embaixador exerce suas funções.

em.bai.xa.dor (*embaixar*+dor) *sm* A posição mais elevada de representante diplomático de um governo, junto de outro governo. Fem: *embaixadora* e *embaixatriz*.

em.bai.xa.do.ra (fem de *embaixador*) *sf* Mulher que exerce as funções de embaixador: *"A informação foi dada ontem em Washington pela embaixadora dos EUA junto à Organização das Nações Unidas."* (FSP) Cf *embaixatriz*.

em.bai.xa.triz (*embaixa*(dor)+triz) *sf* Esposa de embaixador. Cf *embaixadora*.

em.bai.xo (em+*baixo*) *adv* Na parte inferior: *A caneta caiu embaixo da cadeira*. Antôn: *em cima*.

em.ba.la.do (part de *embalar*) *adj* Que se guardou em embalagem. • *adv* Com grande velocidade: *O carro vinha embalado*.

em.ba.la.dor (*embalar*+dor) *adj+sm* **1** Que ou aquele que faz embalagens de mercadorias. **2** Que ou aquele que embala.

em.ba.la.gem (fr *emballage*) *sf* Acondicionamento, empacotamento.

em.ba.lar¹ (da mesma raiz de *abalar*) *vtd* **1** Balançar a criança no berço ou no colo para fazê-la adormecer. *vint* **2** Adquirir velocidade; acelerar: *"Os times embalaram no segundo turno, sobretudo em sua reta final."* (FSP)

em.ba.lar² (fr *emballer*) *vtd* Acondicionar, empacotar: *"Só depois de pronta [a calça] é que Paulo põe a etiqueta e Marcos embala."* (MER)

em.ba.lo (de *embalar*) *sm* **1** Balanço. **2** Precipitação, impulso.

em.bal.sa.mar (em+*bálsamo*+ar¹) *vtd* **1** Preparar cadáveres para evitar sua decomposição. *vtd* e *vpr* **2** Encher-se de bálsamos ou de perfumes; perfumar-se.

em.ba.na.na.do (part de *embananar*) *adj gír* Confuso, embaraçado, complicado.

em.ba.na.nar (em+*banana*+ar¹) *vtd* e *vpr gír* Tornar(-se) confuso, complicar(-se).

em.ba.ra.çar (em+*baraca*+ar¹) *vtd* **1** Causar, pôr embaraço a; impedir. **2** Complicar.

em.ba.ra.ço (de *embaraçar*) *sm* **1** Impedimento, obstáculo. **2** Perturbação, hesitação.

em.ba.ra.ço.so (ô) (*embaraço*+oso) *adj* Que causa embaraço. Pl: *embaraçosos* (ó).

em.ba.ra.lha.do (*part* de *embaralhar*) *adj* **1** Misturado. **2** Que se acha em desordem.
em.ba.ra.lhar (*em+baralho+ar¹*) *vtd* e *vpr* **1** Misturar(-se), confundir(-se). *vtd* e *vint* **2** Misturar as cartas do baralho.
em.bar.ca.ção (*embarcar+ção*) *sf* Qualquer veículo destinado a navegar no mar, lagos ou rios.
em.bar.ca.dou.ro (*embarcar+douro*) *sm* Porto; cais.
em.bar.car (*em+barco+ar¹*) *vtd* **1** Pôr dentro de uma embarcação. *vti*, *vint* e *vpr* **2** Entrar em embarcação ou em qualquer outro veículo para viajar. *vti* **3** *gír* Deixar-se enganar: *Embarcou na conversa do trapaceiro, que acabou levando seu dinheiro*. *vint* **4** *gír* Morrer.
em.bar.gar (*lat* vulg **imbarricare*) *vtd* Impedir o uso de; pôr obstáculos a.
em.bar.go (de *embargar*) *sm* Obstáculo, impedimento.
em.bar.que (de *embarcar*) *sm* **1** Ato de embarcar(-se). **2** Lugar onde se embarca.
em.bar.ri.gar (*em+barriga+ar¹*) *vint* **1** Tornar-se barrigudo (o animal). **2** Engravidar.
em.ba.sa.men.to (*embasar+mento*) *sm* **1** Base de edifício ou construção. **2** *fig* Fundamento, base: *Embasamento teórico*.
em.ba.sar (*em+base+ar¹*) *vtd* e *vpr* Fundar-se, basear-se: *"Estão superados os conceitos românticos que embasavam a História."* (FI); *"Assim, o critério de validade de uma dada reflexão embasa-se no critério da verdade."* (GTC)
em.bas.ba.car (*em+basbaque+ar¹*) *vtd* **1** Causar espanto a. *vint* e *vpr* **2** Ficar boquiaberto; pasmar-se.
em.ba.te (de *embater*) *sm* Choque, colisão, impacto, encontrão.
em.ba.ter (*em+bater*) *vti* e *vint* **1** Provocar choque. *vti*, *vint* e *vpr* **2** Encontrar(-se) violentamente.
em.be.be.dar (*em+bêbedo+ar¹*) *vtd* e *vpr* Embriagar(-se); tornar(-se) bêbado.
em.be.ber (*em+beber*) *vtd* **1** Absorver. *vpr* **2** Encharcar-se.
em.be.le.zar (*em+beleza+ar¹*) *vtd* e *vpr* **1** Tornar(-se) belo. *vtd* **2** Ornar, enfeitar. Veja nota em **cognato**.
em.be.ve.cer (*em+beber+ecer*) *vtd* **1** Cativar, enlevar: *A música embevecia a plateia*. *vpr* **2** Ficar encantado, extasiado: *"Foi até o quarto onde a mulher se embevecia com o rebento e batizou o menino com o nome de Rahula."* (BUD)
em.be.ve.ci.do (*part* de *embevecer*) *adj* Extasiado, encantado, fascinado.
em.bi.car (*em+bico+ar¹*) *vtd* **1** Dar a forma de bico a; erguer em ponta. *vti* **2** Esbarrar, encostar. *vti* e *vpr* **3** Dirigir-se, encaminhar-se.
em.bir.rar (*em+birra+ar¹*) *vti* **1** Teimar muito. **2** Antipatizar, implicar.
em.bi.ru.tar (*em+biruta+ar¹*) *vint gír* Enlouquecer.
em.ble.ma (*gr* émblema) *sm* Insígnia, símbolo.
em.bo.a.ba (tupi mboána) *s m+f* **1** Apelido dado pelos descendentes dos bandeirantes paulistas da época colonial aos forasteiros portugueses e brasileiros de outras regiões que entravam no sertão em busca de ouro e pedras preciosas. **2** *por ext* Forasteiro.
em.bo.ca.du.ra (*embocar+dura*) *sf* **1** Parte do freio que entra na boca do cavalo. **2** Entrada de rua, de estrada. **3** Foz de rio.
em.bo.car (*em+boca+ar¹*) *vtd* **1** Pôr na boca ou chegar a ela (um instrumento de sopro). *vtd* **2** Esvaziar, bebendo. *vti* **3** Entrar.
em.bo.la.da (*part fem* de *embolar*) *sf Folc* Forma poético-musical do Nordeste brasileiro (como os desafios).
em.bo.lar (*em+bola+ar¹*) *vint* **1** Cair de repente, rolando como uma bola. *vint* **2** *gír* Engalfinhar-se. *vpr* **3** Juntar-se confusamente: *As pessoas se embolaram na porta do cinema*.
em.bo.li.a (*gr* embolé+ia¹) *sf Med* Obstrução de uma artéria ou veia por coágulo sanguíneo.
êm.bo.lo (*gr* émbolos) *sm* **1** *Mec* Disco ou cilindro móvel de seringas, bombas, cilindros de motores etc.; pistão. **2** *Med* Partícula anormal sólida, que entra na corrente sanguínea.
em.bo.lo.rar (*em+bolor+ar¹*) *vtd* e *vint* Criar bolor.
em.bo.lo.tar (*em+bolota+ar¹*) *vtd* **1** Encaroçar. *vint* **2** Criar caroço: *"Quando a água estiver fervendo e o sabão já*

dissolvido adicionam-se os seis quilos de farinha (anteriormente misturados em água fria para não embolotar)." (GL)

em.bol.sar (*em+bolsa+ar¹*) *vtd* **1** Colocar na bolsa ou no bolso: *Embolsou o troco antes de sair da loja.* **2** Receber: *Ao ser demitido, embolsou dinheiro suficiente para comprar um carro.*

em.bol.so (*ô*) (de *embolsar*) *sm* Pagamento, reembolso: *"O novo Estatuto da Advocacia e da OAB atribui honorários aos advogados, impedindo o seu embolso por parte dos bancos e das empresas."* (FSP); *O funcionário teve embolso do décimo terceiro salário.*

em.bo.ne.car (*em+boneca+ar¹*) *vtd* e *vpr* Enfeitar(-se) muito.

em.bo.ra (da expressão *em boa hora*) *adv* Em boa hora. • *conj* Ainda que, conquanto, se bem que: *Continuou a andar, embora estivesse cansado.*

em.bor.car (*em+borco+ar¹*) *vtd* **1** Pôr de boca para baixo. *vtd* **2** Derramar na boca, bebendo. *vint* e *vpr* **3** Cair de barriga para baixo.

em.bos.ca.da (*part fem* de *emboscar*) *sf* Cilada, tocaia.

em.bos.car (*em+bosque+ar¹*) *vtd* Armar emboscada, tocaiar: *"Os rebeldes da Unita emboscaram no fim de semana alguns carros e mataram oito civis."* (FSP)

em.bos.te.ar (*em+bosta+e+ar¹*) *vtd vulg* Sujar de bosta; emporcalhar. Conjuga-se como *frear*.

em.bo.tar (*em+boto+ar¹*) *vtd* **1** Tirar o corte, o fio ou gume a: *Embotar uma faca.* **2** Fazer perder a sensibilidade: *"[Os arranjos assinados pelo pianista] são capazes de embotar para sempre os corações mais puros e sensíveis."* (FSP) *vtd* e *vpr* **3** Enfraquecer(-se): *"Há carência de oportunidade, as boas intenções embotam-se, perdem-se."* (MEC) **4** Empanturrar-se: *"Tio Ernest embotava-se com cerveja na sala."* (ASA)

em.bran.que.cer (*em+branco+ecer*) *vtd*, *vint* e *vpr* Tornar(-se) branco.

em.bran.que.ci.men.to (*embranquecer+mento*) *sm* Ato ou efeito de embranquecer(-se).

em.bre.a.gem (*fr embrayage*) *sf* Mec Dispositivo que libera o motor para a mudança das marchas.

em.bre.ar (*fr embrayer*) *vtd* e *vint* Acionar a embreagem de. Conjuga-se como *frear*.

em.bre.nhar (*em+brenha+ar¹*) *vtd* e *vpr* **1** Introduzir(-se), esconder(-se) dentro do mato: *"Eles abandonaram sua casa de três quartos e se embrenharam na floresta."* (FSP) **2** Aprofundar-se em: *"Livre das pesquisas, ele se embrenha na leitura, dominada por clássicos militares."* (FSP)

em.bri.a.ga.do (*part* de *embriagar*) *adj* Bêbado.

em.bri.a.gar (*lat vulg *ebriacare*) *vint* **1** Produzir embriaguez. *vpr* **2** Embebedar-se.

em.bri.a.guez (*embriag(ar)+ez*) *sf* Estado de quem se acha embriagado. *Pl*: *embriaguezes*.

em.bri.ão (*gr émbryon*) *sm* **1** *Biol* Ser vivo nas primeiras fases do desenvolvimento. **2** *fig* Começo, origem.

em.bri.o.lo.gi.a (*êmbrio+logo+ia¹*) *sf* Ciência que estuda a formação e o desenvolvimento do embrião.

em.bri.o.ná.rio (*embrião+ário*) *adj* **1** *Biol* Referente ao embrião. **2** Que está em vias de formação.

em.bro.mar (*cast embromar*) *vtd* **1** Fazer muito devagar. *vint* **2** Demorar a cumprir o que se prometeu: *"E [o político] vai embromando até chegar o dia da eleição."* (IN); *Embromou para devolver o livro ao amigo.*

em.bru.lha.da (*part fem* de *embrulhar*) *sf pop* **1** Confusão, desordem. **2** Embaraço, dificuldade.

em.bru.lhão (*embrulhar+ão*) *adj pop* Complicado, confuso, atrapalhado. • *sm pop* Aquele que complica ou dificulta as coisas. *Fem*: *embrulhona*.

em.bru.lhar (*lat vulg *involucrare*) *vtd* **1** Envolver em pano, papel etc.; empacotar. **2** Complicar, confundir. **3** Enjoar. **4** Enganar, ludibriar.

em.bru.lho (de *embrulhar*) *sm* **1** Pacote. **2** Embaraço, embrulhada.

em.bru.te.cer (*em+bruto+ecer*) *vtd*, *vint* e *vpr* Tornar(-se) bruto ou estúpido.

em.bu.char (*em+bucho+ar¹*) *vtd* **1** *gír* Encher o bucho com. **2** Emperrar; dificultar o funcionamento de: *"Como o mato cresce* *e embucha os implementos, deve-se roçá--lo um ou dois meses antes do preparo do solo."* (GU) *vint* **3** Fartar-se de comida. *vtd* **4** *Mec* Colocar uma peça dentro de outra, para diminuir a folga: *"Ajustar muito bem o furo da pedra com o eixo. Se for largo, embuchá-lo com chumbo."* (MPM)

em.bur.rar (*em+burro+ar¹*) *vtd* **1** Tornar estúpido. *vint* **2** Ficar mal-humorado, aborrecido.

em.bus.te *sm* **1** Mentira. **2** Engano propositado.

em.bus.tei.ro (*embuste+eiro*) *adj+sm* Impostor, trapaceiro.

em.bu.ti.do (*part* de *embutir*) *adj* Que foi encaixado num vão de parede, formando com esta uma superfície mais ou menos contínua. • *sm* Denominação genérica de preparações alimentícias como a linguiça, a salsicha etc.

em.bu.tir (*fr emboutir*) *vtd* Construir, encaixar ou montar como parte integrante de alguma coisa.

e.me (*êmê*) *sm* O nome da letra *m*. *Pl*: *emes* ou *mm*.

e.men.da (de *emendar*) *sf* **1** Remendo. **2** Modificação de projeto ou anteprojeto de lei.

e.men.da.do (*part* de *emendar*) *adj* **1** Corrigido, alterado, modificado. **2** Colado, ligado, unido.

e.men.dar (*lat emendare*) *vtd* **1** Corrigir, alterar, modificar. *vtd* **2** Ligar, unir. *vpr* **3** Corrigir-se.

e.mer.gên.cia (*lat emergentia*) *sf* **1** Ato de emergir. **2** Caso de urgência.

e.mer.gen.te (*lat emergente*) *adj* e *s m+f* **1** Que ou aquele que emerge; que surge: *"Os problemas emergentes (...) voltaram a preocupar as atenções das partes contratantes."* (CPO) **2** Que ou aquele que se encontra em ascensão social: *"Os emergentes circulam a bordo de suas Mercedes e BMWs."* (FSP)

e.mer.gir (*lat emergere*) *vint* **1** Sair de onde estava mergulhado. **2** Manifestar--se, tornar-se evidente. *Antôn: imergir*. *Conjug* – conjuga-se como *abolir*, porém é comum substituir-se a 1ª pessoa do singular do presente do indicativo, *emirjo* (em desuso), por *emerjo*, e desta derivar o presente do subjuntivo: *emerja, emerjas* etc. *Part*: *emergido* e *emerso*.

e.mer.são (*lat emersione*) *sf* **1** Ato de sair de um líquido. **2** Ato ou efeito de aflorar; vinda à tona: *"Na realidade, o que transparece através do ato (jurídico) é a emersão de um desejo que é anterior (e posterior) a ele."* (FSP) *Antôn: imersão*.

e.mi.gra.ção (*emigrar+ção*) *sf* Ato de emigrar. *Cf imigração*.

e.mi.gran.te (*lat emigrante*) *adj* e *s m+f* Que emigra. *Cf imigrante*.

e.mi.grar (*lat emigrare*) *vint* Deixar um país (geralmente o de origem) para estabelecer-se em outro: *Muitos emigraram do Brasil e foram trabalhar no Japão.* *Cf imigrar*.
O verbo **emigrar** não tem apenas o significado de permanência, visto que certos animais mudam anualmente de país, temporariamente, para fugir dos rigores do clima.
*As andorinhas norte-americanas **emigram** para o Brasil para fugir do inverno do hemisfério norte e retornam ao lar, meses depois, sem perder o rumo.*

e.mi.nên.cia (*lat eminentia*) *sf* **1** Altura, elevação. **2** Tratamento dado aos cardeais. *Cf iminência*.

e.mi.nen.te (*lat eminente*) *adj m+f* **1** Alto, elevado: *De longe, era possível avistar a eminente torre.* **2** Excelente, sublime: *"Presenciei os antecedentes diretos da morte do eminente homem público."* (FI) *Cf iminente*.

e.mis.são (*lat emissione*) *sf* **1** Ato de emitir. **2** Ação de pôr em circulação uma nova moeda, selos, ações etc.

e.mis.sá.rio (*lat emissariu*) *sm* Mensageiro.

e.mis.so.ra (*fem* de *emissor*) *sf* Estação que transmite programas de televisão ou rádio.

e.mi.ten.te (de *emitir*) *s m+f Com* Pessoa que emite cheque, nota promissória, duplicata.

e.mi.tir (*lat emittere*) *vtd* **1** Soltar de si, desprender. **2** Exprimir, enunciar, dizer (opinião, ideia, palavra). **3** Produzir, formar (som).

e.mo.ção (*fr émotion*) *sf* Reação repentina, intensa e passageira causada por surpresa, medo, alegria etc.

e.mo.ci.o.nan.te (de *emocionar*) *adj m+f* Comovente.
e.mo.ci.o.nar (*emoção+ar¹*) *vtd* Causar emoção; comover.
e.mol.du.rar (*em+moldura+ar¹*) *vtd* **1** Pôr em moldura. **2** Adornar, enfeitar.
e.mo.lu.men.to (*lat emolumentu*) *sm* **1** Gratificação, retribuição. **2** Ganho, proveito. **3** Taxas de cartório: *"A tabela de emolumentos usada pelos cartórios estabelece um teto para as taxas a serem cobradas."* (FSP)
e.mo.ti.vo (*lat emotu+ivo*) *adj* **1** Que tem tendência a se emocionar. **2** Que tem ou revela emoção.
em.pa.car (*cast empacarse*) *vint* **1** Não querer caminhar mais (o animal). **2** *pop* Não prosseguir; parar ou manter-se parado: *O curso de inglês empacou por causa da falta de tempo para estudar.*
em.pa.co.tar (*em+pacote+ar¹*) *vtd* **1** Embrulhar, embalar. *vint* **2** *gír* Morrer.
em.pa.da (de *empanada*) *sf Cul* Iguaria de massa, com recheio.
em.pa.lhar (*em+palha+ar¹*) *vtd* **1** Forrar ou cobrir com palha. **2** Tecer com palha. **3** Rechear a pele de animais mortos, de modo que conservem a forma externa.
em.pa.li.de.cer (*em+pálido+ecer*) *vtd* e *vint* Tornar(-se) pálido.
em.pa.nar (*em+pano+ar¹*) *vtd* **1** Cobrir com panos. **2** Ocultar, esconder. **3** Embaçar. **4** *Cul* Passar (carne, peixe etc.) no ovo e na farinha de rosca ou de trigo.
em.pan.tur.rar (*em+panturra+ar¹*) *vtd* e *vpr* Encher(-se) de comida.
em.pan.zi.nar (*em+pança+ino+ar¹*) *vtd* e *vpr* Encher(-se) de comida; empanturrar(-se).
em.pa.par (*em+papa+ar¹*) *vtd* **1** Cobrir de papas. *vtd* e *vpr* **2** Ensopar(-se), encharcar(-se).
em.pa.pu.ça.do (*part* de *empapuçar*) *adj* **1** Cheio de papos ou pregas: *Calça empapuçada.* **2** Inchado: *Olhos empapuçados.*
em.pa.pu.çar (*em+papo+uço+ar¹*) *vtd* e *vpr* **1** Encher(-se) de papos ou pregas. **2** Fartar(-se); empanturrar(-se): *"Colocaram-nos sentados em dois banquinhos no meio da rua e os empapuçaram com uma overdose de hambúrguer com Coca-Cola."* (FH) *vpr* **3** Tornar-se inchado.

em.pa.re.dar (*em+parede+ar¹*) *vtd* e *vpr* Encerrar(-se) entre paredes.
em.pa.re.lhar (*em+parelha+ar¹*) *vtd* **1** Reunir, juntar com outro: *Emparelhar animais. vti* e *vint* **2** Ficar lado a lado.
em.pas.tar (*em+pasta+ar¹*) *vtd* **1** Transformar em pasta. **2** Cobrir de pasta.
em.pa.tar (*ital impattare*) *vtd* **1** Empregar (dinheiro) sem obter lucros imediatos. *vtd* e *vti* **2** Igualar em votos. *vtd*, *vti* e *vint* **3** Chegar ao final de (competição ou jogo) sem que haja vencedor.
em.pa.te (de *empatar*) *sm* Conclusão de competição ou de votação sem vencedor.
em.pa.ti.a (*gr empátheia*) *sf Psicol* Tendência para sentir o mesmo que outra pessoa; afinidade: *"Dependendo de sua empatia com o público, podem ou não continuar na novela no próximo ano."* (FSP)
em.pe.ci.lho (*empec(er)+ilho*) *sm* Obstáculo, embaraço, impedimento.
em.pe.der.ni.do (*part* de *empedernir*) *adj* **1** Endurecido. **2** *fig* Duro, insensível: *"Irmão, levante a mão e deixe Jesus penetrar neste coração empedernido."* (SO) *Antôn* (acepção 2): *sensível, piedoso.*
em.pe.der.nir (*em+lat tardio petrinu+ir*) *vtd* **1** Petrificar. *vtd*, *vint* e *vpr* **2** Tornar(-se) duro, insensível. *Conjug:* verbo defectivo; conjuga-se como *falir.*
em.pe.drar (*em+pedra+ar¹*) *vtd* **1** Calçar ou revestir com pedras. **2** Endurecer; tornar insensível: *"A morte, a essa altura, empedrava os sentimentos."* (TER)
em.pe.lo.tar (*em+pelota+ar¹*) *vtd* Reduzir a pelotas.
em.pe.nar (*empena+ar¹*) *vtd* e *vint* **1** Entortar(-se), torcer(-se) (a madeira). *vtd* **2** Enfeitar com penas. *vint* e *vpr* **3** Criar penas.
em.pe.nhar (*lat vulg *impegnare*) *vtd* **1** Dar em penhor, em garantia. *vpr* **2** Dedicar todo o empenho em alguma coisa.
em.pe.nho (de *empenhar*) *sm* **1** Ato de dar ou receber em penhor, em garantia. **2** Dedicação.
em.pe.ri.qui.tar (*em+periquito+ar¹*) *vpr* Enfeitar-se demais.
em.per.rar (*em+perro+ar¹*) *vtd* **1** Entravar: *A falta de lubrificação emperrou a engrenagem. vint* **2** Ficar difícil de mover-se: *A gaveta emperrou.*

em.per.ti.gar (*em+pertiga+ar¹*) *vpr* **1** Endireitar-se. **2** Encher-se de vaidade, de orgulho, de arrogância.

em.pes.te.ar (*em+peste+ar¹*) *vtd e vpr* Infectar(-se) com peste, tornar(-se) pestilento. Conjuga-se como *crescer*.

em.pe.te.car (*em+peteca+ar¹*) *vtd e vpr* Enfeitar(-se) ou vestir(-se) exageradamente.

em.pi.lha.dei.ra (*empilhar+deira*) *sf* Máquina destinada a empilhar cargas.

em.pi.lhar (*em+pilha+ar¹*) *vtd* **1** Colocar em pilha. *vpr* **2** Ficar amontoado em pilhas.

em.pi.nar (*em+pino+ar¹*) *vtd* **1** Erguer. *vtd* **2** Fazer subir muito alto: *Empinar papagaio*. *vpr* **3** Levantar-se sobre as patas traseiras (a cavalgadura).

em.pi.po.car (*em+pipoca+ar¹*) *vint Med* Criar bolhas ou pústulas (no corpo). *Conjug* – normalmente é verbo defectivo; usado somente nas 3ᵃˢ pessoas.

em.pí.ri.co (*gr empeirikós*) *adj* Que se baseia somente na experiência, e não no estudo: *"Galeno tinha uma concepção fundamentalmente biológica, ainda que empírica, do estado melancólico."* (SAT)

em.pi.ris.mo (*empiria+ismo*) *sm Filos* Doutrina segundo a qual o conhecimento prático está baseado somente na experiência.

em.pla.car (*em+placa+ar¹*) *vtd* **1** Colocar placa em. **2** *pop* Atingir, alcançar (certo ano ou idade).

em.plu.mar (*em+pluma+ar¹*) *vtd e vpr* **1** Enfeitar(-se) de plumas ou penas. **2** Criar penas, cobrir-se de penas.

em.po.ar (*em+pó+ar¹*) *vtd e vpr* Cobrir(-se) de pó. Conjuga-se como *coar*.

em.po.bre.cer (*em+pobre+ecer*) *vtd, vint e vpr* Tornar(-se) pobre. *Antôn*: *enriquecer*. Conjuga-se como *aquecer*.

em.po.bre.ci.men.to (*empobrecer+mento²*) *sm* **1** Ato de empobrecer(-se). **2** Perda dos bens.

em.po.çar (*em+poça+ar²*) *vint* Formar poça: *A água da chuva empoçou na frente da escola*. *Cf empossar*.

em.po.ei.rar (*em+poeira+ar¹*) *vtd e vpr* Cobrir(-se) ou encher(-se) de poeira.

em.po.la (*ô*) (*lat ampulla*) *sf* **1** *Med* Vesícula. **2** Bolha na pele. **3** Ampola: *"Eu corto e vou preparando as empolas, enquanto você aplica as injeções."* (ARR)

em.po.la.do (*part* de *empolar*) *adj* **1** Que tem empolas. **2** Cheio de pompa; exagerado.

em.po.lar (*empola+ar²*) *vtd* **1** Produzir empolas, bolhas em. *vint* e *vpr* **2** Criar empolas, bolhas. *vtd* **3** Tornar exagerado, pomposo.

em.po.lei.rar (*em²+poleiro+ar²*) *vtd e vpr* **1** Pôr(-se) em poleiro. *vpr* **2** Subir a um lugar alto.

em.pol.ga.ção (*empolgar+ção*) *sf* Grande animação; entusiasmo.

em.pol.gar (*lat vulg *impollicare*, de *pollex*) *vtd* **1** Atrair, prender a atenção de; comover. *vpr* **2** Entusiasmar-se.

em.por.ca.lhar (*em+porco+alho+ar¹*) *vtd e vpr* Tornar(-se) imundo, sujar(-se).

em.pó.rio (*gr empórion*) *sm* Loja de secos e molhados; venda.

em.pos.sar (*em+posse+ar¹*) *vtd* **1** Dar posse a: *O presidente empossou o novo secretário*. *vpr* **2** Tomar posse: *Empossou-se do novo cargo*. *Cf empoçar*.

em.pre.en.de.dor (*empreender+dor*) *adj+sm* Ativo, arrojado.

em.pre.en.der (*em+lat prehendere*) *vtd* **1** Tentar realizar algo difícil ou fora do comum. **2** Realizar.

em.pre.en.di.men.to (*empreender+mento²*) *sm* Realização.

em.pre.ga.do (*part* de *empregar*) *adj* **1** Usado, aplicado. **2** Que tem emprego. • *sm* Aquele que presta serviços mediante salário.

em.pre.ga.dor (*empregar+dor*) *sm* Patrão.

em.pre.gar (*lat implicare*) *vtd* **1** Dar emprego. *vpr* **2** Obter emprego: *Depois de muito tempo, ele conseguiu empregar-se*. *vtd* **3** Aproveitar: *Empregou bem o tempo*.

em.pre.ga.tí.cio (*der* de *empregado+ício*) *adj* Relativo a emprego.

em.pre.go (*ê*) (de *empregar*) *sm* **1** Uso, aplicação. **2** Função, cargo.

em.prei.ta.da (*part fem* de *empreitar*) *sf* **1** Obra a cargo de uma ou mais pessoas com pagamento previamente combinado. **2** Empreendimento.

em.prei.tar (*em+preito+ar¹*) *vtd* Tomar ou fazer trabalho por empreitada.

em.prei.tei.ra (*emprei+(ada)+eira*) *sf* Empresa que executa empreitadas.

em.pre.sa (*ê*) (*ital impresa*) *sf* **1** Empreendimento. **2** Estabelecimento: *Empresa industrial. Empresa de transportes.*

em.pre.sa.ri.a.do (*empresário+ado*[1]) *sm* A classe dos empresários; os empresários.

em.pre.sá.rio (*empresa+ário*) *sm* **1** Pessoa que se estabelece com uma empresa. **2** Pessoa que se encarrega da vida profissional e dos interesses de um artista, atleta etc. *Fem: empresária.*

em.pres.tar (*em+prestar*) *vtd* e *vti* Entregar, dar alguma coisa a outra pessoa com a obrigação de devolvê-la depois: *Emprestou um disco ao colega.*

em.prés.ti.mo (do *part arc* empréstido, com influência de *préstimo*) *sm* **1** Ato de emprestar. **2** Aquilo que foi emprestado.

em.pu.nhar (*em+punho+ar*[1]) *vtd* Segurar pelo punho ou cabo: *Empunhava um machado.*

em.pur.ra-em.pur.ra *sm* Ação de um grande número de pessoas que se empurram para sair de ou entrar em algum lugar. *Pl: empurras-empurras* e *empurra-empurras.*

em.pur.rão (*empurrar+ão*[2]) *sm* Impulso violento.

O substantivo **empurrão** implica a ideia de movimento e pede a preposição **a**.
*O moleque deu um **empurrão à** garotinha.*
*O bêbado foi preso porque deu um **empurrão ao** policial.*
Por outro lado, **dar um pontapé** (murro, safanão etc.) pede a preposição **em**.
*O lutador foi desclassificado por ter **dado um murro no** juiz.*

empur.rão.zi.nho (*empurrão+zinho*) *sm fig* Auxílio, ajuda.

em.pur.rar (*cast empujar*) *vtd* **1** Impulsionar com força: *Empurrar o carro, a porta. vtd* **2** Dar encontrões em. *vtd* e *vti* **3** *pop* Forçar ou obrigar a aceitar: *A mãe empurrava a comida nos filhos.*

e.mu.de.cer (*em+mudo+ecer*) *vint* **1** Calar-se. *vtd* **2** Fazer calar.

e.nal.te.cer (*en+alto+ecer*) *vtd* Exaltar, engrandecer: *Enaltecer as qualidades de alguém. Antôn: depreciar.*

e.na.mo.rar (*en+amor+ar*[1]) *vtd* e *vpr* Apaixonar(-se), encantar(-se).

en.ca.be.çar (*en+cabeça+ar*[1]) *vtd* Dirigir, liderar.

en.ca.bu.la.do (*part* de *encabular*) *adj* Envergonhado, acanhado.

en.ca.bu.lar (*en+cábula+ar*[1]) *vtd*, *vint* e *vpr* **1** Acanhar(-se), envergonhar(-se). *vtd* **2** Aborrecer, zangar.

en.ca.de.a.men.to (*encadear+mento*) *sm* **1** Conexão, ligação. **2** Ordem, série, sucessão.

en.ca.de.ar (*en+cadeia+ar*[1]) *vtd* **1** Acorrentar, prender. **2** Coordenar (ideias, argumentos etc.): *"O caráter emotivo de sua fala encadeia momentos alternados de tensão."* (NAZ) **3** Unir formando cadeia: *"Os cientistas, além de mudar os átomos de posição dentro das moléculas, tiveram também de encadear as próprias moléculas."* (VEJ) *vpr* **4** Ligar-se uns aos outros: *"E, desde então, os fatos se encadeiam como que liberados da recordação."* (A) Conjuga-se como *frear.*

en.ca.der.na.ção (*encadernar+ção*) *sf* Capa de livro.

en.ca.der.nar (*en+caderno+ar*[1]) *vtd* Juntar as folhas ou os cadernos de (um livro), dando-lhe a forma de volume e sobrepondo-lhe uma capa resistente.

en.ca.fi.fa.do (*part* de *encafifar*) *adj pop* **1** Encucado. **2** Cismado.

en.ca.fi.far (*en+cafife+ar*[1]) *vtd* **1** Encucar: *Aquele silêncio me encafifava. vti* e *vint* **2** Cismar; encasquetar: *"E não é que o meu patrão, seu tio, encafifou em querer aquele cavalo?"* (ID); *"D. Ema encafifava, completando a refeição em silêncio."* (MAR)

en.cai.xar (*en+caixa+ar*[1]) *vtd* e *vpr* **1** Ajustar(-se) uma coisa em outra: *Encaixou a tampa. vtd* **2** Colocar uma coisa ou pessoa entre outras: *Encaixou trechos de outro livro. vpr* **3** Adaptar-se, ajustar-se.

en.cai.xe (de *encaixar*) *sm* **1** Ato de encaixar(-se). **2** Junta, união.

en.cai.xo.tar (*en+caixota+ar*[1]) *vtd* Colocar em caixote ou caixa.

en.ca.la.crar (*en+calacre+ar*[1]) *vtd* Atrapalhar, entalar, lograr.

en.cal.ço (de *encalçar*) *sm* Rastro, pista, pegada.

en.ca.lhar (*en+calha+ar*[1]) *vti* e *vint* **1**

encalhe 324 **encarregado**

Náut Tocar (embarcação) na praia ou em banco de areia; dar em seco. *vti* e *vint* 2 Encontrar obstáculos ou impedimentos; parar. *vint* 3 Não encontrar comprador (a mercadoria).

en.ca.lhe (de *encalhar*) *sm* 1 Estorvo, obstáculo, obstrução. 2 Mercadoria que não encontrou comprador.

en.ca.mi.nhar (*en+caminho+ar¹*) *vtd* 1 Orientar. 2 Conduzir pelos meios competentes: *Encaminhar um projeto*.

en.cam.par (*en+campo+ar¹*) *vtd* Tomar (o governo) posse de uma empresa após acordo em que se ajusta uma indenização.

en.ca.na.do (*part* de *encanar*) *adj* 1 Fornecido e distribuído por canos: *Água encanada*. 2 Diz-se do ar que circula entre duas aberturas. 3 *gír* Preocupado: *"Às vezes, a gente perde anos encanado com um problema que não tem tanta importância assim."* (FSP)

en.ca.na.dor (*encanar+dor*) *sm* Profissional que instala ou conserta encanamentos.

en.ca.na.men.to (*encanar+mento*) *sm* Sistema de canos ou tubos para distribuição de água ou gás.

en.ca.nar (*en+cana+ar*) *vtd* 1 Conduzir, dirigir por cano ou canal (água, gás etc.). 2 *Cir* Pôr (o osso fraturado) em posição própria, entre canas ou talas. 3 *gír* Preocupar.

en.ca.ne.cer (*lat incandescere*) *vtd* Tornar branco o cabelo, a barba: *"Fora os cabelos que enceneceram e caíram, o tempo respeitou-o."* (MRF)

en.can.ta.do (*part* de *encantar*) *adj* 1 Enfeitiçado. 2 Fascinado, seduzido.

en.can.ta.dor (*encantar+dor*) *adj* Fascinante, esplêndido. • *sm* Aquele que faz encantamentos; mágico.

en.can.ta.men.to (*lat incantamentu*) *sm* 1 Feitiçaria, bruxaria. 2 Enlevo, sedução.

en.can.tar (*lat incantare*) *vtd* 1 Enfeitiçar. *vtd* 2 Maravilhar, seduzir, cativar. *vpr* 3 Maravilhar-se, deslumbrar-se.

en.ca.par (*en+capa+ar¹*) *vtd* 1 Envolver em capa. 2 Revestir de capa.

en.ca.pe.ta.do (*part* de *encapetar*) *adj pop* Endiabrado, travesso, traquinas.

en.ca.pe.tar (*en+capeta+ar¹*) *vpr pop* Tornar-se endiabrado, travesso, traquinas.

en.ca.po.tar (*en+capote+ar¹*) *vtd* e *vpr* 1 Cobrir(-se) com capote ou capa. *vtd* 2 Disfarçar, dissimular.

en.ca.pu.zar (*en+capuz+ar¹*) *vtd* e *vpr* Cobrir(-se) com capuz.

en.ca.ra.co.lar (*en+caracol+ar¹*) *vtd* 1 Dar forma de caracol a. *vti*, *vint* e *vpr* 2 Enrolar-se em forma de caracol.

en.ca.ra.pu.çar (*en+carapuça+ar¹*) *vtd* 1 Pôr carapuça em. *vpr* 2 Cobrir-se.

en.ca.rar (*en+cara+ar¹*) *vtd* 1 Olhar de cara ou de frente com atenção: *Encarou o adversário*. 2 Analisar, considerar, estudar.

en.car.ce.rar (*baixo lat incarcerare*) *vtd* e *vpr* Prender(-se), encerrar(-se) em cárcere.

en.car.di.do (*part* de *encardir*) *adj* 1 Mal lavado. 2 Sujo.

en.car.dir (*en+card(in)a+ir*) *vint* 1 Ficar repleto de sujeira. *vtd* 2 Não lavar bem. *vint* e *vpr* 3 Sujar(-se).

en.ca.re.cer (*en+caro+ecer*) *vtd* e *vint* 1 Tornar(-se) caro. *vtd* 2 Exaltar; louvar excessivamente.

en.ca.re.ci.men.to (*encarecer+mento*) *sm* 1 Alta de preço. 2 Recomendação, elogio.

en.car.go (de *encargar*) *sm* 1 Obrigação, responsabilidade. 2 Ocupação, cargo. 3 Imposto, tributo.

en.car.na.ção (*lat ecles incarnatione*) *sf* 1 Ato de encarnar. 2 *Teol* Mistério segundo o qual Deus se transformou em homem.

en.car.na.do (*part* de *encarnar*) *adj* 1 Que se encarnou. 2 Da cor da carne; vermelho muito vivo. • *sm* A cor vermelha.

en.car.nar (*lat ecles incarnare*) *vti*, *vint* e *vpr* 1 *Teol* Humanizar-se, transformar-se em carne humana (no mistério da Encarnação). *vpr* 2 *Espir* Entrar (o espírito) em um corpo. *vtd* 3 Dar rubor a; avermelhar. *vtd* 4 Ser a personificação, o modelo ou o tipo de: *A atriz encarnou o papel de malvada*.

en.ca.ro.çar (*en+caroço+ar¹*) *vint* Formar ou produzir caroços.

en.car.qui.lha.do (*part* de *encarquilhar*) *adj* Cheio de rugas: *"No seu abandono sentiu uma mão velha e encarquilhada pousar sobre seus ombros."* (ARR)

en.car.qui.lhar (*en+carquilha+ar¹*) *vtd* e *vpr* Encher(-se) de rugas; enrugar(-se).

en.car.re.ga.do (*part* de *encarregar*) *adj+sm* Que ou aquele que tem a incumbência de alguma coisa (serviço, negócio etc.).

en.car.re.gar (*en+carregar*) *vtd* Incumbir. *Part: encarregado* e *encarregue* (*lus*).

en.car.ri.lhar (*corr* de *encarrilhar*) *vtd* **1** Colocar nos trilhos. **2** Pôr no bom caminho. *Var: encarrilar*. *Antôn* (acepção 1): *descarrilhar*.

en.car.tar (*en+carta+ar¹*) *vtd* Fazer o encarte de.

en.car.te (*fr encart*) *sm* **1** Anúncio de duas ou mais páginas inserido em uma publicação. **2** Ato de intercalar o encarte numa publicação.

en.cas.que.tar (*en+casquete+ar¹*) *vtd* Ter ideia fixa; encafifar.

en.ca.va.lar (*en+cavalo+ar¹*) *vtd* Amontoar; sobrepor.

en.ce.fa.li.te (*encéfalo+ite¹*) *sf Med* Inflamação do encéfalo.

en.cé.fa.lo (*gr egképhalos*) *sm Anat* Parte do sistema nervoso central contida no crânio.

en.ce.fa.lo.gra.ma (*encéfalo+grama*) *sm Med* Imagem radiográfica do encéfalo.

en.ce.na.ção (*encenar+ção*) *sf* **1** Montagem e execução de cena teatral ou cinematográfica. **2** *gír* Fingimento: "*O palavrório do assessor de preços (...) não passava mesmo de encenação para iludir a opinião pública indignada.*" (FSP)

en.ce.nar (*en+cena+ar¹*) *vtd* **1** Fazer representar. *vtd* **2** Pôr em cena. *vint* **3** Fingir, simular.

en.ce.ra.dei.ra (*encerar+deira*) *sf* Aparelho para encerar assoalhos.

en.ce.ra.do (*part* de *encerar*) *adj* **1** Coberto de cera. **2** Lustrado com cera. • *sm* Pano impermeável; oleado.

en.ce.rar (*en+cera+ar¹*) *vtd* Untar, cobrir com cera.

en.cer.ra.men.to (*encerrar+mento*) *sm* Conclusão, término.

en.cer.rar (*en+cerrar*) *vtd* e *vpr* **1** Pôr(-se) em lugar fechado e escondido. *vtd* **2** Conter, incluir. *vtd* **3** Concluir, terminar.

en.ces.tar (*en+cesto+ar¹*) *vtd* **1** Guardar em cesto. **2** No basquete, fazer (a bola) passar pela cesta.

en.char.car (*en+charco+ar¹*) *vtd* e *vpr* **1** Converter(-se) em charco. **2** Alagar(-se), inundar(-se). **3** Ensopar(-se). Conjuga-se como *trancar*.

en.che.ção (*encher+ção*) *sf gír* Amolação, aborrecimento, chateação.

en.chen.te (de *encher*) *sf* **1** Inundação. **2** Cheia de rio que transborda.

en.cher (*lat implere*) *vtd* e *vpr* **1** Tornar (-se) cheio. *vtd* **2** Preencher, ocupar. *vpr* **3** Empanturrar-se. *vtd* **4** *gír* Amolar, aborrecer, chatear. *Part: enchido* e *cheio*.

en.chi.do (*part* de *encher*) *adj* Cheio. • *sm* Embutido; chouriço.

en.chi.men.to (*encher+mento*) *sm* Recheio, chumaço.

en.cho.va (ô) (*genovês anciöa*) *sf Ictiol* Peixe marinho semelhante ao arenque. *Var: anchova*.

en.cí.cli.ca (fem de *encíclico*) *sf Rel* Carta do Papa ao mundo católico.

en.ci.clo.pé.dia (*gr egkyklopaideía*) *sf* Obra que contém informação sobre todos os ramos do conhecimento.

en.ci.clo.pé.di.co (*enciclopédia+ico²*) *adj* **1** Pertencente ou relativo a enciclopédia: *Dicionário enciclopédico*. **2** Que abrange todo o saber sobre um assunto: "*Kurt Cobain era a própria história do rock. Tinha um conhecimento enciclopédico de música pop.*" (FSP)

en.ci.clo.pe.dis.ta (*enciclopédia+ista*) *s m+f* Autor de obra enciclopédica.

en.ci.u.mar (*en+ciúme+ar¹*) *vtd* Encher de ciúme; provocar ciúme. Conjuga-se como *saudar*.

en.clau.su.rar (*en+clasura+ar¹*) *vtd* e *vpr* **1** Pôr(-se) em clausura. *vtd* **2** Confinar. *vtd* e *vpr* **3** Separar(-se) do convívio social.

ên.cli.se (*gr égklisis*) *sf Gram* **1** Junção, na pronúncia, que subordina um vocábulo átono ao acento tônico do outro. **2** Posição do pronome oblíquo depois do verbo: *Diga-lhe a verdade*.

en.co.brir (*en+cobrir*) *vtd* **1** Esconder, ocultar. *vtd* **2** Disfarçar, dissimular. *vtd* **3** Não deixar ver ou ouvir: *O barulho do motor encobria as vozes*. *vint* **4** Carregar-se, cobrir-se de nuvens (o céu, o tempo). Conjuga-se como *cobrir*. *Part irreg: encoberto*.

en.co.le.ri.zar (*en+cólera+izar*) *vtd* **1** Irritar, irar. *vpr* **2** Zangar-se, irritar-se. *Antôn: acalmar, serenar*.

en.co.lher (*en+colher*) *vtd*, *vpr* e *vint*

Contrair(-se), diminuir(-se), encurtar(-se): *A roupa encolheu. Encolher os ombros:* deixar de responder; mostrar indiferença.

en.co.men.da (de *encomendar*) *sf* O que se encomenda. *De encomenda:* a) a pedido, especialmente; b) como desejado.

en.co.men.dar (*en*+lat *commendare*) *vtd* **1** Mandar fazer. *vtdi* **2** Incumbir, encarregar.

en.com.pri.dar (*en*+*comprido*+*ar*¹) *vtd* **1** Tornar mais comprido. **2** Demorar, alongar.

en.con.trão (*encontro*+*ão*²) *sm* Empurrão, embate, choque.

en.con.trar (lat *incontrare*) *vtd* **1** Achar, descobrir. *vtd* **2** Deparar, topar: *Encontrou o amigo por acaso.* *vti* e *vpr* **3** Chocar(-se) contra. *vpr* **4** Estar: *No dia seguinte, o navio já se encontrava em alto-mar.*

en.con.tro (de *encontrar*) *sm* **1** Reunião de pessoas. **2** Choque, embate, encontrão, colisão.
Observe que as locuções prepositivas **ao encontro de** e **de encontro a** apresentam significados opostos. A locução **ao encontro de** indica conformidade, situação favorável.
Os planos da empresa vêm ao encontro dos meus anseios (= atingem ou satisfazem os meus anseios).
Por outro lado, a locução **de encontro a** exprime contrariedade, oposição, choque.
Os planos da minha empresa vêm de encontro aos meus anseios (= contrariam ou estão em oposição aos meus anseios).

en.co.ra.jar (*en*+*coragem*+*ar*¹) *vtd* **1** Dar coragem a. **2** Animar, estimular. *Antôn:* desanimar, acovardar.

en.cor.pa.do (*part* de *encorpar*) *adj* **1** Desenvolvido de corpo. **2** Forte, consistente. **3** Grosso (papel).

en.cor.par (*en*+*corpo*+*ar*¹) *vtd* **1** Dar mais corpo a. *vint* **2** Engrossar.

en.co.ru.jar (*en*+*coruja*+*ar*¹) *vpr* Esconder-se como as corujas; isolar-se.

en.cos.ta (*en*+*costa*) *sf* Ladeira, rampa.

en.cos.tar (*en*+*costa*+*ar*¹) *vtd* **1** Pôr junto a: *Encostou uma mesa na outra.* *vtd* **2** Fechar (janela, porta etc.): *Encostou a porta para que o cachorro não entrasse no quarto.* *vpr* **3** Procurar a proteção de alguém: *Encostou-se na casa do avô porque não queria trabalhar.* *vtd* **4** Estacionar.

en.cos.to (*ô*) (de *encostar*) *sm* **1** Apoio, proteção, amparo: *Procurou um encosto para viver tranquilamente.* **2** Costas de um assento: *Com a queda, o encosto da cadeira entortou.*

en.cou.ra.ça.do (*part* de *encouraçar*) *sm* Navio protegido por blindagens; couraçado.

en.co.var (*en*+*cova*+*ar*¹) *vtd* **1** Introduzir em cova; enterrar. *vtd* e *vpr* **2** Esconder(-se), ocultar(-se).

en.cra.va.do (*part* de *encravar*) *adj* **1** Fixado com cravos ou pregos. **2** Situado dentro de outros (prédio, terreno). **3** Diz-se de unha que cresceu, penetrando na pele.

en.cra.var (*en*+*cravo*+*ar*¹) *vtd* **1** Segurar com cravo ou prego; pregar. **2** Embutir, engastar (pedras preciosas etc.).

en.cren.ca (de *encrencar*) *sf gír* **1** Dificuldade, embaraço. **2** Intriga. **3** Desordem, motim.

en.cren.car (*encrenca*+*ar*¹) *vtd gír* **1** Pôr alguém em encrenca. *vtd* **2** Complicar, dificultar (uma situação). *vint* **3** Enguiçar; deixar de funcionar.

en.cren.quei.ro (*encrenca*+*eiro*) *adj*+*sm gír* Que ou aquele que arma encrencas.

en.cres.par (lat *incrispare*) *vtd* e *vpr* **1** Tornar(-se) crespo (o cabelo etc.). *vtd* e *vpr* **2** Tornar(-se) agitado (o mar). *vpr* **3** Alterar-se, irritar-se. *Antôn* (acepção 1): alisar.

en.cru.ar (*en*+*cru*+*ar*¹) *vtd* **1** Fazer endurecer, deixar cru (o que se estava cozinhando). *gír* **2** Perder o vigor: *"Aquele mesmo menino que despontou no Grêmio, chegou à seleção, depois encruou, sumiu."* (FSP) **3** Emperrar; paralisar: *"As notícias desta semana indicam que encruou o projeto de reforma tributária."* (FSP)

en.cru.zi.lha.da (de *encruzilhar*) *sf* **1** Lugar onde dois ou mais caminhos se cruzam. **2** *fig* Situação difícil de explicar.

en.cu.ca.ção (*encucar*+*ção*) *sf gír* Ato ou efeito de encucar.

en.cu.car (*en*+*cuca*+*ar*¹) *vtd* **1** Atrapalhar, confundir. *vti* **2** Ter ideia fixa; encaifrar.

en.cur.ra.la.do (*part* de *encurralar*) *adj* **1** Recolhido em curral. **2** Cercado.

en.cur.ra.lar (*en*+*curral*+*ar*¹) *vtd* **1** Reco-

en.cur.tar (*en+curto+ar*[1]) *vtd* e *vpr* **1** Tornar(-se) curto. **2** Diminuir(-se), reduzir(-se).

en.cur.var (*lat incurvare*) *vtd* **1** Dar forma de arco a; tornar curvo. *vtd* e *vpr* **2** Submeter(-se), humilhar(-se).

en.de.mi.a (*gr endemía*) *sf Med* Doença que ocorre constantemente em determinada região.

en.de.mo.ni.nha.do (*part de endemoninhar*) *adj* **1** Possuído pelo demônio. **2** Inquieto, levado, travesso.

en.de.mo.ni.nhar (*en+demônio+ar*[1]) *vtd* **1** Colocar o demônio no corpo de. *vtd* e *vpr* **2** Enfurecer(-se), enraivecer(-se): *"Zé Bebelo se endemoninhava."* (GSV)

en.de.re.çar (*lat vulg *indirectiare*) *vtd* **1** Pôr endereço em. *vtdi* **2** Dirigir, enviar.

en.de.re.ço (*ê*) (*de endereçar*) *sm* **1** Residência de alguém. **2** Indicação de residência em remessa postal etc.

en.deu.sa.do (*part de endeusar*) *adj* **1** A que se atribuem qualidades divinas; divinizado. **2** Adorado.

en.deu.sar (*en+deus+ar*[1]) *vtd* **1** Atribuir qualidades divinas a; divinizar: *As fãs endeusaram o cantor*. *vtd* e *vpr* **2** Tornar(-se) altivo, orgulhoso. *vpr* **3** Encher-se de orgulho.

en.di.a.bra.do (*part de endiabrar*) *adj+sm* Travesso, levado; encapetado.

en.di.a.brar (*en+gr diábollos+ado*[1]) *vtd* e *vpr* Tornar(-se) endiabrado.

en.di.nhei.ra.do (*part de endinheirar*) *adj* Rico.

en.di.nhei.rar (*en+dinheiro+ar*[1]) *vtd* e *vpr* Encher(-se) de dinheiro; enriquecer(-se).

en.di.rei.tar (*en+direito+ar*[1]) *vtd* e *vpr* **1** Pôr(-se) direito, tornar(-se) reto. *vtd* **2** Arrumar. *vtd* e *vpr* **3** Corrigir(-se).

en.di.vi.da.men.to (*endividar+mento*) *sm Econ* Aumento das dívidas.

en.di.vi.dar (*en+dívida+ar*[1]) *vtd* **1** Fazer com que alguém tenha dívidas. *vpr* **2** Contrair dívidas.

en.do.cár.dio (*endo+cárdio*) *sm Anat* Membrana lisa que reveste interiormente o coração.

en.do.car.di.te (*endocárdio+ite*[1]) *sf Med* Inflamação do endocárdio.

en.do.car.po (*endo+carpo*) *sm Bot* Membrana interna do pericarpo dos frutos em contato com a semente.

en.do.cri.no.lo.gi.a (*endócrino+logo+ia*[1]) *sf Med* Ciência ou estudo das glândulas de secreção interna.

en.do.cri.no.lo.gis.ta (*endócrino+logo+ista*) *s m+f* Especialista em endocrinologia.

en.do.don.ti.a (*endo+odonto+ia*[1]) *sf Odont* Parte da Odontologia que cuida do tratamento da parte interna dos dentes.

en.doi.dar (*en+doido+ar*[1]) *vtd* e *vint* Endoidecer: *"O patrão endoidou!"* (GTT)

en.doi.de.cer (*en+doido+ecer*) *vtd* e *vint* Tornar(-se) doido; endoidar.

en.dor.fi.na (*endo+(m)orfina*) *sf Med* Substância produzida pelo cérebro capaz de aliviar a dor.

en.dos.co.pi.a (*endo+scopo+ia*[1]) *sf Med* Exame visual feito por meio do endoscópio.

en.dos.có.pio (*endo+scopio+io*[2]) *sm Med* Instrumento destinado a examinar visualmente o interior de certos órgãos ou cavidades do corpo.

en.dos.per.ma (*endo+esperma*) *sm Bot* Tecido nutritivo que envolve o embrião; albume.

en.dos.sar (*fr endosser*) *vtd* **1** Pôr endosso em. **2** Aprovar, apoiar: *Os pais endossaram a decisão do filho*.

en.dos.so (*ô*) (*de endossar*) *sm* **1** Transferência de um papel negociável (letra de câmbio, ação etc.) para outra pessoa, normalmente com a assinatura do proprietário no verso: *"Fica proibido mais de um endosso de um mesmo cheque."* (FSP) **2** Solidariedade; apoio; aval: *"A posição da chancelaria tem o endosso do empresariado."* (FSP)

en.du.re.cer (*lat indurescere*) *vtd*, *vint* e *vpr* **1** Tornar(-se) duro; enrijecer(-se). *vtd* e *vpr* **2** Tornar(-se) insensível. *Antôn* (acepção 1): *amolecer*.

en.du.ro (*ingl endurance*) *sm Esp* Prova de motociclismo realizada em terreno acidentado.

e.ne (*êne*) *sm* O nome da letra *n*. *Pl*: *enes* ou *nn*.

e.ne.á.go.no (*ênea+gono*) *sm* Polígono de nove lados.

e.ne.gre.cer (*en+negro+ecer*) *vtd, vint* e *vpr* **1** Tornar(-se) negro; escurecer(-se). *vtd* **2** Difamar.

e.ne.gre.ci.do (*part* de *enegrecer*) *adj* Escurecido.

e.ner.gé.ti.co (*gr energetikós*) *adj* **1** Relativo ou pertencente à energia. **2** Diz-se de alimentos de grande poder calórico.

e.ner.gi.a (*enérgeia*) *sf* **1** Força física, vigor. **2** Força moral, firmeza de caráter: *Costuma agir com grande energia. Antôn: fraqueza. Energia nuclear:* energia atômica.

e.nér.gi.co (*energia+ico²*) *adj* Decidido, resoluto.

e.ner.gi.zar (*energia+izar*) *vtd* **1** *neol* Dar energia a; revigorar: *"Esse processo também poderia energizar a economia americana."* (FSP) **2** Fazer com que uma corrente elétrica circule em um circuito.

e.ner.gú.me.no (*gr energoúmenos*) *sm pop* Imbecil, idiota: *"Ele viu quando o energúmeno Lulu Padilha, ébrio contumaz, saiu da bodega."* (CHP)

e.ner.van.te (*lat enervante*) *adj m+f* Irritante.

e.ner.var (*lat enervare*) *vtd* e *vpr* **1** Debilitar(-se), enfraquecer(-se). **2** Irritar(-se), enfurecer(-se), encolerizar(-se).

e.né.si.mo (*ene+ésimo*) *adj pop* Que corresponde a um grande número de vezes.

e.ne.vo.ar (*en+névoa+ar¹*) *vtd* e *vpr* **1** Cobrir(-se) de névoa, neblina ou nevoeiro. **2** Tornar(-se) baço, sem brilho. *Conjug* – com raras exceções, conjuga-se somente nas 3ᵃˢ pessoas.

en.fa.dar (*enfado+ar¹*) *vtd* e *vint* **1** Entediar. *vpr* **2** Aborrecer-se, irritar-se.

en.fa.do (de *enfadar*) *sm* **1** Aborrecimento, zanga. **2** Cansaço. **3** Tédio.

en.fai.xar (*en+faixa+ar¹*) *vtd* e *vpr* Embrulhar, envolver, ligar com faixas.

en.fa.ri.nhar (*en+farinha+ar¹*) *vtd* **1** Polvilhar com farinha. *vtd* e *vpr* **2** Cobrir(-se) de farinha.

en.far.tar (*enfarte+ar¹*) *vtd* **1** Causar enfarte em. *vtd* e *vpr* **2** Entupir(-se), obstruir(-se). *vint* **3** Sofrer um enfarte.

en.far.te (de *enfartar*) *sm* **1** Entupimento, obstrução. **2** *Med* Necrose de um órgão (o coração, por exemplo), em consequência do entupimento de uma artéria. *Var: enfarto, infarte, infarto.*

en.far.to (de *enfartar*) *V enfarte. Var: infarto.*

ên.fa.se (*gr émphasis*) *sf* Destaque, realce.

en.fas.ti.a.do (*part* de *enfastiar*) *adj* Aborrecido, entediado.

en.fas.ti.ar (*en+fastio+ar¹*) *vtd* e *vpr* Enfadar(-se), aborrecer(-se). Conjuga-se como *premiar.*

en.fá.ti.co (*gr emphatikós*) *adj* Que tem ênfase.

en.fa.ti.zar (*gr emphat(ikós)+izar*) *vtd* Realçar, destacar.

en.fe.ar (*en+feio+ar¹*) *vtd* e *vpr* Tornar(-se) feio. Conjuga-se como *frear.*

en.fei.tar (*lat infectare*) *vtd* **1** Pôr enfeites em. *vtd* e *vpr* **2** Embelezar(-se); adornar(-se).

en.fei.te (de *enfeitar*) *sm* Adorno, ornamento.

en.fei.ti.ça.do (*part* de *enfeitiçar*) *adj* Fascinado, encantado, seduzido.

en.fei.ti.çar (*en+feitiço+ar¹*) *vtd* **1** Fazer feitiço em. *vtd* e *vpr* **2** Encantar(-se), fascinar(-se).

en.fer.ma.gem (*enfermar+agem*) *sf* **1** Arte ou função de tratar dos enfermos. **2** Serviços de enfermaria.

en.fer.ma.ri.a (*enfermo+aria*) *sf* Local destinado ao tratamento de enfermos.

en.fer.mei.ro (*enfermo+eiro*) *sm* Indivíduo, com curso superior de enfermagem, que cuida de pessoas enfermas.

en.fer.mi.da.de (*lat infirmitate*) *sf* Doença, moléstia.

en.fer.mo (ê) (*lat infirmu*) *adj+sm* Doente. *Antôn: são.*

en.fer.ru.jar (*en+ferrugem+ar¹*) *vtd* **1** Fazer, criar ferrugem; oxidar. *vint* e *vpr* **2** Encher-se de ferrugem; oxidar-se. *vint* **3** *pop* Ficar fora de forma.

en.fe.za.do (*part* de *enfezar*) *adj* Aborrecido, irritado.

en.fe.zar (*en+fez(es)+ar¹*) *vtd* e *vpr* Irritar(-se), impacientar(-se).

en.fi.ar (*en+fio+ar¹*) *vtd* **1** Fazer passar um fio pelo orifício de uma agulha. **2** Introduzir. **3** Atravessar de lado a lado (espada, lança etc.). **4** Vestir ou calçar: *Enfiar o vestido*. Conjuga-se como *premiar*.

en.fi.lei.ra.do (*part* de *enfileirar*) *adj* Que se dispôs em fileira, em linha.

en.fi.lei.rar (*en+fileira+ar¹*) *vtd* **1** Dispor, organizar em fileira, em linha. *vint* e *vpr* **2** Entrar na fileira.

en.fim (*en+fim*) *adv* Afinal, finalmente.

en.fi.se.ma (*gr emphýsema*) *sm Med* Inchaço de um órgão.

en.fo.car (*en+foco+ar¹*) *vtd* **1** *Fot* Pôr em foco. **2** Pôr em enfoque.

en.fo.que (de *enfocar*) *sm* Ponto de vista.

en.for.ca.do (*part* de *enforcar*) *adj* **1** Morto por enforcamento. **2** Diz-se do dia útil que fica entre dois feriados e no qual se deixa de trabalhar ou de ir à aula.

en.for.car (*en+forca+ar¹*) *vtd* **1** Fazer morrer alguém na forca: *Mandava enforcar os assassinos*. *vtd* **2** Estrangular: *O ladrão enforcou a mulher com uma corda*. *vtd* **3** Deixar de trabalhar ou de ir à aula em dia útil que fica entre dois feriados: *Enforcar a sexta-feira*. *vpr* **4** *pop* Casar-se.

en.fra.que.cer (*en+fraco+ecer*) *vtd*, *vint* e *vpr* Tornar(-se) fraco; debilitar(-se). *Antôn:* fortalecer.

en.fren.tar (*en+frente+ar¹*) *vtd* e *vti* **1** Estar em frente de; defrontar. *vtd* **2** Encarar. *vtd* **3** Competir com, em disputa esportiva: *O Palmeiras enfrentou o Flamengo*.

en.fro.nhar (*en+fronha+ar¹*) *vtd* **1** Revestir com a fronha (almofada ou travesseiro). *vtdi* e *vpr* **2** Tornar(-se) versado, instruído; instruir(-se): "*E fostes mais longe, enfronhando-te do que há de mais recente sobre o tema.*" (TA) **3** Intrometer-se: "*Esses zeladores empolados vivem enfronhando-se na vida da gente.*" (SAM)

en.fu.ma.çar (*en+fumaça+ar¹*) *vtd* Cobrir ou encher de fumaça.

en.fu.re.cer (*en+lat furere+ecer*) *vtd* e *vpr* **1** Tornar(-se) furioso. *vpr* **2** Agitar-se muito, encrespar-se (o mar ou as ondas).

en.fu.re.ci.do (*part* de *enfurecer*) *adj* **1** Furioso, cheio de raiva. **2** Agitado, encrespado (o mar ou as ondas). *Antôn:* calmo, sereno.

en.gai.o.lar (*en+gaiola+ar¹*) *vtd* **1** Colocar em gaiola. **2** *pop* Prender.

en.ga.jar (*fr engager*) *vtd* e *vpr* **1** Contratar para determinados serviços. *vpr* **2** Ser solidário a ideias ou ações coletivas: *Engajou-se na luta pela indiscriminação racial*.

en.gam.be.lar (*voc express* a partir de *enganar*) *vtd* **1** Enganar, tapear. **2** Usar a lábia para enganar. *Var:* engabelar.

en.ga.na.do (*part* de *enganar*) *adj* **1** Iludido, ludibriado. **2** Traído.

en.ga.nar (*lat vulg *ingannare*) *vtd* **1** Fazer cair em erro; iludir. *vpr* **2** Equivocar-se. *vtd* **3** Ser infiel a. *vtd* **4** Procurar alívio a: *Enganar a fome*.

en.gan.char (*en+gancho+ar¹*) *vtd* **1** Apanhar, prender, segurar, suspender com gancho. *vpr* **2** Ficar preso como em gancho.

en.ga.no (de *enganar*) *sm* **1** Erro, equívoco, ilusão. **2** Ligação telefônica errada.

en.ga.no.so (ô) (*engano+oso*) *adj* **1** Falso, ilusório. **2** Fingido, simulado. *Pl:* enganosos (ó).

en.gar.ra.fa.men.to (*engarrafar+mento¹*) *sm* Congestionamento.

en.gar.ra.far (*en+garrafa+ar¹*) *vtd* **1** Acondicionar ou fechar em garrafa. **2** Congestionar.

en.gas.gar (*en+onom gasg+ar¹*) *vtd* **1** Causar engasgo a, entupir a garganta de. *vint* e *vpr* **2** Ficar com a garganta entupida. *vtd* **3** Impedir de falar: *A raiva o engasgou*.

en.gas.go (de *engasgar*) *sm* **1** Obstáculo à respiração, devido à presença de corpo estranho na garganta: "*O menino teve outro engasgo mais ruidoso.*" (JT) **2** Aquilo que impede a fala.

en.gas.tar (*cast engastar*) *vtd* Encravar (pedras) em ouro, prata etc.

en.gas.te (de *engastar*) *sm* Aro ou guarnição de metal que prende as pedras nas joias.

en.ga.ta.do (*part* de *engatar*) *adj* **1** Ligado, preso. **2** Engrenado.

en.ga.tar (*en+gato+ar¹*) *vtd* **1** Ligar, prender. **2** Pôr marcha em um automóvel.

en.ga.ti.lhar (*en+gatilho+ar¹*) *vtd* Armar o gatilho de.

en.ga.ti.nhar (*en+gatinhas+ar¹*) *vint* **1** Andar com as mãos e os joelhos no chão; andar de gatinhas. *vti* **2** Ser principiante (em alguma arte ou ciência).

en.ga.ve.ta.do (*part* de *engavetar*) *adj* **1**

Fechado ou guardado em gaveta. **2** Parte de um veículo que entrou em outro, num acidente de trânsito.

en.ga.ve.tar (*en+gaveta+ar¹*) *vtd* **1** Fechar ou guardar em gaveta. *vpr* **2** Em desastre de trânsito, fazer entrar parte de um veículo em outro.

en.gen.drar (*lat ingenerare*) *vtd* **1** Formar, gerar, produzir: *Engendrou um plano.* **2** Inventar: *Engendrar uma fórmula.*

en.ge.nhar (*engenho+ar¹*) *vtd* **1** Projetar, planejar. **2** Armar, maquinar: *"A rainha deve lembrar que seus ministros estão engenhando um processo em que isso não será mais parte do seu reino."* (FSP)

en.ge.nha.ri.a (*engenho+aria*) *sf* Arte de aplicar conhecimentos científicos à criação, construção, instalação ou aperfeiçoamento de estruturas, máquinas e equipamentos para atender às necessidades humanas.

en.ge.nhei.ro (*engenho+eiro*) *sm* Indivíduo que tem diploma de curso de engenharia.

en.ge.nho (*lat ingeniu*) *sm* **1** Talento, aptidão natural. **2** Qualquer máquina ou aparelho. **3** Propriedade agrícola onde se cultiva e se industrializa a cana-de-açúcar.

en.ge.nho.ca (de *engenho*) *sf* **1** *pop* e *pej* Qualquer máquina ou maquinismo. **2** Pequeno engenho de cana movido à mão.

en.ge.nho.so (ô) (*lat ingeniosu*) *adj* Inventivo, criativo. *Pl*: *engenhosos* (ó).

en.ges.sa.do (*part* de *engessar*) *adj* **1** Branqueado com gesso. **2** Coberto com gesso.

en.ges.sar (*en+gesso+ar²*) *vtd* **1** Branquear com gesso. **2** Cobrir com gesso.

en.glo.bar (*en+globo+ar¹*) *vtd* **1** Reunir em um todo. **2** Dar forma de globo a.

en.go.do (ô) *sm* **1** Isca para apanhar aves ou peixes. **2** Coisa com que se engoda ou se induz alguém.

en.go.lir (*en+lat gula+ir*) *vtd* **1** Ingerir. **2** Sorver, tragar: *O mar engoliu os náufragos.* **3** Acreditar em: *Engoliu a mentira.* **4** Aguentar, suportar. *Engolir em seco:* não responder a um insulto; ser obrigado a não dizer o que se queria. Conjuga-se como *cobrir*.

en.go.mar (*en+goma+ar¹*) *vtd* Pôr goma em e depois alisar com ferro quente: *Engomar a roupa.*

en.gor.da (de *engordar*) *sm* Ação ou efeito de engordar animais.

en.gor.dar (*en+gordo+ar¹*) *vtd* e *vint* **1** Tornar(-se) gordo. *vti* **2** Enriquecer, prosperar. *Antôn* (acepção 1): *emagrecer.*

en.gor.da.ti.vo (*engordar+ivo*) *adj Med* Diz-se do alimento ou refeição que engorda.

en.gor.du.ra.do (*part* de *engordurar*) *adj* Sujo de gordura.

en.gor.du.rar (*en+gordura+ar¹*) *vtd* e *vpr* Sujar(-se) com gordura.

en.gra.ça.di.nho (*dim* de *engraçado*) *adj pop* **1** Atrevido. **2** Importuno, inconveniente.

en.gra.ça.do (*part* de *engraçar*) *adj* Que tem graça, espirituoso.

en.gra.çar (*en+graça+ar¹*) *vtd* **1** Tornar gracioso, alegre, jovial. *vti* **2** Gostar, simpatizar. *vpr* **3** *pop* Desrespeitar: *Não se engrace comigo, não!*

en.gra.da.do (*part* de *engradar*) *sm* Armação para proteger objetos ou animais no transporte.

en.gra.dar (*en+grade+ar¹*) *vtd* **1** Fazer em forma de grade. **2** Fechar com grades.

en.gran.de.cer (*lat ingrandescere*) *vtd* e *vint* **1** Tornar(-se) grande ou maior. *vtd* **2** Valorizar.

en.gra.va.tar (*en+gravata+ar¹*) *vpr* Pôr gravata.

en.gra.vi.dar (*en+grávida+ar¹*) *vtd* e *vint* Tornar(-se) grávida.

en.gra.xa.do (*part* de *engraxar*) *adj* **1** Lubrificado. **2** *pop* Subornado.

en.gra.xar (*en+graxa+ar¹*) *vtd* **1** Passar graxa e lustrar (o calçado). **2** Lubrificar com graxa. **3** *fig* Subornar.

en.gra.xa.te (de *engraxar*) *sm* Aquele que engraxa calçados.

en.gre.na.gem (*fr engrenage*) *sf* Conjunto de rodas ou peças dentadas destinadas a transmitir movimentos num maquinismo.

en.gre.nar (*fr engrener*) *vtd* e *vint* **1** *Mec* Encaixar(-se) os dentes de uma roda dentada nos de outra para produzir movimento. *vtd* **2** Engatar. *vtd* **3** *fig* Começar: *Engrenar uma conversa.*

en.gri.pa.do (*part* de *engripar*) *adj* **1** Que está com gripe. **2** *pop* Que não funciona: *Motor engripado.*

en.gri.par¹ (*en+gripe+ar²*) *vtd* **1** Causar gripe a. *vpr* **2** Adoecer com gripe.

en.gri.par² (*en+ingl grip+ar¹*) *vint* e *vpr* Não funcionar (um motor).

en.gros.sar (*en+grosso+ar¹*) *vtd* **1** Aumentar a grossura de. *vtd* **2** Tornar grosso, denso: *Engrossar a sopa*. *vtd* **3** Tornar mais numeroso: *Outras pessoas engrossaram a fila*. *vtd* **4** Dar volume e timbre mais grave à voz. *vti* e *vint* **5** *gír* Mostrar-se grosseiro, indelicado: *O cliente engrossou com o vendedor*.

en.gru.pir *vtd gír* Enganar, tapear, ludibriar: *"Se pensa que vai engrupir o negrão, está enganado."* (DO)

en.gru.vi.nha.do (de *grou*) *adj* Desalinhado, desgrenhado, desarrumado: *O vento deixou os cabelos da noiva engruvinhados*.

en.gui.a (*lat vulg *anguila*) *sf Ictiol* Nome comum a vários peixes, fluviais e marinhos, parecidos com cobra.

en.gui.çar (*lat vulg *iniquitare*) *vtd* **1** Causar enguiço a. *vint* **2** Sofrer pane; encrencar: *Aquele carro enguiçou*.

en.gui.ço (de *enguiçar*) *sm* **1** Obstáculo, empecilho, estorvo. **2** *Mec* Pane. **3** *pop* Encrenca.

en.gu.lho (de *engulhar*) *sm* Náusea, ânsia de vômito.

e.nig.ma (*gr aínigma*) *sm* Mistério. *Chave do enigma*: explicação daquilo que não se compreende.

e.nig.má.ti.co (*gr aínigma*, *atos+ico²*) *adj* Incompreensível, misterioso: *Palavras enigmáticas*.

en.jau.la.do (*part* de *enjaular*) *adj* **1** Colocado na jaula. **2** Encarcerado, preso.

en.jau.lar (*en+jaula+ar¹*) *vtd* **1** Colocar na jaula. **2** Encarcerar, prender.

en.jei.ta.do (*part* de *enjeitar*) *adj* Abandonado, rejeitado. • *sm* Criança que foi abandonada ou rejeitada pelos pais.

en.jei.tar (*lat ejectare*) *vtd* Recusar, rejeitar, desprezar. Veja nota em **jeito**.

en.jo.a.do (*part* de *enjoar*) *adj* **1** Que tem enjoo; enjoado. **2** Maçante, chato.

en.jo.ar (de *enojar*, com metátese) *vtd* **1** Causar enjoo ou náuseas a. *vtd* **2** Sentir enjoo ou repugnância por (alimento, remédio). *vint* **3** Sofrer de enjoo, ter náuseas: *No navio, algumas pessoas enjoam*. *vpr* **4** Aborrecer-se, entediar-se: *Enjoou-se com aquela vida*. Conjuga-se como *coar*.

en.jo.a.ti.vo (*enjoar+ivo*) *adj* **1** Que causa enjoo. **2** Cansativo, chato.

en.jo.o (de *enojo*, com metátese) *sm* Princípio de náusea.

en.la.çar (*en+laço+ar¹*) *vtd* **1** Prender, unir com laço. *vtd* **2** Prender nos braços; abraçar. *vti* **3** Ligar, unir.

en.la.ce (de *enlaçar*) *sm* **1** União. **2** Casamento, matrimônio.

en.la.me.a.do (*part* de *enlamear*) *adj* **1** Sujo de lama. **2** Desonrado; desacreditado.

en.la.me.ar (*en+lama+e+ar¹*) *vtd* e *vpr* **1** Sujar(-se) com lama. *vtd* **2** Manchar a reputação; desonrar. Conjuga-se como *frear*.

en.la.ta.do (*part* de *enlatar*) *adj* Colocado ou conservado em lata. • *sm* **1** Alimento conservado em lata. **2** *pej* Filme importado, para veiculação em televisão.

en.la.tar (*en+lata+ar¹*) *vtd* Colocar em lata.

en.le.ar (*lat illigare*) *vtd* e *vpr* **1** Envolver (-se), prender(-se). *vtd* **2** Deixar confuso, indeciso. Conjuga-se como *frear*.

en.le.var (*en+levar*) *vtd* e *vint* **1** Encantar(-se), extasiar(-se). *vpr* **2** Maravilhar-se.

en.le.vo (*ê*) (de *enlevar*) *sm* Encanto, deleite, êxtase.

en.lou.que.cer (*en+louco+ecer*) *vtd* Tirar o uso da razão a; tornar louco: *Você é quem enlouquece o professor*.

en.lu.a.ra.do (*part* de *enluarar*) *adj* Iluminado pelo luar.

en.lu.tar (*en+luto+ar¹*) *vtd* e *vpr* **1** Cobrir (-se), vestir(-se) de luto: *"Dois crimes comoveram e enlutaram o Brasil."* (OLI); *"Um povo inteiro se enlutou."* (FSP) **2** Sofrer ou causar grande mágoa: *"A dor enlutou seu coração."* (PCO)

en.lu.var (*en+luva+ar¹*) *vtd* e *vpr* Calçar, colocar luvas.

e.no.bre.cer (*en+nobre+ecer*) *vtd*, *vint* e *vpr* **1** Tornar(-se) nobre por ações ou feitos. *vtd* **2** Embelezar, enriquecer: *A nova estátua enobreceu a praça*.

e.no.do.ar (*en+nódoa+ar¹*) *vtd* e *vpr* **1** Encher(-se) de nódoas, manchar(-se).

enojado 332 **ensaboar**

vtd **2** Desonrar, difamar. Conjuga-se como *coar*.

e.no.ja.do (*part* de *enojar*) *adj* **1** Nauseado. **2** Aborrecido, entediado, enfastiado.

e.no.jar (*lat tardio inodiare*) *vtd* **1** Causar nojo a. *vpr* **2** Aborrecer-se.

e.nor.me (*lat enorme*) *adj m+f* Muito grande: *Um prédio enorme.*

e.no.ve.lar (*en+novelo+ar¹*) *vtd* **1** Dar forma de novelo a. *vtd* e *vpr* **2** Enrolar(-se) em novelo. *vtd* **3** Tornar confuso.

en.qua.drar (*en+quadro+ar¹*) *vtd* **1** Emoldurar. *vpr* **2** Adaptar-se, ajustar-se. *vtd* **3** *gír* Punir.

en.quan.to (*en+quanto*) *conj* **1** No tempo em que: *Enquanto estive em casa, ninguém bateu na porta.* **2** Ao passo que: *Você só teve alegrias, enquanto eu só chorei. Por enquanto, loc adv*: por ora; até agora: *Por enquanto vai tudo bem.*

enquete (*anquêt'*) (*fr*) *sf* Pesquisa.

en.ra.bar (*en+rabo+ar¹*) *vtd* **1** Segurar pelo rabo. **2** Andar sempre junto ou atrás de (outra pessoa).

en.ra.bi.cha.do (*part* de *enrabichar*) *adj* Apaixonado, gamado.

en.ra.bi.char (*en+rabicho+ar¹*) *vtd* **1** Dar forma de rabicho a (falando-se do cabelo). *vpr* **2** Apaixonar-se, enamorar-se.

en.rai.ve.cer (*en+raiva+ecer*) *vtd, vint* e *vpr* **1** Encolerizar(-se), irar(-se). *vtd* **2** Causar raiva a.

en.rai.ve.ci.do (*part* de *enraivecer*) *adj* Encolerizado, irado.

en.rai.za.do (*part* de *enraizar*) *adj* **1** Preso pelas raízes. **2** *fig* Que se fixou, se firmou.

en.rai.zar (*en+raiz+ar¹*) *vint* **1** Criar raízes. *vtd* e *vpr* **2** Fixar(-se) pelas raízes. *vint* e *vpr* **3** Prender-se, fixar-se. Conjuga-se como *saudar*.

en.ras.ca.da (*part fem* de *enrascar*) *sf* Situação difícil; embaraço, dificuldade.

en.ras.car (*en+rasca+ar¹*) *vtd pop* **1** Fazer cair em cilada. *vtd* **2** Enganar. *vpr* **3** Atrapalhar-se: *"Ele agora se enrascou deveras."* (EMC)

en.re.dar (*en+rede+ar¹*) *vtd* **1** Colher, prender na rede. *vtd* e *vpr* **2** Emaranhar (-se), embaraçar(-se).

en.re.do (*ê*) (*fr*) *sm* **1** Ato de enredar(-se). **2** Conjunto dos episódios que constituem uma obra de ficção.

en.re.ge.lar (*en+regelo+ar¹*) *vtd* **1** Tornar muito frio. **2** Fazer perder o ânimo.

en.ri.jar (*en+rijo+ar¹*) *vtd, vint* e *vpr* **1** Tornar(-se) rijo, duro, forte; endurecer (-se): *"Depois de tudo pronto para os carregadores, enrijar braços e pernas e cerrar punhos"* (CON) *vint* **2** Fortalecer-se: *"O corpo de Toni tornou a enrijar-se."* (TV) *Sin*: enrijecer.

en.ri.je.cer (*en+rijo+ecer*) *V* enrijar.

en.ri.que.cer (*en+rico+ecer*) *vtd, vint* e *vpr* **1** Tornar(-se) rico: *A herança o enriqueceu. vtd* **2** Melhorar, desenvolver. *Antôn* (acepção 1): *empobrecer.*

en.ri.que.ci.do (*part* de *enriquecer*) *adj* **1** Que se tornou rico. **2** Melhorado.

en.ri.que.ci.men.to (*enriquecer+mento*) *sm* Ato ou efeito de enriquecer(-se), ou de tornar-se rico.

en.ro.di.lhar (*en+rodilha+ar¹*) *vpr* Torcer-se, enroscar-se: *A cobra enrodilhava-se para dormir.*

en.ro.la.di.nho (*dim* de *enrolado*) *sm* Cul Carne, peixe, verdura ou massa enrolada em torno de um recheio.

en.ro.la.do (*part* de *enrolar*) *adj* **1** Que forma rolo. **2** *gír* Confuso, complicado.

en.ro.la.dor (*enrolar+dor*) *adj pop* **1** Diz-se de quem torna as coisas complicadas. **2** Que engana, ludibria, tapeia. • *sm pop* Indivíduo enrolador.

en.ro.la.men.to (*enrolar+mento*) *sm* Conjunto de fios enrolados numa bobina ou num motor elétrico.

en.ro.lar (*en+rolo+ar¹*) *vtd* **1** Dar forma de rolo a: *Enrolar a lã. vtd* e *vpr* **2** Envolver (-se): *Deitou-se e enrolou-se no cobertor. vtd* **3** *pop* Tornar confuso: *Enrolou a explicação. vtd* **4** *pop* Enganar, tapear.

en.ros.car (*en+rosca+ar¹*) *vtd* **1** Mover à maneira de rosca. *vtd* **2** Enrolar. *vpr* **3** Encolher-se, dobrar-se.

en.rou.que.cer (*en+rouco+ecer*) *vtd, vint* e *vpr* Tornar(-se) rouco.

en.ru.bes.cer (*en+lat rubescere*) *vtd, vint* e *vpr* Corar, ruborizar(-se).

en.ru.gar (*en+ruga+ar¹*) *vtd* e *vpr* Encher (-se) de rugas; encarquilhar(-se).

en.sa.bo.ar (*en+sabão+ar¹*) *vtd* **1** Lavar(-se) com água e sabão: *Ensaboou-se no banho. vtd* **2** *fig* Castigar, repreender. Conjuga-se como *coar*.

en.sa.car (en+saco+ar¹) *vtd* Pôr em saco. Conjuga-se como *trancar*.

en.sai.ar (ensaio+ar¹) *vtd* **1** Exercitar, experimentar, praticar: *A criança já ensaia os primeiros passos.* **2** Repetir (composição musical ou coreográfica, drama ou comédia) para uma perfeita apresentação ao público.

en.sai.o (baixo-lat *exagiu*) *sm* **1** Prova, experiência. **2** Exame, análise. **3** Repetição de uma composição musical ou coreográfica, drama ou comédia para fazer uma perfeita apresentação ao público.

en.sa.ís.ta (ensaio+ista) *s m+f Lit* Pessoa que escreve ensaios.

en.san.de.cer (en+sandeu+ecer) *vtd* e *vint* Endoidecer, enlouquecer: *"Para ensandecer ainda mais a galera em Salvador, os rapazes devem desfilar quarta-feira só de tapa-sexo."* (FSP); *"O fazendeiro, ensandecendo, diligenciou em vão de matar filhos e mulher."* (TTE)

en.san.de.ci.do (part de *ensandecer*) *adj* Endoidecido, enlouquecido.

en.san.guen.tar (gwe) (en+lat *sanguinem*+entar) *vtd* e *vpr* Cobrir(-se) ou manchar(-se) de sangue.

en.se.a.da (de *ensear*) *sf* **1** Pequena baía ou porto. **2** Área próxima à costa marítima.

en.se.ba.do (part de *ensebar*) *adj* **1** Coberto de sebo. **2** Gorduroso, sujo.

en.se.bar (en+sebo+ar²) *vtd* **1** Cobrir com sebo; engordurar. **2** Manchar.

en.se.jar (ensejo+ar¹) *vtd* **1** Dar ensejo a. **2** Esperar a ocasião de. Conjuga-se como *solfejar*.

en.se.jo (ê) (lat *exagiu*) *sm* Ocasião apropriada; oportunidade.

en.si.na.men.to (ensinar+mento) *sm* **1** Ato ou efeito de ensinar. **2** Doutrina, preceito.

en.si.nar (lat *insignare*) *vtd* **1** Instruir. *vtd* **2** Educar. *vint* **3** Dar aulas.

en.si.no (de *ensinar*) *sm* **1** Educação. **2** Forma organizada de ensinar em escolas. *Ensino fundamental:* antigo primeiro grau, tem como objetivo a educação de crianças e pré-adolescentes, com duração de nove anos.

en.so.la.ra.do (en+solar+ado¹) *adj* Banhado de sol.

en.som.brar (en+sombra+ar¹) *vtd* e *vpr* **1** Cobrir(-se) de sombras: *"Foi-se fechando a mata: a ramagem densa ensombrava o chão recoberto de ervas e arbustos."* (ALE) **2** Entristecer(-se): *"Maria da Glória logo se ensombrava."* (COB)

en.so.pa.do (part de *ensopar*) *adj* Muito molhado; encharcado. • *sm Cul* Prato de carne, peixe etc. preparado com muito molho.

en.so.par (en+sopa+ar¹) *vtd* e *vpr* **1** Molhar(-se) muito; encharcar(-se). *vtd* **2** *Cul* Cozinhar em caldo (carne, peixe etc.).

en.sur.de.ce.dor (ensurdecer+dor) *adj* **1** Que ensurdece. **2** Que faz grande barulho ou estrondo.

en.sur.de.cer (en+surdo+ecer) *vtd* e *vint* **1** Tornar(-se) surdo: *O estrondo ensurdeceu o menino. vtd* **2** Abafar, amortecer o som de. *vtd* **3** Atordoar.

en.ta.bu.lar (en+lat *tabula*+ar¹) *vtd* Começar, iniciar: *Entabular conversa.*

en.ta.la.do (part de *entalar*) *adj* **1** Que está entre talas. **2** Apertado.

en.ta.lar (en+tala+ar¹) *vtd* **1** Colocar em talas: *Entalou o braço fraturado. vtd* e *vpr* **2** Pôr(-se) em lugar apertado. *vtd* e *vpr* **3** Pôr(-se) em dificuldades, em apuros.

en.ta.lha.do (part de *entalhar*) *adj* Gravado, esculpido.

en.ta.lhar (en+talha+ar¹) *vtd* Gravar, esculpir.

en.ta.lhe (de *entalhar*) *sm* **1** Escultura ou gravura de madeira. **2** Incisão, corte na madeira.

en.tan.to (contr de *entretanto*) *adv* Entretanto, neste meio tempo. *No entanto, loc conj:* contudo, todavia.

en.tão (lat *in tunc*) *adv* Nesse ou naquele tempo. • *conj* Pois, à vista disso. • *interj* Denota admiração, espanto. *Até então:* até esse tempo. *Desde então:* desde esse tempo. *E então?:* e depois? o que há nisso (de mal)? *Pois então:* nesse caso.

en.tar.de.cer (en+lat *tardescere*) *vint* Ir caindo a tarde; ir escurecendo. *Conjug:* verbo impessoal; só se conjuga na 3ª pessoa do singular: *entardece, entardecia* etc. • *sm* O cair da tarde, o pôr do sol.

en.te (lat *ente*) *sm* **1** Coisa, objeto, substância. **2** Pessoa. *Ente supremo:* Deus.

en.te.a.do (lat *ante natu*) *sm* Aquele cuja mãe ou cujo pai se casou novamente, em relação ao seu padrasto ou à sua madrasta.

en.te.di.a.do (*part* de *entediar*) *adj* Aborrecido, chateado, enfadado.

en.te.di.ar (*en+tédio+ar*[1]) *vtd* 1 Causar tédio a. *vtd* e *vpr* 2 Aborrecer(-se), chatear(-se), enfadar(-se). Conjuga-se como *premiar*.

en.ten.der (*lat intendere*) *vtd* 1 Compreender: *Não entendeu o que eu lhe disse*. 2 Ser hábil, experiente ou prático em: *Entende vários idiomas*. 3 Pensar, achar. 4 Interpretar, julgar. 5 Ouvir, perceber. *Antôn* (acepção 1): *ignorar*. • *sm* Opinião, entendimento, juízo. *Dar a entender*: insinuar.

en.ten.di.men.to (*entender+i+mento*) *sm* 1 Capacidade de compreender as coisas. 2 Acordo, ajuste.

en.te.ri.te (*êntero+ite*[1]) *sf Med* Inflamação do intestino.

en.ter.ne.cer (*en+terno+ecer*) *vtd* e *vpr* 1 Tornar(-se) terno, amoroso. 2 Sensibilizar(-se).

en.ter.ne.ci.do (*part* de *enternecer*) *adj* 1 Tocado de ternura. 2 Abrandado, sensibilizado.

en.ter.ne.ci.men.to (*enternecer+i+mento*) *sm* 1 Ternura, meiguice. 2 Compaixão.

en.ter.rar (*en+terra+ar*) *vtd* 1 Sepultar. 2 Pôr dentro da terra; cobrir de terra: *Enterrou a semente da planta*. 3 Fazer entrar profundamente: *Enterrou a faca no corpo da vítima*.

en.ter.ro (*ê*) (de *enterrar*) *sm* Sepultamento, funeral.

en.ti.da.de (*lat med entitate*) *sf* 1 Ente, ser. 2 Grupo ou sociedade que dirige as atividades de uma categoria: *Entidade artística*.

en.to.ar (*en+tom+ar*[1]) *vtd* 1 Dar o tom para se cantar. 2 Começar (um canto). Conjuga-se como *coar*.

en.to.jo (*ô*) (cruzamento de *entejo* com *nojo*) *sm* Nojo, repugnância: *"Tomei entojo de galo. Vou criar canário."* (CL)

en.to.mo.lo.gi.a (*entomo+logo+ia*[1]) *sf* Parte da Zoologia que trata dos insetos.

en.to.na.ção (*entonar+ção*) *sf* 1 Modulação da voz de quem fala ou recita. 2 Canto num determinado tom.

en.to.nar (*en+tom+ar*[1]) *vtd* 1 Exibir com imponência. *vpr* 2 Mostrar-se arrogante.

en.ton.te.cer (*en+tonto+ecer*) *vtd* 1 Causar tonturas a. *vint* 2 Sentir tonturas. *vtd* e *vint* 3 Tornar(-se) tonto.

en.tor.nar (*lat tornare*) *vtd* 1 Virar, emborcar. 2 Derramar, despejar (líquidos ou coisas miúdas): *Entornou o leite*. 3 Fazer transbordar: *Encheu a xícara até entornar o chá*.

en.tor.pe.cen.te (de *entorpecer*) *adj m+f* Que entorpece. • *sm* Substância tóxica que entorpece o sistema nervoso e provoca a dependência do organismo.

en.tor.pe.cer (*en+lat torpescere*) *vtd* 1 Causar entorpecimento ou torpor a. 2 Enfraquecer.

en.tor.pe.ci.do (*part* de *entorpecer*) *adj* 1 Enfraquecido. 2 Desanimado, cansado.

en.tor.pe.ci.men.to (*entorpecer+mento*[1]) *sm* 1 Falta de ação. 2 Desânimo, preguiça.

en.tor.se (*fr entorse*) *sf Med* Distensão violenta que rompe os ligamentos de uma articulação.

en.tor.tar (*en+torto+ar*[1]) *vtd*, *vint* e *vpr* 1 Tornar(-se) torto; dobrar(-se), curvar(-se). 2 Afastar(-se) do bom caminho. *Antôn*: *endireitar*.

en.tra.da (*part fem* de *entrar*) *sf* 1 Admissão, ingresso. 2 Abertura de qualquer cavidade. 3 Portão, porta. 4 Começo, princípio. 5 Primeiro pagamento na venda e compra a prestações. 6 Bilhete de ingresso em teatro, cinema etc. 7 Numa refeição, o primeiro prato. *Entrada franca*: ingresso gratuito.

en.tran.çar (*en+trança+ar*[1]) *vtd* 1 Dar forma de trança a: *Entrançar o cabelo*; *"[Os escravos] fiavam e teciam, entrançavam cestas e esteiras."* (MAL) *vtd* e *vpr* 2 Unir(-se), prender(-se) um no outro; entrelaçar(-se).

en.tra.nha (*lat interanea*) *sf* 1 Qualquer víscera do tórax ou do abdome. *sf pl* 2 Conjunto das vísceras do tórax ou do abdome. 3 *fig* Índole, caráter.

en.tra.nha.do (*part* de *entranhar*) *adj* 1 Arraigado, inveterado. 2 Profundo, íntimo.

en.tra.nhar (*entranha+ar*[1]) *vtd* 1 Colocar nas entranhas. *vtd* e *vpr* 2 Introduzir(-se) profundamente em: *Entranhou a espada no adversário*.

en.trar (*lat intrare*) *vti* e *vint* 1 Ir para dentro de, passar de fora para dentro. *vtd* 2 Passar

en.tra.var (*en+travar*) *vtd* **1** Pôr entraves ou obstáculos a um movimento. **2** Fazer parar; impedir. *Antôn* (acepção 1): *desembaraçar*; (acepção 2): *desimpedir*.

en.tra.ve (de *entravar*) *sm* Impedimento, obstáculo, empecilho: *"O principal entrave à cultura da seringueira é originário nas várias moléstias que a atacam."* (DS)

en.tre (*lat inter*) *prep* **1** No intervalo de (espaço, tempo, quantidade etc.). **2** No meio de: *Entre as flores.* **3** Inclusão de pessoas ou coisas num total: *Quase 200 pessoas entre bailarinos, músicos, coreógrafos.* **4** Dentro de: *Entre quatro paredes.*

en.tre.a.ber.to (*part* de *entreabrir*) *adj* Um pouco aberto.

en.tre.a.brir (*entre+abrir*) *vtd* **1** Abrir pouco: *Entreabrir a porta.* *vint* e *vpr* **2** Desanuviar-se, ficar claro (o tempo). *Part irreg: entreaberto.*

en.tre.gar (*lat integrare*) *vtd* **1** Passar para a posse de alguém: *Entregar jornais, cartas.* *vtd* e *vti* **2** Devolver, restituir: *Entregou o quadro roubado ao dono.* *vpr* **3** Dedicar-se inteiramente: *Entrega-se aos estudos.* *Antôn* (acepção 1): *receber. Entregar os pontos:* considerar-se vencido. *Part: entregado* e *entregue.*

en.tre.gue (*part irreg* de *entregar*) *adj m+f* **1** Disposto nas mãos ou na posse de. **2** Devotado.

en.tre.la.çar (*entre+laçar*) *vtd* Unir, ligar.

en.tre.li.nha (*entre+linha*) *sf* **1** *Tip* Espaço entre duas linhas. **2** *Mús* Intervalo ou espaço entre as linhas da pauta. *sf pl* **3** *fig* Sentido subentendido, implícito.

en.tre.me.ar (*entremeio+ar¹*) *vtd* **1** Colocar entre pessoas ou coisas. *vint* e *vpr* **2** Estar ou pôr-se entre coisas ou pessoas. Conjuga-se como *frear*.

en.tre.pos.to (ô) (*part* de *entrepor*) *sm* Armazém onde se depositam mercadorias. *Pl: entrepostos* (ó).

en.tres.sa.fra (*entre+safra*) *sf Agr* Período entre uma safra e outra de determinado produto.

en.tre.tan.to (*entre+tanto*) *adv* Entrementes, neste intervalo de tempo, no entanto. • *conj* Contudo, todavia.

en.tre.te.la (*entre+tela*) *sf* Tela ou tecido encorpado que se usa entre a fazenda e o forro de uma peça de roupa.

en.tre.tem.po (*entre+tempo*) *sm* Tempo intermediário; meio tempo: *"A cancela, que se manteve aberta e trêmula nesse entretempo, dá uma bofetada no ar assim que nós passamos."* (EST)

en.tre.te.ni.men.to (*entretener+mento*) *sm* Distração, passatempo, divertimento.

en.tre.ter (*entre+ter*) *vtd* **1** Distrair, desviando a atenção. *vtd* e *vpr* **2** Divertir(-se). Conjuga-se como *ter*; recebe, porém, acento agudo o *e* na 2ª e na 3ª pessoa do singular do presente do indicativo: *entreténs, entretém*, e na 2ª pessoa do singular do imperativo afirmativo: *entretém(tu)*.

en.tre.var (*corr* de *entravar*) *vtd, vint* e *vpr* **1** Tornar(-se) paralítico: *"Ionho se entrevara, por ataques de estupor."* (TTE) *vtd* e *vpr* **2** Cobrir(-se) de trevas.

en.tre.ver (*entre+ver*) *vtd* **1** Ver sem muita clareza. **2** Prever, pressentir. Conjuga-se como *ver*.

en.tre.vis.ta (decalque do *fr entrevue*) *sf* **1** Encontro combinado. **2** Conferência de duas ou mais pessoas em lugar previamente combinado.

en.tre.vis.ta.dor (*entrevistar+dor*) *adj+sm* Que ou aquele que entrevista.

en.tre.vis.tar (*entrevista+ar¹*) *vtd* Ter entrevista com.

en.trin.chei.rar (*en+trincheira+ar¹*) *vtd* e *vpr* Fortificar(-se) ou defender(-se) com trincheiras.

en.tris.te.cer (*en+triste+ecer*) *vtd* **1** Dar aspecto triste a, causar tristeza a, tornar triste. *vint* e *vpr* **2** Tornar-se triste. *Antôn: alegrar.*

en.tron.ca.men.to (*entroncar+mento*) *sm* Ponto de encontro de duas ou mais coisas.

en.tron.car (*en+tronco+ar¹*) *vint* e *vpr* **1** Criar tronco. **2** Reunir-se um caminho a outro.

en.tro.sa.do (*part* de *entrosar*) *adj* Organizado, ordenado.

en.tro.sar (*entrosa+ar¹*) *vtd* **1** Adaptar a um meio ou a uma situação: *O professor tentou entrosar os novos alunos*. **2** Ordenar bem (coisas complicadas).

en.tu.lhar (*en+tulha+ar¹*) *vtd* Acumular, amontoar, atravancar.

en.tu.lho (de *entulhar*) *sm* **1** Lixo. **2** Fragmentos provenientes da construção ou demolição de uma obra. **3** *fig* Aquilo que atravanca ou fica ocupando um lugar.

en.tu.pi.do (*part* de *entupir*) *adj* Obstruído, fechado.

en.tu.pir (*esp tupir*, com prefixo *em-*) *vtd* e *vpr* **1** Embaraçar(-se), obstruir(-se). *vpr* **2** Encher-se, empanturrar-se. *Conjug* – Pres indic: entupo, entopes, entope, entupimos, entupis, entopem; Pret perf: entupi, entupiste, entupiu, entupimos, entupistes, entupiram; Pret imp indic: entupia, entupias, entupia, entupíamos, entupíeis, entupiam; Pret mais-que-perf: entupira, entupiras, entupira, entupíramos, entupíreis, entupiram; Fut pres: entupirei, entupirás, entupirá, entupiremos, entupireis, entupirão; Fut pret: entupiria, entupirias, entupiria, entupiríamos, entupiríeis, entupiriam; Pres subj: entupa, entupas, entupa, entupamos, entupais, entupam; Pret imp subj: entupisse, entupisses, entupisse, entupíssemos, entupísseis, entupissem; Fut subj: entupir, entupires, entupir, entupirmos, entupirdes, entupirem; Imper afirm: —, entope(Tu), entupa(Você), entupamos(Nós), entupi(Vós), entupam(Vocês); Imper neg: —, Não entupas(Tu), Não entupa(Você), Não entupamos(Nós), Não entupais(Vós), Não entupam(Vocês); Infinitivo impess: entupir; Infinitivo pess: entupir, entupires, entupir, entupirmos, entupirdes, entupirem; Ger: entupindo; Part: entupido.

en.tur.var (*en+turvo+ar¹*) *vtd* e *vpr* Tornar(-se) turvo; turvar(-se).

en.tu.si.as.mar (*entusiasmo+ar¹*) *vtd* **1** Causar entusiasmo ou admiração a. *vint* e *vpr* **2** Encher-se de entusiasmo; empolgar-se.

en.tu.si.as.mo (*gr enthousiasmós*) *sm* **1** Alegria intensa. **2** Exaltação.

en.tu.si.as.ta (*gr enthousiastés*) *adj* e *s m+f* **1** Que ou aquele que se entusiasma. **2** Que ou aquele que se dedica a uma coisa: *Entusiasta pela música*.

e.nu.me.ra.ção (*lat enumeratione*) *sf* **1** Exposição ou relação de coisas uma a uma. **2** Conta, cálculo.

e.nu.me.rar (*lat enumerare*) *vtd* **1** Especificar um a um: *Enumera os produtos que chegam*. **2** Narrar minuciosamente.

e.nun.ci.a.ção (*lat enunciatione*) *sf* **1** Declaração. **2** *Lóg* Aquilo que pode ser verdadeiro ou falso; juízo expresso por palavras.

e.nun.ci.a.do (*part* de *enunciar*) *adj* Expresso por palavras. • *sm* Breve exposição, proposição: *Enunciado de um problema de matemática*.

e.nun.ci.ar (*lat enuntiare*) *vtd* **1** Expor. *vpr* **2** Exprimir-se, falar. Conjuga-se como *premiar*.

en.vai.de.cer (*en+vaid(oso)+ecer*) *vtd* e *vpr* Encher(-se) de vaidade, de presunção; vangloriar(-se).

en.ve.lhe.cer (*en+velho+ecer*) *vtd* e *vint* **1** Tornar(-se) velho. *vtd* **2** Fazer que pareça velho: *A vida agitada o envelheceu prematuramente*.

en.ve.lo.par (*envelope+ar¹*) *vtd* Colocar ou guardar em envelope.

en.ve.lo.pe (*fr enveloppe*) *sm* Invólucro para enviar ou guardar qualquer papel (cartas, documentos etc.).

en.ve.ne.na.do (*part* de *envenenar*) *adj* **1** Que tem veneno. **2** Que tomou veneno. **3** *pop* Diz-se do motor ou do carro preparado para alcançar maior velocidade que os outros.

en.ve.ne.nar (*en+veneno+ar¹*) *vtd* **1** Dar veneno a. *vtd* **2** Misturar veneno em. *vpr* **3** Tomar veneno para se suicidar. *vtd* **4** *pop* Modificar o motor do carro, com o fim de melhorar seu desempenho.

en.ve.re.dar (*en+vereda+ar¹*) *vint* e *vpr* **1** Tomar caminho, dirigir-se a um lugar: *"A estranha comitiva (...) enveredou-se pela Rua do Paço."* (VDI) *vtd* **2** Encaminhar, guiar.

en.ver.ga.du.ra (*envergar+dura*) *sf* **1** Dimensão, extensão, alcance: *Um plano de grande envergadura*. **2** Largura das asas abertas, nas aves. **3** *Av* Largura entre as pontas das asas de um avião.

en.ver.gar (*en+verga+ar¹*) *vtd* e *vpr* **1** Cur-

en.ver.go.nhar var(-se), arquear(-se), dobrar(-se). *vtd* 2 Vestir: *Envergava um bonito vestido*.
en.ver.go.nhar (*en+vergonha+ar¹*) *vtd* 1 Encher de vergonha. *vpr* 2 Ficar com vergonha; ficar acanhado, tímido.
en.ver.ni.zar (*en+verniz+ar¹*) *vtd* 1 Cobrir ou lustrar com verniz. 2 Polir.
en.vi.a.do (*part de enviar*) *adj* Mandado, remetido, expedido. • *sm* Mensageiro.
en.vi.ar (*lat inviare*) *vtd e vti* 1 Fazer seguir; remeter. *vtd* 2 Mandar (alguém) para cumprir uma missão: *Enviamos um representante*.
en.vi.dra.çar (*en+vidraça+ar¹*) *vtd* 1 Pôr vidraças ou vidros em. 2 Dar a aparência de vidro a.
en.vi.e.sar (*en+viés+ar¹*) *vtd e vpr* 1 Pôr (-se) ao viés, em diagonal, obliquamente. *vtd* 2 Envesgar.
en.vi.u.var (*en+viúvo+ar¹*) *vint* Ficar viúvo. Conjuga-se como *saudar*.
en.vol.to (ô) (*part irreg de envolver*) *adj* Enrolado, embrulhado.
en.vol.ven.te (*de envolver*) *adj m+f* Atraente, sedutor, cativante.
en.vol.ver (*lat involvere*) *vtd e vpr* 1 Enrolar(-se), embrulhar(-se). *vtd* 2 Abranger: *Esta função ainda envolve outras responsabilidades*. *vtd* 3 Cercar, rodear, circundar. *vpr* 4 Incluir-se, comprometer-se: *Envolver-se em trapaças*. *vtd* 5 Cativar, seduzir. *Part: envolvido e envolto*.
en.xa.da (*lat vulg *asciata*) *sf* Ferramenta usada na lavoura para carpir, revolver a terra etc.
en.xa.dris.mo (*en+xadr(ez)+ismo*) *sm* Ciência do jogo de xadrez.
en.xa.dris.ta (*en+xadr(ez)+ista*) *adj m+f* Relativo ao jogo de xadrez. • *s m+f* Pessoa que joga xadrez.
en.xa.guar (*lat vulg *exaquare*) *vtd* 1 Lavar ligeiramente. 2 Passar por água limpa. Conjuga-se como *aguar*.
en.xá.gue (gwe) (*de enxaguar*) *sm* Ato ou efeito de enxaguar: *"[A nova lava-roupa] tem triplo enxágue e 5 renovações de água."* (VEJ)
en.xa.me (*lat examen*) *sm* Grupo de abelhas de uma colmeia.
en.xa.que.ca (ê) (*ár ashshaqîqa*) *sf Med* Dor de cabeça muito forte.

en.xer.gar *vtd* 1 Ver, avistar. 2 Notar, perceber: *Enxergou certa ironia no cumprimento*.
en.xe.ri.do (*part de enxerir*) *adj+sm* Intrometido.
en.xe.rir (*lat inserere*) *vpr* Intrometer-se. Conjuga-se como *ferir*.
en.xer.tar (*lat insertare*) *vtd* 1 Fazer enxerto em. *vtd e vpr* 2 Inserir(-se), introduzir(-se).
en.xer.to (ê) (*de enxertar*) *sm* 1 Implantação de tecido ou órgão vivo. 2 Aquilo que se enxerta ou insere.
en.xo.fre (ô) (*lat sulfure*) *sm Quím* Elemento não metálico.
en.xo.tar (*en+xote+ar¹*) *vtd* 1 Afugentar: *Enxotou o cachorro*. 2 Expulsar: *Enxotaram-no de casa*.
en.xo.val (*ár ashshuwâr*) *sm* Conjunto de roupas e outros objetos de uma noiva ou de um recém-nascido.
en.xo.va.lhar (*enxova+alho+ar¹*) *vtd* 1 Emporcalhar, sujar, manchar. 2 Desonrar, macular: *"Esqueceu-se dos seus deveres, enxovalhou a honra da família, caiu em pecado mortal!"* (CP) 3 Ofender, insultar, injuriar.
en.xu.gar (*lat exsucare*) *vtd, vint e vpr* 1 Secar(-se). 2 *Enxugar a louça*. *vtd* 2 *Polít e Econ* Reduzir, para diminuir os gastos. *Part: enxugado e enxuto*.
en.xur.ra.da (*enxurro+ada¹*) *sf* 1 Corrente das águas da chuva. 2 *fig* Grande quantidade: *Uma enxurrada de palavrões*.
en.xu.to (*lat exsuctu*) *adj* Seco. *Antôn: molhado*.
en.zi.ma (*en+gr zýme*) *sf* Fermento ou outra substância que se forma no organismo vivo para decompor os alimentos ou a matéria orgânica.
e.ó.li.co (*gr aiolikós*) *adj* Que se refere ou se relaciona ao vento: *"A baixa velocidade dos ventos no Brasil limita o aproveitamento da energia eólica."* (UE)
e.pi.car.po (*epi+carpo*) *sm Bot* Camada externa do pericarpo dos frutos.
e.pi.ce.no (*gr epíkoinos*) *adj Gram* Diz-se do substantivo que tem uma só forma para ambos os gêneros, sendo a distinção do sexo feita com o auxílio das palavras macho e fêmea: *o macho da baleia* ou *a*

baleia macha; a fêmea do tubarão ou *o tubarão fêmeo*.

e.pi.cen.tro (*epi*+*centro*) *sm Geol* Ponto da superfície terrestre atingido primeiro e com maior intensidade pelos terremotos.

é.pi.co (*gr epikós*) *adj* **1** Que se refere a epopeias e a heróis: *"Escrever um poema épico, de quase 300 páginas, não é coisa muito habitual hoje em dia."* (FSP) **2** Heroico: *"A proposta de construir um muro com pedras amarradas com arame tem um caráter quase épico."* (ESP) • *sm* Autor de epopeias: *"Gregório, o Chulo, é também o épico primeiro de nosso nacionalismo."* (DCM)

e.pi.de.mi.a (*gr epidemía*) *sf Med* Doença que ataca ao mesmo tempo muitas pessoas da mesma região.

e.pi.de.mi.o.lo.gi.a (*epidêmio*+*logo*+*ia*[1]) *sf* Ramo da ciência que trata das epidemias.

e.pi.der.me (*gr epidermís*) *sf* **1** *Anat* Camada superficial da pele. **2** *Bot* Camada celular externa dos órgãos vegetais novos ou macios.

e.pi.gás.trio (*gr epigástrios*) *sm Anat* Parte superior do abdome, entre as duas partes laterais.

e.pi.glo.te (*gr epiglottís*) *sf Anat* Válvula que fecha a comunicação da faringe com a glote durante a deglutição.

e.pí.gra.fe (*gr epigraphé*) *sf* **1** Sentença colocada no início de um capítulo de livro, de um discurso, de uma composição poética etc.: *"A epígrafe em Latim que está no começo do livro quer dizer: 'Reza, estuda, estuda, estuda, reestuda, trabalha e descobrirás'."* (ALQ) **2** Frase ou título que serve de tema a um assunto: *"Sob a epígrafe 'Homens e Insetos', enfocamos novamente o assunto."* (CPO) **3** Inscrição feita em monumento, medalha etc.

e.pi.lep.si.a (*gr epilepsía*) *sf Patol* Doença nervosa caracterizada por breves ataques de convulsão e perda da consciência.

e.pi.lép.ti.co (*gr epileptikós*) *adj Patol* **1** Relativo a epilepsia. **2** Que sofre de epilepsia. • *sm* Pessoa que sofre de epilepsia.

e.pí.lo.go (*gr epílogos*) *sm* **1** Fim. **2** Conclusão.

e.pi.só.dio (*gr epeisódios*) *sm* Fato, acontecimento.

e.pís.to.la (*gr epistolé*) *sf* **1** Cada uma das cartas dos apóstolos no início do cristianismo. **2** Poema em forma de carta.

e.pis.to.lar (*lat epistolare*) *adj m*+*f* Que se refere a epístola.

e.pi.tá.fio (*gr epitáphios*) *sm* Inscrição num túmulo.

e.pi.te.li.al (*epitélio*+*al*[1]) *adj m*+*f Anat* Pertencente ou relativo ao epitélio.

e.pi.té.lio (*lat cient epithelíiu*) *sm Anat* Tecido que reveste as superfícies externas e internas do corpo.

e.pí.te.to (*gr epíthetos*) *sm* Apelido, alcunha, cognome: *"Advinho, curandeiro, milagreiro. Estes foram os epítetos atribuídos ao seu Juquinha farmacêutico."* (ACT)

é.po.ca (*gr epokhé*) *sf* **1** Espaço de tempo assinalado por algum acontecimento notável. **2** O momento em que uma coisa sucede. **3** O tempo em que se vive. **4** Período, temporada, estação: *Época de chuvas*.

e.po.pei.a (*é*) (*gr epopoiía*) *sf Lit* Poema longo que narra ações grandiosas e heroicas.

e.pó.xi (*cs*) (*ingl epoxy*) *sm Quím* Resina sintética usada como revestimento.

ép.si.lon (*gr épsilon*) *sm* Quinta letra do alfabeto grego, correspondente ao nosso *e*.

e.qua.ção (*lat aequatione*) *sf Mat* Afirmação da igualdade de duas expressões ligadas pelo sinal =, que só se verifica para determinados valores das incógnitas nela contidas.

e.qua.ci.o.nar (*equação*+*ar*[1]) *vtd* **1** Pôr em equação. **2** Apresentar os dados de (uma questão qualquer) para tentar encontrar sua solução.

e.qua.dor (*lat aequatore*) *sm* Círculo imaginário que divide a Terra igualmente nos hemisférios Norte e Sul.

e.qua.li.za.ção (*equalizar*+*ção*) *sf* **1** Correção eletrônica de sinais de gravação e de reprodução para diminuir a distorção e fazer com que o som reproduzido se assemelhe ao original: *"Não havia equalização e o som saía bruto."* (FSP) **2** Adequação: *"Parece-me que a equalização tarifária traz mais custos que benefícios."* (POL)

e.qua.li.za.dor (*equalizar*+*dor*) *sm Eletr*

Circuito eletrônico destinado ao processo da equalização.

e.qua.li.zar (*lat aequu+al¹+izar*) *vtd* Uniformizar, igualar: *"Existem muitos outros instrumentos para melhorar a distribuição de renda e equalizar as oportunidades."* (REA)

e.qua.to.ri.al (*lat aequatore*) *adj m+f* Que está situado ou que cresce ao redor do equador: *Plantas equatoriais*.

e.qua.to.ri.a.no (*top Equador+i+ano*) *adj* Relativo ou pertencente ao Equador (América do Sul). • *sm* Habitante ou natural do Equador.

e.ques.tre (*qwe*) (*lat equestre*) *adj m+f* Que se refere a cavalaria ou à equitação.

e.qui.da.de (*qwi*) (*lat aequitate*) *sf* Igualdade, justiça, retidão: *"A democracia era uma conversa interessante, e a falta de equidade que impera hoje demonstra que nada mudou."* (EMB)

e.quí.deo (*qwi*) (*equi+ídeo*) *adj Zool* Relativo ou semelhante ao cavalo. • *sm* 1 Espécime dos equídeos. *sm pl* 2 *Zool* Família de mamíferos à qual pertencem o cavalo, o asno e a zebra.

e.qui.dis.tân.cia (*qwi*) (*equi²+distância*) *sf* Igualdade de distância.

e.qui.dis.tar (*qwi*) (*equi²+distar*) *vti* Estar à mesma distância de dois ou mais pontos. *Conjug* – conjuga-se, com raras exceções, apenas nas 3ªˢ pessoas. *Pres indic*: *equidista, equidistam; Pret perf*: *equidistou, equidistaram*.

e.qui.lá.te.ro (*qwi*) (*lat aequilateru*) *adj Geom* Que tem os lados iguais entre si.

e.qui.li.brar (*baixo-lat aequilibrare*) *vtd* e *vpr* 1 Pôr(-se) ou manter(-se) em equilíbrio. *vtd* e *vti* 2 Compensar, contrabalançar.

e.qui.lí.brio (*lat aequilibriu*) *sm* 1 *Fís* Estado de um corpo que se mantém sobre um apoio sem se inclinar para nenhum dos lados. 2 *fig* Moderação, prudência: *Diante das situações difíceis, age com equilíbrio*. 3 *fig* Estabilidade emocional.

e.qui.li.bris.ta (*equilibrar+ista*) *s m+f* Malabarista.

e.qui.mo.se (*gr egkhýmosis*) *sf Med* Mancha escura ou avermelhada, que pode aparecer na pele em virtude de uma pancada.

e.qui.pa.gem (*equipar+agem*) *sf* 1 Conjunto de tripulantes de navio ou avião. 2 Conjunto das coisas que se levam em excursões ou viagens.

e.qui.pa.men.to (*equipar+mento*) *sm* Conjunto de instrumentos necessários para executar um trabalho ou praticar determinada atividade: *Equipamento de mergulho*.

e.qui.par (*fr équiper*) *vtd* 1 Prover do necessário. 2 *Náut* Guarnecer (uma embarcação) do pessoal necessário para a manobra.

e.qui.pa.rar (*lat aequiparare*) *vtd* e *vti* 1 Igualar comparando: *"D. João VI, ao embarcar, equiparou os direitos de oficiais do Brasil aos de Portugal."* (VB) *vpr* 2 Comparar-se, igualar-se: *No comportamento, equipara-se ao irmão*.

e.qui.pe (*fr équipe*) *sf* 1 Conjunto de pessoas que, juntas, tomam parte em uma competição esportiva. 2 Grupo de pessoas que se dedicam a uma mesma tarefa.

e.qui.ta.ção (*lat equitatione*) *sf* Arte de montar a cavalo.

e.qui.va.lên.cia (*equivalente+ia¹*) *sf* Correspondência.

e.qui.va.len.te (*lat aequivalente*) *adj* e *s m+f* Que tem valor igual.

e.qui.va.ler (*lat aequivalere*) *vti* e *vpr* Ser igual no valor, no peso, na força etc.: *Um quilo equivale a mil gramas*. Conjuga-se como *valer*.

e.qui.vo.car (*equívoco+ar¹*) *vpr* Confundir-se, enganar-se.

e.quí.vo.co (*lat aequivocu*) *adj* 1 Que pode ser interpretado de várias maneiras: *Palavras equívocas*. 2 Ambíguo. *Antôn* (acepção 1): *inequívoco*. • *sm* Engano ou erro.

e.ra (*baixo-lat aera*) *sf* 1 *Geol* Divisão do tempo geológico, compreendendo vários períodos. 2 Série de anos que se inicia num grande acontecimento histórico: *Era cristã*. 3 Época, tempo.

e.rá.rio (*lar aerariu*) *sm* 1 Tesouro público. 2 Edifício onde se guarda o dinheiro público.

e.re.to (*lat erectu*) *adj* 1 Erguido verticalmente. 2 Aprumado, direito, teso. 3 Duro (pênis).

er.go.me.tri.a (*ergo+metro¹+ia¹*) *sf Med* Método de medição do trabalho de um grupo muscular.

er.go.no.mi.a (ergo+nomo+ia¹) *sf* Estudo dos problemas relacionados à organização do trabalho em função dos objetivos propostos e da relação homem-máquina.

er.guer (*lat erigere*) *vtd* **1** Elevar, levantar: *Erguer os braços*. **2** Construir, edificar.

e.ri.çar (*lat vulg *ericiare*) *vtd* e *vpr* **1** Arrepiar(-se), encrespar(-se), ouriçar(-se): *"Era um homem de dentes magníficos, nariz aquilino, olhos azuis, testa curta sobre a qual eriçava-se, leonina, sua juba de artista."* (BAL) **2** Encolerizar(-se), irritar(-se): *"A voz trovoenta eriçou Olindona."* (DE); *"Então eriçaram-se indignadas porque o donzelo não agia como devia agir um donzelo."* (CHP)

e.ri.gir (*lat erigere*) *vtd* **1** Construir, levantar; criar, fundar. *vtd* e *vti* **2** Erguer, levantar. Conjuga-se como *dirigir*. Part: *erigido* e *ereto*.

e.ri.si.pe.la (*gr erysípelas*) *sf Med* Doença infecciosa da pele e do tecido subcutâneo.

er.mi.tão (*ermita+ão¹*) *sm* Eremita. Fem: *ermitã* e *ermitoa*. Pl: *ermitãos, ermitães* e *ermitões*.

er.mo (ê) (*gr éremos*) *adj* Deserto, desabitado. Fem: *erma* (ê). • *sm* Lugar deserto, sem habitantes.

e.ro.dir (*lat erodere*) *vtd* Produzir erosão em: *"[A água] vai erodindo a crosta e carregando sedimentos para o mar."* (DST) Conjuga-se como *abolir*.

e.ro.são (*lat erosione*) *sf* Desgaste produzido na camada terrestre por agentes externos, como vento, mares, chuva etc.

e.ro.tis.mo (*eroto+ismo*) *sm* Amor sexual.

e.ro.ti.zar (*eroto+izar*) *vtd* **1** Causar erotismo em. *vpr* **2** Ficar excitado.

er.ra.di.car (*lar erradicare*) *vtd* Extinguir completamente; destruir: *Erradicar uma doença.*

er.ran.te (*lat errante*) *adj m+f* **1** Vagabundo. **2** Nômade.

er.rar (*errare*) *vtd* **1** Cometer erro; não acertar. *vti* **2** Enganar-se. *vint* **3** Falhar. *vint* **4** Andar sem destino certo; vaguear: *Errava pelas ruas.*

er.re (érre) *sm* O nome da letra *r*. Pl: *erres* ou *rr*.

er.ro (ê) (de *errar*) *sm* **1** Equívoco, engano. **2** Culpa, falta.

e.ru.di.ção (*lat eruditione*) *sf* Instrução ampla e variada.

e.ru.di.to (dí) (*lat eruditu*) *adj+sm* Que ou quem tem instrução ampla e variada.

e.rup.ção (*lat eruptione*) *sf* **1** Saída súbita e violenta. **2** *Med* Aparecimento de manchas ou bolhas na pele. *Erupção vulcânica:* saída violenta de lavas e outras substâncias pela cratera de um vulcão.

er.va (*lat herba*) *sf* **1** *Bot* Planta cheia de folhas que conserva o caule sempre verde e tenro. **2** Planta venenosa de pastagens. *Erva daninha:* a que cresce entre as plantas cultivadas, prejudicando-lhes o desenvolvimento.

er.va-ci.drei.ra *sf Bot* Planta de cujas folhas prepara-se um chá calmante. Pl: *ervas-cidreiras.*

er.va-do.ce *sf Bot* Planta aromática utilizada em culinária e de cujas folhas se faz chá. Pl: *ervas-doces.*

er.va-ma.te *sf Bot* Planta de cujas folhas se prepara um chá saboroso e saudável. Pl: *ervas-mates* e *ervas-mate.*

er.vi.lha (*lat ervilia*) *sf Bot* **1** Planta leguminosa que produz sementes redondas, comestíveis e ricas em proteína. **2** Semente dessa planta.

es.ba.fo.ri.do (*part* de *esbaforir*) *adj* **1** Ofegante. **2** Afobado, apressado.

es.ba.fo.rir (*es+bafo+r+ir*) *vint* e *vpr* Ficar ofegante. Conjuga-se como *falir.*

es.ba.ga.çar (*es+bagaço+ar¹*) *vtd* e *vpr* **1** Reduzir(-se) a bagaço. **2** Dissipar(-se) (bens).

es.ban.jar *vtd* **1** Gastar em excesso. **2** Desperdiçar. **3** Ter em excesso (talento, saúde etc.).

es.bar.rar (*es+barra+ar¹*) *vti* **1** Tocar de leve em. *vti* e *vpr* **2** Ir de encontro a, chocar-se com.

es.bel.to (*ital svelto*) *adj* Elegante.

es.bo.çar (*esboço+ar¹*) *vtd* **1** Delinear: *Esboçar um quadro.* **2** Não mostrar completamente: *Esboçar um sorriso.*

es.bo.ço (ô) (*ital sbozzo*) *sm* **1** Os traços iniciais de um desenho ou pintura. **2** Resumo, sinopse.

es.bo.de.gar (*es+bodega+ar¹*) *vtd* **1** Estragar, arruinar, escangalhar. *vpr* **2** Cansar-se, esbaforir-se.

es.bo.fe.te.ar (*es+bofetão+e+ar¹*) *vtd* Dar bofetões ou bofetadas em. Conjuga-se como *frear*.

es.bor.ra.char (*es+borracha+ar¹*) *vtd* **1** Fazer arrebentar ou estourar. *vtd* e *vpr* **2** Achatar(-se), esmagar(-se).

es.bor.ri.far (*es+borrifar*) *vtd* Borrifar.

es.bran.qui.ça.do (*part de esbranquiçar*) *adj* **1** Um tanto branco, quase branco. **2** Sem cor, descorado.

es.bran.qui.çar (*es+branco+içar*) *vtd* Tornar quase branco ou sem cor; descorar.

es.bra.ve.jar (*es+bravo+ejar*) *vtd* **1** Exprimir com fúria. *vti* e *vint* **2** Berrar, gritar irritadamente: *Esbravejou contra a bagunça que fizeram.* Conjuga-se como *solfejar*.

es.bu.ga.lhar (*es+bugalho+ar¹*) *vtd* Abrir muito (os olhos); arregalar.

es.bu.ra.car (*es+buraco+ar¹*) *vtd* e *vpr* Encher(-se) de buracos.

es.ca.bi.o.se (*lat scabie+ose*) *sf* Sarna.

es.ca.bi.o.so (ó) (*lat scabiosu*) *adj Med* **1** Relativo à sarna. **2** Que tem sarna; sarnento. *Pl: escabiosos* (ó).

es.ca.bro.so (ô) (*lat scabrosu*) *adj* **1** Irregular, desigual, acidentado: *"Nos terrenos escabrosos cada movimento é penoso."* (RET) **2** Difícil: *Problema escabroso.* **3** Indecoroso, imoral: *"Não tinha cerimônia de confessar ao amigo certos fatos escabrosos da vida dele."* (OE) *Pl: escabrosos* (ó).

es.ca.da (*lat scalata*) *sf* Série de degraus para subir ou descer. *Escada rolante:* a que, acionada por um motor, sobe e desce automática e continuamente.

es.ca.da.ri.a (*escada+aria*) *sf* **1** Série de lanços de escadas separadas por patamares. **2** Escada larga e comprida.

es.ca.fan.dris.ta (*escafandro+ista*) *s m+f* Mergulhador vestido de escafandro.

es.ca.fan.dro (*escafo+andro*) *sm* Vestimenta impermeável, munida de aparelho respiratório, própria para o mergulhador ficar muito tempo debaixo da água.

es.ca.fe.der (*voc express*) *vpr* **1** Fugir apressadamente, com medo. **2** Esgueirar-se, safar-se.

es.ca.la (*ital scala*) *sf* **1** Proporção entre as medidas e distâncias de um desenho. **2** Registro que indica a ordem de serviço para cada indivíduo. **3** Categoria, graduação: *Escala social. Escala de valores.* **4** Lugar de parada de um meio de transporte para receber carga ou passageiros ou para reabastecer: *O avião fez escala no Rio de Janeiro.*

es.ca.la.ção (*escalar+ção*) *sf* Ato ou efeito de escalar.

es.ca.lão (*escala+ão²*) *sm* Nível, grau.

es.ca.lar (*escala+ar¹*) *vtd* **1** Subir, galgar. **2** Designar (pessoas) para tarefa ou serviço. **3** Escolher: *O técnico já escalou o time.*

es.cal.da.do (*part de escaldar*) *adj* **1** Em que se jogou água quente. **2** *fig* Que tem conhecimento de algo por duras experiências.

es.cal.dan.te (*de escaldar*) *adj m+f* Muito quente: *"O sol, escaldante e a pino, faz o homem e as mulheres pisarem a própria sombra."* (CVB)

es.cal.da-pés *sm sing+pl Med* Banho terapêutico que se dá aos pés com água bem quente.

es.cal.dar (*lat excaldare*) *vtd* **1** Queimar com líquido ou vapor quente. **2** Colocar em líquido fervente.

es.ca.le.no (*gr skalenós*) *adj Geom* Diz-se do triângulo que tem todos os lados desiguais.

es.ca.lo.nar (*escalão+ar¹*) *vtd* **1** Dar forma de escala a: *"Como escalonar o aumento [do salário] no tempo é um tema para discussão."* (FSP) **2** Dispor (as tropas) em escalão.

es.ca.lo.pe (*fr escalope*) *sm* Pequena fatia de filé, cortada transversalmente e preparada como bife.

es.cal.pe.lar (*escalpelo+ar¹*) *vtd* **1** Rasgar ou dissecar com escalpelo. **2** Cortar ou arrancar o couro cabeludo do crânio, como certas tribos de índios faziam aos inimigos.

es.cal.pe.lo (ê) (*lat scalpellu*) *sm Cir* Pequena faca reta utilizada em dissecações; bisturi.

es.cal.po (*ingl scalp*) *sm* Couro cabeludo cortado ou arrancado do crânio e que algumas tribos de índios usavam como troféu de guerra.

es.ca.ma (*lat squama*) *sf* **1** *Zool* Cada uma das pequenas lâminas que recobrem o corpo de peixes e répteis. **2** *Med* Película que se destaca do corpo em certas doenças de pele.

es.ca.mar (*escama+ar¹*) *vtd* **1** Tirar as escamas. *vpr* **2** *Med* Descascar-se, descamar-se.

es.cam.bo (*es+câmbio*) *sm Econ* Troca de mercadorias ou serviços sem intermediação do dinheiro.

es.ca.mo.so (ô) (*escama+oso*) *adj* **1** Coberto de escamas. **2** Que tem escamas. **3** Diz-se de indivíduo enjoado, intratável, insociável: *"Você é muito escamoso. Tem medo de pedir emprego por causa do sapatão."* (DO) *Pl: escamosos* (ó).

es.ca.mo.te.ar (*fr escamoter*) *vint* **1** Fazer desaparecer um objeto sem que os outros percebam. *vtd* **2** Encobrir com subterfúgios. Conjuga-se como *frear*.

es.can.ca.rar (*es+câncaro*, por *cancro+ar¹*) *vtd* e *vpr* Abrir(-se) completamente. *Antôn: fechar, cerrar*.

es.can.da.li.zar (*lat scandalizare*) *vtd* **1** Causar escândalo a: *Sua atitude escandalizou a família.* *vint* **2** Fazer escândalo; proceder mal. *vtd* e *vpr* **3** Ofender(-se), melindrar(-se).

es.cân.da.lo (*gr skándalon*) *sm* **1** Aquilo que pode induzir a erro, pecado ou mau procedimento. **2** Fato imoral. **3** Irritação, indignação, perplexidade ou sensação provocadas por mau exemplo.

es.can.da.lo.so (ô) (*lat scandalosu*) *adj* Vergonhoso. *Pl: escandalosos* (ó).

es.can.di.na.vo (*fr scandinave*) *adj* Pertencente ou relativo à Escandinávia (Suécia, Noruega, Islândia e Dinamarca). • *sm* Habitante ou natural da Escandinávia.

es.ca.ne.ar (*ingl to scan+e+ar¹*) *vtd Inform* Converter uma imagem ou fotografia impressa para a forma digital com um *scanner* óptico. Conjuga-se como *frear*.

es.can.ga.lhar (*es+cangalho+ar¹*) *vtd* e *vpr* Desarranjar(-se), desconjuntar(-se), desmantelar(-se).

es.can.tei.o (de *escantear*) *sm* No futebol, lance em que a bola sai do campo pela linha de fundo.

es.ca.pa.da (*escapar+ada¹*) *sf* **1** Ato de fugir a um dever para se divertir. **2** Aventura extraconjugal.

es.ca.pa.men.to (*escapar+mento*) *sm* Cano que, nos automóveis, dá saída aos gases produzidos pelo motor.

es.ca.par (*lat vulg *excappare*) *vti* e *vint* **1** Livrar-se, salvar-se: *Escapar de um acidente sério.* **2** Escapulir(-se), evadir(-se); fugir: *Os presos escaparam.* **3** Passar despercebido.

es.ca.pa.tó.ria (*cast escapatoria*) *sf pop* Desculpa, pretexto, subterfúgio.

es.ca.pe (de *escapar*) *sm* **1** Fuga, saída. **2** Escapamento.

es.cá.pu.la (*lat scapula*) *sf* **1** Prego pontiagudo, de cabeça dobrada em ângulo reto ou em curva, para suspender ou sustentar qualquer objeto. **2** *Anat* Osso largo e triangular situado na parte posterior do ombro (nome antigo: *omoplata*).

es.ca.pu.lir (de *escapar*) *vti*, *vint* e *vpr* Escapar, fugir. Conjuga-se como *bulir*.

es.ca.ra (*gr eskhára*) *sf Med* Crosta de ferida.

es.ca.ra.mu.ça (*ital scaramuccia*) *sf* Briga, conflito: *"A escaramuça entre as duas facções terminou com a morte do operário."* (OLG)

es.ca.ra.ve.lho (ê) (*lat vulg *scarabiculu*) *sm Zool* Nome comum a vários besouros de cor negra ou escura.

es.car.céu *sm* Gritaria; algazarra.

es.car.la.te (*fr escarlate*) *adj m+f* De cor vermelha muito viva. • *sm* A cor escarlate.

es.car.la.ti.na (*escarlate+ina*) *sf Med* Doença infecciosa caracterizada por vermelhidão na pele e febre.

es.car.ne.cer (*escárnio+ecer*) *vti* Zombar, ridicularizar, troçar.

es.cár.nio (de *escarnir*) *sm* Zombaria, troça, desdém.

es.ca.ro.la (*cast escarola*) *sf Bot* Variedade de chicória de folhas inteiras, encrespadas.

es.car.pa (*germ *skarps*) *sf* **1** Rampa ou declive de terreno, deixado pela erosão. **2** Ladeira íngreme.

es.car.pa.do (*part* de *escarpar*) *adj+sm* Diz-se de ou terreno íngreme, ladeirento.

es.car.rar (*lat exscreare*) *vint* **1** Expelir o escarro; expectorar. *vti* **2** Deixar cair escarro sobre: *Escarrou no vaso sanitário.*

es.car.ro (de *escarrar*) *sm* Matéria viscosa produzida pelas vias respiratórias e expelida pela boca; catarro.

es.cas.se.ar (*escasso+ar¹*) *vint* Tornar-se escasso; minguar. Conjuga-se como *frear*.

es.cas.sez (*escasso+ez*) *sf* Carência, falta, míngua. *Antôn*: fartura.

es.cas.so (*lat excarpsu*) *adj* **1** De que há pouco. **2** Desprovido. *Antôn*: abundante.

es.ca.va.ção (*escavar+ção*) *sf* **1** Ato ou efeito de escavar. **2** Trabalho de desaterro ou desentulho, para nivelar um terreno.

es.ca.va.dei.ra (*escavar+deira*) *sf* Máquina para fazer escavação.

es.ca.var (*es+cavar*) *vtd* **1** Formar cavidade em; cavar. **2** Tirar a terra de.

es.cla.re.cer (*es+claro+ecer*) *vtd* **1** Tornar claro, iluminar. **2** Tornar compreensível; elucidar. **3** Dar explicações a.

es.cla.re.ci.do (*part* de *esclarecer*) *adj* **1** Claro, iluminado. **2** Explicado, elucidado. **3** Informado.

es.cla.re.ci.men.to (*esclarecer+mento*) *sm* **1** Explicação. **2** Informação.

es.cle.ro.sa.do (*part* de *esclerosar*) *adj* **1** *Med* Afetado de esclerose. **2** *pop* Diz-se de pessoa caduca, geralmente em razão da idade; gagá.

es.cle.ro.sar (*esclerose+ar¹*) *vtd* **1** Causar esclerose. *vpr* e *vint* **2** Ficar inútil pelo envelhecimento: *"Essas novas utopias tendem a envelhecer, a se esclerosar, sendo substituídas."* (FSP) **3** Adquirir esclerose: *"Tio Serginho esclerosou!"* (FSP)

es.cle.ro.se (*esclero+ose*) *sf Med* Cada uma de várias doenças caracterizadas por endurecimento dos tecidos, principalmente em órgãos que sofreram processo inflamatório.

es.cle.ró.ti.ca (*gr sklerótes+ica*) *sf Anat* Membrana densa, opaca, branca que encerra o globo ocular; branco do olho.

es.co.a.dou.ro (*escoar+dura*) *sm* Canal, cano, vala, para escoamento de águas e detritos.

es.co.ar (*lat excolare*) *vtd* **1** Fazer correr (um líquido). *vpr* **2** Escorrer. *vpr* **3** Esvaziar-se, esvair-se. Conjuga-se como *coar*.

es.co.cês (*top Escócia+ês*) *adj* Referente ou relativo à Escócia (Europa). • *sm* **1** Habitante ou natural da Escócia. **2** Dialeto do inglês falado na Escócia.

es.coi.ce.ar (*es+coice+ar¹*) *vint* **1** Dar coices. *vtd* **2** Tratar mal. Conjuga-se como *frear*.

es.col (de *escolha*) *sm* **1** O mais distinto em um grupo ou série. **2** A flor, a nata; elite: *"Da importância deste problema resulta, como primacial, a preparação de um escol de jovens."* (FIL)

es.co.la (*lat schola*) *sf* **1** Estabelecimento de ensino. **2** Qualquer concepção técnica e estética de arte, seguida por vários artistas: *Escola surrealista*. **3** Conjunto dos adeptos ou discípulos de um mestre em filosofia, ciência ou arte: *Escola de Freud*. **4** Doutrina, sistema.

es.co.la.do (*escola+ado¹*) *adj pop* **1** Experiente: *Não tente enganá-lo; ele já é escolado nesse assunto*. **2** Esperto, astuto, sabido: *Logo no primeiro dia de aula, ela se mostrou uma garota escolada*.

es.co.lar (*escola+ar²*) *adj m+f* Pertencente ou relativo à escola. • *s m+f* Aluno, estudante.

es.co.la.ri.da.de (*escolar+i+dade*) *sf* Aprendizado escolar.

es.co.la.ri.zar (*escolar+izar*) *vtd* e *vpr* Adaptar(-se) ao ensino escolar.

es.co.lás.ti.ca (*lat scholastica*) *sf* Sistema teológico-filosófico surgido nas escolas da Idade Média e caracterizado pela coordenação entre teologia e filosofia.

es.co.lha (de *escolher*) *sf* **1** Ato ou efeito de escolher. **2** Preferência. *Múltipla escolha*: instrumento de aferição de conhecimento, usado em provas e exames, que consiste em apresentar várias respostas para uma questão formulada, geralmente quatro ou cinco, tendo o examinado que assinalar a resposta que julga correta.

es.co.lher (*lat excolligere*) *vtd* **1** Selecionar, classificar. **2** Separar impurezas ou produto de má qualidade de. **3** Preferir; optar.

es.co.lhi.do (*part* de *escolher*) *adj* **1** Selecionado. **2** Preferido, predileto. • *sm* O que se escolheu.

es.co.li.o.se (*escólio+ose*) *sf Med* Curvatura lateral da coluna vertebral.

es.col.ta (*ital scorta*) *sf* **1** Destacamento de tropas, embarcações, aviões etc. para escoltar pessoas ou coisas. **2** Acompanhamento, séquito.

es.col.tar (*escolta+ar¹*) *vtd* **1** Acompanhar em grupo para defender ou guardar. **2** Acompanhar; ir junto de.

es.com.bros (*cast escombros*) *sm pl* **1** Destroços, ruínas. **2** Entulho.

es.con.de-es.con.de (de *esconder*) *sm sing+pl* Brincadeira infantil em que uma criança procura outras que se esconderam.

es.con.der (*lat abscondere*) *vtd* e *vpr* **1** Colocar(-se) onde não possa ser visto ou encontrado; ocultar(-se). *vtd* **2** Não mostrar; disfarçar. *vtd* **3** Não dizer; não revelar. *vpr* **4** Disfarçar-se, mascarar-se. *vpr* **5** Proteger-se.

es.con.de.ri.jo (de *esconder*) *sm* Lugar onde se esconde uma coisa ou pessoa.

es.con.di.das (de *esconder*) *sf pl* Elemento usado na locução adverbial *às escondidas*: ocultamente, sem ninguém ver.

es.con.ju.rar (*es+conjurar*) *vtd* **1** Fazer jurar ou prometer; tomar juramento a: *O pai esconjurou-o a estudar bastante*. **2** Afugentar com esconjuro; exorcizar. **3** Rogar pragas a; amaldiçoar: *A vítima esconjurou o assassino*. *Sin:* desconjurar.

es.con.ju.ro (de *esconjurar*) *sm* **1** Juramento ou promessa sob súplicas. **2** Exorcismo.

es.co.po (*ó*) (*gr skopós*) *sm* **1** Alvo, mira. **2** Objetivo, propósito, intuito.

es.co.ra (*hol med schore*, via *fr ant escore*) *sf* **1** Peça que ampara alguma coisa; esteio. **2** *fig* Amparo, proteção, arrimo.

es.co.ra.men.to (*escorar+mento*) *sm* **1** Ato ou efeito de escorar. **2** Conjunto de escoras para sustentar uma parede que ameaça desmoronar.

es.co.rar (*escora+ar¹*) *vtd* **1** Pôr escoras a. *vtd* e *vpr* **2** Amparar(-se), suster(-se).

es.cor.chan.te (de *escorchar*) *adj m+f* Que está acima do justo valor; extorsivo.

es.cor.char (*es+corcha+ar¹*) *vtd* **1** Tirar a casca, a pele, o revestimento exterior de (planta, animal, qualquer objeto). *vtd* e *vti* **2** Tirar, despojar, roubar: *"Governantes revelam-se criminosos: escorcham o povo com impostos, em nome de benefícios jamais efetivados."* (FSP) *vtd* **3** Cobrar preços muito altos a.

es.co.re (*ingl score*) *sm* Resultado de uma partida esportiva; placar.

es.có.ria (*lat scoria*) *sf* **1** Metal Resíduos da fusão de metais ou da redução de minérios. **2** Gentalha, ralé.

es.co.ri.ar (*lat excoriare*) *vtd* e *vpr* Ferir(-se) de leve; esfolar(-se). Conjuga-se como *premiar*.

es.cor.pi.ão (*lat scorpione*) *sm* **1** *Zool* Nome comum a vários aracnídeos com cauda terminada em ferrão, através do qual lançam veneno para atacar a vítima. **2** **Escorpião** *Astrol* Signo do zodíaco, relativo aos nascidos entre 23 de outubro e 21 de novembro.

es.cor.ra.çar (*lat vulg *excorruptiare*) *vtd* **1** Expulsar violentamente; pôr fora com desprezo. **2** Não fazer caso de; rejeitar.

es.cor.re.dor (*escorrer+dor*) *sm* Utensílio que serve para escorrer louça e talheres depois de lavados ou para eliminar a água em que se cozinhou algum alimento, como macarrão.

es.cor.re.ga.de.la (*escorregar+dela*) *sf* **1** Escorregão leve. **2** Erro, deslize, lapso.

es.cor.re.ga.di.o (*part* de *escorregar+io²*) *adj* **1** Em que se escorrega facilmente. **2** *fig* Diz-se de pessoa habituada a evasivas, a não deixar claras suas intenções.

es.cor.re.ga.dor (*escorregar+dor*) *sm* Brinquedo pelo qual as crianças deslizam num plano inclinado.

es.cor.re.gão (*escorregar+ão²*) *sm* Escorregadela inesperada.

es.cor.re.gar (*lat vulg *excurricare*) *vti* e *vint* **1** Mover-se, impelido pelo próprio peso, em superfície lisa; deslizar. *vti* **2** Cometer erros, faltas, deslizes.

es.cor.rer (*lat excurrere*) *vtd* **1** Fazer correr ou esgotar (um líquido). *vtd* **2** Fazer sair completamente o líquido de. *vint* **3** Correr em fio; gotejar.

es.cor.ri.do (*part* de *escorrer*) *adj* **1** Que se escorreu. **2** *pop* Diz-se do cabelo liso, sem ondulações.

es.co.ti.lha (*cast escotilla*) *sf Náut* Abertura de comunicação entre o convés e o porão do navio.

es.co.va (*ô*) (*lat scopa*) *sf* Peça com pelos, cerdas de náilon ou outro material que serve para limpar, escovar, alisar, pentear etc.

es.co.var (*escova+ar¹*) *vtd* Limpar, alisar ou lustrar com escova.

es.cra.cha.do (*part* de *escrachar*) *adj gír* **1** Diz-se de indivíduo identificado criminalmente e cuja fotografia fica registrada na polícia. **2** Desmoralizado, desmascarado. **3** Desleixado, esculachado.

es.cra.char (*es+crachá+ar*[1]) *vtd gír* **1** Fotografar e registrar na polícia (um criminoso). **2** Desmoralizar, desmascarar. **3** Esculachar, esculhambar.

es.cra.va.tu.ra (*escravo+ar*[1]*+ura*) *sf* **1** Comércio de escravos. **2** Escravidão.

es.cra.vi.dão (*escravo+idão*) *sf* **1** Condição de quem é escravo; servidão. **2** Falta de liberdade. **3** Regime social em que se sujeita alguém a certos trabalhos, sem remuneração, tornando-o propriedade particular. *Antôn: liberdade.*

es.cra.vi.zar (*escravo+izar*) *vtd* **1** Tornar escravo. *vtd e vpr* **2** Tornar(-se) dependente; subjugar(-se), sujeitar(-se). *vtd* **3** Dominar. *Antôn: libertar.*

es.cra.vo (*baixo-lat sclavu*) *adj+sm* **1** Que ou o que vive em absoluta sujeição a um senhor. **2** Que ou aquele que está dominado por alguém ou por alguma coisa: *Escravo dos seus deveres.*

es.cre.ver (*lat scribere*) *vint* **1** Representar por meio da escrita. *vtd* **2** Exprimir-se por escrito em. *vtd* **3** Compor ou redigir (obra literária, científica etc.). *vtd* **4** Dirigir bilhete, carta etc. a alguém. *Part irreg: escrito.*

es.cri.ta (*fem de escrito*) *sf* **1** Representação de palavras ou ideias mediante o uso de sinais. **2** Aquilo que se escreve.

es.cri.to (*part irreg de escrever*) *adj* Que se escreveu. • *sm* Composição escrita. *Col: antologia, coletânea, seleta.*

es.cri.tor (*lat scriptore*) *sm* Autor de obras literárias, científicas etc. *Col: plêiade.*

es.cri.tó.rio (*lat scriptoriu*) *sm* **1** Compartimento de uma casa destinado à leitura ou a trabalho intelectual. **2** Lugar onde se realizam trabalhos administrativos, se trata de negócios etc.

es.cri.tu.ra (*lat scriptura*) *sf* Documento autêntico, feito por oficial público, especialmente título de propriedade imóvel.

es.cri.tu.ra.ção (*escriturar+ção*) *sf* **1** Escrita dos livros comerciais. **2** Registro metódico e sistemático das contas de um estabelecimento comercial.

es.cri.tu.rar (*escritura+ar*[1]) *vtd* **1** Fazer a escrituração de. **2** Contratar por escritura pública.

es.cri.tu.rá.rio (*escritura+ário*) *sm* **1** Aquele que trabalha em escritório. **2** Escrevente.

es.cri.va.ni.nha (*de escrivão*) *sf* Mesa em que se escreve.

es.cri.vão (*baixo-lat scribane*) *sm* Oficial público que escreve documentos legais. *Fem: escrivã. Pl: escrivães e escrivões.*

es.cro.to (*ô*) (*lat scrotu*) *sm* Bolsa de pele em que estão instalados os testículos. • *adj vulg* Sem valor, reles, ordinário, baixo.

es.crú.pu.lo (*lat scrupulu*) *sm* **1** Dúvida de consciência, remorso. **2** Muita atenção; zelo. **3** Delicadeza de caráter.

es.cru.pu.lo.so (*ô*) (*escrúpulo+oso*) *adj* **1** Cheio de escrúpulos. **2** Cuidadoso, minucioso, rigoroso: *"Vestia-se bem, com escrupuloso asseio."* (VB) **3** Íntegro: *"Otacílio, escrupuloso, não quisera se aproveitar da desgraça alheia."* (GR) *Pl: escrupulosos (ó).*

es.cru.tar (*lat scrutari*) *vtd* Pesquisar, investigar.

es.cru.ti.nar (*escrutínio+ar*[1]) *vint* **1** Verificar o número dos votos na urna e confrontá-lo com o número dos votantes. *vtd* **2** Contar os votos que teve cada candidato numa eleição.

es.cru.tí.nio (*lat scrutiniu*) *sm* **1** Votação em urna: *"O Parlamento da Grécia não conseguiu eleger o novo presidente do país em segundo escrutínio."* (FSP) **2** Apuração ou contagem de votos. **3** Exame minucioso: *"Aqueles que voluntariamente colocam sua vida particular sob escrutínio devem arcar com as consequências."* (FSP)

es.cu.dei.ro (*lat scutariu*) *sm* **1** Indivíduo armado de lança e escudo, que fazia guarda aos imperadores. **2** Rapaz que, na Idade Média, servia a um cavaleiro, levando-lhe o escudo nas viagens.

es.cu.de.ri.a (*fr scudérie*) *sf Autom* Organização, proprietária de carros de corrida, que contrata pilotos e técnicos altamente qualificados.

es.cu.do (*lat scutu*) *sm* **1** Peça usada para defesa contra flechas ou golpes de lança ou espada. **2** Peça em que se representam as armas de uma nação ou os brasões de uma família nobre. **3** Meio de defesa. **4** Antiga unidade monetária de Portugal (Europa).

es.cu.la.cha.do (*part* de *esculachar*) *adj gír* **1** Esculhambado, desmoralizado. **2** Desleixado, relaxado.

es.cu.la.char (*ital sculacciare*) *vtd gír* Desmoralizar, esculhambar.

es.cu.la.cho (de *esculachar*) *sm gír* Ato ou efeito de esculachar.

es.cu.lham.ba.ção (*esculhambar*+*ção*) *sf vulg* **1** Confusão, desordem. **2** Desmoralização. **3** Crítica áspera; descompostura.

es.cu.lham.bar (*es*+*culhão*+*b*+*ar*¹) *vtd vulg* **1** Danificar, estragar. **2** Desmoralizar, desprestigiar (alguém), esculachar. **3** Criticar asperamente.

es.cul.pir (*lat sculpere*) *vtd* **1** Entalhar figuras ou ornamentos em. **2** Modelar em argila ou cera. Conjuga-se como *falir*.

es.cul.tor (*lat sculptore*) *sm* Artista que faz esculturas.

es.cul.tu.ra (*lat sculptura*) *sf* **1** Arte de esculpir. **2** Obra que resulta do exercício dessa arte.

es.cu.ma (*frâncico skûma*) V *espuma*.

es.cu.ma.dei.ra (*escumar*+*deira*) *sf* Colher com vários orifícios para tirar a escuma dos líquidos. *Var*: *espumadeira*.

es.cu.na (*ingl schooner*) *sf* Embarcação ligeira de dois mastros e velas.

es.cu.re.cer (*escuro*+*ecer*) *vtd*, *vint* e *vpr* **1** Tornar(-se) escuro. *vtd* **2** Apagar o brilho de; eclipsar. *vint* **3** Anoitecer. *Antôn* (acepção 1): *clarear*.

es.cu.ri.dão (*escuro*+*idão*) *sf* **1** Ausência de luz; escuro. **2** Noite.

es.cu.ro (*lat obscuru*) *adj* **1** Em que não há luz. **2** Quase negro. **3** Diz-se de pessoa negra ou mulata. *Antôn*: *claro*. • *sm* **1** Escuridão. **2** Pessoa negra ou mulata.

es.cu.sar (*lat excusare*) *vtd* **1** Desculpar, perdoar. *vpr* **2** Desculpar-se.

es.cu.ta (de *escutar*) *sf* **1** Ato de escutar. **2** Local onde se escuta.

es.cu.tar (*lat auscultare*) *vtd* e *vint* **1** Prestar atenção para ouvir. *vtd* **2** Dar atenção a. *vtd* e *vint* **3** Ouvir. *vtd* **4** Atender aos conselhos de.

es.drú.xu.lo (*ital sdrucciolo*) *adj* **1** *Gram* Proparoxítono. **2** Excêntrico, esquisito.

es.fa.ce.lar (*esfacelo*+*ar*¹) *vtd* **1** Arruinar, destruir. *vpr* **2** Desfazer-se, despedaçar-se, destruir-se.

es.fal.fa.men.to (*esfalfar*+*mento*) *sm* Exaustão, fadiga; cansaço.

es.fal.far (de *orig desc*) *vtd* e *vpr* Cansar(-se), fatigar(-se), tornar(-se) muito fraco.

es.fa.que.ar (*es*+*faca*+*e*+*ar*¹) *vtd* **1** Dar facadas, golpear ou matar com faca. **2** *pop* Cobrar preço excessivo. Conjuga-se como *frear*.

es.fa.re.lar (*es*+*farelo*+*ar*¹) *vtd* e *vpr* **1** Reduzir(-se) a farelos ou a migalhas. *vpr* **2** Desmoronar-se.

es.far.ra.pa.do (*part* de *esfarrapar*) *adj* **1** Que tem as roupas em farrapos; maltrapilho. **2** Incoerente, inconsistente. • *sm* Aquele que tem as roupas em farrapos; maltrapilho.

es.far.ra.par (*es*+*farrapo*+*ar*¹) *vtd* Reduzir a farrapos, rasgar.

es.fe.ra (*gr sphaîra*) *sf* **1** *Geom* Corpo cujos pontos têm igual distância de um ponto interior (centro). **2** Globo, bola. **3** Globo terrestre. **4** Meio em que se vive, círculo. **5** Área de atividade. *Dim*: *esférula*.

es.fé.ri.co (*esfera*+*ico*²) *adj* Com forma de esfera.

es.fe.ro.grá.fi.ca (*esfero*+*grafo*+*ico*²) *sf* Caneta com esfera de aço na ponta.

es.fi.ha (*ár sfiha*) V *esfirra*.

es.fínc.ter (*gr sphigktér*) *sm Anat* Músculo que serve para abrir ou fechar vários orifícios ou canais naturais do corpo. *Pl*: *esfíncteres*.

es.fin.ge (*gr sphígx*) *sf* **1** *Mit* Monstro imaginário com cabeça humana e corpo de leão alado e que propunha enigmas aos viajantes, devorando-os, se não os decifrassem. **2** *fig* Pessoa enigmática, misteriosa.

es.fir.ra (*ár sfiha*) *sf Cul* Iguaria árabe, feita com farinha, recheada com carne moída e assada, podendo ser aberta ou fechada.

es.fo.lar (*lat vulg* *exfollare*) *vtd* **1** Tirar a pele de. *vtd* e *vpr* **2** Arranhar(-se), ferir(-se) levemente. *vtd* **3** Vender ou cobrar muito caro.

es.fo.me.a.do (*part* de *esfomear*) *adj*+*sm* Que ou o que tem fome; faminto.

es.fo.me.ar (*es*+*fome*+*ar*¹) *vtd* **1** Causar fome. **2** Privar de alimento, causando fome a. Conjuga-se como *frear*.

es.for.ça.do (*part* de *esforçar*) *adj* Que não poupa esforços para o desempenho de suas tarefas; trabalhador, diligente. *Antôn*: displicente, negligente.

es.for.çar (*esforço+ar¹*) *vtd* e *vint* 1 Animar(-se), encorajar(-se). *vpr* 2 Empregar toda a energia e força para conseguir alguma coisa.

es.for.ço (ô) (de *esforçar*) *sm* 1 Emprego de força ou energia para que se consiga alguma coisa. 2 Empenho, zelo. 3 Vigor, energia. *Pl*: esforços (ó).

es.fre.ga (de *esfregar*) *sf* 1 Ato de esfregar. 2 *pop* Sova, surra.

es.fre.gão (*esfrega+ão²*) *sm* Objeto próprio para esfregar.

es.fre.gar (*lat vulg *exfricare*) *vtd* 1 Mover repetidas vezes a mão ou outro objeto sobre a superfície de, para limpar, produzir calor etc.; friccionar. *vpr* 2 Coçar-se, friccionar-se, roçar-se.

es.fri.ar (*es+frio+ar¹*) *vtd* 1 Abaixar a temperatura de. *vint* e *vpr* 2 Perder o calor; tornar-se frio. *vtd* 3 Desanimar, desalentar. *vint* e *vpr* 4 Perder a esperança, o ânimo, o entusiasmo.

es.fu.ma.ça.do (*part* de *esfumaçar*) *adj* 1 Cheio de fumaça. 2 Diz-se do alimento defumado.

es.fu.ma.çar (*es+fumaça+ar¹*) *vtd* 1 Encher de fumaça. 2 Enegrecer com fumaça. 3 Defumar alimentos.

es.fu.mar (*es+fumo+ar¹*) *vtd* 1 Enegrecer com fumaça. 2 Tornar escuro. 3 Sombrear com esfuminho (um desenho).

es.fu.zi.an.te (de *esfuziar*) *adj m+f* Muito alegre; radiante; muito comunicativo.

es.ga.na.ção (*esganar+ção*) *sf* 1 *pop* Gula. 2 *pop* Desejo intenso de ter alguma coisa; avidez, sofreguidão.

es.ga.na.do (*part* de *esganar*) *adj* 1 Estrangulado, sufocado. 2 Faminto, esfomeado. 3 Ávido, sôfrego.

es.ga.nar (*es+gana+ar¹*) *vtd* 1 Matar por sufocação apertando o pescoço; estrangular. *vpr* 2 Enforcar-se; estrangular-se.

es.ga.ni.çar (*es+gan(ir)+iço+ar¹*) *vint* e *vpr* 1 Tornar (a voz) aguda como o ganir do cão. *vtd* 2 Tornar aguda ou estridente (a voz).

es.gar.çar (*lat exquartiare*) *vtd* 1 Rasgar, afastando os fios de um tecido. *vint* 2 Abrir-se (o tecido) pelo fio, desfiando-se.

es.go.e.lar (*es+goela+ar¹*) *vpr* Gritar muito; berrar.

es.go.ta.do (*part* de *esgotar*) *adj* 1 Que se esgotou. 2 Exausto; muito cansado. 3 Vendido até o último exemplar.

es.go.ta.men.to (*esgotar+mento*) *sm* Exaustão, extenuação.

es.go.tan.te (de *esgotar*) *adj m+f* 1 Que esgota, que faz perder as forças. 2 Extenuante, cansativo: *"Como evitar a monotonia esgotante dessas produções abstratas que pesam sobre a pintura e a música em nossos dias?"* (FSP)

es.go.tar (*es+gota+ar¹*) *vtd* 1 Tirar até a última gota de. *vtd* 2 Tirar todo o conteúdo de. *vtd* 3 Enxugar, secar. *vint* 4 Exaurir-se, secar-se, esgotar completamente. *vtd* 5 Consumir, gastar. *vtd* 6 Não ter mais que dizer a respeito de. *vpr* 7 Ficar exausto, perder as forças. *vpr* 8 Vender-se até o último exemplar de uma obra ou mercadoria.

es.go.to (ô) (de *esgotar*) *sm* Canalização principal a que se ligam os canos de despejo de águas servidas e dejetos.

es.gri.ma (*provençal escrima*) *sf* Arte de manejar a espada e outras armas brancas.

es.gri.mis.ta (*esgrimir+ista*) *s m+f* Pessoa que pratica esgrima.

es.guei.rar *vpr* Retirar-se às escondidas, sorrateiramente.

es.gui.char *vtd* 1 Expelir com força por um tubo ou orifício (um líquido). *vti* e *vint* 2 Sair com ímpeto (um líquido); sair em esguicho.

es.gui.cho (de *esguichar*) *sm* 1 Ato de esguichar. 2 Jato de um líquido.

es.gui.o (*lat exiguu*) *adj* 1 Alto e magro: *Homem esguio*. 2 Comprido e fino: *Torre esguia*.

es.lai.de (*ingl slide*) *sm* Dispositivo fotográfico montado em moldura, para projeção.

es.la.vo (*gr biz sklábos*) *sm* 1 Ramo etnográfico da família indo-europeia, constituído pelos poloneses, tchecos, eslovacos, russos, ucranianos, bielorrussos, búlgaros, sérvios, croatas e eslovenos. 2 Indivíduo pertecente a esse ramo. • *adj* Relativo aos eslavos.

es.ma.ga.dor (*esmagar+dor*) *adj* 1 Que esmaga. 2 Indiscutível, irrefutável. 3 Opressivo, tirânico.

es.ma.gar (*es+gót maga+ar*) *vtd* **1** Comprimir até rebentar ou achatar. **2** Triturar, moer. **3** Oprimir, prostrar, abater, aniquilar.

es.mal.tar (*esmalte+ar¹*) *vtd* Aplicar esmalte a; revestir de esmalte.

es.mal.te (*cat esmalt*) *sm* **1** Substância líquida, transparente ou de cores variadas, que se aplica em vários objetos para ornamentá-los ou protegê-los de poeira, ferrugem etc. **2** Substância branca, dura, que reveste a coroa dos dentes. **3** Cosmético de cores variadas que se aplica sobre as unhas.

es.me.ral.da (*gr smáragdos*) *sf* **1** *Miner* Pedra preciosa translúcida, geralmente verde. **2** A cor dessa pedra. • *adj m+f sing+pl* Da cor da esmeralda.

es.me.rar (*lat es+meru+ar*) *vtd* **1** Fazer com esmero, com perfeição; aperfeiçoar. *vpr* **2** Trabalhar com esmero, com perfeição: *"O banco que não se esmera não vai ser escolhido pelo cliente."* (FSP) *vpr* **3** Aperfeiçoar-se, aplicar-se: *"O garçom se esmera em depositar um quarto de limão em cada fatia de pernil."* (IS)

es.me.ro (*ê*) (de *esmerar*) *sm* **1** Grande cuidado. **2** Apuro, perfeição. *Antôn: desleixo*.

es.mi.ga.lhar (*es+migalha+ar¹*) *vtd* e *vpr* Reduzir(-se) a migalhas; desfazer(-se) em muitos pedaços; despedaçar(-se).

es.mi.u.çar (*es+miúça+ar¹*) *vtd* **1** Dividir em partes muito pequenas. **2** Analisar, pesquisar, investigar. **3** Explicar com todos os detalhes, minuciosamente.

es.mo (*ê*) (de *esmar*) *sm* **1** Cálculo aproximado; estimativa. **2** Avaliação por cima. *A esmo:* ao acaso; à toa.

es.mo.la (*gr eleemosýne*) *sf* O que se dá por caridade a quem precisa.

es.mo.lar (*esmola+ar¹*) *vint* **1** Pedir esmola. *vint* **2** Dar esmolas a. *vtd* **3** Pedir como esmola.

es.mo.re.cer (*es+morrer+ecer*) *vint* **1** Perder o ânimo, o entusiasmo. *vtd* **2** Desalentar, desanimar. *vint* **3** Perder os sentidos; desfalecer, desmaiar.

es.mo.re.ci.do (*part* de *esmorecer*) *adj* Desanimado, abatido.

es.mo.re.ci.men.to (*esmorecer+mento*) *sm* **1** Desânimo, abatimento. **2** Enfraquecimento.

es.mur.rar (*es+murro+ar¹*) *vtd* Dar murros em.

es·no·be (*ingl snob*) *adj m+f* Que se caracteriza por esnobismo.

es·no·bis·mo (*ingl snobbism*) *sm* Forte sentimento de superioridade que leva uma pessoa a tratar aqueles que considera inferiores com condescendência e/ou desprezo.

e.so.fa.gi.te (*esôfago+ite¹*) *sf Med* Inflamação do esôfago.

e.sô.fa.go (*gr oisopháges*) *sm Anat* Tubo que liga a faringe ao estômago.

e.so.té.ri.co (*gr esoterikós*) *adj* **1** Relativo ao esoterismo. **2** Reservado a poucas pessoas: *"A construção da sede do grupo esotérico Pró Vida, no Ibirapuera, também consta do levantamento."* (FSP) **3** Ligado ao ocultismo. *Cf exotérico.*

e.so.te.ris.mo (*gr esóteros+ismo*) *sm* **1** Doutrina secreta que alguns filósofos comunicavam apenas a alguns discípulos, escolhidos por sua moral e/ou inteligência. **2** *por ext* Ensinamento reservado a poucas pessoas. **3** Ocultismo. *Cf exoterismo.*

es.pa.çar (*espaço+ar¹*) *vtd* **1** Deixar espaço entre dois ou mais objetos. **2** Adiar, prorrogar.

es.pa.ce.jar (*espaço+ejar*) *vtd* **1** Espaçar (acepção 1). **2** *Tip* Pôr espaços (entre linhas, letras ou palavras). Conjuga-se como *solfejar*.

es.pa.ci.al (*espaço+i+al¹*) *adj m+f* Relativo ou pertencente ao espaço.

es.pa.ço (*lat spatiu*) *sm* **1** *Astr* O universo todo. **2** Extensão limitada. **3** Distância linear entre duas coisas, objetos etc.; intervalo. **4** *Tip* Intervalo em branco entre palavras ou linhas em um texto impresso. **5** Intervalo de tempo.

es.pa.ço.na.ve (*espaço+nave*) *sf Astronáut* Veículo destinado a viagens interplanetárias.

es.pa.ço.so (*ô*) (*espaço+oso*) *adj* Amplo, dilatado, largo, extenso. *Pl: espaçosos* (*ó*).

es.pa.da (*gr spáthe*) *sf* **1** Arma branca com lâmina comprida e pontiaguda, com um ou dois gumes. *sf pl* **2** Um dos quatro naipes do baralho.

es.pá.dua (*lat spathula*) *sf Anat* Parte do corpo que corresponde à omoplata; ombro.

es.pa.gue.te (ital *spaghetti*) *sm* Espécie de macarrão em fios finos, feito com sêmola de trigo.

es.pai.re.cer (*es+pairar+ecer*) *vtd*, *vint* e *vpr* Distrair(-se), entreter(-se). Conjuga-se como *crescer*.

es.pal.dar (*espalda+ar²*) *sm* Encosto de cadeira.

es.pa.lha.fa.to (de *espalhar*) *sm* **1** Gritaria, barulho. **2** Desordem. **3** Alarde exagerado; estardalhaço. **4** Qualquer ostentação exagerada.

es.pa.lha.fa.to.so (ô) (*espalhafato+oso*) *adj* **1** Em que há espalhafato. **2** Que atrai muito a atenção; extravagante. *Pl*: *espalhafatosos* (ó).

es.pa.lhar (*es+palha+ar¹*) *vtd* **1** Lançar para diferentes lados; dispersar, derramar. *vtd* **2** Tornar público; divulgar. *vtd* **3** Afastar para diversas direções. *vpr* **4** Dispersar-se. *vpr* **5** Divulgar-se.

es.pal.ma.do (*part* de *espalmar*) *adj* Aberto ou plano como a palma da mão.

es.pal.mar (*es+palma+ar¹*) *vtd* **1** Abrir a palma da mão, estendendo os dedos. *vtd* e *vpr* **2** Tornar(-se) plano como a palma da mão. *vint* **3** *Fut* Rebater a bola com a palma das mãos.

es.pa.na.dor (*espanar+dor*) *adj* Que espana. • *sm* Utensílio próprio para limpar o pó, feito de fios de lã, penas etc.

es.pa.nar (*es+pano+ar¹*) *vtd* **1** Limpar o pó com espanador; sacudir o pó de. *vint* e *vpr* **2** Desgastar-se (parafuso, rosca) a ponto de não mais segurar.

es.pan.car (*es+panca+ar¹*) *vtd* **1** Dar pancadas violentas em. **2** Surrar, bater.

es.pa.nhol (*cast español*) *adj* Pertencente ou relativo à Espanha (Europa). • *sm* **1** Habitante ou natural da Espanha. **2** O idioma desse país.

es.pan.ta.lho (de *espantar*) *sm* **1** Boneco que se coloca entre as plantações para espantar pássaros. **2** *pop* Pessoa malvestida e feia.

es.pan.tar (*lat vulg *expaventare*) *vtd* **1** Causar espanto a; assustar. *vint* **2** Causar espanto, admiração. *vtd* **3** Fazer fugir; afugentar. *vpr* **4** Ficar espantado, admirado ou aterrorizado.

es.pan.to (de *espantar*) *sm* **1** Susto, sobressalto. **2** Admiração, pasmo.

es.pan.to.so (ô) (*espanto+oso*) *adj* **1** Que causa espanto. **2** Maravilhoso, estupendo. *Pl*: *espantosos* (ó).

es.pa.ra.dra.po (ital *sparadrappo*) *sm* Faixa com uma face recoberta de material adesivo usada para manter curativos no lugar.

es.par.gir (*lat spargere*) *vtd* **1** Espalhar ou derramar (um líquido) em gotas ou borrifos: *Espargir água benta*. *vtd* **2** Difundir, irradiar: *Espargir a luz*. *vpr* **3** Derramar-se, difundir-se. Conjuga-se como *abolir*. *Part*: *espargido e esparso* (*esparso* é usado como adjetivo, com o significado de "espalhado": *Folhas esparsas sobre a relva*).

es.par.ra.mar (*es+parra+(ra)ma+ar²*) *vtd*, *vint* e *vpr* **1** Dispersar(-se), espalhar(-se). *vint* e *vpr* **2** Estatelar-se, esborrachar-se.

es.par.so (*lat sparsu*) *adj* Espalhado, disperso, solto.

es.pas.mo (*gr spasmós*) *sm Med* Contração involuntária, violenta e súbita de um músculo ou grupo de músculos.

es.pa.ti.far (*es+patife+ar¹*) *vtd* e *vpr* Fazer(-se) em pedaços; despedaçar(-se).

es.pá.tu.la (*lat spathula*) *sf* Utensílio semelhante a uma faca, sem gume, usado para misturar substâncias moles (tintas, pastas, produtos farmacêuticos etc.), para levantar qualquer coisa mole (por exemplo, um alimento na frigideira) ou para abrir cartas. *Dim*: *espatuleta*.

es.pa.vo.rir (*es+pavor+ir*) *vtd* e *vpr* Amedrontar(-se), apavorar(-se), assustar(-se). Conjuga-se como *falir*.

es.pe.ci.al (*lat speciale*) *adj m+f* **1** Próprio de uma coisa ou pessoa; exclusivo. **2** Fora do comum; excelente, notável.

es.pe.ci.a.li.da.de (*lat specialitate*) *sf* **1** Produto especial de uma casa comercial ou destinado a determinado fim. **2** Coisa superior, distinta, fora do comum. **3** Trabalho, profissão, estudo ou ramo de atividade específicos de cada um.

es.pe.ci.a.lis.ta (*especial+ista*) *adj* e *s m+f* **1** Que ou quem se dedica a um determinado trabalho, estudo ou ramo da profissão. **2** Perito, conhecedor profundo de determinada coisa.

es.pe.ci.a.li.za.ção (*especializar+ção*) *sf* Curso de pós-graduação que possibilita o estudo aprofundado de uma área do conhecimento.

es.pe.ci.a.li.zar (*especial+izar*) *vtd* **1** Citar ou tratar de modo especial; particularizar. *vpr* **2** Fazer uma especialização.

es.pe.ci.a.ri.a (*espécie+aria*) *sf* Nome comum a certas substâncias aromáticas usadas como condimento (pimenta, cravo, canela, noz-moscada etc.).

es.pé.cie (*lat specie*) *sf* **1** Qualidade, natureza, tipo. **2** Casta, condição. **3** *Biol* Conjunto de organismos, animais ou vegetais, intimamente relacionados e fisicamente semelhantes, com determinadas características comuns. **4** Subdivisão do gênero nas classificações dos seres vivos.

es.pe.ci.fi.car (*baixo-lat specificare*) *vtd* **1** Indicar a espécie de. **2** Descrever com minúcia; esmiuçar. **3** Determinar de modo preciso e explícito.

es.pe.cí.fi.co (*baixo-lat specificu*) *adj* Peculiar, característico; exclusivo, especial.

es.pé.ci.me (*lat specimen*) *sm* **1** Amostra, modelo. **2** *Bot* e *Zool* Representante de uma espécie e, por extensão, de gênero ou outra categoria animal, vegetal ou mineral; exemplar: *O sapo é um espécime de animal que pertence à família dos anfíbios anuros*.

es.pec.ta.dor (*lat spectatore*) *adj+sm* **1** Que ou o que observa ou vê qualquer ato. **2** Que ou quem assiste a um espetáculo. *Col*: assistência, auditório. *Cf* expectador.

es.pec.tro (*lat spectru*) *sm* **1** *Fís* Feixe de luz refratado em um prisma de cristal. **2** Figura imaginária. **3** Fantasma.

es.pe.cu.la.ção (*lat speculatione*) *sf* **1** Ato ou efeito de especular. **2** Contrato ou negócio em que uma das partes abusa da boa-fé da outra.

es.pe.cu.la.dor (*especular+dor*) *adj+sm* Que ou quem especula. • *sm* Indivíduo que age de má-fé para obter certas vantagens.

es.pe.cu.lar (*lat speculari*) *vtd* **1** Estudar com atenção e minúcia; investigar. *vint* **2** Meditar, raciocinar. *vti* **3** Colher informações minuciosas. *vint* **4** Fazer negócios visando apenas aos lucros.

es.pe.da.çar (*es+pedaço+ar¹*) *vtd* e *vpr* Partir(-se) em pedaços; despedaçar(-se).

es.pe.lhar (*espelho+ar¹*) *vtd* **1** Tornar liso, polido, cristalino como um espelho. *vtd* **2** Refletir como um espelho. *vpr* **3** Refletir-se. *vpr* **4** Tomar como exemplo; mirar-se em alguma coisa.

es.pe.lho (*ê*) (*lat speculu*) *sm* **1** Superfície polida que reflete luz ou imagem. **2** *fig* Tudo o que reflete ou reproduz um sentimento. **3** *fig* Ensinamento, exemplo, modelo. **4** Chapa que guarnece as tomadas elétricas.

es.pe.lun.ca (*lat spelunca*) *sf* Lugar, em geral sujo e escondido, frequentado por pessoas de comportamento duvidoso.

es.pe.ra (de *esperar*) *sf* **1** Ato de esperar. **2** Esperança, expectativa. **3** Demora.

es.pe.ra.do (*part* de *esperar*) *adj* **1** Desejado. **2** Provável, previsto. *Antôn*: inesperado.

es.pe.ran.ça (de *esperar*) *sf* **1** Ato de esperar o que se deseja. **2** Confiança em conseguir o que se deseja. **3** O que se espera ou deseja.

es.pe.ran.çar (*esperança+ar¹*) *vtd* **1** Dar esperanças a. *vpr* **2** Ter esperanças.

es.pe.ran.ço.so (*ô*) (*esperança+oso*) *adj* **1** Que dá esperanças. **2** Cheio de esperanças. *Pl*: esperançosos (*ó*).

es.pe.rar (*lat sperare*) *vtd* **1** Ter esperança em, contar com. *vtd* **2** Estar à espera de, aguardar. *vint* **3** Estar na expectativa. *vtd* **4** Ter como certo ou muito provável conseguir; confiar.

es.per.ma (*gr spérma*) *sm Biol* Líquido fecundante, segregado pelos testículos, no qual se encontram os espermatozoides; sêmen.

es.per.ma.to.zoi.de (*ó*) (*espérmato+zoo+oide*) *sm Biol* Célula móvel masculina para reprodução, produzida nos testículos; gameta masculino.

es.per.mi.ci.da (*esperma+i+cida*) *adj m+f* Diz-se de substância que destrói espermatozoides. • *sm* Essa substância.

es.per.ne.ar (*es+perna+e+ar¹*) *vint* **1** Agitar muito as pernas. **2** *fig* Desobedecer às ordens impostas; revoltar-se. Conjuga-se como *frear*.

es.per.ta.lhão (*esperto+alho+ão²*) *adj+sm* Que ou aquele que tem esperteza maliciosa. *Fem*: espertalhona.

es.per.tar (*esperto+ar¹*) *vtd* **1** Tirar do torpor e da inércia; estimular, despertar. *vint* e *vpr* **2** Sair do sono; despertar.

es.per.te.za (*esperto+eza*) *sf* **1** Qualidade, ação ou dito de pessoa esperta. **2** Astúcia, sagacidade. **3** Habilidade maliciosa.

es.per.to (lat vulg *expertu*, por *experrectu*) adj **1** Acordado, desperto. **2** Inteligente, perspicaz. **3** Espertalhão, velhaco. Cf experto.

es.pes.sar (lat *spissare*) vtd e vpr Tornar(-se) espesso ou denso.

es.pes.so (ê) (lat *spissu*) adj **1** Grosso, denso. **2** Sólido, compacto. Antôn: ralo.

es.pes.su.ra (espesso+ura) sf **1** Qualidade de espesso. **2** Grossura, densidade.

es.pe.ta.cu.lar (espetáculo+ar²) adj m+f pop **1** Que constitui espetáculo. **2** Grande, notável, importante.

es.pe.tá.cu.lo (lat *spectaculu*) sm **1** Tudo o que atrai a vista ou prende a atenção. **2** Representação teatral, cinematográfica, circense etc. Veja nota em **estrangeirismo**.

es.pe.ta.cu.lo.so (ô) (espetáculo+oso) adj **1** Espalhafatoso, ridículo. **2** Grandioso, ostentoso, pomposo. Pl: espetaculosos (ó).

es.pe.ta.da (part de *espetar* no fem) sf **1** Ato ou efeito de espetar. **2** Ferimento causado por espeto.

es.pe.tar (espeto+ar¹) vtd **1** Colocar no espeto. vtd e vpr **2** Furar(-se) com espeto ou com instrumento pontiagudo e perfurante.

es.pe.to (ê) (gót **spitus*) sm **1** Haste de ferro ou de madeira em que se coloca carne, peixe etc. para assar. **2** Pau afiado. **3** Coisa difícil de fazer.

es.pe.vi.ta.do (part de *espevitar*) adj fig **1** Vivo, petulante, ousado: *"Aos fundos instalara-se Salústio, baixote meio espevitado."* (GRO) **2** Pretensioso, presunçoso: *"De começo espevitada, a viúva foi baixando de tom, e acabou toda chué, sem graça."* (GRO)

es.pe.vi.tar (es+pevide+ar¹) vtd **1** fig Despertar, estimular, avivar: *"[Soropita] foi espevitar a luz do lampião."* (COB) **2** Espiar, espreitar: *"Tinha de ali agitar os pássaros, (...) que tudo espevitam."* (TTE)

es.pi.a.da (espia+ada¹) sf Ato de espiar rapidamente; olhada.

es.pi.ão (fr *espion*) sm Agente secreto. Fem: espiã.

es.pi.ar (gót **spaihôn*) vtd **1** Observar secretamente; espreitar, espionar. vti e vint **2** Olhar, observar. Cf expiar.

es.pi.char (espicho+ar¹) vtd e vpr **1** Esticar(-se), alongar(-se), estender(-se). vint **2** pop Morrer. vpr **3** Deitar-se, estirando-se.

es.pi.ga (lat *spica*) sf Bot Parte do milho, do trigo, do arroz e de outras gramíneas que contém os grãos.

es.pi.ga.do (part de *espigar*) adj **1** Que criou espiga. **2** fig Muito alto e magro. **3** fig Arrepiado.

es.pi.gão (espiga+ão²) sm **1** Linha mais elevada do telhado, a qual separa as águas. **2** Pico de rochedo, monte ou serra.

es.pi.gar (espiga+ar¹) vint **1** Criar espiga (o milho, o arroz etc.). vtd **2** Fazer criar espiga. vint **3** Crescer, desenvolver-se.

es.pi.na.frar (espinafre+ar¹) vtd pop Desmoralizar, repreender severamente; ridicularizar.

es.pi.na.fre (persa *ispânâH*, via ór hispânico) sm Bot Planta originária da Ásia e cultivada em todo o mundo, de ótimo sabor e alto valor nutritivo.

es.pin.gar.da (fr ant *espringarde*) sf Arma de fogo de cano comprido.

es.pi.nha (lat *spina*) sf **1** Designação comum a todas as saliências ósseas alongadas do corpo humano; coluna vertebral. **2** Osso de peixe, exceto os da coluna vertebral e da cabeça. **3** Med Borbulha que nasce na pele, principalmente no rosto.

es.pi.nhei.ro (espinho+eiro) sm Bot Arbusto da família das rutáceas, cuja casca tem valor medicinal.

es.pi.nhen.to (espinha+ento) adj Cheio de espinhos ou espinhas.

es.pi.nho (lat *spinu*) sm **1** Saliência dura e aguda do caule ou das folhas de algumas plantas. **2** Zool Cerda rija de alguns animais, como o ouriço e o porco-espinho. **3** fig Dificuldade, embaraço.

es.pi.nho.so (ô) (lat *spinosu*) adj **1** Que tem ou cria espinhos ou espinhas. **2** fig Árduo, difícil. Pl: espinhosos (ó).

es.pi.o.na.gem (fr *espionnage*) sf **1** Encargo de espião. **2** Conjunto de espiões.

es.pi.o.nar (espião+ar¹) vtd **1** Espiar, espreitar ou investigar como espião. vint **2** Praticar atos de espião.

es.pi.ral (espira+al¹) adj m+f Que tem forma de caracol. • sf Geom Curva plana que faz uma ou mais voltas em torno de um ponto, do qual vai se afastando pouco a pouco.

es.pi.ra.lar (*espiral+ar*[1]) *vpr* **1** Subir em espiral. *vtd* **2** Dar forma de espiral a. *vpr* **3** Tomar a forma de espiral.

es.pí.ri.ta (*fr spirite*) *s m+f* Pessoa partidária do espiritismo. • *adj m+f* Que é próprio do espiritismo; relativo ao espiritismo.

es.pi.ri.tei.ra (*espírito+eira*) *sf* Pequeno fogareiro a álcool.

es.pi.ri.tis.mo (*espírito+ismo*) *sm Rel* Doutrina segundo a qual os espíritos dos mortos se comunicam com os vivos, principalmente pela ação dos médiuns.

es.pí.ri.to (*lat spiritu*) *sm* **1** A parte não material do homem; alma. **2** Ser imaginário ou sobrenatural, como os anjos e os duendes. **3** Inteligência, imaginação, engenho. **4** Ideia predominante. **5** Tendência característica. **6** Álcool; bebida alcoólica.

es.pí.ri.to-san.ten.se (*top Espírito Santo+ense*) *adj m+f* Relativo ou pertencente ao Estado do Espírito Santo. • *s m+f* Habitante ou natural desse Estado. *Pl: espírito-santenses. Sin: capixaba.*

es.pi.ri.tu.al (*lat spirituale*) *adj m+f* **1** Relativo ao espírito. **2** Imaterial, incorpóreo. **3** Sobrenatural, místico. *Antôn* (acepções 1 e 2): *material.*

es.pi.ri.tu.a.li.da.de (*lat spiritualitate*) *sf* **1** Qualidade do que é espiritual. **2** *Rel* Tendência para o desenvolvimento das capacidades espirituais da alma.

es.pi.ri.tu.a.lis.mo (*espiritual+ismo*) *sm* **1** Doutrina que reconhece a independência e a prioridade do espírito sobre a matéria. **2** Tendência para a vida espiritual.

es.pi.ri.tu.a.li.zar (*espiritual+izar*) *vtd* **1** Dar feição superior ou espiritual a. *vpr* **2** Identificar-se com as coisas espirituais. *vtd* **3** Buscar a espiritualidade.

es.pi.ri.tu.o.so (*ô*) (*espírito+oso*) *adj* **1** Que tem ou revela graça. **2** Que contém álcool (bebida). *Pl: espirituosos* (*ó*).

es.pir.rar (*lat exspirare*) *vint* **1** Dar espirros. **2** Esguichar, jorrar (qualquer líquido).

es.pir.ro (*de espirrar*) *sm* Expiração de ar violenta e ruidosa pelo nariz e pela boca, provocada por uma irritação das mucosas nasais.

es.pla.na.da (decalque do *ital spianata*) *sf* **1** Campo largo e descoberto. **2** Chapada, planalto.

es.plên.di.do (*lat splendidu*) *adj* **1** Brilhante, luminoso. **2** Luxuoso. **3** Admirável, grandioso. **4** *pop* Excelente. *Sup abs sint: esplendidíssimo* e *esplendíssimo.*

es.plen.dor (*lat splendore*) *sm* **1** Brilho intenso. **2** Pompa, luxo. **3** Grandeza.

es.plê.ni.co (*esplênio+ico*[2]) *adj Anat* Relativo ou pertencente ao baço.

es.ple.ni.te (*espleno+ite*[1]) *sf Med* Inflamação do baço.

es.po.le.ta (*lê*) (*ital spoletta*) *sf* **1** Dispositivo destinado a produzir o fogo da carga dos projéteis no momento certo. *s m+f* **2** Pessoa que fala muito; tagarela. **3** Pessoa irrequieta, muito agitada.

es.po.li.a.ção (*lat spoliatione*) *sf* Ato ou efeito de espoliar.

es.po.li.ar (*lat spoliare*) *vtd* e *vti* Privar alguém, por violência ou fraude, de seus bens ou direitos legais; roubar, despojar: *"Nossa luta é contra os capitais imperialistas, que espoliam nossas riquezas."* (AR) Conjuga-se como *premiar.*

es.pó.lio (*lat spoliu*) *sm* **1** Bens deixados por alguém ao morrer. **2** Restos, despojos.

es.pon.ja (*gr spoggiá*) *sf* **1** *Zool* Nome comum a um grande grupo de animais, na maioria marinhos, cujo corpo é provido de numerosos poros, por onde entra e sai água. **2** Material poroso usado para lavar louça, tomar banho etc. **3** *gír* Pessoa que se embriaga frequentemente.

es.pon.jo.so (*ô*) (*lat spongiosu*) *adj* **1** Que tem poros como a esponja. **2** Parecido com a esponja. *Pl: esponjosos* (*ó*).

es.pon.ta.nei.da.de (*espontâneo+i+dade*) *sf* Qualidade daquilo que é espontâneo.

es.pon.tâ.neo (*lat spontaneu*) *adj* **1** Que se pratica de livre vontade; voluntário. **2** Que ocorre sem causa exterior aparente. **3** Sem artifício; natural. *Antôn: forçado.*

es.po.ra (*gót *spaúra*) *sf* Instrumento de metal que se adapta à parte posterior do calçado para incitar o animal que se monta.

es.po.rá.di.co (*gr sporadikós*) *adj* Que ocorre apenas ocasionalmente; casual, acidental: *"A revolta estava praticamente encerrada, porém continuaram ocorrendo combates esporádicos."* (HIB)

es.po.rão (*provençal ant esporon*) *sm* Saliência córnea e aguçada da parte posterior do pé dos machos galináceos, como o galo e o peru.

es.po.re.ar (*espora+e+ar¹*) *vtd* **1** Picar com espora (a montaria). **2** Animar, estimular. Conjuga-se como *frear*.

es.por.rar (*es+porra+ar¹*) *vulg V esporrear*.

es.por.re.ar (*es+porra+e+ar¹*) *vint vulg* Ejacular, emitir esperma. *Var: esporrar*. Conjuga-se como *frear*.

es.por.ro (ô) (de *esporrar*) *sm vulg* **1** Esperma. **2** Repreensão violenta. **3** Desordem, bagunça.

es.por.te (*ingl sport*) *sm* **1** Prática metódica de exercícios físicos, individual ou em equipe; desporto. **2** Passatempo, divertimento.

es.por.tis.ta (*esporte+ista*) *adj e s m+f* Que ou pessoa que pratica esporte ou se interessa por ele. *Var: desportista*.

es.por.ti.vo (*esporte+ivo*) *adj* **1** Relativo ao esporte. **2** Que pratica ou se interessa por esporte.

es.po.sa (ô) (*lat sponsa*) *sf* Mulher casada (em relação ao marido).

es.po.sar (*esposo* ou *esposa+ar¹*) *vtd* **1** Unir em casamento. *vtd* **2** Receber por esposa ou esposa; desposar. *vpr* **3** Casar-se.

es.po.so (ô) (*lat sponsu*) *sm* Homem casado (em relação à mulher); marido *Pl: esposos* (ô).

es.pre.gui.ça.dei.ra (*espreguiçar+deira*) *sf* Cadeira com várias reclinações e lugar para estender as pernas.

es.pre.gui.çar (*es+preguiça+ar¹*) *vtd* **1** Tirar a preguiça a. *vpr* **2** Estender os braços e as pernas, bocejando.

es.prei.ta (de *espreitar*) *sf* **1** Ato ou efeito de espreitar. **2** Espionagem, observação, vigia.

es.prei.tar (*lat explicitare*) *vtd* **1** Estar à espreita de; espiar, observar às ocultas. **2** Indagar, investigar minuciosamente.

es.pre.me.dor (*espremer+dor*) *adj+sm* Que ou aquele que espreme. • *sm* Utensílio para espremer frutas.

es.pre.mer (*lat exprimere*) *vtd* **1** Apertar, comprimir para extrair um líquido ou suco. *vtd e vpr* **2** Apertar(-se), comprimir(-se). *vtd* **3** Interrogar com insistência para fazer falar.

es.pre.mi.do (*part* de *espremer*) *adj* **1** Apertado, comprimido. **2** Extraído por meio de pressão.

es.pu.ma (*lat spuma*) *sf* **1** Pequenas bolhas que se formam sobre um líquido que se agita, fermenta ou ferve. **2** Saliva com pequenas bolhas.

es.pu.ma.dei.ra (*espuma+deira*) *V escumadeira*.

es.pu.man.te (*lat spumante*) *adj m+f* **1** Que forma espuma. **2** *fig* Raivoso, enfurecido.

es.pu.mar (*lat spumare*) *vti* **1** Fazer espuma. *vtd* **2** Cobrir de espuma. *vtd* **3** Tirar a espuma de.

es.pu.mo.so (ô) (*lat spumosu*) *adj* **1** Que faz ou tem espuma. **2** Que tem aparência ou consistência de espuma. *Pl: espumosos* (ó).

es.qua.dra (*ital squadra*) *sf* **1** *Mil* Parte de uma companhia de infantaria. **2** Seção de uma divisão ou circunscrição policial. **3** *Náut* Grupo de navios de guerra comandado por oficial superior. **4** *Av* Conjunto de aviões militares.

es.qua.drão (*ital squadrone*) *sm Mil* **1** Unidade tática de cavalaria. **2** Unidade administrativa de navios de guerra ou aviões do mesmo tipo.

es.qua.dre.jar (*esquadro+ejar*) *vtd* Serrar ou cortar em esquadria. Conjuga-se como *solfejar*.

es.qua.dri.a (*esquadro+ia¹*) *sf* **1** Corte em ângulo reto. **2** Instrumento com que se traçam ou medem ângulos retos. **3** Designação genérica de portas e janelas com seus batentes e folhas.

es.qua.dri.lha (*esquadra+ilha*) *sf* **1** *Náut* Esquadra composta de navios de guerra de pequenas dimensões. **2** *Av* Pequena esquadra de aviões.

es.qua.dro (*ital squadro*) *sm* Instrumento para medir ou traçar ângulos retos e tirar linhas perpendiculares.

es.quá.li.do (*lat squalidu*) *adj* **1** Pálido e fraco. **2** Macilento, magro. **3** Sujo, desalinhado.

es.quar.te.ja.men.to (*esquartejar+mento*) *sm* Antigo suplício que consistia em prender um cavalo a cada pé e braço do condenado, obrigando os animais a puxarem em direções opostas até que os membros fossem separados do tronco.

es.quar.te.jar (*es+quarto+ejar*) *vtd* **1** Partir em quartos. **2** Fazer sofrer o suplício do esquartejamento. **3** Despedaçar, retalhar.

es.que.cer (*lat vulg *excadescere*) *vtd* **1** Deixar sair da memória; tirar da lembrança. *vpr* **2** Perder a lembrança. *vtd* **3** Não fazer caso de, pôr de lado. *vti e vint* **4** Escapar da memória, ficar em esquecimento. *vtd* **5** Perder a estima a. *vtd* **6** Deixar por descuido ou falta de atenção. *Antôn* (acepções 1, 2, 3 e 4): *lembrar, recordar.* Veja nota em **lembrar**.

es.que.ci.do (*part de esquecer*) *adj* **1** Que se esqueceu; que saiu da lembrança. **2** Que tem a memória fraca. **3** Que perdeu a sensibilidade, o movimento.

es.que.ci.men.to (*esquecer+mento*) *sm* **1** Ato ou efeito de esquecer. **2** Falta de lembrança, de memória. **3** Descuido, omissão.

es.que.lé.ti.co (*esqueleto+ico²*) *adj* Muito magro.

es.que.le.to (*gr skeletós*) *sm* **1** *Anat* Estrutura óssea que serve de arcabouço ao corpo dos vertebrados; carcaça, ossatura. **2** Conjunto de sustentação de um edifício, embarcação etc. **3** *fig* Esboço de obra artística ou literária. **4** *pop* Pessoa muito magra.

es.que.ma (*gr skhêma*) *sm* **1** Representação gráfica, resumida, de coisas e suas relações ou funções; diagrama. **2** Resumo, esboço. **3** Plano, programa.

es.que.ma.ti.zar (*gr skhêma, atos+izar*) *vtd* **1** Fazer o esquema de. **2** Representar por meio de esquema.

es.quen.ta.do (*part de esquentar*) *adj* **1** Aquecido. **2** *fig* Exaltado, irritado.

es.quen.ta.men.to (*esquentar+mento*) *sm* Ato ou efeito de esquentar ou esquentar-se.

es.quen.tar (*es+quente+ar¹*) *vtd, vint* e *vpr* **1** Tornar(-se) quente ou mais quente; aquecer(-se). *vtd* e *vpr* **2** Encolerizar (-se), enfurecer(-se). *vpr* **3** Tornar-se pior ou mais grave; acirrar-se. *vint* **4** *pop* Preocupar-se.

es.quer.da (*fem de esquerdo*) *sf* **1** Lado esquerdo. **2** A mão esquerda. **3** *Polít* A oposição parlamentar. **4** *por ext* Conjunto de indivíduos ou grupos políticos que se opõem aos conservadores.

es.quer.do (*vasconço ezker*) *adj* **1** Que fica do lado oposto ao direito. **2** Diz-se daquele que tem mais habilidade em usar a mão esquerda; canhoto. **3** Desastrado, desajeitado.

es.que.te (*é*) (*ingl sketch*) *sm Teat, Rád e Telev* Peça de curta duração e poucos atores, quase sempre de cunho cômico.

es.qui (*norueguês ski*) *sm* **1** Patim alongado, com a ponta recurvada, para deslizar sobre a neve. **2** O esporte praticado com esquis.

es.qui.ar (*esqui+ar¹*) *vint* Praticar esqui. Conjuga-se como *premiar*.

es.qui.fe (*ital schifo*) *sm* **1** Caixão de defunto. **2** *ant* Barco a remo, leve.

es.qui.lo (*gr skíouros*) *sm Zool* Nome comum a vários roedores de porte médio, com cauda espessa e membros posteriores compridos e fortes; caxinguelê, serelepe.

es.qui.mó (*fr esquimaux*) *s m+f Etnol* Indivíduo dos esquimós, povo nativo do Canadá setentrional, Groenlândia, Alasca e Sibéria oriental. *sm Ling* Idioma dos esquimós. • *adj* Pertecente ou relativo aos esquimós ou ao seu idioma.

es.qui.na (*germ *skîna*) *sf* **1** Canto exterior de dois planos que se cortam (paredes de uma construção, lados de uma caixa ou outro objeto). **2** Canto onde duas vias públicas se cortam.

es.qui.si.ti.ce (*esquisito+ice*) *sf* **1** *pop* Qualidade do que é esquisito. **2** Extravagância, excentricidade.

es.qui.si.to (*lat exquisitu*) *adj* **1** Que não é vulgar; raro. **2** Extravagante, excêntrico, original. **3** Incomodado, adoentado. **4** Estranho, fora do comum.

es.quis.tos.so.mo.se (*esquistossomo+ose*) *sf Patol* Infecção que pode causar lesões irreversíveis em especial no fígado, e hemorragias.

es.qui.var (*esquivo+ar²*) *vtd* **1** Evitar (pessoa ou coisa): *"Tão pouco esquivava encará-la."* (COB) *vtd* e *vpr* **2** Evitar a conversação ou a convivência com: *"Desta vez, não posso me esquivar de uma conversa com Padre Bernardino."* (BDI) *vpr* **3** Eximir-se, livrar-se: *"Esta é uma meta da qual o governo não pode se esquivar."* (VEJ) *vpr* **4** Escapar: *"Esquivei-me em direção ao armário."* (DE) **5** Desviar-se de: *"As vezes conseguia esquivar-se do soco que eu desferia."* (MU)

es.qui.vo (germ *skiuh) adj 1 Que rejeita afetos ou carinhos; arisco. 2 Reservado, retraído, insociável.

es.qui.zo.fre.ni.a (esquizo+freno+ia¹) sf Psicol Distúrbio mental caracterizado pela perda de contato com a realidade e predominância do mundo imaginário.

es.qui.zo.frê.ni.co (esquizo+freno+ico²) adj Psicol Relativo à esquizofrenia. • sm Doente de esquizofrenia.

es.sa (lat ipsa) pron dem Feminino de esse².

es.se¹ (é) sm O nome da letra s. Pl: esses ou ss.

es.se² (ê) (lat ipse) pron dem Designa a pessoa ou coisa próxima daquela com quem falamos ou a quem escrevemos, ou que tem relação com ela: Gostaria de ouvir esse CD que está na sua mão. Fem: essa.

es.sên.cia (lat essentia) sf 1 Natureza íntima das coisas. 2 Significação especial. 3 Ideia principal. 4 Óleo fino e aromático que se extrai de certos vegetais.

es.sen.ci.al (lat essentiale) adj m+f 1 Relativo à essência; que constitui a essência. 2 Necessário, indispensável. • sm O ponto mais importante.

es.ta (lat ista) pron dem Feminino de este².

es.ta.ba.na.do (es+lat tabanu+ado¹) adj 1 Que faz tudo com muita pressa e sem cuidado; estouvado. 2 Desastrado, desajeitado.

es.ta.be.le.cer (lat vulg *stabiliscere) vtd 1 Tornar estável ou firme. vtd 2 Dar existência a; fundar, instituir. vtd 3 Determinar, estipular, fixar. vtd 4 Dar forma estável a; organizar. vpr 5 Adquirir forma estável; organizar-se. vpr 6 Abrir estabelecimento comercial ou industrial.

es.ta.be.le.ci.do (part de estabelecer) adj 1 Estável, firme. 2 Fundado, instituído. 3 Determinado, estipulado, fixado. 4 Que possui estabelecimento próprio, industrial ou comercial.

es.ta.be.le.ci.men.to (estabelecer+mento) sm 1 Ato ou efeito de estabelecer. 2 Casa comercial.

es.ta.bi.li.da.de (lat stabilitate) sf 1 Qualidade daquilo que é estável. 2 Equilíbrio, firmeza, segurança.

es.ta.bi.li.za.dor (estabilizar+dor) adj Que estabiliza. • sm 1 Aquele ou aquilo que estabiliza. 2 Fís Dispositivo que assegura a constância da corrente elétrica num circuito.

es.ta.bi.li.zar (estável+izar) vtd e vpr Tornar(-se) estável, inalterável.

es.tá.bu.lo (lat stabulu) sm Galpão coberto onde se recolhe o gado.

es.ta.ca (gót *stakka) sf 1 Pau afiado que se introduz na terra para diferentes usos. 2 Constr Pilar fincado no solo para alicerce.

es.ta.ca.da (estaca+ada¹) sf 1 Série de estacas. 2 Lugar fechado por estacas. 3 Curral, estábulo.

es.ta.ção (lat statione) sf 1 Lugar determinado onde param trens, ônibus etc. para embarque e desembarque de passageiros e carga. 2 Temporada, época. 3 Cada um dos quatro períodos (primavera, verão, outono e inverno) em que o ano está dividido. 4 Rád e Telev Lugar próprio para transmissão de programas de rádio e televisão.

Os nomes das **estações** do ano dispensam o uso do artigo definido quando são precedidos da preposição *de*: *cheiro de primavera, chuvas de verão, manhãs de inverno, vento de outono*.

es.ta.ci.o.na.men.to (estacionar+mento) sm 1 Ato ou efeito de estacionar. 2 Lugar onde se estacionam veículos.

es.ta.ci.o.nar (lat statione+ar¹) vti e vint 1 Parar. vint 2 Ficar na mesma situação, não progredir. vtd 3 Deixar parado (automóvel) por certo tempo em algum lugar.

es.ta.da (estar+ada¹) sf 1 Tempo durante o qual uma pessoa se demora em algum lugar: *O presidente francês fez discursos durante sua estada no Brasil.* 2 Permanência, parada (de pessoa).

es.ta.di.a (estada+ia¹) sf 1 Parada forçada que os navios fazem no porto. 2 Permanência de avião no aeroporto ou hangar, ou de automóveis em garagem ou estacionamento: *O estacionamento oferece vagas para a estadia de carros e motocicletas.*

Lembre-se de que o vocábulo **estadia** deve ser sempre usado para meios de transporte (navio, avião, carro etc.). **Estadia** é o tempo de permanência de um meio de transporte em um determinado lugar.

*Paguei muito caro pelos dias de **estadia** do meu automóvel naquele estacionamento.*
Para pessoas, deve-se dizer **estada**. **Estada** é o tempo de permanência de uma pessoa em determinado lugar.
*A sua **estada** na prisão deixou-lhe marcas profundas.*
*A nossa **estada** em Roma foi maravilhosa.*

es.tá.dio (*gr stádion*) *sm* Lugar onde se realizam competições esportivas, com arquibancadas para o público.

es.ta.dis.ta (*estado+ista*) *s m+f* Pessoa de destacada atuação nos negócios políticos; homem ou mulher de Estado.

es.ta.do (*lat statu*) *sm* **1** Modo de ser ou estar: *O estado de espírito da mãe era ótimo*. **2** Situação em que se acha uma pessoa ou coisa: *A cidade está em estado de emergência*. **3** *Fís* Condição em que a matéria se apresenta: *Sólido, líquido e gasoso*. **4 Estado** *Dir* Nação politicamente organizada por leis próprias: *O estado italiano localiza-se na Europa. Col: federação, confederação*. **5** Conjunto de poderes políticos de uma nação; governo: *As leis são regidas pelo Estado*. **6** Divisão territorial de certos países, como o Brasil e os Estados Unidos: *O Estado da Bahia pertence à região Nordeste*.

es.ta.do-mai.or *sm* **1** *Mil* Corporação de oficiais militares especializados que não comandam diretamente, mas que têm a seu cargo tudo o que diz respeito à estratégia. **2** *fig* Conjunto das pessoas mais importantes de um grupo. *Pl: estados-maiores.*

es.ta.du.al (*estado+al¹*) *adj m+f* Pertencente ou relativo a estado (acepção 6). *Cf estatal.*

es.ta.fa (*ital staffa*) *sf* **1** Extremo cansaço provocado por trabalho muscular ou intelectual muito intenso; esgotamento. **2** Cansaço, fadiga.

es.ta.far (*ital staffare*) *vtd*, *vint* e *vpr* **1** Cansar(-se), fatigar(-se). *vtd* **2** Importunar, enfadar.

es.ta.fi.lo.co.co (*estáfilo+coco¹*) *sm Bacter* Bactéria que se apresenta em colônias semelhantes a cachos de uva, em geral causadora de doenças.

es.ta.gi.ar (*estágio+ar¹*) *neol vint* Fazer estágio (acepção 2) em. Conjuga-se como *premiar*.

es.ta.gi.á.rio (*estágio+ário*) *sm* Aquele que está fazendo estágio.

es.tá.gio (*fr ant estage*) *sm* **1** Período, fase, etapa: *Estágio da doença*. **2** Tempo de prática para o exercício de certa profissão.

es.tag.na.ção (*estagnar+ção*) *sf* **1** Estado do que estagnou. **2** Inércia, paralisação, imobilidade.

es.tag.nar (*lat stagnare*) *vtd* **1** Fazer parar de correr (um líquido). *vti* e *vpr* **2** Ficar empoçada ou presa (a água de um tanque, lago, poço). *vpr* **3** Ficar em estado estacionário; paralisar-se.

es.ta.lac.ti.te (*gr stalaktós+ite¹*) *sf Geol* Concreção alongada que se forma nos tetos das cavidades subterrâneas pela ação de águas ricas em cálcio.

es.ta.lag.mi.te (*estalagmo+ite¹*) *sf Geol* Concreção formada no solo das cavidades subterrâneas por pingos de água caídos do teto.

es.ta.lar (*lat vulg *astella+ar¹*) *vtd* **1** Produzir estalo. *vint* **2** Arrebentar, romper-se com ruído. *vint* **3** Dar estalos; crepitar. *Var: estralar.*

es.ta.lei.ro (*lat vulg *astella+eiro*) *sm* Lugar onde se constroem ou consertam navios.

es.ta.li.do (de *estalo*) *sm* **1** Ruído daquilo que estala. **2** Estalos repetidos.

es.ta.lo (de *estalar*) *sm* Som seco e breve provocado por coisa que de repente se choca com outra, quebra, racha, explode etc. *Var: estralo.*

es.ta.me (*lat stamen*) *sm Bot* Órgão masculino da flor formado pelo filamento que sustenta a antera, a qual contém o pólen.

es.tam.pa (de *estampar*) *sf* **1** Imagem impressa ou gravada. **2** Gravura, ilustração, figura, desenho.

es.tam.par (*fr estamper*) *vtd* **1** Imprimir letras, desenhos etc. em (papel, tecido, plástico etc.). *vtd* **2** Deixar vestígio ou marca de; marcar. *vpr* **3** Mostrar-se, tornar-se evidente.

es.tam.pa.ri.a (*estampa+aria*) *sf* Fábrica ou departamento de fábrica onde se estampam tecidos, plásticos etc.

es.tam.pi.do (*provençal ant estampida*,

es.tam.pi.lha (*cast estampilla*) *sf* **1** Selo postal ou do tesouro público. **2** Estampa pequena.

es.tan.car (*cast estancar*) *vtd* **1** Deter ou fazer parar o curso ou fluxo de (em geral um líquido). *vtd* **2** Pôr fim a; fazer parar. *vint* e *vpr* **3** Deixar de correr.

es.tân.cia (*lat stantia*) *sf* **1** Morada, residência. **2** *Reg* (RS) Fazenda para criação de gado. **3** *Reg* (MG) Estação de águas minerais.

es.tân.dar (*ingl standard*) *adj* Sem nenhuma característica especial; *standard*. • *sm* Tipo ou modelo uniforme de produção; padrão, *standard*.

es.tan.dar.di.zar (*ingl standard*) *vtd* Padronizar, uniformizar.

es.tan.dar.te (*fr ant estandart*) *sm* **1** Bandeira de guerra. **2** Distintivo ou insígnia de uma corporação civil, militar ou religiosa.

es.tan.de (*ingl stand*) *sm* Local reservado a cada participante de uma exposição ou feira de amostras; *stand*.

es.ta.nho (*lat stannu*) *sm Quím* Elemento metálico, branco, um pouco azulado, lustroso, maleável, usado puro ou em ligas, de número atômico 50 e símbolo Sn.

es.tan.que (de *estancar*) *adj m+f* **1** Que não corre ou flui; estagnado, parado. **2** Que não deixa entrar ou sair líquido; vedado, tapado.

es.tan.te (*lat stante*) *sf* **1** Móvel com prateleiras, em que se expõem livros, papéis, objetos de decoração etc. **2** Armação inclinada para livros, partituras musicais etc., a fim de facilitar a leitura.

es.ta.pe.ar (*es+tapa+e+ar¹*) *vtd* Dar tapas em, esbofetear. Conjuga-se como *frear*.

es.ta.que.ar (*estaca+e+ar¹*) *vtd* **1** Colocar estacas verticalmente para a construção de (cercas). **2** Guarnecer de ou segurar com estacas. **3** Bater com estaca em. Conjuga-se como *frear*.

es.tar (*lat stare*) *vlig* **1** Ser num dado momento; encontrar-se (em certa condição): *O vento está frio. vlig* **2** Sentir-se: *O paciente está mal. vlig* **3** Encontrar-se, achar-se (em certa colocação, posição ou postura). *vlig* **4** Ficar, permanecer: *É preciso estar alerta enquanto dirige o carro. vint* **5** Ficar, esperar: *Esteja na praça em que caminhamos. vti* **6** Achar-se num dado lugar: *As mulheres estavam na rua quando começou a chover. vti* **7** Comparecer: *Ele está em todas as reuniões da escola. Conjug – Pres indic:* estou, estás, está, estamos, estais, estão; *Pret perf:* estive, estiveste, esteve, estivemos, estivestes, estiveram; *Pret imp indic:* estava, estavas, estava, estávamos, estáveis, estavam; *Pret mais-que-perf:* estivera, estiveras, estivera, estivéramos, estivéreis, estiveram; *Fut pres:* estarei, estarás, estará, estaremos, estareis, estarão; *Fut pret:* estaria, estarias, estaria, estaríamos, estaríeis, estariam; *Pres subj:* esteja, estejas, esteja, estejamos, estejais, estejam; *Pret imp subj:* estivesse, estivesses, estivesse, estivéssemos, estivésseis, estivessem; *Fut subj:* estiver, estiveres, estiver, estivermos, estiverdes, estiverem; *Imper afirm:* —, está(Tu), esteja(Você), estejamos(Nós), estai(Vós), estejam(Vocês); *Imper neg:* —, Não estejas(Tu), Não esteja(Você), Não estejamos(Nós), Não estejais(Vós), Não estejam(Vocês); *Infinitivo impess: estar; Infinitivo pess:* estar, estares, estar, estarmos, estardes, estarem; *Ger: estando; Part: estado.*

es.tar.da.lha.ço *sm pop* **1** Grande barulho, confusão de sons. **2** Alarde exagerado; espalhafato.

es.tar.re.cer (*lat vulg *exterrescere*) *vtd* **1** Apavorar, aterrorizar, assustar: *"É um episódio que estarrece o país e o mundo."* (JB) *vint* e *vpr* **2** Assustar-se muito: *"Estarreci-me com a quantidade de carolas que me espreitavam por detrás dos bancos de areia."* (FSP)

es.ta.tal (*lat statu+al¹*) *adj m+f* Do Estado ou relativo a ele. • *sf* Empresa do Estado. *Cf estadual*.

es.ta.te.lar *vpr* **1** Cair de comprido; esborrachar-se. *vtd* **2** Bater com; estender-se com.

es.tá.ti.ca (*gr statiké*) *sf* **1** Ramo da Física que trata das relações das forças que produzem equilíbrio entre corpos materiais. **2** *Radiotécn* Ruídos causados pela eletricidade atmosférica nos aparelhos de rádio.

es.tá.ti.co (*gr statikós*) *adj* **1** Relativo ou pertencente à estática. **2** Em repouso; imóvel, parado. *Cf* extático.

es.ta.tís.ti.ca (*fr statistique*) *sf* **1** Ciência que tem por objeto a coleta, análise e interpretação de dados numéricos relacionados à população ou a um grupo específico, fazendo então predições com base nesses dados. **2** Conjunto de elementos numéricos relacionados a um determinado fato social. *Cf* estático.

es.ta.ti.za.ção (*estatizar+ção*) *sf* Ato ou efeito de estatizar.

es.ta.ti.zar (*lat statu+izar*) *vtd* Transformar propriedades particulares (serviços, instituições, empresas etc.) em organizações de propriedade do Estado.

es.tá.tua (*lat statua*) *sf* Peça esculpida ou moldada em substância sólida, como mármore, bronze ou madeira, representando um ser animado ou uma divindade. *Dim*: estatuazinha, estatueta. *Col*: galeria.

es.ta.tu.e.ta (*ê*) (*estátua+eta*) *sf* Pequena estátua.

es.ta.tu.ir (*lat statuere*) *vtd* Estabelecer por meio de estatuto; estabelecer preceito. Conjuga-se como *contribuir*. *Part*: estatuído.

es.ta.tu.ra (*lat statura*) *sf* Tamanho de uma pessoa, da cabeça aos pés, em posição vertical; altura.

es.ta.tu.to (*lat statutu*) *sm* Lei orgânica de um Estado, associação ou qualquer corpo coletivo em geral; regulamento.

es.tá.vel (*lat stabile*) *adj m+f* **1** Em repouso. **2** Não sujeito a mudanças. **3** Firme, sólido. *Antôn* (acepções 2 e 3): instável.

es.te[1] (*ê*) (*ingl east, via fr*) *sm* **1** Ponto cardeal onde nasce o Sol; leste, Oriente. *Abrev*: E. **2** Vento que sopra desse ponto.

es.te[2] (*ê*) (*lat iste*) *pron dem* **1** Designa a pessoa ou coisa presente e próxima de quem fala: *Comprei este colar para dar à minha namorada*. **2** Designa a pessoa ou coisa a que por último nos referimos: *Conversei com o Luís e com o Mário. Este me disse que virá à festa, aquele ainda não decidiu*. **3** Designa o momento atual: *Esta semana vai acontecer um campeonato na escola*. *Fem*: esta.

es.tei.o *sm* **1** Peça com que se ampara ou sustém alguma coisa; escora. **2** Apoio, amparo, proteção.

es.tei.ra (*lat storea*) *sf* **1** Tecido grosso de junco, taquara etc. que serve para cobrir o chão. **2** Rastro de espuma deixado pelo navio na água, quando navega. **3** Rumo, direção, caminho.

es.te.li.o.na.tá.rio (*estelionato+ário*) *sm* Quem pratica estelionato.

es.te.li.o.na.to (*lat stellionatu*) *sm* **1** Fraude de quem cede, vende ou hipoteca uma coisa, ocultando que esta já estava cedida, vendida ou hipotecada a outra pessoa. **2** Ato de obter, para si ou outra pessoa, vantagem ilícita, em prejuízo alheio, mediante fraude.

es.tên.cil (*ingl stencil*) *sm* Papel parafinado com o qual se prepara uma matriz para produzir cópias em mimeógrafo.

es.ten.der (*lat extendere*) *vtd e vpr* **1** Alargar(-se), alongar(-se), estirar(-se). *vtd* **2** Desdobrar, desenrolar, esticar. *vtd* **3** Oferecer, apresentando. *vpr* **4** Entrar, internar-se, prolongar-se. *vpr* **5** Deitar-se, estirar-se.

es.te.no.gra.far (*esteno+grafo+ar*[1]) *vtd* Escrever em sinais de estenografia; taquigrafar. *Cf* estenógrafo.

es.te.no.gra.fi.a (*esteno+grafo+ia*[1]) *sf* Método de escrever tão rápido quanto se fala, por meio de sinais e abreviaturas; taquigrafia.

es.te.nó.gra.fo (*esteno+grafo*) *sm* Aquele que escreve por meio de estenografia; taquígrafo.

es.te.pe[1] (*rus step'*, pelo *fr*) *sf Geogr* Grandes zonas de campos planos, secos, com árvores de pouco crescimento, onde predominam as gramíneas.

es.te.pe[2] (*ingl step*, de *Stepney*, nome da rua em que se localizava a oficina que fabricou as primeiras rodas sobressalentes) *sm Autom* Pneu sobressalente.

es.ter.co (*ê*) (*lat stercu*) *sm* **1** Adubo vegetal para o solo. **2** Excremento de animal; estrume.

es.te.re.o.fo.ni.a (*estéreo+fono+ia*[1]) *sf* Técnica de transmissão de sons que, por meio de alto-falantes convenientemente instalados, dá, a quem os ouve, a sensação de distribuição espacial.

es.te.re.ó.ti.po (*estéreo+tipo*[2]) *sm* **1** Argumento ou ideia já muito conhecida e repetida a respeito de um acontecimento ou pessoa. **2** Coisa trivial; lugar-comum, chavão.

es.té.ril (*lat sterile*) *adj m+f* **1** Que não produz; improdutivo. **2** Incapaz de procriar. **3** *Med* Livre de micróbios. *Antôn* (acepção 1): *fértil*; (acepção 2): *fecundo*.

es.te.ri.li.da.de (*lat sterilitate*) *sf* **1** Incapacidade de procriar. **2** Aridez, escassez, falta, penúria.

es.te.ri.li.za.ção (*esterilizar+ção*) *sf* **1** Eliminação de micróbios de instrumental médico e outros objetos. **2** Destruição dos germes nocivos de produtos animais e vegetais. **3** Operação que torna uma pessoa estéril.

es.te.ri.li.zar (*estéril+izar*) *vtd* e *vpr* **1** Tornar(-se) estéril. *vtd* **2** *Med* Destruir qualquer tipo de micro-organismo vivo.

es.ter.no (*gr stérnon*) *sm Anat* Osso situado na parte anterior do tórax e que se articula com as costelas.

es.ter.tor (*lat stertore*, de *stertere*) *sm* Som rouco que caracteriza a respiração das pessoas que estão morrendo.

es.te.ta (*gr aisthetés*) *s m+f* **1** Pessoa que coloca a estética (beleza) acima de qualquer coisa. **2** Especialista em estética.

es.té.ti.ca (*gr aisthetiké*) *sf* **1** Estudo que determina o caráter do belo nas produções artísticas. **2** Harmonia das formas. **3** Beleza física.

es.te.ti.cis.ta (*estética+ista*) *s m+f* Profissional que se dedica a assuntos de beleza, como tratamento de pele, maquiagem, penteado etc.

es.té.ti.co (*gr aisthetikós*) *adj* **1** Relativo à estética, ao sentimento ou apreciação do belo. **2** Harmonioso, belo.

es.te.tos.có.pio (*gr stêtho+scopo+io²*) *sm Med* Instrumento para auscultação do corpo, em especial do peito.

es.ti.a.gem (*fr étiage*) *sf* **1** Falta de chuva; seca. **2** Nível mais baixo das águas de um rio, lago ou canal.

es.ti.ar (*estio+ar¹*) *vint* **1** Parar de chover. **2** Abaixar-se a água da cheia. **3** Afrouxar-se, rebaixar-se. *Conjug* – nas acepções 1 e 2 só é conjugado na 3ª pessoa do singular. Conjuga-se como *premiar*.

es.ti.ca.da (*esticar+ada¹*) *sf* Ato ou efeito de esticar.

es.ti.car *vtd* **1** Estender ou puxar com força. *vtd* e *vpr* **2** Alongar(-se), estender(-se).

es.tig.ma (*gr stígma*) *sm* **1** Marca que não desaparece; cicatriz. **2** Cada uma das marcas das cinco chagas de Cristo, que alguns santos traziam no corpo. **3** Marca produzida por ferrete, com que antigamente se marcavam escravos, criminosos etc. **4** *fig* Mancha na reputação. **5** *Bot* Porção terminal do gineceu, que serve para receber o pólen.

es.tig.ma.ti.zar (*estígmato+izar*) *vtd* **1** *ant* Marcar com estigma (acepção 3). **2** Assinalar com cicatrizes ou manchas.

es.ti.le.te (*ê*) (*estilo+ete*) *sm* **1** Instrumento de lâmina fina. **2** *Bot* Parte que prolonga o ovário para cima.

es.ti.lha.çar (*estilhaço+ar¹*) *vtd* e *vpr* Partir(-se) em estilhaços; fragmentar(-se), despedaçar(-se).

es.ti.lha.ço (*estilha+aço*) *sm* Fragmento, lasca, pedaço.

es.ti.lin.gue (*ingl sling*) *sm* Pequena forquilha, geralmente de ramo de árvores e em forma de Y, munida de dois elásticos, presos a um pedaço de couro, no qual se colocam pedras para atirar; atiradeira.

es.ti.lis.ta (*estilo+ista*) *s m+f* **1** Escritor que tem estilo próprio. **2** Pessoa que escreve com estilo elegante. **3** Desenhista de moda. • *adj m+f* Diz-se de quem escreve com estilo elegante.

es.ti.lís.ti.ca (*fem de estilístico*) *sf* Estudo do uso dos recursos da linguagem quanto à capacidade de comunicar, emocionar e sugestionar.

es.ti.li.zar (*estilo+izar*) *vtd* **1** Dar estilo ou forma estética a. **2** Modificar algo, acrescentando-lhe elementos que contribuam para o seu aprimoramento estético.

es.ti.lo (*lat stilu*) *sm* **1** Feição especial, caráter de uma produção artística de certa época ou certo povo. **2** Maneira de dizer, escrever, compor, pintar ou esculpir de cada um. **3** Costume, uso.

es.ti.ma (*de estimar*) *sf* **1** Sentimento de importância dado a alguém; apreço, consideração. **2** Afeição, amizade. *Antôn: desprezo*.

es.ti.ma.ção (*lat aestimatione*) *sf* Ato ou efeito de estimar (acepção 3); avaliação.

es.ti.ma.do (*part* de *estimar*) *adj* 1 Determinado por estimação; avaliado. 2 Que se tem em estima, que se aprecia; querido.

es.ti.mar (*lat aestimare*) *vtd* e *vpr* 1 Ter estima, afeição ou amizade a. *vtd* 2 Apreciar. *vtd* 3 Determinar o valor ou preço de; avaliar: *"Estima-se em US$ 150 milhões o valor de venda."* (FSP) *Antôn* (acepções 1 e 2): *desprezar*.

es.ti.ma.ti.va (*fem* de *estimativo*) *sf* 1 Avaliação, apreciação. 2 Cálculo, cômputo.

es.ti.mu.lan.te (*de estimular*) *adj m+f* Que estimula. • *sm Farm* Medicamento que estimula uma função orgânica ou mental.

es.ti.mu.lar (*lat stimulare*) *vtd* 1 Excitar, instigar, ativar. *vtd* 2 Encorajar, animar. *vtd* e *vti* 3 *Fisiol* Incitar à atividade fisiológica característica (um nervo ou músculo, por exemplo).

es.tí.mu.lo (*lat stimulu*) *sm* 1 Qualquer coisa que torna mais ativa a mente ou incita à atividade ou a um aumento de atividade. 2 Algo que ativa a ação orgânica nos seres vivos.

es.ti.pe (*lat stipe*) *sm Bot* Caule ou tronco sem ramificação, como o das palmeiras.

es.ti.pu.lar (*lat stipulare*) *vtd* 1 Ajustar, contratar, convencionar. 2 Determinar, estabelecer, pôr como condição.

es.ti.rar (*es+tirar*) *vtd* 1 Estender, esticar puxando. *vtd* e *vpr* 2 Pôr(-se) ao comprido; espichar(-se).

es.tir.pe (*lat stirpe*) *sf* 1 Parte da planta que se desenvolve na terra. 2 Ascendência, linhagem, origem.

es.ti.va.dor (*estivar+dor*) *sm* Operário que trabalha nos portos, no serviço de carga e descarga de navios, transportando as mercadorias ou arrumando-as.

es.to.fa.dor (*estofar+dor*) *sm* Pessoa que tem por ofício estofar móveis.

es.to.fa.men.to (*estofar+mento*) *sm* 1 Ação de estofar. 2 Estrutura interna (estofo, molas, madeirame, espuma) de um móvel estofado. 3 Estofo (acepção 2).

es.to.far (*estofo+ar*[1]) *vtd* 1 Cobrir ou guarnecer com estofo. 2 Colocar estofo entre o forro e o tecido.

es.to.fo (*ó*) (de *estofa*) *sm* 1 Tecido de lã, seda ou algodão, normalmente usado em revestimento de sofás, cadeiras etc. 2 Lã, algodão ou outro material que se coloca sob esse tecido.

es.to.jo (*ô*) (de *estojar*) *sm* 1 Caixa com forma e divisão interna apropriadas para guardar determinados objetos. 2 Espécie de bolsa de couro, papelão etc., em que se guardam objetos.

es.to.la (*ó*) (*gr stolé*) *sf* 1 *Ecles* Larga tira de pano usada por diáconos, padres e bispos. 2 Peça de vestuário feminino semelhante à estola dos sacerdotes e geralmente de pele.

es.to.ma.cal (*lat stomachale*) *adj m+f* Do estômago ou que lhe diz respeito.

es.tô.ma.go (*gr stómakhos*) *sm* 1 *Anat* Órgão da digestão situado entre o esôfago e o duodeno. 2 *fig* Disposição, ânimo.

es.to.ma.ti.te (*gr stóma, atos+ite*[1]) *sf Med* Inflamação da mucosa da boca.

es.to.pa (*ó*) (*lat stuppa*) *sf* 1 A parte mais grossa de uma fibra têxtil. 2 Tecido fabricado de estopa. 3 Restos de fios da indústria de tecelagem usados para limpeza.

es.to.pim (*cast estopí*) *sm* Fios embebidos em substância inflamável, para acionar fogo a peças pirotécnicas, bombas, minas etc.

es.to.que[1] (*fr ant estoc*) *sm* Espada longa, estreita e pontiaguda.

es.to.que[2] (*ingl stock*) *sm* 1 Depósito de mercadorias para venda ou exportação. 2 Quantidade de mercadorias de que se dispõe.

es.to.quis.ta (*estoque*[2]+*ista*) *s m+f* Pessoa encarregada de cuidar do estoque[2].

es.tó.ria (*gr história*) *V história*.

Recomenda-se apenas o uso de **história**, tanto ao referir-se à ciência quanto à narrativa de ficção, geralmente de cunho popular.

es.tor.nar (*ital stornare*) *vtd Com* Lançar em débito ou em crédito uma quantia igual a outra que, indevidamente, tinha sido lançada em crédito ou em débito.

es.tor.no (*ô*) (de *estornar*) *sm* 1 *Com* Ato ou efeito de estornar. 2 A quantia que se estorna.

es.tor.ri.ca.do (*part* de *estorricar*) *adj* 1 Muito seco. 2 Quase torrado ou queimado. *Var: esturricado.*

es.tor.ri.car (*es+torra+ico+ar*²) *vtd*, *vint* e *vpr* Secar(-se) excessivamente, torrando ou quase queimando. *Var*: esturricar.

es.tor.var (*lat exturbare*) *vtd* **1** Importunar, incomodar. **2** Dificultar, impedir, embaraçar.

es.tor.vo (ô) (de estorvar) *sm* **1** Embaraço, empecilho, obstáculo. **2** Aquilo ou aquele que estorva.

es.tou.ra.do (*part* de estourar) *adj* **1** Que estourou. **2** Que diz o que tem vontade, sem medir as consequências. **3** Que se irrita por qualquer coisa. **4** *fig* Muito cansado, exausto.

es.tou.rar (*voc onom*) *vint* **1** Dar estouro, arrebentar com estrondo. *vint* **2** Soar com estrondo; ribombar, estrondar. *vtd* **3** Fazer rebentar ou estalar. *vint* **4** Ficar em pedaços; rebentar. *vint* **5** Desabafar; expandir-se. *vint* **6** Dispersar-se em estouro (o gado).

es.tou.ro (de estourar) *sm* **1** Ruído de coisa que rebenta; estrondo. **2** Discussão violenta. **3** *pop* Acontecimento imprevisto; sucesso. **4** Dispersão de boiada em pânico.

es.trá.bi.co (*gr strabós+ico*²) *adj+sm* Diz-se do ou o indivíduo afetado de estrabismo; vesgo.

es.tra.bis.mo (*gr strabismós*) *sm* Oftalm Desvio de um ou de ambos os olhos do seu eixo normal.

es.tra.ça.lhar (*es+traço+alho+ar*¹) *vtd* e *vpr* Fazer(-se) em pedaços; despedaçar-se.

es.tra.da (*lat strata*) *sf* **1** Caminho mais ou menos largo para o trânsito de pessoas e veículos. **2** *por ext* Qualquer via de trânsito de veículos.

es.tra.do (*lat stratu*) *sm* **1** Estrutura, em geral de madeira, um pouco acima do chão, sobre a qual se coloca uma cama, uma mesa etc. **2** A parte da cama sobre a qual se coloca o colchão.

es.tra.ga.do (*part* de estragar) *adj* **1** Danificado, inutilizado. **2** Podre, deteriorado.

es.tra.gar (*lat vulg *stragare*) *vtd* **1** Pôr em mau estado; danificar, inutilizar. *vpr* **2** Arruinar-se, danificar-se, deteriorar-se. *vtd* **3** Tirar o prazer de.

es.tra.go (de estragar) *sm* Dano, avaria, deterioração, prejuízo.

es.tran.gei.ris.mo (*estrangeiro+ismo*) *sm* Emprego de palavra ou frase estrangeira. O **estrangeirismo** constitui um vício de linguagem quando é usado sem necessidade, isto é, quando no vernáculo já existe um termo equivalente ou aportuguesado.
A *performance* de Vera está magnífica.
(estrangeirismo = vício de linguagem)
O *desempenho* de Vera está magnífico.
(palavra de formação portuguesa)
O *show* agradou a todos.
(estrangeirismo = vício de linguagem)
O *espetáculo* agradou a todos.
(palavra de formação portuguesa)

es.tran.gei.ro (*fr ant estranger*) *adj* Que é natural ou pertencente a país diferente daquele em que se acha. • *sm* **1** Pessoa que não é natural do país onde se acha. **2** Conjunto de todos os países, exceto aquele de que se fala.

es.tran.gu.la.ção (*lat strangulatione*) *sf* **1** Ato ou efeito de estrangular. **2** Sufocação, asfixia. *Sin*: estrangulamento.

es.tran.gu.la.men.to (*estrangular+mento*¹) *sm* V estrangulação.

es.tran.gu.lar (*lat strangulare*) *vtd* **1** Matar apertando o pescoço até impedir a respiração; esganar. *vpr* **2** Suicidar-se por estrangulação.

es.tra.nhar (*estranho+ar*¹) *vtd* **1** Julgar estranho, oposto aos costumes, aos hábitos. **2** Achar diferente, novo, pouco familiar. **3** Notar com estranheza.

es.tra.nhe.za (*estranho+eza*) *sf* **1** Qualidade daquilo que é estranho. **2** Sentimento de admiração, espanto ou surpresa.

es.tra.nho (*lat extraneu*) *adj* **1** Que não se conhece; desconhecido. **2** Fora do comum; anormal. **3** Que é de fora; externo. **4** Esquisito, singular. • *sm* Pessoa desconhecida.

es.tra.ta.ge.ma (*gr stratágema*) *sm* **1** Mil Ação planejada com o objetivo de enganar o inimigo. **2** Astúcia, manha.

es.tra.té.gia (*gr strategía*) *sf* **1** Mil Arte de conceber operações de guerra. **2** Arte de usar os meios disponíveis ou as condições que se apresentam para atingir determinados objetivos.

es.tra.té.gi.co (*gr strategikós*) *adj* **1** Relativo a estratégia. **2** Ardiloso, hábil, astucioso.

es.tra.ti.fi.ca.ção (*estratificar+ção*) *sf* **1** Disposição de coisas em camadas sucessivas. **2** *Geol* Disposição dos terrenos em camadas superpostas. **3** *Sociol* Formação de classes sociais.

es.tra.ti.fi.car (*estrato+ficar*) *vtd* **1** *Geol* Sedimentar em forma de estratos. *vtd* e *vpr* **2** Dispor(-se) em estratos ou camadas: "*O sistema de poder estratificava interesses.*" (FSP); "*Foi o primeiro cientista a estratificar os componentes lançados aos céus da cidade.*" (VEJ)

es.tra.to (*lat stratu*) *sm* **1** *Geol* Cada uma das camadas dos terrenos sedimentares. **2** *Meteor* Nuvem baixa que se apresenta em camadas horizontais e paralelas, com aspecto de nevoeiro. **3** *Sociol* Cada uma das classes de uma sociedade. *Cf extrato*.

es.tra.tos.fe.ra (*estrato+esfera*) *sf Meteor* Camada da atmosfera situada a cerca de 100 quilômetros acima da superfície da Terra.

es.tre.an.te (de *estrear*) *adj* e *s m+f* Que ou quem estreia; principiante.

es.tre.ar (*estreia+ar¹*) *vtd* **1** Empregar, usar pela primeira vez. *vtd* **2** Inaugurar, pôr em função ou em exercício pela primeira vez. *vti* e *vpr* **3** Fazer alguma coisa pela primeira vez. *Conjug* – conjuga-se como *frear*, porém o ditongo *ei* é pronunciado aberto na 1ª, 2ª e 3ª pessoas do singular e 3ª pessoa do plural do presente do indicativo e do subjuntivo e 2ª e 3ª pessoas do singular e 3ª pessoa do plural do imperativo afirmativo e negativo. *Pres indic*: *estreio, estreias, estreia, estreamos, estreais, estreiam*; *Pret perf*: *estreei, estreaste, estreou, estreamos, estreastes, estrearam*; *Pret imp indic*: *estreava, estreavas, estreava, estreávamos, estreáveis, estreavam*; *Pret mais-que-perf*: *estreara, estrearas, estreara, estreáramos, estreáreis, estrearam*; *Fut pres*: *estrearei, estrearás, estreará, estrearemos, estreareis, estrearão*; *Fut pret*: *estrearia, estrearias, estrearia, estrearíamos, estrearíeis, estreariam*; *Pres subj*: *estreie, estreies, estreie, estreemos, estreeis, estreiem*; *Pret imp subj*: *estreasse, estreasses, estreasse, estreássemos, estreásseis, estreassem*; *Fut subj*: *estrear, estreares, estrear, estrearmos, estreardes, estrearem*; *Imper afirm*: —, *estreia(Tu), estreie(Você), estreemos(Nós), estreai(Vós), estreiem(Vocês)*; *Imper neg*: —, *Não estreies(Tu), Não estreie(Você), Não estreemos(Nós), Não estreeis(Nós), Não estreiem(Vocês)*; *Infinitivo impess*: *estrear*; *Infinitivo pess*: *estrear, estreares, estrear, estrearmos, estreardes, estrearem*; *Ger*: *estreando*; *Part*: *estreado*.

es.tre.ba.ri.a (*lat stabula+aria*) *sf* Galpão onde se recolhem cavalos; cocheira.

es.tre.bu.char (*es+fr trébucher*) *vint* **1** Agitar muito (braços e pernas). *vpr* **2** Debater-se.

es.trei.a (*é*) (*lat strena*) *sf* **1** Primeiro uso que se faz de uma coisa. **2** Primeiro trabalho de um autor, artista (ator, músico etc.) ou conjunto de artistas. **3** Primeira apresentação de uma peça de teatro, de um filme, de um balé etc.

es.trei.ta.men.to (*estreitar+mento*) *sm* **1** Ato ou efeito de estreitar. **2** Diminuição, redução.

es.trei.tar (*estreito+ar¹*) *vtd*, *vint* e *vpr* **1** Tornar(-se) estreito ou apertado. *vtd* **2** Diminuir, reduzir, restringir. *vtd* **3** Abraçar; apertar contra si. *vtd* e *vpr* **4** Tornar(-se) mais íntimo. *Antôn* (acepção 1): *alargar*; (acepção 2): *ampliar*.

es.trei.te.za (*estreito+eza*) *sf* **1** Falta de espaço ou largura. **2** Escassez, carência, falta.

es.trei.to (*lat strictu*) *adj* **1** Que tem pouca largura. **2** Fino. **3** Sem espaço; restrito, limitado. *Antôn*: *largo, amplo*. • *sm Geogr* Canal natural que une dois mares ou duas partes do mesmo mar.

es.tre.la (*ê*) (*lat stella*) *sf* **1** *Astr* Astro que tem luz própria, cintilante, parecendo sempre fixo no firmamento. *Col*: *miríade*. **2** Destino, sorte. **3** Artista famoso de teatro, televisão ou cinema.

es.tre.la-d'al.va *sf Astr* O planeta Vênus. *Pl*: *estrelas-d'alva*.

es.tre.la.do (*part* de *estrelar*) *adj* **1** Cheio de estrelas. **2** Com forma de estrela. **3** Diz-se do ovo frito, não mexido.

es.tre.la-do-mar *sf Zool* Animal marinho com forma de estrela e grande capacidade regenerativa. *Pl*: *estrelas-do-mar*.

es.tre.lar (*estrela+ar¹*) *vtd* **1** Encher ou ornar de estrelas. *vpr* **2** Encher-se de estrelas. *vint* **3** Brilhar, cintilar, luzir. *vtd*

4 Representar o papel principal em peça teatral ou filme cinematográfico.

es.tre.la.to (*estrela+ato¹*) *sm* Condição de destaque das estrelas e astros de cinema, televisão e teatro ou de pessoa de grande prestígio e popularidade.

es.tre.me.cer (*es+tremer+ecer*) *vtd* **1** Fazer tremer; sacudir. **2** Impor medo a; assustar. *vint* **3** Sofrer abalo rápido.

es.tre.me.ci.do (*part de estremecer*) *adj* **1** Abalado; assustado. **2** Muito amado. **3** Com a amizade abalada.

es.tre.par (*estrepe+ar¹*) *vtd e vpr* **1** Ferir(-se) com espinho. *vpr* **2** *pop* Sair-se mal, fracassar.

es.tré.pi.to (*lat strepitu*) *sm* **1** Estrondo, ruído forte. **2** Grande confusão; desordem, bagunça.

es.tre.pi.to.so (*ô*) (*estrépito+oso*) *adj* **1** Estrondoso, ruidoso. **2** Que dá na vista, que é notório. *Pl*: *estrepitosos* (*ó*).

es.trep.to.co.co (*gr streptós+coco¹*) *sm Bacter* Bactéria esférica, que causa várias doenças.

es.tres.sa.do (*part de estressar*) *adj* Que tem estresse.

es.tres.san.te (de *estressar*) *adj m+f* Que causa estresse.

es.tres.sar (*estresse+ar¹*) *vtd* **1** Causar estresse a. *vint e vpr* **2** Chegar ao estresse.

es.tres.se (*ingl stress*) *sm Med* Reação do organismo a influências nocivas de ordem física, psíquica ou infecciosa capazes de perturbar o equilíbrio interno; *stress*.

es.tri.a (*lat stria*) *sf* **1** *Arquit* Cada um dos sulcos com filetes que ornam as colunas e as pilastras. **2** *por ext* Linha fina formada sobre a pele.

es.tri.bar (*estribo+ar¹*) *vtd* **1** Firmar (os pés) no estribo. *vint e vpr* **2** Firmar os pés nos estribos, segurar-se nos estribos. *vtd, vti e vpr* **3** Basear(-se), fundamentar (-se): *"Por isso não posso compreender a razão na qual se estribam parlamentares da região amazônica."* (CRU) *vtd e vti* **4** Apoiar, firmar: *"A novela jamais desaparecerá. Afinal, é ela que estriba a programação da emissora."* (FSP)

es.tri.bei.ra (*estribo+eira*) *sf* Correia que prende o estribo ao arreio. *Perder as estribeiras*: perder o controle emocional.

es.tri.bi.lho (*cast estribillo*) *sm* Versos que se repetem depois de uma ou mais estrofes de uma composição; refrão.

es.tri.bo (*gót striups*) *sm* **1** Cada uma das peças curvas, de ferro, metal ou couro, com base horizontal, que pendem de cada lado da sela, onde o cavaleiro firma os pés, quando cavalga. **2** Degrau de automóveis, trens etc. **3** *Anat* Pequeno osso do ouvido.

es.tric.ni.na (*gr srtýkhnos+ina*) *sf Quím* Substância cristalina, branca, venenosa, extraída da noz-vômica. É usada em medicina, sobretudo como estimulante do sistema nervoso central.

es.tri.den.te (*lat stridente*) *adj m+f* Que tem som agudo e áspero.

es.tri.lar (*estri(du)lo+ar¹*) *vint* **1** Soltar som estridente. **2** *pop* Zangar-se, exasperar-se, irritar-se. **3** *pop* Reclamar, protestar.

es.tri.par (*es+tripa+ar¹*) *vtd* **1** Tirar as tripas a. **2** Abrir o ventre a. **3** Fazer carnificina em.

es.tri.pu.li.a (*es+tropelia*) *sf* **1** Desordem, confusão. **2** Travessura, traquinagem.

es.tri.to (*lat strictu*) *adj* **1** Apertado; estreito. **2** Restrito; rigoroso.

es.tro.bos.có.pio (*estrobo+scopo+io²*) *sm Fís* Instrumento óptico para a observação e reconhecimento das características de cada fase de um movimento rápido e periódico, como a passagem das imagens sucessivas de um filme cinematográfico diante de uma fonte de luz.

es.tro.fe (*gr strophé*) *sf* Grupo de versos.

es.tró.ge.no (*gr oístros+geno*) *sm Biol* Nome genérico de hormônios sexuais produzidos nos ovários que estimulam o desenvolvimento dos caracteres femininos.

es.tro.go.no.fe (de *Stroganoff, np*) *sm Cul* Prato preparado com carne (de boi, galinha ou outras), molho de tomate, conhaque, creme de leite e cogumelo.

es.troi.na (*ô*) *adj e s m+f* Diz-se de ou pessoa dissipadora, perdulária, que gasta em excesso.

es.tron.dar (*estrondo+ar¹*) *vint* **1** Fazer estrondo ou ruído. **2** Clamar, esbravejar, vociferar.

es.tron.do (*lat vulg *extronitu*) *sm* **1** Grande ruído, estouro. **2** Grande luxo; pompa, ostentação.

es.tron.do.so (*ô*) (*estrondo+oso*) *adj* **1** Que

faz estrondo. **2** Barulhento. **3** Grandioso. *Pl: estrondosos* (ó).

es.tro.pi.a.do (*part* de *estropiar*) *adj* **1** Aleijado, mutilado. **2** Diz-se do cavalo com os cascos gastos por longa viagem. **3** Muito cansado.

es.tro.pi.ar (*ital stroppiare*) *vtd* **1** Cortar um membro a; aleijar, mutilar. *vpr* **2** Aleijar-se, mutilar-se. *vtd* **3** Cansar, fatigar excessivamente. Conjuga-se como *premiar*.

es.tro.pí.cio (*ital stropiccio*) *sm* Dano, maldade, malefício.

es.tru.me (*lat vulg *strumen* por *stramen*) *sm* Esterco; adubo, fertilizante.

es.tru.pí.cio (*ital stropiccio*) *sm pop* **1** Desordem, alvoroço. **2** Grande quantidade. **3** Coisa de grandes dimensões.

es.tru.tu.ra (*lat structura*) *sf* **1** Organização das partes ou dos elementos que formam um todo. **2** *Arquit* Esqueleto ou armação de um edifício.

es.tru.tu.rar (*estrutura+ar¹*) *vtd* Formar a estrutura de.

es.tu.á.rio (*lat eastuariu*) *sm* Braço de mar formado pela desembocadura de um rio.

es.tu.da.do (*part* de *estudar*) *adj* **1** Que se estudou. **2** Analisado, examinado detidamente; considerado ou preparado cuidadosamente.

es.tu.dan.te (de *estudar*) *adj m+f* Diz-se de quem estuda. • *s m+f* Pessoa que estuda; aluno. *Col: turma, classe.*

es.tu.dar (*estudo+ar¹*) *vtd* **1** Aplicar a inteligência ao estudo de. *vtd* **2** Analisar, examinar detidamente. *vtd* **3** Aprender de cor, fixar na memória. *vint* **4** Adquirir conhecimentos. *vtd* e *vint* **5** Frequentar aulas de, ser estudante.

es.tú.dio (*lat studiu*) *sm* **1** Oficina de artista (escultor, fotógrafo, pintor). **2** Local próprio para gravação e transmissão de programas de rádio ou televisão, filmagem, gravação de discos etc.

es.tu.di.o.so (ô) (*lat studiosu*) *adj+sm* **1** Que ou o que é aplicado ao estudo. **2** Que ou o que gosta de estudar. *Pl: estudiosos* (ó). *Col: congresso.*

es.tu.do (*lat studiu*) *sm* **1** Ação de estudar. **2** Trabalho ou aplicação da inteligência no sentido de aprender. **3** Conhecimentos adquiridos por meio desta aplicação. **4** Investigação, pesquisa acerca de determinado assunto.

es.tu.fa (de *estufar*) *sf* **1** Recinto fechado em que se criam artificialmente condições especiais para diversos fins, como secagem, murcha, germinação, culturas de fungos ou micróbios etc. **2** Forno que serve apenas para aquecer os alimentos ou conservá-los aquecidos. **3** Aparelho destinado à esterilização de material cirúrgico. **4** *por ext* Ambiente muito quente.

es.tu.far¹ (*ital stufare*) *vtd* **1** Colocar ou aquecer em estufa. **2** Assar ou cozinhar (carne) lentamente.

es.tu.far² (*corr* de *estofar*) *vtd* **1** Aumentar de volume; inflar, inchar. *vpr* **2** Encher (-se) de comida; empanturrar(-se). *vint* **3** Ter o volume aumentado.

es.tu.pe.fa.ção (*lat stupefactione*) *sf* **1** *Med* Adormecimento de uma parte do corpo suspendendo mais ou menos o movimento e a sensibilidade. **2** *fig* Espanto, pasmo, assombro.

es.tu.pe.fa.ci.en.te (*lat stupefaciente*) *adj m+f Med* Que causa estupefação. • *sm* Entorpecente, narcótico.

es.tu.pe.fa.to (*lat stupefactu*) *adj* Atônito, pasmado, assombrado.

es.tu.pen.do (*lat stupendu*) *adj* **1** Admirável, assombroso, maravilhoso. **2** Fora do comum, extraordinário. *Antôn* (acepção 2): *vulgar.*

es.tu.pi.dez (*estúpido+ez*) *sf* **1** Falta de inteligência, de juízo, de discernimento. **2** Brutalidade, grosseria, indelicadeza.

es.tú.pi.do (*lat stupidu*) *adj* **1** Imbecil, idiota, tolo. **2** Que causa tédio, que aborrece. **3** Bruto, grosseiro, indelicado.

es.tu.por (*lat stupore*) *sm* **1** *Med* Condição em que o doente, imóvel, não reage a qualquer estímulo externo. **2** Imobilidade repentina causada por espanto ou medo.

es.tu.po.rar (*estupor+ar¹*) *vtd* **1** Causar estupor em. *vpr* **2** Ter estupor.

es.tu.pra.dor (*estuprar+dor*) *adj+sm* Que ou quem comete estupro.

es.tu.prar (*lat stuprare*) *vtd* Cometer estupro contra; violar, violentar.

es.tu.pro (*lat stupru*) *sm* Relação sexual sem consentimento e com emprego de força; violação.

es.tu.que (fr stuc) sm **1** Espécie de argamassa preparada com gesso, água e cola. **2** Revestimento interno de teto feito com esse material.

es.tur.jão (fr esturgeon) sm Ictiol Nome comum a gênero de peixes de cujas ovas se faz o caviar.

es.tur.ri.car (es+torr(ar)+ico+ar¹) V estorricar.

es.va.ir (lat vulg *exvanere) vtd **1** Fazer desaparecer, dissipar. vpr **2** Desaparecer, dissipar-se. vpr **3** Desfalecer, desmaiar, esmorecer. vpr **4** Decorrer, escoar-se, passar com rapidez. Conjuga-se como sair.

es.va.zi.a.men.to (esvaziar+mento) sm Ato ou efeito de esvaziar.

es.va.zi.ar (es+vazio+ar¹) vtd e vpr **1** Tornar(-se) vazio. vtd **2** Despejar, esgotar.

es.ver.de.a.do (part de esverdear) adj Tirante a verde.

es.ver.de.ar (es+verde+e+ar¹) vtd **1** Dar cor esverdeada ou verde a. vint e vpr **2** Adquirir cor esverdeada ou verde. Conjuga-se como frear.

es.vo.a.çar (es+voo+aço+ar¹) vint **1** Bater (a ave) as asas para erguer o voo; voar com voo curto e rasteiro. vint e vpr **2** Tremular ao vento; flutuar.

ET adj+sm Abreviatura de extraterrestre.

e.ta! (ê) interj Exprime alegria, animação, entusiasmo.

e.ta.nol (ét(er)+ano+ol¹) sm Quím Álcool etílico.

e.ta.pa (fr étape) sf **1** Distância entre dois lugares de parada em qualquer percurso. **2** fig Fase, estágio.

e.tá.rio (lat aetate+ário, com haplologia) adj Que se refere à idade.

etc. Abreviatura da expressão latina et coetera, que significa e o mais, e outras coisas, e assim por diante.

é.ter (gr aithér) sm **1** Quím Líquido de cheiro característico, incolor, volátil e inflamável. **2** Atmosfera, o espaço celeste.

e.té.reo (lat aethereu) adj **1** Relativo ou pertencente ao éter. **2** Sublime, puro, elevado. **3** Celeste, celestial.

e.ter.ni.da.de (lat aeternitate) sf **1** Qualidade do que é eterno. **2** Tempo muito longo, duração prolongada. **3** A vida depois da morte.

e.ter.ni.zar (eterno+izar) vtd **1** Tornar eterno. vtd e vpr **2** Prolongar(-se) indefinidamente: *"O ciclo da miséria se eterniza."* (FSP) vtd e vpr **3** Tornar(-se) célebre; imortalizar(-se): *"Escritor pernambucano que eternizou em versos a cidade da Andaluzia é fascinado pela alma do lugar."* (FSP)

e.ter.no (lat aeternu) adj **1** Que dura sempre. **2** Que não morre; imortal. **3** Imortalizado, célebre. • sm Deus (com inicial maiúscula).

é.ti.ca (gr ethikē) sf **1** Parte da Filosofia que estuda os valores morais e os princípios ideais da conduta humana. **2** Conjunto de princípios morais que devem ser respeitados no exercício de uma profissão.

é.ti.co (gr ethikós) adj **1** Relativo ou pertencente à ética. **2** De acordo com a ética.

é.ti.mo (lat étymon) sm Palavra da língua-mãe ou de outra língua, que é a origem da palavra considerada.

e.ti.mo.lo.gi.a (gr etymología) sf Gram **1** Estudo da origem e formação das palavras de determinada língua. **2** Origem de uma palavra.

e.ti.mo.ló.gi.co (étimo+logo+ico²) adj **1** Relativo a etimologia. **2** Que trata da etimologia.

e.ti.mo.lo.gis.ta (étimo+logo+ista) s m+f Especialista em etimologia.

e.ti.o.lo.gi.a (gr aitiología) sf **1** A ciência da origem das coisas. **2** Med Investigação das causas de determinada doença.

e.tí.o.pe (gr aithíops) adj m+f Relativo ou pertencente à Etiópia (África). • s m+f Habitante ou natural da Etiópia.

e.ti.que.ta (ê) (fr étiquette) sf **1** Conjunto de cerimônias adotadas na alta sociedade; formalidade. **2** Normas entre pessoas bem-educadas. **3** Pedaço de papel, cartolina ou outro material, adesivo ou não, para indicar conteúdo, procedência, uso, preço etc.

e.ti.que.tar (fr étiqueter) vtd Pôr etiqueta em. Conjuga-se como levar.

et.ni.a (etno+ia¹) sf Sociol Mistura de raças com a mesma cultura.

ét.ni.co (etno+ico²) adj Relativo ou pertencente a raça ou povo.

et.no.gra.fi.a (etno+grafo+ia¹) sf **1** Ramo da antropologia que trata da origem e filiação de raças e culturas. **2** Estudo e

etnógrafo descrição da cultura de um determinado povo.

et.nó.gra.fo (*etno+grafo*) *sm* Especialista em etnografia.

et.no.lo.gi.a (*etno+logo+ia^1*) *sf* **1** Ciência que trata da divisão da humanidade em raças, sua origem, distribuição e relações, e das peculiaridades que as caracterizam. **2** O estudo antropológico dos povos indígenas.

et.nó.lo.go (*etno+logo*) *sm* Especialista em etnologia.

et.nô.ni.mo *sm* Nome de comunidades políticas ou religiosas, tribos e povos quando tratado em sentido étnico.

e.trus.co (*lat etruscu*) *adj* Relativo ou pertencente à Etrúria, antiga região da Itália central. • *sm* **1** Habitante ou natural da Etrúria. **2** Língua dos etruscos.

eu (*lat ego*) *pron* Pronome pessoal da primeira pessoa do singular. • *sm* A individualidade da pessoa que fala.

eu.ca.lip.to (*eu+gr kalyptós*) *sm Bot* Designação comum a várias espécies de árvores, a maioria de grande porte e crescimento rápido, de propriedades medicinais, que fornecem madeira para marcenaria e construção, resinas, óleos etc.

eu.ca.ris.ti.a (*gr eukharistía*) *sf Rel* **1** Sacramento em que, segundo a Igreja Católica, o corpo e o sangue de Jesus Cristo estão presentes sob as formas de pão e do vinho. **2** O ato de administrar e receber a comunhão.

eu.fe.mis.mo (*gr euphemismós*) *sm* Maneira pela qual se suavizam expressões tristes ou desagradáveis empregando outras mais suaves e delicadas.

Eufemismo é um recurso de linguagem que consiste no emprego de expressões adequadas, a fim de atenuar ou mesmo evitar termos rudes ou desagradáveis.
Ele entregou a alma a Deus. (= morreu)
Joana faltou com a verdade. (= mentiu)

eu.fo.ni.a (*eu+fono+ia^1*) *sf* **1** Som agradável, que resulta da combinação das consoantes e vogais de uma palavra ou da união das palavras na frase. **2** *Mús* Som agradável de uma só voz ou de um só instrumento. **3** Elegância, suavidade na pronúncia. *Antôn* (acepção 1): *cacofonia*.

eu.fô.ni.co (*eufonia+ico^2*) *adj* Melodioso, agradável ao ouvido.

eu.fo.ri.a (*gr euphoría*) *sf* **1** Grande disposição de ânimo, entusiasmo: *"Andando com ele para ir ver mãe Joana, sentia em mim toda a euforia da manhã."* (CHI) **2** Alegria intensa: *"Na minha euforia, as vozes começam a sumir, surge um zumbido e fico surdo."* (FAV)

eu.fó.ri.co (*euforia+ico^2*) *adj* **1** Que traz euforia; caracterizado por euforia. **2** Que sente euforia.

eu.rá.sio (*top Eur(opa)+top Ásia*) *adj* **1** De, pertencente ou relativo à Europa e à Ásia. **2** De descendência europeia e asiática. • *sm* Indivíduo descendente de raças europeias e asiáticas. *Var: eurasiano.*

eu.ro (*lat euru*) *sm Econ* Unidade monetária comum aos vários países que compõem a União Europeia.

eu.ro.dó.lar (*top Euro(pa)+dólar*) *sm Econ* Dólar estadunidense depositado em bancos europeus para empréstimo ao mercado financeiro internacional. *Pl: eurodólares.*

eu.ro.pe.i.zar (*europeu+izar*) *vtd* e *vpr* **1** Tornar(-se) europeu. *vtd* **2** Dar feição europeia a. *vpr* **3** Adaptar-se ao estilo ou modo de vida dos europeus. Conjuga-se como *saudar*.

eu.ro.peu (*gr europaîos*) *adj* Pertencente ou relativo à Europa. • *sm* Habitante ou natural da Europa. *Fem: europeia.*

eu.ta.ná.sia (*gr euthanasía*) *sf Med* **1** Morte serena, sem sofrimento. **2** Prática ilegal pela qual se procura, sem dor ou sofrimento, pôr fim à vida de um doente incurável.

e.va.cu.ar (*lat evacuare*) *vtd* **1** Esvaziar, desocupar, abandonar (um lugar). *vint* **2** Expelir as fezes; defecar.

e.va.dir (*lat evadere*) *vtd* **1** Fugir a; desviar, evitar. *vpr* **2** Escapar, fugir às ocultas. *vpr* **3** Sumir-se; desaparecer.

E.van.ge.lho (*gr euaggélion*) *sm* **1** *Rel* Doutrina de Jesus Cristo. **2** *Rel* Cada um dos quatro primeiros livros principais do Novo Testamento. **3** *Rel* Trecho desses livros que se lê na missa.

e.van.gé.li.co (*Evangello+ico^2*) *adj* **1** Do Evangelho ou a ele relativo. **2** Que segue os princípios do Evangelho. **3** Pertencente ou relativo aos grupos religiosos não católicos que afirmam seguir os Evangelhos. • *sm* Membro de um desses grupos.

e.van.ge.li.zar (gr *euaggelízein*) *vtd* **1** Pregar o Evangelho a. *vtd* **2** Divulgar ou recomendar uma ideia ou doutrina. *vpr* **3** Tornar-se cristão, cristianizar-se.

e.va.po.ra.ção (*lat evaporatione*) *sf* Passagem lenta de um líquido ao estado de vapor.

e.va.po.rar (*lat evaporare*) *vtd*, *vint* e *vpr* **1** Reduzir(-se) (um líquido) ao estado de vapor. *vtd* **2** Emitir, exalar. *vpr* **3** Desfazer-se, dissipar-se. *vpr* **4** Consumir-se inutilmente, perder-se. *vpr* **5** *fig* Fugir, desaparecer.

e.va.são (*lat evasione*) *sf* Ato de evadir-se; fuga.

e.va.si.va (*fem de evasivo*) *sf* **1** Desculpa ardilosa. **2** Escapatória, pretexto, subterfúgio: *"Educadamente, ora com evasivas, ora com meirinhos inocentes, Júlia procurava fugir daquele verdadeiro cerco."* (DD)

e.va.si.vo (*lat evasu+ivo*) *adj* **1** Que facilita a evasão. **2** Que serve de pretexto para escapar de uma situação difícil: *Deu uma resposta evasiva*.

e.ven.to (*lat eventu*) *sm* **1** Acontecimento. **2** Acaso.

e.ven.tu.al (*evento+al¹*) *adj m+f* **1** Que depende do acaso, de acontecimento incerto. **2** Casual, ocasional.

e.ven.tu.a.li.da.de (*eventual+i+dade*) *sf* Acontecimento incerto; acaso: *"Para qualquer eventualidade, resolvi aprender a atirar."* (BDI)

e.vi.dên.cia (*lat evidentia*) *sf* Qualidade daquilo que é evidente, que é incontestável, que todos podem ver e verificar.

e.vi.den.ci.ar (*evidência+ar¹*) *vtd* e *vpr* Tornar(-se) evidente. Conjuga-se como *premiar*. *Cf evidência*.

e.vi.den.te (*lat evidente*) *adj m+f* **1** Que se compreende sem dificuldade nenhuma, que não oferece dúvidas. **2** Claro, manifesto, patente, óbvio.

e.vi.tar (*lat evitare*) *vtd* **1** Desviar-se de, fugir a. **2** Atalhar, impedir.

e.vi.tá.vel (*evitar+vel*) *adj m+f* Que pode ser evitado.

e.vo.ca.ção (*lat evocatione*) *sf* **1** Ato de evocar. **2** *Psicol* Função da memória pela qual as lembranças são chamadas de novo à consciência.

e.vo.car (*lat evocare*) *vtd* **1** *Magia* Chamar, invocar, para que apareçam (almas, espíritos, demônios). **2** Chamar à memória, reproduzir na imaginação ou no espírito.

e.vo.lu.ção (*lat evolutione*) *sf* **1** Progresso. **2** Transformação lenta e progressiva de uma ideia, fato, ação etc. **3** Processo pelo qual todo organismo vivo, a partir de um estado rudimentar e por meio de uma série de alterações gradativas, vai adquirindo as características que o distinguem. **4** Movimento harmônico, em dança, desfile, ginástica etc.

e.vo.lu.í.do (*part de evoluir*) *adj* Que evoluiu, que progrediu.

e.vo.lu.ir (*fr évoluer*) *vint* **1** Executar evoluções. *vti* **2** Passar por uma série progressiva de transformações.

e.vo.lu.ti.vo (*evoluto+ivo*) *adj* **1** Relativo ou pertencente à evolução. **2** Que promove evolução.

ex- (*lat ex*) *pref* Exprime movimento para fora de, saída, intensidade etc.: *êxodo, expatriar, expurgar*.
O prefixo **ex-** pode indicar estado ou condição anterior e também cessação. Nesses casos, é sempre ligado por hífen à palavra que o segue: *ex-marido, ex-sócio, ex-patrão* etc.

e.xa.cer.ba.do (*z*) (*part de exacerbar*) *adj* **1** Agravado. **2** Irritado.

e.xa.cer.bar (*z*) (*lat exacerbare*) *vtd*, *vti* e *vpr* **1** Tornar(-se) mais veemente, mais intenso; agravar(-se): *"O Dr. Mota alertou que as visitas estavam exacerbando o desespero de Vitorino."* (PFV); *"E nesse caso a cólera de Aristófanes se exacerba contra a criatividade poética e teatral do poeta de Helena."* (ACM); *"A inflação exacerbava-se."* (FSP); **2** Exasperar(-se), irritar(-se): *"O advogado de defesa acha que eu me exacerbei muito."* (FSP)

e.xa.ge.ra.do (*z*) (*part de exagerar*) *adj* **1** Em que há exagero. **2** De formas ou proporções fora do comum. • *adj+sm* Diz-se de ou quem tem o hábito de exagerar.

e.xa.ge.rar (*z*) (*lat exaggerare*) *vtd* **1** Apresentar ou descrever fatos ou coisas maiores do que são realmente. *vtd* e *vint* **2** Exprimir com ênfase, dando importância demais. *vtd* **3** Aparentar mais do que sente. *vti* **4** Usar com excesso.

e.xa.ge.ro (*ê*) (*z*) (*de exagerar*) *sm* **1** Ato ou efeito de exagerar. **2** Excesso.

e.xa.lar (z) (*lat exhalare*) *vtd* **1** Emitir ou soltar de si (cheiro, vapor etc.). *fig* **2** Manifestar: *"Trata-se de mais uma comparação de mau gosto oriunda de um cidadão que exala sabedoria."* (FSP) *vint* e *vpr* **3** Desprender-se, sair: *"Angústia e privação que exalam de todos os cantos da prisão."* (FSP); *"Com o movimento, um cheiro de suor e barro exalou-se do ambiente."* (ARR)

e.xal.ta.ção (z) (*lat exaltatione*) *sf* **1** Ato ou efeito de exaltar. **2** Irritação, cólera. **3** Excitação de espírito; entusiasmo.

e.xal.ta.do (z) (*part* de *exaltar*) *adj* **1** Ardente, apaixonado. **2** Excessivo, exagerado. **3** Que se irrita facilmente.

e.xal.tar (z) (*lat exaltare*) *vtd* e *vpr* **1** Tornar(-se) sublime, grandioso; engrandecer(-se), glorificar(-se). *vtd* **2** Louvar, enaltecer, elogiar. *vpr* **3** Atingir o mais alto grau de intensidade ou energia. *vtd* e *vpr* **4** Irritar(-se) profundamente, enfurecer(-se).

e.xa.me (z) (*lat examen*) *sm* **1** Observação minuciosa e atenta; verificação, inspeção. **2** Investigação, pesquisa, análise. **3** Prova oral ou escrita a que alguém é submetido para demonstrar seus conhecimentos em determinado assunto; teste. **4** *Med* Inspeção do corpo de um doente.

e.xa.mi.na.dor (z) (*lat examinatore*) *adj+sm* Que ou quem examina. *Col: banca, junta.*

e.xa.mi.nan.do (z) (*lat examinandu*) *sm* Aquele que tem de ser examinado ou está sendo examinado.

e.xa.mi.nar (z) (*lat examinare*) *vtd* **1** Inspecionar com atenção e minuciosamente. **2** Estudar, meditar a respeito de; ponderar. **3** Investigar a aptidão ou capacidade de. **4** Observar. **5** *Med* Inspecionar para diagnosticar doença ou anormalidade.

e.xas.pe.ra.ção (z) (*lat exasperatione*) *sf* **1** Desespero, aflição. **2** Irritação.

e.xas.pe.ra.do (z) (*part* de *exasperar*) *adj* Enfurecido, encolerizado, muito irritado: *"Samuel empalideceu e gaguejou, exasperado."* (PR)

e.xas.pe.rar (z) (*lat exasperare*) *vtd* e *vpr* **1** Tornar(-se) enfurecido; irritar(-se) muito. *vtd* **2** Irritar ou importunar alguém até levá-lo ao desespero.

e.xa.ti.dão (z) (*exato+idão*) *sf* **1** Rigor na determinação de medida, peso, valor etc.; precisão. **2** Esmero, perfeição. **3** Cumprimento rigoroso.

e.xa.to (z) (*lat exactu*) *adj* **1** Correto, certo. **2** Rigoroso, preciso. **3** Perfeito, impecável.

e.xau.rir (z) (*lat exhaurire*) *vtd* e *vpr* **1** Esgotar completamente: *"O pão de cada dia exaure as nossas forças."* (F); *"[O amor] de todos os sentimentos humanos, é o único que não se exaure."* (TA) *vtd* **2** Gastar totalmente: *"Na realidade, era um grande banco exaurindo as reservas de um banco menor."* (FSP) *vpr* **3** Cansar-se, extenuar-se: *"Os aposentados que se exaurem nas filas do INSS."* (FSP) Conjuga-se como *abolir. Part: exaurido* e *exausto*.

e.xaus.tão (z) (*lat exhaustione*) *sf* **1** Ato ou efeito de exaurir. **2** Esgotamento, cansaço excessivo.

e.xaus.ti.vo (z) (*exausto+ivo*) *adj* **1** Que esgota. **2** Muito cansativo.

e.xaus.to (z) (*lat exhaustu*) *adj* **1** Que se exauriu. **2** Acabado, extenuado. **3** Esgotado, muito cansado.

e.xaus.tor (z) (*lat exhaustu+or*) *sm* Aparelho para tirar o ar viciado de um ambiente.

ex.ce.ção (*lat exceptione*) *sf* **1** Aquilo que se exclui de uma regra. **2** Exclusão.

ex.ce.den.te (de *exceder*) *adj m+f* Que excede, que sobra. • *sm* Diferença para mais; excesso, sobra.

ex.ce.der (*lat excedere*) *vtd* e *vti* **1** Ir além de; ultrapassar (em valor, peso, extensão, talento, virtude etc.). *vpr* **2** Ir além do que é natural, justo ou conveniente; cometer excesso. *vpr* **3** Irritar-se, enfurecer-se.

ex.ce.lên.cia (*lat excellentia*) *sf* **1** Superioridade de qualidade. **2** Tratamento dado a autoridade política ou social etc.

ex.ce.len.te (*lat excellente*) *adj m+f* **1** Ótimo, excepcional. **2** Primoroso, bem-acabado, perfeito. **3** Notável, sublime. *Sup abs sint: excelentíssimo.*

ex.ce.len.tís.si.mo (*lat excellentissimu*) *adj* **1** Superlativo absoluto sintético de *excelente*. **2** Tratamento dado a autoridades ou pessoas de alta hierarquia social, política etc.

ex.cen.tri.ci.da.de[1] (*excêntrico*[1]*+i+dade*) *sf* Afastamento ou desvio do centro.

ex.cen.tri.ci.da.de[2] (*excêntrico*[2]*+i+dade*) *sf* Extravagância, originalidade.

ex.cên.tri.co¹ (*lat med excentricu*) *adj* **1** Que está fora do centro. **2** Que tem centro diferente (como dois círculos ou duas esferas cujos centros não coincidem). *Antôn* (acepção 2): *concêntrico*.

ex.cên.tri.co² (*ingl eccentric*) *adj+sm* Diz-se de ou indivíduo extravagante, original, esquisito.

ex.cep.ci.o.nal (*lat exceptione+al¹*) *adj m+f* **1** Em que há exceção. **2** Muito bom, extraordinário, excelente. • *adj* e *s m+f* Diz-se de ou pessoa portadora de alguma deficiência física ou mental.

ex.cer.to (*lat excerptu*) *adj* Tirado, extraído. • *sm* Trecho, extrato.

ex.ces.si.vo (*excesso+ivo*) *adj* Exagerado, demasiado, exorbitante.

ex.ces.so (*lat excessu*) *sm* **1** Diferença para mais; excedente, sobra. **2** Grau elevado; exagero. **3** Falta de moderação; abuso, desregramento. **4** Desmando, violência.

ex.ce.to (*lat excetu*) *prep* À exceção de, com exceção de, afora, menos, salvo.

ex.ce.tu.ar (*lat exceptu+ar¹*) *vtd* **1** Fazer exceção de, pôr fora de, excluir. *vpr* **2** Excluir-se ou desobrigar-se de. *Antôn* (acepção 1): *incluir*.

ex.ci.ta.ção (*lat excitatione*) *sf* **1** Ato ou efeito de excitar. **2** Agitação, exaltação. **3** Desejo sexual.

ex.ci.tan.te (*lat excitante*) *adj m+f* Que excita, estimula ou anima.

ex.ci.tar (*lat excitare*) *vtd* **1** Ativar a ação de. *vtd* **2** Despertar, estimular. *vtd*, *vint* e *vpr* **3** Produzir erotismo em. *vtd* e *vpr* **4** Enfurecer(-se), encolerizar(-se), exaltar (-se). *vtd* e *vpr* **5** Animar(-se).

ex.cla.ma.ção (*lat exclamatione*) *sf* **1** Grito súbito de admiração, alegria, dor, surpresa etc. **2** Ponto de exclamação.

ex.cla.mar (*lat exclamare*) *vti* e *vint* **1** Soltar exclamações; bradar, gritar, vociferar. *vtd* **2** Pronunciar em voz alta; bradar, gritar, vociferar.

ex.cla.ma.ti.vo (*exclamar+ivo*) *adj* Que encerra ou envolve exclamação.

ex.clu.í.do (*part de excluir*) *adj* **1** Que sofreu exclusão; deixado de lado. **2** Eliminado. *Antôn* (acepção 1): *incluído*.

ex.clu.ir (*lat excludere*) *vtd* e *vpr* **1** Deixar (-se) de fora, não incluir(-se). *vtd* **2** Impedir a entrada de; recusar, rejeitar. *vtd* **3** Privar da posse de alguma coisa. *vtd* **4** Afastar, desviar. *Antôn* (acepção 1): *incluir*; (acepção 2): *admitir*. *Part: excluído*.

ex.clu.são (*lat exclusione*) *sf* **1** Ato ou efeito de excluir. **2** Exceção. *Antôn: inclusão*.

ex.clu.si.ve (*lat*) *adv* De modo exclusivo. *Antôn: inclusive*.

ex.clu.si.vi.da.de (*exclusivo+i+dade*) *sf* Qualidade daquilo que é exclusivo.

ex.clu.si.vis.mo (*exclusivo+ismo*) *sm* Costume de quem exclui qualquer coisa contrária a sua opinião ou que quer tudo para si.

ex.clu.si.vis.ta (*exclusivo+ista*) *adj* e *s m+f* Diz-se de ou pessoa que pratica o exclusivismo.

ex.clu.si.vo (*excluso+ivo*) *adj* **1** Que exclui. **2** Especial, privativo, restrito.

ex.co.mun.ga.do (*part de excomungar*) *adj* **1** *pop* Maldito, amaldiçoado. **2** *Rel* Que sofreu excomunhão. • *sm* **1** Indivíduo que é odiado, que procede mal. **2** *Rel* Indivíduo que sofreu excomunhão.

ex.co.mun.gar (*lat ecles excommunicare*) *vtd* **1** *Rel* Impor a excomunhão a. **2** Reprovar, censurar severamente, condenar. **3** Isolar da comunidade. **4** Amaldiçoar, esconjurar.

ex.co.mu.nhão (*lat ecles excommunicatione*) *sf Rel* Pena eclesiástica que exclui o fiel da Igreja Católica.

ex.cre.ção (*lat excretione*) *sf Fisiol* **1** Expulsão de resíduos inúteis ao organismo. **2** Matéria excretada (urina, fezes, suor etc.).

ex.cre.men.to (*lat excrementu*) *sm* **1** Resíduos não absorvidos da digestão, que o animal lança periodicamente para o exterior. **2** Matérias fecais; fezes.

ex.cres.cên.cia (*lat excrescentia*) *sf* **1** Saliência, elevação acima de uma superfície. **2** O que cresce a mais. **3** *Med* Tumor saliente sobre a superfície de um órgão (verrugas, *p ex*).

ex.cre.tar (*lat excretu+ar¹*) *vtd* **1** Expelir do corpo (suor, urina, fezes): *"O adulto excreta de sessenta a duzentos miligramas de magnésio através da urina."* (NFN) *vint* **2** Sair por excreção.

ex.cur.são (*lat excursione*) *sf* **1** Passeio de instrução ou de recreio. **2** *por ext* Viagem de recreio.

ex.cur.si.o.nar (*lat excursione+ar¹*) *vint* Fazer excursão.

ex.cur.si.o.nis.ta (*lat excursione+ista*) *s m+f* Quem toma parte em excursões.

e.xe.cra.ção (*z*) (*lar exsecratione*) *sf* 1 Maldição, imprecação. 2 Aversão profunda.

e.xe.crar (*z*) (*lat exsecrari*) *vtd* 1 Abominar, detestar, amaldiçoar: *"É extremamente perigoso continuarmos apenas a execrar o latifúndio, sem que nos decidamos a eliminá-lo."* (AR) 2 Falar mal de: *"Execrar o técnico da seleção, seja quem for, é uma mania nacional."* (FSP) *vpr* 3 Detestar-se, ter horror a si mesmo.

e.xe.crá.vel (*z*) (*lat exsecrabile*) *adj m+f* 1 Digno de execração. 2 Abominável, detestável.

e.xe.cu.ção (*z*) (*lat executione*) *sf* 1 Ato ou efeito de executar. 2 Realização. 3 Desempenho, interpretação. 4 *Dir* Cumprimento de sentença judicial. 5 Cumprimento de pena de morte.

e.xe.cu.tar (*z*) (*lat exsecutu+ar¹*) *vtd* 1 Levar a efeito; realizar, fazer, efetuar. *vtd* 2 Representar em cena; interpretar. *vtd e vint* 3 *Mús* Tocar, cantar. *vtd* 4 Aplicar (penalidade, punição, morte) em cumprimento da lei.

e.xe.cu.ti.va (*z*) (de *executivo*) *sf* 1 Comissão executiva. 2 Feminino de *executivo* (acepção 2).

e.xe.cu.ti.vo (*z*) (*executar+ivo*) *adj* 1 Que executa; executor. 2 Que está encarregado de executar leis. • *sm* 1 Um dos três poderes do Estado democrático, ao qual cabe a execução das leis. 2 Pessoa que ocupa uma posição de responsabilidade administrativa, de diretoria ou de gerência, numa organização comercial, industrial ou oficial.

e.xe.cu.tor (*z*) (*lat exsecutore*) *adj* Que executa. • *sm* Executor da pena de morte; algoz, carrasco.

e.xem.plar (*z*) (*lat exemplare*) *adj m+f* Que serve ou pode ser tomado como exemplo. • *sm* 1 Modelo original que se deve imitar ou copiar. 2 Cada um dos livros, revistas, jornais ou outros impressos pertencentes a uma mesma tiragem. 3 Cada indivíduo da mesma variedade ou espécie animal, vegetal ou mineral; espécime.

e.xem.pli.fi.car (*z*) (*exemplo+ficar*) *vtd* 1 Explanar, mostrar com exemplos. 2 Aplicar como exemplo.

e.xem.plo (*z*) (*lat exemplu*) *sm* 1 Tudo o que pode ou deve servir para ser imitado; modelo. 2 Pessoa que se toma ou se pode tomar como modelo. 3 Aquilo que serve de lição. 4 Fato, sentença ou palavras com que se procura confirmar uma regra ou demonstrar alguma coisa.

e.xé.quias (*z*) (*lat exsequias*) *sf pl* Cerimônias ou honras fúnebres.

e.xe.quí.vel (*qwi*) (*lat exsequi+vel*) *adj m+f* Que se pode executar: *"Temos um programa claro, exequível, para tirar o Brasil do impasse."* (FSP)

e.xer.cer (*z*) (*lat exercere*) *vtd* 1 Desempenhar as funções inerentes a (cargo, emprego, ofício etc.). 2 Pôr em ação; praticar. 3 Fazer sentir; levar a efeito.

e.xer.cí.cio (*z*) (*lat exercitiu*) *sm* 1 Desempenho de um cargo, um emprego ou ocupação profissional. 2 Atividade corporal. 3 Trabalho escolar para treinar o aluno. 4 Manobra militar. 5 Período de tempo limitado por dois balanços sucessivos de uma administração ou entre dois orçamentos de receita e despesa pública.

e.xer.ci.tar (*z*) (*lat exercitare*) *vtd* 1 Pôr em atividade. *vtd e vpr* 2 Procurar adquirir força, agilidade, perícia, por meio de exercícios ou estudo.

e.xér.ci.to (*z*) (*lat exercitu*) *sm* 1 Conjunto de forças armadas terrestres. 2 As tropas dispostas para a guerra. 3 *fig* Grande número, multidão.

ex.fo.li.a.ção (*lat exfoliare+ção*) *sf Med* Desprendimento sob a forma de escamas ou camadas.

e.xi.bi.ção (*z*) (*lat exhibitione*) *sf* 1 Apresentação, demonstração. 2 Representação de peça teatral. 3 Projeção de filme cinematográfico.

e.xi.bi.do (*z*) (*part* de *exibir*) *adj* Que está ou esteve em exibição. • *adj+sm pop* Diz-se de ou pessoa que gosta de se mostrar.

e.xi.bir (*z*) (*lat exhibere*) *vtd e vpr* 1 Apresentar(-se), mostrar(-se); tornar(-se) patente. *vtd* 2 Apresentar em uma exposição. *vtd* 3 Fazer exibição ostentosa; mostrar com orgulho ou vaidade.

e.xi.gên.cia (z) (*lat exigentia*) *sf* **1** Ato de exigir. **2** Pedido urgente e repetido. **3** Pedido importuno.

e.xi.gen.te (z) (*lat exigente*) *adj m+f* **1** Difícil de satisfazer, de contentar. **2** Impertinente.

e.xi.gir (z) (*lat exigere*) *vtd* **1** Reclamar ou requerer com direito legítimo. **2** Impor como obrigação ou dever. **3** Carecer de; precisar. **4** Mandar, ordenar.

e.xi.la.do (z) (*part de exilar*) *adj+sm* Que ou aquele que foi expulso da pátria; expatriado, desterrado.

e.xi.lar (z) (*fr exiler*) *vtd* **1** Expulsar da pátria, mandar para o exílio. *vpr* **2** Condenar-se a exílio voluntário; expatriar-se.

e.xí.lio (z) (*lat exiliu*) *sm* **1** Expulsão ou saída voluntária da pátria; expatriação. **2** Degredo, desterro. **3** Lugar onde vive o exilado.

e.xí.mio (z) (*lat eximiu*) *adj* **1** Muito ilustre. **2** Excelente, magnífico. **3** Notável, insigne.

e.xi.mir (z) (*lat eximere*) *vtd e vpr* Desobrigar(-se), dispensar(-se), isentar(-se), livrar(-se).

e.xis.tên.cia (z) (*lat existentia*) *sf* **1** Fato de existir. **2** Vida. **3** Modo de vida. **4** Ente, ser.

e.xis.ten.ci.al (z) (*lat existentiale*) *adj m+f* Que se refere à existência individual.

e.xis.ten.te (z) (de *existir*) *adj e s m+f* Que ou aquilo que existe ou vive.

e.xis.tir (z) (*lat existere*) *vint* **1** Ter existência real. **2** Viver. **3** Durar, permanecer, subsistir.

ê.xi.to (z) (*lat exitu*) *sm* Resultado feliz, sucesso final.

ê.xo.do (z) (*gr éxodos*) *sm* **1** Emigração de um povo. **2** Saída em massa. **3 Êxodo** *Bíblia* Segundo livro do Pentateuco, que narra a saída dos hebreus do Egito.

e.xó.ge.no (z) (*exo+geno*) *adj* **1** Que cresce exteriormente ou para fora. **2** Que se encontra na superfície. *Antôn: endógeno*.

e.xo.ne.ra.ção (z) (*lat exoneratione*) *sf* **1** Ato ou efeito de exonerar ou exonerar-se. **2** Destituição; demissão.

e.xo.ne.rar (z) (*lat exonerare*) *vtd* **1** Destituir de emprego; demitir. *vpr* **2** Demitir(-se). *vpr* **3** Desobrigar-se, isentar-se.

e.xor.bi.tân.cia (z) (*lat exorbitantia*) *sf* **1** Demasia, excesso. **2** Preço excessivo.

e.xor.bi.tan.te (z) (de *exorbitar*) *adj m+f* **1** Que ultrapassa os limites do justo e razoável. **2** Excessivo, demasiado.

e.xor.bi.tar (z) (*lat exorbitare*) *vti e vint* Exceder-se, passar além dos justos limites, transgredir a norma ou regra estabelecida: *"O decreto legislativo tem o poder de sustar atos do Poder Executivo que exorbitem do poder regulamentar."* (FSP); *"O mágico está exorbitando! Vou ser serrado em vida. Socorro!"* (NI)

e.xor.cis.mo (z) (*lat exorcismu*) *sm* Oração ou cerimônia religiosa para livrar alguém do demônio ou de espíritos maus; esconjuro.

e.xor.cis.ta (z) (*lat exorcista*) *s m+f* **1** Pessoa que pratica o exorcismo. **2** *Teol* Clérigo que recebeu a terceira ordem menor.

e.xor.ci.zar (z) (*lat exorcizare*) *vtd* Afugentar com exorcismo; esconjurar.

e.xor.tar (z) (*lat exhortari*) *vtd e vti* **1** Procurar convencer por meio de palavras; aconselhar, persuadir. *vtd* **2** Animar, encorajar, incitar.

e.xo.té.ri.co (z) (*gr exoterikós*) *adj* Diz-se de ensinamento que se expõe ao público, principalmente doutrinas filosóficas. *Cf esotérico*.

e.xo.te.ris.mo (z) (*exotér(ico)+ismo*) *sm* Qualidade de exotérico. *Cf esoterismo*.

e.xó.ti.co (z) (*gr exotikós*) *adj* **1** Diz-se do animal ou da planta procedente de outro país. **2** Extravagante, excêntrico. *Antôn* (acepção 1): *autóctone, nativo*.

e.xo.tis.mo (z) (*exót(ico)+ismo*) *sm* **1** Qualidade ou estado de exótico. **2** Coisa exótica.

ex.pan.di.do (*part de expandir*) *adj* **1** Dilatado, estendido. **2** Aumentado em extensão, tamanho, superfície etc.

ex.pan.dir (*lat expandere*) *vtd e vpr* **1** Dilatar(-se), estender(-se), ampliar(-se). *vpr* **2** Desabafar, desafogar-se.

ex.pan.são (*lat expansione*) *sf* Ato ou efeito de expandir(-se).

ex.pan.si.o.nis.mo (*lat expansione+ismo*) *sm* **1** Processo ou sistema de se expandirem coisas ou ideias. **2** Tendência de um país em aumentar seus territórios.

ex.pan.si.vo (*lat expansu+ivo*) *adj* **1** Que se pode expandir; expansível. **2** Comunicativo, afável.

ex.pa.tri.a.ção (*expatriar+ção*) *sf* Ato ou efeito de expatriar.

ex.pa.tri.ar (*lat med expatriare*) *vtd* **1** Expulsar da pátria; desterrar, exilar. *vpr* **2** Ir para o exílio, sair voluntariamente da pátria: *"Ainda falam da minha vida em Paris como se eu fosse um vagabundo bêbado, que se expatriou."* (MAN) Conjuga-se como *premiar*.

ex.pec.ta.dor (*lat expectatore*) *sm* Aquele que está na expectativa. *Cf espectador*.

ex.pec.ta.ti.va (*lat exspectare+ivo*) *sf* **1** Aguardo de alguma coisa que pode ou vai acontecer ou se realizar. **2** Probabilidade.

ex.pec.to.ran.te (*lat expectorante*) *adj m+f* Que provoca ou facilita a expectoração. • *sm Farm* Substância expectorante.

ex.pec.to.rar (*lat expectorare*) *vtd* **1** Expelir, soltar do peito. *vint* **2** Escarrar.

ex.pe.di.ção (*lat expeditione*) *sf* **1** Envio, remessa. **2** *Mil* Remessa de tropas com um fim determinado. **3** *por ext* Excursão, em geral científica, destinada a explorar, pesquisar ou estudar uma região. **4** Seção responsável pelo despacho de mercadorias.

ex.pe.di.ci.o.ná.rio (*lat expeditione+ário*) *adj* Que faz parte de uma expedição. • *sm* **1** Aquele que toma parte em uma expedição. **2** Integrante da Força Expedicionária Brasileira; pracinha.

ex.pe.di.en.te (*lat expediente*) *sm* **1** Meio de sair de um embaraço, de vencer uma dificuldade: *Serviu-se de vários expedientes para tentar convencê-la a ir à festa de formatura.* **2** Período de funcionamento de repartições públicas, escritórios, estabelecimentos comerciais etc: *O expediente das lojas é das 8 às 18 horas.* **3** A rotina de trabalho de uma pessoa ou o respectivo andamento: *Meu expediente é arquivar todos os cheques.*

ex.pe.dir (*lat expedire*) *vtd* **1** Enviar, remeter. *vtd* **2** Fazer partir, mandar com determinado fim. *vtd* e *vpr* **3** Despachar, resolver prontamente. *vtd* **4** Promulgar, publicar oficialmente (decreto, portaria, bula). Conjuga-se como *pedir*.

ex.pe.di.to (*lat expeditu*) *adj* Ativo, desembaraçado, diligente.

ex.pe.lir (*lat expellere*) *vtd* **1** Pôr para fora com violência; expulsar. **2** Lançar de si. **3** Arremessar longe. Conjuga-se como *ferir*. *Part: expelido*.

ex.pe.ri.ên.cia (*lat experientia*) *sf* **1** Ato ou efeito de experimentar(-se); experimentação, experimento. **2** Conhecimento das coisas pela prática ou observação. **3** Ensaio prático para descobrir ou determinar um fenômeno, um fato ou uma teoria; tentativa, prova. **4** Perícia, habilidade que se adquire pela prática. *Antôn* (acepções 2 e 4): *inexperiência*.

ex.pe.ri.en.te (*lat experiente*) *adj* e s *m+f* Que ou aquele que tem experiência. *Antôn: inexperiente*.

ex.pe.ri.men.ta.ção (*experimentar+ção*) *sf* Ato ou efeito de experimentar.

ex.pe.ri.men.tal (*experimento+al¹*) *adj m+f* **1** Baseado na experiência; empírico. **2** Derivado da experiência ou por ela descoberto; prático.

ex.pe.ri.men.tar (*experimento+ar¹*) *vtd* **1** Submeter à experiência; pôr à prova. **2** Pôr em prática; executar. **3** Sentir, sofrer, suportar. **4** Vestir (roupa) ou calçar (sapatos) para verificar se servem ou se agradam.

ex.pe.ri.men.to (*lat experimentu*) *sm* **1** Ensaio científico. **2** Experiência, experimentação.

ex.per.to (*lat expertu*) *adj* Que tem experiência. • *sm* Especialista; conhecedor; perito. *Cf esperto*.

ex.pi.a.ção (*lat expiatione*) *sf* Penitência, castigo.

ex.pi.ar (*lat expiare*) *vtd* **1** Reparar (crimes ou faltas) por meio de penitência ou cumprindo pena. **2** Sofrer as consequências de; padecer. **3** Obter perdão; reparar, resgatar. *Cf espiar*. Conjuga-se como *premiar*.

ex.pi.ra.ção (*lat expiratione*) *sf* **1** *Fisiol* Tempo da respiração que consiste na expulsão do ar pelos pulmões. **2** Fim, termo, vencimento: *Expirou o prazo*.

ex.pi.rar (*lat expirare*) *vtd* e *vint* **1** Expelir (o ar) dos pulmões: *"Mudou ligeiramente de posição, expirou forte com a boca em cone."* (CNT) *vtd* **2** Exalar. *vint* **3** Morrer, falecer: *"Aguinaldo expirou poucos minutos depois que o Padre Otero saiu do quarto."* (TV) *vint* **4** Acabar, findar, terminar: *"Expirando o prazo fatal, todos eles encontraram a morte."* (EM)

ex.pla.na.ção (*lat explanatione*) *sf* Ato de explanar; narração minuciosa, explicação.

ex.pla.nar (*lat explanare*) *vtd* **1** Explicar, esclarecer. **2** Expor verbalmente; narrar minuciosamente.

ex.ple.ti.vo (*lat expletivu*) *adj* **1** Que serve para preencher ou completar. **2** *Gram* Diz-se da palavra ou frase desnecessária, mas que dá mais força ou realce à linguagem.

ex.pli.ca.ção (*lat explicatione*) *sf* **1** Ato ou efeito de explicar(-se). **2** Esclarecimento.

ex.pli.car (*lat explicare*) *vtd* **1** Tornar claro ou inteligível; interpretar. *vtd* **2** Dar explicações a; ensinar. *vtd* **3** Esclarecer. *vtd* **4** Exprimir, manifestar. *vpr* **5** Fazer-se compreender. *vtd* **6** Desculpar, justificar.

ex.pli.cá.vel (*explicar+vel*) *adj m+f* Que tem explicação ou pode ser explicado.

ex.pli.ci.tar (*explícito+ar¹*) *vtd* Tornar explícito.

ex.plí.ci.to (*lat explicitu*) *adj* **1** Claro, expresso. **2** Formulado em palavras. *Antôn: implícito*.

ex.plo.dir (*lat explodere*) *vint* **1** Estourar, arrebentar. *vtd* **2** Causar a explosão de. *vint* **3** Manifestar-se ruidosamente. *Conjug:* é verbo defectivo; conjuga-se como *abolir*.

ex.plo.ra.ção (*lat exploratione*) *sf* **1** Ato ou efeito de explorar. **2** Pesquisa, análise, investigação. **3** Tentativa ou ato de tirar utilidade de alguma coisa; aproveitamento, utilização. **4** Abuso da boa-fé, da ignorância ou da especial situação de alguém, para obter vantagens.

ex.plo.ra.do (de *explorar*) *adj* **1** Que se explorou. **2** Que sofreu exploração por ser ingênuo ou ter boa-fé. **3** Discutido; estudado, investigado.

ex.plo.ra.dor (*explorar+dor¹*) *adj* Que explora. • *sm* **1** Aquele que viaja à procura de informações geográficas ou científicas. **2** Aquele que abusa da boa-fé, da ignorância ou da especial situação de alguém para obter vantagens.

ex.plo.rar (*lat explorare*) *vtd* **1** Ir à descoberta de. **2** Percorrer com o objetivo de fazer descobertas geográficas ou científicas. **3** Observar, examinar (uma região) com fins comerciais ou militares. **4** Estudar, analisar, pesquisar. **5** Tirar proveito ou utilidade de. **6** Abusar da boa-fé, da ignorância ou da especial situação de alguém, para obter vantagens.

ex.plo.são (*lat explosione*) *sf* **1** Expansão violenta ou arrebentação, acompanhada de estrondo, causada por repentina liberação de uma força ou pelo escape de gases ou vapores sob grande pressão. **2** Estouro, detonação. **3** Manifestação repentina e intensa.

ex.plo.si.vo (*lat explosu+ivo*) *adj* **1** Que é capaz de explodir ou causar explosão. **2** Impetuoso, impulsivo. • *sm* Qualquer substância inflamável capaz de produzir explosão.

ex.po.en.te (*lat exponente*) *s m+f* **1** Pessoa de grande importância ou destaque no âmbito de suas atividades. *sm* **2** *Mat* Número colocado à direita e um pouco acima de outro número ou símbolo para indicar a potência este deve ser elevado. *Ex:* 10^6.

ex.po.nen.ci.al (*lat exponente+al¹*) *adj m+f* **1** Distinto, ilustre: *"Aqui se acham presentes figuras exponenciais das letras e das artes do país."* (JK) **2** Significativo; extraordinário: *"O Mercosul é uma construção interessante, que ativou o comércio entre seus quatro sócios de uma maneira exponencial."* (FSP) **3** *Mat* Que tem expoente: *Número exponencial*.

ex.por (*lat exponere*) *vtd* **1** Pôr à mostra; apresentar, mostrar. *vtd* **2** Dizer, narrar. *vtd* **3** Explanar, explicar. *vtd e vti* **4** Submeter à ação de (agentes físicos). *vtd* **5** Tornar conhecido ou evidente. *vpr* **6** Exibir-se, mostrar-se. *vtd e vpr* **7** Colocar(-se) em perigo. *Conjuga-se como pôr*.

ex.por.ta.ção (*lat exportatione*) *sf* **1** Venda ou saída de produtos de um país para o exterior. **2** Os produtos exportados.

ex.por.tar (*lat exportare*) *vtd* **1** Vender para fora do país (produtos nacionais). **2** *Inform* Salvar ou dados em um formato de arquivo diferente do pré-selecionado. *Antôn: importar*.

ex.po.si.ção (*lat expositione*) *sf* **1** Ato de expor; exibição. **2** Lugar onde se expõem obras de arte, peças de artesanato, fotografias, produtos industrializados etc. **3** Narração minuciosa, explanação.

ex.po.si.tor (*lat expositore*) *sm* Aquele

que expõe seus produtos ou trabalho em exposição pública.

ex.pos.to (ô) (*lat expositu*) *adj* Que está à vista, à mostra. • *sm* Aquilo que está exposto. *Pl: expostos (ó).*

ex.pres.são (*lat expressione*) *sf* **1** Maneira de exteriorizar pensamentos e sentimentos por meio de gestos ou palavras escritas ou faladas. **2** Aspecto do rosto, determinado pelo estado físico ou emocional; semblante. **3** Frase, sentença, locução.

ex.pres.sar (*expresso+ar¹*) *V exprimir. Part: expressado* e *expresso.*

ex.pres.si.vi.da.de (*expressivo+i+dade*) *sf* **1** Qualidade de expressivo. **2** Energia de expressão.

ex.pres.si.vo (*expresso+ivo*) *adj* **1** Que exprime. **2** Significativo, enérgico.

ex.pres.so (*lat expressu*) *adj* **1** Explícito, categórico. **2** Enviado diretamente. **3** Que se manifesta por palavra, por escrito ou por outros sinais evidentes. **4** Diz-se de meio de transporte coletivo que vai diretamente ao destino, sem paradas. • *sm* Trem expresso.

ex.pri.mir (*lat exprimere*) *vtd* **1** Dar a entender; manifestar, revelar. *vpr* **2** Fazer-se compreender; explicar-se, expressar-se. *vpr* **3** Manifestar-se, mostrar-se. *vtd* **4** Representar em obra de arte conceitos, sentimentos, estados de consciência ou movimentos interiores. *vtd* **5** Representar, significar. *Part: exprimido* e *expresso.*

ex.pro.pri.ar (*ex+próprio+ar¹*) *vtd Dir* Privar alguém da propriedade de algo por meios legais, mediante indenização; desapropriar: *"Bancada obtém apoio do governo à proibição de expropriar terras invadidas."* (FSP) Conjuga-se como *premiar.*

ex.pul.são (*lat expulsione*) *sf* **1** Ato ou efeito de expulsar. **2** Saída forçada.

ex.pul.sar (*lat expulsare*) *vtd* e *vti* **1** Pôr fora à força. *vtd* **2** Lançar fora; expelir, eliminar. *Part: expulsado* e *expulso.*

ex.pul.so (*lat expulsu*) *adj* Que se expulsou; posto fora à força.

ex.pur.gar (*lat expurgare*) *vtd* **1** Retirar ou separar do que é nocivo ou prejudicial. **2** Limpar de erros; corrigir, emendar. **3** *Agr* Tornar imune (plantas, sementes etc.).

êx.ta.se (*gr ékstasis*) *sm* Encanto, enlevo, arroubo, maravilha.

ex.ta.si.a.do (*part de extasiar*) *adj* **1** Encantado, arrebatado. **2** Assombrado, pasmado.

ex.ta.si.ar (*êxtase+ar¹*) *vtd* **1** Pôr em êxtase. *vtd* **2** Arroubar, encantar: *Extasiava-o a beleza. vpr* **3** Cair em êxtase.

ex.tá.ti.co (*gr ekstatikós*) *adj* **1** Em estado de êxtase; enlevado, absorto. **2** *pop* Maravilhado, pasmado, boquiaberto. *Cf estático.*

ex.tem.po.râ.neo (*baixo-lat extemporaneu*) *adj* **1** Impróprio da ocasião em que se faz ou sucede; inoportuno. **2** Que é fora de tempo. *Antôn* (acepção 1): *oportuno.*

ex.ten.são (*lat extensione*) *sf* **1** *Fís* Propriedade que têm os corpos de ocupar certa porção do espaço. **2** Grandeza, força, intensidade. **3** Aumento, ampliação. **4** Comprimento. **5** Superfície, área. **6** Ramal telefônico. **7** Amplitude, alcance.

ex.ten.si.vo (*lat extensivu*) *adj* **1** Que se pode estender. **2** Que pode ou deve ser aplicado a mais de um caso.

ex.ten.so (*lat extensu*) *adj* **1** Vasto, espaçoso, largo. **2** Duradouro.

ex.te.nu.a.ção (*lat extenuatione*) *sf* Debilitação das forças físicas; esgotamento, prostração.

ex.te.nu.ar (*lat extenuare*) *vtd* e *vpr* **1** Cansar(-se), enfraquecer(-se) ao extremo. *vtd* **2** Diminuir, gastar, exaurir (bens, fortuna etc.).

ex.te.ri.or (*lat exteriore*) *adj m+f* **1** Da parte ou do lado de fora. **2** Relativo às nações estrangeiras. • *sm* **1** As nações estrangeiras; o estrangeiro. **2** Aparência, aspecto, exterioridade. *Antôn: interior.*

ex.te.ri.o.ri.da.de (*exterior+i+dade*) *sf* Qualidade daquilo que é exterior.

ex.te.ri.o.ri.zar (*exterior+izar*) *vtd* **1** Mostrar; externar. *vpr* **2** Manifestar-se, externar-se.

ex.ter.mi.nar (*lat exterminare*) *vtd* **1** Destruir. **2** Eliminar matando, fazer desaparecer. **3** Extirpar; acabar com.

ex.ter.mí.nio (*lat exterminiu*) *sm* **1** Ato ou efeito de exterminar. **2** Matança. **3** Assolação, destruição.

ex.ter.nar (*externo+ar*) *V* exteriorizar.

ex.ter.no (*lat externu*) *adj* **1** Que está do lado de fora ou vem de fora. **2** De país estrangeiro. **3** *Farm* Diz-se do medicamento que é aplicado sobre o corpo (por oposição ao *interno*, que é ingerido ou injetado). *Antôn: interno*.

ex.tin.ção (*lat extinctione*) *sf* **1** Ação ou efeito de extinguir. **2** Destruição, fim.

ex.tin.guir (*lat exstinguere*) *vtd* e *vpr* **1** Apagar(-se) (fogo, incêndio). *vtd* **2** Fazer desaparecer; aniquilar, destruir. *vtd* **3** Abolir, suprimir. *vtd* e *vpr* **4** Dissolver(-se); desfazer(-se). Conjuga-se como *distinguir*.

ex.tin.tor (*lat exstinctore*) *adj* Que extingue. • *sm* Aparelho para apagar incêndios.

ex.tir.par (*lat exstirpare*) *vtd* **1** Arrancar pela raiz; desarraigar. **2** *Cir* Extrair (órgão ou membro enfermo). **3** Exterminar, destruir.

ex.tor.quir (*lat extorquere*) *vtd* **1** Obter por violência, ameaças ou ardil. **2** Obter por extorsão (acepção 1). Conjuga-se como *abolir*.

ex.tor.são (*lat extorsione*) *sf* **1** Contribuição forçada. **2** Emprego de força ou ameaça para a obtenção de bens alheios.

ex.tra (de *extraordinário*) *adj m+f* **1** Forma abreviada de extraordinário. **2** Adicional, suplementar. **3** De qualidade superior. • *s m+f* **1** Ator figurante. **2** Pessoa que presta serviço suplementar.

ex.tra.ção (*lat extractione*) *sf* **1** Ato ou efeito de extrair. **2** Aquilo que se extrai. **3** Separação de um minério ou de um mineral, de uma jazida; desmonte. **4** *Cir* Remoção de corpos estranhos ou de partes orgânicas. **5** Na loteria, o ato do sorteio para determinar quais são os premiados.

ex.tra.di.tar (decalque do *fr extrader*) *vtd Dir* Entregar um refugiado ou criminoso ao governo estrangeiro que o reclama.

ex.tra.ga.lác.ti.co (*extra+galáctico*) *adj Astr* Situado fora da nossa galáxia. *Var: extragalático*.

ex.tra.ir (*lat extrahere*) *vtd* **1** Tirar, puxar (alguma coisa) para fora de onde estava. **2** Separar ou obter (suco, ingrediente, princípio etc.) por pressão, destilação etc. **3** Separar um minério ou um mineral de uma jazida. **4** *Cir* e *Odont* Praticar a extração de; arrancar. **5** Tirar, copiar de um livro, documento, registro etc. Conjuga-se como *sair*.

ex.tra.ju.di.ci.al (*extra+judicial*) *adj m+f* Feito sem processo ou formalidade judicial.

ex.tra.o.fi.ci.al (*extra+oficial*) *adj m+f* **1** Estranho a negócios públicos. **2** Que não tem origem oficial.

ex.tra.or.di.ná.rio (*extra+ordinário*) *adj* **1** Fora do comum. **2** Adicional, suplementar. **3** Admirável, espantoso, grandioso. • *sm* Acontecimento imprevisto ou inesperado.

ex.tra.po.lar (*extra+(inter)polar*) *vtd* **1** Ir além dos limites de; exceder, ultrapassar: *"A polêmica sobre o assunto extrapolou os limites do prédio da Câmara."* (FSP) **2** Situar-se além de: *"Isto é coisa de uma ciência fora de Deus, pois extrapola os seus limites."* (DIN)

ex.tras.sen.so.ri.al (*extra+sensorial*) *adj m+f* **1** Situado fora ou além dos sentidos. **2** Não limitado aos sentidos.

ex.tra.ter.re.no (*extra+terra+eno²*) *adj* Que está fora da Terra.

ex.tra.ter.res.tre (*extra+terrestre*) *adj* e *s m+f* Diz-se de ou aquele ou aquilo que é de fora da Terra.

ex.tra.ter.ri.to.ri.al (*extra+território+al¹*) *adj m+f* Situado fora dos limites territoriais.

ex.tra.ti.vo (*extrato+ivo*) *adj* **1** Que envolve extração ou faz uso dela. **2** Relativo a extração.

ex.tra.to (*lat extractu*) *sm* **1** Substância extraída de outra. **2** Produto industrial formado por essência aromática. **3** Resumo de um escrito. **4** Fragmento, trecho. *Cf estrato*.

ex.tra.va.gân.cia (*extravagar+ância*) *sf* **1** Qualidade daquele ou daquilo que é extravagante. **2** Ato ou efeito próprio do que é extravagante. **3** Excentricidade, esquisitice.

ex.tra.va.gan.te (de *extravagar*) *adj* e *s m+f* **1** Que ou quem se afasta do habitual; excêntrico, original, singular. **2** Que ou quem gasta em excesso; estroina.

ex.tra.va.sar (*extra+vaso+ar¹*) *vtd* **1** Fazer transbordar. *vtd*, *vint* e *vpr* **2** Derramar (-se), transbordar(-se).

ex.tra.vi.a.do (*part* de *extraviar*) *adj* **1** Perdido no caminho, sumido no caminho. **2** Que desapareceu por fraude.

ex.tra.vi.ar (*extra+via+ar¹*) *vtd* **1** Tirar do caminho; desencaminhar. *vtd* **2** Fazer desaparecer; subtrair por fraude. *vpr* **3** Perder-se, sumir-se no caminho. Conjuga-se como *premiar*.

ex.tra.vi.o (de *extraviar*) *sm* **1** Ato ou efeito de extraviar(-se). **2** Desvio. **3** Sumiço, perda.

ex.tre.ma-di.rei.ta *sf Esp* Posição no futebol de quem atua na extremidade direita da linha dianteira; ponta-direita. *s m+f* Quem ocupa essa posição; ponta-direita. *Pl: extremas-direitas.*

ex.tre.ma.do (*part* de *extremar*) *adj* **1** Extraordinário, excepcional. **2** Distinto, notável.

ex.tre.ma-es.quer.da *sf Esp* Posição no futebol de quem atua na extremidade esquerda da linha dianteira; ponta-esquerda. *s m+f* Quem ocupa essa posição; ponta-esquerda. *Pl: extremas-esquerdas.*

ex.tre.mar (*extremo+ar¹*) *vtd* e *vpr* **1** Tornar(-se) extremo. **2** Distinguir(-se), enaltecer(-se).

ex.tre.ma-un.ção *sf Teol* Sacramento da Igreja destinado a perdoar os pecados do enfermo que está quase morrendo. *Pl: extremas-unções* e *extrema-unções.*

ex.tre.mi.da.de (*lat extremitate*) *sf* **1** Parte ou ponto em que qualquer coisa termina. **2** Fim, limite. **3** Orla, beira.

ex.tre.mis.mo (*extremo+ismo*) *sm* Doutrina que é favorável à adoção de medidas extremas para a resolução dos problemas sociais; radicalismo.

ex.tre.mis.ta (*extremo+ista*) *adj m+f* Relativo ao extremismo. • *s m+f* Pessoa partidária do extremismo; radical.

ex.tre.mo (*lat extremu*) *adj* **1** Situado no ponto mais distante. **2** Afastado, remoto, longínquo. **3** Último, derradeiro. **4** Perfeito, exímio. **5** Excessivo, exagerado. • *sm* **1** O ponto mais distante; extremidade, raia, limite. *sm pl* **2** Carinho excessivo; demonstração de estima.

ex.tre.mo.so (ô) (*extremo+oso*) *adj* **1** Excessivo em afeto; muito carinhoso. **2** Que tem extremos. **3** Que chega a extremos. *Pl: extremosos (ó).*

ex.trín.se.co (*lat extrinsecu*) *adj* **1** Que é exterior. **2** Que não é essencial. *Antôn: intrínseco.*

ex.tro.ver.são (*lat extro(rsu)+versu+sufione*) *sf* Atitude de quem dirige seus interesses sobretudo para os fatos externos, naturais ou sociais, mais que para experiências íntimas, ideias e sentimentos: *"Também é importante observar que o Louco caminha para a direita, o que no tarô se refere a um ato de extroversão."* (TA) *Antôn: introversão.*

ex.tro.ver.ter (*lat extro(rsu)+vertere*) *vpr* Proceder como extrovertido; mostrar-se comunicativo. *Antôn: introverter.*

ex.tro.ver.ti.do (*part* de *extroverter*) *adj+ sm* Diz-se de ou aquele que é expansivo, comunicativo, sociável. *Antôn: introvertido.*

e.xu.be.rân.cia (z) (*lat exuberantia*) *sf* **1** Abundância excessiva. **2** Vigor, intensidade.

e.xu.be.ran.te (z) (*lat exuberante*) *adj m+f* **1** Copioso ou excessivamente abundante: *"Eu me lembrava de bananeiras, não de uma lavoura assim exuberante."* (EST) **2** Viçoso, vigoroso: *"A terra latejava seivas exuberantes."* (VB) **3** Repleto, cheio: *"Meu pai estava exuberante de felicidade."* (BH) **4** Cheio de vigor; animado: *"Era um homem alegre, exuberante e, ao pé da letra, fogueteiro."* (ETR) **5** Expansivo; eufórico: *"Falou uma mulher de rosto jovial, muito alta e de gestos exuberantes."* (SL)

e.xu.be.rar (z) (*lat exuberare*) *vti* e *vint* **1** Existir em abundância. *vtd* **2** Manifestar exuberância.

e.xul.ta.ção (z) (*lat exsultatione*) *sf* Alegria, júbilo, regozijo.

e.xul.tar (z) (*lat exsultare*) *vti* e *vint* Alegrar-se ou regozijar-se ao extremo: *"Rosália exultou com a ideia."* (MP); *"O mendigo exultava. Dava saltos grotescos e gritava."* (CD)

e.xu.ma.ção (z) (*exumar+ção*) *sf* Remoção de um cadáver da sepultura.

e.xu.mar (z) (*ex+humo+ar¹*) *vtd* **1** Tirar da sepultura; desenterrar. **2** *fig* Tirar do esquecimento.

ex-vo.to (*ex+voto*) *sm* Imagem, quadro, objeto que se coloca em capela ou igreja, para comemorar um voto ou promessa feita em ocasião de perigo ou doença. *Pl: ex-votos.*

f

f (*éfe*) (*lat ef*) *sm* Sexta letra do alfabeto português, consoante.

fá (da 1ª sílaba da palavra *famuli*, do hino de São João) *sm Mús* **1** Quarta nota da escala musical. **2** Sinal representativo dessa nota.

fã (*ingl fan*, apócope de *fanatic*) *s m+f* Admirador exaltado de pessoas públicas.

fá.bri.ca (*lat fabrica*) *sf* **1** Estabelecimento onde se fabrica alguma coisa. **2** O pessoal desse estabelecimento. **3** Fabricação, fabrico.

fa.bri.ca.ção (*lat fabricatione*) *sf* Ação, modo ou arte de fabricar; manufatura. *Fabricação em série:* fabricação em grande escala.

fa.bri.can.te (*lat fabricante*) *s m+f* **1** Pessoa que fabrica ou dirige a fabricação. **2** Pessoa que arranja, organiza ou inventa.

fa.bri.car (*lat fabricari*) *vtd* **1** Produzir; manufaturar. **2** Engendrar; inventar.

fá.bu.la (*lat fabula*) *sf* **1** História curta que contém um ensinamento moral. **2** Preço exorbitante: *Pagou uma fábula por aquele carro importado.*

fa.bu.lis.ta (*fábula+ista*) *s m+f* **1** Pessoa que compõe fábulas. **2** Pessoa que mente.

fa.bu.lo.so (ô) (*fábula+oso*) *adj* **1** Relativo a fábula. **2** Pertencente aos tempos mitológicos. **3** Imaginário, inventado. *Pl: fabulosos* (ó).

fa.ca (*etim desc*) *sf* **1** Instrumento cortante formado por uma lâmina com cabo. **2** *Cir* Instrumento para cirurgias. *Aum: facão. Entrar na faca, pop:* ser operado. *Meter a faca, pop:* cobrar muito caro.

fa.ca.da (*faca+ada¹*) *sf* **1** Golpe de faca. **2** *fig* Surpresa dolorosa. *Dar uma facada, gír:* pedir dinheiro emprestado a alguém.

fa.ça.nha (*cast ant fazaña*) *sf* **1** Feito heroico, proeza. **2** Ação extraordinária, maravilhosa.

fa.cão (*faca+ão²*) *sm* **1** Faca grande e pesada. **2** Sabre, espada.

fac.ção (*lat factione*) *sf* **1** Partido político: *"Pode o governador se enfurecer e mudar de facção."* (RET) **2** Parte que diverge dentro de um partido político ou grupo: *"Os skinheads são uma facção do punk, movimento surgido na Inglaterra no final dos anos 70."* (FSP)

fa.ce (*lat facie*) *sf* **1** Cara, rosto. **2** Superfície, lado. *Face a face:* frente a frente. Observe o uso correto da locução prepositiva **em face de** (= diante de; na presença ou vista de).

*O senador decidiu renunciar ao cargo, **em face das** evidências do seu envolvimento em falcatruas.*

*O que a protegeu, **em face do** perigo, foi sua costumeira calma.*

Lembre-se de que a construção **em face a** é estranha a nossa língua e deve ser evitada.

fa.ce.ta (ê) (*fr facette*) *sf* **1** Pequena face. **2** Cada uma das características ou qualidades de uma pessoa ou coisa: *"Vamos valorizar a faceta burlesca dos Trapalhões, os tapas e as correrias."* (FSP)

fa.cha.da (*ital facciata*) *sf* **1** Frente de um edifício. **2** *pop* A aparência de uma pessoa. *É só fachada:* é só aparência.

fa.cho (*lat *fascula*) *sm* **1** Tocha. **2** Luzeiro, lanterna. **3** *Náut* Farol.

fa.ci.al (*lat faciale*) *adj m+f* Que pertence à face ou que tem relação com ela.

fá.cil (*lat facile*) *adj m+f* **1** Que se faz ou

facilidade 378 **falante**

se consegue sem trabalho ou sem custo. **2** Simples. *Sup abs sint:* facílimo. *Antôn: difícil.*

fa.ci.li.da.de (*lat facilitate*) *sf* **1** Qualidade daquilo que é fácil. **2** Ausência de dificuldade. *Antôn:* dificuldade. *sf pl* **3** Prazos de pagamento.

fa.ci.li.tar (*fácil+itar*) *vtd* **1** Tornar fácil: *A internet facilitou o acesso à informação.* **2** Auxiliar, ajudar, desimpedir. *Antôn: dificultar.*

fa.cí.no.ra (*lat facinora*) *sm* Indivíduo perverso e criminoso: *"Ele foi investigador de polícia e um dia encanou o delegado e soltou um facínora."* (RO)

fã-clu.be *sm* **1** O conjunto dos fãs de um artista. **2** O conjunto dos admiradores de uma pessoa ou coisa: *Pl:* fãs-clubes e fãs-clube.

fa.cul.da.de (*lat facultate*) *sf* **1** Capacidade. **2** Direito, permissão. **3** Estabelecimento de ensino superior.

fa.cul.tar (*lat facult(ate)+ar*¹) *vtdi* **1** Possibilitar; permitir: *"A superação destes acidentes faculta à paciente uma sobrevida média em seus termos mínimos."* (OBS) **2** Oferecer: *"Como a tua cruz, de um saber experiente, nos faculta a metodologia do Céu!"* (NE)

fa.cul.ta.ti.vo (*facultar+ivo*) *adj* Não obrigatório: *"Duvido que tão cedo adotem o voto facultativo."* (DIN)

fa.da (*lat fata*) *sf* Ser imaginário, a quem se atribuem poderes sobrenaturais.

fa.da.do (*fado+ado*¹) *adj* Predestinado; destinado: *"O paraíso com que se sonha está fadado ao fracasso."* (PÃO)

fa.dar (*fado+ar*¹) *vtd* **1** Destinar. **2** Dotar, favorecer.

fa.di.ga (*der regressiva* de *fadigar*) *sf* **1** Cansaço. **2** Trabalho árduo. **3** Perda de elasticidade de um material ou diminuição de sensibilidade de aparelhos, máquinas etc.

fa.di.gar (*fadiga+ar*¹) *V fatigar.*

fa.do (*lat fatu*) *sm* **1** Destino, sorte. **2** *Mús* Canção popular portuguesa.

fa.gó.ci.to (*fago+cito*) *sm Biol* Qualquer célula que ingere material estranho, como tecido em estado de decomposição ou bactérias.

fa.go.ci.to.se (*fago+cito+ose*) *sf Biol* Processo pelo qual uma célula (protozoários, leucócitos) envolve uma partícula estranha (alimentos, micróbio etc.) com seu próprio corpo, para destruí-la.

fa.go.te (*ital fagotto*) *sm Mús* Instrumento de sopro.

fa.go.tis.ta (*fagote+ista*) *s m+f Mús* Pessoa que toca fagote.

fa.guei.ro (*fag(ar)+eiro*) *adj* **1** Carinhoso, meigo. **2** Satisfeito, contente: *"Olharam pro meu rosto e me deixaram entrar no solo americano, todo lépido e fagueiro."* (SC)

fa.gu.lha (*lat vulg *facucula*) *sf* **1** Centelha, chispa, faísca: *"Desceu com o archote nas mãos, ignorando as fagulhas que, vez por outra, queimavam seu rosto."* (DSP) *s m+f* **2** *pop* Pessoa irrequieta, ativa.

fa.gu.lhar (*fagulha+ar*) *vint* **1** Emitir fagulhas; faiscar. **2** Brilhar, cintilar. *Conjug* – com raras exceções, é conjugado somente nas 3ªˢ pessoas.

fai.são (*gr phaisanós*) *sm Ornit* Ave natural da Ásia, de plumagem multicolorida e longas penas na cauda. *Fem:* faisã e faisoa. *Pl:* faisães e faisões.

fa.ís.ca (*germ falaviska*) *sf* **1** Centelha, chispa. **2** *Eletr* Efeito luminoso da descarga elétrica.

fa.is.car (*faísca+ar*¹) *vint* **1** Lançar faíscas. **2** Brilhar, cintilar.

fai.xa (*lat fascia*) *sf* **1** Tira de pano para amarrar a cintura. **2** Atadura.

fa.ju.to (*adj* gír) Falso, adulterado.

fa.la (de *falar*) *sf* **1** Diálogo, conversa. **2** Discurso.

fa.la.ção (*falar+ção*) *sf pop* Fala, discurso.

fa.la.do (*part* de *falar*) *adj* **1** Comentado, discutido. **2** Conhecido, famoso. **3** Combinado, ajustado verbalmente.

fa.lan.ge (*gr phálagx*, pelo *lat*) *sf* **1** Corpo de infantaria, na antiga Grécia. **2** *Anat* Cada um dos ossos dos dedos das mãos e dos pés.

fa.lan.ge.ta (*ê*) (*falange+eta*) *sf Anat ant* A terceira falange.

fa.lan.gi.nha (*dim* de *falange*) *sf Anat ant* A falange média.

fa.lan.te (de *falar*) *adj m+f* Que fala ou que imita a voz humana. • *s m+f Ling*

Pessoa que fala uma língua. *Bem falante:* eloquente; que usa bem as palavras.

fa.lar (*lat fabulari*) *vtd* **1** Dizer, comentar. *vtd* e *vti* **2** Discorrer. *vint* **3** Conversar, discursar. *vti* **4** Dialogar. *Falar às massas:* discursar em público. *Falar com os olhos:* revelar no olhar os sentimentos e pensamentos. *Falar com os próprios botões:* a) falar só; b) conversar a si mesmo antes de tomar uma resolução. *Falar grosso:* a) falar com altivez, com gestos ameaçadores; b) falar com autoridade ou com razão. *Falar pelos cotovelos:* falar muito. O verbo **falar** não admite o artigo definido antes dos substantivos *verdade* e *mentira* quando estes exercem a função de objeto direto e não podem ser determinados.
Por favor, Maria, fale verdade, você pegou o dinheiro?
Não se deixe levar pela conversa de Paulo; ele só fala mentira.
No entanto, emprega-se o artigo quando a *verdade* (ou a *mentira*) pode ser determinada.
Ele só falará a verdade na presença de seu advogado.
João falou a mentira que havia sido combinada com os amigos.
Falar com significa dirigir-se a alguém, expressando-se por meio de palavras, e pressupõe que ambos falam.
Maria falou com a mãe hoje de manhã.
Por favor, não fale com eles sobre os meus problemas.
Falar a significa discursar ou relatar.
O presidente falou ao povo sobre a crise energética.
Ele falará aos jornalistas hoje à noite.
fa.la.tó.rio (*falar+ório*) *sm* Boato, fofoca.
fal.cão (*lat falcone*) *sm Ornit* Nome comum de várias espécies de aves de rapina da família dos falconídeos. Voz: *crocitar, piar.*
fal.ca.tru.a (*asturiano falcatruá*) *sf* Engano proposital; fraude: *"Papai armou um bafafá pra denunciar as falcatruas do inspetor."* (OM)
fal.co.ní.deos (*lat falcone+ídeos*) *sm pl Ornit* Família de aves de rapina que agem durante o dia. As espécies brasileiras recebem várias denominações: *caracará* ou *carcará, ximango, gavião-de-coleira* etc.

fa.le.cer (*lat vulg *fallescere, inc de fallere*) *vint* Morrer.
fa.le.ci.do (*part de falecer*) *adj* Morto. • *sm* O que morreu.
fa.le.ci.men.to (*falecer+mento*) *sm* Morte.
fa.lên.cia (*lat fallentia*) *sf* **1** Ato ou efeito de falir. **2** *Dir* e *Com* Bancarrota, quebra.
fa.lé.sia (*fr falaise*) *sf* Declive íngreme à beira-mar.
fa.lha (*lat vulg *fallia*) *sf* **1** Defeito. **2** Falta, omissão.
fa.lhar (*falha+ar¹*) *vint* **1** Não acertar, errar: *"Mas dessa vez não posso falhar."* (PCO) **2** Não concretizar-se: *"Minha intuição não falhou."* (CH) **3** Não disparar ou não explodir (arma de fogo, bomba): *"Um outro tentou dar dois tiros em mim, mas acho que a arma falhou."* (ESP) *vti* e *vint* **4** Faltar à obrigação; não cumprir os compromissos: *"Será que ela não vai falhar comigo?"* (NB); *"Habib é seu amigo de verdade e não vai lhe falhar assim, quando você mais precisa dele."* (ID) *vti* **5** Não acorrer, não acudir.
fa.lho (de *falha*) *adj* **1** Que tem falha. **2** Defeituoso.
fa.lir (*lat fallere*) *vint* **1** Suspender os pagamentos e faltar aos compromissos comerciais: *A empresa faliu e teve de fechar as portas.* *vint* **2** Ser malsucedido, fracassar. *Conjug* – verbo defectivo; só se conjuga nas formas em que ao *l* da raiz se segue a vogal *i* da terminação. *Conjug* – *Pres indic:* (Eu)—, (Tu)—, (Ele)—, (Nós)falimos, (Vós)falis, (Eles)—; *Pret perf:* fali, faliste, faliu, falimos, falistes, faliram; *Pret imp indic:* falia, falias, falia, falíamos, falíeis, faliam; *Pret mais-que-perf:* falira, faliras, falira, falíramos, falíreis, faliram; *Fut pres:* falirei, falirás, falirá, faliremos, falireis, falirão; *Fut pret:* faliria, falirias, faliria, faliríamos, falirieis, faliriam; *Pres subj:* (Eu)—, (Tu)—, (Ele)—, (Nós)—, (Vós)—, (Eles)—; *Pret imp subj:* falisse, falisses, falisse, falíssemos, falísseis, falissem; *Fut subj:* falir, falires, falir, falirmos, falirdes, falirem; *Imper afirm:* —, —(Tu), —(Você), —(Nós), fali(Vós), —(Vocês); *Imper neg:* —, Não—(Tu), Não—(Você), Não—(Nós), Não—(Vós), Não—(Vocês);

Infinitivo impess: falir; Infinitivo pess: falir, falires, falir, falirmos, falirdes, falirem; Ger: falindo; Part: falido.

fa.lo (*gr phallós*) *sm* Anat Pênis.

fal.sá.rio (*lat falsariu*) *sm* **1** Falsificador. **2** Aquele que jura falso.

fal.si.da.de (*lat falsitate*) *sf* Mentira, calúnia.

fal.si.fi.car (*lat falsificare*) *vtd* **1** Alterar. **2** Adulterar (alimentos, remédios etc.).

fal.so (*lat falsu*) *adj* **1** Oposto à verdade. **2** Infundado. **3** Falsificado (dinheiro). **4** Fingido, disfarçado, simulado. • *sm* **1** O que não é verdadeiro. **2** Pessoa de má-fé. • *adv* Falsamente. *Em falso:* sem firmeza; errando o passo, o alvo.

fal.ta (*lat vulg *fallita*, de *fallere*) *sf* **1** Carência, privação. **2** Ausência. **3** *Esp* Transgressão de uma regra no jogo. *Sem falta:* com toda a certeza; infalivelmente.

fal.tar (*falta+ar¹*) *vti* e *vint* **1** Não haver, não existir. *vint* **2** Não se achar. *vti* **3** Não comparecer: *Faltou às aulas durante duas semanas seguidas.*

fal.to.so (*ô*) (*falt(ar)+oso*) *adj* **1** Que cometeu falta. **2** Ausente. *Pl: faltosos (ó).*

fa.ma (*lat fama*) *sf* **1** Celebridade, renome. **2** Reputação.

fa.mí.lia (*lat familia*) *sf* **1** Pessoas do mesmo sangue. **2** O pai, a mãe e os filhos. *Em família:* familiarmente, sem cerimônia.

fa.mi.li.ar (*lat familiare*) *adj m+f* **1** Da família. **2** Íntimo. **3** Habitual, conhecido. • *sm* Membro da família.

fa.mi.li.a.ri.da.de (*lat familiaritate*) *sf* **1** Qualidade daquele ou daquilo que é familiar. **2** Confiança; intimidade.

fa.mi.li.a.ri.zar (*familiar+izar*) *vtd* e *vpr* **1** Tornar(-se) familiar. **2** Acostumar(-se), habituar(-se).

fa.min.to (*lat fame+ento*) *adj* Que tem fome; esfomeado.

fa.mo.so (*ô*) (*lat famosu*) *adj* **1** Que tem fama. **2** Célebre. *Pl: famosos (ó).*

fa.ná.ti.co (*lat fanaticu*) *adj+sm* Que ou aquele que tem fanatismo.

fa.na.tis.mo (*fanáti(co)+ismo*) *sm* **1** Excessivo zelo religioso ou partidário. **2** Paixão.

fan.dan.go (*cast fandango*) *sm Folc* **1** Dança popular espanhola. **2** Música que acompanha essa dança. **3** Baile popular, na zona rural, ao som de sanfona e viola.

fan.far.ra (*fr fanfare*) *sf* Banda de música, com instrumentos de metal; charanga.

fan.far.rão (*cast fanfarrón*) *adj+sm* Que ou aquele que alardeia de valente ou exagera o próprio valor. *Fem: fanfarrona.*

fa.nho (*voc onom*) *V fanhoso:* "*A boca está um pouco fechada e por isso eu estou falando assim meio fanho.*" (FSP)

fa.nho.so (*ô*) (*fanha+oso*) *adj* Que fala ou parece falar pelo nariz; fanho. *Pl: fanhosos (ó).*

fa.ni.qui.to (*fanico+ito¹*) *sm pop* Ataque de nervos.

fan.ta.si.a (*gr phantasía*) *sf* **1** Capacidade humana de imaginar, criar. **2** Traje que se usa no carnaval. **3** Joia falsa.

fan.ta.si.ar (*fantasia+ar¹*) *vtd* **1** Imaginar, inventar. *vpr* **2** Vestir fantasia de carnaval. Conjuga-se como *premiar*.

fan.ta.si.o.so (*ô*) (*fantasia+oso*) *adj* **1** Que envolve fantasia: "*Tudo indica que é fantasioso o desfecho do livro de Torero.*" (FSP) **2** Imaginoso: "*Vêm de Hipócrates certas suposições fantasiosas como a de nascer o feto por suas próprias forças.*" (OBS) *Pl: fantasiosos (ó).*

fan.tas.ma (*gr phántasma*) *s m+f* **1** Visão apavorante que é produto da fantasia. **2** Coisa medonha. **3** Suposta aparição de pessoa morta.

fan.tas.ma.gó.ri.co (*fantasmagoria+ico²*) *adj* Ilusório, irreal: "*O mundo assombrado, o suprarreal, o fantasmagórico e o impossível, todos têm a mesma validade que os fatos da história.*" (FSP)

fan.tás.ti.co (*gr phantastikós*) *adj* **1** Que só existe na fantasia, na imaginação. **2** Incrível. • *sm* O que só existe na imaginação.

fan.to.che (*fr fantoche*) *sm* Títere, marionete.

fan.zi.ne (*ingl fanzine*) *sm* Publicação da imprensa alternativa (revista para fãs), geralmente dedicada a assuntos musicais, cinema, ficção científica ou outras manifestações culturais.

fa.quei.ro (*faca+eiro*) *sm* **1** Fabricante de facas; cuteleiro. **2** Estojo para guardar talheres e outros apetrechos de mesa.

fa.quir (*ár faqîr*) *sm* **1** Monge muçulmano

ou hindu. **2** Indivíduo que se exibe suportando dores ou jejuns prolongados sem dar sinais de sensibilidade.

fa.ra.ó (*egípcio pera'a*, via *gr pharaó*) *sm* Título dos reis do antigo Egito.

fa.ra.ô.ni.co (*faraó+n+ico²*) *adj* **1** Que se refere aos faraós ou à sua época. **2** *fig* Grandioso, exagerado.

far.da (*ár fardâ*, via *cat*) *sf* Uniforme militar ou de corporação.

far.dão (*farda+ão²*) *sm* **1** Farda vistosa. **2** Veste de gala dos membros da Academia Brasileira de Letras.

far.dar (*farda+ar²*) *vtd* **1** Prover de farda. *vpr* **2** Vestir a farda.

far.do (*ital fardo*) *sm* **1** Carga, volume. **2** Pacote. **3** *fig* Aquilo que é difícil de suportar: *As dívidas eram um fardo para aquela família.*

fa.re.jar (*faro+ejar*) *vtd* **1** Cheirar; descobrir ou seguir pelo faro. **2** *fig* Adivinhar, pressentir. Conjuga-se como *solfejar*.

fa.re.lo (*lat vulg *farellu*, *dim de far*) *sm* A parte dos grãos moídos, separados da farinha por peneiramento.

far.fa.lhar (*cast farfallar*) *vint* Fazer ruído semelhante ao do vento nas ramagens: *"Chegava a chuva, branquejante, farfalhando rumorosa."* (SA)

fa.ri.ná.ceo (*lat farinaceu*) *adj* **1** Da natureza da farinha. **2** Que contém farinha ou fécula. • *sm* Substância que contém fécula ou amido.

fa.rin.ge (*gr pháryx*) *sf Anat* Tubo fibromuscular afunilado que se comunica, em cima, com as fossas nasais e a boca, e, embaixo, com a laringe e o esôfago.

fa.rin.gi.te (*faringe+ite¹*) *sf Med* Inflamação da faringe.

fa.ri.nha (*lat farina*) *sf* Pó obtido pela trituração de cereais e outras sementes e raízes, usado na panificação e em preparações culinárias em geral. *Farinha de rosca:* pão torrado e moído como farinha, que se usa para empanar. *Ser farinha do mesmo saco:* ser pessoa da mesma laia que outra.

far.ma.cêu.ti.co (*gr pharmakeutikós*) *adj* Que se refere a farmácia. • *sm* Aquele que fez o curso de farmácia; boticário.

far.má.cia (*gr pharmakía*, pelo *lat*) *sf* **1** Arte de preparar os medicamentos. **2** Estabelecimento onde se preparam ou vendem medicamentos.

fár.ma.co (*gr phármakon*) *sm Farm* Substância química utilizada como medicamento: *"Fármacos sintéticos que diminuem a ansiedade e a tensão, sem produzir sono."* (DRO)

far.ma.co.lo.gi.a (*fármaco+logo+ia¹*) *sf Farm* Estudo científico dos medicamentos e seu uso.

far.ma.co.pei.a (*é*) (*gr pharmakopoïïa*) *sf* **1** Livro que ensina a preparar os medicamentos. **2** Coleção de receitas de medicamentos.

fa.ro *sm* **1** Olfato dos animais. **2** *fig* Intuição, pressentimento: *O pai logo percebeu que o filho tinha faro para os negócios.*

fa.ro.es.te (*ingl Far-West*) *sm Cin* Bangue-bangue.

fa.ro.fa (*quimbundo farofa*) *sf* Farinha de mandioca torrada, temperada com toicinho ou manteiga e, às vezes, misturada com ovos, carne etc.

fa.ro.fei.ro (*farofa+eiro*) *sm* Indivíduo que leva seu lanche ou comida na praia, normalmente frango com farofa.

fa.rol (*gr Pháros, np*) *sm* **1** Espécie de torre com luz no alto, para dar sinais luminosos aos navegantes. **2** Semáforo, sinal. **3** Lanterna de automóvel.

fa.ro.lei.ro (*farol+eiro*) *sm* **1** Guarda de farol. **2** *gír* Que conta vantagem.

fa.ro.le.te (*ê*) (*farol+ete*) *sm* **1** Pequeno farol. **2** Luz traseira dos automóveis e outros veículos. **3** Lanterna.

far.pa (*cast farpa*) *sf* **1** Saliência pontiaguda (como no arame farpado). **2** Pequena lasca de madeira.

far.ra (*lunfardo farra*) *sf* **1** Folia. **2** *pop* Brincadeira.

far.ra.po (*esp harapo*) *sm* Trapo.

far.re.ar (*farra+e+ar¹*) *vint* Andar na farra, fazer farra. Conjuga-se como *frear*.

far.ris.ta (*farra+ista*) *adj m+f* Diz-se da pessoa que toma parte em farra. • *s m+f* Pessoa que é dada a farras.

far.sa (*fr farce*) *sf* **1** Peça cômica de teatro. **2** Arremedo: *Esta cerimônia é uma farsa.*

far.san.te (*de farsa*) *s m+f* **1** Artista que representa farsas. **2** Trapaceiro, vigarista.

far.tar (*farto+ar¹*) *vtd* **1** Saciar, satisfazer a fome ou a sede de. **2** Abarrotar. **3** Causar aborrecimento. *Part: fartado* e *farto.*

far.to (*lat fartu*) *adj* **1** Satisfeito, saciado. **2** Cheio. **3** Aborrecido, entediado, cansado.

far.tu.ra (*lat fartura*) *sf* Abundância. *Antôn: escassez.*

fas.cí.cu.lo (*lat fasciculu*) *sm* **1** *Edit* Folheto de obra publicada por partes. **2** *Anat* e *Zool* Feixe de fibras musculares ou nervosas.

fas.ci.na.ção (*lat fascinatione*) *sf* **1** Ato ou efeito de fascinar. **2** Encanto, enlevo.

fas.ci.nar (*lat fascinare*) *vtd* **1** Paralisar com o olhar. *vtd, vti* e *vint* **2** Encantar, deslumbrar, seduzir.

fas.cí.nio (de *fascinar*) *sm* Fascinação; encantamento.

fas.cis.mo (*ital fascismo*) *sm Políti* Sistema nacional, antiliberal, imperialista e antidemocrático, fundado na Itália, logo após o término da Primeira Guerra Mundial, por Benito Mussolini (1883-1945).

fas.cis.ta (*ital fascista*) *adj m+f* Pertencente ou relativo ao fascismo. • *s m+f* Pessoa partidária do fascismo.

fa.se (*gr phásis*) *sf* **1** *Astr* Cada um dos aspectos da Lua e de alguns planetas. **2** Decurso de tempo, período.

fast-food (*fést-fúd*) (*ingl*) *sf* Nome dado às refeições rápidas, como os sanduíches.

fas.ti.o (*lat fastidiu*) *sm* **1** Falta de apetite: *"Pobre do chefe, pegou mania de fastio. Devia de comer lombo de anta nova."* (COB) **2** Aborrecimento, tédio: *"Nos bastidores, o tom era de despedida e de um certo fastio."* (FSP)

fa.tal (*lat fatale*) *adj m+f* **1** Marcado pelo destino. **2** Decisivo, irrevogável: *"Quinta-feira seria o dia fatal."* (FSP) **3** Que causa a morte; mortal, letal: *"Se uma pedra atinge a hélice do aparelho ou a cabeça do piloto, haverá um acidente que pode ser fatal."* (DIN)

fa.ta.li.da.de (*lat fatalitate*) *sf* **1** Qualidade do que é fatal. **2** Desastre; desgraça.

fa.ti.a (*ár fiântâ*) *sf* **1** Pedaço cortado em forma de lâmina fina. **2** *pop* Bom lucro: *Teve direito a uma boa fatia da herança.* **3** Pedaço, porção.

fa.ti.ar (*fatia+ar¹*) *vtd* Cortar em fatias. Conjuga-se como *premiar. Cf fatia.*

fa.tí.di.co (*lat fatidicu*) *adj* **1** Que traz desgraças: *"Soava fatídico, aquele nome, carregado de maus presságios."* (CEN) **2** Fatal: *"Sentir medo não ajudaria em nada, nem evitaria o ataque fatídico do coração."* (VDM)

fa.ti.gar (*lat fatigare*) *vtd* **1** Cansar. *vtd* e *vpr* **2** Cansar(-se). *vtd* **3** *Eng* Sobrecarregar um material. *Var: fadigar.*

fa.to (*lat factu*) *sm* **1** Acontecimento. **2** O que é real. *De fato:* com efeito.

fa.tor (*lat factore*) *sm* **1** Aquele que determina ou faz uma coisa. **2** *Mat* Cada uma das quantidades que se multiplicam para formar um produto.

fa.to.rar (*fator+ar¹*) *vtd Arit* Decompor um número em seus fatores primos.

fa.to.ri.al (*fator+i+al¹*) *sm Mat* Produto cujos fatores estão em progressão aritmética.

fa.tu.ra (*lat factura*) *sf* Relação que acompanha a remessa de mercadorias expedidas. *Fatura fiscal:* nota fiscal.

fa.tu.rar (*fatura+ar¹*) *vtd* **1** Fazer a fatura de mercadorias vendidas. **2** Incluir na fatura (uma mercadoria). **3** Ganhar; conquistar: *"Sua equipe faturou o primeiro turno do Campeonato Pernambucano."* (PLA) **4** *gír* Ganhar vantagem: *"Com essa mania de sonâmbulo, o sem-caráter vai faturando alto."* (NI)

fau.na (*lat Fauna, np*) *sf Zool* Conjunto das espécies animais de um país, região, distrito, estação ou, ainda, período geológico.

fau.no (*lat Fauno, np*) *sm Mit* Figura imaginária (entre os antigos romanos), com pés e chifres de bode.

faus.to (*lat faustu*) *adj* Próspero. • *sm* Ostentação, grande pompa, luxo: *"Afinal, todos sonhamos com os faustos e pompas da realeza."* (FIL)

fa.va (*lat faba*) *sf Bot* **1** Erva da família das leguminosas, de vagens e sementes comestíveis. **2** Fruto com aspecto de bainha. *Favas contadas:* coisas certas, inevitáveis.

fa.ve.la (de *Favela, np*) *sf* Aglomerado de casas muito pobres ou barracos, feitos em geral de madeira e cobertos de zinco.

fa.ve.la.do (*favela+ado¹*) *sm* Habitante de favela.

fa.vo (*lat favu*) *sm* **1** Alvéolo ou conjunto de alvéolos onde as abelhas depositam o mel. **2** Coisa doce, agradável.

fa.vor (*lat favore*) *sm* **1** Benefício, obséquio. **2** Ajuda, colaboração. *Antôn: desfavorável*. *De favor:* de graça; gratuito. *Por favor:* por atenção pessoal.

fa.vo.rá.vel (*lat favorabile*) *adj m+f* Que favorece; propício. *Antôn: desfavorável*.

fa.vo.re.cer (*favor+ecer*) *vtd* Fazer favor, auxiliar, proteger. *Antôn: desfavorecer*.

fa.vo.ri.tis.mo (*favorito+ismo*) *sm* Preferência ou proteção dada a alguém.

fa.vo.ri.to (*ital favorito*) *adj* **1** Preferido. **2** *Esp* Diz-se do atleta, da equipe, do cavalo etc. que tem maiores oportunidades de vencer. • *sm* Indivíduo predileto.

fax (*ingl fax*) *sm* **1** Sistema de telecomunicações que permite a transmissão e reprodução de textos e imagens. **2** A cópia obtida por esse sistema.

fa.xi.na (*ital fascina*) *sf* Limpeza geral.

fa.xi.nei.ro (*faxina+eiro*) *sm* Aquele que faz o serviço de faxina.

fa.zen.da (*lat facienda*) *sf* **1** Grande estabelecimento rural, de lavoura ou criação de gado. **2** Tecido, pano. *Dim: fazendinha, fazendola*. *Fazenda pública:* o estado financeiro; os rendimentos do país; o tesouro público.

fa.zen.dei.ro (*fazenda+eiro*) *adj* Pertencente ou relativo a fazenda. • *sm* Proprietário de fazenda ou fazendas.

fa.zer (*lat facere*) *vtd* **1** Criar, produzir. **2** Fabricar. **3** Construir, edificar: *A construtora fez dois prédios em um mês.* **4** Estar, existir, haver (indicando o estado da atmosfera): *Faz muito calor no verão brasileiro.* **5** Ter decorrido; haver, completar-se (falando do tempo): *Faz cinco anos que não a vejo.* *Fazer as pazes:* reconciliar-se. *Fazer as vezes de:* substituir; servir para o mesmo fim. *Fazer cenas, pop:* a) dar escândalos; b) fazer figura ridícula. *Fazer cera, pop:* a) fingir que trabalha; b) Esp segurar o jogo, para garantir um resultado; c) *gír* enrolar. *Fazer feio:* fazer má figura; parecer mal. *Fazer horas, pop:* passar tempo. *Fazer rolo, pop:* armar desordem. *Conjug* – verbo irregular. *Conjug – Pres indic:* faço, fazes, faz, fazemos, fazeis, fazem; *Pret imp indic:* fazia, fazias, fazia, fazíamos, fazíeis, faziam; *Pret perf:* fiz, fizeste, fez, fizemos, fizestes, fizeram; *Pret mais-que-perf:* fizera, fizeras, fizera, fizéramos, fizéreis, fizeram; *Fut pres:* farei, farás, fará, faremos, fareis, farão; *Fut pret:* faria, farias, faria, faríamos, faríeis, fariam; *Pres subj:* faça, faças, faça, façamos, façais, façam; *Pret imp subj:* fizesse, fizesses, fizesse, fizéssemos, fizésseis, fizessem; *Fut subj:* fizer, fizeres, fizer, fizermos, fizerdes, fizerem; *Imper afirm:* —, faze(Tu), faça(Você), façamos(Nós), fazei(Vós), façam(Vocês); *Imper neg:* —, Não faças(Tu), Não faça(Você), Não façamos(Nós), Não façais(Vós), Não façam(Vocês); *Infinitivo impess:* fazer; *Infinitivo pess:* fazer, fazeres, fazer, fazermos, fazerdes, fazerem; *Ger:* fazendo; *Part:* feito.
O verbo **fazer**, usado para indicar tempo ou duração de tempo, é sempre impessoal e, portanto, não se flexiona, sendo sempre empregado na terceira pessoa do singular.
Faz um ano que moramos aqui.
Ele chegou faz quinze minutos.
Faz cinco meses que ele faleceu.

fé (*lat fide*) *sf* **1** Crença. **2** Confiança.

fe.al.da.de (*lat tardio *foedalitate*) *sf* Qualidade do que ou de quem é feio; feiura: *"Os moços são cruéis com a fealdade."* (FSP)

fe.bre (*lat vulg febre*) *sf* **1** *Med* Estado físico caracterizado pela aceleração do pulso e aumento da temperatura. *Dim: febrícula* e *febrinha*. **2** Ânsia de possuir: *Febre de ouro*.

fe.bril (*lat febrile*) *adj m+f* **1** Que tem febre. **2** Exaltado, excitado. *Pl: febris*.

fe.cal (*fr fécal*) *adj m+f* Que se refere a fezes.

fe.cha.du.ra (*fechar+dura*) *sf* Peça metálica acionada por chave que fecha portas, gavetas etc.

fe.cha.men.to (*fechar+mento*) *sm* Ação de fechar, encerrar, concluir.

fe.char (*fecho+ar¹*) *vtd* **1** Fixar por meio de chave, tranca etc. (porta, gaveta etc.). **2** Pôr em recinto cerrado. **3** Impedir, obstruir: *O lixo fechou o canal de escoamento da água.* **4** Limitar. **5** Concluir, terminar.

Antôn (acepção 1): *abrir*; (acepção 2): *desimpedir*. *Fechar a boca:* fazer calar por meio de argumentos ou razões. *Fechar a sete chaves:* guardar, esconder. *Fechar com chave de ouro:* terminar bem.

fe.cho (ê) (de *fechar*) *sm* **1** Trava da porta. **2** Acabamento, fim, remate.

fé.cu.la (*lat faecula*) *sf* **1** Substância farinácea de certas sementes e tubérculos. **2** *pop* Amido; polvilho.

fe.cun.da.ção (*lat fecundatione*) *sf* **1** Ato ou efeito de fecundar ou de ser fecundado. **2** Geração, reprodução.

fe.cun.dar (*lat fecundare*) *vtd* **1** Tornar fecundo. **2** *Biol* Fertilizar, gerar.

fe.cun.di.da.de (*lat fecunditate*) *sf* **1** *Biol* Capacidade de produzir descendentes. **2** Fertilidade, abundância. *Antôn: esterilidade*.

fe.cun.do (*lat fecundu*) *adj* **1** Capaz de procriar. **2** Inventivo, criador: *"Preocupou-se com várias ciências e foi fecundo escritor."* (ORM) **3** Fértil, frutífero: *"A semente caiu em solo fecundo, germinou, cresceu e vem produzindo frutos promissores."* (JK)

fe.de.lho (ê) (de *feder*) *sm* Criança com pretensões de adulto.

fe.den.ti.na (de *feder*) *sf* Fedor, mau cheiro: *"E aquela fedentina nunca me saiu do nariz."* (REI)

fe.der (*lat foetere*) *vint* **1** Exalar mau cheiro. **2** *fig* Causar má impressão. *Conjug* – O *e* do radical é aberto nas formas rizotônicas em que o *d* vem seguido de *e*: *fedes, fede, fedem*, e fechado nas formas em que ao *d* se segue *o* ou *a*: *fedo, fedas* etc. Alguns gramáticos consideram defectivo o verbo *feder*: segundo eles, não possui a 1ª pessoa do singular do presente do indicativo e, consequentemente, todo o presente do subjuntivo e todo o imperativo negativo. Esses tempos, porém, são usados na linguagem popular.

fe.de.ra.ção (*lat foederatione*) *sf* **1** *Polít* União política de nações; liga. **2** Associação de entidades para um fim comum.

fe.de.ral (*fr fédéral*) *adj m+f* Relativo a federação.

fe.dor (*lat foetore*) *sm* Mau cheiro.

fe.do.ren.to (*fedor*+*ento*) *adj* Que tem mau cheiro; fétido.

fei.ção (*lat factione*) *sf* **1** Forma, jeito. **2** Aspecto, aparência.

fei.jão (*gr phaséolos*) *sm* **1** *Bot* Semente ou vagem do feijoeiro. **2** O feijão cozido. *Feijão com arroz:* tudo que é habitual ou muito comum.

fei.jão com ar.roz Ver definição em *feijão*.

fei.jo.a.da (*feijão*+*ada*[1]) *sf* *Cul* Prato da culinária brasileira, preparado com feijão, toicinho, carne-seca, paio e porco.

fei.jo.ei.ro (*feijão*+*eiro*) *sm* *Bot* Nome genérico das plantas da família das leguminosas que produzem feijões.

fei.o (*lat foedu*) *adj* **1** De aspecto desagradável. **2** Desproporcionado, disforme. • *sm* **1** Homem de feições desagradáveis. **2** Coisa feia. *Sup abs sint: feiíssimo. Antôn: bonito. Feio de doer:* muito feio, horroroso.

fei.o.so (ó) (*feio*+*oso*) *adj* Um pouco feio: *"Tinha inveja de mim: não via que eu era defeituoso, feioso."* (TTE) • *sm* Indivíduo feioso. *Pl: feiosos* (ó).

fei.ra (*lat feria*) *sf* Lugar público em que se expõem e vendem mercadorias.

fei.ran.te (de *feirar*) *s m+f* Pessoa que vai à feira vender.

fei.ti.ça.ri.a (*feitiço*+*aria*) *sf* **1** Arte mágica. **2** Bruxaria.

fei.ti.cei.ro (*feitiço*+*eiro*) *adj* Que enfeitiça, atrai, encanta ou seduz. • *sm* Bruxo.

fei.ti.ço (*feito*+*iço*) *sm* **1** Bruxaria. **2** *fig* Encanto, fascinação. *Virar o feitiço contra o feiticeiro:* recair sobre uma pessoa o mal que ela tentara fazer a outra.

fei.ti.o (*feito*+*io*[2]) *sm* **1** Forma, maneira, feição: *"A casa de morada ficava nos fundos, e era em feitio de sobrado."* (LOB) **2** Caráter: *"Esta amargura faz parte do meu feitio."* (BDI)

fei.to (*lat factu*) *adj* **1** Realizado, terminado, pronto. **2** Formado. **3** Decidido, resolvido. • *sm* **1** Fato. **2** Façanha. *Dito e feito:* com presteza, rapidamente.

fei.tor (*lat factore*) *sm* **1** Administrador de empregados ou bens alheios. **2** Capataz.

fei.to.ri.a (*feitor*+*ia*[1]) *sf* **1** Administração exercida pelo feitor. **2** Cargo de feitor.

fei.u.ra (*ú*) (*feio*+*ura*) *sf* Fealdade.

fei.xe (*lat fasce*) *sm* **1** Reunião de várias coisas da mesma espécie, no sentido do comprimento; atado, molho. **2** Braçada, porção. *Feixe de ossos:* magro ao extremo.

fel (*lat felle*) *sm* **1** *pop* Bílis. **2** *fig* Mau humor, azedume. *Pl: féis e feles.*

fe.la.ção (*lat fellare+ção*) *sf* Sexo oral.

felds.pa.to (*Feldspath, np*) *sm Miner* Nome comum dado a várias espécies de minerais componentes das rochas cristalinas.

fe.li.ci.da.de (*lat felicitate*) *sf* **1** Estado de quem é feliz. **2** Bem-estar, contentamento. *Antôn: infelicidade. sf pl* **3** Votos de sucesso, congratulações. *Felicidade eterna:* bem-aventurança.

fe.li.ci.tar (*lat felicitare*) *vtd* **1** Dirigir cumprimento ou parabéns a: *Os convidados felicitaram os noivos na porta da igreja. vpr* **2** Congratular-se.

fe.lí.deos (*lat félis+ídeo²*) *sm pl Zool* Família de mamíferos carnívoros, como os leões, os tigres, as onças, os leopardos e os gatos em geral.

fe.li.no (*lat felinu*) *adj* **1** Que se refere ao gato. **2** Semelhante ao gato. **3** *fig* Flexível, ágil.

fe.liz (*lat felice*) *adj m+f* **1** Favorecido pela boa sorte. **2** Ditoso. **3** Satisfeito. *Sup abs sint: felicíssimo. Antôn: infeliz.*

fe.li.zar.do (*de feliz*) *adj+sm* **1** Que ou aquele que é feliz por ajuda alheia. **2** Que ou aquele que tem muita sorte.

fel.tro (ê) (*ital feltro*) *sm* Tecido de lã ou de pelos, empregado no fabrico de chapéus, discos de polimento etc.

fê.mea (*lat femina*) *sf* **1** Animal do sexo feminino. **2** Peça circular na qual se encaixa o macho.

fe.mi.ni.no (*lat femininu*) *adj* **1** Próprio de mulher ou de fêmea. **2** Que não é macho. **3** *Gram* Diz-se do gênero de palavras que designam seres femininos.

fe.mi.nis.mo (*lat femina+ismo*) *sm Sociol* Movimento que tem por objetivo a igualdade de direitos entre homens e mulheres.

fe.mi.nis.ta (*lat femina+ista*) *adj m+f* Relativo ao feminismo. • *s m+f* Pessoa partidária do feminismo.

fê.mur (*lat femur*) *sm Anat* Osso da coxa dos vertebrados. *Pl: fêmures.*

fen.da (*de fender*) *sf* Abertura estreita; racha, fresta, fissura.

fen.der (*lat findere*) *vtd* **1** Rachar. *vint* e *vpr* **2** Abrir-se em fendas ou rachas. *vtd* **3** Rasgar, cortar.

fe.ní.cio (*gr phoeínikes*) *adj* Relativo à Fenícia (Ásia antiga) ou aos seus habitantes. • *sm* **1** Habitante ou natural da Fenícia. **2** Idioma semítico antigo falado pelos fenícios.

fê.nix (s) (*gr phoînix*) *sf sing* e *pl* **1** Ave mitológica, símbolo da alma e da imortalidade, que, segundo os antigos, ressurgia de suas próprias cinzas. **2** *Fênix Astr* Constelação austral.

fe.no (*lat foenu*) *sm* Erva cortada e seca para alimento do gado.

fe.no.me.nal (*fenômeno+al¹*) *adj m+f* Extraordinário, surpreendente: *"A indústria de refino teve um impulso fenomenal."* (EU)

fe.nô.me.no (*gr phainómenon*) *sm* **1** Qualquer acontecimento. **2** Pessoa que se distingue por algum dote extraordinário.

fe.no.me.no.lo.gi.a (*fenômeno+logo+ia¹*) *sf Filos* Sistema filosófico que trata da descrição e classificação dos fenômenos.

fe.nó.ti.po (*feno²+tipo²*) *sm Biol* Aspecto geral dos seres (animais e vegetais) que se parecem com outros da mesma espécie. *Antôn: genótipo.*

fe.ra (*lat fera*) *sf* **1** Qualquer animal feroz e carnívoro. **2** *fig* Pessoa bárbara, cruel. **3** *gír* Indivíduo corajoso, valente.

fé.re.tro (*lat feretru*) *sm* Ataúde, caixão de defunto.

fé.ria (*lat feria*) *sf* **1** Salário de operário: *"Funcionário de loja troca parte da féria do dia por pagamentos com cartões 'dublê'."* (FSP) **2** Valor diário das vendas de uma casa comercial: *"Cada féria diária dava para um luxo asiático."* (CT) *sf pl* **3** Período de descanso, de repouso: *"Marta devia estar de férias."* (BH)

fe.ri.a.do (*lat feriatu*) *adj* Em que há férias; em que há descanso. • *sm* Dia em que se suspende o trabalho para descanso por prescrição civil ou religiosa. *Feriado nacional:* o que vigora em todo o país.

fe.ri.da (de *ferido*) *sf* **1** Ferimento. **2** *fig* Dor, mágoa.

fe.ri.men.to (*ferir+mento*) *sm* Ferida, golpe.

fe.ri.no (*lat ferinu*) *adj* **1** Semelhante a

uma fera. **2** Cruel, desumano. **3** Sarcástico, irônico.

fe.rir (*lat ferire*) *vtd* **1** Causar ferimento a. *vpr* **2** Cortar-se: *O operário feriu-se com a máquina. vtd* **3** Tocar (instrumento de cordas). *vtd* **4** Causar sofrimento a; magoar: *As palavras da mãe feriram o coração da menina*. Conjug – é verbo irregular; o *e* do radical muda-se em *i* na 1ª pessoa do singular do presente do indicativo e nas formas que dela derivam. *Conjug* – *Pres indic: firo, feres, fere, ferimos, feris, ferem; Pret perf: feri, feriste, feriu, ferimos, feristes, feriram; Pret imp indic: feria, ferias, feria, feríamos, feríeis, feriam; Pret mais-que-perf: ferira, feriras, ferira, feríramos, feríreis, feriram; Fut pres: ferirei, ferirás, ferirá, feriremos, ferireis, ferirão; Fut pret: feriria, feririas, feriria, feriríamos, feriríeis, feririam; Pres subj: fira, firas, fira, firamos, firais, firam; Pret imp subj: ferisse, ferisses, ferisse, feríssemos, ferísseis, ferissem; Fut subj: ferir, ferires, ferir, ferirmos, ferirdes, ferirem; Imper afirm: —, fere(Tu), fira(Você), firamos(Nós), fere(Vós), firam(Vocês); Imper neg: —, Não firas(Tu), Não fira(Você), Não firamos(Nós), Não firais(Vós), Não firam(Vocês); Infinitivo impess: ferir; Infinitivo pess: ferir, ferires, ferir, ferirmos, ferirdes, ferirem; Ger: ferindo; Part: ferido.*

fer.men.ta.ção (*fermentar+ção*) *sf* Reação de um corpo orgânico a um fermento que o decompõe.

fer.men.tar (*lat fermentare*) *vtd* **1** Produzir fermentação em, fazer levedar. *vint* **2** Levedar, crescer (massa). *vint* **3** Decompor-se pela fermentação.

fer.men.to (*lat fermentu*) *sm* Agente capaz de produzir fermentação, como levedura.

fe.ro.ci.da.de (*lat ferocitate*) *sf* **1** Qualidade ou caráter de feroz. **2** Ação feroz.

fe.roz (*lat feroce*) *adj* m+f **1** Que tem natureza de fera. **2** Cruel, perverso. *Sup abs sint: ferocíssimo.*

fer.ra.do (*part de ferrar*) *adj* **1** Provido de ferradura. **2** *pop* Que levou a pior, que se saiu mal.

fer.ra.du.ra (*ferrar+dura*) *sf* Peça de ferro forjada para adaptar-se ao casco de alguns animais, fixada por meio de cravos.

fer.ra.gem (*ferro+agem*) *sf* **1** Peças de ferro ou de outro metal que entram na construção de uma obra. **2** Conjunto de objetos de ferro.

fer.ra.men.ta (*lat ferramenta*) *sf* Qualquer instrumento ou utensílio.

fer.rão (*ferro+ão^2*) *sm* **1** Aguilhão. **2** Ponta de ferro. **3** *Zool* Órgão picador de certos insetos.

fer.rar (*ferro+ar^1*) *vtd* **1** Pôr ferraduras em, pregar ferro em. *vtd* **2** Marcar com ferro quente (bois, cavalos etc.). *vpr* **3** *pop* Sair-se mal.

fer.rei.ro (*ferro+eiro*) *sm* **1** Aquele que faz ou vende obras de ferro. **2** O que tem estabelecimento de fabrico ou venda dessas obras.

fér.reo (*lat ferreu*) *adj* **1** Feito de ferro. **2** *fig* Inflexível, ferrenho.

fer.ro (*lat ferru*) *sm* Metal de cor cinzento--azulada, duro, maleável e dúctil, fortemente atraído pelos ímãs e facilmente oxidável em ambiente úmido. *A ferro e fogo:* por todos os meios possíveis.

fer.ro.a.da (*ferrão+ada^1*) *sf* Picada com ferrão.

fer.ro.ar (*ferrão+ar^1*) *vtd* Dar ferroadas em, picar com o ferrão; aguilhoar. Conjuga-se como *coar.*

fer.ro.lho (*ó*) (*lat veruculu*, com influência de *ferro*) *sm* Pequena tranca de ferro com que se fecham portas ou janelas.

fer.ro.so (*ó*) (*ferro+oso*) *adj* **1** Que contém ferro. **2** *gír* Cruel, insensível. *Pl: ferrosos (ó).*

fer.ro.vi.a (*ferro+via*) *sf* Caminho de ferro, estrada de ferro.

fer.ro.vi.á.rio (*ferrovia+ário*) *adj* Relativo a caminho de ferro. • *sm* Indivíduo empregado em estrada de ferro.

fer.ru.gem (*lat ferrugine*) *sf* **1** Camada de óxido que se forma sobre metais ferrosos, especialmente quando expostos ao ar úmido. **2** *Bot* Designação de várias doenças de plantas cultivadas.

fer.ru.gi.no.so (*ó*) (*ferrugem+oso*) *adj* **1** Da natureza do ferro ou do seu óxido. **2** Que contém ferro ou óxido de ferro. **3** Da cor do ferro ou da ferrugem. • *sm Farm* Remédio que contém ferro. *Pl: ferruginosos (ó).*

fér.til (*lat fertile*) *adj m+f* 1 *Biol* Capaz de procriar. 2 Fecundo. *Antôn: estéril.*

fer.ti.li.da.de (*lat fertilitate*) *sf* 1 Estado ou qualidade de ser fértil. 2 Abundância. *Antôn: esterilidade.*

fer.ti.li.zan.te (de *fertilizar*) *adj m+f* 1 Que fertiliza. 2 Próprio para fertilizar. • *sm Agr* Adubo.

fer.ti.li.zar (*fértil+izar*) *vtd* 1 Tornar fértil (o solo) pela aplicação de adubos. *vtd* 2 *fig* Tornar produtivo. *vtd* 3 *Biol* Fecundar. *vint* 4 Tornar-se fértil.

fer.ver (*lat fervere*) *vint* 1 Entrar ou estar em ebulição. *vtd* 2 Cozer em um líquido em ebulição. *vint* 3 Animar-se; excitar-se.

fer.vi.lhar (*ferver+ilho+ar¹*) *vint* 1 Ferver constantemente. 2 Pulular, estar repleto.

fer.vor (*lat fervore*) *sm* 1 Ardor. 2 Ímpeto.

fer.vo.ro.so (ô) (*fervor+oso*) *adj* 1 Que tem fervor. 2 Cheio de fervor religioso. *Pl: fervorosos* (ó).

fer.vu.ra (*ferver+ura*) *sf* 1 Ebulição. 2 Agitação de ânimos. *Deitar água na fervura:* fazer abrandar o ânimo, moderar a exaltação.

fes.ta (*lat festa*) *sf* 1 Solenidade. 2 Celebração, comemoração. 3 Dia feriado, de descanso, dia santificado. *Ar de festa:* aparência alegre e jovial.

fes.tan.ça (de *festa*) *sf* 1 Festa animada. 2 Grande divertimento.

fes.tei.ro (*festa+eiro*) *adj* Amigo de festas. • *sm* 1 Aquele que faz festa. 2 Frequentador de festas.

fes.te.jar (*festa+ejar*) *vtd* 1 Fazer festa a. 2 Fazer festa em honra de. 3 Celebrar, comemorar. *Conjuga-se com* solfejar.

fes.te.jo (ê) (de *festejar*) *sm* Ato ou efeito de festejar.

fes.tim (*festa+im*) *sm* 1 Pequena festa: *"O que eu quero dizer é que povo nenhum antes de nós tornou o porre de éter um festim popular."* (Q) 2 Cartucho com pouco explosivo, que se queima com o disparo, fazendo apenas barulho: *"Nenhum dos soldados sabe qual é o rifle que está com cartucho de festim."* (DSP)

fes.ti.val (*festivo+al¹*) *sm* 1 Grande festa. 2 Espetáculo em honra e benefício de alguém. 3 Espetáculo artístico.

fes.ti.vi.da.de (*lat festivitate*) *sf* 1 Festa religiosa. 2 Demonstração de alegria.

fes.ti.vo (*lat festivu*) *adj* 1 Próprio de festa. 2 Divertido, contente, alegre.

fe.tal (*feto¹+al¹*) *adj m+f Embr* Que se refere ao feto¹: *"A hipertensão arterial dá índices elevados de mortalidade fetal."* (OBS)

fe.ti.che (*fr fétiche*) *sm* Objeto a que se presta culto ou a que se atribuem poderes sobrenaturais: *"O patrimônio público não é fetiche a ser adorado e sim bem a ser utilizado."* (FSP)

fé.ti.do (*lat foetidu*) *adj* Fedorento: *"Um odor fétido e úmido espalhava-se no ar."* (ALE)

fe.to¹ (*lat fetu*) *sm Embr* 1 Fase do desenvolvimento intrauterino que se segue à do embrião até o nascimento. 2 O próprio indivíduo nessa fase.

fe.to² (*lat filictu*) *sm Bot* Nome comum a diversas plantas, como as *samambaias*.

feu.dal (*lat med feudale*) *adj m+f* Que se refere a feudo ou a feudalismo.

feu.da.lis.mo (*feudal+ismo*) *sm Hist* Organização social, econômica e política da Idade Média.

feu.do (*frâncico *fêhu ôd*, via *lat med feudu*) *sm* Terra concedida pelo rei ou senhor e que obrigava o vassalo à prestação de certos serviços e ao pagamento de impostos.

fe.zes (*lat faeces*) *sf pl* 1 Borra; sedimento. 2 Excrementos.

fe.zi.nha (*fé+z+inho*, no *fem*) *sf pop* Jogo feito por palpite: *"Dona Mocinha, por que a senhora não faz uma fezinha no burro?"* (US)

fi.a.ção (*fiar¹+ção*) *sf* 1 Ato, modo ou trabalho de fiar. 2 Fábrica, lugar onde se fia ou tece qualquer matéria têxtil. 3 *Eletr* Conjunto de fios e conexões de uma instalação elétrica.

fi.a.do (*part* de *fiar²*) *adj* 1 Que se fiou. 2 Comprado ou vendido a crédito. • *adv* A crédito: *Comprar, vender fiado.*

fi.a.dor (*fiar²+dor*) *sm* Pessoa que se responsabiliza pelo cumprimento de uma obrigação ou dever por outra pessoa; abonador.

fi.an.ça (*fiar²+ança*) *sf* Obrigação assumida

fi.a.po (de *fio*) *sm* **1** Fiozinho. **2** *pop* Quantidade ou porção insignificante.

fi.ar[1] (*lat filare*) *vtd* Reduzir a fio, fazer fio, preparar o fio. Conjuga-se como *premiar*.

fi.ar[2] (*lat fidare*) *vtd* **1** Entregar sob confiança. *vti* e *vpr* **2** Depositar confiança em. *vtd* e *vpr* **3** Vender a crédito. Conjuga-se como *premiar*.

fi.as.co (*ital fiasco*) *sm* Fracasso.

fi.bra (*lat fibra*) *sf* **1** Nome que se dá a qualquer estrutura alongada, delgada, em forma de fio. **2** *fig* Energia, valor moral: *Homem de fibra*.

fi.bro.so (ó) (*fibra+oso*) *adj* **1** Relativo ou semelhante a fibras. **2** Composto de fibras. *Pl: fibrosos* (ó).

fí.bu.la (*lat fibula*) *sf Anat* Osso comprido e delgado, situado na parte externa da perna, junto à tíbia (nomes antigos: perônio e perôneo).

fi.car (*lat vulg *figicare, freq de figere*) *vti* e *vint* **1** Conservar-se em algum lugar: *Ficou muito tempo na mesma cidade*. *vlig* e *vpr* **2** Permanecer: *Ficou calado, apenas ouvindo o barulho da chuva*. *vint* **3** Estar situado: *O cinema fica próximo à região central da cidade*. *vti* e *vint* **4** Restar, sobrar. *vti* e *vint* **5** *gír* Namorar por pouco tempo, sem compromisso. *Ficar de mal*: ficar de relações cortadas.

fic.ção (*lat fictione*) *sf* **1** Ato ou efeito de fingir. **2** Simulação. **3** Arte de imaginar. **4** Coisas imaginárias.

fi.cha (*fr fiche*) *sf* **1** Objeto para marcar pontos no jogo. **2** Cartão em que se anotam documentos arquivados, livros catalogados de bibliotecas etc. *Na ficha, pop:* a dinheiro.

fi.char (*ficha+ar*[1]) *vtd* Anotar, registrar em fichas; catalogar.

fi.chá.rio (*ficha+ário*) *sm* **1** Caixa, gaveta, móvel onde se guardam fichas. **2** Coleção de fichas de anotação.

fic.tí.cio (*lat ficticiu*) *adj* **1** Que só existe na imaginação. **2** Imaginário. *Antôn: real*.

fí.cus (*lat ficu*) *sm sing+pl Bot* Nome comum dado a vários tipos de árvores semelhantes às figueiras.

fi.de.dig.no (*lat fide+digno*) *adj* Que é digno de fé, de confiança; que merece crédito: *"Esses dados foram obtidos por fontes fidedignas."* (FSP)

fi.de.li.da.de (*lat fidelitate*) *sf* **1** Lealdade. **2** Semelhança entre o original e a cópia. *Antôn: infidelidade*.

fi.el (*lat fidele*) *adj m+f* **1** Leal. **2** Exato, pontual. **3** Verídico. *Sup abs sint: fidelíssimo. Antôn: infiel.* • *sm* **1** Pessoa a quem se confia a guarda de valores. **2** Membro de religião ou seita. *Ser o fiel da balança*: ser aquele ou aquilo de quem ou de que depende uma decisão.

fi.ga (*lat tardio *fica*) *sf* **1** Amuleto ou talismã, em forma de mão fechada, com o polegar entre os dedos indicador e médio. **2** Sinal feito com a mão, pondo os dedos como na figa, para esconjurar ou repelir malefícios ou doenças.

fí.ga.do (*lat ficatu*) *sm Anat* Órgão glandular que, entre outras funções, exerce a de secretar a bílis.

fi.gu.ra (*lat figura*) *sf* **1** Imagem, gravura, estampa. **2** Pessoa, vulto. *Figura difícil, pop*: pessoa que gosta de fazer-se de difícil.

fi.gu.ra.do (*part de figurar*) *adj* **1** Representado por figuras. **2** Alegórico. **3** Hipotético.

fi.gu.ran.te (*lat figurante*) *s m+f Cin, Teat* e *Telev* Personagem que entra em cena sem falar.

fi.gu.rão (*figura+ão*[2]) *sm pop* Personagem importante; medalhão: *"O cortejo faz um caminho sinuoso e passa na frente da residência de algum figurão."* (UQ) *Fem: figurona*.

fi.gu.rar (*lat figurare*) *vtd* **1** Fazer a figura de; representar por meio de figura. *vtd* **2** Significar, simbolizar. *vti* **3** *Cin, Teat, Telev* Aparecer em cena.

fi.gu.ri.nha (*dim de figura*) *sf* Cada uma de pequenas gravuras que são colecionadas ou coladas em álbum.

fi.gu.ri.nis.ta (*figurino+ista*) *s m+f* Desenhista de figurinos.

fi.gu.ri.no (*ital figurino*) *sm* **1** Figura ou estampa que representa o traje da moda. **2** Revista de modas.

fi.la[1] (*fr file*) *sf* Série de coisas, animais ou pessoas dispostos ao lado ou atrás uns dos outros.

fi.la² (de *filar*) *sf* Raça brasileira de cão de guarda, notável pelo tamanho e pela fidelidade.

fi.la.men.to (*lat filamentu*) *sm* **1** Fio de diâmetro muito pequeno. **2** *Bot* Fios tênues que nascem das raízes das plantas. **3** Nas lâmpadas elétricas, fio que produz a iluminação.

fi.lan.tro.pi.a (*gr philanthropía*) *sf* **1** Amor à humanidade. **2** Caridade: *"Ele gasta milhões por ano em filantropia, esportes, construção de parques e bibliotecas públicas."* (FSP) *Antôn: misantropia*.

fi.lan.tró.pi.co (*gr philanthropikós*) *sm* Inspirado pela filantropia; humanitário. *Antôn: misantrópico*.

fi.lão (*fr filon*) *sm* **1** *Geol* Massa de minério que enche uma fenda de rocha; veio. **2** Caso que se explora facilmente.

fi.lar (*lat vulg *pilliare*, pelo *port arc filhar*) *vtd pop* Conseguir de graça: *Filar o lanche de alguém*.

fi.lar.mô.ni.ca (*fem de filarmônico*) *sf* **1** Sociedade musical. **2** Orquestra ou banda de música.

fi.la.te.li.a (*filo²+gr ateleía*) *sf* Estudo e coleção metódica dos selos postais dos diversos países.

fi.la.te.lis.ta (*filatelia+ista*) *s m+f* Pessoa que coleciona selos postais.

fi.lé (*fr filet*) *sm* **1** Bife de carne. **2** Fatia sem espinhas da carne de um peixe.

fi.lei.ra (*fila¹+eira*) *sf* Fila, carreira.

fi.le.te (ê) (*fr filet*) *sm* **1** Fio delgado, fiozinho. **2** *Bot* Parte fina do estame, em que se apoia a antera.

fi.lha.ra.da (*filho+ar²+ada*) *sf pop* Conjunto de muitos filhos.

fi.lho (*lat filiu*) *sm* **1** Pessoa do sexo masculino, considerada em relação aos pais. *Col: prole*. **2** Descendente. **3** *Rel* O ser humano em relação ao Criador (Deus). • *adj* Procedente, resultante.

fi.lho.te (*filho+ote*) *sm* **1** Cria de animal. *Col: ninhada*. **2** *pop* Filho pequeno.

fi.li.a.ção (*lat filiatione*) *sf* **1** Relação de parentesco entre os pais e seus filhos. **2** Nome dos pais de uma pessoa.

fi.li.al (*lat filiale*) *adj m+f* Relativo a filho. • *sf* Estabelecimento dependente de outro ou da sede de outro; sucursal. *Pl: filiais*.

fi.li.ar (*lat filiare*) *vtd* **1** Adotar como filho. *vpr* **2** Entrar em uma corporação, partido, seita etc: *Todos os funcionários se filiaram ao sindicato*. Conjuga-se como *premiar*.

fi.li.gra.na (*ital filigrana*) *sf* Obra em forma de renda tecida com fios de ouro ou prata, soldados com extrema delicadeza.

fil.ma.do.ra (*filmar+dor*, no *fem*) *sf* Máquina de filmar.

fil.ma.gem (*filmar+agem*) *sf* Ato ou efeito de filmar.

fil.mar (*filme+ar¹*) *vtd* Registrar acontecimentos, ou cenas representadas, em filme cinematográfico.

fil.me (*ingl film*) *sm* **1** *Fot* e *Cin* Rolo de película de celuloide que se utiliza para registrar imagens. **2** *Cin* Fita, película. *Col: filmoteca, cinemateca*.

fil.mo.te.ca (*filme+teca*) *sf* **1** Lugar onde se arquivam filmes cinematográficos ou microfilmes em geral. **2** Coleção de filmes.

fi.lo.ge.ni.a (*filo²+geno+ia¹*) *sf Biol* História genealógica de uma espécie ou de um grupo biológico.

fi.lo.lo.gi.a (*filo²+logo+ia¹*) *sf* **1** Ciência que estuda a língua, a literatura e a cultura de um povo. **2** Estudo dos textos antigos e da sua transmissão até o aparecimento da imprensa.

fi.lo.so.far (*lat philosophari*) *vint* **1** Raciocinar a respeito de assuntos que dizem respeito à filosofia e à vida: *"Ele deixa de ser o professor que ensina um conteúdo para trabalhar junto às crianças e ajudá--las a filosofar."* (FSP) *vti* **2** Argumentar ou discutir com sutileza sobre um assunto: *"Isso me levou a filosofar sobre o imperialismo, que é muito inteligente."* (FSP) *Cf filósofo*.

fi.lo.so.fi.a (*gr philosophía*) *sf* Estudo geral sobre a natureza de todas as coisas e suas relações entre si.

fi.ló.so.fo (*gr philósophos*) *adj+sm* Que ou aquele que é versado em filosofia.

fil.trar (*filtro+ar¹*) *vtd* **1** Coar. *vint* e *vpr* **2** Passar através do filtro.

fil.tro (*lat med filtru*) *sm* **1** Artigo ou material poroso, através do qual se faz passar um líquido ou gás que se quer purificar. **2** Utensílio para purificar líquidos; talha.

Filtro de linha, *Eletrôn:* dispositivo que elimina ruídos e variações bruscas de tensão da rede elétrica.

fim (*lat fine*) *sm* **1** Termo, conclusão, remate. **2** Intenção, propósito. **3** Alvo, objeto, mira. *A fim de:* para; com intenção de. *No fim das contas:* afinal; em conclusão. *Por fim:* finalmente.

fi.mo.se (*gr phímosis*) *sf Med* Estreitamento da abertura do prepúcio, que impede seu recuo sobre a glande.

fi.nal (*lat finale*) *adj m+f* **1** No fim, terminal. **2** Último, derradeiro. • *sm* **1** Fim, última parte. *sf* **2** A prova decisiva de concurso ou competição esportiva.

fi.na.li.da.de (*lat finalitate*) *sf* Fim em vista; intuito, objetivo.

fi.na.lis.ta (*final+ista*) *s m+f* Concorrente que disputa provas finais em campeonato ou concurso.

fi.na.li.zar (*final+izar*) *vtd* **1** Terminar. *vint* e *vpr* **2** Acabar-se, ter fim.

fi.nan.ças (*fr finances*) *sf pl* **1** Erário, Tesouro Público. **2** O dinheiro de que se dispõe.

fi.nan.cei.ra (*fem de financeiro*) *sf Com* Sociedade de crédito, financiamento e investimento.

fi.nan.cei.ro (*finança+eiro*) *adj* Relativo a finanças.

fi.nan.ci.a.men.to (*financiar+mento*) *sm* **1** Ato de financiar. **2** Empréstimo de dinheiro.

fi.nan.ci.ar (*finança+ar¹*) *vtd* Bancar; custear.

fi.nar (*lat fine+ar¹*) *vpr* **1** Definhar-se; consumir-se. *vint* **2** Morrer; falecer.

fin.car (*lat vulg *figicare*, de *figere*) *vtd* **1** Cravar, pregar. **2** Apoiar com força. **3** Enterrar.

fin.dar (*findo+ar¹*) *vint* e *vpr* **1** Ter fim, acabar. *vtd* e *vti* **2** Pôr fim a; finalizar, terminar. *Part: findado e findo.*

fin.do (*lat finitu*) *adj* Concluído.

fi.ne.za (*fino+eza*) *sf* **1** Obséquio, favor. **2** Delicadeza.

fin.gi.do (*part de fingir*) *adj* Falso, hipócrita, simulado.

fin.gi.men.to (*fingir+mento*) *sm* Hipocrisia, falsidade.

fin.gir (*lat fingere*) *vtd* **1** Aparentar, simular: *Fingiu tristeza para que tivessem pena dele. vtd* **2** Fantasiar, supor (o que não é): *As crianças costumam fingir que são super-heróis. vint* **3** Dissimular: *Para não magoar o marido, vivia fingindo.* Conjuga-se como *dirigir*.

fin.lan.dês (*top Finlândia+ês*) *adj* Pertencente ou relativo à Finlândia (Europa). • *sm* **1** Habitante ou natural da Finlândia. **2** A língua desse país. *Fem: finlandesa* (*ê*).

fi.no (*lat fine*) *adj* **1** Delgado. **2** Acabado, perfeito. **3** Que revela bom gosto. **4** Agudo, vibrante. *Antôn* (acepção 1): *grosso*; (acepção 2): *vulgar.* • *sm* Coisa fina, delicada. *Tirar uma fina, gír de motoristas:* passar muito próximo a outro veículo.

fin.ta (*ital finta*) *sf* **1** *Esp* Drible. **2** Engano, logro.

fin.tar (*finta+ar¹*) *vtd* **1** *Esp* Executar uma finta. **2** Lograr, enganar.

fi.nu.ra (*fino+ura*) *sf* **1** Qualidade de fino. **2** Delicadeza, sutileza.

fi.o (*lat filu*) *sm* **1** Linha fiada e torcida. **2** Filete de água. **3** Gume de um instrumento cortante. **4** *Eletr* Condutor elétrico. *Fio dental:* fio próprio para retirar fragmentos de alimento de entre os dentes. *Cf fio-dental.*

fi.o-den.tal *sm pop* Parte inferior do biquíni que deixa as nádegas à mostra. *Pl: fios-dentais.*

fir.ma (*de firmar*) *sf* **1** Assinatura. **2** Estabelecimento comercial ou industrial; empresa.

fir.ma.men.to (*lat firmamentu*) *sm* **1** Fundamento, alicerce. **2** A abóbada celeste; céu.

fir.mar (*lat firmare*) *vtd* **1** Tornar firme; estabilizar, fixar. *vtd* e *vpr* **2** Assinar, subscrever. *vtd* **3** Ajustar, contratar, pactuar.

fir.me (*lat firmu*) *adj m+f* **1** Fixo. **2** Seguro. **3** Sólido; estável.

fir.me.za (*firme+eza*) *sf* **1** Estabilidade, solidez. **2** Resolução, decisão. *Antôn* (acepção 1): *instabilidade.*

fis.cal (*lat fiscale*) *adj m+f* Pertencente ou relativo ao fisco. • *sm* Funcionário encarregado de fiscalizar o cumprimento de leis, regulamentos etc.

fis.ca.li.zar (*fiscal+izar*) *vint* **1** Exercer o

ofício de fiscal. *vtd* **2** Examinar, verificar. *vtd* **3** Velar por; vigiar.
fis.co (*lat fiscu*) *sm* **1** Fazenda pública, erário. **2** Parte da administração pública encarregada da cobrança dos impostos.
fis.ga.da (*fisga+ada¹*) *sf* **1** Golpe de fisga. **2** Dor aguda; pontada: *"Comecei a rir, mas no meio do meu riso senti uma fisgada na cabeça."* (LC)
fis.gar (*lat vulg *fixicare*) *vtd* **1** Agarrar, pescar com fisga ou arpão. **2** Apanhar depressa, perceber logo; pegar no ar: *Esperto que era, o menino logo fisgou o plano.*
fí.si.ca (*gr physiké*) *sf* Ciência que estuda as propriedades gerais da matéria.
fí.si.co (*gr physikós*, pelo *lat*) *adj* Material; corpóreo. • *sm* **1** Aspecto, semblante. **2** Homem que se dedica ao estudo da Física.
fi.si.o.lo.gi.a (*físio+logo+ia¹*) *sf* Ciência que estuda o funcionamento do organismo vivo.
fi.si.o.no.mi.a (*gr physiognomonía*) *sf* **1** Feições do rosto. **2** Aspecto, semblante.
fi.si.o.te.ra.peu.ta (*voc comp* de *gr phýsis+o+terapeuta*, como *fr physiothérapeute*) *s m+f Med* Profissional paramédico especializado em fisioterapia.
fi.si.o.te.ra.pia (*físio+terapia*) *sf Med* Área paramédica que faz aplicação de agentes físicos e mecânicos (como massagens, exercícios, água, luz, calor, eletricidade) no tratamento das doenças.
fis.su.ra (*lat fissura*) *sf* **1** Fenda, abertura. **2** *Med* Fenda ou fratura nos ossos.
fis.su.ra.do (*part* de *fissurar*) *adj* **1** Rachado. **2** *gír* Apaixonado, fanático.
fi.ta (*lat vitta*) *sf* **1** Faixa, tira. **2** *V filme*. **3** *pop* Fingimento.
fi.tar (*lat vulg *fictare*) *vtd* e *vpr* **1** Fixar a vista, cravar ou pregar os olhos em. *vtd* **2** Olhar com persistência. *vpr* **3** Fixar-se, cravar-se.
fi.tei.ro (*fita+eiro*) *adj+sm pop* Que ou aquele que faz fitas, que finge.
fi.ti.lho (*fita+ilho*) *sm* Fita estreita, usada especialmente para atar embrulhos.
fi.to (de *fitar*) *adj* **1** Cravado, fixo. **2** Muito atento. • *sm* **1** Alvo, mira. **2** Objetivo, intuito.

fi.to.ge.ni.a (*fito+geno+ia¹*) *sf Bot* Origem ou formação das plantas.
fi.to.ge.o.gra.fi.a (*fito+geo+grafo¹+ia¹*) *sf* Ramo diferenciado da Botânica que trata do modo de distribuição das plantas no meio ambiente e das razões dessa distribuição.
fi.to.gra.fi.a (*fito+grafo+ia¹*) *sf* Parte da Botânica que trata da descrição das plantas.
fi.to.te.ra.pi.a (*fito+terapia²*) *sf Med* Tratamento com remédios feitos de plantas.
fi.ve.la (*lat vulg *fibella*) *sf* **1** Peça que serve para segurar a ponta de uma correia, cinto, arreio etc. **2** Enfeite semelhante a essa peça.
fi.xa.dor (*cs*) (*fixar+dor*) *adj* Que possui a propriedade de fixar. • *sm* Substância usada em perfumaria, para evitar que a essência dos perfumes evapore.
fi.xar (*cs*) (*fixo+ar¹*) *vtd* **1** Cravar, pregar. **2** Prender, segurar. **3** Determinar. **4** Marcar uma data, um prazo. **5** Estabelecer residência. *Part*: fixado e fixo.
fi.xo (*cs*) (*lat fixu*) *adj* **1** Cravado, estável, firme. **2** Imóvel. *Ideia fixa*: a que não varia.
flã (*fr flan*) *sm Cul* Pudim feito de leite e ovos e assado no forno.
fla.ci.dez (*flácido+ez*) *sf* Estado de flácido.
flá.ci.do (*lat flacidu*) *adj* Frouxo, mole, murcho.
fla.ge.lar (*lat flagellare*) *vtd* **1** Açoitar com flagelo, chicotear. **2** Atormentar, torturar: *Guardar aquele segredo o flagelava.*
fla.ge.lo (*lat flagellu*) *sm* **1** Chicote. **2** Tortura. **3** Calamidade.
fla.gra (*der* regressiva de *flagrante*) *sm gír* Flagrante.
fla.gran.te (*lat flagrante*) *adj m+f* **1** Que é observado ou surpreendido. **2** Evidente, manifesto. • *sm* **1** Feito que se observa e/ou comprova no exato momento em que ocorre. **2** Registro ou documentação desse feito.

Flagrante significa evidente, manifesto. *O julgamento mostrou uma injustiça **flagrante**.*
Flagrante é, ainda, o que se diz do ato que a pessoa é surpreendida a praticar. *Ele foi pego em **flagrante** delito.*
Fragrante, por outro lado, significa aromático, odorífero, perfumado.

As flores fragrantes traziam para casa o cheiro do campo.

fla.grar (*lat flagare*) *vint* **1** Arder, inflamar-se. *vtd* **2** *pop* Prender em flagrante: *Os policiais flagraram os assaltantes.* **3** Surpreender.

fla.me.jan.te (de *flamejar*) *adj m+f* **1** Chamejante, brilhante: *"Brandia no ar a espada flamejante."* (TV) **2** Vigoroso; empolgado; inflamado.

fla.me.jar (*flama+ejar*) *vint* **1** Lançar chamas. **2** Brilhar, luzir. *Conjug:* com raras exceções, é conjugado apenas nas 3ªs pessoas.

fla.men.co (*cast flamenco*) *sm* Música e dança típicas da Espanha.

fla.men.go (*provençal flamenc*) *adj* **1** Que se refere a Flandres (região da Europa entre a França e a Bélgica). **2** Natural de Flandres. • *sm* **1** O natural ou habitante de Flandres. **2** Idioma holandês falado em parte da Bélgica e da França.

fla.min.go (*provençal flamenc*) *sm Ornit* Ave palmípede de pernas muito longas, pescoço comprido, bico curvado e plumagem rósea.

flâ.mu.la (*lat flammula*) *sf* **1** Pequena chama. **2** Bandeirinha com emblema ou divisa de clube, escola etc.

flan.co (*fr flanc*) *sm* **1** Lado. **2** *Anat* Região lateral do tronco entre as costelas e o ilíaco; ilharga.

fla.ne.la (*fr flanelle*) *sf* **1** Tecido macio de lã, felpudo. **2** Tecido de algodão, que imita aquele.

fla.ne.li.nha (*dim de flanela*) *sm gír* Guardador de carros.

flan.que.ar (*flanco+e+ar¹*) *vtd* **1** Estar ao flanco de. **2** Marchar ao lado de outro corpo de tropa. **3** Atacar de flanco (o inimigo). **4** Defender um ponto fortificado. Conjuga-se como *frear*.

fla.pe (*ingl flap*) *sm Aeron* Dispositivo localizado na parte inferior da asa de um avião, que ajuda a controlar a aterrissagem.

flash (*fléch*) (*ingl*) *sm* **1** *Fot* Lâmpada elétrica de luminosidade intensa e instantânea para tirar fotografias em lugares de iluminação insuficiente. **2** *Fot* Luminosidade dessa lâmpada.

flat (*flét*) (*ingl*) *sm* Apartamento com serviços incluídos (camareira, lavadeira etc.).

fla.tu.lên.cia (*fr flatulence*) *sf* Acúmulo de gases no estômago ou nos intestinos; ventosidade.

flau.ta (*fr ant flaüte*) *sf* **1** Instrumento musical de sopro. **2** Pífaro. *Andar ou viver na flauta:* vadiar, não ter ocupação certa.

flau.te.ar (*flauta+e+ar¹*) *vint* **1** Tocar flauta. **2** Vadiar, vagabundear: *"Onofre, você passa a vida só flauteando, não, Onofre?"* (MRJ) Conjuga-se como *frear*.

flau.tis.ta (*flauta+ista*) *s m+f* **1** Pessoa que toca flauta. **2** Fabricante de flautas.

fle.cha (*fr flèche*) *sf* **1** Seta. **2** Sinal que consiste num desenho de flecha, usado como indicador de direção.

fle.cha.da (*flecha+ada¹*) *sf* **1** Ato ou efeito de flechar. **2** Ferimento de flecha.

fle.char (*flecha+ar¹*) *vtd* **1** Ferir com flecha. *vint* **2** Arremessar flechas.

fler.tar (*flerte+ar¹*) *vti* e *vint* Ter flerte com; namoricar.

fler.te (*ê*) (*ingl flirt*) *sm* Namoro ligeiro, sem consequência: *"Um flerte antigo tem possibilidades de se transformar numa emoção mais séria."* (NOV)

fle.xão (*cs*) (*lat flexione*) *sf* **1** Ato de curvar-se ou dobrar-se. **2** *Gram* Variação das desinências nas palavras. Veja nota em **concordância**.

fle.xi.o.nar (*cs*) (*lat flexione+ar¹*) *vtd* **1** *Gram* Fazer a flexão de. **2** Curvar ou dobrar uma parte do corpo.

fle.xí.vel (*cs*) (*lat flexibile*) *adj m+f* **1** Que se pode curvar ou dobrar. **2** Maleável. *Antôn:* inflexível.

fli.pe.ra.ma (*ingl flipper+ama*) *sm* **1** Máquina de jogo, geralmente com vídeo e dispositivos de controle. **2** Estabelecimento comercial onde há essas máquinas.

flo.co (*lat floccu*) *sm* **1** Pequeno tufo. **2** *Zool* Tufo de cabelos que alguns animais têm na cauda. **3** Partícula de neve que esvoaça e cai lentamente.

flor (*lat flore*) *sf* Órgão reprodutor das plantas. Quando completo, é constituído por cálice, corola, androceu e gineceu. *Col:* braçada, buquê, ramalhete. *À flor de:* à superfície de.

flo.ra (de *Flora, np*) *sf* **1** O reino vegetal.

2 Conjunto da vegetação de um país ou de uma região.

flo.ra.ção (*florar+ção*) *sf* **1** Desenvolvimento de flor; florescência. **2** Estado das plantas em flor: *"Os grãos atingem a maturação trinta dias, em média, após a floração."* (AZ)

flo.ra.da (*florar+ada¹*) *sf* **1** Florescência; floração de uma planta. **2** Conjunto de flores.

flo.ral (*lat florale*) *adj m+f* Que se refere a flor. • *sm* Substância líquida feita com diferentes tipos de flores.

flo.re.ar (*flor+e+ar¹*) *vint* **1** Produzir flores. *vtd* **2** Fazer brotar flores em. *vtd* **3** Ornar com flores; enfeitar. Conjuga-se como *frear*.

flo.rei.o (*der regressiva de florear*) *sm* **1** Ato de florear. **2** Floreado.

flo.rei.ra (*flor+eira*) *sf* **1** Florista. **2** Mulher que fabrica flores artificiais. **3** Vaso ou jarra para flores.

flo.res.cên.cia (*lat florescentia*) *sf* **1** Ato de florescer. **2** Tempo em que as flores desabrocham. **3** Esplendor, brilho: *"Que singular paridade eu encontrava na florescência daquele espírito e nos altos instintos daquele coração!"* (DEN)

flo.res.cer (*lat florescere*) *vint* **1** Lançar ou produzir flores. *vtd* **2** Cobrir de flores, fazer brotar flores. *vint* **3** *fig* Frutificar, prosperar.

flo.res.ta (*fr ant forest*, com influência de *flor*) *sf* Vegetação cerrada constituída de árvores de grande porte, cobrindo grande extensão de terreno; mata.

flo.res.tal (*floresta+al¹*) *adj m+f* **1** Que se refere a floresta. **2** Que tem a seu cargo as florestas.

flo.ri.cul.tor (*flor+i+cultor*) *adj* Que se refere à floricultura. • *sm* Aquele que se dedica à floricultura.

flo.ri.cul.tu.ra (*flor+i+cultura*) *sf* **1** Arte de cultivar flores. **2** Casa onde se vendem flores.

flo.rir (*provençal florir*) *vint* **1** Cobrir-se de flores: *O jardim floriu.* **2** Desabrochar (a flor). *Conjug:* verbo defectivo; conjuga-se como *falir*.

flo.ris.ta (*flor+ista*) *s m+f* **1** Pessoa que vende flores; floreiro. **2** Pessoa que faz ou pinta flores artificiais.

flo.ti.lha (*cast flotilla*) *sf* **1** Pequena frota. **2** Frota de pequenos navios.

flu.ên.cia (*lat fluentia*) *sf* Facilidade e clareza no falar ou no escrever.

flu.en.te (*lat fluente*) *adj m+f* **1** Que flui; corrente, fluido. **2** Espontâneo.

flu.i.dez (*fluido+ez*) *sf* **1** Qualidade do que é fluido. **2** Facilidade de estilo ou de linguagem.

flui.do (*úi*) (*lat fluidu*) *adj* **1** Que corre como um líquido; fluente. **2** Corrente, fácil, claro. • *sm* Nome genérico de qualquer líquido ou gás. Veja nota em **gratuito**.

flu.ir (*lat fluere*) *vint* **1** Correr em estado líquido. **2** Transcorrer espontaneamente: *"Ficava mais linda quando deixava suas ideias fluírem soltas."* (ACM) *vti* **3** Derivar, proceder: *"Depois, estranhamente, três rios passaram a fluir de meu corpo."* (NOF) *Part*: fluído. *Cf* fluido. Conjuga-se como *contribuir*.

flu.mi.nen.se (*lat flumine+ense*) *adj m+f* **1** Relativo a rio; fluvial. **2** Do Estado do Rio de Janeiro ou relativo a ele. • *s m+f* Habitante ou natural do Estado do Rio de Janeiro.

flú.or (*lat fluore*) *sm Quím* Gás tóxico, amarelado e muito reativo.

flu.o.rar (*flúor+ar¹*) *vtd* **1** Tratar com ou fazer combinar-se com flúor. **2** Adicionar flúor (à água) para profilaxia da cárie dentária.

flu.o.res.cên.cia (*fluorescente+ia²*) *sf* Iluminação que certas substâncias apresentam quando expostas à ação dos raios luminosos: *"As 'lentes' dos óculos são visores de cristal líquido e deverão captar essa fluorescência."* (FSP) *Cf* fosforescência.

flu.o.res.cen.te (*de fluorescer*) *adj m+f* **1** Dotado de fluorescência. **2** Que tem a propriedade de fluorescência. *Cf* fosforescente.

flu.tu.an.te (*lat fluctuante*) *adj m+f* **1** Que flutua. **2** Que paira, oscila ou balança.

flu.tu.ar (*lat fluctuare*) *vint* **1** Boiar. **2** Pairar no ar. **3** Agitar-se ao vento.

flu.vi.al (*lat fluviale*) *adj m+f* **1** Que se refere a rio. **2** Que vive nos rios. **3** Próprio dos rios. **4** Produzido pela ação dos rios.

flu.vi.ô.me.tro (*flúvio+metro¹*) *sm* Aparelho

utilizado para medir a altura das enchentes fluviais ou o nível de um rio canalizado.

flu.xo (cs) (lat fluxu) sm Curso, corrente, vazão.

flu.xo.gra.ma (cs) (fluxu+grama) sm Inform **1** Diagrama para representação de um algoritmo. **2** Representação gráfica da definição, análise ou método de solução de um problema.

fo.bi.a (fobo+ia¹) sf Psicol **1** Aversão a alguma coisa. **2** Medo mórbido.

fó.bi.co (fobo+ico²) adj **1** Relativo a fobia. **2** Em que há fobia: *"Outro sintoma é a chamada esquiva fóbica: o sobrevivente começa a evitar lugares, comportamentos e roupas que lembrem o ocorrido."* (FSP)

fo.ca (gr phóke) sf **1** Zool Gênero de mamíferos carnívoros marinhos, encontrados principalmente nas regiões polares. s m+f **2** Jorn Repórter ou jornalista novato.

fo.cal (foco+al¹) adj m+f Que se refere a foco.

fo.ca.li.zar (focal+izar) vtd **1** Ópt Ajustar o sistema óptico para conseguir imagens nítidas. **2** fig Focar.

fo.car (foco+ar¹) V focalizar.

fo.ci.nhei.ra (focinho+eira) sf **1** Correia ou laçada que circunda o focinho do animal. **2** Focinho de porco.

fo.ci.nho (lat vulg *faucinu) sm Zool Parte da cabeça do animal, compreendendo boca, ventas e queixo.

fo.co (lat focu) sm **1** Ópt Ponto para onde convergem os raios da luz. **2** Fonte de luz. **3** Med Ponto principal de infecção. *Estar em foco:* estar em evidência.

fo.da (de foder) sf vulg **1** Cópula; relação sexual. **2** Coisa desagradável ou insuportável.

fo.der (lat futuere) vint e vti vulg **1** Ter relações sexuais, copular. vtd **2** Prejudicar. vpr **3** Sair-se mal.

fo.di.do (part de foder) adj vulg Que se saiu mal; prejudicado.

fo.fo (ô) (voc onom) adj **1** Brando, macio, mole. **2** pop Bonito, gracioso.

fo.fo.ca sf pop Fuxico, mexerico.

fo.fo.car (fofoca+ar¹) vint pop Fazer fofoca; bisbilhotar.

fo.fo.quei.ro (fofoca+eiro) sm pop Quem faz fofocas.

fo.fu.ra (fofo+ura) sf **1** Qualidade de fofo. **2** Pessoa, animal ou coisa fofa.

fo.ga.ça (ital focaccia) sf Grande bolo ou pão cozido.

fo.gão (fogo+ão²) sm **1** Eletrodoméstico para cozinhar. **2** Lareira.

fo.ga.rei.ro (fogar+eiro) sm Pequeno fogão portátil.

fo.go (ô) (lat focu) sm **1** Combustão acompanhada de luz, calor e chamas. **2** Labareda. **3** Fogueira, lume. **4** Incêndio. **5** fig Ardor, energia. *Pl: fogos* (ó). *Cuspir fogo:* ficar colérico. *Fogo de palha:* entusiasmo passageiro. *Negar fogo:* falhar. *Pegar fogo:* inflamar-se, incendiar-se.

fo.go-fá.tuo sm **1** Labareda espontânea proveniente de gases das sepulturas e de pântanos. **2** fig Prazer ou glória de curta duração. *Pl: fogos-fátuos.*

fo.go-sel.va.gem sm Med Doença caracterizada por grandes bolhas na pele e nas membranas das mucosas. *Pl: fogos-selvagens.*

fo.go.so (ô) (fogo+oso) adj **1** Que tem fogo ou calor. **2** Irrequieto. **3** Caloroso. *Pl: fogosos* (ó).

fo.guei.ra (fogo+eira) sf **1** Matéria combustível em chamas. **2** Monte de lenha em chamas.

fo.gue.te (fogo+ete) sm **1** Rojão. **2** Veículo espacial a propulsão. **3** Mil Engenho bélico usado para lançar uma carga explosiva contra um alvo a grande distância.

fo.gue.tei.ro (foguete+eiro) sm **1** Fabricante de foguetes. **2** pop Contador de lorotas. • adj Assanhado.

fo.gue.tó.rio (foguete+ório) sm Festa em que se queimam foguetes.

fo.guis.ta (fogo+ista) s m+f O que tem a seu cargo alimentar o fogo das caldeiras de máquinas a vapor.

foi.ce (lat falce) sf Instrumento agrícola para ceifar ou segar.

fol.clo.re (ingl folklore) sm Conjunto das tradições, conhecimentos ou crenças populares, expressos em lendas, canções e costumes.

fol.clo.ris.ta (folclore+ista) s m+f Especialista em folclore.

fôl.der (ingl folder) sm Art Gráf Encarte em jornal ou revista, geralmente promo-

cional, constituído de uma folha solta com duas ou mais dobras. *Pl: fôlderes.*
fo.le (*lat folle*) *sm* Utensílio que produz vento para ativar fogo ou limpar cavidades.
fô.le.go (de *folegar*) *sm* **1** Movimento de aspiração e expiração do ar: *A menina quase perdeu o fôlego de tanto chorar.* **2** Ânimo, coragem: *Precisou de fôlego para concluir o trabalho.* **3** Resistência à fadiga (de animal ou pessoa). *Obra de fôlego:* trabalho de grande valor.
fol.ga (de *folgar*) *sf* **1** Tempo de descanso. **2** *Mec* Espaço entre duas peças ajustadas uma à outra.
fol.gar (*lat follicare*) *vtd* **1** Dar folga, descanso a. *vtd* **2** Alargar, desapertar. *vint* **3** Alegrar-se, ter prazer. *vint* **4** Estar desafogado ou livre.
fol.ga.do (*part* de *folgar*) *adj* **1** Que tem ou tem tido folga: *Hoje estou folgado.* **2** Amplo; cômodo: *"A seleção poderia ganhar por um placar mais folgado."* (FSP) **3** Não apertado; largo: *"Usa um bermudão folgado."* (EST) • *adj+sm* **1** Confiado, atrevido, metido: *"Obrigamos um senhor de pasta e um rapazola folgado a se porem no devido lugar."* (GTT) **2** Despreocupado. **3** Que ou aquele que se esquiva ao trabalho, a certas obrigações ou deveres: *"O senhor me disse que eu era um folgado, e eu não lhe disse que era da minha folga que vocês viviam?"* (TRH)
fol.ga.zão (*folgar+az+ão²*) *adj+sm* Brincalhão, folião: *"José Ricardo era muito conhecido no bairro pelo seu jeito alegre e folgazão."* (PCO) • *sm Folc* **1** Cantador de modas de viola. **2** Dançador de fandango. *Fem:* folgazona e folgazã. *Pl:* folgazãos e folgazões.
fol.gue.do (*ê*) (*folgar+edo*) *sm* Brincadeira, divertimento: *"Nos folguedos infantis, eu descobri cantigas de roda com restos de romances que deitam raízes na Idade Média."* (FSP)
fo.lha (*ó*) (*lat folia*) *sf* **1** *Bot* Órgão, geralmente verde, constituído por uma lâmina (limbo), sustentado por um pedúnculo (pecíolo), que se desenvolve nos ramos e no caule das plantas, e no qual se processa a elaboração da matéria nutritiva pela fotossíntese. *Dim irreg:* folíolo. **2** Lâmina de metal. **3** Pedaço de papel de forma quadrada ou retangular. **4** Parte móvel da porta ou janela. *Folha de flandres:* folha de ferro estanhada, usada na fabricação de vários utensílios. *Novo em folha:* ainda não usado.
fo.lha de flan.dres Ver definição em *folha*.
fo.lha.do (*folha+ado¹*) *adj* **1** Cheio de folhas. **2** Em forma de folhas. **3** Diz-se de um tipo de massa de torta. • *sm* **1** Ação ou efeito de folhar. **2** Massa folhada.
fo.lha.gem (*folhar+agem*) *sf* **1** Conjunto das folhas de uma ou mais plantas. **2** Nome dado às plantas ornamentais de folhas coloridas que não produzem flores.
fo.lhar (*folha+ar¹*) *vtd* **1** Ornar com folhagem. **2** Revestir de folhas ou lâminas de metal precioso ou de outro material. *Cf folhear.*
fo.lhe.a.do (*part* de *folhear*) *adj* **1** Provido de folhas. **2** *Geol* Disposto em camadas.
fo.lhe.ar (*folha+e+ar¹*) *vtd* **1** Percorrer, ler por cima as folhas de (livro, revista etc.). **2** Prover de folha; folhar. Conjuga-se como *frear. Cf folhar.*
fo.lhe.tim (*cast folletín*) *sm* Seção literária de um periódico.
fo.lhe.to (*ê*) (*folha+eto*) *sm* Panfleto.
fo.lhi.nha (*folha+inha*) *sf* Folha de papel com o calendário impresso.
fo.li.a (*fr folie*) *sf* **1** Brincadeira ruidosa; festança. **2** *Folc* Grupo de cantadores e tocadores que saem para angariar ofertas para a realização de uma festa.
fo.li.ão (de *folia*) *sm* **1** Amigo da folia. **2** Membro de bloco carnavalesco. *Fem:* foliona.
fo.lí.cu.lo (*lat folliculu*) *sm* **1** *Anat* Pequena depressão do epitélio na pele ou mucosa. **2** *Anat* Pequena glândula simples ou pouco ramificada. **3** Pequena folha ou lâmina. **4** *Anat* Vesícula.
fo.lí.o.lo (*lat foliolu*) *sm Bot* **1** Cada limbo parcial da folha composta. **2** Pequena folha. *sm pl* **3** Sépalas do cálice.
fo.me (*lat fame*) *sf* Sensação causada pela necessidade de comer. *Juntar a fome com a vontade de comer, pop:* juntarem-se dois interessados na mesma coisa e agirem de parceria. *Varado de fome:* com muita fome.

fo.men.tar (*lat fomentare*) *vtd* **1** Estimular, incitar. **2** Desenvolver.

fo.men.to (*lat fomentu*) *sm* **1** Proteção, auxílio. **2** Incitação, estímulo.

fo.na.ção (*fono+ar¹+ção*) *sf Fisiol* Produção dos sons articulados (voz) pelo aparelho fonador.

fo.na.do (*fono+ado¹*) *adj* Diz-se do telegrama cujo texto é passado por telefone, para ser transmitido.

fo.na.dor (*fono+ar¹+dor*) *adj* Que produz os sons vocais ou a voz.

fo.ne (*gr phoné*) *sm* **1** Abreviatura de *telefone*. **2** Peça do telefone que se leva ao ouvido.

fo.ne.ma (*gr phónema*) *sm Gram* A menor unidade distintiva do sistema sonoro de uma língua.

fo.né.ti.ca (*gr phonetiké*) *sf Gram* Estudo dos fonemas, de sua produção, classificação, representação etc.

fo.ne.ti.cis.ta (*fonético+ista*) *s m+f* Especialista em fonética.

fo.ni.a.tri.a (*fono+iatro+ia¹*) *sf* Ramo da medicina que se ocupa dos problemas da fonação e de seu tratamento.

fô.ni.co (*fono+ico²*) *adj* **1** Relativo à voz ou ao som. **2** Diz-se dos sinais que representam os sons da voz.

fo.no.au.di.o.lo.gi.a (*fono+áudio+logo+ia¹*) *sf* Estudo da fala e da audição.

fo.no.au.di.ó.lo.go (*fono+áudio+logo*) *sm* Especialista em fonoaudiologia.

fo.no.lo.gi.a (*fono+logo+ia¹*) *sf Ling* Parte da gramática que estuda o sistema sonoro de uma língua.

fo.nó.lo.go (*fono+logo*) *sm* Especialista em fonologia.

fon.ta.ne.la (*lat fontanella*) *sf Anat* Espaço membranoso da caixa craniana de crianças, antes da sua completa ossificação; moleira.

fon.te¹ (*lat fonte*) *sf* **1** Nascente. **2** Chafariz. **3** Bica. **4** Causa, origem, princípio. *Fonte luminosa:* fonte iluminada por focos elétricos.

fon.te² (*fr fonte*) *sf Tip* Conjunto de sinais, letras e espaços de mesmo caráter e corpo.

fo.ra (*lat foras*) *adv* **1** Exteriormente. **2** Em país estranho. • *prep* **1** Exceto, menos. **2** Afastado de. **3** Além de. • *interj* Arreda!, sai! *Dar o fora, pop:* ir-se embora. *Fora da lei:* a) diz-se daquele que vive à margem da sociedade ou da lei; b) indivíduo fora da lei.

fo.ra da lei Ver definição em *fora*.

fo.ra.gi.do (*cast forajido*, do *lat foras exitu*) *adj+sm* **1** Que ou aquele que se esconde para escapar à justiça. **2** Perseguido.

fo.ra.gir (de *foragido*) *vpr* Esconder-se para escapar à justiça; fugir à justiça: *Foragiu-se porque sabia que seria preso.* Conjuga-se como *falir*.

fo.ras.tei.ro (*cat foraster*) *adj+sm* **1** Estrangeiro. **2** Estranho. **3** Peregrino.

for.ca (*ô*) (*lat furca*) *sf* **1** Cadafalso. **2** Corda com que alguém se enforca.

for.ça (*ô*) (*lat fortia*) *sf* **1** *Mec* Potência, agente, ação, causa que gera movimentos. **2** Robustez, vigor muscular. **3** Violência. **4** Esforço, intensidade. **5** Autoridade, influência, poder. *sf pl* **6** *Mil* Tropas. • *interj* Interjeição usada para animar, apoiar ou encorajar. *À força:* por meios violentos. *Força de vontade:* poder de controlar as próprias ações ou emoções. *Forças Armadas:* o Exército, a Marinha e a Aeronáutica. *Por força de:* em virtude de, por causa de.

for.ca.do (*forca+ado¹*) *sm* Utensílio de lavoura formado de uma haste terminada em duas ou mais pontas de ferro; garfo.

for.çar (*lat med fortiare*) *vtd* **1** Obrigar: *Forçou o filho a tomar o remédio.* **2** Conquistar, conseguir, obter por força. **3** Arrombar, quebrar.

fór.ceps (*lat forceps*) *sm sing +pl Cir* Instrumento em forma de pinça, usado nos partos difíceis para ajudar a criança a nascer.

for.ço.so (*ô*) (*força+oso*) *adj* Necessário, inevitável. *Pl:* forçosos (*ó*).

for.çu.do (*força+udo*) *adj pop* Robusto, forte.

fo.ren.se (*lat forense*) *adj m+f* **1** Que se refere ao foro judicial. **2** Relativo aos tribunais.

for.ja (*fr forge*) *sf* Oficina de ferreiro; ferraria.

for.jar (*forja+ar¹*) *vtd* **1** Trabalhar na forja (ferro ou outro metal). **2** Imaginar, inventar, maquinar. **3** Falsificar.

for.ma (ó) (*lat forma*) *sf* **1** Figura ou aspecto exterior dos corpos materiais. **2** Modelo, norma. *De outra forma:* ao contrário. *Em forma:* em boas condições de saúde e/ou de treino.

fôr.ma *sf* **1** Modelo, molde de qualquer coisa. **2** Vasilha em que se assam bolos e pudins. (Atenção: o acordo ortográfico de 1990 admite o uso do acento circunflexo na palavra fôrma para desfazer ambiguidades, como na frase: *a forma da fôrma retangular é a melhor.*) *Var:* forma.

for.ma.ção (*lat formatione*) *sf* **1** Caráter, constituição. **2** Disposição ordenada.

for.mal (*lat formale*) *adj m+f* Cerimonioso, protocolar.

for.ma.li.da.de (*formal+i+dade*) *sf* **1** Aquilo que é de praxe. **2** Maneira de proceder publicamente; etiqueta.

for.ma.lis.mo (*formal+ismo*) *sm* **1** Preocupação excessiva com os ritos, as cerimônias e as formas externas da religião. **2** Excesso de formalidades.

for.ma.li.zar (*lat formalizare*) *vtd* Realizar de acordo com as formalidades; fazer de acordo com as regras.

for.man.do (de *formar*) *sm* Aquele que está recebendo formatura.

for.mar (*lat formare*) *vtd* **1** Fabricar, fazer. *vtd* **2** Dispor em certa ordem ou em linha. *vpr* **3** Concluir a formatura: *Ele se formou em Direito.*

for.ma.ta.ção (*formatar+ação*) *sf Inform* Ato ou efeito de formatar.

for.ma.tar (*ingl to format*) *vtd* **1** *Inform* Estabelecer a disposição dos registros de um arquivo de dados ou a disposição dos parágrafos, tipos de letras, números de páginas etc. de um arquivo de texto. **2** Determinar o formato de.

for.ma.to (*lat formatu*) *sm* Feitio, forma, tamanho.

for.ma.tu.ra (*lat formatura*) *sf* **1** Ação ou efeito de formar(-se). **2** Graduação em escola superior ou em outros cursos.

fór.mi.ca (nome comercial) *sf* Material sintético laminado, usado geralmente para revestimento de móveis e paredes.

for.mi.ci.da (*lat formica+cida*) *sm* Preparado químico para matar formigas.

for.mi.cí.deos (*lat formica+ídeos*) *sm pl Entom* Família de insetos himenópteros que inclui as formigas.

for.mi.dá.vel (*lat formidabile*) *adj m+f* **1** Notável, extraordinário. **2** *pop* Excelente, ótimo.

for.mi.ga (*lat formica*) *sf Entom* Nome genérico de insetos da família dos formicídeos, os quais vivem em sociedade, debaixo da terra, em ninhos sobre árvores, no oco dos paus etc. *Col:* correição, formigueiro.

for.mi.ga.men.to (*formigar+mento*) *sm* Comichão.

for.mi.gar (*formiga+ar¹*) *vint* **1** Sentir picadas, como de formigas. *vti* **2** Pulular, estar repleto.

for.mi.guei.ro (*formiga+eiro*) *sm* **1** Buraco ou toca de formigas. **2** Colônia de formigas que vivem nesse buraco ou toca. **3** *por ext* Grande multidão, grande quantidade.

for.mol (*form(aldeído)+(álco)ol*) *sm Farm* Solução química, usada como antisséptico, bactericida ou para conservar cadáveres.

for.mo.so (ô) (*lat formosu*) *adj* Belo, bonito. *Pl:* formosos (ó).

for.mo.su.ra (*formoso+ura*) *sf* Beleza, perfeição.

fór.mu.la (*lat formula*) *sf* **1** Receita do médico ou receita para preparar alguma coisa. **2** *Mat* Expressão que serve para resolver todos os problemas semelhantes.

for.mu.lar (*fórmula+ar¹*) *vtd* **1** Pôr em fórmula. **2** Receitar medicamentos; aviar receitas. **3** Manifestar, exprimir.

for.mu.lá.rio (*lat formulariu*) *sm* **1** Coleção de fórmulas. **2** Modelo impresso em que apenas se preenchem os dados particulares ou pessoais.

for.na.da (*forno+ada¹*) *sf* **1** Aquilo que um forno coze de uma vez. **2** Quantidade de coisas que se fazem de uma vez.

for.na.lha (*lat fornacula*) *sf* **1** Forno grande. **2** Parte de uma máquina ou de um fogão em que arde o combustível.

for.ne.ce.dor (*fornecer+dor*) *adj+sm* Abastecedor.

for.ne.cer (*fornir+ecer*) *vtd* **1** Abastecer. **2** Dar. **3** Produzir.

for.no (ô) (*lat furnu*) *sm* **1** Parte do fogão onde se fazem assados. **2** *fig* Lugar muito quente. *Pl:* fornos (ó).

fo.ro¹ (ó) (*lat foru*) *sm* Lugar onde funcionam os órgãos do Poder Judiciário: *"Aí foi construída uma réplica exata do Foro Romano, tal qual existia no século II."* (MAN) *Var: fórum*.

fo.ro² (ó) (*lat foru*) *sm* 1 Tribunal de Justiça: *"TRT não era foro competente para julgar a questão."* (FSP) *sm pl* 2 Direitos, privilégios, imunidades: *"Ao deixar o cargo de ministro da Economia da Argentina, ele perdeu os foros especiais que tinha perante a Justiça."* (FSP)

for.ra.gem (*fr fourrage*) *sf* Nome genérico de plantas, ou partes de plantas, que servem de alimentação ao gado.

for.rar¹ (*fr ant forrer*) *vtd* 1 Pôr forro em; cobrir. 2 Reforçar com entretela; revestir. *Forrar o estômago*: comer algo, à guisa de refeição.

for.rar² (*forro²+ar¹*) *vtd* Tornar forro ou livre; alforriar.

for.ro¹ (ó) (*der* regressiva de *forrar¹*) *sm* 1 Aquilo com que se forra. 2 Revestimento.

for.ro² (ô) (*der* regressiva de *forrar²*) *adj* 1 Alforriado; liberto. 2 Livre, isento.

for.ró (*red* de *forrobodó*) *sm pop* Arrasta-pé; baile popular.

for.ta.le.cer (*cast fortalecer*) *vtd* e *vpr* 1 Tornar(-se) forte, robustecer(-se). *vtd* 2 Dar coragem: *A lembrança dos pais o fortalecia*.

for.ta.le.za (ê) (*provençal ant fortaleza*) *sf* 1 Vigor, robustez. 2 Solidez. 3 *Mil* Fortificação; praça de guerra; forte.

for.ta.le.zen.se (*top Fortaleza+ense*) *adj m+f* Relativo a Fortaleza, capital do Ceará. • *s m+f* Natural ou habitante desse município.

for.te (*lat forte*) *adj m+f* 1 Valente. 2 Robusto. 3 Poderoso. 4 Enérgico. *Antôn*: *fraco*. • *sm* 1 Castelo, fortificação. 2 O que predomina. • *adv* Com força, rijamente.

for.ti.fi.ca.ção (*lat fortificatione*) *sf* Construção adequada para facilitar a defesa; forte, fortaleza.

for.ti.fi.can.te (*lat fortificante*) *adj m+f* Que fortifica. • *sm Farm* Medicamento para fortalecer o organismo; tônico.

for.ti.fi.car (*lat fortificare*) *vtd* e *vpr* 1 Fortalecer(-se). *vtd* 2 Auxiliar, reforçar. *vpr* 3 Manter-se firme.

for.tui.to (*lat fortuitu*) *adj* Que ocorre por acaso; casual: *"É o que se pode chamar um encontro fortuito."* (TJR) Veja nota em **gratuito**.

for.tu.na (*lat fortuna*) *sf* 1 Boa sorte, ventura, felicidade. 2 Destino, fado, sina. 3 Bens, riqueza.

fó.rum (*lat forum*) *V foro¹*.

fos.co (ô) (*lat fuscu*) *adj* Embaçado, sem brilho ou transparência.

fos.fa.to (*fosfo+ato⁵*) *sm Quím* Composto de fósforo usado em fertilizantes.

fos.fo.res.cên.cia (*fosforescente+ia²*) *sf* Propriedade dos corpos fosforescentes de brilhar no escuro, sem emitir calor. *Cf fluorescência*.

fos.fo.res.cen.te (de *fosforescer*) *adj m+f* Que brilha no escuro, sem calor nem combustão. *Cf fluorescente*.

fos.fó.ri.co (*fósforo+ico²*) *adj* 1 Relativo ou pertencente ao fósforo. 2 Diz-se de vários compostos que contêm fósforo.

fós.fo.ro (*gr phosphóros*) *sm* 1 *Quím* Elemento não metálico. 2 Palito cuja cabeça se inflama por meio de atrito ou fricção.

fos.sa (*lat fossa*) *sf* 1 Cova, buraco, cavidade. 2 *Anat* Nome que se dá a depressões ou cavidades do corpo humano: *Fossa nasal, fossa parietal*. *Estar na fossa*, *gír*: sentir-se deprimido.

fós.sil (*lat fossile*) *adj m+f iron* Aplica-se a pessoa de ideias antiquadas, a coisa obsoleta. • *sm Paleont* Qualquer resto ou vestígio petrificado de seres vivos de épocas geológicas anteriores à atual.

fos.si.li.zar (*fóssil+izar*) *vtd* Tornar fóssil; petrificar.

fos.so (ô) (*lat fossu*) *sm* 1 Cova. 2 Valeta que se abre ao longo das estradas para receber as águas das chuvas. 3 Vala profunda que rodeia acampamentos, fortificações etc. *Pl: fossos* (ó).

fo.to (*red* de *fotografia*) *sf* Redução de *fotografia*.

fo.to.con.du.tor (*foto¹+condutor*) *adj Eletrôn* Diz-se do material que, no escuro, é isolante elétrico, mas não quando exposto à luz.

fo.to.có.pia (*foto²+cópia*) *sf* Reprodução fotográfica de documentos, livros, fotografias etc.

fo.to.co.pi.a.do.ra (fem de *fotocopiar*+*dor*) *sf* Máquina para tirar fotocópias.
fo.to.fo.bi.a (*foto*¹+*fobo*+*ia*¹) *sf* Patol **1** Intolerância à luz. **2** Medo mórbido da luz.
fo.to.gê.ni.co (*foto*¹+*geno*+*ico*²) *adj* Que sai bem em fotografia.
fo.to.gra.far (*foto*¹+*grafo*¹+*ar*²) *vtd* **1** Reproduzir por meio de fotografia; retratar. **2** Tirar fotografias ou retratos com máquina fotográfica.
fo.to.gra.fi.a (*foto*¹+*grafo*+*ia*¹) *sf* **1** Arte ou processo de produzir imagens pela ação da luz em filmes. **2** Reprodução dessas imagens; retrato, foto.
fo.to.gra.fo (*foto*¹+*grafo*) *sm* Aquele que se dedica à fotografia como profissional ou amador.
fo.to.me.tri.a (*foto*¹+*metro*¹+*ia*¹) *sf* Parte da óptica que trata da medição da intensidade de luz.
fo.to.mon.ta.gem (*foto*²+*montagem*) *sf* Fot Processo de organizar fotografias, umas ao lado das outras, acompanhadas ou não de texto escrito e gráficos.
fo.tos.sín.te.se (*foto*¹+*síntese*) *sf* **1** Quím e Fisiol Síntese de um composto por meio da luz. **2** Bot Formação de carboidratos, a partir de bióxido de carbono e água, nas células clorofiladas de plantas verdes, sob a influência da luz.
foz (*lat fauce*) *sf* Ponto onde um rio desemboca no mar, noutro rio ou corrente; embocadura, desembocadura. *Pl: fozes*.
fra.ção (*baixo-lat fractione*) *sf* Parte de um todo.
fra.cas.sar (*fr fracasser*) *vint* **1** Ser malsucedido; falhar. *vtd* **2** Quebrar, arruinar.
fra.cas.so (*der regressiva de fracassar*) *sm* **1** Ruína, desgraça. **2** Insucesso, mau êxito. *Antôn: sucesso.*
fra.ci.o.nar (*lat fractione*+*ar*¹) *vtd* e *vpr* Dividir(-se) em frações ou partes.
fra.ci.o.ná.rio (*lat fractione*+*ário*) *adj* Arit **1** Em que há fração ou número quebrado. **2** Diz-se do número composto de um número inteiro e de uma fração.
fra.co (*lat flaccu*) *adj* **1** Que não tem força, débil. **2** Que não tem solidez. • *sm* Indivíduo fraco.
fra.de (*lat fratre*) *sm* Homem de ordem ou congregação religiosa católica.

fra.ga.ta (*ital fregata*) *sf* Navio de guerra, de porte médio.
frá.gil (*lat fragile*) *adj* m+f **1** Fácil de quebrar. **2** Fraco. *Sup abs sint: fragílimo* e *fragilíssimo*.
fra.gi.li.zar (*frágil*+*izar*) *vtd* e *vpr* Tornar (-se) frágil; debilitar(-se): *A doença o fragilizou*.
frag.men.tar (*fragmento*+*ar*¹) *vtd* Reduzir a fragmentos, partir em pedaços; fracionar.
frag.men.to (*lat fragmentu*) *sm* **1** Pequena fração; pedaço. **2** Estilhaço.
fra.gor (*lat fragore*) *sm* Estrondo, estampido.
fra.grân.cia (*lat fragrantia*) *sf* Aroma, perfume, odor.
fra.gran.te (*lat fragrante*) *adj* m+f Aromático, perfumado: *"O narciso é um gênero de planta bulbosa, muitas vezes fragrante e ornamental."* (FSP) Veja nota em **flagrante**.
fral.da (*germ faldo*) *sf* **1** Parte inferior da camisa. **2** Pano ou outro material macio, usado para absorver fezes e urina; cueiro. **3** Parte inferior de montanha; sopé.
fram.bo.e.sa (*ê*) (*fr ant framboise*) *sf* Bot Fruto da framboeseira.
fram.bo.e.sei.ra (*framboesa*+*eira*) *sf* Bot Planta trepadeira, cujos frutos são as framboesas.
fran.cês (*fr ant franceis*) *adj* Que pertence ou se refere à França (Europa). • *sm* **1** O habitante ou natural da França. **2** O idioma francês. *Fem: francesa (ê)*. Veja nota em **português**.
fran.cis.ca.no (*Francisco, np*+*ano*) *adj* **1** Relativo aos franciscanos ou à ordem fundada, na Itália (Europa), por São Francisco de Assis (1182-1226). **2** Pertencente à ordem franciscana. • *sm* Frade da ordem franciscana.
fran.co (*frâncico frank*) *adj* **1** Aberto, sem restrições. **2** Sincero. **3** Livre de pagamento ou de impostos. **4** Relativo à França (Europa). *Antôn* (acepção 2): *dissimulado*. • *sm* Unidade monetária de vários países, como França, Suíça, Bélgica e Luxemburgo (todos localizados na Europa).
fran.co-a.ti.ra.dor *adj*+*sm* Diz-se de ou

pessoa que luta com armas de modo isolado. *Pl: franco-atiradores.*

fran.ga.lho (do *lat frango*) *sm* Farrapo, trapo.

fran.go (*der* regressiva do *port* frângão) *sm* **1** O galo quando ainda novo. *Dim irreg: frangote.* **2** *Esp* No futebol, bola fácil de defender que o goleiro deixa passar.

fran.go.te (*frango+ote*) *sm* **1** Pequeno frango. **2** Rapazinho, adolescente.

fran.guei.ro (*frango+eiro*) *adj+sm Esp gír* Diz-se do ou o goleiro que deixa passar frangos².

fran.ja (*fr frange*) *sf* Cabelo que cai sobre a testa.

fran.que.ar (*franco+e+ar¹*) *vtd* **1** Tornar franco ou livre. **2** Isentar do pagamento de direitos ou outros impostos. **3** Pôr selo postal em; pôr carimbo de franquia postal em. **4** Pôr à disposição de. Conjuga-se como *frear*.

fran.que.za (*franco+eza*) *sf* **1** Sinceridade. **2** Lealdade, lisura. *Antôn* (acepção 1): *dissimulação*.

fran.qui.a (*franco+ia¹*) *sf* **1** Isenção de direitos ou taxas. **2** Pagamento do transporte pelos Correios. **3** Liberdade.

fran.zi.no (*franzir+ino²*) *adj* **1** Miúdo, fraco. **2** Débil, delicado, tênue.

fran.zir (*lat frangere*) *vtd* **1** Enrugar, fazer pregas em. *vtd* e *vpr* **2** Dobrar(-se), enrugar(-se).

fra.que (*fr frac*, do *ingl frock*) *sm* Traje de cerimônia masculino.

fra.que.jar (*onom fraco+ejar*) *vint* **1** Mostrar-se fraco, abatido. **2** Desencorajar-se. Conjuga-se como *solfejar*.

fra.que.za (*fraco+eza*) *sf* **1** Falta de força, de ânimo. **2** Falta de firmeza, de resistência.

fras.co (*gót flaskô*) *sm* Vidro pequeno ou garrafinha.

fra.se (*gr phrásis*) *sf* **1** Oração. **2** Expressão, locução.

fra.se.ar (*frase+ar¹*) *vtd* **1** Exprimir em frases. *vint* **2** Fazer frases, dispô-las. Conjuga-se como *frear*.

fra.se.o.lo.gi.a (*frase+o+logo+ia¹*) *sf Gram* **1** Estudo ou coleção das frases de uma língua. **2** Estudo da construção da frase.

fra.ter.nal (*fraterno+al¹*) *adj m+f* **1** Próprio de irmãos. **2** Fraterno.

fra.ter.ni.da.de (*lat fraternitate*) *sf* **1** Parentesco entre irmãos. **2** Solidariedade de irmãos. **3** Harmonia entre os seres humanos.

fra.ter.no (*lat fraternu*) *adj* **1** Relativo a irmãos. **2** Próprio de irmãos; fraternal.

fra.tri.cí.dio (*lat fratricidiu*) *sm* **1** Crime de quem mata irmã ou irmão. **2** Guerra civil.

fra.tu.ra (*lat fractura*) *sf Cir* Quebra ou ruptura de um osso ou de uma cartilagem dura.

fra.tu.rar (*fratura+ar¹*) *vtd* **1** Fazer fratura em, partir osso. *vpr* **2** Quebrar-se, partir-se.

frau.dar (*lat fraudare*) *vtd* Cometer fraude contra; lesar por meio de fraude.

frau.de (*lat fraude*) *sf* **1** Ação com má-fé. **2** Engano; logro.

frau.du.len.to (*lat fraudulentu*) *adj* **1** Que é propenso à fraude. **2** Em que há fraude: *"Depois veio aquela história de falência fraudulenta."* (TB)

fre.a.da (*frear+ada¹*) *sf* Brecada.

fre.ar (*freio+ar¹*) *vtd* **1** Apertar o freio de: *A menina freou os patins, mas acabou caindo. vint* **2** Brecar. *vpr* **3** Conter-se. *Conjug* – verbo irregular. Intercala-se um *i* eufônico após o *e* do radical nas formas rizotônicas (na 1ª, 2ª e 3ª pessoas do singular e 3ª pessoa do plural do presente do indicativo e do subjuntivo e 2ª e 3ª pessoas do singular e 3ª pessoa do plural do imperativo afirmativo e negativo). Quando a desinência de uma forma arrizotônica começa por *e*, a forma verbal possui dois *ee*, mas nenhum leva acento gráfico. *Conjug* – *Pres indic:* freio, freias, freia, freamos, freais, freiam; *Pret perf:* freei, freaste, freou, freamos, freastes, frearam; *Pret imp indic:* freava, freavas, freava, freávamos, freáveis, freavam; *Pret mais-que-perf:* freara, frearas, freara, freáramos, freáreis, frearam; *Fut pres:* frearei, frearás, freará, frearemos, freareis, frearão; *Fut pret:* frearia, frearias, frearia, freariamos, frearíeis, freariam; *Pres subj:* freie, freies, freie, freemos, freeis, freiem; *Pret imp subj:* freasse, freasses, freasse, freássemos, freásseis, freassem; *Fut subj:* frear, freares, frear, frearmos, freardes, frearem; *Imper afirm:* —, freia(Tu), freie(Você), freemos(Nós), freai(Vós), freiem(Vocês); *Imper neg:* —, Não freies(Tu), Não freie(Você), Não freemos(Nós), Não freeis(Vós), Não freiem(Vocês); *Infinitivo impess:* frear; *Infinitivo pess:* frear, freares, frear, frearmos, freardes, frearem; *Ger:* freando; *Part:* freado.

fre.á.ti.co (*gr phreatikós*) *adj* Diz-se dos lençóis de água subterrâneos.

freezer (*frízer*) (*ingl*) *sm* Eletrodoméstico para o congelamento de alimentos.

fre.guês (*lat filiu ecclesiae*) *sm* 1 Comprador, cliente. 2 *gír* Indivíduo, pessoa. *Fem:* freguesa (*ê*).

fre.gue.si.a (*freguês+ia¹*) *sf* Clientela.

frei (*provençal ant fraire*) *sm* Forma equivalente a *frade*, usada somente diante de nomes. *Fem:* soror.

frei.o (*lat frenu*) *sm* 1 Peça metálica, presa às rédeas, que serve para guiar os animais. 2 *Mec* Breque. 3 *fig* Tudo o que reprime, modera ou contém. *Não ter freio na língua, fig:* falar demais, ter a língua solta.

frei.ra (*fem de freire*) *sf* Monja, irmã, madre.

fre.nar (*lat frenare*) *vtd* 1 Frear, conter. 2 *fig* Moderar, reprimir.

fre.ne.si (*gr phrénesis*, pelo *fr frénésie*) *sm* 1 Delírio. 2 Excitação, arrebatamento.

fre.né.ti.co (*gr phrenetikós*) *adj* 1 Impaciente, inquieto. 2 Agitado.

fren.te (*cast frente*) *sf* 1 Lado dianteiro de qualquer parte do corpo ou coisa. 2 Fachada de edifício. *À frente:* a) na dianteira, na vanguarda; b) na direção, no comando. *Em frente:* defronte. *Frente fria, Meteor:* massa de ar frio.

fren.tis.ta (*frente+ista*) *s m+f* Atendente de posto de gasolina.

fre.quên.cia (*qwe*) (*lat frequentia*) *sf* 1 Ação de frequentar. 2 Repetição com curtos intervalos de fatos ou acontecimentos.

fre.quen.ta.dor (*qwe*) (*frequentar+dor*) *adj+sm* Que ou aquele que frequenta ou tem o hábito de frequentar.

fre.quen.tar (*qwe*) (*lat frequentare*) *vtd* 1 Visitar repetidas vezes. 2 Cursar, estudar, seguir (um curso). 3 Conviver com: Sempre gostou de frequentar as rodas de poetas.

fre.quen.te (*qwe*) (*lat frequente*) *adj m+f* 1 Repetido. 2 Assíduo. 3 Habitual.

fres.ca (*ê*) (*fem de fresco*) *sf* 1 Ar fresco. 2 Brisa agradável que sopra ao cair da tarde dos dias quentes.

fres.co (*germ frisk*) *adj* 1 Que é um pouco frio, que tem frescor. 2 Bem arejado. 3 Recente. 4 Ainda vivo na memória. 5 Que não está estragado ou alterado. 6 Enjoado.

fres.co.bol (*fresco+ingl ball*) *sm* Jogo para dois parceiros, praticado ao ar livre, geralmente na praia, jogado com raquetes e bola de borracha.

fres.cor (*fresco+or*) *sm* Verdor, viço.

fres.cu.ra (*fresco+ura*) *sf pop* Enjoamento; chatice.

fres.ta (*lat fenestra*) *sf* Fenda, vão.

fre.tar (*frete+ar¹*) *vtd* Alugar (barco, carro etc.) para condução de pessoas ou coisas.

fre.te (*hol ant vrecht*, pelo *fr*) *sm* 1 Preço do transporte. 2 Carregamento. 3 Carreto.

fre.vo (*ê*) (*der regressiva de ferver*, com metátese) *sm* Dança e música do carnaval pernambucano.

fri.a (*fem de frio*) *sf gír* Situação difícil. *Entrar numa fria, gír:* envolver-se numa complicação.

fri.a.gem (*frio+agem*) *sf* Ar frio.

fric.ci.o.nar (*lat frictione+ar¹*) *vtd* 1 Esfregar, atritar. 2 Roçar.

fri.co.te (*voc express*) *sm gír* 1 Manha, dengue, luxo. 2 Afetação.

fri.ei.ra (*frio+eira*) *sf* 1 *Med pop* Inflamação causada pelo frio. 2 *Med pop* Afecção da pele, localizada nos dedos dos pés.

fri.e.za (*frio+eza*) *sf* 1 Indiferença. 2 Acolhimento frio.

fri.gi.dei.ra (*frigir+deira*) *sf* Utensílio de cozinha pouco fundo, para fritar.

fri.gi.dez (*frígido+ez*) *sf* 1 Frieza, indiferença. 2 *Psicol* Ausência de desejo sexual.

fri.gir (*lat frigere*) *vtd* Fritar. *No frigir dos ovos:* na hora decisiva. *Conjug – Pres indic:* frijo, freges, frege, frigimos, frigis, fregem; *Pret perf:* frigi, frigiste, frigiu, frigimos, frigistes, frigiram; *Pret imp indic:* frigia, frigias, frigia, frigíamos, frigíeis, frigiam; *Pret mais-que-perf:* frigira, frigiras, frigira, frigíramos, *frigíreis, frigiram; Fut pres: frigirei, frigirás, frigirá, frigiremos, frigireis, frigirão; Fut pret: frigiria, frigirias, frigiria, frigiríamos, frigiríeis, frigiriam; Pres subj: frija, frijas, frija, frijamos, frijais, frijam; Pret imp subj: frigisse, frigisses, frigisse, frigíssemos, frigísseis, frigissem; Fut subj: frigir, frigires, frigir, frigirmos, frigirdes, frigirem; Imper afirm: —, frege(Tu), frija(Você), frijamos(Nós), frigi(Vós), frijam(Vocês); Imper neg: —, Não frijas(Tu), Não frija(Você), Não frijamos(Nós), Não frijais(Vós), Não frijam(Vocês); Infinitivo impess: frigir; Infinitivo pess: frigir, frigires, frigir, frigirmos, frigirdes, frigirem; Ger: frigindo; Part: frigido e frito.*

fri.go.rí.fi.co (*lat frigorificu*) *adj* Que mantém o frio. • *sm* **1** Aparelho para produzir baixa temperatura; congelador. **2** Câmara para manter gêneros alimentícios congelados.

fri.o (*lat frigidu*) *adj* **1** Que não tem calor. **2** Inerte, gélido. **3** Apático. *Sup abs sint: friíssimo* e *frigidíssimo*. • *sm* **1** Ausência de calor. **2** Baixa temperatura. *sm pl* **3** Produtos como queijo, presunto etc. *Frio de rachar:* frio intenso, que parece cortar a pele.

fri.o.ren.to (*frio+r+ento*) *adj* Muito sensível ao frio.

fri.sar (*friso* ou *frisa+ar¹*) *vtd* **1** Pôr frisos ou frisas em. **2** Encrespar. **3** Citar, destacar.

fri.so (*ital friso*) *sm* **1** Faixa pintada numa parede, geralmente na parte superior. **2** Barra formada de uma fileira de azulejos de cor diferente, que remata em cima o revestimento.

fri.ta.da (*fritar+ada¹*) *sf* **1** Aquilo que se frita de uma vez. **2** Ovos batidos e fritos sobre camarões, picadinho de carne ou legumes.

fri.tar (*frito+ar¹*) *vtd* Cozer em gordura. *Part: fritado* e *frito*.

fri.tas (*fr frites*) *sf pl* Porção de batatas fritas.

fri.to (*lat frictu*) *adj* Que se fritou. *Estar frito:* estar em situação difícil, em maus lençóis.

fri.tu.ra (*frito+ura*) *sf* Qualquer coisa frita.

frí.vo.lo (*lat frivolu*) *adj* **1** Sem valor, sem importância: *"Falabella patinou nessa crônica frívola de um futuro sempre adiado."* (OD) **2** Leviano, volúvel: *"Boca de Ouro começa a sofrer com a frívola e alegre crueldade das grã-finas."* (BO)

fro.nha (*lat vulg *fluxina*) *sf* Capa que envolve o travesseiro ou a almofada.

front (*frónt*) (*ingl*) *sm* Frente de batalha.

fron.tal (*lat frontale*) *adj m+f* Pertencente ou relativo a frente ou fronte. • *sm* Anat Osso situado na região anterior do crânio.

fron.te (*lat fronte*) *sf* Porção dianteira e superior da cabeça; testa.

fron.tei.ra (*fronte+eira*) *sf* **1** Limite ou linha divisória entre dois países, dois estados etc. **2** Confins, extremos.

fron.tei.ri.ço (*fronteira+iço*) *adj* Que vive ou está na fronteira ou perto dela. • *sm* O que nasce nas fronteiras.

fron.tei.ro (*fronte+eiro*) *adj* **1** Situado em frente de outra coisa. **2** Situado na fronteira.

fro.ta (*fr flotte*) *sf* **1** Conjunto de navios ou aviões de guerra ou mercantes. **2** Conjunto dos veículos de uma empresa.

frou.xi.dão (*frouxo+idão*) *sf* **1** Qualidade de frouxo. **2** Moleza. **3** Falta de energia, de atividade.

frou.xo (*lat fluxu*) *adj* **1** Pouco apertado. **2** Mole. **3** Sem energia. **4** Medroso. **5** Fraco, débil.

fru.gí.vo.ro (*lat fruge+voro*) *adj* Que se alimenta de frutos; frutívoro.

fru.ir (*lat fruere*) *vti* Desfrutar; usufruir: *Quero fruir das minhas férias*. Conjuga-se como *contribuir*.

frus.trar (*lat frustrare*) *vtd* **1** Enganar a expectativa de; iludir. *vpr* **2** Não acontecer o que se esperava; falhar.

fru.ta (*lat fructa*, pl de *fructu*) *sf Bot* Designação genérica dos frutos comestíveis. *Col: penca*.

fru.ta-do-con.de *sf Bot* Ata, pinha. *Pl: frutas-do-conde*.

fru.ta-pão *sf Bot* **1** Árvore de grande porte, de flores sem pétalas muito pequenas, que produz frutos comestíveis. **2** Fruta grande, arredondada, sem semente, que quando assada assemelha-se ao pão em cor e sabor. *Pl: frutas-pães* e *frutas-pão*.

fru.tei.ra (*fruta+eira*) *sf* **1** Árvore frutífera. **2** Prato ou cesto para frutas.

fru.tei.ro (*fruta+eiro*) *adj* Frutífero. • *sm* **1** Homem que vende frutas. **2** Cestinho para frutas.

fru.ti.cul.tor (*fruto+i+cultor*) *sm* O que se dedica à fruticultura.

fru.ti.cul.tu.ra (*fruto+i+cultura*) *sf* Cultura de árvores frutíferas.

fru.tí.fe.ro (*lat fructiferu*) *adj* **1** Que produz fruto. **2** Proveitoso, útil, produtivo, fecundo.

fru.ti.fi.car (*lat fructificare*) *vint* **1** Produzir frutos; estar carregado de frutos (planta). **2** Dar resultado, dar lucro. *Conjug*: com raras exceções, normalmente é conjugado nas 3ªˢ pessoas.

fru.tí.vo.ro (*fruto+i+voro*) *V frugívoro*.

fru.to (*lat fructu*) *sm* **1** *Bot* Órgão das plantas, resultante do desenvolvimento do ovário após a fecundação, até a maturidade. **2** *Bot* Fruta. **3** Lucro, resultado, produto. *sm pl* **4** Produtos alimentares da terra.

fru.to.se (*fruto+ose*) *sf Quím* Açúcar das frutas.

fu.bá (*quimbundo fuba*) *sm* Milho moído, reduzido a farinha.

fu.be.ca.da (*fubecar+ada*¹) *sf gír* **1** Reprimenda. **2** Surra.

fu.ça (*der regressiva de focinho*) *sf gír* Focinho, ventas, cara.

fu.çar (*fuça+ar*¹) *vtd* **1** Revolver a terra com o focinho. **2** Bisbilhotar.

fu.ga (*lat fuga*) *sf* Saída, retirada, partida rápida para escapar a perseguições.

fu.gaz (*lat fugace*) *adj m+f* **1** Que foge com rapidez. **2** Transitório. *Sup abs sint*: *fugacíssimo*.

fu.gi.di.o (*de fugir*) *adj* **1** Que foge. **2** Esquivo, arisco.

fu.gir (*lat fugere*) *vint* **1** Pôr-se em fuga; afastar-se rapidamente: *Quando viu o cachorro, tentou fugir, mas foi pego pelos policiais*. *vti* **2** Apartar-se, desviar-se, afastar-se: *Fez de tudo para fugir das tentações*. *Conjug* – verbo irregular: o *u* do radical muda-se em *o* (aberto) na 2ª e 3ª pessoas do singular e 3ª pessoa do plural do presente do indicativo e 2ª pessoa do singular do imperativo afirmativo (esse *o* não tem acento gráfico); o *g* muda-se em *j* quando seguido de *a* e de *o*. *Conjug* – *Pres indic*: *fujo, foges, foge, fugimos, fugis, fogem*; *Pret perf*: *fugi, fugiste, fugiu, fugimos, fugistes, fugiram*; *Pret imp indic*: *fugia, fugias, fugia, fugíamos, fugíeis, fugiam*; *Pret mais-que-perf*: *fugira, fugiras, fugira, fugíramos, fugíreis, fugiram*; *Fut pres*: *fugirei, fugirás, fugirá, fugiremos, fugireis, fugirão*; *Fut pret*: *fugiria, fugirias, fugiria, fugiríamos, fugiríeis, fugiriam*; *Pres subj*: *fuja, fujas, fuja, fujamos, fujais, fujam*; *Pret imp subj*: *fugisse, fugisses, fugisse, fugíssemos, fugísseis, fugissem*; *Fut subj*: *fugir, fugires, fugir, fugirmos, fugirdes, fugirem*; *Imper afirm*: —, *foge(Tu), fuja(Você), fujamos(Nós), fugi(Vós), fujam(Vocês)*; *Imper neg*: —, *Não fujas(Tu), Não fuja(Você), Não fujamos(Nós), Não fujais(Vós), Não fujam(Vocês)*; *Infinitivo impess*: *fugir*; *Infinitivo pess*: *fugir, fugires, fugir, fugirmos, fugirdes, fugirem*; *Ger*: *fugindo*; *Part*: *fugido*.

fu.gi.ti.vo (*lat fugitivu*) *adj* **1** Que foge ou fugiu. **2** Transitório; rápido. • *sm* Indivíduo que foge ou fugiu.

fu.i.nha (*fr fouine*) *sf* **1** *Zool* Pequeno animal carnívoro. *s m+f* **2** Pessoa muito magra.

fu.jão (*fugir+ão*²) *adj+sm* Que ou aquele que costuma fugir. *Fem*: *fujona*.

fu.la.no (*ár fulân*) *sm* Designação vaga de alguém que não se pode ou não se quer nomear; normalmente usada com *beltrano* e *sicrano*.

fu.lei.ro (*cast fulero*) *adj gír* Sem valor; insignificante. • *sm* Indivíduo reles.

ful.gen.te (*lat fulgens, -ntis*) *adj m+f* Que tem fulgor; fúlgido.

fúl.gi.do (*lat fulgĭdus*) V. fulgente.

ful.gor (*lat fulgore*) *sm* Brilho, resplendor, cintilação.

ful.gu.rar (*lat fulgurare*) *vint* **1** Relampejar; cintilar. **2** Brilhar, resplandecer.

fu.li.gem (*lat fuligine*) *sf* Substância preta que a fumaça deposita nas paredes e no teto das cozinhas ou nos canos das chaminés.

fu.li.gi.no.so (ô) (*lat fuliginosu*) *adj* **1** Escurecido pela fuligem. **2** Semelhante a fuligem ou fumo. *Pl*: *fuliginosos* (ó).

ful.mi.nan.te (*lat fulminante*) *adj m+f* **1**

Que fulmina. **2** Que destrói instantaneamente.

ful.mi.nar (*lat fulminare*) *vtd* **1** Ferir como o raio. **2** Ferir, ofender, destruir. **3** Atacar, ferir ou matar instantaneamente.

fu.lo (*lat fulvu*) *adj gír* Irritado, irado.

ful.vo (*lat fulvu*) *adj* **1** Que tem cor amarelotostada: *"Um gato fulvo saiu detrás do balcão."* (N) **2** Alourado: *"A malva do abajur esverdeava sobre o travesseiro a fulva onda de seus cabelos."* (VES)

fu.ma.ça (de *fumo*) *sf* **1** Grande quantidade de fumo. **2** Quantidade de fumo absorvida pelo fumante. *Col:* nuvem.

fu.ma.cei.ra (*fumaça+eira*) *sf* Grande quantidade de fumaça.

fu.ma.cen.to (*fumaça+ento*) *adj* Repleto de fumaça.

fu.man.te (*lat fumante*) *adj m+f* Que fuma. • *s m+f* Pessoa que fuma habitualmente.

fu.mar (*lat fumare*) *vint* **1** Aspirar e expelir fumaça de cigarros, charutos etc. *vtd* **2** Defumar.

fu.mê (*fr fumé*) *adj m+f* **1** Diz-se da cor esfumaçada, próxima do cinza-escuro ou marrom-escuro. **2** Diz-se do vidro dessa cor, que, embora transparente, contribui para suavizar a passagem da luz.

fu.me.gar (*lat fumigare*) *vint* **1** Lançar fumo ou fumaça. **2** Exalar vapores.

fu.mi.cul.tu.ra (*fumo+i+cultura*) *sf* Cultura do tabaco ou fumo.

fu.mi.gar (*lat fumigare*) *vtd* **1** Expor à ação da fumaça ou do vapor. **2** Desinfetar ou destruir pragas por meio de fumo ou fumaça.

fu.mo (*lat fumu*) *sm* **1** Vapor visível que se desprende dos corpos em combustão ou muito quentes. **2** Folhas do tabaco, devidamente preparadas, usadas para fumar ou mascar.

fun.ção (*lat functione*) *sf* Ação de um órgão, aparelho ou máquina.

fun.cho (*lat vulg *fenunculu*) *sm Bot* Erva-doce.

fun.ci.o.nal (*lat functione+al¹*) *adj m+f* **1** Prático. **2** Relativo a funcionários públicos.

fun.ci.o.na.lis.mo (*funcional+ismo*) *sm* A classe dos funcionários públicos.

fun.ci.o.nar (*lat functione+ar¹*) *vint* **1** Exercer a sua função. **2** Estar em atividade: *O comércio não funciona aos domingos*. **3** Mover-se bem e com regularidade: *O despertador parou de funcionar*.

fun.ci.o.ná.rio (*lat functione+ário*) *sm* Empregado.

fun.da.ção (*lat fundatione*) *sf* **1** Fundamento, alicerce. **2** Princípio, origem de alguma coisa. **3** Instituição de utilidade pública.

fun.da.men.tal (*fundamento+al¹*) *adj m+f* **1** Que serve de fundamento ou de alicerce. **2** Essencial, necessário.

fun.da.men.tar (*fundamento+ar¹*) *vtd* **1** Lançar os fundamentos ou alicerces de. *vtd* **2** Documentar. *vpr* **3** Apoiar-se, basear-se.

fun.da.men.to (*lat fundamentu*) *sm* **1** Base, alicerce. **2** Motivo, razão.

fun.dar (*lat fundare*) *vtd* **1** Criar, estabelecer, instituir. *vtdi* **2** Apoiar, basear.

fun.de.ar (*fundo+e+ar¹*) *vint Náut* **1** Tocar no fundo. **2** Ancorar: *"À noitenha fundeamos na foz do rio Candeias."* (ASV) Conjuga-se como *frear*.

fun.di.á.rio (*lat fundu+ário*) *adj* **1** Que se refere a terrenos; agrário: *"A violência na cidade, por exemplo, é decorrência de problemas nacionais de estrutura fundiária e falta de reforma agrária."* (JB) **2** Que diz respeito a imóveis.

fun.di.ção (*fundir+ção*) *sf* **1** Ato, efeito ou arte de fundir metais. **2** Oficina onde se fundem metais.

fun.di.dor (*fundir+dor*) *sm* Operário que trabalha em fundição, que tem por ofício fundir.

fun.di.lho (*fundo+ilho*) *sm* **1** Parte das calças, cuecas etc. correspondente ao assento. **2** Remendo nessa parte.

fun.dir (*lat fundere*) *vtd e vpr* **1** Derreter (-se) ou liquefazer(-se). *vtd e vpr* **2** Incorporar(-se). *vtd* **3** Conciliar, juntar, unir: *Os fabricantes de cerveja decidiram se fundir para trabalhar pelos mesmos interesses.*

fun.do (*lat fundu*) *adj* **1** Que tem fundura. **2** Cavado, profundo. *Antôn:* raso. • *sm* **1** Parte que numa cavidade ou num objeto fica mais distante da abertura ou da superfície. **2** Parte sólida que fica sob a água. **3** Distância desde a frente até a

fun.du.ra (*fundo+ura*) *sf* Profundidade. parte posterior. **4** Recursos financeiros. *sm pl* **5** *Com* Capital, haveres, meios, bens. • *adv* Dentro, para dentro. *A fundo*: intimamente, profundamente.

fun.du.ra (*fundo+ura*) *sf* Profundidade.

fú.ne.bre (*lat funebre*) *adj m+f* **1** Que se refere à morte ou a funeral. **2** Sombrio, triste.

fu.ne.ral (*lat funerale*) *sm* Enterro.

fu.ne.rá.rio (*lat funerariu*) *adj* **1** Que se refere a funeral. **2** Fúnebre, mortuário.

fu.nes.to (*lat funestu*) *adj* **1** Que prevê desgraça. **2** Desastroso, nocivo.

fun.gar (*voc onom*) *vint* **1** Produzir som ao absorver o ar, muco, rapé etc. pelo nariz. **2** Chorar, respirando só pelo nariz.

fun.gi.ci.da (*fungo+i+cida*) *adj m+f* Que destrói fungos. • *sm Agr* Substância usada para destruir fungos.

fun.go (*lat fungu*) *sm Bot* Cada um dos numerosos organismos vegetais desprovidos de clorofila, como os bolores, fermentos, bactérias, cogumelos etc.

fu.nil (do *provençal fonilh*, do *lat fundibulu*) *sm* Utensílio utilizado para colocar líquidos ou pós em recipientes de boca estreita. *Pl: funis.*

fu.ni.la.ri.a (*funil+aria*) *sf* Loja ou oficina de funileiro.

fu.ni.lei.ro (*funil+eiro*) *sm* **1** Aquele que faz ou repara objetos de folha de flandres ou folha de lata, tais como utensílios e vasilhames de cozinha. **2** Aquele que conserta ou desamassa carros; lanterneiro.

funk (*fânc*) (*ingl*) *sm Mús* Gênero de música popular dançante, com letras que abordam os problemas do cotidiano, de origem norte-americana.

fun.kei.ro (*fanqueiro*) (*funk+eiro*) *neol sm* **1** Cantor de *funk.* **2** Qualquer membro de um grupo de frequentadores dos chamados bailes *funk*.

fu.ra-bo.lo (*furar+bolo*) *s m+f* **1** Pessoa que se intromete em tudo. *sm* **2** *pop* Dedo indicador. *Pl: fura-bolos.*

fu.ra.cão (do taino *hurakán*, pelo *cast*) *sm* Vento muito forte (superior a 105 km por hora); tufão.

fu.ra.dei.ra (*furar+deira*) *sf* Máquina de furar; perfuratriz.

fu.ra.dor (*furar+dor*) *adj* Que fura. • *sm* Utensílio para fazer furos; vazador.

fu.rão (*lat fur+ão²*) *adj* Trabalhador obstinado. • *sm* **1** *Zool* Mamífero carnívoro sul-americano. **2** Pessoa curiosa e bisbilhoteira. *Fem* (*adj* e *sm*, acepção 2): *furona.*

fu.rar (*lat forare*) *vtd* **1** Fazer furo, perfurar. *vint* **2** Abrir caminho, passar, penetrar. *Furar a fila:* antecipar-se na fila, em vez de colocar-se no fim dela e esperar sua vez.

fú.ria (*lat furia*) *sf* Cólera, ira, raiva.

fu.ri.o.so (*ô*) (*lat furiosu*) *adj* **1** Tomado de fúria. **2** Enraivecido. *Pl: furiosos* (*ó*).

fu.ro (*der regressiva de furar*) *sm* **1** Abertura, buraco, orifício. **2** Notícia dada em primeira mão nos jornais, rádio ou televisão.

fu.ror (*lat furore*) *sm* **1** Fúria, ira exaltada. **2** Impetuosidade. *Fazer furor:* causar sensação, causar entusiasmo.

fur.ta-cor (*furta+cor*) *adj m+f sing+pl* Que apresenta cor variada, segundo a projeção da luz; cambiante. • *sm* Cor cambiante. *Pl: furta-cores.*

fur.tar (*furto+ar¹*) *vtd* **1** Roubar sem violência. *vint* **2** Praticar furtos. *vtd* e *vpr* **3** Desviar(-se), esquivar(-se), retirar(-se). Veja nota em **roubar**.

fur.ti.vo (*lat furtivu*) *adj* Clandestino, oculto, secreto.

fur.to (*lat furtu*) *sm* **1** Ato ou efeito de furtar. **2** A coisa furtada.

fu.rún.cu.lo (*lat furunculu*) *sm Med* Inflamação em torno de uma glândula sebácea ou de um pelo.

fu.são (*lat fusione*) *sf* **1** Ato ou efeito de fundir(-se). **2** Derretimento. **3** *Fís* e *Metal* Passagem de um corpo do estado sólido ao líquido. **4** *Polít* Aliança, coalizão.

fu.se.la.gem (*fr fuselage*) *sf Aeron* Estrutura externa do avião à qual são fixadas as asas, a cauda e os motores.

fu.sí.vel (*lat fusu+ível*) *adj m+f* **1** Que se pode fundir. **2** Que se funde a baixa temperatura. • *sm Eletr* Dispositivo de segurança das instalações elétricas e aparelhos eletrônicos, que se funde ou desarma, interrompendo o circuito, quando uma corrente ultrapassa uma intensidade segura.

fu.so (*lat fusu*) *sm* Instrumento de fiar em que se enrola o fio torcido à mão.

fu.sô (fr *fouseau*) *sm* Calça comprida feminina, de material elástico.
fus.ti.gar (baixo-lat *fustigare*) *vtd* **1** Castigar, maltratar com varas. **2** Açoitar.
fu.te.bol (ingl *foot-ball*) *sm Esp* Jogo, cujo objetivo é fazer a bola entrar no gol do adversário.
fu.te.bo.lis.ta (*futebol+ista*) *s m+f* **1** Especialista em futebol. **2** Jogador de futebol.
fú.til (lat *futile*) *adj m+f* Leviano, frívolo: *Uma pessoa fútil. "Ele dizia que era fútil da parte dos reis tentar suprimir tais desvios sociais através do castigo."* (BUD)
fu.ti.li.da.de (lat *futilitate*) *sf* Ninharia, bagatela.
fu.tri.ca (de *futre*) *sf* Intriga, mexerico, fuxico.
fu.tri.car (*futrica+ar*[1]) *vtd* e *vint* Intrigar, fuxicar, fazer futricas.
fu.tri.quei.ro (*futrica+eiro*) *sm* Pessoa que faz intriga; fuxiqueiro.
fut.sal *sm Esp* Nome que se dá internacionalmente ao futebol de salão.
fu.tu.car (tupi *kutúka*) *vtd* **1** Cutucar. **2** Aborrecer, importunar.
fu.tu.ris.mo (*futuro+ismo*) *sm* Movimento modernista em arte, música e literatura.
fu.tu.ro (lat *futuru*) *adj* Que está para ser ou acontecer. • *sm* **1** O que há de suceder depois do presente. **2** *Gram* Tempo dos verbos que designa uma ação que está por vir. **3** Posteridade. *Ter futuro:* ter probabilidade de progresso.
Em linguagem coloquial padrão, o **futuro do presente** (*chegarei, beberei, irei*) pode também ser expresso pelo **presente** (*chego, bebo, vou*) quando há uma expressão de tempo que indica futuro.
Vou ao teatro no próximo domingo.
Sílvia chega da Europa amanhã.
fu.tu.ro.lo.gi.a (*futuro+logo+ia*[1]) *sm* Ciência que pretende prever, com dados do presente, o desenvolvimento futuro dos países e da humanidade.
fu.xi.car (de *futricar*) *vtd* e *vint* Intrigar, mexericar, futricar.
fu.xi.co (de *fuxicar*) *sm* Mexerico, intriga, futrica.
fu.xi.quei.ro (*fuxico+eiro*) *adj+sm* Que ou aquele que faz fuxicos, intrigas; futriqueiro.
fu.zil (fr *fusil*) *sm* Arma de fogo de cano comprido; carabina, espingarda. *Pl: fuzis.*
fu.zi.la.men.to (*fuzilar+mento*) *sm* **1** Ação ou efeito de fuzilar. **2** *Dir Mil* Execução da sentença de morte, a tiros.
fu.zi.lar (*fuzil+ar*[1]) *vint* **1** Expedir luz à maneira de raios. *vti* e *vint* **2** Brilhar muito. *vtd* **3** Matar com tiros.
fu.zi.lei.ro (*fuzil+eiro*) *sm* Soldado armado de fuzil.
fu.zu.ê (de *fuzo*) *sm gír* Barulho, confusão, desordem.

g

g¹ (gê) *sm* Sétima letra do alfabeto português, consoante.

g (sigla do *lat gravitas*) *Fís* Símbolo de gravidade da Terra.

ga.bar (provençal *gabar*) *vtd* **1** Elogiar, enaltecer; louvar. *vpr* **2** Vangloriar-se.

ga.ba.ri.ta.do (de *gabarito+ado¹*) *adj* **1** Que possui gabarito (acepção 2). **2** Competente; talentoso.

ga.ba.ri.tar (*gabarito+ar¹*) *vtd* **1** Dar gabarito a. **2** Na linguagem dos estudantes, acertar todas as questões de uma prova: *"Desse jeito, vai chegar uma hora que quem não gabaritar a prova não entra."* (FSP)

ga.ba.ri.to (*fr gabarit*) *sm* **1** Medida padrão. **2** Tabela de respostas corretas de uma prova: *O aluno comparou a prova com o gabarito e viu que tinha errado metade das questões.* **3** *fig* Categoria, qualidade, classe, nível.

ga.bi.ne.te (ê) (ital *gabinetto*) *sm* **1** Sala de trabalho. **2** Sala reservada para funcionários superiores ou para certas funções. **3** Conselho de ministros de Estado.

ga.do (do *ant gãado*, do *gót ganan*) *sm* **1** Reses em geral. **2** Rebanho. *Gado bovino*: o que compreende vacas, bois e novilhos.

ga.é.li.co (ingl *gaelic*) *adj* Referente aos povos de origem celta da Irlanda ou da Escócia.

ga.fa.nho.to (ô) (de *gafa*) *sm Zool* Inseto saltador, voraz, de antenas curtas. *Col:* nuvem.

ga.fe (gr *gaffe*) *sf* Ação ou palavras inconvenientes; mancada; rata: *A professora cometeu uma gafe ao dar bronca no aluno errado.*

ga.fi.ei.ra (de *gafa+eira*) *sf* **1** Salão onde são realizados bailes populares. **2** Baile popular; arrasta-pé.

gag (gágui) (ingl) *sf Teat, Cin* e *Telev* Qualquer efeito cômico, inserido numa representação.

ga.gá (*fr gaga*) *adj m+f pop* Caduco; decrépito.

ga.go (onom) *adj+sm* Que ou aquele que gagueja; tartamudo.

ga.guei.ra (*gago+eira*) *sf* Embaraço fônico característico dos gagos; tartamudez.

ga.gue.jar (*gago+ejar*) *vint* **1** Pronunciar as palavras com dificuldade, repetindo as sílabas. *vtd* **2** Pronunciar com hesitação. Conjuga-se como *solfejar*.

ga.gue.jo (ê) (de *gaguejar*) *sm* Ato ou efeito de gaguejar: *"Espirros, pigarros, pausas e gaguejos são decifrados do outro lado da fronteira."* (FSP)

gai.a.ti.ce (*gaiato+ice*) *sf* Ações ou dizeres próprios de gaiato.

gai.a.to (de *gaio*) *sm* Rapaz travesso e brincalhão. • *adj* **1** Amigo de travessuras: *"Ele não é gaiato, não brinca."* (FSP) **2** Malicioso: *"Dona Alzira tem o jeito gaiato."* (CVB)

gai.o.la (*lat caveola*) *sf* **1** Pequena jaula onde se encerram aves. **2** *fig* Cárcere, prisão. *sm* **3** Pequeno vapor para navegação fluvial.

gai.ta *sf* **1** Instrumento musical de sopro. **2** *gír* Dinheiro, grana.

gai.te.ar (*gaita+e+ar¹*) *vint* **1** Tocar gaita. **2** Andar em festas e folias. Conjuga-se como *frear*.

gai.tei.ro (*gaita+eiro*) *adj* **1** Tocador de gaita. **2** Folião, festeiro.

gai.vo.ta (*lat gavia+ota*) *sf Ornit* Ave larídea palmípede e aquática, geralmente marinha. *Voz:* grasna.

ga.la (fr *gale*) *sf* **1** Traje próprio para as

ocasiões solenes ou dias festivos. **2** Festividade de caráter oficial.

ga.lã (*cast galán*) *sm Cin, Teat* e *Telev* Ator que faz o papel principal.

ga.lác.ti.co (*galacto+ico²*) *adj* Relativo a uma galáxia.

ga.la.li.te (*fr galalithe*) *sf* Material plástico obtido da caseína pura, tratada com formol.

ga.lan.te (*fr galant*) *adj m+f* **1** Elegante, gracioso. **2** Amável para com as mulheres. • *sm* **1** Raça bovina. *s m+f* **2** Pessoa galante.

ga.lan.te.a.dor (*galantear+dor*) *adj* Que galanteia. • *sm* **1** O que galanteia. **2** O que diz galanteios.

ga.lan.te.ar (*galante+e+ar¹*) *vtd* **1** Tratar com amabilidade; fazer a corte a (damas). *vint* **2** Dizer galanteios. Conjuga-se como *frear*.

ga.lan.tei.o (de *galantear*) *sm* Ato ou efeito de galantear; atenções amorosas.

ga.lão (*ingl gallon*) *sm* **1** Medida de capacidade usada na Inglaterra e nos Estados Unidos, equivalente a 4,546 e 3,785 litros, respectivamente. **2** Tira prateada ou dourada, distintivo de certas patentes militares ou ornamento de uniformes.

ga.lá.xia (*cs*) (*gr galaxías*) *sf Astr* Cada um dos bilhões de grandes sistemas de estrelas que constituem o universo.

ga.lé (*gr biz galaía*) *sf* **1** *Náut* Antiga embarcação movida a vela e remos. *sm* **2** O sentenciado a trabalhos forçados.

ga.le.ão (de *galé*) *sm* **1** *Náut* Antigo navio mercante ou de guerra. **2** Aparelho de pesca de cerco.

ga.le.go (*ê*) (*lat gallaecu*) *adj* Da Galiza (Espanha) ou relativo a ela. • *sm* **1** O habitante ou natural da Galiza. **2** A língua falada na Galiza.

ga.le.ra (*lat med galera*, por *galea*) *sf* **1** *Náut* Antiga embarcação movida a remos e a vela. **2** Torcida. **3** *pop* Conjunto de amigos, turma.

ga.le.ri.a (*ital galleria*) *sf* **1** Local para a exposição de objetos de arte. **2** Coleção de retratos, estátuas, bustos ou quadros. **3** Corredor subterrâneo.

ga.le.to (*ital galleto*) *sm* **1** Frango ainda novo. **2** *por ext* Frango assado.

gal.gar (*galgo+ar*) *vtd* **1** Subir, trepar. *vti* **2** Pular, saltar, subir rapidamente: *Galga dois lances de escada de uma só vez.*

gal.go (*lat gallicu*) *sm Zool* Cão esguio e muito veloz geralmente empregado na caça das lebres.

ga.lha.da (*galho+ada¹*) *sf* **1** Os chifres dos ruminantes: *"Há calendários sobre canhotos, gnomos, galhadas de alces, bules de chá e tratores."* (FSP) **2** Ramagem de arvoredo: *"A galhada sem folhas da flora sucumbida."* (FSP)

ga.lhar.di.a (*galhardo+ia¹*) *sf* **1** Generosidade. **2** Ânimo, bravura, coragem, valor.

ga.lhar.do (*provençal ant galhart*) *adj* **1** Elegante, garboso. **2** Gentil, generoso: *"Da sala, não se escutava o galhardo ralhar dele."* (PE)

ga.lha.ri.a (*galho+aria*) *sf* Porção de galhos.

ga.lhei.ro (*galho+eiro*) *sm Zool* O maior veado sul-americano, de chifres grandes e ramificações. • *adj pop* Corno.

ga.lhe.ta (*ê*) (*cast galleta*) *sf* **1** Pequeno vaso que se põe na mesa com azeite ou vinagre. **2** Pequeno vaso que contém o vinho ou a água para o serviço da missa.

ga.lhe.tei.ro (*galheta+eiro*) *sm* Utensílio onde se colocam as galhetas, o pimenteiro, o saleiro etc., para servir à mesa.

ga.lho (*lat vulg *galleu*) *sm* **1** Ramo de árvore. **2** Chifre dos ruminantes. **3** *pop* Complicação, confusão. *Pular de galho em galho*, *pop*: não parar num lugar; não ter estabilidade. *Quebrar um galho*, *gír*: ajudar a resolver uma situação difícil.

ga.lhu.do (*galho+udo¹*) *adj* **1** Que tem galhos. **2** Que tem chifres grandes. **3** *vulg* Corno, cornudo. • *sm vulg* Corno, cornudo.

ga.li.cis.mo (*gálici+ismo*) *sm* Palavra ou construção afrancesada; francesismo: *É galicismo usar a palavra* menu *em lugar de* cardápio.

ga.li.for.me (*gali¹+forme*) *adj m+f* **1** Semelhante ao galo. **2** *Ornit* Pertencente aos galiformes. • *sm pl Ornit* Ordem (*Galliformes*) de aves que compreende numerosas espécies terrestres, de bico curto e forte. *Sin: galináceos.*

ga.li.leu (*lat galilaeu*) *adj* Da Galileia,

região da antiga Palestina (Ásia). • *sm* **1** O natural da Galileia. **2** Nome que se dava a Jesus e aos cristãos, nos primeiros séculos. *Fem: galileia.*

ga.li.ná.ceo (*lat gallinaceu*) *adj* De ou relativo às aves galiformes (galinhas, perus, faisões etc.).

ga.li.nha (*lat gallina*) *sf* **1** *Ornit* Fêmea do galo. *sm* **2** Indivíduo extremamente inconstante em seus relacionamentos amorosos ou sexuais. *Deitar-se com as galinhas:* ir para a cama cedo. *Quando as galinhas tiverem dentes:* nunca.

ga.li.nha-d'an.go.la *sf Ornit* Ave galiforme originária da África. *Pl: galinhas-d'angola.*

ga.li.nha.gem (*galinha+agem*) *sf pop* Brincadeira de agarramento com intenção de bolinação recíproca.

ga.li.nhei.ro (*lat gallinariu*) *sm* **1** Cercado onde se criam ou alojam galinhas. **2** Negociante de galinhas.

ga.li.ni.cul.tor (*lat gallina+cultor*) *sm* Indivíduo que se dedica à criação de galinhas.

ga.lo (*lat gallu*) *sm* **1** *Ornit* Galináceo doméstico de bico pequeno, crista carnuda e asas curtas e largas. **2** O macho da galinha. *Voz: cacareja, canta, cocorica.* **3** *pop* Pequena inchação resultante de pancada ou contusão, particularmente na cabeça. *Fem: galinha. Cozinhar o galo, pop:* matar o tempo.

ga.lo.cha (*fr galoche*) *sf* Calçado de borracha ou outro material impermeável, para proteger os sapatos da umidade, da água e do barro.

ga.lo.pa.da (*galope+ada¹*) *sf* **1** Ação de galopar. **2** Corrida a galope.

ga.lo.pan.te (*de galopar*) *adj m+f* **1** Que galopa rápido. **2** Que se desenvolve rapidamente: *"Saímos da inflação galopante, para uma inflação contida."* (CPO) • *sf* Tuberculose pulmonar galopante: *"Contavam que em sua mocidade perdera duas irmãs com galopante."* (MAR)

ga.lo.par (*galope+ar¹*) *vint* **1** Andar ou cavalgar a galope. **2** *fig* Correr ou fugir desabaladamente.

ga.lo.pe (*fr galop*) *sm* **1** A corrida mais rápida do cavalo e de outros quadrúpedes. **2** Ato de galopar.

gal.pão (do *asteca kalpulli*, pelo *cast*) *sm* **1** Varanda. **2** Construção coberta, usada como depósito ou para fins industriais.

gal.va.ni.zar (*ital Galvani, np+izar*) *vtd* Revestir ferro ou aço com uma tênue camada de zinco.

ga.ma (*gr gámma*) *sm* **1** Terceira letra do alfabeto grego, correspondente à letra *g* do alfabeto português. *sf* **2** *fig* Série de ideias, teorias etc.

ga.ma.ção (*gamar+ção*) *sf gír* Paixão.

ga.ma.do (*gamar+ado¹*) *adj gír* Apaixonado, enamorado.

ga.mão (*cast gamón*) *sm* **1** Jogo de azar e cálculo, praticado sobre um tabuleiro, entre dois parceiros, usando-se dados e tábulas. **2** Tabuleiro sobre o qual se joga o gamão.

ga.mar *vti* e *vint gír* Encantar-se; apaixonar-se.

gam.bá (*tupi wa embá*) *sm* **1** *Zool* Mamífero marsupial noturno comum nas Américas. *Voz: chia, guincha.* **2** *pop* Beberrão. *Bêbado como um gambá:* muito bêbado.

gam.bi.ar.ra *sf* **1** *Teat* Ribalta de luzes na parte anterior e superior dos palcos. **2** *Eletr* Extensão elétrica formada por um longo fio que, com uma lâmpada na extremidade, permite a iluminação em pontos diversos de uma área relativamente ampla. *Fazer uma gambiarra, gír:* Fazer um serviço elétrico malfeito, especialmente com a finalidade de obter energia elétrica de maneira ilegal.

gam.bi.to (*ital gambetto*) *sm pop* Perna fina; cambito.

ga.me.la (*lat camella*) *sf* Vasilha de madeira ou de barro.

ga.me.ta (*ê*) (*gr gamétes*) *sm Biol* Cada uma das duas células sexuais maduras em que ocorre a fecundação: *gameta masculino,* ou espermatozoide, e *gameta feminino,* ou óvulo.

ga.mo (*lat gammu*) *sm Zool* Animal ruminante semelhante ao veado. *Fem: gama.*

ga.na (*cast gana*) *sf* **1** Grande apetite ou vontade. **2** Desejo de vingança.

ga.nân.cia (*cast ganancia*) *sf* **1** Ambição desmedida. **2** Ganho ilícito.

ga.nan.ci.o.so (*ô*) (*ganância+oso*) *adj*

gan.cho (*cast gancho*) *sm* 1 Instrumento de metal, madeira etc., curvo, que serve para agarrar ou suspender. 2 Anzol. 3 Suporte para o telefone.

gan.dai.a (*cast gandaya*) *sf pop* 1 Ociosidade, vadiagem. 2 Farra. *Cair na gandaia, pop:* farrear.

gan.dai.ar (*gandaia+ar¹*) *vint pop* Viver na gandaia; vadiar, farrear.

gan.du.la (*ár gandūr*) *s m+f Esp* Pegador(a) de bolas que saem fora do campo ou da quadra durante um jogo.

gân.glio (*gr gágglion*) *sm Anat* Massa de substância nervosa que contém células e fibras e se encontra ao longo de um nervo ou vaso linfático.

gan.gor.ra (*ô*) *sf* Brinquedo de crianças.

gan.gre.na (*gr gangraína*, pelo *lat*) *sf Med* Necrose de tecidos.

gan.gre.nar (*gangrena+ar¹*) *vtd* 1 Produzir gangrena em. *vint* e *vpr* 2 Tornar-se gangrenoso. *Conjug* – com raras exceções, conjuga-se apenas nas 3ᵃˢ pessoas.

gângs.ter (*ingl gangster*) *sm* Bandido, criminoso. *Pl:* gângsteres.

gan.gue (*ingl gang*) *sf* 1 Turma, grupo. 2 Bando de malfeitores; quadrilha.

ga.nha-pão (*ganhar+pão*) *sm* 1 Ofício, trabalho. 2 Modo de vida. *Pl:* ganha-pães.

ga.nhar (*germ waidanjan*) *vtd* 1 Adquirir, obter. 2 Conquistar. 3 Receber. 4 Vencer. *Part:* ganhado e ganho. *Ganhar a dianteira:* passar para diante de. *Ganhar bem:* ganhar muito; merecer o que ganha. *Ganhar mundos e fundos:* obter lucros extraordinários; tornar-se milionário. *Ganhar tempo:* demorar, aguardando ensejo favorável. *Ganhar terreno:* avançar.

O verbo **ganhar** apresenta duplo particípio, podendo-se empregar tanto a forma irregular **ganho** como a regular **ganhado**. Esta última deve ser usada com os auxiliares **ter** e **haver**.
Tenho ganhado pouco dinheiro ultimamente.

ga.nho (*part irreg* de *ganhar*) *adj* Que se ganhou. • *sm* Lucro, proveito, vantagem. Antôn: perda. *Ganhos eventuais:* ganhos incertos e variáveis.

ga.ni.do (*lat gannitu*) *sm* 1 Choro, gemidos dos cães. 2 Voz esganiçada.

ga.nir (*lat gannire*) *vint* 1 Soltar ganidos (o cão). *vtd* 2 Gemer como os cães. Conjuga-se como *abolir*.

gan.so (*gót gans*) *sm Ornit* Ave doméstica da família dos anatídeos. Voz: *grasna*.

gan.zá (*quimbundo nganza*) *sm* Reco-reco.

ga.ra.gem (*fr garage*) *sf* Abrigo para carros.

ga.ra.gis.ta (*garagem+ista*) *s m+f* Pessoa encarregada de garagem.

ga.ra.nhão (*germ wranjo*) *sm* 1 Cavalo escolhido para reprodução. 2 *vulg* Indivíduo libidinoso, sensual.

ga.ran.ti.a (*garante+ia¹*) *sf* 1 Compromisso que o vendedor assume de entregar ao comprador a mercadoria sem defeitos. 2 *por ext* O tempo de validade desse documento. 3 Caução, penhor. *sf pl* 4 Direitos, privilégios.

ga.ran.tir (de *garante*) *vtd* 1 Abonar, afiançar, responsabilizar-se por. 2 Comprometer-se a pagar (uma dívida) na falta do devedor. 3 Comprometer-se a aceitar a devolução de um objeto, se ele apresentar defeito: *A loja garante o eletrodoméstico.*

ga.ra.pa (*tupi*) *sf* Caldo de cana.

ga.ra.pei.ro (*garapa+eiro*) *sm* Aquele que prepara ou vende garapa.

ga.ra.tu.ja (*ital grattugia*) *sf* 1 Rabisco; escrita malfeita: *"Don'Ana se decidiu, abriu a carta, decifrou as garatujas de Azevedo."* (TSF) 2 Desenho malfeito: *"Elas guardavam minhas garatujas como se fossem obras-primas, e eu ficava muito orgulhosa."* (NOV)

gar.bo (*ital garbo*) *sm* 1 Elegância. 2 Distinção, primor.

gar.bo.so (*ô*) (*garbo+oso*) *adj* 1 Que tem garbo. 2 Elegante, distinto: *"Seu porte baixo, porém garboso, era inconfundível."* (FR) *Pl:* garbosos (*ó*).

gar.ça (*lat vulg *gartia*) *sf Ornit* Nome comum de aves aquáticas e pernaltas, de bico e pescoço compridos, e que se alimentam de peixes. Voz: *gazeia, grasna.*

gar.çom (*fr garçon*) *sm* Empregado que serve à mesa em bar, café, restaurante etc.; garção. *Fem:* garçonete.

gar.ço.ne.te (fr garçonete) sf Mulher que serve à mesa em restaurante, bar, café etc.

gar.dê.nia (Garden, np+ia²) sf Bot Planta ornamental, da família das rubiáceas.

gar.fa.da (garfo+ada¹) sf Quantidade de comida que um garfo apanha de cada vez.

gar.far (garfo+ar¹) vtd **1** Espetar com garfo. **2** gír Prejudicar, lesar.

gar.fo (ár garfa) sm **1** Utensílio que se usa para levar alimentos sólidos à boca. **2** Forquilha da roda dianteira da bicicleta.

gar.ga.lha.da (gargalhar+ada¹) sf Risada franca e prolongada.

gar.ga.lhar (de garg, radical de garganta) vint Dar ou soltar gargalhadas, rir gargalhando.

gar.ga.lo sm **1** Parte superior e estreita de garrafa ou de outra vasilha. **2** Entrada estreita.

gar.gan.ta (do tema garg) sf **1** Anat Parte anterior do pescoço, pela qual os alimentos passam da boca para o estômago; goela. **2** Abertura estreita. **3** Geogr Desfiladeiro, estreito, passagem estreita e apertada entre duas montanhas. • adj Diz-se de pessoa mentirosa, que conta vantagem. Molhar a garganta: tomar um trago de bebida alcoólica. Trazer alguém atravessado na garganta: ter-lhe ódio, aversão.

gar.gan.ti.lha (cast gargantilla) sf Colar rente ao pescoço.

gar.ga.re.jar (do tema garg) vtd **1** Agitar na garganta (um líquido). vint **2** Fazer gargarejos. Conjuga-se como solfejar.

gar.ga.re.jo (ê) (de gargarejar) sm **1** Ato ou efeito de gargarejar. **2** Med Líquido com o qual se gargareja. A turma do gargarejo: a que se senta na primeira fila.

ga.ri (de Gary, np) sm Empregado da limpeza pública; varredor de rua. Fem: margarida.

ga.rim.par (garimpo+ar¹) vint Exercer a profissão de garimpeiro: "Vou garimpar na serra de Seu Teotônio." (CAS)

ga.rim.pei.ro (garimpar+eiro) sm **1** Aquele que anda à cata de pedras ou metais preciosos. **2** Indivíduo que trabalha na exploração de diamantes.

ga.rim.po (der regressiva de garimpar) sm Lugar onde se exploram pedras e metais preciosos.

gar.ni.sé (top Guernsey) adj e s m+f Diz-se de ou nativo de uma espécie de galinha muito pequena, originária da Inglaterra (Europa). • s m+f pop Pessoa baixa e briguenta.

ga.ro.a (ô) sf Chuva fina e persistente; chuvisco.

ga.ro.ar (garoa+ar²) vint Cair garoa, chuviscar. Conjug – impessoal, só se conjuga na 3ª pessoa do singular.

ga.ro.ta (ô) sf **1** Feminino de garoto. **2** Mocinha. **3** pop Namorada.

ga.ro.ta.da (garoto+ada¹) sf Ajuntamento ou bando de garotos.

ga.ro.to (ô) sm Rapaz novo, menino. Col: bando.

ga.ro.to-pro.pa.gan.da sm Rapaz que faz publicidade pelos meios de comunicação. Pl: garotos-propaganda e garotos-propagandas.

ga.rou.pa (lat clupea) sf Ictiol Nome comum a numerosos peixes marinhos.

gar.ra (célt *garra) sf **1** Unha recurvada e pontuda de feras, roedores e aves de rapina. **2** por ext As unhas, os dedos, as mãos. **3** fig Vontade férrea, fibra.

gar.ra.fa (ár garrâf) sf **1** Vaso de gargalo estreito, destinado a líquidos. **2** Medida de capacidade para líquidos, correspondente a dois terços de litro.

gar.ra.fa.da (garrafa+ada¹) sf **1** Conteúdo de uma garrafa. **2** Pancada com garrafa.

gar.ra.fal (garrafa+al¹) adj Diz-se da letra grande muito legível (letreiro).

gar.ra.fão (garrafa+ão²) sm **1** Garrafa grande. **2** Esp Área na quadra de basquete, próxima à cesta.

gar.ran.cho (cast garrancho) sm **1** Letra ruim, difícil de ler. **2** Galho fino de árvore ou arbusto; graveto.

gar.ro.te (fr garrot) sm **1** Med Elástico com que se comprime a veia na aplicação de injeção endovenosa: "O garrote foi utilizado somente quando a veia tinha o diâmetro inferior a 3,0 mm." (CCV) **2** Bezerro de dois a quatro anos de idade: "Além disso, a vaca come mais que garrote." (BS) **3** fig Arrocho; aperto: "A demora nas privatizações e nas reformas torna o garrote financeiro ainda mais sufocante." (FSP)

gar.ru.cha (cast garrucha) sf Pistola de dois canos.

ga.ru.pa (*gót kruppa*) *sf* **1** Parte superior do cavalo e de outros quadrúpedes, entre a cauda e o lombo; ancas. **2** *por ext* Espaço atrás da sela ou arreio ou do selim de bicicletas e motos.

gás (*fr gaz* a partir do *gr kháos*) *sm* **1** Fís Substância muito fluida e altamente compressível, que ocupa uniformemente o recipiente que a contém. **2** *gír* Força, entusiasmo, animação: *A turma estava com todo o gás quando chegou à festa. sm pl* **3** Arrotos, ventosidades. *Gás inflamável*: hidrogênio. *Gás liquefeito de petróleo*: gás usado em residências e estabelecimentos comerciais, vendido em botijões. *Sin: gás de cozinha.* Sigla: *GLP. Gás natural*: gás que sai da crosta da Terra através de orifícios naturais ou de poços perfurados.

ga.sei.fi.ca.ção (*gaseificar+ção*) *sf* Ato ou efeito de se transformar em gás. *Var: gasificação.*

ga.sei.fi.car (*gáse+i+ficar*) *vtd* e *vpr* **1** Converter(-se) em gás. *vtd* **2** Introduzir gás em. *Var: gasificar.*

ga.so.du.to (*gás+o+duto*) *sm* Canalização, a longa distância, de gás natural ou derivados de petróleo.

ga.so.li.na (*fr gazoline*) *sf* Mistura líquida, inflamável, usada como combustível.

ga.so.me.tri.a (*gás+o+metro¹+ia¹*) *sf* Medida dos volumes gasosos, da densidade dos gases etc.

ga.sô.me.tro (*gás+o+metro¹*) *sm* **1** Aparelho para medir gás. **2** Fábrica de gás.

ga.so.sa (*ó*) (de *gasoso*) *sf* Limonada gasosa; soda.

ga.so.so (*ô*) (*gás+oso*) *adj* **1** Da natureza do gás. **2** Saturado de gás. *Pl: gasosos (ó).*

gas.ta.dor (*gastar+dor²*) *adj+sm* Dissipador, esbanjador, perdulário.

gas.tan.ça (*gastar+ança*) *sf* Excesso de gastos: *"A gastança prosseguiu neste ano. Foram mais US$ 100 milhões."* (FSP)

gas.tão (de *gastar*) *sm* Gastador, perdulário: *"Sou muito gastão e a gente acaba não economizando nada."* (FSP)

gas.tar (*lat vastare*) *vtd* **1** Consumir, destruir. *vtd* **2** Arruinar, estragar. *vti* **3** Desperdiçar, dissipar. *vtd* e *vint* **4** Despender (dinheiro, bens, forças etc.). *Antôn* (acepção 4): *economizar. Part irreg: gasto* (alguns autores admitem a forma regular *gastado*).

gas.to (*part irreg* de *gastar*) *adj* **1** Estragado, danificado. **2** Consumido, despendido. • *sm* **1** Consumo. **2** Despesa.

gas.tren.te.ri.te (*gastro+enterite*) *sf Med* Inflamação simultânea do estômago e dos intestinos. *Var: gastroenterite.*

gás.tri.co (*gastro+ico²*) *adj* Relativo ao estômago.

gas.trin.tes.ti.nal (*gastro+intestino+al¹*) *adj m+f Med* Relativo ao estômago e aos intestinos. *Var: gastrointestinal.*

gas.tri.te (*gastro+ite¹*) *sf Med* Inflamação aguda ou crônica do estômago.

gas.tro.no.mi.a (*gr gastronomía*) *sf* **1** Arte de cozinhar e preparar as iguarias. **2** Arte de escolher e saborear os melhores pratos.

gas.trô.no.mo (*gastro+nomo*) *sm* O que aprecia os bons pratos e procura os maiores prazeres da mesa.

gas.tro.vas.cu.lar (*gastro+vascular*) *adj m+f Anat* Que se refere ao tubo digestivo e aos vasos.

ga.ta (de *gato*) *sf* **1** Fêmea do gato. **2** *gír* Moça bonita e atraente. **3** *gír* Namorada.

ga.tão (*gato+ão²*) *sm* **1** Gato grande, gatarrão. **2** *pop* Onça. **3** *gír* Homem bonito.

ga.ti.lho (*gato+ilho*) *sm* Peça de arma de fogo que se puxa para disparar.

ga.to (*lat cattu*) *sm* **1** *Zool* Mamífero carnívoro doméstico da família dos felídeos, grande caçador de ratos. Voz: *mia, ronrona, rosna.* Fem: *gata.* Aum: *gatão, gatarrão.* **2** Ligação clandestina para usar água, luz ou TV a cabo de outras pessoas, sem pagar. **3** *gír* Homem atraente, bonito, sensual; gatão. *Comprar gato por lebre*: deixar-se ludibriar.

ga.to-pin.ga.do *sm* **1** Diz-se das pessoas que estão em pequeno número em uma festa, reunião etc. **2** Pessoa insignificante. *Pl: gatos-pingados.*

ga.tu.no (*cast gatuno*) *adj* Que rouba. • *sm* Larápio, ladrão.

ga.ú.cho (*esp platino gaucho*) *sm* Designação dos habitantes da zona de fronteira no Rio Grande do Sul e, por extensão, dos habitantes e naturais desse Estado; sul-rio-grandense; rio-grandense-do-sul. • *adj*

Relativo ao Estado do Rio Grande do Sul; sul-rio-grandense; rio-grandense-do-sul.

gau.lês *sm* Língua falada na Gália, atual França.

gá.vea (*lat cavea*) *sf Náut* **1** Vela que ocupa o lugar imediatamente superior à vela maior. **2** Espécie de plataforma a certa altura de um mastro e atravessada por ele.

ga.ve.ta (ê) (*lat gabata*, pelo *provençal*) *sf* Caixa corrediça, sem tampa, que se introduz em mesa, prateleira etc. e se abre puxando para fora.

ga.ve.tei.ro (*gaveta+eiro*) *sm* **1** Fabricante de gavetas. **2** Armação de um móvel para sustentar gavetas.

ga.vi.ão (*cast gavilán*) *sm* **1** *Ornit* Nome comum a várias aves de rapina falconiformes. Voz: *crocita, grasna*. **2** *gír* Conquistador. **3** Indivíduo esperto, ladino.

gay (guêi) (*ingl*) V *guei*.

ga.ze (*hind gazi*) *sf* **1** Tecido leve e transparente. **2** *Med* Tecido de algodão usado em curativos.

ga.ze.ar V *gazetear*.

ga.ze.la (*ár vulg gazāl*) *sf* **1** *Zool* Espécie de antílope, gracioso e ligeiro, da África e Ásia. **2** Moça bonita e elegante.

ga.ze.ta (ê) (*ital gazzetta*) *sf* Publicação periódica, noticiosa, literária, artística e política.

ga.ze.te.ar (*gazeta+e+ar*) *vint* Faltar à aula ou a obrigação para passear ou se divertir: *"Não podemos sequer pensar em gazetear amanhã só porque os parlamentares gazeteiam."* (FSP) *Var: gazear.* Conjuga-se como *frear*.

ga.ze.tei.ro (*gazeta+eiro*) *adj + sm* **1** Que ou aquele que mata aula ou falta ao trabalho ou a obrigações: *"Pais de alunos gazeteiros estão pagando multas e até indo para a cadeia nos EUA."* (FSP); *"Deputado gazeteiro abandona o mandato."* (FSP); *"Sem contar os gazeteiros que, apesar de receberem, ficam semanas sem trabalhar."* (FSP) **2** Pessoa que redige ou publica gazetas.

gê (*lat ge*) *sm* O nome da letra *g. Pl: gês* ou *gg*.

ge.a.da (*lat gelata*) *sf* Orvalho congelado, que forma uma camada branca onde está depositado.

ge.ar (*lat gelare*) *vint* **1** Cair geada. *vtd* **2** Congelar. *Conjug* – impessoal, só se conjuga na 3ª pessoa do singular. Segue o paradigma de *frear*.

gêi.ser (*top islandês Geysir*) *sm* Fonte termal em forma de esguicho, de origem vulcânica, que lança água e vapor a alturas que podem ultrapassar 60 m. *Pl: gêiseres*.

gel (de *gelatina*) *sm Quím* Substância de consistência gelatinosa. *Pl: géis* e *geles*.

ge.la.dei.ra (*gelar+deira*) *sf* **1** Refrigerador. **2** Lugar muito frio.

ge.la.do (*part de gelar*) *adj* Muito frio; congelado, gélido, glacial. • *sm* **1** Sorvete. **2** Qualquer bebida gelada.

ge.la.du.ra (*gelar+dura*) *sf Med* Lesão causada pela ação de frio intenso.

ge.lar (*lat gelare*) *vint* e *vpr* **1** Esfriar-se muito; resfriar. *vtd* **2** Tornar bem frio, à semelhança do gelo.

ge.la.ti.na (*ital gelatina*) *sf* **1** Substância transparente, incolor, inodora e insípida que se extrai dos ossos e tecidos fibrosos de animais. **2** Essa substância preparada para uso alimentar.

ge.la.ti.no.so (ô) (*gelatina+oso*) *adj* **1** Que contém gelatina. **2** Que tem a natureza ou o aspecto da geleia. **3** *fig* Mole como gelatina. *Pl: gelatinosos* (ó).

ge.lei.a (é) (*fr gelée*) *sf* Alimento preparado à base de frutas e açúcar que adquire, pelo resfriamento, consistência gelatinosa.

ge.lei.ra (*gelo+eira*) *sf* Montanha flutuante de gelo que se forma nas regiões polares e se desloca vagarosamente.

gé.li.do (*lat gelidu*) *adj* Muito frio, congelado: *"Depois de um cálice de Beneditino, porque a manhã estava gélida, o Padre se despediu."* (VB)

ge.lo (ê) (*lat gelu*) *sm* **1** Solidificação de água ou outro líquido pelo frio. **2** *fig* Frio excessivo. **3** *fig* Frieza, indiferença, insensibilidade.

ge.lo-se.co *sm* Anidrido carbônico sólido. *Pl: gelos-secos*.

ge.ma (*lat gemma*) *sf* **1** *Zool* Parte amarela do ovo. **2** *Bot* Parte do vegetal que pode reproduzir. **3** *Min* Qualquer pedra preciosa.

ge.ma.da (*de gemado*) *sf* Gema de ovo batida com açúcar.

gê.meo (*lat geminu*) *adj* **1** Que nasceu do

Gêmeos mesmo parto que outra pessoa. **2** Diz-se dos frutos que nasceram unidos. **3** Idêntico, igual. • *sm* Filho do mesmo parto que outro filho ou filha.

Gê.meos (*lat gemenos*) *sm pl* **1** *Astr* Constelação do zodíaco. **2** *Astrol* Signo do zodíaco, relativo aos nascidos entre 21 de maio e 20 de junho.

ge.mer (*lat gemere*) *vint* **1** Exprimir, por meio de gemidos, dor moral ou física. **2** Lastimar-se. **3** Produzir ruído lento e monótono; ranger ou vibrar tristemente.

ge.mi.do (*lat gemitu*) *sm* **1** Ato de gemer. **2** Som lastimoso, que provém de dor física ou moral.

ge.mi.na.ção (*lat geminatione*) *sf* **1** Disposição aos pares. **2** *Gram* Duplicação de consoantes.

ge.mi.na.do (*part* de *geminar*) *adj* **1** Duplicado, dobrado. **2** *Constr* Diz-se das casas de paredes-meias, construídas duas a duas.

ge.mi.nar (*lat germinare*) *vtd* **1** Duplicar ou dobrar unindo: *Casas geminadas.* **2** *Gram* Duplicar consoantes: páSSaro, caRRoça.

ge.mi.ni.a.no (*gemini+ano*) *sm Astrol* Pessoa nascida sob o signo de Gêmeos. • *adj Astrol* Relativo ou pertencente ao signo de Gêmeos ou aos geminianos.

gen.ci.a.na (*lat cient Gentiana*) *sf Bot* Planta europeia cuja raiz, amarga, tem propriedades tônicas.

ge.ne (do radical *gr gígnesthai*) *sm Biol* Cada uma das partículas cromossômicas que encerram os caracteres hereditários.

ge.ne.a.lo.gi.a (*gene+a+logo+ia¹*) *sf* **1** Estudo da origem das famílias. **2** Linhagem, estirpe.

ge.ne.a.ló.gi.co (*gene+a+logo+ico²*) *adj* Relativo à genealogia.

ge.ne.ral (*lat generale*) *sm Mil* Posto militar imediatamente superior a coronel.

ge.ne.ra.la.to (*general+ato²*) *sm* Posto de general.

ge.ne.ra.li.da.de (*lat generalitate*) *sf* **1** Qualidade de geral. **2** Totalidade. *sf pl* **3** Princípios gerais; rudimentos.

ge.ne.ra.li.zar (*lat generale+izar*) *vtd* e *vpr* **1** Tornar(-se) geral, difundir(-se), propagar(-se). *vpr* **2** Tornar-se comum.

ge.né.ri.co (*gênero+ico²*) *adj* **1** Relativo a gênero. **2** Que tem o caráter de generalidade. *Antôn: específico.*

gê.ne.ro (*lat *generu*, por *genus*) *sm* **1** *Gram* Flexão pela qual se exprime o sexo dos seres: *Os adjetivos têm dois gêneros: o masculino e o feminino.* **2** *Biol* Divisão de família botânica e zoológica: *O homem pertence ao gênero Homo e à espécie sapiens.* **3** Agrupamento de indivíduos que possuem caracteres comuns: *Esse gênero de pessoa não agrada qualquer um.* **4** Espécie, casta, raça, variedade, categoria, estilo etc. *sm pl* **5** Quaisquer mercadorias ou produtos, especialmente agrícolas. *Gênero feminino, Gram:* flexão das palavras femininas. *Gênero humano:* a humanidade. *Gênero masculino, Gram:* flexão das palavras masculinas. *Gêneros alimentícios:* alimentação do homem (cereais, frutas, ovos etc.).

ge.ne.ro.si.da.de (*lat generositate*) *sf* **1** Bondade. **2** Liberalidade. *Antôn: mesquinhez.*

ge.ne.ro.so (ô) (*lat generosu*) *adj* **1** Que sente prazer em presentear; pródigo. **2** Liberal, franco, benevolente. *Pl:* generosos (ó). *Antôn: mesquinho.*

gê.ne.se (*lat genese, gr génesis*) *sf* **1** Geração; formação; constituição. **2** Formação dos seres desde a origem. **3 Gênese** V **Gênesis**.

Gê.ne.sis (*gr génesis*) *sm Bíblia* Primeiro livro do Pentateuco, onde se descreve a criação do Universo e do homem. *Var: Gênese.*

ge.né.ti.ca (*gr genetikós*) *sf Biol* Ramo da Biologia que trata da hereditariedade, das suas causas e dos mecanismos e leis da sua evolução.

ge.ne.ti.cis.ta (*genético+ista*) *s m+f* Pessoa especializada em genética.

ge.né.ti.co (*gr genetikós*) *adj* **1** Que diz respeito à genética; que se refere à geração. **2** Relativo à gênese. *Var: genésico, genesíaco.*

gen.gi.bre (*gr ziggíberis,* via *lat*) *sm Bot* Planta medicinal da família das zingiberáceas.

gen.gi.va (*lat gingiva*) *sf Anat* Tecido fibromuscular coberto de mucosa, onde estão implantados os dentes.

gen.gi.vi.te (gengiva+ite¹) *sf Med* Inflamação das gengivas.

ge.ni.al (*lat geniale*) *adj m+f* **1** Dotado de gênio. **2** Que revela gênio. **3** *pop* Excelente, ótimo, formidável: *Genial esta sua ideia!*

ge.ni.a.li.da.de (*genial+i+dade*) *sf* Qualidade de genial.

gê.nio (*gr génos+io*) *sm* **1** Índole, caráter, temperamento: *Os irmãos tinham gênios diferentes.* **2** *fig* Pessoa de grande poder criativo, de inteligência fora do comum: *A aluna era um gênio em matemática.*

ge.ni.o.so (ô) (*gênio+oso*) *adj* Que tem mau gênio; irritável. *Pl: geniosos* (ó).

ge.ni.tal (*lat genitale*) *adj m+f* **1** Que se refere à geração. **2** Que serve para a geração. **3** Que se refere aos órgãos sexuais humanos.

ge.ni.tá.lia (*genital+ia²*) *sf Biol* O conjunto de órgãos de reprodução.

ge.ni.tor (*lat genitore*) *sm* O pai. *Fem: genitora, genetriz.*

ge.ni.to.ra (*de genitor*) *sf* A mãe.

ge.ni.tu.ri.ná.rio *adj Anat* Relativo ou pertencente aos órgãos genitais e urinários.

ge.no.cí.dio (*geno+cídio*) *sm* Extermínio de grupos humanos, por motivos raciais, religiosos, políticos etc.: "*O que é a covardia, senão a sanha de imitar Brutus (filho de Júlio César) ou Hitler com o genocídio dos judeus.*" (DIN)

ge.no.ma (*geno+oma*) *sm* Qualquer material genético contido nos cromossomos de um determinado organismo.

ge.nó.ti.po (*geno+tipo*) *sm Biol* Constituição hereditária de um indivíduo, animal ou vegetal.

gen.ro (*lat generu*) *sm* Marido da filha em relação aos pais dela. *Fem: nora.*

gen.ta.lha (*gente+alha*) *sf pej* Gente ordinária; ralé; plebe. *Var: gentaça.*

gen.te (*lat gente*) *sf* **1** Pessoas em geral. **2** Povo, nação. **3** Na linguagem familiar, precedido do artigo *a*, equivale a nós. • *interj* Designativa de grande admiração ou surpresa. *Gente à toa:* a ralé.

gen.til (*lat gentile*) *adj m+f* **1** Nobre, cortês. **2** *fig* Amável, delicado. *Sup abs sint: gentilíssimo e gentílimo. Pl: gentis.*

gen.ti.le.za (ê) (*gentil+eza*) *sf* **1** Favor, obséquio. **2** Cortesia, delicadeza. **3** Amabilidade. *sf pl* **4** Galanteios.

gen.tí.li.co (*lat gentilicu*) *adj Gram* Diz-se da palavra que indica a nacionalidade: *Brasileiro é um adjetivo gentílico.*

gen.ti.nha (*gente+inha*) *sf pej* **1** Gentalha, ralé. **2** Pessoas mexeriqueiras.

ge.nu.fle.xão (*cs*) (*genu+flexão*) *sf* **1** Ato de dobrar o joelho ou de ajoelhar. **2** *fig* Bajulação, lisonja.

ge.nu.fle.xo (*cs*) (*genu+flexo*) *adj* Posto de joelhos; ajoelhado.

ge.nu.fle.xó.ri.o (*cs*) (*genu+lat flexoriu*) *sm* Estrado com encosto no qual as pessoas se ajoelham para orar.

ge.nu.í.no (*lat genuinu*) *adj* **1** Puro, sem mistura nem alteração. **2** Natural: "*Ele se arvora em único representante genuíno da massa proletária.*" (MA) **3** Autêntico, original: "*Sou carioca genuíno.*" (FA) *Antôn* (acepção 1): *impuro, adulterado.*

geo- (*gr gê*) *elem comp* Exprime a ideia de terra: *geociência.*

ge.o.cên.tri.co (*geo+centro+ico²*) *adj Astr* **1** Que situa a Terra no centro do mundo: *Sistema geocêntrico.* **2** Relativo ao centro da Terra.

ge.o.cen.tris.mo (*geo+centro+ismo*) *sm Astr ant* Teoria sustentada por Ptolomeu no século II, segundo a qual os astros giram em torno da Terra. *Cf heliocentrismo.*

ge.o.ci.ên.cia (*geo+ciência*) *sf* **1** Conjunto das ciências que tratam da Terra: geologia, geografia física, geomorfologia, geofísica e geoquímica. **2** Cada uma dessas ciências.

ge.o.dé.sia (*gr geodaísía*) *sf* **1** Ciência que tem por fim a medição e representação da superfície terrestre. **2** Arte de medir e dividir terras. *Var: geodesia.*

ge.o.fí.si.ca (*geo+física*) *sf Geol* Ciência que trata das características físicas da Terra.

ge.o.gra.fi.a (*gr geographía*) *sf* Ciência que tem por objeto a descrição da Terra na sua forma (acidentes físicos, clima, produções, populações, divisões políticas etc.). *Geografia física:* parte da Geografia que estuda a descrição da Terra. *Geografia política:* ramo da Geografia em que se estuda tudo o que diz respeito às dife-

rentes nações, extensões do seu território, população, língua, religião, governo, grau de civilização, riqueza etc. *V geopolítica*.
ge.o.grá.fi.co (*gr geographikós*) *adj* Que diz respeito à Geografia.
ge.ó.gra.fo (*geo+grafo*) *sm* Especialista em Geografia; perito em Geografia.
ge.o.lo.gi.a (*geo+logo+ia¹*) *sf* Ciência que trata da origem e constituição da Terra.
ge.o.ló.gi.co (*geo+logo+ico²*) *adj* Que se refere à Geologia.
ge.ó.lo.go (*geo+logo*) *sm* Especialista em Geologia.
ge.ô.me.tra (*geo+metro*) *s m+f* **1** Pessoa especialista em geometria. **2** Matemático.
ge.o.me.tri.a (*geo+metro+ia¹*) *sf* Parte da Matemática que estuda as propriedades e medidas de extensão das figuras e dos sólidos.
ge.o.mé.tri.co (*lat geometricu*) *adj* Relativo à geometria.
ge.o.po.lí.ti.ca (*geo+política*) *sf Geogr* Estudo da influência do meio físico de uma nação sobre sua vida política.
ge.o.quí.mi.ca (*geo+química*) *sf* Conjunto de conhecimentos químicos que se referem à crosta terrestre.
ge.or.gi.a.no (*Geórgia, np+ano*) *adj* De ou pertencente à Geórgia (Europa). • *sm* **1** Natural ou habitante desse país. **2** O idioma da Geórgia.
ge.o.ter.mi.a (*geo+termo+ia¹*) *sf* Calor interno do globo terrestre.
ge.o.tro.pis.mo (*geo+tropo+ismo*) *sm* Ação e efeito da gravidade da Terra sobre o sentido e a direção do crescimento de raízes e caules dos vegetais.
ge.ra.ção (*lat generatione*) *sf* **1** Ato ou efeito de gerar ou gerar-se. **2** Sucessão de descendentes em linha reta (pais, filhos, netos). **3** *por ext* O espaço de tempo entre uma geração e outra (por volta de 25 anos).
ge.ra.dor (*lat generatore*) *adj* Que gera. • *sm* O que gera ou produz. *Fem: geradora* e *geratriz. Gerador de eletricidade:* aparelho que transforma energia mecânica em elétrica; dínamo.
ge.ral (*lat generale*) *adj* **1** Que se refere à totalidade; universal. **2** Comum a um grande número ou à maior parte. *Antôn*:

particular. Sup abs sint: generalíssimo. • *sm* **1** A maior parte. **2** O comum, o normal. *sf* **3** A localidade de menor preço nos teatros, circos, estádios desportivos etc. *Em geral:* geralmente.
ge.râ.nio (*gr gerânion*) *sm Bot* Designação comum a várias plantas ornamentais de folhas aromáticas e flores com simetria radial.
ge.rar (*lat generare*) *vtd* **1** Procriar, reproduzir-se em. *vtd* **2** Causar, fazer aparecer, formar. *vint* e *vpr* **3** Desenvolver-se, formar-se.
ge.rên.cia (*gerir+ência*) *sf* **1** Ação de gerir, dirigir ou administrar. **2** Funções de gerente.
ge.ren.ci.a.dor (*gerenciar+dor²*) *adj* Que gerencia. • *sm Inform* Utilitário que organiza as funções dentro de um computador.
ge.ren.ci.a.men.to (*gerenciar+mento*) *sm* Ato de administrar, dirigir uma empresa.
ge.ren.ci.ar (*gerência+ar¹*) *vtd* **1** Dirigir uma empresa como gerente. **2** Exercer as funções de gerente. Conjuga-se como *premiar. Cf gerência. V gerir.*
ge.ren.te (de *gerir*) *adj* + *s m+f* Que ou aquele que dirige ou administra bens, negócios ou serviços; gestor.
ger.ge.lim (*ár hispânico jijilân, clássico juljulân*) *sm* **1** *Bot* Planta medicinal, de sementes oleaginosas. **2** Semente dessa planta.
ge.ri.a.tra (*gero+iatrós*, médico) *sm* Médico especializado em geriatria.
ge.ri.a.tri.a (*gero+iatra+ia¹*) *sf* Ramo da Medicina que se ocupa das doenças e das condições gerais da vida das pessoas idosas.
ge.rin.gon.ça (*cast jerigonza*) *sf* Engenhoca.
ge.rir (*lat gerere*) *vtd* Ter gerência sobre; administrar, dirigir, gerenciar, governar. Conjuga-se como *ferir*.
ger.mâ.ni.co (*lat germanicu*) *adj* Relativo à antiga Germânia ou à Alemanha. • *sm* Conjunto das línguas dos povos germânicos.
ger.ma.nis.mo (*lat Germania, np+ismo*) *sm* **1** Palavra, expressão ou construção própria da língua alemã. **2** Predileção a tudo que procede da Alemanha.

ger.me (*lat germen*) *sm* **1** *Bot* Parte da semente que reproduz o vegetal. **2** *por ext* Causa, origem. **3** Micróbio.

gér.men (*lat germen*) *sm* Forma alatinada de *germe*. *Pl: germens* e *gérmenes*.

ger.mi.ci.da (*germe+cida*) *adj m+f* Que destrói germes. • *sm* Substância com essa propriedade.

ger.mi.na.ção (*lat germinatione*) *sf* **1** Ato ou efeito de germinar. **2** *Bot* Início do desenvolvimento do germe ou semente. **3** Desenvolvimento, expansão lenta, evolução.

ger.mi.nal (*lat germen+al*[1]) *adj m+f* **1** Que se refere ao germe: *"Ração contendo leite, fígado e rim provocava degeneração germinal em ratos."* (NFN) **2** Incipiente, embrionário: *"Criar sobre o erro é a assertiva germinal da vida artificial."* (FSP)

ger.mi.nar (*lat germinare*) *vint* **1** Começar a se desenvolver (sementes, tubérculos etc.). *vint* **2** *fig* Nascer, ter princípio. *vtd* **3** Gerar, originar, produzir. *Conjug* – conjuga-se, geralmente, apenas nas 3ª[s] pessoas. Só é conjugado integralmente quando em sentido figurado.

ge.ron.to.lo.gi.a (*geronto+logo+ia*[1]) *sf* Tratado, estudo do processo do envelhecimento.

ge.rún.dio (*lat gerundiu*) *sm Gram* Forma nominal do verbo, invariável, terminada em *ndo: falando, vendendo, partindo.*

ges.so (ê) (*gr gýpsos*, pelo *lat*) *sm* **1** Sulfato de cálcio hidratado, incolor. **2** Massa que se faz com essa matéria para cobrir, fazer estátuas ou figuras e é usada no preparo de faixas para fraturas.

ges.ta.ção (*lat gestatione*) *sf* Período de tempo em que se desenvolve o embrião no útero.

ges.tan.te (*lat gestante*) *adj m+f* Que está em gestação. • *sf* Mulher em período de gravidez.

ges.tão (*lat gestione*) *sf* **1** Ato de gerir. **2** Administração, direção.

ges.tar (*lat gestare*) *vtd* e *vint* Gerar, conceber.

ges.ti.cu.la.ção (*lat gesticulatione*) *sf* Ato ou efeito de gesticular.

ges.ti.cu.lar (*lat gesticulari*) *vint* **1** Fazer gestos. **2** Acompanhar a linguagem com gestos. **3** Exprimir-se por gestos ou mímica.

ges.to (*lat gestu*) *sm* **1** Movimento do corpo para exprimir ideias ou sentimentos. **2** Aceno, mímica, sinal. *V gesticulação.*

ges.tor (*lat gestore*) *sm* **1** *V gerente.* **2** Indivíduo que, sem mandato, administra negócios alheios.

gi.ba (*lat gibba*) *sf* corcunda.

gi.bão (de *jubão*, de *aljuba*) *sm* **1** Espécie de colete de couro usado pelos vaqueiros nordestinos. **2** *Zool* Nome comum a macacos grandes, de focinho alongado.

gi.bi (de *Gibi, np*) *sm* Revista em quadrinhos infantojuvenil. *Não estar no gibi:* ser fora do comum.

gi.bi.te.ca (*gibi+teca*) *sf neol* **1** Conjunto de gibis (para leitura). **2** Local onde ficam esses gibis.

gi.bo.si.da.de (*giboso+dade*) *sf* Corcunda, corcova, giba: *"É septuagenário, de pequena estatura, apresentando uma gibosidade natural."* (REB)

gi.gan.te (*gr gígas*, pelo *lat gigante*) *sm* Homem de extraordinária estatura. *Fem: giganta. Antôn: pigmeu, anão.* • *adj m+f* Gigantesco; enorme.

gi.gan.tes.co (*gigante+esco*) *adj* **1** Relativo a gigante. **2** Que tem a estatura de um gigante. **3** Colossal, descomunal.

gi.gan.tis.mo (*gigante+ismo*) *sm* Desenvolvimento extraordinário e anormal de qualquer ser vivo. *Antôn:* nanismo.

gi.go.lô (*fr gigolo*) *sm vulg* Homem que vive à custa de prostituta ou de mulher mantida por outro homem.

gi.le.te (de *Gillete, np*) *sf* **1** Nome comercial de lâmina de barbear; lâmina. **2** Aparelho de barbear.

gim (*ingl gin*) *sm* Aguardente de alto teor alcoólico, feita de cereais.

gi.ná.sio (*gr gymnásion*) *sm* **1** Lugar onde se praticam exercícios físicos. **2** Designação antiga da 5ª à 8ª série. **3** Estabelecimento de ensino que ministrava esse curso.

gi.nas.ta (*gr gymnastés*) *s m+f* Pessoa que pratica a ginástica.

gi.nás.ti.ca (de *ginástico*) *sf* Arte de exercitar o corpo, para desenvolvê-lo e fortificá-lo. *Ginástica rítmica:* a que visa a gra-

gin.ca.na (*ingl gymkhana*, do *hind gedkhâna*) *sf Esp* Competição em que destreza e rapidez contribuem para a classificação.

gi.ne.ceu (*gr gynaikeîon*) *sm* 1 Parte da habitação destinada às mulheres na Grécia antiga. 2 *Bot* Conjunto dos órgãos femininos de uma flor.

gi.ne.co.lo.gi.a (*gineco+logo²+ia¹*) *sf* Ramo da Medicina que trata da constituição e das doenças femininas.

gi.ne.te (*ê*) (*ár zanâti*) *sm* 1 Cavalo adestrado para montaria. 2 *por ext* Cavaleiro que é bom e experiente nas diferentes situações de equitação. *Fem: gineta.*

gin.ga (de *gingar*) *sf* Ato de gingar; requebro do corpo ao andar.

gin.gar *vint* Inclinar-se para um e para outro lado, ao andar; bambolear-se; requebrar-se.

gíp.seo (*lat gypseu*) *adj* 1 Relativo ao gesso. 2 Feito de gesso.

gip.si.ta (*gipsi+ita³*) *sf Miner* Sulfato de cálcio hidratado; minério do qual se extrai o gesso que é comercializado.

gi.ra (*der* regressiva de *girar*) *adj e s m+f pop* Diz-se de ou pessoa meio maluca, aluada.

gi.ra.fa (*ital giraffa*) *sf Zool* Grande mamífero africano, com pescoço muito comprido e pernas dianteiras compridas e fortes. • *adj e s m+f pop* Pessoa alta e de pescoço comprido.

gi.rân.do.la (*ital girandola*) *sf* Roda ou travessão com orifícios para foguetes, que sobem simultaneamente ou em rápida sucessão.

gi.rar (*lat gyrare*) *vint* 1 Mover-se ao redor do seu centro ou eixo central. *vtd* 2 Fazer rodar.

gi.ras.sol (*girar+sol*) *sm Bot* Planta composta ornamental, de sementes oleaginosas, cujas flores se voltam para o Sol.

gí.ria *sf Ling* Linguagem especial usada por certos grupos sociais pertencentes a uma classe ou a uma profissão; jargão.

gi.ri.no (*gr gyrínos*) *sm Zool* Designação comum à larva dos anfíbios anuros; larva dos batráquios (na fase de metamorfose).

gi.ro (*lat gyru*, do *gr gýros*) *sm* 1 Ato ou efeito de girar. 2 Circuito, rotação, volta. 3 *pop* Passeio: *Depois da aula, a turma resolveu dar um giro pela cidade.*

gi.ros.có.pio (*giro+scopo+io*) *sm Fís* Instrumento inventado por Foucault (1852) para provar o movimento de rotação da Terra.

giz (*ár jibs*) *sm* 1 Substância calcária. 2 Bastonete ou lápis feito dessa substância usado para escrever em quadros-negros. *Pl: gizes.*

gla.bro (*lat glabru*) *adj* 1 *Bot* De superfície lisa, desprovido de pelos e de glândulas. 2 Sem barba: *"Toda fazenda tem o seu bobo, que é, ou um velhote baixote, de barba rara no queixo, ou um eterno rapazola, meio surdo, gago e glabro."* (SA)

gla.ci.a.ção (*glaciar+ção*) *sf Geol* 1 Ato ou efeito de cobrir-se de gelo ou geleiras (certas áreas da Terra). 2 Ação exercida pelas geleiras sobre a superfície da Terra.

gla.ci.al (*lat glaciale*) *adj m+f* 1 Gelado, extremamente frio. 2 Diz-se da zona mais vizinha dos polos. 3 *fig* Reservado, sem animação; insensível: *Era um homem glacial.*

gla.ci.á.rio (*lat glacie+ário*) *adj* 1 Relativo ao gelo ou às geleiras. 2 *Geol* Aplica--se ao período em que grande parte do Hemisfério Norte se cobriu de espessa camada de gelo (na era Cenozoica, período Pleistoceno).

gla.di.a.dor (*lat gladiatore*) *sm Antig* Homem que, nos circos romanos, lutava contra outros homens ou feras, para divertir o público.

gla.di.ar (*lat gladiari*) *V digladiar.*

glan.de (*lat glande*) *sf* 1 O fruto do carvalho; bolota. 2 *Anat* A cabeça do pênis.

glân.du.la (*lat glandula*) *sf* Célula ou grupo de células especializadas na função de preparação e secreção de líquidos orgânicos ou de elementos celulares. *Glândula pituitária: V hipófise. Glândulas salivares:* as que segregam a saliva. *Glândulas sudoríparas:* servem para a secreção do suor.

glan.du.lar (*glândula+ar²*) *adj* 1 Relativo a glândulas: *"O jogador tem um problema glandular que faz com que ele ronque demais."* (FSP) 2 Com função secretora.

glau.co.ma (*gr glaúkoma*) *sm Oftalm* Enfraquecimento da vista com dilatação e deformação da pupila e diminuição dos movimentos da íris.

gle.ba (*lat gleba*) *sf* Terreno próprio para cultura.

gli.ce.mi.a (*glico+hemo+ia*[1]) *sf Med* Teor de glicose no sangue.

gli.ce.ri.na (*glícero+ina*) *sf Quím* Substância líquida, incolor e viscosa. *Var:* glicerol.

gli.ce.ri.na.do (*glicerina+ado*[1]) *adj* Que contém glicerina.

gli.cí.deo (*glico+ídeo*) *sm Quím* Nome dado aos açúcares, carboidratos e substâncias análogas a eles.

gli.cí.nia (*lat cient Glycinia*) *sf Bot* Arbusto ornamental, cultivado por suas flores roxas em grandes cachos pendentes.

gli.co.se (*glico+ose*) *sf Quím* **1** Açúcar que existe nos frutos açucarados, no mel, no sangue, no suco de alguns vegetais etc.; dextrose. **2** Açúcar de amido. *Var:* glucose.

glo.bal (*globo+al*[1]) *adj m+f* Total; integral.

glo.ba.li.za.ção (*gobalizar+ção*) *sf* **1** Ato ou efeito de globalizar. **2** *Econ* Fenômeno que consiste na maior integração entre os mercados produtores e consumidores (mercadorias, serviços, difusão de informações etc.).

glo.ba.li.zar (*global+izar*) *vtd* **1** Dispor ao redor de um ponto, considerado como centro de uma esfera. **2** Totalizar: *"Não dê preferência para partes de matéria, procure globalizar seu estudo."* (FSP) *vpr* **3** *Econ* Sofrer processo de globalização: *"Afinal, junto com a economia, globalizaram-se também os problemas da humanidade."* (FSP)

glo.bo (*ô*) (*lat globu*) *sm* **1** Corpo esférico; bola. **2** O planeta em que habitamos. *Pun irreg:* **glóbulo**. *Globo ocular, Anat:* órgão do sentido da visão. *Globo terrestre:* a Terra.

glo.bu.lar (*glóbulo+ar*[2]) *adj* Com forma de globo: *"Essas moedas ainda eram toscas, de forma globular e irregular, embora de peso uniforme."* (NU)

glo.bu.li.zar (*glóbulo+izar*) *vtd* **1** Transformar em glóbulos. **2** Prover de glóbulos.

gló.bu.lo (*lat globulu*) *sm Fisiol* Corpúsculo unicelular que se encontra em muitos líquidos do corpo dos vertebrados, principalmente no sangue. *Glóbulo sanguíneo:* cada uma das células do sangue.

gló.ria (*lat gloria*) *sf* **1** Celebridade adquirida por grande mérito. **2** Brilho, fama. **3** *por ext* Pessoa famosa, célebre.

glo.ri.fi.ca.ção (*glorificar+ção*) *sf* **1** Ato de glorificar: *"Antes que um elogio ao guerreiro, a glorificação da coragem é um elogio à guerra."* (GUE) **2** Elevação à glória eterna: *"A finalidade última da espécie humana é a glorificação de Deus."* (FSP)

glo.ri.fi.car (*lat glorificare*) *vtd* **1** Dar glória ou honra a. **2** Beatificar, canonizar a. *Antôn* (acepção 1): humilhar

glo.ri.o.so (*ô*) (*lat gloriosu*) *adj* **1** Cheio de glória. **2** Honroso, heroico, vitorioso: *O jogador viveu um momento glorioso ao marcar aquele gol. Pl:* gloriosos (*ó*).

glo.sa (*gr glôssa*) *sf* **1** Nota explicativa de palavra ou do sentido de um texto; comentário, interpretação. **2** Censura, crítica.

glo.sar (*glosa+ar*) *vtd* **1** Anotar, comentar, explicar por meio de glosas: *"Você bem que podia mandar um exemplar para este leitor galego que gosta de glosar e cotejar as traduções."* (FSP) **2** Anular ou rejeitar (parte de uma conta, de um orçamento etc.): *"Se a Receita ganhar, seus computadores glosam a diferença superior a R$ 1.700 por pessoa que estuda e altera o imposto devido."* (FSP) **3** Censurar; criticar: *"E não demorou, já inundavam Serras Azuis, cartas anônimas, glosando a remota ocorrência."* (S)

glos.sá.rio (*lat glossariu*) *sm* **1** Livro ou vocabulário em que se dá a explicação de palavras. **2** Espécie de vocabulário que se coloca no fim de uma obra para esclarecer palavras.

glo.te (*gr glottís*) *sf Anat* Abertura entre as cordas vocais, na parte superior da laringe.

glo.te.rar (*lat glottorare*) *vint* Emitir a sua voz (a cegonha): *"A cegonha glotera seus títulos de fábula."* (AVE) *Var:* glotorar. *Conjug –* só se conjuga nas 3ªs pessoas.

glu-glu (*onom*) *sm* Som imitativo da voz do peru. *Pl:* glu-glus.

glu.tão (*lat gluttone*) *adj+sm* Comilão:

"Ele não é um glutão, mas come de tudo (principalmente a feijoada de sábado)." (REA) *Fem:* glutona.

glu.te (*lat gluten*) *sm* Substância rica em proteínas que constitui a parte interna de sementes de cereais, especialmente do trigo. *Var:* glúten.

glú.ten (*lat gluten*) *V glute. Pl: glutens*.

glú.teo (*gr gloutós, ou+eo*) *adj Anat* Que se refere às nádegas.

gnais.se (*al Gneiss, np*) *sm Geol* Rocha composta de feldspato, xistosa e cristalina.

gno.mo (*gr gnómon*) *sm Folc* Cada um dos pequenos espíritos que, segundo os cabalistas, governam todas as riquezas da Terra.

gnu (*boxímane nqu*) *sm Zool* Mamífero africano, de cabeça grande como a de um boi, crina curta, cauda comprida e chifres curvados para baixo e para fora e depois para cima.

go.do (*ô*) *adj+sm* Indivíduo dos godos, povo da Germânia que invadiu os impérios romanos do Ocidente e do Oriente nos séculos III e IV.

go.e.la (*lat vulg *gulella*) *sf pop* Garganta.

go.gó (*red da primeira sílaba de goela*) *sm* **1** Pomo de adão (atual proeminência laríngea). **2** Garganta.

goi.a.ba (*cast guayaba*) *sf Bot* Fruto da goiabeira.

goi.a.ba.da (*goiaba+ada¹*) *sf* Doce de goiaba, em pasta.

goi.a.bei.ra (*goiaba+eira*) *sf Bot* Planta mirtácea de fruto comestível, a goiaba.

goi.a.ni.en.se (*Goiânia, np + ense*) *adj m+f* Relativo a Goiânia, cidade, município e capital de Goiás. • *s m+f* Natural ou habitante de Goiânia.

goi.a.no (*top Goiás+ano*) *adj* Relativo ao Estado de Goiás e à cidade e município de mesmo nome. • *sm* Natural ou habitante desse Estado e desse município.

goi.vei.ro (*goivo+eiro*) *sm* **1** *Bot* Certa planta ornamental (família das crucíferas). **2** A flor dessa planta. *Var:* goivo.

gol (*ô*) (*ingl goal*) *sm Esp* **1** Ponto que se marca no futebol, no futsal etc. **2** Balizas, geralmente com rede, no futebol; arco, meta. *Gol de placa:* golaço.

go.la (*lat gula*) *sf* Parte do vestuário que cinge o pescoço ou está junto dele. *Gola rulê:* gola dupla e alta enrolada sobre si mesma.

go.le (regressivo de *engolir*) *sm* Porção de líquido que se engole de uma vez; sorvo, trago. *Var:* golada, goleta, golo.

go.le.a.da (*golear+ada¹*) *sf Esp* Grande quantidade de gols; vitória conseguida por larga margem de gols.

go.le.a.dor (*golear+dor*) *adj+sm Esp* Diz-se de ou atacante que golea.

go.le.ar (*gol+e+ar¹*) *vtd Esp* Fazer muitos gols: *"Vasco goleia o River Plate em Buenos Aires pela Copa Mercosul."* (DIN) Conjuga-se como *frear*.

go.lei.ro (*gol+eiro*) *sm Esp* Jogador que defende o gol; arqueiro.

gol.fa.da (*golfar+ada¹*) *sf* **1** Porção de líquido ou vômito que sai com ímpeto de uma só vez. **2** Jorro, jato.

gol.far (*golfo+ar¹*) *vtd* Expelir, lançar às golfadas; vomitar.

gol.fe (*ô*) (*ingl golf*) *sm Esp* Jogo esportivo, de origem escocesa.

gol.fi.nho (*lat delphinu*) *sm Zool* Cada um de vários cetáceos carnívoros com dentes pequenos, da família dos delfinídeos; delfim, golfim.

gol.fo (*ô*) (*lat vulg colpu, gr kólpos*) *sm Geogr* Braço de mar que penetra na terra.

gol.pe (*gr kólaphos*, pelo *lat vulg*) *sm* **1** Ferimento ou pancada com instrumento cortante ou contundente: *O policial levou um golpe muito forte na perna.* **2** Desgraça, infortúnio: *A morte do pai foi um duro golpe para os filhos.* **3** *pop* Manobra traiçoeira. *Dar o golpe:* agir traiçoeiramente. *Golpe de vento:* súbita rajada de vento. *Golpe de vista:* olhar rápido e abrangente. *Golpe do baú:* casamento por interesse financeiro.

gol.pe.ar (*golpe+e+ar¹*) *vtd* **1** Dar golpes em. **2** Ferir com golpes. **3** Açoitar, fustigar. Conjuga-se como *frear*.

gol.pis.mo (*golpe+ismo*) *sm* **1** Sistema de dar golpes. **2** *Polít* Tendência a dar golpes de Estado: *"Esta cidade (...) abriu as primeiras trincheiras para, ao lado do povo brasileiro, lutar contra o golpismo"* (G)

gol.pis.ta (*golpe+ista*) *s m+f* Pessoa acostumada a dar golpes.

go.ma (*lat med gumma*, por *cummi*) *sf* **1** Seiva de certas árvores. **2** Amido. **3** Cola de amido para engomar roupa.

go.ma-a.rá.bi.ca *sf* Árvore gumífera que produz goma; resina produzida por diferentes árvores do gênero acácia. *Pl: gomas-arábicas.*

go.ma.do (*part* de *gomar*) *adj* Que contém goma, cola ou outro adesivo seco.

go.ma-la.ca *sf* Laca; resina de cor vermelho-escura, empregada na fabricação de vernizes etc. *Pl: gomas-laca* e *gomas-lacas.*

go.mar (*goma+ar¹*) *vtd* **1** Passar goma ou cola em. *vint* **2** Lançar gomos ou rebentos; abrolhar.

go.mo *sm* **1** *Bot* Botão, gema. **2** Cada uma das partes em que se divide a laranja, o limão.

gô.na.da (*gr gónos+ada²*) *sf* Glândula produtora de gametas. Se estes são masculinos, a gônada chama-se *testículo*; se femininos, *ovário*. *Sin: glândula sexual.*

gôn.do.la (*ital gondola*) *sf* **1** Embarcação comprida, impelida a remos, peculiar nos canais de Veneza. **2** Espécie de prateleira onde se colocam os produtos nos supermercados.

gon.do.lei.ro (*gôndola+eiro*) *sm* Remador ou tripulante de gôndola.

gon.go (*malaio gong*) *sm Mús* Instrumento de percussão.

go.no.có.ci.co (*gonococo+ico²*) *adj* **1** Que se refere ao gonococo. **2** Produzido pelo gonococo.

go.no.co.co (*gr gónos+coco¹*) *sm Bacter* Bactéria causadora da gonorreia.

go.nor.rei.a (*é*) (*gr gónos+reia*) *sf Med* Corrimento pelo canal da uretra provocado por infecção gonocócica; blenorragia.

gon.zo (*gr gómphos*, pelo *fr ant gons*) *sm* Dobradiça de porta ou janela.

go.rar (*goro+ar¹*) *vtd* **1** Tornar goro; não chegar ao término a incubação do ovo. *vint* e *vpr* **2** *fig* Estragar, inutilizar.

gor.do (*ô*) (*lat gurdu*) *adj* **1** Que tem muita gordura; adiposo. **2** Semelhante à gordura. • *sm* Homem gordo, obeso. *Antôn: magro. Nunca ter visto mais gordo:* ter total desconhecimento de uma pessoa.

gor.du.ra (*gordo+ura*) *sf* **1** Banha. **2** Sebo. **3** Obesidade.

gor.du.ro.so (*ô*) (*gordura+oso*) *adj* Cheio de gordura; gordurento. *Pl: gordurosos* (*ó*).

gor.go.le.jar (de *gargarejar*) *vint* **1** Produzir som semelhante ao do gargarejo: *"A chuva continuava e as enxurradas gorgolejam ladeira abaixo."* (GRO) *vtd* **2** Beber, produzindo o ruído do gargarejo. *Var: grogolejar.* Conjuga-se como *solfejar.*

gor.gon.zo.la (*ital*) *sm* Queijo italiano, de gosto forte e picante.

gor.go.rão (*fr gourgouran*) *sm* Tecido encorpado, em cordões, de seda, lã ou algodão.

gor.gu.lho (*lat gorgulio*) *sm* Inseto que ataca os cereais; caruncho.

go.ri.la (*lat cient gorilla*) *sm Zool* Grande macaco antropoide da África equatorial, o maior de todos.

gor.je.ar (*gorja+e+ar¹*) *vint* **1** Soltar sons agradáveis (os passarinhos); cantar, trilar, chalrar, chalrear, chilrear. *vtd* e *vint* **2** *fig* Cantar com voz melodiosa. *Conjug* – só se conjuga nas 3ᵃˢ pessoas.

gor.jei.o (de *gorjear*) *sm* **1** Trinado dos pássaros. **2** O chilrear das crianças.

gor.je.ta (*ê*) (de *gorja*) *sf* Gratificação, propina.

Escreve-se com **j**, pois relaciona-se com *gorja* (garganta). *É uma pequena gratificação, para molhar a garganta com uma bebida.*

go.ro (*ô*) *adj* Que gorou.

go.ro.ro.ba (*roró*) *sf* **1** *Bot* Planta leguminosa. **2** *gír* Comida malfeita ou de má qualidade. **3** *pop* Comida, boia.

gor.ro (*ô*) (*bosco gorri*) *sm* Boné sem pala; barrete.

gos.ma (*ó*) *sf* **1** *pop* Mucosidades expelidas da boca ou do estômago. **2** Doença que ataca a língua das aves.

gos.men.to (*gosma+ento*) *adj* Em que há gosma.

gos.tar (*lat gustare*) *vti* **1** Achar bom ou belo: *O menino gostou do presente.* **2** Ter amizade, amor ou simpatia: *Todos sabem que ele gosta da namorada.* **3** Ter inclinação ou tendência para alguma coisa: *Fábio sempre gostou de futebol.*

gos.to (ô) (*lat gustu*) *sm* **1** Paladar. **2** Sabor. **3** Deleite, prazer, satisfação. *A gosto:* à vontade; de bom grado.

gos.to.so (ô) (*gosto+oso*) *adj* **1** Que tem gosto bom, saboroso. **2** Que dá gosto. **3** Alegre, contente. *Pl: gostosos* (ó).

gos.to.su.ra (*gostoso+ura*) *sf pop* **1** Qualidade de gostoso. **2** Prazer intenso.

go.ta (ô) (*lat gutta*) *sf* **1** Pingo. **2** *Med* Moléstia caracterizada por excesso de ácido úrico. **3** *Farm* Medida de certos medicamentos líquidos. *Dim:* gotícula ou gotinha. *Gota a gota:* aos pingos. *Ser uma gota d'água no oceano:* coisa sem valor.

go.tei.ra (*gota+eira*) *sf* **1** Fenda ou buraco por onde cai água dentro de casa, quando chove. **2** Cano que recebe a água da chuva que cai nos telhados.

go.te.jar (*gota+ejar*) *vti* e *vint* **1** Cair em gotas; pingar. **2** Deixar cair gota a gota. Conjuga-se como *solfejar*.

gó.ti.co (*lat goticu*, melhor que *gothicu*) *adj* **1** Que se refere aos godos ou provém deles. **2** Gênero de arquitetura, também chamado *ogival*.

go.tí.cu.la (*lat gutticula*) *sf* Gota pequenina.

go.to (ô) (*lat guttur*) *sm Anat* Entrada da laringe. *Cair no goto:* engasgar.

go.ver.na.dor (*governar+dor*) *adj* Que governa. • *sm* Aquele que governa um estado, uma região administrativa.

go.ver.na.men.tal (*governamento+al¹*) *adj m+f* Do governo ou relativo a ele.

go.ver.nan.ta (de *governante*) *sf* Mulher encarregada de governar uma casa. *Var: governante*.

go.ver.nan.te (de *governar*) *adj* e *s m+f* Que ou aquele que governa. • *sf V governanta*.

go.ver.nar (*lat gubernare*) *vtd* **1** Exercer o governo de. *vtd* **2** Administrar, dirigir. *vtd* **3** Conduzir. *vint* **4** Ter mando ou direção. *Cf governo*.

go.ver.nis.ta (*governo+ista*) *adj* e *s m+f* Diz-se do ou partidário do governo.

go.ver.no (ê) (de *governar*) *sm* **1** Poder supremo do Estado. **2** Administração. *Governo representativo:* aquele em que a nação delega ao chefe do governo e aos membros do Parlamento os seus direitos e poderes.

go.za.ção (*gozar+ção*) *sf pop* Caçoada, zombaria.

go.za.do (*part* de *gozar*) *adj* **1** *pop* Que faz rir; engraçado. **2** Alegre, divertido.

go.zar (*gozo-ar¹*) *vtd* e *vti* **1** Aproveitar, desfrutar. *vtd* **2** Ter, possuir (coisa agradável, útil, vantajosa). *vint* **3** Zombar, caçoar. *vint* **4** Ejacular; atingir o orgasmo.

go.zo (ô) (*lat gaudiu*) *sm* **1** Ação de gozar. **2** *pop* Motivo de alegria. **3** Prazer sexual; orgasmo.

gra.ça (*lat gratia*) *sf* **1** Favor: *A cozinheira fez a graça de me oferecer café*. **2** Perdão, indulgência: *O menino recebeu a graça pelas suas faltas*. **3** Gracejo, humor. **4** Aparência agradável, atraente: *Seu irmão é uma graça. Dar graças:* agradecimento. *De graça:* gratuitamente. *Graças a Deus!:* exclamação de alívio ao sair de uma dificuldade.

gra.ce.jar (*graça+ejar*) *vtd* e *vint* **1** Dizer graças ou gracejos. *vint* **2** Não falar sério.

gra.ce.jo (ê) (de *gracejar*) *sm* Piada; graça.

gra.ci.nha (*graça+inha*) *sf* Gracejo, piada.

gra.ci.o.so (ô) (*lat gratiosu*) *adj* **1** Que tem graça. **2** Engraçado. **3** Feito ou dado de graça. **4** Elegante. *Pl: graciosos* (ó).

grã-cruz *sf* Cruz com que os governos condecoram militares e civis por serviços relevantes. *Pl: grã-cruzes. Var: grão--cruz.*

gra.da.ção (*lat gradatione*) *sf* Aumento ou diminuição sucessiva e gradual.

gra.da.ti.vo (*lat *gradativu*) *adj* Em que há gradação; gradual.

gra.de (*lat crate*) *sf* **1** Armação de barras, de ferro ou ripas, destinada a proteger ou vedar algum lugar. *sf pl* **2** *pop* Cadeia, prisão.

gra.de.a.men.to (*gradear+mento*) *sm* **1** Ato ou efeito de gradear. **2** Grade que cerca ou veda jardins, parques, janelas etc.; gradeado; gradil.

gra.de.ar (*grade+e+ar¹*) *vtd* **1** Fechar ou vedar com grades. **2** Prover de grades. Conjuga-se como *frear*.

gra.di.en.te (*lat gradiente*) *sm* **1** Grau. **2** Distância entre dois lugares expressa em graus de latitude.

gra.dil (*grade+il*) *sm* Grade ornamental separatória ou de proteção: *A casa era cercada de gradis. Pl: gradis.*

gra.do (*lat granatu*) *adj* **1** Bem desenvolvido, graúdo. **2** Importante, notável. • *sm* Gosto, vontade. *De bom grado:* de boa vontade. *De mau grado:* de má vontade.

gra.du.a.ção (*graduar+ção*) *sf* **1** Ato ou efeito de graduar(-se). **2** Divisão do círculo em graus, minutos e segundos. **3** *Educ* Grau do ensino superior; bacharelado.

gra.du.a.do (*part de graduar*) *adj* **1** Dividido em graus. **2** Que tem grau universitário; diplomado. • *sm* **1** Indivíduo que é diplomado em um grau superior. **2** Que tem posto ou posição elevada.

gra.du.al (*lat ecles graduale*) *adj m+f* Gradativo: *A melhora do paciente foi gradual.* • *sm Liturg* Parte da missa entre a Epístola e o Evangelho.

gra.du.an.do (*ger de graduar*) *sm* Indivíduo que frequenta o último ano de um curso universitário.

gra.du.ar (*lat gradu+ar¹*) *vtd* **1** Marcar os graus divisórios de. *vtd* **2** Regular de modo gradual. *vtd* **3** Conferir grau universitário a. *vpr* **4** Diplomar-se (em nível universitário).

gra.far (*grafo+ar²*) *vtd* Escrever.

gra.fi.a (*grafo+ia¹*) *sf* Maneira de escrever letras e palavras; caligrafia, ortografia.

grá.fi.ca (*de gráfico*) *sf* Oficina de artes gráficas.

grá.fi.co (*gr graphikós*) *adj* Que pertence ou se refere à grafia ou às artes gráficas. • *sm* **1** Representação gráfica; diagrama, esquema. **2** Empregado que trabalha em um estabelecimento gráfico.

grã-fi.no (*grão+fino*) *adj+sm* Que ou quem é rico, elegante. *Pl: grã-finos.* *Fem: grã-fina.*

gra.fis.mo (*grafo+ismo*) *sm* **1** Forma de representar as palavras. **2** Capacidade de grafar ou desenhar.

gra.fi.ta (*grafo+ita³*) *sf Miner* Variedade de carbono preto, usada para fazer bastõezinhos de lápis. *Var: grafite.*

gra.fi.tar (*grafita+ar¹*) *vtd* **1** Revestir ou impregnar de grafita: *"De origem haitiana, começou a carreira grafitando tudo que encontrava pela frente."* (FSP) **2** Converter em grafita.

gra.fi.te (*fr graphite*) *sf* **1** Lápis próprio para desenhar; grafita. **2** Palavras, frases ou desenhos, em muros e paredes.

gra.fi.tei.ro (*grafite+eiro*) *sm* Aquele que produz grafites (acepção 2); pichador.

grafo- (*gr grapheín*) *elem comp* Exprime a ideia de escrita, traço, gravura: *grafologia, grafoteca.*

gra.fo.lo.gi.a (*grafo+logo+ia¹*) *sf* **1** Arte de interpretar o caráter ou a índole de uma pessoa por sua letra. **2** Ciência da escrita.

gra.fó.lo.go (*grafo+logo*) *sm* Especialista em grafologia. *Var: grafologista.*

gra.fo.te.ca (*grafo+teca*) *sf* **1** Coleção de gravuras. **2** Local onde se guardam essas coleções.

gra.fo.téc.ni.ca (*grafo+técnica*) *sf* **1** Conjunto dos recursos técnicos para estudo da escrita. **2** Técnica de grafar ou escrever.

gra.lha (*lat gracula*) *sf* **1** *Ornit* Nome comum a várias aves passeriformes, corvídeas; espécie de corvo, cuja voz é estridente. *Voz: crocita, gralha, grasna.* **2** *fig* Mulher tagarela.

gra.ma (*lat gramina, pl por gramen*) *sm* **1** Milésima parte do quilograma. **2** Unidade de peso no sistema métrico decimal. *sf* **3** *Bot* Designação comum a várias plantas gramíneas, usadas em jardins, campos de esporte etc.

Deve-se distinguir **o grama** de **a grama**. A palavra é masculina quando designa unidade de peso e feminina quando significa relva.
*Ela comprou **duzentos gramas** de presunto.*
*Ele cortou **a grama** do jardim.*

gra.ma.do (*part de gramar*) *sm* **1** Terreno coberto de grama. **2** *por ext* Campo de futebol.

gra.mar (*grama+ar²*) *vtd* **1** Cobrir de grama. **2** *pop* Aguentar, suportar, aturar, sofrer.

gra.má.ti.ca (*lat grammatica*) *sf* **1** Estudo dos elementos de uma língua (sons, formas, palavras, construções e recursos expressivos). **2** Livro em que se expõe esse estudo.

gra.ma.ti.cal (*lat grammaticale*) *adj m+f* Que se refere à gramática.

gra.má.ti.co (*lat grammaticu*) *adj* Relativo à gramática; gramatical. • *sm* Aquele que se dedica a estudos gramaticais ou escreve a respeito de gramática.

gra.mí.neas (*lat gramineae*) *sf pl Bot* Família de plantas monocotiledôneas (trigo, arroz, capim, cana-de-açúcar etc.).

gram.pe.a.dor (*grampear+dor*) *adj* Que grampeia. • *sm* **1** Empregado que trabalha na máquina de grampear. **2** Pequeno aparelho manual para grampear papéis.

gram.pe.a.do.ra (*grampear+dor*, no *fem*) *sf Tip* Máquina para grampear folhetos ou revistas.

gram.pe.ar (*grampo+e+ar*¹) *vtd* **1** Prender com grampo: *Grampeou as folhas de texto antes de entregá-las ao professor.* **2** *gír* Interferir nas ligações telefônicas para ouvir ou gravar conversações: *O telefone do escritório estava grampeado.* Conjuga-se como *frear*.

gram.po (*germ *krampa*, via *ital*) *sm* **1** Pequena peça para prender os cabelos. **2** *gír* Aparelho colocado numa linha telefônica para interceptar e gravar ligações; grampo telefônico.

gra.na *sf gír* Dinheiro.

gra.na.da (*fr grenade*) *sf* Projétil explosivo que se dispara com uma peça de artilharia. *Granada de mão:* a que se arremessa com a mão.

gra.na.di.no (*top Granada+ino*) *adj* De ou que se refere a Granada (Espanha e ilha do Caribe oriental). • *sm* Natural ou habitante de Granada.

gran.da.lhão (*grande+alho+ão*²) *adj* Que é muito grande, muito alto. • *sm* Indivíduo muito grande, muito alto. *Fem:* grandalhona. *Var:* grandaço, grandão.

gran.dão (*grande+ão*²) *adj+sm V* grandalhão. *Fem:* grandona.

gran.de (*lat grande*) *adj* **1** Que tem dimensões acima do normal. **2** Notável, importante. **3** Poderoso. *Aum:* grandalhão, grandão. *Sup abs sint:* grandíssimo e (*pop*) grandessíssimo. Comparativo de superioridade: *maior*. *Antôn* (acepção 1): *pequeno*. • *sm* Pessoa rica e influente, poderosa.

gran.de.za (*ê*) (*grande+eza*) *sf* **1** Qualidade de grande. **2** Magnitude.

gran.di.lo.quên.cia (*qwe*) (*lat grandiloquentia*) *sf* Qualidade do estilo elevado, grandioso, muito eloquente.

gran.di.lo.quen.te (*qwe*) (*lat grandiloquente*) *adj m+f* Que tem a linguagem elevada, pomposa, muito eloquente. *Sup abs sint:* grandiloquentíssimo. *Var:* grandíloco, grandíloquo.

gran.di.o.si.da.de (*grandioso+i+dade*) *sf* Qualidade de grandioso; magnificência.

gran.di.o.so (*ó*) (*cast grandioso*) *adj* **1** Muito grande, nobre, imponente. **2** Pomposo. *Antôn:* medíocre. *Pl:* grandiosos (*ó*).

gra.nel (*cast graner*) *sm* Celeiro, tulha. *A granel:* em grande quantidade; sem embalagem; solto.

gra.ni.to (*ital granito*) *sm* **1** *Miner* Rocha eruptiva, granular e cristalina. **2** Pequeno grão; grânulo.

gra.ní.vo.ro (*gr granu+i+voro*) *adj* Que se alimenta de grãos ou sementes: *"Nos silos, onde o cereal é estocado a granel, a presença de insetos granívoros pode aumentar a temperatura."* (ECG)

gra.ni.zo (*cast granizo*) *sm Meteor* Chuva de pedra.

gran.ja (*fr grange*, do *lat vulg *granica*) *sf* Propriedade rural pequena.

gran.je.ar (*granja+e+ar*¹) *vtd* **1** Adquirir, obter com trabalho ou esforço próprio: *Depois de estudar muito, conseguiu granjear boas notas.* **2** Atrair, conquistar: *Logo granjeou muitas amizades na nova escola.* Conjuga-se como *frear*.

gran.jei.ro (*granja+eiro*) *sm* **1** O que cultiva uma granja. **2** Dono de granja.

gra.no.la (*der* do *lat granu*) *sf* Mistura de grãos consumida no café da manhã.

gra.nu.la.ção (*lat granulatione*) *sf* **1** Aglomeração em pequenos grãos. **2** *Metal* Redução de um metal a grãos.

gra.nu.lar (*grânulo+ar*¹) *vtd* **1** Dar forma de grânulo a. **2** Reduzir a pequenos grãos. • *adj m+f* **1** Que se assemelha ao grão; granuloso. **2** Composto de pequenos grãos.

grâ.nu.lo (*lat granulu*) *sm* **1** Pequeno grão. **2** Glóbulo.

gra.nu.lo.so (*ô*) (*grânulo+oso*) *adj* **1** Formado de grânulos. **2** Que tem superfície áspera. *Pl:* granulosos (*ó*).

grão¹ (*lat granu*) *adj* Forma apocopada de *grande*. É invariável em número. *Var:* grã.

grão² (*lat grande*) *sm* **1** Fruto ou semente

grão-cruz

das gramíneas e de alguns legumes. **2** Partícula dura de qualquer substância. *Pl: grãos. Dim:* grãozinho e grânulo.
grão-cruz *V* **grã-cruz**. *Pl:* grão-cruzes.
grão-de-bi.co *sm* **1** *Bot* Planta leguminosa de sementes comestíveis e folhas medicinais. **2** Fruto dessa planta. *Pl:* grãos-de-bico.
grão-mes.tre *sm* O chefe supremo da maçonaria. *Pl:* grão-mestres. *Var:* grã--mestre.
grão-vi.zir *sm* Primeiro-ministro do antigo Império Otomano. *Pl:* grão-vizires. *Var:* grã-vizir.
gras.na.do (*part de grasnar*) *sm* Voz de aves (pato ou cisne): *"Ao contrário dos cisnes negros, os brancos são bastante silenciosos, emitindo grasnados apenas em casos de defesa e proteção."* (FSP)
gras.nar (*lat hispânico *gracinare*) *vint* **1** Soltar a voz (a rã, o corvo, o pato). **2** Gritar com voz desagradável como a do corvo. *Var:* grasnir. *Conjug* – com raras exceções, conjuga-se somente nas 3ªs pessoas.
gras.sar (*lat grassari*) *vint* **1** Alastrar-se, propagar-se: *A notícia do acidente grassou por toda a cidade.* **2** Espalhar-se: *A doença grassou rapidamente. Conjug* – só se conjuga nas 3ªs pessoas.
gra.ti.dão (*lat gratitudine*) *sf* Agradecimento, reconhecimento.
gra.ti.fi.ca.ção (*lat gratificatione*) *sf* **1** Gorjeta. **2** Retribuição de serviço extraordinário. Veja nota em **gorjeta**.
gra.ti.fi.can.te (*de gratificar*) *adj m+f* Compensador; que gratifica.
gra.ti.fi.car (*lat gratificare*) *vtd e vti* **1** Premiar, remunerar; recompensar. *vtd* **2** Dar gorjeta a.
gra.ti.nar (*fr gratiner*) *vtd e vint Cul* Fazer tostar prato que vai ao forno, para nele formar uma crosta.
grá.tis (*lat gratis*) *adv* De graça, gratuitamente.
gra.to (*lat gratu*) *adj* Que tem gratidão; agradecido, reconhecido. *Antôn:* ingrato.
gra.tu.i.da.de (*gratui(to)+dade*) *sf* Qualidade daquilo que é gratuito.
gra.tui.to (*lat gratuitu*) *adj* **1** Feito ou dado de graça. **2** Sem fundamento, sem razão: *Agressão gratuita.*

graviola

A palavra **gratuito** é paroxítona, portanto a sílaba tônica é *túi*, tal como *circuito, fluido, fortuito* e *intuito.*
grau (*lat gradu*) *sm* **1** Título obtido em escola superior ao se completar o curso. **2** Distância ou número de gerações que separam os parentes: *Grau de parentesco.* **3** *Gram* Flexão com que se aumenta ou diminui o significado dos nomes. **4** Unidade de medida de temperatura (*Símb:* º). *Em alto grau:* enormemente; muitíssimo.
gra.ú.do (*lat *granutu*) *adj* Grande, desenvolvido, muito crescido. • *sm* Indivíduo importante; poderoso, rico.
gra.ú.na (*tupi yurá úna*) *sf Ornit* Pássaro da família dos icterídeos, todo preto. *Var:* garaúna.
gra.va.ção (*lat gravatione*) *sf* **1** Ato ou efeito de gravar. **2** Reprodução de desenho ou ilustração em metal. **3** Registro de som, por meio de fita magnética. **4** *Inform* Ato de salvar arquivo de dados.
gra.va.dor (*lat gravatore*) *adj* Que grava. • *sm* **1** Artista que grava em madeira etc. **2** Dispositivo para gravar sons em disco, fita ou filme.
gra.va.do.ra (*de gravador*) *sf* Indústria ligada à produção de gravações comerciais.
gra.var (*fr graver*) *vtd* **1** Abrir, esculpir com buril ou cinzel. **2** Assinar ou marcar com selo ou ferrete. **3** Fazer gravação. *Gravar na memória:* reter na mente, decorar.
gra.va.ta (*fr cravate*) *sf* **1** Tira de tecido que se põe em volta do pescoço. **2** Golpe sufocante no pescoço.
gra.va.tá (*tupi karauatá*) *sm Bot* Nome comum a várias plantas que dão frutos ácidos em cachos.
gra.ve (*lat grave*) *adj* **1** Rígido, severo. **2** Circunspecto, sério. **3** Doloroso, penoso. **4** *Gram* Qualificativo do acento (`) com que se indica a crase. • *sm Mús* Nota grave ou baixa.
gra.ve.to (*ê*) (*de garaveto*) *sm* Pedaço de lenha miúda.
gra.vi.da.de (*lat gravitate*) *sf* **1** *Fís* Força que atrai todos os corpos para o centro da Terra. **2** Seriedade, compostura.
gra.vi.dez (*ê*) (*grávido+ez*) *sf* Gestação.
gra.vi.o.la *sf Bot* Fruta comestível do

Nordeste brasileiro, da mesma família da fruta-do-conde.

gra.vi.ta.ção (*gravitar*+*ção*) *sf Fís* Força de atração mútua das massas; atração universal.

gra.vi.ta.ci.o.nal (*gravitação*+*al¹*) *adj m*+*f* **1** Que se refere à gravitação: *"A força gravitacional de Júpiter fez com que o cometa se fragmentasse."* (FSP) **2** Causado por gravitação: *"Uma vez emitidas, as ondas gravitacionais viajam até a Terra à velocidade da luz."* (FSP) *Var: gravítico.*

gra.vi.tar (*gravi*+*itar*) *vint* **1** Movimento em volta de um astro, atraído por ele. *vti* **2** *Fís* Tender para determinado ponto ou centro, pela força da gravitação.

gra.vu.ra (*gravar*+*ura²*) *sf* Estampa, ilustração, imagem, figura.

gra.xa (*lat vulg* *crassa, *der de crassu*) *sf* **1** Substância para engraxar. **2** Pasta para lubrificar máquinas. **3** *gír* Propina, a título de suborno.

gra.xo (*lat vulg* *grassu) *adj* Gordo, gordurento, oleoso, gorduroso.

gre.co-la.ti.no (*lat graecu* + *latino*) *adj* Relativo ao grego e ao latim. *Fem: greco--latina.* *Pl: greco-latinos.*

gre.co-ro.ma.no (*lat graecu* + *romano*) *adj* Comum à Grécia e a Roma, aos gregos e aos romanos. *Fem: greco-romana. Pl: greco-romanos.*

gre.gá.rio (*lat gregariu*) *adj* Que vive em bando: *Aves gregárias.*

gre.go (*ê*) (*lat graecu*) *adj* **1** De ou relativo à Grécia (Europa). **2** *pop* Incompreensível: *Isso é grego para mim.* • *sm* **1** Natural ou habitante da Grécia. **2** A língua dos gregos. *Sin: heleno.*

gre.go.ri.a.no (*Gregório*,*np*+*ano*) *adj* Relativo a qualquer dos papas Gregórios I, VII ou XIII. *Canto gregoriano: V cantochão.*

gre.lha (*ê*) (*lat craticula*, pelo *fr greille*) *sf* Pequena grade de ferro sobre a qual se assa algum alimento.

gre.lhar (*grelha*+*ar¹*) *vtd* Assar ou torrar na grelha.

gre.lo (*ê*) *sm* **1** Gema que se desenvolve na semente, bulbo ou tubérculo; broto. **2** *vulg* Clitóris.

grê.mio (*lat gremiu*) *sm* **1** Corporação de sócios; associação de indivíduos (sujeitos a regulamentos e estatutos) com interesses ou atividades comuns. **2** A sede desta corporação.

gre.ná (*fr grenat*) *adj m*+*f* **1** Da cor vermelha da romã. **2** Diz-se dessa cor. • *sm* Essa cor.

gre.ta (*ê*) (*de gretar*) *sf* Abertura estreita; fenda; vão.

gre.tar (*lat crepitare*) *vint* e *vpr* Fender-se, rachar-se.

gre.ve (*fr grève*) *sf* Ato de funcionários, estudantes etc., que recusam trabalhar ou estudar, enquanto não chegam a um acordo. *Greve de fome:* a recusa de alguém em se alimentar, como protesto.

gre.vis.ta (*greve*+*ista*) *s m*+*f* Pessoa que promove uma greve ou dela participa.

grid (*grídi*) (*ingl*) *sm Autom* A posição de largada numa corrida: *Grid de largada.*

gri.far (*grifo*+*ar¹*) *vtd* Sublinhar.

gri.fe (*fr griffe*) *sf* Nome que um fabricante dá a seu produto e torna-se sua marca característica. *De grife:* que tem marca.

gri.fo (*lat med gryphu*, *gr gryps*) *adj* Itálico. • *sm* **1** Letra itálica : *O professor escreveu* shopping *em grifo porque é uma palavra inglesa.* **2** Traço por baixo de letras ou palavras. **3** Ferramenta própria para apertar ou desapertar parafusos; chave de cano, chave grifo.

gri.la.do (*grilo*+*ado¹*) *adj gír* Que está com grilo (ideia fixa, obsessão).

gri.la.gem (*grilar*+*agem*) *sf* Posse ilegal de terra, mediante documentos falsos: *"Aí há uma obstinada resistência dos posseiros contra a grilagem de suas terras."* (AGR)

gri.lar (*grilo*+*ar¹*) *vtd* **1** *pop* Apoderar-se ilicitamente de terras alheias por meio de escrituras falsas. *vtd* **2** Fazer títulos falsos de (terras). *vpr* **3** *gír* Ficar preocupado ou cismado.

gri.lei.ro (*grilo*+*eiro*) *sm* Indivíduo que, mediante falsas escrituras de propriedade, procura apossar-se de terras alheias.

gri.lhão (*cast grillón*, *aum de grillo*) *sm* **1** Corrente de metal formada de anéis encadeados. **2** Corrente que prende os condenados: *"Nos Estados norte-americanos do Alabama, Arizona e Flórida foram reintroduzidos os grilhões."* (FSP) **3** *fig* Laço; prisão: *"Se o país tem pretensões* de grandeza, terá que romper o quanto antes com os grilhões da pedagogia convencional." (FSP) *Var:* grilho.

gri.lí.deos (*grilo+ídeos*) *sm pl* Família de insetos da ordem dos ortópteros, que compreende os grilos.

gri.lo (*lat grillu*) *sm* **1** *Zool* Nome comum a vários insetos saltadores, da família dos grilídeos, de cor geralmente parda, com longas antenas. Voz: *chirria, cricrila, estridula, estrila, guizalha, trila, tritila, tritina.* **2** Propriedade territorial legalizada com título falso. **3** *gír* Ideia fixa, grande preocupação.

gri.nal.da (*cast guirnalda, fr ant garlande* etc.) *sf* **1** Coroa de flores naturais ou artificiais. **2** Enfeite de flores entrançadas e dispostas em curva. *V* guirlanda.

grin.go (*cast gringo*) *sm pej* Estrangeiro.

gri.pa.do (*gripe+ado¹*) *adj+sm* Diz-se do ou o indivíduo atacado de gripe.

gri.pal (*gripe+al¹*) *adj m+f* Referente a gripe.

gri.par (*gripe+ar¹*) *vtd* e *vpr* Tornar(-se) doente de gripe.

gri.pe (*fr grippe*) *sf Med* Doença infecciosa e muito contagiosa, produzida por vírus; influenza.

gri.sa.lho (*fr grisaille*) *adj* **1** Diz-se da barba ou cabelo entremeados de fios brancos. **2** Que tem cabelos grisalhos.

gri.ta (de *gritar*) *sf* Gritaria, alarido.

gri.tan.te (de *gritar*) *adj m+f* **1** Que grita. **2** Diz-se da cor muito viva; berrante. **3** Evidente.

gri.tar (*lat quiritare*) *vint* **1** Soltar gritos. *vint* **2** Berrar. *vti* e *vint* **3** Protestar, reclamar.

gri.ta.ri.a (*grito+aria*) *sf* Gritos repetidos ou simultâneos; berreiro. *Var:* gritada.

gri.to (de *gritar*) *sm* Voz aguda e muito elevada. *No grito:* à força.

gro.gue (*ingl grog*) *sm* Bebida alcoólica, misturada com água quente, açúcar e suco de limão. • *adj m+f* Diz-se de quem está cambaleante, como quem tomou bebida alcoólica em excesso.

gro.sa (*ital grossa*) *sf* **1** Doze dúzias (144 unidades). **2** *Carp* Instrumento semelhante à lima, usado para desbastar madeira ou o casco das cavalgaduras.

gro.se.lha (*é*) (*fr groseille*) *sf* **1** Fruto da groselheira. **2** Xarope feito com esse fruto. • *adj m+f sing+pl* Que tem a cor acerejada da groselheira-vermelha.

gro.se.lhei.ra (*groselha+eira*) *sf Bot* Planta que produz a groselha. *Var:* groselheiro.

gros.sei.rão (*grosseiro+ão²*) *adj* **1** Muito grosseiro. **2** De má qualidade. • *sm* Indivíduo mal-educado.

gros.sei.ro (*grosso+eiro*) *adj* **1** De má qualidade. **2** Malfeito, rude, tosco. **3** Diz-se do indivíduo indelicado, malcriado; grosso. • *sm* Sujeito mal-educado.

gros.se.ri.a (*grosseiro+ia¹*) *sf* Ação ou expressão grosseira, indelicada; grossura. *Antôn:* delicadeza.

gros.so (*ô*) (*lat grossu*) *adj* **1** Que tem grande circunferência ou volume. **2** Consistente, denso, espesso. **3** Grave (som, voz). **4** Grosseiro. • *sm* **1** A maior parte. **2** Indivíduo grosseiro. *Pl:* grossos (*ó*). *Grosso modo* é uma expressão latina, por isso não deve ser antecedida da preposição **a** e deve ser grafada em itálico.

gros.su.ra (*grosso+ura*) *sf* **1** Qualidade de grosso. **2** Espessura. **3** *gír* Grosseria.

gro.ta (*gr krýpte*, pelo *lat crypta*) *sf* **1** Abertura provocada pelas enchentes, na ribanceira ou nas margens de um rio. **2** Vale profundo.

gro.tão (*grota+ão²*) *sm* Grota enorme; depressão funda entre montanhas.

gro.tes.co (*ê*) (*ital grottesco*) *adj* **1** Caricato, ridículo. **2** Que provoca risos.

grou (*lat *gruu*, por *grue*) *sm Ornit* Ave pernalta da família dos gruídeos. Voz: *grasna, grugrulha, grui, grulha.* Fem: grua.

gru.a (*lat grua*) *sf* **1** *Ornit* Fêmea do grou. **2** Tipo de guindaste que se movimenta em todas as direções.

gru.dar (*grude+ar¹*) *vtd* **1** Colar, ligar. *vtd* **2** Fazer aderir a uma superfície. *vint* e *vpr* **3** Pegar-se, unir-se com grude. *vint* e *vpr* **4** *pop* Agarrar-se e não soltar.

gru.de (*lat gluten*) *sm* **1** Espécie de cola. **2** *gír* Comida, refeição.

gru.den.to (*grude+ento*) *adj* Pegajoso, viscoso.

gru.gu.le.jar (*onom*) *vint* **1** Soltar a voz (o peru). **2** Imitar a voz do peru. *Conjug* – só se conjuga nas 3ᵃˢ pessoas.

gru.me.te (ê) *sm* Marinheiro principiante na armada: *"Joseph Conrad, nascido em 1857 na Polônia, embarcou aos 18 anos como grumete num navio, viajando pelo mundo até 1903."* (FSP)

gru.mo (*lat grumu*) *sm* **1** *Med* Pequeno coágulo de albumina. **2** Grânulo; nódulo. **3** *Cul* Caroço que se forma na pasta ou massa mal diluída.

gru.nhi.do (*lat grunnitu*) *sm* **1** Voz do porco ou do javali. **2** *fig* Resmungo.

gru.nhir (*lat grunnire*) *vint* **1** *onom* Soltar grunhidos (o porco ou o javali). *vint* **2** Imitar a voz do porco. *vtd* **3** *fig* Proferir em grunhidos. *Conjug* – só se conjuga nas 3ªs pessoas. Em sentido figurado, sua conjugação é integral e segue *abolir*.

gru.pal (*grupo+al*[1]) *adj m+f* **1** Relativo a grupo. **2** Próprio de grupo.

gru.po (*ital gruppo*, do *germ*) *sm* **1** Certo número de pessoas reunidas. **2** Reunião de objetos. *Grupo sanguíneo*, *Biol*: um de vários tipos ou grupos em que o sangue pode ser classificado.

gru.ta (*lat vulg crypta*) *sf* Caverna natural ou artificial.

gua.bi.ro.ba (*tupi yuá ueráua*) *sf* **1** *Bot* Nome comum a diversas árvores e arbustos mirtáceos. **2** Fruto dessas plantas. *Var*: gabiroba, gabirobeira, guabiraba e guabirobeira.

gua.che (*fr gouache*) *sm* **1** *Pint* Preparação feita com substâncias corantes trituradas em água e misturadas com um preparado de goma. **2** Quadro pintado com essa preparação. *Cf guaxe*.

guai.cu.ru *adj m+f Etnol* Relativo aos guaicurus. • *s m+f* **1** Indígena da tribo dos guaicurus. *sm* **2** Idioma falado por essa tribo. *sm pl* **3** *Etnol* Tribo indígena que vivia no Mato Grosso do Sul e no Paraguai.

gua.po (*cast guapo*) *adj* **1** Corajoso, valente, ousado. **2** *pop* Airoso, belo, elegante.

gua.rá (*tupi auará*) *sm* **1** Ave de coloração vermelho-viva; flamingo. **2** O maior canídeo brasileiro, de pelos avermelhados; lobo.

gua.ra.ná (*tupi uaraná*) *sm* **1** *Bot* Arbusto trepador, que se encontra nas regiões entre os rios Tapajós e Madeira. **2** Resina dessa planta. **3** Pasta seca comestível, rica em cafeína e tanino, que os índios maués, do Amazonas, preparam com as sementes dessa planta. **4** Bebida gasosa e refrigerante fabricada com o pó dessa pasta.

gua.ra.ni *adj m+f Etnol* Pertencente ou relativo aos guaranis. • *s m+f* **1** Indígena dos guaranis. *sm* **2** Língua dos guaranis. **3** Unidade monetária do Paraguai. *sm pl* **4** *Etnol* Nação indígena.

gua.râ.nia (de *guarani*) *sf Mús* Música e canto considerados de origem paraguaia.

guar.da (de *guardar*) *sf* **1** Cuidado, vigilância. **2** Sentinela. **3** *Esgr* Posição defensiva. *sm* **4** Vigia. *Em guarda:* em atitude de defesa. *Guarda municipal:* corpo de polícia organizado e mantido pela municipalidade.

guar.da-chu.va *sm* Armação para proteger da chuva e do sol; guarda-sol. *Pl*: guarda-chuvas.

guar.dá-co.mi.da *sm* Armário para guardar comida. *Pl*: guarda-comidas.

guar.da-cos.tas *sm sing* e *pl* **1** Navio que percorre a costa marítima, a fim de evitar contrabando. **2** Pessoa que acompanha outra para defendê-la de alguma agressão. **3** *V capanga*.

guar.da-flo.res.tal *sm* Funcionário do Estado encarregado de vigiar as florestas contra derrubadas, caças ilegais e incêndios. *Pl*: guardas-florestais.

guar.da-li.vros *s m+f sing+pl* Contabilista.

guar.da-ma.ri.nha *sm Mil* Na hierarquia da Marinha, primeiro degrau, entre os oficiais: *"E afinal desvencilhara-se do pateta do guarda-marinha. Era impossível aturá-lo mais."* (MRF) *Pl*: guardas-marinhas, guarda-marinhas e guardas-marinha.

guar.da.na.po (*fr gardenappe*) *sm* Pano ou papel com o qual, à mesa, se limpa a boca.

guar.da-no.tur.no *sm* Vigilante noturno. *Pl*: guardas-noturnos.

guar.da-pó *sm* Capa que se veste por cima de toda a roupa, a fim de resguardá-la do pó. *Pl*: guarda-pós.

guar.dar (*germ *wardon*) *vtd* **1** Vigiar, para conservar, defender ou proteger. **2** Conservar, manter em bom estado. **3** Não revelar; ocultar. *Guardar silêncio:* calar-se; não falar.

guar.da.rou.pa sm Móvel no qual se guarda a roupa; roupeiro. *Pl: guarda-roupas.*

guar.da-sol sm Amplo guarda-chuva que protege as pessoas contra o sol, na praia ou à beira de uma piscina. *Pl: guarda-sóis.*

guar.da-vo.lu.mes sm *sing+pl* Local onde se guardam volumes, por tempo determinado.

guar.di.ão (*cast guardián*) sm **1** Superior de algumas comunidades religiosas. **2** V goleiro. *Fem: guardiã. Pl: guardiães e guardiões.*

guard-rail (*guárdi-rêil*) (*ingl*) sm Barreira de proteção usada nas estradas e pistas de competição automobilística.

gua.ri.da (de *guarir*) sf **1** Abrigo, refúgio. **2** Proteção, asilo.

gua.ri.ro.ba (*tupi uariróua*) sf *Bot* Palmeira que fornece um palmito, também denominada *coqueiro-amargoso* ou *gararoba*. *Var: guarirova.*

gua.ri.ta (*der* de *gót warjan*) sf Casinha para abrigo de sentinelas.

guar.ne.cer (do *ant* guarnir, do *germ *warnjan*) vtd Prover do necessário.

guar.ne.ci.do (de *guarnecer*) adj Munido; fortalecido.

guar.ni.ção (do *ant guarnir+ção*) sf Conjunto das tropas necessárias para guarnecer uma praça.

gua.te.ma.len.se (*top* Guatemala+*ense*) adj e s m+f V *guatemalteco.*

gua.te.mal.te.co (*cast guatemalteco*) adj Relativo à Guatemala (América Central). • sm Habitante ou natural da Guatemala; guatemalense.

gua.xe (*tupi uaixó*) sm *Zool* Ave preta e vermelha. *Cf guache.*

gu.de (*minhoto gode*) sm **1** Jogo infantil praticado com bolinhas de vidro. **2** Cada uma dessas bolinhas.

guei (*ingl gay*) adj e s m+f *pop* Homossexual.

gei.xa (*jap geisha*) sf Mulher jovem que, nos estabelecimentos públicos do Japão, dança, canta, conversa ou serve o chá, para agradar ou distrair os frequentadores.

guel.ra sf *Zool* Aparelho respiratório dos animais que respiram o oxigênio dissolvido na água; brânquia.

guer.ra (*germ *werra*) sf **1** Luta armada entre nações. **2** *fig* Discórdia, rixa, briga. *Guerra de nervos:* meios usados por uma pessoa para irritar outra. *Guerra naval:* guerra no mar. *Nome de guerra:* pseudônimo. Veja nota em *blitz.*

guer.re.ar (*guerra+e+ar¹*) vtd **1** Fazer guerra a. vtd **2** Combater. vti **3** Disputar, lutar. Conjuga-se como *frear.*

guer.rei.ro (*guerra+eiro*) adj **1** Belicoso. **2** Que gosta de guerra. **3** Batalhador. • sm **1** Aquele que guerreia. **2** Combatente.

guer.ri.lha (*guerra+ilha*) sf **1** Forma de guerra paramilitar. **2** Ações militares executadas por guerrilheiros.

guer.ri.lhar (*guerrilha+ar¹*) vint **1** Fazer guerrilha. **2** Levar vida de guerrilheiro.

guer.ri.lhei.ro (*guerrilha+eiro*) sm Aquele que pertence a uma guerrilha.

gui.a (de *guiar*) sf **1** Documento que acompanha mercadorias, para poderem transitar livremente. **2** Meio-fio. s m+f **3** Pessoa que guia, orienta. **4** Cicerone. sm **5** Livro para orientar visitantes numa região ou cidade. **6** Animais que vão na frente, para ensinar o caminho.

gui.a.nen.se (*gúi*) (*top* Guianas+*ense*) adj m+f Da Guiana (América do Sul). • s m+f Natural ou habitante desse país. *Var: guianês.*

gui.a.nês (*gúi*) (*top* Guianas+*ês*) adj+sm V *guianense*. *Fem: guianesa (ê).*

gui.ar (*guia+ar¹*) vtd **1** Conduzir, dirigir, encaminhar. **2** Dirigir, proteger.

gui.chê (*fr guichet*) sm Portinhola pela qual os funcionários de repartições, casas bancárias, bilheterias etc. atendem ao público.

gui.dão (*fr guidon*) Barra de direção das bicicletas, motocicletas. *Var: guidom.*

gui.dom (*fr guidon*) V *guidão.*

gui.lho.ti.na (*fr guillotine*) sf **1** Instrumento que serve para decapitar os condenados à morte. **2** Máquina para cortar papel. **3** Tipo de vidraças para janelas, com movimento semelhante ao da guilhotina.

gui.lho.ti.nar (*guilhotina+ar¹*) vtd **1** Decapitar; cortar com guilhotina: *"Mais uma vez repetia-se a tradição francesa que guilhotinara o seu melhor poeta da Revolução."* (FSP) **2** *fig* Exterminar: *"O neoliberalismo quer guilhotinar os valores humanísticos."* (FSP)

gui.na.da (*anglo-sax winan*) sf **1** Desvio

de navio ou avião. **2** *por ext* Mudança repentina e radical.
gui.nar (*anglo-sax winan*) *vint* **1** Mover-se às guinadas. *vtd* **2** Virar rapidamente.
guin.char (*guincho+ar¹*) *vint* **1** Dar guinchos. *vtd* **2** Soltar gritos à maneira de guincho. *vtd* **3** Arrastar, levar a reboque (um veículo) com o guincho. *Conjug* – nas acepções 1 e 2 só se conjuga nas 3ªˢ pessoas.
guin.cho (*voc onom*) *sm* **1** *pop* Grito agudo. **2** Veículo próprio para prestar auxílio; reboque, socorro.
guin.dar (*fr guinder*, do *escand vinda*) *vtd* **1** Erguer, içar, levantar. **2** Elevar a alta posição.
guin.das.te (*fr ant guindas*, de origem nórdica) *sm* Máquina para levantar ou descer grandes pesos; grua.
gui.ne.a.no (*top Guiné+ano*) *adj* De ou pertencente à Guiné (África). • *sm* Natural ou habitante dessa país.
gui.ne.en.se (*top Guiné+ense*) *adj m+f* De ou pertencente à Guiné-Bissau (África). • *s m+f* Natural ou habitante desse país.
guir.lan.da (*fr guirlande*) *sf* Cordão ornamental de flores, folhagem etc. *Var*: *grinalda*.
gui.sa.do (*part de guisar*) *sm* Picadinho refogado de carne.
gui.tar.ra (*ár kîtâra*, este do *gr kithára*) *sf Mús* Instrumento de cordas semelhante ao violão.
gui.zo *sm* **1** Sininho para animais. **2** Parte terminal da cauda da cascavel, que produz ruído característico quando ela se excita.
gu.la (*lat gula*) *sf* **1** Excesso na comida e bebida. **2** Gulodice.

gu.lo.di.ce (de *gulosice*) *sf* **1** O vício de gula. **2** Guloseima.
gu.lo.sei.ma (de *guloso*) *sf* Doce ou iguaria muito apetitosa que se come fora das refeições.
gu.lo.so (ô) (*gula+oso*) *adj+sm* **1** Que ou aquele que tem o vício da gula. **2** Que ou aquele que gosta de gulodices. *Pl*: *gulosos* (ó).
gu.me (*lat acumen*) *sm* **1** Lado afiado de uma lâmina ou instrumento cortante; corte, fio. **2** Fio da espada, da faca etc.
gu.ri (do *tupi*) *sm* Criança, menino, rapazola. *Fem*: *guria*. *Var*: *uri*.
gu.ri.a (de *guri*) *sf* **1** Feminino de *guri*. **2** Menina pequena. **3** Namorada, garota.
gu.ru (*hind gurû*) *sm* Guia espiritual.
gu.sa.no (*cast gusano*) *sm* Verme que se desenvolve onde há matéria orgânica em decomposição: *"Madeira pardo-alaranjada, com estrias escuras, (...) resistente inclusive ao gusano."* (BEB)
gus.ta.ção (*lat gustatione*) *sf* **1** Ato de provar. **2** Percepção do sabor de uma coisa. **3** Sentido do gosto.
gus.ta.ti.vo (*lat gustatu*) *adj* Que se refere ao sentido do gosto.
gu.tí.fe.ras (*lat gutta+i +fero*) *sf pl Bot* Família de árvores e arbustos com folhas geralmente opostas ou verticiladas, flores unissexuais, seiva resinosa e bolotas oleosas.
gu.tu.ral (*lat guttur+al¹*) *adj m+f* **1** Que se refere à garganta. **2** *Gram* Diz-se do som ou fonema modificado na garganta.
gu.tu.ra.li.zar (*gutural+izar*) *vtd Gram* **1** Tornar gutural. **2** Dar inflexão gutural.

h

h¹ (agá) *sm* Oitava letra do alfabeto português, consoante.

h² Símbolo de *hora* ou *horas*.

ha Símbolo de *hectare*.

hã! *interj* Que indica admiração, indecisão, moleza, preguiça, surpresa, interrogação.

há.bil (*lat habile*) *adj m+f* **1** Que tem capacidade ou aptidão para fazer uma coisa com perfeição: *"Quando você quer, você é hábil nessas coisas!"* (BB) **2** Que revela destreza ou engenho: *"Letícia e Afonso discutiam qual era o mais hábil nas partidas de tênis."* (CP) **3** Competente; apto: *"Vai vencer o mais hábil."* (DES) **4** Esperto, sagaz: *"Ele foi hábil o suficiente para convencer o comandante e o povo."* (OMC)

ha.bi.li.da.de (*lat habilitate*) *sf* **1** Qualidade de hábil. **2** Capacidade; aptidão; competência. **3** Destreza.

ha.bi.li.do.so (ô) (*habilid(ade)+oso*) *adj* Que tem ou revela habilidade, jeitoso. *Pl:* habilidosos (ó).

ha.bi.li.ta.ção (*habilitar+ção*) *sf* **1** Ato ou efeito de habilitar(-se), de tornar-se capaz ou apto. **2** Aptidão, capacidade. **3** Carteira de motorista.

ha.bi.li.tar (*lat habilitare*) *vtd* e *vpr* **1** Tornar(-se) hábil, apto, capacitado. *vtd* e *vpr* **2** Dispor(-se), preparar(-se). *vtd* **3** Fornecer ou prover do necessário para determinado fim. *vtd* e *vpr* **4** *Dir* Tornar (-se) ou declarar(-se) juridicamente apto para um objetivo.

ha.bi.ta.ção (*lat habitatione*) *sf* **1** Lugar em que se habita. **2** Casa, moradia, residência.

ha.bi.ta.ci.o.nal (*habitação+al¹*) *adj m+f* Que se refere a habitação.

ha.bi.tan.te (*lat habitante*) *adj* e *s m+f* Que ou quem reside habitualmente num lugar; morador. *Col: gente, nação, povo.*

ha.bi.tar (*lat habitare*) *vtd* **1** Residir, morar, viver em. **2** Povoar, ocupar.

habitat (ábitat) (*lat*) *sm* **1** *Biol* Lugar ou meio em que cresce ou vive normalmente qualquer ser organizado; ambiente natural: *"O habitat [das medusas ou águas-vivas] é exclusivamente aquático."* (GANT) **2** Meio geográfico ou ambiente restrito em que uma sociedade possa sobreviver: *"Eram os negros tirados do seu habitat natural, colocados nos porões dos navios e levados para os novos horizontes."* (CAP) *Pl:* habitats.

ha.bi.tá.vel (*lat habitabile*) *adj m+f* **1** Que se pode habitar. **2** Próprio para habitação.

há.bi.to (*lat habitu*) *sm* **1** Inclinação ou disposição para agir do mesmo modo em determinadas situações. **2** Comportamento particular, costume, jeito. **3** Traje característico dos eclesiásticos e das congregações religiosas.

ha.bi.tu.al (*lat habituale*) *adj m+f* **1** Que acontece ou se faz por hábito. **2** Frequente; comum; usual.

ha.bi.tu.ar (*lat med habituare*) *vtd* **1** Fazer ou adquirir um hábito de. *vtd* e *vpr* **2** Acostumar(-se).

> O verbo **habituar-se** deve ser seguido da preposição **a**.
> *Já me habituei a trabalhar.*

hacker (ráker) (*ingl*) *s m+f Inform* Pessoa com profundos conhecimentos de informática que eventualmente os utiliza para violar sistemas. *Pl:* hackers.

ha.do.que (*ingl haddock*) *sm* Peixe, semelhante ao bacalhau, alimentício, das águas frias e temperadas do Atlântico Norte.

ha.gi.o.gra.fi.a (*hagio+grafo+ia*[1]) *sf* Biografia dos santos.

ha.gi.ó.gra.fo (*hagio+grafo*) *sm* Autor que narra a vida dos santos.

hai.ti.a.no (*top* Haiti+*ano*) *adj* Que se refere ao Haiti (América Central). • *sm* Habitante ou natural do Haiti.

há.li.to (*lat halitu*) *sm* **1** Ar que sai dos pulmões durante a expiração. **2** Cheiro da boca; bafo: *"O mau hálito e a traição não são nada diante do ronco."* (FSP)

ha.li.to.se (*halito+ose*) *sf Med* Mau hálito.

hall (ól) (*ingl*) *sm* Sala de entrada de um edifício; vestíbulo, saguão.

ha.lo (*gr hálos*) *sm* **1** Círculo ou arco ao redor de um corpo luminoso; pode ser branco ou suavemente colorido. **2** Círculo ou anéis luminosos em torno do Sol ou da Lua, causados por névoas de cristais de gelo na atmosfera. **3** *V auréola*.

ha.lo.gê.neo (*gr háls, halo+geno+eo*) *adj Quím* Diz-se de cada um dos cinco elementos – bromo, cloro, flúor, iodo e astatínio – que existem em estado livre. • *sm* Elemento halogêneo. *Var: halogênio, halógeno, halogênico*.

hal.ter (é) (*gr haltéres*) *sm Esp* Instrumento para ginástica em uma só peça, geralmente de ferro, constituído de duas esferas nas extremidades de uma haste que serve de pegadouro. *Pl: halteres. Var: haltere*.

hal.te.ro.fi.lis.mo (*halter+o+filo+ismo*) *sm Esp* Prática de esporte com halter.

hal.te.ro.fi.lis.ta (*halter+o+filo+ista*) *adj m+f* Relativo ao halterofilismo. • *s m+f* Pessoa que pratica o halterofilismo.

ham.búr.guer (*ingl hamburger*) *sm Cul* **1** Bife de carne moída de forma arredondada e chata que se frita ou grelha. **2** Sanduíche feito de pãozinho redondo com esse bife. *Pl: hambúrgueres*.

hamster (*râmster*) (*al*) *sm Zool* Nome comum a numerosos mamíferos roedores semelhantes ao rato, mas com cauda curta e bolsas faciais internas muito grandes.

han.de.bol (*rénd-ból*) (*ingl handball*) *sm Esp* Jogo semelhante ao futebol, mas que se joga com as mãos.

han.gar (*fr hangar*) *sm gal* Abrigo fechado para aviões, balões, dirigíveis etc.

han.se.ni.a.no (*Hansen, np+i+ano*) *adj* Relativo a Armauer Gerhard Hansen, médico e botânico norueguês (1841-1912). • *adj+sm* Que ou quem sofre de hanseníase.

han.se.ní.a.se (*Hansen, np+íase*) *sf* Doença crônica que afeta principalmente a pele, as mucosas e os nervos, e é produzida por bacilo específico, chamado *bacilo de Hansen*; morfeia, lepra.

ha.plo.lo.gi.a *sf* Redução dos elementos semelhantes de um vocábulo: *Semimínima* para *semínima, saudoso* em vez de *saudadoso*.

ha.ras (do *fr haras*) *sm sing+pl* Local, geralmente no campo, onde se criam cavalos.

hard disk (*rárdi disqui*) (*ingl*) *sm Inform* Disco rígido.

hardware (*rárd-uér*) (*ingl*) *sm Inform* Conjunto de unidades físicas de um computador ou seus periféricos, com componentes, circuitos integrados, discos e mecanismos. *Cf software*.

ha.rém (*fr harem*, do *ár Haram*) *sm* **1** Parte da casa muçulmana destinada exclusivamente às mulheres. **2** Conjunto de mulheres legítimas, concubinas, parentas e serviçais de uma casa que servem um sultão.

har.mo.ni.a (*gr harmonía*, pelo *lat*) *sf* **1** *Mús* Sucessão de acordes governada pelas leis da modulação. **2** Disposição equilibrada entre as partes de um todo. **3** Acordo, concórdia; coerência. **4** Paz e amizade entre pessoas.

har.mô.ni.ca (*lat harmonica*) *sf Mús* **1** Gaita de boca. **2** Acordeão, sanfona.

har.mô.ni.co (*lat harmonicu*) *adj* **1** Que tem harmonia: *"Ela falava de um som grave e harmônico."* (REL) **2** Coerente, bem-proporcionado: *"Constitui o tipo morfológico intermediário com físico harmônico, sem predominância de nenhum dos diâmetros torácicos."* (CLI)

har.mo.ni.o.so (ô) (*harmonia+oso*) *adj* **1** Agradável: *"Teríamos das coisas uma expressão sempre nova, harmoniosa e plástica."* (VES) **2** Melodioso: *"Agora Otávia cantava uma balada e nada parecia tão harmonioso quanto aquela voz."* (CP) **3** Coerente, bem proporcionado:

"O nosso objetivo, portanto, é modelar um corpo harmonioso, saudável e forte." (HH) *Pl:* harmoniosos (ó).

har.mo.ni.za.ção (*harmonizar+ção*) *sf* Ato ou efeito de harmonizar.

har.mo.ni.zar (*harmonia+izar*) *vtd* **1** Compor ou entoar em harmonia. *vtd* **2** Tornar harmônico. *vtd* **3** Colocar em harmonia; reconciliar. *vtd* **4** Conciliar. *vti, vint* e *vpr* **5** Estar de acordo, estar em harmonia.

har.pa (*germ harpa*) *sf Mús* Instrumento de cordas, de forma mais ou menos triangular, tocado com os dedos das duas mãos e dotado de pedais.

har.pis.ta (*harpa+ista*) *s m+f* Pessoa que toca ou ensina a tocar harpa.

has.te (*lat hasta*) *sf* **1** Vara de madeira ou de ferro, que serve para nela se fixar alguma coisa. **2** Pau da bandeira. **3** Parte do vegetal que se eleva do solo e serve de suporte aos ramos; caule.

has.te.a.men.to (*hastear+mento*) *sm* Ato de hastear.

has.te.ar (*haste+e+ar¹*) *vtd* **1** Elevar ou prender na ponta elevada de uma haste; içar, erguer alto. *vtd* **2** Desfraldar. *vpr* **3** Içar-se, levantar-se. Conjuga-se como *frear*.

ha.vai.a.no (*top Havaí+ano*) *adj* Relativo às ilhas de Havaí, território norte-americano ao norte da Oceania. • *sm* Habitante ou natural dessas ilhas.

ha.va.na (*top Havana*) *sm* **1** Charuto de Havana. **2** A cor castanho-clara. • *adj m+f* Diz-se da cor havana.

ha.ver¹ (*lat habere*) *vtd* **1** Considerar, entender, julgar: *Os alunos houveram ser melhor eleger rapidamente o representante da escola*. *vtd* **2** *p us* Alcançar, obter, conseguir: *Os jornalistas não puderam haver mais informações sobre o caso*. *vtd impess* **3** Existir: *Havia poucos médicos no hospital*. *vtd impess* **4** Acontecer, suceder: *Houve muitos acidentes naquela rodovia*. *vtd impess* **5** Realizar-se. *vtd impess* **6** Ter decorrido: *Há cinco anos ele parou de fumar*. *vtd* e *vti* **7** Obter, conseguir, alcançar. *vpr* **8** Comportar-se, portar-se, proceder: *As meninas se houveram com muita educação*. *vpr* **9** Avir-se. *Conjug – Pres indic:* hei, hás, há, havemos, haveis, hão; *Pret perf:* houve, houveste, houve, houvemos, houvestes, houveram; *Pret imp indic:* havia, havias, havia, havíamos, havíeis, haviam; *Pret mais-que-perf:* houvera, houveras, houvera, houvéramos, houvéreis, houveram; *Fut pres:* haverei, haverás, haverá, haveremos, havereis, haverão; *Fut pret:* haveria, haverias, haveria, haveríamos, haveríeis, haveriam; *Pres subj:* haja, hajas, haja, hajamos, hajais, hajam; *Pret imp subj:* houvesse, houvesses, houvesse, houvéssemos, houvésseis, houvessem; *Fut subj:* houver, houveres, houver, houvermos, houverdes, houverem; *Imper afirm:* –, há(Tu), haja(Você), hajamos(Nós), havei(Vós), hajam(Vocês); *Imper neg:* –, Não hajas(Tu), Não haja(Você), Não hajamos(Nós), Não hajais(Vós), Não hajam(Vocês); *Infinitivo impess:* haver; *Infinitivo pess:* haver, haveres, haver, havermos, haverdes, haverem; *Ger:* havendo; *Part:* havido.

Não use expressões como **há duas semanas atrás**, pois temos aí uma redundância. Prefira: *há duas semanas* ou *duas semanas atrás*.
Veja outra nota em **ter**.

ha.ver² (*de haver¹*) *sm* **1** A parte do crédito, na escrituração comercial. *sm pl* **2** Bens, propriedades, riqueza.

heb.do.ma.dá.rio (*lat hebdomadariu*) *adj* Semanal. • *sm* Publicação semanal; semanário.

he.brai.co (*lat hebraicu*) *adj* Relativo aos hebreus. • *sm* **1** Idioma dos hebreus. **2** Hebreu.

he.breu (*lat hebraeu*) *adj* Que pertence ou se refere aos hebreus, antigo povo judaico. • *sm* **1** A língua hebraica; hebraico. **2** Indivíduo de raça hebraica. *Fem* (*adj* e *sm*, acepção 2): *hebreia*.

he.ca.tom.be (*gr hekatómbe*, pelo *lat*) *sf* **1** Sacrifício de grande número de vítimas. **2** *fig* Matança humana, mortandade, carnificina.

hec.ta.re (*hecto+are*) *sm* Medida agrária equivalente a cem ares ou dez mil metros quadrados. *Símb:* ha.

hec.to.gra.ma (*hecto+grama*) *sm* Cem gramas (medida de massa).

hec.to.li.tro (*hecto+litro*) *sm* Medida de capacidade equivalente a cem litros.

hec.tô.me.tro (*hecto+metro*) *sm* Medida de extensão equivalente a cem metros.

he.di.on.do (*cast hediondo*, do *lat foetibundu*) *adj* **1** Repugnante; horrível; medonho; pavoroso: *"A víbora-rinoceronte do Gabão: todo esse seguir-se de colorido e enfeites termina em dois hediondos chifres sobre o focinho."* (AVE) **2** Que causa grande indignação moral; repulsivo: *"Para salvar a mulher da morte, Davi comete crime hediondo."* (PÃO)

he.ge.mo.ni.a (*gr hegemonía*) *sf* **1** Predomínio de uma cidade ou povo sobre outros povos ou cidades: *"Começava a hegemonia espartana no mundo grego."* (HG) **2** *fig* Preponderância, supremacia, superioridade: *"A hegemonia dos asiáticos no futebol durou milênios."* (FB)

he.ge.mô.ni.co (*gr hegemonikós*) *adj* Que tem a hegemonia, a supremacia: *"O tal bloco hegemônico socialista-comunista limitou-se aos países do Leste Europeu."* (FSP)

hein! *V* hem!

he.lê.ni.co (*gr hellenikós*) *adj* Que se refere à Hélade ou à Grécia antiga. • *sm* O grego antigo.

he.le.nis.mo (*gr hellenismós*) *sm* **1** *Gram* Palavra, locução, construção próprias da língua grega. **2** Conjunto das ideias e costumes da Grécia, especialmente da Grécia antiga; a civilização grega.

he.le.nís.ti.co (*helenista+ico²*) *adj* **1** Que se refere ao helenismo. **2** *Hist* Designativo do período histórico que vai das conquistas de Alexandre Magno à conquista romana (séc. III ao séc. I a.C.).

he.le.ni.zar (*gr hellenízein*) *vtd* **1** Tornar conforme o caráter grego: *"[Segundo Walter Benjamim] traduzir a Ilíada para o alemão deveria ser a arte – não de germanizar o grego, mas de helenizar o alemão."* (FSP) *vint* **2** Dedicar-se ao estudo do idioma grego ou da civilização grega.

he.le.no (*gr héllen, enos*) *adj+sm poét* Grego. • *sm pl* Povos que povoaram a Grécia; gregos.

hé.li.ce (*gr hélix, ikos*) *sf* **1** Linha em forma de rosca, traçada em volta de um cilindro ou de um cone; espiral. **2** *Náut* e *Astronáut* Peça com várias pás, que gira em torno de um eixo, para a propulsão de navios, aviões, torpedos etc. *Dim*: helícula.

he.li.cóp.te.ro (*hélice+o+ptero*) *sm* Aparelho de aviação que se desloca tanto no sentido horizontal como no vertical e se sustenta por meio de hélices horizontais.

hé.lio (*gr hélios*) *sm Quím* Elemento gasoso inerte, incolor, muito leve. É usado para inflar balões e em equipamentos para respiração. Número atômico 2 e símbolo He.

he.li.o.cên.tri.co (*hélio+centro+ico²*) *adj Astr* Que se refere ao Sol como centro.

he.li.o.cen.tris.mo (*hélio+centro+ismo*) *sm Astr* Teoria de Nicolau Copérnico (1543) segundo a qual os astros giram em torno do Sol.

he.li.por.to (*ó*) (*heli(cóptero)+porto*) *sm Aeron* Espaço destinado a pouso e decolagem de helicópteros. *Pl*: heliportos (*ó*).

hem! (*lat hem*) *interj* **1** Indica que a pessoa não ouviu bem; como?; o quê?. **2** Expressa reação de surpresa ou de indignação.

he.má.cia (*fr hématie*) *sf Anat* Glóbulo vermelho do sangue.

he.ma.to.lo.gi.a (*hêmato+logo+ia¹*) *sf* **1** Ramo da Biologia que trata da morfologia do sangue e dos tecidos que o formam. **2** Tratado acerca do sangue.

he.ma.to.ló.gi.co (*hêmato+logo+ico²*) *adj* Que diz respeito à hematologia, a sangue.

he.ma.to.ma (*hêmato+oma*) *sm Med* Acumulação de sangue localizada, formando mancha escura, que resulta de uma contusão ou de ruptura de varizes: *"Imaginei-me jogado da passarela, com um hematoma no rosto."* (MEN)

he.ma.to.se (*gr haimátosis*) *sf Fisiol* Mudança do sangue venoso em arterial.

he.me.ro.te.ca (*gr hêmero+teca*) *sf* **1** Conjunto de revistas, jornais e outras publicações periódicas (para estudo ou consulta). **2** Lugar onde se arquivam essas publicações.

he.mis.fé.ri.co (*hemisfério+ico²*) *adj* Em forma de hemisfério.

he.mis.fé.rio (*gr hemisphaírion*) *sm* **1** Metade de uma esfera; semiesfera. **2** Cada uma das duas metades norte e sul do globo

he.mo.cen.tro (*hemo+centro*) *sm* Banco de sangue.

he.mo.di.á.li.se (*hemo+diálise*) *sf Med* Purificação do sangue realizada por um aparelho especial que funciona como um rim artificial.

he.mo.fi.li.a (*hemo+filo²+ia¹*) *sf Med* Doença congênita, hereditária, que afeta apenas os homens e que se caracteriza pela incapacidade do organismo para coagular o sangue.

he.mo.fí.li.co (*hemo+filo²+ico²*) *adj Med* Pertencente ou relativo à hemofilia, da sua natureza ou afetado por essa doença.

he.mo.glo.bi.na (*hemo+globo+ina*) *sf* **1** *Fisiol* Pigmento das células vermelhas do sangue, que fixa o oxigênio do ar e o leva para os tecidos do corpo. **2** *Farm* Medicamento que contém ferro usado no tratamento de anemias.

he.mo.gra.ma (*hemo+grama*) *sm* Diagrama ou exame de sangue para a contagem dos glóbulos vermelhos e brancos, a partir do qual se estabelecem diagnósticos e tratamentos médicos.

he.mor.ra.gi.a (*gr haimorrhagía*) *sf Med* Derramamento de sangue para fora dos vasos sanguíneos.

he.mor.rá.gi.co (*gr haimorragikós*) *adj* **1** Que diz respeito à hemorragia. **2** Que sofre de hemorragia.

he.mor.roi.das (*ó*) (*gr haimorrhoïdes*) *sf pl Med* Dilatação dolorida das veias do ânus ou do reto, com fluxo de sangue ou sem ele. *Var:* hemorroides.
A palavra **hemorroidas** deve ser empregada sempre no plural, a exemplo de *fezes* e *óculos*, entre outras.

he.mo.te.ra.pi.a (*hemo+terapia*) *sf Med* Emprego de sangue ou de produtos do sangue, como o plasma sanguíneo, no tratamento de certas enfermidades.

he.na (*ár HinnA*) *sf* **1** *Bot* Arbusto cujas flores, brancas e perfumadas, são usadas por budistas e maometanos em suas cerimônias religiosas. **2** Corante laranja-avermelhado, obtido das folhas dessa planta. **3** Pasta usada no Oriente para tingir de vermelho os cabelos ou as unhas. terrestre, imaginariamente separadas pela linha do equador.

hen.de.ca.e.dro (*hêndeca+gr hédra*) *adj+sm Geom* Diz-se de ou poliedro de onze faces.

hen.de.cá.go.no (*hêndeca+gono*) *sm Geom* Polígono de onze lados.

hen.de.cas.sí.la.bo (*gr hendekassýllabos*) *adj poét* e *Metrif* Que tem onze sílabas. • *sm* Verso de onze sílabas.

he.pá.ti.co (*gr hepatikós*) *adj* Pertencente ou relativo ao fígado. • *sm* Aquele que sofre do fígado.

he.pa.ti.te (*gr hepatítis*) *sf Med* Inflamação aguda ou crônica do fígado.

he.pa.to.lo.gi.a (*hépato+logo+ia¹*) *sf Med* **1** Estudo do fígado. **2** Tratado a respeito do fígado.

hep.ta.e.dro (*hepta+hedro*) *sm Geom* Poliedro de sete faces.

hep.tá.go.no (*hepta+gono*) *sm Geom* Polígono de sete lados.

hep.tas.sí.la.bo (*hepta+sílabo*) *adj Metrif* Designativo do verso de sete sílabas. • *sm* **1** Verso de sete sílabas. **2** Palavra com sete sílabas.

he.ra (*lat hedera*) *sf Bot* Planta trepadeira ornamental, sempre verde, cujo caule se agarra a paredes e troncos de árvores por numerosas raízes aéreas e muito finas.

he.rál.di.ca (de *heráldico*) *sf* **1** Arte e ciência das figuras e cores do escudo de armas. **2** Conjunto dos emblemas de brasão.

he.ran.ça (*lat haerentia*, com alteração do infixo) *sf* **1** *Dir* Conjunto dos bens e direitos, ativos e passivos, que uma pessoa deixa ao morrer. **2** Legado. **3** *Biol* Caracteres ou qualidades transmitidos ao descendente; hereditariedade.

her.bá.ceo (*lat herbaceu*) *adj Bot* **1** Que diz respeito à erva. **2** Diz-se da planta que tem as características da erva.

her.bá.rio (*lat herbariu*) *sm Bot* Coleção científica de plantas secas: *"Pesquisando no Brasil de 1816 a 1822, ele colecionou um herbário de 30 mil exemplares composto de 7 mil espécies diferentes de plantas."* (FSP)

her.bi.ci.da (*lat herba+i+cida*) *sm* Agente (*p ex*, um preparado químico) destruidor de ervas daninhas. • *adj m+f* Que destrói ervas daninhas.

her.bí.vo.ro (*lat herba+i+voro*) *adj* Que se alimenta de ervas. • *sm* Animal herbívoro.

her.cú.leo (*Hércules*, np+eo) adj **1** Que pertence ou se refere a Hércules. **2** Que tem ou revela força extraordinária: *"Não basta conter transitoriamente as despesas, num esforço hercúleo, e obter um equilíbrio claramente insustentável."* (FSP) **3** Valente: *"Antônio Linhares, o hercúleo e destemido negro, chefe circunstancial do reduto, caiu destroçado."* (CHP)

hér.cu.les (de *Hércules*, np) sm sing+pl **1** Homem de força extraordinária: *"Sentia-se um Hércules espiritual."* (ORM) **2** Indivíduo valente.

her.dar (*lat hereditare*) vtd **1** Obter, receber ou ter direito a receber por herança. **2** Receber por transmissão. **3** Adquirir por parentesco ou hereditariedade (virtudes ou vícios).

her.dei.ro (*lat hereditariu*) sm **1** Pessoa que herda ou tem direito de suceder na posse dos bens, ou parte deles, após a morte do proprietário. **2** Sucessor. **3** Legatário.

he.re.di.ta.ri.e.da.de (*hereditário*+*dade*) sf **1** Qualidade de hereditário. **2** Sucessão. **3** Transmissão das qualidades físicas ou morais de alguém aos seus descendentes.

he.re.di.tá.rio (*lat hereditariu*) adj **1** Que se refere à hereditariedade. **2** Diz-se daquilo que revela a hereditariedade. **3** Que se transmite por herança de uma geração para a geração seguinte.

he.re.ge (*provençal heretge*, do *baixo-lat haereticu*) adj m+f Que professa uma heresia. • s m+f Pessoa que professa ideias contrárias às geralmente admitidas.

he.re.si.a (*gr haíresis*+*ia*[1]) sf **1** Doutrina que se opõe aos dogmas da Igreja: *Para os católicos, é uma heresia dizer que Jesus não é filho de Deus.* **2** fig Absurdo, contrassenso, disparate: *Dizer que o elefante é leve é uma heresia.* **3** Ato ou palavra ofensiva à religião.

he.ré.ti.co (*baixo-lat haereticu*) adj Que se refere a ou em que há heresia. • sm Herege.

her.ma.fro.di.ta (*gr Hermês*, np+*Aphrodite*, np) adj s m+f V hermafrodito.

her.ma.fro.di.to (*gr hermaphróditos*, np) adj Biol Diz-se do ser (pessoa, animal ou planta) que tem os caracteres e os órgãos, ou somente os órgãos, dos dois sexos; andrógino. • sm Biol Organismo bissexual que possui os órgãos reprodutores dos dois sexos. Var: *hermafrodita*.

her.mé.ti.co (*lat hermeticu*) adj **1** Completamente fechado, de modo que não deixe o ar entrar nem escapar (compartimentos, vasos, panelas etc.); estanque: *"E, no frasco do meio, o frasco hermético – o homúnculo!"* (CEN) **2** fig De compreensão muito difícil: *"Era um texto hermético, e eu achava que deveríamos esclarecer."* (FSP) **3** De difícil penetração; inacessível: *"Há quem acredite que o xadrez seja uma atividade tão hermética que só os gênios conseguem penetrar no reino dos tabuleiros."* (X)

her.me.tis.mo (*gr Hermês*, np+*ismo*) sm **1** Qualidade de hermético. **2** Esoterismo.

hér.nia (*lat hernia*) sf Patol Passagem total ou parcial de um órgão através do orifício natural ou adquirido na parede da cavidade que contém esse órgão.

her.pe.to.lo.gi.a sf Parte da Zoologia que trata dos répteis.

he.rói (*lat heros*, do *gr héros*) sm **1** Mit gr Denominação dada aos descendentes de divindades e seres humanos da era pré-homérica (semideuses). **2** Homem extraordinário pela sua bravura. **3** O protagonista de qualquer aventura histórica (literatura, filme), drama real ou situação de momento: *Na peça, Carlos fez o papel de herói.* Fem: *heroína*. Col: *falange*.

he.roi.co (ó) (*gr heroikós*) adj **1** Próprio de herói ou de heroína. **2** Que denota heroísmo.

he.ro.í.na[1] (*gr heroine*) sf Feminino de *herói*.

he.ro.í.na[2] (*nome comercial*) sf Farm Narcótico cristalino, branco, amargo, derivado da morfina e mais poderoso que ela.

he.ro.ís.mo (*herói*+*ismo*) sm **1** Qualidade característica de um herói ou daquilo que é heroico. **2** Ato heroico, de grande bravura.

her.pes (*lat herpes*, do *gr hérpes, etos*) s m+f sing+pl Patol Doença aguda provocada por vírus. Provoca pequenas feridas aquosas na pele e nas membranas mucosas dos lábios e narinas (herpes labial) e nas superfícies mucosas genitais (herpes genital).

her.pes-zós.ter *sm Med* Doença inflamatória aguda dos gânglios e nervos medulares, caracterizada por erupção de grupos de pequenas vesículas sobre a base inflamada nas regiões cutâneas onde se situam as ramificações dos troncos de nervos afetados. *Sin pop: cobreiro*. Pl: *herpes-zósteres*.

hertz (de *Hertz*, *np*) *sm Fís* Unidade de frequência igual a um ciclo por segundo. *Símb*: Hz.

he.si.ta.ção (*lat haesitatione*) *sf* Dúvida; vacilação.

he.si.tan.te (*lat haesitante*) *adj m+f* **1** Que hesita. **2** Que vacila, vacilante. *Antôn: resoluto*.

he.si.tar (*lat haesitare*) *vti e vint* **1** Estar incerto ou em dúvida a respeito do que dizer ou fazer: *"Ele hesitou, quase abriu um sorriso e disse: – Oh, perversão..."* (FSP); *"Já na rua, já a caminho, ainda hesitara."* (A) *vti e vint* **2** Deter-se indeciso, não se decidir: *"Benê hesita um instante e por fim sai bruscamente."* (IN) *vti* **3** Duvidar, vacilar: *"Jenner hesitou ante o homem que descera da cabine do caminhão: – Padre Paulo?"* (ALE) *vint* **4** Não se definir ou pronunciar com clareza e precisão. *vint* **5** Gaguejar; titubear.

he.te.ro.do.xi.a (*cs*) (*heterodoxo*+*ia*[1]) *sf* Qualidade de heterodoxo: *"Firmaram-se como músicos de blues, apesar da heterodoxia."* (FSP) *Antôn: ortodoxia*.

he.te.ro.do.xo (*cs*) (*gr heteródoxos*) *adj* Diz-se de doutrinas, livros etc. contrários a algum padrão ou dogma estabelecido, ou diferentes dele; herético; não ortodoxo. *Antôn: ortodoxo*.

he.te.ro.ge.nei.da.de (*heterogêneo*+*i*+*dade*) *sf* **1** Caráter ou qualidade de heterogêneo. **2** *Sociol* Qualidade de uma população cujos integrantes revelam características diferentes e acentuadas do ponto de vista biológico e cultural. *Antôn: homogeneidade*.

he.te.ro.gê.neo (*gr heterogenés*+*eo*) *adj* Composto de partes diferentes quanto à espécie, qualidades ou características; misturado; desigual; dessemelhante: *Óleo, areia e água formam uma mistura heterogênea*. *Antôn: homogêneo*.

he.te.rô.ni.mo (*hétero*+*ônimo*) *adj* **1** Qualificativo de uma obra que um autor publica sob nome real ou suposto de outra pessoa. **2** Designativo de um autor que escreve em nome de outra pessoa. • *sm* **1** Autor que escreve assinando com o nome de outra pessoa. **2** Essa assinatura.

he.te.ros.se.xu.al (*cs*) (*hétero*+*sexual*) *adj m+f* **1** *Biol* Relativo ou pertinente aos dois sexos. **2** Que se refere à afinidade, atração ou comportamento sexual entre indivíduos de sexo oposto. • *s m+f* Indivíduo que tem essa afinidade ou comportamento. *Antôn: homossexual*.

he.te.ros.se.xu.a.li.da.de (*cs*) (*hétero*+*sexualidade*) *sf* Qualidade de heterossexual. *Antôn: homossexualidade*.

he.te.ros.se.xu.a.lis.mo (*cs*) (*heterossexual*+*ismo*) *sm* Inclinação sexual pelo sexo oposto. *Antôn: homossexualismo*.

heu.re.ca! (*gr heuréka*) *interj* Já achei! Já encontrei! (usada quando se acha a solução para um problema difícil): *"Heureca! Palavra que a medicina deve ter pronunciado quando descobriu que hospitais renderiam muito com a produção de doentes."* (FSP)

he.xa.e.dro (*cs*) (*hexa*+*hedro*) *sm Geom* Sólido que tem seis faces planas.

he.xa.go.nal (*cs*) (*hexágono*+*al*[1]) *adj m+f* **1** Relativo ao hexágono. **2** Que tem a forma de um hexágono.

he.xá.go.no (*cs*) (*gr hexágonos*) *sm Geom* Figura que tem seis ângulos e seis lados.

he.xas.sí.la.bo (*cs*) (*gr hexassýllabos*) *adj* Que tem seis sílabas. • *sm* **1** *Gram* Palavra de seis sílabas. **2** *Metrif* Verso de seis sílabas.

hi.a.to (*lat hiatu*) *sm* **1** *Gram* Conjunto de duas vogais, pronunciadas separadamente, cada uma pertencendo a sílabas diferentes, como em *beato*, *moinho*, *goela*. *Cf ditongo*. **2** Fenda na terra. **3** *Anat* Fenda ou abertura no corpo humano: *Hiato esofagiano*. **4** *fig* Lacuna, falha.

hi.ber.na.ção (*lat hibernatione*) *sf Zool e Bot* **1** Ato de hibernar. **2** Período de repouso prolongado durante o qual certos animais ou parte de certas plantas reduzem suas atividades ao mínimo; nesse período, geralmente no inverno. **3** Sono hibernal.

hi.ber.nal (*lat vulg hibernale*) *adj m+f* Que se refere ao ou se produz no inverno.

hi.ber.nar (*lat hibernare*) *vint* **1** *Zool* Passar (um animal) o inverno em sua toca ou caverna, numa espécie de sono, em que há entorpecimento total ou parcial. **2** *Bot* Passar o inverno em estado de repouso, sem vegetar, como os espóros, gomos e outras partes de certas plantas.

hi.bis.co (*gr ibískos*) *sm Bot* Nome comum de certas flores da família das malváceas, muito usadas em cercas vivas.

hi.bri.dez (*híbrido+ez*) *sf* Estado ou qualidade do que é híbrido.

hi.bri.dis.mo (*híbrido+ismo*) *sm* **1** V *hibridez*. **2** *Gram* Palavra formada com elementos provenientes de línguas diferentes: *"Quanto a não flexionar o plural, a razão estaria no fato de que, na maioria dos casos, sendo os nomes palavras em língua indígena, acrescentar um s resultaria em hibridismo."* (ATN) **3** Mistura de coisas diferentes: *"O 'quase público' se refere ao hibridismo das relações entre Estado e sociedade."* (FSP)

hí.bri.do (*lat hybridu*) *adj* **1** Que resulta do cruzamento de espécies, raças ou variedades diferentes. **2** *Gram* Composto de elementos provenientes de línguas diversas: *Língua híbrida*. • *sm* Animal ou planta híbridos.

hi.dra.má.ti.co (*ingl hydramatic*) *adj Autom* **1** Diz-se do comando acionado automaticamente por meio de um sistema hidráulico. **2** Diz-se do automóvel com esse comando.

hi.dran.te (*ingl hydrant*) *sm* Boca de cano de água, com válvula, em via pública, a que se liga uma mangueira para apagar incêndios.

hi.dra.ta.ção (*hidratar+ção*) *sf* Ato ou efeito de hidratar ou de se hidratar.

hi.dra.tan.te (*de hidratar*) *adj m+f* Que produz hidratação. • *sm* Cosmético para hidratar a pele.

hi.dra.tar (*hidrato+ar¹*) *vtd* **1** Combinar com a água ou seus elementos. **2** Dar tratamento à pele para que mantenha ou recupere a umidade natural.

hi.dra.to (*hidro+ato⁴*) *sm Quím* Composto formado pela união da água com outra substância e representado nas fórmulas como se realmente contivesse água: *Hidrato de carbono*.

hi.dráu.li.ca (*gr hydraulikós*) *sf* **1** Ramo da engenharia que trata do fluir de águas ou outros líquidos através de canos, canais etc. **2** Direção dos serviços hidráulicos.

hi.dráu.li.co (*gr hydraulikós*) *adj* **1** Que diz respeito à hidráulica. **2** Que aciona ou é acionado, movido ou efetuado por meio da água. **3** *Constr* Que se solidifica embaixo da água: *Cimento hidráulico*.

hi.dra.vi.ão (*hidro+avião*) *sm* Aeroplano munido de flutuadores que lhe permitem decolar e pousar sobre a água: *"A companhia aérea Pan Am, que havia fechado em 1991, fez ontem, com um hidravião, o relançamento de suas atividades."* (FSP) Var: *hidroavião*.

hi.dre.lé.tri.ca (*hidro+elétrica*) *sf* **1** Companhia de energia elétrica. **2** Usina hidrelétrica. Var: *hidroelétrica*.

hi.dre.lé.tri.co (*hidro+elétrico*) *adj* Relativo à produção de corrente elétrica por meio de força hidráulica. *Var: hidroelétrico*.

hí.dri.co (*hidro+ico²*) *adj* **1** Constituído de água: *Recursos hídricos*. **2** Referente ao hidrogênio ou à água: *Dieta hídrica*.

hi.dro.a.vi.ão (*hidro+avião*) V *hidravião*.

hi.dro.car.bo.ne.to (*hidro¹+carboneto*) *sm Quím* Composto orgânico formado apenas de carbono e hidrogênio, como as parafinas, olefinas, membros da série dos acetilenos, que ocorrem em petróleo, gás natural, carvão de pedra e betume.

hi.dro.e.lé.tri.ca (*hidro+elétrica*) V *hidrelétrica*.

hi.dro.e.lé.tri.co (*hidro+elétrico*) V *hidrelétrico*.

hi.dró.fi.lo (*hidro+filo²*) *adj* **1** Que gosta de água. **2** Que absorve facilmente a água: *Algodão hidrófilo*.

hi.dro.fo.bi.a (*gr hydrophobía*) *sf Patol* **1** Horror doentio aos líquidos. **2** Doença, também chamada *raiva*, produzida pelo vírus rábico, que é transmitida pela mordida ou pela saliva de animais raivosos, especialmente o cão. *Var:* higrofobia.

hi.dró.fo.bo (*gr hydrophóbos*) *adj* **1** Que tem horror à água. **2** Que sofre de hidrofobia. • *sm* Pessoa que tem hidrofobia.

hi.dro.ge.na.do (*part* de *hidrogenar*) *adj* **1** Combinado com hidrogênio: *"Helena explica que as batatas são fritas em gordura vegetal hidrogenada."* (FSP) **2** Que contém hidrogênio.

hi.dro.ge.nar (*hidro+geno+ar²*) *vtd* e *vpr* Combinar(-se) com o hidrogênio.

hi.dro.gê.nio (*hidro+geno+io*) *sm Quím* O mais leve e simples dos elementos, gás incolor e altamente inflamável. Número atômico 1 e símbolo H.

hi.dro.gi.nás.ti.ca (*hidro+ginástica*) *sf Esp* Tipo de ginástica praticada em piscinas.

hi.dro.gra.fi.a (*hidro+grafo+ia¹*) *sf* **1** *Geogr* Ciência e descrição dos mares, lagos, rios etc., com referência especial ao seu uso para fins de navegação e comércio. **2** Conjunto das águas correntes ou estáveis de uma região.

hi.dro.grá.fi.co (*hidrógrafo+ico²*) *adj* Que pertence ou se refere à hidrografia.

hi.dro.li.sar (*hidrólise+ar¹*) *vtd* **1** Submeter a hidrólise. *vtd* **2** Transformar pela hidrólise. *Cf hidrólise.*

hi.dró.li.se (*hidro+lise*) *sf* Decomposição de uma molécula pela ação da água.

hi.dro.mas.sa.gem (*hidro+massagem*) *sf* Massagem feita por meio de jatos de água.

hi.drô.me.tro (*hidro+metro*) *sm* **1** Instrumento para medir a velocidade ou o escoamento de água. **2** Instrumento para medir o consumo de água.

hi.dro.mi.ne.ral (*hidro+mineral*) *adj* Que diz respeito às águas minerais: *Estância hidromineral.*

hi.dro.pla.no (*hidro+(aero)plano*) *V hidravião.*

hi.dro.pô.ni.ca (*ingl hydroponic*) *sf Bot* Ciência ou arte de cultivar plantas em meio líquido. *Var: hidroponia.*

hi.dros.fe.ra (*hidro+esfera*) *sf* A camada líquida do globo terrestre, que inclui oceanos, lagos, rios, águas subterrâneas e o vapor aquoso da atmosfera.

hi.dros.so.lú.vel (*hidro+solúvel*) *adj m+f* Diz-se de toda substância solúvel em água.

hi.dros.tá.ti.ca (*hidro+estática*) *sf Fís* Estudo das condições de equilíbrio dos líquidos sob a ação de forças exteriores, principalmente da gravidade.

hi.dro.vi.a (*hidro+via*) *sf* Via líquida (mar, rio, lago etc.) usada para transporte.

hi.dro.vi.á.rio (*hidrovia+ário*) *adj* Que se faz por hidrovia.

hi.dró.xi.do (*cs*) (*hidro+óxido*) *sm Quím* Combinação da água com um óxido.

hi.e.na (*gr hýaina*) *sf* **1** *Zool* Mamífero carnívoro que se alimenta de cadáveres, semelhante ao lobo. *Col: alcateia.* Voz: *uivo.* **2** *fig* Pessoa de índole vil e baixa.

hi.e.rar.qui.a (*gr hierárkhios+ia¹*) *sf* Ordem, graduação, categoria existente numa corporação qualquer, nas Forças Armadas, nas classes sociais.

hi.e.rár.qui.co (*hierarquia+ico³*) *adj* **1** Que se refere à hierarquia: *"Os dois empregados, embora no mesmo nível hierárquico, exercem cargos diferentes."* (FSP) **2** De acordo com a hierarquia: *"O título de aiatolá é hierárquico."* (FSP)

hi.e.rar.qui.za.ção (*hierarquia+izar+ção*) *sf* Ato ou efeito de hierarquizar.

hi.e.rar.qui.zar (*hieraquia+izar*) *vtd* Organizar de acordo com uma ordem hierárquica.

hi.e.ró.gli.fo (*gr hieroglýphos*) *sm* **1** Cada um dos sinais da escrita pictográfica dos antigos egípcios e de outros povos, como os maias. **2** *fig* Letra ilegível; garranchos. Essa palavra pode ser tanto proparoxítona quanto paroxítona: **hieróglifo** ou **hieroglifo**, a exemplo de *acróbata* e *acrobata, amnésia* e *amnesia, homília* e *homilia* etc.

hí.fen (*lat hyphen*) *sm Gram* Sinal gráfico (-) que une os elementos de uma palavra composta (*guarda-chuva*) e um verbo a pronomes oblíquos átonos (*amá-lo*). Indica ainda divisão de sílabas de um vocábulo. *Pl: hifens* e *hífenes.*

hi.fe.ni.za.ção (*hifenizar+ção*) *sf* Separação ou ligação de sílabas ou palavras por hifens.

hi.fe.ni.zar (*hífen+izar*) *vtd* Separar ou ligar por meio de hífen.

hi.gi.e.ne (*gr hygieinós*, pelo *fr hygiène*) *sf* **1** Asseio; limpeza. **2** Ramo da medicina que estuda os diversos meios de conservar e promover a saúde; ciência sanitária.

hi.gi.ê.ni.co (*higiene+ico²*) *adj* **1** Que se refere à higiene. **2** De acordo com os

higienização 440 **hipermídia**

preceitos da higiene. **3** Que tem por fim a conservação da saúde.
hi.gi.e.ni.za.ção (*higienizar*+*ção*) *sf* Ato ou efeito de higienizar, de desinfetar.
hi.gi.e.ni.zar (*higiene*+*izar*) *vtd* **1** Tornar higiênico, saudável. **2** Aplicar a higiene a.
hi.gro.me.tri.a (*higro*+*metro*+*ia*[1]) *sf* Parte da Física que trata da determinação do grau de umidade do ar.
hi.grô.me.tro (*higro*+*metro*) *sm Fís* Instrumento para medir o grau de umidade do ar.
hi.gros.có.pio (*higro*+*scopo*+*io*) *sm* Instrumento simples que indica variação na umidade do ar.
hi.la.ri.an.te (de *hilariar*) *adj m+f* **1** Que produz alegria. **2** Que produz riso: *Situação hilariante*.
hi.la.ri.da.de (*lat hilaritate*) *sf* **1** Vontade de rir: *"E, à distância às vezes tomo-me ainda de hilaridade ao lembrar aquele 'perigoso bolchevista'."* (DM) **2** Alegria súbita; explosão de risos: *"Tia Margarida e mamãe riam de se acabar de suas conversas e seus trocadilhos e os repetiam sempre, causando hilaridade."* (ANA)
hi.lá.rio[1] (*hílare*+*io*) *adj* **1** Risonho; alegre: *"Além de falar, elas cantam e dançam, em números musicais hilários."* (FSP) **2** Que provoca o riso: *"As edições temáticas vêm recheadas de deliciosas inutilidades e textos hilários."* (FSP)
hi.lá.rio[2] (*gr hiláros*) *adj* Hilariante; muito engraçado.
hí.men (*gr hymén*) *sm* **1** *Bot* Membrana que envolve a corola ainda em botão e que se rompe na época do desabrochamento. **2** *Anat* Dobra de membrana mucosa que, nas mulheres virgens, fecha em parte a entrada da vagina; membrana virginal. **3** *pop* Cabaço. *Pl: himens e hímenes*.
hi.me.nóp.te.ros (*hímen*+*o*+*ptero*) *sm pl Entom* Ordem de insetos que abrange as abelhas, vespas, formigas e uma infinidade de espécies minúsculas; a maioria possui quatro asas membranosas (muitas formas, porém, não são aladas).
hi.ná.rio (*lat med hymnariu*) *sm* **1** Coleção de hinos. **2** Livro de hinos religiosos.
hin.di (*hind hindî*) *sm Ling* Uma das línguas faladas na Índia (considerada língua oficial).

hin.du (*ingl hindu*) *adj m+f* Relativo ao hinduísmo. • *s m+f* Partidário do hinduísmo.
hin.du.ís.mo (*hindu*+*ismo*) *sm* Religião e sistema social da maior parte da população da Índia.
hin.du.ís.ta (*hindu*+*ista*) *adj m+f* **1** Relativo ou pertencente ao hinduísmo. **2** Que segue ou estuda o hinduísmo. • *s m+f* Seguidor ou estudante do hinduísmo. *Sin: hindu*.
hin.dus.ta.ni *sm* O mais importante dialeto do hindi.
hi.no (*gr hýmnos*) *sm* **1** Canto de louvor ou adoração, especialmente religioso. **2** Canto musicado em exaltação de uma nação, de um partido, de uma instituição etc. *Col:* hinário.
hi.pe.ra.ti.vi.da.de (*hiper*+*atividade*) *sf* Atividade excessiva ou patológica.
hi.pér.ba.to (*gr hyperbatón*) *sm Gram* Inversão da ordem natural das palavras ou orações: *O das águas gigante caudaloso* (em vez de *o gigante caudaloso das águas*).
hi.pér.bo.le (*gr hyperbolé*) *sf* **1** *Ret* Figura que engrandece ou diminui exageradamente a realidade, com o objetivo de produzir maior impressão: *Nossa vida é um mar de rosas*. **2** *Geom* Lugar geométrico dos pontos de um plano, cuja diferença das distâncias a dois pontos fixos desse mesmo plano é constante.
hi.per.bó.li.co (*gr hyperbolikós*) *adj* **1** *Ret* Referente à hipérbole: *"O curioso é que (...) o estilo é hiperbólico, os adjetivos são exagerados, as metáforas, enormes."* (FSP) **2** *Geom* Que tem a forma de hipérbole: *Tangente hiperbólica*.
hi.per.gli.ce.mi.a (*hiper*+*glicemia*) *sf Med* Quantidade de glicose no sangue superior à normal. *Antôn:* hipoglicemia.
hi.per.mer.ca.do (*hiper*+*mercado*) *sm* Supermercado que ocupa enorme área, onde se vendem, além dos produtos comuns de mercado, eletrodomésticos, móveis etc.
hi.per.me.tro.pi.a (*hiper*+*metro*+*opo*+*ia*[1]) *sf Med* Desordem da visão que consiste na impossibilidade do paciente ver com nitidez objetos a curta distância. *Cf miopia*.
hi.per.mí.di.a (*hiper*+*mídia*) *sf Inform*

Documento em hipertexto que também pode mostrar imagens e som. *V* hipertexto.

hi.per.sen.sí.vel (*hiper+sensível*) *adj m+f* Extremamente sensível.

hi.per.ten.são (*hiper+tensão*) *sf Med* Tensão arterial acima da normal; pressão arterial alta. *Antôn*: hipotensão.

hi.per.ten.so (*hiper+tenso*) *adj+sm* Que ou aquele que tem hipertensão.

hi.per.tex.to (*hiper+texto*) *sm Inform* Sistema de organização da informação no qual certas palavras de um documento, quando selecionadas, exibem texto de outros documentos.

hi.per.tro.fi.a (*hiper+trofo+ia¹*) *sf Med* Desenvolvimento exagerado de um órgão ou parte dele, com aumento do peso e volume, devido a um aumento de tamanho das células que o constituem.

hi.per.tro.fi.a.do (*part* de *hipertrofiar*) *adj* Afetado de hipertrofia.

hi.per.vi.ta.mi.no.se (*hiper+vitamina+ose*) *sf Med* Perturbação causada pelo consumo exagerado de vitaminas. *Antôn*: hipovitaminose.

hí.pi.co (*gr hippikós*) *adj* Que se refere a cavalos.

hi.pis.mo (*gr hipo¹+ismo*) *sm* **1** Corrida de cavalos. **2** Equitação.

hi.pis.ta (*hipo¹+ista*) *s m+f* Pessoa que pratica hipismo: *"Hipista só passa férias no país."* (FSP)

hip.no.se (*hipno+ose*) *sf Med* Estado semelhante ao sono profundo e no qual o paciente só age induzido pelas sugestões do hipnotizador; sono hipnótico.

hip.nó.ti.co (*gr hypnotikós*) *adj* **1** Relativo à hipnose ou ao hipnotismo. **2** Que produz sono. • *sm Farm* Medicamento que produz sono; narcótico.

hip.no.tis.mo (*hipno+t+ismo*) *sm* **1** Conjunto de processos que produzem hipnose. **2** Ato de fazer dormir por sugestão. **3** Sono provocado por hipnose.

hip.no.ti.za.dor (*hipnotizar+dor²*) *sm* Aquele que hipnotiza.

hip.no.ti.zar (*hipnót(ico)+izar*) *vtd* **1** Provocar sono hipnótico em. **2** *fig* Atrair, magnetizar.

hi.po.con.dri.a (de *hipocôndrio*) *sf Med* **1** Preocupação mórbida com saúde, muitas vezes associada com uma doença imaginária. **2** Mania de doença.

hi.po.con.drí.a.co (*gr hypokhondriakós*) *adj* **1** Que se refere à hipocondria. **2** Afetado de hipocondria. • *sm* Indivíduo que sofre de hipocondria.

hi.po.côn.drio (*gr hypokhóndrios*) *sm Anat* Cada uma das partes laterais do abdome, logo abaixo das falsas costelas.

hi.po.cri.si.a (*gr hypókrisis+ia¹*) *sf* Fingimento, falsidade, simulação.

hi.pó.cri.ta (*gr hypokrités*) *adj e s m+f* **1** Que ou quem tem hipocrisia. **2** Falso, fingido.

hi.po.der.me (*hipo²+derme*) *sf Zool* Tecido situado abaixo da derme.

hi.po.dér.mi.co (*hipo²+derma+ico²*) *adj* **1** Relativo à hipoderme; subcutâneo. **2** Que se aplica ou se pratica sob a pele. **3** Que está sob a pele.

hi.pó.dro.mo (*gr hippódromos*) *sm Esp* Pista para corridas de cavalos com arquibancadas para os espectadores e demais instalações pertinentes.

hi.pó.fi.se (*hipo²+gr phýsis*) *sf Anat* Glândula de secreção interna situada na base do cérebro e cujas perturbações de desenvolvimento produzem alterações no crescimento, assim como perturbações no funcionamento das outras glândulas de secreção interna; glândula pituitária.

hi.po.gli.ce.mi.a (*hipo²+glico+hemo+ia¹*) *sf Med* Condição anormal caracterizada pela diminuição de glicose no sangue. *Antôn*: hiperglicemia.

hi.po.pó.ta.mo (*hipo¹+pótamo*) *sm Zool* Mamífero anfíbio, herbívoro, ungulado, de pele muito grossa e sem pelo, patas, cauda curta, cabeça muito grande e truncada num focinho largo e arredondado.

hi.po.te.ca (*gr hypothéke*) *sf* **1** Transferência dos direitos sobre um imóvel como garantia de pagamento de uma dívida ou um empréstimo. **2** Dívida garantida por esses direitos.

hi.po.te.car (*hipoteca+ar¹*) *vtd* **1** Sujeitar a hipoteca, garantir com hipoteca: *"Assediado pelos credores, hipotecara a estância."* (TV) **2** *fig* Assegurar, garantir (apoio, solidariedade etc.): *"Queremos hipotecar nossa irrestrita solidariedade aos jornalistas."* (FSP)

hi.po.ten.são (*hipo²+tensão*) *sf Med* Pressão arterial baixa. *Antôn:* hipertensão.
hi.po.te.nu.sa (*lat hypotenusa*) *sf Geom* Lado oposto ao ângulo reto (no triângulo retângulo).
hi.po.ter.mi.a (*hipo²+termo+ia¹*) *sf Med* Temperatura do corpo abaixo do normal.
hi.pó.te.se (*gr hypóthesis*) *sf* **1** Suposição que se faz de alguma coisa possível ou não, e da qual se tiram conclusões que serão verificadas. **2** Conjunto de condições que se toma como ponto de partida para desenvolver o raciocínio. **3** Suposição, conjetura.
hi.po.té.ti.co (*gr hypothetikós*) *adj* **1** Que se refere a hipótese. **2** Tudo o que é objeto de suposição e por isso necessita ser comprovado. **3** Aquilo que se imagina.
hip.si.lo (*gr hypsilón*) *sm* Nome da letra grega que se representa por *y*. *Var*: ípsilon, hipsilão. *Pl*: hipsilos ou *yy*.
hi.run.di.ní.deos (*lat hirundine+ídeos*) *sm pl Ornit* Família de aves a que pertencem as várias espécies de andorinhas.
his.pâ.ni.co (*lat hispanicu*) *adj* Que se refere à Espanha (Europa) ou aos antigos habitantes da Península Ibérica. *Var*: hispano.
his.pa.no (*lat hispanu*) *V* hispânico.
his.pa.no-a.me.ri.ca.no *adj* **1** Relativo à Espanha (Europa) e à América de língua espanhola. **2** Que se refere às nações de língua espanhola na América. • *sm* Habitante ou natural de qualquer dessas nações. *Pl*: hispano-americanos.
his.te.ri.a (*hístero+ia¹*) *sf Med* Psiconeurose que se observa principalmente nas mulheres e se caracteriza por falta de controle de atos e emoções e por diversos outros sintomas (paralisias, distúrbios visuais, crises semelhantes a ataques epiléticos) que podem ocorrer por sugestão ou por autossugestão. **2** Índole caprichosa ou desequilibrada.
his.té.ri.co (*gr hysterikós*) *adj* **1** Que se refere à histeria. **2** Afetado de histeria. • *sm* Aquele que sofre de histeria.
his.te.ris.mo (*hístero+ismo*) *sm* Estado de quem está com histeria: *"O histerismo da gestante enrijece o colo uterino e afeta o desenvolvimento do embrião."* (OM)

his.to.lo.gi.a (*histo+logo+ia¹*) *sf* Ramo da biologia que estuda a estrutura microscópica de tecidos e órgãos.
his.tó.ria (*gr historía*) *sf* **1** Narração ordenada, escrita, dos fatos e acontecimentos (sociais, políticos, econômicos e culturais) na vida dos povos, de uma localidade e da humanidade, em geral, ocorridos no passado: *História antiga, História medieval, História moderna*. **2** Registro cronológico desses acontecimentos (em livros, principalmente), analisado e explicado. **3** O conjunto das obras referentes à história. **4** Exposição de fatos, sucessos ou particularidades relativos a determinado assunto digno de atenção pública. **5** Narrativa; conto; aventura; trama; enredo: *História em quadrinhos*. **6** Invenção; mentira: *Esta garota conta cada história!* **7** Amolação; chateação; complicação: *Menino, deixe de história, vá já tomar banho! Dim*: historieta. Veja nota em **estória**.
his.to.ri.a.dor (*historiar+dor*) *adj+sm* Que ou aquele que escreve história ou sobre história; historiógrafo.
his.to.ri.ar (*história+ar¹*) *vtd* Fazer a história de; contar, narrar; relatar: *"A reunião foi aberta pela presidente, que historiou o processo de implantação do novo modelo de gestão."* (AGP) Conjuga-se como *premiar*. *Cf* história.
his.tó.ri.co (*lat historicu*) *adj* **1** Pertencente ou relativo à história. **2** Real, por oposição a fictício ou fantasioso. **3** Que se liga a algum fato da história. **4** Relativo a épocas em que a história já era registrada por escrito. • *sm* **1** Resumo dos acontecimentos relacionados com um fato. **2** Relação de fatos na ordem cronológica: *Histórico escolar*.
his.to.ri.o.gra.fi.a (*história+grafo+ia¹*) *sf* **1** Arte de escrever a história. **2** Estudos críticos sobre história.
his.to.ri.ó.gra.fo (*história+grafo*) *sm* Quem se dedica à historiografia; historiador.
hi.ti.ta (*fr hitite*) *s m+f* Indivíduo dos hititas, povo antigo da Ásia Menor, frequentemente mencionado no Velho Testamento e que constituiu um poderoso

império no 2º milênio a.C. • *adj m+f* Que se refere aos hititas.

HIV (*ingl human immuno-deficiency virus*) *sm* Vírus da AIDS.

hobby (*róbi*) (*ingl*) *sm* Atividade praticada nas horas de lazer: *Seu hobby é pintar quadros.*

ho.di.er.no (*lat hodiernu*) *adj* Relativo ao dia de hoje; moderno, atual: *"Do contrário, os piratas hodiernos continuarão atuando, causando grandes prejuízos ao país."* (FSP)

ho.je (*lat hodie*) *adv* No dia em que estamos, no dia corrente; atualmente: *Hoje é quinta-feira. Hoje a prefeitura não tem dívidas.*

ho.lan.dês (*top Holanda+ês*) *adj* Que pertence ou se refere à Holanda (Europa). • *sm* **1** Habitante ou natural da Holanda. **2** Dialeto neerlandês, falado na Holanda.

ho.le.ri.te (*ingl hollerith*) *sm* Documento que uma empresa comercial ou repartição pública entrega aos funcionários, no qual está especificado o pagamento.

ho.lo.caus.to (*gr holókauston*) *sm* **1** Sacrifício, entre os antigos hebreus, em que as vítimas (animais) eram inteiramente queimadas; imolação. **2** *por ext* Sacrifício, imolação. **3** *Hist* Execução em massa de judeus e de outras minorias (homossexuais, ciganos etc.) durante o nazismo.

ho.lo.ce.no (*holo+ceno⁴*) *sm Geol* A época mais recente do Período Quaternário, em que se dá o desenvolvimento e a expansão da civilização humana.

ho.lo.fo.te (*holo+foto*) *sm* Aparelho que usa lentes e refletores para projetar ao longe poderoso feixe de luz.

ho.lo.gra.fi.a (*holo+grafo+ia^1*) *sf Fís* Processo de produzir imagens, sem o uso de lentes, pela reconstrução do campo de ondas ópticas. O objeto é iluminado por meio de luz coerente (*laser*), e suas irregularidades superficiais a refletem em direção ao filme que será o holograma.

ho.lo.gra.ma (*holo+grama*) *sm* Chapa ou filme fotográfico em que é fixada a figura tirada por holografia.

ho.mem (*lat homine*) *sm* **1** O ser humano em geral, mamífero bípede, dotado de capacidade de raciocinar e se expressar de modo articulado. **2** Indivíduo da espécie humana: *O homem é animal mamífero.* **3** Ser humano do sexo masculino, macho: *Samuel tem dois filhos, um homem e uma mulher.* **4** *pop* Marido ou amante: *Antes de se casar, teve vários homens.* *sm pl* **5** A humanidade, os mortais: *O futuro do planeta depende dos homens.* Aum: homenzarrão. Dim: homenzinho; homúnculo (*deprec*). Fem (acepções 2 e 4): mulher.

ho.mem-rã *sm* Nome dado ao membro de um grupo de mergulhadores, equipado e preparado para trabalhos submarinos. *Pl:* homens-rã e homens-rãs.

ho.me.na.ge.ar (*homenagem+ar^1*) *vtd* Prestar homenagem a. Conjuga-se como *frear*.

ho.me.na.gem (*provençal homenatge*) *sf* Demonstração ou prova de respeito e consideração por alguém.

ho.me.o.pa.ta (*homeo+pato*) *adj e s m+f* **1** Que ou quem é partidário da homeopatia. **2** Que ou pessoa que cura pelo sistema homeopático. *Cf alopata.*

ho.me.o.pa.ti.a (*homeo+pato+ia^1*) *sf Med* Sistema terapêutico criado por Christian F. S. Hahnemann (1755-1843) que consiste em tratar doenças por meio de susbtâncias ministradas em doses muito diluídas, capazes de produzir em pessoa sã os mesmos sintomas que os doentes a serem tratados apresentam. *Cf alopatia.*

ho.me.o.pá.ti.co (*homeo+pato+ico²*) *adj* **1** Referente à homeopatia. **2** *Farm* Fornecido em pequenas porções, como por gotas: *Doses homeopáticas. Cf alopático.*

ho.mé.ri.co (*Homero, np+ico²*) *adj* **1** Que pertence ou se refere ao poeta grego Homero, às suas obras ou ao seu estilo: *"Quem estuda grego estranha que a maioria dos cantos homéricos comece por uma descrição da aurora."* (FSP) **2** *fig* Grande, épico; retumbante: *"Havia brigas homéricas porque eu me recusava a me embonecar."* (CTR)

ho.mi.ci.da (*lat homicida*) *adj m+f* **1** Relativo a homicídio. **2** Que causa a morte de uma pessoa: *Arma homicida.* • *s m+f* Pessoa que pratica homicídio, assassino.

ho.mi.cí.dio (*lat homicidiu*) *sm* Ação de

matar uma pessoa, voluntária ou involuntariamente; assassínio.

ho.mi.li.a (*lat homilia*) *sf Rel* Sermão. Veja nota em **hieróglifo**.

ho.mi.li.ar (*homilia+ar¹*) *vint* Escrever ou fazer homilias. Conjuga-se como *premiar*.

ho.mi.ní.deo (*lat homine+ídeo*) *adj* **1** *Zool* Pertencente aos hominídeos. **2** Semelhante ao homem; antropoide. • *sm pl Zool* Família de mamíferos da ordem dos primatas, a que pertence o gênero humano.

ho.mo.fo.ni.a (*homo+fono+ia¹*) *sf* **1** Qualidade de ser homófono; igualdade de som (*p ex*, *conserto* e *concerto*). **2** *Mús* Uníssono.

ho.mó.fo.no (*homo+fono*) *adj* **1** Que tem o mesmo som. **2** Que tem a mesma pronúncia.

ho.mo.ge.nei.da.de (*homogêneo+dade*) *sf* Qualidade de homogêneo, de igualdade, de semelhança. *Antôn:* heterogeneidade.

ho.mo.ge.nei.za.ção (*homogeneizar+ção*) *sf* **1** Ato ou efeito de homogeneizar. **2** Tratamento dado ao leite para evitar que seus elementos se decantem.

ho.mo.ge.nei.zar (*homogêneo+izar*) *vtd* e *vpr* **1** Tornar(-se) homogêneo: *"O MEC quer homogeneizar a qualidade das escolas."* (FSP); *"Na visão de Marx, o sistema tenderia a se homogeneizar."* (FSP) **2** Assemelhar, igualar-se: *"Homogeneizava-se a clientela carente e as escolas sofreram cortes nos ambientes, nas instalações e nos materiais."* (FSP) **3** Misturar líquidos que não se misturam naturalmente: *"[O tubo] foi fechado e gentilmente agitado, durante 10 segundos, para se homogeneizar a mistura."* (POD)

ho.mo.gê.neo (*gr homogenés*) *adj* **1** Que tem a mesma natureza ou é do mesmo gênero que outro objeto. **2** Idêntico no seu todo. **3** Que consiste em partes ou elementos da mesma natureza: *Líquido homogêneo*. **4** Referente às partes que não apresentam ou quase não apresentam diferenças. *Antôn:* heterogêneo.

ho.mó.gra.fo (*homo+grafo*) *adj+sm Gram* Diz-se de ou palavra que tem a mesma grafia de outra, mas sentido diferente: *Livre*, do verbo livrar, e *livre*, de solto.

ho.mo.lo.ga.ção (*homologar+ção*) *sf* **1** *Dir* Decisão pela qual o juiz aprova ou confirma certos atos ou pedidos. **2** Aprovação dada por uma autoridade judicial ou administrativa.

ho.mo.lo.gar (*homólogo+ar¹*) *vtd* **1** Confirmar ou aprovar por autoridade judicial ou administrativa. **2** Aprovar, ratificar. *Cf homólogo*.

ho.mó.lo.go (*gr homólogos*) *adj* Correspondente; equivalente; similar.

ho.mô.ni.mo (*homo+ônimo*) *sm* **1** Pessoas que têm nome e sobrenome idênticos. **2** *Gram* Palavra que tem a mesma pronúncia que outra, mas se escreve de maneira diferente: *Cerrar* (fechar) e *serrar* (cortar).

ho.móp.te.ros (*homo+ptero*) *sm pl Entom* Ordem de insetos que compreende as cigarras e os pulgões dos vegetais.

ho.mos.se.xu.al (*cs*) (*homo+sexo+al¹*) *s m+f* Pessoa que sente atração sexual e/ou mantém relação amorosa e/ou sexual com indivíduo do mesmo sexo. • *adj m+f* **1** Do mesmo sexo. **2** Referente à afinidade ou a atos sexuais entre indivíduos do mesmo sexo. *Antôn:* heterossexual.

ho.mos.se.xu.a.lis.mo (*cs*) (*homossexual+ismo*) *sm* Prática de atos homossexuais. *Antôn:* heterossexualismo.

hon.du.re.nho (*top Honduras+enho*) *adj* Que pertence ou se refere a Honduras (América Central). • *sm* Habitante ou natural de Honduras.

ho.nes.ti.da.de (*honesto+i+dade*) *sf* **1** Qualidade de honesto. **2** Honradez, probidade.

ho.nes.to (*lat honestu*) *adj* **1** Honrado, probo. **2** Correto, consciencioso, digno de confiança. **3** Justo, escrupuloso.

ho.no.rá.rio (*lat honorariu*) *adj V honorífico*. • *sm pl* Retribuição aos que exercem uma profissão liberal; remuneração.

hon.ra (*de honrar*) *sf* **1** Sentimento que leva o ser humano a procurar merecer e manter a consideração pública. **2** Sentimento de dignidade própria. **3** Probidade. *sf pl* **4** Honraria. **5** Título honorífico de um cargo, que se confere a quem o exerceu, mas sem vencimentos. **6** Manifestações exteriores de respeito ou de saudade: *Honras fúnebres*.

hon.ra.dez (*honrado+ez*) *sf* **1** Caráter ou qualidade de honrado: *"Fiéis a esse* *compromisso de honradez, aguardamos o pronunciamento da Justiça."* (FSP) **2** Integridade de caráter: *"Para a frente – respondi timidamente, mas com honradez."* (CV)

hon.ra.do (*part* de *honrar*) *adj* **1** Que tem honra. **2** Honesto, correto. *Antôn* (acepção 2): *desonesto*.

hon.rar (*lat honorare*) *vtd* **1** Conferir honras a. **2** Reverenciar, tratar com respeito, venerar; homenagear. **3** Exaltar, glorificar: *Honrar a Deus*.

hon.ra.ri.a (*honrar+ia¹*) *sf* **1** Concessão de título honorífico. **2** Dignidade, distinção. *sf pl* **3** Honras.

hon.ro.so (*ô*) (*honra+oso*) *adj* **1** Que dá honra(s). **2** Digno de honra(s). **3** Que enobrece ou dignifica. *Pl*: *honrosos* (*ó*).

ho.no.rí.fi.co (*lat honorificu*) *adj* **1** Que dá honras; honroso. **2** Honorário.

ho.ra (*lat hora*) *sf* **1** Cada uma das 24 partes em que se divide o dia civil e que tem a duração de 60 minutos. *Símb*: h. **2** Número do mostrador de relógio. **3** Badalada no sino do relógio, indicando horas. **4** Ocasião ou tempo em que ordinariamente se faz ou se deve fazer uma coisa: *Hora do almoço*. **5** Instante, momento. **6** Oportunidade, ocasião, ensejo: *Ainda não chegou a hora de ajustarmos as contas*. *sf pl* **7** Período indeterminado. *Hora extra*: Hora trabalhada além do expediente normal do empregado. A abreviatura de **hora(s)** não tem **s** nem **ponto**. Em expressões como **das 9h às 12h**, o acento grave é obrigatório.

ho.rá.rio (*lat horariu*) *adj* **1** Que pertence ou se refere a horas. **2** Relativo a cada um dos doze círculos máximos traçados num globo celeste através dos pólos e que dividem o equador celeste em 24 espaços de 15° ou uma hora. • *sm* Tabela ou conjunto das horas determinadas para qualquer atividade.

hor.da (*fr horde*) *sf* **1** Tribo nômade, selvagem, que vive nos campos, florestas etc. **2** Bando indisciplinado e malfeitor.

ho.ri.zon.tal (*horizonte+al¹*) *adj m+f* **1** Paralelo ou relativo ao horizonte. **2** Que segue a direção das águas em repouso. **3** Deitado. • *sf* Linha paralela ao plano do horizonte.

ho.ri.zon.te (*gr horízon, ontos*) *sm* **1** Linha circular onde termina a vista do observador e na qual parece que o céu se junta com a terra ou com o mar. **2** Extensão ou espaço que a vista alcança. **3** *fig* Futuro, perspectiva: *Expandir os horizontes*.

hor.mo.nal (*hormônio+al¹*) *adj m+f* Relativo a hormônios.

hor.mô.nio (*gr hormôn, part* de *hormáo+io*) *sm* **1** *Fisiol* Cada uma das várias substâncias segregadas por glândulas endócrinas (tireoide, ovários, testículos, hipófise, suprarrenais etc.) que, passando para os vasos sanguíneos, têm efeito específico sobre as atividades de outros órgãos. **2** *Farm* Medicamento feito com essas substâncias.

ho.rós.co.po (*gr horoskópos*) *sm* **1** Posição dos astros ou o mapa do céu no momento em que nasce uma criança. **2** Estudo da influência dos astros na personalidade e na vida das pessoas, a partir da data, hora e local de seu nascimento. **3** Prognóstico feito pelos astrólogos sobre as pessoas com base no trânsito ou movimento dos astros.

hor.ren.do (*lat horrendu*) *adj* **1** Que horroriza, que faz medo. **2** Muito feio.

hor.ri.pi.lan.te (*lat horripilante*) *adj m+f* **1** Que arrepia. **2** Que horroriza, aterroriza, apavora.

hor.ri.pi.lar (*lat horripilare*) *vtd* **1** Horrorizar, apavorar: *"Isso horripila a ética de Diane, mas parece, em todo o caso, funcionar."* (FSP) *vpr* **2** Arrepiar-se. *vpr* **3** Apavorar-se.

hor.rí.vel (*lat horribile*) *adj m+f* **1** Que causa horror; horroroso. **2** Péssimo. *Sup abs sint*: *horribilíssimo*.

hor.ror (*lat horrore*) *sm* **1** Estremecimento ou agitação causada por coisa espantosa, assustadora. **2** Aquilo que causa medo. **3** Susto, pavor.

hor.ro.ri.zar (*horror+izar*) *vtd* **1** Causar horror a; horripilar. *vpr* **2** Encher-se de horror ou pavor.

hor.ro.ro.so (*ô*) (*horror+oso*) *adj* **1** Que causa horror. **2** Muito feio, horrendo. *Pl*: *horrorosos* (*ó*).

hor.ta (de *horto*) *sf* Terreno em que se cultivam plantas alimentares, como verduras (hortaliças), legumes e certos frutos, como tomate e pimentão.

hor.ta.li.ça *(part ant hortal+iça* ou do *cast hortaliza) sf* Nome genérico dos vegetais alimentares, geralmente cultivados em horta (couves, alface, cenoura, nabo, tomate, pimentão etc.); verdura.

hor.te.lã *(lat hortulana) sf Bot* Nome comum a várias ervas rasteiras da família das labiadas. As do gênero *menta* são aromáticas e usadas como condimento; sua essência, principalmente a da hortelã-pimenta, é muito empregada para dar gosto a licores, bombons, dentifrícios etc.

hor.tên.sia *(lat hortensia) sf Bot* **1** Nome comum a várias plantas da família das saxifragáceas, originárias da China e do Japão, que produzem flores brancas, azuladas ou rosadas, dispostas em forma de buquê. **2** Qualquer planta desse gênero.

hor.ti.cul.tor *(horti+cultor) sm Agr* Aquele que se dedica ao cultivo das hortas.

hor.ti.cul.tu.ra *(horti+cultura) sf* Ramo da agricultura que se ocupa com o cultivo de verduras, legumes, plantas ornamentais, flores e frutas.

hor.to *(ô) (lat hortu) sm* **1** Pequeno espaço de terreno onde se cultivam as plantas próprias de jardim. **2** Bosque; jardim.

hos.pe.da.gem *(hospedar+agem) sf* **1** Ato ou efeito de hospedar. **2** Hospedaria. **3** Hospitalidade.

hos.pe.dar *(lat hospitari) vtd* **1** Receber por hóspede, dar hospedagem, dar pousada a. *vtd* **2** Acolher mediante pagamento ou sem ele em casa particular, em hospedaria ou hotel próprio. *vtd* **3** Abrigar, alojar. *vpr* **4** Instalar-se como hóspede em alguma casa, hotel, pousada etc.

hos.pe.da.ri.a *(hospedar+ia¹) sf* Casa onde se recebem hóspedes mediante retribuição; albergue.

hós.pe.de *(lat hospite) sm* **1** Pessoa que se recebe geralmente mediante pagamento em hospedaria, hotel ou casa particular. **2** Pessoa que vive durante algum tempo em casa alheia. **3** *Biol* Parasito em relação ao organismo que o hospeda. *Fem:* hóspeda.

hos.pe.dei.ro *(hóspede+eiro) adj* **1** Relativo a hóspede. **2** Que hospeda. **3** Acolhedor, hospitaleiro. • *sm* Aquele que tem hospedaria ou dá hospedagem.

hos.pí.cio *(lat hospitiu) sm* **1** Hospital para loucos, manicômio. **2** Asilo.

hos.pi.tal *(lat hospitale) sm* Estabelecimento para internação e tratamento de doentes; nosocômio.

hos.pi.ta.lar *(lat hospitale+ar²) adj m+f* Pertencente ou relativo a hospital.

hos.pi.ta.lei.ro *(baixo-lat hospitalariu) adj fig* Acolhedor. • *adj+sm* **1** Que ou o que dá hospedagem por generosidade ou bondade. **2** Que ou quem acolhe com satisfação hóspedes ou visitantes.

hos.pi.ta.li.da.de *(lat hospitalitate) sf* **1** Qualidade de hospitaleiro. **2** Bom acolhimento dispensado a alguém.

hos.pi.ta.li.za.ção *(hospitalizar+ção) sf* Internação em hospital.

hos.pi.ta.li.zar *(hospital+izar) vtd* Internar em hospital.

hós.tia *(lat hostia) sf Rel Catól* Lâmina circular de massa de trigo sem fermento que é consagrada pelo sacerdote na missa; pão eucarístico; eucaristia.

hos.til *(lat hostile) adj m+f* **1** Adverso, contrário; inimigo: *"Precisamente por sentir esse ambiente hostil é que preferiu não vir."* (A) **2** Agressivo: *"O tom hostil com que recebera a minha primeira pergunta não me animava a insistir."* (BH) *Pl:* hostis.

hos.ti.li.da.de *(lat hostilitate) sf* **1** Qualidade de hostil. **2** Ato hostil. **3** Atitude agressiva.

hos.ti.li.zar *(hostil+izar) vtd* **1** Tratar com hostilidade. *vtd* **2** Opor-se a. *vpr* **3** Combater-se mutuamente.

hot-dog *(róti-dógui) (ingl) V* cachorro-quente.

ho.tel *(fr hôtel) sm* Estabelecimento onde se alugam quartos ou apartamentos mobiliados, incluindo ou não refeições.

ho.te.la.ri.a *(hotel+aria) sf* **1** Conjunto de hotéis. **2** Arte ou técnica de dirigir e/ou administrar hotéis.

ho.te.lei.ro *(hotel+eiro) adj* Que diz respeito a hotel: *Indústria hoteleira.* • *sm* O dono ou o administrador de um hotel.

hu.lha *(fr houille) sf* Carvão natural constituído por matérias vegetais fossilizadas da época carboniana; carvão mineral, carvão de pedra. Cf *carvão*.

hum! *interj* **1** Exprime desconfiança, dúvida, hesitação, impaciência: *Hum! Não sei não.* **2** Exprime satisfação, em particular diante de um alimento com aspecto e aroma convidativos: *Hum! Que delícia!*

hu.ma.ni.da.de (*lat humanitate*) *sf* **1** A natureza humana. **2** O gênero humano. **3** Sentimento de compaixão de um ser para outro.

hu.ma.nis.mo (*humano+ismo*) *sm* Sentido novo que tomou a cultura na época do Renascimento, inteiramente orientado para o estudo do homem e para o desenvolvimento da sua personalidade, das suas faculdades criadoras, exaltação e satisfação da sensibilidade e máximo proveito dos recursos naturais.

hu.ma.nis.ta (*humano+ista*) *adj m+f* **1** Relativo ao humanismo: *"Essa ideologia tem geralmente um conteúdo humanista."* (BRO) **2** Humanitário: *"Que ele prove estar agindo com motivos humanistas e cristãos."* (CNT) • *s m+f* **1** Estudante ou profissional de humanidades: *"A universidade e os intelectuais vêm a reboque: os humanistas estão confinados às seções de literatura e artes plásticas."* (FSP) **2** Adepto do humanismo da Renascença: *"Esta é uma velha arte, e os humanistas do Renascimento praticavam-na havia muito tempo."* (FSP)

hu.ma.ni.tá.rio (*lat humanitariu*) *adj* **1** De bons sentimentos para com o gênero humano; humano: *"Livre de qualquer compromisso legal ou ético ou humanitário, a ação terrorista pode tomar qualquer direção."* (NEP) **2** Que diz respeito à humanidade: *"Nessas poltronas, sob a direção de abalizados guias da ciência humanitária, se sentaram os maiores médicos."* (JK) • *sm* Indivíduo que deseja e trabalha para o bem da humanidade; filantropo: *"[Não havia soluções] que permitissem à classe operária crescer e abrir mão da mediação política dos humanitários."* (FSP)

hu.ma.ni.ta.ris.mo (de *humanitário*) *sm* Sistema filosófico daqueles que colocam acima de tudo o amor à humanidade; filantropia.

hu.ma.ni.zar (*humano+izar*) *vtd* **1** Tornar humano, benévolo, afável; dar a condição de homem a. *vtd* **2** Civilizar. *vpr* **3** Tornar-se humano, afável, humanizar-se.

hu.ma.no (*lat humanu*) *adj* **1** Que pertence ou se refere ao ser humano. **2** Humanitário. **3** Bondoso, compassivo, caridoso. • *sm pl* O gênero humano.

hu.ma.noi.de (*ó*) (*humano+oide*) *adj m+f* Que tem caracteres humanos; que é semelhante ao homem. • *sm* Criatura humanoide.

hu.mil.da.de (*lat humilitate*) *sf* **1** Virtude pela qual reconhecemos nossas limitações. **2** Modéstia.

hu.mil.de (*lat humile*) *adj m+f* **1** Que dá ou tem aparência de humildade. **2** Modesto, simples. *Sup abs sint:* humildíssimo e humílimo.

hu.mi.lha.ção (*lat humiliatione*) *sf* **1** Ato ou efeito de humilhar(-se). **2** Abatimento, submissão.

hu.mi.lhan.te (*lat humiliante*) *adj m+f* **1** Que humilha. **2** Que rebaixa; deprimente.

hu.mi.lhar (*baixo-lat humiliare*) *vtd* **1** Tornar humilde. *vtd* **2** Rebaixar, vexar, oprimir. *vtd* **3** Referir-se com desprezo a alguém, desdenhar, menosprezar. *vtd* e *vti* **4** Submeter, sujeitar. *Antôn:* enaltecer.

hu.mo (*lat humu*) *sm* Matéria orgânica em decomposição que dá fertilidade às terras; terra vegetal: *"[O solo] deve ser rico em humo, formado por detritos vegetais, para ajudar na perpetuação da planta."* (JB) *Var:* húmus.

hu.mor (*lat humore*) *sm* **1** Disposição de ânimo: *Bom humor, mau humor* (sempre com os adjetivos *bom* e *mau*). **2** Capacidade de perceber, compreender, apreciar ou expressar coisas cômicas, engraçadas ou divertidas. **3** Veia cômica, graça, espírito. **4** *Biol* Qualquer líquido que atue normalmente no corpo (bílis, sangue, linfa etc.).

hu.mo.ris.mo (*humor+ismo*) *sm* **1** Qualidade ou caráter de humorista ou de escritos humorísticos. **2** Expressão espirituosa e levemente irônica do rosto.

hu.mo.ris.ta (*humorismo+ista*) *adj m+f* Que se refere ao humorismo. • *s m+f*

Aquele que fala ou escreve com humorismo.
hu.mo.rís.ti.co (*humorista+ico²*) *adj* **1** Que se refere a humor. **2** Espirituoso com leve ironia. **3** Engraçado. **4** Com humorismo.
hú.mus (*lat humus*) *sm sing+pl* V humo.
hún.ga.ro (*lat med Hungaru*) *adj* Que pertence ou se refere à Hungria (Europa); natural da Hungria. • *sm* **1** Habitante ou natural da Hungria. **2** A língua desse país.
hu.no (*lat med Hunni*) *adj* Relativo ou pertencente aos hunos. • *sm pl Hist* Povo bárbaro da Ásia que, no século V da Era Cristã, assolou várias regiões da Europa: *"Império romano terminou com a invasão dos bárbaros, e todos sabem quem eram os bárbaros: os hunos, os godos etc."* (AVL)
hur.ra! (*ingl hurrah*) *interj* **1** Exclamação ou grito de alegria, triunfo, aplauso ou encorajamento; viva! (geralmente ao fazer um brinde). **2** *Esp* Grito de saudação ou de vitória.

i

i¹ (*lat i*) *sm* Nona letra do alfabeto português, vogal.
No latim, a letra **i** era empregada ora como vogal, ora como a consoante **j**; só a partir do século XVI é que se foi generalizando nas línguas neolatinas a distinção entre **i** e **j**. Corresponde ao *iota* grego.

i² (*lat in-*) *pref* Entra na formação de alguns vocábulos, por assimilação do prefixo *in*, antes de *m*, *n*, *l* ou *r*, para exprimir negação: *imortal, inegável, ilegal, irregular*.

ia.no.mâ.ni *s m+f Etnol* **1** Povo indígena que habita no noroeste da Amazônia e também a Venezuela. *sm* **2** A língua desse povo. • *adj m+f* Relativo ou pertencente à língua ianomâni ou ao povo ianomâni.

i.an.que (*ingl yankee*) *adj m+f* **1** Diz-se dos habitantes dos Estados Unidos: *"A atuação de Franklin Delano Roosevelt, contudo, fez com que os legisladores ianques alterassem os diplomas legais."* (FSP) **2** Dos Estados Unidos: *"A lei ianque fez criar uma nação de milhões de granjeiros livres."* (FSP) • *s m+f* Pessoa natural dos Estados Unidos; norte-americano, estadunidense: *"Admirávamos a luta ousada contra os ianques."* (FSP)

i.a.ra (*tupi u'yara*, senhora) *sf Folc* Entidade mitológica dos rios e lagos da Amazônia; mãe-d'água: *"Os habitantes vizinhos se afastam dela [da lagoa encantada] por medo da iara."* (LOB) *Var:* uiara.

i.a.te (*ingl yacht*) *sm Náut* Embarcação à vela ou a motor, utilizada para recreio ou para regatas.

i.a.tis.mo (*iate+ismo*) *sm Esp* **1** Arte de navegar em iate: *"Escola ensina iatismo na ilha."* (FSP) **2** Prática de corrida de iate: *"O iatismo, sempre em alta na Olimpíada, embolsou mais dois ouros para a coleção."* (FSP)

i.bé.ri.co (*lat ibericu*) *adj* **1** Que se refere à Ibéria (Espanha antiga). **2** Pertencente ou que se refere à Península Ibérica (Espanha e Portugal); ibero. • *sm* **1** Partidário da união política entre Portugal e Espanha. **2** Ibero. *Var:* iberíaco.

i.be.ro (*bé*) (*lat iberu*) *adj V* ibérico. • *sm* Indivíduo dos iberos, antigos povoadores da Espanha.

A palavra **ibero** é paroxítona, portanto a sílaba tônica é **bé**. Esse adjetivo é contração de *ibérico*.

i.be.ro-a.me.ri.ca.no *adj* Relativo aos domínios que teve a Península Ibérica na América. • *sm* Habitante ou natural de qualquer das nações latinas na América. *Fem:* ibero-americana. *Pl:* ibero-americanos. *Cf* latino-americano.

í.bis (*lat ibis*) *s m+f sing+pl* Ave semelhante à cegonha, das regiões quentes da Europa e norte da África.

i.bo.pe (sigla de *Instituto Brasileiro de Opinião Pública e Estatística*) *sm* **1** Índice de audiência: *Seu programa de entrevistas dá muito ibope.* **2** *pop* Prestígio, sucesso.

i.çar (*hol hijsen*, via *fr hisser*) *vtd* Alçar, erguer, levantar: *Içar a bandeira*; *"Ouviam-se berros de um mestre de obras, ruídos de um guindaste içando pedras."* (RET)

iceberg (aicebérgue) (*ingl*) *sm* Grande bloco de gelo que, desprendendo-se das geleiras polares, flutua impelido pelas correntes marítimas.

í.co.ne (*gr eikón, ónos*) *sm* **1** Quadro, estátua ou qualquer imagem que, na Igreja Ortodoxa, representa Cristo, a Virgem ou um santo. **2** Pessoa, fato ou coisa que faz

lembrar certas qualidades ou características de algo ou que é muito representativo dele. **3** *Inform* Na tela do computador, um desenho, uma figura, geralmente clicável, usada para identificar e/ou acionar um programa ou um recurso de programa ou selecionar um objeto.
i.co.no.clas.ta (*gr eikonoklástes*) *adj* e *s m+f* **1** Que ou quem destrói imagens (estátuas), símbolos etc. **2** Que ou quem luta contra a veneração de imagens.
i.co.no.gra.fi.a (*gr eikonographía*) *sf* **1** Arte de representar por imagens. **2** Representação de imagens num livro.
ic.te.rí.cia (*lat tardio icteritia*) *sf Med* Sintoma que pode ter várias causas, caracterizado pela cor amarelada na pele e conjuntivas oculares. *Var: iterícia.*
ic.ti.o.lo.gi.a (*íctio+logo+ia¹*) *sf* **1** Parte da zoologia que estuda os peixes. **2** Tratado a respeito dos peixes.
i.da (*fem do part de ir*) *sf* Ação de ir de um lugar para outro.
i.da.de (*lat aetate*) *sf* **1** Tempo decorrido desde o nascimento até a morte do indivíduo. **2** Espaço de tempo; época, período: *Quando estava na idade escolar, só pensava em brincar.* **3** Divisão da História: *Idade Média.*
i.de.al (*baixo-lat ideale*) *adj m+f* **1** Que existe apenas na ideia; imaginário, fantástico. **2** Que reúne todas as perfeições concebíveis e independentes da realidade. • *sm* **1** Aquilo que é objeto de nossa mais alta aspiração. **2** O modelo idealizado ou sonhado pelo artista; perfeição.
i.de.a.lis.mo (*ideal+ismo*) *sm* **1** Tendência para o ideal. **2** Devaneio, fantasia. **3** *Filos* Doutrina que considera a ideia como princípio ou só do conhecimento, ou do conhecimento e do ser.
i.de.a.li.zar (*ideal+izar*) *vtd* **1** Dar caráter ideal a; tornar ideal; poetizar, divinizar: *Idealizar o amor.* **2** Criar na ideia; fantasiar, imaginar: *Idealizar fábulas.*
i.de.ar (*ideia+ar¹*) *vtd* **1** Planejar, projetar: *"[O grupo] levara anos ideando a sua fundação."* (TSF) *vtd* e *vint* **2** Imaginar, fantasiar: *"Seu Donga ficou um tempo parado, assuntando, ideando."* (VIC) Conjuga-se como *estrear*.

i.dei.a (*é*) (*gr idéa*) *sf* **1** Representação mental de uma coisa concreta ou abstrata. **2** Pensamento, concepção, plano, imaginação. **3** Opinião, conceito. **4** Lembrança, recordação.
i.dên.ti.co (*lat identicu*, de *idem*) *adj* **1** Perfeitamente igual. **2** Análogo, semelhante.
i.den.ti.da.de (*lat identitate*) *sf* **1** Qualidade daquilo que é idêntico; igualdade. **2** *Dir* Conjunto dos caracteres próprios de uma pessoa, tais como nome, profissão, sexo, impressões digitais, características físicas etc., o qual é considerado exclusivo dela e, consequentemente, levado em conta quando ela precisa ser reconhecida: *Os policiais já conhecem a identidade do assassino.* **3** Carteira de identidade.
i.den.ti.fi.ca.ção (*identificar+ção*) *sf* Ação ou efeito de identificar(-se).
i.den.ti.fi.car (*idêntico+ficar*) *vtd* **1** Tornar ou declarar idêntico. *vtd* **2** Achar, estabelecer a identidade de. *vpr* **3** Tornar-se idêntico a outra pessoa, assimilando-lhe as ideias e os sentimentos; adquirir a índole ou natureza de outro. *vpr* **4** Apresentar dados ou documentos que comprovem a própria identidade.
i.de.o.lo.gi.a (*lat idea+o+logo²+ia¹*) *sf* **1** Sistema de ideias, crenças, comunicações religiosas ou políticas (que orientam as ações). **2** Maneira de pensar que caracteriza um indivíduo ou um grupo de pessoas: *Ideologia socialista.*
i.di.o.ma (*gr idíoma*) *sm* Língua falada por uma nação ou povo.
i.di.o.má.ti.co (*gr idiomatikós*) *adj* Que se refere ou é peculiar a um idioma.
i.di.o.ta (*lat idiota*) *adj* e *s m+f* **1** Que ou aquele que tem pouca inteligência. **2** Estúpido, pateta; ignorante. **3** *Med* Doente de idiotia. **4** *Psicol* Diz-se de ou pessoa com deficiência intelectual.
i.di.o.ti.a (*gr idioteía*) *sf* **1** *Psiq* Retardamento mental: *"Tulio e Beatrice me sorriram e continuaram uma conversa sobre idiotia e bócio endêmico."* (ACM) **2** Estado ou qualidade de idiota: *"A sensação de idiotia vai diminuindo com o passar dos dias."* (FSP)
i.di.o.ti.ce (*idiota+ice*) *sf* Ato ou expressão de idiota; doidice.

i.di.o.tis.mo (gr *idiotismós*) *sm* **1** *Gram* Palavra, locução ou expressão própria de uma língua, que não tem correspondente em outra (saudade, *p ex*). **2** Estado de idiota; idiotia.

i.di.o.ti.zar (*idiota+izar*) *vtd* e *vpr* **1** Tornar (-se) idiota. *vint* **2** Ficar alheio, distrair-se.

i.do.la.tri.a (*lat idolatria*) *sf* **1** Adoração de ídolos. **2** *fig* Amor cego, paixão exagerada.

í.do.lo (*lat idolu*) *sm* **1** Estátua, figura ou imagem que representa uma divindade e que é objeto de adoração. **2** Aquele que é idolatrado.

i.do.nei.da.de (*lat idoneitate*) *sf* **1** Qualidade de idôneo. **2** Aptidão, capacidade, competência.

i.dô.neo (*lat idoneu*) *adj* **1** Próprio para alguma coisa: "*O chefe do governo é que tem nas mãos os instrumentos idôneos para mudar o rumo dos acontecimentos.*" (EM) **2** Apto, capaz, competente: "*D. Nazaré, eu sou um homem sério, um homem idoso e idôneo.*" (NOD) **3** Adequado: "*Conserva a lei complementar como instrumento idôneo para a criação do compulsório.*" (FSP)

i.do.so (ô) (*idade+oso*, com haplologia) *adj* Que tem muitos anos; velho, senil. *Pl*: idosos (ó).

I.e.man.já (do ioruba *yeye man edja*) *sf Rel* Orixá feminino das águas, rainha do mar, cujas cores são o vermelho, o azul-marinho e o cor-de-rosa, representada como uma sereia.

i.e.ne (*jap en*) *sm* Unidade monetária do Japão.

i.ga.pó (do *tupi*) *sm Reg* (Amazônia) Trecho de floresta invadido por enchente.

i.ga.ra.pé (*tupi yára*, canoa+*pe*, caminho) *sm Reg* (Amazônia) Canal estreito que só dá passagem a canoas ou pequenos barcos; riacho, ribeirão, ribeiro, riozinho.

i.glu (*esquimó idglo*, via *ingl igloo*) *sm* Abrigo construído com blocos de neve, usado pelos esquimós como residência.

íg.neo (*lat igneu*) *adj* **1** Que se refere ao fogo. **2** Que é de fogo. **3** *Geol* Que é produzido pela ação do fogo. **4** Que tem cor de fogo.

ig.ni.ção (*lat igne+ção*) *sf* **1** Processo ou mecanismo de inflamar uma mistura combustível em um motor de combustão interna, de foguete espacial etc.: "*Tudo leva a crer que o problema está no sistema elétrico de ignição.*" (ALQ) **2** Local onde se faz o contato para dar partida no motor: "*Quando ia ligar o carro, descobriu que havia deixado a chave na ignição.*" (AVK)

ig.nó.bil (*lat ignobile*) *adj m+f* **1** Baixo, vil, desprezível: "*Ele presenciara o espetáculo ignóbil de preso espancado por escolta.*" (GAT) **2** Que não tem honra; vergonhoso: "*O racismo é o mais ignóbil dos preconceitos.*" (FSP)

ig.no.mí.nia (*lat ignominia*) *sf* Afronta pública, desonra, vergonha, infâmia: "*Vi meus filhos revezarem nas galés e voltarem marcados de chicote e ignomínia.*" (CHR)

ig.no.rân.cia (*lat ignorantia*) *sf* **1** Estado de quem é ignorante. **2** Desconhecimento. **3** Falta de instrução, falta de saber.

ig.no.ran.te (*lat ignorante*) *adj* e *s m+f* **1** Que ou quem ignora. **2** Que ou pessoa que não tem instrução; inculto. **3** Que ou quem não tem conhecimento de determinada coisa.

ig.no.rar (*lat ignorare*) *vtd* **1** Não ter conhecimento de alguma coisa; não saber, desconhecer. **2** Não conhecer por experiência. **3** Não ter, não possuir (alguma qualidade ou defeito). **4** Não tomar conhecimento por desprezo ou indiferença.

i.gre.ja (*port ant eigreja*, do *gr ekkesía*, pelo *lat*) *sf* **1** Templo dedicado ao culto cristão: *Os cristãos se casam na igreja.* **2** A comunidade cristã. **3** Catolicismo: *O papa é chefe da Igreja Católica.* **4** Autoridade eclesiástica. **5** *por ext* Qualquer templo consagrado ao culto divino ou uma comunidade religiosa em geral. *Dim*: igrejinha, igrejica.

i.gual (*lat aequale*) *adj m+f* **1** Que tem o mesmo valor, forma, dimensão, aspecto ou quantidade que outro. **2** Análogo, idêntico. **3** Que tem o mesmo nível. **4** Uniforme. *Antôn* (acepção 2): diferente. • *sm* O que tem a mesma natureza, o mesmo modo de ser, o mesmo estado ou categoria: *Os nossos iguais.*

i.gua.lar (*igual*+*ar*¹) *vtd, vtdi* e *vpr* **1** Fazer(-se) ou tornar(-se) igual. *vti* **2** Ser igual. *vtd* **3** Aplainar, nivelar. *vti* **4** Estar ou ficar na mesma altura ou nível.

i.gual.da.de (*lat aequalitate*) *sf* **1** Qualidade daquilo que é igual; uniformidade. **2** Completa semelhança.

i.gua.li.tá.rio (*lat aequalit(ate)*+*ário*) *adj* **1** Relativo à igualdade: *"A posição igualitária dos casais felizes se revela na administração das finanças familiares."* (CLA) **2** Que tem por objeto a igualdade de condições entre os membros da sociedade: *"O elevador é o único transporte gratuito e igualitário da cidade."* (MP) • *sm* Partidário do igualitarismo: *"Tem sentido falar em direita e esquerda enquanto houver o confronto entre igualitários e inigualitários."* (FSP)

i.gua.li.ta.ris.mo (*igualitário*+*ismo*) *sm* Sistema dos que defendem e proclamam a igualdade social.

i.gua.ri.a *sf* **1** Comida fina e apetitosa. **2** *por ext* Qualquer comida.

ih! *interj* Designa admiração, espanto, medo.

i.ke.ba.na (*jap ikebana*) *sm* **1** Técnica japonesa para o arranjo de flores e folhagens, com fins decorativos. **2** Enfeite executado com essa técnica.

i.le.gal (*i*²+*legal*) *adj m*+*f* **1** Que não é legal. **2** Contrário à lei: *Dirigir sem carteira de motorista é ilegal.* **3** Ilegítimo, ilícito: *O governo descobriu que havia um comércio ilegal de armas no país.*

i.le.ga.li.da.de (*ilegal*+*dade*) *sf* **1** Condição de ilegal. **2** Ato ilegal.

i.le.gi.bi.li.da.de (*ilegível*+*i*+*dade*) *sf* Estado ou qualidade do que não se pode ler.

i.le.gi.ti.mi.da.de (*ilegítimo*+*dade*) *sf* Qualidade de ilegítimo.

i.le.gí.ti.mo (*lat illegitimu*) *adj* **1** Que não é legítimo. **2** Injusto: *"O direito usado para dominação e injustiça é um direito ilegítimo."* (DIR) **3** Bastardo (filho): *"Não sou o pai de um filho legítimo, e vou ser pai de um filho ilegítimo."* (FIG)

i.le.gí.vel (*i*²+*legível*) *adj m*+*f* Que não é legível, que não se pode ler.

i.le.so (*é* ou *ê*) (*lat illaesu*) *adj* Que não é ou não está leso; que ficou incólume; são e salvo.

i.le.tra.do (*i*²+*letrado*) *adj*+*sm* **1** Que ou o que não é letrado. **2** Analfabeto.

i.lha (*lat insula*) *sf* **1** *Geogr* Porção de terra cercada de água por todos os lados. *Col:* arquipélago. **2** *por ext* O que por estar isolado lembra uma ilha. *Dim irreg:* ilhota.

i.lhar (*ilha*+*ar*²) *vtd* **1** Separar, isolar. *vpr* **2** Pôr-se em isolamento; isolar-se, apartar-se.

i.lhar.ga (*der* do *lat ilia*) *sf* **1** *Anat* Cada uma das duas partes laterais entre as falsas costelas e os ossos do quadril. **2** Lado de qualquer corpo. **3** Flanco, esteio, apoio.

i.lhéu (de *ilha*) *adj* Que se refere a ilha; insulano. • *sm* Homem natural ou habitante de uma ilha; insulano. *Fem:* ilhoa.

i.lho.ta (*ilha*+*ota*) *sf* Pequena ilha.

i.lí.a.co (*lat illiacu*) *adj Anat* Que pertence à bacia ou faz parte dela: *Osso ilíaco.* • *sm Anat* Cada um de dois ossos que ocupam as partes laterais da bacia.

i.lí.ci.to (*lat illicitu*) *adj* **1** Que não é lícito. **2** Contrário às leis ou à moral: *"Ser acusado de enriquecimento ilícito, eu não permito."* (GAL)

i.li.mi.ta.do (*i*²+*limitado*) *adj* **1** Que não é limitado, sem limites. **2** Indeterminado, indefinido.

i.ló.gi.co (*i*²+*lógico*) *adj* Que não é lógico; incoerente, absurdo.

i.lu.dir (*lat illudere*) *vtd* **1** Causar ilusão a; enganar, lograr. *vtd* **2** Tornar menos sensível ou notório; dissimular. *vpr* **3** Cair em ilusão ou erro: *A menina se iludiu com as promessas da madrasta.*

i.lu.mi.na.ção (*lat illuminatione*) *sf* **1** Ato ou efeito de iluminar(-se). **2** *por ext* Conjunto de luzes para iluminar um ambiente, um objeto etc.

i.lu.mi.nar (*lat illuminare*) *vtd* **1** Espalhar luz em ou sobre. *vpr* **2** Encher-se de luz. *vtd* **3** Ornar com luzes. *vtd* **4** Civilizar, ilustrar, instruir.

i.lu.são (*lat illusione*) *sf* **1** Engano dos sentidos ou da inteligência. **2** Errada interpretação de um fato ou de uma sensação.

i.lu.si.o.nis.mo (*lat illusione*+*ismo*) *V* prestidigitação.

i.lu.só.rio (*lat illusoriu*) *adj* Que produz ilusão, que tende a iludir; enganoso, falso, vão: *"É ilusório acreditar que* *somos um povo vivendo em eterna paz."* (GUE); *"O sucesso nessa tarefa é sempre ilusório."* (LAZ)

i.lus.tra.ção (*lat illustratione*) *sf* **1** Desenho, gravura ou imagem que acompanha o texto de livro, jornal, revista etc., ilustrando-o. **2** Conjunto de conhecimentos (artístico, científico, histórico etc.).

i.lus.tra.do (*part de ilustrar*) *adj* **1** Que tem desenhos ou gravuras; ornado, decorado. **2** Instruído, culto.

i.lus.tra.dor (*lat illustratore*) *adj* **1** Que ilustra. **2** Que aplica ilustrações. • *sm* Artista que produz ilustrações.

i.lus.trar (*lat illustrare*) *vtd* **1** Tornar ilustre; revestir de lustre ou glória a. *vtd* **2** Elucidar, enfatizar: *Os exemplos servem para ilustrar uma ideia ou fato.* *vtd* **3** Adornar com ilustração. *vtd* **4** Ensinar, instruir. *vpr* **5** Adquirir conhecimentos.

i.lus.tre (*lat illustre*) *adj m+f* **1** Esclarecido. **2** Distinto, notável. **3** Que brilha ou se distingue por qualidades louváveis. **4** Fidalgo, nobre. *Sup abs sint: ilustríssimo. Antôn* (acepções 2 e 3): *medíocre*.

í.mã (*fr aimant*) *sm* **1** Peça de aço magnetizado que tem a propriedade de atrair o ferro e alguns outros metais; magneto. **2** Qualidade daquilo que atrai. **3** Coisa que atrai.

i.ma.cu.la.do (*lat immaculatu*) *adj* **1** Sem mácula ou mancha: *"O proprietário da farmácia aviava uma receita, metido no seu imaculado guarda-pó branco."* (INC) **2** Limpo e puro. **3** Inocente: *"Grande e imaculado amor, serenidade!"* (FSP)

i.ma.gem (*lat imagine*) *sf* **1** Reflexo de um objeto na água, num espelho etc. **2** Representação de uma pessoa ou coisa, obtida por meio de desenho, gravura ou escultura. **3** Representação mental de qualquer forma (objeto, impressão, lembrança etc.).

i.ma.gi.na.ção (*lat imaginatione*) *sf* **1** Faculdade de imaginar, conceber e criar imagens. **2** Coisa imaginada. **3** Fantasia. **4** Crença ou opinião que provém da fantasia.

i.ma.gi.nar (*lat imaginare*) *vtd* **1** Criar na imaginação; fantasiar. *vtd* **2** Idear, inventar, projetar, traçar. *vtd* **3** Conjeturar, crer, presumir, supor: *Eu imagino que ele já tenha saído. vint* **4** Cismar, considerar, pensar.

i.ma.gi.ná.rio (*lat imaginariu*) *adj* Que só existe na imaginação, que não é real; ilusório: *"Estendeu-se o polegar e o indicador, medindo no ar o recipiente imaginário."* (ALE); *"Aqui a pessoa se serve da linguagem para criar seu próprio mundo, eventualmente imaginário."* (EGR) • *sm* Imaginação: *"Aliás, nunca o desejo e o imaginário deram tanto lucro."* (MOR)

i.man.tar (*ímã+t+ar¹*) *vtd* **1** Comunicar a propriedade de ímã; magnetizar. **2** *fig* Atrair; cativar: *"[Os dois clubes] acabaram imantando as grandes massas de torcedores."* (FSP) *Var: imanar.*

i.ma.te.ri.al (*i²+material*) *adj m+f* Que não tem a natureza da matéria: *"A alma sensitiva é criada por Deus no corpo animal: ela é imaterial, mas não é espiritual."* (SIG)

i.ma.tu.ro (*lat immaturu*) *adj* **1** Que não é maduro. **2** Ainda não chegado ao estado de pleno desenvolvimento. **3** Precoce, prematuro, temporão.

im.ba.tí.vel (*im¹+bater+ível*) *adj m+f* Invencível; que não pode ser vencido.

im.be.cil (*lat imbecille*) *adj* e *s m+f* **1** Que ou quem é fraco de espírito. **2** Tolo, idiota (acepção 2). **3** Que ou quem revela certo atraso mental. *Pl: imbecis.*

im.be.ci.li.da.de (*lat imbecilitate*) *sf* **1** Qualidade de imbecil. **2** Ato ou dito imbecil. **3** Deficiência intelectual.

im.be.ci.li.zar (*imbecil+izar*) *vtd* e *vpr* Tornar(-se) imbecil.

im.ber.be (*lat imberbe*) *adj* **1** Sem barba: *"O caboclo levantou-se. Era baixo, imberbe, queimado do Sol, troncudo."* (MRF) **2** Jovem; inexperiente: *"De onde os senhores professores tiraram esse despropósito e o passam aos imberbes e indefesos vestibulandos?"* (FSP)

im.bri.ca.ção (*imbricar+ção*) *sf* Disposição de objetos colocados em parte uns sobre os outros, como as telhas de um telhado: *"Esse afastamento das pétalas contrasta muito com outras espécies que apresentam flores fechadas, pela justaposição ou imbricação das pétalas."* (RBO)

im.bri.car (*lat imbricare*) *vtd* **1** Dispor em imbricação: *Imbricar telhas*. *vti* **2** Estar em imbricação: *Peças que imbricam em outras.*

im.bu (*tupi ymbú*) V umbu.

im.bui.a *sf Bot* Árvore comum nas matas do planalto do Paraná e de Santa Catarina, que fornece madeira para a confecção de móveis de luxo.

im.bu.ir (*lat imbuere*) *vtd* e *vti* **1** Embeber, imergir (em um líquido qualquer). *vtd* **2** Fazer penetrar; implantar, incutir: *"Assim, um de nossos desafios foi procurar fazer com que a exposição imbuísse o público da ideia de que a vida é constituída de sistemas complexos."* (HCS); *Convém imbuir sadios princípios nas crianças*. *vpr* **3** Impregnar-se, deixar-se penetrar: *"E se as mulheres se imbuírem do mesmo sentimento, é êxito garantido."* (PRO); *Imbuir-se de ilusões, de preconceitos.*

im.bu.zei.ro (*imbu+z+eiro*) V umbuzeiro.

i.me.di.a.ção (*i²+mediação*) *sf* **1** Fato de ser imediato. *sf pl* **2** Proximidades, redondezas, vizinhanças, arredores.

i.me.di.a.tis.mo (*imediato+ismo*) *sm* **1** Maneira de proceder de quem vai direto ao assunto, sem rodeios; ação imediata: *"Punam-se os maridos que agridem as mulheres, fazendo-se, porém, com imediatismo."* (ESP) **2** Maneira de pensar e agir tendo como base interesse ou vantagem imediatos: *"O individualismo tem uma aliança antiga com o imediatismo."* (DIN)

i.me.di.a.tis.ta (*imediato+ista*) *adj m+f* Relativo a ou partidário do imediatismo. • *s m+f* Pessoa partidária do imediatismo.

i.me.di.a.to (*lat immediatu*) *adj* **1** Que não tem intermediário. **2** Seguido, consecutivo. **3** Que não tem intervalo. • *sm* **1** Funcionário de categoria logo abaixo do chefe. **2** Na marinha mercante, oficial que pertence à guarnição do navio e substitui o capitão nos seus impedimentos ocasionais.

i.men.si.dão (*imenso+idão*) *sf* Grande quantidade ou extensão. *Var:* imensidade.

i.men.so (*lat immensu*) *adj* **1** Que não se pode medir; ilimitado. **2** Muito vasto, muito grande: *Espaço imenso*. **3** Numeroso, muitíssimo.

i.men.su.rá.vel (*lat immensurabile*) *adj m+f* Que não se pode medir: *"Agora, mais do que nunca, imensurável era o caminho que os separava."* (ED)

i.mer.gir (*lat immergere*) *vtd* **1** Afundar, mergulhar. *vint* **2** Entrar ou penetrar em alguma coisa. Conjuga-se como *convergir*. *Antôn: emergir.*

i.mer.são (*lat immersione*) *sf* Ato ou efeito de imergir(-se). *Antôn: emersão.*

i.mer.so (*lat immersu*) *adj* **1** Metido num líquido; mergulhado, submerso: *"Depois, o pescado passa trinta minutos imerso em salmoura."* (GL) **2** Absorto: *"Carlos pareceu imerso em séria meditação."* (A) *Antôn: emerso.*

i.mi.gra.ção (*imigrar+ção*) *sf* Ato de imigrar. *Cf* emigração.

i.mi.gran.te (de *imigrar*) *adj* e *sm+f* Que ou aquele que imigra. *Cf* emigrante.

i.mi.grar (*lat immigrare*) *vti* Entrar (num país estrangeiro), para nele viver: *No final do século XIX, muitos italianos imigraram para o Brasil*. *Cf* emigrar.

i.mi.nên.cia (*lat imminentia*) *sf* Qualidade do que está iminente; proximidade. *Cf* eminência.

i.mi.nen.te (*lat imminente*) *adj m+f* Que está para acontecer; próximo; ameaçador: *"O rádio tinha anunciado que o ataque americano era iminente."* (AVI) *Cf* eminente.

i.mis.cu.ir (*lat immiscuere*) *vpr* Intrometer-se, misturar-se em: *"Numa democracia como a nossa, o governador não se imiscui na vida privada de ninguém."* (PRE)

i.mi.ta.ção (*lat imitatione*) *sf* **1** Ato ou efeito de imitar. **2** Representação ou reprodução de uma coisa, fazendo-a semelhante a outra; modelo, cópia. **3** Arremedo.

i.mi.tar (*lat imitari*) *vtd* **1** Fazer ou reproduzir alguma coisa à semelhança de. **2** Seguir como norma, tomar por modelo. **3** Arremedar, copiar. **4** Adulterar, falsificar.

i.mo.bi.li.á.ria (*i²+imóvel+i+ária*) *sf* Empresa que trabalha principalmente com venda e administração de imóveis.

i.mo.bi.li.á.rio (*lat immobile+i+ário*) *adj* **1** Relativo a bens imóveis. **2** Diz-se dos bens que são imóveis por natureza ou por disposição da lei. • *sm* Cada um desses bens.

i.mo.bi.li.da.de (*lat immobilitate*) *sf* **1** Ausência de movimento. **2** Estabilidade.

i.mo.bi.li.zar (*lat immobile+izar*) *vtd* e *vpr* **1** Tornar(-se) imóvel; privar(-se) de movimentos. *vtd* **2** Impedir o movimento ou o progresso de; estabilizar, fixar.

i.mo.ral (*i²+moral*) *adj m+f* **1** Que não é moral. **2** Contrário à moral ou aos bons costumes. **3** Devasso, libertino. • *s m+f* Pessoa sem moral.

i.mo.ra.li.da.de (*imoral+i+dade*) *sf* **1** Qualidade de imoral. **2** Desonestidade; devassidão, indecência.

i.mor.tal (*lat immortale*) *adj m+f* **1** Que não morre. **2** Que não há de acabar; perene, eterno. **3** Que não será esquecido; glorioso. • *sm pl* **1** *Mit* Os deuses do paganismo. **2** Os membros da Academia Brasileira de Letras.

i.mor.ta.li.da.de (*lat immortalitate*) *sf* **1** Condição ou qualidade de imortal. **2** A vida eterna; eternidade.

i.mor.ta.li.zar (*imortal+izar*) *vtd* e *vpr* **1** Tornar(-se) imortal. **2** Tornar(-se) famoso ou célebre: *"É o testemunho da minha luta para imortalizar a figura do Zé do Caixão, explica o diretor e ator."* (ESP); *"A ópera de Rossini imortalizou-se graças ao tratamento dado ao personagem Fígaro."* (FSP)

i.mó.vel (*lat immobile*) *adj m+f* **1** Que não se move. **2** Firme, inabalável. • *sm* Bem que não é móvel, como casa, terreno etc.; propriedade fixa.

im.pa.ci.ên.cia (*lat impatientia*) *sf* **1** Falta de paciência. **2** Irritação. **3** Sofreguidão, pressa.

im.pa.ci.en.tar (*impaciente+ar¹*) *vtd* **1** Fazer perder a paciência, tornar impaciente; agastar, irritar: *"E esse olhar o impacientou, deixou-o desarmado."* (MRJ) *vpr* **2** Perder a paciência; irritar-se: *"Jenner começava a impacientar-se com os mosquitos."* (ALE)

im.pa.ci.en.te (*lat impatiente*) *adj m+f* **1** Que não é paciente. **2** Irrequieto. **3** Apressado.

im.pac.to (*lat impactu*) *sm* **1** Choque, embate. **2** Choque de um corpo em movimento com outro em repouso. **3** Choque emocional; expectativa.

ím.par (*lat impare*) *adj m+f* **1** Que não é par. **2** Desigual. **3** Que é único. **4** *Arit* Diz-se do número que não pode ser dividido em dois números inteiros.

im.par.ci.al (*im¹+parcial*) *adj m+f* **1** Que não é parcial. **2** Que não se deixa corromper. **3** Que julga sem paixão.

im.pas.se (*fr impasse*) *sm* Situação embaraçosa; beco sem saída.

im.pas.sí.vel (*lat impassibile*) *adj m+f* Insensível, indiferente, imperturbável.

im.pá.vi.do (*lat impavidu*) *adj* **1** Arrojado, destemido, intrépido. **2** Que não tem pavor.

im.pe.cá.vel (*lat impeccabile*) *adj m+f* Sem defeito. **2** Irrepreensível.

im.pe.di.men.to (*lat impedimentu*) *sm* **1** Ato ou efeito de impedir. **2** Estorvo, obstáculo. **3** *Fut* Posição irregular de um jogador ao receber a bola de um de seus companheiros, quando se acha além da linha de seu último oponente.

im.pe.dir (*lat impedire*) *vtdi* **1** Dificultar a ação. *vtdi* **2** Não consentir, não permitir: *Impediu-o de fazer uma tolice*. *vtd* **3** Atalhar, dificultar, interromper. *vtd* **4** Privar de, tolher, proibir. Conjuga-se como *pedir*.

im.pe.lir (*lat impellere*) *vtd* **1** Dar impulso a; empurrar para diante. *vtd* **2** Dirigir, projetar com força para algum lugar. *vtd* **3** Estimular, incitar, induzir, impulsionar. *vtd* e *vti* **4** Coagir, constranger, obrigar. Conjuga-se como *ferir*.

im.pe.ne.trá.vel (*lat impenetrabile*) *adj m+f* **1** Que não se pode penetrar ou atravessar. **2** Que não se pode conhecer, explicar ou decifrar. **3** Discreto, reservado.

im.pe.ra.dor (*lat imperatore*) *sm* Soberano que rege um império. *Fem*: imperatriz.

im.pe.rar (*lat imperare*) *vtd* e *vint* **1** Governar, reger com autoridade suprema. *vtd* **2** Dar ordens a. *vint* **3** Dominar.

im.pe.ra.ti.vo (*lat imperativu*) *adj* **1** Que ordena, que governa, que manda com autoridade. **2** Autoritário, arrogante. • *sm* **1** Ordem, dever. **2** *Gram* Modo imperativo.

im.per.cep.tí.vel (*im¹+perceptível*) *adj m+f* **1** Que não pode ser percebido, que não se pode distinguir: *"Soltou um suspiro quase imperceptível."* (TV) **2** Muito pequeno, insignificante: *"Ali está o ferimento mortal. Tão pequeno, quase imperceptível."* (INQ)

im.per.do.á.vel (*im¹+perdoável*) *adj m+f* Que não merece perdão; sem perdão.

im.per.fei.ção (*lat imperfectione*) *sf* **1** Qualidade daquilo que é imperfeito. **2** Incorreção, defeito.

im.per.fei.to (*lat imperfectu*) *adj* **1** Não perfeito, que não está acabado. **2** Defeituoso, incompleto. **3** *Gram* Diz-se do tempo verbal que exprime uma ação passada mas não concluída, indicando continuidade de duração do processo verbal: *Eu estudava quando ele entrou.* • *sm* Esse tempo.

im.pe.ri.al (*lat imperiale*) *adj m+f* Relativo a império ou a imperador.

im.pe.ri.a.lis.mo (*imperial+ismo*) *sm Sociol* Expansão ou tendência para a expansão do poder político e econômico de uma nação ou Estado sobre outro.

im.pe.rí.cia (*lat imperitia*) *sf* Falta de perícia ou experiência; inabilidade.

im.pé.rio (*lat imperiu*) *sm* **1** Monarquia cujo chefe tem o título de imperador ou de imperatriz. **2** Poder ou autoridade de um imperador ou imperatriz. **3** Estado governado por imperador ou imperatriz. **4** Confederação de Estados sujeitos à autoridade suprema de um imperador.

im.pe.ri.o.so (*ó*) (*lat imperiosu*) *adj* **1** Que ordena com império; imperativo. **2** Que se impõe forçosamente; premente, forçoso. *Pl: imperiosos (ó).*

im.per.me.a.bi.li.zar (*impermeável+izar*) *vtd* Tornar impermeável.

im.per.me.á.vel (*lat impermeabile*) *adj m+f* **1** Que não se deixa atravessar por um fluido. **2** Que não deixa passar a água ou a umidade.

im.per.ti.nên.cia (*lat impertinentia*) *sf* **1** Caráter do que é impertinente. **2** Coisa que incomoda ou molesta. **3** Rabugice; mau humor.

im.per.ti.nen.te (*lat impertinente*) *adj m+f* **1** Incômodo, molesto. **2** Descabido. **3** Que não tem pertinência. **4** Rabugento.

im.per.tur.bá.vel (*lat imperturbabile*) *adj m+f* **1** Que não se perturba. **2** Impassível, inabalável.

im.pes.so.al (*lat impersonale*) *adj m+f* **1** Que não é pessoal. **2** Que não se refere a pessoa ou pessoas. **3** Que não existe como pessoa. **4** *Gram* Diz-se dos verbos que não têm pessoas ou sujeito, e que por isso se conjugam unicamente na 3ª pessoa do singular: *No sentido de existir o verbo haver é impessoal (há cinco cachorros, havia duas alunas).*

ím.pe.to (*lat impetu*) *sm* **1** Movimento repentino. **2** Força intensa. **3** Precipitação, impulso violento. **4** Agitação de espírito.

im.pe.tu.o.so (*ó*) (*lat impetuosu*) *adj* **1** Que tem ímpeto, que se move com ímpeto. **2** Agitado; violento. *Pl: impetuosos (ó).*

im.pin.gir (*lat impingere*) *vtdi* **1** Fazer acreditar numa coisa falsa: *"sem querer estamos impingindo a nossos alunos grosseiros 'atos de fé', que não são mais que uma crendice, como tantas."* (ATE) **2** Fazer aceitar ou receber contra a vontade; impor: *"Conseguia impingir ao chinês um de seus muitos terrenos situados na periferia da cidade."* (INC) Conjuga-se como *premiar.*

ím.pio (*lat impiu*) *adj+sm* **1** Incrédulo, descrente, ateu: *"Sinto-me ímpio, distante de sua alma que roça pela santidade."* (MAR); *"Tinha pena dos ímpios, mais compaixão, ainda, dos bons."* (DM) **2** Cruel, desumano: *"A esses ímpios que chafurdam na lama de sua própria ignomínia também serve a ordem cristã: 'Que atire a primeira pedra quem não tiver pecado'."* (FSP) *Sup abs sint:* impiíssimo.

im.pla.cá.vel (*lat implacabile*) *adj m+f* **1** Que não se pode aplacar. **2** Inexorável. **3** Que não perdoa.

im.plan.ta.ção (*implantar+ção*) *sf* **1** Ato de implantar(-se). **2** Introdução de algo novo.

im.plan.tar (*im¹+plantar*) *vtdi* **1** Plantar (uma coisa) em outra; enxertar, arraigar, fixar. *vtd* **2** Estabelecer, introduzir. *vpr* **3** Arraigar-se, estar implantado. *vpr* **4** Estabelecer-se, fixar-se.

im.plan.te (de *implantar*) *sm* **1** *V* implantação. **2** Algo enxertado em um corpo: *Implante de cabelos.*

im.ple.men.tar (*lat implementu+ar¹*) *vtd* **1** Executar (um plano, *p ex*). **2** Levar à prática por meio de providências concretas.

im.pli.ca.ção (*lat implicatione*) *sf* **1** Ato ou efeito de implicar(-se). **2** Complicação, encadeamento, enredo. **3** *pop* Rixa, implicância.

im.pli.cân.cia (*lat implicantia*) *sf* **1** V *implicação*. **2** *pop* Má vontade, antipatia, birra.

im.pli.can.te (*lat implicante*) *adj* e *s m+f* Que ou pessoa que implica.

im.pli.car (*lat implicare*) *vtd* **1** Confundir o entendimento de; tornar perplexo, embaraçado. *vtdi* e *vpr* **2** Comprometer(-se), enrascar(-se), envolver(-se). *vti* e *vint* **3** Contender, divergir, incompatibilizar-se. *vtd* **4** Tornar necessário ou indispensável; exigir. *vtd* **5** Dar a entender, fazer supor. *vti* e *vpr* **6** Antipatizar, mostrar má disposição para com alguém.
As três regências mais usuais do verbo **implicar** são:
a) transitivo direto (= acarretar, envolver): *A análise do texto* **implica** *nova teoria*.
b) transitivo indireto (= ter implicância, mostrar má disposição): *O professor sempre* **implicou** *com a aluna*.
c) transitivo direto e indireto (= comprometer-se, envolver-se): *Ela* **implicou-se** *em negócios escusos*.

im.plí.ci.to (*lat implicitu*) *adj* **1** Que está envolvido, mas não expresso claramente. **2** Não expresso por palavras; subentendido. *Antôn*: *explícito*.

im.plo.dir (*im¹+(ex)plodir*) *vtd* Estourar para dentro: *Implodir um edifício*. *Conjug* – verbo defectivo; conjuga-se como *abolir*. *Antôn*: *explodir*.

im.plo.rar (*lat implorare*) *vtd* **1** Pedir com lágrimas, suplicar humildemente. **2** Rogar, solicitar com muito empenho o auxílio de.

im.plo.são (*im¹+(ex)plosão*) *sf* **1** Conjunto de explosões sucessivas no interior de uma entidade: *"O impacto da implosão chegou a estilhaçar o para-brisas de uma Kombi."* (FSP) **2** *fig* Destruição; desmoronamento: *"Sendo o fim da Guerra Fria e a implosão do império soviético a mais destacada mutação neste final de século."* (FSP) *Antôn*: *explosão*.

im.po.nên.cia (*lat imponente+ia²*) *sf* **1** Qualidade de imponente. **2** Arrogância, altivez.

im.po.pu.lar (*im¹+popular*) *adj m+f* **1** Que não é popular. **2** Que não tem popularidade.

im.por (*lat imponere*) *vtd* e *vti* **1** Tornar obrigatório: *O juiz impôs o uso do cinto de segurança*. *vtd* e *vti* **2** Fazer sofrer, infligir (pena, castigo). *vpr* **3** Fazer-se aceitar (por superioridade ou por constrangimento). *vtd* **4** Infundir, inspirar. Conjuga-se como *pôr*.

im.por.ta.ção (*importar+ção*) *sf* **1** Ato ou efeito de importar. **2** Aquilo que se importou.

im.por.tân.cia (*lat importantia*) *sf* **1** Qualidade de importante. **2** Consideração, crédito, influência. **3** Grande valor relativo das coisas. **4** Quantia, soma, total.

im.por.tan.te (*lat importante*) *adj m+f* **1** Que tem importância. **2** Que não se pode esquecer ou deixar de atender. **3** Essencial, fundamental.

im.por.tar (*lat importare*) *vtd* **1** Mandar vir ou trazer de outro país, estado ou município; introduzir. *Antôn*: *exportar*. *vtd* e *vti* **2** Dar em resultado, ter como consequência; acarretar. *vti* e *vint* **3** Convir, ter importância ou interesse. *vti* **4** Atingir ou subir a tal preço, chegar a tal quantia; ter importância. *vpr* **5** Dar importância, fazer caso, ter em consideração. *vti* e *vint* **6** Ser conveniente, ser necessário.

im.por.tu.nar (*importuno+ar¹*) *vtd* **1** Ser importuno a; incomodar, molestar, sobretudo com pedidos insistentes. *vtd* **2** Perturbar; estorvar. *vpr* **3** Incomodar-se, molestar-se: *Importunava-se com tantas queixas e pedidos*.

im.por.tu.no (*lat importunu*) *adj* Que importuna pela insistência; impertinente.
• *sm* Indivíduo importuno. *Cf inoportuno*.

im.po.si.ção (*lat impositione*) *sf* **1** Ato ou efeito de impor, obrigar. **2** Determinação, ordem; coisa imposta.

im.pos.si.bi.li.tar (*impossível+it+ar¹*) *vtd* **1** Tornar impossível. *vtd* **2** Fazer perder as forças ou a aptidão para. *vpr* **3** Perder a aptidão, o exercício das funções, o uso das faculdades.

im.pos.sí.vel (*lat impossibile*) *adj m+f* **1** Que não é possível, que não tem possibilidade. **2** Que não é realizável, que não pode ser feito. **3** Insuportável, intolerável, rebelde. • *sm* **1** Aquilo que não é possível. **2** O que é muito difícil.

im.pos.to (ô) (*lat impositu*) *adj* **1** Que se impôs. **2** Que se obrigou a aceitar. • *sm* Contribuição, geralmente em dinheiro, que se exige de cada cidadão para financiar as despesas de interesse geral, a cargo do Estado; tributo, taxa. *Pl: impostos* (ó).

im.pos.tor (*lat impositore*) *adj+sm* **1** Que ou o que tem impostura. **2** Charlatão.

im.po.tên.cia (*lat impotentia*) *sf* **1** Qualidade de impotente. **2** Falta de força. **3** Falta de poder. **4** *Med* Falta de potência sexual.

im.po.ten.te (*lat impotente*) *adj m+f* **1** Que não pode, que não tem poder; fraco. **2** *Med* Que tem impotência (sexual).

im.pra.ti.cá.vel (*im¹+praticável*) *adj m+f* **1** Que não é praticável, que não se pode pôr em prática. **2** Impossível.

im.pre.ca.ção (de *imprecar*) *sf* **1** Súplica, rogo: *"A Valério bastara apenas uma nova imprecação – Valha-me o menino de três mães!"* (PFV) **2** Praga, maldição, xingamento: *"O trovejar da guerra era encoberto pelos gritos fanáticos e imprecações de ambos os lados."* (J)

im.pre.ci.são (*im¹+precisão*) *sf* Falta de precisão, de exatidão.

im.pre.ci.so (*im¹+preciso*) *adj* Indeterminado, vago.

im.preg.nar (*lat med impraegnare*) *vtdi* **1** Penetrar, infiltrar-se em; fazer com que uma substância penetre em (um corpo): *O perfume impregnou a roupa*. *vtd, vti* e *vpr* **2** Ensopar(-se), embeber(-se), encharcar(-se); penetrar(-se). Pronuncia-se **imprégna**, na 3ª pessoa do singular, porque os verbos terminados em -**gnar** têm o **g** mudo e a sílaba tônica recai no radical no presente do indicativo, no presente do subjuntivo e no imperativo (exceto na 1ª e 2ª pessoas do plural, que são chamadas arrizotônicas). Outros verbos que obedecem a essa regra são: *designar* (*designa*), *impugnar* (*impugna*), *indignar* (*indigna*), *repugnar* (*repugna*) etc.

im.pren.sa (*lat impressa*) *sf* **1** Conjunto de escritores, especialmente jornalistas. **2** Conjunto de jornais.

im.pren.sar (*imprensa+ar¹*) *vtd* **1** Apertar no prelo. **2** Imprimir. **3** Apertar como numa prensa; apertar muito, de encontro a uma parede, a uma porta etc.

im.pres.cin.dí.vel (*im¹+prescindível*) *adj m+f* De que não se pode prescindir; necessário, indispensável.

im.pres.são (*lat impressione*) *sf* **1** Ação ou efeito de imprimir(-se). **2** Encontro de um corpo com outro. **3** Ação dos objetos exteriores sobre os órgãos dos sentidos; sensação: *Teve a impressão de que estava em perigo*.

im.pres.si.o.na.bi.li.da.de (*impressionável+i+dade*) *sf* Qualidade de impressionável.

im.pres.si.o.nan.te (de *impressionar*) *adj m+f* **1** Que impressiona. **2** Comovente.

im.pres.si.o.nar (*lat impressione+ar¹*) *vtd* **1** Produzir impressão material em. *vtd* **2** Causar impressão moral em; abalar, comover. *vpr* **3** Receber uma impressão moral. *vpr* **4** Deixar-se comover, abalar-se, perturbar-se.

im.pres.si.o.ná.vel (*impressionar+vel*) *adj m+f* **1** Que facilmente se impressiona. **2** Que pode receber impressões.

im.pres.si.o.nis.mo (*lat impressione+ismo*) *sm* **1** *V* **impressionabilidade**. **2** *Bel-art* Forma de arte, principalmente pictórica, que procura transmitir a impressão subjetiva recebida diretamente da natureza.

im.pres.si.o.nis.ta (*lat impressione+ista*) *adj m+f* **1** *V* **impressionável**. **2** Que diz respeito ao impressionismo. • *s m+f* Quem cultiva o impressionismo.

im.pres.so (*lat impressu*) *adj* **1** Que se imprimiu. **2** Gravado, fixo. • *sm* **1** Folheto ou papel impresso. **2** Obra de tipografia.

im.pres.sor (*lat impressu+or*) *adj* Que imprime. • *sm* **1** Aquele que imprime ou trabalha com o prelo. **2** Proprietário de tipografia.

im.pres.so.ra (*lat impressu+or*, no *fem*) *sf* **1** *Tip* Máquina de imprimir. **2** *Tip V* **prensa**. **3** *Inform* Equipamento que permite a impressão de textos e/ou imagens enviados pelo computador ao qual se está conectado.

im.pres.tá.vel (*im¹+prestável*) *adj m+f* **1** Que não presta. **2** Inútil. *Antôn:* útil.

im.pre.vi.sí.vel (im¹+previsível) adj m+f Que não é previsível, que não se pode prever.

im.pre.vis.to (im¹+previsto) adj 1 Que não é previsto; súbito. 2 Que surpreende; que não prevê. • sm Aquilo que não se prevê.

im.pri.mir (lat imprimere) vtd 1 Tip Estampar por meio de pressão do prelo. vtd 2 Publicar pela imprensa. vtd 3 Deixar estampado, gravado; fixar (figura, marca, sinal) por meio de pressão. vtd e vpr 4 fig Deixar vestígio, sinal, rasto; gravar(-se), fixar(-se). vtdi 5 Inform Reproduzir texto ou imagem de computador em papel por meio de uma impressora. Part: imprimido e impresso.

im.pro.ce.den.te (im¹+procedente) adj m+f 1 Que não é procedente. 2 Ilógico, incoerente.

im.pro.du.ti.vo (im¹+produtivo) adj 1 Que não é produtivo, que não é fecundo. 2 Que não dá resultado. 3 Que não rende; inútil.

im.pro.pé.rio (lat improperiu) sm 1 Censura injuriosa: *"Arnaldo explodira em impropérios contra o intrometimento e o caduquismo do tio Meireles."* (SEM) 2 Palavra afrontosa: *"Ele desabou sobre mim uma série de impropérios."* (BDI); *Saiu bravo, gritando impropérios.* 3 Ultraje.

im.pró.prio (lat improprius) adj 1 Que não é próprio; inadequado. 2 Oposto ao costume geral; indecoroso, indecente. 3 Inconveniente, inoportuno.

im.pro.vá.vel (im¹+provável) adj m+f Que não é provável, que não é certo; duvidoso.

im.pro.vi.sar (improviso+ar¹) vtd 1 Compor, fazer, produzir no momento (discursos, sermões, versos etc.), sem preparo prévio. vtd e vpr 2 Armar, arranjar, organizar prontamente (aquilo que em geral requer tempo e preparação).

im.pro.vi.so (lat improvisu) adj Improvisado, repentino, súbito. • sm Produto intelectual feito de repente, sem premeditação nem preparo.

im.pru.dên.cia (lat imprudentia) sf 1 Falta de prudência. 2 Ato ou dito contrário à prudência.

im.pru.den.te (lat imprudente) adj e s m+f Que ou pessoa que não é prudente.

im.pug.na.ção (lat impugnatione) sf Ato ou efeito de impugnar.

im.pug.nar (lat impugnare) vtd 1 Pugnar contra, combater, contrariar, refutar, opor-se, resistir a, contestar: *"Ninguém impugnou a correção do pleito."* (ESP); *"É pouco provável que os observadores internacionais cheguem aos extremos de impugnar ou santificar o pleito."* (FSP) 2 Vetar: *"O juiz eleitoral impugnou o registro de cinco candidatos a vereador."* (FSP) Antôn: propugnar. Ver nota em **impregnar**.

im.pul.são (lat impulsione) sf 1 V impulso: *"A impulsão se dá por uma extensão violenta das pernas, para trás."* (NOL) 2 No esporte, capacidade de elevar o corpo do chão: *"Graças a sua impulsão ela simplesmente voa: alcança uma bola a 3,35 m do chão."* (FSP) 3 Psicol Tendência ou instinto que age na ausência do controle da vontade.

im.pul.si.o.nar (impulsione+ar¹) vtd 1 Dar impulso a; impelir. 2 fig Estimular, incitar: *O Natal sempre impulsiona a venda de brinquedos.*

im.pul.si.vo (impulso+ivo) adj 1 Que dá impulso, impele, põe em movimento. 2 Que age e reage sem refletir, obedecendo ao impulso do momento; impetuoso.

im.pul.so (lat impulso) sm 1 Ato de impelir. 2 Ímpeto, abalo. 3 Movimento comunicado a um corpo. 4 Força que determina esse movimento. 5 fig Estímulo, incitação. 6 Fís Produto da intensidade de uma força pelo tempo que dura a sua ação.

im.pul.sor (lat impulsore) adj+sm Que, quem ou aquilo que impele: *"O Mercosul está se tornando um dos grandes impulsores de negócios de pequenos empresários."* (FSP); *"O impulsor dos íons tem um diâmetro de apenas 30 cm."* (FSP)

im.pu.ne (lat impune) adj m+f 1 Que ficou sem castigo. 2 Que não foi reprimido.

im.pu.re.za (lat impuritia) sf 1 Qualidade de impuro. 2 Coisa impura. 3 Imundície.

im.pu.ro (lat impuru) adj 1 Que não é puro. 2 Imundo, contaminado. 3 Imoral, obsceno.

im.pu.ta.ção (lat imputatione) sf Ato ou efeito de imputar.

im.pu.tar (*lat imputare*) *vtdi* **1** Atribuir (a alguém ou a alguma coisa) a responsabilidade de; acusar: *"A acusação fez distinção na denúncia, imputando a 3 acusados maior responsabilidade pela tragédia."* (FSP) **2** Conferir: *"Dizer isso não é imputar nenhuma inferioridade aos negros, nem é deturpar a história brasileira."* (FSP)

i.mun.dí.cie (*lat immunditie*) *sf* **1** Falta de limpeza. **2** Acúmulo de sujeira. *Var: imundice.*

i.mun.do (*lat immundu*) *adj* **1** Impuro, sujo. **2** Sórdido, indecente, obsceno.

i.mu.ne (*lat immune*) *adj m+f* **1** Que tem imunidade. **2** Isento. **3** Livre de encargos ou moléstias.

i.mu.ni.da.de (*lat immunitate*) *sf* **1** Privilégio. **2** Isenção. **3** *Med* Estado de um organismo que resiste a infecções ou infestações por possuir anticorpos específicos contra o agente agressor.

i.mu.ni.zar (*imune+izar*) *vtd* e *vtdi* **1** Tornar imune a; tornar isento, livre de: *"A vacina só imuniza 30% das crianças menores de 4 anos."* (FSP); *"Essa vacina imuniza a criança contra sarampo, caxumba e rubéola."* (ESP) **2** *fig* Tornar insensível a: *"É uma virtude muito nossa que nos imuniza contra o racismo e os regionalismos."* (FSP)

i.mu.no.lo.gi.a (*imune+o+logia*[1]) *sf Med* Ciência que trata dos fenômenos e causas da imunidade.

in (*lat*) *prep* Em. Usado, em referência bibliográfica, para indicar a fonte de onde o exemplo ou a transcrição foram extraídos: *In: Gramática Prática do Português.* São Paulo, Editora Poliglota, 2001.

i.na.ba.lá.vel (*in+abalável*) *adj m+f* **1** Que não pode ser abalado: *"A porta mantinha-se inabalável."* (FP) **2** Que não se deixa abalar: *"E continuavam nas orações e nos salmos, inabaláveis na fé."* (CHP); *É uma amizade inabalável.* **3** Inquebrantável: *"Voldenir sempre se mantivera dentro de uma fidelidade integral, inabalável."* (JM) **4** Inexorável, insensível: *"Após o incidente o derrotado caiu em inabalável mutismo."* (MU) **5** Fixo, inalterável: *Régis manteve-se inabalável no cargo."* (AP)

i.ná.bil (*lat inhabile*) *adj m+f* **1** Que não é hábil, que não tem aptidão, capacidade, habilidade, competência, destreza. **2** Incompetente, inepto. **3** *Dir* Incapaz.

i.na.ca.ba.do (*part* de *inacabar*) *adj* Que não foi acabado.

i.na.cei.tá.vel (*in+aceitável*) *adj m+f* Que não se pode aceitar ou admitir.

i.na.ces.sí.vel (*in+acessível*) *adj m+f* **1** Que não é acessível, que não dá acesso; inatingível. **2** Inabordável, intratável.

i.na.cre.di.tá.vel (*in+acreditável*) *adj m+f* **1** Que não é acreditável, que não merece crédito; incrível. **2** Que ultrapassa os limites da credibilidade; espantoso.

i.na.de.qua.ção (*inadequar+ção*) *sf* Incapacidade de adequação; qualidade de inadequado.

i.na.de.qua.do (*in+adequado*) *adj* Que não é adequado; impróprio.

i.na.di.á.vel (*in+adiável*) *adj m+f* Que não se pode adiar.

i.na.dim.plên.cia (*inadimplente+ia*[2]) *sf Dir* Descumprimento de um contrato ou de qualquer de suas condições: *"A inadimplência está aí, mostrando o número crescente dos mutuários da casa própria que não estão podendo pagar em dia os seus compromissos."* (JL)

i.na.dim.plen.te (*in+adimplente*) *adj m+f* Que falta às condições de um contrato.

i.nad.mis.sí.vel (*in+admissível*) *adj m+f* Que não deve ou não pode ser admitido.

i.na.la.ção (*lat inhalatione*) *sf* **1** Ato ou efeito de inalar; aspirar. **2** Absorção, pelas vias respiratórias, dos vapores de substâncias medicamentosas.

i.na.la.dor (*inalar+dor*[2]) *adj* Que inala. • *sm* Aparelho para inalação.

i.na.lar (*lat inhalare*) *vtd* **1** Absorver por inalação, por inspiração. **2** Aspirar (um perfume, uma emanação): *Inalou o cheiro doce da manhã.*

i.nal.te.rá.vel (*in+alterável*) *adj m+f* **1** Que não é alterável, que não se altera. **2** Impassível, imperturbável, sereno.

i.na.ni.ção (*lat inanitione*) *sf* **1** Estado de inane. **2** Estado do que é vazio; vacuidade: *"Nada é a inanição cósmica."* (FSP) **3** Grande debilidade ou fraqueza por falta de alimento: *"Raimundo foi preso sem*

i.na.ni.ma.do (lat inanimatu) adj **1** Que não está animado; sem ânimo. **2** Que não tem vivacidade. **3** Que não tem vida. **4** Que está sem sentidos. *Var:* **inânime**.

i.na.pe.tên.cia (in+apetência) sf Falta de apetite, fastio; anorexia.

i.nap.ti.dão (in+aptidão) sf **1** Falta de aptidão ou de habilidade. **2** Incapacidade, insuficiência.

i.nap.to (in+apto) adj Sem aptidão; incapacitado, inadequado: *"Um jogador foi dado como inapto pela Medicina porque tinha o coração dilatado."* (FB)

i.na.ti.vi.da.de (inativo+i+dade) sf **1** Qualidade de inativo; inércia. **2** Situação de funcionários retirados do serviço ativo por causa de uma disposição superior.

i.na.ti.vo (in+ativo) adj **1** Que não está em atividade; parado. **2** Aposentado ou reformado. • *sm* Empregado ou militar retirado do serviço efetivo; aposentado.

i.na.to (lat innatu) adj **1** Que não nasceu, que não teve princípio (falando de Deus). **2** Que nasceu com o indivíduo; congênito, inerente. **3** *Bot* Que é aderente ao ápice de um órgão.

i.nau.di.to (dí) (lat inauditu) adj **1** Que nunca se ouviu dizer. **2** De que não há exemplo; espantoso, extraordinário, incrível.

i.nau.di.vel (lat inaudibile) adj m+f Que não se pode ouvir.

i.nau.gu.ra.ção (lat inauguratione) sf **1** Ato ou efeito de inaugurar. **2** Solenidade com que pela primeira vez se patenteia ao público, ou se entrega ao uso deste, um estabelecimento, uma instituição, um edifício.

i.nau.gu.ral (lat inaugurale) adj m+f **1** Relativo a inauguração. **2** Inicial.

i.nau.gu.rar (lat inaugurare) vtd **1** Colocar, expor pela primeira vez à vista ou ao uso do público. vtd e vpr **2** Começar, iniciar(-se). vtdi **3** Consagrar, dedicar.

in.ca (quíchua inka) adj m+f Pertencente ou relativo aos incas, casta dominante do Peru, na época da conquista espanhola. • *sm* **1** O idioma dos incas. *s m+f* **2** Indivíduo da casta dos incas.

in.cal.cu.lá.vel (in+calculável) adj m+f **1** Que não é calculável; cuja importância não se pode calcular. **2** Incomensurável.

in.can.sá.vel (in+cansável) adj m+f **1** Que não se cansa; infatigável. **2** Que não poupa trabalhos ou sacrifícios para qualquer fim. **3** Que não descansa; assíduo ao trabalho; muito laborioso.

in.ca.pa.ci.da.de (in+capacidade) sf Falta de capacidade; inaptidão.

in.ca.pa.ci.tar (in+capacitar) vtd e vpr Tornar(-se) incapaz; inabilitar(-se).

in.ca.paz (lat incapace) adj m+f **1** Que não é capaz, que não tem capacidade. **2** Ignorante. **3** Sem capacidade legal (privado, pela lei, de certas funções). *Sup abs sint:* **incapacíssimo**.

in.cen.di.ar (incêndio+ar¹) vtd **1** Pôr fogo em. vpr **2** Abrasar-se, arder, pegar fogo. vtd **3** *fig* Fazer brilhar como chamas de incêndio. Conjuga-se como *premiar*.

in.cen.di.á.rio (lat incendiariu) adj **1** Que provoca incêndio. **2** *fig* Que inflama ou excita os ânimos. • *sm* Aquele que põe fogo (às casas, matas etc.); o que incendeia.

in.cên.dio (lat incendiu) sm **1** Ato ou efeito de incendiar. **2** Fogo que se alastra com intensidade. **3** Grande calor.

in.cen.so (lat incensu) sm **1** Material (como resinas ou madeiras) usado para produzir um cheiro aromático quando queimado. **2** O perfume ou fumaça exalados de especiarias e gomas, quando são queimadas na celebração de ritos religiosos ou como oferenda aos deuses.

in.cen.ti.var (incentivo+ar¹) vtd Dar incentivos a: *O padre incentivou as doações*.

in.cen.ti.vo (lat incentivu) adj Que incentiva, que excita. • *sm* Aquilo que estimula, que incita ou excita.

in.cer.te.za (in+certeza) sf **1** Falta de certeza. **2** Estado de incerto. **3** Hesitação, dúvida, indecisão.

in.cer.to (lat incertu) adj **1** Que não é certo. **2** Duvidoso. **3** Hesitante, indeciso. **4** Indeterminado, variável, vago: *Olhar incerto*. • *sm* O que não é certo; o que é duvidoso.

in.ces.san.te (lat incessante) adj m+f **1** Que não cessa; contínuo. **2** Assíduo, constante.

in.ces.to (é) (lat incestu) adj *desus* Desonesto; torpe; incestuoso. • *sm* União

in.cha.ção (*lat inflatione*) *sf* **1** Ato ou efeito de inchar. **2** *pop* Vaidade, arrogância. **3** *Med* e *Vet* Aumento de volume de uma parte, órgão, tecido ou célula; tumefação, tumor. *Var*: inchaço.

in.cha.ço (*inchar+aço*) *sm V* inchação.

in.char (*lat inflare*) *vtd* e *vpr* **1** Avolumar(-se), intumescer(-se). *vtd*, *vint* e *vpr* **2** Aumentar o volume. *vtd*, *vint* e *vpr* **3** *fig* Desvanecer(-se), enfatuar(-se), ensoberbecer(-se).

in.ci.dên.cia (*lat incidentia*) *sf* **1** Qualidade do que é incidente. **2** Ato de incidir. **3** *Geom* Encontro de duas linhas ou superfícies.

in.ci.den.te (*lat incidente*) *adj m+f* Que incide, que sobrevém. • *sm* **1** Episódio. **2** Circunstância acidental.

in.ci.dir (*lat incidere*) *vti* **1** Cair sobre: *"Um raio de lua incidia sobre a cabeça da imagem de Jesus, clareando-a."* (FAN) *vti* **2** Incorrer: *"Não podemos corrigir um erro incidindo em outro."* (FSP) *vti* **3** Recair: *"O tributo incide de forma mais pesada sobre a exportação de produtos básicos, como a soja."* (FSP); *A culpa incidiu sobre a empregada. vint* **4** *p us* Acontecer, ocorrer, sobrevir.

in.ci.ne.rar (*in+lat cinere+ar¹*) *vtd* e *vpr* Reduzir(-se) a cinzas.

in.ci.pi.ên.cia (*lat incipientia*) *sf* **1** Qualidade ou condição de incipiente. **2** Princípio, começo.

in.ci.pi.en.te (*lat incipiente*) *adj m+f* Que começa; principiante, novato.

Deve-se distinguir **incipiente** de **insipiente**. **Incipiente** significa que está no começo, ao passo que **insipiente** significa ignorante ou imprudente.
*Essa estufa defende a vida **incipiente** das plantas.*
*Como pode ser promovido se é tão **insipiente**?*

in.ci.são (*lat incisione*) *sf* **1** Corte, talho, golpe com instrumento cortante. **2** *Med* Seção da pele ou das partes moles.

in.ci.si.vo (*lat incisivu*) *adj* **1** Que corta; próprio para cortar. **2** Que penetra: *"Lançou-lhe um olhar incisivo."* (CP) **3** Decisivo; direto; sem rodeios: *"Desagradaram a Angela as palavras da avó, o tom diferente do habitual, incisivo."* (CC) **4** Diz-se do estilo conciso, cortante e enérgico. **5** *Anat* Relativo a um dos dentes que servem para cortar os alimentos: *"Os dentes incisivos [dos roedores] crescem sem parar e podem atingir até sete centímetros."* (GL) • *sm* Cada um desses dentes: *"Aquele sorriso forçado sumiu no ato, e com ele o incisivo desfalcado."* (CHP)

in.ci.so (*lat incisu*) *adj* **1** Cortado, ferido com gume de instrumento cortante. **2** *Bot* Aplica-se à folha ou pétala que se apresenta cortada profunda e desigualmente. • *sm* Cada uma das subdivisões dos artigos de leis, estatutos, regulamentos etc.; alínea: *Veja capítulo II, artigo 14, inciso b.*

in.ci.tar (*lat incitare*) *vtd* e *vtdi* **1** Impelir, mover, instigar: *O garoto incitou o cachorro a buscar o osso. vtd* e *vpr* **2** Estimular(-se). *vtd* **3** Desafiar, provocar. *vtd* **4** Açular (um animal). *vpr* **5** Irritar-se, enfurecer-se.

in.ci.vi.li.da.de *sf* Falta de civilidade.

in.cle.mên.cia (*lat inclementia*) *sf* **1** Qualidade de inclemente. **2** Falta de clemência; dureza, rigor.

in.cle.men.te (*lat inclemente*) *adj m+f* **1** Que não tem clemência; não indulgente. **2** Áspero, grosseiro.

in.cli.na.ção (*lat inclinatione*) *sf* **1** Ato ou efeito de inclinar(-se). **2** Desvio da direção perpendicular. **3** Reverência. **4** Tendência, propensão para alguma coisa. **5** Afeição, simpatia.

in.cli.nar (*lat inclinare*) *vtd* **1** Dar declive ou obliquidade a. *vtd* e *vpr* **2** Fazer reverência, abaixar(-se), curvar(-se). *vtd* **3** Desviar da linha reta. *vpr* **4** Submeter-se, sujeitar-se. *vpr* **5** Mostrar preferência por, ter propensão a.

in.clu.ir (*lat includere*) *vtdi* **1** Inserir, introduzir. *vtd* **2** Abranger, compreender. *vtd* **3** Conter em si; envolver, implicar. *Part*: incluído e incluso.

in.clu.são (*lat inclusione*) *sf* **1** Ato ou efeito de incluir(-se). **2** Penetração de uma coisa em outra.

in.clu.si.ve (*lat*) *adv* **1** De modo inclusivo,

inclusivamente; com a inclusão de. **2** Até, até mesmo.

in.clu.so (*lat inclusu*) *adj* **1** Que se inclui; incluído, compreendido. **2** Encerrado, fechado dentro.

in.co.a.ti.vo *adj* **1** Que começa. **2** *Gram* Diz-se do verbo que exprime começo de ação ou a progressão de uma ação ou estado (ex. *amanhecer, envelhecer*).

in.co.e.rên.cia (*in+coerência*) *sf* **1** Falta de coerência. **2** Qualidade de incoerente. **3** Contradição.

in.co.e.ren.te (*in+coerente*) *adj m+f* **1** Sem coerência. **2** Inconsequente. **3** Que não tem ligação ou harmonia. **4** Ilógico, contraditório.

in.cóg.ni.ta (de *incógnito*) *sf* **1** *Mat* Quantidade desconhecida cujo valor se procura descobrir para a solução de um problema. **2** Aquilo que é desconhecido e que se procura saber: *A opinião dele é uma incógnita*.

in.cóg.ni.to (*lat incognitu*) *adj* **1** Que não é conhecido; oculto. **2** Ainda não descoberto ou explorado. • *sm* **1** O que há de desconhecido, de secreto, de enigmático ou de muito difícil averiguação em qualquer coisa. **2** Situação de uma alta personagem que não quer dar-se a conhecer, para não ser tratada conforme a sua condição. • *adv* Sem revelar a própria identidade; secretamente, disfarçadamente.

in.co.lor (*lat incolore*) *adj m+f* **1** Que não tem cor. **2** Descolorido.

in.có.lu.me (*lat incolume*) *adj m+f* São e salvo; intato, ileso; que escapou do perigo: *"Os 61 passageiros e 9 tripulantes foram libertados incólumes."* (FSP)

in.co.mo.dar (*lat incommodare*) *vtd* **1** Dar incômodo a; importunar. *vtd* **2** Desgostar, irritar. *vpr* **3** Aborrecer-se, dar-se ao incômodo de fazer alguma coisa; irritar-se. *Cf* incômodo.

in.cô.mo.do (*lat incommodu*) *adj* **1** Que não é cômodo; que incomoda, que importuna. **2** Desagradável, enfadonho. • *sm* **1** Aborrecimento, importunação, trabalho, fadiga, estorvo. **2** Doença passageira; indisposição. **3** *pop* Fluxo menstrual; menstruação.

in.com.pa.rá.vel (*lat incomparabile*) *adj m+f* Que não é comparável; que não admite comparação. **2** Extraordinário, único.

in.com.pa.ti.bi.li.da.de (*incompatível+idade*) *sf* **1** Qualidade de incompatível. **2** Oposição.

in.com.pa.ti.bi.li.zar (*incompatível+izar*) *vtd* e *vpr* Tornar(-se) incompatível.

in.com.pa.tí.vel (*in+compatível*) *adj m+f* **1** Que não é compatível, que não pode existir juntamente com outro. **2** Que não pode se harmonizar: *Eles têm temperamentos incompatíveis*.

in.com.pe.tên.cia (*in+competência*) *sf* **1** Falta de competência. **2** Inabilidade.

in.com.pe.ten.te (*in+competente*) *adj m+f* **1** Que tem falta de competência. **2** Que não é idôneo. **3** Que não tem as condições exigidas para certos fins.

in.com.ple.to (*lat incompletu*) *adj* **1** Que não é completo; não acabado. **2** Em que falta alguma coisa.

in.com.pre.en.são (*in+compreensão*) *sf* Falta de compreensão.

in.com.pre.en.sí.vel (*lat incomprehensibile*) *adj m+f* **1** Que não pode ser compreendido; enigmático. **2** Que é muito difícil de perceber ou de explicar.

in.co.mum (*in+comum*) *adj m+f* **1** Que é fora do comum, anormal. **2** Irregular. **3** Extraordinário.

in.co.mu.ni.cá.vel (*lat incommunicabile*) *adj m+f* **1** Que não é comunicável, que não pode ser comunicado. **2** Que não pode falar ou se comunicar com outra pessoa.

in.con.ce.bí.vel (*lat inconcebível*) *adj m+f* **1** Que não se pode conceber. **2** Inacreditável, surpreendente.

in.con.fi.dên.cia (*in+confidência*) *sf* **1** Falta de lealdade; infidelidade; conjuração. **2** Revelação de segredo confiado.

in.con.fi.den.te (*in+confidente*) *adj m+f* **1** Desleal. **2** Que revela os segredos que lhe confiaram. **3** Que se acha envolvido em inconfidência. • *sm* **1** Designação dos cidadãos que tomaram parte na Inconfidência Mineira (1788-1789), movimento patriótico que objetivava a independência do Brasil. **2** Indivíduo inconfidente.

in.con.fun.dí.vel (*in+confundível*) *adj m+f* Que não se pode confundir; distinto, muito diferente.

in.con.gru.ên.cia (*lat incongruentia*) *sf* **1** Qualidade de incongruente. **2** Falta de congruência.

in.con.gru.en.te (*lat incongruente*) *adj m+f* **1** Que não é acomodado, que não condiz, que não se adapta; incoerente: *"Eis aí o problema: a mundialização quis encaixar peças incongruentes."* (FSP); *"É até incongruente importar material de construção e não utilizar madeira no Brasil."* (FSP). **2** Inconveniente, impróprio: *"Os EUA têm mantido uma política incongruente."* (FSP)

in.cons.ci.ên.cia (*in+consciência*) *sf* **1** Estado ou qualidade de inconsciente. **2** Falta de consciência. **3** Falta de generosidade, de caridade. **4** Desumanidade, barbaridade.

in.cons.ci.en.te (*in+consciente*) *adj m+f* **1** Que não é consciente. **2** Praticado sem consciência. **3** Que não tem noção do que faz; irresponsável: *Agiu de forma inconsciente ao não socorrer a vítima.* • *sm Psicol* A parte da nossa vida da qual não temos consciência; subconsciente.

in.con.se.quên.cia (*qwe*) (*lat inconsequentia*) *sf* **1** Falta de consequência. **2** Incoerência.

in.con.se.quen.te (*qwe*) (*lat inconsequente*) *adj m+f* **1** Em que há inconsequência; incoerente, contraditório. **2** Contrário ao que naturalmente se devia seguir.

in.con.sis.tên.cia (*in+consistência*) *sf* **1** Falta de consistência. **2** Falta de base.

in.con.sis.ten.te (*in+consistente*) *adj m+f* **1** Sem consistência, estabilidade ou firmeza. **2** Incoerente.

in.con.so.lá.vel (*inconsolabile*) *adj m+f* Que não pode ser consolado.

in.cons.tân.cia (*lat inconstantia*) *sf* **1** Falta de constância; instabilidade. **2** Infidelidade.

in.cons.tan.te (*lat inconstante*) *adj m+f* Que não é constante; incerto, variável. **2** Infiel.

in.cons.ti.tu.ci.o.nal (*in+constitucional*) *adj m+f* **1** Que não é constitucional. **2** Oposto à constituição do Estado.

in.con.ti.do (*in+contido*) *adj* **1** Que não pode se conter; irrefreado, irreprimido. **2** Que não se contém ou que não se conteve.

in.con.ti.nên.cia (*lat incontinentia*) *sf* **1** Falta de continência, de moderação, de temperança. **2** Dificuldade em reter. **3** *Med* Incapacidade de reter os produtos de excreção: *Incontinência urinária.*

in.con.ti.nen.te (*in+lat continente*) *adj m+f* **1** Que não tem continência. **2** Imoderado: *"Volta e meia ele tem atitudes incontinentes."* (FSP) • *s m+f* Pessoa imoderada nos apetites sexuais. *Cf incontinenti.*

incontinenti (*nên*) (*lat*) *adv* Imediatamente; sem demora. *Cf incontinente.*

in.con.tro.lá.vel (*in+controlar+vel*) *adj m+f* Que não se pode controlar.

in.con.ve.ni.ên.cia (*lat inconvenientia*) *sf* **1** Falta de conveniência. **2** Estado ou qualidade de inconveniente. **3** Incivilidade, grosseria, descortesia.

in.con.ve.ni.en.te (*lat inconveniente*) *adj m+f* **1** Que não é conveniente, que não convém; impróprio; inoportuno. **2** Grosseiro. • *sm* **1** Desvantagem, prejuízo. **2** Embaraço, estorvo.

in.cor.po.rar (*lat incorporare*) *vtd* **1** Dar corpo ou forma corpórea a. *vtd* e *vtdi* **2** Unir em um só todo ou organização; reunir. *vpr* **3** Reunir-se, juntar-se. *vtd* **4** *Espir* Receber entidade espiritual.

in.cor.re.ção (*in+correção*) *sf* **1** Falta de correção. **2** Erro, defeito.

in.cor.rer (*lat incurrere*) *vti* **1** Ficar compreendido, incluído; ficar sujeito a; incidir. *vti* **2** Ficar sujeito à aplicação de. *vtd* **3** Cometer; incidir em; cair em: *Incorreu em dois erros ao mesmo tempo. Part: incorrido* e *incurso.*

in.cor.re.to (*lat incorrectu*) *adj* Que não é correto, inexato.

in.cor.ri.gí.vel (*lat incorrigibile*) *adj m+f* **1** Que não é suscetível de correção, incapaz de emenda. **2** Reincidente no erro ou no crime.

in.cre.du.li.da.de (*lat incredulitate*) *sf* **1** Falta de credulidade. **2** Qualidade de quem é incrédulo. **3** Disposição para não acreditar; falta de credo, falta de fé; ateísmo.

in.cré.du.lo (*lat incredulu*) *adj+sm* **1** Que ou aquele que não crê, que não tem fé religiosa; ateu. **2** Que ou aquele que não acredita, que está em dúvida.

in.cre.men.ta.do (de *incrementar*) *adj* **1** Diz-se de algo a que se deu incremento; desenvolvido. **2** *gír* Ousado, avançado.

in.cre.men.tar (*incremento+ar¹*) *vtd* **1** Dar incremento a, fomentar, aumentar. *vtd* **2** Realçar. *vpr* **3** Tornar-se mais elaborado ou sofisticado.

in.cre.men.to (*lat incrementu*) *sm* **1** Ato ou efeito de crescer, de aumentar. **2** Crescimento. **3** Aumento. **4** Desenvolvimento, progresso.

in.cri.mi.nar (*in+lat criminare*) *vtdi* **1** Atribuir um crime a; acusar. *vtd* **2** Considerar como crime.

in.crí.vel (*lat incredibile*) *adj m+f* **1** Que não se pode acreditar, que não merece crédito. **2** Extraordinário, inexplicável. *Sup abs sint*: incredibilíssimo.

in.crus.ta.ção (*lat incrustatione*) *sf* **1** Ato ou efeito de incrustar(-se). **2** Coisa incrustada.

in.crus.tar (*lat incrustare*) *vtdi* e *vpr* **1** Cobrir(-se) de crosta, vestir(-se) ou revestir(-se) de uma camada mais ou menos espessa. *vtd* **2** Ornar com incrustações. *vtdi* **3** Embutir, marchetar, inserir: "*Ele mandou incrustar esmeralda e ouro nos dentes.*" (FSP) *vpr* **4** Fixar-se, arraigar-se, implantar-se fortemente: "*A bala entrou pela janela, incrustou-se no cofre, no lugar da fechadura.*" (MEL); *A raiva se incrustou na vida daquela família.*

in.cu.ba.ção (*lat incubatione*) *sf* **1** *Med* Tempo que vai da ocasião em que o paciente contrai uma doença infecciosa até sua manifestação. **2** Manutenção, por algum tempo, de crianças que nasceram prematuramente em temperatura mais ou menos igual à do organismo materno.

in.cu.ba.do.ra (*incubar+dor*, no *fem*) *sf* **1** *Med* Aparelho cuja temperatura é controlável, destinado a manter recém-nascidos prematuros ou muito fracos. **2** Aparelho para incubação artificial; chocadeira. *Var*: incubadeira.

in.cu.bar (*lat incubare*) *vtd* e *vint* **1** Chocar (ovos), natural ou artificialmente. *vtd* **2** Ter em estado latente.

in.cul.to (*lat incultu*) *adj* **1** Que não é cultivado, que não se cultiva (terreno). **2** *fig* Que não é culto; sem instrução.

in.cum.bên.cia (*lat incumbentia*) *sf* **1** Ato ou efeito de incumbir. **2** Negócio que se incumbe a alguém; encargo, missão.

in.cum.bir (*lat incumbere*) *vtdi* **1** Dar incumbência; encarregar. *vpr* **2** Encarregar-se.

in.cu.rá.vel (*lat incurabile*) *adj m+f* Que não é curável, que não tem cura.

in.cur.são (*lat incursione*) *sf* **1** Penetração súbita em território inimigo. **2** Invasão: *A incursão dos soldados no país foi rápida e desastrosa.*

in.cur.si.o.nar (*incursão+ar¹*) *vint* Penetrar em (área, território etc.).

in.cu.tir (*lat incutere*) *vtdi* **1** Fazer penetrar no espírito; infundir, introduzir. *vtd* **2** Inspirar, sugerir, suscitar.

in.da.ga.ção (*lat indagatione*) *sf* **1** Ato ou efeito de indagar. **2** Devassa, investigação, pesquisa. **3** *Dir* Inquirição.

in.da.gar (*lat indagare*) *vtdi* **1** Averiguar, buscar saber, investigar, pesquisar: "*Não chegou a indagar do cabra, o que andava ele fazendo por este sertão.*" (CA) *vti* e *vint* **2** Fazer indagações, proceder a averiguações: "*É só indagar por ele nos lugares por onde andou.*" (CJ); "*Calavam-se e continuavam a sondar o céu, indagando.*" (ARR)

in.de.cên.cia (*lat indecentia*) *sf* **1** Qualidade de indecente. **2** Ato ou dito indecente. **3** Obscenidade.

in.de.cen.te (*lat indecente*) *adj m+f* **1** Que não é decente. **2** Desonesto, inconveniente, indecoroso.

in.de.ci.frá.vel (*in+decifrável*) *adj m+f* **1** Que não se pode decifrar. **2** De difícil interpretação. **3** Inexplicável.

in.de.ci.são (*in+decisão*) *sf* **1** Estado ou qualidade de indeciso. **2** Falta de decisão. **3** Hesitação, irresolução. **4** Imprecisão.

in.de.ci.so (*in+lat decisu*) *adj* **1** Que não está decidido. **2** Hesitante, irresoluto. **3** Vago, incerto.

in.de.co.ro.so (ô) (*in+decoroso*) *adj* Que não é decoroso; escandaloso, vergonhoso. *Pl*: indecorosos (ó).

in.de.fe.rir (*in+deferir*) *vtd* **1** Despachar desfavoravelmente, não deferir: *Indeferir um requerimento.* **2** Desatender a. Conjuga-se como *ferir*.

in.de.fi.ni.ção (*in+definição*) *sf* Falta de definição; indecisão.

in.de.fi.ni.do (*lat indefinitu*) *adj* Que não é definido; indeterminado, vago.

in.de.lé.vel (*lat indelebile*) *adj m+f* Que não se pode apagar, que não se pode destruir, que não desaparece, que dura; indestrutível: *"A tinta indelével que marca o dedo dos eleitores para evitar que votem duas vezes não é tão indelével assim."* (FSP); *"Aquilo é estigma indelével, tatuagem na alma."* (MEC) *Sup abs sint:* indelebilíssimo.

in.de.li.ca.de.za (*in+delicadeza*) *sf* Falta de delicadeza; grosseria. **2** Ação ou palavra indelicada.

in.de.li.ca.do (*in+delicado*) *adj* Que não é delicado; grosseiro, inconveniente, rude.

in.de.mons.trá.vel (*in+demonstrável*) *adj m+f* Que não se pode demonstrar.

in.de.ni.zar (*indene+izar*) *vtd* e *vtdi* **1** Dar indenização ou reparação a; compensar, ressarcir. *vpr* **2** Ser indenizado, ressarcido; receber indenização ou compensação.

in.de.pen.dên.ci.a (*in+dependência*) *sf* **1** Estado ou qualidade de independente. **2** Libertação, restituição ao estado livre; autonomia. **3** Caráter independente.

in.de.pen.den.te (*in+dependente*) *adj m+f* **1** Que não é dependente, que não depende de ninguém ou de nada; autônomo, livre. **2** Contrário à dependência ou às ideias de opressão. **3** Diz-se do país que não está politicamente subordinado a outro.

in.de.pen.der (*in+depender*) *vti* Não depender; não estar subordinado.

in.des.cri.tí.vel (*in+descrito+vel*) *adj m+f* Que não se pode descrever.

in.de.se.já.vel (*in+desejável*) *adj m+f* **1** Que não é desejável. **2** Que não se pode desejar.

in.des.tru.tí.vel (*in+destrutível*) *adj m+f* Que não se pode destruir.

in.de.ter.mi.na.ção (*in+determinação*) *sf* **1** Falta de determinação. **2** Qualidade do que é indeterminado. **3** Indecisão, irresolução.

in.de.ter.mi.na.do (*lat indeterminatu*) *adj* **1** Que não é determinado ou fixado. **2** Incerto, vago, indefinido.

in.de.ter.mi.nar (*in+determinar*) *vtd* **1** Tornar indeterminado. **2** Não determinar.

in.de.vi.do (*in+devido*) *adj* **1** Que não é devido. **2** Que não é merecido; imerecido. **3** Que não é próprio; impróprio.

ín.dex (*cs*) (*lat index*) *sm* **1** Índice de livro. **2** Catálogo dos livros cuja leitura era proibida pela Igreja Católica Romana. **3** O dedo indicador. • *adj m+f* Diz-se do dedo indicador. *Pl:* índices.

in.de.xa.ção (*cs*) (*indexar+ção*) *sf* **1** Ato ou efeito de indexar. **2** *Econ* Reajuste de certo valor tendo como base um índice de variação.

in.de.xar (*cs*) (*índex+ar¹*) *vtd* **1** Ordenar em forma de índice. **2** *Econ* Ajustar um valor segundo um índice determinado.

in.di.a.no (*lat indianu*) *adj* Que pertence ou se refere à Índia (Ásia). • *sm* Habitante ou natural da Índia.

in.di.ca.ção (*lat indicatione*) *sf* **1** Ato de indicar. **2** Aquilo que indica; sinal indicativo. **3** Preceito.

in.di.ca.dor (*baixo-lat indicatore*) *adj* Que indica ou serve de indicação. • *sm* **1** Periódico, folheto ou livro que dá indicações práticas; guia. **2** Seção dos jornais com pequenos anúncios. **3** Dedo da mão situado entre o médio e o polegar; índex.

in.di.car (*lat indicare*) *vtd* **1** Mostrar com o dedo ou por meio de algum sinal; apontar. *vtdi* **2** Designar, sugerir. *vtd* **3** Dar a conhecer, manifestar, revelar: *Seus olhos indicavam uma grande tristeza.* *vtd* **4** Significar, enunciar, mencionar. *vtdi* **5** Aconselhar, orientar.

in.di.ca.ti.vo (*lat indicativu*) *adj* **1** Que indica, que mostra, que serve para indicar. **2** Sinal. • *adj+sm Gram* Diz-se do ou o modo em que os verbos exprimem o estado ou a ação certos ou reais.

ín.di.ce (*lat indice*) *sm* **1** Lista detalhada dos assuntos, nomes de pessoas, nomes geográficos, acontecimentos etc., com a indicação de sua localização no texto. **2** Catálogo. **3** Sinal distintivo que se dá a uma letra quando se emprega num mesmo cálculo para representar muitas grandezas semelhantes.

in.di.ci.ar (*indício+ar¹*) *vtd* **1** Dar indícios de. **2** Denunciar, acusar. **3** *Dir* Declarar ou considerar capaz de ser pronunciado em processo criminal: *Duas moças e um rapaz foram indiciados na época do crime.* Conjuga-se como *premiar*.

in.dí.cio (*lat indiciu*) *sm* **1** Vestígio, sinal: *"Cientistas dos EUA detectaram indícios de planetas em torno da estrela Beta Pictoris."* (FSP) **2** Indicação: *"(...) ninguém dera indício do paradeiro do retrato."* (RET) **3** *Dir* Sinal ou fato que deixa entrever alguma coisa que possa constituir o princípio de prova: *"A corregedoria vai agir quando houver indícios de irregularidade na condução do processo."* (JCR)

in.di.fe.ren.ça (*lat indifferentia*) *sf* **1** Qualidade de indiferente. **2** Desatenção, frieza. **3** Desinteresse, negligência.

in.di.fe.ren.te (*lat indifferente*) *adj m+f* **1** Que manifesta indiferença. **2** Que não apresenta motivos de preferência. **3** Que não é bom nem mau.

in.dí.ge.na (*lat indigena*) *s m+f* Pessoa natural do país em que habita; aborígine. • *adj m+f* Originário ou próprio de um país ou de uma localidade; aborígine. *Antôn:* alienígena.

in.di.gên.cia (*lat indigentia*) *sf* Pobreza extrema; miséria.

in.di.gen.te (*lat indigente*) *adj m+f* Extremamente pobre. • *s m+f* Pessoa que vive em extrema miséria.

in.di.ges.tão (*lat indigestione*) *sf* **1** Falta ou deficiência de digestão. **2** *pop* Perturbação digestiva proveniente do excesso ou má qualidade dos alimentos.

in.di.ges.to (*lat indigestu*) *adj* **1** Que não se digeriu. **2** Que é de difícil digestão. **3** *fig* Enfadonho, maçador.

in.dig.na.ção (*lat indignatione*) *sf* **1** Ato de indignar(-se). **2** Estado de desprezo ou cólera inspirado pelo que é indigno.

in.dig.nar (*lat indignari*) *vtd* **1** Causar indignação a; indispor, revoltar. *vpr* **2** Sentir indignação, irar-se, revoltar-se. Veja nota em **impregnar**.

in.dig.ni.da.de (*lat indignitate*) *sf* **1** Qualidade ou modo de ser de uma pessoa indigna. **2** Ultraje, afronta, falta de dignidade.

in.dig.no (*lat indignu*) *adj* **1** Que não é digno. **2** Desprezível, vil. **3** Torpe, baixo.

ín.di.go (*lat indicu*) *sm* **1** Substância corante que serve para tingir de azul; anil. **2** *Bot* Planta que fornece índigo; anileira.

ín.dio (de *Índia*, *np*) *adj+sm* Aborígine da América. *Col:* tribo.

in.di.re.ta (*fem* de *indireto*) *sf* Alusão disfarçada, não explícita, feita por censura, escárnio ou malícia: *Pare de dar indiretas!*

in.di.re.to (*lat indirectu*) *adj* **1** Que não é direto, que não segue o meio ou o caminho direto; oblíquo. **2** Que não é franco. **3** Dissimulado, disfarçado.

in.dis.ci.pli.na (*baixo-lat indisciplina*) *sf* **1** Falta de disciplina. **2** Ato ou dito contrário à disciplina. **3** Desobediência, desordem, rebelião.

in.dis.cre.to (*lat indiscretu*) *adj* **1** Que não é discreto, que não tem discrição. **2** Que procura saber os segredos dos outros; mexeriqueiro. **3** Que fala sem recato: *As vizinhas eram muito indiscretas.*

in.dis.cri.ção (*lat indiscretione*) *sf* **1** Qualidade de indiscreto. **2** Falta de discrição. **3** Ato ou dito indiscreto.

in.dis.cu.tí.vel (*in+discutível*) *adj m+f* **1** Que não se pode discutir; incontestável. **2** Que não merece discussão.

in.dis.far.çá.vel (*in+disfarçável*) *adj m+f* Que não é disfarçável; que não pode ser dissimulado.

in.dis.pen.sá.vel (*in+dispensável*) *adj m+f* Que não se pode dispensar; preciso, necessário. • *sm* O que é absolutamente necessário.

in.dis.po.ní.vel (*in+disponível*) *adj m+f* Que não é disponível; que não se pode dispor.

in.dis.por (*in+dispor*) *vtd* **1** Alterar a boa disposição de. *vtd* **2** Causar indisposição física (mal-estar) em. *vtdi* e *vpr* **3** Inimizar(-se), malquistar(-se). *vtd* e *vpr* **4** Descontentar(-se), irritar(-se), zangar(-se). Conjuga-se como *pôr*.

in.dis.po.si.ção (*in+disposição*) *sf* **1** Falta de disposição. **2** Mal-estar. **3** Conflito, inimizade.

in.dis.pos.to (*ô*) (*lat indispositu*) *adj* **1** Que não é disposto; mal colocado. **2** Que sente leve enfermidade ou algum mal passageiro. **3** Irritado, mal-humorado: *Hoje ele acordou indisposto.* Pl: *indispostos* (*ó*).

in.di.vi.du.al (*lat med individuale*) *adj m+f* **1** Que se refere a indivíduo ou a indivíduos. **2** Feito por uma só pessoa; pessoal. **3** Que se refere a uma só pessoa; particular. **4** *Esp* Diz-se de treino ou ensaio que consta somente de exercícios ginásticos.

in.di.vi.du.a.li.da.de (*individual+i+dade*) *sf* **1** O que constitui o indivíduo. **2** Conjunto das qualidades que caracterizam um indivíduo; personalidade.

in.di.vi.du.a.lis.mo (*individual+ismo*) *sm* **1** Posição de espírito oposta à solidariedade; egoísmo. **2** A capacidade de poder existir separadamente. **3** Teoria que faz prevalecer o direito individual sobre o coletivo.

in.di.vi.du.a.li.zar (*individual+izar*) *vtd* **1** Considerar individualmente; separar, abstrair da espécie. *vtd* e *vpr* **2** Tornar(-se) individual; caracterizar(-se), distinguir(-se).

in.di.ví.duo (*lat individuu*) *sm* **1** Ser considerada isoladamente em relação a sua espécie. **2** *Biol* Organismo singular ou simples, capaz de existência independente. **3** *pop* Pessoa qualquer; sujeito, cidadão.

in.di.vi.sí.vel (*lat indivisibile*) *adj m+f* Que não é divisível, que não se pode separar ou dividir. • *sm* Partícula mínima.

in.dó.cil (*lat indocile*) *adj m+f* **1** Impaciente, ansioso. **2** Pouco meigo; rebelde. *Sup abs sint*: indocílimo e indocílissimo.

in.do-eu.ro.peu *adj* **1** Que se refere à Índia e à Europa. **2** Diz-se da grande família de línguas que se estende por quase toda a Europa e parte da Ásia, particularmente o Irã e parte da Índia. • *sm* Indivíduo de povo cuja língua pertence à família indo-europeia. *Fem*: indo-europeia. *Pl*: indo-europeus.

ín.do.le (*lat indole*) *sf* **1** Caráter. **2** Disposição, gênio. **3** Temperamento. **4** Tendência especial.

in.do.lên.cia (*lat indolentia*) *sf* **1** Qualidade de indolente. **2** Preguiça, ociosidade. **3** Negligência.

in.do.len.te (*lat indolente*) *adj m+f* **1** Negligente, apático, desleixado, descuidado: *"[Luela] deu uma volta indolente pelo quarto."* (CP); *"Gostava de ler, era meio indolente – homem de boa paz."* (INC) **2** Sem atividade; ocioso; preguiçoso: *"A fala saiu lenta, porque tudo nele parecia lento, vagaroso, mole, indolente."* (ARR)

in.do.lor (*in+lat dolor*) *adj m+f* **1** Que não causa dor: *A picada daquele mosquito é indolor.* **2** Que não dói: *É uma doença indolor.*

in.do.má.vel (*lat indomabile*) *adj m+f* **1** Impossível de domar. **2** Invencível, inconquistável.

in.do.né.sio (do *top Indonésia*) *adj* **1** Da Indonésia (Ásia). **2** Que se refere aos indonésios. • *sm* **1** O natural ou habitante da Indonésia. **2** *Ling* Subgrupo da família linguística malaio-polinésia.

in.du.ção (*lat inductione*) *sf* **1** Ato ou efeito de induzir. **2** Raciocínio em que de fatos particulares se tira uma conclusão genérica; generalização.

in.dul.gên.cia (*lat indulgentia*) *sf* **1** Qualidade de indulgente. **2** Benevolência. **3** Perdão. **4** *Teol* Perdão total ou parcial das penas relativas aos pecados.

in.dul.gen.ci.ar (*indulgência+ar¹*) *vtd* **1** Tratar com indulgência. **2** Indultar, perdoar. Conjuga-se como *premiar*. *Cf* indulgência.

in.dul.gen.te (*lat indulgente*) *adj m+f* **1** Que revela indulgência. **2** Que tem disposição para desculpar ou perdoar. **3** Benevolente.

in.dul.tar (*indulto+ar¹*) *vtd* Conceder indulto a; perdoar ou atenuar a pena que foi imposta a: *"O senhor viu que o presidente vai indultar mais criminosos?"* (AGO)

in.dul.to (*lat indultu*) *sm* **1** Redução ou comutação de pena: *"O decreto prevê direito ao indulto a presos condenados a até seis anos de prisão, primários e com bons antecedentes."* (FSP) **2** Anistia; perdão coletivo: *"O decreto que instituiu o indulto de Natal, assinado pelo presidente da República, está mais rigoroso."* (AGP)

in.du.men.tá.ria (de *indumentário*) *sf* **1** História ou arte do vestuário. **2** Sistema do vestuário em relação a certas épocas ou povos. **3** Traje, veste, vestuário.

in.dús.tria (*lat industria*) *sf* **1** Aptidão ou destreza com que se executa um trabalho manual; habilidade para fazer alguma coisa. **2** *fig* Engenho, invenção, artimanha, astúcia. **3** *Econ* A produção de mercadorias que abrange a extração de produtos naturais até a sua transformação em bens de consumo ou de produção. **4** Fábrica, usina.

in.dus.tri.al (*indústria+al*[1]) *adj m+f* **1** Que pertence ou se refere à indústria. **2** Que procede da indústria. **3** Que se ocupa da indústria: *Parque industrial.* • *s m+f* Pessoa que tem uma indústria qualquer.

in.dus.tri.a.li.zar (*industrial+izar*) *vtd* **1** Dar caráter de industrial a, tornar industrial (transformar matérias-primas em bens de consumo ou de produção). *vpr* **2** Tornar-se industrial.

in.du.zir (*lat inducere*) *vtdi* **1** Persuadir à prática de alguma coisa; aconselhar, instigar. *vtd* **2** Causar, incutir, inspirar. *vtdi* **3** Mover, arrastar, obrigar.

i.né.di.to (*lat ineditu*) *adj* **1** Que não foi publicado ou impresso: *Obra inédita.* **2** *fig* Fora do comum, nunca visto, original. • *sm* Obra ainda não publicada; escrito ainda não impresso.

i.ne.fi.cá.cia (*baixo-lat inefficacia*) *sf* Qualidade de ineficaz; inutilidade; ineficiência.

i.ne.fi.caz (*lat inefficax*) *adj m+f* **1** Que não é eficaz, que não dá resultado. **2** Impróprio, inconveniente. **3** Que é inútil. *Sup abs sint: ineficacíssimo.*

i.ne.fi.ci.ên.cia (*in+eficiência*) *sf* Falta de eficiência.

i.ne.fi.ci.en.te (*in+eficiente*) *adj m+f* Que não é eficiente; ineficaz.

i.ne.gá.vel (*in+negável*) *adj m+f* Que não se pode negar; incontestável.

i.ne.le.gí.vel (*in+elegível*) *adj m+f* Que não é elegível.

i.nép.cia (*lat ineptia*) *sf* **1** Falta de aptidão; inabilidade, incapacidade: *"A inépcia coletiva nos trouxe a um dos períodos de menor autoestima desta nação."* (EMB); *A inépcia dos advogados prejudicou o réu.* **2** Escassez de inteligência: *"[Sales] saía consternado com a inépcia de minhas respostas."* (CF)

i.ne.quí.vo.co (*in+equívoco*) *adj* **1** Sem equívoco. **2** Evidente, claro.

i.nér.cia (*lat inertia*) *sf* **1** *Fís* Propriedade que têm os corpos de não modificar por si próprios o seu estado de repouso ou de movimento. **2** Falta de ação, falta de atividade. **3** Preguiça, indolência.

i.ne.ren.te (*lat inhaerente*) *adj m+f* Que por natureza é inseparável de alguma coisa; inseparável, imanente: *O instinto é inerente aos animais.*

i.ner.te (*lat inerte*) *adj m+f* **1** Que tem inércia. **2** Apático; sem ação.

i.nes.cru.pu.lo.so (ô) (*in+escrupuloso*) *adj* **1** Que não tem escrúpulos; que não é escrupuloso. **2** Que não hesita em lançar mão de meios desonestos ou desleais. *Pl: inescrupulosos (ó).*

i.nes.go.tá.vel (*in+esgotável*) *adj m+f* **1** Que não se pode esgotar. **2** Muito abundante.

i.nes.pe.ra.do (*in+esperado*) *adj* **1** Que não é esperado. **2** Imprevisto, repentino.

i.nes.que.cí.vel (*in+esquecível*) *adj m+f* Que não se pode esquecer; inolvidável.

i.nes.ti.má.vel (*lat inaestimabile*) *adj m+f* **1** Que não se pode estimar ou avaliar. **2** Que tem valor enorme; incalculável. **3** Que é tido em grande apreço.

i.ne.vi.tá.vel (*lat inevitabile*) *adj m+f* **1** Que não se pode evitar. **2** Necessário.

i.ne.xis.ten.te (*lat inexistente*) *adj m+f* **1** Que não existe. **2** Irreal.

i.ne.xis.tir (*in+existir*) *vint* Não existir.

i.ne.xo.rá.vel (z) (*lat inexorabile*) *adj m+f* **1** Que não cede. **2** Que não se move à compaixão: *"Dona Maria Rosa fora uma mulher má, inexorável, de estranho humor."* (ROM) **3** Implacável, austero: *"Tudo ali parece sereno, inexorável, imutável."* (PÃO) **4** Inevitável, fatal: *"A proliferação dos novos saberes parecia inexorável."* (IP)

i.nex.pe.ri.ên.cia (*lat inexperientia*) *sf* **1** Qualidade de quem é inexperiente. **2** Falta de experiência.

i.nex.pe.ri.en.te (*baixo-lat inexperiente*) *adj m+f* **1** Que não é experiente. **2** Ingênuo; inocente. *Sin: inexperto.*

i.nex.pli.cá.vel (*lat inexplicabile*) *adj m+f* **1** Que não se pode explicar. **2** Estranho, incompreensível.

i.nex.pres.si.vo (*in+expressivo*) *adj* Que não é expressivo; sem expressão.

in.fa.lí.vel (*lat infallibile*) *adj m+f* **1** Que não pode falhar. **2** Que não pode errar em matéria de fé. **3** Que nunca se engana: *Ela se acha infalível.*

in.fa.mar (*lat infamare*) *vtd* e *vint* **1** Atribuir infâmias a. *vtd* **2** Caluniar, difamar: *"De um lado, desenvolveu-se um racismo social que infamava pessoas de cor, enfermos, criminosos, incapacitados, maltrapilhos etc."* (FSP) **3** Macular a honra de: *"[Maria] cometera erro tão grande que infamava todos os parentes."* (VB) *vpr* **4** Desacreditar-se, desonrar-se com a sua própria infâmia.

in.fa.me (*lat infame*) *adj m+f* **1** Que tem má fama. **2** Infamado, desacreditado. **3** Vil, abjeto. • *s m+f* Pessoa que pratica atos abjetos. *Sup abs sint:* infamíssimo e (*pop*) infamérrimo.

in.fâ.mia (*lat infamia*) *sf* **1** Ato ou dito infame. **2** Ação vergonhosa. **3** Calúnia; difamação. **4** Vergonha, torpeza.

in.fân.cia (*lat infantia*) *sf* **1** Período da vida, no ser humano, que vai desde o nascimento até a adolescência; meninice. **2** As crianças em geral.

in.fan.ta.ri.a (*ital infanteria*) *sf Mil* Parte do exército composta de um grande número de homens que combatem a pé.

in.fan.te (*lat infante*) *adj m+f* **1** Pertencente ou relativo à infância. **2** Que está na infância. • *s m+f* Filho ou filha de rei de Portugal ou da Espanha, mas não herdeiros da coroa.

in.fan.til (*lat infantile*) *adj m+f* **1** Que diz respeito a crianças. **2** Próprio de crianças. **3** Ingênuo, inocente.

in.fan.to.ju.ve.nil *adj m+f* Referente à infância e à juventude.

in.far.te (*lat cient infarctus*) V *enfarte*.

in.far.to (*lat cient infarctus*) V *enfarto*.

in.fa.ti.gá.vel (*lat infatigabile*) *adj m+f* **1** Que não é fatigável, que não se cansa. **2** Persistente.

in.fec.ção (*lat infectione*) *sf* **1** Ato ou efeito de infeccionar. **2** *Med* Ação exercida no organismo por agentes patogênicos (bactérias, vírus, fungos e protozoários).

in.fec.ci.o.nar (*lat infectione+ar¹*) *vtd* **1** Provocar infecção em; contaminar. *vpr* **2** Contaminar-se.

in.fec.ci.o.so (ó) (*lat infecti(one)+oso*) *adj Med* **1** Que produz infecção. **2** Que resulta de infecção. *Pl:* infecciosos (ó).

in.fec.tar (*infeto+ar¹*) *vtd* e *vpr* **1** V *infeccionar*. **2** Corromper-se moralmente: *Indivíduos da pior categoria infectavam a cidade. Var:* infetar.

in.fec.to (*lat infectu*) *adj* **1** Que tem infecção. **2** Pestilento. **3** Que tem mau cheiro. **4** Contra a moral; repugnante. *Var:* infeto.

in.fec.to.con.ta.gi.o.so (ó) *adj Med* Que produz infecção e se propaga pelo contágio. *Pl:* infectocontagiosos (ó).

in.fe.cun.do (*lat infecundu*) *adj* **1** Que não é fecundo; estéril. **2** *fig* Improdutivo.

in.fe.li.ci.da.de (*lat infelicitate*) *sf* **1** Falta de felicidade. **2** Desdita, desgraça, infortúnio.

in.fe.liz (*lat infelice*) *adj m+f* **1** Desafortunado, desditoso, desgraçado. **2** Desastrado. **3** Que teve mau êxito. • *s m+f* Pessoa desgraçada, mal-aventurada. *Sup abs sint:* infelicíssimo.

in.fe.ri.or (*lat inferiore*) *adj m+f* **1** Que está abaixo ou para baixo. **2** Que é de categoria subordinada a outro. **3** Que tem pouco valor. • *sm* **1** Aquele que está abaixo de outro em categoria ou dignidade, ou vale menos. **2** O que ocupa lugar mais baixo na escala zoológica ou cuja organização é menos complicada: *Animais inferiores.*

in.fe.ri.o.ri.da.de (*inferior+i+dade*) *sf* **1** Estado ou qualidade de inferior. **2** Desvantagem.

in.fe.ri.o.ri.zar (*inferior+izar*) *vtd* e *vpr* **1** Tornar(-se) ou considerar(-se) inferior. *vtd* **2** *fig* Rebaixar, abater, diminuir.

in.fe.rir (*lat inferre*) *vtd* Deduzir por meio de raciocínio, tirar por conclusão ou consequência. Conjuga-se como *ferir*.

in.fer.nal (*lat infernale*) *adj m+f* **1** Pertencente ou relativo ao inferno. **2** Horrendo, terrível. **3** Desordenado, tumultuoso. **4** Atormentador, horripilante.

in.fer.no (*lat infernu*) *sm* **1** Segundo o cristianismo, lugar destinado ao suplício das almas dos condenados e onde habitam os demônios. **2** *fig* Tormento, martírio severo.

in.fes.tar (*lat infestare*) *vtd* **1** Assolar, devastar (campos, costas, mares); frequentar com incursões; percorrer hostilmente: *A* pirataria infestava então os mares. **2** Causar muito dano a, fazer grandes estragos em: *O granizo infestou os cafezais.*

in.fe.tar (*lat infeto+ar²*) *vtd e vpr V* infetar.

in.fi.de.li.da.de (*lat infidelitate*) *sf* **1** Qualidade de infiel. **2** Falta de fidelidade. **3** Traição.

in.fi.el (*lat infidele*) *adj m+f* **1** Que não é fiel. **2** Desleal. **3** Traidor. **4** Que não professa a religião tida por verdadeira. • *s m+f* **1** Pessoa que não professa religiosamente a fé cristã tida como única verdadeira. **2** Pagão. *Sup abs sint: infidelíssimo.*

in.fil.trar (*in+filtrar*) *vtd* **1** Penetrar como através de um filtro. *vpr* **2** Penetrar através dos poros ou fendas de um corpo sólido. *vtd. e vpr* **3** Fazer penetrar devagar ou em segredo.

ín.fi.mo (*lat infimu*) *adj* **1** O mais baixo. **2** Que ocupa o último lugar. **3** Inferior.

in.fi.ni.da.de (*lat infinitate*) *sf* **1** Qualidade do que é infinito. **2** Grande quantidade; abundância.

in.fi.ni.ti.vo (*lat infinitivu*) *adj Gram* Qualificativo da forma nominal dos verbos que exprime o estado ou ação sem designar número nem pessoa, caracterizada pela terminação conforme a conjugação (*-ar, -er, -ir*). • *sm Gram* Essa forma nominal.

in.fi.ni.to (*lat infinitu*) *adj* **1** Que não é finito, que não tem limites nem medida. **2** Sem fim, eterno. **3** Muito grande em extensão, em duração, em intensidade. **4** Inumerável. • *sm* **1** O que não tem limites; o absoluto. **2** A ideia das coisas infinitas.

in.fla.ção (*lat inflatione*) *sf* **1** Ato ou efeito de inflar(-se). **2** *Econ polít* Emissão excessiva de papel-moeda, provocando a redução do valor real de uma moeda em relação a determinado padrão monetário estável ou ao ouro. **3** Aumento dos níveis de preços. *Antôn* (acepções 2 e 3): *deflação.*

in.fla.ci.o.nar (*inflação+ar¹*) *vtd* **1** Promover inflação (em um país). *vint* **2** Emitir grandes quantidades de papel-moeda, ocasionando a sua desvalorização.

in.fla.ci.o.ná.rio (*inflacionar+ário*) *adj* Que promove a inflação.

in.fla.ma.ção (*lat inflammatione*) *sf* **1** Ação de inflamar(-se). **2** *Med* Resposta local à agressão celular (como na infecção ou no trauma) e que constitui o primeiro mecanismo de controle dos agentes nocivos e de eliminação do tecido danificado.

in.fla.mar (*lat inflammare*) *vtd e vpr* **1** Acender(-se), incendiar(-se). *vtd* **2** *Med* Causar inflamação em. *vpr* **3** *Med* Criar inflamação. *vtd* **4** Estimular, incitar.

in.fla.ma.tó.rio (*inflamar+ório*) *adj* **1** Que inflama. **2** *Med* Relativo à inflamação. **3** *Med* Que produz inflamação.

in.fla.má.vel (*inflamar+vel*) *adj m+f* Que se inflama facilmente. • *sm* Substância inflamável.

in.flar (*lat inflare*) *vtd* **1** Encher de ar ou de gás. *vtd, vint e vpr* **2** Enfunar(-se), intumescer(-se). *vtd e vpr* **3** Tornar(-se) orgulhoso, presunçoso, vaidoso.

in.fle.xão (*cs*) (*lat inflexione*) *sf* **1** Ato ou efeito de curvar(-se). **2** Curva, dobra. **3** Mudança de acento ou de tom na voz.

in.fle.xí.vel (*cs*) (*lat inflexibile*) *adj m+f* **1** Que não é flexível. **2** Que não se pode dobrar ou curvar. **3** Que não cede. **4** Intransigente.

in.fli.gir (*lat infligere*) *vtd* Aplicar (castigo, pena, repreensão).
Deve-se distinguir **infligir** de **infringir**. **Infligir** significa aplicar um castigo a alguém, enquanto **infringir** quer dizer desrespeitar (leis, ordens etc.).
O juiz infligiu ao réu uma pena leve.
Não se deve infringir as leis de trânsito.

in.flo.res.cên.cia (*lat cient inflorescentia*) *sf* **1** *Bot* Modo de desenvolvimento e arranjo das flores sobre a haste. **2** Conjunto das flores agrupadas sobre uma planta.

in.flu.ên.cia (*lat influentia*) *sf* **1** Ato ou efeito de influir. **2** Poder ou ação que alguém exerce sobre outra pessoa ou sobre certos fatos ou negócios.

in.flu.en.ci.ar (*influência+ar¹*) *vtd* **1** Ter ou exercer influência sobre. *vpr* **2** Receber influência. Conjuga-se como *premiar. Cf influência.*

in.flu.ir (*lat influere*) *vtd* **1** Fazer correr, fluir para dentro ou para qualquer outra parte. *vtd* **2** Fazer penetrar em. *vti e vint* **3** Exercer influência. *vpr* **4** Tomar influência por alguém ou por alguma coisa; enlevar-se, entusiasmar-se.

in.for.ma.ção (*lat informatione*) *sf* **1** Ato ou efeito de informar(-se). **2** Transmissão de notícias. **3** Instrução, ensinamento. **4** Transmissão de conhecimentos.

in.for.mal (*in+formal*) *adj m+f* Que não é formal, que não observa formalidades: *Foi uma festa bastante informal.*

in.for.mar (*lat informare*) *vtd* e *vint* **1** Dar informe ou parecer sobre. *vtd* **2** Dar informação a, dar notícias a; avisar. *vtd* **3** Contar, participar. *vpr* **4** Tomar conhecimento de; inteirar-se.

in.for.má.ti.ca (*informa(ção)+sufática*) *sf* Ciência que tem por objetivo o tratamento da informação e o processamento de dados por meio de computadores.

in.for.ma.ti.zar (*informático+izar*) *vtd* Adaptar um fato, processo ou serviço ao sistema da informática.

in.for.me (*lat informe*) *adj m+f* **1** Sem forma determinada. **2** Que não tem feitio. **3** Grosseiro, tosco. • *sm* Aviso ou notícia breve.

in.for.tú.nio (*lat infortuniu*) *sm* **1** Calamidade. **2** Desventura, infelicidade, desgraça.

in.fra.ção (*lat infractione*) *sf* **1** Ato de infringir. **2** Transgressão, violação: *"A infração penal praticada nessas estórias é quase sempre o homicídio."* (FI)

in.fra.es.tru.tu.ra (*infra+estrutura*) *sf* **1** Parte inferior de uma estrutura. **2** *Econ polít* Base e condições indispensáveis a uma economia avançada (existência de amplas redes ferroviárias ou rodoviárias, de abundantes fontes de energia, de mão de obra especializada, de serviços sanitários eficientes etc.).

in.fra.tor (*lat infractore*) *sm* **1** Aquele que infringe. **2** Transgressor.

in.fra.ver.me.lho (*infra+vermelho*) *adj +sm* Diz-se do ou o raio que fica aquém do vermelho e que não se vê na decomposição da luz solar pelo prisma. • *adj* Que contém esse raio. • *sm* Zona de radiações invisíveis situada aquém das radiações vermelhas do espectro solar.

in.frin.gir (*lat infringere*) *vtd* Transgredir, violar (leis, ordens, tratados): *O motorista infringiu a lei.* Veja nota em **infligir**.

in.fru.tes.cên.cia (*in+fruti+escente+ia²*) *sf* *Bot* Conjunto frutífero resultante de várias flores cujos ovários se desenvolvem unidos entre si.

in.fru.tí.fe.ro (*lat infructiferu*) *adj* **1** Que não produz fruto. **2** Estéril. **3** Inútil.

in.fun.da.do (*in+fundado*) *adj* Sem fundamento ou razão de ser.

in.fun.dir (*lat infundere*) *vtd* **1** *Quím* e *Farm* Pôr de infusão. **2** Derramar, entornar ou lançar (líquido) em algum vaso. *vtd* e *vpr* **3** Introduzir(-se).

in.fu.são (*lat infusione*) *sf* **1** Ato ou efeito de infundir(-se). **2** *Farm* Operação que consiste em lançar água a ferver sobre alguma substância, geralmente vegetais, deixando ficar tudo em descanso até esfriar, para lhe extrair os princípios medicamentosos. **3** O medicamento que resulta dessa operação.

in.ge.nu.i.da.de (*lat ingenuitate*) *sf* **1** Qualidade de ingênuo. **2** Simplicidade extrema.

in.gê.nuo (*lat ingennu*) *adj* **1** Inocente, natural. **2** Em que não há artifício ou malícia. **3** Simples; puro. • *sm* Pessoa ingênua, sincera, sem malícia.

in.ge.rir (*lat ingerere*) *vtd* e *vpr* **1** Introduzir. *vtd* **2** Passar da boca ao estômago; engolir. *vtd* **3** Tragar o conteúdo de. *vpr* **4** Intervir, intrometer-se: *Acabou ingerindo-se na conversa do casal.* Conjuga-se como *ferir*.

in.ges.tão (*lat ingestione*) *sf* **1** Ato ou efeito de ingerir. **2** Deglutição.

in.glês (*fr ant engleis*) *adj* **1** Pertencente ou relativo à Inglaterra (Europa). **2** Natural da Inglaterra. • *sm* **1** O natural da Inglaterra ou ali naturalizado. **2** Língua germânica falada na Inglaterra, Estados Unidos, Canadá e em vários outros países. Veja nota em **português**.

in.gra.ti.dão (*lat ingratitudine*) *sf* **1** Qualidade de ingrato. **2** Falta de gratidão.

in.gra.to (*lat ingratu*) *adj* **1** Que não mostra reconhecimento. **2** Que se esqueceu dos benefícios que recebeu. **3** Que não corresponde aos benefícios recebidos ou à afeição que se lhe dedica. • *sm* **1** Homem desagradecido. **2** O que se esquece dos benefícios recebidos. **3** O que não corresponde ao amor que alguém lhe consagra.

in.gre.di.en.te (*lat ingrediente*) *sm* Substância que faz parte de um medicamento, de uma iguaria, bebida etc.

ín.gre.me (*fr ant engremi*) *adj m+f* **1** Que tem grande declive. **2** Muito inclinado em relação ao solo: *A escada era bastante íngreme.*

in.gres.sar (*lat ingressu+ar¹*) *vti* Fazer ingresso, entrar.

in.gres.so (*lat ingressu*) *sm* **1** Ato de entrar. **2** Entrada. **3** Admissão. **4** Bilhete de entrada em teatro, cinema, baile etc.

i.nha.ca (tupi *iakua*) *sf pop* **1** Fedor, catinga, bodum: *"O que mais o atormentava era a inhaca de seu próprio corpo."* (TS) **2** Azar: *"Tinha sido para ele um dia de inhaca: saíra cedo para pescar, e faltara-lhe à beira do córrego o fumo de rolo."* (SA)

i.nha.me *sm Bot* Erva que produz grandes tubérculos comestíveis, do mesmo nome.

i.ni.bi.ção (*lat inhibitione*) *sf* **1** Ato ou efeito de inibir(-se). **2** *Fisiol* Diminuição ou supressão da atividade de um órgão ou de parte dele. **3** *Psicol* Repressão emocional.

i.ni.bir (*lat inhibere*) *vtd* **1** Proibir. *vtd* **2** Embaraçar, impedir, impossibilitar. *vpr* **3** Ficar inibido.

i.ni.ci.a.ção (*lat initiatione*) *sf* **1** Ato ou efeito de iniciar(-se). **2** Ação de começar. **3** Cerimônia pela qual se inicia alguém nos mistérios de alguma religião ou doutrina. **4** Ato de receber os primeiros conhecimentos de uma arte, ciência, prática etc.

i.ni.ci.a.do (*lat initiatu*) *adj* **1** Principiado, começado. **2** Que foi admitido à iniciação. • *sm* **1** Principiante de uma seita ou ordem. **2** Pessoa que conhece a ciência oculta, a arte sagrada. **3** Pessoa que conhece os rudimentos da doutrina esotérica.

i.ni.ci.al (*lat initiale*) *adj m+f* **1** Que inicia ou começa. **2** Do início, do começo ou princípio. • *sf* Primeira letra de uma palavra ou de um nome.

i.ni.ci.an.te (de *iniciar*) *adj* e *s m+f* Que ou aquele que se inicia; principiante.

i.ni.ci.ar (*lat initiare*) *vtd* **1** Começar, principiar. *vtd* **2** Instruir em alguma arte ou ciência. *vpr* **3** Adquirir as primeiras noções de qualquer matéria. Conjuga-se como *premiar*.

i.ni.ci.a.ti.va (de *iniciativo*) *sf* **1** Qualidade de quem concebe e executa algo espontaneamente. **2** Direito ou prerrogativa de ser o primeiro a propor ou a começar uma coisa. **3** Ação ou efeito de ser o primeiro a pôr em prática uma ideia, enunciá-la ou propagá-la. **4** Atividade, diligência.

i.ní.cio (*lat initiu*) *sm* **1** Princípio, começo. **2** Estreia, inauguração. **3** Preâmbulo, prefácio.

i.ni.mi.go (*lat inimicu*) *adj* **1** Que não é amigo. **2** Adverso, contrário, hostil. *Sup abs sint*: *inimicíssimo*. • *sm* **1** Pessoa que tem inimizade a alguém. **2** Nação, tropa, gente com quem se está em guerra. *Antôn*: *amigo*.

i.ni.mi.za.de (*in+amizade*, com apofonia) *sf* **1** Falta de amizade. **2** Aversão, desarmonia.

i.nin.ter.rup.to (*in+interrupto*) *adj* Que não sofre interrupção, que dura sempre; constante.

in.je.ção (*lat injectione*) *sf* **1** Ato ou efeito de injetar. **2** Líquido que se injeta. **3** *Farm* Medicamento líquido que, por meio de seringa ou qualquer outro aparelho apropriado, se impele para o interior de certas cavidades do corpo, naturais ou acidentais.

in.je.tar (*lat injectare*) *vtd* **1** Introduzir (um líquido) numa cavidade do corpo, nos músculos etc., por meio de injeção. *vtd* e *vpr* **2** Encher(-se) de líquido injetado.

in.je.tor (*lat injectu+or*) *adj* Que injeta. • *sm* **1** Aparelho para injetar líquidos. **2** Tubo afunilado que faz incidir a água nas pás da turbina. **3** Órgão dos motores de combustão interna que injeta o óleo combustível dentro do cilindro.

in.jú.ria (*lat injuria*) *sf* **1** Ação ou efeito de injuriar. **2** Afronta, insulto, ofensa, ultraje. **3** Aquilo que é contra o direito. **4** Dano, estrago.

in.ju.ri.ar (*lat injuriare*) *vtd* **1** Fazer injúria a; insultar, ofender. *vtd* **2** Desacreditar, desonrar, vexar. *vtd* **3** Causar dano ou estrago a. *vpr* **4** *pop* Irritar-se, zangar-se. Conjuga-se como *premiar*.

in.ju.ri.o.so (ô) (*lat injuriosu*) *adj* **1** Em que há injúria. **2** Ofensivo, afrontoso: *"O ex-ministro considerou as referências feitas* a ele como difamatórias e injuriosas." (FSP) *Pl: injuriosos (ó)*.

in.jus.ti.ça (*lat injustitia*) *sf* **1** Falta de justiça. **2** Ação injusta.

in.jus.ti.ça.do (*part de injustiçar*) *adj+sm* Que ou aquele que não teve justiça.

in.jus.ti.fi.cá.vel (*in+justificável*) *adj m+f* Que não se pode justificar.

in.jus.to (*lat injustu*) *adj* **1** Que não é justo, desprovido de justiça. **2** Sem fundamento. • *sm* Aquele que não é justo.

i.no.cên.cia (*lat innocentia*) *sf* **1** Qualidade de inocente. **2** Falta de culpa. **3** Singeleza, ingenuidade. **4** Estado de pureza, castidade.

i.no.cen.tar (*inocente+ar¹*) *vtd* e *vpr* **1** Considerar(-se) ou tornar(-se) inocente. *vtd* **2** Desculpar.

i.no.cen.te (*lat innocente*) *adj m+f* **1** Que não é culpado, que não cometeu culpa. **2** Que não causa mal; inofensivo. **3** Puro, semw malícia. **4** Idiota, imbecil. • *s m+f* Pessoa que tem inocência.

i.no.cu.lar (*lat inoculare*) *vtd* e *vpr* **1** Introduzir(-se) por inoculação: *Inoculava a doença numa cobaia*. **2** *fig* Transmitir (-se), propagar(-se), disseminar(-se).

i.nó.cuo (*lat innocuu*) *adj* **1** Que não é nocivo, que não faz dano; inofensivo. **2** Que não surte efeito; inútil: *"Dar conselhos, portanto, é inócuo porque nada se realiza com uma única providência."* (BS)

i.no.do.ro (*dó*) (*lat inodoru*) *adj* Que não tem odor, sem cheiro.

i.no.fen.si.vo (*in+ofensivo*) *adj* **1** Que não é ofensivo. **2** Que não escandaliza. **3** Que não faz mal.

i.no.por.tu.no (*lat inoportuno*) *adj* **1** Que não é oportuno. **2** Inconveniente. *Cf importuno*.

i.nor.gâ.ni.co (*in+orgânico*) *adj* **1** Composto de matéria que não é vegetal nem animal; mineral. **2** Que forma o mundo inanimado ou a ele pertence. **3** Que é ou contém uma substância química que não é orgânica: *Ácido inorgânico*.

i.nós.pi.to (*lat inhospitu*) *adj* **1** Diz-se do lugar onde não se pratica a hospitalidade. **2** Que não agasalha ou não protege. **3** Que não serve para ser habitado; bravio.

i.no.va.ção (*lat innovatione*) *sf* **1** Ato ou efeito de inovar. **2** Coisa introduzida de novo; novidade. **3** Renovação.

i.no.var (*lat innovare*) *vtd* **1** Fazer inovações, introduzir novidades em (leis, costumes, artes etc.). **2** Produzir algo novo, encontrar novo processo, renovar.

i.nox (*cs*) (*abrev de inoxidável*) *sm* Aço inoxidável.

i.no.xi.dá.vel (*cs*) (*in+oxidável*) *adj m+f* Que não é oxidável, que não enferruja: *Algumas panelas são de aço inoxidável*.

in.qué.ri.to (*der regressiva do lat med inquaeritare*) *sm* **1** Ato ou efeito de inquirir. **2** Sindicância. **3** Reunião de testemunhas com o fim de esclarecer um caso duvidoso.

in.ques.ti.o.ná.vel (*in+questionável*) *adj m+f* **1** Que não é questionável. **2** Indiscutível.

in.qui.e.ta.ção (*lat inquietatione*) *sf* **1** Falta de quietação, de sossego. **2** Agitação, excitação e instabilidade geral do comportamento.

in.qui.e.tar (*lat inquietare*) *vtd* **1** Causar inquietação a, tornar inquieto. *vtd* **2** Pôr em agitação. *vtd* **3** Tirar o sossego a; perturbar. *vpr* **4** Perder o sossego; desassossegar-se: *Inquietou-se com a demora do filho*.

in.qui.e.to (*lat inquietu*) *adj* **1** Que não está quieto. **2** Agitado, oscilante. **3** Que nunca para. **4** Apreensivo. **5** Perturbado. **6** Travesso, turbulento.

in.qui.li.no (*lat inquilinu*) *sm* Aquele que reside em casa alugada.

in.qui.ri.ção (*inquirir+ção*) *sf* **1** Ação de inquirir. **2** Averiguação, interrogatório judicial, inquérito, inquisição, investigação: *"Essas e outras inquirições fiz dentro da maior franqueza e amizade."* (CL)

in.qui.rir (*lat inquirere*) *vtd* e *vti* **1** Indagar, perguntar; pedir informações sobre, pesquisar. *vtd* **2** Interrogar (testemunhas). *vint* **3** Tomar ou procurar informações.

in.qui.si.ção (*lat inquisitione*) *sf Hist* **Inquisição** Antigo tribunal eclesiástico, também conhecido por Santo Ofício, instituído para punir os crimes contra a fé católica.

in.sa.ci.á.vel (*lat insatiabile*) *adj m+f* **1**

Que não se satisfaz plenamente. **2** Ávido, sôfrego. **3** Muito ambicioso; avaro. **4** Famélico, devorador.

in.sa.lu.bre (*lat insalubre*) *adj m+f* Que não é saudável; doentio: *Ela exerce uma atividade insalubre. Sup abs sint:* insalubérrimo e insalubríssimo.

in.sa.ni.da.de (*lat insanitate*) *sf* **1** Qualidade de insano. **2** Demência. **3** Falta de juízo.

in.sa.no (*lat insanu*) *adj* **1** Demente, doido. **2** Tolo, insensato. **3** Custoso, excessivo: *Trabalho insano.*

in.sa.tis.fa.ção (*in+satisfação*) *sf* **1** Falta de satisfação. **2** Estado ou qualidade de insatisfeito.

in.sa.tis.fa.tó.rio (*in+satisfatório*) *adj* Que não é satisfatório.

in.sa.tis.fei.to (*in+satisfeito*) *adj+sm* Que ou o que não está satisfeito.

ins.cre.ver (*lat inscribere*) *vtd* **1** Escrever sobre, gravar, entalhar (inscrição ou letreiro). *vtd e vpr* **2** Assentar, escrever em lista, registro etc. *vpr* **3** Matricular-se. *Part:* inscrito.

ins.cri.ção (*lat inscriptione*) *sf* **1** Ato ou efeito de inscrever. **2** Letreiro que perpetua a memória de qualquer pessoa ou qualquer sucesso. **3** Matrícula.

ins.cri.to (*lat inscriptu*) *adj* **1** Escrito sobre. **2** Gravado, entalhado. **3** Que se inscreveu em registro ou lista. **4** Matriculado.

in.se.gu.ran.ça (*in+segurança*) *sf* **1** Falta de segurança. **2** Qualidade de inseguro.

in.se.gu.ro (*in+seguro*) *adj* Que não é seguro, falto de segurança.

in.se.mi.na.ção (*inseminar+ção*) *sf* **1** Ato de inseminar; fecundação artificial. **2** Fecundação do óvulo.

in.se.mi.nar (*in+seminar*) *vtd* Fecundar artificialmente a.

in.sen.sa.tez (*insensato+ez*) *sf* **1** Qualidade de insensato. **2** Ato ou dito de pessoa insensata.

in.sen.sa.to (*lat insensatu*) *adj* **1** Que não é sensato, desprovido de senso. **2** Imprudente.

in.sen.si.bi.li.da.de (*lat insensibilitate*) *sf* **1** Falta de sensibilidade. **2** Qualidade de insensível. **3** Indiferença. **4** Dureza, impassibilidade.

in.sen.sí.vel (*lat insensibile*) *adj m+f* **1** Que não é sensível, privado de sensibilidade. **2** Que não tem sentimento; sem sensibilidade moral. **3** Indiferente.

in.se.pa.rá.vel (*lat inseparabile*) *adj m+f* **1** Que não é separável. **2** Que anda, está ou existe juntamente com outrem ou com outra coisa.

in.ser.ção (*lat insertione*) *sf* Ato de inserir; introdução.

in.se.rir (*lat inserere*) *vtd* **1** Cravar, introduzir, intercalar, introduzir. *vtd* **2** Publicar. *vtd* **3** Consignar, registrar. *vpr* **4** Entranhar-se, fixar-se, implantar-se. Conjuga-se como *ferir*.

in.se.ti.ci.da (*inseto+i+cida*) *adj m+f* Que destrói ou mata insetos. • *sm* Produto para matar insetos.

in.se.tí.vo.ro (*inseto+i+voro*) *adj* Que come insetos ou deles se alimenta.

in.se.to (*lat insectu*) *sm Entom* Classe de invertebrados que compreende animais, de corpo dividido em três regiões: *cabeça*, com um par de antenas, geralmente um par de olhos e armadura bucal; *tórax*, um par de patas e asas; *abdome*, composto de 7 a 10 segmentos que se parecem encaixar uns nos outros. *Col:* nuvem.

in.sí.dia (*lat insidia*) *sf* **1** Cilada, emboscada. **2** Intriga: *"Ainda persiste um certo jornalismo de insídia – que explora declarações conflitantes entre membros do governo."* (FSP) **3** Estratagema: *"Cafunga, no imaginário mineiro, só não foi titular da seleção brasileira por insídia de cariocas e paulistas."* (FSP)

in.síg.nia (*lat insignia*) *sf* **1** Sinal distintivo de dignidade, de posto, de nobreza ou de função. **2** Emblema. **3** Medalha de irmandade.

in.sig.ni.fi.cân.cia (*insignificante+ia²*) *sf* **1** Qualidade de insignificante. **2** Coisa sem valor. **3** Bagatela, ninharia.

in.sig.ni.fi.can.te (*in+significante*) *adj m+f* **1** Que nada significa. **2** Que não tem valor; sem importância. • *s m+f* Pessoa sem importância.

in.si.nu.a.ção (*lat insinuatione*) *sf* **1** Ato ou efeito de insinuar(-se). **2** Aquilo que se insinua ou se dá a perceber. **3** Advertência. **4** Acusação direta ou disfarçada.

in.si.nu.an.te (*lat insinuante*) *adj m+f* **1**

Que se insinua. **2** Sedutor. **3** Simpático, cativante. **4** Que dá na vista; provocante.

in.si.nu.ar (*lat insinuare*) *vtd* **1** Fazer entrar no coração, introduzir no ânimo. *vtd* **2** Dar a entender com arte, de modo indireto. *vtd* **3** Introduzir sutil ou destramente. *vpr* **4** Conquistar o agrado, tornar-se simpático. *vpr* **5** Introduzir-se ou penetrar mansa-sutilmente.

in.sí.pi.do (*lat insipidu*) *adj* **1** Sem sabor. **2** Insosso. **3** Monótono, sem atrativos.

in.si.pi.en.te (*lat insipiente*) *adj m+f* Ignorante; não sapiente: *"A ação fiscal (...) tem que ter planejamento, métodos de ação que hoje são executados de forma insipiente."* (FOR) Veja nota em **incipiente**.

in.sis.tên.cia (*lat insistere*) *sf* **1** Ato de insistir. **2** Obstinação, teimosia.

in.sis.ten.te (*lat insistente*) *adj m+f* **1** Que insiste. **2** Importuno. **3** Obstinado, teimoso.

in.sis.tir (*lat insistere*) *vti* e *vint* **1** Persistir na afirmação; repetir. **2** Teimar; ser obstinado.

in.so.la.ção (*insolar*+ção) *sf* **1** Ação de expor ao sol. **2** *Med* Mal causado pela demorada exposição ao sol.

in.so.lên.cia (*lat insolentia*) *sf* **1** Qualidade de insolente. **2** Ato ou palavra insolente. **3** Orgulho desmedido. **4** Palavras injuriosas. **5** Audácia, atrevimento.

in.so.len.te (*lat insolente*) *adj m+f* **1** Desaforado, atrevido, grosseiro. **2** Injurioso, malcriado. **3** Orgulhoso, arrogante. • *s m+f* Pessoa insolente.

in.son.dá.vel (*in*+sondável) *adj m+f* **1** Que não se pode sondar; de que não se pode achar o fundo: *"E os corpos de seus ocupantes? Centenas, milhares de metros dali, nas profundezas do mar negro e insondável."* (INQ) **2** Incompreensível, inexplicável: *"O mistério da morte continua insondável."* (CH)

in.sô.nia (*lat insomnia*) *sf* **1** Falta de sono. **2** Dificuldade de dormir; vigília.

in.sos.so (*ô*) (*lat insulsu*) *adj* **1** Que tem pouco ou nenhum sal: *"Arroz, feijão e angu insossos vinham no prato esmaltado encardido."* (CNT) **2** Sem graça; enjoativo: *"O resultado musical poderia ser ralo e insosso, se Ivan não fosse um compositor inspirado."* (VEJ)

ins.pe.ção (*lat inspectione*) *sf* **1** Ação de ver, de olhar, de observar. **2** Exame, vistoria. **3** Cargo de inspetor. **4** Repartição ou coletividade encarregada de inspecionar.

ins.pe.ci.o.nar (*lat inspectione*+ar¹) *vtd* **1** Fazer inspeção sobre; vigiar. **2** Examinar, observar, revistar, vistoriar.

ins.pe.tor (*lat inspectore*) *sm* O que vê, observa, fiscaliza ou inspeciona.

ins.pi.ra.ção (*lat inspiratione*) *sf* **1** Ato ou efeito de inspirar ou de ser inspirado. **2** Ação pela qual o ar entra nos pulmões. **3** Sugestão de origem transcendente ou psíquica, ou de qualquer objeto que tem virtude genética sobre o artista para o excitar à produção.

ins.pi.rar (*lat inspirare*) *vtd* **1** *Med* Introduzir o ar atmosférico nos pulmões por meio dos movimentos do tórax: *Estava tão abafado que não conseguia inspirar.* *vtd* **2** Causar inspiração a. *vpr* **3** Receber inspiração, sentir-se inspirado. *vtd* **4** Iluminar o espírito de. *vtd* **5** Incutir, infundir: *O seu mísero estado inspira piedade.*

ins.ta.bi.li.da.de (*lat instabilitate*) *sf* **1** Qualidade de instável. **2** Falta de estabilidade. **3** Falta de permanência.

ins.ta.la.ção (*instalar*+ção) *sf* **1** Ato ou efeito de instalar. **2** Disposição dos objetos no lugar apropriado. **3** Conjunto de aparelhos ou peças que compõem uma determinada unidade: *Instalação elétrica.*

ins.ta.lar (*fr installer*) *vtd* e *vpr* **1** Dispor para funcionar; inaugurar; estabelecer (-se). *vtd* e *vpr* **2** Acomodar(-se), alojar (-se). *vpr* **3** Organizar e dispor convenientemente o domicílio.

ins.tan.tâ.neo (*lat med instantaneu*) *adj* **1** Que sucede num instante; rápido. **2** Que se produz repentinamente. • *sm Fot* Nome da fotografia que se tira com câmara de exposição rápida, que não dura senão uma fração de segundo.

ins.tan.te (*lat instante*) *adj m+f* **1** Iminente. **2** Insistente, pertinaz. • *sm* **1** Espaço de um segundo. **2** Espaço pequeníssimo, mas determinado, de tempo. **3** Ocasião.

ins.tau.rar (*lat instaurare*) *vtd* **1** Estabelecer; instituir. **2** Iniciar, começar.

ins.tá.vel (*lat instabile*) *adj m+f* **1** Que não é estável; que não tem segurança; que não tem condições de permanência. **2** Que não está firme; que não permanece na mesma posição. **3** Inconstante, mutável, volúvel. **4** Móvel, movediço.

ins.ti.ga.ção (*instigar*+*ção*) *sf* **1** Ato ou efeito de instigar. **2** Estímulo, incitamento. **3** Sugestão.

ins.ti.gar (*lat instigare*) *vtd* e *vtdi* **1** Estimular, incitar, induzir: *"Sebastião Lazaroni instigou o espírito guerreiro do seu time."* (PLA); *"O convívio com teu pai me instigou a ler* As mil e uma noites, *na tradução de Henning..."* (REL) **2** Provocar (animais).

ins.tin.ti.vo (*instinto*+*ivo*) *adj* **1** Que se faz ou se fez por instinto. **2** Que deriva do instinto. **3** Espontâneo, impensado, natural.

ins.tin.to (*lat instinctu*) *sm* **1** Estímulo ou impulso natural, involuntário, pelo qual homens e animais executam certos atos sem conhecer o fim ou o porquê desses atos. **2** Inspiração.

ins.ti.tu.ci.o.nal (*lat institutione*+*al*[1]) *adj m*+*f* Que diz respeito a uma instituição.

ins.ti.tu.ci.o.na.li.zar (*institucional*+*izar*) *vtd* e *vpr* Tornar(-se) institucional.

ins.ti.tu.i.ção (*lat institutione*) *sf* **1** Ato ou efeito de instituir. **2** Instituto. **3** Coisa instituída ou estabelecida. *sf pl* **4** Leis fundamentais de uma sociedade política.

ins.ti.tu.ir (*lat instituere*) *vtd* **1** Criar, estabelecer, fundar, nomear. *vtd* **2** Declarar, nomear. *vtdi* **3** Educar, instruir. *vtd* **4** Marcar (prazo ou tempo): *Foi instituída uma data para a entrega do trabalho.*

ins.ti.tu.to (*lat institutu*) *sm* **1** Corporação literária, científica ou artística. **2** Título de alguns estabelecimentos de ensino médio.

ins.tru.ção (*lat instructione*) *sf* **1** Ação de instruir. **2** Ensino. **3** Explicação ou esclarecimentos dados para uso especial. **4** Conhecimentos adquiridos; cultura. *sf pl* **5** Informações fornecidas com determinada finalidade.

ins.tru.í.do (*part* de *instruir*) *adj* **1** Que tem instrução. **2** Ilustrado, culto, erudito. **3** Informado (sobre um assunto).

ins.tru.ir (*lat instruere*) *vtd* **1** Dar instrução a; doutrinar, ensinar. *vpr* **2** Receber instrução; tornar-se instruído ou sabedor. *vi* e *vpr* **3** Informar(-se), orientar(-se).

ins.tru.men.tal (*lat instrumentale*) *adj m*+*f* **1** Relativo a instrumentos. **2** *Mús* Que se destina a ser executado por instrumentos de cordas, de sopro etc. • *sm* **1** Conjunto de instrumentos de qualquer ofício. **2** Os instrumentos de uma orquestra. **3** *Med* O conjunto de instrumentos necessários para uma intervenção cirúrgica.

ins.tru.men.tis.ta (*instrumento*+*ista*) *adj* e *s m*+*f* Diz-se de ou pessoa que toca alguns instrumentos ou compõe música instrumental.

ins.tru.men.to (*lat instrumentu*) *sm* **1** Aparelho, objeto ou utensílio que serve para executar uma obra ou levar a efeito uma operação mecânica em qualquer arte, ciência ou ofício. **2** Todo meio de conseguir um fim, de chegar a um resultado. **3** Aparelho destinado a produzir sons musicais.

ins.tru.ti.vo (*instruto*+*ivo*) *adj* **1** Próprio para instruir. **2** Que contém ensinamento.

ins.tru.tor (*lat instructore*) *adj*+*sm* **1** Que ou aquele que dá instruções ou ensino. **2** Que ou aquele que adestra.

in.su.bor.di.na.ção (*in*+*subordinação*) *sf* **1** Sublevação, ato de indisciplina. **2** Tentativa de subversão. **3** Revolta.

in.su.bor.di.na.do (*in*+*subordinado*) *adj*+*sm* **1** Que ou aquele que faltou à disciplina. **2** Que ou o que tem espírito de insubordinação.

in.su.bor.di.nar (*in*+*subordinar*) *vtd* **1** Causar insubordinação de; promover a insubordinação de; tornar insubordinado. *vpr* **2** Cometer insubordinação, faltar à subordinação.

in.su.fi.ci.ên.cia (*lat insufficientia*) *sf* **1** Falta de suficiência; carência. **2** Qualidade de insuficiente.

in.su.fi.ci.en.te (*lat insufficiente*) *adj m*+*f* Que não é suficiente, que não é bastante.

in.su.li.na (*lat insula*+*ina*) *sf Biol* e *Med* Hormônio proteínico segregado pelo pâncreas, com importante função sobre o metabolismo dos açúcares pelo organismo.

in.sul.tar (*lat insultare*) *vtd* Dirigir insultos a, xingar; afrontar, ultrajar.

in.sul.to (*lat insultu*) *sm* **1** Injúria violenta. **2** Afronta, ultraje. **3** Ofensa, por atos ou palavras.

in.su.pe.rá.vel (*lat insuperabile*) *adj m+f* Que não é superável; que não se pode exceder; que não se pode vencer.

in.su.por.tá.vel (*in+suportável*) *adj m+f* Que não é suportável; intolerável, muito incômodo ou molesto.

in.sur.gir (*lat insurgere*) *vtd* e *vpr* **1** Amotinar(-se), revoltar(-se), sublevar(-se): *Os funcionários da fábrica insurgiram-se contra a diminuição dos salários*. *vpr* **2** Opor-se, reagir. *vti* **3** Emergir, surgir. Conjuga-se como *dirigir*.

in.sur.rei.ção (*lat insurrectione*) *sf* **1** Ato ou efeito de se insurgir; sublevação, revolta. **2** Oposição ou reação vigorosa.

in.sur.re.to (*lar insurrectu*) *adj+sm* Que ou aquele que se insurgiu: *"O meu governo não negocia com insurretos e amotinados."* (FSP)

in.tac.to (*lat intactu*) *adj* **1** Não tocado, íntegro, ileso, inteiro, completo, perfeito. **2** Impoluto, puro, virgem. *Var:* intato.

ín.te.gra (de *íntegro*) *sf* **1** Totalidade. **2** Contexto completo de lei etc.

in.te.gra.ção (*lat integratione*) *sf* Ato ou processo de integrar; incorporação.

in.te.gral (*íntegro+al*[1]) *adj m+f* **1** Inteiro, total. **2** Diz-se do cereal que não passou pelo beneficiamento. **3** *Mat* Diz-se de um cálculo que é o inverso do diferencial.

in.te.gran.te (*lat integrante*) *adj* **1** Que integra, que completa. **2** Que constitui corpo simples ou composto. **3** Necessário. **4** *Gram* Diz-se da conjunção subordinativa (*que*, *se*) que introduz algumas orações subordinadas, funcionando como seu sujeito ou complemento.

in.te.grar (*lat integrare*) *vtd* e *vpr* **1** Tornar(-se) inteiro, completar(-se). *vtd* e *vpr* **2** Juntar(-se), incorporar(-se). *vtd* **3** *Mat* Determinar a integral de (uma função). *Cf* íntegro.

in.te.gri.da.de (*lat integritate*) *sf* **1** Qualidade do que é íntegro. **2** Inteireza moral, retidão, honestidade.

ín.te.gro (*lat integru*) *adj* **1** Inteiro, completo. **2** Reto, incorruptível. *Sup abs sint:* integérrimo e integríssimo.

in.tei.rar (*inteiro+ar*[1]) *vtd* **1** Tornar inteiro ou completo. *vtd* **2** Acabar, completar, terminar. *vtdi* **3** Dar perfeita notícia a; informar bem; certificar, cientificar: *Inteirei-o do meu plano*. *vpr* **4** Ficar ciente, informar-se, tornar-se sabedor.

in.tei.re.za (*inteiro+eza*) *sf* **1** Qualidade de coisa inteira. **2** Integridade física e moral.

in.tei.ri.ço (*inteiro+iço*) *adj* **1** Que é feito de uma só peça. **2** Hirto, inflexível, teso.

in.tei.ro (*lat integru*) *adj* **1** Que tem todas as suas partes. **2** Que tem toda a sua extensão. **3** Completo. **4** Que não sofreu diminuição, que não foi modificado. **5** Ileso. **6** *Mat* Diz-se do número que contém a unidade, uma ou mais vezes, exatamente. • *sm Mat* Número em que não há frações.

in.te.lec.to (*lat intellectu*) *sm* **1** Entendimento, inteligência. **2** Faculdade de compreender. **3** Conjunto das faculdades intelectuais.

in.te.lec.tu.al (*lat intellectuale*) *adj m+f* Pertencente ou relativo à inteligência. • *s m+f* Pessoa dada ao estudo das coisas do espírito, da inteligência.

in.te.lec.tu.a.li.da.de (*lat intelectualitate*) *sf* **1** *V* intelecto. **2** As faculdades intelectuais. **3** Conjunto de intelectuais.

in.te.lec.tu.a.li.zar (*intelectual+izar*) *vtd* e *vpr* Elevar(-se) à categoria das coisas intelectuais.

in.te.li.gên.cia (*lat intelligentia*) *sf* **1** Faculdade de entender, pensar, raciocinar e interpretar; entendimento, intelecto. **2** Compreensão, conhecimento profundo. **3** *Filos* Princípio espiritual e abstrato considerado como a fonte de toda a intelectualidade.

in.te.li.gen.te (*lat intelligente*) *adj m+f* **1** Que tem inteligência. **2** Hábil, sagaz.

in.te.li.gí.vel (*lat intelligibile*) *adj m+f* **1** Que se pode entender: *Os textos não eram inteligíveis*. **2** Claro, perceptível. **3** *Filos* Que pertence ao domínio da inteligência. *Antôn* (acepção 3): sensível.

in.tem.pé.rie (*lat intemperie*) *sf* Mau tempo; irregularidade das condições climáticas.

in.tem.pes.ti.vo (*lat intempestivu*) *adj* **1** Inoportuno: *"Agravaria essas crises a mudança intempestiva da Capital."* (ME) **2** Imprevisto, súbito: *"Não fosse sua chegada intempestiva e eu já teria dormido meus quinze minutos habituais."*

(T) **3** Precipitado: *"Quando eu digo que o governador foi intempestivo, é porque ele deveria primeiro ter lido o relatório."* (GAL).

in.ten.ção (*lat intentione*) *sf* **1** O próprio fim a que se visa. **2** Intento, pensamento, propósito. **3** Pensamento secreto e reservado. **4** Vontade, desejo.

Deve-se distinguir **intenção** de **intensão**. **Intenção** significa desejo, propósito, enquanto **intensão** quer dizer veemência, intensidade.
Minha intenção era sair logo após as 23 horas.
A intensão do pregador convenceu todos os fiéis.

in.ten.ci.o.nal (*lat intentione+al¹*) *adj m+f* **1** Feito com intenção. **2** Relativo a intenção. **3** Propositado.

in.ten.são (*lat intensione*) *sf* Intensidade, veemência. Veja nota em **intenção**.

in.ten.si.da.de (*intenso+i+dade*) *sf* **1** Qualidade do que é intenso. **2** Força, vigor.

in.ten.si.fi.car (*intenso+ficar*) *vtd* e *vpr* Tornar(-se) intenso.

in.ten.si.vo (*lat med intensivu*) *adj* **1** Que tem intensidade. **2** Em que se acumulam esforços ou meios. **3** Realizado com muito esforço em pouco tempo.

in.ten.so (*lat intensu*) *adj* **1** Forte, enérgico, veemente. **2** Que se manifesta em alto grau. **3** Penoso, árduo, duro.

in.ten.tar (*lat intentare*) *vtd* **1** Ter o intento de; planear, projetar, tencionar, tentar. **2** Diligenciar, esforçar-se por. **3** Empreender.

in.ten.to (*lat intentu*) *sm* **1** Tenção, intenção. **2** Plano, desígnio, propósito.

in.te.ra.ção (*inter+ação*) *sf* **1** Ação recíproca de dois ou mais corpos uns nos outros. **2** Atualização da influência recíproca de organismos inter-relacionados. **3** Ação recíproca entre o usuário e um equipamento (computador, televisor etc.).

in.te.ra.gir (*inter+agir*) *vint* Agir mutuamente, exercer interação; interatuar.

in.te.ra.ti.vo (*inter+ativo*) *adj* **1** Diz-se daquilo que permite ou é capaz de interação. **2** Diz-se de um recurso, meio ou processo de comunicação que permite ao receptor interagir com o emissor.

in.ter.ca.lar (*lat intercalare*) *vtd* e *vpr* Inserir(-se), interpor(-se), introduzir(-se).

in.ter.câm.bio (*inter+câmbio*) *sm* **1** Troca, permuta. **2** Relações de país a país.

in.ter.ce.der (*lat intercedere*) *vti* **1** Pedir, rogar por outrem ou por alguma coisa. *vti* e *vint* **2** Ser intermediário a favor de alguém; intervir.

in.ter.cep.tar (*lat interceptare*) *vtd* **1** Pôr obstáculo entre ou no meio de. **2** Cortar a passagem, interromper no seu curso. **3** Apoderar-se por surpresa de, fazer parar.

in.ter.co.mu.ni.ca.ção (*inter+comunicação*) *sf* **1** Comunicação recíproca entre dois pontos, baseada em um sistema convencional de símbolos mímicos, fonéticos ou gráficos. **2** Comunicação recíproca entre diferentes partes de um todo.

in.ter.co.mu.ni.car (*inter+comunicar*) *vtd* **1** Abrir ou possibilitar passagem de um a outro lugar. *vpr* **2** Comunicar-se mutuamente; corresponder-se; dar e receber informação.

in.ter.di.ção (*lat interdictione*) *sf* **1** Ato de proibir ou impedir. **2** Ato de privar judicialmente alguém do direito de reger a sua pessoa e bens. **3** Proibição.

in.ter.di.tar (*inter+ditar*) *vtd* **1** Pronunciar interdito contra. **2** Proibir, tornar interdito.

in.ter.di.to (*lat interdictu*) *adj* **1** Proibido: *"O cauim era interdito às crianças."* (IA) **2** *Dir* Privado judicialmente da livre disposição dos seus bens e da sua pessoa. **3** *Dir* Privado de certos direitos em virtude de sentença judicial. • *sm* **1** Interdição; proibição: *"Os dois se amam, mas seu amor é tocado pelo interdito."* (FSP) **2** Ordem de proibição: *"Se pedimos interdito proibitório, os sem-terra não respeitam."* (FSP)

in.te.res.san.te (de *interessar*) *adj m+f* **1** Que interessa, que atrai a atenção. **2** Simpático, atraente. **3** *pop* Diz-se do estado de mulher grávida.

in.te.res.sar (*interesse+ar¹*) *vti* **1** Ser interessante, proveitoso, útil. *vti* **2** Obter lucro ou proveito, tirar utilidade. *vpr* **3** Tomar interesse. *vtd* **4** Dar parte nos lucros a. *vtd* **5** Dizer respeito a: *Esse assunto só interessa a mim. vtd* **6** Atrair, provocar a curiosidade, o interesse.

in.te.res.se (*lat interesse*) *sm* **1** Conveniência, lucro, proveito, vantagem ou utilidade que alguém encontra em alguma coisa. **2** Sentimento egoísta ou de cobiça, desejo de um proveito pessoal que tudo sacrifica aos ganhos pecuniários. **3** Atrativo, simpatia. **4** *Psicol* Relação ou enlace entre um motivo e certo incentivo ou classe de incentivos.

in.te.res.sei.ro (*interesse+eiro*) *adj+sm* Que ou aquele que atende só ao próprio interesse: *Alguns políticos são muito interesseiros.*

in.te.res.ta.du.al (*inter+estadual*) *adj m+f* **1** Que diz respeito às relações entre os estados da República. **2** Que se realiza de estado para estado.

in.ter.fe.rên.cia (*interferir+ente+ia²*) *sf* **1** Intervenção. **2** *Fís* Encontro de dois sistemas de ondas. **3** *Radiotécn* Efeito produzido num receptor por ondas ou campos elétricos que produzem ruídos ou outros sinais na recepção.

in.ter.fe.rir (*fr interférer*) *vti* **1** Intervir; intrometer-se em assuntos alheios. *vint* **2** *Fís* Produzir interferência. Conjuga-se como *ferir*.

in.ter.fo.ne (*inter+fone*) *sm* Aparelho de comunicação entre a portaria de um prédio e os respectivos condôminos.

ín.te.rim (*lat interim*) *sm* Tempo intermédio.

in.te.ri.no (*inter+ino*) *adj* **1** Provisório. **2** Que exerce posições provisórias na falta ou impedimento do funcionário efetivo. **3** Temporário. **4** Que serve ou está provido temporariamente.

in.te.ri.or (*lat interiore*) *adj m+f* **1** Que está dentro. **2** Íntimo, particular, privado. **3** Concernente à alma, à natureza moral. • *sm* **1** A parte que está dentro. **2** Parte interna do país por oposição à costa ou litoral. **3** Instalação interna de uma casa. *Antôn* (*adj*, acepção 1, e *sm*): *exterior*.

in.te.ri.o.ra.no (*interior+ano*) *adj* **1** Referente ao interior de um país. **2** Procedente do interior.

in.te.ri.o.ri.zar (*interior+izar*) *vtd* **1** Trazer para dentro de si. *vtd* e *vpr* **2** Manifestar(-se) interiormente. *Antôn: exteriorizar.*

in.ter.jei.ção (*lat interjectione*) *sf Gram* Palavra ou voz que exprime de modo enérgico e conciso os sentimentos súbitos da alma, tais como alegria, dor, admiração, medo etc.

in.ter.li.gar (*inter+ligar*) *vtd* e *vpr* Ligar entre si duas ou mais coisas.

in.ter.lo.cu.tor (*inter+locutor*) *sm* **1** Pessoa que fala com outra. **2** Indivíduo incumbido por outros de falar em nome de todos.

in.ter.me.di.ar (*intermédio+ar¹*) *V entremear*. Conjuga-se como *premiar*.

in.ter.me.di.á.rio (*intermédio+ário*) *adj* **1** Que está de permeio. **2** Que intervém. **3** Medianeiro. • *sm* **1** Agente de negócios; corretor. **2** Comerciante que se coloca entre o produtor e o consumidor; atravessador.

in.ter.mé.dio (*lat intermediu*) *adj* Que está de permeio, no meio; interposto. • *sm* **1** O que estabelece comunicação ou relações entre duas coisas ou pessoas. **2** Intervenção, interposição, mediação. **3** *Lit* Pequena composição teatral que se representava nos intervalos dos atos e, mais tarde, no começo e no fim dos espetáculos.

in.ter.mi.ná.vel (*lar interminabile*) *adj m+f* **1** Que não termina; inacabável. **2** Que dura muito. **3** Demasiadamente extenso: *O discurso era interminável. Sin: intérmino.*

in.ter.mi.tên.cia *sf* (*intermitente+ia¹*) **1** Qualidade de intermitente; descontinuação. **2** Interrupção momentânea.

in.ter.mu.ni.ci.pal (*inter+municipal*) *adj m+f* **1** Que se realiza entre municípios. **2** Que se refere às relações entre municípios.

in.ter.na.ção (*internar+ção*) *sf* Ato ou efeito de internar(-se).

in.ter.na.ci.o.nal (*ingl international*) *adj m+f* **1** Relativo às relações entre nações. **2** Que se faz entre nações.

in.ter.na.ci.o.na.li.zar (*internacional+izar*) *vtd* e *vpr* Tornar(-se) internacional; tornar(-se) comum a várias nações; espalhar(-se) por várias nações, universalizar(-se).

in.ter.na.do (*part* de *internar*) *adj* **1** Metido para o interior. **2** Com residência fixa no interior. **3** Diz-se daquele que é posto, com mais ou menos permanência, em

colégio ou hospital; interno. • *sm* Pessoa internada.
in.ter.nar (*interno*+*ar*¹) *vtd* e *vpr* **1** Introduzir(-se), pôr(-se) dentro, tornar(-se) interno em (hospital, num colégio etc.). *vpr* **2** Introduzir-se, meter-se pelo interior.
in.ter.nau.ta (*inter*(*net*)+(*astro*)*nauta*) *s m*+*f Inform* Usuário da internet, a rede mundial de computadores.
internet (*inter*+ingl *net*, rede) *sf Inform* Rede remota internacional de computadores, descentralizada e de acesso público, que proporciona transferência de arquivos e dados, juntamente com funções de correio eletrônico, para milhões de usuários ao redor do mundo.
in.ter.no (*lat internu*) *adj m*+*f* **1** Que está dentro. **2** Diz-se do aluno que reside no colégio. **3** Diz-se do medicamento que se toma por via oral ou retal. *Antôn: externo*. • *sm* **1** Aluno que reside no colégio. **2** Estudante de medicina que, num hospital, auxilia o corpo médico.
in.ter.pe.lar (*lat interpellare*) *vtd* **1** Dirigir a palavra a (alguém) para perguntar alguma coisa: *Os estrangeiros interpelaram o policial.* **2** Dirigir a palavra a (alguém) para o interrogar. **3** *Dir* Intimar.
in.ter.pla.ne.tá.rio (*inter*+*planetário*) *adj* Que está ou se realiza entre planetas.
in.ter.po.lar (*lat interpolare*) *vtd* **1** Inserir, intercalar, introduzir num texto (palavras ou frases): *"[O compositor] faz o coro responder ao canto solista, interpolando os versos iniciais da composição."* (PHM) **2** Alterar, completar, esclarecer (um texto), pela intercalação de palavras ou frases que lhe são estranhas. • *adj Fís* Que está ou que se dá entre os polos de uma pilha: *"Quando se encaram os efeitos fisiológicos da corrente galvânica deve-se levar em consideração seus efeitos polares e seus efeitos interpolares."* (ELE)
in.ter.por (*lat interponere*) *vtd* e *vpr* **1** Colocar(-se), pôr(-se) entre; meter(-se) de permeio. *vtd* **2** Fazer intervir. *vtd* **3** Opor, contrapor. Conjuga-se como *pôr*.
in.ter.pre.ta.ção (*lat interpretatione*) *sf* **1** Ato ou efeito de interpretar. **2** Explicação. **3** Modo como atores desempenham os seus papéis numa composição dramática.

in.ter.pre.tar (*lat interpretari*) *vtd* **1** Aclarar, explicar o sentido de. **2** Tirar de (alguma coisa) uma indução ou presságio. **3** Avaliar a intenção, o sentido de. **4** Reproduzir ou exprimir a intenção ou o pensamento de. **5** Representar; desempenhar papel (ator).
in.tér.pre.te (*lat interprete*) *s m*+*f* **1** Pessoa que interpreta. **2** Pessoa que serve de intermediário entre indivíduos que falam idiomas diferentes, traduzindo o discurso de um para o outro. **3** O que interpreta uma obra de arte. **4** O que toca ou canta uma obra musical.
in.ter.ra.ci.al *adj m*+*f* Que se efetua ou se observa entre raças. *Pl: inter-raciais*.
in.ter.re.la.ci.o.nar (*inter*+*relacionar*) *vtd* **1** Pôr em relação mútua; relacionar duas ou mais coisas entre si. *vint* e *vpr* **2** Entrar em relações mútuas; ter relações mútuas.
in.ter.ro.gar (*lat interrogare*) *vtd* **1** Fazer perguntas, proceder a interrogatório. **2** Examinar, propor questões a. **3** *Dir* Inquirir. **4** Investigar.
in.ter.ro.ga.ti.vo (*lat interrogativu*) *adj* **1** Próprio para interrogar. **2** Que interroga. **3** Que indica interrogação.
in.ter.ro.ga.tó.rio (*lat interrogatoriu*) *adj V interrogativo*. • *sm* **1** Ato de interrogar. **2** *Dir* Auto por escrito do conjunto de perguntas que o magistrado dirige ao réu e as respostas deste.
in.ter.rom.per (*lat interrumpere*) *vtd* **1** Fazer cessar por algum tempo. **2** Cortar ou romper a continuidade de. **3** Suspender: *A prefeitura interrompeu o fornecimento de água por duas horas.* **4** Destruir, extinguir. **5** Cortar, desligar (uma corrente de qualquer fluido). **6** Cortar a palavra a.
in.ter.rup.ção (*lat interruptione*) *sf* **1** Ato ou efeito de interromper(-se). **2** Aquilo que interrompe. **3** *Ret* Reticência, suspensão.
in.ter.rup.tor (*lat interruptore*) *adj*+*sm* Que ou o que interrompe ou causa interrupção. • *sm* **1** Pessoa que interrompe. **2** Dispositivo destinado a abrir ou fechar um circuito elétrico; comutador.
in.ter.se.ção (*lat intersectione*) *sf* **1** Ato de cortar pelo meio. **2** Corte. **3** *Geom*

Ponto em que se cruzam duas linhas ou superfícies. *Var: intersecção*.

in.te.rur.ba.no (*inter+urbano*) *adj* Que se realiza entre cidades. • *sm* Comunicação telefônica entre duas cidades.

in.ter.va.lo (*lat intervallu*) *sm* **1** Distância entre dois pontos. **2** Espaço de tempo entre duas épocas, entre dois fatos, entre as partes de um espetáculo etc. **3** *Mús* Distância ou altura entre duas notas musicais. **4** *Med* Intermitência.

in.ter.ven.ção (*lat interventione*) *sf* **1** Ato ou efeito de intervir. **2** *Med* Operação cirúrgica. **3** Ação direta do governo federal em um estado da Federação. **4** Ação do governo ou de uma entidade oficial em uma associação.

in.ter.vir (*lat intervenire*) *vti* **1** Tomar parte voluntariamente; ingerir-se: *Os vizinhos intervieram na briga*. *vti* e *vint* **2** Interpor a sua autoridade, os seus bons ofícios. *vti* **3** *Polít* Fazer entrar tropas num país estrangeiro. Conjuga-se como *vir*; recebe, porém, acento agudo o *e* da 2ª e da 3ª pessoas do singular do presente do indicativo – *intervéns*, *intervém* – e da 2ª pessoa do singular do imperativo afirmativo – *intervém* (tu).

in.ter.vo.cá.li.co (*inter+vocálico*) *adj Gram* Que está entre vogais.

in.tes.ti.nal (*lat intestinale*) *adj m+f* **1** *Med* Que pertence ou se refere aos intestinos. **2** Que vive nos intestinos.

in.tes.ti.no (*lat intestinu*) *sm* **1** *Anat* Parte do tubo digestivo que se estende desde o estômago até o ânus. *sm pl* **2** O canal intestinal; as tripas; as entranhas.

in.ti.ma.ção (*lat intimatione*) *sf* **1** Ato de intimar. **2** *Dir* Ato de intimar pessoas para comparecimento em juízo.

in.ti.mar (*lat intimare*) *vtdi* **1** Determinar de modo autoritário; ordenar. **2** *Jur* Fazer notificação jurídica a. **3** Citar para dia certo.

in.ti.mi.da.de (*íntimo+i+dade*) *sf* **1** Qualidade de íntimo. **2** Amizade íntima, relações íntimas. **3** Familiaridade.

in.ti.mi.dar (*in+tímido+ar²*) *vtd* **1** Tornar tímido. *vtd* **2** Assustar, apavorar. *vpr* **3** Atemorizar-se.

ín.ti.mo (*lat intimu*) *adj* **1** Muito de dentro, profundo. **2** Que atua no interior. **3** Doméstico, familiar. **4** Muito cordial ou afetuoso. **5** Particular, privado. • *sm* A parte mais interna; o âmago.

in.ti.tu.lar (*baixo+lat intitulare*) *vtd* **1** Dar título a. *vtd* **2** Chamar, denominar. *vpr* **3** Ter por título, tomar o título de.

in.to.le.rân.cia (*lat intolerantia*) *sf* **1** Falta de tolerância. **2** Qualidade de intolerante.

in.to.le.ran.te (*lat intolerante*) *adj m+f* **1** Diz-se de quem não é tolerante. **2** Que revela falta de tolerância. • *s m+f* Pessoa partidária do intolerantismo, doutrina caracterizada pela intolerância religiosa.

in.to.le.rá.vel (*lat intolerabire*) *adj m+f* **1** Que não é tolerável. **2** Insuportável.

in.to.xi.ca.ção (*cs*) (*intoxicar+ção*) *sf* **1** Ato ou efeito de intoxicar. **2** *Med* Introdução de uma substância tóxica no organismo.

in.to.xi.car (*cs*) (*lat med intoxicare*) *vtd* e *vpr* **1** Envenenar(-se). *vint* **2** Causar intoxicação.

in.tra.gá.vel (*in+tragar+vel*) *adj m+f* **1** Que não se pode tragar. **2** Intolerável.

in.tra.mus.cu.lar (*intra+muscular*) *adj m+f* **1** Situado no interior dos músculos. **2** Diz-se da injeção que se faz entre as fibras musculares.

in.trans.fe.rí.vel (*in+transferir+vel*) *adj m+f* Que não se pode transferir.

in.tran.si.gên.cia (*z*) (*in+transigência*) *sf* **1** Falta de transigência. **2** Austeridade de caráter. **3** Rigidez ou rigor na observância dos princípios.

in.tran.si.gen.te (*z*) (*in+transigente*) *adj* e *s m+f* **1** Que ou pessoa que não transige. **2** Que ou pessoa que é austera, rigorosa nos princípios.

in.tran.si.tá.vel (*z*) (*in+transitar+vel*) *adj m+f* **1** Que não é transitável ou por onde não se pode passar. **2** Proibido ao trânsito.

in.tran.si.ti.vo (*z*) (*lat intransitivu*) *adj* **1** *Gram* Verbo intransitivo: Na oração *A criança dormiu* o verbo *dormir* é intransitivo. **2** Intransmissível.

in.trans.po.ní.vel (*in+lat transponere+vel*) *adj m+f* Que não pode ser transposto.

in.tra.tá.vel (*lat intractabile*) *adj m+f* **1** Que não é tratável. **2** Orgulhoso, soberbo. **3** Insociável.

in.tra.u.te.ri.no *adj Anat* **1** Que se produz

in.tra.ve.no.so (ô) (*intra*+lat *vena*+*oso*) *adj Anat* Que se realiza ou se verifica no interior das veias: *Injeção intravenosa*. *Pl: intravenosos* (ó).

in.tre.pi.dez (*intrépido*+*ez*) *sf* **1** Qualidade de intrépido. **2** Ausência de temor; ânimo, coragem, ousadia: *"A intrepidez e o heroísmo do Major Martinez constituem exemplo para as gerações futuras."* (OL)

in.tré.pi.do (lat *intrepidu*) *adj* **1** Que não trepida. **2** Que não tem medo. **3** Que tem ousadia; audaz. *Antôn* (acepções 2 e 3): *covarde*.

in.tri.ga (*der* regressiva de *intrigar*) *sf* **1** Enredo secreto, maquinação para obter qualquer vantagem ou prejudicar alguém. **2** Bisbilhotice, mexerico. **3** *Lit* Enredo de uma obra literária. *Intrigas de bastidores*: mexericos, questiúnculas, tramas entre artistas, políticos etc.

in.tri.gar (lat *intricare*) *vint* **1** Fazer intrigas. *vtdi* **2** Enredar, envolver em mexericos, inimizar com intrigas. *vtd* e *vint* **3** Incitar a curiosidade.

in.trín.se.co (lat *intrinsecu*) *adj* **1** Que está no interior de uma coisa e lhe é próprio ou essencial. **2** Inerente. *Antôn*: *extrínseco*.

in.tro.du.ção (lat *introductione*) *sf* **1** Ato ou efeito de introduzir. **2** Pequeno trecho que se antepõe à exposição temática de uma peça musical. **3** Parte inicial de um livro, localizada após o prefácio, onde se expõem o argumento, os objetivos da obra e o modo de tratar o assunto; preliminares.

in.tro.du.tó.rio (lat *introductoriu*) *adj* Que serve de introdução ou começo.

in.tro.du.zir (lat *introducere*) *vtd* **1** Fazer entrar, colocar dentro de. *vtd* **2** Fazer entrar, levar para dentro. *vpr* **3** Entrar, penetrar. *vpr* **4** Imiscuir-se, intrometer-se. *vtd* **5** Dar voga a; estabelecer, tornar adotado. *vtd* **6** Iniciar, começar.

in.tro.me.ter (lat *intromittere*) *vtdi* **1** Fazer entrar, intercalar, introduzir. *vpr* **2** Entremeter-se, ingerir-se. *vpr* **3** Contender, implicar.

in.tro.me.ti.do (*part* de *intrometer*) *adj*+*sm* Que ou o que se intromete no que não lhe diz respeito.

in.tro.mis.são (lat med *intromissione*) *sf* Ato ou efeito de intrometer(-se).

in.tros.pec.ção (lat *introspectione*) *sf Psicol* Exame que alguém faz de seus próprios sentimentos e pensamentos: *"Sua introspecção levava a um desenvolvimento anormal de sua mente sensível num corpo frágil."* (UQ)

in.tro.ver.ter (*intro*+*verter*) *vtd* e *vpr* Voltar(-se) para dentro; concentrar(-se), recolher(-se).

in.tro.ver.ti.do (*part* de *introverter*) *adj* **1** Voltado para dentro. **2** Absorto, concentrado. *Antôn*: *extrovertido*.

in.tru.so (lat *intrusu*) *adj* **1** Que entrou ilegalmente ou sem ser chamado. **2** Metediço, intrometido. **3** Estranho ao grupo em que se encontra. • *sm* Indivíduo intruso.

in.tu.i.ção (lat *intuitione*) *sf* **1** Conhecimento imediato e claro, sem recorrer ao raciocínio. **2** Pressentimento.

in.tu.ir (lat *intueri*) *vtd neol* Ter intuição de, pressentir: *"Moço ainda, eu mais intuía que sabia que a verdadeira vida haveria de ser muito perigosa."* (CID); *A menina intuiu o terremoto*.

in.tu.i.ti.vo (*intuir*+*ivo*) *adj* **1** Dotado de intuição. **2** Relativo a intuição. **3** Que se percebe através da intuição.

in.tui.to (*túi*) (lat *intuitu*) *sm* **1** Escopo, fim. **2** Aquilo que se tem em vista; plano, propósito. Veja nota em **gratuito**.

i.nu.me.rá.vel (lat *innumerabile*) *adj m*+*f* **1** Que não se pode numerar ou contar. **2** Em grande número; numeroso.

i.nú.me.ro (lat *innumeru*) *adj V* inumerável. (Empregado, em regra, no plural.)

i.nun.da.ção (lat *inundatione*) *sf* **1** Ato ou efeito de inundar(-se). **2** Grande cheia de águas que transbordam do rio, alagando as terras próximas.

i.nun.dar (lat *inundare*) *vtd* e *vpr* **1** Alagar (-se), cobrir(-se) de água que transborda. *vtd* **2** Banhar, molhar, umedecer. *vtd* **3** Encher completamente. *vtd* **4** Encher de água.

i.nu.si.ta.do (lat *inusitatu*) *adj* **1** Que não é usual. **2** Estranho.

i.nú.til (lat *inutile*) *adj m*+*f* **1** Que não tem utilidade. **2** Que não serve para nada.

i.nu.ti.li.da.de (lat *inutilitate*) *sf* **1** Falta

de utilidade. 2 Incapacidade. 3 Coisa ou pessoa sem préstimo.

i.nu.ti.li.zar (*inútil+izar*) *vtd* e *vpr* 1 Tornar(-se) inútil. *vtd* 2 Baldar, frustrar. *vtd* 3 Quebrar, danificar.

in.va.dir (*lat invadere*) *vtd* 1 Entrar à força em. 2 Assumir indevidamente ou por violência; usurpar. 3 Alastrar-se, espalhar-se por. 4 Avassalar, dominar, tomar.

in.va.li.dar (*in+validar*) *vtd* 1 Tornar inválido ou nulo. 2 Tirar o crédito ou a importância a. 3 Inabilitar, inutilizar. *Cf inválido*.

in.va.li.dez (*inválido+ez*) *sf* Caráter ou estado de inválido.

in.vá.li.do (*lat invalidu*) *adj* 1 Fraco, débil, enfermo. 2 Incapaz para o trabalho. 3 Que não é válido, que não tem valor; nulo. 4 Inutilizado, sem validade. • *sm* Indivíduo que, por doença ou velhice, é incapaz para o trabalho.

in.va.ri.á.vel (*in+variável*) *adj m+f* 1 Que não é variável. 2 Constante. 3 Inalterável.

in.va.são (*lat invasione*) *sf* 1 Ato ou efeito de invadir. 2 Entrada violenta, incursão, ingresso hostil. 3 *Med* Irrupção de uma epidemia. 4 Difusão súbita e geral.

in.va.sor (*lat invasore*) *adj+sm* Que ou aquele que invade.

in.ve.ja (*lat invidia*) *sf* 1 Desgosto, ódio ou pesar por prosperidade ou alegria de outrem. 2 Desejo de possuir ou gozar algum bem que outrem possui ou desfruta.

in.ve.jar (*inveja+ar¹*) *vtd* 1 Ter inveja de; presenciar com desgosto e despeito a felicidade ou o bem-estar alheio. *vtd* 2 Aspirar ao que pertence a outra pessoa, mas sem despeito nem baixeza: *Invejo a tua sorte*. *vint* 3 Sentir inveja.

in.ve.já.vel (*invejar+vel*) *adj m+f* 1 Que se pode invejar. 2 Digno de muito apreço. 3 De muito valor.

in.ve.jo.so (ó) (*lat invidiosu*) *adj+sm* Que ou o que tem inveja. *Pl: invejosos* (ó).

in.ven.ção (*lat inventione*) *sf* 1 Ato ou efeito de inventar. 2 Coisa inventada; invento. 3 Mentira inventada para enganar.

in.ven.cí.vel (*lat invencibile*) *adj m+f* 1 Que não pode ser vencido; insuperável. 2 Que não se pode eliminar ou fazer desaparecer; irremediável. 3 Que não se pode dominar; inconquistável.

in.ven.tar (*lat inventare*, *freq* de *invenire*) *vtd* 1 Criar na imaginação, idear, ser o primeiro a ter a ideia de. *vtd* 2 Planejar. *vtd* 3 Tramar, fantasiar. *vtd* 4 Espalhar ou contar falsamente: *Por despeito é que andam inventando coisas*. *vti* 5 Resolver, meter na cabeça.

in.ven.ta.ri.ar (*inventário+ar¹*) *vtd* 1 Fazer o inventário de; arrolar: *"Não havendo bens a inventariar é dispensada a apresentação da declaração do espólio."* (FSP) 2 Descrever minuciosamente: *"[Emilie] passou a inventariar cada objeto recebido."* (REL) 3 Catalogar: *"Há pouco mais de dez anos, a americana Annette Insdorf inventariou 125 filmes de longa-metragem."* (FSP) Conjuga-se como *premiar*.

in.ven.tá.rio (*lat inventariu*) *sm* 1 Catálogo, registro, rol dos bens deixados por alguém que morreu ou dos de pessoa viva em caso de sequestro etc. 2 Documento em que se acham inscritos e descritos esses bens. 3 *Dir* Processo no qual são enumerados os herdeiros e relacionados os bens de pessoa falecida, a fim de se apurarem os encargos e proceder-se à avaliação e partilha da herança. 4 Avaliação de mercadorias; balanço. 5 Registro, relação (de mercadorias etc.).

in.ven.ti.vi.da.de (*inventivo+i+dade*) *sf* Qualidade ou capacidade de inventar; criatividade.

in.ven.ti.vo (*lat inventu*) *adj* Engenhoso, criativo.

in.ven.tor (*lat inventore*) *adj* Que inventa. • *sm* 1 Pessoa que tem talento para inventar. 2 Autor. 3 Aquele que idealiza coisa nova.

in.ver.no (*lat hibernu*) *sm* 1 Uma das quatro estações do ano, entre o outono e a primavera; no hemisfério sul vai de 21 de junho a 21 de setembro. 2 *por ext* Tempo chuvoso e frio.

in.ve.ros.sí.mil (*in+verossímil*) *adj* e *s m+f* Que ou o que não é verossímil, não tem aparência de verdadeiro: *Contou ao delegado uma história inverossímil*.

in.ver.são (*lat inversione*) *sf* **1** Ato ou efeito de inverter. **2** Reviramento para fora. **3** Alteração da ordem. **4** Uso oposto à função normal.

in.ver.so (*lat inversu*) *adj* **1** Ordenado em sentido oposto; invertido. **2** Voltado de cima para baixo ou de trás para diante. **3** Contrário. • *sm* O contrário, o oposto.

in.ver.te.bra.do (*in+vertebrado*) *adj Zool* Diz-se dos animais que não têm vértebras e que consequentemente não têm esqueleto interno. • *sm* Esse animal.

in.ver.ter (*lat invertere*) *vtd* e *vpr* **1** Virar(-se), voltar(-se) em sentido oposto ao natural; trocar a ordem de colocação. *vtd* **2** Alterar, mudar, trocar.

in.vés (*baixo-lat inverse*) *sm* Avesso, lado oposto.
Deve-se distinguir **ao invés de** de **em vez de**.
Ao invés de dá ideia de oposição e significa ao contrário de, ao passo que a expressão **em vez de** dá ideia de substituição e significa em lugar de. *Ao invés de ficar calmo, começou a enfurecer-se.*
Em vez de estudar matemática, estude português.

in.ves.ti.da (*fem do part de investir*) *sf* **1** Ato de investir; arremetida, ímpeto. **2** Ensaio, tentativa. **3** Insinuação indireta.

in.ves.ti.ga.ção (*lat investigatio*) Ato ou efeito de investigar.

in.ves.ti.ga.dor (*lat investigatore*) *adj* Que investiga. • *sm* **1** O que investiga. **2** Agente que investiga (policial ou particular).

in.ves.ti.gar (*lat investigare*) *vtd* **1** Seguir os vestígios de. **2** Indagar, inquirir, pesquisar. **3** Examinar minuciosamente; esquadrinhar.

in.ves.ti.men.to (*investir+mento*) *sm* **1** Ato ou efeito de investir. **2** *Econ* Aplicação de capitais.

in.ves.tir (*lat investire*) *vtd* **1** Dar posse ou investidura a, revestir de poder ou autoridade. *vpr* **2** Tomar posse de, empossar-se. *vtd* **3** Empregar, inverter (capitais). *vtd* **4** Acometer, atacar.

in.vic.to (*lat invictu*) *adj* **1** Que nunca foi vencido. **2** Invencível. **3** *Esp* Que ainda não foi vencido.

in.vi.o.lá.vel (*lat inviolabile*) *adj m+f* Que não pode ou não deve ser violado: *"O domicílio é inviolável."* (D); *"[O produto] vem em pote de vidro transparente, com tampa inviolável."* (VEJ)

in.vi.sí.vel (*lat invisibile*) *adj m+f* **1** Que não se vê, que não pode ser apreciado pelo sentido da visão. **2** Que não se deixa ver, que não aparece. **3** Que não recebe em visita ou audiência. • *sm* O que não se vê.

in.vo.ca.ção (*invocar+ção*) *sf* Ato ou efeito de invocar.

in.vo.ca.do (*part de invocar*) *adj* **1** Que foi objeto de invocação. **2** *gír* Cismado, desconfiado.

in.vo.car (*lat invocare*) *vtd* **1** Chamar, implorar o auxílio ou a proteção de. *vtd* **2** Pedir, suplicar. *vtd* **3** Alegar, citar a favor. *vtd* **4** Recorrer a. *vtd* **5** Evocar, conjurar. *vti* **6** *gír* Implicar, antipatizar: *Sem mais nem menos, invocou com o motorista.*

in.vó.lu.cro (*lat involucru*) *sm* **1** Revestimento. **2** Aquilo que envolve, cobre ou reveste. **3** *Bot* Proteção constituída por brácteas na base de uma inflorescência. **4** *Zool* Revestimento externo de uma célula, de um órgão.

in.vo.lun.tá.rio (*lat involuntariu*) *adj* Que não é voluntário; contrário à vontade ou independente dela.

in.vul.gar (*in+vulgar*) *adj m+f* Que não é vulgar; raro.

i.o.do (ô) (*gr iódes*) *sm Quím* Elemento não metálico que se obtém comumente em forma de cristais cinza-escuros brilhantes, pesados, de número atômico 53 e símbolo I.

i.o.ga (*sânsc yoga*) *s m+f* Sistema místico-filosófico da Índia (Ásia), o qual procura, mediante determinados exercícios corporais, respiratórios, mentais, hipnóticos etc., o domínio absoluto do espírito sobre a matéria e a união com a divindade (autorredenção do iogue).

i.o.gur.te (*turco yoghurt*) *sm* Espécie de coalhada feita de leite fervido, por meio de fermentos lácteos.

io.iô (*iô-iô*) (*fr yoyo*) *sm* Brinquedo que consiste em dois discos, unidos no centro por um eixo fixo e muito curto, no qual se prende e enrola um cordel; funciona quando, seguro pela extremidade livre desse cordel, é jogado para baixo ou para os lados, ocasião em que adquire um movi-

í.on (*gr íon*) *sm Fís* Partícula carregada eletricamente e constituída por um átomo ou grupo de átomos que ganharam ou perderam um ou vários elétrons.

i.o.ni.zar (*íon+izar*) *vtd Fís-Quím* **1** Decompor total ou parcialmente em íons. *vint* **2** Ser decomposto em íons.

i.o.ru.ba (ioruba *yoruba*) *sm* **1** *Ling* Língua falada no sudoeste da Nigéria, em Benim e em Togo (África). *s m+f* **2** *Etnol* Indivíduo dos iorubas, povo negro da África ocidental que fala essa língua. • *adj m+f* Pertencente ou relativo aos iorubas.

i.pê (*tupi ypé*) *sm Bot* Árvore ornamental brasileira de porte médio a grande, de casca rugosa, folhas digitadas, flores grandes e vistosas, que fornece madeira de boa qualidade.

íp.si.lon (*gr hypsilón*) *sm* O nome da letra *y*. *Pl: ípsilons* ou *yy*. *Var: ipsilone, ipsílon, hipsilo.*

ir (*lat ire*) *vint* **1** Deslocar-se, mover-se, passar ou transitar de um lado ou de um lugar para outro. *vint* **2** Mover-se por impulso imprimido. *vint* e *vpr* **3** Andar, caminhar, marchar. *vti* **4** Encaminhar-se. *vint* **5** Partir, retirar-se. *vti* e *vpr* **6** Seguir viagem. *vti* e *vpr* **7** Seguir na companhia de alguém. *vti* **8** Acolher-se, recolher-se. *vint* **9** Ser enviado ou remetido. *vti* **10** Assistir, frequentar. *vti* **11** Tratar de (um assunto). *vint* **12** Continuar, progredir. *vpr* **13** Entornar-se, escoar-se. *vpr* **14** Evaporar-se, evolar-se. *vpr* **15** Despender-se, gastar-se, perder-se: *Com o tempo, foi-se a nossa energia. vpr* **16** Estragar-se, rasgar-se. *Conjug* – *Pres indic:* vou, vais, vai, vamos, ides, vão; *Pret perf:* fui, foste, foi, fomos, fostes, foram; *Pret imp indic:* ia, ias, ia, íamos, íeis, iam; *Pret mais-que-perf:* fora, foras, fora, fôramos, fôreis, foram; *Fut pres:* irei, irás, irá, iremos, ireis, irão; *Fut pret:* iria, irias, iria, iríamos, iríeis, iriam; *Pres subj:* vá, vás, vá, vamos, vades, vão; *Pret imp subj:* fosse, fosses, fosse, fôssemos, fôsseis, fossem; *Fut subj:* for, fores, for, formos, fordes, forem; *Imper afirm:* —, vai(Tu), vá(Você), vamos(Nós), ide(Vós), vão(Vocês); *Imper neg:* —, Não vás(Tu), Não vá(Você), Não vamos(Nós), Não vades(Vós), Não vão(Vocês); *Infinitivo impess:* ir; *Infinitivo pess:* ir, ires, ir, irmos, irdes, irem; *Ger:* indo; *Part:* ido.

i.ra (*lat ira*) *sf* **1** Cólera, raiva contra alguém. **2** Indignação. **3** Desejo de vingança.

i.ra.do (*lat iratu*) *adj* **1** Colérico, enraivecido; irritado: *"Ele agora estava irado com a chuva, e com o Patrão, que nela não dava jeito."* (TTE) **2** *gír* Que é muito legal: *Aquele jogo de computador é irado!*

i.ra.ni.a.no (*top Irã+i+ano*) *adj* De ou relativo ao Irã (Ásia). • *sm* O habitante ou natural do Irã.

i.rar (*ira+ar¹*) *vtd* **1** Causar ira a; agastar, irritar: *"O cadáver de Jacquie, estendido naquele apartamento, naquele prédio, a um quilômetro dali, irava-o."* (MAD) *vpr* **2** Encher-se de ira, encolerizar-se: *"Diante do pai, que se irava feito um fero, Miguilim não pôde falar nada."* (COB)

i.ri.des.cen.te (*irido+escer*) *adj m+f* Que reflete ou mostra as cores do arco-íris.

í.ris (*gr îris*) *s m+f sing+pl* **1** O espectro solar. **2** *Anat* Membrana circular, retrátil, que ocupa o centro anterior do globo ocular, situada entre a córnea e a parte anterior do cristalino e provida de um orifício, a pupila.

ir.lan.dês (*top Irlanda+ês*) *adj* Que pertence ou se refere à Irlanda (Europa). • *sm* **1** O habitante ou natural da Irlanda. **2** Língua céltica, falada em parte da Irlanda.

ir.mã (*lat germana*) *sf* **1** Feminino de *irmão*. **2** Freira sem nenhum cargo superior. **3** Freira, religiosa.

ir.ma.nar (*irmão+ar¹*) *vtd* e *vpr* **1** Tornar (-se) irmão, afeiçoar(-se) fraternalmente. *vtd* e *vpr* **2** Ajuntar(-se), emparelhar(-se), igualar(-se), unir(-se).

ir.man.da.de (*lat germanitate*) *sf* **1** Parentesco entre irmãos. **2** Associação com fins religiosos. **3** União fraterna.

ir.mão (*lat germanu*) *sm* **1** Filho do mesmo pai e da mesma mãe ou só do mesmo pai ou só da mesma mãe. **2** Cada um dos membros de uma confraria. **3** Frade que não exerce cargos superiores. • *adj* Igual, idêntico. *Fem: irmã. Pl: irmãos*.

i.ro.ni.a (gr eironeía, pelo lat) sf **1** Ret Figura com que se diz o contrário do que as palavras significam. **2** Dito irônico. **3** Ar ou gesto irônico. **4** Zombaria insultuosa; sarcasmo: *Ironia do destino*.

i.rô.ni.co (gr eironikós, pelo lat) adj **1** Que encerra ironia. **2** Que usa de ironia. **3** Sarcástico, zombeteiro.

i.ro.ni.zar (ironia+izar) vtd **1** Tornar irônico. vint **2** Usar de ironia.

i.ra.ci.o.nal (lat irrationale) adj m+f **1** Que não é racional, oposto à razão. **2** Que não raciocina. **3** Que não tem a faculdade do raciocínio. **4** Em oposição ao homem, diz-se dos outros animais cujo comportamento é determinado pelo instinto. • sm Animal que não tem a faculdade do raciocínio; bruto.

ir.ra.di.ar (lat irradiare) vtd **1** Emitir, espargir, lançar de si (raios luminosos ou caloríficos). vint **2** Expedir, lançar raios. vtd **3** Espalhar, propagar. vtd **4** Divulgar, publicar, transmitir pelo rádio: *Durante todo o dia, os meios de comunicação irradiaram mensagens de otimismo.*

ir.re.al (i²+real) adj m+f **1** Sem existência real. **2** Imaginário.

ir.re.a.li.zá.vel (in+realizável) adj m+f Que não se pode realizar.

ir.re.con.ci.li.á.vel (i²+reconciliável) adj m+f Que não se pode reconciliar.

ir.re.co.nhe.cí.vel (i²+reconhecível) adj m+f **1** Que não é reconhecível. **2** Muito alterado pelo uso.

ir.re.cu.pe.rá.vel (lat irrecuperabile) adj m+f Que não se pode recuperar.

ir.re.cu.sá.vel (lat irrecusabile) adj m+f **1** Que não pode ou não deve ser recusado ou negado. **2** Incontestável.

ir.re.fle.ti.do (i²+refletido) adj **1** Que não reflete. **2** Que não pondera. **3** Inconsiderado, impensado: *Foi um ato irrefletido*.

ir.re.fle.xão (cs) (i²+reflexão) sf **1** Falta de reflexão. **2** Falta de prudência. **3** Precipitação.

ir.re.gu.lar (lat irregulare) adj m+f **1** Que não é regular. **2** Inconstante. **3** Oposto à justiça ou à lei. **4** Desarmônico, desigual.

ir.re.gu.la.ri.da.de (i²+regularidade) sf **1** Falta de regularidade. **2** Qualidade de irregular. **3** Condição de irregular.

ir.re.le.van.te (i²+relevante) adj m+f De pouca importância. *Antôn: importante, relevante.*

ir.re.pre.en.sí.vel (lat irreprehensibile) adj m+f **1** Que não pode ser repreendido. **2** Correto. **3** Perfeito. *Antôn: censurável.*

ir.re.pri.mí.vel (i²+reprimível) adj m+f Que não se pode reprimir, dominar ou recalcar.

ir.re.qui.e.to (lat irrequietu) adj **1** Que não tem descanso. **2** Travesso, turbulento. **3** Agitado.

ir.re.sis.tí.vel (i²+resistível) adj m+f **1** A que não se pode resistir. **2** Que seduz.

ir.re.so.lu.to (lat irresolutu) adj **1** Não resoluto. **2** Que não foi resolvido: *Um problema irresoluto*. **3** Hesitante, indeciso: *"Ficou perplexo, irresoluto."* (COT)

ir.res.pi.rá.vel (lat irrespirabile) adj m+f Que não se pode respirar, que é impróprio para a respiração.

ir.res.pon.sá.vel (i²+responsar+vel) adj m+f Não responsável, que não tem responsabilidade.

ir.res.tri.to (i²+restrito) adj Não restrito, que não tem limites.

ir.re.ve.ren.te (lat irreverente) adj m+f **1** Desrespeitoso. **2** Indiscreto.

ir.re.ver.sí.vel (i²+reversível) adj m+f Que não é reversível.

ir.re.vo.gá.vel (lat irrevocabile) adj m+f Não revogável, que não se pode anular: *O aumento de salário é irrevogável.*

ir.ri.ga.ção (lat irrigatione) sf **1** Ato de irrigar. **2** Agr Rega artificial. **3** Med Aplicação terapêutica que consiste na introdução de um líquido sob pressão nas cavidades do organismo.

ir.ri.gar (lat irrigare) vtd **1** Agr Regar por meios artificiais, com regos ou aspersão com jatos de água encanada. **2** Med Aplicar irrigações em.

ir.ri.só.rio (lat irrisoriu) adj **1** Que envolve irrisão. **2** Insignificante. **3** pop Muito barato: *Comprou aquela casa por um preço irrisório.*

ir.ri.ta.ção (lat irritatione) sf **1** Ato ou efeito de irritar(-se). **2** Excitação, exacerbação. **3** Med Inflamação de um órgão.

ir.ri.ta.di.ço (irritar+diço) adj Que facilmente se irrita.

ir.ri.tar (*lat irritare*) *vtd* **1** Tornar irado, encolerizar, exasperar. *vpr* **2** Encolerizar-se, exasperar-se, irar-se. *vtd* e *vpr* **3** Agravar, exacerbar. *vtd* **4** Produzir irritação em.

ir.ri.tá.vel (*lat irritabile*) *adj m+f* Que se irrita ou se encoleriza facilmente; irascível.

ir.rom.per (*lat irrumpere*) *vti* e *vint* **1** Entrar arrebatadamente, com ímpeto, com violência. *vti* **2** Aparecer, brotar, surgir de repente.

ir.rup.ção (*lat irruptione*) *sf* **1** Ato ou efeito de irromper. **2** Invasão súbita e impetuosa. **3** Invasão repentina das águas do mar, de um rio etc.

is.ca (*lat esca*) *sf* **1** Tudo aquilo que, podendo servir de alimento aos peixes, se emprega nos aparelhos de pesca para os atrair. **2** O que serve para atrair ou seduzir. • *interj* Voz com que se estimulam os cães.

i.sen.ção (*lat exemptione*) *sf* **1** Ato de eximir(-se). **2** Neutralidade. **3** Imunidade. **4** Esquivança em amar. **5** Abnegação.

i.sen.tar (*isento+ar¹*) *vtdi* **1** Tornar isento, desobrigar, eximir. *vpr* **2** Eximir-se. *Part:* isentado e isento.

i.sen.to (*lat exemptu*) *adj* **1** Desobrigado, dispensado, livre. **2** Que é imparcial; neutro. **3** Desprovido.

is.la.mis.mo (*islame+ismo*) *sm Rel* A religião fundada por Maomé (570-652); maometismo.

is.la.mi.ta (*islame+ita²*) *adj s m+f* Diz-se de ou pessoa que segue o islamismo.

i.so.la.men.to (*isolar+mento*) *sm* **1** Ato de isolar(-se). **2** Lugar onde se está isolado. **3** *Sociol* Segregação espacial de indivíduos ou grupos em consequência de fatores geofísicos: distância, falta de meios de comunicação, barreiras naturais como mares, serras etc. **4** Sala ou hospital onde se colocam doentes moribundos ou portadores de moléstias contagiosas. **5** Algo que serve para isolar.

i.so.lan.te (*de isolar*) *adj m+f* **1** Que isola. **2** Diz-se dos corpos ou materiais que são maus condutores de eletricidade, calor ou som. • *sm Eletr* Material que impede ou dificulta a passagem de eletricidade, calor ou som.

i.so.lar (*ital isolare*) *vtd* **1** Separar com impossibilidade de comunicação, tornar incomunicável ou solitário. *vpr* **2** Afastar-se do convívio social, pôr-se em isolamento: *Depois do divórcio, isolou-se em casa.*

i.so.por (*nome comercial*) *sm Quím* Nome comercial do poliestireno de extrema leveza, empregado como isolante térmico na indústria de embalagens e na confecção de brinquedos e adornos.

i.sós.ce.le (*lat isosceles*) *adj m+f* **1** *Geom* Diz-se do triângulo que tem dois lados iguais. **2** Diz-se do trapézio cujos lados não paralelos são iguais. *Var:* isósceles.

i.so.tér.mi.co (*iso+térmico*) *adj* Relativo ou pertencente a ou caracterizado por igualdade de temperatura.

is.quei.ro ((*fa*)*ísca+eiro*) *sm* Utensílio, geralmente de metal, usado pelos fumantes, munido de um pavio umedecido de gasolina, que se inflama ao contato de faíscas produzidas por atrito entre uma rodinha serrilhada e uma pedra especial.

is.que.mi.a (*isco+hemo+ia¹*) *sf Med* Suspensão ou deficiência da circulação do sangue que irriga um órgão.

is.ra.e.len.se (*Israel, np+ense*) *adj m+f* Relativo ou pertencente ao Estado de Israel (Ásia). • *s m+f* Pessoa natural desse Estado.

is.ra.e.li.ta (*israel+ita²*) *adj m+f* Que diz respeito ao povo de Israel (Ásia); hebreu, judeu. • *s m+f* Pessoa pertencente ao povo de Israel.

is.sei (*jap i,* um, primeiro+*sei,* geração) *adj* e *s m+f* Diz-se de ou japonês que emigra para a América. *Cf nissei* e *sansei.*

is.so (*lat ipsu*) *pron dem* **1** Essa coisa, essas coisas, esse objeto, esses objetos. **2** *pej* Essa pessoa. • *interj* Indica aprovação.

ist.mo (*gr isthmós*) *sm* **1** *Geogr* Faixa estreita de terra que liga uma península a um continente ou duas porções de um continente. **2** *Anat* Canal ou passagem estreita que une cavidades ou porções de órgãos.

is.to (*lat istud*) *pron dem* **1** Esta coisa, estas coisas, este objeto, estes objetos. **2** *pej* Esta pessoa.

i.ta.li.a.nis.mo (*italiano+ismo*) *sm* **1** Exagerado afeto a coisas italianas. **2** Imitação afetada da língua ou dos costumes italianos. **3** Maneira de falar peculiar à língua italiana. **4** Palavra que, procedente do italiano, entrou noutra língua.

i.ta.li.a.no (*ital italiano*) *adj* Que pertence ou se refere à Itália (Europa). • *sm* **1** O natural da Itália ou que se naturalizou pelas ideias ou costumes dos italianos. **2** Língua românica falada na Itália, Suíça e São Marinho (Europa).

i.tá.li.co (*lat italicu*) *adj* **1** Que se refere à Itália antiga. **2** *Tip* Diz-se do tipo um pouco inclinado para a direita e que imita a letra manuscrita. • *sm* **1** O tipo itálico; grifo. *sm pl* **2** Povo pré-histórico da Itália, originário da Europa central.

í.ta.lo (*lat italu*) *adj* **1** Que se refere à Itália (Europa). **2** Latino, romano, italiano. • *sm* O habitante ou natural da Itália.

í.ta.lo-bra.si.lei.ro *adj* Que se refere aos italianos e aos brasileiros, à Itália (Europa) e ao Brasil (América do Sul). *Fem: ítalo--brasileira. Pl: ítalo-brasileiros.*

i.tem (*lat*) *adv* **1** Também, outrossim. **2** Igualmente, da mesma forma. • *sm* **1** Cada um dos artigos ou argumentos de um requerimento, de um contrato ou qualquer outra exposição escrita. **2** Artigo, parcela, verba. *Pl: itens.*

i.te.ra.ti.vo (*lat iterativu*) *adj* **1** Repetido, reiterado, feito de novo. **2** Feito ou repetido muitas vezes. *Cf interativo.*

i.ti.ne.ran.te (*baixo-lat itinerante*) *adj m+f* **1** Que viaja de lugar para lugar. **2** Que percorre itinerários. • *s m+f* Pessoa itinerante.

i.ti.ne.rá.rio (*lat itinerariu*) *adj* **1** Relativo a caminhos. **2** Diz-se das medidas indicadoras da distância de um lugar a outro. • *sm* **1** Indicação ou projeto de caminho a seguir: *"O Aluísio e eu tínhamos outros itinerários."* (CH) **2** O respectivo percurso: *"O itinerário é complicado: meia dúzia de estradas."* (CV)

iu.gos.la.vo (*servo-croata jug*, sul+*slav*, eslavo) *adj* Da ou pertencente à Iugoslávia (Europa). • *sm* Habitante ou natural da Iugoslávia.

j

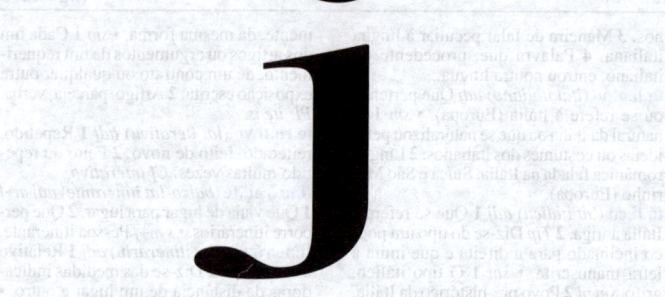

j (*jota*) *sm* Décima letra do alfabeto português, consoante. Veja nota em **i**¹.
Grafam-se com **j** as palavras de origem africana ou indígena: *canjica, jiboia, jiló, pajé* etc.

já (*lat jam*) *adv* **1** Agora, neste instante, neste momento. **2** Imediatamente. **3** Nesse tempo: *O prado já florido apresenta um belo aspecto*. **4** Até, até mesmo: *Já admito que fosse reprovado; expulso, nunca*. **5** Tão depressa, tão cedo: *Já está pronto? Até já:* até logo. *Desde já:* neste momento, a partir deste momento. *Já agora:* enfim, como não há outro remédio. *Já, já:* logo, logo. *Já que:* desde que, visto que, pois que. *Para já:* para agora, para este momento. Veja nota em **mais**.

Já, **ora**, **quer**, **quando**, **agora**, **seja** são conjunções alternativas que devem ser repetidas no início de duas ou mais orações. *Já cansada, já faminta, a menina começou a chorar. Ora prado, ora não quer se casar. Quer chova, quer faça sol, iremos viajar.*

ja.bá (*ioruba jàbàjábá*) *sm* **1** Carne-seca, charque. **2** *gír* Comida de quartel. • *sf Ornit* Gralha, também chamada *japu*.

ja.bu.ti (*tupi iauotí*) *sm Zool* Réptil da ordem dos quelônios, que é uma tartaruga terrestre, de cabeça e patas retráteis e pescoço rugoso. *Fem: jabota*.

ja.bu.ti.ca.ba (*tupi iauotikáua*) *sf* Fruto comestível, preto e redondo, que nasce no tronco e nos galhos da jabuticabeira.

ja.bu.ti.ca.bei.ra (*jabuticaba+eira*) *sf Bot* Nome dado à árvore que produz a jabuticaba.

ja.ca (*malaiala chakka*) *sf* Fruto da jaqueira.

ja.cá (*tupi aiaká*) *sm* Cesto de taquara ou de cipó que serve para conduzir carga nas costas de animais.

ja.ça.nã (*tupi iasanã*) *sf Ornit* Ave comum nos açudes e brejos brasileiros, de cor castanha, bico alongado e amarelo.

ja.ca.ran.dá (*tupi iakarandá*) *sm Bot* Gênero de árvores das leguminosas da América tropical, com flores pequeninas azuis vistosas e que fornece madeira de lei de cor escura.

ja.ca.ran.dá-da-ba.í.a *sm Bot* Árvore leguminosa, do sul da Bahia, da qual se extrai madeira nobre, usada na fabricação de móveis. *Pl: jacarandás-da-baía*.

ja.ca.ré (*tupi iakaré*) *sm* **1** *Zool* Nome comum a certas espécies de répteis que ocorrem no Brasil. **2** Colher de pedreiro com que se introduz argamassa nas juntas das alvenarias. *Deixa estar, jacaré, que a lagoa há de secar*: forma de ameaça a quem no momento tripudia sobre alguém.

ja.ca.ré-de-pa.po-a.ma.re.lo *sm Bot* Jacaré encontrado nos rios e pântanos da costa brasileira, de coloração escura e que chega a medir 3 metros de comprimento. *Pl: jacarés-de-papo-amarelo*.

ja.ci (*tupi iasý*) *sm* **1** *Bot* Espécie de palmeira. **2** A Lua, entre os índios brasileiros.

ja.cin.to (*gr hyákinthos*) *sm Bot* **1** Erva bulbosa ornamental, cujas flores exalam perfume penetrante. **2** A flor dessas plantas.

jac.tar (*lat jactare*) *vpr* Vangloriar-se: *"Estaria falando do irmão padre, recém-chegado? Ou jactando-se de algum feito?"* (SEN)

ja.cu (tupi iakú) sm 1 Ornit Nome comum a várias espécies de aves galiformes frequentes no Brasil. Voz: grasna. 2 Caipira.

ja.cu.tin.ga (jacu+tupi tínga) sf Ornit Nome comum a várias aves galiformes frequentes na mata virgem. Essa ave apresenta penas alongadas no alto da cabeça e cauda mais curta que a asa.

ja.de (fr jade) sm 1 Miner Pedra ornamental muito dura, variando, na cor, de esbranquiçada a verde-escura. 2 A cor verde do jade.

ja.guar (tupi iauára) sm Zool Nome que também se dá à onça-pintada.

ja.gua.ti.ri.ca (tupi iauára tiríka) sf Zool Grande gato selvagem, que habita à América.

ja.gun.ço (quimbundo junguzu) sm 1 Cangaceiro. 2 Capanga, guarda-costas, valentão.

ja.le.co (turco jelek) sm 1 Casaco semelhante à jaqueta. 2 Casaco sem forro e de tecido leve usado sobre a roupa por médicos, dentistas, professores etc.

ja.mai.ca.no (top Jamaica+ano) adj Que pertence ou se refere à Jamaica (Antilhas). • sm Habitante ou natural da Jamaica.

ja.mais (já+mais) adv Em tempo algum, em tempo nenhum, nunca.

ja.man.ta sf Ictiol 1 Arraia marinha extremamente grande. sm 2 gír Pessoa desengonçada, grandalhona. 3 pop Veículo automóvel de grandes dimensões, para transporte de carga pesada.

jam.bei.ro (jambo+eiro) sm Bot Árvore nativa do Mato Grosso que dá o jambo.

jam.bo (hind jambu) sm Bot 1 Fruto do jambeiro. 2 Jambeiro.

ja.me.lão (concani jambulâm) sm Bot Árvore frutífera de folhas alongadas e flores com vários estames, cujo fruto, comestível e carnoso, expele um corante violáceo.

jan.dai.a (tupi iandáia) sf Ornit Nome comum a vários periquitos de coloração geral amarela, com o dorso verde. Voz: chalra, grasna, grita.

ja.nei.ro (lat januariu) sm Primeiro mês do ano civil, com 31 dias.

ja.ne.la (lat vulg ianuella, dim de ianua) sf 1 Abertura nas paredes dos edifícios, para deixar passar a luz e o ar. 2 Caixilho com que se fecha essa abertura. 3 Abertura nos veículos, em geral com vidro. 4 gír estudantil Aula vaga. Janela de correr: janela de uma ou de duas folhas, que se deslocam lateralmente, deslizando sobre corrediças.

jan.ga.da (malaiala changâdam) sf 1 Embarcação rasa, destinada sobretudo à pesca, mas usada também como meio de transporte. 2 Comboio de toros de madeira, ligados transversalmente, que é levado rio abaixo pela correnteza ou rebocado no curso inferior dos rios.

jan.ga.dei.ro (jangada+eiro) sm 1 Patrão ou proprietário de jangada. 2 Piloto ou tripulante de jangada. 3 Pescador que se utiliza desse barco.

ja.no.ta (fr Janot, tipo cômico criado no séc. XVIII) adj+sm Que se veste com apuro; elegante, muito enfeitado: "É responsável pela imagem que nos ficou de D. Diogo V – a de um rei janota." (MAL); "O pescoço daquele janota era muito duro." (CNT)

jan.ta (de jantar) sf pop 1 Ato de jantar. 2 Jantar.

jan.tar (lat jantare) vint 1 Comer o jantar. vtd 2 Comer na ocasião do jantar. • sm 1 Uma das principais refeições do dia, que se faz à noite. 2 Conjunto de pratos que entra nessa refeição. Jantar dançante: jantar seguido por dança.

ja.po.na (do top Japão) sf pop Casaco esportivo de lã grossa.

ja.po.nês (top Japão+ês) adj Que pertence ou se refere ao Japão (Ásia); nipônico. • sm 1 O habitante ou natural do Japão; nipônico. 2 Ling A língua do Japão. Fem: japonesa (ê).

ja.quei.ra (jaca+eira) sf Bot Árvore cultivada principalmente no Norte, cujo fruto é a jaca.

ja.que.ta (ê) (fr jaquette) sf 1 Casaco curto, sem abas, justo na cintura. 2 Odont Em prótese, cobertura de um dente.

ja.que.tão (jaqueta+ão²) sm 1 Paletó trespassado na frente, com quatro ou seis botões. 2 Espécie de jaqueta larga, mais usada no inverno, e que desce até pouco abaixo da cintura.

ja.ra.ra.ca (*tupi iararáka*) *sf* **1** *Zool* Denominação comum a várias espécies de cobras venenosas. **2** *pop* Mulher má, geniosa: *"A velha é uma jararaca, doutor. Fui tocado de casa, está bom?"* (CE)

jar.da (*ingl yard*) *sf* Medida inglesa de comprimento, equivalente a 914 mm ou 0,9144 m. *Símb:* yd.

jar.dim (*fr jardin*) *sm* **1** Pedaço de terreno destinado ao cultivo de flores, plantas e árvores ornamentais. **2** Local ou região rica e bem cultivada. *Jardim botânico:* terreno fechado onde se cultivam plantas seletas para estudo e exibição ao público. *Jardim público:* praça pública ajardinada. *Jardim zoológico:* estabelecimento para criação e exposição de animais. *Jardim de infância:* estabelecimento de educação pré-escolar para crianças de 4 a 6 anos. *Jardim de inverno:* varanda envidraçada de uma casa, com plantas e, algumas vezes, móveis de jardim.

jar.dim de in.fân.cia Ver definição em *jardim*.

jar.dim de in.ver.no Ver definição em *jardim*.

jar.di.na.gem (*jardinar+agem*) *sf* **1** Arte de cultivar jardins. **2** Cultura de jardins.

jar.di.nar (*jardim+ar¹*) *vtd* **1** Cultivar. *vint* **2** Entreter-se com ligeiros trabalhos de jardinagem ou de agricultura: *"Compre algumas plantas e comece a jardinar."* (JP)

jar.di.nei.ra (*jardim+eira*) *sf* **1** Mulher que trata de jardins. **2** Recipiente ornamental, para flores, plantas etc. **3** Canteiro de flores no balcão das janelas. **4** Mistura de hortaliças cozidas. **5** Tipo de ônibus que se usa no interior do Brasil, com bancos dispostos paralelamente, ocupando toda a largura do carro.

jar.di.nei.ro (*jardim+eiro*) *sm* Aquele que trata de jardins ou sabe jardinagem.

jar.gão (*fr jargon*) *sm* **1** Fraseologia peculiar a qualquer classe, profissão etc.: *"Tornou-se, no jargão boboca, muito cabeça para ser pop e muito pop para merecer a aprovação mais culta."* (FSP) **2** Gíria profissional: *"O grupo entra em outro ponto polêmico da agenda de Singapura, chamado, no jargão diplomático, de política de concorrência."* (FSP)

jar.ra (*ár jarra*) *sf* **1** Vaso para flores ou para ornamentação. **2** Recipiente para servir água ou vinho à mesa.

jar.re.te (*ê*) (*fr jarret*) *sm* **1** Tendão ou nervo da perna dos quadrúpedes. **2** Região posterior do joelho, oposta à rótula: *"Firme nos freios, aderido à alimária e levantando-a com suas pernas secas de nortista e seus jarretes de ferro."* (CF)

jar.ro (*masc de jarra*) *sm* Vaso com asa e bico, próprio para conter água.

jas.mim (*fr jasmin*) *sm* **1** *Bot* Gênero de arbustos e trepadeiras lenhosas, notáveis por suas flores perfumadas. **2** *Bot* Qualquer planta desse gênero, da qual se obtêm óleos etéreos para perfumaria. **3** A flor dessas plantas.

jas.mi.nei.ro (*jasmin+eiro*) *V jasmim*.

ja.ta.í (*tupi ietaí*) *sm* **1** *Bot* Árvore do Brasil tropical que fornece resina usada na fabricação de vernizes; jatobá. *sf* **2** *Entom* Espécie de abelha indígena, cujo mel é bastante apreciado.

ja.to (*lat jactu*) *sm* **1** Arremesso, impulso. **2** Aquilo que sai impetuosamente de um orifício ou abertura: *Jato de água. A jato:* rapidamente; a toda a pressa. *Jato contínuo:* coisa que segue sem interrupção. *Jato de luz:* raio ou feixe luminoso que se manifesta subitamente.

ja.to.bá (*tupi ietaí yua*) *Bot V jataí.*

jau.la (*fr jaiole*, ou *geôle*) *sf* Espécie de grande gaiola, com grades de ferro, para prender animais ferozes.

ja.va.li (*ár jabalí*) *sm Zool* Porco selvagem que habita a Europa e o sudeste da Ásia. *Col: alcateia, malhada, vara.* Voz: *grunhe.* Fem: *javalina* e *gironda.*

ja.va.nês (*fr javanais*) *adj* Pertencente ou relativo a Java (Indonésia). • *sm* **1** Habitante ou natural de Java. **2** Língua de Java e da Federação da Malásia (Ásia). *Sin: jau.* Fem: *javanesa* (*ê*).

ja.zer (*lat jacere*) *vint* **1** Estar deitado: *Ali jaziam os feridos.* **2** Estar morto ou como tal: *Muitos jazem, agora.* **3** Estar quieto, imóvel. **4** Estar sepultado: *Aqui jazem os restos mortais de...* Conjug – verbo irregular; não tem a desinência *e* na 3ª pessoa do singular do presente do indicativo; a 2ª pessoa do singular do imperativo afirmativo tem duas formas: *jaz/jaze*. *Conjug* – *Pres indic: jazo, jazes, jaz, jazemos, jazeis, jazem; Pret imp indic: jazia, jazias, jazia, jazíamos, jazíeis, jaziam; Pret perf: jazi, jazeste, jazeu, jazemos, jazestes, jazeram; Pret mais-que-perf: jazera, jazeras, jazera, jazêramos, jazêreis, jazeram; Fut pres: jazerei, jazerás, jazerá, jazeremos, jazereis, jazerão; Fut pret: jazeria, jazerias, jazeria, jazeríamos, jazeríeis, jazeriam; Pres subj: jaza, jazas, jaza, jazamos, jazais, jazam; Pret imp subj: jazesse, jazesses, jazesse, jazêssemos, jazêsseis, jazessem; Fut subj: jazer, jazeres, jazer, jazermos, jazerdes, jazerem; Imper afirm:* —*, jaze(Tu), jaza(Você), jazamos(Nós), jazei(Vós), jazam(Vocês); Imper neg:* —, *Não jazas(Tu), Não jaza(Você), Não jazamos(Nós), Não jazais(Vós), Não jazam(Vocês); Infinitivo impess: jazer; Infinitivo pess: jazer, jazeres, jazer, jazermos, jazerdes, jazerem; Ger: jazendo; Part: jazido.*

ja.zi.da (*part fem* de *jazer*) *sf Miner* Depósito natural de substância mineral ou fóssil, que se encontra no interior ou na superfície da terra: *"O dono das terras achou e está explorando uma jazida de amianto."* (SA)

ja.zi.go (de *jazer*) *sm* **1** Sepultura, túmulo. **2** Monumento funerário. **3** *Miner* V *jazida*.

jazz (*djéz*) (*ingl*) *sm Mús* Música dos negros norte-americanos caracterizada por improvisação. *Pl: jazzes.*

jaz.zis.ta (*jazz*+*ista*) *s m*+*f* **1** Compositor de *jazz*. **2** Intérprete de *jazz* (cantor ou músico). **3** Admirador de *jazz*.

jê *sm Ling* Família linguística que reúne diversas línguas indígenas de tribos do Brasil central. • *adj m*+*f* Referente a uma dessas línguas ou a seus falantes.

jeans (*djinz*) (*ingl*) *sm sing+pl* Calças ou outras peças do vestuário confeccionadas com brim azul.

je.ca (de *Zeca*, hipocorístico) V *caipira*.

je.ca-ta.tu *sm* Nome e símbolo do roceiro paulista, quando doente e desanimado. *Pl: jecas-tatus.*

je.gue (*ingl jackass*) *sm* **1** *Reg* (Nordeste) V *jumento*. **2** *fig* Burro.

jei.to (*lat jactu*) *sm* **1** Arranjo, conveniência. **2** Destreza, finura, habilidade. **3** Aptidão, disposição, propensão. **4** Maneira, modo. *Com jeito:* a) com habilidade; b) com perfeição. *Daquele jeito, gír:* mal. *Dar jeito:* ser jeitoso. *Dar um jeito:* a) fazer o necessário para conseguir uma coisa; b) arranjar com habilidade; c) remover com destreza uma dificuldade. *De jeito que:* de maneira que. *Mau jeito:* a) movimento desastrado que causa dor ou luxação; b) a dor ou luxação assim causada. *Não dar jeito:* não ser possível. *Não ver jeito:* não ver saída, não ver possibilidade. *Sem jeito:* a) desajeitado, desastrado; b) acanhado, tímido. *Sem jeito para nada:* inábil, desastrado. **Jeito** é com **j** e, consequentemente, todos os seus derivados também o são: *ajeitar, enjeitar, rejeitar, sujeitar* etc.

jei.to.so (ó) (*jeito*+*oso*) *adj* **1** Que tem jeito. **2** Habilidoso. **3** Que tem boa aparência ou gentileza. *Antôn: desajeitado. Pl: jeitosos* (ó).

je.ju.ar (*lat jejunare*) *vint* **1** Praticar o jejum. *vint* **2** Observar o jejum determinado por preceito eclesiástico. *vint* **3** Abster-se, ou ser privado de alguma coisa.

je.jum (*lat jejunu*) *sm* **1** Abstinência ou redução de alimentos em certos dias por penitência ou por preceito eclesiástico. **2** Abstenção, privação. *Deixar em jejum:* a) privar alguém do alimento; b) deixar alguém em completa ignorância de uma coisa. *Quebrar o jejum:* a) interrompê-lo, comendo ou bebendo qualquer alimento; b) transgredir a obrigação do jejum.

je.ni.pa.pei.ro (*jenipapo*+*eiro*) *sm Bot* Árvore que fornece boa madeira para construção e marcenaria e cujo fruto é o jenipapo.

je.ni.pa.po (*tupi iandipáua*) *sm* **1** Fruto do jenipapeiro. **2** Mancha escura na base da espinha das crianças, tida como sinal de mestiçagem.

Je.o.vá (*hebr Yehovah*) *sm* Nome de Deus no Antigo Testamento.

je.qui.ti.bá (*tupi iykytyuá*) *sm Bot* Grande árvore das florestas brasileiras.

je.ri.co *sm pop* Asno, burrico, jumento.

je.ri.mum (*tupi iurumún*) *sm Reg* (Norte, Nordeste) *Bot* **1** O fruto da aboboreira; abóbora. **2** V *aboboreira*.

jér.sei (do *ingl Jersey*, *np*) *sm* **1** Espécie de

tecido de malha de algodão, lã ou seda. **2** Raça de gado bovino leiteiro.

je.su.í.ta (*Jesu, np+ita*) *adj m+f* Referente aos jesuítas. • *sm* Membro da Companhia de Jesus, fundada por Santo Inácio de Loyola (1491-1556).

je.su.i.tis.mo (*jesuíta+ismo*) *sm* Sistema, doutrina, princípios e modo de proceder dos jesuítas.

je.tom (*fr jeton*) *sm* **1** Pequena ficha entregue a cada membro de determinadas corporações e que lhe proporciona uma remuneração pela presença. **2** *por ext* Essa remuneração. **3** *Polít* Subsídio concedido a parlamentares quando presentes nas sessões extraordinárias.

jet ski (*djét-iskí*) (*ingl*) *sm Esp* Marca registrada de veículo que poderia ser descrito como uma espécie de motocicleta adaptada para planar sobre a água, utilizando uma quilha semelhante a um grande esqui.

ji.boi.a (*ó*) (*tupi iymboia*) *sf Herp* Grande serpente não venenosa dos países quentes, de cor amarelo-parda com grandes manchas claras no dorso. Veja nota em **j**.

ji.ló (quioco *jilo*) *sm* Fruto do jiloeiro. Veja nota em **j**.

ji.lo.ei.ro (*jiló+eiro*) *sm Bot* Planta hortense, muito cultivada por seu fruto comestível, considerado benéfico para a digestão.

jingle (*djíngol*) (*ingl*) *sm Propag* Anúncio musicado em rádio ou televisão.

ji.pe (*ingl jeep*) *sm* Automóvel de grande facilidade de manobras nos terrenos acidentados, geralmente com tração nas quatro rodas.

ji.rau (*tupi iurá*) *sm* **1** Armação feita de varas e troncos, usada para esperar a caça ou dormir no mato. **2** Cama de varas. **3** Estrado que serve de assento aos passageiros de uma jangada.

jiu-jít.su (*jap jûjutsu*) *sm* Sistema de luta corporal de origem japonesa que busca fazer o oponente perder o equilíbrio e então jogá-lo no chão e imobilizá-lo: *"Sou professor aposentado de jiu-jítsu..."* (BH)

jo.a.lhei.ro (*fr joaillier*) *sm* **1** Fabricante ou vendedor de joias. **2** Engastador de pedras preciosas.

jo.a.lhe.ri.a (*fr joaillerie*) *sf* **1** Arte, profissão de joalheiro. **2** Estabelecimento de comércio de joias. **3** Os objetos que o joalheiro vende. *Var: joalharia.*

jo.a.ne.te (*ê*) (*cast juanete*) *sm Anat* Saliência na articulação do primeiro osso do metatarso com a falange correspondente do dedo grande do pé, causada por inflamação crônica da bolsa membranosa.

jo.a.ni.nha (*dim de Joana, np*) *sf* **1** Inseto de corpo oval e asas coloridas pintalgadas de branco ou preto. **2** *Ictiol* Peixe de água doce de coloração pardo-acinzentada, com vários pontos negros sobre o corpo.

jo.ão-bo.bo *sm* **1** *Zool* Ave das zonas campestres do Brasil, cujo dorso é pardo-avermelhado, com faixas pretas, faces pretas com manchas brancas, abdome branco e coleira branca no pescoço. **2** *V joão-teimoso. Pl: joões-bobos.*

jo.ão-de-bar.ro *sm Ornit* Ave que faz ninho com barro. *Pl: joões-de-barro.*

jo.ão-nin.guém *sm pop* **1** Homem insignificante, indivíduo sem valor. **2** Sujeito à toa. *Pl: joões-ninguém.*

jo.ão-tei.mo.so (*ô*) *sm* Boneco que na base tem um peso de chumbo, areia ou água e que, ao ser deitado, levanta-se imediatamente; joão-bobo. *Pl: joões-teimosos* (*ó*).

jo.ça *sf gír* Coisa sem importância: *"Eu quero é ver ter peito pra quebrar essa joça toda."* (UC); *"Só queria me livrar dessa joça de vida."* (DO)

jo.co.so (*ô*) (*lat jocosu*) *adj* **1** Alegre, divertido: *"E prolongariam esse jogo de empurra, ainda um tanto jocoso, se eu não pusesse fim com um berro à brincadeira."* (BDI) **2** Que provoca o riso; trocista: *"Publicado em todos os jornais, com comentários jocosos, o requerimento torna-se objeto de gozação geral."* (SAT) *Pl: jocosos* (*ó*).

jo.e.lha.da (*joelho+ada*¹) *sf* Pancada com o joelho: *"Cica dá-lhe uma joelhada."* (UC)

jo.e.lhei.ra (*joelho+eira*) *sf* **1** Tudo o que se prende sobre os joelhos para protegê-los. **2** *Esp* Peça acolchoada para proteger os joelhos do atleta durante a prática de esportes.

jo.e.lho (*ant geolho, do lat tardio genuculu*) *sm Anat* Articulação ou região da articulação do fêmur com a tíbia e a fíbula (antigo perônio).

jo.e.lhu.do (*joelho+udo*) adj Que tem joelhos grossos.

jo.ga.da (*part fem de jogar*) sf **1** Ato de jogar. **2** Lance de jogo. **3** Esquema de negócio planejado com o intuito de se obter lucro. *Tirar da jogada:* eliminar, excluir.

jo.ga.do (*part de jogar*) adj **1** Que se jogou. **2** Prostrado, inerte. **3** Desamparado, abandonado.

jo.ga.dor (*jogar+dor*) adj+sm **1** Que ou aquele que joga. **2** Que ou aquele que tem a paixão ou o vício do jogo.

jo.gar (*lat jocari*) vti e vint **1** Fazer apostas em jogo. vtd **2** Entregar-se ao jogo: *Os três amigos jogavam bilhar.* vtd **3** Arremessar, atirar, sacudir: *Jogar o laço.* vpr **4** Arremessar-se, atirar-se: *Jogou-se ao chão. Jogar a última cartada:* a) arriscar tudo o que resta; b) empregar o último recurso. *Jogar confete:* elogiar.

jo.ga.ti.na (*jogata+ina*) sf **1** Hábito ou vício de jogo. **2** Jogo de azar, jogo que depende mais da sorte que do cálculo.

jogging (*djóguin*) (*ingl*) sm **1** Ação de correr ou andar lentamente, em passos ritmados. **2** Vestuário esportivo para a prática do *jogging*.

jo.go (*ô*) (*lat jocu*) sm **1** Brincadeira, divertimento, folguedo. **2** Passatempo em que geralmente se arrisca dinheiro ou outra coisa. **3** Divertimento ou exercício de crianças em que elas fazem prova da sua habilidade, destreza ou astúcia. **4** Maneira de jogar. **5** Cartas ou peças distribuídas a cada parceiro e com que ele deve jogar. **6** Lance que cada jogador faz ou tem de fazer. **7** Aposta. **8** *Mec* Espaço livre entre duas peças, tais como êmbolo e cilindro. **9** Movimento das peças de um mecanismo. *Conhecer o jogo de alguém:* descobrir as intenções de alguém. *Entrar no jogo:* a) participar do jogo; b) tomar parte em qualquer empreendimento. *Esconder o jogo:* ocultar as intenções. *Jogo de palavras:* trocadilho. *Jogo de azar:* loteria, rifa. *Jogos olímpicos:* a) os que, em honra de Júpiter, eram celebrados, na antiga Grécia, de quatro em quatro anos; b) competições esportivas internacionais realizadas de quatro em quatro anos em país preestabelecido. *Pl: jogos (ó).*

jo.gral (*provençal joglar*) sm **1** *ant* Músico que, por salário, tocava em festas populares, cantava ou recitava, tomando parte nos divertimentos. **2** Coro polifônico, entremeado de declamação, que abrilhanta representações cênicas ou solenidades sociais. *Fem* (acepção 1): *jogralesa.*

jo.gue.te (*ê*) (*jogo+ete*) sm **1** Brincadeira, divertimento. **2** Aquele ou aquilo que é objeto de zombaria: *"O Sr. precisa ter cuidado para não se transformar em joguete nas mãos dos adversários."* (DZ)

joi.a (*ó*) (*fr ant joie*) adj m+f gír Muito bonito ou bom. • sf **1** Objeto de adorno, de matéria preciosa ou imitante. **2** Artefato de grande valor artístico. **3** Quantia paga pelos que são admitidos numa associação ou grêmio.

joi.o (*lat hispânico *lioliu*) sm **1** *Bot* Planta anual, gramínea, que infesta as searas. **2** Semente dessa planta. **3** *fig* Coisa má que, misturada com as boas, as prejudica e deprecia. *Separar o joio do trigo:* separar os bons dos maus; separar o que é bom do que não presta: *"Jesus em seu evangelho nos recomenda que trigo e joio sempre estão misturados e é difícil separá-los definitivamente."* (GAL)

jo.jo.ba (*espanhol mexicano jojoba*) sf *Bot* Planta arbustiva cuja semente produz um tipo de óleo rico em proteína, e sua tora é utilizada na produção de rações e como fertilizante.

jó.quei (*ingl jockey*) sm **1** Indivíduo cuja profissão é montar cavalos nas corridas. **2** *V jóquei-clube. Fem: joqueta.*

jó.quei-clu.be (*ingl jockey club*) sm Clube de reuniões de corridas de cavalos. *Pl: jóqueis-clube e jóqueis-clubes.*

jo.que.ta (*de jóquei*) sf Fem de jóquei (acepção 1).

jor.da.ni.a.no (*top Jordânia+ano*) adj Relativo à Jordânia (Ásia). • sm Natural ou habitante da Jordânia.

jor.na.da (*provençal jornada*) sf **1** Marcha ou percurso que se faz num dia. **2** Viagem por terra. **3** Duração do trabalho diário.

jor.nal (*lat diurnale*) sm **1** Pagamento de um dia de trabalho. **2** Publicação periódica em que se publicam notícias, informações ao público etc.; gazeta. *Jornal* *falado:* programa noticioso de rádio ou televisão. *Pôr no jornal:* publicar, tornar conhecido por todos.

jor.na.le.co *(jornal+eco) sm pej* Jornal sem importância, jornal mal redigido.

jor.na.lei.ro *(jornal+eiro) adj* Que se faz dia a dia; diário. • *sm* **1** Trabalhador a quem se paga jornal. **2** *pej V jornalista.* **3** Entregador ou vendedor de jornais.

jor.na.lis.mo *(jornal+ismo) sm* **1** A imprensa periódica. **2** Profissão de jornalista. **3** Conhecimentos relativos ao jornalismo.

jor.na.lis.ta *(jornal+ista) s m+f* **1** Pessoa que por profissão escreve em jornal. **2** Pessoa que dirige um jornal.

jor.na.lís.ti.co *(jornal+ístico) adj* Que diz respeito a jornal, jornalista ou jornalismo.

jor.rar *(jorro+ar¹) vti* e *vint* **1** Sair em jorro, manar com força; rebentar: *A água jorrava das torneiras. vtd* **2** Deitar ou lançar em jorro, fazer sair com ímpeto. *vtd* **3** Emitir, lançar de si. *vint* **4** Fazer saliência convexa (jorramento).

jor.ro *(ô) (cast chorro) sm* **1** Saída impetuosa de um líquido. **2** Esguicho, jato forte.

jo.ta *(gr iôta) sm* O nome da letra *j. Pl: jotas* ou *jj.*

jo.vem *(lar juvene) adj m+f* Juvenil, moço, novo. • *s m+f* Pessoa moça. *Sup abs sint: juveníssimo.*

jo.vem-guar.da *sf Mús* Tendência musical da década de sessenta que introduziu o *rock* brasileiro e a balada.

jo.vi.al *(lat joviale) adj m+f* Alegre, brincalhão, prazenteiro: *"Salviano, até aquele instante jovial, ficou de repente sério."* (ASS); *"Falou num tom jovial, que já revelava sua intimidade com o novo Diretor."* (ORM)

jo.vi.a.li.da.de *(jovial+i+dade) sf* **1** Qualidade de jovial. **2** Bom humor. **3** Dito alegre.

ju.ba *(lat juba) sf* **1** A crina do leão. **2** *pop* Cabeleira abundante e crespa.

ju.bi.la.ção *(lat jubilatione) sf* **1** Ato de jubilar. **2** Aposentadoria de professor. **3** Impedimento ao aluno de continuar no curso por descumprimento de regras, excesso de reprovação ou após o prazo determinado para a sua conclusão: *"Ferreira não terá tempo hábil de cursar todas as matérias no ano que vem para evitar a jubilação."* (FSP)

ju.bi.la.do *(part de jubilar) adj* Que recebeu jubilação.

ju.bi.lar *(lat jubilare) vtd* **1** Encher de júbilo. *vint* **2** Encher-se de júbilo, ter grande alegria. *vtd* **3** Conceder jubilação a; aposentar: *"Parlamentares, que se jubilam com oito anos de mandato."* (FSP) *Antôn* (acepções 1 e 2): *entristecer.*

ju.bi.leu *(lat jubilaeu) sm* **1** Indulgência plenária que o papa concede em certas solenidades. **2** Solenidade em que é concedida essa indulgência. **3** Quinquagésimo aniversário (de casamento, de exercício de um cargo etc.).

jú.bi.lo *(lat jubilu) sm* **1** Grande alegria ou contentamento. **2** Regozijo. *Antôn: tristeza.*

ju.ça.ra *(tupi ieysára) sf Bot* Palmeira comum nas matas brasileiras, tropicais e subtropicais, que produz palmito de excelente qualidade.

ju.da.ís.mo *(gr iudaïsmós) sm* **1** Religião dos judeus. **2** Conjunto das pessoas que professam essa religião.

ju.das *(de Judas, np) sm sing+pl* **1** V *traidor.* **2** Amigo falso. **3** Boneco ou espantalho que se queima no sábado de Aleluia. *Onde judas perdeu as botas:* em lugar remoto ou desconhecido.

ju.deu *(lat judaeu) adj* Que diz respeito à Judeia (região da Palestina antiga) ou aos judeus; hebreu, israelita. • *sm* **1** Natural ou habitante da Judeia. **2** O que descende dos antigos habitantes da Judeia. **3** O que segue o judaísmo. **4** Qualquer pessoa da raça hebreia. *Fem: judia.*

ju.di.a *(lat judaea) sf* **1** Feminino de *judeu.* **2** Espécie de capa mourisca, um tanto curta e adornada, usada no século XIX. **3** *Ictiol* Nome comum a dois peixes de Portugal.

ju.di.a.ção *(judiar+ção) sf* **1** Ato de judiar. **2** Malvadeza, maus-tratos. **3** Escárnio.

ju.di.ar *(jud(eu)+i+ar¹) vti* **1** Apoquentar, atormentar: *"Você é ruim, você está judiando com Miguilim!"* (COB) **2** Maltratar: *"Não vá vosmecê judiar do bichinho do doutor."* (CL) Conjuga-se como *premiar.*

ju.di.ci.al *(lat judiciale) adj m+f* **1** Concer-

ju.di.ci.á.rio (*lat judiciariu*) *adj* Relativo ao direito processual ou à organização da justiça. • *sm* Um dos três poderes da República, incumbido de distribuir justiça e interpretar a Constituição.

nente aos tribunais ou à justiça; forense. **2** Que se realiza perante o poder judiciário.

ju.dô (*jap jûdô*) *sm* Modalidade esportiva de jiu-jítsu, praticada sobre tatame por dois atletas.

ju.do.ca (*tupi jûdôka*) *s m+f Esp* Praticante de judô.

ju.go (*lat jugu*) *sm* **1** Barra ou armação de madeira, pela qual dois animais de tiro, especialmente bois, são unidos pelo pescoço ou cabeça, para o trabalho; canga. **2** Junta de bois. **3** Sujeição, opressão. **4** Dominação.

ju.gu.lar (*lat jugulare*) *adj m+f* Que pertence ou se refere à garganta ou ao pescoço: *"ingurgitamento das veias jugulares"* (CLI). • *sf Anat* Nome de quatro veias duplas do pescoço: jugulares externas, internas, anteriores e posteriores. • *vtd* **1** Debelar, extinguir: *"Não pôde jugular a crise econômico-financeira"* (TGB); *"Isso seria porque, pelo que tem de prodigioso, o sentimento pessoal da imobilidade jugulasse a agitação da vida?"* (AV) **2** Degolar, decapitar.

ju.iz (*lat judice*) *sm* **1** O que tem autoridade e poder para julgar e sentenciar. **2** Membro do poder judicial. **3** Árbitro, julgador. **4** O que nos certames e jogos faz cumprir as regras estabelecidas. *Juiz de linha*, *Esp*: profissional que auxilia o juiz da partida; bandeirinha. *Juiz de paz*: magistrado eletivo que, em cada distrito do juízo de paz, preside ao juízo conciliatório e realiza outros atos civis (celebração de casamentos, *p ex*) e criminais. *Fem*: juíza.

ju.i.za.do (*juiz+ado²*) *sm* **1** Cargo de juiz. **2** Local onde o juiz exerce suas funções. *Juizado de pequenas causas*, *Dir*: juizado especial em que os interessados podem impetrar ações que envolvam indenizações de até 20 salários mínimos (sem participação de advogado) ou de até 40 salários mínimos (com ajuda de advogado). *Juizado de menores*: V *juízo de menores*.

ju.iz de li.nha Ver definição em *juiz*.

ju.í.zo (*lat judiciu*) *sm* **1** Ato de julgar; julgamento. **2** Apreciação, conceito. **3** Opinião, voto, parecer. **4** Sensatez, siso, tino. **5** Jurisdição. **6** Lugar onde se exerce ou se pratica a justiça. *Juízo de Deus*: a) vontade divina; b) decreto da Providência. *Juízo de menores*: órgão a quem compete processar e julgar os delitos e as contravenções cometidos por menores de dezoito anos. *Juízo final*, *Rel*: juízo pelo qual Deus, conforme a doutrina da Igreja, há de, no fim do mundo, julgar os bons e os maus, juntos no mesmo lugar.

ju.ju.ba (*gr zízyphon*) *sf* **1** *Bot* Arbusto semelhante ao juazeiro, mas um pouco menor. **2** Fruto desse arbusto. **3** Suco ou massa desse fruto. **4** Bala feita de jujuba (acepção 3).

jul.ga.do (*part de julgar*) *adj* **1** Que se julgou. **2** Condenado ou absolvido por sentença. **3** Conjeturado, pensado. • *sm* **1** Divisão territorial sobre a qual tem jurisdição o juiz ordinário. **2** O cargo desse juiz. **3** Sentença pronunciada pelo juiz.

jul.ga.dor (*julgar+dor*) *adj+sm* **1** Que ou aquele que julga. **2** Que ou aquele que aprecia. **3** Diz-se do ou o juiz ou tribunal que julgou ou vai julgar certa causa. • *sm* Árbitro.

jul.ga.men.to (*julgar+mento*) *sm* **1** Ato ou efeito de julgar. **2** Sentença judicial. **3** Decisão. **4** Apreciação, exame.

jul.gar (*lat judicare*) *vtd* **1** Decidir, resolver como juiz ou como árbitro, lavrar ou pronunciar sentenças: *Julgar um processo*. *vtd* e *vint* **2** Pronunciar uma sentença; sentenciar. *vtd* **3** Apreciar, avaliar. *vtd* **4** Formar juízo crítico acerca de; avaliar. *vtd* **5** Formar conceito sobre alguém ou alguma coisa. *vtd* **6** Entender, imaginar, supor: *Julguei que o tivesse guardado*. *vtd* e *vpr* **7** Considerar(-se), entender(-se), reputar(-se), ter(-se) por: *Julga-se o mais aplicado da classe*.

ju.lho (*lat juliu*) *sm* O sétimo mês do ano civil, com 31 dias.

ju.men.to (*lat jumentu*) *sm* **1** *Zootecn* Equino usado como animal de tração e carga, facilmente domesticável; asno, burro, jegue, jerico. **2** *fig* Indivíduo pouco inteligente. *Fem*: jumenta.

jun.ção (*lat junctione*) *sf* **1** Ato ou efeito de juntar. **2** Lugar ou ponto em que duas ou mais coisas coincidem ou se juntam; junta, união, ligação. **3** *Carp* O lugar de união de duas peças de madeira por encaixe e espiga; junta. **4** Reunião. *Antôn* (acepções 1 e 4): *separação*.

jun.co (*lat juncu*) *sm* **1** *Bot* Planta pantanosa das regiões temperadas, com caule cilíndrico, delgado e flexível, muitas vezes oco, com folhas de superfície lisa, comumente roliças ou sulcadas. **2** Varinha dessa planta; chibata. **3** Bengala feita dessa planta.

jun.gir (*lat jungere*) *vtd* **1** Ligar, por meio de jugo ou canga; emparelhar: *Jungir os bois*. **2** Atar, prender, unir: *"Sou um pobre soldado que qualquer pode mandar jungir nas estacas..."* (CG) **3** Submeter, subjugar: *Jungir os fracos*. *Conjug* – por ser defectivo, não se conjuga na 1ª pessoa do singular do presente do indicativo e, consequentemente, em todo o presente do subjuntivo. Conjuga-se como *abolir*.

jun.gui.a.no (*iunguiano*) (*Jung, np+i+ano*) *adj Psicol* Relativo ou pertencente ao psicólogo suíço Carl Gustav Jung (1875- -1961) ou às suas teorias.

ju.nho (*lat juniu*) *sm* Sexto mês do ano civil, com 30 dias.

ju.ni.no (*lat Juniu+ino*) *adj* Relativo ao mês de junho e especialmente às festas de Santo Antônio, São João e São Pedro.

jú.ni.or (*lat juniore*) *adj* **1** Mais moço (usa- -se depois do nome de uma pessoa, para distingui-la de outra, mais velha, da mesma família, que tenha o mesmo nome). **2** Diz-se de profissional iniciante em uma função. • *sm Esp* Designativo dos que pertencem à turma dos concorrentes mais moços. *Pl: juniores*. *Antôn: sênior*. Normalmente, as palavras flexionadas no plural conservam o acento do singular. Algumas, porém, terminadas em **r**, cujo plural se faz mediante acréscimo de **es**, fogem a essa regra. É o caso de *juniores* (*ô*), *caracteres* (*é*), *cateteres* (*é*) etc.

jun.qui.lho (*cast junquilho*) *sm* **1** *Bot* Erva ornamental de flores douradas e perfumadas. **2** A flor dessa planta.

jun.ta (*fem de junto*) *sf* **1** Junção, união. **2** *Anat* e *Zool* Articulação. **3** Encaixe ou ranhura na borda de tábuas que se ligam pelo processo de macho e fêmea. **4** *Constr* Espaço entre as superfícies adjacentes de dois tijolos unidos com argamassa. **5** Assembleia. **6** Comissão. **7** Conferência médica. **8** Conselho administrativo. *Junta comercial*: instituição administrativa, de interesse dos comerciantes, destinada a rubricar livros comerciais, nomear avaliadores comerciais etc. *Junta de bois*: a) dois bois de tração; b) par bovino igual.

jun.tar (*junto+ar¹*) *vtd* e *vti* **1** Ajuntar. *vtd* **2** Aproximar, pôr junto de. *vtd* **3** Coser, ligando as peças superiores do calçado. *vpr* **4** Associar-se, unir-se. *vpr* **5** Vir ou seguir-se sucessivamente: *Uma coisa juntou-se a* (ou *com*) *outra*. *vpr* **6** *pop* Amigar-se, amasiar-se. *Antôn* (acepção 1): *separar*.

jun.to (*part irr de juntar*) *adj* **1** Chegado, unido. **2** Reunido. **3** Contíguo, muito próximo. *Antôn: separado*. • *adv* **1** Ao pé, ao lado. **2** Juntamente. *Junto a* ou *junto de*: ao lado de, perto de, próximo a.

jun.tu.ra (*lat junctura*) *sf* **1** Junção, junta. **2** *Anat* Articulação. **3** Ligação. **4** Linha de união.

Jú.pi.ter (*lat Juppiter*) *sm* **1** *Astr* O maior planeta do sistema solar, que possui mais de 12 satélites. **2** *Mit* O pai dos deuses entre os romanos, corresponde a Zeus entre os gregos.

ju.qui.ri (*tupi iukyrí*) *sm Bot* Árvore da Amazônia de madeira escura e dura.

ju.ra (*de jurar*) *sf* Ato de jurar; juramento: *"Rodrigo lembrava-se, divertido, das juras que então fizera a si mesmo."* (TV); *"Tonico atira dando risada, é feio, por isso tem umas cem juras de morte em cima dele."* (SAR)

ju.ra.do (*lat jurato*) *adj* **1** Solenemente declarado. **2** Protestado com juramento. **3** Ameaçado. **4** Declarado inconciliável: *Inimigo jurado*. • *sm* Membro do tribunal do júri; juiz de fato. *Col: conselho* (quando em sessão).

ju.ra.men.ta.do (*part de juramentar*) *adj* **1** Que prestou juramento. **2** Empenhado por juramento: *Tradutor juramentado*.

ju.ra.men.tar (*juramento+ar¹*) *vtd* **1** Fazer

juramento. *vtd* **2** Conceder juramento a; tomar juramento de: *Juramentar testemunhas.* *vpr* **3** Obrigar-se com juramento.

ju.ra.men.to (*lat juramentu*) *sm* **1** Ato de jurar. **2** Afirmação ou negação explícita de alguma coisa, tomando Deus por testemunha ou invocando coisa sagrada. **3** Nome de um dos livros de Hipócrates, que trata dos deveres do médico.

ju.rar (*lat jurare*) *vtd* **1** Afiançar, afirmar, assegurar, declarar ou prometer sob juramento: *Jurou que era verdade.* *vint* **2** Dar, prestar ou proferir juramento. *vtd* **3** Reconhecer mediante juramento. *vtd* **4** Afirmar cabalmente; afiançar, asseverar.

ju.rás.si.co (*fr jurassique*) *adj+sm Geol* Diz-se do ou o período da era mesozoica entre o cretáceo e o triásico.

jú.ri (*ingl jury*) *sm* **1** Tribunal judiciário, presidido por um juiz de direito, composto por vinte e um cidadãos de notória idoneidade, convocados em nome da lei para julgamento dos crimes, entre os quais se sortearão sete que constituirão o conselho de sentença em cada sessão de julgamento. **2** Conjunto dos cidadãos que podem ser jurados. **3** Comissão encarregada de julgar o mérito de alguém ou de alguma coisa.

ju.rí.di.co (*lat juridicu*) *adj* **1** Concernente ao direito. **2** Conforme às ciências do direito ou aos seus preceitos. **3** Que se faz por via da justiça. **4** Que diz respeito às normas judiciárias.

ju.ris.con.sul.to (*lat jurisconsultu*) *sm* Advogado perito na ciência do direito e especializado em dar pareceres sobre questões jurídicas; jurista.

ju.ris.di.ção (*lat jurisdictione*) *sf* **1** *Dir* Poder, direito ou autoridade legal para ouvir e determinar uma causa. **2** Poder legal para interpretar e ministrar a lei. **3** Autoridade de um poder soberano de governar e legislar. **4** Território a que se estende essa autoridade. **5** Atribuições de um magistrado. **6** Faculdade de aplicar as leis e de julgar. **7** Extensão territorial em que um juiz exerce as suas atribuições.

ju.ris.ta (*juro+ista*) *adj* e *s m+f* Que ou aquele que domina o conhecimento da ciência do direito e que tem por profissão dar pareceres acerca de questões jurídicas; jurisconsulto.

ju.ri.ti (*tupi iurutí*) *sf Ornit* Nome comum dado a alguns tipos de rolas e pombos.

ju.ro (*lat jure*) *sm* **1** Taxa percentual incidente sobre um valor ou quantia, numa unidade de tempo determinada. **2** Remuneração que uma pessoa recebe pela aplicação do seu capital; rendimento de dinheiro emprestado. *Juro composto:* o que é pago sobre o capital e o juro, reunido periodicamente a este; juro de juro. *Juro simples:* o que é pago apenas sobre o capital empregado, conservando-se este constante durante o período de transação.

ju.ru.be.ba (*tupi iuruuéua*) *sf Bot* Nome dado a várias espécies de arbustos brasileiros, cujas raízes são usadas na medicina popular, fornecendo um poderoso tônico e desobstrutivo.

ju.ru.ru (do *tupi*) *adj m+f* Acabrunhado, melancólico, tristonho.

jus (*lat jus*) *sm* **1** Direito derivado da lei natural ou escrita. **2** Direito, objetiva ou subjetivamente considerado. *Fazer jus a:* merecer.

jus.ta (*provençal josta*) *sf* **1** Na Idade Média, competição ou esporte marcial em que dois cavaleiros ou partidos de cavaleiros combatiam à lança por um prêmio; torneio. **2** Duelo. **3** Qualquer combate.

jus.ta.por (*lat juxtaponere*) *vtd* e *vtdi* **1** Pôr junto, pôr ao pé de; aproximar, sobrepor. *vpr* **2** Pôr-se em contato; unir-se. Conjuga-se como *pôr*.

jus.ta.po.si.ção (*lat juxtapositione*) *sf* **1** Ato ou efeito de justapor(-se). **2** Aposição. **3** *Biol* Agregação sucessiva de novas moléculas ao núcleo primitivo, nos corpos inorgânicos. **4** *Gram* Processo de composição vocabular pelo qual cada um dos elementos componentes da palavra mantém sua integridade gráfica e prosódica. Designação abandonada pela *N.G.B.* e substituída por *composição*.

jus.ti.ça (*lat justitia*) *sf* **1** Direito, razão fundada nas leis. **2** Jurisdição, alçada. **3** Ação de reconhecer os direitos de alguém a alguma coisa, de atender às suas reclamações, às suas queixas etc. **4** Poder de decidir sobre os direitos de cada um, de premiar e de punir. **5** Exercício desse poder. *De justiça:* justo, merecido. *Fazer justiça:*

justiçar. *Fazer justiça a:* punir ou premiar equitativamente; julgar, sentenciar. *Justiça divina:* atributo de Deus pelo qual Ele regula com igualdade todas as coisas.

jus.ti.cei.ro (*justiça+eiro*) *adj* **1** Rigorosamente justo; imparcial. **2** Severo, implacável. • *sm* O que faz justiça com as próprias mãos.

jus.ti.fi.ca.ção (*lat justificatione*) *sf* **1** Ato ou efeito de justificar(-se). **2** Causa, desculpa, fundamento, razão. **3** *Tip* e *Inform* Obtenção de perfeita igualdade na largura das linhas da mesma página.

jus.ti.fi.car (*lat justificare*) *vtd* **1** Declarar justo; demonstrar ou reconhecer a inocência de; descarregar da culpa imputada. *vtd* **2** *Teol* Reabilitar; declarar justo, inocente; absolver. *vpr* **3** Demonstrar a boa razão do seu procedimento; provar a sua inocência; reabilitar-se. *vtd* **4** Provar judicialmente por meio de justificação: *Justificar a existência do ato ou relação jurídica*. *vtd* **5** Desculpar: *Um erro não justifica outro*. *vtd* **6** Explicar com razões plausíveis: *Como justificarei a minha presença aqui?* *vtd* **7** Fazer que pareça justo; explicar, fundamentar. *vtd* **8** Fazer jus a: *Justificar a confiança*.

jus.ti.fi.ca.ti.va (*fem* de *justificativo*) *sf* Prova, razão ou documento com que se demonstra a realidade de um fato ou a veracidade de uma proposição.

jus.ti.fi.cá.vel (*justificar+vel*) *adj m+f* Que se pode justificar.

jus.to (*lat justu*) *adj* **1** Conforme à justiça, à razão e ao direito. **2** Reto, imparcial, íntegro. **3** Exato, preciso. **4** *Dir* Legítimo. **5** Que tem fundamento; fundado. **6** Merecido: *Pena justa*. **7** Ajustado. **8** Estreito, apertado, cingido. • *sm* **1** Homem virtuoso, que observa exatamente as leis da moral ou da religião. **2** O que é conforme à justiça. • *adv* Exatamente, justamente. *Justo preço:* preço que corresponde ao valor das coisas.

ju.ta (*bengali jhuto*, via *ingl*) *sf* **1** *Bot* Planta de fibras têxteis, folhas ovaladas, flores amarelas e fruto em cápsula. **2** A fibra dessa planta. **3** Tecido feito dessa planta.

ju.ve.nil (*lat juvenile*) *adj m+f* **1** Que diz respeito à juventude. **2** Próprio da idade jovem. **3** Moço. **4** *Esp* Diz-se da equipe formada apenas por adolescentes. *Antôn* (acepções 1, 2 e 3): senil. *Pl:* juvenis.

ju.ven.tu.de (*lat juventutem*) *sf* **1** Período da vida entre a infância e a idade adulta; adolescência. **2** A gente moça; mocidade. *Antôn:* velhice. *Juventude transviada:* gente moça desencaminhada dos bons costumes.

k

k (*cá*) *sm* Décima primeira letra do alfabeto português, usada em abreviaturas, em termos técnicos de uso internacional e em palavras derivadas eruditamente de nomes próprios estrangeiros.
Emprega-se em abreviaturas como *quilo* (k), *quilograma* (kg), *quilolitro* (kl) e *quilômetro* (km); em termos técnicos de uso internacional como *kilobyte*; e em palavras derivadas de nomes próprios estrangeiros como *kantismo*.

K 1 Símbolo do *potássio*. **2** Símbolo de *Kelvin*.

ka.mi.ka.ze (*jap kamikaze*) V *camicase*.

ka.ra.o.kê (*jap karaoke*) *sm* **1** Casa noturna onde o cliente pode cantar acompanhado por músicos ou por *playback*. **2** Dispositivo de aparelhos de som que permite ao usuário cantar ao microfone para acompanhar a música que está sendo executada.

kar.de.cis.mo (*Kardec, np+ismo*) *sm Espir* Doutrina espírita do pensador francês Allan Kardec (1804-1869).

kart (*ingl kart*) *sm Autom* Pequeno automóvel, com embreagem automática, sem carroceria, nem caixas de mudanças, nem suspensão.

kar.tó.dro.mo (*kart+dromo*) *sm* Pista de corrida de *karts*.

Kel.vin (de *Kelvin, np*) *sm Fís* Intervalo unitário de temperatura na escala absoluta. *Símb*: K.

kg Abreviatura de *quilograma*.

kHz Abreviatura de *quilohertz*.

kick boxing (*quíqui-bócsin*) (*ingl*) *sm Esp* Tipo de arte marcial na qual os combatentes chutam com os pés descalços e esmurram com luvas de boxe; boxe tailandês.

kilt (*ingl*) *sm* **1** Saiote preguado e trespassado, de lã xadrez, que faz parte do traje típico da Escócia (Reino Unido). **2** Saia feminina semelhante ao *kilt*.

kit (*ingl*) *sm* **1** Estojo com ferramentas, instrumentos ou equipamentos para fins específicos. **2** Conjunto de peças ou materiais para serem montados.

kitchenette (*kitchenet*) (*ingl*) *sf* **1** Cozinha pequena. **2** Apartamento de um único cômodo, provido de um banheiro e cozinha pequenos.

kitsch (*kitch*) (*al*) *adj m+f sing+pl* Diz-se de manifestação artística ou decorativa que adota elementos populares ou estranhos considerados de mau gosto pela cultura estabelecida: "*Não deve ser desprezada a arquitetura 'kitsch', porque ali também houve uma intenção plástica.*" (AQT) • *sm* Esse estilo artístico: "*A decoração dos quartos é uma exaltação do kitsch que nem o kitsch julgou um dia merecer.*" (FH)

kiwi (*quiuí*) (*maori*) *sm Bot* Fruto de sabor suave, com casca fina e fibrosa, marrom, e polpa verde e sumarenta.

kl Abreviatura de *quilolitro*.

km Abreviatura de *quilômetro*.

km/h Abreviatura de *quilômetro por hora*.

know-how (*nôu-ráu*) (*ingl*) *sm* Conjunto de conhecimentos necessários ao desenvolvimento de uma tarefa ou função: "*Então, forneceremos know-how para o país e quiçá para o mundo.*" (GD)

krill (*kril*) (*ingl*) *sm Zool* Pequenos crustáceos, planctônicos, e suas larvas.

Ku-Klux-Klan (*ingl*) *sm* Sociedade secreta, ultrarreacionária, do sul dos Estados Unidos (América do Norte), fundada em Pulaski, no Tennessee, em 1865, destinada a manter a supremacia dos brancos sobre os cidadãos de raça negra e, mais tarde, sobre os judeus e católicos.

kung fu (*chin gông*, mérito+*fu*, mestre) *sm* Arte marcial desenvolvida na antiga China (Ásia), para combate e autodefesa, com ou sem armas.

kW Abreviatura de *quilowatt*.

kyrie (do *gr kýrie eleíson*) *sm Rel* Oração litúrgica que faz parte da missa e se inicia com a invocação "Senhor, tende piedade", recitada ou cantada.

l

l¹ (éle) *sm* Décima segunda letra do alfabeto português, consoante.

l² Símbolo de *litro*.

L (*lat el*) *Geogr* Abreviatura de *leste*.

lá¹ (1ª sílaba de *Labii reatum*, do hino de São João) *sm Mús* **1** Sexta nota da escala musical. **2** Sinal representativo dessa nota. Não se deve esquecer de que **lá** corresponde ao pronome demonstrativo **aquele**; **aí** corresponde a **esse**; e **aqui** corresponde a **este**.
Traga aquele livro que está lá na casa da vovó.
Dê-me essa bolsa aí.
Este monumento está aqui há séculos.

lá² (*lat illac*) *adv* **1** Ali, naquele lugar. **2** Àquele ou para aquele lugar. **3** Aí, nesse lugar. **4** Adiante, além: *O riacho passa muito para lá do monte*. **5** Partícula expletiva: *Eu sei lá*. **6** Exprime advertência em certas expressões: *Olhe lá, não chegue atrasado. Lá onde*: no lugar em que. *Mais para lá do que para cá*: mais para ruim do que para bom. *Antôn*: cá.

lã (*lat lana*) *sf* **1** Pelo animal, especialmente de ovelhas e carneiros. **2** Fazenda ou tecido feito desse pelo. **3** *Bot* Lanugem de certas plantas. *sf pl* **4** Tecidos de lã. **5** Artigos de lã. *Ir buscar lã e voltar tosquiado*: querer levar vantagem e se dar mal.

la.ba.re.da (ê) *sf* **1** Grande chama, língua de fogo. **2** Impetuosidade.

lá.ba.ro (*lat labaru*) *sm* **1** Estandarte romano no tempo do Império. **2** Bandeira, pendão: *"O lábaro da companhia oscilava junto aos outros estandartes."* (VPB)

lá.bia (*lat labiu*) *sf* **1** Jeito de falar com esperteza para enganar alguém, agradar ou conseguir favores; loquacidade. **2** Astúcia, manha, esperteza.

la.bi.al (*lat labiale*) *adj m+f* **1** Que diz respeito ou pertence aos lábios: *Músculo labial*. **2** *Gram* Que se pronuncia com os lábios, como as consoantes *p, b* etc., ou projetando os lábios em círculo, como a vogal *u*. • *sf* Fonema ou letra labial.

lá.bio (*lat labiu*) *sm* **1** *Anat* Beiço. **2** Parte ou objeto que se assemelha a lábio. **3** *Anat* Cada uma das duas bordas da vulva. *Lábio leporino, Med*: pequena rachadura que aparece no lábio superior da criança desde o nascimento.

la.bi.rin.ti.te (*labirinto+ite*) *sf Med* Inflamação do labirinto, especialmente otite interna, que ataca o labirinto.

la.bi.rin.to (*gr labýrinthos*) *sm* **1** Edifício com divisões tão complicadas que se torna quase impossível achar a saída. **2** Coisa complicada, grande embaraço, meada difícil de desenrolar. **3** *Anat* Orelha interna.

la.bo.ra.tó.rio (*lat laboratoriu*) *sm* **1** Lugar de trabalho e investigação científica de qualquer ramo da ciência. **2** Oficina de químico ou de farmacêutico. **3** Lugar onde se efetuam trabalhos cinematográficos ou fotográficos. *Laboratório espacial, Astronáut*: a) veículo espacial, tripulado ou não; b) aparelho que simula condições de um veículo espacial.

la.bo.ra.to.ris.ta (*laboratório+ista*) *s m+f* Quem trabalha em laboratório.

la.bor.te.ra.pi.a (*labor+terapia*) *sf Med V terapia ocupacional*.

la.bu.ta (de *labutar*) *sf* Trabalho.

la.bu.tar (*lat laborare*) *vti* **1** Trabalhar intensamente e com perseverança; laborar, lutar: *Labuta o dia todo no campo*. *vti*

2 Esforçar-se; lidar, combater: *Labutar contra a corrupção.*

la.ca (*ár lakk,* do *persa*) *sf* **1** Verniz da China, preto ou vermelho. **2** Resina extraída das sementes de algumas plantas leguminosas.

la.ça.da (*laço+ada¹*) *sf* **1** Nó ou laço que se desata facilmente. **2** *Náut* Nó direito, dado no cabo. **3** *pop* Armadilha, astúcia, engodo para pegar alguém de surpresa.

la.ça.dor (*ô*) (*laçar+dor*) *adj+sm* Diz-se de quem é destro no manejo do laço: *"Tornaram-se, o açougueiro e o laçador, amigos bastante chegados."*(CHP)

la.cai.o (*cast lacayo*) *sm* **1** Criado que acompanhava o senhor em seus passeios ou viagens: *"O lacaio teve de correr com ela e lançou-se em meus braços."* (SE) **2** Homem sem dignidade. **3** Homem servil: *"É meu amigo, sim, o homem que mais admiro neste país, mas isso não quer dizer que eu seja seu lacaio."* (TV)

la.çar (*laço+ar¹*) *vtd* **1** Capturar com laço: *O peão laçara o touro. vtd* **2** *V* enlaçar. *vpr* **3** Apertar-se com laço; enforcar-se. *vint* **4** Manejar o laço: *O gaúcho sabia laçar muito bem. Conjug – Pres indic:* laço, laças etc.; *Pres subj:* lace, laces etc. *Cf* lasso.

la.ça.ra.da *sf* Conjunto de laços para enfeite.

la.ça.ro.te (*laço+ote*) *sm* **1** Laço de grandes pontas. *sm pl* **2** Grande porção de laços ou enfeites vistosos; laçarada.

la.ço (*lat vulg *laceu,* por *laqueu*) *sm* **1** Nó que se desata com facilidade. **2** Armadilha de caça. **3** Corda de couro cru trançado. **4** Aliança, compromisso, liga. *Laços de sangue:* consanguinidade, parentesco. *Aum:* lação, laçarrão. *Dim:* laceta, lacinho.

la.cô.ni.co (*gr lakonikós,* pelo *lat*) *adj* Breve, conciso, resumido: *"O comissário estava muito lacônico."* (AGO); *"E o diálogo que se seguiu foi um pouco lacônico."* (CDI) *Antôn:* longo, prolixo.

la.crai.a (de *lacrau*) *sf* **1** *V* centopeia. **2** Espécie de canoa. **3** *fig* Mulher feia, horrorosa.

la.crar (*lacre+ar¹*) *vtd* **1** Aplicar lacre em, fechar com lacre: *Lacrar uma carta.* **2** Colocar e autenticar, por meio de um selo de chumbo, a chapa numérica de identificação de automóveis.

la.cre (de *laca*) *sm* Substância resinosa que é usada para garantir que ninguém abra cartas, garrafas, pacotes etc. antes do destinatário ou comprador.

la.cri.mal (*lat lacrima+al¹*) *adj m+f* **1** Relativo às lágrimas. **2** Relativo ou pertencente aos órgãos que segregam as lágrimas. **3** Situado perto desses órgãos. • *sm Anat* e *Zool* Pequeno osso no interior da órbita dos mamíferos.

la.cri.mar (*lat lacrimare*) *vint* Verter ou derramar lágrimas: *"Ouve a onda sobre a areia a lacrimar."* (FSP) Conjuga-se como *solfejar.*

la.cri.me.ja.men.to (*lacrimejar+mento*) *sm* **1** Ato ou efeito de lacrimejar. **2** Abundante secreção de lágrimas: *"O tracoma provoca lacrimejamento e aversão à luz."* (FSP)

la.cri.me.jar (*lat lacrima+ejar*) *vint* Chorar; derramar lágrimas.

lac.tan.te (*lat lactante*) *adj m+f* **1** Que lacta: *Os bancos dão atendimento especial às lactantes.* **2** Que dá ou produz leite. • *sf* Mulher que amamenta. *s m+f V* lactente.

lac.ten.te (*lat lactente*) *adj m+f* e *s m+f* Criança de peito; lactante(1): *"A partir dos dois meses o lactente sadio adquire a capacidade de sorrir."* (SMI)

lác.teo (*lat lacteu*) *adj* **1** Que se refere ao leite. **2** Com aspecto de leite; leitoso. **3** Que tem ou produz leite: *"Todas as empresas do setor lácteo apostam no Brasil."* (FSP)

lac.ti.cí.nio (*lat lacticiniu*) *sm* **1** Preparado alimentício feito com leite ou em que o leite entra como elemento principal. **2** Tudo o que se relaciona com a indústria do leite. *Var:* laticínio.

lac.to.se (*lacto+ose*) *sf Quím* Açúcar encontrado no leite dos mamíferos.

la.cu.na (*lat lacuna*) *sf* **1** Espaço vazio, em branco; falha, vazio, omissão, hiato. **2** *Biol* Espaço intercelular.

la.cus.tre (do *lat lacu*) *adj m+f* **1** Que pertence ou se refere a um lago. **2** Que vive ou cresce nos lagos ou lagoas, ou à beira deles. **3** Que está sobre um lago. • *sm pl* Povos que viviam em habitações sobre lagos.

la.da.i.nha (*lat litania*) *sf* **1** Série de curtas invocações em honra de Deus, da Virgem ou dos santos. **2** Enumeração ou relação aborrecida.

la.de.ar (*lado+e+ar¹*) *vtd* **1** Acompanhar, indo ao lado: *Dois guardas ladeavam o prisioneiro*. *vtd* **2** Correr em paralelo a: *A estrada ladeia o rio*. *vtd* **3** Atacar de lado; flanquear. *vtd* **4** Contornar: *Ladear obstáculos*. Conjuga-se como *frear*.

la.dei.ra (*lado+eira*) *sf* **1** Declive, encosta, inclinação de terreno. **2** Designação de via pública em forte declive.

la.di.no (*lat latinu*) *adj* Ardiloso, astuto, manhoso: *"Mãe disse que Miguilim era muito ladino."* (COB)

la.do (*lat latu*) *sm* **1** Parte direita ou esquerda do corpo do homem ou dos animais. **2** Parte direita ou esquerda do corpo humano compreendida entre a espádua e as ancas: *Uma dor no lado*. **3** Flanco. **4** *Geom* Qualquer das faces de um sólido. **5** Direção. **6** O espaço imediatamente à esquerda ou à direita de uma pessoa: *Ela sentou-se ao lado dele*. *Lado fraco:* ponto vulnerável de uma coisa ou pessoa; defeito habitual. *De um para outro lado:* em todas as direções. *Lado a lado:* ao lado do outro; a par; ombro a ombro.

la.dra (de *ladro*) *adj+sf* Feminino de *ladrão*. • *sf* Mulher que furta ou rouba.

la.drão (*lat latrone*) *adj+sm* **1** Que ou o que furta ou rouba. **2** Diz-se de ou quem se apodera do que é de outros. • *sm* **1** Cano ou orifício das caixas de água por onde escoa o excedente do líquido; tubo de descarga. **2** Vaso onde se recolhe o líquido que excede de um recipiente. **3** Broto que, nas plantas, nasce abaixo do enxerto. *Fem:* ladra, ladrona, ladroa. *Aum:* ladravão, ladravaz, ladroaço, ladronaço. *Ladrão de estrada:* salteador.

la.drar (*lat latrare*) *vint* **1** Dar ladridos ou latidos (o cão): *A cachorrada não para de ladrar*. *vint* **2** *pop* Gritar esganiçando-se: *O pai, bravo, ladrava sem parar*.

la.dra.vaz (de *ladro*) *sm* Aumentativo de *ladrão*: *"A pérfida panca daquele ladravaz."* (TR)

la.dri.lhar (*ladrilho+ar¹*) *vtd* **1** Revestir ou pavimentar com ladrilhos; colocar, assentar ladrilhos: *Mandou que ladrilhassem o piso do quintal*. *vint* **2** Exercer o ofício de ladrilheiro ou ladrilhador.

la.dri.lho (*lat latericulu*) *sm* **1** Peça de barro cozido, para pavimentos ou revestimentos de paredes. **2** Tijolo para forrar o chão. *Ladrilho vidrado:* ladrilho com a face externa vidrada.

la.dro.ei.ra (*ladrão+eira*) *sf* **1** Roubo. **2** Desvio continuado de valores.

la.gar.ta (de *lagarto*) *sf Zool* Larva dos insetos lepidópteros ou borboletas.

la.gar.ti.xa (*cast lagartija*) *sf* **1** *Zool* Nome comum a pequenos lagartos que costumam andar pelas paredes caçando insetos. **2** Pessoa magra e feia. **3** *gír* (RJ e PR) Alpinista.

la.gar.to (*lat vulg *lacartu* por *lacertu*) *sm* **1** *Zool* Denominação comum dada aos répteis da subordem dos lacertílios, animais de corpo alongado, e geralmente com cauda fina na ponta. **2** Corte de carne retirada da parte posterior da coxa do boi.

la.go (*lat lacu*) *sm* **1** *Geogr* Porção de água cercada de terras. **2** Tanque de jardim. *Lago de barragem:* aquele que se origina de águas represadas por aluviões fluviais, restingas, detritos etc.

la.go.a (*ô*) (*lat lacuna*) *sf* **1** Pequeno lago. **2** Porção de águas estagnadas ou pantanosas.

la.gos.ta (*ô*) (*lat vulg *lacustu*, por *locusta*) *sf Zool* Nome comum a vários crustáceos marinhos, muito apreciados por sua carne saborosa.

la.gos.tim (*lagosta+im*) *sm* **1** *Zool* Nome comum a vários crustáceos marinhos que lembram as lagostas, mas sem antenas; pitu. **2** *pop* Pequena lagosta. *Pl:* lagostins.

lá.gri.ma (*lat lacrima*) *sf* **1** *Anat* Gota do líquido segregado pelas glândulas lacrimais. **2** Gota ou pingo de qualquer líquido. **3** *Arquit* Ornato em forma de lágrimas. *sf pl* **4** Choro, pranto. *Banhado em lágrimas:* com as faces molhadas de lágrimas. *Lágrimas de crocodilo:* lágrimas hipócritas.

la.gu.na (*ital laguna*) *sf* **1** Canal ou braço de mar pouco profundo entre ilhas ou entre bancos de areia. **2** Espraiamento ou expansão de rio. **3** Variedade de cafeeiro.

lai.a *sf pop* Casta, qualidade, feitio, espécie, raça, jeito: *Ninguém confia em gente da sua laia.*

lai.co (*gr laïkós*) *adj* **1** V *leigo*: *"Por semelhante razão, lamentamos profundamente o caráter laico dos nossos sindicatos."* (MA) **2** Secular, por oposição a eclesiástico: *Ensino laico.*

la.je (*hispânico lagena*) *sf* **1** Pedra de superfície plana, de pouca espessura, que serve para cobrir pavimentos, sepulturas etc. **2** *Constr* Bloco de concreto armado que separa os andares de um prédio.

la.je.a.do (*part* de *lajear*) *adj* Coberto de lajes. • *sm* Pavimento coberto de lajes.

la.je.ar (*laje+e+ar¹*) *vtd* **1** Cobrir com lajes, assentar lajes; fazer o pavimento de: *Lajear passeios. vpr* **2** Cobrir-se de lajes. Conjuga-se como *frear*.

la.jo.ta (*laje+ota*) *sf* Pequena laje.

la.jo.tei.ro (*lajota+eiro*) *sm* Fabricante ou assentador de lajes.

la.lau (redobro da primeira sílaba de *ladrão*) *sm gír* Malandro.

la.ma¹ (*lat lama*) *sf* **1** Mistura de terra, ou argila, e água; lodo. *sf pl* **2** Lodo ou sedimentos de nascentes minerais empregados na cura de algumas doenças. *Tirar da lama*: tirar da corrupção, dos vícios, da baixeza.

la.ma² (*fr lama*) *sm* Sacerdote budista entre os tibetanos e os mongóis. *Grão-lama*: chefe do lamaísmo.

la.ma.çal (*lama¹+al¹*) *sm* **1** Lugar em que há muita lama¹. **2** Atoleiro, lodaçal.

la.ma.cen.to (*lamaçal+ento*) *adj* **1** Em que há muita lama¹; lodoso. **2** Semelhante à lama¹. **3** Que se refere à lama¹; mole como a lama¹.

lam.ba.da (de *lombada*) *sf pop* **1** Chicotada ou pancada com objeto flexível. **2** Música e dança com ritmo muito acelerado.

lam.ban.ça (*cast alabanza*) *sf* **1** *pop* Coisa que se pode lamber ou comer. **2** Tumulto, algazarra. **3** Agrado, fingimento. **4** Serviço malfeito: *Pedi para pintar a parede, e ele só fez lambança.*

lam.ba.ri (*tupi arauerí*) *sm* **1** *Ictiol* Nome de diversas espécies de peixes fluviais de tamanho reduzido e que se alimentam de sementes, restos de animais, invertebrados aquáticos etc. **2** Serrote de lâmina muito estreita.

lam.ba.te.ri.a (*lamba(da)+teria*) *sf* Salão de dança onde se pratica a lambada.

lamb.da (*gr lámbda*) *sm* Décima primeira letra do alfabeto grego, correspondente ao *l.*

lam.be-bo.tas *s m+f sing+pl* Adulador, bajulador, puxa-saco.

lam.be-lam.be *sm gír* Fotógrafo ambulante. *Pl*: *lambe-lambes.*

lam.ber (*lat lambere*) *vtd* **1** Passar a língua sobre: *Lamber o prato. vtd* **2** Devorar, comer sofregamente: *Ao chegar a comida, ele a lambeu num piscar de olhos. vtd* **3** Tocar, atingir de leve: *O vento lambia os cabelos da moça. Lamber os beiços a*: a) apreciar muito ou saborear (comida ou bebida); b) recrear-se com a vista ou com a recordação de (uma coisa).

lam.bi.ção (*lamber+ção*) *sf pop* Adulação, bajulação, puxa-saquismo.

lam.bi.da (*part fem* de *lamber*) *sf* Lambidela.

lam.bi.de.la (*lambida+dela*) *sf* **1** Ato ou efeito de lamber; lambida. **2** Lisonja; bajulação. **3** Gorjeta.

lam.bi.do (*part* de *lamber*) *adj* **1** Que se lambeu. **2** *fig* Diz-se do cabelo muito liso: *"Tem os cabelos escandalosamente untados de brilhantina, bem lambidos."* (FAN) **3** Sem graça: *"Ele tem aquela cara lambida e cabelo amarelo."* (ASS)

lam.bis.ca.da (*fem* do *part* de *lambiscar*) *sf* Ato ou efeito de lambiscar.

lam.bis.car (*lambisco+ar¹*) *vint pop* **1** Comer pouco, debicar: *Não engorda porque só lambisca.* **2** De vez em quando comer qualquer coisinha: *Em vez de almoçar e jantar, passa o dia lambiscando.*

lam.bis.goi.a (*ó*) *sf* **1** Mulher intrometida; mexeriqueira: *"Não ia passar vexame na frente daquela lambisgoia loura."* (AGO) **2** Pessoa magra, antipática e sem graça.

lam.bre.ta (*ê*) (*ital lambretta*) *sf* Nome comercial de pequena motocicleta, originalmente fabricada na Itália (Europa).

lam.bre.tis.ta (*lambreta+ista*) *s m+f* Indivíduo que usa como transporte lambreta ou motoneta.

lam.bris (*fr lambris*) *sm pl* Revestimento

de estuque, madeira ou mármore usado em parte da parede ou do teto de uma sala. *Var: lambril.*

lam.bu.jem (de *lamber*) *sf* **1** Resto de comida que fica nos pratos. **2** Vantagem que um jogador concede ao parceiro, em jogo ou aposta: *Antes de começar a corrida, ele deixou seu adversário ficar dois passos à frente como lambujem.* **3** Gratificação, propina. *Var pop: lambuja.*

lam.bu.za.da (*lambuzar+ada*¹) *sf pop* **1** Ato de lambuzar(-se). **2** Coisa que suja. **3** Nódoa de substância gordurosa.

lam.bu.zar (de *lamber*) *vtd* **1** Engordurar, pôr nódoas de gordura em. *vtd* **2** Emporcalhar, sujar. *vpr* **3** Sujar-se (principalmente com comida). *Quem nunca comeu melado, quando come se lambuza:* exceder-se no que faz ou desfruta.

lam.bu.zei.ra (*lambuzar+eira*) *sf* Meleira.

la.mei.ro (*lama+eiro*) *sm* **1** Lugar em que há muita lama; atoleiro, pântano. **2** Terra encharcada, pantanosa, que produz pastagem abundante; prado. • *adj* Cavalo de corrida que é mais veloz quando a pista está molhada ou lamacenta.

la.men.ta.ção (*lat lamentatione*) *sf* **1** Ato ou efeito de lamentar(-se). **2** Clamor, queixa. **3** Expressão de mágoa. **4** Canto fúnebre; elegia.

la.men.tar (*lat lamentare*) *vtd* **1** Manifestar dor ou pesar, prantear: *Lamenta o filho que a morte levou.* *vpr* **2** Lastimar-se, manifestar mágoa, queixar-se: *Todos lamentavam a própria sorte.*

la.men.tá.vel (*lat lamentabile*) *adj m+f* **1** Lastimável. **2** Digno de ser censurado ou criticado.

la.men.to (*lat lamentu*) *sm* **1** Vlamentação. **2** Clamor, queixa. **3** Pranto, choro.

lâ.mi.na (*lat lamina*) *sf* **1** Chapa de metal delgada. **2** Tira delgada de qualquer substância. **3** Placa de vidro, porta-objeto de microscópio. **4** Gilete.

la.mi.na.ção (*laminar+ção*) *sf* **1** Ato ou efeito de laminar ou reduzir o metal a lâmina: *"Esta operação requer uma supervisão constante na fase de laminação."* (EFE) **2** Estabelecimento onde blocos de metal são passados por sucessivos rolos de compressão para ser reduzidos a chapas delgadas.

la.mi.na.do (*part* de *laminar*) *adj* **1** Que tem forma de lâmina. **2** Composto de lâminas ou camadas. • *sm* **1** Folha de madeira compensada. **2** Folha metálica obtida por laminação.

la.mi.nar (*lâmina+ar*¹) *vtd* **1** Reduzir (o metal) a lâminas. **2** Chapear. *Conjug – Pres indic: lamino, laminas, lamina* (mí) etc. *Cf lâmina.*

lâm.pa.da (*gr lampás, ádos,* pelo *lat*) *sf* **1** Utensílio para obter luz artificial. **2** Elemento dos aparelhos de rádio; válvula.

lam.pa.ri.na (do *cast lámpara*) *sf* **1** Pequena lâmpada. **2** Pavio fixo a uma boia que, mergulhado no azeite contido em um pequeno recipiente, serve para iluminar ambientes.

lam.pei.ro (*lampo+eiro*) *adj* **1** Espevitado. **2** Ligeiro, esperto. **3** Muito contente.

lam.pe.jar (*lampo,* regressivo de *relâmpago +ejar*) *vint* **1** Brilhar como o relâmpago; coruscar, reluzir. *vtd* **2** Emitir, irradiar: *Lampejar clarões.* Conjuga-se como *solfejar.*

lam.pe.jo (ê) (de *lampejar*) *sm* **1** Clarão. **2** Faísca. **3** Manifestação rápida e brilhante de uma ideia ou de um sentimento: *"Num lampejo de bom senso, numa percepção perfeita de tudo, ela concluía que só lhe restava uma única atitude: jamais voltar a ver Voldenir."* (JM)

lam.pi.ão (*ital lampione,* pelo *fr*) *sm* Grande lanterna, portátil ou fixa.

lam.prei.a (*lat med lampraeda*) *sf Ictiol* Designação atribuída indiscriminadamente aos peixes marinhos de corpo alongado, sem mandíbulas, boca circular, musculosa, cuja carne é muito saborosa.

la.mú.ria (*lat Lemuria*) *sf* Lamentação, queixa.

la.mu.ri.ar (*lamúria+ar*¹) *vint* **1** Fazer lamúria, lastimar-se, prantear-se: *"Você deve estar cheio de razões para se lamuriar."* (QP) *vtd* **2** Lamentar: *"Lamuriando que os filhos de hoje ainda não sabem ganhar dinheiro, nem poupar."* (VER) Conjuga-se como *premiar.* *Cf lamúria.*

lan.ça (*lat lancea*) *sf* **1** Arma ofensiva de arremesso, composta de uma haste com uma lâmina pontiaguda na extremidade. **2** Soldado armado de lança.

lan.ça-cha.mas *sm sing+pl Mil* Aparelho para lançar jatos de combustível líquido inflamado.

lan.ça.dei.ra (*lançar+deira*) *sf* **1** Peça do tear em que se enrola o fio da trama, e com a qual o tecelão faz correr o fio da trama entre os da urdidura. **2** Peça análoga nas máquinas de costura.

lan.ça.dor (*lançar+dor*) *adj* Que lança. • *sm* **1** Aquele que oferece em leilões. **2** *Esp* No beisebol, jogador que arremessa a bola para o rebatedor adversário, tentando evitar que o mesmo a acerte.

lan.ça.men.to (*lançar+mento*) *sm* **1** Ato de lançar. **2** *Arquit* Assentamento da pedra fundamental ou dos alicerces de um edifício. **3** Primeira apresentação de um filme ou de um artista. **4** Primeira edição de uma obra impressa.

lan.ça-per.fu.me *sm* Bisnaga usada no carnaval para esguicho de éter perfumado. *Pl*: lança-perfumes.

lan.çar (*baixo-lat lanceare*) *vtd* **1** Arremessar, atirar com força, impelir: *Lançar uma pedra*. *vtd* **2** Arrojar: *Lançar um cavalo a golpe*. *vpr* **3** Arremessar-se, precipitar-se: *Lançou-se sobre o dinheiro*. *vpr* **4** Arriscar-se, avançar: *Lançara-se a uma perigosa aventura*. *vtd* **5** Derramar, emitir: *Lançar chamas, lançar luz*. *vtd* **6** Dirigir, encaminhar: *Lançou àquela gente um olhar de gratidão*. *vtd* **7** Editar, publicar: *Lançará, breve, mais um livro*.

lan.ça-tor.pe.dos *sm sing+pl* Aparelho instalado a bordo de navios de guerra, principalmente submarinos, para disparar torpedos.

lan.ce (de *lançar*) *sm* **1** Ato ou efeito de lançar: *O jogador fez um lance com muita força*. **2** Ocasião, conjuntura: *Não perdeu nenhum lance do espetáculo*. **3** Acontecimento. **4** Impulso: *No meio de tanto perigo, teve um lance de coragem*. **5** Oferta verbal de preço em leilão: *Deu um lance bem alto, e levou o quadro de Picasso*. **6** Jogada: *Fez o gol com um lance de craque*.

lan.cei.ro (*lança+eiro*) *sm* **1** Fabricante de lanças. **2** Soldado com lança. *sm pl* **3** Regimento de soldados com lança: *"Derrotaram a cavalaria pesada e os arqueiros e lanceiros de Songai."* (MAL)

lan.ce.ta (*ê*) (*fr lancette*) *sf* **1** *Cir* Instrumento pontiagudo com dois gumes, usado para praticar sangrias, abrir abscessos etc. **2** Cutelo com que se abatem reses nos matadouros.

lan.ce.tar (*lanceta+ar¹*) *vtd* Cortar, abrir com lanceta: *Lancetar um furúnculo*.

lan.ci.nan.te (*lat lancinante*) *adj m+f* **1** Que lancina. **2** Aflitivo, pungente. **3** Diz-se da dor aguda e muito forte.

lan.cha (*malaio lancharan*) *sf* **1** Pequena embarcação movida a motor. **2** *pop* Pé espalmado e grande. **3** *pop* Calçado muito grande ou deformado pelo uso.

lan.char (*lanche+ar¹*) *vtd* **1** Comer (alguma coisa) como lanche. *vint* **2** Comer um lanche: *A esta hora ainda não tenho apetite para lanchar*.

lan.che (*ingl lunch*) *sm* Merenda.

lan.chei.ra (*lanche+eira*) *sf* Maleta para levar o lanche.

lan.cho.ne.te (*ingl luncheonette*) *sf* Estabelecimento em que se servem lanches, refeições leves e refrescos.

lan.ço (de *lançar*) *sm* **1** Ação ou efeito de lançar. **2** Oferta de preço em leilão. **3** Parte de uma escada compreendida entre dois patamares. **4** Sequência de casas contíguas. **5** *V* lance.

lan.gui.dez (*lânguido+ez*) *sf* **1** Estado de lânguido. **2** Estado de quem está muito fraco ou doente.

lân.gui.do (*lar languidu*) *adj* **1** Que tem languidez. **2** Sem forças, abatido, frouxo.

la.ni.fí.cio (*lat lanificiu*) *sm* **1** Manufatura de lã. **2** Obra ou tecido de lã. **3** Fábrica que produz fios ou tecidos de lã.

la.no.li.na (*lat lana+ol¹+ina*) *sf Quím* Gordura de lã, refinada, para uso principalmente em pomadas e cosméticos.

lan.te.jou.la (*lente+ejar+oula*) *sf* Pequena lâmina circular metálica, com orifício no centro, que serve para enfeitar vestidos, bordados etc.

lan.ter.na (*lat lanterna*) *sf* **1** Utensílio portátil provido de lâmpada elétrica alimentada por pilhas. **2** Dispositivo de iluminação ou sinalização instalado em automóveis, locomotivas etc. **3** Farol.

Lanterna mágica: aparelho óptico para projetar, em ponto grande, sobre um anteparo, quadros transparentes, geralmente fixados em chapas de vidro.

lan.ter.na.gem (*lanterna+agem*) *sf* **1** Operação de desamassar carroçarias de automóveis: *"Colocar o preso a capinar a terra e plantar é irreal tanto quanto mandar um agricultor trabalhar em lanternagem."* (FSP) **2** Parte das oficinas onde se faz essa operação.

lan.ter.nei.ro (*lanterna+eiro*) *sm* **1** Aquele que faz lanternas. **2** O que leva lanterna em procissão. **3** Trabalhador especializado em recompor partes amassadas de carroçarias de automóveis. *V* lanternagem.

lan.ter.ni.nha (*lanterna+inha*) *sf* **1** Pequena lanterna. *s m+f* **2** *gír esp* Competidor que ficou no último posto. *sm* **3** Pessoa que, com a luz de uma lanterna, indica o lugar nos cinemas; vaga-lume.

la.nu.gem (*lat lanugine*) *sf* **1** Penugem que cobre o feto humano e o de alguns animais, a qual desaparece nos primeiros dias de vida extrauterina: *"A lanugem do recém-nascido se desprende no fim de algumas semanas."* (SMI) **2** *Bot* Camada aveludada que cobre a superfície de certas folhas ou frutos, como nos pêssegos.

la.pa (*pré-rom *lappa*) *sf* **1** Grande pedra ou laje que forma um abrigo para pessoas ou animais. **2** Cavidade, cova, gruta.

lá.pa.ro (*lat lepore*) *sm Zool* **1** Filhote de lebre ou de coelho: *"É muito comum, por exemplo, que os lápsaros apresentem urina branca devido ao excesso de cálcio incluído na ração."* (GL) **2** Lebre macho com menos de três meses de idade.

la.pa.ros.co.pi.a (*lá*) (*gr laparón+scopo+ia¹*) *sf Med* Exame da cavidade abdominal com um endoscópio.

la.pe.la (*al Lappen*) *sf* Parte que, nos quartos dianteiros e superiores de paletós ou casacos, está voltada para fora. *Trazer à lapela:* ostentar sobre a gola do paletó uma flor, distintivo ou condecoração.

la.pi.da.ção (*lat lapidatione*) *sf* **1** Polimento, desbaste. **2** Oficina onde se lapidam pedras. **3** Aperfeiçoamento de conhecimentos, de caráter, de maneiras; educação.

la.pi.dar (*lat lapidare*) *adj m+f* **1** Que concerne à lápide: *Museu lapidar.* **2** Aberto ou gravado em lápide: *Inscrição lapidar.* **3** Conciso, sucinto: *Estilo lapidar.* • *vtd* **1** Talhar, facetar, polir, aperfeiçoar (a pedra preciosa): *Lapidar um diamante.* **2** Tornar perfeito. **3** Dar boa educação a. **4** Matar a pedradas; apedrejar. *Cf lápide.*

lá.pi.de (*lat lapide*) *sf* **1** Pedra com inscrição para comemorar qualquer acontecimento. **2** Lousa tumular.

lá.pis (*lat lapis*) *sm sing+pl* Utensílio para escrever ou desenhar.

la.pi.sei.ra (*lápis+eira*) *sf* **1** Utensílio para escrever, com grafite, do qual se faz projetar pequena ponta para fora por meio de uma mola. **2** Estojo para guardar lápis.

lap.so (*lat lapsu*) *sm* **1** Decurso do tempo. **2** Culpa, erro, falta. **3** Descuido, engano involuntário. • *adj* **1** Caído, decaído. **2** Incurso em erro ou culpa.

laptop (*léptóp*) (*ingl*) *sm Inform* Computador pequeno e leve o suficiente para ser carregado (mas não de bolso), geralmente contendo monitor, teclado, disco rígido e *drive.*

la.quê (*fr laque*) *sm* Produto à base de laca, usado para fixar o cabelo.

la.que.a.ção (*laquear+ção*) *sf* Ato ou efeito de laquear.

la.que.a.dor (*laquear+dor*) *sm* Pessoa que laqueia móveis.

la.que.ar (*laca+e+ar¹*) *vtd* **1** Cobrir com laca. **2** Pintar (móveis) com tinta esmalte: *Laqueou sua cama às vésperas do seu casamento.* Conjuga-se como *frear.*

lar (*lat lare*) *sm* **1** Lugar na cozinha em que se acende o fogo; lareira; fogão. **2** Casa de habitação. **3** Família. *Lar doméstico:* a casa da família.

la.ran.ja (*ár nâranja,* do *persa nâranj*) *sf* **1** Fruto da laranjeira. **2** Nome vulgar da própria laranjeira, seguido dos qualificativos das inúmeras variedades, como: laranja-da-baía, laranja-campista, laranja-doce, laranja-lima, laranja-pera, laranja-seleta etc. *s m+f* **3** *fig* Pessoa que serve de testa de ferro do verdadeiro proprietário em operações financeiras ou imobiliárias. • *adj* Alaranjado.

la.ran.ja-cra.vo *V tangerina*. Pl: *laranjas--cravo* e *laranjas-cravos*.

la.ran.ja.da (*laranja+ada¹*) *sf* **1** Grande porção de laranjas. **2** Bebida feita com suco de laranja, açúcar e água. **3** Arremesso de laranja.

la.ran.jal (*laranja+al¹*) *sm* Plantação ou pomar de laranjeiras.

la.ran.jei.ra (*laranja+eira*) *sf Bot* Nome comum a diversas espécies de árvores frutíferas, cujos frutos se denominam *laranjas*.

la.rá.pio (da sigla *Lucius Antonius Rufus Appius*, *np*) *sm pop* Ladrão, gatuno, ratoneiro: *"Os gritos botaram o larápio a correr."* (MPB) • *adj* Que rouba; ladrão: *"Não era esbarrado à toa, de bichinho larápio, mas barulho de lata vazia arteiramente mudada de lugar."* (CHA)

la.rei.ra (*lar+eira*) *sf* **1** Pavimento ou chão, de tijolos, pedra ou metal, geralmente na base da chaminé, em que se acende o fogo para aquecimento de um aposento. **2** Recesso aberto numa parede, abaixo da chaminé, em que se mantém um fogo para aquecer o aposento.

lar.ga.da (*largar+ada¹*) *sf* **1** Partida, saída. **2** Momento inicial de uma corrida de cavalos, automóveis etc.

lar.ga.do (*part* de *largar*) *adj* **1** Folgado, indômito. **2** Abandonado, desprezado. **3** Pessoa displicente no trajar e nas maneiras.

lar.gar (*largo+ar¹*) *vtd* **1** Soltar, deixar cair: *O susto fê-la largar o corpo, que se espatifou a seus pés*. *vtd* **2** Deixar fugir; libertar: *Os guardas largaram os prisioneiros*. *vpr* **3** Escapar-se, soltar-se: *Largou-se do internato, em desabalada carreira*. *vtd* **4** Abandonar, deixar: *Largou o posto, covardemente*. *vint* **5** Turfe Dar o impulso de partida: *O favorito largou atrasado*. *vti* e *vint* **6** Fazer-se ao mar (o navio): *O navio largara de Santos*. Conjug: Pres indic: *largo, largas, larga, largamos, largais, largam;* Pret perf: *larguei, largaste, largou, largamos, largastes, largaram;* Pret imp indic: *largava, largavas, largava, largávamos, largáveis, largavam;* Pret mais--que-perf: *largara, largaras, largara, largáramos, largáreis, largaram;* Fut pres: *largarei, largarás, largará, largaremos, largareis, largarão;* Fut pret: *largaria, largarias, largaria, largaríamos, largaríeis, largariam;* Pres subj: *largue, largues, largue, larguemos, largueis, larguem;* Pret imp subj: *largasse, largasses, largasse, largássemos, largásseis, largassem;* Fut subj: *largar, largares, largar, largarmos, largardes, largarem;* Imper afirm: –, *larga(Tu), largue(Você), larguemos(Nós), largai(Vós), larguem(Vocês);* Imper neg: –, *Não largues(Tu), Não largue(Você), Não larguemos(Nós), Não largueis(Vós), Não larguem(Vocês);* Infinitivo impess: *largar;* Infinitivo pess: *largar, largares, largar, largarmos, largardes, largarem;* Ger: *largando;* Part: *largado*.

lar.go (*lat largu*) *adj* **1** Extenso de lado a lado. **2** Amplo, espaçoso, grande. **3** Diz-se do vestuário que não está justo ao corpo. **4** Generoso, liberal. **5** Longo. Antôn (acepção 1): *estreito*; (acepção 2): *acanhado*. • *sm* **1** Praça urbana. **2** *Mús* Trecho musical em movimento amplo e vagaroso. • *adv* **1** Com largueza, largamente. **2** Com generosidade. **3** *Mús* Com andamento lento. *Com mãos largas*: generosamente. *Largos anos*: por muito tempo.

lar.gue.za (*largo+eza*) *sf* **1** Qualidade de largo; largura. **2** Generosidade. **3** Discernimento, amplitude de entendimento: *Largueza de visão*.

lar.gu.ra (*largo+ura*) *sf* **1** Qualidade de largo. **2** A menor dimensão de uma superfície plana, oposta ao comprimento.

la.rí.deos (*lat científico laridae*) *sm pl Ornit* Família de aves de asas longas e pontudas, que compreendem as gaivotas.

la.rin.ge (*gr lárygx, yggos*) *s m+f Anat* Órgão de constituição complexa, situado na região média e anterior do pescoço, na frente da porção inferior da faringe, formando a parte terminal superior da traqueia. É o órgão essencial da fala.

la.rin.gi.te (*laringe+ite*) *sf Med* Inflamação aguda ou crônica da laringe.

lar.va (*lat larva*) *sf Zool* Fase imatura, mas com vida independente, de certos insetos, anfíbios e peixes, que resulta imediatamente do ovo e é de aspecto muito diferente da fase adulta, como a lagarta.

la.sa.nha (*ital lasagna*) *sf Cul* Iguaria feita com massa em tiras dispostas em camadas entremeadas de recheio.

las.ca (*gót laska*, pedaço) *sf* **1** Estilhaço ou fragmento. **2** Fatia pequena.

las.car (*lasca+ar¹*) *vtd* **1** Tirar lascas de: *O cupim lascou as prateleiras. vint* e *vpr* **2** Abrir-se, fender-se em lascas: *Golpeada, a madeira estalava, lascando* (ou: *lascando-se*). *vtd* **3** Dar: *Lascou uma chicotada no cavalo. É de lascar*: é surpreendente, ou de não se aguentar.

las.cí.via (*lat lascivia*) *sf* **1** Caráter ou qualidade de lascivo. **2** Luxúria, sensualidade.

las.ci.vo (*lat lascivu*) *adj* Libidinoso, licencioso, sensual.

laser (*lêiser*) (*ingl*) *sm Fís* Fonte de luz monocromática, desenvolvida para a produção de um feixe de luz muito condensado, de intensidade luminosa muito grande, com aplicações na medicina, engenharia e indústria.

las.se.ar (*lasso+e+ar¹*) *vint* Tornar-se frouxo; afrouxar: *Lassear a cinta.* Conjuga-se como *frear*.

las.so (*lat lassu*) *adj* **1** Fatigado, cansado. **2** Dissoluto, enervado, gasto. **3** Bambo, relaxado, frouxo.

las.tex (*cs*) (*ingl lastex*) *sm Tecel* Fio elástico que consiste em um núcleo de fio de borracha enrolado com fios de algodão, raiom, náilon ou seda, e usado para fabricar tecidos elásticos.

lás.ti.ma (de *lastimar*) *sf* **1** Aquilo que se lastima: "*Chegara todo enlameado de barro, chovera, e a estrada de saibro reteve-o, o carro atolou. Uma lástima!*" (JM) **2** Compaixão: "*Uma criatura digna de lástima.*" (AV) **3** Coisa muito ruim ou em mau estado: "*A roupa de cama era uma lástima.*" (BDI)

las.ti.mar (*lat vulg blastemare*, do *gr*) *vtd* **1** Deplorar, lamentar: *Lastimar os fracassos, as derrotas. vpr* **2** Lamentar-se, queixar-se: *Lastimava-se da sorte. vtd* **3** Apiedar-se de, compadecer-se de, ter pena de: *Lastimo-o, mas não posso fazer nada.*

las.ti.má.vel (*lastimar+vel*) *adj m+f* **1** Que é digno de lástima. **2** Deplorável, lamentável. **3** Que merece compaixão.

las.tra.ção (*lastrar+ção*) *sm* Ato ou efeito de lastrar ou lastrear.

las.trar (*lastrar+ar¹*) *vtd* e *vint* **1** Colocar lastro a ou em: *Lastrar um caminhão. vtd* **2** Tornar mais firme, aumentando o peso. *vtd* **3** Alastrar-se por: *A doença lastrou, fazem muitas vítimas.* Var: *lastrear*.

las.tro (*hol last*, através do *fr*) *sm* **1** *Náut* Material pesado posto no porão de um navio para dar-lhe estabilidade. **2** Areia levada em sacos por balões para, ao ser despejada, compensar a perda de gás. **3** O ouro que em um país garante a circulação do dinheiro em papel-moeda.

la.ta (*lat med latta*, via *ital*) *sf* **1** Folha de ferro estanhado; folha de flandres. **2** Recipiente de folha de flandres para uso doméstico e industrial, principalmente para acondicionamento de conservas e líquidos, tais como óleo, gasolina, tintas etc.

la.ta.da (*lata+ada¹*) *sf* Armação feita de varas ou canas para sustentar parreiras ou trepadeiras.

la.tão (*fr ant laton*) *sm* **1** *Quím* Liga de cobre e zinco. **2** Recipiente próprio para remessa de leite às usinas.

la.ta.ri.a (*lata+aria*) *sf* **1** Grande quantidade de latas ou de utensílios de lata. **2** Alimentos enlatados. **3** Carroçaria do automóvel.

la.te.jar (*lat latere+ejar*) *vint* **1** *Med* Pulsar: *As veias frontais latejam com força.* **2** Ter movimento pulsativo (tumor etc.): *O sangue latejava-lhe nas artérias.* Conjuga-se como *solfejar*.

la.te.jo (ê) (de *latejar*) *sm* **1** Ação ou efeito de latejar. **2** Pulsação.

la.ten.te (*lat latente*) *adj m+f* **1** Dissimulado: "*A consciência da minha miserabilidade ficara latente em mim todos aqueles anos.*" (SE) **2** Subentendido: "*O mesmo pedido latente de explicações que ele sempre vira no olhar de seu pai.*" (ROM) Antôn: *claro, manifesto*.

la.te.ral (*lat laterale*) *adj m+f* **1** Relativo ao lado. **2** Situado ao lado. **3** Transversal. • *sf* **1** *Fut* Linha que delimita a largura das quadras e campos. *sm* **2** *Fut* Infração que consiste em lançar a bola fora do campo por essa linha. *s m+f* **3** *Fut* Jogador que atua perto da lateral.

lá.tex (*cs*) (*lat latex*) *sm Bot* Suco leitoso de certas plantas, como o da seringueira, com o qual se fabrica a borracha.

la.ti.cí.nio (*lat tardio lacticiniu*) *V lacticínio*.

la.ti.do (*part* de *latir*) *sm* **1** Ato ou efeito de latir. **2** A voz do cão.

la.ti.fun.di.á.rio (*latifúndio+ário*) *adj* Relativo a latifúndio. • *sm* Proprietário de latifúndio.

la.ti.fún.dio (*lat latifundii*) *sm* Propriedade rural de grande extensão. *Antôn*: minifúndio.

la.tim (*lat latine*) *sm* A língua do grupo indo-europeu, falada antigamente no Lácio, antiga região da Itália, e depois na maioria das províncias ocidentais do Império Romano. *Perder ou gastar o seu latim:* a) esforçar-se em vão para explicar alguma coisa a alguém que nada compreende; b) desperdiçar os sacrifícios feitos por alguém.

la.ti.nis.mo (*latino+ismo*) *sm* **1** Construção gramatical à moda da língua latina. **2** Palavra ou locução peculiar à língua latina.

la.ti.nis.ta (*latino+ista*) *s m+f* Pessoa versada na língua e literatura latinas.

la.ti.ni.zar (*lat latinizare*) *vtd* **1** Dar forma latina a; dar inflexão latina a. *vint* **2** Falar latim; usar de expressões latinas ou de latinismos.

la.ti.no (*lat latinu*) *adj* **1** Pertencente ou relativo ao latim. **2** Relativo aos povos de origem latina. • *sm* **1** Natural do Lácio, antiga região da Itália (Europa). **2** Pessoa que pertence a uma das nações neolatinas. **3** O que é versado em latim; latinista.

la.ti.no-a.me.ri.ca.no *adj* **1** Relativo ou pertencente a qualquer uma das nações ou países americanos cuja língua oficial é uma das neolatinas. **2** Relativo à parte da América onde se situam esses países. • *sm* Indivíduo natural de algum desses países. *Pl: latino-americanos. Cf ibero--americano.*

la.tir (*lat glattire*) *vint* **1** Dar ou soltar latidos (o cão); ladrar: *A cachorrada latiu a noite toda.* **2** Gritar. *Conjug:* normalmente só se conjuga nas 3ªˢ pessoas.

la.ti.tu.de (*lat latitudine*) *sf* **1** Extensão, largueza. **2** *Geogr* Distância do equador a um lugar da Terra, medida em graus sobre o meridiano que passa por esse lugar. **3** *Astr* e *Geol* Distância angular de um círculo ou plano específico de referência.

la.to (*lat latu*) *adj* **1** Amplo, dilatado, largo. **2** Extensivo. *Antôn: restrito.*

la.tri.na (*lat latrina*) *sf* Lugar para defecar ou urinar; casinha, cloaca, privada, retreta ou retrete.

la.tro.cí.nio (*lat latrociniu*) *sm* Homicídio com o objetivo de roubo, ou roubo a que se seguem morte ou lesões corporais, de natureza grave, da vítima.

lau.da (*lat lauda*) *sf* Folha de papel que apresenta um número determinado de toques e linhas.

lau.da.tó.rio (*lat lardatoriu*) *adj* **1** Que diz respeito a louvor. **2** Que louva. **3** Que contém louvor: *"Troca de discursos convencionalmente laudatórios."* (CPO)

lau.do (*lat med laudu*) *sm* Documento em que um perito ou árbitro emite seu parecer e responde a todas as questões propostas pelo juiz e pelas partes interessadas; arbítrio. *Laudo arbitral:* a) decisão de árbitros em um caso a eles submetido; b) documento que contém a decisão de árbitros.

láu.rea (*lat laurea*) *sf* **1** *ant* Coroa de louros com que se premiavam os poetas; laurel. **2** Galardão, prêmio.

lau.re.ar (*lat laureare*) *vtd* **1** Colocar louros na cabeça de alguém. **2** Premiar por mérito literário, artístico ou científico: *"A entidade anualmente distribui importantes prêmios laureando trabalhos originais de pesquisas na área médica."* (FSP); *"Friedman foi laureado do prêmio Nobel em 1976."* (FSP) Conjuga--se como *frear*.
Esse verbo é regido pela preposição **de**. *Aquele autor foi **laureado do** Prêmio Nobel de Literatura.*

lau.rel (*provençal ant laurier*, pelo *cast*) *sm* **1** Láurea, louro, coroa de louros: *"As grinaldas dos amores, unir os lauréis da glória."* (FSP) **2** Galardão, prêmio: *"A Juve havia obtido o seu laurel anterior em 1985, quando superou o Argentinos Jrs,* *por 4 x 2 na disputa de pênaltis."* (FSP) **3** Homenagem, elogio, louvor.

la.va (*ital lava*) *sf* **1** Rocha em fusão, atirada pelos vulcões. **2** A matéria que sai dos vulcões solidificada pelo esfriamento.

la.va.bo (*lat lavabo*) *sm* **1** Pequeno banheiro com pia e vaso sanitário. **2** Bacia fixa, com ou sem água corrente, para lavar o rosto e as mãos; lavatório.

la.va.da (*fem de lavado*) *sf* **1** Rede de pesca que se arrasta pelo fundo para a terra. **2** *gír esp* Derrota por grande diferença de pontos. **3** *gír* Ato de passar uma descompostura.

la.va.dei.ra (*lavar+deira*) *sf* **1** Mulher que trabalha lavando roupa. **2** Máquina, nas fábricas de lanifícios, para lavagem das lãs. **3** Máquina automática, de uso caseiro ou não, para lavagem de roupas.

la.va.do (*part de lavar*) *adj* **1** Que se lavou. **2** Limpo, asseado. **3** Puro, claro, límpido.

la.va.do.ra (*fem de lavador*) *sf* Máquina de lavar roupa, pratos etc.

la.va.du.ra (*lavar+dura*) *sf* **1** Ato de lavar. **2** Água em que se lavaram louça e panelas usadas na refeição; lavagem.

la.va.gem (*lavar+agem*) *sf* **1** Ato de lavar(-se). **2** Restos de comida que se dá aos porcos como alimento. **3** Irrigação de órgão, como o estômago, o intestino, a vagina, a fim de remover substâncias nocivas etc.

la.va-lou.ças *sm sing+pl* Eletrodoméstico para lavagem de pratos, copos, vasilhas etc. *Pl: lava-louças.*

la.van.da (*lat lavanda*) *V alfazema.*

la.van.de.ri.a (*fr lavanderie*) *sf* **1** Estabelecimento onde se lavam e passam roupas. **2** A parte da casa, hotel etc. onde a roupa é lavada e passada a ferro.

la.va-pés *sm sing+pl* **1** Cerimônia litúrgica realizada na quinta-feira santa para lembrar que Jesus lavou os pés de seus discípulos. **2** *Bot* Erva espinhenta europeia, com flores azuis em espigas em forma de escorpião. **3** *Entom* Formiga pequena e feroz, que come de tudo, e de ferroada muito dolorosa.

la.var (*lat lavare*) *vtd* **1** Limpar banhando, tirar com água as impurezas de: *Lavar os pés*. *vpr* **2** Banhar-se em água, para se limpar. *vtd* **3** Vingar injúria: *Lavar a honra. Lavar as mãos:* eximir-se da responsabilidade de.

la.va.tó.rio (*lat lavatoriu*) *sm* **1** Ato de lavar. **2** Bacia fixa ou pia, com água corrente e cano de esgoto, para lavagem do rosto e das mãos. **3** Quarto de banho e, por extensão, instalações sanitárias: *Onde fica o lavatório?*

la.vá.vel (*lavar+vel*) *adj m+f* Que se pode lavar.

la.vou.ra (*lat vulg *laboria*) *sf* **1** Trato e cultivo das terras; lavra. **2** Preparação do terreno para sementeiras ou plantação. **3** Agricultura. **4** Propriedade lavrada e cultivada.

la.vra.dor (*lavrar+dor*) *adj* Que lavra. • *sm* **1** Agricultor. **2** O que trabalha em lavoura. **3** Proprietário de salinas.

la.vra.gem (*lavrar+agem*) *sf* **1** Ato ou efeito de lavrar. **2** Lavoura, cultivo e trato de terras.

la.vrar (*lat laborare*) *vtd* **1** Tratar, cultivar (a terra). **2** Fazer lavrados em; cinzelar: *Lavrar uma coroa.* **3** Desenhar em bordado; bordar. **4** Ornar com trabalhos em relevo. **5** Explorar (jazidas de minérios): *Lavrar ouro.* **6** Escrever, redigir: *Lavrar uma sentença, um texto, um ato, um decreto.*

la.vra.tu.ra (*lavrar+ura*) *sf* Ato de lavrar (uma ata, um documento).

la.xan.te (*lat laxante*) *adj m+f* Que laxa, que afrouxa. • *sm Med* Purgante brando.

la.xar (*lat laxare*) *vtd* **1** Afrouxar, relaxar: *Laxar os ânimos, a vontade.* **2** Desimpedir. **3** Atenuar, aliviar. **4** Soltar, produzir evacuação: *Laxar o ventre.*

la.xa.ti.vo (*lat laxativu*) *V laxante.*

la.za.ren.to (*lázaro+ento*) *adj+sm* Leproso.

le.al (*lat legale*) *adj m+f* **1** Digno, honesto. **2** Franco, sincero. **3** Fiel. *Antôn* (acepção 2): *hipócrita.*

le.ão (*lat leone*) *sm* **1** *Zool* Mamífero carnívoro felino, próprio da África e do Sul da Ásia, animal feroz por excelência, de hábitos de caçador noturno, forte e agressivo. *Col:* alcateia. *Voz:* brama, brame, ruge, urra. **2** Leão *Astr* Constelação do zodíaco. **3** Leão *Astrol* Signo do zodíaco, relativo aos nascidos entre 21 de julho e 22 de agosto. *Fem: leoa. Dim irreg: leãozete, leônculo. Leão de chácara:* segurança de casas de diversões.

le.ão de chá.ca.ra Ver definição em *leão*.

le.brão (*lebre+ão²*) *sm pop* O macho da lebre.

le.bre (*lat lepore*) *sf* **1** *Zool* Nome comum às espécies de roedores da família dos leporídeos. Voz: *chia, guincha*. **2** *Astr* Constelação do hemisfério austral.

le.bre-ma.ri.nha *sf* Peixe com nadadeiras em feixes de raios espinhosos. *Pl: lebres--marinhas.*

le.bréu (de *lebre*) *sm* Cão que caça lebres.

le.ci.o.nar (*lat lectione+ar¹*) *vint* **1** Ensinar: *Lecionar Estatística. vtd* **2** Dar lições: *Leciona-os em equitação.*

le.ci.ti.na (*gr ékithos+ina*) *sf Biol* Substância semelhante ao amido, nos animais e vegetais, em especial no tecido nervoso, que forma soluções coloidais em água e tem propriedades antioxidantes.

le.dor (*lat lectore*) *adj+sm* Quem lê; que tem o hábito de ler; leitor.

le.ga.ção (*lat legatione*) *sf* **1** Ato de legar. **2** Representação diplomática: *"Samuel tornou-se íntimo da legação da China, tratava os interesses chineses como seus."* (COT) **3** Residência de um diplomata estrangeiro. **4** Repartição dirigida por um diplomata estrangeiro: *"O Embaixador exigia a minha imediata presença na legação."* (GI)

le.ga.do (*lat legatu*) *sm* **1** Disposição legal pela qual uma pessoa confia à outra, em testamento, um determinado benefício, de natureza patrimonial; doação efetivada quando da morte do doador. **2** Parte da herança deixada pelo testador a quem não seja herdeiro por testamento. *Legado cultural:* língua, costumes e tradições de um povo.

le.gal (*lat legale*) *adj m+f* **1** Conforme à lei. **2** Relativo à lei. **3** Prescrito pela lei. **4** Certo, regular, em ordem. **5** *pop* Agradável, bom, interessante.

le.ga.li.da.de (*lat legalitate*) *sf* Caráter ou qualidade do que é legal.

le.ga.li.za.ção (*legalizar+ção*) *sf* Ação ou efeito de legalizar.

le.ga.li.zar (*legal+izar*) *vtd* **1** Tornar legal; dar força de lei a. **2** Autenticar, legitimar.

le.gar (*lat legare*) *vtd* **1** Enviar (alguém) como legado. **2** Deixar em testamento: *Legar uma propriedade*. **3** Transmitir: *Legara uma enfermidade aos descendentes. Conjug – Pres subj: legue, legues* etc.

le.gen.da (*lat legenda*) *sf* **1** Pequeno texto que vem abaixo das ilustrações ou fotografias a que se refere. **2** Explicações ou letreiros, por baixo, por cima ou à margem de um desenho, diagrama, planta etc., ou neles inscritos. **3** Texto e diálogos impressos, intercalados às imagens nas fitas do cinema mudo, ou, atualmente, junto a elas nos filmes falados em língua estrangeira.

le.gen.da.do (*part de legendar*) *adj* Que contém legenda (acepção 3): *Prefiro os filmes legendados aos dublados, porque gosto de ouvir a língua original.*

le.gen.dar (*legenda+ar¹*) *vtd Jorn* Colocar legenda.

le.gen.dá.rio (*legenda+ário*) *adj* **1** Que se refere a legenda. **2** Que é da natureza das lendas; lendário. • *sm* **1** Autor de legendas. **2** Coleção de vidas de santos.

legging (*léguin*) (*ingl*) *sm* Calça justa e comprida de malha.

le.gi.ão (*lat legione*) *sf* **1** Divisão principal do exército romano, constituída de cavalaria e infantaria. **2** Grande quantidade de gente. **3** Grande quantidade de anjos. *Legião de Honra:* ordem militar e civil instituída na França por Napoleão I. *Legião Estrangeira, Mil:* corpo de voluntários estrangeiros a serviço de um Estado, especialmente da França.

le.gi.bi.li.da.de (*legível+i+dade*) *sf* Qualidade de legível.

le.gi.o.ná.rio (*lat legionariu*) *adj* Que pertence ou se refere a uma legião. • *sm* **1** Soldado de uma legião. **2** Membro da ordem francesa da Legião de Honra ou da Legião Estrangeira.

le.gis.la.ção (*lat legislatione*) *sf* **1** Ato de fazer leis. **2** O conjunto das leis de um país. **3** O conjunto de leis sobre determinada matéria.

le.gis.la.dor (*lat legislatore*) *adj* **1** Que legisla. **2** Que explica as leis. • *sm* **1** Aquele

le.gis.lar (de *legislador*, por *der* regressiva) *vti* e *vint* **1** Fazer ou decretar as leis: *Legislar contra o narcotráfico*. *vtd* **2** Ordenar ou preceituar por lei: *Legislar o ensino primário obrigatório*.

le.gis.la.ti.vo (*legislar+ivo*) *adj* **1** Que diz respeito à legislação. **2** Relativo ao poder de legislar. **3** Que faz, a quem cabe fazer as leis: *Assembleia legislativa*. • *sm* O poder, a câmara ou câmaras que fazem as leis.

le.gis.pe.ri.to (*lat legisperitu*) *sm* Perito em leis; legista.

le.gis.ta (*lat lege*) *s m+f* **1** Pessoa que conhece a fundo as leis; legisperito, jurisconsulto. **2** Médico que se dedica à medicina legal; médico-legista.

le.gí.ti.ma (de *legítimo*) *sf* Parte da herança que, por lei, pertence aos herdeiros necessários.

le.gi.ti.ma.ção (*lat legitimatione*) *sf* **1** Ato ou efeito de legitimar. **2** Habilitação ou justificação documentada para certos e determinados fins.

le.gi.ti.mar (*lat legitimare*) *vtd* **1** Tornar legítimo para os efeitos legais: *Legitimou os documentos*. *vtd* **2** Reconhecer como autêntico (poderes, títulos ou posse de alguma coisa): *A decisão judicial legitimou suas fazendas*. *vtd* **3** Habilitar como legítimo (um filho). *V legítimo*.

le.gí.ti.mo (*lat legitimu*) *adj* **1** Fundado no direito ou na razão. **2** Que tem força de lei. **3** Válido perante a lei. **4** Verdadeiro. **5** Genuíno, puro. **6** Autêntico. **7** Diz-se do filho tido no matrimônio ou legalmente reconhecido. *Antôn* (acepções 4 e 6): *falso*; (acepção 7): *ilegítimo*.

le.gí.vel (*lat legibile*) *adj m+f* **1** Que se pode ler. **2** Escrito em caracteres nítidos, bem visíveis e distintos.

lé.gua (*baixo-lat leuca*, de origem *célt*) *sf* **1** Antiga medida de extensão, variável conforme o país. No Brasil tem de 6.000 a 6.600 metros. **2** *pop* Distância considerável.

le.gu.me (*lat legumen*) *sm* **1** Fruto seco característico das leguminosas. **2** Vagem. **3** Hortaliça, verdura.

le.gu.mi.no.sas (de *leguminoso*) *sf pl Bot* Família muito grande de plantas que compreende ervas, arbustos, árvores e trepadeiras, em geral com flores muito irregulares e fruto que é um legume.

lei (*lat lege*) *sf* **1** Preceito que vem de autoridade soberana de uma dada sociedade. **2** Prescrição do poder legislativo. **3** Regra ou norma de vida. **4** Obrigação imposta. **5** Preceito ou norma de direito, moral etc. *Col*: *código*.

lei.au.te (*ingl layout*) *sm Art Gráf* Esboço ou planejamento do trabalho tipográfico com a especificação dos caracteres que devem ser empregados, disposição da matéria, medidas e outros detalhes relativos à composição de um livro, folheto, periódico, anúncio ou obra comercial: *O jornal criou outro leiaute para atrair os leitores*.

lei.go (*gr laïkós*) *adj* **1** Diz-se daquele que não se consagra à vida religiosa. **2** Pessoa não pertencente a determinada profissão ou não versada em algum ramo de conhecimento ou arte. • *sm* Aquele que não tem ordens sacras. *Var*: *laico* (acepção 1).

lei.lão (*ár alâ'lâm*) *sm* **1** Venda pública de objetos a quem faz oferta mais alta, realizada por leiloeiro autorizado. **2** Hasta pública.

lei.lo.a.men.to (*leiloar+mento*) *sm* **1** Ação de leiloar. **2** Venda em leilão.

lei.lo.ar (*leilão+ar*[1]) *vtd* Pôr em leilão (objetos, propriedades etc.). Conjuga-se como *coar*.

lei.lo.ei.ro (*leilão+eiro*) *sm* **1** O que organiza leilões. **2** Pregoeiro em leilões.

leish.ma.ni.o.se (*leishmânia+ose*) *sf Med* Doença causada pela multiplicação dos protozoários do gênero *Leishmania* no organismo do homem e de animais.

lei.tão (de *leite*) *sm* **1** Porco quando ainda é amamentado. **2** Porco, já não amamentado, mas ainda pequeno. *Col*: *leitegada* (quando nascidos do mesmo parto). *Voz*: *bacoreja, grunhe*. *Fem*: *leitoa* (ô).

lei.te (*lat lacte*) *sm* **1** Líquido branco, opaco, segregado pelas glândulas mamárias da fêmea dos mamíferos. **2** Tudo o que se assemelha a esse líquido. **3** Suco branco de alguns vegetais.

lei.tei.ra (de *leiteiro*) *sf* **1** Vasilha que serve para trazer o leite à mesa. **2** Mulher que vende leite.

lei.tei.ro (*leite+eiro*) *adj* **1** Que produz leite: *Gado leiteiro*. **2** Próprio para conter leite: *Vaso leiteiro*. • *sm* Aquele que vende ou entrega leite.

lei.te.ri.a (*leite+eria*) *sf* Depósito de leite ou estabelecimento onde ele é vendido.

lei.to (*lat lectu*) *sm* **1** Cama. **2** Faixa de terreno ocupado por rodovia. **3** Porção de terreno onde correm as águas de um rio; álveo.

lei.tor (*lat lectore*) *sm* Aquele que lê; ledor.

lei.to.so (ô) (*lat lactosu*) *adj* **1** Que se refere a leite. **2** Que tem a cor ou a consistência do leite; lácteo. **3** Lactescente. *Pl: leitosos* (ó).

lei.tu.ra (*lat med lectura*) *sf* **1** Ação ou efeito de ler. **2** Arte de ler. **3** Aquilo que se lê.

le.lé *adj gír* Bobo, abobado. Também se usa *lelé da cuca*.

le.ma (*gr lémma*, pelo *lat*) *sm* **1** Regra ou norma de procedimento. **2** Emblema, divisa. **3** Sentença. **4** *V slogan*.

lem.bra.do (*part* de *lembrar*) *adj* **1** Que tem boa memória. **2** Que se conservou na memória. **3** Que deixou de si memória. *Estar lembrado de:* ter lembrança, lembrar-se de.

lem.bran.ça (*lembrar+ança*) *sf* **1** Ato ou efeito de lembrar(-se). **2** Recordação que a memória conserva por certo tempo. **3** Objeto dado por uma pessoa para que se lembrem dela. **4** Presente, mimo, brinde. *Antôn* (acepção 1): *esquecimento*. *sf pl* **5** Cumprimentos: *Mandar lembranças a alguém*.

lem.brar (*lat memorare*) *vtd* **1** Trazer à memória; recordar: *Cada qual lembrava um fato*. *vti* **2** Vir à memória, tornar-se recordado: *Lembra-lhe agora o teor da carta*. *vpr* **3** Recordar-se, ter lembranças de: *Lembrou-me da figura de meu pai com saudade*. *vtd* **4** Advertir, notar: *O professor lembrou a aluna de que ela seria reprovada se não fizesse a prova*. *vtdi* **5** Recomendar: *Lembre-me aos seus*. Os verbos **lembrar**, **admirar**, **esquecer** e **recordar** admitem mais de uma construção.

Lembro ter visto.
Lembro-me de ter visto.
Lembra-me ter visto.
Essa última construção é mais usada em Portugal que no Brasil, onde se dá preferência à forma reflexiva **lembro-me**. **Lembrar** e **recordar** admitem a construção a seguir.
Lembrei-lhe que as férias terminariam daí a três dias.

lem.bre.te (ê) (*lembrar+ete*) *sm* **1** Papel com apontamentos. **2** O conteúdo desses apontamentos.

le.me *sm* **1** *Aeron* e *Náut* Peça ou estrutura plana de madeira ou metal, adaptada à parte posterior de embarcações ou aeroplanos, que ajuda a dirigi-los. **2** Direção, governança.

lê.mu.re (*lat lemur*) *sm Zool* Nome comum a numerosos mamíferos primatas, da família dos lemurídeos, que gostam de viver em árvores, na maioria noturnos.

le.mu.rí.deos (lêmure+ídeo) *sm Zool* Família de primatas herbívoros, com hábitos sociais, que vivem em árvores e habitam Madagascar (África).

len.ço (*lat linteu*) *sm* Pano pequeno (de algodão, linho ou seda), quadrangular, que serve para as pessoas assoarem o nariz, limpar o suor, para enfeite ou, ainda, para proteger cabeça e pescoço. *Lenço de papel:* pequeno quadrado de papel macio e absorvente.

len.çol (*lat linteolu*) *sm* **1** Peça de pano, geralmente branca, para forrar o colchão e servir de coberta. **2** Extensão larga e plana que lembra lençol. *Estar em maus lençóis:* estar numa situação difícil ou arriscada. *Lençol de água: V lençol freático*. *Lençol freático:* depósito natural de água no subsolo.

len.da (*lat legenda*) *sf* **1** Tradição popular. **2** Narrativa, transmitida pela tradição, de eventos geralmente considerados históricos, mas que não se pode provar se são autênticos. **3** História fantástica, imaginosa.

len.dá.rio (*lenda+ário*[1]) *adj* **1** Que diz respeito a lenda ou com ela se relaciona. **2** De quem todos falam. **3** Que só existe na imaginação.

lên.dea (*lat vulg *lendina*, do *lat lende*) *sf* Nome vulgar e popular do ovo de piolho-da-cabeça, que se agarra na base dos pelos.

le.nha (*lat ligna*, pl de *lignu*) *sf* **1** Madeira, geralmente não aproveitável para outros fins, cortada e usada como combustível em fogões, fornos etc.; madeira para queimar. **2** *pop* Pancadaria, sova.

le.nha.dor (*lenhar+dor*) *adj+sm* **1** Que colhe ou corta lenha. **2** Que racha lenha.

le.ni.men.to (*lat lenimentu*) *sm* **1** Aquilo que suaviza, abranda, acalma, mitiga; lenitivo. **2** Sedativo.

le.ni.nis.mo (*Lênin, np+ismo*) *sm* **1** Doutrina social de Vladimir Ilitch Ulianov (1870-1924), dito Lênin, estadista russo, que se resume na autocrítica dos partidos proletários e na revolução proletária nos países subdesenvolvidos e agrários. **2** Regime fundado nessa doutrina, implantado na Rússia de 1917 a 1991. **3** Bolchevismo.

le.ni.nis.ta (*Lênin, np+ista*) *adj* Relativo ao leninismo. • *s m+f* Pessoa partidária do leninismo.

le.ni.ti.vo (*lat lenitivu*) *adj* **1** *Med* Que serve para amolecer, abrandar ou mitigar. **2** Que suaviza, consola, acalma. • *sm* **1** Medicamento que tem propriedades levemente laxativas. **2** Lenimento. **3** Alívio, consolação.

le.no.cí.nio (*lat lenociniu*) *sm* Crime que consiste em explorar, provocar ou facilitar a prostituição ou corrupção de qualquer pessoa, com ou sem participação direta ou intenção de lucro.

len.te (*lat lente*) *sf* **1** *Fís* Corpo de vidro ou substância semelhante usado em instrumentos ópticos, óculos etc., de maneira a alterar a direção dos raios luminosos, aumentando ou diminuindo aparentemente as dimensões dos objetos vistos através dele. **2** *Anat* Cristalino.

len.ti.dão (*lat lentitudine*) *sf* **1** Estado ou qualidade de lento. **2** Demora, vagar. *Antôn:* rapidez, ligeireza.

len.ti.lha (*lat lenticula*) *sf* **1** *Bot* Pequena erva cultivada, da família das leguminosas, de folhas penadas e vagens com sementes altamente nutritivas. **2** A semente dessa leguminosa.

len.to (*lat lentu*) *adj* **1** Vagaroso. **2** Demorado. **3** Fraco, pausado, espaçado. • *adv Mús* Mais devagar que o adágio.

le.o.a (ô) (de *leão*) *sf* Fêmea do leão.

le.o.ni.no (*lat leoninu*) *adj* **1** Que diz respeito ou se assemelha ao leão. **2** Relativo à parte, melhor ou maior, que alguém recebe ou toma de qualquer coisa. **3** *Astrol* Relativo ou pertencente ao signo de Leão, ou aos leoninos. • *sm Astrol* Indivíduo nascido sob o signo de Leão.

le.o.par.do (*lat leopardu*) *sm Zool* Mamífero, carnívoro, felino, feroz, de cor amarelada e manchas negras, originário da África e da Ásia.

lé.pi.do (*lat lepidu*) *adj* **1** *pop* Ligeiro: *"Mas cadê o cavalo? Um seu subordinado ordinário, lépido, desprezando a hierarquia, dele se apossara e lá se foi."* (CHP) **2** Jovial: *"Gaspar não escondia igual esperança de ainda poder passar por festeiro lépido e garboso."* (COB)

le.pi.dóp.te.ros (*gr lepís, ídos+ptero*) *sm pl Entom* Ordem de insetos que compreende as borboletas e inúmeras formas adultas com quatro asas, comumente recobertas com pequenas escamas, de cores brilhantes.

le.po.rí.deos (*lat lepore+ídeo*) *sm pl Zool* Família que abrange as lebres e os coelhos, animais distintos de todos os outros roedores por possuírem quatro dentes incisivos superiores e não apenas dois.

le.po.ri.no (*lat leporinu*) *adj* **1** Que se refere à lebre. **2** Que lembra a lebre: *V lábio leporino.*

le.pra (*gr lépra*) *sf Med V hanseníase.*

le.pro.sá.rio (*leproso+ário*) *sm* Edifício, hospital ou conjunto de prédios onde são tratados os hansenianos.

le.pro.so (ô) (*lat leprosu*) *adj V hanseniano.* Pl: *leprosos* (ó).

le.que (*chin Liu Kiu*, nome das Ilhas Léquias ou Ryûkyû) *sm* **1** Abano com varetas, cobertas de papel ou pano, que se abre e fecha facilmente. **2** *fig* Conjunto de opções, ideias etc. que se desdobram a partir de um ponto.

ler (*lat legere*) *vtd* **1** Conhecer, interpretar por meio da leitura: *S.Ex.ª não lia os jornais. vint* **2** Conhecer as letras do alfabeto e saber juntá-las em palavras: *A menina* *ainda não sabe ler. vtd e vint* **3** Pronunciar ou recitar em voz alta o que está escrito: *Cochilava, enquanto o professor lia o conto.*

ler.de.za (*lerdo+eza*) *sf* Qualidade de lerdo.

ler.do *adj* **1** De ação lenta (memória, pessoa etc.). **2** Estúpido. *Antôn* (acepção 1): *lesto, esperto.*

le.sa.do (*part* de *lesar*) *adj* **1** Que sofreu lesão; ferido. **2** Danificado, prejudicado.

le.são (*lat laesione*) *sf* **1** Ato ou efeito de lesar. **2** Dano, prejuízo. **3** Ultraje, injúria. **4** Pancada, contusão.

le.sa-pá.tria *sf* Crime ou atentado contra a pátria: *"Um legítimo crime de lesa-pátria!"* (MRF) *Pl: lesas-pátrias.*

le.sar (*lat vulg *laesare*, frequentativo de *laedere*) *vtd* **1** Causar lesão a; molestar, ofender fisicamente: *Aquela queda lesou-o.* **2** Ofender a reputação, o crédito ou os interesses de: *Tais comentários lesaram a jovem.*

les.bi.a.nis.mo (*lesbiano+ismo*) *sm* Homossexualismo entre mulheres.

lés.bi.ca (*top Lésbos+ico²*, no fem) *sf* **1** Mulher homossexual. **2** *pop* Mulher-macho, sacana.

le.se (*é*) (*fr laise*) *sf* Tecido delicado, geralmente de algodão, todo bordado ou formando barrados, para uso em vestuário, roupa de cama etc.

les.ma (*ê*) (*lat limace*) *sf* **1** *Zool* Nome vulgar de certos moluscos terrestres ou semimarinhos que têm o corpo desprovido de concha. **2** *pop* Pessoa mole, vagarosa, desajeitada, preguiçosa.

les.te (*fr l'est*) *sm V este¹. Abrev: L.*

le.tal (*lat letale*) *adj m+f* Que diz respeito à morte, mortal; mortífero: *"A enfermidade mais temida e mais citada era a lepra, doença muito mutilante, mas pouco letal."* (SAT)

le.tar.gi.a (*gr lethargía*) *sf* **1** *Med* Sonolência doentia: *"Agora o homenzinho parecia ter caído numa estranha letargia."* (CEN) **2** Hibernação. **3** Estado de inércia ou indiferença; apatia: *"O espírito desperto da letargia na qual permaneceu as últimas horas expande-se em criação."* (CH)

le.tár.gi.co (*gr lethargikós*, pelo *lat*) *adj* **1** Que diz respeito à letargia. **2** Apático, indiferente. **3** Dormente; sonolento. • *sm* Aquele que caiu em letargia.

le.ti.vo (*lat lectu+ivo*) *adj* Que diz respeito a lições ou ao regime escolar: *Ano letivo.*

le.tra (*ê*) (*lat littera*) *sf* **1** Cada um dos símbolos gráficos com que se representam os fonemas ou sons articulados de um idioma. **2** Cada um dos caracteres do alfabeto quanto à sua forma e grandeza, e conforme as diferentes espécies de escrita. **3** Versos que são acompanhados por música ou toada. *sf pl* **4** Conjunto dos conhecimentos adquiridos pelos estudos literários propriamente ditos (literatura, filologia, linguística etc.).

le.tra.do (*lat litteratu*) *adj+sm* **1** Que é versado em letras ou literatura; literato. **2** Que tem estudo acadêmico.

le.trei.ro (*letra+eiro*) *sm* **1** Inscrição, legenda, rótulo. **2** Tabuleta, placa com anúncio, nome de firma pintado em parede, ou representado de outra forma, como em letras de luz néon ou de metal.

le.tris.ta (*letra+ista*) *s m+f* **1** Desenhista especializado em desenhar letras e letreiros de propaganda. **2** Pessoa que faz letra para ser musicada ou para composição musical já existente.

léu (*provençal leu*) *sm pop* **1** Ócio, vagar. **2** Ensejo, ocasião. *Ao léu:* à toa; à vontade.

leu.ce.mi.a (*leuco+hemo+ia¹*) *sf Med* Doença do sangue que provoca a disfunção cancerosa das células.

leu.có.ci.to (*leuco+cito*) *sm Biol* Célula sanguínea, incolor; glóbulo branco.

le.va (*de levar*) *sf* **1** Ato de levantar a âncora para navegar. **2** Grupo: *Uma leva de presos.* **3** Quantidade de pessoas levadas ou trazidas por vez em um transporte ou condução: *Leva de passageiros.*

le.va.do (*part* de *levar*) *adj pop* **1** Indisciplinado, indócil. **2** Travesso, endiabrado.

le.van.ta.dor (*levantar+dor*) *adj* Que levanta, que excita, que amotina ou revolta. • *sm* **1** *Anat* Músculo com que se levanta alguma parte do corpo. **2** *Esp* No vôlei, jogador com a função de levantar a bola para que outro jogador possa atacar.

le.van.ta.men.to (*levantar+mento*) *sm*

1 Ato de levantar ou de levantar-se. **2** Insurreição, rebelião, revolta. **3** Elevação, acréscimo. **4** Estatística.

le.van.tar (levante+ar¹) vtd e vpr **1** Alçar (-se), erguer(-se), pôr(-se) de pé: Levantar um poste. vint e vpr **2** Altear-se, erguer-se: Sempre se levanta para ceder o lugar às senhoras. vtd **3** Arvorar, hastear: Levantar a bandeira. vtd **4** Apanhar, erguer do chão: Levantou a criança e ninou-a nos braços. vtd **5** Edificar, erigir: Levantar uma escola na favela. • sm Ato de levantar ou levantar-se.

le.van.te (lat levante) sm **1** Ato de levantar. **2** V levantamento. **3** Este, oriente, nascente. **4** Motim.

le.var (lat levare) vtd **1** Conduzir algo consigo de um lugar para outro: Levei para casa o livro. vtd **2** Afastar, retirar: Leva-o daqui. vtd **3** Arrastar, puxar: O burro leva pacientemente a carroça. vtd **4** Conduzir, guiar: Levou os turistas à casa de Jorge Amado. vti **5** Dar acesso: Este caminho leva à entrada do bosque. vtd **6** Roubar, furtar: Levou todo o dinheiro da gaveta. vtd **7** Lucrar: Quanto levaremos nesse negócio? Conjug – Pres indic: levo, levas, leva, levamos, levais, levam; Pret perf: levei, levaste, levou, levamos, levastes, levaram; Pret imp indic: levava, levavas, levava, levávamos, leváveis, levavam; Pret mais-que-perf: levara, levaras, levara, leváramos, leváreis, levaram; Fut pres: levarei, levarás, levará, levaremos, levareis, levarão; Fut pret: levaria, levarias, levaria, levaríamos, levaríeis, levariam; Pres subj: leve, leves, leve, levemos, leveis, levem; Pret imp subj: levasse, levasses, levasse, levássemos, levásseis, levassem; Fut subj: levar, levares, levar, levarmos, levardes, levarem; Imper afirm: –, leva(Tu), leve(Você), levemos(Nós), levai(Vós), levem(Vocês); Imper neg: –, Não leves(Tu), Não leve(Você), Não levemos(Nós), Não levai(Vós), Não levem (vocês); Infinitivo impess: levar; Infinitivo pess: levar, levares, levar, levarmos, levardes, levarem; Ger: levando; Part: levado.

le.ve (lat leve) adj m+f **1** Que pesa pouco. **2** Delicado, ameno, brando: Leve brisa. **3** Simples, superficial. **4** Ágil, ligeiro. **5** Pouco substancial; fácil de digerir: Uma leve refeição.

le.ve.dar (lêvedo+ar¹) vtd **1** Fazer fermentar, tornar lêvedo: O pão está levedando. vint **2** Tornar-se lêvedo, crescer (massa de pão): Levedar a massa para fazer o pão.

lê.ve.do (lat vulg *levitu, de levare) adj Fermentado. • sm Bot **1** Nome comum de fungos que atuam sobre as massas farinhosas, provocando fermentação que liberta ácido carbônico. **2** Qualquer cogumelo responsável pela fermentação alcoólica. Var: levedo.

le.ve.du.ra (lêvedo+ura) sf Fermento.

le.ve.za (leve+eza) sf **1** Qualidade de leve. **2** Leviandade. **3** Superficialidade.

le.vi.an.da.de (leviano+dade) sf **1** Qualidade de leviano. **2** Imprudência. **3** Pouco siso. **4** Falta de tino ou de reflexão. Antôn: ponderação.

le.vi.a.no (de leve) adj **1** Volúvel. **2** Que não tem seriedade ou que procede repreensivamente. **3** Que não leva muita carga; leve. Antôn (acepção 2): ponderado, refletido.

le.vi.a.tã (hebr liviâthân, via lat) sm Grande animal aquático, supostamente semelhante ao crocodilo, referido somente em passagens poéticas da Bíblia.

le.vi.tar (lat levare) vpr Erguer-se alguém ou alguma coisa no espaço sem apoio visível.

le.xi.cal (cs) (léxico+al¹) adj m+f **1** Que diz respeito ao léxico. **2** Que se refere aos vocábulos de um idioma.

lé.xi.co (cs) (gr lexikón) sm **1** Conjunto das palavras de que dispõe um idioma. **2** Glossário. **3** Dicionário de línguas clássicas antigas. **4** V dicionário e vocabulário.

le.xi.co.gra.fi.a (cs) (léxico+grafo+ia¹) sf **1** Arte, processo ou ocupação de fazer léxico ou dicionário. **2** Arte ou prática de definir palavras.

le.xi.co.lo.gi.a (cs) (léxico+logo+ia¹) sf Gram Ciência das palavras quanto à sua formação, derivação, etimologia e significado.

lha.ma (quíchua llama, via cast) sf Zool Ruminante de pequeno porte parecido com o camelo.

lhe (*lat illi*) *pron pess* A ele, a ela (ou a você, ao senhor etc.), ou nele, nela etc., ou dele, dela etc. *Pl*: lhes.
Os pronomes oblíquos **lhe** e **o** podem ser usados para substituir o objeto indireto e o objeto direto, respectivamente.
Obedeço a eles.
Obedeço-lhes.
Eu vi Pedro.
Eu o vi.

lho (*lhe(s)+o*) *contr* Pronome pessoal *lhe* com o pronome pessoal *o* ou o pronome demonstrativo neutro *o*.

li.a.me (*â*) (*lat ligamen*) *sm* Aquilo que liga ou prende uma coisa ou pessoa a outra; ligação.

li.ba.nês (*top Líbano+ês*) *adj* Pertencente ou relativo ao Líbano (Ásia). • *sm* Habitante ou natural do Líbano. *Fem*: libanesa (*ê*).

li.bé.lu.la (*lat libellula*) *sf Entom* Denominação vulgar dos insetos de asas longas e voo veloz, que vivem próximos às águas.

li.be.ra.ção (*lat liberatione*) *sf* **1** Ação ou efeito de liberar. **2** Extinção, quitação de dívida ou compromisso. **3** Libertação.

li.be.ral (*lat liberale*) *adj* **1** Dadivoso, generoso. **2** Amigo da liberdade política e civil. **3** Próprio de homem livre. **4** Diz-se de profissões de nível superior. *Antôn* (acepção 1): *avarento*. • *s m+f* Pessoa partidária da liberdade política e religiosa; liberalista.

li.be.ra.li.za.ção (*liberalizar+ção*) *sf* **1** Ato ou efeito de liberalizar. **2** *Econ polít* Levantamento de controle dos preços ou do consumo dos produtos. **3** *Polít* Afrouxamento das medidas restritivas da liberdade política.

li.be.ra.li.zar (*liberal+izar*) *vtd* **1** Distribuir com profusão: *Liberalizar favores (aos corruptos) em troca de adesão política.* *vpr* **2** Tornar-se liberal: *"A ética sexual se liberaliza."* (LAZ)

li.be.rar (*lat liberare*) *vtd* **1** Tornar livre, libertar: *Liberar as energias presas.* **2** Desobrigar: *Não é possível liberá-lo, terá de assistir ao curso até o fim.* **3** Livrar de restrições: *As mulheres lutam por leis que as liberem.*

li.ber.da.de (*lat libertate*) *sf* **1** Estado de pessoa livre e isenta de restrição externa ou coação física ou moral. **2** Poder de exercer livremente a sua vontade. **3** Independência, autonomia. *Liberdade de pensamento*: direito que cada um tem de manifestar suas opiniões.

li.ber.ta.ção (*libertar+ção^2*) *sf* Ato de libertar ou libertar-se.

li.ber.ta.dor (*libertar+dor*) *adj+sm* Que liberta, que dá liberdade ou torna livre.

li.ber.tar (*lat libertare*) *vtd* **1** Dar liberdade a, restituir à liberdade: *Libertar um escravo, um prisioneiro.* *vpr* **2** Pôr-se em liberdade, tornar-se livre: *Libertaram-se os reféns.* *vtd* **3** Aliviar, desobrigar: *Não me libertará desta dívida de gratidão.* *vtd* **4** Descarregar, desobstruir: *Libertar o estômago.* *Antôn* (acepção 1): *prender, escravizar*.

li.ber.ti.na.gem (*libertino+agem*) *sf* **1** Vida ou ato de libertino. **2** Devassidão, licenciosidade.

li.ber.ti.no (*lat libertinu*) *adj* Desregrado nos costumes, dissoluto, licencioso, lascivo. • *sm* Pessoa devassa, libidinosa, sensual, depravada.

li.ber.to (*lat libertu*) *adj* Posto em liberdade; solto. • *sm* Escravo posto em liberdade.

li.bi.di.na.gem (*libidismo+agem*) *sf* Sensualidade, volúpia.

li.bi.di.no.so (*ô*) (*lat libidinosu*) *adj* **1** Voluptuoso, lascivo, dissoluto. **2** Que sente vivos desejos sensuais. **3** Que pertence à libido. *Pl*: libidinosos (*ó*).

li.bi.do (*lat libido*) *sf Psican* **1** Desejo sexual. **2** Energia psíquica que provém do instinto sexual e determina toda a conduta da vida do homem.

li.bra (*lat libra*) *sf* **1** Medida inglesa de peso de 16 onças, equivalente a 453,592 g. **2** Moeda de ouro inglesa; libra esterlina. **3 Libra** *Astr* Constelação do zodíaco. **4 Libra** *Astrol* Signo do zodíaco, relativo aos nascidos entre 23 de setembro e 22 de outubro; Balança.

li.bré (*fr livrée*) *sf* Uniforme de criados, em casas nobres.

li.bre.to (*ê*) (*ital libretto*) *sm* Texto de uma ópera.

li.bri.a.no (*de libra+ano^2*) *sm Astrol* Indivíduo nascido sob o signo de Libra. • *adj Astrol* Relativo ou pertencente ao signo de Libra, ou aos librianos.

li.ção (*lat lectione*) *sf* **1** Aula. **2** Aquilo que é aprendido pelo aluno, ou o exercício que faça para isso. **3** *fig* Exemplo; conselho. *Dar a lição:* ensinar ao aluno. *Dar uma lição a alguém:* mostrar o erro de conduta.

li.cen.ça (*lat licentia*) *sf* **1** Permissão. **2** Autorização especial concedida pelas autoridades públicas. **3** Documento que comprova essa autorização.

li.cen.ci.a.do (*part* de *licenciar*) *adj* **1** Que tem licença. **2** Que se licenciou. **3** Despedido. **4** *Autom* Diz-se do veículo que obteve placa de licença. • *sm* Aquele que tem o grau de licenciatura.

li.cen.ci.a.men.to (*licenciar+mento*) *sm* **1** Ato ou efeito de licenciar ou de se licenciar. **2** Licenciatura. **3** *Autom* Obtenção ou autenticação da placa numérica identificadora de veículo autorizado a trafegar.

li.cen.ci.ar (*lat licentia+ar¹*) *vtd* **1** Dar licença ou permissão: *A prefeitura licenciava-o para comercializar os produtos orgânicos.* *vtd, vtdi, vpr* **2** Isentar(-se) temporariamente do serviço: *O médico licenciou-o do trabalho para cuidar da saúde.* *vpr* **3** Concluir um curso superior; tomar o grau de licenciado: *Licenciava-se em Filosofia.* *vtd* **4** *Autom* Conceder ou autenticar placa de um veículo. Conjuga-se como *premiar*.

li.cen.ci.a.tu.ra (*licenciar+ura*) *sf* **1** V licenciamento. **2** Grau ou título universitário dos professores do ensino secundário.

li.ceu (*gr lýkeion*, pelo *lat*) *sm* Estabelecimento oficial ou particular de instrução secundária ou de ensino profissional: *Liceu de Artes e Ofícios.*

li.chi.a (*chin lizhī*) *sf Bot* **1** Árvore das regiões quentes da Ásia que produz um fruto de polpa adocicada. **2** O fruto dessa árvore.

li.ci.ta.ção (*lat licitatione*) *sf* **1** Ato de licitar. **2** Ato pelo qual vão a leilão os bens da herança, quando não há divisão amigável, ou quando ultrapassam o quinhão de um só dos herdeiros. **3** *Econ* Ato pelo qual a administração pública seleciona a proposta mais vantajosa para a aquisição de bens ou serviços.

li.ci.tar (*lat licitari*) *vint* **1** Oferecer uma quantia no ato de arrematação, adjudicação, hasta pública ou partilha judicial. *vtd* **2** Pôr em leilão: *Licitar a massa falida.* Cf *lícito*.

lí.ci.to (*lat licitu*) *adj* **1** Conforme à lei; legal: *"Não era lícito, como na Grécia ou em Roma, fazer escrava, por exemplo, a criança abandonada."* (MAL) **2** Permitido: *"Uma terrível inimiga contra a qual não me era lícito lutar."* (A) **3** Correto; exato: *"Mesmo assim é lícito afirmar que sua importância local era imensa."* (CCA) • *sm* Aquilo que é permitido, ou aceitável: *"Dum mau imaginado, o senhor me dê o lícito."* (GSV) Antôn: ilícito.

li.cor (*lat liquore*) *sm* Bebida alcoólica, aromatizada e geralmente açucarada.

li.co.rei.ro (*licor+eiro*) *sm* Utensílio de mesa, com um recipiente e copos para licor. *Var:* licoreira.

li.co.ro.so (ô) (*licor+oso*) *adj* Que tem propriedades de licor: *Vinho licoroso.* *Pl:* licorosos (ó).

li.da (de *lidar*) *sf* **1** Ato ou efeito de lidar. **2** Trabalho, faina, luta. **3** *pop* Leitura rápida, superficial.

li.dar (*lide+ar¹*) *vti* e *vint* **1** Batalhar, combater: *Lidar contra o inimigo.* *vti* e *vint* **2** Trabalhar muito; esforçar-se: *Lidou por fazer aquele patrimônio.* *vti* **3** Entender-se com pessoas de toda espécie, de modo a evitar atritos: *Faltam-lhe atributos técnicos, mas sabe lidar com gente.*

lí.der (*ingl leader*) *sm* Chefe, guia.

li.de.ran.ça (*líder+ança*) *sf* Função de líder.

li.de.rar (*líder+ar¹*) *vtd* Dirigir como líder, chefiar.

li.ga (*lat med liga*) *sf* **1** Ato ou efeito de ligar. **2** *Quím* Substância composta de dois ou mais metais fundidos.

li.ga.ção (*lat ligatione*) *sf* **1** Ato ou efeito de ligar. **2** Junção, união. **3** Conexão. **4** Telefonema.

li.ga.da (*fem* do *part* de *ligar*) *sf pop* Telefonema.

li.ga.do (*part* de *ligar*) *adj* **1** Que se liga, que mantém ligação. **2** Homogêneo. **3** *gír* Diz-se de pessoa moderna, atualizada. **4** *gír* Concentrado em.

li.ga.du.ra (*lat ligatura*) *sf* **1** V ligação. **2** Faixa, atadura.

li.ga.men.to (*lat ligamentu*) *sm* **1** Ação ou efeito de ligar; ligação, ligadura. **2** *Anat* Faixa de tecido fibroso que liga entre si ossos articulados ou suporta vísceras nos seus devidos lugares.

li.gar (*lat ligare*) *vtd* **1** Fazer laço ou nó em; atar, fixar, prender: *Com um pedaço de corda, ligou as ripas de madeira dispersas*. *vtd* **2** Fazer aderir; pegar, cimentar: *Ligar tijolos, ladrilhos*. *vtd* **3** Pôr em comunicação: *A ponte ligava duas povoações*. *vpr* **4** Unir-se, incorporar-se. *vti* **5** Telefonar: *Ligar para Brasília*.

li.gei.re.za (*ligeiro+eza*) *sf* **1** Rapidez, leveza. **2** Celeridade, agilidade. **3** Brevidade.

li.gei.ro (*fr léger*, do *lat vulg *leviariu*) *adj* **1** Leve. **2** Rápido, veloz. **3** Ágil. • *adv* Rapidamente, às pressas: *Saiu ligeiro da sala*.

light (*láiti*) (*ingl*) *adj* **1** Diz-se do alimento com baixas calorias. **2** *Polít* Moderado.

li.lás (*fr lilas*) *sm* **1** *Bot* Arbusto que floresce no começo da primavera. **2** A flor desse arbusto. **3** O cheiro da flor do lilás. **4** Cor arroxeada semelhante à da flor do lilás. • *adj* Que tem cor arroxeada semelhante à da flor do lilás. *Pl: lilases*.

li.li.pu.ti.a.no (*ingl lilliputian*, de *Lilliput*, *np+ano²*) *adj* **1** Que se refere a Liliput, país imaginário do romance *Viagens de Gulliver*, do escritor inglês Jonathan Swift (1667-1745), cujos habitantes tinham apenas 15 cm de altura. **2** Muito pequeno.

li.ma¹ (*lat lima*) *sf* **1** *Mec* Instrumento de aço temperado, usado para desbastar e alisar metais e outros materiais. **2** Aquilo que serve para polir ou aperfeiçoar. **3** Tudo o que gasta ou corrói.

li.ma² (*ár lîmâ*) **1** Fruto da limeira. **2** Limeira.

li.ma-da-pér.sia *sf* Variedade de lima². *Pl: limas-da-pérsia*.

li.ma.du.ra (*lat limatura*) *sf* **1** Ato ou efeito de limar. **2** *fig* Aperfeiçoamento. *sf pl* **3** Limalhas.

li.ma.gem (*limar+agem*) *sf* **1** V limadura. **2** Tempo que se gasta em limar.

li.ma.lha (*limar+alha*) *sf* Partículas que se separam de um corpo que se lima.

li.mão (*ár lîmûm*) *sm* Fruto do limoeiro.

li.mão-cra.vo *sm* Variedade de limão. *Pl: limões-cravo* ou *limões-cravos*.

li.mão-ga.le.go *sm* Variedade de limão. *Pl: limões-galegos*.

li.mar (*lat limare*) *vtd* **1** Desbastar, raspar ou polir com lima: *Limar as unhas*. **2** Corroer, gastar: *Insensivelmente, as águas limam as rochas*.

lim.bo (*lat limbu*) *sm* **1** *Bot* Expansão membranosa que, a partir do pecíolo, constitui a folha. **2** *Rel* Lugar onde se recolhem as almas das crianças que morrem sem batismo, conforme a religião católica.

li.mei.ra (*lima²+eira*) *sf Bot* Planta que produz a lima ou o limão-doce.

li.mi.ar (*lat liminare*) *sm* **1** Portal, entrada: *"Ao passar o limiar da porta principal, já estava quase morta de emoção."* (A) **2** Começo, princípio: *"Uma pausa de expectativa, suspense, limiar de um grande acontecimento."* (CNT)

li.mi.nar (*lat liminare*) *adj* **1** Relativo ou pertencente ao limiar. **2** *Dir* Diz-se de providência tomada pelo juiz, no início do processo, para evitar dano irreparável ao direito alegado.

li.mi.ta.ção (*lat limitatione*) *sf* **1** Restrição, redução. **2** Confinação.

li.mi.ta.do (*part de limitar*) *adj* Restrito, reduzido.

li.mi.tar (*lat limitare*) *vtd* **1** Servir de limite: *O ribeirão limita a fazenda*. *vtd* **2** Diminuir, reduzir, restringir: *Limitou os estudos à Medicina*. *vpr* **3** Contentar-se: *Limito-me a encarar os acontecimentos*.

li.mi.te (*lat limite*) *sm* **1** Linha ou ponto divisório, linha de demarcação. **2** Marco. **3** Extremo, fim.

li.mí.tro.fe (*lat limitrophu*) *adj* **1** Contíguo à fronteira de uma região. **2** Que serve de limite comum.

li.mo (*lat limu*) *sm* Barro, lama, lodo, vasa.

li.mo.ei.ro (*limão+eiro*) *sm Bot* Planta que produz o limão.

li.mo.na.da (*limão+ada¹*) *sf* Bebida refrigerante preparada com suco de limão e água açucarada.

lim.pa.de.la (*limpar+dela*) *sf* Pequena limpeza; limpeza superficial.

lim.par (*limpo+ar¹*) *vtd* **1** Tornar limpo, asseado, tirando a sujeira: *Limpar o armá-*

rio, limpar o banheiro. **2** Curar; purificar: *Limpar um ferimento.* **3** Tirar o pó ou a sujeira de: *Limpar os óculos.* **4** Ganhar tudo de outra pessoa no jogo: *Limpou o parceiro. Part: limpado e limpo.*

lim.pa-tri.lhos *sm sing+pl* Armação forte, inclinada, à frente das locomotivas, para remover obstáculos que se encontrem sobre os trilhos.

lim.pe.za (*limpo+eza*) *sf* **1** Ação ou efeito de limpar. **2** Asseio. **3** Depuração. **4** *gír* Roubo: *Os ladrões fizeram uma limpeza no banco. Limpeza pública:* serviço de remoção de detritos das vias públicas, residências e estabelecimentos comerciais de uma cidade. *Antôn* (acepção 2): *sujidade*.

lim.pi.dez (*límpido+ez*) *sf* **1** Qualidade de límpido. **2** Nitidez. **3** Transparência.

lím.pi.do (*lat limpidu*) *adj* **1** Nítido: "*Tem tudo de um televisor: circuito impresso, controles automáticos, som límpido, garantia integral.*" (MAN) **2** Puro: "*Lembro-me de um pensamento mais ou menos límpido me passando pela cabeça.*" (CRE) **3** Transparente, claro, diáfano: "*O ar era límpido e clareava a rua aos meus olhos.*" (CHI) **4** Desanuviado. *Antôn* (acepções 1, 3 e 4): *embaçado*.

lim.po (*lat limpidu*) *adj* **1** Que não está sujo. **2** Imaculado. **3** Que não tem mistura de substâncias estranhas. **4** Nítido, puro. **5** Benfeito: *Trabalho limpo.* **6** Desanuviado, claro: *Céu limpo.* **7** Honesto. *Antôn* (acepção 1): *sujo.* • *adv* Com limpeza; limpamente. *Passar a limpo:* tornar apresentável, sem incorreções. *Tirar a limpo:* esclarecer.

li.mu.si.ne (*fr limousine*) *sf* Automóvel de luxo fechado, de grande porte.

lin.ce (*gr lýgks*, pelo *lat*) *sm Zool* Mamífero carnívoro felino, de vista penetrante.

lin.cha.men.to (*linchar+mento*) *sm* Ato de linchar.

lin.char (de *Lynch, np+ar¹*) *vtd* Executar um criminoso, verdadeiro ou suposto, sem formação de processo e tumultuariamente, pela multidão.

lin.de.za (*lindo+eza*) *sf* **1** Qualidade de lindo. **2** Beleza. **3** Perfeição, primor. *Antôn* (acepção 1): *fealdade*.

lin.do (*lat limpidu*) *adj* **1** Belo, formoso. **2** Delicado, primoroso. **3** Aprazível, agradável.

li.ne.ar (*lat lineare*) *adj* **1** Que diz respeito a linhas. **2** Feito com linhas geométricas. **3** Referente às medidas de comprimento. **4** *fig* Simples, direto, claro.

lin.fa (*lat lympha*) *sf Biol* Líquido coagulável amarelo-claro, transparente, ou opalino, de reação alcalina, que contém corpúsculos incolores (leucócitos) e que circula nos vasos linfáticos e nos espaços intercelulares.

lin.fá.ti.co (*lat lymphaticu*) *adj* **1** Relativo à linfa. **2** Em que há linfa. **3** Atacado de linfatismo. **4** *Anat* Diz-se dos vasos por onde circula a linfa, que representa a defesa do organismo contra a invasão de micróbios.

lin.fo.ma (*linfo+oma*) *sm Med* Tumor maligno dos gânglios linfáticos.

lingerie (*langerri*) (*fr*) *sf* Roupa de dormir ou peças íntimas do vestuário feminino.

lin.go.te (*fr lingot*) *sm* Barra de metal fundido em forma conveniente para transporte, armazenagem etc.

lín.gua (*lat lingua*) *sf* **1** *Anat* Órgão alongado, achatado, musculoso e móvel da cavidade bucal e que é o órgão principal da deglutição, do gosto e, no homem, da articulação das palavras. **2** Idioma, linguagem, fala. *Língua viva:* a que é falada por qualquer povo ou nação. *Dobrar a língua:* corrigir o que se disse. *Saber na ponta da língua:* saber muito bem. *Bater (dar) com a língua nos dentes:* cometer indiscrições, revelando segredos. *Com a língua de fora:* exausto, cansado.

lin.gua.do (de *língua*) *sm* **1** Lâmina comprida de metal. **2** *Ictiol* Nome vulgar de vários peixes marinhos achatados.

lin.gua.gem (*provençal lenguatge*) *sf* **1** Fala. **2** Conjunto de sinais falados, escritos ou gesticulados de que se serve o homem para exprimir suas ideias e sentimentos.

lin.gua.jar (*linguagem+ar²*) *sm* **1** Modo de falar; fala: *O linguajar das crianças.* **2** Linguagem popular.

lin.gua.ru.do (*língua+r+udo*) *adj+sm pop* Que ou aquele que fala sem pensar, mexeriqueiro, que não sabe guardar segredos.

lin.gue.ta (gwê) (língua+eta) *sf* **1** Peça móvel da fechadura que, com a chave, tranca gavetas, portas etc. **2** Fiel de balança.

lin.gui.ça (gwi) *sf* **1** Enchido de carne de porco, vaca ou frango em tripa delgada. **2** *fig* Algo que é longo e estreito. *Encher linguiça*: tomar tempo ou espaço, falando ou escrevendo superfluamente.

lin.guis.ta (gwi) (fr *linguiste*) *s m+f* Pessoa versada no estudo das línguas ou da linguística.

lin.guís.ti.ca (gwi) (fr *linguistique*) *sf* Estudo científico da linguagem humana em sua totalidade.

lin.guís.ti.co (gwi) (linguística+ico²) *adj* Relativo a linguista ou à linguística.

li.nha (lat *linea*) *sf* **1** Fio de linho, de algodão, de seda etc., torcido e preparado para os trabalhos de costura. **2** Fio ou par de fios metálicos que liga uma estação telegráfica ou telefônica com outra; o sistema todo desses fios. **3** Série de palavras escritas na mesma direção ou impressas através de uma página ou coluna. **4** Qualquer traço, sulco, aresta, semelhantes a um fio, traçados com lápis, pena, estilete. **5** Sulco na palma da mão. **6** Ferrovia. **7** Regra, norma: *Linha de conduta*. **8** Serviço regular de transporte de carga ou passageiros entre duas localidades, bairros etc. *Entrar na linha*: entrar na norma de conduta certa. *Perder a linha*: desconcertar-se; engordar.

li.nha.ça (linho+aça) *sf Bot* A semente do linho.

li.nha.da (linha+ada¹) *sf* **1** Lance de anzol. **2** *fig* Espiadela. **3** *fig* Namoro a distância.

li.nha.gem (linha+agem) *sf* **1** Genealogia. **2** Linha de parentesco; ascendência. **3** Tecido grosso de linho.

li.nho (lat *linu*) *sm* **1** *Bot* Planta cultivada por suas fibras e pelas suas sementes, que têm aplicações medicinais e de que se extrai o óleo de linhaça. **2** As fibras dessa planta, limpas e preparadas para a fiação. **3** Tecido de linho.

li.ni.men.to (lat *linimentu*) *sm* **1** Aquilo que suaviza, abranda, acalma. **2** Preparado oleoso usado em fricções sobre a pele, com objetivo terapêutico: *"O massagista passava linimento em suas pernas e lá de fora veio um urro antes do gongo tocar."* (DE) **3** Sedativo: *"Receitara-lhe um linimento e mandara-o embora."* (TV)

link (línc) (ingl) *sm* **1** *Inform* Qualquer elemento de uma página da internet, seja texto ou ícone, que, ao ser clicado, dá acesso a outra página ou documento: *Clique na palavra zoologia, que está em destaque, e você fará um link com outro texto sobre animais*. **2** *por ext* Conexão, participação: *O apresentador da TV fez um link com o repórter de rua para este dar as últimas notícias*.

li.nó.leo (ingl *linoleum*) *sm* Espécie de tapete ou cobertura do assoalho, impermeável.

li.no.ti.pi.a (linotipo+ia¹) *sf* **1** Arte de compor em máquina de linotipo. **2** Seção ou oficina de composição linotípica.

li.no.ti.pis.ta (linotipo+ista) *s m+f Tip* Operador que trabalha com linotipo.

li.no.ti.po (ingl *linotype*, de *line of type*) *sf Tip* Máquina que compõe e funde linhas em bloco, com o auxílio de matrizes reunidas mediante operação de um teclado.

li.pí.dio (lipo+ídio) *sm Quím* Cada uma de um grupo de substâncias que constituem os principais componentes estruturais das células vivas; são as gorduras.

li.po.as.pi.ra.ção (lipo+aspiração) *sf Cir* Processo em que se realiza, cirurgicamente, aspiração de gordura subcutânea.

li.po.ma (lipo+oma) *sm Med* Tumor benigno de formato arredondado, formado por células gordurosas.

li.que.fa.ção (que ou qwe) (lat *liquefactione*) *sf* **1** Ação de liquefazer. **2** Estado daquilo que se tornou líquido. **3** Fusão. **4** Condensação. *Var*: liquefação.

li.que.fa.zer (que ou qwe) (lat *liquefacere*) *vtd* e *vpr* Tornar(-se) líquido; derreter(-se), fundir(-se): *Liquefazer frutas* (no liquidificador). *A neve liquefazia-se*. Conjuga-se como *fazer*.

li.que.fei.to (que ou qwe) (part de *liquefazer*) *adj* **1** Tornado líquido: *"Gás liquefeito de petróleo."* (FSP) **2** Derretido, fundido: *Manteiga liquefeita*.

lí.quen (gr *leikhén*) *sm* **1** *Bot* Organismo vegetal composto que consiste em um

li.qui.da.ção (*qui* ou *qwi*) (*liquidar*+*ção*) *sf* **1** Ato ou efeito de liquidar. **2** Estado do que está sendo liquidado. **3** Meio pelo qual uma sociedade mercantil dissolvida dispõe do seu patrimônio. **4** Venda de mercadorias a preços reduzidos. *Var: liquidação.*

li.qui.da.do (*qui* ou *qwi*) (*part* de *liquidar*) *adj* **1** Que se liquidou. **2** Acabado, terminado: *Assunto liquidado.* **3** Arruinado. **4** Morto, aniquilado. *Var: liquidado.*

li.qui.dar (*qui* ou *qwi*) (*líquido*+*ar¹*) *vtd* **1** *Com* Fazer a liquidação de: *Liquidar um estoque.* *vint* **2** *Com* Vender gêneros a preços reduzidos: *Depois do Natal, as lojas sempre liquidam.* *vtd* **3** Aniquilar, destruir, matar: *Aquele inseticida realmente liquida as baratas.* *vtd* **4** Efetuar a liquidação de (uma sociedade mercantil). *Var: liquidar.*

li.qui.dez (*qui* ou *qwi*) (*líquido*+*ez*) *sf* **1** Qualidade ou estado daquilo que é líquido. **2** *Econ* Grau de negociabilidade de um título, sua possibilidade de ser transformado em dinheiro a qualquer momento. *Var: liquidez.*

li.qui.di.fi.ca.dor (*qui* ou *qwi*) (*liquidificar*+*dor*) *adj* Que liquidifica. • *sm* Aparelho elétrico que liquidifica frutas, legumes etc. *Var: liquidificador.*

lí.qui.do (*qui* ou *qwi*) (*lat liquidu*) *adj* **1** Que flui ou corre, tendendo sempre a nivelar-se e a tomar a forma do vaso que o contém. **2** Xaroposo, viscoso. **3** *Econ* Livre de descontos; livre de despesas. *Peso líquido:* peso total com exclusão do peso da embalagem. • *sm* **1** Corpo líquido. **2** Bebida ou alimento líquido. *Var: líquido.*

li.ra (*gr lýra*) *sf Mús* **1** Instrumento de cordas que tem a forma de um U. **2** Unidade monetária da Itália, dividida em centésimos. *Símb:* L.

lí.ri.co (*gr lyrikós*) *adj* **1** Relativo à lira (instrumento). **2** *Lit* Diz-se do gênero poético consagrado à expressão dos sentimentos pessoais, dos grandes entusiasmos de origem pessoal, expressão de movimentos interiores. **3** *Mús* Que diz respeito à ópera.

lí.rio (*gr leírios*) *sm Bot* Planta ornamental cultivada por suas flores, belas e aromáticas.

li.ris.mo (*lira*+*ismo*) *sm* **1** Entusiasmo, inspiração do poeta lírico. **2** Feição da obra literária inspirada, à maneira da poesia lírica, e do estilo elevado, pessoal e interpretativo de transporte sentimental.

lis (*fr lis*) *sm* Lírio, açucena.

lis.bo.e.ta (*top Lisboa*+*eta*) *adj* De Lisboa, capital de Portugal (Europa). • *s m*+*f* Habitante ou natural de Lisboa. *Sin: lisboense.*

li.so (*lat vulg *lisiu*) *adj* **1** Que tem superfície plana e sem asperezas ou ondulações. **2** Que não tem pregas nem ornatos. **3** *gír* Sem dinheiro.

li.son.ja (*provençal lauzenja,* pelo *cast*) *sf* Louvor fingido, exagerado.

li.son.je.a.dor (*lisonjear*+*dor*) *adj*+*sm* Adulador, bajulador. *Var: lisonjeiro.*

li.son.je.ar (*lisonja*+*e*+*ar¹*) *vtd* **1** Adular, bajular, incensar: *"Adalgisa Oh! Não me lisonjeie..."* (TJR) **2** Agradar a, deleitar, satisfazer: *"Deve haver realmente alguma coisa de mineiro comigo, e isso me lisonjeia."* (FSP) Conjuga-se como *frear.*

li.son.jei.ro (*lisonja*+*eiro*) *V lisonjeador.*

lis.ta (*germ *lista*) *sf* **1** Catálogo, relação. **2** Listra, risca. **3** Relação de nomes de pessoas ou coisas.

lis.ta.do (*lista*+*ado*) *V listrado.*

lis.ta.gem (*listar*+*agem*) *sf* **1** *V lista.* **2** Lista contínua, em computador.

lis.tar (*lista*+*ar¹*) *vtd* Pôr em lista: *Lista todas as despesas do mês.* Cf *listrar.*

lis.tra (alteração de *lista*) *sf* **1** Risca num tecido, de cor diferente da deste. **2** Risca.

lis.tra.do (*listra*+*ado*) *adj* **1** Que se listrou. **2** Entremeado, entressachado de listras. *Var: listado.*

lis.trar (*listra*+*ar¹*) *vtd* **1** Entremear ou ornar de listras: *Listrar um lenço.* **2** Manchar. *Var: listar.*

li.su.ra (*liso*+*ura*) *sf* **1** Qualidade de liso. **2** Planura. **3** Franqueza, sinceridade. **4** *gír* Falta de dinheiro; pindaíba.

li.tei.ra (*lat lectuaria*) *sf* Veículo que consiste em uma espécie de cadeira fechada, suspensa por dois varais e carregada por dois homens ou atrelada a dois animais, um à frente e outro atrás.

li.te.ral (*lat litterale*) *adj* **1** Que acompanha rigorosamente a letra dos textos; que atende com rigor à sequência natural e imediata das palavras e frases: *Tradução literal*. **2** Claro, evidente.

li.te.rá.rio (*lat litterarii*) *adj* **1** Que diz respeito a letras ou à literatura. **2** Que tem valor aceitável na literatura.

li.te.ra.tu.ra (*lat litteratura*) *sf* **1** Arte de compor escritos, em prosa ou em verso. **2** O conjunto das obras literárias de um agregado social, ou em dada linguagem, ou referidas a determinado assunto: *Literatura infantil, literatura científica*.

li.tí.gio (*lat litigiu*) *sm* **1** Demanda judicial: "*Esse afastamento caracteriza o clima de litígio e antecede o ingresso do processo de separação judicial.*" (DIN) **2** Questão, alteração, contenda: "*Acalmou os ânimos e acomodou os interesses em litígio.*" (OS)

li.ti.gi.o.so (*ô*) (*lat litigiosu*) *adj* **1** Que diz respeito a litígio. **2** Que é objeto de litígio. *Pl*: *litigiosos* (*ó*).

li.to.gra.far (*lito+grafo+ar¹*) *vtd* Imprimir de acordo com os processos litográficos: *Litografar um cartaz*.

li.to.gra.fi.a (*lito+grafo+ia¹*) *sf* **1** Arte ou processo de produzir um desenho, caracteres etc. em uma pedra plana, calcária, especialmente preparada, e por meio desta reproduzi-los em papel. **2** Qualquer processo, baseado no mesmo princípio, em que se usem placas de zinco, alumínio etc. e não apenas pedra. **3** Oficina litográfica.

li.to.grá.fi.co (*litografia+ico²*) *adj* Que se refere à litografia.

li.tó.gra.fo (*lito+grafo*) *sm* Artífice especializado em litografia.

li.to.gra.vu.ra (*lito+gravura*) *sf* Gravura litográfica.

li.to.ral (*lat littorale*) *adj* Que se refere à beira-mar; litorâneo. • *sm* **1** Região costeira, beira-mar. **2** Conjunto de costas de um mar, de um país: *O litoral brasileiro*.

li.to.râ.neo (*lat littorarii*) *adj* Referente à beira-mar, litoral.

li.tos.fe.ra (*lito+esfera*) *sf Geol* A parte sólida da Terra; crosta terrestre.

li.tro (*fr litre*) *sm* **1** Unidade das medidas de capacidade, correspondente ao volume de um decímetro cúbico. **2** Medida (vaso) ou garrafa para um decímetro cúbico. **3** Conteúdo dessa medida ou garrafa.

li.tur.gi.a (*gr leitourgía*) *sf* **1** Cerimônias e preces de que se compõe o culto público e oficial de uma igreja. **2** Ciência que trata das cerimônias e ritos da Igreja.

li.vi.dez (*lívido+ez*) *sf* Estado ou qualidade de lívido.

li.vi.do (*lat lividu*) *adj* **1** Extremamente pálido. **2** Que tem cor cadavérica. **3** Cor de chumbo; plúmbeo.

li.vra.men.to (*top Livramento+ano²*) *sm* **1** Ação ou efeito de livrar ou livrar-se. **2** Soltura de pessoa que se achava presa. **3** *Dir* Ato de conceder liberdade a um preso ou condenado.

li.vrar (*lat liberare*) *vtd* **1** Dar liberdade a, tornar livre: *Livrar um escravo, um encarcerado*. *vpr* **2** Libertar-se: *Livrar-se de um vício*. *vpr* **3** Escapar: *Saía de casa para livrar-se dos credores*.

li.vra.ri.a (*livro+aria*) *sf* **1** Grande quantidade de livros. **2** Estabelecimento de venda de livros.

li.vre (*lat liberu*) *adj* **1** Que goza de liberdade pessoal, que não é sujeito à escravidão ou servidão. **2** Solto. **3** Absolvido. **4** Posto em liberdade. **5** Vago, desocupado, disponível. • *adv* À vontade, em liberdade, livremente.
Adjetivos terminados em *re* e *ro*, como **livre** e **mísero**, recebem o acréscimo de **-rimo** quando usados no grau superlativo absoluto sintético: **libérrimo, misérrimo**.

li.vre-ar.bí.trio *sm Filos* Faculdade do homem de escolher em função da própria vontade. *Pl*: *livre-arbítrios*.

li.vre.co (*livro+eco*) *sm pop* **1** Pequeno livro. **2** Livro sem valor.

li.vrei.ro (*livro+eiro*) *sm* Negociante de livros. • *adj* Que se refere a livros; livresco: *Comércio livreiro*.

li.vre-pen.sa.dor (*livre+pensar+dor*) *sm* Aquele que forma as suas opiniões independentemente de autoridade ou tradição.

li.vres.co (ê) (*livro+esco*) *adj* **1** Que se refere a livro. **2** Adquirido só por leitura: *Erudição livresca*.

li.vro (*lat libru*) *sm* **1** Publicação não periódica que reúne páginas impressas e encadernadas. **2** Divisão de uma obra literária. **3** Qualquer coisa que pode ser estudada e interpretada como um livro. *Col: biblioteca*.

li.xa (*cast lija*) *sf* Papel ou pano coberto com uma massa impregnada de pó de vidro, areia ou outro material abrasivo e que se emprega para desgastar ou alisar madeira, metal etc., ou material de consistência idêntica. *Lixa de unha:* lâmina com asperezas para aparar unhas.

li.xa.dei.ra (*lixar+deira*) *sf* Máquina para lixar e polir.

li.xão (*lixo+ão²*) *sm pop* Lugar onde se coloca o lixo.

li.xar (*lixar+ar¹*) *vtd* **1** Desgastar, raspar ou polir com lixa: *Lixar as unhas*. *vpr* **2** *gír* Indignar-se, amolar-se: *Eles que se lixem*.

li.xei.ra (*lixo+eira*) *sf* **1** Depósito de lixo. **2** Montão de lixo.

li.xei.ro (*lixo+eiro*) *sm* Empregado encarregado da limpeza pública; gari.

li.xo *sm* **1** Restos de cozinha e refugos de toda espécie, que se jogam fora. **2** Imundície, sujidade.

-lo (*lat illu*) *pron pess* Forma oblíqua da 3ª pessoa do singular (equivalente a *o*) usada após as formas verbais terminadas em *r, s, z*: comprar + o = comprá-lo, lês + o = lê-lo, faz + o = fá-lo; após os pronomes pessoais *nos* e *vos*: nos + o = no-lo, vos + o = vo-lo; e com o advérbio *eis*: eis + o = ei-lo. *Fem*: la. *Pl*: los, las.

lobby (*lóbi*) (*ingl*) *sm Econ* Pessoa ou grupo que tenta influenciar os congressistas (deputados e senadores) a votarem projetos de seu interesse, ou de grupos que representam. *Var*: lóbi.

lo.bi.nho (*dim de lobo²*) *sm* **1** Pequeno lobo. **2** Categoria de escoteiros destinada a crianças de menos de dez anos. **3** Designação popular do quisto sebáceo, em particular o do couro cabeludo; calombo.

lo.bis.mo (*lóbi+ismo*) *sm* Aquilo que é praticado pelos lobistas; a prática do lóbi.

lo.bi.so.mem (*lat lupus ex homine*) *sm Folc* Homem que, segundo a superstição popular, se transforma temporariamente em lobo.

lo.bis.ta (*lóbi+ista*) *s m+f* Pessoa que exerce lobby.

lo.bo¹ (ô) (*lat lupu*) *sm Zool* Mamífero selvagem e carnívoro, do tamanho de um cão grande. *Col: alcateia. Voz: uiva, ulula. Aum: lobaz. Dim irreg: lobacho e lobato. Lobo do mar:* marinheiro experiente.

lo.bo² (ó) (*gr lobós*) *sm* **1** Projeção ou divisão de forma arredondada. **2** *Anat* Projeção mais ou menos arredondada de um órgão ou de uma parte. **3** *Anat* Divisão de um órgão, destacada por uma fissura na superfície, como as do cérebro, fígado, pulmão etc.

lo.bo do mar Ver definição em *lobo*.

lo.bo.to.mi.a (*lobo²+tomo+ia¹*) *sf Cir* Incisão no cérebro para separar fibras nervosas, a fim de aliviar algumas desordens e tensões mentais.

ló.bu.lo (*lobo²+ulo*) *sm* **1** Pequeno lobo. **2** *Anat* Subdivisão de lobo; particularmente, cada uma das pequenas massas de tecidos de que vários órgãos (como o fígado) são compostos. **3** *Bot* Profunda divisão nas folhas e nas flores.

lo.ca.ção (*lat locatione*) *sf* **1** Aluguel, arrendamento. **2** Lugar fora do estúdio cinematográfico em que se filmam certas cenas exteriores de uma película.

lo.ca.dor (*lat locatore*) *sm* **1** Aquele a quem se paga aluguel ou arrendamento. **2** Pessoa que cede a coisa, ou presta serviço, por contrato de locação. *Antôn: locatário*.

lo.ca.do.ra (*locar+dor*, no *fem*) *sf* **1** Feminino de locador. **2** Empresa que empresta algum produto, sob contrato de locação: *Locadora de automóveis*. **3** Videolocadora.

lo.cal (*lat locale*) *adj* **1** Pertencente ou relativo a determinado lugar. **2** *Med* Circunscrito, limitado a determinada região: *Anestesia local*. • *sm* Localidade, lugar, sítio relativo a um acontecimento, a um fato.

lo.ca.li.da.de (*lat localitate*) *sf* **1** Espaço

lo.ca.li.za.ção (*localizar+ção*) *sf* **1** Ato ou efeito de localizar. **2** Lugar determinado.

lo.ca.li.zar (*local+izar*) *vtd* **1** Determinar, fixar o lugar de: *Localizar um avião*. *vpr* **2** Situar-se em determinado lugar: *A exposição localiza-se no centro de convenções*. *vtd* **3** Determinar um local ou detectá-lo: *Localizar o prédio*.

lo.ção (*lat lotione*) *sf* **1** *Med* Preparado líquido para lavagens externas. **2** Preparado líquido perfumado para os cabelos, o corpo ou o rosto (após o barbear, para o embelezamento da pele etc.).

lockout (*locáut*) (*ingl*) *sm* Fechamento temporário de estabelecimentos comerciais ou industriais, por decisão dos próprios patrões, em reação a movimento grevista de trabalhadores ou como ato de protesto e forma de pressão contra decisões governamentais. *Var: locaute*.

lo.co.mo.ção (*loco+lat motione*) *sf* Ato ou efeito de transportar ou de se transportar de um lugar para outro.

lo.co.mo.ti.va (*loco+lat motu+ivo*, no *fem*) *sf* Máquina que opera a tração dos trens e nas vias férreas reboca vagões de passageiros ou de carga.

lo.co.mo.ver (*loco+mover*) *vpr* Deslocar-se, sair de um ponto para outro: *O circo locomoveu-se do interior para a capital*.

lo.cu.ção (*lat locutione*) *sf* **1** *Gram* Duas ou mais palavras que equivalem a uma palavra só. **2** *Radiotécn* A fala ao microfone.

lo.cu.tor (*lat locutore*) *sm* **1** Aquele que fala em público por ofício. **2** *Rád* e *Telev* Profissional de estação tele ou radioemissora encarregado de anunciar ao microfone os vários números dos programas, ler quaisquer comunicações ou textos, narrar eventos esportivos, divulgar comerciais etc.

lo.cu.tó.rio (*lat locutoriu*) *sm* Compartimento de conventos ou prisões provido de grades, através das quais os ali recolhidos conversam com as pessoas que os visitam.

lo.da.çal (*lodo+aço+al¹*) *sm* Lugar onde há muito lodo; atoleiro, lamaçal.

lo.do (*ô*) (*lat lutu*) *sm* Lama, vasa.

lo.do.so (*ô*) (*lodo+oso*) *adj* **1** Que tem lodo: *"Raízes esdrúxulas, suspensas sobre o chão lodoso."* (SU) **2** Enlameado, sujo, lamacento: *"Lodosos balaios com uma entrada em funil."* (ALE) *Pl: lodosos (ó)*.

lo.ga.rit.mo (*logo+aritmo*) *sm Mat* Expoente da potência a que é necessário elevar um número constante denominado *base* para obter um número dado. *Símbolos: lg* e *log*.

ló.gi.ca (*gr logiké*) *sf* **1** Modo de raciocinar. **2** Coerência de raciocínio, ideias. **3** Encadeamento de raciocínio ou argumentação. **4** *Filos* Estudo que tem por objeto determinar quais operações de raciocínio são válidas e quais não o são.

ló.gi.co (*gr logikós*) *adj* **1** Que se refere à lógica. **2** Conforme as regras da lógica. **3** Coerente, racional. **4** Natural.

lo.gís.ti.ca (*gr logistiké*) *sf Mil* Ciência militar que trata do alojamento, equipamento e transporte de tropas, produção, distribuição, manutenção e transporte de material e de outras atividades não combatentes relacionadas.

lo.go (*lat loco*) *adv* **1** Imediatamente, sem demora. **2** Daqui a pouco, dentro em pouco, em breve. • *conj* Por conseguinte, por consequência, por isso, portanto. Veja nota em **conjunção**.

lo.go.mar.ca (*logo(tipo)+marca*) *sf Propag* Desenho que simboliza e identifica graficamente uma empresa ou instituição, constituindo a sua representação formal.

lo.go.ti.po (*logo+tipo*) *sm Tip* Desenho característico, com o nome de marca ou com a marca comercial ou industrial do anunciante, ou símbolo convencional de uma profissão: *Uma taça com uma cobra é o logotipo da Farmacêutica*.

lo.gra.dou.ro (*lograr+douro*) *sm* **1** Rua, praça ou jardim, de livre acesso a todos: *Logradouro público*. **2** Pastagem pública para os gados de uma região. *Var: logradoiro*.

lo.grar (*lat lucrare*) *vtd* **1** Desfrutar, fruir, gozar: *Logrou bela vitória*. *vtd* e *vpr* **2** Tirar lucro, auferir vantagens: *O trabalho foi dele, mas o lucro, outros o lograram*. *vtd* **3** Alcançar, conseguir: *O plano logrou* *bons resultados. vtd* **4** Burlar, enganar, iludir: *Podia lograr pessoas, mas não a sua consciência.*

lo.gro (ô) (*lat lucru*) *sm* **1** Ato ou efeito de lograr. **2** Engano propositado contra alguém.

loi.ro (*lat lauru*) *adj+sm* V louro.

lo.ja (*fr loge*) *sf* Estabelecimento para venda de mercadorias ao público. *Loja de conveniência*: loja que permanece aberta 24 horas, na qual podem ser comprados diversos tipos de mercadorias, de refrigerantes a jornais e revistas.

lo.jis.ta (*loja+ista*) *s m+f* Pessoa que tem loja de comércio.

lom.ba.da (*lombo+ada¹*) *sf* **1** Dorso do livro, em que geralmente se imprimem o título e o nome do autor da obra. **2** Quebra-molas.

lom.bal.gi.a (*lombo+algo¹+ia¹*) *sf Med* Dor na região lombar.

lom.bar (*lombo+ar²*) *adj* Que pertence ou se refere ao lombo.

lom.bi.nho (*lombo+inho*) *sm* **1** Músculo da região lombar de gado suíno. **2** Carne muito tenra da região lombar da rês. **3** Assado dessa carne.

lom.bo (*lat lumbu*) *sm* **1** Parte do animal situada de cada lado da espinha dorsal entre o osso ilíaco e as falsas costelas. **2** Carne dessa parte da rês, porco, carneiro etc., a mais delicada para consumo. **3** *pop* A região lombar.

lom.bri.ga (*lat vulg *lumbrica*) *sf Zool* Nome vulgar do parasita do intestino delgado do homem, principalmente das crianças.

lom.bri.guei.ro (*lombriga+eiro*) *sm Farm* Medicamento contra lombrigas; vermífugo.

lo.na (*fr Olonne, np*) *sf* Tecido grosso e forte de que se fazem toldos, sapatos, velas de navios etc.

lon.dri.no (*top Londres+ino*) *adj* Que pertence ou se refere a Londres (Inglaterra). • *sm* O natural ou habitante de Londres.

lon.ga (de *longa-metragem*) *sm Cin* e *Telev* V longa-metragem.

lon.ga-me.tra.gem *sm Cin* e *Telev* Filme com duração média mínima de 80 a 90 minutos; longa. *Pl*: *longas-metragens*.

lon.ga.ri.na (de *longo*) *sf* **1** Barra longitudinal. **2** Peça que forma o chassi de um automóvel, vagão ferroviário ou locomotiva.

lon.ge (*lat longe*) *adv* A grande distância, no espaço ou no tempo. • *adj* e *s m+f* Afastado, distante.

lon.ge.vi.da.de (*lat longaevitate*) *sf* **1** Longa duração de vida. **2** Qualidade de quem é longevo.

lon.gi.lí.neo (*longo+lat línea+eo*) *adj* Delgado, alongado.

lon.gín.quo (*lat longinquu*) *adj* **1** Que vem de longe. **2** Afastado, distante, remoto. *Antôn*: *propínquo*.

lon.gi.tu.de (*lat longitudine*) *sf* **1** Extensão em linha reta. **2** *Geogr* Ângulo formado entre o meridiano zero e o meridiano local, calculado para leste e para oeste até 180 graus.

lon.gi.tu.di.nal (*lat longitudinale*) *adj* **1** Relativo à longitude. **2** Tomado no sentido da maior dimensão. **3** Extenso em comprimento.

lon.go (*lat longu*) *adj* **1** Extenso, no sentido do comprimento; comprido. **2** Que dura muito; duradouro. **3** Que demora; demorado. *adj pl* **4** Muitos, inúmeros.

lo.ni.ta (*lona+ita¹*) *sf* Tecido grosso de algodão, menos encorpado que a lona.

lon.ju.ra (*longe+ura*) *sf pop* Grande distância.

lon.tra (*lat lutra*) *sf Zool* Nome comum a vários mamíferos mustelídeos aquáticos que se alimentam de peixes.

lo.quaz (*lat loquace*) *adj* **1** Falador, tagarela: *"Loquaz como sempre, o velho Novais me inundou de perguntas."* (CHI) **2** Eloquente. *Sup abs sint*: *loquacíssimo*.

lor.de (*ingl lord*) *sm* **1** Título da alta nobreza na Inglaterra. **2** Membro da câmara alta do parlamento inglês. **3** Indivíduo bem vestido. • *adj pop* Próprio de lorde; magnificente, ostentatório.

lor.do.se (*gr lódosis*) *sf Med* Curvatura exagerada, com convexidade para diante, da coluna vertebral.

lo.ro (*lat loru*) *sm* Correia dupla que segura o estribo.

lo.ro.ta (de *léria*) *sf* **1** Conversa fiada: *Cansei de ouvir tantas lorotas.* **2** Mentira: *Ele gosta de inventar lorota.*

lo.san.go (fr *losange*) *sm Geom* Paralelogramo que tem os quatro lados iguais e os ângulos opostos iguais, dois agudos e dois obtusos.

los.na (lat *tardio aloxina*) *sf Bot* Nome comum a várias plantas compostas, muito amargas, uma das quais é o absinto.

lo.ta.ção (*lotar*+*ção*) *sf* **1** Ato ou efeito de lotar. **2** Número de pessoas que uma sala de espetáculos pode acomodar, que um veículo pode transportar ou que um cargo público ou repartição pode conter. **3** Carro que transporta passageiros num percurso determinado a uma tarifa fixa.

lo.ta.do (*part* de *lotar*) *adj* **1** Que se lotou. **2** Que tem lotação completa. **3** Diz-se do servidor público fixado no setor onde ocupa o cargo.

lo.tar (*lote*+*ar*¹) *vtd* **1** *V lotear*. **2** Encher de passageiros (um veículo) de maneira que fique com a lotação completa.

lo.te (*fr lot*) *sm* **1** Quinhão, parcela. **2** Porção de objetos de natureza igual ou diferente, ou um só objeto, que vão a leilão. **3** Certa quantidade de mercadorias, geralmente da mesma natureza; partida. **4** Cada uma das partes medidas e separadas, numa mesma área de terra, pelo processo de loteamento, que constituem uma unidade imobiliária autônoma.

lo.te.a.men.to (*lotear*+*mento*) *sm* Ato ou efeito de lotear.

lo.te.ar (*lote*+*ar*¹) *vtd* Dividir em lotes: *Lotear um terreno*. Conjuga-se como *frear*.

lo.te.ca (de *loteria*) *sf pop* Designação popular da loteria esportiva.

lo.te.ri.a (ital *lotteria*) *sf* **1** Jogo de azar em que se vende grande quantidade de bilhetes numerados, subdivididos em frações (décimos ou vigésimos), alguns dos quais, determinados por sorteio, dão aos portadores direito a um prêmio em dinheiro. **2** Rifa.

lo.to¹ (ó) (*red de loteria*) *sf* Espécie de loteria em que cinco números são sorteados periodicamente.

lo.to² (ô) (ital *lotto*) *sm* Jogo de azar em que cada participante recebe uma ou mais cartelas com fileiras de números, que vão sendo marcados pelos jogadores, à medida que se tiram ao acaso de um saco pedras numeradas correspondentes. Ganha quem primeiro conseguir preencher uma carreira de números, ou todos os números de uma cartela. *V bingo*.

ló.tus (lat *lotus*) *sm Bot* Planta aquática e sua flor de cores variadas.

lou.ça (lat *lutea*) *sf* **1** Objetos de cerâmica. **2** Artefato de porcelana, barro ou substâncias análogas, para serviço de mesa, de cozinha etc. **3** O material de que são feitos esses artefatos: *Bule de louça*. *Var: loiça*.

lou.co (*cast loco*) *adj* **1** Alienado, doido. **2** Insensato. **3** Imprudente, temerário. **4** Alegre, brincalhão. • *sm* **1** Indivíduo que perdeu a razão. **2** Indivíduo extravagante, desatinado.

lou.cu.ra (*louco*+*ura*) *sf* **1** Estado de quem é louco. **2** *Med* Insanidade mental; psicose.

lou.rei.ro (*louro*+*eiro*) *sm Bot* Arbusto arbóreo, cujas folhas são muito empregadas em culinária e são também o símbolo da vitória e do mérito intelectual ou artístico, desde a Antiguidade; louro (acepções 2 e 3).

lou.ro (lat *lauru*) *sm* **1** Indivíduo que tem o cabelo louro. **2** *Bot* Loureiro. **3** *Bot* Folhas do loureiro. **4** *Ornit* Papagaio. *sm pl* **5** Glórias, triunfos. • *adj* **1** De cor média entre o dourado e o castanho-claro; flavo, fulvo. **2** Diz-se do cabelo que tem essa cor. *Var: loiro*.

lou.sa (*voc pré-rom*) *sf* Quadro-negro. *Var: loisa*.

lou.va-a-deus *sm sing*+*pl Entom* Nome vulgar de certos insetos de tórax desenvolvido, cabeça triangular com dois grandes olhos, patas anteriores bastante desenvolvidas, postas juntas e levantadas para o céu, destinadas mais à captura de presas do que à locomoção.

lou.va.ção (*louvar*+*ção*) *sf* **1** Ato ou efeito de louvar. **2** *pop* Cânticos em louvor dos santos por graças alcançadas.

lou.var (lat *laudare*) *vtd* **1** Dirigir louvores a: *Louvar um amigo*. *vtd* **2** Aprovar, confirmar com elogio (um ato praticado por outra pessoa): *Louvar uma iniciativa*. *vpr* **3** Elogiar-se, gabar-se, jactar-se, vangloriar-se: *Louvava-se pelo bom êxito de seus empreendimentos*. *vtd* **4** Bendizer, enaltecer, exaltar, glorificar: *Louvar o nome de Deus.*

lou.vor (de *louvar*) *sm* **1** Ato de louvar; louvação. **2** Aplauso, elogio, encômio. **3** Glorificação. *Antôn: censura, crítica.*

lu.a (*lat luna*) *sf* **1 Lua** *Astr* Corpo celeste, satélite da Terra. **2** Satélite de qualquer outro planeta. *Mau humor, neurastenia. Lua de mel:* a) viagem logo após o casamento; b) *fig* Os primeiros tempos de alguma coisa. *No mundo da lua:* distraído, alheado.

lu.a de mel Ver definição em *lua*.

lu.ar (*lat lunare*) *sm* **1** A luz solar refletida pela Lua. **2** A claridade que esta espalha sobre a Terra.

lú.bri.co (*lat lubricu*) *adj* **1** Escorregadio, liso, úmido. **2** *fig* Lascivo, sensual.

lu.bri.fi.ca.ção (*lubrificar+ção*) *sf* Ato ou efeito de lubrificar.

lu.bri.fi.can.te (de *lubrificar*) *adj m+f* Que lubrifica. • *sm Mec* Substância (óleo, graxa, grafita etc.) usada para lubrificar.

lu.bri.fi.car (*lúbrico+ficar*) *vtd* e *vpr* **1** Tornar(-se) lúbrico ou escorregadio: *A pele lubrifica-se com o vapor da sauna.* **2** Untar(-se) com substância oleosa para atenuar o atrito.

lu.cer.na (*lat lucerna*) *sf* Pequena luz.

lu.ci.dez (*lúcido+ez*) *sf* **1** Qualidade ou estado de ser lúcido. **2** Brilho, claridade. **3** Clareza, perceptibilidade, nitidez. **4** Discernimento. *Antôn* (acepções 2 e 3): *obscuridade.*

lú.ci.do (*lat lucidu*) *adj* **1** Que se manifesta com luz. **2** Polido, luzido. **3** Que tem clareza e penetração de inteligência.

lú.ci.fer (*lat lucifer*) *sm* Anjo rebelde, demônio, diabo. [Em geral, escreve-se com maiúscula.]

lu.crar (*lat lucrari*) *vtd* **1** Obter lucro, proveito, vantagem. *vti* e *vint* **2** Tirar lucro de. *vtd* **3** Conseguir. *vtd* **4** Desfrutar, gozar. *Antôn* (acepções 1, 2 e 3): *perder.*

lu.cra.ti.vo (*lat lucrativu*) *adj* Proveitoso, vantajoso, útil.

lu.cro (*lat lucru*) *sm* **1** Interesse, proveito que se tira de uma operação comercial, industrial etc. **2** Ganho líquido. **3** *por ext* Proveito, utilidade, vantagem. *Antôn: prejuízo.*

lu.cu.bra.ção (*lat lucubratione*) *sf* Ato de lucubrar, meditar, refletir.

lu.di.bri.ar (*ludíbrio+ar¹*) *vti* **1** Zombar de: *Ludibriar os fracos. vtd* **2** Enganar, iludir: *O vigarista ludibriara o roceiro.* Conjuga-se como *premiar.*

lú.di.co (*lat ludu+ico²*) *adj* **1** Que se refere a jogos e brinquedos: *"Através do objeto lúdico que constrói, o artesão anônimo de brinquedo se transforma em produtor de cultura."* (BRI) **2** Que diverte: *"Em modelos lúdicos auxiliam as pessoas a suportar os limites à expressão pessoal existentes no trabalho."* (LAZ)

lu.do (*lat ludu*) *sm* Espécie de jogo de tabuleiro em que se usam dados.

lu.do.te.ra.pi.a (*ludo+terapia*) *sf Med* Tratamento de doentes por meio de jogos ou brinquedos.

lu.fa.da (*lufa+ada¹*) *sf* Rajada de vento violento mas intermitente: *"Uma lufada de vento traz sons como de harpa."* (O)

lu.fa-lu.fa (de *lufa*) *sf pop* **1** Correria, pressa. **2** Atividade apressada e atabalhoada. *Pl: lufa-lufas.*

lu.gar (*lat locale*) *sm* **1** Localidade. **2** Local, sítio. **3** Cargo, posto, emprego, colocação, posição. **4** Espaço ou assento para uma pessoa em teatro, transporte coletivo etc.

lu.gar-co.mum *sm* Ideia já muito batida; chavão. *Pl: lugares-comuns.*

lu.ga.re.jo (*lugar+ejo*) *sm* Pequeno lugar.

lú.gu.bre (*lat lugubre*) *adj* **1** Relativo a luto. **2** Fúnebre. **3** Soturno, taciturno, triste. **4** Escuro, sombrio. *Antôn: alegre, festivo.*

lu.la (*lat lunula*) *sf Zool* Molusco marinho de corpo alongado, provido de nadadeiras triangulares e dez braços com ventosas, também chamado *calamar, calmar, choco, mãe-de-camarão, siba.*

lum.ba.go (*lat lumbago*) *sm Med* Dor intensa na região lombar.

lu.me (*lat lumen*) *sm* **1** Fogo. **2** Fogueira. **3** Luz. **4** Clarão, fulgor.

lu.mi.ná.ria (*lat luminaria*) *sf* Qualquer dispositivo utilizado para iluminação; lustre.

lu.mi.no.si.da.de (*luminoso+i+dade*) *sf* **1** Qualidade de luminoso. **2** *Hist nat* Intensidade da luz difusa. **3** *Astr* Quantidade de luz emitida por uma estrela, comparada com a do Sol.

lu.mi.no.so (ô) (*lat luminosu*) *adj* **1** Que emite ou reflete luz. **2** Brilhante, luzente. **3** Em que há luz; cheio de luz; iluminado. *Pl:* luminosos (ó).

lu.na.ção (*lat lunatione*) *sf* Espaço entre duas luas novas consecutivas.

lu.nar (*lat lunare*) *adj* **1** Que pertence ou se refere à Lua. **2** Medido pela Lua.

lu.ná.ti.co (*lat lunaticu*) *adj* **1** Influenciado pela Lua; aluado. **2** Maníaco; maluco. • *sm* Pessoa que tem manias, caprichos ou excentricidades.

lu.ne.ta (ê) (*fr lunette*) *sf* Óculo de longo alcance; telescópio.

lu.pa (*fr loupe*) *sf* Lente de vidro que serve para aumentar pequenos objetos.

lu.pa.nar (*lat lupanar*) *sm* Casa de meretrizes; bordel, prostíbulo.

lu.po (*lat lupu*) *sm Med* Cada uma de várias moléstias que se caracterizam por lesões da pele. Inflamação superficial da pele. *Var:* lúpus.

lú.pu.lo (*lat lupulu*) *sm* **1** *Bot* Erva volúvel, da família das moráceas. **2** Condimento extraído dessa planta para dar gosto à cerveja.

lus.co-fus.co *sm* **1** A hora do crepúsculo, o anoitecer ou amanhecer. **2** Meia claridade, meia-tinta. *Var:* lusque-fusque. *Pl:* lusco--fuscos.

lu.sí.a.da (*luso+ada*^{2}) *adj* e *s m+f V* lusitano e português.

lu.si.ta.nis.mo (*lusitano+ismo*) *sm* Costume próprio de lusitanos ou portugueses.

lu.si.ta.no (*lat lusitanu*) *adj* Que se refere a Portugal (Europa) ou aos portugueses. • *sm* **1** Habitante ou natural da Lusitânia. **2** Português. *Var:* luso.

lu.so-bra.si.lei.ro *adj* Que pertence ou se refere a Portugal e ao Brasil. *Pl:* luso--brasileiros.

lus.tra.ção (*lat lusitratione*) *sf* **1** Ato ou efeito de lustrar. **2** Polimento.

lus.tra-mó.veis *sm sing+pl* Preparado que serve para limpar e dar lustro aos móveis.

lus.trar (*lustre+ar*^{1}) *vtd* Dar lustre, brilho ou polimento; engraxar, envernizar: *Lustrar sapatos, lustrar móveis.*

lus.tre (*ital lustro*) *sm* **1** Brilho de um objeto engraxado, envernizado ou polido. **2** Candelabro com vários braços, o qual se suspende do teto; luminária.

lus.tro (*lat lustru*) *sm* **1** Período de cinco anos; quinquênio. **2** Polimento, lustre, brilho.

lus.tro.so (ô) (*lustro+oso*) *adj* **1** Em que há lustro (acepção 2) ou brilho. **2** Reluzente. *Pl:* lustrosos (ó).

lu.ta (*lat lucta*) *sf* **1** Combate. **2** Conflito armado. **3** Empenho, esforço, lida.

lu.ta.dor (*lat luctatore*) *adj* Que luta. • *sm* **1** Atleta que pratica luta como esporte. **2** *fig* Pessoa esforçada em sua atividade.

lu.tar (*lat luctari*) *vti* e *vint* **1** Travar luta: *O domador teve de lutar com o leão. vti* **2** Combater, lidar, pelejar: *Esses lutam pela liberdade.*

lu.te.ra.nis.mo (*luterano+ismo*) *sm* Doutrina religiosa professada pelo alemão Martinho Lutero (1483-1546) ou mantida pela Igreja Luterana; protestantismo.

lu.te.ra.no (*Lutero, np+ano*^{2}) *adj* **1** Relativo ao luteranismo. **2** Que adere às doutrinas de Lutero ou da Igreja Luterana. • *sm* Adepto da doutrina de Lutero ou membro da Igreja Luterana.

lu.to (*lat luctu*) *sm* **1** Sentimento de pesar ou tristeza pela morte de alguém. **2** Vestes escuras que a família e amigos da pessoa falecida usam durante certo tempo como sinal do seu pesar ou tristeza. **3** Tempo que dura o uso dessas vestes. *Antôn* (acepção 1): *alegria, regozijo.*

lu.va (*gót lôfa*) *sf* **1** Peça de vestuário com que se cobre a mão. **2** *Mec* Peça tubular com duas roscas internas e opostas, própria para ligar dois canos, dois ferros etc. pelas suas extremidades. *Assentar como uma luva:* ajustar-se perfeitamente, adaptar-se bem.

lu.xa.ção (*lat luxatione*) *sf* Deslocamento da extremidade de um osso para fora da sua cavidade articular; desconjuntamento de uma articulação.

lu.xar (*lat luxare*) *vtd Med* Desarticular, desconjuntar, deslocar, fazer sair um osso da sua cavidade: *"André Santos luxou o ombro e foi substituído por Marquinhos."* (FSP)

lu.xo (*lat luxu*) *sm* **1** Magnificência, ostentação, suntuosidade. **2** Pompa, extravagância. **3** O que é supérfluo. **4** Aquilo que apresenta especial conforto. **5** Capricho, dengues, melindres. *Dar-se ao luxo de:* permitir-se alguns caprichos, extravagâncias. *Antôn* (acepções 1 e 2): *modéstia*.

lu.xu.o.so (*ô*) (*luxo+oso*) *adj* **1** Que ostenta luxo. **2** Esplêndido, magnificente. *Pl: luxuosos* (*ó*).

lu.xú.ria (*lat luxuria*) *sf* **1** Corrupção de costumes, lascívia, sensualidade. **2** Exuberância de seiva nas plantas.

lu.xu.ri.o.so (*ô*) (*lat luxuriosu*) *adj* **1** Dado à luxúria, sensual, impudico. **2** Exuberante, viçoso. *Pl: luxuriosos* (*ó*).

luz (*lat luce*) *sf* **1** Iluminação, claridade, radiação luminosa provinda de uma vela, tocha, lâmpada elétrica, fogueira ou qualquer substância em ignição. **2** A própria fonte de claridade, quando acesa, como vela, lâmpada, farol etc. **3** Brilho, fulgor. **4** Esclarecimento, explicação, ilustração. *Ao apagar das luzes:* no fim da festa, na última hora. *Dar à luz:* parir. *Vir à luz:* surgir, aparecer.

lu.zei.ro (*luz+eiro*) *sm* **1** O que emite luz, brilho, clarão. **2** Astro, estrela.

lu.zir (*lat lucere*) *vint* **1** Emitir luz, espalhar ou irradiar luz: *Luzem as estrelas. vint* **2** Refletir a luz: *A parede branca luzia como um espelho. vtd* **3** *fig* Fazer brilhar, irradiar: *O amanhecer luzia as primeiras claridades*. Unipessoal no sentido próprio; no figurado, conjuga-se em todas as pessoas: *Não luzo pela riqueza. Luzimos por Cristo. Conjug* – *Pres indic:* luzo, luzes, luz, luzimos, luzis, luzem; *Pret perf:* luzi, luziste, luziu, luzimos, luzistes, luziram; *Pret imp indic:* luzia, luzias, luzia, luzíamos, luzíeis, luziam; *Pret mais-que-perf:* luzira, luziras, luzira, luzíramos, luzíreis, luziram; *Fut pres:* luzirei, luzirás, luzirá, luziremos, luzireis, luzirão; *Fut pret:* luziria, luzirias, luziria, luziríamos, luziríeis, luziriam; *Pres subj:* luza, luzas, luza, luzamos, luzais, luzam; *Pret imp subj:* luzisse, luzisses, luzisse, luzíssemos, luzísseis, luzissem; *Fut subj:* luzir, luzires, luzir, luzirmos, luzirdes, luzirem; *Imper afirm:* –, luze(Tu), luza(Você), luzamos(Nós), luzi(Vós), luzam(Vocês); *Imper neg:* –, Não luzas(Tu), Não luza(Você), Não luzamos(Nós), Não luzais(Vós), Não luzam(Vocês); *Infinitivo impess:* luzir; *Infinitivo pess:* luzir, luzires, luzir, luzirmos, luzirdes, luzirem; *Ger:* luzindo; *Part:* luzido.

lycra (*láicra*) (*ingl*) *sf* Marca registrada de determinado fio elástico que, agregado a outros fios, confere elasticidade aos tecidos.

m

m¹ (*eme*) *sm* Décima terceira letra do alfabeto português, consoante.

m² 1 Símbolo de *metro*. 2 *Fís* Símbolo de *massa*. 3 Abreviatura de *masculino*.

M (sigla de *lat mille*) Na numeração romana, símbolo equivalente a 1000.

ma Combinação dos pronomes *me+a*.

má (*lat mala*) *adj* Feminino de *mau*.

ma.ca (*taino hamaca*, pelo *cast*) *sf* Cama portátil, que serve para conduzir doentes; padiola.

ma.ça (*lat vulg *mattea*) *sf* 1 Clava. 2 Espécie de pilão cilíndrico usado no serviço de calçamento.

ma.çã (*lat mattiana*) *sf* 1 Fruto da macieira. 2 Qualquer objeto que tenha aproximadamente o feitio da maçã.

ma.ca.bro (*fr macabre*) *adj* 1 Fúnebre, tétrico, medonho: "*Assistindo àquele espetáculo macabro, com fascínio e terror.*" (AVK) 2 Afeiçoado a coisas lúgubres, tristes, sombrias: "*Seu jeito diferente, sua fama de poeta macabro.*" (UQ)

ma.ca.ca (*fem de macaco*) *sf* 1 *Zool* Gênero de símios do Velho Mundo, que têm cauda curta e grandes sobrancelhas em forma de tufos; fêmea do macaco. 2 Mulher feia.

ma.ca.ca.da (*macaco+ada¹*) *sf* 1 Bando de macacos. 2 *pop* Pessoal, companheiros, turma.

ma.ca.cão (*macaco+ão²*) *sm* 1 *fig* Sujeito feio e grotesco. 2 Vestimenta inteiriça, folgada, de tecido resistente, usada por operários, mecânicos e outros trabalhadores braçais. 3 Roupa esportiva com as mesmas características da anterior, usada por crianças, homens e mulheres.

ma.ca.ca.ri.a (*macaco+aria*) *sf* Macacada (acepção 2), macaquice, macaqueação.

ma.ca.co (*quinguana makako*) *sm* 1 *Zool* Nome comum a todos os símios ou primatas antropoides, exceto o homem; símio. 2 *fig* Aquele que imita a ação dos outros. 3 Máquina para levantar grandes pesos.

ma.ça.da (*maça+ada¹*) *sf* 1 Trabalho entediante ou penoso. 2 Conversa chata. 3 *pop* Aborrecimento, chateação.

ma.ca.da.me (de *Mac Adam*, *np*) *sm* 1 Processo de pavimentação de ruas ou estradas, por meio de uma camada de brita e pó de pedra e água, assentada sobre o leito bem drenado e abaulado, e calcada em uma massa sólida por um rolo compressor. 2 O material usado nesse processo: "*Eu fugia sobre o macadame da Rua Direita, ampliava minha zona de conhecimentos urbanos.*" (BAL)

ma.ca.dâ.mia (*Mac Adam*, *np+ia²*) *sf* Designação comum às plantas do gênero *Macadamia*, nativas do leste da Malásia, Austrália e Nova Zelândia, de sementes comestíveis: "*Agricultores locais e a própria empresa produziram a maior parte das 200 t de macadâmia processadas neste ano.*" (FSP)

ma.ca.da.mi.zar (*macadame+izar*) *vtd* Pavimentar pelo processo de macadame.

ma.cam.bú.zio *adj* Carrancudo, tristonho: "*Depressão neurastênica, vontade de ficar quieto, calado, macambúzio.*" (FSP) *Antôn*: alegre.

ma.ça.ne.ta (*maça+eta*) *sf* 1 Remate esférico ou piramidal, para ornamento de certos objetos. 2 Bola ou alavanca destinada a fazer funcionar o trinco de portas ou janelas.

ma.çan.te (de *maçar*) *adj m+f* **1** Que incomoda. **2** Tedioso, chato.

ma.ca.que.a.ção (*macaquear+ção*) *sf* V *macaquice, macacaria*.

ma.ca.que.ar (*macaco+e+ar¹*) *vtd* **1** Fazer macaquices. **2** Arremedar como o fazem os macacos. **3** Imitar ridiculamente: "*Hábito de macaquear aspectos do mundo civilizado.*" (FSP) Conjuga-se como *frear*.

ma.ca.qui.ce (*macaco+ice*) *sf* **1** Ato ou efeito de macaquear, macacaria. *sf pl* **2** Trejeitos ridículos.

ma.ça.ran.du.ba (*tupi mosarandíyua*) *sf Bot* Árvore brasileira de madeira escura, dura, pesada. Os frutos são bagas comestíveis. *Var: maçaranduva*.

ma.ça.ri.co (*esp maracico*, com metátese) *sm* **1** *Mec* Aparelho que permite obter chama a uma temperatura muito elevada pela combustão de hidrogênio ou acetileno com oxigênio. **2** Lâmpada de pressão usada por funileiros. **3** *Ornit* Denominação comum dada no Brasil a várias espécies de aves ribeirinhas.

ma.ça.ro.ca (*esp mazorca*) *sf* **1** Porção de fio torcido e enrolado no fuso. **2** Emaranhado.

ma.car.rão (*ital maccherone*) *sm* Massa alimentícia de farinha de trigo de origem napolitana, cortada em longos cilindros, ou em formas diferentes.

ma.car.ro.na.da (*macarrão+ada¹*) *sf Cul* Preparado culinário, cujo principal elemento é o macarrão.

ma.car.rô.ni.co (*macarrônea+ico²*) *adj* **1** Gênero de poesia ou prosa no qual se mesclam ironicamente à língua original palavras de outra língua. **2** Diz-se de qualquer idioma mal pronunciado ou mal escrito.

ma.ca.xei.ra (*tupi makaxéra*) *sf Reg* (Norte e Nordeste, exceto Bahia) *Bot* V *mandioca* (acepção 1).

ma.cei.ó (tupinambá *maseyó*) *sm* Lagoeiro de litoral, formado por águas das chuvas ou das marés.

ma.ce.ra.ção (*lat maceratione*) *sf* **1** Ato de macerar, amassar e misturar. **2** *Quím* e *Farm* Operação que consiste em pôr uma substância sólida em um líquido, para impregná-lo de certos princípios solúveis dessa substância. **3** *fig* Mortificação do corpo por penitência; aflição.

ma.ce.ra.do (*lat maceratu*) *adj* **1** *Quím* e *Farm* Que sofreu maceração: "*Mandioca previamente macerada no rio durante quatro dias.*" (FU) **2** Mortificado: "*Era de comover aquela gente humilde e humilhada, macerada, mulheres, crianças e velhos.*" (IS) **3** Maltratado: "*Um homem silencioso e magro, macerado e envelhecido pelas privações da prisão.*" (CV) • *sm Farm* Produto resultante da maceração.

ma.ce.rar (*lat macerare*) *vtd* **1** Submeter (uma substância sólida) à maceração. **2** Conservar (uma substância) num líquido para extrair-lhe o suco. **3** Amolecer uma substância sólida com líquido ou moer com pilão: *Fabricar perfumes, macerando flores*. **4** Mortificar, sujeitar (o corpo) a sofrimentos por penitência: *Macerar o corpo para salvar a alma*.

ma.ce.ta (ê) (*maço+eta*) *sf* **1** Maça de ferro com que os pedreiros e escultores batem no cinzel. **2** *Pint* Pedra cilíndrica de base chata e muito lisa, própria para moer e desmanchar as tintas.

ma.ce.te (ê) (*maço+ete*) *sm* **1** Maço pequeno. **2** Maço de madeira, usado por carpinteiros, marceneiros e mecânicos para bater em cinzel, formão etc. **3** *gír* Recurso engenhoso para se obter algo; truque: *Ele tem macetes para tudo*.

ma.cha.da.da (*machado+ada¹*) *sf* **1** Golpe de machado. **2** Corte produzido por esse golpe.

ma.cha.do (*lat vulg *marculatu*) *sm* Instrumento cortante e encabado usado para rachar lenha, aparelhar madeira etc.

ma.chão (*macha+ão²*) *sm* **1** *pop* Homem que faz alarde de sua masculinidade. **2** *pop* Homem metido a valente.

ma.che.za V *machismo*.

ma.chis.mo (*macho+ismo*) *sm* **1** Atitude ou comportamento de quem não admite a igualdade de direitos para o homem e a mulher, sendo, assim, contrário ao feminismo. **2** *pop* Qualidade, ação ou modos de macho; macheza.

ma.chis.ta (*macho+ista*) *adj m+f* Diz-se da pessoa que é dada ao machismo. • *s m+f* Essa pessoa.

ma.cho (*lat masculu*) *sm* **1** O homem, física e sexualmente. **2** Animal do sexo masculino. **3** Ferramenta de aço, com que se abrem roscas dentro de um orifício. **4** Instrumento cortante que torna côncava a madeira. • *adj* **1** Que é do sexo masculino. **2** Forte, robusto, másculo. **3** Usa-se para designar o sexo dos animais que têm o mesmo nome para ambos os sexos: *Tigre macho*.

ma.chu.ca.do (*part de machucar*) *adj* Que sofreu ferimentos. • *sm* **1** Contusão. **2** Local ou parte machucada.

ma.chu.car (*cast machucar*) *vtd* e *vpr* **1** Contundir(-se), esmagar(-se) (um corpo) com a dureza ou o peso de outro: *Machucar um inseto entre os dedos*. *vtd* **2** Amarfanhar, amarrotar: *Machucar o paletó*. *vtd* **3** Debulhar, descascar. *vtd* e *vpr* **4** *fig* Magoar(-se): *A mentira pregada machucava-lhe a consciência*. *vtd* **5** Triturar, pisar. *vpr* **6** *gír* Ser mal-sucedido, sair-se mal: *Entrou na prova sabendo pouco a matéria e acabou por machucar-se*.

ma.ci.ço (*cast macizo*) *adj* **1** Compacto, sem cavidades. **2** Que não é oco nem cheio de matéria estranha. **3** Encorpado, grosso. **4** Sólido. *Antôn* (acepções 1 e 2): *oco*. • *sm* **1** Corpo, grupo ou massa mais ou menos considerável. **2** *Geol* Conjunto de montanhas agrupadas em torno de um ponto culminante.

ma.ci.ei.ra (*maçã+i+eira*) *sf Bot* Árvore da família das rosáceas, originária da Europa e da Ásia, cujo fruto é a maçã.

ma.ci.ez (*macio+ez*) *sf* Suavidade, fofura. *Var*: *macieza*.

ma.ci.o *adj* **1** Brando ao tato, sem asperezas. **2** Agradável, aprazível. **3** Suave, fofo. **4** Liso, plano. *Antôn* (acepções 1 e 4): *áspero*; (acepção 3): *duro*.

ma.ci.o.ta (*der de macio+oto*, no *fem*) *sf coloq* Qualidade do que é suave. *Na maciota*: de maneira lenta.

ma.ço (de *maça*) *sm* **1** Conjunto de papéis ou de outras coisas ligadas e que formam um só volume: *Maço de velas, de cigarros*. **2** Instrumento de madeira rija, com o feitio de um cone truncado, enfiado num cabo grosso, feito martelo, usado para bater e fixar coisas.

ma.çom (*fr maçon*) *sm* Membro da maçonaria; também chamado *pedreiro-livre*.

ma.ço.na.ri.a (*fr maçonerie*) *sf* Associação, antigamente secreta, filosófica e filantrópica, ligada especialmente à construção civil. Daí também o nome popular de *pedreiros-livres*.

ma.co.nha (*quimbundo makaña*) *sf* **1** *Bot* Variedade de cânhamo, o cânhamo-verdadeiro. **2** As folhas e topos florescentes, secos, dessa planta, que são a fonte da droga consumida em forma de cigarro.

ma.co.nhei.ro (*maconha+eiro*) *sm* **1** Viciado em maconha. **2** Vendedor de maconha.

ma.çô.ni.co (*maçom+ico^2*) *adj* **1** Que diz respeito à maçonaria. **2** Secreto. • *sm pop* V *maçom*.

ma.cra.mê (*gr macramé*) *sm* **1** Variedade de passamanaria feita de cordão trançado e com nós. **2** Fio próprio para bordados, crochês e filés.

má-cri.a.ção *sf* **1** Qualidade de quem é malcriado. **2** Ato ou dito grosseiro, mal-educado. **3** Grosseria, incivilidade. *Pl*: *más-criações*.

ma.cro (*red* do *ingl macro instruction*) *sf Inform* Série de comandos, rotina de programa ou bloco de instruções, identificada por uma única palavra.

ma.cro.bi.ó.ti.ca (*fem* de *macrobiótico*) *sf Med* **1** Conjunto de regras de higiene e alimentação que dizem respeito à saúde e ao prolongamento da vida. **2** Dieta baseada em cereais integrais, legumes e frutas secas.

ma.cro.bi.ó.ti.co (*macróbio+ico^2*) *adj* Diz-se da dieta natural que prolonga a vida.

ma.cro.ce.fa.li.a (*macro+céfalo+ia^1*) *sf Med* Patologia caracterizada pelo aumento do volume da cabeça.

ma.cro.cé.fa.lo (*macro+céfalo*) *adj+sm* Indivíduo acometido por macrocefalia.

ma.cro.cos.mo (*macro+cosmo*) *sm* O Universo, o Cosmo, em oposição ao ser humano como o microcosmo.

ma.cu.co (*tupi makukauá*) *sm Ornit* Ave de grande porte muito apreciada por sua carne saborosa. Voz: *pia*.

má.cu.la (*lat macula*) *sf* **1** Mancha, nódoa: *"Miguelzinho mostrava as mãos, gordas e fortes, puras, sem mácula e sem vícios."* (VI) **2** *fig* Desonra, infâmia. **3** *fig* Estigma: *"Honrado seja entre vós o leito sem mácula."* (LE) **4** *Med* Opacidade da córnea, visível à luz do dia como mancha cinzenta: *"verificar a formação de uma catarata; rupturas da coroide e da retina, buraco da mácula, hemorragias."* (GLA)

ma.cu.lar (*lar maculare*) *vtd* **1** Pôr mácula, mancha ou nódoa em. *vtd* **2** Difamar, infamar, enxovalhar: *"Parece indispensável que o governo atue a fim de corrigir as distorções sociais que maculam a face do país."* (FSP) Conjug – Pres indic: maculo, maculas, macula (ú) etc. Cf mácula.

ma.cum.ba (*quimbundo makumba*) *sf* **1** *Rel* Designação comum de diversos cultos fetichistas, afro-brasileiros, originários em geral dos povos bantos, com influência do candomblé, do catolicismo, do espiritismo etc. **2** *Rel* A cerimônia ou ritual desses cultos. **3** *pop* Feitiço, feitiçaria.

ma.cum.bei.ro (*macumba+eiro*) *adj+sm* Que ou o que pratica a macumba.

ma.da.ma (*fr madame*) *sf* **1** Senhora, dama. **2** *pop* Esposa; dona de casa. *Var*: madame.

ma.dei.ra (*lat materia*) *sf* **1** Substância sólida que compõe a parte principal do tronco, dos ramos e das raízes, na maioria das plantas vivazes, que por isso são chamadas *lenhosas*. **2** *pop* Pau, bengala, cacete.

ma.dei.ra.men.to (*madeirar+mento*) *sm* Armação de madeira ou o conjunto das madeiras que sustenta uma construção.

ma.dei.rei.ra (*madeira+eira*) *sf* Empresa que se dedica à exploração industrial e/ou comercial da madeira.

ma.dei.rei.ro (*madeira+eiro*) *sm* Comerciante de madeiras. • *adj* Que se refere ao comércio ou à indústria de madeira.

ma.dei.xa (*gr mátaxa*) *sf* **1** Porção de fios de seda, lã etc.: *"madeixas de seda"* (AVE) **2** Feixe de cabelos; mecha: *"Do cabelo preto, ondulado, soltou-se uma madeixa."* (AS)

ma.do.na (*ital madonna*) *sf* Imagem, estatueta ou pintura que representa a Virgem Santíssima.

ma.dras.ta (*lat vulg *matrasta*) *sf* **1** A mulher casada, em relação aos filhos que seu marido teve de núpcias anteriores. **2** *fig* Mãe que não dá carinho aos filhos. • *adj* Avara, ingrata, pouco carinhosa.

ma.dre (*lat matre*) *sf* **1** Nome comum a todas as religiosas professas. **2** Cada uma das peças mais grossas de que se formam os mastros, quando não são feitos de um pau só.

ma.dre.pé.ro.la (*ital madreperla*) *sf Zool* Substância que reflete as cores do arco-íris, rosada, encontrada na superfície interna da concha de grande número de moluscos.

ma.dres.sil.va (*lat med matrisilva*) *sf Bot* Nome dado a várias trepadeiras lenhosas ornamentais. Têm folhas pequenas, numerosas, e belas flores aromáticas que atraem os beija-flores.

ma.dri.gal (*ital madrigale*) *sm* **1** *Lit* Composição poética delicada e graciosa que celebra principalmente a beleza e as qualidades femininas. **2** *Mús* Composição musical que consistia num canto vocal, sem acompanhamento, na qual entravam quatro, cinco ou seis vozes.

ma.dri.le.no (*cast madrileño*) *adj* De Madri, capital da Espanha. • *sm* O natural ou habitante de Madri.

ma.dri.nha (*lat med *matrina*) *sf* **1** Mulher que serve de testemunha em batizados, crismas e casamentos, relativamente à pessoa que se batiza, casa ou crisma. **2** Protetora. **3** Mulher que dá o nome a uma coisa. **4** Animal, geralmente provido de guizo, que serve de guia a uma tropa: *Égua madrinha.*

ma.dru.ga.da (*part fem de madrugar*) *sf* **1** Horário compreendido entre meia-noite e o amanhecer. **2** Alvorada, aurora.

ma.dru.ga.dor (*madrugar+dor*) *adj+sm* **1** Que ou aquele que tem o hábito de madrugar. **2** Que ou aquele que é aplicado ou antecede os demais em qualquer ação.

ma.dru.gar (*lat vulg *maturicare*) *vint* **1** Erguer-se da cama muito cedo; matinar. *vint* **2** Ser dos primeiros a aparecer em qualquer parte. Conjug – Pres subj: madrugue, madrugues etc.

ma.du.rar (*lat maturare*) *vtd* **1** Tornar maduro: *"Já chovera tanto que as jabuticabeiras estavam madurando as frutas."* (VER) *vint* 2 Amadurecer: *"É quando todos os cocos do buritizal maduram."* (GSV) *vint* 3 Adquirir prudência ou juízo: *Madurava cedo o rapaz.*

ma.du.re.za (*maduro+eza*) *sf* 1 Estado ou qualidade de maduro. 2 Estado das coisas chegadas ao seu completo desenvolvimento. 3 A idade madura.

ma.du.ro (*lat maturu*) *adj* 1 Diz-se do fruto sazonado. 2 Que atingiu a madureza; amadurecido. 3 Experimentado. 4 Que já não é moço. *Antôn* (acepções 1 e 2): *verde*.

mãe (*lat matre*) *sf* 1 Mulher ou fêmea de animal que teve um ou mais filhos. 2 *Dir* Ascendente feminino em primeiro grau. 3 *fig* Pessoa dedicada, generosa. *Mãe de santo:* feminino de pai de santo.

mãe-ben.ta *sf Cul* Espécie de bolinho feito de ovos, coco e farinha de trigo. *Pl: mães-bentas.*

mãe-d'á.gua *sf Folc* Mulher imaginária, fantástica, espécie de sereia de rios e lagos; iara, boiuna, Iemanjá. *Pl: mães-d'água.*

mãe de san.to Ver definição em **mãe**.

ma.es.tri.a (*arc maestre+ia¹*) *sf* Perícia; mestria.

ma.es.tri.na (*ital maestrina*) *sf* Feminino de *maestro*.

ma.es.tro (*ital maestro*) *sm* 1 Compositor de música. 2 Regente de orquestra ou de coro.

má-fé *sf* Intenção dolosa, má intenção. *Pl: más-fés.*

má.fia (*ital Maffia*) *sf* 1 Sociedade secreta criada na Itália, no século XIX, cuja finalidade inicial era garantir a segurança pública; mais tarde foi acusada de atitudes criminosas. 2 *por ext* Grupo criminoso muito bem organizado.

ma.fi.o.so (ô) (*máfia+oso*) *sm* Membro da máfia. *Pl: mafiosos (ó).*

má-for.ma.ção *sf Med* Qualquer deformidade ou anomalia, congênita ou adquirida. *Pl: más-formações.*

ma.ga (de *mago*) *sf* Mulher que pratica magia; feiticeira; bruxa.

ma.ga.zi.ne (*ingl*) *sm* 1 Casa comercial com numerosos tipos de artigos à venda. 2 Casa de artigos de moda; loja.

ma.gér.ri.mo (*lat macerrimu*) *adj* Superlativo absoluto sintético de *magro*. *Var: macérrimo.*

ma.gi.a (*gr mageía*) *sf* 1 Religião dos magos. 2 Arte ou ciência oculta em que se pretende empregar conscientemente poderes invisíveis para obter efeitos e fenômenos extraordinários, contrários às leis naturais. 3 *Antrop* Conjunto de práticas ocultas, por meio das quais (sobretudo nas sociedades primitivas) se pretende atuar sobre a natureza; feitiçaria; bruxaria.

má.gi.ca (*gr magiké*, pelo *lat*) *sf* 1 V *magia*. 2 Peça de teatro com transformações fantásticas. 3 Feminino de *mágico*. 4 Deslumbramento, encanto, fascinação. 5 Prestidigitação; ilusionismo.

má.gi.co (*lat magicu*) *adj* 1 Que pertence ou se refere à magia. 2 Com a natureza da magia, dos feitiços e bruxarias. 3 Dotado de poder sobrenatural. 4 Encantador, extraordinário, sobrenatural. • *sm* 1 Indivíduo que sabe e pratica a magia; bruxo. 2 Artista de espetáculos de mágica; prestidigitador; ilusionista.

ma.gis.té.rio (*lat magisteriu*) *sm* 1 Ofício de professor. 2 A classe dos professores, o professorado.

ma.gis.tra.do (*lat magistratu*) *sm* 1 Funcionário público que, na esfera administrativa ou judicial, exerce autoridade delegada pela nação ou pelo poder central. 2 Juiz, desembargador, ministro.

ma.gis.tral (*lat magistrale*) *adj m+f* 1 Que pertence ou se refere ao mestre. 2 Irrepreensível, perfeito. • *sm* O cônego encarregado de ensinar teologia e gramática.

ma.gis.tra.tu.ra (*lat magistratu+ura*) *sf* 1 Dignidade ou funções de magistrado. 2 Duração dessas funções.

mag.nâ.ni.mo (*lat magnanimu*) *adj* 1 Que tem grandeza de alma; generoso, liberal. 2 Nobre, elevado. *Antôn: mesquinho.*

mag.na.ta (*baixo-lat magnate*) *sm* 1 Empresário poderoso. 2 V *mandachuva*, acepção 1.

mag.né.sia (*top gr Magnesía*) *sf Quím* Substância sólida, branca, usada como antiácido e laxante.

mag.né.ti.co (*gr magnetikós*) *adj* 1 Que

pertence ou se refere ao magnetismo. **2** Imantado. **3** *fig* Que exerce influência profunda; atraente, encantador, sedutor.

mag.ne.tis.mo (*magneto+ismo*) *sm* **1** *Fís* Propriedade que alguns corpos metálicos têm de atrair e reter outros metais e orientar a agulha magnética na direção norte-sul. **2** *Fís* Grupo de fenômenos resultantes da propriedade magnética do ímã. **3** *fig* Propriedade de atrair, fascinar.

mag.ne.ti.zar (*magnete+izar*) *vtd* **1** Conferir magnetismo a: *"Uma teia de fios magnetizava a bolacha numa direção ou outra, representando um bit."* (FSP) **2** *fig* Atrair: *"Coração sul-americano, ele magnetiza influências vitais."* (GPO) **3** Encantar; fascinar: *"Sua [de Andrea Beltrão] presença na tela magnetiza e emociona o espectador."* (FSP)

mag.ní.fi.co (*lat magnificu*) *adj* **1** Ostentoso, pomposo, suntuoso. **2** Excelente, muito bom. **3** Que faz grande efeito; grandioso, esplêndido. *Sup abs sint:* magnificentíssimo.

mag.ni.tu.de (*lat magnitudine*) *sf* **1** Qualidade de magno; grandeza. **2** Importância. **3** *Astr* Grandeza e brilho aparentes de um astro.

mag.no (*lat magnu*) *adj* **1** Grande. **2** Importante.

mag.nó.lia (*Magnol, np+ia²*) *sf Bot* **1** Gênero de árvores ornamentais com flores aromáticas. **2** Flor dessa árvore.

ma.go (*gr mágos*, pelo *lat*) *sm* **1** Aquele que se dedica a desenvolver e empregar poderes mágicos. **2** Feiticeiro, bruxo, mágico. **3** Cada um dos sábios que foram a Belém adorar o menino Jesus.

má.goa (*lat macula*) *sf* Desgosto, pesar, tristeza, amargura. *Antôn: prazer, júbilo.*

ma.go.a.do (*part* de *magoar*) *adj* **1** Ferido, machucado. **2** Ofendido, melindrado.

ma.go.ar (*lat maculare*) *vtd* e *vpr* **1** Afligir (-se), contristar(-se): *Aquela cena o magoou*. *vtd* e *vpr* **2** Melindrar(-se), ofender (-se): *A ingratidão magoa*. Conjuga-se como *coar*. Cf *mágoa*.

ma.gre.za (*magro+eza*) *sf* Estado ou qualidade de magro. *Antôn: gordura, obesidade.*

ma.gri.ce.la (*magriço+ela*) *adj* e *s m+f* Pessoa muito magra.

ma.grís.si.mo (*magro+íssimo*) *adj* Superlativo absoluto sintético de *magro*; macérrimo, magérrimo.

ma.gro (*lat macru*) *adj* **1** Que tem falta de tecido adiposo, que tem poucas carnes, em que há pouca ou nenhuma gordura ou sebo. **2** *fig* Pouco rendoso, improdutivo. *Antôn* (acepção 1): *gordo*. *Sup abs sint:* macérrimo, magérrimo, magríssimo.

mai.a (*esp maya*) *adj Etnol* Relativo aos maias, povo indígena da Guatemala e Sul do México. • *s m+f* Indígena desse povo.

mai.o (*lat maiu*) *sm* O quinto mês do ano, com 31 dias.

mai.ô (*fr maillot*) *sm* Vestimenta feita de malha de lã, de látex, de algodão etc., que molda perfeitamente o corpo e é usada por banhistas, atletas e dançarinos.

mai.o.ne.se (*fr mayonnaise*) *sf Cul* **1** Espécie de molho frio, feito de azeite, vinagre, sal, pimenta, mostarda e ovos batidos. **2** Iguaria com esse molho.

mai.or (*lat maiore*) *adj* **1** Comparativo irregular de *grande*. **2** Que excede outro em duração, espaço, intensidade, número ou tamanho. **3** Mais importante. **4** Que completou a idade legal (21 anos) para poder gerir sua pessoa e bens. • *s m+f* Quem já atingiu a maioridade.

mai.o.ral (*maior+al¹*) *sm* **1** Cabeça, chefe. **2** O maior de todos (os animais de um rebanho). **3** *V mandachuva*.

mai.o.ri.a (*maior+ia¹*) *sf* **1** A maior parte, o maior número. **2** A pluralidade de votos favoráveis. *Antôn: minoria.*

mai.o.ri.da.de (*maior+i+dade*) *sf* Idade em que se adquire legalmente todos os direitos civis; emancipação; capacidade de governar a si próprio: *Timor Leste é uma nação que atingiu a maioridade.*

mais (*lat magis*) *adv* **1** Designativo de aumento, grandeza ou comparação. **2** Em grau superior, em maior quantidade. **3** Sinal de adição (+). • *adj* Em maior quantidade; maior. • *sm* **1** O conjunto das outras coisas, o resto. **2** A maior porção, o maior número. Veja nota em **comparativo**.

Não se deve empregar a palavra **mais** em orações temporais, quando ela puder ser substituída por *já*.

*Quando o médico apareceu, o paciente **já não vivia** (e não "não vivia mais").*

mai.se.na (*maís+ena*) *sf* Farinha extraída do amido de milho com que se fazem mingaus, pudins, cremes etc.
Deve-se distinguir **maisena**, nome que se dá à farinha extraída do amido de milho, de **Maizena**, marca registrada desse produto.

mais-que-per.fei.to *adj Gram* Diz-se do tempo do verbo que exprime uma ação passada antes de outra também passada. *Pl: mais-que-perfeitos.*

maître (*métre*) (*fr*) *sm* Garçom que supervisiona os serviços dos outros garçons num restaurante.

mai.ús.cu.la (*fem* de *maiúsculo*) *sf* Letra maiúscula. *Antôn: minúscula.*

ma.jes.ta.de (*lat majestate*) *sf* **1** Aparência de grandeza, aspecto solene, magnificência, sublimidade. **2** Poder real. **3** Título honorífico dos soberanos e suas esposas.

ma.jes.to.so (ô) (*lat majestas+oso*) *adj* **1** Que tem majestade. **2** Suntuoso, grandioso, imponente. *Pl: majestosos (ó).*

ma.jor (*lat majore*) *sm* Mil Oficial do Exército.

ma.jo.ri.tá.rio (*lat majoritate+ário*) *adj* Que se refere à maioria.

mal (*lat malu*) *sm* **1** Tudo o que se opõe ao bem, tudo o que prejudica, fere ou incomoda, tudo o que se desvia do que é honesto e moral. **2** Calamidade, infortúnio, desgraça. **3** Dano ou prejuízo. **4** Qualquer doença epidêmica ou reinante. **5** Castigo, punição, expiação. **6** Tormento, mágoa, sofrimento. • *adv* **1** Não bem, de modo diferente do que devia ser. **2** Contra o direito e a justiça, ilegalmente. **3** Contra a moral. **4** Erradamente. **5** Com desumanidade, cruelmente, rudemente. • *conj* Apenas, logo que. *Cf* **mau**. Veja notas em **advérbio** e **mau**.
Antes de um particípio, deve-se empregar **mais bem** ou **mais mal** e não **melhor** ou **pior**.
*Esta redação está **mais bem** escrita que a anterior.*
*O caso foi **mais mal** defendido por este advogado.*
Veja outra nota em **mau**.

ma.la (*fr malle*) *sf* **1** Espécie de caixa de madeira revestida de couro, lona etc. para transporte de roupas e outros objetos em viagem. **2** Saco de couro ou pano, geralmente fechado com cadeado. **3** Saco de couro ou lona em que os agentes de correio transportam a correspondência, por via terrestre, marítima ou aérea: *mala postal*. **4** *gír* Pessoa muito chata, inconveniente. *Mala direta* a) Sistema de comunicação em que o material publicitário é remetido pelo correio. b) A própria lista do público-alvo utilizada para a remessa.

ma.la.ba.ris.mo (*malabar+ismo*) *sm* **1** Prática de exercícios de equilíbrio; acrobacias. **2** Equilibrismo difícil. **3** *fig* Habilidade de pensamento e ação em situação difícil.

ma.la.ba.ris.ta (*malabar+ista*) *s m+f* Pessoa que faz malabarismos.

mal-a.ca.ba.do (*mal+acabar+ado¹*) *adj* Mal composto, mal-arranjado, malfeito. *Pl: mal-acabados.*

mal-a.cos.tu.ma.do (*mal+acostumar+ado¹*) *adj* Que se acostumou mal. *Pl: mal-acostumados.*

mal-a.dap.ta.do (*mal+adaptar+ado¹*) *adj* **1** Que apresenta má adaptação. **2** Que está em desarmonia com as ideias ou as condições de vida do meio ambiente. *Pl: mal-adaptados.*

mal-a.gra.de.ci.do (*mal+agradecer+ido*) *adj+sm* Que ou o que não agradece favores recebidos; ingrato. *Pl: mal-agradecidos. Antôn: reconhecido.*

ma.la.gue.ta (ê) (*málaga+eta*) *sf* Espécie de pimenta muito ardida; pimenta-malagueta.

ma.lan.dra.gem (*malandro+agem*) *sf* **1** Ato, dito ou vida de malandro. **2** Safadeza. **3** Grupo de malandros.

ma.lan.dro (*ital ant malandro*) *adj* Que não gosta do trabalho, preguiçoso. • *sm pop* **1** Vadio, folgado, boa-vida. **2** Ladrão. **3** Patife, tratante. *Col: bando, corja, matula, súcia.*

ma.lá.ria (*lat mala aria*, maus ares) *sf Med* Denominação de uma doença causada por um mosquito, caracterizada por febre intermitente e renitente; também chamada de maleita.

mal-ar.ru.ma.do (*mal+arrumar+ado¹*) *adj* **1** Malvestido. **2** Malfeito. *Pl: mal-arrumados.*

mal-as.som.bra.do (*mal+assombrar+ado¹*) *adj* Diz-se das casas e locais em que, segundo a crença popular, aparecem fantasmas ou ocorrem manifestações sobrenaturais. *Pl: mal-assombrados.*

mal.ca.sa.do (*mal+casado*) *adj* **1** Que não se dá bem com o cônjuge. **2** Que casou com pessoa de condição inferior ou de poucas qualidades. **3** Que fez um mau casamento.

mal.com.por.ta.do (*mal+comportar+ado¹*) *adj* Que age ou procede mal. *Antôn: bem-comportado.*

mal.cri.a.do (*mal+criado*) *adj* **1** Mal-educado. **2** Indelicado, grosseiro. *Antôn: delicado, cortês.*

mal.cui.da.do (*mal+cuidar+ado¹*) *adj* **1** Que não foi bem cuidado. **2** Que não é objeto de zelo.

mal.da.de (*lat malitate*) *sf* **1** Qualidade de mau. **2** Ação ruim. **3** Iniquidade, crueldade, ruindade. *Antôn: bondade.*

mal.di.ção (*lat maledictione*) *sf* **1** Ato ou efeito de amaldiçoar. **2** Imprecação, praga. **3** Desgraça, fatalidade. *Antôn (acepções 1 e 2): bênção.*

mal.di.to (*lat maledictu*) *adj* **1** Amaldiçoado. **2** Que exerce influência nefasta ou sinistra. **3** Que tem muito má índole; cruel, perverso.

mal.di.zer (*lat maledicere*) *vti* e *vint* **1** Dizer mal (de alguém ou de alguma coisa): *Maldizia o fisco que lhe tomava os poucos ganhos. vtd* **2** Amaldiçoar, blasfemar, praguejar contra: *Era incapaz de maldizer. Antôn: bendizer.* Conjuga-se como *dizer.*

mal.do.so (ó) (*maldade+oso*, com haplologia) *adj* **1** Que tem maldade. **2** Que tem má índole; ruim. **3** Que toma as palavras e atos dos outros em mau sentido; malicioso. *Antôn (acepção 1): bondoso. Pl: maldosos (ó).*

ma.le.á.vel (*malear+vel*) *adj m+f* **1** Que pode ser moldado ou estendido sem se partir; dúctil. **2** Que tem elasticidade; flexível. **3** Que tem grande capacidade de adaptação.

ma.le.di.cên.cia (*lat maledicentia*) *sf* **1** Qualidade de maledicente. **2** Ato ou efeito de falar mal; difamação.

ma.le.di.cen.te (*lat maledicente*) *adj* e *sm+f* Que ou quem fala mal dos outros. *Sup abs sint: maledicentíssimo.*

mal-e.du.ca.do (*mal+educado*) *adj* **1** Sem educação. **2** Descortês, indelicado, grosseiro. *Pl: mal-educados.*

ma.le.fí.cio (*lat maleficiu*) *sm* **1** Dano, prejuízo. **2** Feitiçaria, sortilégio. *Antôn: benefício.*

ma.lé.fi.co (*lat maleficu*) *adj* **1** Malévolo, prejudicial. **2** Que tem má índole. **3** Mal-intencionado. *Antôn (acepção 1): benéfico. Sup abs sint: maleficentíssimo.*

ma.lei.ro (*mala+eiro*) *sm* **1** Aquele que fabrica ou vende malas. **2** Parte de um armário onde se guardam malas.

ma.lei.ta (*lat maledicta*) *sf V* malária.

mal-en.ten.di.do (*mal+entender+ido*) *adj* **1** Mal apreciado, mal interpretado, mal compreendido. **2** Que entende mal ou forma ideia ou opinião errada sobre um assunto ou uma situação. • *sm* **1** Equívoco, confusão. **2** Discussão, briga. *Pl: mal-entendidos.*

mal-es.tar (*mal+estar*) *sm* **1** Pequena alteração na saúde. **2** Indisposição física ou moral. **3** *fig* Situação incômoda ou constrangedora. *Pl: mal-estares.*

ma.le.ta (ê) (*mala+eta*) *sf* Mala pequena; malote.

ma.le.vo.lên.cia (*lat malevolentia*) *sf* Qualidade de malevolente. *Antôn: benevolência.*

ma.le.vo.len.te (*lat malevolente*) *adj V* malévolo: "*O olhar de Sérgio é malevolente demais.*" (FSP) *Antôn: benevolente.*

ma.lé.vo.lo (*lat malevolu*) *adj* Muito mau, malvado. *Antôn: benévolo. Sup abs sint: malevolentíssimo.*

mal.fa.da.do (*part* de *malfadar*) *adj+sm* **1** Que ou aquele que tem má sorte, que tem um destino ruim. **2** Desgraçado. *Antôn: feliz, bem-fadado.*

mal.fei.to (*mal+feito*) *adj* **1** Feito sem perfeição, mal executado. **2** Defeituoso. • *sm* Feitiço, bruxaria.

mal.fei.tor (*lat malefactore*) *adj+sm* Que ou aquele que comete atos condenáveis; criminoso, facínora. *Col: bando, quadrilha.*

mal.for.ma.ção (*mal+formar+ção*) *sf* **1** Formação imperfeita, anormal ou defeituosa; má-formação. **2** *Med* Deformação congênita ou hereditária.

ma.lha (*lat macula*) *sf* **1** Cada uma das voltas ou nós formados pelo fio de seda, lã, linha ou qualquer fibra têxtil, quando trançados. **2** Abertura que essas voltas ou nós deixam entre si. **3** Roupa colante feita de malha, geralmente em uma só peça, usada por bailarinos e ginastas. **4** Suéter. **5** Disco metálico para arremesso à distância contra um marco de madeira.

ma.lha.ção (*malhar+ção*) *sf* **1** Ato ou efeito de malhar. **2** *fig* Crítica demolidora, violenta. **3** *gír* Prática de exercícios físicos.

ma.lha.da (*malha+ada¹*) *sf* **1** Ato de malhar. **2** Pancada com malho.

ma.lha.do (de *malha*) *adj* **1** Diz-se do animal que tem malhas ou manchas. **2** *gír* Diz-se do corpo modelado por ginástica e exercícios físicos intensos.

ma.lhar (*malho+ar¹*) *vtd* **1** Bater com malho, martelo ou objeto semelhante: *Malhar o ferro. vtd* **2** Escarnecer, mofar, zombar de: *Malhava o colega na frente de todos. vtd* **3** Debulhar (cereais) na eira. *vtd* e *vti* **4** Bater, dar pancadas, espancar: *Malhar o judas. vtd* **5** *pop* Falar mal de; censurar, criticar: *Malharam seu primeiro livro. vint* **6** *gír* Exercitar(-se), praticando ginástica, musculação ou outras atividades físicas: *Passou a tarde malhando.*

ma.lha.ri.a (*malha+aria*) *sf* **1** Indústria de peças de roupa de malha. **2** Local onde funciona essa indústria.

ma.lho (*lat malleu*) *sm* **1** Grande martelo de ferro ou de pau, sem unhas e sem orelhas. **2** Macete de bater rodas de carro.

mal-hu.mo.ra.do (*mal+humor+ado¹*) *adj* **1** Que tem mau humor. **2** Irritado, zangado. *Pl: mal-humorados.*

ma.lí.cia (*lat malitia*) *sf* **1** Propensão para o mal. **2** Natural disposição para fazer e agir mal; maldade. **3** Interpretação maldosa.

ma.li.ci.o.so (*ô*) (*lat malitiosu*) *adj* **1** Que tem ou revela malícia. **2** Mordaz. *Pl: maliciosos (ó).*

ma.lig.no (*lat malignu*) *adj* **1** Que tem propensão para o mal: *"Via um outro olho, um olho escarninho, maligno."* (CEN) **2** Funesto: *"São fenômenos malignos que, a cada dia mais me convenço, estão acontecendo nesta Casa."* (BDI) **3** Muito mau: *"Maria Behú era triste e maligna."* (COB) **4** Que tem caráter pernicioso: *"Era apenas um instrumento num jogo maligno."* (DSP) *Antôn: benigno.*

mal-in.ten.ci.o.na.do (*mal+intenção+ado¹*) *adj+sm* **1** Que ou aquele que tem más intenções. **2** Que ou o que é de má índole, propenso ao mal, maldoso. *Pl: mal-intencionados. Antôn: bem-intencionado.*

mal.me.quer (*mal+me+quer*) *sm Bot* Nome comum a várias ervas rastejantes, originárias da Europa, de folhas recortadas e flores amarelas, bastante ornamentais. *Pl: malmequeres.*

ma.lo.ca (*araucano malocan*) *sf* **1** Habitação indígena. **2** Aldeia de índios. **3** *gír* Esconderijo. **4** Casa pobre, de favela.

ma.lo.quei.ro (*maloca+eiro*) *sm* **1** Aquele que vive em maloca. **2** Indivíduo maltrapilho ou sem educação.

ma.lo.te (*mala+ote*) *sm* **1** Mala pequena. **2** Serviço organizado de transporte regular para entrega rápida de correspondência e pequenos valores.

mal.pas.sa.do (*mal+passado*) *adj* Malcozido, mal-assado.

mal.su.ce.di.do (*mal+sucedido*) *adj* Que não teve êxito; malogrado. *Antôn: bem-sucedido.*

mal.te (*ingl malt*) *sm* Cevada seca usada principalmente na fabricação de cervejas.

mal.tra.pi.lho (*mal+trapo+ilho*) *adj+sm* Que ou aquele que anda malvestido ou esfarrapado.

mal.tra.tar (*mal+tratar*) *vtd* **1** Tratar mal, tratar com dureza ou violência; insultar, desrespeitar, bater, espancar: *Não maltrate os animais.* **2** Dar mau acolhimento a, receber mal: *Maltratar as visitas, os hóspedes, os convidados.* **3** Lesar fisicamente; danificar.

ma.lu.co (top malucas) adj Adoidado, extravagante. Antôn: ajuizado, sensato. • sm **1** Doido, mentecapto. **2** Aquele que parece doido. **3** Extravagante. **4** gír Pirado.

ma.lu.qui.ce (maluco+ice) sf **1** Ato ou dito próprio de maluco. **2** Extravagância, excentricidade. **3** gír Piração.

mal.ta sf **1** Grupo de pessoas de baixa condição. **2** Gente vagabunda, desconhecida e de má aparência. **3** Malandragem, súcia. **4** Bando, caterva, grupo, multidão.

mal.va (lat malva) sf Bot Erva medicinal de origem europeia, cujas flores e folhas contêm mucilagem, daí seu uso medicinal.

mal.va.de.za (malvado+eza) sf Ruindade.

mal.va.do (lat med malifatiu, pelo provençal ant malvat) adj+sm **1** Que ou aquele que pratica atos cruéis, ou é capaz de praticá-los. **2** Perverso.

ma.ma (lat mamma) sf **1** Anat Órgão glandular para secreção do leite, na mulher e nas fêmeas dos mamíferos. **2** O tempo da amamentação.

ma.ma.da (mama+ada¹) sf **1** Ato de mamar. **2** O tempo que dura a amamentação.

ma.ma.dei.ra (mamar+deira) sf Garrafinha com chupeta, para amamentar artificialmente.

ma.mãe (voc onom) sf Tratamento carinhoso que se dá às mães.

ma.mão (mamar+ão²) adj **1** Que ainda mama. **2** Que mama muito. **3** Que depois de desmamado ainda pede para mamar. Fem: mamona. • sm **1** Rês que ainda mama. **2** Fruto do mamoeiro.

ma.mar (lat mammare) vint **1** Sugar o leite da mama: O bebê já mamou; agora está dormindo. vtd **2** Aprender ou adquirir na infância: Mamou com o leite as qualidades paternas. vtd **3** Chupar, sugar: Mamou um cigarro. vti **4** Ter lucros ilícitos numa empresa ou na administração pública: Mamou nos cofres do Estado.

ma.má.rio (mama+ário) adj Que se refere à mama.

ma.ma.ta (de mamar) sf **1** Empresa ou negócio, público ou particular, em que políticos e funcionários desonestos obtêm vantagens, sobretudo financeiras. **2** Negociata; roubalheira.

mam.bem.bar (mambembe+ar¹) vint Percorrer o país como membro de circo ou teatro, geralmente de má qualidade: *"Dramas e comédias vazias, montadas às pressas por duplas famosas por um momento na televisão, para mambembarem pelo país."* (GD)

mam.bem.be (quimbundo mumbembe) adj m+f De pouquíssimo valor, imprestável, ordinário. • sm Lugar afastado, ermo.

ma.me.lu.co (ár mamlûk) sm Filho de índio com branco.

ma.mí.fe.ro (mama+fero) adj Zool **1** Que tem mamas. **2** Que se alimenta de leite. • sm Animal que amamenta seus filhotes.

ma.mi.lo (lat mamilla) sm **1** Bico do peito. **2** p ext Qualquer saliência arredondada em forma de bico.

ma.mi.nha (dim de mama) sf **1** Mama pequena. **2** Bico do peito. **3** Cul A parte mais macia da alcatra.

ma.mo.ei.ro (mamão+eiro) sm Bot Planta frutífera, cultivada em toda a América, de tronco leitoso, folhas grandes, cujos frutos, os mamões, são diretamente presos ao caule; mamão.

ma.mo.gra.fi.a (mama+grafo+ia¹) sf Radiografia da mama.

ma.mo.na (quimbundo mumono) sf Planta de fruto envolto numa cápsula do mesmo nome, do qual se extrai um óleo bastante útil.

ma.mo.nei.ro (mamona+eiro) sm Bot Arbusto de grandes folhas e fruto redondo, cuja casca tem espinhos minúsculos e do qual se extrai óleo. Também conhecido por *mamona*.

ma.mu.te (fr mamouth) sm Paleont Cada um de numerosos elefantes fósseis, que viveram no período pré-histórico.

ma.ná (hebr man, via lat ecles manna) sm **1** Alimento que, segundo a Bíblia, Deus enviou em forma de chuva aos israelitas, para alimentá-los no deserto. **2** fig Alimento delicioso: *"O cangulo era o maná bíblico daquele povo que não conhecia milagre, salvo o da pesca."* (CR)

ma.na.cá (tupi manaká) sm Bot Nome dado a vários arbustos e suas flores de cores roxa, rosa e branca.

ma.na.da (cast manada) sf Rebanho de gado.

ma.nan.ci.al (*cast manantial*) *sm* **1** Nascente de água. **2** *fig* Origem ou fonte abundante e perene. • *adj* Que mana ou corre incessantemente.

man.ca.da (*part fem de mancar*) *sf* **1** Erro ou lapso, numa afirmação qualquer, seja referente a um fato, doutrina ou conhecimento científico. **2** *gír* Rata, gafe.

man.cal *sm* **1** Dispositivo, em geral de ferro ou bronze, sobre o qual se apoia um eixo girante, oscilante ou deslizante. **2** Peça de ferro calçada de aço, sobre a qual gira a carapuça da moenda das canas-de-açúcar.

man.car (*manco+ar¹*) *vint* **1** Coxear, estar manco: *Exausto e arquejante, o animal mancava.* *vtd* **2** Tornar manco: *A queda violenta o mancara.* *vint* **3** Faltar, falhar, em relação a um compromisso: *O devedor mancou.* *vpr* **4** *gír* Conscientizar-se de que está sendo inconveniente, inoportuno: *Ele se mancou.*

man.ce.bo (*ê*) (*lat mancipiu*) *sm* **1** Jovem, moço, rapaz. **2** Cabide com pedestal, usado para pendurar roupas: *"Zinho sustentava a conversa fingindo ignorar o camuflado interesse do decidido mancebo, não pelo clima, mas sim pela sua filha."* (CHP)

man.cha (*lat macula*) *sf* **1** Mácula, nódoa. **2** *fig* Defeito, imperfeição. **3** *fig* Nota infamante, desonra. **4** *Pint* Vestígio deixado pela palheta em um ponto do quadro; pincelada. **5** *Art Gráf* A parte impressa da página, por oposição às margens.

man.cha.do (*part de manchar*) *adj* **1** Que tem manchas. **2** Enodoado, sujo. *Antôn* (acepção 2): *imaculado, limpo*.

man.char (*mancha+ar¹*) *vtd* **1** Pôr mancha em; enodoar: *O menino manchou de chocolate a camisa.* *vtd* e *vpr* **2** *fig* Denegrir, infamar, poluir: *Em tão baixo e vil ambiente não se manchara, no entanto.* *Antôn* (acepções 1 e 2): *limpar, ilibar*.

man.che.te (*ê*) (*fr manchette*) *sf* **1** Título de notícia, impresso em caracteres grandes, na parte superior do rosto do jornal. **2** O título principal numa edição de jornal. **3** *Esp* No vôlei, jogada que consiste em entrelaçar as mãos e receber a bola com a parte interna dos braços estirados.

man.co (*lat mancu*) *adj* **1** Diz-se da pessoa ou do animal a que falta a extremidade de um membro, ou que não se pode servir dele; coxo. **2** Defeituoso, imperfeito, por falta de alguma parte necessária. • *sm* Pessoa manca; coxo.

man.co.mu.na.do (*part de mancomunar*) *adj* Conluiado, combinado, de cumplicidade com.

man.co.mu.nar (*mão+comum+ar¹*) *vtd* e *vpr* Ajustar(-se), combinar(-se), conluiar (-se): *"Figuras extremadas que não se pejavam de mancomunar-se com os marxistas."* (EM)

man.da.ca.ru (*tupi iamandakarú*) *sm Bot* Grande cacto utilizado na alimentação do gado.

man.da.chu.va (*mandar+chuva*) *sm* **1** Indivíduo importante, influente; magnata. **2** Chefe político; cacique.

man.da.do (*lat mandatu*) *adj* **1** Que mandaram. **2** Que recebeu ordem. • *sm* **1** Ato de mandar; mandamento. **2** Determinação escrita enviada de superior a inferior. **3** Ordem ou despacho escrito de autoridade judicial ou administrativa.

Deve-se distinguir **mandado** de **mandato**. **Mandado** significa ordem de autoridade judicial, enquanto **mandato** quer dizer período de duração de um cargo público ou político.
O mandado foi expedido pelo juiz.
Nas eleições, os candidatos pediam votos para um mandato na Prefeitura.

man.da.men.to (*lat med mandamentu*) *sm* **1** Ato ou efeito de mandar. **2** Voz de comando. **3** *Rel* Cada um dos preceitos que constituem o decálogo.

man.dan.te (*lat mandante*) *adj* e *s m+f* **1** Que ou quem manda. **2** Que ou quem domina. • *s m+f* Pessoa que incita outra a certos atos. *Antôn*: *mandatários*.

man.dar (*lat mandare*) *vtd* **1** Ordenar, exigir: *Mandou-o entrar.* *vtd* **2** Determinar, preceituar, prescrever: *A sentença mandava que o dinheiro fosse restituído aos cofres do governo.* *vtd* **3** Enviar, remeter: *Já lhe mandaram o presente?* *vtdi* **4** Ordenar que vá: *Mandou o enviado à embaixada.* *vtd* **5** Dar por incumbência: *Mandei-o comprar pão.* *vti* e *vint* **6** Exercer autoridade; dominar, governar: *O presidente*

manda. vpr **7** pop Ir(-se) embora, partir: *Logo que puderem se mandarão para outra cidade.*

man.da.rim (*malaio mantari*) sm **1** Alto funcionário da antiga China. **2** *Ling* Dialeto oficial na China. *Var: mandarino. Fem: mandarina.*

man.da.tá.rio (*lat med mandatariu*) sm **1** Aquele que recebe mandato ou procuração de outrem para fazer certa coisa. **2** Executor de mandatos. **3** Delegado, procurador, representante. *Mandatários da nação, do povo:* deputados.

man.da.to (*lat mandatu*) sm **1** Autorização que alguém confere a outrem para, em seu nome, praticar certos atos; procuração. **2** Delegação. **3** Poderes que o povo confere a um cidadão, por meio do voto, para que governe uma nação, estado ou município ou o represente nas respectivas assembleias legislativas. **4** *p ext* Período, prazo de duração de um mandato. Veja nota em **mandado**.

man.dí.bu.la (*lat mandibula*) sf **1** *Anat* Osso do queixo onde se fixam os dentes inferiores (nome antigo: maxilar inferior). **2** *Ornit* Cada uma das duas partes do bico dos pássaros.

man.din.ga (*top manding*) sf Feitiçaria, bruxaria.

man.di.o.ca (*tupi mandióka*) sf **1** *Bot* Arbusto herbáceo, originário da América do Sul, muito cultivado por suas raízes tuberosas; aipim, macaxeira. **2** A raiz dessas plantas.

man.di.o.qui.nha (*dim de mandioca*) sf *Bot* Planta originária dos Andes, de raízes tuberosas, utilizada na alimentação do homem e do gado; batata-baroa.

man.do (*de mandar*) sm **1** Ato ou poder de mandar. **2** Ordem, mandado. **3** Comando. **4** Arbítrio.

man.do.ro.vá (*tupi marandouá*) sm *Entom* Designação comum às lagartas de borboletas e mariposas. *Var: mandruvá.*

man.dril (*cast mandril*) sm **1** Dispositivo que segura e gira a broca nas furadeiras e arcos de pua; porta-broca. **2** *Zool* Macaco da África ocidental e Costa da Guiné, com grandes listras vermelhas e brilhantes no focinho.

man.dru.vá (*tupi marandouá* com *metát* e *síncope*) sm *V* mandorová.

ma.nei.ra (*lat manuaria*) sf **1** Feitio ou modo de ser de uma coisa. **2** Método de fazer qualquer coisa. **3** Modo, uso, meio. **4** Habilidade, jeito. **5** Circunstância, condição. sf pl **6** Afabilidade, boa educação.

ma.nei.rar (*maneira+ar*[1]) *gír vint* **1** Ser ou mostrar-se maneiroso; agir com tato, prudência ou sutileza: *Percebendo a resistência do chefe, ele maneirou.* **2** Abrandar, suavizar: *O calor maneirou já em abril.*

ma.nei.ro (*lat manuariu*) adj **1** De manejo fácil. **2** Que exige pouco esforço; agradável: *"Hendrix tinha a manha de fazer um barulho maneiro."* (FSP) **3** Leve: *"O morador devia de estar acordado ou tinha o sono por demais maneiro."* (CHA) **4** *gír* Palavra que exprime inúmeras ideias: belo, bom, ótimo, excelente etc.

ma.ne.jar (*ital maneggiare*) vtd **1** Fazer algo utilizando as mãos; manusear: *Manejara a foice, o machado.* vtd **2** Dirigir, governar com as mãos: *Manejar o volante, o leme.* vtd **3** Empunhar, brandir: *Manejar a espada, a lança.* vtd **4** Desempenhar, exercer, exercitar: *Manejar o pincel, o cinzel, a pena.* Conjuga-se como *solfejar*.

ma.ne.jo (ê) (*de manejar*) sm **1** Ato de manejar. **2** Controle. **3** *pop* Manobra, artimanha.

ma.ne.quim (*fr mannequim*) sm **1** Boneco que representa uma figura humana e serve para estudos artísticos, científicos, para assentar trabalhos de costura ou para exposição de roupas em vitrinas de lojas. **2** Medida padronizada para roupas feitas. **3** *V* modelo (acepção 5).

ma.ne.ta (ê) (*lat manu+eta*) adj e s m+f Que ou pessoa a quem falta um braço ou uma das mãos.

man.ga[1] (*lat manica*) sf **1** Parte do vestuário que cobre o braço. **2** Peça tubular que reveste ou protege outra.

man.ga[2] (*malaiala mangâ*) Fruto da mangueira.

man.ga-lar.ga adj e s m+f Diz-se de ou cavalo de certa raça apurada. *Pl: mangas-largas.*

man.gue (*esp mangle*) sm **1** *Ecol* Terreno pantanoso das margens das lagoas, portos, desaguadouros dos rios, onde, em geral, vegeta o mangue (planta). **2** *Ecol* Margem lamacenta de portos, rios etc., onde chega a água salgada. **3** *Ecol* Floresta junto às praias e às fozes dos rios.

man.guei.ra (*manga²+eira*) *sf* **1** *Bot* Árvore frutífera, de grande porte, originária da Ásia tropical, que produz a manga. **2** Tubo de lona ou borracha para a condução de líquidos ou de ar.

ma.nha (*lat vulg *mania*) *sf* **1** Malícia, artimanha. **2** Destreza, habilidade, jeito. **3** Choro de criança, sem motivo, birra, choradeira.

ma.nhã (*lat vulg *maneana*) *sf* **1** Tempo que vai do nascer do sol ao meio-dia. **2** O alvorecer, o amanhecer.

ma.nho.so (ô) (*manha+oso*) *adj* **1** Que tem manha ou manhas. **2** Feito com manha. **3** Hábil, sagaz. **4** Diz-se de criança chorona. *Pl*: manhosos (ó).

ma.ni.a (*gr manía*) *sf* **1** *Psiq* Síndrome mental caracterizada por exaltação, euforia, incoerência de ideias e atividades motoras. **2** Ideia fixa, doentia; obsessão. **3** Modo excêntrico, extravagante ou bizarro de pensar e agir. **4** Gosto exagerado por algo; obcecação.

ma.ni.a.co (*gr maniakós*) *adj+sm* **1** Que ou o que tem mania ou manias. **2** Obcecado. **3** Excêntrico, esquisito.

ma.ni.cô.mio (*gr manía+komeîn*) *sm* Hospital de doentes mentais; hospício.

ma.ni.cu.re (*fr manicure*) *sf* Profissional que trata das mãos dos seus clientes, aparando, polindo e esmaltando-lhes as unhas.

ma.ni.fes.ta.ção (*lat manifestatione*) *sf* **1** Ato ou efeito de manifestar(-se). **2** Expressão, revelação. **3** Expressão pública de opiniões ou sentimentos coletivos.

ma.ni.fes.tar (*lat manifestare*) *vtd* **1** Tornar manifesto, patente, público, notório: *Manifestaram aos presentes que não se responsabilizariam pelos acontecimentos.* *vtd* **2** Mostrar, revelar: *Manifestar alegria, medo.* *vpr* **3** Dar-se a conhecer, revelar-se, traduzir-se: *Seus propósitos não demoraram a manifestar-se.* *vpr* **4** *Espir* Dar (o espírito) a conhecer sua presença por sinais físicos ou por materialização: *A entidade sempre se manifestava no final dos trabalhos.* Antôn (acepções 1 e 2): *ocultar, encobrir.*

ma.ni.fes.to (*lat manifestu*) *adj* Claro, evidente, público, notório. • *sm* **1** Declaração pública de uma corrente literária, de um partido etc. **2** Declaração pública, especialmente do chefe da nação, expondo justificativa de certos atos.

ma.ni.lha (*cast manilla*) *sf* Tubo de barro vidrado, usado em canalizações.

ma.ni.pu.la.ção (*manipular+ção*) *sf* **1** Ato ou efeito de manipular. **2** Preparação manual. **3** Operação manual no trabalho com produtos químicos, farmacêuticos etc.

ma.ni.pu.lar (*manípulo+ar¹*) *vtd* **1** Preparar (alguma coisa) com a mão: *Manipular os temperos.* **2** Preparar (medicamento). *fig* **3** Engendrar, forjar, maquinar: *Manipular ideias.*

ma.ni.ve.la (*fr manivelle*) *sf* **1** Peça curvada em ângulo reto, à qual se imprime movimento com a mão. **2** Peça de madeira ou ferro sujeita a uma força motriz que transmite movimento de rotação a uma máquina ou engenho.

man.jar (*provençal ant manjar*) *vtd* **1** *p us* V *comer.* **2** *gír* Ver, espionar, estar informado: *A polícia vem manjando o grupo de traficantes há muito tempo.* **3** *gír* Entender de alguma coisa: *Pouco manja de música clássiva.* • *sm* **1** Qualquer substância alimentar. **2** Iguaria delicada e apetitosa.

man.jar-bran.co *sm Cul* Pudim feito com leite de coco e maisena. *Pl*: manjares--brancos.

man.je.dou.ra (decalque do *ital mangiatoia*) *sf* Tabuleiro em que se coloca alimento para os animais no estábulo.

man.je.ri.cão *sm Bot* Erva muito aromática usada como condimento.

man.je.ro.na *sf Bot* Erva de origem europeia, usada como condimento.

man.ju.ba *sf Ictiol* Nome popular de vários peixes marinhos cujas espécies apresentam o canto da boca atrás dos olhos, caráter que as distingue das sardinhas.

ma.no (*cast hermano*) *sm* **1** V *irmão.* **2** Cunhado. **3** *pop* Amigo, vizinho. • *adj* Muito amigo, íntimo, inseparável.

ma.no.bra (*fr manoeuvre*) *sf* **1** Ação de fazer um mecanismo ou aparelho funcionar à mão. **2** Conjunto de ações ou movimentos, às vezes astuciosos, para se atingir determinado fim. **3** Movimentação de locomotivas, nas estações de estradas de ferro, para organizar os trens nas linhas ou manejo de embarcações. *sf pl* **4** Nas Forças Armadas, exercícios de várias unidades que agem segundo um plano preestabelecido.

ma.no.brar (*fr manoeuvrer*) *vtd* **1** Pôr em movimento, realizar as operações necessárias e adequadas às circunstâncias: *Manobrou o automóvel para estacioná-lo.* **2** *fig* Agenciar, dirigir, governar: *Manobrar negócios. Manobrar a política. vint* **3** Levar a efeito evoluções militares ou náuticas. *vint* **4** Fazer manobra, executar movimentos. **5** Agir, atuar com astúcia.

ma.no.bris.ta (*manobra+ista*) *s m+f* **1** Profissional que realiza as manobras das embarcações ou, nas garagens, as dos automóveis. **2** *fig* Pessoa que age com manha e habilidade.

man.são (*lat mansione*) *sf* Residência luxuosa e de grandes dimensões.

man.si.dão (*lat mansuetudo*) *sf* **1** Qualidade de manso. **2** Serenidade. **3** Suavidade nas palavras ou na voz. *Antôn:* braveza.

man.so (*lat vulg mansu*, regressivo de *mansuetu*) *adj* **1** Que tem mansidão, pacífico. **2** Reduzido do estado selvagem, feroz ou arisco, à inofensibilidade ou docilidade; amansado. **3** Plácido, sossegado, tranquilo. *Sup abs sint*: mansuetíssimo.

man.ta (de *manto*) *sf* **1** Cobertor. **2** Pano de lã ou algodão, semelhante a um cobertor, usado para agasalho. **3** Pano de lã que se põe debaixo do selim das cavalgaduras. **4** Porção da carne da rês, quer da região das costelas, quer da do peito, aberta longitudinalmente.

man.tei.ga (*voc pré-rom*) *sf* Substância gordurosa e alimentícia extraída da nata do leite.

man.tei.guei.ra (*manteiga+eira*) *sf* Recipiente em que se serve a manteiga.

man.te.ne.dor (*cast mantenedor*) *adj+sm* Que ou aquele que mantém ou sustenta.

man.ter (*lat vulg manutenere*) *vtd* **1** Prover do que é necessário à subsistência; sustentar: *Lutavam para manter sete filhos. vtd* **2** Fornecer a (alguém) o necessário para suas despesas. *vtd* **3** Conservar, sustentar. *vtd* **4** Defender, respeitar: *Manter a honra, manter um direito. vtd* **5** Continuar ou prosseguir em: *Manter a defensiva. vtd* **6** Fazer permanecer em: *Mantém os filhos num internato. vtd* **7** Sustentar no gozo ou posse de. *Conjug:* conjuga-se como *ter*; recebem, porém, acento agudo os *ee* nas 2ª e 3ª pessoas do singular do presente do indicativo (*manténs, mantém*) e na 2ª pessoa do singular do imperativo afirmativo (*mantém (tu)*).

man.ti.lha (*cast mantilla*) *sf* **1** Manto fino, em geral rendado, usado até recentemente pelas mulheres na igreja para cobrir a cabeça durante as cerimônias religiosas. **2** Acessório da vestimenta típica das espanholas, usado preso aos cabelos; véu.

man.ti.men.to (*manter+mento*) *sm* **1** Alimento, víveres. *sm pl* **2** Gêneros alimentícios.

man.to (*lat med mantu*) *sm* **1** Tudo que cobre ou encobre. **2** Hábito usado por algumas religiosas. **3** Capa com grande cauda e roda, usada pelas pessoas reais e cavaleiros em cerimônias solenes.

man.tô (*fr manteau*) *sm* Casaco de inverno, longo até os joelhos ou até os tornozelos; casacão.

ma.nu.al (*lat manuale*) *adj* **1** Que diz respeito à mão. **2** Feito à mão. **3** Relativo ao trabalho de mãos. **4** Que facilmente se pode trazer nas mãos ou manusear; leve, portátil. • *sm* Livro pequeno contendo o resumo de alguma ciência ou arte; compêndio.

ma.nu.fa.tu.ra (*lat manu+fatura*) *sf* **1** Trabalho executado à mão. **2** Obra feita à mão. **3** Processo ou trabalho de fazer artigos ou quaisquer produtos à mão ou com maquinaria; fabricação.

ma.nu.fa.tu.rar (*manufatura+ar¹*) *vtd* **1** Produzir por meio do trabalho manual. **2** Fabricar, fazer: *Manufaturar casimiras.*

ma.nus.cri.to (*lat manu+escrito*) *adj* Escrito à mão. • *sm* **1** Obra escrita à mão. **2** Originais de uma obra.

ma.nu.se.ar (*lat manus+ear*) *vtd* Mover com a mão; manejar: *Manusear a espada.* Conjuga-se como *frear*.

ma.nu.sei.o (de *manusear*) *sm* Ato de manusear.

ma.nu.ten.ção (*lat manu+tentione*) *sf* **1** Ato ou efeito de manter. **2** Sustento. **3** Dispêndio com a conservação de uma coisa. **4** Conjunto de revisões e operações normais na conservação de um veículo em uso.

mão (*lat manu*) *sf* **1** *Anat* Extremidade dos membros superiores do ser humano. **2** Membros dianteiros dos quadrúpedes. **3** Rodada de cartas. **4** Camada de tinta ou de cal que se dá sobre alguma superfície; demão. **5** Cada um dos sentidos do trânsito nas ruas e estradas. **6** Lado direito de quem segue a pé ou vai guiando um veículo. **7** Quantidade igual a cinco unidades ou que se apanha com a mão. **8** Auxílio, ajuda. *Mão de fada:* mão hábil na execução de tarefas artesanais. *Mão de ferro:* intransigência. *Mão de obra:* a) trabalho manual de que resulta um produto; b) custo da execução de uma obra; c) *pop* tarefa de difícil execução; trabalheira. *Mão dupla:* mão de trânsito nos dois sentidos. *Mão na roda, coloq:* ajuda providencial que vem a calhar. *Mão única:* mão de trânsito que só permite a circulação de veículos num único sentido. *Abrir mão de:* desistir de algo. *Aguentar a mão:* esperar com paciência. *À mão:* manualmente. *À mão armada:* com o uso de arma de fogo. *A quatro mãos:* feito por duas pessoas. *Com uma mão atrás outra na frente:* sem dinheiro algum. *Dar a mão a:* prestar ajuda a alguém. *Dar a mão à palmatória:* reconhecer que está enganado. *Deixar na mão:* faltar a um compromisso. *De mãos abanando:* sem coisa alguma. *De mãos atadas:* sem poder fazer algo. *De mão beijada:* sem ter feito qualquer esforço para obter algo. *De mão em mão:* da mão de uma pessoa para a de outra. *Descer a mão em:* bater em alguém. *Em boas mãos:* confiado à pessoa certa. *Em mãos:* entregue pessoalmente (correspondência ou encomenda). *Em primeira mão:* sem intermediário, diretamente do. *Lavar as mãos, fig:* eximir-se de responsabilidade. *Levantar a mão:* tentar bater em alguém. *Levantar as mãos ao céu:* dar graças pelo que já tem. *Meter a mão em:* a) bater em alguém; b) roubar ou furtar. *Meter a mão em cumbuca:* envolver-se com algo que não deve. *Molhar a mão de:* dar dinheiro em troca de algum favor. *Pedir a mão de:* pedir em casamento. *Pôr a mão na consciência:* fazer uma autoavaliação de suas ações. *Pôr a mão no fogo:* não ter dúvida alguma a respeito da dignidade de alguém.

mão-a.ber.ta *adj e s m+f pop* **1** Pessoa em cujas mãos não para dinheiro; esbanjador. **2** Pessoa generosa. *Pl: mãos-abertas.*

mão de o.bra Ver definição em *mão*.

ma.o.me.ta.no (*Maomé, np+t+ano*) *adj* **1** Referente a Maomé. **2** Referente ao islamismo. • *adj+sm* Diz-se do ou o adepto do islamismo.

ma.pa (*lat mappa*) *sm* **1** Representação plana e reduzida de um setor da superfície terrestre. **2** Carta geográfica ou celeste. **3** Lista, catálogo, relação, quadro sinóptico.

ma.pa-mún.di (*lat mappa mundi*) *sm* O que representa toda a superfície da Terra, em dois hemisférios. *Pl: mapas-múndi.*

ma.pe.a.men.to (*mapear+mento*) *sm* Ato ou efeito de mapear: *"Os alunos de geografia realizaram o mapeamento dos terrenos."* (AGP); *"O mapeamento revelou um subterrâneo de atividades não tributadas."* (DIN)

ma.pe.ar (*mapa+e+ar¹*) *vtd* Distribuir sobre uma superfície plana os contornos geográficos de determinada região: *Mapear o norte do país.* Conjuga-se como *frear.*

ma.que.te (*é*) (*fr maquette*) *sf* Esboço em pequena escala em três dimensões, de estátua ou qualquer obra de escultura, modelado em barro, cera ou outro material.

ma.qui.a.vé.li.co (*ital Machiavelli, np+ico²*) *adj* Ardiloso, astuto, pérfido.

ma.qui.la.dor (*maquilar+dor*) *adj* Que maquila. • *sm* Profissional que prepara o rosto dos atores, caracterizando-os segundo os personagens que devam representar. *Var: maquiador.*

ma.qui.la.gem (*fr maquillage*) *sf* Ato ou efeito de maquilar ou maquilar-se. *Var: maquiagem.*

ma.qui.lar (*fr maquiller*) *vtd* **1** Aplicar cosméticos no rosto para embelezar, realçar ou disfarçar: *A atriz maquilou-se sem qualquer ajuda.* *vpr* **2** Maquilar o próprio rosto: *A criança brinca, maquilando-se.*

má.qui.na *vtd* **3** *fig* Disfarçar, mascarar: *Maquilaram os números para fechar o balanço da empresa*. *Var*: maquiar.

má.qui.na (*lat machina*) *sf* **1** Aparelho ou instrumento destinado a produzir, dirigir ou comunicar uma força, ou aproveitar a ação de um agente natural. **2** Aparelho ou veículo motor ou locomotor. **3** Qualquer instrumento ou ferramenta que se empregue na indústria.

ma.qui.nar (*lat machinari*) *vtd* **1** Planejar em segredo. *vtd* **2** Intentar, projetar. *vti* **3** Conspirar. *Cf máquina*.

ma.qui.na.ri.a (*máquina+aria*) *sf* **1** Conjunto de máquinas. **2** Arte de construir máquinas.

ma.qui.nis.mo (*máquina+ismo*) *sm* **1** Conjunto das peças de uma máquina. **2** Emprego de máquinas; maquinaria.

ma.qui.nis.ta (*máquina+ista*) *s m+f* **1** Pessoa que inventa, constrói ou dirige máquinas. **2** *Telev, Teat* Encarregado do cenário ou das decorações no teatro. **3** Operário qualificado que opera com máquinas. **4** O que controla e dirige uma locomotiva.

mar (*lat mare*) *sm* Grande massa e extensão de água salgada que cobre a maior parte da superfície do globo terrestre; oceano.

ma.ra.bá (*tupi marabá*) *s m+f* Mestiço de francês com índia ou branco com índio.

ma.ra.cá (*tupi maraká*) *sm* Chocalho dos índios.

ma.ra.ca.tu *sm Folcl* **1** Cordão carnavalesco que desfila dançando ao som de música de percussão, acompanhando uma mulher que leva uma boneca, ricamente adornada, na ponta de um bastão: *a calunga*. **2** Música popular brasileira inspirada nessa dança.

ma.ra.cu.já (*tupi marukuiá*) *sm* **1** *Bot* Maracujazeiro. **2** Fruto dessa planta, suculento, em geral ácido e perfumado; é comestível e muito empregado em refrescos.

ma.ra.cu.ja.zei.ro (*maracujá+z+eiro*) *sm Bot* Nome de várias trepadeiras do gênero passiflora.

ma.ra.cu.tai.a (tupi *marã ku taia*) *sf* Atividade desonesta; fraude.

ma.ra.já (*hind mahârâjâ*) *sm* **1** Título dos príncipes da Índia. *Fem*: marani. **2** *fig* Funcionário público de alto salário: *"Ele é conhecido nacionalmente como o maior marajá do serviço público."* (GAL)

ma.ra.jo.a.ra (do *top* Marajó) *adj* Pertencente ou referente à ilha de Marajó (Pará). • *s m+f* Habitante ou natural de Marajó.

ma.ra.nhen.se (*top* Maranhão+*ense*) *adj* e *s m+f* Diz-se de ou o natural ou habitante do Estado do Maranhão.

ma.ra.ni (*hind mahârâní*) *sf* Mulher de marajá.

ma.ras.mo (*gr marasmós*) *sm* **1** *Med* Enfraquecimento lento e progressivo, especialmente nas crianças, originado pela má nutrição. **2** Apatia profunda. **3** Falta de atividade; estagnação.

ma.ra.to.na (*gr Marathón*) *sf Esp* **1** Corrida de pedestre de cerca de 42 quilômetros. **2** Corrida de pedestre de longo percurso. **3** *fig* Jornada cansativa.

ma.ra.to.nis.ta (*maratona+ista*) *s m+f* Pessoa que participa de maratona (acepções 1 e 2).

ma.ra.vi.lha (*lat mirabilia*) *sf* **1** Coisa que provoca admiração por sua beleza ou grandeza. **2** Objeto de rara perfeição. **3** Coisa excelente.

ma.ra.vi.lho.so (*ô*) (*maravilha+oso*) *adj* **1** Que causa admiração. **2** Admirável, prodigioso, surpreendente. • *sm* **1** Aquilo que encerra maravilha. **2** Aquilo que é ou parece extraordinário ou sobrenatural. *Pl*: maravilhosos (*ó*).

mar.ca (*germ marka*) *sf* **1** Ação ou efeito de marcar. **2** Letra, nome ou emblema, feito a linha ou a tinta, em uma peça de roupa; etiqueta. **3** Mancha deixada no corpo por uma pancada. **4** Cicatriz deixada na pele por uma doença. **5** O sinal impresso a fogo no corpo do animal.

mar.ca.ção (*marcar+ção*) *sf* **1** Ato ou efeito de marcar. **2** *Teatr* Determinação dos movimentos, posições e atitudes referentes a cada um dos atores no palco.

mar.ca-d'á.gua (*sf V filigrana* (acepção 2). *Pl*: marcas-d'água.

mar.ca.dor (*marcar+dor*) *adj+sm* Que ou o que marca. • *sm* **1** Indivíduo que aquece os ferros e os leva para marcar o gado; marqueiro. **2** *Esp* Tabuleta onde se mar-

cam os gols ou pontos conquistados; placar. **3** *Esp* Jogador que marca o adversário.

mar.can.te (de *marcar*) *adj m+f* **1** Que marca. **2** Expressivo, pronunciado. **3** Digno de nota; notável.

mar.ca-pas.so *sm* **1** *Anat* Parte do corpo que serve para estabelecer e manter uma atividade rítmica. **2** *Med* Dispositivo de emergência para estimular o coração com uma corrente alternada e assim estabilizar a pulsação ou restabelecer o ritmo de um coração parado. *Pl:* marca-passos.

mar.car (ital *marcare*) *vtd* **1** Pôr marca ou sinal em: *Marcar o gado.* **2** Assinalar, assentar, determinar: *Marcar a altura, a hora, o desvio.* **3** Assinalar no tempo, na História: *Suas realizações marcaram época.* **4** Indicar, mostrar: *O relógio marcava meia-noite.* **5** Indicar o andamento ou execução de: *Marcar uma dança, uma peça musical etc.* **6** *Esp* Vigiar: *A defesa marca o adversário para evitar que este se apodere da bola.*

mar.ce.na.ri.a (*marcen*(*eiro*)+*aria*) *sf* **1** Oficina de marceneiro. **2** Arte ou obra de marceneiro.

mar.ce.nei.ro (*lat marcenariu*) *sm* Artífice qualificado que constrói e repara móveis e outras peças de madeira.

mar.cha (*fr marche*) *sf* **1** Ação ou efeito de marchar. **2** Passo cadenciado de um indivíduo ou de tropas. **3** Caminho que um corpo de tropa percorre. **4** Andadura, passo. **5** Música para instrumentos de sopro e percussão, própria para regular o andamento ou o passo de tropas etc.

marchand (*marchã*) (*fr*) *sm* Indivíduo que negocia com objetos de arte.

mar.chan.te (*fr marchand*) *sm* Negociante que compra gado para abate em açougues ou matadouros: *"Mais que depressa um marchante de gado pulou na frente e pediu a mão de dona Antônia."* (CL)

mar.char (*fr marcher*) *vti*+*vint* **1** Andar, caminhar em cadência militar: *Soldados marchavam às batalhas.* *vti* **2** Progredir: *Marchou depressa na profissão que abraçou.*

mar.ci.al (*lat martiale*) *adj m+f* **1** Que diz respeito à guerra; bélico, belicoso. **2** Que se refere a militares ou a guerreiros.

mar.ci.a.no (*lat martianu*) *adj* Que diz respeito ao deus ou ao planeta Marte. • *sm* O hipotético habitante de Marte.

mar.co (de *marca*) *sm* **1** Baliza. **2** Fronteira. **3** Limite. **4** Sinal de demarcação.

mar.ço (*lat martiu*) *sm* O terceiro mês do ano, com 31 dias.

ma.ré (*fr marée*) *sf* **1** Fluxo e refluxo periódico das águas do mar que, duas vezes por dia, se elevam e se abaixam, alternadamente. **2** A marcha dos acontecimentos humanos. **3** Fluxo de qualquer coisa em grande quantidade.

ma.re.ar (*mar*+*e*+*ar*¹) *vtd* **1** Dirigir, governar (o navio): *Mareava a embarcação.* *vtd* **2** Preparar convenientemente (velas etc.), a fim de que uma embarcação siga determinado rumo: *Marear velas.* *vtd* e *vint* **3** Enjoar a bordo: *Fiz a viagem sem marear.* Conjuga-se como *frear*.

ma.re.chal (*fr maréchal*) *sm* **1** *Mil* O mais alto posto da hierarquia do Exército imediatamente superior ao de general de exército. Corresponde a almirante, na Marinha, e a marechal do ar, na Aeronáutica. **2** Chefe supremo do Exército em caso de guerra. *Fem:* marechala.

ma.re.jar (*mar*+*ejar*) *vtd* **1** Verter: *Marejava sangue o ferimento.* *vtd* **2** Gotejar: *Dos cabelos molhados marejava água.* *vpr* **3** Cobrir-se, encher-se (de lágrimas): *"Seus olhos verdes ficaram maiores, marejando-se de água."* (VB) *Conjug* – normalmente, conjuga-se apenas nas 3ªˢ pessoas.

ma.re.mo.to (*lat mare*+*motu*) *sm* Forte tremor do mar provocado por oscilação sísmica.

ma.re.si.a (de *maré*) *sf* **1** Odor típico que exala a vasa do mar. **2** O grande movimento das marés.

mar.fim (*ár'azm-al-fil*) *sm* Substância óssea, branca e resistente, das presas do elefante.

mar.ga.ri.da (*gr margarítes*) *sf Bot* **1** Nome comum dado a diversas ervas solitárias sobre pedúnculos longos, com discos amarelos e numerosas pétalas. **2** A flor dessas plantas, geralmente amarela ou branca.

mar.ga.ri.na (*fr margarine*) *sf Quím* Produto alimentício empregado como substituto da manteiga, feito de óleos vegetais.

mar.ge.ar (*margem+e+ar¹*) *vtd* **1** Ir ou seguir pela margem de. **2** Caminhar ao lado ou ao longo de. **3** Guarnecer as margens de. Conjuga-se como *frear*.

mar.gem (*lat margine*) *sf* **1** Beira, riba, terreno que ladeia um rio ou corrente de água; borda. **2** Praia, litoral, orla. **3** Espaços em branco nas laterais de obra impressa ou manuscrita.

mar.gi.nal (*lat marginale*) *adj m+f* **1** Pertencente ou relativo a margem, ribeirinho. **2** Que segue a margem. **3** Escrito na margem. • *sm* **1** *Sociol* Homem marginal. **2** Pessoa que vive à margem da sociedade ou da lei; delinquente, fora da lei.

mar.gi.na.li.zar (*marginal+izar*) *vtd* e *vpr Sociol* Tornar(-se) alguém marginal.

ma.ri.a-chi.qui.nha *sf pop* Penteado em que os cabelos são divididos ao meio, formando madeixas laterais, amarradas junto à cabeça. *Pl*: marias-chiquinhas.

ma.ri.a-fu.ma.ça *sf Reg* (RJ) Locomotiva a vapor. *Pl*: marias-fumaça ou marias-fumaças.

ma.ri.a-mo.le *sf Cul* Doce popular, de consistência esponjosa, feito de clara de ovo e coco. *Pl*: marias-moles.

ma.ri.a.no (*lat marianu*) *adj Rel* Que diz respeito à Virgem Maria ou ao seu culto. • *sm Rel* Membro da ordem dos marianos.

ma.ri.a-sem-ver.go.nha *sf Bot* Erva suculenta que cresce espontaneamente no Brasil; também conhecida como *beijinho*. *Pl*: marias-sem-vergonha.

ma.ri.cas (de *Maria, np*) *sm sing+pl pop* Homem efeminado. • *adj* Designativo do homem medroso. *Var*: mariquinhas.

ma.ri.do (*lat maritu*) *sm* Homem casado, em relação à esposa; cônjuge do sexo masculino.

ma.rim.ba (*quimbundo marímba*) *sf* Instrumento musical, composto de lâminas de vidro ou de metal, dispostas em escala, e que se percutem com baquetas.

ma.rim.bon.do (*quimbundo marimbondo*) *sm Entom* Nome comum a várias espécies de vespas dotadas de aguilhão inoculador de veneno.

ma.ri.na (*ital marina*) *sf* Conjunto de instalações destinadas aos usuários de um porto, sobretudo para pequenas e médias embarcações de esporte ou lazer.

ma.ri.na.da (*fr marinade*) *Cul V* vinha-d'alhos.

ma.ri.nha (*lat marina*) *sf* **1** Ciência ou arte de navegar. **2 Marinha** Órgão integrante das Forças Armadas, constituído pelo conjunto dos navios de guerra e das forças navais de terra, destinados à defesa de uma nação.

ma.ri.nhei.ro (*marinha+eiro*) *adj* Pertencente ou referente à marinharia e mais particularmente ao navio. • *sm* **1** Homem do mar. **2** Aquele que serve na Marinha; marujo.

ma.ri.nho (*lat marinu*) *adj* **1** Pertencente ou relativo ao mar. **2** Produzido pelo mar. **3** Que existe no mar. **4** Que procede do mar; marítimo.

ma.ri.o.ne.te (*fr marionette*) *sf* **1** Boneco que se faz mover por cordões, fantoche. **2** *fig* Quem age ou fala orientado por outra pessoa, a cujos interesses serve.

ma.ri.po.sa (*cast mariposa*) *sf Entom* Denominação comum aos lepidópteros noturnos.

ma.ris.co (de *mar*) *sm Zool* Nome genérico dos invertebrados marinhos, como as lagostas e os camarões; porém, mais restritamente, os mexilhões.

ma.ri.ta.ca (*tupi imbaitá*) *sf* **1** *Ornit* Pequeno papagaio barulhento. **2** *pop* Pessoa tagarela.

ma.ri.tal (*lat maritale*) *adj m+f* **1** Relativo a marido. **2** Relativo a matrimônio; conjugal.

ma.rí.ti.mo (*lat maritimu*) *adj* **1** V marinho. **2** Que vive no mar ou à beira-mar. **3** Próximo do mar. **4** Dedicado à navegação por mar. **5** Naval.

marketing (*márqueting*) (*ingl*) *sm Propag* Conjunto de estudos e medidas relacionados ao lançamento, promoção e distribuição de um produto ou serviço no mercado consumidor, visando à boa aceitação e ao sucesso comercial.

mar.man.jo *adj+sm pop* Diz-se do ou indivíduo que é velhaco. • *sm* Rapaz corpulento.

mar.me.la.da (*marmelo+ada¹*) *sf* **1** *Cul*

Doce de marmelo, pastoso, sem calda. **2** *pop* Vantagem, pechincha. **3** Roubalheira, trapaça, negócio desonesto. **4** *Esp gír* Acordo prévio e desonesto para que um jogo ou competição termine com resultado favorável àquele a quem convém sair vencedor.

mar.me.lei.ro (*marmelo+eiro*) *sm Bot* **1** Árvore rosácea, que produz o marmelo. **2** Varapau feito da haste dessa árvore.

mar.me.lo (*lat melimelu*) *sm* Fruto do marmeleiro, ácido e adstringente, muito empregado no preparo da marmelada.

mar.mi.ta (*fr marmite*) *sf* **1** Vasilha de lata ou de outro material, com tampa, destinada ao transporte de comida. **2** A comida dessas vasilhas.

mar.mi.tei.ro (*marmita+eiro*) *sm* **1** Entregador de marmitas em domicílios. **2** *pop* Operário que leva o almoço em marmita.

már.mo.re (*lat marmor*) *sm* Pedra calcária de variadas cores, dura, suscetível de polimento e empregada em arquitetura e esculturas.

mar.mo.ra.ri.a (*mármore+aria*) *sf* Estabelecimento onde se executam e comerciam peças e objetos de mármore, granito etc.

mar.mo.ta (*fr marmotte*) *sf Zool* Gênero de pequenos roedores que hibernam por longo tempo e vivem em buracos.

ma.ro.to (*ô*) *adj* **1** Malicioso, picante. **2** Brejeiro. **3** Malandro, esperto. **4** Atrevido.

mar.quei.ro (de *marca+eiro*) *sm* Indivíduo que marca o gado com ferro quente.

mar.quês (*prov marques*) *sm* Título nobiliárquico imediatamente inferior ao de duque e imediatamente superior ao de conde.

mar.que.sa (*de marquês*) *sf* **1** Feminino de *marquês*. **2** Mulher ou viúva de marquês. **3** Leito largo de madeira. **4** Canapé largo com assento de palhinha.

mar.que.tei.ro (*ingl market(ing)+eiro*) *sm pop* Profissional de *marketing*.

mar.qui.se *sf* Grande laje de cimento armado que se projeta, na frente de uma construção, apoiada apenas em uma das extremidades.

mar.re.co *sm Ornit* Ave semelhante ao pato, porém menor que ele. Voz: *grasna*.

mar.re.ta (*ê*) (*marra+eta*) *sf* **1** Espécie de martelo de cabo comprido. **2** Malho.

mar.re.tar (*marreta+ar¹*) *vtd* **1** Bater com marreta em: *Marretou a parede até derrubá-la*. **2** Destroçar. **3** Espancar: *Marretou o adversário com um pontapé no queixo*. **4** *gír* Falar mal de: *Aquele crítico gostava muito de marretar novos autores*. **5** Realizar apressadamente ou descuidadamente um trabalho: *O pedreiro marretou o piso da cozinha*. Cf *marreta*.

mar.re.tei.ro (*marreta+eiro*) *sm* **1** Operário que trabalha com a marreta. **2** *Reg* (SP) Vendedor ambulante.

mar.rom (*fr marron*) *adj+sm* Castanho.

mar.ro.qui.no (*top Marroco+ino¹*) *adj* Relativo ou pertencente a Marrocos (África). • *sm* Habitante ou natural de Marrocos.

mar.su.pi.al (*marsúpio+al¹*) *sm Zool* Espécime dos marsupiais, mamífero caracterizado pelo marsúpio, nas fêmeas, onde os filhotes terminam seu desenvolvimento embrionário. São marsupiais o canguru, o gambá etc.

mar.sú.pio (*gr marsýpion*) *sm Zool* Cavidade ventral, espécie de bolsa formada pela pele do abdome dos marsupiais.

mar.ta (*fr marte*) *sf* **1** *Zool* Pequeno mamífero carnívoro de pele fina e sedosa. **2** A pele desse animal.

Mar.te (*lat Marte*) *sm* **1** *Mit* Deus da guerra, na mitologia grega e latina. **2** *Astr* Planeta do sistema solar.

mar.te.la.da (*martelo+ada¹*) *sf* Batida, golpe com martelo.

mar.te.lar (*martelo+ar²*) *vtd* **1** Bater com martelo em: *Martelar um ferro*. *vtd* **2** Afligir, oprimir, importunar: *Martelava as mesmas recomendações todos os dias*. *vtd* **3** Repetir muitas vezes, para aprender ou decorar: *Martelar pontos de português*. *vti e vint* **4** Insistir, teimar: *Insistia sempre na mesma coisa; martelava o dia todo*.

mar.te.lo (*lat vulg martellu*) *sm* **1** Instrumento de ferro, de cabo de madeira e destinado a bater, pregar ou quebrar. **2** *Anat* Um dos ossículos da orelha.

mar.tim-pes.ca.dor *sm Zool* Ave de rios e lagos brasileiros, de coloração predominantemente azul ou verde-metálico, que se alimenta de peixes. *Pl: martins-pescadores.*

már.tir (*gr mártys, yros*, pelo *lat*) *s m+f* **1** Pessoa que sofreu tormentos ou a morte, em nome da fé cristã. **2** Pessoa que sofre por sustentar a própria crença ou opinião. **3** Sofredor.

mar.tí.rio (*lat martyriu*) *sm* **1** Sofrimento ou suplício de mártir. **2** Tormento ou grande sofrimento.

mar.ti.ri.zar (*mártir+izar*) *vtd* **1** Fazer sofrer o martírio, tornar mártir: *Além de Cristo, martirizaram Estêvão*. *vtd* **2** Fazer sofrer muito: *O marido martirizava-a com suas infidelidades. vtd* e *vpr* **3** Afligir(-se), atormentar(-se): *Martirizava-se por não poder pagar suas dívidas.*

ma.ru.ja.da (*maruja+ada¹*) *sf* **1** Os marujos; gente do mar: *"E aí surgiu, na Marinha, um tal de Cabo Anselmo, que começou a agitar a marujada."* (ORA) **2** Multidão de marujos.

ma.ru.jo (de *mar*) *sm* Marinheiro.

mar.xis.mo (*cs*) (*Marx, np+ismo*) *sm Filos* Sistema político e econômico elaborado pelos alemães Karl Marx (1818-1883) e Friedrich Engels (1820-1895). Baseia-se no materialismo dialético, prevê a luta de classes e analisa o relacionamento entre capital e trabalho.

mar.xis.ta (*cs*) (*Marx, np+ista*) *adj* Relativo ao marxismo. • *adj* e *s m+f* Adepto do marxismo.

mas (*lat magis*) *conj* Indicativa de oposição ou restrição. • *sm* Dificuldade, estorvo, objeção, obstáculo. Veja nota em **conjunção**.
Quando um período for composto por duas orações e a primeira contiver a locução negativa *não só* ou *não somente*, a segunda será ligada à primeira pelas locuções adversativas *mas também, mas ainda, mas até, senão também, senão que.* ***Não só** o professor,* ***mas também*** *os alunos deverão comparecer à reunião.*

mas.car (*lat masticare*) *vtd* **1** Mastigar sem engolir: *Mascar fumo*. **2** Remoer, ruminar: *O boi mascava folhas e raízes*. **3** Comer, ingerir, mastigando lentamente.

más.ca.ra (*ár masHara*) *sf* **1** Artefato que representa uma cara ou parte dela, e que se põe no rosto, principalmente no carnaval, usando-o como disfarce. **2** Molde que se tira do rosto de um cadáver. **3** Dispositivo de metal com visor usado para proteger o rosto dos operários. **4** Equipamento que protege os olhos, a boca e o nariz dos mergulhadores. **5** Cosmético para o rosto.

mas.ca.ra.do (de *mascarar*) *adj* **1** Que está com máscara. **2** Disfarçado. • *sm* **1** Indivíduo mascarado. **2** *gír* Profissional convencido que procura exibir-se para outras pessoas.

mas.ca.rar (*máscara+ar¹*) *vtd* **1** Pôr máscara em: *Mascarar o rosto*. *vtd* **2** Disfarçar, dissimular: *Mascarar a vaidade, a cobiça*. *vtd* **3** Encobrir, ocultar: *Mascarou a porta com uma tapeçaria*. *vtd* e *vpr* **4** Disfarçar(-se) com máscara ou traje de mascarado. *vpr* **5** Disfarçar-se, assumir falsa aparência: *Mascarou-se para não ser reconhecido*. *Cf máscara*.

mas.ca.te (de *Mascate, np*) *sm* Vendedor ambulante de objetos manufaturados, tecidos, joias etc.

mas.ca.te.ar (*mascate+e+ar¹*) *vint* **1** Exercer a profissão de mascate: *Vivia mascateando*. *vtd* **2** Vender (mercadorias) pelas ruas. Conjuga-se como *frear*.

mas.ca.vo (de *mascavar*) *adj* Designativo do açúcar escuro, não refinado.

mas.co.te (*fr mascotte*) *sf pop* Pessoa, animal ou coisa que, segundo se crê, dá sorte, ou traz felicidade; amuleto, talismã.

mas.cu.li.ni.da.de (*lat masculinitate*) *sf* Qualidade de masculino, másculo; virilidade.

mas.cu.li.ni.zar (*masculino+izar*) *vtd* **1** Atribuir gênero masculino a: *A palavra, originalmente, era feminina, mas o uso a masculinizou*. *vtd* **2** Dar forma ou aparência masculina a: *Certas roupas masculinizam a mulher.*

mas.cu.li.no (*lat masculinu*) *adj* **1** Que pertence ou se refere aos animais machos. **2** Próprio de homem, másculo. **3** *fig* Varonil, enérgico, forte, másculo. **4** *Gram* Diz-se das palavras ou nomes que, pela terminação e concordância, designam seres masculinos ou assim considerados. • *sm* O gênero masculino.

más.cu.lo (*lat masculu*) *adj* **1** Relativo ao homem ou a animal macho. **2** Viril, enérgico. *Antôn* (acepção 2): *efeminado*.

mas.mor.ra (*ár maTamûrâ*) *sf* **1** Antigo celeiro subterrâneo, também usado como prisão. **2** Cárcere subterrâneo. **3** *por ext* Lugar isolado, sombrio e triste.

ma.so.quis.mo (*Sacher-Masoch, np+ismo*) *sm* **1** *Psiq* Perversão sexual em que o indivíduo só satisfaz o desejo erótico quando experimenta dores físicas. **2** *por ext* Qualidade daquele que parece procurar sofrimentos físicos ou morais, como autopunição a ato de que seja culpado ou se julgue culpado. *Antôn: sadismo*.

ma.so.quis.ta (*Sacher-Masoch, np+ista*) *s m+f* Quem tem a perversão do masoquismo. *Antôn: sádico*.

mas.sa (*lat massa*) *sf* **1** Quantidade mais ou menos considerável de matéria sólida ou pastosa, em geral de forma indefinida. **2** Farinha misturada com água ou outro líquido, formando pasta. **3** Substância mole e pastosa preparada para determinado fim; pasta. **4** A maioria ou a totalidade. **5** *Sociol* Multidão, povo, reunião de muita gente. **6** *Fís* Quantidade de matéria que forma um corpo.

mas.sa.cran.te (de *massacrar*) *adj m+f* **1** Que massacra, que aniquila. **2** Aborrecido, maçante.

mas.sa.crar (*fr massacrer*) *vtd* **1** Matar em massa e cruelmente; chacinar: *Massacrar populações*. **2** *fig* Aborrecer, em geral com conversa enfadonha: *Esse homem massacra a gente! Cf massacre*.

mas.sa.cre (*fr massacre*) *sm* **1** Ato de massacrar. **2** Carnificina, morticínio cruel. **3** Grande matança de animais.

mas.sa.ge.ar (*massagem+ar¹*) *vtd* Fazer massagens em: *Massagear um atleta*.

mas.sa.gem (*fr massage*) *sf* Fricção ou compressão do corpo ou parte dele para modificar a circulação ou obter vantagens terapêuticas.

mas.sa.gis.ta (*massagem+ista*) *s m+f* Pessoa que faz massagens.

mas.sa.pê (*massa+pé*) *sm* **1** Terra argilosa, geralmente preta, formada pela decomposição de calcários cretáceos e boa para a cultura da cana-de-açúcar. **2** Atoleiro. *Var: massapé*.

mas.se.ter (*tér*) (*gr masseter*) *sm* Anat Músculo que, na mastigação, eleva a maxila inferior.

mas.si.fi.ca.ção (*massificar+ção*) *sf* **1** Ato ou efeito de massificar, de fazer perder a individualidade. **2** Característica das sociedades industriais desenvolvidas, para as quais o nível de vida, o comportamento e o conceito de mundo dos seus componentes tendem a assumir valores padronizados.

mas.si.fi.car (*massa+ficar*) *vtd* Levar a um mesmo nível uniforme; tornar massa: "*As fábricas estão cada vez mais massificando sistemas computadorizados de misturas de tintas.*" (FSP)

mas.tec.to.mi.a (*masto+ectomia*) *sf Cir* Cirurgia de retirada total ou parcial da mama.

mas.ti.ga.ção (*mastigar+ção*) *sf* Ato ou efeito de mastigar.

mas.ti.gar (*lat masticare*) *vtd* e *vint* **1** Triturar com os dentes: *Mastigar alimentos. Mastigar bem é importante para a saúde*. *vint* **2** Comer: *Esse homem não para de mastigar*. *vtd* **3** Pronunciar de modo pouco claro, resmungar: *O professor mastiga as explicações*. *vtd* **4** Apertar com os dentes; morder: *Mastigar um lápis*.

mas.tim (*fr ant mastin*) *sm* Cão para guarda de rebanho.

mas.to.don.te (*masto+odonte*) *sm* **1** *Paleont* Cada um de numerosos mamíferos extintos, especialmente os do gênero Mamute, muito semelhantes aos elefantes. **2** *pop* Pessoa muito corpulenta. *Fem* (acepção 2): *mastodonta*.

mas.tro (*fr ant mast*) *sm* **1** *Náut* Tronco comprido e vertical, que serve para sustentar as velas de uma embarcação. **2** Pau em que se hasteia a bandeira.

mas.truz (*lat nasturtiu*) *sm Bot* Planta medicinal, expectorante e vermicida. *Var: mastruço*.

mas.tur.ba.ção (*masturbar+ção*) *sf* Ato de masturbar(-se).

mas.tur.bar (*lat masturbari*) *vtd* e *vpr* Provocar o orgasmo em, pela fricção da mão nos órgãos genitais ou por meio de instrumento adequado.

ma.ta (*lat matta*) *sf* **1** Extenso terreno coberto de árvores silvestres. **2** Bosque, selva, floresta. **3** Grande quantidade de árvores da mesma espécie.

ma.ta-bor.rão *sm* **1** Papel chupão com que se seca a escrita. **2** *gír* Bêbado incorrigível. *Pl: mata-borrões.*

ma.ta-bur.ro *sm* Ponte com tábuas ou toras de madeira bem espaçadas para impedir o trânsito de animais. *Pl: mata-burros.*

ma.ta.do (*part de matar*) *adj* **1** Malfeito, mal-acabado. **2** *fig* Ruim, sem valia.

ma.ta.dor (*matar+dor*) *adj* Que causa ou que causou a morte. • *sm* **1** Aquele que mata ou matou. **2** Toureiro a quem cabe matar o touro.

ma.ta.dou.ro (*matar+douro*) *sm* Lugar para abater gado; abatedouro.

ma.ta.gal (*de mata*) *sm* **1** Terreno coberto de plantas bravas. **2** Bosque espesso, mato.

ma.tan.ça (*matar+ança*) *sf* **1** Ato de matar. **2** Assassínio de várias pessoas simultaneamente. **3** Carnificina, mortandade.

ma.ta-pi.o.lho *sm pop* O dedo polegar. *Pl: mata-piolhos.*

ma.tar (*lat mactare*) *vtd* **1** Dar morte violenta a; assassinar: *Matar alguém com um tiro*. *vtd* **2** Causar a morte a: *Matou-o um enfarte cardíaco*. *vtd* **3** Causar sofrimento físico a, prejudicar a saúde de: *O excesso de trabalho mata-o*. *vtd* **4** Extinguir, saciar: *Matar a fome, a sede, o desejo*. *vtd* **5** Fazer murchar ou secar: *A geada matou os cafezais*. *vtd* **6** *gír* Fazer mal e com pressa: *Detestamos ter de matar este trabalho*. *vtd* **7** *gír* Deixar de comparecer: *Matamos duas aulas esta semana*. *vpr* **8** Suicidar-se. *vpr* **9** Sacrificar-se; exaurir-se: *Mata-se pelos filhos*. *vtd* **10** *Esp* Amortecer a bola: *Matar uma bola no peito*.

ma.ta-ra.tos *adj m+f sing e pl* Próprio para matar ratos. • *sm sing+pl* **1** Veneno para matar ratos. **2** *pop* Cigarro ou charuto de tabaco de má qualidade. *Var: mata-rato.*

ma.te (*ár mât*) *sm* **1** Lance decisivo no jogo de xadrez; xeque-mate. **2** Ponto de meia, em que de uma vez se apanham duas malhas para torná-las mais estreitas ou fechá-las. **3** *Bot* V *erva-mate*. **4** As folhas dessa árvore, secas e picadas. **5** Chá-mate.

ma.te.las.sê (*fr matelassé*) *adj* **1** Diz-se de tecido acolchoado, preso ao forro por pesponto, formando desenhos ou relevos. **2** Que é feito ou guarnecido com esse tecido. • *sm* Obra de costura feita com tecido matelassê.

ma.te.má.ti.ca (*gr mathematiké*) *sf* Ciência que trata das medidas, propriedades e relações de quantidades e grandezas e que inclui a aritmética, a álgebra, a geometria, a trigonometria etc.

ma.te.má.ti.co (*gr mathematikós*) *adj* **1** Que diz respeito à matemática. **2** Rigorosamente exato. • *sm* Especialista em matemática.

ma.té.ria (*lat materia*) *sf* **1** Aquilo de que os corpos físicos são compostos; a substância constituinte. **2** *Fís* Qualquer substância sólida, líquida ou gasosa que ocupa lugar no espaço. **3** *Art Gráf* Texto ou original. **4** Conteúdo sobre o qual versa uma disciplina; matéria escolar.

ma.te.ri.al (*lat materiale*) *adj* **1** Pertencente ou referente à matéria. **2** Formado de matéria. **3** Que não é espiritual, que só se refere ao corpo. • *sm* **1** O que é relativo à matéria. **2** Conjunto de tudo o que entra na composição de alguma obra.

ma.te.ri.a.lis.mo (*material+ismo*) *sm* **1** *Filos* Sistema dos que julgam que, no universo, tudo é matéria, não havendo substância imaterial. **2** Vida centrada em prazeres e bens materiais.

ma.te.ri.a.lis.ta (*material+ista*) *adj m+f* Que diz respeito ao materialismo. • *adj* e *s m+f* **1** Partidário do materialismo. **2** Diz-se de ou pessoa que só procura a satisfação material.

ma.te.ri.a.li.za.ção (*materializar+ção*) *sf* Ato ou efeito de materializar.

ma.te.ri.a.li.zar (*material+izar*) *vtd* **1** Considerar como material o que é imaterial: *É impossível materializar a alma*. *vtd* **2** Tornar material, dar aparência objetiva a: *Materializar um sonho*. *vtd* e *vpr* **3** Tornar(-se) materialista: *Vivia só para os prazeres terrenos e materializou-se*. *vtd* e *vpr* **4** *Espir* Fazer manifestar ou manifestar-se (o espírito) sob forma material, tornar(-se) corpóreo, corporificar-se: *Materializar um espírito*.

ma.té.ria-pri.ma *sf* Substância bruta ou

pouco elaborada com que se fabrica alguma coisa. *Pl:* matérias-primas.
ma.ter.nal (*materno+al¹*) *adj m+f* **1** V *materno.* **2** Diz-se da escola para crianças com idade abaixo de 4 anos.
ma.ter.ni.da.de (*materno+i+dade*) *sf* **1** Estado ou qualidade de mãe. **2** *Dir* Relação de parentesco, que liga a mãe ao seu filho. **3** Estabelecimento hospitalar para mulheres parturientes.
ma.ter.no (*lat maternu*) *adj* **1** Inerente, pertencente ou relativo à mãe; maternal. **2** Que procede da mãe. **3** Afetuoso ou carinhoso, como de mãe. **4** Relativo ao país natal.
ma.ti.lha *sf* **1** Grupo de cães de caça. **2** *fig* Corja, malta, súcia. **3** *fig* Bando de vadios.
ma.ti.nal (*matina+al¹*) *adj m+f* **1** Que pertence ou se refere à manhã. **2** Madrugador, matutino.
ma.ti.nê (*fr matinée*) *sf* Espetáculo, festa, sessão cinematográfica, que se realiza antes do anoitecer; vesperal.
ma.tiz (de *matizar*) *sm* **1** Nuança, tonalidade. **2** Gradação de cor.
ma.ti.zar (*cast matizar*) *vtd* **1** Dar cores diversas a: *Matizar uma pintura.* *vtd* **2** Graduar, suavizar: *"A lei permite matizar situações específicas e proteger eventuais injustiças."* (FSP) *vtd* **3** Adornar, enfeitar: *Muitas alegrias lhe matizaram a infância.* *vpr* **4** Ostentar cores variadas: *O horizonte matizava-se ao pôr do sol.*
ma.to (de *mata*) *sm* **1** Terreno inculto, coberto de árvores. **2** *Bot* Plantas agrestes de pequenas dimensões. **3** O meio rural, em contraposição à cidade.
ma.to-gros.sen.se (*top Mato Grosso+ense*) *adj m+f* De Mato Grosso (Brasil). • *s m+f* O natural ou habitante de Mato Grosso. *Pl:* mato-grossenses.
ma.to-gros.sen.se-do-sul (*top Mato Grosso do Sul+ense*) *adj m+f* De Mato Grosso do Sul (Brasil). • *s m+f* O natural ou habitante desse Estado. *Pl: mato-grossenses-do-sul.*
ma.tra.ca (*ár miTraqâ*) *sf* **1** Instrumento de madeira com que os vendedores ambulantes, ou mascates, se anunciavam nas ruas e caminhos. **2** Instrumento formado de tábuas ou argolas móveis agitadas para fazer barulho e usado em vez da campainha nas festas da Semana Santa. **3** *pop* Pessoa que fala muito, sem necessidade; tagarela.
ma.tra.que.ar (*matraca+e+ar¹*) *vint* **1** Agitar matracas. *vint* **2** Fazer ruído semelhante ao de matracas; tagarelar: *Seus dentes matraquearam descontroladamente.* Conjuga-se como *frear.*
ma.trei.ro (*cast matrero*) *adj* **1** Astuto, muito experiente, sabido. **2** Arisco, esquivo.
ma.tri.ar.ca (*lat matre+arca*) *sf* A mulher, considerada como base ou chefe da família.
ma.tri.ar.ca.do (*matriarca+ado²*) *sm Antrop* Tipo de organização social e política em que a mulher é a base da família e exerce nela autoridade preponderante.
ma.tri.cí.dio (*lat matricidiu*) *sm* Ato de quem mata a própria mãe. *Cf parricídio.*
ma.trí.cu.la (*lat matricula*) *sf* **1** Ato de matricular. **2** Inscrição numa escola. **3** Taxa dessa inscrição. **4** Inscrição de nomes de pessoas, estabelecimentos, firmas etc., obrigados a determinados deveres.
ma.tri.cu.lar (*matrícula+ar¹*) *vtd* e *vpr* **1** Inscrever(-se) nos registros de matrícula: *Matriculara a filha no colégio. vpr* **2** Alistar-se, inscrever-se: *Matriculou-se na faculdade de Direito. vtd* **3** Dar número de matrícula a um objeto. *Cf matrícula.*
ma.tri.mô.nio (*lat matrimoniu*) *sm* V *casamento.*
ma.triz (*lat matrice*) *sf* **1** *Anat* Útero. **2** Lugar onde alguma coisa se gera ou cria. **3** Fonte, manancial. **4** Molde para fundição de qualquer peça. **5** Igreja (católica) principal de uma localidade. **6** Sede principal de uma empresa. • *adj* Que dá origem.
ma.tro.na (*lat matrona*) *sf* **1** Mulher madura, senhora respeitável. **2** Mulher corpulenta.
ma.tu.ra.ção (*lat maturatione*) *sf* **1** Ato de maturar, amadurecimento. **2** Progresso sucessivo para a maturidade.
ma.tu.rar (*lat maturare*) *vtd, vint* e *vpr* **1** Tornar-se maduro, sazonar(-se): *Os frutos maturaram na primavera. vint* e *vpr* **2** Tornar-se amadurecido por efeito da

idade, experiência ou conhecimento: *Maturou-se apenas aos 30 anos.*

ma.tu.ri.da.de (*lat maturitate*) *sf* **1** *V madureza.* **2** Idade madura.

ma.tus.que.la (*ital matto+usco+ela*) *s m+f* Pessoa maluca, adoidada.

ma.tu.tar (*matuto+ar¹*) *pop vint* **1** Cogitar, meditar, refletir: *Matutava sobre o que ouvia. vti* **2** Cismar, pensar em: *Matutava em seus problemas.*

ma.tu.ti.no (*lat matutinu*) *adj* **1** Que se refere à manhã. **2** Madrugador, matinal. • *sm* Jornal que chega aos leitores pela manhã.

ma.tu.to (de *mato*) *adj* **1** Que vive no mato. **2** Acanhado, desconfiado, tímido. **3** *pop* Finório, manhoso, matreiro. • *sm* **1** Roceiro, caipira. **2** Indivíduo ignorante, ingênuo.

mau (*lat malu*) *adj* **1** Que não é de boa qualidade. **2** Que exprime maldade. **3** Nocivo, prejudicial, ruim. **4** Funesto, nefasto. **5** Que causa mal ou prejuízo. **6** Diz-se do estado de coisa deteriorada ou que já não presta. **7** Diz-se do tempo chuvoso. **8** Malfeito; imperfeito. **9** Contrário à razão, à justiça, à virtude, aos princípios da honra e da dignidade. • *sm* **1** Tudo o que é mau. **2** Indivíduo de má índole, perverso. *Fem: má. Sup abs sint: malíssimo e péssimo. Cf mal.*
Note que **mau** se opõe a **bom** e que **mal** se opõe a **bem**.
Foi mal (bem) na prova.
Foi um mau (bom) resultado.

mau-ca.rá.ter *sm* Pessoa de má índole; patife, fraudulento. *Pl: maus-caracteres.*

mau-o.lha.do *sm* **1** Qualidade que a crendice popular atribui a certas pessoas de causarem problemas ou desgraças àquelas para quem olham. **2** O mau efeito dessa qualidade. *Pl: maus-olhados.*

mau.so.léu (*gr mausóleion*) *sm* Sepulcro suntuoso.

ma.xi.des.va.lo.ri.za.ção (*cs*) (*maxi+desvalorização*) *sf Econ* Grande desvalorização da moeda de um país em relação à de outro.

ma.xi.la (*cs*) (*lat maxilla*) *sf* **1** *Anat* Estrutura óssea ou cada um dos ossos em que se implantam os dentes superiores. **2** Osso que se articula com a mandíbula.

ma.xi.lar (*cs*) (*lat maxillare*) *adj Anat* Pertencente ou referente à maxila. • *sm Anat desus* Ossos maxilares superior e inferior, correspondentes, atualmente, à *maxila* e à *mandíbula.*

má.xi.ma (*ss*) (*lat maxima*) *sf* **1** Princípio básico de uma ciência ou arte; axioma. **2** Sentença moral.

ma.xi.mi.zar (*ss*) (*máximo+izar*) *vpr* **1** Chegar ao máximo de números ou graus. *vtd* **2** Atingir o máximo de: *"Se se deseja maximizar o uso do esterco, seleciona-se a dose mais baixa."* (ADV) *vtd* **3** Elevar ao mais alto número ou grau: *"O uso de recursos em conformidade com as demandas de cada ação, maximizando a expansão da rede de cidadania."* (DIN)

má.xi.mo (*ss*) (*lat maximu*) *adj* **1** *Sup abs sint* de *grande.* **2** Maior que todos, que está acima de todos. **3** Absoluto, rigoroso. *Antôn* (acepção 1): *mínimo.* • *sm* **1** Aquilo que é maior, mais alto ou mais intenso. **2** O mais alto grau a que pode chegar uma quantidade variável.

ma.xi.xe (de *Maxixe*, *np*) *sm* **1** Dança popular, requebrada e viva. **2** Música para essa dança. **3** Fruto do maxixeiro.

ma.xi.xei.ro (*maxixe+eiro*) *sm Bot* Planta que produz o maxixe. • *adj+sm* Que ou aquele que dança o maxixe.

ma.ze.la (*lat vulg *macella*) *sf* **1** Chaga, ferida. **2** *pop* Enfermidade. **3** *fig* Tudo o que aflige ou causa aborrecimento, desgosto. **4** *fig* Defeito moral, mancha na reputação.

ma.zur.ca (*polonês mazurka*, via *fr*) *sf* **1** Dança polonesa, em três tempos, de movimento moderado, misto da valsa e da polca. **2** Música para essa dança.

MB Abreviatura de *megabyte.*

me (*lat me*) *pron pess* **1** A mim. **2** Para mim. **3** Em meu interesse. **4** Substitui elegantemente o possessivo e corresponde a *meu, de mim.*

me.a.da (*meio+ada¹*) *sf* Porção de fios dobrados, tipo de novelo.

me.a.do (*part* de *mear*) *adj* Que chegou ao meio. • *sm* **1** O meio. *sm pl* **2** Meado, a parte média ou mediana.

me.an.dro (do *top Meandro*) *sm* **1** Sinuosidade, curva: *"Os meandros das trilhas* encobriam rastros criminosos." (GRO) **2** Caminho sinuoso: *"Prosseguiram os três homens pela vereda que os conduzia através dos meandros da mata."* (ALE) **3** Circunlóquio, perífrase, rodeio.

me.ar (*meio+ar¹*) *vtd* Dividir ao meio: *Mear uma herança*. Conjuga-se como *frear*.

me.câ.ni.ca (*lat mechanica*) *sf* **1** Ciência que estuda os movimentos e as forças que os provocam. **2** O conjunto das leis do movimento e do equilíbrio. **3** Mecanismo.

me.câ.ni.co (*lat mechanicu*) *adj* **1** Pertencente ou relativo à mecânica. **2** Que requer o trabalho de mecanismos ou de máquinas. **3** *fig* Maquinal, automático. • *sm* **1** Especialista em mecânica. **2** Profissional que monta e conserta máquinas.

me.ca.nis.mo (*lat mechanisma*) *sm* **1** Disposição das partes que constituem uma máquina, um aparelho etc. **2** Maquinismo. **3** Combinação de órgãos ou partes de órgãos para funcionarem conjuntamente. **4** Organização de um todo.

me.ca.ni.za.ção (*mecanizar+ção*) *sf* **1** Ato ou efeito de mecanizar. **2** Emprego generalizado da máquina para substituir o esforço humano na indústria, na ciência, na agricultura etc.

me.ca.ni.zar (*mecano+izar*) *vtd* **1** Dispor, organizar com máquinas: *Mecanizar a lavoura*. **2** Tornar maquinal, reduzir a simples movimentação mecânica: *Mecanizar a vida*.

me.ce.nas (de *Mecenas, np*) *sm sing+pl* Protetor das letras ou dos letrados, dos artistas e sábios.

me.cha (*fr meche*) *sf* **1** Tufo de cabelo, mais ou menos separado do resto; madeixa. **2** Pedaço de cordão desfiado e embebido em alguma matéria inflamável, com que se produz chama.

me.da.lha (*ital medaglia*) *sf* **1** Peça metálica, geralmente redonda, com gravura de alegoria, de figura notável ou de monumento numa das faces e legenda na outra, que pode também ter segunda gravura, data ou sigla. **2** Peça que representa assunto de devoção religiosa. **3** Prêmio que, nos concursos, exposições ou sociedades, se confere aos que se distinguem. **4** Insígnia de ordem honorífica; condecoração.

me.da.lhão (*medalha+ão²*) *sm* **1** Medalha grande. **2** *fig* Homem importante.

mé.dia (*fem de médio*) *sf* **1** Quociente da divisão de uma soma pelo número das parcelas. **2** Valor médio. **3** Quantidade mínima de pontos ou valores que se deve alcançar em exame ou no concurso para conseguir aprovação ou admissão. **4** Café com leite.

me.di.a.ção (*lat mediatione*) *sf* **1** Ato ou efeito de mediar. **2** Intercessão, intervenção, intermédio.

me.di.a.dor (*lat mediatore*) *adj+sm* **1** Que ou o que intervém; medianeiro. **2** Árbitro.

me.di.a.nei.ro (*mediano+eiro*) *adj+sm* V *mediador*: *"Todo homem é um medianeiro entre o mundo visível e invisível."* (ESI); *"Entidade medianeira entre as estrelas e a terra."* (CEN)

me.di.a.no (*lat medianu*) *adj* **1** Colocado no meio, que está entre dois extremos. **2** Nem muito excelente nem muito inferior; medíocre. **3** Nem grande nem pequeno. • *sf Geom* Segmento de reta que, no triângulo, une um vértice ao meio do lado oposto.

me.di.an.te (*lat mediante*) *prep* Por meio de, com auxílio de, por intervenção de.

me.di.ar (*lat mediare*) *vtd* **1** V *mear*. *vtd* **2** Tratar como mediador: *Mediar a reconciliação de duas pessoas*. *vti* **3** Ficar no meio de dois pontos, no espaço, ou de duas épocas, no tempo: *Entre hoje e a descoberta dos antibióticos já medeiam algumas décadas*. Conjuga-se como *odiar*.

me.di.ca.ção (*lat medicatione*) *sf* **1** Ato de medicar; tratamento que busca a cura por meio de medicamentos. **2** Remédios prescritos a um paciente.

me.di.ca.men.to (*lat medicamentu*) *sm* Agente terapêutico; remédio.

me.di.ção (*medir+ção*) *sf* **1** Ato ou efeito de medir; medida. **2** Conjunto das medidas para o levantamento de uma planta de engenharia ou arquitetura.

me.di.car (*lat medicare*) *vtd* **1** Aplicar medicamentos, a tratar com remédios: *A enfermeira medicou o paciente*. *vint* **2** Ministrar medicamentos; exercer a medicina: *Faz muito tempo que ele medica. Cf médico.*

me.di.ci.na (*lat medicina*) *sf* **1** Arte e ciência de curar, atenuar e prevenir as doenças. **2** Cada um dos sistemas medicinais (alopatia, homeopatia, medicina natural etc.) empregados para debelar as doenças.

me.di.ci.nal (*lat medicinale*) *adj m+f* **1** Referente à medicina. **2** Que cura, que se aplica contra doenças. **3** Que remedeia qualquer mal físico ou moral; terapêutico.

mé.di.co (*lat medicu*) *adj* **1** Pertencente ou referente à medicina; medicinal. **2** Que tem por assunto a medicina. • *sm* O que exerce a medicina; clínico.

me.di.da (*part fem de medir*) *sf* **1** Grandeza determinada que serve de padrão para avaliar outras do mesmo gênero; parâmetro. **2** Régua graduada, com que se tomam medidas. **3** Tira, dividida e numerada em centímetros, com que se tomam as medidas nos trabalhos de costura e outros. **4** Vasilha de grandeza determinada, com que se medem líquidos e mercadorias a granel. **5** A quantidade contida nesse recipiente. **6** Ação de medir; medição. **7** O resultado da medição.
Deve-se distinguir **à medida que** de **na medida em que**. **À medida que** significa à proporção que, conforme; **na medida em que** quer dizer tendo em vista que.
À medida que os convidados iam chegando, a festa tornava-se mais animada.
Na medida em que o crime não foi desvendado, todos permanecem sob suspeita.

me.di.dor (*medir+dor*) *adj+sm* Que ou que mede. • *sm* **1** Instrumento destinado a tomar medidas. **2** Aparelho para medição do consumo de água, energia elétrica, gás etc.; registro.

me.di.e.val (*medievo+al¹*) *adj* Pertencente ou relativo à Idade Média.

mé.dio (*lat mediu*) *adj* **1** Que está no meio, entre dois extremos. **2** Que separa duas coisas. **3** Que exprime o meio-termo. **4** Que ocupa o meio-termo entre duas grandezas desiguais. **5** Que se calcula tirando a média.

me.dí.o.cre (*lat mediocre*) *adj* **1** Médio ou mediano: *"Sua vida tinha sido medíocre."* (BB) **2** Que está entre bom e mau. **3** Ordinário, sofrível: *"Marcondes era repórter pobre, endividado, medíocre."* (DE) • *sm* Quem é comum ou mediano: *"O melancólico destino dos medíocres."* (ACM)

me.dir (*lat metiri*) *vtd* **1** Avaliar ou determinar a medida, extensão ou grandeza de: *Medir um terreno.* **2** Ter a extensão de, ter como medida: *Esta torre mede 35 m de altura.* **3** Considerar, ponderar: *Medir as consequências de um ato.* **4** Atravessar; percorrer: *Mediu o salão a passos largos.* **5** Olhar com intenção provocante. **6** Contar as sílabas de; examinar a quantidade de (verso): *Medir um verso alexandrino.* **7** Adequar, ajustar, proporcionar, regular: *Medir o castigo pelo crime.* Conjug – verbo irregular; o *d* de *medir* muda-se em ç na 1ª pessoa do singular do presente do indicativo e nas formas que dela derivam. Conjuga-se como *pedir*.

me.di.ta.ção (*lat meditatione*) *sf* **1** Ato ou efeito de meditar; reflexão. **2** Oração mental. **3** Contemplação religiosa.

me.di.tar (*lat meditari*) *vint* **1** Fazer meditação: *"Um rabino meditava todos os dias às 5h da manhã numa floresta."* (FSP) *vint* **2** Pensar maduramente, refletir muito: *"O Mestre, sentado numa poltrona, medita."* (FAN) *vtd* **3** Pensar sobre, sujeitar a exame interior: *"Geraldo medita no destino melancólico dos artistas."* (RIR) *vtd* **4** Considerar, estudar, ponderar: *"Ela me olhava, pensativa, meditando sobre as coisas que eu estava a lhe dizer."* (LC)

me.di.ter.râ.neo (*lat mediterraneu*) *adj* **1** Diz-se do mar situado entre terras, interior. **2** Que diz respeito ao Mediterrâneo ou aos países que ele banha. • *sm* Mar interior.

mé.dium (*lat mediu*) *sm Espir* Pessoa capaz de estabelecer relações entre o mundo visível e o mundo invisível; pessoa que, segundo os espíritas, pode servir de intermediário entre os vivos e os espíritos dos mortos.

me.do (ê) (*lat metu*) *sm* **1** Sentimento de grande inquietação diante de um perigo real ou imaginário, de uma ameaça; pavor, temor, terror. **2** Receio.

me.do.nho (de *medo*¹) *adj* **1** Que provoca medo. **2** Funesto. **3** Hediondo, horrendo.

me.dro.so (ô) (*medo*+*r*+*oso*, com síncope) *adj* **1** Que tem medo. **2** Acanhado, tímido. **3** Que facilmente se assusta. **4** Covarde, pusilânime. **5** Inseguro. *Antôn* (acepções de 1 a 4): *valente*. *Pl: medrosos* (ó).

me.du.la (*lat medulla*) *sf* **1** *Anat* Substância mole que se encontra no interior dos ossos longos; tutano. **2** *Med* Parte do sistema nervoso central, alojada no canal raquidiano (medula espinhal). **3** *fig* O que há de essencial em alguma coisa; o âmago.

me.du.sa (*lat Medusa, np*) *sf* **1** *Zool* Forma individual de certo grupo de animais invertebrados marinhos que se assemelham a um sino ou guarda-sol; são transparentes e têm corpo gelatinoso, dotado de tentáculos. *V água-viva*. **2** *Mit* Uma das três Górgones, mulheres que tinham serpentes por cabelos e que transformavam em pedra aqueles que as encaravam.

me.ei.ro (*meio*+*eiro*) *adj* Que tem de ser dividido ao meio. • *sm* **1** O que tem direito à metade de certos bens ou interesses. **2** Lavrador que planta em sociedade com o dono do terreno, pelo sistema de meia (acepção 4).

me.ga.fo.ne (*mega*+*fone*) *sm* Instrumento semelhante a uma trombeta, usado para reforçar ou ampliar a voz de quem fala por ele; espécie de porta-voz.

me.ga.lo.ma.ni.a (*mégalo*+*mania*) *sf* **1** Delírio de grandeza: *"A ladainha de vanguarda, sintoma da megalomania amazônica."* (GI) **2** Mania pelas coisas grandes ou grandiosas, ou de fazer coisas grandes ou grandiosas: *"A megalomania, a empáfia, o autoritarismo desses senhores já era evidente."* (FSP)

me.ga.lo.ma.ní.a.co (*mégalo*+*maníaco*) *adj* Que se refere à megalomania. • *adj*+*sm* Que ou o que sofre de megalomania.

me.ga.ton (*mega*+*ton(elada)*) *sm* *Fís* Unidade de medida da energia liberada por uma explosão nuclear.

me.ge.ra (de *Megera, np*) *sf* **1** *Mit* Uma das três Fúrias. **2** Mulher de mau gênio, cruel, perversa: *"E que outro tratamento merecia aquela megera?"* (A); *"Depois dessa, acho que a megera não terá o atrevimento de me telefonar nunca mais."* (RAP) **3** Mãe desnaturada.

mei.a (*lat media*) *sf* **1** Feminino de *meio*. **2** Peça de malha que cobre o pé e parte da perna. **3** O próprio ponto de malha com que se fabrica a meia. **4** *Agr* Sistema de parceria entre agricultores em que o arrendatário entrega a metade da colheita ao proprietário das terras. • *num* O número 6 (por associação com meia dúzia).

mei.a-á.gua *sf* Telhado de um só plano. *Pl: meias-águas*.

mei.a-ar.ma.dor *sm Esp* No futebol, nome dado ao meio de campo, cuja missão é receber a bola da defesa e armar o ataque. *Pl: meias-armadores*.

mei.a-cal.ça *sf* Meia que vai até a cintura. *Pl: meias-calças*.

mei.a-di.rei.ta *sf Esp* Posição do jogador de futebol que, na linha dianteira, fica entre o centroavante e o extrema-direita. *s* m+f Quem atua nessa posição. *Pl: meias-direitas*.

mei.a-es.quer.da *sf Esp* No futebol, posição do jogador que, na linha dianteira, fica entre o centroavante e o extrema-esquerda. *s* m+f Quem atua nessa posição. *Pl: meias-esquerdas*.

mei.a-es.ta.ção *sf* O dia ou época do ano em que não há nem muito calor nem frio. *Pl: meias-estações*.

mei.a-i.da.de *sf* Idade compreendida entre 30 e 50 anos. *Pl: meias-idades*.

mei.a-lu.a (*meia*+*lua*) *sf* **1** Fase da Lua em que ela se apresenta como um semicírculo luminoso. **2** *V crescente* e *minguante*. **3** Tudo o que tem forma de semicírculo. *Pl: meias-luas*.

mei.a-luz *sf* Pouca claridade, penumbra. *Pl: meias-luzes*.

mei.a-noi.te *sf* Momento que divide a noite em duas partes iguais; hora zero ou as 24 horas do dia civil. *Pl: meias-noites*. *Var: meia-noute*.

mei.a-ti.ge.la *sf* **1** Coisa sem valor. **2** Pessoa sem importância; joão-ninguém. *Pl: meias-tigelas*.

mei.go (*gr magikós*) *adj* **1** Amável, carinhoso, terno. **2** Suave. **3** Afável.

mei.gui.ce (*meigo*+*ice*) *sf* **1** Qualidade de

meigo: *"Todos os contemporâneos do pequeno Manuel se referem à sua meiguice."* (ETR) **2** Carinho, ternura: *"As desventuras despertavam nele uma onda de meiguice pela esposa."* (TER) Antôn: dureza, secura.

mei.o (*lat mediu*) *num* Fracionário correspondente a dois. • *adj* **1** Que indica metade de um todo. **2** Médio, intermédio. • *sm* **1** Ponto médio, ponto equidistante dos extremos. **2** Ponto igualmente distante do princípio e do fim. **3** Centro. **4** *Sociol* Totalidade dos fatores externos capazes de influir na vida biológica, social ou cultural de um indivíduo ou grupo. **5** O que dá passagem ou serventia, ou serve de comunicação. **6** Maneira, via por onde se chega a algum fim. *sm pl* **7** Bens de fortuna; haveres, recursos pecuniários. **8** Poder natural de uma pessoa, na ordem física ou intelectual. • *adv* **1** Pela metade. **2** Quase, com pouca diferença. **3** Um pouco, um tanto, não inteiramente. *Meio de campo:* a) *Esp* posição que ocupa um jogador no meio do campo; b) o jogador que ocupa essa posição.

mei.o de cam.po Ver definição em *meio*.

mei.o-di.a *sm* **1** O momento que divide o dia ao meio; a hora em que o Sol está no ponto mais alto do seu curso diurno; as 12 horas. **2** Metade de um dia útil. *Pl: meios-dias*.

mei.o-fi.o *sm* Arremate, de pedra ou concreto, que serve de limite entre a calçada e a via de trânsito de veículos. *Pl: meios-fios*.

mei.o-ir.mão *sm* Irmão só por parte do pai ou da mãe. *Pl: meios-irmãos*. *Fem: meia-irmã*.

mei.o-tem.po *sm* **1** Entretempo, ínterim. **2** *Fut* Cada uma das duas partes em que se estende um jogo de futebol. *Pl: meios-tempos*.

mei.o-ter.mo *sm* **1** Termo médio entre dois extremos. **2** Comedimento, moderação. *Pl: meios-termos*.

mel (*lat mel*) *sm* **1** Suco espesso e doce elaborado pelas abelhas, a partir do néctar das flores, e depositado por elas em alvéolos especiais para lhes servir de alimento. **2** Calda de açúcar destilada nos engenhos. **3** *fig* Grande doçura, extrema suavidade. *Pl: méis e meles*.

me.la.ço (de *mel+aço*) *sm* Líquido viscoso formado pelo resíduo da refinação do açúcar.

me.la.do (*part de melar*) *adj* **1** Adoçado com mel. **2** Muito doce. • *sm Reg* (Nordeste) Calda grossa e escura de cana-de-açúcar com que se faz a rapadura.

me.lan.ci.a (por *balancia*, sob o influxo de *melão*) *sf* **1** *Bot* Planta trepadeira, originária da África tropical, mas largamente cultivada por causa de seu fruto. **2** Fruto dessa planta, muito grande, redondo ou ovalado, de casca verde e interior vermelho; refrescante e de sabor agradável.

me.lan.co.li.a (*gr melagkholía*) *sf Psiq* Estado de humor caracterizado por tristeza vaga e persistente.

me.lan.có.li.co (*gr melagkholikós*) *adj* **1** Que sofre de melancolia. **2** Abatido, desconsolado, triste. Antôn: *alegre, expansivo*.

me.la.ni.na (*mélano+ina*) *sf Biol* Cada um de vários pigmentos marrom-escuros ou pretos de estruturas animais ou vegetais (tais como pele, pelo, coroide ou batata crua, quando exposta ao ar) ou até mesmo de certos tumores.

me.lão (*lat melone*) *sm* **1** Fruto do meloeiro, grande, esférico ou um pouco alongado, amarelo e doce, muito apreciado. **2** V *meloeiro*.

me.lar (*mel+ar¹*) *vtd* **1** Adoçar, untar ou cobrir com mel: *Melar uma fatia de pão*. *vint* **2** Fazer mel (a colmeia). *vint* **3** Ficar melado, excessivamente doce: *O pudim melou demais*. *vint* **4** *gír* Falhar, não dar certo: *A chuva melou nosso programa*. *vpr* **5** Sujar-se de mel ou de qualquer substância oleosa: *Melou-se de graxa*.

me.le.ca (de *melar*) *sf pop* **1** Catarro seco das fossas nasais. **2** V *joça*.

me.le.na (*cast melena*) *sf* **1** Cabelos longos e soltos: *"Nosso grupo reapareceu na curva do caminho, melenas brilhando ao sol."* (CR) **2** Madeixa. **3** Parte da crina do cavalo que pende da cabeça sobre a fronte; juba.

me.lhor (*lat meliore*) *adj* **1** Comparativo irregular de *bom*, que é mais bom (não é

melhora 562 **membro**

normal o uso de *mais bom*). **2** Superior. **3** *pop* Menos mal de saúde ou de situação. • *sm* **1** Aquele ou aquilo que é preferível, que tem melhor qualidade que qualquer outra coisa. **2** Aquilo que é sensato ou acertado. • *adv* **1** Mais bem. **2** De modo mais perfeito. **3** Com mais justiça ou verdade. • *interj* Designativa de indiferença ou de satisfação pela cessação de qualquer dúvida, aborrecimento etc.; tanto melhor, preferivelmente. Veja notas em **advérbio** e **mal**.

me.lho.ra (de *melhorar*) *sf* **1** Ato ou efeito de melhorar; melhoria. *sf pl* **2** Melhoramentos ou vantagens de qualquer espécie. **3** Diminuição de doença; alívio.

me.lho.ra.men.to (*melhorar*+*mento*) *sm* **1** Ação ou efeito de melhorar; melhora, melhoria. **2** Benfeitoria ou benefício. **3** Progresso para o bem.

me.lho.rar (*melhor*+*ar*¹) *vtd* e *vpr* **1** Tornar(-se) melhor ou superior. *vtd* **2** Tornar mais próspero: *As recentes medidas do governo melhoraram a agricultura. vtd* **3** Diminuir a doença, restituir a saúde a: *Esse tratamento melhorou-o. vtd* **4** Aperfeiçoar, reformar, reparar: *Melhorar os costumes, os usos. vint* **5** Sentir melhoras ou alívio na doença: *O doente melhorou com o novo medicamento. vti* e *vint* **6** Passar a condição mais próspera: *Ele melhorou de vida com o novo emprego.* Antôn: *piorar*.

me.lho.ri.a (*melhor*+*ia*¹) *sf* **1** Transição para melhor estado ou condição. **2** Superioridade, vantagem. **3** Diminuição de doenças.

me.li.an.te (*cast maleante*) *sm* **1** Malandro, vadio, vagabundo. **2** Velhaco, patife, biltre.

me.lin.drar (*melindre*+*ar*¹) *vtd* **1** Afetar a sensibilidade de: *Aquele ato grosseiro o melindrou. vtd* e *vpr* **2** Suscetibilizar(-se), magoar(-se), ofender(-se): *Melindrou-se à toa*.

me.lin.dre (*cast melindre*) *sm* **1** Facilidade em ofender-se, em magoar-se. **2** Delicadeza.

me.lin.dro.so (ô) (*melindre*+*oso*) *adj* **1** Que tem melindre. **2** Que se magoa facilmente, muito suscetível. **3** Delicado, frágil. **4** Mimoso. **5** Arriscado, difícil, perigoso. *Pl: melindrosos* (ó).

me.lis.sa (*gr mélissa*) *sf Bot* **1** Gênero de plantas da família das labiadas, de caule ereto, folhas ovais e rugosas, pequenas flores cor-de-rosa. **2** Qualquer planta desse gênero, particularmente a espécie *Melissa officinalis*.

me.lo.di.a (*gr melodía*) *sf* **1** *Mús* Sucessão rítmica de sons que encerram certo sentido musical. **2** *Mús* Peça musical, suave, para uma só voz ou para um coro uníssono. **3** Musicalidade, sonoridade.

me.ló.di.co (*melodia*+*ico*²) *adj* **1** Que se refere à melodia. **2** Melodioso.

me.lo.di.o.so (ô) (*melodia*+*oso*) *adj* **1** Que tem melodia. **2** Agradável ao ouvido; harmonioso. *Pl: melodiosos* (ó). Antôn: *desarmonioso*.

me.lo.dra.ma (*gr mélos*+*drama*) *sm Teat* **1** Peça excessivamente sentimental e romântica, mas superficial. **2** Peça teatral de má qualidade.

me.lo.dra.má.ti.co (*gr mélos*+*dramático*) *adj* **1** Relativo a melodrama. **2** Que tem características de melodrama.

me.lo.ei.ro (*melão*+*eiro*) *sm Bot* Planta cultivada por seu fruto muito apreciado, o melão.

me.lo.so (ô) (*lat mellosu*) *adj* **1** Que contém mel. **2** Semelhante ao mel; doce. **3** Excessivamente sentimental. *Pl: melosos* (ó).

mel.ro (*lat merulu*) *sm Ornit* Pássaro europeu de plumagem negra, bico amarelo e canto melodioso. Voz: *assobia, canta.* Fem: *melra* e *mélroa*.

mem.bra.na (*lat membrana*) *sf Anat* **1** Designação genérica da fina camada de tecido que recobre uma superfície ou serve de divisão a um espaço ou órgão e se destina a absorver, exalar ou segregar fluidos. **2** Cada um dos invólucros que protegem o embrião e asseguram as funções de nutrição, respiração e excreção. **3** *Bot* Película que reveste certos órgãos finos e delicados. **4** Placa vibratória de alto-falantes, telefones, microfones etc.

mem.bro (*lat membru*) *sm* **1** *Anat* Cada um dos quatro apêndices laterais do tronco, dois superiores e dois inferiores, ligados a ele por meio de articulações. **2** Pessoa que

me.mo.ran.do (*lat memorandu*) *adj* Digno de memória, memorável. • *sm* **1** Participação ou aviso por escrito: *"Um memorando da direção da Globo está deixando arrepiados os diretores de programas da emissora."* (FSP) **2** Aquilo que deve ser lembrado; lembrete: *"Memorando: o Brasil tem doze medalhas de ouro em cem anos de jogos."* (FSP)

me.mo.rá.vel (*lat memorabile*) *adj* **1** Digno de ficar na memória: *"Sacudia diante do povo os decretos que assinara naquele dia memorável."* (DM) **2** Notável, célebre: *"Tetê realizou gravações memoráveis."* (FSP)

me.mó.ria (*lat memoria*) *sf* **1** Faculdade de conservar ou readquirir ideias ou imagens. **2** Lembrança, reminiscência. **3** Aquilo que serve de lembrança; vestígio. **4** *Psicol* Em sentido geral e abstrato, a capacidade dos organismos vivos de se aproveitarem da experiência passada. **5** *Inform* Espaço de armazenamento num sistema de computador ou meio, capaz de reter dados ou instruções. *sf pl* **6** Narrações de caráter pessoal escritas para servirem de subsídio histórico.

me.mo.ri.al (*lat memoriale*) *sm* **1** Petição em que se faz referência a um pedido já feito. **2** Escrito em que se encontram registrados certos fatos memoráveis.

me.mo.ri.zar (*memória+ar*[1]) *vtd* **1** Reter na memória, decorar: *Memorizar lições.* **2** Conservar a memória de; recordar-se: *Memorizava acontecimentos da sua infância.*

me.nar.ca (*meno+gr arkhé*) *sf Fisiol* Aparecimento do mênstruo ou primeira menstruação.

men.ção (*lat mentione*) *sf* **1** Ato de mencionar ou citar. **2** Atitude, gestos de quem se dispõe a praticar um ato. **3** Inscrição, registro.

men.ci.o.nar (*lat mentione+ar*[1]) *vtd* **1** Fazer menção de; citar: *"Mencionou a campanha que vem sofrendo a Igreja, as suas obras."* (BDI); *"Ele não menciona a presença de comerciantes muçulmanos."* (MAL) **2** Expor, narrar, referir: *Mencionar, na íntegra, uma parábola.*

men.di.cân.cia (*lat mendicante+ia*[1]) *sf* **1** Ato de mendigar. **2** Condição de quem vive de esmolas.

men.di.gar (*lat mendicare*) *vint* **1** Entregar-se à mendicância, ser mendigo, viver de esmolas: *Uns vivem mal, outros mendigam.* *vtd* **2** Pedir por esmola; esmolar: *Mendiga o pão de porta em porta.* *vtd* **3** Pedir, pleitear com humildade ou servilmente: *Mendigar um empréstimo.*

men.di.go (*lat mendicu*) *sm* Indivíduo que vive de pedir esmolas; pedinte.

me.ne.ar (*var de manear*) *vtd* **1** Manejar, mover de um lado para outro: *Menear o leme, o guidon, o volante.* *vtd* **2** Mover, balançar: *Meneou a cabeça.* *vpr* **3** Mexer-se, mover-se, oscilar: *Menear os braços, os quadris.* Conjuga-se como *frear*.

me.nei.o (de *menear*) *sm* **1** Ato de menear ou de menear-se. **2** Balanço, oscilação. **3** Aceno. **4** Gesto.

me.nes.trel (*fr ménestrel*) *sm* **1** Poeta da época medieval. **2** Músico ambulante, ou a serviço de um senhor medieval; músico e cantor.

me.ni.na (*voc express*) *sf* **1** Feminino de *menino.* **2** Criança do sexo feminino. **3** Mulher nova e solteira.

me.ni.na.da (*menino+ada*[1]) *sf* Quantidade de meninos ou meninas; criançada.

me.ni.na-mo.ça *sf* Menina na fase inicial da puberdade. *Pl: meninas-moças.*

me.nin.ge (*gr mênigx, iggos*) *sf Anat* Cada uma das três membranas que envolvem o encéfalo e a medula espinhal.

me.nin.gi.te (*meninge+ite*[1]) *sf Med* Doença em que ocorre inflamação das meninges.

me.ni.ni.ce (*menino+ice*) *sf* **1** Infância. **2** Infantilidade, criancice.

me.ni.no (*voc express*) *sm* **1** Criança do sexo masculino; garoto; guri; moleque. **2** *fig* Pessoa inexperiente, sem prática das coisas do mundo.

me.nis.co (*gr meniskós*) *sm Anat* Cartilagem fibrosa na articulação do fêmur com a tíbia, em forma de meia-lua crescente.

me.no.pau.sa (*meno+pausa*) *sf Fisiol* Cessação definitiva das regras menstruais da mulher.

me.nor (*lat minore*) *adj* **1** Comparativo de *pequeno;* mais pequeno. **2** Inferior em graduação. **3** Mínimo. **4** Diz-se da pessoa que ainda não atingiu a maioridade. • *s m+f* Pessoa que ainda não chegou à maioridade.

me.nos (*lat minus*) *adv* **1** Em menor número, em menor quantidade. **2** Em menor grau, com menor intensidade. *Antôn: mais.* • *adj inv* **1** Comparativo de *pouco;* inferior em quantidade ou em valor. **2** Inferior em condição ou posição. **3** Assume, por vezes, feição de superlativo e apresenta, então, a significação de *mínimo. Antôn: mais.* • *sm* **1** Aquilo que tem a menor importância; o mais baixo; o mínimo. **2** *Mat* Pequeno traço horizontal, indicativo de uma subtração ou de uma quantidade negativa. • *prep* À exceção de, exceto. • *pron indef* Menor número ou quantidade. Veja nota em **comparativo**.
Esse vocábulo jamais pode ser usado no feminino, pois *menas* é palavra que não existe na língua portuguesa.

me.nos.pre.zar (*lat tardio minuspretiare*) *vtd* **1** Depreciar, desprezar, ter em pouca conta: *Menosprezou o chefe.* **2** Desdenhar, não fazer caso de: *Menosprezar a vida dos inocentes.*

me.nos.pre.zo (ê) (de *menosprezar*) *sm* Ação ou efeito de menosprezar, de desprezar. *Antôn: consideração.*

men.sa.gei.ro (*mensagem+eiro*) *adj+sm* **1** Que ou o que leva mensagem. **2** Que ou o que anuncia ou prenuncia. • *sm* **1** Emissário. **2** Indivíduo que entrega mensagens, encomendas etc.

men.sa.gem (*fr message*) *sf* **1** Notícia verbal ou escrita. **2** Recado. **3** Discurso escrito ou transmitido pela mídia feito por alguma autoridade governamental e dirigido aos cidadãos.

men.sal (*lat tardio mensuale*) *adj m+f* **1** Que se refere a mês. **2** Que dura um mês. **3** Que se realiza de mês em mês.

men.sa.li.da.de (*mensal+i+dade*) *sf* Quantia que se paga ou recebe por mês.

men.sa.lis.ta (*mensal+ista*) *adj* e *s m+f* Diz-se da ou a pessoa que recebe remuneração calculada por mês.

mens.tru.a.ção (*menstruar+ção*) *sf* **1** Ato ou efeito de menstruar; mênstruo. **2** Duração do fluxo menstrual.

mens.tru.a.da (*mênstruo+ada¹*) *adj f* Aplica-se à mulher que está com o mênstruo ou que já o tem regularmente.

mens.tru.ar (*mênstruo+ar¹*) *vint* Ter a função menstrual. *Cf mênstruo.*

mêns.truo (*lat menstru*) *sm* Hemorragia periódica (mensal) da mulher; menstruação, regras.

men.ta (*lat mentha*) *sf* **1** *Bot* Gênero da família das labiadas, constituído pelas hortelãs-pimentas. **2** Planta desse gênero, a hortelã-pimenta, da qual se extrai o mentol.

men.tal (*lat med mentale*) *adj m+f* **1** Relativo à mente; intelectual. **2** Que se faz de cor.

men.ta.li.da.de (*mental+i+dade*) *sf* **1** Qualidade de mental. **2** Estado de espírito. **3** Estado psicológico. **4** A mente; o pensamento.

men.ta.li.zar (*mental+izar*) *vtd* **1** Representar mentalmente; imaginar: *Mentalizar um conto; "Enquanto procurava mentalizar, lá no alto, a figura compassiva e amiga de Jesus."* (ORM) *vint* **2** Recordar, refletir: *Longas horas passou mentalizando.*

men.te (*lat mente*) *sf* **1** Faculdade de conhecer, inteligência, poder intelectual. **2** Psique. **3** Ideia, resolução. **4** Concepção, imaginação. **5** Intenção, intuito, plano.

men.tir (*lat mentiri*) *vti* e *vint* **1** Dizer mentiras, negar o que se sabe ser verdade, proferir como verdadeiro o que é falso: *Mentir ao juiz é crime. vti* e *vint* **2** Induzir a erro, ser causa de engano: *As aparências mentem. vint* **3** Enganar, iludir: *O malandro mente.* Conjuga-se como *ferir.*

men.ti.ra (*lat mentita*, com dissimilação) *sf* **1** Ato de mentir; afirmação contrária à verdade, engano propositado. **2** Hábito de mentir. **3** Engano da mente, engano dos sentidos, falsa persuasão, juízo falso. *Antôn: verdade.*

men.ti.ro.so (ô) (*mentira+oso*) *adj* **1** Que mente ou costuma dizer mentiras. **2** Falso, oposto à verdade. **3** Que não é o que parece; aparente. **4** Enganador, enganoso.

Antôn: verdadeiro, verídico. • *sm* Aquele que mente, ou costuma dizer mentiras. *Pl: mentirosos (ó).*

men.tol (*menta+ol¹*) *sm Quím* Álcool, de fórmula $C_{10}H_{19}OH$, existente na essência da hortelã-pimenta, com odor e propriedades refrescantes.

men.to.la.do (*mentol+ado1¹*) *adj* Preparado com mentol.

men.tor (de *Mentor, np*) *sm* Pessoa que aconselha, ensina ou guia; orientador.

me.nu (*fr menu*) *sm* **1** *V cardápio.* **2** *Inform* Opções que estão à disposição do usuário de computador.

mer.ca.di.nho (*dim de mercado*) *sm* **1** Pequeno mercado. **2** Pequeno estabelecimento onde se vendem cereais, frutas, verduras etc.

mer.ca.do (*lat mercatu*) *sm* **1** Lugar público onde se compram mercadorias; empório. **2** Ponto onde se faz o principal comércio de certos artigos, em particular gêneros alimentícios. **3** O comércio. **4** *Econ* Esfera das relações econômicas de venda e compra, ou de oferta e procura, de cujo ajuste resultam os preços.

mer.ca.dor (*lat mercatore*) *sm* **1** Aquele que compra no atacado para vender no varejo. **2** Comerciante.

mer.ca.do.ri.a (*mercador+ia¹*) *sf Econ* **1** Todo e qualquer bem produzido e destinado à venda. **2** Aquilo que é objeto concreto de compra e venda, em oposição a prestação de serviços.

mer.can.til (*mercante+il*) *adj m+f* **1** Que se refere a mercadores ou a mercadorias. **2** Que pratica o comércio. **3** Ambicioso, cobiçoso, interesseiro.

mer.cê (*lat mercede*) *sf* **1** Paga, retribuição de trabalho. **2** Nomeação para emprego público. **3** Concessão de título honorífico. **4** Benefício, favor, graça. **5** Benignidade, bom acolhimento, indulgência.

mer.ce.a.ri.a (*mercear+ia¹*) *sf* Loja de gêneros alimentícios e quaisquer especiarias.

mer.ce.ei.ro (*lat merciariu*) *sm* Dono de mercearia.

mer.ce.ná.rio (*lat mercenariu*) *adj+sm* Que ou aquele que serve a alguém ou trabalha apenas pelo dinheiro. • *sm* Soldado que, por dinheiro, serve a um governo estrangeiro: *Tropas mercenárias.*

mer.cú.rio (*lat Mercuriu*) *sm* **1** *Quím* Elemento metálico líquido, pesado, prateado e venenoso, de número atômico 80 e símbolo Hg. **2 Mercúrio** *Astr* Planeta do sistema solar que fica mais próximo do Sol.

mer.cu.ro.cro.mo (*mercúrio+cromo*) *sm Quím* e *Farm* Composto de aplicação tópica como antisséptico e germicida. *Var: mercúrio-cromo.*

mer.da (*lat merda*) *sf* **1** Excremento. **2** Porcaria, sujeira. **3** *fig* Coisa sem valor. *sm* **4** *fig* Sujeito sem préstimo. • *interj* **1** Indica repulsão, desprezo, impaciência. **2** *gír Teat* Expressão utilizada entre os atores, antes de entrarem em cena, para desejar boa sorte.

me.re.cer (*lat vulgar *merescere*, incoativo de *mereri*) *vtd* **1** Ser digno de: *Merecer um prêmio. vtd* **2** Tornar-se merecedor de: *Tal carta não merece resposta. vtd* **3** Fazer jus a: *Não merece a comida que come. vtd* **4** Estar em condições de obter: *Este caso merece atenção especial.*

me.re.ci.do (*part de merecer*) *adj* Que se mereceu; devido, justo. • *sm* Boa ou má recompensa que alguém recebeu.

me.re.ci.men.to (*merecer+mento*) *sm* **1** Qualidade que torna alguém digno de prêmio ou castigo. **2** Condições ou requisitos que tornam uma pessoa digna de consideração. **3** Idoneidade. **4** Importância, preço, valor.

me.ren.da (*lat merenda*) *sf* **1** Refeição leve, geralmente entre o almoço e o jantar. **2** Lanche que as crianças levam para comer na escola. **3** O que se leva em farnel para comer no campo ou em viagem.

me.ren.dei.ra (*cast merendera*) *sf* **1** Mulher que prepara merendas nas cantinas escolares. **2** Essa função ou cargo nas escolas públicas.

me.ren.gue (*cast merengue*) *sm* **1** *Cul* Mistura bem batida de claras com ovo açúcar e assada; suspiro. **2** *Mús* Dança de salão, de origem haitiana ou dominicana, executada sem flexionar as pernas e arrastando os pés. *Var: merenque.*

me.re.trí.cio (*lat meretríciu*) *adj* Que se

refere a meretriz. • *sm* Profissão de meretriz; prostituição.
me.re.triz (*lat meretrice*) *sf* Prostituta.
mer.gu.lha.dor (*mergulhar+dor*) *adj+sm* Que ou o que mergulha. • *sm* 1 Homem que trabalha sob a água, revestido ou não de escafandro. 2 Pescador de pérolas.
mer.gu.lhão (*mergulho+ão²*) *sm* 1 Grande mergulho. 2 *Ornit* Nome comum a várias aves aquáticas, capazes de mergulhar e permanecer submersas por algum tempo.
mer.gu.lhar (*lat vulg *merguliare*) *vtd* 1 Imergir na água ou em outro líquido. *vtd* 2 Colocar debaixo de qualquer substância: *Mergulhar avidamente as mãos no monte de moedas*. *vti, vint* e *vpr* 3 Afundar-se na água.
mer.gu.lho (de *mergulhar*) *sm* 1 Ação de mergulhar. 2 *Aeron* Voo de descida quase vertical, em grande velocidade, com ou sem força de motor.
me.ri.di.a.no (*lat meridianu*) *adj* Que se refere ao meio-dia. • *sm* 1 *Geom* Plano que passa pelo eixo de uma superfície de revolução. 2 *Geogr* Qualquer círculo máximo da Terra que passe pelos polos e corte o equador em ângulos retos.
me.ri.tís.si.mo (*lat meritissimu*) *adj* 1 De grande mérito, muito digno. 2 Tratamento dado aos juízes de Direito.
mé.ri.to (*lat meritu*) *sm* 1 V *merecimento*. 2 Valor moral ou intelectual. 3 O que torna uma pessoa, obra ou ação dignas de elogio, estima ou recompensa. *Antôn* (acepções 1 e 3): *demérito*.
mer.lu.za (*cast merluza*) *sf Ictiol* Peixe, aparentado com o bacalhau, que ocorre em águas brasileiras.
me.ro (*lat meru*) *adj* Simples, comum.
mer.ti.o.la.to (*ingl Merthiolate*) *sm Farm* Nome comercial de um composto que contém mercúrio, orgânico, incolor, usado em medicina como antisséptico e germicida.
mês (*lat mense*) *sm* 1 Cada uma das doze divisões do ano. 2 Espaço de 30 dias consecutivos.
me.sa (ê) (*lat mensa*) *sf* 1 Móvel, de madeira ou outro material, em geral resistente, sobre o qual se realiza uma série de atividades, como comer, escrever, trabalhar, jogar etc. 2 Conjunto do presidente e secretários de uma assembleia. 3 Quantia fixa ou cumulativa de apostas, em certos jogos de azar. 4 Indivíduos que se ocupam dos trabalhos de uma seção eleitoral. *Mesa de cabeceira*: mesinha que se coloca junto à cabeceira da cama.
me.sa de ca.be.cei.ra Ver definição em *mesa*.
me.sa-re.don.da *sf* Reunião de pessoas que discutem ou deliberam sobre algum assunto. *Pl: mesas-redondas*.
me.sa.da (de *mês*) *sf* Quantia recebida ou paga todo mês para as despesas habituais.
me.sá.rio (*mesa+ário*) *sm* Cada uma das pessoas que constituem a mesa eleitoral e presidem à votação.
mes.cla (de *mesclar*) *sf* 1 *Pint* Tinta ou cor formada pela união de várias tintas. 2 Agrupamento de pessoas, animais ou coisas diversas. 3 Coisa mesclada.
mes.clar (*lat vulg *misculare*) *vtd+vpr* 1 Misturar(-se), amalgamar(-se), unir (-se), incorporar(-se): *Mesclar tintas para produzir uma nova cor*. *vtd* 2 Entremear, intercalar: *Mesclou o texto de citações*. *vtd* 3 Misturar (o sangue) pelo casamento de pessoas de raças diversas: *Negros mesclaram-se com índios*. *vpr* 4 Entrar ou tomar parte: *Mesclavam-se ao tumulto das greves*.
mes.mi.ce (*mesmo+ice*) *sf* 1 Falta de variedade ou de progresso, inalterabilidade. 2 Marasmo, pasmaceira.
mes.mo (*lat vulg *met ipsimu*) *adj+pron* 1 Não outro, o próprio. 2 Exatamente igual. 3 Análogo, parecido, semelhante. 4 Que não apresenta mudança; não alterado, invariável. • *sm* 1 A mesma coisa. 2 Aquilo que não importa ou que é indiferente. 3 Indivíduo que não apresenta mudança no caráter ou na aparência. • *adv* 1 Exatamente, justamente. 2 Ainda, até.
me.só.cli.se (*meso+gr klísis*) *sf Gram* Intercalação do pronome pessoal oblíquo átono em um verbo, nos futuros do presente e do pretérito: *dir-me-ão, louvar-te-ia*.
me.so.zoi.co (ó) (*meso+zoo+ico²*) *adj Geol* Diz-se da era geológica secundária que compreende os períodos cretáceo, jurássico e triásico, na qual se desenvolveram os rép-

teis e apareceram as aves e os mamíferos. Sua duração foi de aproximadamente 150 milhões de anos. • *sm* **1** Essa era. **2** Sistema de rochas que caracteriza essa era.

mes.qui.nha.ri.a (*mesquinho+aria*) *sf* **1** Qualidade de mesquinho. **2** Avareza, sovinice. **3** Ação mesquinha. **4** Desdita, infelicidade. *Antôn* (acepções 1, 2 e 3): *generosidade, liberalidade*.

mes.qui.nho (*ár miskin*) *adj* **1** Insignificante; miserável: *"Pelo preço das coisas, pela mesquinha porção oferecida, teria que pagar dez, vinte vezes mais que os outros."* (BH) **2** Baixo, reles: *"Com a solidão, comecei a ter sentimentos mesquinhos, amargos."* (HPP) **3** Sem generosidade: *"Tive vontade de bater na estupidez daquela velha, intrometida e mesquinha."* (A) *Antôn* (acepções 1 e 3): *generoso*; (acepção 2): *grandioso*.

mes.qui.ta (*ár masjid*) *sf* Templo maometano.

mes.si.as (*lat messias*) *sm sing+pl* **1** *Rel* O redentor prometido no Antigo Testamento e que os cristãos reconhecem e adoram em Jesus Cristo. **2** *p ext* Pessoa esperada ansiosamente.

mes.ti.ça.gem (*mestiçar+agem*) *sf* **1** Cruzamento de etnias ou de espécies; miscigenação. **2** Conjunto de mestiços.

mes.ti.ço (*lat tardio mixticiu*) *adj+sm* Diz-se do ou o indivíduo proveniente do cruzamento de etnias diferentes.

mes.tra.do (*mestre+ado²*) *sm* **1** Dignidade ou funções de mestre. **2** Curso de pós-graduação que aprofunda o estudo em uma área específica do ensino superior. **3** Grau obtido com esse curso.

mes.tre (*lat magister*) *sm* **1** *V professor*. **2** Aquele que concluiu o mestrado. **3** Aquele que ensina uma arte ou ciência. • *adj* **1** Que está em posição superior a. **2** Diz-se do que comanda. **3** Exímio, perito: *É um dos grandes mestres da música*. *Fem*: *mestra*. *Mestre de cerimônias*: a) sacerdote que dirige o cerimonial religioso; b) *V mestre-sala*. *Mestre de obras*: artífice que recebe e fiscaliza os materiais de construção e coordena os trabalhos no canteiro de obras.

mes.tre-cu.ca *sm pop* Cozinheiro; chefe de cozinha. *Pl*: *mestres-cucas*.

mes.tre de ce.ri.mô.nias Ver definição em *mestre*.

mes.tre de o.bras Ver definição em *mestre*.

mes.tre-sa.la *sm* O par da porta-bandeira, nas escolas de samba. *Pl*: *mestres-salas*.

mes.tri.a *sf* **1** Qualidade de mestre; maestria. **2** Alto grau de habilidade; perícia.

me.su.ra (*lat mensura*) *sf* Reverência que se faz, cumprimentando.

me.ta (*lat meta*) *sf* **1** Alvo, mira. **2** Fim a que se dirigem as ações ou os pensamentos de alguém. **3** Baliza, barreira, limite, marco, termo. **4** *Esp* Arco, gol.

me.ta.bo.lis.mo (*gr metabolé*) *sm* **1** *Fisiol* Conjunto dos mecanismos químicos necessários ao organismo para formar, desenvolver e renovar as estruturas celulares e produzir a energia necessária às manifestações interiores e exteriores da vida, assim como as reações bioquímicas. **2** Conjunto dos processos físicos e químicos pelos quais se mantém a vida no organismo.

me.ta.car.po (*meta+carpo*) *sm Anat* Parte da mão, entre o carpo e os dedos.

me.ta.de (*lat medietate*) *sf* **1** Cada uma das duas partes de um todo dividido pelo meio. **2** Cada uma das partes aproximadamente iguais, em que um todo pode ser dividido. **3** *Arit* Quociente da divisão por dois, de qualquer número ou quantidade.

me.ta.fí.si.ca (*lat med metaphysica*) *sf Filos* **1** Ciência do suprassensível. **2** Parte da Filosofia que estuda a essência dos seres.

me.tá.fo.ra (*gr metaphorá*) *sf Ret* Emprego de uma palavra em sentido diferente do próprio, fundamentada numa relação de semelhança subentendida entre o sentido próprio e o figurado: *Esta cantora é um rouxinol*.

me.tal (*lat metallu*) *sm* **1** Cada uma de um grande grupo de substâncias simples que ostentam um brilho característico, "brilho metálico". São boas condutoras de eletricidade e de calor, podem fundir-se e comumente são maleáveis ou flexíveis. **2** *fig* Dinheiro.

me.ta.lei.ro (*der do ingl metal+eiro*) *sm Mús* **1** Admirador e/ou seguidor do rock pesado. **2** *Mús* Cantor ou instrumentista desse gênero musical.

me.tá.li.co (*gr metallikós*) *adj* **1** Relativo a

metalurgia 568 **método**

metal. **2** De metal. **3** Que se assemelha a metal. **4** Sonoro como os metais.

me.ta.lur.gi.a (*gr metallourgía*) *sf* **1** Arte de extrair os metais dos minerais e manipulá-los industrialmente. **2** O estudo das técnicas dessa arte.

me.ta.lúr.gi.ca (*fem de metalúrgico*) *sf* Oficina de metalurgia.

me.ta.lúr.gi.co (*metalurgia+ico²*) *adj* Que diz respeito à metalurgia. • *sm* Aquele que trabalha em uma metalúrgica.

me.ta.mor.fo.se (*gr metamórphosis*) *sf* **1** Transformação de um ser em outro. **2** *Zool* Mudança de forma e estrutura, pela qual passam certos animais, como os insetos e os batráquios.

me.ta.no (*fr méthane*) *sm Quím* O mais simples dos hidrocarbonetos, formado pela combinação de um átomo de carbono e quatro de hidrogênio (CH_4); gás incolor e inodoro que, combinado com o ar, forma um produto altamente explosivo.

me.ta.nol (*metano+ol¹*) *sm Quím* Álcool incolor, de odor etílico, obtido na destilação da madeira e usado como solvente e combustível.

me.ta.plas.mo (*gr metaplasmós*) *sm Gram* Nome comum a todas as figuras que acrescentam, suprimem ou transpõem fonemas nas palavras: *enamorar* (*namorar*)*; mui* (*muito*).

me.tás.ta.se (*gr metástasis*) *sf Med* Disseminação de um tumor maligno ou inflamação em focos secundários distantes.

me.tá.te.se *sf Ling* Transposição de um fonema no mesmo vocábulo: *Desvariar* para *desvairar*.

me.ta.tar.so (*meta+tarso*) *sm Anat* Região do esqueleto do pé constituída pelos cinco ossos metatársicos e que corresponde ao metacarpo, da mão.

me.te.o.ri.to (*meteoro+ito¹*) *sm Astr* Fragmento de meteoro que se move fora da atmosfera e pode cair sobre a superfície da Terra.

me.te.o.ro (*gr metéoros*) *sm* **1** *Fís* Qualquer fenômeno atmosférico: chuva, neve, relâmpago, estrela cadente. **2** *fig* Personagem cuja carreira é deslumbrante, mas de curta duração.

me.te.o.ro.lo.gi.a (*meteoro+logo+ia¹*) *sf* Ciência que trata dos fenômenos atmosféricos, como variações de temperatura, umidade etc.

me.te.o.ro.ló.gi.co (*meteoro+logo+ico²*) *adj* Referente à meteorologia.

me.te.o.ro.lo.gis.ta (*meteoro+logo+ista*) *s m+f* Especialista em meteorologia.

me.ter (*lat mittere*) *vtd* **1** Colocar, pôr: *Meti os livros na estante. vtd* **2** Incluir, permear: *Metia em seus escritos interessantes citações. vtd* **3** Aplicar, empregar: *Não meta nesse negócio o seu dinheiro. vtd* **4** Fazer ingressar em: *Meteu o filho na escola politécnica. vtd* **5** Causar, infundir. *vtd* **6** Depositar, guardar: *Meter as economias no banco. vtd* **7** Cravar, espetar: *Meteu as estacas na terra. vpr* **8** Ingerir-se, intrometer-se: *Não se meta em conversa alheia. vtd* e *vpr* **9** Associar(-se), envolver(-se) em, comprometer(-se): *Meteram-se com um grupo de investigadores estrangeiros. vti* **10** *vulg* Trepar, manter relação sexual: *O rapaz metia em todas as funcionárias. Cf* meta.

me.ti.cu.lo.so (*ô*) (*lat meticulosu*) *adj* Que se prende em minúcias; minucioso, detalhista; cauteloso. *Pl:* meticulosos (*ó*).

me.ti.do (*part de meter*) *adj* **1** Presunçoso. **2** *pop* Abelhudo, intrometido.

me.ti.ê (*fr métier*) *sm* Ofício, função, trabalho.

me.tó.di.co (*lat methodicu*) *adj* **1** Que se refere a método: *"Dispunha a inteligência para o trabalho metódico."* (AV) **2** Em que há método. **3** Sistemático: *"Homem metódico, detestava excessos."* (JM)

me.to.dis.mo (*método+ismo*) *sm* **1** Sistema de procedimento metódico; método. **2** *Hist Rel* Doutrina originada na Igreja Anglicana e fundada no século XVIII por John Wesley (1703-1791).

me.to.dis.ta (*método+ista*) *s m+f* **1** Membro do metodismo (acepção 2). **2** Aquele que segue rigorosamente certo método; metódico, rotineiro.

mé.to.do (*lat methodu*) *sm* **1** Conjunto dos meios dispostos convenientemente para alcançar um fim e especialmente para chegar a um conhecimento científico ou comunicá-lo aos outros. **2** Técnica

metodologia 569 **mexer**

para o ensino de qualquer disciplina. **3** Caminho pelo qual se atinge um objetivo. **4** Maneira de fazer as coisas; modo de proceder, meio.

me.to.do.lo.gi.a (*método+logo+ia¹*) *sf* **1** Estudo científico dos métodos. **2** Arte de guiar o espírito na investigação da verdade. **3** *Filos* Parte da Lógica que se ocupa dos métodos do raciocínio, em oposição à Lógica Formal.

me.to.do.ló.gi.co (*método+logo+ico²*) *adj* Que diz respeito à metodologia.

me.to.ní.mia (*gr metonymía*) *sf Gram* Alteração do sentido natural das palavras pelo emprego da causa pelo efeito; emprego de uma palavra no lugar de outra que a sugere.

me.tra.gem (*metrar+agem*) *sf* **1** Medição em metros. **2** Número de metros; quantidade de metros.

me.tra.lha.do.ra (*fem de metralhador*) *sf* Arma de fogo automática que lança em um instante grande número de projéteis semelhantes aos do fuzil.

me.tra.lhar (*metralha+ar¹*) *vtd* Ferir ou atacar com tiros de metralhadora: *"Metralharam o Robinson."* (OMT)

mé.tri.ca (*gr metriké*) *sf* **1** Arte de medir versos e que estuda os elementos de que eles são constituídos. **2** A estrutura de um verso em relação à medida.

mé.tri.co (*gr metrikós*) *adj* **1** Que pertence ou se refere ao metro ou à metrificação. **2** Posto em verso. **3** Diz-se do sistema de pesos e medidas que tem por base o metro.

me.tri.fi.ca.ção (*metrificar+ção*) *sf* Ato ou efeito de metrificar.

me.tri.fi.car (*metro+ficar*) *vtd* **1** Pôr em verso, reduzir a verso: *Metrificar um drama*. *vint* **2** Versejar. **3** Estar conforme a métrica: *Metrifica com perfeição*.

me.tro (*gr métron*) *sm* **1** Unidade de medida de comprimento. *Símb: m*. **2** Medida de um verso. **3** Peça que serve para medir e tem o comprimento de um metro.

me.trô (*red do fr metropolitain*) *sm* Sistema rápido de transporte urbano de passageiros, quase exclusivamente por vias subterrâneas; metropolitano.

me.tro.lo.gi.a (*metro¹+logo+ia¹*) *sf* Ciência que tem por objetivo o estudo dos sistemas de pesos e medidas.

me.tró.po.le (*gr metrópolis*) *sf* **1** Cidade principal ou capital de um Estado. **2** *por ext* Cidade grande.

me.tro.po.li.ta.no (*metrópolis+ano²*) *adj* Pertencente ou referente à metrópole. • *sm* Metrô.

me.tro.vi.á.rio (*metrô+via+ário*) *adj* Pertinente ao metrô. • *sm* Funcionário do metrô.

meu (*lat meu*) *pron poss* **1** Designativo de coisa que pertence à pessoa que fala. **2** Que me pertence ou me diz respeito. **3** Usa-se como expressão de afeto, significando *caro, querido: meu poeta*. *Fem: minha.*

me.xer (*lat miscere*) *vtd* **1** Dar movimento a, agitar: *Mexer o corpo, mexer a manivela*. *vtd* **2** Deslocar: *Nada faz, não mexe uma palha*. *vtd* **3** Agitar o conteúdo de: *Mexer uma sopa*. *vpr* **4** Mover-se, agitar-se: *Na salsa, você tem que mexer bem*. *vpr* **5** Sair do seu lugar ou posição: *Chamou-os, mas ninguém se mexeu*. *vpr* **6** Apressar-se, aviar-se: *Mexam-se, do contrário não chegaremos hoje*. *vti* **7** Bulir, tocar: *Não mexa nisso*. *vti* **8** *pop* Caçoar de, ridicularizar, provocar: *Bêbado, mexia com todos os transeuntes*. *Cf mecha*. *Conjug – Pres indic*: mexo, mexes, mexe, mexemos, mexeis, mexem; *Pret perf*: mexi, mexeste, mexeu, mexemos, mexestes, mexeram; *Pret imp indic*: mexia, mexias, mexia, mexíamos, mexíeis, mexiam; *Pret mais-que-perf*: mexera, mexeras, mexera, mexêramos, mexêreis, mexeram; *Fut pres*: mexerei, mexerás, mexerá, mexeremos, mexereis, mexerão; *Fut pret*: mexeria, mexerias, mexeria, mexeríamos, mexeríeis, mexeriam; *Pres subj*: mexa, mexas, mexa, mexamos, mexais, mexam; *Pret imp subj*: mexesse, mexesses, mexesse, mexêssemos, mexêsseis, mexessem; *Fut subj*: mexer, mexeres, mexer, mexermos, mexerdes, mexerem; *Imper afirm*: —, mexe(Tu), mexa(Você), mexamos(Nós), mexei(Vós), mexam (Vocês); *Imper neg*: —, Não mexas(Tu), Não mexa(Você), Não mexamos(Nós), Não mexais(Vós), Não mexam(Vocês); *Infinitivo impess*: mexer; *Infinitivo pess*:

mexer, mexeres, mexer, mexermos, mexerdes, mexerem; Ger: mexendo; Part: mexido.

me.xe.ri.ca (de *mexericar*) *sf Reg* (MG, RJ e SP) **1** V *tangerina.* **2** Variedade de tangerina.

me.xe.ri.car (de *mexer*) *vint* **1** Fazer mexericos ou fofoca: *"As velhas mexeriqueiras mexericavam."* (LOB) *vtd* **2** Intrigar: *Mexericava não só os vizinhos, mas até os irmãos. vtd* e *vpr* **3** Contar (alguma coisa) maldosamente em segredo: *Mexericava as conversas que ouvia.*

me.xe.ri.co (de *mexericar*) *sm* **1** Ato de mexericar. **2** Bisbilhotice, fofoca, intriga.

me.xe.ri.quei.ra (*mexerica+eira*) *sf* **1** Mulher que faz mexericos; bisbilhoteira. **2** *Bot* V *tangerineira.* **3** *Reg* (MG, RJ e SP) Árvore que produz a mexerica.

me.xe.ri.quei.ro (*mexerico+eiro*) *adj+sm* Que ou aquele que faz mexericos, que tem o hábito de mexericar; fofoqueiro.

me.xi.ca.no (*top México+ano²*) *adj* Do México (América do Norte). • *sm* O natural ou habitante do México.

me.xi.da (*fem* de *mexido*) *sf* **1** Ato de mexer. **2** Intriga. **3** Confusão, desordem.

me.xi.do (*part* de *mexer*) *adj* **1** Que se mexeu. **2** Agitado, revolvido. **3** Inquieto. **4** Tocado.

me.xi.lhão (*lat vulg *muscellione*) *sm Zool* Nome vulgar de vários moluscos comestíveis, encontrados presos a rochas marinhas.

me.za.ni.no (*ital mezzanino*) *sm Constr* **1** Andar pouco elevado, entre dois andares altos. **2** Pavimento intermediário em construção de pé-direito alto.

mi (1ª sílaba da palavra *lat mira*, do hino de São João) *sm Mús* **1** Terceira nota da escala musical. **2** Sinal representativo dessa nota.

mi.a.do (*part* de *miar*) *sm* **1** Ato de miar. **2** A voz do gato.

mi.ar (*miau+ar¹*) *vint* **1** Dar, soltar miados. **2** *fig* Gritar. *Conjug:* normalmente é conjugado apenas nas 3ªˢ pessoas. No sentido figurado, é conjugado em todas as pessoas como *premiar. Cf mear.*

mi.au *sm onom* **1** *pop* A voz do gato. **2** *inf* O gato.

mi.çan.ga (*cafre mi+sanga*) *sf* Pequenas contas coloridas de massa vitrificada.

mi.ca.re.ta (ê) (*fr mi carême*) *sf* Festa carnavalesca ou de outra natureza fora do período do carnaval.

mic.ção (*lat mictione*) *sf* Ato de urinar.

mi.chê (*fr miché*) *sm* **1** Homem que se prostitui. **2** Preço de uma prostituta ou prostituto.

mi.co (*caribe miko*) *sm* **1** *Zool* Espécie de sagui. **2** Jogo infantil de cartas ilustradas com animais; terminada a partida, quem estiver com a carta do mico é o perdedor. **3** *gír* Constrangimento; sapo. *Pagar mico:* passar vergonha, dar vexame: *Quis falar com a menina, mas pagou um mico.*

mi.co-le.ão *sm Zool* Mico de pelagem dourada e juba avermelhada, característico do litoral sul e sudeste do Brasil; mico-leão-dourado. *Pl: micos-leões* ou *micos-leão.*

mi.co-le.ão-dou.ra.do *sm Zool* V *mico-leão. Pl: micos-leões-dourados* ou *micos-leão-dourados.*

mi.co.lo.gi.a *sf* Ciência que estuda os fungos.

mi.co.se (*mico+ose*) *sf* **1** *Med* Designação genérica das enfermidades produzidas por fungos. **2** Excrescência fungosa da pele.

mi.crei.ro (*micro+eiro*) *sm gír Inform* Pessoa fanática por microcomputadores.

mi.cro (*gr mikrón*) *sm* **1** V *micrômetro* (acepção 1). **2** *Inform* Abreviatura de *microcomputador.*

mi.cró.bio (*micro+bio*) *sm Biol* Micro-organismo que causa doença infecciosa; bacilo, bactéria.

mi.cro.bi.o.lo.gi.a (*micro+bio+logo²+ia¹*) *sf* Estudo ou tratado sobre os micróbios.

mi.cro.bi.o.lo.gis.ta (*microbiologia+ista*) *s m+f* Especialista em microbiologia.

mi.cro.ci.rur.gi.a (*micro(scópio)+cirurgia*) *sf Med* Cirurgia em estruturas muito pequenas, realizada com auxílio de microscópio.

mi.cro.com.pu.ta.dor (*micro+computador*) *sm Inform* Computador cuja unidade central de processamento se constitui de um único circuito integrado.

mi.cro.cos.mo (*gr mikrokósmos*) *sm* **1**

Pequeno mundo. **2** O homem, em relação ao Universo.

mi.cro.em.pre.sa (*micro+empresa*) *sf Econ* Pequena ou média empresa com número limitado de empregados, regida por estatuto especial que a isenta de determinados impostos.

mi.cro.em.pre.sá.rio (*micro+empresário*) *sm* Proprietário ou responsável por microempresa.

mi.cro.fi.bra (*micro+fibra*) *sf* Fibra muito fina, de poliéster, usada para confecção de roupas.

mi.cro.fil.ma.gem (*micro+filmar+agem*) *sf* Ato ou operação de microfilmar.

mi.cro.fil.mar (*micro+filme+ar^1*) *vtd* Fotografar (documentos, folhetos, livros etc.) em microfilme.

mi.cro.fil.me (*micro+filme*) *sm* Película fotográfica em que se reproduzem, em tamanho bastante reduzido, documentos, folhetos, livros etc.

mi.cro.fo.ne (*micro+fone*) *sm Fís* Conversor elétrico de vibrações acústicas (ondas sonoras) em oscilações de tensão, ampliando-as ou transmitindo-as.

mi.cro.fo.ni.a (*micro+fono+ia^1*) *sf Fís* Reflexão de um som agudo e contínuo sobre o microfone, produzindo um ruído agudo e desagradável.

mi.cro.in.ci.são (*micro+incisão*) *sf* Corte ou incisão muito pequena.

mi.cro.in.dús.tria (*micro+indústria*) *sf* Microempresa de caráter industrial: *"Emprego cresce na microindústria."* (FSP)

mi.crô.me.tro (*micro+metro^1*) *sm* **1** Aparelho para medir a grandeza dos objetos vistos pelo microscópio. **2** *Fís* Milésima parte do milímetro, que é a unidade de medida em microscopia; micrometro, micro, mícron. *Símb:* μ.

mí.cron (*gr mikrón*) Unidade que corresponde à milésima parte do milímetro.

mi.cro-on.da (*micro+onda*) *sf Fís* Onda eletromagnética de comprimento compreendido entre 1 milímetro e 1 metro, cuja frequência oscila entre 300 e 300.000 MHz. *Pl: micro-ondas.*

mi.cro-on.das (*micro+ondas*) *sm sing+pl* Forno de micro-ondas.

mi.cro-ô.ni.bus (*micro+ônibus*) *sm sing e pl* Ônibus pequeno, com capacidade para 15 a 20 passageiros, além do motorista.

mi.cro-or.ga.nis.mo (*micro+organismo*) *sm* Organismo animal ou vegetal, de dimensões microscópicas. *Pl: micro-organismos.*

mi.cro.pro.ces.sa.dor (*micro+processador*) *sm Inform* Conjunto de elementos da unidade central de processamento, normalmente contidos num único *chip* de circuito integrado, o qual, combinado com outros *chips* de memória e de entrada/saída, constituirá um microcomputador.

mi.cros.có.pi.co (*micro+scopo+ico^2*) *adj* **1** Referente ao microscópio. **2** Que só pode ser visto com o auxílio de microscópio. **3** *fig* Pequeníssimo. **4** *fig* Que tem vista penetrante. *Antôn* (acepção 3): *enorme, gigantesco.*

mi.cros.có.pio (*micro+scopo+io*) *sm Fís* Instrumento óptico que amplia muitas vezes a imagem de objetos minúsculos, permitindo sua observação visual.

mic.tó.rio (*lat mictoriu*) *adj Med* Que promove a micção; diurético. • *sm* Lugar onde se urina.

mí.dia (*ingl mass media*) *sf* **1** Os meios de comunicação em geral, a imprensa falada, escrita e televisiva. **2** *Propag* Seção ou departamento de uma agência de propaganda, que faz as recomendações, estudos, distribuições de anúncios e contato com os veículos (jornais, revistas, rádio, televisão etc.).

mi.ga.lha (*miga+alha*) *sf* **1** Pequeno fragmento de pão, de bolos ou outro alimento farináceo. **2** *fig* Pequena porção.

mi.gra.ção (*lat migratione*) *sf* **1** *Sociol* Ato de passar de um país para outro (falando-se de um povo ou de grande contingente humano). **2** Mudança de um habitat para outro; viagens periódicas ou irregulares que fazem certas espécies de animais (andorinhas, codornizes, gafanhotos).

mi.gran.te (*lat migrante*) *adj* Relativo ou pertencente aos seres ou organismos que mudam de *habitat*, que deixam a região ou lugar de origem. • *s m+f* **1** Pessoa que se muda para outra região. **2** *Zool* Animal que se muda de um *habitat* para outro. **3** *Bot*

Planta que estende seu *habitat* gradualmente de uma região a outra.

mi.grar (*lat migrare*) *vint* **1** Passar de uma região para outra. **2** *Zool* Passar periodicamente de uma região ou clima a outro, para procurar alimentação ou para procriar: *No inverno certas aves migram.*

mi.gra.tó.rio (*lat migratoriu*) *adj* Relativo a migração.

mi.ja.da (*part fem* de *mijar*) *sf pop* **1** Ato de mijar. **2** Quantidade de urina de uma micção.

mi.jar (*lat vulg meiare*) *pop vtd e vint* **1** V *urinar*. *vpr* **2** Ter ou mostrar medo: *Mijou-se todo.*

mi.jo (de *mijar*) *sm pop* V *urina*.

mil (*lat mille*) *num* Cardinal correspondente a mil unidades; uma milhar, dez vezes cem. • *sm* **1** O algarismo 1.000. **2** *fig* Em número muito grande.

mi.la.gre (*lat miraculu*) *sm* **1** Fato que se atribui a uma causa sobrenatural. **2** Algo inexplicável pelas leis da natureza e, por isso, considerado sobrenatural. **3** *fig* Coisa admirável por sua grandeza ou perfeição; maravilha.

mi.la.grei.ro (*milagre+eiro*) *adj+sm* **1** Que ou aquele que pratica milagres, ou se apresenta como tal: *"Fábula bem-humorada sobre um milagreiro de periferia."* (FSP) **2** Que ou aquele que crê facilmente em milagre.

mi.la.gro.so (ô) (*milagre+oso*) *adj* **1** Que faz milagres. **2** Considerado como capaz de fazer milagres. **3** Extraordinário, inexplicável. *Antôn* (acepção 3): *vulgar, comum*. Pl: *milagrosos* (ó).

mi.le.nar (*milênio+ar*¹) *adj* **1** Que tem mil anos, um milênio: *"O Japão tem uma cultura milenar, onde o respeito humano não é apenas uma lei, mas um valor cultural."* (FH) **2** Muito forte ou muito intenso: *"Tem necessidade de espaço maior para cantar em surdina sua milenar angústia."* (AL)

mi.lê.nio (*lat tardio mellinniu*) *sm* Período de mil anos.

mi.lé.si.mo (*lat millesimu*) *num* Ordinal e fracionário correspondente a mil. • *sm* Cada uma das mil partes iguais em que se divide o todo.

mi.lha (*lat millia*) *sf* **1** Medida itinerária usada em vários países, com valor variável. **2** Medida itinerária inglesa e norte-americana equivalente a 1.609 metros.

mi.lha.gem (*milha+agem*) *sf* Contagem das milhas.

mi.lhão (*ital milione*) *num* Cardinal correspondente a um milhão de unidades; mil milhares, mil vezes mil. • *sm* **1** O algarismo 1.000.000. **2** *fig* Grande número, porém indeterminado.

mi.lhar (*lat milliariu*) *num* Grupo formado por mil unidades. • *sm* **1** Grupo ou conjunto de mil. **2** Final de quatro algarismos na loteria. **3** Grande número, porém indeterminado.

mi.lha.ral (*milho+ar²+al¹*) *sm* Plantação de pés de milho.

mi.lhei.ro (*lat milliariu*) *num+sm* V *milhar* (empregado na contagem de coisas vendidas por atacado, como frutas, plantas etc.).

mi.lho (*lat miliu*) *sm* **1** *Bot* Erva alta, da família das gramíneas, oriunda da América do Sul; é largamente cultivada em vários países porque seus grãos, que se desenvolvem em espigas, são nutritivos e muito usados na alimentação humana. **2** Grão ou semente dessa planta.

mi.lí.cia (*lat militia*) *sf* **1** Carreira, disciplina, vida militar. **2** A força militar de um país.

mi.lí.cias (*lat militias*) *sf pl* Corpos de tropas de segunda linha, auxiliares.

mi.li.co (*der* regressiva de *milícia*) *sm pop* Soldado, de qualquer classe ou posto.

mi.li.gra.ma (*mili+grama²*) *sm* Milésima parte do grama.

mi.li.li.tro (*mili+litro*) *sm* Milésima parte do litro.

mi.li.mé.tri.co (*milímetro+ico²*) *adj* Referente a milímetro.

mi.lí.me.tro (*mili+metro¹*) *sm* Milésima parte do metro.

mi.li.o.ná.rio (*fr millionaire*) *adj+sm* Que ou aquele que possui milhões. • *sm* Indivíduo muito rico.

mi.li.o.né.si.mo (*ital milione+ésimo*) *num* Ordinal e fracionário correspondente a um milhão. • *sm* Cada uma de um milhão de partes iguais em que se pode dividir o todo.

mi.li.tan.ça (milit(ar)+ança) sf pop **1** Qualidade de militante. **2** A profissão militar. **3** Os militares.

mi.li.tân.cia (lat milite+ância) sf **1** Militança. **2** Prática ou atuação em favor de alguma causa. *Militância sindical: "As novas gerações são avessas à militância."* (CV)

mi.li.tan.te (lat militante) adj Que milita. • s m+f **1** Atuante, combatente. **2** Ativo por uma causa.

mi.li.tar (lat militare) adj **1** Relativo à guerra, à milícia, às tropas. **2** Que se baseia na força militar ou nos costumes militares. **3** Determinado pelas leis da guerra. **4** Pertencente ao exército (em contraposição a *civil*). **5** Próprio de quem segue a carreira das armas, tendo como função específica a defesa da Pátria. • sm Aquele que faz parte do exército ou segue a carreira das armas; soldado. • vti **1** Servir no exército: *Militou no exército até os 48 anos.* **2** Estar filiado a um partido, seguindo e defendendo as ideias desse partido: *Militava no PRP.*

mi.li.ta.ris.mo (militar+ismo) sm Predomínio dos militares no governo de uma nação.

milk-shake (milque-xeique) (ingl) sm Leite batido com sorvete.

mim (lat mi, abrev de mihi) pron pess Variação do pronome *eu*, sempre regida de preposição: *a mim, para mim, por mim.*

mi.mar (mimo+ar¹) vtd Fazer mimos a; afagar, agradar.

mi.me.o.gra.far (mimeo+grafo+ar¹) vtd Tirar cópias em mimeógrafo: *Mimeografar boletins.* Cf *mimeógrafo*.

mi.me.ó.gra.fo (mimeo+grafo) sm Edit Aparelho de impressão, elétrico ou manual, com que se reproduzem cópias de páginas escritas, datilografadas ou de desenhos sobre um estêncil.

mí.mi.ca (fem de *mímico*) sf **1** Arte ou ato de exprimir o pensamento por meio de gestos, expressão fisionômica etc. **2** V *gesticulação*.

mí.mi.co (gr mimikós) adj **1** Referente à mímica ou à gesticulação: *"Para a atmosfera de um texto, concorrem tanto os elementos mímicos como as unidades de maior significação, as palavras, as frases."* (REF) **2** Que usa a linguagem gesticulada, ou se faz entender por gestos. • sm Artista que interpreta cenas mudas, que representa por meio da mímica.

mi.mo (lat mimu) sm **1** Presente delicado. **2** Gesto ou expressão carinhosa com que se trata alguém. **3** Coisa encantadora pela beleza e harmonia das formas.

mi.mo.so (ô) (mimo+oso) adj **1** Habituado a mimo, amimado. **2** Que tem muito mimo, sensível. **3** Delicado. **4** Meigo, suave. **5** Carinhoso, terno. **6** Feito com primor. *Pl: mimosos (ó).*

mi.na (célt mina) sf **1** Cavidade artificial ou veio natural no interior da terra, ou depósito na superfície dela, de minérios, água ou outros produtos, em condições de serem explorados economicamente. **2** Jazida de minérios. **3** Material bélico. **4** A própria carga explosiva, empregada modernamente (campos de minas) em terra e mar. **5** Nascente de água. **6** *fig* Grande lucro, grande conveniência, pechincha. **7** *gír* Garota, menina.

mi.nar (mina+ar¹) vtd **1** Cavar, abrir galerias subterrâneas, para extrair do interior da terra metais, líquidos etc.: *Minar o solo.* vtd **2** Abrir um canal em, ou sob. vtd **3** Colocar, espalhar minas (cargas explosivas) em: *O exército invasor minou os campos.* vtd **4** Destruir, solapar: *As águas minaram a casa do engenho.* vtd **5** Fazer tremer o que estava firme; abalar. vtd **6** Arruinar pouco a pouco; deteriorar: *A oposição minava o governo.* vint **7** Brotar, manar: *A água minava, gota a gota.*

mi.na.re.te (fr minaret) sm Torre das mesquitas muçulmanas.

min.di.nho (lat vulg *minutinu) adj e sm pop+inf Diz-se do ou o dedo mínimo.

mi.nei.ro (mina+eiro) adj **1** Que diz respeito a mina. **2** Em que há minas. **3** Que se refere ao Estado de Minas Gerais. • adj+sm Natural de Minas Gerais. • sm **1** Aquele que trabalha em minas. **2** Aquele que possui minas.

mi.ne.ra.ção (minerar+ção) sf **1** Exploração ou trabalho das minas. **2** Purificação do minério.

mi.ne.ra.dor (*minerar+dor*) *sm* Aquele que trabalha em mineração; mineiro.

mi.ne.ral (*lat med minerale*) *adj m+f* **1** Relativo ou pertencente aos minerais. **2** Feito de matéria inorgânica. • *sm* **1** Elemento ou composto químico formado, em geral, por processos inorgânicos, que tem composição química definida e ocorre naturalmente na crosta terrestre. **2** Substância sintética com composição química e propriedades físicas do mineral que ocorre naturalmente.

mi.ne.ra.lo.gi.a (*mineral+logo+ia¹*) *sf* Parte da história natural que trata dos minerais.

mi.né.rio (*lat minério+io*) *sm* **1** O mineral tal como se extrai da mina. **2** Qualquer substância metalífera, isto é, de que se podem extrair metais ou substâncias não metálicas.

min.gau (*tupi mingáu*) *sm* **1** Papa de farinha de trigo, milho, mandioca etc. **2** Coisa muito mole, mexida ou aguada.

mín.gua (de *minguar*) *sf* **1** Carência, escassez, penúria. **2** *fig* Defeito, falta. *Antôn* (acepção 1): *fartura, abundância*.

min.gua.do (*part* de *minguar*) *adj* **1** Diminuto. **2** Escasso.

min.guan.te (de *minguar*) *adj m+f* **1** Que míngua. **2** *Astr* Diz-se do último quarto da Lua. • *sm* **1** *Astr* Quarto minguante. **2** Decadência, diminuição, quebra.

min.guar (*lat vulg *minuare*) *vint* **1** Tornar-se menor, diminuir; escassear, faltar: *"As feiras começaram a minguar outra vez."* (CA) *vint* **2** Decair, declinar: *"Ia minguando a fome, a sede, ia dando preguiça de pensar."* (OM) *vtd* **3** Amesquinhar, reduzir, restringir, depreciar, desprezar: *Não costumávamos minguar o valor das pessoas*. Conjuga-se como *aguar*.

mi.nha (*lat mea*) *pron poss* Feminino de *meu*.

mi.nho.ca *sf Zool* Verme que vive subterraneamente em lugares úmidos; usado comercialmente em certos países para a pesca amadorística.

mí.ni (*red* de *minissaia*) *sf V minissaia*.

mi.ni.a.tu.ra (*ital miniatura*) *sf* **1** Pintura fina, desenho de pequenas dimensões. **2** Abreviatura, resumo. **3** Objeto de arte, de pequena dimensão, trabalhado com delicadeza. **4** *p ext* Qualquer coisa em ponto pequeno.

mi.ni.a.tu.ris.ta (*miniatura+ista*) *adj* e *s m+f* Que ou pessoa que faz miniaturas.

mi.ni.a.tu.ri.zar (*miniatura+izar*) *vtd* **1** Reduzir a miniatura: *"Pastilhas de silício usadas para miniaturizar os computadores."* (VEJ) **2** Descrever minuciosamente: *Miniaturizar os componentes de uma cena*.

mi.ni.fun.di.á.rio (*minifúndio+ário*) *adj* Relativo a minifúndio. • *sm* Proprietário de minifúndio; opõe-se a latifundiário.

mi.ni.fún.dio (*mini+*(*latifúndio*)) *sm* Pequena propriedade agrícola. *Antôn*: *latifúndio*.

mí.ni.ma (*fem* de *mínimo*) *sf* **1** Menor valor observado num período determinado. **2** *Mús* Nota musical de valor igual à metade da semibreve.

mi.ni.mi.zar (*mínimo+izar*) *vtd* **1** Reduzir ao número, grau ou extensão menor possível: *Minimizar o corpo do texto para três*. **2** Estimar no menor possível um número ou proporção: *O governo minimizou as perdas com a dívida interna*. **3** Depreciar: *Minimizavam-no por ser tão diferente deles*. *Antôn*: *maximizar*.

mí.ni.mo (*lat mínimo*) *adj Sup abs sint* de *pequeno*: que é o menor; que está no grau mais baixo. • *sm* **1** A menor porção de uma coisa. **2** O dedo mínimo; mindinho. *Antôn*: *máximo*.

mi.nis.sai.a (*mini+saia*) *sf* Saia muito curta.

mi.nis.sé.rie (*mini+série*) *sm Telev* Seriado de televisão, de cunho ficcional ou documentário, exibido em poucos capítulos.

mi.nis.te.ri.al (*ministério+al¹*) *adj m+f* **1** Pertencente ou referente a ministério. **2** Que emana dos ministros.

mi.nis.té.rio (*lat ministeriu*) *sm* **1** O conjunto dos ministros de Estado. **2** Parte da administração dos negócios do Estado, atribuída a cada ministro. **3** Edifício ou local onde funciona esse serviço público. **4** O exercício de um cargo, de uma função.

mi.nis.trar (*lat ministrare*) *vtd* e *vtdi* **1** Dar, fornecer: *Ministrar gente, munições, alimentos*. *vtd* e *vtdi* **2** Apresentar, servir: *Ministrava o remédio aos enfermos*. *vtd* e *vtdi* **3** Administrar, conferir: *Ministraram--lhe o título de professor emérito*. *vint* **4** Atuar como ministro; desempenhar as funções de ministro.

mi.nis.tro (*lat ministru*) *sm* **1** Aquele que tem um cargo ou está incumbido de uma função ou de um ofício. **2** Chefe da legação de um país. **3** Enviado de um governo junto de uma corte estrangeira. **4** Pastor protestante. **5** Nome que se dá aos juízes da Corte Suprema, do Supremo Tribunal Militar, do Tribunal de Contas etc.

mi.no.ri.a (*lat minore+ia*[1]) *sf* **1** Em menor número. **2** A parte menos numerosa de uma corporação deliberativa. *Antôn: maioria*.

mi.no.ri.tá.rio (*fr minoritaire*) *adj* **1** Relativo à minoria: *"Com um banco estrangeiro à frente o investidor minoritário poderá ser favorecido."* (DIN) **2** Diz-se do partido que obtém a minoria dos votos. *Antôn: majoritário*.

mi.nu.a.no (*cast minuano*) *sm* Vento muito frio e seco do sudoeste que, no Sul do Brasil, se manifesta em meses de inverno e, eventualmente, no final do outono e começo da primavera.

mi.nú.cia (*lat minutia*) *sf* **1** Coisa muito miúda. **2** Pormenor. **3** Detalhe mínimo.

mi.nu.ci.o.so (*ô*) (*minúcia+oso*) *adj* **1** Que se ocupa com minúcias. **2** Narrado com todos os pormenores; circunstanciado. **3** Detalhista. **4** Meticuloso. *Pl: minuciosos* (*ó*).

mi.nu.e.to (*ê*) (*fr menuet*) *sm Mús* **1** Antiga dança francesa, elegante e simples, praticada a dois. **2** Música que acompanha essa dança.

mi.nús.cu.la (*fem de minúsculo*) *sf* Letra minúscula. *Antôn: maiúscula*.

mi.nús.cu.lo (*lat minusculu*) *adj* **1** Muito pequeno. **2** De pouco valor, insignificante. **3** Diz-se das letras pequenas, por oposição a *maiúsculas* ou *capitais*.

mi.nu.ta (*lat minuta*) *sf* **1** Primeira redação escrita de um documento oficial; rascunho. **2** Desenho traçado geometricamente à vista do terreno, no levantamento de uma planta.

mi.nu.to (*lat minutu*) *adj* Diminuto, muito pequeno. • *sm* Unidade de medida de intervalo de tempo, igual a 60 segundos. *Símb: min*.

mi.o.cár.dio (*mio+cárdo+io*) *sm Anat* A parte muscular da parede do coração.

mi.o.car.di.te (*miocárdio+ite*) *sf Med* Inflamação do miocárdio.

mi.o.lo (*ô*) (*lat vulg *medullu*) *sm* **1** Parte mais macia do pão envolta pela casca ou crosta. **2** Parte interior ou polpa de certos frutos de casca rija ou espessa. **3** Medula, tutano. **4** Cérebro, massa encefálica. **5** Juízo, razão. **6** Parte interior. *Pl: miolos* (*ó*).

mi.o.ma (*mio+oma*) *sm Patol* Qualquer tipo de tumor constituído por fibras musculares.

mí.o.pe (*gr mýops, opos*) *adj* e *s m+f* **1** *Oftalm* Que ou quem sofre de miopia. **2** *fig* Diz-se da ou a pessoa pouco inteligente ou pouco perspicaz.

mi.o.pi.a (*gr myopía*) *sf Oftalm* Anormalidade visual que só permite ver os objetos a pequena distância do olho; vista curta. *Cf hipermetropia*.

mi.o.só.tis (*lat cient myosotis*) *sm sing+ pl Bot* Planta ornamental de pequenas flores azuis.

mi.ra (*de mirar*) *sf* **1** Ato de mirar. **2** Peça que, em certos instrumentos e nas armas de fogo, serve para dirigir a vista nas pontarias. **3** Pontaria. **4** Objetivo; intenção.

mi.ra.bo.lan.te (*fr mirabolant*) *adj m+f* Que dá muito na vista, ridiculamente vistoso; espalhafatoso; extraordinário.

mi.ra.cu.lo.so (*ô*) (*lat miraculu*) *V milagroso*. *Pl: miraculosos* (*ó*).

mi.ra.gem (*mirar+agem*) *sf* **1** Efeito da refração que, nos desertos arenosos, faz ver na atmosfera a imagem de objetos muito distantes, como cidades, oásis etc. **2** Engano dos sentidos, ilusão.

mi.ran.te (*de mirar*) *sm* **1** Ponto superior de um edifício, de onde se pode ver longe. **2** Construção pequena e elevada, ou local de onde se tem uma visão panorâmica.

mi.rar (*lat mirari*) *vtd* **1** Fitar a vista em; encarar: *Mirou-o curiosamente*; *"Ela ergueu os olhos, mirou-o, apática, como se não o reconhecesse."* (CEN) *vtd* **2** Espreitar, observar: *Mirava a menina disfarçadamente*. *vtd* **3** Avistar, enxergar: *Da praia já mirava o barco no horizonte*. *vtd* e *vti* **4** Dirigir a pontaria para, tomar como alvo: *"Mirou o teto e jogou, acertando em cheio* *a frenética lâmpada."* (BL); *"Eu vou mirar nela e vou matá-la..."* (GAL) *vpr* **5** Contemplar-se, ver-se num espelho ou coisa equivalente: *"Penteava os cabelos, mirando-se no espelho da água."* (LOB) *vpr* **6** Tirar ensinamento ou lição de: *"Mire-se, querida, no exemplo de Barbie, é o meu ideal de beleza."* (CEN)

mir.ra (*gr mýrrha*) *sf* **1** *Bot* Planta resinosa usada como incenso, em perfumes e unguentos. **2** *Quím* A resina extraída dessa planta.

mir.ra.do (*part* de *mirrar*) *adj* **1** Murcho, seco. **2** Definhado, magro, ressequido.

mir.rar (*mirra+ar¹*) *vtd* **1** Preparar com mirra: *Mirrar o vinho*. *vtd* **2** Tornar definhado, magro, seco: *A seca mirrava a plantação*. *vpr* **3** Perder a energia, a força, o vigor: *Seu interesse nos estudos mirrou*. *vint* e *vpr* **4** Perder o viço, secar-se, tornar-se ressequido: *As flores mirravam-se*.

mi.rim (*tupi mirín*) *suf* Pequeno, diminuto.

mi.san.tro.pi.a (*gr misanthropía*) *sf* **1** Rejeição, antipatia ou aversão às pessoas. **2** Aversão da sociedade; antropofobia. **3** *pop* Melancolia. *Antôn: filantropia*.

mis.ce.lâ.nea (*lat miscellanea*) *sf* **1** Reunião de escritos sobre diversos temas de um só autor ou de vários. **2** Compilação de escritos de vários gêneros literários. **3** Mistura de várias coisas.

mis.ci.ge.na.ção (*miscigenar+ção*) *sf* Cruzamento de indivíduos de etnias diferentes; mestiçagem: *"Ali, deu-se a miscigenação com maior intensidade, sendo mais marcante a presença do negro e do índio na cor."* (NOR)

mis.ci.ge.na.do (*part* de *miscigenar*) *adj* Que sofreu miscigenação; mestiço.

mi.se.rá.vel (*lat miserabile*) *adj m+f* **1** Muito pobre, sem recursos. **2** Desgraçado; digno de compaixão. **3** Abjeto, desprezível. **4** Mesquinho, sem valor. **5** Avarento, sovina. *Sup abs sint: miserabilíssimo*. • *s m+f* **1** Pessoa infeliz, desgraçada, mal-aventurada. **2** Quem está na miséria.

mi.sé.ria (*lat miseria*) *sf* **1** Estado de miserável. **2** Falta de recursos, penúria, pobreza extrema. **3** Estado indecoroso, indigno, vergonhoso; indigência. **4** Porção diminuta de qualquer coisa; bagatela, insignificância. *sf pl* **5** Desastres, desgraças, falta do necessário à vida, infortúnios. *Antôn* (acepção 2): *riqueza, prosperidade, abundância*.

mi.se.ri.cór.dia (*lat misericordia*) *sf* **1** Pena causada pela miséria alheia; comiseração. **2** Perdão concedido por bondade pura. **3** Graça ou perdão. **4** Instituição de piedade e caridade.

mi.se.ri.cor.di.o.so (*ô*) (*misericórdia+oso*) *adj* Que usa de misericórdia; compassivo, piedoso. *Antôn: duro, cruel. Pl: misericordiosos* (*ó*).

mí.se.ro (*lat miseru*) *adj* **1** Que está na miséria; desgraçado, infeliz. **2** Avarento, mesquinho. *Sup abs sint: misérrimo*. • *sm* Aquele que é desgraçado, infeliz. Veja nota em **livre**.

mis.sa (*lat missa*) *sf Ecles* **1** Cerimônia eucarística com que a Igreja Católica celebra o sacrifício de Jesus Cristo pela humanidade. **2** Conjunto de peças musicais compostas para se executarem numa missa.

mis.sal (*baixo-lat missale*) *sm* Livro que contém as orações e os textos da missa.

mis.são (*lat missione*) *sf* **1** Comissão, encargo, incumbência. **2** Comissão diplomática. **3** Grupo de padres missionários.

mis.se (*ingl miss*) *sf* **1** Moça classificada em primeiro lugar em concurso de beleza. **2** *por ext* Mulher muito bonita.

mís.sil (*lat missile*) *adj* Que serve para ser arremessado. • *sm* **1** Objeto arremessado ao espaço. **2** Arma, com propulsão própria ou dirigida, lançada com o objetivo de alcançar um alvo.

mis.si.o.ná.rio (*lat missione+ário*) *sm* **1** Pregador de missão religiosa. **2** Propagandista de uma ideia. • *adj* Relativo às missões.

mis.si.va (*fem* de *missivo*) *sf* **1** Carta ou epístola. **2** Bilhete, mensagem.

mis.si.vis.ta (*missiva+ista*) *s m+f* **1** Pessoa que leva missivas. **2** Quem escreve missivas.

mis.ter (*é*) (*lat ministeriu*) *sm* **1** Emprego, ocupação. **2** Serviço, trabalho. **3** Aquilo que é forçoso. *Não fazer mister:* não ser necessário. *Ser mister:* ser forçoso, ser necessário.

mis.té.rio (*gr mystérion*) *sm* **1** Segredo religioso. **2** Cada uma das verdades da religião cristã, impenetráveis à razão humana e impostas como artigo de fé. **3** Aquilo que a inteligência humana não consegue compreender ou explicar. **4** Reserva, segredo.

mis.te.ri.o.so (ô) (*mistério+oso*) *adj* **1** Em que há mistérios; desconhecido, enigmático, inexplicável. **2** Em que falta clareza; obscuro. **3** Que toma precauções para praticar qualquer ato ou faz segredo de coisas insignificantes, como se fossem de grande importância. • *sm* **1** O que encerra mistério. **2** Indivíduo enigmático; cheio de segredos. *Pl: misteriosos* (ó).

mís.ti.ca (*gr mystiké*) *sf* **1** Tratado a respeito das coisas divinas ou espirituais. **2** *V misticismo*.

mis.ti.cis.mo (*místico+ismo*) *sm* **1** *Filos* Crença religiosa ou filosófica dos místicos, que admitem comunicações ocultas entre os homens e a divindade. **2** Aptidão ou tendência para crer no sobrenatural. **3** Devoção religiosa; vida contemplativa.

mís.ti.co (*gr mystikós*) *adj* **1** Que diz respeito à vida espiritual: *"Uma aura mística, quase palpável, envolvia aquela comunidade."* (CHP) **2** Que se refere à vida religiosa: *"A doença, entre os Apinajé é explicada por causas místicas."* (IA) **3** Misterioso, alegórico, figurado (falando das coisas religiosas): *"Fui atingindo a dimensão mística de todas aquelas belezas."* (MPB) • *sm* **1** O que professa o misticismo: *"Aos que o chamavam de místico ele respondia com uma definição do homem justo."* (OV) **2** O que se dá à vida contemplativa, espiritual: *"Como quase todos os místicos, Daniel devia ser um sensual recalcado."* (CHI) **3** O que se escreve sobre o misticismo.

mis.ti.fi.ca.ção (*mistificar+ção*) *sf* **1** Ato ou efeito de mistificar, de atribuir qualidades sobrenaturais ou religiosas a. **2** Coisa enganadora ou vã: *"A capacidade de mistificação do grupo palaciano revelava-se espantosa."* (OL)

mis.ti.fi.car (*fr mystifier*) *vtd* **1** Dar atributos sobrenaturais ou religiosos a. **2** Abusar da credulidade de: *Mistificar ingênuos.* **3** Enganar, ludibriar: *o vendedor mistificava as pessoas inocentes, ingênuas.*

mis.to (*lat mixtu*) *adj* **1** Resultante da mistura de elementos de natureza diversa. **2** Que consta de parte inteira e parte fracionária. **3** *Esp* Diz-se de equipe composta de atletas profissionais e amadores. **4** Diz-se do estabelecimento de ensino que admite alunos de ambos os sexos. • *sm* **1** Conjunto, mistura, composto. **2** Sanduíche de queijo e presunto.

mis.to-quen.te *sm* Sanduíche quente, feito com queijo e presunto. *Pl: mistos-quentes*.

mis.tu.ra (*lat mixtura*) *sf* **1** Ação ou efeito de misturar; composto de coisas misturadas. **2** Agrupamento de pessoas de diferentes camadas sociais. **3** Cruzamento de seres, raças e até espécies diferentes. **4** *pop* Exceto a salada, tudo o que complementa uma refeição composta basicamente de arroz e feijão.

mis.tu.ra.do (*part* de *misturar*) *adj* **1** Que está confusamente ajuntado a outras coisas; misto. **2** Adicionado. **3** Associado.

mis.tu.rar (*mistura+ar¹*) *vtd* **1** Juntar, embaralhar, confundir: *Misturou as cartas do baralho.* *vtd* e *vpr* **2** Cruzar, unir (seres de castas, raças ou espécies diferentes), miscigenar: *Misturou cães de várias raças.* *vpr* **3** Juntar-se, mesclar-se, entremear-se: *Ali se misturam coisas diversas.*

mi.to (*gr mythos*) *sm* **1** Narrativa de tempos fabulosos ou heroicos referentes a deuses ou a aspectos da condição humana. **2** Tradição que, sob forma alegórica, deixa entrever um fato natural, histórico ou filosófico. **3** Coisa inacreditável, fantasiosa; utopia.

mi.to.lo.gi.a (*gr mythología*) *sf* **1** Descrição geral dos mitos; conjunto de mitos. **2** Estudo dos mitos. **3** História dos mistérios, cerimônias e culto com que alguns povos reverenciavam seus deuses e heróis.

mi.to.ló.gi.co (*mito+logo+ico²*) *adj* Que diz respeito à mitologia.

mi.to.ma.ni.a (*mito+mania*) *sf Psicol* Tendência mórbida para a mentira.

mi.tô.ma.no (*mito+man(íac)o*) *sm Psicol* Aquele que sofre de mitomania: *"Malazarte seria inteligente, generoso* *e imaginoso a ponto de se tornar mitômano."* (FAN)

mi.tra (*gr mítra*) *sf* **1** Cobertura da cabeça usada pelos antigos persas, egípcios, assírios etc. **2** Barrete alto e cônico usado pelo papa e por cardeais, arcebispos e bispos.

mi.u.de.za (*miúdo+eza*) *sf* **1** Qualidade de miúdo. **2** Pequenez. **3** Mesquinharia. *sf pl* **4** Minúcias, pormenores. **5** Objetos de pouco valor.

mi.ú.do (*lat minutu*) *adj* **1** De pequenas dimensões, diminuto, muito pequeno. **2** Amiudado, frequente. **3** Minucioso, cuidadoso. *Antôn* (acepção 1): *graúdo*.

mi.ú.dos (de *miúdo*) *sm pl* **1** Vísceras de reses, aves e outros animais. **2** Dinheiro em moedas ou de pouco valor.

mi.xa.gem (*cs*) (*ingl mix+agem*) *sf* **1** Cin e Telev Operação que consiste em mesclar, numa só faixa sonora, os sons de várias outras faixas de diálogos, música e ruídos. **2** Ato ou efeito de mixar.

mi.xa.dor (*mixar+dor*) *sm* Cin e Telev Profissional especializado em mixagem.

mi.xar (*cs*) (*ingl to mix+ar¹*) *vtd* **1** Fazer a mixagem de: *Mixar um disco*. *vtd* **2** *Mús* Combinar e ajustar (elementos sonoros separados: voz e instrumentos) para a gravação. *Cf mixaria*.

mi.xa.ri.a (*mixe+aria*) *sf pop* Coisa de pouco ou nenhum valor; insignificância; bagatela.

mo Contração do pronome pessoal *me* com o pronome demonstrativo *o*.

mó¹ (*lat mola*) *sf* **1** Pedra de moinho ou de lagar, que tritura e mói grãos de cereais e a azeitona. **2** Pedra de amolar.

mó² (*lat mole*) *sf* **1** Grande massa. **2** Grande quantidade. **3** Grande ajuntamento.

mo.a.gem (*moer+agem*) *sf* Ação ou efeito de moer; moedura: *"Tudo está pronto para a moagem."* (COB)

mó.bi.le (*lat mobile*) *sm* Espécie de escultura móvel feita de material leve (plástico, acrílico, papelão etc.) suspensa no ar por fios, que muda de posição ao ser tocada.

mo.bí.lia (*lat mobilia*) *sf* Conjunto dos móveis que adornam ou guarnecem uma casa, um escritório etc.; mobiliário.

mo.bi.li.ar (*mobília+ar¹*) *vtd* Guarnecer com mobília; fornecer móveis para: *Mobiliaram luxuosamente os quartos*. Conjuga-se como *premiar*. *Cf mobília*.

mo.bi.li.á.rio (*mobilia+ário*) *adj* **1** Referente a mobília ou a bens móveis. **2** Que tem a natureza de bens móveis. **3** Que trata de bens móveis. • *sm* **1** V *mobília*. **2** Quem trabalha em ou com mobílias.

mo.bi.li.da.de (*lat mobilitate*) *sf* **1** Propriedade do que é móvel ou do que obedece às leis do movimento: *"O universo deformado retrocedia à livre e apaixonada mobilidade corporal, que é a saúde e a juventude dos seres."* (AV) **2** Capacidade de se mover: *"Um menino de cabelos lisos, olhos espantados, pele bronzeada, e uma mobilidade extrema na fisionomia."* (MP) **3** *Sociol* Deslocamento de indivíduos, grupos ou elementos culturais no espaço social. **4** Flexibilidade.

mo.bi.li.za.ção (*mobilizar+ção*) *sf* Ato ou efeito de mobilizar.

mo.bi.li.zar (*móbil+izar*) *vtd* **1** Dar movimento a; pôr em movimento, em atuação: *Os trabalhadores se mobilizaram para a greve*. **2** *Mil* Fazer passar do estado de paz para o de guerra, chamando ao serviço ativo as reservas para, imediatamente, entrarem em campanha. **3** Pôr em circulação (capitais, fundos ou títulos): *Mobilizar reservas financeiras*.

mo.ca (do *top Moca*) *sm* **1** Variedade de café superior, originário da Arábia. **2** *por ext* Café.

mo.ça (*esp moza*) *sf* **1** Feminino de *moço*. **2** Mulher ainda jovem. *Dim*: *mocinha* e *moçoila*. *Aum*: *mocetona*.

mo.ça.da (*moço+ada¹*) *sf* **1** Bando de moços ou moças. **2** Rapaziada.

mo.çam.bi.ca.no (*top Moçambique+ano²*) *adj* De, pertencente ou relativo a Moçambique (África). • *sm* O natural ou habitante desse país.

mo.cas.sim (*ingl mocassin*) *sm* Qualquer tipo de sapato esporte, masculino ou feminino, geralmente de couro macio e com sola fina.

mo.chi.la (*cast mochila*) *sf* **1** Espécie de saco que soldados, viajantes, estudantes e trabalhadores levam às costas e onde mantêm objetos de uso. **2** Saco próprio para viagem.

mo.cho (*cast mocho*) *adj* Diz-se do animal a que faltam os chifres. • *sm* **1** Banquinho sem encosto. **2** Coruja.

mo.ci.da.de (*moço+i+dade*) *sf* **1** Estado ou idade de jovem; juventude. **2** Época que antecede a vida adulta, a maturidade. **3** Os moços; os jovens.

mo.ci.nho (*moço+inho*) *sm* **1** Diminutivo de *moço*. **2** Herói de um filme de aventura.

mo.ço (*ô*) (*esp mozo*) *adj* **1** Novo em idade; que está na idade juvenil; jovem. **2** Que ainda não parece velho. • *sm* Jovem, rapaz.

mo.co.tó (*tupi mbokotó*) *sm* **1** Extremidade dos membros anteriores ou posteriores dos animais quadrúpedes. **2** Prato preparado com as cartilagens e tendões das pernas de bois ou porcos.

mo.da (*fr mode*) *sf* **1** Uso corrente, voga. **2** Forma atual do vestuário. **3** Fantasia, gosto ou maneira como cada um faz as coisas. **4** Cantiga, ária, modinha.

mo.dal (*modo+al¹*) *adj m+f* **1** Que diz respeito à modalidade. **2** Que diz respeito ao modo particular de ser, de fazer alguma coisa. **3** *Gram* Diz-se da conjunção subordinativa que introduz oração exprimindo o modo pelo qual se realizou o fato expresso na principal.

mo.da.li.da.de (*modal+i+dade*) *sf* **1** *Filos* Propriedade que tem a substância de ter modos. **2** Cada aspecto ou maneira diferente das coisas. **3** *Mús* Modo em que está escrito um trecho.

mo.de.la.gem (*modelar+agem*) *sf* **1** Operação de modelar; modelação. **2** *Bel-art* Operação pela qual o escultor executa, em gesso, argila ou qualquer substância maleável, o modelo, que será depois reproduzido em madeira ou mármore ou será fundido.

mo.de.lar¹ (*modelo+ar¹*) *vtd* **1** Fazer o modelo ou o molde de: *Modelou a imagem em argila*. *vtd* **2** Delinear, traçar intelectualmente: *Modelou sonetos segundo padrões clássicos*. *vtd* e *vpr* **3** Tomar como modelo: *Modelava-se pelo exemplo dos pais*. Cf *modelo*.

mo.de.lar² (*modelo+ar²*) *adj m+f* Que serve de modelo; exemplar.

mo.de.lis.ta (*modelo+ista*) *adj s m+f* Diz-se de ou profissional que realiza a criação de modelos a serem executados por sapateiros, costureiros etc., ou pela indústria.

mo.de.lo (*ital modello*) *sm* **1** Desenho ou imagem que representa o que se pretende reproduzir, desenhando, pintando ou esculpindo. **2** Tudo o que serve para ser imitado. **3** Representação, em pequena escala, de um objeto que se pretende executar em ponto grande. **4** Pessoa exemplar. **5** Pessoa contratada para desfilar ou exibir roupas. **6** Vestido, capa, chapéu etc., que é criação de uma grande casa de modas.

modem (*môudem*) (*ingl mo*(*dulation*)*dem* (*odulation*)) *sm Inform* Dispositivo conector entre um equipamento e uma linha de comunicação, cuja função é converter os dados a uma forma compatível com a linha de comunicação e vice-versa, a fim de que esses dados se tornem disponíveis para a transmissão e processamento.

mo.de.ra.ção (*lat moderatione*) *sf* **1** Ato ou efeito de moderar. **2** Comedimento, compostura, prudência: *"Hermes, porém, usava o poder de polícia com moderação?"* (AGO) *Antôn* (acepção 2): *imoderação*.

mo.de.ra.do (*lat moderatu*) *adj* **1** Medíocre em quantidade ou qualidade. **2** Que guarda o meio-termo entre os extremos. **3** Que está nas devidas proporções. **4** Que tem comedimento, moderação ou prudência. **5** Não exagerado, não excessivo, razoável. *Antôn*: *imoderado*.

mo.de.rar (*lat moderari*) *vtd* **1** Diminuir, modificar, tornar menos intenso: *Moderar os gastos; moderar os ímpetos*. *vtd* **2** Conter, reprimir, restringir: *Moderava aquela paixão*. *vtd* **3** Pôr no meio-termo, entre os extremos; guardar as justas posições: *Moderar aclamações, moderar exigências*. *vpr* **4** Evitar exageros ou excessos, tornar-se comedido, prudente: *Precisa moderar-se na bebida*.

mo.der.ni.ce (*moderno+ice*) *sf* **1** Uso afetado ou exagerado de coisas novas: *"Muito além da modernice, Alexandre cai na farra com Johnny Luxo de moldura."* (FSP) **2** Obstinação a coisas modernas.

mo.der.ni.da.de (*moderno+i+dade*) *sf* **1** Estado ou qualidade de moderno. **2** Os tempos modernos.

mo.der.nis.mo (*moderno+ismo*) *sm* **1** V

modernista *modernice.* **2** *Lit* e *Art Plást* Especificamente, movimento literário e artístico brasileiro iniciado na Semana de Arte Moderna, em 1922.

mo.der.nis.ta (*moderno+ista*) *adj* e *s m+f* **1** Que ou quem tem grande interesse pelas coisas modernas. **2** Que ou quem usa afetada ou exageradamente as coisas novas. **3** Adepto do modernismo. • *adj* Diz-se da obra ou do artista pertencente a uma das correntes do modernismo.

mo.der.ni.zar (*moderno+izar*) *vtd* e *vpr* **1** Tornar(-se) moderno, pôr(-se) ao gosto moderno, adaptar(-se) à moda: *Modernizar um país. vtd* e *vpr* **2** Fazer melhorias, atualizar: *A cidade modernizou-se com o metrô.*

mo.der.no (*lat modernu*) *adj* **1** Dos tempos mais próximos de nós; recente. **2** Dos nossos dias; atual, presente. **3** Que está na moda. **4** Que existe há pouco tempo. *Antôn: antigo.* • *sm* **1** O que é moderno, ou no gosto moderno, atual. **2** Evolucionista, progressista.

mo.dés.tia (*lat modestia*) *sf* **1** Ausência de vaidade ou de luxo. **2** Comedimento, humildade, simplicidade no modo de se apresentar, de falar de si etc. *Antôn* (acepção 1): *vaidade, luxo;* (acepção 2): *imodéstia.*

mo.des.to (*lat modestu*) *adj* **1** Que tem ou revela modéstia. **2** Que pensa ou fala de si sem orgulho. **3** Comedido, moderado, sem exagero. **4** Que indica poucos haveres. *Antôn* (acepções 1, 2 e 3): *imodesto;* (acepção 4): *vaidoso.*

mó.di.co (*lat modicu*) *adj* **1** De pequenas proporções; exíguo, insignificante. **2** Econômico. *Sup abs sint: modicíssimo.*

mo.di.fi.ca.ção (*lat modificatione*) *sf* **1** Ato ou efeito de modificar. **2** Alteração numa coisa sem lhe alterar a essência. **3** Mudança na maneira de ser.

mo.di.fi.ca.do (*part* de *modificar*) *adj* **1** Que se modificou. **2** *Biol* Que sofreu modificação.

mo.di.fi.car (*lat modificare*) *vtd* **1** Mudar a forma ou a qualidade de: *Modificar um plano. vtd* **2** Alterar, mudar, transformar: *Aqueles acontecimentos modificaram o nosso panorama econômico. vtd* **3** Corrigir, emendar: *O juiz modificou a sentença. vtd* e *vpr* **4** *Gram* Alterar, ampliando ou restringindo o sentido de.

mo.di.nha (*moda+inho*) *sf* **1** Canção brasileira sentimental ou triste, geralmente com acompanhamento de violão. **2** *pop* Moda (acepção 2) efêmera.

mo.dis.mo (*modo+ismo*) *sm* **1** Modo de falar privativo de uma língua, admitido pelo uso, mas que parece contrário às normas gramaticais. **2** O que está na moda e que, portanto, tem caráter efêmero, passageiro.

mo.dis.ta (*moda+ista*) *s m+f* Pessoa que, profissionalmente, faz ou dirige a confecção de vestuários, em particular para mulheres e crianças; costureira.

mo.do (*lat modu*) *sm* **1** Forma ou maneira de ser ou manifestar-se uma coisa. **2** Maneira ou forma particular de fazer as coisas, ou de falar. **3** Forma, método. **4** Jeito, habilidade, destreza. **5** Maneira de conseguir as coisas; meio. **6** *Gram* Variações pelas quais os verbos exprimem a realização dos fatos. *sm pl* **7** Maneira de se comportar.

mo.du.la.ção (*lat modulatione*) *sf* **1** Ato ou efeito de modular. **2** *Mús* Passagem ou transição de uma tonalidade a outra. **3** Facilidade em modular a voz, o canto. **4** Inflexão suave da voz, do canto.

mo.du.la.do (*part* de *modular*[1]) *adj* **1** Que se modulou. **2** Melodioso, harmonioso. **3** Formado por módulos.

mo.du.lar[1] (*lat modulari*) *vtd* **1** Cantar ou tocar, com variadas inflexões da voz ou mudando de tom, de acordo com as regras da harmonia: *Modulava muito bem o saxofone. vtd* **2** Cantar, dizer ou recitar dando à voz melodiosas inflexões: *Modulava a voz ao executar a canção. vtd* **3** Construir empregando módulos.

mo.du.lar[2] (*módulo+ar*[2]) *adj m+f* Que diz respeito a módulo.

mó.du.lo (*lat modulu*) *sm* **1** *Arquit* Medida reguladora das proporções de uma obra arquitetônica. **2** Unidade planejada segundo determinadas proporções, destinada a reunir-se ou ajustar-se a outras unidades semelhantes, formando um todo homogêneo e funcional.

mo.e.da (*lat moneta*) *sf* **1** Peça, geralmente de metal, cunhada por autoridade soberana e representativa do valor dos objetos que por ela se trocam. **2** Todo instrumento utilizado como meio de pagamento; dinheiro.

mo.e.dor (*moer+dor*) *adj+sm* **1** Que ou aquele que mói. **2** *fig* Impertinente. • *sm* Aparelho de moer ou triturar.

mo.e.du.ra (*moer+dura*) *sf* Ato ou efeito de moer; moagem: *"Sua [da cal metalúrgica] fabricação envolve a operação de britagem, moeduras, peneiramento da escória metalúrgica."* (MCO)

mo.e.la (é) (de *moer*) *sf* Segundo estômago das aves que, sobretudo nas granívoras, apresenta paredes musculares grossas e rígidas, destinadas à trituração dos alimentos.

mo.en.da (*lat molenda*) *sf* **1** Mó de moinho ou peça que serve para moer ou pisar. **2** Moinho. **3** Mecanismo para esmagar e espremer a cana-de-açúcar nos engenhos ou usinas de açúcar. **4** Trabalho de moer ou triturar o grão, a azeitona, a cana-de-açúcar etc.

mo.er (*lat molere*) *vtd* **1** Pisar, triturar, reduzir a pó: *Moer cereais*. *vtd* **2** Extrair, por meio de prensa: *Moer cana-de-açúcar*. *vpr* **3** Cansar-se, extenuar-se: *Moeu-se carregando pedra*. Conjuga-se como *roer*.

mo.fa.do (*part* de *mofar*) *adj* Que criou mofo, que criou bolor.

mo.far (*mofo+ar¹*) *vtd* **1** Cobrir, encher de mofo, de bolor: *Calor e umidade mofaram a madeira*. *vint* **2** Criar mofo: *A roupa mofou*. *vint* **3** *gír* Ficar esperando sem ter solução daquilo que se deseja; esperar tempo demais por alguém ou para ser atendido: *Ficou mofando no quarto, esperando o marido chegar*.

mo.fo (ô) (*esp moho*) *sm* Vegetação criptogâmica, desenvolvida sobre objetos úmidos e vulgarmente conhecida por *bolor*; bafio.

mog.no (*ingl mahogany*, de origem indígena) *sm* **1** *Bot* Árvore da América tropical, de madeira de lei, dura, marrom-avermelhada, muito apreciada para marcenaria de luxo. **2** Madeira dessa árvore.

mo.í.do (*part* de *moer*) *adj* **1** Que se moeu. **2** Cansado, fatigado, exausto.

mo.i.nho (*lat molinu*) *sm* **1** Engenho ou máquina de moer grãos, ou de triturar determinadas substâncias. **2** Casa onde está instalado esse engenho ou máquina. **3** *pop* Indivíduo que come muito e depressa.

moi.ta (*voc pré-rom*) *sf* Grupo espesso de plantas arborescentes e de pouca altura.

mo.la (*ital molla*) *sf* **1** Peça elástica, geralmente metálica, destinada a imprimir movimento ou dar resistência a outra peça. **2** Tudo o que promove um movimento.

mo.lam.ben.to (*molamba+ento*) *adj+sm* Diz-se de ou pessoa esfarrapada; roto.

mo.lam.bo (*quimbundo mulambu*) *sm* **1** Farrapo. **2** Vestido velho, roto ou esfarrapado. **3** Indivíduo fraco, sem caráter. **4** Indivíduo maltrapilho.

mo.lar (*mole+ar*) *adj* **1** Que diz respeito a mó. **2** Próprio para moer ou triturar. **3** Que facilmente se mói ou tritura. • *adj+sm* Diz-se dos ou os dentes de coroa com superfície larga, adaptada à trituração, que ficam situados depois dos caninos.

mol.da.do (*part* de *moldar*) *adj* **1** Talhado ou feito por molde. **2** Modelado.

mol.da.dor (*moldar+dor*) *adj* Que molda. • *sm* **1** Aquele que faz moldes para fundição. **2** Instrumento para ornar as molduras em madeira rija.

mol.dar (*molde+ar¹*) *vtd* **1** Ajustar ao molde; formar o molde de: *Moldar uma boneca*. *vtd* **2** Vazar no molde o metal derretido; fundir: *Moldar um sino*. *vtd* **3** Criar ou produzir; dar forma ou contornos. *vtd* e *vti* **4** Formar: *Moldou seu caráter nos bons exemplos dos pais*. *vtd* e *vpr* **5** Adaptar (-se), afeiçoar(-se), conformar(-se): *Moldaria os hábitos ao do marido*.

mol.de (*cast molde*) *sm* **1** Modelo oco para o vazamento de metais, gesso, cera, massa de pastelaria etc. **2** Modelo pelo qual se talha alguma coisa.

mol.du.ra (*moldar+dura*, com haplologia) *sf* **1** Elemento decorativo que consiste em uma parte saliente de perfil uniforme, cuja finalidade é acentuar ou destacar determinadas partes em obras de arquitetura ou de marcenaria. **2** Caixilho de madeira, de matéria plástica ou de outra substância, para guarnecer quadros, espelhos, estampas etc.

mol.du.rei.ro (*moldura+eiro*) *sm* **1** Fabricante de molduras. **2** Aquele que guarnece algo com molduras.

mo.le (*lat molle*) *adj m+f* **1** Macio, brando, flácido. *fig* **2** Preguiçoso; vagaroso, lento. *Antôn* (acepção 1): *duro, rijo.* **3** *pop* Fácil.

mo.le.ca.da (*moleque+ada¹*) *sf* **1** Bando de moleques. **2** *V molecagem.*

mo.le.ca.gem (*moleque+agem*) *sf* **1** Ação própria de moleque; molequice. **2** Travessura.

mo.lé.cu.la (*lat molecula*) *sf* **1** *Fís* e *Quím* Agrupamento definido e ordenado de átomos, eletricamente neutro; é a menor partícula dos compostos ou dos elementos simples, que é quimicamente idêntica à substância de que faz parte. **2** *Fís* e *Quím* Pequeníssima parte de um todo.

mo.le.cu.lar (*molécula+ar¹*) *adj m+f* **1** Que tem moléculas. **2** Que pertence ou se refere às moléculas.

mo.lei.ra (*mole+eira*) *sf* **1** *pop* Fontanela. **2** Abóbada craniana. **3** *pop* Juízo, cérebro.

mo.lei.ro (*lat molinariu*) *sm* **1** Dono de moinho. **2** Aquele que trabalha em moagem.

mo.le.jo (*ê*) (de *mola*) *sm* Jogo das molas de um veículo.

mo.len.ga (*ê*) (de *mole*) *adj* e *s m+f* **1** Diz-se da ou a pessoa muito mole, indolente, preguiçosa. **2** Diz-se da ou a pessoa acanhada, apática.

mo.le.que (*quimbundo muleke*) *sm* **1** Menino. **2** Menino travesso. **3** Indivíduo sem palavra.

mo.le.qui.ce (*moleque¹+ice*) *sf* Ação ou procedimento de moleque; molecagem.

mo.les.ta.do (*part* de *molestar*) *adj* **1** Afetado por moléstia; doente. **2** Prejudicado ou ferido fisicamente; maltratado.

mo.les.ta.dor (*molestar+dor*) *adj+sm* Que ou aquele que molesta.

mo.les.ta.men.to (*molestar+mento*) *sm* Ação ou efeito de molestar; amolação, incômodo: *"Vai ser votada nos EUA uma lei que define e enquadra molestamento sexual por computador."* (FSP)

mo.les.tar (*lat molestare*) *vtd* **1** Afetar, atacar (falando-se de moléstia): *A dengue molestou muita gente.* *vtd* **2** Magoar, maltratar: *Molestou o amigo ao dizer a verdade.* *vtd* **3** Oprimir. *vtd* **4** Contundir, maltratar, pisar. *vtd* **5** Inquietar, tirar o sossego a: *As dívidas o molestavam.* *vtd* e *vpr* **6** Melindrar(-se), ofender(-se): *Essas piadas o molestam.*

mo.lés.tia (*lat molestia*) *sf* **1** Doença, enfermidade. **2** Incômodo físico ou moral.

mo.les.to (*lat molestu*) *adj* **1** Que causa incômodo; que enfada: *"E experimentei uma sensação molesta."* (MEC) **2** Impertinente, importuno, detestável: *"Nem mesmo Juca se atrevia a reclamar contra aquele hábito que ele considerava sumamente molesto."* (TSF) **3** Nocivo, prejudicial.

mo.le.tom (*fr molleton*) *sm* **1** Tecido de malha, geralmente espesso, usado na confecção de roupas esportivas. **2** *por ext* Conjunto esportivo de moletom, composto de calças compridas e blusão.

mo.le.za (*ê*) (*mole+eza*) *sf* **1** Qualidade de mole. **2** Falta de ânimo, pusilanimidade. **3** Falta de atividade. **4** *pop* Ação qualquer, ou trabalho fácil. *Antôn* (acepção 1): *dureza, rijeza;* (acepção 2): *ânimo.*

mo.lha.de.la (*molhar+dela*) *sf* **1** Ação ou efeito de molhar. **2** Banho rápido.

mo.lha.do (*part* de *molhar*) *adj* Umedecido com qualquer líquido. • *sm pl* Vinho, azeite e outros líquidos que se vendem nas casas de comestíveis.

mo.lhar (*lat vulg molliare*) *vtd* **1** Embeber em líquido. *vtd* **2** Banhar: *Foi à praia, mas apenas molhou os pés no mar.* *vpr* **3** Deixar cair sobre si qualquer líquido, derramar sobre si algum líquido: *Molhou--se com vinho.* *vpr* **4** Babar-se ou urinar no próprio corpo ou na roupa: *O bebê molhou-se outra vez.* *Antôn* (acepções 1, 3 e 4): *enxugar, secar.*

mo.lhei.ra (*molho+eira*) *sf* Vasilha para servir molhos.

mo.lho¹ (*ó*) (*lat vulg *manuculu* por *manupulu*) *sm* **1** Quantidade de objetos reunidos num só grupo: *Molho de chaves.* **2** Pequeno feixe.

mo.lho² (*ô*) (de *molhar*) *sm* **1** Espécie de caldo em que se refogam iguarias ou que se junta a elas para serem servidas. **2** Água ou qualquer outro líquido em que se imerge alguma substância para amolecê-la ou para tirar o sal.

mo.li.ne.te (ê) (fr moulinet) sm **1** Espécie de cabrestante, para sustentar a âncora, em pequenas embarcações. **2** V carretilha (acepção 2).

mo.loi.de (ó) (mole+oide) V molenga.

mo.lus.co (lat molluscu) sm Zool Animal pertencente aos moluscos.

mo.lus.cos (de molusco) sm pl Zool Ramo constituído por animais invertebrados, não segmentados, de corpo mole, compreendendo três regiões distintas -- cefálica, visceral e muscular – geralmente protegido por uma concha calcária, de duas valvas (ostras) ou univalve (caramujo).

mo.men.tâ.neo (lat momentaneu) adj **1** Que dura apenas um momento; instantâneo, muito breve. **2** Transitório. Antôn: duradouro.

mo.men.to (lat momentu) sm **1** Instante. **2** Período curtíssimo. **3** A ocasião precisa em que algo acontece. **4** Oportunidade.

mo.mi.ce (momo+ice) sf **1** Careta, gesto ridículo, trejeito. **2** Disfarce, hipocrisia.

mo.mo (gr Mómos, np) sm **1** Momice. **2** Representação mímica. **3** Farsa satírica. **4** Ator que representa essa farsa. **5** Figura que personifica o carnaval: Rei Momo.

mo.nar.ca (lat monarcha) sm Soberano vitalício e, em geral, hereditário, de uma nação ou Estado; de uma monarquia.

mo.nar.qui.a (lat monarchia) sf **1** Polít Forma de governo em que o poder supremo está nas mãos de um monarca. **2** Estado governado por um monarca.

mo.nar.quis.ta (monarca+ista) adj m+f e s m+f Diz-se de ou pessoa partidária da monarquia ou do sistema monárquico.

mo.nas.té.rio (gr monastérion) sm V mosteiro.

mo.nás.ti.co (gr monastikós) adj Relativo a monge ou convento.

mon.ção (ár mausim) sf **1** Tempo favorável à navegação. **2** Ensejo, boa oportunidade. sf pl **3** Ventos periódicos, cuja direção média varia ou mesmo se inverte segundo as estações. **4** Antigas bandeiras ou expedições que partiam em expedição pelo interior de São Paulo e Mato Grosso.

mo.ne.gas.co (fr monégasque) adj De ou pertencente ou relativo ao Principado de Mônaco (Europa). • sm O natural ou habitante do Principado de Mônaco.

mo.ne.tá.rio (lat monetariu) adj Referente a moeda. • sm Coleção de moedas.

mon.ge (gr monakhós) sm Religioso que vive em mosteiro. Fem: monja.

mon.gol (persa mughal) adj e s m+f Diz-se de ou habitante ou natural da Mongólia (Ásia). • sm Ling Língua falada na Mongólia.

mon.go.lis.mo (mongol+ismo) sm Med Forma de retardo mental; síndrome de Down.

mon.go.loi.de (ó) (mongol+oide) adj **1** Próprio da raça mongol. **2** Que se assemelha ao tipo da raça mongol.

mo.ni.tor (lat monitore) sm **1** Aquele que dá conselhos, lições, orientação etc. **2** Estudante que, sob orientação do professor, auxilia seus colegas de classe no ensino de uma matéria. **3** Telev Aparelho comum de televisão, instalado para controle das transmissões em qualquer ponto da estação emissora. **4** Med Instrumento para observação e registro de funções vitais, como pulso arterial e ritmo cardíaco. • adj Diz-se do aparelho eletrônico, ou de parte dele, que comanda o funcionamento de outros aparelhos ou partes de aparelho.

mo.ni.to.ra.ção (monitorar+ção) sf **1** Ato ou efeito de monitorar; monitoramento. **2** Rád e Telev Verificação da qualidade de som, imagens, técnicas operacionais, conteúdos do programa etc., no momento de sua realização. **3** Rád e Telev Acompanhamento permanente da programação.

mo.ni.to.rar (monitor+ar¹) vtd **1** Acompanhar e avaliar dados fornecidos por aparelhagem elétrica: *"Os policiais que monitoravam as câmeras acompanharam os suspeitos durante 20 minutos."* (AGP) **2** Controlar, mediante monitorização: *"Uma equipe que monitora todas as iniciativas de aprendizagem nas creches."* (AGP) Sin: monitorizar.

mo.ni.to.ri.a (monitor+ia¹) sf Cargo ou funções de monitor (acepções 1 e 2).

mo.ni.to.ri.zar (monitor+izar) V monitorar.

mon.ja (de monge) sf Freira ou religiosa de mosteiro.

mon.jo.lo (ô) *sm* Engenho primitivo, movido a água e destinado a pilar o milho; primitivamente, foi usado para descascar café.

mo.no (*cast mono*) *sm Zool* Designação genérica para macacos.

mo.no.blo.co (*mono+bloco*) *sm* **1** Parte de uma máquina ou de um instrumento fundida numa só peça metálica. **2** Nos motores a explosão, parte em ferro que aloja os cilindros. **3** *Autom* Carroceria inteiriça.

mo.no.cór.dio (*gr monókhordon+io²*) *sm Mús* Instrumento musical de uma só corda. • *adj* **1** Monótono: *"Repetem jargões bíblicos em tom monocórdio."* (EC) **2** Uniforme. **3** Que tem uma só corda.

mo.no.co.ti.le.dô.neas (*mono+cotilédone+eo*) *sf pl Bot* Classe de plantas angiospérmicas que possuem um só cotilédone no embrião. Como exemplo, temos o milho, o arroz e o capim.

mo.no.cro.má.ti.co (*mono+cromático*) *adj* **1** Pintado com uma só cor. **2** *Fís* Diz-se da luz que espalha raios de uma só cor.

mo.nó.cu.lo (*mono+óculo*) *sm* Lente de correção, com ou sem aro, que se usa encaixada entre os músculos da cavidade orbitária.

mo.no.cul.tor (*mono+cultor*) *adj+sm Agr* Que ou o que pratica a monocultura.

mo.no.cul.tu.ra (*mono+cultura*) *sf Agr* Cultura de uma só especialidade agrícola.

mo.no.ga.mi.a (*monógamo+ia¹*) *sf* **1** Estado conjugal em que um homem desposa uma única mulher ou uma mulher um só homem. **2** União exclusiva de um macho com uma única fêmea.

mo.no.gâ.mi.co (*mono+gamo+ico²*) *adj* Referente à monogamia.

mo.nó.ga.mo (*gr monógamos*) *adj* **1** Que tem um só cônjuge. **2** Diz-se do animal que se acasala com uma só fêmea.

mo.no.gra.fi.a (*mono+grafo+ia¹*) *sf* Trabalho escrito, pormenorizado, em que se pretende dar informação completa sobre algum tema particular de uma área de conhecimento, ou sobre personagens, localidades, acontecimentos etc.

mo.no.gra.ma (*mono+grama*) *sm* **1** Entrelaçamento das letras iniciais do nome de uma pessoa. **2** Representação de um som por uma só letra.

mo.no.lín.gue (*gwe*) (*mono+língua*) *adj Ling* **1** Relativo ao falante ou à comunidade que utiliza apenas uma língua. **2** Redigido em uma só língua.

mo.no.lo.gar (*monólogo+ar¹*) *vint* **1** Recitar monólogo. *vint* **2** Falar consigo próprio: *Angustiado, monologava em tom pungente*. *vtd* **3** Dizer só para si: *Monologava versos de Bilac*. *Cf monólogo*.

mo.nó.lo.go (*gr monólogos*) *sm* **1** Discurso de uma pessoa que fala consigo mesma; solilóquio. **2** Peça teatral ou cena em que aparece e fala um só ator.

mo.no.mo.tor (*mono+motor*) *adj+sm* Diz--se de ou veículo dotado de um só motor.

mo.no.pó.lio (*gr monopólion*) *sm* **1** Domínio completo do mercado, geralmente pela união de várias empresas em cartéis ou trustes. **2** Privilégio dado pelo governo a alguém, para poder, sem competidor, explorar uma indústria ou vender algum gênero especial.

mo.no.po.li.za.ção (*monopolizar+ção*) *sf* **1** Ato ou efeito de monopolizar. **2** Exclusividade.

mo.no.po.li.zar (*monopólio+izar*) *vtd* **1** Fazer monopólio de; abarcar, açambarcar: *"Os italianos, catalães e franceses reagiram ao intento português de monopolizar o comércio do ouro."* (MAL) **2** Explorar abusivamente, vendendo sem competidor: *Os governos monopolizavam então a venda da cana-de-açúcar*. **3** Possuir ou tomar exclusivamente para si: *"Na Câmara, Abrão monopolizou as atenções dos parlamentares ontem."* (FSP)

mo.nos.si.lá.bi.co (*monossílabo+ico²*) *adj* Formado de uma só sílaba.

mo.nos.sí.la.bo (*mono+sílabo*) *adj* Monossilábico. • *sm* Palavra monossilábica.

mo.no.te.ís.mo (*mono+gr théos+ismo*) *sm* Doutrina que admite um só Deus.

mo.no.te.ís.ta (*mono+gr théos+ista*) *adj* e *s m+f* Diz-se de ou adepto do monoteísmo. • *adj* Referente ao monoteísmo.

mo.no.to.ni.a (*monótono+ia¹*) *sf* **1** Qualidade de monótono, uniformidade de tom. **2** Falta de variação. **3** Modo de vida que não apresenta variação nos hábitos. *Antôn* (acepções 1 e 2): *variedade, diversidade*.

mo.nó.to.no (*lat monotonu*) *adj* 1 Em que há monotonia. 2 Que está quase sempre no mesmo tom. 3 Sem variação. 4 Enfadonho. *Antôn* (acepções 1 a 3): *variado*.

mo.no.va.len.te (*mono+valente*) *adj m+f Quím* Que tem validade equivalente a 1.

mo.nó.xi.do (*cs*) (*mono+óxido*) *sm Quím* Óxido que contém um átomo de oxigênio na molécula.

mon.se.nhor (*ital monsignore*) *sm* 1 Título honorífico concedido pelo papa a seus camareiros, a alguns prelados e a alguns eclesiásticos. 2 *Bot* V *crisântemo*.

mons.tren.go (*monstro+engo*) V *mostrengo*.

mons.tro (*lat monstru*) *sm* 1 Ser de conformação extravagante, imaginado pela mitologia. 2 Animal ou coisa de grandeza desmedida. 3 Pessoa cruel, desumana, perversa. 4 Pessoa ou coisa muito feia, horrorosa. • *adj* Muito grande.

mons.tru.o.si.da.de (*monstruoso+i+dade*) *sf* 1 Qualidade de monstruoso. 2 V *monstro*. 3 Coisa descomunal, extraordinária. 4 Coisa abominável.

mons.tru.o.so (*ô*) (*lat monstruosu*) *adj* 1 Que tem qualidade ou natureza de monstro. 2 De grandeza extraordinária. 3 Muito feio, repulsivo. 4 Que excede tudo que se possa imaginar de mau. *Pl: monstruosos* (*ó*).

mon.ta (de *montar*) *sf* 1 Soma total de uma conta. 2 Estimativa; custo, preço ou valor de uma coisa.

mon.ta.dor (*montar+dor*) *sm* Aquele que procede a qualquer montagem.

mon.ta.do.ra (*montar+dor* no *fem*) *sf* Indústria que tem como produto final o resultado de uma linha de montagem.

mon.ta.gem (*montar+agem*) *sf* 1 Ato ou efeito de montar. 2 Ação de dispor todas as partes de um conjunto para que se possa efetuar o trabalho a que está destinado. 3 *Cin* Operação técnico-estética que consiste em criar ritmo e despertar emoção em trechos de filmes. 4 *Teat* Conjunto dos preparativos para pôr em cena uma peça teatral; encenação.

mon.ta.nha (*lat vulg *montanea*) *sf* 1 Monte elevado e de base extensa. 2 Série de montes. *Col: cadeia, serra*. 3 Grande volume.

mon.ta.nha-rus.sa *sf* Brinquedo ou equipamento de parque de diversões que possui uma armação constituída de uma série de pequenos vagões que deslizam com muita rapidez sobre aclives e declives. *Pl: montanhas-russas*.

mon.ta.nhês (*montanha+ês*) *adj* 1 Referente ou pertencente a montanha. 2 Montanhoso. • *adj+sm* 1 Que ou aquele que vive nas montanhas. 2 Que ou aquilo que é próprio dos habitantes da montanha. *Fem: montanhesa*.

mon.ta.nhis.mo (*montanha+ismo*) *sm* Esporte que consiste em escalar montanhas; alpinismo.

mon.ta.nhis.ta (*montanha+ista*) *adj m+f* Relativo ao montanhismo. • *s m+f* Pessoa que pratica o montanhismo.

mon.ta.nho.so (*ô*) (*montanha+oso*) *adj* 1 Que tem muitas montanhas. 2 Volumoso. *Antôn* (acepção 1): *plano*. *Pl: montanhosos* (*ó*).

mon.tan.te (de *montar*) *adj* Que se eleva; que sobe. • *sm* 1 Importância, soma: "*Quanto ao pagamento, seria deduzido do montante da dívida.*" (ALE); "*A nova inversão fazia crescer a renda real apenas no montante correspondente à criação de lucro para o empresário.*" (FEB) 2 Soma de um capital com o respectivo juro. 3 A enchente da maré; preamar.

mon.tão (*monte+ão²*) *sm* 1 Acumulação desordenada de coisas. 2 Grande quantidade.

mon.tar (*lat vulg *montare*) *vtd, vti, vint* e *vpr* 1 Pôr(-se) sobre (uma cavalgadura); cavalgar: *Montou* (ou: *montou-se*) *e partiu*. *vti* e *vpr* 2 Colocar-se a cavalo sobre alguma coisa, cavalgando-a: *As crianças montam em cabos de vassoura*. *vtd* 3 Dispor, preparar para entrar em funcionamento: *Montar uma máquina, um aparelho científico*. *vtd* 4 Pôr em cena: *Montar peça teatral*. *vtd* 5 Abrir, organizar (estabelecimento comercial, fábrica, indústria):

Montou um negócio próprio. vtd **6** Prover do necessário: *Montou a casa da amante.* vint **7** Praticar equitação: *Monta muito bem.* vint **8** Ir ficando mais cheio; crescer, subir: *O rio montou durante a noite.*

mon.ta.ri.a (*monte+aria*) sf **1** V *cavalgadura* (acepção 1). **2** Sela usada pelas mulheres.

mon.te (*lat monte*) sm **1** Grande elevação de terreno acima do solo que a rodeia. **2** Terra alta com arvoredos, mato, pasto etc. **3** Quantidade de quaisquer coisas em forma de monte. **4** Grande volume.

mon.te.pi.o (*monte+pio*) sm **1** Associação em que, mediante uma cota, e satisfeitas determinadas condições, cada membro adquire o direito de, por morte, deixar pensão pagável a sua família ou a alguém de sua escolha. **2** A instituição para isso organizada.

mon.to.ei.ra (*montão+eira*) sf **1** Grande quantidade. **2** Aglomeração de pedras soltas em antigas escavações.

mo.nu.men.tal (*lat monumentale*) adj m+f **1** Referente a monumento. **2** Grandioso, magnífico. **3** Enorme; extraordinário. *Antôn* (acepção 2): *vulgar, insignificante.*

mo.nu.men.to (*lat monumentu*) sm **1** Obra ou construção em honra de alguém, ou para comemorar algum acontecimento notável. **2** Edifício majestoso, digno de admiração por sua antiguidade ou magnificência. **3** Mausoléu; sepulcro majestoso.

mo.que.ca (*quimbundo mukeka*) sf **1** Prato típico brasileiro, em geral feito com peixe ou mariscos, ou mesmo galinha, ovos etc. **2** Peixe assado envolto em folhas.

mo.ra (*lat mora*) sf **1** Demora, delonga. **2** Retardamento do credor ou do devedor no cumprimento de uma obrigação: *Juro de mora.* **3** Prorrogação de prazo de pagamento.

mo.ra.da (*morar+ada¹*) sf **1** Lugar onde se mora; habitação; moradia. **2** Estada; residência.

mo.ra.di.a (*morada+ia¹*) V *morada.*

mo.ra.dor (*lat moratore*) adj Que mora.
• sm **1** Aquele que mora. **2** Habitante. **3** Inquilino.

mo.ral (*lat morale*) adj m+f **1** Relativo à moralidade, aos bons costumes. **2** Que procede conforme a honestidade e a justiça, que tem bons costumes. **3** Favorável aos bons costumes. **4** Que se refere ao procedimento. • sf **1** Parte da Filosofia, a Ética, que trata dos atos humanos, dos bons costumes e dos deveres do homem em sociedade. **2** Conjunto de preceitos ou regras para dirigir os atos humanos segundo a justiça e a equidade natural. **3** Conclusão moral que se tira de uma fábula, de uma narração etc. sm **4** Conjunto das nossas faculdades morais. **5** Disposição do espírito, energia para suportar as dificuldades, os perigos; ânimo.
Deve-se distinguir **a moral** de **o moral**. **A moral** significa regras de conduta, enquanto **o moral** quer dizer sentimento, ânimo.
*Devemos respeitar **a moral**.*
*Os alunos que foram mal na prova estão com **o moral** baixo.*

mo.ra.li.da.de (*lat moralitate*) sf **1** Qualidade do que é moral. **2** Conjunto de preceitos morais. **3** Reflexão moral. **4** Conceito ou objeto moral contido em qualquer escrito. **5** Sentido moral contido num conto, numa fábula.

mo.ra.lis.mo (*moral+ismo*) sm **1** Sistema filosófico que se ocupa exclusivamente da moral. **2** Tendência a priorizar de maneira exagerada os valores morais.

mo.ra.lis.ta (*moral+ista*) adj e s m+f **1** Que ou quem escreve sobre moral. **2** Que ou quem preconiza preceitos morais.

mo.ra.li.za.ção (*moralizar+ção*) sf Ato ou efeito de moralizar.

mo.ra.li.zar (*moral+izar*) vtd **1** Tornar moral, corrigir os costumes de, infundir ideias sãs em: *Moralizar o ambiente.* vtd **2** Interpretar em sentido moral: *Moralizar um conto.* vti **3** Fazer reflexões morais: *Moralizar sobre fatos históricos.*

mo.ran.ga (de *morango*) sf Variedade de abóbora.

mo.ran.go (*lat vulg *moranicu*) sm Infrutescência comestível (e não fruto) do morangueiro, resultante de uma única flor.

mo.ran.guei.ro (*morango+eiro*) sm **1** Bot

Planta cultivada por sua infrutescência muito apreciada, o morango. **2** Vendedor de morangos.

mo.rar (*lat morari*) *vti* **1** Habitar, residir em: *Morava na casa do namorado.* *vint* **2** Viver: *Mora com a mãe.* *vti* **3** Achar-se, encontrar-se, existir, permanecer: *A saudade mora no seu coração.*

Os verbos **morar**, **residir**, **situar** e adjetivos como **morador**, **residente** e **situado** (ou **sito**, forma do particípio irregular de **situar**) devem ser usados com a preposição **em**.
Depois das férias, moraremos em outra casa.
O rapaz reside na Rua da Glória.
Quando estudantes, residimos na velha república da praça.
O criminoso, morador na Lapa, fugiu antes da chegada da polícia.
As pessoas residentes na capital estão se empenhando para evitar o racionamento de água.
O prédio situado (ou sito) na Avenida Central foi demolido.

mo.ra.tó.ria (*fem de moratório*) *sf* **1** Prorrogação que o credor concede ao devedor para o prazo do pagamento da dívida. **2** Adiamento dos vencimentos das dívidas, com suspensão dos pagamentos e da ação da justiça, decretado pelo governo quando o país enfrenta circunstâncias excepcionalmente graves.

mor.bi.dez (*ê*) (*mórbido+ez*) *sf* **1** Estado de mórbido. **2** Enfraquecimento doentio. **3** Moleza.

mór.bi.do (*lat morbidu*) *adj* **1** Pertencente ou referente à doença: *"A cabeça lhe pesa, cheia como está de mórbidas fantasias."* (SAT) **2** Que causa doença: *"Os mulatos estariam especialmente sujeitos a duas situações mórbidas: a tuberculose e a neurastenia."* (SAT) **3** Que é efeito de doença; doentio: *"Sentia um prazer mórbido em fazê-lo sofrer."* (ORM) **4** Lânguido, mole.

mor.ce.go (*ê*) (*lat mure caecu*) *sm Zool* Mamífero voador noturno que possui os membros anteriores modificados, de modo a formar asas. Voz: *farfalha.*

mor.da.ça (*mordacia*) *sf* **1** Objeto com que se tapa a boca de alguém para que não fale nem grite. **2** *fig* Repressão da liberdade de falar ou de escrever.

mor.daz (*lat mordace*) *adj m+f* **1** Que morde. **2** Picante: *"Era crítico mordaz dos costumes vitorianos."* (PO) **3** Maledicente, cáustico: *"Com um sorriso mordaz no canto da boca."* (FH)

mor.de.dor (*morder+dor*) *adj+sm* **1** Que ou o que morde. **2** *pop* Que ou o que vive de pedir dinheiro emprestado a amigos e conhecidos.

mor.de.du.ra (*morder+dura*) *sf* **1** Ato ou efeito de morder; dentada. **2** Ferida, sinal ou vestígio de dentada.

mor.der (*lat mordere*) *vtd* **1** Apertar com os dentes; ferir com os dentes: *O cavalo mordia os freios.* *vtd* **2** Ferir ou picar com órgãos especiais (diz-se de cobra, marimbondo, aranha etc.): *As abelhas morderam-no no pé.* *vtd* **3** Criticar com malevolência ou caluniar: *Sempre mordia o caráter dos funcionários.* *vtd* **4** *pop* Pedir dinheiro emprestado a: *Vive mordendo os colegas.* *vpr* **5** Dar dentadas em si próprio: *Quando criança, vivia se mordendo.* *vpr* **6** *fig* Possuir-se de um sentimento condenável: *Mordia-se de ciúme.*

mor.di.da (de *morder*) *sf* **1** Ferida produzida por dentada; mordedura. **2** Impressão deixada pelos dentes em material plástico para delinear a articulação dentária. **3** *pop* Bocado de alimento que se tira numa dentada.

mor.di.de.la (*morder+dela*) *sf* **1** V *mordedura* (acepções 1 e 2). **2** Pequena mordida.

mor.dis.car (*mord(ida)+isco+ar¹*) *vtd* **1** Morder de leve e repetidas vezes: *Mordiscar o bigode.* *vtd* **2** Picar; beliscar.

mor.do.mi.a (*mordomo+ia¹*) *sf* **1** Cargo ou funções de mordomo. **2** *pop* Facilidades ou vantagens excessivas de que alguém desfruta em decorrência do cargo que ocupa. **3** *pop* Bem-estar, conforto, regalia.

mor.do.mo (*lat maiore domu*) *sm* Serviçal que administra uma casa.

mo.rei.a (*gr mýraina*) *sf Zool* Peixe marinho semelhante à enguia, apreciado por sua carne saborosa, que possui veneno na saliva e o libera através da mordedura.

mo.re.no (*cast moreno*) *adj+sm* **1** Que ou aquele que tem cor marrom-clara. **2** Diz-se do ou o indivíduo de raça branca que tem cabelos negros ou escuros. **3** *por ext* Mulato.

mor.fei.a (*gr morphé*) *sf* Hanseníase, lepra.

mor.fe.ma (*morfo+ema*) *sm Ling* Elemento linguístico mínimo de uma língua – raiz, afixo (prefixo ou sufixo), vogal temática e desinência – que possui significado.

mor.fé.ti.co (*morfeia+t+ico²*) *adj+sm* Que ou aquele que tem morfeia; hanseniano, leproso.

mor.fi.na (*fr morphine*) *sf Quím* Alcaloide branco, cristalino, extraído do ópio, usado como poderoso sedativo.

mor.fo.lo.gi.a (*morfo+logo+ia¹*) *sf* **1** Estudo ou tratado das formas que a matéria pode tomar. **2** *Gram* O estudo das formas das línguas, ou seja, do aspecto formal das palavras, conferido pelos morfemas.

mor.fo.ló.gi.co (*morfo+logo+ico²*) *adj* Referente à morfologia, ao estudo das formas.

mor.ga.do (*lar med *maioricatu*) *sm* **1** Filho primogênito: *"Eu, como sou o morgado da família, fiquei com a arca de jacarandá."* (FE) **2** *por ext* Filho mais velho ou filho único.

mor.gue (*fr morgue*) *sf V* necrotério: *"Eu me senti mais frio do que um cubo de gelo jogado na gaveta de uma morgue."* (AL)

mo.ri.bun.do (*lat moribundu*) *adj+sm* Que ou aquele que está morrendo; agonizante.

mo.rim (*malaio muri*) *sm* Pano branco e fino de algodão.

mo.rin.ga (*cafre muringa*) *sf* Vaso de barro de gargalo estreito para água.

mor.ma.cen.to (*mormaço+ento¹*) *adj* Diz-se do tempo quente e úmido.

mor.ma.ço (*etim desc*) *sm* Tempo encoberto, abafado e úmido.

mór.mon (*ingl mormon*) *sm* Sectário do mormonismo.

mor.mo.nis.mo (*mórmon+ismo*) *sm* Doutrina religiosa fundada por Joseph Smith, em Salt Lake City, Estados Unidos, em 1830.

mor.no (ô) *adj* **1** Pouco quente; tépido. **2** Sem energia, sem veemência, sem vivacidade nem brilho. **3** Sereno, tranquilo. **4** Insípido, monótono. *Antôn* (acepção 3): ativo, agitado.

mo.ro.si.da.de (*moroso+i+dade*) *sf* Qualidade do que é moroso; lentidão: *"Ele aponta o comércio e o turismo rodoviário como os setores mais atingidos negativamente pela morosidade das obras."* (DIN) *Antôn:* pressa, prontidão.

mo.ro.so (ô) (*lat morosu*) *adj* **1** Demorado, lento, vagaroso. **2** Que demora a fazer. *Pl: morosos* (ó).

mor.rer (*lat vulg *morere*, pelo depoente *mori*) *vint* **1** Cessar de viver, extinguirem-se as funções vitais de; falecer: *Morreu antes de ser atendido.* *vint* **2** Cessar, extinguir-se: *A solidão morre com a chegada de um novo amor.* *vint* **3** Acabar, findar, terminar: *A tarde morre lentamente.* *vint* **4** Parecer ou tornar-se menos vivo: *Esta cor morre em confronto com o vermelho.* *vti* **5** Desaparecer sem ser revelado: *Este segredo morrerá comigo.* *vint* **6** Desaguar ou desembocar em: *O Rio Amazonas morre no Oceano Atlântico.* *vint* **7** Desejar ardentemente: *Morriam por saber quem era ela.* *vti* **8** Pagar a conta de que outros participam: *Morrer nas despesas.* *vlig* **9** Finar, falecer em certo estado ou condição: *Não queria morrer solteira.* *vint* **10** *Autom* Parar de funcionar: *De repente, o automóvel morreu. Conjug – Part: morrido* e *morto.*

mor.ri.nha *sf* **1** Sarna epidêmica do gado. **2** Mau cheiro exalado por pessoa ou animal: *"Ricardo descobrira a razão da morrinha emanada do enfermo."* (ALE) **3** Prostração; extremo cansaço: *"O irmão compreendeu que ele ficara com morrinha e se lembrou de mandá-lo para perto de Bento."* (CA)

mor.ro (*cast morro*) *sm* Monte pequeno; colina.

mor.sa¹ (*fr morse*) *sf Zool* Nome comum de um grande mamífero marinho que ocorre nos mares árticos, cujo peso pode ultrapassar uma tonelada.

mor.sa² (de *morsa¹*) *sf Mec* Dispositivo, fixado numa bancada, para segurar ou apertar peças a serem trabalhadas; torno de bancada.

mor.se (*Morse, np*) *sm* Sistema de pontos, traços e espaços, ou sons curtos e longos, usados em telegrafia ou sinalização para representar letras, números e outros símbolos.

mor.ta.de.la (*ital mortadella*) *sf* Embutido feito de carne bovina e suína, gordura, sal, pimenta e alho.

mor.tal (*lat mortale*) *adj m+f* **1** Que está sujeito à morte. **2** Aplica-se a tudo que, como o homem, está sujeito a ter um fim. **3** Passageiro, transitório. **4** Que causa a morte. • *sm pl* A humanidade, os viventes.

mor.ta.lha (*lat mortualia*) *sf* **1** Tecido que envolve o cadáver que vai ser sepultado. **2** Vestidura branca, talar, que certos penitentes levam nas procissões.

mor.ta.li.da.de (*lat mortalitate*) *sf* **1** Qualidade de mortal. **2** Conjunto de mortes ocorridas num período.

mor.tan.da.de (de *morto*) *sf* **1** Grande número de mortes. **2** Matança, carnificina.

mor.te (*lat morte*) *sf* **1** Ato ou fato de morrer. **2** Fim da vida animal ou vegetal; termo da existência. **3** Destruição, perdição. **4** Fim, termo.

mor.tei.ro (*lat mortariu*) *sm* **1** Canhão curto de boca larga. **2** Pequena peça pirotécnica, que se carrega com pólvora, para dar tiros ou fazer explosão festiva.

mor.ti.cí.nio (*lat morticiniu*) *sm* Matança, mortandade.

mor.ti.ço (*morte+iço*) *adj* **1** Que está morrendo, morrediço: *"Jorrava uma luz mortiça sobre os vultos embuçados."* (ARR) **2** Prestes a apagar-se: *"O clarão mortiço da luz do poste defronte."* (MEL) **3** Desanimado ou tristonho: *"Está vendo o rapaz de olhar mortiço, com ar de bêbado?"* (N)

mor.tí.fe.ro (*lat mortiferu*) *adj* Que causa a morte; letal, mortal.

mor.ti.fi.ca.ção (*lat mortificatione*) *sf* **1** Ato ou efeito de mortificar. **2** Aflição, tormento. **3** Domínio, repressão de certos sentidos.

mor.ti.fi.car (*lat mortificare*) *vtd* **1** Enfraquecer ou extinguir a vitalidade de (alguma parte do corpo): *O frio mortifica as mãos.* *vtd* **2** Destruir, reprimir: *Mortificar a chama do desejo.* *vtd* **3** Apagar, desvanecer, dissipar: *O tempo mortificou o ciúme doentio.* *vtd* e *vpr* **4** Macerar(-se) (o corpo) com jejuns e penitências: *O seminarista mortifica-se com fortes golpes de chicote.* *vpr* **5** Afligir-se, atormentar-se.

mor.to (*lat mortuu*) *adj* **1** Que morreu; defunto, falecido. **2** Que deixou de existir. **3** Paralisado, sem movimento. **4** Diz-se do idioma que já não é falado. **5** Insensível ou indiferente a qualquer sentimento. **6** Diz-se do capital que não circula, ou que não está empregado. **7** Esquecido ou apagado na memória de alguém. • *sm* **1** Aquele que morreu. **2** Cadáver humano.

mo.ru.bi.xa.ba (*tupi morumbixáua*) *sm* Chefe de tribo indígena; cacique.

mo.sai.co (*ital mosaico*) *sm* **1** Desenho feito com embutidos de pequenas pedras de várias cores. **2** Pavimento feito de ladrilhos coloridos. **3** Arte de fazer obras desse gênero.

mos.ca (ô) (*lat musca*) *sf* **1** *Entom* Inseto díptero cujo tipo é a mosca doméstica, e cujas espécies são numerosíssimas. *Col: moscaria.* Voz: *zumbe, zune.* **2** Ponto ou círculo negro colocado no centro de um alvo.

mos.ca-va.re.jei.ra *sf bras Zool* Designação comum aos tipos de moscas com o tórax azul-esverdeado, que põem ovos na carne. *Pl: moscas-varejeiras.*

mos.ca.dei.ra (*moscada+eira*) *sf Bot* Árvore que produz a noz-moscada.

mos.car (*mosca+ar²*) *vint* **1** Fugir das moscas, como o gado. *vpr* **2** Desaparecer da presença de alguém; sumir-se: *Após aquelas revelações, moscou-se.* *vint* **3** Ser logrado ou enganado: *Comer mosca.*

mos.ca.tel (*cat moscatell*) *adj+sf* Diz-se da ou a variedade de uva muito doce e aromática e da qual há várias espécies. • *sm* O vinho dessa uva.

mos.ca-mor.ta *s m+f* Pessoa sem ânimo, sem vida. *Pl: moscas-mortas.*

mos.que.tão (*mosquete+ão²*) *sm* **1** Peça metálica para prender os relógios de algibeira à respectiva cadeia e para outros fins. **2** Fuzil de cano curto.

mos.que.te (ê) (*ital moschetto*) *sm ant*

Espingarda de infantaria, introduzida no século XVI, predecessora da espingarda moderna.

mos.que.tei.ro (*mosquete+eiro*) *sm ant* Soldado armado de mosquete.

mos.qui.ta.da (*mosquito+ada¹*) *sf* Grande número de mosquitos.

mos.qui.tei.ro (*mosquito+eiro*) *sm* Cortinado de proteção contra mosquitos.

mos.qui.to (*cast mosquito*) *sm Entom* Denominação genérica dada a vários tipos de insetos dípteros, de pequeno porte.

mos.tar.da (de *mosto*) *sf* **1** Semente da mostardeira. **2** Mostardeira. **3** Farinha no pó de mostarda, que serve como condimento, ou como medicamento.

mos.tar.dei.ra (*mostarda+eira*) *sf* **1** *Bot* Nome comum às plantas que produzem mostarda. **2** Vaso em que se serve o molho de mostarda.

mos.tei.ro (*gr monastérion*) *sm* Casa onde vivem em comunidade monges ou monjas.

mos.to (*lat mustu*) *sm* **1** Sumo da uva, antes de se completar a fermentação. **2** Suco, em fermentação, de qualquer fruta que contenha açúcar.

mos.tra (de *mostrar*) *sf* **1** Ato ou efeito de mostrar. **2** Exibição. **3** Aparência, aspecto. **4** Exemplar, modelo, tipo.

mos.tra.dor (*mostrar+dor*) *adj+sm* **1** Que ou o que mostra, revela, manifesta. **2** Diz-se do ou o dedo indicador. • *sm* **1** Quadrante do relógio onde estão marcadas as horas e os minutos. **2** Armário ou balcão envidraçado, no qual nas lojas estão expostos à vista do público os objetos destinados à venda; mostruário.

mos.trar (*lat monstrare*) *vtd* **1** Exibir, expor à vista, fazer ver: *Mostrou algumas de suas joias*. *vtd* **2** Dar sinal de; denotar, manifestar, significar: *Mostrar amizade*. *vtd* **3** Apontar, indicar. *vtd* **4** Aparentar, fingir, simular: *A jovem mostrava esperança*. *vpr* **5** Dar-se a conhecer; manifestar-se, revelar-se. *vpr* **6** Dar a conhecer ou revelar uma qualidade: *Mostrou-se exímio nadador*. *vpr* **7** Aparecer, deixar-se ver, expor-se às vistas de: *A donzela raramente se mostrava*. *vpr* **8** *pop* Exibir-se, pôr-se em evidência vaidosamente: *Gostava de se mostrar*. *vpr* **9** Apresentar-se com aspecto de, dar mostras de: *Mostrara-se bem informado*.

mos.tren.go (*monstro+engo*, com dissimilação) *sm* **1** Pessoa desajeitada, gorda e feia; pessoa disforme: *"Aqueles caricatos espelhos, que nos reduzem a mostrengos, esticados ou globosos."* (PE) **2** O que não serve para nada. *Var: monstrengo*.

mos.tru.á.rio (*cast muestrario*) *sm* **1** Lugar ou móvel em que se expõem mercadorias ao público; mostrador, vitrina. **2** Conjunto dessas mercadorias.

mo.te (*provençal mot*) *sm* **1** Epígrafe. **2** Assunto, motivo, tema.

mo.tel (*ingl mo(torist's ho)tel*) *sm* **1** Hospedaria de beira de estrada, destinada a motoristas e viajantes em trânsito. **2** Hotel de alta rotatividade para encontros amorosos.

mo.tim (*fr ant mutin*) *sm* **1** Distúrbio popular, movimento sedicioso da multidão. **2** Rebelião, revolta de militares contra seus superiores.

mo.ti.va.ção (*motivar+ção*) *sf* **1** Ato de motivar. **2** Exposição de motivos. **3** *Psicol* Conjunto de fatores psicológicos (conscientes ou inconscientes) de ordem fisiológica, intelectual ou afetiva, que agem entre si e determinam a conduta de um indivíduo.

mo.ti.var (*motivo+ar*) *vtd* **1** Expor os motivos, ou explicar as razões de; fundamentar: *Ele motivou a sua decisão*. *vtd* **2** Dar motivo a, ocasionar, ser causa de: *Motivar ciúmes, motivar desagrados*. *vtd* **3** Despertar o interesse em: *O professor motivou os alunos*. *vtd* e *vti* **4** Incentivar: *O chefe motivou-o para a função*.

mo.ti.vo (*lat motivu*) *adj* **1** Que move ou serve para mover; movente, motor. **2** Que é princípio ou origem de alguma coisa. • *sm* **1** Causa, razão. **2** Alvo, intenção. **3** *Mús* Pequena frase musical que constitui o tema de uma composição.

mo.to¹ (*lat motu*) *sm* **1** Movimento, giro. **2** Andamento musical, mais ou menos rápido.

mo.to² (*red* de *motocicleta*) *sf* Abreviatura de *motocicleta*.

moto-boy (*móto-bói*) (*ingl*) *sm gír* Rapaz que faz pequenas entregas de motocicleta. *Pl: moto-boys. Fem: moto-girl*.

mo.to.ca (de *motocicleta*) *sf pop* Motocicleta.

mo.to.ci.cle.ta (*moto²+ciclo+eta*) *sf* Veículo de duas rodas movido por motor de explosão.

mo.to.ci.clis.mo (*moto²+ciclo+ismo*) *sm* Transporte ou esporte em motocicleta.

mo.to.ci.clis.ta (*moto²+ciclo+ista*) *s m+f* Pessoa que conduz uma motocicleta.

motocross (*mótocrós*) (*ingl*) *sm* Esporte que consiste em corrida de motos em pista com obstáculos, normalmente em piso de terra, em local circunscrito.

mo.to.quei.ro (*motoca+eiro*) *adj+sm pop* Diz-se do ou o indivíduo que anda de motocicleta.

mo.tor (*lat motore*) *adj* **1** Que faz mover. **2** Causador ou determinante. **3** Relativo ou pertencente a movimento muscular ou que o envolve: *Atividade motora*. **4** Diz-se dos nervos que comandam os movimentos. *Fem: motora+motriz.* • *sm* **1** Pessoa ou coisa que dá impulso ou imprime movimento. **2** *Mec* Tudo o que imprime movimento a um maquinismo. **3** *Mec* Máquina que transforma qualquer energia em energia mecânica.

mo.to.ris.ta (*motor+ista*) *s m+f* **1** Pessoa que dirige um veículo motorizado. **2** Pessoa que dirige um automóvel.

mo.to.ri.za.ção (*motorizar+ção*) *sf* Ato ou efeito de motorizar.

mo.to.ri.zar (*motor+izar*) *vtd* **1** Instalar motor ou motores em: *Motorizei minha bicicleta. vpr* **2** Munir-se de veículo motorizado: *Logo que consegui o aumento de salário, tratou de motorizar-se.*

mo.tor.nei.ro (*motor+eiro*) *sm* **1** Aquele que dirige um motor. **2** Aquele que dirige o bonde.

mo.tos.ser.ra (*motor+serra*) *sf* Serra provida de motor, geralmente utilizada para a extração de madeira.

mo.triz (*lat motrix*) *adj+sf* **1** Feminino de *motor*. **2** Diz-se da ou a força que dá movimento.

mou.co *adj+sm* **1** Que ou aquele que não ouve nada; surdo. **2** Que ou aquele que não tem o sentido do ouvido muito apurado. *Aum: moucarrão.*

mou.rão (*cast morón*) *sm* **1** Vara mais grossa, à qual se prendem horizontalmente outras varas mais finas, formando uma espécie de grade. **2** Poste mais grosso, geralmente de madeira ou concreto, fixado verticalmente, no qual se pregam telas ou fios de arame para se formar uma cerca.

mou.ris.co (*mouro+isco*) *adj* Mouro: "*Habitava palacete próprio, de estilo mourisco.*" (ANA) • *sm* Indivíduo mouro.

mou.ro (*lat mauru*) *adj* **1** Que diz respeito aos mouros; mourisco. **2** Designativo do cavalo escuro mesclado de branco. • *sm* **1** *V muçulmano.* **2** Natural da antiga Mauritânia (África ocidental). **3** *fig* Indivíduo que trabalha muito.

mouse (*mawz*) (*ingl*) *sm Inform* Equipamento periférico, operado manualmente; colocado sobre uma superfície plana, que, conectado ao computador, auxilia no processo de entrada de dados e cuja função é deslocar o cursor pela tela para clicar, indicar, arrastar, selecionar opções, assim como utilizar outros elementos de interface, por meio de botões com funcionalidades específicas.

mo.ve.di.ço (*mover+diço*) *adj* **1** Que facilmente se move. **2** Pouco firme. **3** Que tem pouca estabilidade. **4** Que não está fixo; solto. **5** Portátil. *Antôn* (acepções 1, 2, 3 e 4): *firme, estável.*

mó.vel (*lat mobile*) *adj m+f* **1** Que se pode mover; que não está fixo; movediço. **2** Caracterizado por extremo grau de fluidez, como o mercúrio. **3** Inconstante, variável, volúvel. • *sm* **1** Causa motriz; motor. **2** Causa de qualquer ação. **3** Qualquer peça de mobiliário. *sm pl* **4** Todos os objetos materiais que não são bens imóveis e todos os direitos a eles inerentes.

mo.ve.la.ri.a (*móvel+aria*) *sf* Estabelecimento comercial onde se fabricam e vendem móveis.

mo.ve.lei.ro (*móvel+eiro*) *sm* Fabricante ou vendedor de móveis.

mo.ver (*lat movere*) *vtd* **1** Dar ou imprimir movimento a; pôr em movimento: *Mover* uma manivela. *vtd* **2** Realizar movimentos com; mexer: *Mover os braços, as pernas*. *vtd* **3** Fazer sair do lugar; afastar, deslocar: *Apesar do esforço despendido, não conseguiu mover a grande pedra*.

mo.vi.men.ta.ção (*movimentar+ção*) *sf* Ato de movimentar; movimento.

mo.vi.men.tar (*movimento+ar*[1]) *vtd* **1** Dar movimento ou animação a: *Movimentar um espetáculo*. *vtd* e *vpr* **2** Mover(-se), pôr(-se) em movimento: *Movimenta-se com graça*.

mo.vi.men.to (*lat movimentu*) *sm* **1** Ato de mover ou de se mover. **2** Mudança de lugar ou de posição; deslocamento. **3** Ação, animação, variedade. **4** *Mús* Cada uma das partes de uma composição musical. **5** Série de atividades organizadas por pessoas que trabalham em conjunto para alcançar determinado fim.

mo.vi.o.la (*móvel+ola*) *sf Cin* Equipamento utilizado para edição de filmes e sincronização do som.

MPB *sf* Sigla de *Música Popular Brasileira*.

mu.am.ba (*quimbundo muamba*) *sf pop* **1** Produto comercializado ilegalmente. **2** Contrabando. **3** Produto do contrabando.

mu.am.bei.ro (*muamba+eiro*) *sm pop* **1** Homem fraudulento. **2** Indivíduo que negocia objetos roubados ou contrabandeados.

mu.ar (*lat mulare*) *adj m+f* Que é da raça do burro. • *sm* Animal pertencente à raça dos burros.

mu.ca.ma (*quimbundo mukama*) *sf* Escrava negra de estimação, escolhida para ajudar nos serviços caseiros ou para acompanhar pessoas da família ou para servir de ama de leite.

mu.ça.re.la (*ital mozzarella*) *sf* Queijo de origem italiana, de consistência macia e sabor suave. *Var*: *mozarela*.

mu.ci.la.gem (*lat mucilagine*) *sf Bot* Substância gelatinosa que contém proteína e polissacarídeos, obtida especialmente de invólucros de sementes de várias plantas.

mu.co (*lat mucu*) *sm* **1** Qualquer humor viscoso, segregado de membranas mucosas. **2** Umidade das mucosas do nariz; mucosidade nasal; monco.

mu.co.sa (*fem de mucoso*) *sf Anat* Tecido epitelial que forra certas cavidades do corpo (canal digestivo, vias respiratórias, condutos excretores do aparelho geniturinário, orelha média e saco conjuntivo do olho) e que segrega muco.

mu.co.si.da.de (*mucoso+i+dade*) *sf* **1** Qualidade ou estado do que é mucoso. **2** *Med* Excessiva produção de muco, causada por irritação infecciosa ou alérgica da mucosa.

mu.co.so (ó) (*lat mucosu*) *adj* **1** *Anat* Que produz ou segrega muco: "*O focinho é bom, largo, mucoso.*" (AVE) **2** Que é da natureza do muco: "*Os constituintes das células do estrato mucoso.*" (ELE) **3** Que pertence ou se refere a mucosidades. *Pl*: *mucosos* (ó).

mu.çul.ma.nis.mo (*muçulmano+ismo*) *sm V islamismo*.

mu.çul.ma.no (*persa musalmân*, pelo *fr*) *adj* Referente ao muçulmanismo.

mu.da[1] (*de mudar*) *sf* **1** Ato ou efeito de mudar ou mudar-se. **2** Renovação das penas, do pelo, da pele etc. por que alguns animais passam em determinadas épocas. **3** Planta tirada do viveiro ou de uma planta maior, para plantação definitiva.

mu.da[2] (*lat muta*) *sf* **1** Feminino de *mudo*. **2** Mulher privada de falar, por defeito orgânico.

mu.dan.ça (*mudar+ança*) *sf* **1** Ação ou efeito de mudar. **2** Ação ou efeito de fazer passar ou transportar alguém ou alguma coisa de um lugar para outro. **3** Modificação ou alteração de sentimentos ou atitudes. **4** Substituição.

mu.dar (*lat mutare*) *vtd* **1** Deslocar, dispor de outro modo, remover para outro lugar: *Mudamos o sofá para o escritório*. *vtd* **2** Desviar: *Mudar a rota, o itinerário*. *vtd* **3** Substituir: *Mudou a fechadura da porta arrombada*. *vtd* **4** Cambiar, trocar, variar. *vti* e *vint* **5** Alterar-se, tornar-se diferente, física ou moralmente: *Ninguém muda da noite para o dia*. *vint* **6** Tomar outra direção: *O vento mudou*. *vtd, vti, vint* e *vpr* **7** Instalar(-se), transferir(-se) para outro prédio, local ou cidade: *Mudarão a loja para outro bairro.*

mu.dez (*mudo+ez*) *sf* **1** Estado ou qualidade de quem é mudo. **2** Incapacidade de articular palavras. **3** Quietude, silêncio.

mu.do (*lat mutu*) *adj* **1** Diz-se de quem, por defeito orgânico, está privado do uso da fala. **2** Calado voluntariamente. **3** Silencioso, tranquilo. **4** *Gram* Diz-se da letra ou sílaba que se escreve, mas não se pronuncia. • *sm* Indivíduo que se encontra privado da faculdade de falar.

mu.gi.do (*part* de *mugir*) *sm* **1** Voz dos bovídeos, especialmente da vaca. **2** Som que se assemelha a essa voz.

mu.gir (*lat mugire*) *vint* **1** Dar, soltar mugidos (o boi ou qualquer animal bovídeo). **2** Bramir, soltar gritos semelhantes a mugidos. **3** Bramir, fazer grande estrondo, soprar fortemente (o mar, o vento etc.): *O vento mugia alto durante a tempestade.* Conjuga-se como *dirigir*. Em sentido próprio é empregado somente nas 3as pessoas.

mui (*lat multu*) *adv* Forma apocopada de *muito*, empregada apenas antes de adjetivos e advérbios terminados em *-mente*.

mui.to (*lat multu*) *adj* **1** Que é em grande número ou em abundância. **2** Demasiado, excessivo. • *adv* **1** Excessivamente, profundamente. **2** Abundantemente, em grande quantidade. **3** Com grande intensidade ou força.

mu.la (*lat mula*) *sf Zool* Fêmea do mulo. *Mula sem cabeça:* conforme a crença popular, amante de padre que se transforma em uma mula decapitada e assombra as pessoas.

mu.la sem ca.be.ça Ver definição em *mula*.

mu.la.ti.nho (*lat mulato+inho*) *sm* **1** Diminutivo de *mulato*. **2** Variedade de feijão.

mu.la.to (de *mulo*) *sm* **1** Mestiço das raças branca e negra. **2** Aquele que é escuro ou trigueiro. **3** Cor de pelo do gado, laranja no dorso e preto no resto.

mu.le.ta (*ê*) (*cast muleta*) *sf* **1** Bordão com uma travessa na extremidade superior, que serve de apoio para caminhar. **2** Aquilo que moralmente serve de apoio, arrimo ou argumento.

mu.lher (*lat muliere*) *sf* **1** Feminino de *homem.* **2** Esposa. **3** Pessoa adulta do sexo feminino.

mu.lhe.ren.go (*mulher+engo*) *adj+sm* **1** Que ou o que está sempre tentando conquistar amorosamente as mulheres. **2** *gír* Galinha.

mu.lhe.ri.o (*mulher+io²*) *sm pop* **1** As mulheres. **2** Grande número de mulheres.

mu.lher-ma.cho *sf* **1** Mulher que apresenta qualidades e coragem de homem. **2** Lésbica. *Pl: mulheres-machos.*

mu.lher-ob.je.to *sf* A mulher considerada como mera fonte de prazer. *Pl: mulheres-objeto.*

mu.lher.zi.nha (*dim* de *mulher*) *sf* **1** Nome pejorativo que se dá ao homem efeminado. **2** *deprec* Mulher à toa, sem valor: *"A mulherzinha é atrevida, atravessa as ruas sem olhar, e carro que jamais parou no sinal vermelho freia para ela passar."* (EST)

mu.lo (*lat mulu*) *sm Zool* Mamífero estéril, resultante do cruzamento de jumento com égua ou de cavalo com jumenta.

mul.ta (de *multar*) *sf* Ato ou efeito de multar; pena pecuniária a quem infringe leis ou regulamentos.

mul.tar (*lat mulctare*) *vtd* Aplicar multa a: *Multar infratores da lei.*

mul.ti.ce.lu.lar (*multi+celular*) *adj m+f Bot* Que tem muitas células. *Antôn: unicelular.*

mul.ti.co.lor (*multi+lat colore*) *adj m+f* Que tem muitas cores; polícromo. *Var: multicor.*

mul.ti.dão (*lat multitudine*) *sf* **1** Aglomeração ou grande ajuntamento de pessoas ou coisas. **2** O povo. **3** Abundância, cópia, profusão.

mul.ti.dis.ci.pli.nar (*multi+disciplinar*) *adj m+f* Relativo ou pertencente a muitas disciplinas.

mul.ti.fa.ce.ta.do (*multi+facetado*) *adj* Que apresenta muitas facetas.

mul.ti.fo.cal (*multi+focal*) *adj m+f* Relativo a ou que tem vários focos.

mul.ti.for.me (*lat multiforme*) *adj m+f* **1** Que tem muitas formas ou aspectos;

polimorfo. **2** Que se manifesta de várias maneiras.

mul.ti.lín.gue (*multi+língua*) *adj m+f* Que tem ou fala muitas línguas.

mul.ti.mí.dia (*multi+mídia*) *sf Inform* Sistema que combina som, imagens estáticas, animação, vídeo e textos, com funções educativas, entre outras.

mul.ti.mi.li.o.ná.rio (*multi+milionário*) *adj+sm* Que ou aquele que é muitas vezes milionário; que é riquíssimo.

mul.ti.na.ci.o.nal (*multi+nacional*) *adj m+f* Que é do interesse de mais de uma nação. • *sf* Empresa multinacional.

mul.ti.pli.ca.ção (*lat multiplicatione*) *sf* **1** Ato ou efeito de multiplicar. **2** Reprodução. **3** Operação aritmética que consiste em repetir um número, chamado *multiplicando*, tantas vezes quantas são as unidades de outro, chamado *multiplicador*, para achar um terceiro, que representa o produto dos dois.

mul.ti.pli.ca.dor (*multiplicar+dor*) *adj* Que multiplica. • *sm* **1** *Arit* Número que designa quantas vezes se há de tomar outro como parcela. **2** Vidro ou espelho que dá simultaneamente muitas imagens do mesmo objeto.

mul.ti.pli.can.do (*lat multiplicandu*) *sm* Fator de que se forma o produto, na multiplicação.

mul.ti.pli.car (*lat multiplicare*) *vtd* **1** *Arit* Repetir (um número) tantas vezes quantas são as unidades de (outro): *Multiplicar 90 por 35. vtd* **2** Aumentar o número de; apresentar ou produzir em grande quantidade: *Multiplicou citações. vtd* **3** Aumentar de intensidade. *vint* **4** *Arit* Efetuar a operação da multiplicação.

mul.ti.pli.ca.ti.vo (*lat multiplicativu*) *adj* Que multiplica ou serve para multiplicar.

múl.ti.plo (*lat multiplu*) *adj* **1** Que não é simples ou único. **2** *Arit* Diz-se do número que contém outro duas ou mais vezes exatamente. • *sm* Número múltiplo.

mú.mia (*ár mûmîyya*) *sf* **1** Cadáver dessecado e embalsamado. *fig* **2** Pessoa muito magra. **3** Indivíduo sem energia.

mu.mi.fi.ca.ção (*mumificar+ção*) *sf* **1** Ato ou efeito de mumificar. **2** Estado de múmia ou de mumificado.

mu.mi.fi.car (*múmia+ficar*) *vtd+vpr* Transformar(-se) em múmia: *Os egípcios mumificavam os defuntos.*

mun.da.na (*fem* de *mundano*) *sf* Meretriz, prostituta.

mun.da.nis.mo (*mundano+ismo*) *sm* **1** Vida mundana. **2** Hábito ou sistema dos que só procuram prazeres materiais.

mun.da.no (*lat mundanu*) *adj* **1** Que pertence ou se refere ao mundo (encarado pelo lado material e transitório). **2** Dado aos prazeres, aos gozos do mundo; muito afeiçoado aos gozos materiais. *Antôn* (acepção 2): *espiritual*.

mun.dão (*mundo+ão²*) *sm* **1** Grande extensão de terras. **2** Grande quantidade de pessoas, animais ou coisas.

mun.da.réu (de *mundo*) *sm* **1** Mundo grande. **2** *V mundão*.

mun.di.al (*lat mundiale*) *adj m+f* Que diz respeito ao mundo, ao maior número de seus países; universal.

mun.do (*lat mundu*) *sm* **1** A Terra e os astros considerados como um todo organizado; o Universo. **2** O globo terrestre; a Terra. **3** Tudo o que existe na Terra. **4** A humanidade, o gênero humano, os homens em geral. **5** Grande quantidade de pessoas, de coisas etc.

mun.gir (*lat mulgere*) *vtd* Extrair (o leite) das tetas de; ordenhar: "*Dona Caropita – mulher de pouca educação e briguenta – mungia, distraída, as tetas de suas cabras.*" (ANA) Conjuga-se como *dirigir*.

mun.gun.zá (*quimbundo mukunzá*, milho cozido, com dissimilação) *sm Reg* (Nordeste) *Cul V canjica*.

mu.nhe.ca (*cast muñeca*) *sf* **1** Ponto de junção da mão com o braço; pulso. **2** *pop* Pessoa avarenta, sovina.

mu.ni.ção (*lat munitione*) *sf* **1** Fortificação de uma praça. **2** Cartuchos, projéteis.

mu.ni.ci.pal (*lat municipale*) *adj m+f* Pertencente ou relativo ao município ou à municipalidade.

mu.ni.ci.pa.li.da.de (*municipal+i+dade*) *sf* **1** Câmara municipal; prefeitura. **2** Circunscrição de área que compõe um município.

mu.ni.ci.pa.lis.mo (*municipal+ismo*) *sm* **1** Sistema político que pretende a maior autonomia possível para os municípios. **2** Sistema de administração que atende especialmente à organização e prerrogativas dos municípios.

mu.ni.ci.pa.li.za.ção (*municipalizar+ção*) *sf* Ato ou efeito de municipalizar.

mu.ni.ci.pa.li.zar (*municipal+izar*) *vtd* **1** Tornar municipal. **2** Colocar a cargo do município: *Municipalizar uma escola.*

mu.ní.ci.pe (*lat municipe*) *adj e s m+f* Diz-se de ou cada um dos cidadãos de um município.

mu.ni.cí.pio (*lat municipiu*) *sm* Circunscrição territorial administrada nos seus próprios interesses por um prefeito, que executa as leis emanadas do corpo de vereadores eleitos pelo povo.

mu.nir (*lat munire*) *vtd* **1** Abastecer de munições; prover do necessário para a defesa ou o combate: *Munir um batalhão, um quartel.* *vpr* **2** Armar-se, prevenir-se: *Muniu-se de documentos para defender-se das acusações.* *vpr* **3** Abastecer-se, prover-se do necessário: *Munir-se de víveres.* Conjuga-se como *partir*.

mu.que (*corr de músculo*) *sm pop* **1** Bíceps braquial. **2** Força muscular.

mu.qui.ra.na (*tupi mokyrána*) *s m+f* Sovina, avaro.

mu.ral (*lat murale*) *sm* **1** *Pint* Quadro pintado diretamente num muro ou parede. **2** Quadro fixado numa parede, destinado a avisos e informações gerais.

mu.ra.lha (*lat muralia*) *sf* **1** Forte muro defensivo de uma fortaleza ou praça de armas. **2** Muro ou parede de grande espessura e altura.

mu.rar (*muro+ar¹*) *vtd* **1** Fechar com muro ou muros: *Murou o terreno que comprara.* *vtd* **2** Servir de muro a: *Uma cerca de bambus murava a casa.*

mur.cha (de *murchar*) *sf* **1** Ação ou efeito de murchar. **2** *Bot* Perda de turgescência dos tecidos foliares e das partes suculentas dos ramos das plantas.

mur.char (*murcho+ar¹*) *vtd* **1** Tornar murcho. *vtd* **2** Tirar a energia, o vigor: *As notas ruins murcharam o ânimo do aluno.* *vint* e *vpr* **3** Perder o viço, a beleza, a cor ou o brilho: *A linda flor murchou.*

mur.cho *adj* **1** Que perdeu o viço, a cor ou a beleza. **2** Que perdeu a força, a energia ou a animação. **3** Abatido, pensativo, triste. Antôn (acepção 1): *viçoso*.

mu.re.ta (*muro+eta*) *sf* Pequeno muro, muro baixo.

mu.ri.á.ti.co (*muriato+ico²*) *adj* Diz-se do ácido clorídrico, formado pela combinação de hidrogênio e cloro, impuro.

mu.ri.ço.ca (*tupi murisóka*) *sf Zool* Mosquito.

mur.mu.ra.dor (*murmurar+dor*) *adj* Que produz murmúrio. • *adj+sm* Que ou aquele que diz mal do próximo; que ou aquele que é difamador ou maldizente.

mur.mu.rar (*lat murmurare*) *vint* **1** Produzir murmúrio, sussurrar: *Na quietude da noite apenas o vento murmurava.* *vint* **2** Lastimar-se, queixar-se em voz baixa, resmungar: *"O povo começa a murmurar. E não é para menos."* (RIR) *vtd* **3** Dizer em voz baixa, segredar: *"Um deles sorri e murmura qualquer coisa ao ouvido do outro."* (CVB)

mur.mú.rio (*lat med murmuriu*) *sm* **1** Som confuso, sussurro que produz a água corrente; a viração que agita as folhas das árvores etc. **2** Rumor surdo de muitas vozes juntas. **3** Sussurro.

mu.ro (*lat muru*) *sm* Parede forte que veda ou protege um recinto ou separa um lugar de outro.

mur.ro *sm* Pancada com a mão fechada; soco. *Aum*: *murraça*.

mu.sa (*gr moûsa*) *sf* **1** *Mit* Cada uma das nove deusas que presidiam as ciências e as artes. **2** A inspiração do poeta.

mus.cu.la.ção (*músculo+ar¹+ção*) *sf* **1** Conjunto das ações musculares. **2** Exercício dos músculos para ganho de massa muscular.

mus.cu.lar (*músculo+ar²*) *adj m+f* **1** Que diz respeito aos músculos. **2** Próprio dos músculos.

mus.cu.la.tu.ra (*muscular+ura*) *sf* **1** *Anat* Disposição e arranjo dos músculos no corpo do animal. **2** *Anat* Conjunto dos músculos do corpo humano.

mús.cu.lo (*lat musculu*) *sm* **1** *Anat* Massa

musculoso   596   **mutuar**

de fibras contráteis de função motora; órgão fibroso contrátil destinado a operar movimentos, sob a influência da vontade ou de uma excitação orgânica ou mecânica. **2** Energia, força, rijeza.

mus.cu.lo.so (ô) (lat musculosu) adj **1** Que tem a natureza dos músculos. **2** Que tem músculos fortes e desenvolvidos. **3** Forte, robusto, vigoroso. Pl: musculosos (ó).

mu.se.o.lo.gi.a (museo+logo+ia¹) sf Ciência que se ocupa da reunião, arranjo, cuidado etc. dos objetos destinados ou pertencentes a museus.

mu.se.ó.lo.go (museo+logo) sm Aquele que se ocupa de museologia.

mu.seu (gr mouseîon) sm **1** Coleção de objetos de arte, cultura, ciências naturais, etnologia, história, técnica etc. **2** Lugar destinado ao estudo e principalmente à reunião desses objetos.

mus.go (lat muscu) sm Bot Vegetal diminuto que forma uma camada de limo nos lugares úmidos, na superfície das pedras e no tronco das árvores.

mus.go.so (ô) (lat muscosu) adj **1** Coberto de musgo. **2** Que produz musgo: "Vales tufados de mato musgoso." (SA) Pl: musgosos (ó).

mú.si.ca (lat musica) sf **1** Arte e técnica de combinar sons de maneira agradável ao ouvido. **2** Composição musical. **3** Coleção de papéis ou livros em que estão escritas as composições musicais.

mu.si.cal (música+al¹) adj m+f **1** Que diz respeito à música. **2** Harmonioso; agradável ao ouvido. • sm Cin, Teat e Telev Espetáculo ou filme musical.

mu.si.ca.li.da.de (musical+i+dade) sf Qualidade de musical.

mu.si.car (música+ar¹) vtd **1** Colocar música em um texto: Musicar uma peça de teatro. vint **2** Tocar instrumento musical. Cf música.

mu.si.cis.ta (músico+ista) s m+f **1** Pessoa que aprecia a música. **2** Pessoa especialista em assuntos musicais.

mú.si.co (lat musicu) adj Pertencente ou relativo à música; musical. • sm **1** Aquele que sabe música. **2** Aquele que exerce a arte da música; que faz música. **3** Membro de uma banda ou orquestra.

mus.se (fr mousse) sf Cul Iguaria doce ou salgada, de consistência leve e cremosa, feita à base de um ingrediente (chocolate, frutas, queijo, camarão) ao qual se adicionam claras de ovos batidas e/ou gelatina.

A palavra **musse** é feminina.
A musse de maracujá estava deliciosa.

mus.se.li.na (fr mousseline) sf Tecido fino, leve e transparente, próprio para vestidos femininos.

mu.ta.ção (lat mutatione) sf **1** Ato ou efeito de mudar. **2** Mudança ou alteração, física ou moral. **3** Biol Variação hereditária, súbita e espontânea, em um indivíduo geneticamente puro.

mu.tan.te (do lat mutare) adj m+f Genét **1** Relativo ou pertencente a mutação. **2** Produzido por mutação. • s m+f Pessoa mutante, que está sofrendo mutação.

mu.tá.vel (lat mutabile) adj m+f **1** Suscetível de ser mudado, sujeito a mudança, a mutação: "Se a visão cresce, o obstáculo é mutável." (TTE) **2** Volúvel. Var: mudável.

mu.ti.la.ção (mutilar+ção) sf **1** Ato ou efeito de mutilar. **2** Dano.

mu.ti.lar (lat mutilare) vtd **1** Cortar, decepar, retalhar qualquer parte exterior do corpo de: "Passa a uma vida de crimes terríveis, mutilando os inimigos." (ESB) vtd **2** Cortar ou destruir parte de; truncar: "Teve de mutilar seus sentimentos, teve de assumir a triste condição." (PCO) vpr **3** Realizar em si próprio qualquer mutilação: Mutilava-se num ato de desespero. vint **4** Realizar mutilações.

mu.ti.rão (tupi motiró) sm **1** Reunião de lavradores com a finalidade de ajudar, gratuitamente, um amigo ou vizinho a capinar, roçar, plantar ou executar outros trabalhos da lavoura. **2** Trabalho braçal e voluntário feito por um grupo para benefício da comunidade ou de um de seus membros.

mu.tis.mo (lat mutu+ismo) sm **1** Qualidade de mudo; mudez. **2** Estado de quem não pode ou não quer exprimir o seu pensamento.

mu.tre.ta (de treta) sf gír Logro, trapaça, ardil.

mu.tu.ar (lat mutuari) vtd **1** Dar ou receber

por empréstimo: *Mutuar dinheiro, mutuar livros*. *vtd* e *vpr* **2** Trocar entre si, permutar: *Os irmãos, unidos que eram, mutuavam conselhos*.

mu.tu.á.rio (*lat mutuariu*) *sm* **1** Aquele que recebe alguma coisa por mútuo; que toma um empréstimo. **2** Aquele que paga prestação da casa própria.

mu.tu.ca (*tupi mutúka*) *sf Entom* Denominação popular das moscas ou insetos sugadores de sangue, que dão ferroadas momentaneamente dolorosas.

mú.tuo (*lat mutuu*) *adj* **1** Que se faz reciprocamente entre duas ou mais pessoas; recíproco. 2 Que se permuta entre duas ou mais pessoas.

n

n (*ene*) (*lat en*) *sm* Décima quarta letra do alfabeto português, consoante.

na[1] Combinação da preposição *em* e do artigo *a*.

na[2] *pron* Forma feminina de *no*[2], depois de sílaba nasalada: *Visitam-na, trazem-na*.

na.ba.bo (*hind navab* do *ár nuwab*) *sm* Indivíduo muito rico, que vive na opulência: *"Ele vive uma vida de nababo."* (FSP)

na.bo (*lat napu*) *sm* Bot Planta cuja raiz carnuda se emprega como alimento.

na.ção (*lat natione*) *sf* **1** Agrupamento de pessoas que habitam o mesmo território, falam a mesma língua, têm os mesmos costumes, obedecem à mesma lei e são, geralmente, da mesma raça. **2** O povo de um país. **3** O governo do país; o Estado. **4** A pátria, o país natal.

ná.car (*ár vulg naqar*) *sm* **1** Substância branca, com brilho dos tons do arco-íris, que reveste conchas; madrepérola. **2** Cor de carmim, cor-de-rosa. *Pl*: nácares.

na.ca.rar (*nácar*+*ar*[1]) *vtd* Dar aspecto ou cor de nácar a.

na.ci.o.nal (*lat natione*+*al*[1]) *adj m*+*f* Que pertence ou se refere a uma nação. • *sm* Indivíduo natural de um país. Antôn: estrangeiro.

na.ci.o.na.li.da.de (*nacional*+*i*+*dade*) *sf* **1** Qualidade de nacional; naturalidade. **2** Conjunto de pessoas da mesma origem ou pelo menos com uma história e tradições comuns.

na.ci.o.na.lis.mo (*nacional*+*ismo*) *sm* **1** Preferência por tudo o que é próprio da nação a que se pertence. **2** Patriotismo.

na.ci.o.na.li.za.ção (*nacionalizar*+*ção*) *sf* Ato ou efeito de nacionalizar(-se).

na.ci.o.na.li.zar (*nacional*+*izar*) *vtd* e *vpr* **1** Tornar(-se) nacional; naturalizar(-se): *Nacionalizar termos estrangeiros*. *vtd* **2** Estatizar: *O presidente pretende nacionalizar as multinacionais*.

na.ci.o.nal-so.ci.a.lis.mo V *nazismo*. *Pl*: nacional-socialismos.

na.co (*lat naucu*) *sm* Pedaço de qualquer coisa (geralmente se refere a algo que se come): *"A criançada pulava para o terreno ainda mastigando um naco de pão."* (CG); *"Ela quase me arrancava nacos de pele, pois levava-me aos beliscões."* (BAL)

na.da (*lat nata*) *pron indef* Nenhuma coisa. • *sm* **1** Coisa nenhuma. **2** Coisa vã, nula: *Brigam sempre por nada!* **3** Alguma coisa; um pouco: *Foi por um nada que eu não caí naquele buraco*. • *adv* De modo nenhum; não.

na.da.dei.ra (*nadar*+*deira*) *sf* **1** Zool Barbatana dos peixes. **2** Pé de pato.

na.da.dor (*nadar*+*dor*) *adj* **1** Que nada ou sabe nadar. **2** Que serve para nadar. • *sm* Aquele que nada.

na.dar (*lat natare*) *vint* **1** Sustentar-se e mover-se à superfície da água: *Afogou-se porque não sabia nadar*. *vint* **2** Boiar, flutuar: *Nadavam vitórias-régias na correnteza*. *vti* **3** Ter em abundância (dinheiro, bens): *Nadar em ouro*.

ná.de.ga (*lat vulg natica*) *sf* **1** Anat A porção carnuda e arredondada da parte posterior da coxa. *sf pl* **2** Nome dado ao conjunto dessas duas porções que formam a parte superior e traseira das coxas; assento, bunda, bumbum, padaria, traseiro.

na.do (de *nadar*) *sm* **1** Ato de nadar. **2** Espaço que se nadou ou se pode nadar de uma vez.

naf.ta (gr *náphtha*) sf Quím Combinação de várias misturas hidrocarbonadas líquidas, destiladas do petróleo, que se evaporam com facilidade.

naf.ta.le.no (*naftál*(ico)+*eno²*) sm Quím Hidrocarboneto cristalino aromático, extraído do alcatrão de hulha.

naf.ta.li.na (*nafta*+*ina*) sf Nome comercial do *naftaleno*, industrializado, que é usado para proteger as roupas contra as traças e insetos.

na.gô (jéje *anago*) adj m+f Diz-se de uma casta de negros. • adj e s m+f Ioruba.

nái.lon (ingl *nylon*) sm 1 Material sintético muito usado na indústria têxtil. 2 Tecido feito com esse material. *Var: nylon.*

nai.pe (ár *naib*) sm 1 Símbolo de cada grupo de cartas de um baralho (ouros, copas, espadas e paus): *"Com cinco cartas de naipe não se abre sem trunfo."* (SM) 2 fig Espécie, condição, qualidade: *"Coleções de selos pertencentes a personalidades do naipe da rainha da Inglaterra."* (FIL)

na.ja (hind *nâg*) sf Herp Gênero de serpente muito venenosa, da África e da Ásia, que dilata a pele do pescoço quando se enraivece.

nam.bu (tupi *inambú*) sm Nome comum dado a várias aves muito frequentes no Brasil. *Var: nhambu.*

na.mo.ra.dei.ra (*namorado*+*eira*) adj Que só pensa em namorar. • sf Moça ou mulher que gosta de namorar muito.

na.mo.ra.do (part de *namorar*) adj Que se namorou. • sm 1 Aquele que uma moça ou mulher namora. 2 *Ictiol* Nome de um peixe de água salgada.

na.mo.ra.dor (*namorar*+*dor*) adj+sm Diz-se do homem que gosta de namorar muito.

na.mo.rar (aférese de *enamorar*) vtd 1 Esforçar-se para conseguir o amor de: *Namorava-a desde que a conhecia.* vtd 2 Atrair, inspirar amor. vpr 3 Tornar-se enamorado; afeiçoar-se, apaixonar-se: *Foi numa festa que a moça se namorou do rapaz.* vtd 4 Fitar com afeto e/ou insistência: *Rosana ficava horas a namorar o vestido na vitrine.*

Esse verbo não admite o uso de preposição. Por isso, deve-se usar a regência direta.
Lúcia namora Paulo.

na.mo.ri.co (*namoro*+*ico¹*) sm Namoro por pouco tempo.

na.mo.ro (ô) (de *namorar*) sm 1 Ato ou efeito de namorar. 2 Galanteio.

na.na (de *nanar*) sf 1 Ato de nanar. 2 Canto para fazer uma criança adormecer.

na.nar (*nana*+*ar¹*) vint inf Dormir.

na.ni.co (lat *nanu*+*ico¹*) adj 1 Pequeno de corpo; que tem figura de anão: *"O velho Lessa era um homem assinzinho... nanico, retaco, corado."* (CG) 2 De baixa qualidade, inferior: *"Leva um joelhaço porque é da imprensa nanica."* (ANB) • sm Indivíduo de baixa estatura: *O nanico brigou porque queria furar a fila. Antôn: alto.*

na.nis.mo (lat *nanu*+*ismo*) sm Med Anomalia causada pela parada prematura do crescimento.

nan.quim (de *Nanquim*, np) sm 1 Tecido de algodão, amarelo-claro, fabricado originariamente em Nanquim (China). 2 Tinta preta utilizada especialmente para desenhos, aquarelas etc. • adj Diz-se da cor amarelada, semelhante à do tecido do mesmo nome.

não (lat *non*) adv Expressão de negação, de contrário. • sm Negativa, recusa: *Nunca aceito não como resposta. Não me toques*, fig: pessoa muito sensível, que se melindra facilmente: *"Sabiam que não podiam andar cheias de fricotes e dengos e não me toques."* (REA) *Antôn: sim.*
Pode-se repetir a negação somente quando o **não** vier mencionado *antes* das outras negativas.
Não fales nada.
Não tinham coisa nenhuma para fazer.
Não chegou ninguém.

não-me-to.ques sm *sing*+*pl* Bot Arbusto com espinhos muito aguçados e agrupados.

na.pa (top *Napa*) sf 1 Espécie de pelica muito fina e macia, feita de pele de carneiro, usada na confecção de luvas, roupas, bolsas etc. 2 Material sintético, semelhante à napa.

na.po.le.ô.ni.co (de *Napoleão*, np+*ico²*) adj 1 Que se refere a Napoleão Bonaparte (1769-

-1821), imperador dos franceses de 1804 a 1815. 2 Que se refere aos partidários de Napoleão ou ao seu sistema político.

na.po.li.ta.no (*lat napolitanu*) *adj* Que pertence ou se refere a Nápoles (Itália). • *sm* O habitante ou natural de Nápoles.

na.que.le Combinação da preposição *em* com o pronome demonstrativo *aquele*: *Naquele dia, preferiu sair com sua família.*

na.qui.lo Combinação da preposição *em* com o pronome demonstrativo *aquilo*.

nar.ci.sis.mo (*Narciso, np+ismo*) *sm* 1 Mania dos que se envaidecem demais ou se olham muito no espelho, como Narciso (veja verbete **narciso**). 2 Qualidade daqueles que se acham os melhores em tudo (mais lindos, mais inteligentes).

nar.ci.so (*gr Nárkissos*) *sm* 1 Homem muito vaidoso, enamorado de si mesmo (como o jovem Narciso, personagem da mitologia clássica que se apaixonou pela sua própria imagem refletida num lago). 2 *Bot* Planta ornamental de flores amarelas, bem perfumadas.

nar.có.ti.co (*gr narkotikós*) *adj* Que entorpece ou faz adormecer. • *sm* Entorpecente, droga.

nar.co.ti.zar (*narcótico+izar*) *vtd* 1 Aplicar narcótico a; drogar: *Os ladrões narcotizaram a vítima.* 2 Misturar narcótico em: *Narcotizaram o chá.*

nar.co.tra.fi.can.te (*narcó(tico)+traficante*) *s m+f* Traficante de narcóticos.

nar.co.trá.fi.co (*narco+tráfico*) *sm* Tráfico de narcóticos.

na.ri.gu.do (*lat vulg *naricae+udo¹*) *adj+sm* Que tem nariz grande.

na.ri.na (*fr narine*) *sf Anat* Cada uma das fossas nasais; venta.

na.riz (*lat naris*) *sm* 1 *Anat* Parte saliente do rosto, entre a testa e a boca, na qual se localiza o órgão do olfato. 2 *por ext* Olfato; faro. 3 A parte dianteira da fuselagem do avião.

nar.ra.ção (*lat narratione*) *sf* 1 Ato ou efeito de narrar. 2 Conto, narrativa. 3 Exposição verbal ou escrita de um ou mais fatos.

nar.ra.dor (*narrar+dor*) *adj+sm* Que narra.

nar.rar (*lat narrare*) *vtd* Contar, expor, referir, relatar: *Narraram-me o que sucedera.*

nar.ra.ti.va (*fem de narrativo*) *sf* 1 V *narração*. 2 Conto, história.

nar.ra.ti.vo (*lat narrativu*) *adj* 1 Que pertence ou se refere à narração: "*Vejo o conto como um instante narrativo dramático e intenso.*" (PAO) 2 Que tem característica de narração: "*Um certo poema narrativo.*" (EM)

na.sal (*naso+al¹*) *adj m+f* 1 Que pertence ou se refere ao nariz. 2 Diz-se do som, da letra ou da sílaba cuja emissão ou pronúncia é modificada pelo nariz. 3 Fanhoso. • *sf* 1 *Gram* Consoante nasal. *sm* 2 *Anat* Cada um dos dois ossos que formam a ponte do nariz.

na.sa.lar (*nasal+ar¹*) *vtd* Tornar nasal; pronunciar com som nasal: *Nasalar uma sílaba. Var: nasalizar.*

nas.ce.dou.ro (*nascer+douro*) *sm* 1 Lugar onde se nasce. 2 Princípio, origem: "*O mundo adulto era o nascedouro de meus medos.*" (ASA)

nas.cen.ça (*nascer+ença*) *sf* 1 Ato de nascer. 2 Origem, nascimento.

nas.cen.te (*lat nascente*) *adj m+f* 1 Que nasce. 2 Que começa. • *sm* 1 Lado onde nasce o Sol; este, leste, levante, oriente. *sf* 2 Lugar onde começa um curso d'água: *Nascente do rio.*

nas.cer (*lat vulg *nascere, por nasci*) *vint* 1 Vir à luz, sair do ovo ou do ventre materno: *Ontem nasceram os gêmeos da Aninera.* *vti* 2 Proceder, provir, derivar: *Aquela meiguice nascia do coração da menina.* *vti* 3 Ser fadado a; ter vocação ou aptidão para. *vint* 4 Brotar da terra; germinar: *Nascem as hortaliças.* *vint* 5 Começar a surgir no horizonte (os astros ou o dia): *Faz meia hora que o Sol nasceu.* *vti* 6 Aparecer, formar-se: *Nasceu-lhe uma espinha na ponta do nariz.*

nas.ci.men.to (*nascer+mento*) *sm* 1 Ato de nascer; nascença. 2 Aparecimento, começo, origem, princípio.

na.ta (*lat natta*) *sf* 1 Parte gordurosa do leite; creme. 2 *fig* A melhor parte de qualquer coisa, o que há de melhor: "*Jairo Sette pertenceu a uma nata de bailarinos* *que protagonizou momentos especiais da dança em São Paulo."* (FSP); *"A nata da intelectualidade paulistana naquela década."* (FSP) **3** Elite.

na.ta.ção (*lat natatione*) *sf* **1** Ação, exercício, esporte ou arte de nadar. **2** Maneira de se locomover própria dos animais aquáticos.

na.tal (*lat natale*) *adj m+f* Que se refere a nascimento. • *sm* **1** Dia do nascimento. **2 Natal** Dia em que se comemora o nascimento de Jesus Cristo, 25 de dezembro.

na.ta.lí.cio (*lat nataliciu* ou *natalitiu*) *adj* Que se refere ao dia do nascimento: *Aniversário natalício.*

na.ta.li.da.de (*lat natalitate*) *sf* Conjunto de nascimentos ocorridos em determinada época, lugar ou região.

na.ta.li.no (*natal+ino*[1]) *adj* Que se refere ao Natal ou às festas do Natal.

na.ti.mor.to (ô) (*lat natu+morto*) *sm* Aquele que nasceu morto. *Pl:* natimortos (ó).

na.ti.vi.da.de (*lat nativitate*) *sf* **1** Nascimento (especialmente de Jesus Cristo, ou da Virgem Maria, ou dos santos). **2 Natividade** Festa do nascimento de Cristo, da Virgem Maria ou dos santos.

na.ti.vis.mo (*nativo+ismo*) *sm* **1** Qualidade de nativista. **2** *Filos* Teoria das ideias inatas, independentemente da experiência.

na.ti.vis.ta (*nativo+ista*) *adj m+f* **1** Que se refere aos indígenas. **2** Favorável ou relativo aos indígenas ou às coisas da terra em que se nasceu: *"Euclides se declara nativista, manifestando desprezo por tudo o que é estrangeiro."* (FSP); *"um sentimento de orgulho nativista"* (DC) • *s m+f* Pessoa que defende os indígenas.

na.ti.vo (*lat nativu*) *adj* **1** Natural, original. **2** Próprio do lugar do nascimento. **3** Nacional. **4** Diz-se da planta que vegeta espontaneamente nos campos. **5** Aborígine, indígena. • *sm* Indivíduo que é natural de uma terra ou país.

na.to (*lat natu*) *adj* **1** Nascido; que nasceu. **2** Congênito, de nascença; inerente, natural.

na.tu.ra (*lat natura*) *sf poét* Natureza.

na.tu.ral (*lat naturale*) *adj m+f* **1** Que se refere à natureza; produzido pela natureza. **2** Espontâneo, simples. **3** Instintivo. **4** Diz-se do filho que foi gerado e nascido fora de um casamento. • *sm* **1** Indígena. **2** O simples, o que é de acordo com a natureza. **3** Índole, caráter. **4** Pessoa nascida em uma localidade.

na.tu.ra.li.da.de (*lat naturalitate*) *sf* **1** Qualidade do que é natural. **2** Simplicidade. **3** Local de nascimento; nacionalidade.

na.tu.ra.lis.mo (*natural+ismo*) *sm* **1** Estado do que é produzido pela natureza. **2** *Pint* Reprodução fiel da natureza. **3** *Lit* Corrente literária que retrata os aspectos humanos como resultado da natureza e de suas leis.

na.tu.ra.lis.ta (*natural+ista*) *adj m+f* **1** Que se refere ao naturalismo. **2** Baseado na natureza. • *s m+f* **1** Pessoa especializada em ciências naturais. **2** Aquele que segue o naturalismo na literatura, arte ou filosofia.

na.tu.ra.li.za.ção (*naturalizar+ção*) *sf* Ato pelo qual um estrangeiro se torna cidadão de um país que não é o seu.

na.tu.ra.li.zar (*natural+izar*) *vtd* **1** Dar a um estrangeiro os direitos dos cidadãos de um país: *O governo naturalizou vários imigrantes ilegais. vpr* **2** Tornar-se cidadão de um país estrangeiro; nacionalizar-se: *Naturalizou-se brasileiro. vtd* **3** Tornar nacional; nacionalizar: *Naturalizar um uso, um costume.*

na.tu.re.za (*natura+eza*) *sf* **1** Conjunto de todas as coisas criadas; o Universo. **2** Caráter, temperamento, índole. **3** *Biol* Conjunto dos seres que se encontram na Terra.

nau (*cat nau*) *sf* Grande embarcação de guerra ou mercante; navio: *"Tomei essa nau fantasma e vim singrando os mares rubro-verdes até aqui."* (FSP)

nau.fra.gar (*lat naufragare*) *vint* **1** Ir ao fundo (o navio): *A tempestade naufragou o navio. vint* **2** Sofrer naufrágio (os tripulantes). *vint* **3** *fig* Falhar, fracassar: *Naufragaram nossas esperanças.*

nau.frá.gio (*lat naufragiu*) *sm* **1** Afundamento de um navio ou embarcação. **2** *fig* Fracasso, prejuízo.

náu.fra.go (*lat naufragu*) *adj* Que naufragou ou sofreu naufrágio; naufragado. • *sm* Aquele que naufragou.

náu.sea (*lat nausea*) *sf* **1** Enjoo ou ânsia. **2** *Med* Ânsia acompanhada de vômito. **3** *fig* Nojo, repugnância.

nau.se.a.bun.do (*lat nauseabundu*) *adj* **1** Que causa náuseas. **2** Nojento, repugnante.

nau.se.ar (*lat nauseare*) *vtd* e *vint* **1** Provocar, produzir náuseas: *Aquela asquerosidade nauseia o público.* *vint* e *vpr* **2** Ter náuseas: *Nausear-se-ia, tentando ingerir o vermífugo.* *vtd* **3** Causar enjoo, tédio: *Torpe sensacionalismo, que nauseia o público.* Conjuga-se como *frear*.

náu.ti.co (*gr nautikós*) *adj* Referente à navegação.

na.val (*lat navale*) *adj m+f* **1** Que pertence ou se refere à navegação. **2** Diz-se da batalha entre navios.

na.va.lha (*lat navacula*) *sf* **1** Instrumento cortante que possui uma lâmina de aço e um cabo, o qual quando se fecha esconde a lâmina. **2** *fig* Língua maldizente, ferina. • *sm* **3** *pop* Motorista que dirige mal; barbeiro.

na.ve (*lat nave*) *sf* **1** Navio, nau. **2** Parte interior da igreja, desde a entrada até o santuário.

na.ve.ga.ção (*lat navigatione*) *sf* **1** Ato de navegar. **2** Percurso habitual que faz uma embarcação ou uma aeronave, de um porto ou de um aeroporto a outro. **3** Arte de navegar; náutica.

na.ve.ga.dor (*navegar+dor*) *adj* **1** Que navega. **2** Que sabe navegar. • *sm* **1** Aquele que navega. **2** Marinheiro que dirige habilidosamente um navio. **3** Aquele que é perito em navegação aérea. **4** *Inform* Utilitário de *software* que permite a um usuário acessar e pesquisar facilmente um texto.

na.ve.gar (*lat navigare*) *vti* e *vint* **1** Viajar pelo mar ou pelos grandes rios: *Apenas uma vez navegamos.* *vtd* **2** Atravessar, cruzar o mar, rios ou o espaço: *Navegar o Rio São Franscisco.* *vint* **3** *Inform* Percorrer um texto ou aplicação multimídia por meio de um *mouse*: *Navego pela Internet todos os dias.*

na.vi.o (*lat navigiu*) *sm* Embarcação que pode navegar sobre a superfície das águas. *Col: esquadra* (navios de guerra), *frota* (navios mercantes), *comboio* (navios de transporte).

na.vi.o-es.co.la *sm* Navio onde candidatos a tripulantes aprendem a arte da navegação. *Pl: navios-escola.*

na.za.re.no (*gr Nazarenós*) *adj* Que pertence ou se refere a Nazaré, cidade de Israel, na Galileia, onde viveu Jesus Cristo. • *sm* **1** O habitante ou natural de Nazaré. **2 Nazareno** Denominação dada a Jesus Cristo.

na.zi.fas.cis.ta *adj m+f* **1** Relativo ao nazismo e ao fascismo. **2** Que é partidário do nazismo e do fascismo. • *s m+f* Pessoa partidária do nazismo e do fascismo.

na.zis.mo (*nazi+ismo*) *sm* Partido e doutrina do movimento nacional-socialista alemão chefiado por Adolf Hitler (1889-1945), ditador da Alemanha (Europa) que defendia a supremacia da raça ariana.

na.zis.ta (*nazi+ista*) *adj m+f* Que se refere ao nazismo. • *s m+f* Adepto do partido nacional-socialista chefiado por Hitler.

ne.bli.na (*cast neblina*) *sf* **1** Névoa; nevoeiro. **2** Sombra, trevas.

ne.bu.li.za.dor (*nebulizar+dor*) *sm* Pulverizador que produz pequenas gotas líquidas muito finas; vaporizador.

ne.bu.lo.sa (*fem de nebuloso*) *sf* **1** *Astr* Cada uma das massas de poeiras ou gases, com aspecto de mancha esbranquiçada, que se encontram na Via Láctea e em outras galáxias. **2** *Astr* Universo em formação. **3** *fig* Falta de nitidez ou clareza; confusão, nebulosidade.

ne.bu.lo.si.da.de (*lat nebulositate*) *sf* **1** Estado ou qualidade de nebuloso. **2** Vapor d'água condensado que fica suspenso na atmosfera sob a forma de nevoeiro ou nuvem. **3** *fig* Falta de clareza.

ne.bu.lo.so (*ô*) (*lat nebulosu*) *adj* **1** Coberto de nuvens ou névoa. **2** Sem transparência; sombreado, turvo. **3** *fig* Confuso, obscuro. *Pl: nebulosos (ó).*

nécessaire (*necessér*) (*fr*) *sm* Bolsa com os utensílios necessários à toalete.

ne.ces.sá.rio (*lat necessariu*) *adj+sm* **1** Essencial, indispensável. **2** Inevitável.

ne.ces.si.da.de (*lat necessitate*) *sf* **1** Aquilo

que é absolutamente necessário. **2** Aperto, apuro. **3** Pobreza, miséria.

ne.ces.si.ta.do (*part* de *necessitar*) *adj+sm* Que é pobre; miserável, indigente.

ne.ces.si.tar (*lat necessitas+ar¹*) *vtd* e *vti* **1** Ter necessidade de: *A esmola é para quem necessita*. *vint* **2** Padecer necessidades, ter privações. *vtd* **3** Tornar necessário ou indispensável: *Necessitar grandes gastos*. *vtd* **4** Exigir, reclamar.

ne.cro.fi.li.a (*necro+filo²+ia¹*) *sf Psiq* Perversão que consiste na atração sexual por cadáver.

ne.cró.fi.lo (*necro+filo²*) *adj+sm Psiq* Diz-se daquele que sofre de necrofilia.

ne.cro.lo.gi.a (*necro+logo+ia¹*) *sf* **1** Relação de pessoas falecidas; obituário. **2** Necrológio.

ne.cro.ló.gio (*necro+logo+io²*) *sm* **1** Elogio a pessoas falecidas: *"Quem lhe escreveu o necrológio sabia das coisas."* (SC) **2** Notícia fúnebre: *"Mas quando morreu teve necrológio nos jornais."* (SPA)

ne.cró.po.le (*necro+gr pólis*) *sf* Cemitério.

ne.crop.si.a (*necro+gr ópsis+ia¹*) *sf Med* Exame de cadáveres; autópsia.

A palavra **necropsia** é paroxítona, e o sufixo nominal -*ia* é tônico porque remete ao sufixo grego -*ía*.

ne.cro.sar (*necrose+ar¹*) *vtd* **1** Produzir necrose em: *O frio necrosara os tecidos*. *vpr* **2** Gangrenar-se, decompor-se: *Necrosara-se o membro*. *Conjug*: — com raras exceções, conjuga-se apenas nas 3ªˢ pessoas.

ne.cro.se (*gr nékrosis*) *sf* **1** *Biol* Morte de um tecido ou de um órgão que faz parte de um organismo vivo. **2** *Med* Estado de um osso ou parte de um osso privado de vida; gangrena.

ne.cro.té.rio (*necro+tério*) *sm* Lugar onde se colocam os cadáveres que vão ser autopsiados ou identificados antes de serem sepultados.

néc.tar (*gr néktar*) *sm* **1** *Mit* Bebida dos deuses. **2** Líquido açucarado que sai de certas plantas. **3** *por ext* Qualquer bebida saborosa: *Este vinho parece o néctar dos deuses*. *Pl:* néctares.

nec.ta.ri.na (*fr nectarine*) *sf Bot* Variedade de pêssego liso de caroço solto.

ne.er.lan.dês (*top Neerlândia+ês*) *adj* Relativo ou pertencente à Neerlândia ou Países Baixos (Holanda). • *sm* **1** O habitante ou natural dos Países Baixos; holandês. **2** O idioma holandês. *Fem:* neerlandesa (ê).

ne.fas.to (*lat nefastu*) *adj* **1** Que é de mau agouro; que causa desgraça: *"Esse gringo nefasto não te larga."* (FH) **2** Danoso, funesto, trágico: *"Era um riso convulsivo, engrolado, quase nefasto."* (REL)

ne.fri.te (*nefro+ite¹*) *sf Med* Inflamação nos rins.

ne.ga.ção (*negar+ção*) *sf* **1** Ato ou efeito de negar. **2** Falta de vocação ou aptidão; falta de capacidade.

ne.gar (*lat negare*) *vtd* **1** Afirmar que não: *O preso nega a acusação*. *vtd* **2** Não admitir a existência de; contestar: *Não adianta negar a realidade*. *vtd* e *vpr* **3** Recusar (-se): *Negar um favor*. *vtd* **4** Desmentir: *O governo negou as notícias dos jornais*.

ne.ga.ti.va (*fem* de *negativo*) *sf* **1** Negação. **2** Palavra que exprime negação.

ne.ga.ti.vis.mo (*negativo+ismo*) *sm* Atitude negativa: *"O desânimo, o cansaço moral, o negativismo seriam para nós um crime."* (JK)

ne.ga.ti.vo (*lat negativu*) *adj* **1** Que contém ou exprime negação. **2** Proibitivo. **3** Contrário ao que se esperava. **4** Nulo: *Renato está com saldo negativo no banco*. **5** *Mat* Diz-se de uma quantidade menor que zero. • *sm Fot* Chapa ou película fotográfica em que os claros e escuros aparecem invertidos em relação ao original. • *adv pop* Não, neca.

négligé (*negligê*) (*fr*) *sm* Roupão fino usado por senhora.

ne.gli.gên.cia (*lat negligentia*) *sf* **1** Descuido, desleixo. **2** Desatenção, displicência. *Antôn*: aplicação, cuidado.

ne.gli.gen.ci.ar (*negligência+ar¹*) *vtd* Tratar com negligência; não dar atenção: *A mãe nunca deve negligenciar os filhos*. Conjuga-se como *premiar*.

ne.gli.gen.te (*lat negligente*) *adj m+f* Desatento, descuidado, desleixado, relaxado: *"Seria uma dona de casa negligente e desajeitada."* (ASA)

ne.go (ê) (de *negro*) *sm pop* **1** Homem,

indivíduo, tipo. **2** *pop* Forma carinhosa de se chamar o amigo, o companheiro.

ne.go.ci.a.ção (*negociar+ção*) *sf* **1** Ato ou efeito de negociar. **2** Contrato, ajuste. **3** Discussão de um assunto de interesse comum entre representantes de duas ou mais nações. **4** Negócio.

ne.go.ci.an.te (*lat negociante*) *s m+f* **1** Pessoa que trata de negócios; negociador. **2** Comerciante.

ne.go.ci.ar (*lat negotiari*) *vti e vint* **1** Fazer negócio; comerciar: *Negociar em artefato de papel*. *vtd* **2** Celebrar, concluir (tratado ou contrato): *Negociar a paz*. *vtd* **3** Ajustar, contratar: *Negociou o casamento da filha com o pai do rapaz*. Conjuga-se como *premiar*.

ne.go.ci.a.ta (de *negociar*) *sf* **1** Negócio em que há trapaça ou roubo: *"Eles sabiam que estavam metendo a mão, que era uma negociata dos diabos."* (DE) **2** Negócio suspeito: *"Recebe um dinheiro ridículo para facilitar uma negociata."* (RI)

ne.gó.cio (*lat negotiu*) *sm* **1** Comércio. **2** Relações comerciais; contrato. **3** Empresa. **4** *pop* Qualquer coisa cujo nome não ocorre no momento: *Esse negócio de ficar cada dia com uma garota não é comigo!*

ne.gra (*ê*) (*lat nigra*) *sf* **1** Mulher da raça negra. **2** A partida decisiva que desempata o jogo em um torneio, campeonato ou competição.

ne.gri.to (*negro+ito*[1]) *adj+sm Tip* Diz-se de tipo mais grosso que o comum e que se emprega no texto para destacar alguma parte dele.

ne.gri.tu.de (*negro+i+tude*) *sf* Movimento de consciência dos valores culturais da raça negra.

ne.gro (*lat nigru*) *adj* **1** Que é de cor escura; preto. **2** Que causa sombra; que traz escuridão. **3** Que pertence à raça negra. *Sup abs sint*: *negríssimo* e *nigérrimo*. • *sm* Indivíduo de raça negra. *Aum*: *negrão*.

ne.le (*ê*) Combinação da preposição *em* com o pronome pessoal *ele*.

ne.lo.re (*top Nelore*) *adj* e *s m+f* Diz-se da raça de gado originária da região Nelore, na Índia, criada para produção de carne.

nem (*lat nec*) *conj* E não, também não. • *adv* Não: *Se é assim, nem vou procurá-lo*.

ne.nê (*voc onom*) *sm pop* Criancinha, criança recém-nascida ou de poucos meses; bebê. *Var: neném*.

ne.nhum (*nem+um*) *pron indef* **1** Nem um só. **2** Nulo: *Assunto de nenhuma importância*.

ne.o.á.ri.co (de *neo+árico*) *adj* Relativo às línguas indo-europeias modernas.

ne.o.clas.si.cis.mo (*neo+classicismo*) *sm* Escola literária ou artística que imita os antigos escritores ou artistas clássicos.

ne.o.clás.si.co (*neo+clássico*) *adj* Que se refere ao neoclassicismo ou ao neoclássico. • *sm* **1** *Arquit* Estilo arquitetônico que surgiu entre 1750 e 1850. **2** Artista ou escritor que pratica o neoclassicismo.

ne.o.fas.cis.mo (*neo+fascismo*) *sm Polít* Movimento político que surgiu, após a Segunda Guerra Mundial, com o objetivo de trazer o fascismo de volta.

ne.ó.fi.to (*gr neóphytos*) *sm* **1** O que está para receber ou acabou de receber o batismo. **2** *por ext* Principiante, novato: *"Reconheço a minha condição de neófito e faço questão de seguir à risca as determinações do prezado Mestre..."* (TRH)

ne.o.la.ti.no (*neo+latino*) *adj* Diz-se das línguas modernas derivadas do latim (português, espanhol, italiano, francês etc.).

ne.o.li.be.ra.lis.mo (*neo+liberal+ismo*) *sm* Doutrina que aceita que o governo equilibre os interesses sociais com os interesses privados dos cidadãos.

ne.o.lí.ti.co (*neo+lito+ico*[2]) *adj* Relativo à Idade da Pedra Polida.

ne.o.lo.gis.mo (*neo+logo+ismo*) *sm Ling* **1** Palavra criada na própria língua ou adaptada de outra: *dolarizar, plugar, xerocopiar*. **2** Palavra antiga empregada com sentido novo. *Antôn*: *arcaísmo*.

né.on (*gr néon*, novo) *V neônio*.

ne.ô.nio (*néon+io*) *sm Quím* Elemento gasoso incolor, usado principalmente em lâmpadas elétricas. *Var: néon*.

ne.o.plas.ma (*neo+plasma*) *sm Med* Nome dado a qualquer tumor, seja ele maligno ou benigno.

ne.or.re.a.lis.mo (*neo+realismo*) *sm* Movimento que se iniciou na Itália (1945), começou na literatura e chegou depois

ne.o.ze.lan.dês (*neo+top Zelândia+ês*) *adj* Relativo ou pertencente à Nova Zelândia (Oceania). • *sm* O habitante ou natural da Nova Zelândia.

ne.po.tis.mo (*nepote+ismo*) *sm* Proteção excessiva que certos políticos dão aos seus parentes: *"O nepotismo e a corrupção sempre existiram."* (CRP)

ne.rei.da (*gr Nereís, ídos*) *sf Mit* **1** Filha de Nereu, deus marinho. **2** Ninfa dos mares. *Var: nereide.*

ner.vo (*ê*) (*lat nervu*) *sm Anat* Cada um dos filamentos que colocam o cérebro e a medula espinhal em comunicação com as extremidades do corpo transmitindo sensibilidade e movimento.

ner.vo.sis.mo (*nervoso+ismo*) *sm* **1** Doença do sistema nervoso. **2** Irritação, agitação.

ner.vo.so (*ô*) (*lat nervosu*) *adj* **1** Que pertence ou se refere aos nervos. **2** Que tem nervos. **3** *fig* Irritado, agitado. • *sm* **1** Aquele que sofre de nervosismo. **2** Doença dos nervos; nervosismo. *Pl: nervosos (ó).*

ner.vu.ra (*nervo+ura*) *sf* **1** *Bot* Fibra saliente da superfície das folhas e das pétalas. **2** *Entom* Estrutura em formato de pequenos tubos que sustenta a membrana das asas dos insetos e se torna rígida quando eles voam.

nes.ga (*ê*) (*ár nasdj*) *sf* **1** Pequena porção de qualquer espaço; brecha. **2** Pedaço de pano triangular que se costura entre dois outros para lhe dar mais folga.

nês.pe.ra (*lat vulg *nespila*) *sf* Fruto da nespereira.

nes.pe.rei.ra (*nêspera+eira*) *sf Bot* Árvore frutífera, procedente da Ásia, que dá a nêspera.

nes.se (*ê*) Combinação da preposição *em* com o pronome demonstrativo *esse.*

nes.te (*ê*) Combinação da preposição *em* com o pronome demonstrativo *este.*

ne.to (de *neta*) *sm* Filho de filho ou de filha, em relação aos pais destes.

Ne.tu.no (*lat Neptunu*) *sm* **1** *Mit* Deus do mar. **2** *Astr* Planeta do sistema solar cuja órbita se situa entre a de Urano e a de Plutão.

neu.ral.gi.a (*neuro+algo¹+ia¹*) *sf Med* Dor intensa no trajeto de um nervo e das suas ramificações.

neu.ras.te.ni.a (*neuro+astenia*) *sf Psiq* Esgotamento nervoso: *"Teve dias de profunda neurastenia."* (FAN)

neu.ras.tê.ni.co (*neurastenia+ico²*) *adj* Que se refere à neurastenia. • *sm* Aquele que sofre de neurastenia.

neu.ri.te (*neuro+ite¹*) *sf Med* Inflamação de um nervo.

neu.ro.ci.rur.gi.a (*neuro+cirurgia*) *sf* Cirurgia praticada nos centros nervosos do corpo.

neu.ro.ci.rur.gi.ão (*neuro+cirurgião*) *sm* Cirurgião que pratica a neurocirurgia.

neu.ro.lo.gi.a (*neuro+logo+ia¹*) *sf Med* Estudo e tratamento das moléstias do sistema nervoso.

neu.ro.ló.gi.co (*neuro+logo+ico²*) *adj* Que se refere à neurologia.

neu.ro.lo.gis.ta (*neurólogo+ista*) *adj e s m+f* Diz-se de ou especialista em neurologia.

neu.rô.nio (*gr neûron*) *sm Anat* Célula nervosa com seus prolongamentos.

neu.ro.se (*neuro+ose*) *sf Psiq* Designação geral dada a qualquer doença nervosa, sem lesão orgânica aparente.

neu.ro.trans.mis.sor (*neuro+transmissor*) *sm Bioquím* Substância que leva informações de uma célula cerebral para outra.

neu.ro.ve.ge.ta.ti.vo (*neuro+vegetativo*) *adj* Relativo ao sistema nervoso vegetativo.

neu.tra.li.da.de (*neutral+i+dade*) *sf* **1** Estado ou qualidade de neutro. **2** Indiferença. **3** Imparcialidade.

neu.tra.li.za.ção (*neutralizar+ção*) *sf* Ato ou efeito de neutralizar(-se).

neu.tra.li.za.dor (*neutralizar+dor*) *adj +sm* Que ou o que neutraliza; neutralizante.

neu.tra.li.zar (*neutral+izar*) *vtd* **1** Declarar neutro: *Neutralizar uma nação. vtd* **2** Anular o efeito: *Um veneno neutraliza outro. vtd e vpr* **3** Anular(-se), inutilizar (-se): *Neutralizou-se a oposição.*

neu.tro (*lat neutru*) *adj* **1** Que não toma partido. **2** Imparcial. **3** Indeterminado, indefinido. *Antôn: parcial.*

nêu.tron (*lat neutri*) *sm Fís* Uma das partículas elementares do átomo, sem carga elétrica.

ne.va.da (*fem* de *nevado*) *sf* **1** Formação ou queda de neve. **2** A neve que cai de uma vez.

ne.va.do (*part* de *nevar*) *adj* **1** Coberto de neve. **2** Branco como a neve; branqueado.

ne.var (*neve+ar¹*) *vtd* **1** Cobrir de neve: *O gélido temporal nevou as plantações.* *vint* **2** Cair neve: *Nevava quando saíram.* *vtd* e *vpr* **3** *fig* Tornar(-se) branco como a neve: *Longos anos decorreram e seus cabelos nevaram-se.* *Conjug* – verbo defectivo; só se conjuga na 3ª pessoa do singular.

ne.vas.ca (de *neve*) *sf* Nevada acompanhada de tempestade.

ne.ve (*lat nive*) *sf Meteor* Vapor de água atmosférica, congelado em cristais, que cai em flocos brancos.

né.voa (*lat nebula*) *sf* **1** *Meteor* Vapor denso que sobe para a atmosfera; neblina. **2** *Med* Mancha que se forma na córnea e atrapalha a visão.

ne.vo.ei.ro (*névoa+eiro*) *sm Meteor* Névoa densa, rente ao chão; cerração.

ne.vral.gi.a (*nevro+algo¹+ia¹*) *V neuralgia*.

ne.xo (*cs*) (*lat nexu*) *sm* Conexão, ligação, vínculo.

nham.bu (*tupi inambú*) *V nambu*.

nho.que (*ital gnocchi*) *sm Cul* Massa e prato feito de farinha de trigo, batata, ovos e queijo, cortada em fragmentos arredondados.

ni.ca.ra.guen.se (*gwe*) (*top Nicarágua +ense*) *adj m+f* Que pertence ou se refere à Nicarágua (América Central). • *s m+f* O natural ou habitante da Nicarágua.

ni.cho (*fr ant niche*) *sm* **1** Abertura numa parede para a colocação de uma imagem ou estátua. **2** *Ecol* Parte restrita de um *habitat* onde vigoram condições especiais de ambiente. *Nicho de mercado*: na área de *marketing*, segmento do mercado que oferece novas chances de negócio.

ni.co.ti.na (*Nicot, np+ina*) *sf Quím* Alcaloide encontrado nas folhas do tabaco.

ni.di.fi.car (*lat nidificare*) *vint* Fazer o ninho: *"Essas aves nidificam nas praias dinamarquesas."* (FSP)

ni.ge.ri.a.no (*top Nigéria+ano²*) *adj* Da, pertencente ou relativo à Nigéria (África ocidental). • *sm* O natural ou habitante desse país.

ni.i.lis.mo (*lat nihil+ismo*) *sm* **1** Descrença absoluta: *"Só conseguem passar ideias fracas: niilismo e arrogância."* (FSP) **2** *Filos* Doutrina que defende a ideia de que nada existe de absoluto: *"Uma época que ameaçava o trono e o altar, pela proliferação do niilismo e do anarquismo."* (FI)

nim.bo (*lat nimbu*) *sm* **1** *Meteor* Nuvem carregada e escura, que se desfaz em chuva ou neve persistente. **2** *fig* Auréola; brilho; resplendor.

ni.nar (*ital ninna+ar²*) *vtd* Acalentar; fazer adormecer (criança): *Ninava no colo a filha.*

nin.fa (*gr nýmphe*) *sf* **1** *Mit* Divindade dos rios, dos bosques e dos montes. **2** *fig* Mulher jovem e formosa. **3** *Entom* Nome que se dá às larvas antes de se tornarem insetos adultos.

nin.fe.á.cea (*lat Nymphaea+ácea*) *sf* **1** *Bot* Planta da família das ninfeáceas. *sf pl* **2** Família de plantas aquáticas, que têm folhas de haste longa e grandes flores.

nin.fe.ta (*ê*) (*ninfa+eta*) *sf* Menina adolescente, sedutora, que desperta desejo sexual.

nin.fo.ma.ni.a (*ninfo+mania*) *sf Psiq* Desejos sexuais intensos e patológicos que ocorrem em algumas mulheres.

nin.fo.ma.ní.a.co (*ninfomania+ico²*) *adj* Que se refere à ninfomania.

nin.guém (*lat nec quem*) *pron indef* Nenhuma pessoa.

ni.nha.da (*ninho+ada¹*) *sf* **1** Os ovos ou as avezinhas existentes em um ninho. **2** Filhotes que nascem de uma só vez da fêmea do animal. **3** *pop* Filharada.

ni.nha.ri.a (*cast niñería*) *sf* Bagatela, coisa sem valor, insignificância.

ni.nho (*lat nidu*) *sm* **1** Habitação construída pelas aves, por certos insetos e por determinados peixes para a postura dos ovos e criação dos filhotes. **2** Lugar onde os animais se recolhem e dormem.

ni.pô.ni.co (*jap nippon+ico²*) *V japonês*.

ní.quel (*al Nickel*) *sm Quím* Elemento

ni.que.lar (*níquel+ar*) *vtd* **1** Cobrir ou guarnecer de níquel. **2** Dar aparência de níquel a: *Niquelava os arames e fazia belíssimos anéis.*

nir.va.na (*sânsc nirvana*) *sm Filos* Conforme o budismo, ausência total das ilusões, desejos e paixões, como o ódio, a ira; quietude total que leva o homem à sabedoria.

nis.sei (*jap ni*, segunda+*sei*, geração) *adj* e *s m+f* Diz-se de pessoa que é filha de japoneses, nascida em outro país.

nis.so Combinação da preposição *em* com o pronome demonstrativo *isso*.

nis.to Combinação da preposição *em* com o pronome demonstrativo *isto*.

ni.ti.dez (*nítido+ez*) *sf* **1** Qualidade de nítido. **2** Clareza, limpidez. *Pl: nitidezes.*

ní.ti.do (*lat nitidu*) *adj* **1** Que brilha; brilhante, fulgente. **2** Límpido, claro. *Antôn: embaçado.*

ni.tra.to (*nitro+ato*[4]) *sm Quím* Sal ou éster do ácido nítrico.

ní.tri.co (*nitro+ico*[2]) *adj Quím* Diz-se de um ácido em estado líquido, límpido, incolor, muito corrosivo, que dissolve todos os metais, menos o ouro e a platina.

ni.tro.ge.na.do (*nitrogênio+ado*[1]) *adj* **1** Que contém nitrogênio. **2** Combinado com o nitrogênio.

ni.tro.gê.nio (*nitro+geno*) *sm Quím* Elemento gasoso, incolor, sem cheiro, sem sabor, que não se dissolve, existente na atmosfera. *Var: azoto.*

ni.tro.gli.ce.ri.na (*nitro+glicerina*) *sf Quím* Líquido oleoso empregado na fabricação de explosivos.

ní.vel (*lat vulg *libellu*) *sm* **1** Instrumento que serve para verificar se um plano está horizontal. **2** Elevação, altura. **3** Estágio, grau de ensino. **4** *fig* Padrão, qualidade.

ni.ve.lar (*nível+ar*[1]) *vtd* **1** Situar um plano em posição horizontal; aplanar: *Nivelar o solo*. *vtd* **2** Igualar: *A morte nivela todos os seres humanos.*

no[1] Combinação da preposição *em* com o artigo definido *o*.

no[2] (*lat illu*) *pron* Forma do pronome *lo* (*o*), por assimilação, em seguida a verbos terminados em nasal: *amam-no, querem-no.*

no[3] (*lat nos*) *pron* Forma de *nos* antes de *lo, la, los, las*: no-lo, no-las.

nó (*lat nodu*) *sm* **1** Laço apertado. **2** Articulação das falanges dos dedos. **3** *Bot* Ponto do caule no qual se insere uma folha. **4** *fig* Ponto essencial e difícil. **5** *Náut* Unidade de velocidade equivalente a uma milha marítima (1.852 metros).

no.bi.li.ar.qui.a (*lat nobile+arqui+ia*[1]) *sf* **1** Livro que contém as origens e tradições de famílias nobres. **2** Arte que trata dos apelidos, armas, brasões etc. da nobreza.

no.bre (*lat nobile*) *adj m+f* **1** Que tem títulos de nobreza. **2** Que é próprio da nobreza. **3** Alto, elevado, magnífico. **4** Digno, ilustre, notável. *Antôn* (acepções 1 e 2): *plebeu. Sup abs sint: nobilíssimo e nobríssimo.* • *s m+f* Pessoa que pertence à nobreza.

no.bre.za (*nobre+eza*) *sf* **1** Qualidade de nobre. **2** A classe dos nobres. **3** Distinção, excelência, mérito.

no.ção (*lat notione*) *sf* Conhecimento imperfeito ou ideia que se tem de uma coisa.

no.cau.te (*ingl knock out*) *sm Esp* No boxe, quando aquele que é jogado ao chão pelo adversário não consegue levantar-se dentro de 10 segundos.

no.cau.te.ar (*nocaute+ar*[1]) *vtd* Pôr em nocaute: "*Douglas nocauteou Tyson em 90.*" (FSP) Conjuga-se como *fear*.

no.ci.vo (*lat nocivu*) *adj* **1** Que causa dano. **2** Prejudicial. *Antôn: útil, vantajoso.*

nó.doa (*lat notula*) *sf* **1** Sinal de sujeira; mancha. **2** *Med* Mancha na pele, deixada por uma contusão.

nó.du.lo (*lat nodulu*) *sm* **1** Nó pequeno. **2** Pequena saliência em forma de nó. **3** *Med* Massa sólida de tecido que pode ser percebida pela palpação.

no.guei.ra (*lat vulg *nucaria*) *sf Bot* Árvore e madeira europeias, de fruto (a noz) muito apreciado.

noi.ta.da (*noite+ada*[1]) *sf* **1** Espaço de uma noite. **2** Divertimento ou folia que dura toda a noite.

noi.te (*lat nocte*) *sf* **1** Período de tempo compreendido entre as dezoito horas e as seis horas do dia seguinte. **2** Escuridão, trevas.

noi.va (*lat vulg novia*) *sf* **1** Mulher que está para casar. **2** Mulher no dia do seu casamento.

noi.va.do (*noivo+ado¹*) *sm* **1** Compromisso de casamento entre duas pessoas que pretendem casar-se. **2** Período em que alguém é noivo.

noi.var (*noivo+ar¹*) *vint* **1** Celebrar noivado: *A filha prometeu ao pai que noivaria ainda naquele ano*. *vti* **2** Ficar noivo(a); combinar casamento: *O jovem casal noivava na sala de visitas*.

noi.vo (*lat vulg noviu*) *sm* **1** Aquele que está para casar. **2** Homem no dia do casamento. *sm pl* **3** Homem e mulher que combinaram casar-se, ou que se casaram há pouco.

no.jei.ra (*nojo+eira*) *sf* Coisa nojenta, repugnante: *"Só faço isso por causa das crianças, p'ra evitar que se sujem com essa nojeira toda."* (CH)

no.jen.to (*nojo+ento*) *adj* **1** Que causa nojo; repugnante. **2** *pop* Que tem nojo de tudo.

no.jo (*ô*) (de *enojar*) *sm* **1** Enjoo, náusea. **2** Asco, repugnância, repulsa.

nô.ma.de (*lat nomade*) *adj m+f* Diz-se das tribos ou povos que não têm moradia fixa. • *s m+f* **1** Pessoa que não tem residência fixa. *sm pl* **2** Povos pastores sem residência fixa.

no.me (*lat nomen*) *sm* **1** Palavra com que se designa e distingue pessoa, animal ou coisa: *Janaína, zebra, cadeira*. **2** Denominação, designação. **3** Fama, reputação: *É preciso zelar pelo bom nome da escola*.

no.me.a.ção (*lat nominatione*) *sf* Ato de nomear ou designar alguém para cargo ou emprego.

no.me.ar (*lat nominare*) *vtd* **1** Designar pelo nome, proferir o nome de: *A testemunha nomeou o acusado*. *vpr* **2** Proferir o próprio nome. *vpr* **3** Intitular-se. *vtd* **4** Designar, indicar para exercício de (cargo ou emprego): *Demitiram o diretor e nomearam outro*. Conjuga-se como *frear*.

no.men.cla.tu.ra (*lat nomenclatura*) *sf* Conjunto de termos usados numa ciência ou arte; terminologia.

no.mi.nal (*lat nominale*) *adj m+f* **1** Que se refere a nome. **2** Que só existe em nome; que não é real. **3** Diz-se do cheque no qual se declara o nome da pessoa que vai descontá-lo.

no.mi.na.ti.vo (*lat nominativu*) *adj* **1** Que tem nome, ou que denomina. **2** Diz-se do título em que se menciona o nome do proprietário, por oposição a *título ao portador*.

no.na.ge.ná.rio (*lat nonagenariu*) *adj* Diz-se da pessoa que está na casa dos noventa anos de idade. • *sm* Aquele que está na casa dos noventa anos de idade.

no.na.gé.si.mo (*lat nonagesimu*) *num* Ordinal correspondente a noventa. • *sm* Cada uma das noventa partes em que se divide o todo.

no.nin.gen.té.si.mo (*lat noningentesimu*) *num* Ordinal e fracionário correspondente a novecentos. • *sm* Cada uma das novecentas partes em que se divide o todo. *Var*: nongentésimo.

no.no (*lat nonu*) *num* Ordinal e fracionário correspondente a nove. • *sm* Cada uma das nove partes iguais em que se divide o todo.

no.ra (*lat nura*) *sf* A esposa do filho em relação aos pais dele; feminino de *genro*.

nor.des.te (*fr nordest*) *sm* **1** Ponto cardeal que fica entre o norte e o leste. *Abrev:* N.E. **2** Vento que sopra desse ponto. **3 Nordeste** Região do Brasil que compreende os Estados do Maranhão, Piauí, Ceará, Rio Grande do Norte, Paraíba, Pernambuco, Alagoas, Sergipe e Bahia. *Abrev:* N.E. • *adj* Que procede do nordeste ou a ele se refere.

nor.des.ti.no (*nordeste+ino¹*) *adj* Relativo ao Nordeste brasileiro. • *sm* O natural do Nordeste brasileiro.

nór.di.co (*al Nord+ico²*) *adj* **1** Relativo aos países do norte da Europa (Dinamarca, Finlândia, Suécia, Noruega e Islândia). **2** Designativo da língua e da literatura dos povos germânicos do norte da Europa. • *sm* O habitante ou natural dos países nórdicos.

nor.ma (*lat norma*) *sf* Preceito, regra.

nor.mal (*lat normale*) *adj m+f* **1** De acordo com a norma. **2** Exemplar, modelar.

nor.ma.li.za.ção (*normalizar+ção*) *sf* **1** Ato ou efeito de normalizar(-se). **2** Disposição oficial com que se explica e se facilita a execução de uma lei ou decreto.

nor.ma.li.zar (*normal+izar*) *vtd* e *vpr*

nor.man.do (fr *normand*) *adj* Que se refere à Normandia (França). • *sm* O habitante ou natural da Normandia.

nor.ma.ti.zar (*norma+izar*) *vtd* Estabelecer normas para. *Cf normalizar.*

no.ro.es.te (*norte+oeste*) *sm* **1** Ponto cardeal que fica entre o norte e o oeste. *Abrev: NW.* ou *NO.* **2** Vento que sopra desse ponto. • *adj* Que procede do noroeste ou a ele se refere.

nor.te (fr *nord*) *sm* **1** Ponto cardeal que fica em frente do observador que tem à sua direita o nascente. *Abrev: N.* **2** Vento que sopra desse ponto. **3 Norte** Região do Brasil que compreende os Estados de Rondônia, Acre, Amazonas, Roraima, Pará, Amapá e Tocantins. *Abrev: N.* **4** Guia, rumo, direção. • *adj m+f* Que procede do norte ou a ele se refere.

nor.te-a.me.ri.ca.no *adj* **1** Relativo à América do Norte. **2** Que pertence ou se refere aos Estados Unidos. • *sm* O habitante ou natural dos Estados Unidos; estadunidense. *Pl: norte-americanos.*

nor.te.ar (*norte+e+ar¹*) *vtd* e *vpr* Guiar(-se), dirigir(-se), orientar(-se): *Nortear a marcha do navio. Antôn: desorientar.* Conjuga-se como *frear*.

nor.te-co.re.a.no *adj* Relativo à Coreia do Norte (Ásia). • *sm* O habitante ou natural da Coreia do Norte. *Pl: norte-coreanos.*

nor.tis.ta (*norte+ista*) *adj m+f* Que pertence ou se refere aos estados brasileiros do Norte. • *s m+f* Pessoa natural desses estados.

no.ru.e.guês (*top Noruega+ês*) *adj* Que pertence ou se refere à Noruega (Europa). • *sm* **1** O habitante ou natural da Noruega. **2** Idioma desse país. *Fem: norueguesa (ê).*

nos¹ (*lat nos*) *pron pess* Forma do pronome *nós*, que serve de objeto direto ou indireto do verbo.

nos² (*lat in illos*) Combinação da preposição *em* com o artigo definido plural *os*.

nos³ (*lat illos*) *pron* Forma do pronome *los* (*os*), depois de sílaba nasalada: *compram-nos, leem-nos.*

nós (*lat nos*) *pron pess* Designa a primeira pessoa do plural.

no.so.cô.mio (gr *nosokomeîon*) V *hospital.*

nos.sa! (red de *nossa senhora*) *interj* Exprime admiração, espanto: *Nossa, já é meia-noite!*

nos.so (*lat nostru*) *pron poss* Que nos pertence, ou nos diz respeito. • *sm pl* Os nossos amigos, companheiros, parentes etc.

nos.tal.gi.a (*nosto+algo¹+ia¹*) *sf* **1** Melancolia ou tristeza profunda causadas pela saudade. **2** *por ext* Saudade.

no.ta (*lat nota*) *sf* **1** Anotação para fazer lembrar alguma coisa. **2** Observação feita no final de um texto. **3** Breve comunicação escrita. **4** Papel que representa moeda; cédula. **5** *pop* Dinheiro. **6** *Mús* Sinal de um som. **7** Julgamento de desempenho escolar ou de desempenho em função.

no.ta.bi.li.zar (*lat notabile+izar*) *vtd* e *vpr* Tornar(-se) notável, afamado; destacar(-se), evidenciar(-se): *Notabilizar-se na oratória.*

no.ta.ção (*lat notatione*) *sf* **1** Ato ou efeito de notar. **2** Maneira de notar.

no.ta.da.men.te (*notado+mente*) *adv* De modo especial, especialmente.

no.tar (*lat notare*) *vtd* **1** Pôr nota, marca ou sinal em: *Notei muitos trechos nesse livro.* **2** Tomar nota de; anotar: *Notar o número de um telefone.* **3** Reparar; observar, perceber: *Ele nem notou a minha presença.*

no.tá.rio (*lat notariu*) *sm* Escrivão público; tabelião.

no.tá.vel (*lat notabile*) *adj m+f* **1** Digno de nota, atenção. **2** Louvável. **3** Considerável, extraordinário. **4** Ilustre, insigne. *Sup abs sint: notabilíssimo.*

notebook (*nôutbuk*) (ingl) *sm Inform* Microcomputador portátil, menor que o *laptop*.

no.tí.cia (*lat notitia*) *sf* **1** Informação. **2** Novidade, nova. **3** Resumo de um acontecimento.

no.ti.ci.ar (*notícia+ar¹*) *vtd* **1** Dar notícia de; anunciar, informar: *Noticiaram a fofoca como fato verdadeiro.* **2** Publicar; divulgar: *A imprensa noticiou a morte do ministro.* Conjuga-se como *premiar*. *Cf notícia.*

no.ti.ci.á.rio (*notícia+ário*) *sm* **1** Conjunto

no.ti.fi.ca.ção (*notificar*+*ção*) *sf* **1** Comunicação. **2** *Dir* Ordem judicial para que se faça ou não alguma coisa; intimação.

no.ti.fi.car (*lat notificare*) *vtd* **1** Comunicar, noticiar, participar: *O que o governo pretende fazer notificou-o à imprensa.* **2** *Dir* Comunicar de acordo com as formalidades da lei; intimar: *Notificar uma sentença. Notificá-la ao condenado.*

no.tí.va.go (*lat noctivagu*) *adj* **1** Que anda ou vagueia pela noite. **2** Que tem hábitos noturnos: *"Notívago e inveterado conversador, Fidel não demonstrava a menor pressa."* (CV) *Var*: noctívago.

no.to.ri.e.da.de (*notório*+*dade*) *sf* Estado ou qualidade de notório; publicidade, fama.

no.tó.rio (*lat notoriu*) *adj* Sabido de todos ou de muitos; público.

no.tur.no (*lat nocturnu*) *adj* **1** Que se refere à noite. **2** Que aparece ou se realiza de noite. • *Antôn*: diurno. • *sm Mús* Gênero de composição para piano.

nou.tro Combinação da preposição *em* com o pronome indefinido *outro*.

no.va (de *novo*) *sf* Notícia, novidade.

no.va-i.or.qui.no (*top Nova Iorque*+*ino*[1]) *adj* Que se refere ao Estado de Nova York ou à cidade do mesmo nome (EUA). • *sm* O habitante ou natural de Nova York. *Pl*: nova-iorquinos.

no.va.to (*lat novatu*) *adj*+*sm* Aprendiz, principiante, calouro.

no.ve (*lat novem*) *num* Cardinal correspondente a nove unidades. • *sm* O algarismo 9.

no.ve.cen.tos (*nove*+*cento*) *num* Cardinal correspondente a nove centenas; nove vezes cem. • *sm* O algarismo 900.

no.ve-ho.ras *sf pl* **1** Cerimônias, subterfúgios, pretextos. **2** Novidades. *Ser cheio de nove-horas:* ser excessivamente delicado.

no.ve.la (*ital novella*) *sf* **1** *Lit* Narração curta, entre o conto e o romance. **2** *pop* Enredo; intriga. **3** Narrativa em capítulos transmitida pelo rádio ou pela televisão.

no.ve.lei.ro (*novela*+*eiro*) *adj*+*sm* **1** Que aprecia novelas. **2** Novidadeiro.

no.ve.lis.ta (*novela*+*ista*) *s m*+*f* **1** Quem escreve novelas. **2** Quem conta novelas.

no.ve.lo (*ê*) (*baixo-lat globellu*) *sm* Bola de fio enrolado sobre si mesmo.

no.ve.na (*lat novena*) *sf* **1** O espaço de nove dias. **2** *Rel* Nove dias consecutivos de rezas.

no.ven.ta (*lat vulg* *novaginta*, por *nonaginta*, sob a influência de *novem*) *num* Cardinal correspondente a nove dezenas; nove vezes dez. • *sm* O algarismo 90.

no.vi.ça (*fem* de *noviço*) *sf* Mulher que está se preparando num convento para se tornar freira.

no.vi.ci.a.do (*noviço*+*ado*[1]) *sm* **1** Tempo de preparação que fazem no convento as pessoas que vão seguir a vida religiosa. **2** Parte do convento destinada aos noviços ou noviças. **3** Aprendizado.

no.vi.ço (*lat noviciu*) *adj* Inexperiente, novato. • *sm* Homem que se prepara para seguir uma ordem religiosa: *"Um noviço de rosto melancólico parecia ausente, sem dizer as orações."* (BOI)

no.vi.da.de (*lat novitate*) *sf* **1** Qualidade do que é novo. **2** Produto ou artigo lançado no mercado. **3** *por ext* Primeira informação sobre um acontecimento recente, um fato.

no.vi.lho (*cast novillo*) *sm* Boi ainda novo; garrote.

no.vo (*ô*) (*lat novu*) *adj* **1** Que existe há pouco tempo; recente, moderno. **2** Moço, jovem. • *sm* **1** O que é recente. *sm pl* **2** As pessoas novas; a gente nova. *Pl*: novos (*ó*).

no.vo-ri.co *sm* Indivíduo que enriqueceu há pouco tempo, especialmente aquele que gosta de ostentar sua riqueza. *Pl*: novos--ricos.

noz (*lat nuce*) *sf* **1** *Bot* Fruto da nogueira. **2** *por ext* Qualquer fruto seco, com uma só semente. *Pl*: nozes.

nu (*lat nudu*) *adj* **1** Não vestido; despido. **2** Sem vegetação. • *sm* Nudez (em belas-artes).

nu.an.ça (*fr nuance*) *sf* **1** Gradação de cores; matiz. **2** Diferença entre coisas do mesmo gênero.

nu.ben.te (*lat nubente*) *adj m*+*f* Que é noivo ou noiva. • *s m*+*f* Pessoa que marcou casamento ou está para casar.

nu.bla.do (*par* de *nublar*) *adj* Coberto de nuvens.

nu.blar (*lat nubilare*) *vtd* e *vpr* Cobrir(-se) de nuvens: *O céu nublou-se logo que entardeceu.*

nu.ca (*lat med nucha* do *ár nuHâ'*) *sf Anat* Parte superior do pescoço.

nu.cle.ar (*núcleo+ar²*) *adj m+f* Que se refere a núcleo. • *vpr* **1** *Biol* Formar-se em núcleo no interior da célula. *vtd* **2** Dispor coisas ou pessoas em núcleos. Conjuga-se como *frear*.

nú.cleo (*lat nucleu*) *sm* **1** *Biol* Massa esferoide encontrada em quase todas as células dos seres vivos. **2** *Fís* Parte central do átomo. **3** *por ext* O ponto principal, a parte essencial de uma coisa. *Dim: nucléolo*.

nu.dez (*lat nudu+ez*) *sf* **1** Estado de nu; nudeza. **2** Ausência de vestuário. *Pl: nudezes*.

nu.dis.mo (*lat nudu+ismo*) *sm Sociol* Tipo de prática na qual os participantes se reúnem em grupos para viver, passear e praticar esportes em estado de completa nudez.

nu.dis.ta (*lat nudu+ista*) *adj m+f* Que diz respeito ao nudismo. • *s m+f* Pessoa praticante ou adepta do nudismo.

nu.li.da.de (*lat nullu+i+dade*) *sf* **1** Qualidade de nulo. **2** *pop* Pessoa insignificante, sem nenhum valor.

nu.lo (*lat nullu*) *adj* **1** Nenhum. **2** Que não é válido. **3** Sem efeito ou valor.

num Combinação da preposição *em* com o artigo indefinido *um*: *O pobre homem mora num barraco.*

nu.me.ra.ção (*lat numeratione*) *sf* **1** Ato ou efeito de numerar. **2** *Arit* Arte de ler e escrever os números.

nu.me.ra.dor (*numerar+dor*) *adj* Que numera. • *sm* **1** Aquele que numera. **2** *Arit* Termo de uma fração ordinária, que fica sobre o denominador, ambos separados por um traço horizontal. **3** Instrumento para numerar.

nu.me.ral (*número+al¹*) *adj m+f* **1** Que se refere a número. **2** Que designa um número. • *sm Gram* Classe de palavras, símbolos ou grupo de símbolos que representam um número. *Numeral ordinal*: o que exprime ordem ou série: *primeiro, segundo, terceiro, quarto*.

nu.me.rar (*lat numerare*) *vtd* Indicar, distinguir por números; dispor por ordem numérica: *A escola numerou as carteiras*. *Cf número*.

nu.me.rá.rio (*lat numerariu*) *adj* Relativo a dinheiro. • *sm* Dinheiro: *"A pequena entrada efetiva de numerário era compensada por importações também reduzidas."* (H); *"Reembolsava-o de algum numerário que ele houvesse adiantado por conta."* (BF)

nú.me.ro (*lat numeru*) *sm* **1** Expressão da quantidade. **2** Quantidade, cópia. **3** Exemplar de uma publicação periódica. **4** *Gram* Indicação do singular e do plural das palavras.

nu.me.ro.lo.gi.a (*número+logo+ia¹*) *sf Ocult* Estudo da significação e influência dos números na vida das pessoas.

nu.me.ro.lo.gis.ta (*numerólogo+ista*) *adj* e *s m+f* Diz-se de ou especialista em numerologia.

nu.me.ro.so (*ô*) (*lat numerosu*) *adj* **1** Em grande número. **2** Abundante, copioso. *Pl: numerosos (ó)*.

nu.mis.má.ti.ca (*gr noumismatiké*) *sf* Estudo sobre moedas e medalhas de todos os tempos e países.

nun.ca (*lat nunquam*) *adv* Em tempo algum; jamais.

nún.cio (*lat nuntiu*) *sm* **1** Anunciador, mensageiro. **2** Embaixador do papa. *Fem: núncia* (acepção 1).

nup.ci.al (*núpcias+al¹*) *adj m+f* Que se refere a núpcias.

núp.cias (*lat nuptias*) *sf pl* **1** Casamento, matrimônio; bodas. **2** Celebração da cerimônia do casamento.

nu.tri.ção (*lat nutritione*) *sf* **1** Ato ou efeito de nutrir(-se). **2** Conjunto de fenômenos biológicos (ingestão, digestão e absorção) que contribuem para a alimentação.

nu.tri.ci.o.nal (*ingl nutritional*) *adj m+f* Relativo à nutrição ou ao nutricionismo.

nu.tri.ci.o.nis.mo (*nutricional+ismo*) *sm* Estudo da nutrição e das propriedades dos alimentos.

nu.tri.ci.o.nis.ta (*ingl nutritionist*) *adj m+f* **1** Que se refere ao nutricionismo. **2** Que se ocupa do nutricionismo. • *s m+f* Especialista em planejamento nutricional.

nu.tri.en.te (*lat nutriente*) *adj m+f V nutritivo*. • *sm* Substância nutriente.
nu.tri.men.to (*lat nutrimentu*) *sm* **1** Alimentação, nutrição. **2** Alimento, sustento.
nu.trir (*lat nutrire*) *vtd* e *vpr* **1** Alimentar(-se), sustentar(-se): *Nutre-se de carnes brancas e de vegetais*. **2** Desenvolver(-se), educar(-se), instruir(-se): *O mestre nutre a inteligência dos alunos*.
nu.tri.ti.vo (*lat nutritu+ivo*) *adj* Que serve para nutrir; que nutre.
nu.vem (*lat nube*) *sf* **1** *Meteor* Massa de vapores de água condensada na atmosfera em gotículas, com formas e cores variadas. **2** *por ext* Porção de fumaça ou pó que se eleva no ar. **3** *fig* Grande quantidade de coisas ou pessoas em movimento.
nylon (*náilon*) (*ingl*) *V náilon*.

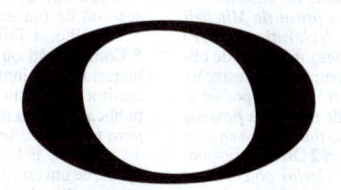

o¹ (ó) (lat o) sm **1** Décima quinta letra do alfabeto português, vogal. **2** Minúsculo e colocado à direita e ao alto de um número, indica que esse número é ordinal, ou designa grau ou graus: *Artigo 4º da lei...; 360º (graus).*

o² (lat illu) art def Indica substantivo masculino singular. Veja nota em **artigo**.

o³ (lat illu) pron Variação átona do pronome *ele*, forma de objeto direto: *Convidei-o*. Veja nota em **lhe**.

o⁴ (lat illu) pron dem Equivalente a: a) *aquele*: *Chame o que tiver espírito de liderança*; b) *aquilo*, quando se refere a coisas: *vê o que fazes*; c) *isso* (neutro), com referência a um adjetivo ou a um sentido: *Os maus nem sempre o são. Você será tão feliz quanto o desejo.*

o⁵ (de o²) partícula expletiva Antes de *que*, nas interrogações e exclamações: *O que é a vida? O quê! Qual o quê!*

ó! interj Indica invocação ou chamamento: *Ó menino, chame seu pai.* Var: *ô*.

OAB Sigla da *Ordem dos Advogados do Brasil*.

o.á.sis (gr óasis) sm sing+pl **1** Terreno fértil e coberto de vegetação que fica no meio de um deserto. **2** fig Lugar agradável: *"Pensavam que podiam construir oásis intocáveis no país que é o campeão mundial da desigualdade social."* (FSP)

o.ba! (ô) O vapa!

ob.ce.car (lat obcecare) vtd **1** fig Obscurecer o entendimento de: *"Pensar na morte obcecava o presidente."* (FSP) **2** Induzir a erro ou a persistir nele: *Ela o obcecava a um proceder desatinado.* **3** Perturbar; deslumbrar: *"Acabei caindo na confidência que me obcecava: o que importa é ser bom."* (BDI)

o.be.de.cer (lat vulg *oboediscere, inc de oboedire) vti e vint **1** Cumprir as ordens de: *Os filhos devem obedecer aos pais.* vti **2** Cumprir, observar: *Obedecer a um regulamento.* vti **3** Deixar-se governar ou conduzir por: *Este cavalo já não obedece ao freio.*

Esse verbo deve ser usado com a preposição **a**: **obedecer à** sinalização, **obedecer às** ordens etc., a exemplo do verbo **desobedecer**: *desobedecer aos mais velhos, desobedecer ao regulamento* etc.

o.be.di.ên.cia (lat oboedientia) sf **1** Submissão à autoridade de alguém. **2** Tendência para obedecer; costume de obedecer.

o.be.di.en.te (lat obediente) adj m+f **1** Que obedece; que presta obediência a alguém; que se submete. **2** Dócil: *Filhos obedientes.*

o.be.lis.co (gr obeliskós) sm **1** Monumento que tem o formato de pilar, com seu ponto mais alto em forma de pirâmide. **2** Qualquer objeto alto semelhante a esse monumento.

o.be.si.da.de (lat obesitate) sf Med Excesso de gordura no corpo.

o.be.so (lat obesu) adj **1** Que sofre de obesidade. **2** Muito gordo.

ó.bi.to (lat obitu) sm Falecimento; morte de alguém; passamento. Antôn: nascimento.

o.bi.tu.á.rio (óbito+ário) adj Que diz respeito a óbito: *"nome perdido na seção obituária dos jornais"* (CV) • sm **1** Registro de óbitos: *"O obituário dos jornais, que antigamente se reduzia a uma coluna apertada lá pelas últimas páginas, de repente virou rubrica nobre."* (FSP)

2 Notícia sobre a morte de alguém: *"O obituário dizia que a prosa de Mitchell era límpida, áspera, declarativa."* (FSP)

ob.je.ção (*lat objectione*) *sf* **1** Ação de objetar. **2** Argumento contrário; contestação.

ob.je.tar (*lat objectare*) *vtd* **1** Opor-se a: *"Suponho que grande parte das pessoas que me objetaram não tinha lido o ensaio, mas o título."* (FSP) *vti* **2** Dizer ou responder como objeção: *"Carlos objetou que isso poderia ser feito depois que tivesse descansado."* (A)

ob.je.ti.va (*fem de objetivo*) *sf Fís* **1** Vidro ou lente de um instrumento óptico destinado a observar algum objeto. **2** Em telescópios, microscópios ou câmeras fotográficas, parte que contém a lente (ou sistema de lentes).

ob.je.ti.var (*objetivo+ar¹*) *vtd* **1** Tornar objetivo: *A linguagem objetiva o pensamento.* **2** Considerar, ter como objetivo: *Objetivou a obtenção da aposentadoria.*

ob.je.ti.vo (*objeto+ivo*) *adj* Prático, positivo. • *sm* Meta ou alvo que se quer atingir; finalidade.

ob.je.to (*lat objectu*) *sm* **1** Coisa material: *Havia na estante vários objetos. Col*: bateria, trem (quando agrupados para o mesmo fim). **2** Motivo, causa. **3** Assunto, matéria.

o.blí.qua (*fem de oblíquo*) *sf Geom* Reta que forma com outra, ou com uma superfície, ângulo agudo ou obtuso.

o.blí.quo (*lat obliquu*) *adj* **1** Inclinado sobre uma superfície; que faz sobre uma superfície um ângulo de mais ou de menos de 90 graus. **2** Que vai de lado.

o.bli.te.ra.ção (*obliterar+ção*) *sf* Ato ou efeito de obliterar(-se).

o.bli.te.rar (*lat obliterare*) *vtd* Fazer desaparecer, eliminar: *"Estamos hoje obliterando ou degradando os últimos ecossistemas intactos."* (FSP)

o.blon.go (*lat oblongu*) *adj* **1** Alongado. **2** Elíptico, oval.

o.bo.é (*fr hautbois*) *sm Mús* Instrumento musical de sopro, de madeira.

ó.bo.lo (*gr obolós*) *sm* Pequena oferta ou esmola: *"É um modesto óbolo para as obras paroquiais, um contributo de coração..."* (VPB)

o.bra (*lat opera*) *sf* **1** Resultado de uma ação ou de um trabalho. **2** Ação, feito. **3** Trabalho. **4** Edifício em construção. **5** Composição ou trabalho artístico ou literário. **6** Conjunto dos trabalhos de um escritor ou artista. *Obra póstuma*: obra publicada após a morte do autor. *Ser pau para toda obra*: servir para tudo.

o.bra-pri.ma *sf* **1** A melhor obra de uma época, de um estilo ou de um autor. **2** Obra perfeita. *Pl*: obras-primas.

o.brar (*lat operari*) *vtd* **1** Executar, fazer, praticar, realizar: *Obrar maravilhas, obrar proezas.* *vti* **2** Labutar, trabalhar: *Obrar com as mãos, obrar com a mente.*

o.brei.ra (*obra+eira*) *sf* **1** Operária. **2** Abelha operária.

o.brei.ro (*lat operariu*) *sm* Operário; trabalhador braçal: *"Há, segundo Silva, mais de 4.000 pastores e obreiros filiados ao conselho."* (FSP) • *adj* Próprio de operário: *"Será um ministério com um perfil mais obreiro."* (FSP)

o.bri.ga.ção (*lat obligatione*) *sf* Compromisso, dever, encargo.

o.bri.ga.do (*part de obrigar*) *adj* **1** Imposto por lei. **2** Necessário, forçado. **3** Agradecido, grato, reconhecido. • *interj* Fórmula de agradecimento por serviço ou favores recebidos; agradecido.

o.bri.gar (*lat obligare*) *vtdi* **1** Forçar, constranger: *O juiz obrigou-o a pagar as dívidas.* *vpr* **2** Responsabilizar-se: *Obrigara-se ao reparo completo dos danos.* *vpr* **3** Assumir alguma obrigação: *Obrigamo-nos a fazer o trabalho.*

o.bri.ga.to.ri.e.da.de (*obrigatório+e+dade*) *sf* Qualidade de obrigatório.

o.bri.ga.tó.rio (*lat obligatoriu*) *adj* **1** Forçoso, que não se pode evitar. **2** Imposto por lei.

obs.ce.no (*lat obscenu*) *adj* **1** Que ofende o pudor. **2** Que é contrário à moral. **3** Impuro, indecente.

obs.cu.re.cer (*de obscuro*) *vtd, vint* e *vpr* **1** Tornar(-se) obscuro; apagar(-se): *O eclipse obscureceu a manhã.* *vtd, vint* e *vpr* **2** Tornar(-se) pouco claro, pouco inteligível.

obs.cu.re.ci.men.to (*obscurecer+mento*) *sm* **1** Escassez ou ausência de luz; escuridão: *"À medida que se desenvolve o eclip-*

se, o obscurecimento se acentua." (FSP) **2** Falta de clareza nas ideias, nas expressões, no estilo: *"Haverá uma progressão dos extremos: de um lado, a espiritualidade; de outro, o obscurecimento."* (FSP)

obs.cu.ri.da.de (*lat obscuritate*) *sf* **1** Obscurecimento, trevas. **2** Falta de clareza nas ideias, nas expressões, no estilo. *Antôn* (acepção 2): *clareza*.

obs.cu.ro (*lat obscuru*) *adj* **1** Sombrio, tenebroso. **2** Que não tem brilho; pouco claro. **3** Difícil de entender, confuso: *Estilo obscuro*. **4** Que não se exprime com clareza. **5** Pouco conhecido: *Poeta obscuro*. *Antôn* (acepções 1, 2, 3 e 4): *claro*.

ob.se.qui.ar (*ze*) (*obséquio+ar¹*) *vtd* **1** Fazer obséquio, prestar serviços a: *Está sempre disposto a obsequiá-la*. *vtd* e *vtdi* **2** Presentear: *Obsequiou-o com um livro*. *vtd* **3** Tratar com gentileza e agrado: *Convém obsequiarmos os clientes*. Conjuga-se como *premiar*. Cf *obséquio*.

ob.sé.quio (*zé*) (*lat obsequiu*) *sm* **1** Serviço prestado de boa vontade. **2** Favor, benefício, boa vontade.

ob.ser.va.ção (*lat observatione*) *sf* **1** Ato ou efeito de observar. **2** Comunicação breve que serve para explicar alguma coisa. **3** Censura leve. **4** Cumprimento, observância, prática.

ob.ser.va.dor (*observar+dor*) *adj+sm* **1** Que observa ou tem o hábito de observar. **2** Que olha; espectador.

ob.ser.vân.cia (*lat observantia*) *sf* Cumprimento, observação, prática.

ob.ser.var (*lat observare*) *vtd* **1** Obedecer: *Observar o programa, observar o direito*. *vtd* **2** Examinar, olhar com atenção: *Observar o curso dos astros, observar o eclipse. Observemo-lo em todos os seus movimentos*. *vtd* **3** Notar, ver: *Pôde observar que o assunto não era novo*.

ob.ser.va.tó.rio (*observar+ório*) *sm* **1** Mirante. **2** Edifício de onde se pode fazer observações dos astros e das condições do tempo.

ob.ses.são (*lat obsessione*) *sf* Preocupação constante; ideia fixa.

ob.so.le.to (*é*) (*lat obsoletu*) *adj* Antiquado; muito antigo: *"Subira num avião obsoleto, que ele sabia sem condições de voo."* (BH) *Antôn*: *atual, moderno*.

obs.tá.cu.lo (*lat obstaculu*) *sm* **1** Embaraço, impedimento. **2** Barreira.

obs.tan.te (*lat obstante*) *adj m+f* Que impede. *Não obstante*: apesar de; apesar disso, contudo.

obs.te.tra (*der* regressiva de *obstetriz*) *s m+f* Médico que se dedica à obstetrícia.

obs.te.trí.cia (*lat obstetricia*) *sf Med* Parte da medicina que se ocupa da gravidez e dos partos.

obs.ti.na.ção (*lat obstinatione*) *sf* Teimosia; persistência, tenacidade.

obs.ti.na.do (*part de obstinar*) *adj* **1** Persistente, teimoso. **2** Inflexível, irredutível.

obs.ti.nar (*lat obstinare*) *vpr* Insistir, teimar: *O pecador obstina-se no erro*.

obs.tru.ção (*lat obstructione*) *sf* Ação de obstruir.

obs.tru.ir (*lat obstruere*) *vtd* **1** Embaraçar, entupir: *O crupe caracteriza-se por obstruir a laringe*. **2** Impedir a passagem, a circulação de: *A lama obstruiu a passagem*. **3** Impedir: *Elementos mercenários obstruem as iniciativas progressistas*. Conjuga-se como *contribuir*.

ob.ter (*lat obtinere*) *vtd* **1** Alcançar, conseguir: *O sentenciado obteve o indulto*. **2** Adquirir, conquistar: *Obtive dele que aceitasse nossa proposta*.

ob.tu.ra.ção (*obturar+ção*) *sf Odont* Fechamento de uma cavidade dentária.

ob.tu.rar (*lat obturare*) *vtd* **1** Fechar por meio de obturação: *O dentista obtura cáries*. **2** Entupir, obstruir: *Obturar uma fresta de porta*.

ob.tu.so (*lat obtusu*) *adj* **1** Arredondado. **2** Estúpido, rude. **3** *Geom* Ângulo que tem mais de 90 graus. *Antôn* (acepção 1): *agudo*; (acepção 2): *perspicaz*.

ób.vio (*lat obviu*) *adj* Claro, manifesto, evidente.

o.ca (*ó*) (*tupi óka*) *sf* Moradia de indígenas e caboclos.

o.ca.ra (*tupi okára*) *sf* Praça no centro da taba.

o.ca.si.ão (*lat occasione*) *sf* **1** Circunstância, acontecimento. **2** Causa, oportunidade.

o.ca.si.o.nal (*lat occasione+al¹*) *adj m+f* **1**

Que serve de ocasião para alguma coisa. **2** Acidental, casual, eventual. *Antôn* (acepção 2): *previsto*.

o.ca.si.o.nar (*lat occasione+ar¹*) *vtdi* **1** Causar, provocar, originar: *Ocasionar uma reação*. *vtd* **2** Oferecer, proporcionar: *Isto me ocasionou ensejo de aprender*.

o.ca.so (*lat occasu*) *sm* **1** O pôr do sol; ocidente, poente. **2** *fig* Decadência, declínio, ruína.

oc.ci.pí.cio (*lat occipitiu*) *sm Anat* Parte inferior e posterior da cabeça.

oc.ci.pi.tal (*lat occipitale*) *adj m+f Anat* Relativo ao osso que forma a parede inferior e posterior do crânio. • *sm Anat* O osso occipital.

o.ce.â.ni.co (*oceano+ico²*) *adj* **1** Que diz respeito ao oceano ou à Oceania. **2** Que é do oceano. **3** Que vive no oceano.

o.ce.a.no (*lat oceanu*) *sm* **1** Extensão de água salgada que cobre a maior parte da Terra. **2** Cada uma das grandes subdivisões em que se divide essa vasta extensão de água, isto é, o Atlântico, o Índico, o Pacífico, o Glacial Ártico e o Glacial Antártico.

o.ce.a.no.gra.fi.a (*oceano+grafo+ia¹*) *sf* Ciência que estuda o oceano, os seres que nele vivem e os seus produtos.

o.ce.a.nó.gra.fo (*oceano+grafo*) *sm* Especialista em oceanografia.

o.ci.den.tal (*lat occidentale*) *adj m+f* **1** Que diz respeito ao ocidente. **2** Que fica no lado do ocidente. **3** Próprio do Ocidente. • *s m+f* Pessoa que habita as regiões do Ocidente. *Antôn*: *oriental*.

o.ci.den.ta.li.zar (*ocidental+izar*) *vtd* e *vpr* Adaptar(-se) à civilização do Ocidente: *Ocidentalizar costumes*.

o.ci.den.te (*lat occidente*) *sm* **1** O lado onde se põe o Sol; Oeste, poente, ocaso. **2 Ocidente** *Geogr* Parte do globo terrestre que fica ao poente.

ó.cio (*lat otiu*) *sm* **1** Descanso, folga do trabalho. **2** Lazer.

o.ci.o.si.da.de (*lat otiositate*) *sf* Falta de trabalho; desocupação, folga; preguiça. *Antôn*: *ocupação*.

o.ci.o.so (*ó*) (*lat otiosu*) *adj* **1** Desocupado. **2** Preguiçoso, vadio. **3** Improdutivo, inútil. • *sm* Aquele que se entrega à ociosidade; preguiçoso. *Pl*: *ociosos* (*ó*).

o.clu.são (*lat occlusione*) *sf* **1** Fechamento: *"Numa oclusão normal há correspondência entre os dentes de baixo e os de cima."* (FSP) **2** *Med* Obliteração de um canal ou de uma abertura natural: *"a fase aguda da oclusão coronária."* (CLI)

o.co (*ô*) (*der* regressiva do *lat occare*) *adj* **1** Em que não há medula ou miolo. **2** Vazio. **3** Sem importância, insignificante: *Palavras ocas*. *Antôn* (acepções 1 e 2): *cheio*. • *sm* Lugar oco, escavado.

o.cor.rên.cia (*lat occurrentia*) *sf* **1** Acontecimento. **2** Encontro, circunstância, ocasião. **3** Fato policial.

o.cor.rer (*lat ocurrere*) *vint* **1** Acontecer, suceder: *O acidente ocorreu em São Paulo*. *vti* **2** Vir à memória ou ao pensamento: *Nem lhe ocorreu tal providência*. *Conjug* – com raras exceções, é conjugado apenas nas 3ªˢ pessoas.

o.cre (*fr ocre*) *sm* **1** Argila de várias tonalidades pardacentas, usada em pintura. **2** Cada uma das tonalidades dessa argila.

oc.ta.e.dro (*gr oktáedros*) *sm Geom* Sólido de oito faces.

oc.tin.gen.té.si.mo (*lat octingentesimu*) *num* Ordinal e fracionário correspondente a oitocentos. • *sm* Cada uma das oitocentas partes iguais em que se divide o todo. *Var*: *octogentésimo*.

oc.to.ge.ná.rio (*lat octogenariu*) *adj+sm* Que ou quem está na casa dos oitenta anos de idade.

oc.to.gé.si.mo (*lat octogesimu*) *num* Ordinal e fracionário correspondente a oitenta. • *sm* Cada uma das oitenta partes iguais em que se divide o todo.

oc.to.go.nal (*octo+gono+al¹*) *adj m+f* **1** *Geom* Que tem oito ângulos e oito lados. **2** *Esp* A fase de um campeonato em que jogam oito equipes, duas a duas, daí saindo as quatro que vão disputar a semifinal.

o.cu.lar (*lat oculare*) *adj m+f* **1** Que diz respeito ao olho ou à vista. **2** Que viu, que esteve presente a um acontecimento: *Testemunha ocular*. • *sf* Nos instrumentos ópticos, a lente ou sistema de lentes próximo do olho do observador.

o.cu.lis.ta (*lat+oculu+ista*) *adj* e *s m+f* **1** Diz-se de ou médico especialista em doenças dos olhos; oftalmologista. **2** Que ou quem fabrica ou vende óculos.

ó.cu.lo (*lat oculu*) *sm* Instrumento com lentes que aumentam a visão dos objetos. Cf óculos.

ó.cu.los (*lat oculos*) *sm pl* Conjunto de duas lentes para corrigir defeitos da visão, encaixadas em uma armação própria com duas hastes que se prendem às orelhas.

o.cul.ta.ção (*ocultar+ção*) *sf* **1** Ação de ocultar(-se). **2** *Astr* Passagem de um astro por detrás de outro, de diâmetro maior, que o esconde do observador.

o.cul.tar (*lat ocultare*) *vtd* **1** Encobrir, esconder: *A criança ocultou o brinquedo no armário*. *vtdi* **2** Disfarçar: *Ocultava-lhe sua deficiência*. *vpr* **3** Esconder-se. *Part*: ocultado e oculto.

o.cul.tas (de *oculto*) *sf pl* Usa-se na locução adverbial *às ocultas*, que significa às escondidas, de modo oculto.

o.cul.tis.mo (*oculto+ismo*) *sm* Estudo das coisas e fenômenos para os quais as leis naturais ainda não deram explicação; esoterismo.

o.cul.tis.ta (*oculto+ista*) *s m+f* Pessoa que se dedica ao ocultismo.

o.cul.to (*lat occultu*) *adj* **1** Encoberto, escondido. **2** Desconhecido. **3** Sobrenatural. *Antôn: manifesto, conhecido*.

o.cu.pa.ção (*lat occupatione*) *sf* **1** Ação de ocupar, ou de tomar posse de qualquer coisa. **2** Emprego, modo de vida, ofício, profissão, serviço, trabalho. *Antôn* (acepção 1): *abandono*; (acepção 2): *ociosidade*.

o.cu.pa.ci.o.nal (*ocupação+al¹*) *adj m+f* Que diz respeito a ocupação, trabalho: *Terapia ocupacional*.

o.cu.par (*lat occupare*) *vtd* **1** Apoderar-se de; tornar-se dono de; tomar posse de: *Os bandeirantes ocuparam muitas extensões de território*. *vtd* **2** Tomar assento em: *Ocupar uma cadeira, ocupar o trono*. *vtd* **3** Conquistar, obter. *vtd* **4** Cobrir todo o espaço de; encher; tomar (lugar no espaço): *Os convidados ocuparam todo o salão*. *vpr* **5** Consumir ou gastar o tempo com: *Ocupou-se em organizar um álbum de figurinhas*. *vtd* **6** Dar ocupação ou trabalho a; incumbir de: *Gostaria que o ocupassem em trabalho mais adequado*.

o.da.lis.ca (*fr odalisque*, do *turco odalyk*) *sf* **1** Escrava a serviço do harém de um sultão. **2** Amante de um sultão.

o.de (*gr ode*) *sf Lit* **1** Composição poética que se divide em estrofes simétricas. **2** Composição em verso para ser cantada.

o.di.ar (*ódio+ar¹*) *vtd* **1** Ter ódio a: *Odiava os hipócritas*. *vtd* **2** Abominar, sentir aversão ou repugnância por: *Odiamos a maledicência*. *vtdi* **3** Indispor, intrigar: *Odiar uma pessoa com outra*. *vpr* **4** Ter, sentir raiva de si mesmo: *Odiava-se por ter agido daquela forma*. *Antôn: amar*. *Conjug* – verbo irregular. troca o *i* pelo ditongo *ei* nas 1ª, 2ª e 3ª pessoas do singular e 3ª pessoa do plural do presente do indicativo e do subjuntivo e nas 2ª e 3ª pessoas do singular e 3ª do plural do imperativo afirmativo e negativo. Esse ditongo *ei* permanece com o som fechado e não leva acento gráfico. *Conjug* – *Pres indic*: odeio, odeias, odeia, odiamos, odiais, odeiam; *Pret perf*: odiei, odiaste, odiou, odiamos, odiastes, odiaram; *Pret imp indic*: odiava, odiavas, odiava, odiávamos, odiáveis, odiavam; *Pret mais-que-perf*: odiara, odiaras, odiara, odiáramos, odiáreis, odiaram; *Fut pres*: odiarei, odiarás, odiará, odiaremos, odiareis, odiarão; *Fut pret*: odiaria, odiarias, odiaria, odiaríamos, odiaríeis, odiariam; *Pres subj*: odeie, odeies, odeie, odiemos, odieis, odeiem; *Pret imp subj*: odiasse, odiasses, odiasse, odiássemos, odiásseis, odiassem; *Fut subj*: odiar, odiares, odiar, odiarmos, odiardes, odiarem; *Imper afirm*: —, odeia(Tu), odeie(Você), odiemos(Nós), odiai(Vós), odeiem(Vocês); *Imper neg*: —, Não odeies(Tu), não odeie(Você), não odiemos(Nós), não odieis(Vós), não odeiem(Vocês); *Infinitivo impess*: odiar; *Infinitivo pess*: odiar, odiares, odiar, odiarmos, odiardes, odiarem; *Ger*: odiando; *Part*: odiado.

ó.dio (*lat odiu*) *sm* **1** Rancor profundo. **2** Aversão, raiva. *Antôn: amor, afeto*.

o.di.o.so (ô) (*lat odiosu*) *adj* **1** Que provoca o ódio. **2** Detestável, abominável. **3** Que causa profunda aversão ou desprezo. •

odisseia   618   **oficiar**

sm Aquilo ou aquele que provoca o ódio. *Pl: odiosos (ó).*

o.dis.sei.a *(é)* (gr *Odysseía*) *sf* **1** Viagem cheia de aventuras extraordinárias. **2** Qualquer narração de aventuras extraordinárias. **3** Título de um poema de Homero, poeta da Grécia antiga, que conta as aventuras de Ulisses ao retornar à pátria, após a tomada de Troia.

o.don.to.lo.gi.a *(odonto+logo+ia¹)* *sf* Parte da medicina que trata dos dentes, suas doenças e higiene.

o.don.to.ló.gi.co *(odonto+logo+ico²)* *adj* Que diz respeito à odontologia.

o.don.to.lo.gis.ta *(odonto+logo+ista)* *s m+f* Especialista em odontologia; dentista. *Var: odontólogo.*

o.dor *(lat odore)* *sm* Cheiro, aroma, fragrância, perfume.

o.dre *(ó)* *(lat utre)* *sm* Saco de couro usado para transportar líquidos: *"Acercou-se de Ana, trazendo-lhe o odre e os cinco pratos de argila que modelara."* (TV)

o.es.te *(anglo-saxão west)* *sm* **1** Ponto cardeal que fica do lado onde o Sol se põe; ocidente, poente. *Abrev: W.* ou *O.* **2** O vento que sopra desse ponto. • *adj* Que diz respeito ao poente.

o.fe.gan.te *(lat offocante)* *adj m+f* **1** Que está ofegando. **2** Ansioso, ávido.

o.fe.gar *(lat offocare)* *vint* **1** Respirar com dificuldade ou com ruído por causa de cansaço: *Chegou apressado, ofegando.* **2** Produzir ruído semelhante a ofego: *Na subida a locomotiva ofegava.*

o.fen.der *(lat offendere)* *vtd e vpr* **1** Ferir (-se), machucar(-se): *A pancada ofendera o abdome.* *vpr* **2** Ficar ofendido, considerar-se insultado: *Ofendeu-se porque foi chamado de tolo.* *vtd* **3** Aborrecer, desagradar: *Nada ofende mais do que a mentira.*

o.fen.sa *(lat offensa)* *sf* **1** Dano, insulto. **2** Pecado, falta.

o.fen.si.va *(fem de ofensivo)* *sf* **1** Ataque. **2** Iniciativa no ataque. *Antôn: defensiva.*

o.fen.si.vo *(ofenso+ivo)* *adj* **1** Que ofende (física ou moralmente). **2** Que ataca, agride.

o.fe.re.cer *(lat vulg *offerescere, inc de offerre)* *vtd* **1** Prestar-se ou propor-se a fazer alguma coisa: *Ele ofereceu sua ajuda.* *vtd* **2** Dar, proporcionar: *Esta fechadura oferece segurança máxima.* *vtdi* **3** Pôr à disposição ou ao serviço de: *Ofereço-lhe o meu automóvel.*

o.fe.re.ci.men.to *(oferecer+mento)* *sm* **1** Manifestação da vontade de servir, de ser útil ou agradável. **2** Oferta.

o.fe.ren.da *(lat offerenda)* *sf* **1** Aquilo que se oferece. **2** Oferta.

o.fer.ta *(lat *offerta,* por *oblata,* part de *oferre)* *sf* **1** Oferecimento. **2** Oferenda. **3** *Com* Produto que é anunciado a um preço baixo, para atrair clientes.

o.fer.tar *(oferta+ar¹)* *vtd e vtdi* **1** Oferecer: *Ofertou-lhe a mão de esposo. vpr* **2** Dar-se, oferecer-se: *Oferta-se o Sol diariamente como fonte de vida, saúde e alegria para todos.*

o.fer.tó.rio *(lat offertoriu)* *sm Liturg* Parte da missa em que o padre recita orações e faz ritos ao oferecer o pão e o vinho.

off *(óf)* (ingl) *adv* Usado na locução adverbial *em off:* fora das vistas dos espectadores.

office-boy *(ófici-bói)* (ingl) *sm* Rapaz que, em um escritório, faz pequenas tarefas de rua e internas; moço de escritório.

offset *(óf-séti)* (ingl) *sm Tip* Processo de impressão em que a imagem, gravada numa folha de metal flexível, geralmente zinco ou alumínio, é transferida para o papel por meio de um cilindro de borracha. *Var: ofsete.*

o.fi.ci.al *(lat officiale)* *adj m+f* **1** Que é proposto por autoridade ou que provém dela. **2** Que provém do governo. • *sm Mil* Militar que tem patente superior à de sargento, no Exército, e à de suboficial, na Marinha e na Aeronáutica.

o.fi.ci.a.li.za.ção *(oficializar+ção)* *sf* Ação de oficializar, de submeter à orientação do Estado.

o.fi.ci.a.li.zar *(oficial+izar)* *vtd* Tornar oficial; dar aprovação ou caráter oficial a: *Oficializar a nomenclatura gramatical.*

o.fi.ci.ar *(ofício+ar¹)* *vint* **1** *Rel* Celebrar o ofício religioso: *O cônego ali oficiava havia muito tempo. vti* **2** Dirigir, endereçar um ofício a (alguém): *Oficiamos ao ministro da Educação. vtd* **3** Ajudar a cantar ou celebrar: *Oficiar a missa*. Conjuga-se como *premiar*. Cf *ofício*.

o.fi.ci.na (*lat officina*) *sf* **1** Lugar onde se fazem consertos de quaisquer aparelhos. **2** Casa ou local onde funciona o maquinismo de uma fábrica. **3** Lugar onde se consertam veículos (automóveis, caminhões etc.).

o.fí.cio (*lat officiu*) *sm* **1** Cargo ou emprego. **2** Qualquer arte manual ou mecânica. **3** Encargo, incumbência. **4** *Dir* Comunicação em forma de carta.

o.fi.ci.o.so (ô) (*lat officiosu*) *adj* Aquilo que, apesar de não ter característica oficial, tem origem em fontes oficiais. *Pl*: *oficiosos* (ó).

of.se.te (*ingl offset*) V *offset*.

of.tal.mo.lo.gi.a (*oftalmo+logo+ia¹*) *sf Med* Ramo da ciência médica que trata do estudo dos olhos e das suas doenças.

of.tal.mo.lo.gis.ta (*oftalmo+logo+ista*) *adj* e *s m+f* Especialista em oftalmologia; oculista.

o.fus.car (*lat offuscare*) *vtd* **1** Encobrir, obscurecer, ocultar: *Densas nuvens ofuscavam o Sol*. *vtd*, *vint* e *vpr* **2** Deslumbrar(-se), tornar(-se) escuro: *Vivos relâmpagos ofuscavam a vista*. *vtd* **3** *fig* Fazer sombra a; suplantar: *As realizações deste governo ofuscaram as dos anteriores*.

o.gi.va (*fr ogive*) *sf* **1** *Arquit* Figura formada pelo cruzamento de dois arcos iguais que se cortam na parte superior. **2** Parte da frente de um projétil, foguete ou veículo espacial. *Dim*: *ogiveta*.

o.gro (ó) (*fr ogre*) *sm pop* V *bicho-papão*: "*O ogro conhecia bem a cobra-grande!*" (TTE)

O.gum (*ioruba Ogún*) *sm Rel* Filho de Iemanjá; orixá poderoso, lutador, guerreiro.

oh! *interj* Exprime alegria, contrariedade, desejo, dor, espanto, indignação, saudade, surpresa.

ohm (*ome*) (de *Ohm*, *np*) *sm Eletr* Unidade de medida de resistência elétrica.

oi! *interj* Exprime espanto, resposta a um chamamento; é usada também quando não se ouviu bem o que foi dito ou perguntado e como saudação popular.

oi.ta.va (de *oitavo*) *sf* **1** Cada uma das oito partes iguais de um todo. **2** *Mús* Conjunto de oito notas sucessivas. *Oitava de final*, *Esp*: em torneios em que há eliminação de equipes, rodada em que oito duplas de times disputam a classificação às quartas de final.

oi.ta.va de fi.nal Ver definição em *oitava*.

oi.ta.va.do (*oitavo+ado¹*) *adj* Que tem oito faces ou quinas; octogonal.

oi.ta.vo (*lat octavu*) *num* Ordinal e fracionário correspondente a oito. • *sm* Cada uma das oito partes iguais em que se divide o todo.

oi.ten.ta (*lat octoginta*) *num* Cardinal correspondente a oito dezenas; dez vezes oito. • *sm* O algarismo 80.

oi.ti.ci.ca (*tupi uitysýka*) *sf Bot* Árvore brasileira cujas sementes produzem um óleo industrial.

oi.to (*lat octo*) *num* Cardinal correspondente a oito unidades. • *sm* O algarismo 8.

o.je.ri.za (*cast ojeriza*) *sf* **1** Antipatia. **2** Ódio, raiva.

o.lá! (ó+*lá²*) *interj* Serve para chamar, para saudar, e também exprime admiração ou espanto.

o.la.ri.a (*lat olla+aria*) *sf* Fábrica de louça de barro, manilhas, telhas e tijolos.

o.lé *sm Fut* Série de jogadas ou dribles habilidosos com que uma equipe envolve a outra. • *interj* Exclamação utilizada pela torcida para festejar essas jogadas.

o.le.a.do (*óleo+ado¹*) *adj* Que tem óleo. • *sm* Pano impermeável; encerado.

o.le.ar (*óleo+ar²*) *vtd* **1** Untar ou cobrir com óleo: "*Vinham apertados em panos, enrolados do pescoço aos pés, talvez porque não pudessem mostrar nem olear o corpo*." (MAL) **2** Impregnar de uma substância oleosa: *Untou-se com filtro solar e foi para a praia*. Conjuga-se como *frear*.

o.lei.ro (*lat ollariu*) *sm* **1** Aquele que trabalha em olaria. **2** Dono de olaria.

ó.leo (*lat oleu*) *sm* **1** Líquido gorduroso e comestível que se extrai da soja, do caroço do algodão, do amendoim etc. **2** *Quím* Nome dado a substâncias gordurosas, líquidas sob temperatura normal, de origem mineral, animal ou vegetal, empregadas nas mais variadas finalidades.

o.le.o.du.to (*óleo+lat ductu*) *sm* Linha de grandes tubos, equipados com bombas, que conduz o petróleo e seus derivados a grandes distâncias.

o.le.o.so (ó) (óleo+oso) adj Que tem óleo; gorduroso, untuoso. Pl: oleosos (ó).

ol.fa.ti.vo (olfato+ivo) adj 1 Que serve para o olfato: *"Usaram um medicamento especial para regenerar células olfativas."* (FSP) 2 Relativo ao olfato: *"Pois eu vou no rasto olfativo."* (AM)

ol.fa.to (lat olfactu) sm 1 Sentido pelo qual se percebe o cheiro. 2 Cheiro, faro.

o.lha.da (part de olhar) V olhadela.

o.lha.de.la (olhar+dela) sf pop Ação de olhar ligeiramente; lance de olhos.

o.lhar (lat adoculare) vtd 1 Fixar os olhos em; mirar: *Olhou-o de relance.* vpr 2 Ver-se: *Olhar-se no espelho.* vtd 3 Examinar, observar, pesquisar, sondar: *Olhava as estrelas, procurando encontrar algum cometa.* vtd 4 Cuidar de; proteger: *Do banco da praça olhava as crianças.* • sm 1 Ação de olhar. 2 Aspecto dos olhos; modo de olhar. Cf olho.

o.lhei.ras (de olho) sf pl Manchas arroxeadas nas pálpebras inferiores, devido a cansaço, insônia ou sofrimento físico ou moral.

o.lhei.ro (olho+eiro) sm 1 Pessoa que olha ou vigia certos trabalhos. 2 Informante.

o.lho (ô) (lat oculi) sm 1 Anat Órgão da visão. 2 Arquit Abertura redonda ou oval, nos tetos ou paredes dos edifícios, para lhes dar claridade. Pl: olhos (ó). *Abrir o olho:* tomar cuidado para não ser enganado. *A olho nu:* apenas com os olhos, sem a ajuda de qualquer instrumento óptico. *A olhos vistos:* visivelmente. *Comer com os olhos:* cobiçar. *Custar os olhos da cara:* ser muito caro. *De olhos fechados:* a) com total confiança; b) sem qualquer dificuldade. *Não pregar os olhos:* não dormir. *Olho comprido:* com ambição, gula ou inveja; *Pôr olho comprido em alguém. Olho de boi:* a) Arquit claraboia arredondada; b) selo dos correios, da sua primeira emissão, impressa em 1843, que tinha um desenho semelhante a um olho. *Olho de gato:* pequena placa luminosa, usada geralmente ao longo de rodovias, que reflete a luz dos faróis, orientando os motoristas durante a noite. *Olho de sogra, Cul:* ameixa ou tâmara seca recheada com doce de coco e coberta com açúcar-cristal. *Olho gordo, pop:* mau-olhado. *Olho mágico:* pequena lente circular instalada em portas para permitir que se veja de dentro por fora, sem ser notado. *Olho por olho, dente por dente:* vingar-se aplicando ao agressor as mesmas ofensas e danos que ele praticou. *Olhos rasos d'água:* olhos cheios de lágrimas. *Passar os olhos:* ler ou ver ligeiramente. *Pôr no olho da rua:* despedir, expulsar.

o.lho-d'á.gua sm Nascente de água que brota do solo. Pl: olhos-d'água.

o.lho de boi Ver definição em *olho*.

o.lho-de-ca.bra sm Bot 1 Árvore da família das leguminosas, muito comum no Brasil. 2 Sementes vermelhas, semelhantes a contas, que são produzidas por essa árvore e utilizadas na confecção de bijuterias.

o.lho de ga.to Ver definição em *olho*.

o.lho de so.gra Ver definição em *olho*.

o.li.gar.qui.a (gr oligarkhía) sf Sociol Forma de governo em que o poder está nas mãos de poucas pessoas ou de poucas famílias: *"Um homem que larga tudo para acabar com a oligarquia."* (OLG)

o.li.go.ce.no (oligo+ceno⁴) adj Geol Diz-se da época do Período Terciário entre o Eoceno e o Mioceno. • sm Essa época.

o.lim.pí.a.da (gr olympiás, ádos) sf Competições esportivas internacionais, semelhantes aos jogos olímpicos dos antigos gregos, realizados de quatro em quatro anos desde 1896.

o.lím.pi.co (Olimpo, np+ico²) adj 1 Que se refere ao Olimpo, habitação dos deuses dos antigos gregos. 2 Que diz respeito à cidade de Olímpia, na Grécia antiga, que deu o nome aos jogos olímpicos. 3 fig Divino, majestoso, sublime. 4 Fut Gol feito diretamente de cobrança de escanteio, sem que nenhum jogador, de uma ou de outra equipe, tenha tocado na bola.

o.lim.po (top gr Ólympos) sm 1 Olimpo Mit Morada dos deuses entre os gregos antigos. 2 Olimpo Mit Conjunto de deuses e deusas no mundo greco-latino. 3 fig Céu; paraíso.

o.li.va (lat oliva) sf Fruto da oliveira; azeitona. • sm Cor de azeitona.

o.li.val (*oliva+al¹*) *sm* Plantação de oliveiras.

o.li.vei.ra (*lat olivaria*) *sf Bot* Árvore que dá a azeitona.

ol.mo (*lat ulmu*) *sm Bot* Árvore da família das ulmáceas, própria do continente europeu.

ol.vi.dar (*lat vulg oblitare*, derivado do *lat oblivisci*) *vtd* e *vpr* Esquecer(-se): *"Rosa pegava a olvidar as coisas."* (VER) Antôn: recordar.

om.bre.ar (*ombro+ear¹*) *vtd* 1 Pôr ao ombro: *Ombrear o fuzil. vti* e *vpr* 2 Pôr-se ombro a ombro com: *Somente em vésperas de eleições ombreiam-se os políticos com o povo. vti* e *vpr* 3 Igualar-se: *Já ombreava o discípulo com o mestre.* Conjuga-se como *frear*.

om.brei.ra (*ombro+eira*) *sf* 1 Peça do vestuário que se coloca sobre os ombros para dar-lhes certa armação. 2 Batente, umbral.

om.bro (*lat umeru*) *sm Anat* Região correspondente às extremidades superiores do úmero e da escápula; espádua.

ombudsman (*ombúdsman*) (*sueco*) *sm+f* Funcionário de uma empresa que tem a missão de observar e criticar as falhas desta, pondo-se no lugar do consumidor; ouvidor.

ô.me.ga (*gr o méga*) *sm* 1 Última letra do alfabeto grego. 2 Fim, final. *Antôn* (acepção 1): alfa.

o.me.le.te (*é*) (*fr omelette*) *s m+f Cul* Fritada de ovos batidos.

o.mis.são (*lat omissione*) *sf* 1 Ação de omitir. 2 Falta, falha.

o.mis.so (*lat omissu*) *adj* 1 Em que há falta ou esquecimento. 2 Descuidado, desleixado.

o.mi.tir (*lat omittere*) *vtd* e *vpr* 1 Deixar de fazer ou dizer alguma coisa. *vtdi* 2 Não mencionar. *vtd* 3 Negligenciar, descuidar-se de fazer.

o.mo.pla.ta (*gr omopláte*) *sf Anat* V escápula (acepção 2).

OMS Sigla de *Organização Mundial da Saúde*.

on.ça¹ (*lat uncia*) *sf* Medida de peso inglesa, equivalente a 28,349 gramas.

on.ça² (*fr once*) *sf Zool* Nome comum a todos os felídeos brasileiros de grande porte.
• *adj* e *s m+f* 1 Pessoa valente, que não tem medo, invencível. 2 Forte, grande.

on.co.lo.gi.a (*onco+logo+ia¹*) *sf Med* Estudo dos tumores.

on.co.lo.gis.ta (*onco+logo+ista*) *s m+f* Médico especialista em oncologia; cancerologista.

on.da (*lat unda*) *sf* 1 Porção de água do mar, lago ou rio que se eleva e se desloca; vaga. 2 Grande abundância. 3 Grande agitação; desordem. 4 *Fís* Variação periódica mediante a qual pode ocorrer o transporte de energia de um ponto a outro, tal como o som ou a corrente elétrica: *Ondas sonoras. Fazer onda, pop:* provocar desassossego; tumultuar. *Ir na onda:* deixar-se enganar.

on.de (*lat unde*) *adv* Em que lugar, no lugar em que, em qual lugar. Veja nota em **aonde**.

on.de.ar (*onda+ear¹*) *vint* 1 Fazer ondas ou ondulações: *Agitado pelo vento, o lago ondeava. vint* 2 Transmitir-se em ondas: *Ondeara na multidão um sussurro de surpresa. vtd* 3 Dar a aparência de ondas a, tornar ondeado: *Uma brisa constante ondeava os trigais.* Conjuga-se como *frear*.

on.du.la.ção (*ondular+ção*) *sf* 1 Movimento das ondas. 2 Figura ou movimento parecido com o da onda.

on.du.lar (*lat undulare*) *V* ondear.

o.ne.rar (*lat onerare*) *vtd* e *vtdi* Impor ônus a; sujeitar a ônus; sobrecarregar: *Onerar o povo com impostos.* Antôn: aliviar.

o.ne.ro.so (*ô*) (*lat onerosu*) *adj* 1 Que impõe ônus. 2 O que produz despesas, gastos. *Pl:* onerosos (*ó*).

ONG Sigla de *Organização Não Governamental*.

ô.ni.bus (*lat omnibus*) *sm sing+pl* Grande veículo para transporte (urbano e interurbano) de passageiros, com itinerário estabelecido antecipadamente.

o.ni.po.tên.cia (*lat omnipotentia*) *sf* 1 Qualidade de onipotente. 2 Poder sem limites; poder absoluto.

o.ni.po.ten.te (*lat omnipotente*) *adj m+f* 1 Que pode tudo. 2 Todo-poderoso. • *sm* **Onipotente** Deus.

o.ni.pre.sen.te (*oni+presente*) *adj m+f* Presente em toda parte.

o.ní.ri.co (*oniro+ico²*) *adj* Que diz respeito a sonhos ou que se parece com eles.

o.nis.ci.ên.cia (*lat omniscientia*) *sf* Qualidade de onisciente.

o.nis.ci.en.te (*oni+ciente*) *adj m+f* Que sabe tudo: *"um partido político único e onisciente"* (BS)

o.ní.vo.ro (*oni+voro*) *adj* **1** Que come de tudo. **2** *Zool* Que se alimenta de substâncias animais e vegetais: *"As tartarugas que se alimentam tanto de vegetais como de animais são chamadas de onívoras."* (FSP)

ô.nix (*cs*) (*gr ónyx*) *sm sing+pl Miner* Tipo de ágata que apresenta camadas paralelas de diferentes cores.

on-line (*on láini*) (*ingl*) *adv Inform* Em conexão (terminal ou dispositivo) e sob o controle de um processador central. • *adj Inform* **1** Diz-se da operação realizada em conexão com outros pontos do sistema, que permite compartilhar informações e colaborar no processamento. **2** Diz-se da conexão por rede a impressoras e servidores.

o.no.más.ti.ca (*gr onomastiké*) *sf* **1** *Gram* Conjunto ou relação de antropônimos e topônimos de uma língua. **2** Estudo que explica os nomes próprios de pessoas e lugares.

o.no.más.ti.co (*gr onomastikós*) *adj* Que diz respeito aos nomes próprios. • *sm* V *onomástica*.

o.no.ma.to.lo.gi.a (*onômato+logo+*ia¹) *sf* **1** Tratado ou classificação dos nomes. **2** Estudo do significado e formação dos vocábulos científicos.

o.no.ma.to.pai.co (*gr onomatopoïa+ico²*) *adj* Em que há onomatopeia.

o.no.ma.to.pei.a (*gr onomatopoïa*) *sf Gram* Vocábulo cuja pronúncia lembra o som da coisa ou a voz do animal etc. que indica: *tilintar, timtim, cacarejar, cocoricar*.

on.tem (*lat ad nocte*) *adv* **1** No dia anterior ao de hoje. **2** Nos tempos passados. **3** Época recente: *Ainda ontem ele era muito pobre*. • *sm* O passado.

ONU Sigla de *Organização das Nações Unidas*.

ô.nus (*lat onus*) *sm sing+pl* Encargo, obrigação, responsabilidade: *"uma alimentação mais sadia e sem ônus para a empresa."* (SM)

on.ze (*lat undecim*) *num* Cardinal correspondente a onze unidades. • *sm* O algarismo 11.

o.pa! (*ô*) *interj pop* Exprime admiração, espanto. *Var:* **opa!**

o.pa.co (*lat opacu*) *adj* **1** Que não é transparente, que não deixa a luz passar: *"Um foco de luz dentro do mundo opaco."* (AL) **2** Obscuro, sombrio: *"Filiberto olhava, com olhar opaco, para o lado oposto ao dos outros personagens."* (ACM) *Antôn:* **transparente**.

o.pa.la (*fr opale*, do *lat opalu*) *sf* **1** *Miner* Pedra de cor azulada que, conforme os raios luminosos caem sobre ela, apresenta cores vivas e variadas. **2** Espécie de tecido de algodão.

o.pa.li.na (*fr opaline*) *sf* Vidro fosco usado para fazer objetos de decoração.

op.ção (*lat optione*) *sf* **1** Preferência. **2** Livre escolha.

op.ci.o.nal (*lat optione+*al¹) *adj m+f* Pertencente ou relativo a opção; que não é obrigatório: *"A transmissão automática era opcional apenas em carrões da linha Dart, da Chrysler."* (VEJ)

ó.pe.ra (*ital opera*) *sf* **1** *Mús* Peça lírica com canto e acompanhamentos de orquestra. **2** Teatro onde se cantam óperas.

o.pe.ra.ção (*lat operatione*) *sf* **1** Ação de operar. **2** Realização de uma cirurgia; intervenção. **3** *Mil* Movimento de ataque ou de defesa executado por um exército. **4** Cálculo matemático. *Operações aritméticas:* adição, subtração, multiplicação, divisão, potenciação e radiciação.

o.pe.ra.ci.o.nal (*lat operatione+*al¹) *adj m+f* **1** Que diz respeito a uma operação ou procedimento. **2** Que está pronto para funcionar.

o.pe.ra.do (*part* de *operar*) *adj+sm* Diz-se de pessoa que sofreu uma operação cirúrgica.

o.pe.ra.dor (*operar+dor*) *adj* Que opera. • *sm* **1** Aquele ou aquilo que opera. **2** Cirurgião.

o.pe.ra.do.ra (*operar+dor*) *sf* Qualquer

empresa que explora a prestação de serviços.

o.pe.ran.te (*lat operante*) *adj m+f* Que opera; que produz resultado: *"mais um cidadão útil e operante na sociedade."* (EGR)

o.pe.rar (*lat operari*) *vtd* 1 Produzir, realizar: *O remédio operou a cura. vti* e *vint* 2 Agir, atuar, trabalhar: *Os ladrões operam livremente na cidade. vint* 3 Praticar operações cirúrgicas. *vtd* 4 Submeter a uma operação cirúrgica: *Operar um tumor. Cf operária.*

o.pe.rá.ria (*lat operaria*) *sf* 1 Feminino de *operário*. 2 *Apic* Abelha fêmea cujos órgãos de reprodução não atingiram completo desenvolvimento.

o.pe.ra.ri.a.do (*operário+ado¹*) *sm* A classe dos operários.

o.pe.rá.rio (*lat operariu*) *sm* Trabalhador, especialmente o de fábrica. • *adj* Que diz respeito ao trabalho ou aos operários.

o.pe.ra.tó.rio (*lat operatoriu*) *adj* Referente a operações, especialmente cirúrgicas.

o.pe.re.ta (ê) (*ital operetta*) *sf* Pequena ópera, de música leve e cômica.

o.pi.nar (*lat opinari*) *vti* 1 Dar opinião; dizer o que pensa: *Opinar sobre as eleições. vtd* 2 Ser de opinião: *Opinaram que o melhor era desistir.*

o.pi.ni.ão (*lat opinione*) *sf* 1 Modo de ver pessoal. 2 Conceito, voto emitido ou manifestado sobre certo assunto. 3 Ideia, princípio.

ó.pio (*gr ópion*) *sm* Substância que se extrai da papoula.

o.po.nen.te (*lat opponente*) *adj m+f* Que se opõe; contrário, oposto: *forças oponentes.* • *s m+f* Adversário: *"No boxe, o objetivo de um lutador é causar a maior desgraça possível no seu oponente."* (MU)

o.por (*lat opponere*) *vtd* 1 Apresentar em oposição; fazer objeção: *Opor argumentos. vpr* 2 Fazer oposição; resistir, ser contrário a: *Opor-se a uma iniciativa, a uma injustiça.* Conjuga-se como *pôr*.

o.por.tu.ni.da.de (*lat opportunitate*) *sf* Ocasião favorável; chance.

o.por.tu.nis.mo (*oportuno+ismo*) *sm* 1 Aproveitamento das circunstâncias para chegar com mais facilidade a um resultado. 2 Habilidade em procurar ocasiões oportunas para bons lances, em certos jogos esportivos.

o.por.tu.nis.ta (*oportuno+ista*) *adj* e *s m+f* Que ou quem aproveita as oportunidades.

o.por.tu.no (*lat opportunu*) *adj* 1 Que vem no momento certo. 2 Apropriado, cômodo. 3 Conveniente, favorável.

o.po.si.ção (*lat oppositione*) *sf* 1 Dificuldade, impedimento, obstáculo que se opõe à realização de alguma coisa. 2 *Polít* Partidos políticos contrários ao governo. *Antôn* (acepção 2): *situação*.

o.po.si.ci.o.nis.ta (*lat oppositione+ista*) *adj* e *s m+f* Que faz oposição.

o.po.si.tor (*lat oppositu*) *adj* Que se opõe; oponente, adversário. • *sm* Concorrente.

o.pos.to (ô) (*lat oppositu*) *adj* Contrário, inverso. • *sm* Coisa oposta, coisa diretamente contrária. *Pl: opostos (ó).*

o.pres.são (*lat oppressione*) *sf* 1 Estado de quem ou daquilo que se acha oprimido. 2 Sensação desagradável que se experimenta respirando mal ou abafando. 3 Tirania, despotismo.

o.pres.sor (*lat oppressore*) *adj* Que oprime ou serve para oprimir: *"O ato opressor leva à reivindicação."* (PO) • *sm* Indivíduo que oprime; tirano: *"O Messias livraria o mundo dos opressores."* (MAL)

o.pri.mir (*lat opprimere*) *vtd* e *vint* 1 Dominar, com autoritarismo e violência; tiranizar: *Oprimiam os mais fracos. vtd* 2 Afligir; atormentar; tirar o sossego: *A cena do desastre o oprimia. Antôn: aliviar.*

op.tan.te (*de optar*) *adj* e *s m+f* Que ou quem opta: *"A indenização por tempo de serviço só é devida ao empregado não optante pelo regime do FGTS."* (GU); *"Os advogados, no entanto, orientam os optantes que ingressaram com ação a não desistirem do processo."* (DIN)

op.tar (*lat optare*) *vtd, vti* e *vint* Escolher, decidir-se por; preferir (uma coisa entre duas ou mais): *Difícil é optar entre dois perigos inevitáveis.*
Pronuncia-se **opta** com *o* aberto, pois a sílaba tônica recai no radical no presente do indicativo, no presente do subjuntivo e no imperativo (exceto nas 1ª e 2ª pessoas do plural, que são chamadas arrizotônicas).

op.ta.ti.vo (*lat optativu*) *adj* Que indica opção.

óp.ti.ca (*lat optica*) *sf Fís* **1** Parte da física que estuda a luz e os fenômenos da visão. **2** Casa comercial que fabrica ou vende instrumentos ópticos, principalmente óculos. **3** *fig* Maneira de ver, de sentir, de julgar.

óp.ti.co (*gr optikós*) *adj* **1** Que diz respeito à óptica ou à vista: *"Aqui estão resumidos os meios ópticos principais que se prestam à identificação de gemas."* (PEP) **2** *Fisiol* Que tem relação com os órgãos e a função da vista: *Nervo óptico.* • *sm* **1** Especialista em óptica. **2** Fabricante de instrumentos de óptica.

Deve-se distinguir **óptico** de **ótico**. **Óptico** refere-se exclusivamente à visão, enquanto **ótico** refere-se à audição.

o.pu.lên.cia (*lat opulentia*) *sf* **1** Grande riqueza. **2** Grande abundância. **3** Luxo. *Antôn*: pobreza, miséria.

o.pu.len.to (*lat opulentu*) *adj* **1** Que é muito rico: *"A Mala Real começou a levar regularmente nos seus vapores de roda os brasileiros opulentos para Liverpool."* (CRU) **2** Abundante, rico: *"livros para formar um opulento manancial literário"* (CRU); *"A terra não deixou de ser opulenta na seara da inteligência."* (COR) **3** Luxuoso, pomposo: *"O guarda-roupas de Beja era opulento."* (VB) *Antôn*: pobre, miserável.

opus (ó) (*lat*) *sm Mús* Obra musical classificada e numerada.

o.ra (*lat ad hora(m)*) *adv* Agora, atualmente, nesta ocasião, presentemente. • *conj* Mas; note-se (que). • *interj* Exprime dúvida, impaciência, zombaria etc. Veja nota em **já**.

o.ra.ção (*lat oratione*) *sf* **1** *Gram* Enunciado constituído de sujeito e predicado, ou apenas predicado. **2** Discurso, sermão. **3** Reza, prece.

o.rá.cu.lo (*lat oraculu*) *sm* **1** Resposta que era dada por uma divindade a quem a consultava, entre os gregos antigos. **2** A própria divindade que dava a resposta. **3** Profecia, revelação.

o.ra.dor (*lat oratore*) *sm* **1** Aquele que discursa em público. **2** Aquele que está discursando ou que discursou. **3** Aquele que fala bem.

o.ral (*lat orale*) *adj m+f* **1** Que diz respeito à boca. **2** Transmitido de boca em boca: *História oral.* **3** Feito de viva voz: *Exame oral.*

o.ran.go.tan.go (*malaio orangutan*) *sm Zool* Macaco grande muito parecido com o homem, originário de Sumatra e Bornéu (Indonésia), com braços muito compridos, desprovido de cauda e com o corpo revestido de longos pelos avermelhados.

o.rar (*lat orare*) *vint* **1** Falar em público; proferir discursos ou sermões: *Orava brilhantemente o paraninfo. vti* **2** Rezar: *Orara ao santo padroeiro.*

o.ra.tó.ria (*lat oratoria*) *sf* Arte de falar em público.

o.ra.tó.rio (*lat oratoriu*) *adj* Que diz respeito à oratória. • *sm* Nicho ou armário que contém imagens de santos, nas igrejas ou residências.

ór.bi.ta (*lat orbita*) *sf* **1** *Astr* Caminho que um astro percorre através do espaço celeste. **2** *Anat* Cavidade óssea onde fica o olho.

or.ca (*lat orca*) *sf Zool* Mamífero cetáceo de grande porte (5 a 9 metros), dentes afiados, de cor escura com grandes manchas brancas.

or.ça.men.tis.ta (*orçamento+ista*) *adj e s m+f* Que ou quem faz orçamentos; orçador: *"serviços especializados, tais como projetista e orçamentista."* (AMI)

or.ça.men.to (*orçar+mento*) *sm* **1** Cálculo dos gastos a fazer com a realização de qualquer obra. **2** Cálculo prévio da quantia que se tem e do quanto se vai gastar.

or.çar (*ital orzare*) *vtd* **1** Fazer o orçamento de; calcular, estimar: *Orçamos as despesas mensais. vtd e vti* **2** Avaliar: *Orçou em dez milhões o custo da obra.*

or.dei.ro (*ordem+eiro*) *adj+sm* Que é amigo da ordem; conciliador; disciplinado.

or.dem (*lat ordine*) *sf* **1** Boa arrumação das coisas, cada uma no seu lugar. **2** Maneira, modo, disposição. **3** *Biol* Reunião de famílias semelhantes; subdivisão da classe. **4** *Bot* Nome dado às famílias de plantas.

or.de.na.ção (*lat ordinatione*) *sf* **1** Mandado, ordem ou vontade superior. **2** Ordem;

arrumação, arranjo; boa disposição. **3** *Liturg* Colação de ordens eclesiásticas.

or.de.na.do (*part de ordenar*) *adj* **1** Posto em ordem. **2** Que tem ordem. **3** *Rel* Que tomou ordens sacras. • *sm* Pagamento de empregado; salário.

or.de.nan.ça (*ordenar+ança*) *sf Mil* Soldado que está sob as ordens de uma autoridade militar ou de uma repartição.

or.de.nar (*lat ordinare*) *vtd* **1** Pôr em ordem; organizar: *Ordenar o tempo, ordenar o trabalho*. *vtdi* **2** Dar ordem, determinar, mandar: *Ordenou à empregada que servisse o almoço*.

or.de.nha (de *ordenhar*) *sf* Ato ou efeito de ordenhar.

or.de.nhar (*lat vulg *ordiniare*) *vtd* Tirar leite da vaca ou de outro animal; mungir: *"A camponesa inclinava-se para ordenhar a vaca."* (ANB)

or.di.nal (*lat ordinale*) *adj Gram* Diz-se do numeral que indica o lugar ou posição numa série numérica (*primeiro, segundo* etc.).

or.di.ná.rio (*lat ordinariu*) *adj* **1** Comum, habitual. **2** Normal, regular. **3** Medíocre, vulgar. **4** Grosseiro, mal-educado. *Antôn* (acepção 3): *superior*. • *sm* **1** O que é habitual. **2** Indivíduo sem caráter. • *interj Mil* Voz de comando para que as tropas marchem.

o.ré.ga.no (*gr oríganon*) *sm Bot* Planta oriunda do Mediterrâneo, usada como condimento. *Var*: orégão.

o.re.lha (*ê*) (*lat vulg *auricula*) *sf* **1** *Anat* Cada uma das duas conchas externas do aparelho auditivo localizada em cada um dos lados da cabeça. **2** Parte da capa de certos livros que se dobra para dentro.

o.re.lha.da (*orelha+ada¹*) *sf* **1** Puxão de orelhas; orelhão. **2** Prato preparado com orelhas, especialmente de porco: *"as majestosas panelas de orelhada de porco."* (CF)

o.re.lhão (*orelha+ão²*) *sm* **1** Puxão de orelhas. **2** *pop* Telefone público.

o.re.lhu.do (*orelha+udo¹*) *adj* **1** *pop* Que tem orelhas grandes. **2** *fig* Estúpido, teimoso.

ór.fã (*lat orphana*) *sf* Feminino de *órfão*. • *adj f Apic* Família de abelhas que perde a sua rainha.

or.fa.na.to (*órfano+ato¹*) *sm* Estabelecimento que recolhe, sustenta e educa órfãos.

ór.fão (*gr orphanós*) *adj* **1** Que perdeu os pais ou um deles. **2** *fig* Desamparado, abandonado. • *sm* Aquele que ficou órfão. *Fem: órfã*.

or.fe.ão (*fr orphéon*) *sm Mús* **1** Escola de canto. **2** Grupo cujos membros se dedicam ao canto coral.

or.gan.di (*fr organdi*) *sm* Tecido de algodão leve e transparente.

or.gâ.ni.co (*gr organikós*) *adj* **1** *Biol* Que diz respeito aos órgãos, à organização ou aos seres organizados. **2** Que tem relação ou é próprio de organismo.

or.ga.nis.mo (*gr organismós*) *sm* **1** Qualquer ser que possui órgãos. **2** *Fisiol* Conjunto dos órgãos nos seres vivos.

or.ga.ni.sta (*órgano+ista*) *adj e s m+f* Diz-se de ou pessoa que toca órgão.

or.ga.ni.za.ção (*organizar+ção*) *sf* **1** Ação de organizar. **2** Instituição pública ou particular.

or.ga.ni.zar (*órgano+izar*) *vtd* **1** Criar, preparar e dispor as partes de um organismo: *Do pó da terra o Criador organizou o primeiro homem*. **2** Dispor para funcionar; estabelecer as bases: *Organizar instituições, organizar empresas*. **3** Arranjar, ordenar, preparar: *Organizar uma campanha eleitoral*.

or.ga.no.gra.ma (*órgano+grama*) *sm* Esquema de qualquer organização ou serviço.

or.gan.za (da marca registrada *Lorganza*) *sf* Tecido fino e transparente, de seda, náilon ou raiom, mais grosso que o organdi.

ór.gão (*gr órganon*) *sm* **1** *Anat* Parte de um organismo ou corpo vivo que cumpre uma ou mais funções especiais. **2** *Mús* O mais antigo dos instrumentos de teclado (hoje geralmente elétrico). **3** Instituição que exerce funções de caráter social, político etc.

or.gas.mo (do *gr orgázo*) *sm* Excitação muito grande dos sentidos durante uma relação sexual; gozo.

or.gi.a (*fr orgie*) *sf* **1** Bacanal. **2** *fig* Desordem, tumulto.

or.gu.lhar (*orgulho+ar¹*) *vtd* **1** Causar orgulho a: *filho que orgulha o pai*. *vpr* **2** Sentir orgulho: *"Ceará se orgulha de ser a Terra da Luz."* (DIN); *"Podiam se orgulhar de seus feitos."* (OMC)

or.gu.lho (*cat urgoll*, do *germ*) *sm* **1** Conceito muito alto ou exagerado que alguém tem de si mesmo. **2** Amor-próprio exagerado, vaidade.

or.gu.lho.so (ó) (*orgulho+oso*) *adj* **1** Que tem orgulho. **2** Soberbo, vaidoso. • *sm* Aquele que tem orgulho. *Pl*: *orgulhosos* (ó).

o.ri.en.ta.ção (*orientar+ção*) *sf* Direção, guia, regra.

o.ri.en.ta.dor (*orientar+dor*) *adj* Que dirige, orienta; dirigente. • *sm Educ* **1** Indivíduo que guia o orientando no trabalho acadêmico. **2** Diretor, guia.

o.ri.en.tal (*lat orientale*) *adj m+f* **1** Que diz respeito ao oriente. **2** Que está do lado do oriente. **3** Próprio do Oriente. • *s m+f* Pessoa que habita as regiões do Oriente. *Antôn*: ocidental.

o.ri.en.tan.do (de *orientar*) *sm* Aquele que recebe orientação educacional, profissional ou científica.

o.ri.en.tar (*oriente+ar¹*) *vtd* **1** Determinar os pontos cardeais em; marcar por meio de orientação: *Orientar a planta de um edifício*. *vtd* **2** Indicar o rumo: *Orientar os romeiros*. *vtd* **3** Instruir, alertar: *Orientar a opinião pública*.

o.ri.en.te (*lat oriente*) *sm* **1** O lado onde o Sol aparece quando nasce; leste, este, nascente. **2 Oriente** *Geogr* Países ou regiões que ficam do lado onde aparece o Sol.

o.ri.fí.cio (*lat orificiu*) *sm* **1** Entrada estreita. **2** Pequena abertura. **3** Pequeno buraco.

origami (*gâmi*) (*jap*) *sm* Arte tradicional japonesa que utiliza dobraduras de papel e cria animais, flores, aves e formas abstratas.

o.ri.gem (*lat origine*) *sf* **1** Começo, princípio, causa. **2** Procedência. **3** Proveniência. *Antôn*: termo, fim.

o.ri.gi.nal (*lat originale*) *adj m+f* **1** Que foi feito pela primeira vez, ou em primeiro lugar; que não é copiado nem reproduzido. **2** Que tem caráter próprio; que não copia nem imita. • *sm* **1** Primeira redação de uma obra ou de um pensamento. **2** Escrito ou desenho primitivos dos quais se tiram cópias.

o.ri.gi.nar (*lat origine+ar¹*) *vtd* **1** Dar origem ou princípio a; ser causa de: *O velho touro originou o imenso rebanho atual*. *vpr* **2** Ter origem; derivar-se; ser proveniente: *As hipóteses originaram-se da observação dos fenômenos*.

o.ri.gi.ná.rio (*baixo-lat originariu*) *adj* Que tem a sua origem em; oriundo, proveniente.

o.ri.un.do (*lat oriundu*) *adj* Originário, procedente, proveniente, natural.

o.ri.xá (*ioruba orísha*) *sm* Cada uma das divindades de religiões afro-brasileiras.

or.la (*lat vulg *orula*) *sf* **1** Borda ou extremidade das saias ou vestidos. **2** Borda, rebordo. **3** Margem, beira.

or.lar (*orla+ar¹*) *vtd* **1** Enfeitar as bordas com fita; embainhar: *Orlou o quadro de ramos floridos*. **2** Que está situado à orla de: *Extensas praias orlam a costa*.

or.na.men.ta.ção (*ornamentar+ção*) *sf* Ato ou efeito de ornamentar(-se).

or.na.men.tar (*ornamentar+ar¹*) *vtd* **1** Enfeitar com ornamentos; ornar: *Ornamentou o altar com lindas flores*. *vpr* **2** Adornar-se, enfeitar-se: *É próprio dela ornamentar-se*.

or.na.men.to (*lat ornamentu*) *sm* Tudo o que serve para ornar; enfeite, ornato, adorno.

or.nar (*lat ornare*) *vtd, vti* e *vpr* Enfeitar (-se) com ornatos; ornamentar(-se): *Telas famosas ornam-lhe a biblioteca*.

or.na.to (*lat ornatu*) *sm* Tudo o que serve para ornar; adorno, enfeite, ornamento.

or.ni.to.lo.gi.a (*órnito+logo+ia¹*) *sf* Parte da zoologia que estuda as aves.

or.ni.tó.lo.go (*órnito+logo*) *sm* Especialista em ornitologia. *Var*: ornitologista.

or.ni.tor.rin.co (*órnito+rinco*) *sm Zool* Mamífero ovíparo, com bico semelhante ao do pato, patas abertas como as palmas das mãos, cauda larga e chata, que vive na Austrália.

or.ques.tra (*gr orkhéstra*) *sf Mús* Conjunto de músicos que tocam uma obra musical feita para um ou vários instrumentos ou acompanham uma pessoa que canta.

or.ques.trar (*orquestra+ar¹*) *vtd Mús* Compor (uma obra musical) para ser tocada por uma orquestra.

or.qui.dá.cea (*orquid(ea)+ácea*) *sf* **1** *Bot* Planta da família das orquidáceas. *sf pl* **2** Família de plantas cultivadas por causa da beleza de suas flores, as orquídeas.

or.qui.dá.rio (*orquíd(ea)+ário*) *sm* Lugar onde se cultivam orquídeas.

or.quí.dea (*gr órkhis, idos+ea*) *sf Bot* Nome que se dá às flores e plantas da família das orquidáceas.

or.qui.dó.fi.lo (*órquido+filo²*) *sm* Pessoa que se dedica ao cultivo de orquídeas.

or.to.don.ti.a (*orto+odonto+ia¹*) *sf Odont* Parte da odontologia que estuda como prevenir e corrigir defeitos na posição dos dentes.

or.to.don.tis.ta (*orto+odonto+ista*) *s m+f* Especialista em ortodontia.

or.to.do.xo (*cs*) (*gr orthódoxos*) *adj* De acordo com as leis da Igreja. • *sm* **1** Aquele que segue rigorosamente os ensinamentos de uma religião, opinião ou ideia política, científica etc. **2** Cristão da Igreja Ortodoxa.

or.to.gra.far (*orto+grafo+ar²*) *vtd e vint* Escrever de acordo com as regras da ortografia: *Ortografemos caxumba, não cachumba.*

or.to.gra.fi.a (*gr orthographía*) *sf Ling* **1** Conjunto de regras que ensina a escrever corretamente. **2** Maneira de escrever as palavras.

or.to.grá.fi.co (*orto+grafo+ico²*) *adj* **1** Que diz respeito à ortografia. **2** De acordo com a ortografia.

or.to.pe.di.a (*orto+pedo+ia¹*) *sf Med* Parte da medicina que cuida da prevenção e correção de problemas das articulações e dos ossos.

or.to.pé.di.co (*orto+pedo+ico²*) *adj* Que diz respeito à ortopedia.

or.to.pe.dis.ta (*orto+pedo+ista*) *s m+f* **1** *Med* Especialista em ortopedia. **2** Fabricante de aparelhos ortopédicos.

or.tóp.te.ros (*orto+ptero*) *sm pl Zool* Ordem de insetos de grande porte que possuem as pernas traseiras longas, asas membranosas e saltam com facilidade. Como exemplo, temos as baratas, os grilos e os gafanhotos.

or.va.lho (*lat vulg *roraliu*) *sm* Vapor de água existente no ar que se transforma em líquido e se deposita sobre os objetos e a vegetação em forma de pequeninas gotas, geralmente à noite ou de madrugada.

os.ci.la.ção (*lat oscillatione*) *sf* **1** Movimento de vaivém. **2** *fig* Estado de dúvida; indecisão.

os.ci.lar (*lat oscillare*) *vint* **1** Mover-se de um lado para outro: *O pêndulo começou a oscilar.* *vti e vint* **2** Hesitar, vacilar: *Oscilava entre as duas interpretações.*

os.mo.se (*gr osmós+ose*) *sf Quím* Fenômeno que se produz quando dois líquidos, separados por uma parede mais ou menos porosa, a atravessam e se misturam.

os.sa.da (*osso+ada¹*) *sf* **1** Grande porção de ossos. **2** Os ossos de um cadáver; esqueleto.

os.sa.tu.ra (*de osso*) *sf* **1** Esqueleto, ossada. **2** Conjunto dos ossos do corpo.

ós.seo (*lat osseu*) *adj* **1** Que diz respeito a osso. **2** Da natureza do osso. **3** Formado por ossos.

os.si.fi.ca.ção (*ossificar+ção*) *sf* **1** Formação dos ossos. **2** Transformação do tecido cartilaginoso em tecido ósseo.

os.so (*ó*) (*lat ossu*) *sm* **1** *Anat* Cada um dos elementos sólidos e calcificados que formam o esqueleto dos vertebrados. *sm pl* **2** Restos mortais. *Pl: ossos (ó). Dim: ossículo.*

os.su.á.rio (*lat ossuariu*) *sm* **1** Sepultura onde estão muitos cadáveres. **2** Lugar onde os ossos dos mortos, tirados do cemitério, são colocados; ossaria: *"Podemos deixar que uma faixa imensa do Brasil se esterilize, vire deserto, ossuário, tumba da natureza?"* (FSP)

os.su.do (*osso+udo¹*) *adj* Que tem ossos grandes ou muito salientes.

os.ten.si.vo (*lat ostensu+ivo*) *adj* Evidente, visível, claro.

os.ten.ta.ção (*lat ostentatione*) *sf* **1** Alarde, exibição vaidosa; exibicionismo. **2** Luxo, grandiosidade, pompa.

os.ten.tar (*lat ostentare*) *vtd* **1** Exibir com ostentação, mostrar com alarde: *"Ele*

osteoporose 628 **outono**

ostenta ouro e sedas feito um magnata do petróleo." (FSP) **2** Deixar ver, mostrar naturalmente: *"Uma oficina de encadernação, que ostentava alguns velhos livros com as lombadas dilaceradas."* (ACM) **3** Exibir, mostrar com legítimo orgulho: *"Ostentarei o título honroso de Cidadão de Minas Gerais."* (G-O)

os.te.o.po.ro.se (*ósteo+porose*) *sf Med* Redução anormal da densidade de um osso ou dos ossos.

os.tra (*ó*) (*lat ostrea*) *sf Zool* Nome comum às espécies de moluscos bivalves, principalmente as que são comestíveis.

os.tra.cis.mo (*gr ostrakismós*) *sm* **1** Afastamento, isolamento, expulsão da pátria. **2** Afastamento das funções políticas. **3** Afastamento da vida social, artística ou intelectual.

o.tal.gi.a (*oto+algo¹+ia¹*) *sf Med* Dor na região auditiva.

o.tá.rio (*cast otario*) *sm gír* Pessoa ingênua, tola, que se deixa enganar facilmente.

ó.ti.ca (*gr optikós*) *sf V* **óptica**.

ó.ti.co (*gr otikós*) *adj* **1** Que diz respeito à orelha ou à região auditiva. **2** Medicamento contra doenças da região auditiva. Veja nota em **óptico**.

o.ti.mis.mo (*ótimo+ismo*) *sm* Tendência para achar que tudo está bem.

o.ti.mis.ta (*ótimo+ista*) *s m+f* Pessoa que tem otimismo. *Antôn:* pessimista.

ó.ti.mo (*lat optimu*) *adj* Superlativo absoluto sintético de *bom*; muito bom, excelente, o melhor possível. *Antôn:* péssimo. • *sm* Aquilo que é o melhor ou muito bom. Veja nota em **péssimo**.

o.ti.te (*oto+ite¹*) *sf Med* Inflamação na orelha.

o.to.ma.no (*gr bizantino othomanoí*) *adj* Da Turquia (Europa e Ásia); turco. • *sm* O natural ou habitante da Turquia; turco.

o.tor.ri.no (*oto+rino*) *s m+f* Forma reduzida de *otorrinolaringologista*.

o.tor.ri.no.la.rin.go.lo.gi.a (*oto+rino+laringo+logo+ia¹*) *sf Med* Parte da medicina que estuda e trata das doenças da região auditiva, do nariz e da garganta.

o.tor.ri.no.la.rin.go.lo.gis.ta (*oto+rino+laringo+logo+ista*) *adj+sm* Especialista em otorrinolaringologia.

ou (*lat aut*) *conj* Indica opção ou dúvida entre duas coisas: *Ou vai, ou fica.*

ou.ri.çar (*ouriço+ar¹*) *vtd e vpr* **1** Mostrar-se arrepiado ou áspero, como o ouriço: *A proximidade do cão ouriçou o gato. vpr* **2** Agitar-se, exaltar-se: *"Especialistas em investimentos também se ouriçaram."* (FSP)

ou.ri.ço (*lat ericiu*) *sm* **1** *Zool* Nome comum de certos mamíferos que têm o corpo coberto de espinhos duros e esticados. **2** A casca dura das frutas secas ou a parte externa, espinhosa, de certos frutos.

ou.ri.ço-do-mar *sm Zool* Animal invertebrado esférico, de carapaça rija, com espinhos na sua superfície que o auxiliam na locomoção e na defesa. *Pl:* ouriços-do--mar.

ou.ri.ves (*lat aurifice*) *sm sing+pl* Fabricante ou vendedor de objetos de ouro.

ou.ri.ve.sa.ri.a (*ourives+aria*) *sf* **1** Estabelecimento, loja ou oficina de ourives. **2** A atividade de ourives.

ou.ro (*lat auru*) *sm* **1** *Quím* Elemento de número atômico 79 e símbolo Au; metal precioso, de cor amarela e brilhante, muito pesado, com o qual se fabricam joias. **2** *fig* Cor amarela e muito brilhante: *O ouro dos seus cabelos*. *De ouro:* excelente, precioso, perfeito. *Nadar em ouro:* ser muito rico, ter grande fortuna. *Var:* oiro.

ou.ros (de *ouro*) *sm pl* Um dos quatro naipes das cartas de baralho, representado por um losango vermelho.

ou.sa.di.a (*ousado+ia¹*) *sf* **1** Coragem. **2** Atrevimento, audácia.

ou.sa.do (*part de ousar*) *adj* **1** Corajoso. **2** Atrevido, audacioso. *Antôn:* tímido.

ou.sar (*lat vulg *ausare, freq de audere*) *vtd* Ter bastante ousadia ou coragem para; atrever-se: *Ousar lutar, ousar vencer.*

outdoor (*autdór*) (*ingl*) *sm* **1** Qualquer propaganda (painel, letreiro luminoso, letreiro em parede, muro etc.) colocada ao ar livre. **2** Cartaz grande de propaganda colocado à margem de ruas e estradas.

ou.tei.ro (*lat altariu*) *sm* Monte de pouca altura; colina.

ou.to.nal (*outono+al¹*) *adj m+f* Que é próprio do outono, ou relativo a ele.

ou.to.no (*lat autumnu*) *sm* **1** Estação do

ou.tor.gar ano que vem antes do inverno. **2** *fig* Decadência; declínio.
ou.tor.gar (*lat vulg *auctoricare, freq de autorare*) *vtd* e *vti* **1** Aprovar, concordar com: *Não outorgamos com essa mudança*. *vtd* **2** *Dir* Declarar por escrito: *Outorgar uma doação*. *vtd* e *vti* **3** Dar, conceder: *O presidente outorgou indulto ao condenado*.
ou.trem (de *outro*) *pron* Outra pessoa; outras pessoas.
ou.tro (*lat alteru*) *pron* **1** Que não é o mesmo; diferente, diverso. **2** Alguém ou algo não mencionado anteriormente. **3** Mais um.
ou.tro.ra (*outra+hora*) *adv* Antigamente, noutro tempo: *"O seu erro, outrora, fora tão grande?"* (A); *"Das grandes árvores de outrora, nenhuma em pé."* (ALE)
ou.tros.sim (*outro+sim*) *adv* Bem assim; igualmente; também: *"E queira vossa excelência, outrossim, mandar, que verá quão bem mandado sou e quão bem servido há de ficar."* (TR); *"Outrossim, a questão está sendo tratada nos trabalhos e propostas do Ministério da Justiça para o combate ao crime organizado."* (FSP)
ou.vi.do (*lat auditu*) *sm Anat* Órgão e sentido da audição (etimologia atual: orelha).
ou.vi.dor (*ouvir+dor*) *sm* **1** Funcionário de empresa pública ou privada que tem a função de ouvir queixas do consumidor e direcioná-las. **2** No Brasil colonial, funcionário que era nomeado pelo donatário e tinha as mesmas funções do atual juiz de direito.
ou.vi.do.ri.a (*ouvidor+ia¹*) *sf* Cargo de ouvidor.
ou.vin.te (de *ouvir*) *adj* e *s m+f* **1** Diz-se de pessoa que ouve um discurso, um programa de rádio etc. **2** Diz-se de estudante que frequenta uma aula sem estar matriculado.
ou.vir (*lat audire*) *vtd* **1** Entender, perceber pelo sentido do ouvido: *Dele ouviram ensinamentos valiosos*. *vint* **2** Ter o sentido da audição: *Nem todos ouvem perfeitamente*. *vtd* **3** Dar ouvidos, escutar, prestar atenção: *Ouviu os rogos do povo*. *vtd* **4** Dar audiência a: *O governador vai ouvi-los*. Conjug – o v de ouvir muda-se em ç na 1ª pessoa do singular do presente do indicativo e nas formas que dela derivam. Conjug – Pres indic: ouço, ouves, ouve, ouvimos, ouvis, ouvem; Pret perf: ouvi, ouviste, ouviu, ouvimos, ouvistes, ouviram; Pret imp indic: ouvia, ouvias, ouvia, ouvíamos, ouvíeis, ouviam; Pret mais-que-perf: ouvira, ouviras, ouvira, ouvíramos, ouvíreis, ouviram; Fut pres: ouvirei, ouvirás, ouvirá, ouviremos, ouvireis, ouvirão; Fut pret: ouviria, ouvirias, ouviria, ouviríamos, ouviríeis, ouviriam; Pres subj: ouça, ouças, ouça, ouçamos, ouçais, ouçam; Pret imp subj: ouvisse, ouvisses, ouvisse, ouvíssemos, ouvísseis, ouvissem; Fut subj: ouvir, ouvires, ouvir, ouvirmos, ouvirdes, ouvirem; Imper afirm: —, ouve(Tu), ouça(Você), ouçamos(Nós), ouvi(Vós), ouçam(Vocês); Imper neg: —, Não ouças(Tu), Não ouça(Você), Não ouçamos(Nós), Não ouçais(Vós), Não ouçam (Vocês); Infinitivo impess: ouvir; Infinitivo pess: ouvir, ouvires, ouvir, ouvirmos, ouvirdes, ouvirem; Ger: ouvindo; Part: ouvido.
o.va (*lat ova*, pl de *ovu*) *sf Zool* O ovário dos peixes.
o.va.ção (*lat ovatione*) *sf* Ação de aprovar alguém em público; aplausos: *"Ouviu-se uma ovação entusiasta."* (JM)
o.va.ci.o.nar (*lat ovatione+ar¹*) *vtd* Fazer ovação a; aplaudir solenemente: *Ovacionaram o maestro*.
o.val (*lat ovale*) *adj* Em forma de ovo; ovoide.
o.vá.rio (*lat ovariu*) *sm Anat* Órgão dos animais onde se formam os ovos.
o.ve.lha (*lat ovicula*) *sf* Fêmea do carneiro. Voz: *bala, berra*. Col: *rebanho*.
o.ver.do.se (*ingl overdose*) *sf* Dose excessiva, em especial de drogas.
o.ver.lo.que (*ingl overlock*) *sm* Peça da máquina de costura que chuleia e corta as sobras do tecido ao mesmo tempo.
o.ver.lo.quis.ta (*overloque+ista*) *s m+f* Quem trabalha com overloque.
o.vi.no (*lat ovinu*) *adj Zool* Que diz respeito a ovelhas ou carneiros. • *sm* O animal que pertence ao gado ovino.
o.ví.pa.ro (*ovo+lat pario*) *adj Zool* Que põe ovos; que se reproduz por meio de ovos. • *sm* Animal ovíparo.

óv.ni (sigla de *objeto voador não identificado*) *sm* Disco voador, ufo.

o.vo (ó) (*lat ovu*) *sm* **1** *Biol* Célula reprodutora feminina dos animais. **2** *Biol* Óvulo fecundado de certos animais. *sm pl* **3** *vulg* Testículos. *Dim: ovinho* e *óvulo. Pl: ovos (ó).*

o.voi.de (ó) (*ovo+oide*) *V oval.*

o.vo.vi.ví.pa.ro (*ovo+vivo+lat pario*) *adj+sm Zool* Diz-se de animal que põe ovos com o embrião já desenvolvido, depois de ter chocado o ovo dentro do próprio organismo materno.

o.vu.la.ção (*ovular+ção*) *sf Fisiol* Produção de óvulos pelo ovário.

o.vu.lar (*óvulo+ar¹*) *vint* **1** Produzir óvulos. **2** Estar em processo de ovulação. • *adj m+f* **1** Que se assemelha a um ovo; oval. **2** Que diz respeito ao óvulo. *Cf óvulo.*

ó.vu.lo (*lat mod ovulu*) *sm* **1** Pequeno ovo. **2** *Biol* Célula sexual feminina, formada no ovário.

O.xa.lá (*ioruba òrishalá*) *sm Rel* Alta divindade entre os Orixás.

o.xa.lá! (*ár wa shâ llâh*) *interj* Indica desejo de que alguma coisa aconteça; tomara; Deus queira.

o.xi.da.ção (cs) (*oxidar+ção*) *sf Quím* **1** Ação de oxidar(-se); oxigenação. **2** Criação de ferrugem.

o.xi.dar (cs) (*óxido+ar¹*) *vtd e vpr* **1** Transformar(-se) em óxido; combinar (-se) com o oxigênio. **2** Enferrujar(-se): *A umidade oxidou os talheres.*

ó.xi.do (cs) (*oxi(gênio)+(ác)ido*) *sm Quím* Corpo formado por oxigênio e por um metal.

o.xi.ge.na.ção (cs) (*oxigenar+ção*) *sf Quím* Fixação de oxigênio em um corpo; oxidação.

o.xi.ge.nar (cs) (*oxigênio+ar¹*) *vtd e vpr* **1** *Quím* Combinar(-se) com o oxigênio; oxidar(-se). *vtd* **2** Descolorir com água oxigenada: *"Ninguém adoece por oxigenar os cabelos."* (CEN) *vtd* **3** Dar nova energia a; fortalecer: *"Estamos trabalhando no sentido de que o concurso público para oxigenar a questão de pessoal das polícias seja realizado o mais rápido possível."* (GAL)

o.xi.gê.nio (cs) (*gr oxýs+geno+io*) *sm Quím* Elemento não metálico, gás sem cor, sem cheiro, sem sabor, que existe no ar, necessário para a respiração do homem, dos animais e das plantas.

o.xí.to.no (cs) (*gr oxýs+tónos*) *adj Gram* Diz-se de vocábulo que tem o acento na última sílaba; também se diz *agudo.* • *sm* Vocábulo oxítono.

O.xós.si (*ioruba Òshósi*) *sm Rel* Orixá dos caçadores e dono das matas.

O.xum (*ioruba Òshun*) *sm Rel* Orixá feminino das águas.

o.zô.nio (*gr ózein*) *sm Quím* Gás levemente azulado, com cheiro semelhante ao alho, molécula formada por três átomos de oxigênio, que se desenvolve sob a influência das descargas elétricas. *Camada de ozônio: V ozonosfera.*

o.zo.ni.zar (*ozônio+izar³*) *vtd Quím* **1** Tratar com ozônio: *Ozonizar uma casa.* **2** Transformar em ozônio (o oxigênio).

o.zo.nos.fe.ra (*ozônio+esfera*) *sf Meteor* Camada da atmosfera terrestre localizada a uma altitude de 12 a 50 quilômetros, na qual a concentração de ozônio é relativamente alta.

P

p (*pê*) (*lat pe*) *sm* Décima sexta letra do alfabeto português, consoante.

pá (*lat pala*) *sf* **1** Utensílio largo e achatado, feito de chapa de ferro, plástico etc., com cabo, usado para cavar terra, recolher lixo e outros fins. **2** Parte larga e achatada de um remo. **3** *gír* Grande quantidade.

pa.ca (*tupi páka*) *sf* Zool Mamífero roedor de cor escura; sua carne é muito apreciada. • *adj+sm* Ingênuo, tolo, inexperiente.

pa.ca.tez (*pacato+ez*) *sf* Qualidade ou estado de pacato: *"Não mais se acostumava com a pacatez daquela vida."* (TSF)

pa.ca.to (*lat pacatu*) *adj* **1** Amigo da paz, pacífico. **2** Sossegado. • *sm* Indivíduo tranquilo, calmo.

pa.cau *sm* **1** Pessoa a quem falta um dedo. **2** *gír* Cigarro de maconha ou pacote dessa erva.

pa.chor.ra (*ô*) (*cast pachorra*) *sf* **1** Lentidão, vagareza. **2** Paciência.

pa.chor.ren.to (*pachorra+ento*) *adj* **1** Dotado de pachorra: *"O coronel escutou-o num silêncio pachorrento."* (TV) **2** Feito com pachorra.

pa.ci.ên.cia (*lat patientia*) *sf* **1** Qualidade de quem suporta problemas ou incômodos sem queixas nem revolta. **2** Qualidade de quem espera com calma o que está demorando. **3** Jogo com cartas de baralho para uma só pessoa.

pa.ci.en.te (*lat patiente*) *adj m+f* **1** Que tem paciência. **2** Feito com paciência. **3** Calmo, tranquilo. **4** Que sofre a ação de um agente. • *s m+f* Pessoa que está na dependência do médico, mesmo para simples exame.

pa.ci.fi.ca.ção (*pacificar+ção*) *sf* Ato ou efeito de pacificar.

pa.ci.fi.ca.dor (*pacificar+dor*) *adj* Que pacifica. • *sm* Aquele que pacifica.

pa.ci.fi.car (*lat pacificare*) *vtd* **1** Restituir a paz; apaziguar, conciliar. *vtd* **2** Sossegar, tranquilizar. *vpr* **3** Voltar à paz, tranquilizar-se. *Cf pacífico*.

pa.cí.fi.co (*lat pacificu*) *adj* **1** Amigo da paz. **2** Manso, sereno. **3** Pertencente ao Oceano Pacífico.

pa.ço (*lat palatiu*) *sm* Palácio real ou episcopal.

pa.ço.ca (*tupi pasóka*) *sf* Cul **1** Carne assada e desfiada, com farinha de mandioca ou de milho. **2** Doce de amendoim torrado com farinha e açúcar.

pa.co.te (*de paca*) *sm* Objeto embrulhado; embrulho pequeno.

pac.to (*lat pactu*) *sm* Ajuste ou acordo entre estados ou pessoas.

pac.tu.ar (*pacto+ar¹*) *vtd* **1** Ajustar; combinar: *"Tenho a impressão de que eu e minha mulher vamos pactuar, em público, um verdadeiro adultério!"* (FIG) *vti* **2** Fazer pacto; concordar: *"Não pactuam e não poderiam mesmo pactuar com suas ideias retrógradas."* (AL)

pa.cu (*tupi pakú*) *sm* Zool Nome comum a vários peixes de água doce.

pa.da.ri.a (*lat vulg *panataria*) *sf* **1** Estabelecimento onde se fabricam ou vendem pães; panificadora. **2** *vulg* Bunda, traseiro.

pa.de.cer (*lat vulg *patescere*) *vtd* **1** Ser atormentado, martirizado por. *vtd* **2** Aguentar, suportar. *vti* **3** Sofrer dores físicas ou morais.

pa.de.ci.men.to (*padecer+mento*) *sm* **1** Ato ou efeito de padecer; sofrimento. **2** Doença, enfermidade.

pa.dei.ro (*lat vulg *panatariu*) *sm* Fabricante, vendedor ou entregador de pão.

pa.di.o.la *sf* Cama de lona, sem rodas, na qual se transportam doentes ou feridos.

pa.di.o.lei.ro (*padiola+eiro*) *sm* Cada um dos que carregam uma padiola.

pa.drão (*lat patronu*) *sm* **1** Modelo oficial de pesos e medidas. **2** Qualquer coisa que serve de modelo para a produção de outra. **3** Desenho de estamparia. **4** Nível, categoria.

pa.dras.to (*lat padrastu*) *sm* O homem, em relação ao filho ou filhos que sua mulher teve de matrimônio anterior. *Fem:* madrasta.

pa.dre (*lat patre*) *sm* **1** Sacerdote. *Col: clero.* **2 Padre** Primeira pessoa da Santíssima Trindade; Pai.

pa.dre-nos.so *sm* V pai-nosso. *Pl:* padre--nossos e padres-nossos.

pa.dri.nho (*lat patrinu*) *sm* **1** Testemunha de batismo, casamento ou crisma. **2** Aquele que acompanha o aluno que está se formando na colação de grau. **3** *fig* Protetor, patrono.

pa.dro.ei.ro (ant *padrom+eiro*) *adj+sm* Defensor, patrono; santo protetor.

pa.dro.ni.za.ção (*padronizar+ção*) *sf* **1** Ato ou efeito de padronizar. **2** Estabelecimento de um padrão para a fabricação de produtos em série.

pa.dro.ni.zar (*padrão+izar*) *vtd* **1** Servir de padrão, de modelo a: *"A aroeira, que, apesar do madeirão respeitado que é, não padroniza a cultura de primeira qualidade."* (V) **2** Estabelecer o padrão de; uniformizar: *"A diretoria padronizou os prêmios."* (FSP); *"A conveniência de padronizar os períodos escolares de aulas e férias."* (FSP) **3** Produzir mercadorias em série segundo determinado modelo, ou estabelecer um método para a execução de um trabalho: *"A tendência atual do mercado a padronizar ao máximo todo e qualquer produto vem diminuindo a diversidade de garrafas."* (FSP)

pa.e.tê (*fr pailleté*) V lantejoula.

pa.ga (*der* regressiva de *pagar*) *sf* **1** Pagamento. **2** Retribuição, recompensa.

pa.ga.men.to (*pagar+mento*) *sm* **1** Ato ou efeito de pagar. **2** O que se dá em troca de um serviço ou na compra de alguma coisa. **3** Salário, remuneração.

pa.ga.nis.mo (*lat paganu+ismo*) *sm* **1** Religião em que se adoram muitos deuses. **2** Religião pagã.

pa.gan.te (de *pagar*) *adj* e *s m+f* Que ou pessoa que paga.

pa.gão (*lat paganu*) *adj+sm* **1** Que ou quem não é cristão ou não foi batizado. **2** Que ou quem segue qualquer religião que não adota o batismo. • *adj* Relativo ou próprio de pagão. *Fem:* pagã.

pa.gar (*lat pacare*) *vtd* **1** Liquidar (uma dívida, um compromisso, um trabalho etc.). *vtd* **2** Remunerar. *vtd*, *vti* e *vint* **3** Sofrer as consequências de algo. *vti* **4** Devolver a alguém o que lhe é devido. *vtd* **5** Retribuir. *Conjug – Part: pago* e *pagado.*

pa.gá.vel (*pagar+vel*) *adj m+f* Que se pode pagar.

pager (pêidjer) (ingl) *sm Telecom* Pequeno aparelho eletrônico que recebe e exibe mensagens escritas transmitidas por uma central.

pá.gi.na (*lat pagina*) *sf* **1** Cada lado das folhas de um livro, caderno, revista etc. **2** Aquilo que está escrito ou impresso em cada um desses lados.

pa.gi.na.ção (*paginar+ção*) *sf* **1** *Art Gráf* e *Inform* Ato de paginar. **2** Ordem numérica das páginas de um volume escrito.

pa.gi.na.dor (*paginar+dor*) *sm Tip* Aquele que organiza as páginas de livros, revistas, jornais ou qualquer tipo de impresso.

pa.gi.nar (*página+ar¹*) *vtd* e *vint Art Gráf* e *Inform* Organizar em páginas, em sequência numérica, a composição de um livro, revista, jornal ou qualquer tipo de impresso.

pa.go (de *pagar*) *adj* **1** Entregue para pagamento. **2** Que recebeu pagamento.

pa.go.de (*tâmil pagodi*) *sm* **1** Templo pagão entre certos povos asiáticos. **2** Baile onde se tocam ritmos populares com acompanhamento de percussão, violão, cavaquinho. **3** *Mús* Certa variação de samba, originária dos morros cariocas.

pa.go.dei.ro (*pagode+eiro*) *sm* **1** Quem frequenta pagode. **2** *Mús* Cantor ou compositor de pagode.

pai (*lat patre*) *sm* **1** Homem que gerou um

ou mais filhos em relação a estes; genitor. **2** Animal macho que gerou outro. **3** *Pai Rel* Primeira pessoa da Santíssima Trindade; Padre: *Filho, peça sempre ao Pai que te proteja.* **4** Autor, criador: *Santos Dumont é o pai da aviação.* *sm pl* **5** O pai e a mãe. *Pai de santo, Rel:* chefe de terreiro ou guia nas macumbas e candomblés. *Pai de todos, pop:* dedo polegar. *Pai dos burros, gír:* dicionário.

pai de san.to Ver definição em *pai*.
pai de to.dos Ver definição em *pai*.
pai dos bur.ros Ver definição em *pai*.

pai.na (*ãi*) (*malaiala paññi*) *sf* Conjunto de fibras sedosas, semelhantes às do algodão, de grande aplicação industrial, que envolvem as sementes de diversas plantas, como a paineira.

pai.nei.ra (*paina+eira*) *sf Bot* Árvore de grande porte, estimada pela paina que produz e pela beleza e abundância de suas flores.

pai.nel (*provençal panel*) *sm* **1** Pintura feita sobre tela, madeira etc.; quadro. **2** *Propag* Anúncio pintado ou disposto sobre chapas de ferro, lonas ou madeira e montado em qualquer tipo de estrutura ou em paredes de edifícios. **3** Tipo de reunião para debates de certo assunto. **4** Quadro com instrumentos de controle: *O painel de um avião.*

pai-nos.so *sm* Oração cristã; padre-nosso. *Pl:* pai-nossos e pais-nossos.

pai.o (de *Paio, np*) *sm* Espécie de linguiça de carne de porco feita em tripa grossa.

pai.ol (*lat paniolu*) *sm* **1** Depósito de pólvora, munições e outros apetrechos de guerra. **2** Armazém em que se depositam produtos da lavoura.

pai.rar (*provençal pairar, do lat pariare*) *vint* **1** Ficar imóvel ou mover-se lentamente no ar: *"Um gigantesco inflável que vai pairar sobre os visitantes do festival."* (FSP) **2** Estar para acontecer, ameaçar: *"Falou sobre a ameaça que paira sobre a família real."* (FSP)

pa.ís (*fr pays*) *sm* **1** Região, território. **2** A nação em que se nasceu, a pátria. **3** Território habitado por um grande conjunto de pessoas, que constituem determinada nação.

pai.sa.gem (*fr paysage*) *sf* **1** Extensão de um lugar aberto que se abrange num lance de vista. **2** Desenho, quadro que representa uma paisagem.

pai.sa.gis.mo (*paisagem+ismo*) *sm* **1** Representação de paisagens pela pintura ou pelo desenho. **2** Estudo complementar da arquitetura que planeja paisagens, jardins, parques etc.

pai.sa.gis.ta (*paisagem+ista*) *adj* e *s m+f* Que ou aquele que pinta ou planeja paisagens. • *s m+f* Pessoa que se dedica ao paisagismo (acepção 2).

pai.sa.na (*fem* de *paisano*) *sf* Palavra usada na locução adverbial *à paisana:* em traje civil.

pai.sa.no (*fr paysan*) *adj+sm* **1** Que ou aquele que não é militar. **2** Que ou aquele que é da mesma pátria ou localidade; compatriota, patrício.

pai.xão (*lat passione*) *sf* **1** Sentimento forte, como o amor, o ódio etc. **2** Atração amorosa. **3** Gosto muito vivo, acentuada predileção por alguma coisa. **4** A coisa, o objeto dessa predileção. **5** *Rel* Os tormentos padecidos por Cristo ou pelos mártires.

pa.jé (*tupi paié*) *sm* Chefe espiritual dos indígenas, misto de feiticeiro, médico e profeta. Veja nota em **j**.

pa.je.lan.ça (*pajé+l+ança*) *sf* **1** Cerimonial do pajé para alcançar curas. **2** Conjunto de regras e atos do feiticeiro, aconselhando, ditando regras de vida, vendendo remédios, amuletos etc.: *"Resolveu ensinar-lhe tudo que aprendera dos antepassados, em prática de pajelança."* (LOB)

pa.jem (*fr page*) *sm* **1** Rapaz da nobreza que acompanha um príncipe, um fidalgo ou uma dama. *sf* **2** Aquela que toma conta de crianças; ama-seca, babá.

pa.la (*lat pala*) *sf* **1** Engaste de pedra preciosa ou de anel. **2** Parte do boné que protege os olhos do excesso de claridade. **3** Parte do vestuário que guarnece a gola ou colarinho.

pa.la.ce.te (*ê*) (*palácio+ete*) *sm* **1** Pequeno palácio. **2** *pop* Residência grande e luxuosa.

pa.la.ci.a.no (*palácio+ano*) *adj* **1** Relativo a palácio. **2** Próprio de quem vive na corte.

3 Cortês, delicado. • *sm* Aquele que vive no palácio.

pa.lá.cio (*lat palatiu*) *sm* **1** Casa de rei ou de família nobre. **2** *por ext* Qualquer construção grande e luxuosa. **3** Sede de um governo.

pa.la.dar (*lat palatare*) *sm* **1** Céu da boca; palato. **2** Sentido do gosto. **3** Gosto, sabor.

pa.la.di.no (*ital paladino*, do *lat med palatinu*) *sm* **1** Defensor: *Ele se considera o paladino da liberdade.* **2** Homem corajoso.

pa.la.fi.ta (*ital palafitta*) *sf* **1** Conjunto de estacas que sustenta as habitações em terrenos alagados. **2** Nome dado a essas habitações.

pa.lan.que (*lat vulg *palanca*) *sm* Estrado de madeira com degraus, para espectadores de festas ao ar livre.

pa.lan.quim (*neoárico palânkî*) *sm* Tipo de liteira, semelhante a uma cadeira.

pa.la.tal (*palato+al¹*) *adj m+f* **1** Relativo ao palato. **2** *Gram* Diz-se dos sons ou fonemas cujo ponto de articulação está no palato.

pa.la.ti.no (*lat palatinu*) *adj* **1** Referente ao palato; palatal. **2** Referente ao paladar, ao sentido do gosto.

pa.la.to (*lat palatu*) *sm Anat* Céu da boca, abóbada palatina.

pa.la.vra (*gr parabolé*, pelo *lat*) *sf* **1** Conjunto de sons articulados, com uma significação. **2** Vocábulo representado graficamente. **3** Faculdade de expressar as ideias por meio da voz: *Aquele orador tem o dom da palavra.* **4** Afirmação, declaração, promessa verbal: *Meu pai deu a palavra de que não irá mais fumar.*

pa.la.vra-cha.ve *sf* **1** Palavra que resume o significado global de um texto, ou que o explica ou identifica. **2** Palavra que serve para identificação em um índice. *Pl: palavras-chaves* e *palavras-chave.*

pa.la.vrão (*palavra+ão²*) *sm* **1** Palavra grosseira ou obscena. **2** Palavra grande, de pronúncia difícil.

pa.la.vre.a.do (*part* de *palavrear*) *sm* **1** Lábia; astúcia verbal. **2** Reunião de palavras sem nexo.

pal.co (*ital palco*) *sm* Lugar, no teatro, onde os atores representam e os artistas se apresentam.

pa.le.o.gra.fi.a (*páleo+grafo+ia¹*) *sf* O estudo da escrita antiga, de suas formas e variações através dos séculos.

pa.le.o.lí.ti.co (*páleo+lito+ico²*) *adj* Relativo ao primeiro período da Idade da Pedra. • *sm Geol* Período mais antigo da Idade da Pedra, também denominado Idade da Pedra Lascada.

pa.le.on.to.lo.gi.a (*páleo+onto+logo+ia¹*) *sf* Estudo das espécies desaparecidas, baseado nos fósseis animais e vegetais.

pa.le.o.zoi.co (*páleo+zoo+ico²*) *adj Geol* **1** Relativo a animais ou vegetais cujas espécies se extinguiram. **2** Diz-se do terreno onde se encontram vestígios fósseis dessas espécies. • *sm Geol* Denominação que se dá à era que antecede a mesozoica.

pa.ler.ma (do *top Palermo*) *adj* e *s m+f* **1** Que ou quem é idiota, imbecil, tolo. **2** Que ou quem é molenga; moleirão.

pa.les.ti.no (do *top Palestina*) *adj* Pertencente ou relativo à Palestina (Oriente Médio, na Ásia). • *sm* Habitante ou natural da Palestina.

pa.les.tra (*gr palaístra*) *sf* **1** Conversa, conversação. **2** Conferência sobre tema.

pa.les.tran.te (de *palestrar*) *s m+f* **1** Pessoa que palestra. **2** Pessoa que dá palestras.

pa.le.ta (*ê*) (*ital paletta*) *sf* **1** Chapa de madeira, louça ou de outro material, em geral ovalada, com um orifício para o polegar, sobre a qual os pintores dispõem e combinam as tintas. **2** O conjunto de cores típico de um pintor, de um quadro etc.

pa.le.tó (*fr paletot*) *sm* Casaco curto, com bolsos, que se veste diretamente sobre a camisa ou colete.

pa.lha (*lat palea*) *sf* **1** Haste seca de gramíneas usada como alimento para animais e para a fabricação de certos objetos. **2** A parte, depois de seca, que envolve a espiga de milho.

pa.lha.ça.da (*palhaço+ada¹*) *sf* **1** Ato ou dito próprio de palhaço. **2** Cena ridícula ou cômica.

pa.lha.ço (*ital pagliaccio*) *sm* **1** Artista de circo que diverte o público com brincadeiras. **2** Pessoa que, por atos ou palavras,

faz os outros rir. **3** Indivíduo que se presta ao ridículo.
pa.lhei.ro (*lat paleariu*) *sm* Local onde se guarda palha.
pa.lhe.ta (*ê*) (*palha+eta*) *sf* **1** Chapéu de palha rígido, atualmente em desuso. **2** *Mús* Pequena lâmina de metal ou madeira que, em certos instrumentos de sopro, produz as várias vibrações do som. **3** *Mús* Pequena lâmina com que se vibram as cordas do violão, da guitarra, do bandolim etc. **4** *Constr* Cada uma das lâminas de madeira que formam as venezianas, favorecendo a ventilação.
pa.lhi.nha (*palha+inha*) *sf* Palha com que se fazem assentos e encostos de cadeiras.
pa.lho.ça (de *palha*) *sf* Casa coberta de palha.
pa.li.a.ti.vo (*paliar+ivo*) *adj* Que serve para aliviar momentaneamente: *O governo está tomando apenas medidas paliativas contra a violência.* • *sm* **1** Medicamento que tem eficácia apenas momentânea: *O médico receitou um remédio paliativo enquanto o doente faz os exames.* **2** Algo que somente entretém e prolonga um desejo ou uma esperança.
pa.li.ça.da (*provençal palisada*) *sf* **1** Obstáculo para defesa. **2** Arena para lutas e torneios.
pa.li.dez (*pálido+ez*) *sf* Estado ou qualidade de pálido; descoramento.
pá.li.do (*lat pallidu*) *adj* **1** Descorado, amarelado (pessoa). **2** Desbotado, tênue (luz, cores). **3** Sem animação. *Antôn* (acepção 1): *corado*; (acepção 2): *vivo*; (acepção 3): *animado*.
pa.li.tar (*palito+ar¹*) *vtd* **1** Limpar com palito. *vint* **2** Limpar os dentes.
pa.li.tei.ro (*palito+eiro*) *sm* **1** Vendedor ou fabricante de palitos. **2** Recipiente para palitos.
pa.li.to (*cast palito*) *sm* **1** Hastezinha pontiaguda, em geral de madeira, para limpar os dentes. **2** *pop* Pessoa muito magra.
pal.ma (*lat palma*) *sf* **1** Folha e ramo de palmeira. **2** *Bot* A palmeira. **3** *fig* Triunfo, vitória. *sf pl* **4** Ação de bater as palmas das mãos uma na outra, para aplaudir, chamar a atenção de alguém etc.
pal.má.ceas (*palma+áceas*) *sf pl Bot* Família de plantas à qual pertencem as palmeiras, comumente de tronco alto, que sustentam uma copa de grandes folhas.
pal.ma.da (*palma+ada¹*) *sf* Pancada com a palma da mão.
pal.ma.tó.ria (*lat med palmataria*) *sf* Peça de madeira com orifícios e cabo, que servia nas escolas para castigar as crianças, batendo-lhes com ela na palma das mãos. *Dar a mão à palmatória:* reconhecer o próprio erro: *Teimou tanto, mas, no final, deu a mão à palmatória.*
pal.mei.ra (*palma+eira*) *sf Bot* Nome comum a várias plantas da família das palmáceas, também conhecidas por coqueiros.
pal.mi.lha (*cast palmilla*) *sf* Revestimento interior da sola do calçado, sobre o qual se coloca o pé.
pal.mí.pe.de (*palmi+pede*) *adj m+f Zool* Que tem os dedos dos pés unidos por membrana.
pal.mi.to (*palma+ito¹*) *sm Bot* Miolo comestível do caule das palmeiras.
pal.mo (*lat palmu*) *sm* **1** Extensão da ponta do polegar à ponta do mínimo, estando a mão bem aberta. **2** Antiga medida de comprimento, equivalente a 0,22 m.
pal.pá.vel (*palpar+vel*) *adj m+f fig* Que não deixa dúvida; evidente: *Prova palpável.*
pál.pe.bra (*lat palpebra*) *sf Anat* Membrana móvel, superior ou inferior, dotada de cílios, que cobre externamente o olho.
pal.pi.ta.ção (*lat palpitatione*) *sf* **1** Ato de palpitar. **2** *Med* Movimento violento e desordenado de qualquer parte do corpo, sobretudo do coração.
pal.pi.tar (*lat palpitare*) *vint* **1** Ter palpitações; bater, pulsar: *"O coração palpitava como se fosse dar de cara com alguém."* (BDI) *vint* **2** Comover-se, sobressaltar-se: *"A alma lhe é indiferente, só palpita e vibra em contato com a luz interior que ilumina mundos."* (DEN) *vti* **3** *pop* Dar palpites: *"Adora palpitar em reuniões de dirigentes."* (FSP)
pal.pi.te (de *palpitar*) *sm* **1** Pressentimento. **2** *pop* Opinião de intrometido.
pal.pi.tei.ro (*palpite+eiro*) *adj+sm* Que ou quem gosta de dar palpites.

pal.po (*lat palpu*) *sm Zool* **1** Apêndice do maxilar e do lábio dos insetos. **2** Segundo par de apêndices dos aracnídeos. *Em palpos de aranha:* estar em situação difícil: *O carro quebrou em um trecho isolado da estrada, e o motorista ficou em palpos de aranha.*

pal.ra.dor (*palrar+dor*) *adj+sm* Que ou aquele que palra; tagarela.

pal.rar (*lat parabolari*) *vint* **1** soltar a sua voz característica (o papagaio): *"Um papagaio sem idade, palrava sem parar."* (MEL) **2** Falar excessivamente; tagarelar: *"Guabiraba aproximava-se do grupo que palrava."* (NCO)

pa.lu.dis.mo (*lat palude+ismo*) *V malária.*

pa.lus.tre (*lat palustre*) *adj m+f* **1** Relativo a pauis. **2** Que vive em pauis ou lagoas.

pa.mo.nha (*top pamuñá*) *sf* Papa de milho verde ralado, cozida e envolta na palha do próprio milho. • *adj* e *s m+f* **1** Diz-se da ou pessoa desajeitada, preguiçosa, mole: *Ele é um pamonha, nunca resolve sozinho seus problemas.* **2** Bobo, toleirão.

pam.pa (*quíchua pampa*) *sm+f* **1** Planície muito extensa, coberta de vegetação rasteira, na região meridional da América do Sul. *sf pl* **2** *gír* Usado na locução adverbial *às pampas:* em grande quantidade; com bastante intensidade: *Choveu às pampas.* • *adj* Diz-se do cavalo malhado.

pam.pei.ro (*pampo+eiro*) *sm* **1** Vento forte que sopra do sudoeste, vindo dos pampas argentinos. **2** *pop* Escarcéu, gritaria: *A festa acabou num pampeiro dos diabos.*

pa.na.ca (*voc express*) *adj+sm+f gír* Que ou quem é ingênuo, tolo.

pa.na.cei.a (*gr panákeia*) *sf* Remédio para todos os males.

pa.na.má (*top Panamá*) *sm* **1** Chapéu de palha flexível. **2** Tecido macio e encorpado.

pa.na.me.nho (*top Panamá+enho*) *adj* Relativo ou pertencente ao Panamá (América Central). • *sm* Indivíduo natural ou habitante do Panamá.

pan-a.me.ri.ca.no (*pan+americano*) *adj* Relativo ou pertencente a todas as nações da América. *Pl:* pan-americanos.

pan.ca (de *palanca*) *sf* **1** Alavanca de madeira. **2** *gír* Postura artificial, estudada: *Pedrinho tem panca de galã.*

pan.ça (*lat pantice*) *sf* **1** Primeira cavidade do estômago dos ruminantes. **2** *pop* Barriga grande.

pan.ca.da (*panca+ada¹*) *sf* **1** Choque que um corpo dá e recebe no instante em que se encontra com outro. **2** Bordoada, paulada. **3** Som de um sino, de um relógio. **4** *Meteor* Chuva repentina, forte e passageira. • *adj* e *s m+f pop* Que ou quem não é muito certo da cabeça; amalucado.

pan.ca.da.ri.a (*pancada+aria*) *sf* Desordem, tumulto em que há muitas pancadas.

pân.creas (*gr págkreas*) *sm sing+pl Anat* Glândula abdominal que segrega o suco pancreático e funciona como glândula endócrina, formando insulina.

pan.cre.a.ti.te (*pancreato+ite¹*) *sf Med* Inflamação do pâncreas.

pan.çu.do (*pança+udo¹*) *adj+sm pop* Que ou aquele que tem pança volumosa; barrigudo.

pan.da (*nepalí panda*) *sm Zool* Mamífero semelhante ao urso, muito comum nas florestas da Índia e da China.

pan.da.re.cos (*voc express*) *sm pl pop* Cacos, frangalhos. *Em pandarecos:* a) destruído, quebrado em pedaços: *A menina deixou a boneca em pandarecos depois de jogá-la no chão;* b) cansado, esgotado, fatigado: *Os jogadores ficaram em pandarecos depois do jogo;* c) arrasado, abatido moralmente: *Alice ficou em pandarecos ao assistir a tanta violência nas ruas.*

pân.de.ga *sf pop* **1** Festa ruidosa, com comes e bebes: *"Vamos fazer pândega em família."* (FAN) **2** Vadiagem alegre e ruidosa: *"Era o último ano, o meu adeus à pândega."* (TV)

pân.de.go (de *pandegar*) *adj+sm pop* **1** Que ou aquele que é dado a pândegas. **2** Alegre, engraçado.

pan.dei.ro (*cast pandero*) *sm* Instrumento musical, espécie de tambor pequeno e raso com uma só pele e munido de guizos.

pan.de.mô.nio (*ingl pandemonium*) *sm* Balbúrdia, bagunça, tumulto.

pa.ne (*fr panne*) *sf* Parada, por defeito, do motor de avião, automóvel, motocicleta etc.

pa.ne.gí.ri.co (*gr panegyrikós*) *sm* **1** Discurso em louvor de alguém: *"Sublinho que teço essa declaração como um panegírico de sua pessoa."* (CID) **2** Elogio pomposo: *"O panegírico do hóspede ilustre."* (JK)

pa.ne.la (*lat vulg *pannella*) *sf* Vasilha de barro, metal, vidro ou plástico para cozinhar alimentos.

pa.ne.la.da (*panela+ada¹*) *sf* **1** A quantidade de alguma coisa que uma panela pode conter. **2** Grande quantidade de panelas. **3** Pancada com panela.

pa.ne.li.nha (*panela+inha*) *sf* **1** Panela pequena. **2** *pop* Grupo de pessoas que se unem para mútuo auxílio ou elogio.

pa.ne.to.ne (*ital panettone*) *sm* Bolo de massa fermentada com frutas cristalizadas e passas.

pan.fle.ta.gem (*panfletar+agem*) *sf* Ato ou efeito de panfletar.

pan.fle.tar (*panfleto+ar¹*) *vtd* Fazer ou distribuir panfletos: *"Um jovem convertido ao nazismo assassinado pelos comunistas quando panfletava nos bairros pobres de Berlim."* (NAZ)

pan.fle.to (*ê*) (*fr pamphlet*) *sm* Folheto ou pequeno livro, especialmente sobre assuntos políticos.

pan.ga.ré (*esp platino pangaré*) *sm* Cavalo magro, sem valor.

pâ.ni.co (*gr panikón*) *sm* **1** Terror ou susto infundado. **2** Reações inteiramente descontroladas de uma multidão em face de um perigo real ou aparente.

pa.ni.fi.ca.ção (*panificar+ção*) *sf* Fabricação de pão.

pa.ni.fi.ca.do.ra (*panificar+dor*, no *fem*) *sf* Padaria (acepção 1).

pa.no (*lat pannu*) *sm* Tecido de algodão, lã, linho etc.

pa.nô (*fr panneau*) *sm* Painel decorativo de tecido, utilizado como guarnição de cortinas.

pa.no.ra.ma (*pan+orama*) *sm* **1** Grande quadro circular, disposto de modo que o espectador vê os objetos representados como se estivesse sobre determinada altura, dominando todo o horizonte em volta. **2** Grande extensão de paisagem que se desfruta de uma altura.

pa.no.râ.mi.ca (*fem* de *ponorâmico*) *sf Cin* e *Telev* Tomada com movimento da câmara em torno de seu próprio eixo, quer acompanhando uma figura que se locomove, quer descrevendo um ambiente ou uma paisagem.

pa.no.râ.mi.co (*panorama+ico²*) *adj* **1** Relativo a panorama ou a paisagens. **2** Diz-se da janela ampla. **3** De vista geral; geral: *"É de grande conveniência apresentar, num conjunto panorâmico, os principais aspectos do território do nosso país."* (GHB)

pan.que.ca (*é*) (*ingl pancake*) *sf Cul* Massa feita de farinha de trigo, leite, ovos etc., com recheio salgado ou doce.

pan.ta.lo.nas (*cost pantalones*) *sf pl* Calças compridas de bocas ou pernas largas.

pan.ta.nal (*pântano+al¹*) *sm* **1** Grande pântano. **2** Zona pantanosa do Estado de Mato Grosso do Sul.

pan.ta.nei.ro (*pântano+eiro*) *adj* Diz-se de pessoa, objeto ou criação oriundos do pantanal mato-grossense.

pân.ta.no (*cast pantano*) *sm* Porção de terras baixas cobertas de vegetação e uma camada de água parada; atoleiro, lodaçal, paul.

pan.ta.no.so (*ô*) (*pântano+oso*) *adj* Que tem pântanos, alagadiço: *"Um terreno alagadiço, pantanoso."* (UQ) *Pl*: pantanosos (ó).

pan.te.ra (*gr pánthera*) *sf* **1** *Zool* Nome comum a certos felídeos, como a onça-pintada. *Col: alcateia*. **2** *fig* Mulher muito bonita.

pan.to.mi.ma (*lat pantomimu*) *sf* **1** Arte ou ação de exprimir ideias ou sentimentos por meio de gestos; mímica. **2** Representação teatral em que os atores só se exprimem por gestos.

pan.tu.fa (*fr pantoufle*) *sf* Chinelo de tecido encorpado, para agasalho.

pan.tur.ri.lha (*cast pantorrilha*) *sf pop* Barriga da perna.

pão (*lat pane*) *sm* **1** Alimento feito de farinha, especialmente de trigo, com água e fermento, amassado e assado no forno. *Col: fornada*. **2** O sustento diário: *O trabalho é necessário para ganhar o pão de cada dia*. **3** *pop* Homem bonito.

Pão de ló, Cul: bolo muito fofo, feito de farinha de trigo, ovos e açúcar.

pão de ló Ver definição em *pão*.

pão-du.ris.mo (*pão-duro+ismo*) *sm* Qualidade ou ação de pão-duro; sovinice. *Pl: pão-durismos.*

pão-du.ro *adj* e *s m+f* Diz-se de ou pessoa avarenta, sovina. *Pl: pães-duros.*

pa.pa[1] (*gr páppas*) *sm* O chefe da Igreja Católica Romana.

pa.pa[2] (*lat pappa*) *sf* **1** Farinha cozida em água ou leite. **2** Qualquer substância mole, desfeita quando cozida: *A cozinheira deixou o arroz ficar uma papa.*

pa.pa.da (*papa+ada*[1]) *sf* Acumulação de gordura embaixo do pescoço.

pa.pa-de.fun.tos *sm sing+pl pop* Empregado de casa funerária, agenciador de enterros.

pa.pa.do (*papa+ado*[2]) *sm* **1** Dignidade de papa. **2** Tempo que um papa exerce essa dignidade.

pa.pa.gai.a.da (*papagaio+ada*[1]) *sf pop* Berreiro, tumulto, palavrório confuso.

pa.pa.gai.o (*ár babbagâ'*) *sm* **1** *Ornit* Em geral, ave psitaciforme, famosa por imitar a voz humana. **2** *fig* Pessoa que repete de memória o que ouve ou lê sem, no entanto, compreender. **3** *Reg* (Nordeste) Brinquedo de crianças que consiste numa armação leve feita de varetas e forrada com papel. *Sin: pipa.* **4** Vaso de vidro ou metal, feito de forma que os doentes do sexo masculino possam urinar sem sair da cama.

pa.pa.gue.ar (de *papagaio+e+ar*[1]) *vtd* **1** Repetir como papagaio, sem entender o sentido. *vint* **2** Falar sem nexo. *vti* **3** Conversar demais; tagarelar com. Conjuga-se como *frear.*

pa.pai (de *pai*, com redobro) *sm* Tratamento carinhoso que os filhos dão ao pai. *Papai Noel:* personagem lendária que, no Natal, traz presentes para as crianças.

pa.pai.a (*cast papaya*) *sf* Variedade de mamão de tamanho reduzido.

pa.pão (de *papar*) *sm* V *bicho-papão.*

pa.par (*lat pappare*) *vtd* **1** *inf* Comer. **2** *pop* Ganhar com facilidade ou fartamente.

pa.pa.ri.car (*paparico+ar*[1]) *vtd* **1** Tratar com paparicos. *vint* **2** Comer aos poucos; lambiscar.

pa.pa.ri.cos (*papar+ico*[1]) *sm pl* **1** Cuidados excessivos; bajulações: *"Não faltou discurso de paparicos ao homenageado."* (FSP) **2** Gulodices.

pa.pe.ar (*papo+e+ar*[1]) *vint* **1** *pop* Falar muito, bater papo. *vti* **2** Conversar muito. Conjuga-se como *frear.*

pa.pei.ra (*papo*[1]*+eira*) *sf* **1** *pop* Bócio, papo. **2** *Med* Caxumba.

pa.pel (*cat paper*, do *lat papyru*) *sm* **1** Pasta constituída por elementos fibrosos de origem vegetal, sob a forma de folhas finas, para diversos fins: escrever, imprimir, embrulhar etc. *Col: resma.* **2** Documento escrito ou impresso. **3** Parte que cada ator desempenha. **4** Atribuições, funções. *sm pl* **5** Nome genérico dos documentos pessoais.

pa.pe.la.da (*papel+ada*[1]) *sf* **1** Grande porção de papéis. **2** Conjunto de documentos.

pa.pe.lão (*papel+ão*[2]) *sm* **1** Papel encorpado e forte de diferentes espessuras e múltiplas aplicações (caixas e embalagens diversas, capas de livros etc.). **2** *pop* Procedimento vergonhoso; fiasco: *Paulo fez um papelão com os colegas porque não cumpriu o que tinha prometido.*

pa.pe.la.ri.a (*papel+aria*) *sf* Estabelecimento onde se vendem papel e artigos de escritório.

pa.pe.le.ta (*ê*) (*papel+eta*) *sf* **1** Papel avulso, pequeno. **2** Nos hospitais, boletim do paciente.

pa.pel-man.tei.ga *sm* Papel lustroso, impermeável. *Pl: papéis-manteigas* e *papéis-manteiga.*

pa.pel-mo.e.da *sm* Papel com um valor representativo, emitido pelo governo para servir de dinheiro; nota, dinheiro. *Pl: papéis-moedas* e *papéis-moeda.*

pa.pe.lo.tes *sm pl* Pedaços de papel em que se enrola o cabelo para o encrespar ou frisar.

pa.pi.la (*lat papilla*) *sf* **1** *Anat* Pequena saliência na pele ou numa mucosa, especialmente na língua (papilas gustativas). **2** *Bot* Protuberância cônica em diversos órgãos vegetais.

pa.pi.ro (*gr pápyros*) *sm* **1** *Bot* Planta cujo caule longo e rijo servia antigamente, após certa preparação, para nele se escrever. **2**

Folha para escrever, feita com papiro. **3** Manuscrito antigo, feito de papiro.

pa.po (de *papa²*) *sm* **1** Bolsa que existe nas aves, formada por uma dilatação do esôfago. **2** *pop* Aumento do tamanho do pescoço; papeira. **3** *pop* Estômago. **4** *pop* Conversação: *Meu amigo tem um bom papo.*

pa.po-fu.ra.do *sm pop* Conversa fiada, inconsequente: *Não acredite nele, pois tudo o que diz é papo-furado.* Pl: *papos-furados.*

pa.pou.la (*lat papaver*) *sf Bot* **1** Planta de seiva leitosa, com propriedades narcóticas, e da qual se extrai o ópio. **2** A flor dessa planta. Var: *papoila.*

pá.pri.ca (*húngaro paprika*) *sf* Tempero feito de pimentão vermelho moído.

pa.pu.do (*papo+udo¹*) *adj+sm* **1** Que ou quem tem papo grande. **2** Que ou quem gosta de contar vantagens.

pa.que.ra (*ê*) (de *paquerar*) *sf gír* **1** Ato ou efeito de paquerar. *s m+f* **2** Pessoa que paquera.

pa.que.ra.dor (*paquerar+dor*) *adj+sm gír* Que ou aquele que paquera. Fem: *paqueradeira.*

pa.que.rar (*paqueiro+ar¹*) *gír vtd* **1** Olhar, observar ou sondar uma pessoa sobre a possibilidade de namorá-la; flertar. *vtd* **2** Espreitar. *vint* **3** Procurar namoro ou aventura amorosa.

pa.que.te (*ê*) (*ingl packet*) *sm* **1** Embarcação que transporta passageiros, mercadorias e correspondência. **2** *pop* Menstruação.

pa.qui.der.me (*páqui+derme*) *adj Zool* Que tem pele espessa. • *sm* Mamífero com pele grossa, como o elefante, o hipopótamo, a anta etc.

pa.quis.ta.nês (*top Paquistão+ês*) *adj* Relativo ao Paquistão (Ásia). • *sm* Pessoa natural do Paquistão. Var: *paquistanense, paquistani.*

par (*lat pare*) *adj m+f* **1** Igual, semelhante. **2** *Mat* Que se pode dividir exatamente por dois. **3** Que é representado por um número par. *Antôn*: *ímpar.* • *sm* **1** O conjunto de duas pessoas ou dois animais; casal. **2** Pessoa que dança, em relação àquela com quem dança. **3** Conjunto de duas coisas semelhantes, que em geral não servem uma sem a outra: *Par de sapatos.*

Deve-se distinguir **a par** de **ao par**. **A par** significa ciente, junto ou em comparação com, enquanto **ao par** significa valor igual para duas moedas.

Andava a par dos últimos acontecimentos.
O câmbio está ao par.

pa.ra (*lat per+ad*) *prep* Designa direção, fim, lugar, duração, proporção, uso etc. e forma algumas locuções, como *para cima, para sempre, para lá.*

pa.ra.be.ni.zar (*parabéns+izar*) *vtd neol* Dar os parabéns a (por algo); felicitar.

pa.ra.béns (de *parabém*) *sm pl* Congratulações, felicitações. *Antôn*: *pêsames.*

pa.rá.bo.la (*gr parabolé*, pelo *lat*) *sf* **1** Narrativa alegórica que contém algum preceito moral. **2** *Geom* Linha curva onde cada um dos pontos está a mesma distância de um ponto fixo (foco) e de uma reta fixa chamada diretriz.

pa.ra.bó.li.ca (*parábola+ico²*, no *fem*) *sf Telev* Antena em forma de parábola, usada para recepção de sinais de satélite.

pa.ra-bri.sa *sm* Vidro fixo na dianteira de um veículo. Pl: *para-brisas.*

pa.ra-cho.que *sm* **1** Qualquer dispositivo destinado a amortecer choques. **2** Barra ou lâmina fixada horizontalmente na frente e traseira do automóvel para protegê-lo contra choques. Pl: *para-choques.*

pa.ra.da (*parar+ada¹*) *sf* **1** Ato ou efeito de parar. **2** Lugar onde se para, especialmente os pontos de ônibus, trem etc. **3** Demora, pausa. **4** Reunião ou passagem de tropas para revista ou exercício; desfile: *Assistimos à parada de Sete de Setembro.* **5** *gír* Situação difícil, embaraçosa: *Temos de resolver essa parada.*

pa.ra.dei.ro (*parar+deiro*) *sm* Lugar onde alguma pessoa ou coisa está ou para, ou vai parar.

pa.ra.di.dá.ti.co *adj* Diz-se de qualquer material empregado na complementação do ensino.

pa.ra.dig.ma (*gr parádeigma*) *sm* Modelo, padrão.

pa.ra.di.sí.a.co (*lat paradisiacu*) *adj* **1** Relativo ao paraíso ou próprio dele. **2**

Semelhante ao que se goza no paraíso: *Ilha paradisíaca*.

pa.ra.do (*part* de *parar*) *adj* **1** Sem movimento; estático. **2** Sem expressão, sem vida. **3** Desempregado.

pa.ra.do.xal (*cs*) (*paradoxo+al¹*) *adj m+f* Que contém paradoxo.

pa.ra.do.xo (*cs*) (*gr parádoxos*) *sm* **1** Opinião contrária à opinião comum. **2** Opinião inverossímil ou absurda, que se apresenta com aparência de verdadeira.

pa.ra.en.se (*top Pará+ense*) *adj m+f* Relativo ou pertencente ao Estado do Pará. • *s m+f* Pessoa natural desse Estado.

pa.ra.fer.ná.lia (*lat med paraphernalia*) *sf* **1** Equipamento necessário ao exercício de uma atividade: *"Monto a festa e toda a parafernália que for preciso."* (FSP) **2** Acessórios, pertences, tralha: *"Soldados americanos e toda a parafernália bélica."* (FSP)

pa.ra.fi.na (*fr paraffine*, do *lat cient parum affinis*) *sf* Quím Substância sólida e branca, inodora, obtida principalmente do resíduo da destilação do petróleo.

pa.rá.fra.se (*lat paraphrase*) *sf* Explicação ou tradução de um texto com outras palavras: *O professor fez uma paráfrase dos primeiros versos de Camões*.

pa.ra.fra.se.ar (*paráfrase+ar¹*) *vtd* Fazer a paráfrase de: *Parafraseando Sócrates, nada mais importante do que o homem conhecer a si mesmo*. Conjuga-se como *frear*.

pa.ra.fu.sar (*parafuso+ar¹*) *vtd* **1** Apertar, fixar por meio de parafuso. *vti* e *vint* **2** Ter a ideia fixa em alguma coisa; cismar; matutar.

pa.ra.fu.so (*cast parahuso*) *sm* Peça cilíndrica de ferro, aço etc., sulcada em espiral na face externa e destinada a entrar noutra peça (porca), por meio de movimentos circulares.

pa.ra.gem (*parar+agem*) *sf* **1** Lugar onde se para: *"Não se tinham deixado vencer pelo desânimo, nem partiram para outra paragem."* (GRO) **2** Parte do mar próximo à terra e acessível à navegação. **3** Qualquer localidade: *"Que feliz é o brasileiro que vive numa paragem pacífica!"* (FSP)

pa.rá.gra.fo (*gr parágraphos*) *sm* **1** Pequena parte ou seção de um discurso, capítulo, texto etc. que forma sentido completo e independente. **2** *V* alínea. *Abrev:* § (em textos de lei).

pa.ra.guai.o (*cast paraguayo*) *adj* Relativo ou pertencente ao Paraguai. • *sm* Indivíduo natural ou habitante do Paraguai. *Sin p us:* paraguaiano.

pa.ra.i.ba.no (*top Paraíba+ano*) *adj* Relativo ou pertencente ao Estado da Paraíba. • *sm* O natural desse Estado.

pa.ra.í.so (*gr parádeisos*, do *avéstico pairidaêza*) *sm* **1** *Teol* Éden, lugar onde, segundo a Bíblia, Deus pôs Adão e Eva depois de criados. **2** *fig pop* Lugar muito agradável. **3** *Teol* Céu, lugar onde se encontram as almas dos justos e os anjos.

pa.ra-la.ma *sm* Peça que cobre a roda de veículos, para deter o respingo da lama. *Pl: para-lamas*.

pa.ra.le.la (*fem* de *paralelo*) *sf* **1** *Geom* Linha ou superfície que está a mesma distância de outra em toda à extensão. *sf pl* **2** Aparelho de ginástica que consiste em duas barras paralelas.

pa.ra.le.le.pí.pe.do (*gr parallelepípedon*) *sm* **1** *Geom* Sólido limitado por seis paralelogramos, dos quais os opostos são iguais e paralelos. **2** Pedra dessa forma, empregada no calçamento das ruas.

pa.ra.le.lis.mo (*paralelo+ismo*) *sm* **1** Estado do que é paralelo. **2** *fig* Correspondência ou simetria entre duas coisas.

pa.ra.le.lo (*gr parállelos*) *adj* **1** *Geom* Designa linhas ou superfícies que conservam sempre a mesma distância uma da outra em toda a sua extensão: *Os trilhos do trem são paralelos*. **2** Análogo, semelhante. • *sm* **1** *Cosm* Cada um dos círculos menores paralelos ao equador. **2** *fig* Comparação, confronto: *É possível fazer um paralelo entre as maiores cidades do mundo*.

pa.ra.li.sa.ção (*paralisar+ção*) *sf* **1** Imobilização. **2** Interrupção, suspensão.

pa.ra.li.sar (*paralela+ar¹*) *vtd* **1** Tornar paralítico; imobilizar. *vtd* **2** Enfraquecer, entravar, neutralizar, suspender. *vint* e *vpr* **3** Ser atacado de paralisia; entorpecer-se. *vint* e *vpr* **4** Estacionar; interromper-se.

pa.ra.li.si.a (*gr parálysis+ia¹*) *sf* **1** *Med*

Privação completa ou diminuição da sensibilidade ou do movimento voluntário de uma parte do corpo. **2** *fig* Falta de ação; marasmo.

pa.ra.lí.ti.co (*lat paralyticu*) *adj+sm* Que ou o que tem paralisia.

pa.ra.mé.di.co (*para+médico*) *adj* Referente à complementação dos serviços médicos. • *sm* Pessoa que atua secundariamente na área da saúde, sem ser médico.

pa.ra.men.tar (*paramento+ar¹*) *vtd* e *vpr* Vestir(-se), enfeitar(-se) com paramentos: *"O crente, possuído pela divindade, se paramenta com as vestes sagradas desta."* (CAN)

pa.ra.men.to (*lat paramentu*) *sm* **1** Enfeite, adorno, ornato. *sm pl* **2** Os ornamentos usados pelo clero nas funções sagradas.

pa.râ.me.tro (*para+metro¹*) *sm* **1** *Mat* Numa expressão ou equação, letra cujo valor numérico pode ser fixado arbitrariamente. **2** *por ext* Padrão, escalão, modelo, referência.

pa.ra.mi.li.tar (*para+militar*) *adj* Diz-se de organizações particulares de cidadãos, armados e fardados, sem contudo pertencerem às forças militares regulares. *Cf guerrilha*.

pa.ra.na.en.se (*top Paraná+ense*) *adj m+f* Relativo ou pertencente ao Estado do Paraná. • *s m+f* Pessoa natural desse Estado.

pa.ra.nin.fo (*gr paránymphos*) *sm* Padrinho ou testemunha de casamento, batismo ou formatura: *Os formandos de Medicina convidaram um médico famoso para ser paraninfo de sua turma*. Fem: *paraninfa*.

pa.ra.noi.a (*gr paránoia*) *sf Med* Psicose caracterizada por ideias de perseguição, ambição e grandeza, que se desenvolvem progressivamente, sem alucinações.

pa.ra.noi.co (*paranoia+ico²*) *adj* **1** Relativo à paranoia; de paranoia: *"Euclides achava que Conselheiro seria portador dessa constituição mórbida, paranoica."* (SAT) **2** Maluco: *"Você é meio paranoico."* (BL) • *sm* O que sofre de paranoia: *"Pensam que são poetas, mas não passam de uma fauna de paranoicos."* (UQ)

pa.ra.nor.mal (*para+normal*) *adj m+f* Diz-se do fenômeno psíquico que não é explicado cientificamente. • *s m+f* Pessoa que apresenta manifestações paranormais.

pa.ra.pei.to (*ital parapetto*) *sm* Parede que se eleva à altura do peito ou pouco menos, à borda de terraços, pontes, janelas etc.; peitoril.

pa.ra.ple.gi.a (*gr paraplegía*) *sf Med* Paralisia dos membros inferiores e parte inferior do tronco.

pa.ra.plé.gi.co (*gr paraplegía+ico²*) *adj* Relativo à paraplegia. • *sm* O que sofre de paraplegia.

pa.ra.psi.co.lo.gi.a (*para+psicologia*) *sf* Estudo de certos fenômenos psíquicos de natureza especial e ditos ocultos (telepatia, previsão etc.).

pa.ra.psi.có.lo.go (*para+psicólogo*) *sm* Especialista em parapsicologia.

pa.ra.que.das (*parar+queda*) *sm sing+pl Aeron* Aparelho mais pesado do que o ar, em forma de guarda-chuva, usado para saltar de aeronaves em voo.

pa.ra.que.dis.mo (*parar+quedas+ismo*) *sm* Técnica de saltos em paraquedas utilizada para fins militares, salvamentos ou como esporte.

pa.ra.que.dis.ta (*parar+quedas+ista*) *s m+f* **1** O praticante de paraquedismo. **2** *pop* Pessoa que se aproveita de um descuido para colher alguma vantagem.

pa.rar (*lat parare*) *vti*, *vint* e *vpr* **1** Cessar de andar, de falar, de agir, de mover-se. *vtd* **2** Impedir de andar, de prosseguir numa ação; deter. *vint* **3** Findar, suspender uma ação. *vti* e *vint* **4** Ficar-se em algo, não ir além; estacionar. *Conjug – Pres indic*: *paro, paras, para, paramos, parais, param*; *Imper afirm*: *para(Tu), pare(Você)* etc. *Parar com alguém, pop*: não querer continuar a ter amizade com essa pessoa: *Parei com você*.

pa.ra-rai.os (*parar+raio*) *sm sing+pl* Aparelho, com haste metálica, colocado nos pontos mais elevados dos edifícios, para atrair as descargas elétricas da atmosfera (e assim evitar danos).

pa.ra.si.ta (*gr parásitos*) *adj m+f* **1** Que se nutre do sangue do outro (animal) ou da seiva do outro (vegetal). **2** *fig* Diz-se daquele que vive à custa dos outros. • *sm* **1**

Zool Animal que vive à custa de outro, retirando dele tudo de que necessita para a própria subsistência. *s m+f* **2** *fig* Pessoa que não trabalha, que vive à custa dos outros. *Var: parasito.*

par.ca *(aleuta parka) sf* Casaco com capuz, que vai até as coxas ou até os joelhos.

par.cei.ro *(lat partiariu) adj* Par, igual, semelhante. • *sm* **1** Sócio; companheiro; camarada. **2** Pessoa com quem se joga.

par.ce.la *(lat vulg *particella) sf* **1** Pequena parte de alguma coisa; partícula. **2** *Arit* Cada um dos números que entram numa soma (*p ex:* 3 + 2 = 5).

par.ce.la.men.to *(parcelar+mento) sm* Divisão em parcelas.

par.ce.lar *(parcela+ar¹) vtd* Dividir em parcelas.

par.ce.ri.a *(parceiro+ia¹) sf* Reunião de uma ou mais pessoas para um fim de interesse comum; sociedade.

par.ci.al *(lat partiale) adj m+f* **1** Que é parte de um todo. **2** Que só existe ou só se realiza em parte. **3** Que, num litígio, numa partida esportiva etc., é favorável a uma das partes.

par.ci.a.li.da.de *(parcial+i+dade) sf* **1** Qualidade de parcial. **2** Tendência a favorecer uma parte.

par.ci.mô.nia *(lat parcimonia) sf* **1** Qualidade de parco. **2** Ato de poupar; economia.

par.ci.mo.ni.o.so *(ô) (parcimônia+oso) adj* Em que há parcimônia; parco: *"Bodegueiro forte e manhoso, de vida feita atrás do balcão, muito parcimonioso em despachar mercadoria a fiado."* (OSD) *Pl: parcimoniosos (ó).*

par.co *(lat parcu) adj* **1** Moderado nos gastos; econômico. **2** Escasso: *A Prefeitura tem parcos recursos para consertar as ruas da cidade. Sup abs sint: parcíssimo.*

par.da.cen.to *(pardaço+ento) adj* Que tem ou dá a aparência de pardo.

par.dal *(pardo+al¹) sm Ornit* Pequeno pássaro com duas tonalidades de cor parda, muito comum nas cidades. *Fem: pardoca.*

par.di.ei.ro *(lat vulg *parietenariu) sm* Casa ou prédio velho e em ruínas.

par.do *(lat pardu) adj* **1** De cor entre branco e preto ou de cor entre amarelo e castanho. **2** Mulato. • *sm* **1** A cor parda. **2** Mulato.

pa.re.cer¹ *(lat vulg *parescere) vlig* **1** Ter semelhança com alguém ou alguma coisa. *vlig* **2** Ter certa aparência. *vpr* **3** Assemelhar-se. *vti* e *vlig* **4** Opinião de alguém. *vint* **5** Ser provável; ser crível. *Conjug:* na acepção 5, usa-se apenas na 3ª pessoa do singular.

pa.re.cer² *(de parecer¹) sm* **1** Opinião, juízo, voto: *Os alunos deram seu parecer sobre como evitar a violência nas ruas.* **2** Opinião de pessoa especializada sobre um caso ou assunto: *O aluno fez uma redação e pediu o parecer do professor.*

pa.re.de *(ê) (lat pariete) sf* **1** *Constr* Obra, geralmente de tijolo e argamassa, com que se fecham ou se dividem os edifícios. **2** Tudo o que fecha ou divide um espaço.

pa.re.de-mei.a *sf* Parede comum a dois edifícios contíguos. *Pl: paredes-meias.*

pa.re.lha *(ê) (lat vulg *paricula) sf* **1** Par (em referência a animais); junta: *Uma parelha de bois puxava uma carroça cheia de capim.* **2** *pop* Pessoa, animal ou coisa semelhante a outra; par: *Aqueles namorados formam uma bela parelha.*

pa.ren.te *(lat parente) adj* **1** Que tem parentesco. **2** Que pertence à mesma família. • *sm* Indivíduo que, em relação a outros, pertence à mesma família. *Fem: parenta.*

pa.ren.tes.co *(ê) (parente+esco) sm* **1** Qualidade de parente. **2** Laço de consanguinidade ou afinidade que une várias pessoas. **3** Conexão, semelhança.

pa.rên.te.se *(gr parénthesis) sm* **1** Frase intercalada num período, porém formando sentido à parte. **2** Cada um dos dois sinais de pontuação ( ) entre os quais se colocam as palavras de um parêntese. *sm pl* **3** Sinais de pontuação que encerram parêntese.

pa.rên.te.sis *(gr parénthesis) sm sing+pl* V *parêntese.*

pá.reo *(de par) sm* **1** Corrida a cavalo entre diversos competidores. **2** O prêmio dessa corrida. **3** *fig* Disputa, competição.

pa.re.ô *(taitiano pareu) sm* **1** Tecido com que homens e mulheres da Polinésia envolvem o corpo. **2** Vestimenta de praia ou traje carnavalesco inspirado no pareô.

pá.ria *(tâmil pareiyar) sm* **1** *Sociol* Indi-

paridade 643 **parte**

víduo sem casta, na sociedade indiana. **2** *por ext* Aquele que foi excluído da sociedade: *Os mendigos sentem-se párias da sociedade.*

pa.ri.da.de (*lat paritate*) *sf* **1** Qualidade de par ou igual. **2** Parecença, analogia, semelhança.

pa.ri.dei.ra (*parir+deira*) *s f* **1** Diz-se da fêmea que está em idade de parir. **2** Diz-se da fêmea fecunda.

pa.ri.e.tal (*lat parietale*) *adj m+f* Anat e Zool Relativo ou pertencente às paredes de uma parte ou cavidade do corpo. • *sm* Cada um dos ossos que formam as paredes laterais do crânio.

pa.rir (*lat parere*) *vtd* e *vint* **1** Dar à luz, expelir do útero (falando-se de fêmea, inclusive a mulher). *vtd* **2** Arremessar, expelir. Conjuga-se como *falir*.

pa.ri.si.en.se (*top Paris+i+ense*) *adj m+f* Pertencente ou relativo a Paris, capital da França. • *s m+f* Habitante ou natural de Paris.

par.la.men.tar¹ (*parlamento+ar²*) *adj m+f* Relativo ao parlamento. • *s m+f* Membro do parlamento ou de qualquer câmara legislativa.

par.la.men.tar² (*parlamento+ar¹*) *vti* **1** Entrar em negociações com (alguém) para chegar a um acordo. *vti* e *vint* **2** Fazer ou aceitar propostas sobre negócios de guerra.

par.la.men.ta.ris.mo (*parlamentar+ismo*) *sm* Regime político em que os ministros de Estado são responsáveis, perante o parlamento, pelo governo.

par.la.men.ta.ris.ta (*parlamentar+ista*) *adj m+f* Relativo ao parlamentarismo. • *s m+f* Pessoa partidária do parlamentarismo.

par.la.men.to (*ingl parliament*) *sm* Dir Câmara ou conjunto das duas câmaras (o Senado e a Câmara dos Deputados) que exercem o Poder Legislativo; Congresso Nacional.

par.me.são (*ital parmigiano*) *adj* **1** Pertencente ou relativo a Parma, cidade e ducado italianos. **2** *Cul* Queijo de massa dura próprio para ralar e muito utilizado na cozinha. • *sm* O natural ou habitante de Parma. *Fem: parmesã.*

pá.ro.co (*gr párokhos*) *sm* Sacerdote encarregado de uma paróquia; cura, vigário.

pa.ró.dia (*gr paroidía*) *sf* **1** Imitação cômica de uma obra literária. **2** *por ext* Imitação cômica de qualquer coisa.

pa.ro.di.ar (*paródia+ar¹*) *vtd* **1** Fazer paródia de. **2** Imitar grotescamente. Conjuga-se como *premiar*.

pa.ro.dis.ta (*paródia+ista*) *s m+f* Pessoa que faz paródias.

pa.rô.ni.mo (*gr parónymos*) *adj+sm* Gram Diz-se das ou palavras de significação diferente, mas de som semelhante: *descrição* e *discrição*; *emergir* e *imergir*.

pa.ró.quia (*gr paroikía*) *sf* **1** Território sob a direção espiritual de um pároco. **2** Igreja matriz.

pa.ro.qui.al (*paróquia+al¹*) *adj m+f* Relativo ou pertencente à paróquia ou ao pároco.

pa.ro.qui.a.no (*paróquia+ano*) *adj+sm* **1** Que ou aquele que habita numa paróquia. **2** Aquele que frequenta com regularidade as atividades religiosas de uma igreja.

pa.ró.ti.da (*gr parotís, ídos*) *sf* Anat Cada uma das glândulas salivares situadas abaixo e adiante das orelhas. *Var: parótide.*

pa.ro.xí.to.no (*gr paroxýtonos*) *adj+sm* Gram Diz-se do ou o vocábulo que tem o acento tônico na penúltima sílaba: *lá-pis, pô-de, tá-xi.*

par.que (*fr parc*) *sm* **1** Terreno mais ou menos extenso, com muitas árvores de grande porte. **2** Jardim público destinado a passeios, exposições etc.

par.quí.me.tro (*ingl to park+metro¹*) *sm* Pequeno poste com mecanismo para medir o tempo durante o qual os automóveis ficam estacionados.

par.rei.ra (*parra+eira*) *sf* Bot Planta cujos ramos se estendem numa grade de varas; videira.

par.ri.ci.da (*lat parricida*) *adj* e *s m+f* Que ou pessoa que comete parricídio.

par.ri.cí.dio (*lat parricidiu*) *sm* Homicídio praticado contra o próprio pai, mãe ou outro ascendente. *Cf matricídio.*

par.te (*lat parte*) *sf* **1** Porção de um todo. **2** Divisão de uma obra. **3** *Jur* Cada uma das pessoas que firmam entre si um contrato.

parteira 644 **partitura**

sf pl **4** Órgãos genitais externos de ambos os sexos.

par.tei.ra (*parto+eira*) *sf* Mulher, formada ou não, que assiste ou socorre parturientes.

par.ti.ção (*lat partitione*) *sf* **1** Ato de partir ou dividir em partes; divisão; repartição. **2** *Inform* Seção de memória de computador estabelecida como memória de alta ou baixa prioridade.

par.ti.ci.pa.ção (*lat participatione*) *sf* Ato ou efeito de participar; ação; comunicação.

par.ti.ci.par (*lat participare*) *vti* **1** Ter ou tomar parte em; partilhar. *vtd* e *vti* **2** Comunicar, fazer saber, informar. *vti* **3** Associar-se pelo pensamento ou pelo sentimento; solidarizar-se; compartilhar.

par.ti.cí.pio (*lat participiu*) *sm Gram* Forma nominal que, exprimindo ao mesmo tempo uma ação (ou estado) e uma qualidade, tem a função de verbo, adjetivo ou substantivo: *Querido (ele é um rapaz querido)*.

par.tí.cu.la (*lat particula*) *sf* **1** Parte muito pequena. **2** *Gram* Qualquer palavra invariável, especialmente as monossilábicas. **3** *Fís* Limite da divisibilidade dos corpos por meios mecânicos, como trituração, pulverização etc.

par.ti.cu.lar (*lat particulare*) *adj m+f* **1** Pertencente ou relativo somente a certas pessoas ou coisas. **2** Que não é público; que não se destina ao uso público. **3** Confidencial, íntimo, reservado. *Antôn* (acepção 2): *geral*. • *sm* Qualquer pessoa.

par.ti.cu.la.ri.da.de (*lat particularitate*) *sf* **1** Qualidade ou circunstância do que é particular. **2** Peculiaridade. **3** Pormenor.

par.ti.cu.la.ri.zar (*particular+izar*) *vtd* **1** Referir minuciosamente. *vtd* **2** Fazer distinção ou menção especial de. *vtd* **3** Caracterizar, individualizar. *vpr* **4** Distinguir-se, singularizar-se. *Antôn* (acepções 1, 2 e 3): *generalizar*.

par.ti.da (*part de partir*) *sf* **1** Competição de jogo ou esporte entre duas pessoas ou dois grupos. **2** *Autom* Dispositivo ou motor de arranque; arranque. **3** Viagem; saída.

par.ti.dão (*partido+ão²*) *sm pop* **1** Bom arranjo, boa colocação. **2** Pessoa que se considera para um bom casamento. **3** Boa partida.

par.ti.dá.rio (*partido+ário*) *adj+sm* **1** Que ou aquele que é membro de um partido. **2** Que ou aquele que segue uma ideia, uma doutrina etc.

par.ti.do (*part de partir*) *adj* **1** Dividido em partes. **2** Feito em pedaços. • *sm* **1** Associação de pessoas que têm as mesmas ideias e seguem o mesmo sistema ou doutrina política. **2** Proveito, vantagem.

par.ti.lha (*lat particula*) *sf* **1** Repartição dos bens de uma herança. **2** Divisão de lucros ou de qualquer outra coisa.

par.ti.lhar (*partilha+ar¹*) *vtd* **1** Dividir em partes; repartir. *vtd* e *vti* **2** Participar de, compartilhar. *vtd* **3** Fazer partilha amigável ou judicial de.

par.tir (*lat partire*) *vtd* **1** Dividir em partes. *vtd* **2** Distribuir, repartir. *vtd* **3** Dividir, separar. *vtd* e *vpr* **4** Fazer(-se) em pedaços; quebrar(-se). *vti* e *vint* **5** Pôr-se a caminho, sair, seguir viagem. *Conjug – Pres indic: parto, partes, parte, partimos, partis, partem; Pret perf: parti, partiste, partiu, partimos, partistes, partiram; Pret imp indic: partia, partias, partia, partíamos, partíeis, partiam; Pret mais-que-perf: partira, partiras, partira, partíramos, partíreis, partiram; Fut pres: partirei, partirás, partirá, partiremos, partireis, partirão; Fut pret: partiria, partirias, partiria, partiríamos, partiríeis, partiriam; Pres subj: parta, partas, parta, partamos, partais, partam; Pret imp subj: partisse, partisses, partisse, partíssemos, partísseis, partissem; Pret perf: partir, partires, partir, partirmos, partirdes, partirem; Imper afirm: —, parte(Tu), parta(Você), partamos(Nós), parti(Vós), partam(Vocês); Imper neg: —, Não partas(Tu), Não parta(Você), Não partamos(Nós), Não partais(Vós), Não partam(Vocês); Infinitivo impess: partir; Infinitivo pess: partir, partires, partir, partirmos, partirdes, partirem; Ger: partindo; Part: partido.*

par.ti.tu.ra (*ital partitura*) *sf Mús* Conjunto (escrito) das partes de cada voz ou instrumento que contribuem para uma peça musical sinfônica.

par.to (*lat partu*) *sm* Ato ou efeito de parir.

par.tu.ri.en.te (*lat parturiente*) *adj+sf* Diz-se da ou a mulher ou qualquer fêmea que está prestes a parir ou pariu há pouco.

pas.cal (*lat paschale*) *adj m+f* Relativo à Páscoa, quer dos judeus, quer dos cristãos. *Var: pascoal*.

pás.coa (*lat ecles pascha*, do aramaico *pasHâ'*) *sf* 1 Festa anual dos judeus, comemorativa de sua saída do Egito. 2 **Páscoa** Festa anual dos cristãos, comemorativa da ressurreição de Cristo.

pas.ma.cei.ra (de *pasmo*) *sf pop* Vida ou situação sem fatos interessantes: *"Fugir de Jacareacanga e de sua pasmaceira."* (MUL)

pas.mar (*pasmo+ar¹*) *vtd* 1 Causar pasmo ou admiração a. *vti, vint* e *vpr* 2 Ficar pasmado, admirar-se profundamente.

pas.mo (*lat spasmu*) *sm* Assombro, espanto, grande admiração.

pas.pa.lhão (*paspalho+ão²*) *adj+sm* (Indivíduo) bobo, estúpido; inútil.

pas.quim (*ital Pasquino, np*) *sm* 1 Sátira afixada em lugar público. 2 Jornal ou folheto que difama.

pas.sa (*lat passa*) *sf* Fruta seca, principalmente a uva.

pas.sa.da (*past fem* de *passar*) *sf* 1 Cada alternação dos pés, no andar; passo. 2 Espaço compreendido entre os pontos em que os pés pousam, andando.

pas.sa.dei.ra (*passar+deira*) *sf* 1 Espécie de tapete comprido e estreito. 2 Mulher que passa roupas.

pas.sa.do (*part* de *passar*) *adj* 1 Que passou; decorrido, findo. 2 Que começa a apodrecer (*p ex*: fruta, carne ou peixe em estado de putrefação). 3 Assado ou cozido (alimento). 4 *fig* Atordoado, espantado. • *sm* 1 O tempo passado. 2 *Gram* A flexão verbal que representa a ação já finda; o pretérito: *estudei, estudava, fiz, fazia*. *Antôn: futuro*.

pas.sa.dor (*passar+dor*) *adj* Que passa ou faz passar. • *sm* 1 *pop* Coador, filtro. 2 Cada uma das pequenas alças do próprio tecido, fixadas no cós da calça, para passar o cinto.

pas.sa.gei.ro (*passagem+eiro*) *adj* Que passa depressa, que dura pouco; efêmero; passadiço. • *sm* Aquele que viaja em qualquer veículo de transporte.

pas.sa.gem (*passar+agem*) *sf* 1 Lugar por onde se passa. 2 O preço pago por quem viaja como passageiro. 3 O bilhete que dá o direito de viajar em qualquer veículo. 4 Trecho de autor ou obra citada.

pas.sa.ma.na.ri.a (*passamane+aria*) *sf* Enfeite para roupa (fitas, galões etc.).

pas.sa.men.to (*passar+mento¹*) *sm* Falecimento, morte: *"Após a morte da companheira, gastou seus últimos recursos na cerimônia fúnebre do seu passamento."* (PCO)

pas.san.te (de *passar*) *adj m+f* Que passa ou que excede. • *s m+f* Pessoa que vai passando; transeunte.

pas.sa.por.te (*fr passeport*) *sm* Documento oficial que serve como identidade àqueles que viajam para um país estrangeiro.

pas.sar (*lat vulg *passare*) *vtd* 1 Atravessar, transpor. *vtd* 2 Ir além de; ultrapassar. *vti* e *vint* 3 Transitar; transferir. *vtd* 4 Coar, filtrar. *vti* 5 Entrar, introduzir-se. *vti* 6 Exceder, ir além. *vti* e *vint* 7 Ser aprovado em exame. *vtd* 8 Alisar com o ferro de passar.

pas.sa.ra.da (*pássaro+ada¹*) *sf* 1 Porção de pássaros. 2 Os pássaros em geral.

pas.sa.re.la (*fr passarelle*) *sf* 1 Espécie de palco, estreito e comprido, para desfiles de moda, concursos de beleza etc. 2 Ponte estreita, sobre ruas ou estradas, para trânsito de pedestres.

pas.sa.ri.nho (*pássaro+inho*) *sm* Pequeno pássaro.

pás.sa.ro (*lat passere*) *sm* Designação comum dada às aves da ordem dos passeriformes; passarinho.

pas.sa.tem.po (*passar+tempo*) *sm* Entretenimento ou ocupação ligeira e agradável; divertimento.

pas.sá.vel (*passar+vel*) *adj m+f* 1 Aceitável, admissível. 2 Sofrível, tolerável.

pas.se (de *passar*) *sm* 1 Licença, permissão. 2 Bilhete de trânsito concedido por empresa de transporte coletivo; passagem. 3 *Esp* No futebol, no basquetebol e em outros jogos, ação de o jogador passar a bola a um companheiro de equipe. 4 *Esp* Transferência de contrato de um atleta para outro clube. 5 *Espir* Ato de passar as mãos, e com isso fluidos magnéticos, repetidas vezes ou lado ou por cima de pessoa que se pretende curar ou livrar de coisas ruins.

pas.se.ar (*passo+e+ar¹*) *vti* e *vint* **1** Percorrer certa extensão de caminho a pé, a cavalo etc., a fim de distrair-se. *vtd* **2** Percorrer em passeio ou vagarosamente. Conjuga-se como *frear*.

pas.se.a.ta (de *passear*) *sf* Marcha coletiva em sinal de protesto, regozijo ou reivindicação.

pas.sei.o (de *passear*) *sm* **1** Lugar (jardim, parque, praça) onde se passeia. **2** Deslocamento a algum lugar, com o fim de divertir-se. **3** Parte lateral das ruas para quem anda a pé; calçada.

pas.se.ri.for.mes (*lat passer+i+forme*) *sm pl Ornit* Ordem de aves, terrenas, aéreas ou arbóreas, que compreende numerosas espécies; em geral, são aves de pequeno porte e canoras.

pas.si.flo.ra (*lat passio+flor*) *sf Bot* Gênero típico de trepadeiras com flores comumente muito vistosas, vermelhas, brancas ou roxas. Inclui os maracujás.

pas.si.o.nal (*lat passionale*) *adj m+f* **1** Relativo à paixão. **2** Motivado pela paixão, especialmente amorosa.

pas.sis.ta (*passo+ista*) *adj* e *s m+f* Diz-se de ou pessoa que dança samba ou frevo.

pas.sí.vel (*lat passibile*) *adj m+f* **1** Sujeito a sensações de sofrimento, de alegria etc. **2** Que fica sujeito a.

pas.si.vi.da.de (*lat passivitate*) *sf* Falta de ação; inércia. *Antôn*: atividade.

pas.si.vo (*lat passivu*) *adj* **1** Que sofre ou recebe uma ação ou impressão. **2** Que não age nem reage; indiferente, inerte. **3** *Gram* Qualificativo da voz verbal em que o sujeito sofre ou recebe a ação. • *sm Com* Conjunto das dívidas, encargos e obrigações de uma empresa. *Antôn*: ativo.

pas.so (*lat passu*) *sm* **1** Ato de avançar ou recuar um pé para andar. **2** Andamento, modo de andar. **3** O andamento mais lento do cavalo. **4** Coreografia. **5** Iniciativa, medida.

pas.ta (*lat pasta*) *sf* **1** Porção de massa achatada. **2** Mistura de matérias pisadas e diluídas. **3** Carteira de papelão, couro etc. para guardar papéis, desenhos etc. **4** *fig* Cargo de ministro de Estado; ministério.

pas.ta.gem (*pastar+agem*) *sf* **1** Lugar com vegetação própria para o gado pastar; pasto. **2** Essa vegetação.

pas.tar (*lat vulg *pastare*) *vint* **1** Comer (o gado) a erva que não foi cortada. *vtd* **2** Fazer nutrir-se em pasto. *vint* **3** *pop* Não progredir, passar por dificuldades.

pas.tel (*fr ant pastel*) *sm* **1** *Cul* Massa de farinha de trigo que se estende e se recheia com carne, palmito, doce etc. e depois se frita. **2** Giz fino de cores especiais. **3** Pintura ou desenho feito com esse giz. • *inv* Diz-se das cores, ou tons, leves.

pas.te.lão (*pastel+ão²*) *sm* **1** Pastel grande ou grande empada. **2** *Cin* Tipo de filme do gênero chanchada, pela frequência com que, neles, se atirava à cara de alguém um empadão.

pas.te.la.ri.a (*pastel+aria*) *sf* Estabelecimento onde se fazem ou vendem pastéis.

pas.te.lei.ro (*pastel+eiro*) *sm* Aquele que faz ou vende pastéis. *V pastel* (acepção 1).

pas.teu.ri.za.ção (*fr pasteurisation*) *sf* Ato de esterilizar (o leite etc.) por aquecimento de temperatura (entre 50° e 70°C), durante um tempo relativamente longo, e, em seguida, submeter o líquido a um resfriamento súbito.

pas.teu.ri.zar (*Pasteur, np+izar*) *vtd* Realizar a pasteurização.

pas.ti.che (*fr pastiche*) *sm* Imitação ruim de uma obra de arte.

pas.ti.fí.cio (*ital pastificio*) *sm* Fábrica de massas alimentícias.

pas.ti.lha (*cast pastilha, dim* de *pasta*) *sf* **1** Pequena porção de açúcar aromatizado, de chocolate, hortelã etc. **2** *Farm* Pasta de açúcar que contém uma essência ou um medicamento. **3** Pequeno ladrilho para paredes ou pisos.

pas.to (*lat pastu*) *sm* **1** Erva para alimento do gado; pastagem. **2** Alimento, comida.

pas.tor (*lat pastore*) *sm* **1** Guardador de gado. **2** *fig* Sacerdote protestante.

pas.to.ril (*pastor+il*) *adj m+f* **1** Relativo a ou próprio de pastor. **2** *fig* Bucólico, campestre, rústico. **3** Que se refere à criação de gado, ao pastoreio. • *sm Folc* Festa popular dramática, com cantos e danças de per-

pastoso 647 **patinar**

sonagens femininas chamadas pastoras (ocorre entre o Natal e o dia de Reis para festejar o nascimento de Cristo).

pas.to.so (ô) (*pasta+oso*) *adj* **1** Que está em pasta, muito espesso. **2** Viscoso, pegajoso. **3** *fig* Diz-se da voz arrastada e pouco clara. *Pl: pastosos* (ó).

pa.ta (*voc onom*) *sf* **1** Pé ou mão dos animais. **2** *pej* Pé grande; pé.

pa.ta.ca (*provençal patac*) *sf* **1** Antiga moeda brasileira, de prata. **2** *fig* Dinheiro, riqueza.

pa.ta.co.a.da (*pataco+ada¹*) *sf* Conversa fiada; coisa que não leva a nada; mentira.

pa.ta.da (*pata+ada¹*) *sf* **1** Pancada com a pata; coice. **2** *fig* Ação tola ou indigna. **3** *pop* Ingratidão: *Quis agradar o amigo, mas levou uma patada*.

pa.ta.mar (*concani pathmar*) *sm* **1** Espaço mais ou menos largo no topo de uma escada: *"Ela sempre parada, ofegando, no patamar."* (ASA) **2** Nível; ponto: *"Os preços atuais ainda estão no mesmo patamar dos praticados em julho."* (FSP)

pa.ta.ti.va *sf* **1** *Ornit* Pássaro canoro de cor cinzenta e plumagem fina. **2** *fig* Pessoa faladora.

pa.ta.vi.na (*lat patavina*, do top *Patavium*, Pádua) *pron indef* Coisa nenhuma, nada: *O professor explicou bastante, mas não entendi patavina*.

pa.ta.xó *adj m+f Etnol* Relativo aos pataxós, nação indígena que dominou antigamente na Bahia. • *s m+f* Indígena dessa tribo.

pa.tê (*fr pâté*) *sm* Massa de carne, fígado, peixe etc., que em geral se come fria.

pa.te.la (*lat patella*) *sf Anat* Osso, em forma de disco, na parte anterior do joelho, na articulação da tíbia com o fêmur (nome antigo: rótula).

pa.ten.te (*lat patente*) *adj m+f* **1** Aberto, acessível, franco. **2** Claro, manifesto, evidente. • *sf* **1** Carta oficial de concessão de um título, posto ou privilégio. **2** Esse título, posto ou privilégio. **3** Registro de uma invenção ou descoberta.

pa.ten.te.ar (*patente+e+ar¹*) *vtd* e *vpr* **1** Tornar(-se) claro e evidente: *"As ciências da linguagem vieram patentear que as línguas históricas são fenômenos eminentemente orais."* (EGR); *"A falta de ajustamento social não se patenteia, apenas, pela violência."* (AE) *vtd* **2** Registrar com patente de invenção: *"O alfaiate francês Trimmonier patenteou uma máquina para costurar tecidos em 1830."* (CUB) Conjuga-se como *frear*.

pa.ter.nal (*paterno+al¹*) *adj m+f* **1** Próprio de pai: *Carinho paternal*. **2** Como de um pai.

pa.ter.na.lis.mo (*paternal+ismo*) *sm* **1** Regime da autoridade do pai. **2** Sistema social de relações paternais entre chefe e subordinados, como se formassem uma família. **3** *por ext Polít* Tendência em disfarçar excesso de autoridade sob a forma de proteção.

pa.ter.ni.da.de (*lat paternitate*) *sf* **1** Qualidade ou condição de pai. **2** Qualidade de autor.

pa.ter.no (*lat paternu*) *adj* **1** Relativo, pertencente ou próprio de pai. **2** Que procede como um pai. **3** Relativo à casa onde nascemos ou à nossa pátria.

pa.te.ta (de *pato*) *adj* e *s m+f* Diz-se da ou a pessoa tola, maluca. *Antôn*: *sagaz*.

pa.té.ti.co (*gr pathetikós*) *adj* Que comove, que enternece, despertando piedade ou tristeza.

pa.tí.bu.lo (*lat patibulu*) *sm* Estrado alto ou lugar onde se erguem os instrumentos do suplício ou se aplica a pena de morte; cadafalso; forca.

pa.ti.fa.ri.a (*patife+aria*) *sf* **1** Ato de patife. **2** Falta de coragem; covardia.

pa.ti.fe *adj+sm* **1** Que ou o que é desavergonhado, maroto, velhaco. **2** Que ou o que é débil, tímido, covarde. *Fem*: *patifa*.

pa.tim (*fr patin*) *sm* Calçado que tem por baixo uma lâmina vertical para deslizar sobre o gelo ou rodinhas para rodar sobre cimento, soalhos etc.

pá.ti.na (*lat patina*) *sf* **1** Oxidação do bronze pela longa exposição à umidade. **2** Camada de material especial que se aplica a uma superfície para produzir certos efeitos.

pa.ti.na.ção (*patinar+ção*) *sf* Ato de patinar.

pa.ti.nar (*patim+ar¹*) *vint* Deslizar, rodar com (ou sobre) patins: *A dançarina patina com graça*.

pa.ti.ne.te (é) (fr patinette) sm Brinquedo que consiste numa base de alumínio, ferro, madeira etc. com duas rodas, sobre a qual se apoia um dos pés, dando-se impulso com o outro.

pa.ti.nhar (pato+inhar) vint Girarem as rodas de um veículo sem que ele ande: *O carro patinha na lama.*

pa.ti.nho (pato+inho) sm **1** Diminutivo de *pato.* **2** Carne de primeira qualidade, das pernas traseiras do boi.

pá.tio sm **1** Recinto térreo e sem cobertura no interior de uma casa ou anexo a ela. **2** Espaço descoberto que em muitos edifícios vai desde a entrada externa até a construção principal.

pa.to sm **1** *Ornit* Nome comum de aves aquáticas palmípedes. **2** *pop* Idiota, pateta, tolo. **3** *fig* Mau jogador de jogo de azar.

pa.to.gê.ni.co (gr *páthos+geno+ico²*) adj Med **1** Relativo à patogenia. **2** Que provoca doença.

pa.to.ge.ni.a (gr *páthos+geno+ia*) sf Med Estudo da origem das doenças.

pa.to.lo.gi.a (gr *páthos+logo+ia¹*) sf Med Ciência que estuda a origem, os sintomas e a natureza das doenças.

pa.to.ló.gi.co (gr *páthos+logo+ico²*) adj Relativo à patologia.

pa.to.ta sf gír Grupo, turma.

pa.trão (lat *patronu*) sm **1** Chefe ou proprietário de empresa, fábrica, oficina, fazenda etc. em relação aos empregados. **2** O dono da casa em relação aos empregados. *Fem:* patroa (ô).

pá.tria (lat *patria*) sf **1** País em que se nasceu e ao qual se pertence como cidadão. **2** Parte de um país em que alguém nasceu; terra natal.

pa.tri.ar.ca (gr *patriárkhes*) sm **1** Chefe de família. **2** Velho que tem muitos descendentes. **3** *fig* Pioneiro, fundador.

pa.tri.ar.ca.do (patriarca+ado¹) sm Sociol Regime em que o chefe de família ou patriarca tinha poder absoluto em sua casa.

pa.trí.cio (lat *patriciu*) adj+sm Que ou aquele que nasceu na mesma pátria ou localidade; conterrâneo: *Somos patrícios, nascemos em Portugal.*

pa.tri.mô.nio (lat *patrimoniu*) sm **1** Herança paterna. **2** Bens de família. **3** Quaisquer bens materiais ou morais pertencentes a uma pessoa, instituição ou coletividade.

pá.trio (lat *patriu*) adj **1** Relativo à pátria. **2** Relativo aos pais.

pa.tri.o.ta (gr *patriótes*) s m+f Pessoa que ama a sua pátria e procura servi-la.

pa.tri.ó.ti.co (lat *patrioticu*) adj **1** Relativo a patriota. **2** Que revela amor à pátria, cívico.

pa.tri.o.tis.mo (patriota+ismo) sm Amor à pátria, devoção ao seu solo e às suas tradições, à sua defesa e integridade.

pa.tro.a (ô) (de *patrão*) sf **1** Mulher do patrão. **2** Mulher que dirige certos estabelecimentos ou serviços. **3** *pop* Esposa.

pa.tro.ci.na.dor (patrocinar+dor) adj+sm Que ou aquele que patrocina; protetor: *O governo deve ser o grande patrocinador do desenvolvimento.* • sm O anunciante por conta de quem é transmitido um programa de rádio, televisão, ou aquele que custeia qualquer evento: *O patrocinador da corrida de São Silvestre ofereceu um grande prêmio ao vencedor.*

pa.tro.ci.nar (lat *patrocinare*) vtd Dar patrocínio a, custear; financiar.

pa.tro.cí.nio (lat *patrociniu*) sm **1** Amparo, auxílio, proteção. **2** Custeio de programa de rádio, televisão etc.

pa.tro.ní.mi.co (gr *patronymikós*) adj **1** Relativo a pai, especialmente quando se trata de nomes de família. **2** Derivado do nome do pai (sobrenome).

pa.tro.no (lat *patronu*) sm **1** Defensor. **2** Padroeiro. **3** Padrinho.

pa.tru.lha (fr *patrouille*) sf **1** Patrulhamento. **2** Pequeno destacamento militar.

pa.tru.lha.men.to (patrulhar+mento) sm Ato ou efeito de patrulhar; patrulha.

pa.tru.lhar (patrulha+ar¹) vtd Vigiar com patrulha: *"Policiais patrulhavam acessos às favelas quando desconfiaram de três carros, na estrada do Botafogo."* (FSP); *"Passaram a patrulhar apenas de carro a cidade."* (CV)

pa.tru.lhei.ro (patrulha+eiro) sm **1** Aquele que patrulha. **2** *Náut* Pequeno navio de guerra destinado a patrulhar áreas marítimas próximas do litoral.

pa.tu.á (tupi *patauá*) sm **1** Saco de couro ou de pano que se usa a tiracolo. **2** *Folc*

Espécie de amuleto, feito de couro ou pano, que os crédulos trazem ao pescoço para afastar malefícios.

pau (*lat palu*) *sm* **1** Qualquer madeira. **2** Pedaço de madeira. **3** Bordão, cajado, cacete. **4** *pop* Real ou outra moeda qualquer. **5** *vulg* Pênis. *sm pl* **6** Naipe preto de carta de baralho, cujo desenho é um trevo. *Pau a pique:* cerca de barro batido entre armações de varas cruzadas; taipa. *Pau de arara:* a) instrumento de tortura usado para forçar confissões de presos, no qual estes ficam pendurados de cabeça para baixo; b) caminhão coberto, no qual os nordestinos viajam para outras regiões; c) pessoa que viaja nesse caminhão. *Pau de sebo:* mastro untado com sebo que tem um prêmio no topo para quem conseguir escalá-lo.

pau a pi.que Ver definição em *pau*.

pau-bra.sil *sm Bot* Árvore de madeira vermelha que se utiliza em tinturaria e marcenaria. *Pl:* paus-brasis e paus-brasil.

pau-d'á.gua *sm pop* Beberrão, cachaceiro. *Pl:* paus-d'água.

pau-d'ar.co *V* ipê. *Pl:* paus-d'arco.

pau de a.ra.ra Ver definição em *pau*.

pau de se.bo Ver definição em *pau*.

pa.ul (*lat vulg *padule*, metát do *lat palude*) *sm* Pântano, água estagnada, charco. *Pl:* pauis.

pau.la.ti.no (*lat paulatinu*) *adj* **1** Feito pouco a pouco, devagar. **2** Moroso, vagaroso. *Antôn:* rápido.

pau.li.cei.a (do *top (São) Paulo*) *sf* Palavra que designa a cidade de São Paulo e suas coisas (capital do Estado de mesmo nome).

pau.lis.ta (*top (São) Paulo+ista*) *adj m+f* Pertencente ou relativo ao Estado de São Paulo. • *s m+f* Pessoa natural ou habitante do Estado de São Paulo.

pau.lis.ta.no (*top (São) Paulo+ista+ano*) *adj* Relativo à cidade, ao município e à capital do Estado de São Paulo. • *sm* O natural desse município.

pau-man.da.do *sm* Pessoa que faz tudo que lhe mandam. *Pl:* paus-mandados.

pau.sa (*lat pausa*) *sf* **1** Interrupção temporária de uma ação. **2** Intervalo, lentidão.

pau.ta (*lat pacta*) *sf* **1** Conjunto de linhas horizontais e paralelas impressas no papel de escrita. **2** *Mús* As cinco linhas paralelas onde se escrevem as notas e os sinais. **3** Lista, relação. **4** Tarefas a serem executadas dentro de determinado prazo.

pau.tar (*pauta+ar¹*) *vtd* **1** Traçar, riscar com pauta; dividir em linhas retas e paralelas. *vtd* **2** Pôr em pauta; relacionar. *vtd* e *vpr* **3** Ajustar(-se); moderar(-se); regular(-se).

pa.vão (*lat pavone*) *sm* **1** *Ornit* Grande ave da família dos fasianídeos que possui cauda e plumagem muito bonitas. **2** *fig* Indivíduo muito vaidoso. *Fem:* pavoa.

pa.vê (*fr pavé*) *sm Cul* Espécie de torta com camada de biscoitos e frutas, embebidos em creme.

pa.vi.lhão (*fr pavillon*) *sm* **1** Pequena edificação de construção rápida, geralmente desmontável. **2** Barraca, tenda. **3** *Anat* A parte exterior e cartilaginosa da orelha.

pa.vi.men.ta.ção (*pavimentar+ção*) *sf* Ato ou efeito de pavimentar; calçamento.

pa.vi.men.tar (*pavimento+ar¹*) *vtd* Fazer pavimento em; calçar.

pa.vi.men.to (*lat pavimentu*) *sm* **1** Revestimento das ruas, estradas, com cimento, pedras, asfalto etc. **2** Cada um dos andares de um edifício; andar, piso.

pa.vi.o (*lat vulg *papilu*, por *papyrus*) *sm* Mecha de vela, candeia ou lampião.

pa.vo.ne.ar (*lat pavone+e+ar¹*) *vtd* e *vpr* **1** Enfeitar(-se) vistosamente. *vpr* **2** Exibir-se com ostentação. Conjuga-se como *frear*.

pa.vor (*lat pavore*) *sm* Grande susto ou medo; terror.

pa.vo.ro.so (ô) (*pavor+oso*) *adj* **1** Que causa pavor; horroroso, medonho. **2** *fig* Muito feio. *Pl:* pavorosos (ó).

pa.xá (*persa pâdshâh*) *sm* **1** Título dos governantes de províncias turcas. **2** *pop* Indivíduo poderoso; mandão.

paz (*lat pace*) *sf* **1** Condição de um país que não está em guerra; tranquilidade pública. **2** Tranquilidade da alma. **3** União, concórdia entre as pessoas. **4** Sossego.

PC *sm Inform* Sigla de *Personal Computer* (computador pessoal).

pé (*lat pede*) *sm* **1** *Anat* Parte que se articula

com a extremidade inferior da perna. **2** Parte inferior de qualquer objeto; pedestal, base. **3** A parte de um objeto sobre a qual ele está apoiado: *A cadeira tem quatro pés.* **4** Lado da cama oposto ao da cabeceira. **5** Haste de planta. **6** *Bot* Uma árvore ou planta completa: *Pé de banana.* **7** Medida inglesa de comprimento que se divide em 12 polegadas e equivale a aproximadamente 0,3048 m. **8** A base ou o sopé de uma colina: *Chegou até o pé da montanha. Pé de atleta, Med:* micose da pele dos pés; frieira. *Pé de boi:* pessoa muito trabalhadora: *"E havia ainda Victor, um 'pé de boi' no setor central da cancha."* (TAF) *Pé de cabra:* alavanca de ferro, bifurcada, que serve para arrancar pregos grandes, remover pedras, arrombar portas etc. *Pé de cana, pop:* pessoa que tem o hábito de se embriagar; beberrão. *Pé de chinelo, pop:* a) marginal pouco perigoso; b) pessoa pobre; pobretão. *Pé de galinha:* rugas no canto externo dos olhos. *Pé de moleque:* doce feito de amendoim torrado e açúcar queimado. *Pé de ouvido:* tapa com a mão aberta num lado da cabeça. *Pé de pato:* calçado de borracha, com a forma de pé de pato, usado por mergulhadores e nadadores. *Pé de vento:* vento muito forte. *Pé na cova:* pessoa muito doente ou de aspecto cadavérico.

pê (*lat pe*) *sm* O nome da letra *p*. *Pl: pês* ou *pp*.

pe.ão (*lat pedone*) *sm* **1** Amansador de cavalos; domador. **2** Trabalhador braçal. **3** Peça do jogo de xadrez. *Cf* pião. *Fem: peoa.*

pe.bo.lim (*pé+bola+im*) *sm* Brinquedo de mesa num formato retangular (como uma caixa) que tem ao fundo o desenho de um campo de futebol.

pe.ça (*gaulês *pettia*) *sf* **1** Cada uma das partes de uma coleção, de um conjunto ou de um todo. **2** Objeto que, por si só, forma um todo completo. **3** Cada uma das partes de um motor, máquina, mecanismo etc. **4** *Jur* Documento que faz parte de um processo. **5** Composição dramática para ser representada no teatro. **6** *fig* Engano, logro.

pe.ca.do (*lat peccatu*) *sm* **1** Transgressão de preceito religioso. **2** *fig* Culpa, defeito, falta, vício.

pe.car (*lat peccare*) *vint* Cometer pecados; transgredir lei ou preceito religioso.

pe.cha (*cast pecha*) *sf* **1** Defeito, mau costume, falha. **2** Apelido que se dá a alguém.

pe.chin.cha *sf pop* **1** Coisa comprada a preço muito reduzido. **2** Vantagem.

pe.chin.char (*pechincha+ar¹*) *vint* **1** Obter vantagens ou lucros inesperados. *vtd* e *vint* **2** Pedir redução no preço; regatear.

pe.cí.o.lo (*lat petiolu*) *sm Bot* Haste delgada que une a folha ao caule.

pe.ço.nha (*lat vulg *potionea*) *sf* **1** Secreção venenosa de alguns animais; veneno. **2** *fig* Malícia, maldade, perversidade.

pe.cu.á.ria (*lat pecuaria*) *sf* Criação de gado.

pe.cu.a.ris.ta (*pecuária+ista*) *s m+f* Criador de gado.

pe.cu.li.ar (*lat peculiare*) *adj m+f* Especial, privativo, próprio de uma pessoa ou coisa: *"Regina, sempre com o desprendimento que lhe é peculiar."* (ACT)

pe.cú.lio (*lat peculiu*) *sm* **1** Reserva de dinheiro. **2** Bens, patrimônio.

pe.cu.ni.á.rio (*lat pecuniariu*) *adj* **1** Que se refere a dinheiro: *"Economia no pagamento de abono pecuniário."* (FSP) **2** Representado por dinheiro: *"O propósito mesmo da maior empresa privada é o lucro pecuniário."* (HIR)

pe.da.ço (*lat vulg *pitacciu*, por *pittaciu*) *sm* **1** Bocado, fragmento, porção. **2** Trecho. **3** *pop* Mulher bonita e bem feita de corpo.

pe.dá.gio (*ital pedaggio*) *sm* **1** Taxa que se paga ao governo para passar por uma estrada. **2** Posto fiscal encarregado de cobrar essa taxa.

pe.da.go.gi.a (*gr paidagogía*) *sf* **1** Estudo das questões relativas à educação. **2** Arte de instruir, ensinar ou educar as crianças. **3** Conjunto das ideias de um educador.

pe.da.go.go (ô) (*gr paidagogós*) *sm* **1** Aquele que exerce a pedagogia. **2** Educador.

pé-d'á.gua *sm* Chuva forte e passageira; aguaceiro. *Pl: pés-d'água.*

pe.dal (*lat pedale*) *sm* **1** Peça de certas máquinas ou aparelhos na qual se assenta o pé para lhes imprimir movimento. **2** Alavanca na parte inferior do piano que o executante move com o pé para mudar o som do instrumento.

pe.da.lar (*pedal+ar¹*) *vtd* **1** Acionar, mover o pedal de. *vint* **2** Andar de bicicleta ou de velocípede.

pe.da.li.nho (*pedal+inho*) *sm* Pequeno barco movido a pedal, para diversão pública.

pe.dan.te (*ital pedante*) *adj m+f* **1** Pretensioso, vaidoso: *Ela é pedante, gosta de aparecer.* **2** Que revela pretensão ou vaidade.

pe.dan.tis.mo (*pedante+ismo*) *sm* Ação ou modos de pedante.

pé de a.tle.ta Ver definição em *pé*.
pé de boi Ver definição em *pé*.
pé de ca.bra Ver definição em *pé*.
pé de ca.na Ver definição em *pé*.
pé de chi.ne.lo Ver definição em *pé*.
pé de ga.li.nha Ver definição em *pé*.
pé-de-mei.a *sm* Economia, poupança; pecúlio. *Pl*: *pés-de-meia*.
pé de mo.le.que Ver definição em *pé*.
pé de ou.vi.do Ver definição em *pé*.
pé de pa.to Ver definição em *pé*.

pe.de.ras.ta (*gr paiderastés*) *sm* Indivíduo que pratica a pederastia; homossexual.

pe.de.ras.ti.a (*gr paiderasteía*) *sf* Relação sexual entre homens; homossexualismo masculino.

pe.des.tal (*fr piédestal*) *sm* **1** Peça que sustenta uma estátua, uma coluna etc. **2** Base de uma coluna.

pe.des.tre (*lat pedestre*) *adj* e *s m+f* Que ou quem anda ou está a pé.

pé de ven.to Ver definição em *pé*.

pe.di.a.tra (*pedo+iatra*) *s m+f Med* Especialista em pediatria.

pe.di.a.tri.a (*pedo+iatro+ia¹*) *sf Med* Especialidade médica que se ocupa da saúde e das doenças das crianças.

pe.di.cu.re (*lat pede+curare*) *s m+f* Profissional que se dedica ao embelezamento e tratamento dos pés. *Var*: *pedicuro*.

pe.di.do (*part de pedir*) *adj* Que se pediu.
• *sm* **1** Solicitação. **2** Aquilo que se pediu. **3** Encomenda.

pedigree (pèdigrí) (*ingl*) *sm* Linhagem, árvore genealógica, principalmente de cachorros ou cavalos.

pe.din.te (de *pedir*) *adj* e *s m+f* Que ou pessoa que pede ou mendiga.

pe.dir (*lat petere*) *vtd* e *vti* **1** Solicitar. *vtd* e *vint* **2** Implorar, suplicar, mendigar. *vtd* **3** Estabelecer, estipular, exigir como preço. *vti* **4** Solicitar autorização, licença ou permissão. *vtd* **5** Exigir, reclamar. *Conjug* – verbo irregular; o *d* de *pedir* muda-se em ç na 1ª pessoa do singular do presente do indicativo e nas formas dela derivadas. *Conjug* – *Pres indic*: peço, pedes, pede, pedimos, pedis, pedem; *Pret perf*: pedi, pediste, pediu, pedimos, pedistes, pediram; *Pret imp indic*: pedia, pedias, pedia, pedíamos, pedíeis, pediam; *Pret mais-que-perf*: pedira, pediras, pedira, pedíramos, pedíreis, pediram; *Fut pres*: pedirei, pedirás, pedirá, pediremos, pedireis, pedirão; *Fut pret*: pediria, pedirias, pediria, pediríamos, pediríeis, pediriam; *Pres subj*: peça, peças, peça, peçamos, peçais, peçam; *Pret imp subj*: pedisse, pedisses, pedisse, pedíssemos, pedísseis, pedissem; *Fut subj*: pedir, pedires, pedir, pedirmos, pedirdes, pedirem; *Imper afirm*: —, pede(Tu), peça(Você), peçamos(Nós), pedi(Vós), peçam(Vocês); *Imper neg*: —, Não peças(Tu), Não peça(Você), Não peçamos(Nós), Não peçais(Vós), Não peçam(Vocês); *Infinitivo impess*: pedir; *Infinitivo pess*: pedir, pedires, pedir, pedirmos, pedirdes, pedirem; *Ger*: pedindo; *Part*: pedido.

pé-di.rei.to *sm Arquit* Altura de um pavimento medida do chão ao teto. *Pl*: *pés-direitos*.

pe.dra (*gr pétra*) *sf* **1** Mineral da natureza das rochas, duro e sólido. **2** Rocha, rochedo. **3** Qualquer fragmento de rocha. **4** *Med* Concreção que se forma nos rins, na bexiga, vesícula etc.; cálculo. **5** Pedaço de qualquer substância sólida e dura. **6** Peça de alguns jogos de tabuleiro. **7** Pedaço de qualquer material mineral, precioso ou não, usado para fins ornamentais. Veja nota em **cognato**.

pe.dra.da (*pedra+ada¹*) *sf* **1** Arremesso de pedra. **2** Ferimento com pedra arremessada. Veja nota em **cognato**.

pe.dra-po.mes *sf* Pedra leve e porosa que

serve para polir objetos ou limpar a pele. *Pl: pedras-pomes*.

pe.dra.ri.a (*pedra+aria*) *sf* Porção de pedras, especialmente as preciosas.

pe.dra-sa.bão *sf* Pedra, em geral de cor verde pardacenta ou parda, usada na confecção de esculturas, objetos de decoração etc. *Pl: pedras-sabões* e *pedras-sabão*.

pe.dre.gu.lho (de *pedra*) *sm* **1** Grande pedra. **2** Grande quantidade de pedras miúdas. Veja nota em **cognato**.

pe.drei.ra (*pedra+eira*) *sf* Lugar ou rocha de onde se extraem pedras. Veja nota em **cognato**.

pe.drei.ro (*pedra+eiro*) *sm* Aquele que executa trabalhos em alvenaria (tijolo e pedra) e materiais de revestimento (ladrilhos, mosaicos etc.).

pe.dún.cu.lo (*lat pedunculu*) *sm Bot* Haste de sustentação da flor ou fruto.

pe.ga[1] (de *pegar*) *sf* **1** Ação de pegar. *sm fig* **2** Discussão acalorada. **3** Conflito, desordem. **4** Luta, briga. • *interj* Grito de perseguição a ladrão ou outro tipo de malfeitor.

pe.ga[2] (*ê*) (*lat pica*) *sf Ornit* Ave europeia, da família dos corvídeos, de coloração preta, com dorso geralmente verde, abdome e baixo dorso brancos, e asas azuis.

pe.ga.da (*pegar+ada*[1]) *sf* **1** Marca que o pé deixa no solo. **2** *fig* Sinal, vestígio.

pe.ga.do (*part* de *pegar*) *adj* **1** Unido, colado. **2** Junto, próximo, vizinho.

pe.ga.jo.so (*ô*) (de *pegar*) *adj* **1** Viscoso. **2** *fig* Diz-se do indivíduo importuno, maçante, chato. *Pl: pegajosos* (*ó*).

pe.ga-pe.ga *sm* **1** *pop* Conflito, desordem, briga. **2** *pop* Correria nas ruas com intervenção policial. **3** Pique[1] (acepção 3). *Pl: pegas-pegas* e *pega-pegas*.

pe.gar (*lat picare*) *vtd* **1** Colar, grudar, unir. *vtd* e *vint* **2** Agarrar, prender, segurar, tomar com a mão. *vti*, *vint* e *vpr* **3** Agarrar-se, fixar-se; colar-se, ficar aderente. *vti* e *vint* **4** Criar raízes. *vtd* **5** Apanhar, contrair. *vint* **6** Difundir-se (moda, costume). *vint* **7** Acender. *vint* **8** Dar bom resultado; surtir efeito. *Part: pegado* e *pego*.
Esse verbo tem duplo particípio, podendo-se empregá-lo tanto na forma irregular **pego** (*ê*) como na regular **pegado**. Esta última deve ser usada com os auxiliares *ter* e *haver*.
Tenho pegado muita gripe este ano.

pe.ga-ra.paz *sm* Cacho de cabelo pendente sobre a testa, nos penteados femininos: *"Está de cabelinhos curtos com pega-rapaz, lábios carnudos, vestido tomara que caia."* (FSP) *Pl: pega-rapazes*.

pe.ga-va.re.tas *sm sing+pl* Jogo com palitos coloridos e de valores diversos, em que o participante deve tirar cada palito sem tocar nos demais.

pei.a (*lat pedica*) *sf* **1** Corda usada para amarrar os pés dos animais, impedindo-os de andar. **2** Chicote, correia. **3** Surra, sova.

pei.dar (*peido+ar*[1]) *vint vulg* Emitir peidos.

pei.do (*lat peditu*) *sm vulg* Ventosidade emitida pelo ânus; pum.

pei.tar (*peito+ar*[1]) *vtd* Enfrentar corajosamente: *"Num passado recente, a indústria automobilística já teve de peitar um governo."* (EX)

pei.ti.lho (de *peito*) *sm* **1** Aquilo que reveste o peito. **2** Peça de vestuário que se coloca sobre o peito.

pei.to (*lat pectu*) *sm* **1** Parte do tronco, do pescoço ao abdome, que contém os pulmões e o coração; tórax. **2** Porção anterior e externa dessa parte do corpo. **3** Seio, mama. **4** Ânimo, valor. *Ter muito peito*: ter muita coragem.

pei.to.ral (*lat pectorale*) *adj m+f* **1** Pertencente ou relativo ao peito. **2** Que faz bem ao peito. • *sm* **1** Medicamento contra doenças do peito. **2** *Anat* Nome de dois músculos do tórax.

pei.to.ril (*lat vulg *pectorile*) *sm* Parapeito.

pei.tu.do (*peito+udo*[1]) *adj* **1** Que tem peito forte ou grande. **2** *fig* Atrevido, insolente. • *sm fig* Homem de muita coragem.

pei.xa.da (*peixe+ada*[1]) *sf* **1** Fritada de peixe. **2** Grande porção de peixe cozido.

pei.xa.ri.a (*peixe+aria*) *sf* Estabelecimento onde se vende peixe.

pei.xe (*lat pisce*) *sm Zool* Animal vertebrado, aquático, com os membros transformados em barbatanas e com respiração branquial.

pei.xei.ra (*peixe+eira*) *sf* Faca curta e muito cortante.

pei.xei.ro (*peixe+eiro*) *sm* Aquele que vende peixe.

Pei.xes (*lat pisces*) *sm pl* **1** *Astr* Constelação do zodíaco. **2** *Astrol* Signo do zodíaco relativo aos nascidos entre 20 de fevereiro e 20 de março.

pei.xi.nho (*dim* de *peixe*) *sm pop* Pessoa que se sente protegida por outra, influente, e que, por isso, goza de certos privilégios.

pe.jo.ra.ti.vo (*pejorar+ivo*) *adj* Diz-se da palavra empregada em sentido obsceno ou simplesmente desagradável: *carniceiro* (em relação a cirurgião sem habilidade); *gringo* (em relação a estrangeiro).

pe.la.da (*pelar+ada*¹) *sf* Partida de futebol entre garotos ou amadores.

pe.la.gem (*pelo+agem*) *sf* O pelo dos animais; pelame.

pe.lan.ca (de *pele*) *sf* **1** Pele caída e mole. **2** Carne magra e enrugada. **3** Parte ruim que se retira da carne bovina ao limpá-la.

pe.lan.cu.do (*pelanca+udo*²) *adj+sm* Que ou aquele que é cheio de pelanca.

pe.lar¹ (*pele+ar*¹) *vtd* **1** Tirar a pele ou a casca de; descascar. *vpr* **2** Ficar sem pele. *vtd* **3** Tirar dos pertences de, deixando sem nada. *vint* **4** Estar muito quente, fervendo.

pe.lar² (*pelo+ar*¹) *vtd* Tirar o pelo a.

pe.le (*lat pelle*) *sf* **1** Membrana que reveste exteriormente o corpo do homem e o de muitos animais. **2** *pop* Epiderme. **3** Cútis. **4** Couro separado do corpo dos animais. **5** Invólucro de certos frutos e legumes; casca.

pe.lé® *adj m+f sm+f* Que ou aquele que é fora do comum, que ou quem em virtude de sua qualidade, valor ou superioridade não pode ser igualado a nada ou a ninguém, assim como Pelé®, apelido de Edson Arantes do Nascimento (1940-2022), considerado o maior atleta de todos os tempos; excepcional, incomparável, único.

pe.le.go (*ê*) (de *pele*) *sm* **1** Pele de carneiro com a lã, usada sobre a montaria, para amaciar o assento: *"Echarpe de lã forrada, felpuda como um pelego."* (CHP) **2** *deprec* Indivíduo que disfarçadamente trabalha contra os interesses dos sindicalizados: *"Os pelegos que furaram a greve o ano passado tão bem de vida, é?"* (EN)

pe.le.jar (*cast pelear*) *vti* e *vint* **1** Batalhar, combater, lutar. *vtd* **2** Travar (combate, luta etc.). *vint* **3** Insistir, teimar. Conjuga-se como *solfejar*.

pe.le.ri.ne (*fr pèlerine*) *sf* Pequeno manto feminino que só cobre parte das costas e do peito.

pe.le.te.ri.a (*fr pelleterie*) *sf* Estabelecimento onde se fabricam artigos de pele ou se vendem peles e peliças; pelaria.

pe.le-ver.me.lha *adj* e *s m+f* Diz-se de ou indígena dos peles-vermelhas; denominação genérica dada às tribos aborígines da América do Norte. *Pl*: *peles-vermelhas*.

pe.li.ca (*cast pellica*) *sf* Pele fina de animal, curtida e preparada para calçados, luvas etc.

pe.li.ça (*lat pellicea*) *sf* Cobertura ou vestimenta feita de peles finas e macias.

pe.li.ca.no (*lat pelecanu*) *sm Ornit* Grande ave aquática que tem bico muito grande e uma bolsa membranosa por baixo da mandíbula inferior, onde guarda os peixes de que se alimenta.

pe.lí.cu.la (*lat pellicula*) *sf* **1** Pele ou membrana muito fina. **2** Filme cinematográfico.

pe.lo¹ (*lat per illu*) *prep* Combinação da preposição *por* com o artigo definido *o*.

pe.lo² (*ê*) (*lat pilu*) *sm* **1** Fio que cresce na pele dos animais e em algumas partes do corpo humano. **2** *Zool* O conjunto dos pelos de um animal. **3** Penugem dos frutos e das plantas.

pe.lo.ta (*provençal pelota*) *sf* **1** Bola pequena. **2** Bola de ferro ou de metal. **3** A bola de futebol. *Dim irreg*: *pelotilha*.

pe.lo.tão (*fr peloton*) *sm* **1** Cada uma das três partes em que se divide uma companhia de soldados. **2** *fig* Multidão: *Um pelotão de estudantes fez o vestibular*.

pe.lou.ri.nho (*fr pilori*) *sm* Coluna ou armação de madeira levantada em lugar público, junto da qual se expunham e castigavam os criminosos.

pe.lú.cia (de *pelo*) *sf* Tecido de lã, seda etc., aveludado e felpudo de um lado.

pe.lu.do (*pelo+udo*¹) *adj* **1** Que tem muito pelo. **2** Coberto de pelo.

pel.ve (*lat pelve*) *sf Anat* Cavidade óssea formada pela união dos ossos ilíacos com o sacro e o cóccix; a bacia. *Var*: *pélvis*.

pe.na¹ (*lat penna*) *sf* **1** Órgão que cobre o corpo das aves. **2** Pequena peça de metal, em forma de bico, adaptada a uma caneta, e que serve para escrever.

pe.na² (*lat poena*) *sf* **1** Castigo, punição. **2** Aflição, cuidado, sofrimento. **3** Contrariedade, desgosto, tristeza. **4** Compaixão, dó, piedade.

pe.na.cho (*ital pennacchio*) *sm* **1** Conjunto de penas com que se adornam chapéus, capacetes etc. **2** Tufo de penas que algumas aves têm na cabeça.

pé na co.va Ver definição em *pé*.

pe.nal (*lat poenale*) *adj* **1** Que diz respeito a penas judiciais. **2** Que se refere ao código ou às leis que tratam dos delitos e crimes. **3** Que impõe penas.

pe.na.li.da.de (*penal+i+dade*) *sf* **1** Conjunto de penas que a lei impõe. **2** Pena, castigo, punição.

pe.na.li.zar (*pena²+izar*) *vtd* **1** Causar pena ou dó a. *vpr* **2** Sentir grande pena; compadecer-se. *vtd* **3** Castigar, punir: *Penalizar os infratores*.

pê.nal.ti (do *ingl*) *sm Esp* Em futebol, infração praticada por um jogador dentro da grande área de seu próprio time, punida com chute direto ao gol.

pe.nar (*pena²+ar¹*) *vint* **1** Sofrer pena, dor, aflição, pesar, tormento. *vtd* **2** Causar pena ou dor a. *vtd* **3** Padecer, sofrer. *vpr* **4** Afligir-se.

pen.ca *sf* **1** Grupo de frutos ou flores. **2** *fig* Grande quantidade.

pen.ce (*fr pince*) *sf* Pequena prega feita no avesso do tecido, para ajustar a roupa ao corpo.

pen.dão (*cast pendón*) *sm* **1** Bandeira, estandarte. **2** *Bot* Inflorescência masculina do milho.

pen.dên.cia (*pender+ência*) *sf* **1** Qualidade daquilo que está pendente. **2** Briga, conflito, contenda.

pen.den.te (*lat pendente*) *adj m+f* **1** Que pende; pendurado, suspenso. **2** Inclinado. **3** Que ainda não está resolvido. **4** Que está para acontecer; iminente.

pen.der (*lat pendere*) *vint* **1** Estar pendurado ou suspenso. *vtd* **2** Dependurar, pendurar, suspender. *vti* e *vint* **3** Estar ou ficar em posição inclinada.

pen.dor (de *pender*) *sm* **1** Declive, inclinação. **2** Propensão, tendência.

pên.du.lo (*lat pendulu*) *sm* Corpo pesado, suspenso de um ponto fixo que oscila livremente.

pen.du.ra (de *pendurar*) *sf* **1** Ato de pendurar. **2** Coisa pendurada. **3** *pop* Fiado.

pen.du.rar (*lat pendulare*) *vtd* **1** Suspender e fixar a certa altura do chão. *vpr* **2** Estar colocado a grande altura. *vtd* **3** *pop* Empenhar, pôr no prego.

pen.du.ri.ca.lho (de *pendura*) *sm* Coisa pendurada, para adorno; pingente.

pe.nei.ra (*lat vulg *panaria*, de *pane*) *sf* Objeto circular com o fundo trançado em arame fino, náilon etc. utilizado para separar grãos da palha ou sujeira, coar areia, substâncias moídas etc.

pe.nei.ra.da (*peneira+ada¹*) *sf* **1** Peneiração. **2** Aquilo que se peneira de cada vez.

pe.nei.rar (*peneira+ar¹*) *vtd* **1** Fazer passar pela peneira (os grãos, a massa, a areia etc.). **2** Classificar, selecionar (segundo função, qualidade ou serviço).

pe.ne.tra (de *penetrar*) *adj* e *s m+f gír* Diz-se de ou pessoa que entra onde não é chamada, que vai a diversões sem pagar, como festas, bailes etc.

pe.ne.tra.ção (*lat penetratione*) *sf* **1** Ato ou efeito de penetrar. **2** Facilidade de compreensão, agudeza de espírito, perspicácia, sagacidade.

pe.ne.tran.te (*lat penetrante*) *adj m+f* **1** Que penetra; que entra profundamente: "*Os olhos penetrantes fitos no marido.*" (DES) **2** Pungente. **3** Profundo, intenso: "*O perfume da chácara, um perfume doce e penetrante de fruta madura.*" (CC) **4** Fino, inteligente, sagaz: "*Mente engenhosa, inventiva penetrante.*" (CRU)

pe.ne.trar (*lat penetrare*) *vtd* e *vti* **1** Passar para dentro de; transpor, invadir. *vti* e *vint* **2** Entrar, introduzir-se. *vtd* **3** Chegar ao íntimo de.

pe.nhas.co (de *penha*) *sm* Rochedo grande e elevado.

pe.nho.ar (*fr peignoir*) *sm* Vestido aberto na frente que se usa para ficar à vontade; robe.

pe.nhor (*lat pignore*) *sm* **1** Objeto entregue a um credor como garantia do pagamento

pe.nho.ra (de *penhorar*) *sf* **1** Ato de penhorar. **2** Apreensão dos bens de um devedor.
pe.nho.rar (*penhor*+*ar*[1]) *vtd* **1** Efetuar a penhora de. *vtd* **2** Assegurar, garantir. *vtd* **3** Exigir por obrigação; impor. *vtd* e *vtdi* **4** *fig* Dar motivo de gratidão a; tornar agradecido.
pe.ni.a.no (*pênis*+*ano*) *Anat* Relativo ao pênis.
pe.ni.ci.li.na (*lat penicillium*+*ina*) *sf Med* Substância obtida de certos fungos (ou sinteticamente) e utilizada como antibiótico.
pe.ni.co *sm pop* Vaso no qual se urina ou defeca; urinol.
pe.nín.su.la (*lat paeninsula*) *sf Geogr* Porção de terra cercada de água que se liga ao continente por um dos seus lados.
pê.nis (*lat penis*) *sm sing*+*pl Anat* Órgão genital masculino; falo.
pe.ni.tên.cia (*lat poenitentia*) *sf* **1** Arrependimento de haver ofendido a Deus. **2** *Catól* Pena imposta pelo confessor. **3** Sacrifício.
pe.ni.ten.ci.ar (*penitência*+*ar*[1]) *vtd* **1** Impor penitência a. *vpr* **2** Arrepender-se; castigar-se por falta cometida. Conjuga-se como *premiar*.
pe.ni.ten.ci.á.ria (de *penitência*) *sf* Presídio, prisão.
pe.no.so (*ô*) (*pena*[2]+*oso*) *adj* **1** Doloroso, incômodo. **2** Difícil, fatigante. *Pl*: *penosos* (*ó*).
pen.sa.dor (*pensar*+*dor*) *adj*+*sm* Que ou o que pensa. • *sm* **1** Aquele que estuda e faz observações profundas. **2** Filósofo.
pen.sa.men.to (*pensar*+*mento*) *sm* **1** Ato ou faculdade de pensar. **2** Ato do espírito ou operação da inteligência. **3** Ideia. **4** Recordação, lembrança. **5** Modo de pensar; opinião.
pen.são (*lat pensione*) *sf* **1** Renda anual ou mensal. **2** Pequeno hotel, geralmente familiar.
pen.sar (*lat pensare, freq* de *pendere*) *vint* **1** Combinar ideias; raciocinar; refletir. *vti* **2** Meditar, refletir em. *vtd* **3** Julgar, supor. *vti* **4** Estar preocupado. *vti* **5** Cogitar. • *sm* **1** Pensamento, opinião. **2** Prudência, tino.

pen.sa.ti.vo (*pensar*+*ivo*) *adj* **1** Absorto em algum pensamento. **2** Preocupado.
pên.sil (*lat pensile*) *adj m*+*f* **1** Suspenso. **2** Construído sobre abóbadas ou colunas.
pen.si.o.na.to (*lat pensione*+*ato*) *sm* Internato. **2** Casa que recebe hóspedes (geralmente estudantes que vêm de outros municípios) e fornece refeição.
pen.si.o.nis.ta (*lat pensione*+*ista*) *adj* e *s m*+*f* **1** Que ou quem recebe pensão. **2** Que ou quem mora em pensão.
pen.so (*lat pensu*) *sm* Curativo. • *adj* Pendido, inclinado ou de mau jeito.
pen.ta.cam.pe.ão (*penta*+*campeão*) *sm* Indivíduo, equipe ou agremiação que se sagrou cinco vezes campeão.
pen.tá.go.no (*penta*+*gono*) *sm* **1** *Geom* Polígono de cinco lados e cinco ângulos. **2** Sede do Estado-Maior das Forças Armadas dos Estados Unidos.
pen.ta.tle.ta (*gr pentathlétés*) *sm* Atleta que toma parte em um pentatlo.
pen.ta.tlo (*gr péntathlon*) *sm* **1** *Antig* Entre os gregos, o conjunto de cinco exercícios atléticos: corrida, arremesso do disco, salto, lançamento do dardo e luta. **2** *Esp* Competição atlética em que cada concorrente participa de cinco modalidades desportivas.
pen.te (*lat pectine*) *sm* **1** Instrumento dentado com que se alisam ou seguram os cabelos. **2** Peça onde se encaixam as balas das armas automáticas.
pen.te.a.dei.ra (*pentear*+*deira*) *sf* Mesinha com espelho onde as mulheres se penteiam e se maquiam.
pen.te.a.do (*part* de *pentear*) *adj* Que se penteou. • *sm* Arranjo dos cabelos.
pen.te.ar (*pente*+*e*+*ar*[1]) *vtd* **1** Alisar, compor, desembaraçar ou limpar (os cabelos). *vpr* **2** Alisar, compor, desembaraçar ou limpar os próprios cabelos. Conjuga-se como *frear*.
Pen.te.cos.tes (*gr pentekostés*) *sm pl Rel* Festa dos cristãos em memória da descida do Espírito Santo sobre os apóstolos (celebrada 50 dias após a Páscoa).
pen.te-fi.no *sm* **1** Pente pequeno, de dentes cerrados e finos. **2** Exame rigoroso, triagem: *O delegado passou os suspeitos pelo pente-fino*. *Pl*: *pentes-finos*.

pe.nu.gem (de *pena*¹) *sf* **1** Penas muito finas e macias das aves. **2** As penas, pelos ou cabelos que nascem primeiro. **3** Pelo macio e curto. **4** *V buço*. **5** Pelo que reveste alguns frutos.

pe.núl.ti.mo (*lat penultimu*) *adj* Que precede imediatamente o último.

pe.num.bra (lat *paene+umbra*) *sf* **1** Sombra incompleta; ponto de transição da luz para a sombra. **2** Meia-luz.

pe.nú.ria (*lat penuria*) *sf* **1** Privação do necessário. **2** Miséria extrema; pobreza. *Antôn: opulência.*

pe.pi.no (*cast pepino*) *sm* **1** Fruto comestível que pode ser usado em salada ou conserva. **2** *pop* Coisa difícil de resolver: *No trabalho só enfrento pepinos.*

pe.pi.ta (*cast pepita*) *sf* Grão ou palheta de metal nativo, especialmente de ouro.

pe.que.nez (*quê*) (*pequeno+ez*) *sf* **1** Qualidade de pequeno. **2** *fig* Baixeza, mesquinhez.

pe.que.ni.no (*pequeno+inho*) *adj* **1** Muito pequeno. **2** Muito criança. • *sm* Menininho, criancinha.

pe.que.no (*lat vulg *pitinnu*) *adj* **1** De extensão reduzida. **2** De baixa estatura. **3** Muito novo; criança. **4** De pouca importância, de pouco valor. **5** Mesquinho, miserável. Comparativo de inferioridade: *menor. Sup abs sint: pequeníssimo* e *mínimo.* • *sm* **1** Menino, criança. *sm pl* **2** Os humildes; os pobres.

pé-quen.te *sm* Indivíduo que tem sorte; sortudo. *Pl: pés-quentes.*

pe.quer.ru.cho (de *pequeno*) *adj* Muito pequeno. • *sm* Menino, criança.

pe.qui.nês (*Pequim, top+ês*) *adj* **1** Pertencente ou relativo a Pequim (China). **2** Diz-se de uma raça de cãezinhos felpudos. • *sm* Habitante ou natural de Pequim.

per (*lat per*) *prep ant* Por. *De per si:* por si só; isoladamente.

pe.ra (*ê*) (*lat pira*, pl de *piru*) *sf* Fruto da pereira. *Pl: peras (ê).*

pe.ral.ta (de *Peralta, np*) *adj* e *s m+f* Diz-se de ou criança travessa, traquinas.

pe.ral.ti.ce (*peralta+ice*) *sf* Ação ou qualidade de peralta.

pe.ram.bu.lar (*lat perambulare*) *vti* e *vint* **1** Passear a pé: *Ficou perambulando pela praça.* **2** Andar sem destino; vagar: *Saiu de casa e foi perambular de noite.*

pe.ran.te (*per+ante*) *prep* Ante; diante de; na presença de: *Não teve coragem de mentir perante seus colegas.*

pé-ra.pa.do *sm* Pessoa de baixa condição financeira; pobretão. *Pl: pés-rapados.*

per.cal (*persa pärgal*) *sm* Pano de algodão, fino e liso.

per.cal.ço (*per+calço*) *sm* **1** Ganho, lucro. **2** *pop* Contrariedade; transtorno.

per capita (*per cápita*) (*lat*) *loc adv* Por cabeça; para cada um.

per.ce.ber (*lat percipere*) *vtd* **1** Adquirir conhecimento por meio dos sentidos. *vtd* e *vint* **2** Abranger com a inteligência; compreender, entender. *vtd* **3** Enxergar, divisar. *vtd* **4** Ouvir, escutar. *vtd* **5** Receber honorários, rendimentos etc.

per.cen.ta.gem (*per+cento+agem*) *sf* **1** Valor proporcional calculado sobre uma quantidade de 100 unidades. **2** Taxa de juros, comissão etc., sobre um capital de 100 unidades. *Var: porcentagem.*

per.cen.tu.al (*per+cento+al*¹) *adj m+f* Relativo a percentagem: *Houve um aumento nos preços de 2 pontos percentuais em relação ao mês passado, de 5% para 7%.* • *sm* Percentagem.

per.cep.ção (*lat perceptione*) *sf* **1** Ato, efeito ou faculdade de perceber. **2** Compreensão; entendimento; conhecimento.

per.cep.tí.vel (*lat vulg perceptibile*) *adj m+f* Que pode ser percebido; compreensível, inteligível.

per.ce.ve.jo (*vê*) *sm* **1** *Entom* Inseto sugador de sangue que infesta normalmente habitações humanas onde falta higiene. **2** Pequena tacha de cabeça que serve para fixar papéis.

per.cor.rer (*lat pecurrere*) *vtd* **1** Correr ou visitar em toda a extensão ou em todos os sentidos. **2** Passar ao longo ou através de.

per.cur.so (*lat percursu*) *sm* **1** Ação ou efeito de percorrer. **2** Espaço percorrido: *"Ir e vir. Sempre o mesmo percurso."* (BH); *"Os outros começaram a perguntar detalhes sobre o percurso, o hotel, as chances de achar tia Margherita."* (ACM) **3** Caminho, trajeto em geral: *"Há percursos de milhares de quilômetros que se fazem assim regularmente."* (H)

per.cur.sor (*lat percursore*) *adj+sm* Que ou o que percorre. *Cf percursor*.

per.cus.são (*lat percussione*) *sf* **1** Choque, embate entre dois corpos; pancada. **2** *Med* Prática médica que consiste em dar pequenas pancadas com os dedos sobre as paredes de uma cavidade do corpo, para reconhecer, pelo som produzido, possíveis lesões contidas no interior dessa cavidade.

per.cus.si.o.nis.ta (*lat percussione+ista*) *s m+f* Pessoa que toca instrumento de percussão.

per.da (*ê*) (*lat perdita*) *sf* **1** Privação de uma coisa que se possuía. **2** Desaparecimento, extravio. **3** Dano, prejuízo. **4** Mau emprego. **5** Diminuição da capacidade ou da qualidade de algo (energia, tensão, velocidade etc.).

per.dão (de *perdoar*) *sm* **1** Remissão de uma culpa, dívida ou pena. **2** Desculpa. • *interj* Voz com que se pede desculpa.

per.der (*lat perdere*) *vtd* **1** Ficar sem a posse, sem a propriedade, sem o domínio de. *vtd e vint* **2** Sofrer dano, perda ou prejuízo. *vpr* **3** Desorientar-se, errar o caminho. *vpr* **4** Não vingar. *vtd e vint* **5** Ficar vencido; pagar ao concorrente ou parceiro que ganhou. *vtd* **6** Não chegar a tempo para. *vtd* **7** Deixar fugir, não aproveitar. *vtd e vpr* **8** Desviar (-se) da prática do bem; corromper(-se). *Conjug* – verbo irregular; o *d* do radical muda-se em *c* na 1ª pessoa do singular do presente do indicativo e nas formas dela derivadas. Conjug – Pres indic: perco, perdes, perde, perdemos, perdeis, perdem; Pret perf: perdi, perdeste, perdeu, perdemos, perdestes, perderam; Pret imp indic: perdia, perdias, perdia, perdíamos, perdíeis, perdiam; Pret mais-que-perf: perdera, perderas, perdera, perdêramos, perdêreis, perderam; Fut pres: perderei, perderás, perderá, perderemos, perdereis, perderão; Fut pret: perderia, perderias, perderia, perderíamos, perderíeis, perderiam; Pres subj: perca, percas, perca, percamos, percais, percam; Pret imp subj: perdesse, perdesses, perdesse, perdêssemos, perdêsseis, perdessem; Fut subj: perder, perderes, perder, perdermos, perderdes, perderem; Imper afirm: —, perde(Tu), perca(Você), percamos(Nós), perdei(Vós), percam(Vocês); Imper neg: —, Não percas(Tu), Não perca(Você), Não percamos(Nós), Não percais(Vós), Não percam(Vocês); Infinitivo impess: perder; Infinitivo pess: perder, perderes, perder, perdermos, perderdes, perderem; Ger: perdendo; Part: perdido.

per.di.ção (*lat perditione*) *sf* **1** Desgraça, ruína. **2** Desonra, imoralidade.

per.di.gão (*cast perdigón*) *sm* O macho da perdiz.

per.di.guei.ro (*lat vulg *perdicariu*, de *perdice*) *adj* Diz-se do cão usado na caça de perdizes. • *sm* Esse cão.

per.diz (*lat perdice*) *sf Ornit* Ave que vive nos cerrados e caatingas, muito procurada como caça.

per.do.ar (*lat perdonare*) *vtd, vti e vint* **1** Conceder perdão a: *"Dizem que o Getúlio é um homem frio, sem rancores, perdoou até ao João Neves."* (INC); *"Ensinando, batizando, perdoando os pecados."* (MAN); *"Eu saberei conter-me, perdoando-lhe o mal que me fizer."* (HP) **2** Desculpar: *"Ela já perdoou você, Eliodora."* (A) *vtd e vti* **3** Isentar de pagamento: *"O rei perdoou-lhe dez mil talentos de dívida."* (BDI) Conjuga-se como *coar*.

per.du.lá.rio (de *perder*) *adj+sm* Que ou aquele que gasta em excesso; dissipador, gastador.

per.du.rar (*lat perdurare*) *vti e vint* **1** Durar muito. *vint* **2** Permanecer; continuar a ser ou existir.

pe.re.ba (*tupi peréua*) *sf* **1** Pequena ferida. **2** Ferida de mau aspecto, de crosta dura e espessa.

pe.re.cer (*lat vulg *perescere*, *inc* de *perire*) *vint* **1** Deixar de ser ou de existir; ter fim: *"Onde reina a hipocrisia, perece a justiça."* (FSP) **2** Morrer, findar: *"Quem não se junta perece."* (LIP); *"E seu marido pereceu."* (PRE)

pe.re.cí.vel (*perecer+vel*) *adj m+f* **1** Sujeito a perecer. **2** Que se pode estragar facilmente.

pe.re.gri.na.ção (*lat peregrinatione*) *sf* **1** Viagem por terras distantes. **2** Romaria a lugares santos.

pe.re.gri.nar (lat peregrinare) vint **1** Andar em peregrinação ou romaria. vint **2** Ir em romaria: *"O Papa o obrigou a peregrinar até Compostela."* (ODM); *"Em mais alguns dias chegaria aonde estava indo para peregrinar."* (VPB) vint **3** Andar por lugares; deslocar-se: *"Os torcedores que irão acompanhar a seleção terão de peregrinar pelo território francês."* (FSP)

pe.re.gri.no (lat peregrinu) adj+sm **1** Que ou quem sai ou anda em peregrinação; romeiro. **2** Estrangeiro, estranho. • adj Excelente, excepcional, extraordinário, raro.

pe.rei.ra (pera+eira) sf Bot Árvore que produz peras.

pe.re.ne (lat perene) adj m+f **1** Que dura muitos anos. **2** Que não tem fim; eterno, perpétuo. **3** Incessante, ininterrupto, contínuo.

pe.re.re.ca (tupi pereréka) sf **1** Zool Nome popular de pequenos anfíbios anuros semelhantes às rãs, porém menores. **2** pop Vulva.

per.fa.zer (per+fazer) vtd **1** Concluir, terminar. **2** Completar o número de. Conjuga-se como fazer.

per.fec.cio.nis.mo (lat perfectione+ismo) sm Tendência exagerada para atingir a perfeição em alguma coisa.

per.fec.cio.nis.ta (lat perfectione+ista) adj m+f Relativo ao ou que tem perfeccionismo. • s m+f Pessoa que tem perfeccionismo.

per.fei.ção (lat perfectione) sf **1** Acabamento perfeito; execução completa. **2** Primor, apuro, requinte.

per.fei.to (lat perfectu) adj **1** Em que não há defeito; que só tem qualidades boas. **2** Completo, total. **3** Excelente, notável. • adj+sm Gram Diz-se do tempo verbal que se refere a uma ação ou estado já acabados no passado: *Ganhei um presente bonito no Natal*.

pér.fi.do (lat perfidu) adj **1** Desleal, infiel, traidor: *"Você é realmente uma mulher pérfida."* (É) **2** Que revela perfídia ou traição: *"A notícia de sua morte soou-me como pérfida mentira."* (PÃO) Antôn: fiel, leal, sincero.

per.fil (provençal perfil) sm **1** Contorno ou delineamento do rosto de uma pessoa, visto de lado. **2** Delineamento de um objeto visto de um dos seus lados. **3** Relato que destaca os traços característicos de uma pessoa.

per.fi.lar (perfil+ar¹) vtd **1** Traçar o perfil de. **2** Apresentar de perfil. **3** Mil Pôr em linha (soldados).

per.fi.lhar (per+filho+ar¹) vtd **1** Dir Reconhecer legalmente como filho. **2** Adotar, defender (teoria, princípio): *"O voto obrigatório ainda é o que temos que perfilhar."* (FSP)

per.fu.mar (ital ant perfumare) vtd **1** Espalhar perfume em ou sobre; aromatizar. vpr **2** Pôr perfume em si mesmo.

per.fu.ma.ri.a (perfume+aria) sf **1** Fábrica de perfumes. **2** Loja onde se vendem perfumes. **3** Conjunto de perfumes.

per.fu.me (de perfumar) sm **1** Cheiro agradável que exalam certos corpos, especialmente as flores; aroma. **2** Líquido preparado com essências aromáticas.

per.fu.mis.ta (perfume+ista) s m+f Pessoa que fabrica ou vende perfumes.

per.fu.ra.do.ra (perfurar+dor, no fem) sf Máquina que serve para perfurar papéis, cartões etc.

per.fu.rar (per+furo+ar¹) vtd Fazer furo ou furos em.

per.ga.mi.nho (gr pergamenós) sm Pele de carneiro, ovelha ou cordeiro na qual, depois de preparada, se pode escrever coisas que se quer conservar por muito tempo.

per.gun.ta (de perguntar) sf Palavra ou frase com que se interroga; interrogação.

per.gun.tar (lat percontari) vtd e vtdi **1** Fazer perguntas a; inquirir, interrogar. vint **2** Fazer perguntas. vtd e vtdi **3** Procurar saber; indagar, investigar. vti e vtdi **4** Pedir esclarecimentos a respeito de alguém ou de alguma coisa. vpr **5** Indagar a si próprio.

pe.ri.an.to (peri+anto) sm Bot Invólucro exterior da flor.

pe.ri.cár.dio (gr perikárdion) sm Anat Membrana serosa que envolve o coração.

pe.ri.car.po (lat pericarpu) sm Bot O fruto em si (com exclusão das sementes); a parede de um fruto.

pe.rí.cia (lat peritia) sf **1** Destreza, habilidade, competência: *Mostrou muita perícia*

pe.ri.cli.tan.te (de *periclitar*) *adj m+f* Que corre perigo; pouco seguro.

pe.ri.cu.lo.si.da.de (*lat periculosu+i+dade*) *sf* 1 Qualidade ou estado de ser perigoso. 2 *Dir* Condição daquele ou daquilo que constitui perigo perante a lei.

pe.ri.fe.ri.a (*gr periphéreia*) *sf* 1 *Geom* Contorno de uma figura curvilínea. 2 Numa cidade, os bairros mais afastados do centro; subúrbio.

pe.ri.fé.ri.co (*periferia+ico²*) *adj+sm* 1 Relativo à periferia. 2 Situado na periferia.

pe.rí.fra.se (*gr períphrasis*) *sf* 1 Emprego de muitas palavras para exprimir o que se poderia dizer mais resumidamente; rodeio de palavras. 2 *Gram* Emprego de locuções em vez das formas simples correspondentes.

pe.ri.gar (*perigo+ar¹*) *vint* Correr perigo; estar em perigo; periclitar.

pe.ri.geu (*gr perígeion*) *sm Astr* Ponto da órbita de um planeta, da Lua ou de um satélite artificial em que a distância com a Terra é mínima. *Antôn: apogeu.*

pe.ri.go (*lat periculu*) *sm* Situação que ameaça a existência ou integridade de uma pessoa ou coisa; risco, inconveniente.

pe.ri.go.so (ô) (*lat periculosu*) *adj* 1 Em que há perigo; arriscado. 2 Que causa ou ameaça perigo. *Pl:* perigosos (ó).

pe.rí.me.tro (*gr perímetron*) *sm* 1 *Geom* Contorno que limita uma figura plana. 2 Soma dos lados de um polígono. 3 Circunferência. 4 Linha que delimita uma área ou região.

pe.rí.neo (*gr períneos*) *sm Anat* Região situada entre o ânus e os órgãos sexuais externos.

pe.ri.o.di.ci.da.de (*periódico+i+dade*) *sf* Qualidade de periódico.

pe.ri.ó.di.co (*gr periodikós*) *adj* 1 Pertencente ou relativo a período. 2 Que acontece ou aparece com intervalos regulares. 3 Diz-se da obra ou publicação que sai em época fixa. • *sm* Jornal que aparece em intervalos iguais.

pe.rí.o.do (*gr períodos*) *sm* 1 Tempo decorrido entre dois acontecimentos ou duas datas. 2 *Geol* Divisão de cada uma das eras. 3 Época; ciclo. 4 *Gram* Frase composta de uma ou mais orações cuja reunião forma um sentido completo.

pe.ri.pé.cia (*gr peripéteia*) *sf* 1 Acontecimento num poema, numa peça teatral etc., que muda a face das coisas. 2 Incidente, aventura.

pe.ri.qui.to (*cast periquito*, *dim* de *perico*) *sm Ornit* Ave colorida semelhante ao papagaio, porém menor.

pe.ris.có.pio (*peri+scopo+io²*) *sm* Instrumento óptico, usado principalmente nos submarinos, que permite observar em todas as direções por cima de obstáculos.

pe.ris.so.dá.ti.los (*gr períssos+dátilo*) *sm pl Zool* Ordem de mamíferos, geralmente de grande tamanho, cujas patas apresentam número ímpar de dedos, como os cavalos, as zebras, os rinocerontes e as antas.

pe.ri.ta.gem (*perito+agem*) *sf* Exame ou vistoria feita por peritos.

pe.ri.to (*lat peritu*) *adj* 1 Que tem perícia. 2 Experiente, hábil, prático, versado: *Ele é perito para falar em público.* • *sm* 1 Que é especialista em determinados assuntos: *Meu tio é perito em Astrologia.* 2 Aquele que é judicialmente nomeado para uma avaliação, exame ou vistoria: *A polícia enviou um perito para examinar o acidente.*

pe.ri.tô.nio (*gr peritónaion*) *sm Anat* Membrana serosa que reveste as paredes do abdome.

pe.ri.to.ni.te (*peritônio+ite¹*) *sf Med* Inflamação do peritônio.

per.ju.rar (*lat perjurare*) *vtd* 1 Abjurar. *vti* e *vint* 2 Jurar falso. *vint* 3 Quebrar o juramento, faltar à promessa; atraiçoar.

per.jú.rio (*lat perjuriu*) *sm* 1 Juramento falso. 2 Quebra de juramento.

per.ju.ro (*lat perjuru*) *adj+sm* Que ou aquele que perjura: *"Chamou-lhes idólatras, perjuros que desobedecem ao Céu."* (MAL); *"Sob pena de qualificar-se como um perjuro."* (FSP).

per.ma.ne.cer (*lat vulg *permanescere*, *inc* de *permanere*) *vlig* 1 Continuar sendo; conservar-se; viver. *vti* e *vint* 2 Ficar demoradamente; conservar-se, durar, existir. *vint* e *vti* 3 Persistir; perdurar.

per.ma.nên.cia (*permanente+ia²*) *sf* **1** Ato de permanecer. **2** Estado ou qualidade de permanente. **3** Constância, perseverança.

per.ma.nen.te (*lat permanente*) *adj m+f* **1** Constante, duradouro. **2** Definitivo, efetivo. **3** Diz-se dos dentes da segunda dentição. *Antôn* (acepções 1 e 2): *provisório*. • *sf* Ondulação artificial duradoura do cabelo.

per.me.a.bi.li.zar (*permeável+izar*) *vtd* e *vpr* Tornar(-se) permeável.

per.me.ar (*lat permeare*) *vtd* **1** Fazer passar pelo meio. *vti* **2** Entremear. *vtd* **3** Atravessar, furar, penetrar. *vpr* **4** Alternar-se, intercalar-se, interpor-se. Conjuga-se como *frear*.

per.me.á.vel (*permear+vel*) *adj m+f* Que se pode permear, transpassar. *Antôn: impermeável.*

per.mei.o (*per+meio*) *adv* No meio. *De permeio:* no meio de, entre.

per.mis.são (*lat permissione*) *sf* Consentimento, autorização. *Antôn: proibição.*

per.mis.si.vo (*lat permissu+ivo*) *adj* **1** Que dá permissão. **2** Indulgente, tolerante.

per.mi.tir (*lat permittere*) *vtd* e *vtdi* **1** Dar permissão ou licença para; consentir. *vtd* e *vtdi* **2** Autorizar a fazer uso de. *vtd* **3** Admitir, tolerar. *vtd* **4** Tornar possível. *vpr* **5** Tomar a liberdade de.

per.mu.ta (de *permutar*) *sf* Troca de uma coisa por outra; substituição; câmbio.

per.mu.tar (*lat permutare*) *vtd* **1** Trocar em transação comercial. *vtd* e *vti* **2** Dar mutuamente; mudar; trocar.

per.mu.tá.vel (*lat permutabile*) *adj m+f* Que se pode trocar; que pode ser objeto de permuta.

per.na (*lat perna*) *sf* **1** *Anat* Cada um dos membros locomotores do homem e dos animais. **2** Qualquer haste ou prolongamento de coisa que se bifurca (*p ex*, compasso). **3** Haste das letras maiúsculas. **4** Cada uma das peças que servem de apoio aos móveis. *Passar a perna em, coloq:* enganar. *Perna de pau, pop:* jogador de futebol pouco habilidoso, sem muitos recursos técnicos; perneta.

per.na.da (*perna+ada¹*) *sf* **1** Passada larga. **2** Caminhada longa. **3** *pop* Pancada com a perna.

per.na de pau Ver definição em *perna*.

per.nal.tas (*perna+alta*) *sm pl Ornit* Aves que possuem pernas longas e sem penugem na parte inferior.

per.nam.bu.ca.no (*top Pernambuco+ano*) *adj* Pertencente ou relativo ao Estado de Pernambuco. • *sm* O natural desse Estado.

per.nei.ras (*perna+eira*) *sf pl* Peças de couro destinadas a proteger as pernas entre o joelho e o pé.

per.ne.ta (*ê*) (*perna+eta*) *s m+f* **1** Pessoa a quem falta uma perna. *sm* **2** *pop* No futebol, jogador ruim; perna de pau.

per.ni.ci.o.so (*ó*) (*lat perniciosu*) *adj* Nocivo, perigoso, prejudicial: "*Escorraçado da mais alta sociedade como elemento pernicioso e indesejável.*" (AL) *Antôn: salutar, benéfico. Pl: perniciosos (ó).*

per.nil (*perna+il*) *sm* Parte da perna traseira do porco e de outros animais.

per.ni.lon.go (*perni+longo*) *sm Entom* Mosquito sugador de sangue, que tem pernas compridas.

per.noi.tar (*lat pernoctare*) *vint* Ficar durante a noite; passar a noite; dormir.

per.noi.te (de *pernoitar*) *sm* Ato ou efeito de pernoitar.

per.nós.ti.co (de *pronóstico*) *adj+sm* **1** Que ou aquele que emprega palavras difíceis, cujo significado desconhece. **2** *pop* Que ou aquele que é petulante, pretensioso.

pe.ro.ba (*ó*) (*tupi yperóua*) *sf Bot* Nome de várias árvores cuja madeira serve para construção.

pé.ro.la (*lat vulg *pernula*) *sf* Glóbulo duro, branco, brilhante, que se forma no interior das conchas de alguns moluscos, usado como joia.

pe.rô.nio (*gr peróne*) *desus Anat V fíbula*. *Var: perôneo.*

pe.ro.ra.ção (*lat peroratione*) *sf* **1** Parte final de um discurso. **2** Discurso breve e sentimental.

pe.ró.xi.do (*cs*) (*per+óxido*) *sm Quím* Designação genérica dos óxidos que encerram mais oxigênio do que o óxido normal.

per.pen.di.cu.lar (*lat perpendiculare*) *adj m+f Geom* Diz-se da reta que forma ângulos adjacentes iguais com outra ou com as que, pertencendo a um mesmo plano, passam pelo ponto em que ela intercepta esse plano. • *sf* Linha perpendicular.

per.pe.trar (*lat perpetrare*) *vtd* Cometer, praticar (ato condenável, crime, delito).

per.pé.tua (*fem de perpétuo*) *sf Bot* **1** Nome de várias plantas compostas. **2** As flores dessas plantas.

per.pe.tu.ar (*lat perpetuare*) *vtd* **1** Propagar, multiplicar: *"Temos necessidade de perpetuar a espécie."* (AL) *vpr* **2** Ficar para sempre; eternizar-se: *"Nuzman se perpetuou no cargo."* (FSP) *vpr* **3** Transmitir-se de geração a geração: *"A vida se perpetua com regularidade."* (NB) *vpr* **4** Suceder-se (uma geração, uma raça).

per.ple.xi.da.de (*cs*) (*lat perplexitate*) *sf* **1** Qualidade de perplexo. **2** Hesitação de quem não sabe que partido tomar; indecisão; dúvida.

per.ple.xo (*cs*) (*lat perplexu*) *adj* **1** Desorientado, indeciso, hesitante. **2** Espantado, admirado, atônito.

per.sa (*lat persa*) *adj m+f* Relativo ou pertencente à Pérsia (hoje Irã). *Var: persiano.* • *s m+f* **1** Habitante ou natural da Pérsia. *sm* **2** A língua dos persas.

pers.cru.tar (*lat perscrutare*) *vtd* Averiguar minuciosamente; sondar; estudar.

per.se.gui.ção (*perseguir+ção*) *sf* **1** Ato ou efeito de perseguir. **2** Intolerância, tratamento injusto contra alguma pessoa ou grupo social.

per.se.guir (*lat persequi*) *vtd* **1** Seguir de perto, correr no encalço de. **2** Aborrecer, incomodar, importunar. **3** Vexar com insistência; atormentar. **4** Castigar, condenar, punir. Conjuga-se como *seguir*.

per.se.ve.ran.ça (*lat perseverantia*) *sf* Constância, firmeza, persistência.

per.se.ve.ran.te (*lat perseverante*) *adj m+f* Que persevera; constante, firme, persistente: *"Ordem jurídica perseverante no propósito de manter o império da Lei."* (D)

per.se.ve.rar (*lat perseverare*) *vti* **1** Conservar-se firme, constante: *"Perseverar no propósito de apurar o fato criminoso."* (AGO) *vint* **2** Ter perseverança; não mudar de intenção ou orientação; persistir: *"Deus só ajuda realmente aos que perseveram com paciência."* (G) *vint* **3** Continuar, durar.

per.si.a.na (*fr persienne*) *sf* Cortina de lâminas móveis com que se cobrem as janelas ou sacadas.

per.sig.nar (*lat persignare*) *vpr Rel* Benzer-se fazendo o sinal da cruz: *Persignou-se diante da igreja.*

per.sis.tên.cia (*persistente+ia²*) *sf* **1** Constância, firmeza, perseverança. **2** Qualidade de persistente.

per.sis.ten.te (*lat persistente*) *adj m+f* **1** Persistência; perseverante. **2** Obstinado, teimoso.

per.sis.tir (*lat persistere*) *vti* e *vint* **1** Insistir, perseverar. *vint* **2** Continuar, conservar-se. *vint* **3** Durar, perdurar, existir. *vlig* **4** Permanecer, continuar.

per.so.na.gem (*fr personnage*) *s m+f* **1** Pessoa ilustre, importante, notável: *Tornou-se uma personagem do mundo político.* **2** Cada um dos figurantes de uma peça teatral, filme ou novela: *Cada ator ensaiou a sua personagem.* **3** *por ext* Pessoa que figura em narração literária, poema ou acontecimento: *Sherlock Holmes é a personagem mais importante criada por Conan Doyle.*

per.so.na.li.da.de (*baixo-lat personalitate*) *sf* **1** Caráter essencial e exclusivo de uma pessoa. **2** Pessoa ilustre, importante, muito conhecida. **3** *Psicol* Organização integrada e dinâmica dos atributos físicos, mentais e morais do indivíduo.

per.so.na.li.za.ção (*personalizar+ção*) *sf* Ato ou efeito de personalizar; personificação.

per.so.na.li.zar (*lat personale+izar*) *vtd* **1** Personificar. **2** Tornar pessoal; dar caráter pessoal a: *Atendimento personalizado.*

per.so.ni.fi.ca.ção (*personificar+ção*) *sf* **1** Ato ou efeito de personificar. **2** Pessoa que representa uma ideia. **3** Tipo perfeito.

per.so.ni.fi.car (*lat persona+ficar*) *vtd* **1** Atribuir dotes e qualidades pessoais a (deuses, animais, objetos); personalizar. **2** Realizar ou representar, simbolicamente, na figura de uma pessoa. **3** Ser a personificação, o modelo, o tipo de.

pers.pec.ti.va (*lat perspectiva*) *sf* **1** Arte de figurar, no desenho ou pintura, as diversas distâncias e proporções que têm entre si os objetos vistos a distância. **2** Pintura que representa jardins ou edificações a distância. **3** *fig* Panorama; vista. **4** Probabilidade, expectativa.

pers.pi.cá.cia (*lat perspicacia*) *sf* Agudeza de espírito, sagacidade; argúcia.

pers.pi.caz (*lat perspicace*) *adj m+f* **1** Que tem agudeza e penetração de vista. **2** *fig* Que tem agudeza de espírito; sagaz, talentoso: *"Tudo depende de o investigador ser perspicaz, inteligente e perseverante."* (HP) *Sup abs sint:* perspicacíssimo.

per.su.a.dir (*lat persuadere*) *vint* **1** Levar à convicção; convencer. *vtd* e *vtdi* **2** Levar ou induzir a fazer, a aceitar ou a crer. *vpr* **3** Acreditar, convencer-se. *Antôn:* dissuadir.

per.su.a.são (*lat persuasione*) *sf* **1** Ato ou efeito de persuadir. **2** Convicção, crença.

per.su.a.si.vo (*lat persuasu*) *adj* Que persuade; que tem força ou habilidade para persuadir.

per.ten.cen.te (de *pertencer*) *adj m+f* **1** Que pertence a alguém ou a alguma coisa; que faz parte de. **2** Que diz respeito a alguma coisa; concernente, relativo.

per.ten.cer (*lat hispânico *pertinescere, inc* de *pertinere*) *vti* **1** Ser propriedade de. **2** Fazer parte de. **3** Dizer respeito. **4** Ser da competência ou obrigação de. **5** Ser devido ou merecido; caber.

per.ten.ces (de *pentencer*) *sm pl* **1** Bens de alguém: *O ladrão entrou na casa e levou todos os pertences.* **2** Objetos de uso pessoal: *Guardou na bolsa todos os seus pertences.*

per.ti.nên.cia (*lat pertinentia*) *sf* Condição ou qualidade de pertinente.

per.ti.nen.te (*lat pertinente*) *adj m+f* **1** Pertencente, concernente. **2** Próprio, oportuno.

per.to (*lat hispânico *prettu,* por *pressu*) *adv* **1** A pequena distância; junto, próximo. **2** Num futuro próximo; em breve. • *adj m+f* Que está a pequena distância; próximo, vizinho.

per.tur.ba.ção (*lat perturbatione*) *sf* **1** Confusão, desordem. **2** Desarranjo, irregularidade. **3** Perplexidade, hesitação.

per.tur.ba.do (*part* de *perturbar*) *adj* **1** Que se perturbou. **2** Alucinado, transtornado.

per.tur.bar (*lat perturbare*) *vtd* **1** Aborrecer, importunar. *vtd* **2** Causar abalo no espírito; desassossegar. *vpr* **3** Perder a serenidade de espírito. *vpr* **4** Atarantar-se, atrapalhar-se. *vtd* e *vpr* **5** Confundir(-se), envergonhar(-se).

pe.ru (*top Peru*) *sm* **1** *Ornit* Grande ave galinácea, doméstica, cuja carne é muito apreciada. **2** *vulg* O pênis.

pe.ru.a (de *peru*) *sf* **1** Fêmea do peru. **2** *pop* Certo tipo de veículo. **3** *gír* Mulher que se veste e se maquia de maneira exagerada, usando muitas joias e penteados extravagantes.

pe.ru.a.no (*top Peru+ano*) *adj* Relativo ou pertencente ao Peru. • *sm* Habitante ou natural do Peru (América do Sul).

pe.ru.ca (*fr perruque*) *sf* Cabeleira postiça.

pe.ru.ei.ro (*peru+eiro*) *sm pop* Indivíduo que faz transporte em perua (acepção 2).

per.ver.são (*lat perversione*) *sf* **1** Ato ou efeito de perverter(-se). **2** Corrupção, depravação.

per.ver.si.da.de (*lat perversitate*) *sf* **1** Índole má ou ferina; malvadeza. **2** Ação perversa. **3** Corrupção, depravação.

per.ver.so (*lat perversu*) *adj+sm* Que ou quem tem má índole; malvado, traiçoeiro.

per.ver.ter (*lat pervertere*) *vtd* e *vpr* **1** Tornar(-se) perverso ou mau; corromper (-se); desmoralizar(-se): *"Conhecer a vida não perverte ninguém."*; *"Muitos jovens se pervertem."* (I) *vtd* **2** Alterar, desarranjar, transtornar: *"A mestiçagem perverteu esse sentimento de lealdade."* (VB)

per.ver.ti.do (*part* de *perverter*) *adj* Corrupto, depravado, desmoralizado. • *sm* Pessoa pervertida, especialmente a que se entrega a atos sexuais inaturais.

pe.sa.de.lo (*ê*) (de *pesado*) *sm* Sonho aflitivo com sensação opressiva; sonho mau.

pe.sa.do (*part* de *pesar*) *adj* **1** Que tem muito peso. **2** Que não tem vivacidade ou elegância. **3** Difícil, trabalhoso, árduo.

pe.sa.gem (*pesar+agem*) *sf* Ação ou efeito de pesar.

pê.sa.mes (da expressão *pesa-me*) *sm pl* Expressão de pesar pelo falecimento de alguém ou por algum infortúnio; condolências.

pe.sar (*lat pensare*) *vtd* **1** Determinar o peso de; pôr na balança para verificar o peso. *vint* 2 Ter certo peso. *vti e vint* 3 Exercer pressão, fazer peso. *vpr* 4 Pôr-se na balança, para verificar o próprio peso. *vti* 5 Fazer carga; recair. *vti* 6 Causar incômodo semelhante ao peso. *vint* 7 Causar incômodo. *vtd* 8 Examinar atentamente; ponderar. • *sm* Desgosto, tristeza.

pe.sa.ro.so (ô) (*pesar+oso*) *adj* 1 Que tem pesar. 2 Em que há pesar. 3 Aflito. 4 Arrependido. *Pl: pesarosos* (ó).

pes.ca (de *pescar*) *sf* 1 Ação ou arte de pescar; pescaria. 2 Aquilo que se pescou. 3 Arte e indústria de pescadores.

pes.ca.da (*part fem de pescar*) *sf* Peixe de carne branca muito saborosa.

pes.ca.dor (*lat piscatore*) *adj* 1 Que pesca. 2 Relativo à pesca. • *sm* 1 Aquele que pesca. 2 Aquele que vive de pescar.

pes.car (*lat piscari*) *vtd* 1 Apanhar na água (peixe) com anzol etc. *vint* 2 Ocupar-se de pesca. *vtd* 3 Colher na água, como se apanha o peixe. *vtd* 4 *fig pop* Compreender, entender, perceber. *vint* 5 *pop* Cochilar, sentado, erguendo de vez em quando subitamente a cabeça, curvada pelo sono.

pes.ca.ri.a (*pescar+ia¹*) *sf* 1 Arte de pescar. 2 Indústria da pesca. 3 Grande quantidade de peixe.

pes.co.ção (*pescoço+ão²*) *sm pop* Pancada no pescoço, geralmente dada com a mão aberta.

pes.co.ço (ô) (*lat post cocceui*) *sm* Parte do corpo que une a cabeça ao tronco.

pe.se.ta (ê) (*cast peseta*) *sf* Antiga unidade monetária da Espanha.

pe.so (ê) (*lat pensu*) *sm* 1 *Fís* Resultado da ação da força da gravidade sobre um corpo. 2 Pressão exercida por um corpo sobre o obstáculo que se opõe à sua queda. 3 Pedaço de ferro ou outro metal, empregado como padrão nas balanças. 4 *fig* Carga, incômodo, opressão. 5 Influência, prestígio. 6 Encargo, ônus. 7 Unidade monetária de várias nações hispano-americanas. 8 Categoria de certos esportistas, como lutadores de boxe e halterofilistas. 9 *Esp* Esfera metálica de arremesso.

pes.pon.tar (*pos+ponto+ar²*) *vtd* Dar pesponto em.

pes.pon.to (de *pespontar*) *sm* Ponto de costura, à mão ou à máquina; ponto-atrás (tipo de bordado).

pes.quei.ro (*pesca+eiro*) *sm* 1 Lugar onde se pesca. 2 Barco de pesca. • *adj* 1 Próprio para pescar. 2 Que se refere à pesca.

pes.qui.sa (*cast pesquisa*) *sf* Busca, indagação, investigação, geralmente de cunho científico.

pes.qui.sar (*pesquisa+ar¹*) *vtd* 1 Buscar, indagar, investigar. *vint* 2 Fazer pesquisas.

pês.se.go (*lat persicu*) *sm* Fruto amarelado de casca aveludada.

pes.se.guei.ro (*pêssego+eiro*) *sm Bot* Árvore rosácea cujo fruto é o pêssego.

pes.si.mis.mo (*péssimo+ismo*) *sm* Tendência para ver e julgar as coisas pelo lado mais negativo.

pes.si.mis.ta (*péssimo+ista*) *adj m+f* Que tem pessimismo.

pés.si.mo (*lat pessimu*) *adj* Superlativo absoluto sintético irregular de *mau*.

Péssimo, ótimo etc., por já serem superlativos, não são passíveis de grau.
*Fernando é **péssimo** aluno* (e não "muito péssimo aluno").

pes.so.a (*lat persona*) *sf* 1 Criatura humana. 2 Individualidade. 3 *Gram* Flexão verbal que indica as relações entre os falantes.

pes.so.al (*pessoa+al¹*) *adj m+f* 1 Que é próprio e particular de cada pessoa; peculiar. 2 Exclusivo de certa pessoa; individual. 3 *Gram* Diz-se dos pronomes que representam as pessoas gramaticais: *eu, tu, ele, nós, vós, eles*. *Sup abs sint*: pessoalíssimo e personalíssimo. • *sm* 1 Conjunto das pessoas que trabalham num serviço ou num estabelecimento. 2 Conjunto de indivíduos reunidos por qualquer motivo.

Os vocábulos **pessoal** e **turma** são coletivos, portanto pedem o verbo no singular.
***O pessoal foi** embora depois do jantar.
A turma chegou exausta da jornada.*

pes.ta.na (*cast pestaña*) *sf* 1 Cílio. 2 *pop* Sono rápido.

pes.ta.ne.jar (*pespana+e+ar¹*) *vint* 1 Mover as pestanas; abrir e fechar os olhos. 2 Mover as pálpebras com sono. Conjuga-se como *solfejar*.

pes.te (*lat peste*) *sf* 1 *Med* Doença contagiosa; epidemia. 2 *fig* Pessoa má ou rabugenta.

pes.ti.ci.da (*peste+cida*) *adj+sm* Termo impróprio para designar *praguicida*.

pes.ti.lên.cia (*lat pestilentia*) *sf* **1** Peste: *"Lá a autoridade, em vista da pestilência do padecente, estipulou que defunto não viajava em trem de gente viva."* (CL) **2** Epidemia: *"Um mundo subitamente rico de ambição, guerra, pestilência, morte."* (SS)

pé.ta.la (*gr pétalon*) *sf Bot* Cada uma das partes distintas da corola.

pe.tar.do (*fr pétard*) *sm* **1** Engenho explosivo, portátil. **2** Pequena peça de artifício que rebenta com estrondo. **3** Bomba. **4** *Esp* No futebol, chute violento.

pe.te.ca (*tupi petéka*) *sf* Brinquedo feito de couro, de palha de milho ou de matéria plástica e penas, que se joga ao ar com a palma das mãos.

pe.te.le.co *sm* **1** *pop* Pancada com a ponta dos dedos, dada em geral nas orelhas. **2** Pancada leve.

pe.ti.ção (*lat petitione*) *sf* **1** Ato de pedir. **2** Pedido por escrito; requerimento.

pe.tis.car (*petisco+ar¹*) *vtd e vint* **1** Comer um pouco, para provar. **2** Comer pouco ou aos poucos; beliscar.

pe.tis.co *sm* Comida muito saborosa.

pe.tiz (*fr petit*) *adj m+f pop* Pequeno. • *sm* Menino, criança pequena; garoto. *Fem: petiza.*

pe.ti.za.da (*petiz+ada¹*) *sf pop* **1** Reunião de petizes. **2** Os petizes.

pe.tre.chos (*ê*) (*cast pertrechos*) *sm pl* **1** Instrumentos, munições e utensílios de guerra. **2** Objetos e utensílios necessários para a execução de qualquer coisa: *Petrechos de pesca.* **3** Tralha. *Var: apetrechos.*

pe.tri.fi.ca.ção (*petrificar+ção*) *sf* **1** Ato ou efeito de petrificar. **2** Mudança ou transformação de uma substância em pedra; fossilização.

pe.tri.fi.car (*petri+ficar*) *vtd e vpr* **1** Transformar(-se) em pedra. *vtd e vpr* **2** Tornar(-se) imóvel como a pedra, de surpresa, pavor, susto etc. *vtd* **3** *fig* Tornar(-se) insensível.

pe.tro.dó.lar (*petró(leo)+dólar*) *sm* Dólar proveniente da venda de petróleo, aplicado no mercado financeiro.

pe.tro.gra.fi.a (*petro+grafo+ia¹*) *sf Geol* **1** Estudo das pedras e da crosta da Terra. **2** Estudo microscópico das rochas.

pe.tro.lei.ro (*petróleo+eiro*) *adj* Relativo a petróleo e seus derivados. • *sm* **1** Navio que transporta petróleo. **2** Trabalhador em refinaria de petróleo.

pe.tró.leo (*lat cient petroleu*) *sm* Óleo mineral, mistura de hidrocarbonetos, de coloração escura, que se encontra na terra. Usado na fabricação de gasolina, combustíveis, lubrificantes, parafina, querosene, solventes, tintas etc.

pe.tro.quí.mi.ca (*petróleo+química*) *sf* Ciência, técnica ou indústria dos produtos químicos derivados do petróleo.

pe.tu.lân.cia (*lat petulantia*) *sf* Qualidade de petulante; imodéstia, ousadia.

pe.tu.lan.te (*lat petulante*) *adj m+f* **1** Imodesto, ousado. **2** Desavergonhado, insolente. **3** Impetuoso, vivo.

pe.tú.nia (*lat científico Petunia*) *sf Bot* Planta cujas flores são cultivadas como ornamentais.

pez (*ê*) (*lat pice*) *sm* Piche; betume.

pe.za.da (*pé+z+ada¹*) *sf* Pancada forte com o pé.

pH (sigla do *al Potenz+Hydrogen*) Símbolo que indica alcalinidade ou acidez de uma solução.

pi (*gr pí*) *sm* Décima sexta letra do alfabeto grego, correspondente ao *P* português.

pi.a (*lat pila*) *sf* Bacia de louça, aço inoxidável ou plástico, em geral de forma retangular, fixada junto à parede da cozinha, destinada a lavar pratos, talheres etc., ou, em outras dependências, para lavar as mãos e o rosto.

pi.a.ba (*tupi piáua*) *sf Ictiol* Nome comum a vários peixes caracídeos de água doce. *Var: piava.*

pi.a.ça.ba (*tupi pyasáua*) *sf* **1** *Bot* Fibra de duas palmeiras, de que se fazem vassouras, cordas etc. **2** *Bot* Essas palmeiras. **3** Vassoura feita dessa fibra. *Var: piaçava.*

pi.a.da (*part fem de piar*) *sf pop* Dito engraçado e picante; anedota.

pi.a.dis.ta (*piada+ista*) *adj e s m+f pop* Que ou quem tem o hábito de contar piadas.

pi.a.nis.ta (*piano*+*ista*) s m+f Pessoa que toca piano.

pi.a.no (*ital piano*) sm *Mús* Instrumento composto de uma grande caixa sonora, com um sistema especial de cordas e teclado.

pi.a.no.la (de *piano*) sf *Mús* Piano mecânico.

pi.ão (*corr* de *peão*) sm Brinquedo em forma de pera, com uma ponta geralmente de ferro na parte afilada e que se lança e se faz girar por meio de um cordão enrolado nele. *Cf* peão.

pi.ar (*voc onom*) vint **1** Dar pios (ave). **2** *gír* Falar. *Conjug:* na acepção 1, conjuga-se somente nas 3ªs pessoas.

pi.au.i.en.se (*top Piauí*+*ense*) adj m+f Relativo ao Estado do Piauí. • s m+f Habitante ou natural desse Estado.

PIB Sigla de *Produto Interno Bruto*.

pi.ca.da (*picar*+*ada*¹) sf **1** Ferida feita com objeto pontiagudo. **2** Mordedura de cobra ou perfuração que certos insetos fazem. **3** Passagem, estreita ou larga, aberta no mato.

pi.ca.dei.ro (*picar*+*deiro*) sm **1** Lugar onde se fazem exercícios de equitação e se adestram cavalos. **2** O local, no circo, onde os artistas exibem seus números; arena.

pi.ca.di.nho (*picado*+*inho*) sm *Cul* Guisado de carne em pedacinhos ou moída.

pi.ca.du.ra (*picar*+*dura*) sf Picada.

pi.ca.nha (*cast ant picaña*) sf Carne da parte posterior da anca do boi, muito usada para churrasco.

pi.can.te (de *picar*) adj m+f **1** Que pica. **2** Apimentado ou com forte sabor ácido. **3** *pop* Malicioso, mordaz.

pi.ca-pau sm *Ornit* Nome vulgar das aves trepadoras da família dos picídeos. *Pl*: *pica-paus*.

pi.ca.pe (*ingl pick-up*) sf *Autom* Veículo de carga, leve, semelhante a uma caminhonete, com boleia e carroceria aberta.

pi.car (*lat vulg* *piccare) vtd **1** Dar picadas em; furar. vpr **2** Ferir-se com objeto pontiagudo. vtd e vint **3** Morder (cobra ou inseto). vtd **4** Cortar em pedacinhos. vtd **5** Produzir ardor ou coceira em; pinicar.

pi.ca.re.ta (*ê*) (de *picar*) sf Ferramenta constituída de uma parte de ferro, de duas pontas, e um cabo de madeira, para escavar terra e arrancar pedras. • adj e s m+f *pop* Diz-se de ou pessoa aproveitadora, sem escrúpulos.

pi.ca.re.ta.gem (*picareta*+*agem*) sf *pop* Ação de pessoa picareta.

pi.ca.ro (*cast pícaro*) adj **1** Astuto, patife. **2** Burlesco, ridículo. **3** Esperto: "*Um sorriso pícaro.*" (INC)

pi.cha.ção (*pichar*+*ção*) sf Ato de pichar.

pi.cha.dor (*pichar*+*dor*) sm Aquele que picha.

pi.char (*piche*+*ar*¹) vtd **1** Aplicar piche em; pintar com piche. vint e vtd **2** Criticar, maldizer. vtd **3** Escrever em muros e paredes.

pi.che (*ingl pitch*) sm Massa preta viscosa, produto da destilação de alcatrão, que se usa na construção de estradas e na fabricação de materiais isolantes; pez.

pi.cí.deos (*lat pica*+*ídeos*) sm pl *Ornit* Família de aves de bico forte, reto, representadas no Brasil pelos pica-paus.

pi.cles (*ingl pickles*) sm pl *Cul* Mistura de legumes conservados em vinagre.

pi.co (de *picar*) sm **1** A parte superior aguda de um monte. **2** Ponta aguda; bico. **3** Espinho. **4** Ponto mais alto da incidência num serviço; pique.

pi.co.lé sm Sorvete solidificado na ponta de um pauzinho.

pi.co.ta.dor (*picotar*+*dor*) sm Instrumento para furar passagem ou ingresso.

pi.co.tar (*picote*+*ar*¹) vtd **1** Fazer picotes em. **2** Abrir, com uma máquina especial, uma série de furos em cheques, livros de notas etc., para se poder destacar as folhas pela linha desses furos.

pi.co.te (*cast picote*) sm **1** Ponto usado em rendas leves e finas. **2** Sequência de furos muito unidos, que, em folhas de papel, facilitam o seu corte manual.

pic.tó.ri.co (*lat pictore*+*ico*²) adj Relativo à pintura.

pi.cu.á (*tupi pikuá*) sm **1** Cesto, balaio, samburá. **2** Saco de duas bocas.

pi.cu.i.nha (de *pico*) sf **1** Os primeiros pios da ave. **2** Provocação, pirraça: *Ele gosta de fazer picuinha com os outros*.

pi.e.da.de (*lat pietate*) sf **1** Amor e respeito

às coisas religiosas; devoção. **2** Compaixão pelos sofrimentos alheios; pena, dó.
pi.e.do.so (ô) (*lat pietosu*) *adj* **1** Que revela ou tem piedade. **2** Compadecido. *Pl: piedosos* (ó). *Antôn: despiedoso.*
pi.e.gas *adj e s m+f sing+pl pop* Que ou quem é sentimental demais.
pi.e.gui.ce (*piegas+ice*) *sf* Excessiva sentimentalidade.
pí.er (*ingl pier*) *sm* Cais, embarcadouro. *Pl: píeres.*
piercing (*pêrsing*) (*ingl*) *sm* **1** Objeto perfurante utilizado para adornar o corpo (umbigo, seio, nariz, sobrancelha etc.). **2** O ato de colocar esse objeto.
pi.er.rô (*fr pierrot*) *sm* **1** Personagem sentimental da antiga comédia italiana. **2** Indivíduo vestido como essa personagem. *Fem: pierrete.*
pi.fa.do (*part de pifar*) *adj* **1** Quebrado, avariado. **2** *gír* Cansado, estressado.
pi.fão *sm pop* Bebedeira.
pi.far *vint pop* **1** Não produzir o efeito desejado; falhar. **2** Deixar de funcionar; quebrar ou sofrer avaria: *O motor do carro pifou.*
pí.fa.ro (*médio alto-al pifer*) *sm* Instrumento semelhante a uma flauta. *Var: pífano.*
pi.fe-pa.fe (*voc onom*) *sm* Jogo de cartas. *Pl: pife-pafes.*
pi.gar.re.ar (*pigarro+e+ar¹*) *vint* Ter pigarro; tossir com pigarro. Conjuga-se como *frear.*
pi.gar.ro *sm* **1** Embaraço na garganta, causado por mucosidades, fumo etc. **2** Som que a pessoa emite ao procurar livrar-se de muco na garganta.
pig.men.ta.ção (*pigmentar+ção*) *sf* **1** Formação do pigmento nas células, tecidos, órgãos ou organismos. **2** Coloração da pele ou de um tecido por um pigmento.
pig.men.to (*lat pigmentu*) *sm* **1** Substância que dá coloração às células, líquidos ou tecidos do organismo vegetal ou animal. **2** Substância usada para dar cor.
pig.meu (*gr pygmaîos*) *adj+sm* Que ou quem é de estatura muito pequena. *Fem: pigmeia. Antôn: gigante.*
pi.ja.ma (*hind pâejâmah*) *s m+f* Conjunto de casaco e calças folgadas, próprio para dormir.

pi.lan.tra (*de pelintra*) *sm pop* Pessoa de mau caráter, desonesta; pelintra.
pi.lan.tra.gem (*pilantra+agem*) *sf pop* Ação ou qualidade de pilantra.
pi.lão (*fr pilon*) *sm* Recipiente de madeira, com uma ou duas bocas, onde se descascam arroz, café, ou se tritura milho etc. por meio de um soquete de pau apropriado (mão de pilão).
pi.lar¹ (*cast pilar*) *sm Arquit* Coluna que sustenta uma construção. *Dim irreg: pilarete (ê).*
pi.lar² (*lat pilare*) *vtd* **1** Esmagar no pilão. **2** Descascar.
pi.las.tra (*ital pilastro*) *sf* Pilar de quatro faces, para sustentar e decorar um edifício.
pi.le.que *sm pop* Bebedeira: *Tomou um pileque no aniversário da namorada.*
pi.lha (*de pilhar*) *sf* **1** Porção de coisas dispostas umas sobre as outras. **2** *Fís Quím* Sistema que transforma energia química em energia elétrica. **3** *fig* Indivíduo irritado, nervoso: *Hoje ele está uma pilha.*
pi.lha.gem (*pilhar+agem*) *sf* **1** Roubo, saque. **2** Aquilo que se pilhou.
pi.lhar (*ital pigliare*) *vtd* **1** Agarrar, pegar. **2** Roubar à mão armada; saquear. **3** Encontrar, surpreender.
pi.lhé.ria (*de pilha*) *sf pop* Piada, graça.
pi.lhe.ri.ar (*pilhéria+ar¹*) *vti e vint* Dizer pilhérias. Conjuga-se como *premiar.*
pi.lo.ro (*gr pylorós*) *sm Anat* Orifício de comunicação do estômago com o duodeno.
pi.lo.si.da.de (*piloso+i+dade*) *sf* **1** Qualidade de piloso. **2** Revestimento epidérmico ou cuticular constituído por pelos finos.
pi.lo.so (ô) (*lat pilosu*) *adj* Revestido de pelos; peludo. *Pl: pilosos* (ó).
pi.lo.ta.gem (*pilotar+agem*) *sf* **1** Arte de pilotar: *"Omar era herdeiro de boa tradição de pilotagem do pai e do avô."* (CRU) **2** Profissão ou serviço de piloto. **3** Os pilotos.
pi.lo.tar (*piloto+ar¹*) *vtd* **1** Dirigir como piloto. **2** Guiar, dirigir (veículos).
pi.lo.to (ô) (*ital piloto*) *sm* **1** Aquele que regula, a bordo, a direção de um navio ou de uma aeronave. **2** *Esp* Aquele que dirige um carro nas provas automobilísticas. **3** *Rád, Telev* Programa que serve como

pí.lu.la (*lat pilula*) *sf* **1** Comprimido. **2** O medicamento de efeito anticoncepcional.

pi.men.ta (*lat pigmenta, pl* de *pigmentu*) *sf* **1** *Bot* Nome de várias plantas piperáceas e solanáceas; pimenteira. **2** *Bot* Fruto dessas plantas. **3** Pó que se obtém moendo esse fruto. **4** *pop* Pessoa geniosa. **5** *pop* Pessoa viva, ardente, irrequieta.

pi.men.ta-do-rei.no *sf Bot* **1** Planta piperácea. **2** Fruto dessa planta, seco e moído, usado como condimento. *Pl: pimentas-do-reino.*

pi.men.ta-ma.la.gue.ta *sf Bot* Espécie de pimenta muito ardida; malagueta. *Pl: pimentas-malaguetas* e *pimentas-malagueta.*

pi.men.tão (*pimenta+ão²*) *sm Bot* **1** Planta solanácea. **2** Fruto dessa planta, muito usado em culinária.

pi.men.tei.ra (*pimenta+eira*) *sf* **1** *Bot* Planta piperácea que produz a pimenta. **2** Recipiente em que se serve a pimenta.

pim.po.lho (ô) (*cast pimpollo*) *sm* Criança pequena.

pi.na.co.te.ca (*gr pinakothéke*) *sf* **1** Coleção de quadros de pintura. **2** Museu de pintura.

pi.ná.cu.lo (*lat pinnaculu*) *sm* **1** O ponto mais elevado de um edifício, de um monte etc.; cúpula. **2** O mais alto grau, auge; apogeu. **3** Cimo, cume.

pin.ça (*cast pinza*) *sf* **1** Instrumento formado por duas hastes, utilizado para segurar, separar ou arrancar. **2** Utensílio usado em operações cirúrgicas.

pin.çar (*pinça+ar¹*) *vtd* **1** Prender, segurar, apertar com pinça. **2** Tomar entre os dedos indicadores para tirar de lugar estreito. **3** *fig* Colher, selecionar com certa minúcia.

pin.cel (*fr ant pincel*) *sm* **1** Utensílio constituído de um tufo de pelos, preso a um cabo, para aplicar tintas, vernizes etc. **2** Utensílio para ensaboar o rosto a fim de barbear-se.

pin.ce.la.da (*pincelar+ada¹*) *sf* Traço ou toque de pincel.

pin.ce.lar (*pincel+ar¹*) *vtd* **1** Dar pinceladas em. **2** Pintar com pincel.

pin.ce.nê (*fr pince-nez*) *sm* Óculos sem haste, presos ao nariz por uma mola.

pin.char (*cast pinchar*) *vtd* e *vtdi* **1** Arremessar; empurrar; lançar; atirar com ímpeto. *vint* e *vpr* **2** Pular, saltar, atirar-se.

pin.da.í.ba (*tupi pindaýua*) *sf* **1** *Bot* Árvore anonácea dos lugares úmidos. **2** Corda feita de palha de coqueiro. **3** *fig* Falta de dinheiro: *Vivo numa pindaíba danada.*

pi.nel (*Pinel, np*) *s m+f gír* Pessoa meio maluca, adoidada.

pin.ga (de *pingar*) *sf pop* Cachaça.

pin.ga.do (*part* de *pingar*) *adj+sm* Diz-se do ou o café a que se adiciona um pouco de leite.

pin.gar (*lat vulg *pendicare*, de *pendere*) *vint* **1** Cair ou escorrer aos pingos; gotejar. *vint* **2** Chover brandamente; começar a chover. *vtd* **3** Deixar cair pingos; deitar pingos ou borrifos em.

pin.gen.te (*cast pinjante*) *sm* **1** Objeto que pende em forma de pingo. **2** Brinco de orelha. **3** *pop* Passageiro que vai pendurado em um veículo de transporte.

pin.go (*lat pingue*) *sm* **1** Gota de qualquer líquido. **2** *pop* Ínfima porção.

pin.gu.ço (*pinga+uço*) *adj+sm* Cachaceiro.

pin.gue.la (de *pingar*) *sf* Tronco ou viga atravessada sobre um rio para servir de ponte: *Atravessou o rio utilizando uma pinguela.*

pin.gue-pon.gue (*ingl ping-pong*) *sm* Modalidade de tênis de mesa. *Pl: pingue-pongues.*

pin.guim (*gwi*) (*fr pingouin*) *sm Ornit* Denominação dada às aves marinhas que vivem nas regiões geladas do hemisfério austral.

pi.nha (*lat pinea*) *sf* **1** Aglomeração das sementes do pinheiro. **2** Ata, fruta-do-conde.

pi.nhal (*pinha+al¹*) *sm* Mata de pinheiros; pinheiral.

pi.nhão (*pinha+ão²*) *sm* **1** Semente comestível de um tipo de pinheiro. **2** *Mec* Roda dentada do diferencial de automóveis.

pi.nhei.ral (*pinheiro+al¹*) *sm* Pinhal.

pi.nhei.ro (*pinho+eiro*) *sm Bot* Designação comum a numerosas espécies de árvores coníferas.

pi.nho (*lat pineu*) *sm* **1** Madeira do pinheiro. **2** *pop* Viola, violão.

pi.ni.cão (*pinicar+ão²*) *sm pop* Beliscão.

pi.ni.car (*pinico+ar¹*) *vtd* **1** *pop* Beliscar. *vtd* **2** Ferir com o bico. *vtd* **3** Produzir ardor ou coceira em; picar. *vint* **4** *pop* Ir-se embora; escapulir.

pi.no¹ (*lat pinu*) *sm* **1** O ponto mais alto do Sol em seu movimento aparente. **2** *fig* Ponto culminante, auge.

pi.no² (*ingl pin*) *sm* **1** *Odont* Haste metálica para fixar pivôs ou incrustações. **2** Haste metálica que firma duas ou mais peças. **3** *Eletr* Elemento macho, duplo ou triplo, que, introduzido na tomada de uma instalação elétrica, liga a corrente a uma extensão ou aparelho.

pi.noi.a (*ó*) *sf pop* Coisa ordinária, sem valor.

pi.no.te (de *pinotar*) *sm* **1** Salto que a cavalgadura dá. **2** Pulo, pirueta.

pin.ta (de *pintar*) *sf* **1** Pequena mancha. **2** *pop* Aparência, fisionomia, cara, rosto. **3** *gír* Sinal, indício, aspecto.

pin.ta-bra.va *s m+f* Pessoa que parece ser perigosa. *Pl:* pintas-bravas.

pin.ta.do (*part* de *pintar*) *adj* **1** Que se pintou; que levou tinta; colorido. **2** Representado pela pintura. **3** Cheio de pintas. • *sm Ictiol* Peixe fluvial, de cor pardo-clara com manchas escuras, de carne muito apreciada.

pin.tar (*lat vulg *pinctare*) *vtd* **1** Cobrir com tinta; dar cor a; colorir. *vtd* **2** Executar ou representar por meio da pintura. *vint* **3** Começar a colorir-se. *vtd* **4** Descrever. *vpr* **5** Aplicar pintura no rosto; maquiar-se. *vint* **6** *pop* Aparecer.

pin.tas.sil.go *sm Ornit* Pássaro canoro de cor verde e amarela.

pin.to (*von onom*) *sm* **1** Filhote de galinha. **2** *pop* O pênis.

pin.tor (*lat vulg *pinctore*, por *pictore*) *sm* **1** Indivíduo que sabe pintar ou exerce a arte da pintura. **2** Aquele que pinta.

pin.tu.ra (*lat vulg *pinctura*, por *pictura*) *sf* **1** Ramo da arte que, por meio de linhas e cores, representa sobre uma superfície as concepções do artista. **2** Obra executada por pintor; quadro. **3** Maquiagem.

pi.o (de *piar*) *sm* **1** Ação de piar. **2** Voz de algumas aves. • *adj* **1** Que revela piedade ou caridade. **2** Devoto, religioso. *Sup abs sint:* piíssimo e pientíssimo.

pi.o.lhen.to (*piolho+ento*) *adj+sm* Que ou aquele que tem piolhos.

pi.o.lho (*ô*) (*lat pediculu*) *sm* Inseto sem asas, sugador de sangue de vertebrados.

pi.o.nei.ris.mo (*pioneiro+ismo*) *sm* Caráter ou qualidade de pioneiro.

pi.o.nei.ro (*fr pionnier*) *adj+sm* **1** (Aquele) que abre ou descobre caminho através de uma região desconhecida. **2** Precursor; desbravador.

pi.or (*lat peiore*) *adj m+f* Comparativo irregular de *mau*: Foi pior do que eu pensava. • *sm* Aquilo que, sob determinado aspecto, é inferior a tudo o mais: *Aconteceu-lhe o pior.* • *adv* Comparativo irregular de *mal*: É pior não tentar do que errar praticando. Veja notas em **advérbio** e **mal**.

pi.o.ra (*der* regressiva de *piorar*) *sf* Ação ou efeito de piorar.

pi.o.rar (*lat peiorare*) *vtd* **1** Mudar para pior. *vint* **2** Tornar-se pior. *vint* **3** Agravar-se; passar a pior estado.

pi.or.rei.a (*gr pýon+reia*) *sf Med* **1** Corrimento que contém pus. **2** Afecção crônica dos alvéolos dentários, com enfraquecimento e queda dos dentes.

pi.pa (*lat vulg *pipa*) *sf* **1** Grande vasilha de madeira, bojuda, para vinho e outros líquidos. **2** Tipo de cachimbo. **3** *fig pop* Pessoa gorda e baixa. **4** Espécie de papagaio de papel.

pi.pe.rá.ceas (*piper+áceas*) *sf pl Bot* Família de plantas tropicais com folhagem aromática, à qual pertence a pimenta-do-reino.

pi.pi (*voc onom*) *sm inf* **1** Urina. **2** Órgão sexual do menino.

pi.pi.lar (*lat pipilare*) *vint* **1** Piar (a ave). **2** Produzir som semelhante à voz das aves. *Conjug*: conjuga-se, geralmente, apenas nas 3ᵃˢ pessoas. Só é conjugado integralmente quando em sentido figurado. • *sm* O pio das aves. *Var:* pipiar.

pi.po.ca (*tupi pipóka*) *sf* **1** Tipo miúdo de grão de milho que, levado ao fogo com óleo ou manteiga, rebenta, aumentando de volume. **2** *pop* Borbulhas.

pi.po.car (*pipoca+ar¹*) *vint* **1** Rebentar, estalar ou saltar como pipoca. **2** Ficar cheio de borbulhas (o corpo).

pi.po.quei.ra (*pipoca+eira*) *sf* Panela onde se faz pipoca.

pi.po.quei.ro (*pipoca+eiro*) *sm* Vendedor de pipocas.

pi.que[1] (de *picar*) *sm* **1** Ato de picar o tabaco nas fábricas de cigarros e charutos. **2** Pequeno corte. **3** Brincadeira infantil em que uma criança tem de pegar as outras, antes que estas cheguem a um ponto determinado (o pique). **4** *Esp* Em futebol, disparada rápida do jogador com a bola.

pi.que[2] (*ingl peak*) *sm* **1** O mais alto grau, o auge, o topo. **2** Grande disposição ou entusiasmo: *Se continuarem nesse pique, vocês terminarão logo o trabalho.*

pi.quê (*fr piqué*) *sm* Um tipo de tecido de algodão.

pi.que.ni.que (*ingl picnic*) *sm* Reunião no campo ou na praia, com lanche.

pi.que.te (*ê*) (*fr piquet*) *sm* **1** Conjunto de soldados a cavalo, encarregados de uma guarda de honra etc. **2** Grupo de pessoas que ficam na frente de fábricas, empresas etc. para impedir a entrada de outras, por ocasião de greve.

pi.ra (*gr pyrá*) *sf* **1** Fogueira em que os antigos incineravam cadáveres. **2** Vaso em que arde um fogo simbólico.

pi.ra.ção (*pirar+ção*) *sf gír* Loucura, maluquice.

pi.ra.ce.ma (*tupi piraséma*) *sf* **1** Migração anual dos peixes rio acima, na época da desova. **2** Época dessa migração.

pi.ra.do (*part* de *pirar*) *gír* Louco, maluco: "*Completamente pirado fiquei eu.*" (MAN)

pi.râ.mi.de (*gr pyramís, ídos*) *sf* **1** *Geom* Corpo de base poligonal e superfícies laterais triangulares, com um ponto comum chamado vértice. **2** Grande monumento dos antigos faraós egípcios.

pi.ra.nha (*tupi pirá ãia*) *sf* **1** *Ictiol* Nome de vários peixes fluviais, carnívoros, com dentes cortantes. **2** *gír* Mulher que, sem ser necessariamente prostituta, leva vida desregrada; pistoleira.

pi.rão (*tupi mydipirõ*) *sm* Qualquer alimento farináceo apresentado na forma de pasta grossa.

pi.rar *vint* e *vpr* **1** *pop* Fugir, safar-se. *vint* **2** *gír* Enlouquecer, endoidar.

pi.ra.ru.cu (*tupi pirá urukú*) *sm Ictiol* Grande peixe de água doce que habita os rios Amazonas, Tocantins e Araguaia, cuja língua óssea é utilizada pelos indígenas para ralar o guaraná.

pi.ra.ta (*gr peiratés*) *sm* Indivíduo que pratica a pirataria; ladrão do mar. • *gír* Obtido por meio da pirataria; que é falso.

pi.ra.ta.ri.a (*pirata+aria*) *sf* **1** *Dir* Assalto criminoso, no alto-mar ou na costa, praticado pela tripulação ou passageiros de um navio armado, de existência clandestina, contra outro navio, para se apoderar de sua carga, bens, equipagem ou passageiros. **2** *fig* Extorsão, roubo. **3** *gír* Ação ou efeito de piratear ou falsificar.

pi.ra.te.ar (*pirata+e+ar*[1]) *vint* **1** Exercer a pirataria. *vtd* **2** Roubar como os piratas. *vtd* **3** *gír* Contrabandear ou fabricar cópias ilegais de um determinado produto. Conjuga-se como *frear.*

pi.res (*malaio piring*) *sm sing+pl* Pratinho sobre o qual se coloca a xícara.

pi.rex (*cs*) (da marca comercial *Pyrex*) *sm* Designação comercial e industrial de um tipo de recipiente de uso doméstico.

pi.ri.lam.po (*gr pyrilámpes*) *sm Entom* Vaga-lume.

pi.ri.pa.que (*voc express*) *sm* V *chilique*.

pi.ro.ga (*cast piragua*) *sf* Embarcação comprida, estreita, feita de um tronco de árvore escavado ou de cascas de árvores, usada a remo ou a vela por indígenas.

pi.ro.ma.ni.a (*piro+mania*) *sf Med* Mania de incendiar.

pi.ro.ma.ní.a.co (*piro+maníaco*) *adj* Relativo à piromania: "*Era piromaníaco: gostava de iluminar os jardins de sua casa.*" (FSP) • *sm* Aquele que tem piromania; incendiário: "*Relacionou o filme ao atentado de um piromaníaco no metrô.*" (FSP)

pi.ros.fe.ra (*piro+esfera*) *sf Geol* Camada inferior da Terra onde se originam as lavas do vulcão.

pi.ro.tec.ni.a (*piro+tecno+ia*[1]) *sf* **1** Arte de empregar o fogo. **2** Arte de preparar fogos de artifício.

pi.ro.téc.ni.co (*piro+técnico*) *adj* Relativo à pirotecnia. • *sm* Fabricante de fogos de artifício.

pir.ra.ça sf **1** Coisa feita com a intenção de contrariar ou magoar alguém. **2** Desfeita.
pir.ra.cen.to (*pirraça+ento*) *adj+sm* Que ou aquele que gosta de fazer pirraças.
pir.ra.lho *sm* Criança, criançola.
pi.ru.á (tupi *piruá*) *sm* Grão de milho que não rebenta quando se faz pipoca.
pi.ru.e.ta (ê) (*cast pirueta*) *sf* **1** Giro sobre um dos pés. **2** Volta dada pelo cavalo sobre uma das patas. **3** Pulo.
pi.ru.li.to (de *pilrito*, com metátese e epêntese) *sm* **1** Espécie de caramelo cônico ou em forma de disco, solidificado na extremidade de um palito. **2** *vulg* Pênis.
pi.sa.da (*pisar+ada*[1]) *sf* **1** Ação de pisar. **2** Pegada, rastro.
pi.sa.de.la (*pisar+dela*) *sf* Ação de pisar de leve.
pi.sa.du.ra (*pisar+dura*) *sf* **1** Vestígio de pisada. **2** Contusão, equimose. **3** Ferida no lombo dos animais de sela causada pelo roçar dos arreios.
pi.sar (*lat pinsare*) *vtd* e *vti* **1** Calcar com os pés; pôr o pé ou os pés sobre. *vti* e *vint* **2** Pôr os pés no chão; andar, caminhar. *vtd* **3** Esmagar com os pés. *vtd* **4** Entrar ou ter entrada em. *vtd* **5** *fig* Desprezar, espezinhar. *vint* **6** Acelerar (o automóvel).
pis.ca.de.la (*piscar+dela*) *sf* **1** Ação de piscar. **2** Sinal que se faz piscando.
pis.ca-pis.ca (de *piscar*) *sm* **1** Farol que acende e apaga na sinalização do trânsito. **2** Farolete que indica mudança de direção do veículo em marcha. *Pl: pisca-piscas* e *piscas-piscas*.
pis.car (*ital pizzicare*) *vtd* e *vint* Fechar e abrir rapidamente (os olhos).
pis.ci.a.no (*lat pisces+ano*) *sm Astrol* Pessoa nascida sob o signo de Peixes. • *Astrol* Relativo ou pertencente ao signo de Peixes, ou aos piscianos.
pis.ci.cul.tor (*lat pisce+cultor*) *sm* Aquele que se dedica à piscicultura; criador de peixes.
pis.ci.cul.tu.ra (*pisce+cultura*) *sf* Arte e profissão de criar peixes; criação de peixes.
pis.ci.na (*lat piscina*) *sf* Tanque artificial para natação ou outros esportes aquáticos.
pi.so (de *pisar*) *sm* **1** Lugar em que se anda; chão, solo. **2** Andar de um edifício; pavimento. **3** Categoria salarial.
pi.so.te.ar (*cast pisotear*) *vtd* **1** Esmagar com os pés. **2** *fig* Humilhar. Conjuga-se como *frear*.
pi.so.tei.o (de *pisotear*) *sm* Ação de pisotear.
pis.ta (*ital pista*) *sf* **1** Pegada, vestígio. **2** *fig* Encalço, procura. **3** *fig* Orientação, indicação. **4** *Esp* Terreno em que correm competidores. **5** Lugar para exercícios de equitação. **6** Parte do hipódromo sobre a qual correm os cavalos. **7** Pavimento para patinar, dançar, assistir a shows ou realizar exibições esportivas. **8** Faixa de rodagem nos aeroportos ou nas estradas.
pis.ta.che (*fr pistache*) *sm* O fruto da pistácia que, depois de seco, é consumido como castanha.
pis.ti.lo (*lat pistillu*) *sm Bot* Órgão sexual feminino da flor, composto de ovário, estilete e estigma.
pis.to.la (*tcheco pishtol'a*, pelo *fr pistole*) *sf* **1** Arma de fogo curta e leve. **2** Canudo de fogo de artifício. **3** *vulg* Pênis.
pis.to.lão (*pistola+ão*[2]) *sm* **1** Espécie de fogo de artifício. **2** Recomendação de pessoa influente. **3** Pessoa que faz essa recomendação.
pis.to.lei.ra (*pistola+eira*) *sf gír* Piranha (acepção 2).
pis.to.lei.ro (*pistola+eiro*) *sm* Bandido ou capanga, matador profissional.
pis.tom (*fr piston*) *sm* **1** Êmbolo. **2** *Mús* Instrumento musical de sopro. *Var: pistão.*
pis.to.nis.ta (*pistom+ista*) *s m+f* Pessoa que toca pistom.
pi.ta.da (de *pitar*) *sf* **1** Porção de qualquer substância reduzida a pó. **2** Pequena porção de qualquer coisa.
pi.tan.ga (tupi *pytánga*) *sf Bot* **1** Fruto da pitangueira. **2** Pitangueira.
pi.tan.guei.ra (*pitanga*[1]*+eira*) *sf Bot* Arbusto da família das mirtáceas, silvestre, cujo fruto é a pitanga.
pi.tar (tupi *petý(ma)+ar*[1]) *vtd* e *vint* Cachimbar, fumar.
pi.tei.ra (*pitar+eira*) *sf* Pequeno tubo no qual se encaixa o cigarro, ou charuto, para fumar.
pi.téu *sm pop* Iguaria saborosa; petisco.

pi.to (de *pitar*) *sm* **1** Cachimbo. **2** Cigarro. **3** Pequena repreensão.

pi.to.co (ô) (*lat vulg* *pittu+oco) *adj* Que tem rabo curto ou cortado.

pí.ton (*gr Pýthon, np*) *sm* **1** *Zool* Gênero de grandes serpentes, não venenosas, distribuídas pela Ásia, África e Austrália. **2** Adivinho, mago, feiticeiro.

pi.to.ni.sa (*lat pithonissa*) *sf* **1** Feminino de *píton* (acepção 2). **2** *ant* Mulher que fazia predições na Grécia e em Roma; profetisa.

pi.to.res.co (ê) (*ital pittoresco*) *adj* **1** Digno de ser pintado: *"Esta vila deve às montanhas uma vista bastante pitoresca."* (SV) **2** Cheio de imaginação, criativo ou original em excesso: *"Longa e pitoresca crônica do charlatanismo no mundo."* (OV) **3** Divertido: *"Vou narrar um fato pitoresco."* (ACT) • *sm* Aquilo que é divertido, criativo ou original: *"Um novo olhar, longe do pitoresco, sobre a arte brasileira."* (FSP); *"D. Emília ouvia tudo por curiosidade, pelo pitoresco do anedotário."* (OE)

pit-stop (píti stópi) (*ingl*) *sm Autom* Lugar de parada para trocar pneus, abastecer o carro etc. (nas competições automobilísticas).

pi.tu (*tupi pitú*) *sm Zool* Grande camarão de água doce; lagostim.

pi.tui.tá.ria (*fem* de *pituitário*) *sf Anat* Mucosa nasal.

pi.ve.te (*cast pebete*) *sm* **1** Criança esperta. **2** *Reg* (RJ e SP) *gír* Menino ladrão ou que trabalha para ladrões.

pi.vô (*fr pivot*) *sm* **1** *Odont* Haste metálica destinada a fixar a coroa artificial à raiz de um dente; pino. **2** *Odont* Dente artificial fixado com haste metálica à raiz. **3** Base, sustentáculo. **4** *Esp* Jogador que no basquetebol opera como base do jogo.

pi.xa.im (*tupi apixaín*) *adj* Diz-se do cabelo encarapinhado, muito enrolado. • *sm* Carapinha.

pi.xo.te (*cantonês pe shot*) *sm* **1** Menino, garoto: *"Era um pixote se metendo a gente."* (MPB) **2** Novato, inexperiente.

pizza (pitsa) (*ital*) *sf* Massa em forma de disco, feita com farinha de trigo, água, azeite e condimentos, assada ao forno, e com cobertura de queijo, tomate, verduras etc.

pizzaria (pitsaria) (*ital*) *sf* Estabelecimento onde se preparam e servem *pizzas*.

pla.ca (*fr plaque*) *sf* **1** Folha de metal, vidro, celuloide, cortiça etc. **2** Espécie de tabuleta com qualquer inscrição. **3** Chapa metálica com o número de licença de um veículo. **4** *Inform* Espécie de cartão de circuitos dentro do computador (contendo componentes eletrônicos, como *chips* e outros).

pla.car (*fr placard*) *sm* **1** *Esp* Quadro em que se registram os pontos nas competições esportivas. **2** O resultado delas; escore.

pla.ce.bo (ê) (*lat placebo*) *sm Med* Preparado sem nenhuma ação ou efeito, usado em estudos para determinar a eficácia de substâncias medicinais.

pla.cen.ta (*lat placenta*) *sf Anat* Órgão que se forma no útero, na gestação, e pelo qual o organismo materno nutre o feto, por intermédio do cordão umbilical.

pla.ci.dez (*plácido+ez*) *sf* Serenidade, sossego, tranquilidade.

plá.ci.do (*lat placidu*) *adj* Sereno, tranquilo, sossegado: *"Cruzou os braços numa atitude de plácido desafio."* (TV) Antôn: agitado.

pla.gi.a.dor (*lat plagiatore*) *sm* Aquele que plagia: *"Se isso fosse verificado, o acusador, de plagiado, passaria a ser o plagiador."* (FSP)

pla.gi.ar (*plágio+ar*[1]) *vtd* **1** Apresentar como sua uma ideia ou obra literária, científica ou artística de outra pessoa. **2** Imitar. Conjuga-se como *premiar*.

pla.gi.á.rio (*lat plagiariu*) *sm* Quem plagia: *"Seria um autor original ou um plagiário?"* (FSP)

plá.gio (*gr plágios*) *sm* Ação ou efeito de plagiar.

plai.na (ã) (de *plana*) *sf Carp* Ferramenta para alisar superfícies de madeira.

pla.na.dor (*planar+dor*[1]) *adj* Que plana. • *sm* Aeroplano sem motor.

pla.nal.to (*plano+alto*) *sm* Extensão da superfície do terreno, elevada sobre o nível do mar, quase sem acidentes.

pla.nar (*plano+ar*[1]) *vint* **1** Ficar no ar sem

plâncton 672 **platina**

mexer as asas; pairar (ave). **2** Voar (avião) sustentado apenas pela ação das asas sem o movimento do ar. **3** Voar em planador.

plânc.ton (*gr plagktón*) *sm* Conjunto de minúsculos vegetais e animais (algas, larvas etc.), que flutuam ao sabor das correntezas, no mar ou em lagos, desde a superfície até o fundo. *Pl:* plânctons. *Var:* plancto.

pla.ne.ja.men.to (*planejar+mento*) *sm* **1** Plano de trabalho detalhado. **2** Dependência de uma indústria ou repartição pública, com o encargo de planejar serviços.

pla.ne.jar (*plano+ejar*) *vtd* **1** Fazer o plano, esboço, o roteiro de. **2** Projetar. **3** Elaborar um plano ou roteiro; programar. Conjuga-se como *solfejar*.

pla.ne.ta (*ê*) (*gr planétes*) *sm Astr* **1** Corpo celeste de aparente movimento próprio entre as estrelas fixas. **2** Cada um dos corpos celestes, sem luz própria, que giram ao redor do Sol.

pla.ne.tá.rio (*lat planetariu*) *adj Astr* Pertencente ou relativo a planetas. • *sm Astr* **1** Modelo que representa o sistema solar. **2** Mecanismo óptico para projetar em um teto em forma de abóbada o conjunto dos movimentos dos corpos celestes. **3** Edifício que aloja tal mecanismo.

pla.ní.cie (*lat planitie*) *sf* Extensão de terreno, de aspecto plano.

pla.ni.fi.car (*plani+ficar*) *vtd* Estabelecer planos para implantação de serviços; programar; planejar: *"Estratégia é a arte de planificar um time de acordo com as peculiaridades de um torneio."* (FSP)

pla.ni.lha (*cast planilha*) *sf* **1** Formulário padronizado para registro de informações. **2** Folha impressa para registro de cálculos.

pla.no (*lat planu*) *adj* Em que não há desigualdades nem diferenças de nível; raso, liso. • *sm* **1** Qualquer superfície plana. **2** Desenho, planta ou traçado de uma cidade, de uma praça, de um edifício etc. **3** Programa, projeto. **4** *fig* Intento, intenção.

plan.ta (*lat planta*) *sf* **1** Qualquer vegetal. **2** *Anat* Sola do pé. **3** *Constr* Desenho que representa todas as particularidades de um edifício.

plan.ta.ção (*lat plantatione*) *sf* **1** Conjunto de vegetais plantados. **2** Terreno plantado; plantio.

plan.tão (*fr planton*) *sm* **1** Serviço policial. **2** Serviço noturno em farmácias, hospitais, redações de jornais etc.

plan.tar (*lat plantare*) *vtd* **1** Introduzir no solo (sementes) para criar raízes e crescer; semear. *vtd* **2** Fincar verticalmente na terra (árvores, arbustos, estacas). *vtd* **3** Criar, estabelecer, fundar. *vtd* **4** Incutir, insinuar. *vpr* **5** Colocar-se em, ficar parado, estacionar.

plan.tel (*esp platino plantel*) *sm* **1** Conjunto de animais de raça fina, selecionada. **2** *Esp* Conjunto selecionado de jogadores.

plan.ti.o (*planta+io²*) *sm* Plantação.

plan.to.nis.ta (*plantão+ista*) *s m+f* Pessoa encarregada de um plantão.

pla.que.ta (*ê*) (*fr plaquette*) *sf* Placa pequena.

plas.ma (*gr plásma*) *sm* **1** *Fisiol* Parte líquida do sangue. **2** *Biol* A seiva que pode ser espremida dos músculos frescos.

plás.ti.ca (*gr plastikê*) *sf* **1** *Cir* Processo de reconstituir uma parte do corpo humano. **2** Conformação geral do corpo humano.

plás.ti.co (*gr plastikós*) *adj* Que pode ser modelado com os dedos ou com instrumentos. • *sm* Tipo de resina sintética, maleável, usada na confecção de vários utensílios; matéria plástica.

plas.ti.fi.ca.do.ra (*plastificar+dor*, no *fem*) *sf* **1** *Art Gráf* Máquina para plastificar. **2** Estabelecimento especializado em plastificação.

plas.ti.fi.car (*plástico+ficar*) *vtd* Cobrir (papéis, cartão, documentos etc.) com uma película de celofane ou qualquer plástico transparente.

pla.ta.for.ma (*fr plate-forme*) *sf* **1** Superfície plana, horizontal, mais alta que a área adjacente. **2** Parte elevada, nas estações de trem e metrô, para facilitar o embarque e o desembarque dos passageiros. **3** Rampa onde se lançam foguetes espaciais e mísseis. **4** Programa de governo.

pla.tei.a (*fr platée*) *sf* **1** Pavimento de uma sala de espetáculo entre o palco e os camarotes. **2** *fig* Conjunto dos espectadores que estão nesse lugar.

pla.ti.na (*cast platina*) *sf Quím* Elemento metálico precioso, muito pesado, de cor branco-prateada, de número atômico 78 e símbolo Pt.

pla.tô (fr plateau) sm **1** Planalto. **2** Autom Parte móvel do sistema de embreagem.

pla.tô.ni.co (gr platonikós) adj **1** Relativo a Platão ou à sua filosofia: "Superando o idealismo platônico." (HF) **2** por ext Desligado de interesses materiais; ideal; casto: "Amor platônico. Assim que é bom." (SE) • adj+sm Que ou quem segue o platonismo.

pla.to.nis.mo (Platão, np+ismo) sm **1** Filosofia de Platão, filósofo grego (428 ou 427-348 ou 347 a.C.). **2** Caráter ou qualidade do que é platônico.

plau.sí.vel (lat plausibile) adj m+f Razoável, aceitável, admissível: "Segundo murmuram os repórteres essa versão é a mais plausível." (BP)

playback (pleibéqui) (ingl) sm Radiotécn Reprodução de uma gravação imediatamente depois de feita, a fim de verificar as possíveis falhas.

playboy (pleibói) (ingl) sm Homem rico e extravagante, dado a jogos e a gastos com mulheres.

playground (pleigraund) (ingl) sm Local destinado à recreação infantil.

playoff (pleióf) (ingl) sm Esp **1** Jogo de desempate. **2** Jogo disputado entre vencedores de outras competições.

ple.be (lat plebe) sf Classe de condição mais baixa da sociedade; populacho, ralé.

ple.beu (lat plebeiu) adj **1** Pertencente ou relativo à plebe. • Que não faz parte da nobreza. • sm Indivíduo da plebe. Fem: plebeia.

ple.bis.ci.to (lat plebiscitu) sm Dir Voto do povo, por sim ou não, a uma proposta que lhe é apresentada.

plêi.a.de (gr pleiás, ádos) sf **1** Astr Cada uma das estrelas da constelação das Plêiades. **2** fig Grupo de pessoas ilustres ou de certa classe.

plei.te.ar (pleito+e+ar¹) vtd **1** Tentar conseguir alguma coisa por meio de argumentos. **2** Participar de concurso; concorrer. **3** Defender, sustentar em discussão. Conjuga-se como frear.

plei.to (lat placitu) sm **1** Questão em juízo. **2** Demanda. **3** Eleição. **4** Discussão, disputa.

ple.ná.rio (lat plenariu) adj Pleno, inteiro, completo. • sm **1** Tribunal ou assembleia em que tomam parte nos trabalhos todos os membros que possuem direito de voto ou decisão. **2** O conjunto desses membros. **3** Nas câmaras políticas, o local reservado ao conjunto dos representantes.

ple.ni.tu.de (lat plenitudine) sf **1** Estado ou qualidade do que é pleno ou completo. **2** Totalidade.

ple.no (lat planu) adj **1** Cheio, completo, inteiro. **2** Perfeito, total, absoluto.

ple.o.nas.mo (gr pleonasmós) sm Gram Repetição de ideias ou palavras que tenham o mesmo sentido: Vi com meus próprios olhos.

ple.o.nás.ti.co (gr pleonastikós) adj Em que há pleonasmo.

pleu.ra (gr pleurá) sf Anat Cada uma das membranas que cobrem as paredes da cavidade torácica e a superfície dos pulmões.

pleu.ri.si.a (fr ant plaurisie) sm Med Inflamação da pleura: "Com duas ou três gotas diárias, era uma vez opilações, tristezas, beribéris, temores, bócios, pleurisias, flatos." (BAL)

ple.xo (cs) (lat plexu) sm **1** Anat Rede formada pelo entrelaçamento de muitas ramificações de nervos ou de vasos sanguíneos: "No corpo físico existe uma infinidade de plexos." (ESI); "Assim o plexo acompanha discretamente o movimento do braço." (BAE) **2** fig Conjunto encadeado ou entrelaçado: "A Folha trouxe um plexo de artigos de autores da casa." (FSP)

pli.o.ce.no (plio+ceno⁴) adj Geol **1** Diz-se da quinta e última época do Período Terciário e que sucedeu ao Mioceno (na Era Cenozoica). **2** Relativo ou pertencente a essa época. • sm Essa época.

plis.sa.do (part de plissar) adj Que se plissou. • sm Tecido ou peça de vestuário que tem dobras ou pregas permanentes em toda a sua altura.

plis.sar (fr plisser) vtd Fazer pregas ou dobras em: "Lang trabalha com algodão e seda para plissar e soltar." (FSP)

plis.sê (fr plissé) adj+sm Plissado.

plo.ta.gem (*plotar+agem*) *sf* Ato ou efeito de plotar (acepção 1).
plo.tar (*ingl to plot+ar*[1]) *vtd* **1** Localizar: *"Santana conhece bem o cenário em que plota sua ação."* (FSP) **2** *Inform* Criar desenho no computador e transferi-lo para o papel.
plu.gar (*ingl to plug+ar*[1]) *neol vtd* **1** Ligar (aparelho eletrodoméstico, luz etc.) a uma tomada. **2** *Inform* Conectar um equipamento a um computador; estar em rede.
plu.gue (*ingl plug*) *sm* Peça com um ou mais pinos que se conecta na tomada, estabelecendo a ligação elétrica.
plu.ma (*plat pluma*) *sf* Pena de ave.
plu.ma.gem (*pluma+agem*) *sf* **1** Conjunto das penas de uma ave. **2** Penas para enfeite.
plúm.beo (*lat plumbeu*) *adj* **1** De chumbo. **2** Que tem a cor do chumbo: *"Algumas gaivotas voam placidamente sobre as nossas cabeças, contra o céu plúmbeo e ameaçador."* (AL) **3** Pesado como chumbo.
plu.ral (*lat plurale*) *adj m+f Gram* Número gramatical que designa mais de uma pessoa, animal ou coisa. • *sm* Flexão nominal ou verbal que exprime a existência de mais de um ser ou a prática da ação por mais de um ser.
plu.ra.li.da.de (*lat pluralitate*) *sf* **1** *Gram* Caráter de plural. **2** Multiplicidade. **3** Grande número; multidão. **4** O maior número; maioria. *Antôn* (acepção 1): *singularidade*; (acepção 2): *unidade*.
plu.ra.lis.mo (*plural+ismo*) *sm Polít* Doutrina ou sistema que admite a coexistência de vários partidos com iguais direitos.
plu.ra.li.zar (*lat pluralizare*) *vtd* **1** *Gram* Pôr ou usar no plural. *vpr* **2** Aumentar em número; multiplicar-se: *"Singularizou-se a produção, que prometia pluralizar-se."* (FSP)
plu.ri.ce.lu.lar (*pluri+celular*) *adj m+f* **1** Relativo a muitas células. **2** Constituído de muitas células.
plu.ri.par.ti.da.ris.mo (*pluri+partidário+ismo*) *sm Polít* Existência em um país de vários partidos.
plu.tão (de *Plutão, np*) *sm* **1** *Astr* **Plutão** Planeta anão do sistema solar, descoberto em 1930. **2** *poét* O fogo.

plu.tô.nio (*lat plutoniu*) *sm Quím* Elemento metálico radioativo, semelhante quimicamente ao urânio, de número atômico 94 e símbolo Pu.
plu.vi.al (*lat pluviale*) *adj m+f* **1** Relativo à chuva. **2** Proveniente da chuva.
plu.vi.ô.me.tro (*lat pluvia+metro*[1]) *sm Meteor* Instrumento para medir a precipitação de chuva caída em dado lugar e em determinado tempo.
PNB Sigla de *Produto Nacional Bruto*.
pneu (*red* de *pneumático*) *sm* Forma abreviada de *pneumático*.
pneu.má.ti.co (*gr pneumatikós*) *adj* **1** Relativo ao ar e aos gases. **2** Movido ou acionado por ar comprimido. **3** *Biol* Caracterizado por cavidades cheias de ar. • *sm* Coberta externa, de borracha e tecido, da câmara de ar da roda de um veículo.
pneu.mo.ni.a (*gr pneumonía*) *sf Med* Inflamação pulmonar.
pó (*lat *pulu*, de **pulvu* por *pulve*) *sm* **1** Partículas de terra seca ou de qualquer outra substância reduzida a pó (*p ex:* pó de café); poeira. **2** *gír* Cocaína em pó. **3** *V pó de arroz*. *Pó de arroz*: pó fino e perfumado para o rosto. *Pó de mico*: revestimento piloso de certas plantas que produz prurido na pele de quem encosta nelas.
po.bre (*lat paupere*) *adj m+f* **1** Que tem poucas posses. **2** Que tem pouco dinheiro. **3** Pouco fértil, pouco produtivo. **4** De pouco valor. **5** Desprotegido, digno de compaixão; infeliz. *Sup abs sint:* pobríssimo e paupérrimo. • *s m+f* **1** Pessoa pobre. **2** Mendigo, pedinte.
po.bre.za (*pobre+eza*) *sf* **1** Estado ou qualidade de pobre. **2** Falta de recursos, escassez. **3** Indigência, miséria, penúria.
po.ça (ô) (de *poço*) *sf* **1** Cova natural, pouco funda, com água. **2** Líquido derramado no chão.
po.ção (*lat potione*) *sf* **1** *Farm* Medicamento líquido para se beber: *"Eu lhe darei a poção que Doutor Altamiro lhe receitou."* (BDI) **2** Qualquer bebida: *"Estranhou o preço da poção porque buliu diretamente com o seu bolso."* (S)
po.ço (ô) (*lat puteu*) *sm* **1** Cavidade aberta no solo até uma profundidade onde se junta água nascente. **2** Abertura feita para

se descer a uma mina. **3** Espaço no qual o elevador sobe e desce. **4** *por ext* Aquilo que é profundo, abismo.

po.da (*part de podar*) *sf* **1** Corte de ramos de plantas. **2** Época própria para podar.

po.dar (*lat putare*) *vtd* Cortar os ramos de árvores e outras plantas.

pó de ar.roz Ver definição em *pó*.

pó de mi.co Ver definição em *pó*.

po.der¹ (*lat vulg *potere*) *vtd* **1** Ter a faculdade ou possibilidade de. *vtd* **2** Ter autoridade, domínio ou influência para. *vint* **3** Ter força ou influência. *vtd* **4** Ter permissão ou autorização para. *vtd* **5** Ter calma, energia, paciência para. *vtd* **6** Ter ocasião ou oportunidade para. *vtd* **7** Estar arriscado a. *vtd* **8** Ter motivo para; ter o direito de. *vint* **9** Haver possibilidade; ser possível. *Conjug* – não possui imperativo e o *o* da 3ª pessoa do singular do pretérito perfeito leva acento circunflexo (*pôde*). *Conjug* – Pres indic: *posso, podes, pode, podemos, podeis, podem;* Pret perf: *pude, pudeste, pôde, pudemos, pudestes, puderam;* Pret imp indic: *podia, podias, podia, podíamos, podíeis, podiam;* Pret mais-que-perf: *pudera, puderas, pudera, pudéramos, pudéreis, puderam;* Fut pres: *poderei, poderás, poderá, poderemos, podereis, poderão;* Fut pret: *poderia, poderias, poderia, poderíamos, poderíeis, poderiam;* Pres subj: *possa, possas, possa, possamos, possais, possam;* Pret imp subj: *pudesse, pudesses, pudesse, pudéssemos, pudésseis, pudessem;* Fut subj: *puder, puderes, puder, pudermos, puderdes, puderem;* Imper afirm: —, —(*Tu*), —(*Você*), —(*Nós*), —(*Vós*), —(*Vocês*); Imper neg: —, *Não*—(*Tu*), *Não*—(*Você*), *Não*—(*Nós*), *Não*—(*Vós*), *Não*—(*Vocês*); Infinitivo impess: *poder;* Infinitivo pess: *poder, poderes, poder, podermos, poderdes, poderem;* Ger: *podendo;* Part: *podido.*

po.der² (*de poder*¹) *sm* **1** Faculdade, possibilidade. **2** Autoridade, mando. **3** Posse, domínio, atribuição. **4** Governo de um Estado. **5** Meios, recursos.

po.de.ro.so (*ô*) (*poder+oso*) *adj* **1** Que tem poder ou exerce o mando. **2** Que tem poder físico ou moral. **3** Que tem autoridade, influência. **4** Que tem grande poder ofensivo. *Pl: poderosos* (*ó*).

pó.dio (*lat podiu*) *sm* Espécie de plataforma, com várias alturas, na qual são premiados os vencedores de uma competição ou torneio.

po.dre (*ô*) (*lat putre*) *adj m+f* **1** Em decomposição; deteriorado, putrefato. **2** *fig* Contaminado, pervertido. **3** *Cul* Diz-se da massa que não tem elasticidade, como a da empada. • *sm* **1** Parte estragada de alguma coisa. *sm pl* **2** Defeitos, vícios.

po.dri.dão (*podre+suf lat itudine*) *sf* **1** Estado de podre. **2** *fig* Corrupção moral; desmoralização, devassidão. *vrb: "Não se entregam ao pecado e à podridão."* (VA)

po.ei.ra (*pó+eira*) *sf* Terra seca, pulverizada; pó.

po.ei.ren.to (*poeira+ento*) *adj* Cheio de poeira; coberto de pó. *Sin: poeirada.*

po.e.ma (*gr poíema*) *sm* Obra em verso. *Dim irreg: poemeto.*

po.en.te (*lat poente*) *adj* Diz-se do Sol quando está no ocaso. • *sm* Pôr do sol; ocaso, ocidente.

po.e.si.a (*gr poíesis+ia*¹) *sf* **1** Arte de escrever em verso. **2** Conjunto das obras em verso escritas numa língua. **3** *pop* Composição poética pouco extensa; pequeno poema.

po.e.ta (*gr poietés*) *adj+sm* Que ou aquele que faz versos. *Fem: poetisa. Col:plêiade.*

po.é.ti.co (*lat poietikós*) *adj* **1** Relativo à poesia. **2** Em que há poesia.

po.e.ti.sa *sf* Feminino de *poeta.*

pois (*lat postea*) *conj* **1** Mas, porém. **2** Porque, visto que. **3** Logo, portanto, à vista disso. Veja nota em **conjunção**.

po.lai.na (*fr ant Poulaine*) *sf* Peça de couro ou de pano grosso, que cobre só a parte superior do pé, por cima do calçado, ou a parte da perna entre o pé e o joelho, por cima das calças.

pol.ca (*fr polka, do tcheco*) *sf* **1** Dança em compasso de 2 por 4, de andamento rápido, originária da Boêmia. **2** Música para essa dança.

po.le.ga.da (*baixo-lat pollicata*) *sf* Medida inglesa de comprimento equivalente a aproximadamente 25,4 mm.

po.le.gar (*lat pollicare*) *adj* **1** *Anat* Diz-se

do dedo mais curto e grosso da mão. **2** Diz-se do primeiro e mais grosso dedo do pé. • *sm* Qualquer um desses dedos.

po.lei.ro (*lat pullariu*) *sm* **1** Conjunto de varas dispostas horizontalmente à maneira de escada, geralmente dentro dos galinheiros, onde as aves domésticas pousam. **2** *pop* Num local de espetáculos, últimas fileiras (no cinema, teatro ou circo).

po.lê.mi.ca (*gr polemiké*) *sf* **1** Debate oral. **2** Controvérsia, questão, discussão.

pó.len (*lat pollen*) *sm Bot* Pó fino, da antera das flores, cuja função é fecundar os óvulos. *Pl:* polens.

po.len.ta (*ital polenta*, do *lat polenta*) *sf Cul* Massa ou papa de fubá com água e sal, ou com manteiga e queijo, servida com molho, geralmente de carne.

po.li.a (*fr poulie*) *sf Mec* Roda fixa num eixo rotatório e acionada por uma correia.

po.lí.cia (*gr politeía*) *sf* **1** Órgão auxiliar da justiça cuja atividade consiste em prevenir, manter ou restaurar a ordem, a segurança e a liberdade pública e individual. *sm* **2** Policial.

po.li.ci.al (*polícia+al¹*) *adj m+f* **1** Relativo à polícia. **2** Que trata de crimes e de seu desvendamento. • *s m+f* Membro de uma corporação policial.

po.li.ci.a.men.to (*policial+mento*) *sm* Ação ou efeito de policiar.

po.li.ci.ar (*polícia+ar*) *vtd* **1** Guardar, vigiar, proteger, por meio da polícia. *vtd* **2** Conter, refrear. *vpr* **3** Conter(-se); controlar(-se); disciplinar(-se). Conjuga-se como *premiar*.

po.li.clí.ni.ca (*poli+clínica*) *sf* **1** Ramo da medicina aplicado às doenças em geral; clínica geral. **2** Estabelecimento onde vários médicos especializados dão consultas.

po.li.cro.mi.a (*policromo+ia¹*) *sf* **1** Conjunto de diferentes cores: *"Percorrer Oaxaca a pé é uma maneira de observar uma generosa policromia."* (FSP) **2** *Med* Pigmentação excessiva ou anormal da pele. **3** *Tip* Qualquer processo em que entram mais de três cores: *"A policromia é à base de água e o dourado é executado em folha de ouro brunido."* (FSP)

po.li.dez (*polido+ez*) *sf* **1** Qualidade do que é polido. **2** Boa educação, civilidade, urbanidade. *Antôn* (acepção 2): *grosseria*.

po.li.do (*part* de *polir*) *adj* **1** Brilhante, lustroso, luzidio, envernizado. **2** Civilizado, culto. **3** Cortês, delicado.

po.li.dor (*lat politore*) *adj* Que dá polimento. • *sm* Aparelho ou ferramenta de polir.

po.li.e.dro (*gr polýedros*) *sm Geom* Sólido limitado por superfícies planas.

po.li.és.ter (*poli+éster*) *sm Quím* **1** Éster complexo formado por polimerização ou por condensação, usado no fabrico de fibras, resinas e plásticos. **2** Fibra de poliéster. **3** Resina de poliéster. *Pl:* poliésteres.

po.li.es.ti.re.no (*poli+estireno*) *sm Quím* Polímero com várias aplicações industriais e domésticas.

po.li.fo.ni.a (*poli+fono+ia¹*) *sf* **1** Pluralidade de sons, tal como na reverberação de um eco: *"Cada participante desta imensa polifonia eletrônica pode virtualmente deixar de ser uma entidade individualizável."* (FSP) **2** *Mús* Multiplicidade de sons: *"Canto gregoriano e sua polifonia se impõem além de moda e vendagem."* (FSP)

po.li.ga.mi.a (*polígamo+ia¹*) *sf* Estado de polígamo: *"A poligamia só estava ao alcance de poucos."* (MAL) *Antôn: monogamia*.

po.lí.ga.mo (*gr polýgamos*) *adj+sm* **1** Diz-se de ou aquele que tem mais de um cônjuge ao mesmo tempo. **2** *Bot* Diz-se das ou as plantas que têm simultaneamente flores hermafroditas e unissexuais. *Antôn: monógamo*.

po.li.glo.ta (*gr polýglottos*) *adj* e *s m+f* Que ou pessoa que fala ou sabe muitas línguas.

po.lí.go.no (*gr polýgonon*) *sm Geom* Figura plana formada por uma linha poligonal fechada.

po.lí.gra.fo (*poli+grafo*) *sm* **1** O que escreve sobre assuntos diversos. **2** Detector de mentiras.

po.li.men.to (*polir+mento*) *sm* **1** Ação ou efeito de polir. **2** Lustre, verniz.

po.lí.me.ro (*poli+mero*) *adj Quím* Diz-se do composto que, em relação a um outro, apresenta moléculas da tamanhos

polimorfo   **polonês**

diferentes, mas com as mesmas propriedades químicas.

po.li.mor.fo (*poli+morfo*) *adj* Que assume ou passa por várias formas, fases etc.

po.li.né.sio (*top Polinésia+ico²*) *sm* **1** Povo nativo da Polinésia (arquipélago do Pacífico). **2** Habitante ou natural dessa região. **3** *Ling* Um dos subgrupos da família linguística do malaio-polinésio. • *adj* Que se refere à Polinésia.

po.li.ni.za.ção (*polinizar+ção*) *sf* Ato ou efeito de polinizar.

po.li.ni.zar (*lat polini+izar*) *vtd* Levar o pólen das anteras para o estigma da flor; praticar a polinização, natural ou artificialmente: *"Insetos polinizam flores."* (ZO)

pó.lio (*gr pólion*) *sf* Forma reduzida de poliomielite.

po.li.o.mi.e.li.te (*pólio+mielite*) *sf Med* Inflamação da substância cinzenta da medula espinhal.

po.li.po.di.á.ceas (*polipódio+áceas*) *sf pl Bot* Família de fetos à qual pertencem as avencas e as samambaias.

po.lir (*lat polire*) *vtd* **1** Dar polimento a; tornar lustroso. **2** Corrigir, retocar, aperfeiçoar. *Conjug* – verbo irregular; muda o radical em *u* nas formas rizotônicas do presente do indicativo e em todo o presente do subjuntivo. *Conjug – Pres indic:* pulo, pules, pule, polimos, polis, pulem; *Pret perf:* poli, poliste, poliu, polimos, polistes, poliram; *Pret imp indic:* polia, polias, polia, políamos, políeis, poliam; *Pret mais-que-perf:* polira, poliras, polira, políramos, políreis, poliram; *Fut pres:* polirei, polirás, polirá, poliremos, polireis, polirão; *Fut pret:* poliria, polirias, poliria, poliríamos, poliríeis, poliriam; *Pres subj:* pula, pulas, pula, pulamos, pulais, pulam; *Pret imp subj:* polisse, polisses, polisse, políssemos, polísseis, polissem; *Fut subj:* polir, polires, polir, polirmos, polirdes, polirem; *Imper afirm:* —, pule(Tu), pula(Você), pulamos(Nós), poli(Vós), pulam(Vocês); *Imper neg:* —, Não pulas(Tu), Não pula(Você), Não pulamos(Nós), Não pulais(Vós), Não pulam(Vocês); *Infinitivo impess:* polir; *Infinitivo pess:* polir, polires, polir, polirmos, polirdes, polirem; *Ger:* polindo; *Part:* polido.

po.li.téc.ni.co (*poli+tecno+ico²*) *adj* **1** Relativo à instrução em muitas artes técnicas ou ciências aplicadas. **2** Diz-se da escola onde se estudam diversos ramos de engenharia.

po.li.te.ís.mo (*poli+teísmo*) *sm* Sistema religioso que admite muitos deuses; paganismo. *Antôn:* monoteísmo.

po.lí.ti.ca (*gr politiké*) *sf* **1** Arte ou ciência de governar. **2** Aplicação dessa arte nos negócios internos da nação (política interna) ou nos negócios externos (política externa). **3** Conjunto dos princípios ou opiniões políticas. **4** Maneira de agir e tratar com habilidade.

po.lí.ti.ca.gem (*político+agem*) *sf deprec* Política ordinária, mesquinha e interesseira: *"Queria entrar logo em ação guerreira, aniquilar a politicagem."* (DM)

po.lí.ti.co (*gr politikós*) *adj* **1** Que trata de política. **2** Relativo aos negócios públicos. **3** Que se ocupa de política. **4** Cortês, delicado. **5** *fig* Astuto, esperto. • *sm* **1** Aquele que se ocupa de política; estadista. **2** *fig* Aquele que é político, astuto.

po.li.ti.za.ção (*politizar+ção*) *sf* Ato ou efeito de politizar.

po.li.ti.zar (*polít(ico)+izar*) *vtd* e *vpr* Tornar(-se) consciente dos direitos e deveres políticos; dar consciência política a: *"Atribuo aos partidos a responsabilidade de politizar a mulher."* (FSP) ; *"Paulo Emilio se politizou rapidamente."* (FSP)

po.li.va.len.te (*poli+valente*) *adj m+f* **1** *Quím* Que tem mais de uma valência. **2** *fig* Que desempenha várias funções; versátil.

po.lo¹ (*ó*) (*gr pólos*) *sm* **1** *Geogr* Cada uma das duas extremidades do eixo imaginário da Terra. **2** Regiões que circundam essas extremidades: *Polo Norte; Polo Sul*. **3** Cada uma das duas extremidades de qualquer eixo ou linha. **4** *fig* Aquilo que é centro de interesse. *Pl:* polos.

po.lo² (*ó*) (*tibetano pulu*, pelo *ingl*) *sm* Espécie de hóquei jogado a cavalo. *Pl:* polos.

po.lo.nês (*top Polônia+ês*) *adj* Relativo ou pertencente à Polônia (Europa). • *sm* **1** O natural ou habitante da Polônia. **2** Idioma que se fala na Polônia.

pol.pa (ó) (*lat pulpa*) *sf Bot* Substância carnuda e macia que reveste as sementes de alguns frutos.

pol.pu.do (*polpa+udo¹*) *adj* Diz-se de negócio muito rendoso.

pol.trão (*ital poltrone*) *adj+sm* Que ou aquele que não tem coragem; covarde, medroso: *"– Pare com isto, seu poltrão!"* (ASS) *Fem:* poltrona. *Antôn:* valente, corajoso.

pol.tro.na (*ital poltrona*) *sf* **1** Cadeira de braços, geralmente estofada. **2** Nos cinemas e teatros, cadeira de plateia. **3** Banco, geralmente individual, nos ônibus, aviões etc.

po.lu.en.te (de *poluir*) *adj m+f* Que polui ou pode poluir.

po.lu.i.ção (*poluir+ção*) *sf* Ato ou efeito de poluir.

po.lu.i.dor (*poluir+dor*) *adj+sm* Que ou o que polui.

po.lu.ir (*lat poluere*) *vtd* **1** Sujar; manchar; corromper. *vtd* **2** Desacreditar. *vtd e vpr* **3** Perverter(-se), corromper(-se). Conjuga-se como *contribuir*.

pol.vi.lhar (*polvilho+ar¹*) *vtd* **1** Cobrir ou salpicar de pó. *vtd e vti* **2** Espalhar sobre; salpicar de (alguma substância em pó).

pol.vi.lho (*cast polvillo*) *sm* **1** Pó muito fino obtido do resíduo da lavagem da mandioca ralada. **2** Qualquer substância em pó, de aplicação medicamentosa, culinária etc.

pol.vo (ô) (*gr polýpous*, pelo *lat*) *sm Zool* Nome comum aos moluscos cefalópodes dotados de oito tentáculos recobertos de ventosas.

pól.vo.ra (*lat pulvera*, pelo *car* e *cast*) *sf* Nome genérico de vários explosivos.

pol.vo.ro.sa (*cast polvorosa*) *sf pop* Grande atividade; agitação: *"O Rio de Janeiro estava em polvorosa."* (UQ)

po.ma.da (*fr pommade*) *sf* Preparado farmacêutico, para uso externo, obtido da mistura de uma gordura animal com uma ou mais substâncias aromáticas ou medicinais.

po.mar (*lat pomariu*) *sm* Terreno plantado de árvores frutíferas.

pom.ba (*lat palumba*) *sf* **1** Fêmea do pombo. **2** *Ornit* Nome comum a várias aves da família dos columbídeos (aves que têm o torso mais curto que o dedo anterior médio).

pom.bo (*lat palumbu*) *sm Ornit* Nome comum a numerosas aves da família dos columbídeos.

pom.bo-cor.rei.o *sm* Variedade de pombo empregado para levar comunicações e correspondência. *Pl:* pombos-correio e pombos-correios.

po.mo (*lat pomu*) *sm* Fruto carnudo como maçã, pera, marmelo etc.: *"Laranjeiras vergando ao peso de pomos de ouro ou de esmeralda."* (BAL) *Pomo de adão, Anat:* nome que se dá à saliência formada pela cartilagem tireoide, na parte anterior do pescoço do homem; gogó. O nome oficial é *proeminência laríngea*.

po.mo de a.dão Ver definição em *pomo*.

pom.pa (*lat pompa*) *sf* **1** Exibição solene e suntuosa; ostentação. **2** Grande luxo; gala.

pom.pom (*fr pompon*) *sm* Bolinha ou tufo ornamental de fios de lã, seda etc.

pom.po.so (ô) (*lat pomposu*) *adj* **1** Realizado com pompa. **2** Luxuoso; requintado. *Pl:* pomposos (ó).

pon.cã (*jap ponkan*) *sf* Espécie de tangerina.

pon.che (*ingl punch*) *sm* **1** Bebida preparada com vinho, aguardente ou rum, açúcar, sumo de limão, chá ou água. **2** *Reg* (Nordeste) Refresco de frutas.

pon.chei.ra (*ponche+eira*) *sf* Vasilha em que se faz ou serve o ponche (acepção 1).

pon.cho (*cast poncho*) *sm Reg* (Sul) Capa grossa e com pequena abertura no centro, por onde se enfia a cabeça.

pon.de.ra.ção (*lat ponderatione*) *sf* **1** Ato de ponderar. **2** Reflexão, consideração.

pon.de.rar (*lat ponderare*) *vtd* **1** Examinar com atenção; avaliar minuciosamente. *vti e vint* **2** Meditar, pensar, refletir. *vtd* **3** Alegar, expor, apresentando razões de peso.

pô.nei (*ingl pony*) *sm* Cavalo muito pequeno (altura entre 1 m e 1,45 m).

pon.ta (*lat puncta*) *sf* **1** A extremidade aguçada de um objeto. **2** Cimo, cume, vértice. **3** A parte saliente de qualquer coisa. **4** Princípio ou fim de uma fila ou de uma série. **5** *Geogr* Terra que avança para o mar, sem ter grande altura sobre as águas. **6** Papel (em peça de teatro, filme etc.) curto ou eventual. *Ponta de estoque,*

ponta-cabeça 679 **população**

Com: a) sobra de material; últimas peças (roupas, calçados, móveis etc.) em estoque. b) *por ext* loja que vende essas peças.

pon.ta-ca.be.ça Usado na locução adverbial *de ponta-cabeça:* de cabeça para baixo.

pon.ta.da (*ponta+ada*¹) *sf* Dor aguda e rápida.

pon.ta de es.to.que Ver definição em *ponta*.

pon.ta-di.rei.ta *sf Esp* Extrema-direita. *Pl: pontas-direitas.*

pon.ta-es.quer.da *sf Esp* Extrema-esquerda. *Pl: pontas-esquerdas.*

pon.tal (*ponta+al*¹) *sm Geogr* Ponta de terra compreendida entre a confluência de dois rios.

pon.ta.pé (*ponta+pé*) *sm* **1** Pancada com a ponta do pé. **2** *fig* Ato de ingratidão. **3** *fig* Ofensa: *Tratou-o a pontapés.*

pon.ta.ri.a (*ponto+aria*) *sf* **1** Ato de apontar na direção da linha de mira. **2** *fig* Alvo, mira.

pon.te (*lat ponte*) *sf* Construção sobre um curso d'água para a passagem de pedestres e veículos. *Dim irreg: pontilhão, pontícula.*

pon.tei.ra (*ponta+eira*) *sf* Peça de metal que reveste a extremidade inferior dos guarda-chuvas, tacos de bilhar etc.

pon.tei.ro (*ponta+eiro*) *sm* **1** Agulha móvel de instrumento com mostrador. **2** Agulha que nos mostradores dos relógios indica as horas, os minutos e os segundos.

pon.ti.a.gu.do (*ponta+agudo*) *adj* Que termina em ponta fina; aguçado, pontudo.

pon.ti.fi.ca.do (*lat pontificatu*) *sm* **1** Exercício do poder do papa. **2** Tempo que dura o governo de um papa; papado.

pon.tí.fi.ce (*lat pontifice*) *sm* **1** Título do papa. **2** Alto dignitário eclesiástico (bispo, arcebispo).

pon.ti.lhão (*ponte+ilha+ão*²) *sm* Pequena ponte.

pon.ti.lhar (*pontilha+ar*¹) *vtd* **1** Marcar com pontinhos. **2** Desenhar usando pontos.

pon.to (*lat punctu*) *sm* **1** Marca feita ou que parece feita com a ponta fina de algum objeto, como agulha, lápis etc. **2** Movimento de colocar a agulha para dentro e para fora do tecido, ao costurar ou bordar. **3** Cada uma das laçadas de linha ou lã no tricô ou crochê. **4** Unidade de contagem para jogos, competições etc. **5** Lugar fixo e determinado. **6** Matéria em discussão; assunto, questão. **7** Situação, estado, grau. **8** Livro ou cartão em que se marcam a entrada e a saída dos empregados nas fábricas, repartições etc. *Ponto de exclamação:* sinal de pontuação (!) usado após uma frase exclamativa ou interjeição; ponto de admiração. *Ponto de interrogação:* sinal de pontuação (?) que se coloca no fim de uma oração para indicar pergunta direta. *Ponto e vírgula:* sinal de pontuação (;) que indica pausa mais forte que a vírgula: *Rosana gosta de consultar dicionários; Marco, de enciclopédias.*

pon.to e vír.gu.la Ver definição em *ponto*.

pon.tu.a.ção (*pontuar+ção*) *sf Gram* Arte de dividir, por meio de sinais gráficos, as partes do texto, indicando pausas.

pon.tu.al (*ponto+al*¹) *adj m+f* **1** Que chega à hora marcada. **2** Exato no cumprimento das suas obrigações. **3** Feito com exatidão ou no prazo combinado.

pon.tu.a.li.da.de (*pontual+i+dade*) *sf* Qualidade de pontual; exatidão no cumprimento dos deveres ou compromissos.

pon.tu.ar (*ponto+ar*¹) *vint* **1** *Gram* Empregar os sinais de pontuação em (escrita): *O aluno teve nota baixa porque não sabia pontuar. vint* **2** Marcar pontos: *O time de futebol do bairro conseguiu pontuar no último campeonato. vtd* **3** Marcar: "*Ficavam pelos corredores e cantos, a pontuar a quietude do velório com murmúrios.*" (TV)

pon.tu.do (*ponta+udo*¹) *adj* **1** Que termina em ponta; aguçado, bicudo. **2** Cheio de pontas.

po.pa (*ô*) (*lat puppe*) *sf* Parte posterior de uma embarcação. *Antôn:* proa.

po.pe.li.na (*fr popeline*) *sf* Tecido fino, de algodão, para vestuário.

po.pu.la.ção (*lat populatione*) *sf* **1** A totalidade dos indivíduos que habitam uma localidade, um país, um território, o mundo. **2** *Biol* Conjunto dos organismos animais ou vegetais, de determinada categoria, de uma área particular.

po.pu.lar (*lat populare*) *adj m+f* **1** Pertencente ou relativo ao povo; próprio do povo. **2** Adaptado à compreensão ou ao gosto do povo. **3** Barato. **4** Democrático.

po.pu.la.ri.da.de (*popular+i+dade*) *sf* Qualidade ou caráter do que é popular.

po.pu.la.ri.zar (*popular+izar*) *vtd* e *vpr* **1** Tornar(-se) popular. *vtd* **2** Apresentar um assunto de forma acessível ou interessante para a maioria; vulgarizar, divulgar.

po.pu.lo.so (*lat populosu*) *adj* Muito povoado; com população numerosa. *Pl: populosos (ó).*

pô.quer (*ingl poker*) *sm* Jogo de cartas, com banca e apostas, para duas ou mais pessoas. *Pl: pôqueres.*

por (*lat pro*) *prep* Palavra que, usada isoladamente ou contraída com os artigos *o* (pelo) ou *a* (pela), indica, conforme a construção da frase, diversas relações, tais como: **1** Lugar (através de, sobre, ao longo de, em, perto de). **2** Lugar, onde se está de passagem. **3** Causa, motivo. **4** Autoria; agente de ligação do verbo. **5** Estado. **6** Meio, instrumento, intervenção, expediente. **7** Espaço de tempo, duração. **8** Época, tempo. Veja nota em **agente**.

pôr (*lat ponere*) *vtd* **1** Colocar em; classificar. *vtd* **2** Assentar ou firmar no solo. *vtd* e *vpr* **3** Colocar(-se) em certa posição. *vpr* **4** Desaparecer, sumir no horizonte (um astro). *vtd* e *vti* **5** Atribuir (falha, apelido etc.). *vtd* **6** Confiar, entregar. *vpr* **7** Concentrar-se. *vpr* **8** Imaginar-se, supor-se. *vpr* **9** Começar, entreter-se, ocupar-se. *vti* **10** Apresentar, submeter a. *vint* **11** Botar ovos (a ave). *Pôr do sol*: o desaparecimento do Sol no horizonte; ocaso. *Conjug — Pres indic:* ponho, pões, põe, pomos, pondes, põem; *Pret perf:* pus, puseste, pôs, pusemos, pusestes, puseram; *Pret imp indic:* punha, punhas, punha, púnhamos, púnheis, punham; *Pret mais-que-perf:* pusera, puseras, pusera, puséramos, puséreis, puseram; *Fut pres:* porei, porás, porá, poremos, poreis, porão; *Fut pret:* poria, porias, poria, poríamos, poríeis, poriam; *Pres subj:* ponha, ponhas, ponha, ponhamos, ponhais, ponham; *Pret imp subj:* pusesse, pusesses, pusesse, puséssemos, pusésseis, pusessem; *Fut subj:* puser, puseres, puser, pusermos, puserdes, puserem; *Imper afirm:—*, põe (Tu), ponha (Você), ponhamos (Nós), ponde (Vós), ponham (Vocês); *Imper neg:—*, Não ponhas(Tu), Não ponha (Você), Não ponhamos(Nós), Não ponhais(Vós), Não ponham(Vocês); *Infinitivo impess:* pôr; *Infinitivo pess:* pôr, pores, pôr, pormos, pordes, porem; *Ger:* pondo; *Part:* posto.

Esse verbo possuía no português arcaico a forma **poer**, pertencendo, portanto, à 2ª conjugação. Na própria conjugação do verbo aparece o **e** que caracteriza a 2ª conjugação: pões, põe, põem.

po.rão (*arc prão*, do *lat planu*) *sm* **1** Parte de uma habitação entre o solo e o soalho. **2** Parte inferior do navio, destinada a carga e provisões.

por.ca (*fem de porco*) *sf* **1** Fêmea do porco. **2** Peça de metal perfurada, com rosca interna, que se atarraxa na extremidade de um parafuso para apertar ou fixar qualquer coisa.

por.ção (*lat portione*) *sf* **1** Parte de um todo; fração, parcela. **2** Grande quantidade. **3** Dose, bocado.

por.ca.ri.a (*porco+aria*) *sf* **1** Ação ou estado do que é porco ou de quem é sujo. **2** Imundície. **3** Obscenidade, palavrão. **4** Coisa malfeita.

por.ce.la.na (*ital porcellana*) *sf* **1** Material cerâmico fino, duro, usado principalmente para louça, isoladores elétricos e utensílios químicos. **2** Louça ou objeto de arte desse material.

por.cen.ta.gem (*por+cento+agem*) *sf* Percentagem.

por.co (*ó*) (*lat porcu*) *sm* **1** *Zool* Mamífero originário do javali; suíno; animal que o homem cria e engorda para dele retirar inúmeros benefícios. **2** *fig* Homem sujo, imundo. • *adj* **1** Sujo, imundo. **2** Indecente, obsceno, torpe. **3** Que faz as coisas sem apuro nem perfeição. *Col:* vara. *Pl: porcos (ó).*

por.co-es.pi.nho *sm Zool* Mamífero roedor cujos pelos são transformados em espinhos. *Pl: porcos-espinhos e porcos--espinho.*

pôr do sol Ver definição em **pôr**.

po.rém (*arc por ende*, do *lat proinde*) *conj*

Indicativa de oposição, restrição ou diferença e equivale a *mas, contudo, todavia, apesar disso, não obstante*.

por.me.nor (*por+menor*) *sm* Minúcia, particularidade.

por.nô (de *pornográfico*) *pop* Forma reduzida de pornográfico.

por.no.gra.fi.a (*gr pórne+grafo+ia*[1]) *sf* **1** Arte ou literatura obscena. **2** Devassidão, libertinagem.

por.no.grá.fi.co (*gr pórne+grafo+ico*[2]) **1** Relativo à pornografia. **2** Em que há pornografia.

po.ro (*gr póros*) *sm* **1** *Anat* Cada um dos pequeníssimos orifícios da pele. **2** *Bot* Cada um dos diminutos orifícios existentes nas membranas animais e, às vezes, nas vegetais.

po.ro.ro.ca (*tupi pororóka*) *sf* Grande onda de maré alta que, com ruído estrondoso, sobe impetuosamente rio acima, principalmente no Amazonas.

po.ro.so (*ô*) (*poro+oso*) *adj* Que tem poros: *"É preciso que os ovos sejam depositados em um solo poroso, arenoso."* (ECG) *Pl: porosos (ó)*.

por.que (*por+que*) *conj* Em razão de, pelo motivo de, visto que: *Não fui à escola porque choveu muito*. *Cf porquê*.

por.quê (de *porque*) *sm* Causa, motivo, razão: *Não sei o porquê de tanta violência*. *Cf porque*.
Além dos casos citados acima (**porque** e **porquê**), ainda há o advérbio interrogativo **por que**, que não deve ser confundido com o **por que** de frases como: *A avenida por que vim estava interditada*. Nesse caso, o **que** é pronome relativo, podendo ser substituído por *o qual, os quais, a qual, as quais*. O advérbio interrogativo **por que** leva acento quando encerra a frase. *Estava deprimido sem saber por quê*.

por.quei.ro (*porco+eiro*) *sm* Guardador, tratador ou negociante de porcos: *"Antes fosse porqueiro!"* (VPB)

por.qui.nho-da-ín.dia *sm Zool* Pequeno mamífero roedor; cobaia. *Pl: porquinhos-da-índia*.

por.ra (*ô*) (*cast porra*) *sf pop* Esperma, sêmen. • *interj gír e pop* Exprime espanto, aborrecimento, impaciência etc.

por.ra.da (*porra+ada*[1]) *sf vulg* **1** Bordoada, cacetada. **2** Grande quantidade de coisas ou pessoas. **3** Pancada no rosto dada com a mão; soco.

por.re (*ô*) (de *porrão*) *sm pop* **1** Bebedeira. **2** *gír* Aborrecimento, chateação.

por.re.ta.da (*porrete+ada*[1]) *sf* Pancada com porrete; cacetada.

por.re.te (*ê*) (*porra+ete*) *sm* Cacete com uma das extremidades arredondada.

por.ta (*ô*) (*lat porta*) *sf* **1** Abertura na parede para permitir a entrada e a saída. **2** Peça de madeira ou outro material que serve para fechar essa abertura. **3** Peça com que se fecham certos móveis, veículos etc. *Dim: portinha, portinhola*.

por.ta-a.vi.ões *sm sing+pl* **1** Navio de guerra com aviões. **2** Convés equipado para a decolagem e descida de aviões.

por.ta-ban.dei.ra *s m+f* Pessoa que leva a bandeira de uma corporação militar, colégio, desfile etc. *Pl: porta-bandeiras*.

por.ta-cha.ves *sm sing+pl* **1** Corrente em que se trazem as chaves; chaveiro. **2** Quadro com ganchos, fixado na parede da portaria dos hotéis, pensões etc., em que se dependuram as chaves dos quartos ou apartamentos.

por.ta.dor (*lat portatore*) *adj* Diz-se de pessoa ou coisa que leva ou conduz. • *sm* **1** Pessoa que, em nome de outra, leva a qualquer destino carta, encomenda etc. **2** Possuidor de título ou ação pagos a quem os apresente. **3** *Med* Indivíduo que hospeda em seu corpo os organismos específicos de uma doença sem sintomas manifestos e assim age como veículo ou distribuidor da doença.

por.ta-es.tan.dar.te *s m+f* Porta-bandeira. *Pl: porta-estandartes*.

por.ta-joi.as (*ó*) *sm sing+pl* Caixinha para guardar joias.

por.tal (*porta+al*[1]) *sm* **1** Entrada principal de um edifício. **2** Parte fixa da porta; batente. **3** Fachada principal de um edifício. **4** *Inform* Site que oferece serviços diversos.

por.ta-lu.vas *sm sing+pl* Compartimento no painel do automóvel para guardar pequenos objetos de uso pessoal.

por.ta-ma.las *sm sing+pl* Compartimento

por.ta-ní.queis *sm sing+pl* Bolsinha para moedas.

por.tan.to (*por+tanto*) *conj* Em vista disso, logo, por conseguinte, por isso: *Ninguém me convidou; portanto, não vou à festa.*

por.tão (*porta+ão²*) *sm* **1** Porta grande. **2** Porta ou grade de ferro, madeira ou outro material que fecha a abertura de um muro que separa uma residência ou um edifício da rua.

por.tar (*lat portare*) *vtd* **1** Levar; carregar; conduzir. *vpr* **2** Comportar-se, proceder.

por.ta-re.tra.tos *sm sing+pl* Moldura em que se colocam fotos.

por.ta.ri.a (*porta+aria*) *sf* **1** Porta principal. **2** Vestíbulo de um estabelecimento onde há uma pessoa encarregada de prestar informações, receber correspondência etc. **3** Documento oficial e administrativo, contendo ordens, instruções, nomeações etc.

por.tá.til (*lat portatile*) *adj m+f* **1** Que se pode transportar facilmente. **2** Que tem pequeno volume ou pouco peso. **3** Que se desarma para mais facilmente se poder transportar.

por.ta-voz *s m+f* Pessoa que transmite as palavras ou as opiniões de outra. *Pl: porta-vozes.*

por.te (*lat portare*) *sm* **1** Ato de levar ou trazer. **2** Preço de transporte. **3** Preço da remessa de cartas, impressos ou pacotes pelo correio. **4** O aspecto físico de uma pessoa; postura do corpo. **5** Altura ou desenvolvimento de um vegetal ou animal. **6** *fig* Importância, valor.

por.tei.ra (*fem de porteiro*) *sf* Portão de propriedades rurais; cancela.

por.tei.ro (*porta+eiro*) *sm* Aquele que é encarregado de guardar a porta principal ou a portaria de uma casa, edifício ou estabelecimento.

por.to (*ô*) (*lat portu*) *sm* **1** Lugar na costa (do mar) ou num rio, lagoa etc. onde embarcações podem ancorar para estabelecer contato ou comunicação, embarcando ou desembarcando cargas ou pessoas; ancoradouro. **2** Cidade, vila etc. que tem junto um porto. **3** *fig* Lugar de refúgio, abrigo; lugar seguro. *Pl: portos (ó).*

por.to-ri.que.nho (*top Porto Rico+enho*) *adj* Relativo a Porto Rico (América Central). • *sm* O natural ou habitante de Porto Rico. *Pl: porto-riquenhos. Var: porto--riquense.*

por.tu.á.rio (*porto+ário*) *adj* Relativo a porto. • *sm* **1** Aquele que trabalha no porto. **2** Funcionário de serviço portuário.

por.tu.guês (*lat portucalense*) *sm* **1** Habitante ou natural de Portugal (Europa). **2** Língua falada pelos portugueses, pelos brasileiros e pelos habitantes das ex-colônias de Portugal. • *adj* Pertencente ou relativo a Portugal.
Os nomes de idiomas são escritos com inicial minúscula: *português, alemão, francês, inglês* etc.

por.ven.tu.ra (*por+ventura*) *adv* Por acaso, talvez: *"Ele ia estragar todos os planozinhos que porventura tivessem."* (MC)

por.vir (*por+vir*) *sm* O tempo que está para vir; o futuro.

po.sar (*fr poser*) *vint* e *vti* **1** Colocar-se em posição para se deixar fotografar ou pintar. **2** Servir de modelo para pintura ou escultura. **3** Assumir dada atitude ou caráter, geralmente para iludir ou impressionar.

po.se (*ô*) (*fr pose*) *sf gal* **1** Postura de quem se deixa fotografar, pintar ou servir de modelo a um pintor ou escultor. **2** Postura estudada, afetada, artificial. **3** *Fot* Tempo de exposição de mais de um segundo de duração.

pos.fá.cio (*pós+lat fatio*, discurso) *sm* Advertência, nota ou comentário colocado no final de um livro. *Antôn: prefácio.*

pós-fi.xa.do (*pós+fixado*) Diz-se de um investimento que tem seu rendimento calculado quando termina o prazo de aplicação. *Pl: pós-fixados.*

pós-gra.du.a.ção (*pós-graduar+ção*) *sf* Grau de ensino superior para aqueles que já concluíram a graduação. *Pl: pós-graduações.*

pós-gra.du.ar (*pós+graduar*) *vtd* **1** Conferir título de pós-graduação a. *vpr* **2** Adquirir esse título.

po.si.ção (*lat positione*) *sf* **1** Localização. **2** Disposição, arranjo. **3** Situação econômica, moral, social etc.

po.si.ci.o.na.men.to (*posicionar+mento*) *sm* Ato ou efeito de posicionar(-se).

po.si.ci.o.nar (*posição+ar¹*) *vtd* **1** Pôr em posição: *"Coloca o instrumento sob o queixo e posiciona seu arco."* (ANB) *vpr* **2** Tomar posição; situar-se: *"Posicionou-se a uma distância de cem passos do local."* (HPP)

po.si.ti.vi.da.de (*positivo+i+dade*) *sf* **1** Qualidade ou estado do que é positivo. **2** *Fís* Estado ou condição dos corpos em que se apresentam os fenômenos da eletricidade positiva.

po.si.ti.vo (*lat positivu*) *adj* **1** Que se baseia em fatos e na experiência. **2** Afirmativo, decisivo. **3** Que não admite dúvida; indiscutível, inequestionável. **4** Certo, real, verdadeiro. **5** *Mat* Diz-se da quantidade maior que zero. • *sm* **1** O que é certo, claro, real. **2** *Fot* Imagem fotográfica em que as luzes e as sombras são iguais às do original.

pós-me.ri.di.a.no (*lat postmeridianu*) *adj* Posterior ao meio-dia; que se realiza ou vem depois do meio-dia. *Pl*: pós-meridianos.

po.so.lo.gi.a (*gr pósos+logo+ia¹*) *sf Farm* Indicação da dose recomendada para um medicamento.

pos.por (*lat postponere*) *vtdi* **1** Pôr depois: *"A essa narração técnica, Orson Welles pospôs uma narração dramática nova."* (FSP) *vtd* **2** Deixar para mais tarde; adiar. Conjuga-se como *pôr*. *Antôn*: antepor.

pós-pro.du.ção (*pós+produção*) *sf Cin* e *Telev* Processo de edição final de um vídeo ou animação, no qual são adicionados os títulos e finalizadas as sequências. *Pl*: pós-produções.

pos.san.te (de *possar*) *adj m+f* **1** Forte, robusto, vigoroso. **2** Poderoso. **3** Grande, majestoso.

pos.se (*lat posse*) *sf* **1** Retenção de uma coisa ou de um direito. **2** Estado de quem tem uma coisa em seu poder. **3** Investidura em cargo público. **4** *por ext* A solenidade decorrente dessa investidura. *sf pl* **5** Bens. **6** Meios de vida. **7** Alcance, capacidade.

pos.sei.ro (*posse+eiro*) *adj+sm* **1** *Dir* Que ou aquele que se encontra na posse legal de certa área de terras. **2** Que ou indivíduo que ocupa terras sem título.

pos.ses.são (*lat possessione*) *sf* **1** Algo que se possui. **2** Colônia: *"As muitas possessões que Portugal mantinha na África e na Ásia."* (AL) **3** Estado em que o corpo ou a mente se encontram dominados por uma força exterior: *"Em certos casos de possessão, não precisava nem a presença física do nosso santo fundador."* (BDI)

pos.ses.si.vo (*lat possessivu*) *adj* **1** Que indica posse. **2** Relativo a posse. **3** *Gram* Diz-se do pronome que indica posse. • *sm Gram* Qualquer pronome que indica posse.

pos.ses.so (*lat possessu*) *adj* **1** Possuído do demônio; endemoninhado. **2** No auge da irritação, fora de si.

pos.si.bi.li.da.de (*lat possibilitate*) *sf* Qualidade de possível.

pos.si.bi.li.tar (*lat possibile*) *vtd* Tornar possível.

pos.sí.vel (*lat possibile*) *adj m+f* **1** Que pode ser, existir, acontecer, fazer-se ou praticar-se. **2** Provável. • *sm* **1** Aquilo que é possível. **2** Todo o empenho ou esforço.

pos.su.i.dor (*possuir+dor*) *adj* Que possui. • *sm* **1** O que possui. **2** Dono, proprietário.

pos.su.ir (*lat possidere*) *vtd* **1** Ter a posse de, ter como propriedade, ter em seu poder. **2** Desempenhar, desfrutar, exercer. **3** Conter, encerrar. **4** Ser dotado de. **5** Gozar, desfrutar. **6** Ter relação sexual com. *Conjug* – *Pres indic*: possuo, possuis, possui, possuímos, possuís, possuem; *Pret perf*: possuí, possuíste, possuiu, possuímos, possuístes, possuíram; *Pret imp indic*: possuía, possuías, possuía, possuíamos, possuíeis, possuíam; *Pret mais-que-perf*: possuíra, possuíras, possuíra, possuíramos, possuíreis, possuíram; *Fut pres*: possuirei, possuirás, possuirá, possuiremos, possuireis, possuirão; *Fut pret*: possuiria, possuirias, possuiria, possuiríamos, possuiríeis, possuiriam; *Pres subj*: possua, possuas, possua, possuamos, possuais, possuam; *Pret imp subj*: pos-suísse, possuísses, possuísse, possuíssemos, possuísseis, possuíssem; *Fut subj*:

possuir, possuíres, possuir, possuirmos, possuirdes, possuírem; Imper afirm: —, possui(Tu), possua(Você), possuamos(Nós), possuí(Vós), possuam(Vocês); Imper neg: —, Não possuas(Tu), Não possua(Você), Não possuamos(Nós), Não possuais(Vós), Não possuam(Vocês); Infinitivo impess: possuir; Infinitivo pess: possuir, possuíres, possuir, possuirmos, possuirdes, possuírem; Ger: possuindo; Part: possuído.

pos.ta (*lat* posta) *sf* Pedaço de carne, peixe etc.; naco, fatia.

pos.ta.gem (*postar+agem*) *sf* Ato ou efeito de postar; pôr no correio.

pos.tal (*posta+al¹*) *adj m+f* Relativo ao correio. • *sm* Cartão-postal.

pos.tar (*posta+ar¹*) *vtd* Pôr no correio.

pos.te (*lat* poste) *sm* Peça comprida de madeira, ferro ou concreto, fincada no solo, destinada a suportar fios elétricos, telegráficos ou telefônicos, lâmpadas de iluminação etc.

pôs.ter (*ingl* poster) *sm* Impresso em forma de cartaz. *Pl*: pôsteres.

pos.ter.gar (*lat* tardio *postergare*) *vtd* **1** Deixar para trás; pospor, preterir: *O diretor vive postergando a decisão de dar aumento aos funcionários.* **2** Transgredir; deixar de cumprir. **3** Passar por alto; omitir.

pos.te.ri.da.de (*lat posteritate*) *sf* **1** Série de indivíduos que têm um ancestral comum. **2** Celebridade ou glorificação futura. **3** O tempo futuro.

pos.te.ri.or (*lat posteriore*) *adj m+f* **1** Que está ou vem depois; ulterior. **2** Situado atrás; que ficou atrás. *Antôn*: anterior.

pos.ti.ço (*posto+iço*) *adj* **1** Que se pode pôr ou tirar. **2** Artificial, falso. **3** Afetado, fingido.

pos.to (*lat positu, part de pôr*) *adj* **1** Que se pôs; colocado. **2** Apresentado. **3** Desaparecido (o Sol). • *sm* **1** Estabelecimento que vende gasolina, álcool etc. **2** Alojamento ou estação de tropas ou de guardas policiais. **3** Cargo, emprego. **4** Local de um serviço público: *Posto de saúde*.

pós.tu.mo (*lat postumu*) *adj* **1** Posterior à morte de alguém. **2** Diz-se de obra publicada após a morte do autor.

pos.tu.ra (*lat positura*) *sf* **1** Colocação, disposição, posição do corpo: *"Não perdia a postura, só desabava quando não suportava mais a pressão."* (BE); *"A postura grave de Maria Eugênia."* (ACM) **2** Atitude, posição: *"O PSD deve assumir uma postura de independência nesta delicada conjuntura."* (AGO) ; *"Conhecimento e autoridade resumiam a postura do cientista Oswaldo Cruz."* (SAT) **3** Ação ou efeito de pôr ovos: *As galinhas já começaram a postura.*

po.su.do (*pose+udo¹*) *adj+sm pop* Que ou quem faz pose; cheio de si; arrogante.

po.tás.sio (*lat cient potassiu*) *sm Quím* Elemento metálico de número atômico 19 e símbolo K.

po.tá.vel (*lat potabile*) *adj m+f* Que se pode beber.

po.te (*provençal pot*) *sm* Recipiente, geralmente arredondado, de qualquer material e de tamanho variável, usado para líquidos, alimentos etc.

po.tên.cia (*lat potentia*) *sf* **1** Poder, força. **2** Robustez, vigor. **3** Poderio, autoridade. **4** Nação soberana. **5** *Biol* Vigor sexual. **6** *Mat* Produto de fatores iguais (*p ex*, $7^3 = 7 \times 7 \times 7$). **7** *Radiotécn* Capacidade de alcance das emissoras, expressa em watts e quilowatts.

po.ten.ci.a.ção (*potenciar+ção*) *sf Mat* Elevação a potências.

po.ten.ci.al (*potência+al¹*) *adj m+f* **1** Pertencente ou relativo a potência. **2** Possível, virtual. • *sm* **1** Força total dos meios disponíveis para certo fim. **2** *fig* Capacidade de realização.

po.ten.te (*lat potente*) *adj m+f* **1** Poderoso. **2** Ativo, enérgico. **3** Forte, enérgico. **4** Que tem som forte.

po.ti.guar (*tupi potín uára*) *adj+sm* Rio-grandense-do-norte.

pot-pourri (*pô-purri*) (*fr*) *sm* **1** *Mús* Trechos de músicas diferentes, executados de modo a formar um todo. **2** *por ext* Mistura de coisas diferentes.

po.tran.ca (*fem de potranco*) *sf* Égua com menos de dois anos.

po.tro (*ó*) (*lat vulg *pullitru*) *sm* Cavalo novo, aos três anos aproximadamente.

pou.ca-ver.go.nha *sf pop* **1** Falta de vergonha; descaramento. **2** Ato vergonhoso; imoralidade. *Pl: poucas-vergonhas*.

pou.co (*lat paucu*) *pron adj* **1** Em pequena quantidade. **2** Escasso, limitado. *Sup abs sint: pouquíssimo*. • *adv* Não muito; insuficientemente. • *sm* **1** Pequena quantidade. **2** Pequeno espaço de tempo. **3** Coisa de pequena importância ou valor.

pou.co-ca.so *sm* Desprezo, desdém: *Não se deve fazer pouco-caso de quem comete algum erro. Pl: poucos-casos*.

pou.pan.ça (de *poupar*) *sf* **1** Ação ou efeito de poupar ou economizar; economia. **2** *Econ* Depósito bancário em que o dinheiro rende correção monetária e juros.

pou.par (*lat palpare*) *vtd* **1** Economizar; gastar moderadamente. *vtd* **2** Não desperdiçar. *vtd* **3** Não sacrificar. *vpr* **4** Evitar esforços; deixar de realizar ou cumprir. *vint* **5** Viver com economia. *vtdi* **6** Evitar; não tirar; deixar de aplicar.

pou.sa.da (*pousar+ada*¹) *sf* **1** Ato ou efeito de pousar. **2** Estalagem, hospedaria. **3** Lugar que serve de pouso por uma noite; pernoite.

pou.sar (*lat pausare*) *vtd* **1** Pôr, assentar, descansar. *vti* e *vint* **2** Empoleirar-se. *vti* **3** Aterrissar. *vti*, *vint* e *vpr* **4** Hospedar-se em lugar onde possa pernoitar. *vtdi* **5** Fixar o olhar.

pou.so (de *pousar*¹) *sm* **1** Aterrissagem. **2** Lugar onde se pousa, onde alguma pessoa ou coisa está ou costuma estar.

po.va.réu (de *povo*) *sm* Grande multidão.

po.vo (ô) (*lat populu*) *sm* **1** Conjunto de pessoas que constituem uma tribo, raça ou nação. **2** Conjunto de habitantes de um país, de uma região, cidade, vila ou aldeia. **3** Grande número de pessoas; multidão. *Pl: povos (ó). Dim irreg, deprec: poviléu*.

po.vo.a.ção (*lat populatione*) *sf* **1** Os habitantes de um lugar. **2** Lugarejo, povoado.

po.vo.a.do (*part* de *povoar*) *adj* Que se povoou. • *sm* Vilarejo, aldeia.

po.vo.ar (*povo+ar*¹) *vtd* **1** Formar povoação em; tornar povoado. *vtd* **2** Habitar, ocupar. *vtd* e *vti* **3** Encher, dotar, prover. Conjuga-se como *coar*.

pra.ça (*lat platea*) *sf* **1** Lugar público e espaçoso. **2** Conjunto das casas comerciais e bancárias de uma cidade. *sm* **3** *pop* Soldado raso.

pra.ci.nha (*praça+inha*) *sm* Soldado da Força Expedicionária Brasileira que esteve na Segunda Guerra Mundial; praça (acepção 3).

pra.da.ri.a (*prado+aria*) *sf* **1** Região de prados. **2** Grande planície coberta de gramíneas próprias para pastagem: *"Paisagem de um céu fumacento, imensas pradarias amarelentas pela seca."* (VER)

pra.do (*lat pratu*) *sm* **1** Terreno coberto de plantas herbáceas próprias para pastagem. **2** Hipódromo.

pra.ga (*lat plaga*) *sf* **1** Expressão com que se rogam males contra alguém; maldição. **2** O mal que se roga a alguém. **3** Calamidade, grande desgraça. **4** Pessoa ou coisa importuna. **5** Nome genérico que se dá aos insetos e moléstias que atacam os animais e as plantas; erva daninha.

pra.gue.jar (*praga+ejar*) *vti* e *vint* **1** Dizer pragas; dizer ofensas e palavrões: *"Pragueja a meia-voz contra os mata-cachorros."* (OSD); *"A multidão se espalhava praguejando amedrontada."* (BOI) *vti* **2** Falar mal; difamar. Conjuga-se como *solfejar*.

pra.gui.ci.da (*praga+cida*) *adj+sm Agr* Diz-se do ou o produto químico de ação no combate às pragas da lavoura: *"A inexistência de pragas deve-se à aplicação do praguicida certo em quantidade adequada."* (QUI)

prai.a (*lat plaga*) *sf* **1** Beira levemente inclinada de um oceano, mar, lago ou rio, coberta de areia, pedregulho ou fragmentos de rocha. **2** Região banhada pelo mar; litoral.

prai.a.no (*praia+ano*) *adj* Relativo a ou situado na praia. • *adj+sm* Diz-se do ou o habitante da praia ou litoral.

pran.cha (*fr planche*) *sf* **1** Tábua grossa e larga. **2** *Esp* Peça chata, longa e estreita, de madeira, fibras etc., usada para natação ou surfe. **3** *pop* Pé grande e espalmado.

pran.che.ta (ê) (*prancha+eta*) *sf* **1** Pequena prancha para apoiar o papel quando se escreve. **2** Mesa para desenhar.

pran.te.ar (*pranto+e+ar*¹) *vint* **1** Derramar lágrimas; chorar: *"As mulheres da cozi-*

nha agora choramingavam, pranteavam baixinho." (COB) vtd **2** Derramar pranto por (alguém ou alguma coisa); lastimar: "Não podemos apenas contentar-nos em prantear aqueles que faleceram, vítimas de atos de terror." (MS) Conjuga-se como *frear*.

pran.to (*lat planctu*) *sm* **1** Choro, lágrimas: "Uma mulher em pranto." (EM) **2** Queixa, lamentação.

pra.ta (*lat vulg *platta*) *sf* **1** *Quím* Elemento metálico, muito maleável, de número atômico 47 e símbolo Ag. **2** Moeda, baixelas etc. feitas com esse metal.

pra.ta.da (*prato+ada*¹) *sf* **1** Aquilo que um prato pode conter. **2** Prato cheio.

pra.ta.ri.a¹ (*prato+aria*) *sf* Grande número de pratos.

pra.ta.ri.a² (*prata+aria*) *sf* **1** Conjunto de utensílios de prata. **2** Baixela de mesa, de prata.

pra.te.a.do (*part* de *pratear*) *adj* **1** Folhado de prata ou coberto de uma solução de prata. **2** Branco e brilhante como a prata. • *sm* A cor da prata.

pra.te.ar (*prata+e+ar*¹) *vtd* **1** Revestir de uma camada de prata. **2** Dar a cor, o aspecto e o brilho da prata a. Conjuga-se como *frear*.

pra.te.lei.ra (*pratel+eira*) *sf* **1** Cada uma das tábuas divisórias horizontais dentro de um armário, estante etc. **2** Tábua fixa horizontalmente a uma parede, para colocar objetos.

prá.ti.ca (*gr praktiké*) *sf* **1** Ação ou efeito de praticar. **2** Capacidade adquirida com a experiência. **3** Uso, costume, hábito.

pra.ti.can.te (de *praticar*) *adj* e *s m+f* **1** Que ou pessoa que pratica, ou se vai exercitando em alguma arte ou profissão. **2** Que ou pessoa religiosa que cumpre os mandamentos de Deus.

pra.ti.car (*prática+ar*¹) *vtd* **1** Levar a efeito; realizar; executar; cometer. *vtd* **2** Exercer; fazer. *vtd* **3** Exercitar-se em uma profissão. *vtd* **4** Ler ou estudar constantemente. *vint* **5** Adquirir prática ou experiência.

prá.ti.co (*gr praktikós*) *adj* **1** Que resulta de prática ou ação. **2** Perito, experiente. **3** Funcional. • *sm* **1** Homem experimentado. **2** O que exerce profissão liberal sem ser diplomado.

pra.to (*lat platu*) *sm* **1** Peça, geralmente redonda e rasa (de porcelana, metal, plástico etc.), em que se come ou serve a comida. **2** Cada uma das iguarias que constituem uma refeição. **3** *por ext* Alimentação; comida. **4** Cada uma das conchas da balança. *Aum:* pratázio. *Dim irreg:* pratel. *Col:* baixela. *sm pl* **5** Instrumento musical constituído por duas peças circulares de metal sonante.

pra.xe (*lat praxe*) *sf* **1** O que habitualmente se pratica; uso estabelecido. **2** Etiqueta.

pra.zen.tei.ro (*prazente+eiro*) *adj* **1** Que revela prazer; alegre, jovial. **2** Afável, simpático, agradável.

pra.zer (*lat placere*) *vti* Agradar, satisfazer. • *sm* **1** Alegria, contentamento. **2** Gosto, satisfação, sensação agradável; gozo. **3** Boa vontade; agrado. **4** Distração, divertimento. *Antôn* (acepções 1 e 2): tristeza, dor, aflição. *Conjug* – *Pres indic:* (*Eu*)—, (*Tu*)—, (*Ele*)praz, (*Nós*)—, (*Vós*)—, (*Eles*) prazem; *Pret perf:* (*Eu*)—, (*Tu*)—, (*Ele*)prouve, (*Nós*)—, (*Vós*)—, (*Eles*) prouveram; *Pret imp indic:* (*Eu*)—, (*Tu*)—, (*Ele*)prazia, (*Nós*)—, (*Vós*)—, (*Eles*) praziam; *Pret mais-que-perf:* (*Eu*)—, (*Tu*)—, (*Ele*)prouvera, (*Nós*)—, (*Vós*)—, (*Eles*)prouveram; *Fut pres:* (*Eu*)—, (*Tu*)—, (*Ele*)prazerá, (*Nós*)—, (*Vós*)—, (*Eles*)prazerão; *Fut pret:* (*Eu*)—, (*Tu*)—, (*Ele*)prazeria, (*Nós*)—, (*Vós*)—, (*Eles*) prazeriam; *Pres subj:* (*Eu*)—, (*Tu*)—, (*Ele*)praza, (*Nós*)—, (*Vós*)—, (*Eles*)prazam; *Pret imp subj:* (*Eu*)—, (*Tu*)—, (*Ele*)prouvesse, (*Nós*)—, (*Vós*)—, (*Eles*)prouvessem; *Fut subj:* (*Eu*)—, (*Tu*)—, (*Ele*)prouver, (*Nós*)—, (*Vós*)—, (*Eles*)prouverem; *Imper afirm:* —, —(*Tu*), praza(*Você*), —(*Nós*), —(*Vós*), prazam(*Vocês*); *Imper neg:* —, Não—(*Tu*), Não praza(*Você*), Não—(*Nós*), Não—(*Vós*), Não prazam(*Vocês*); *Infinitivo impess:* prazer; *Infinitivo pess:* prazer, prazerem; *Ger:* prazendo; *Part:* prazido.

pra.ze.ro.so (ô) (*prazer+oso*) **1** Em que

há prazer. **2** Que causa prazer. *Pl: prazerosos (ó).*

pra.zo (*lat placitu*) *sm* **1** Espaço de tempo convencionado, dentro do qual deve ser realizada alguma coisa. **2** Tempo determinado.

pré- ou **pre** (*lat prae*) *pref* Exprime: a) antecedência, antecipação: *preâmbulo;* b) preferência, superioridade: *predominância.*

pre.á (*tupi apereá*) *sm Zool* Nome comum a várias espécies de pequenos roedores; cobaia.

pre.a.mar (*lat plena mare*) *sf* O ponto mais alto a que sobe a maré.

pre.âm.bu.lo (*lat praeambulu*) *sm* Introdução, exposição inicial: *"Os documentos exigidos deverão ter validade na data marcada no preâmbulo deste Edital."* (FSP)

pre.cá.rio (*lat precariu*) *adj* **1** Incerto, duvidoso. **2** Minguado, difícil. **3** Insuficiente, escasso. **4** Frágil, débil.

pre.ca.tó.rio (*lat precatoriu*) *adj* Em que se pede alguma coisa. • *sm* Documento precatório; carta precatória.

pre.cau.ção (*lat praecautione*) *sf* **1** Prevenção; cuidado antecipado. **2** Prudência. *Antôn:* descuido.

pre.ca.ver (*lat praecavere*) *vtd* Acautelar(-se) antecipadamente; prevenir(-se). *Conjug* – verbo defectivo; conjugado somente nas formas arrizotônicas. *Conjug – Pres indic: (Eu)*—, *(Tu)*—, *(Ele)*—, *(Nós)* precavemos, *(Vós)* precaveis, *(Eles)*—; *Pret perf:* precavi, precaveste, precaveu, precavemos, precavestes, precaveram; *Pret imp indic:* precavia, precavias, precavia, precavíamos, precavíeis, precaviam; *Pret mais-que-perf:* precavera, precaveras, precavera, precavêramos, precavêreis, precaveram; *Fut pres:* precaverei, precaverás, precaverá, precaveremos, precavereis, precaverão; *Fut pret:* precaveria, precaverias, precaveria, precaveríamos, precaveríeis, precaveriam; *Pres subj: (Eu)*—, *(Tu)*—, *(Ele)*—, *(Nós)*—, *(Vós)*—, *(Eles)*—; *Pret imp subj:* precavesse, precavesses, precavesse, precavêssemos, precavêsseis, precavessem; *Fut subj:* precaver, precaveres, precaver, precavermos, precaverdes, precaverem; *Imper afirm:* —, —*(Tu)*, —*(Você)*, —*(Nós)*, precavei*(Vós)*, —*(Vocês)*; *Imper neg:* —, Não—*(Tu)*, Não—*(Você)*, Não—*(Nós)*, Não—*(Vós)*, Não—*(Vocês)*; *Infinitivo impess:* precaver; *Infinitivo pess:* precaveres, precaver, precavermos, precaverdes, precaverem; *Ger:* precavendo; *Part:* precavido.

pre.ce (*lat prece*) *sf* Oração, reza.

pre.ce.den.te (*lat praecedente*) *adj m+f* **1** Que precede ou antecede. **2** Que está antes de outra coisa do mesmo gênero; anterior. *Antôn:* subsequente. • *sm* Procedimento ou critério usado anteriormente.

pre.ce.der (*lat praecedere*) *vtd* **1** Estar, ir, vir adiante de. *vti* e *vint* **2** Adiantar-se, antepor-se. *vtd* **3** Existir antes; viver numa época anterior.

pre.cei.to (*lat praeceptu*) *sm* **1** Ordem ou mandamento; prescrição. **2** Regra de proceder; norma. **3** Doutrina, ensinamento.

pre.cep.tor (*lat praeceptore*) *sm* O encarregado da instrução de uma criança ou de um jovem: *"O preceptor podia desfrutar de um merecido repouso."* (FSP)

pre.ci.o.si.da.de (*lat pretiositate*) *sf* **1** Qualidade de precioso. **2** Coisa preciosa; objeto de muito valor.

pre.ci.o.so (ô) (*lat pretiosu*) *adj* **1** De alto preço ou grande valor. **2** Muito útil; de máxima serventia. **3** Importante, valiosíssimo. **4** Delicadíssimo, fino, magnífico, muito belo. *Pl: preciosos (ó).*

pre.ci.pí.cio (*lat praecipitiu*) *sm* **1** Lugar muito íngreme; despenhadeiro. **2** Abismo.

pre.ci.pi.ta.ção (*lat praecipitatione*) *sf* **1** Ato ou efeito de precipitar(-se). **2** Pressa exagerada no movimento, no procedimento, na ação: *"Era preciso esperar um pouco, agir sem precipitação."* (A) **3** *Meteor* Quantidade de chuva caída: *"A formação das precipitações está ligada à ascensão das massas de ar."* (HID)

pre.ci.pi.ta.do (*part de precipitar*) *adj* **1** Feito com precipitação. **2** Que não reflete; apressado, imprudente. **3** Repentino, abrupto.

pre.ci.pi.tar (*lat praecipitare*) *vpr* **1** *fig* Lançar-se, atirar-se em. *vpr* **2** Atirar-

-se de cima para baixo. *vpr* **3** *Meteor* Condensar-se (a umidade atmosférica) e cair como chuva ou neve. *vpr* **4** Proceder com precipitação. *vtd* **5** Apressar muito; acelerar. *vtd* **6** Fazer chegar antes do tempo; antecipar.

pre.ci.são (*lat praecisione*) *sf* **1** Falta ou insuficiência de alguma coisa necessária ou útil. **2** Necessidade, urgência. **3** Qualidade daquilo que é exato; exatidão.

pre.ci.sar (*preciso+ar¹*) *vtd* e *vti* **1** Ter necessidade de; carecer. *vint* **2** Ser necessário. *vtd* **3** Calcular com exatidão. *vtd* **4** Indicar de modo preciso.

pre.ci.so (*lat praecisu*) *adj* **1** Necessário. **2** Certo, exato, fixo. **3** Certeiro (tiro). **4** Claro, distinto.

pre.ço (ê) (*lat pretiu*) *sm* **1** Valor em dinheiro de uma mercadoria ou de um trabalho. **2** Avaliação em dinheiro. **3** Aquilo que se dá, se sacrifica ou se obtém em troca de alguma coisa.

pre.co.ce (*lat praecoce*) *adj m+f* **1** Que floresce, frutifica ou amadurece antes do tempo; prematuro, temporão. **2** Adiantado no desenvolvimento, especialmente no desenvolvimento mental.

pre.con.ce.ber (*pre+conceber*) *vtd* Conceber antecipadamente; supor com antecipação.

pre.con.cei.to (*pre+conceito*) *sm* **1** Conceito ou opinião formados antes de ter os conhecimentos adequados. **2** Superstição que obriga a certos atos ou impede que eles se pratiquem. **3** Antipatia ou aversão a outras raças, religiões, classes sociais etc.

pre.con.cei.tu.o.so (ô) (*preconceito+oso*) *adj* **1** Que envolve preconceito. **2** Cheio de preconceitos. *Pl:* preconceituosos (ó).

pre.co.ni.zar (*lat preconizare*) *vtd* **1** Apregoar com louvor, elogiar demasiadamente: *Preconizar um escritor.* **2** Proclamar, anunciar: *Preconizar uma notícia.* **3** Aconselhar, recomendar (com elogios): *"Entre as sugestões apresentadas, houve a que preconiza a criação de Centro de Pesquisas, subvencionado pelas indústrias."* (PT)

pre.cur.sor (*lat praecursore*) *adj+sm* **1** Que ou o que precede outra coisa e anuncia ou faz prever a sua aproximação. **2** Que ou aquele que vem adiante anunciar um sucesso ou a chegada de alguém. • *sm* Pioneiro. *Cf percursor.*

pre.da.dor (*lat praedatore*) *Zool* Diz-se do animal que mata a presa para alimentar-se. • *sm* **1** Animal predador. **2** Qualquer agente que destrói o ambiente em que atua, ou elementos dele.

pré-da.ta.do (*part* de *pré+datar*) *adj* Diz-se do documento a que se colocou data futura: *Cheque pré-datado. Pl:* pré-datados..

pré-da.tar (*pré+data+ar¹*) *vtd* Colocar data futura em; datar de antemão.

pre.da.tó.rio (*lat praedatoriu*) *adj* Que depreda; que estraga: *"A planta recebe proteção através do comportamento predatório que as formigas exercem sobre o corpo do vegetal."* (FSP)

pre.de.ces.sor (*lat praedecessor*) *sm* Antecessor.

pre.des.ti.na.ção (*lat praedestinatione*) *sf* Ato ou efeito de predestinar, ou o estado resultante.

pre.des.ti.nar (*lat praedestinare*) *vtd* **1** Destinar antes. **2** Escolher alguém para um certo destino.

pre.de.ter.mi.na.do (*part* de *predeterminar*) *adj* Que se predeterminou.

pre.de.ter.mi.nar (*pre+determinar*) *vtd* Determinar antecipadamente.

pre.di.al (*prédio+al¹*) *adj m+f* Relativo a prédio ou prédios.

pre.di.ca.ção (*lat praedicatione*) *sf Gram* Ligação existente entre o sujeito e o predicado: *Mauro estuda* (a predicação ou a qualidade de estudar refere-se ao sujeito, Mauro).

pre.di.ca.do (*lat praedicatu*) *sm* **1** Qualidade; característica. **2** Atributo, virtude. **3** *Gram* Aquilo que se diz do sujeito (ação, qualidade, estado): *Laura é esforçada* (predicado = esforçada).

pre.di.ção (*lat praedictione*) *sf* Ato ou efeito de predizer; prognóstico.

pre.di.ca.ti.vo (*lat praedicativu*) *adj+sm Gram* Diz-se do ou o atributo do objeto ou do sujeito que completa a significação do verbo: *Laura é esforçada* (predicativo = esforçada).

pre.di.le.ção (*lat vulg *praedilectione*) *sf*

1 Gosto único por alguma coisa ou por alguém. **2** Paixão ou afeição; preferência.

pre.di.le.to (*lat vulg *praedilectu*) *adj+sm* **1** Que ou aquele que é estimado ou querido com preferência. **2** Que ou aquilo que é preferido.

pré.dio (*lat praediu*) *sm* **1** Imóvel rural ou urbano. **2** Edifício.

pre.dis.por (*pre+dispor*) *vtd* e *vpr* **1** Dispor(-se) antecipadamente. **2** Inclinar(-se) para alguma coisa. Conjuga-se como *pôr*.

pre.dis.po.si.ção (*pre+disposição*) *sf* **1** Disposição ou tendência natural para; aptidão, vocação, inclinação. **2** Tendência especial do organismo para determinada doença.

pre.di.zer (*lat praedicere*) *vtd* **1** Prever: *"Umidade e pressão com o espaço e o tempo, podendo-se predizer o clima, para estabelecer melhores rotas marítimas."* (OCE) **2** Profetizar: *"Periodicamente os homens predizem que os bons tempos acabaram."* (FSP) Conjuga-se como *dizer*.

pre.do.mi.nân.cia (*predominante+ia²*) *sf* Domínio sobre algo; predomínio.

pre.do.mi.nan.te (de *predominar*) *adj m+f* Que predomina; que exerce predomínio; preponderante.

pre.do.mi.nar (*pre+dominar*) *vti* **1** Prevalecer. *vtd* **2** Exercer domínio sobre; sobrepujar. *vti* **3** Sobressair.

pre.do.mí.nio (*pre+domínio*) *sm* Preponderância, supremacia; predominância.

pre.en.cher (*pre+encher*) *vtd* **1** Encher completamente (espaço, vão etc.). **2** Desempenhar bem (cargo ou função). **3** Cumprir, satisfazer plenamente (exigências, condições, fins etc.). **4** Ocupar (espaço de tempo). **5** Escrever, completar lacunas de (um escrito), os claros (de um formulário).

pre.en.chi.men.to (*preencher+mento*) *sm* Ação ou efeito de preencher.

pré-es.co.lar (*pré+escolar*) *adj m+f* Anterior ao período ou à idade escolar. *Pl: pré-escolares*.

pre.es.ta.be.le.cer (*pre+estabelecer*) *vtd* Estabelecer, ordenar previamente; predeterminar.

pre.es.ta.be.le.ci.men.to (*preestabelecer+mento*) *sm* Ação de preestabelecer.

pré-es.trei.a (*pré+estreia*) *sf neol* Apresentação de uma peça teatral, ou projeção de um filme, para convidados especiais, antes da estreia oficial. *Pl: pré-estreias*.

pre.e.xis.tir (*pre+existir*) *vti* Existir anteriormente a outro; existir em tempo anterior; preceder: *"O espaço e o tempo são categorias universais que preexistem a todas as artes."* (REF)

pré-fa.bri.ca.do (*pré+fabricado*) *adj* Constituído de peças ou partes já fabricadas e prontas para armar ou montar. *Pl: pré-fabricados*.

pre.fa.ci.ar (*prefácio+ar¹*) *vtd* **1** Fazer o prefácio a (obra literária ou científica). **2** Escrever a introdução de. Conjuga-se como *premiar*.

pre.fá.cio (*lat praefatio*) *sm* Palavras de esclarecimento, justificação ou apresentação que precedem o texto de uma obra literária. *Antôn: posfácio*.

pre.fei.to (*lat praefectu*) *sm* Chefe do poder executivo de um município. *Fem: prefeita*.

pre.fei.tu.ra (*lat praefectura*) *sf* **1** Cargo de prefeito. **2** Prédio da administração municipal.

pre.fe.rên.cia (*lat praeferentia*) *sf* **1** Predileção. **2** Prioridade.

pre.fe.ren.ci.al (*preferência+al¹*) *adj m+f* Em que há preferência; que tem condição de preferência. • *sf* Via pública em que os veículos têm preferência de passagem aos que vêm de outras vias.

pre.fe.rir (*lat *praeferere*, por *praeferre*) *vtd* **1** Dar preferência a; determinar-se por, ou em favor de. *vtd* e *vti* **2** Querer antes; escolher. *vtd* **3** Ter preferência por; querer ou gostar mais. Conjuga-se como *ferir*. O verbo **preferir** já encerra ideia de **mais**, razão pela qual não se deve usar *prefiro mais*. O verbo **preferir** exige o uso da preposição **a**.
Prefere a escola ao lazer.
Pode-se também preferir alguma coisa, apenas.
Eles preferem que vocês voltem logo.

pre.fe.rí.vel (*preferir+vel*) *adj m+f* Que se pode ou deve preferir; melhor.

pre.fi.xar (*cs*) (*pre+fixar*) *vtd* Fixar com antecedência.

pre.fi.xo (cs) (lat praefixu) adj Fixado ou determinado antecipadamente. • sm 1 Gram Elemento morfológico que se agrega antes de um radical ou tema para formar nova palavra: Predizer, supermercado. 2 Sinal sonoro de breve duração que abre ou encerra as atividades periódicas de um programa de rádio ou televisão. 3 Combinação de letras e algarismos que identificam cada estação de rádio, aeronave, embarcação, localização de telefone etc. Veja nota em **afixo**.

pre.ga (lat plica) sf 1 Dobra que se faz num tecido, numa peça de vestuário. 2 Ruga defeituosa numa peça de vestuário. 3 Depressão ou dobra do terreno.

pre.ga.ção (pregar²+ção) sf 1 Ato de pregar; sermão. 2 pop Repreensão.

pre.ga.dor (pregar²+dor) adj+sm 1 Que ou o que faz pregações. 2 Que ou o que anuncia, proclama, divulga qualquer doutrina ou ideia.

pre.gão (lar praecone) sm 1 Ato de apregoar. 2 Modo como os corretores de bolsa de valores proclamam ofertas e propostas de negócios. 3 Proclamação pública.

pre.gar¹ (prego+ar¹) vtd 1 Firmar, fixar com prego. vtd 2 Fixar, unir (com pontos de costura ou por outro meio). vtd 3 Introduzir à força; cravar (prego ou qualquer objeto pontiagudo). vtd 4 Fitar; olhar fixamente. vtd e vti 5 Produzir, causar. vint 6 Ficar exausto.

pre.gar² (lat praedicare) vtd, vti e vint 1 Pronunciar sermões. vint 2 Propagar o cristianismo. vtd, vti e vtdi 3 Anunciar, ensinar sob forma de doutrina; desenvolver. vtd 4 Fazer propaganda de, proclamando, vulgarizando. vtd 5 Aconselhar, recomendar.

pre.go (ingl prick) sm 1 Haste metálica delgada, pontiaguda em uma extremidade e geralmente com cabeça na outra, a fim de fixar objetos, manter unidas peças avulsas ou pendurar nela qualquer coisa. 2 pop Casa de penhores. 3 pop Cansaço. 4 Zool Nome de certo macaco do Amazonas.

pre.gui.ça (lat pigritia) sf 1 Aversão ao trabalho. 2 Demora ou lentidão em fazer qualquer coisa; moleza. 3 Zool Mamífero desdentado, arborícola, de movimentos muito lentos.

pre.gui.ço.so (ô) (preguiça+oso) adj+sm Que ou aquele que revela ou tem preguiça. Pl: preguiçosos (ó).

pré-his.tó.ria (pré+história) sf Parte da História que estuda os tempos anteriores aos documentos escritos. Pl: pré-histórias.

pré-his.tó.ri.co (pré+histórico) adj 1 Anterior aos tempos históricos. 2 Pertencente ou relativo à pré-história. Pl: pré-históricos.

prei.to (lat placitu) sm 1 Homenagem, tributo. 2 Sujeição, vassalagem.

pre.ju.di.car (lat praejudicare) vtd 1 Causar prejuízo ou dano a; lesar. vtd 2 Tirar ou diminuir o valor de; anular. vpr 3 Sofrer prejuízo.

pre.ju.di.ci.al (lat prejudiciale) adj m+f Que causa prejuízo ou dano; nocivo. Antôn: útil, proveitoso.

pre.ju.í.zo (lat praejudiciu) sm Dano, perda.

pre.jul.gar (pre+julgar) vtd 1 Julgar com antecipação. 2 Avaliar previamente.

pre.la.do (lat praelatu) sm Título honorífico de certos dignitários da Igreja, como bispos, arcebispos etc.

pré-lan.ça.men.to (pré+lançamento) sm Lançamento antecipado (de projeto, filme, produto, obras etc.). Pl: pré-lançamentos.

pre.li.mi.nar (fr préliminaire) adj m+f Que antecede o assunto ou objeto principal. • sm 1 O que precede o assunto ou objeto principal. 2 Começo de ajuste ou acordo. sf 3 Condição prévia. 4 Esp Prova ou competição que se realiza antes da principal.

pre.lo (lat prelu) sm Tip 1 Máquina de impressão manual. 2 Máquina tipográfica de impressão; prensa.

pre.lú.dio (lat praeludiu) sm 1 Introdução, preâmbulo, prólogo: *"E se temia também a sempre perigosa independência econômica da colônia, prelúdio da política."* (H) 2 Mús Introdução instrumental ou orquestral de uma obra musical: *"Ouvia o prelúdio suave do violento concerto em sol maior."* (FAN)

pre.ma.tu.ro (lat praematuru) adj 1 Que amadurece antes do tempo próprio;

temporão. **2** Precoce. **3** Diz-se da criança que nasce antes do término normal de gestação.

pre.me.di.ta.ção (*lat praemeditatione*) *sf* **1** Ato ou efeito de premeditar. **2** Planejamento antecipado.

pre.me.di.tar (*lat praemeditari*) *vtd* Meditar, planejar, resolver antecipadamente, com reflexão: *Premeditar um crime.*

pré-mens.tru.al (*pré+menstrual*) *adj m+f* Que ocorre antes da menstruação. *Pl*: *pré-menstruais*.

pre.mi.a.ção (*premiar+ção*) *sf* Ato ou efeito de premiar.

pre.mi.ar (*lat praemiari*) *vtd* **1** Distinguir, recompensar com um prêmio a. **2** Conferir, por sorteio, prêmio a. *Conjug – Pres indic: premio, premias, premia, premiamos, premiais, premiam; Pret perf: premiei, premiaste, premiou, premiamos, premiastes, premiaram; Pret imp indic: premiava, premiavas, premiava, premiávamos, premiáveis, premiavam; Pret mais-que-perf: premiara, premiaras, premiara, premiáramos, premiáreis, premiaram; Fut pres: premiarei, premiarás, premiará, premiaremos, premiareis, premiarão; Fut pret: premiaria, premiarias, premiaria, premiaríamos, premiaríeis, premiariam; Pres subj: premie, premies, premie, premiemos, premieis, premiem; Pret imp subj: premiasse, premiasses, premiasse, premiássemos, premiásseis, premiassem; Fut subj: premiar, premiares, premiar, premiarmos, premiardes, premiarem; Imper afirm: —, premia(Tu), premie(Você), premiemos(Nós), premiai(Vós), premiem(Vocês); Imper neg: —, Não premies(Tu), Não premie(Você), Não premiemos(Nós), Não premieis(Vós), Não premiem(Vocês); Infinitivo impess: premiar; Infinitivo pess: premiar, premiares, premiar, premiarmos, premiardes, premiarem; Ger: premiando; Part: premiado.*

première (*premiér*) (*fr*) *sf* Estreia; primeira apresentação.

prê.mio (*lat praemiu*) *sm* **1** Recompensa. **2** Distinção conferida por certos trabalhos ou por certos méritos. **3** Dinheiro ou objeto de maior ou menor valor que se recebe por sorteio, rifa etc.

pre.mis.sa (alteração de *premícia*) *sf* **1** *Filos* Cada uma das duas hipóteses (premissas) de um silogismo, da qual se tira uma conclusão. **2** *por ext* Fato ou princípio que serve de base para se chegar a uma conclusão.

pré-mo.lar (*pré+molar*) *adj+sm Anat* Diz-se de ou cada um dos quatro dentes, de cada maxilar, situados entre os caninos e os molares, adaptados à trituração. *Pl*: *pré-molares*.

pre.mo.ni.ção (*lat praemonitione*) *sf Psicol* Pensamento ou sonho que parece anunciar o futuro: *"Já tive tantas vezes esse sonho, que agora eu vejo a cena acordado, como uma premonição."* (MD)

pré-na.tal (*pré+natal*) *adj m+f* Referente ao período anterior ao nascimento da criança. • *sm* Assistência médica prestada durante a gestação. *Pl*: *pré-natais*.

pren.da (*lat praebenda*) *sf* **1** Objeto que só se dá como brinde; dádiva, presente. **2** Dote, atributo.

pren.da.do (*part* de *prendar*) *adj* **1** Que tem dotes ou qualidades apreciáveis. **2** Que recebeu educação esmerada.

pren.der (*lat pignorare*) *vtd* **1** Ligar, amarrar. *vtd* **2** Firmar, fixar. *vtd* **3** Tirar a liberdade a; prender, encarcerar. *vtd* **4** Atrair. *vpr* **5** Ficar preso ou seguro; agarrar-se. *Conjug – Part: prendido* e *preso.*

pre.nhe (*lat praegnante*) *adj m+f* **1** Diz-se da fêmea no período da gestação. **2** Cheio, repleto.

pre.no.me (*lat praenomen*) *sm* Nome que precede o sobrenome; nome de batismo.

pren.sa (de *prensar*) *sf* **1** Máquina composta essencialmente de duas peças, das quais uma se move contra a outra para comprimir, achatar ou espremer qualquer objeto ou substância que entre elas se coloque. **2** *Tip* Máquina de impressão; prelo.

pren.sar (*lat prensare*) *vtd* **1** Apertar, comprimir na prensa. *vtd* e *vti* **2** Achatar, comprimir muito; esmagar, espremer.

pre.nun.ci.ar (*lat praenuntiari*) *vtd* Anunciar antecipadamente; predizer; profetizar. Conjuga-se como *premiar.*

pre.nún.cio (*lat praenuntiu*) *sm* Anúncio de coisa que há de acontecer; prognóstico.

pré-nup.ci.al (*pré+nupcial*) *adj m+f* Anterior ao casamento. *Pl: pré-nupciais*.

pre.o.cu.pa.ção (*lat praeoccupatione*) *sf* **1** Ato de preocupar ou de se preocupar. **2** Ideia fixa. **3** Inquietação resultante dessa ideia. **4** Apreensão, receio de coisa futura.

pre.o.cu.par (*lat praeoccupare*) *vtd* **1** Causar preocupação a; tornar apreensivo. *vtd* **2** Impressionar, inquietar. *vpr* **3** Ter preocupação; impressionar-se, inquietar-se.

pré-o.pe.ra.tó.rio *adj* Que antecede uma cirurgia. • *sm* Procedimentos realizados antes de uma cirurgia. *Pl: pré-operatórios*.

pre.pa.ra.ção (*lat praeparatione*) *sf* **1** Ato ou efeito de preparar ou de se preparar. **2** Operação ou processo de aprontar qualquer coisa para uso ou serviço. **3** Medida ou ação preliminar para a efetuação de qualquer coisa. **4** Coisa preparada.

pre.pa.ra.do (*part* de *preparar*) *adj* **1** Aprontado com antecedência; pronto. **2** Apto, capaz. • *sm* Produto químico ou farmacêutico.

pre.pa.rar (*lat praeparare*) *vtd, vtdi* e *vpr* **1** Aparelhar(-se), aprontar(-se), dispor(-se) antecipadamente. *vtd* **2** Planejar de antemão; premeditar. *vtd* **3** Educar, habilitar. *vtd* **4** Predispor. *vtd* **5** Armar, maquinar. *vtd* **6** Fazer segundo os processos adequados. *vtd* **7** Dosar e combinar os ingredientes para um medicamento.

pre.pa.ra.ti.vos (de *preparar*) *sm pl* Arranjos, preparação.

pre.pa.ra.tó.rio (*lat praeparatoriu*) *adj* **1** Que prepara. **2** Próprio para preparar.

pre.pa.ro (de *preparar*) *sm* **1** Preparação. **2** Cultura intelectual.

pre.pon.de.ran.te (*lat praeponderante*) *adj m+f* Que pondera.

pre.po.si.ção (*lat praepositione*) *sf* **1** Ato ou efeito de prepor; anteposição. **2** *Gram* Palavra invariável que liga duas outras, exprimindo a relação que entre elas existe.

pre.po.tên.cia (*lat praepotentia*) *sf* Abuso do poder ou da autoridade.

pre.po.ten.te (*lat praepotente*) *adj m+f* Que abusa do seu poder ou autoridade; opressor, tirano: *"Os desabafos contra os senhores prepotentes."* (FN)

pré-pro.du.ção (*pré+produção*) *sf* **1** O que antecede a produção. **2** *Cin, Telev, Rádio, Teat* e *Inform* Estágio anterior à edição de um vídeo ou título interativo, durante o qual são feitos o projeto do título e a coleta da mídia. *Pl: pré-produções*.

pre.pú.cio (*lat praeputiu*) *sm Anat* Dobra de pele que cobre a glande do pênis.

pré-re.qui.si.to (*pré+requisito*) *sm* Requisito básico, fundamental, que se exige para a continuação ou desenvolvimento de um processo. *Pl: pré-requisitos*.

prer.ro.ga.ti.va (*lat praerogativa*) *sf* **1** Direito, inerente a um ofício ou posição, de usufruir um certo privilégio ou exercer certa função: *"É certo que a opção por um dos três juízes indicados em lista tríplice é prerrogativa do Governador."* (EM) **2** Privilégio, regalia: *"Mas o Harlem tinha certas prerrogativas."* (SS)

pre.sa (*ê*) (*lat prehensa*) *sf* **1** Objetos tomados ao inimigo; espólio: *Despojos de guerra*. **2** Aquilo de que o animal carniceiro se apodera para comer. **3** Garra de ave de rapina. **4** Dente canino saliente de certos animais: *As presas do tigre*.

pres.bi.te.ri.a.nis.mo (*presbiteriano+ismo*) *sm Rel* Denominação evangélica (protestante) na qual o governo da Igreja é exercido pelos presbíteros.

pres.bi.té.rio (*lat tardio presbyteriu*) *sm* **1** Parte da igreja reservada aos presbíteros ou sacerdotes. **2** Residência de pároco.

pres.bí.te.ro (*gr presbýteros*) *sm* **1** Sacerdote, padre. **2** Entre os presbiterianos, membro eleito pela congregação para governá-la e instruí-la.

pres.cin.dir (*lat praescindere*) *vti* Dispensar, passar sem, pôr de lado; abrir mão de.

pres.cre.ver (*lat praescribere*) *vtd* **1** Determinar, estabelecer. *vtd* e *vtdi* **2** *Med* Indicar, receitar. *vtd* e *vtdi* **3** Fixar, limitar, marcar. *vint* **4** Cair em desuso. *vint* **5** *Dir* Ficar sem efeito por ter decorrido certo prazo legal. *Conjug – Part: prescrito*.

pres.cri.ção (*lat praescriptione*) *sf* **1** Ato ou efeito de prescrever. **2** Ordem expressa. **3** Regra, preceito. **4** Fato de se esgotar o prazo que alguém teria para pleitear.

pre.sen.ça (*lat praesentia*) *sf* **1** Fato de estar presente. **2** Existência, estado ou comparecimento de alguém num lugar determinado. **3** Existência de uma coisa em um dado lugar. *Antôn* (acepção 1): *ausência*.

pre.sen.ci.ar (*lat praesentia+ar¹*) *vtd* **1** Estar presente a; assistir a; testemunhar. **2** Verificar por meio da observação; observar. Conjuga-se como *premiar*.

pre.sen.te (*lat praesente*) *adj m+f* **1** Que existe ou acontece no momento em que se fala. **2** Diz-se da pessoa ou coisa que está num dado momento diante dos olhos. **3** Que assiste em pessoa. *Antôn: ausente*. • *sm* **1** O tempo presente; o tempo atual. **2** *Gram* Tempo que nos modos verbais exprime a ideia do momento em que se fala: *O aluno faz a lição.* **3** Aquilo que se oferece a alguém como agrado, lembrança etc.

pre.sen.te.ar (*presente+e+ar¹*) *vtd* e *vtdi* Dar presente a; brindar. Conjuga-se como *frear*.

pre.sé.pio (*lat praesepiu*) *sm* Representação do local do nascimento de Cristo.

pre.ser.va.ção (*preservar+ção*) *sf* **1** Ato ou efeito de preservar. **2** Cautela, prevenção, proteção. **3** Conservação.

pre.ser.var (*lat praeservare*) *vtd*, *vti* e *vpr* Pôr(-se) ao abrigo de algum mal, dano ou perigo futuro; defender(-se), resguardar(-se).

pre.ser.va.ti.vo (*preservar+ivo*) *adj* Que tem a propriedade de preservar. • *sm* **1** Aquilo que preserva. **2** Envoltório fino de borracha resistente para cobrir o pênis ou introduzir na vagina, por ocasião da cópula, a fim de impedir a fecundação da mulher ou proteger o homem e a mulher de possíveis infecções venéreas; camisa de vênus, camisinha.

pre.si.dên.cia (*presidente+ia²*) *sf* **1** Ação de presidir. **2** Cargo de presidente. **3** O Poder Executivo nos países onde o chefe de Estado tem o título de presidente. **4** *pop* Lugar de honra a uma mesa.

pre.si.den.ci.a.lis.mo (*presidencial+ismo*) *sm* Sistema de governo onde há completa independência entre os Poderes Executivo, Legislativo e Judiciário, e os ministros de Estado são escolhidos pelo presidente da República.

pre.si.den.ci.a.lis.ta (*presidencial+ista*) *adj m+f* Relativo ao presidencialismo. • *s m+f* Pessoa que é a favor do presidencialismo.

pre.si.den.te (*lat praesidente*) *s m+f* **1** Pessoa que preside ou dirige as discussões ou deliberações de uma assembleia, de um conselho, de um tribunal etc. *sm* **2** Título oficial do chefe do Poder Executivo e comandante de todas as forças armadas de um país. **3** Aquele que preside a um ato, a um concurso, a uma tese, a um exame. *Fem: presidenta*. • *adj m+f* Que governa, que dirige.

pre.si.di.á.rio (*lat praesidiariu*) *adj* **1** Pertencente ou relativo a presídio. **2** Que faz parte de um presídio. • *sm* Condenado que cumpre pena num presídio.

pre.sí.dio (*lat praesidiu*) *sm* Estabelecimento público onde se recolhem presos; cadeia.

pre.si.dir (*lat praesidere*) *vtd* **1** Dirigir como presidente; exercer as funções de presidente; ocupar a presidência: *"Presidia o Brasil o general Costa e Silva."* (JCP); *"Dr. Jessé presidiu a sessão."* (TSF) *vti* **2** Guiar, orientar, nortear: *"A função régia consiste em presidir ao equilíbrio harmonioso do universo social."* (DC)

pre.si.lha (*cast presilla*) *sf* Cordão de material flexível que tem numa extremidade uma casa ou fivela, para apertar ou prender.

pre.so (*part irreg de prender*) *adj* **1** Amarrado, atado, ligado. **2** Fixo, pregado, seguro. **3** Recluso em prisão; encarcerado. **4** Sem liberdade de ação. *Antôn: livre, solto*. • *sm* Aquele que está na prisão; prisioneiro.

pres.sa (*do lat pressare*) *sf* **1** Rapidez, velocidade, ligeireza. **2** Necessidade de se apressar.

pres.sá.gio (*lat praesagiu*) *sm* Prenúncio, agouro.

pres.são (*lat pressione*) *sf* **1** Ação ou efeito de comprimir, de apertar. **2** *fig* Influência constrangedora, que força alguém a fazer alguma coisa. **3** Tensão, força.

pres.sen.ti.men.to (*pressentir+mento*) *sm* **1** Ação ou efeito de pressentir. **2** Sentimento antecipado; intuição.

pres.sen.tir (*lat praesentire*) *vtd* **1** Ter o pressentimento de; prever; adivinhar. **2** Perceber, sentir ao longe ou antes de ver. Conjuga-se como *ferir*.

pres.si.o.nar (*lat pressione+ar¹*) *vtd* **1** Fazer pressão sobre (alguma coisa ou alguém). *vtd* e *vti* **2** Coagir (pessoa); obrigar, constranger.

pres.su.por (*pre+supor*) *vtd* **1** Supor antecipadamente. **2** Fazer supor; levar a entender. Conjuga-se como *pôr*.

pres.su.po.si.ção (*pre+suposição*) *sf* Ato ou efeito de pressupor; hipótese antecipada.

pres.su.ri.za.ção (*pressurizar+ção*) *sf* **1** Ato ou efeito de pressurizar. **2** O processo adotado para pressurizar.

pres.su.ri.zar (*ingl to pressurize+ar¹*) *vtd* Manter, por processos mecânicos, pressão aproximadamente normal dentro de um espaço hermeticamente fechado.

pres.ta.ção (*lat praestatione*) *sf* **1** Ato ou efeito de prestar. **2** Pagamento a prazos sucessivos. **3** Quantia que se deve pagar em cada prazo.

pres.tar (*lat praestare*) *vti* e *vint* **1** Ter préstimo; ser útil. *vpr* **2** Ser adequado ou próprio. *vpr* **3** Estar pronto e disposto. *vtd* e *vti* **4** Dar com presteza e cuidado; dispensar. *vtd* e *vti* **5** Conceder, dar. *vtd* **6** Fornecer, oferecer.

pres.ta.ti.vo (*prestar+ivo*) Pronto para servir.

pres.tes (*prov prest*) *adj m+f sing+pl* **1** Disposto, pronto, preparado. **2** Que se acha quase ou a ponto de acontecer; iminente, próximo. • *adv* Depressa, prontamente; com presteza. *Var* (como advérbio): *preste*.

pres.te.za (*preste+eza*) *sf* **1** Agilidade, ligeireza, prontidão. **2** Solicitude.

pres.ti.di.gi.ta.ção (*presti+digitação*) *sf* Arte ou ato de prestidigitador; ilusionismo.

pres.ti.di.gi.ta.dor (*prestidigitar+dor*) *sm* Pessoa que, pela rapidez dos movimentos das mãos, é capaz de provocar ilusões tais como tirar objetos do ar, de uma cartola ou caixa vazia ou de fazer desaparecê-los sem que se perceba como; ilusionista.

pres.ti.gi.ar (*lat praestigiare*) *vtd* **1** Dar prestígio a; apoiar. *vpr* **2** Ganhar prestígio, adquiri-lo. Conjuga-se como *premiar*.

pres.tí.gio (*lat praestigiu*) *sm* **1** Grande influência; importância social. **2** Consideração, respeito.

pre.su.mi.do (*part de presumir*) *adj* **1** Que se presumiu; julgado, imaginado, suposto. **2** Afetado, vaidoso, presunçoso. • *sm* Aquele que tem presunção ou vaidade.

pre.su.mir (*lat praesumere*) *vtd* **1** Entender, julgar, segundo certas probabilidades. *vtd* **2** Imaginar, supor. *vpr* **3** Julgar-se, supor-se.

pre.sun.ção (*lat praesumptione*) *sf* **1** Ato ou efeito de presumir. **2** Opinião baseada na probabilidade; suposição. **3** Afetação, vaidade, arrogância.

pre.sun.ço.so (ó) (*lat praesumptiosu*) *adj* Que tem presunção; presumido, vaidoso. *Pl: presunçosos* (ó).

pre.sun.to (*lat vulg *persunctu*) *sm* **1** Pernil, salgado e defumado. **2** *gír* Cadáver.

pre.te.jar (*preto+ejar*) *vint* Tornar-se preto; escurecer. Conjuga-se como *solfejar*.

pre.ten.den.te (*lat praetendente*) *adj m+f* Que pretende alguma coisa. • *s m+f* Candidato.

pre.ten.der (*lat praetendere*) *vtd* **1** Desejar, querer; aspirar a. **2** Requerer, solicitar.

pre.ten.são (*lat praetensu+suf lat ione*) *sf* **1** Vaidade exagerada. **2** Aspiração.

pre.ten.si.o.so (ó) (*pretens(ão)+i+oso*) *adj+sm* Que ou aquele que tem pretensões ou vaidade; afetado, orgulhoso, soberbo. *Antôn: modesto. Pl: pretensiosos* (ó).

pre.ten.so (*lat praetensu*) *adj* Suposto, alegado.

pre.te.rir (*lat praeterire*) *vtd* **1** Ir além; ultrapassar. **2** Deixar de lado; não dar importância a; não fazer caso de. **3** Omitir. Conjuga-se como *ferir*.

pre.té.ri.to (*lat praeteritu*) *sm Gram* Tempo verbal que exprime ação passada ou estado anterior; passado. • Que passou; passado.

pre.tex.to (ês) (*lat praetextu*) *sm* Razão inventada que se alega para ocultar o verdadeiro motivo pelo qual se faz ou deixa de fazer uma coisa; desculpa.

pre.to (ê) (*lat vulg *prettu*) *sm* **1** A cor preta. **2** Negro, escuro.

pre.va.le.cer (*lat praevalescere*) *vti* e *vint* **1** Predominar, superar, vencer. *vpr* **2** Tirar partido; aproveitar-se, servir-se.

pre.va.ri.car (*lat praevaricari*) *vint* **1** Não cumprir, por interesse ou má-fé, os deveres de seu cargo. **2** Abusar do exercício de suas funções, cometendo injustiças ou causando prejuízos: *Os ditadores acabam sempre prevaricando.* **3** Cometer adultério.

pre.ven.ção (*lat praeventione*) *sf* Precaução.

pre.ve.ni.do (*part* de *prevenir*) **1** Acautelado, desconfiado. **2** Avisado, preparado de antemão. **3** Disposto, influenciado.

pre.ve.nir (*lat praevenir*) *vtd* e *vpr* **1** Impedir, evitar (dano, mal). *vtd* e *vpr* **2** Preparar(-se); precaver(-se). *vtd* **3** Chegar antes de; adiantar-se ou antecipar-se a. *vtdi* **4** Avisar, informar com antecedência. *vint* **5** Acautelar-se, defender-se. *vpr* **6** Acautelar-se, preparar-se, precaver-se. *Conjug* – o e do radical muda-se em i nas 1ª, 2ª e 3ª pessoas do singular e na 3ª pessoa do plural do presente do indicativo e nas formas dela derivadas. *Conjug* – *Pres indic:* previno, prevines, previne, prevenimos, prevenis, previnem; *Pret perf:* preveni, prevenieste, preveniu, prevenimos, prevenistes, preveniram; *Pret imp indic:* prevenia, prevenias, prevenia, preveníamos, preveníeis, preveniam; *Pret mais-que-perf:* prevenira, preveniras, prevenira, preveníramos, preveníreis, preveniram; *Fut pres:* prevenirei, prevenirás, prevenirá, preveniremos, prevenireis, prevenirão; *Fut pret:* preveniria, prevenirias, preveniria, preveniríamos, preveniríeis, preveniriam; *Pres subj:* previna, previnas, previna, previnamos, previnais, previnam; *Pret imp subj:* prevenisse, prevenisses, prevenisse, prevenísssemos, prevenísseis, prevenissem; *Fut subj:* prevenir, prevenires, prevenir, prevenirmos, prevenirdes, prevenirem; *Imper afirm:* —, previne(Tu), previna(Você), previnamos(Nós), preveni(Vós), previnam(Vocês); *Imper neg:* —, Não previnas(Tu), Não previna(Você), Não previnamos(Nós), Não previnais(Vós), Não previnam(Vocês); *Infinitivo impess:* prevenir; *Infinitivo pess:* prevenir, prevenires, prevenir, prevenirmos, prevenirdes, prevenirem; *Ger:* prevenindo; *Part:* prevenido.

pre.ven.ti.vo (*lat praeventu+ivo*) *adj* Que ou o que previne; que ou aquilo que acautela ou impede: "*Efetuar trabalhos preventivos juntamente com as prefeituras.*" (ATA); "*Ela tivera de ir ao Rio fazer tratamento preventivo.*" (BAL)

pre.ver (*lat praevidere*) *vtd* **1** Antever. **2** Conjeturar, supor. **3** Profetizar, prognosticar. Conjuga-se como *ver*.

pré.via (*fem* de *prévio*) *sf* Pesquisa realizada junto ao eleitorado, antes das eleições, objetivando prever as tendências dos eleitores.

pre.vi.dên.cia (*lat praevidentia*) *sf* **1** Ato ou qualidade do que é previdente. **2** Conjunto de providências para amparar e proteger.

pre.vi.den.ci.á.rio (*previdência+ário*) *sm* Funcionário de um instituto de previdência.

pre.vi.den.te (*lat praevidente*) *adj m+f* **1** Que prevê ou antevê. **2** Acautelado, prudente.

pré.vio (*lat previu*) *adj* **1** Dito ou feito antes de outra coisa; antecipado. **2** Anterior.

pre.vi.são (*lat praevisione*) *sf* **1** Ato ou efeito de prever; conjetura. **2** Prevenção, cautela. **3** Predição, prognóstico.

pre.vi.sí.vel (*pre+visível*) *adj m+f* **1** Que é visível com antecipação. **2** Que pode ser previsto.

pre.za.do (*prat* de *prezar*) *adj* Apreciado, estimado, querido.

pri.ma-do.na (*ital primadonna*) *sf* Cantora principal de uma ópera. *Pl:* prima-donas.

pri.mar (*primo+ar¹*) *vti* **1** Ser o primeiro ou o preferido; ter a primazia. **2** Mostrar-se notável; distinguir-se, sobressair.

pri.má.rio (*lat primariu*) *adj* **1** Que precede outro em lugar ou em tempo; primitivo. **2** Elementar, rudimentar. • *sm ant* O curso primário (diz-se do primeiro ciclo do ensino fundamental): *Ele cursou apenas o primário.*

pri.ma.tas (*lat científico Primates*) *sm pl Zool* Ordem de mamíferos que compreende os macacos e o homem, derivados provavelmente de ancestral comum.

pri.ma.ve.ra (*lat primo vere*) *sf* 1 Estação do ano caracterizada pela renovada vegetação e que vai de 21 de março a 21 de junho no hemisfério norte e de 22 de setembro a 21 de dezembro no hemisfério sul. 2 *Bot* Arbusto ornamental que produz flores em cachos, de cores variadas.

pri.ma.ve.ril (*primavera+il*) *adj m+f* Relativo à primavera.

pri.mei.ra (*fem* de *primeiro*) *sf Autom* A primeira marcha de velocidade dos veículos.

pri.mei.ra-da.ma *sf* Esposa do chefe de uma nação, do governador de um Estado ou de um prefeito. *Pl: primeiras-damas.*

pri.mei.ra.nis.ta (*primeiro+ano¹+ista*) *s m+f* Estudante que cursa o primeiro ano de qualquer escola ou faculdade.

pri.mei.ro (*lat primariu*) *num* Ordinal correspondente a um. • *sm* 1 Que inicia uma série ou ordem. 2 Que precede os outros em relação ao tempo e ao lugar. 3 Que é o mais importante, o mais distinto, o mais notável entre todos da mesma espécie. • *adv* Antes de tudo; primeiramente.

pri.mei.ro-mi.nis.tro *sm* No parlamentarismo, chefe de governo, geralmente escolhido pelo chefe de Estado. *Pl: primeiros-ministros.*

pri.mi.ti.vis.mo (*primitivo+ismo*) *sm* 1 Qualidade do que é primitivo ou rudimentar. 2 Estilo de arte de povos primitivos. 3 *Bel-art* Estilo de artistas autodidatas, comumente caracterizado por simplicidade.

pri.mi.ti.vo (*lat primitivu*) *adj* 1 Que foi o primeiro a existir. 2 Rude, rudimentar. 3 Relativo aos primeiros tempos. 4 Diz-se dos povos ainda em estado natural. • *sm* Coisa ou pessoa primitiva.

pri.mo (*lat primu*) *adj* Diz-se do número que só é divisível por si e pela unidade. • *sm* Parentesco entre os filhos de irmãos ou irmãs.

pri.mo.gê.ni.to (*lat primogenitu*) *adj+sm* Que ou aquele que é o primeiro filho do matrimônio, o mais velho.

pri.mor (*lat primore*) *sm* 1 Perfeita execução; excelência. 2 Encanto, beleza. 3 Requinte, esmero.

pri.mor.di.al (*primórdio+al¹*) *adj m+f* 1 Originário, primitivo. 2 Essencial, principal.

pri.mór.dio (*lat primordiu*) *sm* 1 O que se organiza primeiro. 2 Origem, princípio.

pri.mo.ro.so (*ó*) (*primor+oso*) *adj* 1 Excelente, perfeito. 2 Feito com primor, com capricho. *Pl: primorosos (ó).*

prí.mu.la (*lat primula*) *sf Bot* Planta ornamental e medicinal de cores variadas.

prin.ci.pa.do (*lat principatu*) *sm* Território ou Estado governado por um príncipe ou uma princesa.

prin.ci.pal (*lat principale*) *adj m+f* Fundamental, essencial. • *sm* 1 Superior de comunidade religiosa, convento ou corporação. 2 O mais importante.

prín.ci.pe (*lat principe*) *sm* 1 Chefe reinante de um principado. 2 Título de nobreza do filho de um rei. *Fem: princesa.*

prin.ci.pi.an.te (*lat principiante*) *adj* e *s m+f* 1 Que ou quem principia. 2 Inexperiente; iniciante.

prin.ci.pi.ar (*lat principiare*) *vtd* 1 Começar: *"Luís principia um novo toque!"* (OSD) *vint* 2 Ter início: *"A insônia verdadeira principia quando o corpo está dormente."* (EST) *Antôn: acabar, terminar.* Conjuga-se como *premiar.*

prin.cí.pio (*lat principiu*) *sm* 1 Começo, início. 2 Fundamento, base. 3 Regra, preceito. *sm pl* 4 Noções básicas.

pri.o.ri.da.de (*lat med prioritate*) *sf* 1 O que vem primeiro no tempo ou no lugar. 2 Direito de falar primeiro ou de ser atendido em primeiro lugar.

pri.o.ri.tá.rio (*lat med priorit(ate)+ário*) *adj* Que tem prioridade.

pri.o.ri.zar (*prior+izar*) *vtd* Dar prioridade a alguma coisa ou a alguém.

pri.são (*lat prehensione*) *sf* 1 Apreensão, captura de uma pessoa. 2 Pena de detenção que se deve cumprir na cadeia. 3 Cadeia, cárcere.

pri.si.o.nei.ro (*prisão+eiro*) *sm* 1 Indivíduo privado da liberdade. **2** Indivíduo encarcerado; preso.

pris.ma (gr *prísma*) *sm* **1** *Fís* Sólido prismático de seção triangular, de vidro ou de cristal, que serve para decompor os raios luminosos. **2** Modo de ver ou considerar as coisas; ponto de vista.

pri.va.ção (lat *privatione*) *sf* **1** Ato ou efeito de privar. **2** Falta ou supressão de um bem ou de uma faculdade que normalmente se deveria ter. *sf pl* **3** Falta do necessário à vida; miséria, fome.

pri.va.da (*fem* de *privado*) *sf* Vaso sanitário; latrina.

pri.va.do (*part* de *privar*) *adj* **1** Desprovido, carente. **2** O que não é público ou não tem caráter público; particular. **3** Interior, íntimo.

pri.var (lat *privare*) *vtd* e *vti* **1** Recusar ou tirar a; despojar. *vtd, vti* e *vpr* **2** Impedir (-se) de ter a posse ou o gozo de alguma coisa ou de algum bem. *vpr* **3** Abster-se, dispensar, prescindir.

pri.va.ti.vo (lat *privativu*) *adj* Particular, pessoal, peculiar, próprio, exclusivo.

pri.va.ti.za.ção (*privatizar+ção*) *sf* Ato ou efeito de privatizar.

pri.va.ti.zar (lat *privatu+izar*) *vtd* Tornar privado ou particular: *Privatizar uma empresa estatal.*

pri.vi.le.gi.a.do (*part* de *privilegiar*) *adj* **1** Que goza de privilégio. **2** *fig* Singularmente dotado; excepcional, único.

pri.vi.le.gi.ar (*privilégio+ar¹*) *vtd* **1** Conceder privilégio a. **2** Investir em um direito especial, prerrogativa ou outro benefício. Conjuga-se como *premiar.*

pri.vi.lé.gio (lat *privilegiu*) *sm* **1** Vantagem concedida a alguém, além dos direitos comuns dos outros. **2** Permissão especial. **3** Regalia, prerrogativa.

pró (lat *pro*) *adv* A favor, em defesa. • *sm* Proveito, vantagem.

pro.a (ô) (lat *prora*) *sf* Parte dianteira de uma embarcação. *Antôn: popa.*

pro.ba.bi.li.da.de (lat *probabilitate*) *sf* **1** Qualidade de provável. **2** Possibilidade mais acentuada da realização de um acontecimento entre inúmeros possíveis.

pro.bi.da.de (lat *probitate*) *sf* **1** Qualidade de probo. **2** Integridade de caráter; retidão.

pro.ble.ma (gr *próblema*) *sm* **1** Questão levantada para consideração, discussão, decisão ou solução. **2** *Mat* Toda questão em que se procura calcular uma ou várias quantidades desconhecidas. **3** Tema cuja solução ou decisão é difícil.

pro.ble.má.ti.ca (*problemático*, no *fem*) *sf* Totalidade dos problemas relativos a um assunto.

pro.ble.má.ti.co (gr *problematikós*) *adj* **1** Relativo a ou que tem caráter de problema. **2** Incerto, duvidoso. **3** Complicado, intrincado.

pro.bo (lat *probu*) *adj* De caráter íntegro; honesto, justo, reto: *"Era um homem probo, digno, oriundo de humilde família do Nordeste."* (TGB) *Antôn: desonesto.*

pro.bos.cí.deo (gr *proboskís+ídeo*) *adj Zool* Diz-se dos mamíferos que têm o nariz prolongado em forma de tromba, como o elefante. • *sm pl Zool* Ordem de mamíferos providos de tromba.

pro.ce.dên.cia (*procedente+ia²*) *sf* **1** Ponto de partida, origem. **2** Ato ou efeito de proceder.

pro.ce.den.te (lat *procedente*) *adj m+f* **1** Proveniente, oriundo. **2** Que tem fundamento: *Reclamação procedente.*

pro.ce.der (lat *procedere*) *vti* **1** Derivar-se, originar-se. *vti* **2** Começar e prosseguir (alguma ação, processo ou movimento). *vint* **3** Prosseguir, ter seguimento. *vint* **4** Pôr em prática. *vint* **5** Ter fundamento. *vint* **6** Comportar-se de determinada maneira.

pro.ce.di.men.to (*proceder+mento*) *sm* **1** Comportamento. **2** Modo de agir; ações, atos.

pro.ce.la.ri.for.mes (lat *procellaria+forme*) *sm pl Ornit* Ordem de aves marinhas que vivem em alto-mar e fazem seus ninhos em ilhas afastadas do litoral, como os albatrozes.

pro.ces.sa.dor (*processar+dor*) *adj* Que processa. • *sm* **1** Aquele que processa. **2** *Inform* Dispositivo de *hardware* ou *software* capaz de manipular ou modificar dados de acordo com instruções.

pro.ces.sa.men.to (*processo+mento*) *sm* **1** Ato ou maneira de processar. **2** Conjunto de operações realizadas com o fim de obter novas informações, soluções de problemas etc. **3** *Inform* Utilização do computador para resolver um problema, organizar dados etc.

pro.ces.sar (*processo+ar¹*) *vtd* **1** Instaurar processo contra; fazer responder em juízo: *Fez processar os acusados.* **2** Verificar, conferir (algum documento) para poder ter validade ou efeito. **3** *Inform* Submeter a processamento.

pro.ces.so (*lat processu*) *sm* **1** Sucessão de mudanças numa direção definida. **2** Maneira de operar, resolver ou ensinar. **3** Série de ações sistemáticas visando a certo resultado. **4** *Dir* Ação judicial.

pro.cis.são (*lat processione*) *sf* **1** Reunião ordenada de clero e fiéis que desfilam no interior de uma igreja ou pelas ruas em sinal de devoção. **2** *pop* Qualquer cortejo numeroso de pessoas que seguem umas atrás das outras.

pro.cla.ma (de *proclamar*) *sm* **1** Anúncio de casamento, lido na igreja; proclamação: *"Para a conversão de união estável em casamento, o projeto dispensa os proclamas."* (FSP) *sm pl* **2** Edital de casamento: *"Peixotinho não passa dos proclamas. Digo que não chega ao altar."* (NI)

pro.cla.ma.ção (*lat proclamatione*) *sf* **1** Ato ou efeito de proclamar. **2** Declaração pública e solene de ato ou fato de caráter político. **3** Proclama.

pro.cla.mar (*lat proclamare*) *vtd* **1** Aclamar solenemente. *vtd* **2** Anunciar ou declarar pública e oficialmente. *vpr* **3** Fazer-se aclamar.

pró.cli.se (*lat cient proclisis*) *sf Gram* **1** Ligação fonética de uma palavra átona à palavra seguinte. **2** Posição do pronome oblíquo antes do verbo: *Eu lhe pedi coragem.*

pro.cri.a.ção (*lat procreatione*) *sf* Ato ou efeito de procriar; reprodução, geração.

pro.cri.ar (*lat procreare*) *vint* Reproduzir-se; multiplicar-se (animais, homens): *"Ratazanas procriam no barraco."* (EMC) Conjuga-se como *premiar*.

pro.cu.ra (de *procurar*) *sf* Ação de procurar; busca, pesquisa, indagação.

pro.cu.ra.ção (*lat procuratione*) *sf* **1** Autorização que uma pessoa dá a outra para tratar de certos negócios. **2** *Dir* Documento em que legalmente se registra essa autorização.

pro.cu.ra.dor (*lat procuratore*) *adj* Que procura. • *sm* **1** Pessoa que recebeu procuração de outra para, em seu nome, tratar de seus interesses. **2** Membro do Ministério Público que atua junto a um tribunal e é encarregado de zelar pelos interesses da justiça e a execução das leis.

pro.cu.ra.do.ri.a (*procurador+ia¹*) *sf* **1** Cargo ou ofício de procurador. **2** Departamento ou escritório de procurador.

pro.cu.rar (*lat procurare*) *vtd* **1** Empenhar-se numa busca. *vtd, vti* e *vint* **2** Esforçar-se por alcançar ou conseguir. *vtd* **3** Indagar, investigar.

pro.dí.gio (*lat prodigiu*) *sm* **1** Fenômeno extraordinário ou inexplicável que causa admiração; maravilha, milagre. **2** Pessoa de extraordinário talento.

pro.di.gi.o.so (ó) (*lat prodigiosu*) *adj* **1** Que tem caráter de prodígio. **2** Extraordinário, excelente. *Antôn: comum, vulgar. Pl: prodigiosos* (ó).

pró.di.go (*lat prodigu*) *adj+sm* **1** Que ou aquele que gasta muito, esbanjador, perdulário. **2** Generoso, liberal. *Sup abs sint: prodigalíssimo.*

pro.du.ção (*lat productione*) *sf* **1** Ato ou efeito de produzir. **2** Aquilo que se produz. **3** Obra, realização. **4** *Cin, Rádio, Telev, Teat e Inform* O conjunto de todas as fases da realização de um filme, espetáculo, vídeo, programa etc.; reunião de recursos financeiros, técnicos e materiais necessários à realização deles.

pro.du.ti.vi.da.de (*produtivo+i+dade*) *sf* **1** Capacidade de produzir. **2** Rendimento de uma atividade econômica em função de tempo, área, capital, pessoal e outros fatores de produção.

pro.du.ti.vo (*lat productivu*) *adj* **1** Proveitoso, rendoso. **2** Fecundo, fértil.

pro.du.to (*lat productu*) *sm* **1** Resultado de qualquer trabalho físico ou intelectual. **2** *Mat* Resultado de uma multiplicação.

pro.du.tor (*lat productore*) *adj* Que produz. • *sm* **1** O que promove produção natural ou industrial. **2** Pessoa que finan-

pro.du.zir (lat *producere*) *vtd* **1** Dar existência; gerar, criar. **2** Fazer, realizar. **3** Motivar, causar. **4** Fabricar, manufaturar. **5** Financiar filmes ou peças teatrais. Conjuga-se como *reduzir*.

pro.e.za (fr *prouesse*) *sf* **1** Ação de valor, coragem; façanha. **2** Ação extraordinária.

pro.fa.na.ção (lat *profanatione*) *sf* **1** Ação irreverente contra pessoas, lugares ou coisas sagradas (igrejas, objetos de culto, sepulcros etc.). **2** Uso desrespeitoso das coisas dignas de consideração.

pro.fa.nar (lat *profanare*) *vtd* **1** Violar ou tratar com irreverência ou desprezo alguma coisa sagrada ou venerável: *"Profanar os vasos sagrados nos quais se consagra o sangue de Cristo."* (C) **2** Macular, manchar, tornar impuro, desonrar: *"Profanar a lagoa, poluí-la com uma geringonça enfeitada, além do atentado à paisagem é uma agressão ao bom gosto."* (FSP) **3** Injuriar, ofender: *"Imagens que profanam o mito passional da crucificação."* (FSP)

pro.fa.no (lat *profanu*) *adj* **1** Que não é sagrado ou devotado a fins sagrados. **2** Estranho à religião; que não trata de religião. **3** Que não respeita as coisas sagradas.

pro.fe.ci.a (lat *prophetia*) *sf* **1** Predição do futuro feita por um profeta. **2** Presságio, conjetura.

pro.fe.rir (lat vulg **proferere*, por *proferre*) *vtd* **1** Pronunciar, dizer. **2** Ler, decretar, publicar: *Proferir uma sentença.* Conjuga-se como *ferir*.

pro.fes.sar (*professo+ar¹*) *vtd* **1** Reconhecer ou confessar publicamente. *vtd* **2** Adotar, seguir (doutrina). *vtd* **3** Pôr em prática; executar. *vint* **4** Entrar para uma ordem religiosa.

pro.fes.sor (lat *professore*) *sm* Homem que ensina uma ciência, uma arte ou uma língua; mestre.

pro.fes.so.ra.do (*professor+ado²*) *sm* **1** Cargo ou funções de professor. **2** Classe dos professores; os professores.

pro.fe.ta (gr *prophétes*) *sm* **1** Aquele que, entre os hebreus, anunciava e interpretava a vontade e os propósitos divinos e, ocasionalmente, predizia o futuro por inspiração divina. **2** Indivíduo que prediz o futuro; vidente. *Fem: profetisa.*

pro.fé.ti.co (gr *prophetikós*) *adj* Relativo ou pertencente a profeta ou a profecia.

pro.fe.ti.sa (lat *prophetissa*) *sf* Feminino de *profeta*.

pro.fe.ti.zar (lat *prophetizare*) *vtd* e *vti* **1** Proferir profecias; prenunciar. *vint* **2** Anunciar antecipadamente (por conjeturas ou por acaso); prever.

pro.fi.lác.ti.co (gr *prophylatikós*) *adj* **1** Relativo a profilaxia. **2** *Med* Que preserva contra determinadas doenças, principalmente as contagiosas. *Var: profilático.*

pro.fi.la.xi.a (cs) (do gr *prophylásso*) *sf* **1** Prevenção de doenças. **2** *Med* Medicina preventiva que se ocupa das medidas necessárias à preservação da saúde.

pro.fis.são (lat *professione*) *sf* **1** Ofício; ocupação. **2** Ato ou efeito de professar.

pro.fis.si.o.nal (lat *professione+al¹*) *adj* *m+f* **1** Relativo, próprio ou pertencente a profissão. **2** Que exerce, como meio de vida, uma ocupação normalmente exercida como passatempo. • *s m+f* Pessoa que exerce, como meio de vida, uma ocupação especializada.

pro.fis.si.o.na.lis.mo (*profissional+ismo*) *sm* **1** Caráter, espírito ou métodos profissionais. **2** Carreira de profissional. **3** O conjunto dos profissionais.

pro.fis.si.o.na.li.za.ção (*profissionalizar+ção*) *sf* Ato ou efeito de profissionalizar (-se).

pro.fis.si.o.na.li.zar (*profissional+izar*) *vtd* **1** Tornar profissional; transformar em profissão. *vpr* **2** Tornar-se profissional; adquirir caráter profissional.

pro.fun.de.za (*profunda+eza*) *sf* Profundidade.

pro.fun.di.da.de (lat *profunditate*) *sf* **1** Extensão considerada desde a superfície ou entrada até o fundo. **2** Caráter do que é profundo, difícil de penetrar ou de compreender. **3** *fig* Grande penetração de espírito; grande saber.

pro.fun.do (lat *profundu*) *adj* **1** Muito fundo. **2** Intenso, muito forte. **3** Demasiado, excessivo. **4** Que tem grande alcance. **5** Que sabe muito.

pro.fu.são (*lat profusione*) *sf* Grande quantidade; abundância.

pro.ge.ni.tor (*lat progenitore*) *sm* **1** Aquele que procria antes do pai; avô. **2** Pai.

pro.ges.te.ro.na (*fr progestérone*) *sf Fisiol* Hormônio sexual feminino.

prog.nós.ti.co (*gr prognostikós*) *sm* **1** Suposição sobre o que deve acontecer. **2** Indicação, sinal ou previsão ruim de acontecimentos futuros. **3** Parecer do médico acerca do seguimento e desfecho de uma doença.

pro.gra.ma (*gr prógramma*) *sm* **1** Plano detalhado sobre as matérias a serem ensinadas. **2** Resumo da ordem a ser seguida ou dos itens abrangidos em uma cerimônia, espetáculo, competição esportiva etc. **3** Exposição resumida dos objetivos de um partido. **4** Apresentação de transmissão de rádio ou televisão. **5** Divertimento previamente combinado. **6** *Inform* Conjunto de etapas a serem executadas pelo computador para um determinado fim.

pro.gra.ma.ção (*programar+ção*) *sf* **1** Ato ou efeito de estabelecer um programa. **2** O programa ou plano de uma empresa. **3** O conjunto dos programas de uma emissora de rádio e televisão.

pro.gra.ma.dor (*programar+dor*) *sm* **1** Aquele que organiza programas. **2** *Inform* Aquele que elabora, testa e implanta programas de computador.

pro.gra.mar (*programa+ar*) *vtd* **1** Organizar, delinear o programa ou a programação de; projetar; planejar. **2** *Inform* Elaborar programas.

pro.gre.dir (*lat tardio *progredire*, por *progredi*) *vti* e *vint* **1** Prosseguir, avançar. **2** Fazer progressos; desenvolver-se. Antôn: *regredir*. Conjuga-se como *prevenir*.

pro.gres.são (*lat progressione*) *sf* Continuação, sucessão, avanço; evolução.

pro.gres.sis.ta (*progresso+ista*) *adj* e *s m+f* Que ou aquele que é favorável ao progresso.

pro.gres.so (*lat progressu*) *sm* **1** Marcha ou movimento para a frente. **2** Melhoramento gradual das condições econômicas e culturais da humanidade, de uma nação ou de uma comunidade. **3** Crescimento, aumento, desenvolvimento. Antôn: *retrocesso*.

pro.i.bi.ção (*lat prohibitione*) *sf* Ato ou efeito de proibir.

pro.i.bir (*lat prohibere*) *vtd* e *vti* Não permitir que se faça, não dar licença, ordenar que não se realize. Antôn: *autorizar*.

pro.je.ção (*lat projectione*) *sf* **1** Ato ou efeito de projetar. **2** Saliência, proeminência. **3** Exibição de imagens numa tela ou outra superfície plana com o uso do projetor. **4** *fig* Importância, destaque.

pro.je.ci.o.nis.ta (*projeçao+ista*) *adj* e *s m+f Cin* Profissional que opera máquina de exibir filmes.

pro.je.tar (*projeto+ar¹*) *vtd* **1** Atirar, arremessar. *vtd* **2** Formar o projeto de; planejar. *vtd* **3** Exibir na tela ou em superfície plana (filmes, *slides* etc.). *vtd* e *vpr* **4** Tornar(-se) famoso, conhecido.

pro.jé.til (*lat projectile*) *sm* Corpo arremessado por qualquer arma de fogo. *Var: projetil*.

pro.je.tis.ta (*projeto+ista*) *adj* e *s m+f* Diz-se de ou especialista em fazer projetos, planos, desenhos, croquis, plantas de obras, máquinas, aparelhos etc.

pro.je.to (*lat projectu*) *sm* **1** Plano para a realização de um ato; intenção. **2** Esboço inicial. **3** *Constr* Representação gráfica e escrita com orçamento de uma obra que se vai realizar.

pro.je.tor (*projeto+or*) *sm* Qualquer aparelho destinado a irradiar ao longe ondas luminosas, sonoras ou caloríferas.

prol (*lat pro*) *sm* Proveito, vantagem. *Em prol de*: em favor de, em defesa de: *"Fui um batalhador em prol da pesquisa."* (PT)

pró-la.bo.re (*lat*) *sm* Remuneração por serviço prestado. *Pl: pró-labores*.

pro.le (*lat prole*) *sf* **1** Descendência, geração. **2** Os filhos.

pro.le.ta.ri.a.do (*proletário+ado¹*) *sm* A classe trabalhadora.

pro.le.tá.rio (*lat proletariu*) *sm* Indivíduo que depende de trabalho regular ou ocasional para seu sustento. • *adj* Relativo ou pertencente aos proletários ou ao proletariado.

pro.li.fe.ra.ção (*proliferar+ção*) *sf* Ato, processo ou resultado de proliferar.

pro.li.fe.rar (*prolífero+ar¹*) *vint* **1** Crescer ou reproduzir-se: *"Já proliferam os tecnocratas que alardeiam as vantagens da poluição."* (GAI) **2** Multiplicar-se: *"E aproveitadores proliferavam na confusão."* (MPB) Conjuga-se, com raras exceções, apenas nas 3ªs pessoas.

pro.li.xo (*cs*) (*lat prolixu*) *adj* **1** Demasiadamente extenso ou demorado: *"Criticavam meu estilo prolixo, meu modo de falar sempre abundante."* (CID) **2** *fig* Enfadonho: *"Afetava irritante pedantismo prolixo e indigesto."* (VB)

pró.lo.go (*lat prologu*) *sm* Parte introdutória, introdução.

pro.lon.ga.men.to (*prolongar+mento*) *sm* **1** Ato ou efeito de prolongar. **2** Continuação de uma ação ou de uma coisa na mesma direção.

pro.lon.gar (*lat prolongare*) *vtd* **1** Tornar mais longo; dar maior comprimento ou extensão a. **2** Fazer durar mais. **3** Estender além do tempo estabelecido; prorrogar. *Antôn:* encurtar.

pro.mes.sa (*lat promissa*) *sf* **1** Ato ou efeito de prometer. **2** Voto, juramento.

pro.me.ter (*lat promittere*) *vtd* e *vint* **1** Afirmar, verbalmente ou por escrito, que se há de fazer ou deixar de fazer alguma coisa; comprometer-se. *vtd* e *vti* **2** Fazer promessa de. *vtd* **3** Dar esperança de; oferecer probabilidades de. *vint* **4** Dar esperanças de bom futuro.

pro.me.ti.do (*part de prometer*) *adj* **1** Que se prometeu. **2** Ajustado, arranjado. • *sm* Aquilo que está prometido.

pro.mis.cu.i.da.de (*promíscuo+i+dade*) *sf* **1** Relacionamento sexual com vários parceiros. **2** Mistura desordenada; confusão.

pro.mis.cu.ir (*promíscuo+ir*) *vpr* **1** Unir-se de maneira desordenada; misturar-se: *"Jogadores e o geral da malandragem se promiscuíam com tiras e negociantes."* (MPB) **2** Viver em promiscuidade: *"Ali se promiscuíam tipos vadios, viradores, viajantes."* (MPB) Conjuga-se como *contribuir*.

pro.mís.cuo (*lat promiscuu*) *adj* **1** Confuso; misturado: *"Tornou-se um partido promíscuo."* (FSP) **2** Que tem muitos parceiros sexuais: *"Uma namorada só, que eu não sou promíscuo."* (FAB)

pro.mis.sor (*lat promissore*) *adj+sm* **1** Que ou o que promete. **2** Que ou o que oferece boas perspectivas.

pro.mis.só.ria (*fem de promissório*) *sf* Documento em que alguém se compromete a pagar a uma pessoa ou estabelecimento uma certa quantia, em determinada data; nota promissória.

pro.mo.ção (*lat promotione*) *sf* **1** Ato ou efeito de promover. **2** Elevação a cargo superior. **3** Campanha de propaganda, impulso publicitário.

pro.mon.tó.rio (*lat promontoriu*) *sm Geogr* Porção de terra, no litoral de um continente ou ilha, que avança para o mar.

pro.mo.tor (*lat promotu+or*) *adj+sm* Que ou aquele que promove, fomenta ou determina. • *sm Dir* Aquele que promove o andamento de causas e atos judiciais.

pro.mo.to.ri.a (*promotor+ia¹*) *sf* **1** Cargo ou ofício de promotor. **2** Repartição do promotor.

pro.mo.ver (*lat promovere*) *vtd* **1** Dar impulso a; fomentar; trabalhar a favor de. *vtd* **2** Ser a causa de; originar. *vtd, vtdi* e *vpr* **3** Elevar(-se) a (posto, emprego ou dignidade superior). *vtd* **4** Levar a efeito; realizar.

pro.no.me (*lat pronomen*) *sm Gram* Palavra usada em lugar de um nome.

pro.no.mi.nal (*lat pronominale*) *adj m+f* **1** Relativo ou pertencente ao pronome. **2** *Gram* Diz-se do verbo acompanhado de um pronome oblíquo: *ferir-se, lembrar-se*.

pron.ti.dão (*pronto+suf lat itudine*) *sf* **1** Presteza, desembaraço, rapidez em decidir, agir, cumprir as obrigações. **2** *Mil* Estado de alerta de uma corporação militar.

pron.to (*lat promptu*) **1** Acabado, concluído, terminado. **2** *adj* Disposto.

pron.to-so.cor.ro (*ô*) *sm* Hospital para atendimento de casos urgentes. *Pl:* prontos-socorros (*ó*).

pron.tu.á.rio (*lat promptuariu*) *sm* Ficha (médica ou policial) que contém os dados de uma pessoa.

pro.nún.cia (*de pronunciar*) *sf* **1** Modo de pronunciar. **2** Articulação do som das letras, sílabas ou palavras.

pro.nun.ci.a.do (*part de pronunciar*) *adj* **1** Que se pronunciou. **2** Marcado, saliente.

pro.nun.ci.a.men.to (*pronunciar+mento*) *sm* Ação de pronunciar-se coletivamente a favor ou contra qualquer medida, ordem ou governo.

pro.nun.ci.ar (*lat pronuntiare*) *vtd* **1** Articular, proferir. *vpr* **2** Emitir a sua opinião, manifestar o que pensa ou sente. Conjuga-se como *premiar*.

pro.pa.gan.da (*lat propaganda*) *sf* **1** Divulgação de ideias, princípios, fatos etc. **2** Publicidade.

pro.pa.gan.dis.ta (*propaganda+ista*) *s m+f* Pessoa que faz propaganda.

pro.pa.gar (*lat propagare*) *vtd* **1** Fazer multiplicar-se (animais, plantas). *vint* e *vpr* **2** Multiplicar-se. *vtd* **3** Difundir, espalhar. *vpr* **4** Generalizar-se. *vtd* **5** Tornar de domínio público.

pro.pa.ro.xí.to.no (*cs*) (*gr proparoxýtonos*) *adj Gram* Qualificativo do vocábulo que tem o acento tônico na antepenúltima sílaba: *Sí-la-ba, tô-ni-ca.*

pro.pen.são (*lat propensione*) *sf* **1** Tendência ou força natural que impele um corpo em uma direção determinada. **2** Inclinação, vocação.

pro.pen.so (*lat propensu*) *adj* Tendente: *"Descobriu que está propenso a morrer de infarto."* (FSP)

pro.pi.ci.ar (*lat propitiare*) *vtd* e *vti* **1** Tornar propício, favorável. **2** Deparar, proporcionar. Conjuga-se como *premiar*.

pro.pí.cio (*lat propitiu*) *adj* Favorável, oportuno, adequado: *"Ambiente propício para se conversar."* (BS); *"O ambiente era propício a esses boatos."* (CCA)

pro.pi.na (*lat propina*) *sf* Gorjeta, gratificação.

pró.po.lis (*gr própolis*) *s m+f sing+pl* Substância produzida pelas abelhas.

pro.po.nen.te (*lat proponente*) *adj* e *s m+f* Diz-se de ou pessoa que apresenta alguma proposição ou faz uma proposta.

pro.por (*lat proponere*) *vtd* **1** Apresentar para consideração, discussão ou solução. *vtd* **2** Sugerir. *vpr* **3** Ter em vista; ter intenção de. *vpr* **4** Destinar-se a, dispor-se a. Conjuga-se como *pôr*.

pro.por.ção (*lat proportione*) *sf* **1** Relação das partes de um todo. **2** Dimensão, extensão. **3** Conjunto harmônico, disposição regular; harmonia, simetria. **4** *Mat* Igualdade entre uma ou mais razões.

pro.por.ci.o.nal (*lat proportionale*) *adj m+f* **1** Que está em proporção. **2** Que corresponde a outra coisa em tamanho, grau ou intensidade.

pro.por.ci.o.nar (*lat proportionare*) *vtd* e *vpr* **1** Tornar(-se) proporcional; acomodar (-se), adaptar(-se), harmonizar(-se). *vtd* **2** Dar, oferecer, prestar.

pro.po.si.ção (*lat propositione*) *sf* **1** Ato ou efeito de propor; proposta. **2** Máxima, sentença, asserção.

pro.po.si.tal (*propósito+al¹*) *adj m+f* Feito de propósito: *"A rapidez com que a ação passa de um plano para outro é proposital."* (COR)

pro.pó.si.to (*lat proposito*) *sm* **1** Intenção de fazer ou deixar de fazer alguma coisa; deliberação, resolução. **2** Desígnio, intento, projeto. **3** Bom senso, juízo, prudência.

pro.pos.ta (*lat proposita*) *sf* **1** Ato ou efeito de propor. **2** Coisa que se propõe.

pro.pos.to (ô) (*part* de *propor*) *adj* Que se propôs; apresentado por propostas; que foi objeto de proposta. • *sm* Coisa proposta. *Pl: propostos* (ó).

pro.pri.e.da.de (*lat proprietate*) *sf* **1** Aquilo que é próprio de alguma coisa; o que a distingue particularmente de outra do mesmo gênero. **2** Qualidade especial. **3** Bom emprego das palavras. **4** O direito pelo qual uma coisa pertence a alguém. **5** Prédio; bens de raiz.

pro.pri.e.tá.rio (*lat proprietariu*) *adj+sm* Que ou o que tem propriedade de alguma coisa; dono.

pró.prio (*lat propriu*) *adj* **1** Peculiar, natural, característico. **2** Adequado, oportuno. **3** Que é exatamente o mesmo e não outro. **4** Que figura pessoalmente; que não se faz representar por outro.

pro.pul.são (*lat propulsione*) *sf* Ato ou efeito de empurrar para diante.

pro.pul.sor (*lat propulsore*) *adj+sm* **1** Que, aquele ou aquilo que imprime movimento de propulsão a: *"O modelo consta de um êmbolo propulsor."* (ACL) **2** Que ou o que faz progredir ou avançar: *"A crise operando como um elemento propulsor de inevitáveis mudanças sociais?"* (REP)

pror.ro.ga.ção (lat prorogatione) sf Ato ou efeito de prorrogar; adiamento.

pror.ro.gar (lat prorogare) vtd **1** Alongar, prolongar. **2** Adiar (prazo fixado).

pro.sa (lat prosa) sf **1** Maneira de falar ou escrever sem sujeitar-se a uma métrica. Cf verso (acepção 1). **2** Conversa, palestra. **3** pop Conversa fiada, papo furado. • adj Convencido, vaidoso.

pro.sa.dor (prosar+dor) sm Aquele que escreve em prosa.

pro.sai.co (lat prosaicu) adj Trivial, vulgar, comum.

pro.se.ar (prosa+e+ar¹) vti e vint Conversar, falar muito, tagarelar. Conjuga-se como frear.

pro.só.dia (lat prosodia) sf Gram **1** Pronúncia correta das palavras, de acordo com a acentuação. **2** Parte da gramática que se ocupa da pronúncia das palavras.

pro.so.po.pei.a (gr prosopopoiía) sf Ret Figura pela qual se atribui qualidade ou sensibilidade humana a um ser inanimado e se fazem falar as pessoas ausentes e até os mortos.

pros.pec.to (lat prospectu) sm **1** Aspecto, vista. **2** Plano, traçado. **3** Programa que contém o plano, a descrição de uma obra, de um estabelecimento, de um negócio etc. **4** Impresso no qual se anuncia ou faz propaganda de livro, organização, mercadoria etc.

pros.pe.rar (lat prosperare) vint **1** Tornar-se próspero; ter bom êxito. vint **2** Crescer, progredir.

pros.pe.ri.da.de (lat prosperitate) sf **1** Estado ou qualidade de próspero: *"A Renascença é uma época de prosperidade, de luxo."* (APA) **2** Situação próspera: *"A mina de ferro que funcionava ali trazia empregos, prosperidade."* (AVK)

prós.pe.ro (lat prosperu) adj **1** Favorável, propício: *"Entrevira, na viagem afoita, um futuro próspero e feliz."* (CAS) **2** Que tem bom êxito; afortunado; venturoso: *"Daniel era próspero fabricante de velas."* (APA) Sup abs sint: prosperíssimo e prospérrimo.

pros.se.gui.men.to (prosseguir+mento) sm Ato de prosseguir; continuação.

pros.se.guir (lat prosequi) vtd, vti e vint **1** Seguir adiante; continuar, persistir. vtd e vint **2** Continuar, seguir (caminho). vti e vint **3** Continuar falando; dizer em seguida. Conjuga-se como seguir.

prós.ta.ta (gr prostátes) sf Anat Glândula do sexo masculino que circunda o colo da bexiga e a base da uretra.

pros.ti.bu.lo (lat prostibulu) sm **1** Lugar de prostituição. **2** Bordel, puteiro.

pros.ti.tu.i.ção (lat prostitutione) sf **1** Ato ou efeito de prostituir-se. **2** Comércio profissional de práticas sexuais.

pros.ti.tu.ir (lat prostituere) vtd **1** Levar à prostituição; corromper, tornar devasso. vpr **2** Entregar-se à relação sexual por dinheiro. vtd **3** por ext Degradar, desonrar, corromper. Conjuga-se como contribuir.

pros.ti.tu.ta (lat prostituta) sf Mulher que se entrega à prostituição; meretriz, puta.

pro.ta.go.nis.ta (gr protagonistés) s m+f Personagem principal, em uma peça, filme, romance e até mesmo num acontecimento real.

pro.ta.go.ni.zar (protagon(ista)+izar) vtd Ser protagonista de (peça teatral, filme, acontecimento etc.).

pro.te.ção (lat protectione) sf **1** Ato ou efeito de proteger. **2** Abrigo, amparo, auxílio, socorro.

pro.te.ci.o.nis.mo (lat protectione+ismo) sm Econ polít Sistema de proteção da indústria ou do comércio nacional, concedendo-lhes o monopólio do mercado interno.

pro.te.ger (lat protegere) vtd **1** Dar proteção a; auxiliar, socorrer, amparar. vtd **2** Preservar de incômodos ou perigos; defender. vtd **3** Ajudar, beneficiar, favorecer. vtd e vpr **4** Abrigar(-se), cobrir(-se), resguardar (-se). Conjuga-se como reger.

pro.tei.co (gr proteína+ico²) adj Relativo ou pertencente a proteína.

pro.te.í.na (al Protein, np) sf Quím Cada uma das substâncias compostas de carbono, hidrogênio, oxigênio e nitrogênio, e às vezes também de enxofre e fósforo, e que são os elementos essenciais de todas as células dos seres vivos.

pro.te.lar (lat protelare) vtd Adiar, prorrogar, deixar para depois.

pró.te.se (*gr próthesis*) *sf* **1** *Cir* Substituição de um órgão ou parte do corpo por uma peça artificial. **2** *Med* Órgão ou parte do corpo artificiais, tais como um olho, uma perna, a dentadura.

pro.tes.tan.te (*lat protestante*) *adj m+f* **1** Que protesta. **2** Relativo ao protestantismo. • *s m+f* Adepto do protestantismo.

pro.tes.tan.tis.mo (*protestante+ismo*) *sm* Religião originada da Reforma encabeçada por Martinho Lutero no século XVI.

pro.tes.tar (*lat protestari*) *vti* e *vint* **1** Reclamar, levantar-se contra alguma coisa. *vtd* **2** Fazer o protesto de (título comercial) por falta de pagamento. *vtd* **3** Afirmar categoricamente; prometer solenemente.

pro.tes.to (de *protestar*) *sm* **1** Reclamação. **2** Desaprovação, repulsa. **3** Afirmação categórica, compromisso solene. **4** Declaração formal pela qual se reclama contra a ilegalidade de alguma coisa. **5** *Dir* Ato pelo qual se declara responsável por todas as despesas e prejuízos aquele que devia pagar uma letra de câmbio, nota promissória etc., e não o fez no vencimento.

pro.té.ti.co (*gr prothetikós*) *adj* Relativo a prótese. • *sm* Especialista em prótese dentária.

pro.te.tor (*lat protectore*) *adj+sm* Que ou o que protege ou defende. • *sm* Qualquer utensílio ou dispositivo que serve para resguardar ou proteger contra desgaste, acidentes, luz intensa etc.

pro.to.co.lo (*lat protókollon*) *sm* **1** Registro dos atos públicos. **2** Registro das audiências nos tribunais. **3** Formulário que regula os atos públicos. **4** Convenção entre duas nações. **5** *fig* Cerimonial, formalidade, etiqueta.

pró.ton (*gr prôton*) *sm Fís* e *Quím* Partícula constituinte do núcleo de todos os átomos que tem uma carga elétrica positiva.

pro.to.plas.ma (*proto+plasma*) *sm Biol* Substância transparente que constitui a parte essencial das células dos organismos vivos.

pro.tó.ti.po (*proto+tipo*) *sm* Primeiro exemplar; modelo, padrão: *"Gandhi era o protótipo de político do futuro."* (CV)

pro.to.zo.á.rios (*proto+zootário*) *sm pl Zool* Sub-reino do reino animal que compreende todos os seres constituídos por uma única célula.

pro.tu.be.rân.cia (*protuberante+ia²*) *sf* **1** Parte saliente. **2** Saliência.

pro.tu.be.ran.te (*lat protuberante*) *adj m+f* Que tem protuberância, saliente: *"Um senhor de barba descurada e ventre protuberante."* (ASV)

pro.va (*lat proba*) *sf* **1** Aquilo que serve para estabelecer uma verdade por verificação ou demonstração. **2** Indício, mostra, sinal. **3** Exame, concurso. **4** Ensaio, experiência. **5** Ato de experimentar o sabor de uma substância alimentar ou uma roupa ou calçado. **6** *Mat* Operação pela qual se verifica a exatidão de um cálculo. **7** Competição entre esportistas.

pro.va.ção (*provar+ção*) *sf* Situação aflitiva.

pro.var (*lat probare*) *vtd* **1** Demonstrar com provas (documentos, fatos, razões, testemunhas). **2** Dar testemunho de; tornar evidente. **3** Submeter a prova. **4** Conhecer por experiência própria. **5** Experimentar, vestindo, comendo ou bebendo.

pro.vá.vel (*lat probabile*) *adj m+f* **1** Que se pode provar. **2** Que pode acontecer ou tende a acontecer. *Sup abs sint: probabilíssimo.*

pro.ve.dor (*prover+dor*) *sm* **1** O que provê. **2** Chefe de algum estabelecimento de caridade. **3** *Inform* Empresa que dá acesso à internet; provedor de acesso.

pro.vei.to (*lat profectu*) *sm* **1** Ganho, lucro. **2** Benefício, utilidade, vantagem.

pro.vei.to.so (*ó*) (*proveito+oso*) *adj* Que dá proveito; lucrativo, útil, vantajoso. *Antôn: nocivo. Pl: proveitosos (ó).*

pro.ve.ni.en.te (*lat proveniente*) *adj m+f* Que provém; oriundo, procedente.

pro.ven.to (*lat proventu*) *sm* **1** Ganho, lucro, proveito, rendimento. **2** Remuneração de servidores públicos.

pro.ver (*lat providere*) *vtd* e *vti* **1** Abastecer, fornecer, munir. *vpr* **2** Abastecer-se, munir-se. *vti* **3** Acudir, acorrer, remediar. *vtd* e *vti* **4** Dotar, ornar. *vint* **5** Tomar providências; acudir. *Conjug* – Verbo irregular (somente o pretérito perfeito, o mais-que-perfeito do indicativo e o imperfeito do subjuntivo são regulares). *Conjug* – Pres indic: provejo, provês, provê, provemos, provedes, proveem; Pret perf: provi, proveste, proveu, provemos, provestes, proveram; Pret imp indic: provia, provias, provia, províamos, províeis, proviam; Pret mais-que-perf: provera, proveras, provera, provêramos, provêreis, proveram; Fut pres: proverei, proverás, proverá, proveremos, provereis, proverão; Fut pret: proveria, proverias, proveria, proveríamos, proveríeis, proveriam; Pres subj: proveja, provejas, proveja, provejamos, provejais, provejam; Pret imp subj: provesse, provesses, provesse, provêssemos, provêsseis, provessem; Fut subj: prover, proveres, prover, provermos, proverdes, proverem; Imper afirm: —, provê(Tu), proveja(Você), provejamos(Nós), provede(Vós), provejam(Vocês); Imper neg: —, Não provejas(Tu), Não proveja(Você), Não provejamos(Nós), Não provejais(Vós), Não provejam(Vocês); Infinitivo impess: prover; Infinitivo pess: prover, proveres, prover, provermos, proverdes, proverem; Ger: provendo; Part: provido.

pro.ver.bi.al (*lat proverbiale*) *adj m+f* **1** Relativo a provérbio. **2** Mencionado como modelo. **3** Conhecido, notório, sabido.

pro.vér.bio (*lat proverbiu*) *sm* Sentença popular com poucas palavras; máxima, adágio, ditado.

pro.ve.ta (*ê*) (*fr éprouvette*) *sf* **1** Tubo graduado para medição de líquidos. **2** Tubo de ensaio.

pro.vi.dên.cia (*lat providentia*) *sf* **1** Teol Ação pela qual Deus conserva e governa o mundo. **2** *por ext* **Providência** O próprio Deus. **3** Acontecimento feliz. **4** Medida apropriada para se conseguir um fim, evitar um mal ou remediar uma necessidade.

pro.vi.den.ci.ar (*providência+ar¹*) *vtd* **1** Acudir com medidas adequadas. *vti* e *vint* **2** Dar ou tomar providências; prover. Conjuga-se como *premiar*.

pro.vín.cia (*lat provincia*) *sf* **1** Divisão territorial posta sob a autoridade de um delegado do poder central (os atuais estados do Brasil eram províncias ao tempo do Império). **2** O interior de alguns países, excluindo a capital.

pro.vin.ci.a.no (*província+ano*) *adj* **1** Que não é da capital. **2** Inerente, pertencente ou relativo a pessoa da província. • *sm* Habitante ou natural da província.

pro.vir (*lat provenire*) *vti* **1** Vir de algum lugar. **2** Derivar, originar-se, proceder. **3** Advir, resultar. Conjuga-se como *vir*; recebe, porém, acento agudo nas 2ª e 3ª pessoas do singular do presente do indicativo (*provéns, provém*) e na 2ª pessoa do singular do imperativo afirmativo (*provém [tu]*).

pro.vi.são (*lat provisione*) *sf* **1** Ato ou efeito de prover. **2** Abastecimento de coisas necessárias. **3** Abundância de coisas destinadas ao uso futuro; mantimentos.

pro.vi.só.rio (*lat provisu+ório*) *adj* Passageiro, temporário, transitório.

pro.vo.ca.ção (*provocar+ção*) *sf* **1** Ato ou efeito de provocar. **2** Desafio, insulto. **3** Tentação.

pro.vo.can.te (*lat provocante*) *adj m+f* **1** Irritante; provocador. **2** Que provoca desejo sexual: *Provocava os homens com trajes e atitudes impudicas*.

pro.vo.car (*lat provocare*) *vtd* **1** Estimular, incitar. **2** Chamar a combate; desafiar. **3** Irritar. **4** Excitar, criar desejos sexuais em.

pro.xi.mi.da.de (*ss*) (*lat proximitate*) *sf* **1** Estado de próximo. **2** Pequena distância; contiguidade, vizinhança. **3** Pequena demora; iminência. *sf pl* **4** Cercanias, arredores, vizinhança.

pró.xi.mo (*ss*) (*lat proximu*) *adj* **1** Que está perto (usa-se quanto a lugar, tempo, relações de parentesco). **2** Perto, vizinho. **3** Que não tarda. **4** Direto, imediato, seguinte. • *sm* Cada pessoa em particular; o nosso semelhante. • *adv* Perto, na vizinhança.

pru.dên.cia (*lat prudentia*) *sf* Cautela, precaução.

pru.den.te (*lat prudente*) *adj m+f* **1** Que tem prudência. **2** Que age com prudência. **3** Comedido, moderado. **4** Cauteloso, previdente, seguro.

pru.mo (*lat plumbu*) *sm* **1** Instrumento composto de dois curtos cilindros, um fixo na extremidade de um fio e o outro móvel ao longo desse fio, e que serve para determinar a direção vertical. **2** *fig* Cautela, prudência, tino.

pru.ri.do (*t*) (*lat pruritu*) *sm* **1** Coceira, comichão. **2** *fig* Tentação, impaciência. **3** *fig* Grande desejo.

pseu.dô.ni.mo (*pseudo+ônimo*) *adj+sm* Nome falso ou artístico.

psi.ca.ná.li.se (*psico+análise*) *sf* **1** *Psicol* Método de tratamento de desordens mentais e nervosas, criado e desenvolvido pelo psicanalista austríaco Sigmund Freud (1856-1939). **2** Conjunto das teorias desenvolvidas por esse psicanalista, relativas à vida psíquica consciente e inconsciente.

psi.ca.na.lis.ta (*pseudo+analista*) *s m+f* Especialista em psicanálise; analista.

psi.co.dra.ma (*psico+drama*) *sm Psicol* Método de psicoterapia em grupo que consiste em fazer os pacientes dramatizarem os conflitos individuais.

psi.co.gra.far (*psico+grafo+ar¹*) *vtd Espir* Escrever (o médium) o que lhe dita um espírito: *"Gasparetto psicografa seus romances direto no computador."* (FSP)

psi.co.gra.fi.a (*psico+grafo+ia¹*) *sf* **1** Descrição da mente e suas funções. **2** *Espir* Escrita de um espírito pela mão do médium.

psi.co.lo.gi.a (*psico+logo+ia¹*) *sf* **1** Ciência que trata da mente e de fenômenos e atividades mentais. **2** Ciência do comportamento animal e humano em suas relações com o meio físico e social. **3** Conjunto de estados e processos mentais de uma pessoa ou grupo de pessoas, especialmente como determinante de ação e comportamento.

psi.co.ló.gi.co (*psico+logo+ico²*) *adj* Pertencente ou relativo à psicologia.

psi.có.lo.go (*psico+logo*) *sm* Especialista em psicologia.

psi.co.pa.ta (*psico+gr páthos*) *adj m+f e s m+f* Que ou quem sofre de doença mental.

psi.co.se (*psico+ose*) *sf* **1** *Med* Designação comum às doenças mentais. **2** *fig* Ideia fixa, obsessão.

psi.co.te.ra.peu.ta (*psico+terapeuta*) *s m+f* Especialista em psicoterapia.

psi.co.te.ra.pi.a (*psico+terapia*) *sf Med* **1** Tratamento por métodos psicológicos. **2** Conjunto das técnicas que visam ao tratamento de problemas psíquicos.

psi.co.tró.pi.co (*psico+trópico*) *adj+sm* Diz-se de ou medicamento que age sobre as células nervosas, com efeito calmante ou estimulante.

psi.que (*gr psykhé*) *sf* **1** A alma; o espírito; a mente. **2** *Psicol* Conjunto dos processos psíquicos conscientes e inconscientes.

psi.qui.a.tra (*psico+iatra*) *s m+f* Especialista em psiquiatria.

psi.qui.a.tri.a (*psico+iatro+ia¹*) *sf* Parte da medicina que se ocupa das doenças mentais.

psí.qui.co (*gr psykhikós*) *adj* Relativo à psique, à mente ou à alma.

psi.ta.cí.deos (*psítaco+ídeos*) *sm pl Ornit* Família de aves da ordem dos psitaciformes, à qual pertencem os papagaios, as araras e os periquitos.

psi.ta.ci.for.mes (*psítaco+i+forme*) *sm pl Ornit* Ordem de aves constituída por espécies que apresentam bico tão longo quanto alto, língua carnuda e grossa, dois dedos medianos voltados para a frente, e o primeiro e o quarto dedos, para trás.

psiu (*voc onom*) *interj* Usada para chamar ou para impor silêncio.

pte.ri.dó.fi.tas (*gr pterís,-ídos+fito*) *sf pl Bot* Divisão de plantas vasculares, sem flores, conhecidas como avencas e samambaias.

pte.ro.dác.ti.lo (*ptero+dáctilo*) *adj Zool* Diz-se dos animais cujos dedos são ligados por uma membrana. • *sm Paleont* Réptil voador que se caracterizava por longo bico, munido de dentes.

pte.ros.sáu.rios (*ptero+sauro+io²*) *sm pl Paleont* Ordem de répteis voadores.

pu.a (*lat *puga*, de *pungere*) *sf* **1** Ponta aguçada. **2** Haste terminada em bico. **3** Instrumento para furar, movido por meio de um arco. **4** Aguilhão, espinho, ferrão.

pu.ber.da.de (*lat pubertate*) *sf* Fase de transformações psicológicas e fisiológicas que caracterizam a transição da infância para a adolescência, na qual ocorre a maturação sexual.

pú.be.re (*lat pubere*) *adj m+f* Que chegou à puberdade: *"Jorge era púbere."* (AE) • *sm* Aquele que chegou à puberdade: *"Os púberes, por sua vez, parecem pouco* *privilegiados pelo sistema de proibições."* (SOC)

pú.bi.co (*lat pube+ico²*) *adj* Pertencente ou relativo ao púbis.

pú.bis (*lat pubis*) *s m+f sing+pl Anat* **1** Parte inferior e anterior do osso ilíaco. **2** Eminência triangular do abdome correspondente a esta parte, que se cobre de pelos ao começar a puberdade.

pu.bli.ca.ção (*lat publicatione*) *sf* **1** Ato ou efeito de publicar. **2** Obra publicada.

pú.bli.ca-for.ma *sf* Cópia de documento feita por tabelião ou escrivão para substituir o original. *Pl: públicas-formas.*

pu.bli.car (*lat publicare*) *vtd* **1** Levar ao conhecimento público; tornar público e notório. **2** Imprimir para a venda.

pu.bli.ci.da.de (*público+i+dade*) *sf* **1** Divulgação de fatos ou informações a respeito de pessoas, ideias, serviços, produtos ou instituições, utilizando-se os veículos normais de comunicação. **2** Propaganda. **3** Atividade de publicitário.

pu.bli.ci.tá.rio (*fr publicitaire*) *adj* Que se relaciona com propaganda, com publicidade. • *sm* Profissional que trabalha em publicidade, auditório.

pú.bli.co (*lat publicu*) *adj* **1** Pertencente ou relativo ao povo. **2** Que serve para uso de todos ou se faz diante de todos. **3** Que diz respeito ao governo do país e suas relações com os cidadãos. **4** Notório, vulgar. *Sup abs sint: publicíssimo.* • *sm* **1** O povo em geral. **2** Grupo de expectadores; assistência, auditório.

pú.bli.co-al.vo *sm* Em propaganda, segmento do público ao qual se destina uma mensagem específica. *Pl: públicos-alvo* e *públicos-alvos.*

pu.de.ra (*pret mais-que-perf* de poder) *interj* Claro; não era para menos; pois então: *"Nunca o vi de tão bom humor, pudera! é o mais moço engenheiro da turma."* (CP)

pu.di.co (*í*) (*lat pudicu*) *adj* **1** Que tem pudor: *"Podem me chamar de purista ou de pudico."* (EMB) **2** Envergonhado. **3** Casto, honesto.

A palavra *pudico* é paroxítona, e a sílaba tônica é *di*. O substantivo que corresponde a esse adjetivo é *pudicícia*.

pu.dim (*ingl pudding*) *sm Cul* Doce de consistência cremosa, assado em banho-maria. *Pl: pudins.*

pu.dor (*lat pudore*) *sm* **1** Sentimento de vergonha. **2** Este sentimento ligado a coisas que se relacionam com o sexo; recato. Veja nota em **pundonor**.

pu.e.ri.cul.tu.ra (*púeri+cultura*) *sf neol* Conjunto de meios médico-sociais voltados ao perfeito desenvolvimento físico e mental das crianças, desde o período de gestação.

pu.e.ril (*lat puerile*) *adj m+f* **1** Pertencente, relativo ou próprio das crianças; infantil. **2** Frívolo, fútil, ingênuo. *Pl: pueris.*

pu.fe (*fr pouf*) *sm* Banquinho estofado; espécie de banqueta circular e baixa.

pu.gi.lis.mo (lat *pugillu+ismo*) *sm* Boxe.

pu.gi.lis.ta (lat *pugillu+ista*) *sm* Boxeador, lutador de boxe.

pu.í.do (*part* de *puir*) *adj* Que se puiu.

pu.ir (*corr* de *polir*) *vtd* Desgastar pela fricção ou pelo uso prolongado: *"Esses tecidos passavam de mão em mão até se desgastarem e puírem."* (MAL) *Conjug* – verbo defectivo. Conjuga-se como *ruir.*

pu.jan.ça (*cast pujanza*) *sf* **1** Exuberância. **2** *fig* Poderio. **3** Força, vigor.

pu.jan.te (de *pujar*) *adj m+f* Que tem grande força; possante, vigoroso.

pu.lar (*lat pullare*) *vint* **1** Dar pulos; saltar. **2** Pulsar com veemência.

pu.le (*fr poule*) *sf* Bilhete de aposta em corridas de cavalos: *"Claro, rapaz, se ele engoliu a lista, qualquer pule que aparecer a gente paga."* (REI)

pul.ga (*lat *pulica*, por *pulice*) *sf Zool* Pequeno inseto sem asas que se locomove aos saltos e se nutre de sangue.

pul.gão (*pulga+ão²*) *sm* Nome vulgar de diversos insetos sugadores que vivem permanentemente sobre vegetais, danificando-os.

pul.guei.ro (*pulga+eiro*) *sm* **1** Lugar onde há muitas pulgas. **2** *pop* Cinema de baixa categoria.

pul.guen.to (*pulga+ento*) *adj* Que tem muitas pulgas.

pu.lha (*cast pula*) *adj m+f* **1** Desprezível, vil: *"Este homem cruel, corrupto, pulha, merece a estátua de granito e bronze?"* (GD) **2** Desmazelado, relaxado. • *sm* Indi-

pulmão   708   **punhalada**

víduo sem brio, sem dignidade; ordinário: *"Em seguida contaria a Marta quem era aquele pulha."* (MC)

pul.mão (*lat pulmone*) *sm* **1** *Anat* Cada um dos dois órgãos respiratórios envolvidos pela pleura, contidos no tórax e separados pelo coração. **2** *fig* Voz forte.

pul.mo.nar (*lat pulmonariu*) *adj m+f* **1** *Anat* Pertencente ou relativo aos pulmões. **2** Que afeta o pulmão. **3** *Zool* Que respira por pulmões.

pu.lo (de *pular*) *sm* **1** Salto. **2** *fig* Ida rápida a algum lugar.

pu.lô.ver (*ingl pull+over*) *sm* Agasalho de lã que se veste enfiando pela cabeça; suéter. *Pl: pulôveres*.

púl.pi.to (*lat pulpitu*) *sm* Tribuna, na igreja, da qual o sacerdote prega aos fiéis.

pul.sa.ção (*lat pulsatione*) *sf* **1** Ato ou efeito de pulsar. **2** *Med* Movimento de contração e dilatação do coração e das artérias.

pul.sar (*lat pulsare*) *vtd* **1** Impulsionar. *vint* **2** Latejar, palpitar: *"Fizemos a vida pulsar de novo no centro do seu coração amado."* (CNT) *vint* **3** Arquejar: *"De repente, a pomba-rola não se mexe mais, não pulsa, não palpita."* (ASA)

pul.sei.ra (*pulso+eira*) *sf* Objeto de adorno para os pulsos.

pul.so (*lat pulsu*) *sm* **1** Batimento arterial na região inferior do antebraço, junto à mão. **2** *por ext* Essa região. **3** *fig* Autoridade, firmeza.

pu.lu.lar (*lat pullulare*) *vti* **1** Multiplicar-se rápida e abundantemente: *Pululam os doutores no Brasil*. *vti* **2** Ter com abundância e progressivamente; ostentar. *vint* **3** Existir em grande número: *Aqui pululam os políticos*. *vti* **4** Irromper, surgir: *De todos os lados pululavam os invasores*. *Conjug* – com raras exceções, conjuga-se apenas nas 3ᵃˢ pessoas.

pul.ve.ri.za.ção (*pulverizar+ção*) *sf* Ato ou efeito de pulverizar.

pul.ve.ri.za.dor (*pulverizar+dor*) *adj* Que pulveriza. • *sm* Aparelho para pulverizar.

pul.ve.ri.zar (*lat pulverizare*) *vtd* e *vpr* **1** Reduzir(-se) a pó: *"Era como se quisessem pulverizar ainda mais a areia do macadame."* (RIR); *"Foi a porta blindex que explodiu, quase que se pulverizando."* (EST) *vtd* **2** Cobrir de pó; polvilhar. *vtd* **3** Fazer passar (um líquido) pelo pulverizador em forma de jato de pequeníssimas gotas: *"Pulverizando plantações com praguicidas."* (QUI) **4** Destruir; aniquilar: *"Uma política que pulveriza os escassos recursos disponíveis."* (OS)

pu.ma (*quíchua puma*) *sm Zool* Grande mamífero felídeo das Américas; suçuarana.

pun.ção (*lat punctione*) *sf* **1** Ato ou efeito de pungir. **2** *Cir* Operação que consiste na introdução de agulha, bisturi ou outro instrumento em cavidade, para retirar líquido. *sm* **3** Instrumento pontiagudo próprio para marcar, furar etc.

pun.do.nor (*cast pundonor*, *contr* de *punto de honor*) *sm* **1** Sentimento de dignidade: *"Um homem como João não mentia nunca, mas, por pundonor, era obrigado a torcer a verdade ali, entre estranhos."* (AV) **2** Zelo da própria reputação: *"Sofia se atirava à luta contra Ângela, mas compreendia aquele excesso de pundonor."* (AV)

Não confunda os significados dos vocábulos **pundonor** e **pudor**, uma vez que o primeiro expressa um sentimento de dignidade e o segundo, um sentimento de vergonha.

pun.gen.te (*lat pungente*) *adj m+f* **1** Que punge. **2** Aflitivo, doloroso, lancinante: *"Valsa melancólica, pungente, dilacerante."* (ANA)

pun.gir (*lat pungere*) *vtd* **1** Ferir com objeto pontiagudo. **2** Estimular, incitar. **3** Causar grande dor moral a. **4** Afligir, atormentar: *"Não sente nada que não seja sua tristeza a pungir-lhe o coração dolorido."* (PCO) *Conjuga-se* como *abolir*.

pun.guis.ta (*punga+ista*) *adj s m+f gír* Batedor de carteira.

pu.nha.do (*punho+ado*¹) *sm* **1** Porção que se pode conter na mão fechada. **2** Pequena quantidade, número reduzido.

pu.nhal (*lat vulg *pugnale*) *sm* Arma branca, de lâmina curta e perfurante.

pu.nha.la.da (*punhal+ada*¹) *sf* **1** Ferimento ou golpe com punhal. **2** *fig* Golpe moral profundo.

pu.nhe.ta (ê) (cast puñeta, de puño) sf vulg Masturbação.

pu.nho (lat pugnu) sm **1** A mão fechada. **2** A região do pulso. **3** Parte da manga que circunda o pulso. **4** Parte de alguns instrumentos ou armas por onde se lhes pega.

pu.ni.ção (lat punitione) sf Pena, castigo.

pu.nir (lat punire) vtd **1** Aplicar punição a; castigar, reprimir. vtd **2** Servir de castigo a. vpr **3** Infligir castigo ou pena a si próprio.

pu.ni.ti.vo (punir¹+ivo) adj Que pune, que envolve punição, que serve de castigo: *"Não tem nenhum interesse em assumir um papel punitivo."* (POL)

punk (pânc) (ingl) s m+f Pessoa rebelde e contestadora, geralmente jovem, que despreza os valores socialmente estabelecidos e adota sinais exteriores de provocação. • adj m+f De estilo punk.

pu.pi.la (lat pupilla) sf **1** Anat Abertura central da íris, que dá passagem aos raios luminosos; menina do olho. **2** Feminino de pupilo.

pu.pi.lo (lat pupillu) sm **1** Órfão que está sob tutela. **2** fig Protegido: *"Getúlio Vargas e seu pupilo, João Goulart, estancieiro."* (TGB) **3** Aluno; discípulo.

pu.rê (fr purée) sm Cul Iguaria pastosa em geral preparada com batatas cozidas e amassadas, manteiga e leite.

pu.re.za (ê) (puro+eza) sf **1** Qualidade de puro. **2** Inocência, singeleza. **3** Castidade, virgindade.

pur.gan.te (lat purgante) adj m+f Que faz purgar. • sm **1** Farm Medicamento ou substância que faz limpar os intestinos. **2** pop Pessoa ou coisa enfadonha, chata, tediosa, enjoada.

pur.gar (lat purgare) vtd **1** Purificar, eliminando as impurezas ou matérias estranhas. vint **2** Limpar os intestinos com substâncias: *"Os franceses sangram, purgam, usam adstringentes."* (APA) **3** Eliminar: *"Queria purgar minha culpa."* (BDI) vint **4** Med Expelir pus. vint **5** Pagar seus pecados; redimir-se: *"Parece que é a gente só quem tem de purgar, padecer!"* (COB)

pur.ga.tó.rio (lat purgatoriu) sm **1** Teol Lugar onde as almas dos justos, incompletamente purificadas, acabam de pagar suas faltas. **2** por ext Lugar onde se sofre por algum tempo.

pu.ri.fi.ca.ção (lat purificatione) sf **1** Ato ou efeito de purificar. **2** Rel Festa da Igreja Católica celebrada em 2 de fevereiro.

pu.ri.fi.ca.dor (purificar+dor) adj Que purifica. • sm **1** Aquilo que purifica. **2** Aparelho para purificar algo.

pu.ri.fi.car (lat purificare) vtd **1** Tornar puro. vtd e vti **2** Limpar, purgar.

pu.ris.ta (puro+ista) adj e s m+f Diz-se de ou pessoa excessivamente escrupulosa quanto à pureza da linguagem, quer escrita, quer falada.

pu.ri.ta.nis.mo (puritano+ismo) sm **1** Doutrina que prega e pratica princípios morais puros e rígidos e formas simples de adoração. **2** Austeridade de princípios morais.

pu.ri.ta.no (ingl puritan, calcado no lat puru) adj **1** Relativo ao puritanismo. **2** Íntegro, incorrupto. • sm **1** Sectário do puritanismo. **2** Indivíduo que alardeia grande austeridade moral.

pu.ro (lat puru) adj **1** Que não tem mistura ou impurezas. **2** Que não sofreu alteração. **3** Límpido, sereno. **4** Não contaminado; imaculado, limpo. **5** Inocente, virginal. **6** Casto, virtuoso.

pu.ro-san.gue adj e s m+f Diz-se do ou o animal que representa uma raça fina, sem cruzamento de outra. *Pl: puros-sangues.*

púr.pu.ra (lat purpura) sf **1** Corante vermelho-escuro que se extrai da cochinilha. **2** por ext A cor vermelha. **3** Med Doença que se caracteriza pelo aparecimento de pequenas manchas vermelhas na pele.

pur.pu.ri.na (púrpura+ina) sf **1** Pó metálico empregado em tipografia para as impressões a ouro e prata. **2** Pó metálico prateado ou de outra cor usado em maquiagem e para enfeitar coisas.

pu.ru.len.to (lat purulentu) adj Cheio de pus; que solta pus: *"O conteúdo do abscesso pode ser purulento."* (CLC); *"Depois imaginou-a toda queimada, o corpo numa chaga purulenta. Santo Deus!"* (TV)

pu.ru.ru.ca adj m+f **1** Duro, quebradiço. **2** Diz-se do coco já um pouco duro. **3** Cul Diz-se do couro de porco, quando frito e bem seco. • sf Essa pele.

pus (*lat pus*) *sm Med* Líquido mais ou menos espesso, alcalino, e resultante de inflamação.

pu.si.lâ.ni.me (*lat pusillanime*) *adj e s m+f* **1** Que ou pessoa que tem ânimo fraco: *"José Roberto rindo sem jeito, pusilânime."* (TB) **2** Medroso, covarde: *"O Diabo gosta dos pusilânimes."* (BDI) Antôn: corajoso, audaz.

pús.tu.la (*lat pustula*) *sf* **1** *Med* Pequeno tumor cutâneo que termina por supuração: *"Uma velha índia coberta de pústulas resistia."* (MAN); *"Corpos deformados, cheios de pústulas."* (FSP) **2** *fig* Corrupção, vício. *sm* **3** Indivíduo infame, de mau caráter: *"Você é um pústula, Silas..."* (HO)

pu.ta (*lat puta*) *sf vulg* Prostituta, meretriz.

pu.ta.da (*puta+ada¹*) *sf vulg* Conjunto de putas.

pu.ta.ri.a (*puta+aria*) *sf vulg* **1** Procedimento próprio de puta. **2** Sacanagem, safadeza.

pu.tei.ro (*puta+eiro*) *sm* Bordel, prostíbulo.

pu.tre.fa.ção (*lat putrefactione*) *sf* **1** Decomposição das matérias orgânicas. **2** Estado do que está putrefato; apodrecimento. **3** Corrupção.

pu.xa (de *puxar*) *adj e s m+f* Forma abreviada de *puxa-saco*. • *interj* (corr de *puta*) Expressa espanto ou impaciência: *"Nunca vi morte mais programada, puxa!"* (AFA); *"Puxa! Você engordou!"* (ARR)

pu.xa.da (*part fem* de *puxar*) *sf* **1** Ação ou efeito de puxar. **2** Caminhada longa e forçada. **3** Esforço maior no trabalho ou em competição. **4** *pop* Ação de puxa-saco; adulação, bajulação.

pu.xa.do (*part* de *puxar*) *adj* **1** Que se puxou; esticado. **2** Apurado, concentrado (molho ou outra substância que vai ao fogo). **3** *pop* Elevado no preço; caro. **4** Exaustivo (trabalho). • *sm* Acréscimo ou prolongamento de uma casa para o lado do quintal.

pu.xa.dor (*puxar+dor*) *adj* Que puxa. • *sm* **1** Peça por onde se puxa, para abrir gavetas, portas etc. **2** *gír* Ladrão de carros.

pu.xão (*puxar+ão²*) *sm* Ato ou efeito de puxar com força.

pu.xa-pu.xa (de *puxar*) *sm* Tipo de bala ou massa de açúcar em ponto grosso; quebra-queixo.

pu.xar (*lat pulsare*) *vtd* **1** Atrair a si com força. *vtd* **2** Exercer tração em. *vtd* **3** Tirar com esforço. *vtd* **4** Esticar, estirar. *vtd e vti* **5** *pop* Herdar qualidades de, sair semelhante a. *vtd* **6** *gír* Roubar carros.

pu.xa-sa.co (*puxar+saco*) *adj e s m+f vulg* Diz-se de ou pessoa bajuladora, que gosta de adular. *Pl*: puxa-sacos.

pu.xa-sa.quis.mo (*puxa-saco+ismo*) *sm vulg* **1** Caráter de puxa-saco. **2** Ação de puxa-saco. *Pl*: puxa-saquismos.

q (*quê*) (*lat* qu) *sm* Décima sétima letra do alfabeto português, consoante.

QI Abreviatura de *quociente de inteligência*.

qua.dra (*lat* quadra) *sf* **1** Distância entre uma esquina e outra do mesmo lado da rua; quarteirão. **2** Área limitada de terreno, marcada com linhas, para a prática de jogos desportivos, como tênis, futebol, basquete etc. **3** Estrofe de quatro versos; quarteto.

qua.dra.do (*lat* quadratu) *adj* **1** Qualquer objeto que tenha forma igual ou semelhante à do quadrado. **2** *Mat* Segunda potência de um número; produto de um número multiplicado por ele mesmo. • *sm* **1** *pop* Brinquedo feito de papel de seda com varetas, que, preso por uma linha, alcança grande altura; papagaio, pipa. **2** *Geom* Quadrilátero de lados iguais e ângulos retos.

qua.dra.gé.si.mo (*lat* quadragesimu) *num* Ordinal correspondente a quarenta. • *sm* Cada uma das quarenta partes iguais em que se divide o todo.

qua.dran.te (*lat* quadrante) *sm* **1** Quarta parte da circunferência. **2** Mostrador do relógio de sol, ou o próprio relógio de sol.

qua.dra.tu.ra (*baixo-lat* quadratura) *sf* **1** *Geom* Cálculo da área de uma figura. **2** *Astr* Posição de dois corpos celestes quando suas longitudes diferem de 90°.

qua.dri.cu.lar (*quadrículo*+*ar*²) *vtd* **1** Dar forma de quadrículos a. **2** Dividir em quadrículos.

qua.drí.cu.lo (*quadr(ado)*+*ículo*) *sm* Pequeno quadrado, quadradinho; quadrinho: *"Ideogramas confinados em quadrículos."* (FSP)

qua.dri.e.nal (*lat tardio* quadriennale) *adj m*+*f* Que aparece ou ocorre de quatro em quatro anos.

qua.dri.ê.nio (*lat* quadrienniu) *sm* Período de quatro anos.

qua.dri.gê.meo (*lat* quadrigeminu) *adj* **1** Diz-se de quatro seres nascidos do mesmo parto. **2** Que diz respeito a qualquer um de quatro gêmeos, ou aos quatro; quádruplo.

qua.dril (*cadeira*+*il*, com síncope) *sm* Região lateral do corpo humano que vai da cintura até a articulação superior da coxa. *Pl*: quadris.

qua.dri.la.te.ral (*quadri*+*lateral*) *adj m*+*f* Que tem quatro lados; quadrilátero.

qua.dri.lá.te.ro (*lat tardio* quadrilateru) *adj V* quadrilateral. • *sm Geom* Figura plana de quatro lados.

qua.dri.lha (*cast* cuadrilla) *sf* **1** *Folc* Dança de salão de origem européia, trazida para o Brasil no início do século XIX, da qual participam vários casais. **2** Música que acompanha essa dança. **3** Grupo de ladrões ou malfeitores.

qua.dri.mes.tral (*quadrimestre*+*al*¹) *adj m*+*f* Que acontece ou se faz de quatro em quatro meses.

qua.dri.mo.tor (*quadri*+*motor*) *adj* Que tem quatro motores. • *sm* Avião de quatro motores.

qua.drin.gen.té.si.mo (*lat* quadringentesimu) *num* Ordinal e fracionário correspondente a quatrocentos. • *sm* Cada uma das quatrocentas partes iguais em que se divide o todo.

qua.dri.nhos (*dim pl* de *quadro*) *sm pl* História em quadrinhos.

qua.dri.nis.ta (*quadrinho*+*ista*) *s m*+*f* Desenhista de histórias em quadrinhos.

qua.dro (*lat quadru*) *sm* **1** Pintura, desenho ou gravura. **2** Quadro-negro. **3** Conjunto dos funcionários de uma repartição ou de uma empresa etc. **4** Armação da bicicleta onde se encaixam as rodas e estão colocados o selim e o guidão.

qua.dro-ne.gro *sm* Superfície plana que é colocada nas paredes de salas de aula ou de estudo para que se escreva sobre ela; lousa, quadro. *Pl: quadros-negros.*

qua.drú.pe.de (*lat quadrupede*) *adj m+f* e *sm* Que tem quatro pés. • *sm* Mamífero que anda sobre quatro pés.

qua.dru.pli.car (*lat quadruplicare*) *vint* e *vpr* **1** Tornar-se quatro vezes maior. *vtd* **2** Multiplicar por quatro.

quá.dru.plo (*lat quadruplu*) *num* Que é quatro vezes maior. • *sm* **1** Produto da multiplicação por quatro. *sm pl* **2** Quatro bebês de uma mesma gestação; quadrigêmeos.

qual (*lat quale*) *pron interrogativo* **1** Que pessoa, que coisa. **2** De que natureza, de que qualidade. • *pron relativo* Que. • *conj* Como, assim como. • *interj* Indica dúvida, espanto, incredulidade ou negação.

qua.li.da.de (*lat qualitate*) *sf* **1** Dom, virtude. **2** Grau de perfeição, de precisão, de conformidade a um certo padrão: *Artigo de primeira qualidade.* **3** Categoria, espécie, tipo: *A fábrica produz apenas uma qualidade deste artigo.*

qua.li.fi.ca.ção (*qualificar+ção*) *sf* **1** Dar uma qualidade, nome ou título a alguma coisa. **2** Capacidade que uma pessoa tem ou adquiriu para poder realizar algum trabalho ou ocupar algum cargo.

qua.li.fi.car (*lat med qualificare*) *vtd* **1** Indicar a qualidade de. **2** Dar um título a. **3** Dar opinião a respeito de.

qua.li.fi.ca.ti.vo (*qualificar+ivo*) *adj* Aquilo que revela qualidade ou modo de ser.

qua.li.ta.ti.vo (*lat qualitativu*) *adj* Que determina qualidade.

qual.quer (*qual+quer*) *pron* Indica pessoa, objeto, lugar ou tempo indeterminado: *Isso não é qualquer homem que faz. Pl: quaisquer.*

quan.do (*lat quando*) *adv* Em que época, em que ocasião, em que tempo: *Quando chegaram? Desde quando estão aqui?* • *conj* **1** Ainda que, embora, posto que, mesmo que. **2** No momento em que, no tempo em que. **3** Apesar de que. Veja nota em **já**.

quan.ti.a (*quanto+ia¹*) *sf* **1** Soma, valor em dinheiro. **2** Importância.

quan.ti.da.de (*lat quantitate*) *sf* **1** Porção indefinida de qualquer coisa. **2** Número indefinido de coisas ou pessoas. **3** Porção ou número grande.

quan.ti.fi.car (*quanto+ficar*) *vtd* **1** Demonstrar por quantidade: *"Pesquisa quantifica casos de assédio sexual no Brasil."* (FSP) **2** Avaliar com precisão: *"Para quantificar algo ácido está um determinado meio, usamos do recurso de uma escala chamada escala de pH."* (PQ)

quan.ti.ta.ti.vo (*lat quantitativu*) *adj* Que determina quantidade.

quan.to (*lat quantu*) *adj* Que número, que quantidade. • *pron* Que preço, que quantia, que quantidade, que número, que dia: *Quanto custou isso? Quanto gastou? Quantos comprou? Quantos vieram? Quantos são hoje?* • *adv* Como, com que intensidade: *Quanto dói uma saudade!* Veja nota em **comparativo**.

quão (*lat quam*) *adv* Quanto, como: *"Via, assim, quão inútil fora aquele esforço!"* (AV). *"Sabe quão rebelde é esse mal."* (PRO)

qua.ren.ta (*lat quadraginta*) *num* Cardinal correspondente a quatro dezenas; quatro vezes dez. • *sm* O algarismo 40.

qua.ren.te.na (*ê*) (*quarenta+ena*) *sf* **1** Período de quarenta dias. **2** Período de isolamento imposto a navios, pessoas ou animais que vêm de lugares onde há doenças contagiosas.

qua.res.ma (*é*) (*lat quadragesima*) *sf Liturg* Período de quarenta dias entre a quarta-feira de cinzas e o domingo de Páscoa.

qua.res.mei.ra (*ê*) (*quaresma+eira*) *sf Bot* Nome de vários arbustos brasileiros admirados e cultivados por seus cachos de grandes flores roxas.

quar.ta (*lat quarta*) *sf* **1** Cada uma das quatro partes em que se pode dividir um todo; um quarto. **2** Marcha de velocidade de automóveis. *Quarta de final:* etapa de um torneio esportivo em que se realizam quatro jogos com oito times, para chegar às semifinais, com quatro times.

quar.ta de fi.nal Ver definição em *quarta*.

quar.ta-fei.ra *sf* O quarto dia da semana. *Pl: quartas-feiras*.

quar.tei.rão (*quarteiro+ão²*) *sm* Conjunto de casas limitado, em cada um de seus quatro lados, por uma rua; quadra.

quar.tel (*cat quarter*) *sm* **1** Quarta parte de um século. **2** *Mil* Edifício onde está um regimento, batalhão ou destacamento.

quar.tel-ge.ne.ral *sm* **1** Local onde o general reside e de onde expede as ordens aos que lhe estão subordinados. **2** Local ocupado pelos oficiais-generais e seu Estado-Maior. *Abrev: QG. Pl: quartéis-generais*.

quar.te.to (*ê*) (*ital quartetto*) *sm* **1** Estrofe de quatro versos. **2** *Mús* Música feita para ser tocada por quatro instrumentos ou cantada por quatro vozes. **3** Conjunto desses instrumentos ou vozes.

quar.to (*lat quartu*) *num* Ordinal e fracionário correspondente a quatro. • *sm* **1** Cada uma das quatro partes em que se divide o todo. **2** Cada quinze minutos ou quarta parte da hora. **3** Cômodo de dormir. *sm pl* **4** Ancas, quadris.

quart.zo (*fr quartz*) *sm Miner* Mineral duro, transparente, muito comum na crosta terrestre, também chamado *cristal de rocha*.

qua.se (*lat quasi*) *adv* **1** Perto, proximamente, no espaço e no tempo. **2** Com pouca diferença. **3** Por um pouco que não, ou por um triz que não.

qua.ter.ná.rio (*lat quaternarii*) *adj* **1** Que é formado por quatro partes. **2** Que tem quatro lados ou faces. **3** *Geol* Era geológica atual.

qua.ti (*tupi kuatí*) *sm Zool* Mamífero carnívoro de cauda felpuda e com pelos de cor escura e clara, em anéis.

qua.tor.ze (*lat quatuordecim*) *num* Cardinal correspondente a quatorze unidades. • *sm* O algarismo 14. *Var: catorze*.

qua.tro (*lat quattuor*) *num* Cardinal correspondente a quatro unidades. • *sm* O algarismo 4.

qua.tro.cen.tos (*quatro+centos*) *num* Cardinal correspondente a quatro centenas; quatro vezes cem. • *sm* O algarismo 400.

que¹ (*lat quid*) *pron inter* Qual coisa, quais coisas.

que² (*lat qui*) *pron rel* **1** O qual, a qual, os quais, as quais. **2** O que, aquilo que. • *adv* Quão, de que modo.

que³ (*lat quia* ou *quam*) *conj* **1** Aditiva (= e). **2** Adversativa (= mas). **3** Causal (= porque). **4** Comparativa (= do que). **5** Integrante. **6** Temporal (= desde que). Veja nota em **conjunção**.

Em construções com o pronome relativo **que** na função de sujeito, o verbo concorda com o pronome pessoal que o antecede. *Diariamente somos nós que limpamos a sala.*
Fui eu que comprei o novo aquecedor.
Serão eles que apresentarão o novo projeto à diretoria.
Existem casos em que a partícula **que** é acentuada.
a) *Quê! Sua filha sofreu uma cirurgia?* (Que = interjeição)
b) *Ela tem um quê misterioso.* (Que = substantivo)
c) *Você fez o quê?* (O que aparece no final da frase)
Veja outra nota em **quem**.

quê (*lat quid*) *sm* **1** Alguma coisa, qualquer coisa, certa coisa, alguma quantidade: *Eles têm um quê de estrangeiros*. **2** O nome da letra q. *Pl: quês* ou *qq.* • *interj* Como! oh! Quê! você por aqui?

que.bra (de *quebrar*) *sf* **1** Separação das partes de um todo. **2** Falência. **3** Interrupção, rompimento.

que.bra-ca.be.ça (*quebrar+cabeça*) *sm pop* **1** Brinquedo que serve de passatempo, apresentando dificuldades a serem resolvidas. **2** Problema difícil; questão complicada. *Pl: quebra-cabeças*.

que.bra.da (*quebrar+ada¹*) *sf* **1** Descida ou subida de um terreno ondulado. **2** Curva de estrada. **3** Lugar afastado e ermo.

que.bra.di.ço (*quebrado+diço*) *adj* Que se quebra facilmente; frágil: "*Eu contemplava o espelho d'água, quebradiço por agulhadas do chuvisco.*" (REL)

que.bra.do (*part* de *quebrar*) *adj* **1** Que se quebrou; separado em dois ou mais pedaços; partido. **2** Que não se cumpriu. **3** *Com* Que abriu falência; insolúvel, falido. **4** Que está completamente sem dinheiro; pobre. **5** Cansado, sem forças. **6** Enguiçado, sem condições de funcionar.

que.bra-ga.lho (*quebrar+galho*) *sm* **1** *pop* Solução de emergência. **2** Pessoa ou coisa que resolve uma dificuldade de última hora. *Pl: quebra-galhos.*

que.bra-mar (*quebrar+mar*) *sm* Construção que protege uma praia ou um ancoradouro contra o impacto das ondas. *Pl: quebra-mares.*

que.bra-mo.las (*quebrar+molas*) *sm sing+pl* Obstáculo de pequena altura, construído nas ruas e estradas, para reduzir a velocidade dos veículos.

que.bra-pau (*quebrar+pau*) *sm gír* Briga, rolo, confusão. *Pl: quebra-paus.*

que.bra-que.bra (de *quebrar*) *sm* **1** Depredação, desordem. **2** *pop* Confusão que termina em briga. *Pl: quebras-quebras* e *quebra-quebras.*

que.brar (*lat crepare*) *vtd, vint* e *vpr* **1** Despedaçar(-se): *Quebrar a louça. vint* e *vpr* **2** Partir-se, rachar; romper(-se). *vtd* **3** Fraturar. *vtd* **4** Não cumprir (palavra ou promessa). *vint* **5** Abrir falência; falir. *vint* **6** Ficar pobre. *vtd* **7** Enguiçar.

que.da (*lat vulg *cadita*) *sf* **1** Movimento do corpo que cai; caída. **2** Salto de água. **3** Desmoronamento, tombo. **4** Inclinação, vocação, tendência.

que.da-d'á.gua *sf* Cachoeira, cascata. *Pl: quedas-d'água.*

quei.ja.di.nha (*dim* de *queijada*) *sf* **1** Pequena torta recheada com doce. **2** Doce de coco com queijo.

quei.jo (*lat caseu*) *sm* Alimento preparado com uma massa obtida pela coagulação e fermentação do leite.

quei.ma (de *queimar*) *sf* **1** Queimação, cremação, combustão. **2** Venda de mercadorias a um preço baixo para acabar com um estoque; liquidação.

quei.ma.ção (*queimar+ção*) *sf* **1** Ação de queimar. **2** Azia.

quei.ma.da (*fem* de *queimado*) *sf* **1** Limpeza que se faz de um terreno, coberto de mato, usando o fogo. **2** Parte da floresta ou campo que se incendeia por acaso ou de propósito. **3** Jogo em que os integrantes de dois times procuram atingir o adversário com uma bola lançada com violência e eliminá-lo da competição.

quei.ma.dor (*queimar+dor*) *sm* Cada uma das bocas do fogão por onde sai o gás e a chama.

quei.ma.du.ra (*queimar+dura*) *sf Med* Ferimento causado pela ação do fogo ou calor.

quei.mar (*lat cremare*) *vtd* **1** Consumir, destruir por meio de fogo. *vtd* **2** Vender por preço baixo. *vpr* **3** Bronzear-se. *vpr* **4** *pop* Irritar-se, zangar-se. *vint* **5** Produzir muito calor; arder. *vint* e *vpr* **6** Produzir ou sofrer queimadura.

quei.ma-rou.pa (*queimar+crime*) *sf* Usado na locução adverbial *à queima-roupa:* de muito perto; cara a cara; sem esperar (*p ex: atirar à queima-roupa; perguntar à queima-roupa*). *Pl: queima--roupas.*

quei.xa (*der* regressiva de *queixar*) *sf* **1** Reclamação. **2** Palavras de sentimento, de dor ou desgosto; lamentação.

quei.xa.da (*queixo+ada¹*) *sf* **1** Mandíbula. **2** Queixo grande. **3** *Zool* Porco-do-mato que apresenta uma faixa de pelos brancos ao longo da queixada.

quei.xar (*lat vulg *quassiare*, por *quassare*) *vpr* **1** Lamentar-se. **2** Revelar desagrado ou ressentimento; lastimar-se. **3** Mostrar-se magoado ou ofendido.

quei.xo (*lat capsu*) *sm* **1** Maxilar dos animais vertebrados. **2** Maxilar inferior; mandíbula.

quei.xo.so (ô) (*queixa+oso*) *adj+sm* **1** Aquele que se queixa. **2** Que ou aquele que é ofendido e apresenta queixa a uma autoridade. *Pl: queixosos* (ó).

quei.xu.me (*queixa+ume*) *sm* Queixa, lamentação, gemido: *"Espantado daquele queixume de água que vinha na voz de Dora."* (CR)

que.lô.nios (*gr khelóne*) *sm pl Zool* Ordem de répteis em que estão incluídos tartarugas, cágados e jabutis.

quem (*lat quem*) *pron relat* **1** Aquele que, aqueles que, a pessoa que, as pessoas que, o que, os que. **2** O qual, a qual, os quais, as quais. *pron indef* **3** Alguém que, qualquer pessoa que. **4** Um... outro,

que.no.pi.di.á.ceas (*quenopódio+ácea*) *sf pl Bot* Família de plantas herbáceas à qual pertencem o espinafre e a beterraba.

este... aquele. *pron inter* **5** Que pessoa, que pessoas.
Em construções com o pronome relativo **quem** na função de sujeito, usa-se o verbo na 3ª pessoa do singular independentemente da pessoa verbal do pronome que o antecede.
Diariamente somos nós **quem** *limpa a sala.*
Fui eu **quem** *comprou o novo aquecedor.*
Será ele **quem** *apresentará o novo projeto à diretoria.*
Veja outra nota em **que**³.

quen.tão (*quente+ão*²) *sm* Cachaça quente com gengibre, açúcar e canela.

quen.te (*lat calente*) *adj m+f* **1** Que tem, produz ou transmite calor. **2** De alta temperatura; que dá sensação de calor. **3** Ardido, estimulante, picante. *Antôn* (acepções 1 e 2): *frio. Pôr panos quentes em:* acalmar, abafar, encobrir.

que.pe (*é*) (*fr képi*) *sm* Boné que faz parte de uniformes militares.

quer (de *querer*) *conj coordenativa* Usado com o mesmo sentido de *ou*. Veja nota em **já**.

que.ra.ti.na (*gr kéra, tos,* chifre+*ina*) *sf Quím* Proteína encontrada nas unhas, na pele, nos cabelos, nas penas, nos pelos e em escamas.

que.re.la (*lat querela*) *sf* **1** Denúncia que se faz contra alguém diante de um juiz ou tribunal. **2** Processo judicial, ação. **3** Debate, discussão.

que.rer (*lat quaerere*) *vtd* **1** Sentir vontade de; ter a intenção de. *vtd* **2** Ambicionar, desejar. *vtd* **3** Esforçar-se por, trabalhar por. *vtd* **4** Determinar, exigir, mandar, ordenar. *vtd* **5** Fazer o favor de, ter a bondade de. *vtd e vti* **6** Gostar de alguém ou de alguma coisa; ter afeição a; amar. • *sm* **1** Desejo, vontade. **2** Intenção. **3** Afeto, amor. *Conjug* – verbo irregular da 2ª conjugação: o imperativo é pouco usado (geralmente é empregado seguido de infinitivo impessoal: *Queira levantar-se*). A 3ª pessoa do singular do presente do indicativo não recebe a desinência *e*; a 2ª pessoa do singular do imperativo afirmativo tem duas formas: **quer** (usada no Brasil) e **quere** (comum em Portugal). *Conjug* – *Pres indic:* quero, queres, quer, queremos, quereis, querem; *Pret perf:* quis, quiseste, quis, quisemos, quisestes, quiseram; *Pret imp indic:* queria, querias, queria, queríamos, queríeis, queriam; *Pret mais-que-perf:* quisera, quiseras, quisera, quiséramos, quiséreis, quiseram; *Fut pres:* quererei, quererás, quererá, quereremos, querereis, quererão; *Fut pret:* quereria, quererias, quereria, quereríamos, quereríeis, quereriam; *Pres subj:* queira, queiras, queira, queiramos, queirais, queiram; *Pret imp subj:* quisesse, quisesses, quisesse, quiséssemos, quisésseis, quisessem; *Fut subj:* quiser, quiseres, quiser, quisermos, quiserdes, quiserem; *Imper afirm:* —, quer(e)(Tu), queira(Você), queiramos(Nós), querei (Vós), queiram(Vocês); *Imper neg:* —, Não queiras(Tu), Não queira(Você), Não queiramos(Nós), Não queirais(Vós), Não queiram(Vocês); *Infinitivo impess:* querer; *Infinitivo pess:* querer, quereres, querer, querermos, quererdes, quererem; *Ger:* querendo; *Part:* querido.

quer.mes.se (*é*) (*flamengo kerkmisse,* pelo *fr*) *sf* Grupo de barracas, ao ar livre, com leilão de prendas, jogos, rifas, com fim beneficente, social ou religioso.

que.ro.se.ne (*ingl kerosene,* e este *der* irregular do *gr kerós*) *sm* Líquido tirado do petróleo usado como combustível e também para iluminação.

que.ru.bim (*hebr kerûbîm*) *sm Teol* Anjo da primeira hierarquia. *Col: coro, falange, legião. Pl: querubins.*

que.si.to (*lat quaesitu*) *sm* **1** Questão apresentada a alguém e à qual se pede resposta; ponto ou artigo que exige resposta; problema. **2** Pedido ou exigência legal.

ques.tão (*lat quaestione*) *sf* **1** Assunto que se discute ou é duvidoso; discussão, dúvida. **2** Ponto para ser discutido ou examinado. **3** Problema, quesito.

ques.ti.o.nar (*lat questionare*) *vtd, vti e vint* **1** Debater, discutir com entusiasmo. *vti* **2** Levantar questão: *"Devemos também entender que é francamente questionável a velocidade com que esse processo vem ocorrendo no País."* (OS)

ques.ti.o.ná.rio (*lat quaestionariu*) *sm* Conjunto ou série de quesitos ou problemas; lista de perguntas.

ques.ti.o.ná.vel (*questionar+vel*) *adj m+f* Que se pode questionar: *"Devemos também entender que é francamente questionável a velocidade com que esse processo vem ocorrendo no país."* (OS)

qui.a.bei.ro (*quiabo+eiro*) *sm Bot* Arbusto que produz o quiabo.

qui.a.bo *sm Bot* Fruto do quiabeiro, usado na alimentação e comido quando imaturo.

qui.be (*ár kubbah*, via *ingl*) *sm Cul* Prato da culinária síria, preparado com carne moída, trigo integral e condimentos.

qui.çá (*cast quizá*) *adv* Talvez, porventura, quem sabe: *"O cavalo se ajoelhou em queda, morto quiçá."* (GSV); *"Ela deve estar em jejum há longas horas, quiçá mais do que um longo dia."* (UQ)

quí.chua (*quíchua k'eshua*) *sm* **1** Antigo idioma sul-americano que ainda hoje se fala em grande parte do Peru (América do Sul). *s m+f* **2** *Etnol* Indígena da tribo dos quíchuas, nativos do Peru. • *adj m+f* Relativo aos quíchuas.

qui.e.to (*lat quietu*) *adj* **1** Imóvel. **2** Sossegado, tranquilo, calmo, sereno. **3** Silencioso. **4** Calado.

qui.e.tu.de (*lat quietudine*) *sf* **1** Paz, tranquilidade; sossego. **2** Silêncio, calma.

qui.la.te (*ár qîrât¹*) *sm* **1** Pureza do ouro e das pedras preciosas. **2** Unidade internacional de peso para pedras e metais preciosos, equivalente a 200 miligramas: *"O ouro branco de dezoito quilates tem setenta e cinco por cento de ouro puro."* (PEP)

qui.lha (*fr quille*, de origem *germ*) *sf Náut* A peça inferior e principal de um navio, na qual está colocada a estrutura.

qui.lo¹ (*gr kylós*) *sm Fisiol* Líquido esbranquiçado em que se transformam os alimentos na última fase da digestão, nos intestinos.

qui.lo² (*gr khýlioi*) *sm* Forma reduzida de *quilograma*; mil gramas. Veja nota em **k**.

qui.lo.gra.ma (*quilo+grama²*) *sm* Unidade de massa no Sistema Internacional que equivale a 1.000 gramas. *Símb*: kg. Veja nota em **k**.

qui.lo.li.tro (*quilo+litro*) *sm* Unidade de capacidade que equivale a 1.000 litros. *Símb*: kl. Veja nota em **k**.

qui.lom.bo (*quimbundo kilombo*) *sm* Esconderijo no mato para onde iam os escravos fugidos.

qui.lo.me.tra.gem (*quilômetro+agem*) *sf* Número de quilômetros percorrido por um veículo.

qui.lo.mé.tri.co (*quilômetro+ico²*) *adj* **1** Que tem um quilômetro. **2** Que se mede por quilômetros. **3** Longo, extenso, comprido; que não acaba mais.

qui.lô.me.tro (*quilo+metro²*) *sm* Medida de comprimento que vale 1.000 metros. *Símb*: km. Veja nota em **k**.

qui.lo.watt (*quilouót*) (*quilo+watt*) *sm Eletr* Unidade elétrica de 1.000 watts. *Símb*: kW.

quim.bun.do *sm* Língua banta dos bundos ou ambundos de Angola, África.

qui.me.ra (é) (*gr khímaira*) *sf* **1** Monstro da mitologia grega, com cabeça de leão, corpo de cabra e cauda de dragão. **2** Fantasia, sonho. *Antôn* (acepção 2): realidade.

quí.mi.ca (*lat med chimia+ico²*) *sf* Ciência que estuda as propriedades das substâncias e as leis que regem as suas combinações e decomposições.

quí.mi.co (*lat med chimia+ico²*) *adj* Que se relaciona ou que pertence à química. • *sm* Especialista em química.

qui.mo (*gr khymós*) *sm Fisiol* O alimento, em parte digerido, que passa do estômago para o intestino delgado.

qui.mo.no (ô) (*jap kimono*) *sm* Roupão de origem japonesa, comprido, largo, usado por pessoas de ambos os sexos.

qui.na¹ (de *esquina*) *sf* Ângulo, canto, esquina.

qui.na² (*lat quina*) *sf* **1** Carta de jogar, face do dado ou pedra do dominó, em que há cinco pontos. **2** Série de cinco números nos cartões do loto².

qui.na³ (*quíchua kinakina*) *sf Bot* Nome de várias plantas sul-americanas cuja casca tem propriedades que fazem baixar a febre.

quin.dim *sm* **1** Meiguice, encanto. **2** Benzinho, amorzinho. **3** *Cul* Doce feito de gema de ovo, coco e açúcar.

quin.gen.té.si.mo (*qwi*) (*zi*) (*lat quingentesimu*) *num* Ordinal e fracionário correspondente a quinhentos. • *sm* Cada uma das quinhentas partes iguais em que se divide o todo.

qui.nhão (*lat quinione*) *sm* Parte, porção que se recebe quando se distribui ou reparte alguma coisa; cota: *"Espiava sem reclamar o seu quinhão na brincadeira dos outros."* (ARR)

qui.nhen.tos (*lat quingentos*) *num* Cardinal equivalente a cinco centenas; cinco vezes cem. • *sm* O algarismo 500.

qui.ni.na (*quina+ina*) *sm Quím* Alcaloide vegetal, extraído da casca da quina, usado no tratamento da malária.

qui.ni.no (*quina+ino³*) *sm pop* Sulfato de quinina.

quin.qua.ge.ná.rio (*qwi*) (*lat quinquagenariu*) *adj+sm* Diz-se de ou pessoa que já fez cinquenta anos; cinquentão.

quin.qua.gé.si.mo (*qwi*) (*zi*) (*lat quinquagesimu*) *num* Ordinal correspondente a cinquenta. • *sm* Cada uma das cinquenta partes iguais em que se divide o todo.

quin.que.nal (*qwi–qwe*) (*lat quinquennale*) *adj m+f* **1** Que dura cinco anos. **2** Que ocorre de cinco em cinco anos.

quin.quê.nio (*qwi–qwe*) (*lat quinquenniu*) *sm* Período de cinco anos; lustro.

quin.qui.lha.ri.a (*fr quincaillerie*) *sf* **1** Fato, acontecimento ou objeto sem valor. **2** Ninharia, coisa insignificante (usa-se mais no plural). *Fazer caso de quinquilharias*: importar-se com coisas pequenas.

quin.ta-fei.ra *sf* O quinto dia da semana. *Pl: quintas-feiras.*

quin.tal (*lat vulg *quintanale*) *sm* Terreno nos fundos das casas, que pode ser usado para plantar pequena horta ou árvores frutíferas, fazer um jardim ou como local de lazer.

quin.te.to (*ê*) (*ital quintetto*) *sm* **1** *Mús* Música feita para ser tocada por cinco instrumentos ou ser cantada por cinco vozes. **2** Conjunto de cinco instrumentos ou de cinco vozes.

quin.to (*lat quintu*) *num* Ordinal e fracionário correspondente a cinco. • *sm* Cada uma das cinco partes em que se divide o todo.

quin.tu.pli.car (*lat quintuplicare*) *vtd* **1** Tornar cinco vezes maior. *vint* e *vpr* **2** Aumentar ou dobrar cinco vezes; tornar-se cinco vezes maior.

quín.tu.plo (*lat quintuplu*) *num* Que é cinco vezes maior. • *sm* **1** Produto da multiplicação por cinco. *sm pl* **2** Cinco bebês de uma mesma gestação: *"Aqueles quíntuplos Dilligenti da Argentina, ricos e bonitos, parecem fantasia de filme."* (BP)

quin.ze.na (*ê*) (*quinze+ena*) *sf* Período de quinze dias.

quin.ze.nal (*quinzena+al¹*) *adj m+f* **1** Que se faz de quinze em quinze dias. **2** Jornal, revista ou publicação que sai de quinze em quinze dias.

qui.o.co (*ô*) *adj+sm* Relativo a ou indivíduo dos quiocos, povo do leste de Angola, África.

qui.os.que (*turco köshk*) *sm* **1** Pequeno pavilhão, em jardins ou praças, que serve para recreio. **2** Pequena construção para a venda de jornais, revistas, bebidas, cigarros etc.

qui.pro.quó (*qwi*) (*lat qui pro quo*) *sm* **1** Equívoco; confusão de uma coisa com outra: *"Pode crer, Padre, isto não é só quiproquó: desembaraçar-me dele é que é serviço."* (AM) **2** Confusão: *Algum quiproquó na fábrica?"* (NOD)

qui.re.ra (*ê*) (*tupi kiréra*) *sf* **1** O farelo mais grosso de qualquer substância moída que não passa pela peneira. **2** Milho quebrado para alimentar pintos e pássaros.

qui.ro.man.ci.a (*cí*) (*gr khéir, -ós+man-cia*) *sf* Arte de adivinhar o futuro das pessoas pelo exame das linhas da palma da mão.

qui.ro.man.te (*gr khéir, -ós +mante*) *s m+f* Pessoa que pratica a quiromancia.

quis.to (*gr kýstis*) *sm Med* Vesícula fechada que se desenvolve no tecido de um órgão ou em uma cavidade natural do corpo e contém matéria doente líquida ou semilíquida; cisto.

qui.ta.ção (*quitar+ção*) *sf* Recibo de pagamento.

qui.tan.da (*quimbundo kitanda*) *sf* Lugar onde se vendem frutas, verduras, ovos etc.

qui.tar (*baixo-lat quietare*) *vtd* **1** Tornar quite. **2** Pagar o que deve.

qui.te (de *quitar*) *adj m+f* **1** Livre de dívida ou de obrigação; que pagou as suas contas: *Quitou a mensalidade escolar.* **2** Desembaraçado, livre.
Embora particípio passado irregular do verbo quitar, não é usado como forma verbal, mas como adjetivo, admitindo, assim, variação de plural.
*Depois da briga, o valentão sentiu-se **quite** com o desafeto.*
*Paga a última prestação, Ana e o marido ficaram **quites** com o banco.*
qui.ti.ne.te (*ingl kitchenette*) V kitchenette.
qui.tu.te (*quimbundo kitutu*) *sm* Comida apetitosa; petisco.
quo.ci.en.te (*lat med quotiente*) *sm* Arit Resultado de uma divisão. *Quociente de inteligência:* número que indica a inteligência de uma pessoa, determinado pela divisão de sua idade mental pela sua idade cronológica e multiplicação do resultado por 100. *Símb: QI. Var: cociente.*
quo.rum (*lat*) *sm* Número de pessoas indispensável para o funcionamento legal de uma assembleia ou reunião: *A assembleia no sindicato foi suspensa por falta de quórum.*
quo.ta (*lat quota*) V cota.
quo.ti.di.a.no (*lat quotidianu*) V cotidiano.
quo.tis.ta (*quota+ista*) V cotista.
quo.ti.zar (*quota+izar*) V cotizar.

r

r (*erre*) *sm* Décima oitava letra do alfabeto português, consoante.
rã (*lat rana*) *sf Zool* Nome comum de animal anfíbio, sem cauda, de tamanho pequeno, da família dos sapos.
ra.ba.da (*rabo+ada¹*) *sf* **1** *Cul* Prato feito ao molho com essa carne. **2** Pancada com o rabo de um animal ou de alguma coisa.
ra.ba.na.da (*rábano+ada¹*) *sf Cul* Fatia de pão embebida em leite, ovos batidos etc., frita em óleo ou manteiga, que se serve polvilhada com açúcar e canela.
ra.ba.ne.te (ê) (*rábano+ete*) *sm Bot* Variedade de rábano comestível, de raiz curta e carnosa.
ra.bei.ra (*rabo+eira*) *sf* Parte traseira de um veículo.
ra.bi.cho (*rabo+icho*) *sm* **1** Trança de cabelo pendente da nuca. **2** *pop* Amor, paixão, namoro.
ra.bi.có (*lat rabies+ico²*) *adj m+f* Sem rabo, ou que só tem o toco do rabo; cotó.
ra.bi.no (*rabi+ino¹*) *sm* **1** Doutor da lei judaica. **2** Sacerdote do culto judaico; rabi.
ra.bis.car (*rabisco+ar¹*) *vtd* **1** Escrever às pressas. *vint* **2** Escrever de modo ininteligível.
ra.bis.co (de *rabo*) *sm* Garatuja.
ra.bo (*lat rapu*) *sm* **1** Cauda. **2** *vulg* Nádegas, traseiro. *Rabo de cavalo*: penteado em que se prendem os cabelos no alto da cabeça, deixando-os cair como o rabo de um cavalo.
ra.bo de ca.va.lo Ver definição em *rabo*.
ra.bu.do (*rabo+udo¹*) *adj* **1** Que tem rabo grande. **2** *gír* Sortudo: *Para fazer gols, ele é muito rabudo*. • *sm pop* Diabo.
ra.ça (*ital razza* e este do *lat ratio*) *sf* **1** Os ascendentes e descendentes originários de um mesmo povo ou de uma mesma família. **2** Conjunto de indivíduos cujos caracteres corporais são semelhantes e se transmitem por hereditariedade. **3** Coragem, vigor, disposição: *Um zagueiro de raça*.
ra.ção (*lat ratione*) *sf* Porção de alimento necessária para o consumo diário de uma pessoa ou de um animal.
ra.cha (de *rachar*) *sf* **1** Fenda, rachadura. *sm pop* **2** Disputa automobilística, nas ruas, em geral de madrugada.
ra.cha.du.ra (*rachar+dura¹*) *sf* **1** Ato ou efeito de rachar(-se). **2** Racha.
ra.char (*lat vulg *rasculare*) *vtd* **1** Abrir fendas em; dividir no sentido do comprimento; abrir ao meio. *vtd* **2** Repartir proporcionalmente. *vint* e *vpr* **3** Fragmentar-se; lascar-se. *Frio de rachar*: frio muito intenso.
ra.ci.al (*raça+i+al¹*) *adj m+f* Pertencente ou relativo à raça.
ra.ci.o.ci.nar (*lat ratiocinari*) *vint* **1** Fazer raciocínios; fazer uso da razão. *vint* **2** Ponderar; pensar.
ra.ci.o.cí.nio (*lat ratiociniu*) *sm* **1** Encadeamento lógico de argumentos. **2** Juízo, razão.
ra.ci.o.nal (*lat rationale*) *adj m+f* **1** Que faz uso da razão; capaz de raciocinar: "*O homem, animal racional.*" (NCO); "*Daria as respostas exigidas pelo espírito racional.*" (APA) **2** Que resulta de raciocínio: "*Uma visão racional da Medicina.*" (SAT)
ra.ci.o.na.li.zar (*racionar+izar*) *vtd* **1** Tornar racional. **2** *neol* Tornar mais eficiente ou racional (planejar método de trabalho, organização econômica etc.).
ra.ci.o.na.men.to (*racionar+mento*) *sm* **1** Ação ou efeito de racionar. **2** Limitação

racionar   720   **radiodifusora**

do consumo de certos bens, determinada pelo governo.

ra.ci.o.nar (*lat ratione+ar¹*) *vtd* **1** Limitar a venda de (alimento, combustível) a rações. **2** Dividir em rações; distribuir regradamente: *No verão, a água foi racionada em algumas cidades praianas.*

ra.cis.mo (*raça+ismo*) *sm* **1** Segregação. **2** Prática de preconceito racial.

ra.cis.ta (*raça+ista*) *s m+f* Defensor ou adepto do racismo.

ra.dar (*abrev do ingl radio detection and ranging*) *sm* Equipamento que acusa a presença, permite a localização e mede a velocidade de objetos móveis ou estacionários.

ra.di.a.dor (*radiar+dor*) *adj* Que radia; irradiador. • *sm* Aparelho que serve para refrigerar os motores.

ra.di.al (*lat radiu+al¹*) *adj m+f* Que emite raios. • *sf* Avenida que, partindo do centro urbano, atinge a periferia em linha reta ou quase reta: *"Peguei a Radial Leste e atravessei toda a periferia."* (BL)

ra.di.a.lis.ta (*rádio²+ista*) *s m+f* **1** Pessoa que se ocupa de radiodifusão. **2** Profissional do rádio ou televisão.

ra.di.an.te (*lat radiante*) *adj m+f* **1** Que brilha muito; reluzente: *"Um espaço intensamente azul, com um centro radiante."* (NB) **2** Que está muito alegre: *"Estava radiante, linda, com um sorriso feliz."* (ACM)

ra.di.o.a.ti.vi.da.de (*lat radiu+atividade*) V *radioatividade*.

ra.di.o.a.ti.vo (*lat radiu+ativo*) V *radioativo*.

ra.di.cal (*lat radicale*) *adj m+f* **1** Relativo à raiz. **2** Fundamental, essencial. **3** Inflexível, que não cede: *Um socialista radical.* • *sm* **1** *Gram* A parte invariável de uma palavra. **2** *Mat* Sinal da potência fracionária de uma expressão qualquer. **3** *Mat* Sinal que se coloca antes das quantidades a que se deve extrair alguma raiz.

ra.di.ca.lis.mo (*radical+ismo*) *sm* Comportamento ou opinião inflexível; extremismo.

ra.di.ca.li.zar (*radical+izar*) *vtd* **1** Tornar radical: *"Seu segundo disco oficial radicaliza a mistura de estilos."* (FSP) *vint* **2** Tornar-se radical: *"O assalariado descobriria a medida certa para greves e aprenderia a não radicalizar cedo."* (EMB)

ra.di.car (*lat radicare*) *vtd* **1** Arraigar, enraizar: *"sempre visando a radicar e fixar o homem no campo"* (POL) *vpr* **2** Firmar-se: *"A segunda limitação se radica em nossa insuficiente capacidade de importar."* (JK) *vpr* **3** Fixar residência: *"Tais contingentes populacionais se radicam em seu território."* (SF)

rá.dio¹ (*lat radiu*) *sm* **1** *Anat* Um dos ossos que constituem o esqueleto do antebraço. **2** *Quím* Elemento metálico branco, brilhante, radioativo.

rá.dio² (*red de radiofonia*) *sm* **1** Aparelho para emitir e receber sinais radiofônicos. **2** Aparelho receptor de programas de radiodifusão. *sf* **3** Estação emissora de programas de radiodifusão.

Rádio é palavra masculina quando designa o aparelho ou o meio de difusão.
O rádio quebrou ao cair da mesa.
O rádio presta valioso serviço público nas zonas rurais.
Pode ser palavra feminina quando designar a emissora.
Todas as rádios estão divulgando as campanhas de vacinação.
A Rádio Cultura alterou sua programação.

ra.di.o.a.ma.dor (*rádio²+amador*) *sm* Aquele que possui ou opera uma estação particular de radiotelefonia.

ra.di.o.a.ti.vi.da.de (*radioativo+i+dade*) *sf Fís* Emissão invisível de energia e corpúsculos pelos núcleos dos átomos de certos elementos químicos de elevado peso atômico. *Var: radiatividade.*

ra.di.o.a.ti.vo (*lat radiu+ativo*) *adj* Que possui radioatividade. *Var: radiativo.*

ra.di.o.co.mu.ni.ca.ção (*lat radiu+comunicação*) *sf* **1** Transmissão de sinais, sons ou imagens, por meio de ondas eletromagnéticas. **2** Radiodifusão.

ra.di.o.di.fu.são (*lat radiu+difusão*) *sf* Emissão e transmissão de notícias, programas culturais, música etc. por meio de ondas radioelétricas; radiocomunicação.

ra.di.o.di.fu.so.ra (*lat radiu+difusora*) *sf* Estação de radiodifusão.

ra.di.o.e.mis.so.ra (*rádio²+emissora*) *sf* Estação de rádio; radiodifusora.

ra.di.o.es.cu.ta (*rádio²+escuta*) *s m+f* **1** *Jorn* Pessoa cujo trabalho consiste em ouvir transmissões de rádio e passar, em seguida, informações para as equipes de reportagem. *sf* **2** *Jorn* Esse trabalho.

ra.di.o.fo.ni.a (*lat radiu+fone+ia¹*) *sf* Emissão e transmissão de sons mediante sinais eletromagnéticos.

ra.di.o.fre.quên.cia (*qwe*) (*lat radiu+frequência*) *sf Radiotécn* Frequência de onda eletromagnética usada em transmissão de rádio e televisão.

ra.di.o.gra.fi.a (*lat radiu+grafo¹+ia¹*) *sf* **1** Estudo dos raios luminosos. **2** Aplicação dos raios X à medicina. **3** Reprodução fotográfica por intermédio dos raios X.

ra.di.o-gra.va.dor (*rádio²+gravador*) *sm* Aparelho que contém, na mesma caixa, rádio e gravador.

ra.di.o.jor.na.lis.mo (*rádio²+jornalismo*) *sm* Forma de jornalismo veiculada pelo rádio.

ra.di.o.lo.gi.a (*lat radiu+logo+ia¹*) *sf* **1** Estudo científico dos raios luminosos, principalmente dos raios X. **2** Aplicação dos raios X nos diagnósticos e tratamento das doenças; radiografia.

ra.di.o.lo.gis.ta (*lat radiu+logo+ista*) *s m+f* Especialista em radiologia.

ra.di.o.pa.tru.lha (*rádio²+patrulha*) *sf* **1** Serviço de vigilância da polícia, com viaturas equipadas com aparelho transmissor e receptor. **2** Uma dessas viaturas.

ra.di.o.pe.ra.dor (*rádio²+operador*) *sm* Operador de rádio. *Var: rádio-operador*.

ra.di.or.re.cep.tor (*rádio²+receptor*) *sm Radiotécn* Aparelho que amplifica o sinal transmitido por rádio e o transforma em ondas sonoras.

ra.di.or.re.por.ta.gem (*rádio²+reportagem*) *sf* Reportagem emitida pela emissora de rádio.

ra.di.or.re.pór.ter (*rádio²+repórter*) *s m+f* Radialista que trabalha em radiorreportagens.

ra.di.os.co.pi.a (*lat radiu+scopo+ia¹*) *sf* Exame de um corpo realizado por meio de tela fluorescente, mediante o emprego de raios X.

ra.di.o.so (*ô*) (*lat radiosu*) *adj* **1** Que emite raios de luz ou calor: *"O Sol surgira radioso, num pedaço de céu azul."* (SEN) **2** Brilhante: *"Nascera radioso o dia"* (CF) **3** *fig* Alegre, feliz: *"Tinha um belo riso que se destacava radioso."* (CP) *Pl: radiosos* (*ó*).

ra.di.o.tá.xi (*cs*) (*rádio²+táxi*) *sm* Táxi equipado com rádio que dá ao motorista informações de onde ele deve buscar seus passageiros.

ra.di.o.téc.ni.ca (*lat radiu+técnica*) *sf* Ciência que trata das ondas eletromagnéticas.

ra.di.o.trans.mis.são (*lat radiu+transmissão*) *sf* Transmissão sonora por meio da radiofonia.

ra.di.o.trans.mis.sor (*lat radiu+transmissor*) *sm* Aparelho que produz e irradia ondas eletromagnéticas de alta frequência.

ra.di.ou.vin.te (*rádio²+ouvinte*) *s m+f* Pessoa que ouve emissões radiofônicas.

rai.a (*lat radia*) *sf* **1** Pista de corridas de cavalos. **2** Limite, fronteira. *Tocar as raias*: atingir os limites. **3** Peixe de corpo achatado; arraia.

rai.a.do (*part de raiar¹*) Entremeado, mesclado, rajado: *"O Sol não tardaria a nascer: o horizonte já era todo azul, raiado de listras rosa."* (FR)

rai.ar (*lat radiare*) *vint* **1** Emitir raios luminosos; brilhar. *vint* **2** Começar a aparecer, a despontar no horizonte.

ra.i.nha (*lat regina*) *sf* **1** Soberana de uma nação. **2** A esposa do rei. **3** A peça principal, depois do rei, no jogo de xadrez. **4** *Entom* Abelha-mestra.

rai.o (*lat radiu*) *sm* **1** *Meteor* Descarga elétrica; corisco, faísca. **2** *Geom* Reta que, partindo do centro do círculo, vai terminar na circunferência; meio diâmetro de uma circunferência.

rai.om (*ingl rayon*) *sm* Fibra têxtil artificial feita de celulose e de aspecto sedoso.

rai.va (*lat rabie*) *sf* **1** *Med* Doença causada por um vírus que acomete o sistema nervoso dos mamíferos, especialmente dos cães; hidrofobia. **2** Violento acesso de ira, com fúria e desespero.

rai.vo.so (*ô*) (*raiva+oso*) *adj* **1** Cheio de

raiva. 2 Dominado pela raiva. 3 Diz-se do cão atacado de raiva. *Pl: raivosos (ó).*

ra.iz (*lat radice*) *sf* 1 Parte inferior da planta por onde ela se fixa no solo e retira sua nutrição. 2 Parte inferior do dente que se encrava no alvéolo. 3 *Gram* Palavra primitiva de onde se formam outras. *Pl: raízes.*

ra.ja.da (*cast rajar+ada¹*) *sf* 1 Vento impetuoso, embora rápido; pé de vento. 2 Descarga de metralhadora.

ra.ja.do (*part* de *rajar*) *adj* 1 Que tem estrias; listrado. 2 Aplica-se aos animais malhados que têm manchas escuras: *Cavalo rajado.*

ra.jar (*cast rajar*) *vtd* Fazer raias em; raiar, estriar, riscar.

ra.la.dor (*ralar+dor*) *adj* Que rala. • *sm* Utensílio de cozinha que consiste numa lâmina com orifícios cortantes, para reduzir a migalhas alimentos como queijo, pão etc.; ralo.

ra.lar (*ralo+ar¹*) *vtd* 1 Fazer passar pelo ralador para moer e triturar. *vtd* 2 *gír* Trabalhar duro.

ra.lé (*cast ralea*) *sf* Plebe, zé-povinho, arraia-miúda.

ra.lhar (*lat vulg *rabulare*) *vti* e *vint* Repreender, admoestar, advertir.

ra.li (*ingl rallye*) *sm* Competição de motos ou carros, realizada em lugares de percurso difícil.

ra.lo (*lat raru*) *adj* Pouco espesso. *Antôn: espesso, denso.* • *sm* 1 V *ralador.* 2 Peça com muitos orifícios que se coloca nas pias e nos tanques, para impedir a passagem de detritos.

ra.ma (de *ramo*) *sf* Os ramos e as folhagens das árvores ou de outro qualquer vegetal; ramada, ramagem: *"Oculto no meio da rama espessa."* (CHA) *Em rama:* em estado bruto.

ra.ma.gem (*ramo+agem*) *sf* 1 Conjunto dos ramos de uma árvore; rama, ramada. 2 Desenho de folhas e flores sobre um tecido. 3 A trança formada pelos vegetais, no mato.

ra.mal (*lat ramale*) *sm* 1 Ramificação de uma estrada ou caminho de ferro. 2 Ramificação interna de uma rede telefônica.

ra.ma.lhe.te (*ê*) (*ramalho+ete*) *sm* Pequeno feixe de flores; buquê.

ra.mi.fi.car (*ramo+ficar*) *vtd* e *vpr* 1 Dividir(-se) em ramos, ramais ou partes. *vpr* 2 Propagar(-se), divulgar(-se).

ra.mo (*lat ramu*) *sm* 1 Cada uma das partes que nascem do tronco ou caule e das quais brotam as folhas, as flores e os frutos. 2 Buquê de flores ou de folhagens. *Dim irreg: ramalho, ramalhete, ramilhete.* 3 Atividade profissional. *sm pl* 4 **Ramos** Festividade comemorativa que antecede o domingo da Páscoa, abrindo-se com ela a Semana Santa.

ram.pa (*fr rampe*) *sf* Descida ou subida; plano inclinado: *aclive* (no sentido da subida) e *declive* (no sentido da descida).

ran.chei.ra (*cast ranchera*) *sf* 1 Dança e música de origem moura que se estilizou na Argentina (América do Sul). 2 Música para essa dança.

ran.chei.ro (*cast ranchero*) *sm* 1 Aquele que cuida do rancho ou comida para os soldados. 2 Morador de rancho.

ran.cho (*cast rancho*) *sm* 1 Refeição de marujos, soldados ou presos. 2 *Mil* Refeitório dos soldados na caserna. 3 Habitação pobre; cabana, choupana. 4 Bloco carnavalesco ou grupo de foliões.

ran.ço (*lat rancidu*) *sm* 1 Alteração que sofrem as substâncias gordas em contato com o ar: *Manteiga rançosa.* 2 Bolor, mofo. • *adj* V *rançoso.*

ran.cor (*lar rancore*) *sm* 1 Ódio oculto, profundo. 2 Ressentimento.

ran.co.ro.so (*ô*) (*rancor+oso*) *adj* 1 Cheio de rancor. 2 Que não esquece nem perdoa as ofensas. *Pl: rancorosos (ó).*

ran.ço.so (*ô*) (*ranço+oso*) *adj* 1 Que tem ranço. 2 Mofado, bolorento. *Pl: rançosos (ó).*

ran.gar (*rango+ar¹*) *vtd* e *vint gír* Comer, alimentar(-se).

ran.ger (*lat ringere*) *vti* e *vint* Produzir um som áspero e penetrante. *Ranger os dentes:* irritar-se, tornar-se colérico, zangar-se, remoer-se de ódio. Conjuga-se como *abranger.*

ran.go *sm* Comida; refeição.

ra.nhe.ta (*ê*) (de *ranho*) *adj m+f* e *s m+f* Diz-se de pessoa impertinente, rabugenta, ranzinza.

ra.nho (*corr* de *ronha*) *sm pop* Muco viscoso das fossas nasais; catarro.

ra.nhu.ra (*fr rainure*) *sf* Entalhe feito numa tábua no sentido longitudinal.

ra.ni.cul.tor (*lat ranai+cultor*) *sm* Aquele que se dedica à ranicultura.

ra.ni.cul.tu.ra (*lat rana+cultura*) *sf* Criação de rãs para consumo na alimentação humana.

ranking (rênquin) (*ingl*) *sm* Tabela ou sequência de classificação: "*Se a classificação para a Copa fosse feita com base no ranking, a Jamaica estaria com vaga assegurada no Mundial de 98.*" (FSP); "*No ranking de 95, o governador de Goiás estava em segundo lugar.*" (FSP)

ran.zin.za *adj pop* Impertinente; mal-humorado: *Velho ranzinza*; "*Cachorro velho e ranzinza.*" (ANA)

rap (rép) (*ingl*) *sm Mús* **1** Monólogo ritmado, declamado sobre uma base musical, em geral contendo críticas à sociedade. **2** Estilo musical, de origem norte-americana, que se utiliza desses monólogos.

ra.pa (de *rapar*) *sm* **1** Fiscal ou policial incumbido de apreender a mercadoria de vendedores ambulantes que negociam sem pagar licença. **2** O carro que leva esses fiscais. *sf* **3** Sobra de doces ou cozimentos que gruda no fundo das panelas; raspa.

ra.pa.du.ra (*rapar+dura*) *sf* **1** Ato ou efeito de rapar; rapadela. **2** Açúcar mascavo solidificado do melaço em forma de tijolo; raspadura.

ra.pa.gão (*lat rapace+ão²*) *sm* **1** Rapaz corpulento. **2** Rapaz bonito.

ra.par (*gót hrapôn*) *vtd* **1** Cortar rente ao pelo; raspar, escanhoar: *Rapou o cabelo*. *vtd* **2** Tirar a rapa do fundo da panela. *vtd* **3** Extorquir ardilosamente; furtar; tirar com violência. *vpr* **4** Barbear-se.

ra.pa.ri.ga (*lat vulg *rapica*) *sf* **1** Feminino de *rapaz*. **2** *lus* Mulher nova; moça. *Aum: rapariguaça, raparigão, raparigona*.

ra.paz (*lat rapace*) *sm* Homem novo; moço. *Fem*: rapariga. *Aum*: rapagão. *Dim*: rapazinho, rapazito, rapazola, rapazote.

ra.pa.zo.la (*rapaz+ola*) *sm* Adolescente entre os quatorze e dezessete anos.

ra.pé (*fr râpé*) *sm* Fumo em pó, para cheirar; tabaco.

ra.pi.dez (ê) (*rápido+ez*) *sf* Qualidade de rápido; ligeireza, pressa. *Antôn*: lentidão, morosidade.

rá.pi.do (*lat rapidu*) *adj* **1** Veloz, ligeiro. **2** Breve, passageiro, efêmero. • *adv* Rapidamente, com rapidez.

ra.pi.na (*lat rapina*) *sf* Pilhagem, furto, roubo: "*Forçoso era coibir a tentação da rapina.*" (MAL)

ra.pi.nar (*rapina+ar¹*) *vtd* e *vint* Roubar, furtar: "*Continuam rapinando o corpo em decomposição do futebol neste país?*" (FSP); "*O gavião viera de rapinar no campo das águas que buscam o ocidente.*" (SA)

ra.po.sa (ô) (*lat rapu+osa*, no *fem*) *sf* **1** *Zool* Nome comum de vários mamíferos, da família dos canídeos da Europa. **2** *fig* Pessoa astuta, fina e maliciosa: *Ele é uma raposa nos negócios*.

rapper (réper) (*ingl*) *s m+f Mús* Cantor(a) de *rap*.

rap.só.dia (*gr rhapsodía*) *sf* **1** Trecho de uma composição poética. **2** *Mús* Gênero de composição musical cujos temas são motivos populares ou cantos tradicionais de um povo.

rap.tar (*lat raptare*) *vtd* **1** Praticar o crime de rapto contra alguém: *Raptou a ex-namorada*. **2** Sequestrar.

rap.to (*lat raptu*) *sm* **1** *Dir* Crime que consiste em retirar uma pessoa de casa, com violência ou sedução. **2** Sequestro.

rap.tor (*lat raptore*) *adj+sm* Que rapta.

ra.que.ta.da (*raquete+ada¹*) *sf* Golpe dado com a raquete.

ra.que.te (ê) (*fr raquette*) *sf* **1** Espécie de pá oval, com uma rede de cordas esticadas, para jogar tênis. **2** Peça análoga de madeira leve e fina, para jogar pingue-pongue ou frescobol.

ra.qui.a.no (*raqui+ano*) *adj Anat* Relativo à espinha dorsal; raquidiano: "*A medula espinhal se continua com o bulbo raquiano.*" (BAP)

ra.qui.di.a.no *adj Anat* Relativo à coluna vertebral.

ra.quí.ti.co (*raquite+ico²*) *adj* **1** Atacado de raquitismo. **2** *fig* Franzino, pouco desenvolvido. • *sm* **1** Indivíduo que tem raquitismo. **2** Indivíduo magro.

ra.qui.tis.mo (*raquite+ismo*) *sm Med* Processo patológico, infantil, devido à deficiência de cálcio e vitamina D e que ocasiona a curvatura da espinha dorsal, com estreitamento do tórax, afrouxamento e desvio do sistema ósseo, provocando o arqueamento das pernas etc.

ra.re.ar (*raro+e+ar¹*) *vtd e vint* **1** Tornar (-se) raro ou pouco denso. *vtd* **2** Diminuir. Conjuga-se como *frear*.

ra.re.fa.zer (*lat rarefacere*) *vtd* **1** Diminuir a densidade de: "*Os 20 anos de ditadura estão, para mim, envolvidos numa névoa que não consigo rarefazer.*" (FSP) *vpr* **2** Tornar-se menos compacto ou menos numeroso: "*Os cultos se rarefazem à medida que se aproximam de São Paulo.*" (CAN) Conjuga-se como *fazer*.

ra.re.fei.to (*part de rarefazer*) *adj* Tornado menos denso.

ra.ri.da.de (*lat raritate*) *sf* **1** Raro. **2** Objeto precioso e pouco frequente.

ra.ro (*lat raru*) *adj* **1** Pouco vulgar. **2** Que poucas vezes acontece. **3** Pouco abundante; pouco numeroso. **4** Singular. • *adv* Raramente, dificilmente, poucas vezes.

ra.san.te (de *rasar*) *adj m+f* **1** Que passa junto e paralelamente. **2** Próximo ou rente ao solo: *Voo rasante.*

ras.can.te (de *rascar*) *adj* **1** Diz-se do vinho que é por sua natureza áspero; que rasca. **2** Diz-se de algumas frutas verdes, cujo sabor acre produz, na língua e na garganta, um amargor popularmente chamado *amarração*. **3** Diz-se de qualquer ruído áspero ou arrepiante: "*A chuva diminuiu, ouviu-se um barulho rascante.*" (GD)

ras.car (*lat *rasicare*) *vtd* **1** Tirar fragmentos (da superfície de um corpo). *vtd* **2** Desbastar, lascar. *vint* **3** Deixar (o vinho ou frutas verdes) certo amargor na língua e na garganta. *vtd* **4** Arranhar. *vtd* **5** Incomodar, molestar, perturbar com som desagradável.

ras.cu.nhar (de *rascar*) *vtd* **1** Fazer o rascunho de: *Rascunhou a palestra que faria.* **2** Esboçar.

ras.cu.nho (de *rascunhar*) *sm* **1** Esboço. **2** Escrito antes de passar a limpo.

ras.ga.do (*part de rasgar*) *adj* **1** Esfarrapado, roto. **2** *fig* Caloroso, veemente. • *adv* De modo rasgado; às claras, sem rodeios.

ras.gão (*rasgo+ão²*) *sm* Ruptura que se faz rasgando; rasgo.

ras.gar (*lat resecare*) *vtd* **1** Fazer rasgão ou rasgões em (roupa, tecido, papel etc.). *vtd e vpr* **2** Fazer abertura em. *Rasgar o verbo:* falar abertamente; falar com eloquência.

ra.so (*lat rasu*) *adj* **1** De superfície plana. **2** Sem graduação militar (soldado). **3** Pouco profundo.

ras.pa (de *raspar*) *sf* **1** Aquilo que sai, raspando-se. **2** Rapa.

ras.pa.gem (*raspar+agem*) *sf* Raspadela, raspadura.

ras.pão (*raspar+ão²*) *sm* Arranhão, escoriação. *De raspão:* ligeiramente; superficialmente.

ras.par (*germ *hraspôn*) *vtd* **1** Tirar parte da superfície de um corpo; rapar: *Raspou a casca do limão.* *vtd* **2** Arranhar, roçar. *vtd* **3** Ferir de raspão. *vti* **4** Atritar, arranhar, esfregar.

ras.te.ar (*rastro+e+ar¹*) *vtd e vint* **1** Rastejar. **2** Procurar (algo): "*Pior seria vê-la crescer nos limites da casa, rasteando frutas e papoulas.*" (REL) Conjuga-se como *frear*.

ras.tei.ra (*fem de rasteiro*) *sf pop* Golpe que se dá enfiando o pé ou a perna entre as pernas de outra pessoa, provocando-lhe uma queda.

ras.tei.ro (*rasto+eiro*) *adj* **1** Que se arrasta ou se estende pelo chão. **2** Que se levanta somente a pequena altura.

ras.te.jar (*rasto+ejar*) *vtd* **1** Percorrer, deixando rasto. *vint* **2** Arrastar-se (o réptil) sobre o ventre pelo chão. *vint* **3** Estender-se pelo chão (a planta). Conjuga-se como *solfejar*.

ras.te.lo (*lat rastellu*) *sm* Instrumento agrícola semelhante ao ancinho, com dentes de madeira ou de ferro, com que se ajuntam restos de capim seco e outros ciscos.

ras.ti.lho (*rasto+ilho*) *sm* **1** Sulco de pólvora, para passar fogo para alguma coisa. **2** Fio coberto de pólvora ou de outra substância, cordão de pólvora. **3** *fig* Motivo, causa, origem.

ras.to (*lat rastru*) *sm* Indício, vestígio, pegada, pista.

ras.tre.a.dor (*rastrear+dor*) *adj+sm* Diz-se do cão treinado para rastrear a caça.

ras.tre.a.men.to (*rastrear+mento*) *sm* **1** Ação ou efeito de rastrear: *"Assistentes sociais que fizeram um verdadeiro rastreamento na vida de cada um dos moradores de rua."* (IS) **2** *Astr* Processo de acompanhar um satélite, míssil ou uma espaçonave por meio de radar, rádio ou fotografia; rastreio: *"A empresa está exportando 100 equipamentos de rastreamento de veículos via satélite para a Flórida."* (AGP)

ras.tre.ar (*rastro+e+ar¹*) *vtd* **1** V rastear e rastejar. **2** Fazer o rastreamento de: *O radar rastreou a trajetória do míssil.* Conjuga-se como *frear*.

ras.tro (*lat rastru*) V *rasto*.

ra.su.ra (*lat rasura*) *sf* Palavra(s) raspada(s) ou riscada(s), impossibilitando a leitura.

ra.su.rar (*rasura+ar¹*) *vtd* Fazer rasuras em; raspar ou riscar letras num documento, para alterar-lhe o texto: *É proibido rasurar documentos oficiais.*

ra.ta (de *rato*) *sf* **1** Gafe, erro, mancada: *Cometer uma rata.* **2** Fiasco. **3** Fêmea do rato; ratazana: *"O comportamento maternal da rata."* (FF)

ra.ta.za.na (de *rato*) *sf* **1** Fêmea do rato; rata. *s m+f* **2** *gír* Grande ladrão ou ladra.

ra.te.ar (*rata+e+ar¹*) *vtd* **1** Fazer o rateio de: *O prêmio foi rateado entre dois ganhadores.* *vtd* **2** Repartir proporcionalmente. *vint* **3** Falhar (um motor). Conjuga-se como *frear*.

ra.tei.o (de *ratear*) *sm* **1** Ato ou efeito de ratear. **2** Distribuição proporcional.

ra.ti.ci.da (*rati+cida*) *adj* Que mata ratos. • *sm* Veneno para matar ratos.

ra.ti.fi.car (*rati+ficar*) *vtd* **1** Tornar autêntica uma decisão de; validar: *"O Tribunal de Apelações de Santiago vai decidir se ratifica a decisão do juiz Tapia."* (DIN) **2** Confirmar, consolidar: *"O rei resistia à Assembleia e à Constituição, recusando-se a ratificar a abolição dos privilégios."* (HG) Não confunda **ratificar** com **retificar**. **Ratificar** significa confirmar.

Ratificou o acordo e o compromisso assumido.
Retificar significa corrigir, alterar.
Retificou o acordo e o compromisso assumido.

ra.to (*lat vulg *rattu*) *sm* **1** *Zool* Nome de numerosas espécies de mamíferos roedores. **2** *gír* Frequentador assíduo de bibliotecas, sacristias, teatros etc.

ra.to.ei.ra (*ratão+eira*) *sf* **1** Armadilha para apanhar ratos. **2** *por ext* Ardil, cilada. *Cair na ratoeira:* deixar-se apanhar.

ra.vi.na (*fr ravine*) *sf* **1** Curso de água que cai de lugar elevado. **2** Leito ou sulco cavado por esse curso. **3** Despenhadeiro, barranco. **4** Fenda na terra.

ra.vi.ó.li (*ital ravioli*) *sm Cul* Pequeno pastel cozido, com recheios variados.

ra.zão (*lat ratione*) *sf* **1** Raciocínio, pensamento. **2** *Mat* A relação existente entre grandezas da mesma espécie. **3** Explicação, causa ou justificação; motivo. **4** Argumento, alegação, prova.

ra.zo.á.vel (*razoar+vel*) *adj m+f* **1** Sensato, moderado. **2** Conforme a razão. **3** Que não é excessivo.

ré¹ (*lat rea*) *sf* **1** *Dir* Feminino de *réu*. **2** Mulher acusada de um crime.

ré² (*lat retro*) *sf* Marcha para trás.

ré³ *sm Mús* **1** Segunda nota da escala musical. **2** Sinal representativo dessa nota.

re.a.bas.te.cer (*re+abastecer*) *vtd* **1** Tornar a abastecer. *vpr* **2** Abastecer-se de novo.

re.a.bi.li.tar (*re+habilitar*) *vtd* **1** Restituir a alguém os direitos que tinha perdido. **2** Regenerar moralmente: *Reabilitar uma prostituta.*

re.a.brir (*re+abrir*) *vtd* e *vpr* Tornar a abrir (-se); abrir(-se) novamente. *Conjug – Part:* reaberto.

re.ab.sor.ver (*re+absorver*) *vtd* Tornar a absorver.

re.a.ção (*re+ação*) *sf* **1** Resistência. **2** Comportamento em face de ameaça. **3** *Psicol* Resposta a um estímulo qualquer. **4** *Quím* Processo pelo qual, da ação entre duas ou mais substâncias, forma-se outra ou outras, de características diferentes.

re.a.cen.der (*re+acender*) *vtd* **1** Tornar a acender: *"Dava às vezes de se levantar* da cama e reacender o lampião." (COB) vtd **2** Reestimular; reanimar, reavivar: "*A revista reacendera a polêmica.*" (REA) vpr **3** Recomeçar com vigor: "*Reacende-se a batalha da prorrogação dos mandatos dos atuais vereadores cariocas.*" (CRU) *Conjug – Part: reacendido e reaceso.*

re.a.ci.o.ná.rio (*reação+ário*) *adj+sm* **1** Contrário às inovações; retrógrado: "*Eram eternos marginais, olhados com desconfiança e desamor pelos reacionários.*" (TV) **2** Contrário à liberdade; tirano.

re.a.dap.tar (*re+adaptar*) *vtd* e *vpr* Adaptar(-se) de novo.

re.a.fir.mar (*re+afirmar*) *vtd* e *vpr* Afirmar(-se) novamente.

re.a.gen.te (de *reagir*) *adj m+f* Que reage. • *sm Quím* Substância que provoca uma reação.

re.a.gir (*lat reagere*) *vti* e *vint* Fazer oposição; lutar, resistir. Conjuga-se como *dirigir*.

re.a.gru.par (*re+agrupar*) *vtd* Agrupar outra vez; reunir.

re.a.jus.tar (*re+ajustar*) *vtd* e *vpr* Tornar a ajustar(-se).

re.a.jus.te (*re+ajustar*) *sm* **1** Reajustamento. **2** Restabelecimento do equilíbrio; reacerto. *Reajuste salarial*: determinação do novo nível de salário em equilíbrio com o custo de vida.

re.al (*lat med reale*) *adj m+f* **1** Que existe de fato; verdadeiro. **2** Que se refere ao rei, à realeza. • *sm* **1** Tudo o que existe. **2** Antiga moeda portuguesa e brasileira. *Pl: réis.* **3** Moeda corrente do Brasil desde 1º de julho de 1994.

re.al.çar (*re+alçar*) *vtd* **1** Avivar (as cores). *vtd* **2** Sobressair: *O professor realçava por sua boa memória. vpr* **3** Destacar-se, salientar-se.

re.al.ce (de *realçar*) *sm* Distinção, relevo, destaque.

re.a.le.jo (*ê*) (*cast ant realejo*) *sm* Órgão mecânico portátil que se aciona com uma manivela.

re.a.le.za (*lê*) (*real+eza*) *sf* **1** Dignidade de rei ou rainha. **2** As pessoas reais. **3** Grandeza, magnificência, suntuosidade.

re.a.li.da.de (*lat realitate*) *sf* **1** Qualidade do que é real. **2** O que existe realmente. *Antôn:* ficção, fantasia.

re.a.li.men.ta.ção (*re+alimentação*) *sf Eletr* Transferência de energia da saída para a entrada do mesmo circuito; retroalimentação.

re.a.lis.mo (*real+ismo*) *sm* **1** Disposição para pensar e agir de acordo com a realidade das coisas ou dos fatos; sentido da realidade; modo de proceder oposto ao idealismo. **2** Sensatez.

re.a.lis.ta (*real+ista*) *adj m+f* Relativo ao realismo. • *s m+f* Pessoa sensata.

re.a.li.za.dor (*realizar+dor*) *sm* Pessoa eficiente, com visão prática das coisas.

re.a.li.zar (*real+izar*) *vtd* **1** Tornar real ou efetivo. *vtd* **2** Pôr em ação ou em prática. *vpr* **3** Acontecer, ocorrer.

re.a.li.zá.vel (*realizar+vel*) *adj m+f* Suscetível de se realizar.

re.a.ni.mar (*re+animar*) *vtd* **1** Dar novo ânimo a; tornar a animar. **2** Restabelecer as forças de; fortificar.

re.a.pro.vei.tar (*re+aproveitar*) *vtd* Tornar a aproveitar.

re.a.pro.xi.mar (*ss*) (*re+aproximar*) *vtd* e *vpr* **1** Tornar a aproximar(-se). *vtd* **2** Reconciliar.

re.a.tar (*re+atar*) *vtd* **1** Atar de novo; tornar a atar ou prender. *vtdi* **2** restabelecer: "*Nando reatou o amor com Vanda.*" (Q)

re.a.ti.var (*re+ativar*) *vtd* e *vpr* Tornar(-se) ativo novamente; reavivar.

re.a.tor (*lat reactu+or*) *adj* Que reage. • *sm* Motor em que ocorre reações químicas geralmente com grandes quantidades de substâncias.

re.a.va.li.ar (*re+avaliar*) *vtd* Avaliar de novo.

re.a.ver (*re+haver*) *vtd* Readquirir, recobrar, recuperar: "*Conquistavam ou reaviam a independência.*" (MAL); "*A diretora reouve os documentos.*" (FSP) Conjuga-se como *haver*, nos tempos e pessoas em que se conservam o *v: reaverias, reaveis* etc. *Conjug – Pres indic: (Eu)—, (Tu)—, (Ele)—, (Nós)reavemos, (Vós)reaveis, (Eles)—; Pret perf: reouve, reouveste, reouve, reouvemos, reouvestes, reouveram; Pret imp indic: reavia, reavias, reavia, reavíamos, reavíeis,*

reaviam; *Pret mais-que-perf:* **reouvera, reouveras, reouvera, reouvéramos, reouvéreis, reouveram**; *Fut pres:* **reaverei, reaverás, reaverá, reaveremos, reavereis, reaverão**; *Fut pret:* **reaveria, reaverias, reaveria, reaveríamos, reaveríeis, reaveriam**; *Pres subj:* (Eu)—, (Tu)—, (Ele)—, (Nós)—, (Vós)—, (Eles)—; *Pret imp subj:* **reouvesse, reouvesses, reouvesse, reouvéssemos, reouvésseis, reouvessem**; *Fut subj:* **reouver, reouveres, reouver, reouvermos, reouverdes, reouverem**; *Imper afirm:* —, **reavei**(Vós), —(Vocês); *Imper neg:* —, Não—(Tu), Não—(Você), Não—(Nós), Não—(Vós), Não—(Vocês); *Infinitivo impess:* **reaver**; *Infinitivo pess:* **reaver, reaveres, reaver, reavermos, reaverdes, reaverem**; *Ger:* **reavendo**; *Part:* **reavido**.

re.a.vi.var (*re+avivar*) *vtd* e *vpr* **1** Tornar a avivar(-se). *vtd* **2** Estimular a memória. *vtd* **3** Reacender o fogo.

re.bai.xa.men.to (*rebaixar+mento*) *sm* **1** Ação ou efeito de rebaixar(-se). **2** Humilhação espontânea ou imposta.

re.bai.xar (*re+baixar*) *vtd* **1** Fazer diminuir. *vtd* **2** Desacreditar, infamar. *vtd* **3** *Mil* Abaixar de posto, função ou categoria. *vpr* **4** Abater-se, humilhar-se: *O empresário rebaixou-se a pedir favores.*

re.ba.nho *sm* **1** Porção de gado que produz lã. **2** *por ext* Conjunto de animais guardados por um pastor. **3** *fig* Conjunto de fiéis de uma religião. **4** *por ext* Gado de corte.

re.bar.ba (*re+barba*) *sf* **1** Saliência, aresta. **2** Fragmentos de obras de fundição.

re.ba.te (de *rebater*) *sm* **1** Sinal para avisar, aviso: *"Sem repiques nem rebates, providenciava a remoção do Herculinão."* (GSV) **2** Assalto, ataque, incursão. *Rebate falso:* notícia falsa.

re.ba.ter (*re+bater*) *vtd* **1** Rechaçar, repelir. **2** *Fut* Chutar (a bola) a esmo, sem direção. **3** Contestar, refutar, responder: *Rebateu as acusações.*

re.be.lar (*lat rebellare*) *vtd* **1** Tornar rebelde. *vti* e *vpr* **2** Insurgir(-se), revoltar(-se): *"Oviedo se rebelou e articulou um golpe de Estado."* (FSP)

re.bel.de (*cast rebelde*) *adj* **1** Que se revolta contra a autoridade. **2** Indisciplinado, teimoso. • *s m+f* **1** Pessoa que se rebela. **2** Desertor, traidor.

re.bel.di.a (*rebelde+ia¹*) *sf* **1** Oposição, resistência. **2** Teimosia.

re.be.li.ão (*lat rebellione*) *sf* **1** Resistência violenta à autoridade. **2** Revolta, insurreição, sublevação, motim.

re.ben.ta.ção (*rebentar+ção*) *sf* A quebra das ondas de encontro aos rochedos; arrebentação: *"A linha de rebentação das ondas."* (GEO)

re.ben.tar (*lat vulg *repentare*) *vint* **1** Arrebentar, estourar, explodir. *vint* **2** Brotar, germinar, nascer. *vint* e *vpr* **3** Quebrar-se ou romper-se com grande violência; despedaçar, estalar. *vti* e *vint* **4** Desfazer-se em espuma; quebrar-se.

re.ben.to (de *rebentar*) *sm* **1** *Bot* Broto dos vegetais. **2** Produto, fruto. **3** *pop* Filho.

re.bi.te (de *rebitar*) *sm Mec* Espécie de prego com cabeça numa das extremidades, destinado a unir chapas de metais, peças, juntas; arrebite.

re.bo.bi.nar (*re+bobinar*) *vtd* **1** Bobinar de novo. **2** Passar para outro carretel.

re.bo.ca.dor (*rebocar+dor*) *adj* **1** Que reboca ou reveste de reboco. **2** Barco que serve para rebocar embarcações. • *sm* Aquele que reboca.

re.bo.car (*lat revocare*) *vtd* **1** Cobrir de reboco. **2** Maquilar exageradamente. **3** Levar a reboque; reboquear. **4** Puxar uma embarcação com auxílio de corda ou cabo.

re.bo.co (ô) (de *rebocar*) *sm* Argamassa de cal e areia, ou cimento e areia, com que se revestem paredes; reboque. Veja nota em **reboque**.

re.bo.la.do (*part de rebolar*) *sm* Movimento exagerado dos quadris; saracoteio, bamboleio.

re.bo.lar (*re+bola+ar¹*) *vtd, vint* e *vpr* Bambolear-se, menear-se, saracotear-se; andar, movendo sinuosamente o corpo.

re.bo.li.ço (*rebolir+iço*) *adj* **1** Em forma de rebolo. **2** Que rebola. *Cf* rebuliço.

re.bo.lo (de *rebolar*) *sm* Pedra redonda usada para afiar, amolar.

re.bo.que (de *rebocar*) *sm* **1** *pop* Reboco. **2** Corda que liga um veículo ao que o reboca. **3** Guincho. *Levar a reboque:* levar ou encaminhar alguém que se sente inseguro ou dependente.

Embora o uso popular já tenha consagrado a forma **reboco** como equivalente a **reboque** (acepção 1), a língua padrão endossa apenas as acepções 2 e 3, reservando para **reboco** a significação de argamassa de cal e areia, ou cimento e areia, com que se revestem paredes.

re.bor.do (ô) (re+borda) sm Borda revirada ou voltada para fora. Pl: rebordos (ó).

re.bo.te (cast rebote) sm 1 Esp No basquetebol, bola que não entra na cesta e é disputada por qualquer um dos participantes. 2 Esp No futebol, bola rebatida pelo goleiro ou por outro jogador de defesa e que sobra para o atacante finalizar. 3 Salto de um corpo elástico depois de se chocar em qualquer obstáculo.

re.bu (red de rebuliço) sm gír Confusão, tumulto.

re.bu.li.ço (re+buliço) sm Agitação, desordem, confusão, rebu. Cf reboliço.

re.ca.do (de recadar) sm Aviso, mensagem, comunicação.

re.ca.í.da (part fem de recair) sf Med Reaparecimento ou agravamento de uma doença.

re.ca.ir (re+cair) vint 1 Tornar a cair. vint 2 Sofrer recaída. vti 3 Tornar a errar. Conjuga-se como atrair.

re.cal.car (lat recalcare) vtd 1 Tornar a calcar. 2 Refrear, reprimir: Recalcar um grito.

re.cal.ci.tran.te (de recalcitrar) adj m+f Teimoso, obstinado: "Viana balançou a cabeça, recalcitrante." (RET) • s m+f Pessoa muito teimosa: "Castigando os recalcitrantes por duas vezes." (MAL)

re.cal.ci.trar (lat recalcitrare) vint 1 Revoltar-se, rebelar-se. vti 2 Teimar, obstinar-se em.

re.cal.que (de recalcar) sm 1 Recalcamento. 2 Psicol Exclusão inconsciente de certas ideias, sentimentos e desejos que o indivíduo não quer admitir, mas que continuam a fazer parte de seu inconsciente, podendo dar origem a graves distúrbios.

re.can.to (re+canto) sm 1 Lugar retirado, distante. 2 Lugar aprazível ou confortável.

re.ca.pa.gem (recapar+agem) sf 1 Segunda camada de asfalto. 2 Recauchutagem.

re.ca.par (re+capa+ar¹) vtd 1 Recapear. 2 Recauchutar.

re.ca.pe.ar (re+capear) vtd Cobrir novamente com revestimento de asfalto (rua, estrada etc.); recapar. Conjuga-se como frear.

re.ca.pi.tu.lar (baixo-lat recapitulare) vtd 1 Resumir, sintetizar. 2 Rememorar, relembrar.

re.car.re.gar (re+carregar) vtd Carregar novamente; carregar muito.

re.ca.ta.do (recato+ado¹) adj 1 Casto, pudico. 2 Modesto, simples.

re.ca.to (de recatar) sm 1 Simplicidade, modéstia. 2 Pudor.

re.cau.chu.ta.do (part de recauchutar) adj Diz-se do pneu em que se fez recauchutagem; recapado.

re.cau.chu.ta.gem (recauchutar+agem) sf Recapagem.

re.cau.chu.tar (fr recaoutchouter) vtd 1 Reconstituir, com camadas de borracha, a parte gasta de um pneu; recapar. 2 fig Reconstituir, restaurar.

re.ce.ar (re+lat celare) vtd 1 Ter receio ou medo de; temer. vpr 2 Preocupar-se: Receio não ter ido bem nas provas. Conjuga-se como frear.

re.ce.ber (lat recipere) vtd 1 Aceitar, tomar. vtd 2 Entrar na posse de. vtd 3 Conseguir, obter. vtd 4 Acolher com boas-vindas. vint 5 Dar recepções ou audiências; acolher visitas.

re.cei.o (de recear) sm 1 Incerteza ou hesitação, acompanhada de temor; medo. 2 Apreensão, angústia.

re.cei.ta (lat recepta) sf 1 Valor que é recebido, arrecadado ou apurado. 2 por ext Fórmula de prescrição médica. 3 Fórmula de qualquer produto industrial ou culinário.

re.cei.tar (receita+ar¹) vtd Passar receita de; prescrever como médico.

re.cei.tu.á.rio (receita+ário) sm Formulário no qual o médico, o dentista etc. prescrevem os medicamentos.

re.cém-ca.sa.do adj+sm Diz-se da ou a pessoa que é casada há pouco tempo. Pl: recém-casados.

re.cém-nas.ci.do adj Que nasceu há poucas horas ou poucos dias. • sm Criança na primeira semana de vida. Pl: *recém-nascidos*.

re.cen.der (*re+encender*, com metátese) *vtd, vti* e *vint* Exalar (cheiro forte e agradável): *A casa recendia a comidas apetitosas.*

re.cen.se.a.men.to (*recensear+mento*) *sm* Estatística periódica que consiste em determinar o número de habitantes de cada cidade, município, estado ou de todo o país, com a qualificação completa de cada um dos habitantes; censo.

re.cen.se.ar (*re+censo+e+ar¹*) *vtd* **1** Fazer o recenseamento. **2** Arrolar, enumerar: *"Ele podia recensear as nuvens que pesavam negras."* (SIM) Conjuga-se como *frear*.

re.cen.te (*lat recente*) *adj* **1** Que aconteceu há pouco tempo. **2** Que tem pouco tempo de existência; fresco, novo.

re.ce.o.so (*ô*) (*receio+oso*) *adj* Que tem receio; apreensivo, medroso, temeroso. *Pl: receosos* (*ó*).

re.cep.ção (*lat receptione*) *sf* **1** Seção onde trabalha um(a) recepcionista: *A recepção do hotel fica aberta dia e noite.* **2** Acolhimento, acolhida. **3** *por ext* Ato de receber convidados e amigos.

re.cep.ci.o.nar (*lat receptione+ar¹*) *vint* **1** Dar recepções. *vtd* **2** Receber alguém com atenção ou cortesia.

re.cep.ci.o.nis.ta (*recepcionar+ista*) *s m+f neol* Pessoa empregada de hotéis, hospitais, escritórios etc., responsável pela recepção.

re.cep.ta.dor (*lat receptatore*) *adj* Que recepta. • *sm* **1** Aquele que recepta. **2** Aquele que esconde, recolhe, compra objetos ou valores de origem ignorada, suspeita ou roubada.

re.cep.tar (*lat receptare*) *vtd* Recolher, guardar, esconder (coisas roubadas): *"A punição para quem receptar o veículo desconhecendo essa origem irregular permanece a mesma."* (FSP)

re.cep.ti.vo (*lat receptivu*) *adj* **1** Acolhedor: *"A tensão dos adultos atrás de si torna Heládio receptivo ao adulto que está à sua frente."* (NB) **2** Sujeito à influência externa; impressionável: *"Contando com os ouvidos receptivos do presidente da República."* (CV)

re.ces.são (*lat recessione*) *sf Econ polít* Período de queda nas atividades econômicas.

re.ces.so (*lat recessu*) *sm* **1** Recanto, retiro. **2** *Polít* Período de não funcionamento das atividades do legislativo e do judiciário. *Recesso escolar:* suspensão temporária das atividades normais dos estabelecimentos de ensino.

re.cha.çar (*cast rechazar*) *vtd* **1** Rebater, repelir: *"Ebert rechaça a tentativa de colorizar filmes originariamente em preto e branco."* (FSP) **2** Replicar, refutar: *Rechaçou a acusação de ser preguiçoso.*

re.che.ar (*recheio+ar¹*) *vtd* Encher com recheio. Conjuga-se como *frear*.

re.chei.o (*re+cheio*) *sm* **1** Aquilo que recheia. **2** Preparado culinário com que se enchem aves, outros animais, legumes, massas, pastéis, tortas doces e salgadas etc.

re.chon.chu.do (*cast rechoncho+udo¹*) *adj pop* Gorducho, roliço.

re.ci.bo (*cast recibo*) *sm* Declaração escrita e assinada, comprovando o recebimento de alguma coisa de outra pessoa; quitação.

re.ci.cla.gem (*reciclar+agem*) *sf* **1** *fig* Atualização de conhecimentos. **2** Reaproveitamento de material usado: *Reciclagem do lixo.*

re.ci.clar (*re+ciclo+ar¹*) *vtd* **1** Fazer a reciclagem de: *"Ninguém recicla os resíduos de mercúrio."* **2** Reaproveitar: *"O rato-canguru cava tocas e recicla quase todos os líquidos corporais."* (FSP)

re.ci.fe (*ár raSîf*) *sm* Rochedo ou grupo de rochedos nas proximidades da costa do mar e à flor da água. *Recife de coral:* recife constituído de rocha calcária, formada de fragmentos de corais, algas e outros depósitos orgânicos.

re.cin.to (*lat recintu*) *sm* **1** Espaço fechado. **2** Cômodo.

re.ci.pi.en.te (*lat recipiente*) *sm* Qualquer tipo de vasilha que pode receber ou conter alguma coisa; receptáculo.

re.ci.pro.ci.da.de (*lat reciprocitate*) *sf* **1** Caráter ou qualidade de recíproco. **2** *Sociol* Relação social entre indivíduos, grupos e instituições pressupondo deveres, obrigações, prestação de serviços, de um lado, e direitos, compensações e retribuições, de outro.

re.cí.pro.co (*lat reciprocu*) *adj* Mútuo; baseado na reciprocidade: *Amizade recíproca.* • *sm Mat* O inverso de um número.

ré.ci.ta (de *recitar*) *sf* **1** Espetáculo de declamação ou música: *"Diretor musical do teatro e regente da primeira récita."* (FSP) **2** *por ext* Representação teatral: *"Na récita da estreia, Paulo Autran viveu o marido e Odilon Wagner fez o amante."* (IS)

re.ci.ta.do (*part* de *recitar*) *adj* **1** Diz-se do trecho lido ou repetido de cor, em voz alta. **2** Declamado.

re.ci.tal (*ingl recital*) *sm* **1** Espetáculo de audição realizado por um só artista. **2** Concerto em que atua um só executante.

re.ci.tar (*lat recitare*) *vtd* **1** Dizer ou ler em voz alta e clara. **2** Pronunciar, referir ou narrar declamando.

re.cla.mar (*lat reclamare*) *vti* e *vint* **1** Exigir, reivindicar (direitos). *vint* **2** Queixar-se, protestar. *vtd* e *vti* **3** Implorar, invocar.

re.clas.si.fi.car (*re+classificar*) *vtd* Classificar novamente; dar nova classificação a.

re.cli.nar (*lat reclinare*) *vtd* e *vpr* Encostar(-se), inclinar(-se).

re.clu.são (*lat reclusione*) *sf* **1** Ato ou efeito de encerrar(-se); encerramento. **2** *Dir* Pena rigorosa que consiste na privação da liberdade. **3** Cárcere, prisão.

re.clu.so (*lat reclusu*) *adj* Que vive em clausura ou em convento: *"Marta não alterava a sua vida reclusa."* (LA) • *sm Dir* Aquele que foi condenado à prisão.

re.co.brar (*lat recuperare*) *vtd* **1** Adquirir novamente; reaver, reconquistar, recuperar, retomar. *vpr* **2** Reanimar-se, recuperar-se.

re.co.brir (*re+cobrir*) *vtd* **1** Cobrir de novo. *vpr* **2** Tornar a cobrir-se. Conjuga-se como *cobrir*. *Part*: *recoberto*.

re.co.lher (*lat recolligere*) *vtd* **1** Juntar, reunir (coisas dispersas). *vtd* **2** Apanhar, apreender. *vtd* **3** Pôr ao abrigo; arrecadar, guardar. *vtd* **4** Tirar de circulação. *vtd* **5** Angariar: *Recolher assinaturas*. *vtd* **6** Acolher, hospedar. *vpr* **7** Meter-se em casa para se deitar: *Os hóspedes do hotel recolhiam-se tarde.*

re.co.lhi.do (*part* de *recolher*) *adj* **1** Que vive na clausura. **2** Que foge da convivência social. **3** Pouco expansivo.

re.co.lhi.men.to (*recolher*+*mento*[1]) *sm* **1** Local onde alguém ou algo se recolhe. **2** Cautela. **3** Meditação. **4** Vida recatada.

re.co.me.çar (*re*+*começar*) *vtd* e *vint* Tornar a começar; começar de novo.

re.co.men.da.ção (*recomendar*+*ção*) *sf* **1** Ato ou efeito de recomendar. **2** Advertência, conselho. *sf pl* **3** Cumprimentos, saudações. **4** Lembranças.

re.co.men.da.do (*part* de *recomendar*) *adj* **1** Aconselhado. **2** Que é alvo de recomendação. • *sm* Afilhado, protegido, apresentado.

re.co.men.dar (*re*+(*en*)*comendar*) *vtd* **1** Encarregar de. **2** Confiar o encargo de; exigir ou pedir todo o cuidado para: *Recomendou ao professor que vigiasse os alunos durante o exame.* **3** Aconselhar, animar. **4** Pedir proteção para.

re.co.men.dá.vel (*recomendar*+*vel*) *adj m+f* **1** Que merece recomendação. **2** Que merece estima ou respeito.

re.com.pen.sa (de *recompensar*) *sf* **1** Prêmio, paga. **2** Compensação, reconhecimento por uma ação meritória.

re.com.pen.sar (*lat recompensare*) *vtd* **1** Compensar, premiar. **2** Retribuir a alguém por favores ou serviços prestados.

re.com.por (*lat recomponere*) *vtd* **1** Refazer, restabelecer, restaurar. **2** Dar nova forma a; reorganizar. **3** Reconstruir, rememorar. Conjuga-se como *pôr*.

re.com.pos.to (ô) (*lat recompositu*) *adj* Que se recompôs; reconstruído, refeito, restabelecido. *Pl*: *recompostos* (ó).

re.côn.ca.vo (*re*+*côncavo*) *sm* **1** Cavidade funda. **2** Antro, gruta natural. **3** Enseada.

re.con.ci.li.ar (*lat reconciliare*) *vtd* **1** Fazer voltar à antiga amizade. *vtd* **2** Pôr de acordo; conciliar. *vpr* **3** Fazer as pazes: *Reconciliou-se com o vizinho após a discussão.* Conjuga-se como *premiar*.

re.con.di.ci.o.nar (*re*+*condicionar*) *vtd* **1** Restaurar; pôr em condições de funcionamento; reformar. **2** Retificar.

re.con.du.zir (*lat reconducere*) *vtd* **1** Conduzir de novo. **2** Remeter de volta ao lugar de onde veio; devolver.

re.con.for.tar (*re+confortar*) *vtd* **1** Dar novo vigor. **2** Incutir novo ânimo, restaurar a força moral de.

re.co.nhe.cer (*lat recognoscere*) *vtd* **1** Conhecer de novo. **2** Identificar, distinguir. **3** Admitir. **4** Ficar convencido de. **5** Considerar como. **6** Autenticar, endossar: *O cartório reconheceu como autêntica a assinatura*.

re.co.nhe.ci.men.to (*reconhecer+mento*) *sm* **1** Agradecimento. **2** Prêmio, recompensa, retribuição. **3** *Mil* Operação que tem por objeto obter informações sobre a posição do inimigo.

re.con.quis.tar (*re+conquistar*) *vtd* **1** Conquistar de novo. **2** Recobrar, readquirir, recuperar.

re.con.si.de.rar (*re+considerar*) *vtd* **1** Considerar ou ponderar de novo. *vint* **2** Pensar melhor, dar nova atenção.

re.cons.ti.tu.ir (*re+constituir*) *vtd* **1** Tornar a constituir. *vpr* **2** Recompor-se, restabelecer-se. *vtd* **3** Rememorar. Conjuga-se como *contribuir*.

re.cons.tru.ir (*re+construir*) *vtd* **1** Tornar a construir. **2** Reorganizar, reestruturar. Conjuga-se como *construir*.

re.cor.da.ção (*lat recordatione*) *sf* **1** Memória, lembrança reavivada. **2** Objeto que relembra coisa ou pessoa.

re.cor.dar (*lat recordari*) *vtd* e *vpr* **1** Lembrar(-se). *vtd* **2** Fazer lembrar; ter analogia ou semelhança com. Veja nota em **lembrar**.

re.cor.de (*ó*) (*ingl record*) *sm* **1** *Esp* Atuação desportiva que supera tudo o que se fez anteriormente. **2** *por ext* Proeza inaudita.

A palavra **recorde** é forma aportuguesada do inglês *record* e deve ser pronunciada como paroxítona (com a sílaba tônica *cór*). Usada como adjetivo, não sofre flexão de gênero ou número; é invariável. Temos assim: *preço recorde*, *prêmios recorde*, *audiência recorde*, *vendas recorde*.

re.cor.dis.ta (*recorde+ista*) *adj m+f* e *s m+f* Que bate algum recorde.

re.co-re.co (*voc onom*) *sm Folc* Gomo de bambu com entalhos transversais, no qual se esfrega uma vara para produzir um som musical; ganzá. *Pl: reco-recos*.

re.cor.rer (*lat recurrere*) *vti* **1** Dirigir-se a alguém, pedindo auxílio, proteção, justiça. *vti* **2** Fazer uso de; empregar. *vti* e *vint* **3** Interpor recurso judicial ou administrativo.

re.cor.tar (*re+cortar*) *vtd* **1** Cortar, acompanhando modelos ou talhando figuras diversas. **2** Entremear, entrecortar, intervalar.

re.cor.te (de *recortar*) *sm* **1** Desenho que se obtém recortando. **2** Notícia, artigo, anúncio etc., recortados de jornal ou revista.

re.cre.a.ção (*lat recreatione*) *sf* **1** Recreio. **2** Ocupação agradável para descanso e recuperação de forças.

re.cre.a.ti.vo (*recrear+ivo*) *adj* Que diverte ou dá prazer.

re.crei.o (de *recrear*) *sm* **1** Divertimento, entretenimento, folguedo; recreação. **2** Tempo concedido às crianças para brincarem, nos intervalos das aulas.

re.cri.mi.nar (*re+criminar*) *vtd* Censurar, repreender, criticar.

re.cru.ta (de *recrutar*) *sm* Soldado novo; jovem recrutado para o serviço militar.

re.cru.ta.men.to (*recrutar+mento*) *sm* Inscrição anual dos jovens que atingem a idade de serviço no exército.

re.cru.tar (*fr recruter*) *vtd* **1** Alistar para o serviço militar. **2** *por ext* Juntar, reunir, arregimentar pessoas: "*Reconstruir alguns imóveis, plantar árvores, recrutar professores.*" (JB)

re.cu.ar (*re+cu+ar*[1]) *vint* **1** Andar para trás, andar de costas. *vint* **2** Perder terreno (para o adversário). *vint* **3** Reconsiderar; voltar atrás.

re.cu.o (de *recuar*) *sm* **1** Movimento de alguém ou de um animal, quando, sem voltar o corpo, anda para trás. **2** Distância mínima obrigatória que as edificações devem manter das divisas do terreno. **3** Movimento para trás das armas de fogo, quando são disparadas; coice.

re.cu.pe.rar (*lat recuperare*) *vtd* **1** Readquirir, recobrar. *vtd* **2** Voltar à posse de. *vpr* **3** Restabelecer-se, recobrar-se, restaurar-se.

re.cur.so (*lat recursu*) *sm* **1** Auxílio, proteção, socorro. **2** Meio, expediente. *sm*

recusa *pl* **3** Bens materiais, dinheiro, haveres, fortuna.

re.cu.sa (de *recusar*) *sf* Negação; resposta negativa.

re.cu.sar (*lat recusare*) *vtd* **1** Não aceitar, não admitir; rejeitar. **2** Negar. **3** Opor-se; resistir a.

re.cu.sá.vel (*lat recusabile*) *adj m+f* Que pode ser recusado.

re.da.ção (*lat redactione*) *sf* **1** Composição literária. **2** Conjunto de redatores. **3** Lugar onde os redatores trabalham.

re.da.tor (*lat redactore*) *sm* **1** Aquele que redige. **2** Aquele que escreve para uma publicação periódica.

re.da.tor-che.fe *sm* O principal redator de um jornal ou revista; o chefe de uma redação. *Pl: redatores-chefes*.

re.de (*ê*) (*lat rete*) *sf* **1** Instrumento de pesca de malhas. **2** Artefato para descansar ou dormir, preso pelas duas extremidades em portais ou em árvores. **3** *por ext* Conjunto de cabos telefônicos ou elétricos de uma cidade: *Rede elétrica*. **4** *por ext* A canalização de água, esgoto, gás etc. *Cair na rede:* a) deixar-se apanhar, ser capturado; b) cair no logro.

ré.dea (*lat vulg *retina*) *sf* **1** Corda ou correia para guiar a cavalgadura; brida. **2** Freio, segurança, firmeza: *Mantinha o cavalo sob as rédeas curtas*.

re.de.mo.i.nho (*corr* de *remoinho*) *sm* Movimento rápido e espiralado, causado pelo cruzamento de ondas ou ventos contrários; remoinho.

re.den.ção (*lat redemptione*) *sf* **1** Ato ou efeito de remir; resgate. **2** Salvação, socorro.

re.den.tor (*lat redemptore*) *adj+sm* Que ou aquele que redime. • *sm* **Redentor** Jesus Cristo.

re.di.gir (*lat redigere*) *vtd* **1** Escrever. *vtd* **2** Escrever como redator. *vint* **3** Exprimir-se por escrito. Conjuga-se como *dirigir*.

re.dil (*rede+il*) *sm* Curral para recolher o gado. *Pl: redis*.

re.di.mir (*lat redimere*) *vtd* e *vpr* V remir. *Conjug:* verbo regular, conjugável em todas as formas.

re.di.re.ci.o.nar (*re+direcionar*) *vtd* Mudar a direção de, dar nova direção a.

re.dis.tri.bu.ir (*re+distribuir*) *vtd* Tornar a distribuir. Conjuga-se como *contribuir*.

re.do.brar (*re+dobrar*) *vtd* **1** Dobrar novamente. *vtd* **2** Soar novamente (o sino); dobrar, repicar. *vtd*, *vti* e *vint* **3** Aumentar muito; intensificar.

re.do.ma (*ô*) (*ár raDûma*) *sf* Campânula para proteger objetos. *Meter numa redoma:* tratar com cuidado exagerado; com muita cautela.

re.don.de.za (*redondo+eza*) *sf* **1** Vizinhança, cercania, arredor. **2** Qualidade de redondo.

re.don.di.lha (*cast redondilha*) *sf Metrif* Versos de cinco (*redondilha menor*) ou de sete (*redondilha maior*) sílabas métricas.

re.don.do (*lat rotundo*) *adj* **1** Que tem forma de círculo. **2** Esférico. **3** Com forma arredondada. • *adv* Redondamente.

re.dor (*lat rotatore*, pelo *port ant rededor*) *sm* **1** Arredores, arrabalde. **2** Roda, volta. *Ao redor, em redor:* à volta, em volta, em torno.

re.du.ção (*lat reductione*) *sf* **1** Abatimento, desconto no preço. **2** Cópia reduzida.

re.dun.dân.cia (*redundantia*) *sf* Superfluidade de palavras; pleonasmo.

re.dun.dar (*lat redundare*) *vint* **1** Sobrar. *vint* **2** Transbordar; derramar-se: *Redunda a cerveja nos copos*. *vti* **3** Resultar: *O processo redundou em nada*. *vti* **4** Reverter em: *O que era um jogo amistoso, redundou em pancadaria*. *vti* **5** Incidir, recair: *Os efeitos das brigas dos pais redundam nos filhos*. *Conjug:* com raras exceções, conjuga-se apenas nas 3ªs pessoas.

re.du.to (*ital ridotto*) *sm* **1** Trincheira, abrigo. **2** Lugar onde se reúne um grupo que obedece a uma linha ou tendência.

re.du.tor (*lat reductore*) *adj* **1** Que reduz ou tem a propriedade de reduzir. **2** *Quím* Que tem a propriedade de reduzir um composto. • *sm* Aquilo que reduz.

re.du.zi.da (*fem* de *reduzido*) *sf* **1** *Gram* Oração subordinada, constituída por uma forma nominal do verbo. **2** *Mec* A marcha de certos veículos, que diminui a velocidade mas aumenta a força de tração.

re.du.zir (*lat reducere*) *vtd* e *vpr* **1** Diminuir(-se), tornar(-se) menor. *vtd* e *vpr* **2** Abrandar(-se), afrouxar(-se), minorar(-se). *vtd* **3** Abreviar, resumir. *vtd* **4** Apertar, estreitar, limitar, restringir. *vtd* **5** *Mat* Converter em termos mais simples; simplificar (uma fração).

re.e.di.tar (re+editar) vtd **1** Editar outra vez. **2** Publicar de novo. **3** Reproduzir. *Conjug* – os *ee* do radical aparecem em todas as formas.

re.e.du.car (re+educar) vtd **1** Tornar a educar. **2** Aperfeiçoar a educação de.

re.e.le.ger (re+eleger) vtd **1** Fazer a reeleição de. vtd e vpr **2** Eleger(-se) outra vez. Conjuga-se como *reger*.

re.em.bol.sar (re+embolsar) vtd **1** Tornar a embolsar; reaver (o desembolsado). vtd **2** Restituir o dinheiro. vtdi **3** Indenizar, compensar. *Conjug* – os *ee* do radical aparecem em todas as formas. *Pres indic*: reembolso, reembolsas (ó) etc.

re.em.bol.so (ô) (de reembolsar) sm Ação ou efeito de reembolsar.

re.en.car.na.ção (re+encarnação) sf Ato ou efeito de reencarnar(-se).

re.en.car.nar (re+encarnar) vint e vpr **1** Tornar a encarnar(-se). **2** Reassumir (o espírito) a forma material. *Conjug* – os *ee* do radical aparecem em todas as formas.

re.en.con.trar (re+encontrar) vtd e vpr Tornar a encontrar(-se). *Conjug* – os *ee* do radical aparecem em todas as formas.

re.en.con.tro (de reencontrar) sm Ação ou efeito de reencontrar(-se).

re.en.ge.nha.ri.a (re+engenharia) sf **1** Ação de reorganizar uma empresa, reduzindo o número de departamentos e/ou níveis hierárquicos: *"A avaliação indica que, na maior parte das empresas, a reengenharia foi conduzida de forma equivocada."* (FSP) **2** Reorganização: *"A polícia passou por uma reengenharia."* (FSP)

re.en.trân.cia (re+entrar+ância) sf **1** Ângulo ou curva para dentro. **2** Concavidade. *Antôn*: saliência.

re.er.guer (re+erguer) vtd e vpr **1** Tornar a erguer(-se). **2** Reanimar(-se). **3** Reorganizar(-se), restaurar(-se), restabelecer(-se).

re.es.cre.ver (re+escrever) vtd Escrever de novo; escrever outra vez. *Conjug* – os *ee* do radical aparecem em todas as formas. *Part*: reescrito.

re.es.tru.tu.rar (re+estrutura+ar¹) vtd Dar nova estrutura a. *Conjug* – os *ee* do radical aparecem em todas as formas.

re.fa.zer (re+fazer) vtd **1** Fazer de novo. **2** Reformar, reorganizar. **3** Consertar, reparar. **4** Corrigir, emendar. Conjuga-se como *fazer*.

re.fei.ção (lat refectione) sf Porção de alimentos que se toma, como o café da manhã, o almoço, o jantar.

re.fei.to (part irreg de refazer) adj **1** Corrigido, emendado. **2** Restaurado.

re.fei.tó.rio (lat refectoriu) sm Sala própria onde são servidas refeições em comum.

re.fém (ár vulgar rahn) sm **1** Pessoa que fica em poder do inimigo como garantia. **2** Pessoa que fica em poder de sequestradores. *Pl*: reféns.

re.fe.rên.cia (lat referentia) sf **1** Alusão, menção, insinuação. sf pl **2** Informação prestada a respeito da idoneidade moral e/ou da capacidade financeira ou profissional de alguém: *Carta de referência*.

re.fe.ren.ci.al (referência+al¹) adj m+f Que é utilizado como referência.

re.fe.ren.dar (lat referendu+ar¹) vtd **1** Endossar, avalizar. **2** *Polít* Assinar o ministro depois do chefe do Estado (decreto, documento, lei).

re.fe.ren.te (lat referente) adj m+f Que diz respeito; relativo, concernente.

re.fe.rir (lat referere, corr de referre) vtd **1** Citar como alusão; atribuir. vpr **2** Dizer respeito a, ter referência ou relação com: *Sua redação referia-se ao que dissera o professor*. Conjuga-se como *ferir*.

re.fes.te.lar (re+festa+el+ar¹) vpr Estirar-se ao comprido ou recostar-se comodamente.

re.fil (ingl refill) sm Conteúdo descartável de alguns produtos, que pode ser substituído: cargas de esferográfica, batons, repelentes etc.

re.fil.mar (re+filmar) vtd Tornar a filmar.

re.fi.na.ção (refinar+ção) sf **1** Ação ou efeito de refinar; refinamento. **2** Refinaria. **3** Requinte, apuro.

re.fi.na.do (part de refinar) adj **1** Que se refinou. **2** Apurado, requintado: *"Com a agravante de ser um refinado vigarista."* (AL) **3** Diz-se do açúcar que passou pelo processo de refinação.

re.fi.nar (re+fino+ar¹) vtd **1** Tornar mais fino. vtd **2** Separar de matéria estranha;

livrar de impurezas ou ligas. *vtd* **3** Tornar mais delicado, mais puro; aprimorar. *vti* e *vpr* **4** Aperfeiçoar-se, esmerar-se, requintar-se: *Gosto refinado*.

re.fi.na.ri.a (*refino+aria*) *sf* **1** Local onde se faz a refinação de petróleo, extraindo-lhe seus derivados; refinação. **2** Usina onde se realiza a clarificação do açúcar.

re.fle.tir (*lat reflectere*) *vtd* e *vpr* **1** Espelhar(-se), representar(-se), retratar(-se). *vtd* **2** Repetir, ecoar. *vtd* **3** Considerar, pensar, ponderar. Conjuga-se como *ferir*.

re.fle.tor (*lat reflectu+or*) *sm* Aparelho elétrico destinado a refletir a luz.

re.fle.xão (cs) (*lat reflexione*) *sf* **1** Ponderação, observação. **2** Prudência, juízo, tino. **3** *Fís* Retorno da luz ou do som.

re.fle.xi.vo (cs) (*reflexo+ivo*) *adj* **1** Que reflete. **2** Que medita. **3** *Gram* Diz-se dos pronomes oblíquos que se referem ao sujeito da oração.

re.fle.xo (cs) (*lar reflexu*) *adj* **1** Que se volta sobre si mesmo. **2** Refletido. • *sm* **1** Efeito produzido pela luz refletida. **2** Reflexão da luz, do calor, do som. **3** Representação confusa de um corpo.

re.flo.res.tar (*re+floresta+ar*¹) *vtd* Plantar árvores para formar florestas. Conjuga-se apenas nas 3ªˢ pessoas (só é conjugado integralmente em sentido figurado).

re.flu.xo (cs) (*re+fluxo*) *sm* **1** Movimento da maré vazante: *"Tem pouca gente na água, talvez por causa do refluxo da maré."* (CH) **2** *Med* Regurgitação: *"O tratamento da hérnia não impedia o refluxo."* (CLC)

re.fo.gar (*re+fogo+ar*¹) *vtd* Passar em azeite, gordura ou óleo fervente, antes de juntar água para cozinhar; guisar.

re.for.çar (*re+forçar*) *vtd* **1** Dar mais força ou intensidade a. *vtd* e *vpr* **2** Tornar(-se) mais forte, mais resistente.

re.for.ço (ô) (de *reforçar*) *sm* **1** Ação ou efeito de reforçar. **2** Novos recursos. **3** Peça que se junta a outra para torná-la mais forte. *Pl: reforços* (ó).

re.for.ma (de *reformar*) *sf* **1** Mudança para melhor; melhoramento; modificação. **2** *Mil* Aposentadoria definitiva dos militares.

re.for.ma.do (*part* de *reformar*) *adj* **1** Que sofreu reforma. **2** Diz-se do militar que passou para a reforma. • *sm* Militar reformado.

re.for.mar (*re+formar*) *vtd* **1** Tornar a formar; dar forma melhor e mais aperfeiçoada a. **2** Reorganizar, atualizar. **3** Corrigir, emendar. **4** Revisar e consertar totalmente.

re.for.ma.tó.rio (*reformar+ório*) *sm* Estabelecimento para reeducação de menores delinquentes.

re.for.mis.ta (*reforma+ista*) *adj m+f* Pertencente ou relativo a reforma. • *s m+f* Pessoa que apregoa reformas políticas e sociais.

re.for.mu.lar (*re+formular*) *vtd* **1** Formular outra vez: *Reformulou sua pergunta*. **2** Propor uma nova formulação.

re.fra.ção (*lat refractione*) *sf Fís* Desvio que sofrem os raios de luz, de calor ou de som, ao passar de um meio para outro.

re.frão (*provençal refranch*) *sm* **1** Fórmula vocal ou instrumental que se repete, de maneira regular, numa composição. **2** Estribilho. *Pl: refrãos* e *refrães*.

re.fra.tar (*refrato+ar*¹) *vtd* **1** Desviar ou quebrar a direção de raios luminosos, caloríficos ou sonoros: *"Esses meios transparentes permitem que os estímulos luminosos e de cor atravessem as suas camadas, refratando a luz para as células fotorreceptoras da retina."* (ENF) *vpr* **2** Refletir-se: *"A própria luz do Sol, ao refratarem-se os seus raios através da chuva, nos sugere a integração de todas as cores."* (TA)

re.fra.tá.rio (*lat refractariu*) *adj* **1** Que recusa cumprir uma obrigação ou promessa. **2** Rebelde. **3** Imune a doença. **4** *Fís* Que resiste à ação do calor sem se alterar.

re.fre.ar (*lar refrenare*) *vtd* e *vpr* **1** Conter (-se), moderar(-se), reprimir(-se), suster (-se). *vpr* **2** Privar-se, abster-se: *Refrear-se de comer muitos doces*. Conjuga-se como *frear*.

re.fre.ga (de *refregar*) *sf* Batalha, combate, luta: *"Além do mais, na refrega, bateram-se com destacado e singular denodo."* (CHP)

re.fres.car (*re+fresco+ar*¹) *vtd* **1** Tornar mais fresco; refrigerar. *vint* **2** Baixar a temperatura. *vtd* **3** Aliviar, suavizar. *Refrescar a cabeça:* acalmar o espírito; tranquilizar-se. *Refrescar a memória:* avivá-la.

re.fres.co (ê) (de *refrescar*) *sm* **1** Tudo o que serve para refrescar. **2** Suco de fruta, com água e açúcar, que se serve gelado.

re.fri.ge.ra.ção (*lat refrigeratione*) *sf* **1** Resfriamento. **2** Processo de captação e transmissão de frio.

re.fri.ge.ra.dor (*refrigerar+dor*) *sm* Geladeira.

re.fri.ge.ran.te (de *refrigerar*) *adj m+f* **1** Que refrigera. **2** Que refresca. • *sm* Bebida não alcoólica, gaseificada e que geralmente se toma gelada.

re.fri.ge.rar (*lat refrigerare*) *vtd* **1** Submeter a refrigeração. *vtd* e *vpr* **2** Refrescar (-se), tornar(-se) frio; esfriar(-se).

re.fu.gi.ar (*lat refugere*) *vpr* **1** Procurar refúgio; abrigar-se em lugar seguro; esconder-se. **2** Acolher-se, resguardar-se. **3** Procurar proteção. Conjuga-se como *premiar*.

re.fú.gio (*lat refugiu*) *sm* Abrigo, amparo, proteção.

re.fu.go (de *refugar*) *sm* **1** Resto. **2** O que é ordinário; o que não presta.

re.ful.gen.te (*lat refulgente*) *adj m+f* Resplandecente, luminoso.

re.ful.gir (*lat refulgere*) *vint* **1** Brilhar intensamente; resplandecer: *"Seus cabelos vermelhos refulgindo sob a luz forte dos refletores."* (VA) **2** Realçar, sobressair. Conjuga-se como *dirigir*.

re.fu.tar (*lat refutare*) *vtd* **1** Rebater. **2** Discordar; reprovar. **3** Desmentir; negar.

re.ga.ço (*cast regazo*) *sm* Cavidade formada pelas coxas e abdome, quando em posição sentada; colo.

re.ga.dor (*regar+dor*) *adj* Que rega. • *sm* Utensílio usado para regar.

re.ga.lar (*fr régaler*) *vtd* **1** Presentear. *vtd* **2** Recrear, regozijar. *vpr* **3** Sentir grande prazer: *Regalou-se com o show.* *vint* **4** Fartar-se; comer com abundância. *Regalar a alma:* alegrar-se, contentar-se, encher-se de satisfação.

re.ga.li.a (*lar regale+ia*[1]) *sf* Prerrogativa, privilégio, vantagem.

re.ga.lo (de *regalar*) *sm* **1** Presente, mimo: *"Lorena vai ter muita honra em mandar esse regalo para o doutor."* (CL) **2** Alegria; prazer: *"O chão coalhava-se de fruta: era um regalo!"* (CG)

re.gar (*lat rigare*) *vtd* **1** Aguar, molhar, umedecer (a terra, as plantas) por irrigação. *vtdi* **2** Acompanhar a comida com bebidas.

re.ga.ta (*ital regata*) *sf* **1** Competição de velocidade para embarcações de pequeno porte. **2** Camiseta sem mangas.

re.ga.te.ar (de *regatar*) *vtd* **1** Pechinchar. **2** Depreciar, diminuir: *Não regateou os méritos do aluno.* Conjuga-se como *frear.*

re.ga.to (*rego+ato*) *sm* Curso de água de pouca extensão e volume; arroio, pequeno ribeiro.

re.gên.cia (*reger+ência*) *sf* **1** Governo interino de um Estado monárquico, por impedimento do soberano. **2** *Gram* Relação de subordinação ou de dependência entre os termos de uma oração ou entre as orações de um período. **3** *Hist* Período de tempo durante o qual o Brasil foi governado por regentes.

re.ge.ne.rar (*lat regenerare*) *vtd* e *vpr* **1** Corrigir(-se), reabilitar(-se). *vtd* **2** Dar vida nova a. *Antôn: degenerar.*

re.gen.te (*lat regente*) *adj m+f* **1** Que rege, dirige ou governa. **2** *Gram* Diz-se da oração principal em relação à subordinada. • *s m+f* **1** Pessoa que exerce a regência. **2** Maestro.

re.ger (*lat regere*) *vtd* **1** Administrar, dirigir, governar. **2** *Mús* Conduzir uma partitura; guiar a execução de uma peça musical. **3** Dirigir, encaminhar, guiar: *Os pais regem os filhos.* **4** *Gram* Ter por complemento; subordinar. **5** *Gram* Determinar a flexão de. *Conjug* – *Pres indic:* rejo, reges, rege, regemos, regeis, regem; *Pret perf:* regi, regeste, regeu, regemos, regestes, regeram; *Pret imp indic:* regia, regias, regia, regíamos, regíeis, regiam; *Pret mais-que-perf:* regera, regeras, regera, regêramos, regêreis, regeram; *Fut pres:* regerei, regerás, regerá, regeremos, regereis, regerão; *Fut pret:* regeria, regerias, regeria, regeríamos, regeríeis, regeriam; *Pres subj:* reja, rejas, reja, rejamos, rejais, rejam; *Pret* *imp subj:* regesse, regesses, regesse, regêssemos, regêsseis, regessem; *Fut subj:* reger, regeres, reger, regermos, regerdes, regerem; *Imper afirm:* — , rege(Tu), reja(Você), rejamos(Nós), regei(Vós), rejam(Vocês); *Imper neg:* —, Não rejas(Tu), Não reja(Você), Não rejamos(Nós), Não rejais(Vós), Não rejam(Vocês); *Infinitivo impess:* reger; *Infinitivo pess:* reger, regeres, reger, regermos, regerdes, regerem; *Ger:* regendo; *Part:* regido.

reggae (*réguei*) (*ingl*) *sm Mús* Estilo musical originário do Caribe (América Central).

re.gi.ão (*lat regione*) *sf* **1** Grande extensão de superfície terrestre. **2** Cada uma das partes em que se supõe ser dividida a atmosfera.

re.gi.me (*lat regimen*) *sm* **1** Forma de governo. **2** *Med* Dieta. **3** Convenção matrimonial: *Regime de comunhão de bens*.

re.gi.men.to (*lat regimentu*) *sm* **1** Conjunto de normas para o exercício de um cargo. **2** Parte regulamentar de uma lei, decreto etc.; regulamento. **3** *Mil* Corpo de tropas.

re.gi.o.nal (*lat regionale*) *adj m+f* Relativo a uma região; local.

re.gi.o.na.lis.mo (*regional+ismo*) *sm* **1** Expressão social e política de defesa dos interesses de uma região. **2** *Gram* Termos ou locuções próprios de cada região. **3** *Lit* Caráter da literatura em que aparecem costumes e tradições regionais.

re.gi.o.na.lis.ta (*regional+ista*) *adj m+f* Relativo ao regionalismo. • *s m+f* Pessoa que defende os interesses regionais.

re.gis.tra.do.ra (*registrar+dor*, no *fem*) *sf* Tipo de máquina comercial que serve para registrar as importâncias recebidas, emitindo ou não talões que podem valer como notas fiscais.

re.gis.trar (*registro+ar¹*) *vtd* **1** Escrever em livro próprio. **2** Transcrever em cartório ou repartição pública competente. **3** Anotar. **4** Referir, mencionar.

re.gis.tro (*baixo-lat registru*) *sm* **1** Livro destinado à contabilização de operações de comércio e financeiras. **2** Cópia de um documento em cartório que lhe garante autenticidade. **3** Medidor de luz, gás, água etc. **4** Torneira ou válvula que regula o fluxo de um líquido através de um cano. **5** Certidão de nascimento.

re.go (*ê*) (*voc pré-rom*) *sm* **1** Abertura ou sulco num terreno, para conduzir água. **2** *vulg* Sulco entre as nádegas.

re.gou.go (de *regougar*) *sm* **1** A voz da raposa. **2** Protesto, reclamação.

re.go.zi.jar (*regozijo+ar¹*) *vtd* **1** Alegrar muito. *vpr* **2** Alegrar-se, congratular-se com.

re.gra (*lat regula*) *sf* **1** Norma, preceito, princípio, método. *sf pl pop* **2** Menstruação.

re.grar (*lat regulare*) *vtd* e *vpr* **1** Submeter (-se) a determinadas regras; guiar(-se), regulamentar(-se). *vtd* **2** Moderar, comedir.

re.gra-três *sm* **1** *Esp* Jogador que fica no banco dos reservas em uma partida, pronto para substituir quando necessário. **2** Substituto, suplente. *Pl:* regras-três.

re.gre.dir (*lat regredire*) *vint* Não progredir; retroceder. Conjuga-se como *prevenir*.

re.gres.são (*lat regressione*) *sf* Retrocesso, reversão.

re.gres.sar (*regressar+ar¹*) *vti* e *vint* Voltar ao ponto de partida; retornar.

ré.gua (*lat regula*) *sf* Peça de madeira ou outro material, para traçar ou medir linhas retas.

re.gu.la.gem (*regular+agem*) *sf* Ação ou efeito de regular um instrumento, máquina, motor etc., mediante ajuste de suas peças.

re.gu.la.men.ta.ção (*regulamentar+ção*) *sf* **1** Ato ou efeito de regulamentar. **2** Publicação ou redação de regulamentos de instituto ou associação.

re.gu.la.men.tar (*regulamento+ar¹*) *adj m+f* Pertencente ou relativo ao regulamento. • *vtd* Sujeitar a um regulamento; regular, regularizar.

re.gu.la.men.to (*regular+mento*) *sm* **1** Preceito, prescrição. **2** Conjunto de normas.

re.gu.lar (*lat regulare*) *adj m+f* **1** Que se repete a intervalos iguais. **2** Equilibrado, harmônico. **3** Que age de acordo com as regras. **4** *Gram* Diz-se dos verbos que são conjugados de acordo com sua regra geral.

• *sm* Aquilo que é regular. • *vtd* **1** Sujeitar a regras. *vtd* **2** Estabelecer regras para a execução de (lei, decreto etc.); regulamentar. *vtd* **3** Prescrever como regra ou norma. *vtd* **4** Acertar, ajustar. *vint* **5** Funcionar. *vint* **6** Ter sanidade mental.

re.gu.la.ri.da.de (*regular+i+dade*) *sf* **1** Boa proporção, harmonia entre partes de um todo. **2** Conformidade com as leis ou regras.

re.gu.la.ri.zar (*regular+izar*) *vtd* **1** Tornar regular; regulamentar. **2** Pôr em ordem; normalizar.

re.gur.gi.tar (*lat med regurgitare*) *vtd* e *vint* Pôr para fora; expelir, lançar, vomitar: *"As abelhas regurgitam néctar."* (FOC);*"bebês regurgitam com frequência"* (PFI)

rei (*lat rege*) *sm* **1** Soberano de um reino. **2** O marido da rainha. **3** A peça principal do jogo de xadrez. **4** Uma das figuras das cartas de baralho. *Fem: rainha.*

re.im.pri.mir (*re+imprimir*) *vtd* Imprimir novamente.

rei.na.ção (*reinar+ção*) *sf pop* Arte, traquinagem, travessura.

rei.na.do (*reinar+ado¹*) *sm* **1** Governo de um rei. **2** Domínio, predomínio. **3** Reino.

rei.nar (*lat regnare*) *vti* e *vint* **1** Governar na qualidade de rei ou rainha. *vint* **2** Dominar, imperar. *vint* **3** Fazer travessuras.

rei.no (*lat regnu*) *sm* **1** Reinado. **2** *Hist Nat* Cada uma das grandes divisões em que se agrupam os corpos da natureza: os minerais, os vegetais e os animais. **3** *fig* Domínio, âmbito: *O reino da fantasia.*

re.ins.cre.ver (*re+inscrever*) *vtd* e *vpr* Inscrever(-se) novamente. *Part: reinscrito.*

re.ins.ta.lar (*re+instalar*) *vtd* e *vpr* Instalar(-se) novamente.

re.in.te.grar (*re+integrar*) *vtd* **1** Tornar a integrar; restabelecer na posse de. *vpr* **2** Ser novamente investido num cargo, dignidade ou título. *vtd* **3** Repor na situação anterior.

re.in.tro.du.zir (*re+introduzir*) *vtd* e *vpr* Tornar a introduzir(-se); reimplantar (-se). Conjuga-se como *reduzir.*

réis (*contr* de reaes) *sm* Plural de real, antiga moeda portuguesa e brasileira.

rei.sa.do (*reis+ado²*) *sm* Folgança ou representação popular com que se festeja o dia de Reis; reisado.

rei.te.rar (*lat reiterare*) *vtd* Fazer de novo; renovar, repetir: *"Padre Ferrari reiterou sua promessa."* (GRO)

rei.tor (*lat rectore*) *sm* **1** Diretor geral de uma universidade. **2** Superior de convento dos religiosos masculinos.

rei.to.ri.a (*reitor+ia¹*) *sf* **1** Cargo ou dignidade de reitor. **2** Gabinete do reitor. **3** Prédio onde se localiza esse gabinete.

rei.vin.di.car (*lat rei vindicare*) *vtd* **1** Reclamar o que é nosso, mas está em poder de outrem. **2** Recuperar ou tentar recuperar. **3** Assumir: *Reivindicou para si a responsabilidade.*

re.jei.tar (*lat rejectare*) *vtd* **1** Expelir, lançar de si. **2** Não aceitar; recusar. **3** Opor-se a; negar. **4** Desaprovar. Veja nota em **jeito**.

re.jun.tar (*re+juntar*) *vtd* Fechar as junções de tijolos, pedras ou azulejos.

re.ju.ve.nes.cer (*lat rejuvenescere*) *vtd* **1** Remoçar. *vint* e *vpr* **2** Tornar-se ou parecer mais jovem. *Conjug – Pres indic: rejuvenesço, rejuvenesces* etc.

re.la.ção (*lat relatione*) *sf* **1** Lista, rol. **2** Ligação, vinculação. **3** Relacionamento. **4** Analogia, semelhança. *sm pl* **5** Convivência, frequência social, trato entre pessoas; parentesco.

re.la.ci.o.nar (*lat relatione+ar¹*) *vtd* **1** Arrolar, alistar, pôr em pauta. *vtd* **2** Comparar. *vpr* **3** Ter relação ou analogia; ligar-se. *vpr* **4** Conseguir amizades, travar conhecimento.

re.lâm.pa.go (de *re+lat lampare*) *sm* Clarão vivo e rápido, proveniente de descarga elétrica entre duas nuvens ou entre uma nuvem e a Terra.

re.lam.pa.gue.ar (*relâmpago+e+ar¹*) *vint* **1** Produzir-se uma série de relâmpagos; relampejar; relampear. **2** Brilhar momentaneamente; cintilar, faiscar, fulgurar. *Conjug* – só se conjuga nas 3as pessoas do singular e do plural e segue a conjugação de *frear.*

re.lan.ce (de *relançar*) *sm* Olhar rápido; lance de vista; vista de olhos.

re.lap.so (*lat relapsu*) *adj* **1** Que não

cumpre seus deveres. 2 Que falta a suas obrigações. • *sm* Preguiçoso, negligente.

re.lar (*corr* de *ralar*) *vtd pop* Tocar de leve em (alguma coisa); roçar.

re.la.tar (*lat relatu+ar*¹) *vtd* Contar, expor, narrar, referir.

re.la.ti.vi.da.de (*relativo+i+dade*) *sf* **1** Qualidade ou estado de relativo. **2** Teoria física na qual o espaço e o tempo são grandezas relacionadas.

re.la.ti.vo (*lat relativu*) *adj* **1** Concernente, referente, pertencente: *Comentário relativo ao futebol.* **2** Casual, fortuito, acidental; que depende de certas condições. **3** *Gram* Diz-se da oração subordinada ligada por pronome relativo, com ou sem preposição.

re.la.to (*lat relatu*) *sm* Exposição de um fato ou estado de espírito.

re.la.tor (*lat relatore*) *sm* **1** Aquele que relata. **2** Aquele que redige um relatório. **3** Narrador.

re.la.tó.rio (*lat relatu*) *sm* **1** Descrição escrita ou verbal minuciosa. **2** Qualquer exposição pormenorizada de circunstâncias, fatos ou objetos.

re.la.xa.do (*part* de *relaxar*) *adj* **1** Negligente, desmazelado. **2** *fig* Desleixado no vestir. • *sm* Negligente, relapso.

re.la.xa.men.to (*relaxar+mento*) *sm* **1** Desleixo, desmazelo, relaxo, negligência. **2** Desalinho, despreocupação no trajar. **3** Relaxação acompanhada de diminuição de tensão mental.

re.la.xan.te (de *relaxar*) *adj m+f* Que relaxa; relaxador.

re.la.xar (*lat relaxare*) *vtd* **1** Afrouxar: "*Cláudio relaxou as mãos, desanimado.*" (ARR) **2** distender: "*O cônsul relaxou os músculos da face.*" (MEL) *vpr* **3** Repousar, descansar. *vtd* **4** Abrandar, suavizar. *vtd* **5** Perdoar a, absolver. *vint* **6** Distender-se; acalmar-se: "*A ruiva pareceu relaxar um pouco.*" (AVK) **7** deixar de esforçar-se: "*Com o troféu garantido, a parceria relaxou e perdeu a partida seguinte.*" (GAL)

re.lé (de *ralé*) *sm Eletr* Dispositivo que tem por função abrir ou fechar contatos elétricos, a fim de estabelecer ou interromper circuitos.

re.le.gar (*lat relegare*) *vtd* **1** Banir, desterrar, expatriar. **2** Afastar; desprezar, rejeitar.

re.len.to (*re+lento*) *sm* Orvalho, sereno, garoa noturna: "*O mestiço sai para o relento, mergulhando na noite.*" (CH)

re.ler (*re+ler*) *vtd* Tornar a ler; ler muitas vezes. Conjuga-se como *crer*.

re.les (de *relé*) *adj m+f* **1** Ordinário, desprezível. **2** Sem valor. **3** Insignificante.

re.le.vân.cia (*relevar+ância*) *sf* **1** Grande valor. **2** Relevo. **3** Importância.

re.le.van.te (*lat relevante*) *adj m+f* Importante, proeminente.

re.le.var (*lat relevare*) *vtd* **1** Sobressair; pôr em relevo; tornar saliente. **2** Perdoar.

re.le.vo (ê) (de *relevar*) *sm* **1** Aresta, saliência, ressalto. **2** Relevância. **3** Distinção, evidência, realce. **4** *Geogr* Sistema de diferenças de nível terrestre: montanhas, vales, planícies etc.

re.li.gar (*re+ligar*) *vtd* Ligar com mais segurança; amarrar bem; ligar de novo.

re.li.gi.ão (*lat religione*) *sf* **1** Serviço ou culto a Deus, ou a uma divindade qualquer. **2** Crença ou doutrina religiosa.

re.li.gi.o.sa (*fem* de *religioso*) *sf* Freira.

re.li.gi.o.si.da.de (*lat religiositate*) *sf* **1** Qualidade de religioso: "*Tem uma certa dose de religiosidade.*" (RAP) **2** Disposição ou tendência religiosa: "*Notamos claramente sua profunda religiosidade.*" (ALQ)

re.li.gi.o.so (ô) (*lat religiosu*) *adj* **1** Que tem religião. **2** Relativo a uma ordem monástica. • *sm* **1** Aquele que professa uma religião. **2** Padre. *Pl: religiosos* (ó).

re.lin.char (*lat vulgar *rehinnitulare*) *vint* Soltar rinchos: *A égua relinchou.* Conjug – normalmente só se emprega nas 3ªˢ pessoas.

re.lin.cho (de *relinchar*) *sm* Rincho.

re.lí.quia (*lat reliquia*) *sf* Coisa preciosa, rara ou antiga, a que se dedica grande apreço.

re.lo.car (*re+locar*) *vtd* Alugar novamente.

re.ló.gio (*gr horológion*, pelo *lat*) *sm* Instrumento que marca as horas, os minutos etc.

re.lo.jo.a.ri.a (*relógio+aria*) *sf* **1** Arte de fabricar relógios. **2** Casa onde se fabricam, consertam ou vendem relógios.

re.lo.jo.ei.ro (*relógio+eiro*) *sm* **1** Fabrican-

re.lu.tan.te (de *relutar*) *adj m+f* Hesitante, inseguro.

re.lu.tar (*lat reluctari*) *vint* 1 Lutar novamente. *vti* e *vint* 2 Oferecer resistência: *Relutou em aceitar o remédio.*

re.lu.zir (*lat relucere*) *vint* 1 Rebrilhar; resplandecer; cintilar. 2 Transparecer, manifestar-se. *Conjug* – conjuga-se apenas nas 3ªˢ pessoas e integralmente se estiver em sentido figurado.

rel.va (de *relvar*) *sf* 1 Camada de erva rasteira e fina que se desenvolve pelos campos. 2 Relvado.

rel.va.do (*part* de *relvar*) *adj* Que é coberto de relva. • *sm* Terreno coberto ou revestido de relva.

re.ma.ne.jar (*re+manejar*) *vtd* 1 Tornar a manejar: *Remanejou os móveis da sala.* 2 Recompor, aproveitando os elementos primitivos.

re.ma.nes.cen.te (de *remanescer*) *adj m+f* Que sobra. • *sm* Resto, sobra.

re.ma.nes.cer (*lat remanescere*) *vint* Sobrar; restar: *Remanescer alguns obstáculos.*

re.man.so (*lat remansu*) *sm* 1 Porção de água parada nas curvas dos rios, formando um poço. 2 *fig* Descanso, sossego, tranquilidade.

re.mar (*remo+ar*¹) *vtd* 1 Pôr em movimento, manobrando os remos. *vint* 2 Manobrar, mover os remos para impulsionar a embarcação.

re.mar.car (*re+marcar*) *vtd* 1 Pôr marca nova em. 2 Dar novo preço a; modificar o preço de.

re.ma.tar (*remate+ar*¹) *vtd* Dar remate a; concluir, finalizar, completar, arrematar.

re.ma.te (de *rematar*) *sm* Acabamento, conclusão, fim, término.

re.me.dar *V arremedar*.

re.me.di.a.do (*part* de *remediar*) *adj* Que tem o suficiente para seus gastos; nem pobre nem rico.

re.me.di.ar (*lat remediare*) *vtd* 1 Dar remédio a; curar ou minorar com remédio. 2 Prover ou socorrer no que for preciso. 3 Atenuar; prevenir. Conjuga-se como *odiar*.

re.mé.dio (*lat remediu*) *sm* 1 Medicamento. 2 *fig* Expediente, meio, recurso, solução.

re.me.la (de *mel*) *sf* Secreção que se aglomera nos pontos lacrimais ou nas bordas da pálpebra.

re.me.len.to (*remela+ento*) *adj* Que tem ou cria remela.

re.me.le.xo (*lê*) (de *remexer*) *sm pop* Requebro, saracoteio, rebolado.

re.me.mo.rar (*lat rememorare*) *vtd* Relembrar, recordar.

re.men.dar (*re+emendar*) *vtd* 1 Consertar com remendos. 2 Corrigir (uma expressão).

re.men.do (de *remendar*) *sm* 1 Pedaço de pano com que se conserta uma peça de vestuário. 2 Peça com que se conserta um objeto. 3 *pop* Correção para disfarçar uma asneira que se disse.

re.mes.sa (*lat remissa*) *sf* 1 Ação ou efeito de remeter. 2 Aquilo que foi remetido. 3 Envio, expedição: *Remessa postal.*

re.me.ten.te (de *remeter*) *s m+f* Pessoa que remete ou envia alguma coisa, principalmente correspondência pelo correio; expedidor.

re.me.ter (*lat remittere*) *vtd* 1 Enviar, expedir, mandar, despachar. *vtd* 2 Atirar com ímpeto; investir contra. *vtd* e *vti* 3 Mandar a, encaminhar a.

re.me.xer (*re+mexer*) *vtd* 1 Mexer de novo. 2 Misturar, mexendo; agitar.

re.mi.nis.cên.cia (*lat reminiscentia*) *sf* Lembrança quase apagada; vaga recordação.

re.mir (*lat redimere*) *vtd* 1 Isentar, livrar. *vtd* 2 *Teol* Livrar das penas do inferno; salvar. *vtd* 3 Tirar do cativeiro; libertar: *"Remir os cativos; enterrar os mortos."* (OSA) *vpr* 4 Reabilitar-se. *Var: redimir*. *Conjug* – verbo defectivo; conjuga-se como *falir;* porém as formas que lhe faltam são supridas com as do verbo *redimir*.

re.mis.são (*lat remissione*) *sf* 1 Indulgência, misericórdia, perdão. 2 Paga, compensação. 3 Fórmula com que se remete o leitor a outro verbete ou artigo de dicionário, catálogo, índice etc.

re.mis.si.vo (*lat remissivu*) *adj* Que remete ou manda para outro lugar.

re.mo.ção (*lat remotione*) *sf* **1** Ato ou efeito de transferir ou remover. **2** Transferência de funcionário de repartição ou de lugar.

re.mo.çar (*re+moço+ar*¹) *vti, vint* e *vpr* Recuperar a mocidade; rejuvenescer(-se).

re.mo.de.lar (*re+modelar*) *vtd* **1** Tornar a modelar. **2** Refazer com modificações profundas; reformar.

re.mo.er (*re+moer*) *vtd* **1** Tornar a moer. *vtd* **2** Tornar a mastigar. *vtd* e *vti* **3** Repisar no espírito, refletir muito. *vpr* **4** Encher-se de raiva; afligir-se. Conjuga-se como *roer*.

re.mo.i.nho (de *remoinhar*) *sm* **1** Meteor Giro rápido no ar, com levantamento de grande quantidade de pó. **2** Pé de vento; rajada, tufão.

re.mon.tar (*fr remonter*) *vtd* **1** Elevar, erguer, levantar muito: *Remontar o voo*. *vti* **2** Voltar atrás no passado: *Remontemos à Idade Média*. *vtd* **3** Tornar a montar (peça de teatro).

re.mor.so (*lat remorosu*) *sm* Inquietação da consciência por sentimento de culpa.

re.mo.to (*lat remotu*) *adj* **1** Que aconteceu há muito tempo. **2** Longínquo, distante, muito afastado.

re.mo.ve.dor (*remover+dor*²) *sm* Produto de limpeza próprio para tirar manchas ou remover tinta, verniz, esmalte etc.

re.mo.ver (*lat removere*) *vtd* **1** Tornar a mover. **2** Mudar ou passar de um lugar para outro. **3** Superar, vencer: *Remover obstáculos*. **4** Afastar.

re.mu.ne.ra.ção (*lat remuneratione*) *sf* **1** Paga por serviços prestados; ordenado, salário, pagamento. **2** Honorários.

re.mu.ne.rar (*lat remunerare*) *vtd* Dar remuneração a; gratificar, recompensar.

re.na (*fr renne*) *sf* Zool Nome comum a vários animais que habitam as partes boreais da Europa, Ásia e América, usados, principalmente, na Lapônia, para puxar trenós.

re.nal (*lat renale*) *adj m+f* Relativo aos rins.

re.nas.cen.ça (*renascer+ença*) *sf* **1** Nova vida, novo vigor. **2 Renascença** Movimento literário, científico e artístico da Itália no século XV que se difundiu pelos outros países da Europa. **3 Renascença** Época em que se deu esse movimento.

re.nas.cer (*lat renasci*) *vti* e *vint* **1** Tornar a nascer. *vti* e *vint* **2** Voltar, ressurgir. *vint* **3** Adquirir nova vida; renovar-se. *vint* **4** Dar (a planta) rebentos novos. *Conjug* – *Pres indic: renasço, renasces* etc.; *Pres subj: renasça, renasçamos* etc.; *Part: renascido*.

re.nas.ci.men.to (*renascer+mento*) *V renascença*.

ren.da (de *render*) *sf* **1** Produto, receita, rendimento, lucro. **2** Tecido feito com fio de algodão, linho ou seda, que serve para guarnecer peças de vestuário, roupas de cama etc.

ren.dão (*renda+ão*²) *sm* Tecido de renda grossa, de algodão natural ou sintético, usado na confecção de cortinas, colchas etc.

ren.dei.ra (*renda+eira*) *sf* **1** Mulher que faz ou vende rendas. **2** Mulher que arrenda uma propriedade. **3** Mulher de rendeiro.

ren.der (*lat vulg *rendere*, por *reddere*) *vtd* **1** Fazer ceder; submeter, sujeitar, vencer. *vtd* **2** Ficar no lugar de; substituir. *vtd* **3** Consagrar, prestar, tributar: *Render culto à divindade*. *vtd* **4** Tirar do posto sentinelas, vigias etc., substituindo-os por outros. *vtd* e *vint* **5** Dar como produto ou lucro: *Esse negócio não rende*.

ren.di.ção (*render+ção*) *sf* Ato ou efeito de render(-se), de entregar(-se).

ren.di.lhar (*rendilha+ar*¹) *vtd* **1** Adornar com rendilhas. **2** Recortar: *Rendilhar papéis para fazer bandeirinhas*.

ren.di.men.to (*render+mento*) *sm* Lucro, produto, renda de capitais.

re.ne.ga.do (*part de renegar*) *adj+sm* **1** Que ou quem abandona a sua religião ou o seu partido por outros. **2** Que ou quem muda suas opiniões. • *adj* Desprezado, repelido.

re.ne.gar (*re+negar*) *vtd* e *vti* **1** Abjurar (das suas crenças religiosas ou políticas). *vtd* **2** Perder a fé em; descrer. *vtd* **3** Repelir com desprezo; menosprezar: *Renegara o velho pai*.

re.ne.go.ci.ar (*re+negociar*) *vtd* Negociar novamente. Conjuga-se como *premiar*.

re.ni.ten.te (de *renitir*) *adj m+f* **1** Persistente: *"Mas surgiu aquela tossezinha renitente."* (CVB) **2** Teimoso, obstinado: *"O velho João Cardoso, risonho e renitente como mosca de ramada."* (CG)

re.no.ma.do (*renome+ado¹*) *adj* Célebre, famoso.

re.no.me (*re+nome*) *sm* **1** Bom nome. **2** Boa reputação ou conceito. **3** Celebridade, fama.

re.no.var (*lat renovare*) *vtd* **1** Tornar novo; dar aspecto de novo. *vtd* **2** Substituir por coisa nova. *vtd* **3** Restaurar, recomeçar. *vtd* **4** Rejuvenescer; revigorar-se.

ren.que (*frâncico hring*, via *cat renc*) *s m+f* Alinhamento, fila, fileira, ala.

ren.ta.bi.li.da.de (*fr rentabilité*) *sf Econ polít* Aptidão para produzir lucros ou renda; lucratividade.

ren.te (*lat radente*) *adj m+f* **1** Muito curto. **2** Próximo, contíguo. • *adv* Pelo pé, pela raiz. *Rente a, rente com, rente de:* ao longo de, ao rés de, próximo de.

re.núm.cia (de *renunciar*) *sf* Desistência, recusa, rejeição.

re.nun.ci.ar (*lat renuntiare*) *vtd* e *vti* **1** Desistir de um direito; abdicar. *vtdi* **2** Abandonar: *O presidente renunciou o cargo.* *vtdi* **3** Recusar, rejeitar. Em todas essas acepções prevalece, atualmente, a regência com objeto indireto. Conjuga-se como *premiar*.

re.or.de.nar (*re+ordenar*) *vtd* Tornar a ordenar.

re.or.ga.ni.zar (*re+organizar*) *vtd* **1** Tornar a organizar. **2** Melhorar, reformar, aprimorar.

re.pa.ra.ção (*reparar+ção*) *sf* **1** Reparo. **2** Conserto, restauração. **3** Reforma. **4** Indenização. **5** Satisfação moral.

re.pa.rar (*lat reparare*) *vtd* **1** Fazer reparo em; consertar, refazer. *vtd* **2** Restabelecer, reconstituir: *Algumas horas de sono repararam suas forças.* *vtd* **3** Corrigir, remediar: *Reparar os erros cometidos.* *vtd*, *vti* e *vint* **4** Prestar atenção em; notar, observar.

re.pa.ro (de *reparar*) *sm* **1** Conserto, reparação. **2** Exame, inspeção. **3** Censura, crítica.

re.par.ti.ção (*repartir+ção*) *sf* **1** Divisão, partilha, quinhão. **2** Seção. **3** Escritório. *Repartição pública:* qualquer unidade de órgãos governamentais.

re.par.tir (*re+partir*) *vtd* **1** Dividir, distribuir. *vtd* **2** Dar em partilha ou por sorteio. *vpr* **3** Ramificar-se.

re.pas.sar (*re+passar*) *vtd*, *vti* e *vint* **1** Passar de novo, passar muitas vezes. *vtd* **2** Estudar de novo.

re.pas.to (*re+pasto*) *sm* Alimentação abundante.

re.pa.tri.ar (*re+pátria+ar¹*) *vtd* **1** Fazer regressar ou trazer de volta à pátria. *vpr* **2** Regressar à pátria. Conjuga-se como *premiar*.

re.pe.len.te (de *repelir*) *adj m+f* Repugnante, nojento, asqueroso. • *sm* Substância empregada para repelir insetos.

re.pe.lir (*lat repellere*) *vtd* **1** Expulsar: *Repelir os invasores.* **2** Evitar: *O azeite repele a água.* **3** Não permitir a aproximação de. **4** Não admitir. **5** Não tolerar. Conjuga-se como *ferir*.

re.pen.te (*lat repente*) *sm* **1** Ímpeto. **2** Impulso irrefletido, imprevisto. **3** Improviso. *De repente:* de súbito; repentinamente. *Ter repentes:* ter ímpetos de mau gênio.

re.pen.ti.no (*lat repentinu*) *adj* Imprevisto, inesperado, súbito.

re.pen.tis.ta (*repente+ista*) *adj m+f* e *s m+f* Que faz versos de improviso.

re.per.cu.tir (*lat repercutere*) *vtd* **1** Reproduzir (um som). *vtd* **2** Dar nova direção a. *vint* e *vpr* **3** Refletir(-se), repetir (-se), reproduzir(-se) (o som, a luz, o calor etc.).

re.per.tó.rio (*lat repertoriu*) *sm* **1** Compilação, coleção, conjunto. **2** A coleção das obras de um maestro ou de um autor dramático. **3** As músicas tocadas numa apresentação musical.

re.pe.te.co (de *repetir*) *sm gír* Repetição.

re.pe.tên.cia (*lat repetentia*) *sf* **1** Condição de repetente. **2** Repetição.

re.pe.ten.te (*lat repetente*) *adj m+f* Que repete. • *s m+f* Estudante que repete o ano.

re.pe.ti.ção (*lat repetitione*) *sf* **1** Repetência. **2** Reprodução.

re.pe.tir (*lat repetere*) *vtd* **1** Dizer ou fazer de novo. **2** Tornar a cursar. **3** Imitar. Conjuga-se como *ferir*.

re.pi.car (*re+picar*) *vtd* **1** Picar de novo; cortar em pequeninos pedaços. **2** Tanger repetidas vezes (sino ou campainha); redobrar. **3** Fazer soar; tocar.

replay (*riplei*) (*ingl*) *sm* **1** *Telev* Ato de reprisar uma cena durante uma transmissão ao vivo. **2** Repetição.

re.ple.to (*lat repletu*) *adj* **1** Completamente cheio. **2** Satisfeito, farto, abarrotado.

ré.pli.ca (de *replicar*) *sf* **1** Contestação, objeção. **2** Resposta a uma crítica. **3** Cópia de uma obra de arte.

re.pli.car (*lat replicare*) *vti* e *vint* **1** Responder às objeções ou críticas de; contestar, refutar, objetar. *vtd* **2** Responder, retrucar.

re.po.lho (ô) (*cast repollo*) *sm Bot* Espécie de couve cujas folhas sobrepostas se fecham em forma de globo.

re.por (*re+pôr*) *vtd* **1** Tornar a pôr. **2** Devolver, restituir. Conjuga-se como *pôr*.

re.por.ta.gem (*fr reportage*) *sf* **1** As notícias que os repórteres preparam para os periódicos. **2** A equipe de repórteres.

re.por.tar (*lat reportare*) *vtd* **1** Referir: *O advogado reportou-se às provas.* *vpr* **2** Aludir, referir-se a, remeter-se: *Reportou--se ao chefe.*

re.pór.ter (*ingl reporter*) *sm* **1** Pessoa que colhe notícias para a imprensa, rádio, televisão etc. **2** Noticiarista dos periódicos, do rádio e da televisão. *Pl:* repórteres.

re.po.si.tó.rio (*lat repositoriu*) *adj Farm* Próprio para guardar medicamentos. • *sm* **1** Lugar onde se guardam coisas; depósito. **2** Coleção de informações, conhecimentos etc.

re.pou.sar (*lat repausare*) *vtd* **1** Descansar. *vint* **2** Dormir. *vti* e *vint* **3** Estar sepultado; jazer: *Ambos repousam no mesmo túmulo.*

re.pou.so (de *repousar*) *sm* Descanso, sossego, tranquilidade.

re.po.vo.ar (*re+povoar*) *vtd* e *vpr* Povoar (-se) novamente.

re.pre.en.der (*lat reprehendere*) *vtd* **1** Censurar; corrigir. **2** Chamar a atenção de; advertir.

re.pre.en.são (*lat reprehensione*) *sf* Admoestação, repreenda, censura. *Antôn:* louvor.

re.pre.sa (ê) (*fem* de *represo*) *sf* **1** Represamento. **2** Barragem.

re.pre.sá.lia (*cast represalia*) *sf* Vingança, desforra violenta, retaliação.

re.pre.sar (*represa+ar¹*) *vtd* **1** Fazer represa em; deter o curso de água com dique, paredão etc. **2** Conter, fazer parar, reprimir, reter.

re.pre.sen.ta.ção (*representar+ção*) *sf* **1** Petição feita por escrito a uma autoridade. **2** *Dir* Ato pelo qual alguém é legalmente autorizado a agir em nome de outrem. **3** Espetáculo teatral.

re.pre.sen.tar (*lat repraesentare*) *vtd* **1** Ser a imagem ou a reprodução de. *vtd* **2** Significar, simbolizar. *vtd* **3** Encenar, exibir. *vtd* **4** Apresentar-se no lugar de. *vint* **5** Desempenhar funções de ator.

re.pres.são (*lat repressione*) *sf* **1** Proibição. **2** Conjunto de medidas contra abusos ou delitos. **3** *Psicol* Processo pelo qual lembranças e motivos são impedidos de atingir a consciência.

re.pri.men.da (*lat reprimenda*) *sf* Censura ou admoestação severa; repreensão: *"O major, em termos de reprimenda, mandou que eu tivesse tino."* (CL)

re.pri.mir (*lat reprimere*) *vtd* **1** Conter, reter, moderar, refrear, represar. **2** Oprimir.

re.pri.sar (*fr repriser*) *vtd* Voltar a apresentar espetáculos, filmes etc.

re.pri.se (*fr*) *sf* Nova apresentação ou representação de um espetáculo, de uma peça teatral ou de um filme.

re.pro.du.zir (*re+produzir*) *vtd* **1** Tornar a produzir. **2** Tornar a apresentar, exibir ou mostrar. **3** Copiar, imitar, retratar. Conjuga-se como *reduzir*.

re.pro.gra.mar (*re+programar*) *vtd* Tornar a programar; fazer nova programação.

re.pro.var (*lat reprobare*) *vtd* **1** Não aprovar; desaprovar, rejeitar, recusar. **2** Condenar.

rép.til (*lat reptile*) *sm* **1** Animal vertebrado que tem sangue frio e pele seca. **2** Pessoa de sentimentos baixos e repugnantes; pessoa bajuladora e vil. *Pl:* répteis. *Var:* reptil.

re.pú.bli.ca (*lat republica*) *sf* **1** Organização política de um Estado. **2** Forma de governo em que o povo exerce a sua soberania por intermédio dos seus representantes. **3** Conjunto de estudantes que vivem numa mesma casa. *Dim irreg:* republiqueta.

re.pu.bli.ca.no (*república+ano*) *adj* Pertencente ou relativo à república. • *sm* **1**

Membro de uma república. **2** Membro ou eleitor de um partido republicano.

re.pu.di.ar (*lat repudiare*) *vtd* **1** Rejeitar, repelir. **2** Desamparar, abandonar. Conjuga-se como *premiar*.

re.pú.dio (*lat repudiu*) *sm* Abandono, desdém, desprezo, rejeição.

re.pug.nân.cia (*lat repugnantia*) *sf* Asco, nojo, repulsa.

re.pug.nan.te (de *repugnar*) *adj m+f* Asqueroso, repelente.

re.pug.nar (*lat repugnare*) *vtd* **1** Recusar: *O doente repugnava qualquer alimentação*. *vti* **2** Opor-se: *Os conservadores repugnam à transformação*. *vti* e *vint* **3** Causar antipatia, aversão, nojo. Veja nota em **impregnar**.

re.pul.sa (*lat repulsa*) *sf* **1** Sentimento de aversão, repugnância. **2** Oposição, objeção.

re.pu.ta.ção (*lat reputatione*) *sf* **1** Fama, renome, celebridade. **2** Conceito em que uma pessoa é tida; bom ou mau nome.

re.pu.xar (*re+puxar*) *vtd* **1** Puxar para trás. *vtd* **2** Contrair, franzir. *vtd* e *vpr* **3** Esticar (-se) muito, puxar(-se) com força.

re.pu.xo (de *repuxar*) *sm* **1** Fonte ornamental que lança um ou mais jatos de água para cima. **2** Coice. *Aguentar o repuxo:* enfrentar a situação.

re.que.brar (*re+quebrar*) *vtd* Menear, mover com sensualidade ou afetação; saracotear, bambolear.

re.que.bro (ê) (de *requebrar*) *sm* Movimento sensual do corpo.

re.quei.jão (*requeija+ão*) *sm* Queijo feito com a nata do leite coalhada pela ação do calor.

re.quen.tar (*re+quente+ar¹*) *vtd* Esquentar de novo.

re.que.rer (*lat requirere*) *vtd* **1** Pedir, solicitar por meio de requerimento. *vtd* e *vpr* **2** Precisar(-se), reclamar(-se), exigir(-se). *Conjug – Pres indic: requeiro, requeres, requer, requeremos, requereis, requerem; Pret perf: requeri, requereste, requereu, requeremos, requerestes, requereram; Pret imp indic: requeria, requerias, requeria, requeríamos, requeríeis, requeriam; Pret mais-que-perf: requerera, requereras, requerera, requerêramos, requerêreis, requereram; Fut pres: requererei, requererás, requererá, requereremos, requerereis, requererão; Fut pret: requereria, requererias, requereria, requereríamos, requereríeis, requereriam; Pres subj: requeira, requeiras, requeira, requeiramos, requeirais, requeiram; Pret imp subj: requeresse, requeresses, requeresse, requerêssemos, requerêsseis, requeressem; Fut subj: requerer, requereres, requerer, requerermos, requererdes, requererem; Imper afirm: —, requer(e)(Tu), requeira(Você), requeiramos(Nós), requerei(Vós), requeiram(Vocês); Imper neg: —, Não requeiras(Tu), Não requeira(Você), Não requeiramos(Nós), Não requeirais(Vós), Não requeiram(Vocês); Infinitivo impess: requerer; Infinitivo pess: requerer, requereres, requerer, requerermos, requererdes, requererem; Ger: requerendo; Part: requerido.*

re.quin.te (de *requintar*) *sm* **1** Extremo de perfeição. **2** Excesso de primor e apuro.

re.qui.si.tar (*lat requisitare*) *vtd* **1** Requerer formalmente. **2** Chamar (alguém) para serviço.

re.qui.si.to (*lat requisitu*) *sm* Condição; quesito.

rês (*ár ra's*) *sf* **1** Qualquer quadrúpede cuja carne seja própria para a alimentação do homem. **2** *pop* Nome que se dá ao gado bovino para designar quantidade. *Pl: reses* (ê).

res.cal.do (de *rescaldar*) *sm* **1** A cinza que ainda conserva algumas brasas. **2** Ato de jogar água nas cinzas de um incêndio para evitar que o fogo se inicie novamente.

res.cin.dir (*lat rescindere*) *vtd* Anular, desfazer, dissolver, invalidar um contrato.

res.ci.são (*lat rescisione*) *sf* **1** Anulação, invalidação de um contrato. **2** Corte, rompimento.

re.se.nha (de *resenhar*) *sf* **1** Descrição minuciosa. **2** Contagem, conferência.

re.se.nhar (*lat resignare*) *vtd* **1** Fazer resenha ou relação de; descrever minuciosamente. **2** Enumerar por partes.

re.ser.va (de *reservar*) *sf* **1** O que se guarda ou poupa para casos imprevistos. **2** *Mil* Situação dos soldados que ficam sujeitos a ser chamados novamente ao serviço. **3**

fig Circunspecção, discrição, recato. *sf pl* **4** Alimento retido no organismo e que se transforma em energia. **5** Energia que o atleta economiza durante uma competição, para chegar ao final em boas condições. *s m+f* **6** Suplente. *sm* **7** *Esp* No futebol, jogador que está na suplência do titular ou que o substitui no decorrer de uma partida.

re.ser.va.do (*part de reservar*) *adj* **1** Conservado, guardado, poupado. **2** *fig* Calado, cauteloso, discreto. • *sm* Em alguns restaurantes ou bares, compartimentos especiais para quem deseja ficar só.

re.ser.var (*lat reservare*) *vtd* **1** Pôr de reserva; guardar, poupar. **2** Defender, livrar, preservar: *Sua prudência reservou-o de graves acidentes*.

re.ser.va.tó.rio (*reservar+ório*) *sm* **1** Lugar destinado a guardar qualquer coisa. **2** Depósito de água; caixa-d'água.

re.ser.vis.ta (*reserva+ista*) *sm* Mil Aquele que foi chamado para o serviço militar.

res.fri.a.do (*part de resfriar*) *adj* **1** Que se resfriou. **2** Gripado. • *sm* Constipação, gripe.

res.fri.a.men.to (*resfriar+mento*) *sm* **1** Diminuição de calor. **2** Resfriado.

res.fri.ar (*re+esfriar*) *vtd* **1** Esfriar novamente. *vtd* **2** Submeter a grande abaixamento de temperatura. *vint* e *vpr* **3** Apanhar um resfriado; constipar(-se). Conjuga-se como *premiar*.

res.ga.tar (*lat re+ex+captare*) *vtd* e *vpr* **1** Livrar do cativeiro. *vtd* **2** Efetuar o pagamento de uma dívida. *vtd* **3** Conseguir por dinheiro a restituição de: *Resgatar objetos penhorados*. *vtd* **4** Recuperar.

res.ga.te (de *resgatar*) *sm* **1** Quantia paga para a libertação de um sequestrado. **2** Pagamento de uma dívida. **3** Quitação.

res.guar.dar (*res+guardar*) *vtd* **1** Guardar com cuidado. *vtd* **2** Preservar de danos e perigos. *vpr* **3** Acautelar-se, defender-se.

re.si.dên.cia (*lat residentia*) *sf* **1** Morada; domicílio. **2** Período em que um médico recém-formado permanece num hospital para adquirir a experiência médica necessária.

re.si.den.ci.al (*residência+al*[1]) *adj m+f* **1** Em que há residências. **2** Destinado para residência.

re.si.dir (*lat residere*) *vti* **1** Morar. **2** Ser, estar, existir, consistir: *O seu mal reside só na mente*. Veja nota em **morar**.

re.sí.duo (*lat residuu*) *adj* Que resta; restante, remanescente. • *sm* Resto; sobra.

re.sig.nar (*lat resignare*) *vpr* Conformar-se.

re.si.na (*lat resina*) *sf* Matéria oleosa e inflamável que se extrai de certas árvores ou animais.

re.sis.tên.cia (*lat resistentia*) *sf* **1** Ânimo para suportar fadiga: *Ter grande resistência física*. **2** Obstáculo; reação. **3** Luta. **4** *fig* Oposição, embaraço, empecilho.

re.sis.ten.te (de *resistir*) *adj m+f* Sólido, firme, seguro, duradouro.

re.sis.tir (*lat resistere*) *vti* **1** Não ceder, não se dobrar; defender-se. **2** Negar-se, recusar-se. **3** Sofrer, suportar: *Resistiu às dores*.

res.ma (ê) (*ár rizma*) *sf* Conjunto de quinhentas folhas de papel.

res.mun.gar (*lat vulg *remussicare*) *vtd* **1** Dizer por entre dentes e com mau humor. *vint* **2** Falar baixo e de mau humor.

re.so.lu.ção (*lat resolutione*) *sf* Decisão, deliberação, propósito, solução, desígnio.

re.sol.ver (*lat resolvere*) *vtd* **1** Solucionar. *vtd*, *vti* e *vint* **2** Decidir, deliberar, determinar.

res.pal.dar (*re+espaldar*) *vtd* **1** Tornar plano ou liso. **2** Apoiar, amparar.

res.pal.do (de *respaldar*) *sm* **1** Encosto, espaldar. **2** *fig* Apoio: *Conseguiu o respaldo dos pais*.

res.pec.ti.vo (*lat respectu+ivo*) *adj* Competente, devido, pertencente, próprio, seu.

res.pei.tar (*lat respectare*) *vtd* **1** Tratar com respeito. **2** Ter em consideração. **3** Cumprir, observar, seguir. **4** Honrar, reverenciar.

res.pei.tá.vel (*respeitar+vel*) *adj m+f* **1** Digno de respeito ou veneração. **2** Que tem grande importância. *Sup abs sint*: respeitabilíssimo.

res.pei.to (*lat respectu*) *sm* **1** Apreço, consideração. **2** Referência, relação. *sm pl* **3** Cumprimentos.

res.pei.to.so (ô) (*respeito+oso*) *adj* Que mostra ou guarda respeito. *Pl*: respeitosos (ó).

res.pin.gar (*cast respingar*) *vint* **1** Borrifar, pingar. *vpr* **2** Sujar-se com pingos.

res.pin.go (de *respingar*) *sm* Borrifo de algum líquido.

res.pi.ra.ção (*lat respiratione*) *sf* **1** *Fisiol* Absorção do oxigênio e exalação do gás carbônico; duplo fenômeno da inspiração e da expiração; fôlego. **2** Bafo, hálito.

res.pi.ra.dor (*respirar+dor*) *sm* Aparelho para auxiliar e facilitar a respiração.

res.pi.ra.dou.ro (*respirar+douro*) *sm* Abertura por onde entra ou sai o ar; respiro.

res.pi.rar (*lat respirare*) *vint* **1** *Fisiol* Exercer a função da respiração; receber e expelir o ar por meio do movimento dos pulmões. **2** *fig* Descansar; conseguir alguns momentos de descanso; tomar o fôlego. **3** *fig* Recuperar o sossego; sentir-se em paz. *Respirar o mesmo ar*: viver no mesmo ambiente.

res.pi.ra.tó.rio (*respirar+ório*) *adj* **1** Relativo à respiração. **2** Que facilita a respiração.

res.pi.rá.vel (*respirar+vel*) *adj m+f* Favorável à respiração; que se pode respirar.

res.pi.ro (de *respirar*) *sm* **1** Abertura nos fornos, para dar saída à fumaça; respiradouro. **2** Folga, descanso.

res.plan.de.cên.cia (*resplandecente+ia²*) *sf* Resplendor, esplendor, refulgência.

res.plan.de.cer (de *resplendecer*) *vti* e *vint* **1** Brilhar intensamente. *vti* e *vint* **2** Manifestar-se com esplendor: *Resplandece a doutrina do Cristo.* *vtd* **3** Refletir o brilho de: *O diamante resplandece os raios solares.*

res.plen.dor (*lat resplendero+or*) *sm* Brilho intenso; fulgor.

res.pon.der (*lat respondere*) *vtd* **1** Dizer ou escrever em resposta. *vti* **2** Opor-se. *vti* **3** Ficar por fiador de alguém; responsabilizar-se por.

res.pon.sa.bi.li.da.de (*responsável+i+dade*) *sf* **1** Obrigação de responder pelos próprios atos ou por aqueles praticados por algum subordinado. **2** Obrigação de cumprir ou obedecer a certos deveres.

res.pon.sa.bi.li.zar (*responsável+izar*) *vtd* **1** Impor responsabilidade a. *vtd* e *vti* **2** Tornar ou considerar responsável. *vpr* **3** Tornar-se responsável pelos seus atos ou pelos de outrem.

res.pon.sá.vel (*lat responsabile*) *adj m+f* **1** Que responde por atos próprios ou de outrem. **2** Que é causa de (algo): *A inundação é responsável pela epidemia.* • *s m+f* **1** Pessoa que cumpre suas obrigações. **2** Pessoa que é chamada a prestar contas.

res.pos.ta (*lat reposita*) *sf* **1** Aquilo que se diz ou escreve para responder a uma pergunta. **2** Contestação (de um argumento). **3** Solução.

res.quí.cio (*cast resquicio*) *sm* Vestígio, sinal.

res.sa.bi.ar (*ressábio+ar¹*) *vint* e *vpr* **1** Mostrar-se desconfiado. **2** Melindrar-se, ressentir-se. Conjuga-se como *premiar*.

res.sa.ca (*cast resaca*) *sf* **1** Fluxo e refluxo das ondas. **2** A onda que se forma desse movimento. **3** *pop* Mal-estar no dia seguinte ao de uma bebedeira.

res.sal.tar (*re+saltar*) *vtd* **1** Fazer sobressair; salientar. *vti* e *vint* **2** Destacar-se.

res.sal.va (de *ressalvar*) *sf* Exceção, reserva, restrição.

res.sal.var (*re+salvar*) *vtd* **1** Excetuar, excluir. **2** Corrigir.

res.sar.ci.men.to (*ressarcir+mento*) *sm* Compensação, indenização: *"O nosso objetivo é garantir o ressarcimento dos eventuais prejuízos."* (DIN)

res.sar.cir (*lat resarcire*) *vtd* Compensar, satisfazer, indenizar, reparar. *Conjug* – verbo defectivo, só se conjuga nas formas em que ao *c* do radical se segue a vogal *i* – segue a conjugação de *abolir*. (Há, porém, alguns gramáticos que admitem a conjugação integral: nesse caso o *c* muda-se em *ç*: *ressarço, ressarces* etc.; *ressarça, ressarças* etc.).

res.se.car (*re+secar*) *vtd* **1** Tornar a secar. *vpr* **2** Tornar-se bastante seco; ressequir-se.

res.sen.ti.men.to (*ressentir+mento*) *sm* Mágoa.

res.sen.tir (*re+sentir*) *vpr* Magoar-se, ofender-se. Conjuga-se como *ferir*.

res.se.quir (*re+seco*) *vtd* e *vpr* Ressecar; tornar muito seco. *Conjug* – verbo defectivo; só se conjuga nas formas em que após o *qu* do radical vem a vogal *i*. Segue a conjugação de *falir*. Part: ressequido.

res.so.ar (*lat resonare*) *vtd* **1** Repetir o som

res.so.nân.cia (*lat resonantia*) *sf* **1** Repercussão de sons. **2** *Mús* Caixa de harmonia para intensificar e enriquecer um som.

res.so.nar (*lat resonare*) *vtd* **1** Ressoar; fazer soar. *vint* **2** Dormir tranquilamente: *A criança ressona*.

res.sur.gir (*lat ressurgere*) *vti* e *vint* **1** Tornar à vida; ressuscitar, reviver. *vti* e *vint* **2** Manifestar-se de novo. *vint* **3** Prosperar de novo. Conjuga-se como *dirigir*.

res.sur.rei.ção (*lat resurrectione*) *sf* **1** Restituição do morto à vida. **2 Ressurreição** *Rel* Festa da Igreja Católica em que se celebra a ressurreição de Jesus Cristo.

res.sus.ci.tar (*lat resuscitare*) *vtd* **1** Fazer ressurgir, fazer reviver. *vint* **2** Voltar à vida; ressurgir, reaparecer. *vint* **3** Escapar de grande perigo.

res.ta.be.le.cer (*re+estabelecer*) *vtd* **1** Recuperar, reparar, restaurar. *vpr* **2** Readquirir (as forças, a saúde, a tranquilidade etc.); recuperar-se.

res.ta.be.le.ci.men.to (*restabelecer+mento*) *sm* **1** Regresso ao antigo estado ou condição. **2** Cura completa de uma enfermidade.

res.tan.te (de *restar*) *adj m+f* Que resta. • *sm* O resto; aquilo que resta.

res.tar (*lat restare*) *vint* **1** Sobrar. **2** Permanecer.

res.tau.ra.ção (*lat restaurationer*) *sf* **1** Reconstrução, restabelecimento. **2** Conserto, reparação. **3** Obturação; fechamento de uma cavidade.

res.tau.ran.te (de *restaurar*) *adj m+f* Que restaura; restaurador. • *sm* **1** Aquilo que restaura. **2** Casa onde se servem refeições ao público.

res.tau.rar (*lat restaurare*) *vtd* e *vpr* **1** Restabelecer-se, recuperar-se. *vtd* **2** Consertar, reparar, retocar.

rés.tia (*lat reste*) *sf* **1** Trançado de alhos ou cebolas. **2** Feixe ou raio de luz que passa por uma pequena abertura.

res.tin.ga (*cast restinga*) *sf* **1** Banco de areia ou de rocha no alto-mar; recife. **2** Pequeno matagal, à margem de um ribeiro. **3** Faixa estreita de mata que separa dois campos de pastagem.

res.ti.tu.ir (*lat restituere*) *vtd* **1** Devolver. *vpr* **2** Recuperar o perdido. *vtd* **3** Ressarcir. Conjuga-se como *contribuir*.

res.to (de *restar*) *sm* **1** O que fica ou resta; sobra. **2** *Arit* Número que sobra após a divisão de um número por outro. **3** Resíduo. *sm pl* **4** Sobras. **5** Ruínas. **6** Despojos mortais de uma pessoa: *Restos mortais*.

res.tri.ção (*lat restrictione*) *sf* Limitação ou condição restritiva. *Antôn: ampliação*.

res.trin.gir (*lat restringere*) *vtd* **1** Tornar mais estreito ou apertado. *vtd* e *vpr* **2** Diminuir(-se), encurtar(-se), limitar(-se). *vpr* **3** Reduzir-se, resumir-se. Conjuga-se como *dirigir*.

res.tri.to (*part irreg* de *restringir*) *adj* Limitado, reduzido, estrito. *Antôn: lato, amplo*.

re.sul.ta.do (*part* de *resultar*) *sm* **1** Consequência, efeito. **2** Resolução, decisão, deliberação. **3** *Mat* Produto de uma operação matemática.

re.sul.tar (*lat resultare*) *vti* **1** Ser consequência. **2** Proceder; provir.

re.su.mir (*lat resumere*) *vtd* **1** Fazer o resumo de; abreviar. *vpr* **2** Sintetizar(-se). *vpr* **3** Limitar, restringir: *Minha vida resume-se ao trabalho*.

re.su.mo (de *resumir*) *sm* **1** Condensação em poucas palavras do que foi dito ou escrito. **2** *fig* Compêndio, sinopse, sumário.

re.ta (de *reto*) *sf* **1** *Geom* Linha que estabelece a mais curta distância entre dois pontos. **2** Traço direito: *Linha reta*. **3** Trecho reto de estrada.

re.ta.guar.da (*tal retroguardia*) *sf* **1** *Mil* Último esquadrão ou fila de um corpo de tropas. **2** *por ext* A parte posterior de qualquer lugar.

re.tal (*reto+al*[1]) *adj m+f Anat* Pertencente ou relativo ao reto (intestino).

re.ta.lhar (*re+talhar*) *vtd* **1** Cortar em retalhos ou pedaços. **2** Ferir, golpear. **3** Fazer cortes em.

re.ta.lho (de *retalhar*) *sm* **1** Parte ou pedaço de uma coisa retalhada. **2** Resto de fazenda que sobra de uma peça. **3** Apara.

re.ta.li.a.ção (*retaliar+ção*) *sf* Represália, vingança.

re.ta.li.ar (*lat retaliare*) *vtd* Tratar com represálias: *"Carimbão não chegou a* citar os parlamentares que estariam retaliando a prefeita." (GAL) Conjuga-se como *premiar*.

re.tan.gu.lar (*retângulo+ar¹*) *adj m+f* Em forma de retângulo.

re.tân.gu.lo (*reto+ângulo*) *adj* Que tem ângulos retos. • *sm* Quadrilátero com ângulos retos.

re.tar.da.do (*part* de *retardar*) *adj* 1 Atrasado. 2 *Psiq* Diz-se do indivíduo cujo desenvolvimento mental está abaixo do normal. • *sm* Esse indivíduo.

re.tar.da.men.to (*retardar+mento*) *sm* 1 Demora, atraso. 2 *Psiq* Estado ou condição de indivíduo retardado.

re.tar.dar (*lat retardare*) *vtd* 1 Atrasar. 2 Tornar tardio; demorar.

re.tar.da.tá.rio (*retardar+ário*) *adj+sm* 1 Que ou quem está atrasado. 2 Que ou quem chega tarde.

re.ten.ção (*lat retentione*) *sf* Conservação de alguma coisa em seu poder; reserva, posse.

re.ter (*lat retinere*) *vtd* 1 Manter indevidamente o que não lhe pertence: *Retevê-me os bens*. 2 Não deixar sair das mãos; segurar bem. 3 Amparar, segurar. 4 Conservar na memória, ter de cor. 5 Guardar. Conjuga-se como *ter*; recebe, porém, acento agudo o *e* da 2ª e da 3ª pessoa do singular do presente do indicativo (*reténs, retém*) e da 2ª pessoa do singular do imperativo afirmativo: *retém(tu)*.

re.te.sar (*reteso+ar¹*) *vtd* e *vpr* Tornar(-se) teso; enrijar(-se), esticar(-se): *Retesar os músculos*.

re.ti.cên.cia (*lat reticentia*) *sf* 1 Omissão daquilo que se devia ou podia dizer; silêncio voluntário. *sf pl* 2 Sinal de pontuação caracterizado por três pontos que indica suspensão do sentido ou omissão de palavras; pontos de reticência.
Como sinal de pontuação, as reticências são empregadas para:
a) assinalar uma hesitação ou interrupção do pensamento: *Todos os meus sonhos não se realizaram. Agora... E agora... Ainda seria possível?*
b) indicar passos que são suprimidos do texto: *Dirigiu-se à porta... Tinha de resolver o problema e não via como.*
c) indicar uma enumeração não concluída: *Vieram todos: mãe, pai, filhos, padrinhos...*
d) indicar supressão ou omissão de um trecho em uma citação, vindo, nesse caso, entre parênteses: *"As palavras únicas de Teresa (...) foram estas: Morrerei, Simão, morrerei".* (Camilo Castelo Branco)
e) marcar aumento de emoção: *Já não posso mais... faltam-me as forças... morro.*

re.ti.cen.te (*lat reticente*) *adj m+f* 1 Em que há reticência: *Foi reticente ao falar de sua vida*. 2 Discreto, retraído. • *s m+f* Pessoa reservada.

re.ti.dão (*lat rectitudine*) *sf* 1 Integridade de caráter; probidade. 2 Honestidade, seriedade.

re.ti.fi.ca (do *ital*) *sf pop* Oficina de retificação de motores de automóvel.

re.ti.fi.car (*lat rectificare*) *vtd* 1 Tornar reto, alinhar: *"Com a derrubada das gameleiras, retifica-se a praça."* (S) 2 *Mec* Restaurar motor de automóvel; recondicionar. 3 Corrigir o que foi dito: *"David retificou que a comida era excelente."* (OAG) 4 Corrigir: *"Pantaleão lhe interrompeu a narrativa, retificando-a."* (AM) Veja nota em **ratificar**.

re.ti.lí.neo (*lat rectilineu*) *adj* 1 Que está em linha reta. 2 *Geom* Que segue a direção da reta.

re.ti.na (*lat retina*) *sf Anat* Membrana ocular interna em que estão as células nervosas que recebem os estímulos luminosos e onde se projetam as imagens produzidas pelo sistema óptico ocular.

re.ti.nir (*lat retinnire*) *vint* 1 Emitir um som intenso, agudo e prolongado. 2 Ressoar. Conjuga-se como *abolir*.

re.ti.ra.da (*retirar+ada¹*) *sf* 1 Mil Movimento de tropas que recuam. 2 *Com* Importância que os sócios de uma empresa retiram para as suas despesas.

re.ti.ra.do (*part* de *retirar*) *adj* 1 Solitário. 2 Ermo, isolado, sem comunicações.

re.ti.ran.te (de *retirar*) *s m+f* Pessoa do Nordeste que, durante as grandes secas, muda de suas terras.

re.ti.rar (*re+tirar*) *vtd* 1 Retrair, recolher, tirar. *vti*, *vint* e *vpr* 2 Bater em retirada, fugir.

re.ti.ro (*der* regressiva de *retirar*) *sm* Lugar remoto e afastado da vida social. *Retiro espiritual*: estágio num ambiente apropriado para meditação e oração.

re.to (*lat rectu*) *adj* **1** Sem curvatura nem flexões. **2** Justo, verdadeiro. **3** Íntegro, imparcial. **4** *Gram* Diz-se do pronome pessoal quando empregado com sujeito. • *sm Anat* Última parte do intestino grosso.

re.to.car (*re+tocar*) *vtd* Aprimorar, aperfeiçoar.

re.to.mar (*re+tomar*) *vtd* **1** Reconquistar, readquirir. **2** Reaver, recobrar.

re.to.que (de *retocar*) *sm* Correção, emenda.

re.tó.ri.ca (*gr rhetoriké*) *sf* **1** Arte de discursar. **2** Conjunto de regras relativas à eloquência.

re.tó.ri.co (*gr rhetorikós*) *adj* **1** Relativo à retórica. **2** Que tem estilo empolado: *É um autor retórico: escreve muito mas informa pouco.* **3** Falador. • *sm* Especialista em retórica.

re.tor.nar (*re+tornar*) *vti* e *vint* Voltar ao ponto de partida; regressar.

re.tor.no (*ô*) (de *retornar*) *sm* **1** Regresso, volta. **2** Desvio em rodovias, próprio para retornar.

re.tor.quir (*lat retorquere*) *vtd* **1** Objetar, replicar, retrucar. **2** Contrapor. Conjuga-se como *abolir*.

re.tra.ção (*lat retractione*) *sf* Retraimento.

re.tra.í.do (*part* de *retrair*) *adj* **1** Puxado para trás. **2** Calado ou acanhado no falar.

re.tra.i.men.to (*retrair+mento*) *sm* **1** Retração. **2** Procedimento reservado; acanhamento, timidez. **3** Contração, encolhimento.

re.tra.ir (*lat retrahere*) *vtd* **1** Contrair, encolher. *vpr* **2** Recuar, retirar-se: *Retrair a tropa.* *vpr* **3** Afastar-se, ausentar-se, isolar-se, recolher-se: *Quando vêm visitas, retrai-se, desaparece.* Conjuga-se como *atrair*.

re.tran.ca (*lat retro+tranca*, por haplologia) *sf* **1** Correia larga que passa por trás das coxas do animal, para impedir, nas descidas, que a carroça rode depressa. **2** No futebol, tática em que se mantém a maioria dos jogadores na defesa.

re.trans.mis.sor (*re+transmissor*) *sm* Aparelho de telecomunicação que retransmite os sinais recebidos.

re.trans.mis.so.ra (*ô*) (*re+transmissora*) *sf Fís* e *Eletrôn* Estação que recebe e retransmite ondas radioelétricas.

re.tra.sa.do (*part* de *retrasar*) *adj* Diz-se do imediatamente anterior ao último: *O domingo retrasado.*

re.tra.ta.ção (*retrato+ar¹+ção*) *sf* Reconhecimento do erro, da culpa.

re.tra.tar¹ (*retrato+ar¹*) *vtd* **1** Fazer o retrato de. **2** Tirar a fotografia de; fotografar. **3** Descrever com perfeição; representar exatamente.

re.tra.tar² (*lat retractare*) *vtd* **1** Confessar que errou: *Retratou-se diante do delegado.* *vpr* **2** Reconhecer o erro. *vpr* **3** Desdizer-se; retirar o que havia dito.

re.tra.to (*ital ritratto*) *sm* **1** Imagem de uma pessoa, reproduzida pela fotografia, pela pintura ou pelo desenho; fotografia. **2** *fig* Modelo, exemplo.

re.tri.bu.ir (*lat retribuere*) *vtd* **1** Recompensar. **2** Gratificar, compensar. Conjuga-se como *contribuir*.

re.tro.a.li.men.ta.ção (*retro+alimentação*) *sf Eletrôn* Processo em que parte da energia do sinal de saída de um circuito é transferida para o sinal de entrada.

re.tro.a.ti.vo (*retro+ativo*) *adj* **1** Relativo a coisas ou fatos passados. **2** Que modifica o que está feito. **3** Que retroage.

re.tro.ce.der (*lat retrocedere*) *vti* e *vint* **1** Voltar; recuar, regredir. **2** Desanimar, desistir: *Retroceder no empreendimento.*

re.tro.ces.so (*lat retrocessu*) *sm* **1** Ação ou resultado de voltar para trás. **2** Atraso. *Antôn: progresso.*

re.tró.gra.do (*lat retrogradu*) *adj* Que se opõe ao progresso; reacionário. • *sm* Aquele que é aferrado à rotina ou às ideias antigas e, portanto, inimigo do progresso.

re.tro.pro.je.tor (*retro+projetor*) *sm* Aparelho óptico para projeção de transparências colocadas sob um feixe de luz, refletindo numa tela sua imagem ampliada.

re.trós (*fr retors*) *sm* **1** Fio usado em costura. **2** Cilindro enrolado com esse fio. *Pl: retroses.*

re.tros.pec.to (*lat retrospectu*) *sm* **1** Observação ou exame das coisas ou fatos

passados. **2** Lance de olhos para o passado. **3** Resumo de ocorrências passadas.
re.tro.vi.sor (*retro+visor*) *adj* Espelho colocado nos automóveis que dá uma visão, para quem dirige, do que está atrás.
re.tru.car (*re+trucar*) *vtd* e *vti* **1** Responder, replicar, revidar com palavras ríspidas ou ofensivas. *vtd* **2** Objetar.
re.tum.ban.te (de *retumbar*) *adj m+f* Que retumba; que ressoa; que ribomba.
re.tum.bar (*voc onom*) *vint* **1** Fazer estrondo: *"Ouço a mala retumbando escada abaixo."* (EST) *vint* **2** Ecoar, ressoar: *"A última frase do Juiz retumbara em meus ouvidos."* (ROM) *Conjug* – conjuga-se apenas nas 3ªˢ pessoas.
réu (*lat reu*) *sm* **1** Autor ou corréu de crime ou delito. **2** *por ext* Pessoa contra quem foi instaurada uma ação criminal. • *adj* Criminoso, culpado, responsável. *Fem*: ré.
reu.má.ti.co (*lat rheumaticu*) *adj* Atacado de reumatismo. • *sm* Aquele que sofre de reumatismo.
reu.ma.tis.mo (*lat rheumatismu*) *sm Med* Quadro patológico com dor em músculos e articulações.
reu.ma.to.lo.gi.a (*gr rheûma, atos+logo+ia¹*) *sf Med* Estudo de doenças do aparelho locomotor e de outras doenças do tecido conjuntivo.
re.u.ni.ão (*re+união*) *sf* Conjunto de pessoas que se agrupam para algum fim.
re.u.ni.fi.car (*re+unificar*) *vtd* Tornar a unificar. *Conjug* – *Pres subj*: reunifique, reunifiques etc.; *Pret perf*: reunifiquei, reunificate, reunificou etc.
re.u.nir (*re+unir*) *vtd* **1** Unir novamente. *vtd* **2** Aproximar: *O sofrimento reúne os homens.* *vtd* **3** Juntar: *Reunir o gado.* *vti*, *vint* e *vpr* **4** Agrupar-se. *Conjug* – *Pres indic*: reúno, reúnes, reúne, reunimos, reunis, reúnem; *Pret perf*: reuni, reuniste, reuniu, reunimos, reunistes, reuniram; *Pret imp indic*: reunia, reunias, reunia, reuníamos, reuníeis, reuniam; *Pret mais-que-perf*: reunira, reuniras, reunira, reuníramos, reuníreis, reuniram; *Fut pres*: reunirei, reunirás, reunirá, reuniremos, reunireis, reunirão; *Fut pret*: reuniria, reunirias, reuniria, reuniríamos, reuniríeis, reuniriam; *Pres subj*: reúna,

reúnas, reúna, reunamos, reunais, reúnam; *Pret imp subj*: reunisse, reunisses, reunisse, reuníssemos, reunísseis, reunissem; *Fut subj*: reunir, reunires, reunir, reunirmos, reunirdes, reunirem; *Imper afirm*: —, reúne(Tu), reúna(Você), reunamos(Nós), reuni(Vós), reúnam(Vocês); *Imper neg*: —, Não reúnas(Tu), Não reúna(Você), Não reunamos(Nós), Não reunais(Vós), Não reúnam(Vocês); *Infinitivo impess*: reunir; *Infinitivo pess*: reunir, reunires, reunir, reunirmos, reunirdes, reunirem; *Ger*: reunindo; *Part*: reunido.
re.ur.ba.ni.zar (*re+urbanizar*) *vtd* Urbanizar novamente.
re.va.li.dar (*re+validar*) *vtd* **1** Tornar a validar. **2** Dar mais força a; confirmar: *Revalidar o contrato, o matrimônio*.
re.van.che (*fr revanche*) *sf* Desforra, vingança.
réveillon (*reveion*) (*fr*) *sm* Ceia para festejar a entrada do novo ano.
re.ve.la.ção (*revelar+ção*) *sf* **1** Manifestação, prova, testemunho. **2** Descoberta. **3** Conhecimento súbito; inspiração. **4** *Fot* Processo pelo qual se faz aparecer no papel a imagem fotografada.
re.ve.lar (*lat revelare*) *vtd* **1** Descobrir. **2** Declarar, denunciar, delatar. **3** Mostrar, provar. **4** *Fot* Fazer aparecer a imagem no negativo.
re.ve.li.a (*revel+ia¹*) *sf* Rebeldia, teimosia. *À revelia*, *Dir*: sem conhecimento ou comparecimento do réu.
re.ven.da (de *revender*) *sf* Vender de novo.
re.ver (*re+ver*) *vtd* **1** Tornar a ver. **2** Ver com atenção; examinar cuidadosamente. **3** Corrigir, emendar. Conjuga-se como *ver*.
re.ver.be.rar (*lat reverberare*) *vint* **1** Brilhar; resplandecer. *vtd*, *vti* e *vpr* **2** Refletir (-se) (luz ou calor).
re.ve.rên.cia (*lat reverentia*) *sf* **1** Respeito. **2** Cumprimento respeitoso; mesura. **3** Tratamento dado aos sacerdotes.
re.ve.ren.ci.ar (*reverência+ar¹*) *vtd* **1** Honrar. **2** Acatar, respeitar, venerar, adorar. Conjuga-se como *premiar*.
re.ve.ren.dís.si.ma (*fem* de *reverendíssimo*) *sf* Tratamento que se dá aos dignitários eclesiásticos, monsenhores ou bispos.

re.ve.ren.dís.si.mo (*reverendo+íssimo*) *sm* Título que se dá aos dignitários eclesiásticos e aos padres em geral.

re.ve.ren.do (*lat reverendu*) *sm* **1** Padre. **2** Pastor protestante.

re.ve.ren.te (*lat reverente*) *adj m+f* Que se reverencia.

re.ver.sí.vel (*lat reversu+i+vel*) *adj m+f* **1** Capaz de ser revertido. **2** Que pode retornar ao estado primitivo. **3** Que tem dois lados utilizáveis; de dupla face: *Tecido reversível*.

re.ver.ter (*lat revertere*) *vti* **1** Regressar, voltar ao ponto de partida. **2** Converter-se, tornar-se: *O imposto arrecadado reverte em proveito do contribuinte*.

re.ver.té.rio (de *reverter*) *sm pop* Mudança de uma situação boa para uma situação má.

re.vés (*lat reverse*) *sm* **1** Acontecimento fatal e imprevisto. **2** Contratempo, contrariedade. **3** *fig* Desgraça, infortúnio, fatalidade, perda. *Pl: reveses*.

re.ves.ti.men.to (*revestir+mento*) *sm* **1** Aquilo que reveste ou serve para revestir. **2** Camada de material que se coloca sobre uma parede ou piso.

re.ves.tir (*re+vestir*) *vtd* **1** Tornar a vestir. **2** Cobrir, envolver. **3** Cobrir com revestimento. Conjuga-se como *ferir*.

re.ve.za.men.to (*revezar+mento*) *sm* **1** Ação ou efeito de revezar(-se). **2** Substituição de pessoa ou coisa por outra.

re.ve.zar (*re+vez+ar¹*) *vtd* **1** Substituir; render. *vti* **2** Trocar de posição. *vpr* e *vint* **3** Alternar(-se).

re.vi.dar (*re+envidar*) *vtd* **1** Dar em resposta a: *Revidar injúrias*. **2** Replicar, retrucar: *Revidou-lhe que não era da sua conta*.

re.vi.de (*der* regressiva de *revidar*) *sm* Ato de revidar.

re.vi.go.rar (*re+vigorar*) *vtd* **1** Dar novas forças ou vigor a. *vint* e *vpr* **2** Readquirir o vigor.

re.vi.rar (*re+virar*) *vtd* **1** Tornar a virar; voltar do avesso. **2** Remexer, revolver. **3** Pôr em desordem: *Revirou o guarda-roupa*.

re.vi.ra.vol.ta (*revirar+volta*) *sf* **1** Volta sobre si mesmo; pirueta. **2** Mudança repentina de situação para pior ou melhor; viravolta.

re.vi.são (*lat revisione*) *sf* **1** Ação de revisar, corrigir. **2** Exame minucioso e atento.

re.vi.sar (*re+visar*) *vtd* **1** Visar de novo. **2** Fazer a revisão de; corrigir.

re.vi.sor (*lat med revisor*) *adj Que revisa*. • *sm* Aquele que revê provas tipográficas ou originais que se destinam à composição.

re.vis.ta (*fem* de *revisto*) *sf* **1** Nova inspeção; exame minucioso. **2** Publicação periódica com escritos variados e ilustrações.

re.vis.tar (*revista+ar¹*) *vtd* **1** Mil Passar revista a. **2** Passar busca a: *Revistaram-me os bolsos*. **3** Examinar (pessoas ou coisas).

re.vis.to (*part* de *rever*) *adj* **1** Corrigido, emendado. **2** Que foi revistado.

re.vi.ta.li.zar (*re+vitalizar*) *vtd* Dar nova vida em.

re.vi.ver (*lat revivere*) *vint* **1** Tornar a viver; voltar à vida, ressuscitar. *vint* **2** Renascer, renovar-se. *vtd* **3** Trazer à lembrança; recordar.

re.vo.a.da (*revoar+ada¹*) *sf* Bando de aves que voam de volta ao ponto de partida.

re.vo.ar (*re+voar*) *vint* **1** Voar (a ave) ao local de onde partira. **2** Esvoaçar. Conjuga-se como *coar*.

re.vo.gar (*lat revocare*) *vtd* Declarar ou tornar sem efeito; anular: *Revogar uma lei*.

re.vol.ta (*fem* de *revolto*) *sf* Levante, motim, rebelião; sublevação, insurreição.

re.vol.tar (*revolta+ar¹*) *vtd* **1** Agitar, amotinar, sublevar. *vtd* **2** Indignar, repugnar. *vpr* **3** Insurgir-se.

re.vol.to (ô) (*lat revolutu*) *adj* **1** Desgrenhado, encrespado (cabelo). **2** Agitado, conturbado, perturbado. **3** Muito agitado, tempestuoso: *Mar revolto*.

re.vo.lu.ção (*lat revolutione*) *sf* **1** Revolta, sublevação. **2** Mudança completa; reforma, transformação. **3** *Astr* Tempo que um astro gasta para descrever o curso de sua órbita.

re.vo.lu.ci.o.nar (*lat revolutione+ar¹*) *vtd* **1** Excitar, instigar. **2** Pôr em rebuliço; agitar.

re.vo.lu.ci.o.ná.rio (*revolução+ário*) *sm* **1** Aquele que toma parte numa revolução. **2** Inovador. **3** Aquele que provoca revoluções.

re.vol.ver (*lat revolvere*) *vtd* e *vti* **1** Misturar, remexer. *vtd* **2** Mexer sem ordem. *vtd* **3** Cavar. *vtd* **4** Investigar.

re.vól.ver (*ingl revolver*) *sm* **1** Arma de fogo portátil. **2** Aparelho adaptado a um compressor para pintar geladeiras, fogões etc. *Pl:* revólveres.

re.za (de *rezar*) *sf* Oração.

re.zar (*lat recitare*) *vtd*, *vti* e *vint* Orar.

Rh (*abrev* de *rhesus*, nome científico de um macaco, no qual primeiramente foi descoberto o fator Rh) Abreviatura de *fator Rh*. *Rh-negativo*: o que não tem o fator Rh nas células vermelhas do sangue. *Rh-positivo*: o que contém o fator Rh nas células vermelhas do sangue.

ri.a.cho (*rio+acho*) *sm* Rio pequeno; ribeiro.

ri.bal.ta (*ital ribalta*) *sf* Fileira ou série de luzes, na parte externa do palco.

ri.ban.cei.ra (*ribança+eira*) *sf* **1** Margem elevada de rio. **2** Precipício, despenhadeiro.

ri.bei.ra (*lat riparia*) *sf* **1** Massa de água que corre entre margens próximas. **2** Terreno banhado por um rio.

ri.bei.rão (*ribeiro+ão*[2]) *sm* Ribeiro bastante largo.

ri.bei.ri.nho (*ribeiro+inho*) *adj* Que vive ou mora nas proximidades dos rios.

ri.bei.ro (*lat ripariu*) *sm* Rio pequeno; pequeno curso de água; riacho, regato.

ri.bom.bar (*ribomba+ar*[1]) *vint* Estrondear, ressoar, retumbar fortemente. *Conjug* – normalmente só se conjuga nas 3ªs pessoas.

ri.bo.nu.clei.co (ê) (*ribo(se)+nucleico*) *adj Quím* Diz-se de um ácido envolvido na transcrição e tradução da informação genética.

ri.ci.no (*lat ricinu*) *sm Bot* Planta de cujas sementes se extrai o óleo de rícino, usado na medicina como purgante; mamona, mamoneiro.

ri.co (*gót reiks*) *adj* **1** Que possui muitos bens. **2** Fértil, produtivo (terreno). • *sm* Homem que possui muitos haveres. *Aum:* ricaço, ricalhaço, ricalhão, ricalhaz.

ri.co.che.tar (*ricochete+ar*[1]) *vint* Saltar de ricochete; ricochetear: *O projétil ricocheteou*. *Conjug* – conjuga-se apenas nas 3ªs pessoas.

ri.co.che.te (ê) (*fr ricochet*) *sm* Salto que dá qualquer corpo ou projétil, depois de bater no chão ou noutro corpo.

ri.co.ta (*ital ricotta*) *sf* Queijo feito retirando-se o soro do leite fervido e coalhado.

ri.di.cu.la.ri.zar (*ridicularia+izar*) *vtd* Expor ao ridículo; zombar, caçoar.

ri.dí.cu.lo (*lat ridiculu*) *adj* **1** Que provoca riso, escárnio. **2** Grotesco. • *sm* **1** Indivíduo grotesco. **2** Ato ou efeito de ridicularizar.

ri.fa (de *rifar*) *sf* Sorteio por meio de bilhetes numerados ou pela loteria.

ri.far (*rifa+ar*) *vtd* Fazer rifa de; sortear por rifa.

ri.fle (*ingl rifle*) *sm* Espingarda.

ri.gi.dez (*rígido+ez*) *sf* Aspereza, austeridade, rudeza, severidade.

rí.gi.do (*lat rigidu*) *adj* **1** Pouco flexível; rijo. **2** *fig* Austero, grave, rigoroso, severo.

ri.gor (*lat rigore*) *sm* **1** Inflexibilidade, rigidez. **2** Aspereza, dureza, severidade extrema. **3** Exatidão, pontualidade, precisão. *Traje a rigor:* traje de cerimônia.

ri.go.ro.so (ô) (*rigor+oso*) *adj* **1** Austero, rude, severo. **2** Exigente. *Pl:* rigorosos (ó).

ri.jo (*lat rigidu*) *adj* **1** Que não se verga. **2** Cheio de saúde. **3** Robusto, vigoroso. • *adv* Com rijeza; rijamente.

rim (*lat rene*) *sm* **1** *Anat* Cada um dos dois órgãos que segregam a urina, situados um de cada lado da coluna vertebral, na região lombar. *sm pl* **2** A parte inferior da região lombar.

ri.ma (*provençal ant rima*, do *gr rhythmós*) *sf* Correspondência de sons finais entre dois ou mais versos.

ri.mar (*rima+ar*[1]) *vtd* Escrever em versos rimados.

rin.cho (de *rinchar*) *sm* A voz do cavalo ou da égua; relincho.

rin.gue (*ingl ring*) *sm* Tablado elevado, cercado de cordas, onde se disputam lutas.

ri.nha (*cast riña*) *sf* **1** Briga de galos. **2** Lugar onde se realizam tais brigas. **3** *por ext* Briga, disputa.

ri.ni.te (*rino+ite*[1]) *sf Med* Inflamação da mucosa nasal.

ri.no.ce.ron.te (*gr rhinókeros*) *sm Zool* Mamífero perissodátilo de pele espessa e dura, com um corno ou dois, no focinho. Voz: *brame*, *grunhe*.

rin.que (*ingl* rink) *sm* Pista de patinação.

ri.o (*lat* rivu) *sm* Corrente de água que deságua noutra, no mar ou num lago.

ri.pa (*gót* ribjô) *sf* **1** Tira de madeira comprida e estreita. **2** Sarrafo.

ri.que.za (ê) (rico+eza) *sf* **1** Abundância de bens de fortuna; abastança, fartura, opulência. **2** Luxo, ostentação.

rir (*lat* ridere) *vint* e *vpr* **1** Dar risada. *vint* e *vpr* **2** Sorrir. *vti*, *vint* e *vpr* **3** Escarnecer, gracejar. *vti* e *vpr* **4** Achar graça. *Conjug* – Pres indic: rio, ris, ri, rimos, rides, riem; Pret perf: ri, riste, riu, rimos, ristes, riram; Pret imp indic: ria, rias, ria, ríamos, ríeis, riam; Pret mais-que-perf: rira, riras, rira, ríramos, ríreis, riram; Fut pres: rirei, rirás, rirá, riremos, rireis, rirão; Fut pret: riria, ririas, riria, riríamos, riríeis, ririam; Pres subj: ria, rias, ria, riamos, riais, riam; Pret imp subj: risse, risses, risse, ríssemos, rísseis, rissem; Fut subj: rir, rires, rir, rirmos, rirdes, rirem; Imper afirm: —, ri(Tu), ria(Você), riamos(Nós), ride(Vós), riam(Vocês); Imper neg: —, Não rias(Tu), Não ria(Você), Não riamos(Nós), Não riais(Vós), Não riam(Vocês); Infinitivo impess: rir; Infinitivo pess: rir, rires, rir, rirmos, rirdes, rirem; Ger: rindo; Part: rido.

ri.sa.da (riso+ada¹) *sf* **1** Riso. **2** Gargalhada.

ris.ca (de riscar) *sf* **1** Listra. **2** Risco. **3** Sulco nos cabelos; repartido. *À risca:* com precisão; exatamente; pontualmente.

ris.car (*lat* riscare) *vtd* **1** Fazer riscos ou traços em. **2** Encobrir com riscos; inutilizar por meio de riscos. **3** *fig* Eliminar, excluir, suprimir: *A diretoria riscará do clube os sócios que não pagam.* **4** Acender (um fósforo).

ris.co (de *riscar*) *sm* **1** Traço, risca. **2** Possibilidade de perigo, ameaça. *Correr risco:* estar exposto a.

ri.sí.vel (*lat* risibile) *adj m+f* **1** Digno de riso. **2** Que causa ou provoca o riso. • *sm* Aquilo que é ridículo.

ri.so (*lat* risu) *sm* **1** Risada. **2** Alegria, satisfação. **3** Coisa ridícula; zombaria: *Digno de riso.*

ri.so.nho (riso+onho) *adj* **1** Que está sempre rindo; que ri por tudo e por nada. **2** Alegre, satisfeito.

ri.so.to (ô) (*ital* risotto) *sm Cul* Prato de origem italiana, feito com arroz, manteiga e queijo parmesão ralado, e ao qual se adiciona um ingrediente como frango desfiado, camarão, frutos do mar etc.

rís.pi.do (*lat* hispidu, com influência analógica) *adj* **1** Áspero, desagradável. **2** Rude, grosseiro.

ris.so.le (*fr* rissole) *sm* Pastel pequeno de massa cozida, recheado.

ris.te (*cast* ristre) *sm* Peça de ferro em que se apoia ou firma a lança. *Em riste:* à maneira de lança apontada para o ataque.

rit.mar (ritmo+ar¹) *vtd* Dar ritmo a; cadenciar.

rít.mi.ca (fem de *rítmico*) *sf* **1** *Mús* Estudo das relações entre expressão musical e tempo. **2** Característica do ritmo.

rít.mi.co (ritmo+ico²) *adj* **1** Que tem ritmo; ritmado. **2** Que se dá em intervalos regulares; periódico.

rit.mo (*gr* rhythmós) *sm Mús* Modalidade de compasso que caracteriza uma espécie de composição.

ri.to (*lat* ritu) *sm* **1** Conjunto de cerimônias e regras de uma religião. **2** Cerimonial próprio de qualquer culto.

ri.tu.al (*lat* rituale) *adj m+f* Pertencente ou relativo aos ritos. • *sm* Etiqueta, praxe, protocolo, cerimonial.

ri.val (*lat* rivale) *adj m+f* Competidor, concorrente.

ri.va.li.da.de (*lat* rivalitate) *sf* **1** Competição, concorrência. **2** Hostilidade, rixa.

ri.va.li.zar (rival+izar) *vti* **1** Ser rival; competir. *vti* e *vint* **2** Concorrer, disputar.

ri.xa (*lat* rixa) *sf* Disputa, briga, discórdia, desavença.

ri.zi.cul.tu.ra (*fr* riziculture) *sf* Cultura do arroz.

ri.zo.ma (*gr* rhíza+oma) *sm Bot* Caule subterrâneo de crescimento horizontal; ocorre, por exemplo, no gengibre, nos bambus etc.

ri.zo.tô.ni.co (*gr* rhíza+tônico) *adj Gram* Diz-se das formas verbais cujo acento tônico cai na raiz. *Antôn:* arrizotônico.

ro.ba.lo (metát de *lobarro, de *lobo+arro*)

sm Ictiol Peixe marinho de carne muito apreciada.

ro.bô (*fr robot*) *sm* Aparelho automático, com aspecto de boneco, capaz de executar tarefas desempenhadas por seres humanos.

ro.bó.ti.ca (*robot+ico²*) *sf* Estudos que permitem a criação e programação de robôs para utilização na automação.

ro.bo.ti.zar (*fr robot+izar*) *vtd* e *vpr* Transformar(-se) em robô: *"Temos aversão a regras que ameaçem nos robotizar."* (FSP); *O homem não pode robotizar-se.*

ro.bus.te.cer (*robusto+ecer*) *vtd* 1 Tornar robusto; fortalecer. *vtd* 2 Tornar mais firme. *vint* e *vpr* 3 Tornar-se robusto. Antôn: *enfraquecer.*

ro.bus.to (*lat robustu*) *adj* Vigoroso, potente, forte: *Homem robusto.*

ro.ca (*gót rukka*) *sf* Haste de madeira onde se enrola o fio (de linho, algodão, lã etc.) que se quer fiar.

ro.ça (de *roçar*) *sf* 1 Terreno preparado para a lavoura, onde se planta milho, feijão etc. 2 O campo em oposição à cidade.

ro.ça.do (*part* de *roçar*) *sm* Terreno em que se queimou o mato para ser cultivado; roça.

ro.cam.bo.le (*al Rickenbolle*, via *fr*) *sm* Espécie de pão de ló enrolado com recheio.

ro.çar (*lat vulg *ruptiare*) *vtd* 1 Cortar o mato com foice; deitar abaixo. 2 Deslizar por cima de; tocar de leve: *Em voo rasteiro, quase roçando o solo.*

ro.cei.ro (*roça+eiro*) *sm* 1 Homem que vive na roça; caipira. 2 Indivíduo rústico.

ro.cha (*fr roche*) *sf* 1 Massa de pedra muito dura. 2 Penedo, penhasco, rochedo.

ro.che.do (*ê*) (*rocha+edo*) *sm* 1 Rocha batida pelo mar. 2 Rocha escarpada à beira do mar.

ro.cho.so (*ô*) (*rocha+oso*) *adj* 1 Coberto ou formado de rochas. 2 Da natureza da rocha ou rochedo. *Pl: rochosos (ó).*

rock (*roque*) (*ingl*) *sm* Ritmo popular de origem norte-americana surgido na década de 1950 e tocado com guitarra elétrica, bateria e contrabaixo; *rock-and--roll*; roque.

ro.da (*lat rota*) *sf* 1 *Mec* Peça circular que gira em torno de um eixo, destinada à locomoção de veículos, movimento de rotação em máquinas etc. 2 *por ext* Tudo aquilo que tem forma circular. 3 Brinquedo infantil. 4 Grupo de pessoas em forma de círculo: *Roda de amigos.*

ro.da.da (*rodar+ada¹*) *sf* 1 O giro completo de uma roda. 2 Conjunto dos jogos de um campeonato ou torneio, marcados para o mesmo dia.

ro.da-gi.gan.te *sf* Roda enorme, montada em parques de diversões. *Pl: rodas-gigantes.*

ro.da.pé (*roda+pé*) *sm* 1 Barra de madeira ou de outro material, ao longo da parte inferior das paredes e junto ao piso. 2 Informações na parte inferior da página de um livro.

ro.dar (*roda+ar²*) *vtd* 1 Fazer mover-se sobre rodas. *vtd* 2 Percorrer (o veículo) certa distância. *vtd* 3 Filmar. *vti* e *vint* 4 Girar.

ro.de.ar (*roda+e+ar¹*) *vtd* 1 Andar em volta de; percorrer em giro. 2 Descrever uma órbita. 3 Circundar: *A estrada rodeia a montanha.* Conjuga-se como *frear.*

ro.dei.o (de *rodear*) *sm* 1 Giro ou movimento em redor de alguma coisa. 2 Desculpa, subterfúgio. 3 Competição esportiva de montaria com animais xucros; exibição de peões.

ro.de.la (*baixo-lat rotella*) *sf* 1 Pequena roda ou disco. 2 Pedaço redondo de qualquer fruto.

ro.dí.zio (*lat vulg *roticinu*) *sm* 1 Pequena roda metálica que se fixa aos pés de alguns móveis, para que possam ser movidos com facilidade. 2 Revezamento na realização de um trabalho ou função. 3 Sistema que restringe a circulação de carros, visando melhorar a qualidade do ar e diminuir o problema de tráfego intenso.

ro.do (*ô*) (*lat rutu*) *sm* Utensílio de madeira, com uma tira de borracha, empregado para puxar água do piso. *A rodo:* em grande quantidade; à beça.

ro.do.den.dro (*gr rhódon+dendro*) *sm Bot* Planta de cuja família pertence a azaleia.

ro.do.pi.ar (*rodopio+ar¹*) *vint* 1 Dar muitas voltas sobre si mesmo; girar muito. *vti* e *vint* 2 Andar ou correr, descrevendo círculos. Conjuga-se como *premiar.*

ro.do.pi.o (de *rodopiar*) *sm* Ação ou efeito de rodopiar. *Andar num rodopio:* não parar, não descansar.

ro.do.vi.a (*roda+via*) *sf* Estrada de rodagem.

ro.do.vi.á.ria (*rodovia+ário*, no *fem*) *sf* Estação de embarque e desembarque de passageiros de ônibus interurbanos, interestaduais e internacionais; terminal rodoviário.

ro.do.vi.á.rio (*rodovia+ário*) *adj* Relativo a rodovia. • *sm* Empregado que trabalha nas estações rodoviárias ou que presta serviço rodoviário: *Policial rodoviário.*

ro.e.dor (*roer+dor*) *adj* 1 Que rói ou tem o hábito de roer. 2 Relativo aos roedores. • *sm pl Zool* Ordem de mamíferos que se caracterizam por ter um só par de incisivos e à qual pertencem os ratos, as lebres, os esquilos etc.

ro.er (*lat rodere*) *vtd* e *vti* 1 Cortar com os dentes. *vtd* 2 Devorar aos pouquinhos e de modo contínuo. *vtd* 3 Consumir, corroer, gastar. *Conjug* – Pres indic: roo, róis, rói, roemos, roeis, roem; Pret perf: roí, roeste, roeu, roemos, roestes, roeram; Pret imp indic: roía, roías, roía, roíamos, roíeis, roíam; Pret mais-que-perf: roera, roeras, roera, roêramos, roêreis, roeram; Fut pres: roerei, roerás, roerá, roeremos, roereis, roerão; Fut pret: roeria, roerias, roeria, roeríamos, roeríeis, roeriam; Pres subj: roa, roas, roa, roamos, roais, roam; Pret imp subj: roesse, roesses, roesse, roêssemos, roêsseis, roessem; Fut subj: roer, roeres, roer, roermos, roerdes, roerem; Imper afirm: —, rói(Tu), roa(Você), roamos(Nós), roei(Vós), roam(Vocês); Imper neg: —, Não roas(Tu), Não roa(Você), Não roamos(Nós), Não roais(Vós), Não roam(Vocês); Infinitivo impess: roer; Infinitivo pess: roer, roeres, roer, roermos, roerdes, roerem; Ger: roendo; Part: roído.

ro.gar (*lat rogare*) *vtd* e *vti* 1 Pedir por favor. *vtd* 2 Suplicar.

ro.go (ô) (de *rogar*) *sm* Pedido, súplica: *Rogo a Deus que me dê saúde. A rogo:* a pedido. *Pl: rogos* (ó).

ro.jão (*rojar+ão*²) *sm* Foguete.

rol (ó) (*fr rôle*) *sm* Lista, relação de pessoas ou coisas.

ro.la (ô) (*voc onom*) *sf* 1 *Ornit* Nome comum a várias aves da família dos columbídeos, que são pequenas pombas; rolinha: *"Procurava ninho de rola no mato."* (CR) 2 *Vulg* Pênis.

ro.la.gem (*rolo+agem*) *sf* 1 Rolamento. 2 Prolongamento de prazo; adiamento de dívida.

ro.la.men.to (*rolar+mento*) *sm Mec* Conjunto de anéis metálicos, em cujo interior estão esferas ou cilindros de aço, para facilitar o movimento de outra peça, ordinariamente um eixo giratório, oferecendo o mínimo de reação por atrito; rolimã.

ro.lar (*fr rouler*) *vint* 1 Deslocar-se (um objeto) girando ou movendo-se sobre si mesmo. *vint* 2 Andar sobre rodas. *vti*, *vint* e *vpr* 3 Movimentar-se pelo chão, dando voltas sobre si mesmo.

rol.da.na (*cast roldana*) *sf* Maquinismo formado por uma roda que gira, sobre a qual passa um cabo, uma corda ou corrente.

rol.dão (*corr* de *rondão*) *sm* Confusão, precipitação. *De roldão:* atropeladamente, de golpe, em sobressalto.

ro.le.ta (ê) (*fr roulette*) *sf* 1 Jogo de azar. 2 O aparelho que serve para esse jogo.

ro.le.ta-rus.sa *sf* Aposta que consiste em carregar um revólver com uma só bala, girar o tambor várias vezes e apontar a arma contra si mesmo, puxando o gatilho. *Pl: roletas-russas.*

ro.lha (ô) (*lat rotula*) *sf* Peça de cortiça ou de outro material, para tapar o gargalo das garrafas, frascos etc.

ro.li.ço (*rolo+iço*) *adj* De formas arredondadas; meio gordo.

ro.li.mã (*fr roulement*) *sm* 1 Rolamento. 2 Pequeno carro de madeira, geralmente de brinquedo, que consiste em uma tábua sobre rolimãs.

ro.li.nha (*dim* de *rola*) *sf* Pequena rola.

ro.lo (ô) (*lat rotulu*) *sm* 1 Qualquer objeto de forma cilíndrica. 2 Pequeno cilindro revestido de lã, próprio para pintar superfícies. 3 Briga, barulho, conflito, desordem. 4 Transação comercial. *Rolo compressor:* rolo grande de pedra ou de ferro para comprimir e aplanar leitos de estradas ou ruas em pavimentação.

ro.mã (lat (mala) romana) sf Fruto da romãzeira.
ro.man.ce (lat romanice) sm 1 Lit Narração em prosa. 2 por ext Enredo de coisas inacreditáveis. 3 pop Caso amoroso.
ro.man.ce.ar (romance+e+ar¹) vtd 1 Narrar ou descrever em forma de romance. vint 2 Criar coisas imaginárias e descrevê-las como reais; fantasiar. Conjuga-se como frear.
ro.man.cis.ta (romance+ista) s m+f Pessoa que escreve romances.
ro.mâ.ni.co (lat romanicu) adj Diz-se das línguas que se formaram do latim vulgar. • sm 1 Conjunto das línguas românicas ou neolatinas. 2 Arquitetura românica.
ro.ma.no (lat romanu) adj 1 De Roma (Itália) ou relativo a ela. 2 Diz-se dos algarismos representados pelas letras romanas. • sm 1 Habitante ou natural de Roma. 2 Tip Nome de qualquer dos tipos comuns que se usam no texto dos livros ou jornais; redondo.
ro.mân.ti.co (fr romantique) adj 1 Pertencente ou relativo a romance. 2 Sonhador, fantasioso. 3 Diz-se dos escritores e artistas adeptos do romantismo. • sm 1 Partidário da escola romântica. 2 Gênero romântico.
ro.man.tis.mo (fr romantisme) sm Movimento de escritores e artistas que, no começo do século XIX, afastaram-se das regras clássicas, preferindo a sensibilidade e a imaginação à razão.
ro.ma.ri.a (Roma, np+aria) sf Peregrinação a algum lugar religioso.
ro.mã.zei.ra (romã+z+eira) sf Bot Planta originária da região do Mediterrâneo que produz a romã.
rom.bo (gr rhómbos) sm 1 Furo; abertura, buraco. 2 pop Desfalque, prejuízo, perda.
ro.mei.ro (Roma, np+eiro) sm Homem que faz parte de uma romaria; peregrino.
ro.me.no (romeno român) adj Relativo à Romênia (Europa). • sm 1 Habitante ou natural da Romênia. 2 Língua neolatina, oficial na Romênia, falada também na Moldávia e em pequenas comunidades espalhadas pelos Bálcãs (Europa).
rom.pan.te (corr de rompente) adj m+f Arrogante, orgulhoso. • sm 1 Arrogância, altivez. 2 Fúria, ímpeto, impulso: *Em um rompante de raiva, o jovem quebrou os móveis*.
rom.per (lat rumpere) vtd e vpr 1 Quebrar (-se). vtd e vpr 2 Rasgar(-se). vtd 3 Atravessar, furar, penetrar. vtd 4 Interromper, suspender, violar. vint 5 Nascer, surgir (a manhã, o dia, o Sol). vti e vint 6 Cessar relações pessoais ou internacionais: *Rompeu com o noivo*. Conjug – Part: rompido e roto.
rom.pi.men.to (romper+mento) sm Ruptura.
ron.car (lat rhonchare) vint Respirar com ruído durante o sono; ressonar.
ron.co (gr rhógkhos) sm 1 Ruído próprio de pessoa que ronca. 2 O som ou ruído que faz o gato quando o acariciam; rom-rom. 3 O grunhir dos porcos. 4 Estrondo, fragor: *O ronco dos motores*.
ron.da (cast ronda, do ár rubT) sf Inspeção, exame.
ron.dar (ronda+ar¹) vtd e vint 1 Fazer ronda a (posto militar ou qualquer lugar): *A guarda-noturna ronda a cidade*. vtd 2 Andar ou passear à volta de: *As galinhas rondavam a casa*. vtd 3 Espreitar: *Ladrões rondavam a loja*.
ron.dó (fr rondeau) sm 1 poét Composição com estribilho constante. 2 Mús Composição de origem francesa do século XIII, inicialmente cantada e dançada e que mais tarde passou à música instrumental.
rom-rom (voc onom) sm Ruído contínuo produzido pelo gato quando está descansando ou sendo acariciado.
ron.ro.nar (de rom-rom) vint Fazer rom-rom. *Conjug* – só se conjuga nas 3ᵃˢ pessoas. Em sentido figurado, sua conjugação é integral.
ro.que (fr ant roc) sm 1 Peça do jogo do xadrez (torre). 2 V rock.
ro.quei.ro (roque+eiro) sm 1 Instrumentista, cantor ou compositor de músicas de roque. 2 Aquele que aprecia ou admira o roque.
ro.sa (lat rosa) sf Bot Flor da roseira. • adj Da cor da rosa. *Rosa dos ventos, Náut*: mostrador com os 32 raios que dividem a circunferência do horizonte.
ro.sá.cea (lat rosacea) sf 1 Arquit Grande

vitral de igrejas, com ornatos semelhantes a rosas. **2** *Bot* Espécime das rosáceas. *sf pl* **3** *Bot* Família de plantas floríferas, constituída por árvores, arbustos e ervas, com folhas, flores, estames e frutos secos.
ro.sa-cruz *sf* **1** *Maçon* Sétimo e último grau da maçonaria, cujos símbolos são o pelicano, a cruz e a rosa. *sm sing+pl* **2** *Maçon* Aquele que tem o grau da rosa--cruz. *Pl: rosa-cruzes.*
ro.sa dos ven.tos Ver definição em *rosa.*
ro.sá.rio (*lat rosariu*) *sm* **1** Enfiada de contas composta de 150 ave-marias, divididas em 15 dezenas, cada uma precedida de um padre-nosso. **2** *fig* Sucessão, série: *Um rosário de lamentações.*
ros.bi.fe (*ingl roast beef*) *sm* Pedaço de carne de vaca mal-assada.
ros.ca (*ô*) (*voc pré-rom*) *sf* **1** Sulco espiralado na parte interna das porcas ou na parte externa dos parafusos. **2** *Cul* Pão doce feito em forma de cilindro retorcido. *Pl: roscas (ô).*
ro.sei.ra (*lat rosaria*) *sf Bot* Arbusto da família das rosáceas, geralmente espinhoso, que dá rosas.
ro.sei.ral (*roseira+al*[1]) *sm* Plantação de roseiras; rosal.
ró.seo (*lat roseu*) *adj* Cor-de-rosa; rosado.
ros.nar (*voc onom*) *vtd e vint* **1** Dizer em voz baixa, por entre dentes; murmurar, resmungar. *vti e vint* **2** Raivar (o cão ou o lobo) em voz baixa, mas agressiva, e mostrando os dentes. • *sm* A voz do cão, em tom baixo, mas ameaçador, arreganhando os dentes.
ros.que.ar (*rosca+e+ar*[1]) *vtd* Prover de rosca; fazer rosca em. Conjuga-se como *frear.*
ros.to (*ô*) (*lat rostru*) *sm* **1** Cara, faces. **2** A primeira página do livro, onde estão o título e o nome do autor; frontispício.
ros.tro (*ô*) (*lat rostru*) *sm* **1** *Ornit* O bico das aves. **2** Focinho dos animais aquáticos.
ro.ta (*fr ant rote*, hoje *route*) *sf* Caminho marítimo ou aéreo; direção, rumo.
ro.ta.ção (*lat rotatione*) *sf* **1** Giro. **2** *Mec* Movimento giratório em volta de um eixo ou sobre si mesmo; giro em voltas sucessivas. **3** *Astr* Movimento executado por um astro em torno de seu próprio eixo.

ro.ta.ti.va (*fem* de *rotativo*) *sf* Máquina impressora usada na tiragem dos grandes jornais, revistas etc.
ro.ta.ti.vo (*lat rotatu+ivo*) *adj* **1** Que faz rodar. **2** Que transmite rotação; giratório. **3** Que se sucede por turno, por revezamento.
ro.ta.tó.ria (*rotatório*, no *fem*) *sf Eng* Entroncamento de rodovias de forma circular; trevo.
ro.tei.ris.ta (*roteiro+ista*) *s m+f* Pessoa que escreve roteiros cinematográficos ou de programas de televisão.
ro.tei.ri.zar (*roteiro+izar*) *vtd* Preparar o roteiro de.
ro.tei.ro (*rota+eiro*) *sm* **1** *Náut* Livro em que se encontra a descrição das costas marítimas. **2** Itinerário: *Roteiro de viagem.* **3** *Cin* Texto com o argumento das cenas, diálogos e indicações técnicas de um filme.
ro.ti.na (*fr routine*) *sf* **1** *fig* Prática, uso, norma geral, praxe. **2** Hábito de fazer as coisas sempre da mesma maneira.
ro.to (*ô*) (*lat ruptu*) *adj* Esburacado, rasgado, esfarrapado, amarrotado. • *sm* Maltrapilho.
ro.tor (*ingl rotor*, forma reduzida de *rotator*) *sm* **1** Parte giratória de uma máquina ou motor. **2** Mecanismo giratório de helicópteros.
ró.tu.la (*lat rotula*) *desus Anat* V patela.
ro.tu.lar (*rótulo+ar*[1]) *vtd* Pôr rótulo ou etiqueta em.
ró.tu.lo (*lat rotulu*) *sm* Pequeno impresso que se coloca em frascos, garrafas, latas, caixas etc., para indicar seu conteúdo.
rou.ba.da (*roubar+ada*[1]) *sf gír* Mau negócio; logro: *Investir naquela empresa foi uma roubada.*
rou.ba.lhei.ra (de *roubar*) *sf* **1** *pop* Roubo considerável e escandaloso. **2** *pop* Preço exagerado.
rou.bar (*gót roubôn*) *vtd e vint* **1** Furtar com violência. *vtd* **2** Praticar roubo em. *vtd* **3** Apossar-se fraudulentamente de. Usa-se **roubar** (ou o substantivo **roubo**) para indicar uma apropriação de um bem alheio de forma ameaçadora e violenta. *Os assaltantes roubaram a casa e atiraram nos moradores.*

Quando se tratar apenas do ato de se apropriar do bem alheio, mas sem violência, deve-se preferir o verbo **furtar** (ou o substantivo **furto**).
*Vários quadros de pintores famosos já foram **furtados** de museus.*

rou.bo (de *roubar*) *sm* **1** Ação ou efeito de roubar. **2** Coisa roubada. **3** *pop* Preço exorbitante, exagerado, caro.

rou.co (*lat raucu*) *adj* **1** Que tem rouquidão. **2** Que tem som áspero.

round (*ráund*) (*ingl*) *sm Esp* No boxe, cada um dos tempos de uma luta; assalto.

rou.pa (*gót roupa*) *sf* Designação genérica das peças do vestuário; veste, traje.

rou.pão (*roupa+ão²*) *sm* Penhoar; robe.

rou.qui.dão (*rouco+suf lat itudine*) *sf* Alteração da voz que a torna áspera e pouco nítida.

rou.xi.nol (*lat vulg *lusciniolu*) *sm Ornit* Pássaro europeu, da família dos turdídeos, de canto melodioso.

ro.xo (*ô*) (*lat russeu*) *adj* De uma cor resultante do vermelho com o azul; da cor da violeta. • *sm* A cor roxa, a cor da violeta.

ru.a (*lat ruga*) *sf* Caminho público. • *interj* Exprime despedida violenta e grosseira: fora daqui! saia! suma-se!

ru.bé.o.la (*fr rubéola*) *sf Med* Doença eruptiva, contagiosa e epidêmica.

ru.bi (*cat robí*) *sm* Diz-se da cor vermelho-forte. • *sm* Pedra preciosa, transparente, de um vermelho vivo.

ru.bi.á.cea (*lat rubia+ácea*) *sf* **1** *Bot* Espécime da família das rubiáceas: *"Ensinamentos sobre a cultura e industrialização da rubiácea."* (ESP) *sf pl* **2** *Bot* Família constituída por ervas, arbustos e árvores tropicais que inclui o cafeeiro.

ru.bor (*lat rubore*) *sm* **1** A cor vermelha muito viva; vermelhidão. **2** *fig* Vergonha, pudor.

ru.bo.ri.zar (*rubor+izar*) *vtd* **1** Causar rubor a, tornar rubro. *vpr* **2** Corar; envergonhar-se. *Antôn*: empalidecer.

ru.bri.ca (*lat rubrica*) *sf* **1** Nota, observação. **2** Assinatura abreviada. **3** *Teat* Indicação escrita de como deve ser executada uma fala, um gesto do ator, uma mudança de cenário etc.

Rubrica é uma palavra paroxítona, e a sílaba tônica é *bri*.

ru.bri.car (*lat rubricare*) *vtd* **1** Assinar de forma abreviada. **2** Executar rubrica em (manuscrito).

ru.bro (*lat rubru*) *adj* **1** Vermelho cor de sangue: *"O rosto do homem está congestionado, rubro."* (ATR); *"Lenço rubro no pescoço."* (GCC) **2** Vermelho-vivo; muito vermelho; escarlate. • *sm* A cor rubra.

rú.cu.la (*ital rucola*) *sf Bot* Erva da família da mostarda, levemente ardida, cultivada para usar-se à mesa como salada.

ru.de (*lat rude*) *adj m+f* **1** Não cultivado. **2** Grosseiro, descortês. **3** Pouco delicado. **4** Ríspido.

ru.de.za (*ê*) (*rudo+eza*) *sf* **1** Descortesia, falta de polidez, grosseria: *"Diante da rudeza, da total agressividade dele, ela procurou ser irônica."* (DD) **2** Rispidez: *"Sacudi os ombros com bastante rudeza."* (A)

ru.di.men.tar (*rudimento+ar¹*) *adj m+f* **1** Elementar, primário, tosco: *"Oscar construiu no barraco um fogão rudimentar de lenha."* (AGO) **2** Imperfeito; grosseiro: *"Tinha de operar agora com os instrumentos mais rudimentares."* (TV)

ru.di.men.to (*lat rudimentu*) *sm* **1** Elemento inicial, princípio, esboço. *sm pl* **2** As primeiras noções de qualquer arte, ciência ou profissão: *Conheço apenas os rudimentos da carpintaria*.

ru.e.la (*rua+ela*) *sf* Pequena rua; viela.

ru.fo (*voc onom*) *sm* **1** Toque rápido e cadenciado do tambor. **2** *por ext* Som semelhante ao toque do tambor.

ru.ga (*lat ruga*) *sf* **1** Sulco natural na pele das pessoas idosas. **2** Dobra, prega.

ru.gi.do (*part de rugir*) *sm* **1** A voz do leão; urro, bramido, rugido. **2** *fig* Qualquer som cavernoso.

ru.gir (*lat rugire*) *vint* **1** Soltar a voz (o leão); bramir, urrar. *vint* **2** Emitir rugido. *vtd* **3** Proferir num rugido; bradar. *Conjug* – conjuga-se apenas nas 3as pessoas.

ru.go.so (*ô*) (*lat rugosu*) *adj* Que tem rugas; encarquilhado. *Pl*: rugosos (*ó*).

ru.í.do (*lat rugidu*) *sm* **1** Barulho. **2** Estrondo, fragor.

ru.i.do.so (*ô*) (*ruído+oso*) *adj* **1** Ba-

rulhento; rumoroso. **2** Pomposo. *Pl: ruidosos (ó).*
ru.im (*ín*) (*lat vulg *ruinu, de ruina*) *adj m+f* **1** Nocivo. **2** Malvado, perverso.
ru.í.na (*lat ruina*) *sf* **1** Desmoronamento, destroço, destruição. **2** Queda, decadência completa. *sf pl* **3** Escombros.
ru.in.da.de (de *ruim*+(*i*)*dade*) *sf* Qualidade de ruim; maldade.
ru.ir (*lat ruere*) *vint* **1** Desmoronar-se, desabar, vir abaixo. *vti* e *vint* **2** Despenhar-se, precipitar-se. *Conjug – Pres indic: (Eu)—, ruis, rui, ruímos, ruís, ruem; Pret perf: ruí, ruíste, ruiu, ruímos, ruístes, ruíram; Pret imp indic: ruía, ruías, ruía, ruíamos, ruíeis, ruíam; Pret mais-que-perf: ruíra, ruíras, ruíra, ruíramos, ruíreis, ruíram; Fut pres: ruirei, ruirás, ruirá, ruiremos, ruireis, ruirão; Fut pret: ruiria, ruirias, ruiria, ruiríamos, ruiríeis, ruiriam; Pres subj: (Eu)—, (Tu)—, (Ele)—, (Nós)—, (Vós)—, (Eles)—; Pret imp subj: ruísse, ruísses, ruísse, ruíssemos, ruísseis, ruíssem; Fut subj: ruir, ruíres, ruir, ruirmos, ruirdes, ruírem; Imper afirm: —, rui(Tu), —(Você), —(Nós), ruí(Vós), —(Vocês); Imper neg: —, Não—(Tu), Não—(Você), Não—(Nós), Não—(Vós), Não—(Vocês); Infinitivo impess: ruir; Infinitivo pess: ruir, ruíres, ruir, ruirmos, ruirdes, ruírem; Ger: ruindo; Part: ruído.*
ru.i.vo (*lat rubeu*) *adj+sm* De pelo ou cabelo avermelhado ou amarelo-avermelhado.
rum (*ingl rhum*) *sm* Aguardente que se obtém da cana-de-açúcar.
ru.mar (*rumo+ar¹*) *vtd* **1** Pôr (a embarcação) no rumo desejado. *vti* **2** Tomar rumo ou direção. *vint* **3** Encaminhar-se, dirigir-se.
ru.mi.nan.te (de *ruminar*) *adj m+f* Que rumina. • *sm* **1** Espécime dos ruminantes. *sm pl* **2** *Zool* Subordem de mamíferos e quadrúpedes, cujo estômago é dividido em quatro partes, às vezes em três, voltando o alimento à boca para ser novamente mastigado.
ru.mi.nar (*lat ruminare*) *vtd* **1** Mastigar pela segunda vez; remoer (os alimentos que voltam do estômago à boca). **2** *fig* Pensar muito a respeito de.

ru.mo (*gr rhómbos*) *sm* **1** Cada uma das direções da rosa dos ventos. **2** Direção, orientação, caminho.
ru.mor (*lat rumore*) *sm* **1** Murmúrio, ruído. **2** *fig* Notícia que corre de boca em boca; boato.
ru.mo.re.jar (*rumor+ejar*) *vint* **1** Produzir rumor contínuo: *"Grupinhos rumorejavam cabisbaixos pelas esquinas."* (RI) *vint* **2** Correr boato, notícia. Conjuga-se como *solfejar.*
ru.mo.ro.so (*ó*) (*rumor+oso*) *adj* **1** Que causa rumor. **2** Barulhento, ruidoso. *Pl: rumorosos (ó).*
ru.pes.tre (*lat rupes*) *adj m+f* **1** Que cresce nas pedras. **2** Inscrito ou desenhado nas rochas: *Pinturas rupestres.* **3** Construído em rochedo.
rup.tu.ra (*lat ruptura*) *sf* **1** Abertura, buraco, fenda, greta. **2** Corte, interrupção. **3** Rompimento de relações sociais. **4** Hérnia.
ru.ral (*lat rurale*) *adj m+f* **1** Relativo ao campo ou à vida agrícola. **2** Próprio do campo; campestre. **3** Camponês, rústico.
rush (*râch*) (*ingl*) *sm* Tráfego muito intenso, sempre em direção determinada, na hora de entrada e saída do trabalho.
rus.so (*lat med Russi*) *adj* Relativo à Rússia (Ásia/Europa); soviético. • *sm* **1** Habitante ou natural da Rússia; soviético. **2** Língua eslava, falada na Rússia.
rús.ti.co (*lat rusticu*) *adj* **1** Relativo ao campo; campestre. **2** Grosseiro, tosco. **3** Ignorante, malcriado. **4** Inculto, sem arte. • *sm* Homem do campo; camponês. *Sup abs sint: rusticíssimo.*
ru.tá.ceas (*lat ruta+ácea*) *sf pl Bot* Família de arbustos e árvores cujas folhas são aromáticas quando esmagadas, como, por exemplo, o limoeiro.
ru.ti.lan.te (de *rutilar*) *adj m+f* Muito brilhante; resplandecente.
ru.ti.lar (*lat rutilare*) *vint* **1** Brilhar muito; resplandecer: *"Os móveis são novos, a pintura rutila."* (MUL) *vtd* **2** Fazer brilhar muito. *vtd* **3** Despedir, emitir: Os olhos rutilavam chispas de paixão.

S

s (*ésse*) *sm* Décima nona letra do alfabeto português, consoante.

sá.ba.do (*hebr shabbâth*, pelo *lat sabbatu*) *sm* Sétimo dia da semana. *Sábado de aleluia:* o sábado da semana santa.

sa.bão (*lat sapone*) *sm* **1** Substância detergente, usada com água para lavar roupa, utensílios, superfícies etc. **2** Pedaço dessa substância solidificada. **3** *fig* Descompostura, repreensão.

sa.be.dor (*saber+dor*) *adj* **1** Que sabe muito. **2** Que tem conhecimento de alguma coisa. *Antôn* (acepção 1): ignorante. • *sm* Indivíduo sabedor; erudito.

sa.be.do.ri.a (*sabedor+ia¹*) *sf* **1** Erudição. **2** Grande soma de conhecimentos. **3** Prudência, bom senso, juízo. **4** Discernimento adquirido pelas experiências de uma longa vida: *A sabedoria dos anciões. Antôn* (acepção 1): ignorância.

sa.ber (*lat sapere*) *vtd* e *vti* **1** Estar informado de, estar a par, ter conhecimento de. *vtd* **2** Compreender ou perceber um fato, uma verdade. *vtd* **3** Ser capaz de distinguir ou de dizer. *vtd* **4** Ser versado em. *vtd* e *vti* **5** Estar habilitado para; ser capaz de; ter os conhecimentos especiais ou técnicos de. *vtd* e *vti* **6** Possuir amplos conhecimentos. *vtd* **7** Compreender, poder explicar. *vtd* **8** Pressupor, prever. *vti* **9** Procurar informar-se de. *Antôn* (acepções 1, 2, 3, 4, 6 e 8): ignorar. • *sm* **1** Soma de conhecimentos; erudição. **2** Percepção ou conhecimento da verdade. **3** Soma de conhecimentos adquiridos. *Saber na ponta da língua:* saber de cor, ter as respostas prontas para dá-las sem hesitação. *Saber onde aperta o sapato:* conhecer a causa das suas próprias dificuldades; conhecer bem a sua situação. *Antôn* (acepção 1): ignorância. *Conjug* – Pres indic: sei, sabes, sabe, sabemos, sabeis, sabem; Pret perf: soube, soubeste, soube, soubemos, soubestes, souberam; Pret imp indic: sabia, sabias, sabia, sabíamos, sabíeis, sabiam; Pret mais-que-perf: soubera, souberas, soubera, soubéramos, soubéreis, souberam; Fut pres: saberei, saberás, saberá, saberemos, sabereis, saberão; Fut pret: saberia, saberias, saberia, saberíamos, saberíeis, saberiam; Pres subj: saiba, saibas, saiba, saibamos, saibais, saibam; Pret imp subj: soubesse, soubesses, soubesse, soubéssemos, soubésseis, soubessem; Fut subj: souber, souberes, souber, soubermos, souberdes, souberem; Imper afirm: —, sabe(Tu), saiba(Você), saibamos(Nós), sabei(Vós), saibam(Vocês); Imper neg: —, Não saibas(Tu), Não saiba(Você), Não saibamos(Nós), Não saibais(Vós), Não saibam(Vocês); Infinitivo impess: saber; Infinitivo pess: saber, saberes, saber, sabermos, saberdes, saberem; Ger: sabendo; Part: sabido.

sa.be.tu.do *s m+f sing+pl pop* Sabichão, sabido.

sa.bi.á (*tupi sauiá*) *sm Ornit* Designação mais comum dos pássaros da família dos turdídeos, alguns dos quais muito apreciados pelo seu canto. Voz: *canta, gorjeia, modula, trina.*

sa.bi.chão (de *sábio*) *adj pop* Diz-se do indivíduo que sabe muito ou que alardeia sabedoria. • *sm* Esse indivíduo. *Fem:* sabichona.

sa.bi.do (*part* de *saber*) *adj* **1** Que se sabe; que ninguém ignora. **2** Que sabe muito.

3 Astuto, prudente. **4** Esperto, velhaco. *Antôn* (acepção 1): *ignorado*; (acepções 3 e 4): *ingênuo*.

sá.bio (*lat sapidu*) *adj* **1** Diz-se do que sabe muito, do que tem vastos e profundos conhecimentos sobre qualquer assunto científico, literário ou artístico; erudito. **2** Que tem a faculdade de bem julgar. **3** Prudente: *É sábio dirigir com cautela. Sup abs sint*: *sapientíssimo*. • *sm* **1** Homem de muita ciência ou sabedoria. **2** *pop* Filósofo. **3** Homem prudente. *Aum pej*: *sabichão*.

sa.bo.ne.te (*ê*) (*sabão+ete*) *sm* Sabão fino, perfumado e preparado com substâncias gordurosas de alta qualidade, próprio para lavagem do corpo.

sa.bo.ne.tei.ra (*sabonete+eira*) *sf* Utensílio para colocar sabonete em uso.

sa.bor (*lat sapore*) *sm* **1** Impressão que certas substâncias exercem sobre o sentido do gosto. **2** Paladar. *Ao sabor de:* sob a força de: *Ao sabor das ondas, dos ventos, dos costumes*.

sa.bo.re.ar (*sabor+e+ar¹*) *vtd* e *vint* **1** Comer ou beber vagarosamente, com gosto. *vtd* **2** Dar sabor ou gosto a; tornar saboroso. *vpr* **3** Deliciar-se, regozijar-se. Conjuga-se como *frear*.

sa.bo.ro.so (*ô*) (*sabor+oso*) *adj* **1** Que tem bom sabor; gostoso, delicioso. **2** Agradável. *Antôn* (acepção 1): *insosso*. *Pl*: *saborosos* (*ó*).

sa.bo.ta.gem (*fr sabotage*) *sf* **1** Destruição ou danificação propositada de material, instalações, maquinarias, ferramentas, ou interferência secreta na produção ou nos negócios de uma empresa. **2** *fig* Trabalho secreto ou resistência passiva contra qualquer causa à qual se deve cooperação.

sa.bo.tar (*fr saboter*) *vtd* Danificar ou prejudicar por sabotagem: *"As empresas estatais também sabotaram o Plano."* (FSP)

sa.bu.go (*lat sambucu*) *sm* **1** Parte do dedo a que está aderida a unha. **2** Parte central da espiga de milho em que se prendem os grãos.

sa.bu.guei.ro (*sabugo+eiro*) *sm Bot* Arbusto cujas flores esbranquiçadas são de uso medicinal.

sa.ca (de *saco*) *sf* **1** *V* saco (acepção 1): *Uma saca de café*. **2** Bolsa.

sa.ca.da (*sacar+ada¹*) *sf* **1** Balcão de janela ou porta. **2** *gír* Ideia.

sa.ca.do (*part* de *sacar*) *sm Dir* e *Com* Aquele contra quem se sacou uma letra de câmbio ou título equivalente.

sa.ca.dor (*sacar+dor*) *adj* Que saca. • *sm* **1** Aquele que saca: *"O sacador deve ser contribuinte há mais de três anos."* (FSP) **2** *Dir* e *Com* Aquele que saca uma letra de câmbio ou título equivalente.

sa.cal (*saco+al¹*) *adj m+f gír* Chato, enfadonho.

sa.ca.na *adj m+f* **1** Diz-se da pessoa que pratica atos imorais, libidinosos. **2** Diz-se da pessoa canalha, imoral, crápula, sem caráter. **3** Diz-se da pessoa espertalhona, malandra. • *s m+f* Pessoa sacana.

sa.ca.na.gem (*sacana+agem*) *sf* **1** Ação, dito ou procedimento de sacana. **2** Bandalheira, imoralidade, safadeza. **3** Brincadeira de mau gosto; troça.

sa.ca.ne.ar (*sacana+e+ar¹*) *vtd* e *vint* **1** Proceder como sacana. *vtd* **2** Enganar, ludibriar. *vtd* **3** Irritar, troçar. Conjuga-se como *frear*.

sa.car (*gót sakan*) *vtd* **1** Tirar para fora, à força e repentinamente; arrancar. *vti* **2** Arrancar de ou puxar por (espada, lança etc.). *vtd* **3** Conseguir, obter com esforço: *Sacar um donativo de um avarento*. *vtdi* **4** Emitir, passar uma ordem de pagamento, escrita, sobre um devedor ou um depósito. *vtd* **5** *gír* Entender, compreender, perceber: *Você não sacou nada do que eu disse*.

sa.ça.ri.car (de *sassar+ico¹*) *vint* Balançar o corpo ao dançar; saracotear: *"As americanas continuam saçaricando."* (RO)

sa.ca.rí.deo (*sácari+ídeo²*) *adj*+*sm* **1** Nome genérico dos açúcares ou combinações de açúcares. **2** Carboidrato.

sa.ca.rí.fe.ro (*sácari+fero*) *adj* Que produz ou contém açúcar: *Plantas sacaríferas*.

sa.ca.ri.na (*sácari+ina*) *sf Quím* Pó branco, cristalino, intensamente doce, mas sem valor nutritivo, usado como substituto de açúcar no tratamento da diabete e da obesidade.

sa.ca-ro.lhas (*ô*) (*sacar+rolhas*) *sm sing pl* **1** Instrumento próprio para tirar as rolhas das garrafas. *sf* **2** *Bot* Nome comum a três arbustos esterculiáceos.

sa.ca.ro.se (*sácari+ose*) *sf Quím* Açúcar comum, de cana ou beterraba.

sa.cer.dó.cio (*lat sacerdotiu*) *sm* **1** Cargo de sacerdote. **2** *fig* Missão que se toma muito a sério, como uma coisa sagrada.

sa.cer.do.tal (*lat sacerdotale*) *adj m+f* Pertencente ou relativo a sacerdote ou a sacerdócio: *Atitude sacerdotal*.

sa.cer.do.te (*lat sacerdote*) *sm* **1** *Ecles* Aquele que recebeu o sacramento da ordem; padre, clérigo, presbítero. **2** *fig* Aquele que exerce com muita dedicação e dignidade uma profissão: *Os sacerdotes da medicina*. Fem: *sacerdotisa*.

sa.chê (*fr sachet*) *sm* Almofada ou saquinho contendo substâncias aromáticas.

sa.ci (tupi *sasí*) *sm Folc* Entidade representada por um menino negro de uma só perna, carapuça vermelha na cabeça e cachimbo na boca, que, durante a noite, solta assobios misteriosos e se diverte com travessuras, como espantar o gado, os cavalos no pasto e apavorar viajantes nos caminhos solitários.

sa.ci.ar (*lat satiare*) *vtd* **1** Fartar de comida ou bebida; satisfazer. *vtd* **2** Encher: *Saciar o estômago*. *vpr* **3** Dar-se por satisfeito; não querer mais. Conjuga-se como *premiar*.

sa.ci.e.da.de (*lat satietate*) *sf* Satisfação plena: *"Iam calados, com o ar ausente da saciedade."* (BPN) *À saciedade* ou *até a saciedade:* até completa satisfação; até fartar; até não querer mais.

sa.ci-pe.re.rê V *saci*. Pl: *sacis-pererês* e *saci-pererés*.

sa.co (*lat saccu*) *sm* **1** Recipiente de pano grosso e resistente. **2** Recipiente menor, semelhante, de papel grosso ou outro material. **3** *pop* Bolsa escrotal; escroto. *Encher o saco, vulg:* esgotar a reserva de tolerância ou paciência; aporrinhar, maçar. *Puxar o saco de:* bajular. *Saco de gatos:* reunião agitada de pessoas que não se entendem, que vivem em brigas constantes. *Saco de viagem:* mala, malote.

sa.co.la (*saco+ola*) *sf* Saco provido de alças, usado para carregar pequenas compras, ferramentas, roupas etc.

sa.co.lei.ro (*sacola+eiro*) *sm gír* Pessoa que compra mercadorias em quantidade para revendê-las de porta em porta, obtendo lucro.

sa.co.le.jar (*sacola+ejar*) *vtd* **1** Agitar repetidas vezes; sacudir. **2** Rebolar, saracotear. Conjuga-se como *solfejar*.

sa.co.le.jo (*ê*) (de *sacolejar*) *sm* Ato de sacolejar.

sa.cra.men.tal (*sacramento+al*) *adj m+f* **1** Pertencente ou relativo a sacramento. **2** Obrigatório. • *sm* Bênção ritual da Igreja sobre coisas ou pessoas para obter um fim espiritual: cinzas, bênção nupcial etc. (Mais usado no plural.)

sa.cra.men.tar (*sacramento+ar¹*) *vtd* **1** Administrar os sacramentos da Igreja. *vpr* **2** Receber os últimos sacramentos. *vtd* **3** Consagrar (a hóstia). *vtd* **4** Confessar. *vtd* **5** Imprimir caráter sagrado a, sagrar, tornar sagrado. *vtd* **6** *fig* Revestir (um contrato, um negócio etc.) de todas as condições legais.

sa.cra.men.to (*lat sacramentu*) *sm* **1** *Teol* Sinal instituído por Deus com o fim de purificar e santificar as almas. **2** *Rel Catól* A eucaristia. *sm pl* **3** *Rel Catól* O batismo, a confirmação, a eucaristia, a penitência, a unção dos enfermos, a ordem e o matrimônio.

sa.cri.fi.car (*lat sacrificare*) *vtd* e *vtdi* **1** Oferecer em sacrifício; imolar. *vti* e *vint* **2** Oferecer holocaustos à divindade. *vpr* **3** Oferecer-se, sujeitar-se (ao sacrifício); submeter-se. *vtdi* **4** Renunciar voluntariamente a. *vtd* **5** Negligenciar, menosprezar por causa de: *A empresa sacrificou a qualidade de seus produtos pelo lucro maior*. *vpr* **6** Sujeitar-se às consequências de. *vtdi* e *vpr* **7** Consagrar(-se) totalmente a; dedicar(-se) com ardor.

sa.cri.fí.cio (*lat sacrificiu*) *sm* **1** Oferenda feita a uma divindade para lhe tributar homenagens, ou ainda para lhe aplacar a cólera. **2** Renúncia voluntária a um bem ou a um direito. **3** Ato de abnegação, inspirado pelo sentimento de amizade ou de amor; renúncia.

sa.cri.lé.gio (*lat sacrilegiu*) *sm* **1** *Teol* Pecado contra a religião que consiste na violação de pessoa, lugar ou objeto consagrados ao culto divino: *"Compadecido, o abade abriu o sacrário, tirou as hóstias consagradas e o cálice de vinho, e fez com que o estranho se alimentasse com eles. Os outros monges ficaram horrorizados: – Isso é um sacrilégio!"* (HPP) **2** Irreverência para com pessoas ou objetos consagrados. **3** Afronta dirigida a coisas ou pessoas dignas de veneração. **4** *por ext* Ação digna de censura ou reparação: *"Ia temerosa e assustada procurar a vizinha, parecia-lhe estar cometendo um sacrilégio."* (PCO)

sa.cris.tão (*lat sacristanu*) *sm* **1** Aquele que tem a seu cargo o arranjo e guarda da igreja, especialmente da sacristia. **2** Aquele que ajuda à missa e auxilia o sacerdote nos ofícios divinos. *Fem*: sacristã. *Pl*: sacristãos e sacristães.

sa.cris.ti.a (*baixo-lat sacristia*) *sf* Dependência da igreja onde se guardam os paramentos sacerdotais, os utensílios do culto e onde se vestem os sacerdotes.

sa.cro (*lat sacru*) *adj* **1** Sagrado: *"Entoavam um canto sacro."* (TV) **2** Digno de respeito ou veneração. **3** Relativo ao osso sacro. *Antôn* (acepção 1): *profano*. • *sm Anat* Osso ímpar, em forma de pirâmide com o vértice voltado para baixo, resultante da soldadura das vértebras sacras, que forma a região posterior da bacia: *"A curvatura do sacro."* (CLO)

sa.cu.di.de.la (*sacudir*+*dela*) *sf pop* Castigo leve; pequena sova ou surra.

sa.cu.di.do (*part* de *sacudir*) *adj* **1** Agitado, movido rápida e repetidamente: *"Carregados pela marcha sacudida das montarias."* (CHA) **2** Desembaraçado, desenvolto. **3** Forte, robusto, saudável: *"O Dalberto estava sacudido, mais trigueiro."* (COB)

sa.cu.dir (*lat saccutere*) *vtd* **1** Mover repetidas vezes de um lado para outro, ou para cima e para baixo; chacoalhar. *vtd* **2** Pôr em movimento vibratório ou causar tremor; abalar. *vtd* **3** Agitar, brandir, mover de modo ameaçador: *Sacudiu o punho e dirigiu-lhe uma imprecação*. *vpr* **4** Agitar o corpo andando; saracotear-se. *vtd* **5** *fig* Causar abalo moral; comover. Conjuga-se como *bulir*.

sá.di.co (de *Sade*, *np*+*ico²*) *adj* Relativo ao sadismo. • *sm* Aquele que pratica o sadismo.

sa.di.o (*lat sanativu*) *adj* **1** Favorável à saúde. **2** Que dá saúde; saudável. **3** Higiênico. **4** Que goza de boa saúde. **5** Que proporciona conhecimentos úteis à vida. *Antôn* (acepções 1 e 4): *doentio*.

sa.dis.mo (Sade, *np*+*ismo*) *sm* Prazer com o sofrimento dos outros.

sa.fa.de.za (*safado*+*eza*) *sf pop* **1** Dito ou procedimento de indivíduo safado. **2** Desfaçatez, vileza. **3** Ato pornográfico; bandalheira, coisa imoral, imoralidade. *Sin*: safadice.

sa.fa.do (de *safar*) *adj* **1** *pop* Desavergonhado, descarado, pornográfico, imoral. **2** *pop* Traquinas, travesso. • *sm pop* Homem vil, desprezível, descarado.

sa.fa.não (de *safar*) *sm* **1** Empuxão com que se safa ou arranca alguma coisa; empurrão. **2** *pop* Sopapo; bofetada.

sa.far (*ár zâH*+*ar¹*) *vtd* **1** Furtar, tirar. *vpr* **2** Escapar, esgueirar-se, fugir: Ele safou-se da polícia.

sa.far.da.na (*hebr Sefardîm*) *sm pop* Indivíduo muito safado: *"Teixeirinha queria saber onde encontraria o safardana."* (MRF)

sa.fá.ri (*ingl safari*) *sm* **1** Expedição numerosa e bem organizada, de caça, especialmente na África. **2** *por ext* Parque de animais selvagens.

sa.fe.na (*ár sâfîn*, via *lat med saphena*) *sf Anat* Cada uma de duas grandes veias subcutâneas da perna; veia safena.

sa.fe.na.do (*safena*+*ado¹*) *adj*+*sm* Diz-se de ou aquele que já se submeteu à operação de ponte de safena.

sa.fi.ra (*hebr sappîr*, via *gr sápheiros*) *sf* **1** *Miner* Pedra preciosa (variedade de coríndon), especialmente uma variedade azul transparente, que vai do azul-celeste ao azul-escuro. **2** A cor azul-escura dessa pedra.

sa.fra *sf* **1** Colheita. **2** Boa promessa de frutos.

sa.ga (*nórdico ant saga*) *sf* **1** Lenda medieval acerca de figuras ou eventos notáveis dos países escandinavos. **2** *por ext* Qualquer lenda antiga acerca de feitos heroicos.

sa.gi.ta.ri.a.no (*Sagitário*+*ano*) *sm Astrol*

Pessoa nascida sob o signo de Sagitário. • *adj* Astrol Relativo ou pertencente ao signo de Sagitário, ou aos sagitarianos.

sa.gi.tá.rio (*lat sagittariu*) *adj poét* Armado de arco e setas. • *sm* **1** Frecheiro, seteiro. **2 Sagitário** *Astr* Constelação do zodíaco. **3 Sagitário** *Astrol* Signo do zodíaco, relativo aos nascidos entre 22 de novembro e 21 de dezembro.

sa.gra.ção (*lat sacratione*) *sf* Cerimônia religiosa pela qual se consagra um rei, um bispo etc.

sa.gra.do (*part de sagrar*) *adj* **1** Que recebeu a sagração. **2** Dedicado a Deus, a uma divindade ou a um desígnio religioso. **3** Digno de veneração ou respeito religioso pela associação com Deus ou com as coisas divinas; santo. **4** Pertencente à religião ou ao culto religioso, ou relacionado com eles. **5** Que não se deve infringir; inviolável. *Antôn* (acepção 4): *profano*. • *sm* **1** Aquilo que é sagrado. **2** O que foi consagrado pelas cerimônias do culto. *Sup abs sint*: *sacratíssimo* e *sagradíssimo*.

sa.grar (*lat sacrare*) *vtd* e *vtdi* **1** Dedicar (ao serviço de Deus); oferecer. *vtd* e *vpr* **2** Investir(-se) numa dignidade eclesiástica ou secular. *vtd* **3** Conferir um título, uma honra. *vtd* **4** Abençoar, santificar.

sa.gu (*malaio sâgû*) *sm* Amido granuloso ou em pó, preparado dos caules esponjosos de diversas palmeiras, principalmente os sagueiros, e usado em culinária e para engomar tecidos.

sa.guão (*ár 'usTuwân*) *sm* **1** Pequeno pátio, estreito e descoberto, no interior de um edifício. **2** Espécie de alpendre situado à entrada dos conventos. **3** Sala de entrada nos grandes edifícios, da qual uma escadaria e elevadores dão acesso aos andares superiores; vestíbulo, *hall*: *Saguão do hotel*.

sa.guei.ro (*gwe*) (*sagu+eiro*) *sm Bot* Cada uma das diversas espécies de palmeiras cujo caule contém o sagu.

sa.gui (*gwi*) (*tupi sauĩn*) *sm* **1** *Zool* Nome comum a diversos pequenos mamíferos da ordem dos primatas, cujas espécies apresentam unhas em forma de garras. Voz: *assobia, guincha*. **2** *fig* Tipo amacacado, feio, esquisito. *Var: saguim*.

sai.a (*lat vulg *sagia*, de *sagu*) *sf* Peça de vestuário feminino que se estende da cintura para baixo. *Dim irreg: saiote*.

sai.a-cal.ça *sf* Calça larga cortada sobre o molde de saia usada por mulheres e cuja entreperna é, geralmente, disfarçada por prega funda. *Pl: saias-calça* e *saias-calças*.

sai.bro (*lat sabulu*) *sm* Mistura de argila, areia e pedregulhos.

sa.í.da (*part fem de sair*) *sf* **1** Ato ou efeito de sair. **2** Exportação, venda. **3** Expediente, recurso: *Você vai ser multado, não tem saída. Antôn* (acepção 1): *entrada*. *Saída de banho*: peça de vestuário que se usa para cobrir o corpo, sobre o maiô; canga. *Saída de praia*: *V* saída de banho. *Ter boa saída:* ter fácil comercialização.

sa.í.da de ba.nho Ver definição em *saída*.
sa.í.da de prai.a Ver definição em *saída*.
sa.i.dei.ra (*sair+deira*) *sf gír* Última rodada de bebidas, especialmente num bar.

sa.ir (*lat salire*) *vti* e *vint* **1** Ir de dentro para fora, passar do interior para o exterior. *vti* e *vint* **2** Afastar-se, ausentar-se, partir. *vti* **3** Demitir-se ou desligar-se. *vti* **4** Aparecer, mostrar-se: *Sair à janela. vti* e *vint* **5** Ficar livre; recuperar a liberdade. *vti* e *vpr* **6** Desvanecer-se, desaparecer, apagar-se; sumir: *A tinta não saiu da toalha. vti* e *vpr* **7** Desembaraçar-se, livrar-se. *vti* e *vint* **8** Mudar-se. *vint* **9** Publicar-se; estampar-se. *Sair a alguém:* parecer-se com alguém, sob o aspecto físico ou moral: *O primogênito saiu ao pai. Sair a campo:* vir a campo para a luta; disputar, lutar, pelejar. *Sair de cabeça erguida:* sair com o nome limpo. *Sair do* (ou *do seu*) *sério:* folgar, rir; descontrolar-se. *Sair do tom, Mús:* passar de um tom para outro; desafinar, desentoar. *Conjug – Pres indic: saio, sais, sai, saímos, saís, saem; Pret perf: saí, saíste, saiu, saímos, saístes, saíram; Pret imp indic: saía, saías, saía, saíamos, saíeis, saíam; Pret mais-que-perf: saíra, saíras, saíra, saíramos, saíreis, saíram; Fut pres: sairei, sairás, sairá, sairemos, saireis, sairão; Fut pret: sairia, sairias, sairia, sairíamos, sairíeis, sairiam; Pres subj: saia, saias, saia, saiamos, saiais, saiam; Pret imp subj: saísse, saísses, saísse, saíssemos, saís-*

seis, saíssem; Fut subj: sair, saíres, sair, sairmos, sairdes, saírem; Imper afirm: —, *sai(Tu), saia(Você), saiamos(Nós), saí(Vós), saiam(Vocês); Imper neg:* —, *Não saias(Tu), Não saia(Você), Não saiamos(Nós), Não saiais(Vós), Não saiam(Vocês); Infinitivo impess: sair; Infinitivo pess: sair, saíres, sair, sairmos, sairdes, saírem; Ger: saindo; Part: saído.*

sal (*lat sale*) *sm* **1** Composto cristalino de sódio (NaCl), encontrado em estado natural em alguns terrenos ou diluído na água do mar. **2** *Quím* Cloreto de sódio, cristalino, branco, que se usa na alimentação. *sm pl* **3** Preparação aromática usada mediante inalação como estimulante e restaurativo, principalmente em casos de desmaio e dor de cabeça. *Sal amargo, Farm:* sal purgante. *Sal de frutas, Farm:* medicamento usado para dores de estômago. *Sal grosso:* sal comum, tal como sal das salinas.

sa.la (*provençal sala*) *sf* **1** Dependência grande em uma residência, destinada à recepção de visitas, bailes, banquetes etc. **2** Nos edifícios públicos, dependência destinada a funções especiais. *Fazer sala* (a alguém): receber visitas e proporcionar-lhes bons momentos de conversa e de entretenimento. *Dim irreg: saleta.*

sa.la.da (*fr salade*) *sf* **1** Prato que se prepara com hortaliças, legumes etc., crus ou cozidos, geralmente condimentado com sal, azeite e vinagre ou limão. **2** *pop* Confusão, misturada; mixórdia. *Salada de frutas:* porção de frutas de várias espécies, misturadas e temperadas com açúcar, vinho etc.

sa.la.dei.ra (*salada+eira*) *sf* Travessa ou prato grande e fundo em que se leva a salada à mesa para ser servida.

sa.la.me (*ital salame*) *sm* Chouriço duro (que se come frio), feito de carne de porco e de vaca em várias proporções, muito condimentado e seco ao ar ou defumado.

sa.lão (*sala+ão²*) *sm* Sala grande, própria para bailes, concertos, recepções etc. *Salão nobre:* grande sala para assembleias e solenidades em estabelecimentos culturais ou sociais, como universidades, sedes de associações etc.

sa.la.ri.al (*salário+al¹*) *adj m+f* Referente a salário: *Reajuste salarial.*

sa.lá.rio (*lat salariu*) *sm* Remuneração por um serviço prestado; ordenado, soldo. *Salário mínimo:* salário abaixo do qual a lei proíbe remunerar um trabalhador.

sa.lá.rio-e.du.ca.ção *sm* Adicional de salário pago para ajudar o empregado a custear estudos. *Pl: salários-educação.*

sa.lá.rio-fa.mí.lia *sm* Remuneração adicional para cada dependente menor que o assalariado possui. *Pl: salários-famílias* e *salários-família*.

sal.dar (*lat solidare*) *vtd* **1** Pagar o saldo de. **2** Ajustar, liquidar (contas): *Saldou suas dívidas.*

sal.do (de *saldar*) *sm* **1** Diferença entre o crédito e o débito, nas transações comerciais. **2** Sobra, resto.

sa.lei.ro (*sal+eiro*) *adj* Pertencente ou relativo a sal. • *sm* **1** Recipiente para sal, usado na mesa ou na cozinha. **2** Fabricante ou vendedor de sal.

sa.le.ta (*ê*) (*sala+eta*) *sf* **1** Pequena sala. **2** Sala de espera, antessala.

sal.ga (de *salgar*) *sf* Ato ou efeito de salgar (carne, peixe etc.). *Sin: salgação, salgadura.*

sal.ga.di.nhos (*salgado+inho*) *sm pl Cul* Iguarias miúdas de gosto salgado que se servem como aperitivos em recepções festivas.

sal.ga.do (*part* de *salgar*) *adj* **1** Que se salgou. **2** Que tem gosto de sal. **3** Que contém sal. **4** *fig* Chistoso, engraçado, picante. **5** *pop* De preço elevado; caro, custoso. *Antôn* (acepções 1, 2 e 3): *insosso.* • *sm pl* Terrenos pouco produtivos, à beira-mar.

sal.gar (*lat vulg *salicare*) *vtd* **1** Impregnar de sal. *vtd* **2** Temperar com sal. *vtd* **3** *fig* Tornar chistoso, engraçado, picante. *vtd* **4** *pop* Vender por preço muito elevado. *vpr* **5** Impregnar-se de sal.

sal-ge.ma *sm Miner* Sal comum (cloreto de sódio) natural, que ocorre em forma de massas sólidas como rocha, geralmente coloridas por ferro. *Pl: sais-gemas.*

sal.guei.ro (*lat vulg *salicariu*) *sm Bot*

Nome genérico de árvores e arbustos que crescem nos terrenos úmidos ou à beira dos rios, muitos dos quais têm importância econômica como fontes de madeira, vimes, tanino para curtumes, enquanto outros são ornamentais.

sa.li.cá.cea (*lat salice+ácea*) *sf Bot* **1** Planta da família das salicáceas. *sf pl* **2** Família da ordem Salicales, que compreende árvores ou arbustos dioicos (que têm órgãos reprodutores masculinos e femininos) com pequenas flores sem pétalas.

sa.li.ên.cia (*saliente+ia²*) *sf* **1** Ressalto na superfície de certos objetos; proeminência, protuberância. **2** *fig* Qualidade de pessoa que se põe em evidência; espevitamento. *Antôn* (acepção 1): *reentrância*.

sa.li.en.tar (*saliente+ar¹*) *vtd* **1** Tornar saliente, fazer sobressair. *vtd* **2** Pôr em evidência, realçar, acentuar. *vpr* **3** Distinguir-se, evidenciar-se, sobressair entre muitos, tornar-se notável.

sa.li.en.te (*lat saliente*) *adj m+f* **1** Que avança, sai ou se eleva acima do plano em que assenta. **2** Que prende a atenção. **3** Que se vê logo ao primeiro olhar. **4** *fig* Espevitado, saído, intrometido: *Sujeito saliente, se mete na vida de todos.*

sa.li.fi.car (*sali+ficar*) *vtd* **1** Converter ou transformar em sal. **2** Combinar ou impregnar com sal.

sa.li.na (*sali+ina*) *sf* Terreno plano onde se faz entrar água do mar para retirar, por evaporação, o sal marinho que ela contém.

sa.li.ni.da.de (*salino+i+dade*) *sf* **1** Qualidade de salino. **2** Teor de substâncias salinas em um líquido.

sa.li.ni.zar (*salino+izar*) *vint* Tornar (-se) salino: *"A água do rio está salinizando."* (GAL)

sa.li.no (*lat salinu*) *adj* **1** Que contém sal ou é da natureza dele. **2** Pertencente, relativo ou semelhante a sal.

sa.li.tre (*lat salnitru*) *sm* Designação vulgar do nitrato de potássio ou nitro.

sa.li.va (*lat saliva*) *sf Fisiol* Líquido digestivo transparente, levemente alcalino, segregado e derramado na boca pelas glândulas salivares; cuspo.

sa.li.var¹ (*lat salivare*) *vint* **1** Expelir saliva. *vtd* **2** Umedecer com saliva. *vtd* **3** Expelir como se expele saliva.

sa.li.var² (*saliva+ar¹*) *adj m+f* **1** Pertencente ou relativo à saliva ou às glândulas que a produzem. **2** Que produz saliva.

sal.mão (*lat salmone*) *sm* **1** *Ictiol* Grande peixe da família dos salmonídeos, de carne rosada, muito saborosa, que vive nas águas costais do Oceano Atlântico setentrional. **2** A cor do salmão.

sal.mo (*lat psalmu*) *sm* **1** Cada um dos cânticos bíblicos, atribuídos em sua maioria ao rei Davi e reunidos no Livro dos Salmos. **2** Cântico de louvor a Deus.

sal.mo.di.ar (*salmodia+ar¹*) *vint* **1** Cantar salmos, sem inflexão de voz. *vint* **2** Cantar, recitar ou escrever de forma monótona. *vtd* **3** Recitar em tom e com pausas sempre iguais.

sal.mo.ne.la (*lat cient salmonella*) *sf Bacter* Gênero de bactérias aeróbias gram-negativas, com forma de bastonete.

sal.mo.ní.deos (*lat salmone+ídeos*) *sm pl Ictiol* Família de peixes teleósteos, que possuem as espinhas das nadadeiras flexíveis. Estão incluídos nessa família os salmões e as trutas.

sal.mou.ra (*lat salmuria*) *sf* **1** Água saturada de sal, para a conservação de alimentos. **2** Conservação de alimentos em sal. *Var: salmoira*.

sa.lo.bro (*ô*) (*lat salubre*) *adj* **1** Que tem um gosto tirante a sal. **2** Diz-se da água desagradável ao paladar por ter em dissolução certos sais que lhe dão um gosto repugnante. *Var: salobre*.

sal.pi.cão (*cast salpicón*) *sm Cul* Prato frio feito com carne de galinha desfiada, salsão, misturados com pimenta, cebola etc.

sal.pi.car (*sal+picar*) *vtd* **1** Polvilhar com pitadas de sal; temperar espalhando gotas ou pingos. *vtd* **2** Espalhar aos pingos ou em partículas. *vtd* e *vpr* **3** Mosquear(-se), sarapintar(-se) de.

sal.pi.co (de *salpicar*) *sm* **1** Grão de sal. **2** Gota que salta e borrifa. **3** A mancha deixada por essa gota. **4** Pingo de lama que ressalta. *sm pl* **5** Pontinhos de cor em vários tecidos.

sal.sa (*lat salsa*) *sf* **1** *Bot* Planta muito usada como condimento em temperos culinários. **2** *Mús* Ritmo caribenho, com elementos de *jazz* e *rock*. **3** *Mús* A dança correspondente a esse ritmo.

sal.são (*salsa*+*ão²*) *V* aipo.

sal.sei.ro (*salso*+*eiro*) *sm pop* **1** Barulho, briga, conflito, desordem, rolo. **2** *Mús* Cantor e/ou instrumentista de salsa.

sal.si.cha (*ital salsiccia*) *sf* Espécie de linguiça delgada e curta, na qual a carne de frango, vaca, ou essa carne misturada com a de porco, vêm cozidas. *Var: salchicha.*

sal.si.chão (*salsicha*+*ão²*) *sm* Salsicha grande; paio. *Var: salchichão.*

sal.si.cha.ri.a (*salsicha*+*aria*) *sf* **1** Comércio ou indústria de salsicheiro. **2** Estabelecimento onde se fabricam ou vendem salsichas. *Var: salchicharia.*

sal.si.chei.ro (*salsicha*+*eiro*) *sm* Fabricante e/ou vendedor de salsichas. *Var: salchicheiro.*

sal.si.nha (*dim* de *salsa*) *V* salsa (acepção 1).

sal.tar (*lat saltare*) *vint* **1** Dar salto ou saltos. *vti* e *vint* **2** Lançar-se de um lugar para outro. *vti* **3** Atirar-se, lançar-se de cima para baixo. *vtd* **4** Transpor, passar por cima de, pulando. *vint* **5** Dar pulos ou saltos em correrias, brincando. *vti* e *vint* **6** Apear-se ou descer de um salto. *vti* **7** Passar bruscamente de um assunto a outro: *Saltou da Geografia para a História. Saltar aos olhos* ou *à vista:* manifestar-se claramente e sem esforço intelectual; ser evidente. *Saltar fora, gír:* desaparecer; sair fora de.

sal.te.a.do (*part* de *saltear*) *adj* Não sucessivo; entremeado. • *adv* De modo salteado; entremeadamente. *Saber de cor (ó) e salteado:* saber muito bem e responder corretamente, seja qual for a ordem das perguntas.

sal.te.a.dor (*saltear*+*dor*) *adj* Que salteia. • *sm* **1** Aquele que salteia. **2** Ladrão de estrada. *Col: caterva, corja, horda, quadrilha.*

sal.te.ar (*salto*+*e*+*ar¹*) *vtd* **1** Acometer ou atacar de repente, para matar ou roubar; assaltar. **2** Percorrer aos saltos. Conjuga-se como *frear*.

sal.tim.ban.co (*ital saltimbanco*) *sm* **1** Artista que apresenta suas habilidades em praças públicas. **2** Comediante. **3** Artista circense, acrobata. **4** *fig* Indivíduo sem opiniões seguras; charlatão.

sal.ti.tar (*lat saltitare*) *vint* **1** Dar saltos pequenos e contínuos. *vti* **2** Passar de repente de um assunto para outro.

sal.to (*lat saltu*) *sm* **1** Ação de se elevar (de um homem ou animal) com um esforço muscular repentino; pulo. **2** Transição súbita. **3** Queda-d'água; cascata, catarata. **4** Parte saliente (de madeira, cortiça, borracha, couro etc.) acrescentada à sola de um sapato para altear o calcanhar.

sa.lu.bre (*lat salubre*) *adj m*+*f* **1** Propício à saúde; sadio, saudável: *"Localidade povoada e salubre."* (D) **2** Higiênico. **3** Que serve para conservar ou restabelecer a saúde ao corpo: *"Suas terras eram boas e seu clima salubre."* (TV) *Antôn* (acepção 1): *insalubre. Sup abs sint: salubríssimo* e *salubérrimo*.

sa.lu.bri.da.de (*lat salubritate*) *sf* **1** Estado ou qualidade de ser salubre. **2** Conjunto das condições favoráveis à saúde, de um lugar ou de uma estação do ano.

sa.lu.tar (*lat salutare*) *adj m*+*f* **1** Favorável à preservação ou restauração da saúde. **2** Que desperta a força física; fortificante. **3** Que incute força moral; moralizador. **4** Que faz bem ao espírito e ao coração; edificante.

sal.va (de *salvar*) *sf* **1** Descarga simultânea de artilharia ou de fuzilaria em exercício de combate. **2** Espécie de bandeja ou prato em que se trazem copos, taças etc. *Salva de palmas:* aclamação pública, aplausos unânimes, ovação.

sal.va.ção (*lat salvatione*) *sf* **1** Ato ou efeito de salvar(-se). **2** Pessoa ou coisa que salva. **3** Redenção. **4** *Ecles* A bem-aventurança ou a felicidade eterna. *Antôn* (acepção 1): *perdição*.

sal.va.do.re.nho (*top Salvador*+*enho*) *adj*+*sm* De, pertencente ou relativo a El Salvador (América Central). • *sm* O natural ou habitante de El Salvador. *Sin: salvatoriano.*

sal.va.guar.da (*salvar*+*guardar*) *sf* **1** Proteção concedida por uma autoridade em favor de alguém para que não sofra detenção ou outros vexames. **2** Aquilo que serve de defesa, amparo, garantia.

sal.va.guar.dar (*salvaguarda+ar¹*) *vtd* **1** Proteger, defender; livrar de perigo. **2** Garantir.

sal.va.men.to (*salvar+mento*) *sm* **1** Ação ou efeito de salvar(-se); salvação. **2** Lugar onde alguém ou alguma coisa está segura ou sem risco. *Salvamento automático, Inform: V gravação* (acepção 4).

sal.var (*lat salvare*) *vtd* e *vtdi* **1** Pôr a salvo; livrar da morte; tirar de perigo; preservar de dano, destruição, perda, ruína etc. *vtd* **2** Evitar a derrota. *vpr* **3** Pôr-se a salvo; escapar-se; livrar-se de perigo iminente. *vtd* e *vpr* **4** Conservar(-se) salvo ou intacto. *vtd* **5** Defender, livrar, poupar, preservar. *vpr* **6** Alcançar a bem-aventurança ou a salvação eterna. *vtd* **7** *Inform* Gravar (um documento) para que se possa utilizar ou modificar suas informações posteriormente. *Salvar como, Inform:* opção, numa aplicação, que permite ao usuário gravar (salvar) o trabalho atual num arquivo com nome diferente.

sal.va-vi.das (*salvar+vida*) *s m+f sing+pl* **1** *Náut* Dispositivo, como cinto, colete, boia etc., de cortiça ou cheio de ar, destinado a salvar do afogamento vítimas de naufrágio. **2** Pessoa que salva banhistas que são ameaçados de afogamento, nas praias ou piscinas de clubes.

sal.vo (*part de salvar*) *adj* **1** Fora de perigo; livre de risco, doença, morte ou desgraça. **2** Intacto, ileso, incólume: *Está salvo o decoro.* **3** Livre de contratempos, de dissabores, de futuras complicações, de incômodos. • *prep* Exceto, afora, senão. *A salvo:* fora de perigo; em segurança. **Salvo** é invariável como:
a) Preposição, significando exceto, afora, senão. *Todos viajaram, salvo as crianças. Salvo o menino, os demais passageiros dormiam.*
b) Locução adverbial, na expressão **a salvo**. *Ele está a salvo. A mãe e o filho estão a salvo.*
c) É variável como adjetivo. *Angélica e Maria estão salvas. Os demais passageiros estão salvos.*

sal.vo-con.du.to *sm* **1** Licença por escrito, fornecida por autoridade policial, para transitar de um lugar para outro, sem risco de prisão ou detenção. **2** Autorização por escrito, que um chefe militar, em tempo de guerra, concede a determinadas pessoas, para transitarem sem constrangimento pelo território ocupado por suas tropas. *Pl: salvo-condutos* e *salvos-condutos.*

sa.mam.bai.a (do *tupi*) *sf Bot* Nome vulgar de feto da família das polipodiáceas usado como planta ornamental. *Var: sambambaia.*

sa.ma.ri.nês (*top San Marino+ês*) *adj* Da, pertencente ou relativo à República de San Marino (Europa). • *sm* O natural ou habitante desse país. *Var: san-marinense. Fem: samarinesa.*

sam.ba (*quimbundo semba*) *sm* Dança popular brasileira, de origem africana, com variedades urbana e rural, cantada e muito saracoteada. *Samba de breque:* samba com paradas súbitas. *Samba do crioulo doido, gír:* confusão, mistura, desordem. *Samba do partido-alto:* espécie de samba tradicional no Rio de Janeiro.

sam.ba-can.ção *sm* **1** Samba de melodia mais apurada, geralmente com letra romântica. **2** Cueca cujas pernas cobrem parte das coxas. *Pl: sambas-canções* e *sambas-canção.*

sam.ba do cri.ou.lo doi.do Ver definição em *samba*.

sam.ba-en.re.do *sm Mús* Samba criado especialmente para ser cantado durante o desfile da escola de samba, por ocasião do carnaval. *Pl: sambas-enredos* e *sambas-enredo.*

sam.ba.qui (tupi *tanbaký*) *sm* Colina resultante da acumulação de conchas, cascas de ostras e outros restos de cozinha dos habitantes pré-históricos do Brasil.

sam.bar (*samba+ar¹*) *vint* **1** Dançar o samba. *vti* e *vint* **2** Desfilar em escolas de samba no carnaval. *vint* **3** Frequentar sambas.

sam.bis.ta (*samba+ista*) *adj m+f* Diz-se da pessoa que dança o samba; sambador, sambeiro. • *s m+f* **1** Essa pessoa. **2** Pessoa que compõe sambas.

sam.bó.dro.mo (*samba+dromo*) *sm bras* Local onde desfilam as escolas de samba, blocos e ranchos carnavalescos, por ocasião do carnaval.

sam.bu.rá (*tupi samburá*) *sm* Cesto de cipó ou taquara, pequeno, de fundo largo e boca afunilada e com alça de cordel, que os pescadores usam a tiracolo para recolher os peixes.

sa.nar (*lat sanare*) *vtd* **1** Tornar são; curar, sarar. *vtd* e *vpr* **2** *fig* Desfazer, remediar, reparar (erro, problema, deficiência): *Sanaram-se os mal-entendidos*.

sa.na.tó.rio (*lat sanatoriu*) *sm* Casa de saúde, geralmente situada em clima apropriado, para repouso e recuperação de doentes ou para o tratamento de certas doenças como a tuberculose, doenças nervosas, mentais etc.

sa.ná.vel (*sanar+vel*) *adj m+f* **1** Que se pode sanar: "*Mas há ainda pequenos defeitos, sanáveis com um pouco de boa vontade.*" (GTT) **2** Remediável.

san.ção (*lat sanctione*) *sf* **1** Ato pelo qual o poder executivo confirma a lei aprovada pelo legislativo: "*O projeto seria enviado ao Presidente da República, para sanção e promulgação.*" (D) **2** A parte da lei em que se estabelece a pena contra os seus infratores: "*A sanção imposta logo após o fato criminoso, cumpre melhor as suas finalidades.*" (ESP) **3** *por ext* Aprovação ou confirmação de alguma coisa; ratificação.

san.ci.o.nar (*lat sanctione+ar¹*) *vtd* **1** Dar sanção a. **2** Admitir, aprovar, confirmar, ratificar. **3** Aplicar uma sanção a (um infrator da lei); punir; multar.

san.dá.lia (*gr sandálion*) *sf* Espécie de calçado que consiste em uma sola e correias que a ligam ao pé.

sân.da.lo (*ár santal*) *sm* **1** *Bot* Árvore de madeira resistente e muito cheirosa. **2** Perfume extraído dessa árvore.

san.du.í.che (*ingl Sandwich, np*) *sm* Conjunto de duas ou mais fatias de pão, entre as quais se põe carne, presunto, queijo, salame etc.

sa.ne.a.men.to (*sanear+mento*) *sm* Aplicação de medidas para melhorar as condições higiênicas de um local ou de uma região.

sa.ne.ar (*lat sanu+e+ar¹*) *vtd* **1** Tornar são; sanar, curar, sarar. **2** Tornar são, higiênico ou salutar: *Sanear o acampamento*. **3** Tornar próprio para o plantio: *Sanear brejos,* *pântanos*. **4** *fig* Remediar, reparar: *Sanear males*. Conjuga-se como *frear*.

san.fo.na (*gr symphonía*) *sf* **1** *Mús V acordeão*. **2** *gír* Tira de papel dobrada como o fole de uma sanfona.

san.fo.na.do (*sanfona+ado¹*) *adj* Que se parece com o fole de uma sanfona.

san.fo.nar (*sanfona+ar¹*) *vint* **1** Tocar sanfona. *vtd* **2** Cantar com acompanhamento de sanfona. *vint* **3** *neol pop* Dobrar (costurando ou colando) como o fole de uma sanfona.

san.fo.nei.ro (*sanfona+eiro*) *sm* Tocador de sanfona. *Sin: sanfonista*.

san.fo.ri.zar (*ingl sanforize*) *vtd* Processar, tratar (um tecido) para que não se encolha ou se distenda: *Tecido sanforizado*.

san.grar (*lat sanguinare*) *vti* e *vint* **1** Verter sangue de algum vaso ou órgão. *vtd* **2** Aplicar sangria a; abrir a veia ou artéria para extrair sangue como medida terapêutica. *vtd* **3** Gotejar, verter. *vtd* **4** Ferir ou matar com derramamento de sangue. *vtd* **5** Fazer esgotar-se o sangue de um animal abatido. *vtd* **6** *fig* Atormentar, dilacerar, ferir, magoar. *vint* e *vpr* **7** Perder seiva, por um entalhe feito através da casca. *vtd* **8** Tirar seiva a. *vtd* **9** *pop* Extorquir bens, dinheiro ou valores a: *O desfalque sangrou os cofres do banco*.

san.gren.to (*cast sangre+ento*) *adj* **1** Coberto de sangue. **2** Que verte sangue. **3** Em que há derramamento de sangue; sanguinolento.

san.gri.a (*cast sangría*) *sf* **1** *Med* Extração de certa quantidade de sangue, geralmente por secção de uma veia, com fim terapêutico. **2** Perda de valores, de energias; depauperação. **3** Extração da seiva de uma árvore, por um corte praticado no tronco. **4** *pop* Extorsão de dinheiro ou de valores por meio de fraude ou ardil. **5** Mistura de vinho, água, açúcar e limão, usada como refresco. *Sangria desatada:* fato que exige atenção imediata; grande urgência.

san.gue (*lat sanguine*) *sm* **1** *Biol* Líquido vermelho, composto de plasma e glóbulos vermelhos e brancos, que circula através do sistema vascular principal dos animais vertebrados e conduz matéria nutritiva e oxigênio aos tecidos do corpo. **2** *fig*

Casta, estirpe, raça familiar: *São todos do mesmo sangue*. **3** *fig* A vida, a existência. *Sangue bom*, *gír*: diz-se de quem é amigo, camarada: *Pessoal sangue bom*. *Sangue frio*: o sangue de animais cuja temperatura depende do ambiente em que vivem (*p ex,* peixes) (*cf sangue-frio*). *Ter o sangue quente*, *fig*: irritar-se com facilidade; ser muito fogoso. *Ter sangue de barata*: não gostar de brigar, não reagir nem se alterar quando provocado.

san.gue-fri.o *sm* Calma, controle emocional, impassividade; presença de espírito. *Pl*: *sangues-frios*. *Cf sangue frio*.

san.gues.su.ga (*lat sanguisuga*) *sf* **1** *Zool* Cada um de numerosos vermes anelídeos carnívoros ou sugadores de sangue. **2** *fig* Pessoa exploradora; parasita. *Sanguessuga medicinal*: sanguessuga grande de água doce, europeia, outrora muito usada para sangrar doentes.

san.gui.ná.rio (*lat sanguinariu*) *adj* **1** Que gosta de derramar ou ver derramar sangue: *"Surgia como um anjo da morte, como um demônio sanguinário."* (CHP) **2** *fig* Cruel, desumano, feroz: *"E ela amou aquele homem sanguinário, capaz de matar."* (AF)

san.guí.neo (gwi ou gui) (*lat sanguineu*) *adj* **1** Pertencente ou relativo ao sangue. **2** Da cor do sangue. **3** Rico em sangue. **4** Cruel, feroz, sanguinário. **5** *Anat* Diz-se dos vasos por onde circula o sangue. • *sm* Indivíduo que apresenta excesso de sangue; indivíduo vermelho, de cor rosada.

san.gui.no.len.to (*lat sanguinolentu*) *adj* **1** Coberto ou tinto de sangue. **2** Misturado de sangue. **3** Que causa grande derramamento de sangue. **4** Sanguinário. **5** Cruel, desumano, feroz.

sa.nha.ço (tupi *saí asú*) *sm Ornit* Nome comum a diversas espécies de pássaros, de cor azul-acinzentada, da família dos traupídeos. *Var: sanhaçu*.

sa.ni.da.de (*lat sanitate*) *sf* **1** Qualidade de são. **2** Saúde; normalidade física ou psíquica. **3** Higiene, salubridade.

sa.ni.tá.rio (*lat sanitate+ário*, com haplologia) *adj* **1** Relativo à saúde ou à higiene. **2** Diz-se de gabinete ou instalação onde se encontram aparelhos destinados à higiene corporal: *Vaso sanitário*. • *sm V banheiro*.

sa.ni.ta.ris.ta (*sanitário+ista*) *adj m+f* Diz-se da pessoa que é perita em assuntos sanitários. • *s m+f* Essa pessoa.

sâns.cri.to (*sânsc samskrta*, perfeito) *adj* **1** Relativo ou pertencente ao sânscrito ou escrito nele. **2** Relativo à cultura hindu clássica ou derivada dela. • *sm* Antiga língua da família indo-europeia, do grupo indo-irânico; a língua clássica da Índia ou do hinduísmo, em que está escrita a maioria da sua literatura desde os Vedas (cerca de 1200-900 a.C.).

san.sei (*jap san*, três+*sei*, geração) *adj* e *s m+f* Diz-se de ou pessoa que é neta de japoneses, nascida em outro país.

san.ta-cei.a *sf* Quadro representativo da célebre ceia em que Cristo aparece com os apóstolos. *Pl*: *santas-ceias*.

san.tar.rão (*santo+arrão*) *adj* Aumentativo pejorativo de *santo*: *"O Senhor Padre era um homem santarrão."* (SD) • *sm pop* Que ou aquele que finge santidade; hipócrita: *"Outras mazelas clericais, uma vez conhecidas, virão desmascarar o santarrão."*

san.tei.ro (*santo+eiro*) *adj* **1** Beato. **2** Santificado. • *sm* Indivíduo que faz ou vende imagens de santos.

san.ti.da.de (*lat sanctitate*) *sf* **1** Estado ou qualidade de santo. **2** Estado de perfeição a que são chamados todos os homens. *Sua Santidade*: título do Papa.

san.ti.fi.car (*lat sanctificare*) *vtd, vint* e *vpr* **1** Tornar(-se) santo. *vtd* **2** Canonizar, declarar como santo; sagrar. *vtd* **3** Guardar, observar de acordo com a Bíblia ou com o rito da Igreja. *vtd* **4** Servir, contribuir para a santificação de.

san.ti.nho (*dim de santo*) *sm* **1** Pequena imagem de um santo. **2** *pop* Pessoa muito ajuizada; virtuosa. **3** *pop* Pequeno retângulo de papel no qual se imprime a foto, número e informações sobre um candidato à eleição de um cargo (especialmente na política).

san.tís.si.mo (*santo+íssimo*) *adj* Superlativo absoluto sintético de *santo*. • *sm* **Santíssimo** O sacramento da Eucaristia; a hóstia consagrada. *Santíssimo sacramento: V eucaristia.*

san.to (*lat sanctu*) *adj* **1** Canonizado pela Igreja Católica. **2** Que vive conforme a lei de Deus; que cumpre com a maior exatidão os seus deveres religiosos e morais; virtuoso. **3** Puro, imaculado, inocente. **4** Sagrado. **5** *pop* Benéfico, profícuo, útil: *Santo remédio. Sup abs sint: santíssimo.* • *sm* **1** *Teol* Denominação atribuída pela Igreja Católica, após o processo de canonização, àquele que foi beatificado por suas virtudes cristãs. **2** Imagem de um indivíduo canonizado. *Santo do pau oco:* a) pessoa travessa com aparência de quieta; b) pessoa que finge ser inocente, mas não o é. *Aum irreg, pej: santarrão.*
O adjetivo **santo** deve ser usado antes de nomes iniciados com *vogal* ou *h*. *Santo Amaro*, **Santo Inácio**, **Santo Henrique**. A forma reduzida **são** aplica-se a nomes que se iniciam por consoante: *São Pedro, São José, São Mateus* etc.
Exceções: *Santo Tirso*, *Santo Jeremias*, *Santo Jó*, *Santo Cristo*. Para Tomás, usa-se, indiferentemente, *São Tomás de Aquino* ou *Santo Tomás*.
Para o feminino, a forma única é **santa**: *Santa Inês*, *Santa Teresa*, *Santa Clara* etc.
A abreviatura oficial é **S.** (para feminino e masculino).

san.tu.á.rio (*lat sanctuariu*) *sm* **1** O lugar mais sagrado do templo de Jerusalém. **2** Igreja importante pelas relíquias que contém, pela afluência de devotos ou por sinais visíveis de grandes graças aí obtidas. **3** Lugar sagrado (como igreja, templo etc.).

são[1] (*lat sanu*) *adj* **1** Que goza de perfeita saúde. **2** Completamente curado; restabelecido. **3** Benéfico à saúde do corpo ou da mente; saudável, sadio. **4** Que não está podre ou estragado. **5** Com as faculdades morais e intelectuais intactas. *Sup abs sint: saníssimo. Antôn* (acepções 1 e 2): *doente.* • *sm* **1** Indivíduo que tem saúde. **2** A parte sã de um organismo. *Fem: sã. Pl: sãos.*

são[2] (forma apocopada de *santo* por efeito de próclise) *adj* Forma abreviada de *santo*, usada antes dos nomes começados com consoante. *Abrev: S.* Veja nota em **santo**.

são-ber.nar.do (*São Bernardo, np*) *sm* Raça de grandes cães felpudos, dos Alpes suíços, que, treinados, prestam serviços no salvamento de viajantes perdidos na neve. *Pl: são-bernardos.*

sa.pa.ri.a (*sapo+aria*) *sf* Grande número de sapos.

sa.pa.ta (*cast zapata*) *sf* **1** Sapato largo e grosseiro de salto baixo ou sem ele; chinelo de couro. **2** *Constr* Parte do alicerce sobre a qual se levantam as paredes.

sa.pa.ta.ri.a (*sapato+aria*) *sf* **1** Arte ou ofício de sapateiro. **2** Loja ou fábrica de calçados. **3** Oficina de consertos de calçados.

sa.pa.te.a.do (*part de sapatear*) *adj* Batido com os pés calçados. • *sm* **1** Ato ou efeito de sapatear. **2** Dança popular em que se faz ruído ritmado, com as biqueiras e os saltos do calçado.

sa.pa.te.a.dor (*sapatear+dor*) *adj* Que sapateia. • *sm* **1** Aquele que sapateia. **2** Dançarino de sapateado.

sa.pa.te.ar (*sapato+e+ar*[1]) *vint* **1** Bater continuadamente no chão, com a sola ou com o salto do sapato. *vint* **2** Executar sapateado. *vtd* **3** Dançar fazendo ruído ritmado, por meio de batidas com as biqueiras e os saltos do calçado no chão. Conjuga-se como *frear*.

sa.pa.tei.ra (*sapato+eira*) *sf* **1** Mulher que faz e/ou vende sapatos. **2** Móvel ou utensílio em que se guardam sapatos.

sa.pa.tei.ro (*sapato+eiro*) *sm* **1** Aquele que faz sapatos ou trabalha na fabricação de calçados. **2** Aquele que conserta calçados. **3** Vendedor de calçados. **4** Dono de sapataria.

sa.pa.ti.lha (*sapata+ilha*) *sf* Calçado próprio para bailarinos.

sa.pa.to *sm* Calçado que protege o pé.

sa.pé (*tupi iasapé*) *sm Bot* Nome genérico de diversas plantas gramíneas, muito usadas para cobertura de cabanas ou de casas rústicas. *Var: sapê.*

sa.pe.ar (*sapo+e+ar*[1]) *vtd pop* Assistir a alguma coisa, sem tomar parte nela; observar de fora ou ocultamente: *Sapear o jogo.* Conjuga-se como *frear*.

sa.pe.ca (de *sapecar*) *adj m+f* **1** *pop* Assanhado. **2** Diz-se de pessoa desenvolta ou namoradeira, ou da criança muito levada. • *s m+f* Essa pessoa ou essa criança.

sa.pe.car (*tupi sapeka+ar¹*) *vtd* **1** Crestar, tostar, torrar. **2** Chamuscar ou secar. *vtd* **3** Moquear ou secar (carne ou peças de caça), para conservar. *vtdi* **4** Atirar, disparar, vibrar: *O caçador sapecou um segundo tiro no animal*. *vtd* **5** Pôr.

sa.pin.dá.cea (*lat sapindu+ácea*) *sf Bot* **1** Planta da família das sapindáceas. *sf pl* **2** Família de plantas lenhosas (arbustos e cipós), da ordem Sapindales, na maioria tropicais, muito encontradas no Brasil.

sa.pi.nho (*dim* de *sapo*) *sm* **1** Pequeno sapo. *sm pl* **2** Estomatite micótica das crianças de leite e pessoas debilitadas, causada por fungo e caracterizada pela formação de aftas ou placas brancas cremosas na boca e às vezes também no ânus e outras partes do corpo.

sa.po (*voc pré-rom*) *sm* **1** *Zool* Nome comum a vários batráquios da ordem dos anuros, que, como a maioria dos anfíbios, desenvolvem-se na água e apresentam, quase sempre, na fase adulta, hábitos terrestres e só procuram a água na época da reprodução. Voz: *coaxa, gargareja, grasna, ronca, rouqueja*. Col: *saparia*. **2** *gír* Pessoa que comparece a um lugar sem ser convidada.

sa.pó.lio® (*voc express* a partir do *lat sapone*) *sm* Marca registrada de produto de limpeza saponáceo fabricado com pó mineral, para limpeza úmida de alumínio, louças, azulejos etc.

sa.po.ná.ceo (*lat sapone+áceo*) *adj* **1** Que é da natureza do sabão. **2** Que se pode empregar como sabão. • *sm V sapólio*.

sa.po.ta (*náuatle tzapotl*) *sf* **1** Árvore sapotácea. **2** Fruto dessa árvore.

sa.po.tá.cea (*sapota+ácea*) *sf Bot* **1** Planta da família das sapotáceas. *sf pl* **2** Família da ordem ebenales, constituída de árvores ou arbustos, que têm seiva leitosa de frutos geralmente comestíveis.

sa.po.ti (*náuatle tzapotl*) *sm* Fruto do sapotizeiro.

sa.po.ti.zei.ro (*sapoti+z+eiro*) *sm Bot* Árvore sapotácea, cultivada na América tropical por seu fruto comestível, o sapoti.

sa.pro.bi.o.se (*sapróbio+ose*) *sf Biol* Vida que depende de matéria orgânica em decomposição.

sa.pró.fa.go (*sapro+fago*) *adj Biol* Que se alimenta de coisas putrefatas.

sa.pro.fi.tis.mo (*saprófito+ismo*) *sm Biol* Estado dos animais e vegetais que vivem como saprófitos.

sa.pró.fi.to (*sapro+fito*) *sm Biol* Organismo caracterizado por nutrição saprofítica. • *adj Biol* Diz-se do vegetal que se nutre de animais ou plantas mortas e de toda espécie de restos orgânicos em decomposição.

sa.pu.cai.a (*tupi iasapukáia*) *sf* **1** Fruto oleoso, comestível, que se assemelha à castanha-do-pará. **2** Madeira dura, pesada e durável, usada para dormentes na construção civil e naval e na marcenaria.

sa.que¹ (de *sacar*) *sm* **1** Título de crédito (duplicata, letra de câmbio etc.) emitida contra alguém. **2** *Esp* No tênis e outros jogos, ato de colocar a bola em movimento.

sa.que² (de *saquear*) *sm* Ação ou efeito de saquear.

sa.quê (*jap sake*) *sm* Aguardente de arroz, transparente, fabricada pelos japoneses.

sa.que.ar (*saque+e+ar¹*) *vtd* e *vint* **1** Despojar com violência; pilhar. **2** Apoderar-se ilicitamente de; roubar: *Corruptos administradores, que saqueiam os bens públicos*. Conjuga-se como *frear*.

sa.ra.co.te.ar (*saracote+e+ar¹*) *vtd* **1** Agitar ou mover (as ancas, os quadris etc.) com meneios graciosos e mais ou menos livres: *"Elza saracoteava descalça uma imitação de hula-hula."* (CE) *vint* **2** Remexer-se, sacudir-se com requebros um tanto provocantes ao andar ou dançar: *"Ela saracoteia de salto agulha nos paralelepípedos."* (EST) **3** Andar de um lugar para outro: *"Perdendo o meu tempo, saracoteando à toa."* (CHA) Conjuga-se como *frear*.

sa.ra.cu.ra (*tupi sarakúra*) *sf* **1** *Ornit* Nome comum a diversos frangos-d'água ou aves pernaltas do Brasil, que habitam pântanos, lagoas e rios. **2** *Folc* Dança amazônica de terreiro com o uso de mímica.

sa.ra.do (*part* de *sarar*) *adj* **1** Que sarou. **2** *gír* Diz-se daquele que tem o corpo moldado em consequência de ginástica ou prática de esportes.

sa.rai.va *sf* **1** Chuva de pedra; granizo. **2** Grande quantidade de coisas que caem à maneira de granizo ou sucedem com rapidez.

sa.rai.va.da (*saraiva+ada¹*) *sf* **1** *V saraiva*. **2** *fig* Descarga forte e demorada de coisas que caem ou se sucedem como saraiva: *Saraivada de balas*.

sa.rai.var (*saraiva+ar¹*) *vint* **1** Cair saraiva. **2** Cair à maneira de saraiva.

sa.ram.po (*der regressiva de sarampão*) *sm Med* Doença eruptiva contagiosa, com sintoma de coriza e catarro, causada por um vírus que ataca principalmente crianças e se caracteriza por pintas avermelhadas na pele.

sa.ra.pa.tel (*cast zarapatel*) *sm* **1** *Cul* Iguaria preparada com sangue, fígado, rim, bofe e coração de porco ou carneiro, com caldo. **2** *pop* Balbúrdia, confusão, algazarra.

sa.ra.pin.tar (*de pinta*) *vtd* Matizar de várias cores; salpicar, mosquear.

sa.rar (*lat sanare*) *vtd* **1** Curar. *vtd* **2** Dar ou restituir a saúde a. *vti*, *vint* e *vpr* **3** Curar-se, recobrar a saúde. *vint* **4** Cicatrizar-se, fechar-se.

sa.ra.rá (*tupi sarará*) *adj m+f* Diz-se da pessoa mestiça de cor clara e cabelos ruivos; albino. • *s m+f* **1** Essa pessoa. **2** Apelido dado aos cearenses pelos caboclos da Amazônia. *sf* **3** *Entom V sarassará*.

sa.ras.sa.rá (*de sarará*) *sf Entom* Nome vulgar que designa várias espécies de formigas.

sa.rau (*cast sarao*) *sm* **1** Concerto musical noturno. **2** Reunião de pessoas para recitação e audição de trabalhos em prosa ou verso.

sa.ra.vá! (*corr de salvar*) *interj* Usa-se em saudações nos cultos afro-brasileiros; salve. *Var: saravaô*.

sar.ça (*cast zarza*) *sf* **1** *Bot V silva*. **2** Matagal, moita.

sar.cas.mo (*lat sarcasmu*) *sm* Ironia ou zombaria mordaz e cruel; escárnio.

sar.cás.ti.co (*gr sarkastikós*) *adj* **1** Pertencente ou relativo ao sarcasmo. **2** Diz-se da pessoa propensa ao uso de sarcasmos; irônico.

sar.có.fa.go (*gr sarkophágos*) *adj* **1** Carnívoro. **2** Que corrói ou consome as carnes. • *sm* **1** *Antig* Pedra calcária à qual se atribuía a propriedade de consumir a carne dos corpos nela depositados. **2** *Antig* Ataúde feito dessa pedra; sepulcro ou cripta. **3** *por ext* Túmulo, tumba.

sar.co.ma (*gr sárkoma*) *sm Biol* Tumor maligno que se origina no tecido conjuntivo, especialmente nos ossos, cartilagens e músculos estriados.

sar.da (*lat sarda*) *sf* Pequena mancha acastanhada que aparece em grande número na pele de algumas pessoas, principalmente na pele clara de pessoas ruivas.

sar.da.nis.ca (*sardão+isca*) *sf* Lagartixa. *Var: sardanita*.

sar.den.to (*sarda+ento*) *adj* Que tem sardas; sardoso.

sar.di.nha (*lat sardina*) *sf Ictiol* Nome comum a várias espécies de peixes da mesma família da sardinha europeia, que ocorrem em águas brasileiras. *Chegar a brasa à sua sardinha:* procurar as suas conveniências, sem se importar com as dos outros. *Como sardinha em lata:* muito apertado com outros, sem poder mexer-se ou voltar-se.

sar.dô.ni.co (*sardônia+ico²*) *adj* **1** *Med* Atacado de tétano. **2** Caracterizado por ironia ou desdém: *Riso sardônico*. *"O tratamento sardônico que se emprestava ao tema e ao programa se qualificava por uma série de baixarias."* (JB)

sar.ga.ço (*lat vulg *salicaceu*) *sm Bot* Gênero de algas pardas com talo ramificado, que crescem ao longo das costas tropicais.

sar.gen.to (*fr sergent*) *sm Mil* Graduação hierárquica acima de cabo e abaixo de subtenente.

sar.ja¹ (*de sarjar*) *sf Cir* Incisão leve, para extrair sangue ou pus.

sar.ja² (*fr ant sarge*) *sf* Tecido entrançado, de lã ou algodão. *Dim irreg: sarjeta*.

sar.jar (*sarja+ar¹*) *vtd* Fazer sarjas ou abrir incisões em: *"Com fé em Deus vai sarjar esse furúnculo e arrancar-lhe o carnegão."* (OSD)

sar.je.ta (*ê*) (*sarja+eta*) *sf* **1** Escoadouro, nos lados de ruas, para as águas pluviais. **2** Rego ou canal para drenagem de terrenos pantanosos.

sar.men.to (*lat sarmentu*) *Bot* **1** Rebento ou renovo da videira e outras plantas: *"O mais é uma mistura de trepadeiras floridas: folhas largas, sarmentos, gavinhas."* (SA) **2** Caule nodoso que lança raízes pelos nós. **3** Rama da videira seca usada como lenha.

sar.na (*lat tardio sarna*) *sf* **1** *Med* Afecção cutânea, contagiosa, produzida por um ácaro; escabiose. *s m+f* **2** *pop* Pessoa impertinente, importuna: *Fulano é uma sarna*. *Buscar* (ou *procurar*) *sarna para se coçar*: procurar (algo) com que se aborrecer ou se cansar.

sar.nen.to (*sarna+ento*) *adj* **1** Que tem sarna. **2** Abatido, magro. **3** Meio deteriorado; rançoso. • *sm* **1** Indivíduo que tem sarna. **2** *pop* Diabo, demônio.

sar.ra.bu.lho *sm* **1** Sangue de porco, coagulado. **2** *V sarapatel*. **3** *fig* Mistura de muitas coisas, sem ordem.

sar.ra.ce.no (*lat saracenu*) *adj* **1** Pertencente ou relativo aos sarracenos. **2** Árabe, mourisco, muçulmano. • *sm pl* **1** *Antig* Povo nômade dos desertos entre a Síria e a Arábia. *sm* **2** Maometano, muçulmano, especialmente com referência às Cruzadas.

sar.ra.fa.da (*sarrafo+ada¹*) *sf* **1** Golpe dado com sarrafo; paulada, cacetada. **2** *Esp gír* No futebol, pontapé desferido no adversário.

sar.ra.fe.ar (*sarrafo+e+ar¹*) *vtd* Cortar em sarrafos. Conjuga-se como *frear*.

sar.ra.fo *sm* Tira comprida e estreita de madeira; ripa.

sar.ro (*cast sarro*) *sm* **1** Sedimento que o vinho e outros líquidos deixam aderentes ao fundo e paredes das vasilhas. **2** Resíduo do tabaco queimado, constituído de nicotina e óleos, que se deposita no tubo dos cachimbos e piteiras. **3** Fuligem de pólvora queimada que se deposita na parede dos canos das armas de fogo. **4** *gír* Pessoa ou coisa divertida, engraçada. *Tirar sarro com a cara* (de alguém): debochar; zombar. *Tirar um sarro, vulg:* bolinar.

sar.tó.rio (*lat sartore*) *adj+sm Anat* Diz-se do ou o músculo da coxa.

sa.tã (*hebr SâTân*) *V satanás*.

sa.ta.nás (*hebr SâTâna*) *sm* **1** O chefe dos anjos rebeldes contra Deus, segundo a Bíblia. **2** O diabo. **3** Indivíduo maléfico, perverso. *Pl: satanases*.

sa.tâ.ni.co (*Satã, np+ico²*) *adj* **1** Pertencente ou relativo a satã. **2** Característico ou próprio de satã: *"O respeito pelos direitos do próximo é substituído por uma esperteza quase satânica."* (OV) **3** Extremamente cruel e perverso: *"Naquele sobrado de uma tranquila rua paulistana residia o satânico germe da violência irracional."* (BPN)

sa.té.li.te (*lat satellite*) *sm* **1** *Astr* Astro iluminado que gira em torno de um planeta. **2** *Astr* Planeta secundário. **3** Cidade pequena nas proximidades de um centro maior. • *adj* Diz-se de uma área ou comunidade suburbana que depende economicamente de uma metrópole. *Satélite artificial*: objeto ou veículo posto em órbita ao redor da Terra, da Lua ou de outro corpo celeste por meio de foguete, para observações científicas.

sá.ti.ra (*lat satira*) *sf Lit* Composição literária mordaz, originariamente em versos, que censura ou ridiculariza defeitos ou vícios de uma época ou de uma pessoa.

sa.tí.ri.co (*gr satyrikós*) *adj* **1** Que satiriza ou envolve sátira. **2** Que escreve sátiras. **3** Cáustico, mordaz, picante, sarcástico.

sa.ti.ri.zar (*sátira+izar*) *vtd* **1** Criticar com o uso de sátiras; causticar, ridicularizar. *vint* **2** Fazer sátiras.

sa.tis.fa.ção (*lat satisfactione*) *sf* **1** Ato ou efeito de satisfazer(-se). **2** Qualidade ou estado de satisfeito; contentamento; prazer. **3** Explicação, justificação, desculpa. *Antôn* (acepção 2): *contrariedade, descontentamento*.

sa.tis.fa.tó.rio (*satisfação+ário*) *adj* **1** Que pode satisfazer. **2** Que causa satisfação. **3** Aceitável, convincente. **4** Adequado.

sa.tis.fa.zer (*lat satisfacere*) *vtd* **1** Proporcionar satisfação a. *vint* **2** Corresponder ao que se deseja. *vint* **3** Não deixar nada a desejar, ser suficiente, servir de justificação, bastar. *vpr* **4** Comer ou beber até não poder mais. *vtd e vti* **5** Corresponder, cumprir, dar execução a, realizar: *Satisfazer a vontade*. *vtd* **6** Obedecer a, observar: *Satisfazer a lei*. *vtd e vti* **7** Agradar, contentar: *Satisfazer a crítica. vpr* **8** Dar-se por satisfeito. *vtd* **9** Convencer, esclarecer, persuadir: *A resposta do professor não me satisfez.* Conjuga-se como *fazer*.

sa.tis.fei.to (*lat satisfactu*) *adj* **1** Que se satisfez. **2** Que sente satisfação. **3** Contente. **4** Atendido. **5** Que comeu ou bebeu até saciar-se; farto, saciado. **6** Alegre. *Antôn* (acepção 3): *descontente*.

sa.tu.ra.ção (*saturar+ção*) *sf* **1** Qualidade ou estado de saturado. **2** *Meteor* Estado no qual o ar contém todo o vapor de água que é possível, na sua temperatura e pressão. **3** *Cin, Telev* e *Inform* Intensidade do tom de uma cor.

sa.tu.ra.do (*part de saturar*) *adj* **1** Que se saturou; impregnado, embebido no mais alto grau. **2** Levado ao estado de saturação (vapor, solução). **3** *fig* Farto, cheio, aborrecido.

sa.tu.rar (*lat saturare*) *vtd* e *vpr* **1** Embeber(-se), impregnar(-se) completamente de. *vtd* **2** Fazer com que uma substância se una com a maior quantidade possível de outra, mediante solução, combinação química etc. *vtd* **3** Levar o vapor a um estado em que qualquer aumento de pressão ou diminuição de temperatura lhe causaria a condensação em um líquido. *vtdi* e *vpr* **4** Fartar(-se), saciar(-se), encher(-se) ao máximo. *vpr* **5** Enfadar-se.

sa.tur.nis.mo (*Saturno, np+ismo*) *sm Med* Intoxicação crônica produzida por chumbo ou por algum de seus compostos.

sa.tur.no (*lat Saturnu, np*) *sm* **1 Saturno** *Mit* O deus do paganismo. **2 Saturno** *Astr* Planeta do sistema solar cuja órbita se situa entre a de Júpiter e a de Urano.

sau.da.ção (*saudar+ção*) *sf* **1** Ato ou efeito de saudar. **2** Cumprimentos. **3** Homenagens de respeito ou de admiração.

sau.da.de (*lat solitate*) *sf* **1** Recordação nostálgica e suave de pessoas ou coisas distantes ou de coisas passadas. **2** Nostalgia. *sf pl* **3** Cumprimentos, lembranças, recomendações afetuosas a pessoas ausentes.

sau.dar (*lat salutare*) *vtd* **1** Dar a saudação a; cortejar, cumprimentar. *vtd* **2** Dar as boas-vindas a. *vtd* **3** Aclamar, ovacionar. *vtd* **4** Alegrar-se com o aparecimento de.
vpr **5** Dirigir-se recíprocas saudações. *Conjug – Pres indic:* saúdo, saúdas, saúda, saudamos, saudais, saúdam; *Pret perf:* saudei, saudaste, saudou, saudamos, saudastes, saudaram; *Pret imp indic:* saudava, saudavas, saudava, saudávamos, saudáveis, saudavam; *Pret mais-que-perf:* saudara, saudaras, saudara, saudáramos, saudáreis, saudaram; *Fut pres:* saudarei, saudarás, saudará, saudaremos, saudareis, saudarão; *Fut pret:* saudaria, saudarias, saudaria, saudaríamos, saudaríeis, saudariam; *Pres subj:* saúde, saúdes, saúde, saudemos, saudeis, saúdem; *Pret imp subj:* saudasse, saudasses, saudasse, saudássemos, saudásseis, saudassem; *Fut subj:* saudar, saudares, saudar, saudarmos, saudardes, saudarem; *Imper afirm:* —, saúda(Tu), saúde(Você), saudemos(Nós), saudai(Vós), saúdem(Vocês); *Imper neg:* —, Não saúdes(Tu), Não saúde(Você), Não saudemos(Nós), Não saudeis(Vós), Não saúdem(Vocês); *Infinitivo impess:* saudar; *Infinitivo pess:* saudar, saudares, saudar, saudarmos, saudardes, saudarem; *Ger:* saudando; *Part:* saudado.

sau.dá.vel (*saudar+vel*) *adj* m+f **1** Bom ou conveniente para a saúde, salubre. **2** Benéfico, útil. **3** Que dá alegria.

sa.ú.de (*lat salute*) *sf* **1** Bom estado das funções orgânicas, físicas e mentais. **2** Qualidade do que é sadio ou são. **3** Vigor. **4** Força. **5** Brinde ou saudação que se faz bebendo à saúde de alguém. • *interj* Palavra que se utiliza para desejar a saúde de alguém que espirra.

sau.di.ta (de *Ibn Saud, np+ita^2*) *adj* m+f Da, pertencente ou relativo à Arábia Saudita (Ásia). • *s* m+f O natural ou habitante desse país. *Sin:* árabe-saudita.

sau.do.sis.mo (*saudoso+ismo*) *sm* Apego aos princípios de um regime político do passado.

sau.do.sis.ta (*saudoso+ista*) *adj* m+f Que tem caráter saudoso. • *s* m+f Aquele que segue ou faz propaganda do saudosismo.

sau.na (*finlandês sauna*) *sf* **1** Banho de vapor de água quente. **2** Instalações para esse banho.

sáu.rios (*gr saûros+io^1*) *sm pl Herp* Ordem

sa.ú.va (*tupi ysaúua*) *sf Entom* Nome comum a diversas espécies de formigas tropicais.

sa.va.na (*cast sabana*) *sf Geogr* Extensa pradaria tropical ou subtropical, com árvores esparsas ou grupos de árvores, especialmente na América.

sa.vei.ro (por *saveleiro*, de *sável*) *sm* **1** Barco estreito e longo, próprio para a travessia dos grandes rios. **2** Barqueiro tripulante desse barco.

sa.xão (cs) (de *Saxone*) *adj* Relativo ou pertencente aos saxões. • *sm* **1** *Antig* Indivíduo dos saxões, povo germânico que vivia na parte setentrional da Alemanha. **2** A língua dos saxões. *Fem: saxã.*

sa.xi.fra.gá.cea (cs) (*lat saxifrau+áceas*) *sf* **1** *Bot* Planta da família das saxifragáceas. *sf pl* **2** Família de ervas e arbustos, da ordem Rosales, que têm ovário livre com dois carpelos, possuem tantos estames quantas pétalas. Pertencem a essa família as hortênsias.

sa.xo.fo.ne (cs) (*Sax, np+fone*) *sm Mús* Instrumento de sopro, de metal, inventado por Adolphe Sax (entre 1840 e 1845). *Var: saxofono.*

sa.xo.fo.nis.ta (cs) (*saxofone+ista*) *s m+f* Pessoa que toca saxofone.

sa.xô.ni.co (*lat saxone+ico²*) *adj* Da, referente ou pertencente à Saxônia (Alemanha).

sa.zo.nar (*sazão+ar¹*) *vtd, vint* e *vpr* **1** Amadurecer (os frutos). *vint* e *vpr* **2** Aperfeiçoar-se.

scanner (*isquêner*) (ingl) *sm Inform* **1** Termo usual para um dispositivo que converte uma imagem, desenho, foto ou documento em dados gráficos. **2** Dispositivo que examina ou efetua varreduras.

script (*iscrípiti*) (ingl) *sm* **1** Texto escrito de um programa de rádio ou televisão ou do enredo de um filme cinematográfico. **2** *Inform* Conjunto de instruções que executam uma função.

se¹ (*lat se*) *pron pess* **1** Pronome pessoal oblíquo, átono, reflexivo de 3ª pessoa: *Penteava-se com capricho.* **2** Pronome apassivador: *Fez-se uma prova preliminar.* **3** Pronome ou índice de indeterminação do sujeito com verbo transitivo indireto ou verbo intransitivo na 3ª pessoa do singular: *Assiste-se a grandes espetáculos aqui.*
Quando **se** é partícula apassivadora, o verbo concorda com o sujeito (paciente). *Vendem-se casas.* (casas = sujeito plural; vendem = verbo plural)
Vende-se casa. (casa = sujeito singular; vende = verbo singular)
Cantava-se uma bela canção.
Ouvem-se gemidos e arrastar de correntes na velha casa.
Aluga-se apartamento na praia.
Obs.: somente os verbos transitivos diretos admitem o uso da voz passiva.
Quando **se** é índice de indeterminação do sujeito (verbo transitivo indireto ou intransitivo), o verbo ficará na 3ª pessoa do singular.
Precisa-se de secretária.
Precisa-se de secretárias.
Logo após o crime, **suspeitou-se** *do mordomo.*
Trabalha-se muito aqui em São Paulo.

se² (*lat si*) *conj condic* **1** Equivale a *caso, no caso de*; exprime condição, hipótese: *Se você se esforçar, aprenderá a lição* (caso você se esforce). *conj integr* **2** Vem após um verbo; exprime dúvida: *Veja se o professor já chegou.*
Não se usam juntas as conjunções subordinativas condicionais **se** e **caso**. Ao dizer "se, caso..." estaríamos dizendo "se, se...". Assim, opte por uma delas.
Se fores ao cinema, leve o dinheiro ou *Caso vás ao cinema, leve o dinheiro.*
Não confunda *caso* com *acaso*, que significa *por acaso, por ventura* e pode ser usado junto com **se**:
"Se acaso você chegasse no meu chatô e encontrasse aquela mulher..."

se³ *pref* Forma contraída do prefixo *semi* antes de palavras que começam por *me* ou *mi: semestre, semínima.*

sé (*lat sede*) *sf* **1** Igreja episcopal, arquiepiscopal ou patriarcal. **2** Jurisdição episcopal ou prelatícia. *Sé Apostólica:* o Vaticano; sede do governo pontifício.

se.a.ra (*baixo-lat senara*) *sf* **1** Campo semeado de trigo ou de outros cereais. **2** Pequena extensão de terra cultivada.

se.bá.ceo (*lat sebaceu*) *adj* **1** Que tem sebo; gorduroso, seboso. **2** Sujo, sebento. **3** *Biol* Que segrega uma substância gordurosa.

se.be (*lat sepe*) *sf* Tapume de ramos ou varas entretecidos para vedar terrenos.

se.ben.to (*sebo+ento*) *adj* **1** Que é da natureza do sebo. **2** Cheio de sebo, imundo. • *sm* Indivíduo sebento.

se.bo (ê) (*lat sebu*) *sm* **1** Gordura da cavidade abdominal, principalmente ao redor dos rins dos bovinos, ovinos e outros ruminantes. **2** Lugar onde se vendem livros usados. *Meter-se a sebo:* julgar-se importante. *Passar sebo nas canelas:* fugir apressadamente.

se.bor.rei.a (é) (*sebo+reia*) *sf* Hipersecreção das glândulas sebáceas.

se.bor.rei.co (é) (*sebo+reia+ico²*) *adj* Que se refere à seborreia; em que há seborreia: *"Uma forma extensa de dermatite seborreica."* (SMI)

se.bo.so (ô) (*lat sebosu*) *adj* **1** Cheio de sebo. **2** Sebáceo. **3** Coberto ou sujo de sebo ou de outra matéria gordurosa; ensebado. *Pl: sebosos* (ó).

se.ca (ê) (*de secar*) *sf* **1** Ato ou efeito de secar; secagem. **2** Largo período em que não chove; estiagem.

se.ca.dor (*secar+dor*) *adj* Que seca; secante. • *sm* **1** O que seca. **2** Forno, estufa, aparelho, máquina ou parte de máquina em que ou com que se faz secagem por meio de calor, ventilação forçada, ação centrífuga, processo de vácuo etc.

se.can.te (de *secar*) *adj m+f* Que seca; que torna enxuto. • *sm* Substância usada para acelerar a secagem das tintas e vernizes (em pinturas ou processos de impressão).

se.ção (*lat sectione*) *sf* **1** Lugar onde uma coisa está cortada. **2** Cada uma das partes em que um todo foi secionado ou separado; segmento. **3** Divisão ou subdivisão de uma obra literária científica ou artística. **4** Parte distinta e permanente de uma publicação periódica, em que se cuida de determinado assunto: *Seção de esportes. Cf cessão* e *sessão.*

Seção (ou **secção**) significa divisão, parte de um todo.
Para comprar os lenços, fui até a seção de artigos masculinos.
Na seção de armarinhos do supermercado há boas ofertas.
João está trabalhando na seção de entregas do mercado.
Cessão significa o ato de ceder, dar, doar.
O pai documentou em cartório a cessão dos bens aos filhos.
Foi ao banco e regularizou a cessão de verba para a matriz.
Sessão significa o tempo, período em que dura uma reunião, evento, espetáculo ou trabalho.
Iremos à última sessão do cinema.
A Assembleia Legislativa reúne-se para nova sessão dia 15.
A minha sessão de fisioterapia foi cancelada.
Observação: o uso tem consagrado a forma **secção** para a significação de corte, amputação:
O médico seccionou a aorta do paciente.

se.car (*lat siccare*) *vtd* **1** Fazer evaporar ou tirar a umidade a; tornar enxuto. *vtd* **2** Tirar o excesso de água por meio de drenagem. *vtd* **3** Fazer ressequir, desidratar para conservação. *vtd, vint* e *vpr* **4** Tornar(-se) seco; murchar(-se), ressequir(-se). *vtd, vint* e *vpr* **5** Esgotar(-se), estancar(-se): *O beberrão secou várias garrafas de cerveja. vint* e *vpr* **6** Debilitar-se, definhar-se, mirrar-se, perder as forças. *Conjug – Pres indic:* seco, secas, seca, secamos, secais, secam; *Pret perf:* sequei, secaste, secou, secamos, secastes, secaram; *Pret imp indic:* secava, secavas, secava, secávamos, secáveis, secavam; *Pret mais-que-perf:* secara, secaras, secara, secáramos, secáreis, secaram; *Fut pres:* secarei, secarás, secará, secaremos, secareis, secarão; *Fut pret:* secaria, secarias, secaria, secaríamos, secaríeis, secariam; *Pres subj:* seque, seques, seque, sequemos, sequeis, sequem; *Pret imp subj:* secasse, secasses, secasse, secássemos, secásseis, secassem; *Fut subj:* secar, secares, secar, secarmos, secardes, secarem; *Imper afirm:* —, seca(Tu), seque(Você), sequemos(Nós), *secai(Vós), sequem(Vocês); Imper neg:* —, *Não seques(Tu), Não seque(Você), Não sequemos(Nós), Não sequeis(Vós), Não sequem(Vocês); Infinitivo impess: secar; Infinitivo pess: secar, secares, secar, secarmos, secardes, secarem; Ger: secando; Part: secado.*

sec.ci.o.nar (*secção+ar¹*) *V* secionar.

se.ces.são (*lat secessione*) *sf* **1** Separação. **2** Ação de um território separar-se da nação a que pertencia: *"As ameaças de secessão exigiram de sucessivos governos a determinação de manter a nação com vigilância e armas na mão."* (TGB)

se.ci.o.nar (*lat sectione+ar¹*) *vtd* **1** Cortar, separar parte ou órgão do corpo. *vtd* **2** Dividir em seções; separar. *vpr* **3** Dividir-se; separar-se. *Var:* seccionar.

se.co (*ê*) (*lat siccu*) *adj* **1** Livre de umidade; enxuto. **2** Diz-se dos alimentos a que se extraiu a umidade para os conservar. **3** Que não tem a lubrificação própria das coisas úmidas ou untuosas; áspero, enxuto. **4** Murcho, ressequido, sem seiva. **5** Descarnado, magro. **6** Requeimado pelo calor. **7** Diz-se do tempo ou época em que não chove. **8** Diz-se do terreno sem vegetação; árido. *Antôn* (acepção 1): *molhado*; (acepção 7): *úmido*. • *sm pl* Gêneros alimentícios sólidos em contraposição aos molhados. *Engolir em seco:* não poder responder a um insulto, ter de suportá-lo sem reação. *Secos e molhados:* conjunto de gêneros alimentícios sólidos e líquidos. *Cf* ceco.

se.cre.ção (*lat secretione*) *sf* Líquido segregado pelas glândulas.

se.cre.ta.ri.a (*secreto+aria*) *sf* **1** Departamento onde se faz o expediente de uma empresa, associação ou de qualquer serviço público. **2** Conjunto de repartições públicas que tratam de um setor da administração nos estados: *Secretaria da Fazenda, da Agricultura, da Educação.*

se.cre.tá.ria (*lat secretaria*) *sf* **1** Mulher que exerce o secretariado. **2** Mesa com gavetas na qual se escreve ou armário com porta articulada em que se guardam papéis ou documentos importantes.

se.cre.ta.ri.a.do (*secretário+ado¹*) *sm* **1** Lugar onde o secretário exerce as suas funções. **2** Corpo ou departamento de secretários. **3** Conjunto dos secretários de Estado.

se.cre.ta.ri.ar (*secretário+ar¹*) *vint* **1** Exercer as funções de secretário. *vtd* **2** Servir de secretário a. Conjuga-se como *premiar*.

se.cre.tá.rio (*lat secretariu*) *sm* **1** Empregado que cuida da classificação, triagem e redação da correspondência, marcação de compromissos etc. **2** O que redige as atas de qualquer assembleia. **3** Assessor direto de um presidente de uma entidade (sindical, religiosa, política etc.). *Secretário de Estado:* o que chefia uma secretaria estadual. *Secretário particular:* o que apenas cuida da correspondência e dos negócios pessoais de alguém.

se.cre.to (*lat secretu*) *adj* **1** Mantido em segredo ou oculto do conhecimento ou da vista de outrem. **2** Não revelado. **3** Que trabalha com métodos e propósitos ocultos. **4** Que está dissimulado ou construído de propósito para não ser visto ou descoberto. *Antôn* (acepções 1 e 2): *sabido, divulgado.*

se.cre.tor (*lat secretu*, de *secernere*) *adj* Relativo a secreção; de secreção: *"desequilíbrio secretor entre os hormônios"* (DDH); *"Anúria é a cessação do trabalho secretor dos rins."* (TC) • *sm* Órgão que produz secreção.

sec.tá.rio (*lat sectariu*) *adj* **1** Pertencente ou relativo a uma seita. **2** *fig* Intransigente, intolerante: *Indivíduo sectário; atitude sectária.* • *sm* **1** Membro ou seguidor de uma seita religiosa. **2** Pessoa que segue outra no seu modo de pensar. **3** Membro de um partido, que o segue e o defende. **4** *fig* Partidário apaixonado, intransigente.

se.cu.lar (*lat saeculare*) *adj m+f* **1** Pertencente ou relativo a século. **2** Que se observa ou se faz de século a século. **3** Que é muito antigo. **4** Relativo aos leigos; laical. *Antôn* (acepção 4): *eclesiástico, monacal.*

sé.cu.lo (*lat saeculu*) *sm* **1** Espaço de cem anos. **2** Cada intervalo de cem anos, quer anteriores, quer posteriores ao nascimento de Cristo, tomado como ponto de referência: *Século XVI, século V a.C.*

se.cun.dá.rio (*lat secundariu*) *adj* **1** Que é de menor importância relativamente a outrem ou a outra coisa. **2** Acessório, inferior. **3** De pouco valor; insignificante. **4** *ant* Dizia-se do ensino ou instrução de grau intermediário entre o primário e o superior. **5** *Geol* Diz-se da era geológica correspondente ao Mesozoico. *Antôn* (acepções 1 e 2): *principal, essencial*.

se.cu.ra (*seco+ura*) *sf* **1** Qualidade de seco ou enxuto. **2** Aridez. **3** *V sede²*. **4** Frieza, indiferença, falta de afabilidade. *Antôn* (acepção 1): *umidade*; (acepção 4): *afabilidade*.

se.cu.ri.tá.rio (*lat securu+it+ário*) *adj* Referente a seguros. • *sm* Empregado de companhia de seguros; atuário (acepção 1).

se.da (ê) (*lat saeta*) *sf* **1** Fibra contínua, fina e brilhante produzida pelo bicho-da-seda. **2** Tecido feito dessa fibra. **3** *pop* Pessoa delicada, amável. *sf pl* **4** Trajes ou vestidos de seda. **5** *Zool* Pelos rijos e compridos de alguns animais; cerdas. *Rasgar sedas:* desfazerem-se (duas ou mais pessoas) em amabilidades recíprocas.

se.dar (*lat sedare*) *vtd* **1** Acalmar, moderar, tranquilizar. **2** Ministrar um sedativo a.

se.da.ti.vo (*sedar+ivo*) *adj* Que seda, acalma; anódino. • *sm* Remédio que modera irritabilidade, nervosismo ou excitação.

se.de¹ (é) (*lat sede*) *sf* Lugar onde funciona um governo, um tribunal, uma administração, ou onde uma empresa comercial tem o seu principal estabelecimento.

se.de² (ê) (*lat site*, por *sitim*) *sf* **1** Sensação da necessidade de beber, principalmente água. **2** Apetite para bebidas. **3** *fig* Desejo veemente: *Sede de vingança*. **4** *fig* Cobiça, avidez. **5** *fig* Ânsia, aflição, impaciência.

se.den.tá.rio (*lat sedentariu*) *adj* **1** Que quase não anda nem faz exercício; inativo. **2** Que fica muito tempo sentado. **3** Caseiro. **4** Que tem residência ou *habitat* fixos. *Antôn* (acepção 4): *nômade, migrante*.

se.den.to (*sede²+ento*) *adj* **1** Que tem sede. **2** *fig* Que tem grande desejo; ávido.

se.di.ar (*sede¹+ar¹*) *vtd* **1** Servir de sede a. **2** Fixar a sede de. Conjuga-se como *premiar*.

se.di.ção (*lat seditione*) *sf* Insurreição contra as autoridades constituídas; motim, revolta, tumulto popular: *"Falavam-me também num terceiro chefe da sedição, o mais importante."* (MEC)

se.di.ci.o.so (ô) (*lat seditiosu*) *adj* **1** Que promove sedição ou toma parte nela. **2** Indisciplinado, indócil. • *sm* Aquele que incita à sedição ou toma parte nela; insubordinado, revoltoso. *Pl*: *sediciosos* (ó).

se.di.men.ta.ção (*sedimentar+ção*) *sf* **1** Formação de sedimentos. **2** *Geol* Processo de formação das rochas sedimentares ou estratificadas. *Sedimentação eólica:* acumulação de sedimentos pelo vento. *Sedimentação fluvial:* deposição de sedimentos pelos cursos d'água.

se.di.men.tar¹ (*sedimento+ar¹*) *vtd*, *vint* e *vpr* **1** Depositar(-se) no fundo de um líquido (o que estava nele suspenso). *vint* e *vpr* **2** Formar sedimento. *vtd* **3** *fig* Consolidar; tornar estável.

se.di.men.tar² (*sedimento+ar²*) *adj m+f* **1** Que tem o caráter ou a natureza do sedimento. **2** Produzido por sedimento: *Rocha sedimentar*.

se.di.men.to (*lat sedimentu*) *sm* **1** Depósito que se forma num líquido em que há substâncias dissolvidas ou suspensas; borra. **2** *Geol* Material ou camada de material depositado pela água, pelo vento ou pelas geleiras.

se.do.so (ô) (*lat setosu*) *adj* **1** Que tem sedas ou pelos. **2** Que se assemelha à seda. **3** Macio, suave. *Pl*: *sedosos* (ó).

se.du.ção (*lat seductione*) *sf* **1** Ato de seduzir ou de ser seduzido. **2** Dom de atrair ou de seduzir, próprio de certas pessoas. **3** Encanto, atração, fascínio. **4** Meio empregado para seduzir uma pessoa.

se.du.tor (*lat seductore*) *adj* **1** Que seduz. **2** Atraente, encantador, tentador. • *sm* **1** Aquele que seduz. **2** Aquele ou aquilo que atrai ou encanta.

se.du.zir (*lat seducere*) *vtd* **1** Levar à prática de atos contrários à moral ou aos bons costumes; enganar com astúcia; desencaminhar (alguém). *vtd* **2** Induzir uma pessoa à prática de atos sexuais. *vtd* e *vint* **3** Atrair, cativar, deslumbrar, fascinar. *vtd* **4** Subornar: *Seduzia os fiscais*.

se.ga.dei.ra (*segar+deira*) *sf Agr* **1** Instrumento agrícola para segar cereais, capim e grama. **2** Máquina para segar; ceifadeira.

se.gar (*lat secare*) *vtd* **1** Ceifar, cortar (as searas). **2** Pôr termo a: *Segar a vida.* **3** Impedir: *Segar abusos.*

seg.men.tar (*segmento+ar¹*) *vtd* **1** Reduzir a segmentos. **2** Tirar segmento a.

seg.men.to (*lat segmentu*) *sm* **1** Parte, porção, seção de um todo. **2** *Anat* Parte de um órgão. **3** *Geom* Porção cortada de uma figura ou de um sólido.

se.gre.dar (*segredo+ar¹*) *vtd* e *vtdi* **1** Comunicar, dizer em segredo; confidenciar. *vti* e *vint* **2** Dizer segredos. *vtd* e *vint* **3** Dizer em voz baixa, murmurar; cochichar.

se.gre.do (*grê*) (*lat secretu*) *sm* **1** O que não se revela ou não se deve revelar a outrem. **2** Fato ou circunstância mantida oculta. **3** Informação, assunto confidencial. **4** Processo ou fato inexplicado ou impenetrável. **5** Confidência; sigilo. *Segredo de Estado:* assunto de interesse público cuja divulgação pode prejudicar temporariamente o Estado. *Segredo profissional:* fato ou conjunto de fatos de que alguém tem conhecimento no exercício de sua profissão, como a de sacerdote, médico, advogado etc., e que não pode ser divulgado nem mesmo perante o tribunal.

se.gre.ga.ção (*lat segregatione*) *sf* Separação ou isolamento social e físico entre pessoas e grupos humanos por motivos de raça, riqueza, educação, religião, profissão ou nacionalidade.

se.gre.gar (*lat segregare*) *vtd* e *vpr* **1** Afastar(-se), apartar(-se), isolar(-se), separar(-se): *"A mesma lógica preside o rígido zoneamento funcional que segrega áreas discretas."* (GPO) **2** *Fisiol* Emitir, expelir (o produto da secreção): *"O corpo do militante imaginário segrega um santo óleo que o protege contra o mundo."* (FSP)

se.gui.da (*part fem de seguir*) *sf* **1** Ato ou efeito de seguir; seguimento. **2** Cartas seguidas de um naipe, em certos jogos; sequência. *Em seguida:* imediatamente, logo depois, sem demora, seguidamente. *Em seguida a:* logo depois de.

se.guin.te (de *seguir*) *adj m+f* **1** Que vem logo após outro; imediato, subsequente, próximo. **2** Que se faz ou diz logo depois de outra coisa. • *sm* **1** Aquele ou aquilo que segue outrem, ou alguma coisa; seguidor. **2** O que vem logo após outrem.

se.guir (*lat sequere, corr de sequi*) *vtd* **1** Ir ou vir junto ou atrás de; acompanhar: *O cão seguia-o a toda parte.* *vtd* **2** Deixar-se guiar por: *O discípulo segue o mestre.* *vtd* **3** Ir no encalço de, procurando alcançar para capturar ou combater; perseguir. *vtd* **4** Acompanhar furtivamente, espreitando: *O detetive seguia o suspeito.* *vtd* **5** Andar em, percorrer: *Seguir a estrada.* *vpr* **6** Acontecer ou apresentar-se após: *Seguiam-se as assinaturas.* *vti* **7** Ir em certa direção. *vint* **8** Continuar, prosseguir: *Os romeiros seguiram, em silêncio.* *vti* e *vpr* **9** Vir depois, na ordem do tempo; sobrevir, suceder. *vtd* **10** Tomar em consideração; obedecer. *Conjug* – 1º) O *e* do radical muda-se em *i* na 1ª pessoa do singular do presente do indicativo e nas formas dela derivadas. 2º) Suprime-se o *u* quando o *g* é seguido de *a* e de *o*. *Conjug* – *Pres indic:* sigo, segues, segue, seguimos, seguis, seguem; *Pret perf:* segui, seguiste, seguiu, seguimos, seguistes, seguiram; *Pret imp indic:* seguia, seguias, seguia, seguíamos, seguíeis, seguiam; *Pret mais-que-perf:* seguira, seguiras, seguira, seguíramos, seguíreis, seguiram; *Fut pres:* seguirei, seguirás, seguirá, seguiremos, seguireis, seguirão; *Fut pret:* seguiria, seguirias, seguiria, seguiríamos, seguiríeis, seguiriam; *Pres subj:* siga, sigas, siga, sigamos, sigais, sigam; *Pret imp subj:* seguisse, seguisses, seguisse, seguíssemos, seguísseis, seguissem; *Fut subj:* seguir, seguires, seguir, seguirmos, seguirdes, seguirem; *Imper afirm:* —, segue(Tu), siga(Você), sigamos(Nós), segui(Vós), sigam(Vocês); *Imper neg:* —, Não sigas(Tu), Não siga(Você), Não sigamos(Nós), Não sigais(Vós), Não sigam(Vocês); *Infinitivo impess:* seguir; *Infinitivo pess:* seguir, seguires, seguir, seguirmos, seguirdes, seguirem; *Ger:* seguindo; *Part:* seguido.

se.gun.da (*fem de segundo*) *sf* **1** Redução de *segunda-feira.* **2** Redução de *segunda classe.* **3** *Autom* Marcha intermediária, nos veículos, entre a de arranque, chamada primeira, e a terceira.

se.gun.da-fei.ra *sf* Segundo dia da semana (iniciada no domingo). *Pl: segundas-feiras.*

se.gun.do[1] (*lat secundu*) *num* Ordinal correspondente a dois. • *sm* Cada uma das duas partes iguais em que se divide o todo.

se.gun.do[2] (*lat secundu*) *conj* Conforme, consoante, à medida que, ao passo que. • *prep* De acordo com, conforme.

se.gun.do[3] (*lat secundo*) *adv* Em segundo lugar.

se.gu.ra.do (*part de segurar*) *adj* **1** Que se segurou. **2** Que está no seguro. • *sm* Aquele que paga o prêmio num contrato de seguro.

se.gu.ra.dor (*segurar+dor*) *adj* **1** Que segura. **2** Que se obriga, num contrato de seguro, a indenizar eventuais danos ou perdas em caso de acidentes ou a pagar certa quantia aos herdeiros em caso de falecimento. • *sm* Indivíduo segurador.

se.gu.ra.do.ra (*segurar+dor*, no *fem*) *sf* Companhia de seguros.

se.gu.ran.ça (*seguro+ança*) *sf* **1** Ato ou efeito de segurar. **2** Estado do que se acha seguro; garantia. **3** Proteção. **4** Certeza, confiança, firmeza. **5** Força ou firmeza nos movimentos. **6** Confiança em si, firmeza de ânimo, resolução. *Antôn* (acepção 3): *insegurança, risco, perigo.*

se.gu.rar (*seguro+ar*[1]) *vtd* **1** Tornar seguro, apoiar para que não caia; firmar, fixar: *Segurar a prateleira. vtd* **2** Agarrar, prender: *Segurava-se ao corrimão da escada.* • *vpr* **3** Agarrar-se, apoiar-se: *Segurou-lhe o braço. vtd* **4** Não deixar fugir; conter: *Os policiais o seguraram. vtd* e *vpr* **5** Garantir (-se) contra risco, perda ou dano; pôr (-se) no seguro: *Segurar um imóvel. Antôn* (acepções 2 e 4): *soltar. Part: segurado* e *seguro.*

se.gu.ri.da.de (*seguro+i+dade*) *sf* Conjunto de medidas, leis, normas, providências que tem como objetivo dar à sociedade e ao indivíduo o maior grau possível de garantia, seja sob o aspecto social, econômico, cultural, moral ou recreativo.

se.gu.ro (*lat securu*) *adj* **1** Livre de cuidados ou inquietações. **2** Sossegado, tranquilo. **3** Confiado, ousado. **4** Que oferece segurança contra ataques, acidentes, desastres ou danos de qualquer outra natureza. **5** Infalível; firme, estável, fixo. **6** Em que se pode crer e ter confiança. **7** *pop* Avarento. *Antôn* (acepções 5 e 6): *incerto, duvidoso.* • *sm* **1** *Com* Contrato de seguro. **2** Indenização paga em cumprimento desse contrato.

se.gu.ro-de.sem.pre.go *sm Dir* Forma de pagamento de benefícios aos trabalhadores desempregados dada pelo governo. *Pl: seguros-desempregos* e *seguros-desemprego.*

se.gu.ro-sa.ú.de *sm* Sistema de saúde privada no qual o associado paga um seguro que cobre consultas, exames, tratamentos e internações. *Pl: seguros-saúdes* e *seguros-saúde.*

sei.o (*lat sinu*) *sm* **1** Parte do corpo humano onde ficam as mamas. **2** Cada uma das mamas da mulher. **3** Lugar interno; interior, âmago: *Os mortos voltam ao seio da terra.*

seis (*lat sex*) *num* Cardinal correspondente a seis unidades. • *sm* O algarismo 6.

seis.cen.tos (*seis+cento*) *num* Cardinal correspondente a seis centenas; seis vezes cem. • *sm* O algarismo 600.

sei.ta (*lat secta*) *sf* **1** Grupo religioso dissidente que surge em oposição às ideias e às práticas religiosas em vigor. **2** Teoria (filosófica, religiosa etc.) de alguma pessoa célebre, seguida por muitos adeptos. **3** *pop* Bando, facção, partido.

sei.va (*fr sève*, do *lat sapa*) *sf* **1** *Bot* Solução aquosa de substâncias nutritivas que as raízes absorvem da terra ou da água; a parte líquida de uma planta. **2** Qualquer fluido ou elemento vital, como o sangue. **3** *fig* Vitalidade, energia, vigor.

sei.xo (*lat saxu*) *sm* Pedra branca e dura, de variados tamanhos; calhau.

se.la (*lat sella*) *sf* **1** Arreio acolchoado que se coloca no dorso da cavalgadura e sobre o qual monta o cavaleiro. **2** *ant* Cadeira de braços; poltrona. *Cf cela.*

se.lar[1] (*selo+ar*[1]) *vtd* **1** Pôr selo, estampilha ou carimbo em. **2** Fechar pondo selo; chumbar. **3** Fazer emudecer; calar. **4** Rematar, terminar, confirmar. *Cf selar*[2].

se.lar² (*sela+ar¹*) *vtd* Pôr sela ou selim em. *Cf selar¹*.

se.le.ção (*lat selectione*) *sf* **1** Escolher; escolha criteriosa e fundamentada. **2** *Zootecn* Separação escrupulosa dos animais reprodutores com as características favoráveis que o criador deseja fixar numa variedade animal distinta. **3** *Esp* Quadro de jogadores escolhidos entre os melhores. *Seleção natural*: consequência ou resultado da luta entre os seres, animais ou vegetais, sobrevivendo os mais fortes, robustos e resistentes, e perecendo os mais fracos e imperfeitos.

se.le.ci.o.nar (*seleção+ar¹*) *vtd* **1** Fazer a seleção de. *vpr* **2** Praticar-se seleção. *vtd* **3** *Inform* Posicionar um ponteiro sobre um objeto (como um botão ou opção de menu) e clicar com o botão do *mouse*.

se.lê.ni.co (*gr Seléne+ico²*) *adj* Relativo à Lua.

se.le.ni.ta (*seleno+ita²*) *s m+f* **1** Suposto habitante da Lua. *sf* **2** *Miner* Variedade de gesso que ocorre em forma de cristais transparentes ou de massas cristalinas.

se.le.ta (*lat selecta*) *sf* **1** Coleção de trechos literários ou científicos, selecionados de várias obras e reunidos em livro; antologia. **2** Variedade de laranja doce. **3** *pop* Porção de frutas, de legumes etc. selecionados.

se.le.to (*lat selectu*) *adj* **1** Escolhido. **2** *por ext* Especial, excelente, incomparável: *"Formou-se em sua volta um seleto grupo de artistas."* (F)

se.le.tor (*ingl selector*) *sm* **1** Pessoa ou aparelho que seleciona. **2** *Rád* Elemento de sintonização de um receptor. **3** Qualquer mecanismo, automático ou não, que realiza determinada seleção.

self-service (*sélfi-sérvice*) (*ingl*) *V autosserviço*.

se.lim (de *sela*) *sm* **1** Sela rasa e pequena. **2** O assento da bicicleta. *Pl: selins.*

se.lo (ê) (*lat sigillu*) *sm* **1** Estampilha adesiva que se cola nos envelopes e volumes que são expedidos pelo correio. **2** Carimbo de uma autoridade, com as armas ou a divisa do Estado, posto em documentos, para autenticá-los ou validá-los.

sel.va (*lat silva*) *sf* **1** Vasta floresta virgem. **2** *fig* Lugar onde se luta duramente, especialmente para sobreviver.

sel.va.gem (*provençal salvatge*) *adj m+f* **1** Da selva ou próprio dela; agreste, bravio: *Terra selvagem.* **2** Que não tem civilização; incivilizado, inculto. **3** Despovoado, deserto, ermo, sem habitantes: *Região selvagem.* **4** *fig* Grosseiro, rude, rústico. • *sm* **1** Pessoa que não vive na sociedade civilizada. **2** Pessoa que vive nas selvas; o índio não assimilado à civilização. **3** Pessoa grosseira, rude.

sel.va.ge.ri.a (*selvagem+eria*) *sf* **1** Estado, qualidade, vida ou condição de selvagem. **2** Ato, dito ou modo de selvagem. **3** Rudeza, brutalidade. *Var p us: selvajaria.*

sem (*lat sine*) *prep* **1** Indica uma das seguintes relações: ausência, exclusão, falta, privação etc. **2** Exprime a ideia negativa de modo. **3** Exprime concessão ou condição, quando antecede um infinitivo. *Sem-cerimônia:* à vontade, com inteira liberdade (*cf sem-cerimônia*). *Sem tirar nem pôr:* exatamente assim; tal qual; sem diferença alguma.

Sem é um prefixo que exige obrigatoriamente o uso de hífen antes de qualquer letra: *sem-cerimônia, sem-fim, sem-par, sem-vergonha, sem-sal, sem-pudor* etc. Exceções: *sensabor, sensaborão*.
Algumas palavras compostas por esse prefixo não admitem plural: *sem-terra, sem-casa, sem-família, sem-teto, sem-sal, sem-pão, sem-par, sem-luz; os sem-teto, homens sem-casa, obras sem-par, refeições sem-sal* etc.
Entretanto, admitem o plural: *sem-nome, sem-vergonha, sem-cerimônia, sem-número, sem-vergonhice; as sem-vergonhices, os sem-vergonhas, os sem-números, os sem-cerimônias* etc.

se.má.fo.ro (*sema+foro*) *sm* Sinal luminoso colocado nos cruzamentos das vias públicas de grande afluência, para regular o deslocamento de pedestres e veículos; farol; sinal; sinaleira; sinaleiro.

se.ma.na (*lat septimana*) *sf* **1** Período de sete dias consecutivos a começar do domingo. **2** Espaço de sete dias quaisquer, seguidos. **3** *pop* Os dias da semana, exceto o domingo; os dias de trabalho.

se.ma.ná.rio (*semana+ário*) *sm* Periódico que se publica uma vez por semana.

se.mân.ti.ca (*gr semantiké* significação) *sf Ling* Estudo da evolução do sentido das palavras através do tempo e do espaço; semiologia.

sem.blan.te (*lat simulante*) *sm* Cara, rosto; aspecto; fisionomia.

sem-ce.ri.mô.nia *sf* **1** Desprezo das convenções sociais. **2** Falta de cerimônia. **3** Excessiva liberdade nos gestos ou nas ações. *Pl:* sem-cerimônias. Veja nota em **sem**.

se.me.ar (*lat seminare*) *vtd* **1** Lançar a semente na terra lavrada para fazê-la germinar. *vtd* **2** Espalhar sementes sobre. *vint* e *vtd* **3** Lançar sementes; praticar a semeadura. *vtd* **4** *fig* Divulgar, espalhar, fazer correr, publicar. *vtd* **5** Causar, produzir; fomentar, incrementar. Conjuga-se como *frear*.

se.me.lhan.ça (*semelhar+ança*) *sf* **1** Qualidade ou estado de semelhante. **2** Conformidade, relação de fisionomia entre duas ou mais coisas ou pessoas que se parecem mutuamente; afinidade de caracteres. *Antôn* (acepções 1 e 2): *dessemelhança*. Veja nota em **afim**.

se.me.lhan.te (*lat simulante*) *adj m+f* Que tem semelhança; parecido, análogo, similar. *Antôn: dessemelhante, diferente.* • *sm* **1** Pessoa ou coisa que se assemelha a outra. **2** O que é constituído da mesma substância ou tem a mesma estrutura. **3** O próximo. • *pron* Tal, este, aquele. *Sup abs sint: simílimo.*

se.me.lhar (*lat similare*) *vtd* Ter semelhança com; imitar, lembrar, representar como semelhante: *"Cor que semelha sujeira em pele."* (COB)

sê.men (*lat semen*) *sm* **1** Semente. **2** *V* esperma. *Pl:* semens e sêmenes.

se.men.te (*lat semente*) *sf* **1** *Bot* Óvulo fecundado, maduro e desenvolvido, constituído geralmente de amêndoa e tegumento. **2** Qualquer substância ou grão que se semeia ou que se lança à terra para se fazer germinar. **3** Esperma, sêmen. **4** *fig* Princípio gerador; origem, causa.

se.men.tei.ra (*semente+eira*) *sf* **1** Aquilo que se semeia. **2** Semente lançada à terra. **3** Terra semeada; viveiro de plantas.

se.mes.tral (*semestre+al¹*) *adj m+f* **1** Que se publica ou se realiza ou sucede de seis em seis meses. **2** Que abrange ou compreende um semestre.

se.mes.tra.li.da.de (*semestral+i+dade*) *sf* **1** Qualidade de semestral. **2** Pagamento por semestre.

se.mes.tre (*lat semestre*) *sm* O espaço de seis meses consecutivos; meio ano. • *adj V semestral.*

sem-fim (*sem+fim*) *adj m+f* Que não tem número, que não tem fim, indefinido. • *sm* **1** Número ou quantidade indeterminada. **2** Espaço indefinido. *Pl:* sem-fins. Veja nota em **sem**.

se.mi.al.fa.be.ti.za.do (*semi+alfabetizado*) *V semianalfabeto.*

se.mi.a.nal.fa.be.to (*semi+analfabeto*) *adj* Diz-se do indivíduo meio analfabeto; mal alfabetizado. • *sm* Esse indivíduo.

se.mi.a.quá.ti.co (*semi+aquário*) *adj* **1** *Bot* Que cresce indiferentemente dentro da água ou perto dela. **2** *Zool* Que frequenta a água, mas não vive exclusivamente nela (*p ex*, o castor).

se.mi.á.ri.do (*semi+árido*) *adj* Meio árido.

se.mi.bre.ve (*semi+breve*) *sf Mús* Nota inteira; vale metade da breve ou duas mínimas.

se.mi.cer.rar (*semi+cerrar*) *vtd* e *vpr* Cerrar(-se) em parte; deixar(-se) entreaberto: *Semicerrou os olhos.*

se.mi.cír.cu.lo (*semi+círculo*) *sm* **1** Metade do círculo. **2** *V transferidor.*

se.mi.cir.cun.fe.rên.cia (*semi+circunferência*) *sf Geom* Metade da circunferência.

se.mi.con.du.tor (*semi+condutor*) *sm Fís* Condutor elétrico que diminui sua resistência de acordo com a temperatura e cuja condução de carga pode ocorrer por elétrons ou por íons ou por buracos.

se.mi.cons.ci.en.te (*semi+consciente*) *adj m+f* Meio consciente; não inteiramente consciente.

se.mi.deus (*lat semideus*) *sm* **1** *Mit* Ente imortal, em parte humano e em parte divino; divindade de segunda ordem. **2** *Mit*

Herói, filho de um deus e de uma mortal ou de uma deusa e de um mortal. *Fem*: *semideusa* e *semideia*.

se.mi.fi.nal (*semi+final*) *adj Esp* Diz-se de cada uma das duas provas cujos vencedores, pelo fato de terem vencido, adquiriram o direito de disputar a final. • *sf* Prova semifinal.

se.mi.fi.na.lis.ta (*semi+finalista*) *adj m+f* Diz-se do esportista, do conjunto ou do candidato que, em competições esportivas ou em certos concursos (como, *p ex*, concurso de beleza), se classifica para a prova semifinal. • *s m+f* Essa pessoa ou esse conjunto.

se.mi.nal (*lat seminale*) *adj m+f* Que contém sementes ou sêmen.

se.mi.ná.rio (*lat seminariu*) *sm* **1** Casa de educação e ensino onde se preparam candidatos para o sacerdócio. **2** Reunião de estudos em que os participantes fazem debates sobre determinado assunto.

se.mi.na.ris.ta (*seminário+ista*) *sm* Aluno de um seminário (acepção 1).

se.mi.nu (*lat seminudu*) *adj* **1** Meio nu; quase nu. **2** Coberto de trapos.

se.mi.o.lo.gi.a (*semio+logo²+ia¹*) *sf* **1** Ciência dos sinais e a arte de empregá-los. **2** *Med* Ramo da medicina que trata dos sintomas; semiótica, sintomatologia. **3** *Ling* V semântica.

se.mi.ó.ti.ca (*gr semeiotiké*) *sf* **1** V *semiologia* (acepção 2). **2** Doutrina filosófica geral dos sinais e símbolos, especialmente das funções destes, tanto nas línguas naturais quanto nas artificialmente construídas; compreende três ramos: sintaxe, semântica e pragmática.

se.mi.pla.no (*semi+plano*) *adj* Quase plano. • *sm Geom* Parte de um plano limitado por uma reta.

se.mi.por.tá.til (*semi+portátil*) *adj m+f* Que é quase portátil; não totalmente portátil.

se.mi.pre.ci.o.so (ó) (*semi+precioso*) *adj* Que não é totalmente precioso. *Pedra semipreciosa:* gema que não chega a ter o alto valor das preciosas. *Pl: semipreciosos* (ó).

se.mir.re.ta (ê) (*semi+reta*) *sf Geom* Cada uma das duas partes em que uma reta fica dividida por qualquer de seus pontos.

se.mi.ta (*Sem, np+ita²*) *adj m+f* Que se refere aos semitas. • *s m+f* **1** Membro de um dos povos que, segundo a Bíblia, descendem de Sem. **2** Membro de um dos povos do sudoeste da Ásia que falam ou falaram línguas semíticas e que são hoje representados pelos hebreus, árabes e etíopes e em tempos antigos também o eram pelos babilônios, assírios, arameus, cananeus e fenícios.

se.mí.ti.co (*semita+ico²*) *adj* **1** Pertencente ou relativo aos semitas. **2** Em sentido restrito, pertencente ou relativo aos judeus. **3** *Ling* Relativo ou pertencente às línguas semíticas. • *sm Ling* Grupo de línguas faladas em grande parte no norte da África e no Oriente Médio. *Línguas semíticas:* ramo da família de línguas afro-asiáticas que inclui o hebraico, o árabe, o etíope, o assírio-babilônico, o aramaico, o fenício e outras línguas antigas já extintas. V *semita* (2).

se.mi.tis.mo (*semita+ismo*) *sm* **1** Em sentido restrito, modos, ideias ou influência do povo judeu. **2** Em sentido restrito, predisposição ou política favorável aos judeus.

se.mi.vo.gal (*semi+vogal*) *adj m+f Gram* Diz-se da vogal breve *i* ou *u* que, quando acompanha outras, com ela forma uma sílaba (*por ex:* em *mais, maus, água, quais, saguão*). • *sf* Essa vogal breve.

sem-mo.dos (*sem+modos*) *adj m+f sing+pl* Diz-se da pessoa que não tem boas maneiras; inquieto, travesso. • *s m+f sing+pl* Essa pessoa. Veja nota em **sem**.

sem-nú.me.ro (*sem+número*) *adj m+f sing+pl* Inumerável, sem conta. • *sm sing+pl* Grande número; número indeterminado: *Tentou e falhou um sem-número de vezes*. Veja nota em **sem**.

sê.mo.la (*ital semola*) *sf* Substância granulosa feita de grãos de trigo ou de outros cereais e usada para fazer macarrão e outras massas alimentícias.

sem.pre (*lat semper*) *adv* **1** A toda a hora, a todo o momento, em todo o tempo. **2** Constantemente, sem cessar. **3** Afinal, enfim. **4** Na verdade. • *conj* Contudo, entretanto, no entanto, todavia: *Afirma* *que sabe alemão; sempre tenho as minhas dúvidas.* • *sm* Todo o tempo (o passado, o presente, o futuro).

sem.pre-vi.va (*sempre+viva*) *sf Bot* Gênero de ervas carnosas, às vezes arborescentes, muitas das quais têm flores de várias cores com numerosas sépalas e pétalas. São largamente cultivadas como ornamentais (secam sem murchar). *Pl: sempre-vivas.*

sem-sal (*sem+sal*) *adj m+f sing+pl* Insosso; sensabor. Veja nota em **sem**.

sem-ter.ra (*sem+terra*) *adj m+f sing+pl* Diz-se da pessoa que não possui terras para o cultivo. • *s m+f sing+pl* Pessoa sem-terra. Veja nota em **sem**.

sem-te.to (*sem+teto*) *adj m+f sing+pl* Diz-se da pessoa que não possui casa própria nem condições de alugar uma moradia e acaba morando na rua. • *s m+f sing+pl* Pessoa sem-teto. Veja nota em **sem**.

sem-ver.go.nha (*sem+vergonha*) *adj m+f sing+pl* Diz-se da pessoa desavergonhada, descarada, despudorada, desonesta. • *s m+f sing+pl* **1** Essa pessoa. *sf* **2** Falta de vergonha. **3** *Bot* Planta urticácea. *Pl* do *sf: sem-vergonhas.* Veja nota em **sem**.

sem-ver.go.nhi.ce (*sem+vergonha+ice*) *sf* Ação ou procedimento de sem-vergonha: *"Sem-vergonhice assim também é demais!"* (Q) *Pl: sem-vergonhices.* Veja nota em **sem**.

se.na (*lat sena*) *sf* **1** Carta de jogar, dado ou peça de dominó com seis pintas ou pontos. **2** Certo tipo de loteria de números em que, para ganhar o prêmio, é preciso acertar seis números sorteados: *"O sujeito que aposta na sena sabe que tem pouquíssima chance de acertar."* (FSP)

se.na.do (*lat senatu*) *sm* **1** *Antig rom* Conselho supremo de Estado. **2** Câmara alta, nos países que têm duas assembleias legislativas. **3** Edifício destinado às reuniões de um senado.

se.na.dor (*lat senatore*) *sm* **1** Membro do senado. **2** Membro da câmara alta em alguns países representativos. *Fem: senadora.*

se.não (*se+não*) *conj* **1** Aliás, de outra forma, de outro modo, quando não. **2** Mas, mas sim. **3** A não ser, mais do que. **4** Aparece às vezes como correlativo de *não só* e equivale a *mas também*. • *prep* À exceção de, exceto, menos. • *sm* Defeito, leve falta, mácula.
Usa-se **senão** quando significa:
a) Caso contrário, de outra forma. *Apresse-se,* **senão** *perderá o trem.*
b) A não ser, sem que, mais do que, menos do que, com exceção de. **Senão** *os funcionários imprescindíveis, todos gozaram folga. Ele nada faz* **senão** *reclamar. Nada pode fazer* **senão** *chorar.*
c) Mas, mas sim, mas também. *A história não lhe diz respeito,* **senão** *aos segurados. Eram não apenas bons alunos,* **senão** *ótimos cidadãos. Não se faz o que se quer,* **senão** *o necessário.*
d) De repente, de súbito, eis que (senão quando). *Foi* **senão**, *e apenas* **senão** *que a notícia atingiu a todos. Eis* **senão** *que ele assoma à porta pálido e transtornado.*

se.ná.rio (*lat senariu*) *adj* Que tem seis unidades. *Cf cenário.*

sen.da (*lat semita*) *sf* **1** Caminho desviado para pedestres; atalho: *"Estreita senda, cujas margens de hora em hora mostravam os sinais dos golpes de terçado."* (TER) **2** O caminho que se segue na vida: *"Lutando para conseguir romper a barreira daqueles corações queridos, orientando-os na senda espiritual."* (PCO)

se.ne.ga.lês (*top Senegal+ês*) *adj* Do, pertencente ou que se refere ao Senegal (África). • *sm* O natural ou habitante desse país. *Var: senegalense. Fem: senegalesa.*

se.nha (*lat signa*) *sf* **1** Gesto, sinal ou palavra combinados entre duas ou mais pessoas para qualquer fim. **2** *Inform* Conjunto determinado de caracteres que devem ser introduzidos corretamente para se ter acesso à memória do computador.

se.nhor (*lat seniore*) *sm* **1** Tratamento dado por cortesia a qualquer homem: *O senhor não quer sentar-se?* **2** Soberano, chefe; título honorífico de alguns monarcas. **3** Tratamento de criados para os amos. **4** Dono da casa. **5 Senhor** Deus, Jesus Cristo. *Senhor do seu nariz, pop:* sujeito dado a importante, indivíduo que não aceita conselhos de ninguém. *Ser senhor de si* ou *das suas ações:* poder agir livremente;

poder dispor de si; ser completamente independente. *Abrev:* Sr.

se.nho.ra (ó) (*fem de senhor*) *sf* **1** Tratamento que se dá por cortesia às mulheres casadas ou àquelas não muito jovens. **2** Ama ou dona de casa em relação aos seus subordinados. *A Senhora* ou *Nossa Senhora:* a Virgem Maria. *Abrev:* Sra.

se.nho.ri.a (*senhor+ia¹*) *sf* **1** Feminino de senhorio. **2** Autoridade ou qualidade de senhor ou senhora. **3** Autoridade, direito ou poder de alguém sobre a terra de que é possuidor. *Vossa Senhoria:* tratamento cerimonioso empregado principalmente nas cartas comerciais. *Abrev sing:* V. Sa. ou V. S.ª; *pl:* V. Sas. ou V. S.ªˢ

Como ocorre com outros pronomes de tratamento (Excelência, Reverência, Eminência etc.), *Vossa Senhoria* exige o possessivo "vossa" quando se está falando com a pessoa. Entretanto, quando se fala sobre ou a respeito da pessoa, usa-se o possessivo "sua".

Fico feliz ao conversar pessoalmente com Vossa Senhoria.

Comunicou ao amigo que não via Sua Senhoria desde o último verão.

Observe que com os pronomes de tratamento o verbo deve ficar sempre na 3ª pessoa do singular.

Vossa Senhoria chegou cedo hoje. Também chegará cedo amanhã?

Sua Senhoria, como diretor do departamento, decidirá sobre o assunto quando voltar de viagem.

se.nho.ri.o (*senhor+io²*) *sm* **1** Qualidade de senhor ou senhora. **2** Direito que cada um tem sobre aquilo que lhe pertence; autoridade: *Ao cabo de uns anos voltaram eles ao senhorio da casa e da chácara.* **3** Proprietário de casa ou prédio alugado.

se.nho.ri.ta (*cast señorita*) *sf* **1** Diminutivo de senhora. **2** Tratamento cortês que se dá às mulheres jovens não casadas. *Abrev:* Srta.

se.nil (*lat senile*) *adj m+f* **1** Pertencente ou relativo à velhice ou aos velhos: *"Era uma vez uma dama gentil e senil que tinha um gato siamês."* (FAB) **2** Proveniente da velhice: *"Aumentaram-lhe os tremores senis."* (DEN) *Pl: senis. Sup abs sint: senílimo.*

se.ni.li.da.de (*senil+i+dade*) *sf* **1** Estado ou qualidade de senil. **2** Debilidade física e intelectual causada pela velhice.

sê.nior (*lat seniore*) *adj* Diz-se de profissional experiente. *Antôn: júnior. Pl: seniores* (ô).

se.no (*lat sinu*) *sm Mat* **1** Perpendicular que vai de uma das extremidades de um arco de círculo ao arco que passa pela outra extremidade. **2** Razão entre essa perpendicular e esse raio.

sen.sa.bor (*sem+sabor*) *adj* **1** Que não tem sabor ou gosto; insípido. **2** Monótono, enfadonho. **3** Diz-se de pessoa sem graça. • *s m+f* Pessoa sem graça e insípida. Veja nota em **sem**.

sen.sa.bo.rão (*sensabor+ão*) *adj* Muito sensabor. • *sm* Pessoa ou coisa muito sensabor. *Fem: sensaborona.*

sen.sa.ção (*lat sensatione*) *sf* **1** Percepção pelos sentidos. **2** Impressão física recebida pelos sentidos, como dor, calor, frio etc. **3** Condição mental ou emocional produzida pela impressão de um órgão do sentido, como apreensão, angústia, prazer etc. **4** Sensibilidade.

sen.sa.ci.o.nal (*lat sensatione+al¹*) *adj m+f* Capaz de produzir grande sensação.

sen.sa.ci.o.na.lis.mo (*sensacional+ismo*) *sm* **1** Caráter ou qualidade de sensacional. **2** Tendência a divulgar notícias exageradas.

sen.sa.ci.o.na.lis.ta (*sensacional+ista*) *adj m+f* Em que há sensacionalismo ou escândalo. • *s m+f* Pessoa que visa a causar sensação em literatura, oratória etc.

sen.sa.tez (*sensato+ez*) *sf* Qualidade de sensato; bom senso, discrição, prudência. *Pl: sensatezes.*

sen.sa.to (*lat sensatu*) *adj* **1** Que tem bom senso; ajuizado, prudente. **2** Que é conforme ao bom senso.

sen.si.bi.li.da.de (*lat sensibilitate*) *sf* **1** *Psicol* Capacidade de um organismo de receber estimulações. **2** Tendência inata do homem para se deixar levar pelos afetos ou sentimentos de compaixão e ternura. **3** Disposição para se ofender ou melindrar-se; suscetibilidade.

sen.si.bi.li.zar (*sensível+izar*[1]) *vtd* **1** Tornar sensível; abrandar o coração de, comover, enternecer. *vpr* **2** Comover-se; contristar-se. *vtd* **3** *Fot* Tornar sensível à ação da luz (uma folha de papel etc.).

sen.si.ti.va (*fem* de *sensitivo*) *sf Bot* Planta cujas folhas têm a propriedade de se retrair, quando algo ou alguém as toca.

sen.sí.vel (*lat sensibile*) *adj m+f* **1** Que é dotado de sensibilidade. **2** Capaz de receber impressões de agentes exteriores pelos órgãos dos sentidos. **3** Emotivo, suscetível. *Ser sensível a alguma coisa:* afligir-se, desgostar-se, impressionar-se por causa dela. *Sup abs sint:* sensibilíssimo.

sen.so (*lat sensu*) *sm* **1** Faculdade de julgar, de raciocinar. **2** Siso, juízo, tino. *Senso comum:* modo de pensar da maioria das pessoas. *Senso estético:* faculdade de apreciar a beleza. *Senso moral:* a consciência do bem e do mal. *Cf censo.*

sen.sor (*lat sensum+or*) *sm* Designação genérica para dispositivos como radares, sonares etc., por meio dos quais se percebem ou se localizam alvos inimigos, acidentes geográficos, sismos, ou se sondam mares e oceanos. *Cf censor.*

sen.so.ri.al (*lat sensu*) *adj m+f* Relativo ou pertencente aos sentidos ou à sensação: *"Estava sofrendo de um desvio sensorial."* (ACT); *"O estímulo atinge o órgão sensorial, produz uma área de sensação."* (ACL)

sen.su.a.li.da.de (*lat sensualitate*) *sf* **1** Qualidade ou estado de sensual. **2** Lubricidade, volúpia.

sen.tar (*lat sedentare*, de *sedente*, *part* de *sedere*) *vtd* **1** Pôr sobre um assento; assentar. *vpr* **2** Assentar-se, tomar assento. *vpr* **3** Colocar-se, estabelecer-se, fixar-se: *Sentar-se no trono.*

sen.ten.ça (*lat sententia*) *sf* **1** Julgamento ou decisão final proferida por juiz, tribunal ou árbitro. **2** Provérbio, com caráter literário ou oratório, que encerra um pensamento moral ou uma opinião judiciosa sobre um assunto de interesse geral; máxima. **3** Palavra ou frase que encerra uma resolução inabalável; juramento, protesto do réu. **4** *Gram* Oração; frase.

sen.ten.ci.ar (*lat sententiare*) *vtd* e *vint* **1** Julgar por sentença; decidir pró ou contra alguém ou alguma coisa. *vtd* e *vtdi* **2** Condenar por meio de sentença. *Conjuga-se como premiar.*

sen.ti.do (*part* de *sentir*) *adj* **1** Que se sentiu. **2** Magoado, melindrado, ressentido, triste. **3** Que se ofende com qualquer coisa. • *sm* **1** Órgão do sentido (visão, audição, tato, olfato, paladar). **2** Faculdade de sentir, de compreender, de apreciar, de julgar. **3** Significação de uma palavra ou de um discurso: *O que você disse não faz sentido.* **4** Rumo: *Fomos no sentido leste.* • *interj* **1** Cuidado! Atenção! **2** *Mil* Voz de comando para que o soldado ou a tropa tome a posição de sentido.

sen.ti.men.tal (*sentimento+al*[1]) *adj m+f* **1** Que tem ou revela sentimento. **2** Que é dominado pelos sentimentos de bondade e enternecimento.

sen.ti.men.ta.lis.mo (*sentimental+ismo*) *sm* **1** Exagero do sentimento e dos afetos ternos. **2** Afetação nas demonstrações de sentimento.

sen.ti.men.to (*sentir+mento*) *sm* **1** Faculdade ou capacidade de sentir, de receber impressões mentais. **2** Sensação psíquica, tal como as paixões, o pesar, a mágoa, o desgosto etc. **3** Emoção terna ou elevada, tal como o amor, a amizade, o patriotismo. **4** *Filos* Conjunto de emoções. *sm pl* **5** Modo de pensar, mentalidade, atitude moral: *Sentimentos mesquinhos, maus, nobres* etc. **6** Pêsames, condolências.

sen.ti.ne.la (*ital sentinella*) *sf* **1** *Mil* Soldado armado que está de vigia em um posto. **2** Pessoa que vigia ou vela por alguma coisa.

sen.tir (*lat sentire*) *vtd* **1** Perceber por meio de qualquer um dos sentidos: *Sentir um cheiro.* *vtd* e *vpr* **2** Perceber algo que se passa em seu próprio corpo: *Sentir calor.* *vtd* **3** Ter consciência de: *Sentia que seu comportamento era indigno de sua idade.* *vtd* **4** Ser sensível a: *Sentir o peso de alguma coisa. Sentir o encanto de viver.* *vtd* **5** Perceber a iminência ou a presença de; pressentir: *Os animais sentem a iminência de um terremoto.* *vtd* **6** Certificar-se de; compreender: *Nem todos sentem os benefícios da ioga.* *vtd* **7** Exprimir pesar por: *Sinto tê-lo magoado.* Conjuga-se como *ferir.* • *sm* Modo de ver; opinião; sentimento. *No meu sentir:* no meu modo de entender. *Cf cintar.*

sen.za.la (quimbondo *sanzala*) *sf* **1** Conjunto dos alojamentos destinados aos escravos. **2** Habitação de escravos (no Brasil colonial ou imperial). *Var* menos *us: sanzala.*

sé.pa.la (fr *sépale,* de *sépar(er)+(pét)ale*) *sf* Cada um dos folíolos que formam os cálices das flores.

se.pa.ra.ção (*lat separatione*) *sf* **1** Desunião, divisão, partição. **2** *Quím* Precipitação. **3** *Dir* Ruptura de união conjugal. *Antôn* (acepção 1): *união, aproximação.*

se.pa.rar (*lat separare*) *vint, vtd, vtdi* e *vpr* **1** Apartar(-se), desligar(-se), isolar(-se), desunir(-se), criar barreira entre. *vtd* **2** *Dir* Permitir a separação judicial entre: *Considerando os graves motivos, a lei os separou.* *vpr* **3** Cessar de viver em comum. *vpr* **4** *Dir V divorciar-se. vpr* **5** Dividir-se, partir-se. *vtd* **6** Dispor ou repartir por grupos. *vtd* **7** Dividir, decompor. *vtd* **8** Ir para direções diferentes. *Antôn* (acepção 1): *unir*; (acepções 5, 6 e 8): *reunir.*

sé.pia (ital *seppia*) *sf Zool* Gênero de cefalópodes, com dez tentáculos, corpo oval, orlado de uma franja estreita de barbatanas e provido de uma concha calcária interna e uma glândula que segrega um fluido escuro com que o animal turva a água quando perseguido e que é usado na preparação de tintas para desenho.

sép.ti.co (gr *septikós*) *adj* **1** Que faz apodrecer a carne. **2** Contaminado por micróbios. *Antôn: asséptico.*

sep.to (*lat septu*) *sm* **1** *Anat* Parede ou membrana que separa duas cavidades ou duas massas de tecido. **2** *Bot* Parede divisória entre duas células, cavidades ou massas, tal como em um ovário ou fruto composto. **3** *Fís* Membrana através da qual se realiza a osmose. *Septo nasal:* parede osteocartilaginosa entre as duas fossas nasais.

sep.tu.a.ge.ná.rio (*lat septuagenariu*) *adj* Diz-se daquele que completou setenta anos ou está na década entre os setenta e oitenta anos incompletos. • *sm* Esse indivíduo. *Var:* setuagenário.

sep.tu.a.gé.si.mo (*lat septuagesimu*) *num* Ordinal correspondente a setenta. • *sm* Cada uma das setenta partes iguais em que se divide o todo. *Var:* setuagésimo.

se.pul.cro (*lat septulcru*) *sm* Monumento onde se guardam os restos mortais de uma ou mais pessoas; cova funerária.

se.pul.ta.men.to (*sepultar+mento*) *sm* Ato de sepultar; enterro. *Antôn: exumação.*

se.pul.tar (*lat sepultare*) *vtd* e *vpr* **1** Encerrar(-se) em sepultura; enterrar(-se): *Há faquires que se sepultam vivos. vtd* **2** Aterrar, soterrar: *O chão abriu-se e sepultou-os. vtd* **3** Lançar em lugar profundo (abismo, poço, oceano etc.). *vtd* **4** *fig* Pôr fim a. *vtd* **5** Não cultivar; deixar esterilizar-se: *Sepultou seu talento. Antôn* (acepção 1): *exumar.*

se.pul.tu.ra (*lat sepultura*) *sf* **1** Lugar ou cova onde se sepultam os cadáveres. **2** Jazigo, túmulo.

se.que.la (qwe) (*lat sequela*) *sf* **1** Consequência. **2** *Med* Efeito secundário de uma doença ou lesão; doença secundária; doença consecutiva.

se.quên.cia (qwe) (*lat sequentia*) *sf* **1** Ação ou efeito de seguir ou vir uma coisa após outra em ordem ou sucessão. **2** Número de coisas ou eventos que se seguem um após outro; série, sucessão, ordem.

se.quer (*se²+quer*) *adv* **1** Ao menos, pelo menos: *"Não conseguia entender uma palavra sequer."* (ACT); *"Se alguém passasse por perto, naquele momento, não teria ouvido sequer um gemido."* (AGO) **2** Nem ao menos; nem sequer.
Sequer (pelo menos, ao menos) só pode ser usado em orações negativas. Implica necessariamente a ideia de negação; assim, palavras como *nem* (conjunção) ou *não* (advérbio) são indispensáveis para seu uso.
Ele nem sequer mencionou a nossa carta.
A empresa não mandou sequer uma comunicação.
Ela nem dedicou sequer um dia a sua memória.

se.ques.tra.dor (qwe) (sequestrar+dor) adj Que sequestra. • sm Aquele que sequestra.

se.ques.trar (qwe) (lat sequestrare) vtd **1** Pôr em sequestro (bens, haveres); arrestar, penhorar. vtd **2** Enclausurar ilegalmente; raptar: Sequestraram o banqueiro. vtd **3** Tirar violentamente ou às ocultas; apoderar-se ilegalmente de. vtdi **4** Privar do uso, exercício ou domínio de.

se.ques.tro (qwe) (lat sequestru) sm **1** Retenção ilegal de pessoa em lugar não destinado à prisão. **2** Jur Apreensão, por ordem judicial, de um bem que está em disputa (para assegurar a entrega dele à pessoa a quem a lei reconheça ser o legítimo proprietário).

se.qui.lho (seco+ilho) sm Cul Espécie de bolacha feita de ovos, farinha e açúcar. Var: sequilo.

sé.qui.to (qwi) (lat sequitu, corr de secutu, de sequi) sm Conjunto de pessoas que acompanham outra ou outras por cortesia ou por dever oficial; acompanhamento, comitiva, cortejo.

se.quoi.a (ó) (lat científico sequoia) sf Bot Gênero de árvores coníferas (pinheiros) gigantescas da América do Norte.

ser[1] (lat sedere) vlig **1** Possuir as características ou qualidades indicadas pelos adjetivos (predicativo) que acompanham e determinam o verbo. vint **2** Existir, estar: Neste lugar foi uma grande cidade. vlig **3** Ficar, tornar-se: Sou triste quando penso em ti. vint **4** Acontecer, ocorrer, suceder: Como foi o caso? vint **5** Indica o momento ou o ponto do tempo, a estação ou a época: Eram já nove horas. vlig **6** Consistir em: O nosso azar foi não preencher os requisitos exigidos. vlig **7** Ter o cargo, o título, a categoria, a função etc. de: Ser pedreiro. vti **8** Pertencer a, ter por dono: Esta casa é minha. São outros quinhentos, pop: trata-se de outro assunto; isto não vem ao caso. Seja como for: seja isso assim ou não; como quer que seja. Ser breve: falar ou escrever em poucas palavras. Ser contra: ser contrário a; atacar, combater, impugnar, ofender. Ser estrangeiro no seu país: não o conhecer. Conjug – Pres indic: sou, és, é, somos, sois, são; Pret perf: fui, foste, foi, fomos, fostes, foram; Pret imp indic: era, eras, era, éramos, éreis, eram; Pret mais-que-perf: fora, foras, fora, fôramos, fôreis, foram; Fut pres: serei, serás, será, seremos, sereis, serão; Fut pret: seria, serias, seria, seríamos, seríeis, seriam; Pres subj: seja, sejas, seja, sejamos, sejais, sejam; Pret imp subj: fosse, fosses, fosse, fôssemos, fôsseis, fossem; Fut subj: for, fores, for, formos, fordes, forem; Imper afirm: —, sê(Tu), seja(Você), sejamos(Nós), sede(Vós), sejam(Vocês); Imper neg: —, Não sejas(Tu), Não seja(Você), Não sejamos(Nós), Não sejais(Vós), Não sejam(Vocês); Infinitivo impess: ser; Infinitivo pess: ser, seres, ser, sermos, serdes, serem; Ger: sendo; Part: sido.

ser[2] (de ser[1]) sm **1** Ente humano. **2** Existência, vida. sm pl **3** A natureza; tudo quanto existe; o conjunto das criaturas. Ser supremo: V Ente supremo.

se.rei.a (lat sirena, do gr seirén) sf **1** Mit Ser mitológico cujo corpo era de mulher formosa, da cintura para cima, e de peixe, daí para baixo, terminado em cauda; a lenda dizia que, com a harmonia do seu canto, atraía os navegantes para o fundo do mar. **2** fig Mulher sedutora pela beleza ou pelo canto suavíssimo e melodioso. **3** V sirene.

se.re.le.pe adj **1** Faceiro, gracioso, provocante. **2** Ardiloso. • sm **1** Zool V caxinguelê. s m+f **2** Pessoa ágil, esperta, viva.

se.re.nar (lat serenare) vtd **1** Acalmar, aquietar. vtd **2** Aplacar, pacificar. vint e vpr **3** Acalmar-se, tranquilizar-se; desanuviar-se, voltar ao estado primitivo: Serenou-se ao avistar a cidade onde iria repousar. vint **4** Abrandar, amainar: As ondas serenaram.

se.re.ni.da.de (lat serenitate) sf **1** Estado de doçura, de paz; estado do que se acha isento de perturbações. **2** Paz, suavidade, tranquilidade.

se.re.no (lat serenu) adj **1** Sem nuvens; limpo de névoas; diz-se do céu calmo, claro, puro. **2** Impassível, prudente, sensato, ponderado. • sm Umidade fina que cai às vezes depois do pôr do sol, sem que haja nuvens na atmosfera; orvalhada, relento.

ser.gi.pa.no (*Sergipe, np+ano*) *adj* Pertencente ou relativo ao Estado de Sergipe. • *sm* O habitante ou natural do Estado de Sergipe. *Var p us: sergipense.*

se.ri.a.do (*part de seriar*) *adj* **1** Disposto em séries. **2** Que segue em certa ordem. **3** Que pertence a uma série. • *sm* Filme, geralmente de aventuras, dividido em muitas partes exibidas em dias diferentes.

se.ri.al (*série+al*[1]) *adj m+f* Disposto em série: *"Ligação direta com computador através de saída serial."* (INF)

se.ri.ar (*série+ar*[1]) *vtd* **1** Dispor ou ordenar em série. **2** Classificar por séries. Conjuga-se como *premiar*.

se.ri.ci.cul.tu.ra (*lat serice+cultura*) *sf* Cultura da seda, que consiste em cultivar as amoreiras e criar o bicho-da-seda para a produção de seda crua. *Var: sericultura.*

sé.rie (*lat serie*) *sf* **1** Sucessão espacial ou temporal de eventos ou coisas. **2** Disposição ordenada lado a lado de objetos correspondentes, semelhantes ou relacionados. *Série escolar:* divisão anual dos estudos de um curso; grau ou ano escolar.

se.ri.e.da.de (*lat serietate*) *sf* **1** Qualidade de sério. **2** Integridade de caráter. **3** Lealdade, probidade, retidão.

se.ri.e.ma (*tupi seriâma*) *sf Ornit* Ave pernalta, de asas curtas pouco adequadas para o voo, que vive nos descampados do Sul e se alimenta de bagas, insetos e lagartos. Voz: *cacareja, gargalha. Var: sariema* e *siriema.*

se.ri.gra.fi.a (*seri(ci)+grafo+ia*[1]) *sf Art Gráf* Processo de reprodução de imagens ou letreiros que usa um caixilho com tela, no qual as partes impermeabilizadas formam os claros do desenho (ou as áreas reservadas para outras cores) e a tinta passa pelas partes permeáveis, pressionada por rolo ou puxador.

se.ri.gue.la (*gwe*) (*cost ciruela*) *sf Bot* **1** Árvore frutífera, das Antilhas, aclimada no Nordeste. **2** O pequeno fruto dessa árvore, semelhante ao cajá, porém muito doce. *Var: ceriguela.*

se.rin.ga (*lat serynga*) *sf Med* Instrumento que consiste em um cilindro oco, de vidro, provido de um êmbolo e uma agulha oca, para injetar líquidos em vasos, tecidos ou cavidades, ou tirá-los deles. • *adj Reg* (AM e PA) Que produz borracha; usado na designação *pau-seringa.*

se.rin.gal (*sering(ueira)+al*[1]) *sm* **1** Lugar onde há muitas seringueiras. **2** Plantação de seringueiras.

se.rin.ga.lis.ta (*seringal+ista*) *s m+f* Pessoa proprietária de seringal.

se.rin.guei.ra (*seringa+eira*) *sf Bot* Nome vulgar de diversas árvores do gênero hévea, de cujo látex se prepara a borracha; árvore-da-borracha.

se.rin.guei.ro (*seringa+eiro*) *sm Reg* (Amazônia) **1** Indivíduo que extrai o látex da seringueira e com ele prepara a borracha; apanhador. **2** *V seringueira.*

sé.rio (*lat seriu*) *adj* **1** De maneiras graves. **2** Que não sorri. **3** Que não é leviano ou frívolo: *Moça séria.* **4** Que é honesto, digno de confiança em todas as suas coisas e negócios: *Negociante sério.* **5** Que dá motivos para apreensões; grave: *Um caso sério. Sup abs sint: seriíssimo. Antôn* (acepção 2): *risonho;* (acepção 5): *burlesco.* • *sm* Gravidade, seriedade. • *adv V a sério. A sério:* de um modo sério, seriamente; deveras. *Falar sério:* exprimir-se com gravidade, com ponderação. *Levar a sério:* dar importância. *Sair do sério:* a) fazer, excepcionalmente, algo fora do seu hábito; b) praticar algum ato extraordinário.

ser.mão (*lat sermone*) *sm* **1** Discurso religioso em que o pregador proclama as verdades cristãs; prática, pregação. **2** *pop* Censura enfadonha; repreensão, reprimenda: *Seu pai passou-lhe um sermão por ter chegado tarde.*

ser.pen.tá.rio (*serpente+ário*) *sm* Viveiro de cobras destinadas à extração do veneno com que se prepara o soro antiofídico.

ser.pen.te (*lat serpente*) *sf* **1** *Zool* Nome genérico de todos os répteis da subordem dos ofídios; cobra. **2** *fig* Pessoa falsa e traiçoeira.

ser.pen.te.ar (*serpente+e+ar*[1]) *vint* **1** Arrastar-se em ziquezagues pelo chão ou deslizar com movimentos sinuosos do corpo: *"Leléu serpenteava devagar pelas picadas."* (VPB) *vint* **2** Mostrar-se ou ser tortuoso: *"Uma linha dupla que serpenteava pela planta da cidade."* (T) Conjuga-se como *frear*.

ser.pen.ti.na (fem de *serpentina*) *sf* **1** Fita estreita e comprida de papel colorido enrolada sobre si mesma que se desenrola quando atirada e se usa principalmente em brincadeiras carnavalescas. **2** *Hidrául* Cano ou tubo espiralado para vários fins, tais como aquecimento de água corrente, aquecimento do ar ambiente por meio de água quente ou vapor etc.

ser.ra (*lat serra*) *sf* **1** Cadeia de montanhas; cordilheira. **2** Ferramenta para cortar materiais duros, provida de dentes aguçados. *Ir* ou *subir à serra*, *pop*: melindrar-se, zangar-se, irritar-se.

ser.ra.ção (*serrar*+*ção*) *sf* Ato ou efeito de serrar. Cf *cerração*.

ser.ra.dor (*serrar*+*dor*) *adj* Que serra. • *sm* Indivíduo que tem por ofício serrar madeira.

ser.ra.gem (*lat serragine*) *sf* Pó fino que sai da madeira serrada; serração.

ser.ra.lha (*lat sarralia*) *sf* Nome comum a diversas plantas de cujos caules escorre um látex branco, quando quebrados.

ser.ra.lha.ri.a (*serralhar*+*aria*) *sf* **1** Oficina ou profissão de serralheiro. **2** Fábrica de artefatos de serralheiro. **3** Trabalho de serralheiro.

ser.ra.lhei.ro (*provençal serralher*) *sm* Artífice que constrói e repara peças e artefatos de ferro chato perfilado e chapas, tais como portões, grades de proteção, gradis, esquadrias, portas, caixilhos, vitrais etc.

ser.ra.lhe.ri.a (*serralhar*+*eria*) *V serralharia*.

ser.ra.ni.a (*serrano*+*ia*¹) *sf* Cadeia ou cordilheira de serras: *"Ao longe, nas ensombradas alturas de uma serrania, uma palhoça de lume aceso."* (TR) *Serranias do mar*: encapelamento das vagas, que dá ideia de uma cordilheira de serras.

ser.ra.ní.deo (*lat serranu*+*ídeo*) *sm Ictiol* **1** Espécime da família dos serranídeos. *sm pl* **2** Família de peixes constituída por numerosas espécies, de grande importância econômica, entre as quais as garoupas e os badejos.

ser.ra.no (*lat serranu*) *adj* **1** Pertencente ou relativo a serras. **2** Habitante das serras. • *sm* **1** O que vive nas serras; montesino. **2** Camponês.

ser.rar (*lat serrare*) *vtd* **1** Cortar ou dividir com serra ou serrote. *vint* **2** Trabalhar com serra ou serrote. *vint* **3** Emitir um som estridente como o do serrote. *vtd* **4** *gír* Conseguir de graça; filar: *Serrar um cigarro*. *vtd* **5** Misturar, trançar as cartas de: *Serrar o baralho*. Cf *cerrar*.

ser.ra.ri.a (*serrar*+*ia*¹) *sf* Estabelecimento industrial aparelhado para serrar toros; engenho de serra.

ser.ri.lhar (*serrilha*+*ar*¹) *vtd* **1** Fazer serrilha em. *vint* **2** Puxar alternadamente as duas rédeas do cavalo quando este toma o freio nos dentes.

ser.ro.te (*serra*+*ote*) *sm* Pequena serra, de vários tipos e formatos, com um só cabo em uma das extremidades da lâmina, ou com arco de metal.

ser.ta.ne.jo (de *sertão*) *adj* **1** Próprio de sertão. **2** Que vive no sertão. **3** Rude. • *sm* Homem do sertão.

ser.tão *sm* **1** Região interior, longe da costa e de povoações. **2** *Reg* (Nordeste) Zona do interior brasileiro, mais seca do que a caatinga. *Sertão bruto*: sertão totalmente desabitado.

ser.ven.te (*lat servente*) *adj m+f* Que serve, servidor. • *s m+f* Pessoa que serve, que ajuda em qualquer trabalho. *Servente de pedreiro*: ajudante de pedreiro.

ser.ven.ti.a (*servente*+*ia*¹) *sf* Aplicação, emprego, préstimo, uso, utilidade.

ser.vi.çal (*serviço*+*al*¹) *adj m+f* **1** Que gosta de prestar serviços; prestativo. **2** Que serve alguém. • *s m+f deprec* Servo, pessoa assalariada.

ser.vi.ço (*lat servitiu*) *sm* **1** Desempenho de funções públicas, quer civis, quer militares. **2** Trabalho, ocupações, obrigações. **3** Porcentagem (geralmente 10%) acrescida ao valor da conta de um hotel ou restaurante para a gratificação daqueles que servem. *Serviço aeropostal*. *Serviço doméstico*: ocupação de doméstico ou doméstica. *Serviço militar*: serviço a que são obrigados os jovens nas Forças Armadas. *Serviço social*: atividade ou técnica profissional que tem por fim prevenir ou eliminar desajustamentos pessoais e grupais.

ser.vi.dão (*lat servitudine*) *sf* **1** Escravidão, cativeiro, sujeição, dependência. **2** Perda da independência nacional; perda da independência ou da liberdade política. *Antôn* (acepção 1): *liberdade*; (acepção 2): *autonomia*.

ser.vi.dor (*servir*+*dor*) *adj*+*sm* Que ou aquele que serve a outrem; servente, doméstico, criado. • *sm* Empregado, funcionário: *Servidor público. Servidor de acesso ao sistema*, *Inform*: computador que verifica a identificação do usuário e sua senha para que ele (o usuário) possa entrar em rede.

ser.vir (*lat servire*) *vtd* **1** Estar a serviço de; prestar serviços a; cuidar. *vint* **2** Prestar serviços; ser servo ou criado: *Fora contratada para servir*. *vtd* e *vint* **3** Ajudar, auxiliar, ser útil, servidor, benfazejo: *Gostamos de servir os amigos*. *vtd* **4** Estar às ordens de, atender. *vti* **5** Prestar serviços militares; ser militar. *vpr* **6** Aproveitar-se de, usar, utilizar-se de: *Serviu-se do cargo para enriquecer*. *vtd* **7** Dar, fornecer, ministrar, oferecer: *Serviu um coquetel*. *vti* **8** Aproveitar, convir, ser útil: *Este livro já não serve*. *vti* **9** Agradar, satisfazer. *vti* **10** Ajustar-se ao corpo ou a alguma parte dele: *Essa camisa me serve*. Conjuga-se como *ferir*.

ser.vo (*lat servu*) *adj* **1** Que presta serviços de criado; doméstico, serviçal, servidor. **2** Que não tem a livre disposição da sua vontade, dos seus pensamentos, dos seus atos. • *sm* **1** Pessoa em uma dessas situações. **2** *ant* Nos países feudais, indivíduo em estado de escravidão moderada.

ses.ma.ri.a (*sesmar*+*ia*[1]) *sf ant* **1** Pedaço de terra devoluta, ou cuja cultura fora abandonada, que os reis de Portugal entregavam a sesmeiros para que o cultivassem. **2** Antiga medida agrária, para campos de criação.

ses.mei.ro (*sesma*+*eiro*) *sm* **1** Aquele que dividia as sesmarias. **2** Aquele a quem se deu uma sesmaria para cultivar: *"Para o sesmeiro que vencesse este período, o empreendimento entrava no ritmo normal."* (HIB)

ses.qui.cen.te.ná.rio (*sesqui*+*centenário*) *sm* Transcurso ou comemoração do centésimo quinquagésimo aniversário.

ses.são (*lat sessione*) *sf* **1** Período de cada ano durante o qual uma corporação deliberativa realiza regularmente as suas reuniões. **2** Reunião, assembleia de uma corporação. **3** Nos teatros e cinemas em que se repete o programa várias vezes ao dia, cada um desses espetáculos representados. *Sessão extraordinária*: a que se realiza, por convocação especial, em data não prevista pelos estatutos. *Sessão ordinária*: a que se realiza em dias determinados, de acordo com os estatutos. *Cf cessão* e *seção*. Veja nota em **seção**.

ses.sen.ta (*lat sexaginta*) *num* Cardinal correspondente a seis dezenas; seis vezes dez. • *sm* O algarismo 60.

ses.ta (*lat sexta*) *sf* Tempo de descanso após o almoço, à hora do maior calor: *Fazer a sesta*. *Cf cesta* e *sexta*.

se.ta (*lat sagitta*) *sf* **1** V *flecha* (acepção 1). **2** Objeto com a forma de uma flecha.

se.te (*lat septe*) *num* Cardinal correspondente a sete unidades. • *sm* O algarismo 7.

se.te.cen.tos (*sete*+*centos*) *num* Cardinal correspondente a sete centenas; sete vezes cem. • *sm* **1** O algarismo 700. **2** O século XVIII. **3** Literatura e arte italianas desse período. **4** Estilo literário e artístico desse período.

se.tem.bro (*lat septembre*) *sm* **1** Sétimo mês do ano, do primitivo calendário romano, o qual começava em março. **2** O nono mês do ano atual.

se.ten.ta (*lat septuaginta*) *num* Cardinal correspondente a sete dezenas; sete vezes dez. • *sm* O algarismo 70.

se.ten.tri.ão (*lat septentrione*) *sm poét* **1** O polo Norte. **2** As regiões do Norte. **3** Vento do Norte.

se.ten.tri.o.nal (*lat septentrionale*) *adj m*+*f* **1** Que habita do lado do Norte. **2** Situado no Norte. • *s m*+*f* Pessoa que nasceu ou habita nas regiões do Norte.

sé.ti.mo (*lat septimu*) *num* Ordinal e fracionário correspondente a sete. • *sm* Cada uma das sete partes iguais em que se divide o todo.

se.tin.gen.té.si.mo (*lat septingentesimu*)

num Ordinal e fracionário correspondente a setecentos. • *sm* Cada uma das setecentas partes iguais em que se divide o todo. Var: *septingentésimo*.

se.tor (*lat sectore*) *sm* **1** Esfera ou ramo de atividade: *Setor financeiro*. **2** Área, território: *O setor norte da cidade*. Var: *sector*.

se.to.ri.al (*setor+i+al*[1]) *adj m+f* Relativo ou pertencente a setor. Var: *sectorial*.

se.to.ri.zar (*setor+izar*) *vtd* Dividir em setores: "*É uma construção dividida em três níveis, que setorizam de forma adequada os ambientes.*" (FSP) Var: *sectorizar*.

se.tu.pli.car (*sétuplo+icar*) *vtd* **1** Multiplicar por sete. *vint* e *vpr* **2** Tornar-se sete vezes maior.

sé.tu.plo (*lat setuplu*) *num* Que é sete vezes maior. • *sm* Produto da multiplicação por sete. Var: *séptuplo*.

seu[1] (*lat suu*) *pron poss* **1** Corresponde à terceira pessoa gramatical e significa: pertencente ou próprio a ele, a ela, a eles, a elas; dele, dela, deles, delas; do senhor, da senhora, de você, de V. Sa. etc. **2** Que lhe compete ou lhe é devido. **3** Que lhe convém: *Chegou o seu ônibus*. **4** Cerca de, mais ou menos: *Ela já tem seus trinta anos*. • *sm* Bem ou coisa própria de cada um. *Os seus:* aqueles que pertencem à sua família; os amigos íntimos.

seu[2] (*de senhor*) *sm pop* Abreviatura de *senhor*.

se.ve.ro (*lat severu*) *adj* **1** Rígido, rigoroso, austero: *Regulamento severo*. **2** Que não tem indulgência para com os outros; inexorável. **3** Que exprime severidade. **4** Intransigente nas decisões, na disciplina ou no governo; inflexível, rigoroso, duro. **5** Sério ou grave no aspecto, no comportamento, nas maneiras etc.: *Homem severo*. *Antôn* (acepções 2, 3 e 4): *indulgente*. • *sm* O estilo severo.

se.vi.ci.ar (*sevícia+ar*[2]) *vtd* Causar sevícias a. Conjuga-se como *premiar*.

se.ví.cias (*lat sevitia*) *sf pl* **1** Maus-tratos físicos ou morais. **2** Crueldade.

se.xa.ge.ná.rio (*cs*) (*lat sexagenariu*) *adj* Diz-se daquele que já fez sessenta anos, mas ainda não chegou aos setenta; sessentão. • *sm* Esse indivíduo.

se.xa.gé.si.mo (*cs*) (*lat sexagesimu*) *num* Ordinal correspondente a sessenta. • *sm* Cada uma das sessenta partes iguais em que se divide o todo.

sex.cen.té.si.mo (*cs*) (*lar sexcentesimu*) *num* Ordinal e fracionário correspondente a seiscentos. • *sm* Cada uma das seiscentas partes iguais em que se divide o todo.

se.xê.nio (*cs*) (*lat sexenniu*) *sm* Espaço de seis anos consecutivos.

se.xo (*cs*) (*lat sexu*) *sm* **1** *Zool* Conjunto de caracteres, estruturais e funcionais, segundo os quais um ser vivo é classificado como macho ou fêmea. **2** Os órgãos sexuais. **3** *Bot* Caráter ou estrutura das plantas ou de seus órgãos de reprodução, que as diferencia em masculinas e femininas.

se.xo.lo.gi.a (*cs*) (*sexo+logo+ia*[1]) *sf* Ramo da ciência que trata do sexo e das relações sexuais, especialmente entre os seres humanos, do ponto de vista biológico.

sex.ta (*lat sexta*) *sf* Forma reduzida de sexta-feira.

sex.ta-fei.ra *sf* O sexto dia da semana, começada no domingo. *Pl:* sextas-feiras.

sex.tan.te (*lat sextante*) *sm* **1** *Geom* A sexta parte do círculo, ou arco de 60°. **2** Instrumento astronômico usado para medir distâncias angulares ou altitudes de corpos celestes.

sex.ta.va.do (*part* de *sextavar*) *adj* Que tem seis faces; hexagonal: "*Gomos sextavados.*" (AVE)

sex.ta.var (*ês*) (*sexto+(oit)avar*) *vtd* **1** Dar a forma de prisma hexagonal a. **2** Dar seis faces a: *Sextavar uma peça metálica*.

sex.te.to (*estê*) (*ital sextetto*) *sm Mús* **1** Composição ou trecho musical para seis vozes ou seis instrumentos. **2** Conjunto dos executantes dessa composição ou trecho.

sex.to (*ês*) (*lat sextu*) *num* Ordinal e fracionário correspondente a seis. • *sm* Cada uma das seis partes iguais em que se divide o todo.

sex.tu.pli.car (*sêxtuplo+icar*) *vtd* Multiplicar por seis; tornar seis vezes maior.

sêx.tu.plo (*lat tardio sextuplu*) *num* Que é seis vezes maior. • *sm* Produto da multiplicação por seis.

se.xu.a.do (cs) (lat sexu+ado¹) adj Que tem sexo. Antôn: assexuado.
se.xu.al (cs) (lat sexuale) adj m+f **1** Pertencente ou relativo ao sexo. **2** Que caracteriza o sexo.
se.xu.a.li.da.de (cs) (sexual+i+dade) sf **1** Conjunto de todos os caracteres morfológicos e fisiológicos, externos ou internos, que os indivíduos apresentam, conforme o sexo a que pertencem. **2** Expressão do instinto sexual; atividade sexual.
se.xu.a.lis.mo (cs) (sexual+ismo) sm **1** Predominância da sexualidade no modo de ser. **2** Doutrina segundo a qual nos vegetais existem os sexos masculino e feminino análogos aos que caracterizam os animais.
shopping center (xópin cênter) (ingl) sm Reunião, em um único conjunto arquitetônico, de lojas comerciais, casas de espetáculo, serviços de utilidade pública etc.
short (xórt) (ingl) sm Tipo de calção esportivo usado por homens e mulheres.
show (xou) (ingl) sm Espetáculo em que atuam um ou mais artistas, apresentado em teatro, rádio, televisão etc. *Dar um show, pop:* a) ter atuação extraordinária; b) comportar-se de modo ruidoso ou escandaloso. Veja nota em **estrangeirismo**.
si¹ (das iniciais lat sancte Iohannes do Hino de S. João) sm Mús **1** Sétima nota da escala musical. **2** Sinal representativo dessa nota.
si² (lat sibi) pron **1** Variação de se, quando precedido de preposição: *Cada um trate de si. Trabalham para si.* **2** Muitas vezes se expõe-se a este pronome o adjetivo *mesmo* ou *próprio: Resolva por si mesmo* (ou *por si próprio*). **3** Seguido de *mesmo* e *próprio*, é usado também junto ao pronome *se* para dar mais força e realce à expressão: *Desgostou-se de si mesmo. Fora de si:* desvairado, exaltado. *Por si:* espontaneamente; sem a influência, o auxílio ou o conselho de outrem.
si.a.mês (top Sião+ês) adj **1** Pertencente ou relativo ao Sião, hoje Tailândia (Sudeste asiático). **2** Diz-se dos indivíduos gêmeos que nascem ligados por uma parte do corpo. **3** Zootecn Diz-se de certa raça de gatos, facilmente domesticáveis. • sm **1** O habitante ou natural do Sião. **2** Língua falada no Sião. *Fem:* siamesa (ê).
si.be.ri.a.no (top Sibéria+ano) adj Pertencente ou relativo à Sibéria (Rússia). • sm Habitante ou natural da Sibéria.
si.bi.lan.te (lat sibilante) adj m+f **1** Que tem o caráter de silvo. **2** Fon Diz-se das consoantes *s* e *z* por seu timbre assemelhar-se a um sibilo ou assobio. • sf Fon Consoante sibilante.
si.bi.lar (lat sibilare) vint **1** Produzir um silvo prolongado. vint **2** Produzir um sopro ou zunido agudo como o da cobra: *"O vento tornava a sibilar."* (TS) vint **3** Assobiar, silvar: *"Fazendo sibilar o couro cru dos chicotes."* (SPA) Conjug: normalmente, conjuga-se apenas nas 3ªˢ pessoas.
si.bi.lo (de sibilar) V silvo: *"O sibilo forte de seus próprios assobios."* (LA)
si.cra.no (voc express) sm Designação vaga de alguém que não se pode ou não se quer nomear; normalmente usada com *fulano* e *beltrano*.
SIDA sf (de Síndrome da ImunoDeficiência Adquirida; AIDS) V *síndrome de deficiência imunológica adquirida.*
si.de.ral (lat siderale) adj m+f Astr **1** Pertencente ou relativo às estrelas ou constelações. **2** Determinado ou causado pelos astros. *Var:* sidéreo.
si.de.rur.gi.a (sídero+ergo+ia¹) sf **1** Arte de produzir e trabalhar o ferro. **2** O conjunto de conhecimentos teóricos e práticos sobre essa arte. **3** A exploração industrial dos metais ferrosos em geral (ferrogusa, aço de vários tipos etc.).
si.de.rúr.gi.ca (siderurgia+ico², no *fem*) sf Empresa, indústria ou usina siderúrgica.
si.dra (lat sicera) sf Bebida preparada com o suco fermentado de maçãs.
si.fão (gr síphon) sm Constr Seção de tubo de dupla curvatura, ou em forma de U, que, intercalado entre pias, bacias de privadas etc. e o cano de esgoto, conserva-se cheio de água e impede que suba o mau cheiro.
si.gi.lo (lat sigillu) sm **1** Segredo absoluto; mistério. **2** Discrição. *Sigilo bancário:* sigilo mantido sobre as contas bancárias de um indivíduo, empresa ou entidade. *Sigilo da correspondência:* a

si.gla (*lat tardio sigla*) *sf* Espécie de abreviatura formada de iniciais ou primeiras sílabas das palavras de uma expressão que representa nome de instituição ou entidade comercial, industrial, administrativa ou esportiva, tal como ONU, por Organização das Nações Unidas.
Sigla é a redução de uma locução substantiva. Forma-se com a redução às letras ou sílabas iniciais das palavras que compõem a locução. Exemplos: *ONU* (Organização das Nações Unidas), *USP* (Universidade de São Paulo), *Embratur* (Empresa Brasileira de Turismo).
Escrevem-se com letras maiúsculas as siglas com até três letras; usa-se apenas a inicial maiúscula para aquelas formadas por sílabas com mais de três letras: *PDT*, *Varig* etc.
As siglas formadas com quatro letras ou mais serão escritas em maiúscula se forem pronunciadas separadamente cada uma das letras: *BNDS*, *CNBB*.
Não confundir **sigla** com **abreviatura**, a qual se forma pela redução da escrita da própria palavra: *foto* (fotografia) etc.

sig.na.tá.rio (*lat signatariu*) *adj+sm* Que ou aquele que assina ou subscreve um documento.

sig.ni.fi.ca.ção (*lat significatione*) *sf* **1** Sentido de uma palavra ou frase. **2** *Gram* Sentido em que se emprega um termo; acepção.

sig.ni.fi.can.te (*de significar*) *adj m+f* Que significa; significativo.

sig.ni.fi.car (*lat significare*) *vtd* **1** Ser sinal de; ter a significação ou o sentido de: *Que significam estes fatos?* **2** Dar a entender, exprimir, mostrar, traduzir: *Estas palavras significam o contrário do que soam.* **3** Manifestar-se como; ser; traduzir-se por: *Para mim, seus desejos significam ordens.* *vtd* **4** Ser a representação ou o símbolo de: *O verde significa esperança.*

sig.ni.fi.ca.ti.vo (*lat significativu*) *adj* **1** Que tem significação ou sentido; significante. **2** Que sugere ou contém algum sentido oculto, disfarçado ou especial; sugestivo. **3** *Mat* Diz-se do algarismo que tem valor próprio e que, portanto, opõe-se ao zero.

sig.no (*lat signu*) *sm* **1** Sinal; símbolo. **2** *Astr* Cada uma das doze partes em que se divide o zodíaco e cada uma das constelações respectivas.

sí.la.ba (*lat syllaba*) *sf* **1** *Gram* Fonema ou grupo de fonemas pronunciado em uma só emissão de voz. **2** *Gram* A representação gráfica desse fonema ou grupo de fonemas.

si.la.ba.da (*sílaba+ada¹*) *sf* Erro de pronúncia da palavra que consiste especialmente em deslocar o acento da sílaba tônica para outra sílaba: *Interim por ínterim.*

si.la.bar (*sílaba+ar¹*) *vtd* e *vint* Pronunciar as palavras, lendo separadamente as sílabas.

si.lá.bi.co (*gr syllabikós*) *adj* **1** Pertencente ou relativo às sílabas. **2** Que tem sílabas.

si.len.ci.a.dor (*silenciar+dor*) *adj* Que silencia. • *sm* **1** Pessoa ou coisa que silencia. **2** Abafador de som. **3** Dispositivo para reduzir o ruído da detonação de pequenas armas de fogo. **4** *V silencioso.*

si.len.ci.ar (*silêncio+ar¹*) *vtd* **1** Impor silêncio a; fazer calar-se. *vint* **2** Guardar silêncio; tornar-se calado. *vti* **3** Deixar de mencionar; omitir: *A testemunha silenciou sobre o fato.* Conjuga-se como *premiar.*

si.lên.cio (*lat silentiu*) *sm* **1** Ausência completa de ruídos. **2** Estado de quem se cala ou se abstém de falar; recusa de falar. **3** Interrupção de um ruído qualquer. *Antôn* (acepção 1): *barulho, ruído.* • *interj* Voz para mandar cessar o discurso ou o barulho. *Silêncio sepulcral:* silêncio absoluto, completo.

si.len.ci.o.so (ô) (*lat silentiosu*) *adj* **1** Que está em silêncio. **2** Que não fala; calado. **3** Em que não há ruído. • *sm* Dispositivo que, adaptado ao tubo de escape de um motor de combustão, absorve as ondas sonoras e abafa ou silencia ruído indesejável; silenciador. *Pl: silenciosos (ó).*

si.lhu.e.ta (ê) (*fr Silhouette, np*) *sf* **1** Contorno geral de uma figura. **2** Desenho de pessoa ou coisa pelo qual se representa apenas seu contorno, delimitando mancha negra ou de cor uniforme, como se

silicone 795 **similar**

fosse a sombra do modelo projetada num plano vertical.

si.li.co.ne (de *silício*) *sm Quím* Designação genérica dos polímeros que contêm átomos de silício e oxigênio que se alternam com radicais orgânicos. São inoxidáveis, isolantes de eletricidade e repelentes à água, de largo uso na indústria e em cirurgia plástica.

si.lo (*cast silo*) *sm* Tulha geralmente cilíndrica, subterrânea ou acima do solo, para armazenagem de cereais ou qualquer material.

si.lo.gis.mo (*gr syllogismós*) *sm* **1** *Lóg* Argumento que consiste em três proposições: a primeira, chamada *premissa maior*, a segunda, chamada *premissa menor*, e a terceira, *conclusão*. Ex: *Todos os homens são mortais* (premissa maior), *eu sou um homem* (premissa menor), *logo, eu sou mortal* (conclusão). **2** Raciocínio dedutivo.

sil.va (*lat silva*) *sf* **1** *ant* Selva. **2** *Bot* Nome comum a numerosos arbustos, espinhosos, cujos frutos, amoras ou amoras silvestres, são comestíveis. **3** Designação genérica dos arbustos espinhosos; sarça.

sil.var (*lat sibilare*) *vint* Produzir silvos: *"Miam as onças, silvam as cobras."* (TSF)

sil.ves.tre (*lat silvestre*) *adj m+f* **1** Da selva ou mato selvático. **2** Que cresce, nasce ou dá flores ou frutos sem cultivo. **3** Que se criou ou nasceu sem cultivo, no meio das selvas ou plantas.

sil.ví.co.la (*lat silva+cola*) *adj m+f* Que nasce ou vive nas selvas. • *s m+f* Pessoa que nasce ou vive nas selvas ou matas; aborígine, selvagem.

sil.vi.cul.tu.ra (*lat silva+cultura*) *sf* Ciência que trata do cultivo, reprodução e desenvolvimento de árvores florestais.

sil.vo (*lat sibilu*, com metátese) *sm* **1** O som agudo das cobras e serpentes. **2** Assobio, zumbido.

sim (*lat sic*) *adv* **1** Exprime afirmação, aprovação, consentimento. **2** Usa-se como resposta afirmativa a uma pergunta. **3** Tem às vezes o valor de interjeição e acentua a impossibilidade ou inconveniência de uma tentativa, a imprudência de uma intenção: *Sim! Continue e verá o que lhe acontece.* • *sm* O assentimento ou consentimento que se exprime por esta palavra. *Pl* do *sm*: sins.

sim.bi.o.se (*gr symbíosis*) *sf* **1** *Biol* Associação de dois animais ou vegetais de espécies diferentes na qual há benefícios mútuos; mutualismo. **2** *por ext* Cooperação mútua entre pessoas ou grupos em uma sociedade.

sim.bó.li.co (*símbolo+ico^2*) *adj* **1** Que tem a natureza do símbolo ou caráter de símbolo; alegórico. **2** Que serve como símbolo de alguma coisa.

sim.bo.lis.mo (*símbolo+ismo*) *sm* **1** Prática do emprego de símbolos como expressão de ideias ou de fatos; interpretação por meio de símbolos. **2** Sentido ou caráter simbólico. **3** *Lit* e *Bel-art* Movimento poético e artístico dos simbolistas.

sim.bo.li.zar (*símbolo+izar*) *vtd* **1** Exprimir, representar, significar por meio de símbolos. *vtd* **2** Servir de símbolo a: *A pomba simboliza a paz.* *vint* **3** Exprimir simbolicamente, falando ou escrevendo.

sím.bo.lo (*gr sýmbolon*) *sm* **1** Qualquer coisa usada para representar outra: *O leão é símbolo da coragem.* **2** Sinal que representa qualquer coisa. **3** *Quím* Letra ou letras usadas como abreviatura(s) para representar(em) um elemento químico.

si.me.tri.a (*símetro+ia^1*) *sf* **1** Qualidade de simétrico. **2** Correspondência em tamanho, forma ou arranjo de partes em lados opostos de um plano, seta ou ponto.

si.mé.tri.co (*símetro+ico^2*) *adj* **1** Que apresenta correspondência no tamanho e forma das partes. **2** *Bot* Diz-se da parte da planta, por exemplo, um rebento, capaz de ser dividida em metades semelhantes.

si.mi.es.co (*simio+esco*) *adj* Relativo ou semelhante ao que é de macaco ou símio: *"Roçou a mão simiesca nos beiços caídos."* (ARR); *"Descobri um crânio simiesco enterrado a poucos centímetros da superfície."* (INQ)

si.mi.lar (*simil+ar^1*) *adj m+f* **1** Que se assemelha com outro, ou outros, de um modo geral, ou tem com eles características comuns. **2** Que é da mesma natureza (objeto, artigo, produto). • *sm* Aquilo que é semelhante ao que se referiu.

sí.mio (*lat simiu*) *adj* Relativo ou semelhante ao macaco. • *sm* Bugio, macaco, mono.

sim.pa.ti.a (*gr sympátheia*) *sf* **1** Afinidade ou correspondência entre dois ou mais corpos pelas propriedades que os aproximam. **2** Atração entre duas pessoas pela semelhança de propensões e sentimentos que as caracterizam; afinidade. **3** *pop* Benzedura de feiticeiros para curar enfermidades; amuleto. *Antôn* (acepções 2, 3 e 4): *antipatia*.

sim.pá.ti.co (*fr sympathique*) *adj* Que inspira simpatia; agradável. *Sup abs sint: simpaticíssimo. Antôn: antipático*. • *sm* Anat e Zool V *Sistema Nervoso Autônomo*.

sim.pa.ti.zar (*simpatia+izar*) *vti* **1** Sentir simpatia por: "*É um homem que não simpatiza comigo.*" (BDI) **2** Aprovar, gostar: "*No Amazonas, quando a plateia não simpatizava com um espetáculo ou simpatizava em excesso, agia com muito calor.*" (GI) *Antôn* (acepção 1): *antipatizar*.

sim.ples (*lat simplice*) *adj m+f sing+pl* **1** Constituído de apenas uma substância ou elemento não composto; puro, sem mistura. **2** Sem ornatos, singelo. **3** De fácil compreensão ou interpretação: *Explicação simples*. **4** Que não é requintado ou artificial. **5** Modesto, humilde, pobre. *Antôn* (acepção 1): *composto. Sup abs sint: simplicíssimo* e a forma mais popular *simplíssimo*. • *adv* De modo simples; com simplicidade: *Fala simples, veste simples*. • *s m+f sing+pl* Pessoa simples, ignorante, humilde.

sim.pli.ci.da.de (*lat simplicitate*) *sf* **1** Estado, qualidade ou natureza do que é simples. **2** Qualidade do que não é dividido ou composto. **3** Ausência de complicação: *A simplicidade do assunto dispensava informações adicionais*. **4** Candura, ingenuidade, modéstia, pureza. **5** Franqueza, sinceridade. *Antôn* (acepções 1, 2 e 3): *complexidade*; (acepção 4): *afetação*.

sim.pli.fi.car (*lat simplificare*) *vtd* **1** Tornar simples ou mais simples. **2** Tornar mais fácil. **3** *Mat* Reduzir uma fração a termos menores ou mais precisos.

sim.pó.sio (*gr sympósion*) *sm* **1** *neol* Reunião de cientistas ou técnicos para tratar de vários assuntos relacionados entre si ou os vários aspectos de um só assunto. **2** *Antig gr* Segunda parte de um banquete ou festim, durante a qual os convivas bebiam, entregando-se a diversos jogos.

si.mu.la.ção (*lat simulatione*) *sf* **1** Fingimento. **2** Disfarce, dissimulação.

si.mu.la.cro (*lat simulacru*) *sm* **1** Imagem feita à semelhança de uma pessoa ou coisa, especialmente sagrada. **2** Aquilo que a fantasia cria e que representa um objeto sem realidade; aparência sem realidade. *Antôn* (acepção 2): *realidade*.

si.mu.lar (*lat simulare*) *vtd* **1** Dar aparência de realidade (àquilo que não a tem); fazer o simulacro de: *Simular uma batalha. vtd* e *vpr* **2** Aparentar(-se), fingir(-se): *Simulou estar preocupado. vtd* **3** Arremedar, imitar: *Simulou vozes de animais. vtd* **4** Disfarçar, dissimular.

si.mul.tâ.neo (*lat simultaneu*) *adj* Que se diz, faz ou acontece ao mesmo tempo que outra coisa a que se faz referência; concomitante.

si.na.go.ga (*gr synagogé*) *sf* Templo onde se reúnem os judeus para o exercício da sua religião.

si.nal (*lat signale*) *sm* **1** Cicatriz. **2** Etiqueta, letreiro, marca, rótulo. **3** Assinatura. **4** Dinheiro ou qualquer valor que um dos contratantes dá ao outro para garantia do contrato ou ajuste a fazer. **5** Poste, letreiro, luz etc. que serve de aviso e advertência. **6** *por ext* Qualquer meio convencional empregado na telecomunicação, seja por telefone, telégrafo, rádio, radar, televisão. *sm pl* **7** Características físicas de uma pessoa, que se anotam em documentos pessoais para que ela possa ser identificada. *Por sinal:* por falar nisso; a propósito. *Sinal da cruz:* o gesto de benzer-se, com a mão direita, fazendo uma cruz.

si.nal da cruz Ver definição em *sinal*.

si.na.li.za.ção (*sinalizar+ção*) *sf* Conjunto de sinais a serem observados pelos sinaleiros ou que servem de orientação aos transeuntes, motoristas etc.

si.na.li.zar (*sinal+izar*) *vint* **1** Exercer as

funções de sinaleiro. *vtd* **2** Pôr sinais em (postes, letreiros, luzes etc.) para indicar o rumo aos transeuntes, motoristas etc. *vtd* **3** *fig* Indicar, mostrar.

sin.ce.ri.da.de (*lat sinceritate*) *sf* **1** Qualidade de sincero. **2** Franqueza, lealdade; ausência de hipocrisia. **3** Palavras ou observações sinceras. *Antôn* (acepções 1 e 2): *fingimento, hipocrisia*.

sin.ce.ro (*lat sinceru*) *adj* **1** Que usa de sinceridade, que se exprime sem intenção de enganar ou de disfarçar o seu procedimento. **2** Que exprime só o que sente e pensa. **3** Que é dito ou feito de modo franco, sem dissimulação ou disfarce. **4** Leal, verdadeiro. *Antôn* (acepções 1 e 2): *hipócrita*.

sín.co.pe (*lat syncope*) *sf* **1** *Gram* Supressão de uma letra ou sílaba no meio da palavra. **2** *Med* Perda repentina da consciência com suspensão aparente das funções vitais de respiração e circulação. **3** Abaixamento da voz ou pausa, que faz o orador.

sin.crô.ni.co (*sin+crono*) *adj* **1** Caracterizado por estrita e exata coincidência no tempo ou ritmo. **2** Que acontece, ocorre ou age exatamente ao mesmo tempo; simultâneo. **3** Contemporâneo.

sin.cro.nis.mo (*gr sykhronismós*) *sm* **1** Concordância de atos, eventos ou ocorrências no tempo. **2** Simultaneidade. **3** Concordância, no tempo, da imagem e do som correspondente no cinema e televisão.

sin.cro.ni.zar (*síncrono+izar*) *vtd* Tornar sincrônico; ajustar com precisão, produzir sincronismo, simultaneidade em.

sin.dá.ti.lo (*sin+dátilo*) *adj Zool* e *Terat* Que tem os dedos das mãos ou dos pés soldados entre si ou providos de membrana interdigital. • *sm Terat* Feto ou pessoa com os dedos das mãos ou dos pés soldados entre si ou unidos por membrana interdigital. *Var: sindáctilo*.

sin.dé.ti.co (*síndeto+ico²*) *adj Gram* Diz-se da oração ligada a outra por uma conjunção coordenativa: *Falou muito, mas não convenceu.*

sín.de.to (*gr sýndeton*) *sm Gram* Presença da conjunção coordenativa aditiva (*e, nem*) entre termos ou orações coordenadas. *Var: síndeton*.

sin.di.cal (*sindic(ato)+al¹*) *adj m+f* Pertencente ou relativo a sindicato.

sin.di.ca.lis.mo (*sindical+ismo*) *sm Sociol* Movimento social que preconiza a organização das classes profissionais em sindicatos, convenientemente agrupados em federações e confederações.

sin.di.ca.lis.ta (*sindical+ista*) *adj m+f* Que defende o sindicalismo ou a ele adere. • *s m+f* **1** *Polít* Pessoa que defende ou segue as teorias políticas do sindicalismo. **2** Membro de um sindicato.

sin.di.ca.li.zar (*sindical+izar*) *vtd* **1** Tornar sindical. *vtd* e *vpr* **2** Organizar(-se) em sindicato. *vpr* **3** Passar a pertencer a um sindicato.

sin.di.cân.cia (*sindicante+ia²*) *sf* Conjunto de atos por meio dos quais se colhem e se reúnem informações, inquirições e investigações, em cumprimento de ordem superior, ou autoridade própria, a fim de formar prova sobre determinado fato ou ocorrência.

sin.di.ca.to (*síndico+ato³*) *sm* Agremiação de pessoas que exercem a mesma profissão para o estudo de defesa de seus interesses comuns.

sín.di.co (*lat syndicu*) *sm* Pessoa escolhida para tratar dos interesses dos condôminos em um edifício.

sín.dro.me (*gr syndromé*) *sf Patol* Conjunto de sintomas que se apresentam numa doença e que a caracterizam. *Síndrome de deficiência imunológica adquirida, Med:* doença do sistema imunológico humano causada por infecção pelo HIV, transmitida por transfusão de sangue, por socialização de seringa hipodérmica ao usar drogas injetáveis ou pelo ato sexual. A infecção causa baixa de capacidade de reação imunológica no indivíduo e pode provocar tumores e várias doenças infecciosas oportunistas, como a tuberculose e a pneumonia. Sigla: *SIDA, AIDS. Var: síndrome da imunodeficiência adquirida. Síndrome de Down, Med:* doença congênita causada por anomalia nos cromossomos, caracterizada por deficiência mental e traços fisionômicos específicos. *Var: síndroma*.

si.ne.ta (*ê*) (*sino+eta*) *sf* Pequeno sino.

si.ne.te (*ê*) (*fr signet*) *sm* Selo de armas ou divisa para, nas repartições públicas, selar os documentos: *"E por que aquele cuidado de lacrar a carta com o sinete do Dr. Lustosa?"* (TS)

sin.fo.ni.a (*gr symphonía*) *sf* **1** *Mús* Concerto de vários instrumentos. **2** *Mús* A música que esses instrumentos executam. **3** *Mús* Peça musical de gênero especial, dividida em três ou quatro partes e escrita para orquestra. *Sinfonia de câmara, Mús:* sinfonia escrita para pequenos conjuntos instrumentais.

sin.fô.ni.ca (*sinfonia+ico^2*) *sf Mús* Orquestra sinfônica.

sin.fô.ni.co (*sinfonia+ico^2*) *adj* **1** Relativo a uma sinfonia ou a um conjunto de sons. **2** Composto em forma de sinfonia.

sin.ga.pu.ren.se (*top Singapura+ense*) *adj* De, pertencente ou relativo a Singapura (sudeste da Ásia). • *sm* Natural ou habitante de Singapura.

sin.ge.le.za (*singelo+eza*) *sf* **1** Qualidade de singelo, ingenuidade, simplicidade. **2** Falta de ornato ou luxo.

sin.ge.lo (*lat singellu*) *adj* **1** Não composto; simples. **2** Desprovido de enfeites ou ornatos. **3** Ingênuo, inocente, sincero. **4** Não corrompido; natural, primitivo, puro. *Antôn* (acepção 1): *composto*; (acepção 2): *afetado*; (acepção 4): *corrompido*. • *sm* Coisa singela, simples, desprovida de enfeites.

sin.grar (*fr cingler*) *vtd* **1** Atravessar, cruzar: *Singrar os mares. vti* e *vint* **2** *Náut* Navegar a vela; velejar: *Singravam as caravelas, serenamente*.

sin.gu.lar (*lat singulare*) *adj m+f* **1** Pertencente ou relativo a um só; individual, isolado, único. **2** Distinto, notável, extraordinário: *Uma personalidade singular*. **3** Especial, particular, privilegiado. **4** Esquisito, excêntrico, original. *Antôn* (acepções 2 e 3): *vulgar*. • *sm Gram* O número singular dos nomes e dos verbos. *Cf plural*.

sin.gu.la.ri.zar (*singular+izar*) *vtd* e *vpr* **1** Distinguir(-se) de outros, fazer(-se), tornar(-se) singular ou único na sua espécie. *vtd* **2** Especificar, particularizar.

si.nhá (*corr* de *senhora*) *sf pop* Tratamento que os escravos davam à sua senhora.

si.nhô (*corr* de *senhor*) *sm pop* **1** Senhor. **2** Tratamento que os escravos davam ao seu senhor. *Dim: sinhozinho*.

si.nis.tra (*lat sinistra*) *sf* A mão esquerda. *Antôn: destra*.

si.nis.tro (*lat sinistru*) *adj* **1** Que presságia desgraças; funesto: *"Os ciprestes cresceram demais, ficaram sinistros."* (CP) **2** Ameaçador, assustador, temível: *"Aquela sala escura e sinistra, com seu misterioso alçapão de pesadas argolas de ferro."* (ROM) • *sm* **1** O desastre ocasionado no objeto segurado: *"O presidente da Unibanco Seguros afirma que o sinistro não irá afetar o caixa da seguradora."* (FSP) **2** Calamidade, desastre ou acontecimento que traz consigo grandes perdas materiais.

si.no^1 (*lat signu*) *sm* Instrumento metálico, em forma de campânula invertida, que vibra e produz sons mais ou menos fortes, agudos ou graves, quando nele se percute com um badalo ou um martelo.

si.no^2 (*lat signu*) *elem comp* Significa *chinês*, nos substantivos e adjetivos gentílicos: *sino-japonês, sino-russo*.

si.no.ní.mia (*gr synonymía*) *sf Ret* Emprego frequente de sinônimos ou de vocábulos que, embora não sejam sinônimos, têm significação muito aproximada.

si.no.ní.mi.ca (*fem* de *sinonímico*) *sf* Arte ou estudo dos sinônimos e respectiva distinção.

si.nô.ni.mo (*gr synónymos*) *adj* Diz-se da palavra que tem exatamente o mesmo sentido que outra ou quase idêntico. • *sm* Palavra sinônima.

si.nop.se (*gr sýnopsis*) *sf* **1** Obra ou tratado que apresenta em síntese o conjunto de uma ciência. **2** Descrição abreviada.

si.nóp.ti.co (*gr synoptikós*) *adj* **1** Que se refere ou pertence à sinopse. **2** Resumido, sintético: *"Mapas sinóticos."* (HID)

sin.tá.ti.co (*gr syntaktikós*) *adj* **1** Pertencente ou relativo à sintaxe. **2** Conforme as regras da sintaxe.

sin.ta.xe (*ss*) (*gr sýntaxis*) *sf Gram* **1** Parte

da gramática que ensina a dispor as palavras para formar as orações, as orações para formar os períodos e parágrafos, e estes para formar o discurso. **2** Livro que trata das regras da sintaxe. *Sintaxe de colocação:* conjunto de regras para a posição ou ordem das palavras na estrutura da frase. *Sintaxe de concordância:* a que trata das mudanças de flexão das palavras para se porem de acordo com o gênero, número e pessoa de outras a que se referem. *Sintaxe de regência:* a que trata das relações de dependência entre as palavras e as frases.

sin.te.co (da marca *Sinteco*) *sm* Verniz transparente, durável, resistente, usado para revestir assoalhos.

sín.te.se (*gr sýnthesis*) *sf* **1** Resumo, sumário, sinopse. **2** Toda operação mental pela qual se constrói um sistema. **3** Quadro expositivo do conjunto de uma ciência. **4** *Quím* Operação pela qual se reúnem os corpos simples para formar os compostos, ou os compostos para formar outros de composição ainda mais complexa.

sin.té.ti.co (*gr synthetikós*) *adj* Feito em síntese; compendiado, resumido. *Método sintético:* o que opera das partes para o todo. *Produto sintético:* o produto químico obtido em laboratório ou em instalações industriais.

sin.te.ti.za.dor (*sintetizar+dor*) *adj* Que sintetiza. • *sm* O que sintetiza.

sin.te.ti.zar (*síntese+izar*) *vtd* e *vpr* **1** Tornar(-se) sintético; compendiar(-se), condensar(-se), resumir(-se): *Sintetizar um assunto.* *vtd* **2** Reunir em si: *Maria sintetiza todas as virtudes.* *vtd* **3** Reunir por síntese: *Sintetizar um composto químico.*

sin.to.ma (*gr sýmptoma*) *sm* **1** *Med* Fenômeno das funções ou da constituição material dos órgãos, próprio para indicar a existência, a sede e a natureza de uma enfermidade. **2** *fig* Indício, sinal.

sin.to.ma.to.lo.gi.a (*sintômato+logo+ia¹*) *sf Med* **1** Ramo que trata dos sintomas. **2** Conjunto dos sintomas de determinada doença. *Var:* sintomologia.

sin.to.ni.a (*sin+tono+ia¹*) *sf* **1** Igualdade de frequência entre dois sistemas de vibrações. **2** *fig* Acordo mútuo, reciprocidade, harmonia.

sin.to.ni.za.dor (*sintonizar+dor*) *adj* Que sintoniza. • *sm* **1** Circuito oscilante fechado, formado de bobina e seu condensador em paralelo. **2** Parte de um radiorreceptor que consiste no circuito usado para fazer a sintonização.

sin.to.ni.zar (*sintonia+izar*) *vtd* **1** Tornar sintônico. **2** *Radiotécn* Ajustar (um aparelho receptor) ao comprimento da onda proveniente do posto emissor. **3** Ajustar (um aparelho televisor) a determinado canal.

si.nu.ca (*ingl snooker*) *sf* **1** Espécie de bilhar com muitas bolas de várias cores. **2** *fig gír* Impasse, situação difícil, embaraçosa: *Estar numa sinuca.*

si.nu.o.si.da.de (*sinuoso+i+dade*) *sf* **1** Estado ou qualidade de sinuoso; tortuosidade, curva. **2** Dobra ou prega sinuosa; seio.

si.nu.o.so (*ô*) (*lat sinuosu*) *adj* **1** Que descreve uma curva mais ou menos irregular; ondulante, tortuoso, curvo: *Rua sinuosa.* **2** Que segue caminhos falsos e contrários à arte. **3** Que não é franco; que não segue o caminho reto. *Pl:* sinuosos (*ó*).

si.nu.si.te (*lat sinu+ite¹*) *sf Med* Inflamação das cavidades ósseas ou seios da face em consequência de catarro nasal infeccioso.

si.re.ne (*gr seirén*) *sf* Aparelho usado para dar alarme, pedir passagem de veículo, avisar aproximação de navio etc.; sereia.

si.ri (*tupi sirî*) *sm Zool* Nome vulgar que no Brasil se dá a várias espécies de crustáceos, distintas das espécies de caranguejos.

sí.rio (*lat syriu*) *adj* Pertencente ou relativo à Síria (Ásia). • *sm* **1** O habitante ou natural da Síria. **2** O dialeto falado na Síria. **3 Sírio** *Astr* Grande estrela pertencente à constelação do Cão Maior. *Cf círio.*

si.ri.ri *sm Entom* Nome popular, em algumas regiões do Brasil, dado às formas aladas de cupins, que aparecem em grande quantidade por ocasião da revoada, largando as asas pelo chão (também chamados *aleluias*).

si.sal (*top Sisal*) *sm* **1** *Bot* Agave originário do México e cultivado na Ásia, África e

América, de cujas folhas se obtêm fibras têxteis. **2** A fibra têxtil dessa planta.

sís.mi.co (*sismo+ico²*) *adj* **1** Pertencente, relativo ou sujeito a sismos ou a vibrações artificiais do solo. **2** Causado por um sismo ou por um abalo ou vibração da terra produzidos artificialmente.

sis.mo (*gr seismós*) *sm Fís* Nome científico do terremoto: *"Ali registraram-se sismos a intervalos aproximados de 22 anos."* (VIS)

sis.mo.gra.fi.a (*sismo+grafo+ia¹*) *sf Fís* **1** Descrição científica dos sismos. **2** Arte de registrar os abalos e movimentos ondulatórios dos sismos.

sis.mó.gra.fo (*sismo+grafo*) *sm Fís* Instrumento que registra a hora, a duração e a amplitude dos sismos e outras vibrações dentro da Terra.

si.so (*lat sensu*) *sm* **1** Bom senso; juízo, prudência: *"Ainda estou para ver outro com igual siso e caráter!"* (GSV) **2** *Anat* O último dos dentes molares.

sis.te.ma (*gr sýstema*) *sm* **1** Conjunto de coisas ou partes de modo a formarem um todo complexo ou unitário: *Sistema de refrigeração.* **2** Qualquer conjunto ou série de membros ou elementos correlacionados: *Sistema de ensino.* **3** Hábito ou costume peculiar de cada criatura: *Sistema de vida.* **4** *Anat* Conjunto de órgãos compostos dos mesmos tecidos destinados a idênticas funções fisiológicas. **5** *Astr* Grupo de corpos celestes associados e agindo em conjunto, segundo determinadas leis naturais. **6** Método, modo, forma, plano. **7** Conjunto das instituições políticas pelas quais é governado um Estado. **8** *Inform* Conjunto formado por um ou mais computadores, seus periféricos e os programas utilizados. *Sistema digestório* (antes denominado *aparelho digestivo*), *Anat:* conjunto de órgãos que têm por função tornar os alimentos assimiláveis, aproveitar parte deles e expulsar a porção inútil. *Sistema Nervoso, Anat:* conjunto dos centros nervosos e de todos os nervos. *Sistema Nervoso Autônomo:* parte do sistema nervoso que inerva a musculatura cardíaca e controla secreções glandulares diversas. É dividido em dois grandes setores: o simpático e o parassimpático.

sis.te.má.ti.co (*gr systematikós*) *adj* **1** Que observa um sistema. **2** Metódico, ordenado. **3** Feito com intenção determinada. **4** *pop* Diz-se do indivíduo que, por obedecer a um sistema rígido de vida, diferencia-se da coletividade; esquisito, pouco acessível.

sis.te.ma.ti.za.dor (*sistematizar+dor*) *adj* Que sistematiza. *Sin:* sistematizante. • *sm* Aquele que sistematiza.

sis.te.ma.ti.zar (*gr sýstema, atos+izar*) *vtd* e *vpr* Reduzir(-se) a sistema; compilar (-se) (princípios), formando um corpo de doutrina.

sís.to.le (*lat systole*) *sf Med* Período da contração do coração ou à própria contração.

si.su.dez (*sisudo+eza*) *sf* **1** Seriedade; gravidade nas palavras e nas ações. **2** Bom senso, prudência, sensatez, tino. *Var: sisudeza. Pl: sisudezes.*

si.su.do (*lat *sensutu*) *adj* Sério; carrancudo: *"Sisudo, centrando sobrecenho, Irvino ouviu que o desquite se ultimara."* (COB)

si.te Qualquer servidor da internet ou o endereço em que pode ser acessado.

si.ti.an.te¹ (*de sitiar*) *adj m+f* Que sitia. • *s m+f* Pessoa que sitia.

si.ti.an.te² (*de sítio*) *sm* Morador ou proprietário de um sítio, roça ou quinta.

si.ti.ar¹ (*sítio¹+ar¹*) *vpr* Estabelecer-se num sítio¹ (acepção 4). Conjuga-se como *premiar.*

si.ti.ar² (*sítio+ar¹*) *vtd* **1** Pôr sítio ou cerco a; assediar, cercar, rodear de tropas para o ataque: *"Conseguiram mesmo sitiar o quartel-general da Brigada."* (CRU) **2** *por ext* Cercar, com um fim qualquer: *Jornalistas sitiaram o presidente eleito.*

sí.tio¹ (*lat situ*) *sm* **1** Chão, lugar ocupado por qualquer corpo. **2** Chão descoberto; terreno próprio para quaisquer construções. **3** Qualquer lugar; localidade, povoação, aldeia, local. **4** Habitação rústica com uma pequena granja; morada rural; quinta.

sí.tio² (*de sitiar*) *sm* Ação ou efeito de sitiar.

si.tu.a.ção (*situar+ção*) *sf* **1** *fig* Condição social, econômica ou afetiva de uma pessoa. **2** Estado especial de uma casa ou centro comercial em relação ao negócio; posição financeira. **3** Posição de um indivíduo em relação à sua profissão. **4** Conjuntura. **5** O conjunto de forças políticas que estão no poder ou estão a seu favor. *Antôn* (acepção 5): *oposição*.

si.tu.ar (*lat situ+ar*[1]) *vtdi* **1** Colocar, pôr (no espaço ou no tempo). *vtdi* **2** Designar lugar certo. *vtdi* **3** Assentar, construir, edificar: *Situaram a escola na antiga praça*. *vpr* **4** Colocar-se: *Situou-se em péssimas condições*. *vpr* **5** Tomar conhecimento. Veja nota em **morar**.

skate (*isqueiti*) (ingl) *sm Esp* Prancha de madeira sobre quatro rodinhas, na qual o esportista se equilibra de pé, impulsionando-a e direcionando-a com os próprios pés.

slide (*islaidi*) (ingl) *V* **eslaide**.

slogan (*islôgan*) (ingl) *sm* **1** Divisa, lema, legenda, mote (de um grupo, de um partido etc.). **2** *Com* Frase concisa, de fácil percepção e memorização, que resume as características de um produto ou serviço.

smoking (*ismôquin*) (ingl) *sm* Traje masculino que se usa à noite, compreendendo paletó preto, com lapelas de seda, e calças da mesma cor.

só (*lat solu*) *adj m+f* **1** Que está sem companhia. **2** Considerado com exclusão de outros; único. **3** Que vive afastado da sociedade; solitário. **4** Privado de apoio ou ajuda de alguém. **5** Deserto, ermo, solitário. • *sm* Aquele que não tem a companhia de ninguém. • *adv* Apenas, somente, unicamente: *Só o amor compensa*.
A palavra **só** pode ser adjetivo; nesse caso, é variável (flexiona-se no plural) e significa *sozinho*, *solitário*.
Estamos sós. (solitários, sozinhos)
A menina estava só no meio da multidão. (sozinha, solitária)
Pode ser também advérbio; nesse caso, é invariável e significa *somente*, *apenas*.
Compramos só dois quilos de feijão. (apenas, somente)
Preocupava-se só com os filhos menores. (apenas, somente)
Só se cansa quando precisa viajar muito. (apenas, somente)

so.a.lho (*lat vulg *solaculu*) *V* **assoalho**.

so.ar (*lat sonare*) *vint* **1** Dar, emitir, produzir som. *vtd* **2** Tirar sons de; tanger, tocar em. *vti* e *vint* **3** Fazer-se ouvir; ecoar, ressoar. *vint* **4** Ser anunciado ou indicado pelo som. *vint* **5** *fig* Produzir simpatia, agradar, ter bom acolhimento: *Aquela candidatura jamais soara bem*. Conjuga-se como *coar*. (Geralmente é conjugado nas 3ªˢ pessoas.)
O verbo **soar**, quando se refere a tempo, horas que passam, concorda com o número de horas.
Soou uma hora na igreja da aldeia.
Soava meia-noite quando atingiu a capela.
Já soariam três horas ao contornar a curva do paiol.
Entretanto, pode concordar com o sujeito.
Soava duas horas o despertador. (sujeito = o despertador)
Cinco horas soou o sino da capela. (sujeito = o sino)
O relógio da parede soará logo duas horas. (sujeito = o relógio)
Soaram os sinos para alegria da festa. (sujeito = os sinos)

sob (*lat sub*) *prep* Expressa relações de: **1** Posição inferior: *A cabeça sob as asas*. **2** Subordinação: *Sob o reinado de D. João VI*.

so.be.ra.ni.a (*soberano+ia*[1]) *sf* **1** Caráter ou qualidade de soberano. **2** Autoridade suprema. **3** Autoridade moral considerada como suprema; poder supremo, irresistível. **4** Os direitos ligados ao soberano ou soberana. **5** Extensão territorial sob a autoridade de um soberano.

so.be.ra.no (*lat vulg superanu*) *adj* **1** Que está revestido da autoridade suprema. **2** Que governa com absoluta autoridade. **3** Dominador, poderoso, influente. **4** Diz-se de Deus e da sua suprema autoridade. **5** Altivo, arrogante. • *sm* **1** O que exerce o poder supremo; o que tem autoridade como príncipe ou rei; monarca, imperador. **2** O que tem grande influência ou poder. **3** Nome vulgar da libra esterlina.

so.ber.bo (*lat superbu*) *adj* **1** Grandioso: *"Uma soberba edificação adornada com o ouro e as madeiras trazidas pelas expedições conjuntas de judeus e fenícios."*

(CEN) **2** Belo, magnificente: *"Ele estava compondo um soberbo arranjo sobre a melodia gregoriana."* (ACM) **3** Arrogante, orgulhoso; presunçoso: *"– Imaginas que sou soberbo?"* (SE) **4** Abundante; imponente: *"Zé Luís acompanhou todas as variações de intensidade do aguaceiro soberbo."* (TER) *Sup abs sint:* soberbíssimo ou superbíssimo. • *sm* Indivíduo soberbo, orgulhoso, arrogante: *"Não há de querer repartir o despojo com os soberbos."* (RET)

so.bra (de *sobrar*) *sf* **1** O que sobrou. **2** O que fica depois de tirado o necessário; abundância, fartura. *sf pl* **3** Sobejos, restos.

so.bra.do (*lat superatu*) *sm* **1** Pavimento superior ao pavimento térreo de um edifício. **2** Edifício de vários pavimentos.

so.bran.ce.lha (*lat superciliu*) *sf Anat* Pelos dispostos na parte superior das órbitas oculares; sobrecílio, sobreolho, sobrolho, supercílio.

so.brar (*lat superare*) *vti* **1** Haver mais do que o necessário; exceder. *vint* **2** Restar, sobejar. *vtd* **3** *Náut* Virar (o cabo) depois de colhido. *Antôn* (acepções 1 e 2): faltar.

so.bre (ô) (*lat super*) *prep* **1** Em cima de, na parte superior de, por cima de. **2** Numa posição superior e distante. **3** Acima de, em situação dominante ou influente. **4** De encontro a. **5** Ao encontro de, contra: *Marchar sobre o inimigo*. **6** De preferência a. **7** Acerca de, a respeito de, relativamente a. **8** Entra na composição de alguns advérbios: sobreaviso, sobremaneira, sobremodo, sobretudo etc. *Antôn* (acepções 1, 2 e 3): sob.

so.bre.a.vi.so (*sobre+aviso*) *sm* Precaução, cautela, prevenção. *Estar* (ou *ficar*) *de sobreaviso*: estar (ou ficar) alerta, estar (ou ficar) prevenido.

so.bre.car.ga (*sobre+carga*) *sf* Carga excessiva.

so.bre.car.re.ga.do (*sobre+carregado*) *adj* **1** Carregado com peso superior àquele que pode levar; que tem carga excessiva. **2** *por ext* Diz-se daquele que tem muitos compromissos (de trabalho, financeiros etc.) ou tarefas. **3** *fig* Acabrunhado, oprimido, vexado.

so.bre.car.re.gar (*sobre+carregar*) *vtd* **1** Carregar demais: *Sobrecarregar o caminhão*. *vtd* **2** Aumentar demasiadamente: *Sobrecarregar as consequências*. *vtd* **3** Aumentar encargos a; causar vexame a; oprimir: *Sobrecarregar o povo com impostos*. *vpr* **4** Pegar peso excessivo. *vpr* **5** Encarregar-se de muitas coisas ao mesmo tempo: *Está sobrecarregado de trabalho*.

so.bre.ce.nho (*sobre+cenho*) *sm* **1** As sobrancelhas. **2** Semblante rústico e carregado; carranca.

so.bre.cí.lio (*sobre+cílio*) *sm V* sobrancelha.

so.bre.co.mum (*sobre+comum*) *adj m+f Gram* Diz-se do substantivo uniforme, pertencente a um único gênero, mas podendo designar os dois sexos, como *criança, guia, testemunha, vítima*, palavras que designam indiferentemente homem ou mulher. *Sin:* comum de dois.

so.bre.co.xa (*sobre+coxa*) *sf* Designação popular do que é, propriamente, a coxa das aves.

so.bre-hu.ma.no (*sobre+humano*) *adj* **1** Superior ao que é humano. **2** *fig* Extraordinário, sobrenatural, sublime. *Pl:* sobre-humanos.

so.brei.ro (*lat subere+eiro*) *sm Bot* Árvore de cuja casca se extrai a cortiça.

so.bre.le.var (*sobre+elevar*) *vtd* **1** Passar acima de; ser mais alto que (outro). *vtd* **2** Aumentar em altura, tornar mais alto: *Sobrelevar as torres*. *vpr* **3** Levantar-se muito: *Sobrelevou-se o nome de nossa pátria*. *vtd* **4** Elevar, erguer, levantar do chão. *vti* e *vpr* **5** Destacar-se, relevar-se, sobressair: *Entre outros, sobreleva-se o capitão do time campeão*.

so.bre.lo.ja (*sobre+loja*) *sf* Pavimento de um prédio entre a loja ou rés do chão e o primeiro andar.

so.bre.me.sa (*sobre+mesa*) *sf* Iguaria delicada e leve com que se termina uma refeição (doce ou fruta).

so.bre.na.tu.ral (*sobre+natural*) *adj m+f* **1** Que excede as forças da natureza; fora das leis naturais. **2** Excessivo, extraordinário, muito grande. **3** Que não é conhecido senão pela fé. • *sm* **1** Aquilo que é superior às forças da natureza. **2** Aquilo que é muito extraordinário ou maravilhoso.

so.bre.no.me (*sobre+nome*) *sm* Alcunha, apelido ou segundo nome que se acrescenta ao do batismo, para estabelecer a distinção entre as pessoas que têm nome idêntico.

so.bre.o.lhar (*sobre+olhar*) *vtd* Olhar por cima do ombro; olhar com sobrecenho; fitar com desdém ou desprezo.

so.bre.por (*sobre+pôr*) *vtdi* e *vpr* **1** Pôr (-se) em cima ou por cima; colocar(-se) sobre; justapor(-se). *vtdi* **2** Acrescentar, juntar. *vtdi* **3** Repetir, cometer novamente. *vtdi* **4** Antepor; considerar com preferência, dar prioridade a. Conjuga-se como *pôr*.

so.bre.po.si.ção (*lat superpositione*) *sf* **1** Ato ou efeito de sobrepor; superposição. **2** Justa posição.

so.bre.pu.jar (*sobre+pujar*) *vtd* **1** Exceder em altura; sobrelevar. *vtd* **2** Passar por cima de; dominar, superar, vencer: *Sobrepujar o perigo*. *vtd* **3** Ir além de; ultrapassar: *Sobrepujar limites, fronteiras*. *vti* **4** Sobressair: *Este arranha-céu sobrepuja todos os que o circundam*.

so.bres.cri.tar (*sobrescrito+ar¹*) *vtd* **1** Fazer o sobrescrito de. **2** Escrever o endereço de (uma carta). **3** *fig* Destinar, dirigir. *Conjug – Part:* sobrescrito.

so.bres.cri.to (*sobre+escrito*) *sm* **1** Capa ou envelope de carta ou de ofício em que se escrevem o nome e endereço do destinatário. **2** As indicações que se escrevem na capa da carta ou do ofício.

so.bres.sa.ir (*sobre+sair*) *vti* **1** Ser ou estar saliente; sair fora de uma linha determinada: *A sacada do palacete sobressai muito*. *vint* **2** Chamar a atenção, dar na vista: *Aquele namoro, antes discreto, sobressai agora*. *vti* **3** Distinguir-se, realçar-se entre outros por quaisquer predicados. Conjuga-se como *sair*.

so.bres.sa.len.te (*sobre+salente*) *adj m+f* e *sm* Diz-se de ou peça ou acessório de reserva destinado a substituir o que está gasto ou avariado; peça de reposição. *Var:* sobresselente.

so.bres.sal.tar (*sobre+saltar*) *vtd* **1** Saltar sobre; cair inesperadamente em cima de; surpreender: *O inimigo sobressaltava a trincheira*. *vtd* **2** Passar além de; transpor. *vtd* **3** Assustar, atemorizar, saltear: *Qualquer barulho o sobressalta*. *vpr* **4** Estremecer com sobressalto; apavorar-se, atemorizar-se: *Um empalideceu, outro sobressaltou-se*. *vpr* **5** Sentir apreensões, cuidados ou receios.

so.bres.sal.to (de *sobressaltar*) *sm* **1** Movimento ocasionado por alguma sensação súbita e violenta. **2** Susto, tremor. **3** Inquietação repentina; pavor.

so.bre.ta.xa (*sobre+taxa*) *sf* Taxa que se acresce aos preços ou tarifas normais.

so.bre.ta.xar (*sobre+taxar*) *vtd* Impor sobretaxa a: *"As autoridades fazendárias preferiram sobretaxar os salários."* (EM)

so.bre.tu.do (*sobre+tudo*) *sm* Grande casaco próprio para se vestir sobre outro, como proteção contra o frio. • *adv* Especialmente, mormente, principalmente.

so.bre.vir (*lat supervenire*) *vti* e *vint* **1** Vir sobre outra coisa ou logo depois dela; acontecer depois. *vti* e *vint* **2** Acontecer ou chegar de imprevisto. Conjuga-se como *vir;* recebem, porém, acento agudo as 2ª e 3ª pessoas do singular do presente do indicativo (*sobrevéns, sobrevém*) e a 2ª pessoa do imperativo afirmativo (*sobrevém*(*tu*)).

so.bre.vi.ver (*sobre+viver*) *vti* e *vint* **1** Continuar a viver depois de outra pessoa ter morrido: *Sobreviveu aos pais*. **2** Escapar de, subsistir após: *Morreram todos na catástrofe, só ele sobreviveu*.

so.bre.vo.ar (*sobre+voar*) *vtd* Voar por cima de. Conjuga-se como *coar*.

so.bri.nho (*lat sobrinu*) *sm* Filho do irmão, da irmã, do cunhado ou da cunhada.

só.brio (*lat sobriu*) *adj* **1** Moderado: *"O Juiz de Direito era homem sóbrio e comedido."* (ORM) **2** Que não está sob efeito de bebida alcoólica. **3** Simples: *"Um ambiente sóbrio, com duas janelas e móveis vitorianos."* (GI) *Antôn* (acepção 1): *exagerado*. • *sm* Pessoa sóbria.

so.bro.lho (ô) (*sobre+olho*) *V* sobrancelha: *"O caboclo fitava-o, desconfiado, indeciso, de sobrolho carregado."* (DEN)

so.car (*soco+ar¹*) *vtd* **1** Dar socos ou murros em; bater em. *vtd* **2** Calcar com

sociabilizar   804   **socorrer**

o soquete. *vtd* **3** Esmigalhar no pilão. *vtd* **4** Espalmar com os punhos cerrados (a massa de que se faz o pão). *vtd* e *vpr* **5** Esconder(-se), meter(-se) dentro: *Socou-o na biblioteca.*

so.ci.a.bi.li.zar (*lat sociabile+izar*) *vtd* **1** Reunir em sociedade. *vtd* e *vpr* **2** Tornar(-se) sociável; socializar(-se): *"Projetos que visam criar condições para sociabilizar menores carentes."* (FSP); *"Quanto menor for a criança, maior a sua vinculação com os pais e menor sua capacidade de se sociabilizar."* (FSP)

so.ci.al (*lat sociale*) *adj m+f* **1** Que diz respeito a uma sociedade. **2** Sociável. **3** Conveniente à sociedade ou próprio dela. **4** Relativo à vida do homem em sociedade. **5** *Sociol* Relativo ou pertencente às manifestações provenientes das relações entre os seres humanos. • *sf pl* O setor de um estádio, ginásio de esportes ou hipódromo etc., reservado aos sócios.

so.ci.a.li.zar (*social+izar*) *vtd* **1** *Polít* Tornar propriedade coletiva ou governamental: *"Enormes coletivos que socializaram o abastecimento."* (FSP) *vtd* **2** Colocar sob o regime de associação: *"Os fundos estão contribuindo para modernizar o capitalismo, socializando-o."* (FSP) *vpr* **3** Sociabilizar-se.

so.ci.á.vel (*lat sociabile*) *adj m+f* **1** Que é naturalmente disposto a procurar a sociedade. **2** Que gosta de sociedade. **3** Que pode viver em comunidade ou em sociedade. **4** Que sabe viver em sociedade.

so.ci.e.da.de (*lat societate*) *sf* **1** *Sociol* Conjunto relativamente complexo de indivíduos de ambos os sexos e de todas as idades, permanentemente associados e equipados de padrões culturais comuns, próprios para garantir a continuidade do todo e a realização de seus ideais. **2** *Sociol* Organização dinâmica de indivíduos autoconscientes que compartilham objetivos comuns e são, assim, capazes de ação conjunta. **3** Contrato consensual, em que duas ou mais pessoas convencionam combinar os seus esforços, ou recursos, no intuito de conseguir um fim comum.

so.ci.e.tá.rio (*lat societate+ário*) *adj* **1** Que pertence a uma sociedade: *"Foram examinados os livros societários e fiscais."* (ESP) **2** Diz-se dos animais que vivem em sociedade. • *sm* Aquele que pertence a uma sociedade; sócio.

só.cio (*lat sociu*) *adj+sm* **1** Diz-se de ou membro de uma sociedade. **2** Diz-se de ou aquele que se associa com outro ou outros para explorar um negócio ou conseguir um fim.

so.ci.o.cul.tu.ral (*sócio+cultural*) *adj m+f* Relativo ou pertencente à sociedade e à cultura.

so.ci.o.e.co.nô.mi.co (*sócio+econômico*) *adj* **1** Relativo ou pertencente a ou que envolve uma combinação de fatores sociais e econômicos. **2** Relativo ou pertencente à renda e à posição social consideradas como um só fator.

so.ci.o.lo.gi.a (*sócio+logo+ia*[1]) *sf* Ciência que se ocupa dos assuntos sociais e políticos, especialmente da origem e desenvolvimento das sociedades humanas em geral e de cada uma em particular. *Sociologia rural:* conhecimento sistematizado das relações sociais no meio rural. *Sociologia urbana:* estudo científico das adaptações e ajustamentos socioeconômicos produzidos pela concentração da população em áreas geográficas limitadas.

so.ci.ó.lo.go (*sócio+logo*) *sm* Especialista ou tratadista de sociologia.

so.ci.o.po.lí.ti.co (*sócio+político*) *adj* Relativo à sociedade e à política.

so.co (*ô*) *sm* Pancada com a mão fechada; murro. *V boxe* (acepções 1 e 2).

so.có (*tupi sokó*) *sm Ornit* Nome de várias espécies de aves semelhantes às garças.

so.ço.brar (*cast zozobrar*) *vtd* e *vpr* **1** Revolver(-se) de baixo para cima e de cima para baixo; inverter(-se), subverter(-se): *O maremoto soçobrou tudo o que estava na costa.* *vtd* e *vint* **2** Afundar-se, submergir: *O navio soçobrou.* *vti* e *vint* **3** Estar em perigo; cair, pender, precipitar-se: *Periclita a pátria, soçobra a nação.* *vint* e *vpr* **4** Acovardar-se; desanimar-se, esmorecer, perder a energia: *Os ânimos soçobravam.*

so.cor.rer (*lat succurrere*) *vtd* **1** Ajudar, auxiliar, defender, ir em auxílio de, proteger. *vpr* **2** Pedir socorro; recorrer a, pedindo auxílio; valer-se da proteção de. *vpr* **3** Recorrer a algum auxílio ou remédio; valer-se de.

so.cor.ro (ô) (de *socorrer*) *sm* **1** Ação ou efeito de socorrer; ajuda, auxílio, apoio, valimento; assistência com o fim de favorecer; proteção, recurso, remédio. **2** O que se dá para auxiliar ou socorrer alguém. • *interj* Para pedir auxílio, proteção. *Pl: socorros* (ó).

so.da (*ital soda*) *sf* **1** *Quím* Carbonato de sódio, um sal branco, facilmente solúvel em água. **2** Bebida refrigerante preparada com água saturada de ácido carbônico. *Soda calcinada:* carbonato de sódio anídrico. *Soda cáustica, Quím:* nome comercial do hidróxido de sódio.

só.dio (*soda+io*²) *sm Quím* Elemento metálico branco-prateado, mole, moldável, dúctil, de baixo ponto de fusão e de alta condutividade termal e elétrica. Número atômico 11 e símbolo Na.

so.er (*lat solere*) *vint* Costumar, estar afeito a, ter por hábito: *"E, mui molemente, tal como sói fazer a natureza, levou o assunto para os touros."* (SA) *Conjug* – verbo defectivo, não tem a 1ª pessoa do singular do presente do indicativo e, consequentemente, todo o presente do subjuntivo. Este verbo quase não é usado atualmente. Alguns autores admitem apenas o presente do indicativo, o pretérito imperfeito do indicativo, o infinitivo impessoal e o particípio. *Conjug – Pres indic: (Eu)—, sóis, sói, soemos, soeis, soem; Pret perf: soí, soeste, soeu, soemos, soestes, soeram; Pret imp indic: soía, soías, soía, soíamos, soíeis, soíam; Pret mais-que-perf: soera, soeras, soera, soêramos, soêreis, soeram; Fut pres: soerei, soerás, soerá, soeremos, soereis, soerão; Fut pret: soeria, soerias, soeria, soeríamos, soeríeis, soeriam; Pres subj: (Eu)—, (Tu)—, (Ele)—, (Nós)—, (Vós)—, (Eles)—; Pret imp subj: soesse, soesses, soesse, soêssemos, soêsseis, soessem; Fut subj: soer, soeres, soer, soermos, soerdes, soerem; Imper afirm: —, sói(Tu), —(Você), —(Nós), soei(Vós), —(Vocês); Imper neg: —, Não—(Tu), Não—(Você), Não—(Nós), Não—(Vós), Não—(Vocês); Infinitivo impess: soer; Infinitivo pess: soer, soeres, soer, soermos, soerdes, soerem; Ger: soendo; Part: soído.*

so.er.guer (*lat sub+erguer*) *vtd* e *vpr* Erguer(-se), levantar(-se) um pouco, de baixo para cima: *"Procuraremos continuar o esforço de soerguer a região."* (JB); *"Abriu os olhos, soergueu-se na rede e olhou em torno."* (TV)

so.fá (*fr sofa*, do *ár Suffa*) *sm* Móvel, estofado ou não, com espaldar, com dois, três ou mais lugares, onde se sentam as pessoas.

so.fá-ca.ma *sm* Sofá dobradiço, que ao mesmo tempo serve de sofá e de cama. *Pl: sofás-cama* e *sofás-camas*.

so.fis.ti.ca.ção (*sofisticar+ção*) *sf* **1** Ato ou efeito de sofisticar(-se). **2** Qualidade ou caráter de intelectual sofisticado; sutileza excessiva.

so.fis.ti.car (*sofistico+ar*¹) *vtd* e *vint* **1** Sofismar. *vtd* **2** Alterar, falsificar (medicamentos, bebidas etc.). *vtd* e *vpr* **3** Tornar (-se) artificial; privar(-se) da ingenuidade, naturalidade ou simplicidade: *A vaidade sofisticou-a. vtd* e *vpr* **4** Dar um toque de originalidade a; tornar(-se) diferente: *Sofisticar o ambiente.*

so.fre.gar (*sôfrego+ar*¹) *vpr* Tornar-se sôfrego.

sô.fre.go *adj* **1** Muito apressado em comer ou beber. **2** Ávido: *"Depois a criança morde, sôfrega, a borracha gasta."* (MEL) **3** Impaciente, pressuroso: *"Pelos indícios, parecia sôfrego."* (VIS)

so.fre.gui.dão (*sôfrego+idão*) *sf* **1** Ação, maneira ou qualidade de quem é sôfrego. **2** Avidez. **3** Impaciência.

so.frer (*lat sufferere, corr* de *sufferre*) *vti* e *vint* **1** Padecer dores físicas ou morais. *vtd* **2** Aguentar, suportar, tolerar: *Sofrer perseguição. vtd* **3** Experimentar, receber: *O prédio não sofreu grandes alterações com a reforma. vti* e *vint* **4** Experimentar prejuízos; decair: *Sofrem a indústria, a pecuária e o comércio.*

so.fri.men.to (*sofrer+mento*) *sm* Ação ou efeito de sofrer; dor, padecimento.

so.frí.vel (*sofrer+vel*) *adj m+f* **1** Que se pode sofrer; suportável, tolerável. **2** Que

não é mau de todo, razoável. *Antôn* (acepção 2): *inadmissível.*

software (*sóft-uér*) (*ingl*) *sm Inform* Qualquer programa ou grupo de programas que instrui o *hardware* sobre a maneira como ele deve executar uma tarefa, inclusive sistemas operacionais, processadores de texto e programas de aplicação. *Cf hardware.*

so.gra (*ó*) (*lat socra*) *sf* A mãe da esposa, em relação ao genro, ou a mãe do marido, em relação à nora.

so.gro (*ó*) (*lat socru*) *sm* O pai da esposa, em relação ao genro, ou o pai do marido, em relação à nora. *Fem: sogra* (*ó*).

so.ja (*jap shôyu*) *sf Bot* Planta leguminosa ereta, espessa, felpuda, anual, nativa da Ásia e largamente cultivada em todo o mundo por suas sementes, que fornecem produtos valiosos (óleo, farinha); feijão-soja.

sol[1] (*lat sole*) *sm* **1 Sol** *Astr* O astro principal e central do nosso sistema planetário. **2** Qualquer astro, considerado como o centro de um sistema planetário. **3** A luz e o calor transmitidos pelo Sol. **4** *poét* O dia. **5** *fig* Brilho, luz, esplendor. *De sol a sol:* desde que o Sol nasce até que se põe; durante todo o dia. *Lugar ao sol:* posição ou condição social favorável: *Os operários lutam por um lugar ao sol.*

sol[2] (*lat sol(ve)*, do hino a São João) *sm Mús* **1** Quinta nota da escala musical. **2** Sinal representativo dessa nota.

so.la (*lat sola, corr de solea*) *sf* **1** Peça de couro, borracha ou outro material, de formato adequado, que reveste a parte do calçado que assenta no chão ou forma uma camada desse revestimento, com exclusão do salto. **2** Planta do pé.

so.la.do (*solo+ado*[1]) *adj* **1** Que é feito de sola. **2** Que tem sola. • *sm* Sola de couro, borracha etc., para substituir a que foi gasta pelo uso.

so.la.ná.cea (*lat solanu+ácea*) *sf Bot* **1** Planta da família das solanáceas. *sf pl* **2** Família de ervas, arbustos ou árvores, de grande importância econômica, à qual pertencem a batata, o tomateiro, o pimentão, a berinjela etc.

so.lar[1] (*lat solare*) *adj* **1** Pertencente ou relativo ao Sol. **2** Em forma de Sol.

so.lar[2] (*solo+ar*[1]) *adj* Diz-se da casa pertencente a família nobre. • *sm* **1** Castelo ou terra onde habitava a nobreza e que dava o título às famílias. **2** Qualquer palácio ou casa nobre.

so.lar[3] (*sola+ar*[1]) *vtd* Pôr solas em (calçado).

so.la.van.car (*solavanco+ar*[1]) *vint* Dar solavancos: *"E nós aqui – os idiotas – a solavancar no batente..."* (TRH)

so.la.van.co (*de solevar*) *sm* Balanço imprevisto ou violento de um veículo ou de pessoa que nele viaja.

sol.da (*lat solida*) *sf* Substância metálica, fusível, própria para unir peças também metálicas, pedras etc.

sol.da.do (*soldo+ado*) *sm* Homem alistado ou inscrito nas fileiras do Exército, inferior ao cabo e último na hierarquia militar. *Col: tropa, legião; patrulha, ronda* (em vigilância).

sol.dar (*lat solidare*) *vtd* **1** Aplicar a solda a; prender, unir ou fechar com solda. *vpr* **2** Ajustar-se, pegar-se, unir-se.

sol.do (*ô*) (*lat solidu*) *sm* **1** *Mil* Parte correspondente aos 2/3 dos vencimentos de um militar. **2** *pop* Vencimento de militares. **3** Nome de várias moedas antigas de Portugal, de ouro, prata e cobre. **4** Recompensa, retribuição, salário.

so.le.í.deos (*lat científico soleidae*) *sm pl Ictiol* Família de peixes de corpo chato, oval, alongado, que compreende os linguados típicos.

so.lei.ra (*sola+eira*) *sf* **1** Peça de pedra, cimento, ferro ou madeira na qual assentam os umbrais da porta ou que se estende entre eles no chão; limiar da porta: *Soleira da porta.* **2** Parte da estribeira onde assenta o pé.

so.le.ne (*lat solemne*) *adj e s m+f* **1** Que se celebra com pompa e suntuosidade. **2** Acompanhado de cerimônias públicas e extraordinárias; magnífico, pomposo. **3** Que infunde respeito; grave, majestoso.

so.le.ni.da.de (*lat solemnitate*) *sf* **1** Cerimônia pública que torna solene um ato. **2** Formalidades que acompanham certos atos, para os tornar autênticos ou válidos. **3** *Liturg* Festividade religiosa.

so.le.trar (*lat* sub+letra+ar¹) *vtd* **1** *Gram* Dar o som ou valor fonético parcial a cada letra, e depois o som total das letras que formam cada sílaba e o das sílabas que formam a palavra. *vtd* e *vint* **2** Ler pelo método da soletração: *Soletrar um nome*. *vtd* e *vint* **3** Ler devagar ou por partes: *Soletrar uma carta*. *vtd* **4** Ler mal.

sol.fe.jar (*ital* solfeggiare) *vtd* e *vint* Entoar uma música pronunciando o nome de cada nota. *Conjug* – Pres indic: *solfejo(ê), solfejas(ê), solfeja(ê), solfejamos, solfejais, solfejam(ê); Pret perf: solfejei, solfejaste, solfejou, solfejamos, solfejastes, solfejaram; Pret imp indic: solfejava, solfejavas, solfejava, solfejávamos, solfejáveis, solfejavam; Pret mais-que-perf: solfejara, solfejaras, solfejara, solfejáramos, solfejáreis, solfejaram; Fut pres: solfejarei, solfejarás, solfejará, solfejaremos, solfejareis, solfejarão; Fut pres: solfejaria, solfejarias, solfejaria, solfejaríamos, solfejaríeis, solfejariam; Pres subj: solfeje(ê), solfejes(ê), solfeje(ê), solfejemos, solfejeis, solfejem(ê); Pret imp subj: solfejasse, solfejasses, solfejasse, solfejássemos, solfejásseis, solfejassem; Fut subj: solfejar, solfejares, solfejar, solfejarmos, solfejardes, solfejarem; Imper afirm: —, solfeja(ê)(Tu), solfeje(ê) (Você), solfejemos(Nós), solfejai(Vós), solfejem(ê) (Vocês); Imper neg: —, Não solfejes(ê)(Tu), Não solfeje(ê)(Você), Não solfejemos(Nós), Não solfejeis(Vós), Não solfejem(ê) (Vocês); Infinitivo impess: solfejar; Infinitivo pess: solfejar, solfejares, solfejar, solfejarmos, solfejardes, solfejarem; Ger: solfejando; Part: solfejado*.

so.li.ci.ta.dor (*solicitar+dor*) *adj* Que solicita; solicitante. • *sm* **1** Aquele que solicita; solicitante. **2** Procurador habilitado legalmente para requerer em juízo ou promover o andamento de negócios forenses.

so.li.ci.tar (*lat* solicitare) *vtd* **1** Agenciar, pedir com instância; rogar com todo o zelo. **2** Buscar, procurar.

so.lí.ci.to (*lat* solicitu) *adj* **1** Ativo, cuidadoso, diligente. **2** Prestativo. **3** Apreensivo: *A mãe solícita não desviava os olhos do menino que andava*. **4** Inquieto. **5** Delicado. **6** Muito amável. *Antôn* (acepção 2): *desatencioso*.

so.li.ci.tu.de (*lat* solicitudine) *sf* **1** Qualidade de solícito. **2** Afã de concluir ou de conseguir alguma coisa. **3** Cuidado, empenho ou zelo no pedir, no solicitar. **4** Desvelo, preocupação absorvente: *A solicitude de um médico, de um professor*. **5** Atenção. **6** Aquilo que demanda um cuidado constante. *Antôn* (acepção 4): *indiferença*.

so.li.dão (*lat* solitudine) *sf* **1** Condição, estado de quem está desacompanhado ou só. **2** Lugar ermo, retiro. **3** Isolamento. **4** Caráter dos lugares ermos, solitários.

so.li.da.ri.e.da.de (*solidário+e+dade*) *sf* **1** Qualidade de solidário. **2** Mutualidade de interesses e deveres. **3** Laço ou ligação mútua entre duas ou muitas coisas dependentes umas das outras. **4** *Sociol* Condição grupal resultante da comunhão de atitudes e sentimentos.

so.li.dá.rio (*lat* solidariu) *adj* **1** Que tem interesse e responsabilidades recíprocas. **2** Que torna cada um de muitos devedores obrigado ao pagamento total da dívida. **3** Que dá a cada um de muitos credores o direito de receber a totalidade da dívida: *Credor solidário*.

so.li.da.ri.zar (*solidário+izar*) *vtd* **1** Tornar solidário. *vpr* **2** Tornar-se solidário com outro ou com outros; assumir responsabilidades recíprocas: *"O Crucificado se solidariza com os excluídos."* (CV); *"Quero solidarizar-me também com V. Ex.ª e lembrar que foi muito oportuna a sua declaração perante o Senado da República."* (MIR)

so.li.dez (*sólido+ez*) *sf* **1** Estado ou qualidade de sólido. **2** Qualidade do que é sério, real: *A solidez de um argumento*. **3** Qualidade de ser durável ou resistente: *A solidez de uma instituição*. **4** Consistência. **5** Segurança. **6** Força de resistência. *Antôn* (acepção 6): *fragilidade*. *Pl: solidezes*.

so.li.di.fi.car (*lat* solidu+ficar) *vtd*, *vint* e *vpr* **1** Converter(-se) do estado líquido ao sólido; congelar. **2** Tornar(-se) sólido, duro ou compacto.

só.li.do (*lat solidu*) *adj* **1** Que tem forma própria (contrapõe-se a *líquido* e *gasoso*). **2** Consistente, substancial (falando dos alimentos). **3** Que não é oco nem vazio ou leve. **4** Que tem consistência para resistir ao peso, ao tempo, ao choque, a quaisquer forças externas. **5** Cheio, maciço (falando de obras de arquitetura). **6** Que está bem fundamentado; que tem base. **7** Estabelecido de modo que possa durar, resistir aos acidentes; durável. **8** Que tem constituição forte; cheio, robusto. *Antôn* (acepção 2): *líquido*; (acepções 4 e 8): *frágil*. • *sm* **1** O que tem solidez; o que apresenta consistência; o que é durável. **2** *Mat* Corpo que tem as três dimensões (comprimento, largura e altura). **3** O que tem bons fundamentos.

so.li.ló.quio (*lat soliloquiu*) *sm* **1** V *monólogo*. **2** Aquilo que cada um diz falando consigo mesmo.

so.lí.pe.de (*lat solu+pede*) *adj+sm Zool* Diz-se de ou animal que tem um só casco maciço em cada pé. • *sm pl* Antiga denominação dos equídeos.

so.lis.ta (*solo²+ista*) *adj m+f Mús* Diz-se de quem executa um solo musical ou é especialista em solos. • *s m+f* Essa pessoa.

so.li.tá.ria (*fem de solitário*) *sf* **1** *Zool* Nome comum dado às tênias, vermes que na forma adulta são parasitas do intestino de vertebrados, inclusive o homem. **2** Lugar na penitenciária no qual se isola o sentenciado turbulento ou perigoso.

so.li.tá.rio (*lat solitariu*) *adj* **1** Que está só; que evita a convivência; que gosta de estar só; que foge da sociedade; que vive em solidão. **2** Que está em lugar remoto ou pouco frequentado. **3** Desabitado, deserto, despovoado, ermo. • *sm* Aquele que vive na solidão ou num lugar remoto; eremita, monge.

so.lo¹ (*lat solu*) *sm* **1** Terreno sobre o qual se constrói ou se anda; chão, pavimento. **2** Terra considerada nas suas qualidades produtivas.

so.lo² (*ital solo*) *sm Mús* **1** Trecho de música para ser cantado por uma só pessoa ou executado por um só instrumento, com ou sem acompanhamento. **2** Trecho de música executado por instrumentos iguais e com igual desenvolvimento, isto é, executando todos o mesmo trecho.

sol.tar (*solto+ar¹*) *vtd* **1** Desligar, desprender, desatar: *Soltar um nó*. *vtd* **2** Pôr em liberdade, restituir à liberdade: *O governo soltou os presos políticos*. *vpr* **3** Desprender-se, escapar-se, pôr-se em liberdade: *Soltaram-se da jaula as feras*. *vtd* **4** Abandonar à própria ação; dar livre curso a: *Soltar os instintos*. *vtd* **5** Arremessar, atirar, disparar, lançar: *Soltar um tiro*. *vtd* **6** Deixar cair, deixar escapar, largar da mão: *Soltou a bandeja*. *vtd* **7** Afrouxar, tornar bambo: *Soltar as rédeas do cavalo*. *vtd* **8** Deixar escapar dos lábios, deixar ouvir ou perceber: *Soltar um ai, soltar um grito*. *Antôn* (acepções 1 e 2): *prender*; (acepção 1): *amarrar*. *Conjug – Part: soltado* e *solto*. *Soltar a língua*: dizer tudo o que vem à cabeça. *Soltar a rédea a*: deixar (alguém) à vontade.

sol.tei.rão (*solteiro+ão²*) *adj* Diz-se do homem que está na meia-idade, que ainda não se casou; celibatário. • *sm* Esse homem. *Fem: solteirona*.

sol.tei.ro (*lat solitariu*) *adj* Diz-se da pessoa que ainda não se casou. • *sm* A pessoa que ainda não se casou.

sol.to (ô) (*lat solutu*) *adj* **1** Que está livre; desatado, desprendido. **2** Livre de cadeias ou prisões; que anda à solta. **3** Que está à vontade; desoprimido. **4** Que não está aderente; sem aderência entre as suas partes. **5** Entrecortado, interrompido. *Antôn* (acepções 1 e 2): *preso*. • *sm Ictiol* Variedade de peixe marinho.

sol.tu.ra (*solto+ura*) *sf* **1** Desembaraço, destreza, em quaisquer exercícios ou movimentos corporais. **2** Facilidade de expressão. **3** Liberdade concedida ao que estava encarcerado ou preso.

so.lu.ção (*lat solutione*) *sf* **1** Ato ou efeito de solver. **2** Resolução de qualquer dificuldade, questão etc. **3** *Álg* Indicação das operações que se devem efetuar sobre os dados do problema para obter o valor das incógnitas. **4** *Quím* Ação de um líquido sobre um sólido, cujo resultado definido é tomar este último também a forma líquida; dissolução. **5** Líquido que contém uma substância em dissolução.

so.lu.çar (*soluço+ar¹*) *vint* **1** Emitir soluços. *vint* **2** Chorar emitindo soluços. *vtd* **3** Dizer, exprimir entre soluços.

so.lu.ci.o.nar (*solução+ar¹*) *vtd* Dar solução a; resolver.

so.lu.ço (*lat vulg *suggluttiu*) *sm* **1** *Fisiol* Contração espasmódica do diafragma que produz o início de movimento inspiratório subitamente detido pelo fechamento da glote, o que produz ruído característico. **2** Pranto entrecortado de soluços.

so.lú.vel (*lat solubile*) *adj m+f* Que se pode solver, dissolver ou resolver. *Sup abs sint: solubilíssimo*.

sol.ven.te (*lat solvente*) *adj m+f* **1** Que solve ou pode solver. **2** Que paga ou pode pagar o que deve.

sol.ver (*lat solvere*) *vtd* **1** Solucionar. **2** Dissolver. **3** Tornar quite; compensar, pagar, satisfazer.

som (*lat sonu*) *sm* **1** Tudo o que soa ou impressiona o sentido do ouvido; ruído. **2** *Gram* Qualquer emissão de voz simples ou articulada. *Alto e bom som:* bem alto e claro; sem rodeios.

so.ma (*lat summa*) *sf* **1** *Mat* Resultado da adição; o número ou quantidade equivalente às parcelas reunidas. **2** Reunião de coisas consideradas no seu conjunto; totalidade. **3** Certa quantia de dinheiro.

so.ma.li (etnônimo com significado 'negro') *adj m+f* Da, pertencente ou relativo à Somália (Africa). • *s m+f* Natural ou habitante da Somália. *sm* **2** Língua da família camito-semítica falada na Somália, Etiópia, Quênia e Djibuti. *Var: somaliano, somaliense*.

so.mar (*soma+ar¹*) *vtd* **1** Fazer a soma de; adicionar (números ou quantidades) para achar a soma. *vtd* **2** Equivaler; importar em; ter ou apresentar como soma. *vtdi* **3** Reunir em um mesmo total; adicionar. *vint* **4** Fazer a operação da soma. *vpr* **5** Juntar-se, reunir-se, aderir-se: *Soma-se a ignorância à miséria e resultará a delinquência*.

so.ma.ti.zar (*sômato+izar*) *vtd* e *vint* Desenvolver (uma determinada doença) por causa de problemas emocionais e/ou depressão: "*Ela começa a somatizar seus dramas psicológicos.*" (FSP)

so.ma.tó.rio (*soma+t+ório*) *adj* Indicativo de uma soma. • *sm* **1** Soma geral (*símb:* Σ; no alfabeto grego, a letra S maiúscula). **2** Totalidade: "*O desemprego, a miséria, a falta de policiamento ostensivo, enfim, tudo isso é o resultado de um somatório e que cada vez mais se agrava.*" (MIR)

som.bra (*lat sub illa umbra*) *sf* **1** Espaço privado de luz, ou tornado menos claro, pela interposição ou presença de corpo opaco; a falta de luz produzida pela presença de um corpo opaco. **2** Escuridão, trevas, noite. **3** Espectro, fantasma, visão. **4** *fig* Indivíduo que acompanha ou persegue constantemente outro. **5** *fig* Aparência, sinal, traço, vestígio. *Antôn* (acepção 2): *luz, clarão*.

som.bre.ar (*sombra+e+ar¹*) *vtd* **1** Cobrir com sombras, dar sombra a. *vtd* **2** Tornar sombrio ou triste. *vtd* **3** Escurecer. *vtd* **4** *Bel-art* Dar o sombreado em; pôr as sombras e os escuros em. *vpr* **5** Encher-se de sombra. *Conjuga-se como frear*.

som.brei.ro (*sombra+eiro*) *adj* Que dá ou faz sombra. • *sm* **1** Aquilo que dá sombra. **2** Chapéu de aba larga.

som.bri.nha (*dim de sombra*) *sf* **1** Diminutivo de *sombra*. **2** Pequeno guarda-sol, para senhoras.

som.bri.o (*sombra+io²*) *adj* **1** Diz-se do lugar em que não bate o sol ou só bate por muito pouco tempo; não exposto ao Sol. **2** Triste, lúgubre. **3** Carrancudo. *Antôn* (acepção 1): *iluminado*; (acepção 2): *alegre*. • *sm* Lugar sombrio, lugar em que não há sol.

so.men.te (*só+mente*) *adv* Apenas; unicamente.

so.nam.bu.lis.mo (*sonâmbulo+ismo*) *sm Fisiol* Estado caracterizado pela facilidade de andar e de repetir durante o sono certos movimentos contraídos pelo hábito, sem que de tal fique a menor lembrança ao despertar.

so.nâm.bu.lo (*sono+lat ambulare*) *adj* **1** *Med* Diz-se de quem, dormindo, anda, fala e faz certos movimentos, como se estivesse acordado. **2** Desconexo, disparatado. • *sm* Aquele que é sonâmbulo.

so.nan.te (*lat sonante*) *adj m+f* Que soa.

so.na.ta (*ital sonata*) *sf* **1** *Mús* Peça musical

para um ou dois instrumentos. **2** *poét* Concerto ou conjunto de melodias agradáveis ao ouvido. *Dim: sonatina*.

son.da (*lat sub+unda*) *sf* **1** Qualquer instrumento próprio para fazer sondagens. **2** Resultado de uma sondagem. **3** *Cir* Instrumento que se introduz na cavidade de certos órgãos para reconhecer o estado destes ou para neles fazer penetrar alguma substância ou para descobrir a causa oculta de algum mal. **4** Espécie de broca com que se perfuram os terrenos para reconhecer a natureza deles, para a prospecção de minérios, carvão etc., ou as qualidades das jazidas.

son.da.gem (*sondar+agem*) *sf* **1** Ato ou efeito de sondar. **2** *Meteor* Medição das condições atmosféricas em várias alturas. **3** Investigação, pesquisa.

son.dar (*sonda+ar¹*) *vtd* **1** Fazer a sondagem de; reconhecer ou verificar com a sonda a natureza de (um terreno), a profundidade de (mar ou rio). *vtd* **2** Explorar com a sonda. *vtd* **3** Averiguar, inquirir, procurar conhecer indagando ou observando cautelosamente. *vtd e vpr* **4** Analisar(-se), perscrutar(-se); estudar o que se passa no interior, no íntimo. *Sondar o terreno*: averiguar cautelosamente, investigar as disposições ou os sentimentos de alguém.

so.ne.ca (de *sono*) *sf* **1** V *sonolência* (acepção 2). **2** Sono ligeiro, de curta duração.

so.ne.gar (*lat subnegare*) *vtd* **1** Não pagar ou não contribuir com (a importância devida), burlando a lei. *vtd* **2** Deixar de mencionar ou relacionar, com intenção fraudulenta, em qualquer ato em que a lei o exige ou perante um terceiro. *vtdi* **3** *pop* Furtar, reter (objeto alheio) contra a vontade do dono. *vpr* **4** Escusar-se ou furtar-se ao cumprimento de uma ordem; negar-se. *vtd* **5** *por ext* Ocultar, encobrir, esconder.

so.nei.ra (*sono+eira*) *sf pop* **1** Grande sono. **2** Sonolência.

so.ne.to (*ê*) (*ital sonetto*) *sm Lit* Composição poética formada por quatorze versos, geralmente distribuídos por dois quartetos e dois tercetos.

so.nha.dor (*sonhar+dor*) *adj* **1** Que sonha habitualmente. **2** Que vive alheado das realidades da vida; devaneador, fantasioso. • *sm* Aquele que possui uma dessas características.

so.nhar (*lat somniare*) *vint* **1** Ter um sonho ou sonhos. *vti* **2** Ver (alguém ou alguma coisa) em sonho, conviver ou comunicar-se com, em sonho. *vint* **3** Delirar: *Possuído de violenta febre, o rapaz sonhava*. *vint* **4** Entregar-se a devaneios e fantasias; idealizar. *vtd e vti* **5** Alimentar, pôr na imaginação: *Vive sonhando com viagens*. *vtd* **6** Adivinhar, fazer ideia de, imaginar, prever, supor, suspeitar: *Mal poderia sonhar tal calamidade. Sonhar acordado*: devanear, fantasiar absortamente.

so.nho (*lat somniu*) *sm* **1** Representação em nossa mente de alguma coisa ou fato enquanto dormimos. **2** Coisa imaginada, mas sem existência real no mundo dos sentidos. **3** Ideia com a qual nos orgulhamos; ideia que alimentamos; pensamento dominante que seguimos com interesse ou paixão. *Sonhos dourados*: esperanças de felicidade.

so.ní.fe.ro (*lat somniferu*) *adj poét* Que traz ou produz sono; soporífico. • *sm* Substância soporífera ou soporífica.

so.no (*lat somnu*) *sm* **1** *Biol* Suspensão normal e periódica da consciência durante a qual o organismo se repara da fadiga. **2** Desejo ou necessidade de dormir. **3** Estado de quem dorme. **4** *fig* Cessação de ação; inércia.

so.no.lên.cia (*lat somnolentia*) *sf* **1** Forte desejo de dormir. **2** Transição entre o sono e a vigília. **3** *fig* Apatia, indolência, inércia.

so.no.len.to (*lat somnolentu*) *adj* **1** Que tem sonolência. **2** Que causa sono. **3** Que se levantou há poucos instantes, mas ainda se conserva sob a ação do sono. **4** Inerte.

so.no.plas.ta (*lat sonu+plasta*) *s m+f* Pessoa encarregada de estudar, selecionar e aplicar efeitos sonoros e ruídos em filmes, espetáculos teatrais, programas de rádio ou televisão.

so.no.plas.ti.a (*lat sonu+plasta+ia¹*) *sf* Técnica de provocar os efeitos acústicos que constituem o fundo sonoro dos filmes,

so.no.ri.da.de (*lat sonoritate*) *sf* **1** Propriedade de produzir ou de formar sons. **2** Melodia. **3** Propriedade que têm certos corpos de reforçar os sons repercutindo-os.

so.no.ri.za.dor (*sonorizar+dor*) *adj* Que produz sonorização. • *sm Eng* Dispositivo colocado sob piso rugoso ou depressão em rodovias que provoca um som ruidoso quando os pneus de um veículo tocam o solo.

so.no.ri.zar (*sonoro+izar*) *vtd* **1** Tornar sonoro. *vint* **2** Produzir som; soar.

so.no.ro (*lat sonoru*) *adj* **1** *fig* Harmonioso, melodioso. **2** *Fís* Que produz ou é capaz de produzir som. **3** *Gram* Diz-se do fonema consonantal que se produz com a glote fechada ou quase fechada, de modo que o ar, forçando-lhe a passagem, põe em vibração as cordas vocais, como *b, d, j, v, z* etc.

son.so (*cast zonzo*) *adj* **1** Dissimulado, fingido. **2** Astuto, velhaco. **3** Ardiloso, com mostras de ingenuidade. • *sm* Indivíduo manhoso, dissimulado; songa-monga.

so.pa (*germ suppa*) *sf* **1** *Cul* Caldo gordo ou magro com massas, arroz, legumes ou outras substâncias e que é geralmente o primeiro prato que se serve nas duas principais refeições. **2** *pop* Coisa fácil de fazer ou resolver.

so.pa.po (*lat sub+papo*) *sm* **1** Murro ou soco debaixo do queixo. **2** *V* bofetão.

so.pé (*lat sub+pé*) *sm* **1** Parte inferior de rocha ou muro mais próxima do solo. **2** Base de montanha.

so.pei.ra (*sopa+eira*) *sf* Terrina em que se leva a sopa à mesa.

so.po.rí.fe.ro (*lat sopore+fero*) *adj* **1** Que traz ou produz sono. **2** Enfadonho, fastidioso, maçador, monótono.

so.pra.no (*ital soprano*) *s m+f* **1** *Mús* A mais aguda das vozes; a voz mais aguda de mulher ou menino. **2** Cantor ou cantora que tem voz de soprano.

so.prar (*lat sufflare*) *vtd* **1** Dirigir o sopro para; assoprar. **2** Apagar com sopro. **3** Ativar, avivar (a chama, o fogo) por meio do sopro. **4** Expelir, expulsar com a respiração. **5** Tocar instrumento de sopro. **6** Dizer, transmitir em voz baixa: *Soprar uma resposta.* **7** Levar ao êxito; bafejar, favorecer: *A sorte sopra, muitas vezes, aos que menos precisam.*

so.pro (*ô*) (*de soprar*) *sm* **1** Agitação do ar; corrente de ar; aragem, brisa, vento, viração. **2** Vento que se faz agitando ou impelindo o ar com a boca.

so.que.te¹ (*ê*) (*soco+ete*) *sm* Peça para socar (a pólvora num canhão, a terra num aterro ou construção etc.).

so.que.te² (*ê*) (*ingl socket*) *sm Mec* Chave para parafusos em lugares profundos que consiste em uma haste redonda de ferro com uma extremidade oca correspondente a uma porca ou cabeça de parafuso.

so.que.te³ (*ê*) (*fr socquette*) *sm* Meia curta de mulher.

sor.di.dez (*sórdido+ez*) *sf* **1** Estado ou qualidade de sórdido. **2** Imundície. **3** *fig* Indignidade, torpeza. *Pl:* sordidezes.

sór.di.do (*lat sordidu*) *adj* **1** Asqueroso, imundo, nojento, repugnante. **2** Que não tem asseio nem no corpo nem na roupa. **3** *fig* Baixo, torpe, vil. **4** *fig* Indigno. **5** *fig* Indecente, obsceno.

sor.go (*ô*) (*ital sorgo*) *sm Bot* Gênero de gramíneas economicamente importantes, semelhantes ao milho, mas com pendão terminal e espiguetas geminadas, largamente cultivadas nas regiões tropicais e subtropicais pelas suas sementes e para forragem.

so.ro (*ô*) (*lat seru*) *sm* **1** Líquido inodoro e límpido que se separa do leite quando este se coagula. **2** Líquido que se separa dos grumos do sangue depois que este se coagula.

so.ro.lo.gi.a (*soro+logo+ia*¹) *sf Med* Ramo da biologia que se ocupa dos soros, das suas propriedades e aplicações.

so.ro.ne.ga.ti.vo (*soro+negativo*) *adj Med* Diz-se daquele cujo sangue passou por testes, tendo-se constatado a ausência do vírus da AIDS. • *sm* Indivíduo soronegativo. *Antôn:* soropositivo.

so.ro.po.si.ti.vo (*soro+positivo*) *adj Med* Diz-se daquele cujo sangue passou por testes, tendo-se constatado a presença do vírus da AIDS, mas que não necessa-

sor.ri.den.te (*lat subridente*) *adj m+f* **1** Que sorri; alegre, amável, prazenteiro, risonho. **2** Prometedor, propício: *Futuro sorridente.*

sor.rir (*lat subridere*) *vint* e *vpr* **1** Rir levemente, sem rumor, com ligeira contração dos músculos faciais. *vtd* e *vti* **2** Dar, dirigir um sorriso. *vti* **3** Ser favorável. *Antôn* (acepção 1): *chorar*. Conjuga-se como *rir*.

sor.ri.so (*lat subrisu*) *sm* **1** Ato de sorrir (-se). **2** Manifestação de um sentimento de benevolência, simpatia ou de ironia, que se faz sorrindo.

sor.te (*lat sorte*) *sf* **1** Fado, destino, sina. **2** Acaso, risco. **3** Quinhão que tocou em partilha. **4** Fortuna, felicidade. *Dar sorte:* proporcionar bom êxito. *De sorte que, loc conj:* de modo que, de forma que. *Sorte grande:* o prêmio maior da loteria.

sor.te.ar (*sorte+ar¹*) *vtd* **1** Submeter a sorteio. **2** Rifar: *Sortear um automóvel*. **3** Dispor (tecidos) pelas cores e pelas qualidades, a fim de formar um conjunto agradável à vista. Conjuga-se como *frear*.

sor.tei.o (de *sortear*) *sm* **1** Extração dos números de loteria ou rifa. **2** Disposição de coisas, segundo as cores, qualidades, preços etc.

sor.ti.do (*part* de *sortir*) *adj* **1** Abastecido, provido de mercadorias de várias espécies ou qualidades. **2** Variado (em cor, qualidade, preço etc.). • *sm* V sortimento.

sor.ti.lé.gio (*lat sortilegiu*) *sm* **1** Malefício de feitiçaria. **2** Milagre: *"Não se celebrou nem o sortilégio da abertura do mar Vermelho para a passagem do povo escolhido."* (FSP) **3** Sedução exercida por dotes naturais ou por artifícios: *"Santa Fé devia ter um poderoso sortilégio."* (TV) **4** Encantamento: *"A melodia era mansa, mas ao mesmo tempo tão eloquente que fiquei imersa num sortilégio."* (DE)

sor.ti.men.to (*sortir+mento*) *sm* **1** Provisão de mercadorias de vários gêneros; sortido. **2** Mistura de coisas diversas.

sor.tir (*lat sortire*) *vtd* e *vpr* **1** Abastecer (-se), prover(-se): *Sortir a despensa*. *vtd* **2** Variar, alternar, mesclar. *Conjug:* verbo irregular; o *o* do radical muda-se em *u* nas 1ª, 2ª e 3ª pessoas do singular e 3ª pessoa do plural do presente do indicativo e nas formas que delas derivam. Conjuga-se como *polir*.

sor.tu.do (*sorte+udo*) *adj gír* Diz-se do indivíduo que tem muita sorte e consegue o que pretende com facilidade; rabudo. • *sm* Esse indivíduo.

sor.ver (*lat sorbere*) *vtd* **1** Beber aos sorvos; beber lentamente. *vtd* **2** Chupar, sugar. *vtd* **3** Absorver, tragar: *O mar bravio sorveu a nau*. *vtd* **4** Inspirar (o ar ou aromas nele contidos). *vpr* **5** Submergir-se, sumir-se: *Sorvera-se no oceano o avião*.

sor.ve.te (*ital sorbetto*) *sm* Preparação de sumo de frutas, cremes, leite, chocolate etc., temperados com açúcar e congelados até ficarem com uma consistência semelhante à da neve. *Virar sorvete, pop:* sumir, desaparecer.

sor.ve.tei.ra (*sorvete+eira*) *sf* Aparelho para fazer sorvetes e outros gelados.

sor.ve.tei.ro (*sorvete+eiro*) *sm* Fabricante ou vendedor de sorvetes.

sor.ve.te.ri.a (*sorvete+eria*) *sf* Lugar onde se fazem ou vendem sorvetes. *Var:* sorvetaria.

S.O.S. (sigla *ingl* Save Our Souls) *sm* Abreviação da expressão inglesa utilizada internacionalmente como pedido de socorro.

só.sia (de *Sosia, np*) *s m+f* Pessoa muito parecida fisicamente com outra.

sos.lai.o (*cast soslayo*) *sm* Obliquidade; esguelha: *Olhar de soslaio*.

sos.se.gar (*lat vulg *sessicare*) *vtd* **1** Pôr em sossego ou em descanso; acalmar, tranquilizar. *vint* e *vpr* **2** Ter sossego, descanso; aquietar-se, tranquilizar-se. *vint* **3** Tornar-se comedido, pacato. *Antôn:* inquietar.

sos.se.go (ê) (de *sossegar*) *sm* **1** Ato ou efeito de sossegar. **2** Tranquilidade, calma, quietação. *Antôn:* preocupação, agitação.

so.tai.na (*ital sottana*) *sf* Batina de padre.

só.tão (*lat vulg *subtulu*) *sm* Pequeno andar ou compartimento que fica entre o teto do último andar e o telhado de um sobrado ou edifício.

so.ta.que *sm* Pronúncia peculiar a um indivíduo, a uma região etc.

so.te.ro.po.li.ta.no (*gr sotér+o+pólis+ano²*) *adj* Relativo a Salvador, capital do Estado da Bahia. • *sm* Pessoa nascida nessa capital.

so.ter.rar (*lat sub+terra+ar¹*) *vtd* e *vpr* Cobrir(-se) de terra; enterrar(-se).

so.tur.no (*corr de Saturno, np*) *adj* **1** Carregado, sombrio, taciturno, tristonho. **2** Que infunde pavor; lúgubre, medonho. **3** Diz-se do tempo quente e abafadiço. • *sm* **1** Caráter ou aspecto lúgubre, sombrio, taciturno, tristonho. **2** Tempo quente e abafadiço; mormaço.

souvenir (*suvenir*) (*fr*) *V suvenir*.

so.va (de *sovar*) *sf* Ação ou efeito de sovar.

so.va.co (*lat subcavu* com metátese) *sm* Axila. *Var: sobaco*.

so.var (umbundo *sova*) *vtd* **1** Bater a massa de; amassar. **2** Pisar (a uva). **3** Dar pancadas, surrar. **4** *fig* Usar muito: *Roupa sovada*.

so.vi.na (*esp sabina*) *adj m+f* Mesquinho, miserável (falando de atos ou coisas). *Antôn: liberal, generoso*. • *s m+f* Pessoa que sofre privações, mas não gasta dinheiro; avaro, mesquinho, miserável.

so.zi.nho (*só+z+inho*) *adj* **1** Absolutamente só; abandonado. **2** Único. • *adv* **1** Acompanhado de uma outra pessoa somente. **2** Consigo mesmo.

spray (*isprêi*) (*ingl*) *sm* **1** Jato gasoso, de aerossol ou líquido, que se espalha como névoa sobre o local em que é aplicado. **2** Recipiente metálico fechado e provido de dispositivo, capaz de emitir *spray*; atomizador, nebulizador, vaporizador, pulverizador.

stand (*istandi*) (*ingl*) *V estande*.

standard (*stândard*) (*ingl*) *V estândar*.

status (*lat*) *sm Sociol* **1** Posição do indivíduo no grupo (ou do grupo em outro maior de que faça parte), determinadas pelas relações com todos os outros membros por meio de competição consciente; posição social. **2** *por ext* Posição legal de um indivíduo. **3** *por ext* Condição, situação.

stencil (*istêncil*) (*ingl*) *V estêncil*.

stress (*istrés*) (*ingl*) *V estresse*.

strip-tease (*istripi-tíse*) (*ingl*) *sm* Arte de se despir lentamente em público, ao som de música e com dança, geralmente em espetáculos eróticos.

su.a (*lat sua*) *pron* Feminino de *seu*.

su.ã (*lat sus, is*) *sf* **1** Carne da parte inferior do lombo do porco. **2** Parte final da espinha dos animais, especialmente do porco.

su.a.dor (*suar+dor*) *adj* **1** Que sua. **2** Que provoca a transpiração. • *sm* **1** O que sua. **2** Aquilo que provoca a transpiração; suadouro.

su.a.dou.ro (*suar+douro*) *sm* **1** Ato ou efeito de suar. **2** Aquilo que se ingere para provocar a transpiração; sudorífico. **3** Coxim de lã sobre o qual assenta a sela ou selim, para não molestar o lombo da cavalgadura. *Var: suadoiro*.

su.ar (*lat sudare*) *vint* **1** Exalar suor; transpirar; verter o suor pelos poros da pele. *vtd* **2** Deitar pelos poros; destilar, verter. *vtd* **3** Expelir à maneira de suor. *vint* **4** Gotejar, verter umidade. *vti* e *vint* **5** Empregar grandes esforços em: *Suou, mas ganhou a corrida*.

su.a.ve (*lat suave*) *adj m+f* **1** Brando, macio. **2** Ameno, aprazível, leve, manso. **3** Meigo, terno. **4** Que encanta pela melodia. **5** Que inspira sentimentos delicados. **6** Que se faz sem esforço.

su.a.vi.da.de (*lat suavitate*) *sf* **1** Qualidade de suave; brandura, doçura, maciez, meiguice. **2** Encanto da fisionomia; graça amável das formas.

su.a.vi.zar (*suave+izar*) *vtd* **1** Tornar suave. **2** Abrandar, aliviar, atenuar, minorar, mitigar.

su.á.zi (etnônimo *swazi*) *adj m+f* De, pertencente ou que se refere à Suazilândia (África). • *s m+f* O natural ou habitante desse país. *Var: suazilandense, suazilandês, suazilandiense*.

su.ba.li.men.ta.do (*sub+alimentado*) *adj+sm* Subnutrido.

su.bal.ter.no (*lat subalternu*) *adj* **1** Que está sujeito ou sob as ordens de outro. **2** Que tem autoridade ou graduação inferior à de outro. **3** Subordinado. • *sm* Indivíduo subalterno: *Var: subalternado*.

su.ba.quá.ti.co (*sub+aquático*) *adj* Que está debaixo de água; submarino.

sub.clas.se (*sub+classe*) *sf* **1** Divisão de

uma classe. **2** *Hist nat* Categoria taxionômica situada entre a classe e a ordem.

sub.con.jun.to (*sub+conjunto*) *sm* **1** Divisão de um conjunto. **2** *Mat* Conjunto cujos elementos fazem parte também de outro conjunto; subclasse.

sub.cons.ci.ên.cia (*sub+consciência*) *sf* **1** Consciência imperfeita. **2** Estado da inteligência que precede a atividade da consciência ou do sentimento do que se passa em nós.

sub.cons.ci.en.te (*sub+consciente*) *adj m+f* De que se tem uma semiconsciência ou consciência imperfeita e obscura. • *sm* A parte da psique que está fora do campo da consciência; o inconsciente.

sub.cu.tâ.neo (*sub+cutâneo*) *adj* **1** *Anat* Que está por baixo da cútis; intercutâneo: *"Tecido celular subcutâneo."* (CLC) **2** Que é praticado abaixo da pele: *"Uma agulha subcutânea."* (FSP)

sub.de.le.ga.do (*sub+delegado*) *sm* Imediato ou substituto do delegado.

sub.de.le.gar (*sub+delegar*) *vtd* Transmitir a outrem a faculdade de resolver e agir em seu lugar.

sub.de.sen.vol.vi.do (*sub+desenvolvido*) *adj* Que não está inteiramente desenvolvido (diz-se de indivíduo, país, sociedade, economia etc.).

sub.de.sen.vol.vi.men.to (*sub+desenvolvimento*) *sm* Situação, condição de subdesenvolvido.

sub.di.re.tor (*sub+diretor*) *sm* Imediato ou substituto do diretor. *Fem*: subdiretora.

sub.di.vi.di.do (*part de subdividir*) *adj* Dividido depois de uma divisão anterior.

sub.di.vi.dir (*lat subdividere*) *vtd* **1** Dividir novamente. *vpr* **2** Separar-se em várias divisões.

sub.di.vi.são (*lat subdivisione*) *sf* Ato ou efeito de subdividir; nova divisão do que já fora dividido; divisão de uma parte ou membro de outra divisão.

su.bem.pre.go (*sub+emprego*) *sm* **1** Emprego não qualificado, cuja remuneração é baixa. **2** Emprego abaixo da qualificação do empregado.

su.ben.ten.der (*sub+entender*) *vtd* e *vpr* Entender(-se) o que não está expresso, especificado ou esclarecido: *Naquelas palavras subentendiam-se ameaças. "A recompensa na hora do juízo final subentende a responsabilidade humana."* (ISL)

su.ben.ten.di.do (*part de subentender*) *adj* Que se subentende ou subentendeu; implícito. • *sm* Aquilo que se pode inferir do dito ou escrito, sem ser expresso por palavras.

su.bes.pé.cie (*sub+espécie*) *sf* Divisão de espécie.

su.bes.ta.ção (*sub+estação*) *sf Eletr* **1** Estação, numa rede distribuidora, aparelhada para reduzir a voltagem da corrente elétrica. **2** Rede secundária de distribuição elétrica.

su.bes.ti.mar (*sub+estimar*) *vtd* Estimar em menos; não dar o devido apreço ou valor a; mostrar ou ter desdém por; menosprezar. *Antôn*: superestimar ou sobrestimar.

sub.ge.ren.te (*sub+gerente*) *s m+f* Substituto do gerente.

sub.gru.po (*sub+grupo*) *sm* Grupo resultante da divisão de um grupo.

su.bi.da (*part de subir*) *sf* **1** Ação ou efeito de subir. **2** Aclive. **3** Aumento de preço. **4** Ascensão. **5** Crescimento.

su.bir (*lat subire*) *vti* e *vint* **1** Ir de baixo para cima; elevar-se ou transportar-se a lugar mais alto. *vtd* e *vti* **2** Galgar, trepar: *A largatixa sobe a parede*. *vti* **3** Dar acesso a lugar superior: *A escada sobe aos andares de cima*. *vti* e *vint* **4** Elevar-se no ar; erguer-se para a atmosfera: *Subiam nuvens de pó*. *vti* e *vint* **5** Alar-se, elevar-se pelo voo, levantar voo. *vti* e *vint* **6** Atingir um nível mais elevado. *vti* **7** Afluir a um ponto mais elevado. *vtd* **8** Navegar no sentido da nascente. *vint* **9** Tornar-se mais caro; encarecer. *Subir a serra, pop*: enfurecer-se, irritar-se, melindrar-se. *Subir nos tamancos, pop*: irritar-se. *Subir o sangue à cabeça, pop*: enfurecer-se, exasperar-se, irritar-se. *Antôn*: *descer*. *Conjug*: o *u* do radical muda-se em *o* (*o* aberto) na 2ª pessoa do singular e 3ª pessoa do plural do presente do indicativo e na 2ª pessoa do singular do imperativo afirmativo. Conjuga-se como *bulir*.

sú.bi.to (*lat subitu*) *adj* Que aparece ou se dá sem ser previsto ou preparado;

inesperado, rápido, repentino. • *adv* Subitamente; de improviso, de repente. *De súbito*: repentinamente, de supetão.

sub.ja.cen.te (*lat subjacente*) *adj m+f* **1** Que jaz ou está por baixo: *"Uma vermelhidão devida à rede capilar subjacente."* (CLI) **2** Que está ou fica subentendido: *"Havia sempre essa ideia subjacente, e que eles nem mesmo escondiam de mim."* (FSP)

sub.je.ti.vis.mo (*subjetivo+ismo*) *sm* **1** Tendência a reduzir toda a realidade à concepção do sujeito, do eu. **2** *Filos* Sistema filosófico que não admite a realidade objetiva, mas apenas a subjetiva.

sub.je.ti.vo (*lat subjectivu*) *adj* **1** Pertencente ou relativo ao sujeito. **2** Que está somente no sujeito, no eu; que se passa ou existe no espírito. **3** Que exprime ou manifesta apenas as ideias ou preferências da própria pessoa: *São muito subjetivas suas opiniões*. **4** *Gram* Pronome ou oração que exerce a função de sujeito.

sub.ju.gar (*lat subjugare*) *vtd* **1** Pôr sob o jugo (os bois); ligar ao jugo, jungir. *vtd* **2** Submeter à força das armas; conquistar, dominar. *vtd* **3** Domesticar. *vtd* **4** Dominar, vencer. *vpr* **5** Seguir alguém em todos os caprichos ou devaneios. *vpr* **6** Dominar reciprocamente. *Antôn* (acepções 2 e 4): *libertar*.

sub.jun.ti.vo (*lat subjunctivu*) *adj* **1** Que depende de outro; subordinado. **2** *Gram* Pertencente ou relativo ao modo subjuntivo dos verbos. • *sm Gram* Modo verbal que indica a ação como subordinada a outra.

sub.le.va.ção (*lat sublevatione*) *sf* **1** Ato ou efeito de sublevar(-se). **2** Rebelião, revolta: *"Assistiram pela janela do sobrado à sublevação da marinhagem."* (UQ)

sub.le.var (*lat sublevare*) *vtd* **1** Elevar de baixo para cima; levantar, sobrelevar. *vtd* **2** Incitar à revolta, insurrecionar, revolucionar: *"Não era capaz de jogar bombas, sublevar quartéis."* (MEC) *vpr* **3** Amotinar-se, rebelar-se, revoltar-se: *"Sublevaram-se contra seus senhores."* (MAL)

su.bli.ma.ção (*lat sublimatione*) *sf* **1** Elevação ao estado sublime. **2** Purificação. **3** *Psicol* Mecanismo de defesa emocional, pelo qual tendências ou sentimentos que se julgam inferiores, ou socialmente reprovados, se transformam em outros que não o sejam. **4** *Quím* Passagem de um corpo diretamente do estado sólido ao gasoso e vice-versa.

su.bli.mar (*lat sublimare*) *vtd* **1** Tornar sublime; enaltecer, engrandecer, exaltar. *vtd* **2** Elevar à maior altura da dignidade, da grandeza, da honra etc.: *A Rússia sublimou seu primeiro astronauta*. *vpr* **3** Tornar-se sublime; enaltecer-se, engrandecer-se, exaltar-se: *Sublima-se a mulher na dedicação aos filhos*. *vtd* **4** Apurar, purificar: *Sublimar o ouro*. *vtd* **5** *Quím* Fazer passar diretamente do estado sólido ao gasoso. *Var: sublimizar*.

su.bli.me (*lat sublime*) *adj m+f* **1** De elevação excepcional: *"Haveria momentos de ternura sublime."* (ACM) **2** Excelente; magnífico: *"Provou um doce de coco e achou-o sublime."* (XA) **3** Elevado nas suas palavras, nos seus atos ou sentimentos; grande, majestoso, nobre: *"Um iluminado, um grande e sublime ser que ensinaria ao mundo o caminho da luz."* (BUD) **4** Dotado da mais elevada expressão da perfeição estética, do mais alto grau da beleza artística.

sub.li.mi.nar (*sub+liminar*) *adj m+f* **1** Inferior; que não ultrapassa os limites. **2** *Psicol* Diz-se do estímulo incapaz de atingir os limites da consciência, mas que, repetitivamente, atua no sentido de atingir um efeito desejado.

sub.li.nhar (*sublinha+ar¹*) *vtd* **1** Passar uma linha ou traço por baixo de (palavra ou frase) a fim de chamar a atenção. **2** Acentuar bem, tornar sensível. **3** Pôr em destaque; realçar, salientar.

sub.lo.ca.ção (*sublocar+ção*) *sf* **1** Ato ou efeito de sublocar. **2** Contrato pelo qual se subloca a alguém alguma coisa; subaluguel: *"Tratava-se de uma sublocação por três meses, e elas seriam despejadas se o homem descobrisse."* (CV)

sub.lo.car (*lat sub+locare*) *vtd* Fazer sublocação de; subarrendar; transmitir, alugando aquilo que já se encontrava alugado: *Sublocar um prédio*.

sub.ma.ri.no (*sub+marino*) *adj* **1** Que fica por baixo das águas do mar; imerso no mar. **2** Destinado a navegar por baixo da superfície da água.• *sm* Navio de guerra, lançador de torpedos, e que pode navegar por baixo das águas do mar.

sub.mer.gi.do (*part* de *submergir*) *adj* **1** Que está debaixo de água ou coberto de água. **2** Que se afundou na água. *Var: submerso.*

sub.mer.gir (*lat submergere*) *vtd* **1** Cobrir de água; inundar. *vint* e *vpr* **2** Ficar coberto de água; afundar(-se). *vtd* **3** Abafar, arrastar, envolver, perder. *Conjug* – conjuga-se como *abolir;* porém é comum substituir-se a 1ª pessoa do singular do presente do indicativo, *submirjo* (em desuso), por *submerjo* e desta derivar o presente do subjuntivo: *submerja, submerjas* etc. *Part: submergido* e *submerso.*

sub.mer.são (*lat submersione*) *sf* **1** Ato ou efeito de submergir(-se). **2** Estado de um ser vivo que se conserva completamente mergulhado na água.

sub.mer.so (*lat submersu*) *adj* **1** V *submergido*: "*A ilha é um imenso vale submerso.*" (CRU) **2** Absorto. **3** Prostrado.

sub.me.ter (*lat submittere*) *vtdi* **1** Tornar dependente; subordinar: *Submeter os sentidos à razão. vtd* **2** Dominar, obrigar, subjugar, vencer: *Submeter os revoltosos. vpr* **3** Obedecer às ordens e vontade de outrem; render-se: *Submeter-se à vontade paterna. vtdi* **4** Oferecer à apreciação, ao exame: *Submeteu o requerimento ao despacho do prefeito. vtdi* e *vpr* **5** Tornar(-se) objeto de exame ou prova: *Submeter-se a um diagnóstico de raios x.*

sub.mis.são (*lat submissione*) *sf* **1** Ato ou efeito de submeter(-se). **2** Disposição a obedecer. **3** Sujeição. **4** Humilhação voluntária. *Antôn* (acepção 3): *arrogância, altivez.*

sub.mis.so (*lat submissu*) *adj* **1** Que denota submissão. **2** Que está em posição ou lugar inferior. **3** Humilhado. **4** Subordinado. **5** Dócil. *Antôn* (acepções 4 e 5): *insubmisso, desobediente.* • *sm* Aquele que se submete; servo, escravo.

sub.mun.do (*sub+mundo*) *sm* O conjunto de marginais, delinquentes ou desocupados visto como um grupo organizado socialmente.

sub.nu.tri.ção (*sub+nutrição*) *sf Med* Falta de nutrição suficiente; subalimentação.

sub.nu.tri.do (*part* de *subnutrir*) *adj* **1** Que recebe nutrição insuficiente; subalimentado. **2** Que apresenta um físico débil ou insuficientemente desenvolvido por falta de alimentação adequada.

sub.nu.trir (*sub+nutrir*) *vtd, vint* e *vpr* Nutrir(-se) insuficientemente.

su.bor.dem (*sub+ordem*) *sf Biol* Divisão de uma ordem nas classificações animais e vegetais.

su.bor.di.na.ção (*lat subordinatione*) *sf* **1** Ato ou efeito de subordinar(-se). **2** Relação estabelecida entre pessoas dependentes entre si. **3** Obediência à lei, aos superiores, à disciplina. **4** *Gram* Processo sintático que caracteriza o período cujas orações, chamadas subordinadas, dependem de outra, a principal, em relação à qual exercem uma função complementar: *Quero que você estude. Viajou quando a chuva parou.*

su.bor.di.na.da (*fem* de *subordinado*) *sf Gram* Oração cujo sentido depende de outra, que é a principal.

su.bor.di.na.do (*part* de *subordinar*) *adj* **1** Que depende de outrem; que recebe ordens de outrem. **2** Que está ligado a alguma coisa ou tem conexão com ela. **3** Inferior, secundário, subalterno. **4** *Gram* Diz-se da palavra, frase ou oração cuja ideia depende de outra. • *sm* **1** Indivíduo às ordens ou mando de outrem. **2** Subalterno.

su.bor.di.nar (*sub+lat ordinare*) *vtd* **1** Estabelecer uma ordem de dependência do inferior ao superior. *vtdi* **2** Fazer ou tornar dependente; submeter, sujeitar: *O império romano subordinou vários povos. vtdi* **3** Ligar por conjunção subordinativa. *vpr* **4** Submeter-se, sujeitar-se, cingir-se, limitar-se.

su.bor.nar (*lat subornare*) *vtd* Induzir, levar (alguém), mediante quaisquer recompensas ou promessas, a não cumprir o dever e praticar ações ilegais e injustas; corromper.

su.bor.no (ô) (de *subornar*) *sm* **1** Corrupção da consciência alheia, por meio de dinheiro, honrarias ou coisas equivalentes: *"O advogado me disse que eu poderia ser detido por suborno se confirmasse a história."* (NBN) **2** *Dir* Delito de funcionário, que recebe recompensa ou vantagens para omitir-se na prática de seus deveres funcionais.

sub.pro.du.to (*sub+produto*) *sm* Produto extraído ou fabricado de matéria da qual já se obteve um produto mais importante.

sub-re.gi.ão (*sub+região*) *sf* Divisão de uma região. *Pl: sub-regiões*.

sub-rei.no (*sub+reino*) *sm Hist nat* Divisão principal de um reino da natureza; tipo, divisão. *Pl: sub-reinos*.

sub-ro.ti.na (*sub+rotina*) *sf Proc Dados* Conjunto de instruções para dirigir o computador na resolução de operações ou outras funções matemáticas definidas. *Pl: sub-rotinas*.

subs.cre.ver (*lat subscribere*) *vtd* **1** Assinar por baixo ou depois de. *vpr* **2** Pôr o próprio nome no fim de uma carta ou de qualquer documento; assinar-se. *vtdi* **3** Dar a sua aprovação; assentir a: *Subscrever uma opinião, um sistema*. *vtd* **4** Tomar parte numa subscrição, contribuindo para ela com qualquer importância: *Os colegas do rapaz subscreveram 200 dólares*. *vti* **5** Tomar assinatura de alguma publicação periódica: *Subscrevera para uma revista técnica*. *Conjug – Part: subscrito*.

subs.cri.ção (*lat subscriptione*) *sf* **1** Assinatura posta na parte inferior de algum documento para o aprovar. **2** Relação de nomes e de pessoas que assinam um documento em que é mencionada a quantia com que se inscrevem para qualquer ato de beneficência, melhoramento público, empresa, companhia etc.

subs.cri.tar (*subscrito+ar*[1]) *vtd* Firmar com a assinatura; assinar, subscrever. *Conjug – Part: subscrito*.

subs.cri.to (*part* de *subscrever*) *adj+sm* **1** Que ou aquilo que está escrito por baixo. **2** Que ou aquilo que é firmado com a assinatura; assinado.

sub.se.quen.te (*qwe*) (*lat subsequente*) *adj m+f* Que vem depois de; imediato, posterior.

sub.ser.vi.ên.cia (*subserviente+ia*[2]) *sf* **1** Qualidade de subserviente; anuência ou sujeição servil à vontade de outrem. **2** Bajulação, servilismo: *"Eles tratam os poderosos com delicadeza e subserviência."* (CV)

sub.ser.vi.en.te (*lat subserviente*) *adj m+f* **1** Que serve às ordens de outrem servilmente. **2** Muito condescendente. **3** Adulador, bajulador, servil.

sub.si.di.ar (*si*) (*lat subsidiari*) *vtd* **1** Contribuir com subsídio para a realização de; dar subsídio a: *Subsidiar uma campanha da alfabetização*. **2** Auxiliar, coadjuvar, reforçar: *Subsidiara a tese com irrefutável documentação*. Conjuga-se como *premiar*.

sub.si.di.á.ria (*si*) (*subsídio+ário*, no *fem*) *sf* Empresa que é controlada por outra, que possui a maioria ou a totalidade de suas ações.

sub.si.di.á.rio (*si*) (*lat subsidiariu*) *adj* **1** Que subsidia. **2** Que fortalece. **3** Que vem em apoio, reforço ou socorro.

sub.sí.dio (*si*) (*lat subsidiu*) *sm* **1** Auxílio ou benefício que se dá a qualquer empresa. **2** Quantia que um Estado dá a uma potência aliada em virtude de tratados. **3** Proventos que recebem senadores, deputados e vereadores.

sub.sis.tên.cia (*sis*) (*lat subsistentia*) *sf* Sustento, manutenção da vida. *Agricultura de subsistência:* a que se destina apenas para o sustento das pessoas que nela trabalhem.

sub.sis.tir (*sis*) (*lat subsistere*) *vint* **1** Existir em sua substância ou individualidade; ser: *"Se uma noção geral de igualdade subsiste, ela é de ordem religiosa."* (CNS); *"Era ele mesmo que já não subsistia."* (VES) *vint* **2** Conservar a sua força ou ação; persistir: *"A esperança subsiste nos homens."* (PAO) *vti* e *vint* **3** Prover as necessidades da vida; viver.

sub.so.lo (*sub+solo*) *sm* **1** Camada de solo imediatamente inferior à que se vê ou se pode arar. **2** Construção abaixo do rés do chão. **3** *fig* O íntimo, o âmago das pessoas.

subs.tân.cia (*lat substantia*) *sf* **1** A matéria de que se formam os corpos. **2** A parte mais nutritiva dos alimentos. **3** O que há de essencial e importante num ato, num escrito, num negócio. *Em substância:* em resumo; sem pormenores.

subs.tan.ci.al (*lat substantiale*) adj m+f **1** Que constitui a substância ou essência de uma coisa. **2** Que tem grande força nutritiva; alimentar. **3** Essencial, fundamental. **4** Importante, vultoso. • *sm* O que constitui a base ou o fundamento de qualquer coisa; o essencial; o principal.

subs.tan.ci.ar (*substância+ar¹*) vtd **1** Fornecer alimentos substanciais a; nutrir. **2** Expor em substância; resumir, sintetizar: *Substanciar uma informação, um parecer*. **3** Fortalecer, reforçar: *Substanciar uma argumentação, uma tese*. Conjuga-se como *premiar*.

subs.tan.ti.var (*substantivo+ar¹*) vtd Empregar ou tomar como substantivo; dar a função de substantivo a.

subs.tan.ti.vo (*lat substantivu*) sm *Gram* Palavra que designa os seres, atos ou conceitos. • adj *Gram* **1** Diz-se do verbo, adjetivo, pronome ou da oração que equivale a substantivo: *o andar, o belo; aquilo é bom; é importante que estude* (o estudo). **2** Fundamental, essencial, substancial.

subs.ti.tu.ir (*lat substituere*) vtdi **1** Tirar para pôr outro em seu lugar; deslocar, mudar: *Substituíram o carro de bois pelo de ferro*. vtd **2** Estabelecer, instalar, pôr em lugar de: *Em 1789 a burguesia francesa substituiu a nobreza no poder*. vtd **3** Suprir a falta ou o impedimento de: *Quando ele se ausenta, não há quem o substitua*. vtd **4** Ir para o lugar de; ficar em substituição a: *Extinta a monarquia, substituiu-a a república*. Conjuga-se como *contribuir*.

subs.ti.tu.ti.vo (*lat substitutivu*) adj Que faz as vezes de; que toma o lugar de; substituinte. • *sm* **1** Substituição; emenda. **2** *Dir* Novo projeto de lei, pelo qual se pretende modificar outro, sobre a mesma matéria, já apresentado a uma câmara legislativa.

subs.ti.tu.to (*lat substitutu*) adj **1** Que substitui. **2** Que exerce as funções de outrem, na sua ausência ou impedimento. • *sm* **1** Aquele que exerce as funções de outrem ou lhe faz as vezes, na sua ausência ou impedimento. **2** Qualquer substância, artigo etc. que substitui outro semelhante ou que apresenta qualidades ou propriedades análogas.

subs.tra.to (*lat substractu*) sm **1** Essência, base, fundamento. **2** *Geol* Camada de rocha ou terra sob o solo superficial; subsolo.

sub.ter.fú.gio (*lat subterfugiu*) sm **1** Pretexto para evitar uma dificuldade; evasiva. **2** Justificativa dolosa ou fraudulenta.

sub.ter.râ.neo (*lat subterraneu*) adj **1** Que corre ou está debaixo da terra: *Rio subterrâneo*. **2** Que se realiza debaixo da terra. **3** Que está ou se faz debaixo de ruínas. **4** *fig* Que se faz às ocultas para conseguir um fim; clandestino: *Subterrânea empresa*. • *sm* **1** Cavidade, galeria ou vão na parte inferior do solo. **2** Casa ou compartimento de casa abaixo do nível do solo. *sm pl* **3** *fig* A vida, as atividades, as manobras ocultas de uma instituição ou organização.

sub.tra.ção (*lat subtractione*) sf **1** Ato ou efeito de subtrair. **2** Roubo fraudulento. **3** *Arit* V *diminuição*. *Antôn* (acepção 3): *adição*.

sub.tra.en.do (de *subtrair*) sm *Arit* Segundo termo de uma subtração; diminuidor, subtrativo.

sub.tra.ir (*lat subtrahere*) vtd **1** Tirar astuciosa ou fraudulentamente: *Subtrair várias quantias na declaração de rendas*. vtd **2** Furtar, surripiar: *Subtrair uma carteira*. vtd **3** *Arit* Diminuir. vtdi **4** Deduzir, tirar. *vpr* **5** Escapar, esquivar-se, fugir, retirar-se: *Subtrair-se a dificuldades*. *Antôn* (acepção 3): *adicionar*; (acepção 4): *juntar*. Conjuga-se como *sair*.

su.bur.ba.no (*lat suburbanu*) adj **1** Pertencente ou relativo a subúrbio. **2** Que está próximo da cidade. • *sm* Residente no subúrbio. *Zona suburbana:* a que se situa entre a parte central de uma cidade e a zona rural circundante.

su.búr.bio (*sub+lat urbe+io²*) sm **1** Região situada ao redor de uma cidade e que, embora fora dela, pertence à sua jurisdição. **2** Arrabalde ou vizinhança da cidade ou de qualquer povoação.

sub.ven.ção (*lat subventione*) sf Auxílio pecuniário ou subsídio concedido pelos poderes públicos.

sub.ven.ci.o.nar (*lat subventione+ar¹*) vtd

Dar subvenção a; estipular ou manter um subsídio a.

sub.ver.são (*lat subversione*) *sf* **1** Ato ou efeito de destruir ou perturbar; insubordinação, revolta contra a autoridade ou contra as instituições. **2** Perversão moral.

sub.ver.ter (*lat subvertere*) *vtd* **1** Desordenar, perturbar, transtornar. *vtd* **2** Aliciar para ideias ou atos subversivos; revolucionar. *vpr* **3** Sofrer destruição; arruinar-se: *Sodoma e Gomorra subverteram-se. vtd* e *vpr* **4** Afundar(-se) nas águas; submergir(-se): *Subverteu-se o navio. vtd* e *vpr* **5** Perverter(-se): *Subverter-se os costumes, os hábitos.*

su.ca.ta (*ár suqāT*) *sf* **1** Ferro ou objeto de ferro tornados imprestáveis pelo uso ou pela oxidação. **2** Quaisquer objetos metálicos velhos e sem valor; resíduos, limalhas e fragmentos de metal aproveitados na fundição. **3** *por ext* Aquilo que está inutilizado ou que tem pouco valor.

suc.ção (*lat suctione*) *sf* Ato ou efeito de sugar. *Var*: sucção.

su.ce.der (*lat succedere*) *vti* e *vpr* **1** Acontecer, vir posteriormente, quer no tempo, quer na ordem por que vem; seguir-se: *É um corpo a corpo sucedeu-se às palavras. vti* e *vint* **2** Acontecer, dar-se (algum fato): *Sucedeu-lhe uma desgraça. vti* **3** Produzir efeito, ser de utilidade, ter bom resultado; aproveitar: *Sucedeu-lhe muito bem o conselho. vti* **4** Ir ocupar o lugar de outrem, ser substituto: *Ao carioca sucedeu o gaúcho na presidência. vti* **5** Tomar posse do que pertencia ao seu antecessor: *Ele sucederá a seu pai na direção da empresa.* (Na acepção de *acontecer, vir depois*, é defectivo e só se conjuga nas 3ªˢ pessoas.)

su.ces.são (*lat successione*) *sf* **1** Série de coisas ou acontecimentos que se seguem ou se sucedem em determinada ordem. **2** Continuação, perpetuação. **3** *fig* Geração, prole, descendência.

su.ces.si.vo (*lat successivu*) *adj* **1** Que vem depois; que vem em seguida. **2** Sem interrupção; contínuo.

su.ces.so (*lat successu*) *sm* **1** Aquilo que sucede ou sucedeu; acontecimento. **2** Resultado bom ou mau de um negócio. **3** Êxito, resultado feliz.

su.ces.sor (*lat sucessore*) *adj* **1** Que sucede a outrem. **2** Que herda. **3** Que tem a mesma dignidade ou as mesmas qualidades que outrem teve. • *sm* **1** O que sucede a outrem. **2** O que herda. **3** O que tem dignidade ou qualidades iguais às que teve outrem.

sú.cia (de *súcio*) *sf* **1** Reunião de pessoas de má índole ou de má fama. **2** Assembleia.

su.cin.to (*lat succinctu*) *adj* **1** Que não é prolixo; breve, conciso, em poucas palavras, resumido. **2** Pouco abundante. *Antôn* (acepção 1): *extenso, prolixo*.

su.co (*lat succu*) *sm* **1** A substância líquida do tecido animal e vegetal; seiva, sumo. **2** A substância líquida extraída das frutas ou vegetais, como artigo de comércio, para bebidas refrigerantes etc. *É o suco!*: expressão popular que designa a excelência de uma coisa.

su.çu.a.ra.na (*tupi syuasuarána*) *sf* **1** *Zool* Felídeo também chamado *onça-vermelha, onça-parda* e *puma*. **2** *fig* Mulher de mau gênio.

su.cu.lên.cia (*suculento*+*ência*) *sf* **1** Abundância de suco. **2** Caráter ou qualidade de suculento.

su.cu.len.to (*lat suculentu*) *adj* **1** Que tem muito suco nutritivo e que agrada ao paladar. **2** Que tem polpa. **3** Gordo. **4** Substancial.

su.cum.bir (*lat succumbere*) *vti* e *vint* **1** Cair sob o peso de; abater-se, curvar-se, vergar; desanimar. **2** Não aguentar mais; deixar-se vencer; ceder. **3** Morrer, perecer.

su.cu.pi.ra (*tupi sukupíra*) *sf* **1** *Bot* Nome comum a diversas árvores leguminosas sul-americanas, de madeira de lei. **2** Madeira dessas árvores. *Var*: sicupira.

su.cu.ri (*tupi sukurí*) *sf Herp* Grande serpente não peçonhenta, da família dos boídeos, de cor cinzento-esverdeada, com manchas arredondadas e escuras ao longo do dorso; chega a medir até doze metros de comprimento. Habita as matas que margeiam os grandes rios.

su.cur.sal (*lat succursu*, de *succurrere*+*al¹*) *adj m+f* Diz-se de um estabelecimento dependente de outro; filial. • *sf* Casa ou estabelecimento comercial para expansão dos negócios de outro, a cuja administração se subordina; filial.

su.dá.rio (*lat sudariu*) *sm* **1** Pano com que antigamente se limpava o suor; lenço. **2** Lençol, mortalha que envolve o cadáver.

su.des.te (*fr sudest*) *sm* **1** V **sueste**. **2 Sudeste** Região do Brasil que compreende os Estados do Espírito Santo, Rio de Janeiro, São Paulo e Minas Gerais. • *adj* V **sueste**.

sú.di.to (*lat subditu*) *adj* **1** Que está sujeito à jurisdição ou às ordens de um superior (autoridade eclesiástica, príncipe, soberano de um Estado etc.). **2** Que está dependente da vontade de outrem. • *sm* Esse indivíduo; vassalo.

su.do.es.te (*fr sud+ouest*) *sm* **1** Ponto do horizonte localizado a 45° do Sul e do Oeste. *Abrev:* SO. ou S.W. **2** O vento que sopra desse ponto. • *adj* Que procede do Sudoeste ou a ele se refere.

su.do.re.se (*lat sudore+ese*) *sf Med* Transpiração em excesso: *"Tinha uma sudorese tão intensa que trocava de lençóis e roupa quinze vezes por dia."* (VEJ)

su.e.co (do *top Suécia*) *adj* **1** Pertencente ou relativo à Suécia (Europa). **2** Que nasceu ou se naturalizou na Suécia. **3** Diz-se de uma espécie de ferro, muito maleável. • *sm* **1** Indivíduo natural da Suécia. **2** A língua sueca.

su.é.ter (*ingl sweater*) *s m+f* Blusa fechada, de malha de lã. *Pl:* suéteres.

su.es.te (*sul+este*) *sm* **1** Ponto do horizonte localizado a 45° do Sul e do Leste. *Abrev:* SE. **2** O vento que sopra desse ponto. **3 Sueste** Região situada nesse ponto. • *adj* Que procede do Sueste ou a ele se refere.

su.fi.ci.en.te (*lat sufficiente*) *adj m+f* **1** Que basta ou é bastante; que satisfaz. **2** Que ocupa lugar entre o bom e o sofrível. **3** Capaz, hábil para qualquer obra ou empresa. • *sm* O que basta ou satisfaz.

su.fi.xo (*cs*) (*lat suffixu*) *sm Gram* Partícula que antecede às palavras primitivas, ou já derivadas, para formar outras por derivação. *Antôn: prefixo*. Veja nota em **afixo**.

su.fo.can.te (*lat suffocante*) *adj m+f* Que sufoca; que dificulta a respiração; que faz abafar; asfixiante.

su.fo.car (*lat suffocare*) *vtd* **1** Causar sufocação a; dificultar a respiração de; asfixiar. *vint* e *vpr* **2** Respirar com grande dificuldade; sentir sufocação ou asfixia. *vtd* **3** Matar por asfixia *vtd* **4** Causar profunda impressão em; comover: *A felicidade sufocava-a*. *vtd* **5** Impedir de manifestar-se ou de continuar; debelar, extinguir: *O governo sufocou a rebelião*. *vtd* **6** Reprimir: *Sufocar as emoções*.

su.fo.co (*ó*) (de *sufocar*) *sm pop* **1** Dificuldade, aperto (de qualquer ordem). **2** Grande inquietação, medo, ansiedade. **3** Grande urgência, pressa.

su.fra.gar (*lat suffragari*) *vtd* **1** Apoiar ou aprovar com sufrágio ou voto: *"Walter fez um agradecimento especial aos eleitores que sufragaram seu nome nas urnas."* (DIN) **2** Rezar ou rogar pela alma de: *Sufragar os mortos*.

su.frá.gio (*lat suffragiu*) *sm* **1** Voto ou declaração de opinião; votação. **2** Voto emitido para a eleição de um candidato. **3** Adesão, aprovação.

su.gar (*lat sucare*, de *sucu*) *vtd* **1** Chuchar, chupar, sorver. **2** Absorver por sucção: *As raízes da planta sugam o alimento da terra*. **3** Extrair, tirar: *Sugar o pó com um aspirador elétrico*. **4** *fig* Extorquir: *Sugaram-lhe dez dólares*.

su.ge.rir (*lat suggerere*) *vtd* e *vtdi* **1** Fazer vir à mente; aventar, propor: *Sugerir um plano*. *vtd* **2** Dar a entender com arte e de modo indireto; insinuar, inspirar: *A cela vazia sugeria uma fuga*. *vtd* **3** Ser causa moral de; ocasionar: *Sugerir admiração*. Conjuga-se como *ferir*.

su.ges.tão (*lat suggestione*) *sf* **1** Ato ou efeito de sugerir. **2** Estímulo, instigação. **3** Impulso irresistível, provocado em uma pessoa em estado de hipnose ou por simples telepatia.

su.ges.ti.o.nar (*suggestionner*) *vtd* **1** Produzir sugestão em; influir, estimular, inspirar. *vpr* **2** Produzir, consciente ou inconscientemente, sugestão em si próprio.

su.ges.ti.vo (*lat suggestu+ivo*) *adj* **1** Que sugere. **2** Que sugestiona, que produz sugestão. **3** Que atrai, enleva, transporta. **4** Que desperta interesse.

su.i.ci.da (*lat sui+cida*) *adj m+f* Que serviu de instrumento de suicídio. • *s m+f* Pessoa que matou a si própria.

su.i.ci.dar (*suicida+ar¹*) *vpr* **1** Dar a morte a si mesmo; pôr fim à própria vida. **2** *fig* Arruinar-se, destruir a própria influência e prestígio, ser a causa da própria ruína.

su.i.cí.dio (*lat sui+cídio*) *sm* **1** Ação ou efeito de suicidar-se. **2** Ruína ou desgraça, procurada espontaneamente ou por falta de juízo.

su.í.ço (do *top* Suíça) *adj* **1** Pertencente ou relativo à Suíça (Europa). **2** Procedente da Suíça. • *sm* O habitante ou natural da Suíça.

su.í.deo (*lat sus+ídeo*) *sm Zool* Espécime dos suídeos, família de mamíferos paquidermes, cujos tipos mais conhecidos são o porco e o javali.

su.i.no (*lat suinu*) *adj* Pertencente ou relativo ao porco; porcino, porqueiro. • *sm* Porco.

su.i.no.cul.tu.ra (*suíno+cultura*) *sf* Criação de porcos.

su.í.te (*fr suite*) *sf* **1** *Mús* Composição instrumental moderna baseada em diversos movimentos inteiramente livres quanto ao número e ao caráter melódico. **2** Quarto que se comunica diretamente com o banheiro.

su.jar (*sujo+ar¹*) *vtd* e *vpr* **1** Tornar(-se) sujo; enodoar(-se), manchar(-se). *vtd* **2** Pôr máculas ou manchas em; conspurcar, tornar impuro. *vpr* **3** Cometer ações infamantes; desmoralizar-se, rebaixar-se: *Sujou-se por dinheiro*. *vpr* **4** Evacuar involuntariamente: *A criança sujou-se*. *Antôn* (acepção 1): *limpar*; (acepção 2): *purificar*.

su.jei.ra (*sujo+eira*) *sf* **1** Coisa ou lugar sujo; imundície. **2** *fig* Patifaria, procedimento incorreto.

su.jei.tar (*lat subjectare*) *vtd* **1** Tornar sujeito e dependente (o que era livre e independente); dominar, subjugar: *Sujeitar um povo*. *vpr* **2** Aceitar o domínio de outrem; conformar-se; entregar-se aos vencedores; render-se: *As tropas, vencidas, sujeitaram-se*. *vtdi* e *vpr* **3** Submeter(-se): *Sujeitar-se a imposições*. *vpr* **4** Contrair obrigação; ficar dependente: *Sujeitou-se a pedir esmolas*. *vtdi* **5** Subordinar, constranger: *Sujeitou a paciente a rigorosa dieta*. *vpr* **6** Conformar-se com o destino: *Sujeita-se a sua cruz*. *Conjug – Part: sujeitado e sujeito*. Veja nota em **jeito**.

su.jei.to (*lat subjectu*) *adj* **1** Que está ou fica por baixo. **2** Que se sujeitou ao poder do mais forte; dominado, escravo, súdito, submisso. **3** Que está naturalmente disposto, inclinado ou habituado a alguma coisa. • *sm* **1** *Gram* e *Lóg* Ser ao qual se atribui um predicado. **2** *Filos* O ser que conhece. **3** Indivíduo indeterminado que não se nomeia em uma conversa ou discurso. **4** Homem, indivíduo, pessoa.

su.jo (*cast sucio*) *adj* **1** Que não é ou não está limpo; imundo, emporcalhado. **2** Desonesto, indecente, indecoroso, torpe. **3** *fig* Desmoralizado. **4** *fig* Em que não se pode confiar; que perdeu o crédito junto a alguém. *Antôn* (acepção 1): *limpo*; (acepção 2): *puro*. • *sm pop* O diabo. *Ficar sujo com alguém*: ficar malvisto por alguém.

sul (*fr sud*) *sm* **1** Ponto cardeal diametralmente oposto ao Norte e que nos fica à direita quando estamos voltados para o nascente. *Abrev*: S. **2** Vento que sopra do Sul ou no sentido do Sul para o polo Norte. **3** O polo austral. **4 Sul** Região do Brasil que compreende os Estados do Paraná, Santa Catarina e Rio Grande do Sul. *Abrev*: S. • *adj* Que procede do Sul ou a ele se refere.

sul-a.fri.ca.no (*sul+top África+ano*) *adj* De, pertencente ou relativo ao sul da África ou à África do Sul (África). • *sm* O natural ou habitante do Sul da África ou da África do Sul. *Fem: sul-africana*. *Pl: sul-africanos*.

sul-a.me.ri.ca.no (*sul+top América+ano*) *adj* De, pertencente ou relativo à América do Sul ou aos seus habitantes. • *sm* O habitante ou natural da América do Sul. *Fem: sul-americana*. *Pl: sul-americanos*.

sul.car (*lat sulcare*) *vtd* **1** Abrir sulcos ou regos em. *vtd* **2** *Náut* Navegar, deixando uma esteira ou espécie de rego; singrar (as ondas, os mares). *vtd* **3** Atravessar, cortar. *vtd* **4** Abrir pregas ou rugas em. *vpr* **5** Encher-se de rugas; encarquilhar-se.

sul.fu.ri.no (*lat sulfur+ino²*) *adj* Da cor do enxofre: *"Pelo rego desciam bolas de lã sulfurina: eram os patinhos novos."* (SA)

su.lis.ta (*sul+ista*) *adj m+f* **1** Pertencente ou relativo ao sul de uma região ou país. **2** Nascido no sul de uma região ou país. • *s m+f* Pessoa natural do sul de uma região ou país; sulino.

sul-ma.to-gros.sen.se (*sul+top Mato Grosso+ense*) *adj m+f* De, pertencente ou relativo ao Mato Grosso do Sul (Brasil). • *s m+f* O natural ou habitante desse Estado. *Pl: sul-mato-grossenses.*

sul-ri.o-gran.den.se (*sul+top Rio Grande+ense*) *adj* e *s m+f* Gaúcho. *Pl: sul-rio-grandenses.*

sul.tão (*lat sultanu*) *sm* **1** Antigo título do imperador dos turcos. **2** Título dado a certos príncipes maometanos e tártaros. *Fem: sultana. Pl: sultões, sultães e sultãos.*

su.ma.ren.to (*sumo+ar²+ento*) *adj* Que tem muito sumo ou suco.

su.ma.ri.ar (*sumário+ar¹*) *vtd* **1** Reduzir a suma ou sumário; resumir, sintetizar: *"Podemos agora, com mais conhecimento de causa, sumariar o que já tenho referido no curso deste trabalho."* (H) **2** *Dir* Tratar (a causa) sem delongas e formalidades ordinárias. *Sin: sumarizar*. Conjuga-se como *premiar*.

su.má.rio (*lat summariu*) *adj* **1** Feito resumidamente. **2** Feito sem formalidades. **3** Simples. • *sm* **1** Resumo dos pontos principais de uma matéria. **2** *Edit* Indicação, no princípio de um livro, parte, capítulo ou seção, das matérias que se vão tratar.

su.mi.ço (de *sumir*) *sm pop* Ação ou efeito de sumir(-se); desaparecimento, descaminho. *Levar sumiço*: desaparecer; não se saber onde está.

su.mi.da.de (*lat summitate*) *sf* **1** O ponto mais alto; cimo, cumeeira. **2** Pessoa muito notável pelo seu saber, pela sua importância social, pelo seu prestígio político: *"Rodin é uma sumidade de uma criatividade sem igual."* (DIN)

su.mi.dou.ro (*sumir+douro*) *sm* **1** Abertura profunda por onde alguma coisa some; escoadouro. **2** Lugar onde sempre se perdem os objetos. **3** Curso subterrâneo das águas de um rio, através de rochas calcárias. *Var: sumidoiro.*

su.mir (*lat sumere*) *vti*, *vint* e *vpr* **1** Desaparecer, esconder-se. *vti* **2** Entranhar-se em, andar por. *vint* e *vpr* **3** Ausentar-se, retirar-se. *vint* e *vpr* **4** Apagar-se, extinguir-se.

su.mo (*lat summu*) *adj* **1** Que é o mais alto ou elevado; supremo. **2** Excelente, excelso, poderoso. **3** Extraordinário, grande. • *sm* **1** O cimo, o cume. **2** O ápice, o requintado. **3** Líquido extraído de algumas substâncias vegetais ou animais; suco.

sú.mu.la (*lat summula*) *sf* **1** Breve resumo sobre um assunto ou ponto de doutrina. **2** *Esp* Papel em que os jogadores ou atletas que tomam parte num jogo ou competição assinam o próprio nome e que fica arquivado na entidade oficial, para efeitos regulamentares.

sundae (sândei) (*ingl*) *sm* Porção de sorvete acompanhado com calda geralmente de chocolate, frutas, creme chantili e nozes picadas.

sun.ga (de *sungar*) *sf* **1** Calção de criança. **2** Calção para banho de mar.

sun.tu.o.si.da.de (*lat sumptuositate*) *sf* **1** Qualidade de suntuoso. **2** Grandeza invulgar, grande pompa, luxo extraordinário: *"Incendiava-se a imaginação carioca ao pensar na suntuosidade da casa."* (JM) *Var: sumptuosidade.*

sun.tu.o.so (ô) (*lat sumptuosu*) *adj* **1** Que custou muito dinheiro. **2** Faustoso, luxuoso, magnificente, pomposo. *Antôn* (acepção 2): *modesto, humilde. Var: sumptuoso. Pl: suntuosos* (ó).

su.or (*lat sudore*) *sm* **1** Humor aquoso, incolor, de sabor um tanto salgado e de cheiro particular, segregado pelas glândulas sudoríparas, que se separa do corpo pelos poros da pele. **2** Emissão de qualquer líquido pelos poros. **3** *fig* Trabalho penoso.

su.pe.ra.li.men.ta.ção (super+alimentação) sf **1** Ato ou efeito de superalimentar (-se); alimentação excessiva. **2** Med Tratamento terapêutico pela alimentação excessiva.

su.pe.ra.que.cer (super+aquecer) vtd Aquecer excessivamente, submeter a temperatura elevada.

su.pe.rar (lat superare) vtd **1** Subjugar, sujeitar, vencer. **2** Ficar superior a, levar vantagem a, sobrelevar a. **3** Exceder, sobrepujar.

su.pe.ra.ti.var (super+ativar) vtd Dar exagerada ou maior atividade a.

su.per.cí.lio (lat superciliu) sm V sobrancelha.

su.per.do.ta.do (super+dotado) adj+sm Diz-se do ou o indivíduo dotado de inteligência acima do normal.

su.pe.res.ti.mar (super+estimar) vtd **1** Estimar em excesso; sobrestimar. **2** Dar exagerado apreço ou valor a; ter em demasiada conta. Sin: sobrestimar. Antôn: subestimar.

su.pe.res.tru.tu.ra (super+estrutura) sf O conjunto das ideologias (religiosas, políticas, jurídicas, filosóficas) predominantes em uma determinada classe social. Antôn: infraestrutura.

su.per.ex.ci.tar (super+excitar) vtd Excitar excessivamente: impressionar vivamente.

su.pe.re.xi.gen.te (z) (super+exigente) adj m+f Que é exigente ao extremo.

su.per.fa.tu.rar (super+faturar) vtd Emitir fatura ou nota fiscal com preço acima do realmente cobrado.

su.per.fi.ci.al (lat superficiale) adj m+f **1** Que está à superfície. **2** Que só cuida de coisas supérfluas. **3** Desprovido de consistência, de profundeza. Antôn (acepções 1 e 3): profundo.

su.per.fi.ci.a.li.da.de (superficial+i+dade) sf Qualidade de superficial; superficialismo.

su.per.fí.cie (lat superficie) sf **1** Extensão expressa em duas dimensões: comprimento e largura. **2** A parte exterior ou face dos corpos. **3** Geom O comprimento e a largura considerados sem profundidade.

su.pér.fluo (lat superfluu) adj **1** Que é desnecessário; demasiado, inútil por excesso. **2** Mais que suficiente. • sm Coisa supérflua; o que é desnecessário; o que vai além do necessário. Antôn: necessário, indispensável.

su.per-ho.mem (super+homem) sm **1** Homem considerado superior ao nível humano comum. **2** Homem de faculdades extraordinárias. Pl: super-homens.

su.per-hu.ma.no (super+humano) V sobre-humano. Pl: super-humanos.

su.pe.rin.ten.dên.cia (super+intendência) sf **1** Ação de superintender; administração superior, em qualquer ramo da atividade humana. **2** Cargo, função ou jurisdição de superintendente. **3** Repartição onde trabalha o superintendente.

su.pe.rin.ten.den.te (super+intendente) adj m+f Que superintende; que tem a direção de um trabalho ou obra, com autoridade sobre todos os que neles se ocupam. • s m+f Essa pessoa.

su.pe.rin.ten.der (lat superintendere) vtd e vti Dirigir como superintendente; ter superintendência em; inspecionar, supervisionar, fiscalizar.

su.pe.ri.or (lat superiore) adj m+f **1** Diz-se do que está mais alto, que está acima de outro. **2** Que atingiu grau mais elevado. **3** Que excede em qualidades, em número ou em propriedades. **4** Diz-se da instrução que se ministra nas universidades e escolas científicas. • sm Aquele que exerce autoridade sobre outrem.

su.pe.ri.o.ra (fem de superior) sf Freira que dirige um convento; abadessa, prioresa, regente.

su.pe.ri.o.ri.da.de (superior+i+dade) sf Qualidade de superior. Antôn: inferioridade.

su.per.la.ti.vo (lat superlativu) adj **1** Gram Que exprime a qualidade num grau muito elevado, ou no mais elevado. **2** Elevado, extremo. • sm Gram O mais alto grau; grau (dos adjetivos e de certos advérbios) muito elevado ou o mais elevado da qualidade que eles exprimem.

su.per.lo.ta.ção (superlotar+ção) sf Lotação excessiva.

su.per.lo.tar (super+lotar) vtd Exceder a lotação de; lotar demasiadamente.

supermãe 824 **supliciar**

su.per.mãe (*super+mãe*) *sf* Mãe cujas boas qualidades estão acima do normal.

su.per.mer.ca.do (*super+mercado*) *sm* Grande estabelecimento comercial de autosserviço onde se vendem artigos expostos nas prateleiras (alimentos, bebidas, produtos de limpeza etc.).

su.per.po.pu.la.ção (*super+população*) *sf Sociol* Excesso de habitantes em tempo e área determinados, relativamente aos meios de subsistência disponíveis.

su.per.po.tên.cia (*super+potência*) *sf* Designação dada à nação que se destaca, pelo poder militar, de outras, também militarmente poderosas.

su.per.qua.dra (*super+quadra*) *sf* Área residencial dentro da qual se acham blocos de apartamentos, escolas, parques infantis e jardins.

su.per.sô.ni.co (*super+sônico*) *adj Fís* Diz-se das vibrações e ondas sonoras de frequência maior que a que o ouvido humano pode perceber.

su.pers.ti.ção (*lat superstitione*) *sf* 1 Sentimento religioso excessivo ou errôneo que muitas vezes arrasta as pessoas ignorantes à prática de atos indevidos e absurdos. 2 Crença errônea; falsa ideia a respeito do sobrenatural.

su.pers.ti.ci.o.so (*ô*) (*lat superstitiosu*) *adj* Que tem superstição ou que é dominado por ela. *Pl: supersticiosos* (*ó*).

su.per.vi.são (*super+visão*) *sf* 1 Ato ou efeito de supervisar ou supervisionar. 2 Visão superior.

su.per.vi.sar (*super+visar*) *vtd* Dirigir ou inspecionar em nível superior; avaliar por fim os resultados e a eficiência de um trabalho.

su.per.vi.si.o.nar (*super+lat visione+ar¹*) *V supervisar*.

su.per.vi.sor (*super+lat visu+or*) *adj+sm* Que ou aquele que supervisa ou supervisiona.

su.pe.tão (de *súpeto*) *sm* Usado só na locução adverbial *de supetão*: de súbito, subitamente, repentinamente, imprevistamente.

su.pim.pa *adj m+f* Excelente, muito bom, superior.

su.plan.tar (*lat supplantare*) *vtd* 1 Colocar sob a planta dos pés; calcar, pisar: *Suplantar a grama.* 2 Prostrar aos pés (o vencido); derrubar: *Suplantar o adversário.* 3 Levar vantagem a, ser superior a; exceder, sobrelevar, vencer: *A safra deste ano suplantou a do ano passado.*

su.ple.men.tar (*suplemento+ar¹*) *vtd* 1 Acrescentar alguma coisa a; fornecer um suplemento para. 2 Preencher a deficiência de; completar. • *adj* 1 Pertencente, relativo a ou que serve de suplemento. 2 Que amplia, auxilia ou supre o que falta.

su.ple.men.to (*lat supplementu*) *sm* 1 A parte que se junta a um todo para o ampliar ou aperfeiçoar; aquilo que serve para suprir qualquer falta. 2 O que se junta a um livro para o completar. 3 Adição natural ou necessária; complemento. 4 Folha ou folheto que se junta a um jornal e que trata de assunto especializado etc.

su.plên.cia (*lat supplente+ia²*) *sf* 1 Cargo de suplente ou seu período de duração: *"Apesar de ter conquistado expressiva votação, o candidato ficou na suplência."* (GAL) 2 Ato ou efeito de suprir: *"As quatro artérias lombares são as responsáveis pela suplência arterial."* (CLC)

su.plen.te (*lat supplente*) *adj m+f* Que supre a falta de outro ou de outrem; que entra no lugar de outrem para lhe cumprir os deveres ou satisfazer as obrigações; substituto ou substituta. • *s m+f* Essa pessoa.

su.ple.ti.vo (*lat suppletivu*) *adj+sm* Diz-se do ou o ensino destinado a suprir a escolarização regular para aquelas pessoas que não puderam concluir os estudos na idade própria.

sú.pli.ca (de *suplicar*) *sf* 1 Ação ou efeito de suplicar. 2 Oração, prece, rogativa.

su.pli.can.te (*lat supplicante*) *adj m+f* Que pede humildemente, flexionando os joelhos: *"Deu-me um olhar quase suplicante."* (ACM) • *s m+f* Pessoa que suplica.

su.pli.car (*lat supplicare*) *vtd* 1 Pedir com humildade e instância; dirigir súplicas a; implorar, rogar: *Suplicar perdão. vti e vint* 2 Fazer súplicas.

su.pli.ci.ar (*lat supliciare*) *vtd* 1 Castigar com suplício, punir com pena aflitiva: *Su-*

pliciar um condenado. **2** Punir com pena de morte: *Supliciaram o espião*. **3** Afligir, magoar: *O remorso suplica o coração*. Conjuga-se como *premiar*.

su.plí.cio (*lat supliciu*) *sm* **1** Severa punição corporal ordenada por sentença de justiça; tortura. **2** Tudo o que produz dor intensa, violenta ou duradoura no corpo. **3** Pena de morte. **4** *fig* Grande sofrimento moral; aflição intensa e prolongada.

su.por (*lat supponere*) *vtd* **1** Admitir por hipótese; afirmar, alegar hipoteticamente; imaginar: *Suponhamos que assim foi*. **2** Fazer suposições a respeito de; conjeturar, presumir: *O resto eu já supunha*. **3** Dar como verdadeira ou autêntica (uma coisa falsificada ou inventada): *Supúnhamos verídico o que não passava de boato*. Conjuga-se como *pôr*.

su.por.tar (*lat supportare*) *vtd* **1** Sustentar o peso de, ter sobre si: *As colunas suportavam a enorme abóbada*. **2** Sofrer com paciência ou resignação; aguentar, aturar, tolerar: *Suportar a dor*. **3** Fazer face a, resistir à ação enérgica de, ser firme diante de: *Suportar o assédio*.

su.por.te (de *suportar*) *sm* **1** Coisa que suporta ou sustenta outra. **2** Aquilo em que alguma coisa assenta ou se firma; apoio, base de sustentação, sustentáculo.

su.po.si.ção (*lat suppositione*) *sf* **1** Ato ou efeito de supor; conjetura, hipótese. **2** Opinião que não se funda em provas positivas, mas em meras hipóteses.

su.po.si.tó.rio (*lat suppositoriu*) *sm Farm* Preparação sólida, geralmente de forma cônica, cilíndrica ou ovoide, contendo medicamentos, para introdução em uma cavidade como o reto, a vagina, a uretra, onde libera o medicamento que contém.

su.pos.to (*lat suppositu*) *adj* **1** Admitido por hipótese. **2** Atribuído sem razão ou fundamento. **3** Alegado como verdadeiro, sendo falso. *Antôn* (acepção 3): *verdadeiro*. • *sm* Coisa suposta ou conjeturada.

su.pra.ci.ta.do (*supra+citado*) *adj* Citado ou mencionado acima ou anteriormente.

su.prar.re.nal (*supra+renal*) *adj m+f Anat* Situado acima dos rins; ad-renal. • *sf Anat* Glândula suprarrenal.

su.pras.su.mo (*supra+sumo*) *sm* O ponto mais elevado; o que há de mais elevado; culminância; preeminência; requinte.

su.pre.ma.ci.a (*fr suprématie*) *sf* **1** Superioridade ou grandeza absoluta: "*A elegibilidade dos prefeitos consagrou, nos pequenos centros, a supremacia de um chefe político sobre os demais.*" (CRO) **2** Hegemonia, preponderância: "*É que o homem quer ter a supremacia do Universo.*" (RAP)

su.pre.mo (*lat supremu*) *adj* **1** Que é o mais alto ou mais elevado; que é o primeiro, o principal. **2** Que está no seu gênero acima de tudo. **3** Pertencente a Deus. **4** Que vem depois de tudo. *Antôn* (acepção 1): *ínfimo*. • *sm pop* **Supremo** O Supremo Tribunal de Justiça.

su.pres.são (*lat supressione*) *sf* **1** Ato ou efeito de suprimir. **2** Lacuna, omissão. **3** Cessação, desaparecimento. *Antôn* (acepção 3): *conservação*.

su.pri.men.to (*suprir+mento*) *sm* **1** Ação ou efeito de suprir; fornecimento, suplemento. **2** Auxílio. **3** Empréstimo.

su.pri.mir (*lat supprimere*) *vtd* **1** Cortar, deitar fora, invalidar: *Suprimir uma página*. **2** Abolir, anular, cassar, revogar: *Suprimir uma lei*. **3** Impedir de continuar, fazer desaparecer. **4** Impedir de aparecer, de ser publicado ou vulgarizado: *Suprimir um artigo de jornal*. *Antôn* (acepções 2 e 3): *conservar*; (acepções 1 e 4): *adicionar, acrescentar*.

su.prir (*lat supplere*) *vtd* **1** Completar o que falta a: *Suprir a quantidade necessária*. *vtd* e *vti* **2** Fazer as vezes de, preencher a falta de; substituir: *A intuição supre o conhecimento*. *vtd* e *vpr* **3** Abastecer (-se) do necessário; prover(-se). *vtd* e *vti* **4** Acudir, remediar: *Suprir necessidades*.

su.pu.rar (*lat suppurare*) *vint* **1** *Med* Lançar pus ou transformar-se nele: "*Os gânglios afetados aumentam de tamanho e, sem tratamento, supuram.*" (APA) *vtd* **2** *Med* Expelir, lançar (pus). *vtd* **3** *fig* Expandir, exteriorizar.

su.pu.ra.ti.vo (*supurar+ivo*) *Med adj*

Que produz ou facilita a supuração. • *sm* Medicamento que facilita a saída do pus.

sur.dez (*surdo*+*ez*) *Med sf* **1** Qualidade ou doença de surdo. **2** Falta, perda absoluta ou quase completa do sentido da audição. *Var*: *surdeza*. *Pl*: *surdezes*.

sur.di.na (*ital sordina*) *sf* **1** Peça com que se enfraquecem os sons, nos instrumentos de corda. **2** Aparelho que se coloca no pavilhão de certos instrumentos de sopro, para abafar o som.

sur.do (*lat surdu*) *adj* **1** Que está privado, no todo ou em parte, do sentido da audição. **2** Que não ouve. **3** Pouco sonoro. **4** Que produz pouco ruído. **5** *fig* Insensível. • *sm* **1** O que não ouve ou ouve mal. **2** *fig* O que não atende ou não presta atenção.

sur.do-mu.do *adj* Diz-se de quem é surdo e mudo ao mesmo tempo, ou que nasceu surdo e por isso nunca aprendeu a falar. • *sm* Esse indivíduo. *Fem*: *surda-muda*. *Pl*: *surdos-mudos*.

sur.far (*surfe*+*ar*[1]) *vint* Praticar o surfe.

sur.fe (*ingl surf*) *sm Esp* Esporte em que a pessoa, de pé sobre uma prancha, equilibrando-se, desliza na crista de uma onda. *Surfe aéreo*: modalidade em que os competidores saltam de um avião, tendo nos pés uma prancha semelhante a um esqui.

sur.fis.ta (*surfe*+*ista*) *s m*+*f* **1** *Esp* Praticante do surfe. **2** *gír* Passageiro que viaja sobre o teto do trem (geralmente suburbano), ou agarrado às suas portas, do lado de fora; pingente.

sur.gir (*lat surgere*) *vti* e *vint* **1** Aparecer elevando-se; emergir, subir. *vti* e *vint* **2** Aparecer, erguer-se, manifestar-se. *vint* **3** Nascer, despontar, vicejar. *vint* **4** Chegar, vir. *vti* e *vint* **5** Sobrevir, ocorrer: *Novos obstáculos surgirão*. *Antôn* (acepções 1, 2, 3 e 5): *desaparecer*.

sur.pre.en.den.te (de *surpreender*) *adj m*+*f* **1** Que surpreende; que causa admiração ou assombro. **2** Admirável, magnífico, maravilhoso.

sur.pre.en.der (*super*+*lat prehendere*) *vtd* **1** Apanhar (alguém) em flagrante, inesperada e subitamente. *vtd* **2** Surgir inesperadamente diante de. *vtd* **3** Chegar imprevistamente à casa de alguém. *vtd* e *vint* **4** Causar abalo, admiração, surpresa a; assombrar, espantar, maravilhar. *Conjug*: os *ee* do radical aparecem em todas as formas.

sur.pre.sa (*ê*) (*fem* de *surpreso*) *sf* **1** Ação ou efeito de surpreender(-se) ou de ser surpreendido. **2** Sobressalto proveniente de um caso imprevisto e rápido; admiração, pasmo, espanto. **3** Prazer inesperado. **4** Acontecimento que sobrevém de repente. **5** Coisa que surpreende ou espanta. *De surpresa*: inesperadamente.

sur.pre.so (*ê*) (*fr surpris*) *adj* **1** Que se surpreendeu; surpreendido. **2** Apanhado em flagrante.

sur.ra (de *surrar*) *sf pop* Ação de surrar ou de espancar; coça, pancadaria, sova.

sur.ra.do (*part* de *surrar*) *adj* **1** Que se surrou; que levou surra. **2** *fig* Gasto, puído. **3** *fig* Antiquado, obsoleto.

sur.rar (*cast zurrar*) *vtd* **1** Tirar das peles dos animais o pelo e limpar; curtir, machucar, pisar (peles). **2** Dar surra com açoites em; açoitar, bater em, fustigar. **3** *fig* Gastar com o uso continuado: *Roupa surrada*.

sur.ri.pi.ar (*lat surripere*) *vtd pop* Tirar às escondidas; furtar, roubar, subtrair: "*Surripiando uma maçã duma prateleira lá do mercado.*" (MPB) *Conjug – Pres indic*: *surripio*, *surripias* etc.

sur.ru.pi.ar (*corr* de *surripiar*) *V surripiar*: "*Era uma tentativa aberta de surrupiar-lhe a carteira.*" (MPB)

sur.tir (*surto*+*ir*) *vtd* **1** Dar origem a; ter como resultado; terminar por: *Surtir efeito*. *vint* **2** Ter bom ou mau êxito: *Surtiu mal a conspiração*. *Conjug*: é defectivo; conjuga-se somente na 3ª pessoa do singular, na 3ª pessoa do plural e nas formas nominais.

sur.to (*lat vulg* *surctu, de *surrectu*) *sm* **1** Voo arrebatado da ave, quando sobe a grande altura no espaço. **2** Aparecimento repentino; irrupção: *Surto de gripe*. • *adj* Preso ao fundo pela âncora; ancorado, fundeado.

su.ru.bim (*tupi suruuí*) *sm Ictiol* Peixe siluriforme, de água doce, de carne muito apreciada. *Var*: *surumbi*, *surumi*.

su.ru.cu.tin.ga (*surucucu+tupi tínga*) *sf Zool* Cobra venenosa da família dos crotalídeos; a maior e mais venenosa do Brasil; surucucu.

su.ru.ru (*tupi sururú*) *sm* **1** *Zool* Nome comum a diversos moluscos bivalves. **2** *pop* Briga ou conflito sem graves consequências.

sus.ce.ti.bi.li.da.de (*lat susceptibile+dade*) *sf* **1** Exaltação da sensibilidade física e moral. **2** Disposição especial do organismo que o torna apto para acusar influências exercidas sobre ele ou para adquirir doenças. *Var: susceptibilidade*.

sus.ce.ti.bi.li.zar (*lat suscetibile+izar*) *vtd* **1** Causar ressentimento a; melindrar. *vpr* **2** Melindrar-se, ofender-se, ressentir-se por coisas de pouca importância. *Var: susceptibilizar*.

sus.ce.tí.vel (*lat susceptibile*) *adj m+f* **1** Que afeta ou presume suscetibilidade física. **2** Que tem grande sensibilidade física. **3** Que se fere ou ofende com a menor coisa; extremamente melindroso; impressionável. • *s m+f* Pessoa melindrosa, que depressa e por motivo insignificante se agasta ou se ofende. *Var: susceptível*.

sus.ci.tar (*lat suscitare*) *vtd* **1** Fazer aparecer; produzir: *O acasalamento suscita as novas gerações*. **2** Dar lugar a; promover, causar: *Suscitar discussões*. **3** Apresentar, levantar como impedimento; opor como obstáculo, suscitar, argumentar: *Suscitar argumentos*. **4** Lembrar, sugerir: *Suscitou emendas ao projeto*. **5** *Dir* Arguir ou alegar (impedimento ou incompetência) contra outrem.

su.se.ra.ni.a (*suserano+ia¹*) *sf* **1** Poder de suserano. **2** Território onde o suserano domina.

su.se.ra.no (*fr suzerain*) *adj* Que possui um feudo. • *sm* Senhor que, na organização medieval do feudalismo, possuía um feudo de que dependiam outros feudos: *"Como a avô, ele via no rei de Portugal um aliado importante e útil, e não um suserano."* (MAL)

sus.pei.ta (*lat suspecta*) *sf* **1** Desconfiança baseada em fracas provas. **2** Ideia vaga, simples conjetura, suposição.

sus.pei.tar (*lat suspectare*) *vtd* **1** Lançar suspeita sobre; ter suspeita de. *vti* **2** Julgar ou supor mal. *vtd* **3** Conjeturar, imaginar, julgar, supor com dados mais ou menos seguros. *vtd* **4** Pressentir: *Já suspeitava que isso aconteceria*.

sus.pei.to (*lat suspectu*) *adj* **1** Que desperta suspeitas ou desconfianças. **2** Que dá causa ou origem a dúvidas; duvidoso. **3** Que se deve evitar; perigoso. **4** Diz-se da pessoa cujas boas qualidades são duvidosas. • *sm* Indivíduo suspeito.

sus.pen.der (*lat suspendere*) *vtd* **1** Pendurar; pender de cima; suster no ar. *vtd* **2** Manter em posição alta; erguer. *vtd* **3** *Náut* Içar, para o navio poder marchar. *vtd* **4** Impedir de executar ou de fazer. *vtd* **5** Interromper temporariamente. *vpr* **6** Ficar suspenso; levantar-se. *Conjug – Part: suspendido e suspenso*.

sus.pen.são (*lat suspensione*) *sf* **1** Ato ou efeito de suspender(-se). **2** Interrupção ou cessação momentânea ou temporária. **3** Pausa ou silêncio momentâneo no meio de uma conversação, de uma leitura, de qualquer coisa que faz ruído. **4** Pena que os tribunais ou certas corporações pronunciam contra qualquer dos seus membros durante algum tempo. **5** *Quím* Estado em que se acham as partes sólidas que flutuam num líquido sem nele se dissolverem. **6** *Autom* Dispositivos que atenuam ou suprimem a trepidação.

sus.pen.se (*ingl suspense*) *sm* Artifício em composição literária, em enredo de peça teatral ou filme, em que a ação se retarda com incidentes menores, a fim de intensificar, no leitor ou espectador, a emoção.

sus.pen.so (*lat suspensu*) *adj* **1** Sustentado no ar; pendente, pendurado. **2** Que ameaça cair sobre; iminente. **3** Que está em equilíbrio. **4** Interrompido, sustado. **5** Parado ou adiado.

sus.pen.só.rio (*suspenso+ório*) *adj* **1** Que suspende. **2** Que é apropriado ou serve para suspender: *Ligamento suspensório*. • *sm* **1** *Anat* e *Zool* Ligamento, osso ou músculo que suspende uma parte do corpo. *sm pl* **2** Tiras ou fitas que, passando por cima dos ombros, seguram as calças pelo cós; alças.

sus.pi.rar (*lat suspirare*) *vtd* **1** Exprimir ou exteriorizar (o que vai na alma) com suspiros e gemidos; lamentar com suspiros: *Suspirou de saudade*. *vtd* **2** Dizer, narrar com ternura e melancolia: *Suspirou versos*. *vti* **3** Almejar, ambicionar, desejar muito: *Suspirar por um amor sincero*. *vtd* **4** Ter saudades de. *vint* **5** *poét* Produzir sons plangentes; murmurar, sussurrar. • *sm poét* Cicio, murmúrio, sussurro.

sus.pi.ro (*lat suspiru*) *sm* **1** Respiração forte e mais prolongada que a ordinária, provocada por algum desejo ardente ou paixão, como amor, saudade, tristeza etc., e entrecortada com estremecimento. **2** Ai, gemido, lamento.

sus.sur.rar (*lat sussurrare*) *vint* **1** Fazer sussurro; murmurar, rumorejar. *vint* **2** *poét* Emitir sussurro; produzir um som como o do vento passando pelas folhas das árvores; zunir. *vtdi* **3** Dizer baixinho ao ouvido; segredar. *vtd* e *vtdi* **4** Dizer ou fazer soar em tom baixo; murmurar. • *sm* V *sussurro*.

sus.sur.ro (*lat susurru*) *sm* **1** Murmúrio, som confuso de pessoas falando em voz baixa. **2** Ato de falar em voz baixa. **3** Leve ruído de qualquer coisa.

sus.tân.cia (*corr* de *substância*) *sf* **1** *pop* Coisa que nutre. **2** *pop* Força, vigor: *"Gente sem sangue, sem sustância."* (COB)

sus.tar (*lat substare*) *vtd* **1** Interromper (ação ou serviço): *Sustar um cheque. "Ela lhe sustou o gesto, tirando-lhe a mão do ferrolho."* (TS) *vtd* **2** Fazer parar; conter: *"De repente, sustou as rédeas do animal."* (GRO) *vint* e *vpr* **3** Parar, interromper-se: *"O pacto de puro entusiasmo nosso avançara, sem sustar-se."* (PE)

sus.te.ni.do (*ital sostenuto*) *adj Mús* Elevado meio-tom. • *sm* Acidente que eleva uma nota de meio-tom, quando colocado à direita desta.

sus.ten.ta.ção (*lat sustentatione*) *sf* **1** Ato ou efeito de sustentar(-se). **2** Alimentação, sustento. **3** Conservação. **4** Apoio, amparo.

sus.ten.tá.cu.lo (*lat sustentaculu*) *sm* **1** Coisa que sustém outra. **2** Base, suporte. **3** Amparo, apoio, defesa.

sus.ten.tar (*lat sustentare*) *vtd* **1** Aguentar por baixo (o peso de); escorar, impedir de cair, servir de escora a, suportar, suster. *vtd* **2** Amparar para que não se desequilibre ou mude de posição; segurar o que está a cair. *vtd* **3** Manter: *O governo sustenta as Forças Armadas*. *vtd* **4** Alimentar, nutrir: *Sustentar os filhos*. *vtd* **5** Servir de alimento espiritual a; edificar, instruir: *A boa leitura sustenta o espírito*. *vpr* **6** Alimentar-se, manter-se, nutrir-se, subsistir, viver: *Sustentar-se de cereais*. *vtd* **7** Defender com argumentos ou razões: *Sustentar uma opinião, uma tese*. *vtd* **8** Afirmar, certificar, confirmar energicamente ou com obstinação: *Sustento o que disse*.

sus.ten.to (de *sustentar*) *sm* **1** Conservação, manutenção. **2** Aquilo que serve de alimentação; alimento. **3** Amparo, arrimo.

sus.ter (*lat sustinere*) *vtd* **1** Amparar, sustentar. *vtd* **2** Segurar (uma coisa) para que não caia. *vpr* **3** Equilibrar-se, firmar-se, parar, ter-se. *vtd* **4** Impedir de andar ou de mover-se; segurar: *O ladrão quis fugir mas o policial o susteve pelo braço*. *vtd* **5** Fazer permanecer; conservar, conter: *A bravura o susteve firme em seu posto*. *vtd* **6** Deter, prender: *Uma fivela sustinha seus cabelos*. Conjuga-se como *ter*; recebem, porém, acento agudo os *ee* da 2ª e da 3ª pessoa do singular (*susténs, sustém*) e da 2ª pessoa do singular do imperativo afirmativo (*sustém(tu)*).

sus.to (de *sustar*) *sm* **1** Medo repentino, provocado por um perigo imprevisto; sobressalto, temor. **2** Temor causado por notícia ou fatos imprevistos.

su.ti.ã (*fr soutien*) *sm* Peça do vestuário feminino própria para acomodar ou sustentar os seios.

su.til (*lat subtile*) *adj m+f* **1** Delgado, fino, simples. **2** Composto de partes delgadas, finas, tênues. **3** Que recebe facilmente as impressões (falando dos sentidos); agudo, apurado, delicado, penetrante. **4** Perspicaz, fino. *Sup abs sint: sutilíssimo* e *sutílimo*. • *sm* Aquilo que é sutil; sutileza. *Var: subtil*. *Pl: sutis*.

su.ti.le.za (*sutil+eza*) *sf* **1** Extrema delicadeza, tenuidade (falando de coisa). **2** Agudeza de espírito. **3** Delicadeza, finura ou penetração dos sentidos. **4** Argumento ou raciocínio próprio para embaraçar; raciocínio engenhoso quanto à forma. *Var: subtileza*.

su.tu.ra (*lat sutura*) *sf* **1** Costura com que se ligam as partes de um objeto; juntura. **2** *Cir* Operação que consiste em coser uma ferida, sem deixar grande cicatriz. **3** *Anat* Linha de união de algumas articulações imóveis do crânio ou da face.

su.ve.nir (*fr souvenir*) *sm Objeto que caracteriza determinado lugar e que é vendido como lembrança, principalmente a turistas.*

t

t¹ (*tê*) (*lat te*) *sm* Vigésima letra do alfabeto português, consoante.

t² 1 Símbolo de *tonelada*. 2 Abreviatura de *tomo* e *tempo*.

tá *pop* Contração popular de *está*. Usa-se no sentido de entendido, aceito, combinado, está certo. • *interj* Basta! Chega! É suficiente! Não mais!

ta.ba (*tupi táua,* aldeia) *sf Etnogr* Habitação comum dos indígenas na América do Sul.

ta.ba.ca.ri.a (*tabaco+aria*) *sf* 1 Casa ou loja onde se vendem charutos, cigarros e demais apetrechos para fumantes. 2 Charutaria.

ta.ba.co (*taino tabaco*) *sm* 1 *Bot* Planta solanácea cujas folhas industrializadas são aspiradas, fumadas e mascadas. 2 Fumo. 3 *V rapé*.

ta.ba.gis.mo (*fr tabagisme*) *sm Med* 1 Vício ou abuso do tabaco fumado ou mascado; tabaquismo. 2 Intoxicação aguda ou crônica provocada pelo tabaco; nicotinismo.

ta.ba.ja.ra (etnônimo) *adj m+f Etnol* Relativo ou pertencente aos tabajaras, povo indígena brasileiro radicado na região do município de Amarante (MA). • *s m+f* Indígena dessa tribo.

ta.ba.ní.deos (*tabano+ídeo*) *sm pl Entom* Família de insetos de duas asas, sugadores de sangue (só as fêmeas), conhecidos no Brasil comumente por mutuca.

ta.be.fe (*ár tabîh,* cozido) *sm* 1 Soro de leite coalhado para fazer queijos. 2 *pop* Bofetada, sopapo, tapa.

ta.be.la (*lat tabella*) *sf* 1 Pequena tábua, quadro ou folha de papel em que se indicam nomes de pessoas ou coisas. 2 *Esp* Suporte que sustenta a cesta de basquete. 3 *Fut* Jogada que consiste na troca de bola entre os jogadores durante uma corrida.

ta.be.la.men.to (*tabela+mento*) *sm* 1 Ato ou efeito de tabelar. 2 Controle oficial de preços, por meio de tabelas.

ta.be.lar (*tabela+ar¹*) *vtd* 1 Catalogar. 2 Sujeitar à tabela oficial (gêneros expostos à venda). • *adj m+f* 1 Pertencente ou relativo a tabela. 2 Em forma de tabela.

ta.be.li.ão (*lat tabellione*) *sm* Escrivão público cuja função é registrar atos e contratos e reconhecer assinaturas. *Fem: tabelioa* (ô).

ta.be.li.nha (*dim de tabela*) *sf* 1 *Esp* Nome que recebe, no futebol, a jogada feita em grande velocidade e a curta distância. 2 *Med* Método anticoncepcional pelo qual a mulher marca os dias férteis de seu ciclo menstrual, evitando, então, relações sexuais nesses dias.

ta.be.li.o.na.to (*tabelião+ato¹*) *sm* 1 Cargo ou ofício de tabelião. 2 Cartório onde ele exerce suas funções.

ta.ber.ná.cu.lo (*lat tabernaculu*) *sm* 1 *Rel* Templo portátil dos hebreus em forma de tenda utilizado no deserto. 2 *Rel* Divisão do templo dos judeus onde estava a Arca da Aliança.

ta.bla.do (*cast tabla+ado¹*) *sm* 1 Parte do teatro onde os atores representam; palco. 2 *Esp* Ringue.

ta.ble.te (*fr tablette*) *sm* Produto alimentar ou medicamento que se apresenta solidificado, em forma de placa, geralmente retangular.

ta.bloi.de (ó) (*ingl tabloid*) *sm* Jornal de pequeno formato.

ta.bu (*tonga tabu,* via *ingl*) *sm* Qualquer coisa que se proíba por superstição, motivos religiosos ou morais. • adj 1 Que tem caráter sagrado, tornando-se proibido ao contato. 2 por ext Proibido; interdito.

tá.bua (lat tabula) sf 1 Peça lisa de madeira, usada em construção, marcenaria, carpintaria etc. 2 pop Recusa a convite para dançar.

ta.bu.a.da (tábua+ada¹) sf 1 Índice, tabela. 2 Arit Quadro aritmético em que estão registrados os resultados das quatro operações, feitas com os números de 1 a 10.

ta.bu.la.dor (tabular+dor) sm Dispositivo das máquinas de escrever que permite soltar o carro e pará-lo automaticamente em pontos previamente fixados, o que facilita o alinhamento em colunas verticais, o estabelecimento de tabelas etc.

ta.bu.lar (tábula+ar¹) vtd 1 Estat Dispor em tábua ou tabela (os dados de uma observação), agrupando em classes segundo os valores: *"Maury aperfeiçoou constantemente os mapas, tabulando as observações sobre ventos e correntes por áreas geográficas."* (OCE); *"Consegue-se, num único toque de botão, fazer margens e tabular."* (VEJ) 2 Ajustar, em máquina de escrever, as peças de seu tabulador. • adj m+f 1 Que tem forma de tábua ou tabela: *"relevo tabular; planaltos tabulares"* (GEM) 2 Relativo a tábuas, quadros, mapas etc., ou ao seu emprego.

ta.bu.le (ár) sm Cul Prato típico árabe, da região mediterrânea, consistindo numa salada de trigo, hortelã, cebola e tomate, temperada com suco de limão e azeite de oliva.

ta.bu.lei.ro (tábula+eiro) sm 1 Peça de madeira ou de outro material com as bordas levantadas para não deixar cair o que nela contém. 2 Quadro de madeira, com divisões ou casas, no qual se jogam xadrez, damas etc.

ta.bu.le.ta (ê) (tábula+eta) sf 1 Pequena tábula. 2 Peça plana de madeira ou de outra substância com letreiro que se põe à porta de certos estabelecimentos ou de um edifício público.

ta.ça (ár Tâsa) sf 1 Vaso para beber, pouco fundo, de boca larga e com pé; copo. 2 Troféu em forma de taça.

ta.ca.da (taco+ada) sf 1 Pancada com taco. 2 por ext Total de pontos que o jogador faz de uma vez no bilhar ou na sinuca.

ta.cão (taco+ão²) sm Salto de calçado: *"Saiu em passo duro, martelando as lajes da igreja com o tacão do sapato."* (MMM)

ta.ca.pe (tupi takapé) sm Etnol Espécie de clava, arma de ataque entre os índios americanos.

ta.car (taco+ar) vtd 1 Dar com o taco em. 2 fig Bater, espancar, sovar. vtd e vti 3 Jogar, atirar, arremessar.

ta.cha (fr tache) sf 1 Prego de cabeça chata ou redonda. 2 fig Defeito moral; falta, senão.

ta.char (tacha+ar¹) vtd 1 Pôr tacha (acepção 2) em; acusar de mancha ou defeito; censurar: *"O diabo é que, se me decidisse a narrar por miúdo a conversa do capitão, tachar-me-iam de fantasista."* (MEC) 2 Considerar depreciativamente; censurar: *"Quem tem o direito de tachar o lobo ou a águia como imorais?"* (GUE)

Tachar (verbo) tem o sentido de acusar, censurar; **tacha** (substantivo) significa um pequeno prego de cabeça chata (acepção 1).
Tacharam-no de fanático por futebol.
Machucou o pé porque pisou em uma tacha.

Taxar (verbo) tem o sentido de tributar; **taxa** (substantivo) significa tributo, imposto ou percentagem.
Os empréstimos estão taxados de forma abusiva.
A taxa de importação sofrerá novo índice de aumento.
A taxa de juros é 10%.

ta.cho sm Vaso largo e pouco fundo de barro ou metal, geralmente com asas, próprio para usos culinários.

tá.ci.to (lat tacitu) adj 1 Calado, mudo: *"o apoio tácito do seu silêncio"* (TER) 2 Não expresso; subentendido, implícito: *"um tácito pacto de proteção e entendimentos recíprocos"* (CHP) Antôn (acepção 2): expresso.

ta.co (cast taco) sm 1 Haste de madeira roliça usada no jogo de bilhar e de sinuca. 2 Pau com que se toca a bola em esportes como golfe, hóquei, polo etc. 3 Pedaço de tábua quase sempre retangular, empregado no revestimento de pisos.

ta.ga.re.la (de *tagarelar*) *adj m+f* Diz-se da pessoa que fala constantemente, sem critério e às vezes com indiscrição. • *s m+f* **1** Pessoa que fala muito; falador. **2** Pessoa indiscreta.

ta.ga.re.lar (*voc express*) *vti* e *vint* **1** Falar demais. *vint* **2** Divulgar coisas que foram confiadas como confidenciais; ser indiscreto.

ta.ga.re.li.ce (*tagarela+ice*) *sf* **1** Hábito de falar muito; falatório: *"Não suportava a rotina familiar, com a disciplina do pai, a submissão da mãe e a tagarelice das irmãs."* (PCO) **2** Conversa indiscreta. **3** Coisa, dita ou escrita, que a ninguém interessa.

tai.lan.dês (*top Tailândia+ês*) *adj* Pertencente ou relativo à Tailândia, ex-Sião (Ásia). • *sm* **1** Indivíduo natural desse país. **2** *Ling* A língua oficial da Tailândia.

ta.i.nha (*lat tagenia*) *sf Ictiol* Nome comum aos peixes da família dos mugilídeos, frequentes em águas costeiras e de carne muito apreciada.

tai.pa (*cast tapia*) *sf* Muro de barro ou de cal e areia, socado entre armações de tábuas. *Taipa de mão:* a que é feita de barro atirado a sopapo.

tai.ti.a.no (*top Taiti+ano*) *adj* Pertencente ou relativo ao Taiti, ilha da Polinésia Francesa (Oceania). • *sm* **1** Indivíduo natural do Taiti. **2** *Ling* Idioma falado no Taiti.

tai.u.a.nês (*top taiwan+ês*) *adj* Pertencente ou relativo a Taiwan, antiga Formosa ou República Nacional da China (Ásia). • *sm* Natural ou habitante de Taiwan. *Var: taiwanês, formosino, chinês.*

tal (*lat tale*) *adj m+f* **1** Igual ou semelhante. **2** Assim. **3** Tão grande. **4** Tão mau. **5** Exatamente igual. • *pron* **1** Esse(s), essa(s): *No dia tal, a tal hora.* **2** Isto, aquilo: *Deus tal não permita.* **3** Alguém, certa pessoa: *Houve tal que protestou.* **4** Emprega-se para substituir um nome ou apelido: *Pedro de tal.* **5** Usa-se (reforçado pela palavra "um") como pronome indefinido adjetivo: *Procuravam um tal Pafúncio.* • *s m+f gír* Pessoa que tem ou julga ter mérito excepcional: *Ele se julga o tal do grupo.*

ta.la (*lat tabula*) *sf* **1** Peça de madeira plana e delgada que, embebida em gesso, é comprimida de encontro a um osso do corpo, lesado ou fraturado, para mantê-lo imóvel. **2** Peça com que se diminui a circunferência do chapéu. **3** A parte chata do chicote.

ta.la.ga.da (*corr* de *taleigada*) *sf pop* Gole de bebida alcoólica que se toma de uma vez: *"Antes do almoço tomava uma talagada."* (CF)

ta.la.gar.ça (de *talagarça*) *sf* Tecido grosso e ralo, sobre o qual se fazem bordados, tapeçarias etc.

ta.lão (*cast talon*) *sm* **1** Calcanhar. **2** Parte posterior do pé de alguns animais. **3** Bloco com folhas picotadas ao meio e com dizeres iguais nos dois lados, sendo um deles destacável; talonário. **4** Bloco de cheques.

ta.las.so.fo.bi.a (*gr thálasa +fobo+ia^1*) *sf Psiq* Medo doentio do mar.

ta.las.so.me.tri.a (*gr thálasa +metro^2+ia^1*) *sf Fís* **1** Conjunto dos processos empregados para as sondagens no mar. **2** Conjunto dos conhecimentos a esse respeito.

ta.las.sô.me.tro (*gr thálasa +metro^2*) *sm* Sonda marítima.

tal.co (*ár talq*, via *ital*) *sm* **1** *Miner* Silicato de magnésio e alumínio que se apresenta em lâminas transparentes e delgadas e, às vezes, com textura granulosa ou fibrosa. **2** *Farm* Nome deste silicato, pulverizado, branco e untuoso ao tato, de largo uso medicinal e higiênico.

ta.len.to (*tal talentu*) *sm* **1** Antigo peso e moeda dos gregos e romanos. **2** Grande e brilhante inteligência. **3** Aptidão ou habilidade especial.

ta.len.to.so (*ô*) (*talento+oso*) *adj* **1** Que tem talento; inteligente. **2** Habilidoso. *Pl: talentosos (ó).*

ta.lha (de *talhar*) *sf* **1** Ação ou efeito de talhar. **2** Entalho, corte. **3** Número determinado de feixes de lenha. **4** Vaso de barro, de boca estreita e de grande bojo, usado para água, azeite etc.

ta.lha.dei.ra (*talhar+deira*) *sf* Ferramenta de aço ou ferro, com gume, usada para talhar ou desbastar madeira, pedra etc.

ta.lha.do (*part* de *talhar*) *adj* **1** Cortado, retalhado. **2** Gravado, esculpido. **3** Coa-

talha-mar 833 **também**

gulado. • *sm* **1** *Reg* (Norte e Centro) Despenhadeiro, precipício. **2** Parte de um rio, apertado entre margens talhadas a pique.

ta.lha-mar (*talhar+mar*) *sm* **1** *Náut* Peça, em quina, na parte mais saliente da proa da embarcação. **2** Construção de alvenaria, destinada a quebrar a força da corrente das águas; talhante. *Pl: talha-mares.*

ta.lhar (*lat taleare*) *vtd e vint* **1** Dar ou fazer talho em; cortar, fender. *vtd* **2** Entalhar, esculpir, gravar. *vtd* **3** Cortar (roupa ou vestido) à feição do corpo da pessoa a quem se destina. *vint* **4** Cortar o pano (o alfaiate ou a costureira). *vtd* **5** Cortar o couro (o sapateiro) segundo a medida do pé. *vtd* **6** Abrir, fender, talar: *Talhar um caminho, um túnel.*

ta.lha.rim (*ital taglierini*) *sm Cul* Massa de farinha e ovos em forma de tiras delgadas.

ta.lhe (de *talhar*) *sm* **1** Estatura e feição do corpo. **2** Modo de talhar uma roupa; corte, talho.

ta.lher (*ital tagliere*) *sm* **1** Conjunto de garfo, colher e faca. **2** Cada uma das três peças em separado. **3** *fig* Cada lugar, destinado a cada pessoa, à mesa: *Jantar de 50 talheres.*

ta.lho (de *talhar*) *sm* **1** Golpe ou corte dado com instrumento cortante. **2** Divisão e corte da carne. **3** Poda de árvores.

ta.lis.mã (*persa tilismât*, via *fr talisman*) *sm* **1** Objeto carregado de força magnética e que comunica essa força a quem o traz consigo. **2** Objeto a que se atribui um poder sobrenatural.

ta.lo (*gr thallós*) *sm* **1** *Bot* Aparelho vegetativo, de forma variável, sem diferenciação de caule, folhas e raiz, comum aos cogumelos, algas e liquens. **2** *Bot* Caule.

ta.ló.fi.tas (*gr thallós+ato*) *sf pl Bot* Divisão primária do reino vegetal que compreende plantas com seis órgãos unicelulares ou multicelulares, nos quais todas as células dão origem a gametas; quando distinguíveis, são classificadas em algas e fungos.

ta.lo.ná.rio (*talão+ário*) *adj* Que tem talão. • *sm V* talão (acepções 3 e 4).

ta.lu.de (*cast talude*) *sm* Superfície inclinada nos cortes e aterros; rampa, escarpa.

ta.lu.do (*talo+udo*) *adj* **1** Que tem talo duro e resistente. **2** Muito desenvolvido fisicamente; corpulento: *"Ele teve uma primeira infância meio enjeitada, mas cresceu forte e taludo."* (FSP)

tal.vez (*tal+vez*) *adv* **1** Exprime possibilidade ou dúvida. **2** Acaso, porventura, quiçá.

ta.man.ca.da (*tamanco+ada¹*) *sf* Pancada com tamanco.

ta.man.co (*esp platino tamango*) *sm* Calçado rústico, geralmente de couro grosseiro e sola de madeira. *Pôr-se nos seus tamancos:* embirrar, teimar; irritar-se.

ta.man.du.á (*tupi tamanduá*) *sm Zool* Nome de várias espécies de mamíferos desdentados que se alimentam de formigas; papa-formigas.

ta.man.du.á-ban.dei.ra *sm Zool* A maior espécie de tamanduá; mede 1,20 m em a cauda, tem cauda longa e peluda. *Pl: tamanduás-bandeiras* ou *tamanduás-bandeira.*

ta.ma.nho (*lat tam+magnu*) *adj* **1** Tão grande. **2** Tão distinto, tão notável, tão valoroso. • *sm* Corpo, dimensões, grandeza, volume. *Do tamanho de um bonde, pop:* muito grande, alto, corpulento.

tâ.ma.ra (*ár tamra*) *sf* Fruto da tamareira.

ta.ma.rei.ra (*tâmara+eira*) *sf Bot* Espécie de palmeira ornamental, originária dos oásis do norte da África, útil pelos seus frutos, as tâmaras, e a boa madeira que produz para construção.

ta.ma.rin.dei.ro (*tamarindo+eiro*) *V* tamarindo.

ta.ma.rin.do (*ár tamra al-Hindi*, tâmara da Índia) *sm Bot* **1** Gênero da família das leguminosas que compreende grandes árvores africanas. **2** Fruto dessa árvore.

tam.ba.qui (*tupi tambakí*) *sm* **1** *Ictiol* Nome comum a vários peixes caracídeos dos rios do Amazonas e do Pará. **2** *Bot* Seringueira da região do rio Negro; seringueira-barriguda.

tam.bém (*tão+bem*) *adv* **1** Da mesma forma, do mesmo modo, igualmente. **2** Realmente. **3** Por isso, em consequência disso. • *conj* Emprega-se com significação aproximativa ou copulativa de *e*: *Ele soube, também seria reprovado se não soubesse.* • *interj* Exprime descontenta-

tam.bor (ár *Tanbûr*) *sm* **1** Instrumento de percussão que consiste numa caixa cilíndrica, de metal ou de madeira, com pele esticada em ambas as faces, numa das quais se bate com baquetas. **2** Caixa de forma circular que rodeia as mós do moinho. **3** Recipiente cilíndrico, de metal, para guardar gasolina. **4** Peça cilíndrica do revólver, rotatória, onde se alojam as balas. **5** Cilindro de fechadura.

tam.bo.re.te (ê) (*tambor+ete*) *sm* **1** Cadeira com braços mas sem costas. **2** Cadeira com assento de madeira sem encosto e sem braços.

tam.bo.ri.lar (*tamboril+ar¹*) *vti* **1** Bater com as pontas dos dedos ou com qualquer objeto em uma superfície, imitando o toque de tambor: *Tamborila na mesa com o lápis*. **2** Produzir som idêntico ao rufo do tambor.

tam.bo.rim (*tambor+im*) *sm* Pequeno tambor.

ta.moi.o (etnônimo) *adj Etnol* Pertencente ou relativo aos tamoios, tribo extinta de índios tupis que habitavam terras junto à Baía da Guanabara, no Rio de Janeiro, e em Minas Gerais. • *sm* Indígena dos tamoios.

tam.pa (*gót tappa*) *sf* Peça móvel com que se tapa ou cobre uma caixa, um vaso ou qualquer recipiente; tampo, tapador, tapadouro, tapadura.

tam.pão (*fr tampon*) *sm* **1** Grande tampa. **2** Porção de algodão ou gaze com que se impede a saída de um líquido medicamentoso ou uma hemorragia.

tam.par (*tampa* ou *tampo+ar¹*) *vtd* Pôr tampa ou tampo em.

tam.pi.nha (*dim* de *tampa*) *sf* Pequena tampa. • *s m+f* **1** *pop* Pessoa de estatura muito baixa. **2** *Reg* (RS) V *patife* e *velhaco*.

tam.po (de *tampa*) *sm* **1** Tampa fixa de tonéis, pipas, tambores etc. **2** Peça de madeira ou de outro material que cobre a bacia dos aparelhos sanitários.

tam.pou.co (*tão+pouco*) *adv* Também não. A forma **tampouco** é advérbio e, como tal, é invariável, acompanhando sempre um verbo. *Se ele não conseguir pagar a dívida, **tampouco** a pagará sua família.* (Se ele não conseguir pagar a dívida, sua família também não o conseguirá.) A expressão **tão pouco**, por sua vez, acompanha sempre substantivos e, dessa forma, é variável. *Tenho **tão pouco** dinheiro que não pagarei a dívida. Aborrecia-lhe ter **tão poucos** amigos naquela fazenda. Dispunha de **tão pouca** vontade que nada fazia. Aparentava **tão poucas** energias que o julgavam doente.*

ta.na.ju.ra (*tupi tanaiurá*) *sf* **1** *Entom* Fêmea alada da saúva; içá. **2** *pop* Mulher de cintura fina e quadris muito desenvolvidos.

ta.na.to.lo.gi.a (*tânato+logo+ia¹*) *sf* **1** Estudo ou tratado sobre a morte. **2** Teoria da morte. **3** *Med* Prática e execução de autópsias.

tan.ga (*quinbundo ntanga*) *sf* **1** Espécie de avental, geralmente feito de penas, com que os selvagens cobrem parte do corpo, desde a cintura até a metade das coxas. **2** Peça de vestuário, de dimensões reduzidas, usada geralmente em praias por homens e mulheres. *Estar* ou *ficar de tanga:* estar ou ficar sem dinheiro, sem recursos.

tan.gên.cia (*lat tangentia*) *sf* Ponto em que se tocam duas linhas ou duas superfícies.

tan.gen.ci.al (*tangência+al¹*) *adj m+f* **1** Que apenas toca uma superfície: "*Como o ataque dos pinhões tem efeito tangencial, não há perigo de se quebrarem os dentes das engrenagens.*" (MAT) **2** Que apenas toca num assunto; levemente.

tan.gen.ci.ar (*tangência+ar¹*) *vtd* **1** Seguir a tangente de: "*Ao sul, o lago a formar-se tangencia o povoado.*" (FSP) **2** Tocar de leve: "*Tangenciar, de uma só zarpada, os dois umbigos do planeta.*" (EX) Conjuga-se como *premiar*.

tan.gen.te (*lat tangente*) *adj m+f* **1** Que tange ou toca. **2** *Geom* Diz-se da linha ou superfície que toca outra linha ou superfície num só ponto. • *sf* **1** *Geom* Essa linha ou essa superfície. **2** *Mat* Uma das funções trigonométricas: razão do seno pelo cosseno de um ângulo. *Escapar pela tangente:* sair de uma situação difícil, sem ser atingido.

tan.ger (*lat tangere*) *vtd, vti* e *vint* **1** Músico Tocar (qualquer instrumento): *Tanger a harpa. vint* **2** Soar: *Os sinos tangem. vtd* **3** Acionar (fole de ferreiro). *vtd* **4** Tocar (os animais, fazendo-os caminhar): *Tangia os bois com uma vara. vtd* **5** Dizer respeito, pertencer, referir-se. Conjuga-se como *abranger.*

tan.ge.ri.na (*fem* de *tangerino*) *sf* Fruto aromático de cor amarela forte, produzido pela tangerineira; tem polpa de sabor ácido em forma de gomos e casca rica em óleo utilizado em perfumaria. *Var: bergamota, laranja-cravo, laranja-mimosa, mandarina* e *mexerica.*

tan.ge.ri.nei.ra (*tangerina*+*eira*) *sf Bot* Árvore cítrica espinhosa da família das rutáceas, que produz fruto muito apreciado, a tangerina. *Var: mexeriqueira* (acepção 2), *bergamoteira.*

tan.go (*cast tango*) *sm* Canção e dança popular argentina.

ta.ni.no (*fr tanin*) *sm Quím* Substância adstringente, extraída principalmente da noz de galha e que se encontra na casca de numerosas árvores e arbustos.

tan.que (*lat stagnu*) *sm* **1** Depósito de água ou outros líquidos. **2** Represa de água, de pequenas dimensões. **3** Reservatório para azeite, petróleo etc. **4** Reservatório de pedra para conter água. **5** Veículo de guerra, blindado e armado de metralhadoras pesadas ou canhões antiaéreos, próprio para locomover-se em terrenos acidentados.

tan.tã (*fr tam tam*) *pop adj m+f* Diz-se de pessoa tonta, boba, desequilibrada, idiota. • *s m+f* Essa pessoa.

tan.to (*lat tantu*) *adj* **1** Tão grande, tamanho, tão forte, tão intenso. **2** Tão numeroso, em tal quantidade. **3** Exprime por vezes um número desconhecido ou indeterminado. • *adv* Em tal quantidade. • *sm* **1** Porção, quantia, quantidade. **2** Quantidade igual a outra certo número de vezes. • *pron* Quantia indeterminada ou que não se quer declarar com exatidão.

tão (*lat tam*) *adv* **1** Tanto, em tal grau, em tal quantidade. **2** Seguido de "como" caracteriza os comparativos de igualdade: *Ela parece tão inteligente quanto o irmão.* **3** Modifica um termo da oração que é integrada por uma subordinada consecutiva: *É tão presunçoso que todos se riem dele. Tão só: V tão somente. Tão somente:* forma reforçada de somente. Veja notas em **comparativo** e **tampouco**.

tao.is.mo (*chin tào*+*ismo*) *sm Filos* Doutrina filosófico-religiosa, cuja noção fundamental é o Tao (caminho), que designa o grande princípio de ordem universal.

tão só Ver definição em *tão.*

tão so.men.te Ver definição em *tão.*

ta.pa (de *tapar*) *sf* **1** *Zool* Revestimento córneo que protege a parte exterior do casco de alguns animais. **2** Rolha de madeira, com que se tapa a boca das peças de artilharia. *sf* ou *sm* **1** Bofetão. **2** *fig* Argumento que não tem réplica ou faz calar o adversário.

ta.pa-bu.ra.co (*tapar*+*buraco*) *sm* Indivíduo que, numa emergência, substitui outro. *Pl: tapa-buracos.*

ta.pa.jó *adj m+f Etnol* Pertencente ou relativo aos tapajós, tribo extinta de índios brasileiros, das margens do rio Tapajós (Pará). • *s m+f* Indígena dessa tribo.

ta.par (*baixo-lat tap*) *vtd* **1** Cobrir com tampa: *Tapar a panela. vtd* **2** Obstruir a entrada de. *vtd* **3** Calar, fechar. *vtd* e *vpr* **4** Abrigar(-se), cobrir(-se), resguardar(-se): *Tape-se bem, que faz frio.*

ta.pa-se.xo (*tapar*+*sexo*) *sm* Peça, de tecido ou de outro material, para tapar o púbis. *Pl: tapa-sexos.*

ta.pe.a.ção (*tapear*+*ção*) *sf pop* **1** Tapeamento. **2** Disfarce, engano.

ta.pe.ar *vtd* e *vint* Enganar, lograr, ludibriar. Conjuga-se como *frear.*

ta.pe.ça.ri.a (*persa tapça*+*aria*) *sf* Estofo, geralmente lavrado, para forrar móveis, paredes, soalhos etc.; alcatifa.

ta.pe.cei.ro (*tapeçar*+*eiro*) *sm* Fabricante ou vendedor de tapetes.

ta.pe.ra (*tupi táua*+*uéra*) *sf* **1** Casa velha e abandonada. **2** *fig* Lugar ruim e feio. • *adj m+f* Diz-se da pessoa a quem falta um olho ou os dois.

ta.pe.tar (*tapete*+*ar¹*) *V atapetar*: *"Outros tantos tapetavam de flores e folhas o caminho que o celebrante percorria."* (TV)

ta.pe.te (ê) (*lat tapete*) *sm* **1** Estofo fixo com que se revestem escadas, soalhos, móveis etc.; alcatifa. **2** *fig* Relva; campo florido.

ta.pi.o.ca (*tupi typyóka*) *sf* Fécula da raiz da mandioca reduzida a grumos.

ta.pir (*tupi tapiíra*) *sm V anta* (acepção 1).

ta.po.na (de *tapa*) *sf gír* Sopapo, tapa forte, bofetada.

ta.pui.a (*tupi tapýya*) *s m+f Etnol* Nome que, entre os índios tupis-guaranis, designava os povos indígenas que falavam línguas pertencentes a outro tronco linguístico. • *adj* Referente a esses tapuias.

ta.pui.o (*tupi tapýy*) *sm* **1** O mesmo que *tapuia*. **2** Índio tapuia.

ta.pu.me (de *tapar*) *sm* **1** Cerca de madeira com que se veda um terreno, em especial uma construção em via pública. **2** Qualquer coisa que serve para tapar.

ta.qua.ra (*tupi takuára*) *sf Bot* Nome vulgar das diversas espécies de bambu; taboca.

ta.qua.ral (*taquara*+*al¹*) *sm* Terreno onde abundam taquaras; bambual, bambuzal, tabocal.

ta.que.ar (*taco*+*e*+*ar¹*) *vtd* Assoalhar com tacos; revestir de tacos. Conjuga-se como *frear*.

ta.qui.car.di.a (*gr takhýs*+*kardía*) *sf Med* Pulsação acelerada; frequência excessiva das pulsações durante exercícios corporais.

ta.qui.gra.fi.a (*gr takhýs*+*grafo*+*ia¹*) *sf* Arte de escrever tão depressa como se fala por meio de sinais e abreviaturas; estenografia.

ta.quí.gra.fo (*gr takhýs*+*grafo*) *sm* Aquele que escreve segundo as normas da taquigrafia.

ta.ra (*ár taraha*) *sf* **1** Peso de um veículo ou de um vagão de estrada de ferro, quando vazios: *"10 toneladas por eixo de tração, incluindo a tara do veículo"* (EM). **2** *fig* Defeito familiar, transmitido ou agravado pela hereditariedade. **3** *fig* Depravação.

ta.ra.do (*part* de *tarar*) *adj* **1** Em que se marcou o peso da tara. **2** *fig* Desequilibrado moralmente. **3** Designativo de indivíduo que comete crimes sexuais violentos ou perversos. **4** *gír* Diz-se do indivíduo apaixonado por alguma coisa: *Ela é tarada por doces*. • *sm* Indivíduo tarado; anormal.

ta.ra.me.la (*corr* de *tramela*) *sf* **1** Pequena peça de madeira que permite movimento para fechar portas e janelas, girando ao redor de um prego; tramela. **2** Pessoa que fala demais; tagarela.

ta.ran.te.la (*ital tarantella*) *sf* Dança de movimento rápido, peculiar aos napolitanos; tarantona.

ta.rân.tu.la (*ital tarantola*) *sf Zool* Aranha venenosa do sul da Itália cuja picada, acredita-se, tem o poder de excitar vivamente à música e à dança. *Var*: tarêntula.

ta.rar (*tara*+*ar¹*) *vtd* **1** Pesar, para fazer a correção do peso total, subtraindo-lhe o da tara no invólucro. *vtd* **2** Marcar (em fardo, saco, volume etc.) o peso da tara. *vti* **3** *gír* Apaixonar-se loucamente.

tar.dan.ça (*tardar*+*ança*) *sf* **1** Ação ou efeito de tardar. **2** Demora, lentidão, vagar. *Antôn*: presteza, pressa.

tar.dar (*lat tardare*) *vtd* **1** Demorar, passar de um dia para outro; retardar: *"Tardando o ataque, porém, o bispo sugeriu ao governador que as tropas de reserva que haviam sido convocadas fossem dispersadas."* (HIB) *vti* e *vint* **2** Demorar-se, fazer-se esperar, vir tarde: *"O garçom se afastou e não tardou a trazer a nota."* (A); *"Vamos! Legor é longe, e a noite não tarda..."* (CVB)

tar.de (*lat tarde*) *adv* **1** Fora do tempo ajustado, conveniente ou próprio. **2** Depois de muito tempo. • *sf* Parte do dia entre as 12 horas e o anoitecer. *Antôn*: cedo. *É tarde; Inês é morta*: diz-se quando chega tarde uma providência.

tar.di.o (*lat tardivu*) *adj* **1** Que aparece depois do tempo devido ou quando já não se esperava. **2** Que tem grande demora; lento. *Antôn* (acepção 1): *precoce;* (acepção 2): *rápido*.

ta.re.fa (*ár vulg TaríHa*) *sf* **1** Obra ou porção de trabalho que tem de ser concluído num determinado prazo. **2** Tipo

tarifa de contrato de trabalho em que o salário é calculado por serviço executado.

ta.ri.fa (*ár ta'rîfa*) *sf* **1** Tabela de direitos alfandegários a que estão sujeitas as mercadorias importadas e exportadas. **2** Tabela que registra o valor ou o preço de uma coisa.

ta.ri.far (*tarifa+ar¹*) *vtd* Aplicar tarifa a.

ta.rim.ba (epêntese de *tarima*) *sf* **1** Estrado sobre o qual dormem os soldados nos quartéis e postos da guarda. **2** *por ext* Vida de caserna. **3** *fig* Experiência.

ta.rim.ba.do (*tarimba+ado¹*) *adj* Que tem tarimba; experiente, calejado.

tar.ja (*fr targe*) *sf* **1** O que contorna um objeto; guarnição, orla. **2** Fita usada em lapela, manga etc. Em muitos países a tarja preta é sinal de luto.

tar.jar (*tarja+ar¹*) *vtd* **1** Guarnecer, orlar de: *Tarjar folhas de papel.* **2** Assinalar, gravar: *Tarjou de corrupção seu período de administração.*

tar.je.ta (*ê*) (*tarja+eta*) *sf* **1** Pequena tarja. **2** Tranqueta de ferro corrediça, para fechar portas e janelas.

ta.rô (*fr tarot*) *sm* Espécie de baralho com cartas maiores em número e tamanho, e com desenhos diversos, usado principalmente por cartomantes.

tar.ra.fa (*ár Tarrâhâ*) *sf* Rede de pesca, de forma circular, com chumbados nas bordas que, ao ser lançada à água, abre em forma de saia rodada, e é puxada por uma corda presa ao centro.

tar.ra.xa (*cast tarraja*) *sf* **1** Parafuso. **2** Ferramenta de serralheiro para fazer as roscas dos parafusos.

tar.so (*gr tarsós*) *sm* **1** *Anat* Parte traseira do pé, composta de sete ossos. **2** *Ornit* Terceiro artículo das pernas das aves, a contar de sua articulação com o tronco. **3** A última parte do pé dos insetos.

tar.ta.mu.de.ar (*tartamudo+e+ar¹*) *vint* **1** Falar com voz trêmula, por medo ou susto; gaguejar. *vtd* **2** Balbuciar. Conjuga-se como *frear*.

tar.ta.mu.dez (*tartamudo+ez*) *sf* Dificuldade em falar; gagueira.

tar.ta.mu.do (*tárta(ro)+mudo*) *adj* **1** Que tartamudeia; gago. **2** Que se exprime mal. • *sm* Indivíduo tartamudo.

tár.ta.ro (*lat tartaru*) *sm* **1** *poét* V *inferno*. **2** *Odont* Incrustação calcária que se forma sobre os dentes. **3** O natural ou habitante da República Autônoma da Tartária (Federação Russa – Europa). • *adj* Natural ou habitante desse país.

tar.ta.ru.ga (*lat tartuca*) *sf* *Zool* Denominação geral dada aos répteis da ordem dos quelônios; possuem corpo oval, envolvido por uma carapaça constituída de placas ósseas, membros curtos, transformados em remos nas espécies marinhas, sem dentes, mas com mandíbulas recobertas por um estojo córneo.

tar.tu.fo (de *Tartufo, np*) *sm* **1** Indivíduo hipócrita: *"Repelirei, porque não admito os tartufos."* (FSP) **2** Falso devoto.

tas.car (*cast tascar*) *vtd* **1** Tirar pedaço de, morder. *vtd* **2** Morder (o freio) entre os dentes (diz-se do cavalo). *vtd* **3** Morder, mordiscar, roer: *O rato tascava o queijo.* *vtd* **4** Dar, sapecar. *vtd* **5** *pop* Atear (fogo). *vtd* **6** Dar um pedaço de (coisa que se está comendo ou desfrutando). *vint* **7** Passar a mão, pegar.

ta.ta.ra.ne.to (*corr de tetraneto*) *pop* V *tetraneto*.

ta.ta.ra.vô (*corr de tetravô*) *pop* V *tetravô*.

ta.te.ar (*tato+e+ar¹*) *vtd* **1** Aplicar o tato a; apalpar de leve, para apreciar ou conhecer pelo tato: *Tatear o pulso.* *vint* **2** Procurar conhecer por meio do tato: *Tateou como um cego.* *vti* e *vint* **3** Apalpar, tocar com as mãos, com os pés ou com algum objeto, para se guiar: *Desceu as escadas tateando com os pés.* *vint* **4** *fig* Hesitar. *vtd* **5** Indagar, pesquisar, sondar: *Tateou novas doutrinas.* Conjuga-se como *frear*.

ta.ti.bi.ta.te (*voc onom*) *adj m+f* **1** Diz-se de quem tem dificuldade para articular certas palavras, trocando certas consoantes. **2** Gago. • *s m+f* Pessoa tatibitate, gaga.

tá.ti.ca (*gr takité*) *sf* **1** Arte de empregar as tropas no campo de batalha com ordem, rapidez e proteção, segundo as condições de suas armas e do terreno. **2** *por ext* Habilidade ou meios empregados para sair-se bem de qualquer negócio ou empresa.

tá.ti.co (*gr taktikós*) *adj* Pertencente ou

relativo à tática. • *sm* Aquele que é perito em tática.
tá.til (*lat tactile*) *adj* Que se refere ao tato: *"os impulsos da sensibilidade tátil e gustativa"* (FF) *Var: táctil.*
ta.to (*lat tactu*) *sm Fisiol* **1** Sentido pelo qual temos o conhecimento da forma, temperatura, consistência, pressão, estado da superfície e peso dos objetos. **2** Percepção aguda do que é conveniente dizer ou fazer em uma situação difícil ou delicada, sem melindrar os sentimentos dos outros.
ta.tu (*tupi tatú*) *sm Zool* Designação comum de vários mamíferos cavadores, na maioria noturnos, que têm o corpo e a cabeça protegidos por carapaça dentro da qual muitos deles podem se resguardar.
ta.tu.a.dor (*tatuar+dor*) *adj* Que tatua. • *sm* Aquele que tatua.
ta.tu.a.gem (*tatuar+agem*) *sf* **1** Arte de introduzir debaixo da epiderme substâncias corantes, vegetais ou minerais, para produzir desenhos. **2** O desenho ou a pintura feitos por esse processo.
ta.tu.ar (*taitiano tatu*, pelo *fr tatouer*) *vtd* Desenhar ou pintar (em parte do corpo) figuras ou imagens de pessoas, animais, hieróglifos ou outros emblemas.
ta.tu-bo.la *sm Zool* Variedade de tatu que consegue enrolar-se em forma de bola. *Pl: tatus-bola* ou *tatus-bolas.*
ta.tu.pe.ba (*tupi tatu péua*, tatu chato) *sm Zool* Denominação popular das várias espécies de tatus cuja carne não se presta à alimentação. *Sin: tatuaíba, tatuaíva, tatupoiú, tatu-peludo.*
ta.tu.ra.na (*tupi tatá rána*, semelhante a fogo) *sf Entom* Lagarta de mariposas e de algumas borboletas, muito peluda, cujas cerdas, em contato com nossa pele, produzem forte ardência. *Var: tatarana* e *tataurana. Sin: bicho-cabeludo, lagarta--cabeluda, lagarta-de-fogo.*
ta.tu.zi.nho (*tatu+z+inho*) *sm Zool* Crustáceo decápode da ordem dos isópodes, que encurva o corpo, à maneira dos tatus, quando assustado.
tau.ri.no (*lat taurinu*) *sm Astrol* Pessoa nascida sob o signo de Touro. • *adj Astrol* Relativo ou pertencente ao signo de Touro, ou aos taurinos: *"Nenhum desses problemas chegou a afetar a vida profissional desta perseverante taurina."* (CAA)
tau.ro.ma.qui.a (*gr tauromakhía*) *sf* Arte de tourear, a pé ou a cavalo.
tau.to.lo.gi.a (*tauto+logo+ia*¹) *sf* Vício de linguagem que consiste em dizer as mesmas ideias por formas diferentes.
ta.vo.la.gem (*távola+agem*) *sf* **1** *ant* Casa em que havia jogo de tábulas. **2** *por ext* Casa de jogo. *Var: tabulagem.*
ta.xa (de *taxar*) *sf* **1** Imposto. **2** Espécie de contribuição que se paga como remuneração de serviços que o Estado presta diretamente: *Taxa de água e esgotos*. **3** Preço cobrado pela prestação de certos serviços; tarifa.
ta.xa.ção (*lat taxatione*) *sf* **1** Ato ou efeito de taxar. **2** Tributação.
ta.xar (*lat taxare*) *vtd* **1** Determinar, estabelecer a taxa do preço de; fixar, em nome da lei ou de poder legítimo, o preço a (qualquer objeto de compra e venda): *"Procuramos taxar equitativamente as rendas derivadas da propriedade e do trabalho."* (REA) **2** Lançar um imposto sobre; tributar: *"Governos taxando pesadamente as importações do açúcar de cana."* (H) Veja nota em **tachar**.
ta.xa.ti.vo (*taxar+ivo*) *adj* **1** Que taxa, que limita, que restringe. **2** Que fixa com precisão e em nome da lei ou regulamento. **3** Que não admite contestação.
tá.xi (*cs*) (*ingl taxi*) *sm* **1** Forma abreviada de *taxímetro*. **2** Automóvel que transporta passageiros, provido de taxímetro.
ta.xi.ar (*cs*) (*ingl to taxi+ar*¹) *vint Aeron* Movimentar o avião na pista, preparando-se para decolar, ou depois de pousar: *"Vagarosamente o avião taxiou."* (EMC) Conjuga-se como *premiar*.
ta.xi.der.mi.a (*cs*) (*gr táxis+derme+ia*¹) *sf* Arte de empalhar animais.
ta.xí.me.tro (*cs*) (*gr táxis+metro*²) *sm* Aparelho adaptado no painel de um automóvel que registra automaticamente a quantia que o passageiro deve pagar pela quilometragem percorrida.
ta.xi.no.mi.a (*cs*) (*gr táxi+nomo+ia*¹) *sf* **1** *Biol* Ramo da biologia que se ocupa das classificações dos seres vivos. **2** *Gram*

Parte que trata da classificação das palavras. *Var:* taxionomia, taxonomia.

ta.xis.ta (cs) (*táxi+ista*) s m+f Motorista de táxi.

tchau (*ital ciao*) *interj* Até logo!, adeus!

tche.co (*fr tchèque*) *adj* Pertencente ou relativo à República Tcheca (Europa). • *sm* 1 O natural ou habitante da República Tcheca. 2 Língua eslava dos tchecos; boêmio. *Var:* checo, tcheque.

te (*lat te*) *pron pess* Forma oblíqua da 2ª pessoa do singular, na função de objeto direto ou objeto indireto (*a ti, em ti, para ti, de ti*).

tê (*lat te*) *sm* O nome da letra t. *Pl:* tês ou tt.

te.á.ceas (*chin te+áceas*) *sf pl Bot* Família que compreende árvores e arbustos com grandes flores e folhas utilizadas em infusões, cujos exemplos, no Brasil, são o chá-da-índia e a camélia.

te.ar (*lat telare*) *sm* Máquina destinada a tecer fios, transformando-os em pano.

te.a.tral (*teatro+al*[1]) *adj m+f* 1 Próprio de teatro. 2 Que procura efeito sobre o espectador.

te.a.tra.li.zar (*teatral+izar*) *vtd* 1 Adaptar às exigências do teatro; tornar representável em teatro. 2 Dramatizar.

te.a.tro (*lat theatru*) *sm* 1 Casa ou lugar destinado à representação de obras dramáticas, óperas ou outros espetáculos públicos. 2 Coletânea das obras dramáticas de uma nação. 3 *fig* Fita, encenação.

te.a.tró.lo.go (*teatro+logo*) *sm* Escritor de peças teatrais; dramaturgo.

te.ce.la.gem (*tecelão+agem*) *sf* 1 Ato ou efeito de tecer. 2 Ofício de tecelão. 3 Indústria de tecidos.

te.ce.lão (de *tecer*) *sm* 1 Indivíduo que tece pano ou trabalha em teares. 2 *Ornit* Nome comum a vários pássaros. *Fem:* teceloa (ô).

te.cer (*lat texere*) *vtd* 1 Fazer passar os fios pelo meio da urdidura ou urdume e formar a teia (de linho, lã, seda etc.); tramar, urdir: *Tecer o pano*. *vtd* 2 *fig* Compor, enredando ou entrelaçando: *Tecer um ninho*. *vint* 3 Fazer intrigas: *Tecer mexericos*.

te.ci.do (*part* de *tecer*) *adj* 1 Que se teceu. 2 Que foi feito no tear. 3 Urdido, preparado, combinado. 4 *fig* Convenientemente arranjado; apropriado. • *sm* 1 Pano preparado no tear. 2 Trama de fios; urdidura. 3 Modo como os fios de um estofo estão reunidos. 4 *Biol* Reunião de células com a mesma estrutura, exercendo determinada função: *tecido conjuntivo, tecido adiposo, tecido epitelial* etc.

te.cla (*lat tudicula, dim* de *tudes*) *sf* Peça móvel de instrumento, aparelho ou máquina, que se comprime ou em que se toca, para obter certo efeito.

te.cla.dis.ta (*teclado+ista*) *s m+f Mús* Aquele que toca teclados.

te.cla.do (*tecla+ado*[2]) *sm* Conjunto de teclas de um instrumento, computador, celular, máquina de calcular etc.

te.clar (*tecla+ar*[1]) *vint* 1 Bater em teclas: *Teclava o piano horas a fio*. *vtd* 2 Bater nas teclas de: *Teclou todas as notas musicais*.

téc.ni.ca (*fem* de *técnico*) *sf* 1 Conhecimento prático; prática. 2 Conjunto dos métodos e pormenores práticos essenciais à execução perfeita de uma arte ou profissão.

tec.ni.ci.da.de (*técnico+i+dade*) *sf* Qualidade ou caráter do que é técnico; tecnicismo: *"operação efetuada com o máximo de tecnicidade"* (BIB)

tec.ni.cis.mo (*técnico+ismo*) *sm* 1 V tecnicidade. 2 Exagero tecnológico.

téc.ni.co (*gr tekhnikós,* de *tekhné*) *adj* 1 Relativo a uma arte ou ramo específico de atividade. 2 Que tem técnica. • *sm* 1 Aquele que é perito ou versado numa atividade. 2 *Esp* Treinador de um conjunto esportivo.

tec.ni.co.lor (*tecno+lat colore*) *adj m+f* Diz-se de certo processo, de marca registrada, para conseguir filmes coloridos. • *sm* Esse processo.

tec.no.cra.ci.a (*tecno+cracia*) *sf* Sistema de organização política e social em que predominam os técnicos e funcionários.

tec.no.cra.ta (*tecno+crata*) *s m+f* Especialista ou funcionário de escalão superior que privilegia o aspecto técnico de um problema ao social: *"Meu filho é um tecnocrata."* (REI) • *adj* De tecnocrata: *"É que uma concepção falsamente tecnocrata se apossou de algumas autoridades financeiras."* (EM)

tec.no.lo.gi.a (*tecno+logo+ia¹*) *sf* **1** Conjunto de conhecimentos científicos que se aplicam a um determinado ramo de atividade. **2** Aplicação dos conhecimentos e princípios científicos à produção em geral.

tec.no.ló.gi.co (*tecnologia+ico²*) *adj* Pertencente ou relativo à tecnologia.

tec.nó.lo.go (*tecno+logo*) *sm* Aquele que é perito em tecnologia.

te.co-te.co (*voc onom*) *sm* Pequeno avião, próprio para treinamento de pilotos ou para cobrir curtas distâncias. *Pl: teco-tecos.*

tec.tô.ni.ca (*gr tektoniké*) *sf Geol* Estudo da formação das montanhas e em geral das alterações que se dão na litosfera; geotectônica. *Var: tetônica.*

té.dio (*lat taediu*) *sm* **1** Desgosto profundo. **2** Enfado, fastio.

te.di.o.so (*ô*) (*lat taediosu*) *adj* **1** Que provoca ou revela tédio. **2** Aborrecido, enfadonho. *Pl: tediosos (ó).*

tei.a (*lat tela*) *sf* **1** Tecido ou pano feito em tear. **2** *fig* Estrutura, organismo. **3** *fig* Episódio complicado; enredo, intriga. **4** *Zool* Rede tecida pela aranha para apanhar os insetos de que se alimenta; teia de aranha.

tei.í.deos (*tup teiú+ideos*) *sm pl Herp* Família que compreende numerosas espécies brasileiras de lagartos, de língua comprida e cauda longa, entre as quais são muito comuns os calangos.

tei.ma (*gr théma*) *sf* **1** Teimosia. **2** Obstinação.

tei.mar (*teima+ar¹*) *vti e vint* **1** Insistir, obstinar-se, pretender com teimosia. *vtd* **2** Insistir em: *Teimar que o viu. vint* **3** Ser importuno, insistindo no mesmo assunto ou pedido: *Como teimam esses vendedores!*

tei.mo.si.a (*teimoso+ia¹*) *sf* Qualidade do que é teimoso.

tei.mo.so (*ô*) (*teima+oso*) *adj* **1** Que teima; obstinado, pertinaz. **2** Insistente. • *sm* **1** Indivíduo que teima. **2** *V joão-teimoso. Pl: teimosos (ó).*

te.la (*lat tela*) *sf* **1** Tecido de fio de lã, linho, ouro, seda etc.; teia. **2** *Pint* Pano em que se pintam quadros. **3** Quadro, pintura. **4** Painel sobre o qual são projetadas películas cinematográficas. *Estar em tela:* ser objeto de discussão. *Tela inteira, Inform:* tela de programa que usa toda a área do monitor. *Tela subcutânea, Biol:* camada situada abaixo da pele (antigo nome: hipoderme).

te.le.ci.ne.si.a (*tele+cinesia*) *sf* **1** Segundo o ocultismo, faculdade de fazer com que os objetos, sem serem tocados, se movam a distância. **2** *Biol* Conjunto dos movimentos do núcleo e do microcentro no final da mitose.

te.le.co.man.dar (*tele+comandar*) *vtd* Comandar a distância (aviões, foguetes, navios, projéteis etc.).

te.le.co.mu.ni.ca.ção (*tele+comunicação*) *sf Telecom* Denominação geral das comunicações a distância, compreendendo a telefonia e telegrafia (por fios ou por ondas hertzianas) e a televisão.

te.le.cur.so (*tele+curso*) *sm* Curso projetado para a teleducação.

te.le.di.fu.são (*tele+difusão*) *sf* Transmissão, por meio de uma rede de condutores metálicos, de programas de radiodifusão ou televisão, de modo a permitir sua livre recepção por um número qualquer de usuários.

te.le.du.ca.ção (*tele+educação*) *sf* Método educacional que se utiliza de instituições como televisão, rádio, correspondência postal etc., e que se caracteriza pela não presença do professor; educação a distância.

te.le.fé.ri.co (*tele+gr phéro+ico²*) *adj* Que transporta ao longe. • *sm* Espécie de ascensor suspenso por cabos que, de um monte a outro, ou de um monte a um ponto baixo, transporta mercadorias ou passageiros.

te.le.fo.nar (*telefone+ar¹*) *vtd e vti* **1** Comunicar, falar, transmitir pelo telefone. *vint* **2** Comunicar-se, falar, ter conversa pelo telefone.

te.le.fo.ne (*tele+fone*) *sm* Aparelho destinado a transmitir a distância a voz ou qualquer outro som por meio do eletromagnetismo. *Telefone celular:* telefone portátil, sem fio, que utiliza transmissores de rádio de baixa potência.

te.le.fo.ne.ma (*telefone+ema*) *sm* Comunicação telefônica; telefonada.

te.le.fo.ni.a (*tele+fone+ia¹*) *sf Telecom*

Processo de telecomunicação destinado a transmitir sons a grande distância.

te.le.fo.nis.ta (*telefone+ista*) *s m+f* Pessoa cuja função é receber e transmitir comunicações telefônicas, quando não haja sistema automático, em especial para ligações interurbanas.

te.le.gra.far (*telégrafo+ar¹*) *vtd e vti* **1** Transmitir pelo telégrafo. *vti* e *vint* **2** Corresponder-se ou enviar notícias pelo telégrafo; mandar telegrama.

te.le.gra.fi.a (*tele+grafo+ia¹*) *sf Telecom* Sistema eletromagnético, ou por ondas hertzianas, que transmite sinais gráficos a pontos distantes. *Telegrafia sem fio:* telegrafia por rádio.

te.le.grá.fi.co (*telégrafo+ico²*) *adj* **1** Relativo à telegrafia ou ao telégrafo. **2** Transmitido ou recebido pelo telégrafo.

te.le.gra.fis.ta (*telégrafo+ista*) *s m+f* Pessoa que se ocupa no serviço dos aparelhos telegráficos, transmitindo e recebendo telegramas.

te.lé.gra.fo (*tele+grafo*) *sm* **1** Aparelho destinado a transmitir mensagens ou quaisquer comunicações a distância. **2** Casa ou lugar onde funciona esse aparelho; estação telegráfica.

te.le.gra.ma (*tele+grama*) *sm* **1** Comunicação noticiosa ou informativa, transmitida pelo telégrafo. **2** Impresso onde é escrita essa comunicação. *Telegrama fonado:* telegrama recebido, ditado pelo telefone; fonograma.

te.le.gui.ar (*tele+guiar*) *vtd* **1** Guiar a distância (aviões, engenhos, foguetes, projéteis etc.) por meio das ondas hertzianas; telecomandar, teleconduzir, teledirigir. **2** Orientar; ser levado pela vontade de outrem: *"uma realidade concreta que a população enxerga e sente, sem se deixar teleguiar por mídia alguma"* (FSP) Conjuga-se como *premiar*.

te.le.im.pres.sor (*tele+impressor*) *sm* Aparelho telegráfico, cujo transmissor se assemelha a uma máquina de escrever comum, e cujo receptor imprime, em lugar de sinais, as letras que formam as mensagens escritas.

te.le.jor.nal (*tele+jornal*) *sm* Noticiário jornalístico transmitido pela televisão.

te.le.jor.na.lis.mo (*tele+jornalismo*) *sm* Atividade jornalística exercida em telejornal.

te.le.no.ve.la (*tele+novela*) *sf* Novela escrita especialmente para televisão ou adaptada de outro gênero, em geral apresentada em capítulos diários.

te.le.ob.je.ti.va (*tele+objetiva*) *sf Fot* Objetiva especial que permite telefotografar.

te.le.ós.teo (*gr télos, eos+ósteo*) *adj* **1** *Biol* Que tem tecido ósseo perfeito. **2** *Ictiol* Relativo ou pertencente aos teleósteos. • *sm* **1** Peixe da subclasse dos teleósteos. *sm pl* **2** *Ictiol* Subclasse de animais que abrange os peixes dotados de esqueleto ósseo.

te.le.pa.ta (*tele+gr páthos*) *adj m+f* Diz-se de pessoa que possui a faculdade da telepatia: *"Meu grande sonho era ser telepata."* (BL) • *s m+f* Essa pessoa: *"Bartolomeu revela dons de telepata e de vidente."* (FSP)

te.le.pa.ti.a (*tele+gr páthos+ia¹*) *sf* Capacidade que possuem algumas pessoas de transmitir e receber pensamentos a distância, sem que façam uso dos sentidos naturais.

te.les.có.pio (*tele+gr skópos+io²*) *sm* Instrumento óptico destinado a aumentar a imagem de objetos distantes, usado principalmente em astronomia, para observar os corpos celestes.

te.les.pec.ta.dor (*tele+espectador*) *sm* Espectador de televisão. • *adj* Que é espectador de televisão.

te.le.ti.po (*tele+tipo*) *sf* Aparelho telegráfico receptor, adotado nos grandes jornais, no qual os despachos são impressos em letras, em lugar de sinais, como uma máquina comum de escrever; teleimpressor, telescritor.

te.le.vi.são (*tele+visão*) *sf* **1** Sistema eletrônico de telecomunicação para transmitir imagens fixas ou animadas, juntamente com o som. **2** Televisor, tevê. *Televisão a cabo:* serviço de telecomunicação através de assinatura com distribuição de sinais de vídeo e áudio via transporte por meio físico.

te.le.vi.si.o.nar (*televisão+ar¹*) *vtd* Transmitir pela televisão; televisar.

te.le.vi.si.vo (*tele+lat visum+ivo*) *adj* **1**

Relativo ou pertencente à televisão. **2** Diz-se do objeto que reúne boas condições para ser televisado; televisual.

te.le.vi.sor (*tele*+*visor*) *adj* Pertencente ou relativo à televisão: *Aparelho televisor, estação televisora.* • *sm* V *televisão*.

te.le.vi.so.ra (ô) (*tele*+*lat visum*+*or*) *sf* Estação de televisão; televisão.

te.lex (*cs*) (*fr télex*) *sm Telecom* Serviço telegráfico de comunicação bilateral, feito por máquinas teleimpressoras, cuja ligação passa por uma ou mais estações comutadoras.

te.lha (ê) (*lat tegula*) *sf* Peça feita de barro cozido ao forno, amianto etc., destinada à cobertura de edifícios. *Dar na telha:* cismar, dar na veneta, vir à ideia. *Estar debaixo da telha:* estar dentro de casa.

te.lha.do (*telha*+*ado*[1]) *sm Constr* Conjunto das telhas que formam a cobertura de uma construção. *Telhado de vidro:* má reputação, passado pouco honrado.

te.lhei.ro (*telha*+*eiro*) *sm* **1** Fabricante de telhas. **2** Cobertura de telhas ou de outro material suportada apenas por pilares; alpendre.

te.li.nha (*tela*+*inha*) *sf dim* **1** Tela pequena. **2** *pop* O aparelho de televisão.

te.ma (*gr théma*) *sm* **1** Assunto de que se vai tratar num discurso. **2** Matéria de um trabalho literário, científico ou artístico.

te.má.rio (*tema*+*ário*) *sm neol* Conjunto de temas ou assuntos que devem ser tratados num congresso literário, artístico, científico ou de outra natureza.

te.má.ti.co (*gr thematikós*) *adj* **1** *Gram* Pertencente ou relativo ao tema das palavras. **2** *Mús* Pertencente ou relativo aos temas musicais. O domínio de assuntos preferencialmente tratados numa obra, ou por um autor em seus livros.

te.mer (*lat timere*) *vtd* e *vti* **1** Ter temor, medo ou receio de: *Temia o sofrimento.* *vpr* e *vint* **2** Assustar-se: *Temia ficar sozinho, à noite, no casarão.* *vtd* **3** Reverenciar, venerar: *Temer a Deus.*

te.me.rá.rio (*lat temerariu*) *adj* **1** Que se arroja aos perigos, sem pensar nas consequências que daí possam advir; imprudente. **2** Arriscado, perigoso.

te.me.ri.da.de (*lat temeritate*) *sf* **1** Qualidade de temerário; imprudência, ousadia, precipitação. **2** Aventura arriscada.

te.me.ro.so (ô) (*temor*+*oso*, com dissimilação) *adj* Que infunde temor, receio ou medo. *Pl: temerosos* (ó).

te.mor (*lat timore*) *sm* **1** Medo, susto. **2** Receio bem fundado de um mal ou de um perigo que pode sobrevir no futuro. **3** Reverência: *Temor a Deus.*

tem.pe.ra.men.tal (*ingl temperamental*) *adj m*+*f* Que tem temperamento muito sensível e facilmente excitável; emotivo: *"Essa gente é nervosa, temperamental, desmaia por qualquer coisa."* (BB)

tem.pe.ra.men.to (*lat temperamentu*) *sm* **1** *Psicol* Caráter de um indivíduo. **2** Qualidade predominante no organismo. **3** Constituição moral, gênio, índole.

tem.pe.rar (*lat temperare*) *vtd* **1** Pôr tempero em; procurar dar à comida melhor sabor; adubar: *Já sabe temperar o arroz.* *vti* e *vint* **2** Fazer tempero: *Saber temperar.* *vtd* **3** Misturar qualquer substância para dar sabor a: *Temperar o refresco.* *vtd* **4** Tornar mais fraco ou suave (o gosto, o sabor de); amenizar, suavizar: *Temperar o vinho com água.* *vtd* **5** *fig* Acrescentar a: *Temperar de otimismo a vida.* *vtd* **6** *fig* Ganhar têmpera; tornar-se forte ou vigoroso: *Tempera-se o ânimo com as provocações.* *vtd* **7** Dar consistência, rijeza (a metais): *Temperar as armas, o aço.*

tem.pe.ra.tu.ra (*lat temperatura*) *sf* **1** Grau de calor num corpo ou num lugar. **2** *Autom* Medida do calor registrado no óleo do motor, na água de refrigeração e no sistema de freios.

tem.pe.ro (ê) (de *temperar*) *sm* Substância que melhora o sabor dos alimentos; condimento. *Pl: temperos* (ê).

tem.pes.ta.de (*lat tempestate*) *sf* **1** Agitação violenta da atmosfera, acompanhada muitas vezes de relâmpagos, trovões, chuva e granizo. **2** Temporal no mar, caracterizado pela agitação do vento. **3** *fig* Grande agitação moral. *Antôn* (acepções 1 e 2): *bonança;* (acepção 3): *calma. Fazer tempestade em copo d'água:* fazer estardalhaço, grande agitação por motivo insignificante.

tem.pes.tu.o.so (ô) (*lat tempestuosu*) *adj*

1 Em que há tempestade; proceloso. **2** Que traz tempestade. **3** Muito agitado; violento. *Antôn:* calmo, tranquilo. *Pl:* tempestuosos (ó).

tem.plo (*lat templu*) *sm* **1** Edifício público destinado à adoração a Deus e ao culto religioso; igreja. **2** *por ext* Qualquer edifício em que se presta culto a uma divindade. **3** *fig* Lugar misterioso e respeitável.

tem.po (*lat tempu*) *sm* **1** Uma época; um período. **2** A idade, um lapso de tempo futuro ou passado. **3** Ocasião própria para um determinado ato; ensejo, oportunidade. **4** Estado meteorológico da atmosfera; vento, ar, temperatura. **5** *Gram* Flexão que indica o momento de ação dos verbos.

tem.po.ra.da (*têmpora+ada¹*) *sf* Época do ano própria ou escolhida para certas realizações: *Temporada de caça*.

tem.po.ral (*lat temporale*) *adj m+f* **1** Que passa como o tempo; que não é eterno ou perpétuo; temporário. **2** *Anat* Relativo às têmporas. **3** *Gram* Diz-se da conjunção subordinativa que introduz oração exprimindo o tempo de realização do que se declara na principal. • *sm* **1** *Anat* Osso situado na parte lateral e inferior da cabeça. **2** Grande tempestade; estado de grande perturbação atmosférica.

tem.po.rão (*lat temporanu*, *corr* de *temporaneu*) *adj* **1** Que vem ou sucede antes do tempo apropriado. **2** Diz-se do fruto que amadurece primeiro que outros. **3** Prematuro, precoce. *Antôn:* serôdio. *Fem:* temporã.

tem.po.rá.rio (*lat temporariu*) *adj* **1** Que dura certo tempo; temporal. **2** Que não é definitivo; provisório; transitório.

têm.po.ras (*lat tempora*, *pl de tempus*) *sf pl Anat* Os lados superiores da cabeça.

tem.po.ri.zar (*lat tempora, pl de tempus+izar*) *vtd* **1** Adiar, delongar, demorar. *vint* **2** Aguardar ocasião mais favorável ou propícia. *vti* **3** Condescender, contemporizar: *Temporizou habitualmente com o opositor*.

te.naz (*lat tenace*) *adj m+f* **1** Que prende e agarra com força; que não larga facilmente. **2** Teimoso, obstinado. **3** *Bot* Diz-se das plantas que se agarram e prendem aos corpos que lhes ficam próximos. *Sup abs sint:* tenacíssimo. • *sf* **1** Instrumento com que o ferreiro tira peças incandescentes da forja, para as malhar na bigorna. **2** As unhas do caranguejo. **3** Unhas, dedos ou mãos que prendem com força.

ten.ção (*lat tentione*) *sf* **1** Intento, plano, propósito. **2** Assunto, tema.

Tenção significa propósito, intento. Já **tensão** designa um estado de grande concentração física ou mental ou rigidez. *Você se equivocou. Não era minha **tenção** ferir os sentimentos de ninguém.*
*Não foi bem na prova, pois seu estado indicava uma grande **tensão** nervosa.*

ten.ci.o.nar (*tenção+ar¹*) *vtd* Formar tenção de, ter intento; planejar, projetar.

ten.da (*baixo-lat tenda*) *sf* **1** Barraca de feira. **2** Barraca de lona ou outro tecido, empregada em acampamento. *Tenda de oxigênio*, *Med:* dispositivo feito de vidro ou plástico, semelhante a uma tenda, dentro do qual é feita a oxigenoterapia. *Dim irreg:* tendilha.

ten.dão (*lat tendone*) *sm Anat* Feixe de fibras de tecido conjuntivo, em forma de cordão, que geralmente une os músculos aos ossos. *Tendão calcâneo*, *Anat:* tendão grosso, situado na parte posterior e inferior da perna, e que se insere no calcâneo (nome antigo: tendão de Aquiles).

ten.dên.cia (*lat tendentia*) *sf* Disposição natural e instintiva; inclinação, vocação.

ten.der (*lat tendere*) *vtd* **1** Estender: *O cozinheiro tendeu a massa para fazer pastéis*. *vpr* **2** Estender-se, fazer-se largo: *Tendem-se os pinheiros por vários quilômetros*. *vti* **3** Dirigir-se, encaminhar-se; inclinar-se: *Tendia a doença para a cura*. *vti* **4** Aproximar-se de: *Tendera para o zero a temperatura*. *vti* **5** Voltar-se, virar-se: *O vento tendeu para o sul*.

ten.di.ni.te (*tendão+ite¹*) *sf Patol* Inflamação de tendão.

te.ne.bro.so (ô) (*lat tenebrosu*) *adj* **1** Cheio ou coberto de trevas. **2** Muito escuro e denso. **3** Difícil de compreender; misterioso. **4** Terrível. **5** Indigno, criminoso. **6** Horrível, medonho. *Pl:* tenebrosos (ó).

te.nen.te (*lat tenente*) *sm* **1** Aquele que, na ausência do chefe ou diretor, o substitui.

2 Graduação da hierarquia militar acima de sargento e abaixo de capitão.

tê.nia (*lat taenia*) *sf Zool* **1** Gênero de vermes que, na forma adulta, parasitam o intestino do homem e de animais domésticos. **2** *V solitária*.

tê.nis (*ingl tennis*) *sm sing* e *pl* **1** Calçado esportivo geralmente confeccionado em lona e com solado de borracha. **2** Jogo praticado com bola e raquete, em campo dividido ao meio, transversalmente, por uma rede.

te.nis.ta (*tenis+ista*) *adj m+f* Pertencente ou relativo a tênis. • *s m+f* Pessoa que joga tênis.

te.nor (*ô*) (*ital tenore*) *sm* **1** *Mús* A voz masculina mais aguda. **2** Cantor que tem essa voz.

ten.ro (*lat teneru*) *adj* **1** Que facilmente se pode cortar ou mastigar; mole: *"Lá há um pasto verde, de capim tenro!"* (ATR) **2** Delicado, mimoso. **3** Jovem: *"a imagem daquele homem com uma filhinha tenra pela mão"* (ORM) **4** Inocente. **5** Fresco, recente. *Antôn* (acepção 1): *duro;* (acepção 3): *velho. Tenra idade* ou *tenros anos:* a infância, a puerícia. *Sup abs sint: teneríssimo*.

ten.são (*lat tensione*) *sf* **1** Estado ou qualidade de tenso. **2** Estado de grande concentração física ou mental. **3** Rigidez em certas partes do organismo. **4** *Fís* Força elástica dos gases ou dos vapores. **5** Estado de um corpo que possui força expansiva. *Tensão elétrica, Eletr:* força eletromotriz; voltagem. *Tensão pré-menstrual:* oscilação de humor que algumas mulheres apresentam antes da menstruação; TPM. *Tensão social, Sociol:* estado afetivo resultante das oposições encontradas entre grupos sociais.

ten.so (*lat tensu*) *adj* **1** Estendido com força; esticado, retesado, teso. **2** *fig* Muito preocupado ou em estado de tensão. • *sm* Cordel ou tirante com que se forma a dobra ou saco da tarrafa.

ten.ta.ção (*lat tentatione*) *sf* **1** Ato ou efeito de tentar. **2** Apetite ou desejo violento. **3** Pessoa ou coisa que tenta. *sm* **4** *pop* O diabo.

ten.tá.cu.lo (*lat tentaculu*) *sm* **1** *Zool* Apêndice móvel, inarticulado e elástico, que sai da cabeça ou da parte anterior de certos animais e serve geralmente de órgão do tato ou de apreensão. **2** *Bot* Pelo das plantas carnívoras.

ten.ta.dor (*lat tentatore*) *adj* **1** Que tenta, que solicita para o mal. **2** Que inspira desejo ou apetite. • *sm* **1** O que tenta. **2** *pop* O diabo.

ten.tar (*lat tentare*) *vtd* **1** Pôr à prova; experimentar: *Os presos tentaram fugir. vtd* **2** Ensaiar, experimentar, exercitar: *Tentar um dueto. vpr* **3** Arriscar-se, aventurar-se a: *Tentar-se a arrojadas. vtd* **4** *Dir* Instaurar, intentar, pôr em juízo, propor: *Sua proposta não me tenta. vtd* **5** Criar desejos em; induzir. *vtd* **6** Procurar seduzir, procurar conquistar o amor de: *Tentava-o, mas ele amava outra. vtd* **7** Procurar corromper: *Tentar a fé, a fidelidade*.

ten.ta.ti.va (*fem de tentativo*) *sf* **1** Ação de pôr em execução um projeto, mas que não se completa, que fica no começo. **2** Ensaio, experiência, prova.

ten.to (*lat tentu*) *sm* **1** Atenção, cuidado, juízo, precaução, prudência, sentido, tino. **2** Instrumento usado pelos pintores para apoiar o punho a fim de pincelar com firmeza. **3** Qualquer peça com que se marcam os pontos no jogo. *Ganhar tento:* recuperar a calma, o sangue-frio. *Lavrar um tento:* acertar em cheio, fazer o que deve. *Sem tento:* desatentamente. *Tomar tento:* prestar toda a atenção, tomar cuidado.

tê.nue (*lat tenue*) *adj m+f* **1** Que tem pouca consistência ou espessura. **2** Delgado, frágil. **3** Muito pequeno. **4** Sutil. **5** Leve, ligeiro.

te.o.lo.gal (*teólogo+al¹*) *adj m+f* **1** Que trata de Deus. **2** *Teol* Diz-se das três virtudes: fé, esperança e caridade: *"Sem essas virtudes, que não são apenas teologais, a vida a dois seria impossível."* (OV)

te.o.lo.gi.a (*gr theología*) *sf* Ciência que se ocupa de Deus e de suas relações com o Universo e o homem.

te.ó.lo.go (*teo+logo*) *sm* Especialista em teologia.

te.or (*ô*) (*lat tenore*) *sm* **1** Texto ou conteúdo exato de um escrito ou documento.

2 Forma particular de fazer uma coisa; maneira, modo. **3** Norma, sistema, regra: *Novo teor de trabalho.* **4** *Quím* Proporção em que, num composto, está cada um dos elementos componentes; percentagens.

te.o.re.ma (*gr theórema*) *sm* Qualquer proposição que, para ser admitida ou se tornar evidente, precisa ser demonstrada.

te.o.ri.a (*gr theoría*) *sf* **1** Princípios básicos e elementares de uma arte ou ciência. **2** Sistema ou doutrina que trata desses princípios. **3** Conhecimento que se limita à exposição, sem passar à ação, sendo, portanto, o contrário da prática. **4** Conjetura, hipótese.

te.ó.ri.co (*gr theorikós*) *adj* Pertencente ou relativo à teoria. • *sm* **1** Aquele que conhece cientificamente os princípios ou a teoria de uma arte. **2** *fam* Sonhador. *Antôn* (acepção 2): *prático*.

te.o.ri.zar (*teoria+izar*) *vtd* **1** Criar, estabelecer ou fundar teoria sobre; reduzir à teoria. *vint* **2** Discorrer sobre teorias, sem passar à prática: *Em vez de teorizar, pratiquemos.*

ter (*lat tenere*) *vtd* **1** Gozar; desfrutar, possuir, usufruir. *vtd* **2** Alcançar, obter. *vtd* **3** Agarrar, aguentar, conservar preso; segurar. *vtd* **4** Dominar, possuir: *Ter uma casa.* *vtd* **5** Apresentar. *vti* **6** Estar determinado ou resolvido; ser obrigado; ter necessidade ou precisão. *vpr* **7** Conter-se, reprimir-se: *Não se teve de alegria.* *vpr* **8** Ater-se, confiar: *Tinha-se à orientação do professor.* *vtd* **9** Dar origem a. *vtd* **10** Ser genitor de. *vtd* **11** Gerar, procriar (falando do homem e do animal): *Maria teve três filhos.* *vtd* **12** Ser dotado de: *Ter capacidade.* *vtd* **13** Fruir, gozar: *Temos prazer de convidá-los para jantar.* *vtd* **14** Dar provas de; revelar: *Ter caridade.* *vtd* **15** Haver-se ou proceder com: *Ter cuidado.* *vtd* **16** Estar confiado ou entregue a; ser administrado, auxiliado, dirigido, dominado, possuído, protegido por: *Temos um governo democrático.* *vtd* **17** Adotar, seguir: *Não tenho seu modo de pensar.* *vpr* **18** Opor-se, resistir: *Ter-se com adversário.* *vtd* **19** Experimentar, receber, sentir, sofrer (impressão, sensação, sentimento). *vtd* **20** Sofrer de: *Ter febre, ter doença.*

vtd **21** Forma com o particípio os tempos compostos. *Conjug – Pres indic:* tenho, tens, tem, temos, tendes, têm; *Pret perf:* tive, tiveste, teve, tivemos, tivestes, tiveram; *Pret imp indic:* tinha, tinhas, tinha, tínhamos, tínheis, tinham; *Pret mais-que-perf:* tivera, tiveras, tivera, tivéramos, tivéreis, tiveram; *Fut pres:* terei, terás, terá, teremos, tereis, terão; *Fut pret:* teria, terias, teria, teríamos, teríeis, teriam; *Pres subj:* tenha, tenhas, tenha, tenhamos, tenhais, tenham; *Pret imp subj:* tivesse, tivesses, tivesse, tivéssemos, tivésseis, tivessem; *Fut subj:* tiver, tiveres, tiver, tivermos, tiverdes, tiverem; *Imper afirm:* —, tem(Tu), tenha(Você), tenhamos(Nós), tende(Vós), tenham(Vocês); *Imper neg:* —, Não tenhas(Tu), Não tenha(Você), Não tenhamos(Nós), Não tenhais(Vós), Não tenham(Vocês); *Infinitivo impess:* ter; *Infinitivo pess:* ter, teres, ter, termos, terdes, terem; *Ger:* tendo; *Part:* tido. *Ter boa prosa:* ter palestra agradável; ser muito labioso, ter bom palavreado. *Ter boas maneiras:* ser bem-educado. *Ter boas pernas:* ser capaz de fazer longas caminhadas. *Ter com alguém:* encontrar-se com essa pessoa. *Ter diante dos olhos:* não esquecer, não tirar da memória.

Ter de ou **ter que?**
Embora, atualmente, sejam aceitas as duas construções, prefira **ter de** quando pretender dar o sentido de uma necessidade, obrigação ou dever.
Todos tínhamos de revisar o trabalho diariamente.
Teria de se envolver em novas negociações para o sucesso do empreendimento.
Quando, entretanto, estiver subentendido algo, alguma coisa ou muita coisa, prefira **ter que**.
Saiu mais cedo porque tinha que fazer. (tinha alguma coisa, algo ou muita coisa para fazer)
Gosto de ter que contar quando volto de viagem. (ter alguma coisa, algo ou muita coisa para contar)

Ter ou **haver**?
Use sempre o verbo **haver** como sinônimo de **existir**.
Não há mais jeito de se fazer o trabalho.

Amanhã **haverá** Atlético versus Santos no Pacaembu.
Havia muita gente na porta do banco.
Houve muitas brigas no Carnaval.
Havia de tudo na festa de casamento.
Onde **há** fumaça, há fogo.
Não **há** problema.
Evite, na língua padrão, formas com o verbo **ter** como: *Não tem mais jeito. Amanhã tem jogo. Tem muita gente no banco. Não tem problema.*

te.ra.peu.ta (*gr therapeutés*) *s m+f* Pessoa que exerce a terapêutica; médico, clínico.

te.ra.pêu.ti.ca (*gr therapeutiké*) *sf Med* Parte da medicina que se ocupa da escolha e administração dos meios de curar doenças e da natureza dos remédios. *Sin: terapia.*

te.ra.pi.a (*gr therapeía*) *Med* V *terapêutica. Terapia ocupacional:* tratamento que se desenvolve através do interesse do paciente por determinado trabalho ou ocupação.

te.ra.to.lo.gi.a (*térato+logo+ia*¹) *sf Med* Estudo das deformações ou monstruosidades orgânicas.

ter.ça-fei.ra (*terça+feira*) *sf* Terceiro dia da semana. *Pl:* terças-feiras.

ter.cei.ra (*fem* de *terceiro*) *sf Autom* A terceira marcha de velocidade dos veículos. *Terceira proporcional, Arit:* a terceira grandeza, em uma proporção com os meios iguais.

ter.cei.ra-i.da.de *sf* Idade acima dos cinquenta anos.

ter.cei.ri.za.ção (*terceirizar+ção*) *sf Econ* Atribuição de um trabalho a empresas independentes.

ter.cei.ri.zar (*terceiro+izar*) *vtd Econ* Transferir a trabalhadores não pertencentes ao quadro de funcionários de uma empresa funções antes exercidas por empregados dessa mesma empresa.

ter.cei.ro (*lat tertiariu*) *num* Ordinal correspondente a três. • *sm* **1** Cada uma das três partes iguais em que se divide o todo. *sm pl* **2** Outras pessoas.

ter.ci.á.rio (*lat tertiariu*) *adj* **1** *Geol* Diz-se do período geológico caracterizado pela formação das grandes cadeias de montanhas, como, por exemplo, os Alpes, Cáucaso e Himalaia, como também pela formação e aparecimento dos primeiros símios antropoides e extinção dos grandes sáurios. **2** *Econ* Diz-se do setor de prestação de serviços numa economia.

ter.ço (*ê*) (*lat tertiu*) *num* Fracionário correspondente a três. • *sm* **1** Cada uma das três partes iguais em que se divide o todo. **2** Conjunto de contas enfiadas numa linha que se costuma ir desfiando enquanto se recitam orações.

ter.çol *sm Med* Pequeno tumor inflamatório, no bordo das pálpebras.

te.re.bin.ti.na (*terebinto+ina*) *sf* Nome genérico das resinas líquidas extraídas de algumas árvores, como o terebinto ou as coníferas. *Essência de terebintina:* óleo que se emprega para diluir tintas, dissolver gorduras, fabricar vernizes etc.; aguarrás.

te.re.si.nen.se (*top Teresina+ense*) *adj m+f* Relativo a Teresina, capital e município do Piauí. • *s m+f* Pessoa natural desse município.

ter.gal (*tergo+al*¹) *adj m+f* Relativo ao dorso; dorsal. • *sm* Espécie de tecido que não se amassa facilmente.

ter.mal (*terma+al*¹) *adj m+f* Diz-se da água cuja temperatura é mais alta que o ar do ambiente.

ter.mas (*pl thermas*) *sf pl* **1** Estabelecimento destinado ao uso terapêutico das águas medicinais quentes. **2** *Antig rom* Edifício próprio para banhos públicos.

ter.me.le.tri.ci.da.de (*termo+eletricidade*) *sf Fís* Eletricidade obtida pela ação do calor. *Var: termoeletricidade.*

ter.me.lé.tri.co (*termo+elétrico*) *adj* Pertencente ou relativo à termeletricidade: *"Poluição causada pela usina termelétrica."* (QUI) *Var: termoelétrico.*

tér.mi.co (*termo+ico*²) *adj* Pertencente ou relativo às termas, ao calor, ou que o conserva.

ter.mi.na.ção (*lat terminatione*) *sf* **1** *Gram* Parte final de uma palavra. **2** Conclusão, fim, termo. **3** *Anat* O fim dos nervos, dos vasos etc., ou o ponto onde eles terminam.

ter.mi.nal (*lat terminale*) *adj m+f* **1** Que constitui o termo ou extremidade. **2** Diz-se do doente que se encontra às portas da morte. • *sm* **1** Construção, em portos e pontos finais de estradas. **2** *Eletr* Ponto na rede elétrica em que são feitas as ligações para uso dos particulares. **3** Ponto final de uma estrada de ferro ou linha de ônibus.

ter.mi.nan.te (*lat terminante*) *adj m+f* **1** Que termina. **2** Categórico, decisivo, definitivo.

ter.mi.nar (*lat terminare*) *vtd* **1** Acabar, arrematar, concluir, findar: *Terminar o trabalho*. *vtd* **2** Pôr termo a, ser o fim ou remate de: *Isso lhe terminará os receios*. *vti e vint* **3** Atingir o seu termo; deixar de existir: *A luta terminou com a morte de um dos oponentes*. *vti e vpr* **4** Ter um termo ou limite: *O negócio terminou com a falência da empresa*. Antôn: *principiar*, *iniciar*. *Terminar em pizza, pop:* não dar resultado, acabar em nada.

tér.mi.no (*lat terminu*) *sm* **1** Termo, fim. **2** Baliza, limite.

ter.mi.no.lo.gi.a (*término+logo+ia¹*) *sf* Conjunto dos termos técnicos de uma ciência ou arte; nomenclatura.

ter.mo (*ê*) (*lat terminu*) *sm* **1** Limite, raia. **2** Limite moral. **3** Termo em relação ao tempo e ao espaço. **4** Palavra ou expressão própria de uma arte ou ciência. **5** *Gram* Vocábulo, dicção, palavra, expressão. **6** *Mat* Cada um dos elementos de uma fração, de uma relação, de uma proporção ou de uma progressão etc. *Termos essenciais da oração, Gram:* o sujeito e o predicado. *Termos integrantes da oração, Gram:* o complemento nominal e o complemento verbal (objeto direto ou objeto indireto) e o agente da passiva. *Em termos:* guardadas as devidas proporções.

ter.mo.di.nâ.mi.ca (*termo+dinâmica*) *sf* *Fís* Estudo das mútuas relações entre os fenômenos caloríficos e os mecânicos.

ter.mô.me.tro (*termo+metro²*) *sm* **1** *Fís* Instrumento com que se mede a temperatura dos corpos. **2** *fig* Indicação de um estado ou andamento de qualquer coisa, na ordem física ou moral. *Termômetro centígrado:* aquele que tem a escala dividida em 100 graus, correspondendo 0 à temperatura de fusão do gelo e 100 à temperatura de ebulição da água. *Termômetro de Celsius: V termômetro centígrado*. *Termômetro de Fahrenheit:* aquele em que o ponto de fusão do gelo é marcado pelo grau 32 e o de ebulição da água pelo grau 212.

ter.mo.nu.cle.ar (*termo+nuclear*) *adj m+f Fís* De ou relativo às transformações (fusões) que ocorrem nos núcleos dos átomos de baixo peso atômico, como o hidrogênio, decorrentes de elevadíssimas temperaturas que podem iniciar uma reação em cadeia.

ter.mos.ta.to (*termo+gr statós*) *sm Fís* Dispositivo automático destinado a manter e controlar a temperatura de um corpo ou de um ambiente. *Var: termóstato*.

ter.no (*lat teneru*) *adj* **1** Afetuoso, meigo. **2** Brando, suave. **3** Carinhoso, afável. • *sm* **1** Grupo de três coisas ou pessoas; trio. **2** Vestuário masculino. *Fazer o terno:* acertar três dos cinco números sorteados pela loteria chamada quina.

ter.nu.ra (*terno+ura*) *sf* **1** Carinho, meiguice. **2** Afeto brando.

ter.ra (*lat terra*) *sf* **1** *Terra Astr* Planeta do Sistema Solar em que habitamos e cuja órbita se situa entre a de Vênus e a de Marte. **2** A parte sólida desse planeta, não ocupada pelo mar. **3** Solo, chão. **4** Pátria. **5** Região. • *interj* Grito dos marinheiros ao avistarem terra.

ter.ra.ço (*lat terraceu*) *sm* Pavimento descoberto no alto, ao nível do pavimento de uma casa ou contíguo a ela; plataforma.

ter.ra.co.ta (*ital terracotta*) *sf* **1** Argila modelada e cozida ao forno. **2** Objeto de cerâmica ou de escultura que foi cozido ao forno.

ter.ra.ple.na.gem (*terraplenar+agem*) *sf* **1** Ato ou efeito de terraplenar. **2** Qualquer trabalho que tenha por fim modificar o relevo natural de um terreno por meio de aterros. *Var: terraplanagem*.

ter.ra.ple.nar (*terrapleno+ar¹*) *vtd* Encher de terra, formar terrapleno em (qualquer sítio vazio para o tornar maciço). *Var: terraplanar*.

ter.rá.queo (*lat terra +lat aqua+eo*) *adj* Pertencente ou relativo ao globo terrestre; terrestre: *"Este terráqueo mundo é de trevas."* (TTE) • *sm* O habitantante da Terra: *"Cuidado, os cavalos dormem de pé. Rendam-se, terráqueos."* (CNT)

ter.rei.ro (*terra+eiro*) *sm* **1** Espaço de terra desocupado, largo e plano. **2** Eirado, terraço. **3** Denominação dada ao local onde se realizam os cultos afro-brasileiros (macumba, candomblé etc.).

ter.re.mo.to (*lat terraemotu*) *sm* Vibração ou abalo da crosta da Terra; tremor de terra; sismo. *Var: terramoto.*

ter.re.no (*lat terrenu*) *adj* **1** Terrestre. **2** Que se refere ao mundo; mundano. • *sm* **1** Espaço de terra mais ou menos extenso. **2** *Geol* Cada uma das camadas de terra ou rochas consideradas em relação à extensão que ocupam, segundo o modo e época da sua formação. *Perder terreno:* a) recuar em vez de avançar; b) ficar privado de vantagem. *Sondar o terreno:* verificar, pesquisar.

tér.reo (*lat terreu*) *adj* **1** Pertencente ou relativo à terra. **2** Diz-se do piso situado diretamente no solo. • *sm* O pavimento que se situa ao rés do chão; andar térreo.

ter.res.tre (*lat terrestre*) *adj m+f* **1** Que provém da terra ou nasce nela. **2** Que vive sobre a parte sólida do globo.

ter.ri.fi.car (*lat terrificare*) *vtd* Amedrontar, apavorar, assustar; causar ou incutir terror a.

ter.ri.na (*fr terrine*) *sf* Vaso de louça ou metal etc., geralmente com tampa, no qual se leva à mesa a sopa ou o caldo.

ter.ri.to.ri.al (*lat territoriale*) *adj m+f* Pertencente ou relativo a território.

ter.ri.tó.rio (*lat territoriu*) *sm* Porção da superfície terrestre pertencente a um país, estado, município, distrito etc.

ter.rí.vel (*lat terribile*) *adj m+f* **1** Que causa ou infunde terror; assustador, temido, temível. **2** Com que não se pode lutar; invencível. *Sup abs sint: terribilíssimo.*

ter.ror (*lat terrore*) *sm* **1** Estado de grande pavor, medo. **2** Perigo, dificuldade extrema.

ter.ro.ris.mo (*terror+ismo*) *sm* **1** Sistema governamental que impõe, por meio de terror, os processos administrativos sem respeito aos direitos e às regalias dos cidadãos. **2** Uso de violência contra um indivíduo ou uma comunidade.

ter.ro.ris.ta (*terror+ista*) *adj m+f* **1** Que infunde terror. **2** Que espalha boatos assustadores ou prediz acontecimentos funestos. • *s m+f* Pessoa partidária do terrorismo.

te.são (*lat tensione*) *sm* **1** Estado ou qualidade de teso; tesura. **2** Embate violento; ímpeto. *s m+f* **1** *Vulg* Desejo sexual. **2** *pop* Estado do pênis em ereção.

te.se (é) (*gr thésis*) *sf* **1** Proposição que se apresenta para ser discutida. **2** Monografia para ser defendida em público, em exames de mestrado ou doutorado nas escolas superiores. *Em tese:* em geral, em princípio, teoricamente, por via de regra.

te.sou.ra (*lat tonsoria*) *sf* Instrumento de corte formado por duas lâminas, articuladas face a face, e que se unem no meio por um eixo, terminadas por duas aberturas onde se introduzem os dedos, que fazem mover as lâminas. *Meter a tesoura em alguém:* falar mal de uma pessoa. *Var: tesoira.*

te.sou.rar (*tesoura+ar¹*) *vtd* **1** Cortar com tesoura. **2** Cortar, dilacerar. **3** *pop* Falar mal de: *"Não suporto ninguém me tesourando."* (SAR) **4** Golpear com tesoura. *Var: tesoirar.*

te.sou.ra.ri.a (*tesouro+aria*) *sf* Casa ou lugar onde se guarda ou administra o Tesouro Público. *Var: tesoiraria.*

te.sou.rei.ro (*tesouro+eiro*) *sm* Aquele que tem a seu cargo as operações monetárias de uma empresa, banco, sociedade etc. *Var: tesoireiro.*

te.sou.ro (*lat thesauru*) *sm* **1** Grande quantidade de dinheiro, joias ou outros valores importantes. **2** Lugar onde se guardam esses valores. **3** Coisa ou conjunto de coisas preciosas escondidas ou ocultas num lugar. **4** Ministério da Fazenda. *Var: tesoiro.*

tes.ta (é) (*lat testa*) *sf* **1** A parte superior da frente da cabeça, entre as sobrancelhas e a raiz dos cabelos; a fronte. **2** *fig* Direção, administração. *Estar à testa:* chefiar, liderar. *Franzir a testa:* dar sinal de contrariedade ou descontentamento. *Meter a testa:* dar uma cabeçada. *Testa de ferro:* indivíduo que assume responsabilidades alheias ou representa ficticiamente aqueles que não querem aparecer.

tes.ta de fer.ro Ver definição em *testa*.

tes.ta.men.tal (*lat testamentale*) *adj m+f* Pertencente ou relativo a testamento.

tes.ta.men.tei.ro (*lat testamentariu*) *sm Dir* Pessoa que cumpre ou faz cumprir um testamento.

tes.ta.men.to (*lat testamentu*) *sm Dir* Ato personalíssimo, unilateral, pelo qual a pessoa dispõe, total ou parcialmente, dos seus bens para depois de sua morte. *Antigo ou Velho Testamento, Bíblia:* conjunto dos livros anteriores aos Evangelhos. *Novo Testamento, Bíblia:* conjunto dos livros que se seguiram ao nascimento de Jesus Cristo.

tes.tar (*lat testare*) *vtd* **1** Deixar por testamento; legar. *vti e vint* **2** Dispor de algo em testamento. *vtd* **3** Deixar após o falecimento. *vtd* **4** Submeter a teste; experimentar, pôr à prova.

tes.te (*ingl test*) *sm* **1** Exame crítico ou prova das qualidades, natureza ou comportamento de uma pessoa ou coisa. **2** Prova, experiência, exame. **3** Ensaio, verificação.

tes.te.mu.nha (de *testemunhar*) *sf* **1** *Dir* Pessoa que assiste a determinado fato, e é chamada a juízo a fim de depor desinteressadamente sobre o que sabe a respeito desse fato. **2** Pessoa que presencia um fato qualquer; espectador.

tes.te.mu.nhar (*testemunho+ar¹*) *vtd* **1** Dar testemunho de; atestar, confirmar, declarar ter visto ou conhecido. *vti* **2** Fazer declaração como testemunha.

tes.te.mu.nho (*lat testimoniu*) *sm* Narração real que se faz em juízo; depoimento, declaração da testemunha.

tes.tí.cu.lo (*lat testiculu*) *sm Anat* Cada uma das duas glândulas seminais masculinas, situadas na bolsa escrotal e que produzem espermatozoides e demais hormônios.

tes.ti.fi.car (*lat testificari*) *vtd* **1** Dar testemunho de, testemunhar; atestar, comprovar: *"Mas os índios que testificaram estas coisas asseguram que ela ainda está lá."* (LOB) **2** Afirmar, assegurar: *Testificar uma doutrina.*

tes.tos.te.ro.na (*ingl testosterone*) *sf* Substância androgênica ativa, que constitui um hormônio sexual masculino.

te.ta¹ (*ê*) (*gr títhe*) *sf* **1** Glândula mamária, seio, mama. **2** *Anat Zool* úbere. **3** Apêndice que, em número variável (quatro nos bovinos), serve de conduto para o leite.

te.ta² (*é*) (*gr thêta*) *sm* Oitava letra do alfabeto grego.

té.ta.no (*lat tetanu*) *sm Med* Doença infecciosa aguda caracterizada pela rigidez convulsiva e dolorosa dos músculos, particularmente os da mastigação.

te.to (*lat tectu*) *sm* **1** Superfície, ordinariamente plana, guarnecida de tábuas ou de estuque, que forma a parte superior interna de uma casa ou de um compartimento. **2** *por ext* O telhado, considerado especialmente do lado interno. **3** *fig* Casa, habitação. **4** *fig* Limite máximo: *Teto salarial.*

te.tra.cam.pe.ão (*tetra+campeão*) *adj* Diz-se do indivíduo ou grêmio esportivo campeão quatro vezes consecutivas. • *sm* Esse indivíduo ou esse grêmio. *Fem: tetracampeã.*

te.tra.e.dro (*tetra+hedro*) *sm Geom* Poliedro de quatro faces; pirâmide triangular.

te.tra.ne.to (*tetra+neto*) *sm* Filho do trineto ou da trineta. *Var: tataraneto.*

te.tra.ple.gi.a (*tetra+plego+ia¹*) *sf Med* Paralisia de todos os quatro membros; quadriplegia.

te.tra.plé.gi.co (*tetraplegia+ico²*) *adj* Pertencente ou relativo à tetraplegia.

te.tras.sí.la.bo (*tetra+sílaba*) *adj Gram* Que tem quatro sílabas. • *sm* Palavra ou verso de quatro sílabas.

te.tra.vô (*tetra+avô*) *sm* O pai do trisavô ou da trisavó. *Var: tataravô. Fem: tetravó.*

té.tri.co (*lat tetricu*) *adj* **1** Excessivamente melancólico. **2** Medonho, horrível, horripilante. *Sup abs sint: tetérrimo.*

teu (*lat tuu*) *pron poss* Próprio de ti.

te.vê (da sigla *TV*, de *televisão*) *pop V televisão.*

têx.til (*ês*) (*lat textile*) *adj m+f* **1** Que se pode tecer ou é próprio para ser tecido. **2** Pertencente ou relativo à tecelagem ou às fábricas de tecidos: *Indústrias têxteis.*

tex.to (*ês*) (*lat textu*) *sm* As palavras de um autor, de que consta algum livro ou escrito.

tex.tu.al (*ês*) (*texto+al¹*) *adj m+f* **1** Pertencente ou relativo ao texto. **2** Que se transcreveu exata e fielmente do próprio texto.

tex.tu.ra (ês) (*lat textura*) *sf* **1** Tecido, trama. **2** União íntima das partes de um corpo; contextura: *"Esboços e plantas para residências, padrões para texturizar superfícies."* (FSP)

tex.tu.ri.zar (*textura+izar*) *vtd* Cobrir (paredes, peças de decoração ou outras superfícies) com massa e/ou tinta, dando em seguida uma textura (algum relevo) a essa cobertura: *"Esboços e plantas para residências, padrões para texturizar superfícies."* (FSP)

te.xu.go (*lat vulg taxonu*) *sm Zool* Mamífero carnívoro, de focinho semelhante ao do urso, pelos rijos usados na fabricação de pincéis, unhas fortes nas patas dianteiras, com as quais cava tocas profundas.

tez (ê) (*cast tez*) *sf* A epiderme do rosto; cútis: *"Uma advogada linda, de longos cabelos escuros e tez morena."* (FSP)

ti (*lat tibi*) *pron pess* Variação do pronome pessoal *tu*, sempre regida de preposição: *De ti, para ti, por ti, a ti, em ti.* (Exceto a preposição *com*, que toma outra forma e se diz *contigo*.)

ti.a (*fem de tio*) *sf* **1** Irmã do pai ou da mãe em relação a seus filhos. **2** Mulher do tio em relação a seus sobrinhos. **3** Tratamento carinhoso dado por jovens e crianças a amigas da família ou a professoras. *Ficar para tia:* não casar; ficar solteirona.

ti.a.ra (*lat tiara*) *sf* Enfeite para a cabeça usado por mulheres.

ti.be.ta.no (*top Tibete+ano*) *adj* **1** Pertencente ou relativo ao Tibete (Ásia). **2** Nascido no Tibete. • *sm* **1** Habitante ou natural do Tibete. **2** Língua falada no Tibete.

tí.bia (*lat tibia*) *sf Anat* O mais grosso dos dois ossos da perna situado na parte anterointerna.

ti.ção (*lat titione*) *sm* **1** Pedaço de lenha acesa ou meio queimada. **2** *fig* Pessoa muito morena. **3** *fig* Negro.

ti.car (*tique+ar¹*) *vtd* Marcar, assinalar com tique.

ticket (*tíquet*) (*ingl*) *sm V tíquete.*

ti.co (*voc express*) *sm* **1** Bocado, pedacinho de qualquer coisa. **2** Pequena quantidade.

ti.co-ti.co (*voc onom*) *sm Ornit* Passarinho muito semelhante ao pardal. Voz: *canta, pia, trina.* Pl: *tico-ticos.*

ti.é (do *tupi tié*) *sm Ornit* Nome comum de diversas espécies de aves passeriformes. *Var: tiê.*

ti.e.ta.gem (*tiete+agem*) *sf gír* **1** Atitude ou ação de tiete: *"Teve cena de tietagem explícita."* (FSP) **2** O conjunto das tietes: *"Foi o que bastou para preocupar a nação brasileira e deixar nervosa a tietagem."* (CPO)

ti.e.tar (*tiete+ar¹*) *vtd* e *vint* Proceder ou agir como tiete: *"Tietando os sons de Tieta."* (FSP)

ti.e.te (ê) (de Tiete, *np*) *s m+f gír* Fã, admirador entusiasta.

ti.fá.ceas (*gr týphe+áceas*) *sf pl Bot* Família de plantas aquáticas perenes, com rizomas rasteiros, longas folhas lineares e espigas cilíndricas de flores.

ti.fo (*gr týphos*) *sm Med* Nome de um grupo de doenças infecciosas febris, causadas por micro-organismos.

ti.foi.de (ó) (*tifo+oide*) *adj m+f Med* Que tem o caráter e a natureza do tifo.

ti.ge.la (*lat tegula*) *sf* Vaso de louça ou outro material, de fundo estreito e boca mais ou menos larga, sem asas ou gargalo, ou com asas pequenas, no qual se servem caldo, sopa etc.

ti.gre (*lat tigre*) *sm Zool* Mamífero carnívoro da família dos felídeos, caracterizado por extrema ferocidade. Tem o pelame amarelado com listras negras. Voz: *brama, mia, ruge, urra.* Fem: *tigresa.*

ti.jo.lo (ô) (*cast tejuelo*, *dim* de *tejo*) *sm* Bloco de barro, moldado e cozido, geralmente em forma de paralelepípedo, que se emprega nas construções. *Pl: tijolos* (ó).

til (*cast tilde*) *sm* Sinal gráfico (~) que se usa sobre as vogais *a* e *o* para indicar nasalização, e, em castelhano, sobre o *n* (equivale ao dígrafo português *nh*).

tí.lia (*lat tilia*) *sf Bot* **1** Gênero típico da família das tiliáceas, constituído de árvores nativas nas regiões temperadas, com folhas medicinais. **2** A flor dessas plantas.

ti.li.á.ceas (*lat tilia+áceas*) *sf pl Bot* Família de plantas floríferas, de árvores e arbustos, da ordem das malvales, que se caracterizam por estames livres, antenas com duas cavidades e fruto capsular.

ti.lin.tar (*voc onom*) *vint* **1** Soar metalicamente (sino, campainha, dinheiro etc.). *vtd* **2** Fazer tilintar. *Var:* terlintar, tirilintar, tirlintar.

ti.mão (*lat timone, corr de temone*) *sm* **1** Peça do arado ou do carro à qual são atrelados os animais. **2** *Náut* Barra do leme; roda do leme. **3** *por ext* Leme.

tim.brar (*timbre+ar¹*) *vtd* **1** Pôr timbre em: *Timbrar as insígnias*. *vtd* **2** Marcar com timbre: *Timbrar os papéis*. *vtd* **3** Apodar, censurar, qualificar: *Timbram-no de bom aluno*. *vti* **4** Caprichar, esmerar-se em, orgulhar-se de: *Ele timbra de ser primeiro de classe*.

tim.bre (*fr timbre*) *sm* **1** Insígnia que se coloca sobre o escudo de armas para designar os graus de fidalguia. **2** Emblema, sinal, marca, impressos no alto de papel de cartas, envelopes etc., com indicação do nome e endereço do emitente. **3** *Mús* Qualidade que distingue um som, independentemente de sua altura ou intensidade.

ti.me (*ingl team*) *sm Esp* O conjunto de jogadores de qualquer modalidade de esporte; equipe, quadro. *Enterrar o time:* contribuir para a derrota dele.

ti.mi.dez (*tímido+ez*) *sf* Acanhamento excessivo. *Antôn:* audácia, desembaraço.

tí.mi.do (*lat timidu*) *adj* **1** Que tem temor; assustado, medroso, sem coragem. **2** Que não tem desembaraço; acanhado. *Antôn* (acepção 1): *audacioso*. • *sm* Indivíduo acanhado, fraco.

ti.mo.nei.ro (*timão+eiro*) *sm* Aquele que governa o timão das embarcações.

tim.pa.no (*gr týmpanon*) *sm* **1** *Anat* Membrana delgada, circular, distendida no fundo da orelha externa, que vibra sob a ação das ondas sonoras que penetram nesse conduto; também chamada *membrana timpânica*. **2** *Mús* Instrumento de percussão com forma hemisférica, que consiste numa grande bacia de metal em cuja abertura se estende uma pele bem esticada, na qual se bate para produzir som. *Furar o tímpano:* falar ou cantar muito alto.

tim-tim (*voc onom*) *sm* **1** Usado na locução *tim-tim por tim-tim:* com todos os pormenores, minuciosamente, por miúdo, ponto por ponto. **2** Termo bastante comum entre pessoas ao fazerem um brinde, tocando levemente copos ou taças. *Pl:* tim-tins.

ti.na (*lat tina*) *sf* Vasilha semelhante a um barril cortado pelo meio.

tí.ner (*ingl thinner*) *sm* Solvente que comumente é usado para ser adicionado às tintas, a fim de torná-las menos viscosas.

tin.gir (*lat tingere*) *vtd* **1** Colorir artificialmente, meter em tinta (couros, panos, sedas etc.): *Tingir um tecido*. **2** Comunicar uma cor a: *O sangue tingiu o rio*. **3** Dar cor a; pintar: *A saúde tinge-lhe de rosa as faces*. Conjuga-se como *dirigir*.

ti.nho.rão (*do tupi*) *sm Bot* Nome comum a certas ervas da América tropical, muito cultivada pela beleza de suas grandes folhas, longamente pecioladas; papagaio, tajá.

ti.nir (*lat tinnire*) *vint* **1** Dar (um metal ou o vidro) um som agudo e vibrante; produzir tinido: *Soaram as trombetas, tiniam as armas*. *vint* **2** Zunir (as orelhas). *vti* **3** Bater com som vibrante: *As armas tiniam umas nas outras*. *vtd* **4** Fazer vibrar. *vint* **5** Tiritar de frio ou medo: *Tinir de frio, tinir de medo*. **6** Encontrar-se em altíssimo grau: *O carro tinia de novo*. Conjuga-se como *abolir*.

ti.no (de *atinar*, com aférese) *sm* **1** Juízo natural; instinto. **2** Cuidado, prudência. **3** Sentido, atenção. **4** Tato. **5** Inteligência, juízo. **6** Circunspecção, discrição.

tin.ta (*lat tincta*) *sf* **1** Líquido colorido usado para escrever, imprimir, pintar ou tingir. **2** Matéria corante que se encontra em certos frutos, principalmente na casca.

tin.tei.ro (*tinta+eiro*) *sm* Recipiente para tinta de escrever.

tin.tu.ra (*lat tinctura*) *sf* **1** Ato ou efeito de tingir; tingimento. **2** Líquido preparado para tingir; tinta. **3** *Quím* e *Farm* Solução de uma ou muitas substâncias químicas mais ou menos coloridas.

tin.tu.ra.ri.a (*tintura+aria*) *sf* **1** Estabelecimento onde se tingem panos. **2** Estabelecimento onde se lavam, passam ou tiram manchas de peças de vestuário masculino e feminino.

tin.tu.rei.ro (*tintura+eiro*) *adj* **1** Que tinge.

2 Que exerce arte de tinturaria. • *sm* **1** Aquele que tinge panos, ou que lava, passa ou tira manchas de peças de vestuário. **2** Dono de tinturaria.

ti.o (*gr theîos*) *sm* **1** O irmão do pai ou da mãe com relação aos filhos destes. **2** O marido da tia.

tí.pi.co (*tipo+ico²*) *adj* **1** Que serve de modelo, característico. **2** *Med* Que afeta um tipo bem pronunciado. **3** Alegórico, simbólico.

ti.po (*gr týpos*) *sm* **1** Objeto que serve de modelo ou de medida. **2** *pop* Figura, personagem original, que pode ser considerado como modelo para ser imitado por outros. **3** Forma fundamental comum a todos os indivíduos de uma mesma espécie. **4** Símbolo representativo de coisa figurada.

ti.poi.a (*ó*) (*tupi typoia*) *sf* **1** Lenço ou tira de pano, presa ao pescoço, para sustentar o braço ou a mão doente. **2** Rede de pronto ou de condução de um doente ou cadáver.

ti.po.gra.fi.a (*tipo+grafo+ia*) *sf* **1** Arte de compor e imprimir com tipos. **2** Estabelecimento onde essa arte é praticada. **3** A seção da oficina onde se realiza o trabalho de composição.

ti.po.lo.gi.a (*tipo+logo+ia¹*) *sf* **1** Caracterização dos tipos humanos, dos seres vivos ou de realidades quaisquer considerados num estudo. **2** Descrição geral desses tipos em cada caso. **3** Por abreviação, *V biotipologia*.

ti.que (*fr tic*) *sm Psiq* Termo com que se designam as contrações involuntárias de certos músculos, as quais se repetem fora de propósito, como piscar, sacudir a cabeça etc.; cacoete.

ti.que-ta.que (*voc onom*) *sm* Som regular e cadenciado como o dos relógios. *Pl*: tique-taques.

tí.que.te (*ingl ticket*) *sm* Cartão ou papel impresso por uma determinada companhia que dá ao portador determinado direito, como, por exemplo, viajar em um coletivo, assistir a um espetáculo etc.; *ticket*, bilhete.

ti.ra (de *tirar*) *sf* **1** Retalho de couro, pano, papel, lâmina metálica etc., mais comprido que largo. **2** Lista, listão. **3** Correia, fita, orla, ourela, ourelo. **4** Franja, renda. **5** Filete, friso. *sm* **6** *gír* Agente de polícia; investigador. **7** *Edit* Trecho de história em quadrinhos.

ti.ra.co.lo (*cast tiracuello*) *sm* Correia atravessada de um lado do pescoço para o lado oposto do corpo e passando por baixo do braço. *A tiracolo*: indo de um ombro para o lado oposto, na cintura ou debaixo do braço oposto a esse ombro.

ti.ra.da (*tirar+ada¹*) *sf* **1** Ato ou efeito de tirar. **2** Longo espaço de tempo. **3** Grande extensão de caminho. **4** Frase ou trecho muito longo. **5** Dito espirituoso.

ti.ra.gem (*tirar+agem*) *sf* **1** Ação de tirar. **2** *Tip* O total dos exemplares de livro, periódico ou qualquer outro trabalho impresso de cada vez ou por edição: *Jornal de grande tiragem; a primeira tiragem foi de dez mil exemplares*.

ti.ra-gos.to (*tirar+gosto*) *sm* Qualquer salgadinho que se come acompanhado bebidas ou coquetéis. *Pl:* tira-gostos.

ti.ra-man.chas *sm sing+pl* Substância química própria para tirar manchas; tira-nódoas.

ti.ra.ni.a (*tirano+ia¹*) *sf* **1** Exercício arbitrário, despótico e cruel do poder. **2** Exercício de poder não limitado por lei ou constituição. **3** Governo legítimo, mas injusto e cruel. **4** Opressão, violência.

ti.râ.ni.co (*tirano+ico²*) *adj* **1** Pertencente ou relativo a tirano ou a tirania. **2** Próprio de tirano. **3** Que exerce uma influência irresistível. **4** Despótico, opressivo.

ti.ra.ni.zar (*tirano+izar*) *vtd* **1** Governar com tirania. *vtd* **2** Usurpar como tirano: *Tiranizar o trono, o poder*. *vtd* **3** Tratar com rigor, com severidade: *Tiranizar os filhos*. *vtd* **4** Constranger, oprimir, travar, vexar: *Tiranizar a vida com preceitos severos*. *vint* **5** Agir como tirano.

ti.ra.no (*gr týrannos*) *sm* **1** Aquele que usurpa o poder soberano em um Estado. **2** Soberano que abusa de seu poder para submeter o povo a um domínio arbitrário; déspota.

ti.ra.nos.sau.ro (*lat* científico *Tyranossaurus*) *sm Paleont* O maior dos dinossauros carnívoros; media, aproximadamente, 14 metros de comprimento

ti.ran.te (de *tirar*) *adj m+f* **1** Que tira ou puxa. **2** Que puxa para; semelhante a: *"Passou-me pelos olhos um clarão de cegar, depois um corisco tirante a roxo."* (CG) • *sm* Cada uma das correias que prendem o veículo aos animais ou o puxam: *"Roque começou a encangar duas juntas de bois colocando entre eles um tirante resistente."* (GRO); *"Um burrico correu para nós, aos pinotes, na tenção de morder os tirantes do arreio."* (ID) • *prep* Exceto, salvo: *"Tirante a fama que tinha, nem parecia o valentão que abria cofres, portas e sorrisos."* (OSD); *"Tirante o ciúme exagerado de Margarino, tudo ia bem."* (VIC)

ti.rar *vtd* e *vti* **1** Exercer tração, puxar: *Tiravam água do poço*. *vtd* **2** Extrair: *O dentista tirou-lhe dois dentes*. *vtd* **3** Arrancar, sacar: *Tirar a espada*. *vtd* **4** Fazer sair do lugar onde está; retirar: *Tirar o chapéu*. *vtd* **5** Extrair, resumo: *Tirou um trecho do discurso*. *vtd* **6** *Tip* Estampar, imprimir: *Mandar tirar dez mil exemplares do livro*. *vtd* **7** Eliminar, raspar, riscar: *Os compromissos tiram-lhe o sono*. *vtd* **8** Fazer perder: *os compromissos tiraram-lhe o sono*. *vtd* e *vpr* **9** Afastar(-se), apartar(-se), desviar(-se): *O justo tira-se da presença dos escarnecedores*. *vtd* **10** Furtar, roubar: *Tiraram minha carteira, senhor delegado. Sem tirar nem pôr:* tal qual, sem diferença, exatamente. *Tirar a barriga da miséria, pop:* conseguir muitas vantagens depois de ter sofrido privações.

ti.ra-tei.mas (*tirar+teimas*) *sm sing+pl* **1** *pop* Argumento decisivo. **2** *pop* Dicionário.

ti.re.oi.de (ó) (*gr thyreoidés*) V tiroide.

ti.ri.ri.ca (*tupi tyryrýka*) *sf Bot* Erva daninha às lavouras e jardins. • *adj m+f* Colérico, furioso, zangado, irritado.

ti.ri.tar (*voc onom*) *vti* e *vint* Tremer (de frio ou medo).

ti.ro (de *atirar*, com aférese) *sm* **1** Disparo de arma de fogo. **2** Bala, carga ou projétil disparado de cada vez por uma arma de fogo. *Sair o tiro pela culatra:* resultado de uma ação contrário à expectativa. *Ser tiro e queda:* a) pontaria certeira; b) resultado seguro e imediato. *Tiro de canto, Fut:* V escanteio. *Tiro de guerra:* escola de treinamento militar para preparar cidadãos para reservistas de segunda categoria do Exército. *Tiro de meta, Fut:* recolocação da bola em jogo quando ela sai pela linha de fundo. *Tiro de misericórdia:* disparo que abrevia a vida daquele que está gravemente ferido. *Trocar tiros:* atirar um contra o outro.

ti.ro de guer.ra Ver definição em *tiro*.

ti.roi.de (ó) (*gr thyreoidés*) *sf Anat* Glândula de secreção interna, situada na frente da laringe; *Var:* tireoide.

ti.ro.tei.o (de *tiro*) *sm Mil* Fogo de fuzilaria em que os tiros são amiudados.

tí.si.ca (*gr phthísis*) *sf desus Med* Tuberculose pulmonar.

tí.si.co (*lat phthisicu*) *adj* **1** Que sofre de tísica. **2** Que está muito magro. • *sm* **1** Indivíduo que sofre de tísica; tuberculoso. **2** Indivíduo muito magro.

tí.te.re (*cast títere*) *sm* **1** Boneco ou figura que se faz mover e gesticular por meio de cordéis; marionete; fantoche. **2** Indivíduo frívolo, sem personalidade, que obedece à vontade de outrem: *"Não se via como um títere deles, mas como um aliado."* (MAL)

ti.ti.ca *sf pop* **1** Excremento de ave. **2** *fig* Indivíduo ou coisa desprezível ou sem importância.

ti.ti.lar (*lat titillare*) *vtd* **1** Fazer cócegas ligeiras ou prurido em: *"Os dedinhos grossos e cobertos de anéis titilavam-me a nuca."* (CE) *vint* **2** Estremecer, palpitar: *Titilava o estômago vazio dos trabalhadores*. *vtd* **3** Afagar, lisonjear: *Titilar a vaidade, o egoísmo*.

ti.ti.o (de *tio*) *pop inf* V tio.

ti.tu.be.an.te (de *titubear*) *adj m+f* Que titubeia. *Antôn:* firme, seguro, resoluto. *Var:* titubante.

ti.tu.be.ar (*lat titubare*) *vint* **1** Não se ter bem em pé, perder a firmeza ou estabilidade; cambalear: *"Lalino titubeia."* (SA) *vti* e *vint* **2** Hesitar, vacilar: *"Queria tirar vultosos proveitos exclusivos, não titubeando em lançar mão de meios obscuros para isso."* (PAN) *vtd* e *vint* **3** Não ter segurança no que diz, perturbar-se quando fala: *"Sem titubear, respondi: – Volto. Eu prometi."* (A) Conjuga-se como *frear*.

ti.tu.lar (*título+ar²*) *adj m+f* **1** Que possui título de nobreza. **2** Diz-se da pessoa que detém oficialmente uma posição, um cargo etc. • *s m+f* Pessoa que pertence à nobreza; pessoa que tem título. • *vtd* **1** V *intitular*. **2** Registrar em livro de padrões e títulos autênticos.

tí.tu.lo (*lat titulu*) *sm* **1** Inscrição, letreiro, rótulo. **2** *Edit* Nome de capítulo, livro, jornal, revista, artigo etc. que indica o assunto. **3** *Econ* Documento negociável que representa um valor. **4** Designação honorífica. *A título de:* na qualidade de, a pretexto de.

to.a (ô) (*ingl tow*) *sf* Corda estendida de um navio a outro, para o rebocar. *À toa:* a esmo, ao acaso.

to.a.da (*toar+ada¹*) *sf* **1** Boato, notícia vaga, rumor. **2** *Folc* Cantiga que reflete as peculiaridades regionais de nosso país: ora melodia simples, ora chorosa e triste.

to.a.lha (*provençal toalha*) *sf* **1** Peça de linho, algodão, plástico etc. que se estende sobre a mesa onde são servidas as refeições. **2** Peça de tecido absorvente com que se enxuga o rosto, as mãos ou qualquer outra parte do corpo que se lavou ou molhou.

to.a.lhei.ro (*toalha+eiro*) *sm* **1** Cabide próprio para pendurar toalhas. **2** Fabricante ou vendedor de toalhas.

to.bo.gã (*ingl toboggan*, do *algonquiano*) *sm* Aparelho para divertimento, miniatura de montanha-russa.

to.ca (*cast tueca*) *sf* **1** Buraco onde se abrigam coelhos ou outros animais; covil. **2** *fig* Habitação pequena e miserável. **3** *fig* Esconderijo, refúgio.

to.ca-CDs V *toca-discos a laser*.

to.ca-dis.cos (*tocar+disco*) *sm sing+pl Radiotécn* Aparelho reprodutor de som gravado em discos; vitrola. *Toca-discos a laser, Eletrôn:* aparelho reprodutor de som gravado em CDs.

to.ca-fi.tas (*tocar+fita*) *sm sing+pl Radiotécn* Aparelho reprodutor de som gravado em fitas magnéticas.

to.cai.a (*tupi tokáia*, armadilha para caçar) *sf* Emboscada para matar alguém ou para caçar.

to.cai.ar (*tocaia+ar¹*) *vtd* **1** Emboscar-se para matar ou para caçar; atocaiar. **2** Espreitar, vigiar, observar.

to.can.te (de *tocar*) *adj m+f* **1** Concernente, relativo, respectivo. **2** Que comove, que enternece. *No tocante a:* com relação a, pelo que diz respeito a, quanto a, a respeito de.

to.can.ti.nen.se (*top Tocantins+ense*) *adj m+f* Relativo ao Estado de Tocantins (Brasil). • *s m+f* Pessoa natural ou habitante desse Estado.

to.car (*voc onom*) *vtd* **1** Aproximar (um corpo) de (outro). *vtd* e *vti* **2** Pôr a mão em; apalpar, pegar. *vtd* e *vti* **3** Pôr-se em contato com. *vtd* **4** *Esgr* Atingir de um golpe de espada ou florete. *vpr* **5** *pop* Dirigir-se, encaminhar-se: *Da estação tocou-se para o hotel*. *vpr* **6** Encontrar-se, pôr-se em contato. *vtd* **7** Agitar. *vti* **8** Ir de encontro. *vtd* **9** Conduzir, espantar de um lugar para outro: *Tocar as vacas*. *vtd* e *vint* **10** Fazer soar, assoprando, tangendo ou percutindo: *Tocar flauta, tocar violão*. *vint* **11** Produzir música, executar peças musicais. *vtd* **12** Dar sinal ou aviso por toques ou som convencional. *vtd* **13** Executar em instrumento. *vtd* e *vti* **14** Telefonar. *vtd* e *vti* **15** Mencionar, referir: *Falou mas não tocou no ponto principal*. Conjug – Pres subj: *toque, toques, toque* etc.; Pret perf: *toquei, tocaste, tocou* etc.

to.co (ô) (*ital tocco*) *sm* **1** Parte de um tronco de árvore que fica ligada à terra, depois de cortada. **2** Pedaço de vela ou tocha; coto. **3** Ponta de cigarro já fumado.

to.da.vi.a (*lat tota via*) *adv* e *conj* Ainda assim, contudo, entretanto, porém.

to.do (ô) (*lat totu*) *pron adj* e *indef* **1** Integral, inteiro (seguido de artigo ou após o substantivo). **2** Cada, qualquer: *É todo dia a mesma coisa*. • *sm* **1** Agregado de partes que formam um conjunto, um corpo completo. **2** Aspecto geral; generalidade. **3** O aspecto físico, tomado no seu conjunto. *sm pl* **4** Todo o mundo, toda a gente. *De todo:* totalmente.

Para saber quando usar **todo**, **toda** ou **todo o**, **toda a**, tente substituir essas palavras e expressões por:
a) *o... inteiro, a... inteira*. Nesse sentido, use **todo o** ou **toda a**.
***Todo o mundo** falava do crime.* (O mundo inteiro falava do crime.)
***Toda a vila** estudava na escola.* (A vila inteira estudava na escola.)
b) *qualquer*. Nesse sentido, use **todo(s)** ou **toda(s)**.
***Todo rapaz** gosta de sair, passear.* (Qualquer rapaz gosta de sair, passear.)
***Toda vila** prestigia sua igreja.* (Qualquer vila prestigia sua igreja.)
c) No plural, entretanto, as palavras **todos** e **todas** virão sempre acompanhadas de *os* e *as*.
***Todos os meninos** querem ser soldados.*
***Todas as meninas** brincam de boneca.*

to.ga (*lat toga*) *sf* **1** Veste antiga, dos romanos, a qual consistia numa espécie de capa ou manto de lã, amplo e longo. **2** Túnica talar preta que os magistrados judiciais vestem quando no exercício de suas funções; beca.

toi.ci.nho (*lat vulg *tuccinu*) *sm* A gordura que fica por baixo da pele do porco, acompanhada do couro respectivo. *Var*: toucinho.

tol.dar (*tolda+ar¹*) *vtd* **1** Cobrir com tolda ou toldo. *vtd* **2** Cobrir à maneira de toldo ou tolda; fazer uma espécie de dossel sobre. *vtd* e *vpr* **3** Anuviar, encobrir, tapar: *As nuvens toldam a Lua*. *vtd* e *vpr* **4** Turvar(-se): *O vinho toldou-se na garrafa*. *vtd* **5** Obscurecer, obcecar: *As bebidas alcoólicas toldam a razão*. *vpr* **6** Embriagar-se. *vtd* **7** Entristecer, turbar: *Uma nuvem de pesares tolda-lhe o rosto*. *Antôn*. (acepções 3, 5 e 7): desanuviar.

tol.do (ô) (*hol ant telt*) *sm* Cobertura de lona ou de outro material destinada a abrigar do sol e da chuva uma porta, uma praça etc.

to.le.rân.cia (*lat tolerantia*) *sf* **1** Qualidade de tolerante. **2** Direito que se reconhece aos outros de terem opiniões diferentes ou opostas às nossas.

to.le.ran.te (*lat tolerante*) *adj m+f* **1** Que tolera. **2** Dotado de tolerância. **3** Que desculpa certas faltas ou erros. **4** Que admite ou respeita opiniões contrárias à sua.

to.le.rar (*lat tolerare*) *vtd* **1** Levar com paciência, suportar com indulgência: *Tolerava pacientemente o mau gênio da esposa*. *vtd* **2** Condescender com; dissimular certas coisas, sem no entanto as consentir expressamente, uma vez que não sejam lícitas: *Tolerava aquelas ações repulsivas*. *vtd* **3** Permitir o livre exercício de (crenças ou cultos religiosos). *vtd* **4** Admitir, dar consentimento a. *vtd* **5** *Med* Assimilar, digerir, suportar. *vpr* **6** Suportar-se: *Davam-se bem; hoje se toleram*.

to.lher (*lat tollere*) *vtd* e *vtdi* **1** Embaraçar, estorvar, impedir: *"O homem moderno vive em um sistema econômico que tolhe as liberdades."* (HAB) *vtd* **2** Pôr obstáculos a; obstar, opor-se: *Tolher os movimentos*. *vtd* **3** Proibir, vedar: *Tolheram o trânsito por ali*. *Antôn*: permitir.

to.li.ce (*tolo+ice*) *sf* **1** Qualidade de tolo. **2** Ação ou dito de tolo; asneira, desconchavo. *Antôn* (acepção 2): sensatez.

to.lo (ô) *adj* **1** Pobre de inteligência. **2** Que raciocina ou procede ininteligentemente; simplório, idiota, tonto, ingênuo, parvo, pateta. *Antôn*: inteligente.

tom (*lat tonu*) *sm* **1** Grau de elevação ou abaixamento de um som. **2** Inflexão da voz; certo grau ou abaixamento da voz. **3** *Mús* Intervalo entre duas notas que se sucedem diatonicamente. **4** *Pint* Maior ou menor intensidade de uma tinta, de um colorido; nuance, matiz. *Mudar de tom*: falar de outra maneira.

to.ma.da (*part fem de tomar*) *sf* **1** Ato ou efeito de se apoderar de (cidade, fortaleza, navio, praça etc.). **2** *Eletr* Dispositivo próprio para captar eletricidade de uma rede. **3** *Cin* e *Telev* Gravação de uma cena em cinema ou televisão.

to.mar (*saxão tomian*) *vtd* e *vti* **1** Pegar em. *vtd* **2** Agarrar, segurar. *vtd* **3** Aguentar, suspender, sustentar. *vtd* **4** Arrebatar, furtar, tirar. *vtd* **5** Retirar, tirar. *vtd* **6** Beber. *Tomar medidas*: usar dos meios necessários para corrigir um abuso. *Tomar o fresco*: expor-se ao ar livre para refrescar.

to.ma.ra (de *tomar*) *interj* Exprime desejo: *Tomara que dê certo!*

to.ma.te (*asteca tomatl*, via *cast*) *sm Bot* **1** V tomateiro. **2** Fruto do tomateiro.

to.ma.tei.ro (*tomate+eiro*) *sm Bot* Planta hortense, procedente da América tropical, que produz o tomate.

tom.bar (*voc onom*) *vtd* **1** Deitar por terra; derrubar; fazer cair. *vint* **2** Cair no chão. *vtd* **3** Inventariar; registrar. *vtd* **4** Fazer o tombo de; declarar como patrimônio nacional.

tom.bo (*ital tombolo*) *sm* Ato ou efeito de tombar; queda. *Dar o tombo em:* a) dar prejuízo a; arruinar, prejudicar; b) tirar de um cargo ou posição.

to.mi.lho (*lat thymu*, via *cast tomillo*) *sm Bot* Erva, particularmente uma espécie cultivada nas hortas, usada como condimento.

to.mo (*lat tomu*) *sm* **1** Volume de obra impressa ou manuscrita. **2** Divisão das matérias de uma obra científica, literária ou artística.

to.mo.gra.fi.a (*gr tómos+grafo+ia¹*) *sf Med* Radiografia computadorizada, em série, para fixar simultaneamente o aspecto de vários planos de um órgão ou região.

to.na (*lat tunna*) *sf* **1** Casca de pouca espessura; pele fina. **2** Cortiça da árvore. **3** Superfície. *À tona:* à superfície da água: *Vir à tona*.

to.na.li.da.de (*tonal+i+dade*) *sf* **1** *Mús* Complexo de sons e acordes em relação com um centro tonal harmônico. **2** *Mús* Sistema de sons que serve de base a uma composição musical. **3** Matiz de uma cor, nuança.

to.nel (*cast tonel*, *der* de *tona*, do *lat tunna*) *sm* Grande recipiente para líquidos, constituído por aduelas, tampos e arcos.

to.ne.la.da (*tonel+ada¹*) *sf* **1** *Fís* Medida de peso no sistema métrico equivalente a 1.000 quilogramas. **2** *Náut* Medida de peso usada principalmente para medir o carregamento de navios ou o que eles podem transportar. *Símb*: t.

to.ne.la.gem (*tonel+agem*) *sf* Capacidade de carga de um navio, caminhão, trem etc.: *"A tonelagem da Marinha Mercante brasileira já atinge cerca de 1.500.000 toneladas com 364 navios."* (OMA)

tô.ni.ca (*fem* de *tônico*) *sf* **1** *Mús* A primeira nota de uma escala e que é o centro tonal harmônico melódico de sua tonalidade. **2** *Gram* Vogal ou sílaba tônica. **3** Assunto predominante.

to.ni.ci.da.de (*tônico+i+dade*) *sf* **1** Estado em que os tecidos orgânicos revelam vigor ou energia. **2** *Gram* Propriedade que tem a vogal ou sílaba de se proferir com maior ou menor intensidade.

tô.ni.co (*gr tonikós*) *adj* **1** Que se refere a tom. **2** Que tonifica. **3** *Mús* Designativo da primeira nota de uma escala. **4** *Gram* Diz-se da vogal ou sílaba que recebe o acento de intensidade. • *sm* Medicamento que tonifica, que reforça o organismo; fortificante.

to.ni.fi.car (*toni+ficar*) *vtd* **1** *Med* Dar tom a; dar vigor a; fortalecer; robustecer. *vpr* **2** Fortificar-se, robustecer-se.

ton.si.la (*lat tonsilla*) *sf Anat* Massa de tecido linfoide, em forma de amêndoa, situada em cada um dos lados da garganta (nomes antigos: amídala ou amígdala).

ton.su.ra (*lat tonsura*) *sf* **1** Ato ou efeito de cortar o cabelo ou a barba. **2** Corte circular do cabelo na parte posterior e mais alta da cabeça utilizado em clérigos; coroa.

ton.te.ar (*tonto+e+ar¹*) *vint* **1** Dizer ou fazer tontice; asnear, disparatar. *vtd* **2** Estar ou ficar tonto; ter tonturas. *vint* **3** Cabecear, escabecear: *Tonteava de sono*. *vint* **4** Perturbar-se, titubear. Conjuga-se como *frear*.

ton.to (*contr* de *atônito*) *adj* **1** Diz-se do indivíduo que está com tonturas; zonzo. **2** Demente, doido, maluco, parvo, tolo. • *sm* Indivíduo tonto.

ton.tu.ra (*tonto+ura*) *sf* Perturbação de cabeça; estonteamento, vertigem, zonzura.

to.pa.da (*topar+ada¹*) *sf* Ato ou efeito de bater involuntariamente com a ponta do pé de encontro a um objeto. *Dar uma topada:* a) cometer uma asneira; b) encontrar um obstáculo numa coisa em que não houve orientação suficiente para evitá-lo.

to.par (*tope+ar¹*) *vtd* e *vti* **1** Deparar, encontrar. *vti* **2** Dar uma topada com o pé; ir bater de encontro. *vtd* **3** *pop* Aceitar proposta; enfrentar. *Topar tudo:* aceitar toda espécie de encargos, negócios ou ocupações.

to.pa-tu.do (*topar+tudo*) *sm sing+pl* Indivíduo que procura tirar vantagem de tudo o que se lhe oferece ou que aceita qualquer incumbência.

to.pá.zio (*lat topaziu*) *sm Miner* Pedra preciosa, de cor amarela, e que é um silicato de alumínio.

to.pe.te (ê ou é) (*topo+ete*) *sm* **1** A parte do cabelo que fica levantada na frente da cabeça. **2** *Zool* A elevação muito saliente das penas da cabeça de algumas aves. **3** *fig* Atrevimento, audácia, ousadia, coragem.

tó.pi.co (*gr topikós*) *adj* **1** Pertencente ou relativo a determinado lugar. **2** *Med* Diz-se de medicamento externo que se aplica sobre a parte doente. • *sm* **1** Ponto principal de uma questão. *sm pl* **2** Princípios gerais. **3** Síntese ou tese.

to.po (ó) (*frâncico top*) *sm* **1** A parte mais elevada. **2** Extremidade.

to.po.gra.fi.a (*gr tópos+grafo+ia¹*) *sf* Descrição ou delineação minuciosa de uma localidade.

to.pó.gra.fo (*gr tópos+grafo¹*) *sm* **1** Indivíduo que se ocupa de topografia. **2** Instrumento de precisão destinado a indicar irregularidades de superfícies.

to.po.lo.gi.a (*gr tópos+logo+ia¹*) *sf* **1** V topografia. **2** *Gram* Teoria da colocação ou disposição das palavras na oração.

to.po.ni.mia (*gr tópos+ônimo+ia¹*) *sf* **1** Designação dos lugares pelos seus nomes. **2** Parte da onomatologia que estuda a origem dos nomes dos lugares.

to.pô.ni.mo (*gr tópos+ônimo*) *sm* Nome próprio de lugar, ou de acidentes geográficos.

to.que (de *tocar*) *sm* Ato ou efeito de tocar; contato, impulso leve. *Toque de recolher:* sinal para que os soldados regressem ao quartel a certa hora.

to.ra (ó) (*lat toru*) *sf* Grande tronco de madeira cortada.

to.rá.ci.co (*gr thórax, akos+ico²*) *adj Anat* Relativo ou pertencente ao tórax: *"perímetro torácico"* (SMI); *"famoso cirurgião torácico"* (APA).

tó.rax (cs) (*gr thórax*) *sm sing+pl* **1** *Anat* Cavidade constituída pelas vértebras dorsais, esterno, costelas e cartilagens, dentro da qual estão os pulmões e o coração. **2** Peito. **3** *Zool* Nos animais articulados, é o conjunto de anéis que se acham entre a cabeça e o abdome; é a parte mediana.

tor.ce.dor (*torcer+dor*) *adj* Que torce. • *sm* **1** Instrumento para torcer. **2** Aquele que torce nos jogos esportivos.

tor.cer (*baixo-lat torcere, corr* de *torquere*) *vtd* **1** Fazer girar (uma coisa) sobre si mesma. *vtd* **2** Vergar de maneira que as partes daquilo que se torce fiquem desviadas da posição em que estavam; virar ou revirar. *vtd* **3** Entortar. *vti* **4** Dobrar-se, inclinar-se, pender, vergar-se. *vpr* **5** Descair, dobrar-se. *vpr* **6** Roer-se de inveja ou raiva. *vtd* **7** Fazer ceder; submeter, sujeitar, vencer: *Torcer o gênio, o temperamento.* *vti* **8** Desejar a vitória de um grupo desportivo, gesticulando, gritando etc. *vtd* **9** Alterar, desvirtuar: *Torcer os fatos.* *vpr* **10** Contorcer-se, dobrar-se. *Conjug –* *Pres indic:* torço, torces, torce, torcemos, torceis, torcem; *Pret perf:* torci, torceste, torceu, torcemos, torcestes, torceram; *Pret imp indic:* torcia, torcias, torcia, torcíamos, torcíeis, torciam; *Pret mais-que-perf:* torcera, torceras, torcera, torcêramos, torcêreis, torceram; *Fut pres:* torcerei, torcerás, torcerá, torceremos, torcereis, torcerão; *Fut pret:* torceria, torcerias, torceria, torceríamos, torceríeis, torceriam; *Pres subj:* torça, torças, torça, torçamos, torçais, torçam; *Pret imp subj:* torcesse, torcesses, torcesse, torcêssemos, torcêsseis, torcessem; *Fut subj:* torcer, torceres, torcer, torcermos, torcerdes, torcerem; *Imper afirm:* —, torce(Tu), torça(Você), torçamos(Nós), torcei(Vós), torçam(Vocês); *Imper neg:* —, Não torças(Tu), Não torça(Você), Não torçamos(Nós), Não torçais(Vós), Não torçam(Vocês); *Infinitivo impess:* torcer; *Infinitivo pess:* torcer, torceres, torcer, torcermos, torcerdes, torcerem; *Ger:* torcendo; *Part:* torcido.

tor.ci.co.lo (*ital torcicollo*) *sm Med* Contrações, dolorosas ou não, nos músculos do pescoço e da nuca, produzindo um desvio da cabeça.

tor.ci.da (*fem* de *torcido*) *sf* **1** Mecha de candeeiro ou de vela feita de fios de linho ou de algodão torcidos; pavio. **2** Conjunto de torcedores de um clube.

tor.men.ta (*lat tormenta*) *sf* **1** Tempestade violenta: *"Despejava-se agora a tormenta, no seu ápice."* (CHP) **2** *fig* Grande barulho; desordem. **3** *fig* Agitação, movimento: *"A expectativa é que, passada a fase de tormenta, a bolsa dê continuidade à recuperação e o dólar possa cair."* (DIN) *Antôn: calma.*

tor.men.to (*lat tormentu*) *sm* **1** Desdita, desgraça, sofrimento. **2** Aflição, angústia corporal, dor, pena.

tor.na.do (*cast tornado*) *sm Meteor* Tempestade violenta de vento, em movimento circular, com um diâmetro de apenas poucos metros. Aparece com a forma de funil e tudo destrói em seu caminho.

tor.nar (*lat tornare*) *vti*, *vint* e *vpr* **1** Ir de novo aonde esteve. *vti* **2** Voltar, volver à situação, estado ou tempo anterior. *vtd* **3** Devolver, restituir. *vti* **4** Mudar de ideia ou propósito; reconsiderar. *vint* **5** Tornar a manifestar-se; reviver. *vtd* e *vpr* **6** Converter(-se), fazer(-se): *Essa providência tornou-se desnecessária. vtd* e *vpr* **7** Mudar(-se), transformar(-se).

tor.nas.sol (*tornar+sol*) *sm* **1** *Bot* Nome de diversas plantas cujas flores se voltam para o Sol, como o girassol e o heliotrópio. **2** *Quím* Corante azul que se emprega na indústria e na preparação do papel usado em química para reconhecimento dos ácidos.

tor.ne.ar (*torno+e+ar¹*) *vtd* **1** Modelar no torno, dando à peça em construção uma forma cilíndrica e lisa. **2** Andar em torno de. **3** Dar volta para surpreender. **4** *fig* Aperfeiçoar, aprimorar: *Tornear a frase.* Conjuga-se como *frear.*

tor.nei.o (de *tornear¹*) *sm* **1** Concurso. **2** Discussão, controvérsia. **3** *Esp* Competição na qual tomam parte vários concorrentes. **4** Elegância da frase.

tor.nei.ra (*torno+eira*) *sf* Válvula colocada nos terminais de encanamentos de água, gás, ar comprimido etc., para possibilitar sua saída quando necessário.

tor.ni.que.te (*ê*) (*fr tourniquet*) *sm* **1** Espécie de cruz horizontal, que se move sobre um eixo vertical, à entrada de estradas ou ruas para só deixar passar pedestres um por vez. **2** Antiga tortura em que os membros da vítima eram apertados num torno. **3** Qualquer coisa que sirva para apertar: *"Cortou um pedaço de sua camisa e fez um torniquete na minha perna, por onde sangrava muito."* (ODM) **4** Garrote: *"No tratamento de acidentes com ofídios, usavam torniquete e incisões, juntamente com preces rituais."* (APA) **5** Golpe em que se prende o adversário pelo pescoço usando um dos braços: *"Mas só vendo a força que o deseducado fez para sair do meu torniquete!"* (CL) **6** Arrocho; aperto: *"Esse torniquete sobre a economia vem sendo aplicado pelo Banco Central."* (FSP)

tor.no (*ô*) (*lat tornu*) *sm* **1** *Mec* Máquina empregada para confeccionar ou dar acabamento a peças de madeira fazendo-as girar entre pontas de eixos revolventes, dando-lhes forma roliça ou arredondada; torno mecânico. **2** Prego quebrado ou roliço de madeira; cavilha, pino, pua. *Em torno:* à roda, em redor, em volta. *Feito ao torno:* perfeitamente roliço.

tor.no.ze.lei.ra (*tornozelo+eira*) *sf* **1** Polaina para resguardar o tornozelo. **2** Peça elástica, de malha, com que os atletas protegem os tornozelos. **3** Bijuteria que adorna o tornozelo.

tor.no.ze.lo (*ê*) (de *torno*) *sm Anat* Saliência óssea, na articulação do pé com a perna.

to.ró (*voc onom*) *sm gír* Aguaceiro grosso, pancada de chuva.

tor.pe (*ô*) (*lat turpe*) *adj m+f* **1** Desonesto, impudico. **2** Indecoroso, infame, vergonhoso. **3** Indecente, obsceno. **4** Ignóbil, sórdido. **5** Asqueroso, nojento, repugnante. *Antôn* (acepção 4): *nobre, elevado.*

tor.pe.de.ar (*torpedo+e+ar¹*) *vtd* **1** Atacar com torpedo; meter a pique por meio de torpedo. **2** *fig* Contrariar, destruir. Conjuga-se como *frear.*

tor.pe.dei.ro (*torpedo+eiro*) *adj* Relativo a torpedo. • *sm* Navio de guerra munido de lança-torpedos.

tor.pe.do (*ê*) (*lat torpedo*) *sm* Projétil submarino de forma cilíndrica arredondada, carregado de grande carga explosiva que explode ao chocar-se contra algo resistente.

tor.por (*lat torpore*) *sm* **1** Falta de ação ou de energia física; entorpecimento. **2** Indiferença moral.

tor.ra.da (*fem de torrado*) *sf* Fatia de pão torrado.

tor.ra.dei.ra (*torrar+deira*) *sf Bras* Aparelho, geralmente elétrico, que serve para fazer torradas.

tor.rar (*lat torrare*) *vtd* **1** Ressequir (ao fogo ou ao Sol); tornar excessivamente seco. *vtd* **2** Queimar de leve; tostar. *vtd e vint* **3** *fig* Vender por qualquer preço, liquidar. *vtd e vint* **4** *pop* Importunar, aborrecer: *O mau gênio da namorada torrou-lhe a paciência.* *vtd* **5** *gír* Acabar com, gastar: *Torrar a mesada.*

tor.re (*ô*) (*lat turre*) *sf* **1** Construção alta e sólida que antigamente servia para defesa em operações de guerra; fortaleza. **2** Cada uma das peças do jogo de xadrez que se colocam ao iniciar a partida nos quatro cantos do tabuleiro; roque.

tor.re.fa.ção (*lat torrefactione*) *sf* **1** Ato ou efeito de torrefazer. **2** Estabelecimento industrial onde se torra e mói o café para o consumo.

tor.re.fa.zer (*lat torrefacere*) *vtd* Torrar, torrificar. Conjuga-se como *fazer*.

tor.ren.ci.al (*lat torrentia+al*[1]) *adj m+f* **1** Relativo a torrente. **2** Produzido por torrentes. **3** Muito copioso. **4** *Lit* Diz-se do estilo muito rico e abundante.

tor.ren.te (*lat torrente*) *sf* **1** Curso de água impetuoso e de grande velocidade. **2** *fig* Grande quantidade de coisa que cai ou jorra; abundância. **3** *fig* Multidão que se precipita, que invade com ímpeto. **4** Força impetuosa. **5** *fig* Grande fluência. *Chorar torrentes de lágrimas:* chorar muito.

tor.res.mo (*ê*) (*cast torrezno*) *sm* Toicinho frito em pequenos pedaços.

tór.ri.do (*lat torridu*) *adj* **1** Muito quente; ardente. **2** *Geogr* Designativo da zona compreendida entre os trópicos de Câncer e de Capricórnio.

tor.so (*ô*) (*ital torso*) *sm* Busto de pessoa ou de estátua.

tor.ta (*ô*) (*lat torta*) *sf Cul* Prato cozido ao forno, preparado com massa de farinha e recheado com diferentes ingredientes.

tor.ti.lha (*cast tortilla*) *sf* Torta pequena.

tor.to (*ô*) (*lat tortu*) *adj* **1** Que se desvia de sua direção natural; que não é direito. **2** Oblíquo. **3** Errado, injusto. *Antôn: direito.* • *sm* Indivíduo de mau caráter. *Responder torto:* a) responder com falta de respeito; b) responder com informações propositadamente erradas.

tor.tu.o.so (*ô*) (*lat tortuosu*) *adj* **1** Torto. **2** Que não segue um caminho direito, mas sim com sinuosidade; sinuoso. **3** Oposto à verdade e à justiça. **4** Que não é franco; desleal, velhaco. *Antôn* (acepção 1): *reto;* (acepção 3): *justo. Pl: tortuosos* (*ó*).

tor.tu.ra (*lat tortura*) *sf* **1** Ato ou efeito de torturar. **2** *fig* Angústia, dor, sofrimento, suplício, tormento. **3** Tormento que se impunha a um acusado para conseguir dele certas respostas ou denúncias.

tor.tu.rar (*tortura+ar*[1]) *vtd* **1** Submeter a torturas: *Torturar a vítima. vtd* **2** Afligir muito; atormentar, martirizar: *Ela torturava-o com seu desprezo. vpr* **3** Afligir-se, angustiar-se: *Tortura-se por causa dos credores.*

to.sar (*lat vulg tunsare*, de *tondere*) *vtd* **1** Cortar a lã de; tosquiar. **2** Aparar a felpa de; aparar por igual.

tos.co (*ô*) (*lat tuscu*) *adj* **1** Que não é lapidado, polido, nem lavrado; tal como a natureza o produziu. **2** Malfeito; grosseiro. **3** Inculto, sem instrução, estúpido, ignorante, bronco. *Em tosco:* em bruto.

tos.qui.ar (*arc tosquiar*, *corr* de *tresquiar*, do *cast trasquilar*) *vtd* **1** Aparar rente (a lã das ovelhas); cortar rente (o cabelo das pessoas). **2** Cortar os pelos de. **3** Aparar por igual (os ramos das árvores e arbustos). Conjuga-se como *premiar*.

tos.se (*ó*) (*lat tusse*) *sf Med* Expulsão brusca do ar contido nos pulmões, com um ruído especial, provocada pela introdução de corpos estranhos na laringe, como pó, ou pela irritação da mucosa da traqueia e dos brônquios. *Tosse comprida: V coqueluche.*

tos.sir (*lat tussire*) *vint* **1** Ter tosse. *vint* **2** Provocar artificialmente a tosse. *vtd* **3** Expulsar da garganta; lançar para fora de si.

tos.tão (*ital testone*) *sm* **1** Antiga moeda brasileira de níquel, do valor de 100 réis. **2** *pop* Quantia ou quantidade desprezível.

tos.tar (*lat tostare*) *vtd* **1** Queimar ligeiramente; torrar. **2** Dar cor escura a.

to.tal (*lat totale*) *adj m+f* **1** Que forma um todo. **2** Completo, inteiro: *Prejuízo total.* • *sm* **1** Reunião de partes que formam um todo; o todo. **2** Resultado de uma adição; soma de várias parcelas.

to.ta.li.da.de (*total+i+dade*) *sf* **1** Conjunto de diversas partes na formação de um todo. **2** A soma total.

to.ta.li.za.ção (*totalizar+ção*) *sf* **1** Ato ou efeito de totalizar. **2** Resultado de soma ou adição.

to.ta.li.zar (*total+izar*) *vtd* **1** Avaliar no todo; calcular o total de: *"Somada a receita do tesouro às rendas de outras fontes, totaliza-se o orçamento previsto para 1982."* (VEJ) **2** Realizar completamente. **3** Atingir o total de; perfazer, somar: *"O investimento destas indústrias totaliza R$ 30,750 milhões."* (AGP); *"Com essa nova conquista, Alagoas agora totaliza nove medalhas de ouro."* (GAL)

to.tem (do *ingl totem*, do *algonquiano*) *sm Antrop* **1** Animal, planta, objeto ou fenômeno natural a que certas sociedades primitivas se julgavam ligadas de modo específico. **2** Objetos materiais que certas sociedades primitivas consideravam como sagrados.

tou.ca (*címbrico tok*) *sf* **1** Espécie de adorno ou carapuça com que as pessoas cobrem a cabeça. **2** Peça do vestuário das freiras com que elas cobrem a cabeça, pescoço e ombros. **3** Turbante. *Dormir de touca, pop:* a) deixar-se ludibriar; bobear; b) perder oportunidade de; vacilar.

tou.ci.nho (*lat vulg *tuccinu*) *V toicinho.*

tou.pei.ra (*lat talparia*) *sf* **1** *Zool* Mamífero insetívoro que vive em tocas debaixo da terra. **2** *fig* Pessoa de olhos muito miúdos. **3** *fig* Pessoa intelectualmente ignorante, estúpida.

tou.ra.da (*touro+ada¹*) *sf* **1** Bando de touros. **2** Espetáculo tauromáquico. **3** Corrida de touros na arena ou circo.

tou.re.ar (*touro+e+ar¹*) *vtd* **1** Correr touros na arena ou circo. *vint* **2** Correr ou lidar com touros. *Var: toirear.* Conjuga-se como *frear.*

tou.rei.ro (*touro+eiro*) *adj* Pertencente ou relativo a touro. • *sm* Aquele que toureia, especialmente o que toureia por hábito ou profissão. *Var: toireiro.*

tou.ro (*lat tauru*) *sm* **1** Boi que não foi castrado e que é utilizado como reprodutor. Voz: *berra, bufa, muge, urra.* **2** *fig* Homem muito robusto e fogoso. **3 Touro** *Astr* Constelação do zodíaco. **4 Touro** *Astrol* Signo do zodíaco, relativo aos nascidos entre 21 de abril e 20 de maio.

tó.xi.co (*cs*) (*gr toxikós*) *adj* Que intoxica; que tem a propriedade de envenenar. • *sm V veneno.*

to.xi.na (*cs*) (*toxo+ina*) *sf Med* Produto tóxico, elaborado por seres vivos (bactérias, animais, plantas), caracterizado pela necessidade de um período de incubação e capacidade de produção de anticorpos quando desenvolvido ou injetado no animal.

TPM *V tensão pré-menstrual.*

tra.ba.lha.dei.ra (*trabalhar+deira*) *adj f* Diz-se da mulher diligente, cuidadosa, e que gosta de trabalhar. • *sf* Essa mulher.

tra.ba.lha.dor (*trabalhar+dor*) *adj* **1** Que gosta de trabalho. **2** Ativo, laborioso. • *sm* **1** Aquele que trabalha. **2** Empregado, obreiro, operário, trabalhador rural etc.

tra.ba.lhão (*trabalho+ão²*) *sm* Trabalheira, fadiga.

tra.ba.lhar (*trabalho+ar¹*) *vti* e *vint* **1** Exercer a sua atividade para fazer ou executar alguma coisa. *vtd* **2** Dar trabalho a; fatigar com trabalho: *Nosso professor nos trabalhava demasiadamente. vti* e *vint* **3** Empenhar-se, esforçar-se, lidar: *Anos e anos trabalhou nessa obra. vint* **4** Desempenhar as suas funções; exercer o seu ofício: *Aquele funcionário quase não trabalha. vint* **5** Funcionar, mover-se: *Este relógio não trabalha. vtd* **6** Preparar ou executar com esmero, aprimoradamente: *Trabalhar uma obra de arte.*

tra.ba.lhei.ra (*trabalho+eira*) *sf pop* Grande canseira, muita fadiga; trabalhão.

tra.ba.lho (*baixo-lat tripaliu*) *sm* **1** Exercício material ou intelectual para fazer ou conseguir alguma coisa; ocupação em alguma obra. **2** Atividade remunerada ou assalariada; serviço, emprego. **3** Local onde se exerce tal atividade. *Dar-se ao trabalho de:* incomodar-se, empenhar-se em (fazer alguma coisa).

tra.ba.lho.so (*ô*) (*trabalho+oso*) *adj* **1** Que dá muito trabalho ou fadiga; custoso, difícil. **2** Exaustivo, fatigante. **3** Incômodo, molesto. **4** Arriscado, difícil, perigoso. *Antôn* (acepções 1 e 4): *fácil;* (acepções 2 e 3): *suave.* Pl: *trabalhosos* (*ó*).

tra.ça (*der* regressiva de *traçar*[1]) *sf Entom* Nome vulgar de insetos que corroem lã, tapetes, estofos, livros, papéis, sementes etc. *Às traças:* ao abandono.

tra.ça.do (*part* de *traçar*) *adj* Que se traçou; projetado. • *sm* **1** Ação ou efeito de traçar (linhas, riscos etc.). **2** Maneira ou modo de traçar. **3** Plano, projeto. **4** Desenho, planta.

tra.ção (*lat tractione*) *sf* **1** Ato de puxar, mover, arrastar, estando a força propulsora adiante da resistência: *Tração animal, a vapor, elétrica*. **2** *Mec* Modo de trabalho de um corpo, quando submetido à ação de uma força.

tra.çar (*lat vulg *tractiare*) *vtd* **1** Delinear, representar por meio de traços. **2** Desenhar traços. **3** Assinar, demarcar, marcar: *Traçar fronteiras*. **4** Projetar na mente; imaginar: *Traçar um plano*. **5** Escrever: *Traçar algumas palavras*. **6** Descrever. **7** Cruzar. **8** *pop* Beber ou comer com avidez, devorar: *Traçou duas pizzas inteiras*. **9** *vulg* Copular: *Traçou a vizinha*.

tra.ce.jar (*traço+ejar*) *vint* **1** Fazer traços ou linhas. *vtd* **2** Formar com pequenos traços, postos uns diante dos outros: *"Ao que parece, em nosso país é mais importante tracejar organograma do que seguir uma política."* (ESP) *vtd* **3** Delinear, planejar: *Tracejou um passeio*. *vtd* **4** Descrever ligeiramente: *O repórter apenas tracejou o acontecido*. Conjuga-se como *solfejar*.

tra.ço (de *traçar*[1]) *sm* **1** Ato ou efeito de traçar. **2** Linha traçada com lápis, pena, pincel etc.; risco. **3** Linha do rosto; feição, fisionomia, caráter. *Traço de união:* V *hífen*.

tra.ço de u.ni.ão Ver definição em *traço*.

tra.di.ção (*lat traditione*) *sf* **1** Comunicação ou transmissão de notícias, composições literárias, doutrinas, ritos, costumes, feita de pais para filhos no decorrer dos tempos ao sucederem-se as gerações. **2** Memória, recordação. *Tradição oral:* a que só consta pelo que se diz. *Tradições nacionais:* os grandes fatos da história de um país.

tra.du.ção (*lat traductione*) *sf* **1** Ato ou efeito de traduzir, isto é, transportar palavras, frases ou obras escritas de uma língua para outra. **2** A obra traduzida.

tra.du.zir (*lat traducere*) *vtd* e *vti* **1** Transladar, verter de uma língua para outra. *vtd* e *vti* **2** Explicar, interpretar. *vtd* **3** Representar, simbolizar: *O amarelo traduz o ouro de nossas minas*. *vtd* e *vti* **4** Explanar, exprimir. *vint* **5** Saber traduzir. *vpr* **6** Transparecer, manifestar-se.

tra.fe.gar (*tráfego+ar*[1]) *vint* **1** Andar no tráfego. **2** Afadigar-se, lidar, trabalhar muito. **3** Comerciar, mercadejar, negociar. **4** Transitar, passar: *"Adiante da cerca há porteiras, chácaras, algumas estradas onde trafegam carros de boi."* (UQ); *"Algumas fibras sensitivas trafegam por outros nervos cranianos."* (NEU)

trá.fe.go (*corr* de *tráfico*) *sm* **1** Transporte de mercadorias em linhas férreas. **2** Trânsito de veículos e pedestres pelas vias públicas.

O uso atual tem consagrado, preferencialmente, **tráfego** (ou o verbo **trafegar**) com o significado de circulação de veículos, trânsito etc., e **tráfico** (ou o verbo **traficar**) para indicar transporte e/ou comércio ilegais.
*Domingo o **tráfego** foi interditado na rodovia.*
*O **tráfego** de caminhões danificou a pista.*
*Haverá intenso policiamento para coibir o **tráfico** de drogas.*
*O **tráfico** de mulheres precisa ser reprimido com mais rigidez.*

tra.fi.can.te (de *traficar*) *adj m+f* Que trafica. • *s m+f* Pessoa que vende drogas ou faz negócios fraudulentos.

tra.fi.car (*tráfico+ar*[1]) *vint* **1** Exercer o tráfico: *"Estava sendo procurado pela polícia, acusado de traficar maconha."* (JT); *"Depois, são obrigadas a traficar para* *sustentar o vício."* (MEN) *vti* **2** Comerciar, negociar: *"Convinha-lhe traficar com os portugueses."* (MAL) *vint* **3** Fazer negócios fraudulentos. Veja nota em **tráfego.**

trá.fi.co (*ital tráfico*) *sm* **1** Comércio, negócio, trato mercantil. **2** Ato de comerciar. **3** *pop* Negócio fraudulento, ilegal, com drogas, artigos importados, mercadorias proibidas etc. Veja nota em **tráfego.**

tra.gar *vtd* **1** Beber; engolir de um trago. *vtd* **2** Devorar avidamente, engolir sem mastigar. *vint* **3** Engolir a fumaça do cigarro, e em seguida fazê-la sair. *vtd* **4** Fazer desaparecer; absorver, sorver. *vtd* **5** Aspirar, impregnar-se de: *Tragava aquele ar saudável.*

tra.gé.dia (*lat tragoedia*) *sf* **1** Escrito dramático em verso, que inspira o terror e a piedade e em que há derramamento de sangue ou que termina por um acontecimento funesto. **2** *fig* Acontecimento triste, catastrófico.

trá.gi.co (*lat tragicu*) *adj* **1** Pertencente ou relativo a tragédia. **2** Calamitoso, triste, catastrófico, sinistro. • *sm* Autor que escreve ou representa tragédias.

tra.go (de *tragar*) *sm* **1** O que se bebe de uma vez; gole, sorvo. **2** *fig* Aflição, adversidade.

tra.i.ção (*lat traditione*) *sf* **1** Ato ou efeito de trair. **2** Quebra de fidelidade prometida e empenhada.

trai.ço.ei.ro (*traição+eiro*) *adj* **1** Que atraiçoa; que usa de traição. **2** Em que há traição. **3** Desleal, infiel.

tra.i.dor (*lat traditore*) *adj* Que trai ou atraiçoa; traiçoeiro. • *sm* Aquele que atraiçoa.

tra.ir (*lat tradere*) *vtd* **1** Enganar por traição; atraiçoar. *vtd* **2** Abandonar ou entregar traiçoeiramente: *Judas traiu Cristo.* *vint* **3** Cometer traição. *vtd* **4** Ser infiel a. *vtd* **5** Deixar de cumprir: *Trair a missão, o dever.* *vtd* **6** Delatar, denunciar, descobrir, revelar: *Sua fisionomia traía-lhe o segredo.* *vtd* e *vpr* **7** Dar a conhecer por acaso ou por imprudência: *Traiu o seu próprio intento.* Conjuga-se como *sair.*

tra.í.ra (*tupi tareýra*) *sf Ictiol* Nome comum do peixe caracídeo, carnívoro, fluvial e lacustre.

tra.jar (*baixo-lat tragere*) *vtd* **1** Usar como vestuário; vestir-se. *vti* e *vpr* **2** Cobrir-se, revestir-se. *vtd* **3** Adornar-se, enfeitar-se; cobrir-se, revestir-se de certo modo, com. • *sm* V **traje.**

tra.je (de *trajar*) *sm* **1** Vestuário habitual. **2** Vestuário próprio de uma profissão; vestes. **3** Aquilo que se veste; fato. *Var: trajo. Em trajes de Adão:* nu. *Traje a rigor:* traje, segundo o protocolo ou uso, para uma cerimônia.

tra.je.to (*é*) (*lat trajectu*) *sm* **1** Espaço que alguém ou alguma coisa tem de percorrer, para passar de um lugar para outro. **2** O caminho andado ou por andar.

tra.je.tó.ria (*trajeto+ório,* no *fem*) *sf* **1** *Geom* Linha ou caminho percorrido por um corpo em movimento. **2** Caminho, estrada, via. **3** Curva descrita pelo projétil durante seu percurso no ar.

tra.lha (*lat tragula*) *sf* **1** Pequena rede de pesca que pode ser lançada ou armada por um homem só. **2** Malha de rede. **3** Móveis usados; cacaréus. **4** Bagagem que acompanha um viajante.

tra.ma (*lat trama*) *sf* **1** Em um tecido, fios que se cruzam no sentido transversal da peça. **2** Ato ou efeito de tramar ou entrançar fios na fabricação de tecidos. **3** *fig* Negócio feito por meio de permuta; barganha, troca. **4** *fig* Enredo, intriga, conluio.

tra.mar (*trama+ar*¹) *vtd* **1** Fazer passar a trama por entre (os fios da urdidura). **2** Tecer ou entretecer com o fio (a urdidura). **3** *fig* Armar, maquinar, promover, traçar: *Tramar uma rebelião.*

tram.bi.que *sm gír* Negócio fraudulento; logro, vigarice.

tram.bi.quei.ro (*trambique+eiro*) *adj+sm gír* Diz-se de ou aquele que faz trambiques; trapaceiro, vigarista.

tram.bo.lho (*ô*) (*lat hispânico trabuculu*) *sm* **1** *fig* Embaraço, empecilho, obstáculo. **2** *pop* Pessoa que é para outra encargo penoso. **3** *por ext* Qualquer coisa que apresenta tamanho disforme.

tra.mi.tar (*trâmite+ar*¹) *vint* Seguir os trâmites (um documento, um processo).

trâ.mi.te (*lat tramite*) *sm* **1** Caminho que conduz a certo lugar; atalho; senda. *sm pl* **2** Meios apropriados para se alcançar um objetivo: *"Sem o trâmite normal exigido para o recebimento do material, pode haver risco da divulgação ser prejudicada."* (DIN) **3** Via legal que uma questão ou processo percorre para chegar a uma solução: *"Estratégia durante o trâmite do projeto na Câmara."* (FSP)

tra.moi.a (*ó*) (de *trama*) *sf fig* Ardil, artifício, enredo: *"Ou seria uma tramoia de dom Fernando?"* (RET)

tram.po *sm gír* Trabalho, serviço, emprego.

tram.po.lim (*ital trampolino*) *sm* **1** Prancha inclinada, apoiada de um lado num suporte e do outro no solo, de onde os acrobatas e nadadores tomam impulso para saltar. **2** *fig* Aquilo de que alguém se serve para chegar a um resultado.

tran.ca (*cast tranca*) *sf* **1** Barra de ferro ou de madeira que se coloca transversalmente atrás das portas ou janelas para fechá-las. **2** Coisa com que se trava ou prende; obstáculo, travanca.

tran.ça *sf* **1** Conjunto de fios entrelaçados. **2** Conjunto de fios de cabelos, distribuídos geralmente em três porções que se entrelaçam. **3** *fig* Intriga, maquinação.

tran.ca.fi.ar (de *trancar*) *vtd* Encarcerar.

tran.car (*tranca+ar¹*) *vtd* **1** Travar com tranca; fechar, segurar. *vtd* **2** Encarcerar, prender. *vpr* **3** Fechar-se em recinto seguro. *vtd* **4** Riscar ou tornar sem efeito (um escrito); cancelar: *Trancar uma matrícula*.

tran.çar (*trança+ar¹*) *vtd* **1** Pôr em trança; entrelaçar cabelos. *vpr* **2** Entrelaçar-se, enredar-se. *vtd* **3** V *entrançar*.

tran.co (*cast tranco*) *sm* **1** Solavanco. **2** Empurrão, safanão, encontrão, esbarro. *Aos trancos e barrancos*: com muitos trabalhos e dificuldades, a custo; aos trancos.

tran.quei.ra (*tranca+eira*) *sf* **1** Cerca de madeira para fortificar e defender qualquer posição militar; estacada ou paliçada. **2** Lixo, porcaria, cacareco.

tran.qui.li.da.de (*qwi*) (*lat tranquilitate*) *sf* **1** Estado de tranquilo. **2** Paz, sossego. **3** Quietação, serenidade. *Antôn: agitação, desassossego.*

tran.qui.li.za.dor (*qwi*) (*tranquilizar+dor*) *adj* Que tranquiliza. • *sm* Aquele que tranquiliza.

tran.qui.li.zan.te (*qwi*) (de *tranquilizar*) *adj m+f* V *tranquilizador.* • *sm Med* Calmante, sedativo.

tran.qui.li.zar (*qwi*) (*tranquilo+izar*) *vtd* e *vpr* Tornar(-se) tranquilo, acalmar(-se), pacificar(-se), sossegar. *Antôn: desassossegar, agitar.*

tran.qui.lo (*qwi*) (*lat tranquilu*) *adj* Que não está agitado nem perturbado; calmo, quieto, sereno, sossegado. *Antôn: perturbado, agitado.*

tran.sa (*za*) (de *transação*) *sf gír* **1** Entendimento, acordo, pacto. **2** Ligação, trama, conluio. **3** Relação amorosa.

tran.sa.ção (*za*) (*lat transactione*) *sf* **1** Ajuste, combinação, acordo. **2** Negócio, operação comercial: *"O Santos, responsável pela transação, vendeu o jogador Giovanni para o Barcelona, da Espanha."* (FSP) **3** V *transa* (acepção 3).

tran.sa.ma.zô.ni.co (*za*) (*trans+amazônico*) *adj* Que está além da região amazônica ou que atravessa a Amazônia.

tran.sar (*za*) (*transa+ar¹*) *gír vtd* **1** Fazer transa a respeito de; combinar, tramar. *vti* **2** Ter transa com alguém. *vint* **3** Ter transa.

tran.sa.tlân.ti.co (*za*) (*trans+atlântico*) *adj* **1** Situado além do Atlântico. **2** Que atravessa o Atlântico. • *sm* Navio de grandes proporções.

trans.bor.da.men.to (*transbordar+mento*) *sm* Ação de transbordar.

trans.bor.dan.te (de *transbordar*) *adj m+f* Que transborda.

trans.bor.dar (*trans+borda+ar¹*) *vtd*, *vti* e *vint* **1** Ultrapassar as bordas de; ir (o rio) além das margens. *vtd* **2** Derramar, expandir. *vti* e *vint* **3** Derramar-se, atrapalhar-se. *vint* **4** *fig* Não se poder conter.

trans.bor.do (*ô*) (*trans+bordo*) *sm* **1** V *transbordamento.* **2** Passagem (de pessoas, carga, viajantes) de um veículo para outro. **3** Baldeação.

trans.cen.dên.cia (*lat transcendentia*) *sf* **1** Qualidade de transcendente; grandeza, superioridade. **2** Agudeza, sutileza de inteligência; penetração, sagacidade. **3** *Filos* Sistema filosófico baseado na revelação divina.

trans.cen.der (*lat transcendere*) *vtd* e *vti* **1** Passar além dos limites de, ser superior a; exceder, ultrapassar: *"A poesia, a arte enfim, transcende os critérios de utilidade."* (BU); *"Paraty é uma cidade que transcende aos homens e ao tempo."* (OLA); *"Conseguistes tratar de assuntos médico-sociais que até agora não puderam transcender das clínicas especializadas e das obras destinadas à leitura."* (FIG) *vti* **2** Chegar a um alto grau de superioridade; distinguir-se.

trans.con.ti.nen.tal (*trans*+*continental*) *adj m*+*f* Que atravessa um continente.

trans.cor.rer (*lat transcurrere*) *vint* **1** Decorrer, perpassar. *vtd* **2** Passar além de; transpor. *vlig* **3** Permanecer.

trans.cre.ver (*lat transcribere*) *vtd* **1** Copiar. **2** Fazer a transcrição de, reproduzir copiando. **3** Registrar, por ato público, segundo o modo e as formalidades legais, o título de aquisição de imóvel. *Part: transcrito*.

trans.cri.ção (*lat transcriptione*) *sf* **1** Ato ou efeito de transcrever. **2** Cópia literal de um escrito.

tran.se (*ze*) (de *transir*) *sm* **1** Lance difícil, momento crítico, situação angustiosa. **2** Susto ou apreensão de um mal que se julga próximo. **3** Aflição, dor, angústia. **4** Estado do hipnotizado. *A todo o transe:* por força, por qualquer modo.

tran.se.un.te (*ze*) (*lat transeunte*) *adj m*+*f* **1** Que passa, que não é permanente; transitório. **2** Que vai andando ou passando. • *s m*+*f* Pessoa que passa ou vai passando; caminheiro.

trans.fe.rên.cia (*transferente*+*ia²*) *sf* **1** Ação ou efeito de transferir ou de ser transferido. **2** Deslocamento de empregado, para outro quadro, cargo ou carreira.

trans.fe.ri.dor (*transferir*+*dor*) *adj* Que transfere. • *sm* **1** O que transfere. **2** Instrumento semicircular próprio para medir ou traçar ângulos.

trans.fe.rir (*lat transferere*, *corr* de *transferre*) *vtd* e *vpr* **1** Fazer passar ou passar-se de um lugar para outro; mudar (-se), transportar(-se). *vtd* e *vtdi* **2** Transmitir de um para outro indivíduo: *Transferiu-me os seus haveres. vtd* **3** Adiar: *Transferir o embarque.*

trans.fi.gu.rar (*lat transfigurare*) *vtd* e *vpr* **1** Mudar a figura, o caráter, a feição ou a forma de; transformar: *"Mas o que transfigura esta obra é o próprio tema, o próprio tema!"* (VPB); *"Sua fisionomia transfigura-se em uma espécie de máscara."* (JB) *vtd* **2** Converter, mudar. *vtd* **3** Dar uma ideia não verdadeira de; alterar, deturpar: *"Não se trata mais de transfigurar a realidade."* (MH)

trans.for.ma.dor (*transformar*+*dor*) *adj* Que transforma. • *sm* **1** O que transforma. **2** *Eletr* Dispositivo que modifica a tensão e a intensidade da corrente recebida.

trans.for.mar (*lat transformare*) *vtd* **1** Fazer que uma pessoa ou coisa mude de forma; mudar a forma de; metamorfosear; transfigurar. *vtd* **2** Converter, mudar, reduzir, trocar. *vtd* **3** Dar nova forma a, tornar diferente do que era; alterar. *vpr* **4** Tomar outra forma; passar para um novo estado. *vpr* **5** Disfarçar-se, dissimular-se. *vpr* **6** Assumir novo aspecto; sofrer importantes mudanças.

trans.fun.dir (*lat transfundere*) *vtd* **1** Fazer passar; transvasar, verter (um líquido) de um vaso para outro. *vtd* **2** *Cir* Fazer que (o sangue de um animal) passe para as veias de outro. *vtd* **3** Derramar, difundir, espalhar. *vpr* **4** Tornar-se outro; transformar-se.

trans.fu.são (*lat transfusione*) *sf* Ato ou efeito de transfundir. *Transfusão de sangue, Med:* processo que consiste em injetar sangue de um indivíduo na veia de outro.

trans.gê.ni.co (*trans*+*gene*+*ico²*) *adj Bioquím* Relativo a animal ou planta produzido a partir de um genoma (célula embrionária) em que foram incorporados genes provenientes de outra espécie, de forma natural, ou através da engenharia genética. • *sm* Animais e produtos agrícolas gerados e produzidos a partir desse processo.

trans.gre.dir (*transgredere*, *corr* de *transgredi*) *vtd* **1** Ir além dos termos ou limites;

atravessar: *Transgredir fronteiras.* **2** Não observar, não respeitar (as leis ou regulamentos); infringir: *Transgredir a lei.* **3** Deixar de cumprir; postergar: *Transgredir a ordem.*

trans.gres.são (*lat transgressione*) *sf* Ato ou efeito de transgredir; infração, violação.

trans.gres.sor (*lat transgressore*) *adj* Que transgride: *"Não repetem a fúria transgressora das primeiras letras de Lou."* (FSP) • *sm* Aquele que transgride; infrator: *"Ele foi famoso transgressor das normas penais."* (FI)

tran.si.ção (*zi*) (*lat transitione*) *sf* **1** Ato ou efeito de transitar, isto é, de passar de um lugar para outro; passagem. **2** Forma de passar de um assunto ou de um raciocínio para outro. **3** Passagem de um estado de coisas para outro.

tran.si.gên.cia (*zi*) (*transigente+ia²*) *sf* **1** Ação ou efeito de transigir. **2** Indulgência, tolerância. **3** Frouxidão de caráter.

tran.sis.tor (*zistôr*, pronúncia correta; mas a usual é *zístor*, por influência do inglês *transistor*) *sm* **1** Amplificador de cristal inventado nos Estados Unidos em 1948 para substituir a válvula eletrônica em receptores. **2** *por ext* Qualquer rádio portátil que use esse tipo de amplificador. *Pl: transistores.* Var: *transístor.*

tran.sis.to.ri.za.do (*zis*) (*part de transistorizar*) *adj* Eletrôn Equipamento eletrônico que usa transistores em lugar de válvulas.

tran.si.tar (*zi*) (*trânsito+ar¹*) *vti* **1** Andar, fazer caminho, passar, viajar. *vtd* **2** Percorrer. *vti* **3** Mudar de lugar, estado ou condição.

tran.si.ti.vo (*zi*) (*lat transitivu*) *adj* **1** Que passa; de pouca duração, efêmero, passageiro. **2** *Gram* Diz-se de um verbo que exprime uma ação que transita de um sujeito a um complemento: objeto direto ou indireto.

trân.si.to (*zi*) (*lat transitu*) *sm* **1** Ação ou efeito de transitar. **2** O movimento de pedestres e veículos que transitam nas cidades ou nas estradas; tráfego. **3** Mudança, passagem. **4** Instrumento usado pelos topógrafos para medição de ângulos horizontais.

tran.si.tó.rio (*zi*) (*lat transitoriu*) *adj* Que tem pequena duração ou permanência; breve, passageiro, efêmero. *Antôn: durável, permanente, definitivo.*

trans.la.ção (*lat translatione*) *sf* **1** Transporte, transladação. **2** Tradução. **3** *Geogr* Movimento executado pela Terra, de Oeste para Leste, em torno do Sol, descrevendo uma elipse alongada, em um ano trópico.

trans.la.dar (*translado+ar¹*) *V trasladar.*
trans.la.do (*lat translatu*) *p us V traslado.*

trans.lú.ci.do (*lat translucidu*) *adj* **1** Diz-se do corpo que deixa passar a luz, mas através do qual não se veem os objetos; diáfano. **2** Transparente. **3** *fig* Que não oferece qualquer dúvida; evidente, claríssimo. *Antôn* (acepções 1 e 2): *opaco.*

trans.lu.zir (*lat translucere*) *vti* e *vint* **1** Fazer passar a luz através de um corpo: *Transluzir o sol por entre as nuvens.* *vint* **2** Ser diáfano ou transparente. *vti* **3** Mostrar-se através de alguma coisa; refletir-se; transparecer. *vti* **4** Concluir-se, deduzir-se: *Isso é o que transluz dos acontecimentos.* *Conjug –* este verbo é normalmente impessoal e segue o paradigma de *luzir*.

trans.mis.são (*lat transmissione*) *sf* **1** Ato ou efeito de transmitir; transferência (de coisa, direito ou obrigação). **2** *Mec* Comunicação do movimento de um órgão mecânico a outro por meio de engrenagens, polias, correias etc.

trans.mis.sor (*lat transmissore*) *adj* Que transmite. • *sm* **1** Aparelho destinado a transmitir sinais telegráficos; manipulador. **2** Instalação para radioemissão.

trans.mi.tir (*lat transmittere*) *vtd* **1** Conduzir, deixar ou fazer passar além; transportar: *Transmitir o calor.* *vtd* **2** Fazer passar por sucessão: *Transmitiu aos filhos bens e fortuna.* *vpr* **3** Propagar-se, transportar-se: *Transmite-se a luz com extraordinária velocidade.* *vtd* **4** Enviar, expedir: *Transmitir um telegrama a alguém.*

trans.pa.re.cer (*trans+aparecer*) *vint* **1** Aparecer ou avistar-se através de. **2** Aparecer ou mostrar-se parcialmente: *A verdade apenas transparece.* **3** Manifestar-se, revelar-se: *Transparecia-lhe no rosto o medo.*

trans.pa.rên.cia (*lat transparentia*) *sf* **1** Qualidade de transparente; diafaneidade. **2** Filme de *slide* usado para apresentação de trabalhos em retroprojetor.

trans.pa.ren.te (*baixo-lat transparente*) *adj m+f* **1** Diz-se do corpo que deixa passar os raios de luz, permitindo que se vejam os objetos através dele. **2** Translúcido. **3** *fig* Que se deixa conhecer; franco.

trans.pas.sar (*trans+passar*) *V* traspassar.

trans.pi.ra.ção (*transpirar+ção*) *sf* **1** Exalação, através dos poros, de partículas líquidas, como o suor etc. **2** O próprio suor exalado.

trans.pi.rar (*lat transpirare*) *vtd* **1** Exalar (suor ou algum fluido) pelos poros do corpo. *vint* **2** Sair (o suor). *vti* **3** Sair do corpo sob a forma de exalação: *As toxinas transpiram pela pele*. *vint* **4** Divulgar-se: *Da nossa conversa nada transpirou*.

trans.plan.ta.ção (*lat transplantatione*) *sf* **1** Ato de transplantar-se. **2** *Cir* Enxerto de um órgão ou parte de um órgão ou tecido de um indivíduo em outro. **3** Ação de mudar de residência.

trans.plan.tar (*lat transplantare*) *vtd* **1** Mudar (a planta com as raízes) de um lugar para outro; plantar em outro lugar. **2** Transferir, transportar de um país para outro (costumes, instituições). **3** *Cir* Substituir um órgão do corpo humano por outro.

trans.plan.te (de *transplantar*) *sm V* transplantação.

trans.por (*lat transponere*) *vtd* **1** Fazer passar além; deixar atrás; atravessar. **2** Galgar, saltar. **3** Exceder, ultrapassar. **4** Inverter a ordem: *Transpor os termos de uma equação*. Conjuga-se como *pôr*.

trans.por.ta.do.ra (*transportar+dor*, no *fem*) *sf* Empresa especializada em transporte de cargas.

trans.por.tar (*lat transportare*) *vtd* **1** Conduzir de um lugar para outro. *vpr* **2** Passar-se de um lugar para outro. *vpr* **3** Referir-se; remontar mentalmente: *Transportar-se à infância*. *vtdi* **4** Traduzir, trasladar, verter: *Transportou para o inglês obras de autores brasileiros*.

trans.por.te (de *transportar*) *sm* **1** Ato ou efeito de transportar(-se); transportação. **2** Carro ou veículo que serve para transportar. **3** *fig* Êxtase, enlevo.

trans.tor.nar (*trans+tornar*) *vtd* **1** Alterar, perturbar a ordem ou a colocação de; pôr em desordem. **2** Pôr confusão em; atrapalhar. **3** Fazer mudar de costumes, de opinião, de vida; desencaminhar: *O mau ambiente transtorna as pessoas*. **4** Desorganizar, perturbar. **5** Corromper, desencaminhar: *Os vícios transtornam qualquer pessoa*. **6** Fazer voltar ao antigo estado: *Transtornou os costumes à sua antiga dureza*.

trans.tor.no (ô) (de *transtornar*) *sm* **1** Contrariedade, contratempo, decepção. **2** Prejuízo. **3** Perturbação do juízo. **4** Desarranjo.

trans.ver.sal (*lat transversale*) *adj m+f* **1** Que passa de través; que segue direção transversa ou oblíqua. **2** *Geom* Diz-se da linha reta que intercepta obliquamente uma linha ou sistema de linhas. • *sf* **1** Essa linha. **2** Linha que forma a série de parentes colaterais. *sm* **3** *Anat* Nome de vários músculos que cortam transversalmente uma parte do corpo.

trans.vi.ar (*trans+via+ar¹*) *vtd* **1** Fazer sair do caminho direito; desencaminhar, extraviar. *vpr* **2** Afastar-se do caminho; não encontrar o caminho certo. *vpr* **3** Extraviar-se; perder-se no caminho. *vpr* **4** Afastar-se das normas da moral ou da justiça; corromper-se, desmoralizar-se. *Var*: trasviar. Conjuga-se como *premiar*.

tra.pa.ça (*cast trapaza*) *sf* **1** Manobra astuciosa empregada para surpreender a boa-fé de outrem e causar-lhe prejuízo. **2** Ardil, engano, logro.

tra.pa.ce.ar (*trapaça+e+ar¹*) *vtd* **1** Tratar (algum negócio) com fraude ou trapaça. *vint* **2** Fazer trapaças. Conjuga-se como *frear*.

tra.pa.cei.ro (*trapaça+eiro*) *adj* Que trapaceia. • *sm* Aquele que faz trapaças. *Antôn*: sério, probo.

tra.pa.lha.da (*trapo+alho+ada¹*) *sf* **1** Confusão, desordem, barafunda, bagunça. **2** Embuste, fraude.

tra.pa.lhão (*cast trapallón*) *adj* **1** Confuso, atabalhoado, atrapalhado. **2** Trapaceiro, embusteiro. • *sm* Indivíduo que é atabalhoado, que mistura e atrapalha tudo o que diz e o que faz. *Fem*: trapalhona.

tra.pé.zio (*gr trapézion*) *sm* **1** *Geom* Quadrilátero que tem dois lados paralelos. **2** Aparelho para exercícios ginásticos; barra de madeira ou de ferro suspensa por corda. **3** *Anat* Músculo da região dorsal que aproxima a omoplata da coluna vertebral. **4** *Anat* O primeiro osso da segunda fileira do carpo, contando a partir do polegar.

tra.pe.zis.ta (*trapézio+ista*) *s m+f* Artista que se apresenta em trapézio.

tra.pe.zoi.de (ó) (*trapezi+oide*) *adj m+f* Que tem forma de trapézio; trapeziforme. • *sm* **1** Quadrilátero com os lados todos oblíquos entre si; quadrilátero que não tem lados paralelos. **2** *Anat* O segundo osso da segunda fileira do carpo, contando a partir do polegar.

tra.pi.che (*cast trapiche*) *sm* **1** Grande armazém, próximo de um cais, onde se depositam e guardam mercadorias. **2** Casa ou alpendre onde se guardam essas mercadorias.

tra.po (*lat trappu*) *sm* **1** Pedaço de pano velho; farrapo. **2** Fragmento de roupa rota. **3** *por ext* Terno ou vestido velho.

tra.que (*voc onom*) *sm* **1** Artefato pirotécnico que ao explodir produz ruído. **2** Estouro, estrépito.

tra.quei.a (é) (*gr trakheîa*) *sf Anat* Conduto aéreo que se inicia na parte inferior da laringe, terminando onde se dá sua bifurcação; daí para frente iniciam-se os brônquios.

tra.que.jo (ê) (de *traquejar*) *sm* **1** Muita prática ou experiência em qualquer serviço. **2** *gír* Exercício de capoeira.

tra.qui.na.gem (*traquinar+agem*) *sf* Ação de traquinas; traquinice.

tra.qui.nas (de *traque*) *adj m+f* Buliçoso, inquieto, travesso, turbulento: *"Quer ter sua casinha pobre mas limpa, o seu filhinho traquinas a um jardinzinho bem cuidado."* (MEL) • *s m+f sing+pl* Criança ou pessoa traquinas: *"Como ele pôde ver o traquinas, só Deus sabe."* (FSP)

trás (*lat trans*) *adv* e *prep* Atrás, detrás, após, depois de, em seguida a.

tra.san.te.on.tem (*trás+ante+ontem*) *adv* No dia antecedente ao de anteontem. *Var*: trasantontem.

tra.sei.ra (*fem* de *traseiro*) *sf* Parte de trás ou posterior. *Antôn*: dianteira.

tra.sei.ro (*trás+eiro*) *adj* **1** Que está detrás; que fica na parte posterior; situado detrás: *Rodas traseiras*. **2** Diz-se de qualquer veículo em que a carga se acha na parte posterior, fazendo-o pender para trás. • *sm pop* V nádegas.

tras.la.dar (*traslado+ar¹*) *vtd* **1** Transportar de um lugar para outro; levar, mudar. *vpr* **2** Mudar-se, passar-se. *vtd* **3** Transportar (os restos mortais de uma pessoa) de uma sepultura para outra. *vtd* **4** Passar para outro; transferir: *Trasladar encargos*. *vtd* **5** Copiar, transcrever: *Trasladar uma escritura*.

tras.la.do (*lat traslatu*) *sm* **1** Ação ou efeito de trasladar. **2** Cópia, transcrição. **3** Reprodução das feições de alguém; pintura, retrato.

tras.pas.sar (*tras+passar*) *vtd* **1** Passar para além; transpor: *O gado traspassou o rio*. **2** Passar através: *A chuva não traspassa a coberta de sapé*. **3** Passar de um lugar para outro. **4** Atravessar de lado a lado; furar: *Traspassavam com espadas o inimigo*. *Var*: transpassar, trespassar.

tras.te (*lat transtru*) *sm* **1** Móvel ou utensílio velho de pouco valor. **2** *pop* Homem de maus costumes; maroto, velhaco, tratante. **3** *pop* Pessoa inútil, sem préstimo.

tra.ta.do (*part* de *tratar*) *adj* **1** Que recebeu cuidados de alimentação, vestuário etc. **2** Estudado, aprofundado. **3** Cuidado, cultivado. • *sm* **1** Obra desenvolvida, que expõe ordenadamente os princípios de uma ciência ou arte. **2** Contrato internacional relativo a paz, comércio etc.

tra.ta.dor (*lat tractatore*) *adj* Diz-se do indivíduo que trata de alguma coisa, especialmente de cavalos ou de outros animais. • *sm* Esse indivíduo.

tra.ta.men.to (*tratar+mento*) *sm* **1** Forma por que se designa o interlocutor numa enunciação oral ou escrita; pronome de tratamento. **2** *Med* Conjunto de meios terapêuticos, cirúrgicos e higiênicos de que lança mão o médico para cura da doença ou alívio de seus sintomas.

tra.tan.te (de *tratar*) *adj m+f* Diz-se daquele que trata com artimanhas de qualquer coisa, ou que procede com velhacaria; embusteiro. • *s m+f* Pessoa tratante.

tra.tar (*lat tractare*) *vtd* **1** Apalpar, manear, manejar, manusear. *vtd* e *vti* **2** Cuidar de. *vtd* e *vti* **3** Dar o tratamento prescrito ou aconselhado (a uma pessoa doente). *vpr* **4** Aplicar tratamento a si mesmo; cuidar da própria saúde; seguir um tratamento: *Se quer sarar, trate-se.* *vtd* **5** Alimentar, nutrir, sustentar. *vtd* **6** Cuidar bem ou mal de; dar bom ou mau alimento a. *vtd* **7** Acolher, receber: *Tratou-os como inimigos.* *vpr* **8** Alimentar-se, nutrir-se; ocupar-se da sua própria pessoa; trajar, vestir-se: *Ela trata-se muito bem.* *vtd* **9** Ajustar, combinar, concertar, contratar: *Tratar um acordo de cessar-fogo.* *vtd* e *vti* **10** Conversar, frequentar (pessoas); travar relações com: *Raras vezes tratava com ele.* *vtd* **11** Considerar. *Tratar por alto:* discorrer de leve e a respeito.

Trata-se de: como o verbo é transitivo indireto, esta é uma forma impessoal (a partícula **se** é índice de indeterminação do sujeito). Logo, não admite plural. Temos assim:
Trata-se de um rapaz estudioso. (singular)
Trata-se de dois rapazes estudiosos. (plural)
Tratava-se de questão polêmica. (singular)
Tratava-se de questões polêmicas. (plural)
Os termos *um rapaz estudioso, dois rapazes estudiosos, questão polêmica* e *questões polêmicas* exercem a função sintática de objeto indireto do verbo tratar; não são sujeitos do verbo tratar e, portanto, o verbo não deve estabelecer concordância com eles.

tra.to (de *tratar*) *sm* **1** Ato ou efeito de tratar; ajuste, tratado, acordo. **2** Maneiras sociais; modo de ser ou de proceder nas relações com os outros; delicadeza, cortesia.

tra.tor (*lat tractu*) *sm* Veículo motorizado que se desloca sobre grandes rodas ou esteiras de aço e serve para puxar arados, grades de discos, rebocar carretas, cargas, executar serviços de terraplenagem etc.

tra.to.ris.ta (*trator*+*ista*) *s m+f* Pessoa que trabalha com trator.

trau.ma (*gr traûma*) *V* traumatismo.

trau.ma.tis.mo (*tráumato*+*ismo*) *sm Med* **1** Estado resultante de um ferimento grave. **2** Grande abalo físico, moral ou mental; choque ou transtorno de onde se pode desenvolver uma neurose. Abreviadamente: *trauma*.

trau.ma.ti.zan.te (de *traumatizar*) *adj m+f* Qualidade do que traumatiza: *"Sofrer um assalto é uma experiência traumatizante."* (FSP)

trau.ma.ti.zar (*tráumato*+*izar*) *vti* **1** Ferir, causar traumatismo. *vpr* **2** Ferir-se.

trau.ma.to.lo.gi.a (*tráumato*+*logo*+*ia*¹) *sf Med* Parte da medicina que se ocupa das lesões traumáticas.

trau.ma.to.lo.gis.ta (*tráumato*+*logo*+*ista*) *s m+f* O profissional que se especializou em traumatologia.

tra.va (de *travar*) *sf* **1** Ação de travar. **2** *Mec* Freio. **3** Inclinação alternada dos dentes das serras.

tra.var (*trave*+*ar*¹) *vtd* **1** Encadear, pegar, prender, unir. *vtd* **2** Prender com trava para diminuir ou fazer cessar o movimento de. *vtd* e *vti* **3** Agarrar, segurar, tomar. *vtd* **4** Entupir, ocupar, obstruir. *vtd* **5** Impedir, agarrando ou prendendo. *vtd* **6** Entabular, começar: *Travar amizade.* *vtd* **7** Empenhar-se em (luta, disputa): *Travou luta com o inimigo.* *vint* **8** Frear. *vpr* **9** Unir-se, juntar-se. *vint* **10** Ter gosto amargo ou adstringente: *Isso trava como fruta verde.*

tra.ve (*lat trabe*) *sf Constr* Viga de grandes dimensões usada na construção de edifícios; trava, viga.

tra.vés (*lat transverse*) *sm* **1** Esguelha, obliquidade, soslaio. **2** Travessa ou peça de madeira atravessada. *Pl: traveses (é)*. *De través:* de lado, obliquamente.

tra.ves.sa (*lat transversa*) *sf* **1** Rua estreita transversal, entre duas ruas mais importantes. **2** Prato grande mais comprido do que largo em que se transportam as iguarias para a mesa. **3** Viga, trave. **4** Peça de madeira atravessada sobre outra.

tra.ves.são (*travessa+ão²*) *sm* Traço horizontal (—), mais extenso que o hífen, que se usa para separar frases, substituir parênteses, distinguir nos diálogos cada um dos interlocutores.
Como sinal de pontuação, usa-se o travessão, principalmente, para:
a) Indicar a fala ou a mudança do interlocutor nos diálogos.
— *Por favor, onde fica a Rua Gomes Silva?*
— *Logo adiante, depois da praça.*
— *Então não fica muito longe.*
— *Sim. É ali, bem próxima – indicou a senhora.*
b) Destacar palavras ou frases (dois travessões):
Margarida — esperta e ladina como as garotas de sua idade — não pestanejou e saiu em desabalada carreira rumo ao portão da casa.
c) Substituir os dois-pontos ou uma pausa mais forte:
Deparou-se logo com os adversários — o pai e o filho.
Recitava os versos de Camões — o grande poeta português.

tra.ves.sei.ro (*lat transversariu*) *sm* Almofada que se põe sobre o colchão, do lado da cabeceira, e serve para descansar a cabeça quando se está deitado.

tra.ves.si.a (*travess(ar)+ia¹*) *sf* Ato ou efeito de atravessar uma região, um continente, um mar etc.

tra.ves.so (ê) (*lat transversu*) *adj* **1** Propenso à prática de travessuras. **2** Buliçoso, inquieto. **3** Engraçado, vivo, malicioso. **4** Turbulento, traquinas, irrequieto. **5** Posto de través, atravessado. **6** Lateral. *Fem: travessa* (ê).

tra.ves.su.ra (*travesso+ura*) *sf* **1** Maldade infantil. **2** Traquinice, traquinagem.

tra.ves.ti (*fr travesti*) *sm* **1** Disfarce teatral em que se traja o artista com roupas do outro sexo. **2** Homossexual que se veste com roupas do sexo oposto e muitas vezes utiliza hormônios e outros meios para modificar seu corpo.

tra.ves.tir (*tra+vestir-se*) *vpr* Vestir-se com roupas do sexo oposto.

tra.vo (de *travar*) *sm* **1** Sabor amargo e adstringente da fruta. **2** Sabor adstringente de qualquer comida ou bebida; amargor.

tra.zer (*lat vulg *tragere*, por *trahere*) *vtd* **1** Conduzir, levar, transferir, transportar de um ponto para outro: *Traga-me o café.* **2** Acompanhar, dirigir, encaminhar, guiar: *Trazia nos braços a criança.* **3** Dar, oferecer, ofertar: *Trouxe presentes.* **4** Atrair, chamar: *A festa trará muita gente.* **5** Usar: *Trazer bigodes.* *Conjug* – a 2ª pessoa do singular do imperativo afirmativo apresenta duas formas: *traz/traze. Conjug – Pres indic: trago, trazes, traz, trazemos, trazeis, trazem; Pret perf: trouxe, trouxeste, trouxe, trouxemos, trouxestes, trouxeram; Pret imp indic: trazia, trazias, trazia, trazíamos, trazíeis, traziam; Pret mais-que-perf: trouxera, trouxeras, trouxera, trouxéramos, trouxéreis, trouxeram; Fut pres: trarei, trarás, trará, traremos, trareis, trarão; Fut pret: traria, trarias, traria, traríamos, traríeis, trariam; Pres subj: traga, tragas, traga, tragamos, tragais, tragam; Pret imp subj: trouxesse, trouxesses, trouxesse, trouxéssemos, trouxésseis, trouxessem; Fut subj: trouxer, trouxeres, trouxer, trouxermos, trouxerdes, trouxerem; Imper afirm: —, traz(e)(Tu), traga(Você), tragamos(Nós), trazei(Vós), tragam (Vocês); Imper neg: —, Não tragas(Tu), Não traga(Você), Não tragamos(Nós), Não tragais(Vós), Não tragam(Vocês); Infinitivo impess: trazer; Infinitivo pess: trazer, trazeres, trazer, trazermos, trazerdes, trazerem; Ger: trazendo; Part: trazido.*

tre.cen.té.si.mo (*zi*) (*lat trecentesimu*) *num* Ordinal e fracionário correspondente a trezentos. • *sm* Cada uma das trezentas partes iguais em que se divide o todo.

tre.cho (ê) (*cast trecho*) *sm* **1** Espaço ou intervalo de tempo. **2** Espaço ou extensão de um lugar a outro. **3** Fragmento de uma obra musical, literária ou artística; excerto.

tre.co (é) (*voc express*) *sm gír* **1** Aquilo que não se sabe definir ou nomear. **2** Qualquer objeto ou coisa. *sm pl* **3** *gír* Coisas de pouco valor, coisas consideradas desprezíveis; tralha, cacarecos.

trê.fe.go *adj* Traquinas, travesso; irrequieto: *"Essa privatização, segundo tais trêfegos mancebos, agride a economia nacional em sua integridade."* (FSP)

tré.gua (*gót trigwa*) *sf* **1** Suspensão temporária de hostilidades; armistício. **2** Cessação temporária de trabalho, dor, incômodo ou desgraça.

trêi.ler (*ingl trailler*) *sm* **1** *Cin* Exibição de pequenos trechos de filmes para divulgação e apresentação futura. **2** Veículo sem tração própria, do tipo de uma casa, preso à traseira de um automóvel, utilizado geralmente para acampar. *Var: trailer. Pl: trêileres.*

trei.na.dor (*treinar+dor*) *adj* Que treina.
• *sm* Aquele que treina.

trei.nar (*treina* ou *treino+ar¹*) *vtd* **1** Acostumar, adestrar ou submeter a treino. *vint* **2** Exercitar-se para jogos desportivos ou para outras finalidades.

tre.jei.to (*tre+jeito*) *sm* Gesto ridículo; careta.

tre.li.ça (*lat trilice*) *sf Constr* **1** Sistema de vigas cruzadas empregado no travejamento das pontes. **2** Armação de ripas cruzadas usada em portas, divisórias, biombos etc.

trem (*fr train*) *sm* **1** Série de vagões puxada por uma locomotiva; composição ferroviária. **2** Conjunto dos móveis de uma casa; mobília. **3** Conjunto das bagagens de um viajante. **4** *pop* Qualquer objeto.

tre.ma (*gr trêma*) *sm Gram* Sinal ortográfico constituído de dois pontos sobrepostos (¨) a uma vogal.
O Acordo Ortográfico da Língua Portuguesa de 1990 suprimiu o trema das palavras portuguesas e aportuguesadas. O trema só deve ser usado em palavras derivadas de nomes próprios estrangeiros. Exemplos: hübneriano (de Hübner) e mülleriano (de Müller).

tre.mar (*trema+ar¹*) *vtd* Pôr trema em.

trem-ba.la *sm* Trem muitíssimo veloz. *Pl: trens-bala* e *trens-balas.*

tre.me.dei.ra (*tremer+deira*) *sf* **1** Tremor, tremura. **2** Medo.

tre.me.li.car (de *tremer*) *vint* **1** Tremer de susto ou de frio; tiritar. **2** Tremer muitas vezes: *"As minhas pestanas tremelicam com o reflexo do videogame."* (EST)

tre.me.li.que (de *tremelicar*) *sm* Ato de tremelicar, tremura.

tre.men.do (*lat tremendu*) *adj* **1** Que faz tremer; horrível; pavoroso. **2** Espantoso, extraordinário.

tre.mer (*lat tremere*) *vtd* **1** Temer; ter medo de; recear. *vint* **2** Não estar firme; estremecer; agitar-se. *vint* **3** Tiritar (de frio, febre etc.). *vint* **4** Assustar-se; apavorar-se.

tre.mo.cei.ro (*tremoço+eiro*) *sm Bot* Planta leguminosa que produz o tremoço.

tre.mo.ço (ô) (*ár turmûs*) *sm* O grão comestível do tremoceiro.

tre.mor (*lat tremore*) *sm* **1** Ato ou efeito de tremer; tremura. **2** Medo excessivo; temor.

tre.mu.lar (*lat tremulare*) *vtd* **1** Fazer mover com vibração trêmula; mover com tremor. *vint* **2** Agitar-se, mexer-se tremendo: *As bandeiras tremulavam.*

trê.mu.lo (*lat tremulu*) *adj* **1** Que treme, que estremece. **2** Falta de firmeza; frouxo. **3** Vacilante, hesitante. • *sm Mús* Tremido na voz ou no canto.

tre.na (*lat trina*) *sf* **1** Fita metálica dividida em centímetros e metros, em geral com 10, 20 ou 25 metros de comprimento; fita métrica. **2** Fita métrica de menor extensão, usada por alfaiates, costureiras e outros profissionais.

tre.nó (*fr traîneau*) *sm* Veículo provido de esquis em vez de rodas, próprio para deslizar sobre gelo ou neve.

tre.pa.da (*trepar+ada¹*) *sf* **1** Encosta, ladeira. **2** Terreno em aclive; subida. **3** *vulg* Relação sexual.

tre.pa.dei.ra (*trepar+deira*) *adj f Bot* Dizse das plantas que trepam ao longo dos objetos vizinhos. • *sf Bot* Planta que se apoia e sobe em outra planta ou em um substrato.

tre.par (*voc onom*) *vtd* **1** Subir, içar-se, agarrando com as mãos e firmando-se nos pés. *vtd* **2** Subir; ir para cima de. *vti e vint* **3** Alçar-se, elevar-se, subir. *vti* **4** *vulg* Ter relação sexual.

tre.pi.da.ção (*lat trepidatione*) *sf* **1** Ato ou efeito de trepidar. **2** Ligeiro tremor de terra. **3** Movimento vibratório, de baixo para cima.

tre.pi.dar (*lat prepidare*) *vint* **1** Ter medo; tremer de susto. **2** Tremer: *"O motor em funcionamento faz trepidar meu corpo."* (UQ) **3** Hesitar, vacilar.

três (*lat tres*) *num* Cardinal correspondente a três unidades. • *sm* O algarismo 3.

tres.lou.ca.do (*part de tresloucar*) *adj* Diz-se do indivíduo desvairado, louco, demente. • *sm* Indivíduo tresloucado.

tres.lou.car (*lat trans+louco+ar²*) *vtd* **1** Tornar louco; desvairar. *vint* **2** Perder o juízo; endoidecer.

tres.noi.tar (*lat trans+noite+ar²*) *vtd* **1** Tirar o sono a; não deixar dormir. *vint* **2** Passar a noite sem dormir.

tres.pas.sar (*lat trans+passar*) *vtd, vtdi, vti* e *vpr* **1** V traspassar. *vtd* **2** Atravessar.

três-quar.tos *adj m+f* e *s m+f sing+pl* Diz-se de ou peça, ou parte de peça de vestuário, cujo comprimento corresponde a três quartos do comprimento total.

tre.ta (*ê*) (*lat tritu*) *sf* **1** Encrenca, desentendimento. **2** Artifício desonesto; ardil.

tre.vas (*lat tenebras*) *sf pl* **1** Privação ou ausência de luz; escuridão completa. **2** Ignorância. **3** O castigo eterno; o inferno. *Antôn* (acepção 1): *luz, claridade*.

tre.vo (*ê*) (*lat trifoliu*) *sm* **1** *Bot* Nome comum a várias plantas leguminosas de folhas tríplices. **2** Conjunto de rampas e vias elevadas para evitar cruzamentos em rodovias de tráfego intenso.

tre.ze (*lat tredecim*) *num* Cardinal correspondente a treze unidades. • *sm* O algarismo 13.

tre.zen.tos (*lat trecentos*) *num* Cardinal correspondente a três centenas; três vezes cem. • *sm* O algarismo 300.

trí.a.de (*lat ecles trias, adis*) *sf* Conjunto de três pessoas ou três coisas; trindade: *"Na tríade preguiça-arrogância-tristeza ele vê a causa dos males argentinos."* (SAT)

tri.a.gem (*fr triage*) *sf* **1** Escolha, seleção, separação. **2** *por ext* Separação de pessoas ou coisas em qualquer número de classes.

tri.an.gu.lar (*lat triangulare*) *adj m+f* **1** Que tem forma de triângulo. **2** Que tem três ângulos. **3** Que tem por base um triângulo.

tri.ân.gu.lo (*lat triangulu*) *sm* **1** *Geom* Polígono de três ângulos e de três lados. **2** *Mús* Instrumento de percussão em forma de triângulo. *Triângulo amoroso:* caso amoroso em que se acham envolvidas três pessoas. *Triângulo equiângulo:* o que tem os três ângulos iguais. *Triângulo equilátero:* o que tem os lados iguais entre si. *Triângulo retângulo:* o que tem um ângulo reto.

tri.a.tlo (*tri+gr âthlos,* combate) *sm Esp* Competição composta de três provas – natação, ciclismo e corrida –, disputadas sem intervalo entre uma e outra.

tri.bal (*tribo+al¹*) *adj m+f* **1** Relativo a tribo. **2** Que vive em tribo; de tribo: *"A sociedade tribal caracterizava-se por sua ausência de mobilidade."* (REA); *"Impera ali uma solidariedade quase tribal."* (FSP) *"sangrenta guerra tribal"* (ETR)

tri.bo (*lat tribu*) *sf* **1** Conjunto de famílias, geralmente da mesma origem, com a mesma língua e padrões culturais, que obedecem a um chefe. **2** Conjunto dos descendentes de cada um dos doze patriarcas do povo hebreu.

tri.bu.na (*fr tribune*) *sf* **1** Espécie de púlpito de onde os oradores falam. **2** A arte de falar em público; oratória.

tri.bu.nal (*lat tribunale*) *sm* **1** Casa de audiências, onde se julgam e decidem as questões judiciais. **2** Os magistrados ou pessoas que administram a justiça.

tri.bu.no (*lat tribunu*) *sm* **1** *Antig rom* Magistrado encarregado de defender os direitos e interesses do povo. **2** Orador de assembleias políticas.

tri.bu.ta.ção (*tributar+ção*) *sf* Ato ou efeito de tributar.

tri.bu.tar (*tributo+ar¹*) *vtd* **1** Impor tributos ou impostos a; onerar com tributos ou impostos. *vti* **2** Pagar como tributo. *vtd* **3** Cobrar tributo sobre. *vtd* **4** Prestar ou render homenagem a alguém, como tributo.

tri.bu.tá.rio (*lat tributariu*) *adj* **1** Que paga tributo; contribuinte. **2** Que está sujeito a pagar tributo. • *sm* **1** Aquele que paga tributo; contribuinte. **2** Aquele que está sujeito a pagar tributo.

tri.bu.to (*lat tributu*) *sm* **1** Imposto de caráter geral e obrigatório que o poder público exige, direta ou indiretamente, de cada cidadão e das empresas; taxa; contribuição. **2** Homenagem; preito.

tri.cam.pe.ão (*tri+campeão*) *adj* Diz-se do indivíduo ou da associação esportiva campeão três vezes consecutivas. • *sm* Esse indivíduo ou essa associação.

tri.cam.pe.o.na.to (*tri+campeonato*) *sm* Campeonato conquistado pela terceira vez consecutiva.

tri.cen.te.ná.rio (*tri+centenário*) *adj* Que tem trezentos anos. • *sm* Comemoração de fato notável ocorrido há trezentos anos.

tri.cen.té.si.mo (*tri+centésimo*) *V* trecentésimo.

tri.ci.clo (*tri+ciclo*) *sm* Velocípede de três rodas, em especial para crianças.

tri.cô (*fr tricot*) *sm* Tecido de malhas entrelaçadas, feito à mão ou à máquina.

tri.co.lor (*lat tricolore*) *adj m+f* Que tem três cores.

tri.co.tar (*fr tricoter*) *vint* **1** Fazer tricô. **2** *fig* Fazer fofoca; fuxicar.

tri.cús.pi.de (*lat tricuspide*) *adj m+f* Que tem três pontas.

tri.den.te (*lat tridente*) *adj m+f* Que tem três dentes. • *sm* Forquilha com três dentes ou pontas.

tri.di.men.si.o.nal (*tri+dimensional*) *adj m+f* Relativo às três dimensões (comprimento, largura e altura).

tri.e.dro (*tri+hedro*) *adj* Que tem três faces, ou que é formado por três planos. • *sm Geom* Figura formada por três planos, que se cortam e que são limitados nas suas interseções.

tri.e.nal (*triênio+al¹*) *adj m+f* Que dura três anos.

tri.ê.nio (*lat trienniu*) *sm* **1** Espaço de três anos. **2** Exercício de um cargo por três anos.

tri.fá.si.co (*tri+fase+ico²*) *adj* Que apresenta três fases.

tri.gal (*trigo+al¹*) *sm* Campo de trigo.

tri.gê.meo (*lat trigeminu*) *sm* Cada um dos três indivíduos nascidos de um só parto. • *adj* Diz-se de cada um dos três indivíduos nascidos do mesmo parto.

tri.gé.si.mo (*zi*) (*lat trigesimu*) *num* Ordinal correspondente a trinta. • *sm* Cada uma das trinta partes em que se divide o todo.

tri.go (*lat triticu*) *sm* **1** *Bot* Erva anual da família das gramíneas que dá frutos alimentícios. **2** O grão dessas plantas, usado na fabricação de farinha e em outros alimentos.

tri.go.no.me.tri.a (*gr trigonometría*) *sf* Parte da matemática que tem por objeto o estudo das funções circulares e a resolução dos triângulos por meio de cálculo.

tri.go.no.mé.tri.co (*trigonometria+ico²*) *adj* Pertencente ou relativo à trigonometria.

tri.guei.ro (*trigo+eiro*) *adj* Que tem a cor do trigo maduro; moreno. • *sm* Indivíduo trigueiro.

tri.lar (*trilo+ar¹*) *vtd* e *vint* **1** Cantar em trilos; trinar. *vint* **2** Emitir som de trilo: *O apito do guarda trilou*. *Conjug* – conjuga-se, normalmente nas 3ᵃˢ pessoas.

tri.lha (de *trilhar*) *sf* **1** Ato ou efeito de trilhar. **2** Rasto ou vestígio que uma pessoa ou animal deixa no lugar por onde passa. **3** Caminho, senda, trilho, vereda. *Seguir a trilha* (de alguém): imitar alguém.

tri.lhão (*lat tri+(mi)lhão*) *num* Mil bilhões. *Var*: trilião.

tri.lhar (*lat tribulare*) *vtd* **1** Debulhar (cereais). **2** Dividir em pequenas parcelas; moer: *Trilhar a palha*. **3** Calcar, esmagar; pisar. **4** Marcar com o trilho; percorrer deixando rastos, vestígios etc.: *Alguém trilhara a areia*. **5** Seguir (caminho, norma): *Trilhar o caminho do bem*.

tri.lho (*lat tribulu*) *sm* **1** Instrumento de bater a coalhada para fazer queijo. **2** Caminho estreito por onde passam pedestres ou animais; trilha, vereda. **3** Barra de ferro, sobre que andam bondes, trens e outros veículos. **4** Rasto, vestígio.

tri.lo (*ital trillo*) *sm Mús* **1** Movimento rápido e alternativo de duas notas que distam entre si um tom ou meio-tom, usado como ornamento na música vocal ou instrumental. **2** Gorjeio, trinado.

tri.lo.gi.a (*tri+logo+ia¹*) *sf* **1** Na Grécia antiga, conjunto de três obras trágicas de um mesmo autor. **2** Qualquer obra ou poema dividido em três partes.

tri.men.sal (*lat trimense+al¹*) *adj m+f* Que se realiza três vezes por mês.

tri.mes.tral (*trimestre+al¹*) *adj m+f* **1** Relativo a trimestre. **2** Que dura três meses ou acontece a cada três meses.

tri.mes.tre (*lat trimestre*) *sm* Espaço de três meses.

tri.na.do (*part* de *trinar*) *sm* **1** Ato ou efeito de trinar; trino. **2** *Mús* Repetição rápida e alternada de duas notas vizinhas.

tri.nar (*voc onom*) *vtd* **1** Gorjear, trilar. *vint* **2** Cantar com trinos; soltar trinos. *Conjug* – conjuga-se apenas nas 3ᵃˢ pessoas.

trin.ca¹ (de *trincar¹*) *sf* **1** Rachadura, fenda. **2** Fresta.

trin.ca² (de *três*) *sf* **1** Reunião de três coisas semelhantes. **2** Conjunto de três cartas de jogo, do mesmo valor.

trin.car (*lat truncare*) *vtd* **1** Cortar com os dentes, fazendo estalar. *vtd* **2** Apertar com os dentes; morder. *vint* **3** Estalar, ao ser cortado ou partido pelos dentes. *vtd* **4** Fechar com trinco (porta). *vint* **5** Fazer trinca; rachar, fundir.

trin.char (*fr ant trenchier*) *vtd* Cortar (a carne) em fatias ou pedaços para ser servida à mesa.

trin.chei.ra (*fr ant trenchier*) *sf* Vala escavada no terreno que serve de proteção aos combatentes.

trin.co (de *trincar¹*) *sm* **1** Lingueta da fechadura que é movida pela maçaneta ou pela própria chave. **2** Pequena tranca para fechar portas.

trin.da.de (*lat trinitate*) *sf* **1** Grupo de três pessoas ou coisas semelhantes. **2 Trindade** *Teol* União de três pessoas distintas (Pai, Filho e Espírito Santo) em um só Deus; é o principal mistério do cristianismo.

tri.no¹ (*lat trinu*) *adj* Que consta de três; diz-se especialmente de Deus com relação à Trindade. • *sm* Religioso da ordem da Trindade.

tri.no² (de *trinar*) *sm* Ação de trinar; trinado, gorjeio.

tri.nô.mio (*tri+nomo+io²*) *adj* Que tem três termos ou partes. • *sm* **1** *Álg* Polinômio de três termos. **2** Aquilo que tem três termos ou partes.

trin.que (*fr tringle*) *sm* **1** Esmero, elegância. **2** Qualidade do que é novo em folha. *Nos trinques, pop:* vestido com elegância.

trin.ta (*lat triginta*) *num* Cardinal correspondente a três dezenas; três vezes dez. • *sm* O algarismo 30.

trin.tão (*trinta+ão²*) *adj pop* Diz-se do indivíduo que já completou trinta anos, ou tem aproximadamente essa idade. • *sm* Indivíduo trintão. *Fem:* trintona.

tri.o (*ital trio*) *sm* **1** *Mús* Conjunto instrumental ou vocal formado por três executantes. **2** Grupo de três pessoas.

tri.pa (*der do lat extirpare*) *sf* **1** Nome comum dado aos intestinos dos animais. **2** *pop* Intestinos do homem. *Vomitar as tripas:* vomitar muito.

tri.pa.nos.so.mo (*gr trýpanon+somo*) *sm Zool* Gênero de protozoários flagelados parasitas do sangue de vertebrados e agentes causadores de várias enfermidades graves.

tri.pé (*tri+pé*) *sm* Aparelho portátil firmado sobre três pés que podem ser ajustados e sobre o qual se assenta a máquina fotográfica, o telescópio etc.

tri.plex (*cs*) (*lat triplex*) *adj* **1** Diz-se de um tipo de vidro composto de duas lâminas com uma terceira interposta, de substância flexível e transparente. **2** Diz-se de apartamento que possui três pavimentos. • *sm sing+pl* **1** Esse tipo de vidro. **2** Esse tipo de apartamento.

tri.pli.car (*lat triplicare*) *vtd* **1** Fazer ou tornar triplo. *vint* e *vpr* **2** Tornar-se triplo.

tri.pli.ca.ta (*lat triplicata*) *sf* Terceira cópia.

tri.pli.ce (*lat triplice*) *num+sm* V *triplo*.

tri.plo (*lat triplu*) *num* Que é três vezes maior. • *sm* Produto da multiplicação por três.

tri.pu.di.ar (*lat tripudiare*) *vint* **1** Exultar; divertir-se ruidosamente: *Tripudiam e gargalham*. **2** Regozijar-se humilhando ou espezinhando alguém que foi derrotado. **3** Dançar ou saltar batendo com os pés; sapatear: *Tripudiar sobre o tablado*. *Conjuga-se como premiar*.

tri.pu.la.ção (*tripular+ção*) *sf* Conjunto das pessoas embarcadas que trabalham num navio ou avião em viagem.

tri.pu.lan.te (de *tripular*) *adj m+f* Que faz

tripular 874 **troço¹**

parte da tripulação. • *sm* **1** Aquele que tripula. **2** Cada um dos indivíduos que fazem parte da tripulação de um navio ou avião. *Col: equipagem, tripulação.*

tri.pu.lar (*cast tripular*) *vtd* **1** Prover de tripulação (o navio); equipar. **2** Dirigir ou governar (uma embarcação).

tris.si.lá.bi.co (*tri+silábico*) *adj Gram* Que tem três sílabas; trissílabo.

tris.sí.la.bo (*tri+sílaba*) *sm Gram* Vocábulo de três sílabas. • *adj* V trissilábico.

tris.te (*lat triste*) *adj m+f* **1** Que não tem alegria ou contentamento. **2** Abatido, deprimido. **3** Desgraçado, infeliz. **4** Insignificante, miserável. *Antôn* (acepção 1): *alegre, contente.* • *s m+f* **1** Pessoa infeliz, digna de dó. **2** Pessoa melancólica ou inclinada à tristeza.

tris.te.za (*lat tristitia*) *sf* **1** Falta de alegria; melancolia. **2** Abatimento, consternação. **3** Aspecto de quem revela aflição; mágoa. *Antôn: alegria, satisfação, contentamento.*

tris.to.nho (de *triste*) *adj* **1** Que mostra tristeza. **2** Melancólico, sorumbático.

tri.ti.cul.tu.ra (*lat triticu+cultura*) *sf* Cultura do trigo.

tri.ton.go (*tri+gr phthóngos*) *sm Gram* Grupo vocálico pronunciado na mesma sílaba e no qual uma vogal se acha entre duas semivogais: *quais, averigueis, Paraguai.*

tri.tu.ra.dor (*triturar+dor*) *adj* Que tritura. • *sm* Qualquer aparelho ou máquina que se emprega para triturar.

tri.tu.rar (*lat triturare*) *vtd* **1** Moer, pulverizar; reduzir a massa ou a partes muito finas, esmagando. **2** Destruir por completo; reduzir a nada: *Triturar um argumento.* **3** Bater em; sovar: *Triturou-o com pancadas.* **4** *fig* Afligir, magoar; atormentar, torturar: *A saudade tritura-lhe o coração.*

tri.un.fan.te (*lat triumphante*) *adj m+f* **1** Que triunfou; triunfador. **2** Vencedor, vitorioso. **3** Decisivo. **4** Ostentoso, pomposo. **5** Alegre, radiante, jubiloso.

tri.un.far (*lat triumphare*) *vint* **1** Alcançar triunfo ou vitória. *vti* e *vint* **2** Vencer na guerra; vencer pelas armas ou pela força. *vti* e *vint* **3** Prevalecer, sair vencedor, vencer. *vti* **4** Ter vantagem sobre.

tri.un.fo (*lat triumphu*) *sm* **1** Ação ou efeito de triunfar. **2** Vitória, grande êxito. **3** Aclamação, ovação. **4** Grande alegria, grande festejo, grandes aplausos.

tri.un.vi.ra.to (*lat triunviratu*) *sm* Governo de três indivíduos.

tri.vi.al (*lat triviale*) *adj m+f* **1** Que é sabido de todos; notório. **2** Comum, vulgar. • *sm* Os pratos simples e habituais das refeições familiares.

triz (*gr thríx*) *sm* Um quase nada. *Por um triz:* por um fio, faltando pouco; por pouco; milagrosamente: *Escapou por um triz.*

tro.ar (*lat tronare*, corr de *tonare*) *vint* **1** Fazer grande estrondo e abalo: *"O canhão roqueiro troa em homenagem à dama."* (VB) **2** Trovejar. *Conjug* – conjuga-se, normalmente, nas 3ᵃˢ pessoas.

tro.ca (de *trocar*) *sf* **1** Barganha, permuta, permutação. **2** Conversão, mudança, transformação.

tro.ça (de *troçar*) *sf* **1** Ato ou efeito de troçar. **2** *pop* Zombaria, chacota. **3** Pândega, farra.

tro.ca.di.lho (*trocado+ilho*) *sm* Jogo de palavras que causa um equívoco jocoso; uso de expressões ambíguas.

tro.ca.do (*part* de *trocar*) *adj* **1** Mudado, transformado, substituído. **2** Confundido com outro. • *sm* Dinheiro miúdo.

tro.ca.dor (*trocar+dor*) *adj* Que troca. • *sm* Aquele que troca.

tro.car *vtd* **1** Dar em troca, dar uma coisa por outra; permutar. *vtd* **2** Mudar de uma coisa para outra. *vtd* e *vti* **3** Mudar, substituir: *Trocar de ideias.* *vtd* **4** Tomar (algo) em vez de outro. *vtd* **5** Dar e receber reciprocamente; alternar, reciprocar: *Trocar um olhar.* *vpr* **6** Transformar-se. *vtd* **7** Confundir: *Trocou os endereços. Trocar as bolas, pop:* cometer engano, causar confusão. *Trocar em miúdos, pop:* explicar-se melhor.

tro.çar (*lat tortiare*) *vtd* e *vti* Escarnecer, fazer escárnio de; ridicularizar; zombar: *Troçar alguém* (ou *com alguém*, ou *de alguém*).

tro.co (*ô*) (de *trocar*) *sm* **1** Soma de dinheiro que se recebe de volta de um pagamento. **2** Ação de trocar. **3** Revide.

tro.ço¹ (*ô*) (de *troço²*) *adj gír* Diz-se de pessoa importante, influente. • *sm* **1** Qualquer objeto. **2** Mal-estar súbito.

tro.ço² (ô) (*fr arc tros*) *sm* **1** Pedaço de pau roliço e tosco. **2** Parte de um corpo de tropas. **3** Porção de gente; multidão.

tro.féu (*gr trópaion*, via *lat trophaeu*) *sm* Objeto comemorativo de uma vitória, geralmente taça ou copa. *Pl: troféus*.

tro.glo.di.ta (*gr troglodýtes*) *adj m+f* **1** Que vive em cavernas ou sob a terra. **2** Ignorante e violento: *"vítima de uma surra do marido bêbado e troglodita"* (FSP) • *s m+f* **1** Pessoa que vive debaixo da terra ou em cavernas: *"um troglodita em sua caverna"* (FE) **2** *fig* Indivíduo primitivo: *"Lembro-me de que certo troglodita manifestou desagrado por essa seção do jornal."* (SPA)

troi.a.no (*lat trojanu*) *adj* **1** Pertencente ou relativo a Troia, antiga cidade da Ásia Menor, celebrizada pela epopeia de Homero, poeta épico grego dos séculos IX e VIII a.C. **2** Nascido em Troia. • *sm* Habitante ou natural de Troia.

tró.le.bus (*trole+bus*, redução de *ônibus*) *sm sing+pl* Carro elétrico de transporte coletivo que roda sobre pneus; ônibus elétrico. *Var: tróleibus*.

tró.lei.bus (*ingl trolley+bus*) V *trólebus*.

trom.ba (*frâncico trumpa*) *sf Zool* **1** Extensão nasal cilíndrica, comprida e extremamente flexível do elefante. **2** Órgão sugador de certos insetos, moluscos, vermes etc. **3** *pop* Cara amarrada.

trom.ba.da (*tromba+ada¹*) *sf* **1** Pancada com a tromba ou com o focinho. **2** Colisão, choque.

trom.ba-d'á.gua *sm Meteor* **1** Formação de uma grande massa de vapor de água que ocorre no mar, seguida de ventos violentos. **2** Chuva forte acompanhada de turbilhões de vento. *Pl: trombas-d'água*.

trom.ba.di.nha (*dim* de *trombada*) *sm gír* Indivíduo menor de idade, delinquente, que pertence a um grupo de assaltantes de rua.

trom.bar (*trombar+ar¹*) *vint* **1** Dar trombada (acepção 2). *vti* **2** Chocar-se, colidir.

trom.be.ta (ê) (*fr trompette*) *sf* **1** *Mús* Instrumento de sopro formado por um tubo de metal, mais ou menos comprido e afunilado na extremidade, semelhante à corneta. **2** *pop* Pessoa que divulga tudo o que se diz ou se faz.

trom.be.te.ar (*trombeta+e+ar¹*) *vint* **1** Tocar trombeta. *vint* **2** Imitar o som de trombeta. *vtd* **3** Apregoar, alardear, espalhar: *"Os mais chegados a Paleólogo trombeteavam a influência, o poder de Paduinha no Rio de Janeiro."* (S); *"Os Soares trombeteiam vinganças."* (A) Conjuga-se como *frear*.

trom.bo.ne (*ital trombone*) *sm Mús* Instrumento de sopro, de metal, que possui um tubo cilíndrico longo.

trom.pa (*frâncico trumpa*) *sf* **1** *Mús* Instrumento de sopro, mais sonoro e maior que a trombeta, geralmente usado nas orquestras. **2** *Anat* Designação de alguns órgãos animais de forma tubular. *Trompa de Eustáquio, Anat*: V *tuba auditiva. Trompa de Falópio, Anat*: V *tuba uterina*.

trom.pe.te (*fr trompette*) *sm Mús* Instrumento musical de sopro, provido de pistões, sem palheta, com bocal e um tubo alongado.

trom.pe.tis.ta (*trompete+ista*) *s m+f* **1** Pessoa que toca trompete. **2** Fabricante de trompete.

trom.pis.ta (*trompa+ista*) *s m+f* **1** Fabricante de trompas. **2** Músico que toca trompa.

tron.co (*lat truncu*) *sm* **1** *Bot* Caule das árvores e dos arbustos. **2** *Anat* A parte mais grossa do corpo do homem e dos outros animais, excluindo-se a cabeça e os membros; torso.

tron.cu.do (*tronco+udo*) *adj* Que tem tronco desenvolvido; corpulento.

tro.no (*gr thrónos*) *sm* **1** Cadeira elevada onde, em atos de maior solenidade, os soberanos se assentam. **2** Assento para o bispo, nas cerimônias religiosas.

tro.pa (de *tropel*, por *der* regressiva) *sf* **1** Grande número de soldados de qualquer arma. **2** Conjunto de forças militares; o exército.

tro.pe.ção (de *tropeçar*) *sm* Ato ou efeito de tropeçar; topada.

tro.pe.çar (*cast tropezar*) *vti* **1** Dar invo-

tro.pe.ço (ê) (de *tropeçar*) *sm* **1** Aquilo em que se tropeça. **2** Dificuldade, embaraço, obstáculo.

trô.pe.go (*lat torpicu*) *adj* **1** Cambaleante: *"Freitas levantou-se do sofá com dificuldade, caminhou trôpego até o bar."* (AGO) **2** Que não pode mover os membros ou que os move com dificuldade: *"A idade o fazia meio trôpego."* (CJ)

tro.pei.ro (*tropa+eiro*) *sm* **1** O que conduz uma tropa. **2** Aquele que conduz bestas de carga ou manadas de gado grosso, como cavalos e bois.

tro.pel (*provençal tropel*) *sm* **1** Multidão de pessoas ou coisas movendo-se em desordem. **2** Ruído que se faz com os pés; sapateado.

tro.pi.cal (*tropicŏ+al¹*) *adj m+f* **1** Que pertence ou se refere aos trópicos. **2** Ardente, abrasador.

tro.pi.car (*lat tropicu+ar¹*) *vint* Tropeçar muitas vezes: *"Saímos tropicando pelo corredor."* (LC)

tró.pi.co (*gr tropikós*) *sm Geogr* Cada um dos dois paralelos da esfera terrestre que dividem as regiões do globo em Trópico de Câncer e Trópico de Capricórnio.

tro.po (*lat tropu*) *sm Gram* Emprego de palavras em sentido figurado; metáfora.

tro.tar (*ant alto-al trottôn-ar¹*) *vint* **1** Andar (a cavalgadura) a trote. **2** Andar (na cavalgadura) a trote. **3** Caminhar a trote.

tro.te (de *trotar*) *sm* **1** Maneira de andar de cavalos e de outros quadrúpedes. **2** Intriga, indiscrição ou zombaria feita pelo telefone. **3** Troça ou tarefas que estudantes veteranos impõem aos calouros.

trou.xa (*cast ant troja*) *sf* **1** Fardo que contém roupa. **2** Roupa empacotada ou enrolada. **3** *pop* Pessoa tola.

tro.va (*der regressiva de trovar*) *sf* Composição lírica, ligeira e de caráter mais ou menos popular.

tro.va.dor (*trovar+dor*) *sm* Poeta lírico de corte medieval que punha em música suas cantigas românticas.

tro.vão (*lat vulg *turbone*) *sm* Estrondo produzido por descarga de eletricidade atmosférica.

tro.ve.jan.te (de *trovejar*) *adj m+f* **1** Que troveja. **2** Estrondoso.

tro.ve.jar¹ (*trovão+ejar*) *vint* **1** Ribombar ou soar o trovão. **2** Soar fortemente, vibrar (a voz). *Conjug* – conjuga-se apenas na 3ª pessoa do singular (e integralmente se o verbo estiver em sentido figurado, como *solfejar*.)

tro.ve.jar² (de *trovejar¹*) *sm* Trovão; estampido, estrondo.

tro.vo.a.da (*trovoar+ada¹*) *sf* **1** Grande número de trovões seguidos. **2** Tempestade com trovões. **3** Grande estrondo.

tro.vo.ar (*trovão+ar¹*) *V trovejar¹*.

tru.ca.gem (*truca+agem*) *sf Cin* Efeito cinematográfico obtido com a truca.

tru.car¹ (*cat trucar*) *vint* Propor a primeira parada, no truque. *Trucar de falso:* a) no jogo do truque, fazer caixa dando a entender que tem bom jogo, quando não o tem; b) enganar com declarações mentirosas; c) errar no que diz; d) fazer uma citação errada.

tru.car² (*truc(agem)+ar¹*) *vint Cin* Fazer trucagem; dar aparência real, através de artifícios, a uma cena que não poderia ser filmada.

tru.ci.dar (*lat trucidare*) *vtd* Matar com crueldade; degolar.

tru.co (de *trucar*) *sm* Certo jogo de cartas em que tomam parte quatro pessoas; truque.

tru.cu.lên.cia (*lat truculentia*) *sf* **1** Caráter, estado ou qualidade de truculento. **2** Atrocidade, crueldade, ferocidade: *"Outra preocupação é a continuidade da truculência policial."* (FSP)

tru.cu.len.to (*lat truculentu*) *adj* Violento, atroz, cruel, feroz.

tru.fa (*fr truffe*) *sf* **1** *Bot* Cogumelo subterrâneo comestível. **2** *Cul* Espécie de bombom.

trun.car (*lat truncare*) *vtd* **1** Cortar, separar (membros) do tronco. *vtd* **2** Tornar incompleto; mutilar. *vtd* **3** Omitir propositadamente alguma parte importante: *Truncar a história. vpr* **4** Ficar incompleto, mutilar-se.

trun.fo (*corr* de *triunfo*) *sm* **1** Certo jogo de

cartas, com dois, quatro ou seis parceiros. **2** *pop* Indivíduo que tem influência ou importância social.

tru.pe (*fr troupe*) *sf* **1** Grupo composto por artistas ou comediantes. **2** Companhia teatral.

tru.que (*cat truc*) *sm* **1** Certo jogo de cartas entre dois ou quatro parceiros; truco. **2** Ardil, artimanha, tramoia.

trus.te (*ingl trust*) *sm Com* **1** Combinação de firmas comerciais ou industriais, com o fim de diminuir as despesas, regular a produção, eliminar a competição e dominar o mercado. **2** Organização financeira poderosa.

tru.ta (*lat tructa*) *sf Ictiol* Nome comum a diversos peixes da família do salmão, que, na maioria, vivem nas águas doces, límpidas e frescas.

tsé-tsé (*voc onom*) *sf* Nome comum a diversas espécies de moscas africanas que transmitem ao homem e ao gado a doença do sono. *Pl*: tsé-tsés.

tu (*lat tu*) *pron pess* A 2ª pessoa do singular do pronome pessoal sujeito, para ambos os gêneros, que indica a pessoa com quem se fala, usado no tratamento familiar ou íntimo: *Tu queres sair hoje, meu irmão?*

tu.ba (*lat tuba*) *sf Mús* Instrumento de sopro, metálico, com tubo cônico recurvado, de som grave e possante. *Tuba auditiva, Anat*: canal que comunica a faringe com a caixa do tímpano (terminologia antiga: trompa de Eustáquio). *Tuba uterina, Anat*: cada um dos dois canais que ligam o útero ao ovário (terminologia antiga: trompa de Falópio).

tu.ba.gem (*tubo+agem*) *sf* **1** Conjunto de tubos; canalização, encanamento, tubulação. **2** *Med* Introdução de um tubo em uma cavidade ou canal; intubação.

tu.bar (*tuba+ar¹*) *vtd* Fazer a tubagem de.

tu.ba.rão (*caribe tiburón*) *sm* **1** *Ictiol* Nome comum aos grandes peixes, na maioria marinhos, carnívoros e vorazes; cação. **2** *pop* Comerciante ou industrial ganancioso, que por todos os meios procura aumentar os seus lucros.

tu.bér.cu.lo (*lat tuberculu*) *sm* **1** *Bot* Engrossamento de um caule ou rizoma subterrâneo, como na batata. **2** *Anat* Pequena eminência ou excrescência naturais em um osso ou órgão.

tu.ber.cu.lo.se (*tubérculo+ose*) *sf Med* Doença infectocontagiosa do homem e de alguns outros animais, produzida pelo bacilo de Koch e caracterizada pela formação de tubérculos nos tecidos de qualquer parte do corpo, mas especialmente nos pulmões.

tu.ber.cu.lo.so (ô) (*tubérculo+oso*) *adj* **1** Que tem tubérculos ou saliências análogas aos tubérculos. **2** *Med* Atacado de tuberculose. *Pl*: tuberculosos (ó).

tu.bo (*lat tubu*) *sm* Corpo cilíndrico, oco, alongado, dos mais variados materiais pelo qual podem passar líquidos, ar ou gás; cano, canudo, duto.

tu.bu.la.ção (*lat tubulatione*) *sf* Conjunto de tubos ou canos; encanamento, canalização.

tu.bu.lar (*lat tubulare*) *adj m+f* Que tem a forma de um tubo; tubiforme: *"A eliminação se faz por secreção tubular."* (ANT); *"Biombos tubulares forrados com tecido."* (FSP)

tu.ca.no (*tupi tukána*) *sm Ornit* Nome comum a diversas aves da América do Sul, notáveis por seu bico muito grande e sua plumagem em geral brilhantemente colorida de vermelho, amarelo, branco e preto, em vivo contraste.

tu.cu.na.ré (*tupi tukunaré*) *sm Ictiol* Peixe de grande porte da região Amazônica, apreciado por sua carne saborosa.

tu.do (*lat totu*) *pron indef* **1** A totalidade das pessoas e das coisas. **2** Coisa essencial e indispensável.

tu.fão (*ár tufân*) *sm* Vento muito forte, tempestuoso; furacão, vendaval.

tu.fo (*fr touffe*) *sm* **1** Porção de lã aberta. **2** Qualquer coisa de forma saliente e arredondada; proeminência, montículo. **3** Saliência formada pelo tecido de um vestuário.

tu.gir (*corr* de *tossir*, calcado em *mugir*) *vint* Falar em voz baixa; murmurar. *Conjug* – verbo defectivo: não se conjuga na 1ª pessoa do singular do presente do indicativo e, portanto, não possui o presente do subjuntivo. Conjuga-se como *abolir*.

tu.im (*tupi tuín*) *sm Ornit* Nome comum a

várias espécies de periquitos, sempre de pequeno porte.

tui.ui.ú (do *caribe*) *sm Ornit* **1** Nome pelo qual se conhece o jaburu na Amazônia. **2** Ave da família das cegonhas, de coloração branca, comum no México e na Argentina.

tu.le (*fr top Tulle*) *sm* Tecido leve e transparente de seda ou algodão; filó.

tu.lha (*lat tudicula*) *sf* **1** Casa ou compartimento onde se guardam cereais em grão; celeiro. **2** Casa onde se guarda café em coco.

tu.li.pa (*persa tuliband*, turbante) *sf Bot* Planta ornamental com raízes em bulbos.

tum.ba (*lat tumba*) *sf* **1** Túmulo, sepultura. **2** Espécie de maca onde se levam defuntos à sepultura.

tu.me.fa.ção (*lat tumefactione*) *sf* Ato ou efeito de tumefazer; inchação: *"equimose amarelo-violácea com tumefação local"* (FSP); *"tumefação da mucosa biliar"* (FSP)

tu.me.fac.to (*lat tumefactu*) *adj* Dilatado, intumescido, inchado, túmido: *"Com a pressa que permitem os pés tumefatos, aparta-se dos companheiros."* (CE) *Var: tumefato.*

tu.me.fa.to (*lat tumefactu*) *V tumefacto.*

tu.me.fa.zer (*lat tumefacere*) *vtd* e *vpr* Tornar(-se) túmido; inchar(-se), intumescer (-se): *"As articulações tumefazem-se, os membros encurtam."* (FSP) *Conjug* – conjuga-se, normalmente, nas 3ᵃˢ pessoas e segue a conjugação de *fazer*.

tú.mi.do (*lat tumidu*) *adj* **1** Que aumentou em volume; intumescido, inchado: *"Adivinhei uma boca de lábios túmidos."* (CEN) **2** *fig* Vaidoso, arrogante.

tu.mor (*lat tumore*) *sm Med* Massa circunscrita de tecido novo sem função fisiológica, oriunda da proliferação anormal das células do tecido preexistente, e que cresce progressivamente.

tú.mu.lo (*lat tumulu*) *sm* **1** Monumento erguido em memória de alguém no lugar onde se acha sepultado; sepulcro. **2** *fig* Lugar sombrio e triste.

tu.mul.to (*lat tumultu*) *sm* **1** Barulho, desordem, motim. **2** Discórdia.

tu.mul.tu.ar (*lat tumultuare*) *vtd* **1** Excitar ao tumulto; agitar: *Tumultuar os trabalhadores. vint* **2** Fazer tumulto, desordem ou barulho. *vtd* e *vti* **3** Agitar, efervescer: *Chega de manhã tumultuando o ambiente.*

tú.nel (*ingl tunel*) *sm* **1** Passagem subterrânea através de montanhas, grandes aterros, ou por baixo de um rio. **2** Cavidade feita por certos insetos ou outros animais.

tú.ni.ca (*lat tunica*) *sf* Vestuário antigo, comprido e ajustado ao corpo.

tu.ni.si.a.no (*Tunísia+ano*) *adj* Da Tunísia (Norte da África). • *sm* O natural ou habitante da Tunísia.

tu.pã (do *tupi*) *sm* **1 Tupã** Nome tupi do trovão, empregado pelos missionários jesuítas para significar Deus. **2** Nome que os índios tupis davam à trovoada.

tu.pi (do *tupi*) *Etnol s m+f* **1** Indígena dos tupis. *sm* **2** Língua falada até o século XIX em nosso litoral, e ainda hoje em alguns pontos da Amazônia. *sm pl* **3** Nação indígena que habitava o Norte e o Centro-Oeste do Brasil. • *adj m+f* Pertencente ou relativo aos tupis.

tu.pi-gua.ra.ni *adj m+f Etnol* **1** Relativo ou pertencente ao grupo de tribos da América do Sul que falam idiomas afins ao tupi ou ao guarani. **2** Relativo ou pertencente à família linguística dos idiomas falados pelas tribos do grupo. • *sm* Grupo de tribos indígenas da América do Sul. *Pl: tupis-guaranis.*

tu.pi.nam.bá (do *tupi*) *adj m+f Etnol* Pertencente ou relativo aos tupinambás, povo indígena extinto. • *sm* **1** Chefe, mandachuva. *s m+f* **2** Indígena dos tupinambás. *sm pl* **3** Nação de índios que habitava grande parte da costa brasileira.

tu.pi.ni.quim (tupi *tupi nãkĩ*) *adj m+f Etnol* Pertencente ou relativo aos tupiniquins, antiga nação de índios brasileiros, no território da Bahia. • *s m+f* Indígena dos tupiniquins.

tur.ba (*lat turba*) *sf* **1** Multidão de gente. **2** União de vozes cantando, em coro.

tur.ban.te (*fr turban*) *sm* Cobertura de cabeça usada por homens nos países do Oriente.

tur.bi.lhão (*fr turbillon*) *sm* **1** Remoinho de vento. **2** Massa de água com movimentos fortes e giratórios. **3** Tudo o que arrasta ou excita o homem. *Como um turbilhão:* com muita velocidade.

tur.bi.na (*fr turbine*) *sf* Máquina ou motor em que uma roda provida de palhetas, ou equivalentes, é feita girar, pela reação ou impulso, ou ambos, de uma corrente de fluido, como água, vapor ou gás.

tur.bi.na.gem (*turbinar+agem*) *sf* **1** Operação industrial em que uma substância é submetida à ação da força centrífuga produzida pela turbina. **2** Aquilo que traz energia ou que impulsiona: *"Em 1995, teriam sido vendidas 1 milhão de cópias a mais, com a turbinagem do Plano Real."* (FSP)

tur.bo.é.li.ce (*turbo+hélice*) V *turbopropulsor.*

tur.bo.pro.pul.sor (*turbo+propulsor*) *sm Aeron* Motor a jato em que o gás de combustão é conduzido a uma turbina que aciona, além do compressor, uma hélice, enquanto os gases de escape produzem um jato de propulsão adicional; turbo-hélice.

tur.bu.lên.cia (*lat turbulentia*) *sf* **1** Qualidade de turbulento. **2** Ato turbulento. **3** Grande desordem; motim, perturbação da ordem pública, sublevação, tumulto.

tur.bu.len.to (*lat turbulentu*) *adj* **1** Em que há turbulência ou perturbação. **2** Agitado, irrequieto. • *sm* Indivíduo desordeiro ou turbulento.

tur.co (*turco türk*) *adj* **1** Relativo à Turquia (Europa e Ásia). **2** Natural da Turquia. • *sm* **1** Aquele que nasceu na Turquia. **2** A língua dos turcos.

tur.dí.deos (*lat turdu+ídeos*) *sm pl Ornit* Família de pássaros onívoros e canoros, como o sabiá e o rouxinol.

tur.fe (*ingl turf*) *sm* **1** Prado de corridas de cavalos; hipódromo. **2** O esporte das corridas de cavalos; hipismo.

tur.fis.ta (*turfe+ista*) *s m+f* Pessoa que tem cavalos de corrida ou que se interessa por coisas do turfe.

tur.gi.dez (*túrgido+ez*) *sf* Qualidade ou estado de túrgido; inchação.

túr.gi.do (*lat turgidu*) *adj* **1** Dilatado; inchado, túmido: *"Em seu turgido seio não mais pulsa o coração apesarado."* (VPB); *"Esta vista é uma beleza! – pensava ela, olhando o rio túrgido."* (SLA) **2** Diz-se do estilo empolado.

tu.rí.bu.lo (*lat thuribulu*) *sm* Vaso onde se queima incenso nas igrejas.

tu.ris.mo (*ingl tourism*) *sm* **1** Realização de viagens e excursões recreativas, culturais etc. **2** Infraestrutura de serviços para atrair pessoas que fazem turismo.

tu.ris.ta (*ingl tourist*) *s m+f* **1** Pessoa que viaja em turismo. **2** *pop* Aluno que falta amiúde às aulas.

tur.ma (*lat turma*) *sf* **1** Gente, pessoal. **2** Grupo de pessoas que estudam ou trabalham juntas. Veja notas em **pessoal** e **coletivo**.

tur.ma.li.na (*cingalês toramalli,* via *fr tourmaline*) *sf Miner* Pedra dura de várias cores, sendo consideradas preciosas as variedades transparentes cor-de-rosa, vermelhas, verdes, azuis e amarelas.

tur.nê (*fr tournée*) *sf* Viagem realizada com itinerário e visitas ou apresentações predeterminados, geralmente de um artista, conferencista, companhia ou grupo de pessoas.

tur.no (*fr tour*) *sm* **1** Cada um dos grupos de pessoas a quem cabe fazer alguma coisa, revezando-se, em serviço, com outras. **2** Cada um dos períodos em que, diariamente, funciona uma escola.

tur.que.sa (*ê*) (de *turco*) *sf* **1** *Miner* Mineral opaco, azulado ou esverdeado, considerado pedra preciosa. **2** A cor azul-celeste ou azul-esverdeada da turquesa. • *adj m+f* Da cor turquesa.

tur.rão (*turra+ão²*) *adj+sm pop* Teimoso: *"homem turrão e vaidoso"* (CHA) *Fem: turrona.*

tur.var (*lat turbare*) *vtd* e *vpr* **1** Tornar(-se) turvo; escurecer(-se), obscurecer(-se). *vtd* **2** Perturbar, turbar.

tur.vo (*lat turbidu*) *adj* **1** Não transparente; escuro, opaco. **2** Diz-se do dia ou céu encoberto; nublado. **3** Perturbado, agitado; confuso.

tu.ta.no (*esp tútano*) *sm* **1** Medula dos ossos; substância mole e gorda que existe no interior dos ossos. **2** A essência, a parte mais íntima, o âmago. *Ter tutano:* ter coragem, força, nervos, ousadia.

tu.te.la (*lat tutela*) *sf* **1** *Dir* Encargo ou

tutelar¹ autoridade legal para velar pela pessoa e pelos bens de um menor ou de um interdito; tutoria. **2** Amparo, proteção.

tu.te.lar¹ (*lat tutelari*) *adj m+f* **1** Pertencente ou relativo a tutela. **2** Que protege ou defende. **3** Diz-se do anjo da guarda: *Anjo tutelar*.

tu.te.lar² (*tutela+ar¹*) *vtd* Exercer tutela sobre; cuidar, defender como tutor; proteger.

tu.tor (*lat tutore*) *sm* **1** *Dir* Aquele que, por testamento ou por decisão do juiz, está encarregado de uma tutela ou tutoria. **2** O que protege, ampara ou dirige; protetor.

tu.tu¹ (*quimbundo kitutu*) *sm* **1** *V bicho-papão*. **2** Chefe local, influente; mandachuva.

tu.tu² (*quimbundo kitutu*) *sm* **1** *Cul* Feijão cozido, refogado em gordura, temperado e em seguida engrossado com farinha de mandioca e servido com pedaços de linguiça. **2** *gír* Dinheiro.

TV (*tevê*) *sf* Sigla de *televisão*. *TV aberta, Telev:* conjunto de canais de televisão que podem ser assistidos sem necessidade de pagamento por parte do espectador. *TV a cabo, Telev:* forma de TV por assinatura. *TV paga / TV por assinatura, Telev:* conjunto de canais de televisão aos quais se tem acesso mediante o pagamento de uma taxa inicial, mais taxas mensais; TV paga.

tzar (*russo car, via fr*) *V czar*: "Constroem um túnel que lhes levaria ao local por onde passaria o tzar." *(NEP)*

u

u (*lat u*) *sm* Vigésima primeira letra do alfabeto português, vogal.

ua.ca.ri (*tupi uakarí*) *sm Zool* Nome comum a diversos macacos sul-americanos que apresentam cauda curta e pelo sedoso, comprido, esbranquiçado ou amarelado.

uai! *interj* Exprime espanto, admiração, surpresa ou terror.

u.bá (*tupi uuuá*) *sf* **1** Canoa sem quilha usada pelos índios da Amazônia. **2** *Bot* Planta herbácea utilizada na fabricação de balaios e cestos. *sm* **3** *Bot* Planta gramínea que serve como matéria-prima para a fabricação de papel.

ú.be.re (*lat ubere*) *sm* A teta da vaca; peito. • *adj m+f* **1** Fértil, fecundo. **2** Abundante, farto, rico. *Sup abs sint*: **ubérrimo**.

u.bi.qui.da.de (*gwi*)(*lat ubique+i+dade*) *sf* Qualidade do que está ou pode estar em muitos lugares ao mesmo tempo ou quase ao mesmo tempo: *"A ubiquidade dos sistemas faz com que a sua classificação possa ser feita a partir de um grande número de critérios."* (CIB)

u.bí.quo (*lat ubiquu*) *adj* Que está ou pode estar em toda parte ao mesmo tempo; onipresente: *"ingredientes ubíquos da matéria ordinária"* (FOC)

u.çá (*tupi usá*) *sm Zool* Nome popular de um caranguejo, comum nos mangues e muito apreciado como alimento.

u.cra.ni.a.no (*top Ucrânia+ano*) *adj* Pertencente ou relativo à Ucrânia (Europa). • *sm* **1** O natural ou habitante da Ucrânia. **2** A língua eslava dos ucranianos.

ué! *interj* Exprime espanto, dúvida, admiração, ironia.

u.fa! *interj* Exprime admiração, cansaço, saciedade, alívio.

u.fa.nar (*ufano+ar*[1]) *vtd* **1** Causar ufania ou orgulho a: *Estes esplendores da pátria ufanam os brasileiros. vtd* **2** Alegrar muito; trazer júbilo a: *As pompas da festa de formatura ufanavam os estudantes. vpr* **3** Orgulhar-se, gloriar-se. *vpr* **4** Alegrar-se, envaidecer-se, rejubilar-se.

u.fa.ni.a (*ufano+ia*[1]) *sf* **1** Orgulho, vaidade: *"Um sentimento natural de ufania e de confiança em si fazia palpitar os corações dos brasileiros."* (TGB) **2** Motivo de honra, de glória.

u.fa.nis.mo (*ufano+ismo*) *sm* Espécie de otimismo nacionalista; sentimento de orgulho pelo país.

u.fo (*ingl unidentified flying object*) *sm* O mesmo que óvni: objeto voador não identificado.

u.fo.lo.gis.ta (*ufo+logo+ista*) *s m+f* Estudioso dos objetos voadores não identificados.

u.gan.den.se (*top Uganda+ense*) *adj m+f* De, pertencente ou relativo a Uganda (África oriental). • *s m+f* O natural ou habitante de Uganda.

uh! *interj* Exprime espanto, repugnância, desprezo ou intenção de assustar.

ui! *interj* Exprime dor, admiração, espanto ou repulsa.

ui.ra.pu.ru (*tupi uyrá purú*) *sm Ornit* Nome pelo qual são conhecidos na Amazônia diversos pássaros de famílias diferentes; o uirapuru autêntico, afamado pelo seu canto e pelas lendas que o envolve e cuja pele é usada como talismã ou mascote, tem o nome científico de *Cyphorhinus arada*.

u.ís.que (*ingl whisky*) *sm* **1** Bebida alcoólica destilada feita de grãos fermentados de cevada, centeio, trigo ou milho. Contém aproximadamente 40% a 50% de álcool. **2** Dose de uísque.

ui.var (*lat ululare*) *vint* **1** Dar uivos (o cão, o lobo e outros animais). **2** Produzir som semelhante ao uivo. **3** Berrar; gritar ruidosamente. *Conjug* – conjuga-se apenas nas 3ᵃˢ pessoas e integralmente se empregado em sentido figurado.

ui.vo (de *uivar*) *sm* **1** Designação específica da voz do cão e do lobo. **2** Grito agudo e prolongado; uivado.

úl.ce.ra (*lat ulcera*) *sf* **1** *Med* Perda de substância dos tecidos (pele, mucosa etc.), muitas vezes seguida de inflamação. **2** Ferida, pústula, chaga: "*Sofro de acidez, tenho uma úlcera no estômago.*" (AFA)

ul.ce.ra.ção (*lat ulceratione*) *sf Med* Ato ou efeito de ulcerar; formação de úlcera.

ul.ce.rar (*úlcera*+*ar*¹) *vtd* **1** *Med* Produzir úlceras em. *vint* e *vpr* **2** Converter-se em úlcera, tornar-se ulceroso. *vint* e *vpr* **3** Cobrir-se de úlceras. *Conjug* – conjuga-se apenas nas 3ᵃˢ pessoas.

ul.ce.ro.so (*ó*) (*lat ulcerosu*) *adj* **1** Que sofre de úlcera, que tem úlcera. **2** Coberto de úlceras, chagas. • *sm* O enfermo de úlcera: "*Inúmeros ulcerosos e asmáticos são, na verdade, sofredores de angústia.*" (NE) *Pl*: ulcerosos (*ó*).

u.li.te (*gr oûlon+ite*) *sf Patol* Inflamação da membrana mucosa das gengivas.

ul.má.ceas (*lat ulmu+áceas*) *sf pl Bot* Família de plantas floríferas, formada de arbustos e árvores com folhas assimétricas e pequenas flores.

ul.na (*lat ulna*) *sf Anat* O mais grosso e o mais comprido dos ossos do antebraço (nome antigo: cúbito).

ul.te.ri.or (*lat ulteriore*) *adj m+f* **1** Que está ou ocorre depois; seguinte, posterior. **2** *Geogr* Situado além, mais longe. **3** Recente. *Antôn* (acepção 1): *anterior;* (acepção 2): *citerior*.

ul.ti.ma.ção (*ultimar+ção*) *sf* **1** Ato de ultimar. **2** Acabamento, aperfeiçoamento, arremate.

ul.ti.ma.men.te (*último*+*mente*) *adv* Recentemente.

ul.ti.mar (*lat ultimare*) *vtd* **1** Terminar, acabar; concluir: "*Havia pressa em ultimar a desocupação daquelas áreas marginais.*" (CHP) *vtd* **2** Encerrar de vez, terminar com; finalizar: *Com a briga, ultimaram o noivado. vpr* **3** Completar-se: "*O empréstimo ultimou-se sem que ninguém percebesse a operação.*" (OAG)

úl.ti.mas (de *último*) *sf pl* **1** O ponto extremo. **2** A hora da morte; a agonia. **3** *pop* Notícias recentes.

ul.ti.ma.to (*lat ultimatu*) *sm* **1** Intimação formal: "*As forças armadas lhe entregam um ultimato, e o depõem do governo.*" (TGB) **2** Último aviso: "*Zecão surpreendeu-se com o seco ultimato.*" (CHP)

úl.ti.mo (*lat ultimu*) *adj* **1** Que vem depois de todos; derradeiro. **2** Extremo, final. **3** Moderníssimo, recentíssimo. • *sm* **1** O que sobrevive a outros. **2** O mais recente. **3** Ponta, extremo, fim.

ul.tra (*lat ultra*) *adj* Diz-se do partidário das ideias mais avançadas ou extremas; radical; extremista. • *s m+f* Essa pessoa.

ul.tra.ja.do (*part* de *ultrajar*) *adj* Que sofreu ultraje ou ofensa; ofendido, insultado, afrontado.

ul.tra.jan.te (de *ultrajar*) *adj m+f* Que envolve ultraje: "*metido a ferros numa cadeia ultrajante*" (BDI)

ul.tra.jar (*ultraje*+*ar*¹) *vtd* **1** Ofender a dignidade de; injuriar. **2** Difamar, insultar, afrontar.

ul.tra.je (*fr outrage*) *sm* Ação ou efeito de ultrajar; insulto, afronta.

ul.tra.le.ve (*ultra+leve*) *adj m+f* Extremamente leve. • *sm Aeron* Avião muito leve, com apenas o indispensável para voar: motor de pequena potência, asas cobertas com tela, leme simples e banco para o piloto.

ul.tra.mar (*ultra+mar*) *sm* O conjunto das terras ou países que ficam além do mar.

ul.tra.ma.ri.no (*ultramar+ino*) *adj* Relativo ou pertencente a ultramar.

ul.tra.pas.sa.gem (*ultrapassar*+*agem*) *sf* Ato de passar à frente de outro veículo que roda no mesmo sentido.

ul.tra.pas.sar (*ultra+passar*) *vtd* **1** Passar além de. **2** Exceder os limites de. **3** Passar à frente de outro veículo.

ul.tras.som (*ultra+som*) *sm* **1** *Fís* Oscilação acústica de alta frequência, acima

ul.tras.sô.ni.co (*ultra*+*sônico*) *adj Fís* **1** Relativo ou pertencente a ultrassom. **2** Diz-se daquilo (avião ou projétil) que ultrapassa a barreira do som.

ul.tras.so.no.gra.fia (*ultra*+*sonografia*) *sf Radiol* Método de diagnóstico que permite a visualização de órgãos internos, através de aparelho com emissão de ondas de alta frequência. *Sin: ultrassom*.

ul.tra.vi.o.le.ta (*ultra*+*violeta*) *adj m+f sing+pl Fís* Diz-se dos raios da parte do espectro cuja frequência é maior que a luz de cor violeta. • *sm* Radiação eletromagnética.

Observe que o adjetivo **ultravioleta** é invariável: *raio ultravioleta, raios ultravioleta*.

u.lu.lan.te (*lat ululante*) *adj m+f* **1** Que ulula, que uiva. **2** Lamentoso.

u.lu.lar (*lat ululare*) *vint* Soltar gemidos, com voz triste e chorosa; uivar, ganir: *"Haroldo ulula e, em formidável pulo, precipita-se."* (VPB); *"A massa começou a ulular."* (ORA) *Conjug* – conjuga-se apenas nas 3ᵃˢ pessoas.

um (*lat unu*) *art indef* Designa pessoa, animal ou coisa de modo indeterminado. • *adj* Uno, único, singular. • *num* Cardinal correspondente a uma unidade. • *sm* Algarismo que representa o primeiro dos números inteiros: 1. Veja nota em **artigo**.

Um dos... que
Quando aparece, junto ao sujeito da oração, a expressão **um dos que**, em geral o verbo deverá ir para o plural.
Um dos médicos que mais trabalharam naquela noite foi José.
É uma das ações que mais colaboram para o lucro.
Entretanto, quando o verbo se refere a uma só pessoa, poderá ir para o singular.
É um dos poemas de Camões que mais me encanta.
José é um dos meus amigos que mora naquele bairro.

um.ban.da (*quimbundo umbanda*) *sf* Religião originada da assimilação de elementos afro-brasileiros pelo espiritismo brasileiro.

um.ban.dis.ta (*umbanda*+*ista*) *adj* e *s m*+*f* Pertencente ou relativo à umbanda.

um.bi.go (*lat umbilicu*) *sm* **1** *Anat* Cicatriz, na região central do ventre, resultante da queda do cordão umbilical. **2** Ponto central.

um.bi.li.cal (*lat umbilicu*+*al*[1]) *adj m*+*f* **1** Relativo ou pertencente ao umbigo. **2** Semelhante ao umbigo.

um.bral (*cast umbral*, do *lat umerale*) *sm* **1** Portal, limiar, soleira da porta. **2** *fig* Entrada, começo, extremidade inicial.

um.bu (*lat ymbú*) *sm Bot* Fruto do umbuzeiro.

um.bu.zei.ro (*umbu*+*z*+*eiro*) *sm* Árvore que dá o umbu, bagas comestíveis.

u.mec.tan.te (de *umectar*) *adj m*+*f* Que umecta, umedece. • *sm* Substância que provoca a retenção de umidade.

u.mec.tar (*lat humectare*) *V umedecer*: *"Em seguida umectou D. Afonso no nariz, nos ouvidos, nas mãos, nos pés."* (RET)

u.me.de.ce.dor (*umedecer*+*dor*) *adj* Que umedece. • *sm Tip* Rolo umedecedor; rolo molhador.

u.me.de.cer (por *umidecer*, de *úmido*) *vtd* **1** Tornar úmido, molhar levemente. *vint* e *vpr* **2** Tornar-se úmido, molhar-se levemente.

ú.me.ro (*lat humeru*) *sm* **1** *Anat* Osso do braço que vai do ombro ao cotovelo. **2** *Zool* Osso de cada um dos membros dianteiros de um quadrúpede, ou asa de uma ave.

u.mi.da.de (*lat humiditate*) *sf* **1** Qualidade do que está úmido. **2** Relento; orvalho.

u.mi.di.fi.ca.ção (*umidificar*+*ção*) *sf* Ato ou efeito de umidificar(-se).

u.mi.di.fi.ca.dor (*úmido*+*i*+*ficar*+*dor*) *adj* Que umidifica. • *sm* Aparelho que produz umidificação.

u.mi.di.fi.car (*úmido*+*i*+*ficar*) *vti*, *vint* e *vpr* Tornar(-se) úmido.

ú.mi.do (*lat humidu*) *adj* Levemente molhado.

u.nâ.ni.me (*lat unanime*) *adj m*+*f* **1** Que tem a mesma opinião que outrem. **2** Relativo a todos, resultante de acordo comum.

u.na.ni.mi.da.de (*lat unanimitate*) *sf* Qualidade de unânime; comunhão de ideias, opiniões ou pensamentos.

un.ção (*lat unctione*) *sf* Ato ou efeito de ungir: *"Sete práticas litúrgicas que a igreja administra para a salvação dos fiéis: batismo, crisma, ordenação, casamento, confissão, unção dos doentes e eucaristia."* (FSP)

un.dé.ci.mo (*lat undecimu*) *num ord* **1** Que vem depois do décimo; o último numa série de onze. *num fracionário* **2** Designativo de cada uma das onze partes em que foi dividido um todo; um onze avos. • *sm* Cada uma dessas partes.

un.dé.cu.plo (*lat vulg *undecuplu*) *num multiplicativo* Designativo da quantidade que foi multiplicada por onze; que é onze vezes maior que outra.

un.gir (*lat ungere*) *vtd* **1** Aplicar óleo ou substância gordurosa a; untar. **2** *Liturg* Untar com óleo para crismar. **3** Molhar, umedecer. **4** Conferir poder ou dignidade a: *O Senhor o ungiu para que pregasse o Evangelho*. Verbo defectivo; não tem a 1ª pessoa do singular do presente do indicativo, nem, portanto, o presente do subjuntivo e o imperativo negativo. Conjuga-se como *abolir*.

un.guen.to (*gwe*) (*lat unguentu*) *sm Farm* Preparado medicinal pastoso, para uso externo; pomada.

un.gui.cu.la.do (*gwi*) (*lat unguiculatu*) *adj* **1** Que tem forma de unha, que termina em unha; dotado de unhas; ungueado. **2** *Bot* Designativo das pétalas cujas extremidades se assemelham a unhas: *"pétalas livres com a base unguiculada"* (FC) **3** *Zool* Designativo dos mamíferos que têm unhas ou garras.

un.guí.fe.ro (*gwi*) (*lat unguiferu*) *adj* Que tem unhas, garras ou saliências em forma de gancho.

un.gui.for.me (*gwi*) (*lat ungue+forme*) *adj m+f* Em forma de unha.

ún.gu.la (*lat ungula*) *sf* **1** O casco de um animal. **2** Unha, garra. **3** Saliência membranosa do ângulo interno do olho.

un.gu.la.do (*úngula+ado*[1]) *adj Zool* Diz-se de cada um dos mamíferos da ordem dos ungulados. • *sm* **1** Espécime dessa ordem. *sm pl* **2** *Zool* Ordem de mamíferos cujos dedos ou patas são providos de cascos.

u.nha (*lat ungula*) *sf* **1** Lâmina córnea, flexível, levemente curvada, que recobre a extremidade dos dedos. **2** Garra recurva e pontiaguda de alguns animais. *Unha de fome:* avaro, pão-duro.

u.nha.ço (*unha+aço*[1]) *sm* **1** Arranhão feito com as unhas. **2** Ato de golpear ou arranhar com as unhas.

u.nha.da (*unha+ada*[1]) *V unhaço.*

u.nha de fo.me Ver definição em *unha*.

u.nha-de-va.ca *sf Bot* Designação comum a várias trepadeiras altas, da família das leguminosas, de cipós sinuosos, com flores alvas e vagens semelhantes à superfície do couro. *Pl:* unhas-de-vaca.

u.ni.ão (*lat unione*) *sf* **1** Ato ou efeito de unir. **2** Ajuntamento, reunião. **3** Ligação, junção. **4** Ponto de contato. **5** Casamento. **6** Cópula de animais; coito. **7** Aliança, pacto, acordo. **8** Laço, vínculo.

u.ni.ce.lu.lar (*uni+celular*) *adj m+f* Constituído por uma única célula.

u.ni.ci.da.de (*único+i+dade*) *sf* Estado ou qualidade do que é único.

ú.ni.co (*lat unicu*) *adj* **1** Que é um só; exclusivo. **2** Excepcional, principal, essencial. **3** Ridículo, excêntrico. **4** O melhor; a que nada se compara. **5** Sem precedentes.

u.ni.cór.nio (*lat unicorne+io*[2]) *sm Folc* Animal fabuloso, com corpo e cabeça de cavalo, com um corno no meio da testa.

u.ni.da.de (*lat unitate*) *sf* **1** Qualidade do que é um ou único. **2** *Mat* O número um (1). **3** Qualquer objeto ou quantidade fixa, tomada como um todo singular, entre outros objetos iguais, entre outras quantidades iguais. **4** Homogeneidade. **5** *Inform V drive*.

u.ni.di.men.si.o.nal (*uni+lat dimensione+al*[1]) *adj m+f* Que possui ou que envolve uma só dimensão.

u.ni.di.re.ci.o.nal (*uni+direcional*) *adj m+f* Que tem ou envolve uma só direção ou sentido.

u.ni.do (*part* de *unir*) *adj* **1** Junto, ligado. **2** Muito próximo; em contato.

u.ni.fi.ca.ção (*unificar+ção*) *sf* Ato ou efeito de unificar.

u.ni.fi.car (*uni+ficar*) *vtd* **1** Tornar-se um ou uno; reunir-se num só todo. *vtd* **2** Fazer convergir para um só fim. *vtd* **3** Conciliar, reunir. *vpr* **4** Tornar-se um.

u.ni.for.me (*uni+forma*) *adj m+f* **1** Que tem uma só forma; igual, idêntico. **2** Que não varia; monótono, invariável; constante, regular. • *sm* **1** Farda. **2** Vestuário idêntico para todos os alunos, empregados ou funcionários etc.

u.ni.for.mi.da.de (*lat uniformitate*) *sf* **1** Qualidade do que é uniforme. **2** Igualdade, conformidade.

u.ni.for.mi.za.ção (*uniformizar+ção*) *sf* Ato ou efeito de uniformizar.

u.ni.for.mi.zar (*uniforme+izar*) *vtd* e *vpr* **1** Tornar(-se) uniforme, igualar(-se), padronizar(-se). *vtd* **2** Estabelecer o uso de uniforme para. *vpr* **3** Vestir-se de uniforme; fardar-se.

u.ni.gê.ni.to (*uni+genitu*) *adj* **1** Que não tem irmãos; que é o único gerado por seus pais. **2** Diz-se de Jesus Cristo. • *sm* O que não tem irmãos.

u.ni.la.te.ral (*uni+lateral*) *adj m+f* **1** Que tem um só lado. **2** Que está situado em um só lado. **3** Que é parcial; tendencioso.

u.ni.li.ne.ar (*uni+linear*) *adj m+f* **1** Que tem uma só linha. **2** Que segue a direção de uma única linha.

u.ni.nu.cle.a.do (*uni+nucleado*) *adj* **1** Que tem um só núcleo. **2** *Biol* e *Eletrôn* Diz-se da célula ou do átomo que tem um só núcleo; uninuclear.

u.ni.nu.cle.ar (*uni+nuclear*) *V* uninucleado.

u.ní.pa.ro (*uni+paro*) *adj* Diz-se dos animais que parem uma cria de cada vez.

u.ni.po.lar (*uni+polar*) *adj m+f* **1** Que tem ou se refere a um só polo ou está orientado para um só polo. **2** *Eletr* Que é produzido ou age por um único polo elétrico ou magnético.

u.nir (*lat unire*) *vtd* **1** Unificar; tornar um só. *vtd* **2** Estabelecer a união de; ligar, amarrar: *Juntamos as partes, uniu-as em nó cego*. *vtd* **3** Anexar, agregar: *O decreto uniu as duas províncias*. *vtd* **4** Conciliar, harmonizar: *A desgraça comum uniu os inimigos*. *vtd* **5** Casar; ligar pelo matrimônio. *vtd* **6** *Quím* Combinar. *vint* **7** Fechar, aderir, juntar. *vpr* **8** Unificar-se.

u.nis.sex (*cs*) (*ingl unisex*) *adj m+f sing+pl* Diz-se da veste, do calçado, do penteado etc. que podem ser usados tanto por homem como por mulher.

u.nis.se.xu.a.do (*cs*) (*uni+sexuado*) *V unissexual.*

u.nis.se.xu.al (*cs*) (*uni+sexo+al^1*) *adj m+f* **1** *Biol* Que tem um só sexo; unissexuado. **2** *Bot* (Plantas) que têm só pistilos ou só estames.

u.nis.so.nân.cia (*lat unisonantia*) *sf* **1** Qualidade do que é uníssono. **2** Unanimidade; harmonia.

u.nís.so.no (*lat unisonu*) *adj* **1** Que tem um só som; unissonante. **2** Que tem o mesmo som que outro.

u.ni.tá.rio (*lat unitariu*) *adj* **1** Composto de uma só unidade ou pertencente a uma só unidade. **2** *Biol* Diz-se dos animais que não se multiplicam pela divisão.

u.ni.va.len.te (*uni+valente*) *adj m+f Quím* Que só tem uma valência; monovalente.

u.ni.val.ve (*uni+valva*) *adj m+f* **1** *Bot* Diz-se do fruto que se abre de um só lado. **2** *Zool* Diz-se das conchas dos moluscos formadas de uma só valva.

u.ni.ver.sal (*universo+al^1*) *adj m+f* **1** Relativo ao Universo. **2** Que abrange toda a Terra; mundial. **3** Comum a toda a humanidade.

u.ni.ver.sa.li.da.de (*universal+i+dade*) *sf* Qualidade de universal; totalidade.

u.ni.ver.sa.lis.mo (*universal+ismo*) *sm* **1** Tendência para a universalização de uma ideia ou obra. **2** *Filos* Doutrina que admite, como critério da verdade, o consenso universal.

u.ni.ver.sa.li.za.ção (*universalizar+ção*) *sf* Ato ou efeito de universalizar(-se).

u.ni.ver.sa.li.zar (*universal+izar*) *vtd* e *vpr* **1** Tornar(-se) universal; generalizar(-se). *vtd* e *vti* **2** Tornar comum.

u.ni.ver.si.da.de (*lat universitate*) *sf* **1** Conjunto de faculdades ou escolas de curso superior. **2** Conjunto do corpo docente e discente dessas escolas superiores. **3** Edifício ou conjunto de edifícios onde funcionam essas faculdades.

u.ni.ver.si.tá.rio (*lat universitariu*) *adj* **1** Diz-se do corpo docente ou discente da universidade. **2** Diz-se do aluno que está cursando o nível superior. • *sm* Professor ou aluno de uma universidade.

u.ni.ver.si.ta.ris.mo (*universitário+ismo*) *sm* O espírito ou tendência universitária.

u.ni.ver.so (*lat universu*) *sm* **1** O Sistema Solar, o cosmo. **2** A Terra e seus habitantes. *Universo em expansão, Fís:* expressão designativa do aumento, pelo menos aparente, das distâncias que separam os corpos do Universo.

u.ni.vi.te.li.no (*uni+vitelino*) *adj Biol* Designativo dos gêmeos que nascem do mesmo ovo.

u.ní.vo.co (*lat univocu*) *adj* **1** Que tem um só significado; que só admite uma interpretação: *"A obra reflete o horror diante do sentido demasiado unívoco do nazismo."* (FSP) **2** Que é da mesma natureza.

u.no (*lat unu*) *adj* **1** Que é um só; único. **2** Que tem unidade interior que não se pode separar.

uns *pron indef pl* **1** Alguns. **2** Certa quantidade indeterminada.

un.tar (*lat unctu+ar¹*) *vtd* **1** Aplicar óleo a; besuntar. **2** Esfregar, friccionar com medicamento, com unguento.

un.to (*lat unctu*) *sm* **1** Substância graxa, gordurosa. **2** Banha de porco.

un.tu.o.si.da.de (*untuoso+i+dade*) *sf* Qualidade do que é untuoso ou gorduroso.

un.tu.o.so (*ô*) (*lat unctuosu*) *adj* **1** Que tem gordura ou unto; gorduroso. **2** Liso, escorregadio. *Pl: untuosos* (*ó*).

u.pa (*voc express*) *sf* Salto ou corcova do animal de montaria. • *interj* **1** Brado de estímulo ao animal, para que ande mais depressa. **2** Designativo de incentivo para que uma criança se levante.

u.râ.nio (*Urano, np+io²*) *sm Quím* Elemento metálico, pesado, radioativo, polivalente, usado na produção de bombas atômicas e nos reatores de usinas nucleares.

U.ra.no (*gr Ouranós*) *sm Astr* Planeta do Sistema Solar cuja órbita se situa entre a de Saturno e a de Netuno.

ur.ba.ni.da.de (*lat urbanitate*) *sf* **1** Qualidade do que é urbano. **2** Polidez. *Antôn: grosseria.*

ur.ba.nis.mo (*urbano+ismo*) *sm* **1** Arte da edificação e embelezamento das cidades; urbanização. **2** Fenômeno social e político da atração urbana sobre as populações rurais.

ur.ba.nis.ta (*urbano+ista*) *adj m+f* Diz-se de pessoa especializada em urbanização. • *s m+f* Essa pessoa.

ur.ba.nís.ti.ca (*urbano+ística*) *sf* Arte de construir cidades.

ur.ba.nís.ti.co (*urbano+ístico*) *adj* Relativo ou pertencente a urbanismo.

ur.ba.ni.za.ção (*urbanizar+ção*) *sf* **1** Ato ou efeito de urbanizar. **2** Arte ou ciência de edificar cidades; urbanística.

ur.ba.ni.zar (*urbano+izar*) *vtd* **1** Dar características urbanas a; tornar urbano. **2** Incorporar (uma zona rural) a um distrito urbano. **3** Embelezar, reformar (cidade ou qualquer parte dela). **4** Polir, civilizar; educar: *Urbanizaram-se os sertanejos.*

ur.ba.no (*lat urbanu*) *adj* **1** Relativo ou pertencente à cidade. **2** Habitante da cidade, em oposição ao morador do campo. **3** Característico ou próprio da cidade. **4** Civilizado, polido, cortês.

ur.be (*lat urbe*) *V cidade*.

ur.di.dor (*urdir+dor*) *adj* Diz-se daquele que urde; tecedor. • *sm* **1** Tecelão. **2** Maquinador, intrigante. **3** Na indústria têxtil, barra ou jogo de barras com pinos para segurar bobinas com fio; casal de urdideira, grade.

ur.di.du.ra (*urdir+dura*) *sf* **1** Conjunto de fios paralelos, dispostos no tear, por entre os quais passam os fios da trama. **2** Entrelaçamento.

ur.dir (*lat ordiri*) *vtd* **1** Tecer, tramar por meio de urdidura. **2** Enredar; tramar: *Urdir ciladas.* **3** Compor, criar; imaginar: *Urdir uma peça teatral.*

u.rei.a (*é*) (*gr oûron+ia²*) *sf Quím* Substância cristalina, incolor, o principal componente da urina do homem e de outros mamíferos.

u.re.mi.a (*gr oûron+hemo+ia¹*) *sf Med* Conjunto de sintomas que indicam a presença de constituintes tóxicos da urina no sangue.

u.re.ter (*tér*) (*gr ouretér*) *sm Anat* Cada um dos dois canais que conduzem a urina dos rins à bexiga. *Pl: ureteres.*

Ureter é palavra oxítona; logo, deve ser pronunciada com a sílaba tônica *tér*. No plural *ureteres*, como paroxítona, deve ser pronunciada com a sílaba tônica *té*.

u.re.te.ral (*ureter+al*¹) *adj m+f Anat* Relativo a ureter.

u.re.tra (*gr ouréthra*) *sf Anat* Canal que liga a bexiga ao orifício urinário, destinado à excreção da urina e, no macho, também às descargas de sêmen.

ur.gên.cia (*lat urgentia*) *sf* **1** Pressa. **2** Rapidez. **3** Necessidade imediata.

ur.gen.te (*lat urgente*) *adj m+f* **1** Que se deve fazer com rapidez. **2** Imediato. **3** Veloz. **4** Imprescindível.

ur.gir (*lat urgere*) *vint* **1** Exigir que seja feito imediatamente: *Este trabalho urge.* *vint* **2** Não admitir demora. *vti* **3** Insistir. *vtd* **4** Forçar, obrigar, impelir. *vtd* **5** Exigir, reclamar: *Os credores urgem o pagamento*. *Conjug* – nas acepções 1 e 2, só se conjuga nas 3ᵃˢ pessoas. Nas demais, conjuga-se como *abolir*.

ú.ri.co (*gr oûron+ico*²) *adj* **1** Relativo à urina. **2** *Quím* Diz-se de um ácido existente na urina.

u.ri.na (*lat urina*) *sf* Líquido excretado pelos rins, e que, através dos ureteres, bexiga, uretra e orifício urinário, é expelido para fora do organismo. *Sin pop: xixi.*

u.ri.na.ção (*urinar+ação*) *sf* Ato de urinar com frequência: *"aparelho acoplado ao pênis para facilitar a urinação"*. (FSP)

u.ri.nar (*lat urinare*) *vint* **1** Expelir urina. *vtd* **2** Expelir com a urina. *vtd* e *vti* **3** Molhar com urina. *Sin: mijar.*

u.ri.ná.rio (*urina+ário*) *adj* Relativo à urina.

u.ri.nol (*urina+ol*) *sm* Vaso sanitário para urina e fezes; penico.

ur.na (*lat urna*) *sf* **1** Caixão mortuário. **2** Recipiente onde se depositam os votos nas eleições.

u.ro.di.ni.a (*gr oûron+ódino+ia*¹) *sf Med* Dor causada pela excreção da urina.

u.ro.lo.gi.a (*gr oûron+logo+ia*¹) *sf* Ramo da medicina que se ocupa da urina e do aparelho urinário.

u.ro.ló.gi.co (*gr oûron+logo+ico*²) *adj* Relativo à urologia.

u.ro.lo.gis.ta (*gr oûron+logo+ista*) *sm* Médico especialista em urologia.

u.ro.pa.tá.gio (*gr ourá+patágio*) *sm Zool* Membrana existente nos morcegos que liga os membros posteriores entre si e prende a cauda.

u.ro.pí.gio (*gr ourá+gr pygé+io*) *sm Zool* Apêndice triangular formado pela reunião das últimas vértebras das aves, do qual nascem as penas da cauda.

ur.rar (*lat ululare*) *vint* **1** Dar urros: *Urravam leões.* **2** *fig* Bradar, gritar, rugir. **3** Rugir, bramir (o vento, o mar, o trovão etc.): *A tempestade urrava lá fora*. *Conjug* – nas acepções 1 e 3 conjuga-se apenas nas 3ᵃˢ pessoas e integralmente se estiver em sentido figurado.

ur.ro (de *urrar*) *sm* **1** Bramido ou voz forte de algumas feras. **2** *fig* Berro ou grito muito forte.

ur.sa (*lat ursa*) *sf* **1** Fêmea do urso. **2** **Ursa** *Astr* Nome dado a duas constelações do hemisfério norte: *a Ursa Maior* e a *Ursa Menor*.

ur.sí.deo (*urso+ídeo*) *adj Zool* **1** Relativo ao urso. **2** Semelhante ao urso. • *sm* **1** Mamífero da família dos ursídeos. *sm pl* **2** *Zool* Família de mamíferos carnívoros que compreende os ursos, animais de corpo volumoso e robusto.

ur.so (*lat ursu*) *sm* **1** *Zool* Mamífero carnívoro da família dos ursídeos, peludo e feroz. **2** *fig* Pessoa pouco sociável; homem feio. • *adj* Diz-se do amigo falso.

ur.ti.ca.ção (*urticar+ção*) *sf* **1** *Med* Ato de irritar uma parte do corpo com urtigas. **2** *Med* Formação ou desenvolvimento de urticária.

ur.ti.car (*lat urtica+ar*¹) *vtd* **1** Produzir na pele, no corpo, sensação semelhante à das urtigas; urtigar; irritar: *"Aos poucos esses pruridos foram se afrouxando, mas novamente voltaram a urticar."* (CF) **2** *Med* Submeter à urticação (a pele, o corpo). *Conjug* – conjuga-se apenas nas 3ᵃˢ pessoas.

ur.ti.cá.ria (*lat urticaria*) *sf Med* Erupção da pele, com prurido, que se assemelha à alteração produzida pela urtiga.

ur.ti.ga (*lat urtica*) *sf Bot* Planta que se caracteriza pela presença de numerosos pelos nas folhas e no caule; quando em contato com a pele, provoca prurido e ardor.

ur.ti.ga.ção (*urtigar+ção*) *sf* Ato ou efeito de urtigar; urticação.

ur.ti.gar (*urtiga+ar¹*) *V urticar*.

u.ru (*tupi urú*) *sm Ornit* Designação comum às aves galiformes, da família dos fasianídeos, que vivem na mata em pequenos bandos, no chão.

u.ru.bu (*tupi uruuá*) *sm* **1** *Ornit* Designação dada a várias aves de rapina, pretas, de cabeça nua, que circulam no ar à procura de carniça, de que se alimentam. Voz: *crocita, grasna*. **2** *gír* Pessoa vestida de preto.

u.ru.cu (*tupi urukú*) *sm* **1** Fruto do urucuzeiro. **2** Tinta que se extrai desse fruto. *Var: urucum*.

u.ru.cu.ba.ca (*urubu+caca*, com metátese) *sf pop* Caiporismo; azar, má sorte.

u.ru.cum (*tupi urukú*) *V urucu*.

u.ru.cu.zei.ro (*urucu+z+eiro*) *sm Bot* Arbusto de propriedades medicinais e valor econômico que produz o urucum.

u.ru.guai.o (*cast uruguayo*) *adj* Do, pertencente ou relativo ao Uruguai (América do Sul). • *sm* O natural ou habitante do Uruguai.

u.ru.tau (*tupi urutauí*) *sm Ornit* Nome comum a diversas aves de rapina.

u.ru.tu (*tupi urutú*) *s m+f Zool* Cobra de veneno muito ativo, de coloração castanho-pardacenta, com uma cruz na testa, por isso é também chamada de *cruzeiro*.

ur.zal (*urze+al¹*) *sm* Terreno onde há urzes.

ur.ze (*lat ulice*) *sf Bot* Designação comum a diversos tipos de arbustos.

u.san.ça (*usar+ança*) *sf* Hábito, geralmente antigo e tradicional; costume.

u.sar (*lat usare*) *vtd* **1** Empregar habitualmente. *vtd* **2** Ter por costume. *vtd* **3** Empregar; fazer uso de. *vtd* **4** Trajar, vestir. *vpr* **5** Gastar-se com o uso.

u.sá.vel (*usar+vel*) *adj m+f* Que pode ser usado.

u.si.na (*fr usine*) *sf* **1** Fábrica. **2** Engenho de açúcar. *Usina hidrelétrica:* a que produz energia elétrica através de turbinas acionadas por uma corrente de água.

u.si.nei.ro (*usina+eiro*) *adj* De ou relativo a usina. • *sm* Proprietário de usina de açúcar.

u.so (*lat usu*) *sm* **1** Ato ou efeito de usar. **2** Costume, hábito.

u.su.al (*lat usuale*) *adj m+f* **1** Frequente, habitual. **2** Costumeiro, comum.

u.su.á.rio (*lat usuario*) *sm* **1** Aquele que usa ou frui alguma coisa. **2** Aquele que tem a posse legal de algo pelo direito de uso.

u.su.ca.pi.ão (*lat usucapione*) *s m+f Dir* Direito de posse de bens móveis e imóveis, adquirido pelo uso durante determinado tempo.

u.su.fru.i.ção (*usufruir+ção*) *sf* Ato ou efeito de usufruir; usufruto.

u.su.fru.í.do (*part* de *usufruir*) *adj* Aproveitado em usufruto.

u.su.fru.ir (*lat usufruere*) *vtd* **1** Ter o usufruto de (alguma coisa que não se possa alienar ou destruir): *"Usufruem a terra sem que detenham a propriedade jurídica da mesma."* (AGR) **2** Gozar de: *"O primeiro mandatário da nação usufruía de um fim de semana com mulher, filhos e netos."* (FSP) Conjuga-se como *contribuir*.

u.su.fru.to (*lat usufructu*) *sm Dir* Direito real de usar algo sem ser o verdadeiro dono.

u.su.ra (*lat usura*) *sf* **1** Juro de capital. **2** Juro excessivo. **3** Ganância, avareza.

u.su.rá.rio (*lat usurarius*) *adj* **1** Agiota. **2** Em que há usura. • *sm* **1** Aquele que empresta com usura; agiota. **2** Avarento, sovina; ganancioso.

u.sur.pa.ção (*lat usurpatione*) *sf* **1** Ato ou efeito de usurpar. **2** *Dir* Posse, por meio de força, fraude ou outro artifício, de algo pertencente a outrem. **3** *Dir* Interrupção violenta do uso ou posse da coisa alheia.

u.sur.pa.dor (*usurpar+dor*) *adj* Que se apodera injustamente, por violência ou por artifício, de algo que não lhe pertence por direito. • *sm* **1** Aquele que usurpa. **2** Aquele que, por meios injustos, apodera-se do que é de outrem.

u.sur.par (*lat usurpare*) *vtd* **1** Apoderar-se de, com fraude ou violência: *"Mas os invasores rondavam não para usurpar terras, mas para explorar territórios."* (CHR); *"Nenhum estudante pode usurpar todo o material."* (BIB) **2** Assumir de forma ilícita: *"Diz que irá a Israel tirar a princesa que usurpou o trono."* (OMC)

u.sur.pá.vel (*usurpar+vel*) *adj m+f* Que pode ser usurpado.

u.ten.sí.lio (*lat utensile+io²*) *sm* **1** Qualquer objeto utilizado como instrumento de trabalho. **2** Qualquer objeto usado nas atividades domésticas.

u.te.ri.no (*lat uterinu*) *adj* **1** Relativo ou pertencente ao útero. **2** Situado no útero. **3** Que afeta o útero ou nele ocorre.

ú.te.ro (*lat uteru*) *sm Anat* Órgão feminino onde se gera o feto dos mamíferos; matriz.

UTI Sigla de *Unidade de Terapia Intensiva* (setor de um hospital onde ficam internados os pacientes em estado grave para que recebam tratamento especial).

ú.til (*lat utile*) *adj m+f* **1** Que tem ou pode ter algum uso, ou que serve para alguma coisa. **2** Vantajoso, proveitoso. **3** Diz-se dos dias reservados ao trabalho: *Dias úteis*. • *sm* Aquilo que é proveitoso.

u.ti.li.da.de (*lat utilitate*) *sf* Qualidade do que é útil. *Utilidade pública:* modo de ser daquilo cuja finalidade o governo reconhece como de interesse ou benefício da coletividade.

u.ti.li.tá.rio (*lat utilitariu*) *adj* **1** Relativo ou pertencente à utilidade. **2** Caracterizado mais pela utilidade do que pela beleza. • *sm* Veículo resistente, como o jipe ou a perua, empregado no transporte de mercadorias.

u.ti.li.za.ção (*utilizar+ção*) *sf* Ato ou efeito de utilizar.

u.ti.li.zar (*útil+izar*) *vtd* **1** Tornar útil. *vtd* **2** Fazer uso de. *vpr* **3** Servir-se de; tirar proveito de.

u.to.pi.a (*gr ou+gr tópos+ia¹*) *sf* **1** Plano ou sonho irrealizável. **2** Fantasia, quimera.

u.tó.pi.co (*utopia+ico²*) *adj* Fantasioso, irrealizável, quimérico: *"Seus objetivos pareciam um louco sonho utópico."* (HIR)

u.trí.cu.lo (*lat utriculu*) *sm* **1** *Anat* Pequeno saco. **2** *Anat* A maior porção do labirinto membranoso da orelha.

u.va (*lat uva*) *sf* O fruto da videira.

u.vai.a (*tupi yuáia*) *sf Bot* **1** Planta mirtácea que dá frutos ácidos. **2** O fruto dessa planta.

ú.vu.la (*lat uvula*) *sf Anat* Apêndice cônico do véu palatino, situado na parte posterior da boca; campainha.

u.vu.lar (*úvula+ar²*) *adj m+f* Relativo à úvula.

u.vu.li.te (*úvuli+ite¹*) *sf Patol* Inflamação da úvula.

v (*vê*) (*esp ve*) *sm* Vigésima segunda letra do alfabeto português, consoante.
V 1 Abreviatura de *você* (também se usa *v* minúsculo). **2** Símbolo de *volt*.

va.ca (*lat vacca*) *sf* **1** *Zool* A fêmea do boi. **2** *pop* Coleta entre pessoas amigas para a compra de alguma coisa ou pagamento de uma despesa; vaquinha. **3** *vulg* Mulher de moral questionável.

va.ca-pre.ta (*vaca+preta*) *sf* Bebida resultante da mistura de sorvete com Coca-Cola®. *Pl:* vacas-pretas.

va.ca.ri.a (*vaca+aria*) *sf* **1** Porção de vacas. **2** Curral ou estábulo de vacas.

va.ci.la.ção (*lat vacillatione*) *sf* **1** Ato ou efeito de vacilar. **2** Hesitação, dúvida: *"Ainda tive um momento de vacilação."* (A)

va.ci.lan.te (*lat vacillante*) *adj m+f* **1** Que vacila. **2** Pouco firme. **3** Hesitante, duvidoso.

va.ci.lão (*vacilo+ão²*) *sm gír* Pessoa que não tem esperteza nem malícia: *"Se você der uma de vacilão, vai parar na tábua da beirada."* (FSP)

va.ci.lar (*lat vacillare*) *vint* **1** Oscilar por não ter firmeza; cambalear. **2** Oscilar, tremer: *O terremoto fez as torres vacilarem.*

va.ci.lo (de *vacilar*) *sm gír* Fracasso; fiasco: *"Como explicar um vacilo desse?"* (FSP)

va.ci.na (*lat vaccina*) *sf Med* Qualquer substância que, administrada num indivíduo, lhe confere imunidade contra determinada doença.

va.ci.na.ção (*vacinar+ção*) *sf* Ato ou efeito de vacinar.

va.ci.nar (*vacina+ar¹*) *vtd* Aplicar vacina em.

vá.cuo (*lat vacuu*) *adj* Que não está ocupado por coisa alguma; que nada contém; vazio. • *sm* **1** *Fís* Espaço no qual não há pressão atmosférica. **2** Esvaziamento absoluto ou quase absoluto, ou rarefação externa de ar ou de gás.

va.di.a.ção (*vadiar+ção*) *sf* Ato ou efeito de vadiar; vadiagem: *"Turíbio caiu por força na vadiação."* (SA)

va.di.a.gem (*vadiar+agem*) *sf* Vida de vadio; vadiação.

va.di.ar (*vadio+ar¹*) *vint* **1** Andar ociosamente de uma parte para outra. *vint* **2** Levar vida ociosa: *Esse homem sempre vadiou.* *vint* **3** Brincar, divertir-se: *Quando crianças só cuidávamos de vadiar.*

va.di.o (*lat vagativu*) *adj* **1** Que não tem ocupação ou que não faz nada. **2** Vagabundo, ocioso. • *sm* Indivíduo vadio.

va.ga¹ (*fr ant vague*) *sf* **1** Onda grande, em mar alto e encapelado. **2** Água do mar, de um rio, agitada e elevada pelos ventos; onda. **3** Tudo aquilo que lembra a forma ou o movimento das ondas.

va.ga² (de *vagar²*) *sf* **1** Ato ou efeito de vagar. **2** Lugar vago numa casa de pensão, fábrica, escritório etc., que deve ser preenchido.

va.ga.bun.da.gem (*vagabundo+agem*) *sf* Vida ou estado de vagabundo.

va.ga.bun.de.ar (*vagabundo+e+ar¹*) *vint* **1** Levar vida de vagabundo: *"Não ficaria mais vagabundeando pela rua."* (MEL) **2** Vaguear ociosamente: *"Tio Filipe mareja os olhos em cima dos seus peixinhos que vagabundeiam."* (OSD) Conjuga-se como *frear*.

va.ga.bun.do (*lat vagabundu*) *adj* **1** Que vagabundeia. **2** Errante, nômade. **3** Vadio. **4** Inconstante, leviano, versátil. **5** De qualidade inferior; ordinário, reles. • *sm* Indivíduo vadio.

va.ga-lu.me (*vaga+lume*) *sm* **1** *Entom* Nome comum aos pequenos besouros que são capazes de emitir luminescência; pirilampo. **2** Funcionário que, na sala de projeção de cinemas ao teatro, com uma pequena lanterna, indica aos espectadores os lugares vagos; lanterninha. *Pl: vaga-lumes.*

va.gão (*fr wagon*, do *ingl waggon*) *sm* Carro para passageiros, gado ou mercadorias, nos trens de estradas de ferro. *Dim irreg: vagonete.*

va.gão-lei.to (*vagão+leito*) *sm* Vagão de trem de passageiros provido de camas ou beliches. *Pl: vagões-leitos* e *vagões-leito.*

va.gão-res.tau.ra.nte (*vagão+restaurante*) *sm* Vagão, em trem de passageiros, onde se servem refeições. *Pl: vagões-restaurantes* e *vagões-restaurante.*

va.gar[1] (*lat vagari*) *vint* **1** Andar errante ou sem destino; errar, vaguear: *Vagou silenciosamente durante dias.* *vtd* **2** Correr, percorrer sem rumo certo. *vint* **3** Boiar, correr à ventura, ao sabor do mar, do tempo etc. *vint* **4** Andar passeando ociosamente, mover-se de uma parte para outra. *vint* **5** Circular, derramar-se, espalhar-se: *A notícia vagou imediatamente.*

va.gar[2] (*lat vacare*) *vint* **1** Estar ou ficar vago: *O lugar vagou.* *vtd* **2** Dar por vago, deixar vago. *vint* **3** Estar livre e desocupado. *vti* **4** Restar, sobrar (falando do tempo). *vti* **5** Dar-se, entregar-se, ocupar-se.

va.ga.ro.so (*ô*) (*vagar*[1]*+oso*) *adj* **1** Não apressado; demorado, lento. **2** Pausado, grave, sereno. *Antôn* (acepção 1): *apressado*; (acepção 2): *ligeiro.* *Pl: vagarosos (ó).*

va.gem (*lat vagina*) *sf Bot* **1** Invólucro das sementes ou grãos das plantas leguminosas. **2** Feijão-verde.

va.gi.do (*lat vagitu*) *sm* Choro de criança recém-nascida.

va.gi.na (*lat vagina*) *sf Anat* Canal feminino, que vai desde a abertura da vulva até o colo do útero.

va.gir (*lat vagire*) *vint* **1** Dar vagidos (o recém-nascido). **2** Chorar, gemer, lamentar-se. *Conjug* – verbo defectivo; conjuga-se como *falir.*

va.go[1] (*lat vagu*) *adj* **1** Errante, vagabundo. **2** Inconstante, instável, versátil, volúvel. **3** Incerto, indeciso, indefinido, indeterminado. **4** Confuso, pouco pronunciado.

va.go[2] (*lat vacuu*) *adj* **1** Não preenchido ou ocupado. **2** Diz-se das horas sem ocupação. **3** Que não tem habitantes, que está sem moradores. **4** Sem dono determinado ou conhecido: *Bens vagos.*

va.go.ne.te (*ê*) (*fr wagonette*) *sf* Pequeno vagão, que é impelido manualmente sobre trilhos de bitola estreita e usado nas grandes obras, como túneis ou represas, ou nas minas, para o transporte de terra, materiais de construção, minérios etc.

va.gue.ar (*vago*[1]*+e+ar*) *vint* **1** Andar vagando; andar errante, à ventura, sem intuito nem proveito: *Passou o dia a vaguear nas montanhas.* *vtd* **2** Percorrer, em passeio ocioso, sem rumo certo: *Vagueávamos aquelas belas praias.* *vint* **3** Andar de uma parte para outra. *vint* **4** Andar ou passear ociosamente. *vtd* **5** Correr em vários sentidos. *vti* e *vint* **6** Devanear, entregar-se a sonhos: *Nessas horas de repouso nosso pensamento vagueia.* Conjuga-se como *frear.*

vai.a (*cast vaya*) *sf* Manifestação de desagrado, desaprovação, desprezo ou escárnio, por meio de brados, assobios ou certos ruídos orais. *Antôn: aplauso.*

vai.ar (*vaia+ar*[1]) *vtd* **1** Dar vaias a; apupar. *vint* **2** Dar vaias. *Antôn: aplaudir.*

vai.da.de (*lat vanitate*) *sf* **1** Qualidade do que é vão, instável ou de pouca duração. **2** Desejo imoderado e infundado de merecer a admiração dos outros. **3** Coisa vã, fútil, sem sentido.

vai.do.so (*ô*) (*vaidade+oso*, com haplologia) *adj* **1** Que tem vaidade. **2** Fútil, presunçoso. • *sm* Aquele que tem vaidade. *Antôn: modesto. Pl: vaidosos (ó).*

vai.vém (*de ir+vir*) *sm* **1** Movimento oscilatório; balanço. **2** Movimento de pessoa ou objeto que vai e vem. *Pl: vaivéns. Var: vai e vem.*

va.la (*lat valla*) *sf* Escavação longa e mais ou menos larga, de profundidade média, aberta para os mais variados fins, tais como defesa de fortificações, recepção ou condução das águas da chuva ou das que escorrem dos vizinhos. *Vala comum:* sepultura em que se reúnem os cadáveres de indivíduos não identificados, indigentes ou prisioneiros, nas grandes mortandades por catástrofe ou extermínio.

va.le (*lat valle*) *sm* **1** Depressão do terreno entre dois espigões adjacentes. **2** Várzea ou planície à beira de um rio. **3** Adiantamento de determinada soma de dinheiro. *Correr montes e vales:* a) andar muito; b) empregar grandes esforços para conseguir algum objetivo. *Vale de lágrimas:* o mundo, a vida presente, considerada como cheia de desgostos (em contraposição à vida futura, à bem-aventurança). *Vale fluvial:* o que é ocupado por um rio.

va.len.tão (*valente+ão²*) *adj* **1** Diz-se do indivíduo que é muito valente. **2** Fanfarrão. • *sm* Indivíduo valentão. *Fem: valentona.*

va.len.te (*lat valente*) *adj m+f* **1** Que tem valor. **2** Corajoso, intrépido: *"Ele tinha um irmão, valente, violento e apaixonado por caçadas."* (ACM) **3** Forte, vigoroso, alentado, robusto. **4** Rijo, sólido. **5** Eficaz, enérgico: *"Voltaria dirigindo seu carro, máquina valente."* (ANA) *Antôn* (acepção 2): *medroso.* • *sm* Pessoa corajosa: *"As mulheres tinham fama de valentes."* (ANA)

va.len.ti.a (*valente+ia¹*) *sf* **1** Qualidade do que é valente. **2** Ação própria de valente. **3** Façanha. **4** Força. **5** Coragem. **6** Proeza.

va.ler (*lat valere*) *vtd* **1** Ser igual em valor ou preço a; ser equivalente a, ter certo valor: *Sua amizade vale ouro.* *vint* **2** Ter merecimento; ter valor ou aplicação: *Esses argumentos não valem.* *vti* **3** Ter influência, ter poder: *Ameaças não valem com ele.* *vint* **4** Merecer, ser digno: *Este assunto vale atenção irrestrita.* *vtd* **5** Adquirir, captar, granjear: *Com simplicidade valera a estima geral.* *vti* **6** Aproveitar, dar proveito, ser de utilidade ou vantagem; servir. *vpr* **7** Aproveitar-se, servir-se, utilizar-se: *Valeu-se do seu poder.* *vint* **8** Ser válido ou valioso, ter validade: *Valeu-se de suas razões.* *vti* **9** Acudir, auxiliar, defender, proteger, socorrer: *Valeu-lhe a caridade dos vizinhos.* *vtd* **10** Significar: *A vírgula à esquerda de um algarismo não vale nada. Fazer-se valer:* a) dar-se importância; b) fazer-se respeitar; c) tornar-se merecedor de consideração. *Ou coisa que o valha:* ou coisa semelhante. *Tanto vale:* é o mesmo. *Vale quanto pesa:* tem valor real, correspondente ao conceito em que é tido. *Conjug –* O *l* do radical muda-se para *lh* na 1ª pessoa do presente do indicativo e nas formas dela derivadas. *Conjug – Pres indic:* valho, vales, vale, valemos, valeis, valem; *Pret perf:* vali, valeste, valeu, valemos, valestes, valeram; *Pret imp indic:* valia, valias, valia, valíamos, valíeis, valiam; *Pret mais-que-perf:* valera, valeras, valera, valêramos, valêreis, valeram; *Fut pres:* valerei, valerás, valerá, valeremos, valereis, valerão; *Fut pret:* valeria, valerias, valeria, valeríamos, valeríeis, valeriam; *Pres subj:* valha, valhas, valha, valhamos, valhais, valham; *Pret imp subj:* valesse, valesses, valesse, valêssemos, valêsseis, valessem; *Fut subj:* valer, valeres, valer, valermos, valerdes, valerem; *Imper afirm:* —, vale(Tu), valha(Você), valhamos(Nós), valei(Vós), valham(Vocês); *Imper neg:* —, Não valhas(Tu), Não valha(Você), Não valhamos(Nós), Não valhais(Vós), Não valham(Vocês); *Infinitivo impess:* valer; *Infinitivo pess:* valer, valeres, valer, valermos, valerdes, valerem; *Ger:* valendo; *Part:* valido.

va.le-re.fei.ção *sm* Vale fornecido por uma empresa aos seus funcionários utilizado para pagar refeições em estabelecimentos credenciados. *Sin:* tíquete-refeição. *Pl:* vales-refeição e vales-refeições.

va.le.ri.a.na (*lat valeriana*) *sf Bot* Planta medicinal que atua como antiespasmódica e febrífuga.

va.le.ta (*ê*) (*vala+eta*) *sf* Pequena vala para escoamento de águas, à beira de ruas ou estradas.

va.le.te (*fr valet*) *sm* Uma das figuras do baralho.

va.le-trans.por.te (*valer+transporte*) *sm* Vale ou cupom que as empresas concedem aos seus empregados, para pagamento de transporte coletivo. *Pl:* vales-transportes e vales-transporte.

va.li.da.de (lat validatate) sf Qualidade de válido.

va.li.dar (lat validare) vtd e vpr **1** Dar validade a; fazer(-se) ou tornar(-se) válido; legitimar(-se): *"O Tribunal Regional de Minas Gerais validou as eleições municipais em Concórdia do Macuri."* (ESP) vtd **2** Dar força ou firmeza legal a.

vá.li.do (part de valer) adj **1** Que tem valor: *"Já nos processos inflamatórios crônicos isto não é válido."* (ANT) **2** Forte, vigoroso. **3** Que tem existência legal: *"Foi eleito, no primeiro turno, com mais da metade dos votos válidos."* (CV) **4** Eficaz, enérgico: *"um olhar de seu único olho válido."* (INC)

va.li.o.so (ô) (valia+oso) adj **1** Que tem muito valor. **2** Que tem validade; válido. **3** Que tem muito merecimento. Pl: valiosos (ó).

va.li.sa (fr valise) sf Maleta de mão. Var: valise.

va.li.se (fr valise) V valisa.

va.lor (lat valore) sm **1** O preço atribuído a algo. **2** Mat Expressão numérica ou algébrica que determina uma incógnita ou representa o estado de uma variável. **3** Talento. **4** Coragem. **5** Papel representativo de dinheiro. *Juízo de valor*: a) *Psicol* apreciação subjetiva, que revela as preferências pessoais de cada pessoa, segundo suas tendências e influências sociais a que está submetida; b) em filosofia, designa os julgamentos que não procedem diretamente da experiência, ou de elaboração pessoal, em oposição aos julgamentos da realidade, próprios do conhecimento objetivo, ou da ciência. *Valor absoluto*, *Mat*: valor aritmético (independente de sinal) de um número relativo.

va.lo.ri.za.ção (valorizar+ção) sf **1** Ato ou efeito de valorizar(-se). **2** *Polít* e *Fin* Providência governamental impositiva de um preço autoritário a certos produtos nacionais, geralmente agrícolas, para impedir ou evitar sua depreciação.

va.lo.ri.zar (valor+izar) vtd **1** Dar valor ou valores a; aumentar o préstimo de: *"A lareira ainda é vista unicamente como uma peça de decoração que valoriza o imóvel."* (FSP) vpr **2** Aumentar de valor: *"A profissão formou-se tão rapidamente quanto se valorizou."* (EM) vtd **3** Reconhecer as qualidades de alguém, de um feito ou de algo: *"O Concílio Ecumênico valorizou muito o casamento cristão."* (FA)

va.lo.ro.so (ô) (valor+oso) adj **1** Que tem valor; esforçado: *"um companheiro leal e valoroso"* (TV) **2** Ativo, destemido: *"Um guerreiro valoroso."* (VB). Antôn (acepção 2): medroso, covarde. Pl: valorosos (ó).

val.sa (al Walzer, pelo fr valse) sf **1** Dança de salão em compasso ternário, lenta, moderada ou rápida. **2** Música para essa dança.

val.sar (valsa+ar¹) vint **1** Dançar valsa. vtd **2** Dançar em andamento de valsa.

val.va (lat valva) sf **1** *Bot* Abertura espontânea de órgão ou partes vegetais ao alcançarem a maturidade. **2** *Zool* Qualquer peça ou qualquer das peças sólidas que revestem o corpo dos moluscos; concha.

vál.vu.la (lat valvula) sf **1** Pequena valva. **2** *Anat* Cada uma de várias estruturas corporais, especialmente nos vasos sanguíneos e linfáticos, cuja função é fechar temporariamente uma passagem ou orifício, ou permitir o movimento de um fluido em uma direção apenas. **3** Qualquer dispositivo ou mecanismo que abre uma passagem que permite livre circulação de um gás ou de um líquido em uma direção, fechando, entretanto, a passagem para evitar seu retorno. *Válvula de escape*, *Autom*: dispositivo que regula a saída dos gases da combustão do cilindro do motor de explosão, também chamada válvula de escapamento.

vam.pi.ro (sérvio vampir, via fr) sm **1** *Folc* Ente fantástico que, segundo a superstição, sai de noite das sepulturas para sugar o sangue dos vivos. **2** *fig* Indivíduo que enriquece à custa alheia ou por meios ilícitos.

van.da.lis.mo (vândalo+ismo) sm **1** Ação própria de vândalo. **2** *fig* Destruição do que é respeitável pelas suas tradições, antiguidade ou beleza.

van.da.li.zar (vândalo+izar¹) vint **1** Praticar vandalismos. *vtd* **2** Destruir; estragar por estupidez ou ignorância: *"Eles querem bagunçar a Santa Missa aos domingos e vandalizar as igrejas."* (FSP) *vpr* **3** Tornar-se vândalo.

vân.da.lo (*lat vandalu*) *sm* **1** Membro dos vândalos, povos bárbaros que devastaram o sul da Europa e se estabeleceram no norte da África. **2** *por ext* Aquele que pratica atos de vandalismo. **3** *por ext* Indivíduo que comete atos funestos às artes, às ciências e à civilização. • *adj* **1** Bárbaro, sem cultura, selvagem. **2** Destruidor.

van.gló.ria (*vã+glória*) *sf* Presunção infundada acerca do próprio merecimento ou de dotes pessoais; vaidade.

van.glo.ri.ar (*vanglória+ar¹*) *vtd* Encher-se de vanglória; orgulhar-se: *"O alvinegro não pode se vangloriar de ser doze vezes campeão."* (FSP); *"Voltaram se vangloriando de sua esperteza em fugir."* (OLA) Conjuga-se como *premiar*.

van.guar.da (*fr avant-garde*) *sf* **1** Primeira linha de um exército, de uma esquadra etc., em ordem de batalha ou de marcha. **2** Movimento, geralmente artístico, cultural ou científico, de caráter inovador.

van.guar.dis.mo (*vanguarda+ismo*) *sm* **1** Caráter ou qualidade de vanguarda. **2** Movimento cultural, artístico, científico etc. que possui tendências inovadoras: *"as várias correntes filiadas ao vanguardismo estético de Joyce."* (REF)

va.ni.li.na (*vanila+ina*) *sf Quím* O principal componente aromático da essência da baunilha.

van.ta.gem (*fr avantage*) *sf* **1** Qualidade do que está superior ou adiante. **2** Lucro. **3** *Esp* No tênis, direito de saque diante de uma jogada bem-sucedida.

van.ta.jo.so (*ô*) (*vantagem+oso*) *adj* **1** Em que há vantagem. **2** Lucrativo, proveitoso, útil. *Pl: vantajosos (ó)*.

vão (*lat vanu*) *adj* **1** Vazio, oco. **2** Que é fruto da imaginação. **3** Inútil. **4** Que não tem razão de ser nem fundamento. **5** Fútil. **6** Falso. • *sm* **1** Espaço vazio ou desocupado. **2** Parte desocupada ou vazia; vácuo. **3** Espaço aberto em um muro ou em uma parede.

va.por (*lat vapore*) *sm* **1** *Fís* Denominação dada à matéria no estado gasoso, quando provém da transformação de um líquido ou sólido. **2** A força expansiva da água vaporizada. **3** Espécie de fumaça que, pela ação do calor, se eleva dos corpos úmidos. **4** O que se exala dos corpos sólidos em decomposição ou em combustão. **5** Barco ou navio movido por máquina a vapor. *A todo o vapor:* muito rapidamente.

va.po.rar (*lat vaporare*) *vtd* **1** Exalar como vapor: *Da panela vaporavam cheiros apetitosos. vint* e *vpr* **2** Evaporar-se, soltar de si vapores; vaporizar-se: *"O aroma das frutas do sul vaporava."* (REL) *vint* e *vpr* **3** Desfazer-se, dissipar-se: *Com o passar dos anos vaporam-se as ilusões*.

va.po.ri.za.ção (*vaporizar+ção*) *sf* **1** Ato ou efeito de vaporizar(-se). **2** Mudança do estado líquido para o gasoso.

va.po.ri.za.dor (*vaporizar+dor*) *adj* Que vaporiza. • *sm* Instrumento pelo qual se reduzem os líquidos a vapor ou a partículas extremamente minúsculas; pulverizador.

va.po.ri.zar (*vapor+izar*) *vtd* e *vpr* **1** Converter(-se) em vapor: *"Este sistema utiliza águas superficiais com temperaturas ao redor de 27°C para vaporizar um fluido que tenha baixo ponto de ebulição."* (UE); *"Quando essa ponta explode, ela se vaporiza e forma um aerossol de partículas muito finas."* (DIN) *vpr* **2** Encher-se, impregnar-se (de vapores).

va.po.ro.so (*ô*) (*lat vaporosu*) *adj* **1** Que exala ou solta vapores. **2** Em que há vapores. **3** Que tem aparência de vapor. **4** Que tem o brilho enfraquecido por vapores. **5** Extremamente delicado; leve, tênue. **6** *Pint* Diáfano, transparente. *Pl: vaporosos (ó)*.

va.quei.ro (*vaca+eiro*) *adj* Relativo ao gado vacum. • *sm* Vigia ou condutor de gado vacum.

va.que.ja.da (*vaquejar+ada¹*) *sf* **1** Reunião do gado de uma fazenda. **2** Ato de procurar e reunir o gado que se acha disperso. **3** Espécie de rodeio.

va.ra (*lat vara*) *sf* **1** Haste ou ramo fino, de árvore ou de arbusto. **2** Pau comprido e fino usado como auxiliar nos concursos atléticos para certa modalidade de salto em altura. **3** Cajado. **4** Cada uma das divisões de jurisdição, nas comarcas onde há mais de um juiz de direito. **5** Manada de porcos.

va.ral (*vara+al*[1]) *sm* **1** Cada uma das duas peças de madeira que saem de cada parte lateral de um veículo, entre as quais se coloca o animal que o puxa. **2** Arame ou corda mantido por postes, onde se põe a roupa lavada para secar.

va.ran.da (*célt *varandâ*) *sf* **1** Terraço com coberta que fica na frente das casas; alpendre. **2** Sacada.

va.rão (*corr de barão*) *sm* **1** Indivíduo do sexo masculino; homem: *"rocha sobre a qual o varão prudente do Evangelho construiu sua morada"* (ALF); *"O varão mostrava-se generoso e estendeu à discreta empregadinha a sua liberalidade pascal."* (DM) **2** Homem respeitável. **3** Homem corajoso. • *adj* Que é do sexo masculino. *Fem:* varoa.

va.ra.pau (*vara+pau*) *sm* **1** Pau comprido que serve de apoio e de arma de defesa; cajado. *sm+f* **2** *pop* Pessoa alta e magra; magricela.

va.rar (*lat varare*) *vtd* **1** Bater com varas; açoitar: *Varava os animais*. *vtd* **2** Fazer encalhar, pôr em seco, puxar para o ancoradouro (a embarcação): *Varar o barco*. *vtd* **3** Penetrar em. *vtd* **4** Atravessar, furar, traspassar: *Um tiro varou-lhe o peito*. *vti* **5** Sair rapidamente: *Varar por uma porta*. *vtd* **6** Passar além de, transpor: *Varar o bloqueio*.

va.re.jão (*aum de varejo*) *sm* Grande loja que vende a varejo.

va.re.jei.ra (*varejar+eira*) *adj Entom* Diz-se das moscas cujas larvas são causadoras de bicheiras por se nutrirem de carne, viva ou necrosada, de animais vertebrados. • *sf* Mosca-varejeira.

va.re.jis.ta (*varejo+ista*) *adj m+f* Relativo ao comércio a varejo. • *s m+f* Negociante ou comerciante que só vende a varejo. *Antôn:* atacadista.

va.re.jo (*ê*) (*de varejar*) *sm* Venda em pequenas quantidades. *A varejo:* a retalho, em pequenas quantidades.

va.re.ta (*ê*) (*vara+eta*) *sf* **1** Vara pequena. **2** Vara delgada, de ferro ou de madeira, que se usa para socar a bucha da espingarda quando seu carregamento é feito pela boca.

va.ri.a.ção (*lat variatione*) *sf* **1** Ato ou efeito de variar(-se). **2** Modificação. **3** Inconstância ou variedade de princípios, de sistema etc.

va.ri.a.do (*part de variar*) *adj* **1** Que sofreu variação. **2** Diferente, diverso. **3** Diversificado. **4** Alucinado, delirante.

va.ri.an.te (*lat variante*) *adj m+f* **1** Que varia. **2** Mutável. **3** Inconstante. **4** Diferente. **5** Delirante. • *sf* **1** Diferença numa mesma passagem do texto de uma obra, entre edições diversas. **2** *Ling* Cada uma das formas diferentes por que um vocábulo pode apresentar-se. **3** Variação. **4** Diferença, diversidade.

va.ri.ar (*lat variare*) *vtd* **1** Diversificar: *Variar os métodos de estudo*. *vti* **2** Fazer modificação; alterar: *Variar de rumo*. *vti* e *vint* **3** Sofrer mudança; mudar; ser inconstante, volúvel: *Variar de ideia*. *vpr* **4** Experimentar variação ou mudança; alterar-se, transformar-se: *Variava o panorama durante a viagem*. *vint* **5** Apresentar discrepância, não ser conforme, ter parecer diferente: *Variam as modas*. *vint* **6** Alucinar-se, enlouquecer, perder a razão. *vint* **7** Delirar por efeito de febre alta. *vint* **8** Mudar de rumo. Conjuga-se como *premiar*.

va.ri.á.vel (*lat variabile*) *adj m+f* **1** Sujeito a variações. **2** Que pode ser variado ou mudado. **3** Inconstante. **4** *Gram* Diz-se das palavras flexivas, isto é, que estão sujeitas a variação. **5** *Mat* Diz-se da quantidade que pode tomar sucessivamente diferentes valores no decurso de um mesmo cálculo. • *sf* **1** *Ling* Conjunto de variantes linguísticas. **2** *Mat* Símbolo dos elementos de um conjunto. **3** *Mat* Termo que, numa função ou relação, pode ser alternadamente substituído por outro.

va.ri.e.da.de (*lat varietate*) *sf* **1** Qualidade do que é vário ou variável. **2** Diversidade. **3** Mudança na substância das coisas ou em seu uso. **4** Multiplicidade. **5** Variante, variação. **6** Instabilidade. *sf pl* **7** Miscelânea de assuntos vários em literatura ou em seção de jornal. **8** Apresentação de espetáculo com assuntos vários em teatro, televisão etc.

vá.rio (*lat variu*) *adj* **1** De diversas cores, feitios, tipos etc. **2** Inconstante, volúvel; caprichoso. **3** Oscilante. **4** Alternado, diverso. **5** Indeciso, hesitante. **6** Delirante, desvairado. **7** Que se contradiz, que se desdiz; contraditório. *adj pl* **8** Diz-se das pessoas ou coisas que apresentam entre si variedade ou diferença; diferentes, diversos. • *pron indef* **1** Alguns. **2** Múltiplos, numerosos.

va.rí.o.la (*lat variola*) *sf Med* Doença infectocontagiosa e epidêmica, caracterizada por febre e formação de pústulas.

va.riz (*lat varice*) *sf Med* Dilatação permanente de uma veia, causada por acumulação de sangue. *Pl*: varizes.

va.ro.nil (*varão+il*) *adj m+f* **1** Relativo ou pertencente a varão; viril. **2** Esforçado, destemido, valoroso. **3** Enérgico, incisivo. **4** Próprio de varão ilustre; heroico. *Pl: varonis*.

var.re.dor (*varrer+dor*) *adj* Que varre. • *sm* Aquele que varre.

var.re.du.ra (*varrer+dura*) *sf* **1** Ação ou efeito de varrer: *"Era tradicional a quotidiana varredura do assoalho, de portas fechadas."* (OAG) **2** Busca: *"Terminou a operação de varredura? Desde que cheguei não vi sinais de tropas inimigas por aqui."* (ACM)

var.rer (*lat varrere*) *vtd* **1** Limpar com a vassoura (fragmento, lixo, poeira etc.). *vint* **2** Limpar o lixo com a vassoura. *vtd* **3** Correr, mover-se, passar pela superfície de; roçar: *A brisa varre as campinas*. *vtd* **4** Impelir para diante: *O vento varre as nuvens*. *vtd* **5** Fazer desaparecer: *Varreu da mente aquelas ideias*. *vtd* **6** Despejar, esgotar, esvaziar: *Varreu os cofres*. *vtd* **7** Dispersar; destruir; arrasar: *A fuzilaria varreu os invasores*. *vtd* **8** Expelir, expulsar; fazer desaparecer: *De sua casa varreu os parentes indesejáveis*. *vpr* **9** Desvanecer-se, dissipar-se. *vpr* **10** Tornar-se esquecido. *Varrer da ideia*: fazer esquecer.

var.ri.do (*part de varrer*) *adj* **1** Limpo com vassoura. **2** *fig* Que perdeu o juízo; alucinado. **3** Batido pelo vento; levado pelo ar.

vár.zea (*voc pré-rom*) *sf* **1** Campina cultivada. **2** Planície de grande fertilidade. **3** Terrenos baixos e planos, sem serem alagadiços, que margeiam os rios e ribeirões; vargem.

va.sa (*hol med wase*) *sf* **1** Sedimento fino e delicado encontrado no fundo do mar. **2** Argila muito fina que se deposita nos terrenos alagados pelas águas fluviais. **3** Limo, lodo; atoleiro. **4** Degradação moral; escória, ralé.

vas.cu.lar (*lat vasculu+ar^2*) *adj m+f Anat* Relativo ou pertencente aos vasos e particularmente aos vasos sanguíneos: *"estudos minuciosos da anatomia vascular"* (CLC)

vas.cu.la.ri.za.ção (*vascularizar+ção*) *sf Anat* e *Med* **1** Formação ou desenvolvimento de vasos orgânicos num tecido que não os continha. **2** Multiplicação acidental dos vasos que primitivamente existiam num determinado órgão ou tecido.

vas.cu.la.ri.zar (*vascular+izar*) *vtd* **1** Formar vasos sanguíneos num órgão ou tecido. **2** Promover a formação de novos vasos sanguíneos.

vas.cu.lhar (*vasculho+ar^1*) *vtd* **1** Pesquisar, investigar minuciosamente. **2** Esquadrinhar. **3** *fig* Buscar; investigar.

va.sec.to.mi.a (*lat vas+ectomia*) *sf* Intervenção cirúrgica utilizada para a esterilização do homem.

va.se.li.na (*fr vaseline*) *sf* Substância gordurosa, extraída do petróleo, com larga aplicação nas indústrias e em produtos farmacêuticos.

va.si.lha (*vaso+ilha*) *sf* **1** Recipiente que serve para guardar qualquer substância, especialmente líquidos. **2** Conjunto de tonéis, barris, pipas na adega.

va.si.lha.me (*vasilha+ame*) *sm* Conjunto ou quantidade de vasilhas.

va.so (*lat vasu*) *sm* **1** Peça côncava de barro, metal, vidro etc., que pode conter sólidos ou líquidos. **2** Vaso sanitário; latrina. **3** *Anat* Qualquer dos condutos por onde circulam líquidos, notadamente sangue, linfa ou bílis.

va.so.mo.tor (*vaso+motor*) *adj Fisiol* Diz-se dos nervos que produzem a contração e a dilatação das fibras musculares dos vasos orgânicos (artérias, veias etc.). *Fem: vasomotora*.

vas.sa.lo (*lat vassallu*) *sm* Indivíduo dependente de um senhor feudal, ao qual estava ligado por juramento de fé e submissão; súdito: *"O senhor feudal Dom Silva acha que o seu vassalo não fez crime algum."* (CVB) • *adj* 1 Que depende de outrem. 2 Tributário, subordinado: *"Era mister que Salomão, vassalo da grandeza, obedecesse aos planos transmitidos por Deus ao seu pai."* (PAO)

vas.sou.ra (*lat vulg *versoria*, de *versu*) *sf* Utensílio doméstico com cabo, tendo na outra extremidade fibras de piaçaba ou plástico ou então pelos, usado para varrer o lixo do chão.

vas.sou.ra.da (*vassoura+ada¹*) *sf* 1 Varrida rápida. 2 Pancada com vassoura.

vas.sou.rar (*vassoura+ar¹*) *vtd* 1 Varrer com vassoura. *vint* 2 Limpar lixo com vassoura.

vas.ti.dão (*lat vastitudine*) *sf* 1 Qualidade do que é vasto. 2 Extensão muito grande; amplidão.

vas.to (*lat vastu*) *adj* 1 Que tem grande extensão; enorme, muito extenso. 2 Amplo, largo. 3 *fig* Que abrange muitos conhecimentos.

va.ta.pá (*ior vatapa*) *sm Cul* Prato típico da cozinha baiana, feito de pão embebido em leite de coco, camarões secos e frescos, azeite de dendê, castanha de caju, cebola, pimentão, cheiro-verde, pimenta e sal, tudo batido, geralmente no liquidificador, para que se torne uma pasta grossa.

va.ti.ca.no (*lat vaticanu*) *sm* 1 **Vaticano** Palácio do papa, em Roma. 2 **Vaticano** *por ext* Governo pontifício; cúria romana. • *adj* Pertencente ao Vaticano.

va.ti.ci.nar (*lat vaticinari*) *vtd* Adivinhar, predizer, profetizar, prognosticar. (CID)

va.ti.cí.nio (*lat vaticiniu*) *sm* Predição, profecia, prognóstico.

va.za.dor (*vazar+dor*) *adj* Que vaza. • *sm* Instrumento para fazer furos em couro, papelão, pano etc.

va.za.dou.ro (*vazar+douro*) *sm* 1 Lugar onde se despejam detritos. 2 Lugar onde vaza qualquer líquido.

va.zan.te (de *vazar*) *adj m+f* Que vaza. • *sf* 1 Maré baixa. 2 Vazão; escoamento. *Antôn: enchente*.

va.zão (*vazar+ão²*) *sf* 1 Ação de esgotar o líquido de um vaso; escoamento; vazante. 2 Solução, resolução. *Dar vazão:* dar saída. *Dar vazão a:* a) dar expediente a (negócios, trabalhos); b) resolver, concluir.

va.zar (*corr* de *vaziar*) *vtd* 1 Tornar vazio; despejar, fazer esvaziar ou correr (o líquido de um vaso ou vasilha). *vint* 2 Escapar-se; ir-se escoando (o líquido). *vti* 3 Deixar sair o líquido; entornar-se, verter. *vtd* 4 Derramar, verter: *Vazar o óleo da panela*. *vpr* 5 Despejar-se, ficar vazio: *Vazaram-se de trabalhadores as fazendas*. *vtd* 6 Desaguar: *O Amazonas vaza suas águas no Atlântico*. *vtd* 7 Privar de, espremendo. *vtd* 8 Abrir vão em; cavar, escavar; furar; tornar oco. *vtd* 9 Abrir. *vint* 10 Baixar, refluir (a maré). *vti* 11 Sair. *vint* 12 Tornar-se conhecido: *Nada vazou de nossa conversa*.

va.zi.o (*lat vacivu*) *adj* 1 Que não contém nada ou só contém ar. 2 Sem moradores. 3 Desguarnecido de móveis. 4 Que não contém alimentos. 5 Que tem falta ou privação de alguma coisa. 6 *fig* Frívolo, fútil. 7 Destituído de qualidades de espírito, de inteligência. 8 Que não é significativo. 9 Diz-se da cabeça sem ideias.

vê (*esp ve*) *sm* O nome da letra v. *Pl:* vês ou *vv*.

ve.a.do (*lat venatu*) *sm* 1 *Zool* Nome dado aos ungulados da família dos cervos, muito velozes e de carne muito apreciada. 2 *pej* Homossexual masculino.

ve.da.ção (*vedar+ção*) *sf* Ato ou efeito de vedar.

ve.dar (*lat vetare*) *vtd* 1 Proibir por lei, estatuto ou regulamento. *vtd* 2 Não consentir, não permitir. *vtd* 3 Embaraçar, estorvar, não permitir, tolher: *Vedar a diferença de religião*. *vtd* 4 Servir de impedimento ou obstáculo; obstar: *Um biombo vedava a entrada*. *vtd* 5 Impedir que um líquido se escoe por qualquer fenda ou orifício. *vint* e *vpr* 6 Deixar de escorrer; estancar-se: *A água vedou-se*.

ve.de.te (*é*) (*fr vedette*) *sf* 1 Artista colocado em destaque no elenco de uma companhia de teatro de revista. 2 *por ext* Pessoa mais importante ou mais em evidência num agrupamento político, literário, desportivo etc.

ve.e.mên.cia (lat vehementia) sf **1** Qualidade de veemente. **2** Força intensiva, impetuosidade. **3** Intensidade. **4** Rigor. **5** Grande interesse. **6** Energia; vigor. **7** Eloquência acompanhada de arrebatamento dos afetos e das paixões. **8** Exaltação do espírito.

ve.e.men.te (lat vehemente) adj m+f **1** Enérgico, vigoroso. **2** Impetuoso, violento. **3** Caloroso, entusiástico. **4** Frenético, irritável. **5** Que se move com ímpeto e eficácia. **6** Que exterioriza os sentimentos e pensamentos com ardor e entusiasmo.

ve.ge.ta.ção (lat vegetatione) sf Conjunto de plantas que povoam uma área determinada.

ve.ge.tal (lat vegetale) adj m+f **1** Pertencente ou relativo às plantas. **2** Que tem origem em alguma planta. **3** Diz-se da terra que tem grande quantidade de matéria orgânica vegetal decomposta. • sm Ser orgânico que cresce e vive, porém não muda de lugar por impulso voluntário; planta.

ve.ge.tar (lat vegetare) vint **1** Viver e desenvolver-se (a planta). **2** Desenvolver-se com exuberância; pulular. **3** Viver com indiferença, à semelhança da planta; viver sem sentimentos nem emoções.

ve.ge.ta.ri.a.no (veget(al)+ar²+i+ano) adj Que se alimenta apenas de vegetais. • sm Indivíduo que se alimenta exclusivamente de vegetais.

ve.ge.ta.ti.vo (lat vegetativu) adj **1** Que vegeta ou é capaz de vegetar. **2** Relativo a vegetais e animais que têm relação com o crescimento e a nutrição. **3** Bot Diz-se do período de vida durante o qual a planta não se reproduz.

vei.a (lat vena) sf **1** Anat Designação dos vasos sanguíneos que, partindo dos capilares, conduzem o sangue ao coração. **2** pop Qualquer vaso sanguíneo. **3** Bot Nome dado às nervuras secundárias das folhas.

ve.i.cu.la.ção (veicular+ção) sf **1** Ato ou efeito de veicular. **2** Propag Conjunto de meios usados numa campanha publicitária.

ve.i.cu.lar (veículo+ar¹) vtd **1** Transportar em veículo. **2** Propag Difundir; divulgar; anunciar: *"O governo veicula propagandas sobre um novo modelo de polícia."* (JCR)

ve.í.cu.lo (lat vehiculu) sm **1** Qualquer meio mecânico de transporte de pessoas ou coisas. **2** Tudo o que transmite ou conduz. **3** Propag Qualquer meio empregado para a divulgação de anúncio, como jornal, revista, rádio, televisão, folheto etc.

vei.o (de veia) sm **1** Faixa estreita e comprida de terra ou de rocha que, por sua qualidade ou sua cor, distingue-se da massa onde se acha interposta. **2** Parte da mina onde se encontra o mineral; filão. **3** Riacho, regato, ribeiro. **4** Cada uma das listras onduladas ou ramificadas, de diversas cores, que têm certas pedras, mármores e madeiras. *Veio de água*: lugar onde a água corre com mais força.

ve.la¹ (lat vela) sf **1** Náut Conjunto ou união de panos, peças de lona ou linho forte, que, cortados de diversos modos e costurados, se amarram nas vergas para perceber a ação do vento que impelirá a embarcação. **2** Embarcação movida por um conjunto desses panos.

ve.la² (de velar) sf **1** Peça cilíndrica, de cera, sebo ou outra substância gordurosa, com pavio no centro em todo o comprimento, que serve para iluminar. **2** Mec Dispositivo que, nos motores de explosão, produz a ignição da mistura combustível nos cilindros.

ve.la.do (part de velar) adj **1** Coberto com véu. **2** Oculto; encoberto; dissimulado: *"Meu padrinho tratava-me com velado carinho."* (DEN); *"A sua relação com ele era sempre um desafio velado."* (BRI)

ve.la.me (vela+ame) sm Náut O conjunto das velas de uma embarcação.

ve.lar¹ (lat velare) vtd e vpr **1** Cobrir(-se) com véu. vtd **2** Encobrir, ocultar, tapar. vpr **3** Encobrir-se, ocultar-se. vtd **4** Tornar menos brilhante ou menos claro pela interposição de um corpo; empanar: *Uma faixa escura velara a cena.* vtd **5** Ocultar, recatar, tornar secreto: *Ela velou dele um segredo.*

ve.lar² (lat vigilare) vtd **1** Passar (a noite) em vigília. vtd **2** Estar de guarda ou de sentinela; vigiar. *vint* **3** Passar a noite acordado, sem dormir. *vtd* **4** Passar a noite junto à cabeceira de (um doente), para tratar ou cuidar dele, ou ao pé de um morto. *vti* e *vint* **5** Exercer vigilância.

vel.cro® (marca registrada a partir de *velours+crochet*) *sm* Conjunto de duas tiras de material sintético cobertas de pelos cerrados e que, colocada uma sobre a outra, funciona sob pressão, servindo como substituto de colchetes, zíperes ou botões.

ve.lei.da.de (*lat escol velleitate*, de *velle*) *sf* **1** Vontade imperfeita, sem resultado. **2** Capricho, leviandade. **3** Fantasia; quimera.

ve.lei.ro (*vela¹+eiro*) *adj* Aplica-se a qualquer embarcação à vela que navegue com extrema velocidade. • *sm* **1** Navio à vela. **2** Aquele que produz velas para navios.

ve.le.ja.dor (*velejar+dor*) *adj* Que veleja; veleiro. • *sm Esp* Praticante de iatismo com veleiros.

ve.le.jar (*vela¹+ejar*) *vint* Navegar à vela. Conjuga-se como *solfejar*.

ve.lha.ca.ri.a (*velhaco+aria*) *sf* Ação ou qualidade de velhaco.

ve.lha.co (*cast bellaco*) *adj* **1** Que engana de propósito. **2** Fraudulento, traiçoeiro, ordinário: *"Denunciaram o Miraglia na base de uma confissão meio velhaca."* (AFA) **3** Malandro.

ve.lha.ri.a (*velho+aria*) *sf* **1** Ação, dito ou tudo aquilo que é próprio de pessoa idosa. **2** Traste ou objeto antigo. **3** Costume antiquado.

ve.lhi.ce (*velho+ice*) *sf* **1** Condição ou estado de velho. **2** Idade avançada. **3** Período que, na vida do indivíduo, sucede à idade madura.

ve.lho (*lat vetulu*) *adj* **1** Adiantado em anos; muito idoso. **2** Antigo ou que já tem muitos anos. **3** Veterano; experimentado. **4** Que possui desde muito tempo certa qualidade. **5** Que dura há muito tempo. **6** Que data de épocas remotas. **7** Gasto pelo uso. **8** Que está fora do uso. • *sm* **1** Homem idoso. **2** *pop* Genitor, pai. *Estar velho antes do tempo*: sofrer, antes da hora, os percalços da velhice. *Ter as aparências de velho sem o ser*. *Fazer-se de velho*: estragar-se com o tempo ou com o uso; cair em desuso; envelhecer. *Meu velho, minha velha, meus velhos*: tratamento carinhoso entre cônjuges, ou que se dá aos pais, aos amigos a quem se quer aconselhar, consolar etc. *Morrer de velho, fig*: morrer em idade muito avançada. *O velho*: modo pelo qual os filhos costumam designar o pai, na ausência deste. *Velho Mundo*: a Europa. *Aum irreg*: velhaças. *Dim irreg*: velhote.

ve.lo.ci.da.de (*lat velocitate*) *sf* **1** Qualidade de veloz. **2** Rapidez. **3** Agilidade ou presteza em executar uma ação. **4** *Fís* O espaço percorrido por unidade de tempo.

ve.lo.cí.me.tro (*lat veloce+metro²*) *sm* Aparelho para medir a velocidade de um veículo.

ve.lo.cí.pe.de (*lat veloce+pede*) *adj m+f* Veículo infantil, com uma roda dianteira e duas traseiras menores; triciclo.

ve.ló.dro.mo (*velo(cípede)+dromo*) *sm* Pista destinada a corridas de bicicleta.

ve.ló.rio (de *velar²*) *sm* **1** Ato de velar um defunto, isto é, de passar a noite em claro na sala em que ele está exposto. **2** Dependências, nos cemitérios ou hospitais, onde se realiza essa vigília.

ve.loz (*lat veloce*) *adj m+f* **1** Que anda ou corre muito depressa. **2** Que passa muito depressa. *Antôn*: *lento, vagaroso. Sup abs sint*: *velocíssimo*.

ve.lu.do (*baixo-lat villutu*, de *villu*) *sm* **1** Tecido de seda ou de algodão, o qual de um dos lados tem pelo muito macio, curto e acetinado. **2** *por ext* Objeto ou superfície macia. *Veludo cotelê*: tecido de veludo ou algodão, semelhante ao veludo, com listras finas em relevo e outras rasas, que se alternam.

ve.nal (*lat venale*) *adj m+f* **1** Que se vende; que pode ser vendido. **2** Diz-se do valor real que tem na praça uma mercadoria. **3** *fig* Corrupto; subornável.

ven.ce.dor (*vencer+dor*) *adj* Que vence ou venceu. *Antôn*: *vencido*. • *sm* **1** Aquele que vence ou venceu. **2** Homem vitorioso, triunfante. *Antôn*: *perdedor*.

ven.cer (*lat vincere*) *vtd* **1** Alcançar vitória ou triunfo sobre. *vti* e *vint* **2** Alcançar vitória; triunfar. *vtd* **3** Obter resultado favorável em: *Vencer o jogo*. *vtd* **4** Levar vantagem sobre; exceder: *Venceu-os o cansaço.* vtd **5** Refrear: *Vencer as emoções.* vpr **6** Conter-se, refrear-se. vtd **7** Dominar: *Ninguém o vence em Matemática.* vtd **8** Exceder em altura ou som: *Sua voz venceu os ruídos da assembleia.* vtd **9** Domar, domesticar. vtd **10** Desfazer, destruir. vtd **11** Convencer, persuadir, submeter. vtd **12** Atingir, percorrer: *Vencer a distância.* vtd **13** Executar, levar a cabo, realizar: *Vencer a tarefa.*

ven.ci.do (*part* de *vencer*) *adj* **1** Derrotado. **2** Desanimado, abatido. Antôn (acepção 1): *vencedor.* • *sm* Aquele que foi vencido por outrem. *Dar-se por vencido:* ceder, deixar de resistir, render-se.

ven.ci.men.to (*vencer+mento*) *sm* **1** Ação de vencer. **2** *Com* Expiração do prazo para o pagamento de um título ou para cumprimento de qualquer encargo. **3** Dia em que expira esse prazo. **4** Salário ou provento de um emprego ou cargo público (nesta acepção, é mais usado no plural).

ven.da¹ (*lat vendita*) *sf* **1** Ação ou efeito de vender. **2** Contrato por meio do qual uma pessoa (o vendedor) transfere ou se obriga a transferir a outra (o comprador) a propriedade da coisa determinada, cujo preço é por ele pago segundo as condições estipuladas. **3** Empório.

ven.da² (*al Binde*) *sf* **1** Faixa com que se cobrem os olhos. **2** *fig* Cegueira. *Cair a venda dos olhos:* atinar finalmente com a verdade. *Ter uma venda nos olhos:* não entender, não perceber. *Tirar a alguém a venda dos olhos:* esclarecê-lo, elucidá-lo a respeito de um assunto.

ven.dar (*venda+ar*¹) *vtd* **1** Cobrir com venda. **2** Cobrir os olhos a, pôr venda nos olhos de. **3** Pôr faixa ou venda em.

ven.da.val (*fr vent d'aval*) *sm* Vento forte e tempestuoso.

ven.de.dor (*vender+dor*) *sm* **1** Aquele que vende. **2** Aquele cujo emprego ou ocupação consiste em vender. *Vendedor ambulante:* o que anda a vender diferentes gêneros pelas ruas, cidades, feiras etc.

ven.der (*lat vendere*) *vtd* **1** Alienar (um objeto) mediante certo preço; trocar por dinheiro. vtd **2** Negociar em. vtd **3** Sacrificar por dinheiro ou por interesse: *Vender o voto.* vpr **4** Ceder a própria liberdade por certo preço: *Apesar de muito pobres, não se vendem.* vtd **5** Praticar por interesse atos indignos; prostituir-se. vtd **6** Trair ou prejudicar por interesse: *Vendera a pátria.* Antôn (acepções 1, 2 e 3): *comprar.* *Vender a consciência:* sujeitá-la por interesse ou arbítrio de outrem. *Vender a honra:* receber dinheiro por uma ação indigna ou vergonhosa. *Vender caro a vida:* defendê-la com bravura, ferindo e atacando. *Vender como comprou:* transmitir sem alterar. *Vender gato por lebre:* ludibriar. *Vender saúde:* ter excelente saúde. Conjug – Pres indic: vendo, vendes, vende, vendemos, vendeis, vendem; Pret perf: vendi, vendeste, vendeu, vendemos, vendestes, venderam; Pret imp indic: vendia, vendias, vendia, vendíamos, vendíeis, vendiam; Pret mais-que-perf: vendera, venderas, vendera, vendêramos, vendêreis, venderam; Fut pres: venderei, venderás, venderá, venderemos, vendereis, venderão; Fut pret: venderia, venderias, venderia, venderíamos, venderíeis, venderiam; Pres subj: venda, vendas, venda, vendamos, vendais, vendam; Pret imp subj: vendesse, vendesses, vendesse, vendêssemos, vendêsseis, vendessem; Fut subj: vender, venderes, vender, vendermos, venderdes, venderem; Imper afirm: —, vende(Tu), venda(Você), vendamos(Nós), vendei(Vós), vendam(Vocês); Imper neg: —, Não vendas(Tu), Não venda(Você), Não vendamos(Nós), Não vendais(Vós), Não vendam(Vocês); Infinitivo impess: vender; Infinitivo pess: vender, venderes, vender, vendermos, venderdes, venderem; Ger: vendendo; Part: vendido.

ven.di.do (*part* de *vender*) *adj* **1** Que se vendeu. **2** *fig* Corrompido; subornado.

ve.ne.no (*lat venenu*) *sm* **1** Substância que, quando absorvida em determinada quantidade, provoca perturbações funcionais mais ou menos graves. **2** Secreção venenosa de alguns animais ou de certas plantas. **3** *fig* Tudo quanto é capaz de produzir a corrupção moral.

ve.ne.no.so (*ô*) (*lat venenosu*) *adj* **1** Que

contém ou elabora veneno. **2** Que opera como veneno. **3** Peçonhento. **4** Tóxico. **5** Que corrompe moralmente. **6** Nocivo à saúde. **7** *fig* Caluniador, maledicente. *Pl: venenosos (ó).*

ve.ne.ra.ção (*lat veneratione*) *sf* **1** Ato ou efeito de venerar. **2** Culto que se presta às pessoas, às divindades ou às coisas sagradas. **3** Respeito.

ve.ne.rar (*lat venerari*) *vtd* **1** Render culto a: *"Eram então chamados a venerar o Santo Sepulcro do Senhor."* (GAL) **2** Tratar com profundo respeito; respeitar muito, ter em grande consideração: *"O Brasil conhece e venera essas grandes figuras."* (JK)

ve.ne.rá.vel (*lat venerabile*) *adj* Que se deve venerar; que merece veneração; respeitável. *Sup abs sint: venerabilíssimo.* • *sm* O presidente de uma loja maçônica.

ve.né.reo (*lat venereu*) *adj* **1** Relativo a Vênus. **2** Relativo ao ato sexual ou por ele produzido: *Doença venérea.*

ve.ne.ta (ê) (*lat vena+eta*) *sf* **1** Acesso de loucura. **2** Impulso repentino. *Dar na veneta:* vir à ideia, ter um capricho, uma vontade súbita.

ve.ne.zi.a.na (*fem de veneziano*) *sf* Janela de lâminas sobrepostas que, fechada, permite a penetração do ar num compartimento, sem entrar o sol.

ve.ne.zu.e.la.no (*top Venezuela+ano*) *adj* Da, pertencente ou relativo à Venezuela (América do Sul). • *sm* O natural ou habitante da Venezuela.

ve.no.so (ô) (*lat venosu*) *adj* **1** Pertencente ou relativo a veias; venal. **2** Que tem veias. **3** Diz-se do sangue carregado de gás carbônico após a passagem pelos tecidos. *Pl: venosos (ó).*

ven.ta (*lat ventana, de ventu*) *sf* Cada uma das fossas nasais. *sf pl* O nariz.

ven.ta.ni.a (*ventana+ia¹*) *sf* Vento forte e contínuo.

ven.tar (*vento+ar¹*) *vint* **1** Fazer vento; soprar com força o vento. *vti* **2** Manifestar-se subitamente; vir correndo. *vti* **3** Ser propício ou favorável. *Conjug* – conjuga-se apenas nas 3ªˢ pessoas do singular.

ven.ta.ro.la (*ital ventarola*) *sf* Espécie de leque, com um só cabo e sem varetas.

ven.ti.la.ção (*lat ventilatione*) *sf* **1** Ato ou efeito de ventilar(-se). **2** Operação que tem por finalidade conservar o ar puro em um recinto fechado. **3** Debate de uma questão; discussão.

ven.ti.la.dor (*ventilar+dor*) *adj* Que ventila. • *sm* **1** Aparelho que renova o ar de ambientes fechados ou que o põe em circulação; aparelho que produz corrente de ar. **2** *Constr* Cano que dá saída aos gases que se formam no sifão de vasos sanitários. *Ventilador de teto:* ventilador afixado no teto de um cômodo, muitas vezes com uma ou mais luminárias acopladas.

ven.ti.lar (*lat ventilare*) *vtd* **1** Fazer entrar o vento em; arejar, refrescar. *vpr* **2** Abanar-se. *vtd* **3** Agitar, debater, discutir: *Ventilar um assunto.*

ven.to (*lat ventu*) *sm* **1** *Meteor* Corrente de ar resultante de diferenças de pressão atmosférica proveniente, na maioria dos casos, de variações de temperatura. **2** O ar em movimento ou em deslocamento. *Bons ventos o levem:* diz-se a respeito de quem se deseja que vá embora. *Espalhar aos quatro ventos:* contar a todo mundo; divulgar em toda parte. *Ir de vento em popa:* a) *Náut* ir com vento favorável; b) *fig* ir favorecido pelas circunstâncias, prosperamente. *Ver donde sopra o vento:* aguardar os acontecimentos para assentar seus projetos.

ven.to.sa (*lat ventosa*) *sf* **1** *Cir* Vaso que se aplica sobre a pele a fim de provocar o afluxo de sangue. **2** *Zool* Sugadouro de certos animais aquáticos.

ven.to.si.da.de (*lat ventositate*) *sf* **1** Acumulação de gases no estômago ou nos intestinos; flatulência. **2** Saída desses gases, mais ou menos ruidosa.

ven.tral (*lat ventrale*) *adj m+f* **1** Relativo ou pertencente ao ventre. **2** Situado sob o abdome de certos animais.

ven.tre (*lat ventre*) *sm* **1** A cavidade do corpo humano ou animal, dentro da qual estão os principais órgãos dos sistemas digestório e geniturinário; abdome. **2** Barriga. **3** O útero.

ven.trí.cu.lo (*lat ventriculu*) *sm Anat* Cada uma das duas cavidades inferiores do coração; a esquerda envia, através da aorta, o

ventrí.lo.quo (*co*) (*lat ventriloquu*) *adj+ sm* Que ou aquele que tem a faculdade de falar sem fazer movimentos perceptíveis da boca, modificando sua voz natural, dando a impressão de ser a fala de outra pessoa.

ven.tu.ra (*lat ventura*, de *venturu*) *sf* **1** Fortuna boa ou má. **2** Sorte, acaso, destino. **3** Sorte feliz; felicidade. **4** Prosperidade. *Antôn* (acepções 3 e 4): *desventura*. *À ventura*: ao acaso, à sorte. *Por ventura*: por acaso, talvez.

ven.tu.ro.so (*ô*) (*ventura+oso*) *adj* **1** Que tem ventura; ditoso, feliz: *"Por que achar pesada a pose de homem casado, de marido venturoso?"* (PN); *"dias mais venturosos para as classes operárias"* (G) **2** Em que há ventura. **3** Arriscado, aventuroso. *Pl: venturosos* (*ó*).

Vê.nus (*lat Venus*) *sm Astr* Planeta do Sistema Solar cuja órbita se situa entre a de Mercúrio e a da Terra.

ver (*lat videre*) *vtd* e *vint* **1** Conhecer (os objetos externos) por meio do sentido da visão. *vtd* **2** Alcançar com a vista; avistar, enxergar. *vpr* **3** Avistar-se, contemplar-se, mirar-se. *vtd* **4** Ser espectador ou testemunha de; presenciar. *vtd* **5** Achar, encontrar: *Jamais o vi malévolo*. *vtd* **6** Notar, observar: *Vimos que a fila de carros não andava*. *vtd* **7** Distinguir, divisar: *Vi, ao longe, a cidadezinha*. *vtd* **8** Percorrer: *Ver lugares desconhecidos*. *vpr* **9** Achar-se, encontrar-se em alguma condição, estado ou situação: *Vendo-se desarmado, acovardou-se*. *vpr* **10** Achar-se, encontrar-se em algum lugar: *Viu-se em alto-mar*. *vpr* **11** Sentir-se: *Viu-se mais maduro*. *vtd* **12** Atender a, reparar, tomar cuidado em: *Veja bem o que vai fazer*. *vtd* **13** Conhecer: *Deus tudo vê*. *vtd* **14** Estudar: *Precisamos ver bem esse assunto*. *vtd* **15** Ler: *Veja o que diz a carta*. *vtd* **16** Visitar: *Vou vê-la amanhã*. *vtd* **17** Prestar serviços médicos a: *O doutor foi ver um doente*. *vtd* **18** Estar em contato, em convivência ou em relações com; frequentar, receber: *Vive no retiro e não vê o mundo*. *vtd* **19** Reconhecer: *Verá que não o enganei*. *vpr* **20** Reconhecer-se: *Viu-se vencido*. *vtd* **21** Compreender: *Vejo que não adianta insistir*. *vtd* **22** Julgar: *Viu-o perdido e condenado*. *vtd* **23** Examinar, indagar, investigar: *Vejamos o que acontecerá*. *Conjug – Pres indic:* vejo, vês, vê, vemos, vedes, veem; *Pret perf:* vi, viste, viu, vimos, vistes, viram; *Pret imp indic:* via, vias, via, víamos, víeis, viam; *Pret mais-que-perf:* vira, viras, vira, víramos, víreis, viram; *Fut pres:* verei, verás, verá, veremos, vereis, verão; *Fut pret:* veria, verias, veria, veríamos, veríeis, veriam; *Pres subj:* veja, vejas, veja, vejamos, vejais, vejam; *Pret imp subj:* visse, visses, visse, víssemos, vísseis, vissem; *Fut subj:* vir, vires, vir, virmos, virdes, virem; *Imper afirm:* —, vê(Tu), veja(Você), vejamos(Nós), vede(Vós), vejam(Vocês); *Imper neg:* —, Não vejas(Tu), Não veja(Você), Não vejamos(Nós), Não vejais(Vós), Não vejam(Vocês); *Infinitivo impess:* ver; *Infinitivo pess:* ver, veres, ver, vermos, verdes, verem; *Ger:* vendo; *Part:* visto.

Merece atenção o verbo **ver** quanto à acentuação no presente do indicativo.
Ele vê o farol na ilha. (singular – 3ª pessoa)
Eles veem o farol na ilha. (plural – 3ª pessoa)
Da mesma forma, não se deve confundi-lo com o verbo **vir** no presente do indicativo ou mesmo no futuro do subjuntivo.
Ele vê o farol. Eles veem o farol (verbo ver)
Ele vem para casa. Eles vêm para casa. (verbo vir)
Se (quando) *eu* (ou ele) *vir o farol...* (verbo ver)
Se (quando) *eu* (ou ele) *vier para casa.* (verbo vir)
Se (quando) *nós vermos o farol...* (verbo ver)
Se (quando) *nós viermos para casa...* (verbo vir)

ve.ra.ci.da.de (*lat veracitate*) *sf* **1** Qualidade do que é veraz; verdade. **2** Respeito constante à verdade.

ve.ra.ne.ar (de *verão+e+ar¹*) *vint* Passar o verão em algum lugar. Conjuga-se como *frear*.

ve.ra.nei.o (de *veranear*) *sm* Ação de veranear.

ve.ra.ni.co (*cast veranico*) *sm* **1** Pequeno verão; verão pouco quente. **2** Certo período durante o outono, no qual a temperatura é muito agradável.

ve.ra.nis.ta (*verão+ista*) *adj m+f* Diz-se da pessoa que está veraneando ou que costuma veranear. • *s m+f* Essa pessoa.

ve.rão (*lat veranu*) *sm* **1** Uma das quatro estações do ano, que, no hemisfério sul, tem início em 21 de dezembro e termina em 20 de março; no hemisfério norte, inicia-se em 21 de junho e termina em 21 de setembro. **2** *por ext* Tempo quente e pouco chuvoso. *Pl*: *verões*.

ve.raz (*lat verace*) *adj m+f* **1** Que diz a verdade: *"Ele é veraz como Seu Serafim, que nunca mentiu."* (AM) **2** Em que há a verdade; verídico: *"O principal alvo da reunião foi a campanha pela informação veraz."* (FSP) *Sup abs sint:* veracíssimo.

ver.ba (*lat verba*) *sf* **1** Cada uma das cláusulas ou condições mencionadas numa escritura ou outro ato escrito. **2** Designação ou consignação de uma quantia para determinado fim. **3** *por ext* Qualquer soma ou quantia em dinheiro. *Estourar a verba:* fazer despesa além da orçada, de modo que a verba não comporte.

ver.bal (*lat verbale*) *adj m+f* **1** Relativo ao verbo. **2** Diz-se do que se refere à palavra, ou se serve dela. **3** Expresso ou significado de viva voz; oral. *Antôn* (acepção 3): *escrito*.

ver.ba.li.zar (*verbal+izar*) *vtd* **1** *Gram* Tornar verbal. **2** Expor verbalmente: *"As personagens não verbalizam o que sentem, provocando uma sensação de sufoco."* (FSP)

ver.be.te (*ê*) (*verbo+ete*) *sm* **1** Apontamento, nota. **2** Na organização de um dicionário, enciclopédia ou glossário, cada uma das palavras com suas acepções, explicações e exemplos.

ver.bo (*lat verbu*) *sm* **1** *Gram* A palavra que exprime, por flexões diversas, o modo de atividade ou estado que apresentam as pessoas, animais ou coisas de que se fala. **2 Verbo** *Rel* Nome próprio da segunda pessoa da Santíssima Trindade, Jesus Cristo. *Verbo abundante:* verbo que apresenta duas ou mais formas equivalentes. Geralmente são as formas do particípio. *P ex: prender* (prendido, preso), *nascer* (nascido, nato). *Verbo anômalo:* verbo que se afasta completamente do paradigma de sua conjugação e é extraordinariamente irregular em sua informação. *P ex: haver, pôr. Verbo defectivo:* verbo que não possui todos os tempos, todos os modos ou certas formas. *P ex: colorir, falir. Verbo de ligação:* verbo que liga um sujeito a um predicado: *A criança parecia assustada* (*parecia* é verbo de ligação). *Verbo irregular:* verbo que, em algumas formas, se afasta do paradigma de sua conjugação, apresentando variações no radical ou na flexão. *P ex: caber, fazer. Verbo regular:* verbo que se flexiona de acordo com o paradigma de sua conjugação, permanecendo o radical sempre invariável. *P ex: amar, vender.*

ver.bor.ra.gi.a (*verbo+ragia*) *sf pej* Abundância de palavras, geralmente com poucas ideias: *"Não é exigir demais que evitem transformar o período em que tentam conquistar votos em uma verborragia de insultos."* (FSP)

ver.da.de (*lat veritate*) *sf* **1** Aquilo que é ou existe com toda a certeza. **2** Conformidade das coisas com o conceito que a mente forma delas. **3** Concepção clara de uma realidade. **4** Sinceridade, boa-fé. **5** Juízo ou proposição que não se pode negar.

ver.da.dei.ro (*verdade+eiro*) *adj* **1** Em que há verdade. **2** Genuíno; autêntico. **3** Que existe realmente. **4** Sincero. **5** Que é realmente o que parece; que não tem mistura; puro. **6** Exato, verídico. *Antôn* (acepções 1 e 2): *falso;* (acepção 3): *fictício;* (acepção 4): *mentiroso*.

ver.de (*lat viride*) *adj m+f* **1** A cor que se obtém misturando o azul e o amarelo. **2** Diz-se das árvores ou das plantas que conservam ainda alguma seiva (em contraposição a seco). **3** Diz-se da fruta que não está madura. **4** Relativo aos primeiros anos de existência. **5** Inexperiente. • *sm* A cor verde.

ver.de.es.me.ral.da (verde+esmeralda) adj m+f Da cor da esmeralda. • sm A cor verde-esmeralda. Pl: verdes-esmeraldas e verdes-esmeralda.

ver.dor (verde+or) sm 1 Cor verde das plantas. 2 Estado da planta verde. 3 fig Vigor, viço, força. 4 Inexperiência da juventude. *Verdores da mocidade:* extravagâncias, imprudências próprias dessa fase da vida.

ver.du.go (lat veriducu) sm 1 Algoz; carrasco: *"Mesmo ausente, era como se o seu verdugo a espreitasse das sombras."* (CHP) 2 Pessoa cruel ou malvada.

ver.du.ra (verde+ura) sf 1 A cor das plantas, das folhas das árvores, das ervas. 2 Estado dos frutos que ainda não estão maduros. 3 Hortaliça. 4 As plantas; os vegetais.

ver.du.rei.ro (verdura+eiro) sm Vendedor de verduras e frutas.

ve.re.a.dor (verear+dor) sm Membro da câmara municipal.

ve.re.da (ê) (lat vereda) sf 1 Caminho estreito; atalho, senda. 2 fig Rumo, direção, caminho.

ve.re.dic.to (lat veredictu) sm 1 Decisão de um júri ou de qualquer outro tribunal judiciário acerca de uma causa cível ou criminal. 2 *por ext* Juízo pronunciado em qualquer matéria.

ver.gão (verga+ão²) sm 1 Verga grande. 2 Vinco na pele, produzido por pancada, chicotada ou outras causas.

ver.gar (verga+ar¹) vtd 1 Curvar, dobrar à maneira de verga. vti 2 Ceder ao peso: *As prateleiras vergam com o peso.* vtd e vtdi 3 Submeter, sujeitar: *Afinal vergaram-no à disciplina.* vti e vint 4 Ceder, submeter-se: *A dor fê-lo vergar.* vtd 5 Fazer condescender, fazer mudar de opinião: *Vergou seu opositor.*

ver.go.nha (lat verecundia) sf 1 Sentimento de desgosto que excita em nós a ideia ou o receio da desonra. 2 Rubor nas faces causado pelo pudor. 3 Timidez, acanhamento. 4 Constrangimento, embaraço. 5 Desonra, ignomínia.

ver.go.nho.so (ô) (vergonha+oso) adj 1 Que tem vergonha; pudico. 2 Acanhado, tímido. 3 Que causa vergonha; que desonra; infame, indigno. 4 Obsceno, indecoroso. Pl: *vergonhosos (ó).*

ve.rí.di.co (lat veridicu) adj 1 Que fala a verdade: *"Adoram esse mote como gesto falhado de desconfiança quanto à existência de alguma dama verídica, da noite ou do dia?"* (VN) 2 Em que há verdade; veraz: *"expor com compromisso documental um episódio verídico"* (FIC)

ve.ri.fi.car (lat verificare) vtd 1 Averiguar, examinar, indagar a verdade de. vtd 2 Demonstrar ou fazer ver a verdade de. vtd 3 Confirmar, corroborar: *O tempo verificou seu triste pressentimento.* vpr 4 Cumprir-se, efetuar-se, realizar-se: *Verificou-se a triste previsão do oráculo.*

ver.me (lat verme) sm 1 Nome dado aos parasitas que se desenvolvem no corpo vivo. 2 Na crença popular, pequeno bicho que rói os cadáveres na sepultura. 3 Nome dado vulgarmente às larvas de muitos insetos quando são desprovidos de patas. 4 fig Pessoa vil, infame. *Dim irreg: vermículo. Esmagar como a um verme:* frase de ameaça a quem se pode facilmente confundir ou vencer. *Verme roedor:* larva que rói; traça. *Verme solitário:* tênia, solitária.

ver.me.lhar (vermelho+ar¹) vtd 1 V avermelhar. vint 2 Ter cor vermelha.

ver.me.lhi.dão (vermelho+idão) sf 1 Cor vermelha. 2 Rubor da face; vermelhão.

ver.me.lho (lat vermiculu) adj 1 Que tem cor encarnada muito viva; rubro. 2 fig Comunista ou socialista. *Estar no vermelho:* estar em *deficit*. *Ficar vermelho:* corar de vergonha, envergonhar-se.

ver.mi.ci.da (vermi+cida) adj m+f Que mata os vermes. • sm Medicamento que serve para matar ou destruir os vermes.

ver.mí.fu.go (vermi+fugo) adj Que afugenta ou destrói os vermes. • sm O que afugenta ou destrói os vermes; vermicida.

ver.mi.no.se (lat vermina+ose) sf Med Doença produzida pela abundância de vermes nos intestinos.

ver.ná.cu.lo (lat vernaculu) adj 1 Próprio do país a que pertence; nacional. 2 Próprio da região em que está. 3 Sem mescla de estrangeirismos (falando da linguagem); genuíno, correto, puro. **4** Que tanto no falar como no escrever observa rigorosamente a pureza e correção da linguagem. • *sm* Idioma próprio de um país.

ver.niz (*baixo-lat vernice*) *sm* **1** Composição de resinas e óleos dissolvidos e combinados de várias maneiras, para polir madeiras, metais, pinturas etc., para tornar sua superfície macia e brilhante ou para as preservar da ação destruidora da umidade. **2** *fig* O que dá às ações, às maneiras um tom de cortesia, de delicadeza, de trato fino e polido; polimento, lustre, elegância, distinção.

ve.ros.sí.mil (*lat verisimile*) *adj m+f* **1** Semelhante à verdade. **2** Que tem a aparência de verdadeiro: *"O motorista à Polícia contou uma história não muito convincente, porém, verossímil."* (GLO)

ve.ros.si.mi.lhan.ça (*verossímil*+ *(seme) lhança*) *sf* Qualidade do que é verossímil. *Var*: verossimilitude.

ve.ros.si.mi.lhan.te (*verossímil*+ *(seme)lhante*) *V* verossímil.

ver.ru.ga (*lat verruca*) *sf* Pequena saliência cutânea, geralmente nas mãos e no rosto, de origem virótica.

ver.sa.do (*part de versar*) *adj* Perito, prático, experimentado.

ver.são (*lat versione*) *sf* **1** Ação ou efeito de verter ou de traduzir de uma língua para outra. **2** Modo de contar um fato.

ver.sar (*lat versare*) *vtd* **1** Exercitar; manejar; pôr em prática: *Versar eletrônica*. *vtd* **2** Estudar, compulsar: *Versar os clássicos*. *vtd* **3** Considerar, ponderar, tratar: *Versar uma questão*. *vti* **4** Ter por assunto ou objeto; consistir: *A aula versou sobre Napoleão Bonaparte*.

ver.sá.til (*lat versatile*) *adj m+f* **1** Volúvel, inconstante, vário. **2** Que se move facilmente. **3** Diz-se de quem possui qualidades múltiplas e variadas num determinado gênero de atividades: *"Possivelmente é a máquina operatriz mais versátil na indústria moderna."* (MAT) **4** Variado: *"Dispomos de uma gama relativamente ampla e versátil de dados."* (MK)

ver.sa.ti.li.da.de (*versátil*+*i*+*dade*) *sf* Qualidade de versátil.

ver.sí.cu.lo (*lat versiculu*) *sm* Trecho sagrado de poucas linhas, formando sentido completo.

ver.si.fi.ca.ção (*lat versificatione*) *sf* **1** Ato ou efeito de versificar. **2** Arte ou modo de versificar; metrificação.

ver.so (*lat versu*) *sm* **1** Palavra ou reunião de palavras sujeitas a certa medida e cadência, seguindo regras fixas, convencionalmente adotadas. *Cf prosa* (acepção 1). **2** Cada linha de uma composição poética. **3** Página oposta à da frente. **4** Face inferior das folhas dos vegetais. **5** Face oposta à da frente de qualquer objeto.

versus (*ê*) (*lat*) *V* contra.

vér.te.bra (*lat vertebra*) *sf Anat* Cada um dos ossos que constituem a espinha dorsal do homem e dos animais vertebrados.

ver.te.bra.do (*lat vertebratu*) *adj* Que tem vértebras. • *sm pl Zool* Grande divisão do reino animal, que compreende todos os animais de cuja estrutura faz parte uma coluna óssea ou cartilaginosa, composta de peças ligadas entre si e móveis umas sobre as outras, as vértebras. *Antôn*: invertebrado.

ver.te.bral (*lat vertebrale*) *adj m+f* **1** Relativo às vértebras. **2** Constituído pelas vértebras. *Canal vertebral*: canal que atravessa de alto a baixo a coluna vertebral, onde se aloja a medula espinhal.

ver.ten.te (*lat vertente*) *adj* **1** Que verte. **2** Diz-se das águas que descem da encosta do monte. • *sf* **1** Declive de montanha, por onde derivam as águas pluviais. **2** Cada uma das superfícies de um telhado.

ver.ter (*lat vertere*) *vtd* **1** Derramar, entornar, fazer correr (um líquido), para fora do vaso ou espaço que o encerra; fazer transbordar. *vtd* **2** Derramar. *vint* **3** Transbordar. *vti* **4** Brotar, derivar, manar, rebentar: *Do morro verte água limpa e cristalina*. *vtd* **5** Fazer brotar, sair ou transladar (sangue alheio). *vtd* **6** Traduzir de uma língua para outra: *Verteram o texto hebreu em língua grega*.

ver.ti.cal (*lat verticale*) *adj m+f* **1** Que está colocado no vértice. **2** Que é perpendicular ao plano do horizonte. **3** Aprumado. • *sf* A linha vertical ou perpendicular.

ver.ti.ca.li.zar (*vertical*+*izar*) *vtd* **1** Dar posição vertical a: *"plano da prefeitura* *para verticalizar e urbanizar favelas"* (FSP) *vpr* **2** Tornar-se vertical: *"A Av. Paulista começou a se verticalizar."* (FSP)

vér.ti.ce (*lat vertice*) *sm* **1** Ponto, oposto à base, onde se reúnem os dois lados do triângulo. **2** Ponto em que se encontram as linhas que formam o ângulo. **3** Ápice, cume; o ponto mais culminante.

ver.ti.ci.lo (*lat verticillu*) *sm Bot* Conjunto das partes da flor ou da folha colocadas no mesmo nível, ou seja, inseridas em um único nó do caule.

ver.ti.gem (*lat vertigine*) *sf* **1** Tontura, atordoamento. **2** Desmaio.

ver.ti.gi.no.so (ô) (*lat vertiginosu*) *adj* **1** Sujeito a vertigens; que sofre vertigens. **2** Que causa vertigens. **3** Que gira com rapidez; que rodopia; que se revolve em roda. **4** Rápido; impetuoso; velocíssimo. **5** Que perturba a mente e a reflexão; que arrasta a atos irrefletidos e impetuosos. *Pl: vertiginosos* (ó).

ver.ve (*fr verve*) *sf* Calor de imaginação que anima o artista, o orador, o conversador etc.: *"Deodato, sergipano típico pelo talento, pela verve."* (AM)

ves.go (ê) (*lat vulg *versicu, de versu*) *adj* Que tem a vista torcida; estrábico. • *sm* Indivíduo vesgo.

ve.sí.cu.la (*lat vesicula*) *sf* **1** *Anat* Saco membranoso parecido com uma bexiga pequena. **2** *Zool* Pequeno saco cheio de ar que se encontra nos peixes e que os torna mais ou menos leves, quando querem subir ou descer na água.

ves.pa (*lat vespa*) *sf Entom* Inseto himenóptero, provido de ferrão na extremidade do abdome.

ves.pei.ro (*vespa+eiro*) *sm* **1** Grande número de vespas. **2** Buraco ou toca habitada por vespas.

Vés.per (*lat Vesper, np*) *sm pop* Nome dado ao planeta Vênus quando aparece à noitinha no Ocidente.

vés.pe.ra (*lat vespera*) *sf* O dia que precede imediatamente aquele de que se trata.

ves.pe.ral (*lat vesperale*) *adj m+f* Que se realiza à tarde. • *sm* Divertimento, concerto ou qualquer outro espetáculo realizado à tarde; matinê.

ves.per.ti.no (*lat vespertinu*) *adj* Relativo ou pertencente à tarde ou a Vésper; vesperal. • *sm* Jornal que se publica à tarde ou à noite.

ves.te (*lat veste*) *sf* Vestuário, vestimenta, roupa.

ves.ti.á.rio (*lat vestiariu*) *sm* Compartimento próprio para trocar de roupa ou onde se guarda roupa.

ves.ti.bu.lan.do (de *vestibular*) *adj* Diz-se do estudante que vai prestar exame vestibular. • *sm* Esse estudante.

ves.ti.bu.lar (*vestíbulo+ar*¹) *adj m+f* Diz-se do exame de admissão às escolas superiores. • *sm* Esse exame.

ves.tí.bu.lo (*lat vestibulu*) *sm* **1** Espaço entre a porta e a principal escadaria interior. **2** Entrada de um edifício. **3** Espaço entre a via pública e a entrada de um edifício; saguão. **4** *Anat* Cavidade central do labirinto ósseo da orelha.

ves.ti.do (*part* de *vestir*) *adj* **1** Coberto com roupas. **2** Revestido; coberto. • *sm* **1** Tudo aquilo que serve para vestir; veste, vestuário. **2** Vestimenta exterior das mulheres, que consta de saia e blusa numa só peça.

ves.ti.du.ra *sf* **1** Traje: *"A vestidura tradicional das mulheres Kayová parece ter desaparecido inteiramente."* (FU) **2** Tudo o que serve para vestir; roupa.

ves.tí.gio (*lat vestigiu*) *sm* **1** Sinal deixado pela pisada ou passagem, tanto do homem como de qualquer outro animal; pegada, rasto. **2** Indício ou sinal de coisa que sucedeu, de pessoa que passou.

ves.ti.men.ta (*lat vestimenta*) *sf* **1** Veste. *sf pl* **2** Os paramentos ou vestes sacerdotais em atos solenes.

ves.tir (*lat vestire*) *vtd* **1** Cobrir (o corpo) com roupa; envolver em roupa. *vtd* **2** Ajustar ao próprio corpo; envergar, envolver-se em. *vpr* **3** Pôr veste; trajar. *vtd* **4** Calçar (luvas). *vtd* **5** Cobrir, revestir. *vpr* **6** Fantasiar-se. Conjuga-se como *ferir*.

ves.tu.á.rio (*lat med vestuariu, corr* de *vestiari*) *sm* Conjunto das peças de roupa que se vestem; indumentária.

ve.tar (*veto+ar*¹) *vtd* **1** Opor o veto a. **2** Proibir, vedar. *Antôn: sancionar*.

ve.te.ra.no (*lat veteranu*) *adj* **1** Antigo no serviço militar. **2** *por ext* Antigo em qualquer ramo de atividade. • *sm* **1** Soldado que já tomou parte em muitas batalhas ou que tem muitos anos de serviço. **2** *por ext* Pessoa traquejada em qualquer atividade por exercê-la há muito tempo. **3** *pop* Estudante que já concluiu o primeiro ano de um curso. *Ántôn* (acepção 2): *novato*; (acepção 3): *calouro*.

ve.te.ri.ná.ria (*lat veterinaria*) *sf* **1** Conhecimento da anatomia e das doenças dos animais. **2** Medicina aplicada a esses animais.

ve.te.ri.ná.rio (*lat veterinariu*) *adj* Relativo à veterinária ou aos animais irracionais. • *sm* Aquele que exerce a veterinária: médico veterinário.

ve.to (*lat veto*) *sm* **1** *Polít* Faculdade que tem o chefe do poder executivo de recusar a sua sanção a um projeto de lei aprovado pelo parlamento. **2** Proibição, oposição, suspensão.

ve.tor (*lat vectore*) *sm* **1** Portador, condutor. **2** *Geom* Segmento de reta determinado em grandeza, direção e sentido.

véu (*lat velu*) *sm* **1** Tecido com que se oculta, venda, envolve ou cobre alguma coisa. **2** Tecido finíssimo com que as senhoras cobrem o rosto ou que lhes serve de adorno. **3** Tecido retangular com que as religiosas cobrem a cabeça. **4** *por ext* Tudo o que serve para ocultar, envolver ou encobrir alguma coisa.

ve.xa.ção (*lat vexatione*) *sf* Ato ou efeito de vexar(-se); vexame: *"Mas a vexação e o desvario quase sempre tomam conta de alguém que se depara com a intimidade do outro."* (REL)

ve.xa.do (*part de vexar*) *adj* **1** Envergonhado; oprimido. **2** *Reg* (Nordeste) Apressado.

ve.xa.me (*lat vexamen*) *sm* **1** *V vexação*. **2** Aquilo que vexa. **3** Vergonha. **4** Afronta.

ve.xar (*lat vexare*) *vtd* **1** Afligir, atormentar; molestar; oprimir. *vtd* **2** Causar vergonha a; envergonhar: *O escândalo vexou-a profundamente*. *vtd* **3** Afrontar, humilhar. *vtd* e *vpr* **4** *Reg* (Nordeste) Apressar(-se). *vpr* **5** Envergonhar-se, sentir vergonha: *Vexou-se o matuto ambiente*.

ve.xa.tó.rio (*vexar+ório¹*) *adj* Que vexa; que causa vexame: *"Antigamente era vexatório a mulher trabalhar fora de casa."* (TRH)

vez (*lat vice*) *sf* **1** Ensejo, ocasião, oportunidade. **2** Turno. **3** Alternativa, opção.

vi.a (*lat via*) *sf* **1** Caminho ou estrada por onde se vai de um ponto a outro. **2** Direção, linha. **3** O espaço compreendido (nas estradas férreas) entre os dois trilhos. **4** *Anat* Qualquer canal do organismo animal. **5** Meio de transporte.

vi.a.bi.li.da.de (*lat viabile+dade*) *sf* Qualidade de viável.

vi.a.bi.li.zar (*lat viabile+izar*) *vtd* Tornar viável, tornar exequível; possibilitar.

vi.a.du.to (*lat via+ductu*) *sm* Construção que permite dar passagem a ruas, avenidas, estradas, leitos de vias férreas etc., sobre depressões ou vales.

vi.a.gem (*provençal viatge*, do *lat viaticu*) *sf* **1** Caminho que se percorre para chegar a outro lugar afastado. **2** Relação escrita dos acontecimentos ocorridos num passeio, numa jornada etc. *Viagem de descoberta:* navegação que tem por fim achar terras que eram desconhecidas. *Viagem de longo curso:* longa navegação. Não confunda a forma ortográfica de **viagem** (substantivo) com **viajem** (forma verbal do presente do subjuntivo do verbo *viajar*).

Aquela viagem foi agradável. (substantivo)

O trabalho exige que os jornalistas viajem para lugares distantes. (3ª pessoa do plural do presente do subjuntivo do verbo *viajar*).

vi.a.jan.te (de *viajar*) *adj m+f* **1** Que viaja. **2** Que tem a profissão de viajar. • *s m+f* **1** Pessoa que está viajando. **2** Pessoa que viaja por costume ou por profissão.

vi.a.jar (*viagem+ar¹*) *vint* **1** Fazer viagem; ir de um lugar para outro ou outros. *vtd* **2** Andar por; percorrer em viagem.

vi.a-sa.cra (*lat*) *Rel* **1** Conjunto de quatorze quadros que mostram as cenas da Paixão de Cristo. **2** As orações que se rezam diante desses quadros. *Pl: vias-sacras*.

vi.a.tu.ra (decalque de *fr voiture*) *sf* Designação genérica de qualquer veículo.

vi.á.vel¹ (*lat viare+vel*) *adj m+f* **1** Que pode

ser percorrido; que não oferece obstáculos ou embaraços ao trânsito; transitável. **2** Em que é possível abrir caminho ou passagem.

vi.á.vel² (*fr viable*) *adj m+f* **1** *Med* Diz-se do feto que apresenta o suficiente desenvolvimento e a conveniente regularidade de conformação para as exigências da vida extrauterina. **2** Que pode ter bom resultado; exequível, realizável.

ví.bo.ra (*lat vipera*) *sf* **1** *Herp* Denominação geral que abrange todas as serpentes: *"Tomai pois um sapo e prendei-o numa garrafa com víboras."* (VB) **2** *fig* Pessoa de mau gênio, ou de língua maligna: *"Ele é uma víbora, disse Negromonte."* (VA); *"Tudo que sai da boca daquela víbora é fofoca."* (CP)

vi.bra.ção (*lat vibratione*) *sf* **1** Ação ou efeito de vibrar. **2** *Fís* Movimento periódico das partículas de um corpo ou meio elástico, em sentidos alternativamente opostos com relação à posição de equilíbrio, quando este foi perturbado. **3** Tremor do ar ou de uma voz. **4** Movimento vibratório; oscilação. **5** Animação, entusiasmo, agitação. **6** Balanço.

vi.bran.te (*lat vibrante*) *adj m+f* **1** Que vibra. **2** Sonoro, forte, bem timbrado. **3** Que excita, que comove.

vi.brar (*lat vibrare*) *vtd* **1** Fazer mover ou oscilar; agitar, brandir. *vint* **2** Sentir ou receber vibrações. *vti* e *vint* **3** Estremecer, palpitar. *vint* **4** Sentir comoção ou excitação correspondente a uma excitação ou estímulo. *vtd* **5** Dedilhar, ferir. *vint* **6** Tanger, tocar. *vint* **7** Produzir sons ou harmonias resultantes de vibrações. *vint* **8** Ter som claro e distinto. *vtd* **9** Fazer soar. *vint* **10** Romper distinta, clara e acentuadamente: *As horas da noite vibram no silêncio da casa.* *vtd* **11** Arremessar: *Vibrar a lança.* *vtd* **12** Desferir: *Vibrar um golpe.* *vtd* **13** Dardejar: *Vibrou-me um olhar fulminante.* *vtd* **14** Pronunciar com força: *Vibrar a frase, a ordem.* *vtd* **15** Dirigir (insultos, sarcasmos etc.): *Vibrou impropérios contra os corruptos.*

vi.ce-cam.pe.ão (*vice+campeão*) *adj* Diz-se do atleta ou clube esportivo que se classifica logo após o campeão; que con- segue o segundo lugar num campeonato. • *sm* Esse atleta ou esse clube esportivo. *Fem*: vice-campeã. *Pl*: vice-campeões.

vi.ce-cam.pe.o.na.to (*vice+campeonato*) *sm* O segundo lugar em um campeonato. *Pl*: vice-campeonatos.

vi.ce-côn.sul (*vice+cônsul*) *sm* Substituto do cônsul. *Pl*: vice-consules.

vi.ce-go.ver.na.dor (*vice+governador*) *sm* O que faz as vezes do governador, em caso de impedimento deste. *Pl*: vice-governadores.

vi.ce.jar (*viço+ejar*) *vint* **1** Estar viçoso, ter viço, vegetar com exuberância: *"No barranco viceja a samambaia."* (S) **2** Crescer; espalhar-se: *"pagode de butique que hoje viceja por aí"* (FSP) Conjuga-se como *solfejar.*

vi.ce-pre.fei.to (*vice+prefeito*) *sm* O que faz as vezes do prefeito ou o substitui nos seus impedimentos. *Pl*: vice-prefeitos.

vi.ce-pre.si.dên.cia (*vice+presidência*) *sf* Cargo ou dignidade de vice-presidente. *Pl*: vice-presidências.

vi.ce-pre.si.den.te (*vice+presidente*) *s m+f* Pessoa que faz as vezes do presidente ou o substitui nos seus impedimentos. *Pl*: vice-presidentes.

vi.ce-ver.sa (*lat*) *adv* **1** Reciprocamente. **2** Em sentido inverso; invertendo os termos.

vi.ci.a.do (*part* de *viciar*) *adj* **1** Que tem vício ou defeito. **2** Corrupto, impuro. **3** Adulterado, falsificado. *Antôn* (acepções 2 e 3): *puro.*

vi.ci.ar (*lat vitiare*) *vtd* **1** Tornar vicioso; corromper, depravar: *Viciar os costumes.* *vtd* **2** *Dir* Tornar nulo; anular: *Tal omissão vicia o contrato.* *vtd* **3** Alterar com falsificações; adulterar, falsificar. *vpr* **4** Corromper-se, depravar-se, perverter-se: *Viciou-se na bebida.* Conjuga-se como *premiar.*

vi.ci.nal (*lat vicinale*) *adj m+f* **1** Que é vizinho; próximo. **2** Que pertence ou diz respeito às cercanias. **3** Diz-se do caminho ou estrada que liga povoações próximas.

ví.cio (*lat vitiu*) *sm* **1** Defeito físico ou moral; deformidade, imperfeição. **2** Defeito que torna uma coisa ou um ato impróprios, inoperantes ou inaptos para o fim a que se destinam, ou para o efeito que devem produzir. **3** Falta, defeito, erro, imperfeição grave. **4** Disposição ou tendência habitual para o mal. **5** Costume condenável ou censurável. **6** Degenerescência moral ou psíquica do indivíduo que, habitualmente, procede contra os bons costumes, tornando-se elemento pernicioso ao meio social. **7** Libertinagem.

vi.ci.o.so (ô) (lat vitiosu) adj **1** Que tem vícios. **2** Em que há vícios. **3** Corrupto; depravado. **4** Que tem defeito grave. **5** Oposto a certos preceitos ou regras. Antôn (acepção 3): puro, virtuoso. Pl: viciosos (ó).

vi.ço (lat vitiu) sm **1** Vigor da vegetação. **2** Exuberância; vigor.

vi.ço.so (ô) (viço+oso) adj **1** Que tem viço; que vegeta com força. **2** Que está no pleno vigor da sua beleza vegetal. **3** Mimoso, delicado (falando de flores). **4** Coberto de verdura; exuberante de vegetação. **5** Cheio de mocidade. Pl: viçosos (ó).

vi.da (lat vita) sf **1** Duração das coisas; existência. **2** União da alma com o corpo. **3** Espaço de tempo compreendido entre o nascimento e a morte do ser humano. **4** Espaço de tempo em que se mantém a organização dos seres viventes. **5** Animação em composições literárias ou artísticas. **6** Estado da alma depois da morte: Vida eterna. **7** Ocupação, emprego, profissão. **8** Alimentação, subsistência, sustento. **9** Vitalidade. **10** Progresso. **11** Entusiasmo. Antôn (acepções 1 e 2): morte.

vide (lat) Fórmula empregada para remeter a outro livro ou a outro trecho da obra.

vi.dei.ra (vide+eira) sf Bot Arbusto originário do Oriente, que dá uvas: "O teto ostentava uma esplendorosa ramaria de roseiras silvestres que se enredava numa videira exuberante." (ACM)

vi.den.te (lat vidente) adj m+f **1** Que profetiza. **2** Diz-se de pessoa que tem, segundo acreditam muitos, a faculdade de visão sobrenatural. • s m+f **1** Pessoa que tem essa faculdade. **2** Profeta.

ví.deo (lat video) sm **1** Parte do equipamento do circuito de televisão que atua sobre os sinais de imagem e permite a percepção visual das emissões. **2** Qualquer obra registrada em videoteipe.

vi.de.o.cas.se.te (vídeo+cassete) sm **1** Cassete com fita gravada em videoteipe. **2** Equipamento para reprodução de gravações registradas nessa fita. Sigla: VCR.

vi.de.o.cli.pe (ingl video-clip) sm Vídeo para apresentação de música, com imagens; clipe.

vi.de.o.clu.be (vídeo+clube) sm Clube especializado em empréstimo, mediante pagamento, de filmes em videocassete ou videogame.

videogame (vídeo guêim) (ingl video game) sm Diversão eletrônica com base em imagens de fita cassete.

vi.de.o.lo.ca.do.ra (vídeo+locadora) sf Empresa que aluga fitas de vídeo e DVDs para clientes previamente cadastrados, os quais pagam diárias pelos filmes locados.

vi.de.o.tei.pe (ingl videotape) sm **1** Gravação simultânea de som e imagem em fita magnética, a qual permite reproduções futuras de cenas que podem passar como atuais em relação ao momento da transmissão. **2** Esse próprio sistema de transmissão.

vi.dra.ça (de vidro) sf **1** Chapa de vidro. **2** Caixilhos com chapas de vidro para janela ou porta.

vi.dra.ça.ri.a (vidraça+aria) sf **1** Conjunto de vidraças. **2** Estabelecimento onde se vendem vidros.

vi.dra.cei.ro (vidraça+eiro) sm **1** Pessoa que corta e coloca vidros em caixilhos. **2** Fabricante ou vendedor de vidros.

vi.drar (vidro+ar¹) vtd **1** Cobrir ou revestir de substância vitrificável. vpr **2** Embaciar-se, perder o brilho (diz-se especialmente dos olhos).

vi.dro (lat virtu) sm **1** Substância dura, transparente e frágil, resultante da fusão da mistura de quartzo, carbonato de sódio e carbonato de cálcio. **2** Lâmina de vidro com que se preenche caixilho de porta ou de janela. **3** Frasco, garrafa pequena.

vi.e.la (via+ela) sf Rua ou travessa estreita; beco.

vi.és (fr biais) sm **1** Obliquidade, direção oblíqua. **2** Meio indireto. **3** Tira estreita de fazenda que se corta obliquamente da peça e que, dobrada e costurada longitudinalmente, serve para enfeite de vestidos e outras peças do vestuário feminino; enviés.

vi.et.na.mi.ta (*Vietname+ita²*) *adj m+f* Do, pertencente ou relativo ao Vietnã (Ásia). • *s m+f* **1** O natural ou habitante do Vietnã. *sm* **2** O idioma oficial desse país.

vi.ga (*lat biga*) *sf* **1** Trave de madeira ou aço, empregada em construção. **2** Travessa de cimento armado que faz parte da estrutura de edifícios.

vi.ga.men.to (*lat vicariu+aria*) *sm* As vigas de uma construção.

vi.gá.rio (*lat vicariu*) *sm* **1** Padre que substitui o pároco. **2** Título do pároco, em todas as freguesias do Brasil.

vi.ga.ris.ta (*vigário+ista*) *s m+f* **1** Ladrão ou ladra que passa o conto do vigário. **2** *por ext* Pessoa que explora a boa-fé dos ingênuos; trapaceiro, velhaco.

vi.gên.cia (*vigente+ia²*) *sf* **1** Qualidade de vigente. **2** Tempo durante o qual uma lei ou um contrato vigora.

vi.gen.te (*lat vigente*) *adj m+f* **1** Que vige. **2** Que vigora, que se mantém em vigor ou está atualmente em execução. **3** Que está em atividade.

vi.gé.si.mo (*zi*) (*lat vigesimu*) *num* Ordinal correspondente a vinte. • *sm* Cada uma das vinte partes em que se divide o todo.

vi.gi.a (*der regressiva de vigiar*) *sf* **1** Vigília de quem está acordado. **2** Insônia, vigilância. **3** Sentinela. **4** Atalaia, guarita. **5** Orifício por onde se espreita.

vi.gi.ar (*lat vigilare*) *vtd* **1** Estar de vigília ou sentinela a. *vint* **2** Estar atento; velar. *vtd* **3** Espreitar, observar. *vtd* **4** Atender a, atentar em, observar atentamente. *vti* **5** Tomar cuidado; cuidar. *vpr* **6** Acautelar-se, precaver-se. Conjuga-se como *premiar*.

vi.gi.lân.cia (*lat vigilantia*) *sf* **1** Estado de quem vigia. **2** Qualidade de vigilante. **3** Precaução. **4** Diligência. **5** Cuidado.

vi.gi.lan.te (*lat vigilante*) *adj m+f* **1** Que vigila, que vela com grande atenção; cuidadoso, atento. **2** Que faz com vigilância. • *s m+f* Pessoa que exerce vigilância.

vi.gí.lia (*lat vigilia*) *sf* **1** Insônia. **2** Cada um dos quartos em que se reparte a noite.

vi.gor (*lat vigore*) *sm* **1** Força física, robustez. **2** Energia, atividade. **3** Esforço enérgico da alma ou do corpo. **4** Eficácia. *Antôn* (acepção 1): *fraqueza*.

vi.go.rar (*vigor+ar¹*) *vint* **1** Adquirir vigor, força ou robustez. *vtd* **2** Dar vigor a; tornar vigoroso; fortalecer: *A boa alimentação vigorou o doente*. *vint* **3** Estar em vigor, ter vigor, não estar prescrito: *Essa lei ainda não vigora*.

vi.go.ro.so (*ó*) (*lat vigorosu*) *adj* **1** Cheio de vigor; forte, enérgico, robusto. **2** Que tem vigor moral. **3** Que mostra grande força expressiva. **4** Que denota vigor ou energia na execução; feito com vigor. *Antôn* (acepções 1 e 3): *fraco*. *Pl: vigorosos (ó)*.

vil (*lat vile*) *adj m+f* **1** De pouco valor; que se compra por baixo preço. **2** Baixo, reles, ordinário. **3** Mesquinho, miserável. **4** Desprezível, abjeto. **5** Infame, torpe. • *s m+f* Pessoa vil, abjeta, desprezível. *Pl: vis*.

vi.la (*lat vila*) *sf* **1** Povoação de maior importância que a aldeia e menor que a cidade. **2** Casa de campo, de construção mais ou menos elegante, própria para recreio. **3** Conjunto de casas pequenas, geralmente iguais, dispostas ao longo de um corredor ou à roda de uma área, que forma um tipo de rua particular.

vi.lão (*lat villanu*) *adj* **1** Que habita numa vila. **2** Rústico. **3** Descortês, grosseiro, malcriado. **4** Abjeto, baixo, desprezível. **5** Que provém de baixa origem; plebeu. • *sm* **1** Aquele que nasceu ou habita em vila. **2** Camponês, rústico. **3** Pessoa que tem origem plebeia. **4** Pessoa vil, desprezível, que comete ações más ou baixas. **5** Avarento, sórdido.

vi.me (*lat vimen*) *sm* **1** Haste ou vara tenra e flexível de vimeiro que, depois de descascada e seca, serve para a fabricação de móveis, cestas e outros utensílios. **2** Qualquer vara muito flexível.

vi.na.gre (*lat vinu+acre*) *sm* Líquido azedo e adstringente, produto resultante da fermentação ácida de certas bebidas alcoólicas, particularmente do vinho, composto principalmente de ácido acético e usado como condimento.

vin.car (*vinco+ar¹*) *vtd* **1** Fazer vincos em. **2** Fazer dobras em. **3** Enrugar. **4** *Tip* Produzir, por pressão, mediante fios de

vin.co (*lat vinculu*) *sm* **1** Friso resultante da dobradura de um papel ou pano. **2** Qualquer vestígio deixado no corpo pela ação de um objeto contundente, aperto de cordão, unhada etc.; vergão. **3** *Tip* Estria produzida no papel ou cartão por corpo duro e agudo que o comprime; dobra seca.

aço ou discos rotativos, na cartolina ou cartão, vincos destinados a facilitar a sua dobragem.

vin.cu.lar (*vínculo+ar¹*) *vtd* **1** Ligar, prender com vínculo. *vtd* **2** Ligar ou prender por laços morais: *Uma grande amizade vinculou-os*. *vpr* **3** Ligar-se, prender-se: *Vincularam-se pelo casamento*. *vtd* **4** Obrigar, sujeitar: *Preconceitos rançosos vinculavam e inibiam o rapaz*. *vtd* **5** Constituir em vínculo: *Vincular propriedades*. *vtd* **6** Segurar ou obter a posse de: *Vincular bens*. *vpr* **7** Ficar consagrado ou perpetuado; tornar-se imortal: *Vinculou-se o nome em nossa literatura*.

vín.cu.lo (*lat vinculu*) *sm* **1** Tudo o que ata, liga ou aperta. **2** Atadura, nó, liame. **3** Ligação moral. **4** *Dir* Laço jurídico entre o marido e a mulher, no casamento legítimo. **5** Relação, subordinação.

vin.da (*part fem de vir*) *sf* Ação ou efeito de vir; chegada, regresso, volta.

vin.do (*part de vir*) *adj* **1** Que veio; que chegou. **2** Procedente, proveniente, oriundo.

vin.dou.ro (*lat venituru, corr de venturu*) *adj* Que há de vir ou acontecer; futuro; que está por vir. • *sm* **1** Aquele que não é natural de uma povoação e nela se acha de novo. *sm pl* **2** Os homens futuros; a posteridade.

vin.ga.dor (*vingar+dor*) *adj* **1** Que vinga. **2** Diz-se daquilo que serve para vingar. • *sm* Aquele que vinga.

vin.gan.ça (*vingar+ança*) *sf* **1** Ação ou efeito de vingar(-se). **2** Desforra, represália. **3** Castigo, punição.

vin.gar (*lat vindicare*) *vtd* **1** Tirar desforra de (ofensa ou injúria); castigar, infligir punição a. *vtd* **2** Dar satisfação a. *vtd* **3** Desafrontar, promover a reparação de. *vpr* **4** Tirar vingança da afronta, ofensa ou injúria recebida. *vpr* **5** Dar-se por satisfeito. *vtd* **6** Compensar, consolar, recompensar: *Tranquilos dias nos vinguem da trabalheira de agora*. *vint* **7** Alcançar o seu fim, ter bom êxito ou feliz resultado: *Esse plano não vingará*. *vint* **8** Sair vencedor: *Se minha ideia vingar...* *vti* e *vint* **9** Crescer, desenvolver, medrar, prosperar (vencendo obstáculos).

vin.ga.ti.vo (*vingar+ivo*) *adj* **1** Que gosta de se vingar; que tem grande prazer na vingança. **2** Em que há vingança. **3** Que se vinga.

vi.nha (*lat vinea*) *sf* **1** Plantação de videiras. **2** Videira.

vi.nha-d'a.lhos (*vinha+de+alhos*) *sf* Cul Molho feito com vinagre ou vinho, cebola, alho e outros temperos. *Pl: vinhas-d'alhos*.

vi.nha.tei.ro (*vinha+t+eiro*) *adj* Relativo à cultura das vinhas. **2** Que cultiva vinhas. • *sm* **1** Cultivador de vinhas. **2** Fabricante de vinho.

vi.nhe.do (*ê*) (*vinha+edo*) *sm* **1** Grande extensão de vinhas. **2** As próprias videiras.

vi.nhe.ta (*ê*) (*fr vignette*) *sf* **1** *Edit* Ornato tipográfico, baseado em linhas geométricas, flores, folhagens, seres vivos ou coisas inanimadas, para servir de enfeite em páginas de composição e trabalhos de fantasia. **2** *Rád* e *Telev* Chamada de curta duração usada em abertura, reinício ou encerramento de programa, com o objetivo de imprimir uma marca característica a esse programa.

vi.nho (*lat vinu*) *sm* **1** Líquido alcoólico, resultante da fermentação do sumo da uva. **2** *por ext* Licor fermentado que se extrai de outras frutas ou vegetais.

vi.ní.co.la (*vini+cola*) *adj m+f* Pertencente ou relativo à vinicultura.

vi.ni.cul.tor (*vini+cultor*) *sm* Aquele que se ocupa de vinicultura; aquele que cultiva vinha e fabrica vinho.

vi.ni.cul.tu.ra (*vini+cultura*) *sf* **1** Fabrico de vinho. **2** Conjunto dos processos empregados para tratar o vinho e desenvolver as suas qualidades.

vi.nil (*ingl vinyl*) *sm Quím* **1** Elemento de composição designativo do radical monovalente CH_2CH. **2** Polímero de um composto de vinil, ou o produto originário dele. *Pl: vinis*.

vin.te (*lat viginti*) *num* Cardinal correspondente a vinte unidades; duas vezes dez. • sm O algarismo 20.

vin.te.na (fem de vinteno) sf **1** Grupo ou série de vinte. **2** Grupo de aproximadamente vinte. **3** A vigésima parte.

vi.o.la (provençal viola) sf Mús Instrumento de cordas semelhante ao violão na forma e na sonoridade, com dez ou doze cordas dispostas duas a duas. Meter a viola no saco: não ter o que responder ou contestar; calar-se.

vi.o.la.ção (violar+ção) sf **1** Ato ou efeito de violar. **2** Ofensa ao direito alheio. **3** Atentado. **4** Infração da norma legal ou contratual. **5** Profanação.

vi.o.lá.cea (lat viola+ácea) sf **1** Bot Planta da família das violáceas. sf pl **2** Família de plantas floríferas, entre as quais se destacam a violeta e o amor-perfeito.

vi.o.lão (viola+ão²) sm Mús Instrumento de cordas com a caixa de ressonância em forma de 8, com seis cordas, que se tocam com os dedos.

vi.o.lar (lat violare) vtd **1** Infringir, quebrantar, transgredir. **2** Atentar contra o pudor de; estuprar, violentar. **3** Profanar: Violar um templo. **4** Abrir uma carta destinada a outrem: Violar uma correspondência. **5** Revelar indiscretamente: Violar um segredo.

vi.o.lei.ro (viola+eiro) sm **1** Fabricante ou vendedor de violas. **2** Tocador de viola.

vi.o.lên.cia (lat violentia) sf Qualquer força empregada contra a vontade, liberdade ou resistência de pessoa ou coisa. Antôn: brandura, doçura.

vi.o.len.tar (violento+ar¹) vtd **1** Exercer violência (física ou moral) contra ou sobre; coagir, constranger, obrigar, forçar: Violentar a consciência. vtd **2** Deflorar à força; violar, estuprar: Violentavam donzelas. vtd **3** Arrombar, forçar: Violentar uma porta. vtd **4** Infringir as regras de; torcer o sentido de: Violentar o decoro, a civilidade. vpr **5** Constranger-se; fazer algo contra sua vontade; forçar a própria vontade.

vi.o.len.to (lat violentu) adj **1** Que atua com força ou grande impulso; impetuoso. **2** Caracterizado pelo emprego da violência ou da força bruta. **3** Irritável, colérico. **4** Agitado, tumultuoso. **5** Intenso, veemente. **6** Diz-se da morte causada pela força ou por acidente. **7** Contrário à razão, ao direito, à justiça; que sai dos justos limites; que não se pode tolerar. Antôn (acepção 3): doce, manso.

vi.o.le.ta (ê) (viola+eta) sf **1** Bot Planta violácea. **2** A flor dessa planta, muito aromática. sm **3** Pigmento ou corante que confere uma cor violeta. **4** Cor da violeta; roxo. • adj m+f sing+pl Da cor da violeta; roxo.

vi.o.li.nis.ta (violino+ista) s m+f Pessoa que toca violino.

vi.o.li.no (ital violino) sm Mús Instrumento de madeira, com quatro cordas, que se ferem com um arco.

vi.o.lon.ce.lis.ta (violoncelo+ista) s m+f Pessoa que toca violoncelo.

vi.o.lon.ce.lo (ital violoncello) sm Mús Instrumento de quatro cordas, idêntico ao violino, porém muito maior, e que, mantido entre os joelhos, é tocado por meio de um arco especial.

vi.o.lo.nis.ta (violão+ista) s m+f Pessoa que toca violão.

vir (lat venire) vti e vint **1** Chegar: Todos os dias vinham notícias. vint **2** Aparecer, apresentar-se, comparecer: Não veio uma das testemunhas. vti, vint e vpr **3** Regressar, tornar, voltar: Ainda não veio da escola. Veja nota em **ver.** Conjug – Pres indic: venho, vens, vem, vimos, vindes, vêm; Pret perf: vim, vieste, veio, viemos, viestes, vieram; Pret imp indic: vinha, vinhas, vinha, vínhamos, vínheis, vinham; Pret mais-que-perf: viera, vieras, viera, viéramos, viéreis, vieram; Fut pres: virei, virás, virá, viremos, vireis, virão; Fut pret: viria, virias, viria, viríamos, viríeis, viriam; Pres subj: venha, venhas, venha, venhamos, venhais, venham; Pret imp subj: viesse, viesses, viesse, viéssemos, viésseis, viessem; Fut subj: vier, vieres, vier, viermos, vierdes, vierem; Imper afirm: —, vem(Tu), venha(Você), venhamos(Nós), vinde(Vós), venham (Vocês); Imper neg: —, Não venhas (Tu), Não venha(Você), Não venhamos(Nós), Não venhais(Vós), Não venha (Vocês); Infinitivo impess:

vir; *Infinitivo pess*: vir, vires, vir, virmos, virdes, virem; *Ger*: vindo; *Part*: vindo.

vi.ra-bos.ta (*virar+bosta*) *sm* **1** *Ornit* V **chupim** (acepção 1). **2** *Entom* Besouro escarabeídeo que costuma confeccionar uma bola de esterco e colocar no seu interior um ovo. *Pl*: vira-bostas.

vi.ra.ção (*virar+ção*) *sf* **1** Vento suave e fresco que sopra, durante o dia, do mar para a terra; brisa. **2** *gír* Prostituição, meretrício.

vi.ra.da (*virar+ada¹*) *sf* **1** Ação de virar (-se). **2** *por ext* Guinada; mudança profunda e radical.

vi.ra.do (*part de virar*) *adj* **1** Que se virou. **2** Colocado às avessas; dobrado, voltado. **3** Mudado. **4** Que manifesta opinião diversa da que tinha. • *sm Cul* Prato feito de feijão misturado com farinha de milho ou mandioca e guarnecido com linguiça, torresmos e ovo frito.

vi.ral (*vírus+al¹*) *adj m+f Med* **1** Relativo a vírus. **2** Causado por vírus.

vi.ra-la.ta (*virar+lata*) *sm* Cão sem raça, solto nas ruas, que se alimenta dos restos de comida que encontra nas latas de lixo. *Pl*: vira-latas.

vi.rar (*fr virer*, de um cruzamento de *vibrare* com *gyrare*) *vtd* **1** Mudar a direção de; voltar, volver de um lado para o outro. *vtd* **2** Voltar a um lado. *vtd* **3** Voltar completamente. *vtd* **4** Pôr do avesso. *vtd* **5** Pôr no sentido oposto. *vpr* **6** Voltar-se completamente para algum lugar.

vi.ra.vol.ta (*virar+voltar*) *sf* **1** Volta completa. **2** Cambalhota. **3** Mudança.

vir.gem (*lat virgine*) *adj m+f* **1** Diz-se de quem ainda não teve relação sexual. **2 Virgem** *Rel* Casto, puro. **3** Não estreado nem iniciado. **4** Diz-se da mata que ainda não foi explorada. **5** Diz-se da terra ainda não cultivada. **6** Diz-se do primeiro azeite que se extrai da azeitona, sem auxílio de água quente. **7** Ingênuo, inocente. **8** Singelo, sincero. • *sf* **1** Mulher que ainda não teve relação sexual. **2** A Virgem Maria. **3 Virgem** *Astr* Constelação do zodíaco. **4 Virgem** *Astrol* Signo do zodíaco, relativo aos nascidos entre 23 de agosto e 22 de setembro.

vir.gin.da.de (*lat virginitate*) *sf* **1** Estado ou qualidade de quem é virgem. **2** Pureza, castidade. **3** Estado daquilo que se acha intato.

vir.gi.ni.a.no (*lat virgine+i+ano²*) *sm Astrol* Indivíduo nascido sob o signo de Virgem. • *adj Astrol* Relativo ou pertencente ao signo de Virgem ou aos virginianos.

vír.gu.la (*lat virgula*) *sf Gram* Sinal gráfico de pontuação (,) que indica a menor de todas as pausas.

São muitas as situações em que se emprega a vírgula. Há, entretanto, contextos em que esse sinal de pontuação compromete os vínculos lógicos que os termos de uma oração estabelecem entre si. Assim, é **proibido** o uso da vírgula:
a) Entre o sujeito e o verbo de uma oração.
Alguns jovens compareceram à reunião.
A ocorrência de uma vírgula entre o sujeito (*alguns jovens*) e o verbo (*compareceram*) não seria cabível, pois comprometeria o nexo lógico estabelecido na relação sujeito-verbo.
b) Entre o verbo de uma oração e seus complementos (objeto direto e objeto indireto).
Alguns jovens ganharam um presente.
Alguns jovens precisam de orientação.
Pela mesma razão do exemplo do item *a*, a ocorrência de uma vírgula entre o verbo (*ganharam*) e o objeto direto (*um presente*) ou entre o verbo (*precisam*) e o objeto indireto (*de orientação*) também não seria cabível.

vi.ril (*lat virile*) *adj m+f* **1** Relativo ou pertencente ao homem ou varão; másculo. **2** Corajoso. **3** Enérgico. **4** Diz-se da idade que vai da adolescência à velhice. *Pl*: viris.

vi.ri.lha (*lat virilia*) *sf Anat* Parte do corpo correspondente à região de junção da coxa com o ventre.

vi.ri.li.da.de (*lat virilitate*) *sf* **1** Qualidade de viril. **2** A idade viril, isto é, aquela que vai da adolescência à velhice. **3** Vigor, energia.

vi.ri.li.zar (*viril+izar*) *vtd* **1** Fazer ou tornar viril; dar virilidade a, robustecer. *vpr* **2** Tornar-se viril, fortalecer-se.

vi.ro.se (*vírus+ose*) *sf Med* Doença ocasionada por vírus.

vir.tu.al (*lat virtuale*) *adj m+f* **1** Que não existe como realidade, mas sim como potência ou faculdade. **2** Que é suscetível de exercer-se embora não esteja em exercício; potencial. **3** Possível.

vir.tu.de (*lat virtute*) *sf* **1** Hábito de praticar o bem, o que é justo; excelência moral; probidade, retidão. **2** Boa qualidade moral. **3** O conjunto de todas as boas qualidades morais. **4** Austeridade no viver. **5** Força moral; coragem. **6** Ação virtuosa. **7** Castidade, pudicícia. **8** Validade, força, vigor. **9** Qualidade própria para produzir certos resultados; eficácia.

vir.tu.o.so (ô) (*lat virtuoso*) *adj* **1** Que tem o hábito de praticar o bem. **2** Inspirado pela virtude. **3** Casto, honesto. **4** Animoso, valoroso. **5** Eficaz. **6** Belo, excelente. *Antôn* (acepções 1, 2 e 3): *vicioso, corrupto*. *Pl*: *virtuosos* (ó).

vi.ru.lên.cia (*lat virulentia*) *sf* **1** Qualidade ou estado de virulento. **2** Caráter de violência. **3** Mordacidade.

ví.rus (*lat virus*) *sm sing+pl* **1** *Med* Agente causador de doenças infecciosas. **2** *Med* Cada um de um grande grupo de diminutos agentes infecciosos, dos quais uns são organismos vivos e outros são moléculas complexas ou proteínas, que contêm ácidos nucleicos, comparáveis a genes, capazes de reproduzir-se por multiplicação somente em células vivas e que causam doenças no homem, em animais e em plantas. **3** *fig* Princípio de contágio moral mórbido. **4** *Inform* Programa que se autocopia para um arquivo executável, propagando-se para outros, sempre que se executa o arquivo por ele infectado.

vi.são (*lat visione*) *sf* **1** Percepção operada pela vista. **2** *Fisiol* Função sensorial pela qual os olhos, por intermédio da luz, põem os homens e animais em relação com o mundo externo. **3** Imagem que se julga ver em sonhos, por medo, loucura, superstição etc. **4** Aparição ou vista de algum objeto que se tem por sobrenatural sem o ser; aparição suposta de alguém; objeto sobrenatural; aparição fantástica; espectro, fantasma.

vi.sar (*lat visare, freq de videre*) *vtd* **1** Dirigir a vista ou o olhar para; mirar. *vtd* **2** Apontar (arma de fogo) contra; dirigir o tiro para. *vtd* **3** Pôr o sinal e visto em: *Visar o passaporte*. *vti* **4** Ter em vista qualquer coisa; dispor-se, mirar, pretender, propender, propor-se a. (Nesta acepção já está sendo usada a regência com o objeto direto: *Visar um objetivo, um ideal* etc.)

vís.ce.ra (*lat viscera*) *sf* **1** Designação genérica de qualquer órgão alojado em uma das três cavidades: a craniana, a torácica e a abdominal. *sf pl* **2** Entranhas, intestinos. **3** A parte mais íntima de qualquer coisa.

vis.ce.ral (*lat viscerale*) *adj m+f* **1** Relativo às vísceras. **2** Profundo, intenso.

vis.co (*lat viscu*) *sm* **1** Substância muito pegajosa, em geral seiva ou suco vegetal, com que se envolvem pequenas varas, para apanhar pássaros; visgo. **2** Coisa que seduz, cativa, prende. **3** Isca, engodo, chamariz.

vis.co.se (*visco+ose*) *sf Quím* **1** Solução viscosa que se obtém do tratamento de celulose, usada na indústria têxtil para o fabrico do raiom. **2** Fio ou tecido feito de viscose.

vis.co.so (ô) (*lat viscosu*) *adj f* **1** Pegajoso como o visco. **2** Diz-se das moléculas que aderem umas às outras. **3** Que está coberto de uma substância pegajosa. *Pl*: *viscosos* (ó).

vi.sei.ra (*fr visière*) *sf* **1** Parte do capacete que desce sobre o rosto para protegê-lo. **2** Pala de boné. **3** Aba que resguarda os olhos contra o sol.

vis.go (*lat viscu*) *V visco*.

vi.si.bi.li.da.de (*lat visibilitate*) *sf* **1** Qualidade de visível. **2** *Fís* Propriedade pela qual os corpos são percebidos pelo sentido da vista.

vi.si.o.ná.rio (*lat visione+ário*) *adj* **1** Utopista, idealista. **2** Que percebe ou imagina perceber, por meio de comunicações sobrenaturais, coisas ocultas aos homens. **3** Que crê em visões. **4** Que tem ideias quiméricas ou excêntricas. • *sm* **1** Aquele que julga ver fantasmas ou formas sobrenaturais. **2** Aquele que tem ideias extravagantes ou quiméricas; sonhador.

vi.si.ta (*fr visite*) *sf* **1** Ação de visitar; ação

visitante de ir ver alguém por cortesia, por dever ou por simples afeição; visitação. **2** Pessoa que visita; visitante.

vi.si.tan.te (*lat visitante*) *adj m+f* Diz-se da pessoa que visita. • *s m+f* Essa pessoa.

vi.si.tar (*lat visitare*) *vtd* **1** Procurar alguém em sua casa para o cumprimentar, saber de sua saúde, conversar etc. *vtd* **2** Ir ver por caridade ou devoção. *vtd* **3** Entrar em (construção, edifício, lugar etc.) para ver ou observar. *vtd* **4** Inspecionar. *vpr* **5** Fazer visitas mutuamente.

vi.sí.vel (*lat visibile*) *adj m+f* **1** Que pode ser visto; que se vê; perceptível. **2** Claro, evidente, manifesto, patente. **3** Aparente; nítido. *Sup abs sint:* visibilíssimo.

vis.lum.brar (*cast vislumbrar*) *vtd* **1** Entrever, ver indistintamente: *Apenas vislumbrávamos pequenas luzes ao longe.* *vtd* **2** Conhecer ou entender imperfeitamente; conjeturar: *Vislumbramos o além-túmulo.* *vint* **3** Apresentar um pequeno clarão; mostrar uma luz tênue.

vis.lum.bre (*cast vislumbre*) *sm* **1** Aparência confusa, indistinta, vaga. **2** Ideia indistinta. **3** Vestígio, sinal.

vi.sor (*lat visu+or*) *sm* **1** Orifício ou janelinha próprios de certos instrumentos, aos quais se aplica um olho para visar qualquer coisa. **2** *Fot* Dispositivo fixado a um aparelho fotográfico, para mostrar a área que será incluída na fotografia. **3** *V mira* (acepção 2).

vis.ta (*fem* de *visto*) *sf* **1** O sentido da visão. **2** A faculdade de ver. **3** Os olhos. **4** Paisagem, panorama. **5** Contemplação. **6** Fotografia etc., que representa algum lugar. **7** Alcance (falando da visão ou da faculdade visual). **8** Maneira de ver ou de encarar uma questão.

vis.to (*part* de *ver*) *adj* **1** Percebido pelo sentido da vista. **2** Apurado, averiguado, sabido. **3** Aceito, recebido (bem ou mal); acolhido, considerado. **4** Versado, sabedor, ciente. **5** Considerado, ponderado. • *sm* Declaração escrita em documento para mostrar que foi visado pela autoridade competente ou para lhe dar autenticidade ou validade. • *prep* Por causa de, em razão de, em atenção a.

vis.to.ri.a (*vistor+ia¹*) *sf* Inspeção judicial a um prédio ou lugar acerca do qual há litígio.

vis.to.ri.ar (*vistoria+ar¹*) *vtd* Fazer vistoria a. Conjuga-se como *premiar*.

vi.su.al (*lat visuale*) *adj m+f Fís* e *Fisiol* Relativo ou pertencente à vista ou à visão.

vi.su.a.li.zar (*visual+izar*) *vtd* **1** Tornar visual ou visível. **2** Ver uma imagem mental.

vi.tal (*lat vitta*) *adj m+f* **1** Que serve para conservar a vida. **2** Que dá força e vigor; fortificante. **3** Essencial, fundamental.

vi.ta.lí.cio (*vital+ício*) *adj* **1** Que dura toda a vida. **2** Diz-se daquilo de que se tem a posse, garantia, uso ou gozo durante toda a vida.

vi.ta.li.da.de (*lat vitalitate*) *sf* **1** Qualidade do que é vital. **2** Conjunto das funções orgânicas.

vi.ta.li.zar (*vital+izar*) *vtd* **1** Restituir à vida. **2** Dar vida nova a.

vi.ta.mi.na (*lat vita+amina*) *sf* **1** *Quím* e *Fisiol* Cada um dos compostos orgânicos, presentes em vários tipos de alimentos, que atuam em pequeníssimas quantidades, favorecendo o metabolismo, servindo de base para os mais importantes fermentos, influindo sobre os hormônios etc. **2** Creme ralo preparado com frutas ou legumes e leite ou água no liquidificador.

vi.ta.mi.nar (*vitamina+ar¹*) *vtd* Acrescentar vitamina a (um alimento) para enriquecê-lo.

vi.te.la (*fem* de *vitelo*) *sf* **1** Novilha que tem menos de um ano. **2** Carne de novilha ou de novilho.

vi.te.lo (*lat vitellu*, por *vitulu*) *sm* **1** Novilho que tem menos de um ano. **2** *Biol* Substância nutritiva acumulada no ovo.

vi.ti.cul.tor (*lat vit+cultor*) *sm* Aquele que cultiva vinhas.

vi.ti.cul.tu.ra (*lat vit+cultura*) *sf* Cultura das vinhas.

vi.ti.li.go (*lat vitiligo*) *sm Med* Doença de pele caracterizada por placas esbranquiçadas.

ví.ti.ma (*lat victima*) *sf* **1** Pessoa ou animal que se sanifícava a uma divindade. **2** Pessoa morta por outra. **3** Pessoa sacrificada às paixões ou aos interesses de outrem. **4** Pessoa que sofre o resultado funesto de seus próprios sentimentos.

vi.ti.mar (*vítima+ar*[1]) *vtd* **1** Tornar vítima; reduzir à condição de vítima. *vtd* **2** Matar. *vtd* **3** Danificar, prejudicar. *vpr* **4** Sacrificar-se. *vpr* **5** Apresentar-se, inculcar-se como vítima.

vi.tó.ria (*lat victoria*) *sf* **1** Ação ou efeito de vencer o inimigo em batalha; triunfo. **2** *Esp* Vantagem definitiva que, numa competição, uma pessoa ou equipe alcança sobre outra pessoa ou equipe.

vi.tó.ria-ré.gia (*vitória+régia*) *sf Bot* Planta aquática ornamental, da família das ninfeáceas, da região amazonense, conhecida pelo tamanho excepcional de suas folhas flutuantes e pelo tamanho e beleza de suas flores. *Pl: vitórias-régias*.

vi.to.ri.o.so (ô) (*lat victoriosu*) *adj* Que conseguiu vitória, que venceu; triunfante. *Pl: vitoriosos (ó)*.

vi.tral (*fr vitrail*) *sm* Vidraça composta de pequenos vidros coloridos, que representa geralmente personagens ou cenas.

vi.tri.fi.car (*vitri+ficar*) *vtd* **1** Converter em vidro. *vtd* **2** Dar o aspecto de vidro a. *vint* e *vpr* **3** Converter-se em vidro. *vint* e *vpr* **4** Tomar o aspecto de vidro.

vi.tri.na (*fr vitrine*) *sf* Vidraça por trás da qual se expõem mercadorias que estão à venda. *Var: vitrine*.

vi.tri.nis.ta (*vitrina+ista*) *s m+f* Pessoa que organiza e decora vitrinas.

vi.ú.va (*lat vidua*) *sf* Mulher a quem morreu o marido e que ainda não tornou a casar-se.

vi.ú.va-ne.gra (*viúva+negra*) *sf Zool* Espécie de aranha muito venenosa, de coloração negra, que tem o hábito de devorar o macho depois da cópula. *Pl: viúvas-negras*.

vi.u.var (*lat viduvare*) *vint* Ficar viúva ou viúvo; enviuvar.

vi.u.vez (*viúvo+ez*) *sf* Estado de viúvo ou viúva. *Pl: viuvezes*.

vi.ú.vo (*lat viduu*) *sm* Homem a quem morreu a mulher e que ainda não tornou a casar-se.

vi.va (*de viver*) *interj* Designativa de aplauso, aclamação, entusiasmo ou homenagem.
• *sm* Exclamação de aplauso ou felicitação que envolve o desejo de que viva e prospere a pessoa ou coisa a que se dirige.

Atenção ao uso de **viva/vivam**:
a) Como forma do verbo **viver**, concorda regularmente com o sujeito em número e pessoa.
Vivam felizes os noivos. (Que os noivos vivam felizes.)
Espero que Maria viva muito.
Viva como quiser. (Imperativo do verbo *viver*.)
b) Como substantivo, sofre flexão de número e significa aplauso.
Vamos dar viva aos noivos.
A multidão dava vivas aos atletas vencedores.
c) Como interjeição é invariável e indica entusiasmo, aclamação.
Viva, a guerra acabou!
Muito bem! Apoiado! Viva!

vi.va.ci.da.de (*lat vivacitate*) *sf* **1** Caráter ou qualidade de vivaz. **2** Qualidade do que é vivo, ativo; vigor, energia. **3** Prontidão e ardor com que se faz alguma coisa. **4** Espertaza, finura. **5** Brilho.

vi.va-voz (*vivo+voz*) *sm Telecom* Recurso dos telefones e secretárias eletrônicas que permite às pessoas conversarem entre si sem precisar segurar o fone do aparelho. *Pl: vivas-vozes*.

vi.vaz (*lat vivace*) *adj m+f* **1** Que tem vivacidade. **2** Vigoroso, forte. **3** Caloroso, vivo, ardente. *Pl: vivazes*.

vi.vei.ro (*lat vivariu*) *sm* **1** Recinto apropriado e convenientemente preparado para criação e reprodução de animais. **2** Canteiro próprio para a semeadura de plantas que depois serão transplantadas.

vi.vên.cia (*vivente+ia*[2]) *sf* **1** O fato de ter vida, de viver. **2** Existência. **3** Experiência da vida.

vi.ven.ci.ar (*vivência+ar*[1]) *vtd* Viver, sentir em profundidade. Conjuga-se como *premiar*.

vi.ven.da (*lat vivenda*) *sf* **1** Lugar onde se vive. **2** Casa luxuosa. **3** Morada, casa.

vi.ven.te (*lat vivente*) *adj m+f* Que vive. • *s m+f* Tudo o que vive ou tem vida.

vi.ver (*lat vivere*) *vint* **1** Existir; ter vida; estar com vida. *vtd* **2** Empregar, passar (a vida). *vint* **3** Perdurar; durar. *vti* **4** Dedicar-se completamente. *vtdi* **5** Morar, residir. *vint* **6** Perpetuar-se; viver para sempre.

ví.ve.res (fr vivres) sm pl Gêneros alimentícios; provisões, mantimentos.

vi.vi.do (part de viver) adj 1 Que viveu muito. 2 Que tem grande experiência da vida.

ví.vi.do (lat vividu) adj 1 Cheio de vida. 2 Que tem muita vivacidade. 3 Brilhante, fulgurante, luminoso. 4 Que tem cores vivas.

vi.vi.fi.car (lat vivificare) vtd 1 Reanimar, infundir nova vida a. 2 Alentar, animar, acelerado. 3 Dar atividade ou movimento a.

vi.vo (lat vivu) adj 1 Que tem vida animal ou vegetal. 2 Que não está morto. 3 Cheio de vivacidade. 4 Ativo, forte, intenso. 5 Duradouro. 6 Ardente, fervente. 7 Diligente, ligeiro. 8 Ativo, brilhante. 9 Apressado, acelerado, rápido. 10 Acalorado, aceso. 11 Esperto, matreiro. *Antôn* (acepção 1): *morto*. • sm A criatura que tem vida ou existência.

vi.zi.nhan.ça (vizinho+ança) sf 1 Conjunto de pessoas que habitam os lugares vizinhos. 2 Cercanias, proximidades.

vi.zi.nho (lat vicinu) adj 1 Que está perto, que está ou fica a pequena distância; próximo, contíguo. 2 Que mora perto de outra pessoa. • sm Aquele que mora perto de nós.

vo.a.dor (voar+dor) adj 1 Que voa. 2 Muito rápido, veloz. • sm 1 Aquele que voa. 2 Acrobata que, em exercícios de dois ou mais trapézios combinados, executa de um para o outro saltos análogos a voos.

vo.ar (lat volare) vint 1 Mover-se ou sustentar-se no ar (ave) por meio das asas. 2 Elevar-se nos ares; mover-se ou sustentar-se no ar por meios mecânicos. 3 Viajar de avião. 4 Movimentar-se com rapidez. 5 Explodir; estourar. Conjuga-se como *coar*.

vo.ca.bu.lá.rio (lat vocabulariu) sm 1 Relação dos vocábulos de uma língua, acompanhados ou não da respectiva significação, e dispostos geralmente em ordem alfabética. 2 Conjunto de termos ou vocábulos pertencentes a uma arte ou ciência. 3 Conjunto de termos empregados por um escritor ou por qualquer pessoa.

vo.cá.bu.lo (lat vocabulu) sm Gram Palavra ou termo de uma língua.

vo.ca.ção (lat vocatione) sf 1 Ato ou efeito de chamar. 2 Teol Chamamento, eleição, escolha, predestinação. 3 Inclinação, propensão, tendência para qualquer atividade. 4 Inclinação para o sacerdócio. 5 Disposição natural do espírito; índole. 6 Talento.

vo.cal (lat vocale) adj m+f 1 Pertencente ou relativo à voz ou aos órgãos da voz. 2 Que se exprime por palavras; verbal, oral. 3 Que serve para a emissão ou produção de voz.

vo.cá.li.co (vocal+ico²) adj Gram 1 Pertencente ou relativo às vogais. 2 Composto de vogais.

vo.ca.lis.ta (vocal+ista) s m+f Mús Cantor(a) de um conjunto.

vo.ca.ti.vo (lat vocativu) adj Que chama, que serve para chamar. • sm Gram Nas línguas em que há declinações, como o latim, o caso que se emprega para chamar, interpelar alguém.

vo.cê (de vosmecê, de vossemecê, de vossa mercê) pron Tratamento empregado no Brasil como segunda pessoa, mas com as flexões verbais e formas pronominais da terceira.

vo.ga (de vogar) sf 1 Ação de vogar ou remar. 2 Movimento dos remos. 3 Popularidade, fama. 4 Uso atual, moda. *sm* O último remador de um bote, que vai junto à popa e que marca o ritmo da remada. *À voga arrancada:* a toda a força dos remos.

vo.gal (lat vocale) adj m+f 1 Diz-se do som produzido por expiração do ar ao passar livremente pela cavidade bucal. 2 Diz-se da letra que representa esse som. • sf 1 Letra vogal. 2 Som vogal. s m+f 3 Pessoa que tem voto numa assembleia. 4 Membro de uma assembleia, câmara, conselho ou tribunal deliberativo ou judicante, com direito de voto.

vo.gar (ital vogare) vint 1 Navegar a remos: *"Não é a arte que faz vogar os barcos rápidos."* (Q) vtd 2 Percorrer navegando; navegar. vtd 3 Fazer navegar, impelir por meio de remos. vint 4 Derivar, deslizar, escorregar suavemente: *"Gostava era de remar um pouco e depois ficar vogando,* *estirada no fundo da canoa."* (CT) *vint* **5** Divulgar-se, propalar-se: *"Só o amor em linhas gerais infunde simpatia e sentido à história, sobre cujo fim vogam inexatidões."* (TTE)

vo.lan.te (*lat volante*) *adj m+f* **1** Que voa. **2** Que se pode facilmente pôr ou tirar; móvel. **3** Flutuante, movediço. **4** Inconstante. **5** Que não tem domicílio ou residência fixa; errante. • *sm* **1** Fazenda de lã, algodão ou seda, rala, delgada e ligeira, para véus e outros enfeites. **2** Nos jogos de loteria, o impresso em que são anotadas as apostas que serão transpostas eletronicamente para o comprovante do apostador. **3** *Autom* Peça arredondada com que se controla a direção do veículo.

vo.lá.til (*lat volatile*) *adj m+f* **1** Que tem a faculdade de voar. **2** Pertencente ou relativo a aves. **3** Inconstante, volúvel: *"Os personagens eram voláteis. Tinham vida curta."* (ORA) **4** Que pode reduzir-se a gás ou a vapor.

vo.la.ti.li.zar (*volátil+izar*) *vtd* **1** Reduzir a gás ou a vapor; vaporizar. *vint* e *vpr* **2** Reduzir-se a gás ou a vapor: *"um solvente altamente volátil"* (MCO)

vô.lei (*ingl volley*) *sm* Redução de *voleibol*.

vo.lei.bol (*ingl volley-ball*) *sm* Jogo que, numa quadra dividida transversalmente ao meio por uma rede suspensa, é disputado por duas equipes (uma de cada lado da rede, com seis integrantes cada), as quais, com um máximo de três batidas, sem que cada jogador possa bater duas vezes seguidas, procuram passar, com as mãos ou o punho, uma bola que deve bater no chão da quadra adversária.

vo.lei.bo.lis.ta (*voleibol+ista*) *s m+f* **1** Jogador de voleibol. **2** Especialista ou apaixonado por voleibol.

volt (*fr volt*, de *Volta*, *np*) *sm Fís* Unidade de medida de potencial elétrico ou tensão elétrica; volt internacional. *Símb:* V.

vol.ta (de *voltar*) *sf* **1** Ato ou efeito de voltar. **2** Movimento em torno; giro. **3** Ação de tornar a ir ou a vir. **4** Regresso. **5** Ricochete. **6** Resposta, réplica. **7** Mudança, reviravolta. **8** Devolução, restituição. **9** Troca, substituição. **10** Mudança de opinião. **11** Interpretação, explicação, solução de dificuldade. **12** Ângulo, canto, sinuosidade. **13** Pequeno passeio.

vol.ta.gem (*volt+agem*) *sf Fís* **1** Conjunto dos volts que funcionam num aparelho elétrico. **2** Diferença de potencial ou força eletromotriz, expressa em volt; tensão.

vol.tar (*lat vulg *volvitare*, *freq* de *volvere*) *vtd* **1** Dirigir para outro lado; virar: *Voltar a cabeça*. *vti* e *vint* **2** Regressar; ir ou vir pela segunda vez: *Voltar de algum lugar*. *vpr* **3** Mover-se para o lado ou em torno; mudar de posição por um movimento em linha curva; virar-se: *Ouvindo o ruído, voltei-me*. *vpr* **4** Apresentar-se de frente; virar-se: *Voltou-se para a estante e pegou um livro*. *vti* **5** Tratar novamente de um assunto: *Voltemos à vaca-fria*. *vint* **6** Repetir-se. *vpr* **7** Revoltar-se. *vti* **8** Recomeçar; retomar: *Voltou a jogar e a beber*.

vo.lu.me (*lat volumen*) *sm* **1** Embrulho, pacote. **2** Livro, encadernado ou brochado. **3** Tomo. **4** Grandeza, tamanho, corpulência, desenvolvimento. **5** Massa, quantidade. **6** Extensão da voz. **7** Porção de água que corre num rio, numa fonte etc. **8** *Geom* O espaço ocupado por um corpo.

vo.lu.mo.so (ô) (*volume+oso*) *adj* **1** Que tem grandes dimensões em todo o sentido; que ocupa muito espaço. **2** Que consta de muitos volumes. **3** Intenso, forte (som ou voz). *Pl:* volumosos (ó).

vo.lun.ta.ri.a.do (*voluntário+ado²*) *sm* Qualidade de voluntário no exército.

vo.lun.tá.rio (*lat voluntariu*) *adj* **1** Que se faz ou deixa de fazer, sem coação nem imposição de ninguém. **2** Feito espontaneamente, por vontade própria, sem constrangimento ou obrigação. • *sm* **1** Aquele que se alista no exército por vontade própria. **2** Aquele que presta serviço à comunidade sem vínculo de trabalho ou salário.

vo.lun.ta.ri.o.so (ô) (*voluntário+oso*) *adj* **1** Que se dirige só pela sua vontade. **2** Caprichoso, teimoso. *Pl:* voluntariosos (ó).

vo.lú.vel (*lat volubile*) *adj m+f* **1** Que muda facilmente de direção. **2** Inconstante, instável. *Sup abs sint:* volubilíssimo.

vol.ver (*lat volvere*) *vtd* e *vtdi* **1** Mover para um e para outro lado; mudar para outra posição; virar, voltar. *vtd* **2** Mexer; remexer. *vti* **3** Voltar, regressar. *vti* **4** Retomar, dedicar-se. *vpr* **5** Voltar-se.

vo.mi.tar (*lat vomitare*) *vtd* **1** Lançar pela boca (aquilo que fora engolido). *vtd* **2** Expelir pela boca em golfadas. *vtd* **3** Conspurcar com vômito. *vtd* **4** Dizer com propósito afrontoso, proferir com impetuosidade; desabafar, desembuchar: *Vomitar injúrias*. *vtd* **5** Arrojar de si com ímpeto: *O vulcão vomitou fogo*. *vtd* **6** Contar, mexericar, revelar: *Vomitava tudo quanto sabia*. *vtd* **7** Expelir pela boca substâncias anteriormente ingeridas.

vô.mi.to (*lat vomitu*) *sm* **1** Ação ou efeito de vomitar. **2** Expulsão repentina e violenta, pela boca, daquilo que fora engolido. **3** Aquilo que se vomita ou vomitou.

vo.mi.tó.rio (*lat vomitoriu*) *adj* Que faz vomitar; vômico. • *sm* Medicamento destinado a provocar o vômito.

von.ta.de (*lat voluntate*) *sf* **1** A principal das potências da alma, que inclina ou move a querer, a fazer ou deixar de fazer alguma coisa. **2** *Psicol* Impulso para agir em todas as fases de desenvolvimento ou, mais especificamente, o processo de volição; em sentido mais estrito, uma atividade precedida de elaboração mental de antecipação, incluindo opção ou escolha. **3** Capacidade de tomar livremente uma deliberação. **4** Perseverança no querer. **5** Desejo, intenção. **6** Resolução. **7** Capricho. **8** Arbítrio, mando. **9** Gosto, prazer.

vo.o (de *voar*) *sm* **1** Ação de voar. **2** Movimento próprio dos animais providos de asas, pelo qual se elevam e se deslocam no ar, principalmente aves e insetos. **3** O avanço dos aviões ou aeroplanos no espaço. **4** Extensão percorrida por uma aeronave ou uma ave voando. **5** *por ext* Avanço rápido, impulso contínuo; progresso.

vo.raz (*lat vorace*) *adj m+f* **1** Que devora; devorador: *"Roupa lavada... apetite voraz."* (ARR) **2** Que come com avidez: *"Disse isso e atirou-se, voraz, sobre uma enorme cuca que lhe surgia ante os olhos."* (FAN) **3** Que gasta; destruidor, consumidor: *"Seres vorazes, as aves de rapina."* (PRO) **4** Que arruína, que aniquila: *"pequenos larápios vorazes e inescrupulosos"* (BDI) **5** Ambicioso. *Sup abs sint*: voracíssimo.

vos (*lat vos*) *pron* Forma proclítica, mesoclítica e enclítica do pronome *vós*, que se emprega como objeto direto ou indireto: *Procuraram-vos* (objeto direto). *Dou-vos* (objeto indireto) *parabéns*.

vós (*lat vos*) *pron* Designa a segunda pessoa do plural de ambos os gêneros e que se emprega como sujeito ou regime de preposição: *Vós* (sujeito) *o quisestes*. *Estamos contra vós* (regime de preposição).

vos.so (*lat *vostru*) *pron possessivo* **1** Que vos pertence. **2** Relativo a vós.

vo.ta.ção (*votar*+*ção*) *sf* **1** Ato ou efeito de votar. **2** Conjunto de votos dados ou recolhidos em uma assembleia eleitoral, parlamentar, ou em uma reunião de associados ou membros de uma entidade corporativa.

vo.tan.te (de *votar*) *adj m+f* **1** Que vota. **2** Que tem o direito de votar. • *s m+f* Pessoa que vota ou tem o direito de votar.

vo.tar (*lat votare*) *vtd* **1** Aprovar por meio de voto. *vtd* **2** Eleger (alguém) por meio de votos. *vti* e *vint* **3** Dar ou emitir o seu voto numa eleição etc.; exprimir a sua opinião ou manifestar o seu consentimento por meio de voto. *vti* **4** Acompanhar no voto a opinião de alguém.

vo.to (*lat votu*) *sm* **1** *Rel* Promessa livre e deliberada feita a Deus de alguma coisa que lhe é agradável, à qual nos obrigamos por religião. **2** Desejo sincero. **3** Oferenda feita em cumprimento de promessa anterior ou em memória e por gratidão de graça recebida. **4** Obrigação contraída em razão de promessa ou juramento. **5** Súplica ou rogativa a Deus. **6** Modo de manifestar a vontade, num julgamento ou deliberação, em tribunal ou assembleia.

vo.vó (de *vó*, com redobro) *V avó*.
vo.vô (de *vô*, com redobro) *V avô*.

voz (*lat voce*) *sf* **1** O som que é produzido pelo ar, lançado dos pulmões na laringe do organismo animal, e modificado pelos órgãos vocais. **2** A faculdade de emitir esses sons. **3** Linguagem.

vo.zei.rão (*vozeiro*+*ão²*) *sm* **1** Voz muito forte. **2** Aquele que tem essa voz.

vul.câ.ni.co (*vulcano*+*ico²*) *adj* **1** Que se

vulcão

origina em um vulcão. **2** Produzido por um vulcão. **3** Constituído por lavas. **4** Ardente como um vulcão. **5** *fig* Impetuoso, ardente.

vul.cão (*lat Vulcanu, np*) *sm Geol* Buraco na crosta terrestre que dá saída a material magmático (gases, vapores, fumaça, cinzas e lavas).

vul.gar (*lat vulgare*) *adj* **1** Pertencente ou relativo ao vulgo. **2** Comum, ordinário, trivial. **3** Baixo, íntimo, reles. **4** Medíocre, ordinário. **5** Que não é significativo; que não revela condições de talento. **6** Que não se recomenda por caráter algum de nobreza ou de distinção. *Antôn* (acepções 2 e 4): *extraordinário*. • *sm* Aquilo que é vulgar.

vul.ga.ri.da.de (*lat vulgaritate*) *sf* **1** Qualidade de vulgar. **2** Coisa ou pessoa vulgar.

vul.ga.ris.mo (*vulgar+ismo*) *sm* O falar ou o pensar próprio do vulgo; vulgaridade.

vul.ga.ri.za.ção (*vulgarizar+ção*) *sf* Ato ou efeito de vulgarizar.

vul.ga.ri.zar (*vulgar+izar*) *vtd* e *vpr* **1** Tornar(-se) vulgar, comum; divulgar(-se), propagar(-se):*Vulgarizar novas ideias*. *vtd* e *vpr* **2** Abandalhar(-se), aviltar(-se): *Vulgarizam-se, adotando costumes licenciosos*.

vul.go (*lat vulgu*) *sm* **1** O povo; a plebe. **2** O comum dos homens. • *adv* Segundo o uso comum; vulgarmente.

vul.ne.rá.vel (*lat vulnerabile*) *adj m+f* **1** Que pode ser vulnerado. **2** Diz-se do ponto pelo qual alguém ou algo pode ser atacado ou ofendido. *Sup abs sint: vulnerabilíssimo*.

vul.pi.no (*lat vulpinu*) *adj* **1** Relativo à raposa ou próprio dela. **2** *fig* Astuto, manhoso. **3** *fig* Traiçoeiro.

vul.to (*lat vultu*) *sm* **1** Rosto, semblante. **2** Corpo, figura. **3** Figura indistinta. **4** Estátua. **5** Volume, massa, grandeza. **6** *fig* Homem notável, notabilidade, pessoa de grande importância.

vul.to.so (ô) (*vulto+oso*) *adj* De grande vulto; volumoso. *Pl: vultosos (ó). Cf vultuoso.*

Confira a diferença entre os adjetivos **vultoso** e **vultuoso**.
Vultoso, derivado de *vulto*, significa grande, volumoso, robusto, de muito vulto. **Vultuoso** integra a mesma família de *vultuosidade*, termo empregado pela medicina para caracterizar um estado doentio de inchação do rosto, em especial dos olhos e dos lábios.
*Gastou-se uma **vultosa** quantia para construir o edifício.*
*A captura dos bandidos rendeu-lhe **vultosa** recompensa.*
*Aquele longo período no sertão comprometera-lhe a saúde: lábios e olhos **vultuosos**, uma magreza cadavérica e gestos trêmulos bem denunciavam o estado avançado da doença.*

vul.tu.o.so (ô) (*lat vultuosu*) *adj Med* Diz-se do rosto quando as faces e os lábios estão vermelhos e inchados, os olhos salientes e mais ou menos injetados. *Pl: vultuosos (ó). Cf vultoso.*

vul.va (*lat vulva*) *sf Anat* Parte exterior do aparelho genital da mulher e das fêmeas dos mamíferos.

W

w (*dábliu, v duplo* ou *v dobrado*) (*ingl*) *sm* Vigésima terceira letra do alfabeto português, usada em nomes próprios estrangeiros e seus derivados.
Além dos nomes próprios estrangeiros e seus derivados, tais como Wagner, wagneriano, Weber, weberiano, Westphalen, wesphalense, o **w** também é empregado:
a) Em abreviaturas: *W* = oeste; *W.C.* = water-closet; *WNW* = oeste-noroeste.
b) Em símbolos: *W* = tungstênio; *Wb* = weber; *Wh* = watt-hora.
c) Em palavras estrangeiras: walkie-talkie, watt, windsurfe.

walkie-talkie (*uóqui-tóqui*) (*ingl*) *sm* Aparelho portátil cuja finalidade é transmitir e receber comunicações radiofônicas a curta distância.

water closet (*uótâr clôset*) (*ingl*) *V banheiro*. *Abrev*: W.C.

water polo (*uótar polo*) (*ingl*) *sm* Esporte aquático em que duas equipes, cada qual formada por sete nadadores, tentam atingir a meta adversária e marcar gol.

watt (*uóte*) *sm Fís* Unidade de medida de potência definida pelo inventor escocês James Watt (1736-1819).

watt.ho.ra (*watt+hora*) *sm Fís* Unidade de medida de energia elétrica. *Símb*: Wh.

wat.tí.me.tro (*watt+i+metro*) *sm Fís* Instrumento para medição de potência elétrica.

web (*uéb*) (*ingl*) *V www*.

western (*uéstern*) (*ingl*) *V bangue-bangue* (acepção 2).

winchester (*ingl*) *V disco rígido*.

wind.sur.fe (*uín*) (*ingl wind+surfe*) *sm Esp* Navegação sobre prancha equipada de vela com uma barra, através da qual o esportista se equilibra e dá a direção.

wind.sur.fis.ta (*uin*) (*windsurf+ista*) *s m+f* Esportista praticante do windsurfe.

workaholic (*uôrcarrólic*) (*ingl*) *s m+f* Pessoa que se dedica exclusivamente ao trabalho.

workshop (*uôrk-chóp*) (*ingl*) *sm* Reunião de pessoas com um artista, grupo de artistas ou professores, na qual os participantes exercem atividades relacionadas a uma arte ou tema específico.

www (sigla de *World Wide Web*) *sm Inform* Teia de alcance mundial, que interliga documentos através de vínculos de hipertexto. *Var*: web.

X

x¹ (*xis*) *sm* Vigésima quarta letra do alfabeto português, consoante.
x² **1** *Mat* Símbolo de uma incógnita. **2** *por ext* Aquilo que se desconhece.
xá (*persa shaH*) *sm* **1** Soberano, na língua persa. **2** Título do soberano da antiga Pérsia (atual Irã).

> Atenção para não confundir **Xá** = o título (em letra maiúscula) do soberano do Irã, antiga Pérsia, com **chá** = nome de uma planta ou do preparado líquido obtido com infusão de folhas.
>
> *O Xá deposto exilou-se em Paris.*
> *Um chá de erva-cidreira serve como calmante natural.*

xa.drez (*ár ax-xitranj*) *sm* **1** Jogo para duas pessoas, cada uma das quais faz mover, sobre um tabuleiro de 64 casas, 16 peças, de acordo com movimentos preestabelecidos para cada peça, com o objetivo de dar xeque-mate ao rei do oponente. **2** Tecido cujas cores são dispostas em quadradinhos. **3** *pop* Prisão, cadeia. *Pl:* xadrezes.
xa.le (*persa shâl*) *sm* Peça de vestuário que as mulheres usam como adorno e agasalho dos ombros e costas.
xam.pu (*ingl shampoo*) *sm* Preparado saponáceo líquido empregado na lavagem dos cabelos.
xa.rá (*tupi xerêra*, meu nome) *s m+f* Pessoa cujo nome de batismo é o mesmo de outra.
xa.ro.pa.da (*xarope+ada¹*) *sf* **1** *pop* Qualquer remédio contra tosse. **2** *pop* Coisa sem graça: *"Tinha mania de música: e era aquela xaropada até às duas da manhã."* (CD) **3** *pop* Discurso enfadonho: *"Todo mundo ouviu a xaropada."* (GA)
xa.ro.pe (*ár xarâb*) *sm Farm* Medicamento semelhante a um licor, feito com água, açúcar e substâncias aromáticas e medicamentosas. • *adj pop* Diz-se da pessoa ou coisa maçante.
xa.ro.po.so (ó) (*xarope+oso*) *adj* **1** Com a consistência de xarope. **2** *fig* Enfadonho, tedioso. *Pl:* xaroposos (ó).
xa.van.te (etnônimo) *adj m+f Etnol* Relativo ou pertencente aos xavantes, tribo indígena do curso médio do rio Tocantins. • *s m+f* Indígena dessa tribo.
xa.ve.ca.gem (*xaveco+agem*) *sm gír* Patifaria, velhacaria.
xa.ve.car (*xaveco+ar¹*) *gír vint* Praticar xavecagem; trapacear, chantagear.
xa.ve.co (*ár shabaka*) *sm* **1** Embarcação pequena, do Mediterrâneo, de três mastros e velas latinas. **2** Embarcação ordinária. **3** *fig* Pessoa ou coisa sem importância. **4** *gír* Safadeza, patifaria.
xa.xa.do (*onom xa-xa-xá+ado¹*) *sm* Dança masculina originada no sertão pernambucano, dançada em círculo ou em fila indiana, avançando-se o pé direito em movimentos laterais e puxando-se o esquerdo, deslizando-o.
xa.xim (*tupi xanxin*) *sm* **1** *Bot* O tronco de certas samambaias arborescentes que chega a atingir três metros de altura. **2** Vasos feitos dessa massa fibrosa.
xei.que (*ár shah*) *sm* Chefe de tribo árabe; soberano, entre os árabes. *Var:* xeque.
xe.no.fi.li.a (*xeno+filo²+ia¹*) *sf* Amor ou estima às pessoas e coisas estrangeiras. *Antôn:* xenofobia.
xe.nó.fi.lo (*xeno+filo²*) *adj* Diz-se de quem tem xenofilia: *"O Brasil, ao contrário do que pensam os xenófilos, tem empresários, administradores, engenheiros e ou-*

tros profissionais competentes e criativos." (FSP) • *sm* Aquele que tem xenofilia. Antôn: xenófobo.

xe.no.fo.bi.a (*xeno+fobo+ia¹*) *sf* Aversão às pessoas e coisas estrangeiras. *Antôn: xenofilia.*

xe.nó.fo.bo (*xeno+fobo*) *adj* Diz-se de quem tem xenofobia. • *sm* Aquele que tem xenofobia. *Antôn: xenófilo.*

xe.pa (*ê*) (*voc express*) *sf pop* **1** Comida ordinária, grude. **2** As mercadorias vendidas no final da feira livre, mais baratas, porém nem sempre de boa qualidade.

xe.que¹ (*ár shah*) *V xeique. Cf cheque.*

xe.que² (*ár shah*) *sm* **1** No jogo de xadrez, lance que consiste em atacar o rei ou fazer recuar a rainha. **2** Atitude parlamentar que exige decisão e coloca em perigo o governo. **3** *fig* Perigo; contratempo. *Cf cheque.*

Xeque significa um perigoso movimento do jogo de xadrez em que se coloca o adversário em posição difícil (também **xeque-mate**; plural **xeques-mates** ou **xeques-mate**).
O jogador deu xeque à dama.
Por analogia com o jogo de xadrez, pode significar, em sentido figurado, situação difícil, perigosa.
Retirou sua colaboração e pôs o diretor em xeque.
Como forma aportuguesada do árabe *sheik*, significa um governador ou chefe de uma tribo.
Vários territórios árabes são governados por xeques.
Não confunda com *cheque*, ordem de pagamento bancária.
O banco pagará os rendimentos em cheque.

xe.re.ta (*ê*) (de *cheirar*) *adj m+f* Diz-se da pessoa bisbilhoteira. • *s m+f* Pessoa xereta.

xe.re.tar (*xereta+ar¹*) *vint* **1** Bisbilhotar, intrometer-se. *vtd* **2** Adular, bajular.

xe.ri.fe (*ingl sheriff*) *sm* **1** O mais alto funcionário executivo de um condado, na Inglaterra. **2** Importante funcionário administrativo de município nos Estados Unidos, encarregado da execução das leis, da preservação da paz e funções congêneres.

xe.ro.car (*xerox+ar¹*) *V xerocopiar.*

xe.ro.có.pia (*xero+cópia*) *sf* Cópia obtida por xerografia (acepção 3).

xe.ro.co.pi.ar (*xerocópia+ar¹*) *vtd* Fazer xerocópias; xerocar. Conjuga-se como *premiar.*

xe.ro.gra.fi.a (*xero+grafo¹+ia¹*) *sf* **1** *Geogr* Estudo das regiões secas da Terra. **2** *Geogr* Tratado acerca da parte seca da Terra. **3** Processo fotográfico em que se usa, como sistema fotossensível, uma placa de metal que, depois de revestida de um semicondutor, se carrega de vários milhares de volts. Com ele, pode ser obtido um grande número de cópias de documentos, fotos etc.

xe.rox (*cs*) (*marca comercial / ingl Xerox*) *sf* ou *sm sing+pl* **1** V xerografia (acepção 3). **2** V xerocópia. *Var: xerox.*

xérox ou **xerox**?
Embora popularmente a segunda opção (*cherócs*) já se tenha difundido, prefira-se **xérox**, como as demais paroxítonas da língua portuguesa terminadas em **x** (*látex, sílex, tórax*), de acordo com a língua padrão.
Xero é elemento de origem grega e significa *seco*, caracterizando o processo de produção de cópias a seco, e presente em derivados como *xerocopiar, xerocar, xerocópia, xerografia* ou sua abreviatura *xérox* etc.
Ressalte-se que **xérox** é palavra feminina, ainda que, também no uso popular, possa ser encontrada como masculina. Quanto ao número, a palavra não sofre flexão e o plural é: **as xérox**.
Preciso de uma xérox daquele documento.
Serão necessárias algumas xérox daquele documento.

xi! *interj* Exprime admiração, alegria, espanto, surpresa, aborrecimento.

xí.ca.ra (*náuatle xikalli*) *sf* Pequeno vaso com asa, geralmente de louça, para tomar café, chá, leite etc.

xi.fo.pa.gi.a (*xifópago+ia¹*) *sf Terat* Anormalidade caracterizada por dois indivíduos que nascem unidos desde o apêndice xifoide até o umbigo.

xi.fó.pa.go (*xifo+pago*) *sm Terat* Ser que

apresenta xifopagia. • *adj fig* Diz-se de pessoas estreitamente ligadas por inclinação ou temperamento.

xi.i.ta (*ár shiyai* (seita)+*ita*) *s m+f* **1** Designação dada aos membros dos xiitas, muçulmanos que sustentam só serem verdadeiras as tradições de Maomé transmitidas por membros de sua família. **2** *por ext* Indivíduo de atitudes radicais. • *adj m+f* Do, relativo ou pertencente aos xiitas.

xi.lin.dró *sm gír* Cadeia, prisão.

xi.lo.fo.ne (*xilo*+*fone*) *sm Mús* Espécie de marimba, com lâminas de madeira.

xi.lo.gra.fi.a (*xilo*+*grafo*+*ia*¹) *sf* **1** *Art Plást* Arte de entalhar um desenho artístico em uma prancheta de madeira, de modo que por meio desta o desenho, com o auxílio de uma prensa tipográfica ou manual, possa ser reproduzido em papel. **2** A prancheta assim entalhada. **3** Estampa impressa por esse processo. **4** Método de imprimir em cores, sobre madeira.

xi.lo.gra.var (*xilo*+*gravar*) *vtd* Gravar em madeira. *Var:* xilografar.

xi.man.go *sm Ornit* Nome dado a certos gaviões do Sul do Brasil.

xin.ga.ção (*xingar*+*ção*) *sf* Ato de xingar; xingamento.

xin.ga.men.to (*xingar*+*mento*) *sm V* xingação.

xin.gar (*quimbundo* xinga+*ar*¹) *vtd, vtdi* e *vint* Insultar com palavras.

xin.to.ís.mo (*jap shintô*+*ismo*) *sm* Religião nacional e antigo culto ético do Japão, anterior ao budismo.

xin.to.ís.ta (*jap shintô*+*ista*) *adj m+f* Que diz respeito ao xintoísmo. • *s m+f* Pessoa adepta do xintoísmo.

xin.xim *sm Reg* (BA) Guisado de galinha com camarões secos, azeite de dendê e temperos.

xi.que.xi.que *sm Bot* Cacto muito comum das caatingas, espinhoso e rico em água.

xis (*lat ics*) *sm* O nome da letra x. *Pl: xis* ou *xx.*

xis.to (*gr skhistós*) *sm Miner* Designação genérica das rochas de textura folheada, como a ardósia.

xis.to.si.da.de (*xistoso*+*dade*) *sf* Disposição em camadas, própria das rochas de xisto.

xis.to.so (*xisto*+*oso*) *adj* que contém xisto.

xi.xi (*voc express*) *sm* Urina, em linguagem infantil.

xô! *interj* Usada para enxotar galinhas e outras aves.

xo.dó *sm* **1** Namorado ou namorada. **2** Amor, paixão.

xo.te (*al Schottisch*) *sm* **1** Dança de salão de compasso binário ou quaternário, semelhante à polca. **2** Música que acompanha essa dança.

xo.xo.ta (*voc express*) *vulg V* vulva.

xu.cri.ce (*xucro*+*ice*) *sf* Qualidade de xucro.

xu.cro (*quíchua chukru*) *adj* **1** Diz-se do animal bravo ou ainda não domesticado. **2** *por ext* Rude, ignorante. **3** *por ext* Mal-educado.

Y

y¹ (*hipsilo, ípsilon*) *sm* Vigésima quinta letra do alfabeto português, usada atualmente apenas em nomes próprios, em alguns empréstimos de línguas estrangeiras e em abreviaturas e símbolos científicos.

y² *Mat* Símbolo de uma segunda incógnita. O **y** é empregado:
a) em símbolos: *yd* = jarda.
b) em palavras estrangeiras: *yang, yagi, yearling*.
c) em derivados portugueses de nomes estrangeiros: byronismo, hollywoodiano, taylorismo.
d) em nomes próprios estrangeiros: Byron, Hollywood, Taylor.

yagi (de *Yagi*, *np*) *sf Astr* Antena de ondas curtas, direcional e seletiva.

yakisoba (*iaquiçôba*) (*jap*) *sm Cul* Macarrão cozido e frito, misturado com fatias de carne e legumes variados.

yang (*chin yáng*) *sm* No pensamento oriental, o princípio masculino, considerado ativo, celeste, quente e luminoso, que convive com o *yin*, em posição oposta.

yd Símbolo de *jarda*, medida inglesa correspondente a 3 pés ou 91,4 cm.

yearling (*irlin*) (*ingl*) *sm Turfe* Animal jovem puro-sangue, de até dois anos de idade.

yin (*chin yîn*) *sm* No pensamento oriental, o princípio feminino, considerado passivo, terrestre, frio e obscuro, que convive com o *yang*, em posição oposta.

yin-yang (*chin yînyáng*) *sm* No taoismo, os dois princípios complementares que abrangem todos os aspectos e fenômenos da vida.

Z

z¹ (*zê*) *sm* Vigésima sexta e última letra do alfabeto português, consoante.

z² *Mat* Símbolo de uma terceira incógnita. Atenção para algumas orientações quanto ao uso da letra **z**:
1. Em verbos terminados por *isar* e *izar*:
a) Em geral, emprega-se o sufixo *izar* quando o nome correspondente ao verbo já contém o **z** ou não contém **s**: ameno = amen*izar*; canal = canal*izar*; colono = colon*izar*.
b) Quando o nome correspondente ao verbo já contém o **s** emprega-se o sufixo *isar*: análise = anal*isar*; pesquisa = pesqu*isar*; paralisia = paral*isar*.
Exceção: o verbo *catequizar* e os nomes *catequização* e *catequizador* são grafados com **z**, embora sejam derivados de *catequese*, grafado com **s**.
2. Da mesma forma, o sufixo dos diminutivos só deverá ser escrito como *zinho* se na última sílaba da palavra primitiva não existir **s**: árvore = arvore*zinha*; rua = rua*zinha*; pé = pe*zinho*. Mas: casa = ca*sinha*; mesa = me*sinha*; princesa = prince*sinha*.

za.ga (*ár* *sâqa*, via *cast* zaga) *sf Esp* No futebol, a posição dos jogadores da defesa, que ficam entre a linha média e o arco.

za.guei.ro (*zaga+eiro*) *sm Esp* Jogador da zaga, no futebol.

zam.bo (*lat vulg *strambu*, por *strabo*) *adj* Diz-se do filho de negro com mulher indígena. • *sm* Aquele que tem mãe indígena e pai negro.

za.na.ga *adj m+f* Diz-se de pessoa vesga. • *s m+f* Pessoa vesga.

zan.ga (de *zangar*) *sf* 1 Irritação, cólera. 2 Mau humor.

zan.ga.di.ço (*zangado+iço*) *adj* Que se zanga facilmente; irritadiço.

zan.ga.do (*part* de *zangar*) *adj* 1 Que se zangou. 2 Irritado. 3 Mal-humorado.

zan.gão (*voc onom*) *sm* 1 *Entom* O macho da abelha. 2 *fig* Indivíduo que vive à custa de outrem; parasita.

zan.gar (*zângão+ar¹*) *vtd* 1 Causar zanga ou mau humor a. *vpr* 2 Encolerizar-se, irritar-se.
Usado no sentido de irritar-se, encolerizar-se, o verbo **zangar** é pronominal. Não se esqueça, portanto, do pronome.
*Eu **me** zango com o atraso do ônibus.*
*Tu **te** zangaste com ela?*
*Nós **nos** zangamos com sua atitude.*
*Ela **se** zanga à toa.*

zan.zar (*voc onom*) *pop V* vaguear.

za.ra.ba.ta.na (*ár zarbatânâ*) *sf* Canudo comprido pelo qual se arremessam, com o sopro, setas, bolinhas e pequenos projéteis.

zar.cão (*ár zarqûn*) *sm* Tinta vermelha, à base de óxido de chumbo, geralmente usada como primeira demão em peças de ferro ou de aço, para evitar a formação de ferrugem.

za.ro.lho (*zarco+olho*) *adj* 1 Cego de um olho. 2 Estrábico, vesgo, zanaga: *"O irmão Gene é zarolho e com uma só orelha."* (FSP) • *sm* Indivíduo zarolho: *"Porém tardava-os, com a indecisão falsa do zarolho."* (TTE)

zar.par (*cast zarpar*) *vint* 1 Fugir. 2 *Náut* Levantar âncora; partir (embarcações).

zás! *interj* Indica golpe ou movimento rápido. *Var:* zás-trás.

zás-trás! *V* zás!

zê (*lat ze*) *sm* O nome da letra z. *Pl:* zês ou zz.

ze.bra (*ê*) (*lat vulg *eciferu*) *sf Zool* Nome comum a vários mamíferos equinos da

África, relacionados ao cavalo e ao asno, com pelo listrado de preto ou castanho, sobre fundo branco ou amarelo-claro. Voz: *relincha, zurra.* • *adj* Estúpido, bronco.

ze.brar (zebra+ar¹) *vtd* Raiar, listrar, dando aparência de pele de zebra: *"Cláudia acorda e fica alguns segundos assustada, entre o sonho e a realidade, até descobrir que o que zebrava a sua pele era a sombra da persiana."* (CRU)

ze.bu (fr zébu) *sm* Boi da Índia com giba e chifres pequenos, que o Brasil importa para cruzamento com gado nativo. *Fem:* zebua.

ze.la.dor (zelar+dor) *adj* Que zela. • *sm* Homem encarregado de tomar conta de um prédio.

ze.la.do.ri.a (zelador+ia¹) *sf* 1 Repartição do zelador. 2 Incumbência do zelador.

ze.lar (zelo+ar¹) *vtd* e *vti* 1 Ter zelo por; cuidar de, com o maior interesse e solicitude. *vtd* 2 Administrar; cuidar da limpeza, da ordem e da conservação. *vtd* 3 Ter zelo ou ciúme de.

ze.lo (ê) (lat zelu) *sm* 1 Dedicação ardente, desvelo, cuidado, diligência. *sm pl* 2 Ciúme.

ze.lo.so (ô) (zelo+oso) *adj* 1 Cuidadoso, diligente. 2 Ciumento. *Pl:* zelosos (ó).

zé-nin.guém ((Jo)sé, np+ninguém) *sm* Indivíduo de pouco ou nenhum valor; pobretão. *Pl:* zés-ninguém.

zê.ni.te (ár sant, via fr zénith) *sm* 1 Astr O ponto em que a vertical de um lugar encontra a esfera celeste acima do horizonte. 2 fig O ponto mais elevado que se pode atingir; auge.

ze.pe.lim (zepelin, np) *sm* Grande aeronave dirigível, de estrutura rígida, que tem a forma de charuto.

zé-po.vi.nho ((Jo)sé, np+povinho) V zé-povo. *Pl:* zé-povinhos e zés-povinhos.

zé-po.vo ((Jo)sé, np+povo) *sm* 1 Homem do povo. 2 O povo, a plebe. *Pl:* zé-povos e zés-povos.

ze.rar (zero+ar¹) *vtd* 1 Reduzir a zero; tornar nulo. 2 Reduzir (conta bancária) a zero. 3 Saldar, liquidar.

ze.ri.nho (ê) (dim de zero) *adj pop* Novo em folha (aplica-se somente a carro zero--quilômetro).

ze.ro (á Sifr, via ital zéro) *num* Cardinal de um conjunto vazio. • *sm* 1 Algarismo (0) que por si só não tem valor algum, porém quando colocado à direita de qualquer outro algarismo aumenta-lhe dez vezes o valor. 2 Ponto em que se inicia a contagem dos graus, principalmente nos termômetros. 3 fig Pessoa ou coisa sem valor.

ze.ro-qui.lô.me.tro (zero+quilômetro) *adj m+f sing+pl* 1 Diz-se de automóvel novo, que ainda não foi rodado. 2 *por ext* Diz-se de aparelho sem uso; novo. • *sm sing+pl* Automóvel que ainda não foi rodado.

zeug.ma (gr zeûgma) *sm* Gram Designação do caso de elipse em que se subentende um termo ou termos já anteriormente enunciados na frase: "Nem ele nos entende, nem nós (entendemos) a ele." (Napoleão Mendes de Almeida)

zi.be.li.na (ital zibellino) *sf* 1 Zool Nome específico de um mamífero carnívoro; espécie de marta que ocorre no Norte da Sibéria, muito perseguida pela alta qualidade da sua pele. 2 Peliça feita com a pele desse animal.

zi.go.ma (gr zýgoma) *sm* Anat 1 Cada um dos dois ossos quadrangulares situados na face, ao lado das bochechas; osso zigomático (nome antigo: osso malar). 2 Arco ósseo abaixo da órbita do crânio, formado pelo osso zigomático e suas conexões e que serve para ligar os ossos da face com os situados ao redor da orelha; arco zigomático. 3 Apêndice do osso temporal, que forma uma parte desse arco.

zi.go.to (gr zygotós) *sm* Biol 1 Célula formada pela reunião de dois gametas, um masculino e outro feminino. 2 Óvulo fecundado.

zi.gue-za.gue (fr zig-zag, do al Zickzack) *sm* 1 Linha quebrada que forma, alternadamente, ângulos salientes e reentrantes. 2 Modo de andar, descrevendo esse tipo de linha. 3 Sinuosidade, ondulação. *Pl:* zigue-zagues.

zi.gue.za.gue.ar (ziguezague+ear) *vint* Fazer zigue-zagues. Conjuga-se como *frear*.

zim.bro (lat juniperu) *sm* Bot Árvore cujos bagos são aromáticos e medicinais e se aplicam na preparação do gim.

zin.co (fr zinc) *sm* 1 Quím Elemento metálico branco-azulado, cristalino, de número

zi.nha (do *suf* diminuto, no *fem*) *sf pop* Qualquer mulher ou garota: *"E não estou falando de zinha paga não, porque disso eu nunca gostei."* (EMC)

zí.per (*ingl zipper*) *sm* Fecho para vestidos, bolsas, pastas etc., que consiste em duas fileiras de dentes metálicos, presos em cadarços, e uma peça corrediça que une essas duas fileiras pela engrenagem de seus dentes. *Pl: zíperes.*

zir.cô.nio (*lat cient zirconiu*) *sm Quím* Elemento metálico, acinzentado, de número atômico 40 e símbolo Zr.

zo.a.da (*zoar+ada¹*) *sf* 1 Ato ou efeito de zoar. 2 *pop* Bagunça, confusão.

zo.ar (*voc onom*) *vint* 1 Emitir som forte e confuso; zunir. (Só se conjuga nas 3ªs pessoas.) 2 Bagunçar. (Neste sentido sua conjugação é integral, como *coar*.)

zo.di.a.cal (*zodíaco+al¹*) *adj m+f* Relativo ao zodíaco.

zo.dí.a.co (*gr zodiakós*) *sm Astr* Zona da esfera celeste que se estende 9° em cada lado da eclíptica, contém as trajetórias aparentes do Sol, da Lua e dos planetas, exceto do planeta anão Plutão, e é dividida em doze constelações ou divisões, chamadas *signos*.

zo.ei.ra (de *zoar*) *sf* 1 Desordem, barulho. 2 Escândalo.

zom.bar (*esp zumbar*) *vti* 1 Escarnecer, chacotear, fazer zombaria. *vint* 2 Gracejar.

zom.ba.ri.a (*zombar+aria*) *sf* 1 Ação ou efeito de zombar. 2 Chacota, escárnio.

zo.na (*lat zona*) *sf* 1 Cinta, faixa circundante. 2 *Geogr* e *Astr* Qualquer uma das cinco divisões térmicas da superfície terrestre ou celeste, limitadas por círculos, paralelos ao equador. 3 Seção ou divisão de uma área, citada para um fim determinado. 4 *pop* Ruas em que se acha estabelecido o meretrício. 5 *gír* Desordem, bagunça, confusão, zorra.

zo.ne.ar (*zona+e+ar¹*) *vtd* 1 Dividir por zonas específicas. *vtd* e *vint* 2 *gír* Fazer desordens. Conjuga-se como *frear.*

zon.zei.ra (*zonzo+eira*) *sf* Tonteira, vertigem: *"Tudo me pareceu embaralhado, esfreguei os olhos, numa zonzeira."* (ID)

zon.zo (*voc onom*) *adj* Estonteado, tonto.

zo.o (de *zoológico*) *sm* Forma abreviada de *jardim zoológico.*

zo.o.lo.gi.a (*zoo+logo+ia¹*) *sf* Parte da biologia que trata dos animais, da sua vida e constituição.

zo.o.ló.gi.co (*zoo+logo+ico²*) *adj* Relativo, pertencente ou destinado ao reino ou à vida animal: *Jardim zoológico.* • *sm* V *jardim zoológico.*

zo.ó.lo.go (*zoo+logo*) *sm* Especialista em zoologia.

zo.o.tec.ni.a (*zoo+tecno+ia¹*) *sf* Conjunto de métodos para criação e aperfeiçoamento de animais domésticos.

zor.ra (*corr* de *zona*) *sf gír* Desordem, bagunça, confusão.

zum (*ingl zoom*) *sm* 1 Conjunto de lentes que se ajustam para oferecer vários graus de grandeza, sem perda de foco. 2 O efeito de afastamento ou aproximação produzido por esse conjunto de lentes, no cinema ou na televisão. *Pl: zuns.*

zum.bi (*quimbundo nzumbi*) *sm Folc* Fantasma que, segundo a crença popular afro-brasileira, vagueia pela noite: *"Enterrado ou fora da sepultura, o zumbi permanecia como morto, dez horas, a menos que continuasse sendo alimentado com uma mistura de veneno de sapo."* (BU)

zum.bi.do (*part* de *zumbir*) *sm* 1 Sussurro das abelhas, moscas e outros insetos alados. 2 Ruído surdo que se sente nos ouvidos, em consequência de indisposição patológica ou por efeito de explosão ou estrondo exterior.

zum.bir (*voc onom*) *vint* 1 Produzir zumbido (tratando-se de insetos). *vint* 2 Sentirem (os ouvidos) ruídos surdos. *vtd* 3 Dizer em voz baixa, semelhando um zumbido.

zu.ni.do (*part* de *zunir*) *sm* 1 Ato ou efeito de zunir. 2 Zumbido.

zu.nir (*voc onom*) *vint* 1 Produzir som agudo e sibilante. 2 V *zumbir.*

zum-zum (*voc onom*) *sm* 1 Zunido, zumbido. 2 *pop* Boato, mexerico.

zu.re.ta (de *azoretado*) *adj m+f pop* 1 Adoidado, meio doido: *"Fala-se que, de* *tanto lidar com malucos, acabou meio zureta, com o seu cacoete de estalar os dedos como se chamasse cães invisíveis."* (REA) **2** Genioso; irritável. • *s m+f* Pessoa imbecil, geniosa ou indignada: *"Quintiliano, gerado por uma zureta como era a Barbinha, órfão desde cedo."* (BDI)

zur.rar (*zurro+ar*[1]) *vint* **1** Emitir zurro (diz-se do burro). *vtd* **2** *fig* Dizer, proferir (grandes tolices, disparates, sandices). *Conjug* – na acepção 1, conjuga-se apenas nas 3as pessoas. Já em sentido figurado, é conjugado integralmente.

zur.ro (*voc onom*) *sm* Voz de burro.

APÊNDICE

Uso de *por que*, *por quê*, *porque*, *porquê*

Por que
(separado e sem acento)

1. Nas orações interrogativas.

Ex.: *Por que* ela saiu?

2. Sempre que acompanhar as palavras *motivo* ou *razão*.

Ex.: Ele não explicou *por que* motivo abandonou o jogo.
Ninguém sabe *por que* razão ele fugiu de casa.

Observação:

Às vezes, as palavras *razão* ou *motivo* estão subentendidas.

Ex.: Ele não explicou *por que* abandonou o jogo.
Ninguém sabe *por que* ele fugiu de casa.

3. Quando puder ser substituído por *para que* ou *pelo qual, pela qual, pelos quais* e *pelas quais*.

Ex.: Estou ansioso *por que* me digam a verdade.
(por que = para que)
Ignoro as razões *por que* ele se demitiu.
(por que = pelas quais)
Não sei o motivo *por que* ele me ofendeu.
(por que = pelo qual)

Por quê
(separado e com acento)

Quando é usado no final de uma oração, equivalendo a "por que motivo", ou então antes de uma pausa.

Ex.: Ele deixou o emprego sem dizer *por quê*.
Ela saiu *por quê*, se ninguém autorizou?

Porque
(junto e sem acento)

Quando equivale a *pois, uma vez que, porquanto, pelo motivo de que*.

Ex.: Vamos embora *porque* já é tarde.
Não viajei *porque* estava doente.

Porquê
(junto e com acento)

Quando é um substantivo, significando causa, motivo. Nesse caso, admite o plural *porquês*.

Ex.: Não sei o *porquê* de sua atitude.
Esse *porquê* ficou sem resposta.
É um garoto cheio de *porquês*.

Emprego do acento grave, indicativo da crase

Antes de tudo, é preciso esclarecer que a crase não é um acento gráfico. Crase é o nome que se dá à fusão de duas vogais iguais. Na língua falada, a todo momento ocorrem casos de crase. Na escrita, o único caso de crase, assinalada com acento grave (`), é o do encontro da preposição *a* com o artigo definido *a(s)* e a mesma preposição *a* com a vogal inicial dos pronomes demonstrativos *aquele(s)*, *aquela(s)*, *aquilo*.

Vou *a + a* escola.
Vou *à* escola.

Refiro-me *a + aquele* menino.
Refiro-me *àquele* menino.

Peça ajuda *a + aquela* moça.
Peça ajuda *àquela* moça.

Refiro-me *a + aquilo* que ele disse.
Refiro-me *àquilo* que ele disse.

Observação:

Às vezes, a forma *àquela(s)* é substituída por *à(s)*.

Nossa seleção é superior *àquela* que jogou ontem.
Nossa seleção é superior *à* que jogou ontem.

Crase da preposição *a* + artigo definido *a(s)*

a + a = à
a + as = às

Só pode ocorrer esse tipo de crase quando numa frase a palavra anterior exigir a preposição *a* e a palavra seguinte for feminina e exigir o artigo *a(s)*. Se não houver a presença de um desses elementos, não ocorrerá a crase.

Fumar é prejudicial *a + a* saúde.
Fumar é prejudicial *à* saúde.

Dê os convites *a + as* meninas.
Dê os convites *às* meninas.

Para saber se há ou não crase, você pode aplicar uma regra muito simples que resolve a maioria dos casos: substitua a palavra que sucede *a* ou *as* por uma palavra masculina. Se ocorrer o uso de *ao* ou *aos*, é porque há crase e o acento grave deve ser usado.

Vejamos a frase:

Ele se dedica à pintura.

Apliquemos a regra e usemos uma palavra masculina – *tênis* – no lugar de *pintura*:

Ele se dedica *ao* tênis.

O uso de *ao* é obrigatório; logo, ocorre a crase.

Sempre ocorre a crase

1. Na expressão das horas:

   Sairei *às* três horas.
   Cheguei *à* meia-noite.
   O foguete partirá *à* zero hora.

2. Nas locuções adverbiais, prepositivas e conjuntivas femininas, como: *à* tarde, *à* noite, *à* direita, *à* esquerda, *à* toa, *às* vezes, *às* pressas, *à* frente de, *à* espera de, *à* custa de, *à* mercê de, *à* medida que, *à* proporção que etc.

Principais casos em que não ocorre a crase

1. Antes de palavras masculinas:

   Vou *a* pé para casa.

2. Antes de verbos:

   Estou decidido *a* comprar esse carro.

3. Nas expressões formadas de palavras repetidas:

Tome o remédio gota *a* gota.

4. Antes dos pronomes pessoais:

Dirijo-me *a* ti.

Isso não interessa *a* ela.

5. Antes dos pronomes de tratamento:

Peço *a* Vossa Senhoria esse favor.

Observação:

As únicas exceções são os pronomes *senhora* e *senhorita*:

Peço um favor *à* senhora.
O que ele disse *à* senhorita?

6. Antes dos pronomes demonstrativos *esta(s), essa(s)*:

Dê o livro *a* esta menina.

7. Antes do artigo indefinido *uma*:

Entregue o envelope *a* uma daquelas funcionárias.

Atenção

1. Pode haver crase diante de palavra masculina quando, antes dela, houver uma palavra feminina subentendida:

Ele tem um estilo *à* Machado de Assis (isto é, à maneira de Machado de Assis).

A entrevista foi dada *à* Globo (isto é, à rede Globo).

Fui *à* Melhoramentos (isto é, à Editora Melhoramentos).

2. Com relação a nomes de lugares, podemos aplicar uma regra para saber se ocorre a crase ou não.

Basta substituir o *a* por *para a*. Se o artigo for necessário, é sinal de que ocorreu a crase.

Considere, por exemplo, a frase "Fui à Alemanha".

Vamos aplicar a regra e substituir o *a* por *para a:*

Fui *para a* Alemanha.

Veja que é obrigatório o uso do artigo *a*; logo, há crase, e o *a* deve ser acentuado.

Vejamos outro exemplo:

Fui a Roma.

Aplicando a regra, temos:

Fui para Roma.

O artigo é dispensável; logo, não há crase, e o *a* não deve ser acentuado.

Mas, se o nome do lugar vier qualificado, ocorre a crase: Fui *à* bela Roma. Repare que, nesse caso, podemos usar *para a*.

3. Não ocorre a crase antes da palavra *casa* quando ela se refere ao próprio lar:

Voltei tarde *a* casa.

Mas, se ela vier modificada, ocorre a crase:

Voltei *à* casa onde passei a infância.

4. Não ocorre a crase antes da palavra *terra* quando ela significa terra firme, em oposição a mar:

Os marinheiros voltaram *a* terra.

Mas, se ela vier modificada, ocorre a crase:

Os marinheiros voltaram *à* terra natal.

5. Como é facultativo o uso do artigo antes dos pronomes possessivos e antes de nomes próprios femininos, é facultativo também o uso do acento grave nesses casos, dependendo ou não da presença do artigo:

Desejo felicidades *à(a)* sua irmã.
Desejo felicidades *à(a)* Renata.

Coletivos

Os substantivos coletivos podem referir-se especificamente a um grupo de seres, como **boiada** (bois), **arvoredo** (árvores), **ramalhete** (flores) etc., ou a diferentes espécies de seres, como **bando** (aves, crianças, bandidos), **manada** (bois, cavalos, elefantes), **cacho** (cabelos, bananas, uvas) etc.

Substantivos coletivos mais usuais:

álbum – de selos, de fotografias.
alcateia – de feras (lobos, javalis, panteras, hienas etc.).
armada – de navios de guerra.
arquipélago – de ilhas.
arsenal – de armas e munições.
arvoredo – de árvores.
assembleia – de pessoas reunidas.
atlas – de mapas reunidos em livro.
baixela – de utensílios de mesa.
banca – de examinadores.
bando – de pessoas em geral, de aves, de bandidos.
batalhão – de soldados.
biblioteca – de livros catalogados.
boiada – de bois.
bosque – de árvores.
buquê – de flores.
cacho – de bananas, de uvas, de cabelos.
cáfila – de camelos em comboio.
cambada – de vadios ou malandros.
cancioneiro – de canções ou cantigas.
caravana – de viajantes.
cardume – de peixes.
casario – de casas.
claque – de pessoas pagas para aplaudir.
clero – de sacerdotes ou religiosos em geral.
código – de leis.
colégio – de eleitores, de cardeais.
coletânea – de textos escolhidos.
colmeia – de abelhas.
concílio – de bispos em assembleia.
conclave – de cientistas, de cardeais reunidos para eleger o papa.
congresso – de deputados, de senadores, de estudiosos de um determinado tema.

constelação – de astros, de estrelas.
cordilheira – de montanhas.
corja – de bandidos, de desordeiros, de malandros, de assassinos.
coro – de anjos, de cantores.
corpo – de alunos, de professores, de jurados.
discoteca – de discos ordenados.
elenco – de artistas, de atores, de jogadores.
enxame – de abelhas, de insetos.
enxoval – de roupas.
esquadra – de navios de guerra.
esquadrilha – de aviões.
fauna – de animais de uma região.
feixe – de lenha, de raios luminosos.
flora – de plantas de uma região.
fornada – de pães.
frota – de navios, de veículos pertencentes à mesma empresa.
gado – de animais criados em fazendas (bois, vacas, novilhos).
galeria – de objetos de arte em geral (estátuas, quadros etc.).
grupo – de pessoas, de coisas em geral.
hemeroteca – de jornais e revistas catalogados e arquivados.
horda – de selvagens, de invasores.
junta – de dois bois, de médicos, de examinadores, de governantes.
júri – de pessoas que têm a função de julgar.
legião – de soldados, de anjos, de demônios.
leva – de presos, de recrutas, de pessoas em geral.
malta – de ladrões, de desordeiros.

manada – de bois, de burros, de cavalos, de búfalos, de elefantes.
matilha – de cães de caça.
molho – de chaves, de verdura.
multidão – de pessoas.
ninhada – de pintos.
nuvem – de gafanhotos, de mosquitos, de pernilongos.
pelotão – de soldados.
pinacoteca – de quadros de arte.
plantel – de animais de raça, de atletas.
pomar – de árvores frutíferas.
prole – de filhos de um casal.
quadrilha – de ladrões, de bandidos.

ramalhete – de flores.
rebanho – de bois, de ovelhas, de carneiros, de cabras.
réstia – de alhos, de cebolas.
revoada – de aves voando.
ronda – de policiais em patrulha.
seleta – de textos escolhidos.
tripulação – de pessoas que trabalham num navio ou num avião.
tropa – de soldados, de pessoas, de animais.
turma – de estudantes, de trabalhadores.
vara – de porcos.
vocabulário – de palavras.

Principais substantivos que admitem forma coletiva:

abelha – enxame, cortiço, colmeia.
abutre – bando.
acompanhante – comitiva, cortejo, séquito.
aluno – classe, turma.
animal – fauna (de animais de certa região), manada (de cavalgaduras em geral), tropa (de animais de carga), plantel (de animais de raça), alcateia (de animais selvagens, como lobos, javalis, panteras, hienas etc.).
anjo – coro, falange, legião.
árvore – bosque, arvoredo.
astro – constelação.
ator – elenco, companhia (quando trabalham juntos).
automóvel – frota (quando pertencentes à mesma empresa).
ave – bando.
avião – esquadrilha.
bandido – bando, corja.
boi – boiada, junta (de dois bois), manada, rebanho.
burro – tropa.
cabra – rebanho.
camelo – cáfila (quando em comboio).
canção – cancioneiro.
cão – canzoada, matilha (de cães de caça).
capim – feixe.
cardeal – conclave (quando reunidos para eleger o papa), consistório (quando reunidos sob a direção do papa).
carneiro – rebanho.
carro – comboio (quando seguem unidos para o mesmo destino), frota (quando pertencem à mesma empresa).
casa – casario.
cavalo – tropa, manada.
chave – molho.
disco – discoteca (quando organizados e catalogados).
estrela – constelação.
estudante – turma, grupo.
flor – ramalhete, buquê.
gafanhoto – nuvem.
ilha – arquipélago.
inseto – nuvem, enxame.
ladrão – quadrilha, bando.
livro – biblioteca (quando organizados e catalogados).
lobo – alcateia.
montanha – cordilheira, serra.
navio – frota (em geral), armada, esquadra (navios de guerra).
ovelha – rebanho.
padre – clero.
palavra – vocabulário.
peixe – cardume.
porco – vara.
soldado – tropa, legião.

Verbos que indicam vozes de animais

águia – piar, crocitar.
andorinha – chilrear, chilrar.
arara – gritar, grasnar, chalrar.
avestruz – grasnar.
bezerro – berrar, mugir.
bode – balir, berrar.
boi – mugir.
burro – zurrar.
cabra – balir, berrar.
camundongo – guinchar, chiar.
canário – cantar, trinar.
cão – latir, ladrar.
carneiro – balir, berrar.
cavalo – relinchar.
cigarra – chiar.
cobra – silvar, assobiar.
coelho – guinchar, chiar.
condor – crocitar.
cordeiro – balir.
coruja – crocitar, piar.
corvo – crocitar.
elefante – bramir, bramar.
galinha – cacarejar.
galo – cantar, cocoricar.
gato – miar.
gavião – guinchar.
grilo – estrilar, trilar, estridular.
javali – grunhir.
jumento – zurrar.
leão – rugir, urrar.
lobo – uivar.
macaco – guinchar.
marreco – grasnar.
onça – miar, rugir, urrar, esturrar.
ovelha – balir, berrar.
pantera – miar, rugir.
passarinho – cantar, piar, trinar, chilrear.
pato – grasnar.
peru – gorgolejar.
pinto – piar, pipilar.
pombo – arrulhar.
porco – grunhir.
rã – coaxar.
rato – guinchar.
rouxinol – gorjear, trilar.
sabiá – cantar, gorjear.
sapo – coaxar.
tigre – bramir, miar, urrar, rugir.
touro – mugir.
urso – bramir, rugir.
vaca – mugir, berrar.
zebra – relinchar, zurrar.

Emprego das iniciais maiúsculas

Emprega-se a letra inicial maiúscula:

a) no início de oração ou citação direta:
Disse Cristo: Amai-vos uns aos outros;

b) nos substantivos próprios (nomes de pessoas, cognomes, topônimos, denominações religiosas e políticas, nomes sagrados e ligados a religiões, entidades mitológicas e astronômicas):
Carlos; Margarida; Ricardo, Coração de Leão; Catarina, a Grande; Paraná; São Paulo; Campinas; Curitiba; oceano Atlântico; lago Paraná; Igreja Católica Apostólica Romana; Igreja Ortodoxa Russa; Partido dos Trabalhadores; União Democrática Nacional; Deus; Cristo; Buda; Alá; Baco; Zeus; Afrodite; Júpiter; Via Láctea etc.;

c) nos nomes de períodos históricos, festas religiosas ou datas e fatos políticos importantes:
Idade Média, Renascimento, Natal, Páscoa, Ressurreição de Cristo, Dia do Trabalho, Dia das Mães, Independência do Brasil, Proclamação da República etc.;

d) nos nomes de logradouros públicos (avenidas, ruas, travessas, praças, largos, viadutos, pontes etc.):
Avenida Paulista, Rua do Ouvidor, Travessa do Comércio, Praça da República, Largo do Arouche, Viaduto da Liberdade, Ponte Eusébio Matoso etc.;

e) nos nomes de repartições públicas, agremiações culturais ou esportivas, edifícios e empresas públicas ou privadas:
Ministério do Trabalho, Delegacia de Ensino, Academia Brasileira de Letras, Sociedade Esportiva Palmeiras, Teatro Municipal, Edifício Itália, Imprensa Oficial do Estado de São Paulo, Editora Melhoramentos etc.;

f) nos nomes de escolas em geral:
Escola Técnica Estadual de São Paulo; Faculdade de Filosofia, Letras e Ciências Humanas da Universidade de São Paulo; Escola Superior de Economia do Rio de Janeiro; Escola de Arte Dramática Cacilda Becker; Universidade Federal de São Carlos etc.;

g) nos nomes dos pontos cardeais quando indicam regiões:
os povos do Oriente, o falar do Norte, os mares do Sul, a vegetação do Oeste etc.;

h) nas expressões de tratamento:
Vossa Alteza, Vossa Majestade, Vossa Santidade, Vossa Excelência, Vossa Senhoria, Magnífico Reitor, Sr. Diretor, Sra. Coordenadora etc.;

i) nos nomes comuns sempre que personificados ou individualizados:
o Amor, o Ódio, a Virtude, a Morte, o Lobo, o Cordeiro, a Cigarra, a Formiga, a Capital, a República, a Transamazônica, a Indústria, o Comércio etc.

Pronomes de tratamento

1. AUTORIDADES DE ESTADO

Civis

Pronome de tratamento	Abreviatura	Usado para
Vossa Excelência	V. Ex.ª	Presidente da República, senadores da República, ministros de Estado, governadores, deputados federais e estaduais, prefeitos, embaixadores, vereadores, cônsules, chefes das Casas Civis e Casas Militares
Vossa Magnificência	V. M.	Reitores de Universidade
Vossa Senhoria	V. Sª	Diretores de autarquias federais, estaduais e municipais

Judiciárias

Pronome de tratamento	Abreviatura	Usado para
Vossa Excelência	V. Ex.ª promotores	Desembargadores da Justiça, curadores,
Meritíssimo Juiz	M. Juiz	Juízes de Direito

Militares

Pronome de tratamento	Abreviatura	Usado para
Vossa Excelência	V. Ex.ª	Oficiais generais (até coronéis)
Vossa Senhoria	V. Sª	Outras patentes militares

2. AUTORIDADES ECLESIÁSTICAS

Pronome de tratamento	Abreviatura	Usado para
Vossa Santidade	V. S.	Papa
Vossa Eminência Reverendíssima	V. Emª Revmª	Cardeais, arcebispos e bispos
Vossa Reverendíssima	V. Revmª	Abades, superiores de conventos, outras autoridades eclesiásticas e sacerdotes em geral

3. AUTORIDADES MONÁRQUICAS

Pronome de tratamento	Abreviatura	Usado para
Vossa Majestade	V. M.	Reis e imperadores
Vossa Alteza	V. A.	Príncipes

Adjetivos pátrios dos estados brasileiros e de suas capitais

Brasil (BR)	brasileiro	Brasília	brasiliense
ESTADO		**CAPITAL**	
Acre (AC)	acriano	Rio Branco	rio-branquense
Alagoas (AL)	alagoano	Maceió	maceioense
Amapá (AP)	amapaense	Macapá	macapaense
Amazonas (AM)	amazonense	Manaus	manauense, manauara
Bahia (BA)	baiano	Salvador	salvadorense, soteropolitano
Ceará (CE)	cearense	Fortaleza	fortalezense
Espírito Santo (ES)	espírito-santense, capixaba	Vitória	vitoriense
Goiás (GO)	goiano	Goiânia	goianiense
Maranhão (MA)	maranhense	São Luís	são-luisense, ludovicense
Mato Grosso (MT)	mato-grossense	Cuiabá	cuiabano
Mato Grosso do Sul (MS)	mato-grossense-do-sul, sul-mato-grossense	Campo Grande	campo-grandense
Minas Gerais (MG)	mineiro, montanhês	Belo Horizonte	belo-horizontino
Pará (PA)	paraense	Belém	belenense
Paraíba (PB)	paraibano	João Pessoa	pessoense
Paraná (PR)	paranaense	Curitiba	curitibano
Pernambuco (PE)	pernambucano	Recife	recifense
Piauí (PI)	piauiense	Teresina	teresinense
Rio de Janeiro (RJ)	fluminense	Rio de Janeiro	carioca
Rio Grande do Norte (RN)	rio-grandense-do-norte, norte-rio-grandense, potiguar	Natal	natalense
Rio Grande do Sul (RS)	rio-grandense-do-sul, sul-rio-grandense, gaúcho	Porto Alegre	porto-alegrense
Rondônia (RO)	rondoniense, rondoniano	Porto Velho	porto-velhense
Roraima (RR)	roraimense	Boa Vista	boa-vistense
Santa Catarina (SC)	catarinense, barriga-verde	Florianópolis	florianopolitano
São Paulo (SP)	paulista	São Paulo	paulistano
Sergipe (SE)	sergipano	Aracaju	aracajuano, aracajuense
Tocantins (TO)	tocantinense	Palmas	palmense

Correspondência entre o alfabeto grego e o latino

Maiúsculas	Minúsculas	Denominação	Maiúsculas	Minúsculas
A	α	Alfa	A	a
B	β	Beta	B	b
Γ	γ	Gama	C	c
Δ	δ	Delta	D	d
E	ϵ	Epsilo	–	–
Z	ζ	Dzeta	Z	z
H	η	Eta	E	e
Θ	θ	Teta	–	–
I	ι	Iota	I	i
K	κ	Capa	K	k
Λ	λ	Lambda	L	l
M	μ	Mi	M	m
N	ν	Ni	N	n
Ξ	ξ	Xi	–	–
O	o	Ômicron	O	o
Π	π	Pi	P	p
P	ρ	Rô	R	r
Σ	σ	Sigma	S	s
T	τ	Tau	T	t
Υ	υ	Ípsilon	Y	y
Φ	φ	Fi	–	–
X	χ	Qui	X	x
Ψ	ψ	Psi	–	–
Ω	ω	Ômega	–	–

Conjugação de verbos auxiliares e regulares

Verbos auxiliares: ser, estar, ter e haver

SER
Infinitivo ser
Gerúndio sendo
Particípio sido

Indicativo
Presente
eu sou
tu és
ele é
nós somos
vós sois
eles são

Pretérito imperfeito
eu era
tu eras
ele era
nós éramos
vós éreis
eles eram

Pretérito perfeito
eu fui
tu foste
ele foi
nós fomos
vós fostes
eles foram

Pretérito mais-que-perfeito
eu fora
tu foras
ele fora
nós fôramos
vós fôreis
eles foram

Futuro do presente
eu serei
tu serás
ele será
nós seremos
vós sereis
eles serão

Futuro do pretérito
eu seria
tu serias
ele seria
nós seríamos
vós seríeis
eles seriam

Subjuntivo
Presente
eu seja
tu sejas
ele seja
nós sejamos
vós sejais
eles sejam

Pretérito imperfeito
eu fosse
tu fosses
ele fosse
nós fôssemos
vós fôsseis
eles fossem

Futuro
eu for
tu fores
ele for
nós formos
vós fordes
eles forem

Imperativo
Afirmativo
sê tu
seja você
sejamos nós
sede vós
sejam vocês

Negativo
não sejas tu
não seja você
não sejamos nós
não sejais vós
não sejam vocês

ESTAR
Infinitivo estar
Gerúndio estando
Particípio estado

Indicativo
Presente
eu estou
tu estás
ele está
nós estamos
vós estais
eles estão

Pretérito imperfeito
eu estava
tu estavas
ele estava
nós estávamos
vós estáveis
eles estavam

Pretérito perfeito
eu estive
tu estiveste
ele esteve
nós estivemos
vós estivestes
eles estiveram

Pretérito mais-que-perfeito
eu estivera
tu estiveras
ele estivera
nós estivéramos
vós estivéreis
eles estiveram

Futuro do presente
eu estarei
tu estarás
ele estará
nós estaremos
vós estareis
eles estarão

Futuro do pretérito
eu estaria
tu estarias
ele estaria
nós estaríamos
vós estaríeis
eles estariam

Subjuntivo
Presente
eu esteja
tu estejas
ele esteja
nós estejamos
vós estejais
eles estejam

Pretérito imperfeito
eu estivesse
tu estivesses
ele estivesse
nós estivéssemos
vós estivésseis
eles estivessem

Futuro
eu estiver
tu estiveres
ele estiver
nós estivermos
vós estiverdes
eles estiverem

Imperativo
Afirmativo
está tu
esteja você
estejamos nós
estai vós
estejam vocês

Negativo
não estejas tu
não esteja você
não estejamos nós
não estejais vós
não estejam vocês

TER
Infinitivo ter
Gerúndio tendo
Particípio tido

Indicativo
Presente
eu tenho
tu tens
ele tem
nós temos
vós tendes
eles têm

Pretérito imperfeito
eu tinha
tu tinhas
ele tinha
nós tínhamos
vós tínheis
eles tinham

Pretérito perfeito
eu tive
tu tiveste
ele teve
nós tivemos
vós tivestes
eles tiveram

Pretérito mais-que-perfeito
eu tivera
tu tiveras
ele tivera
nós tivéramos
vós tivéreis
eles tiveram

Futuro do presente
eu terei
tu terás
ele terá
nós teremos
vós tereis
eles terão

Futuro do pretérito
eu teria
tu terias
ele teria
nós teríamos
vós teríeis
eles teriam

Subjuntivo
Presente
eu tenha
tu tenhas
ele tenha
nós tenhamos
vós tenhais
eles tenham

Pretérito imperfeito
eu tivesse
tu tivesses
ele tivesse
nós tivéssemos
vós tivésseis
eles tivessem

Futuro
eu tiver
tu tiveres
ele tiver
nós tivermos
vós tiverdes
eles tiverem

Imperativo
Afirmativo
tem tu
tenha você
tenhamos nós
tende vós
tenham vocês

Negativo
não tenhas tu
não tenha você
não tenhamos nós
não tenhais vós
não tenham vocês

HAVER
Infinitivo haver
Gerúndio havendo
Particípio havido

Indicativo
Presente
eu hei
tu hás
ele há
nós havemos
vós haveis
eles hão

Pretérito imperfeito
eu havia
tu havias
ele havia
nós havíamos
vós havíeis
eles haviam

Pretérito perfeito
eu houve
tu houveste
ele houve
nós houvemos
vós houvestes
eles houveram

Pretérito mais-que-perfeito
eu houvera
tu houveras
ele houvera
nós houvéramos
vós houvéreis
eles houveram

Futuro do presente
eu haverei
tu haverás
ele haverá
nós haveremos
vós havereis
eles haverão

Futuro do pretérito
eu haveria
tu haverias
ele haveria
nós haveríamos
vós haveríeis
eles haveriam

Subjuntivo
Presente
eu haja
tu hajas
ele haja
nós hajamos
vós hajais
eles hajam

Pretérito imperfeito
eu houvesse
tu houvesses
ele houvesse
nós houvéssemos
vós houvésseis
eles houvessem

Futuro
eu houver
tu houveres
ele houver
nós houvermos
vós houverdes
eles houverem

Imperativo
Afirmativo
há tu
haja você
hajamos nós
havei vós
hajam vocês

Negativo
não hajas tu
não haja você
não hajamos nós
não hajais vós
não hajam vocês

Modelos de verbos regulares: cantar, vender e partir

CANTAR (1ª conjugação)
Infinitivo cantar
Gerúndio cantando
Particípio cantado

Indicativo
Presente
eu canto
tu cantas
ele canta
nós cantamos
vós cantais
eles cantam

Pretérito imperfeito
eu cantava
tu cantavas
ele cantava
nós cantávamos
vós cantáveis
eles cantavam

Pretérito perfeito
eu cantei
tu cantaste
ele cantou
nós cantamos
vós cantastes
eles cantaram

Pretérito mais-que-perfeito
eu cantara
tu cantaras
ele cantara
nós cantáramos
vós cantáreis
eles cantaram

Futuro do presente
eu cantarei
tu cantarás
ele cantará
nós cantaremos
vós cantareis
eles cantarão

Futuro do pretérito
eu cantaria
tu cantarias
ele cantaria
nós cantaríamos
vós cantaríeis
eles cantariam

Subjuntivo
Presente
eu cante
tu cantes
ele cante
nós cantemos
vós canteis
eles cantem

Pretérito imperfeito
eu cantasse
tu cantasses
ele cantasse
nós cantássemos
vós cantásseis
eles cantassem

Futuro
eu cantar
tu cantares
ele cantar
nós cantarmos
vós cantardes
eles cantarem

Imperativo
Afirmativo
canta tu
cante você
cantemos nós
cantai vós
cantem vocês

Negativo
não cantes tu
não cante você
não cantemos nós
não canteis vós
não cantem vocês

VENDER (2ª conjugação)
Infinitivo vender
Gerúndio vendendo
Particípio vendido

Indicativo
Presente
eu vendo
tu vendes
ele vende
nós vendemos
vós vendeis
eles vendem

Pretérito imperfeito
eu vendia
tu vendias
ele vendia
nós vendíamos
vós vendíeis
eles vendiam

Pretérito perfeito
eu vendi
tu vendeste
ele vendeu
nós vendemos
vós vendestes
eles venderam

Pretérito mais-que-perfeito
eu vendera
tu venderas
ele vendera
nós vendêramos
vós vendêreis
eles venderam

Futuro do presente
eu venderei
tu venderás
ele venderá
nós venderemos
vós vendereis
eles venderão

Futuro do pretérito
eu venderia
tu venderias
ele venderia
nós venderíamos
vós venderíeis
eles venderiam

Subjuntivo
Presente
eu venda
tu vendas
ele venda
nós vendamos
vós vendais
eles vendam

Pretérito imperfeito
eu vendesse
tu vendesses
ele vendesse
nós vendêssemos
vós vendêsseis
eles vendessem

Futuro
eu vender
tu venderes
ele vender
nós vendermos
vós venderdes
eles venderem

Imperativo
Afirmativo
vende tu

venda você
vendamos nós
vendei vós
vendam vocês

Negativo
não vendas tu
não venda você
não vendamos nós
não vendais vós
não vendam vocês

PARTIR (3ª conjugação)
Infinitivo partir
Gerúndio partindo
Particípio partido

Indicativo
Presente
eu parto
tu partes
ele parte
nós partimos
vós partis
eles partem

Pretérito imperfeito
eu partia
tu partias
ele partia
nós partíamos
vós partíeis
eles partiam

Pretérito perfeito
eu parti
tu partiste
ele partiu
nós partimos
vós partistes
eles partiram

Pretérito mais-que-perfeito
eu partira
tu partiras
ele partira
nós partíramos
vós partíreis
eles partiram

Futuro do presente
eu partirei

tu partirás
ele partirá
nós partiremos
vós partireis
eles partirão

Futuro do pretérito
eu partiria
tu partirias
ele partiria
nós partiríamos
vós partiríeis
eles partiriam

Subjuntivo
Presente
eu parta
tu partas
ele parta
nós partamos
vós partais
eles partam

Pretérito imperfeito
eu partisse
tu partisses
ele partisse
nós partíssemos
vós partísseis
eles partissem

Futuro
eu partir
tu partires
ele partir
nós partirmos

vós partirdes
eles partirem

Imperativo
Afirmativo
parte tu
parta você
partamos nós
parti vós
partam vocês

Negativo
não partas tu
não parta você
não partamos nós
não partais vós
não partam vocês

Palavras e expressões mais usuais do latim e de outras línguas

ab aeterno *lat* De toda a eternidade; sempre.

ab initio *lat* Desde o começo.

ad argumentandum tantum *lat* Somente para argumentar. Concessão feita ao adversário, a fim de refutá-lo com mais segurança.

ad cautelam *lat* Por precaução. Diz-se do ato praticado a fim de prevenir algum inconveniente.

ad hoc *lat* Para isso. Diz-se de pessoa ou coisa preparada para determinada missão ou circunstância: secretário *ad hoc*, tribuna *ad hoc*.

ad judicia *lat Dir* Para o juízo. Diz-se do mandato judicial outorgado ao advogado pelo mandante.

ad negotia *lat Dir* Para os negócios. Refere-se ao mandato outorgado para fins de negócio.

ad referendum *lat* Para ser referendado. **1** *Dir* Diz-se do ato que depende de aprovação ou ratificação da autoridade ou poder competente. **2** *Dipl* Diz-se da negociação do agente diplomático, sujeita à aprovação de seu governo.

ad valorem *lat* Segundo o valor. *Dir* Diz-se da tributação feita de acordo com o valor da mercadoria importada ou exportada, e não conforme o seu peso, volume, espécie ou quantidade.

affaire *fr* Negócio. Designa negócio escuso ou caso escandaloso.

agenda *lat* Que deve ser feito.

Agnus Dei *lat* Cordeiro de Deus. **1** Jesus Cristo. **2** Invocação usada durante a missa depois da fração da hóstia e no final das ladainhas. **3** Pequeno relicário de cera do círio pascal e óleo bento, moldado com a imagem do cordeiro, que o papa benze no sábado santo. Atribuem-lhe os devotos a virtude de salvaguarda nos perigos, doenças e tempestades.

à la carte *fr* Pratos incluídos no cardápio de um restaurante.

alibi *lat Dir* Em outro lugar. Meio de defesa pelo qual o acusado alega e prova que, no momento do delito, se encontrava em lugar diverso daquele onde o fato delituoso se verificou.

all right *ingl* Tudo bem; tudo certo.

alter ego *lat* Outro eu. Significa o amigo do peito, de confiança, para quem não há segredos.

a posteriori *lat* A partir do que vem depois. Sistema de argumentação que parte do efeito para a causa. Opõe-se à argumentação *a priori*.

a priori *lat* A partir do que precede. Prova fundada unicamente na razão, sem fundamento na experiência. Opõe-se a *a posteriori*.

apud *lat* Junto a; em. Usada em bibliografia para indicação de fonte compulsada, nas citações indiretas.

a quo *lat* Da parte de cá. **1** Na ignorância; sem entender, sem saber. **2** *Dir* Diz-se do dia a partir do qual se começa a contar um prazo. **3** *Dir* Diz-se do juiz de um tribunal de cuja decisão se recorre: Juiz *a quo* (opõe-se, neste caso, a *ad quem*, juiz, ou tribunal, para o qual se recorre). **4** *Lóg* Diz-se do termo ou princípio sobre que se fundamenta uma conclusão.

avant-première *fr* Antes da primeira. Apresentação de filme ou peça teatral para público limitado, como críticos de arte, imprensa, autoridades etc. O neologismo *pré-estreia* foi lançado para substituir esta expressão.

bona fide *lat* De boa-fé: Enganar-se, proceder *bona fide*.

carpe diem *lat* Aproveita o dia. (Aviso para que não desperdicemos o tempo.) Horácio dirigia este conselho aos epicuristas e gozadores.

causa mortis *lat Dir* A causa da morte. **1** Diz-se da causa determinante da morte de alguém. **2** Imposto pago sobre a importância líquida da herança ou legado.

causa petendi *lat Dir* A causa de pedir. Fato que serve para fundamentar uma ação.

conditio sine qua non *lat* Condição sem a qual não. Expressão empregada pelos teólogos para indicar circunstâncias absolutamente indispensáveis à validade ou existência de um sacramento, p. ex., a vontade expressa dos noivos para a validade do matrimônio.

corpus christi *lat* Corpo de Cristo. **1** A hóstia consagrada. **2** Festa litúrgica móvel, celebrada na quinta-feira depois do domingo da Santíssima Trindade. **3** A solenidade desta festa.

cum laude *lat* Com louvor. Graduação de aprovação, em algumas universidades equivalente a bom.

curriculum vitae *lat* Carreira da vida. Conjunto de dados que abrangem o estado civil, instrução, preparo profissional e cargos anteriormente ocupados, por quem se candidata a emprego.

data venia *lat* Dada a vênia. Expressão delicada e respeitosa com que se pede ao interlocutor permissão para discordar de seu ponto de vista. Usada em linguagem forense e em citações indiretas.

de cujus *lat Dir* De quem. Primeiras palavras da locução *de cujus sucessione agitur* (de cuja sucessão se trata). Refere-se à pessoa falecida, cuja sucessão se acha aberta.

de facto *lat Dir* De fato. Diz-se das circunstâncias ou provas materiais que têm existência objetiva ou real. Opõe-se a *de jure*.

del credere *ital Dir* **1** Cláusula pela qual, no contrato de comissão, o comissário, sujeitando-se a todos os riscos, se obriga a pagar integralmente ao comitente as mercadorias que este lhe consigna para serem vendidas. **2** Prêmio ou comissão pago ao comissário, por essa garantia.

de plano *lat* Calculadamente; premeditadamente.

erga omnes *lat Dir* Para com todos. Diz-se de ato, lei ou dispositivo que obriga a todos.

error in objecto *lat Dir* Erro quanto ao objeto.

error in persona *lat Dir* Erro quanto à pessoa.

ex adverso *lat Dir* Do lado contrário. Refere-se ao advogado da parte contrária.

ex lege *lat* Por força da lei: Foi nomeado *ex lege*.

ex officio *lat* Por obrigação, por dever do cargo. *Dir* Diz-se do ato realizado sem provocação das partes.

extra petita *lat Dir* Além do pedido. Diz-se do julgamento proferido em desacordo com o pedido ou natureza da causa.

ex tunc *lat Dir* Desde então. Com efeito retroativo.

flagrante delicto *lat Dir* Ao consumar o delito. Diz-se do momento exato em que o indivíduo é surpreendido a perpetrar o ato criminoso, ou enquanto foge, após interrompê-lo ou consumá-lo, perseguido pelo clamor público.

full time *ingl* Tempo integral. Trabalho nos dois períodos.

God save the king ou **the queen** *ingl* Deus salve o rei (ou) a rainha. Frase inicial do hino nacional inglês.

grosso modo *lat* De modo geral. Por alto, sem penetrar no âmago da questão.

habeas corpus *lat Dir* Que tenhas o corpo. Meio extraordinário de garantir e proteger com presteza todo aquele que sofre violência ou ameaça de constrangimento ilegal na sua liberdade de locomoção, por parte de qualquer autoridade legítima.

happy end *ingl* Fim feliz. Indica o desfecho feliz nas peças teatrais e cinematográficas.

homo sapiens *lat* O homem sábio. **1** Nome da espécie homem na nomenclatura de Lineu. **2** Expressão usada por Henri Bergson para indicar o homem, único animal inteligente em face aos demais.

honoris causa *lat* Por causa da honra. Título honorífico concedido a pessoas ilustres.

in albis *lat* Em branco. Sem nenhuma providência. Diz-se também da pessoa vestida apenas com as roupas íntimas.

in continenti *lat* Imediatamente.

in dubio pro reo *lat Dir* Na dúvida, pelo réu. A incerteza sobre a prática de um delito ou sobre alguma circunstância relativa a ele deve favorecer o réu.

in fine *lat* No fim. Refere-se ao fim de um capítulo, parágrafo ou livro.

in limine *lat* No limiar. Diz-se em linguagem parlamentar do projeto rejeitado em todos os seus itens. Inteiramente rejeitado.

in loco *lat* No lugar.

in memoriam *lat* Em memória; em lembrança de (colocado nos monumentos e lápides mortuárias).

in re *lat* Na coisa, em realidade, efetivamente, positivamente: *Não é fantasia, mas tem fundamento* in re.

inter vivos *lat Dir* Entre os vivos. Diz-se da doação propriamente dita, com efeito atual, realizada de modo irrevogável, em vida, do doador.

in totum *lat* No todo; na totalidade.

intuitu personae *lat Dir* Em consideração à pessoa.

in vitro *lat* No vidro. Expressão que indica as reações fisiológicas feitas fora do organismo, em tubos de ensaio.

ipsis litteris *lat* Pelas mesmas letras; textualmente.

ipso facto *lat* Só pelo mesmo fato; por isso mesmo, consequentemente.

ipso jure *lat Dir* Pelo próprio direito; de acordo com o direito.

juris et de jure *lat Dir* De direito e por direito. Estabelecido por lei e considerado por esta como verdade.

lato sensu *lat* No sentido lato, geral.

made in *ingl* Feito em, fabricado em. Locução aposta ao nome do lugar onde se fabricou ou industrializou um produto comercial.

manu militari *lat Dir* Pela mão militar. Diz-se da execução de ordem da autoridade, com o emprego da força armada.

mea culpa *lat* Por minha culpa. Locução encontrada no ato de confissão e se aplica nos casos em que a pessoa reconhece os próprios erros.

mens legis *lat Dir* O espírito da lei.

mutatis mutandis *lat* Mudando-se o que se deve mudar. Feitas algumas alterações.

nomen juris *lat Dir* Denominação legal; o termo técnico do direito.

non bis in idem *lat Dir* Não duas vezes pela mesma coisa. Axioma jurídico, em virtude do qual ninguém pode responder, pela segunda vez, sobre o mesmo fato já julgado, ou ser duplamente punido pelo mesmo delito.

nulla poena sine lege *lat Dir* Nenhuma pena sem lei. Não pode existir pena, sem a prévia cominação legal.

onus probandi *lat Dir* Encargo de provar. Expressão que deixa ao acusador o trabalho de provar (a acusação).

pari passu *lat* Com passo igual.

per capita *lat* Por cabeça; para cada um. Termo muito empregado nas estatísticas.

persona grata *lat* Pessoa agradável. Pessoa que será diplomaticamente bem recebida por uma entidade ou Estado internacional.

persona non grata *lat* Pessoa indesejada. Qualificativo que uma chancelaria dá a determinado agente diplomático estrangeiro, em nota ao governo deste, por meio da qual pede a sua retirada do país, onde se acha acreditado, em virtude de considerá-lo, por motivo grave, contrário aos interesses nacionais.

post meridiem *lat* Depois do meio-dia.

post mortem *lat* Após a morte. **1** Além do túmulo; na outra vida. **2** Expressão empregada quando se trata de conferir alguma honraria a pessoa falecida.

primus inter pares *lat* Primeiro entre os iguais. Designa o presidente de uma assembleia onde todos têm voz ativa.

pro forma *lat* Por mera formalidade, para não modificar o costume, para salvar as aparências: *Discutir um assunto* pro forma.

pro rata *lat* Proporcionalmente. Recebendo cada um, ou pagando, a quota que lhe toca num rateio.

quod abundat non nocet *lat* O que abunda não prejudica. É melhor sobrar do que faltar.

quo vadis? *lat* Aonde vais? Pergunta que, segundo a lenda, teria feito Cristo a Pedro na Via Ápia, quando o apóstolo fugia da perseguição de Nero.

sine die *lat* Sem dia. Adiar *sine die,* isto é, sem data fixa.

sine qua non *lat* Sem a qual não. Diz da condição essencial à realização de um ato.

statu quo *lat* Estado em que. Estado anterior à questão de que se trata.

stricto sensu *lat* No sentido restrito.

sub judice *lat* Sob o juízo. *Dir* Diz-se da causa sobre a qual o juiz ainda não se pronunciou.

sui generis *lat* Do seu gênero; peculiar, singular. Designa coisa ou qualidade que não apresenta analogia com nenhuma outra.

time is money *ingl* Tempo é dinheiro.

traduttori, traditori *ital* Tradutor, traidor. Trocadilho nada honroso para os tradutores considerados infiéis ao pensamento do autor.

ultra petita *lat Dir* Além do pedido. Diz-se da demanda julgada além do que pediu o autor.

vis-à-vis *fr* Frente a frente. Empregada quando alguém se encontra em frente a outra pessoa numa mesa, bailado etc.

vox populi, vox Dei *lat* Voz do povo, voz de Deus. O assentimento de um povo pode ser o critério de verdade.

Algarismos romanos e seus correspondentes arábicos

Romanos	Arábicos	Romanos	Arábicos
I	1	XL	40
II	2	XLVI	46
III	3	L	50
IV	4	LIX	59
V	5	LX	60
VI	6	LXV	65
VII	7	LXX	70
VIII	8	LXXX	80
IX	9	XC	90
X	10	XCIX	99
XI	11	C	100
XII	12	CI	101
XIII	13	CC	200
XIV	14	CCC	300
XV	15	CD	400
XVI	16	CDXCIX	499
XVII	17	D	500
XVIII	18	DC	600
XIX	19	DCC	700
XX	20	DCCC	800
XXI	21	CM	900
XXX	30	CMXCIX	999
XXXI	31	M	1.000

Números

	Cardinal	Ordinal	Fracionário
1	um	primeiro	–
2	dois	segundo	meio
3	três	terceiro	terço
4	quatro	quarto	quarto
5	cinco	quinto	quinto
6	seis	sexto	sexto
7	sete	sétimo	sétimo
8	oito	oitavo	oitavo
9	nove	nono	nono
10	dez	décimo	décimo
11	onze	décimo primeiro	onze avos
12	doze	décimo segundo	doze avos
13	treze	décimo terceiro	treze avos
14	quatorze, catorze	décimo quarto	quatorze avos, catorze avos
15	quinze	décimo quinto	quinze avos
16	dezesseis	décimo sexto	dezesseis avos
17	dezessete	décimo sétimo	dezessete avos
18	dezoito	décimo oitavo	dezoito avos
19	dezenove	décimo nono	dezenove avos
20	vinte	vigésimo	vinte avos
30	trinta	trigésimo	trinta avos
40	quarenta	quadragésimo	quarenta avos
50	cinquenta	quinquagésimo	cinquenta avos
60	sessenta	sexagésimo	sessenta avos
70	setenta	setuagésimo	setenta avos
80	oitenta	octogésimo	oitenta avos
90	noventa	nonagésimo	noventa avos
100	cem	centésimo	centésimo
200	duzentos	ducentésimo	ducentésimo
300	trezentos	trecentésimo, tricentésimo	trecentésimo, tricentésimo
400	quatrocentos	quadringentésimo	quadringentésimo
500	quinhentos	quingentésimo	quingentésimo
600	seiscentos	sexcentésimo	sexcentésimo
700	setecentos	setingentésimo	setingentésimo
800	oitocentos	octingentésimo	octingentésimo
900	novecentos	nongentésimo, noningentésimo	nongentésimo, noningentésimo
1.000	mil	milésimo	milésimo